2012
Collector Car
PRICE
GUIDE

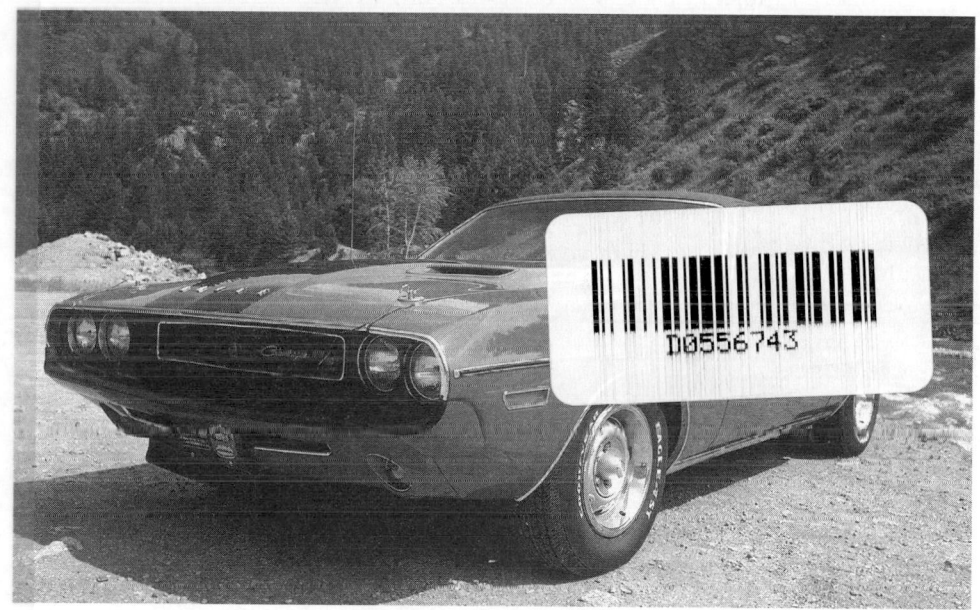

D0556743

Pricing Consultants
Gerald Perschbacher • Angelo Van Bogart

Database Coordinator
Lori Anderson

Edited by Ron Kowalke, *Old Cars Report Price Guide*

Published by

Krause Publications, a division of F+W Media, Inc.
700 East State Street • Iola, WI 54990-0001
715-445-2214 • 888-457-2873
www.krausebooks.com

To order books or other products call toll-free 1-800-258-0929
or visit us online at www.krausebooks.com or www.Shop.Collect.com

ISBN-13: 978-1-4402-2377-8
ISBN-10: 1-4402-2377-7

Cover Design by Kevin Ulrich
Designed by Sandi Carpenter
Edited by Ron Kowalke

Printed in the United States of America

TABLE OF CONTENTS

INTRODUCTION

The market for cars more than 25 years old may be stronger than ever. Some buyers of pre-1987 cars are collectors who purchase vehicles that they particularly enjoy, or feel are likely to increase in value the older they get. Other buyers prefer the looks, size, performance, and reliability of what they think of as yesterday's better-built automobiles.

With a typical year 2012 model selling for around $30,000, many Americans find themselves priced out of the new-car market. Late-model used cars are pricey too, although often short on distinctive looks and roominess. The older cars may use more fuel, but their purchase prices are typically a whole lot less.

New cars and late-model used cars tend to depreciate rapidly in value. Many can't tow large trailers or mobile homes. Their high-tech engineering is often expensive to maintain or repair. In contrast, well-kept older cars are mechanically simpler, but often very powerful. In addition, they generally *appreciate* in value as they grow more scarce and collectible. Even insuring them is generally cheaper.

Selecting a car and paying the right price for it are two considerations old-car buyers face. What should you look for when inspecting a collector car to buy? What are some of the pros and cons of buying a collector car at auction? How much can I spend in restoring my collector vehicle without exceeding its current cash value?

The 2012 edition of *Collector Car Price Guide*, from F+W Publications, answers these questions and many more. It shows the most popular models made between 1901 and 2004 and points out what they sell for today in six different, graded conditions.

Contained herein are the same data gathered for publication in *Old Cars Report Price Guide*, a highly-specialized magazine used by collectors, dealers, appraisers, auctioneers, lenders, and insurers to determine valid pricing levels for older vehicles. Representing up-to-date market research, it is presented in a convenient-sized format that is easy to read, easy to use, and easy to store on your bookshelf.

HOW OLD CAR PRICES ARE GATHERED

Thousands of old cars change hands each year. People who follow these transactions include collectors, collector car dealers and auctioneers. They can often estimate the value of an old car, within a range of plus or minus 10 percent, with amazing accuracy.

Collector Car Price Guide has been produced by F+W Publications of Iola, Wis., a company involved in publishing specialized books and magazines upon which collectors, dealers and auctioneers regularly rely.

Figures listed in this book should be taken as "ballpark" prices. They are amounts that fall within a reasonable range of each car's value to buyers and sellers. The figures are not to be interpreted as "wholesale" or "retail." Rather, they reflect what an informed buyer might pay a knowledgeable seller for his car in an arm's

length transaction without duress to either party. Special cases, where nostalgia or other factors enter into the picture, must be judged on an individual basis.

This guide can help you to decide which old car you'd like to own and how much to pay for it based on year, make, model and condition. It provides a consensus of old car values determined by careful research.

Research sources used to compile these data include:

- Advertised asking prices
- Documented private sales
- Professional appraisers
- Collector car auction results
- *Old Cars Report Price Guide* advisors
- Contact with dealers
- Contact with collectors
- Networking with value sources

ABBREVIATIONS

ALPHABETICAL

A/C .... Air Conditioning
Aero ....Aerodynamic
Auto..........................Automatic Transmission
A/W or A-W .... All-Weather
Berl.. Berline
Brgm .... Brougham
Brn ....Brunn
BT ....Boattail
Bus......................... Business (as in Bus Cpe)
Cabr .... Cabriolet
C.C. ....Close-Coupled
cid ....Cubic Inch Displacement
Clb .... Club (as in Clb Cpe/Clb Cab)
Cpe ....Coupe
Coll.....................Collapsible (as in Semi-Coll)
Cont .... Continental
Conv...Convertible
Ctry .... Country
Cus....................................... Custom
DC .... Dual-Cowl
Darr ....Darrin
DeL ....Deluxe
Der ....Derham
deV.....................................deVille
DHC ....Drop Head Coupe
Dly............................ Delivery (as in Sed Dly)
Dtrch .... Dietrich
DuW ....Dual Windshield
DW .... Division Window
Encl .... Enclosed
FBk.......................................Fastback
FHC.....................Fixed Head Coupe
FI .... Fuel Injection
FmL..Formal
FWD ....Front-Wheel Drive
GT ....Gran Turismo (Grand Touring)
GW...Gull-Wing
HBk ....Hatchback
Hemi....................Hemispherical-head engine
Hlbrk...Holbrook
hp .... Horsepower
HT ....Hardtop
Imp ....Imperial
IPC .... Indy (Indianapolis) Pace Car
IROC .... International Race of Champions
Jud ....Judkins
Lan ....Landau

Lan'let.................................Landaulet
LBx ....Long Box (pickup truck bed)
LeB or Leb.................................LeBaron
LHD .... Left-Hand Drive
Limo .... Limousine
Ltd ....Limited
Lke .... Locke
LWB........................ Long-Wheelbase
Mk .... Mark (I, II, III, etc)
O/D.. Overdrive
Opt ....Option(s)
OW ....Opera Window
P ....Passenger (as in 3P Cpe)
Phae.. Phaeton
PU .... Pickup Truck
R/A .... Ram Air (Pontiac)
Rbt...Runabout
Rds .... Roadster
Ret.. Retractable
RHD .... Right-Hand Drive
Rlstn or Roll.................................Rollston
R/S .... Rumbleseat
Saloon.................................British for sedan
SMt(s)................................... Sidemount(s)
Sednt... Sedanet
Spds... Speedster
Spec or Spl.....................................Special
Spt...Sport
S/R .... Sunroof
Sta Wag....................... Station Wagon
Std..Standard
Sub .... Suburban
Sup...Super
SWB........................Short-Wheelbase
T-bird .... Thunderbird
T-top .... T-Top Roof
Trg ....Touring Car (not Targa)
Turbo .... Equipped with turbocharger(s)
Twn................................... Town (as in Twn Sed)
V-4, -6, -8................................... V-block engine
Vic .... Victoria
W ....Window (as in 3W Cpe)
WW .... Wire Wheels
W'by .... Willoughby
Woodie .... Wood-bodied Car
Wtrhs... Waterhouse

NUMERICAL

1/2T ....One-Half Ton Truck
2d ....Two-Door (also 4d, 6d, etc.)
2P.................Two-Passenger (also 3P, 4P, etc.)
2S.......................... Two-Seat (also 3S, 4S, etc.)
2x4V .... Two Four-barrel Carbs
3x2V .... Three Two-barrel Carbs/Tri-Power
3W.............. Three-Window (also 4W, 5W, etc.)

4-cyl........ In-Line Four Engine (also 6-, 8-, etc.)
4-Spd.............................. 4-Speed Transmission
.... (also 3-, 5-, etc.)
4V...................................Four-barrel Carburetor
4x4 .... Four-wheel drive (not FWD)
8/9P...........................Eight or Nine Passenger

HOW TO USE THIS PRICE GUIDE

Price estimates are listed for cars in six different states of condition. These conditions (1-6) are illustrated and explained in the **VEHICLE CONDITION SCALE** on the following three pages.

Prices are for complete vehicles; not parts cars, except as noted. Modified-car prices are not included, but can be estimated by figuring the cost of restoring to original condition and adjusting the figures shown here.

Appearing below is a section of chart taken from the **Collector Car Price Guide** price estimate listings to illustrate the following elements:

A. MAKE: The make of car, or marque name, appears in large, boldface type at the beginning of each price section.

B. DESCRIPTION: The extreme left-hand column indicates vehicle year, model name, body type, engine configuration and, in some cases, wheelbase.

C. CONDITION CODE: The six columns to the right are headed by the numbers one through six (1-6) that correspond to the conditions described in the VEHICLE CONDITION SCALE on the following two pages.

D. PRICE: The price estimates, in dollars, appear below their respective condition code headings and across from the vehicle descriptions.

C. CONDITION CODE

A. MAKE

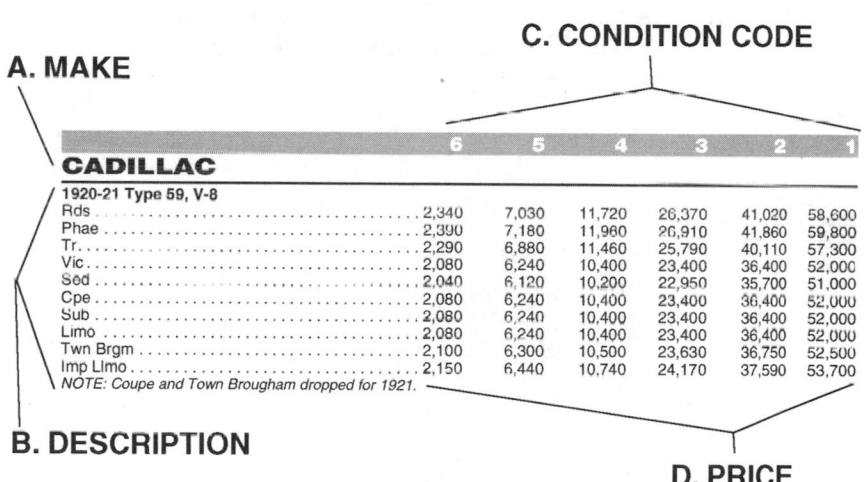

CADILLAC

1920-21 Type 59, V-8	6	5	4	3	2	1
Rds	2,340	7,030	11,720	26,370	41,020	58,600
Phae	2,390	7,180	11,960	26,910	41,860	59,800
Tr.	2,290	6,880	11,460	25,790	40,110	57,300
Vic	2,080	6,240	10,400	23,400	36,400	52,000
Sed	2,040	6,120	10,200	22,950	35,700	51,000
Cpe	2,080	6,240	10,400	23,400	36,400	52,000
Sub	2,080	6,240	10,400	23,400	36,400	52,000
Limo	2,080	6,240	10,400	23,400	36,400	52,000
Twn Brgm	2,100	6,300	10,500	23,630	36,750	52,500
Imp Limo	2,150	6,440	10,740	24,170	37,590	53,700

NOTE: Coupe and Town Brougham dropped for 1921.

B. DESCRIPTION

D. PRICE

VEHICLE CONDITION SCALE

Excellent

1) EXCELLENT: Restored to current maximum professional standards of quality in every area, or perfect original with components operating and appearing as new. A 95-plus point show vehicle that is not driven.

Fine

2) FINE: Well-restored, or a combination of superior restoration and excellent original. Also, an *extremely* well-maintained original showing very minimal wear.

Very Good

3) VERY GOOD: Completely operable original or "older restoration" showing wear. Also, a good amateur restoration, all presentable and serviceable inside and out. Plus, combinations of well-done restoration and good operable components or a partially restored vehicle with all parts necessary to complete and/or valuable NOS parts.

VEHICLE CONDITION SCALE

Good

4) GOOD: A drivable vehicle needing no or pnly minorj work to be functional. Also, a deteriorated restoration or a very poor amateur restoration. All components may need restoration to be "excellent," but the vehicle is mostly usable "as ls."

Restorable

5) RESTORABLE: Needs *complete* restoration of body, chassis and interior. May or may not be running, but isn't weathered, wrecked or stripped to the point of being useful only for parts.

Parts Car

6) PARTS VEHICLE: May or may not be running, but is weathered, wrecked and/or stripped to the point of being useful primarily for parts.

DOMESTIC CAR

AMC

NOTE: AMC listings follow NASH listings.

AMERICAN AUSTIN-BANTAM

	6	5	4	3	2	1
1930-31 American Austin 4-cyl., 15 hp, 75" wb						
2d Rds	1,060	3,180	5,300	11,930	18,550	26,500
2d Cpe	760	2,280	3,800	8,550	13,300	19,000
2d DeL Cpe	840	2,520	4,200	9,450	14,700	21,000
1932 American Austin 4-cyl., 15 hp, 75" wb						
2d Rbt.	1,060	3,180	5,300	11,930	18,550	26,500
2d Bus Cpe	720	2,160	3,600	8,100	12,600	18,000
2d Cabr	1,060	3,180	5,300	11,930	18,550	26,500
2d Std Cpe	760	2,280	3,800	8,550	13,300	19,000
2d DeL Cpe	840	2,520	4,200	9,450	14,700	21,000
1933 American Austin 4-cyl., 15 hp, 75" wb						
2d Rds	1,060	3,180	5,300	11,930	18,550	26,500
2d Bus Cpe	720	2,160	3,600	8,100	12,600	18,000
2d Spl Cpe	800	2,400	4,000	9,000	14,000	20,000
2d Cpe	760	2,280	3,800	8,550	13,300	19,000
1934 American Austin 4-cyl., 15 hp, 75" wb						
2d Bus Cpe	720	2,160	3,600	8,100	12,600	18,000
2d Std Cpe	760	2,280	3,800	8,550	13,300	19,000
2d DeL Cpe	840	2,520	4,200	9,450	14,700	21,000
1935 American Austin 4-cyl., 15 hp, 75" wb						
2d Bus Cpe	700	2,100	3,500	7,880	12,250	17,500
2d Std Cpe	740	2,220	3,700	8,330	12,950	18,500
2d DeL Cpe	820	2,460	4,100	9,230	14,350	20,500
1938 American Bantam Model 60, 4-cyl., 19 hp, 75" wb						
2d Rds	1,120	3,360	5,600	12,600	19,600	28,000
2d Cpe	800	2,400	4,000	9,000	14,000	20,000
1939 American Bantam Model 60, 4-cyl., 20 hp, 75" wb						
2d Std Cpe	800	2,400	4,000	9,000	14,000	20,000
2d Std Rds	1,120	3,360	5,600	12,600	19,600	28,000
2d Spl Cpe	840	2,520	4,200	9,450	14,700	21,000
2d Spl Rds	1,200	3,600	6,000	13,500	21,000	30,000
2d Spds	1,400	4,200	7,000	15,750	24,500	35,000
2d DeL Cpe	920	2,760	4,600	10,350	16,100	23,000
2d DeL Rds	1,160	3,480	5,800	13,050	20,300	29,000
2d DeL Spds	1,480	4,440	7,400	16,650	25,900	37,000
2d Sta Wag	1,760	5,280	8,800	19,800	30,800	44,000
1940-41 American Bantam Model 65, 4-cyl., 22 hp, 75" wb						
2d Std Cpe	800	2,400	4,000	9,000	14,000	20,000
2d Master Cpe	880	2,640	4,400	9,900	15,400	22,000
2d Master Rds	1,200	3,600	6,000	13,500	21,000	30,000
2d Conv Cpe	1,120	3,360	5,600	12,600	19,600	28,000
2d Conv Sed	1,280	3,840	6,400	14,400	22,400	32,000
2d Sta Wag	1,760	5,280	8,800	19,800	30,800	44,000

AUBURN

	6	5	4	3	2	1
1904 Model A						
Tr	1,760	5,280	8,800	19,800	30,800	44,000
1905 Model B, 2-cyl.						
Tr	1,710	5,140	8,560	19,260	29,960	42,800
1906 Model C, 2-cyl.						
Tr	1,710	5,140	8,560	19,260	29,960	42,800
1907 Model D, 2-cyl.						
Tr	1,710	5,140	8,560	19,260	29,960	42,800
1908 Model G, 2-cyl., 24 hp						
Tr	1,710	5,140	8,560	19,260	29,960	42,800
1908 Model H, 2-cyl.						
Tr	1,750	5,260	8,760	19,710	30,660	43,800
1908 Model K, 2-cyl.						
Rbt	1,780	5,340	8,900	20,030	31,150	44,500
1909 Model G, 2-cyl., 24 hp						
Tr	1,760	5,270	8,780	19,760	30,730	43,900
1909 Model H, 2-cyl.						
Tr	1,760	5,270	8,780	19,760	30,730	43,900
1909 Model K						
Rbt	1,710	5,140	8,560	19,260	29,960	42,800
1909 Model B, 4-cyl., 25-30 hp						
Tr	1,710	5,140	8,560	19,260	29,960	42,800

	6	5	4	3	2	1
1909 Model C, 4-cyl.						
Tr.	1,780	5,340	8,900	20,030	31,150	44,500
1909 Model D, 4-cyl.						
Rbt.	1,830	5,500	9,160	20,610	32,060	45,800
1910 Model G, 2-cyl., 24 hp						
Tr.	1,660	4,990	8,320	18,720	29,120	41,600
1910 Model H, 2-cyl.						
Tr.	1,700	5,100	8,500	19,130	29,750	42,500
1910 Model K, 2-cyl.						
Rbt.	1,720	5,160	8,600	19,350	30,100	43,000
1910 Model B, 4-cyl., 25-30 hp						
Tr.	1,720	5,160	8,600	19,350	30,100	43,000
1910 Model C, 4-cyl.						
Tr.	1,710	5,140	8,560	19,260	29,960	42,800
1910 Model D, 4-cyl.						
Rbt.	1,730	5,180	8,640	19,440	30,240	43,200
1910 Model X, 4-cyl., 35-40 hp						
Tr.	1,720	5,170	8,620	19,400	30,170	43,100
1910 Model R, 4-cyl.						
Tr.	1,780	5,340	8,900	20,030	31,150	44,500
1910 Model S, 4-cyl.						
Rds	1,780	5,340	8,900	20,030	31,150	44,500
1911 Model G, 2-cyl., 24 hp						
Tr.	1,620	4,870	8,120	18,270	28,420	40,600
1911 Model K, 2-cyl.						
Rbt.	1,680	5,040	8,400	18,900	29,400	42,000
1911 Model L, 4-cyl., 25-30 hp						
Tr.	1,670	5,020	8,360	18,810	29,260	41,800
1911 Model F, 4-cyl.						
Tr.	1,670	5,020	8,360	18,810	29,260	41,800
1911 Model N, 4-cyl., 40 hp						
Tr.	1,740	5,220	8,700	19,580	30,450	43,500
1911 Model Y, 4-cyl.						
Tr.	1,670	5,020	8,360	18,810	29,260	41,800
1911 Model T, 4-cyl.						
Tr.	1,670	5,020	8,360	18,810	29,260	41,800
1911 Model M, 4-cyl.						
Rds	1,740	5,220	8,700	19,580	30,450	43,500
1912 Model 6-50, 6-cyl.						
Tr.	1,760	5,290	8,820	19,850	30,870	44,100
1912 Model 40H, 4-cyl., 35-40 hp						
Tr.	1,670	5,020	8,360	18,810	29,260	41,800
1912 Model 40M, 4-cyl., 35-40 hp						
Rds	1,710	5,140	8,560	19,260	29,960	42,800
1912 Model 40N, 4-cyl., 35-40 hp						
Tr.	1,720	5,150	8,580	19,310	30,030	42,900
1912 Model 35L, 4-cyl., 30 hp						
Tr.	1,620	4,870	8,120	18,270	28,420	40,600
1912 Model 30L, 4-cyl., 30 hp						
Rds	1,700	5,100	8,500	19,130	29,750	42,500
Tr.	1,720	5,150	8,580	19,310	30,030	42,900
1913 Model 33M, 4-cyl., 33 hp						
Rds	1,740	5,220	8,700	19,580	30,450	43,500
1913 Model 33L, 4-cyl., 33 hp						
Tr.	1,760	5,290	8,820	19,850	30,870	44,100
1913 Model 40A, 4-cyl., 40 hp						
Rds	1,780	5,350	8,920	20,070	31,220	44,600
1913 Model 40L, 4-cyl.						
Tr.	1,810	5,440	9,060	20,390	31,710	45,300
1913 Model 45, 6-cyl., 45 hp						
Tr.	1,810	5,440	9,060	20,390	31,710	45,300
1913 Model 45B, 6-cyl., 45 hp						
Rds	1,780	5,350	8,920	20,070	31,220	44,600
T&C.	1,660	4,990	8,320	18,720	29,120	41,600
Cpe	1,580	4,730	7,880	17,730	27,580	39,400
1913 Model 50, 6-cyl., 50 hp						
Tr.	1,860	5,580	9,300	20,930	32,550	46,500
1914 Model 4-40, 4-cyl., 40 hp						
Rds	1,660	4,990	8,320	18,720	29,120	41,600
Tr.	1,670	5,020	8,360	18,810	29,260	41,800
Cpe	1,440	4,310	7,180	16,160	25,130	35,900
1914 Model 4-41, 4-cyl., 40 hp						
Tr.	1,720	5,150	8,580	19,310	30,030	42,900
1914 Model 6-45, 6-cyl., 45 hp						
Rds	1,720	5,160	8,600	19,350	30,100	43,000
Tr.	1,760	5,290	8,820	19,850	30,870	44,100

	6	5	4	3	2	1
1914 Model 6-46, 6-cyl., 45 hp						
Tr	1,810	5,440	9,060	20,390	31,710	45,300
1915 Model 4-36, 4-cyl., 36 hp						
Rds	1,480	4,440	7,400	16,650	25,900	37,000
Tr	1,510	4,540	7,560	17,010	26,460	37,800
1915 Model 4-43, 4-cyl., 43 hp						
Rds	1,520	4,560	7,600	17,100	26,600	38,000
Tr	1,560	4,670	7,780	17,510	27,230	38,900
1915 Model 6-40, 6-cyl., 50 hp						
Rds	1,620	4,860	8,100	18,230	28,350	40,500
Tr	1,650	4,960	8,260	18,590	28,910	41,300
Cpe	1,320	3,960	6,600	14,850	23,100	33,000
1915 Model 6-47, 6-cyl., 47 hp						
Rds	1,560	4,680	7,800	17,550	27,300	39,000
Tr	1,600	4,810	8,020	18,050	28,070	40,100
1916 Model 4-38, 4-cyl., 38 hp						
Rds	1,520	4,560	7,600	17,100	26,600	38,000
Tr	1,560	4,670	7,780	17,510	27,230	38,900
1916 Model 6-38						
Rds	1,610	4,820	8,040	18,090	28,140	40,200
Tr	1,600	4,810	8,020	18,050	28,070	40,100
1916 Model 6-40, 6-cyl., 40 hp						
Rds	1,710	5,140	8,560	19,260	29,960	42,800
Tr	1,700	5,100	8,500	19,130	29,750	42,500
1916 Model Union 4-36, 6-cyl., 36 hp						
Tr	1,650	4,960	8,260	18,590	28,910	41,300
1917 Model 6-39, 6-cyl., 39 hp						
Rds	1,480	4,430	7,380	16,610	25,830	36,900
Tr	1,460	4,390	7,320	16,470	25,620	36,600
1917 Model 6-44, 6-cyl., 44 hp						
Rds	1,480	4,430	7,380	16,610	25,830	36,900
Tr	1,510	4,540	7,560	17,010	26,460	37,800
1917 Model 4-36, 4-cyl., 36 hp						
Rds	1,440	4,320	7,200	16,200	25,200	36,000
Tr	1,420	4,250	7,080	15,930	24,780	35,400
1918 Model 6-39, 6-cyl.						
Tr	1,320	3,960	6,600	14,850	23,100	33,000
Rds	1,400	4,200	7,000	15,750	24,500	35,000
Spt Tr	1,440	4,320	7,200	16,200	25,200	36,000
1918 Model 6-44, 6-cyl.						
Tr	1,320	3,960	6,600	14,850	23,100	33,000
Rds	1,360	4,080	6,800	15,300	23,800	34,000
Spt Tr	1,400	4,200	7,000	15,750	24,500	35,000
Sed	940	2,830	4,720	10,620	16,520	23,600
1919 Model 6-39						
Tr	1,320	3,960	6,600	14,850	23,100	33,000
Rds	1,360	4,080	6,800	15,300	23,800	34,000
Cpe	850	2,540	4,240	9,540	14,840	21,200
Sed	900	2,690	4,480	10,080	15,680	22,400
1920 Model 6-39, 6-cyl.						
Tr	1,320	3,960	6,600	14,850	23,100	33,000
Spt Tr	1,400	4,200	7,000	15,750	24,500	35,000
Rds	1,410	4,220	7,040	15,840	24,640	35,200
Sed	990	2,980	4,960	11,160	17,360	24,800
Cpe	1,040	3,120	5,200	11,700	18,200	26,000
1921 Model 6-39						
Tr	1,320	3,960	6,600	14,850	23,100	33,000
Spt Tr	1,440	4,320	7,200	16,200	25,200	36,000
Rds	1,450	4,340	7,240	16,290	25,340	36,200
Cabr	1,450	4,340	7,240	16,290	25,340	36,200
Sed	990	2,980	4,960	11,160	17,360	24,800
Cpe	1,040	3,120	5,200	11,700	18,200	26,000
1922 Model 6-51, 6-cyl.						
Tr	1,370	4,100	6,840	15,390	23,940	34,200
Rds	1,440	4,320	7,200	16,200	25,200	36,000
Spt Tr	1,440	4,320	7,200	16,200	25,200	36,000
Sed	990	2,980	4,960	11,160	17,360	24,800
Cpe	1,040	3,120	5,200	11,700	18,200	26,000
1923 Model 6-43, 6-cyl.						
Tr	1,420	4,250	7,080	15,930	24,780	35,400
Sed	940	2,830	4,720	10,620	16,520	23,600
1923 Model 6-63, 6-cyl.						
Tr	1,460	4,390	7,320	16,470	25,620	36,600
Spt Tr	1,510	4,540	7,560	17,010	26,460	37,800
Brgm	990	2,980	4,960	11,160	17,360	24,800
Sed	940	2,830	4,720	10,620	16,520	23,600

	6	5	4	3	2	1
1923 Model 6-51, 6-cyl.						
Phae	1,510	4,540	7,560	17,010	26,460	37,800
Tr.	1,460	4,390	7,320	16,470	25,620	36,600
Spt Tr	1,560	4,670	7,780	17,510	27,230	38,900
Brgm	1,040	3,120	5,200	11,700	18,200	26,000
Sed	990	2,980	4,960	11,160	17,360	24,800
1924 Model 6-43, 6-cyl.						
Tr.	1,420	4,250	7,080	15,930	24,780	35,400
Spt Tr	1,460	4,390	7,320	16,470	25,620	36,600
Sed	940	2,830	4,720	10,620	16,520	23,600
Cpe	990	2,980	4,960	11,160	17,360	24,800
2d	940	2,830	4,720	10,620	16,520	23,600
1924 Model 6-63, 6-cyl.						
Tr.	1,460	4,390	7,320	16,470	25,620	36,600
Spt Tr	1,560	4,670	7,780	17,510	27,230	38,900
Sed	990	2,980	4,960	11,160	17,360	24,800
Brgm	1,040	3,120	5,200	11,700	18,200	26,000
1925 Model 8-36, 8-cyl.						
Tr.	1,700	5,100	8,500	19,130	29,750	42,500
2d Brgm.	960	2,880	4,800	10,800	16,800	24,000
4d Sed.	960	2,880	4,800	10,800	16,800	24,000
1925 Model 6-43, 6-cyl.						
Phae	1,680	5,040	8,400	18,900	29,400	42,000
Spt Phae	1,720	5,160	8,600	19,350	30,100	43,000
Cpe	1,040	3,120	5,200	11,700	18,200	26,000
4d Sed.	990	2,980	4,960	11,160	17,360	24,800
2d Sed.	940	2,830	4,720	10,620	16,520	23,600
1925 Model 6-66, 6-cyl.						
Rds	1,600	4,810	8,020	18,050	28,070	40,100
Brgm	900	2,690	4,480	10,080	15,680	22,400
4d	940	2,830	4,720	10,620	16,520	23,600
Tr.	1,650	4,960	8,260	18,590	28,910	41,300
1925 Model 8-88, 8-cyl.						
Rds	1,890	5,680	9,460	21,290	33,110	47,300
4d Sed 5P	1,230	3,700	6,160	13,860	21,560	30,800
4d Sed 7P	1,230	3,700	6,160	13,860	21,560	30,800
Brgm	1,180	3,550	5,920	13,320	20,720	29,600
Tr.	1,890	5,680	9,460	21,290	33,110	47,300
1926 Model 4-44, 4-cyl., 42 hp						
Tr.	1,560	4,670	7,780	17,510	27,230	38,900
Rds	1,600	4,810	8,020	18,050	28,070	40,100
Cpe	1,230	3,680	6,140	13,820	21,490	30,700
4d Sed.	1,180	3,540	5,900	13,280	20,650	29,500
1926 Model 6-66, 6-cyl., 48 hp						
Rds	1,760	5,280	8,800	19,800	30,800	44,000
Tr.	1,720	5,160	8,600	19,350	30,100	43,000
Brgm	1,180	3,540	5,900	13,280	20,650	29,500
4d Sed.	1,230	3,680	6,140	13,820	21,490	30,700
Cpe	1,280	3,830	6,380	14,360	22,330	31,900
1926 Model 8-88, 8-cyl., 88 hp, 129" wb						
Rds	2,100	6,300	10,500	23,630	36,750	52,500
Tr.	2,040	6,120	10,200	22,950	35,700	51,000
Cpe	1,560	4,680	7,800	17,550	27,300	39,000
Brgm	1,470	4,400	7,340	16,520	25,690	36,700
5P Sed	1,470	4,400	7,340	16,520	25,690	36,700
7P Sed	1,490	4,480	7,460	16,790	26,110	37,300
1926 Model 8-88, 8-cyl., 88 hp, 146" wb						
7P Sed	1,280	3,830	6,380	14,360	22,330	31,900
1927 Model 6-66, 6-cyl., 66 hp						
Rds	1,750	5,240	8,740	19,670	30,590	43,700
Tr.	1,720	5,160	8,600	19,350	30,100	43,000
Brgm	1,230	3,680	6,140	13,820	21,490	30,700
Sed	1,280	3,830	6,380	14,360	22,330	31,900
1927 Model 8-77, 8-cyl., 77 hp						
Rds	1,800	5,400	9,000	20,250	31,500	45,000
Tr.	1,760	5,280	8,800	19,800	30,800	44,000
Brgm	1,280	3,830	6,380	14,360	22,330	31,900
Sed	1,280	3,830	6,380	14,360	22,330	31,900
1927 Model 8-88, 8-cyl., 88 hp, 129" wb						
Tr.	2,130	6,380	10,640	23,940	37,240	53,200
Rds	2,180	6,530	10,880	24,480	38,080	54,400
Cpe	1,610	4,820	8,040	18,090	28,140	40,200
Brgm	1,470	4,400	7,340	16,520	25,690	36,700
Sed	1,470	4,400	7,340	16,520	25,690	36,700
Spt Sed	1,540	4,620	7,700	17,330	26,950	38,500

AUBURN

	6	5	4	3	2	1
1927 Model 8-88, 8-cyl., 88 hp, 146" wb						
7P Sed	1,530	4,580	7,640	17,190	26,740	38,200
Tr	2,190	6,580	10,960	24,660	38,360	54,800
1928 Model 6-66, 6-cyl., 66 hp						
Rds	1,980	5,930	9,880	22,230	34,580	49,400
Cabr	1,930	5,780	9,640	21,690	33,740	48,200
Sed	1,310	3,920	6,540	14,720	22,890	32,700
Spt Sed	1,360	4,070	6,780	15,260	23,730	33,900
1928 Model 8-77, 8-cyl., 77 hp						
Rds	2,260	6,780	11,300	25,430	39,550	56,500
Cabr	2,220	6,660	11,100	24,980	38,850	55,500
Sed	1,570	4,700	7,840	17,640	27,440	39,200
Spt Sed	1,620	4,860	8,100	18,230	28,350	40,500
1928 Model 8-88, 8-cyl., 88 hp						
Rds	2,300	6,900	11,500	25,880	40,250	57,500
Tr	2,260	6,780	11,300	25,430	39,550	56,500
Cabr	2,260	6,780	11,300	25,430	39,550	56,500
Sed	1,570	4,700	7,840	17,640	27,440	39,200
Spt Sed	1,620	4,860	8,100	18,230	28,350	40,500
1928 Model 8-88, 8-cyl., 88 hp, 136" wb						
7P Sed	1,900	5,700	9,500	21,380	33,250	47,500
1928 SECOND SERIES Model 76, 6-cyl.						
Rds	2,240	6,720	11,200	25,200	39,200	56,000
Cabr	2,160	6,480	10,800	24,300	37,800	54,000
Sed	1,340	4,020	6,700	15,080	23,450	33,500
Spt Sed	1,400	4,200	7,000	15,750	24,500	35,000
1928 Model 88, 8-cyl.						
Spds	5,060	15,180	25,300	56,930	88,550	126,500
Rds	2,860	8,580	14,300	32,180	50,050	71,500
Cabr	2,420	7,260	12,100	27,230	42,350	60,500
Sed	1,620	4,860	8,100	18,230	28,350	40,500
Spt Sed	1,660	4,980	8,300	18,680	29,050	41,500
Phae	2,780	8,340	13,900	31,280	48,650	69,500
1928 Model 115, 8-cyl.						
Spds	5,220	15,660	26,100	58,730	91,350	130,500
Rds	2,980	8,940	14,900	33,530	52,150	74,500
Cabr	2,700	8,100	13,500	30,380	47,250	67,500
Sed	1,700	5,100	8,500	19,130	29,750	42,500
Spt Sed	1,740	5,220	8,700	19,580	30,450	43,500
Phae	2,920	8,760	14,600	32,850	51,100	73,000
1929 Model 76, 6-cyl.						
Rds	2,440	7,320	12,200	27,450	42,700	61,000
Tr	2,300	6,910	11,520	25,920	40,320	57,600
Cabr	2,260	6,780	11,300	25,430	39,550	56,500
Vic	1,560	4,680	7,800	17,550	27,300	39,000
Sed	1,360	4,080	6,800	15,300	23,800	34,000
Spt Sed	1,400	4,200	7,000	15,750	24,500	35,000
1929 Model 88, 8-cyl.						
Spds	5,680	17,040	28,400	63,900	99,400	142,000
Rds	4,060	12,180	20,300	45,680	71,050	101,500
Tr	3,340	10,020	16,700	37,580	58,450	83,500
Cabr	3,480	10,440	17,400	39,150	60,900	87,000
Vic	1,870	5,620	9,360	21,060	32,760	46,800
Sed	1,600	4,800	8,000	18,000	28,000	40,000
Spt Sed	1,640	4,920	8,200	18,450	28,700	41,000
Phae	3,580	10,740	17,900	40,280	62,650	89,500
1929 Model 115, 8-cyl.						
Spds	7,000	21,000	35,000	78,750	122,500	175,000
Rds	4,120	12,360	20,600	46,350	72,100	103,000
Cabr	3,560	10,680	17,800	40,050	62,300	89,000
Vic	1,930	5,800	9,660	21,740	33,810	48,300
Sed	1,600	4,800	8,000	18,000	28,000	40,000
Spt Sed	1,680	5,040	8,400	18,900	29,400	42,000
Phae	4,060	12,180	20,300	45,680	71,050	101,500
1929 Model 6-80, 6-cyl.						
Tr	3,020	9,060	15,100	33,980	52,850	75,500
Cabr	3,060	9,180	15,300	34,430	53,550	76,500
Vic	1,480	4,440	7,400	16,650	25,900	37,000
Sed	1,360	4,080	6,800	15,300	23,800	34,000
Spt Sed	1,400	4,200	7,000	15,750	24,500	35,000
1929 Model 8-90, 8-cyl.						
Spds	7,000	21,000	35,000	78,750	122,500	175,000
Tr	4,100	12,300	20,500	46,130	71,750	102,500
Cabr	4,280	12,840	21,400	48,150	74,900	107,000
Phae	4,520	13,560	22,600	50,850	79,100	113,000
Vic	2,120	6,360	10,600	23,850	37,100	53,000

	6	5	4	3	2	1
Sed	1,650	4,940	8,240	18,540	28,840	41,200
Spt Sed	1,700	5,090	8,480	19,080	29,680	42,400
1929 Model 120, 8-cyl.						
Spds	920	2,770	4,620	10,400	16,170	23,100
Cabr	4,480	13,440	22,400	50,400	78,400	112,000
Phae	4,580	13,740	22,900	51,530	80,150	114,500
Vic	2,020	6,060	10,100	22,730	35,350	50,500
Sed	1,700	5,100	8,500	19,130	29,750	42,500
7P Sed	1,790	5,380	8,960	20,160	31,360	44,800
Spt Sed	1,740	5,230	8,720	19,620	30,520	43,600
1930 Model 6-85, 6-cyl.						
Cabr	4,800	14,400	24,000	54,000	84,000	120,000
Sed	1,500	4,500	7,500	16,880	26,250	37,500
Spt Sed	1,550	4,640	7,740	17,420	27,090	38,700
1930 Model 8-95, 8-cyl.						
Cabr	4,640	13,920	23,200	52,200	81,200	116,000
Phae	4,720	14,160	23,600	53,100	82,600	118,000
Sed	1,840	5,520	9,200	20,700	32,200	46,000
Spt Sed	1,880	5,640	9,400	21,150	32,900	47,000
1930 Model 125, 8-cyl.						
Cabr	4,520	13,560	22,600	50,850	79,100	113,000
Phae	4,620	13,850	23,080	51,930	80,780	115,400
Sed	1,880	5,640	9,400	21,150	32,900	47,000
Spt Sed	1,930	5,780	9,640	21,690	33,740	48,200
1931 Model 8-98, 8-cyl., Standard, 127" wb						
Spds	7,200	21,600	36,000	81,000	126,000	180,000
Cabr	4,900	14,700	24,500	55,130	85,750	122,500
Phae	4,940	14,820	24,700	55,580	86,450	123,500
Cpe	1,860	5,580	9,300	20,930	32,550	46,500
2d Brgm	1,780	5,340	8,900	20,030	31,150	44,500
5P Sed	1,840	5,510	9,180	20,660	32,130	45,900
1901 Model 0-00, 0 cyl., 136" wb						
7P Sed	1,600	4,790	7,980	17,960	27,930	39,900
1931 Model 8-98A, 8-cyl., Custom, 127" wb						
Spds	6,960	20,880	34,800	78,300	121,800	174,000
Cabr	5,160	15,470	25,780	58,010	90,230	128,900
Phae	5,240	15,720	26,200	58,950	91,700	131,000
Cpe	1,870	5,620	9,360	21,060	32,760	46,800
2d Brgm	1,730	5,180	8,640	19,440	30,240	43,200
4d Sed	1,780	5,340	8,900	20,030	31,150	44,500
1931 Model 8-98, 8-cyl., 136" wb						
7P Sed	1,920	5,760	9,600	21,600	33,600	48,000
1932 Model 8-100, 8-cyl., Custom, 127" wb						
Spds	7,420	22,260	37,100	83,480	129,850	185,500
Cabr	5,280	15,840	26,400	59,400	92,400	132,000
Phae	5,440	16,320	27,200	61,200	95,200	136,000
Cpe	1,940	5,820	9,700	21,830	33,950	48,500
2d Brgm	1,810	5,440	9,060	20,390	31,710	45,300
4d Sed	1,860	5,580	9,300	20,930	32,550	46,500
1932 Model 8-100, 8-cyl., 136" wb						
7P Sed	2,070	6,200	10,340	23,270	36,190	51,700
1932 Model 8-100A, 8-cyl., Custom Dual Ratio, 127" wb						
Spds	8,600	25,800	43,000	96,750	150,500	215,000
Cabr	6,320	18,960	31,600	71,100	110,600	158,000
Phae	6,560	19,680	32,800	73,800	114,800	164,000
Cpe	2,080	6,240	10,400	23,400	36,400	52,000
2d Brgm	1,880	5,640	9,400	21,150	32,900	47,000
4d Sed	1,920	5,760	9,600	21,600	33,600	48,000
1932 Model 8-100A, 8-cyl., 136" wb						
7P Sed	2,070	6,200	10,340	23,270	36,190	51,700
1932 Model 12-160, 12-cyl., Standard						
Spds	9,680	29,040	48,400	108,900	169,400	242,000
Cabr	7,400	22,200	37,000	83,250	129,500	185,000
Phae	7,640	22,920	38,200	85,950	133,700	191,000
Cpe	2,480	7,440	12,400	27,900	43,400	62,000
2d Brgm	1,900	5,700	9,500	21,380	33,250	47,500
4d Sed	1,980	5,940	9,900	22,280	34,650	49,500
1932 Model 12-160A, 12-cyl., Custom Dual Ratio						
Spds	10,240	30,720	51,200	115,200	179,200	256,000
Cabr	8,080	24,240	40,400	90,900	141,400	202,000
Phae	8,360	25,080	41,800	94,050	146,300	209,000
Cpe	2,880	8,640	14,400	32,400	50,400	72,000
2d Brgm	2,160	6,480	10,800	24,300	37,800	54,000
4d Sed	2,220	6,660	11,100	24,980	38,850	55,500
1933 Model 8-101, 8-cyl., Standard, 127" wb						
Spds	7,200	21,600	36,000	81,000	126,000	180,000

	6	5	4	3	2	1
Cabr	4,720	14,160	23,600	53,100	82,600	118,000
Phae	4,840	14,520	24,200	54,450	84,700	121,000
Cpe	1,840	5,520	9,200	20,700	32,200	46,000
2d Brgm	1,580	4,740	7,900	17,780	27,650	39,500
4d Sed	1,580	4,730	7,880	17,730	27,580	39,400
1933 Model 8-101, 8-cyl., 136" wb						
7P Sed	1,640	4,920	8,200	18,450	28,700	41,000
1933 Model 8-101A, 8-cyl., Custom Dual Ratio, 127" wb						
Spds	7,320	21,960	36,600	82,350	128,100	183,000
Cabr	4,800	14,400	24,000	54,000	84,000	120,000
Phae	4,920	14,760	24,600	55,350	86,100	123,000
Cpe	2,000	6,000	10,000	22,500	35,000	50,000
2d Brgm	1,660	4,980	8,300	18,680	29,050	41,500
4d Sed	1,670	5,020	8,360	18,810	29,260	41,800
1933 Model 8-101A, 8-cyl., 136" wb						
7P Sed	1,770	5,320	8,860	19,940	31,010	44,300
1933 Model 8-105, 8-cyl., Salon Dual Ratio						
Spds	7,680	23,040	38,400	86,400	134,400	192,000
Cabr	5,680	17,040	28,400	63,900	99,400	142,000
Phae	5,740	17,220	28,700	64,580	100,450	143,500
2d Brgm	1,900	5,700	9,500	21,380	33,250	47,500
4d Sed	1,770	5,320	8,860	19,940	31,010	44,300
1933 Model 12-161, 12-cyl., Standard						
Spds	7,680	23,040	38,400	86,400	134,400	192,000
Cabr	6,720	20,160	33,600	75,600	117,600	168,000
Phae	6,820	20,460	34,100	76,730	119,350	170,500
Cpe	2,220	6,660	11,100	24,980	38,850	55,500
2d Brgm	1,960	5,880	9,800	22,050	34,300	49,000
4d Sed	1,980	5,940	9,900	22,280	34,650	49,500
1933 Model 12-161A, 12-cyl., Custom Dual Ratio						
Spds	8,960	26,880	44,800	100,800	156,800	224,000
Cabr	7,040	21,120	35,200	79,200	123,200	176,000
Phae	7,180	21,540	35,900	80,780	125,650	179,500
Cpe	2,400	7,200	12,000	27,000	42,000	60,000
2d Brgm	2,240	6,720	11,200	25,200	39,200	56,000
4d Sed	2,260	6,780	11,300	25,430	39,550	56,500
1933 Model 12-165, 12-cyl., Salon Dual Ratio						
Spds	9,520	28,560	47,600	107,100	166,600	238,000
Cabr	7,440	22,320	37,200	83,700	130,200	186,000
Phae	7,580	22,740	37,900	85,280	132,650	189,500
2d Brgm	2,300	6,900	11,500	25,880	40,250	57,500
4d Sed	2,320	6,960	11,600	26,100	40,600	58,000
1934 Model 652X, 6-cyl., Standard						
Cabr	3,420	10,260	17,100	38,480	59,850	85,500
2d Brgm	1,320	3,960	6,600	14,850	23,100	33,000
4d Sed	1,400	4,200	7,000	15,750	24,500	35,000
1934 Model 652Y, 6-cyl., Custom						
Cabr	4,020	12,060	20,100	45,230	70,350	100,500
Phae	4,220	12,670	21,120	47,520	73,920	105,600
2d Brgm	1,900	5,700	9,500	21,380	33,250	47,500
4d Sed	1,860	5,580	9,300	20,930	32,550	46,500
1934 Model 850X, 8-cyl., Standard						
Cabr	4,240	12,720	21,200	47,700	74,200	106,000
2d Brgm	1,960	5,880	9,800	22,050	34,300	49,000
4d Sed	1,940	5,820	9,700	21,830	33,950	48,500
1934 Model 850Y, 8-cyl., Dual Ratio						
Cabr	5,440	16,320	27,200	61,200	95,200	136,000
Phae	5,000	15,000	25,000	56,250	87,500	125,000
2d Brgm	2,240	6,720	11,200	25,200	39,200	56,000
4d Sed	2,310	6,940	11,560	26,010	40,460	57,800
1934 Model 1250, 12-cyl., Salon Dual Ratio						
Cabr	7,600	22,800	38,000	85,500	133,000	190,000
Phae	8,000	24,000	40,000	90,000	140,000	200,000
2d Brgm	2,340	7,020	11,700	26,330	40,950	58,500
4d Sed	2,360	7,080	11,800	26,550	41,300	59,000
1935 Model 6-653, 6-cyl., Standard						
Cabr	3,840	11,520	19,200	43,200	67,200	96,000
Phae	3,980	11,940	19,900	44,780	69,650	99,500
Cpe	1,940	5,820	9,700	21,830	33,950	48,500
2d Brgm	1,880	5,640	9,400	21,150	32,900	47,000
4d Sed	1,890	5,660	9,440	21,240	33,040	47,200
1935 Model 6-653, 6-cyl., Custom Dual Ratio						
Cabr	4,240	12,720	21,200	47,700	74,200	106,000
Phae	4,400	13,200	22,000	49,500	77,000	110,000
Cpe	2,060	6,180	10,300	23,180	36,050	51,500
2d Brgm	1,890	5,660	9,440	21,240	33,040	47,200
4d Sed	1,940	5,820	9,700	21,830	33,950	48,500

	6	5	4	3	2	1
1935 Model 6-653, 6-cyl., Salon Dual Ratio						
Cabr	4,640	13,920	23,200	52,200	81,200	116,000
Phae	4,840	14,520	24,200	54,450	84,700	121,000
Cpe	2,090	6,260	10,440	23,490	36,540	52,200
2d Brgm	1,950	5,860	9,760	21,960	34,160	48,800
4d Sed	1,940	5,820	9,700	21,830	33,950	48,500
1935 Model 8-851, 8-cyl., Standard						
Cabr	4,420	13,260	22,100	49,730	77,350	110,500
Phae	4,440	13,320	22,200	49,950	77,700	111,000
Cpe	2,060	6,180	10,300	23,180	36,050	51,500
2d Brgm	2,000	6,000	10,000	22,500	35,000	50,000
4d Sed	2,050	6,140	10,240	23,040	35,840	51,200
1935 Model 8-851, 8-cyl., Custom Dual Ratio						
Cabr	4,840	14,520	24,200	54,450	84,700	121,000
Phae	5,040	15,120	25,200	56,700	88,200	126,000
Cpe	2,240	6,720	11,200	25,200	39,200	56,000
2d Brgm	2,040	6,120	10,200	22,950	35,700	51,000
4d Sed	2,090	6,280	10,460	23,540	36,610	52,300
1935 Model 8-851, 8-cyl., Salon Dual Ratio						
Cabr	4,960	14,880	24,800	55,800	86,800	124,000
Phae	5,140	15,420	25,700	57,830	89,950	128,500
Cpe	2,280	6,840	11,400	25,650	39,900	57,000
2d Brgm	2,080	6,240	10,400	23,400	36,400	52,000
4d Sed	2,120	6,350	10,580	23,810	37,030	52,900
1935 Model 8-851, 8-cyl., Supercharged Dual Ratio						
Spds	6,000	18,000	30,000	67,500	105,000	150,000
Cabr	5,700	17,100	28,500	64,130	99,750	142,500
Phae	5,800	17,400	29,000	65,250	101,500	145,000
Cpe	2,360	7,080	11,800	26,550	41,300	59,000
2d Brgm	2,140	6,420	10,700	24,080	37,450	53,500
4d Sed	2,080	6,240	10,400	23,400	36,400	52,000
1936 Model 6-654, 6-cyl., Standard						
Cabr	3,880	11,630	19,380	43,610	67,830	96,900
Phae	4,020	12,070	20,120	45,270	70,420	100,600
Cpe	1,940	5,820	9,700	21,830	33,950	48,500
2d Brgm	1,860	5,580	9,300	20,930	32,550	46,500
4d Sed	1,910	5,720	9,540	21,470	33,390	47,700
1936 Model 6-654, 6-cyl., Custom Dual Ratio						
Cabr	4,260	12,780	21,300	47,930	74,550	106,500
Phae	4,400	13,200	22,000	49,500	77,000	110,000
Cpe	2,040	6,120	10,200	22,950	35,700	51,000
2d Brgm	1,880	5,640	9,400	21,150	32,900	47,000
4d Sed	1,920	5,760	9,600	21,600	33,600	48,000
1936 Model 6-654, 6-cyl., Salon Dual Ratio						
Cabr	5,340	16,020	26,700	60,080	93,450	133,500
Phae	5,540	16,620	27,700	62,330	96,950	138,500
Cpe	2,080	6,240	10,400	23,400	36,400	52,000
2d Brgm	1,940	5,820	9,700	21,830	33,950	48,500
4d Sed	1,970	5,900	9,840	22,140	34,440	49,200
1936 Model 8-852, 8-cyl., Standard						
Cabr	5,940	17,820	29,700	66,830	103,950	148,500
Phae	6,140	18,420	30,700	69,080	107,450	153,500
Cpe	2,140	6,420	10,700	24,080	37,450	53,500
2d Brgm	1,930	5,780	9,640	21,690	33,740	48,200
4d Sed	1,960	5,880	9,800	22,050	34,300	49,000
1936 Model 8-852, 8-cyl., Custom Dual Ratio						
Cabr	5,840	17,520	29,200	65,700	102,200	146,000
Phae	6,080	18,240	30,400	68,400	106,400	152,000
Cpe	2,160	6,480	10,800	24,300	37,800	54,000
2d Brgm	1,960	5,880	9,800	22,050	34,300	49,000
4d Sed	1,980	5,940	9,900	22,280	34,650	49,500
1936 Model 8-852, 8-cyl., Salon Dual Ratio						
Cabr	5,860	17,590	29,320	65,970	102,620	146,600
Phae	6,200	18,600	31,000	69,750	108,500	155,000
Cpe	2,260	6,790	11,320	25,470	39,620	56,600
2d Brgm	2,070	6,200	10,340	23,270	36,190	51,700
4d Sed	2,120	6,350	10,580	23,810	37,030	52,900
1936 Model 8-852, 8-cyl., Supercharged Dual Ratio						
Spds	11,000	33,000	55,000	123,750	192,500	275,000
Cabr	6,160	18,480	30,800	69,300	107,800	154,000
Phae	6,280	18,840	31,400	70,650	109,900	157,000
Cpe	2,360	7,080	11,800	26,550	41,300	59,000
2d Brgm	2,120	6,350	10,580	23,810	37,030	52,900
4d Sed	2,160	6,490	10,820	24,350	37,870	54,100

BUICK

	6	5	4	3	2	1
1904 Model B, 2-cyl.						
Tr			value not estimable			
1905 Model C, 2-cyl.						
Tr	2,040	6,120	10,200	22,950	35,700	51,000
1906 Model F & G, 2-cyl.						
Tr	1,980	5,940	9,900	22,280	34,650	49,500
Rds	1,920	5,760	9,600	21,600	33,600	48,000
1907 Model F & G, 2-cyl.						
Tr	1,980	5,940	9,900	22,280	34,650	49,500
Rds	1,920	5,760	9,600	21,600	33,600	48,000
1907 Model D, S, K & H, 4-cyl.						
Tr	2,040	6,120	10,200	22,950	35,700	51,000
Rds	1,940	5,820	9,700	21,830	33,950	48,500
1908 Model F & G, 2-cyl.						
Tr	2,260	6,780	11,300	25,430	39,550	56,500
Rds	2,160	6,480	10,800	24,300	37,800	54,000
1908 Model D & S, 4-cyl.						
Tr	2,200	6,600	11,000	24,750	38,500	55,000
Rds	2,160	6,480	10,800	24,300	37,800	54,000
1908 Model 10, 4-cyl.						
Tr	2,160	6,480	10,800	24,300	37,800	54,000
1908 Model 5, 4-cyl.						
Tr	2,280	6,840	11,400	25,650	39,900	57,000
1909 Model G, (only 6 built in 1909)						
Rds	2,400	7,200	12,000	27,000	42,000	60,000
1909 Model F & G						
Tr	2,200	6,600	11,000	24,750	38,500	55,000
Rds	2,260	6,780	11,300	25,430	39,550	56,500
1909 Model 10, 4-cyl.						
Tr	2,200	6,600	11,000	24,750	38,500	55,000
Rds	2,260	6,780	11,300	25,430	39,550	56,500
1909 Model 16 & 17, 4-cyl.						
Rds	2,240	6,720	11,200	25,200	39,200	56,000
Tr	2,260	6,780	11,300	25,430	39,550	56,500
1910 Model 6, 2-cyl.						
Tr	2,000	6,000	10,000	22,500	35,000	50,000
1910 Model F, 2-cyl.						
Tr	1,900	5,710	9,520	21,420	33,320	47,600
1910 Model 14, 2-cyl.						
Rds	1,880	5,640	9,400	21,150	32,900	47,000
1910 Model 10, 4-cyl.						
Tr	1,770	5,300	8,840	19,890	30,940	44,200
Rds	1,810	5,440	9,060	20,390	31,710	45,300
1910 Model 19, 4-cyl.						
Tr	2,040	6,120	10,200	22,950	35,700	51,000
1910 Model 16 & 17, 4-cyl.						
Rds	2,020	6,060	10,100	22,730	35,350	50,500
Tr	1,960	5,870	9,780	22,010	34,230	48,900
1910 Model 7, 4-cyl.						
Tr	2,160	6,480	10,800	24,300	37,800	54,000
1910 Model 41, 4-cyl.						
Limo	1,960	5,880	9,800	22,050	34,300	49,000
1911 Model 14, 2-cyl.						
Rds	1,720	5,160	8,600	19,350	30,100	43,000
1911 Model 21, 4-cyl.						
Tr	1,760	5,280	8,800	19,800	30,800	44,000
1911 Model 26 & 27, 4-cyl.						
Rds	1,800	5,400	9,000	20,250	31,500	45,000
Tr	1,740	5,220	8,700	19,580	30,450	43,500
1911 Model 32 & 33						
Rds	1,780	5,340	8,900	20,030	31,150	44,500
Tr	1,740	5,220	8,700	19,580	30,450	43,500
1911 Model 38 & 39, 4-cyl.						
Rds	1,980	5,950	9,920	22,320	34,720	49,600
Tr	1,940	5,810	9,680	21,780	33,880	48,400
Limo	2,690	8,080	13,460	30,290	47,110	67,300
1912 Model 34, 35 & 36, 4-cyl.						
Rds	1,780	5,340	8,900	20,030	31,150	44,500
Tr	1,740	5,220	8,700	19,580	30,450	43,500
1912 Model 28 & 29, 4-cyl.						
Rds	1,790	5,380	8,960	20,160	31,360	44,800
Tr	1,750	5,240	8,740	19,670	30,590	43,700
1912 Model 43, 4-cyl.						
Tr	1,790	5,380	8,960	20,160	31,360	44,800

	6	5	4	3	2	1
1913 Model 30 & 31, 4-cyl.						
Rds	1,740	5,220	8,700	19,580	30,450	43,500
Tr	1,690	5,080	8,460	19,040	29,610	42,300
1913 Model 40, 4-cyl.						
Tr	1,750	5,240	8,740	19,670	30,590	43,700
1913 Model 24 & 25, 4-cyl.						
Rds	1,860	5,570	9,280	20,880	32,480	46,400
Tr	1,790	5,380	8,960	20,160	31,360	44,800
1914 Model B-24 & B-25, 4-cyl.						
Rds	1,750	5,240	8,740	19,670	30,590	43,700
Tr	1,700	5,100	8,500	19,130	29,750	42,500
1914 Model B-36, B-37 & B-38, 4-cyl.						
Rds	1,790	5,380	8,960	20,160	31,360	44,800
Tr	1,750	5,240	8,740	19,670	30,590	43,700
Cpe	1,600	4,810	8,020	18,050	28,070	40,100
1914 Model B-55, 6-cyl.						
7P Tr	1,790	5,380	8,960	20,160	31,360	44,800
1915 Model C-24 & C-25, 4-cyl.						
Rds	1,790	5,380	8,960	20,160	31,360	44,800
Tr	1,750	5,240	8,740	19,670	30,590	43,700
1915 Model C-36 & C-37, 4-cyl.						
Rds	1,860	5,570	9,280	20,880	32,480	46,400
Tr	1,790	5,380	8,960	20,160	31,360	44,800
1915 Model C-54 & C-55, 6-cyl.						
Rds	1,890	5,660	9,440	21,240	33,040	47,200
Tr	1,860	5,570	9,280	20,880	32,480	46,400
1916 Model D-54 & D-55, 6-cyl.						
Rds	1,790	5,380	8,960	20,160	31,360	44,800
Tr	1,750	5,240	8,740	19,670	30,590	43,700
1916-17 Model D-34 & D-35, 4-cyl.						
Rds	1,700	5,100	8,500	19,130	29,750	42,500
Tr	1,650	4,900	8,260	18,590	28,910	41,300
1916-17 Model D-44 & D-45, 6-cyl.						
Rds	1,650	4,960	8,260	18,590	28,910	41,300
Tr	1,700	5,100	8,500	19,130	29,750	42,500
1916-17 Model D-46 & D-47, 6-cyl.						
Conv Cpe	1,540	4,620	7,700	17,330	26,950	38,500
Sed	1,240	3,720	6,200	13,950	21,700	31,000
1918 Model E-34 & E-35, 4-cyl.						
Rds	1,560	4,670	7,780	17,510	27,230	38,900
Tr	1,510	4,540	7,560	17,010	26,460	37,800
1918 Model E-37, 4-cyl.						
Sed	1,160	3,480	5,800	13,050	20,300	29,000
1918 Model E-44, E-45 & E-49, 6-cyl.						
Rds	1,600	4,810	8,020	18,050	28,070	40,100
Tr	1,560	4,670	7,780	17,510	27,230	38,900
7P Tr	1,650	4,960	8,260	18,590	28,910	41,300
1918 Model E-46, E-47 & E-50, 6-cyl.						
Conv Cpe	1,420	4,250	7,080	15,930	24,780	35,400
Sed	1,180	3,540	5,900	13,280	20,650	29,500
7P Sed	1,280	3,840	6,400	14,400	22,400	32,000
1919 Model H-44, H-45 & H-49, 6-cyl.						
2d Rds	1,560	4,670	7,780	17,510	27,230	38,900
4d Tr	1,510	4,540	7,560	17,010	26,460	37,800
4d 7P Tr	1,600	4,810	8,020	18,050	28,070	40,100
1919 Model H-46, H-47 & H-50, 6-cyl.						
2d Cpe	1,230	3,680	6,140	13,820	21,490	30,700
4d Sed	1,080	3,240	5,400	12,150	18,900	27,000
4d 7P Sed	1,120	3,360	5,600	12,600	19,600	28,000
1920 Model K, 6-cyl.						
2d Cpe K-46	1,200	3,600	6,000	13,500	21,000	30,000
4d Sed K-47	1,020	3,060	5,100	11,480	17,850	25,500
2d Rds K-44	1,480	4,440	7,400	16,650	25,900	37,000
4d Tr K-49	1,440	4,320	7,200	16,200	25,200	36,000
4d Tr K-45	1,400	4,200	7,000	15,750	24,500	35,000
4d 7P Sed K-50	1,040	3,120	5,200	11,700	18,200	26,000
1921 Series 40, 6-cyl.						
2d Rds	1,460	4,390	7,320	16,470	25,620	36,600
4d Tr	1,420	4,250	7,080	15,930	24,780	35,400
4d 7P Tr	1,460	4,390	7,320	16,470	25,620	36,600
2d Cpe	920	2,760	4,600	10,350	16,100	23,000
4d Sed	880	2,640	4,400	9,900	15,400	22,000
2d Ewb Cpe	960	2,880	4,800	10,800	16,800	24,000
4d 7P Sed	920	2,760	4,600	10,350	16,100	23,000
1921-22 Series 30, 4-cyl.						
2d Rds	1,370	4,100	6,840	15,390	23,940	34,200

	6	5	4	3	2	1
4d Tr.	1,320	3,960	6,600	14,850	23,100	33,000
2d Cpe OS	880	2,640	4,400	9,900	15,400	22,000
4d Sed	760	2,280	3,800	8,550	13,300	19,000
1921-22 Series 40, 6-cyl.						
2d Rds	1,460	4,390	7,320	16,470	25,620	36,600
4d Tr.	1,420	4,250	7,080	15,930	24,780	35,400
4d 7P Tr	1,460	4,390	7,320	16,470	25,620	36,600
4d Sed	760	2,280	3,800	8,550	13,300	19,000
2d Cpe	1,000	3,000	5,000	11,250	17,500	25,000
4d 7P Sed	980	2,940	4,900	11,030	17,150	24,500
4d 50 7P Limo	1,060	3,180	5,300	11,930	18,550	26,500
1923 Series 30, 4-cyl.						
2d Rds	1,280	3,840	6,400	14,400	22,400	32,000
2d Spt Rds	1,320	3,960	6,600	14,850	23,100	33,000
4d Tr.	1,280	3,840	6,400	14,400	22,400	32,000
2d Cpe	960	2,880	4,800	10,800	16,800	24,000
4d Sed	760	2,280	3,800	8,550	13,300	19,000
4d Tr Sed	920	2,760	4,600	10,350	16,100	23,000
1923 Series 40, 6-cyl.						
2d Rds	1,360	4,080	6,800	15,300	23,800	34,000
4d Tr.	1,340	4,020	6,700	15,080	23,450	33,500
4d 7P Tr	1,320	3,960	6,600	14,850	23,100	33,000
2d Cpe	940	2,830	4,720	10,620	16,520	23,600
4d Sed	920	2,760	4,600	10,350	16,100	23,000
1923 Master Series 50, 6-cyl.						
2d Spt Rds	1,370	4,100	6,840	15,390	23,940	34,200
4d Spt Tr	1,420	4,250	7,080	15,930	24,780	35,400
4d 7P Sed	940	2,830	4,720	10,620	16,520	23,600
1924 Standard Series 30, 4-cyl.						
2d Rds	1,420	4,250	7,080	15,930	24,780	35,400
4d Tr.	1,370	4,100	6,840	15,390	23,940	34,200
2d Cpe	900	2,690	4,480	10,080	15,680	22,400
4d Sed	800	2,410	4,020	9,050	14,070	20,100
1924 Master Series 40, 6-cyl.						
2d Rds	1,460	4,390	7,320	16,470	25,620	36,600
4d Tr.	1,420	4,250	7,080	15,930	24,780	35,400
4d 7P Tr	1,460	4,390	7,320	16,470	25,620	36,600
2d Cpe	940	2,830	4,720	10,620	16,520	23,600
4d Sed	850	2,540	4,240	9,540	14,840	21,200
4d Demi Sed	870	2,620	4,360	9,810	15,260	21,800
1924 Master Series 50, 6-cyl.						
2d Spt Rds	1,420	4,250	7,080	15,930	24,780	35,400
4d Spt Tr	1,460	4,390	7,320	16,470	25,620	36,600
2d Cabr Cpe	1,370	4,100	6,840	15,390	23,940	34,200
4d Town Car.	1,080	3,250	5,420	12,200	18,970	27,100
4d 7P Sed	990	2,980	4,960	11,160	17,360	24,800
4d Brgm Sed	1,040	3,120	5,200	11,700	18,200	26,000
4d Limo	1,130	3,400	5,660	12,740	19,810	28,300
1925 Standard Series 20, 6-cyl.						
2d Rds	1,280	3,830	6,380	14,360	22,330	31,900
2d Spt Rds	1,320	3,960	6,600	14,850	23,100	33,000
2d Encl Rds	1,370	4,100	6,840	15,390	23,940	34,200
4d Tr.	1,230	3,680	6,140	13,820	21,490	30,700
4d Encl Tr.	1,320	3,960	6,600	14,850	23,100	33,000
2d Bus Cpe	1,040	3,120	5,200	11,700	18,200	26,000
2d Cpe	1,060	3,180	5,300	11,930	18,550	26,500
4d Sed	940	2,830	4,720	10,620	16,520	23,600
4d Demi Sed	950	2,840	4,740	10,670	16,590	23,700
1925 Master Series 40, 6-cyl.						
2d Rds	1,370	4,100	6,840	15,390	23,940	34,200
2d Encl Rds	1,420	4,250	7,080	15,930	24,780	35,400
4d Tr.	1,320	3,960	6,600	14,850	23,100	33,000
4d Encl Tr.	1,420	4,250	7,080	15,930	24,780	35,400
2d Cpe	1,080	3,250	5,420	12,200	18,970	27,100
2d Sed	940	2,830	4,720	10,620	16,520	23,600
4d Sed	990	2,980	4,960	11,160	17,360	24,800
1925 Master Series 50, 6-cyl.						
2d Spt Rds	1,420	4,250	7,080	15,930	24,780	35,400
4d Spt Tr	1,460	4,390	7,320	16,470	25,620	36,600
2d Cabr Cpe	1,460	4,390	7,320	16,470	25,620	36,600
4d 7P Sed	1,080	3,250	5,420	12,200	18,970	27,100
4d Limo	1,130	3,400	5,660	12,740	19,810	28,300
4d Brgm Sed	1,180	3,540	5,900	13,280	20,650	29,500
4d Town Car.	1,280	3,830	6,380	14,360	22,330	31,900
1926 Standard Series, 6-cyl.						
2d Rds	1,320	3,960	6,600	14,850	23,100	33,000

	6	5	4	3	2	1
4d Tr	1,280	3,830	6,380	14,360	22,330	31,900
2d 2P Cpe	1,180	3,540	5,900	13,280	20,650	29,500
2d 4P Cpe	1,130	3,400	5,660	12,740	19,810	28,300
2d Sed	990	2,980	4,960	11,160	17,360	24,800
4d Sed	1,040	3,120	5,200	11,700	18,200	26,000
1926 Master Series, 6-cyl.						
2d Rds	1,370	4,100	6,840	15,390	23,940	34,200
4d Tr	1,320	3,960	6,600	14,850	23,100	33,000
2d Spt Rds	1,420	4,250	7,080	15,930	24,780	35,400
4d Spt Tr	1,460	4,390	7,320	16,470	25,620	36,600
2d 4P Cpe	1,230	3,680	6,140	13,820	21,490	30,700
2d Spt Cpe	1,280	3,830	6,380	14,360	22,330	31,900
2d Sed	1,130	3,400	5,660	12,740	19,810	28,300
4d Sed	1,180	3,540	5,900	13,280	20,650	29,500
4d Brgm	1,230	3,680	6,140	13,820	21,490	30,700
4d 7P Sed	1,280	3,830	6,380	14,360	22,330	31,900
1927 Series 115, 6-cyl.						
2d Rds	1,320	3,960	6,600	14,850	23,100	33,000
4d Tr	1,280	3,830	6,380	14,360	22,330	31,900
2d 2P Cpe	1,130	3,400	5,660	12,740	19,810	28,300
2d 4P RS Cpe	1,180	3,540	5,900	13,280	20,650	29,500
2d Spt Cpe	1,530	4,600	7,660	17,240	26,810	38,300
2d Sed	990	2,980	4,960	11,160	17,360	24,800
4d Sed	1,040	3,120	5,200	11,700	18,200	26,000
4d Brgm	1,080	3,250	5,420	12,200	18,970	27,100
1927 Series 120, 6-cyl.						
2d 4P Cpe	1,180	3,540	5,900	13,280	20,650	29,500
2d Sed	1,040	3,120	5,200	11,700	18,200	26,000
4d Sed	1,080	3,250	5,420	12,200	18,970	27,100
1927 Series 128, 6-cyl.						
2d Spt Rds	1,460	4,390	7,320	16,470	25,620	36,600
4d Spt Tr	1,510	4,540	7,560	17,010	26,460	37,800
2d Conv	1,370	4,100	6,840	15,390	23,940	34,200
2d 5P Cpe	1,230	3,680	6,140	13,820	21,490	30,700
2d Spt Cpe RS	1,280	3,830	6,380	14,360	22,330	31,900
4d 7P Sed	1,130	3,400	5,660	12,740	19,810	28,300
4d Brgm	1,180	3,540	5,900	13,280	20,650	29,500
1928 Series 115, 6-cyl.						
2d Rds	1,320	3,960	6,600	14,850	23,100	33,000
4d Tr	1,280	3,830	6,380	14,360	22,330	31,900
2d 2P Cpe	1,040	3,120	5,200	11,700	18,200	26,000
2d Spt Cpe	1,080	3,250	5,420	12,200	18,970	27,100
2d Sed	940	2,830	4,720	10,620	16,520	23,600
4d Sed	990	2,980	4,960	11,160	17,360	24,800
4d Brgm	1,040	3,120	5,200	11,700	18,200	26,000
1928 Series 120, 6-cyl.						
2d Cpe	1,080	3,250	5,420	12,200	18,970	27,100
4d Sed	990	2,980	4,960	11,160	17,360	24,800
4d Brgm	1,040	3,120	5,200	11,700	18,200	26,000
1928 Series 128, 6-cyl.						
2d Spt Rds	1,510	4,540	7,560	17,010	26,460	37,800
4d Spt Tr	1,560	4,670	7,780	17,510	27,230	38,900
2d 5P Cpe	1,080	3,250	5,420	12,200	18,970	27,100
2d Spt Cpe	1,130	3,400	5,660	12,740	19,810	28,300
4d 7P Sed	1,040	3,120	5,200	11,700	18,200	26,000
4d Brgm	1,080	3,250	5,420	12,200	18,970	27,100
1929 Series 116, 6-cyl.						
4d Spt Tr	1,650	4,960	8,260	18,590	28,910	41,300
2d Bus Cpe	1,180	3,540	5,900	13,280	20,650	29,500
2d RS Cpe	1,280	3,830	6,380	14,360	22,330	31,900
2d Sed	940	2,830	4,720	10,620	16,520	23,600
4d Sed	1,060	3,180	5,300	11,930	18,550	26,500
1929 Series 121, 6-cyl.						
2d Spt Rds	1,700	5,100	8,500	19,130	29,750	42,500
2d Bus Cpe	1,230	3,680	6,140	13,820	21,490	30,700
2d RS Cpe	1,320	3,960	6,600	14,850	23,100	33,000
2d 4P Cpe	1,280	3,830	6,380	14,360	22,330	31,900
4d Sed	1,030	3,080	5,140	11,570	17,990	25,700
4d CC Sed	1,060	3,180	5,300	11,930	18,550	26,500
1929 Series 129, 6-cyl.						
2d Conv	1,890	5,660	9,440	21,240	33,040	47,200
4d Spt Tr	1,790	5,380	8,960	20,160	31,360	44,800
4d 7P Tr	1,650	4,960	8,260	18,590	28,910	41,300
2d 5P Cpe	1,280	3,830	6,380	14,360	22,330	31,900
4d CC Sed	1,180	3,540	5,900	13,280	20,650	29,500
4d 7P Sed	1,230	3,680	6,140	13,820	21,490	30,700
4d Limo	1,280	3,830	6,380	14,360	22,330	31,900

BUICK

	6	5	4	3	2	1
1930 Series 40, 6-cyl.						
2d Rds	2,160	6,490	10,820	24,350	37,870	54,100
4d Phae	2,120	6,350	10,580	23,810	37,030	52,900
2d Bus Cpe	1,380	4,130	6,880	15,480	24,080	34,400
2d RS Cpe	1,520	4,570	7,620	17,150	26,670	38,100
2d Sed	1,160	3,480	5,800	13,050	20,300	29,000
4d Sed	1,240	3,720	6,200	13,950	21,700	31,000
1930 Series 50, 6-cyl.						
2d 4P Cpe	1,430	4,280	7,140	16,070	24,990	35,700
4d Sed	1,200	3,600	6,000	13,500	21,000	30,000
1930 Series 60, 6-cyl.						
2d RS Rds	2,360	7,080	11,800	26,550	41,300	59,000
4d 7P Tr	2,070	6,200	10,340	23,270	36,190	51,700
2d RS Spt Cpe	1,770	5,320	8,860	19,940	31,010	44,300
2d 5P Cpe	1,670	5,020	8,360	18,810	29,260	41,800
4d Sed	1,330	3,980	6,640	14,940	23,240	33,200
4d 7P Sed	1,380	4,130	6,880	15,480	24,080	34,400
4d Limo	1,430	4,280	7,140	16,070	24,990	35,700
1930 Marquette - Series 30, 6-cyl.						
2d Spt Rds	1,840	5,520	9,200	20,700	32,200	46,000
4d Phae	1,800	5,400	9,000	20,250	31,500	45,000
2d Bus Cpe	1,240	3,720	6,200	13,950	21,700	31,000
2d RS Cpe	1,320	3,960	6,600	14,850	23,100	33,000
2d Sed	960	2,880	4,800	10,800	16,800	24,000
4d Sed	1,040	3,120	5,200	11,700	18,200	26,000
1931 Series 50, 8-cyl.						
2d Spt Rds	2,260	6,790	11,320	25,470	39,620	56,600
4d Phae	2,220	6,650	11,080	24,930	38,780	55,400
2d Bus Cpe	1,500	4,500	7,500	16,880	26,250	37,500
2d RS Cpe	1,580	4,740	7,900	17,780	27,650	39,500
2d Sed	1,200	3,600	6,000	13,500	21,000	30,000
4d Sed	1,240	3,720	6,200	13,950	21,700	31,000
2d Conv	2,160	6,490	10,820	24,350	37,870	54,100
1931 Series 60, 8-cyl.						
2d Spt Rds	2,410	7,240	12,060	27,140	42,210	60,300
4d Phae	2,360	7,080	11,800	26,550	41,300	59,000
2d Bus Cpe	1,520	4,570	7,620	17,150	26,670	38,100
2d RS Cpe	1,580	4,730	7,880	17,730	27,580	39,400
4d Sed	1,230	3,700	6,160	13,860	21,560	30,800
1931 Series 80, 8-cyl.						
2d Cpe	1,680	5,040	8,400	18,900	29,400	42,000
4d Sed	1,360	4,080	6,800	15,300	23,800	34,000
4d 7P Sed	1,400	4,200	7,000	15,750	24,500	35,000
1931 Series 90, 8-cyl.						
2d Spt Rds	3,000	9,000	15,000	33,750	52,500	75,000
4d 7P Tr	2,610	7,820	13,040	29,340	45,640	65,200
2d 5P Cpe	2,160	6,480	10,800	24,300	37,800	54,000
2d RS Cpe	2,120	6,360	10,600	23,850	37,100	53,000
2d Conv	2,900	8,710	14,520	32,670	50,820	72,600
4d 5P Sed	1,840	5,520	9,200	20,700	32,200	46,000
4d 7P Sed	1,880	5,640	9,400	21,150	32,900	47,000
4d Limo	1,960	5,880	9,800	22,050	34,300	49,000
1932 Series 50, 8-cyl.						
4d Spt Phae	2,260	6,790	11,320	25,470	39,620	56,600
2d Conv	2,310	6,940	11,560	26,010	40,460	57,800
2d Phae	2,360	7,080	11,800	26,550	41,300	59,000
2d Bus Cpe	1,230	3,700	6,160	13,860	21,560	30,800
2d RS Cpe	1,280	3,840	6,400	14,400	22,400	32,000
2d Vic Cpe	1,330	3,980	6,640	14,940	23,240	33,200
4d Sed	1,080	3,240	5,400	12,150	18,900	27,000
4d Spt Sed	1,120	3,360	5,600	12,600	19,600	28,000
1932 Series 60, 8-cyl.						
4d Spt Phae	2,310	6,940	11,560	26,010	40,460	57,800
2d Conv	2,360	7,080	11,800	26,550	41,300	59,000
2d Phae	2,410	7,240	12,060	27,140	42,210	60,300
2d Bus Cpe	1,280	3,840	6,400	14,400	22,400	32,000
2d RS Cpe	1,330	3,980	6,640	14,940	23,240	33,200
2d Vic Cpe	1,380	4,130	6,880	15,480	24,080	34,400
4d Sed	1,200	3,600	6,000	13,500	21,000	30,000
1932 Series 80, 8-cyl.						
2d Vic Cpe	1,320	3,960	6,600	14,850	23,100	33,000
4d Sed	1,240	3,720	6,200	13,950	21,700	31,000
1932 Series 90, 8-cyl.						
4d 7P Sed	1,880	5,640	9,400	21,150	32,900	47,000
4d Limo	1,960	5,880	9,800	22,050	34,300	49,000
4d Clb Sed	1,870	5,600	9,340	21,020	32,690	46,700

	6	5	4	3	2	1
4d Spt Phae	2,950	8,860	14,760	33,210	51,660	73,800
2d Phae	3,000	9,000	15,000	33,750	52,500	75,000
2d Conv Cpe	2,900	8,710	14,520	32,670	50,820	72,600
2d RS Cpe	2,120	6,360	10,600	23,850	37,100	53,000
2d Vic Cpe	2,040	6,120	10,200	22,950	35,700	51,000
4d 5P Sed	1,880	5,640	9,400	21,150	32,900	47,000
1933 Series 50, 8-cyl.						
2d Conv	1,820	5,460	9,100	20,480	31,850	45,500
2d Bus Cpe	1,080	3,240	5,400	12,150	18,900	27,000
2d RS Spt Cpe	1,130	3,400	5,660	12,740	19,810	28,300
2d Vic Cpe	1,230	3,700	6,160	13,860	21,560	30,800
4d Sed	1,040	3,120	5,200	11,700	18,200	26,000
1933 Series 60, 8-cyl.						
2d Conv Cpe	1,970	5,900	9,840	22,140	34,440	49,200
4d Phae	2,120	6,350	10,580	23,810	37,030	52,900
2d Spt Cpe	1,230	3,700	6,160	13,860	21,560	30,800
2d Vic Cpe	1,430	4,280	7,140	16,070	24,990	35,700
4d Sed	1,220	3,660	6,100	13,730	21,350	30,500
1933 Series 80, 8-cyl.						
2d Conv	2,260	6,790	11,320	25,470	39,620	56,600
4d Phae	2,410	7,240	12,060	27,140	42,210	60,300
2d Spt Cpe	1,520	4,570	7,620	17,150	26,670	38,100
2d Vic	1,580	4,730	7,880	17,730	27,580	39,400
4d Sed	1,320	3,960	6,600	14,850	23,100	33,000
1933 Series 90, 8-cyl.						
2d Vic	2,040	6,120	10,200	22,950	35,700	51,000
4d 5P Sed	1,880	5,640	9,400	21,150	32,900	47,000
4d 7P Sed	1,920	5,760	9,600	21,600	33,600	48,000
4d Clb Sed	1,840	5,520	9,200	20,700	32,200	46,000
4d Limo	1,960	5,880	9,800	22,050	34,300	49,000
1934 Special Series 40, 8-cyl.						
2d Bus Cpe	1,130	3,400	5,660	12,740	19,810	28,300
2d RS Cpe	1,180	3,540	5,900	13,280	20,650	29,500
2d Tr Sed	1,030	3,100	5,160	11,610	18,060	25,800
4d Tr Sed	1,130	3,400	5,660	12,740	19,810	28,300
4d Sed	1,080	3,240	5,400	12,150	18,900	27,000
1934 Series 50, 8-cyl.						
2d Conv	2,220	6,650	11,080	24,930	38,780	55,400
2d Bus Cpe	1,280	3,840	6,400	14,400	22,400	32,000
2d Spt Cpe	1,380	4,130	6,880	15,480	24,080	34,400
2d Vic Cpe	1,480	4,430	7,380	16,610	25,830	36,900
4d Sed	1,130	3,400	5,660	12,740	19,810	28,300
1934 Series 60, 8-cyl.						
2d Conv	2,260	6,790	11,320	25,470	39,620	56,600
4d Phae	2,310	6,940	11,560	26,010	40,460	57,800
2d Spt Cpe	1,430	4,280	7,140	16,070	24,990	35,700
2d Vic	1,520	4,570	7,620	17,150	26,670	38,100
4d Sed	1,180	3,540	5,900	13,280	20,650	29,500
4d Clb Sed	1,560	4,680	7,800	17,550	27,300	39,000
1934 Series 90, 8-cyl.						
2d Conv	2,310	6,940	11,560	26,010	40,460	57,800
4d Phae	2,400	7,200	12,000	27,000	42,000	60,000
4d Spt Cpe	1,920	5,760	9,600	21,600	33,600	48,000
4d 5P Sed	1,880	5,640	9,400	21,150	32,900	47,000
4d 7P Sed	1,920	5,760	9,600	21,600	33,600	48,000
4d Clb Sed	1,840	5,520	9,200	20,700	32,200	46,000
4d Limo	1,960	5,880	9,800	22,050	34,300	49,000
2d Vic	2,040	6,120	10,200	22,950	35,700	51,000
1935 Special Series 40, 8-cyl.						
2d Conv	1,920	5,760	9,600	21,600	33,600	48,000
2d Bus Cpe	1,180	3,540	5,900	13,280	20,650	29,500
2d RS Spt Cpe	1,560	4,680	7,800	17,550	27,300	39,000
2d Sed	1,080	3,240	5,400	12,150	18,900	27,000
2d Tr Sed	1,120	3,360	5,600	12,600	19,600	28,000
4d Sed	1,160	3,480	5,800	13,050	20,300	29,000
4d Tr Sed	1,200	3,600	6,000	13,500	21,000	30,000
1935 Series 50, 8-cyl.						
2d Conv	2,160	6,490	10,820	24,350	37,870	54,100
2d Bus Cpe	1,280	3,840	6,400	14,400	22,400	32,000
2d Spt Cpe	1,400	4,200	7,000	15,750	24,500	35,000
2d Vic	1,480	4,440	7,400	16,650	25,900	37,000
4d Sed	1,200	3,600	6,000	13,500	21,000	30,000
1935 Series 60, 8-cyl.						
2d Conv	2,220	6,650	11,080	24,930	38,780	55,400
4d Phae	2,260	6,790	11,320	25,470	39,620	56,600
2d Vic	1,480	4,430	7,380	16,610	25,830	36,900

	6	5	4	3	2	1
4d Sed	1,200	3,600	6,000	13,500	21,000	30,000
4d Clb Sed	1,280	3,840	6,400	14,400	22,400	32,000
2d Spt Cpe	1,430	4,280	7,140	16,070	24,990	35,700
1935 Series 90, 8-cyl.						
2d Conv	2,310	6,940	11,560	26,010	40,460	57,800
4d Phae	2,400	7,200	12,000	27,000	42,000	60,000
2d Spt Cpe	1,920	5,760	9,600	21,600	33,600	48,000
2d Vic	2,040	6,120	10,200	22,950	35,700	51,000
4d 5P Sed	1,880	5,640	9,400	21,150	32,900	47,000
4d 7P Sed	1,920	5,760	9,600	21,600	33,600	48,000
4d Limo	1,960	5,880	9,800	22,050	34,300	49,000
4d Clb Sed	1,840	5,520	9,200	20,700	32,200	46,000
1936 Special Series 40, 8-cyl.						
2d Conv	1,970	5,900	9,840	22,140	34,440	49,200
2d Bus Cpe	1,330	3,980	6,640	14,940	23,240	33,200
2d RS Cpe	1,380	4,130	6,880	15,480	24,080	34,400
2d Sed	1,280	3,840	6,400	14,400	22,400	32,000
4d Sed	1,200	3,600	6,000	13,500	21,000	30,000
1936 Century Series 60, 8-cyl.						
2d Conv	2,260	6,790	11,320	25,470	39,620	56,600
2d RS Cpe	1,520	4,570	7,620	17,150	26,670	38,100
2d Sed	1,200	3,600	6,000	13,500	21,000	30,000
4d Sed	1,430	4,280	7,140	16,070	24,990	35,700
1936 Roadmaster Series 80, 8-cyl.						
4d Phae	2,310	6,940	11,560	26,010	40,460	57,800
4d Sed	1,480	4,430	7,380	16,610	25,830	36,900
1936 Limited Series 90, 8-cyl.						
4d Sed	1,880	5,640	9,400	21,150	32,900	47,000
4d 7P Sed	1,920	5,760	9,600	21,600	33,600	48,000
4d Fml Sed	2,080	6,240	10,400	23,400	36,400	52,000
4d 7P Limo	1,960	5,880	9,800	22,050	34,300	49,000
1937 Special Series 40, 8-cyl.						
2d Conv	2,110	6,320	10,540	23,720	36,890	52,700
4d Phae	2,150	6,460	10,760	24,210	37,660	53,800
2d Bus Cpe	1,220	3,650	6,080	13,680	21,280	30,400
2d Spt Cpe	1,260	3,790	6,320	14,220	22,120	31,600
2d FBk	1,320	3,960	6,600	14,850	23,100	33,000
2d Sed	1,280	3,840	6,400	14,400	22,400	32,000
4d FBk Sed	1,240	3,720	6,200	13,950	21,700	31,000
4d Sed	1,200	3,600	6,000	13,500	21,000	30,000
1937 Century Series 60, 8-cyl.						
2d Conv	2,200	6,600	11,000	24,750	38,500	55,000
4d Phae	2,250	6,740	11,240	25,290	39,340	56,200
2d Spt Cpe	1,360	4,070	6,780	15,260	23,730	33,900
2d FBk	1,320	3,960	6,600	14,850	23,100	33,000
2d Sed	1,280	3,840	6,400	14,400	22,400	32,000
4d FBk Sed	1,240	3,720	6,200	13,950	21,700	31,000
4d Sed	1,200	3,600	6,000	13,500	21,000	30,000
1937 Roadmaster Series 80, 8-cyl.						
4d Sed	1,400	4,210	7,020	15,800	24,570	35,100
4d Fml Sed	1,450	4,360	7,260	16,340	25,410	36,300
4d Phae	2,200	6,600	11,000	24,750	38,500	55,000
1937 Limited Series 90, 8-cyl.						
4d Sed	1,880	5,640	9,400	21,150	32,900	47,000
4d 7P Sed	1,920	5,760	9,600	21,600	33,600	48,000
4d Fml Sed	2,080	6,240	10,400	23,400	36,400	52,000
4d Limo	1,960	5,880	9,800	22,050	34,300	49,000
1938 Special Series 40, 8-cyl.						
2d Conv	2,150	6,460	10,760	24,210	37,660	53,800
4d Phae	2,200	6,600	11,000	24,750	38,500	55,000
2d Bus Cpe	1,220	3,650	6,080	13,680	21,280	30,400
2d Spt Cpe	1,260	3,790	6,320	14,220	22,120	31,600
2d FBk	1,320	3,960	6,600	14,850	23,100	33,000
2d Sed	1,280	3,840	6,400	14,400	22,400	32,000
4d FBk Sed	1,240	3,720	6,200	13,950	21,700	31,000
4d Sed	1,200	3,600	6,000	13,500	21,000	30,000
1938 Century Series 60, 8-cyl.						
2d Conv	2,290	6,880	11,460	25,790	40,110	57,300
4d Phae	2,340	7,020	11,700	26,330	40,950	58,500
2d Spt Cpe	1,480	4,440	7,400	16,650	25,900	37,000
2d Sed	1,280	3,840	6,400	14,400	22,400	32,000
4d FBk Sed	1,360	4,080	6,800	15,300	23,800	34,000
4d Sed	1,200	3,600	6,000	13,500	21,000	30,000
1938 Roadmaster Series 80, 8-cyl.						
4d Phae	2,440	7,320	12,200	27,450	42,700	61,000
4d FBk Sed	1,440	4,320	7,200	16,200	25,200	36,000

	6	5	4	3	2	1
4d Sed.	1,240	3,720	6,200	13,950	21,700	31,000
4d Fml Sed	1,800	5,400	9,000	20,250	31,500	45,000
1938 Limited Series 90, 8-cyl.						
4d Sed.	1,880	5,640	9,400	21,150	32,900	47,000
4d 7P Sed	1,920	5,760	9,600	21,600	33,600	48,000
4d Limo	1,960	5,880	9,800	22,050	34,300	49,000
1939 Special Series 40, 8-cyl.						
2d Conv.	2,290	6,880	11,460	25,790	40,110	57,300
4d Phae.	2,340	7,020	11,700	26,330	40,950	58,500
2d Bus Cpe	1,310	3,940	6,560	14,760	22,960	32,800
2d Spt Cpe	1,360	4,070	6,780	15,260	23,730	33,900
2d Sed.	1,220	3,650	6,080	13,680	21,280	30,400
4d Sed.	1,080	3,240	5,400	12,150	18,900	27,000
1939 Century Series 60, 8-cyl.						
2d Conv.	2,430	7,300	12,160	27,360	42,560	60,800
4d Phae.	2,480	7,440	12,400	27,900	43,400	62,000
2d Spt Cpe	1,450	4,360	7,260	16,340	25,410	36,300
2d Sed.	1,310	3,940	6,560	14,760	22,960	32,800
4d Sed.	1,200	3,600	6,000	13,500	21,000	30,000
1939 Roadmaster Series 80, 8-cyl.						
4d Phae FBk	2,670	8,000	13,340	30,020	46,690	66,700
4d Phae.	2,530	7,580	12,640	28,440	44,240	63,200
4d FBk Sed	1,310	3,940	6,560	14,760	22,960	32,800
4d Sed.	1,260	3,790	6,320	14,220	22,120	31,600
4d Fml Sed	1,400	4,210	7,020	15,800	24,570	35,100
1939 Limited Series 90, 8-cyl.						
4d Sed.	1,880	5,640	9,400	21,150	32,900	47,000
4d 8P Sed	1,920	5,760	9,600	21,600	33,600	48,000
4d Limo	1,960	5,880	9,800	22,050	34,300	49,000
1940 Special Series 40, 8-cyl.						
2d Conv.	2,430	7,300	12,160	27,360	42,560	60,800
4d Phae.	2,480	7,440	12,400	27,900	43,400	62,000
2d Bus Cpe	1,260	3,790	6,320	14,220	22,120	31,600
2d Spt Cpe	1,360	4,070	6,780	15,260	23,730	33,900
2d Sed.	1,220	3,650	6,080	13,680	21,280	30,400
4d Sed.	1,080	3,240	5,400	12,150	18,900	27,000
1940 Super Series 50, 8-cyl.						
2d Conv.	2,480	7,440	12,400	27,900	43,400	62,000
4d Phae.	2,530	7,580	12,640	28,440	44,240	63,200
2d Cpe.	1,360	4,070	6,780	15,260	23,730	33,900
4d Sed.	1,080	3,230	5,380	12,110	18,830	26,900
4d Estate Sta Wag	3,200	9,600	16,000	36,000	56,000	80,000
1940 Century Series 60, 8-cyl.						
2d Conv.	2,530	7,580	12,640	28,440	44,240	63,200
4d Phae.	2,580	7,730	12,880	28,980	45,080	64,400
2d Bus Cpe	1,450	4,360	7,260	16,340	25,410	36,300
2d Spt Cpe	1,500	4,490	7,480	16,830	26,180	37,400
4d Sed.	1,170	3,520	5,860	13,190	20,510	29,300
1940 Roadmaster Series 70, 8-cyl.						
2d Conv.	2,900	8,700	14,500	32,630	50,750	72,500
2d Cpe.	1,540	4,630	7,720	17,370	27,020	38,600
4d Sed.	1,260	3,790	6,320	14,220	22,120	31,600
4d Phae.	2,950	8,840	14,740	33,170	51,590	73,700
1940 Limited Series 80, 8-cyl.						
4d FBk Phae.	3,200	9,600	16,000	36,000	56,000	80,000
4d Phae.	3,120	9,360	15,600	35,100	54,600	78,000
4d FBk Sed	1,680	5,040	8,400	18,900	29,400	42,000
4d Sed.	1,450	4,360	7,260	16,340	25,410	36,300
4d Fml Sed	1,800	5,400	9,000	20,250	31,500	45,000
4d Fml FBk	1,920	5,760	9,600	21,600	33,600	48,000
1940 Limited Series 90, 8-cyl.						
4d 7P Sed	1,880	5,640	9,400	21,150	32,900	47,000
4d Fml Sed	1,960	5,880	9,800	22,050	34,300	49,000
4d Limo	1,920	5,760	9,600	21,600	33,600	48,000
1941 Special Series 40-A, 8-cyl.						
2d Conv.	2,430	7,300	12,160	27,360	42,560	60,800
2d Bus Cpe	1,260	3,790	6,320	14,220	22,120	31,600
2d Spt Cpe	1,310	3,940	6,560	14,760	22,960	32,800
4d Sed.	1,080	3,230	5,380	12,110	18,830	26,900
1941 Special Series 40-B, 8-cyl.						
2d Bus Cpe	1,360	4,070	6,780	15,260	23,730	33,900
2d S'net	1,720	5,160	8,600	19,350	30,100	43,000
4d Trg Sed	1,200	3,600	6,000	13,500	21,000	30,000
4d Estate Sta Wag	3,200	9,600	16,000	36,000	56,000	80,000
1941 Super Series 50, 8-cyl.						
2d Conv.	2,530	7,580	12,640	28,440	44,240	63,200

	6	5	4	3	2	1
4d Phae	2,620	7,860	13,100	29,480	45,850	65,500
2d Cpe	1,430	4,280	7,140	16,070	24,990	35,700
4d Sed	1,200	3,600	6,000	13,500	21,000	30,000
1941 Century Series 60, 8-cyl.						
2d Bus Cpe	1,450	4,360	7,260	16,340	25,410	36,300
2d S'net	1,800	5,400	9,000	20,250	31,500	45,000
4d Sed	1,260	3,790	6,320	14,220	22,120	31,600
1941 Roadmaster Series 70, 8-cyl.						
2d Conv	3,000	8,990	14,980	33,710	52,430	74,900
4d Phae	3,040	9,130	15,220	34,250	53,270	76,100
2d Cpe	1,540	4,630	7,720	17,370	27,020	38,600
4d Sed	1,310	3,940	6,560	14,760	22,960	32,800
1941 Limited Series 90, 8-cyl.						
4d 7P Sed	1,880	5,640	9,400	21,150	32,900	47,000
4d Sed	1,800	5,400	9,000	20,250	31,500	45,000
4d Fml Sed	1,960	5,880	9,800	22,050	34,300	49,000
4d Limo	1,920	5,760	9,600	21,600	33,600	48,000
1942 Special Series 40-A, 8-cyl.						
2d Bus Cpe	1,240	3,720	6,200	13,950	21,700	31,000
2d S'net	1,400	4,200	7,000	15,750	24,500	35,000
2d 3P S'net	1,400	4,200	7,000	15,750	24,500	35,000
2d Conv	2,080	6,240	10,400	23,400	36,400	52,000
4d Sed	1,240	3,720	6,200	13,950	21,700	31,000
1942 Special Series 40-B, 8-cyl.						
2d 3P S'net	1,440	4,320	7,200	16,200	25,200	36,000
2d S'net	1,420	4,260	7,100	15,980	24,850	35,500
4d Sed	1,260	3,780	6,300	14,180	22,050	31,500
4d Estate Sta Wag	3,200	9,600	16,000	36,000	56,000	80,000
1942 Super Series 50, 8-cyl.						
2d Conv	2,430	7,300	12,160	27,360	42,560	60,800
2d S'net	1,480	4,440	7,400	16,650	25,900	37,000
4d Sed	1,280	3,840	6,400	14,400	22,400	32,000
1942 Century Series 60, 8-cyl.						
2d S'net	1,520	4,560	7,600	17,100	26,600	38,000
4d Sed	1,320	3,960	6,600	14,850	23,100	33,000
1942 Roadmaster Series 70, 8-cyl.						
2d Conv	2,760	8,280	13,800	31,050	48,300	69,000
2d S'net	1,560	4,680	7,800	17,550	27,300	39,000
4d Sed	1,360	4,080	6,800	15,300	23,800	34,000
1942 Limited Series 90, 8-cyl.						
4d 8P Sed	1,880	5,640	9,400	21,150	32,900	47,000
4d Sed	1,800	5,400	9,000	20,250	31,500	45,000
4d Fml Sed	1,960	5,880	9,800	22,050	34,300	49,000
4d Limo	1,920	5,760	9,600	21,600	33,600	48,000
1946-48 Special Series 40, 8-cyl.						
2d S'net	1,040	3,120	5,200	11,700	18,200	26,000
4d Sed	920	2,760	4,600	10,350	16,100	23,000
1946-48 Super Series 50, 8-cyl.						
2d Conv	2,200	6,600	11,000	24,750	38,500	55,000
2d S'net	1,080	3,240	5,400	12,150	18,900	27,000
4d Sed	980	2,940	4,900	11,030	17,150	24,500
4d Estate Sta Wag	3,860	11,580	19,300	43,430	67,550	96,500
1946-48 Roadmaster Series 70, 8-cyl.						
2d Conv	2,560	7,680	12,800	28,800	44,800	64,000
2d S'net	1,200	3,600	6,000	13,500	21,000	30,000
4d Sed	1,120	3,360	5,600	12,600	19,600	28,000
4d Estate Sta Wag (1947-48 only)	4,060	12,180	20,300	45,680	71,050	101,500
1949 Special Series 40, 8-cyl.						
2d S'net	1,080	3,240	5,400	12,150	18,900	27,000
4d Sed	960	2,880	4,800	10,800	16,800	24,000
1949 Super Series 50, 8-cyl.						
2d Conv	2,200	6,600	11,000	24,750	38,500	55,000
2d S'net	1,080	3,240	5,400	12,150	18,900	27,000
4d Sed	1,040	3,120	5,200	11,700	18,200	26,000
4d Estate Sta Wag	3,660	10,980	18,300	41,180	64,050	91,500
1949 Roadmaster Series 70, 8-cyl.						
2d Conv	2,520	7,560	12,600	28,350	44,100	63,000
2d Riv HT	1,560	4,680	7,800	17,550	27,300	39,000
2d S'net	1,200	3,600	6,000	13,500	21,000	30,000
4d Sed	1,160	3,480	5,800	13,050	20,300	29,000
4d Estate Sta Wag	3,860	11,580	19,300	43,430	67,550	96,500

NOTE: Add 10 percent for sweap spear side trim on late 1949 Roadmaster models.

1950 Special Series 40, 8-cyl., 121-1/2" wb

	6	5	4	3	2	1
2d Bus Cpe	800	2,400	4,000	9,000	14,000	20,000
2d S'net	920	2,760	4,600	10,350	16,100	23,000
4d S'net	840	2,520	4,200	9,450	14,700	21,000
4d Tr Sed	800	2,400	4,000	9,000	14,000	20,000

	6	5	4	3	2	1
1950 Special DeLuxe Series 40, 8-cyl., 121-1/2" wb						
2d S'net	960	2,880	4,800	10,800	16,800	24,000
4d S'net	880	2,640	4,400	9,900	15,400	22,000
4d Tr Sed	840	2,520	4,200	9,450	14,700	21,000
1950 Super Series 50, 8-cyl.						
2d Conv	1,480	4,440	7,400	16,650	25,900	37,000
2d Riv HT	1,080	3,240	5,400	12,150	18,900	27,000
2d S'net	1,000	3,000	5,000	11,250	17,500	25,000
4d Sed	880	2,640	4,400	9,900	15,400	22,000
4d Estate Sta Wag	3,660	10,980	18,300	41,180	64,050	91,500
1950 Roadmaster Series 70, 8-cyl.						
2d Conv	1,880	5,640	9,400	21,150	32,900	47,000
2d Riv HT	1,360	4,080	6,800	15,300	23,800	34,000
2d S'net	1,120	3,360	5,600	12,600	19,600	28,000
4d Sed 71	920	2,760	4,600	10,350	16,100	23,000
4d Sed 72	960	2,880	4,800	10,800	16,800	24,000
4d Estate Sta Wag	3,860	11,580	19,300	43,430	67,550	96,500
4d Riv Sed DeL	960	2,880	4,800	10,800	16,800	24,000
1951-52 Special Series 40, 8-cyl., 121-1/2" wb						
2d Bus Cpe (1951 only)	800	2,400	4,000	9,000	14,000	20,000
2d Sed (1951 only)	760	2,280	3,800	8,550	13,300	19,000
4d Sed	760	2,280	3,800	8,550	13,300	19,000
2d Spt Cpe	800	2,400	4,000	9,000	14,000	20,000
1951-52 Special DeLuxe Series 40, 8-cyl., 121-1/2" wb						
4d Sed	800	2,400	4,000	9,000	14,000	20,000
2d Sed	800	2,400	4,000	9,000	14,000	20,000
2d Riv HT	1,080	3,240	5,400	12,150	18,900	27,000
2d Conv	1,400	4,200	7,000	15,750	24,500	35,000
1951-52 Super Series 50, 8-cyl.						
2d Conv	1,480	4,440	7,400	16,650	25,900	37,000
2d Riv HT	1,200	3,600	6,000	13,500	21,000	30,000
4d Estate Sta Wag	3,660	10,980	18,300	41,180	64,050	91,500
2d S'net (1951 only)	960	2,880	4,800	10,800	16,800	24,000
4d Sed	880	2,640	4,400	9,900	15,400	22,000
1951-52 Roadmaster Series 70, 8-cyl.						
2d Conv	1,600	4,800	8,000	18,000	28,000	40,000
2d Riv HT	1,360	4,080	6,800	15,300	23,800	34,000
4d Estate Sta Wag	3,860	11,580	19,300	43,430	67,550	96,500
4d Riv Sed	960	2,880	4,800	10,800	16,800	24,000
1953 Special Series 40, 8-cyl.						
4d Sed	840	2,520	4,200	9,450	14,700	21,000
2d Sed	860	2,580	4,300	9,680	15,050	21,500
2d Riv HT	1,080	3,240	5,400	12,150	18,900	27,000
2d Conv	1,480	4,440	7,400	16,650	25,900	37,000
1953 Super Series 50, V-8						
2d Riv HT	1,240	3,720	6,200	13,950	21,700	31,000
2d Conv	1,600	4,800	8,000	18,000	28,000	40,000
4d Estate Sta Wag	3,740	11,220	18,700	42,080	65,450	93,500
4d Riv Sed	880	2,640	4,400	9,900	15,400	22,000
1953 Roadmaster Series 70, V-8						
2d Riv HT	1,400	4,200	7,000	15,750	24,500	35,000
2d Skylark	7,380	22,140	36,900	83,030	129,150	184,500
2d Conv	1,720	5,160	8,600	19,350	30,100	43,000
4d Estate Sta Wag	3,940	11,820	19,700	44,330	68,950	98,500
4d Riv Sed	960	2,880	4,800	10,800	16,800	24,000
1954 Special Series 40, V-8						
4d Sed	760	2,280	3,800	8,550	13,300	19,000
2d Sed	760	2,280	3,800	8,550	13,300	19,000
2d Riv HT	1,160	3,480	5,800	13,050	20,300	29,000
2d Conv	1,520	4,560	7,600	17,100	26,600	38,000
4d Sta Wag	1,040	3,120	5,200	11,700	18,200	26,000
1954 Century Series 60, V-8						
4d DeL	800	2,400	4,000	9,000	14,000	20,000
2d Riv HT	1,280	3,840	6,400	14,400	22,400	32,000
2d Conv	1,840	5,520	9,200	20,700	32,200	46,000
4d Sta Wag	1,080	3,240	5,400	12,150	18,900	27,000
1954 Super Series 50, V-8						
4d Sed	760	2,280	3,800	8,550	13,300	19,000
2d Riv HT	1,200	3,600	6,000	13,500	21,000	30,000
2d Conv	1,640	4,920	8,200	18,450	28,700	41,000
1954 Roadmaster Series 70, V-8						
4d Sed	800	2,400	4,000	9,000	14,000	20,000
2d Riv HT	1,400	4,200	7,000	15,750	24,500	35,000
2d Conv	1,840	5,520	9,200	20,700	32,200	46,000
1954 Skylark Series, V-8						
2d Spt Conv	6,740	20,220	33,700	75,830	117,950	168,500

BUICK

1955 Special Series 40, V-8

	6	5	4	3	2	1
4d Sed	760	2,280	3,800	8,550	13,300	19,000
4d Riv HT	880	2,640	4,400	9,900	15,400	22,000
2d Sed	760	2,280	3,800	8,550	13,300	19,000
2d Riv HT	1,240	3,720	6,200	13,950	21,700	31,000
2d Conv	1,880	5,640	9,400	21,150	32,900	47,000
4d Sta Wag	960	2,880	4,800	10,800	16,800	24,000

1955 Century Series 60, V-8

	6	5	4	3	2	1
4d Sed	800	2,400	4,000	9,000	14,000	20,000
4d Riv HT	920	2,760	4,600	10,350	16,100	23,000
2d Riv HT	1,320	3,960	6,600	14,850	23,100	33,000
2d Conv	1,960	5,880	9,800	22,050	34,300	49,000
4d Sta Wag	1,000	3,000	5,000	11,250	17,500	25,000

1955 Super Series 50, V-8

	6	5	4	3	2	1
4d Sed	800	2,400	4,000	9,000	14,000	20,000
2d Riv HT	1,280	3,840	6,400	14,400	22,400	32,000
2d Conv	1,880	5,640	9,400	21,150	32,900	47,000

1955 Roadmaster Series 70, V-8

	6	5	4	3	2	1
4d Sed	880	2,640	4,400	9,900	15,400	22,000
2d Riv HT	1,400	4,200	7,000	15,750	24,500	35,000
2d Conv	2,080	6,240	10,400	23,400	36,400	52,000

1956 Special Series 40, V-8

	6	5	4	3	2	1
4d Sed	760	2,280	3,800	8,550	13,300	19,000
4d Riv HT	880	2,640	4,400	9,900	15,400	22,000
2d Sed	760	2,280	3,800	8,550	13,300	19,000
2d Riv HT	1,240	3,720	6,200	13,950	21,700	31,000
2d Conv	1,840	5,520	9,200	20,700	32,200	46,000
4d Sta Wag	920	2,760	4,600	10,350	16,100	23,000

1956 Century Series 60, V-8

	6	5	4	3	2	1
4d Sed	800	2,400	4,000	9,000	14,000	20,000
4d Riv HT	1,000	3,000	5,000	11,250	17,500	25,000
2d Riv HT	1,320	3,960	6,600	14,850	23,100	33,000
2d Conv	1,920	5,760	9,600	21,600	33,600	48,000
4d Sta Wag	960	2,880	4,800	10,800	16,800	24,000

1956 Super Series 50

	6	5	4	3	2	1
4d Sed	800	2,400	4,000	9,000	14,000	20,000
4d Riv HT	1,080	3,240	5,400	12,150	18,900	27,000
2d Riv HT	1,280	3,840	6,400	14,400	22,400	32,000
2d Conv	1,840	5,520	9,200	20,700	32,200	46,000

1956 Roadmaster Series 70, V-8

	6	5	4	3	2	1
4d Sed	840	2,520	4,200	9,450	14,700	21,000
4d Riv HT	1,160	3,480	5,800	13,050	20,300	29,000
2d Riv HT	1,360	4,080	6,800	15,300	23,800	34,000
2d Conv	2,040	6,120	10,200	22,950	35,700	51,000

1957 Special Series 40, V-8

	6	5	4	3	2	1
4d Sed	720	2,160	3,600	8,100	12,600	18,000
4d Riv HT	920	2,760	4,600	10,350	16,100	23,000
2d Sed	720	2,160	3,600	8,100	12,600	18,000
2d Riv HT	1,200	3,600	6,000	13,500	21,000	30,000
2d Conv	1,720	5,160	8,600	19,350	30,100	43,000
4d Sta Wag	960	2,880	4,800	10,800	16,800	24,000
4d HT Wag	1,360	4,080	6,800	15,300	23,800	34,000

1957 Century Series 60, V-8

	6	5	4	3	2	1
4d Sed	760	2,280	3,800	8,550	13,300	19,000
4d Riv HT	960	2,880	4,800	10,800	16,800	24,000
2d Riv HT	1,320	3,960	6,600	14,850	23,100	33,000
2d Conv	1,800	5,400	9,000	20,250	31,500	45,000
4d HT Wag	1,360	4,080	6,800	15,300	23,800	34,000

1957 Super Series 50, V-8

	6	5	4	3	2	1
4d Riv HT	1,000	3,000	5,000	11,250	17,500	25,000
2d Riv HT	1,320	3,960	6,600	14,850	23,100	33,000
2d Conv	1,760	5,280	8,800	19,800	30,800	44,000

1957 Roadmaster Series 70, V-8

	6	5	4	3	2	1
4d Riv HT	1,040	3,120	5,200	11,700	18,200	26,000
2d Riv HT	1,400	4,200	7,000	15,750	24,500	35,000
2d Conv	1,880	5,640	9,400	21,150	32,900	47,000

NOTE: Add 5 percent for 75 Series.

1958 Special Series 40, V-8

	6	5	4	3	2	1
4d Sed	680	2,040	3,400	7,650	11,900	17,000
4d Riv HT	800	2,400	4,000	9,000	14,000	20,000
2d Sed	680	2,040	3,400	7,650	11,900	17,000
2d Riv HT	1,040	3,120	5,200	11,700	18,200	26,000
2d Conv	1,240	3,720	6,200	13,950	21,700	31,000
4d Sta Wag	720	2,160	3,600	8,100	12,600	18,000
4d HT Wag	1,120	3,360	5,600	12,600	19,600	28,000

	6	5	4	3	2	1

1958 Century Series 60, V-8

4d Sed.	720	2,160	3,600	8,100	12,600	18,000
4d Riv HT	840	2,520	4,200	9,450	14,700	21,000
2d Riv HT	1,160	3,480	5,800	13,050	20,300	29,000
2d Conv.	1,320	3,960	6,600	14,850	23,100	33,000
4d HT Wag	1,200	3,600	6,000	13,500	21,000	30,000

1958 Super Series 50, V-8

4d Riv HT	880	2,640	4,400	9,900	15,400	22,000
2d Riv HT	1,200	3,600	6,000	13,500	21,000	30,000

1958 Roadmaster Series 75, V-8

4d Riv HT	920	2,760	4,600	10,350	16,100	23,000
2d Riv HT	1,240	3,720	6,200	13,950	21,700	31,000
2d Conv.	1,480	4,440	7,400	16,650	25,900	37,000

1958 Limited Series 700, V-8

4d Riv HT	1,200	3,600	6,000	13,500	21,000	30,000
2d Riv HT	1,560	4,680	7,800	17,550	27,300	39,000
2d Conv.	2,120	6,360	10,600	23,850	37,100	53,000

1959 LeSabre Series 4400, V-8

4d Sed.	680	2,040	3,400	7,650	11,900	17,000
4d HT	760	2,280	3,800	8,550	13,300	19,000
2d Sed.	700	2,100	3,500	7,880	12,250	17,500
2d HT	880	2,640	4,400	9,900	15,400	22,000
2d Conv.	1,240	3,720	6,200	13,950	21,700	31,000
4d Sta Wag	760	2,280	3,800	8,550	13,300	19,000

1959 Invicta Series 4600, V-8

4d Sed.	720	2,160	3,600	8,100	12,600	18,000
4d HT	800	2,400	4,000	9,000	14,000	20,000
2d HT	920	2,760	4,600	10,350	16,100	23,000
2d Conv.	1,360	4,080	6,800	15,300	23,800	34,000
4d Sta Wag	800	2,400	4,000	9,000	14,000	20,000

1959 Electra Series 4700, V-8

4d Sed.	760	2,280	3,800	8,550	13,300	19,000
4d HT	840	2,520	4,200	9,450	14,700	21,000
2d HT	1,000	3,000	5,000	11,250	17,500	25,000

1959 Electra 225 Series 4800, V-8

4d Riv HT 6W	800	2,400	4,000	9,000	14,000	20,000
4d HT 4W	840	2,520	4,200	9,450	14,700	21,000
2d Conv.	1,480	4,440	7,400	16,650	25,900	37,000

1960 LeSabre Series 4400, V-8

4d Sed.	680	2,040	3,400	7,650	11,900	17,000
4d HT	760	2,280	3,800	8,550	13,300	19,000
2d Sed.	700	2,100	3,500	7,880	12,250	17,500
2d HT	920	2,760	4,600	10,350	16,100	23,000
2d Conv.	1,280	3,840	6,400	14,400	22,400	32,000
4d Sta Wag	720	2,160	3,600	8,100	12,600	18,000

1960 Invicta Series 4600, V-8

4d Sed.	720	2,160	3,600	8,100	12,600	18,000
4d HT	800	2,400	4,000	9,000	14,000	20,000
2d HT	960	2,880	4,800	10,800	16,800	24,000
2d Conv.	1,400	4,200	7,000	15,750	24,500	35,000
4d Sta Wag	760	2,280	3,800	8,550	13,300	19,000

1960 Electra Series 4700, V-8

4d Riv HT 6W	840	2,520	4,200	9,450	14,700	21,000
4d HT 4W	880	2,640	4,400	9,900	15,400	22,000
2d HT	1,000	3,000	5,000	11,250	17,500	25,000

1960 Electra 225 Series 4800, V-8

4d Riv HT 6W	880	2,640	4,400	9,900	15,400	22,000
4d HT 4W	920	2,760	4,600	10,350	16,100	23,000
2d Conv.	1,480	4,440	7,400	16,650	25,900	37,000

NOTE: Add 5 percent for bucket seat option.

1961 Special Series 4000, V-8, 112" wb

4d Sed.	640	1,920	3,200	7,200	11,200	16,000
2d Cpe.	680	2,040	3,400	7,650	11,900	17,000
4d Sta Wag	680	2,040	3,400	7,650	11,900	17,000

1961 Special DeLuxe Series 4100, V-8, 112" wb

4d Sed.	660	1,980	3,300	7,430	11,550	16,500
2d Skylark Cpe	720	2,160	3,600	8,100	12,600	18,000
4d Sta Wag	720	2,160	3,600	8,100	12,600	18,000

NOTE: Deduct 5 percent for V-6.

1961 LeSabre Series 4400, V-8

4d Sed.	680	2,040	3,400	7,650	11,900	17,000
4d HT	720	2,160	3,600	8,100	12,600	18,000
2d Sed.	680	2,040	3,400	7,650	11,900	17,000
2d HT	760	2,280	3,800	8,550	13,300	19,000
2d Conv.	1,120	3,360	5,600	12,600	19,600	28,000
4d Sta Wag	720	2,160	3,600	8,100	12,600	18,000

BUICK

	6	5	4	3	2	1
1961 Invicta Series 4600, V-8						
4d HT	720	2,160	3,600	8,100	12,600	18,000
2d HT	800	2,400	4,000	9,000	14,000	20,000
2d Conv	1,200	3,600	6,000	13,500	21,000	30,000
1961 Electra Series 4700, V-8						
4d Sed	700	2,100	3,500	7,880	12,250	17,500
4d HT	720	2,160	3,600	8,100	12,600	18,000
2d HT	760	2,280	3,800	8,550	13,300	19,000
1961 Electra 225 Series 4800, V-8						
4d Riv HT 6W	720	2,160	3,600	8,100	12,600	18,000
2d Conv	1,360	4,080	6,800	15,300	23,800	34,000
1962 Special Series 4000, V-6, 112.1" wb						
4d Sed	640	1,920	3,200	7,200	11,200	16,000
2d Cpe	700	2,100	3,500	7,880	12,250	17,500
2d Conv	920	2,760	4,600	10,350	16,100	23,000
4d Sta Wag	680	2,040	3,400	7,650	11,900	17,000
1962 Special DeLuxe Series 4100, V-8, 112.1" wb						
4d Sed	680	2,040	3,400	7,650	11,900	17,000
2d Conv	960	2,880	4,800	10,800	16,800	24,000
4d Sta Wag	720	2,160	3,600	8,100	12,600	18,000
1962 Special Skylark Series 4300, V-8, 112.1" wb						
2d HT	740	2,220	3,700	8,330	12,950	18,500
2d Conv	1,040	3,120	5,200	11,700	18,200	26,000
1962 LeSabre Series 4400, V-8						
4d Sed	680	2,040	3,400	7,650	11,900	17,000
4d HT	720	2,160	3,600	8,100	12,600	18,000
2d Sed	680	2,040	3,400	7,650	11,900	17,000
2d HT	800	2,400	4,000	9,000	14,000	20,000
1962 Invicta Series 4600, V-8						
4d HT	720	2,160	3,600	8,100	12,600	18,000
2d HT	840	2,520	4,200	9,450	14,700	21,000
2d HT Wildcat	1,120	3,360	5,600	12,600	19,600	28,000
2d Conv	1,200	3,600	6,000	13,500	21,000	30,000
4d Sta Wag*	720	2,160	3,600	8,100	12,600	18,000

NOTE: Add 10 percent for bucket seat option where offered.

	6	5	4	3	2	1
1962 Electra 225 Series 4800, V-8						
4d Sed	680	2,040	3,400	7,650	11,900	17,000
4d Riv HT 6W	760	2,280	3,800	8,550	13,300	19,000
4d HT 4W	800	2,400	4,000	9,000	14,000	20,000
2d HT	920	2,760	4,600	10,350	16,100	23,000
2d Conv	1,360	4,080	6,800	15,300	23,800	34,000
1963 Special Series 4000, V-6, 112" wb						
4d Sed	664	1,992	3,320	7,470	11,620	16,600
2d Cpe	668	2,004	3,340	7,520	11,690	16,700
2d Conv	840	2,520	4,200	9,450	14,700	21,000
4d Sta Wag	680	2,040	3,400	7,650	11,900	17,000
1963 Special DeLuxe Series 4100, V-6, 112" wb						
4d Sed	668	2,004	3,340	7,520	11,690	16,700
4d Sta Wag	700	2,100	3,500	7,880	12,250	17,500
1963 Special DeLuxe Series 4100, V-8, 112" wb						
4d Sed	672	2,016	3,360	7,560	11,760	16,800
4d Sta Wag	712	2,136	3,560	8,010	12,460	17,800
1963 Special Skylark Series 4300, V-8, 112" wb						
2d HT	740	2,220	3,700	8,330	12,950	18,500
2d Conv	880	2,640	4,400	9,900	15,400	22,000
1963 LeSabre Series 4400, V-8						
4d Sed	668	2,004	3,340	7,520	11,690	16,700
4d HT	720	2,160	3,600	8,100	12,600	18,000
2d Sed	660	1,980	3,300	7,430	11,550	16,500
2d HT	800	2,400	4,000	9,000	14,000	20,000
4d Sta Wag	680	2,040	3,400	7,650	11,900	17,000
2d Conv	1,000	3,000	5,000	11,250	17,500	25,000
1963 Invicta Series 4600, V-8						
4d Sta Wag	740	2,220	3,700	8,330	12,950	18,500
1963 Wildcat Series 4600, V-8						
4d HT	740	2,220	3,700	8,330	12,950	18,500
2d HT	840	2,520	4,200	9,450	14,700	21,000
2d Conv	1,280	3,840	6,400	14,400	22,400	32,000
1963 Electra 225 Series 4800, V-8						
4d Sed	660	1,980	3,300	7,430	11,550	16,500
4d HT 6W	720	2,160	3,600	8,100	12,600	18,000
4d HT 4W	740	2,220	3,700	8,330	12,950	18,500
2d HT	880	2,640	4,400	9,900	15,400	22,000
2d Conv	1,200	3,600	6,000	13,500	21,000	30,000
1963 Riviera Series 4700, V-8						
2d HT	1,360	4,080	6,800	15,300	23,800	34,000

	6	5	4	3	2	1
1964 Special Series 4000, V-6, 115" wb						
4d Sed.	600	1,800	3,000	6,750	10,500	15,000
2d Cpe.	608	1,824	3,040	6,840	10,640	15,200
2d Conv.	840	2,520	4,200	9,450	14,700	21,000
4d Sta Wag.	620	1,860	3,100	6,980	10,850	15,500
1964 Special Deluxe Series 4100, V-6, 115" wb						
4d Sed.	612	1,836	3,060	6,890	10,710	15,300
2d Cpe.	620	1,860	3,100	6,980	10,850	15,500
4d Sta Wag.	640	1,920	3,200	7,200	11,200	16,000
1964 Special Skylark Series 4300, V-6, 115" wb						
4d Sed.	620	1,860	3,100	6,980	10,850	15,500
2d HT	640	1,920	3,200	7,200	11,200	16,000
2d Conv.	920	2,760	4,600	10,350	16,100	23,000
1964 Special Series 4000, V-8, 115" wb						
4d Sed.	620	1,860	3,100	6,980	10,850	15,500
2d Cpe.	624	1,872	3,120	7,020	10,920	15,600
2d Conv.	920	2,760	4,600	10,350	16,100	23,000
4d Sta Wag.	648	1,944	3,240	7,290	11,340	16,200
1964 Special DeLuxe Series 4100, V-8, 115" wb						
4d Sed.	628	1,884	3,140	7,070	10,990	15,700
2d Cpe.	632	1,896	3,160	7,110	11,060	15,800
4d Sta Wag.	660	1,980	3,300	7,430	11,550	16,500
1964 Skylark Series 4300, V-8, 115" wb						
4d Sed.	600	1,800	3,000	6,750	10,500	15,000
2d HT	640	1,920	3,200	7,200	11,200	16,000
2d Conv.	960	2,880	4,800	10,800	16,800	24,000
1964 Skylark Series 4200, V-8, 120" wb						
4d Spt Wag.	680	2,040	3,400	7,650	11,900	17,000
4d Cus Spt Wag.	760	2,280	3,800	8,550	13,300	19,000
1964 LeSabre Series 4400, V-8						
4d Sed.	648	1,944	3,240	7,290	11,340	16,200
4d HT	660	1,980	3,300	7,430	11,550	16,500
2d HT	800	2,400	4,000	9,000	14,000	20,000
2d Conv.	1,040	3,120	5,200	11,700	18,200	26,000
4d Spt Wag.	720	2,160	3,600	8,100	12,600	18,000
1964 Wildcat Series 4600, V-8						
4d Sed.	652	1,956	3,260	7,340	11,410	16,300
4d HT	740	2,220	3,700	8,330	12,950	18,500
2d HT	880	2,640	4,400	9,900	15,400	22,000
2d Conv.	1,240	3,720	6,200	13,950	21,700	31,000
1964 Electra 225 Series 4800, V-8						
4d Sed.	656	1,968	3,280	7,380	11,480	16,400
4d HT 6W	700	2,100	3,500	7,880	12,250	17,500
4d HT 4W	720	2,160	3,600	8,100	12,600	18,000
2d HT	840	2,520	4,200	9,450	14,700	21,000
2d Conv.	1,120	3,360	5,600	12,600	19,600	28,000
1964 Riviera Series 4700, V-8						
2d HT	1,360	4,080	6,800	15,300	23,800	34,000
1965 Special, V-6, 115" wb						
4d Sed.	460	1,380	2,300	5,180	8,050	11,500
2d Cpe.	464	1,392	2,320	5,220	8,120	11,600
2d Conv.	800	2,400	4,000	9,000	14,000	20,000
4d Sta Wag.	500	1,500	2,500	5,630	8,750	12,500
1965 Special DeLuxe, V-6, 115" wb						
4d Sed.	508	1,524	2,540	5,720	8,890	12,700
4d Sta Wag.	516	1,548	2,580	5,810	9,030	12,900
1965 Skylark, V-6, 115" wb						
4d Sed.	600	1,800	3,000	6,750	10,500	15,000
2d Cpe.	612	1,836	3,060	6,890	10,710	15,300
2d HT	652	1,956	3,260	7,340	11,410	16,300
2d Conv.	920	2,760	4,600	10,350	16,100	23,000
1965 Special, V-8, 115" wb						
4d Sed.	508	1,524	2,540	5,720	8,890	12,700
2d Cpe.	512	1,536	2,560	5,760	8,960	12,800
2d Conv.	960	2,880	4,800	10,800	16,800	24,000
4d Sta Wag.	508	1,524	2,540	5,720	8,890	12,700
1965 Special DeLuxe, V-8, 115" wb						
4d Sed.	516	1,548	2,580	5,810	9,030	12,900
4d Sta Wag.	600	1,800	3,000	6,750	10,500	15,000
1965 Skylark, V-8, 115" wb						
4d Sed.	532	1,596	2,660	5,990	9,310	13,300
2d Cpe.	580	1,740	2,900	6,530	10,150	14,500
2d HT	620	1,860	3,100	6,980	10,850	15,500
2d Conv.	880	2,640	4,400	9,900	15,400	22,000

NOTE: Add 45 percent for Skylark Gran Sport Series (400 cid/325hp V-8). Deduct 5 percent for V-6.

BUICK

	6	5	4	3	2	1
1965 Sport Wagon, V-8, 120" wb						
4d 2S Sta Wag	680	2,040	3,400	7,650	11,900	17,000
4d 3S Sta Wag	700	2,100	3,500	7,880	12,250	17,500
1965 Custom Sport Wagon, V-8, 120" wb						
4d 2S Sta Wag	740	2,220	3,700	8,330	12,950	18,500
4d 3S Sta Wag	760	2,280	3,800	8,550	13,300	19,000
1965 LeSabre, V-8, 123" wb						
4d Sed	484	1,452	2,420	5,450	8,470	12,100
4d HT	492	1,476	2,460	5,540	8,610	12,300
2d HT	612	1,836	3,060	6,890	10,710	15,300
1965 LeSabre Custom, V-8, 123" wb						
4d Sed	492	1,476	2,460	5,540	8,610	12,300
4d HT	516	1,548	2,580	5,810	9,030	12,900
2d HT	680	2,040	3,400	7,650	11,900	17,000
2d Conv	840	2,520	4,200	9,450	14,700	21,000
1965 Wildcat, V-8, 126" wb						
4d Sed	512	1,536	2,560	5,760	8,960	12,800
4d HT	612	1,836	3,060	6,890	10,710	15,300
2d HT	760	2,280	3,800	8,550	13,300	19,000
1965 Wildcat DeLuxe, V-8, 126" wb						
4d Sed	600	1,800	3,000	6,750	10,500	15,000
4d HT	620	1,860	3,100	6,980	10,850	15,500
2d HT	780	2,340	3,900	8,780	13,650	19,500
2d Conv	960	2,880	4,800	10,800	16,800	24,000
1965 Wildcat Custom, V-8, 126" wb						
4d HT	632	1,896	3,160	7,110	11,060	15,800
2d HT	800	2,400	4,000	9,000	14,000	20,000
2d Conv	1,040	3,120	5,200	11,700	18,200	26,000
1965 Electra 225, V-8, 126" wb						
4d Sed	612	1,836	3,060	6,890	10,710	15,300
4d HT	652	1,956	3,260	7,340	11,410	16,300
2d HT	780	2,340	3,900	8,780	13,650	19,500
1965 Electra 225 Custom, V-8, 126" wb						
4d Sed	620	1,860	3,100	6,980	10,850	15,500
4d HT	664	1,992	3,320	7,470	11,620	16,600
2d HT	708	2,124	3,540	7,970	12,390	17,700
2d Conv	920	2,760	4,600	10,350	16,100	23,000
1965 Riviera, V-8, 117" wb						
2d HT	1,320	3,960	6,600	14,850	23,100	33,000
2d HT GS	1,480	4,440	7,400	16,650	25,900	37,000
NOTE: Add 25 percent for 425.						
1966 Special, V-6, 115" wb						
4d Sed	440	1,320	2,200	4,950	7,700	11,000
2d Cpe	444	1,332	2,220	5,000	7,770	11,100
2d Conv	840	2,520	4,200	9,450	14,700	21,000
4d Sta Wag	440	1,320	2,200	4,950	7,700	11,000
1966 Special DeLuxe, V-6, 115" wb						
4d Sed	444	1,332	2,220	5,000	7,770	11,100
2d Cpe	448	1,344	2,240	5,040	7,840	11,200
2d HT	492	1,476	2,460	5,540	8,610	12,300
4d Sta Wag	444	1,332	2,220	5,000	7,770	11,100
1966 Skylark, V-6, 115" wb						
4d HT	456	1,368	2,280	5,130	7,980	11,400
2d Cpe	460	1,380	2,300	5,180	8,050	11,500
2d HT	512	1,536	2,560	5,760	8,960	12,800
2d Conv	880	2,640	4,400	9,900	15,400	22,000
1966 Special, V-8, 115" wb						
4d Sed	452	1,356	2,260	5,090	7,910	11,300
2d Cpe	456	1,368	2,280	5,130	7,980	11,400
2d Conv	840	2,520	4,200	9,450	14,700	21,000
4d Sta Wag	452	1,356	2,260	5,090	7,910	11,300
1966 Special DeLuxe, V-8, 115" wb						
4d Sed	460	1,380	2,300	5,180	8,050	11,500
2d Cpe	470	1,420	2,360	5,310	8,260	11,800
2d HT	510	1,540	2,560	5,760	8,960	12,800
4d Sta Wag	460	1,380	2,300	5,180	8,050	11,500
1966 Skylark, V-8, 115" wb						
4d HT	500	1,500	2,500	5,630	8,750	12,500
2d Cpe	500	1,510	2,520	5,670	8,820	12,600
2d HT	610	1,840	3,060	6,890	10,710	15,300
2d Conv	920	2,760	4,600	10,350	16,100	23,000
1966 Skylark Gran Sport, V-8, 115" wb						
2d Cpe	800	2,400	4,000	9,000	14,000	20,000
2d HT	1,040	3,120	5,200	11,700	18,200	26,000
2d Conv	1,360	4,080	6,800	15,300	23,800	34,000

	6	5	4	3	2	1
1966 Sport Wagon, V-8, 120" wb						
4d 2S Sta Wag	680	2,040	3,400	7,650	11,900	17,000
4d 3S Sta Wag	700	2,100	3,500	7,880	12,250	17,500
4d 2S Cus Sta Wag	740	2,220	3,700	8,330	12,950	18,500
4d 3S Cus Sta Wag	760	2,280	3,800	8,550	13,300	19,000
1966 LeSabre, V-8, 123" wb						
4d Sed	452	1,356	2,260	5,090	7,910	11,300
4d HT	492	1,476	2,460	5,540	8,610	12,300
2d HT	640	1,920	3,200	7,200	11,200	16,000
1966 LeSabre Custom, V-8, 123" wb						
4d Sed	468	1,404	2,340	5,270	8,190	11,700
4d HT	492	1,476	2,460	5,540	8,610	12,300
2d HT	660	1,980	3,300	7,430	11,550	16,500
2d Conv	920	2,760	4,600	10,350	16,100	23,000
1966 Wildcat, V-8, 126" wb						
4d Sed	472	1,416	2,360	5,310	8,260	11,800
4d HT	512	1,536	2,560	5,760	8,960	12,800
2d HT	680	2,040	3,400	7,650	11,900	17,000
2d Conv	960	2,880	4,800	10,800	16,800	24,000
1966 Wildcat Custom, V-8, 126" wb						
4d Sed	476	1,428	2,380	5,360	8,330	11,900
4d HT	528	1,584	2,640	5,940	9,240	13,200
2d HT	700	2,100	3,500	7,880	12,250	17,500
2d Conv	1,000	3,000	5,000	11,250	17,500	25,000
NOTE: Add 25 percent for Wildcat Gran Sport Series.						
1966 Electra 225, V-8, 126" wb						
4d Sed	512	1,536	2,560	5,760	8,960	12,800
4d HT	612	1,836	3,060	6,890	10,710	15,300
2d HT	720	2,160	3,600	8,100	12,600	18,000
1966 Electra 225 Custom, V-8						
4d Sed	512	1,536	2,560	5,760	8,960	12,800
4d HT	632	1,896	3,160	7,110	11,060	15,800
2d HT	740	2,220	3,700	8,330	12,950	18,500
2d Conv	1,040	3,120	5,200	11,700	18,200	26,000
1966 Riviera, V-8						
2d HT GS	960	2,880	4,800	10,800	16,800	24,000
2d HT	920	2,760	4,600	10,350	16,100	23,000
NOTE: Add 25 percent for 425 when optional.						
1967 Special, V-6, 115" wb						
4d Sed	356	1,068	1,780	4,010	6,230	8,900
2d Cpe	440	1,320	2,200	4,950	7,700	11,000
4d Sta Wag	352	1,056	1,760	3,960	6,160	8,800
1967 Special DeLuxe, V-6, 115" wb						
4d Sed	440	1,320	2,200	4,950	7,700	11,000
2d HT	480	1,440	2,400	5,400	8,400	12,000
1967 Skylark, V-6, 115" wb						
2d Cpe	472	1,416	2,360	5,310	8,260	11,800
1967 Special, V-8, 115" wb						
4d Sed	444	1,332	2,220	5,000	7,770	11,100
2d Cpe	460	1,380	2,300	5,180	8,050	11,500
4d Sta Wag	448	1,344	2,240	5,040	7,840	11,200
1967 Special DeLuxe, V-8, 115" wb						
4d Sed	448	1,344	2,240	5,040	7,840	11,200
2d HT	500	1,500	2,500	5,630	8,750	12,500
4d Sta Wag	452	1,356	2,260	5,090	7,910	11,300
1967 Skylark, V-8, 115" wb						
4d Sed	452	1,356	2,260	5,090	7,910	11,300
4d HT	460	1,380	2,300	5,180	8,050	11,500
2d Cpe	480	1,440	2,400	5,400	8,400	12,000
2d HT	600	1,800	3,000	6,750	10,500	15,000
2d Conv	880	2,640	4,400	9,900	15,400	22,000
1967 Sport Wagon, V-8, 120" wb						
4d 2S Sta Wag	680	2,040	3,400	7,650	11,900	17,000
4d 3S Sta Wag	700	2,100	3,500	7,880	12,250	17,500
1967 Gran Sport 340, V-8, 115" wb						
2d HT	920	2,760	4,600	10,350	16,100	23,000
1967 Gran Sport 400, V-8, 115" wb						
2d Cpe	880	2,640	4,400	9,900	15,400	22,000
2d HT	1,080	3,240	5,400	12,150	18,900	27,000
2d Conv	1,400	4,200	7,000	15,750	24,500	35,000
1967 LeSabre, V-8, 123" wb						
4d Sed	456	1,368	2,280	5,130	7,980	11,400
4d HT	464	1,392	2,320	5,220	8,120	11,600
2d HT	600	1,800	3,000	6,750	10,500	15,000
1967 LeSabre Custom, V-8, 123" wb						
4d Sed	464	1,392	2,320	5,220	8,120	11,600

	6	5	4	3	2	1
4d HT	472	1,416	2,360	5,310	8,260	11,800
2d HT	620	1,860	3,100	6,980	10,850	15,500
2d Conv	840	2,520	4,200	9,450	14,700	21,000
1967 Wildcat, V-8, 126" wb						
4d Sed	472	1,416	2,360	5,310	8,260	11,800
4d HT	480	1,440	2,400	5,400	8,400	12,000
2d HT	640	1,920	3,200	7,200	11,200	16,000
2d Conv	880	2,640	4,400	9,900	15,400	22,000
1967 Wildcat Custom, V-8, 126" wb						
4d HT	500	1,500	2,500	5,630	8,750	12,500
2d HT	660	1,980	3,300	7,430	11,550	16,500
2d Conv	960	2,880	4,800	10,800	16,800	24,000
1967 Electra 225, V-8, 126" wb						
4d Sed	468	1,404	2,340	5,270	8,190	11,700
4d HT	520	1,560	2,600	5,850	9,100	13,000
2d HT	680	2,040	3,400	7,650	11,900	17,000
1967 Electra 225 Custom, V-8, 126" wb						
4d Sed	484	1,452	2,420	5,450	8,470	12,100
4d HT	540	1,620	2,700	6,080	9,450	13,500
2d HT	700	2,100	3,500	7,880	12,250	17,500
2d Conv	1,040	3,120	5,200	11,700	18,200	26,000
1967 Riviera Series, V-8						
2d HT GS	920	2,760	4,600	10,350	16,100	23,000
2d HT	880	2,640	4,400	9,900	15,400	22,000
NOTE: Add 25 percent for 400. Not available in Riviera.						
1968 Special DeLuxe, V-6, 116" wb, 2d 112" wb						
4d Sed	348	1,044	1,740	3,920	6,090	8,700
2d Sed	352	1,056	1,760	3,960	6,160	8,800
1968 Skylark, V-6, 116" wb, 2d 112" wb						
4d Sed	352	1,056	1,760	3,960	6,160	8,800
2d HT	460	1,380	2,300	5,180	8,050	11,500
1968 Special DeLuxe, V-8, 116" wb, 2d 112" wb						
4d Sed	352	1,056	1,760	3,960	6,160	8,800
2d Sed	356	1,068	1,780	4,010	6,230	8,900
4d Sta Wag	356	1,068	1,780	4,010	6,230	8,900
1968 Skylark, V-8, 116" wb, 2d 112" wb						
4d Sed	356	1,068	1,780	4,010	6,230	8,900
4d HT	440	1,320	2,200	4,950	7,700	11,000
1968 Skylark Custom, V-8, 116" wb, 2d 112" wb						
4d Sed	440	1,320	2,200	4,950	7,700	11,000
4d HT	452	1,356	2,260	5,090	7,910	11,300
2d HT	480	1,440	2,400	5,400	8,400	12,000
2d Conv	840	2,520	4,200	9,450	14,700	21,000
1968 Sport Wagon, V-8, 121" wb						
4d 2S Sta Wag	640	1,920	3,200	7,200	11,200	16,000
4d 3S Sta Wag	660	1,980	3,300	7,430	11,550	16,500
1968 Gran Sport GS 350, V-8, 112" wb						
2d HT	960	2,880	4,800	10,800	16,800	24,000
1968 Gran Sport GS 400, V-8, 112" wb						
2d HT	1,240	3,720	6,200	13,950	21,700	31,000
2d Conv	1,680	5,040	8,400	18,900	29,400	42,000
NOTE: Add 20 percent for Skylark GS Calif. Spl.						
1968 LeSabre, V-8, 123" wb						
4d Sed	452	1,356	2,260	5,090	7,910	11,300
4d HT	464	1,392	2,320	5,220	8,120	11,600
2d HT	620	1,860	3,100	6,980	10,850	15,500
1968 LeSabre Custom, V-8, 123" wb						
4d Sed	456	1,368	2,280	5,130	7,980	11,400
4d HT	468	1,404	2,340	5,270	8,190	11,700
2d HT	640	1,920	3,200	7,200	11,200	16,000
2d Conv	880	2,640	4,400	9,900	15,400	22,000
1968 Wildcat, V-8, 126" wb						
4d Sed	460	1,380	2,300	5,180	8,050	11,500
4d HT	472	1,416	2,360	5,310	8,260	11,800
2d HT	660	1,980	3,300	7,430	11,550	16,500
1968 Wildcat Custom, V-8, 126" wb						
4d HT	484	1,452	2,420	5,450	8,470	12,100
2d HT	680	2,040	3,400	7,650	11,900	17,000
2d Conv	960	2,880	4,800	10,800	16,800	24,000
1968 Electra 225, V-8, 126" wb						
4d Sed	480	1,440	2,400	5,400	8,400	12,000
4d HT	496	1,488	2,480	5,580	8,680	12,400
2d HT	700	2,100	3,500	7,880	12,250	17,500
1968 Electra 225 Custom, V-8, 126" wb						
4d Sed	484	1,452	2,420	5,450	8,470	12,100
4d HT	500	1,500	2,500	5,630	8,750	12,500

	6	5	4	3	2	1
2d HT	720	2,160	3,600	8,100	12,600	18,000
2d Conv.	1,040	3,120	5,200	11,700	18,200	26,000
1968 Riviera Series, V-8						
2d HT GS	920	2,760	4,600	10,350	16,100	23,000
2d HT	880	2,640	4,400	9,900	15,400	22,000
NOTE: Add 25 percent for 400. Not available in Riviera.						
1969 Special DeLuxe, V-6, 116" wb, 2d 112" wb						
4d Sed.	348	1,044	1,740	3,920	6,090	8,700
2d Sed.	344	1,032	1,720	3,870	6,020	8,600
1969 Skylark, V-6, 116" wb, 2d 112" wb						
4d Sed.	352	1,056	1,760	3,960	6,160	8,800
2d HT	440	1,320	2,200	4,950	7,700	11,000
1969 Special DeLuxe, V-8, 116" wb, 2d 112" wb						
4d Sed.	352	1,056	1,760	3,960	6,160	8,800
2d Sed.	348	1,044	1,740	3,920	6,090	8,700
4d Sta Wag	352	1,056	1,760	3,960	6,160	8,800
1969 Skylark, V-8, 116" wb, 2d 112" wb						
4d Sed.	356	1,068	1,780	4,010	6,230	8,900
2d HT	480	1,440	2,400	5,400	8,400	12,000
1969 Skylark Custom, V-8, 116" wb, 2d 112" wb						
4d Sed.	440	1,320	2,200	4,950	7,700	11,000
4d HT	444	1,332	2,220	5,000	7,770	11,100
2d HT	600	1,800	3,000	6,750	10,500	15,000
2d Conv.	800	2,400	4,000	9,000	14,000	20,000
1969 Gran Sport GS 350, V-8, 112" wb						
2d Calif GS	960	2,880	4,800	10,800	16,800	24,000
2d HT	920	2,760	4,600	10,350	16,100	23,000
1969 Gran Sport GS 400, V-8, 112" wb						
2d HT	1,320	3,960	6,600	14,850	23,100	33,000
2d Conv.	1,760	5,280	8,800	19,800	30,800	44,000
NOTE: Add 75 percent for Stage I option.						
1969 Sport Wagon, V-8, 121" wb						
4d 2S Sta Wag	640	1,920	3,200	7,200	11,200	16,000
4d 3S Sta Wag	660	1,980	3,300	7,430	11,550	16,500
1969 LeSabre, V-8, 123.2" wb						
4d Sed.	448	1,344	2,240	5,040	7,840	11,200
4d HT	452	1,356	2,260	5,090	7,910	11,300
2d HT	500	1,500	2,500	5,630	8,750	12,500
1969 LeSabre Custom, V-8, 123.2" wb						
4d Sed.	452	1,356	2,260	5,090	7,910	11,300
4d HT	456	1,368	2,280	5,130	7,980	11,400
2d HT	600	1,800	3,000	6,750	10,500	15,000
2d Conv.	800	2,400	4,000	9,000	14,000	20,000
1969 Wildcat, V-8, 123.2" wb						
4d Sed.	460	1,380	2,300	5,180	8,050	11,500
4d HT	468	1,404	2,340	5,270	8,190	11,700
2d HT	620	1,860	3,100	6,980	10,850	15,500
1969 Wildcat Custom, V-8, 123.2" wb						
4d HT	476	1,428	2,380	5,360	8,330	11,900
2d HT	640	1,920	3,200	7,200	11,200	16,000
2d Conv.	840	2,520	4,200	9,450	14,700	21,000
1969 Electra 225, V-8, 126.2" wb						
4d Sed.	464	1,392	2,320	5,220	8,120	11,600
4d HT	468	1,404	2,340	5,270	8,190	11,700
2d HT	660	1,980	3,300	7,430	11,550	16,500
1969 Electra 225 Custom, V-8, 126.2" wb						
4d Sed.	472	1,416	2,360	5,310	8,260	11,800
4d HT	484	1,452	2,420	5,450	8,470	12,100
2d HT	680	2,040	3,400	7,650	11,900	17,000
2d Conv.	1,000	3,000	5,000	11,250	17,500	25,000
1969 Riviera Series, V-8						
2d GS HT	920	2,760	4,600	10,350	16,100	23,000
2d HT	880	2,640	4,400	9,900	15,400	22,000
NOTE: Add 25 percent for 400.						
1970 Skylark, V-6, 116" wb, 2d 112" wb						
4d Sed.	348	1,044	1,740	3,920	6,090	8,700
2d Sed.	352	1,056	1,760	3,960	6,160	8,800
1970 Skylark 350, V-6, 116" wb, 2d 112" wb						
4d Sed.	356	1,068	1,780	4,010	6,230	8,900
2d HT	460	1,380	2,300	5,180	8,050	11,500
1970 Skylark, V-8, 116" wb, 2d 112" wb						
4d Sed.	352	1,056	1,760	3,960	6,160	8,800
2d Sed.	356	1,068	1,780	4,010	6,230	8,900
1970 Skylark 350, V-8, 116" wb, 2d 112.2" wb						
4d Sed.	440	1,320	2,200	4,950	7,700	11,000
2d HT	500	1,500	2,500	5,630	8,750	12,500

	6	5	4	3	2	1
1970 Skylark Custom, V-8, 116" wb, 2d 112" wb						
4d Sed	444	1,332	2,220	5,000	7,770	11,100
4d HT	448	1,344	2,240	5,040	7,840	11,200
2d HT	620	1,860	3,100	6,980	10,850	15,500
2d Conv	960	2,880	4,800	10,800	16,800	24,000
1970 Gran Sport GS 350, V-8, 112" wb						
2d HT	920	2,760	4,600	10,350	16,100	23,000
1970 Gran Sport GS 455, V-8, 112" wb						
2d HT	1,440	4,320	7,200	16,200	25,200	36,000
2d Conv	2,240	6,720	11,200	25,200	39,200	56,000
1970 GSX, V-8, 455, 112" wb						
2d HT	3,580	10,740	17,900	40,280	62,650	89,500
NOTE: Add 75 percent for Stage I 455.						
1970 Sport Wagon, V-8, 116" wb						
2S Sta Wag	480	1,440	2,400	5,400	8,400	12,000
1970 LeSabre, V-8, 124" wb						
4d Sed	456	1,368	2,280	5,130	7,980	11,400
4d HT	464	1,392	2,320	5,220	8,120	11,600
2d HT	600	1,800	3,000	6,750	10,500	15,000
1970 LeSabre Custom, V-8, 124" wb						
4d Sed	460	1,380	2,300	5,180	8,050	11,500
4d HT	468	1,404	2,340	5,270	8,190	11,700
2d HT	620	1,860	3,100	6,980	10,850	15,500
2d Conv	800	2,400	4,000	9,000	14,000	20,000
1970 LeSabre Custom 455, V-8, 124" wb						
4d Sed	468	1,404	2,340	5,270	8,190	11,700
4d HT	480	1,440	2,400	5,400	8,400	12,000
2d HT	632	1,896	3,160	7,110	11,060	15,800
1970 Estate Wagon, V-8, 124" wb						
4d 2S Sta Wag	540	1,620	2,700	6,080	9,450	13,500
4d 3S Sta Wag	560	1,680	2,800	6,300	9,800	14,000
1970 Wildcat Custom, V-8, 124" wb						
4d HT	476	1,428	2,380	5,360	8,330	11,900
2d HT	640	1,920	3,200	7,200	11,200	16,000
2d Conv	840	2,520	4,200	9,450	14,700	21,000
1970 Electra 225, V-8, 127" wb						
4d Sed	472	1,416	2,360	5,310	8,260	11,800
4d HT	488	1,464	2,440	5,490	8,540	12,200
2d HT	660	1,980	3,300	7,430	11,550	16,500
1970 Electra Custom 225, V-8, 127" wb						
4d Sed	476	1,428	2,380	5,360	8,330	11,900
4d HT	496	1,488	2,480	5,580	8,680	12,400
2d HT	680	2,040	3,400	7,650	11,900	17,000
2d Conv	1,000	3,000	5,000	11,250	17,500	25,000
1970 Riviera Series, V-8						
2d GS Cpe	720	2,160	3,600	8,100	12,600	18,000
2d HT Cpe	700	2,100	3,500	7,880	12,250	17,500
NOTE: Add 40 percent for 455, except in Riviera.						
1971-72 Skylark, V-8, 116" wb, 2d 112" wb						
4d Sed	324	972	1,620	3,650	5,670	8,100
2d Sed	328	984	1,640	3,690	5,740	8,200
2d HT	440	1,320	2,200	4,950	7,700	11,000
1971-72 Skylark 350, V-8, 116" wb, 2d 112" wb						
4d Sed	336	1,008	1,680	3,780	5,880	8,400
2d HT	480	1,440	2,400	5,400	8,400	12,000
1971-72 Skylark Custom, V-8						
4d Sed	332	996	1,660	3,740	5,810	8,300
4d HT	340	1,020	1,700	3,830	5,950	8,500
2d HT	600	1,800	3,000	6,750	10,500	15,000
2d Conv	800	2,400	4,000	9,000	14,000	20,000
1971-72 Gran Sport, 350, V-8						
2d HT	1,000	3,000	5,000	11,250	17,500	25,000
2d Conv	1,520	4,560	7,600	17,100	26,600	38,000
2d HT GSX	3,340	10,020	16,700	37,580	58,450	83,500
NOTE: Add 70 percent for Stage I & 35 percent for GS-455 options. Add 15 percent for Sun Coupe folding sunroof (1972).						
1971-72 Sport Wagon, V-8, 116" wb						
4d 2S Sta Wag	360	1,080	1,800	4,050	6,300	9,000
1971-72 LeSabre						
4d Sed	312	936	1,560	3,510	5,460	7,800
4d HT	320	960	1,600	3,600	5,600	8,000
2d HT	328	984	1,640	3,690	5,740	8,200
1971-72 LeSabre Custom, V-8						
4d Sed	316	948	1,580	3,560	5,530	7,900
4d HT	324	972	1,620	3,650	5,670	8,100
2d HT	336	1,008	1,680	3,780	5,880	8,400
2d Conv	760	2,280	3,800	8,550	13,300	19,000

	6	5	4	3	2	1
1971-72 Centurion, V-8						
4d HT	332	996	1,660	3,740	5,810	8,300
2d HT	344	1,032	1,720	3,870	6,020	8,600
2d Conv.	800	2,400	4,000	9,000	14,000	20,000
1971-72 Estate Wagon, V-8, 124" wb						
4d 2S Sta Wag	380	1,140	1,900	4,280	6,650	9,500
4d 3S Sta Wag	400	1,200	2,000	4,500	7,000	10,000
1971-72 Electra 225, V-8, 127" wb						
4d HT	336	1,008	1,680	3,780	5,880	8,400
2d HT	348	1,044	1,740	3,920	6,090	8,700
1971-72 Electra Custom 225, V-8						
4d HT	340	1,020	1,700	3,830	5,950	8,500
2d HT	440	1,320	2,200	4,950	7,700	11,000
1971-72 Riviera, V-8						
2d HT GS	500	1,500	2,500	5,630	8,750	12,500
2d HT	460	1,380	2,300	5,180	8,050	11,500
1973 Apollo, 6-cyl., 111" wb						
4d Sed.	268	804	1,340	3,020	4,690	6,700
2d Sed.	276	828	1,380	3,110	4,830	6,900
2d HBk	284	852	1,420	3,200	4,970	7,100
1973 Apollo, V-8						
4d Sed.	272	816	1,360	3,060	4,760	6,800
2d Sed.	284	852	1,420	3,200	4,970	7,100
2d HBk	288	864	1,440	3,240	5,040	7,200
1973 Century, V-8, 116" wb, 2d 112" wb						
2d Cpe.	284	852	1,420	3,200	4,970	7,100
4d Sed.	280	840	1,400	3,150	4,900	7,000
4d 3S Sta Wag	276	828	1,380	3,110	4,830	6,900
1973 Century Luxus, V-8						
4d HT	284	852	1,420	3,200	4,970	7,100
2d Cpe.	288	864	1,440	3,240	5,040	7,200
4d 3S Wag	280	840	1,400	3,150	4,900	7,000
1973 Century Regal, V-8						
2d HT	320	960	1,600	3,600	5,600	8,000
NOTE: Add 30 percent for Gran Sport Package. Add 70 percent for GS Stage I, 455 option.						
1973 LeSabre, V-8, 124" wb						
4d Sed.	264	792	1,320	2,970	4,620	6,600
4d HT	268	804	1,340	3,020	4,690	6,700
2d HT	280	840	1,400	3,150	4,900	7,000
1973 LeSabre Custom, V-8						
4d Sed.	288	864	1,440	3,240	5,040	7,200
4d HT	292	876	1,460	3,290	5,110	7,300
2d HT	312	936	1,560	3,510	5,460	7,800
4d 3S Est Wag	288	864	1,440	3,240	5,040	7,200
1973 Centurion, V-8						
4d HT	296	888	1,480	3,330	5,180	7,400
2d HT	316	948	1,580	3,560	5,530	7,900
2d Conv.	640	1,920	3,200	7,200	11,200	16,000
1973 Electra 225, V-8, 127" wb						
4d HT	300	900	1,500	3,380	5,250	7,500
2d HT	328	984	1,640	3,690	5,740	8,200
1973 Electra Custom 225, V-8						
4d HT	304	912	1,520	3,420	5,320	7,600
2d HT	332	996	1,660	3,740	5,810	8,300
1973 Riviera, V-8						
2d HT GS	460	1,380	2,300	5,180	8,050	11,500
2d HT	420	1,260	2,100	4,730	7,350	10,500
1974 Apollo, 6-cyl., 111" wb						
4d Sed.	264	792	1,320	2,970	4,620	6,600
2d Sed.	264	792	1,320	2,970	4,620	6,600
2d HBk	268	804	1,340	3,020	4,690	6,700
1974 Apollo, V-8, 111" wb						
4d Sed.	308	924	1,540	3,470	5,390	7,700
2d Sed.	308	924	1,540	3,470	5,390	7,700
2d HBk	312	936	1,560	3,510	5,460	7,800
1974 Century, V-8						
2d Cpe.	284	852	1,420	3,200	4,970	7,100
4d HT	280	840	1,400	3,150	4,900	7,000
4d Sta Wag	280	840	1,400	3,150	4,900	7,000
1974 Century Luxus, V-8, 112" wb						
2d HT	280	840	1,400	3,150	4,900	7,000
4d HT	276	828	1,380	3,110	4,830	6,900
4d Sta Wag	276	828	1,380	3,110	4,830	6,900
1974 Gran Sport, V-8 (350-cid)						
2d Cpe.	320	960	1,600	3,600	5,600	8,000

	6	5	4	3	2	1
1974 Century Regal, V-8, 112" wb						
2d HT	304	912	1,520	3,420	5,320	7,600
4d HT	292	876	1,460	3,290	5,110	7,300
1974 LeSabre						
4d Sed	288	864	1,440	3,240	5,040	7,200
4d HT	292	876	1,460	3,290	5,110	7,300
2d HT	296	888	1,480	3,330	5,180	7,400
1974 LeSabre, V-8, 123" wb						
4d Sed	324	972	1,620	3,650	5,670	8,100
4d HT	328	984	1,640	3,690	5,740	8,200
2d HT	336	1,008	1,680	3,780	5,880	8,400
1974 LeSabre Luxus, V-8, 123" wb						
4d Sed	328	984	1,640	3,690	5,740	8,200
4d HT	332	996	1,660	3,740	5,810	8,300
2d HT	340	1,020	1,700	3,830	5,950	8,500
2d Conv	620	1,860	3,100	6,980	10,850	15,500
1974 Estate Wagon, V-8						
4d Sta Wag	332	996	1,660	3,740	5,810	8,300
1974 Electra 225, V-8						
2d HT	428	1,284	2,140	4,820	7,490	10,700
4d HT	328	984	1,640	3,690	5,740	8,200
1974 Electra 225 Custom, V-8						
2d HT	436	1,308	2,180	4,910	7,630	10,900
4d HT	336	1,008	1,680	3,780	5,880	8,400
1974 Electra Limited, V-8						
2d HT	444	1,332	2,220	5,000	7,770	11,100
4d HT	424	1,272	2,120	4,770	7,420	10,600
1974 Riviera, V-8						
2d HT	440	1,320	2,200	4,950	7,700	11,000

NOTE: Add 10 percent for Apollo GSX. Add 15 percent for Century GS-455. Add 20 percent for GS-455 Stage I. Add 5 percent for sunroof. Add 15 percent for Riviera GS or Stage I.

	6	5	4	3	2	1
1975 Skyhawk, V-6						
2d "S" HBk	250	700	1,150	2,610	4,050	5,800
2d HBk	250	700	1,150	2,610	4,050	5,800
1975 Apollo, V-8						
4d Sed	268	804	1,340	3,020	4,690	6,700
4d "SR" Sed	272	816	1,360	3,060	4,760	6,800
1975 Skylark, V-8						
2d Cpe	276	828	1,380	3,110	4,830	6,900
2d HBk	280	840	1,400	3,150	4,900	7,000
2d "SR" Cpe	280	840	1,400	3,150	4,900	7,000
2d "SR" HBk	284	852	1,420	3,200	4,970	7,100
1975 Century, V-8						
4d Sed	264	792	1,320	2,970	4,620	6,600
2d Cpe	264	792	1,320	2,970	4,620	6,600
4d Cus Sed	276	828	1,380	3,110	4,830	6,900
2d Cus Cpe	280	840	1,400	3,150	4,900	7,000
4d 2S Sta Wag	264	792	1,320	2,970	4,620	6,600
4d 3S Sta Wag	268	804	1,340	3,020	4,690	6,700

NOTE: Add 20 percent for Indy pace car edition.

	6	5	4	3	2	1
1975 Regal, V-8						
4d Sed	272	816	1,360	3,060	4,760	6,800
2d Cpe	272	816	1,360	3,060	4,760	6,800
1975 LeSabre, V-8						
4d Sed	276	828	1,380	3,110	4,830	6,900
4d HT	284	852	1,420	3,200	4,970	7,100
2d Cpe	280	840	1,400	3,150	4,900	7,000
1975 LeSabre Custom, V-8						
4d Sed	284	852	1,420	3,200	4,970	7,100
4d HT	296	888	1,480	3,330	5,180	7,400
2d Cpe	296	888	1,480	3,330	5,180	7,400
2d Conv	620	1,860	3,100	6,980	10,850	15,500
1975 Estate Wagon, V-8						
4d 2S Sta Wag	288	864	1,440	3,240	5,040	7,200
4d 3S Sta Wag	296	888	1,480	3,330	5,180	7,400
1975 Electra 225 Custom, V-8						
4d HT	300	900	1,500	3,380	5,250	7,500
2d Cpe	308	924	1,540	3,470	5,390	7,700
1975 Electra 225 Limited, V-8						
4d HT	304	912	1,520	3,420	5,320	7,600
2d Cpe	316	948	1,580	3,560	5,530	7,900
1975 Riviera, V-8						
2d HT	320	960	1,600	3,600	5,600	8,000

NOTE: Add 15 percent for Park Avenue DeLuxe. Add 5 percent for Park Avenue, Century, GS or Riviera GS options.

	6	5	4	3	2	1
1976 Skyhawk, V-6						
2d HBk	200	600	1,000	2,210	3,450	4,900

	6	5	4	3	2	1
1976 Skylark S, V-8						
2d Cpe.	244	732	1,220	2,750	4,270	6,100
1976 Skylark, V-8						
4d Sed.	244	732	1,220	2,750	4,270	6,100
2d Cpe.	248	744	1,240	2,790	4,340	6,200
2d HBk	252	756	1,260	2,840	4,410	6,300
1976 Skylark SR, V-8						
4d Sed.	248	744	1,240	2,790	4,340	6,200
2d Cpe.	252	756	1,260	2,840	4,410	6,300
2d HBk	256	768	1,280	2,880	4,480	6,400
1976 Century Special, V-6						
2d Cpe.	240	720	1,200	2,700	4,200	6,000
1976 Century, V-8						
4d Sed.	260	780	1,300	2,930	4,550	6,500
2d Cpe.	248	744	1,240	2,790	4,340	6,200
1976 Century Custom, V-8						
4d Sed.	268	804	1,340	3,020	4,690	6,700
2d Cpe.	252	756	1,260	2,840	4,410	6,300
4d 2S Sta Wag	244	732	1,220	2,750	4,270	6,100
4d 3S Sta Wag	248	744	1,240	2,790	4,340	6,200
NOTE: Add 20 percent for Indy pace car edition.						
1976 Regal, V-8						
4d Sed.	272	816	1,360	3,060	4,760	6,800
2d Cpe.	256	768	1,280	2,880	4,480	6,400
1976 LeSabre, V-6						
4d Sed.	276	828	1,380	3,110	4,830	6,900
4d HT	260	780	1,300	2,930	4,550	6,500
2d Cpe.	264	792	1,320	2,970	4,620	6,600
1976 LeSabre Custom, V-8						
4d Sed.	280	840	1,400	3,150	4,900	7,000
4d HT	268	804	1,340	3,020	4,690	6,700
2d Cpe.	272	816	1,360	3,060	4,760	6,800
1976 Estate, V-8						
4d 2S Sta Wag	280	840	1,400	3,150	4,900	7,000
4d 3S Sta Wag	284	852	1,420	3,200	4,970	7,100
1976 Electra 225, V-8						
4d HT	288	864	1,440	3,240	5,040	7,200
2d Cpe.	280	840	1,400	3,150	4,900	7,000
1976 Electra 225 Custom, V-8						
4d HT	296	888	1,480	3,330	5,180	7,400
2d Cpe.	288	864	1,440	3,240	5,040	7,200
1976 Riviera, V-8						
2d Spt Cpe	300	900	1,500	3,380	5,250	7,500
NOTE: Deduct 5 percent for 6-cylinder.						
1977 Skyhawk, V-6						
2d HBk	150	400	700	1,580	2,450	3,500
1977 Skylark S, V-8						
2d Cpe.	150	450	750	1,670	2,600	3,700
1977 Skylark, V-8						
4d Sed.	150	450	750	1,670	2,600	3,700
2d Cpe.	150	450	750	1,710	2,650	3,800
2d HBk	150	450	800	1,760	2,750	3,900
1977 Skylark SR, V-8						
4d Sed.	150	450	750	1,710	2,650	3,800
2d Cpe.	150	450	800	1,760	2,750	3,900
2d HBk	150	500	800	1,800	2,800	4,000
1977 Century, V-8						
4d Sed.	200	550	900	2,030	3,150	4,500
2d Cpe.	200	550	900	2,070	3,200	4,600
1977 Century Special, V-6						
2d Cpe.	200	550	950	2,120	3,300	4,700
1977 Century Custom, V-8						
4d Sed.	200	550	900	2,070	3,200	4,600
2d Cpe.	200	550	950	2,120	3,300	4,700
4d 2S Sta Wag	200	550	900	1,980	3,100	4,400
4d 3S Sta Wag	200	550	900	2,030	3,150	4,500
1977 Regal, V-8						
4d Sed.	200	600	950	2,160	3,350	4,800
2d Cpe.	200	600	1,000	2,210	3,450	4,900
1977 LeSabre, V-8						
4d Sed.	210	640	1,060	2,390	3,710	5,300
2d Cpe.	220	650	1,080	2,430	3,780	5,400
1977 LeSabre Custom, V-8						
4d Sed.	220	650	1,080	2,430	3,780	5,400
2d Cpe.	220	660	1,100	2,480	3,850	5,500
2d Spt Cpe	220	670	1,120	2,520	3,920	5,600

BUICK

	6	5	4	3	2	1
1977 Electra 225, V-8						
4d Sed 220	670	1,120	2,520	3,920	5,600	
2d Cpe 230	680	1,140	2,570	3,990	5,700	
1977 Electra Limited, V-8						
4d Sed 230	700	1,160	2,610	4,060	5,800	
2d Cpe 240	720	1,200	2,700	4,200	6,000	
NOTE: Add 5 percent for Electra Park Avenue trim option.						
1977 Riviera, V-8						
2d Cpe 200	650	1,100	2,430	3,800	5,400	
NOTE: Deduct 5 percent for V-6.						
1978 Skyhawk						
2d "S" HBk 150	400	650	1,440	2,250	3,200	
2d HBk 136	408	680	1,530	2,380	3,400	
1978 Skylark						
2d "S" Cpe 250	760	1,260	2,840	4,410	6,300	
4d Sed 160	480	800	1,800	2,800	4,000	
2d Cpe 260	770	1,280	2,880	4,480	6,400	
2d HBk 260	780	1,300	2,930	4,550	6,500	
1978 Skylark Custom						
4d Sed 160	490	820	1,850	2,870	4,100	
2d Cpe 260	780	1,300	2,930	4,550	6,500	
2d HBk 260	790	1,320	2,970	4,620	6,600	
1978 Century Special						
4d Sed 140	420	700	1,580	2,450	3,500	
2d Cpe 144	432	720	1,620	2,520	3,600	
Sta Wag 136	408	680	1,530	2,380	3,400	
1978 Century Custom						
4d Sed 144	432	720	1,620	2,520	3,600	
2d Cpe 148	444	740	1,670	2,590	3,700	
Sta Wag 140	420	700	1,580	2,450	3,500	
1978 Century Sport						
2d Cpe 156	468	780	1,760	2,730	3,900	
1978 Century Limited						
4d Sed 152	456	760	1,710	2,660	3,800	
2d Cpe 156	468	780	1,760	2,730	3,900	
1978 Regal						
2d Cpe 230	680	1,140	2,570	3,990	5,700	
Spt Cpe 230	700	1,160	2,610	4,060	5,800	
1978 Regal Limited						
2d Cpe 240	720	1,200	2,700	4,200	6,000	
1978 LeSabre						
4d Sed 180	530	880	1,980	3,080	4,400	
2d Cpe 180	540	900	2,030	3,150	4,500	
2d Spt Turbo Cpe. 190	580	960	2,160	3,360	4,800	
1978 LeSabre Custom						
4d Sed 180	540	900	2,030	3,150	4,500	
2d Cpe 180	550	920	2,070	3,220	4,600	
1978 Estate Wagon						
4d Sta Wag 180	530	880	1,980	3,080	4,400	
1978 Electra 225						
4d Sed 180	550	920	2,070	3,220	4,600	
2d Cpe 200	590	980	2,210	3,430	4,900	
1978 Electra Limited						
4d Sed 190	560	940	2,120	3,290	4,700	
2d Cpe 210	620	1,040	2,340	3,640	5,200	
1978 Electra Park Avenue						
4d Sed 200	590	980	2,210	3,430	4,900	
2d Cpe 220	660	1,100	2,480	3,850	5,500	
1978 Riviera						
2d Cpe 250	740	1,240	2,790	4,340	6,200	
NOTE: Deduct 5 percent for 6-cyl.						
1979 Skyhawk, V-6						
2d HBk 140	420	700	1,580	2,450	3,500	
2d "S" HBk 150	400	700	1,530	2,400	3,400	
1979 Skylark "S", V-8						
2d "S" Cpe 250	760	1,260	2,840	4,410	6,300	
1979 Skylark, V-8						
4d Sed 160	480	800	1,800	2,800	4,000	
2d Cpe 260	780	1,300	2,930	4,550	6,500	
2d HBk 260	790	1,320	2,970	4,620	6,600	
1979 Skylark Custom, V-8						
4d Sed 160	490	820	1,850	2,870	4,100	
2d Cpe 260	790	1,320	2,970	4,620	6,600	
1979 Century Special, V-8						
4d Sed 144	432	720	1,620	2,520	3,600	
2d Cpe 140	420	700	1,580	2,450	3,500	
4d Sta Wag 144	432	720	1,620	2,520	3,600	

	6	5	4	3	2	1
1979 Century Custom, V-8						
4d Sed.	148	444	740	1,670	2,590	3,700
2d Cpe.	144	432	720	1,620	2,520	3,600
4d Sta Wag.	148	444	740	1,670	2,590	3,700
1979 Century Sport, V-8						
2d Cpe.	160	480	800	1,800	2,800	4,000
1979 Century Limited, V-8						
4d Sed.	156	468	780	1,760	2,730	3,900
NOTE: Deduct 7 percent for 6-cyl.						
1979 Regal, V-6						
2d Cpe.	220	650	1,080	2,430	3,780	5,400
1979 Regal Sport Turbo, V-6						
2d Cpe.	260	770	1,280	2,880	4,480	6,400
1979 Regal, V-8						
2d Cpe.	240	720	1,200	2,700	4,200	6,000
1979 Regal Limited, V-8 & V-6						
2d Cpe V-6.	240	710	1,180	2,660	4,130	5,900
2d Cpe V-8.	250	740	1,240	2,790	4,340	6,200
1979 LeSabre, V-8						
4d Sed.	180	550	920	2,070	3,220	4,600
2d Cpe.	180	540	900	2,030	3,150	4,500
1979 LeSabre Limited, V-8						
4d Sed.	190	560	940	2,120	3,290	4,700
2d Cpe.	180	550	920	2,070	3,220	4,600
NOTE: Deduct 7 percent for V-6.						
1979 LeSabre Sport Turbo, V-6						
2d Cpe.	210	620	1,040	2,340	3,640	5,200
1979 LeSabre Estate Wagon						
4d Sta Wag.	190	560	940	2,120	3,290	4,700
1979 Electra 225, V-8						
4d Sed.	190	500	060	2,160	3,360	4,800
2d Cpe.	200	600	1,000	2,250	3,500	5,000
1979 Electra Limited, V-8						
4d Sed.	200	600	1,000	2,250	3,500	5,000
2d Cpe.	210	640	1,060	2,390	3,710	5,300
1979 Electra Park Avenue, V-8						
4d Sed.	210	640	1,060	2,390	3,710	5,300
2d Cpe.	220	670	1,120	2,520	3,920	5,600
1979 Riviera, V-8						
2d "S" Cpe.	400	1,200	2,000	4,500	7,000	10,000
NOTE: Deduct 10 percent for V-6.						
1980 Skyhawk, V-6						
2d HBk S.	148	444	740	1,670	2,590	3,700
2d HBk	152	456	760	1,710	2,660	3,800
1980 Skylark, V-6						
4d Sed.	160	490	820	1,850	2,870	4,100
2d Cpe.	280	830	1,380	3,110	4,830	6,900
4d Sed LTD.	170	500	840	1,890	2,940	4,200
2d Cpe LTD.	280	840	1,400	3,150	4,900	7,000
4d Sed Spt	180	530	880	1,980	3,080	4,400
2d Cpe Spt	290	860	1,440	3,240	5,040	7,200
NOTE: Deduct 10 percent for 4-cyl.						
1980 Century, V-8						
4d Sed.	144	432	720	1,620	2,520	3,600
2d Cpe.	152	456	760	1,710	2,660	3,800
4d Sta Wag Est.	148	444	740	1,670	2,590	3,700
2d Cpe Spt	156	468	780	1,760	2,730	3,900
NOTE: Deduct 12 percent for V-6.						
1980 Regal, V-8						
2d Cpe.	240	710	1,180	2,660	4,130	5,900
2d Cpe LTD.	240	720	1,200	2,700	4,200	6,000
NOTE: Deduct 12 percent for V-6.						
1980 Regal Turbo, V-6						
2d Cpe.	260	780	1,300	2,930	4,550	6,500
1980 LeSabre, V-8						
4d Sed.	190	580	960	2,160	3,360	4,800
2d Cpe.	200	590	980	2,210	3,430	4,900
4d Sed LTD.	200	600	1,000	2,250	3,500	5,000
2d Cpe LTD.	200	610	1,020	2,300	3,570	5,100
4d Sta Wag Est.	240	720	1,200	2,700	4,200	6,000
1980 LeSabre Turbo, V-6						
2d Cpe Spt	220	670	1,120	2,520	3,920	5,600
1980 Electra, V-8						
4d Sed Ltd.	210	640	1,060	2,390	3,710	5,300
2d Cpe Ltd.	220	650	1,080	2,430	3,780	5,400
4d Sed Park Ave.	220	650	1,080	2,430	3,780	5,400

	6	5	4	3	2	1
2d Cpe Park Ave	220	660	1,100	2,480	3,850	5,500
4d Sta Wag Est	220	670	1,120	2,520	3,920	5,600
1980 Riviera S Turbo, V-6						
2d Cpe	248	744	1,240	2,790	4,340	6,200
1980 Riviera, V-8						
2d Cpe	400	1,200	2,000	4,500	7,000	10,000
1981 Skylark, V-6						
4d Sed Spt	168	504	840	1,890	2,940	4,200
2d Cpe Spt	172	516	860	1,940	3,010	4,300

NOTE: Deduct 10 percent for 4-cyl. Deduct 5 percent for lesser models.

	6	5	4	3	2	1
1981 Century, V-8						
4d Sed Ltd	152	456	760	1,710	2,660	3,800
4d Sta Wag Est	156	468	780	1,760	2,730	3,900

NOTE: Deduct 12 percent for V-6. Deduct 5 percent for lesser models.

	6	5	4	3	2	1
1981 Regal, V-8						
2d Cpe	280	830	1,380	3,110	4,830	6,900
2d Cpe Ltd	280	840	1,400	3,150	4,900	7,000

NOTE: Deduct 12 percent for V-6.

	6	5	4	3	2	1
1981 Regal Turbo, V-6						
2d Cpe Spt	340	1,020	1,700	3,830	5,950	8,500
1981 LeSabre, V-8						
4d Sed Ltd	200	600	1,000	2,250	3,500	5,000
2d Cpe Ltd	200	610	1,020	2,300	3,570	5,100
4d Sta Wag Est	210	620	1,040	2,340	3,640	5,200

NOTE: Deduct 12 percent for V-6 except Estate Wag. Deduct 5 percent for lesser models.

	6	5	4	3	2	1
1981 Electra, V-8						
4d Sed Ltd	200	610	1,020	2,300	3,570	5,100
2d Cpe Ltd	210	620	1,040	2,340	3,640	5,200
4d Sed Park Ave	210	640	1,060	2,390	3,710	5,300
2d Cpe Park Ave	220	650	1,080	2,430	3,780	5,400
4d Sta Wag Est	220	650	1,080	2,430	3,780	5,400

NOTE: Deduct 15 percent for V-6 except Estate Wag.

	6	5	4	3	2	1
1981 Riviera, V-8						
2d Cpe	400	1,200	2,000	4,500	7,000	10,000
1981 Riviera, V-6						
2d Cpe	380	1,140	1,900	4,280	6,650	9,500
2d Cpe Turbo T-Type	390	1,160	1,940	4,370	6,790	9,700
1982 Skyhawk, 4-cyl.						
4d Sed Ltd	156	468	780	1,760	2,730	3,900
2d Cpe Ltd	160	480	800	1,800	2,800	4,000

NOTE: Deduct 5 percent for lesser models.

	6	5	4	3	2	1
1982 Skylark, V-6						
4d Sed Spt	176	528	880	1,980	3,080	4,400
2d Cpe Spt	180	540	900	2,030	3,150	4,500

NOTE: Deduct 10 percent for 4-cyl. Deduct 5 percent for lesser models.

	6	5	4	3	2	1
1982 Regal, V-6						
4d Sed	180	550	920	2,070	3,220	4,600
2d Cpe	300	900	1,500	3,380	5,250	7,500
2d Cpe Turbo	400	1,200	2,000	4,500	7,000	10,000
2d Grand Natl.	1,120	3,360	5,600	12,600	19,600	28,000
4d Sed Ltd	190	580	960	2,160	3,360	4,800
2d Cpe Ltd	310	940	1,560	3,510	5,460	7,800
4d Sta Wag	200	590	980	2,210	3,430	4,900

NOTE: Add 10 percent for T-top option. Add 15 percent for Turbo GN option.

	6	5	4	3	2	1
1982 Century, V-6						
4d Sed Ltd	196	588	980	2,210	3,430	4,900
2d Cpe Ltd	200	600	1,000	2,250	3,500	5,000

NOTE: Deduct 10 percent for 4-cyl. Deduct 5 percent for lesser models.

	6	5	4	3	2	1
1982 LeSabre, V-8						
4d Sed Ltd	220	670	1,120	2,520	3,920	5,600
2d Cpe Ltd	230	680	1,140	2,570	3,990	5,700
4d Sta Wag Est	230	680	1,140	2,570	3,990	5,700

NOTE: Deduct 12 percent for V-6 except Estate Wag. Deduct 5 percent for lesser models.

	6	5	4	3	2	1
1982 Electra, V-8						
4d Sed Ltd	220	670	1,120	2,520	3,920	5,600
2d Cpe Ltd	230	700	1,160	2,610	4,060	5,800
4d Sed Park Ave	240	710	1,180	2,660	4,130	5,900
2d Cpe Park Ave	240	730	1,220	2,750	4,270	6,100
4d Sta Wag Est	240	730	1,220	2,750	4,270	6,100

NOTE: Deduct 15 percent for V-6 except Estate Wag.

	6	5	4	3	2	1
1982 Riviera, V-6						
2d Cpe	380	1,140	1,900	4,280	6,650	9,500
2d Cpe T-Type	392	1,176	1,960	4,410	6,860	9,800
2d Conv	840	2,520	4,200	9,450	14,700	21,000
1982 Riviera, V-8						
2d Cpe	400	1,200	2,000	4,500	7,000	10,000
2d Conv	880	2,640	4,400	9,900	15,400	22,000

	6	5	4	3	2	1
1983 Skyhawk, 4-cyl.						
4d Sed Ltd.	168	504	840	1,890	2,940	4,200
2d Cpe Ltd.	172	516	860	1,940	3,010	4,300
4d Sta Wag Ltd	172	516	860	1,940	3,010	4,300
2d Cpe T-Type	196	588	980	2,210	3,430	4,900
NOTE: Deduct 5 percent for lesser models.						
1983 Skylark, V-6						
4d Sed Ltd.	168	504	840	1,890	2,940	4,200
2d Cpe Ltd.	172	516	860	1,940	3,010	4,300
2d Cpe T-Type	204	612	1,020	2,300	3,570	5,100
NOTE: Deduct 10 percent for 4-cyl except T-Type. Deduct 5 percent for lesser models.						
1983 Century, V-6						
4d Sed T-Type	200	600	1,000	2,250	3,500	5,000
2d Cpe T-Type	220	660	1,100	2,480	3,850	5,500
NOTE: Deduct 12 percent for 4-cyl except T-Type. Deduct 5 percent for lesser models.						
1983 Regal, V-6						
4d Sed.	240	720	1,200	2,700	4,200	6,000
2d Cpe T-Type	620	1,860	3,100	6,980	10,850	15,500
4d Sta Wag	200	590	980	2,210	3,430	4,900
NOTE: Add 10 percent for T-top option. Deduct 5 percent for lesser models.						
1983 LeSabre, V-8						
4d Sed Ltd.	240	710	1,180	2,660	4,130	5,900
2d Cpe Ltd.	240	720	1,200	2,700	4,200	6,000
4d Sta Wag	240	720	1,200	2,700	4,200	6,000
NOTE: Deduct 12 percent for V-6 except Estate. Deduct 5 percent for lesser models.						
1983 Electra, V-8						
4d Sed Ltd.	240	710	1,180	2,660	4,130	5,900
2d Cpe Ltd.	240	720	1,200	2,700	4,200	6,000
4d Sed Park Ave.	240	730	1,220	2,750	4,270	6,100
2d Cpe Park Ave.	250	740	1,240	2,790	4,340	6,200
4d Sta Wag Est.	250	740	1,240	2,790	4,340	6,200
NOTE: Deduct 15 percent for V-6.						
1983 Riviera, V-6						
2d Cpe.	380	1,140	1,900	4,280	6,650	9,500
2d Conv.	840	2,520	4,200	9,450	14,700	21,000
2d T-Type	420	1,260	2,100	4,730	7,350	10,500
1983 Riviera, V-8						
2d Cpe.	424	1,272	2,120	4,770	7,420	10,600
2d Conv.	880	2,640	4,400	9,900	15,400	22,000
NOTE: Add 20 percent for XX option.						
1984 Skyhawk Limited, 4-cyl.						
4d Sed.	172	516	860	1,940	3,010	4,300
2d Sed.	172	516	860	1,940	3,010	4,300
4d Sta Wag	172	516	860	1,940	3,010	4,300
NOTE: Deduct 5 percent for lesser models.						
1984 Skyhawk T-Type, 4-cyl.						
2d Sed.	200	600	1,000	2,250	3,500	5,000
1984 Skylark Limited, V-6						
4d Sed.	176	528	880	1,980	3,080	4,400
2d Sed.	180	540	900	2,030	3,150	4,500
NOTE: Deduct 5 percent for lesser models. Deduct 8 percent for 4-cyl.						
1984 Skylark T-Type, V-6						
2d Sed.	208	624	1,040	2,340	3,640	5,200
1984 Century Limited, 4-cyl.						
NOTE: Deduct 5 percent for lesser models. Deduct 8 percent for 4-cyl.						
1984 Century Limited, V-6						
4d Sed.	180	540	900	2,030	3,150	4,500
2d Sed.	184	552	920	2,070	3,220	4,600
4d Sta Wag Est.	184	552	920	2,070	3,220	4,600
1984 Century T-Type, V-6						
4d Sed.	204	612	1,020	2,300	3,570	5,100
2d Sed.	224	672	1,120	2,520	3,920	5,600
1984 Regal, V-6						
4d Sed.	180	550	920	2,070	3,220	4,600
2d Sed.	300	900	1,500	3,380	5,250	7,500
2d Grand Natl	1,000	3,000	5,000	11,250	17,500	25,000
1984 Regal Limited, V-6						
4d Sed.	190	560	940	2,120	3,290	4,700
2d Sed.	300	910	1,520	3,420	5,320	7,600
1984 Regal T-Type, V-6						
2d Sed.	640	1,920	3,200	7,200	11,200	16,000
1984 LeSabre Custom, V-8						
4d Sed.	240	710	1,180	2,660	4,130	5,900
2d Sed.	240	710	1,180	2,660	4,130	5,900
1984 LeSabre Limited, V-8						
4d Sed.	240	720	1,200	2,700	4,200	6,000
2d Sed.	240	720	1,200	2,700	4,200	6,000
NOTE: Deduct 10 percent for V-6.						

	6	5	4	3	2	1
1984 Electra Limited, V-8						
4d Sed	250	760	1,260	2,840	4,410	6,300
2d Sed	260	770	1,280	2,880	4,480	6,400
4d Est Wag	260	770	1,280	2,880	4,480	6,400
1984 Electra Park Avenue, V-8						
4d Sed	250	760	1,260	2,840	4,410	6,300
2d Sed	260	770	1,280	2,880	4,480	6,400
NOTE: Deduct 10 percent for V-6.						
1984 Riviera, V-6						
2d Cpe	384	1,152	1,920	4,320	6,720	9,600
2d Conv	860	2,580	4,300	9,680	15,050	21,500
NOTE: Add 20 percent for GN V-6 option.						
1984 Riviera, V-8						
2d Cpe	400	1,200	2,000	4,500	7,000	10,000
2d Conv	900	2,700	4,500	10,130	15,750	22,500
1984 Riviera T-Type, V-6 Turbo						
2d Cpe	396	1,188	1,980	4,460	6,930	9,900
1985 Skyhawk, 4-cyl.						
4d Sed Ltd	176	528	880	1,980	3,080	4,400
2d Ltd	176	528	880	1,980	3,080	4,400
4d Sta Wag Ltd	176	528	880	1,980	3,080	4,400
2d T-Type	204	612	1,020	2,300	3,570	5,100
NOTE: Deduct 5 percent for lesser models.						
1985 Skylark, V-6						
4d Cus Sed	176	528	880	1,980	3,080	4,400
4d Sed Ltd	180	540	900	2,030	3,150	4,500
NOTE: Deduct 10 percent for 4-cyl.						
1985 Century, V-6						
4d Sed Ltd	184	552	920	2,070	3,220	4,600
2d Ltd	184	552	920	2,070	3,220	4,600
4d Sta Wag Est	192	576	960	2,160	3,360	4,800
4d Sed T-Type	220	660	1,100	2,480	3,850	5,500
2d T-Type	228	684	1,140	2,570	3,990	5,700
NOTE: Deduct 10 percent for 4-cyl. where available. Deduct 5 percent for lesser models.						
1985 Somerset Regal, V-6						
2d Cus	188	564	940	2,120	3,290	4,700
2d Ltd	192	576	960	2,160	3,360	4,800
NOTE: Deduct 10 percent for 4-cyl.						
1985 Regal, V-6						
2d	300	910	1,520	3,420	5,320	7,600
2d Ltd	310	920	1,540	3,470	5,390	7,700
2d T-Type	640	1,920	3,200	7,200	11,200	16,000
2d T-Type Grand Natl	1,040	3,120	5,200	11,700	18,200	26,000
1985 LeSabre, V-8						
4d Sed Ltd	240	730	1,220	2,750	4,270	6,100
2d Ltd	260	770	1,280	2,880	4,480	6,400
4d Sta Wag Est	260	770	1,280	2,880	4,480	6,400
4d Electra Sta Wag Est	260	780	1,300	2,930	4,550	6,500
NOTE: Add 20 percent for Ltd Collectors Ed. Deduct 20 percent for V-6. Deduct 5 percent for lesser models.						
1985 Electra, V-6						
4d Sed	220	660	1,100	2,480	3,850	5,500
2d	224	672	1,120	2,520	3,920	5,600
1985 Electra Park Avenue, V-6						
4d Sed	224	672	1,120	2,520	3,920	5,600
2d Sed	228	684	1,140	2,570	3,990	5,700
1985 Electra T-Type, V-6						
4d Sed	232	696	1,160	2,610	4,060	5,800
2d	236	708	1,180	2,660	4,130	5,900
1985 Riviera T-Type, V-6						
2d Turbo	396	1,188	1,980	4,460	6,930	9,900
1985 Riviera, V-8						
2d	400	1,200	2,000	4,500	7,000	10,000
Conv	920	2,760	4,600	10,350	16,100	23,000
NOTE: Deduct 30 percent for diesel where available.						
1986 Skyhawk, 4-cyl.						
4d Cus Sed	176	528	880	1,980	3,080	4,400
2d Cus Cpe	172	516	860	1,940	3,010	4,300
4d Cus Sta Wag	180	540	900	2,030	3,150	4,500
4d Ltd Sed	180	540	900	2,030	3,150	4,500
2d Cpe Ltd	176	528	880	1,980	3,080	4,400
4d Sta Wag Ltd	184	552	920	2,070	3,220	4,600
2d Spt HBk	188	564	940	2,120	3,290	4,700
2d T-Type HBk	192	576	960	2,160	3,360	4,800
2d T-Type Cpe	188	564	940	2,120	3,290	4,700
1986 Skylark, V-6						
2d Cus Cpe	176	528	880	1,980	3,080	4,400

	6	5	4	3	2	1
4d Sed Ltd.	180	540	900	2,030	3,150	4,500
1986 Somerset, V-6						
2d Cus Cpe	192	576	960	2,160	3,360	4,800
2d Cpe T-Type	208	624	1,040	2,340	3,640	5,200
1986 Century Custom						
2d Cpe.	196	588	980	2,210	3,430	4,900
4d Sed.	192	576	960	2,160	3,360	4,800
4d Sta Wag	200	600	1,000	2,250	3,500	5,000
NOTE: Add 20 percent for GS package.						
1986 Century Limited, V-6						
2d Cpe.	200	600	1,000	2,250	3,500	5,000
4d Sed.	196	588	980	2,210	3,430	4,900
4d Sta Wag	204	612	1,020	2,300	3,570	5,100
4d Sed T-Type	216	648	1,080	2,430	3,780	5,400
1986 Regal, V-6						
2d Cpe, V-8.	310	920	1,540	3,470	5,390	7,700
2d Cpe Ltd, V-8.	320	950	1,580	3,560	5,530	7,900
2d Cpe T-Type	740	2,220	3,700	8,330	12,950	18,500
2d T-Type Grand Natl	1,240	3,720	6,200	13,950	21,700	31,000
1986 LeSabre Custom, V-6						
2d Cpe.	220	660	1,100	2,480	3,850	5,500
4d Sed.	216	648	1,080	2,430	3,780	5,400
1986 LeSabre Limited						
2d Cpe Grand Natl	760	2,280	3,800	8,550	13,300	19,000
2d Cpe.	224	672	1,120	2,520	3,920	5,600
4d Sed.	220	660	1,100	2,480	3,850	5,500
4d Sta Wag Est, V-8	240	720	1,200	2,700	4,200	6,000
1986 Electra, V-6						
2d Cpe.	224	672	1,120	2,520	3,920	5,600
4d Sed.	224	672	1,120	2,520	3,920	5,600
1986 Electra Park Avenue, V-6						
2d Cpe.	228	684	1,140	2,570	3,990	5,700
4d Sed.	228	684	1,140	2,570	3,990	5,700
4d Sed T-Type	236	708	1,180	2,660	4,130	5,900
4d Sta Wag Est.	248	744	1,240	2,790	4,340	6,200
1986 Riviera, V-6						
2d Cpe.	392	1,176	1,960	4,410	6,860	9,800
2d Cpe T-Type	400	1,200	2,000	4,500	7,000	10,000
NOTE: Add 10 percent for deluxe models. Deduct 5 percent for smaller engines where available.						
1987 Skyhawk, 4-cyl.						
4d Cus Sed.	176	528	880	1,980	3,080	4,400
2d Cus Cpe.	172	516	860	1,940	3,010	4,300
4d Cus Sta Wag	180	540	900	2,030	3,150	4,500
4d Sed Ltd.	180	540	900	2,030	3,150	4,500
2d Cpe Ltd.	176	528	880	1,980	3,080	4,400
4d Sta Wag Ltd	184	552	920	2,070	3,220	4,600
Spt HBk.	188	564	940	2,120	3,290	4,700
NOTE: Add 5 percent for Turbo.						
1987 Somerset, 4-cyl.						
2d Cus Cpe.	196	588	980	2,210	3,430	4,900
2d Cpe Ltd.	200	600	1,000	2,250	3,500	5,000
NOTE: Add 10 percent for V-6.						
1987 Skylark						
4d Cus Sed.	188	564	940	2,120	3,290	4,700
4d Sed Ltd.	192	576	960	2,160	3,360	4,800
NOTE: Add 10 percent for V-6.						
1987 Century, 4-cyl.						
4d Cus Sed.	196	588	980	2,210	3,430	4,900
2d Cus Cpe.	192	576	960	2,160	3,360	4,800
4d Cus Sta Wag	200	600	1,000	2,250	3,500	5,000
4d Sed Ltd.	200	600	1,000	2,250	3,500	5,000
2d Cpe Ltd.	196	588	980	2,210	3,430	4,900
4d Sta Wag Est.	204	612	1,020	2,300	3,570	5,100
NOTE: Add 10 percent for V-6.						
1987 Regal, V-6						
2d Cpe.	320	960	1,600	3,600	5,600	8,000
2d Cpe Ltd.	320	970	1,620	3,650	5,670	8,100
1987 Regal, Turbo V-6						
2d Cpe T	960	2,880	4,800	10,800	16,800	24,000
2d Cpe T Ltd.	1,040	3,120	5,200	11,700	18,200	26,000
2d Cpe Grand Natl	1,340	4,020	6,700	15,080	23,450	33,500
2d Cpe GNX	3,700	11,100	18,500	41,630	64,750	92,500
NOTE: Add 30 percent for turbo option on base Regal.						
1987 Regal, V-8						
2d Cpe.	350	1,060	1,760	3,960	6,160	8,800
2d Cpe Ltd.	360	1,070	1,780	4,010	6,230	8,900

	6	5	4	3	2	1
1987 LeSabre, V-6						
4d Sed 220	660	1,100	2,480	3,850	5,500	
4d Cus Sed 224	672	1,120	2,520	3,920	5,600	
2d Cus Cpe 220	660	1,100	2,480	3,850	5,500	
2d Cpe T-Type 228	684	1,140	2,570	3,990	5,700	
1987 LeSabre, V-8						
4d Sta Wag 244	732	1,220	2,750	4,270	6,100	
1987 Electra, V-6						
4d Sed Ltd 232	696	1,160	2,610	4,060	5,800	
4d Sed Park Ave 240	720	1,200	2,700	4,200	6,000	
2d Cpe Park Ave 236	708	1,180	2,660	4,130	5,900	
4d Sed T-Type 240	720	1,200	2,700	4,200	6,000	
1987 Electra, V-8						
4d Sta Wag Est 248	744	1,240	2,790	4,340	6,200	
1987 Riviera, V-6						
2d Cpe 400	1,200	2,000	4,500	7,000	10,000	
2d Cpe T-Type 408	1,224	2,040	4,590	7,140	10,200	
1988 Skyhawk, 4-cyl.						
4d Sed 184	552	920	2,070	3,220	4,600	
2d Cpe 180	540	900	2,030	3,150	4,500	
2d Cpe SE 192	576	960	2,160	3,360	4,800	
4d Sta Wag 188	564	940	2,120	3,290	4,700	
1988 Skylark, 4-cyl.						
4d Cus Sed 188	564	940	2,120	3,290	4,700	
2d Cus Cpe 192	576	960	2,160	3,360	4,800	
4d Sed Ltd 192	576	960	2,160	3,360	4,800	
2d Cpe Ltd 196	588	980	2,210	3,430	4,900	
NOTE: Add 10 percent for V-6.						
1988 Century, 4-cyl.						
4d Cus Sed 188	564	940	2,120	3,290	4,700	
2d Cus Cpe 192	576	960	2,160	3,360	4,800	
4d Cus Sta Wag 196	588	980	2,210	3,430	4,900	
4d Sed Ltd 192	576	960	2,160	3,360	4,800	
2d Cpe Ltd 196	588	980	2,210	3,430	4,900	
4d Sta Wag Ltd 200	600	1,000	2,250	3,500	5,000	
NOTE: Add 10 percent for V-6.						
1988 Regal, V-6						
2d Cus Cpe 240	720	1,200	2,700	4,200	6,000	
2d Cpe Ltd 260	780	1,300	2,930	4,550	6,500	
1988 LeSabre, V-6						
2d Cpe 220	660	1,100	2,480	3,850	5,500	
4d Cus Sed 240	720	1,200	2,700	4,200	6,000	
2d Cpe Ltd 252	756	1,260	2,840	4,410	6,300	
4d Sed Ltd 248	744	1,240	2,790	4,340	6,200	
2d Cpe T-Type 256	768	1,280	2,880	4,480	6,400	
4d Sta Wag, V-8 264	792	1,320	2,970	4,620	6,600	
1988 Electra, V-6						
4d Sed Ltd 260	780	1,300	2,930	4,550	6,500	
4d Sed Park Ave 368	1,104	1,840	4,140	6,440	9,200	
4d Sed T-Type 360	1,080	1,800	4,050	6,300	9,000	
4d Sta Wag, V-8 388	1,164	1,940	4,370	6,790	9,700	
1988 Riviera, V-6						
2d Cpe 376	1,128	1,880	4,230	6,580	9,400	
2d Cpe T-Type 408	1,224	2,040	4,590	7,140	10,200	
1988 Reatta, V-6						
2d Cpe 600	1,800	3,000	6,750	10,500	15,000	
1989 Skyhawk, 4-cyl.						
4d Sed 192	576	960	2,160	3,360	4,800	
2d Cpe 188	564	940	2,120	3,290	4,700	
2d SE Cpe 208	624	1,040	2,340	3,640	5,200	
4d Sta Wag 200	600	1,000	2,250	3,500	5,000	
1989 Skylark, 4-cyl.						
2d Cus Cpe 200	600	1,000	2,250	3,500	5,000	
2d Cpe Ltd 208	624	1,040	2,340	3,640	5,200	
4d Cus Sed 216	648	1,080	2,430	3,780	5,400	
4d Sed Ltd 224	672	1,120	2,520	3,920	5,600	
1989 Skylark, V-6						
2d Cus Cpe 204	612	1,020	2,300	3,570	5,100	
2d Cpe Ltd 212	636	1,060	2,390	3,710	5,300	
4d Cus Sed 220	660	1,100	2,480	3,850	5,500	
4d Sed Ltd 228	684	1,140	2,570	3,990	5,700	
1989 Century, 4-cyl.						
4d Cus Sed 208	624	1,040	2,340	3,640	5,200	
4d Sed Ltd 216	648	1,080	2,430	3,780	5,400	
2d Cus 212	636	1,060	2,390	3,710	5,300	

	6	5	4	3	2	1
4d Cus Sta Wag	224	672	1,120	2,520	3,920	5,600
4d Sta Wag Ltd	228	684	1,140	2,570	3,990	5,700
1989 Century, V-6						
4d Cus Sed	212	636	1,060	2,390	3,710	5,300
4d Sed Ltd	220	660	1,100	2,480	3,850	5,500
2d Cus	216	648	1,080	2,430	3,780	5,400
4d Cus Sta Wag	228	684	1,140	2,570	3,990	5,700
4d Sta Wag Ltd	232	696	1,160	2,610	4,060	5,800
1989 Regal, V-6						
2d Cus	272	816	1,360	3,060	4,760	6,800
2d Ltd	276	828	1,380	3,110	4,830	6,900
1989 LeSabre, V-6						
2d	272	816	1,360	3,060	4,760	6,800
2d Ltd	276	828	1,380	3,110	4,830	6,900
2d T-Type	380	1,140	1,900	4,280	6,650	9,500
4d Cus	268	804	1,340	3,020	4,690	6,700
4d Ltd	272	816	1,360	3,060	4,760	6,800
4d Sta Wag, V-8	368	1,104	1,840	4,140	6,440	9,200
1989 Electra, V-6						
4d Sed Ltd	396	1,188	1,980	4,460	6,930	9,900
4d Park Ave	436	1,308	2,180	4,910	7,630	10,900
4d Park Ave Ultra	600	1,800	3,000	6,750	10,500	15,000
4d T-Type	420	1,260	2,100	4,730	7,350	10,500
4d Sta Wag, V-8	540	1,620	2,700	6,080	9,450	13,500
1989 Riviera, V-6						
2d Cpe	520	1,560	2,600	5,850	9,100	13,000
1989 Reatta, V-6						
2d Cpe	600	1,800	3,000	6,750	10,500	15,000
1990 Skylark, 4-cyl.						
2d Cpe	220	660	1,100	2,480	3,850	5,500
4d Sed	224	672	1,120	2,520	3,920	5,600
2d Cus Cpe	228	684	1,140	2,570	3,990	5,700
4d Cus Sed	232	696	1,160	2,610	4,060	5,800
2d Gran Spt Cpe	240	720	1,200	2,700	4,200	6,000
4d LE Sed	240	720	1,200	2,700	4,200	6,000
NOTE: Add 10 percent for V-6 where available.						
1990 Century, 4-cyl.						
2d Cus	260	780	1,300	2,930	4,550	6,500
4d Cus	264	792	1,320	2,970	4,620	6,600
4d Cus Sta Wag	272	816	1,360	3,060	4,760	6,800
4d Ltd Sed	272	816	1,360	3,060	4,760	6,800
4d Ltd Sta Wag	360	1,080	1,800	4,050	6,300	9,000
NOTE: Add 10 percent for V-6 where available.						
1990 Regal, V-6						
2d Cus Cpe	380	1,140	1,900	4,280	6,650	9,500
2d Ltd Cpe	400	1,200	2,000	4,500	7,000	10,000
1990 LeSabre, V-6						
2d Cpe	400	1,200	2,000	4,500	7,000	10,000
4d Cus Sed	404	1,212	2,020	4,550	7,070	10,100
2d Ltd Cpe	420	1,260	2,100	4,730	7,350	10,500
4d Ltd Sed	424	1,272	2,120	4,770	7,420	10,600
1990 Estate, V-8						
4d Sta Wag	520	1,560	2,600	5,850	9,100	13,000
1990 Electra, V-6						
4d Ltd Sed	520	1,560	2,600	5,850	9,100	13,000
4d Park Ave	540	1,620	2,700	6,080	9,450	13,500
4d Ultra Sed	640	1,920	3,200	7,200	11,200	16,000
4d T-Type Sed	540	1,620	2,700	6,080	9,450	13,500
1990 Riviera, V-6						
2d Cpe	540	1,620	2,700	6,080	9,450	13,500
1990 Reatta, V-6						
2d Cpe	600	1,800	3,000	6,750	10,500	15,000
2d Conv	800	2,400	4,000	9,000	14,000	20,000
1991 Skylark, 4-cyl.						
2d Cpe	200	600	1,000	2,250	3,500	5,000
4d Sed	204	612	1,020	2,300	3,570	5,100
2d Cus Cpe	204	612	1,020	2,300	3,570	5,100
4d Cus Sed	208	624	1,040	2,340	3,640	5,200
2d Gran Spt Cpe	220	660	1,100	2,480	3,850	5,500
4d LE Sed	224	672	1,120	2,520	3,920	5,600
NOTE: Add 10 percent for V-6 where available.						
1991 Century, 4-cyl.						
4d Spl Sed	204	612	1,020	2,300	3,570	5,100
4d Cus Sed	208	624	1,040	2,340	3,640	5,200
2d Cus Cpe	204	612	1,020	2,300	3,570	5,100
4d Cus Sta Wag	216	648	1,080	2,430	3,780	5,400

BUICK

	6	5	4	3	2	1
4d Ltd Sed	212	636	1,060	2,390	3,710	5,300
4d Ltd Sta Wag	224	672	1,120	2,520	3,920	5,600

NOTE: Add 10 percent for V-6 where available.

1991 Regal, V-6

	6	5	4	3	2	1
4d Cus Sed	256	768	1,280	2,880	4,480	6,400
2d Cus Cpe	252	756	1,260	2,840	4,410	6,300
4d Ltd Sed	264	792	1,320	2,970	4,620	6,600
2d Ltd Cpe	260	780	1,300	2,930	4,550	6,500

1991 LeSabre, V-6

	6	5	4	3	2	1
2d Cpe	272	816	1,360	3,060	4,760	6,800
4d Cus Sed	276	828	1,380	3,110	4,830	6,900
4d Ltd Sed	376	1,128	1,880	4,230	6,580	9,400
2d Ltd Cpe	372	1,116	1,860	4,190	6,510	9,300

1991 Roadmaster, V-8

	6	5	4	3	2	1
4d Est Sta Wag	540	1,620	2,700	6,080	9,450	13,500

1991 Park Avenue, V-6

	6	5	4	3	2	1
4d Sed	370	1,100	1,840	4,140	6,440	9,200
4d Ultra Sed	380	1,150	1,920	4,320	6,720	9,600

1991 Riviera, V-6

	6	5	4	3	2	1
2d Cpe	540	1,620	2,700	6,080	9,450	13,500

1991 Reatta, V-6

	6	5	4	3	2	1
2d Cpe	680	2,040	3,400	7,650	11,900	17,000
2d Conv	840	2,520	4,200	9,450	14,700	21,000

1992 Skylark, 4-cyl.

	6	5	4	3	2	1
2d Quad 4 Cpe	220	660	1,100	2,480	3,850	5,500
4d Quad 4 Sed	220	660	1,100	2,480	3,850	5,500
2d Cpe	240	720	1,200	2,700	4,200	6,000
4d Sed	240	720	1,200	2,700	4,200	6,000
2d Gran Spt Cpe	260	780	1,300	2,930	4,550	6,500
4d Gran Spt Sed	260	780	1,300	2,930	4,550	6,500

NOTE: Add 10 percent for V-6 where available.

1992 Century, 4-cyl.

	6	5	4	3	2	1
4d Spl Sed	240	720	1,200	2,700	4,200	6,000
4d Cus Sed	248	744	1,240	2,790	4,340	6,200
2d Cus Cpe	260	780	1,300	2,930	4,550	6,500
4d Sed Ltd	360	1,080	1,800	4,050	6,300	9,000
4d Cus Sta Wag	368	1,104	1,840	4,140	6,440	9,200
4d Ltd Sta Wag	380	1,140	1,900	4,280	6,650	9,500

NOTE: Add 10 percent for V-6 where available.

1992 Regal, V-6

	6	5	4	3	2	1
4d Cus Sed	360	1,080	1,800	4,050	6,300	9,000
2d Cus Cpe	360	1,080	1,800	4,050	6,300	9,000
4d Ltd Sed	380	1,140	1,900	4,280	6,650	9,500
2d Ltd Cpe	380	1,140	1,900	4,280	6,650	9,500
4d Gran Spt Sed	400	1,200	2,000	4,500	7,000	10,000
2d Gran Spt Cpe	400	1,200	2,000	4,500	7,000	10,000

1992 LeSabre, V-6

	6	5	4	3	2	1
4d Cus Sed	400	1,200	2,000	4,500	7,000	10,000
4d Ltd Sed	420	1,260	2,100	4,730	7,350	10,500

1992 Roadmaster, V-8

	6	5	4	3	2	1
4d Sed	520	1,560	2,600	5,850	9,100	13,000
4d Ltd Sed	540	1,620	2,700	6,080	9,450	13,500
4d Est Sta Wag	560	1,680	2,800	6,300	9,800	14,000

1992 Park Avenue, V-6

	6	5	4	3	2	1
4d Sed	370	1,100	1,840	4,140	6,440	9,200
4d Ultra Sed	380	1,150	1,920	4,320	6,720	9,600

1992 Riviera, V-6

	6	5	4	3	2	1
2d Cpe	600	1,800	3,000	6,750	10,500	15,000

1993 Skylark, 4-cyl. & V-6

	6	5	4	3	2	1
2d Cus Cpe	228	684	1,140	2,570	3,990	5,700
4d Cus Sed	228	684	1,140	2,570	3,990	5,700
2d Ltd Cpe	232	696	1,160	2,610	4,060	5,800
4d Ltd Sed	232	696	1,160	2,610	4,060	5,800
2d Gran Spt Cpe (V-6 only)	236	708	1,180	2,660	4,130	5,900
4d Gran Spt Sed (V-6 only)	236	708	1,180	2,660	4,130	5,900

1993 Century, 4-cyl.

	6	5	4	3	2	1
2d Cus Cpe	244	732	1,220	2,750	4,270	6,100
4d Spl Sed	244	732	1,220	2,750	4,270	6,100
4d Cus Sed	248	744	1,240	2,790	4,340	6,200
4d Ltd Sed	252	756	1,260	2,840	4,410	6,300
4d Ltd Sta Wag	260	780	1,300	2,930	4,550	6,500

1993 Century, V-6

	6	5	4	3	2	1
2d Cus Cpe	252	756	1,260	2,840	4,410	6,300
4d Spl Sed	252	756	1,260	2,840	4,410	6,300
4d Cus Sed	256	768	1,280	2,880	4,480	6,400
4d Ltd Sed	260	780	1,300	2,930	4,550	6,500
4d Ltd Sta Wag	268	804	1,340	3,020	4,690	6,700

	6	5	4	3	2	1
1993 Regal, V-6						
2d Cus Cpe	364	1,092	1,820	4,100	6,370	9,100
2d Ltd Cpe	368	1,104	1,840	4,140	6,440	9,200
2d Gran Spt Cpe	372	1,116	1,860	4,190	6,510	9,300
4d Cus Sed	364	1,092	1,820	4,100	6,370	9,100
4d Ltd Sed	368	1,104	1,840	4,140	6,440	9,200
4d Gran Spt Sed	372	1,116	1,860	4,190	6,510	9,300
1993 LeSabre, V-6						
4d Cus Sed	408	1,224	2,040	4,590	7,140	10,200
4d Ltd Sed	424	1,272	2,120	4,770	7,420	10,600
1993 Roadmaster, V-8						
4d Sed	528	1,584	2,640	5,940	9,240	13,200
4d Ltd Sed	548	1,644	2,740	6,170	9,590	13,700
4d Est Sta Wag	580	1,740	2,900	6,530	10,150	14,500
1993 Park Avenue, V-6						
4d Sed	370	1,100	1,840	4,140	6,440	9,200
4d Ultra Sed	380	1,150	1,920	4,320	6,720	9,600
1993 Riviera, V-6						
2d Cpe	608	1,824	3,040	6,840	10,640	15,200
1994 Skylark, 4-cyl. & V-6						
2d Cus Cpe	228	684	1,140	2,570	3,990	5,700
4d Cus Sed	232	696	1,160	2,610	4,060	5,800
4d Ltd	240	720	1,200	2,700	4,200	6,000
2d Gran Spt Cpe	264	792	1,320	2,970	4,620	6,600
4d Gran Spt Sed	268	804	1,340	3,020	4,690	6,700
1994 Century, 4-cyl. & V-6						
4d Special	260	780	1,300	2,930	4,550	6,500
4d Sta Wag Special	280	840	1,400	3,150	4,900	7,000
4d Cus	264	792	1,320	2,970	4,620	6,600
2d Cus	260	780	1,300	2,930	4,550	6,500
4d Ltd	280	840	1,400	3,150	4,900	7,000
4d Ltd Sta Wag	288	864	1,440	3,240	5,040	7,200
1994 Regal, V-6						
4d Cus Sed	324	972	1,620	3,650	5,670	8,100
2d Cus Sed	320	960	1,600	3,600	5,600	8,000
4d Ltd Sed	340	1,020	1,700	3,830	5,950	8,500
2d Ltd Cpe	336	1,008	1,680	3,780	5,880	8,400
4d Gran Spt Sed	380	1,140	1,900	4,280	6,650	9,500
2d Gran Spt Cpe	376	1,128	1,880	4,230	6,580	9,400
1994 LeSabre, V-6						
4d Cus Sed	328	984	1,640	3,690	5,740	8,200
4d Ltd Sed	336	1,008	1,680	3,780	5,880	8,400
1994 Roadmaster, V-8						
4d Sed	360	1,080	1,800	4,050	6,300	9,000
4d Ltd Sed	380	1,130	1,880	4,230	6,580	9,400
4d Est Sta Wag	580	1,740	2,900	6,530	10,150	14,500
1994 Park Avenue, V-6						
4d Sed	368	1,104	1,840	4,140	6,440	9,200
4d Ultra Sed	384	1,152	1,920	4,320	6,720	9,600
1994 Riviera, V-6 (Spring 1994 launch of 1995 model)						
2d Cpe	400	1,250	2,100	4,730	7,350	10,500
1995 Skylark, 4-cyl. & V-6						
2d Cus Cpe	250	700	1,150	2,570	4,000	5,700
4d Cus Sed	250	700	1,150	2,610	4,050	5,800
2d Ltd Cpe	250	700	1,200	2,660	4,150	5,900
4d Ltd Sed	250	700	1,200	2,700	4,200	6,000
2d Gran Spt Cpe (V-6 only)	260	790	1,320	2,970	4,620	6,600
4d Gran Spt Sed (V-6 only)	250	800	1,350	3,020	4,700	6,700
1995 Century, 4-cyl. & V-6						
4d Spl Sed	250	800	1,300	2,930	4,550	6,500
4d Spl Sta Wag	300	850	1,400	3,150	4,900	7,000
4d Cus Sed (V-6 only)	260	790	1,320	2,970	4,620	6,600
4d Ltd Sed (V-6 only)	280	840	1,400	3,150	4,900	7,000
1995 Regal, V-6						
2d Cus Cpe	300	950	1,600	3,600	5,600	8,000
4d Cus Cpe	300	950	1,600	3,650	5,650	8,100
4d Ltd Sed	350	1,000	1,700	3,830	5,950	8,500
2d Gran Spt Cpe	400	1,150	1,900	4,230	6,600	9,400
4d Gran Spt Sed	400	1,150	1,900	4,280	6,650	9,500
1995 LeSabre, V-6						
4d Cus Sed	350	1,000	1,650	3,690	5,750	8,200
4d Ltd Sed	350	1,000	1,700	3,780	5,900	8,400
1995 Roadmaster, V-8						
4d Sed	350	1,100	1,800	4,050	6,300	9,000
4d Ltd Sed	400	1,150	1,900	4,230	6,600	9,400
4d Estate Sta Wag	500	1,450	2,400	5,450	8,450	12,100
4d Estate Ltd Sta Wag	520	1,560	2,600	5,850	9,100	13,000

	6	5	4	3	2	1
1995 Park Avenue, V-6						
4d Sed 350	1,100	1,850	4,140	6,450	9,200
4d Ultra Sed 400	1,150	1,900	4,320	6,700	9,600
1995 Riviera, V-6						
2d Cpe 400	1,250	2,100	4,730	7,350	10,500
1996 Skylark, 4-cyl. & V-6						
2d Cus Cpe 250	700	1,150	2,570	4,000	5,700
4d Cus Sed 250	700	1,150	2,610	4,050	5,800
2d Ltd Cpe 250	700	1,200	2,660	4,150	5,900
4d Ltd Sed 250	700	1,200	2,700	4,200	6,000
2d Gran Spt Cpe (V-6 only) 250	800	1,300	2,970	4,600	6,600
4d Gran Spt Sed (V-6 only) 250	800	1,350	3,020	4,700	6,700
1996 Century, 4-cyl. & V-6						
4d Spl Sed 250	800	1,300	2,930	4,550	6,500
4d Spl Sta Wag (V-6 only) 300	850	1,400	3,150	4,900	7,000
4d Cus Sed (V-6 only) 260	790	1,320	2,970	4,620	6,600
4d Ltd Sed (V-6 only) 280	840	1,400	3,150	4,900	7,000
1996 Regal, V-6						
2d Cus Cpe 300	950	1,600	3,600	5,600	8,000
4d Cus Cpe 300	950	1,600	3,650	5,650	8,100
4d Ltd Sed 350	1,000	1,700	3,830	5,950	8,500
2d Gran Spt Cpe 400	1,150	1,900	4,230	6,600	9,400
4d Gran Spt Sed 400	1,150	1,900	4,280	6,650	9,500
1996 LeSabre, V-6						
4d Cus Sed 350	1,000	1,650	3,690	5,750	8,200
4d Ltd Sed 350	1,000	1,700	3,780	5,900	8,400
1996 Roadmaster, V-8						
4d Sed 350	1,100	1,800	4,050	6,300	9,000
4d Ltd Sed 400	1,150	1,900	4,230	6,600	9,400
4d Estate Sta Wag 500	1,510	2,520	5,670	8,820	12,600
4d Estate Ltd Sta Wag 540	1,620	2,700	6,080	9,450	13,500
1996 Park Avenue, V-6						
4d Sed 350	1,100	1,850	4,140	6,450	9,200
4d Ultra Sed 400	1,150	1,900	4,320	6,700	9,600
1996 Riviera, V-6						
2d Cpe 400	1,250	2,100	4,730	7,350	10,500
NOTE: Add 5 percent for supercharged V-6.						
1997 Skylark, 4-cyl. & V-6						
2d Cus Cpe 228	684	1,140	2,570	3,990	5,700
4d Cus Sed 232	696	1,160	2,610	4,060	5,800
2d Ltd Cpe 236	708	1,180	2,660	4,130	5,900
4d Ltd Sed 240	720	1,200	2,700	4,200	6,000
2d Gran Spt Cpe (V-6 only) 264	792	1,320	2,970	4,620	6,600
4d Gran Spt Sed (V-6 only) 268	804	1,340	3,020	4,690	6,700
1997 Century, V-6						
4d Cus Sed 264	792	1,320	2,970	4,620	6,600
4d Ltd Sed 280	840	1,400	3,150	4,900	7,000
1997 Regal, V-6						
4d Cus Sed 324	972	1,620	3,650	5,670	8,100
4d Ltd Sed 340	1,020	1,700	3,830	5,950	8,500
4d Gran Spt Sed 380	1,140	1,900	4,280	6,650	9,500
NOTE: Regals were carried over from '96 until the launch of the '97-1/2 - '98 models in the fall.						
1997 LeSabre, V-6						
4d Cus Sed 328	984	1,640	3,690	5,740	8,200
4d Ltd Sed 336	1,008	1,680	3,780	5,880	8,400
1997 Park Avenue, V-6						
4d Sed 368	1,104	1,840	4,140	6,440	9,200
4d Ultra Sed 384	1,152	1,920	4,320	6,720	9,600
1997 Riviera, V-6						
2d Cpe 420	1,260	2,100	4,730	7,350	10,500
NOTE: Add 5 percent for supercharged V-6.						
1998 Skylark, V-6						
4d Cus Sed 230	700	1,160	2,610	4,060	5,800
1998 Century, V-6						
4d Cus Sed 260	790	1,320	2,970	4,620	6,600
4d Ltd Sed 280	840	1,400	3,150	4,900	7,000
1998 Regal, V-6						
4d LS Sed 320	970	1,620	3,650	5,670	8,100
4d GS Sed 340	1,020	1,700	3,830	5,950	8,500
NOTE: Add 10 percent for 25th Anv Pkg.						
1998 LeSabre, V-6						
4d Cus Sed 330	1,000	1,660	3,740	5,810	8,300
4d Ltd Sed 340	1,030	1,720	3,870	6,020	8,600
1998 Park Avenue, V-6						
4d Sed 370	1,100	1,840	4,140	6,440	9,200
4d Ultra Sed 380	1,150	1,920	4,320	6,720	9,600

	6	5	4	3	2	1
1998 Riviera, Supercharged V-6						
2d Cpe.	460	1,380	2,300	5,180	8,050	11,500
1999 Century, V-6						
4d Cus Sed	270	820	1,360	3,060	4,760	6,800
4d Ltd Sed	290	860	1,440	3,240	5,040	7,200
1999 Regal, V-6						
4d LS Sed	330	1,000	1,660	3,740	5,810	8,300
4d GS Sed	350	1,040	1,740	3,920	6,090	8,700
4d LSE Sed	360	1,070	1,780	4,010	6,230	8,900
4d GSE Sed	360	1,090	1,820	4,100	6,370	9,100
1999 LeSabre, V-6						
4d Cus Sed	340	1,010	1,680	3,780	5,880	8,400
4d Ltd Sed	350	1,060	1,760	3,960	6,160	8,800
NOTE: Add 5 percent for Gran Touring pkg.						
1999 Park Avenue, V-6						
4d Sed.	370	1,100	1,840	4,140	6,440	9,200
4d Ultra Sed	380	1,150	1,920	4,320	6,720	9,600
1999 Riviera, Supercharged V-6						
2d Cpe.	480	1,440	2,400	5,400	8,400	12,000
2000 Century, V-6						
4d Cus Sed	270	820	1,360	3,060	4,760	6,800
4d Ltd Sed	290	860	1,440	3,240	5,040	7,200
NOTE: Add 10 percent for Century 2000 Special Edition pkg.						
2000 Regal, V-6						
4d LS Sed	330	1,000	1,660	3,740	5,810	8,300
4d GS Sed	350	1,040	1,740	3,920	6,090	8,700
2000 LeSabre, V-6						
4d Cus Sed	340	1,010	1,680	3,780	5,880	8,400
4d Ltd Sed	350	1,060	1,760	3,960	6,160	8,800
NOTE: Add 5 percent for Gran Touring pkg.						
2000 Park Avenue, V-6						
4d Sed.	370	1,100	1,840	4,140	6,440	9,200
4d Ultra Sed	380	1,150	1,920	4,320	6,720	9,600
NOTE: Add 5 percent for Gran Touring pkg.						
2001 Century, V-6						
4d Cus Sed	280	830	1,380	3,450	4,830	6,900
4d Ltd Sed	290	880	1,460	3,650	5,110	7,300
NOTE: Add 10 percent for Century 2001 Special Ed pkg.						
2001 Regal, V-6						
4d LS Sed	340	1,010	1,680	4,200	5,880	8,400
4d GS Sed	350	1,060	1,760	4,400	6,160	8,800
NOTE: Add 10 percent for Regal Olympic Ed pkg.						
2001 LeSabre, V-6						
4d Cus Sed	340	1,020	1,700	4,250	5,950	8,500
4d Ltd Sed	360	1,070	1,780	4,450	6,230	8,900
2001 Park Avenue, V-6						
4d Sed.	370	1,120	1,860	4,650	6,510	9,300
4d Ultra Sed	390	1,160	1,940	4,850	6,790	9,700
NOTE: Add 10 percent for mid-year Ultra model in Laguna Green w/walnut int trim.						
2002 Century, V-6						
4d Cus Sed	280	830	1,380	3,450	4,830	6,900
4d Ltd Sed	290	880	1,460	3,650	5,110	7,300
NOTE: Add 5 percent for Touring pkg.						
2002 Regal, V-6						
4d LS Sed	340	1,010	1,680	4,200	5,880	8,400
4d GS Sed	350	1,060	1,760	4,400	6,160	8,800
NOTE: Add 10 percent for Joseph Abboud Ed.						
2002 LeSabre, V-6						
4d Cus Sed	340	1,020	1,700	4,250	5,950	8,500
4d Ltd Sed	360	1,070	1,780	4,450	6,230	8,900
2002 Park Avenue, V-6						
4d Sed.	370	1,120	1,860	4,650	6,510	9,300
4d Ultra Sed	390	1,160	1,940	4,850	6,790	9,700
NOTE: Add 5 percent for Gran Touring pkg.						
2003 Century, V-6						
4d Cus Sed	280	830	1,380	3,450	4,830	6,900
4d Ltd Sed	290	880	1,460	3,650	5,110	7,300
2003 Regal, V-6						
4d LS Sed	340	1,010	1,680	4,200	5,880	8,400
4d GS Sed	350	1,060	1,760	4,400	6,160	8,800
2003 LeSabre, V-6						
4d Cus Sed	340	1,020	1,700	4,250	5,950	8,500
4d Ltd Sed	360	1,070	1,780	4,450	6,230	8,900
2003 Park Avenue, V-6						
4d Sed.	370	1,120	1,860	4,650	6,510	9,300
4d Ultra Sed	390	1,160	1,940	4,850	6,790	9,700

BUICK

	6	5	4	3	2	1
2004 Century, V-6						
4d Sed	270	800	1,340	3,350	4,690	6,700
4d Cus Sed	280	840	1,400	3,500	4,900	7,000
4d Ltd Sed	300	890	1,480	3,700	5,180	7,400
4d Spl Ed Sed	320	960	1,600	4,000	5,600	8,000
2004 Regal, V-6						
4d LS Sed	340	1,010	1,680	4,200	5,880	8,400
4d GS Sed	350	1,060	1,760	4,400	6,160	8,800
2004 LeSabre, V-6						
4d Cus Sed	340	1,020	1,700	4,250	5,950	8,500
4d Ltd Sed	360	1,070	1,780	4,450	6,230	8,900
2004 Park Avenue, V-6						
4d Sed	370	1,120	1,860	4,650	6,510	9,300
4d Ultra Sed	390	1,160	1,940	4,850	6,790	9,700

CADILLAC

	6	5	4	3	2	1
1903 Model A, 1-cyl.						
Rbt	2,400	7,200	12,000	27,000	42,000	60,000
Tonn Rbt	2,440	7,320	12,200	27,450	42,700	61,000
1904 Model A, 1-cyl.						
Rbt	2,380	7,140	11,900	26,780	41,650	59,500
Tonn Rbt	2,400	7,200	12,000	27,000	42,000	60,000
1904 Model B, 1-cyl.						
Rbt	2,400	7,200	12,000	27,000	42,000	60,000
Tr	2,440	7,320	12,200	27,450	42,700	61,000
1905 Models B-E						
Rbt	2,350	7,060	11,760	26,460	41,160	58,800
Tonn Rbt	2,400	7,210	12,020	27,050	42,070	60,100
1905 Model D, 4-cyl.						
Rbt	2,460	7,370	12,280	27,630	42,980	61,400
Tonn Rbt	2,510	7,540	12,560	28,260	43,960	62,800
1905 Model F, 1-cyl.						
Tr	2,240	6,720	11,200	25,200	39,200	56,000
1906 Model K-M, 1-cyl.						
Rbt	2,240	6,720	11,200	25,200	39,200	56,000
Tr	2,280	6,840	11,400	25,650	39,900	57,000
1906 Model H, 4-cyl.						
Rbt	2,260	6,780	11,300	25,430	39,550	56,500
Tr	2,300	6,900	11,500	25,880	40,250	57,500
1906 Model L, 4-cyl.						
7P Tr	2,420	7,260	12,100	27,230	42,350	60,500
Limo	2,300	6,900	11,500	25,880	40,250	57,500
1907 Model G, 4-cyl., 20 hp						
Rbt	2,240	6,720	11,200	25,200	39,200	56,000
Tr	2,280	6,840	11,400	25,650	39,900	57,000
Limo	2,160	6,480	10,800	24,300	37,800	54,000
1907 Model H, 4-cyl., 30 hp						
Tr	2,320	6,960	11,600	26,100	40,600	58,000
Limo	2,260	6,780	11,300	25,430	39,550	56,500
1907 Model K-M, 1-cyl.						
Rbt	2,140	6,420	10,700	24,080	37,450	53,500
Tr	2,190	6,580	10,960	24,660	38,360	54,800
1908 Model G, 4-cyl., 25 hp						
Rbt	2,250	6,740	11,240	25,290	39,340	56,200
Tr	2,300	6,900	11,500	25,880	40,250	57,500
1908 Model H, 4-cyl., 30 hp						
Rbt	2,320	6,960	11,600	26,100	40,600	58,000
Tr	2,400	7,200	12,000	27,000	42,000	60,000
Cpe.	1,840	5,520	9,200	20,700	32,200	46,000
Limo	2,110	6,340	10,560	23,760	36,960	52,800
1908 Model S-T, 1-cyl.						
Rbt	2,110	6,340	10,560	23,760	36,960	52,800
Tr	2,170	6,500	10,840	24,390	37,940	54,200
Cpe.	2,410	7,220	12,040	27,090	42,140	60,200
1909 Model 30, 4-cyl.						
Rds.	2,430	7,300	12,160	27,360	42,560	60,800
demi T&C	2,480	7,450	12,420	27,950	43,470	62,100
Tr	2,540	7,610	12,680	28,530	44,380	63,400
1909 Model T, 1-cyl.						
Tr	2,280	6,850	11,420	25,700	39,970	57,100
1910 Model 30, 4-cyl.						
Rds.	2,590	7,760	12,940	29,120	45,290	64,700
demi T&C	2,640	7,920	13,200	29,700	46,200	66,000
Tr	2,380	7,130	11,880	26,730	41,580	59,400
Limo	2,270	6,820	11,360	25,560	39,760	56,800

	6	5	4	3	2	1
1911 Model 30, 4-cyl.						
Rds	2,590	7,760	12,940	29,120	45,290	64,700
demi T&C	2,640	7,920	13,200	29,700	46,200	66,000
Tr.	2,980	8,950	14,920	33,570	52,220	74,600
Cpe	2,320	6,970	11,620	26,150	40,670	58,100
Limo	2,430	7,300	12,160	27,360	42,560	60,800
1912 Model 30, 4-cyl.						
Rds	2,850	8,560	14,260	32,090	49,910	71,300
4P Phae	2,900	8,710	14,520	32,670	50,820	72,600
5P Tr	2,960	8,880	14,800	33,300	51,800	74,000
Cpe	2,380	7,130	11,880	26,730	41,580	59,400
Limo	2,540	7,610	12,680	28,530	44,380	63,400
1913 Model 30, 4-cyl.						
Rds	2,850	8,560	14,260	32,090	49,910	71,300
Phae	2,900	8,710	14,520	32,670	50,820	72,600
Torp.	2,960	8,880	14,800	33,300	51,800	74,000
5P Tr	3,010	9,040	15,060	33,890	52,710	75,300
6P Tr	3,060	9,190	15,320	34,470	53,620	76,600
Cpe	2,320	6,970	11,620	26,150	40,670	58,100
Limo	2,480	7,450	12,420	27,950	43,470	62,100
1914 Model 30, 4-cyl.						
Rds	2,900	8,710	14,520	32,670	50,820	72,600
Phae	2,960	8,880	14,800	33,300	51,800	74,000
5P Tr	3,300	9,900	16,500	37,130	57,750	82,500
7P Tr	3,060	9,190	15,320	34,470	53,620	76,600
Lan Cpe.	2,380	7,130	11,880	26,730	41,580	59,400
Encl dr Limo	2,480	7,450	12,420	27,950	43,470	62,100
Limo	2,540	7,610	12,680	28,530	44,380	63,400
1915 Model 51, V-8						
Rds	2,800	8,400	14,000	31,500	49,000	70,000
Sal Tr.	2,850	8,560	14,260	32,090	49,910	71,300
7P Tr	2,900	8,710	14,520	32,670	50,820	72,600
3P Cpe	2,270	6,820	11,360	25,560	39,760	56,800
Sed Brgm	2,220	6,650	11,080	24,930	38,780	55,400
7P Limo.	2,480	7,440	12,400	27,900	43,400	62,000
Berl Limo.	2,590	7,760	12,940	29,120	45,290	64,700
1916 Model 53, V-8						
Rds	2,540	7,610	12,680	28,530	44,380	63,400
5P Tr	2,580	7,750	12,920	29,070	45,220	64,600
7P Tr	2,640	7,910	13,180	29,660	46,130	65,900
3P Cpe	2,100	6,300	10,500	23,630	36,750	52,500
Sed Brgm	2,050	6,140	10,240	23,040	35,840	51,200
7P Limo.	2,290	6,880	11,460	25,790	40,110	57,300
Berl Limo.	2,390	7,180	11,960	26,910	41,860	59,800
1917 Model 55, V-8						
Rds	2,540	7,610	12,680	28,530	44,380	63,400
Clb Rds	2,580	7,750	12,920	29,070	45,220	64,600
Conv	2,490	7,460	12,440	27,990	43,540	62,200
Cpe	2,050	6,140	10,240	23,040	35,840	51,200
Vic.	2,100	6,300	10,500	23,630	36,750	52,500
Brgm	2,050	6,140	10,240	23,040	35,840	51,200
Limo	2,200	6,590	10,980	24,710	38,430	54,900
Imp Limo	2,290	6,880	11,460	25,790	40,110	57,300
7P Lan'let	2,390	7,180	11,960	26,910	41,860	59,800
1918-19 Type 57, V-8						
Rds	2,490	7,460	12,440	27,990	43,540	62,200
Phae	2,540	7,610	12,680	28,530	44,380	63,400
Tr.	2,440	7,320	12,200	27,450	42,700	61,000
Conv Vic	2,390	7,180	11,960	26,910	41,860	59,800
Brgm	2,000	6,000	10,000	22,500	35,000	50,000
Limo	2,050	6,140	10,240	23,040	35,840	51,200
Twn Limo.	2,100	6,300	10,500	23,630	36,750	52,500
Lan'let	2,480	7,440	12,400	27,900	43,400	62,000
Twn Lan'let	2,560	7,680	12,800	28,800	44,800	64,000
Imp Limo	2,240	6,730	11,220	25,250	39,270	56,100
1920-21 Type 59, V-8						
Rds	2,340	7,030	11,720	26,370	41,020	58,600
Phae	2,390	7,180	11,960	26,910	41,860	59,800
Tr.	2,290	6,880	11,460	25,790	40,110	57,300
Vic.	2,080	6,240	10,400	23,400	36,400	52,000
Sed	2,040	6,120	10,200	22,950	35,700	51,000
Cpe	2,080	6,240	10,400	23,400	36,400	52,000
Sub	2,080	6,240	10,400	23,400	36,400	52,000
Limo	2,080	6,240	10,400	23,400	36,400	52,000
Twn Brgm	2,100	6,300	10,500	23,630	36,750	52,500
Imp Limo	2,150	6,440	10,740	24,170	37,590	53,700

NOTE: Coupe and Town Brougham dropped for 1921.

CADILLAC

CADILLAC

	6	5	4	3	2	1
1922-23 Type 61, V-8						
Rds.	2,200	6,590	10,980	24,710	38,430	54,900
Phae.	2,240	6,730	11,220	25,250	39,270	56,100
Tr .	2,200	6,590	10,980	24,710	38,430	54,900
Cpe.	1,860	5,570	9,280	20,880	32,480	46,400
Vic .	1,900	5,710	9,520	21,420	33,320	47,600
5P Cpe .	1,760	5,270	8,780	19,760	30,730	43,900
Sed.	1,710	5,120	8,540	19,220	29,890	42,700
Sub.	1,950	5,860	9,760	21,960	34,160	48,800
7P Limo .	2,000	6,000	10,000	22,500	35,000	50,000
Imp Limo .	2,050	6,140	10,240	23,040	35,840	51,200
Lan'let Sed.	2,480	7,440	12,400	27,900	43,400	62,000
1924-25 V-63, V-8						
Rds.	2,340	7,030	11,720	26,370	41,020	58,600
Phae.	2,390	7,180	11,960	26,910	41,860	59,800
Tr .	2,200	6,590	10,980	24,710	38,430	54,900
Vic .	1,860	5,570	9,280	20,880	32,480	46,400
Cpe.	1,800	5,410	9,020	20,300	31,570	45,100
Limo .	1,730	5,200	8,660	19,490	30,310	43,300
Twn Brgm .	1,760	5,270	8,780	19,760	30,730	43,900
Imp Sed .	1,710	5,120	8,540	19,220	29,890	42,700
Custom models, (V-8 introduced Oct., 1924).						
Cpe.	1,800	5,400	9,000	20,250	31,500	45,000
5P Cpe .	1,850	5,540	9,240	20,790	32,340	46,200
5P Sed .	1,840	5,520	9,200	20,700	32,200	46,000
Sub.	1,800	5,400	9,000	20,250	31,500	45,000
Imp Sub .	1,840	5,520	9,200	20,700	32,200	46,000
Other models, V-8.						
7P Sed .	1,800	5,400	9,000	20,250	31,500	45,000
Vic .	1,840	5,520	9,200	20,700	32,200	46,000
Lan Sed .	2,480	7,440	12,400	27,900	43,400	62,000
2d Sed .	1,720	5,160	8,600	19,350	30,100	43,000
8P Imp Sed .	1,780	5,340	8,900	20,030	31,150	44,500
(All Custom and post-Dec. 1924 models have scrolled radiators).						
1926-27 Series 314, V-8						
Cpe.	2,100	6,300	10,500	23,630	36,750	52,500
Vic .	2,150	6,440	10,740	24,170	37,590	53,700
5P Brgm .	2,100	6,300	10,500	23,630	36,750	52,500
5P Sed .	1,720	5,160	8,600	19,350	30,100	43,000
7P Sed .	1,800	5,400	9,000	20,250	31,500	45,000
Imp Sed .	1,780	5,340	8,900	20,030	31,150	44,500
1926-27 Custom Line, V-8						
Rds.	4,320	12,960	21,600	48,600	75,600	108,000
Tr .	4,150	12,440	20,740	46,670	72,590	103,700
Phae.	4,240	12,730	21,220	47,750	74,270	106,100
Cpe.	2,390	7,180	11,960	26,910	41,860	59,800
Sed.	2,050	6,140	10,240	23,040	35,840	51,200
Sub.	2,100	6,300	10,500	23,630	36,750	52,500
Imp Sed .	2,290	6,880	11,460	25,790	40,110	57,300
1927 Series 314 Std., V-8, 132" wb						
Spt Cpe .	2,200	6,600	11,000	24,750	38,500	55,000
Cpe.	2,080	6,240	10,400	23,400	36,400	52,000
Sed 5P .	1,680	5,040	8,400	18,900	29,400	42,000
Sed 7P .	1,720	5,160	8,600	19,350	30,100	43,000
Victoria 4P .	2,040	6,120	10,200	22,950	35,700	51,000
Spt Sed .	1,720	5,160	8,600	19,350	30,100	43,000
Brgm.	1,640	4,920	8,200	18,450	28,700	41,000
Imp.	1,700	5,100	8,500	19,130	29,750	42,500
1927 Std. Series, V-8, 132" wb						
7P Sed .	1,640	4,920	8,200	18,450	28,700	41,000
1927 Custom, 138" wb						
RS Rds.	3,800	11,400	19,000	42,750	66,500	95,000
RS Conv.	3,120	9,360	15,600	35,100	54,600	78,000
Phae.	4,120	12,360	20,600	46,350	72,100	103,000
Spt Phae .	4,280	12,840	21,400	48,150	74,900	107,000
Tr .	3,920	11,760	19,600	44,100	68,600	98,000
Conv.	3,040	9,120	15,200	34,200	53,200	76,000
Cpe.	2,240	6,720	11,200	25,200	39,200	56,000
5P Sed .	1,920	5,760	9,600	21,600	33,600	48,000
Sub.	1,800	5,400	9,000	20,250	31,500	45,000
Imp Sed .	1,960	5,880	9,800	22,050	34,300	49,000
Brn Twn Cabr.	2,600	7,800	13,000	29,250	45,500	65,000
Wilby Twn Cabr .	2,440	7,320	12,200	27,450	42,700	61,000
1927 Fleetwood Bodies						
Limo Brgm .	2,320	6,960	11,600	26,100	40,600	58,000
Twn Cabr .	2,400	7,200	12,000	27,000	42,000	60,000

	6	5	4	3	2	1
Trans Twn Cabr	2,640	7,920	13,200	29,700	46,200	66,000
Coll Twn Cabr	2,680	8,040	13,400	30,150	46,900	67,000
Vic	2,320	6,960	11,600	26,100	40,600	58,000

1928 Fisher Custom Line, V-8, 140" wb

	6	5	4	3	2	1
Rds	5,440	16,320	27,200	61,200	95,200	136,000
Tr	5,520	16,560	27,600	62,100	96,600	138,000
Phae	5,600	16,800	28,000	63,000	98,000	140,000
Spt Phae	5,920	17,760	29,600	66,600	103,600	148,000
Conv RS	4,920	14,760	24,600	55,350	86,100	123,000
2P Cpe	2,050	6,140	10,240	23,040	35,840	51,200
5P Cpe	2,010	6,020	10,040	22,590	35,140	50,200
Twn Sed	1,800	5,410	9,020	20,300	31,570	45,100
Sed	1,760	5,270	8,780	19,760	30,730	43,900
7P Sed	1,880	5,640	9,400	21,150	32,900	47,000
5P Imp Sed	1,920	5,760	9,600	21,600	33,600	48,000
Imp Cabr	5,120	15,360	25,600	57,600	89,600	128,000
7P Imp Sed	3,120	9,360	15,600	35,100	54,600	78,000
7P Imp Cabr	5,320	15,960	26,600	59,850	93,100	133,000

1928 Fisher Fleetwood Line, V-8, 140" wb

	6	5	4	3	2	1
Sed	2,000	6,000	10,000	22,500	35,000	50,000
5P Cabr	5,440	16,320	27,200	61,200	95,200	136,000
5P Imp Cabr	5,600	16,800	28,000	63,000	98,000	140,000
7P Sed	2,120	6,360	10,600	23,850	37,100	53,000
7P Cabr	5,480	16,440	27,400	61,650	95,900	137,000
7P Imp Cabr	5,760	17,280	28,800	64,800	100,800	144,000
Trans Twn Cabr	5,640	16,920	28,200	63,450	98,700	141,000
Trans Limo Brgm	3,960	11,880	19,800	44,550	69,300	99,000

1929 Series 341-B, V-8, 140" wb

	6	5	4	3	2	1
Rds	5,520	16,550	27,580	62,060	96,530	137,900
Phae	5,710	17,120	28,540	64,220	99,890	142,700
Spt Phae	6,200	18,590	30,980	69,710	108,430	154,900
Tr	5,040	15,120	25,200	56,700	88,200	126,000
Conv	5,080	15,240	25,400	57,150	88,900	127,000
2P Cpe	3,420	10,250	17,080	38,430	59,780	85,400
5P Cpe	2,680	8,050	13,420	30,200	46,970	67,100
5P Sed	2,200	6,590	10,980	24,710	38,430	54,900
7P Sed	2,150	6,440	10,740	24,170	37,590	53,700
Twn Sed	2,240	6,730	11,220	25,250	39,270	56,100
7P Imp Sed	2,290	6,880	11,460	25,790	40,110	57,300

1929 Fleetwood Custom Line, V-8, 140" wb

	6	5	4	3	2	1
Sed	2,200	6,590	10,980	24,710	38,430	54,900
Sed Cabr	5,810	17,420	29,040	65,340	101,640	145,200
5P Imp Sed	2,540	7,610	12,680	28,530	44,380	63,400
7P Imp Sed	2,580	7,750	12,920	29,070	45,220	64,600
Trans Twn Cabr	5,030	15,080	25,140	56,570	87,990	125,700
Trans Limo Brgm	3,860	11,570	19,280	43,380	67,480	96,400
Clb Cabr	5,320	15,960	26,600	59,850	93,100	133,000
A/W Phae	6,340	19,030	31,720	71,370	111,020	158,600
A/W State Imp	6,300	18,890	31,480	70,830	110,180	157,400

1930 Series 353, V-8, 140" wb Fisher Custom Line

	6	5	4	3	2	1
Conv	5,760	17,280	28,800	64,800	100,800	144,000
2P Cpe	3,260	9,780	16,300	36,680	57,050	81,500
Twn Sed	2,440	7,320	12,200	27,450	42,700	61,000
Sed	2,390	7,180	11,960	26,910	41,860	59,800
7P Sed	2,490	7,460	12,440	27,990	43,540	62,200
7P Imp Sed	2,780	8,340	13,900	31,280	48,650	69,500
5P Cpe	2,880	8,640	14,400	32,400	50,400	72,000

1930 Fleetwood Line, V-8

	6	5	4	3	2	1
Rds	6,540	19,620	32,700	73,580	114,450	163,500
5P Sed	2,540	7,610	12,680	28,530	44,380	63,400
Sed Cabr	5,760	17,280	28,800	64,800	100,800	144,000
5P Imp	2,780	8,340	13,900	31,280	48,650	69,500
7P Sed	2,540	7,610	12,680	28,530	44,380	63,400
7P Imp	2,780	8,340	13,900	31,280	48,650	69,500
Trans Cabr	6,640	19,920	33,200	74,700	116,200	166,000
Trans Limo Brgm	6,340	19,030	31,720	71,370	111,020	158,600
Clb Cabr	6,540	19,620	32,700	73,580	114,450	163,500
A/W Phae	7,030	21,080	35,140	79,070	122,990	175,700
A/W State Imp	7,220	21,670	36,120	81,270	126,420	180,600

1930 Fleetwood Custom Line, V-16, 148" wb

	6	5	4	3	2	1
Rds	17,200	51,600	86,000	193,500	301,000	430,000
Phae	17,920	53,760	89,600	201,600	313,600	448,000

1930 "Flat Windshield" Models

	6	5	4	3	2	1
A/W Phae	18,010	54,020	90,040	202,590	315,140	450,200
Conv	16,790	50,360	83,940	188,870	293,790	419,700
Cpe	6,340	19,030	31,720	71,370	111,020	158,600

	6	5	4	3	2	1
Clb Sed	6,400	19,200	32,000	72,000	112,000	160,000
5P OS Sed	6,050	18,160	30,260	68,090	105,910	151,300
5P Sed Cabr	14,140	42,430	70,720	159,120	247,520	353,600
Imp Cabr	14,140	42,430	70,720	159,120	247,520	353,600
7P Sed	6,340	19,030	31,720	71,370	111,020	158,600
7P Imp Sed	6,540	19,620	32,700	73,580	114,450	163,500
Twn Cabr 4212	13,860	41,580	69,300	155,930	242,550	346,500
Twn Cabr 4220	13,860	41,580	69,300	155,930	242,550	346,500
Twn Cabr 4225	13,860	41,580	69,300	155,930	242,550	346,500
Limo Brgm	10,200	30,600	51,000	114,750	178,500	255,000
Twn Brgm 05	10,200	30,600	51,000	114,750	178,500	255,000
1930 Madame X Models, V-16						
5P OS Imp	9,120	27,360	45,600	102,600	159,600	228,000
5P Imp	8,960	26,880	44,800	100,800	156,800	224,000
Twn Cabr 4312	16,300	48,900	81,500	183,380	285,250	407,500
Twn Cabr 4320	16,300	48,900	81,500	183,380	285,250	407,500
Twn Cabr 4325	16,300	48,900	81,500	183,380	285,250	407,500
Limo Brgm	12,240	36,720	61,200	137,700	214,200	306,000
1931 Series 355, V-8, 134" wb Fisher Bodies						
Rds	6,440	19,320	32,200	72,450	112,700	161,000
Phae	6,150	18,460	30,760	69,210	107,660	153,800
2P Cpe	3,860	11,570	19,280	43,380	67,480	96,400
5P Cpe	3,760	11,270	18,780	42,260	65,730	93,900
Sed	2,540	7,610	12,680	28,530	44,380	63,400
Twn Sed	2,640	7,910	13,180	29,660	46,130	65,900
7P Sed	2,730	8,200	13,660	30,740	47,810	68,300
Imp Limo	2,780	8,340	13,900	31,280	48,650	69,500
1931 Fleetwood Bodies, V-8						
Rds	6,830	20,500	34,160	76,860	119,560	170,800
Conv	6,830	20,500	34,160	76,860	119,560	170,800
Phae	7,270	21,820	36,360	81,810	127,260	181,800
A/W Phae	7,520	22,550	37,580	84,560	131,530	187,900
1931 Series 370, V-12, 140" wb						
Rds	11,420	34,260	57,100	128,480	199,850	285,500
Phae	11,420	34,260	57,100	128,480	199,850	285,500
Conv	10,690	32,060	53,440	120,240	187,040	267,200
A/W Phae	11,660	34,990	58,320	131,220	204,120	291,600
2P Cpe	7,270	21,820	36,360	81,810	127,260	181,800
5P Cpe	7,030	21,080	35,140	79,070	122,990	175,700
Sed	6,050	18,160	30,260	68,090	105,910	151,300
Twn Sed	6,340	19,030	31,720	71,370	111,020	158,600
1931 Series 370, V-12, 143" wb						
7P Sed	6,830	20,500	34,160	76,860	119,560	170,800
Imp Sed	7,030	21,080	35,140	79,070	122,990	175,700
1931 Series V-16, 148" wb						
2P Rds	18,250	54,760	91,260	205,340	319,410	456,300
Phae	18,500	55,490	92,480	208,080	323,680	462,400
A/W Phae	6,340	19,030	31,720	71,370	111,020	158,600
4476 Cpe	7,520	22,550	37,580	84,560	131,530	187,900
4276 Cpe	7,520	22,550	37,580	84,560	131,530	187,900
5P Cpe	7,270	21,820	36,360	81,810	127,260	181,800
Conv	18,500	55,490	92,480	208,080	323,680	462,400
4361 Clb Sed	8,490	25,480	42,460	95,540	148,610	212,300
4161 Clb Sed	8,490	25,480	42,460	95,540	148,610	212,300
4330 Imp	8,740	26,210	43,680	98,280	152,880	218,400
4330 Sed	4,880	14,640	24,400	54,900	85,400	122,000
4130 Sed	5,080	15,230	25,380	57,110	88,830	126,900
4130 Imp	5,080	15,230	25,380	57,110	88,830	126,900
4335 Sed Cabr	15,320	45,970	76,620	172,400	268,170	383,100
4355 Imp Cabr	15,810	47,440	79,060	177,890	276,710	395,300
4155 Sed Cabr	15,810	47,440	79,060	177,890	276,710	395,300
4155 Imp Cabr	16,540	49,630	82,720	186,120	289,520	413,600
4375 Sed	4,880	14,640	24,400	54,900	85,400	122,000
4175 Sed	5,080	15,230	25,380	57,110	88,830	126,900
4375 Imp	5,370	16,100	26,840	60,390	93,940	134,200
4175 Imp	5,560	16,690	27,820	62,600	97,370	139,100
4312 Twn Cabr	15,810	47,440	79,060	177,890	276,710	395,300
4320 Twn Cabr	15,810	47,440	79,060	177,890	276,710	395,300
4220 Twn Cabr	15,810	47,440	79,060	177,890	276,710	395,300
4325 Twn Cabr	15,320	45,970	76,620	172,400	268,170	383,100
4225 Twn Cabr	15,320	45,970	76,620	172,400	268,170	383,100
4391 Limo Brgm	11,180	33,530	55,880	125,730	195,580	279,400
4291 Limo Brgm	11,660	34,990	58,320	131,220	204,120	291,600
4264 Twn Brgm	11,910	35,720	59,540	133,970	208,390	297,700
4264B Twn Brgm C/N	12,150	36,460	60,760	136,710	212,660	303,800

	6	5	4	3	2	1
1932 Series 355B, V-8, 134" wb						
Rds	5,360	16,080	26,800	60,300	93,800	134,000
Conv	4,000	12,000	20,000	45,000	70,000	100,000
2P Cpe	2,560	7,680	12,800	28,800	44,800	64,000
Sed	2,120	6,360	10,600	23,850	37,100	53,000
1932 Fisher Line, 140" wb						
Std Phae	4,960	14,880	24,800	55,800	86,800	124,000
DW Phae	4,960	14,880	24,800	55,800	86,800	124,000
DC Spt Phae	5,200	15,600	26,000	58,500	91,000	130,000
A/W Phae	5,200	15,600	26,000	58,500	91,000	130,000
Cpe	2,680	8,040	13,400	30,150	46,900	67,000
Spec Sed	2,160	6,480	10,800	24,300	37,800	54,000
Twn Sed	2,200	6,600	11,000	24,750	38,500	55,000
Imp Sed	2,280	6,840	11,400	25,650	39,900	57,000
1932 Fleetwood Bodies, 140" wb						
Sed	2,360	7,080	11,800	26,550	41,300	59,000
Twn Cpe	2,800	8,400	14,000	31,500	49,000	70,000
7P Sed	2,560	7,680	12,800	28,800	44,800	64,000
7P Limo	2,760	8,280	13,800	31,050	48,300	69,000
5P Twn Car	4,600	13,800	23,000	51,750	80,500	115,000
Twn Cabr	4,760	14,280	23,800	53,550	83,300	119,000
Limo Brgm	2,960	8,880	14,800	33,300	51,800	74,000
1932 Series 370B, V-12, 134" wb						
Rds	8,200	24,600	41,000	92,250	143,500	205,000
Conv	7,800	23,400	39,000	87,750	136,500	195,000
2P Cpe	3,200	9,600	16,000	36,000	56,000	80,000
Std Sed	2,560	7,680	12,800	28,800	44,800	64,000
1932 Series 370B, V-12, 140" wb Fisher Bodies						
Std Phae	7,960	23,880	39,800	89,550	139,300	199,000
Spl Phae	8,160	24,480	40,800	91,800	142,800	204,000
Spt Phae	8,560	25,000	42,800	96,300	149,800	214,000
A/W Phae	8,360	25,080	41,800	94,050	146,300	209,000
5P Cpe	3,520	10,560	17,600	39,600	61,600	88,000
Spl Sed	3,360	10,080	16,800	37,800	58,800	84,000
Twn Sed	2,920	8,760	14,600	32,850	51,100	73,000
7P Sed	3,040	9,120	15,200	34,200	53,200	76,000
7P Imp	3,120	9,360	15,600	35,100	54,600	78,000
1932 Series 370B, V-12, 140" wb Fleetwood Bodies						
Tr	9,560	28,680	47,800	107,550	167,300	239,000
Conv	9,760	29,280	48,800	109,800	170,800	244,000
Sed	4,040	12,120	20,200	45,450	70,700	101,000
Twn Cpe	4,120	12,360	20,600	46,350	72,100	103,000
7P Sed	3,720	11,160	18,600	41,850	65,100	93,000
Limo	4,040	12,120	20,200	45,450	70,700	101,000
5P Twn Cabr	9,360	28,080	46,800	105,300	163,800	234,000
7P Twn Cabr	9,560	28,680	47,800	107,550	167,300	239,000
Limo Brgm	7,760	23,280	38,800	87,300	135,800	194,000
1932 Series 452B, V-16, 143" wb Fisher Bodies						
Rds	13,160	39,480	65,800	148,050	230,300	329,000
Conv	11,760	35,280	58,800	132,300	205,800	294,000
Cpe	8,960	26,880	44,800	100,800	156,800	224,000
Std Sed	7,600	22,800	38,000	85,500	133,000	190,000
1932 Series 452B, V-16, 149" wb Fisher Bodies						
Std Phae	14,760	44,280	73,800	166,050	258,300	369,000
Spl Phae	14,960	44,880	74,800	168,300	261,800	374,000
Spt Phae	14,760	44,280	73,800	166,050	258,300	369,000
A/W Phae	14,160	42,480	70,800	159,300	247,800	354,000
1932 Fleetwood Bodies, V-16						
5P Sed	9,360	28,080	46,800	105,300	163,800	234,000
Imp Limo	6,160	18,480	30,800	69,300	107,800	154,000
Twn Cpe	10,360	31,080	51,800	116,550	181,300	259,000
7P Sed	10,160	30,480	50,800	114,300	177,800	254,000
7P Twn Cabr	14,560	43,680	72,800	163,800	254,800	364,000
5P Twn Cabr	14,360	43,080	71,800	161,550	251,300	359,000
Limo Brgm	9,480	28,440	47,400	106,650	165,900	237,000
1933 Series 355C, V-8, 134" wb Fisher Bodies						
Rds	4,760	14,280	23,800	53,550	83,300	119,000
Conv	4,640	13,910	23,180	52,160	81,130	115,900
Cpe	2,540	7,610	12,680	28,530	44,380	63,400
1933 Series 355C, V-8, 140" wb Fisher Bodies						
Phae	4,280	12,840	21,400	48,150	74,900	107,000
A/W Phae	4,640	13,920	23,200	52,200	81,200	116,000
5P Cpe	2,400	7,200	12,000	27,000	42,000	60,000
Sed	2,320	6,960	11,600	26,100	40,600	58,000
Twn Sed	2,400	7,200	12,000	27,000	42,000	60,000
7P Sed	2,440	7,320	12,200	27,450	42,700	61,000
Imp Sed	2,560	7,680	12,800	28,800	44,800	64,000

	6	5	4	3	2	1
1933 Series 355C, V-8, 140" wb Fleetwood Line						
5P Sed	2,360	7,080	11,800	26,550	41,300	59,000
7P Sed	2,480	7,440	12,400	27,900	43,400	62,000
Limo	2,600	7,800	13,000	29,250	45,500	65,000
5P Twn Cabr	4,280	12,840	21,400	48,150	74,900	107,000
7P Twn Cabr	4,640	13,920	23,200	52,200	81,200	116,000
Limo Brgm	2,800	8,400	14,000	31,500	49,000	70,000
1933 Series 370C, V-12, 134" wb Fisher Bodies						
Rds	6,050	18,160	30,260	68,090	105,910	151,300
Conv	5,860	17,570	29,280	65,880	102,480	146,400
Cpe	3,280	9,840	16,400	36,900	57,400	82,000
1933 Series, 370C, V-12, 140" wb Fisher Bodies						
Phae	5,950	17,860	29,760	66,960	104,160	148,800
A/W Phae	6,050	18,160	30,260	68,090	105,910	151,300
5P Cpe	3,440	10,320	17,200	38,700	60,200	86,000
Sed	2,960	8,880	14,800	33,300	51,800	74,000
Twn Sed	2,960	8,880	14,800	33,300	51,800	74,000
7P Sed	3,200	9,600	16,000	36,000	56,000	80,000
Imp Sed	3,040	9,120	15,200	34,200	53,200	76,000
1933 Series 370C, V-12, 140" wb Fleetwood Line						
Sed	3,040	9,120	15,200	34,200	53,200	76,000
7P Sed	3,040	9,120	15,200	34,200	53,200	76,000
Limo	3,120	9,360	15,600	35,100	54,600	78,000
5P Twn Cabr	6,050	18,160	30,260	68,090	105,910	151,300
7P Twn Cabr	6,150	18,440	30,740	69,170	107,590	153,700
7P Limo Brgm	3,720	11,160	18,600	41,850	65,100	93,000
1933 Series 452C, V-16, 154" wb						
DC Spt Phae	15,000	45,000	75,000	168,750	262,500	375,000
1933 Fleetwood Bodies, 149" wb						
Conv	12,880	38,650	64,420	144,950	225,470	322,100
A/W Phae	13,130	39,380	65,640	147,690	229,740	328,200
Sed	8,460	25,390	42,320	95,220	148,120	211,600
7P Sed	8,460	25,390	42,320	95,220	148,120	211,600
Twn Cab	10,760	32,290	53,820	121,100	188,370	269,100
7P Twn Cab	10,540	31,610	52,680	118,530	184,380	263,400
7P Limo	8,700	26,090	43,480	97,830	152,180	217,400
Limo Brgm	8,700	26,090	43,480	97,830	152,180	217,400
5P Twn Cpe	8,240	24,710	41,180	92,660	144,130	205,900
Imp Cab	11,000	32,990	54,980	123,710	192,430	274,900
1934 Series 355D, V-8, 128" wb Fisher Bodies						
Conv	3,860	11,570	19,280	43,380	67,480	96,400
Conv Sed	3,950	11,860	19,760	44,460	69,160	98,800
2P Cpe	2,540	7,610	12,680	28,530	44,380	63,400
Twn Cpe	2,290	6,880	11,460	25,790	40,110	57,300
Sed	2,200	6,590	10,980	24,710	38,430	54,900
Twn Sed	2,240	6,730	11,220	25,250	39,270	56,100
1934 Series 355D, V-8, 136" wb Fisher Bodies						
Conv	4,040	12,120	20,200	45,450	70,700	101,000
Conv Sed	4,150	12,440	20,740	46,670	72,590	103,700
Cpe	2,360	7,080	11,800	26,550	41,300	59,000
Sed	2,000	6,000	10,000	22,500	35,000	50,000
Twn Sed	2,040	6,120	10,200	22,950	35,700	51,000
7P Sed	2,280	6,840	11,400	25,650	39,900	57,000
Imp Sed	2,480	7,440	12,400	27,900	43,400	62,000
1934 Series 355D, V-8, 146" wb Fleetwood bodies with straight windshield						
Sed	2,290	6,880	11,460	25,790	40,110	57,300
Twn Sed	2,120	6,360	10,600	23,850	37,100	53,000
7P Sed	2,390	7,180	11,960	26,910	41,860	59,800
7P Limo	2,240	6,720	11,200	25,200	39,200	56,000
Imp Cab	3,840	11,520	19,200	43,200	67,200	96,000
7P Imp Cab	3,920	11,760	19,600	44,100	68,600	98,000
1934 Series 355D, V-8, 146" wb Fleetwood bodies with modified "V" windshield						
Conv	4,320	12,960	21,600	48,600	75,600	108,000
Aero Cpe	4,040	12,120	20,200	45,450	70,700	101,000
Cpe	2,680	8,040	13,400	30,150	46,900	67,000
Spl Sed	2,540	7,610	12,680	28,530	44,380	63,400
Spl Twn Sed	2,580	7,750	12,920	29,070	45,220	64,600
Conv Sed Div	4,800	14,400	24,000	54,000	84,000	120,000
7P Spl Sed	2,640	7,910	13,180	29,660	46,130	65,900
Spl Limo	2,440	7,320	12,200	27,450	42,700	61,000
Sp Twn Cab	3,960	11,880	19,800	44,550	69,300	99,000
7P Twn Cab	4,040	12,120	20,200	45,450	70,700	101,000
5P Spl Imp Cab	4,040	12,120	20,200	45,450	70,700	101,000
7P Spl Imp Cab	4,830	14,500	24,160	54,360	84,560	120,800
Limo Brgm	3,320	9,960	16,600	37,350	58,100	83,000

	6	5	4	3	2	1
1934 Series 370D, V-12, 146" wb Fleetwood bodies with straight windshield						
Sed	2,680	8,040	13,400	30,150	46,900	67,000
Twn Sed	2,720	8,160	13,600	30,600	47,600	68,000
7P Sed	2,760	8,280	13,800	31,050	48,300	69,000
7P Limo	2,880	8,640	14,400	32,400	50,400	72,000
5P Imp Cab	4,720	14,160	23,600	53,100	82,600	118,000
7P Imp Cab	4,800	14,400	24,000	54,000	84,000	120,000
1934 Series 370D, V-12, 146" wb Fleetwood bodies with modified "V" windshield						
Conv	4,730	14,200	23,660	53,240	82,810	118,300
Aero Cpe	4,340	13,030	21,720	48,870	76,020	108,600
RS Cpe	2,880	8,640	14,400	32,400	50,400	72,000
Spl Sed	2,720	8,160	13,600	30,600	47,600	68,000
Spl Twn Sed	2,800	8,400	14,000	31,500	49,000	70,000
Conv Sed	4,880	14,640	24,400	54,900	85,400	122,000
7P Spl Sed	2,880	8,640	14,400	32,400	50,400	72,000
Spec Limo	2,960	8,880	14,800	33,300	51,800	74,000
5P Twn Cab	4,720	14,160	23,600	53,100	82,600	118,000
7P Twn Cab	4,800	14,400	24,000	54,000	84,000	120,000
5P Spl Imp Cab	4,880	14,640	24,400	54,900	85,400	122,000
7P Spl Imp Cab	5,200	15,600	26,000	58,500	91,000	130,000
1934 Series 452D, V-16, 154" wb Fleetwood bodies with straight windshield						
Sed	6,800	20,400	34,000	76,500	119,000	170,000
Twn Sed	6,880	20,640	34,400	77,400	120,400	172,000
7P Sed	6,880	20,640	34,400	77,400	120,400	172,000
Limo	7,240	21,720	36,200	81,450	126,700	181,000
5P Imp Cab	8,800	26,400	44,000	99,000	154,000	220,000
1934 Series 452D, V-16, 154" wb Fleetwood bodies with modified "V" windshield						
4P Conv	9,300	27,910	46,520	104,670	162,820	232,600
Aero Cpe	8,840	26,530	44,220	99,500	154,770	221,100
RS Cpe	10,900	32,700	54,500	122,630	190,750	272,500
Spl Sed	10,440	31,300	52,220	117,500	182,770	261,100
Spl Twn Sed	7,250	21,760	36,260	81,590	126,910	181,300
Conv Sed	10,670	32,020	53,360	120,060	186,760	266,800
7P Spl Sed	7,020	21,070	35,120	79,020	122,920	175,600
Spl Limo	7,480	22,440	37,400	84,150	130,900	187,000
5P Twn Cab	8,620	25,860	43,100	96,980	150,850	215,500
7P Twn Cab	8,840	26,530	44,220	99,500	154,770	221,100
5P Spl Imp Cab	9,080	27,230	45,380	102,110	158,830	226,900
7P Spl Imp Cab	9,300	27,910	46,520	104,670	162,820	232,600
Limo Brgm	7,940	23,810	39,680	89,280	138,880	198,400
1935 Series 355E, V-8, 128" wb Fisher Bodies						
RS Conv	3,440	10,320	17,200	38,700	60,200	86,000
Conv Sed	3,560	10,680	17,800	40,050	62,300	89,000
RS Cpe	2,280	6,840	11,400	25,650	39,900	57,000
5P Twn Cpe	2,040	6,120	10,200	22,950	35,700	51,000
Sed	2,000	5,990	9,980	22,460	34,930	49,900
Twn Sed	2,000	6,000	10,000	22,500	35,000	50,000
1935 Series 355E, V-8, 136" wb Fisher Bodies						
RS Conv	3,200	9,600	16,000	36,000	56,000	80,000
Conv Sed	3,120	9,360	15,600	35,100	54,600	78,000
RS Cpe	2,640	7,920	13,200	29,700	46,200	66,000
Sed	2,120	6,360	10,600	23,850	37,100	53,000
Twn Sed	2,200	6,600	11,000	24,750	38,500	55,000
7P Sed	2,280	6,840	11,400	25,650	39,900	57,000
Imp Sed	2,480	7,440	12,400	27,900	43,400	62,000
1935 Series 355E, V-8, 146" wb Fleetwood bodies with straight windshield						
Sed	2,040	6,120	10,200	22,950	35,700	51,000
Twn Sed	2,080	6,240	10,400	23,400	36,400	52,000
7P Sed	2,120	6,360	10,600	23,850	37,100	53,000
Limo	2,240	6,720	11,200	25,200	39,200	56,000
5P Imp Cabr	4,080	12,240	20,400	45,900	71,400	102,000
7P Imp Cabr	4,160	12,480	20,800	46,800	72,800	104,000
1935 Series 355E, V-8, 146" wb Fleetwood bodies with modified "V" windshield						
4P Conv	3,880	11,640	19,400	43,650	67,900	97,000
4P Cpe	2,720	8,160	13,600	30,600	47,600	68,000
Spl Sed	2,280	6,840	11,400	25,650	39,900	57,000
Spl Twn Sed	2,320	6,960	11,600	26,100	40,600	58,000
Conv Sed	4,160	12,480	20,800	46,800	72,800	104,000
7P Spl Sed	2,360	7,080	11,800	26,550	41,300	59,000
Spl Limo	2,440	7,320	12,200	27,450	42,700	61,000
5P Twn Cabr	4,160	12,480	20,800	46,800	72,800	104,000
7P Twn Cabr	4,240	12,720	21,200	47,700	74,200	106,000
5P Imp Cabr	4,240	12,720	21,200	47,700	74,200	106,000
7P Imp Cabr	4,320	12,960	21,600	48,600	75,600	108,000
Limo Brgm	3,440	10,320	17,200	38,700	60,200	86,000

CADILLAC

	6	5	4	3	2	1
1935 Series 370E, V-12, 146" wb Fleetwood bodies with straight windshield						
Sed.	2,720	8,160	13,600	30,600	47,600	68,000
Twn Sed.	2,760	8,280	13,800	31,050	48,300	69,000
7P Sed.	2,800	8,400	14,000	31,500	49,000	70,000
Limo.	2,920	8,760	14,600	32,850	51,100	73,000
5P Imp Cabr.	4,840	14,520	24,200	54,450	84,700	121,000
7P Imp Cabr.	4,920	14,760	24,600	55,350	86,100	123,000
1935 Series 370E, V-12, 146" wb Fleetwood bodies with modified "V" windshield						
Conv.	4,490	13,460	22,440	50,490	78,540	112,200
4P Cpe.	2,950	8,840	14,740	33,170	51,590	73,700
Spl Sed.	2,600	7,790	12,980	29,210	45,430	64,900
Spl Twn Sed.	2,860	8,580	14,300	32,180	50,050	71,500
Conv Sed.	5,020	15,050	25,080	56,430	87,780	125,400
7P Spl Sed.	2,950	8,840	14,740	33,170	51,590	73,700
7P Spl Limo	3,040	9,110	15,180	34,160	53,130	75,900
5P Twn Cabr.	5,370	16,100	26,840	60,390	93,940	134,200
7P Twn Cabr.	4,930	14,780	24,640	55,440	86,240	123,200
5P Spl Imp Cabr.	5,020	15,050	25,080	56,430	87,780	125,400
7P Spl Imp Cabr.	5,370	16,100	26,840	60,390	93,940	134,200
Limo Brgm.	4,180	12,540	20,900	47,030	73,150	104,500
1935 Series 452E, V-16, 154" wb Fleetwood bodies with straight windshield						
Sed.	6,560	19,670	32,780	73,760	114,730	163,900
Twn Sed.	6,780	20,330	33,880	76,230	118,580	169,400
7P Sed.	6,780	20,330	33,880	76,230	118,580	169,400
7P Limo	7,000	20,990	34,980	78,710	122,430	174,900
5P Imp Cabr.	8,540	25,610	42,680	96,030	149,380	213,400
7P Imp Cabr.	8,760	26,270	43,780	98,510	153,230	218,900
1935 Series 452D, V-16, 154" wb Fleetwood bodies with modified "V" windshield						
2-4P Cpe.	10,080	30,230	50,380	113,360	176,330	251,900
4P Cpe.	10,300	30,890	51,480	115,830	180,180	257,400
Spl Sed.	10,080	30,230	50,380	113,360	176,330	251,900
Spl Twn Sed.	7,220	21,650	36,080	81,180	126,280	180,400
7P Spl Sed.	6,780	20,330	33,880	76,230	118,580	169,400
Spl Limo.	7,220	21,650	36,080	81,180	126,280	180,400
5P Twn Cabr.	8,320	24,950	41,580	93,560	145,530	207,900
7P Twn Cab.	8,540	25,610	42,680	96,030	149,380	213,400
5P Spl Imp Cabr.	8,760	26,270	43,780	98,510	153,230	218,900
7P Spl Imp Cabr.	8,980	26,930	44,880	100,980	157,080	224,400
Limo Brgm.	7,660	22,970	38,280	86,130	133,980	191,400
5P Conv.	9,640	28,910	48,180	108,410	168,630	240,900
Conv Sed.	9,860	29,570	49,280	110,880	172,480	246,400
1936 Series 60, V-8, 121" wb						
2d Conv.	3,120	9,360	15,600	35,100	54,600	78,000
2d 2P Cpe.	1,800	5,400	9,000	20,250	31,500	45,000
4d Tr Sed.	1,680	5,040	8,400	18,900	29,400	42,000
1936 Series 70, V-8, 131" wb, Fleetwood bodies						
2d Conv.	3,210	9,640	16,060	36,140	56,210	80,300
2d 2P Cpe.	1,840	5,520	9,200	20,700	32,200	46,000
4d Conv Sed.	3,300	9,900	16,500	37,130	57,750	82,500
4d Tr Sed.	1,760	5,280	8,800	19,800	30,800	44,000
1936 Series 75, V-8, 138" wb, Fleetwood bodies						
4d Sed.	1,980	5,940	9,900	22,280	34,650	49,500
4d Tr Sed.	2,020	6,070	10,120	22,770	35,420	50,600
4d Conv Sed.	3,480	10,430	17,380	39,110	60,830	86,900
4d Fml Sed.	1,980	5,940	9,900	22,280	34,650	49,500
4d Twn Sed.	2,020	6,070	10,120	22,770	35,420	50,600
4d 7P Sed.	2,070	6,200	10,340	23,270	36,190	51,700
4d 7P Tr Sed.	2,200	6,600	11,000	24,750	38,500	55,000
4d Imp Sed.	2,240	6,730	11,220	25,250	39,270	56,100
4d Imp Tr Sed.	2,290	6,860	11,440	25,740	40,040	57,200
4d Twn Car.	2,510	7,520	12,540	28,220	43,890	62,700
1936 Series 80, V-12, 131" wb, Fleetwood bodies						
2d Conv.	3,820	11,460	19,100	42,980	66,850	95,500
4d Conv Sed.	3,910	11,740	19,560	44,010	68,460	97,800
2d Cpe.	2,390	7,180	11,960	26,910	41,860	59,800
4d Tr Sed.	2,260	6,770	11,280	25,380	39,480	56,400
1936 Series 85, V-12, 138" wb, Fleetwood bodies						
4d Sed.	2,300	6,900	11,500	25,880	40,250	57,500
4d Tr Sed.	2,350	7,040	11,740	26,420	41,090	58,700
4d Conv Sed.	3,640	10,910	18,180	40,910	63,630	90,900
4d Fml Sed.	2,480	7,450	12,420	27,950	43,470	62,100
4d Twn Sed.	2,530	7,600	12,660	28,490	44,310	63,300
4d 7P Sed.	2,480	7,450	12,420	27,950	43,470	62,100
4d 7P Tr Sed.	2,530	7,600	12,660	28,490	44,310	63,300
4d Imp Sed.	2,620	7,870	13,120	29,520	45,920	65,600
4d Imp Tr Sed.	2,720	8,150	13,580	30,560	47,530	67,900
4d Twn Car.	3,080	9,250	15,420	34,700	53,970	77,100

	6	5	4	3	2	1
1936 Series 90, V-16, 154" wb, Fleetwood bodies						
2d 2P Conv 6,160	18,490	30,820	69,350	107,870	154,100	
4d Conv Sed 6,440	19,320	32,200	72,450	112,700	161,000	
2d 2P Cpe 4,780	14,350	23,920	53,820	83,720	119,600	
2d Aero Cpe 5,430	16,280	27,140	61,070	94,990	135,700	
4d Sed 4,600	13,800	23,000	51,750	80,500	115,000	
4d Twn Sed 4,600	13,800	23,000	51,750	80,500	115,000	
4d 7P Sed 4,690	14,080	23,460	52,790	82,110	117,300	
4d 5P Imp Cabr 6,620	19,870	33,120	74,520	115,920	165,600	
4d 7P Imp Cabr 6,620	19,870	33,120	74,520	115,920	165,600	
4d Imp Sed 6,860	20,570	34,280	77,130	119,980	171,400	
4d Twn Cabr 7,080	21,250	35,420	79,700	123,970	177,100	
4d Twn Lan 6,440	19,320	32,200	72,450	112,700	161,000	
4d 5P Conv 6,620	19,870	33,120	74,520	115,920	165,600	
1937 Series 60, V-8, 124" wb						
2d Conv 2,730	8,180	13,640	30,690	47,740	68,200	
4d Conv Sed 2,820	8,450	14,080	31,680	49,280	70,400	
2d 2P Cpe 1,800	5,400	9,000	20,250	31,500	45,000	
4d Tr Sed 1,640	4,920	8,200	18,450	28,700	41,000	
1937 Series 65, V-8, 131" wb						
4d Tr Sed 1,720	5,160	8,600	19,350	30,100	43,000	
1937 Series 70, V-8, 131" wb, Fleetwood bodies						
2d Conv 2,950	8,840	14,740	33,170	51,590	73,700	
4d Conv Sed 2,860	8,580	14,300	32,180	50,050	71,500	
2d Spt Cpe 1,880	5,640	9,400	21,150	32,900	47,000	
4d Tr Sed 1,720	5,160	8,600	19,350	30,100	43,000	
1937 Series 75, V-8, 138" wb, Fleetwood bodies						
4d Tr Sed 1,920	5,760	9,600	21,600	33,600	48,000	
4d Twn Sed 2,000	6,000	10,000	22,500	35,000	50,000	
4d Conv Sed 3,210	9,640	16,060	36,140	56,210	80,300	
4d Fml Sed 2,520	7,560	12,600	28,350	44,100	63,000	
4d Spl Tr Sed 2,440	7,320	12,200	27,450	42,700	61,000	
4d Spl Imp Tr Sed 2,480	7,440	12,400	27,900	43,400	62,000	
4d 7P Tr Sed 2,500	7,500	12,500	28,130	43,750	62,500	
4d 7P Imp 2,700	8,100	13,500	30,380	47,250	67,500	
4d Bus Tr Sed 1,940	5,820	9,700	21,830	33,950	48,500	
4d Bus Imp 2,290	6,860	11,440	25,740	40,040	57,200	
4d Twn Car 3,040	9,110	15,180	34,160	53,130	75,900	
1937 4d Series 85, V-12, 138" wb, Fleetwood bodies						
4d Tr Sed 2,390	7,180	11,960	26,910	41,860	59,800	
4d Twn Sed 2,440	7,320	12,200	27,450	42,700	61,000	
4d Conv Sed 3,820	11,460	19,100	42,980	66,850	95,500	
4d 7P Tr Sed 2,530	7,600	12,660	28,490	44,310	63,300	
4d Imp Tr Sed 2,760	8,280	13,800	31,050	48,300	69,000	
4d Twn Car 3,540	10,630	17,710	39,850	61,990	88,550	
1937 Series 90, V-16, 154" wb, Fleetwood bodies						
2d 2P Conv 7,320	21,950	36,580	82,310	128,030	182,900	
2d 5P Conv 7,320	21,950	36,580	82,310	128,030	182,900	
4d Conv Sed 7,320	21,950	36,580	82,310	128,030	182,900	
2d Cpe 5,240	15,730	26,220	59,000	91,770	131,100	
4d Twn Sed 4,780	14,350	23,920	53,820	83,720	119,600	
4d 7P Sed 4,880	14,630	24,380	54,860	85,330	121,900	
4d Limo 5,150	15,460	25,700	57,960	90,160	128,800	
4d 5P Imp Cabr 7,080	21,250	35,420	79,700	123,970	177,100	
4d 5P Twn Cabr 7,320	21,950	36,580	82,310	128,030	182,900	
4d 7P Imp Cabr 7,320	21,950	36,580	82,310	128,030	182,900	
4d 7P Twn Cabr 7,540	22,630	37,720	84,870	132,020	188,600	
2d Aero Cpe 5,610	16,840	28,060	63,140	98,210	140,300	
4d Limo Brgm 5,240	15,730	26,220	59,000	91,770	131,100	
4d Fml Sed 5,520	16,560	27,600	62,100	96,600	138,000	
1938 Series 60, V-8, 124" wb						
2d Conv 2,860	8,580	14,300	32,180	50,050	71,500	
4d Conv Sed 2,900	8,710	14,520	32,670	50,820	72,600	
2d 2P Cpe 1,840	5,520	9,200	20,700	32,200	46,000	
4d Tr Sed 1,760	5,280	8,800	19,800	30,800	44,000	
1938 Series 60 Special, V-8, 127" wb						
4d Tr Sed 2,080	6,240	10,400	23,400	36,400	52,000	
1938 Series 65, V-8, 132" wb						
4d Tr Sed 1,760	5,280	8,800	19,800	30,800	44,000	
4d Div Tr Sed 2,000	6,000	10,000	22,500	35,000	50,000	
4d Conv Sed 3,360	10,080	16,800	37,800	58,800	84,000	
1938 Series 75, V-8, 141" wb, Fleetwood bodies						
2d Conv 3,300	9,900	16,500	37,130	57,750	82,500	
4d Conv Sed 3,390	10,160	16,940	38,120	59,290	84,700	
2d 2P Cpe 2,290	6,860	11,440	25,740	40,040	57,200	
2d 5P Cpe 2,220	6,660	11,100	24,980	38,850	55,500	

CADILLAC

	6	5	4	3	2	1
4d Tr Sed	1,850	5,540	9,240	20,790	32,340	46,200
4d Div Tr Sed	1,940	5,810	9,680	21,780	33,880	48,400
4d Twn Sed	1,890	5,680	9,460	21,290	33,110	47,300
4d Fml Sed	1,890	5,680	9,460	21,290	33,110	47,300
4d 7P Fml Sed	2,070	6,200	10,340	23,270	36,190	51,700
4d 7P Tr Sed	1,980	5,940	9,900	22,280	34,650	49,500
4d Imp Tr Sed	2,020	6,070	10,120	22,770	35,420	50,600
4d 8P Tr Sed	2,020	6,070	10,120	22,770	35,420	50,600
4d 8P Imp Tr Sed	2,070	6,200	10,340	23,270	36,190	51,700
4d Twn Car	2,770	8,320	13,860	31,190	48,510	69,300
1938 Series 90, V-16, 141" wb, Fleetwood bodies						
2d Conv	4,840	14,520	24,200	54,450	84,700	121,000
4d Conv Sed Trk	4,920	14,760	24,600	55,350	86,100	123,000
2d 2P Cpe	3,860	11,590	19,320	43,470	67,620	96,600
2d 5P Cpe	3,730	11,180	18,640	41,940	65,240	93,200
4d Tr Sed	3,360	10,080	16,800	37,800	58,800	84,000
4d Twn Sed	3,450	10,360	17,260	38,840	60,410	86,300
4d Div Tr Sed	3,640	10,910	18,180	40,910	63,630	90,900
4d 7P Tr Sed	3,540	10,630	17,720	39,870	62,020	88,600
4d Imp Tr Sed	3,730	11,180	18,640	41,940	65,240	93,200
4d Fml Sed	3,730	11,180	18,640	41,940	65,240	93,200
4d Fml Sed Trk	3,820	11,460	19,100	42,980	66,850	95,500
4d Twn Car	4,370	13,120	21,860	49,190	76,510	109,300
1939 Series 61, V-8, 126" wb						
2d Conv	3,040	9,110	15,180	34,160	53,130	75,900
4d Conv Sed	3,120	9,370	15,620	35,150	54,670	78,100
2d Cpe	1,410	4,220	7,040	15,840	24,640	35,200
4d Tr Sed	1,280	3,830	6,380	14,360	22,330	31,900
1939 Series 60 Special, V-8, 127" wb, Fleetwood						
4d Sed	1,850	5,540	9,240	20,790	32,340	46,200
4d S/R Sed	1,940	5,810	9,680	21,780	33,880	48,400
4d S/R Imp Sed	2,070	6,200	10,340	23,270	36,190	51,700
1939 Series 75, V-8, 141" wb, Fleetwood bodies						
2d Conv	3,560	10,690	17,820	40,100	62,370	89,100
4d Conv Sed Trk	4,040	12,120	20,200	45,450	70,700	101,000
2d 4P Cpe	1,920	5,760	9,600	21,600	33,600	48,000
2d 5P Cpe	1,960	5,880	9,800	22,050	34,300	49,000
4d Tr Sed	1,840	5,520	9,200	20,700	32,200	46,000
4d Div Tr Sed	1,880	5,650	9,420	21,200	32,970	47,100
4d Twn Sed Trk	1,930	5,780	9,640	21,690	33,740	48,200
4d Fml Sed Trk	1,970	5,920	9,860	22,190	34,510	49,300
4d 7P Fml Sed Trk	2,060	6,180	10,300	23,180	36,050	51,500
4d 7P Tr Sed	2,020	6,050	10,080	22,680	35,280	50,400
4d 7P Tr Imp Sed	2,060	6,180	10,300	23,180	36,050	51,500
4d Bus Tr Sed	1,930	5,780	9,640	21,690	33,740	48,200
4d 8P Tr Imp Sed	2,150	6,440	10,740	24,170	37,590	53,700
4d Twn Car Trk	2,190	6,580	10,960	24,660	38,360	54,800
1939 Series 90, V-16, 141" wb, Fleetwood bodies						
2d Conv	5,000	15,000	25,000	56,250	87,500	125,000
4d Conv Sed	5,480	16,440	27,400	61,650	95,900	137,000
2d 4P Cpe	4,100	12,290	20,480	46,080	71,680	102,400
2d 5P Cpe	4,000	12,010	20,020	45,050	70,070	100,100
4d 5P Tr Sed	3,360	10,080	16,800	37,800	58,800	84,000
4d Twn Sed Trk	3,450	10,360	17,260	38,840	60,410	86,300
4d Div Tr Sed	3,450	10,360	17,260	38,840	60,410	86,300
4d 7P Tr Sed	3,450	10,360	17,260	38,840	60,410	86,300
4d 7P Imp Tr Sed	3,540	10,630	17,720	39,870	62,020	88,600
4d Fml Sed Trk	3,540	10,630	17,720	39,870	62,020	88,600
4d 7P Fml Sed Trk	3,640	10,910	18,180	40,910	63,630	90,900
4d Twn Car Trk	4,100	12,290	20,480	46,080	71,680	102,400
1940 Series 62, V-8, 129" wb						
2d Conv	3,030	9,100	15,160	34,110	53,060	75,800
4d Conv Sed	3,080	9,240	15,400	34,650	53,900	77,000
2d Cpe	1,800	5,400	9,000	20,250	31,500	45,000
4d Sed	1,480	4,440	7,400	16,650	25,900	37,000
1940 Series 60 Special, V-8, 127" wb, Fleetwood						
4d Sed	2,000	6,000	10,000	22,500	35,000	50,000
4d S/R Sed	2,080	6,240	10,400	23,400	36,400	52,000
4d Imp Sed	2,080	6,240	10,400	23,400	36,400	52,000
4d S/R Imp Sed	2,160	6,480	10,800	24,300	37,800	54,000
4d MB Twn Car	2,280	6,840	11,400	25,650	39,900	57,000
4d LB Twn Car	2,280	6,840	11,400	25,650	39,900	57,000
1940 Series 72, V-8, 138" wb, Fleetwood						
4d Sed	1,980	5,940	9,900	22,280	34,650	49,500
4d 4P Imp Sed	2,020	6,070	10,120	22,770	35,420	50,600
4d 7P Sed	2,070	6,200	10,340	23,270	36,190	51,700

	6	5	4	3	2	1
4d 7P Bus Sed	1,980	5,940	9,900	22,280	34,650	49,500
4d 7P Imp Sed	2,070	6,200	10,340	23,270	36,190	51,700
4d 7P Fml Sed	2,110	6,340	10,560	23,760	36,960	52,800
4d 7P Bus Imp.	2,020	6,070	10,120	22,770	35,420	50,600
4d 5P Fml Sed	2,160	6,470	10,780	24,260	37,730	53,900

1940 Series 75, V-8, 141" wb, Fleetwood

	6	5	4	3	2	1
2d Conv.	3,650	10,960	18,260	41,090	63,910	91,300
4d Conv Sed	3,740	11,220	18,700	42,080	65,450	93,500
2d 2P Cpe.	2,550	7,660	12,760	28,710	44,660	63,800
2d 5P Cpe.	2,510	7,520	12,540	28,220	43,890	62,700
4d Sed.	2,420	7,260	12,100	27,230	42,350	60,500
4d 5P Imp Sed	2,510	7,520	12,540	28,220	43,890	62,700
4d 7P Sed	2,460	7,390	12,320	27,720	43,120	61,600
4d 7P Imp Sed	2,550	7,660	12,760	28,710	44,660	63,800
4d 5P Fml Sed	2,510	7,520	12,540	28,220	43,890	62,700
4d 7P Fml Sed	2,600	7,790	12,980	29,210	45,430	64,900
4d Twn Sed.	2,950	8,840	14,740	33,170	51,590	73,700
4d Twn Car	2,950	8,840	14,740	33,170	51,590	73,700

1940 Series 90, V-16, 141" wb, Fleetwood

	6	5	4	3	2	1
2d Conv.	5,760	17,280	28,800	64,800	100,800	144,000
4d Conv Sed	5,920	17,760	29,600	66,600	103,600	148,000
2d 2P Cpe.	4,100	12,290	20,480	46,080	71,680	102,400
2d 5P Cpe.	4,000	12,010	20,020	45,050	70,070	100,100
4d Sed.	3,910	11,740	19,560	44,010	68,460	97,800
4d 7P Sed	4,000	12,010	20,020	45,050	70,070	100,100
4d 7P Imp Sed	4,000	12,010	20,020	45,050	70,070	100,100
4d 5P Fml Sed	4,190	12,560	20,940	47,120	73,290	104,700
4d 7P Fml Sed	4,190	12,560	20,940	47,120	73,290	104,700
4d 5P Twn Sed	4,280	12,840	21,400	48,150	74,900	107,000
4d 7P Twn Car	4,280	12,840	21,400	48,150	74,900	107,000

1941 Series 61, V-8, 126" wb

	6	5	4	3	2	1
2d FBk.	1,600	4,800	8,000	18,000	28,000	40,000
2d DeL FBk.	1,560	4,680	7,800	17,550	27,300	39,000
4d Sed FBk.	1,520	4,560	7,600	17,100	26,600	38,000
4d DeL Sed FBk	1,600	4,800	8,000	18,000	28,000	40,000

1941 Series 62, V-8, 126" wb

	6	5	4	3	2	1
2d Conv.	3,250	9,740	16,240	36,540	56,840	81,200
4d Conv Sed	3,340	10,020	16,700	37,580	58,450	83,500
2d Cpe.	1,520	4,560	7,600	17,100	26,600	38,000
2d DeL Cpe.	1,560	4,680	7,800	17,550	27,300	39,000
4d Sed.	1,200	3,600	6,000	13,500	21,000	30,000
4d DeL Sed.	1,280	3,840	6,400	14,400	22,400	32,000

1941 Series 63, V-8, 126" wb

	6	5	4	3	2	1
4d Sed.	1,400	4,200	7,000	15,750	24,500	35,000

1941 Series 60 Special, V-8, 126" wb, Fleetwood

	6	5	4	3	2	1
4d Sed.	1,950	5,840	9,740	21,920	34,090	48,700
4d S/R Sed	2,070	6,220	10,360	23,310	36,260	51,800

NOTE: Add $1,500 for division window.

1941 Series 67, V-8, 138" wb

	6	5	4	3	2	1
4d 5P Sed	1,600	4,800	8,000	18,000	28,000	40,000
4d Imp Sed	1,680	5,040	8,400	18,900	29,400	42,000
4d 7P Sed	1,640	4,920	8,200	18,450	28,700	41,000
4d 7P Imp Sed	1,680	5,040	8,400	18,900	29,400	42,000

1941 Series 75, V-8, 136-1/2" wb

	6	5	4	3	2	1
4d 5P Sed	1,600	4,800	8,000	18,000	28,000	40,000
4d 5P Imp Sed	1,680	5,040	8,400	18,900	29,400	42,000
4d 7P Sed	1,640	4,920	8,200	18,450	28,700	41,000
4d 9P Bus Sed	1,600	4,800	8,000	18,000	28,000	40,000
4d 7P Imp Sed	1,640	4,920	8,200	18,450	28,700	41,000
4d Bus Imp Sed.	1,640	4,920	8,200	18,450	28,700	41,000
4d 5P Fml Sed	1,760	5,280	8,800	19,800	30,800	44,000
4d 7P Fml Sed	1,840	5,520	9,200	20,700	32,200	46,000

1942 Series 61, V-8, 126" wb

	6	5	4	3	2	1
2d FBk.	1,600	4,800	8,000	18,000	28,000	40,000
4d FBk.	1,520	4,560	7,600	17,100	26,600	38,000

1942 Series 62, V-8, 129" wb

	6	5	4	3	2	1
2d DeL FBk.	1,640	4,920	8,200	18,450	28,700	41,000
2d FBk.	1,600	4,800	8,000	18,000	28,000	40,000
2d DeL Conv Cpe	2,410	7,240	12,060	27,140	42,210	60,300
4d Sed.	1,400	4,200	7,000	15,750	24,500	35,000
4d DeL Sed.	1,440	4,320	7,200	16,200	25,200	36,000

1942 Series 63, V-8, 126" wb

	6	5	4	3	2	1
4d FBk.	1,560	4,680	7,800	17,550	27,300	39,000

1942 Series 60 Special, V-8, 133" wb, Fleetwood

	6	5	4	3	2	1
4d Sed.	1,440	4,320	7,200	16,200	25,200	36,000
4d Imp Sed	1,480	4,440	7,400	16,650	25,900	37,000

	6	5	4	3	2	1
1942 Series 67, V-8, 139" wb						
4d 5P Sed	1,520	4,560	7,600	17,100	26,600	38,000
4d 5P Sed Div	1,560	4,680	7,800	17,550	27,300	39,000
4d 7P Sed	1,580	4,740	7,900	17,780	27,650	39,500
4d 7P Sed Imp	1,580	4,740	7,900	17,780	27,650	39,500
1942 Series 75, V-8, 136" wb, Fleetwood						
4d 5P Sed	1,520	4,560	7,600	17,100	26,600	38,000
4d 5P Imp Sed	1,520	4,560	7,600	17,100	26,600	38,000
4d 7P Sed	1,580	4,740	7,900	17,780	27,650	39,500
4d 9P Bus Sed	1,580	4,740	7,900	17,780	27,650	39,500
4d 7P Imp Sed	1,600	4,800	8,000	18,000	28,000	40,000
4d 9P Bus Imp	1,580	4,740	7,900	17,780	27,650	39,500
4d 5P Fml Sed	1,680	5,040	8,400	18,900	29,400	42,000
4d 7P Fml Sed	1,720	5,160	8,600	19,350	30,100	43,000
1946-47 Series 61, V-8, 126" wb						
2d FBk	1,240	3,720	6,200	13,950	21,700	31,000
4d FBk	1,040	3,120	5,200	11,700	18,200	26,000
1946-47 Series 62, V-8, 129" wb						
2d Conv	3,600	10,800	18,000	40,500	63,000	90,000
2d FBk	1,280	3,840	6,400	14,400	22,400	32,000
4d 5P Sed	1,080	3,240	5,400	12,150	18,900	27,000
1946-47 Series 60 Special, V-8, 133" wb, Fleetwood						
4d 6P Sed	1,160	3,480	5,800	13,050	20,300	29,000
1946-47 Series 75, V-8, 136" wb, Fleetwood						
4d 5P Sed	1,240	3,720	6,200	13,950	21,700	31,000
4d 7P Sed	1,280	3,840	6,400	14,400	22,400	32,000
4d 7P Imp Sed	1,440	4,320	7,200	16,200	25,200	36,000
4d 9P Bus Sed	1,280	3,840	6,400	14,400	22,400	32,000
4d 9P Bus Imp	1,360	4,080	6,800	15,300	23,800	34,000
1948 Series 61, V-8, 126" wb						
2d FBk	1,200	3,600	6,000	13,500	21,000	30,000
4d 5P Sed	1,080	3,240	5,400	12,150	18,900	27,000
1948 Series 62, V-8, 126" wb						
2d Conv	3,100	9,300	15,500	34,880	54,250	77,500
2d Clb Cpe	1,240	3,720	6,200	13,950	21,700	31,000
4d 5P Sed	1,160	3,480	5,800	13,050	20,300	29,000
1948 Series 60 Special, V-8, 133" wb, Fleetwood						
4d Sed	1,240	3,720	6,200	13,950	21,700	31,000
1948 Series 75, V-8, 136" wb, Fleetwood						
4d 5P Sed	1,240	3,720	6,200	13,950	21,700	31,000
4d 7P Sed	1,280	3,840	6,400	14,400	22,400	32,000
4d 7P Imp Sed	1,440	4,320	7,200	16,200	25,200	36,000
4d 9P Bus Sed	1,280	3,840	6,400	14,400	22,400	32,000
4d 9P Bus Imp	1,360	4,080	6,800	15,300	23,800	34,000
1949 Series 61, V-8, 126" wb						
2d FBk	1,240	3,720	6,200	13,950	21,700	31,000
4d Sed	1,120	3,360	5,600	12,600	19,600	28,000
1949 Series 62, V-8, 126" wb						
2d FBk	1,280	3,840	6,400	14,400	22,400	32,000
4d 5P Sed	1,200	3,600	6,000	13,500	21,000	30,000
2d HT Cpe DeV	1,800	5,400	9,000	20,250	31,500	45,000
2d Conv	3,100	9,300	15,500	34,880	54,250	77,500
1949 Series 60 Special, V-8, 133" wb, Fleetwood						
4d 5P Sed	1,280	3,840	6,400	14,400	22,400	32,000
1949 Series 75, V-8, 136" wb, Fleetwood						
4d 5P Sed	1,280	3,840	6,400	14,400	22,400	32,000
4d 7P Sed	1,320	3,960	6,600	14,850	23,100	33,000
4d 7P Imp Sed	1,480	4,440	7,400	16,650	25,900	37,000
4d 9P Bus Sed	1,320	3,960	6,600	14,850	23,100	33,000
4d 9P Bus Imp	1,400	4,200	7,000	15,750	24,500	35,000
1950-51 Series 61, V-8						
4d 5P Sed	960	2,880	4,800	10,800	16,800	24,000
2d HT Cpe	1,440	4,320	7,200	16,200	25,200	36,000
1950-51 Series 62, V-8						
4d 5P Sed	1,000	3,000	5,000	11,250	17,500	25,000
2d HT Cpe	1,200	3,600	6,000	13,500	21,000	30,000
2d HT Cpe DeV	1,680	5,040	8,400	18,900	29,400	42,000
2d Conv	3,400	10,200	17,000	38,250	59,500	85,000
1950-51 Series 60S, V-8						
4d Sed	1,200	3,600	6,000	13,500	21,000	30,000
1950-51 Series 75, Fleetwood						
4d 8P Sed	1,240	3,720	6,200	13,950	21,700	31,000
1950-51 Series 75 Fleetwood						
4d 8P Imp	1,320	3,960	6,600	14,850	23,100	33,000
1952 Series 62, V-8						
4d Sed	1,000	3,000	5,000	11,250	17,500	25,000

	6	5	4	3	2	1
2d HT	1,160	3,480	5,800	13,050	20,300	29,000
2d HT Cpe DeV.	1,680	5,040	8,400	18,900	29,400	42,000
2d Conv.	3,400	10,200	17,000	38,250	59,500	85,000
1952 Series 60S, V-8						
4d Sed.	1,200	3,600	6,000	13,500	21,000	30,000
1952 Series 75, V-8, Fleetwood						
4d Sed.	1,240	3,720	6,200	13,950	21,700	31,000
4d Imp Sed	1,320	3,960	6,600	14,850	23,100	33,000
1953 Series 62, V-8						
4d Sed.	960	2,880	4,800	10,800	16,800	24,000
2d HT	1,400	4,200	7,000	15,750	24,500	35,000
2d HT Cpe DeV.	1,760	5,280	8,800	19,800	30,800	44,000
2d Conv.	3,500	10,500	17,500	39,380	61,250	87,500
2d Eldo Conv.	8,000	24,000	40,000	90,000	140,000	200,000
1953 Series 60S, V-8						
4d Sed.	1,440	4,320	7,200	16,200	25,200	36,000
1953 Series 75, V-8, Fleetwood						
4d 7P Sed.	1,480	4,440	7,400	16,650	25,900	37,000
4d Imp Sed	1,560	4,680	7,800	17,550	27,300	39,000
1954 Series 62, V-8						
4d Sed.	960	2,880	4,800	10,800	16,800	24,000
2d HT	1,560	4,680	7,800	17,550	27,300	39,000
2d HT Cpe DeV.	1,600	4,800	8,000	18,000	28,000	40,000
2d Conv.	3,400	10,200	17,000	38,250	59,500	85,000
2d Eldo Conv.	3,700	11,100	18,500	41,630	64,750	92,500
1954 Series 60S, V-8						
4d Sed.	1,280	3,840	6,400	14,400	22,400	32,000
1954 Series 75, V-8, Fleetwood						
4d 7P Sed.	1,400	4,200	7,000	15,750	24,500	35,000
4d 7P Imp Sed	1,480	4,440	7,400	16,650	25,900	37,000
1955 Series 62, V-8						
4d Sed.	960	2,880	4,800	10,800	16,800	24,000
2d HT	1,600	4,800	8,000	18,000	28,000	40,000
2d HT Cpe DeV.	1,640	4,920	8,200	18,450	28,700	41,000
2d Conv.	3,400	10,200	17,000	38,250	59,500	85,000
2d Eldo Conv.	3,700	11,100	18,500	41,630	64,750	92,500
1955 Series 60S, V-8						
4d Sed.	1,280	3,840	6,400	14,400	22,400	32,000
1955 Series 75, V-8, Fleetwood						
4d 7P Sed.	1,400	4,200	7,000	15,750	24,500	35,000
4d 7P Imp Sed	1,480	4,440	7,400	16,650	25,900	37,000
1956 Series 62, V-8						
4d Sed.	960	2,880	4,800	10,800	16,800	24,000
2d HT	1,640	4,920	8,200	18,450	28,700	41,000
4d HT Sed DeV.	1,400	4,200	7,000	15,750	24,500	35,000
2d HT Cpe DeV.	1,680	5,040	8,400	18,900	29,400	42,000
2d Conv.	3,500	10,500	17,500	39,380	61,250	87,500
2d HT Eldo Sev.	1,880	5,640	9,400	21,150	32,900	47,000
2d Brtz Eldo Conv.	5,800	17,400	29,000	65,250	101,500	145,000
1956 Series 60S, V-8						
4d Sed.	1,280	3,840	6,400	14,400	22,400	32,000
1956 Series 75, V-8, Fleetwood						
4d 7P Sed.	1,400	4,200	7,000	15,750	24,500	35,000
4d 7P Imp Sed	1,480	4,440	7,400	16,650	25,900	37,000
1957 Series 62, V-8						
4d HT	800	2,400	4,000	9,000	14,000	20,000
2d HT	1,480	4,440	7,400	16,650	25,900	37,000
2d HT Cpe DeV.	1,600	4,800	8,000	18,000	28,000	40,000
4d HT Sed DeV.	1,400	4,200	7,000	15,750	24,500	35,000
2d Conv.	3,140	9,420	15,700	35,330	54,950	78,500
1957 Eldorado, V-8						
2d HT Sev.	1,640	4,920	8,200	18,450	28,700	41,000
2d Brtz Conv.	5,980	17,940	29,900	67,280	104,650	149,500
1957 Fleetwood 60 Special, V-8						
4d HT	1,040	3,120	5,200	11,700	18,200	26,000
1957 Eldorado Brougham, V-8						
4d HT	5,140	15,420	25,700	57,830	89,950	128,500
1957 Series 75						
4d 8P Sed.	1,080	3,240	5,400	12,150	18,900	27,000
4d 8P Imp Sed	1,160	3,480	5,800	13,050	20,300	29,000
1958 Series 62, V-8 & Series 63, V-8						
4d HT Sh Dk	720	2,160	3,600	8,100	12,600	18,000
4d 6W Sed	1,000	3,000	5,000	11,250	17,500	25,000
4d Sed DeV.	1,040	3,120	5,200	11,700	18,200	26,000
2d HT	1,320	3,960	6,600	14,850	23,100	33,000
2d HT Cpe DeV.	1,400	4,200	7,000	15,750	24,500	35,000
2d Conv.	3,140	9,420	15,700	35,330	54,950	78,500

	6	5	4	3	2	1
1958 Eldorado, V-8						
2d HT Sev	1,440	4,320	7,200	16,200	25,200	36,000
2d Brtz Conv	5,980	17,940	29,900	67,280	104,650	149,500
1958 Fleetwood 60 Special, V-8						
4d HT	1,200	3,600	6,000	13,500	21,000	30,000
1958 Eldorado Brougham, V-8						
4d HT	5,140	15,420	25,700	57,830	89,950	128,500
1958 Series 75						
4d 8P Sed	1,000	3,000	5,000	11,250	17,500	25,000
4d 8P Imp Sed	1,080	3,240	5,400	12,150	18,900	27,000
1959 Series 62, V-8						
4d 4W HT	1,000	3,000	5,000	11,250	17,500	25,000
4d 6W HT	960	2,880	4,800	10,800	16,800	24,000
2d HT	1,200	3,600	6,000	13,500	21,000	30,000
2d Conv	4,700	14,100	23,500	52,880	82,250	117,500
1959 Series 63 DeVille, V-8						
2d HT Cpe DeV	1,480	4,440	7,400	16,650	25,900	37,000
4d 4W HT	1,080	3,240	5,400	12,150	18,900	27,000
4d 6W HT	1,040	3,120	5,200	11,700	18,200	26,000
1959 Series Eldorado, V-8						
4d HT Brgm	2,160	6,480	10,800	24,300	37,800	54,000
2d HT Sev	2,300	6,900	11,500	25,880	40,250	57,500
2d Brtz Conv	6,940	20,820	34,700	78,080	121,450	173,500
1959 Fleetwood 60 Special, V-8						
4d 6P Sed	1,240	3,720	6,200	13,950	21,700	31,000
1959 Fleetwood Series 75, V-8						
4d 9P Sed	1,320	3,960	6,600	14,850	23,100	33,000
4d Limo	1,400	4,200	7,000	15,750	24,500	35,000
1960 Series 62, V-8						
4d 4W HT	1,000	3,000	5,000	11,250	17,500	25,000
4d 6W HT	960	2,880	4,800	10,800	16,800	24,000
2d HT	1,280	3,840	6,400	14,400	22,400	32,000
2d Conv	2,700	8,100	13,500	30,380	47,250	67,500
1960 Series 63 DeVille, V-8						
4d 4W Sed	1,040	3,120	5,200	11,700	18,200	26,000
4d 6W Sed	1,000	3,000	5,000	11,250	17,500	25,000
2d HT Cpe DeV	1,360	4,080	6,800	15,300	23,800	34,000
1960 Eldorado Series, V-8						
4d HT Brgm	1,640	4,920	8,200	18,450	28,700	41,000
2d HT Sev	1,740	5,220	8,700	19,580	30,450	43,500
2d Brtz Conv	5,100	15,300	25,500	57,380	89,250	127,500
1960 Fleetwood 60 Special, V-8						
4d 6P HT	1,320	3,960	6,600	14,850	23,100	33,000
1960 Fleetwood Series 75, V-8						
4d 9P Sed	1,240	3,720	6,200	13,950	21,700	31,000
4d Limo	1,320	3,960	6,600	14,850	23,100	33,000
1961 Series 62, V-8						
4d 4W HT	660	1,980	3,300	7,430	11,550	16,500
4d 6W HT	656	1,968	3,280	7,380	11,480	16,400
2d HT	920	2,760	4,600	10,350	16,100	23,000
2d Conv	1,580	4,740	7,900	17,780	27,650	39,500
1961 Series 63 DeVille, V-8						
4d 4W HT	668	2,004	3,340	7,520	11,690	16,700
4d 6W HT	664	1,992	3,320	7,470	11,620	16,600
4d HT Sh Dk	660	1,980	3,300	7,430	11,550	16,500
2d HT Cpe DeV	1,040	3,120	5,200	11,700	18,200	26,000
1961 Eldorado Series, V-8						
2d Brtz Conv	3,460	10,380	17,300	38,930	60,550	86,500
1961 Fleetwood 60 Special, V-8						
4d 6P HT	960	2,880	4,800	10,800	16,800	24,000
1961 Fleetwood Series 75, V-8						
4d 9P Sed	920	2,760	4,600	10,350	16,100	23,000
4d 9P Limo	1,120	3,360	5,600	12,600	19,600	28,000
1962 Series 62, V-8						
4d 4W HT	668	2,004	3,340	7,520	11,690	16,700
4d 6W HT	660	1,980	3,300	7,430	11,550	16,500
4d HT Sh Dk	660	1,980	3,300	7,430	11,550	16,500
2d HT	960	2,880	4,800	10,800	16,800	24,000
2d Conv	1,580	4,740	7,900	17,780	27,650	39,500
1962 Series 63 DeVille, V-8						
4d 4W HT	840	2,520	4,200	9,450	14,700	21,000
4d 6W HT	780	2,340	3,900	8,780	13,650	19,500
4d HT Pk Avo	820	2,460	4,100	9,230	14,350	20,500
2d HT Cpe DeV	1,040	3,120	5,200	11,700	18,200	26,000
1962 Eldorado Series, V-8						
2d Brtz Conv	2,520	7,560	12,600	28,350	44,100	63,000

CADILLAC

	6	5	4	3	2	1
1962 Fleetwood 60 Special, V-8						
4d 6P HT	920	2,760	4,600	10,350	16,100	23,000
1962 Fleetwood 75 Series, V-8						
4d 9P Sed	960	2,880	4,800	10,800	16,800	24,000
4d 9P Limo	1,120	3,360	5,600	12,600	19,600	28,000
1963 Series 62, V-8						
4d 4W HT	680	2,040	3,400	7,650	11,900	17,000
4d 6W HT	664	1,992	3,320	7,470	11,620	16,600
2d HT	800	2,400	4,000	9,000	14,000	20,000
2d Conv	1,200	3,600	6,000	13,500	21,000	30,000
1963 Series 63 DeVille, V-8						
4d 4W HT	720	2,160	3,600	8,100	12,600	18,000
4d 6W HT	704	2,112	3,520	7,920	12,320	17,600
4d HT Pk Ave	700	2,100	3,500	7,880	12,250	17,500
2d HT Cpe DeV	1,000	3,000	5,000	11,250	17,500	25,000
1963 Eldorado Series, V-8						
2d Brtz Conv	2,320	6,960	11,600	26,100	40,600	58,000
1963 Fleetwood 60 Special, V-8						
4d 6P HT	760	2,280	3,800	8,550	13,300	19,000
1963 Fleetwood 75 Series, V-8						
4d 9P Sed	840	2,520	4,200	9,450	14,700	21,000
4d 9P Limo	1,000	3,000	5,000	11,250	17,500	25,000
1964 Series 62, V-8						
4d 4W HT	720	2,160	3,600	8,100	12,600	18,000
4d 6W HT	712	2,136	3,560	8,010	12,460	17,800
2d HT	880	2,640	4,400	9,900	15,400	22,000
1964 Series 63 DeVille, V-8						
4d 4W HT	728	2,184	3,640	8,190	12,740	18,200
4d 6W HT	720	2,160	3,600	8,100	12,600	18,000
2d HT Cpe DeV	1,040	3,120	5,200	11,700	18,200	26,000
2d Conv	1,240	3,720	6,200	13,950	21,700	31,000
1964 Eldorado Series, V-8						
2d Conv	1,440	4,320	7,200	16,200	25,200	36,000
1964 Fleetwood 60 Special, V-8						
4d 6P HT	880	2,640	4,400	9,900	15,400	22,000
1964 Fleetwood 75 Series, V-8						
4d 9P Sed	880	2,640	4,400	9,900	15,400	22,000
4d 9P Limo	1,000	3,000	5,000	11,250	17,500	25,000
1965 Calais Series, V-8						
4d Sed	632	1,896	3,160	7,110	11,060	15,800
4d HT	640	1,920	3,200	7,200	11,200	16,000
2d HT	720	2,160	3,600	8,100	12,600	18,000
1965 DeVille Series, V-8						
6P Sed	640	1,920	3,200	7,200	11,200	16,000
4d HT	656	1,968	3,280	7,380	11,480	16,400
2d HT	800	2,400	4,000	9,000	14,000	20,000
2d Conv	1,000	3,000	5,000	11,250	17,500	25,000
1965 Fleetwood 60 Special, V-8						
4d 6P Sed	740	2,220	3,700	8,330	12,950	18,500
4d Brgm Sed	760	2,280	3,800	8,550	13,300	19,000
1965 Fleetwood Eldorado, V-8						
2d Conv	1,200	3,600	6,000	13,500	21,000	30,000
1965 Fleetwood 75 Series, V-8						
4d 9P Sed	880	2,640	4,400	9,900	15,400	22,000
4d 9P Limo	1,000	3,000	5,000	11,250	17,500	25,000
1966 Calais Series, V-8						
4d Sed	632	1,896	3,160	7,110	11,060	15,800
4d HT	640	1,920	3,200	7,200	11,200	16,000
2d HT	720	2,160	3,600	8,100	12,600	18,000
1966 DeVille Series, V-8						
4d Sed	640	1,920	3,200	7,200	11,200	16,000
4d HT	648	1,944	3,240	7,290	11,340	16,200
2d HT	800	2,400	4,000	9,000	14,000	20,000
2d Conv	1,000	3,000	5,000	11,250	17,500	25,000
1966 Eldorado, V-8						
2d Conv	1,200	3,600	6,000	13,500	21,000	30,000
1966 Fleetwood Brougham, V-8						
4d Sed	720	2,160	3,600	8,100	12,600	18,000
1966 Sixty Special, V-8						
4d Sed	720	2,160	3,600	8,100	12,600	18,000
1966 Seventy Five, V-8						
4d Sed	840	2,520	4,200	9,450	14,700	21,000
4d Limo	1,000	3,000	5,000	11,250	17,500	25,000
1967 Calais, V-8, 129.5" wb						
4d HT	640	1,920	3,200	7,200	11,200	16,000
2d HT	700	2,100	3,500	7,880	12,250	17,500

CADILLAC

	6	5	4	3	2	1
1967 DeVille, V-8, 129.5" wb						
4d HT	664	1,992	3,320	7,470	11,620	16,600
2d HT	760	2,280	3,800	8,550	13,300	19,000
2d Conv	1,000	3,000	5,000	11,250	17,500	25,000
1967 Fleetwood Eldorado, V-8, 120" wb						
2d HT	760	2,280	3,800	8,550	13,300	19,000
1967 Sixty-Special, V-8, 133" wb						
4d Sed	680	2,040	3,400	7,650	11,900	17,000
1967 Fleetwood Brougham, V-8, 133" wb						
4d Sed	680	2,040	3,400	7,650	11,900	17,000
1967 Seventy-Five Series, V-8, 149.8" wb						
4d Sed	720	2,160	3,600	8,100	12,600	18,000
4d Limo	760	2,280	3,800	8,550	13,300	19,000
1968 Calais, V-8, 129.5" wb						
2d HT	700	2,100	3,500	7,880	12,250	17,500
4d HT	644	1,932	3,220	7,250	11,270	16,100
1968 DeVille, V-8, 129.5" wb						
4d Sed	648	1,944	3,240	7,290	11,340	16,200
4d HT	664	1,992	3,320	7,470	11,620	16,600
2d HT	760	2,280	3,800	8,550	13,300	19,000
2d Conv	1,000	3,000	5,000	11,250	17,500	25,000
1968 Fleetwood Eldorado, V-8, 120" wb						
2d HT	760	2,280	3,800	8,550	13,300	19,000
1968 Sixty-Special, V-8, 133" wb						
4d Sed	680	2,040	3,400	7,650	11,900	17,000
1968 Fleetwood Brougham, V-8, 133" wb						
4d Sed	680	2,040	3,400	7,650	11,900	17,000
1968 Series 75, V-8, 149.8" wb						
4d Sed	720	2,160	3,600	8,100	12,600	18,000
4d Limo	760	2,280	3,800	8,550	13,300	19,000
1969-70 Calais, V-8, 129.5" wb						
2d HT	620	1,860	3,100	6,980	10,850	15,500
4d HT	500	1,500	2,500	5,630	8,750	12,500
1969-70 DeVille, V-8, 129.5" wb						
4d Sed	504	1,512	2,520	5,670	8,820	12,600
4d HT	516	1,548	2,580	5,810	9,030	12,900
2d HT	620	1,860	3,100	6,980	10,850	15,500
2d Conv	880	2,640	4,400	9,900	15,400	22,000
1969-70 Fleetwood Eldorado, V-8, 120" wb						
2d HT	720	2,160	3,600	8,100	12,600	18,000
1969-70 Sixty-Special, V-8, 133" wb						
4d Sed	640	1,920	3,200	7,200	11,200	16,000
4d Brgm	660	1,980	3,300	7,430	11,550	16,500
1969-70 Series 75, V-8, 149.8" wb						
4d Sed	660	1,980	3,300	7,430	11,550	16,500
4d Limo	680	2,040	3,400	7,650	11,900	17,000
1971-72 Calais						
2d HT	632	1,896	3,160	7,110	11,060	15,800
4d HT	508	1,524	2,540	5,720	8,890	12,700
1971-72 DeVille						
2d HT	660	1,980	3,300	7,430	11,550	16,500
4d HT	608	1,824	3,040	6,840	10,640	15,200
1971-72 Fleetwood 60 Special						
4d Brgm	660	1,980	3,300	7,430	11,550	16,500
1971-72 Fleetwood 75						
4d 9P Sed	632	1,896	3,160	7,110	11,060	15,800
4d Limo	652	1,956	3,260	7,340	11,410	16,300
1971-72 Fleetwood Eldorado						
2d HT	680	2,040	3,400	7,650	11,900	17,000
2d Conv	840	2,520	4,200	9,450	14,700	21,000
1973 Calais, V-8						
2d HT	500	1,500	2,500	5,630	8,750	12,500
4d HT	492	1,476	2,460	5,540	8,610	12,300
1973 DeVille, V-8						
2d HT	600	1,800	3,000	6,750	10,500	15,000
4d HT	512	1,536	2,560	5,760	8,960	12,800
1973 Fleetwood 60S, V-8						
4d Brgm Sed	640	1,920	3,200	7,200	11,200	16,000
1973 Fleetwood Eldorado, V-8						
2d HT	640	1,920	3,200	7,200	11,200	16,000
2d Conv	840	2,520	4,200	9,450	14,700	21,000

NOTE: Add 20 percent for Pace Car Edition.

	6	5	4	3	2	1
1973 Fleetwood 75, V-8						
4d Sed	620	1,860	3,100	6,980	10,850	15,500
4d Limo	640	1,920	3,200	7,200	11,200	16,000

CADILLAC

	6	5	4	3	2	1
1974 Calais, V-8						
2d HT	496	1,488	2,480	5,580	8,680	12,400
4d HT	488	1,464	2,440	5,490	8,540	12,200
1974 DeVille, V-8						
2d HT	516	1,548	2,580	5,810	9,030	12,900
4d HT	508	1,524	2,540	5,720	8,890	12,700
1974 Fleetwood Brougham, V-8						
4d Sed.	640	1,920	3,200	7,200	11,200	16,000
1974 Fleetwood Eldorado, V-8						
2d HT	640	1,920	3,200	7,200	11,200	16,000
2d Conv.	880	2,640	4,400	9,900	15,400	22,000
1974 Fleetwood 75, V-8						
4d Sed.	620	1,860	3,100	6,980	10,850	15,500
4d Limo	640	1,920	3,200	7,200	11,200	16,000

NOTE: Add 20 percent for Talisman Brougham. Add 10 percent for padded top on Series 75. Add 10 percent for sunroof on DeVille/60/Eldorado.

	6	5	4	3	2	1
1975 Calais, V-8						
2d HT	508	1,524	2,540	5,720	8,890	12,700
4d HT	492	1,476	2,460	5,540	8,610	12,300
1975 DeVille, V-8						
2d HT	516	1,548	2,580	5,810	9,030	12,900
4d HT	500	1,500	2,500	5,630	8,750	12,500
1975 Fleetwood Brougham, V-8						
4d Sed.	620	1,860	3,100	6,980	10,850	15,500
1975 Fleetwood Eldorado, V-8						
2d HT	640	1,920	3,200	7,200	11,200	16,000
2d Conv.	880	2,640	4,400	9,900	15,400	22,000
1975 Fleetwood 75, V-8						
4d Sed.	620	1,860	3,100	6,980	10,850	15,500
4d Limo	640	1,920	3,200	7,200	11,200	16,000
1976 Calais, V-8						
2d HT	480	1,440	2,400	5,400	8,400	12,000
4d HT	472	1,416	2,360	5,310	8,260	11,800
1976 DeVille, V-8						
2d HT	492	1,476	2,460	5,540	8,610	12,300
4d HT	480	1,440	2,400	5,400	8,400	12,000
1976 Seville, V-8						
4d Sed.	600	1,850	3,050	6,890	10,700	15,300
1976 Eldorado, V-8						
2d Cpe.	680	2,040	3,400	7,650	11,900	17,000
2d Brtz Cpe.	720	2,160	3,600	8,100	12,600	18,000
2d Conv.	960	2,880	4,800	10,800	16,800	24,000

NOTE: Add 15 percent for Bicent. Edit.

	6	5	4	3	2	1
1976 Fleetwood Brougham, V-8						
4d Sed.	620	1,860	3,100	6,980	10,850	15,500
1976 Fleetwood 75, V-8						
4d Sed.	460	1,380	2,300	5,180	8,050	11,500
4d Limo	480	1,440	2,400	5,400	8,400	12,000

NOTE: Add 5 percent for Talisman on Fleetwood Brougham.

	6	5	4	3	2	1
1977 DeVille, V-8						
2d Cpe.	360	1,090	1,820	4,100	6,370	9,100
4d Sed.	320	960	1,600	3,600	5,600	8,000
1977 Seville, V-8						
4d Sed.	400	1,200	2,000	4,500	7,000	10,000
1977 Eldorado, V-8						
2d Cpe.	600	1,800	3,000	6,750	10,500	15,000
2d Brtz Cpe.	720	2,160	3,600	8,100	12,600	18,000
1977 Fleetwood Brougham, V-8						
4d Sed.	400	1,200	2,000	4,500	7,000	10,000
1977 Fleetwood 75, V-8						
4d Sed.	408	1,224	2,040	4,590	7,140	10,200
4d Limo	420	1,260	2,100	4,730	7,350	10,500
1978 Seville						
4d Sed.	384	1,152	1,920	4,320	6,720	9,600
1978 DeVille						
2d Cpe.	360	1,090	1,820	4,100	6,370	9,100
4d Sed.	320	960	1,600	3,600	5,600	8,000
1978 Eldorado						
2d Cpe.	640	1,920	3,200	7,200	11,200	16,000
2d Brtz Cpe.	760	2,280	3,800	8,550	13,300	19,000
1978 Fleetwood Brougham						
4d Sed.	272	816	1,360	3,060	4,760	6,800
1978 Fleetwood Limo						
4d	388	1,164	1,940	4,370	6,790	9,700
4d Fml.	396	1,188	1,980	4,460	6,930	9,900

	6	5	4	3	2	1
1979 Seville, V-8						
4d Sed	400	1,200	2,000	4,500	7,000	10,000
NOTE: Add 10 percent for Elegant'e.						
1979 DeVille, V-8						
2d Cpe	360	1,090	1,820	4,100	6,370	9,100
4d Sed	320	960	1,600	3,600	5,600	8,000
NOTE: Add 5 percent for Phaeton Special Edition.						
1979 Eldorado, V-8						
2d Cpe	560	1,680	2,800	6,300	9,800	14,000
NOTE: Add 15 percent for Biarritz.						
1979 Fleetwood Brougham, V-8						
4d Sed	260	780	1,300	2,930	4,550	6,500
1979 Fleetwood Limo						
4d Sed	388	1,164	1,940	4,370	6,790	9,700
4d Fml Sed	396	1,188	1,980	4,460	6,930	9,900
NOTE: Deduct 12 percent for diesel.						
1980 Seville, V-8						
4d Sed	376	1,128	1,880	4,230	6,580	9,400
1980 DeVille, V-8						
2d Cpe	360	1,080	1,800	4,050	6,300	9,000
4d Sed	256	768	1,280	2,880	4,480	6,400
1980 Eldorado, V-8						
2d Cpe	560	1,680	2,800	6,300	9,800	14,000
NOTE: Add 15 percent for Biarritz.						
1980 Fleetwood Brougham, V-8						
2d Cpe	380	1,140	1,900	4,280	6,650	9,500
4d Sed	276	828	1,380	3,110	4,830	6,900
1980 Fleetwood, V-8						
4d Limo	396	1,188	1,980	4,460	6,930	9,900
4d Fml	364	1,092	1,820	4,100	6,370	9,100
1981 Seville, V-8						
4d Sed	260	780	1,300	2,930	4,550	6,500
1981 DeVille, V-8						
2d Cpe	244	732	1,220	2,750	4,270	6,100
4d Sed	220	660	1,100	2,480	3,850	5,500
1981 Eldorado, V-8						
2d Cpe	520	1,560	2,600	5,850	9,100	13,000
NOTE: Add 15 percent for Biarritz.						
1981 Fleetwood Brougham, V-8						
2d Cpe	264	792	1,320	2,970	4,620	6,600
4d Sed	240	720	1,200	2,700	4,200	6,000
1981 Fleetwood, V-8						
4d Limo	360	1,080	1,800	4,050	6,300	9,000
4d Fml	368	1,104	1,840	4,140	6,440	9,200
NOTE: Deduct 10 percent for V-6 where available.						
1982 Cimarron, 4-cyl.						
4d Sed	208	624	1,040	2,340	3,640	5,200
1982 Seville, V-8						
4d Sed	264	792	1,320	2,970	4,620	6,600
1982 DeVille, V-8						
2d Cpe	252	756	1,260	2,840	4,410	6,300
4d Sed	228	684	1,140	2,570	3,990	5,700
1982 Eldorado, V-8						
2d Cpe	520	1,560	2,600	5,850	9,100	13,000
NOTE: Add 15 percent for Biarritz.						
1982 Fleetwood Brougham, V-8						
2d Cpe	272	816	1,360	3,060	4,760	6,800
4d Sed	248	744	1,240	2,790	4,340	6,200
1982 Fleetwood, V-8						
4d Limo	368	1,104	1,840	4,140	6,440	9,200
4d Fml	376	1,128	1,880	4,230	6,580	9,400
NOTE: Deduct 10 percent for V-6 where available.						
1983 Cimarron, 4-cyl.						
4d Sed	220	660	1,100	2,480	3,850	5,500
1983 Seville, V-8						
4d Sed	268	804	1,340	3,020	4,690	6,700
1983 DeVille, V-8						
2d Cpe	260	780	1,300	2,930	4,550	6,500
4d Sed	236	708	1,180	2,660	4,130	5,900
1983 Eldorado, V-8						
2d Cpe	520	1,560	2,600	5,850	9,100	13,000
NOTE: Add 15 percent for Biarritz.						
1983 Fleetwood Brougham, V-8						
2d Cpe	360	1,080	1,800	4,050	6,300	9,000
4d Sed	256	768	1,280	2,880	4,480	6,400

	6	5	4	3	2	1
1983 Fleetwood, V-8						
4d Limo	376	1,128	1,880	4,230	6,580	9,400
4d Fml	384	1,152	1,920	4,320	6,720	9,600
1984 Cimarron, 4-cyl.						
4d Sed	224	672	1,120	2,520	3,920	5,600
1984 Seville, V-8						
4d Sed	272	816	1,360	3,060	4,760	6,800
1984 DeVille, V-8						
2d Sed	264	792	1,320	2,970	4,620	6,600
4d Sed	240	720	1,200	2,700	4,200	6,000
1984 Eldorado, V-8						
2d Cpe	520	1,560	2,600	5,850	9,100	13,000
2d Conv	960	2,880	4,800	10,800	16,800	24,000
NOTE: Add 15 percent for Biarritz.						
1984 Fleetwood Brougham, V-8						
2d Sed	360	1,080	1,800	4,050	6,300	9,000
4d Sed	260	780	1,300	2,930	4,550	6,500
1984 Fleetwood, V-8						
4d Sed	380	1,140	1,900	4,280	6,650	9,500
4d Fml Limo	388	1,164	1,940	4,370	6,790	9,700
1985 Cimarron, V-6						
4d Sed	228	684	1,140	2,570	3,990	5,700
NOTE: Deduct 15 percent for 4-cyl.						
1985 Seville, V-8						
4d Sed	276	828	1,380	3,110	4,830	6,900
1985 DeVille, V-8						
2d Cpe	264	792	1,320	2,970	4,620	6,600
4d Sed	244	732	1,220	2,750	4,270	6,100
1985 Eldorado, V-8						
2d Cpe	520	1,560	2,600	5,850	9,100	13,000
Conv	960	2,800	4,800	10,800	16,000	24,000
NOTE: Add 15 percent for Biarritz.						
1985 Fleetwood, V-8						
2d Cpe	276	828	1,380	3,110	4,830	6,900
4d Sed	268	804	1,340	3,020	4,690	6,700
1985 Fleetwood Brougham, V-8						
2d Cpe	388	1,164	1,940	4,370	6,790	9,700
4d Sed	392	1,176	1,960	4,410	6,860	9,800
1985 Fleetwood 75, V-8						
4d Limo	420	1,260	2,100	4,730	7,350	10,500
NOTE: Deduct 30 percent for diesel where available.						
1986 Cimarron						
4d Sed	232	696	1,160	2,610	4,060	5,800
1986 Seville						
4d Sed	360	1,080	1,800	4,050	6,300	9,000
1986 DeVille						
2d Cpe	248	744	1,240	2,790	4,340	6,200
4d Sed	244	732	1,220	2,750	4,270	6,100
1986 Fleetwood						
2d Cpe	392	1,176	1,960	4,410	6,860	9,800
4d Sed	388	1,164	1,940	4,370	6,790	9,700
1986 Fleetwood 75						
4d Limo	420	1,260	2,100	4,730	7,350	10,500
4d Fml Limo	436	1,308	2,180	4,910	7,630	10,900
1986 Fleetwood Brougham						
4d Sed	392	1,176	1,960	4,410	6,860	9,800
1986 Eldorado						
2d Cpe	528	1,584	2,640	5,940	9,240	13,200
1987 Cimarron						
4d Sed, 4-cyl.	236	708	1,180	2,660	4,130	5,900
4d Sed, V-6	240	720	1,200	2,700	4,200	6,000
1987 Seville, V-8						
4d Sed	364	1,092	1,820	4,100	6,370	9,100
1987 DeVille, V-8						
4d Sed	252	756	1,260	2,840	4,410	6,300
2d Cpe	248	744	1,240	2,790	4,340	6,200
1987 Fleetwood, V-8						
4d Sed d'Elegance	396	1,188	1,980	4,460	6,930	9,900
4d Sed 60 Spl	400	1,200	2,000	4,500	7,000	10,000
1987 Eldorado, V-8						
2d Cpe	524	1,572	2,620	5,900	9,170	13,100
1987 Brougham, V-8						
4d Sed	416	1,248	2,080	4,680	7,280	10,400
1987 Fleetwood 75 Series, V-8						
4d Limo	580	1,740	2,900	6,530	10,150	14,500
4d Fml	560	1,680	2,800	6,300	9,800	14,000

	6	5	4	3	2	1
1987 Allante, V-8						
2d Conv 800	2,400	4,000	9,000	14,000	20,000
1988 Cimarron, V-6						
4d Sed 220	660	1,100	2,480	3,850	5,500
1988 Seville, V-8						
4d Sed 540	1,620	2,700	6,080	9,450	13,500
1988 DeVille, V-8						
2d Cpe 424	1,272	2,120	4,770	7,420	10,600
4d Sed 424	1,272	2,120	4,770	7,420	10,600
1988 Fleetwood, V-8						
4d Sed d'Elegance 540	1,620	2,700	6,080	9,450	13,500
4d Sed 60 Spl. 580	1,740	2,900	6,530	10,150	14,500
1988 Brougham, V-8						
4d Sed 600	1,800	3,000	6,750	10,500	15,000
1988 Eldorado, V-8						
2d Cpe 540	1,620	2,700	6,080	9,450	13,500
1988 Allante, V-8						
2d Conv 840	2,520	4,200	9,450	14,700	21,000
1989 Seville, V-8						
4d Sed 640	1,920	3,200	7,200	11,200	16,000
1989 DeVille, V-8						
2d Cpe 648	1,944	3,240	7,290	11,340	16,200
4d Sed 644	1,932	3,220	7,250	11,270	16,100
1989 Fleetwood, V-8						
2d Cpe 700	2,100	3,500	7,880	12,250	17,500
4d Sed 696	2,088	3,480	7,830	12,180	17,400
4d Sed 60 Spl. 660	1,970	3,280	7,380	11,480	16,400
1989 Brougham, V-8						
4d Sed 600	1,800	3,000	6,750	10,500	15,000
1989 Eldorado, V-8						
2d Cpe 672	2,016	3,360	7,560	11,760	16,800
1989 Allante, V-8						
2d Conv 840	2,520	4,200	9,450	14,700	21,000
1990 Seville, V-8						
4d Sed 560	1,680	2,800	6,300	9,800	14,000
4d Sed STS 640	1,920	3,200	7,200	11,200	16,000
1990 DeVille, V-8						
2d Cpe 580	1,740	2,900	6,530	10,150	14,500
4d Sed 568	1,704	2,840	6,390	9,940	14,200
1990 Fleetwood, V-8						
2d Cpe 620	1,860	3,100	6,980	10,850	15,500
4d Sed 628	1,884	3,140	7,070	10,990	15,700
4d Sed 60 Spl. 680	2,040	3,400	7,650	11,900	17,000
1990 Eldorado, V-8						
2d Cpe 640	1,920	3,200	7,200	11,200	16,000
1990 Brougham, V-8						
4d Sed 640	1,920	3,200	7,200	11,200	16,000
1990 Allante						
2d Conv 840	2,520	4,200	9,450	14,700	21,000
NOTE: Add $3,000 for hardtop.						
1991 Seville, V-8						
4d Sed 560	1,680	2,800	6,300	9,800	14,000
4d Trg Sed 600	1,800	3,000	6,750	10,500	15,000
1991 DeVille, V-8						
4d Sed 540	1,620	2,700	6,080	9,450	13,500
4d Trg Sed 580	1,740	2,900	6,530	10,150	14,500
2d Cpe 536	1,608	2,680	6,030	9,380	13,400
1991 Fleetwood, V-8						
2d Cpe 580	1,740	2,900	6,530	10,150	14,500
4d Sed 590	1,760	2,940	6,620	10,290	14,700
4d Sed 60 Spl. 680	2,040	3,400	7,650	11,900	17,000
1991 Eldorado, V-8						
2d Cpe 600	1,800	3,000	6,750	10,500	15,000
1991 Brougham, V-8						
4d Sed 600	1,800	3,000	6,750	10,500	15,000
1991 Allante, V-8						
2d Conv 840	2,520	4,200	9,450	14,700	21,000
NOTE: Add $3,000 for hardtop.						
1992 Seville, V-8						
4d Sed 680	2,040	3,400	7,650	11,900	17,000
4d STS Sed 720	2,160	3,600	8,100	12,600	18,000
1992 DeVille, V-8						
4d Sed 600	1,800	3,000	6,750	10,500	15,000
2d Cpe 600	1,800	3,000	6,750	10,500	15,000
4d Trg Sed 640	1,920	3,200	7,200	11,200	16,000

	6	5	4	3	2	1
1992 Fleetwood, V-8						
4d Sed.	640	1,920	3,200	7,200	11,200	16,000
2d Cpe.	640	1,920	3,200	7,200	11,200	16,000
4d Sed 60 Spl	680	2,040	3,400	7,650	11,900	17,000
1992 Eldorado, V-8						
2d Cpe.	720	2,160	3,600	8,100	12,600	18,000
1992 Brougham, V-8						
4d Sed.	680	2,040	3,400	7,650	11,900	17,000
1992 Allante, V-8						
2d Conv.	1,000	3,000	5,000	11,250	17,500	25,000
NOTE: Add $1,500 for hardtop.						
1993 Seville, V-8						
4d Sed.	680	2,040	3,400	7,650	11,900	17,000
4d STS Sed.	720	2,160	3,600	8,100	12,600	18,000
1993 DeVille, V-8						
2d Cpe.	608	1,824	3,040	6,840	10,640	15,200
4d Sed.	620	1,860	3,100	6,980	10,850	15,500
4d Trg Sed	640	1,920	3,200	7,200	11,200	16,000
1993 Fleetwood, V-8						
4d Sed.	700	2,100	3,500	7,880	12,250	17,500
1993 Sixty Special, V-8						
4d Sed.	680	2,040	3,400	7,650	11,900	17,000
1993 Eldorado, V-8						
2d Cpe.	728	2,184	3,640	8,190	12,740	18,200
1993 Allante, V-8						
2d Conv.	1,040	3,120	5,200	11,700	18,200	26,000
1994 Seville, V-8						
4d Sed SLS.	660	1,980	3,300	7,430	11,550	16,500
4d Sed STS.	700	2,100	3,500	7,880	12,250	17,500
1994 DeVille, V-8						
4d Sed.	560	1,680	2,800	6,300	9,800	14,000
4d Sed Concours	620	1,860	3,100	6,980	10,850	15,500
1994 Fleetwood, V-8						
4d Sed.	640	1,920	3,200	7,200	11,200	16,000
1994 Eldorado, V-8						
2d Cpe.	640	1,920	3,200	7,200	11,200	16,000
2d Cpe Trg	660	1,980	3,300	7,430	11,550	16,500
1995 Seville, V-8						
4d SLS Sed.	650	2,000	3,300	7,430	11,600	16,500
4d STS Sed.	700	2,100	3,500	7,880	12,300	17,500
1995 Deville, V-8						
4d Sed.	550	1,700	2,800	6,300	9,800	14,000
4d Concours Sed	600	1,850	3,100	6,980	10,900	15,500
1995 Fleetwood, V-8						
4d Sed.	650	1,900	3,200	7,200	11,200	16,000
1995 Eldorado, V-8						
2d Cpe.	650	1,900	3,200	7,200	11,200	16,000
2d Trg Cpe	650	2,000	3,300	7,430	11,600	16,500
1996 Seville, V-8						
4d SLS Sed.	650	2,000	3,300	7,430	11,600	16,500
4d STS Sed.	700	2,100	3,500	7,880	12,300	17,500
1996 Deville, V-8						
4d Sed.	550	1,700	2,800	6,300	9,800	14,000
4d Concours Sed	600	1,850	3,100	6,980	10,900	15,500
1996 Fleetwood, V-8						
4d Sed.	650	1,900	3,200	7,200	11,200	16,000
1996 Eldorado, V-8						
2d Cpe.	650	1,900	3,200	7,200	11,200	16,000
2d Trg Cpe	650	2,000	3,300	7,430	11,600	16,500
1997 Catera, V-6						
4d Sed.	400	1,200	2,000	4,500	7,000	10,000
1997 Seville, V-8						
4d SLS Sed.	660	1,980	3,300	7,430	11,550	16,500
4d STS Sed.	700	2,100	3,500	7,880	12,250	17,500
1997 Deville, V-8						
4d Sed.	560	1,680	2,800	6,300	9,800	14,000
4d d'Elegance Sed	600	1,800	3,000	6,750	10,500	15,000
4d Concours Sed	620	1,860	3,100	6,980	10,850	15,500
1997 Eldorado, V-8						
2d Cpe.	640	1,920	3,200	7,200	11,200	16,000
2d Trg Cpe	660	1,980	3,300	7,430	11,550	16,500
1998 Catera, V-6						
4d Sed.	400	1,200	2,000	4,500	7,000	10,000
1998 Seville, V-8						
4d SLS Sed.	670	2,000	3,340	7,520	11,690	16,700
4d STS Sed.	710	2,120	3,540	7,970	12,390	17,700

CADILLAC (vertical, left margin)

	6	5	4	3	2	1
1998 Deville, V-8						
4d Sed	560	1,680	2,800	6,300	9,800	14,000
4d d'Elegance Sed	600	1,800	3,000	6,750	10,500	15,000
4d Concours Sed	620	1,860	3,100	6,980	10,850	15,500
1998 Eldorado, V-8						
2d Cpe	640	1,920	3,200	7,200	11,200	16,000
2d Trg Cpe	660	1,980	3,300	7,430	11,550	16,500
1999 Catera, V-6						
4d Sed	400	1,200	2,000	4,500	7,000	10,000
NOTE: Add 10 percent for Sport pkg.						
1999 Seville, V-8						
4d SLS Sed	670	2,000	3,340	7,520	11,690	16,700
4d STS Sed	710	2,120	3,540	7,970	12,390	17,700
1999 Deville, V-8						
4d Sed	560	1,680	2,800	6,300	9,800	14,000
4d d'Elegance Sed	600	1,800	3,000	6,750	10,500	15,000
4d Concours Sed	620	1,860	3,100	6,980	10,850	15,500
1999 Eldorado, V-8						
2d Cpe	640	1,920	3,200	7,200	11,200	16,000
2d ETC Trg Cpe	680	2,050	3,420	7,700	11,970	17,100
2000 Catera, V-6						
4d Sed	400	1,210	2,020	4,550	7,070	10,100
NOTE: Add 10 percent for Sport pkg.						
2000 Seville, V-8						
4d SLS Sed	670	2,000	3,340	7,520	11,690	16,700
4d STS Sed	710	2,120	3,540	7,970	12,390	17,700
2000 Deville, V-8						
4d Sed	570	1,720	2,860	6,440	10,010	14,300
4d DHS Sed	620	1,850	3,080	6,930	10,780	15,400
4d DTS Sed	630	1,900	3,160	7,110	11,060	15,800
2000 Eldorado, V-8						
2d ESC Cpe	640	1,930	3,220	7,250	11,270	16,100
2d ETC Trg Cpe	690	2,060	3,440	7,740	12,040	17,200
2001 Catera, V-6						
4d Sed	410	1,220	2,040	5,100	7,140	10,200
2001 Seville, V-8						
4d SLS Sed	670	2,020	3,360	8,400	11,760	16,800
4d STS Sed	710	2,140	3,560	8,900	12,460	17,800
NOTE: Add 5 percent for STS Sport pkg.						
2001 Deville, V-8						
4d Sed	580	1,730	2,880	6,480	10,080	14,400
4d DHS Sed	620	1,860	3,100	7,750	10,850	15,500
4d DTS Sed	640	1,910	3,180	7,950	11,130	15,900
2001 Eldorado, V-8						
2d ESC Cpe	650	1,940	3,240	8,100	11,340	16,200
2d ETC Trg Cpe	690	2,080	3,460	8,650	12,110	17,300
2002 Seville, V-8						
4d SLS Sed	670	2,020	3,360	8,400	11,760	16,800
4d STS Sed	710	2,140	3,560	8,900	12,460	17,800
NOTE: Add 5 percent for STS Performance pkg.						
2002 Deville, V-8						
4d Sed	580	1,730	2,880	7,200	10,080	14,400
4d DHS Sed	620	1,860	3,100	7,750	10,850	15,500
4d DTS Sed	640	1,910	3,180	7,950	11,130	15,900
2002 Eldorado, V-8						
2d ESC Cpe	650	1,940	3,240	8,100	11,340	16,200
2d ETC Trg Cpe	690	2,080	3,460	8,650	12,110	17,300
NOTE: The CTS debuted in the 2002 model year as a 2003 to replace the Eldorado. Add 10 percent for Collector's Edition (1,596 produced).						
2003 Seville, V-8						
4d SLS Sed	670	2,020	3,360	8,400	11,760	16,800
4d STS Sed	710	2,140	3,560	8,900	12,460	17,800
2003 Deville, V-8						
4d Sed	580	1,730	2,880	7,200	10,080	14,400
4d DHS Sed	620	1,860	3,100	7,750	10,850	15,500
4d DTS Sed	640	1,910	3,180	7,950	11,130	15,900
2003 CTS, V-6						
4d Sed	660	1,980	3,300	8,250	11,550	16,500
NOTE: Add 5 percent for Sport pkg. Deduct 5 percent for five-speed manual transmission.						
2004 Seville, V-8						
4d LS Sed	680	2,030	3,380	8,450	11,830	16,900
2004 Deville, V-8						
4d Sed	580	1,740	2,900	7,250	10,150	14,500
4d DHS Sed	620	1,870	3,120	7,800	10,920	15,600
4d DTS Sed	640	1,920	3,200	8,000	11,200	16,000

	6	5	4	3	2	1
2004 CTS, V-6						
4d Sed 3.2L.	660	1,980	3,300	8,250	11,550	16,500
4d Sed 3.6L.	720	2,170	3,620	9,050	12,670	18,100
4d Sed V Series (V-8).	940	2,820	4,700	11,750	16,450	23,500

NOTE: Add 5 percent for Sport pkg on V-6. Deduct 5 percent for five-speed manual transmission.

	6	5	4	3	2	1
2004 XLR, V-8						
2d Rds.	1,000	3,000	5,000	12,500	17,500	25,000

LASALLE

	6	5	4	3	2	1
1927 Series 303, V-8, 125" wb						
2d RS Rds.	3,790	11,360	18,940	42,620	66,290	94,700
4d Phae.	3,890	11,660	19,440	43,740	68,040	97,200
4d Spt Phae	3,980	11,950	19,920	44,820	69,720	99,600
2d 2P Conv Cpe	3,400	10,190	16,980	38,210	59,430	84,900
2d RS Cpe.	2,040	6,120	10,200	22,950	35,700	51,000
2d 4P Vic.	1,840	5,520	9,200	20,700	32,200	46,000
4d Sed.	1,600	4,800	8,000	18,000	28,000	40,000
4d Twn Sed.	1,640	4,920	8,200	18,450	28,700	41,000
1927 Series 303, V-8, 134" wb						
4d Imp Sed	1,600	4,800	8,000	18,000	28,000	40,000
4d 7P Sed	1,560	4,680	7,800	17,550	27,300	39,000
4d 7P Imp Sed	1,720	5,160	8,600	19,350	30,100	43,000
1928 Series 303, V-8, 125" wb						
2d Rds.	3,790	11,360	18,940	42,620	66,290	94,700
4d Phae.	3,890	11,660	19,440	43,740	68,040	97,200
4d Spt Phae	3,980	11,950	19,920	44,820	69,720	99,600
2d Conv.	3,400	10,190	16,980	38,210	59,430	84,900
2d Bus Cpe	1,710	5,140	8,560	19,260	29,960	42,800
2d RS Cpe.	2,000	6,000	10,000	22,500	35,000	50,000
2d Vic.	2,000	6,000	10,000	22,500	35,000	50,000
4d 5P Sed.	1,600	4,800	8,000	18,000	28,000	40,000
4d Fam Sed.	1,520	4,560	7,600	17,100	26,600	38,000
4d Twn Sed.	1,560	4,680	7,800	17,550	27,300	39,000
1928 Series 303, V-8, 134" wb						
2d 5P Cpe.	1,900	5,710	9,520	21,420	33,320	47,600
4d Cabr Sed	3,690	11,080	18,460	41,540	64,610	92,300
4d Imp Sed	2,050	6,140	10,240	23,040	35,840	51,200
4d 7P Sed	2,000	6,000	10,000	22,500	35,000	50,000
4d Fam Sed.	1,810	5,420	9,040	20,340	31,640	45,200
4d Imp Fam Sed	2,050	6,140	10,240	23,040	35,840	51,200
1928 Series 303, V-8, 125" wb Fleetwood Line						
2d Bus Cpe	1,950	5,860	9,760	21,960	34,160	48,800
4d Sed.	1,810	5,420	9,040	20,340	31,640	45,200
4d Twn Cabr	3,690	11,080	18,460	41,540	64,610	92,300
4d Trans Twn Cabr	3,790	11,360	18,940	42,620	66,290	94,700
1929 Series 328, V-8, 125" wb						
2d Rds.	3,790	11,360	18,940	42,620	66,290	94,700
4d Phae.	3,890	11,660	19,440	43,740	68,040	97,200
4d Spt Phae	3,980	11,950	19,920	44,820	69,720	99,600
4d Trans FW Twn Cabr.	3,400	10,190	16,980	38,210	59,430	84,900
1929 Series 328, V-8, 134" wb						
2d Conv.	3,690	11,080	18,460	41,540	64,610	92,300
2d RS Cpe.	2,190	6,570	10,950	24,630	38,320	54,740
2d 5P Cpe.	2,050	6,140	10,240	23,040	35,840	51,200
4d Sed.	1,900	5,710	9,520	21,420	33,320	47,600
4d Fam Sed.	1,950	5,860	9,760	21,960	34,160	48,800
4d Twn Sed.	2,000	6,000	10,000	22,500	35,000	50,000
4d 7P Sed.	2,000	6,000	10,000	22,500	35,000	50,000
4d 7P Imp Sed	2,050	6,140	10,240	23,040	35,840	51,200
4d Conv Lan Cabr.	4,400	13,200	22,000	49,500	77,000	110,000
4d FW Trans Twn Cabr 1	4,480	13,440	22,400	50,400	78,400	112,000
1930 Series 340, V-8, 134" wb Fisher Line						
2d Conv.	3,790	11,360	18,940	42,620	66,290	94,700
2d RS Cpe.	2,660	7,990	13,320	29,970	46,620	66,600
2d Cpe.	2,430	7,280	12,140	27,320	42,490	60,700
4d Sed.	2,190	6,560	10,940	24,620	38,290	54,700
4d Imp Sed	2,240	6,710	11,180	25,160	39,130	55,900
4d 7P Sed.	2,280	6,850	11,420	25,700	39,970	57,100
4d 7P Imp Sed	2,430	7,280	12,140	27,320	42,490	60,700
1930 Series 340, V-8, 134" wb Fleetwood Line						
2d RS Rds.	4,330	12,980	21,640	48,690	75,740	108,200
1930 Fleetcliffe						
4d Phae.	4,230	12,690	21,160	47,600	74,050	105,780
4d 7P Tr	3,550	10,660	17,760	39,960	62,160	88,800

	6	5	4	3	2	1
1930 Fleetlands						
4d A/W Phae	4,480	13,430	22,380	50,360	78,330	111,900
1930 Fleetway						
4d S'net Cabr 4081	3,590	10,780	17,960	40,410	62,860	89,800
1930 Fleetwind						
4d S'net Cabr 4082	3,590	10,780	17,960	40,410	62,860	89,800
1931 Series 345A, V-8, 134" wb Fisher Line						
2d RS Cpe	2,900	8,710	14,520	32,670	50,820	72,600
2d Cpe	2,760	8,280	13,800	31,050	48,300	69,000
4d Sed	2,240	6,710	11,180	25,160	39,130	55,900
4d Twn Sed	2,280	6,850	11,420	25,700	39,970	57,100
4d 7P Sed	2,330	7,000	11,660	26,240	40,810	58,300
4d 7P Imp Sed	2,380	7,140	11,900	26,780	41,650	59,500
1931 Series 345A, V-8, 134" wb Fleetwood Line						
2d RS Rds	4,330	12,980	21,640	48,690	75,740	108,200
2d Conv	3,980	11,950	19,920	44,820	69,720	99,600
4d Tr.	3,980	11,950	19,920	44,820	69,720	99,600
4d A/W Phae	4,580	13,730	22,880	51,480	80,080	114,400
4d S'net Cabr 4081	3,590	10,780	17,960	40,410	62,860	89,800
4d S'net Cabr 4082	3,590	10,780	17,960	40,410	62,860	89,800
1932 Series 345B, V-8, 130" wb						
2d Conv	3,550	10,660	17,760	39,960	62,160	88,800
2d RS Cpe	2,660	7,990	13,320	29,970	46,620	66,600
2d Twn Cpe	2,430	7,280	12,140	27,320	42,490	60,700
4d Sed	1,950	5,860	9,760	21,960	34,160	48,800
1932 Series 345B, V-8, 136" wb						
4d 7P Sed	2,000	6,000	10,000	22,500	35,000	50,000
4d 7P Imp Sed	2,430	7,280	12,140	27,320	42,490	60,700
4d 7P Twn Sed.	2,480	7,430	12,380	27,860	43,330	61,900
1933 Series 345C, V-8, 130" wb						
2d Conv	3,200	9,590	15,980	35,960	55,930	79,900
2d RS Cpe	2,240	6,710	11,180	25,160	39,130	55,900
2d Twn Cpe	2,100	6,290	10,480	23,580	36,680	52,400
4d Sed	1,950	5,860	9,760	21,960	34,160	48,800
1933 Series 345C, V-8, 136" wb						
4d Twn Sed	2,430	7,280	12,140	27,320	42,490	60,700
4d Sed	2,050	6,140	10,240	23,040	35,840	51,200
4d 7P Imp Sed	2,000	6,000	10,000	22,500	35,000	50,000
1934 Series 350, 8-cyl., 119" wb						
2d Conv	2,800	8,410	14,020	31,550	49,070	70,100
2d Cpe	1,920	5,760	9,600	21,600	33,600	48,000
4d Clb Sed	1,720	5,160	8,600	19,350	30,100	43,000
4d Sed	1,680	5,040	8,400	18,900	29,400	42,000
1935 Series 50, 8-cyl., 120" wb						
2d Conv	2,950	8,860	14,760	33,210	51,660	73,800
2d Cpe	1,760	5,280	8,800	19,800	30,800	44,000
2d Sed	1,720	5,160	8,600	19,350	30,100	43,000
4d Sed	1,680	5,040	8,400	18,900	29,400	42,000
1936 Series 50, 8-cyl., 120" wb, LaSalle						
2d Conv	2,710	8,120	13,540	30,470	47,390	67,700
2d RS Cpe	2,200	6,600	11,000	24,750	38,500	55,000
2d Sed	1,720	5,160	8,600	19,350	30,100	43,000
4d Sed	1,680	5,040	8,400	18,900	29,400	42,000
1937 Series 50, V-8, 124" wb, LaSalle						
2d Conv	2,800	8,410	14,020	31,550	49,070	70,100
2d Conv Sed	2,900	8,710	14,520	32,670	50,820	72,600
4P Cpe.	1,840	5,520	9,200	20,700	32,200	46,000
2d Sed	1,720	5,160	8,600	19,350	30,100	43,000
4d Sed	1,680	5,040	8,400	18,900	29,400	42,000
1938 Series 50, V-8, 124" wb, LaSalle						
2d Conv	2,800	8,410	14,020	31,550	49,070	70,100
4d Conv Sed	2,900	8,710	14,520	32,670	50,820	72,600
4P Cpe.	1,840	5,520	9,200	20,700	32,200	46,000
2d Sed	1,720	5,160	8,600	19,350	30,100	43,000
4d Sed	1,680	5,040	8,400	18,900	29,400	42,000
1939 Series 50, V-8, 120" wb						
2d Conv	2,800	8,410	14,020	31,550	49,070	70,100
4d Conv Sed	2,900	8,710	14,520	32,670	50,820	72,600
2d Cpe	1,840	5,520	9,200	20,700	32,200	46,000
2d Sed	1,720	5,160	8,600	19,350	30,100	43,000
2d S/R Sed.	1,760	5,280	8,800	19,800	30,800	44,000
4d Sed	1,680	5,040	8,400	18,900	29,400	42,000
4d S/R Sed.	1,720	5,160	8,600	19,350	30,100	43,000
1940 Series 50, V-8, 123" wb						
2d Conv	2,800	8,410	14,020	31,550	49,070	70,100
4d Conv Sed	2,900	8,710	14,520	32,670	50,820	72,600

	6	5	4	3	2	1
2d Cpe.	1,760	5,280	8,800	19,800	30,800	44,000
2d Sed.	1,720	5,160	8,600	19,350	30,100	43,000
2d S/R Sed.	1,760	5,280	8,800	19,800	30,800	44,000
4d Sed.	1,680	5,040	8,400	18,900	29,400	42,000
4d S/R Sed.	1,720	5,160	8,600	19,350	30,100	43,000
1940 "Special" Series 52 LaSalle, V-8, 123" wb						
2d Conv.	2,800	8,410	14,020	31,550	49,070	70,100
4d Conv Sed.	2,900	8,710	14,520	32,670	50,820	72,600
2d Cpe.	1,810	5,420	9,040	20,340	31,640	45,200
4d Sed.	1,720	5,160	8,600	19,350	30,100	43,000

CHECKER

	6	5	4	3	2	1
1960 Checker Superba Std.						
Sed	670	2,020	3,360	7,560	11,760	16,800
Sta Wag	680	2,030	3,380	7,610	11,830	16,900
1960 Checker Superba Spl.						
Sed	680	2,030	3,380	7,610	11,830	16,900
Sta Wag	680	2,040	3,400	7,650	11,900	17,000
1961 Checker Superba						
Sed	670	2,020	3,360	7,560	11,760	16,800
Sta Wag	680	2,030	3,380	7,610	11,830	16,900
1961 Checker Marathon						
Sed	680	2,030	3,380	7,610	11,830	16,900
Sta Wag	680	2,040	3,400	7,650	11,900	17,000
1962 Checker Superba						
Sed	670	2,020	3,360	7,560	11,760	16,800
Sta Wag	680	2,030	3,380	7,610	11,830	16,900
1962 Checker Marathon						
Sed	680	2,030	3,380	7,610	11,830	16,900
Sta Wag	680	2,040	3,400	7,650	11,900	17,000
1963 Checker Superba						
Sed	680	2,030	3,380	7,610	11,830	16,900
Sta Wag	680	2,040	3,400	7,650	11,900	17,000
1963 Checker Marathon						
Sed	680	2,030	3,380	7,610	11,830	16,900
Sta Wag	680	2,040	3,400	7,650	11,900	17,000
Limo	690	2,080	3,460	7,790	12,110	17,300
1964 Checker Marathon						
Sed	680	2,030	3,380	7,610	11,830	16,900
Sta Wag	680	2,040	3,400	7,650	11,900	17,000
Limo	700	2,090	3,480	7,830	12,180	17,400
Aerobus.	770	2,300	3,840	8,640	13,440	19,200
1965 Marathon Series						
Sed	680	2,030	3,380	7,610	11,830	16,900
DeL Sed	680	2,040	3,400	7,650	11,900	17,000
Sta Wag	680	2,040	3,400	7,650	11,900	17,000
Limo	700	2,090	3,480	7,830	12,180	17,400
1966 Marathon Series						
Sed	680	2,030	3,380	7,610	11,830	16,900
DeL Sed	680	2,040	3,400	7,650	11,900	17,000
Sta Wag	680	2,040	3,400	7,650	11,900	17,000
Limo	700	2,090	3,480	7,830	12,180	17,400
1967 Marathon Series						
Sed	680	2,030	3,380	7,610	11,830	16,900
Sta Wag	680	2,040	3,400	7,650	11,900	17,000
1968 Marathon Series						
Sed	680	2,030	3,380	7,610	11,830	16,900
DeL Sed	680	2,040	3,400	7,650	11,900	17,000
Sta Wag	680	2,040	3,400	7,650	11,900	17,000
1969 Marathon Series						
Sed	680	2,030	3,380	7,610	11,830	16,900
DeL Sed	680	2,040	3,400	7,650	11,900	17,000
Sta Wag	680	2,040	3,400	7,650	11,900	17,000
Limo	700	2,090	3,480	7,830	12,180	17,400
1970 Marathon Series						
Sed	680	2,030	3,380	7,610	11,830	16,900
Sta Wag	680	2,040	3,400	7,650	11,900	17,000
DeL Sed	680	2,040	3,400	7,650	11,900	17,000
Limo	700	2,090	3,480	7,830	12,180	17,400
1971 Marathon Series						
Sed	680	2,030	3,380	7,610	11,830	16,900
Sta Wag	680	2,040	3,400	7,650	11,900	17,000
DeL Sed	680	2,040	3,400	7,650	11,900	17,000
Limo	700	2,090	3,480	7,830	12,180	17,400

NOTE: Add 5 percent for V-8.

CHECKER

	6	5	4	3	2	1
1972 Marathon Series						
Sed.	660	1,990	3,320	7,470	11,620	16,600
Sta Wag	670	2,020	3,360	7,560	11,760	16,800
DeL Sed	670	2,020	3,360	7,560	11,760	16,800
NOTE: Add 5 percent for V-8.						
1973 Marathon Series						
Sed.	660	1,990	3,320	7,470	11,620	16,600
Sta Wag	670	2,020	3,360	7,560	11,760	16,800
DeL Sed	670	2,020	3,360	7,560	11,760	16,800
NOTE: Add 5 percent for V-8.						
1974 Marathon Series						
Sed.	660	1,990	3,320	7,470	11,620	16,600
Sta Wag	670	2,020	3,360	7,560	11,760	16,800
DeL Sed	670	2,020	3,360	7,560	11,760	16,800
NOTE: Add 5 percent for V-8.						
1975 Marathon Series						
Sed.	660	1,980	3,300	7,430	11,550	16,500
Sta Wag	670	2,000	3,340	7,520	11,690	16,700
DeL Sed	670	2,000	3,340	7,520	11,690	16,700
1976 Marathon Series						
4d Sed	660	1,980	3,300	7,430	11,550	16,500
4d Sed DeL	670	2,000	3,340	7,520	11,690	16,700
1977 Marathon Series						
4d Sed	660	1,980	3,300	7,430	11,550	16,500
4d Sed DeL	670	2,000	3,340	7,520	11,690	16,700
1978 Marathon Series						
4d Sed	660	1,990	3,320	7,470	11,620	16,600
4d Sed DeL	670	2,020	3,360	7,560	11,760	16,800
1979 Marathon Series						
4d Sed	660	1,990	3,320	7,470	11,620	16,600
4d Sed DeL	670	2,020	3,360	7,560	11,760	16,800
1980 Marathon Series						
4d Sed	670	2,000	3,340	7,520	11,690	16,700
4d Sed DeL	680	2,030	3,380	7,610	11,830	16,900
1981 Marathon Series						
4d Sed	670	2,000	3,340	7,520	11,690	16,700
4d Sed DeL	680	2,030	3,380	7,610	11,830	16,900
1982 Marathon Series						
4d Sed	670	2,000	3,340	7,520	11,690	16,700
4d Sed DeL	680	2,030	3,380	7,610	11,830	16,900

CHEVROLET

	6	5	4	3	2	1
1912 Classic Series, 6-cyl.						
Tr	2,600	7,800	13,000	29,250	45,500	65,000
1913 Classic Series, 6-cyl.						
Tr	2,600	7,800	13,000	29,250	45,500	65,000
1914 Series H2 & H4, 4-cyl.						
Rds	1,200	3,600	6,000	13,500	21,000	30,000
Tr	1,240	3,720	6,200	13,950	21,700	31,000
1914 Series C, 6-cyl.						
Tr	2,600	7,800	13,000	29,250	45,500	65,000
1914 Series L, 6-cyl.						
Tr	2,320	6,960	11,600	26,100	40,600	58,000
1915 Series H2 & H4, 4-cyl.						
Rds	1,240	3,720	6,200	13,950	21,700	31,000
Tr	1,180	3,540	5,900	13,280	20,650	29,500
1915 Series H3, 4-cyl.						
2P Rds	1,190	3,580	5,960	13,410	20,860	29,800
1915 Series L, 6-cyl.						
Tr	2,320	6,960	11,600	26,100	40,600	58,000
1916 Series 490, 4-cyl.						
Tr	1,060	3,180	5,300	11,930	18,550	26,500
1916 Series H2, 4-cyl.						
Rds	1,100	3,300	5,500	12,380	19,250	27,500
Torp Rds	1,140	3,420	5,700	12,830	19,950	28,500
1916 Series H4, 4-cyl.						
Tr	1,100	3,300	5,500	12,380	19,250	27,500
1917 Series F2 & F5, 4-cyl.						
Rds	1,060	3,180	5,300	11,930	18,550	26,500
Tr	1,100	3,300	5,500	12,380	19,250	27,500
1917 Series 490, 4-cyl.						
Rds	1,000	3,000	5,000	11,250	17,500	25,000
Tr	1,160	3,480	5,800	13,050	20,300	29,000
HT Tr	1,040	3,120	5,200	11,700	18,200	26,000

	6	5	4	3	2	1
1917 Series D2 & D5, V-8						
Rds 2,320	6,960	11,600	26,100	40,600	58,000
Tr. 2,240	6,720	11,200	25,200	39,200	56,000
1918 Series 490, 4-cyl.						
Tr. 1,110	3,340	5,560	12,510	19,460	27,800
Rds 1,140	3,420	5,700	12,830	19,950	28,500
Cpe 720	2,160	3,600	8,100	12,600	18,000
Sed 640	1,920	3,200	7,200	11,200	16,000
1918 Series FA, 4-cyl.						
Rds 1,180	3,540	5,900	13,280	20,650	29,500
Tr. 1,220	3,660	6,100	13,730	21,350	30,500
Sed 660	1,980	3,300	7,430	11,550	16,500
1918 Series D, V-8						
4P Rds 2,320	6,960	11,600	26,100	40,600	58,000
Tr. 2,240	6,720	11,200	25,200	39,200	56,000
1919 Series 490, 4-cyl.						
Rds 1,160	3,480	5,800	13,050	20,300	29,000
Tr. 1,280	3,840	6,400	14,400	22,400	32,000
Sed 640	1,920	3,200	7,200	11,200	16,000
Cpe 680	2,040	3,400	7,650	11,900	17,000
1919 Series FB, 4-cyl.						
Rds 1,180	3,540	5,900	13,280	20,650	29,500
Tr. 1,200	3,600	6,000	13,500	21,000	30,000
Cpe 720	2,160	3,600	8,100	12,600	18,000
2d Sed. 680	2,040	3,400	7,650	11,900	17,000
4d Sed. 640	1,920	3,200	7,200	11,200	16,000
1920 Series 490, 4-cyl.						
Rds 1,120	3,360	5,600	12,600	19,600	28,000
Tr. 1,180	3,540	5,900	13,280	20,650	29,500
Sed 700	2,100	3,500	7,880	12,250	17,500
Cpe 740	2,220	3,700	8,330	12,950	18,500
1920 Series FB, 4-cyl.						
Rds 1,160	3,480	5,800	13,050	20,300	29,000
Tr. 1,200	3,600	6,000	13,500	21,000	30,000
Sed 720	2,160	3,600	8,100	12,600	18,000
Cpe 760	2,280	3,800	8,550	13,300	19,000
1921 Series 490, 4-cyl.						
Rds 1,120	3,360	5,600	12,600	19,600	28,000
Tr. 1,180	3,540	5,900	13,280	20,650	29,500
Cpe 700	2,100	3,500	7,880	12,250	17,500
C-D Sed 740	2,220	3,700	8,330	12,950	18,500
1921 Series FB, 4-cyl.						
Rds 1,160	3,480	5,800	13,050	20,300	29,000
Tr. 1,200	3,600	6,000	13,500	21,000	30,000
Cpe 720	2,160	3,600	8,100	12,600	18,000
4d Sed. 680	2,040	3,400	7,650	11,900	17,000
1922 Series 490, 4-cyl.						
Rds 1,140	3,420	5,700	12,830	19,950	28,500
Tr. 1,200	3,600	6,000	13,500	21,000	30,000
Cpe 720	2,160	3,600	8,100	12,600	18,000
Utl Cpe 800	2,400	4,000	9,000	14,000	20,000
Sed 700	2,100	3,500	7,880	12,250	17,500
1922 Series FB, 4-cyl.						
Rds 1,160	3,480	5,800	13,050	20,300	29,000
Tr. 1,200	3,600	6,000	13,500	21,000	30,000
Sed 680	2,040	3,400	7,650	11,900	17,000
Cpe 720	2,160	3,600	8,100	12,600	18,000
1923 Superior B, 4-cyl.						
Rds 1,160	3,480	5,800	13,050	20,300	29,000
Tr. 1,200	3,600	6,000	13,500	21,000	30,000
Sed 680	2,040	3,400	7,650	11,900	17,000
2d Sed. 700	2,100	3,500	7,880	12,250	17,500
Utl Cpe 720	2,160	3,600	8,100	12,600	18,000
DeL Tr. 1,240	3,720	6,200	13,950	21,700	31,000
1924 Superior, 4-cyl.						
Rds 1,160	3,480	5,800	13,050	20,300	29,000
Tr. 1,200	3,600	6,000	13,500	21,000	30,000
DeL Tr. 1,240	3,720	6,200	13,950	21,700	31,000
Sed 680	2,040	3,400	7,650	11,900	17,000
DeL Sed 700	2,100	3,500	7,880	12,250	17,500
2P Cpe 720	2,160	3,600	8,100	12,600	18,000
4P Cpe 720	2,160	3,600	8,100	12,600	18,000
DeL Cpe 740	2,220	3,700	8,330	12,950	18,500
2d Sed. 720	2,160	3,600	8,100	12,600	18,000
1925 Superior K, 4-cyl.						
Rds 1,200	3,600	6,000	13,500	21,000	30,000

	6	5	4	3	2	1
Tr	1,240	3,720	6,200	13,950	21,700	31,000
Cpe	1,120	3,360	5,600	12,600	19,600	28,000
Sed	760	2,280	3,800	8,550	13,300	19,000
2d Sed	780	2,340	3,900	8,780	13,650	19,500
1926 Superior V, 4-cyl.						
Rds	1,200	3,600	6,000	13,500	21,000	30,000
Tr	1,240	3,720	6,200	13,950	21,700	31,000
Cpe	1,120	3,360	5,600	12,600	19,600	28,000
Sed	760	2,280	3,800	8,550	13,300	19,000
2d Sed	780	2,340	3,900	8,780	13,650	19,500
Lan Sed	1,040	3,120	5,200	11,700	18,200	26,000
1927 Model AA, 4-cyl.						
Rds	1,200	3,600	6,000	13,500	21,000	30,000
Tr	1,240	3,720	6,200	13,950	21,700	31,000
Utl Cpe	1,120	3,360	5,600	12,600	19,600	28,000
2d Sed	780	2,340	3,900	8,780	13,650	19,500
Sed	760	2,280	3,800	8,550	13,300	19,000
Lan Sed	1,040	3,120	5,200	11,700	18,200	26,000
Cabr	1,240	3,720	6,200	13,950	21,700	31,000
Imp Lan	1,080	3,240	5,400	12,150	18,900	27,000
1928 Model AB, 4-cyl.						
Rds	1,200	3,600	6,000	13,500	21,000	30,000
Tr	1,240	3,720	6,200	13,950	21,700	31,000
Utl Cpe	1,120	3,360	5,600	12,600	19,600	28,000
Sed	760	2,280	3,800	8,550	13,300	19,000
2d Sed	780	2,340	3,900	8,780	13,650	19,500
Cabr	1,240	3,720	6,200	13,950	21,700	31,000
Imp Lan	1,080	3,240	5,400	12,150	18,900	27,000
Conv Cabr	1,320	3,960	6,600	14,850	23,100	33,000
1929 Model AC, 6-cyl.						
Rds	1,360	4,080	6,800	15,300	23,800	34,000
Tr	1,400	4,200	7,000	15,750	24,500	35,000
Cpe	1,160	3,470	5,780	13,010	20,230	28,900
Spt Cpe	1,260	3,780	6,300	14,180	22,050	31,500
Sed	940	2,820	4,700	10,580	16,450	23,500
Imp Sed	960	2,880	4,800	10,800	16,800	24,000
Conv Lan	1,320	3,960	6,600	14,850	23,100	33,000
2d Sed	960	2,880	4,800	10,800	16,800	24,000
Conv Cabr	1,400	4,200	7,000	15,750	24,500	35,000
1930 Model AD, 6-cyl.						
Rds	1,400	4,200	7,000	15,750	24,500	35,000
Spt Rds	1,480	4,440	7,400	16,650	25,900	37,000
Phae	1,480	4,440	7,400	16,650	25,900	37,000
2d Sed	920	2,760	4,600	10,350	16,100	23,000
Cpe	960	2,880	4,800	10,800	16,800	24,000
Spt Cpe	1,000	3,000	5,000	11,250	17,500	25,000
Clb Sed	1,000	3,000	5,000	11,250	17,500	25,000
Spec Sed	960	2,880	4,800	10,800	16,800	24,000
Sed	880	2,640	4,400	9,900	15,400	22,000
Con Lan	1,080	3,240	5,400	12,150	18,900	27,000
1931 Model AE, 6-cyl.						
Rds	1,440	4,320	7,200	16,200	25,200	36,000
Spt Rds	1,520	4,560	7,600	17,100	26,600	38,000
Cabr	1,560	4,680	7,800	17,550	27,300	39,000
Phae	1,560	4,680	7,800	17,550	27,300	39,000
2d Sed	960	2,880	4,800	10,800	16,800	24,000
5P Cpe	1,000	3,000	5,000	11,250	17,500	25,000
5W Cpe	1,040	3,120	5,200	11,700	18,200	26,000
Spt Cpe	1,080	3,240	5,400	12,150	18,900	27,000
Cpe	1,000	3,000	5,000	11,250	17,500	25,000
2d DeL Sed	1,000	3,000	5,000	11,250	17,500	25,000
Sed	920	2,760	4,600	10,350	16,100	23,000
Spl Sed	960	2,880	4,800	10,800	16,800	24,000
Lan Phae	1,440	4,320	7,200	16,200	25,200	36,000
1932 Model BA Standard, 6-cyl.						
Rds	1,760	5,280	8,800	19,800	30,800	44,000
Phae	1,760	5,280	8,800	19,800	30,800	44,000
Lan Phae	1,720	5,160	8,600	19,350	30,100	43,000
3W Cpe	1,040	3,120	5,200	11,700	18,200	26,000
5W Cpe	1,100	3,300	5,500	12,380	19,250	27,500
Spt Cpe	1,180	3,540	5,900	13,280	20,650	29,500
2d Sed	1,000	3,000	5,000	11,250	17,500	25,000
Sed	920	2,760	4,600	10,350	16,100	23,000
5P Cpe	1,000	3,000	5,000	11,250	17,500	25,000
1932 Model BA DeLuxe, 6-cyl.						
Spt Rds	1,800	5,400	9,000	20,250	31,500	45,000

	6	5	4	3	2	1
Lan Phae	1,780	5,340	8,900	20,030	31,150	44,500
Cabr	1,780	5,340	8,900	20,030	31,150	44,500
3W Bus Cpe	1,060	3,180	5,300	11,930	18,550	26,500
5W Cpe	1,100	3,300	5,500	12,380	19,250	27,500
Spt Cpe	1,140	3,420	5,700	12,830	19,950	28,500
2d Sed	940	2,820	4,700	10,580	16,450	23,500
Sed	940	2,820	4,700	10,580	16,450	23,500
Spl Sed	980	2,950	4,920	11,070	17,220	24,600
5P Cpe	1,000	3,000	5,000	11,250	17,500	25,000
1933 Mercury, 6-cyl.						
2P Cpe	940	2,820	4,700	10,580	16,450	23,500
RS Cpe	1,200	3,600	6,000	13,500	21,000	30,000
2d Sed	940	2,820	4,700	10,580	16,450	23,500
1933 Master Eagle, 6-cyl.						
Spt Rds	1,800	5,400	9,000	20,250	31,500	45,000
Phae	1,780	5,340	8,900	20,030	31,150	44,500
2P Cpe	1,140	3,420	5,700	12,830	19,950	28,500
Spt Cpe	1,180	3,540	5,900	13,280	20,650	29,500
2d Sed	940	2,820	4,700	10,580	16,450	23,500
2d Trk Sed	960	2,880	4,800	10,800	16,800	24,000
Sed	920	2,760	4,600	10,350	16,100	23,000
Conv	1,760	5,280	8,800	19,800	30,800	44,000
1934 Standard, 6-cyl.						
Sed	920	2,760	4,600	10,350	16,100	23,000
Spt Rds	1,600	4,800	8,000	18,000	28,000	40,000
Phae	1,680	5,040	8,400	18,900	29,400	42,000
Cpe	1,120	3,360	5,600	12,600	19,600	28,000
2d Sed	960	2,880	4,800	10,800	16,800	24,000
1934 Master, 6-cyl.						
Spt Rds	1,800	5,400	9,000	20,250	31,500	45,000
Bus Cpe	1,060	3,180	5,300	11,930	18,550	26,500
Spt Cpe	1,180	3,540	5,900	13,280	20,650	29,500
2d Sed	1,000	3,000	5,000	11,250	17,500	25,000
Twn Sed	1,040	3,120	5,200	11,700	18,200	26,000
Sed	980	2,940	4,900	11,030	17,150	24,500
Conv	1,760	5,280	8,800	19,800	30,800	44,000
1935 Standard, 6-cyl.						
Rds	1,600	4,800	8,000	18,000	28,000	40,000
Phae	1,600	4,800	8,000	18,000	28,000	40,000
Cpe	1,120	3,360	5,600	12,600	19,600	28,000
2d Sed	960	2,880	4,800	10,800	16,800	24,000
Sed	920	2,760	4,600	10,350	16,100	23,000
1935 Master, 6-cyl.						
5W Cpe	1,180	3,540	5,900	13,280	20,650	29,500
Spt Cpe	1,240	3,720	6,200	13,950	21,700	31,000
2d Sed	1,000	3,000	5,000	11,250	17,500	25,000
Sed	980	2,940	4,900	11,030	17,150	24,500
Spt Sed	1,180	3,540	5,900	13,280	20,650	29,500
Twn Sed	1,120	3,360	5,600	12,600	19,600	28,000
1936 Standard, 6-cyl.						
Cpe	1,120	3,360	5,600	12,600	19,600	28,000
Sed	920	2,760	4,600	10,350	16,100	23,000
Spt Sed	1,100	3,300	5,500	12,380	19,250	27,500
2d Sed	960	2,880	4,800	10,800	16,800	24,000
Cpe PU	1,120	3,360	5,600	12,600	19,600	28,000
Conv	1,600	4,800	8,000	18,000	28,000	40,000
1936 Master, 6-cyl.						
5W Cpe	1,160	3,480	5,800	13,050	20,300	29,000
Spt Cpe	1,200	3,600	6,000	13,500	21,000	30,000
2d Sed	1,000	3,000	5,000	11,250	17,500	25,000
Twn Sed	1,120	3,360	5,600	12,600	19,600	28,000
Sed	980	2,940	4,900	11,030	17,150	24,500
Spt Sed	1,180	3,540	5,900	13,280	20,650	29,500
1937 Master, 6-cyl.						
Conv	1,600	4,800	8,000	18,000	28,000	40,000
Cpe	1,120	3,360	5,600	12,600	19,600	28,000
Cpe PU	1,120	3,360	5,600	12,600	19,600	28,000
2d Sed	1,000	3,000	5,000	11,250	17,500	25,000
2d Twn Sed	1,120	3,360	5,600	12,600	19,600	28,000
4d Trk Sed	1,140	3,420	5,700	12,830	19,950	28,500
4d Spt Sed	1,180	3,540	5,900	13,280	20,650	29,500
1937 Master DeLuxe, 6-cyl.						
Cpe	1,120	3,360	5,600	12,600	19,600	28,000
Spt Cpe	1,200	3,600	6,000	13,500	21,000	30,000
2d Sed	1,000	3,000	5,000	11,250	17,500	25,000
2d Twn Sed	1,120	3,360	5,600	12,600	19,600	28,000

CHEVROLET

	6	5	4	3	2	1
4d Trk Sed	1,140	3,420	5,700	12,830	19,950	28,500
4d Spt Sed	1,180	3,540	5,900	13,280	20,650	29,500
1938 Master, 6-cyl.						
Conv	1,600	4,800	8,000	18,000	28,000	40,000
Cpe	1,120	3,360	5,600	12,600	19,600	28,000
Cpe PU	1,120	3,360	5,600	12,600	19,600	28,000
2d Sed	1,000	3,000	5,000	11,250	17,500	25,000
2d Twn Sed	1,140	3,420	5,700	12,830	19,950	28,500
4d Sed	1,080	3,240	5,400	12,150	18,900	27,000
4d Spt Sed	1,160	3,480	5,800	13,050	20,300	29,000
1938 Master DeLuxe, 6-cyl.						
Cpe	1,120	3,360	5,600	12,600	19,600	28,000
Spt Cpe	1,160	3,480	5,800	13,050	20,300	29,000
2d Sed	1,000	3,000	5,000	11,250	17,500	25,000
2d Twn Sed	1,140	3,420	5,700	12,830	19,950	28,500
4d Sed	1,080	3,240	5,400	12,150	18,900	27,000
4d Spt Sed	1,160	3,480	5,800	13,050	20,300	29,000
1939 Master 85, 6-cyl.						
Cpe	1,120	3,360	5,600	12,600	19,600	28,000
2d Sed	1,000	3,000	5,000	11,250	17,500	25,000
2d Twn Sed	1,140	3,420	5,700	12,830	19,950	28,500
4d Sed	1,080	3,240	5,400	12,150	18,900	27,000
4d Spt Sed	1,160	3,480	5,800	13,050	20,300	29,000
Sta Wag	2,720	8,160	13,600	30,600	47,600	68,000
1939 Master DeLuxe, 6-cyl.						
Cpe	1,120	3,360	5,600	12,600	19,600	28,000
Spt Cpe	1,160	3,480	5,800	13,050	20,300	29,000
2d Sed	1,000	3,000	5,000	11,250	17,500	25,000
2d Twn Sed	1,140	3,420	5,700	12,830	19,950	28,500
4d Sed	1,080	3,240	5,400	12,150	18,900	27,000
4d Spt Sed	1,160	3,480	5,800	13,050	20,300	29,000
Sta Wag	2,720	8,160	13,600	30,600	47,600	68,000
1940 Master 85, 6-cyl.						
2d Cpe	1,120	3,360	5,600	12,600	19,600	28,000
2d Twn Sed	1,140	3,420	5,700	12,830	19,950	28,500
4d Spt Sed	1,160	3,480	5,800	13,050	20,300	29,000
4d Sta Wag	2,720	8,160	13,600	30,600	47,600	68,000
1940 Master DeLuxe, 6-cyl.						
2d Cpe	1,120	3,360	5,600	12,600	19,600	28,000
Spt Cpe	1,160	3,480	5,800	13,050	20,300	29,000
2d Twn Sed	1,140	3,420	5,700	12,830	19,950	28,500
4d Spt Sed	1,160	3,480	5,800	13,050	20,300	29,000
1940 Special DeLuxe, 6-cyl.						
2d Cpe	1,120	3,360	5,600	12,600	19,600	28,000
2d Spt Cpe	1,160	3,480	5,800	13,050	20,300	29,000
2d Twn Sed	1,140	3,420	5,700	12,830	19,950	28,500
4d Spt Sed	1,160	3,480	5,800	13,050	20,300	29,000
2d Conv	1,720	5,160	8,600	19,350	30,100	43,000
4d Sta Wag	2,800	8,400	14,000	31,500	49,000	70,000
1941 Master DeLuxe, 6-cyl.						
2P Cpe	1,120	3,360	5,600	12,600	19,600	28,000
4P Cpe	1,140	3,420	5,700	12,830	19,950	28,500
2d Twn Sed	1,140	3,420	5,700	12,830	19,950	28,500
4d Spt Sed	1,160	3,480	5,800	13,050	20,300	29,000
1941 Special DeLuxe, 6-cyl.						
2P Cpe	1,120	3,360	5,600	12,600	19,600	28,000
4P Cpe	1,140	3,420	5,700	12,830	19,950	28,500
2d Twn Sed	1,140	3,420	5,700	12,830	19,950	28,500
4d Spt Sed	1,160	3,480	5,800	13,050	20,300	29,000
4d Flt Sed	1,120	3,360	5,600	12,600	19,600	28,000
2d Conv	1,880	5,640	9,400	21,150	32,900	47,000
4d Sta Wag	2,800	8,400	14,000	31,500	49,000	70,000
2d Cpe PU	1,120	3,360	5,600	12,600	19,600	28,000
1942 Master DeLuxe, 6-cyl.						
2P Cpe	1,120	3,360	5,600	12,600	19,600	28,000
4P Cpe	1,140	3,420	5,700	12,830	19,950	28,500
2d Cpe PU	1,120	3,360	5,600	12,600	19,600	28,000
2d Twn Sed	1,140	3,420	5,700	12,830	19,950	28,500
1942 Special DeLuxe, 6-cyl.						
2P Cpe	1,120	3,360	5,600	12,600	19,600	28,000
2d 5P Cpe	1,140	3,420	5,700	12,830	19,950	28,500
2d Twn Sed	1,140	3,420	5,700	12,830	19,950	28,500
4d Spt Sed	1,160	3,480	5,800	13,050	20,300	29,000
2d Conv	1,840	5,520	9,200	20,700	32,200	46,000
4d Sta Wag	2,800	8,400	14,000	31,500	49,000	70,000

	6	5	4	3	2	1
1942 Fleetline, 6-cyl.						
2d Aero	1,160	3,480	5,800	13,050	20,300	29,000
4d Spt Mstr	1,100	3,300	5,500	12,380	19,250	27,500
1946-48 Stylemaster, 6-cyl.						
2d Bus Cpe	780	2,340	3,900	8,780	13,650	19,500
2d Spt Cpe	800	2,400	4,000	9,000	14,000	20,000
2d Twn Sed	680	2,040	3,400	7,650	11,900	17,000
4d Spt Sed	680	2,050	3,420	7,700	11,970	17,100
1946-48 Fleetmaster, 6-cyl.						
2d Spt Cpe	800	2,400	4,000	9,000	14,000	20,000
2d Twn Sed	700	2,090	3,480	7,830	12,180	17,400
4d Spt Sed	700	2,100	3,500	7,880	12,250	17,500
2d Conv	1,560	4,680	7,800	17,550	27,300	39,000
4d Sta Wag	2,800	8,400	14,000	31,500	49,000	70,000
1946-48 Fleetline, 6-cyl.						
2d Aero	760	2,280	3,800	8,550	13,300	19,000
4d Spt Mstr	720	2,160	3,600	8,100	12,600	18,000

NOTE: Country Club wood kit is not a GM/Chevrolet option, but rather an aftermarket offering installed by Chevy dealers, on Aero sedans beginning in 1947 and '48.

	6	5	4	3	2	1
1949-50 Styleline Special, 6-cyl.						
2d Bus Cpe	760	2,280	3,800	8,550	13,300	19,000
2d Spt Cpe	780	2,340	3,900	8,780	13,650	19,500
2d Sed	724	2,172	3,620	8,150	12,670	18,100
4d Sed	728	2,184	3,640	8,190	12,740	18,200
1949-50 Fleetline Special, 6-cyl.						
2d Sed	728	2,184	3,640	8,190	12,740	18,200
4d Sed	732	2,196	3,660	8,240	12,810	18,300
1949-50 Styleline DeLuxe, 6-cyl.						
Spt Cpe	800	2,400	4,000	9,000	14,000	20,000
2d Sed	732	2,196	3,660	8,240	12,810	18,300
4d Sed	736	2,208	3,680	8,280	12,880	18,400
2d HT Bel Air (1950 only)	1,120	3,360	5,600	12,600	19,600	28,000
2d Conv	1,800	5,400	9,000	20,250	31,500	45,000
4d Woodie Wag (1949 only)	2,640	7,920	13,200	29,700	46,200	66,000
4d Mtl Sta Wag	1,480	4,440	7,400	16,650	25,900	37,000
1949-50 Fleetline DeLuxe, 6-cyl.						
2d Sed	776	2,328	3,880	8,730	13,580	19,400
4d Sed	780	2,340	3,900	8,780	13,650	19,500
1951-52 Styleline Special, 6-cyl.						
2d Bus Cpe	780	2,340	3,900	8,780	13,650	19,500
2d Spt Cpe	788	2,364	3,940	8,870	13,790	19,700
2d Sed	732	2,196	3,660	8,240	12,810	18,300
4d Sed	728	2,184	3,640	8,190	12,740	18,200
1951-52 Styleline DeLuxe, 6-cyl.						
2d Spt Cpe	840	2,520	4,200	9,450	14,700	21,000
2d Sed	752	2,256	3,760	8,460	13,160	18,800
4d Sed	752	2,256	3,760	8,460	13,160	18,800
2d HT Bel Air	1,200	3,600	6,000	13,500	21,000	30,000
2d Conv	1,600	4,800	8,000	18,000	28,000	40,000
1951-52 Fleetline Special, 6-cyl.						
2d Sed	696	2,088	3,480	7,830	12,180	17,400
4d Sed (1951 only)	692	2,076	3,460	7,790	12,110	17,300
4d Sta Wag	1,080	3,240	5,400	12,150	18,900	27,000
1951-52 Fleetline DeLuxe, 6-cyl.						
2d Sed	764	2,292	3,820	8,600	13,370	19,100
4d Sed (1951 only)	760	2,280	3,800	8,550	13,300	19,000
1953 Special 150, 6-cyl.						
2d Bus Cpe	720	2,160	3,600	8,100	12,600	18,000
2d Clb Cpe	732	2,196	3,660	8,240	12,810	18,300
2d Sed	688	2,064	3,440	7,740	12,040	17,200
4d Sed	684	2,052	3,420	7,700	11,970	17,100
4d Sta Wag	800	2,400	4,000	9,000	14,000	20,000
1953 DeLuxe 210, 6-cyl.						
2d Clb Cpe	800	2,400	4,000	9,000	14,000	20,000
2d Sed	740	2,220	3,700	8,330	12,950	18,500
4d Sed	736	2,208	3,680	8,280	12,880	18,400
2d HT	1,040	3,120	5,200	11,700	18,200	26,000
2d Conv	1,800	5,400	9,000	20,250	31,500	45,000
4d Sta Wag	1,160	3,480	5,800	13,050	20,300	29,000
4d 210 Townsman Sta Wag	1,180	3,540	5,900	13,280	20,650	29,500
1953 Bel Air						
2d Sed	784	2,352	3,920	8,820	13,720	19,600
4d Sed	780	2,340	3,900	8,780	13,650	19,500
2d HT	1,360	4,080	6,800	15,300	23,800	34,000
2d Conv	2,140	6,420	10,700	24,080	37,450	53,500

	6	5	4	3	2	1
1954 Special 150, 6-cyl.						
2d Utl Sed	680	2,040	3,400	7,650	11,900	17,000
2d Sed	688	2,064	3,440	7,740	12,040	17,200
4d Sed	684	2,052	3,420	7,700	11,970	17,100
4d Sta Wag	800	2,400	4,000	9,000	14,000	20,000
1954 Special 210, 6-cyl.						
2d Sed	740	2,220	3,700	8,330	12,950	18,500
2d Sed Delray	800	2,400	4,000	9,000	14,000	20,000
4d Sed	736	2,208	3,680	8,280	12,880	18,400
4d Sta Wag	1,040	3,120	5,200	11,700	18,200	26,000
1954 Bel Air, 6-cyl.						
2d Sed	788	2,364	3,940	8,870	13,790	19,700
4d Sed	784	2,352	3,920	8,820	13,720	19,600
2d HT	1,400	4,200	7,000	15,750	24,500	35,000
2d Conv	2,160	6,480	10,800	24,300	37,800	54,000
4d Sta Wag	1,120	3,360	5,600	12,600	19,600	28,000
1955 Model 150, V-8						
2d Utl Sed	1,080	3,240	5,400	12,150	18,900	27,000
2d Sed	1,160	3,480	5,800	13,050	20,300	29,000
4d Sed	800	2,400	4,000	9,000	14,000	20,000
2d Sta Wag	1,120	3,360	5,600	12,600	19,600	28,000
1955 Model 210, V-8						
2d Sed	1,200	3,600	6,000	13,500	21,000	30,000
2d Sed Delray	1,240	3,720	6,200	13,950	21,700	31,000
4d Sed	800	2,400	4,000	9,000	14,000	20,000
2d HT	1,680	5,040	8,400	18,900	29,400	42,000
2d Sta Wag	1,320	3,960	6,600	14,850	23,100	33,000
4d Sta Wag	1,140	3,420	5,700	12,830	19,950	28,500
1955 Bel Air, V-8						
2d Sed	1,240	3,720	6,200	13,950	21,700	31,000
4d Sed	880	2,640	4,400	9,900	15,400	22,000
2d HT	2,100	6,300	10,500	23,630	36,750	52,500
2d Conv	3,880	11,640	19,400	43,650	67,900	97,000
2d Nomad	3,320	9,960	16,600	37,350	58,100	83,000
4d Sta Wag	1,500	4,500	7,500	16,880	26,250	37,500

NOTE: Add 10 percent for A/C; 15 percent for "Power-Pack". Deduct 10 percent for 6-cyl.

	6	5	4	3	2	1
1956 Model 150, V-8						
2d Utl Sed	1,080	3,240	5,400	12,150	18,900	27,000
2d Sed	1,160	3,480	5,800	13,050	20,300	29,000
4d Sed	800	2,400	4,000	9,000	14,000	20,000
2d Sta Wag	1,120	3,360	5,600	12,600	19,600	28,000
1956 Model 210, V-8						
2d Sed	1,200	3,600	6,000	13,500	21,000	30,000
2d Sed Delray	1,240	3,720	6,200	13,950	21,700	31,000
4d Sed	800	2,400	4,000	9,000	14,000	20,000
4d HT	1,160	3,480	5,800	13,050	20,300	29,000
2d HT	1,640	4,920	8,200	18,450	28,700	41,000
2d Sta Wag	1,280	3,840	6,400	14,400	22,400	32,000
4d Sta Wag	1,120	3,360	5,600	12,600	19,600	28,000
4d 9P Sta Wag	1,140	3,420	5,700	12,830	19,950	28,500
1956 Bel Air, V-8						
2d Sed	1,500	4,500	7,500	16,880	26,250	37,500
4d Sed	880	2,640	4,400	9,900	15,400	22,000
4d HT	1,200	3,600	6,000	13,500	21,000	30,000
2d HT	2,040	6,120	10,200	22,950	35,700	51,000
2d Conv	3,840	11,520	19,200	43,200	67,200	96,000
2d Nomad	3,280	9,840	16,400	36,900	57,400	82,000
4d 9P Sta Wag	1,440	4,320	7,200	16,200	25,200	36,000

NOTE: Add 10 percent for A/C; 15 percent for "Power-Pack". Deduct 10 percent for 6-cyl. Add 25 percent for dual 4 barrel carbs.

	6	5	4	3	2	1
1957 Model 150, V-8						
2d Utl Sed	1,380	4,140	6,900	15,530	24,150	34,500
2d Sed	1,500	4,500	7,500	16,880	26,250	37,500
4d Sed	820	2,460	4,100	9,230	14,350	20,500
2d Sta Wag	1,240	3,720	6,200	13,950	21,700	31,000
1957 Model 210, V-8						
2d Sed	1,520	4,560	7,600	17,100	26,600	38,000
2d Sed Delray	1,640	4,920	8,200	18,450	28,700	41,000
4d Sed	900	2,700	4,500	10,130	15,750	22,500
4d HT	1,240	3,720	6,200	13,950	21,700	31,000
2d HT	2,340	7,020	11,700	26,330	40,950	58,500
2d Sta Wag	1,360	4,080	6,800	15,300	23,800	34,000
4d Sta Wag	1,240	3,720	6,200	13,950	21,700	31,000
4d 9P Sta Wag	1,300	3,900	6,500	14,630	22,750	32,500
1957 Bel Air, V-8						
2d Sed	1,580	4,740	7,900	17,780	27,650	39,500

CHEVROLET

	6	5	4	3	2	1
4d Sed.	920	2,760	4,600	10,350	16,100	23,000
4d HT	1,280	3,840	6,400	14,400	22,400	32,000
2d HT	3,100	9,300	15,500	34,880	54,250	77,500
2d Conv.	4,380	13,140	21,900	49,280	76,650	109,500
2d Nomad	3,740	11,220	18,700	42,080	65,450	93,500
4d Sta Wag	1,540	4,620	7,700	17,330	26,950	38,500

NOTE: Add 10 percent for A/C; 15 percent for "Power-Pack" and 20 percent for F.I. Deduct 10 percent for 6-cyl. Add 25 percent for dual 4 barrel carbs.

1958 Delray, V-8

	6	5	4	3	2	1
2d Utl Sed.	680	2,040	3,400	7,650	11,900	17,000
2d Sed.	700	2,100	3,500	7,880	12,250	17,500
4d Sed.	660	1,980	3,300	7,430	11,550	16,500

1958 Biscayne, V-8

	6	5	4	3	2	1
2d Sed.	680	2,040	3,400	7,650	11,900	17,000
4d Sed.	664	1,992	3,320	7,470	11,620	16,600

1958 Bel Air, V-8

	6	5	4	3	2	1
2d Sed.	760	2,280	3,800	8,550	13,300	19,000
4d Sed.	740	2,220	3,700	8,330	12,950	18,500
4d HT	800	2,400	4,000	9,000	14,000	20,000
2d HT	1,520	4,560	7,600	17,100	26,600	38,000
2d Impala	2,540	7,620	12,700	28,580	44,450	63,500
2d Imp Conv	3,540	10,620	17,700	39,830	61,950	88,500

1958 Station Wagons, V-8

	6	5	4	3	2	1
2d Yeo.	980	2,940	4,900	11,030	17,150	24,500
4d Yeo.	1,000	3,000	5,000	11,250	17,500	25,000
4d 6P Brookwood	1,040	3,120	5,200	11,700	18,200	26,000
4d 9P Brookwood	1,060	3,180	5,300	11,930	18,550	26,500
4d Nomad	1,120	3,360	5,600	12,600	19,600	28,000

NOTE: Add 10 percent for "Power-Pack" & dual exhaust on 283 V-8. Add 20 percent for 348. Add 30 percent for 348 Tri-Power set up. Add 15 percent for A/C. Deduct 10 percent for 6-cyl.

1959 Biscayne, V-8

	6	5	4	3	2	1
2d Utl Sed.	640	1,920	3,200	7,200	11,200	16,000
2d Sed.	652	1,956	3,260	7,340	11,410	16,300
4d Sed.	648	1,944	3,240	7,290	11,340	16,200

1959 Bel Air, V-8

	6	5	4	3	2	1
2d Sed.	672	2,016	3,360	7,560	11,760	16,800
4d Sed.	668	2,004	3,340	7,520	11,690	16,700
4d HT	720	2,160	3,600	8,100	12,600	18,000

1959 Impala, V-8

	6	5	4	3	2	1
4d Sed.	680	2,040	3,400	7,650	11,900	17,000
4d HT	760	2,280	3,800	8,550	13,300	19,000
2d HT	2,120	6,360	10,600	23,850	37,100	53,000
2d Conv.	3,300	9,900	16,500	37,130	57,750	82,500

1959 Station Wagons, V-8

	6	5	4	3	2	1
2d Brookwood	760	2,280	3,800	8,550	13,300	19,000
4d Brookwood	720	2,160	3,600	8,100	12,600	18,000
4d Parkwood	900	2,700	4,500	10,130	15,750	22,500
4d Kingswood	920	2,760	4,600	10,350	16,100	23,000
4d Nomad	1,040	3,120	5,200	11,700	18,200	26,000

NOTE: Add 10 percent for A/C. Add 5 percent for 4-speed transmission. Deduct 10 percent for 6-cyl. Add 30 percent for 348 Tri-Power set up.

1960 Biscayne, V-8

	6	5	4	3	2	1
2d Utl Sed.	532	1,596	2,660	5,990	9,310	13,300
2d Sed.	548	1,644	2,740	6,170	9,590	13,700
4d Sed.	544	1,632	2,720	6,120	9,520	13,600

1960 Biscayne Fleetmaster, V-8

	6	5	4	3	2	1
2d Sed.	556	1,668	2,780	6,260	9,730	13,900
4d Sed.	552	1,656	2,760	6,210	9,660	13,800

1960 Bel Air, V-8

	6	5	4	3	2	1
2d Sed.	656	1,968	3,280	7,380	11,480	16,400
4d Sed.	652	1,956	3,260	7,340	11,410	16,300
4d HT	700	2,100	3,500	7,880	12,250	17,500
2d HT	1,360	4,080	6,800	15,300	23,800	34,000

1960 Impala, V-8

	6	5	4	3	2	1
4d Sed.	672	2,016	3,360	7,560	11,760	16,800
4d HT	760	2,280	3,800	8,550	13,300	19,000
2d HT	1,840	5,520	9,200	20,700	32,200	46,000
2d Conv.	2,540	7,620	12,700	28,580	44,450	63,500

1960 Station Wagons, V-8

	6	5	4	3	2	1
2d Brookwood	720	2,160	3,600	8,100	12,600	18,000
4d Brookwood	680	2,040	3,400	7,650	11,900	17,000
4d Kingswood	860	2,580	4,300	9,680	15,050	21,500
4d Parkwood	800	2,400	4,000	9,000	14,000	20,000
4d Nomad	960	2,880	4,800	10,800	16,800	24,000

NOTE: Add 10 percent for A/C. Deduct 10 percent for 6-cyl. Add 30 percent for 348 Tri-Power set up.

	6	5	4	3	2	1
1961 Biscayne, V-8						
2d Utl Sed	516	1,548	2,580	5,810	9,030	12,900
2d Sed	544	1,632	2,720	6,120	9,520	13,600
4d Sed	540	1,620	2,700	6,080	9,450	13,500
1961 Bel Air, V-8						
2d Sed	548	1,644	2,740	6,170	9,590	13,700
4d Sed	544	1,632	2,720	6,120	9,520	13,600
4d HT	680	2,040	3,400	7,650	11,900	17,000
2d HT	1,320	3,960	6,600	14,850	23,100	33,000
1961 Impala, V-8						
2d Sed	644	1,932	3,220	7,250	11,270	16,100
4d Sed	640	1,920	3,200	7,200	11,200	16,000
4d HT	700	2,100	3,500	7,880	12,250	17,500
2d HT	1,440	4,320	7,200	16,200	25,200	36,000
2d Conv	2,120	6,360	10,600	23,850	37,100	53,000
1961 Station Wagons, V-8						
4d Brookwood	680	2,040	3,400	7,650	11,900	17,000
4d Parkwood	720	2,160	3,600	8,100	12,600	18,000
4d Nomad	920	2,760	4,600	10,350	16,100	23,000

NOTE: Add 10 percent for "Power-Pack" & dual exhaust on 283 V-8. Add 15 percent for A/C. Add 35 percent for 348 cid. Add 40 percent for Super Sport option. Add 50 percent for 409 V-8. Deduct 10 percent for 6-cyl.

	6	5	4	3	2	1
1962 Chevy II, 4 & 6-cyl.						
2d Sed	524	1,572	2,620	5,900	9,170	13,100
4d Sed	520	1,560	2,600	5,850	9,100	13,000
2d HT	840	2,520	4,200	9,450	14,700	21,000
2d Conv	1,000	3,000	5,000	11,250	17,500	25,000
4d Sta Wag	660	1,980	3,300	7,430	11,550	16,500
1962 Biscayne, V-8						
2d Sed	540	1,620	2,700	6,080	9,450	13,500
4d Sed	536	1,608	2,680	6,030	9,380	13,400
4d Sta Wag	652	1,956	3,260	7,340	11,410	16,300
1962 Bel Air, V-8						
2d Sed	548	1,644	2,740	6,170	9,590	13,700
4d Sed	544	1,632	2,720	6,120	9,520	13,600
2d HT	1,280	3,840	6,400	14,400	22,400	32,000
4d Sta Wag	720	2,160	3,600	8,100	12,600	18,000

NOTE: Add 10 percent for "Power-Pack" & dual exhaust on 283 V-8. Add 15 percent for A/C. Add 40 percent for Super Sport option. Add 50 percent for 409 V-8. Deduct 10 percent for 6-cyl.

	6	5	4	3	2	1
1962 Impala, V-8						
4d Sed	640	1,920	3,200	7,200	11,200	16,000
4d HT	720	2,160	3,600	8,100	12,600	18,000
2d HT	1,400	4,200	7,000	15,750	24,500	35,000
2d Conv	2,200	6,600	11,000	24,750	38,500	55,000
4d Sta Wag	760	2,280	3,800	8,550	13,300	19,000

NOTE: Add 25 percent for Super Sport option. Add 15 percent for Power-Pack & dual exhaust. Add 15 percent for A/C. Add 50 percent for 409 cid. Deduct 10 percent for 6-cyl. except Chevy II.

	6	5	4	3	2	1
1963 Chevy II and Nova, 4 & 6-cyl.						
2d Sed	510	1,540	2,560	5,760	8,960	12,800
4d Sed	508	1,524	2,540	5,720	8,890	12,700
2d HT	800	2,400	4,000	9,000	14,000	20,000
2d Conv	960	2,880	4,800	10,800	16,800	24,000
4d Sta Wag	640	1,920	3,200	7,200	11,200	16,000

NOTE: Add 15 percent for Super Sport option.

	6	5	4	3	2	1
1963 Biscayne, V-8						
2d Sed	504	1,512	2,520	5,670	8,820	12,600
4d Sed	500	1,500	2,500	5,630	8,750	12,500
4d Sta Wag	540	1,620	2,700	6,080	9,450	13,500
1963 Bel Air, V-8						
2d Sed	508	1,524	2,540	5,720	8,890	12,700
4d Sed	504	1,512	2,520	5,670	8,820	12,600
4d Sta Wag	640	1,920	3,200	7,200	11,200	16,000
1963 Impala, V-8						
4d Sed	640	1,920	3,200	7,200	11,200	16,000
4d HT	720	2,160	3,600	8,100	12,600	18,000
2d HT	1,200	3,600	6,000	13,500	21,000	30,000
2d Conv	1,800	5,400	9,000	20,250	31,500	45,000
4d Sta Wag	720	2,160	3,600	8,100	12,600	18,000

NOTE: Add 15 percent for "Power-Pack" & dual exhaust. Add 15 percent for A/C. Add 50 percent for 409 cid. Add 25 percent for Super Sport option. Deduct 10 percent for 6-cyl. except Chevy II.

	6	5	4	3	2	1
1964 Chevy II and Nova, 4 & 6-cyl.						
2d Sed	516	1,548	2,580	5,810	9,030	12,900
4d Sed	512	1,536	2,560	5,760	8,960	12,800
2d HT	880	2,640	4,400	9,900	15,400	22,000
4d Sta Wag	648	1,944	3,240	7,290	11,340	16,200

NOTE: Add 10 percent for 8-cyl.

	6	5	4	3	2	1
1964 Nova Super Sport Series, 6-cyl.						
2d HT	1,060	3,180	5,300	11,930	18,550	26,500

NOTE: Add 25 percent for V-8. Add 10 percent for 4-speed transmission.

	6	5	4	3	2	1
1964 Chevelle						
2d Sed.	504	1,512	2,520	5,670	8,820	12,600
4d Sed.	500	1,500	2,500	5,630	8,750	12,500
2d Sta Wag	656	1,968	3,280	7,380	11,480	16,400
4d Sta Wag	648	1,944	3,240	7,290	11,340	16,200
1964 Malibu Series, V-8						
4d Sed.	504	1,512	2,520	5,670	8,820	12,600
2d HT	920	2,760	4,600	10,350	16,100	23,000
2d Conv.	1,360	4,080	6,800	15,300	23,800	34,000
4d Sta Wag	640	1,920	3,200	7,200	11,200	16,000

NOTE: Add 25 percent for Super Sport option. Deduct 10 percent for 6-cyl.

	6	5	4	3	2	1
1964 Biscayne, V-8						
2d Sed.	504	1,512	2,520	5,670	8,820	12,600
4d Sed.	500	1,500	2,500	5,630	8,750	12,500
4d Sta Wag	540	1,620	2,700	6,080	9,450	13,500
1964 Bel Air, V-8						
2d Sed.	500	1,500	2,500	5,630	8,750	12,500
4d Sed.	504	1,512	2,520	5,670	8,820	12,600
4d Sta Wag	680	2,040	3,400	7,650	11,900	17,000
1964 Impala, V-8						
4d Sed.	540	1,620	2,700	6,080	9,450	13,500
4d HT	700	2,100	3,500	7,880	12,250	17,500
2d HT	1,080	3,240	5,400	12,150	18,900	27,000
2d Conv.	1,520	4,560	7,600	17,100	26,600	38,000
4d Sta Wag	760	2,280	3,800	8,550	13,300	19,000

NOTE: Add 25 percent for Super Sport option. Add 15 percent for Power-Pack & dual exhaust. Add 15 percent for A/C. Add 50 percent for 409 cid. Deduct 10 percent for 6-cyl.

	6	5	4	3	2	1
1965 Chevy II, V-8						
4d Sed.	504	1,512	2,520	5,670	8,820	12,600
2d Sed.	508	1,524	2,540	5,720	8,890	12,700
4d Sta Wag	512	1,536	2,560	5,760	8,900	12,800
1965 Nova Series, V-8						
4d Sed.	508	1,524	2,540	5,720	8,890	12,700
2d HT	840	2,520	4,200	9,450	14,700	21,000
4d Sta Wag	640	1,920	3,200	7,200	11,200	16,000
1965 Nova Super Sport, V-8						
2d Spt Cpe	1,020	3,060	5,100	11,480	17,850	25,500
1965 Chevelle						
2d Sed.	500	1,500	2,500	5,630	8,750	12,500
4d Sed.	496	1,488	2,480	5,580	8,680	12,400
2d Sta Wag	660	1,980	3,300	7,430	11,550	16,500
4d Sta Wag	660	1,980	3,300	7,430	11,550	16,500
1965 Malibu, V-8						
4d Sed.	512	1,536	2,560	5,760	8,960	12,800
2d HT	960	2,880	4,800	10,800	16,800	24,000
2d Conv.	1,400	4,200	7,000	15,750	24,500	35,000
4d Sta Wag	644	1,932	3,220	7,250	11,270	16,100
1965 Malibu Super Sport, V-8						
2d HT	1,400	4,200	7,000	15,750	24,500	35,000
2d Conv.	1,680	5,040	8,400	18,900	29,400	42,000

NOTE: Add 150 percent for RPO Z16 SS-396 option on hardtop only. Add 35 percent for 396 cid, 325 hp.

	6	5	4	3	2	1
1965 Biscayne, V-8						
2d Sed.	500	1,500	2,500	5,630	8,750	12,500
4d Sed.	496	1,488	2,480	5,580	8,680	12,400
4d Sta Wag	508	1,524	2,540	5,720	8,890	12,700
1965 Bel Air, V-8						
2d Sed.	516	1,548	2,580	5,810	9,030	12,900
4d Sed.	512	1,536	2,560	5,760	8,960	12,800
4d Sta Wag	540	1,620	2,700	6,080	9,450	13,500
1965 Impala, V-8						
4d Sed.	640	1,920	3,200	7,200	11,200	16,000
4d HT	700	2,100	3,500	7,880	12,250	17,500
2d HT	960	2,880	4,800	10,800	16,800	24,000
2d Conv.	1,280	3,840	6,400	14,400	22,400	32,000
4d Sta Wag	660	1,980	3,300	7,430	11,550	16,500
1965 Impala Super Sport, V-8						
2d HT	1,160	3,480	5,800	13,050	20,300	29,000
2d Conv.	1,400	4,200	7,000	15,750	24,500	35,000

NOTE: Add 20 percent for "Power-Pack" & dual exhaust. Add 15 percent for A/C. Add 35 percent for 396 cid, 325 hp. Add 50 percent for 396 cid, 425 hp. Add 40 percent for 409 cid, 340 hp. Add 50 percent for 409 cid, 400 hp. Deduct 10 percent for 6-cyl. Add 10 percent for Caprice models.

	6	5	4	3	2	1
1966 Chevy II Series 100						
2d Sed.	508	1,524	2,540	5,720	8,890	12,700
4d Sed.	504	1,512	2,520	5,670	8,820	12,600
4d Sta Wag	516	1,548	2,580	5,810	9,030	12,900

	6	5	4	3	2	1
1966 Nova Series, V-8						
2d HT	680	2,040	3,400	7,650	11,900	17,000
4d Sed	512	1,536	2,560	5,760	8,960	12,800
4d Sta Wag	520	1,560	2,600	5,850	9,100	13,000
1966 Nova Super Sport						
2d HT	1,580	4,740	7,900	17,780	27,650	39,500

NOTE: Add 60 percent for High Performance Package.

	6	5	4	3	2	1
1966 Chevelle						
2d Sed	500	1,500	2,500	5,630	8,750	12,500
4d Sed	496	1,488	2,480	5,580	8,680	12,400
4d Sta Wag	508	1,524	2,540	5,720	8,890	12,700
1966 Malibu, V-8						
4d Sed	550	1,660	2,760	6,210	9,660	13,800
4d HT	720	2,160	3,600	8,100	12,600	18,000
2d HT	960	2,880	4,800	10,800	16,800	24,000
2d Conv	1,420	4,260	7,100	15,980	24,850	35,500
4d Sta Wag	780	2,340	3,900	8,780	13,650	19,500
1966 Super Sport, "396" V-8						
2d HT	2,320	6,960	11,600	26,100	40,600	58,000
2d Conv	2,800	8,400	14,000	31,500	49,000	70,000

NOTE: Deduct 10 percent for 6-cyl Chevelle. Add 20 percent for 396 cid, 360 hp. Add 30 percent for 396 cid, 375 hp.

	6	5	4	3	2	1
1966 Biscayne, V-8						
2d Sed	504	1,512	2,520	5,670	8,820	12,600
4d Sed	500	1,500	2,500	5,630	8,750	12,500
4d Sta Wag	512	1,536	2,560	5,760	8,960	12,800
1966 Bel Air, V-8						
2d Sed	524	1,572	2,620	5,900	9,170	13,100
4d Sed	520	1,560	2,600	5,850	9,100	13,000
4d 3S Wag	640	1,920	3,200	7,200	11,200	16,000
1966 Impala, V-8						
4d Sed	540	1,620	2,700	6,080	9,450	13,500
4d HT	700	2,100	3,500	7,880	12,250	17,500
2d HT	1,000	3,000	5,000	11,250	17,500	25,000
2d Conv	1,320	3,960	6,600	14,850	23,100	33,000
4d Sta Wag	720	2,160	3,600	8,100	12,600	18,000
1966 Impala Super Sport, V-8						
2d HT	1,120	3,360	5,600	12,600	19,600	28,000
2d Conv	1,680	5,040	8,400	18,900	29,400	42,000
1966 Caprice, V-8						
4d HT	800	2,400	4,000	9,000	14,000	20,000
2d HT	1,040	3,120	5,200	11,700	18,200	26,000
4d Sta Wag	760	2,280	3,800	8,550	13,300	19,000

NOTE: Add 35 percent for 396 cid. Add 40 percent for 427 cid, 390 hp. Add 50 percent for 427 cid, 425 hp. Add approx. 40 percent for 427 cid engine when available. Add 15 percent for A/C.

	6	5	4	3	2	1
1967 Chevy II, 100, V-8, 110" wb						
2d Sed	496	1,488	2,480	5,580	8,680	12,400
4d Sed	492	1,476	2,460	5,540	8,610	12,300
4d Sta Wag	504	1,512	2,520	5,670	8,820	12,600
1967 Chevy II Nova, V-8, 110" wb						
4d Sed	500	1,500	2,500	5,630	8,750	12,500
2d HT	780	2,340	3,900	8,780	13,650	19,500
4d Sta Wag	540	1,620	2,700	6,080	9,450	13,500
1967 Chevy II Nova SS, V-8, 110" wb						
2d HT	1,580	4,740	7,900	17,780	27,650	39,500

NOTE: Add 60 percent for High Performance Package.

	6	5	4	3	2	1
1967 Chevelle 300, V-8, 115" wb						
2d Sed	500	1,500	2,500	5,630	8,750	12,500
4d Sed	496	1,488	2,480	5,580	8,680	12,400
1967 Chevelle 300 DeLuxe, V-8, 115" wb						
2d Sed	512	1,536	2,560	5,760	8,960	12,800
4d Sed	508	1,524	2,540	5,720	8,890	12,700
4d Sta Wag	640	1,920	3,200	7,200	11,200	16,000
1967 Chevelle Malibu, V-8, 115" wb						
4d Sed	560	1,670	2,780	6,260	9,730	13,900
4d HT	760	2,280	3,800	8,550	13,300	19,000
2d HT	1,000	3,000	5,000	11,250	17,500	25,000
2d Conv	1,460	4,380	7,300	16,430	25,550	36,500
4d Sta Wag	820	2,460	4,100	9,230	14,350	20,500

NOTE: Add 50 percent for 327 cid, 325 hp.

	6	5	4	3	2	1
1967 Chevelle Concours, V-8, 115" wb						
4d Sta Wag	740	2,220	3,700	8,330	12,950	18,500
1967 Chevelle Super Sport 396, 115" wb						
2d HT	2,360	7,080	11,800	26,550	41,300	59,000
2d Conv	2,840	8,520	14,200	31,950	49,700	71,000

NOTE: Add 20 percent for 396 cid, 350 hp. Add 30 percent for 396 cid, 375 hp.

	6	5	4	3	2	1
1967 Biscayne, V-8, 119" wb						
2d Sed.	504	1,512	2,520	5,670	8,820	12,600
4d Sed.	500	1,500	2,500	5,630	8,750	12,500
4d Sta Wag	540	1,620	2,700	6,080	9,450	13,500
1967 Bel Air, V-8, 119" wb						
2d Sed.	532	1,596	2,660	5,990	9,310	13,300
4d Sed.	528	1,584	2,640	5,940	9,240	13,200
4d 3S Sta Wag	640	1,920	3,200	7,200	11,200	16,000
1967 Impala, V-8, 119" wb						
4d Sed.	540	1,620	2,700	6,080	9,450	13,500
4d HT	640	1,920	3,200	7,200	11,200	16,000
2d HT	960	2,880	4,800	10,800	16,800	24,000
2d Conv.	1,280	3,840	6,400	14,400	22,400	32,000
4d 3S Sta Wag	680	2,040	3,400	7,650	11,900	17,000
1967 Impala SS, V-8, 119" wb						
2d HT	1,080	3,240	5,400	12,150	18,900	27,000
2d Conv.	1,640	4,920	8,200	18,450	28,700	41,000
1967 Caprice, V-8, 119" wb						
2d HT	920	2,760	4,600	10,350	16,100	23,000
4d HT	760	2,280	3,800	8,550	13,300	19,000
4d 3S Sta Wag	720	2,160	3,600	8,100	12,600	18,000

NOTE: Add 200 percent for Impala SS 427 option. Add 40 percent for SS-396 option. Add 15 percent for A/C.

	6	5	4	3	2	1
1967 Camaro, V-8						
2d IPC	2,600	7,800	13,000	29,250	45,500	65,000
2d Cpe.	1,200	3,600	6,000	13,500	21,000	30,000
2d Conv.	1,640	4,920	8,200	18,450	28,700	41,000
2d Z28 Cpe.	3,000	9,000	15,000	33,750	52,500	75,000

NOTE: Deduct 5 percent for Six, (when available). Add 15 percent for Rally Sport Package, (when available; except incl. w/ Indy Pace Car). Add 25 percent for SS-350 (when available; except incl. w/Indy Pace Car). Add 30 percent for SS-396 (L-35/325 hp; when available). Add 40 percent for SS-396 (L-78/375 hp; when available). Add 15 percent for A/C. Due to rarity, Yenko Camaro value inestimable.

	6	5	4	3	2	1
1968 Nova 307, V8						
2d Cpe.	516	1,548	2,580	5,810	9,030	12,900
4d Sed.	512	1,536	2,560	5,760	8,960	12,800

NOTE: Deduct 5 percent for 4 or 6-cyl. Add 25 percent for SS package. Add 25 percent for 327 cid. Add 30 percent for 350 cid. Add 35 percent for 396 cid engine. Only 1,270 Nova 4's were built in 1968.

	6	5	4	3	2	1
1968 Chevelle 300						
2d Sed.	376	1,128	1,880	4,230	6,580	9,400
4d Sta Wag	380	1,140	1,900	4,280	6,650	9,500
1968 Chevelle 300 DeLuxe						
4d Sed.	376	1,128	1,880	4,230	6,580	9,400
4d HT	396	1,188	1,980	4,460	6,930	9,900
2d Cpe.	380	1,140	1,900	4,280	6,650	9,500
4d Sta Wag	480	1,440	2,400	5,400	8,400	12,000
1968 Chevelle Malibu						
4d Sed.	380	1,140	1,900	4,280	6,650	9,500
4d HT	500	1,500	2,500	5,630	8,750	12,500
2d HT	800	2,400	4,000	9,000	14,000	20,000
2d Conv.	1,800	5,400	9,000	20,250	31,500	45,000
4d Sta Wag	500	1,500	2,500	5,630	8,750	12,500

NOTE: Add 20 percent for 396 cid, 350 hp. Add 30 percent for 396 cid, 375 hp. Add 5 percent for Concourse Package.

	6	5	4	3	2	1
1968 Chevelle Concours Estate						
4d Sta Wag	640	1,920	3,200	7,200	11,200	16,000
1968 Chevelle SS-396						
2d HT	2,200	6,600	11,000	24,750	38,500	55,000
2d Conv.	2,720	8,160	13,600	30,600	47,600	68,000
1968 Biscayne						
2d Sed.	380	1,140	1,900	4,280	6,650	9,500
4d Sed.	376	1,128	1,880	4,230	6,580	9,400
4d Sta Wag	480	1,440	2,400	5,400	8,400	12,000
1968 Bel Air						
2d Sed.	384	1,152	1,920	4,320	6,720	9,600
4d Sed.	380	1,140	1,900	4,280	6,650	9,500
4d 2S Sta Wag	500	1,500	2,500	5,630	8,750	12,500
4d 3S Sta Wag	520	1,560	2,600	5,850	9,100	13,000
1968 Impala						
4d Sed.	500	1,500	2,500	5,630	8,750	12,500
4d HT	528	1,584	2,640	5,940	9,240	13,200
2d HT	680	2,040	3,400	7,650	11,900	17,000
2d Cus Cpe.	700	2,100	3,500	7,880	12,250	17,500
2d Conv.	1,160	3,480	5,800	13,050	20,300	29,000
4d 2S Sta Wag	640	1,920	3,200	7,200	11,200	16,000
4d 3S Sta Wag	644	1,932	3,220	7,250	11,270	16,100

NOTE: Add 200 percent for Impala SS 427 option.

	6	5	4	3	2	1
1968 Caprice						
4d HT	640	1,920	3,200	7,200	11,200	16,000

	6	5	4	3	2	1
2d HT	760	2,280	3,800	8,550	13,300	19,000
4d 2S Sta Wag	660	1,980	3,300	7,430	11,550	16,500
4d 3S Sta Wag	680	2,040	3,400	7,650	11,900	17,000
1968 Camaro, V-8						
2d Cpe	1,120	3,360	5,600	12,600	19,600	28,000
2d Conv	1,560	4,680	7,800	17,550	27,300	39,000
2d Z28	2,480	7,440	12,400	27,900	43,400	62,000

NOTE: Deduct 5 percent for Six (when available). Add 10 percent for A/C. Add 15 percent for Rally Sport Package (when available). Add 25 percent for SS package. Add 15 percent for SS-350 (when available; except Z-28). Add 25 percent for SS-396 (L35/325 hp; when available). Add 25 percent for SS-396 (L34/350 hp; when available). Add 35 percent for SS-396 (L78/375 hp; when available). Add 40 percent for SS-396 (L89; when available). Add approx. 40 percent for 427 engine options when available. Due to rarity, Yenko Camaro value inestimable.

1969 Nova Four						
2d Cpe	490	1,480	2,460	5,540	8,610	12,300
4d Sed	410	1,240	2,060	4,640	7,210	10,300
1969 Nova Six						
2d Cpe	500	1,490	2,480	5,580	8,680	12,400
4d Sed	420	1,250	2,080	4,680	7,280	10,400
1969 Chevy II, Nova V-8						
2d Cpe	500	1,500	2,500	5,630	8,750	12,500
4d Sed	420	1,260	2,100	4,730	7,350	10,500
2d Yenko 396 CID Cpe	3,800	11,400	19,000	42,750	66,500	95,000

NOTE: Add 50 percent for Nova SS. Add 30 percent for 350 cid. Add 35 percent for 396 cid. Add 25 percent for other "SS" equipment pkgs. Add 150 percent for Yenko 427 cid.

1969 Chevelle 300 DeLuxe						
4d Sed	320	960	1,600	3,600	5,600	8,000
2d HT	500	1,500	2,500	5,630	8,750	12,500
2d Cpe	340	1,020	1,700	3,830	5,950	8,500
4d Nomad Wag	640	1,920	3,200	7,200	11,200	16,000
4d GB Wag	660	1,980	3,300	7,430	11,550	16,500

NOTE: Add 20 percent for 396-cid. Add 5 percent for dual-action tailgate.

1969 Chevelle Malibu, Concours, V-8						
4d Sed	340	1,020	1,700	3,830	5,950	8,500
4d HT	360	1,080	1,800	4,050	6,300	9,000
2d HT	760	2,280	3,800	8,550	13,300	19,000
2d Conv	1,880	5,640	9,400	21,150	32,900	47,000
4d Concours HT	500	1,500	2,500	5,630	8,750	12,500
4d 9P Estate	740	2,220	3,700	8,330	12,950	18,500
4d 6P Estate	720	2,160	3,600	8,100	12,600	18,000

NOTE: Add 30 percent for 396 cid, 350 hp. Add 40 percent for 396 cid, 375 hp.

1969 Chevelle Malibu SS-396						
2d HT	2,200	6,600	11,000	24,750	38,500	55,000
2d Conv	2,800	8,400	14,000	31,500	49,000	70,000

NOTE: Add 150 percent for Yenko Hardtop.

1969 Biscayne						
2d Sed	320	960	1,600	3,600	5,600	8,000
4d Sed	316	948	1,580	3,560	5,530	7,900
4d Sta Wag	328	984	1,640	3,690	5,740	8,200

NOTE: Add 300 percent for 427 cid.

1969 Bel Air						
2d Sed	340	1,020	1,700	3,830	5,950	8,500
4d Sed	336	1,008	1,680	3,780	5,880	8,400
4d 6P Sta Wag	344	1,032	1,720	3,870	6,020	8,600
4d 9P Sta Wag	352	1,056	1,760	3,960	6,160	8,800

NOTE: Add 300 percent for 427 cid.

1969 Impala, V-8						
4d Sed	340	1,020	1,700	3,830	5,950	8,500
4d HT	480	1,440	2,400	5,400	8,400	12,000
2d HT	620	1,860	3,100	6,980	10,850	15,500
2d Cus Cpe	548	1,644	2,740	6,170	9,590	13,700
2d Conv	960	2,880	4,800	10,800	16,800	24,000
4d 6P Sta Wag	352	1,056	1,760	3,960	6,160	8,800
4d 9P Sta Wag	360	1,080	1,800	4,050	6,300	9,000

NOTE: Add 200 percent for Impala SS 427 option.

1969 Caprice, V-8						
4d HT	520	1,560	2,600	5,850	9,100	13,000
2d Cus Cpe	660	1,980	3,300	7,430	11,550	16,500
4d 6P Sta Wag	360	1,080	1,800	4,050	6,300	9,000
4d 9P Sta Wag	480	1,440	2,400	5,400	8,400	12,000

NOTE: Add 100 percent for 427 CID.

1969 Camaro, V-8						
2d Spt Cpe	1,240	3,720	6,200	13,950	21,700	31,000
2d Conv	1,920	5,760	9,600	21,600	33,600	48,000
2d Z28	2,760	8,280	13,800	31,050	48,300	69,000
2d IPC	2,520	7,560	12,600	28,350	44,100	63,000
2d ZL-1*	18,520	55,560	92,600	208,350	324,100	463,000

	6	5	4	3	2	1
2d Yenko	11,140	33,420	55,700	125,330	194,950	278,500

NOTE: Deduct 5 percent for Six, (when available). Add 10 percent for A/C. Add 10 percent for Rally Sport (except incl. w/Indy Pace Car). Add 25 percent for SS-350 (when available; except incl. w/Indy Pace Car). Add 35 percent for SS-396 (L78/375 hp; when available). Add 25 percent for SS-396 (L35/325 hp; when available). Add 25 percent for SS-396 (L34/350 hp; when available). Add 40 percent for SS-396 (L89/375 hp; alum. heads; when available). *Add approx. 40 percent for all-aluminum 427 engine options when available.

1970 Nova Four

	6	5	4	3	2	1
2d Cpe	480	1,440	2,400	5,400	8,400	12,000
4d Sed	400	1,200	2,000	4,500	7,000	10,000

1970 Nova Six

	6	5	4	3	2	1
2d Cpe	480	1,450	2,420	5,450	8,470	12,100
4d Sed	400	1,210	2,020	4,550	7,070	10,100

1970 Nova, V-8

	6	5	4	3	2	1
2d Cpe	490	1,460	2,440	5,490	8,540	12,200
4d Sed	410	1,220	2,040	4,590	7,140	10,200
2d Yenko Deuce Cpe	3,800	11,400	19,000	42,750	66,500	95,000

NOTE: Add 50 percent for SS option.

1970 Chevelle

	6	5	4	3	2	1
2d Cpe	460	1,380	2,300	5,180	8,050	11,500
4d Sed	340	1,020	1,700	3,830	5,950	8,500
4d Nomad	360	1,080	1,800	4,050	6,300	9,000

1970 Greenbrier

	6	5	4	3	2	1
4d 6P Sta Wag	340	1,020	1,700	3,830	5,950	8,500
4d 8P Sta Wag	340	1,020	1,700	3,830	5,950	8,500

1970 Malibu, V-8

	6	5	4	3	2	1
4d Sed	344	1,032	1,720	3,870	6,020	8,600
4d HT	360	1,080	1,800	4,050	6,300	9,000
2d HT	860	2,580	4,300	9,680	15,050	21,500
2d Conv	1,960	5,880	9,800	22,050	34,300	49,000
4d Concours Est Wag	380	1,150	1,920	4,320	6,720	9,600

1970 Chevelle Malibu SS 396

	6	5	4	3	2	1
2d HT	2,240	6,720	11,200	25,200	39,200	56,000
2d Conv	2,820	8,460	14,100	31,730	49,350	70,500

1970 Chevelle Malibu SS 454

	6	5	4	3	2	1
2d HT	2,600	7,800	13,000	29,250	45,500	65,000
2d Conv	3,080	9,240	15,400	34,650	53,900	77,000

NOTE: Add 35 percent for 396 cid, 375 hp. Add 85 percent for LS6 engine option.

1970 Monte Carlo

	6	5	4	3	2	1
2d HT	840	2,520	4,200	9,450	14,700	21,000

NOTE: Add 40 percent for SS 454.

1970 Biscayne

	6	5	4	3	2	1
4d Sed	308	924	1,540	3,470	5,390	7,700
4d Sta Wag	312	936	1,560	3,510	5,460	7,800

1970 Bel Air

	6	5	4	3	2	1
4d Sed	324	972	1,620	3,650	5,670	8,100
4d 6P Sta Wag	332	996	1,660	3,740	5,810	8,300
4d 9P Sta Wag	340	1,020	1,700	3,830	5,950	8,500

1970 Impala, V-8

	6	5	4	3	2	1
4d Sed	352	1,056	1,760	3,960	6,160	8,800
4d HT	500	1,500	2,500	5,630	8,750	12,500
2d Spt Cpe	520	1,560	2,600	5,850	9,100	13,000
2d Cus Cpe	520	1,560	2,600	5,850	9,100	13,000
2d Conv	760	2,280	3,800	8,550	13,300	19,000
4d 6P Sta Wag	380	1,140	1,900	4,280	6,650	9,500
4d 9P Sta Wag	480	1,440	2,400	5,400	8,400	12,000

1970 Caprice, V-8

	6	5	4	3	2	1
4d HT	520	1,560	2,600	5,850	9,100	13,000
2d Cus Cpe	660	1,980	3,300	7,430	11,550	16,500
4d 6P Sta Wag	488	1,464	2,440	5,490	8,540	12,200
4d 9P Sta Wag	500	1,500	2,500	5,630	8,750	12,500

NOTE: Add 35 percent for SS 454 option. Add 25 percent for Rally Sport and/or Super Sport options.

1970 Camaro, V-8

	6	5	4	3	2	1
2d Cpe	760	2,280	3,800	8,550	13,300	19,000
2d Z28	1,640	4,920	8,200	18,450	28,700	41,000

NOTE: Deduct 5 percent for Six, (except Z28). Add 35 percent for the 375 hp 396, (L78 option). Add 35 percent for Rally Sport and/or Super Sport options.

1971 Vega

	6	5	4	3	2	1
2d Sed	320	960	1,600	3,600	5,600	8,000
2d HBk	324	972	1,620	3,650	5,670	8,100
2d Kammback	328	984	1,640	3,690	5,740	8,200

NOTE: Add 5 percent for GT.

1971 Nova, V-8

	6	5	4	3	2	1
4d Sed	400	1,200	2,000	4,500	7,000	10,000
2d Sed	490	1,460	2,440	5,490	8,540	12,200
2d SS	780	2,340	3,900	8,780	13,650	19,500

	6	5	4	3	2	1
1971 Chevelle						
2d HT	720	2,160	3,600	8,100	12,600	18,000
2d Malibu HT	920	2,760	4,600	10,350	16,100	23,000
2d Malibu Conv	1,840	5,520	9,200	20,700	32,200	46,000
4d HT	520	1,560	2,600	5,850	9,100	13,000
4d Sed	340	1,020	1,700	3,830	5,950	8,500
4d Concours Est Wag	480	1,440	2,400	5,400	8,400	12,000
1971 Chevelle Malibu SS						
2d HT	2,040	6,120	10,200	22,950	35,700	51,000
2d Conv	2,580	7,740	12,900	29,030	45,150	64,500
1971 Chevelle Malibu SS-454						
2d HT	2,120	6,360	10,600	23,850	37,100	53,000
2d Conv	2,660	7,980	13,300	29,930	46,550	66,500
1971 Monte Carlo						
2d HT	840	2,520	4,200	9,450	14,700	21,000

NOTE: Add 40 percent for SS 454. Add 25 percent for SS 402 engine option.

	6	5	4	3	2	1
1971 Biscayne, V-8, 121" wb						
4d Sed	312	936	1,560	3,510	5,460	7,800
1971 Bel Air, V-8, 121" wb						
4d Sed	328	984	1,640	3,690	5,740	8,200
1971 Impala, V-8, 121" wb						
4d Sed	340	1,020	1,700	3,830	5,950	8,500
4d HT	368	1,104	1,840	4,140	6,440	9,200
2d HT	520	1,560	2,600	5,850	9,100	13,000
2d HT Cus	528	1,584	2,640	5,940	9,240	13,200
2d Conv	880	2,640	4,400	9,900	15,400	22,000
1971 Caprice, V-8, 121" wb						
4d HT	480	1,440	2,400	5,400	8,400	12,000
2d HT	540	1,620	2,700	6,080	9,450	13,500
1971 Station Wagons, V-8, 125" wb						
4d Brookwood 2-S	376	1,128	1,880	4,230	6,580	9,400
4d Townsman 3-S	388	1,164	1,940	4,370	6,790	9,700
4d Kingswood 3-S	396	1,188	1,980	4,460	6,930	9,900
4d Est 3-S	400	1,200	2,000	4,500	7,000	10,000

NOTE: Add 35 percent for SS 454 option.

	6	5	4	3	2	1
1971 Camaro, V-8						
2d Cpe	760	2,280	3,800	8,550	13,300	19,000
2d Z28	1,460	4,380	7,300	16,430	25,550	36,500

NOTE: Add 35 percent for Rally Sport and/or Super Sport options. Add 25 percent for 402 ("396") engine option.

	6	5	4	3	2	1
1972 Vega						
2d Sed	320	960	1,600	3,600	5,600	8,000
2d HBk	324	972	1,620	3,650	5,670	8,100
2d Kammback	328	984	1,640	3,690	5,740	8,200

NOTE: Add 15 percent for GT.

	6	5	4	3	2	1
1972 Nova						
4d Sed	380	1,140	1,900	4,280	6,650	9,500
2d Sed	470	1,400	2,340	5,270	8,190	11,700

NOTE: Add 50 percent for SS. Add 15 percent for folding vinyl sunroof.

	6	5	4	3	2	1
1972 Chevelle						
2d Malibu HT	840	2,520	4,200	9,450	14,700	21,000
2d Malibu Conv	1,760	5,280	8,800	19,800	30,800	44,000
4d HT	520	1,560	2,600	5,850	9,100	13,000
4d Sed	340	1,020	1,700	3,830	5,950	8,500
4d Concours Est Wag	480	1,440	2,400	5,400	8,400	12,000
1972 Chevelle Malibu SS						
2d HT	1,520	4,560	7,600	17,100	26,600	38,000
2d Conv	2,080	6,240	10,400	23,400	36,400	52,000
1972 Chevelle Malibu SS-454						
2d HT	1,600	4,800	8,000	18,000	28,000	40,000
2d Conv	2,160	6,480	10,800	24,300	37,800	54,000
1972 Monte Carlo						
2d HT	840	2,520	4,200	9,450	14,700	21,000

NOTE: Add 35 percent for 454 cid engine. Add 25 percent for 402 engine option.

	6	5	4	3	2	1
1972 Biscayne, V-8, 121" wb						
4d Sed	312	936	1,560	3,510	5,460	7,800
1972 Bel Air, V-8, 121" wb						
4d Sed	316	948	1,580	3,560	5,530	7,900
1972 Impala, V-8, 121" wb						
4d Sed	328	984	1,640	3,690	5,740	8,200
4d HT	368	1,104	1,840	4,140	6,440	9,200
2d HT Cus	520	1,560	2,600	5,850	9,100	13,000
2d HT	500	1,500	2,500	5,630	8,750	12,500
2d Conv	800	2,400	4,000	9,000	14,000	20,000
1972 Caprice, V-8, 121" wb						
4d Sed	340	1,020	1,700	3,830	5,950	8,500
4d HT	500	1,500	2,500	5,630	8,750	12,500
2d HT	540	1,620	2,700	6,080	9,450	13,500

	6	5	4	3	2	1
1972 Station Wagons, V-8, 125" wb						
4d Brookwood 2-S.	388	1,164	1,940	4,370	6,790	9,700
4d Townsman 3-S.	396	1,188	1,980	4,460	6,930	9,900
4d Kingswood 3-S.	400	1,200	2,000	4,500	7,000	10,000
4d Est 3-S.	420	1,260	2,100	4,730	7,350	10,500
NOTE: Add 35 percent for 454 option. Add 30 percent for 402 option.						
1972 Camaro, V-8						
2d Cpe.	760	2,280	3,800	8,550	13,300	19,000
2d Z28.	1,460	4,380	7,300	16,430	25,550	36,500
NOTE: Add 35 percent for Rally Sport and/or Super Sport options.						
1973 Vega						
2d Sed.	344	1,032	1,720	3,870	6,020	8,600
2d HBk	324	972	1,620	3,650	5,670	8,100
2d Sta Wag	328	984	1,640	3,690	5,740	8,200
1973 Nova Custom V8						
2d Cpe.	336	1,008	1,680	3,780	5,880	8,400
4d Sed.	332	996	1,660	3,740	5,810	8,300
2d HBk	340	1,020	1,700	3,830	5,950	8,500
NOTE: Add 15 percent for folding vinyl sunroof.						
1973 Chevelle Malibu V8						
2d Cpe.	344	1,032	1,720	3,870	6,020	8,600
4d Sed.	340	1,020	1,700	3,830	5,950	8,500
NOTE: Add 15 percent for SS option.						
1973 Laguna V8						
4d Sed.	344	1,032	1,720	3,870	6,020	8,600
2d Cpe.	500	1,500	2,500	5,630	8,750	12,500
4d 3S DeL Sta Wag	320	960	1,600	3,600	5,600	8,000
4d 3S Malibu Sta Wag	320	970	1,620	3,650	5,670	8,100
4d 3S Malibu Est Wag.	330	980	1,640	3,690	5,740	8,200
4d 3S Laguna Sta Wag.	340	1,020	1,700	3,830	5,950	8,500
4d 3S Laguna Est Wag.	350	1,040	1,740	3,920	6,090	8,700
1973 Monte Carlo V8						
2d Cpe.	520	1,560	2,600	5,850	9,100	13,000
2d Cpe Lan.	540	1,620	2,700	6,080	9,450	13,500
1973 Bel Air						
4d Sed.	344	1,032	1,720	3,870	6,020	8,600
4d 2S Bel Air Sta Wag	380	1,130	1,880	4,230	6,580	9,400
4d 3S Bel Air Sta Wag	380	1,140	1,900	4,280	6,650	9,500
1973 Impala V8						
2d Cpe Spt	380	1,140	1,900	4,280	6,650	9,500
2d Cpe Cus.	388	1,164	1,940	4,370	6,790	9,700
4d Sed.	348	1,044	1,740	3,920	6,090	8,700
4d HT	360	1,080	1,800	4,050	6,300	9,000
4d 3S Impala Wag.	400	1,200	2,000	4,500	7,000	10,000
1973 Caprice Classic V8						
2d Cpe.	480	1,440	2,400	5,400	8,400	12,000
4d Sed.	348	1,044	1,740	3,920	6,090	8,700
4d HT	380	1,140	1,900	4,280	6,650	9,500
2d Conv.	920	2,760	4,600	10,350	16,100	23,000
4d 3S Caprice Est Wag.	420	1,260	2,100	4,730	7,350	10,500
1973 Camaro, V-8						
2d Cpe.	760	2,280	3,800	8,550	13,300	19,000
2d Z28.	1,100	3,300	5,500	12,380	19,250	27,500
NOTE: Add 35 percent for Rally Sport and/or Super Sport options. Add 35 percent for 454 option.						
1974 Vega						
2d Cpe.	320	960	1,600	3,600	5,600	8,000
2d HBk	324	972	1,620	3,650	5,670	8,100
2d Sta Wag	328	984	1,640	3,690	5,740	8,200
1974 Nova						
2d Cpe.	336	1,008	1,680	3,780	5,880	8,400
2d HBk	344	1,032	1,720	3,870	6,020	8,600
4d Sed.	336	1,008	1,680	3,780	5,880	8,400
1974 Nova Custom						
2d Cpe.	340	1,020	1,700	3,830	5,950	8,500
2d HBk	344	1,032	1,720	3,870	6,020	8,600
4d Sed.	340	1,020	1,700	3,830	5,950	8,500
NOTE: Add 10 percent for Spirit of America option where applied.						
1974 Malibu						
2d Col Cpe	360	1,080	1,800	4,050	6,300	9,000
4d Col Sed	344	1,032	1,720	3,870	6,020	8,600
4d Sta Wag	328	984	1,640	3,690	5,740	8,200
1974 Malibu Classic						
2d Col Cpe	348	1,044	1,740	3,920	6,090	8,700
2d Lan Cpe	336	1,008	1,680	3,780	5,880	8,400
4d Col Sed	324	972	1,620	3,650	5,670	8,100
4d Sta Wag	320	960	1,600	3,600	5,600	8,000

CHEVROLET

CHEVROLET

	6	5	4	3	2	1
1974 Malibu Classic Estate						
4d Sta Wag	324	972	1,620	3,650	5,670	8,100
1974 Laguna Type S-3, V-8						
2d Cpe	600	1,800	3,000	6,750	10,500	15,000
1974 Monte Carlo						
2d "S" Cpe	520	1,560	2,600	5,850	9,100	13,000
2d Lan	540	1,620	2,700	6,080	9,450	13,500
1974 Bel Air						
4d Sed	320	960	1,600	3,600	5,600	8,000
4d Sta Wag	360	1,080	1,800	4,050	6,300	9,000
1974 Impala						
4d Sed	332	996	1,660	3,740	5,810	8,300
4d HT Sed	352	1,056	1,760	3,960	6,160	8,800
2d Spt Cpe	380	1,140	1,900	4,280	6,650	9,500
2d Cus Cpe	392	1,176	1,960	4,410	6,860	9,800
4d Sta Wag	364	1,092	1,820	4,100	6,370	9,100
1974 Caprice Classic						
4d Sed	336	1,008	1,680	3,780	5,880	8,400
4d HT Sed	360	1,080	1,800	4,050	6,300	9,000
2d Cus Cpe	488	1,464	2,440	5,490	8,540	12,200
2d Conv	960	2,880	4,800	10,800	16,800	24,000
4d Sta Wag	380	1,140	1,900	4,280	6,650	9,500

NOTE: Add 20 percent for Nova SS package. Add 12 percent for Malibu with canopy roof. Add 35 percent for 454 V-8. Add 15 percent for Nova with 185 horsepower V-8. Add 25 percent for Impala "Spirit of America" Sport Coupe.

	6	5	4	3	2	1
1974 Camaro, V-8						
2d Cpe	740	2,220	3,700	8,330	12,950	18,500
2d LT Cpe	760	2,280	3,800	8,550	13,300	19,000

NOTE: Add 10 percent for Z28 option.

	6	5	4	3	2	1
1975 Vega						
2d Cpe	320	960	1,600	3,600	5,600	8,000
2d HBk	324	972	1,620	3,650	5,670	8,100
2d Lux Cpe	324	972	1,620	3,650	5,670	8,100
4d Sta Wag	328	984	1,640	3,690	5,740	8,200
4d Est Wag	332	996	1,660	3,740	5,810	8,300
2d Cosworth	440	1,320	2,200	4,950	7,700	11,000
1975 Nova						
2d "S" Cpe	324	972	1,620	3,650	5,670	8,100
2d Cpe	324	972	1,620	3,650	5,670	8,100
2d HBk	328	984	1,640	3,690	5,740	8,200
4d Sed	328	984	1,640	3,690	5,740	8,200
1975 Nova Custom						
2d Cpe	328	984	1,640	3,690	5,740	8,200
2d HBk	332	996	1,660	3,740	5,810	8,300
4d Sed	328	984	1,640	3,690	5,740	8,200
1975 Nova LN, V-8						
4d Sed	332	996	1,660	3,740	5,810	8,300
2d Cpe	336	1,008	1,680	3,780	5,880	8,400
1975 Monza						
2d 2 plus 2	260	780	1,300	2,930	4,550	6,500
2d Twn Cpe	248	744	1,240	2,790	4,340	6,200
1975 Malibu						
2d Col Cpe	340	1,020	1,700	3,830	5,950	8,500
2d Col Sed	320	960	1,600	3,600	5,600	8,000
4d Sta Wag	324	972	1,620	3,650	5,670	8,100
1975 Malibu Classic						
2d Col Cpe	360	1,080	1,800	4,050	6,300	9,000
2d Lan	368	1,104	1,840	4,140	6,440	9,200
4d Col Sed	328	984	1,640	3,690	5,740	8,200
4d Sta Wag	324	972	1,620	3,650	5,670	8,100
4d Est Wag	328	984	1,640	3,690	5,740	8,200
1975 Laguna Type S-3, V-8						
2d Cpe	660	1,980	3,300	7,430	11,550	16,500
1975 Monte Carlo						
2d "S" Cpe	520	1,560	2,600	5,850	9,100	13,000
2d Lan	550	1,600	2,700	6,080	9,450	13,500
1975 Bel Air						
4d Sed	324	972	1,620	3,650	5,670	8,100
4d Sta Wag	360	1,080	1,800	4,050	6,300	9,000
1975 Impala						
4d Sed	332	996	1,660	3,740	5,810	8,300
4d HT	336	1,008	1,680	3,780	5,880	8,400
2d Spt Cpe	360	1,080	1,800	4,050	6,300	9,000
2d Cus Cpe	364	1,092	1,820	4,100	6,370	9,100
2d Lan	380	1,140	1,900	4,280	6,650	9,500
4d Sta Wag	376	1,128	1,880	4,230	6,580	9,400

Body	6	5	4	3	2
1980 Camaro, 6-cyl.					
2d Cpe Spt	244	732	1,220	2,750	4,270
2d Cpe RS	252	756	1,260	2,840	4,410
2d Cpe Berlinetta	256	768	1,280	2,880	4,480
1980 Camaro, V-8					
2d Cpe Spt	260	780	1,300	2,930	4,550
2d Cpe RS	268	804	1,340	3,020	4,690
2d Cpe Berlinetta	272	816	1,360	3,060	4,760
2d Cpe Z28	360	1,080	1,800	4,050	6,300
1980 Monte Carlo, 6-cyl.					
2d Cpe Spt	244	732	1,220	2,750	4,270
2d Cpe Lan	248	744	1,240	2,790	4,340
1980 Monte Carlo, V-8					
2d Cpe Spt	300	900	1,500	3,380	5,250
2d Cpe Lan	304	912	1,520	3,420	5,320
1980 Impala, V-8					
4d Sed	260	790	1,320	2,970	4,620
2d Cpe	340	1,020	1,700	3,830	5,950
4d 2S Sta Wag	188	564	940	2,120	3,290
4d 3S Sta Wag	192	576	960	2,160	3,360

NOTE: Deduct 12 percent for 6-cyl. sedan and coupe only.

Body	6	5	4	3	2
1980 Caprice Classic, V-8					
4d Sed	270	800	1,340	3,020	4,690
2d Cpe	350	1,040	1,740	3,920	6,090
2d Cpe Lan	360	1,070	1,780	4,010	6,230
4d 2S Sta Wag	192	576	960	2,160	3,360
4d 3S Sta Wag	196	588	980	2,210	3,430
1981 Chevette, 4-cyl.					
2d HBk Scooter	124	372	620	1,400	2,170
2d HBk	128	384	640	1,440	2,240
4d HBk	132	396	660	1,490	2,310
1981 Citation, 6-cyl.					
4d HBk	144	432	720	1,620	2,520
2d HBk	140	420	700	1,580	2,450

NOTE: Deduct 10 percent for 4-cyl.

Body	6	5	4	3	2
1981 Malibu, V-8					
4d Sed Spt	188	564	940	2,120	3,290
2d Cpe Spt	272	816	1,360	3,060	4,760
4d Sta Wag	192	576	960	2,160	3,360

NOTE: Deduct 10 percent for 6-cyl.

Body	6	5	4	3	2
1981 Malibu Classic, V-8					
4d Sed Spt	192	576	960	2,160	3,360
2d Cpe Spt	276	828	1,380	3,110	4,830
2d Cpe Lan	280	840	1,400	3,150	4,900
4d Sta Wag	196	588	980	2,210	3,430
1981 Camaro, 6-cyl.					
2d Cpe Spt	248	744	1,240	2,790	4,340
2d Cpe Berlinetta	256	768	1,280	2,880	4,480
1981 Camaro, V-8					
2d Cpe Spt	264	792	1,320	2,970	4,620
2d Cpe Berlinetta	272	816	1,360	3,060	4,760
2d Cpe Z28	368	1,104	1,840	4,140	6,440
1981 Monte Carlo, 6-cyl.					
2d Cpe Spt	288	864	1,440	3,240	5,040
2d Cpe Lan	292	876	1,460	3,290	5,110
1981 Monte Carlo, V-8					
2d Cpe Spt	304	912	1,520	3,420	5,320
2d Cpe Lan	360	1,080	1,800	4,050	6,300
1981 Impala, V-8					
4d Sed	270	800	1,340	3,020	4,690
2d Cpe	340	1,030	1,720	3,870	6,020
4d 2S Sta Wag	192	576	960	2,160	3,360
4d 3S Sta Wag	196	588	980	2,210	3,430

NOTE: Deduct 12 percent for 6-cyl. sedan and coupe only.

Body	6	5	4	3	2
1981 Caprice Classic, V-8					
4d Sed	280	830	1,380	3,110	4,830
2d Cpe	350	1,060	1,760	3,960	6,160
2d Cpe Lan	360	1,080	1,800	4,050	6,300
4d 2S Sta Wag	200	600	1,000	2,250	3,500
4d 3S Sta Wag	204	612	1,020	2,300	3,570

NOTE: Deduct 15 percent for 6-cyl. sedan and coupe only.

Body	6	5	4	3	2
1982 Chevette, 4-cyl.					
2d HBk	136	408	680	1,530	2,380
4d HBk	140	420	700	1,580	2,450

NOTE: Deduct 5 percent for lesser models.

Body	6	5	4	3	2	1
1975 Caprice Classic						
4d Sed	336	1,008	1,680	3,780	5,880	8,400
4d HT	340	1,020	1,700	3,830	5,950	8,500
2d Cus Cpe	380	1,140	1,900	4,280	6,650	9,500
2d Lan	380	1,140	1,900	4,280	6,650	9,500
2d Conv	920	2,760	4,600	10,350	16,100	23,000
4d Sta Wag	400	1,200	2,000	4,500	7,000	10,000

NOTE: Add 10 percent for Nova SS. Add 15 percent for SS option on Chevelle wagon. Add 20 percent for Monte Carlo or Laguna 454. Add 15 percent for 454 Caprice. Add 15 percent for canopy top options. Add 10 percent for Monza V-8.

Body	6	5	4	3	2	1
1975 Camaro, V-8						
Cpe	680	2,040	3,400	7,650	11,900	17,000
Type LT	720	2,160	3,600	8,100	12,600	18,000

NOTE: Add 30 percent for Camaro R/S.

Body	6	5	4	3	2	1
1976 Chevette, 4-cyl.						
2d Scooter	228	684	1,140	2,570	3,990	5,700
2d HBk	236	708	1,180	2,660	4,130	5,900
1976 Vega, 4-cyl.						
2d Sed	320	960	1,600	3,600	5,600	8,000
2d HBk	324	972	1,620	3,650	5,670	8,100
2d Cosworth HBk	500	1,450	2,400	5,400	8,400	12,000
2d Sta Wag	328	984	1,640	3,690	5,740	8,200
2d Est Sta Wag	332	996	1,660	3,740	5,810	8,300
1976 Nova, V-8						
2d Cpe	324	972	1,620	3,650	5,670	8,100
2d HBk	328	984	1,640	3,690	5,740	8,200
4d Sed	320	960	1,600	3,600	5,600	8,000
1976 Nova Concours, V-8						
2d Cpe	328	984	1,640	3,690	5,740	8,200
2d HBk	332	996	1,660	3,740	5,810	8,300
4d Sed	324	972	1,620	3,650	5,670	8,100
1976 Monza, 4-cyl.						
2d Twn Cpe	236	708	1,180	2,660	4,130	5,900
2d HBk	236	708	1,180	2,660	4,130	5,900
1976 Malibu, V-8						
2d Sed	324	972	1,620	3,650	5,670	8,100
4d Sed	320	960	1,600	3,600	5,600	8,000
4d 2S Sta Wag ES	320	960	1,600	3,600	5,600	8,000
4d 3S Sta Wag ES	324	972	1,620	3,650	5,670	8,100
1976 Malibu Classic, V-8						
2d Sed	340	1,020	1,700	3,830	5,950	8,500
2d Lan Cpe	348	1,044	1,740	3,920	6,090	8,700
4d Sed	320	960	1,600	3,600	5,600	8,000
1976 Laguna Type S-3, V-8						
2d Cpe	660	1,980	3,300	7,430	11,550	16,500
1976 Monte Carlo, V-8						
2d Cpe	520	1,560	2,600	5,850	9,100	13,000
2d Lan Cpe	540	1,620	2,700	6,080	9,450	13,500
1976 Impala, V-8						
4d Sed	352	1,056	1,760	3,960	6,160	8,800
4d Spt Sed	356	1,068	1,780	4,010	6,230	8,900
2d Cus Cpe	380	1,140	1,900	4,280	6,650	9,500
4d 2S Sta Wag	356	1,068	1,780	4,010	6,230	8,900
4d 3S Sta Wag	360	1,080	1,800	4,050	6,300	9,000
1976 Caprice Classic, V-8						
4d Sed	360	1,080	1,800	4,050	6,300	9,000
4d Spt Sed	364	1,092	1,820	4,100	6,370	9,100
2d Cpe	420	1,260	2,100	4,730	7,350	10,500
2d Lan Cpe	428	1,284	2,140	4,820	7,490	10,700
4d 2S Sta Wag	360	1,080	1,800	4,050	6,300	9,000
4d 3S Sta Wag	364	1,092	1,820	4,100	6,370	9,100
1976 Camaro, V-8						
2d Cpe	640	1,920	3,200	7,200	11,200	16,000
2d Cpe LT	680	2,040	3,400	7,650	11,900	17,000
1977 Chevette, 4-cyl.						
2d HBk	204	612	1,020	2,300	3,570	5,100
1977 Vega, 4-cyl.						
2d Spt Cpe	292	876	1,460	3,290	5,110	7,300
2d HBk	296	888	1,480	3,330	5,180	7,400
2d Sta Wag	300	900	1,500	3,380	5,250	7,500
2d Est Wag	304	912	1,520	3,420	5,320	7,600
1977 Nova, V-8						
2d Cpe	300	900	1,500	3,380	5,250	7,500
2d HBk	304	912	1,520	3,420	5,320	7,600
4d Sed	296	888	1,480	3,330	5,180	7,400
1977 Nova Concours, V-8						
2d Cpe	304	912	1,520	3,420	5,320	7,600

Model / Body	6	5	4	3	2	1
1977 Nova Concours (cont.)						
2d HBk	308	924	1,540	3,470	5,390	7,700
4d Sed	300	900	1,500	3,380	5,250	7,500
1977 Monza, 4-cyl.						
2d Twn Cpe	220	660	1,100	2,480	3,850	5,500
2d HBk	220	660	1,100	2,480	3,850	5,500
1977 Malibu, V-8						
2d Cpe	296	888	1,480	3,330	5,180	7,400
4d Sed	300	900	1,500	3,380	5,250	7,500
4d 2S Sta Wag	284	852	1,420	3,200	4,970	7,100
3S Sta Wag	288	864	1,440	3,240	5,040	7,200
1977 Malibu Classic, V-8						
2d Cpe	300	900	1,500	3,380	5,250	7,500
2d Lan Cpe	320	960	1,600	3,600	5,600	8,000
4d Sed	304	912	1,520	3,420	5,320	7,600
4d 2S Sta Wag	292	876	1,460	3,290	5,110	7,300
4d 3S Sta Wag	296	888	1,480	3,330	5,180	7,400
1977 Monte Carlo, V-8						
2d Cpe	520	1,560	2,600	5,850	9,100	13,000
2d Lan Cpe	540	1,620	2,700	6,080	9,450	13,500
1977 Impala, V-8						
2d Cpe	390	1,160	1,940	4,370	6,790	9,700
4d Sed	340	1,020	1,700	3,830	5,950	8,500
4d 2S Sta Wag	250	800	1,300	2,930	4,550	6,500
4d 3S Sta Wag	250	800	1,300	2,970	4,600	6,600
1977 Caprice Classic, V-8						
2d Cpe	400	1,190	1,980	4,460	6,930	9,900
2d Lan Cpe	400	1,210	2,020	4,550	7,070	10,100
4d Sed	350	1,040	1,740	3,920	6,090	8,700
4d 2S Sta Wag	250	800	1,300	2,970	4,600	6,600
4d 3S Sta Wag	250	800	1,350	3,020	4,700	6,700
1977 Camaro, V-8						
2d Spt Cpe	520	1,560	2,600	5,850	9,100	13,000
2d Spt Cpe LT	540	1,620	2,700	6,080	9,450	13,500
2d Spt Cpe Z28	640	1,920	3,200	7,200	11,200	16,000
1978 Chevette						
2d Scooter	152	456	760	1,710	2,660	3,800
2d HBk	152	456	760	1,710	2,660	3,800
4d HBk	156	468	780	1,760	2,730	3,900
1978 Nova						
2d Cpe	250	750	1,300	2,880	4,500	6,400
2d HBk	250	750	1,300	2,880	4,500	6,400
4d Sed	250	750	1,250	2,840	4,400	6,300
1978 Nova Custom						
2d Cpe	250	800	1,300	2,930	4,550	6,500
4d Sed	250	750	1,300	2,880	4,500	6,400
1978 Monza						
2d Cpe 2 plus 2	184	552	920	2,070	3,220	4,600
2d "S" Cpe	200	550	900	2,030	3,150	4,500
2d Cpe	176	528	880	1,980	3,080	4,400
2d Sta Wag	160	490	820	1,850	2,870	4,100
2d Est Wag	170	500	840	1,890	2,940	4,200
2d Spt Cpe 2 plus 2	200	600	1,000	2,250	3,500	5,000
2d Spt Cpe	192	576	960	2,160	3,360	4,800
1978 Malibu						
2d Spt Cpe	304	912	1,520	3,420	5,320	7,600
4d Sed	220	660	1,100	2,480	3,850	5,500
4d Sta Wag	220	660	1,100	2,480	3,850	5,500
1978 Malibu Classic						
2d Spt Cpe	308	924	1,540	3,470	5,390	7,700
4d Sed	224	672	1,120	2,520	3,920	5,600
4d Sta Wag	224	672	1,120	2,520	3,920	5,600
1978 Monte Carlo, V-8						
2d Cpe	350	1,000	1,700	3,830	5,950	8,500
1978 Impala						
2d Cpe	380	1,140	1,900	4,280	6,650	9,500
4d Sed	300	890	1,480	3,330	5,180	7,400
4d Sta Wag	216	648	1,080	2,430	3,780	5,400
1978 Caprice Classic						
2d Cpe	390	1,180	1,960	4,410	6,860	9,800
2d Lan Cpe	400	1,200	2,000	4,500	7,000	10,000
4d Sed	310	920	1,540	3,470	5,390	7,700
4d Sta Wag	232	696	1,160	2,610	4,060	5,800
1978 Camaro, V-8						
2d Cpe	240	720	1,200	2,700	4,200	6,000
2d LT Cpe	260	780	1,300	2,930	4,550	6,500
2d Z28 Cpe	360	1,080	1,800	4,050	6,300	9,000

Model / Body	6	5	4	3	2	1
1979 Chevette, 4-cyl.						
2d HBk	156	468	780	1,760	2,730	3,900
4d HBk	156	468	780	1,760	2,730	3,900
2d Scooter	152	456	760	1,710	2,660	3,800
1979 Nova, V-8						
2d Sed	250	750	1,300	2,880	4,500	6,400
4d Sed	250	750	1,250	2,840	4,400	6,300
2d HBk	250	800	1,300	2,930	4,550	6,500
1979 Nova Custom, V-8						
4d Sed	250	800	1,300	2,930	4,550	6,500
2d Sed	250	750	1,300	2,880	4,500	6,400
NOTE: Deduct 5 percent for 6-cyl.						
1979 Monza, 4-cyl.						
2d 2 plus 2 HBk	188	564	940	2,120	3,290	4,700
2d Cpe	184	552	920	2,070	3,220	4,600
2d Sta Wag	170	500	840	1,890	2,940	4,200
2d Spt 2 plus 2 HBk	192	576	960	2,160	3,360	4,800
1979 Malibu, V-8						
4d Sed	224	672	1,120	2,520	3,920	5,600
2d Spt Cpe	312	936	1,560	3,510	5,460	7,800
4d Sta Wag	228	684	1,140	2,570	3,990	5,700
1979 Malibu Classic, V-8						
4d Sed	228	684	1,140	2,570	3,990	5,700
2d Spt Cpe	316	948	1,580	3,560	5,530	7,900
2d Lan Cpe	320	960	1,600	3,600	5,600	8,000
4d Sta Wag	232	696	1,160	2,610	4,060	5,800
NOTE: Deduct 5 percent for 6-cyl.						
1979 Monte Carlo, V-8						
2d Spt Cpe	350	1,000	1,700	3,830	5,950	8,500
2d Lan Cpe	350	1,100	1,800	4,050	6,300	9,000
NOTE: Deduct 10 percent for 6-cyl.						
1979 Impala, V-8						
4d Sed	300	900	1,500	3,380	5,250	7,500
2d Sed	370	1,100	1,840	4,140	6,440	9,200
2d Lan Cpe	380	1,130	1,880	4,230	6,580	9,400
4d 2S Sta Wag	216	648	1,080	2,430	3,780	5,400
4d 3S Sta Wag	220	660	1,100	2,480	3,850	5,500
1979 Caprice Classic, V-8						
4d Sed	310	920	1,540	3,470	5,390	7,700
2d Sed	380	1,150	1,920	4,320	6,720	9,600
2d Lan Cpe	390	1,160	1,940	4,370	6,790	9,700
4d 2S Sta Wag	232	696	1,160	2,610	4,060	5,800
4d 3S Sta Wag	236	708	1,180	2,660	4,130	5,900
NOTE: Deduct 15 percent for 6-cyl.						
1979 Camaro, V-8						
2d Spt Cpe	232	696	1,160	2,610	4,060	5,800
2d Rally Cpe	256	768	1,280	2,880	4,480	6,400
2d Berlinetta Cpe	264	792	1,320	2,970	4,620	6,600
2d Z28 Cpe	276	828	1,380	3,110	4,830	6,900
NOTE: Deduct 20 percent for 6-cyl.						
1980 Chevette, 4-cyl.						
2d HBk Scooter	120	360	600	1,350	2,100	3,000
2d HBk	124	372	620	1,400	2,170	3,100
4d HBk	128	384	640	1,440	2,240	3,200
1980 Citation, 6-cyl.						
4d HBk	140	420	700	1,580	2,450	3,500
2d HBk	136	408	680	1,530	2,380	3,400
2d Cpe	144	432	720	1,620	2,520	3,600
2d Cpe Clb	148	444	740	1,670	2,590	3,700
NOTE: Deduct 10 percent for 4-cyl.						
1980 Monza, 4-cyl.						
2d HBk 2 plus 2	136	408	680	1,530	2,380	3,400
2d HBk Spt 2 plus 2	144	432	720	1,620	2,520	3,600
2d Cpe	140	420	700	1,580	2,450	3,500
NOTE: Add 10 percent for V-6.						
1980 Malibu, V-8						
4d Sed	184	552	920	2,070	3,220	4,600
2d Cpe Spt	272	816	1,360	3,060	4,760	6,800
4d Sta Wag	188	564	940	2,120	3,290	4,700
NOTE: Deduct 10 percent for V-6.						
1980 Malibu Classic, V-8						
4d Sed	188	564	940	2,120	3,290	4,700
2d Cpe Spt	276	828	1,380	3,110	4,830	6,900
2d Cpe Lan	280	840	1,400	3,150	4,900	7,000
4d Sta Wag	192	576	960	2,160	3,360	4,800
NOTE: Deduct 10 percent for 6-cyl.						

	6	5	4	3	2	1
1982 Cavalier, 4-cyl.						
4d Sed CL.	160	480	800	1,800	2,800	4,000
2d Cpe CL.	164	492	820	1,850	2,870	4,100
2d Hatch CL	168	504	840	1,890	2,940	4,200
4d Sta Wag CL	168	504	840	1,890	2,940	4,200
NOTE: Deduct 5 percent for lesser models.						
1982 Citation, 6-cyl.						
4d HBk	152	456	760	1,710	2,660	3,800
2d HBk	148	444	740	1,670	2,590	3,700
2d Cpe.	152	456	760	1,710	2,660	3,800
NOTE: Deduct 10 percent for 4-cyl.						
1982 Malibu, V-8						
4d Sed.	164	492	820	1,850	2,870	4,100
4d Sta Wag.	168	504	840	1,890	2,940	4,200
NOTE: Deduct 10 percent for 6-cyl.						
1982 Celebrity, 6-cyl.						
4d Sed.	168	504	840	1,890	2,940	4,200
2d Cpe.	172	516	860	1,940	3,010	4,300
NOTE: Deduct 10 percent for 6-cyl.						
1982 Camaro, 6-cyl.						
2d Cpe Spt	252	756	1,260	2,840	4,410	6,300
2d Cpe Berlinetta	260	780	1,300	2,930	4,550	6,500
1982 Camaro, V-8						
2d Cpe Spt	268	804	1,340	3,020	4,690	6,700
2d Cpe Berlinetta	276	828	1,380	3,110	4,830	6,900
2d Cpe Z28	376	1,128	1,880	4,230	6,580	9,400
NOTE: Add 20 percent for Indy Pace Car.						
1982 Monte Carlo, 6-cyl.						
2d Cpe Spt	292	876	1,460	3,290	5,110	7,300
1982 Monte Carlo, V-8						
2d Cpe Spt	364	1,092	1,820	4,100	6,370	9,100
1982 Impala, V-8						
4d Sed.	280	850	1,420	3,200	4,970	7,100
4d 2S Sta Wag	204	612	1,020	2,300	3,570	5,100
4d 3S Sta Wag	208	624	1,040	2,340	3,640	5,200
NOTE: Deduct 12 percent for 6-cyl. on sedan only.						
1982 Caprice Classic, V-8						
4d Sed.	290	880	1,460	3,290	5,110	7,300
2d Spt Cpe	370	1,120	1,860	4,190	6,510	9,300
4d 3S Sta Wag	216	648	1,080	2,430	3,780	5,400
NOTE: Deduct 15 percent for 6-cyl. sedan and coupe only.						
1983 Chevette, 4-cyl.						
2d HBk	140	420	700	1,580	2,450	3,500
4d HBk	144	432	720	1,620	2,520	3,600
NOTE: Deduct 5 percent for lesser models.						
1983 Cavalier, 4-cyl.						
4d Sed CS.	156	468	780	1,760	2,730	3,900
2d Cpe CS.	160	480	800	1,800	2,800	4,000
2d HBk CS	164	492	820	1,850	2,870	4,100
4d Sta Wag CS	164	492	820	1,850	2,870	4,100
NOTE: Deduct 5 percent for lesser models.						
1983 Citation, 6-cyl.						
4d HBk	152	456	760	1,710	2,660	3,800
2d HBk	148	444	740	1,670	2,590	3,700
2d Cpe.	152	456	760	1,710	2,660	3,800
NOTE: Deduct 10 percent for 4-cyl.						
1983 Malibu, V-8						
4d Sed.	168	504	840	1,890	2,940	4,200
4d Sta Wag.	172	516	860	1,940	3,010	4,300
NOTE: Deduct 10 percent for 6-cyl.						
1983 Celebrity, V-6						
4d Sed.	172	516	860	1,940	3,010	4,300
2d Cpe.	176	528	880	1,980	3,080	4,400
NOTE: Deduct 10 percent for 4-cyl.						
1983 Camaro, 6-cyl.						
2d Cpe Spt	256	768	1,280	2,880	4,480	6,400
2d Cpe Berlinetta	264	792	1,320	2,970	4,620	6,600
1983 Camaro, V-8						
2d Cpe Spt	272	816	1,360	3,060	4,760	6,800
2d Cpe Berlinetta	360	1,080	1,800	4,050	6,300	9,000
2d Cpe Z28	380	1,140	1,900	4,280	6,650	9,500
1983 Monte Carlo, 6-cyl.						
2d Cpe Spt	292	876	1,460	3,290	5,110	7,300
1983 Monte Carlo, V-8						
2d Cpe Spt SS	580	1,740	2,900	6,530	10,150	14,500
2d Cpe Spt	300	900	1,500	3,380	5,250	7,500

CHEVROLET

CHEVROLET

	6	5	4	3	2	1
1983 Impala, V-8						
4d Sed 290	860	1,440	3,240	5,040	7,200
NOTE: Deduct 12 percent for 6-cyl.						
1983 Caprice Classic, V-8						
4d Sed 300	890	1,480	3,330	5,180	7,400
4d Sta Wag 216	648	1,080	2,430	3,780	5,400
NOTE: Deduct 15 percent for 6-cyl.						
1984 Chevette CS, 4-cyl.						
2d HBk.............................. 144	432	720	1,620	2,520	3,600
NOTE: Deduct 10 percent for V-6 cyl. Deduct 5 percent for lesser models.						
1984 Cavalier, 4-cyl.						
4d Sed 148	444	740	1,670	2,590	3,700
4d Sta Wag 160	480	800	1,800	2,800	4,000
1984 Cavalier Type 10, 4-cyl.						
2d Sed 152	456	760	1,710	2,660	3,800
2d HBk.............................. 156	468	780	1,760	2,730	3,900
2d Conv 220	660	1,100	2,480	3,850	5,500
1984 Cavalier CS, 4-cyl.						
4d Sed 156	468	780	1,760	2,730	3,900
4d Sta Wag 160	480	800	1,800	2,800	4,000
1984 Citation, V-6						
4d HBk.............................. 164	492	820	1,850	2,870	4,100
2d HBk.............................. 164	492	820	1,850	2,870	4,100
2d Cpe 168	504	840	1,890	2,940	4,200
NOTE: Deduct 5 percent for 4-cyl.						
1984 Celebrity, V-6						
4d Sed 160	480	800	1,800	2,800	4,000
2d Sed 160	480	800	1,800	2,800	4,000
4d Sta Wag 164	492	820	1,850	2,870	4,100
NOTE: Deduct 5 percent for 4-cyl.						
1984 Camaro, V-8						
2d Cpe 264	792	1,320	2,970	4,620	6,600
2d Cpe Berlinetta 272	816	1,360	3,060	4,760	6,800
2d Cpe Z28 364	1,092	1,820	4,100	6,370	9,100
NOTE: Deduct 10 percent for V-6 cyl.						
1984 Monte Carlo, V-8						
2d Cpe 292	876	1,460	3,290	5,110	7,300
2d Cpe SS 540	1,620	2,700	6,080	9,450	13,500
NOTE: Deduct 15 percent for V-6 cyl.						
1984 Impala, V-8						
4d Sed 300	890	1,480	3,330	5,180	7,400
NOTE: Deduct 10 percent for V-6 cyl.						
1984 Caprice Classic, V-8						
4d Sed 300	910	1,520	3,420	5,320	7,600
2d Sed 380	1,150	1,920	4,320	6,720	9,600
4d Sta Wag 224	672	1,120	2,520	3,920	5,600
NOTE: Deduct 10 percent for V-6 cyl.						
1985 Sprint, 3-cyl.						
2d HBk.............................. 140	420	700	1,580	2,450	3,500
1985 Chevette, 4-cyl.						
4d HBk.............................. 144	432	720	1,620	2,520	3,600
2d HBk.............................. 140	420	700	1,580	2,450	3,500
NOTE: Deduct 20 percent for diesel.						
1985 Spectrum, 4-cyl.						
4d HBk.............................. 144	432	720	1,620	2,520	3,600
2d HBk.............................. 144	432	720	1,620	2,520	3,600
1985 Nova, 4-cyl.						
4d HBk.............................. 144	432	720	1,620	2,520	3,600
1985 Cavalier						
2d T Type Cpe 168	504	840	1,890	2,940	4,200
2d T Type HBk....................... 172	516	860	1,940	3,010	4,300
T Type Conv......................... 220	660	1,100	2,480	3,850	5,500
NOTE: Deduct 10 percent for 4-cyl. Deduct 5 percent for lesser models.						
1985 Citation, V-6						
4d HBk.............................. 168	504	840	1,890	2,940	4,200
2d HBk.............................. 168	504	840	1,890	2,940	4,200
NOTE: Deduct 10 percent for 4-cyl.						
1985 Celebrity, V-6						
4d Sed 172	516	860	1,940	3,010	4,300
2d Cpe 172	516	860	1,940	3,010	4,300
4d Sta Wag 176	528	880	1,980	3,080	4,400
NOTE: Deduct 10 percent for 4-cyl. Deduct 30 percent for diesel.						
1985 Camaro, V-8						
2d Cpe Spt.......................... 268	804	1,340	3,020	4,690	6,700
2d Cpe Berlinetta 276	828	1,380	3,110	4,830	6,900
2d Cpe Z28 368	1,104	1,840	4,140	6,440	9,200
2d Cpe IROC-Z 384	1,152	1,920	4,320	6,720	9,600
NOTE: Deduct 30 percent for 4-cyl. Deduct 20 percent for V-6.						

	6	5	4	3	2	1
1985 Monte Carlo, V-8						
2d Cpe Spt	296	888	1,480	3,330	5,180	7,400
2d Cpe SS	540	1,620	2,700	6,080	9,450	13,500
NOTE: Deduct 20 percent for V-6 where available.						
1985 Impala, V-8						
4d Sed	300	900	1,500	3,380	5,250	7,500
NOTE: Deduct 20 percent for V-6.						
1985 Caprice Classic, V-8						
4d Sed	310	920	1,540	3,470	5,390	7,700
2d Cpe	380	1,150	1,920	4,320	6,720	9,600
4d Sta Wag	236	708	1,180	2,660	4,130	5,900
NOTE: Deduct 20 percent for V-6. Deduct 30 percent for diesel.						
1986 Chevette						
2d Cpe	144	432	720	1,620	2,520	3,600
4d Sed	148	444	740	1,670	2,590	3,700
1986 Nova						
4d Sed	148	444	740	1,670	2,590	3,700
4d HBk	152	456	760	1,710	2,660	3,800
1986 Cavalier						
2d Cpe	160	480	800	1,800	2,800	4,000
4d Sed	164	492	820	1,850	2,870	4,100
4d Sta Wag	168	504	840	1,890	2,940	4,200
2d Conv	240	720	1,200	2,700	4,200	6,000
1986 Cavalier Z24						
2d Cpe	232	696	1,160	2,610	4,060	5,800
2d HBk	228	684	1,140	2,570	3,990	5,700
1986 Camaro						
2d Cpe	272	816	1,360	3,060	4,760	6,800
2d Cpe Berlinetta	360	1,080	1,800	4,050	6,300	9,000
2d Cpe Z28	380	1,140	1,900	4,280	6,650	9,500
2d Cpe IROC-Z	400	1,200	2,000	4,500	7,000	10,000
1986 Celebrity						
2d Cpe	176	528	880	1,980	3,080	4,400
4d Sed	180	540	900	2,030	3,150	4,500
4d Sta Wag	184	552	920	2,070	3,220	4,600
1986 Monte Carlo						
2d Cpe	320	960	1,600	3,600	5,600	8,000
2d Cpe LS	340	1,020	1,700	3,830	5,950	8,500
1986 Monte Carlo SS						
2d Cpe	500	1,500	2,500	5,630	8,750	12,500
2d Cpe Aero	660	1,980	3,300	7,430	11,550	16,500
1986 Caprice						
4d Sed	320	970	1,620	3,650	5,670	8,100
1986 Caprice Classic						
2d Cpe	410	1,240	2,060	4,640	7,210	10,300
4d Sed	330	1,000	1,660	3,740	5,810	8,300
4d Sta Wag	268	804	1,340	3,020	4,690	6,700
1986 Caprice Classic Brougham						
4d Sed	340	1,030	1,720	3,870	6,020	8,600
4d Sed LS	268	804	1,340	3,020	4,690	6,700
1987 Sprint, 3-cyl.						
2d HBk	144	432	720	1,620	2,520	3,600
4d HBk	148	444	740	1,670	2,590	3,700
2d HBk ER	148	444	740	1,670	2,590	3,700
2d HBk Turbo	152	456	760	1,710	2,660	3,800
1987 Chevette, 4-cyl.						
2d HBk	144	432	720	1,620	2,520	3,600
4d HBk	148	444	740	1,670	2,590	3,700
1987 Spectrum, 4-cyl.						
2d HBk	156	468	780	1,760	2,730	3,900
4d HBk	156	468	780	1,760	2,730	3,900
2d HBk EX	152	456	760	1,710	2,660	3,800
4d HBk Turbo	160	480	800	1,800	2,800	4,000
1987 Nova, 4-cyl.						
4d HBk	152	456	760	1,710	2,660	3,800
4d Sed	156	468	780	1,760	2,730	3,900
1987 Cavalier, 4-cyl.						
4d Sed	160	480	800	1,800	2,800	4,000
2d Cpe	156	468	780	1,760	2,730	3,900
4d Sta Wag	164	492	820	1,850	2,870	4,100
4d Sed GS	164	492	820	1,850	2,870	4,100
2d HBk GS	160	480	800	1,800	2,800	4,000
4d Sta Wag GS	168	504	840	1,890	2,940	4,200
4d Sed RS	168	504	840	1,890	2,940	4,200
2d Cpe RS	164	492	820	1,850	2,870	4,100
2d HBk RS	164	492	820	1,850	2,870	4,100

CHEVROLET

	6	5	4	3	2	1
2d Conv RS	248	744	1,240	2,790	4,340	6,200
4d Sta Wag	168	504	840	1,890	2,940	4,200

NOTE: Add 10 percent for V-6.

1987 Cavalier Z24, V-6

	6	5	4	3	2	1
2d Spt Cpe	236	708	1,180	2,660	4,130	5,900
2d Spt HBk	232	696	1,160	2,610	4,060	5,800

1987 Beretta

	6	5	4	3	2	1
2d Cpe, 4-cyl	188	564	940	2,120	3,290	4,700
2d Cpe, V-6	200	600	1,000	2,250	3,500	5,000

1987 Corsica

	6	5	4	3	2	1
4d Sed, 4-cyl	192	576	960	2,160	3,360	4,800
4d Sed, V-6	204	612	1,020	2,300	3,570	5,100

1987 Celebrity

	6	5	4	3	2	1
4d Sed, 4-cyl	184	552	920	2,070	3,220	4,600
2d Cpe, 4-cyl	180	540	900	2,030	3,150	4,500
4d Sta Wag, 4-cyl	188	564	940	2,120	3,290	4,700
4d Sed, V-6	192	576	960	2,160	3,360	4,800
2d Cpe, V-6	188	564	940	2,120	3,290	4,700
4d Sta Wag, V-6	196	588	980	2,210	3,430	4,900

1987 Camaro

	6	5	4	3	2	1
2d Cpe, V-6	276	828	1,380	3,110	4,830	6,900
2d Cpe LT, V-6	360	1,080	1,800	4,050	6,300	9,000
2d Cpe, V-8	368	1,104	1,840	4,140	6,440	9,200
2d Cpe LT, V-8	372	1,116	1,860	4,190	6,510	9,300
2d Cpe Z28, V-8	388	1,164	1,940	4,370	6,790	9,700
2d Cpe IROC-Z, V-8	410	1,220	2,040	4,590	7,140	10,200
2d Conv IROC-Z, V-8	800	2,400	4,000	9,000	14,000	20,000

NOTE: Add 20 percent for 350 V-8 where available. Add 10 percent for Anniversary Edition.

1987 Monte Carlo

	6	5	4	3	2	1
2d Cpe LS, V-6	324	972	1,620	3,650	5,670	8,100
2d Cpe LS, V-8	332	996	1,660	3,740	5,810	8,300
2d Cpe SS, V-8	500	1,500	2,500	5,630	8,750	12,500
2d Cpe Aero, V-8	620	1,860	3,100	6,980	10,850	15,500

1987 Caprice, V-6

	6	5	4	3	2	1
4d Sed	330	980	1,640	3,690	5,740	8,200

1987 Caprice Classic, V-6

	6	5	4	3	2	1
4d Sed	340	1,010	1,680	3,780	5,880	8,400
2d Cpe	410	1,240	2,060	4,640	7,210	10,300
4d Sed Brgm	340	1,020	1,700	3,830	5,950	8,500
2d Cpe Brgm	420	1,250	2,080	4,680	7,280	10,400

1987 Caprice, V-8

	6	5	4	3	2	1
4d Sed	340	1,020	1,700	3,830	5,950	8,500
4d Sta Wag	272	816	1,360	3,060	4,760	6,800

1987 Caprice Classic, V-8

	6	5	4	3	2	1
4d Sed	350	1,040	1,740	3,920	6,090	8,700
2d Cpe	420	1,260	2,100	4,730	7,350	10,500
4d Sta Wag	280	840	1,400	3,150	4,900	7,000
4d Sed Brgm	350	1,060	1,760	3,960	6,160	8,800
2d Cpe Brgm	420	1,270	2,120	4,770	7,420	10,600

1988 Sprint, 3-cyl.

	6	5	4	3	2	1
2d HBk	120	360	600	1,350	2,100	3,000
4d HBk	128	384	640	1,440	2,240	3,200
2d Metro	112	336	560	1,260	1,960	2,800
2d Turbo	116	348	580	1,310	2,030	2,900

1988 Spectrum, 4-cyl.

	6	5	4	3	2	1
2d HBk Express	108	324	540	1,220	1,890	2,700
4d Sed	116	348	580	1,310	2,030	2,900
2d HBk	112	336	560	1,260	1,960	2,800
4d Turbo Sed	124	372	620	1,400	2,170	3,100

1988 Nova, 4-cyl.

	6	5	4	3	2	1
5d HBk	140	420	700	1,580	2,450	3,500
4d Sed	136	408	680	1,530	2,380	3,400
4d Sed Twin Cam	164	492	820	1,850	2,870	4,100

1988 Cavalier

	6	5	4	3	2	1
4d Sed	136	408	680	1,530	2,380	3,400
2d Cpe	144	432	720	1,620	2,520	3,600
4d Sta Wag	136	408	680	1,530	2,380	3,400
4d RS Sed	156	468	780	1,760	2,730	3,900
2d RS Cpe	160	480	800	1,800	2,800	4,000
2d Z24 Cpe, V-6	200	600	1,000	2,250	3,500	5,000
2d Z24 Conv, V-6	240	720	1,200	2,700	4,200	6,000

1988 Beretta, 4-cyl.

	6	5	4	3	2	1
2d Cpe	168	504	840	1,890	2,940	4,200
2d Cpe, V-6	180	540	900	2,030	3,150	4,500

1988 Corsica, V-4

	6	5	4	3	2	1
4d Sed	160	480	800	1,800	2,800	4,000
4d Sed, V-6	172	516	860	1,940	3,010	4,300

	6	5	4	3	2	1
1988 Celebrity, 4-cyl.						
4d Sed.	144	432	720	1,620	2,520	3,600
2d Cpe.	140	420	700	1,580	2,450	3,500
4d Sta Wag	156	468	780	1,760	2,730	3,900
4d Sed, V-6	156	468	780	1,760	2,730	3,900
2d Cpe, V-6	152	456	760	1,710	2,660	3,800
4d Sta Wag, V-6	164	492	820	1,850	2,870	4,100
1988 Monte Carlo						
2d LS Cpe, V-6	320	970	1,620	3,650	5,670	8,100
2d LS Cpe, V-8	330	1,000	1,660	3,740	5,810	8,300
2d SS Cpe, V-8	520	1,560	2,600	5,850	9,100	13,000
1988 Caprice, V-6						
4d Sed.	280	840	1,400	3,150	4,900	7,000
4d Classic Sed	300	900	1,500	3,380	5,250	7,500
4d Brgm Sed	320	960	1,600	3,600	5,600	8,000
4d LS Brgm Sed	340	1,020	1,700	3,830	5,950	8,500
1988 Caprice, V-8						
4d Sed.	320	960	1,600	3,600	5,600	8,000
4d Classic Sed	340	1,020	1,700	3,830	5,950	8,500
4d Sta Wag	360	1,080	1,800	4,050	6,300	9,000
4d Brgm Sed	450	1,340	2,240	5,040	7,840	11,200
4d LS Brgm Sed	460	1,380	2,300	5,180	8,050	11,500
1988 Camaro V-6						
2d Cpe.	220	660	1,100	2,480	3,850	5,500
1988 Camaro, V-8						
2d Cpe.	240	720	1,200	2,700	4,200	6,000
2d Conv.	560	1,680	2,800	6,300	9,800	14,000
2d IROC-Z Cpe.	420	1,260	2,100	4,730	7,350	10,500
2d IROC-Z Conv.	700	2,150	3,600	8,100	12,600	18,000
1989 Cavalier, 4-cyl.						
4d Sed.	184	552	920	2,070	3,220	4,600
2d VL Cpe.	168	504	840	1,890	2,940	4,200
2d Cpe.	180	540	900	2,030	3,150	4,500
4d Sta Wag	192	576	960	2,160	3,360	4,800
2d Z24 Cpe, V-6	276	828	1,380	3,110	4,830	6,900
2d Z24 Conv, V-6	300	900	1,500	3,380	5,250	7,500
1989 Beretta						
2d Cpe, 4-cyl.	208	624	1,040	2,340	3,640	5,200
2d Cpe, V-6	244	732	1,220	2,750	4,270	6,100
2d GT Cpe, V-6	248	744	1,240	2,790	4,340	6,200
1989 Corsica 4-cyl.						
4d NBk	188	564	940	2,120	3,290	4,700
4d HBk	192	576	960	2,160	3,360	4,800
1989 Corsica, V-6						
4d NBk	210	620	1,040	2,340	3,640	5,200
4d NBk LTZ	230	700	1,160	2,610	4,060	5,800
4d HBk	210	640	1,060	2,390	3,710	5,300
1989 Celebrity 4-cyl.						
4d Sed.	180	540	900	2,030	3,150	4,500
4d Sta Wag	188	564	940	2,120	3,290	4,700
1989 Caprice, V-6						
4d Sed.	260	790	1,320	2,970	4,620	6,600
4d Sta Wag	200	590	980	2,210	3,430	4,900
1989 Caprice, V-8						
4d Sed.	330	980	1,640	3,690	5,740	8,200
4d Sed Classic	340	1,030	1,720	3,870	6,020	8,600
4d Classic Brgm Sed.	370	1,100	1,840	4,140	6,440	9,200
4d Classic Sta Wag.	400	1,250	2,100	4,730	7,350	10,500
4d LS Sed	490	1,460	2,440	5,490	8,540	12,200
1989 Camaro V-6						
2d RS Cpe.	240	720	1,200	2,700	4,200	6,000
1989 Camaro, V-8						
2d RS Cpe.	260	780	1,300	2,930	4,550	6,500
2d RS Conv.	640	1,920	3,200	7,200	11,200	16,000
2d IROC-Z Cpe.	340	1,020	1,700	3,830	5,950	8,500
2d IROC-Z Conv.	720	2,160	3,600	8,100	12,600	18,000
1990 Cavalier, 4-cyl.						
2d Cpe.	168	504	840	1,890	2,940	4,200
4d Sed.	172	516	860	1,940	3,010	4,300
4d Sta Wag	176	528	880	1,980	3,080	4,400
2d Z24, V-6	260	780	1,300	2,930	4,550	6,500
1990 Beretta, 4-cyl.						
2d Cpe.	208	624	1,040	2,340	3,640	5,200
2d GTZ Cpe	248	744	1,240	2,790	4,340	6,200

NOTE: Add 10 percent for V-6. Add 10 percent for Pace car.

	6	5	4	3	2	1
1990 Corsica, 4-cyl.						
4d LT	192	576	960	2,160	3,360	4,800
4d LT HBk	196	588	980	2,210	3,430	4,900
4d LTZ	240	720	1,200	2,700	4,200	6,000
NOTE: Add 10 percent for V-6.						
1990 Celebrity, 4-cyl.						
4d Sta Wag	200	600	1,000	2,250	3,500	5,000
NOTE: Add 10 percent for V-6.						
1990 Lumina, 4-cyl.						
2d Cpe	220	660	1,100	2,480	3,850	5,500
4d Sed	220	660	1,100	2,480	3,850	5,500
2d Euro Cpe	260	780	1,300	2,930	4,550	6,500
4d Euro Sed	260	780	1,300	2,930	4,550	6,500
1990 Caprice, V-8						
4d Sed	340	1,020	1,700	3,830	5,950	8,500
4d Classic Sed	480	1,440	2,400	5,400	8,400	12,000
4d Classic Sta Wag	420	1,260	2,100	4,730	7,350	10,500
4d Brgm Sed	500	1,500	2,500	5,630	8,750	12,500
4d LS Sed	600	1,800	3,000	6,750	10,500	15,000
1990 Camaro V-6						
2d RS Cpe	240	720	1,200	2,700	4,200	6,000
1990 Camaro, V-8						
2d RS Cpe	264	792	1,320	2,970	4,620	6,600
2d RS Conv	600	1,800	3,000	6,750	10,500	15,000
2d IROC-Z Cpe	520	1,560	2,600	5,850	9,100	13,000
2d IROC-Z Conv	680	2,040	3,400	7,650	11,900	17,000
1991 Cavalier, 4-cyl.						
4d VL Sed	140	420	700	1,580	2,450	3,500
2d VL Cpe	136	408	680	1,530	2,380	3,400
4d VL Sta Wag	144	432	720	1,620	2,520	3,600
4d RS Sta Wag	152	456	760	1,710	2,660	3,800
2d RS Cpe	148	444	740	1,670	2,590	3,700
2d RS Conv, V-6	360	1,080	1,800	4,050	6,300	9,000
4d RS Sta Wag	156	468	780	1,760	2,730	3,900
2d Z24, V-6	240	720	1,200	2,700	4,200	6,000
NOTE: Add 10 percent for V-6.						
1991 Beretta, 4-cyl.						
2d Cpe	180	540	900	2,030	3,150	4,500
2d GT Cpe, V-6	272	816	1,360	3,060	4,760	6,800
2d GTZ Cpe	260	780	1,300	2,930	4,550	6,500
4d NBk Corsica	160	480	800	1,800	2,800	4,000
4d HBk Corsica	168	504	840	1,890	2,940	4,200
NOTE: Add 10 percent for V-6.						
1991 Lumina, 4-cyl.						
4d Sed	188	564	940	2,120	3,290	4,700
2d Cpe	192	576	960	2,160	3,360	4,800
NOTE: Add 10 percent for V-6.						
4d Euro Sed, V-6	228	684	1,140	2,570	3,990	5,700
2d Euro Sed, V-6	276	828	1,380	3,110	4,830	6,900
2d Z34 Cpe, V-6	380	1,140	1,900	4,280	6,650	9,500
1991 Camaro, V-6						
2d Cpe	240	720	1,200	2,700	4,200	6,000
2d Conv	560	1,680	2,800	6,300	9,800	14,000
1991 Camaro, V-8						
2d RS Cpe	260	780	1,300	2,930	4,550	6,500
2d RS Conv	580	1,740	2,900	6,530	10,150	14,500
2d Z28 Cpe	420	1,260	2,100	4,730	7,350	10,500
2d Z28 Conv	660	1,980	3,300	7,430	11,550	16,500
1991 Caprice, V-8						
4d Sed	236	708	1,180	2,660	4,130	5,900
4d Sta Wag	380	1,140	1,900	4,280	6,650	9,500
4d Sed Classic	372	1,116	1,860	4,190	6,510	9,300
NOTE: Add 15 percent LTZ Sed option.						
1992 Cavalier, 4-cyl.						
4d VL Sed	200	600	1,000	2,250	3,500	5,000
2d VL Cpe	200	600	1,000	2,250	3,500	5,000
4d VL Sta Wag	204	612	1,020	2,300	3,570	5,100
4d RS Sed	208	624	1,040	2,340	3,640	5,200
2d RS Cpe	240	720	1,200	2,700	4,200	6,000
2d RS Conv	380	1,140	1,900	4,280	6,650	9,500
4d RS Sta Wag	200	600	1,000	2,250	3,500	5,000
2d Z24 Cpe, V-6	260	780	1,300	2,930	4,550	6,500
2d Z24 Conv, V-6	420	1,260	2,100	4,730	7,350	10,500
NOTE: Add 10 percent for V-6 where available.						
1992 Beretta, 4-cyl.						
2d Cpe	220	660	1,100	2,480	3,850	5,500

	6	5	4	3	2	1
2d GT Cpe.	240	720	1,200	2,700	4,200	6,000
2d GTZ Cpe	260	780	1,300	2,930	4,550	6,500

NOTE: Add 10 percent for V-6 where available.

1992 Corsica

	6	5	4	3	2	1
4d LT Sed	208	624	1,040	2,340	3,640	5,200

NOTE: Add 10 percent for V-6 where available.

1992 Lumina, 4-cyl.

	6	5	4	3	2	1
4d Sed.	220	660	1,100	2,480	3,850	5,500
2d Cpe.	220	660	1,100	2,480	3,850	5,500
4d Euro Sed, V-6.	240	720	1,200	2,700	4,200	6,000
2d Euro Cpe, V-6	240	720	1,200	2,700	4,200	6,000
2d Z34 Cpe, V-6	400	1,200	2,000	4,500	7,000	10,000

NOTE: Add 10 percent for V-6 where available.

1992 Camaro, V-6

	6	5	4	3	2	1
2d RS Cpe.	400	1,200	2,000	4,500	7,000	10,000
2d RS Conv.	600	1,800	3,000	6,750	10,500	15,000
2d Z28 Cpe.	540	1,620	2,700	6,080	9,450	13,500
2d Z28 Conv	680	2,040	3,400	7,650	11,900	17,000

NOTE: Add 10 percent for V-8 where available.

1992 Caprice, V-8

	6	5	4	3	2	1
4d Sed.	240	720	1,200	2,700	4,200	6,000
4d Classic Sed	380	1,130	1,880	4,230	6,580	9,400
4d Sta Wag	380	1,150	1,920	4,320	6,720	9,600

NOTE: Add 15 percent for LTZ Sed option.
NOTE: Add 15 percent for LTZ Sed option.
NOTE: Add 15 percent for LTZ Sed option.

1993 Cavalier, 4-cyl.

	6	5	4	3	2	1
2d VL Cpe.	204	612	1,020	2,300	3,570	5,100
4d VL Sed.	208	624	1,040	2,340	3,640	5,200
4d VL Sta Wag	220	660	1,100	2,480	3,850	5,500
2d RS Cpe.	212	636	1,060	2,390	3,710	5,300
2d RS Conv.	216	648	1,080	2,430	3,700	5,400
4d RS Sed.	220	660	1,100	2,480	3,850	5,500
4d RS Sta Wag.	228	684	1,140	2,570	3,990	5,700

1993 Cavalier, V-6

	6	5	4	3	2	1
2d Z24 Cpe.	260	780	1,300	2,930	4,550	6,500
2d Z24 Conv	428	1,284	2,140	4,820	7,490	10,700

1993 Beretta, 4-cyl.

	6	5	4	3	2	1
2d Cpe.	248	744	1,240	2,790	4,340	6,200
2d GT Cpe	252	756	1,260	2,840	4,410	6,300
2d GTZ Cpe	256	768	1,280	2,880	4,480	6,400

1993 Beretta, V-6

	6	5	4	3	2	1
2d Cpe.	252	756	1,260	2,840	4,410	6,300
2d GT Cpe.	256	768	1,280	2,880	4,480	6,400
2d GTZ Cpe	260	780	1,300	2,930	4,550	6,500

1993 Corsica, 4-cyl.

	6	5	4	3	2	1
4d NBk	212	636	1,060	2,390	3,710	5,300
4d HBk	220	660	1,100	2,480	3,850	5,500

1993 Corsica, V-6

	6	5	4	3	2	1
4d NBk	216	648	1,080	2,430	3,780	5,400
4d HBk	224	672	1,120	2,520	3,920	5,600

1993 Lumina, 4-cyl. & V-6

	6	5	4	3	2	1
2d Cpe.	224	672	1,120	2,520	3,920	5,600
4d Sed, 4-cyl.	232	696	1,160	2,610	4,060	5,800
4d Sed.	240	720	1,200	2,700	4,200	6,000
4d Euro Sed	248	744	1,240	2,790	4,340	6,200
2d Euro Cpe	404	1,212	2,020	4,550	7,070	10,100
2d Z34 Cpe.	408	1,224	2,040	4,590	7,140	10,200

1993 Camaro

	6	5	4	3	2	1
2d Cpe, V-6.	420	1,260	2,100	4,730	7,350	10,500
2d Cpe Z28, V-8	540	1,620	2,700	6,080	9,450	13,500

NOTE: Add 10 percent for Pace Car.

1993 Caprice, V-8

	6	5	4	3	2	1
4d Sed.	248	744	1,240	2,790	4,340	6,200
4d LS Sed.	370	1,100	1,840	4,140	6,440	9,200
4d Sta Wag.	380	1,150	1,920	4,320	6,720	9,600

NOTE: Add 15 percent for LTZ Sed option.

1994 Cavalier, 4-cyl.

	6	5	4	3	2	1
4d VL Sed.	180	540	900	2,030	3,150	4,500
2d VL Cpe.	168	504	840	1,890	2,940	4,200
4d RS Sed.	200	600	1,000	2,250	3,500	5,000
2d RS Cpe.	192	576	960	2,160	3,360	4,800
4d RS Sta Wag.	204	612	1,020	2,300	3,570	5,100
2d RS Conv.	280	840	1,400	3,150	4,900	7,000
2d Z24 Cpe, V-6.	244	732	1,220	2,750	4,270	6,100
2d Z24 Conv, V-6	320	960	1,600	3,600	5,600	8,000

		6	5	4	3	2	1
1994 Beretta & Corsica, 4-cyl. & V-6							
2d Cpe	220	660	1,100	2,480	3,850	5,500
2d Cpe Z26	260	780	1,300	2,930	4,550	6,500
4d Sed	208	624	1,040	2,340	3,640	5,200
1994 Lumina, V-6							
4d Sed	260	780	1,300	2,930	4,550	6,500
4d Euro Sed	288	864	1,440	3,240	5,040	7,200
2d Euro Cpe	284	852	1,420	3,200	4,970	7,100
2d Z34 Cpe	320	960	1,600	3,600	5,600	8,000
1994 Camaro							
2d Cpe, V-6	340	1,020	1,700	3,830	5,950	8,500
2d Conv, V-6	380	1,140	1,900	4,280	6,650	9,500
2d Z28 Cpe, V-8	420	1,260	2,100	4,730	7,350	10,500
2d Z28 Conv, V-8	500	1,500	2,500	5,630	8,750	12,500
1994 Caprice Classic, V-8							
4d Sed	340	1,020	1,700	3,830	5,950	8,500
4d LS Sed	380	1,140	1,900	4,280	6,650	9,500
4d Sta Wag	420	1,260	2,100	4,730	7,350	10,500
4d Impala SS Sed	1,120	3,360	5,600	12,600	19,600	28,000
1995 Cavalier, 4-cyl.							
2d Cpe	150	500	850	1,890	2,950	4,200
4d Sed	200	550	900	2,030	3,150	4,500
2d LS Conv	300	850	1,400	3,150	4,900	7,000
4d LS Sed	200	600	1,000	2,250	3,500	5,000
2d Z24 Cpe	250	750	1,200	2,750	4,250	6,100
1995 Beretta & Corsica, 4-cyl. & V-6							
2d Beretta Cpe	200	650	1,100	2,480	3,850	5,500
2d Beretta Z26 Cpe (V-6 only)	250	800	1,300	2,930	4,550	6,500
4d Corsica Sed	200	600	1,050	2,340	3,650	5,200
1995 Lumina, V-6							
4d Sed	250	800	1,300	2,930	4,550	6,500
4d LS Sed	300	850	1,400	3,150	4,900	7,000
1995 Monte Carlo, V-6							
2d LS Cpe	250	800	1,300	2,970	4,600	6,600
2d Z34 Cpe	300	900	1,450	3,290	5,100	7,300
1995 Camaro, V-6 & V-8							
2d Cpe, V-6	350	1,000	1,700	3,830	5,950	8,500
2d Conv, V-6	400	1,150	1,900	4,280	6,650	9,500
2d Z28 Cpe, V-8	400	1,250	2,100	4,730	7,350	10,500
2d Z28 Conv, V-8	500	1,500	2,500	5,630	8,750	12,500
1995 Caprice Classic, V-8							
4d Sed	350	1,000	1,700	3,830	5,950	8,500
4d Sta Wag	400	1,250	2,100	4,730	7,350	10,500
4d Impala SS Sed	1,120	3,360	5,600	12,600	19,600	28,000
1996 Cavalier, 4-cyl.							
2d Cpe	150	500	850	1,890	2,950	4,200
4d Sed	200	550	900	2,030	3,150	4,500
2d LS Conv	300	850	1,400	3,150	4,900	7,000
4d LS Sed	200	600	1,000	2,250	3,500	5,000
2d Z24 Cpe	250	750	1,200	2,750	4,250	6,100
1996 Beretta & Corsica, 4-cyl. & V-6							
2d Beretta Cpe	200	650	1,100	2,480	3,850	5,500
2d Beretta Z26 Cpe (V-6 only)	250	800	1,300	2,930	4,550	6,500
4d Corsica Sed	200	600	1,050	2,340	3,650	5,200
1996 Lumina, V-6							
4d Sed	250	800	1,300	2,930	4,550	6,500
4d LS Sed	300	850	1,400	3,150	4,900	7,000
1996 Monte Carlo, V-6							
2d LS Cpe	250	800	1,300	2,970	4,600	6,600
2d Z34 Cpe	300	900	1,450	3,290	5,100	7,300
1996 Camaro, V-6 & V-8							
2d Cpe, V-6	350	1,000	1,700	3,830	5,950	8,500
2d Conv, V-6	400	1,150	1,900	4,280	6,650	9,500
2d RS Cpe, V-6	350	1,100	1,800	4,050	6,300	9,000
2d RS Conv, V-6	400	1,200	2,000	4,500	7,000	10,000
2d Z28 Cpe, V-8	400	1,250	2,100	4,730	7,350	10,500
2d Z28 Conv, V-8	500	1,500	2,500	5,630	8,750	12,500
NOTE: Add 25 percent for SS option pkg.							
1996 Caprice Classic, V-8							
4d Sed	350	1,000	1,700	3,830	5,950	8,500
4d Sta Wag	400	1,250	2,100	4,730	7,350	10,500
4d Impala SS Sed	1,160	3,480	5,800	13,050	20,300	29,000
1997 Cavalier, 4-cyl.							
2d Cpe	168	504	840	1,890	2,940	4,200
4d Sed	180	540	900	2,030	3,150	4,500
2d RS Cpe	196	588	980	2,210	3,430	4,900

	6	5	4	3	2	1
2d LS Conv	280	840	1,400	3,150	4,900	7,000
4d LS Sed	200	600	1,000	2,250	3,500	5,000
2d Z24 Cpe	244	732	1,220	2,750	4,270	6,100
1997 Malibu, 4-cyl. & V-6						
4d Sed	256	768	1,280	2,880	4,480	6,400
4d LS Sed (V-6 only)	280	830	1,380	3,110	4,830	6,900
1997 Lumina, V-6						
4d Sed	260	780	1,300	2,930	4,550	6,500
4d LS Sed	280	840	1,400	3,150	4,900	7,000
4d LTZ Sed	300	900	1,500	3,380	5,250	7,500
1997 Monte Carlo, V-6						
2d LS Cpe	264	792	1,320	2,970	4,620	6,600
2d Z34 Cpe	292	876	1,460	3,290	5,110	7,300
1997 Camaro, V-6 & V-8						
2d Cpe, V-6	340	1,020	1,700	3,830	5,950	8,500
2d Conv, V-6	380	1,140	1,900	4,280	6,650	9,500
2d RS Cpe, V-6	360	1,080	1,800	4,050	6,300	9,000
2d RS Conv, V-6	400	1,200	2,000	4,500	7,000	10,000
2d Z28 Cpe, V-8	420	1,260	2,100	4,730	7,350	10,500
2d Z28 Conv, V-8	500	1,500	2,500	5,630	8,750	12,500
NOTE: Add 10 percent for Z28 30th Anv Pkg.						
1998 Metro, 4-cyl.						
2d HBk (3-cyl.)	120	360	600	1,350	2,100	3,000
2d LSi HBk	130	400	660	1,490	2,310	3,300
4d LSi Sed	140	430	720	1,620	2,520	3,600
1998 Prism, 4-cyl.						
4d Sed	150	440	740	1,670	2,590	3,700
4d LSi Sed	160	480	800	1,800	2,800	4,000
1998 Cavalier, 4-cyl.						
2d Cpe	170	500	840	1,890	2,940	4,200
4d Sed	180	540	900	2,030	3,150	4,500
2d RS Cpe	200	590	980	2,210	3,430	4,900
4d LS Sed	200	600	1,000	2,250	3,500	5,000
2d Z24 Cpe	240	730	1,220	2,750	4,270	6,100
2d Z24 Conv	280	840	1,400	3,150	4,900	7,000
1998 Malibu, 4-cyl. & V-6						
4d Sed	260	770	1,280	2,880	4,480	6,400
4d LS Sed (V-6 only)	280	830	1,380	3,110	4,830	6,900
1998 Lumina, V-6						
4d Sed	260	780	1,300	2,930	4,550	6,500
4d LS Sed	280	840	1,400	3,150	4,900	7,000
4d LTZ Sed	300	900	1,500	3,380	5,250	7,500
NOTE: Add 5 percent for LTZ 3.8L V-6.						
1998 Monte Carlo, V-6						
2d LS Cpe	270	800	1,340	3,020	4,690	6,700
2d Z34 Cpe	300	900	1,500	3,380	5,250	7,500
1998 Camaro, V-6 & V-8						
2d Cpe, V-6	340	1,020	1,700	3,830	5,950	8,500
2d Conv, V-6	380	1,140	1,900	4,280	6,650	9,500
2d Z28 Cpe, V-8	420	1,260	2,100	4,730	7,350	10,500
2d Z28 Conv, V-8	500	1,500	2,500	5,630	8,750	12,500
2d SS Cpe, V-8	480	1,440	2,400	5,400	8,400	12,000
2d SS Conv, V-8	560	1,680	2,800	6,300	9,800	14,000
1999 Metro, 4-cyl.						
2d HBk (3-cyl.)	120	360	600	1,350	2,100	3,000
2d LSi HBk	130	400	660	1,490	2,310	3,300
4d LSi Sed	140	430	720	1,620	2,520	3,600
1999 Prism, 4-cyl.						
4d Sed	150	440	740	1,670	2,590	3,700
4d LSi Sed	160	480	800	1,800	2,800	4,000
1999 Cavalier, 4-cyl.						
2d Cpe	170	500	840	1,890	2,940	4,200
4d Sed	180	540	900	2,030	3,150	4,500
2d RS Cpe	200	590	980	2,210	3,430	4,900
4d LS Sed	200	600	1,000	2,250	3,500	5,000
2d Z24 Cpe	240	730	1,220	2,750	4,270	6,100
2d Z24 Conv	280	840	1,400	3,150	4,900	7,000
NOTE: Add 5 percent for bi-fuel (compressed natural gas) Sed.						
1999 Malibu, 4-cyl. & V-6						
4d Sed	260	770	1,280	2,880	4,480	6,400
4d LS Sed (V-6 only)	280	830	1,380	3,110	4,830	6,900
1999 Lumina, V-6						
4d Sed	260	780	1,300	2,930	4,550	6,500
4d LS Sed	280	840	1,400	3,150	4,900	7,000
4d LTZ Sed	300	900	1,500	3,380	5,250	7,500
NOTE: Add 5 percent for Police pkg 3.8L V-6.						

	6	5	4	3	2	1
1999 Monte Carlo, V-6						
2d LS Cpe 270	800	1,340	3,020	4,690	6,700	
2d Z34 Cpe 300	900	1,500	3,380	5,250	7,500	
1999 Camaro, V-6 & V-8						
2d Cpe, V-6 350	1,040	1,740	3,920	6,090	8,700	
2d Conv, V-6 390	1,160	1,940	4,370	6,790	9,700	
2d Z28 Cpe, V-8............................ 430	1,280	2,140	4,820	7,490	10,700	
2d Z28 Conv, V-8........................... 510	1,520	2,540	5,720	8,890	12,700	
2d SS Cpe, V-8 490	1,460	2,440	5,490	8,540	12,200	
2d SS Conv, V-8 570	1,700	2,840	6,390	9,940	14,200	
NOTE: Add 5 percent for optional 6-Spd on Z28.						
2000 Metro, 4-cyl.						
2d HBk (3-cyl.)............................. 120	360	600	1,350	2,100	3,000	
2d LSi HBk 130	400	660	1,490	2,310	3,300	
4d LSi Sed 140	430	720	1,620	2,520	3,600	
2000 Prism, 4-cyl.						
4d Sed 150	440	740	1,670	2,590	3,700	
4d LSi Sed 160	480	800	1,800	2,800	4,000	
2000 Cavalier, 4-cyl.						
2d Cpe 170	500	840	1,890	2,940	4,200	
4d Sed 180	540	900	2,030	3,150	4,500	
4d LS Sed 200	600	1,000	2,250	3,500	5,000	
2d Z24 Cpe 240	730	1,220	2,750	4,270	6,100	
2d Z24 Conv................................ 280	840	1,400	3,150	4,900	7,000	
2000 Malibu, V-6						
4d Sed 260	770	1,280	2,880	4,480	6,400	
4d LS Sed 280	830	1,380	3,110	4,830	6,900	
2000 Lumina, V-6						
4d Sed 260	780	1,300	2,930	4,550	6,500	
2000 Monte Carlo, V-6						
2d LS Cpe 270	800	1,340	3,020	4,690	6,700	
2d SS Cpe 340	1,020	1,700	3,830	5,950	8,500	
2000 Camaro, V-6 & V-8						
2d Cpe, V-6 350	1,040	1,740	3,920	6,090	8,700	
2d Conv, V-6 390	1,160	1,940	4,370	6,790	9,700	
2d Z28 Cpe, V-8............................ 430	1,280	2,140	4,820	7,490	10,700	
2d Z28 Conv, V-8........................... 510	1,520	2,540	5,720	8,890	12,700	
2d SS Cpe, V-8 490	1,460	2,440	5,490	8,540	12,200	
2d SS Conv, V-8 570	1,700	2,840	6,390	9,940	14,200	
2000 Impala, V-6						
4d Sed 280	840	1,400	3,150	4,900	7,000	
4d LS Sed 300	900	1,500	3,380	5,250	7,500	
2001 Metro, 4-cyl.						
4d LSi Sed 140	430	720	1,800	2,520	3,600	
2001 Prism, 4-cyl.						
4d Sed 150	440	740	1,850	2,590	3,700	
4d LSi Sed 160	480	800	2,000	2,800	4,000	
2001 Cavalier, 4-cyl.						
2d Cpe 170	500	840	2,100	2,940	4,200	
4d Sed 180	540	900	2,250	3,150	4,500	
4d LS Sed 200	600	1,000	2,500	3,500	5,000	
2d Z24 Cpe 240	730	1,220	3,050	4,270	6,100	
2001 Malibu, V-6						
4d Sed 260	770	1,280	3,200	4,480	6,400	
4d LS Sed 280	830	1,380	3,450	4,830	6,900	
2001 Lumina, V-6						
4d Sed 260	780	1,300	3,250	4,550	6,500	
2001 Monte Carlo, V-6						
2d LS Cpe 270	800	1,340	3,350	4,690	6,700	
2d SS Cpe 340	1,020	1,700	4,250	5,950	8,500	
2001 Camaro, V-6 & V-8						
2d Cpe, V-6 350	1,040	1,740	4,350	6,090	8,700	
2d Conv, V-6 390	1,160	1,940	4,850	6,790	9,700	
2d Z28 Cpe, V-8............................ 430	1,300	2,160	5,400	7,560	10,800	
2d Z28 Conv, V-8........................... 510	1,540	2,560	6,400	8,960	12,800	
2d SS Cpe, V-8 490	1,480	2,460	6,150	8,610	12,300	
2d SS Conv, V-8 570	1,720	2,860	7,150	10,010	14,300	
2001 Impala, V-8						
4d Sed 280	840	1,400	3,500	4,900	7,000	
4d LS Sed 300	900	1,500	3,750	5,250	7,500	
2002 Prism, 4-cyl.						
4d Sed 150	440	740	1,850	2,590	3,700	
4d LSi Sed 160	480	800	2,000	2,800	4,000	
2002 Cavalier, 4-cyl.						
2d Cpe..................................... 170	500	840	2,100	2,940	4,200	
2d LS Cpe 170	520	860	2,150	3,010	4,300	

	6	5	4	3	2	1
2d LS Sport Cpe	190	560	940	2,350	3,290	4,700
2d Z24 Cpe	240	730	1,220	3,050	4,270	6,100
4d Sed	180	540	900	2,250	3,150	4,500
4d LS Sed	200	600	1,000	2,500	3,500	5,000
4d LS Sport Sed	220	650	1,080	2,700	3,780	5,400
4d Z24 Sed	230	700	1,160	2,900	4,060	5,800

NOTE: Both the Z24 cpe and sed were discontinued mid-model year.

2002 Malibu, V-6

	6	5	4	3	2	1
4d Sed	260	770	1,280	3,200	4,480	6,400
4d LS Sed	280	830	1,380	3,450	4,830	6,900

2002 Monte Carlo, V-6

	6	5	4	3	2	1
2d LS Cpe	270	800	1,340	3,350	4,690	6,700
2d SS Cpe	340	1,020	1,700	4,250	5,950	8,500

NOTE: Add 50 percent for SS Dale Earnhardt Signature Ed. Add 5 percent for LS Sport Appearance pkg.

2002 Camaro, V-6 & V-8

	6	5	4	3	2	1
2d Cpe, V-6	350	1,040	1,740	4,350	6,090	8,700
2d Conv, V-6	390	1,160	1,940	4,850	6,790	9,700
2d Z28 Cpe, V-8	430	1,300	2,160	5,400	7,560	10,800
2d Z28 Conv, V-8	510	1,540	2,560	6,400	8,960	12,800
2d SS Cpe, V-8	490	1,480	2,460	6,150	8,610	12,300
2d SS Conv, V-8	570	1,720	2,860	7,150	10,010	14,300

NOTE: Add 5 percent for SS 35th Anv Ed.

2002 Impala, V-6

	6	5	4	3	2	1
4d Sed	280	840	1,400	3,500	4,900	7,000
4d LS Sed	300	900	1,500	3,750	5,250	7,500

2003 Cavalier, 4-cyl.

	6	5	4	3	2	1
2d Cpe	170	500	840	2,100	2,940	4,200
2d LS Cpe	170	520	860	2,150	3,010	4,300
2d LS Sport Cpe	190	560	940	2,350	3,290	4,700
4d Sed	180	540	900	2,250	3,150	4,500
4d LS Sed	200	600	1,000	2,500	3,500	5,000
4d LS Sport Sed	220	650	1,080	2,700	3,700	5,100

NOTE: Deduct 5 percent for manual transmission.

2003 Malibu, V-6

	6	5	4	3	2	1
4d Sed	260	770	1,280	3,200	4,480	6,400
4d LS Sed	280	830	1,380	3,450	4,830	6,900

2003 Monte Carlo, V-6

	6	5	4	3	2	1
2d LS Cpe	270	800	1,340	3,350	4,690	6,700
2d SS Cpe	340	1,020	1,700	4,250	5,950	8,500

NOTE: Add 5 percent for SS High Sport Apperance pkg.

2003 Impala, V-6

	6	5	4	3	2	1
4d Sed	280	840	1,400	3,500	4,900	7,000
4d LS Sed	300	900	1,500	3,750	5,250	7,500

NOTE: Add 5 percent for 3.8L V-6 in LS. Add 5 percent for Sport Appearance pkg in LS.

2004 Aveo, 4-cyl.

	6	5	4	3	2	1
4d HBk	140	430	720	1,800	2,520	3,600
4d LS HBk	150	440	740	1,850	2,590	3,700
4d Sed	150	460	760	1,900	2,660	3,800
4d LS Sed	160	480	800	2,000	2,800	4,000

NOTE: Deduct 5 percent for manual transmission.

2004 Cavalier, 4-cyl.

	6	5	4	3	2	1
2d Cpe	170	500	840	2,100	2,940	4,200
2d LS Cpe	170	520	860	2,150	3,010	4,300
2d LS Sport Cpe	190	560	940	2,350	3,290	4,700
4d Sed	180	540	900	2,250	3,150	4,500
4d LS Sed	200	600	1,000	2,500	3,500	5,000
4d LS Sport Sed	220	650	1,080	2,700	3,780	5,400

NOTE: Deduct 5 percent for manual transmission.

2004 Classic, 4-cyl.

	6	5	4	3	2	1
4d Sed	170	520	860	2,150	3,010	4,300

2004 Malibu, V-6

	6	5	4	3	2	1
4d Sed	260	770	1,280	3,200	4,480	6,400
4d LS Sed	280	830	1,380	3,450	4,830	6,900
4d LT Sed	290	880	1,460	3,650	5,110	7,300
4d Maxx HBk	280	850	1,420	3,550	4,970	7,100
4d Maxx LS HBk	290	880	1,460	3,650	5,110	7,300
4d Maxx LT HBk	300	900	1,500	3,750	5,250	7,500

NOTE: Deduct 10 percent for 4-cyl. on base sed.

2004 Monte Carlo, V-6

	6	5	4	3	2	1
2d LS Cpe	270	800	1,340	3,350	4,690	6,700
2d SS Cpe	340	1,020	1,700	4,250	5,950	8,500

NOTE: Add 15 percent for supercharged SS.

2004 Impala, V-6

	6	5	4	3	2	1
4d Sed	280	840	1,400	3,500	4,900	7,000
4d LS Sed	300	900	1,500	3,750	5,250	7,500
4d SS Sed	330	1,000	1,660	4,150	5,810	8,300

NOTE: Add 5 percent for 3.8L V-6 in base sed. Add 5 percent for Sport Appearance pkg in LS.

| | | 6 | 5 | 4 | 3 | 2 | 1 |

CORVAIR

1960 Standard, 6-cyl.

		6	5	4	3	2	1
4d Sed	360	1,080	1,800	4,050	6,300	9,000
2d Cpe	380	1,140	1,900	4,280	6,650	9,500

1960 DeLuxe, 6-cyl.

4d Sed	364	1,092	1,820	4,100	6,370	9,100
2d Cpe	388	1,164	1,940	4,370	6,790	9,700

1960 Monza, 6-cyl.

2d Cpe	568	1,704	2,840	6,390	9,940	14,200

1961 Series 500, 6-cyl.

4d Sed	360	1,080	1,800	4,050	6,300	9,000
2d Cpe	380	1,140	1,900	4,280	6,650	9,500
4d Sta Wag	372	1,116	1,860	4,190	6,510	9,300

1961 Series 700, 6-cyl.

4d Sed	376	1,128	1,880	4,230	6,580	9,400
2d Cpe	480	1,440	2,400	5,400	8,400	12,000
4d Sta Wag	388	1,164	1,940	4,370	6,790	9,700

1961 Monza, 6-cyl.

4d Sed	384	1,152	1,920	4,320	6,720	9,600
2d Cpe	540	1,620	2,700	6,080	9,450	13,500

NOTE: Add $1,200 for A/C.

1962-63 Series 500, 6-cyl.

2d Cpe	384	1,152	1,920	4,320	6,720	9,600

1962-63 Series 700, 6-cyl.

4d Sed	384	1,152	1,920	4,320	6,720	9,600
2d Cpe	484	1,452	2,420	5,450	8,470	12,100
4d Sta Wag (1962 only)	420	1,260	2,100	4,730	7,350	10,500

1962-63 Series 900 Monza, 6-cyl.

4d Sed	484	1,452	2,420	5,450	8,470	12,100
2d Cpe	544	1,632	2,720	6,120	9,520	13,600
2d Conv	600	1,800	3,000	6,750	10,500	15,000
4d Sta Wag (1962 only)	490	1,460	2,440	5,490	8,540	12,200

1962-63 Monza Spyder, 6-cyl.

2d Cpe	564	1,692	2,820	6,350	9,870	14,100
2d Conv	720	2,160	3,600	8,100	12,600	18,000

NOTE: Add $1,600 for K.O. wire wheels. Add $1,000 for A/C.

1964 Series 500, 6-cyl.

2d Cpe	372	1,116	1,860	4,190	6,510	9,300

1964 Series 700, 6-cyl.

4d Sed	384	1,152	1,920	4,320	6,720	9,600

1964 Series 900 Monza, 6-cyl.

4d Sed	480	1,440	2,400	5,400	8,400	12,000
2d Cpe	552	1,656	2,760	6,210	9,660	13,800
2d Conv	580	1,740	2,900	6,530	10,150	14,500

1964 Monza Spyder, 6-cyl.

2d Cpe	580	1,740	2,900	6,530	10,150	14,500
2d Conv	720	2,160	3,600	8,100	12,600	18,000

NOTE: Add $1,600 for K.O. wire wheels. Add $1,000 for A/C except Spyder.

1965 Series 500, 6-cyl.

4d HT	332	996	1,660	3,740	5,810	8,300
2d HT	368	1,104	1,840	4,140	6,440	9,200

1965 Monza Series, 6-cyl.

4d HT	360	1,080	1,800	4,050	6,300	9,000
2d HT	520	1,560	2,600	5,850	9,100	13,000
2d Conv	660	1,980	3,300	7,430	11,550	16,500

NOTE: Add 20 percent for 140 hp engine.

1965 Corsa Series, 6-cyl.

2d HT	540	1,620	2,700	6,080	9,450	13,500
2d Conv	740	2,220	3,700	8,330	12,950	18,500

NOTE: Add 30 percent for 180 hp engine. Add $1,000 for A/C.

1966 Series 500, 6-cyl.

4d HT	340	1,020	1,700	3,830	5,950	8,500
2d HT	376	1,128	1,880	4,230	6,580	9,400

1966 Monza Series, 6-cyl.

4d HT	368	1,104	1,840	4,140	6,440	9,200
2d HT	530	1,580	2,640	5,940	9,240	13,200
2d Conv	670	2,010	3,350	7,540	11,730	16,750

NOTE: Add 20 percent for 140 hp engine.

1966 Corsa Series, 6-cyl.

2d HT	544	1,632	2,720	6,120	9,520	13,600
2d Conv	750	2,240	3,740	8,420	13,090	18,700

NOTE: Add 30 percent for 180 hp engine. Add $1,000 for A/C.

1967 Series 500, 6-cyl.

2d HT	360	1,080	1,800	4,050	6,300	9,000
4d HT	340	1,020	1,700	3,830	5,950	8,500

	6	5	4	3	2	1
1967 Monza, 6-cyl.						
4d HT	368	1,104	1,840	4,140	6,440	9,200
2d HT	530	1,580	2,640	5,940	9,240	13,200
2d Conv.	670	2,010	3,350	7,540	11,730	16,750
NOTE: Add $1,000 for A/C. Add 20 percent for 140 hp engine.						
1968 Series 500, 6-cyl.						
2d HT	380	1,140	1,900	4,280	6,650	9,500
1968 Monza, 6-cyl.						
2d HT	580	1,740	2,900	6,530	10,150	14,500
2d Conv.	700	2,100	3,500	7,880	12,250	17,500
NOTE: Add 20 percent for 140 hp engine.						
1969 Series 500, 6-cyl.						
2d HT	480	1,440	2,400	5,400	8,400	12,000
1969 Monza						
2d HT	600	1,800	3,000	6,750	10,500	15,000
2d Conv.	720	2,160	3,600	8,100	12,600	18,000
NOTE: Add 20 percent for 140 hp engine.						

CORVETTE

	6	5	4	3	2	1
1953						
6-cyl. Conv	9,400	28,200	47,000	105,750	164,500	235,000
1954						
6-cyl. Conv	4,240	12,720	21,200	47,700	74,200	106,000
NOTE: Add $3,000 for hardtop.						
1955						
6-cyl. Conv	4,800	14,400	24,000	54,000	84,000	120,000
8-cyl. Conv	5,240	15,720	26,200	58,950	91,700	131,000
NOTE: Add $3,000 for hardtop.						
1956						
Conv	3,480	10,440	17,400	39,150	60,900	87,000
NOTE: All post-1955 Corvettes are V-8 powered. Add $3,000 for removable hardtop. Add 20 percent for two 4 barrel carbs.						
1957						
Conv	3,560	10,680	17,800	40,050	62,300	89,000
NOTE: Add $3,000 for hardtop. Add 50 percent for F.I., 250 hp. Add 75 percent for F.I., 283 hp. Add 25 percent for two 4 barrel carbs, 245 hp. Add 35 percent for two 4 barrel carbs, 270 hp. Add 15 percent for 4-speed transmission. Add 150 percent for 579E option.						
1958						
Conv	3,300	9,900	16,500	37,130	57,750	82,500
NOTE: Add $3,000 for hardtop. Add 25 percent for two 4 barrel carbs, 245 hp. Add 35 percent for two 4 barrel carbs, 270 hp. Add 40 percent for F.I., 250 hp. Add 60 percent for F.I., 290 hp.						
1959						
Conv	3,060	9,180	15,300	34,430	53,550	76,500
NOTE: Add $3,000 for hardtop. Add 40 percent for F.I., 250 hp. Add 60 percent for F.I., 290 hp. Add 25 percent for two 4 barrel carbs, 245 hp. Add 35 percent for two 4 barrel carbs, 270 hp.						
1960						
Conv	3,020	9,060	15,100	33,980	52,850	75,500
NOTE: Add $3,000 for hardtop. Add 40 percent for F.I., 275 hp. Add 60 percent for F.I., 315 hp. Add 25 percent for two 4 barrel carbs, 245 hp. Add 35 percent for two 4 barrel carbs, 270 hp.						
1961						
Conv	3,060	9,180	15,300	34,430	53,550	76,500
NOTE: Add $3,000 for hardtop. Add 40 percent for F.I., 275 hp. Add 60 percent for F.I., 315 hp. Add 25 percent for two 4 barrel carbs, 245 hp. Add 35 percent for two 4 barrel carbs, 270 hp.						
1962						
Conv	3,180	9,540	15,900	35,780	55,650	79,500
NOTE: Add $3,000 for hardtop; 30 percent for F.I.						
1963						
Spt Cpe	3,240	9,720	16,200	36,450	56,700	81,000
Conv	3,160	9,480	15,800	35,550	55,300	79,000
GS			value not estimable			
NOTE: Add 30 percent for F.I.; $4,500 for A/C. Add 25 percent for 327 cid, 340 hp. Add $3,000 for hardtop; $3,000 for knock off wheels. Z06 option, value not estimable.						
1964						
Spt Cpe	2,580	7,740	12,900	29,030	45,150	64,500
Conv	2,900	8,700	14,500	32,630	50,750	72,500
NOTE: Add 30 percent for F.I.; $4,500 for A/C. Add 30 percent for 327 cid, 365 hp. Add $3,000 for hardtop; $3,000 for knock off wheels.						
1965						
Spt Cpe	2,700	8,100	13,500	30,380	47,250	67,500
Conv	3,100	9,300	15,500	34,880	54,250	77,500
NOTE: Add 40 percent for F.I.; $4,500 for A/C. Add 60 percent for 396 cid. Add $3,000 for knock off wheels. Add $3,000 for hardtop.						
1966						
Spt Cpe	2,700	8,100	13,500	30,380	47,250	67,500
Conv	3,100	9,300	15,500	34,880	54,250	77,500
NOTE: Add $4,500 for A/C.; 30 percent for 427 engine - 390 hp. Add 50 percent for 427 engine - 425 hp (L72 listed by Chevrolet as having 425 hp, but, is believed to have more). Add $3,000 for knock off wheels; $3,000 for hardtop.						

	6	5	4	3	2	1

1967
Spt Cpe . . . . 3,320 | 9,960 | 16,600 | 37,350 | 58,100 | 83,000
Conv. . . . . 3,680 | 11,040 | 18,400 | 41,400 | 64,400 | 92,000
NOTE: Add $4,500 for A/C. L88 & L89 option not estimable, 30 percent for 427 engine - 390 hp. Add 50 percent for 427 engine - 400 hp, 75 percent for 427 engine - 435 hp; $4,000 for aluminum wheels; $3,000 for hardtop.

1968
Spt Cpe . . . . 1,560 | 4,680 | 7,800 | 17,550 | 27,300 | 39,000
Conv. . . . . 1,920 | 5,760 | 9,600 | 21,600 | 33,600 | 48,000
NOTE: Add 80 percent for L89 427 - 435 hp aluminum head option. L88 engine option not estimable. Add 30 percent for 427-390 hp. Add 40 percent for 427, 400 hp. Add 30 percent for L71 427-435 hp cast head.

1969
Spt Cpe . . . . 1,560 | 4,680 | 7,800 | 17,550 | 27,300 | 39,000
Conv. . . . . 1,920 | 5,760 | 9,600 | 21,600 | 33,600 | 48,000
NOTE: Add 80 percent for L89 427 - 435 hp aluminum head option. L88 engine option not estimable. Add 30 percent for 427-390 hp. Add 40 percent for 427, 400 hp. Add 30 percent for L71 427-435 hp cast head.

1970
Spt Cpe . . . . 1,520 | 4,560 | 7,600 | 17,100 | 26,600 | 38,000
Conv. . . . . 1,880 | 5,640 | 9,400 | 21,150 | 32,900 | 47,000
NOTE: Add 70 percent for LT-1 option. ZR1 option not estimable. Add 30 percent for LS5 option.

1971
Spt Cpe . . . . 1,480 | 4,440 | 7,400 | 16,650 | 25,900 | 37,000
Conv. . . . . 1,840 | 5,520 | 9,200 | 20,700 | 32,200 | 46,000
NOTE: Add 50 percent for LT-1 option; 30 percent for LS5 option; 75 percent for LS6 option.

1972
Spt Cpe . . . . 1,480 | 4,440 | 7,400 | 16,650 | 25,900 | 37,000
Conv. . . . . 1,840 | 5,520 | 9,200 | 20,700 | 32,200 | 46,000
NOTE: Add 50 percent for LT-1 option. Add 30 percent for LS5 option. Add 25 percent for air on LT-1.

1973
Spt Cpe . . . . 1,440 | 4,320 | 7,200 | 16,200 | 25,200 | 36,000
Conv. . . . . 1,800 | 5,400 | 9,000 | 20,250 | 31,500 | 45,000
NOTE: Add 10 percent for L82. Add 25 percent for LS4.

1974
Spt Cpe . . . . 1,240 | 3,720 | 6,200 | 13,950 | 21,700 | 31,000
Conv. . . . . 1,520 | 4,560 | 7,600 | 17,100 | 26,600 | 38,000
NOTE: Add 10 percent for L82. Add 25 percent for LS4.

1975
Spt Cpe . . . . 1,160 | 3,480 | 5,800 | 13,050 | 20,300 | 29,000
Conv. . . . . 1,440 | 4,320 | 7,200 | 16,200 | 25,200 | 36,000
NOTE: Add 10 percent for L82.

1976
Cpe. . . . . 840 | 2,520 | 4,200 | 9,450 | 14,700 | 21,000
NOTE: Add 10 percent for L82.

1977
Cpe. . . . . 880 | 2,640 | 4,400 | 9,900 | 15,400 | 22,000
NOTE: Add 10 percent for L82.

1978
Cpe. . . . . 1,000 | 3,000 | 5,000 | 11,250 | 17,500 | 25,000
NOTE: Add 10 percent for anniversary model. Add 25 percent for Pace Car. Add 10 percent for L82 engine option.

1979
Cpe. . . . . 880 | 2,640 | 4,400 | 9,900 | 15,400 | 22,000
NOTE: Add 10 percent for L82 engine option.

1980
Cpe. . . . . 880 | 2,640 | 4,400 | 9,900 | 15,400 | 22,000
NOTE: Add 20 percent for L82 engine option.

1981
Cpe. . . . . 880 | 2,640 | 4,400 | 9,900 | 15,400 | 22,000

1982
2d Cpe . . . . 920 | 2,760 | 4,600 | 10,350 | 16,100 | 23,000
NOTE: Add 20 percent for Collector Edition.

1983
NOTE: None manufactured.

1984
2d HBk. . . . . 1,080 | 3,240 | 5,400 | 12,150 | 18,900 | 27,000

1985
2d HBk. . . . . 1,080 | 3,240 | 5,400 | 12,150 | 18,900 | 27,000

1986
2d HBk. . . . . 1,120 | 3,360 | 5,600 | 12,600 | 19,600 | 28,000
Conv Pace Car. . . . . 1,410 | 4,220 | 7,040 | 15,840 | 24,640 | 35,200

1987
2d HBk. . . . . 1,120 | 3,360 | 5,600 | 12,600 | 19,600 | 28,000
Conv. . . . . 1,280 | 3,840 | 6,400 | 14,400 | 22,400 | 32,000

1988
2d Cpe . . . . 1,100 | 3,300 | 5,500 | 12,380 | 19,250 | 27,500
Conv. . . . . 1,200 | 3,600 | 6,000 | 13,500 | 21,000 | 30,000

1989
2d Cpe . . . . 1,120 | 3,360 | 5,600 | 12,600 | 19,600 | 28,000
Conv. . . . . 1,240 | 3,720 | 6,200 | 13,950 | 21,700 | 31,000

	6	5	4	3	2	1
1990						
2d HBk	1,080	3,240	5,400	12,150	18,900	27,000
Conv	1,240	3,720	6,200	13,950	21,700	31,000
2d HBk ZR1	1,960	5,880	9,800	22,050	34,300	49,000
1991						
2d HBk	1,320	3,960	6,600	14,850	23,100	33,000
Conv	1,440	4,320	7,200	16,200	25,200	36,000
2d HBk ZR1	2,080	6,240	10,400	23,400	36,400	52,000
1992						
2d HBk Cpe	1,360	4,080	6,800	15,300	23,800	34,000
2d Conv	1,480	4,440	7,400	16,650	25,900	37,000
2d ZR1 Cpe	2,120	6,360	10,600	23,850	37,100	53,000
1993						
2d Cpe	1,400	4,200	7,000	15,750	24,500	35,000
2d ZR1 Cpe	2,160	6,480	10,800	24,300	37,800	54,000
2d Conv	1,520	4,560	7,600	17,100	26,600	38,000
NOTE: Add 10 percent for Anniversary model.						
1994						
2d Cpe	1,400	4,200	7,000	15,750	24,500	35,000
2d Conv	1,560	4,680	7,800	17,550	27,300	39,000
2d ZR1 Cpe	2,200	6,600	11,000	24,750	38,500	55,000
1995						
2d Cpe	1,400	4,200	7,000	15,750	24,500	35,000
2d Conv	1,560	4,680	7,800	17,550	27,300	39,000
2d ZR1 Cpe	2,200	6,600	11,000	24,750	38,500	55,000
NOTE: Add 10 percent for Pace Car.						
1996						
2d Cpe	1,400	4,200	7,000	15,750	24,500	35,000
2d Conv	1,560	4,680	7,800	17,550	27,300	39,000
NOTE: Add 10 percent for Grand Sport/Collector Ed. Add 5 percent for LT4 V-8 in base model.						
1997						
2d Cpe	1,480	4,440	7,400	16,650	25,900	37,000
1998 V-8						
2d Cpe	1,480	4,440	7,400	16,650	25,900	37,000
2d Conv	1,600	4,800	8,000	18,000	28,000	40,000
NOTE: Add 10 percent for Pace Car Ed.						
1999 V-8						
2d HT	1,440	4,320	7,200	16,200	25,200	36,000
2d Cpe	1,500	4,500	7,500	16,880	26,250	37,500
2d Conv	1,620	4,860	8,100	18,230	28,350	40,500
2000 V-8						
2d HT	1,440	4,320	7,200	16,200	25,200	36,000
2d Cpe	1,500	4,500	7,500	16,880	26,250	37,500
2d Conv	1,620	4,860	8,100	18,230	28,350	40,500
2001 V-8						
2d HT Z06	1,560	4,680	7,800	19,500	27,300	39,000
2d Cpe	1,500	4,500	7,500	18,750	26,250	37,500
2d Conv	1,620	4,860	8,100	20,250	28,350	40,500
NOTE: Add 0000 for removable HT						
2002 V-8						
2d HT Z06	1,560	4,680	7,800	19,500	27,300	39,000
2d Cpe	1,500	4,500	7,500	18,750	26,250	37,500
2d Conv	1,620	4,860	8,100	20,250	28,350	40,500
NOTE: Add $500 for removable HT. Add 5 percent for Z51 Performance Handling pkg. Add 10 percent for Selective Real-Time Damping pkg.						
2003 V-8						
2d HT Z06	1,560	4,680	7,800	19,500	27,300	39,000
2d Cpe	1,500	4,500	7,500	18,750	26,250	37,500
2d Conv	1,620	4,860	8,100	20,250	28,350	40,500
NOTE: Add $500 for removable HT. Add 10 percent for 50th Anv pkg (excluding Z06).						
2004 V-8						
2d HT Z06	1,560	4,680	7,800	19,500	27,300	39,000
2d Cpe	1,500	4,500	7,500	18,750	26,250	37,500
2d Conv	1,620	4,860	8,100	20,250	28,350	40,500
NOTE: Add $500 for removable HT. Add 5 percent for Commemorative Ed pkg.						

CHRYSLER

1924 Model B, 6-cyl., 112.75" wb

	6	5	4	3	2	1
2d Rds	1,440	4,320	7,200	16,200	25,200	36,000
4d Phae	1,480	4,440	7,400	16,650	25,900	37,000
4d Tr	1,440	4,320	7,200	16,200	25,200	36,000
2d RS Cpe	1,200	3,600	6,000	13,500	21,000	30,000
4d Sed	1,120	3,360	5,600	12,600	19,600	28,000
2d Brgm	1,160	3,480	5,800	13,050	20,300	29,000
4d Imp Sed	1,320	3,960	6,600	14,850	23,100	33,000

	6	5	4	3	2	1
4d Crw Imp.	1,400	4,200	7,000	15,750	24,500	35,000
4d Twn Car.	1,480	4,440	7,400	16,650	25,900	37,000
1925 Model B-70, 6-cyl., 112.75" wb						
2d Rds	1,440	4,320	7,200	16,200	25,200	36,000
4d Phae	1,480	4,440	7,400	16,650	25,900	37,000
4d Tr.	1,440	4,320	7,200	16,200	25,200	36,000
2d Roy Cpe	1,160	3,480	5,800	13,050	20,300	29,000
4d Sed	1,120	3,360	5,600	12,600	19,600	28,000
2d Brgm	1,160	3,480	5,800	13,050	20,300	29,000
4d Imp Sed.	1,320	3,960	6,600	14,850	23,100	33,000
4d Crw Imp.	1,400	4,200	7,000	15,750	24,500	35,000
4d Twn Car.	1,480	4,440	7,400	16,650	25,900	37,000
1926 Series 58, 4-cyl., 109" wb						
2d Rds	1,440	4,320	7,200	16,200	25,200	36,000
4d Tr.	1,440	4,320	7,200	16,200	25,200	36,000
2d Clb Cpe	1,160	3,480	5,800	13,050	20,300	29,000
2d Sed	1,080	3,240	5,400	12,150	18,900	27,000
4d Sed	1,050	3,140	5,240	11,790	18,340	26,200
1926 Series 60, 6-cyl., 109"wb Introduced: May, 1926.						
2d Rds	1,280	3,840	6,400	14,400	22,400	32,000
4d Tr.	1,320	3,960	6,600	14,850	23,100	33,000
2d Cpe	880	2,640	4,400	9,900	15,400	22,000
2d Sed	800	2,400	4,000	9,000	14,000	20,000
4d Lthr Tr Sed	820	2,460	4,100	9,230	14,350	20,500
4d Sed	800	2,400	4,000	9,000	14,000	20,000
4d Lan Sed.	800	2,400	4,000	9,000	14,000	20,000
1926 Series G-70, 6-cyl., 112.75" wb						
2d Rds	1,120	3,360	5,600	12,600	19,600	28,000
4d Phae	1,160	3,480	5,800	13,050	20,300	29,000
2d Roy Cpe	760	2,280	3,800	8,550	13,300	19,000
2d Sed	840	2,520	4,200	9,450	14,700	21,000
4d Lthr Trm Sed	900	2,700	4,500	10,130	15,750	22,500
2d Brgm	920	2,760	4,600	10,350	16,100	23,000
4d Sed	910	2,730	4,550	10,240	15,930	22,750
4d Roy Sed	920	2,760	4,600	10,350	16,100	23,000
4d Crw Sed	950	2,850	4,750	10,690	16,630	23,750
1926 Series E-80 Imperial, 6-cyl., 120" wb						
2d RS Rds	2,200	6,600	11,000	24,750	38,500	55,000
4d Phae	2,080	6,240	10,400	23,400	36,400	52,000
2d Cpe	1,280	3,840	6,400	14,400	22,400	32,000
4d 5P Sed	1,200	3,600	6,000	13,500	21,000	30,000
4d 7P Sed	1,280	3,840	6,400	14,400	22,400	32,000
4d Berl	1,400	4,200	7,000	15,750	24,500	35,000
1927 Series I-50, 4-cyl., 106" wb						
2d 2P Rds	1,200	3,600	6,000	13,500	21,000	30,000
2d RS Rds	1,280	3,840	6,400	14,400	22,400	32,000
4d Tr.	1,200	3,600	6,000	13,500	21,000	30,000
2d Cpe	910	2,730	4,550	10,240	15,930	22,750
2d Sed	850	2,560	4,260	9,590	14,910	21,300
4d Lthr Trm Sed	870	2,620	4,360	9,810	15,260	21,800
4d Sed	840	2,530	4,220	9,500	14,770	21,100
4d Lan Sed.	850	2,560	4,260	9,590	14,910	21,300
1927 Series H-60, 6-cyl., 109" wb						
2d 2P Rds	1,360	4,080	6,800	15,300	23,800	34,000
2d RS Rds	1,400	4,200	7,000	15,750	24,500	35,000
4d Tr.	1,240	3,720	6,200	13,950	21,700	31,000
2d 2P Cpe	940	2,830	4,720	10,620	16,520	23,600
2d RS Cpe	970	2,900	4,840	10,890	16,940	24,200
2d Sed	870	2,620	4,360	9,810	15,260	21,800
4d Lthr Trm Sed	920	2,770	4,620	10,400	16,170	23,100
4d Sed	830	2,500	4,160	9,360	14,560	20,800
1927 Series "Finer" 70, 6-cyl., 112.75" wb						
2d RS Rds	1,450	4,360	7,260	16,340	25,410	36,300
4d Phae	1,500	4,500	7,500	16,880	26,250	37,500
4d Spt Phae	1,550	4,640	7,740	17,420	27,090	38,700
4d Cus Spt Phae	1,600	4,790	7,980	17,960	27,930	39,900
2d RS Cabr	1,400	4,210	7,020	15,800	24,570	35,100
2d 2P Cpe	960	2,890	4,820	10,850	16,870	24,100
2d RS Cpe	990	2,960	4,940	11,120	17,290	24,700
2d 4P Cpe	940	2,830	4,720	10,620	16,520	23,600
2d Brgm	920	2,760	4,600	10,350	16,100	23,000
4d Lan Brgm	920	2,770	4,620	10,400	16,170	23,100
4d Roy Sed	930	2,780	4,640	10,440	16,240	23,200
4d Crw Sed	930	2,800	4,660	10,490	16,310	23,300
1927-Early 1928 Series E-80 Imperial, 6-cyl., 120" & 127" wb						
2d RS Rds	2,400	7,200	12,000	27,000	42,000	60,000

	6	5	4	3	2	1
2d Spt Rds	2,440	7,320	12,200	27,450	42,700	61,000
4d 5P Phae	2,480	7,440	12,400	27,900	43,400	62,000
4d Spt Phae	2,520	7,560	12,600	28,350	44,100	63,000
4d 7P Phae	2,500	7,500	12,500	28,130	43,750	62,500
2d RS Cabr	2,460	7,380	12,300	27,680	43,050	61,500
2d Bus Cpe	1,200	3,600	6,000	13,500	21,000	30,000
2d 4P Cpe	1,280	3,840	6,400	14,400	22,400	32,000
2d 5P Cpe	1,280	3,840	6,400	14,400	22,400	32,000
4d Std Sed	1,200	3,600	6,000	13,500	21,000	30,000
4d Sed	1,240	3,720	6,200	13,950	21,700	31,000
4d Lan Sed	1,520	4,560	7,600	17,100	26,600	38,000
4d 7P Sed	1,320	3,960	6,600	14,850	23,100	33,000
4d Limo	1,360	4,080	6,800	15,300	23,800	34,000
4d Twn Car	1,600	4,800	8,000	18,000	28,000	40,000
1928 Series 52, 4-cyl., 106" wb						
2d RS Rds	1,280	3,840	6,400	14,400	22,400	32,000
4d Tr	1,140	3,410	5,680	12,780	19,880	28,400
2d Clb Cpe	840	2,520	4,200	9,450	14,700	21,000
2d DeL Cpe	910	2,720	4,540	10,220	15,890	22,700
2d Sed	830	2,500	4,160	9,360	14,560	20,800
4d Sed	820	2,460	4,100	9,230	14,350	20,500
4d DeL Sed	810	2,440	4,060	9,140	14,210	20,300
1928 Series 62, 6-cyl., 109" wb						
2d RS Rds	1,330	3,980	6,640	14,940	23,240	33,200
4d Tr	1,280	3,840	6,400	14,400	22,400	32,000
2d Bus Cpe	880	2,650	4,420	9,950	15,470	22,100
2d RS Cpe	930	2,780	4,640	10,440	16,240	23,200
2d Sed	840	2,510	4,180	9,410	14,630	20,900
4d Sed	820	2,470	4,120	9,270	14,420	20,600
4d Lan Sed	840	2,510	4,180	9,410	14,630	20,900
1928 Series 72, 6-cyl., 120.5" wb						
2d RS Rds	1,320	3,960	6,600	14,850	23,100	33,000
2d Spt Rds	1,420	4,250	7,080	15,930	24,780	35,400
2d Conv	1,220	3,670	6,120	13,770	21,420	30,600
2d RS Cpe	990	2,980	4,960	11,160	17,360	24,800
2d 4P Cpe	950	2,840	4,740	10,670	16,590	23,700
4d CC Sed	950	2,840	4,740	10,670	16,590	23,700
4d Roy Sed	870	2,620	4,360	9,810	15,260	21,800
4d Crw Sed	950	2,840	4,740	10,670	16,590	23,700
4d Twn Sed	970	2,900	4,840	10,890	16,940	24,200
4d LeB Imp Twn Cabr	1,760	5,280	8,800	19,800	30,800	44,000
1928 Series 80 L Imperial, 6-cyl., 136" wb						
2d RS Rds	2,320	6,960	11,600	26,100	40,600	58,000
4d Sed	1,310	3,930	6,550	14,740	22,930	32,750
4d Twn Sed	1,390	4,170	6,950	15,640	24,330	34,750
4d 7P Sed	1,400	4,200	7,000	15,750	24,500	35,000
4d Limo	1,360	4,080	6,800	15,300	23,800	34,000
1928 Series 80 L Imperial, 6-cyl., 136" wb, Custom Bodies						
4d LeB DC Phae	2,840	8,520	14,200	31,950	49,700	71,000
4d LeB CC Conv Sed	2,560	7,680	12,800	28,800	44,800	64,000
2d LeB RS Conv	2,440	7,320	12,200	27,450	42,700	61,000
2d LeB Clb Cpe	1,800	5,400	9,000	20,250	31,500	45,000
2d LeB Twn Cpe	1,720	5,160	8,600	19,350	30,100	43,000
4d LeB Lan Limo	2,280	6,840	11,400	25,650	39,900	57,000
4d Der Conv Sed	2,560	7,680	12,800	28,800	44,800	64,000
4d Dtrch Conv Sed	2,720	8,160	13,600	30,600	47,600	68,000
4d 4P Dtrch Phae	2,840	8,520	14,200	31,950	49,700	71,000
4d 7P Dtrch Phae	2,880	8,640	14,400	32,400	50,400	72,000
4d Dtrch Sed	1,800	5,400	9,000	20,250	31,500	45,000
4d Lke Phae	2,240	6,720	11,200	25,200	39,200	56,000
1929 Series 65, 6-cyl., 112.75" wb						
2d RS Rds	1,440	4,320	7,200	16,200	25,200	36,000
4d Tr	1,510	4,540	7,560	17,010	26,460	37,800
2d Bus Cpe	1,090	3,260	5,440	12,240	19,040	27,200
2d RS Cpe	1,130	3,400	5,660	12,740	19,810	28,300
2d Sed	920	2,760	4,600	10,350	16,100	23,000
4d Sed	960	2,880	4,800	10,800	16,800	24,000
1929 Series 75, 6-cyl.						
2d RS Rds	1,640	4,920	8,200	18,450	28,700	41,000
4d 5P Phae	1,680	5,040	8,400	18,900	29,400	42,000
4d DC Phae	1,720	5,160	8,600	19,350	30,100	43,000
4d 7P Phae	1,640	4,920	8,200	18,450	28,700	41,000
2d RS Conv	1,600	4,800	8,000	18,000	28,000	40,000
4d Conv Sed	1,560	4,680	7,800	17,550	27,300	39,000
2d RS Cpe	1,200	3,600	6,000	13,500	21,000	30,000
2d Cpe	1,080	3,240	5,400	12,150	18,900	27,000

	6	5	4	3	2	1
4d Roy Sed	960	2,880	4,800	10,800	16,800	24,000
4d Crw Sed	1,000	3,000	5,000	11,250	17,500	25,000
4d Twn Sed	1,020	3,060	5,100	11,480	17,850	25,500

1929-30 Series 80 L Imperial, 6-cyl., 136" wb

	6	5	4	3	2	1
2d RS Rds	3,160	9,480	15,800	35,550	55,300	79,000
4d Lke DC Spt Phae	3,440	10,320	17,200	38,700	60,200	86,000
4d Lke 7P Phae	3,320	9,960	16,600	37,350	58,100	83,000
4d Lke Conv Sed	3,240	9,720	16,200	36,450	56,700	81,000
2d Lke RS Conv	2,920	8,760	14,600	32,850	51,100	73,000
2d 2P Cpe	1,400	4,200	7,000	15,750	24,500	35,000
2d RS Cpe	1,550	4,640	7,740	17,420	27,090	38,700
4d Sed	1,250	3,740	6,240	14,040	21,840	31,200
4d Twn Sed	1,300	3,900	6,500	14,630	22,750	32,500
4d 7P Sed	1,250	3,760	6,260	14,090	21,910	31,300
4d Limo	1,450	4,360	7,260	16,340	25,410	36,300

1930-31 (through December) Series Six, 6-cyl., 109" wb
(Continued through Dec. 1930.)

	6	5	4	3	2	1
2d RS Rds	1,480	4,440	7,400	16,650	25,900	37,000
4d Tr	1,220	3,670	6,120	13,770	21,420	30,600
2d RS Conv	1,400	4,200	7,000	15,750	24,500	35,000
2d Bus Cpe	990	2,980	4,960	11,160	17,360	24,800
2d Roy Cpe	1,040	3,110	5,180	11,660	18,130	25,900
4d Roy Sed	1,190	3,560	5,940	13,370	20,790	29,700

1930-31 Series 66, 6-cyl., 112-3/4" wb
(Continued through May 1931).

	6	5	4	3	2	1
2d RS Rds	1,520	4,560	7,600	17,100	26,600	38,000
4d Phae	1,580	4,730	7,880	17,730	27,580	39,400
2d Bus Cpe	1,040	3,110	5,180	11,660	18,130	25,900
2d Roy Cpe	1,060	3,170	5,280	11,880	18,480	26,400
2d Brgm	950	2,840	4,740	10,670	16,590	23,700
4d Roy Sed	990	2,980	4,960	11,160	17,360	24,800

1930-31 Series 70, 6 cyl., 116-1/2" wb
(Continued through Feb. 1931.)

	6	5	4	3	2	1
2d RS Rds	1,630	4,880	8,140	18,320	28,490	40,700
2d RS Conv	1,680	5,040	8,400	18,900	29,400	42,000
4d Phae	1,800	5,400	9,000	20,250	31,500	45,000
2d Bus Cpe	1,000	3,000	5,000	11,250	17,500	25,000
2d Roy Cpe	1,060	3,170	5,280	11,880	18,480	26,400
2d Brgm	1,000	2,990	4,980	11,210	17,430	24,900
4d Roy Sed	1,040	3,110	5,180	11,660	18,130	25,900

1930-31 Series 77, 6-cyl., 124.5" wb

	6	5	4	3	2	1
2d RS Rds	2,160	6,470	10,780	24,260	37,730	53,900
4d DC Phae	1,940	5,810	9,680	21,780	33,880	48,400
2d RS Conv	1,720	5,150	8,580	19,310	30,030	42,900
2d Bus Cpe	1,080	3,240	5,400	12,150	18,900	27,000
2d Roy RS Cpe	1,190	3,560	5,940	13,370	20,790	29,700
2d Crw Cpe	1,080	3,240	5,400	12,150	18,900	27,000
4d Roy Sed	1,040	3,120	5,200	11,700	18,200	26,000
4d Crw Sed	1,080	3,240	5,400	12,150	18,900	27,000

1931-32 New Series Six, CM, 6-cyl., 116" wb
(Produced Jan. - Dec. 1931.)

	6	5	4	3	2	1
2d RS Rds	1,720	5,160	8,600	19,350	30,100	43,000
4d Tr	1,680	5,040	8,400	18,900	29,400	42,000
2d RS Conv	1,640	4,920	8,200	18,450	28,700	41,000
2d Bus Cpe	1,040	3,120	5,200	11,700	18,200	26,000
2d Roy Cpe	1,120	3,360	5,600	12,600	19,600	28,000
4d Roy Sed	980	2,940	4,900	11,030	17,150	24,500

1931-32 Series 70, 6-cyl., 116-1/2" wb

	6	5	4	3	2	1
2d Bus Cpe	1,160	3,480	5,800	13,050	20,300	29,000
2d Roy Cpe	1,120	3,360	5,600	12,600	19,600	28,000
2d Brgm	1,080	3,240	5,400	12,150	18,900	27,000
4d Roy Sed	1,080	3,240	5,400	12,150	18,900	27,000

1931-32 First Series, CD, 8-cyl., 80 hp, 124" wb
(Built 7/17/30 - 1/31.)

	6	5	4	3	2	1
2d RS Rds	1,760	5,280	8,800	19,800	30,800	44,000
2d Spt Rds	1,890	5,680	9,460	21,290	33,110	47,300
2d Conv	1,720	5,150	8,580	19,310	30,030	42,900
2d Cpe	1,180	3,530	5,880	13,230	20,580	29,400
2d Spl Cpe	1,130	3,400	5,660	12,740	19,810	28,300
4d Roy Sed	1,080	3,240	5,400	12,150	18,900	27,000
4d Spl Roy Sed	1,080	3,230	5,380	12,110	18,830	26,900

1931-32 Second Series, CD, 8-cyl., 88 hp, 124" wb
(Built 2/2/31 - 5/18/31.)

	6	5	4	3	2	1
2d RS Spt Rds	2,360	7,080	11,800	26,550	41,300	59,000
4d Lke DC Phae	2,240	6,720	11,200	25,200	39,200	56,000
2d RS Conv	1,920	5,760	9,600	21,600	33,600	48,000

	6	5	4	3	2	1
2d Roy Cpe	1,320	3,960	6,600	14,850	23,100	33,000
2d Spl Roy Cpe	1,280	3,840	6,400	14,400	22,400	32,000
4d Roy Sed	1,080	3,240	5,400	12,150	18,900	27,000
1931-32 Second Series CD						
4d Spl Roy Sed	1,120	3,360	5,600	12,600	19,600	28,000
1931-32 DeLuxe Series, CD, 8-cyl., 100 hp, 124" wb						
(Built 5/19/31 - 11/31.)						
2d RS Rds	2,400	7,200	12,000	27,000	42,000	60,000
4d Lke DC Phae	2,280	6,840	11,400	25,650	39,900	57,000
2d RS Conv	2,020	6,050	10,080	22,680	35,280	50,400
2d RS Cpe	1,390	4,160	6,940	15,620	24,290	34,700
2d Roy Cpe	1,340	4,030	6,720	15,120	23,520	33,600
4d Sed	1,080	3,240	5,400	12,150	18,900	27,000
1931-32 Imperial, CG, 8-cyl., 125 hp, 145" wb						
(Built July 17, 1930 thru Dec . 1931.)						
1931-32 Standard Line						
4d CC Sed	2,220	6,650	11,080	24,930	38,780	55,400
4d 5P Sed	1,560	4,670	7,780	17,510	27,230	38,900
4d 7P Sed	1,560	4,670	7,780	17,510	27,230	38,900
4d Limo	18,220	54,660	91,100	204,980	318,850	455,500
1931-32 Custom Line						
2d LeB RS Rds	12,680	38,030	63,380	142,610	221,830	316,900
4d LeB DC Phae	12,470	37,400	62,340	140,270	218,190	311,700
4d LeB Conv Sed	12,260	36,780	61,300	137,930	214,550	306,500
2d LeB RS Cpe	4,490	13,460	22,440	50,490	78,540	112,200
2d Wths Conv Vic	11,420	34,260	57,100	128,480	199,850	285,500
2d LeB Conv Spds	11,000	33,000	55,000	123,750	192,500	275,000
1932 Second Series, CI, 6-cyl., 116-1/2" wb						
(Begun 1/1/32).						
2d RS Rds	1,600	4,800	8,000	18,000	28,000	40,000
4d Phae	1,570	4,720	7,860	17,690	27,510	39,300
2d RS Conv	1,530	4,580	7,640	17,190	26,740	38,200
4d Conv Sed	1,570	4,720	7,860	17,690	27,510	39,300
2d Bus Cpe	1,200	3,610	6,020	13,550	21,070	30,100
2d RS Cpe	1,250	3,740	6,240	14,040	21,840	31,200
4d Sed	1,120	3,350	5,580	12,560	19,530	27,900
1932 Series CP, 8-cyl., 125" wb, 100 hp						
(Began 1/1/32).						
2d RS Conv	2,480	7,440	12,400	27,900	43,400	62,000
4d Conv Sed	2,580	7,740	12,900	29,030	45,150	64,500
2d RS Cpe	1,680	5,040	8,400	18,900	29,400	42,000
2d Cpe	1,400	4,200	7,000	15,750	24,500	35,000
4d Sed	1,240	3,720	6,200	13,950	21,700	31,000
4d LeB Twn Car	1,600	4,800	8,000	18,000	28,000	40,000
1932 Imperial Series, CH, 8-cyl., 135" wb, 125 hp						
(Began 1/1/32.)						
1932 Standard Line						
4d Conv Sed	8,400	25,200	42,000	94,500	147,000	210,000
2d RS Cpe	2,800	8,400	14,000	31,500	49,000	70,000
4d Sed	2,000	6,000	10,000	22,500	35,000	50,000
1932 Imperial Series, CL, 8-cyl., 146" wb, 125 hp						
(Began 1/1/32.)						
1932 Custom Line - LeBaron bodies						
2d RS Conv	11,920	35,760	59,600	134,100	208,600	298,000
4d DC Phae	13,040	39,120	65,200	146,700	228,200	326,000
4d Conv Sed	12,880	38,640	64,400	144,900	225,400	322,000
1933 Series CO, 6-cyl., 116.5" wb						
2d RS Conv	2,200	6,600	11,000	24,750	38,500	55,000
4d Conv Sed	2,320	6,960	11,600	26,100	40,600	58,000
2d Bus Cpe	1,200	3,600	6,000	13,500	21,000	30,000
2d RS Cpe	1,440	4,320	7,200	16,200	25,200	36,000
2d Brgm	1,280	3,840	6,400	14,400	22,400	32,000
4d Sed	1,280	3,840	6,400	14,400	22,400	32,000
1933 Royal Series CT, 8-cyl., 119.5" wb						
2d RS Conv	2,480	7,440	12,400	27,900	43,400	62,000
4d Conv Sed	2,580	7,740	12,900	29,030	45,150	64,500
2d Bus Cpe	1,240	3,720	6,200	13,950	21,700	31,000
2d RS Cpe	1,440	4,320	7,200	16,200	25,200	36,000
4d Sed	1,280	3,840	6,400	14,400	22,400	32,000
4d 7P Sed	1,320	3,960	6,600	14,850	23,100	33,000
1933 Imperial Series CQ, 8-cyl., 126" wb						
2d RS Conv	2,480	7,440	12,400	27,900	43,400	62,000
4d Conv Sed	2,560	7,680	12,800	28,800	44,800	64,000
2d RS Cpe	1,760	5,280	8,800	19,800	30,800	44,000
2d 5P Cpe	1,520	4,560	7,600	17,100	26,600	38,000
4d Sed	1,440	4,320	7,200	16,200	25,200	36,000

	6	5	4	3	2	1
1933 Imperial Custom, Series CL, 8-cyl., 146" wb						
2d RS Conv	11,200	33,600	56,000	126,000	196,000	280,000
4d WS Phae	11,400	34,200	57,000	128,250	199,500	285,000
4d CC Sed	3,040	9,120	15,200	34,200	53,200	76,000
1934 Series CA, 6-cyl., 117" wb						
2d RS Conv	1,800	5,400	9,000	20,250	31,500	45,000
2d Bus Cpe	1,240	3,720	6,200	13,950	21,700	31,000
2d RS Cpe	1,280	3,840	6,400	14,400	22,400	32,000
2d Brgm	1,120	3,360	5,600	12,600	19,600	28,000
4d Sed	1,080	3,240	5,400	12,150	18,900	27,000
1934 Series CB, 6-cyl., 121" wb						
4d Conv Sed	1,960	5,880	9,800	22,050	34,300	49,000
4d CC Sed	1,280	3,840	6,400	14,400	22,400	32,000
1934 Airflow, Series CU, 8-cyl., 123" wb						
2d Cpe	1,760	5,280	8,800	19,800	30,800	44,000
2d Brgm	1,630	4,880	8,140	18,320	28,490	40,700
4d Sed	1,540	4,620	7,700	17,330	26,950	38,500
4d Twn Sed	1,580	4,750	7,920	17,820	27,720	39,600
1934 Imperial Airflow, Series CV, 8-cyl., 128" wb						
2d Cpe	1,940	5,810	9,680	21,780	33,880	48,400
4d Sed	1,580	4,750	7,920	17,820	27,720	39,600
4d Twn Sed	1,670	5,020	8,360	18,810	29,260	41,800
1934 Imperial Custom Airflow, Series CX, 8-cyl., 137.5" wb						
4d Sed	2,160	6,480	10,800	24,300	37,800	54,000
4d Twn Sed	2,240	6,720	11,200	25,200	39,200	56,000
4d Limo	2,720	8,160	13,600	30,600	47,600	68,000
4d Twn Limo	2,880	8,640	14,400	32,400	50,400	72,000
1934 Imperial Custom Airflow, Series CW, 8-cyl., 146.5" wb						
4d Sed	5,840	17,520	29,200	65,700	102,200	146,000
4d Twn Sed	6,090	18,260	30,440	68,490	106,540	152,200
4d Limo	6,180	18,530	30,880	69,480	108,080	154,400
1935 Airstream Series C-6, 6-cyl., 118" wb						
2d RS Conv	1,640	4,920	8,200	18,450	28,700	41,000
2d Bus Cpe	1,160	3,480	5,800	13,050	20,300	29,000
2d RS Cpe	1,200	3,600	6,000	13,500	21,000	30,000
4d Tr Brgm	1,080	3,240	5,400	12,150	18,900	27,000
4d Sed	1,040	3,120	5,200	11,700	18,200	26,000
4d Tr Sed	1,040	3,120	5,200	11,700	18,200	26,000
1935 Airstream Series CZ, 8-cyl., 121" wb						
2d Bus Cpe	1,160	3,480	5,800	13,050	20,300	29,000
2d RS Cpe	1,240	3,720	6,200	13,950	21,700	31,000
2d Tr Brgm	1,080	3,240	5,400	12,150	18,900	27,000
4d Sed	1,040	3,120	5,200	11,700	18,200	26,000
4d Tr Sed	1,040	3,120	5,200	11,700	18,200	26,000
1935 Airstream DeLuxe Series CZ, 121" wb						
2d RS Conv	1,640	4,920	8,200	18,450	28,700	41,000
2d Bus Cpe	1,200	3,600	6,000	13,500	21,000	30,000
2d RS Cpe	10,640	31,920	53,200	119,700	186,200	266,000
2d Tr Brgm	1,140	3,420	5,700	12,830	19,950	28,500
4d Sed	1,060	3,180	5,300	11,930	18,550	26,500
4d Tr Sed	1,060	3,180	5,300	11,930	18,550	26,500
1935 Airstream DeLuxe, Series CZ, 8-cyl., 133" wb						
4d Trav Sed	1,100	3,300	5,500	12,380	19,250	27,500
4d 7P Sed	1,100	3,300	5,500	12,380	19,250	27,500
1935 Airflow Series C-1, 8-cyl., 123" wb						
2d Bus Cpe	1,720	5,160	8,600	19,350	30,100	43,000
2d Cpe	1,720	5,160	8,600	19,350	30,100	43,000
4d Sed	1,480	4,440	7,400	16,650	25,900	37,000
1935 Imperial Airflow Series C-2, 8-cyl., 128" wb						
2d Cpe	1,960	5,890	9,820	22,100	34,370	49,100
4d Sed	1,670	5,020	8,360	18,810	29,260	41,800
1935 Imperial Custom Airflow Series C-3, 8-cyl., 137" wb						
4d Sed	1,800	5,390	8,980	20,210	31,430	44,900
4d Twn Sed	1,840	5,510	9,180	20,660	32,130	45,900
4d Sed Limo	2,170	6,520	10,860	24,440	38,010	54,300
4d Twn Limo	2,260	6,770	11,280	25,380	39,480	56,400
1935 Imperial Custom Airflow Series C-W, 8-cyl., 146.5" wb						
4d Sed	4,620	13,860	23,100	51,980	80,850	115,500
4d Sed Limo	4,700	14,110	23,520	52,920	82,320	117,600
4d Twn Limo	4,790	14,360	23,940	53,870	83,790	119,700
1936 Airstream Series C-7, 6-cyl., 118" wb						
2d RS Conv	1,480	4,440	7,400	16,650	25,900	37,000
4d Conv Sed	1,520	4,560	7,600	17,100	26,600	38,000
2d Bus Cpe	1,120	3,360	5,600	12,600	19,600	28,000
2d RS Cpe	1,160	3,480	5,800	13,050	20,300	29,000
2d Tr Brgm	1,040	3,120	5,200	11,700	18,200	26,000
4d Tr Sed	1,080	3,240	5,400	12,150	18,900	27,000

	6	5	4	3	2	1
1936 Airstream DeLuxe Series C-8, 8-cyl., 121" wb						
2d RS Conv.	1,600	4,800	8,000	18,000	28,000	40,000
4d Conv Sed	1,640	4,920	8,200	18,450	28,700	41,000
2d Bus Cpe	1,160	3,480	5,800	13,050	20,300	29,000
2d RS Cpe.	1,200	3,600	6,000	13,500	21,000	30,000
2d Tr Brgm	1,080	3,240	5,400	12,150	18,900	27,000
4d Tr Sed	1,080	3,240	5,400	12,150	18,900	27,000
1936 Airstream DeLuxe, Series C-8, 8-cyl., 133" wb						
4d Trav Sed.	1,100	3,300	5,500	12,380	19,250	27,500
4d Sed.	1,080	3,240	5,400	12,150	18,900	27,000
4d Sed Limo	1,120	3,360	5,600	12,600	19,600	28,000
4d LeB Twn Sed	1,520	4,560	7,600	17,100	26,600	38,000
1936 Airflow, 8-cyl., 123" wb						
2d Cpe.	1,560	4,680	7,800	17,550	27,300	39,000
4d Sed.	1,360	4,080	6,800	15,300	23,800	34,000
1936 Imperial Airflow, 8-cyl., 128" wb						
2d Cpe.	1,680	5,040	8,400	18,900	29,400	42,000
4d Sed.	1,520	4,560	7,600	17,100	26,600	38,000
1936 Imperial Custom Airflow, 8-cyl., 137" wb						
4d Sed.	1,720	5,160	8,600	19,350	30,100	43,000
4d Sed Limo	1,800	5,400	9,000	20,250	31,500	45,000
1936 Imperial Custom Airflow, 8-cyl., 146.5" wb						
4d 8P Sed	5,400	16,200	27,000	60,750	94,500	135,000
4d Sed Limo	5,520	16,560	27,600	62,100	96,600	138,000
1937 Royal, 6-cyl., 116" wb						
2d RS Conv.	1,520	4,560	7,600	17,100	26,600	38,000
4d Conv Sed.	1,600	4,800	8,000	18,000	28,000	40,000
2d Bus Cpe.	1,080	3,240	5,400	12,150	18,900	27,000
2d RS Cpe.	1,120	3,360	5,600	12,600	19,600	28,000
2d Brgm.	1,000	3,000	5,000	11,250	17,500	25,000
2d Tr Brgm.	1,040	3,120	5,200	11,700	18,200	26,000
4d Sed.	1,000	3,000	5,000	11,250	17,500	25,000
4d Tr Sed	1,010	3,020	5,040	11,340	17,640	25,200
1937 Royal, 6-cyl., 133" wb						
4d Sed.	1,040	3,120	5,200	11,700	18,200	26,000
4d Sed Limo	1,080	3,240	5,400	12,150	18,900	27,000
4d Der Twn Car.	1,520	4,560	7,600	17,100	26,600	38,000
1937 Airflow, 8-cyl., 128" wb						
2d Cpe.	1,560	4,680	7,800	17,550	27,300	39,000
4d Sed.	1,400	4,200	7,000	15,750	24,500	35,000
1937 Imperial, 8-cyl., 121" wb						
2d RS Conv.	1,560	4,680	7,800	17,550	27,300	39,000
4d Conv Sed.	1,640	4,920	8,200	18,450	28,700	41,000
2d Bus Cpe.	1,200	3,600	6,000	13,500	21,000	30,000
2d RS Cpe.	1,240	3,720	6,200	13,950	21,700	31,000
2d Tr Brgm	1,240	3,720	6,200	13,950	21,700	31,000
4d Tr Sed	1,200	3,600	6,000	13,500	21,000	30,000
1937 Imperial Custom, 8-cyl., 140" wb						
4d 5P Sed.	1,280	3,840	6,400	14,400	22,400	32,000
4d 7P Sed.	1,360	4,080	6,800	15,300	23,800	34,000
4d Sed Limo	1,800	5,400	9,000	20,250	31,500	45,000
4d Twn Limo	1,840	5,520	9,200	20,700	32,200	46,000
1937 Custom Built Models						
4d Der Fml Conv Twn Car	3,760	11,280	18,800	42,300	65,800	94,000
4d Der Conv Vic	3,650	10,960	18,260	41,090	63,910	91,300
1937 Imperial Custom Airflow, 8-cyl., 146.5" wb						
4d Sed Limo			value not estimable			
1938 Royal, 6-cyl., 119" wb						
2d RS Conv.	1,440	4,320	7,200	16,200	25,200	36,000
4d Conv Sed.	1,480	4,440	7,400	16,650	25,900	37,000
2d Bus Cpe.	1,120	3,360	5,600	12,600	19,600	28,000
2d RS Cpe.	1,160	3,480	5,800	13,050	20,300	29,000
2d Brgm.	1,000	3,000	5,000	11,250	17,500	25,000
2d Tr Brgm	1,120	3,360	5,600	12,600	19,600	28,000
4d Sed.	1,000	3,000	5,000	11,250	17,500	25,000
4d Tr Sed	1,040	3,120	5,200	11,700	18,200	26,000
1938 4d Royal, 6-cyl., 136" wb						
4d 7P Sed.	1,080	3,240	5,400	12,150	18,900	27,000
4d 7P Limo Sed.	1,120	3,360	5,600	12,600	19,600	28,000
1938 Imperial, 8-cyl., 125" wb						
2d RS Conv.	1,520	4,560	7,600	17,100	26,600	38,000
4d Conv Sed.	1,600	4,800	8,000	18,000	28,000	40,000
2d Bus Cpe.	1,200	3,600	6,000	13,500	21,000	30,000
2d RS Cpe.	1,240	3,720	6,200	13,950	21,700	31,000
4d Tr Brgm	1,120	3,360	5,600	12,600	19,600	28,000
4d Tr Sed	1,160	3,480	5,800	13,050	20,300	29,000

CHRYSLER

	6	5	4	3	2	1
1938 New York Special, 8-cyl., 125" wb						
4d Tr Sed	1,120	3,360	5,600	12,600	19,600	28,000
1938 Imperial Custom, 8-cyl., 144" wb						
4d 5P Sed	1,400	4,200	7,000	15,750	24,500	35,000
4d Sed	1,360	4,080	6,800	15,300	23,800	34,000
4d Limo Sed	1,520	4,560	7,600	17,100	26,600	38,000
1938 Derham customs on C-20 chassis						
4d Twn Sed	1,520	4,560	7,600	17,100	26,600	38,000
4d Twn Limo	1,720	5,160	8,600	19,350	30,100	43,000
2d Conv Vic	3,800	11,400	19,000	42,750	66,500	95,000
4d Conv Sed	3,880	11,640	19,400	43,650	67,900	97,000
1939 Royal, 6-cyl., 119" wb						
2d Cpe	1,080	3,240	5,400	12,150	18,900	27,000
2d Vic Cpe	1,120	3,360	5,600	12,600	19,600	28,000
2d Brgm	960	2,880	4,800	10,800	16,800	24,000
4d Sed	1,000	3,000	5,000	11,250	17,500	25,000
1939 Royal, 6-cyl., 136" wb						
4d 7P Sed	1,040	3,120	5,200	11,700	18,200	26,000
4d Limo	1,080	3,240	5,400	12,150	18,900	27,000
1939 Royal Windsor, 6-cyl., 119" wb						
2d Cpe	1,120	3,360	5,600	12,600	19,600	28,000
2d Vic Cpe	1,160	3,480	5,800	13,050	20,300	29,000
2d Clb Cpe	1,200	3,600	6,000	13,500	21,000	30,000
4d Sed	960	2,880	4,800	10,800	16,800	24,000
1939 Imperial, 8-cyl., 125" wb						
2d Cpe	1,400	4,200	7,000	15,750	24,500	35,000
2d Vic Cpe	1,440	4,320	7,200	16,200	25,200	36,000
2d Brgm	1,040	3,120	5,200	11,700	18,200	26,000
4d Sed	1,120	3,360	5,600	12,600	19,600	28,000
1939 New Yorker, 8-cyl., 125" wb						
2d Cpe	1,340	4,020	6,700	15,080	23,450	33,500
2d Vic Cpe	1,380	4,140	6,900	15,530	24,150	34,500
2d Clb Cpe	1,360	4,080	6,800	15,300	23,800	34,000
4d Sed	1,340	4,020	6,700	15,080	23,450	33,500
1939 Saratoga, 8-cyl., 125" wb						
2d Clb Cpe	1,260	3,780	6,300	14,180	22,050	31,500
4d Sed	1,140	3,420	5,700	12,830	19,950	28,500
1939 Imperial Custom, 8-cyl., 144" wb						
4d 5P Sed	1,480	4,440	7,400	16,650	25,900	37,000
4d 7P Sed	1,520	4,560	7,600	17,100	26,600	38,000
4d Limo	1,600	4,800	8,000	18,000	28,000	40,000
1939 Special Derham customs on C-24 chassis						
4d 7P Tr	1,760	5,280	8,800	19,800	30,800	44,000
4d Conv Sed	3,080	9,240	15,400	34,650	53,900	77,000
4d Conv Twn Car	3,300	9,900	16,500	37,130	57,750	82,500
1940 Royal, 6-cyl., 122.5" wb						
2d 3P Cpe	1,120	3,360	5,600	12,600	19,600	28,000
2d 6P Cpe	1,140	3,420	5,700	12,830	19,950	28,500
2d Vic Sed	1,050	3,160	5,260	11,840	18,410	26,300
4d Sed	1,040	3,120	5,200	11,700	18,200	26,000
1940 Royal, 6-cyl., 139.5" wb						
4d 8P Sed	1,080	3,240	5,400	12,150	18,900	27,000
4d 8P Limo	1,120	3,360	5,600	12,600	19,600	28,000
1940 Windsor, 6-cyl., 122.5" wb						
2d Conv Cpe	1,560	4,680	7,800	17,550	27,300	39,000
2d 3P Cpe	1,160	3,480	5,800	13,050	20,300	29,000
2d 6P Cpe	1,180	3,540	5,900	13,280	20,650	29,500
2d Vic Sed	1,050	3,160	5,260	11,840	18,410	26,300
4d Sed	1,060	3,180	5,300	11,930	18,550	26,500
1940 Windsor, 6-cyl., 139.5" wb						
4d 8P Sed	1,080	3,240	5,400	12,150	18,900	27,000
4d 8P Limo	1,120	3,360	5,600	12,600	19,600	28,000
1940 Traveler, 8-cyl., 128" wb						
2d 3P Cpe	1,200	3,600	6,000	13,500	21,000	30,000
2d 6P Cpe	1,240	3,720	6,200	13,950	21,700	31,000
2d Vic Sed	1,090	3,280	5,460	12,290	19,110	27,300
4d Sed	1,080	3,240	5,400	12,150	18,900	27,000
1940 Saratoga, 8-cyl., 128.5" wb						
4d Sed	1,160	3,480	5,800	13,050	20,300	29,000
4d Fml Sed Div.	1,680	5,040	8,400	18,900	29,400	42,000
4d Twn Car Der	1,840	5,520	9,200	20,700	32,200	46,000
1940 New Yorker, 8-cyl., 128.5" wb						
2d Conv Cpe	1,880	5,640	9,400	21,150	32,900	47,000
2d 3P Cpe	1,280	3,840	6,400	14,400	22,400	32,000
2d 6P Cpe	1,320	3,960	6,600	14,850	23,100	33,000
2d Vic Sed	1,130	3,400	5,660	12,740	19,810	28,300

	6	5	4	3	2	1
4d Sed.	1,120	3,360	5,600	12,600	19,600	28,000
4d Fml Sed Div	1,760	5,280	8,800	19,800	30,800	44,000

1940 Crown Imperial, 8-cyl., 145.5" wb

	6	5	4	3	2	1
4d 6P Sed.	1,320	3,960	6,600	14,850	23,100	33,000
4d 6P Twn Limo	1,440	4,320	7,200	16,200	25,200	36,000
4d 8P Twn Limo	1,440	4,320	7,200	16,200	25,200	36,000
4d 8P Sed.	1,360	4,080	6,800	15,300	23,800	34,000
4d 8P Sed Limo.	1,440	4,320	7,200	16,200	25,200	36,000
4d 8P Limo.	1,480	4,440	7,400	16,650	25,900	37,000
4d Nwpt Parade Phae.			value not estimable			
2d Thunderbolt			value not estimable			

1941 Royal, 6-cyl., 121.5" wb

	6	5	4	3	2	1
2d 3P Cpe.	1,060	3,180	5,300	11,930	18,550	26,500
2d 6P Clb Cpe.	1,080	3,240	5,400	12,150	18,900	27,000
2d Brgm.	960	2,880	4,800	10,800	16,800	24,000
4d Sed.	980	2,940	4,900	11,030	17,150	24,500
4d Twn Sed.	1,000	3,000	5,000	11,250	17,500	25,000
4d 6P T&C Wag	10,200	30,600	51,000	114,750	178,500	255,000
4d 9P T&C Wag	10,280	30,840	51,400	115,650	179,900	257,000

1941 Royal, 6-cyl., 139.5" wb

	6	5	4	3	2	1
4d 8P Sed.	1,000	3,000	5,000	11,250	17,500	25,000
4d 8P Limo Sed.	1,040	3,120	5,200	11,700	18,200	26,000

1941 Windsor, 6-cyl., 121.5" wb

	6	5	4	3	2	1
2d Conv Cpe.	1,680	5,040	8,400	18,900	29,400	42,000
2d 3P Cpe.	1,200	3,600	6,000	13,500	21,000	30,000
2d 6P Clb Cpe.	1,220	3,660	6,100	13,730	21,350	30,500
2d Brgm.	1,040	3,120	5,200	11,700	18,200	26,000
4d Sed.	1,080	3,240	5,400	12,150	18,900	27,000
4d Twn Sed.	1,120	3,360	5,600	12,600	19,600	28,000

1941 Windsor, 6-cyl., 139.5" wb

	6	5	4	3	2	1
4d 8P Sed.	1,120	3,360	5,600	12,600	19,600	28,000
4d 8P Sed Limo.	1,160	3,480	5,800	13,050	20,300	29,000

1941 Saratoga, 8-cyl., 127.5" wb

	6	5	4	3	2	1
2d 3P Cpe.	1,240	3,720	6,200	13,950	21,700	31,000
2d 6P Clb Cpe.	1,260	3,780	6,300	14,180	22,050	31,500
2d Brgm.	1,080	3,240	5,400	12,150	18,900	27,000
4d Sed.	1,120	3,360	5,600	12,600	19,600	28,000
4d Twn Sed.	1,140	3,420	5,700	12,830	19,950	28,500

1941 New Yorker, 8-cyl., 127.5" wb

	6	5	4	3	2	1
2d Conv Cpe.	1,920	5,760	9,600	21,600	33,600	48,000
3P Cpe.	1,320	3,960	6,600	14,850	23,100	33,000
2d 6P Cpe.	1,360	4,080	6,800	15,300	23,800	34,000
2d Brgm.	1,120	3,360	5,600	12,600	19,600	28,000
4d Sed.	1,160	3,480	5,800	13,050	20,300	29,000
4d Twn Sed.	1,180	3,540	5,900	13,280	20,650	29,500
4d 6P Sed.	1,200	3,600	6,000	13,500	21,000	30,000
4d 8P Sed.	1,240	3,720	6,200	13,950	21,700	31,000
4d 8P Sedan Limo.	1,360	4,080	6,800	15,300	23,800	34,000
4d 8P Limo.	1,400	4,200	7,000	15,750	24,500	35,000
4d Laudalet Limo.	1,880	5,640	9,400	21,150	32,900	47,000
4d LeB Twn Limo	1,960	5,880	9,800	22,050	34,300	49,000

1941 New Yorker Special/Crown Imperial, 8-cyl., 127.5" wb

	6	5	4	3	2	1
4d Twn Sed.	1,760	5,280	8,800	19,800	30,800	44,000

C-33 Series.

1942 Royal, 6-cyl., 121.5" wb

	6	5	4	3	2	1
2d 3P Cpe.	1,160	3,480	5,800	13,050	20,300	29,000
2d 6P Clb Cpe.	1,180	3,540	5,900	13,280	20,650	29,500
2d Brgm.	1,060	3,180	5,300	11,930	18,550	26,500
4d Sed.	1,080	3,240	5,400	12,150	18,900	27,000
4d Twn Sed.	1,100	3,300	5,500	12,380	19,250	27,500

1942 Royal, 6-cyl., 139.5" wb

	6	5	4	3	2	1
4d 8P Sed.	1,090	3,280	5,460	12,290	19,110	27,300
4d 8P Limo.	1,110	3,340	5,560	12,510	19,460	27,800

1942 Windsor, 6-cyl., 121.5" wb

	6	5	4	3	2	1
2d Conv Cpe.	1,560	4,680	7,800	17,550	27,300	39,000
2d 3P Cpe.	1,260	3,780	6,300	14,180	22,050	31,500
2d 6P Cpe.	1,280	3,840	6,400	14,400	22,400	32,000
2d Brgm.	1,120	3,360	5,600	12,600	19,600	28,000
4d Sed.	1,140	3,420	5,700	12,830	19,950	28,500
4d Twn Sed.	1,120	3,360	5,600	12,600	19,600	28,000
4d 6P T&C Wag	10,200	30,600	51,000	114,750	178,500	255,000
4d 9P T&C Wag	10,280	30,840	51,400	115,650	179,900	257,000

1942 Windsor, 6-cyl., 139.5" wb

	6	5	4	3	2	1
4d 8P Sed.	1,090	3,280	5,460	12,290	19,110	27,300
4d 8P Limo.	1,130	3,400	5,660	12,740	19,810	28,300

	6	5	4	3	2	1
1942 Saratoga, 8-cyl., 127.5" wb						
2d 6P Cpe	1,340	4,020	6,700	15,080	23,450	33,500
2d 3P Cpe	1,320	3,960	6,600	14,850	23,100	33,000
2d Brgm	1,130	3,400	5,660	12,740	19,810	28,300
4d Sed	1,140	3,410	5,680	12,780	19,880	28,400
4d Twn Sed	1,190	3,580	5,960	13,410	20,860	29,800
1942 New Yorker, 8-cyl., 127.5" wb						
2d Conv Cpe	1,760	5,280	8,800	19,800	30,800	44,000
2d Der Conv Cpe	2,120	6,360	10,600	23,850	37,100	53,000
2d 6P Cpe	1,380	4,140	6,900	15,530	24,150	34,500
2d 3P Cpe	1,360	4,080	6,800	15,300	23,800	34,000
2d Brgm	1,190	3,580	5,960	13,410	20,860	29,800
4d Sed	1,190	3,580	5,960	13,410	20,860	29,800
4d Twn Sed	1,210	3,640	6,060	13,640	21,210	30,300
1942 Crown Imperial, 8-cyl., 145.5" wb						
4d 6P Sed	1,520	4,560	7,600	17,100	26,600	38,000
4d 8P Sed	1,560	4,680	7,800	17,550	27,300	39,000
4d 8P Sed Limo	1,640	4,920	8,200	18,450	28,700	41,000
1942 Derham Customs						
4d Conv Sed	2,120	6,360	10,600	23,850	37,100	53,000
4d Twn Car	1,760	5,280	8,800	19,800	30,800	44,000
4d Fml Twn Car	1,840	5,520	9,200	20,700	32,200	46,000
1946-48 Royal Series, 6-cyl., 121.5" wb						
2d Cpe	800	2,400	4,000	9,000	14,000	20,000
2d Clb Cpe	820	2,460	4,100	9,230	14,350	20,500
2d Sed	680	2,040	3,400	7,650	11,900	17,000
4d Sed	680	2,040	3,400	7,650	11,900	17,000
1946-48 Royal Series, 6-cyl., 139.5" wb						
4d Sed	780	2,340	3,900	8,780	13,650	19,500
4d Limo	860	2,580	4,300	9,680	15,050	21,500
1946-48 Windsor Series, 6-cyl., 121.5" wb						
2d Conv	1,240	3,720	6,200	13,950	21,700	31,000
2d Cpe	840	2,520	4,200	9,450	14,700	21,000
2d Clb Cpe	860	2,580	4,300	9,680	15,050	21,500
2d Sed	680	2,040	3,400	7,650	11,900	17,000
4d Sed	688	2,064	3,440	7,740	12,040	17,200
4d Trav Sed	696	2,088	3,480	7,830	12,180	17,400
1946-48 Windsor Series, 6-cyl., 139.5" wb						
4d Sed	820	2,460	4,100	9,230	14,350	20,500
4d Limo	880	2,640	4,400	9,900	15,400	22,000
1946-48 Saratoga Series, 8-cyl., 127.5" wb						
2d 3P Cpe	860	2,580	4,300	9,680	15,050	21,500
2d Clb Cpe	880	2,640	4,400	9,900	15,400	22,000
2d Sed	708	2,124	3,540	7,970	12,390	17,700
4d Sed	712	2,136	3,560	8,010	12,460	17,800
1946-48 New Yorker, 8-cyl., 127.5" wb						
2d Conv	1,360	4,080	6,800	15,300	23,800	34,000
2d Cpe	840	2,520	4,200	9,450	14,700	21,000
2d Clb Cpe	860	2,580	4,300	9,680	15,050	21,500
2d Sed	712	2,136	3,560	8,010	12,460	17,800
4d Sed	720	2,160	3,600	8,100	12,600	18,000
1946-48 Town & Country						
2d Conv	6,700	20,100	33,500	75,380	117,250	167,500
4d Sed	3,920	11,760	19,600	44,100	68,600	98,000
1946-48 Imperial C-40						
4d Limo	960	2,880	4,800	10,800	16,800	24,000
4d 8P Sed	920	2,760	4,600	10,350	16,100	23,000
1949 Royal - Second Series, 6-cyl., 125.5" wb						
First Series 1949 is the same as 1948.						
2d Clb Cpe	800	2,400	4,000	9,000	14,000	20,000
4d Sed	740	2,220	3,700	8,330	12,950	18,500
4d Sta Wag	1,200	3,600	6,000	13,500	21,000	30,000
1949 Royal - Second Series, 6-cyl., 139.5" wb						
4d Sed	752	2,256	3,760	8,460	13,160	18,800
1949 Windsor - Second Series, 6-cyl., 125.5" wb						
2d Conv	1,160	3,480	5,800	13,050	20,300	29,000
2d Clb Cpe	820	2,460	4,100	9,230	14,350	20,500
4d Sed	748	2,244	3,740	8,420	13,090	18,700
1949 Windsor - Second Series, 6-cyl., 139.5" wb						
4d Sed	800	2,400	4,000	9,000	14,000	20,000
4d Limo	840	2,520	4,200	9,450	14,700	21,000
1949 Saratoga - Second Series, 8-cyl., 131.5" wb						
2d Clb Cpe	820	2,460	4,100	9,230	14,350	20,500
4d Sed	720	2,160	3,600	8,100	12,600	18,000
1949 New Yorker - Second Series, 8-cyl., 131.5" wb						
2d Conv	1,240	3,720	6,200	13,950	21,700	31,000

	6	5	4	3	2	1
2d Clb Cpe	840	2,520	4,200	9,450	14,700	21,000
4d Sed	760	2,280	3,800	8,550	13,300	19,000
1949 Town & Country - Second Series, 8-cyl., 131.5" wb						
2d Conv	5,400	16,200	27,000	60,750	94,500	135,000
1949 Imperial - Second Series, 8-cyl., 131.5" wb						
4d Sed Der	920	2,760	4,600	10,350	16,100	23,000
1949 Crown Imperial, 8-cyl., 145.5" wb						
4d 8P Sed	960	2,880	4,800	10,800	16,800	24,000
4d Limo	1,040	3,120	5,200	11,700	18,200	26,000
1950 Royal Series, 6-cyl., 125.5" wb						
4d Sed	712	2,136	3,560	8,010	12,460	17,800
2d Clb Cpe	760	2,280	3,800	8,550	13,300	19,000
4d T&C Sta Wag	3,200	9,600	16,000	36,000	56,000	80,000
4d Sta Wag	1,240	3,720	6,200	13,950	21,700	31,000
1950 Royal Series, 6-cyl., 139.5" wb						
4d Sed	760	2,280	3,800	8,550	13,300	19,000
1950 Windsor Series, 6-cyl., 125.5" wb						
2d Conv	1,200	3,600	6,000	13,500	21,000	30,000
2d Newport HT	960	2,880	4,800	10,800	16,800	24,000
2d Clb Cpe	820	2,460	4,100	9,230	14,350	20,500
4d Sed	720	2,160	3,600	8,100	12,600	18,000
4d Trav Sed	724	2,172	3,620	8,150	12,670	18,100
1950 Windsor Series, 6-cyl., 139.5" wb						
4d Sed	800	2,400	4,000	9,000	14,000	20,000
4d Limo	880	2,640	4,400	9,900	15,400	22,000
1950 Saratoga, 8-cyl., 131.5" wb						
2d Clb Cpe	800	2,400	4,000	9,000	14,000	20,000
4d Sed	728	2,184	3,640	8,190	12,740	18,200
1950 New Yorker, 8-cyl., 131.5" wb						
2d Conv	1,360	4,080	6,800	15,300	23,800	34,000
2d Newport HT	1,120	3,360	5,600	12,600	19,600	28,000
2d Clb Cpe	800	2,400	4,000	9,000	14,000	20,000
4d Sed	760	2,280	3,800	8,550	13,300	19,000
1950 Town & Country, 8-cyl., 131.5" wb						
2d Newport HT	3,500	10,500	17,500	39,380	61,250	87,500
1950 Imperial, 8-cyl., 131.5" wb						
4d Sed	840	2,520	4,200	9,450	14,700	21,000
1950 Crown Imperial, 8-cyl., 145.5" wb						
4d Sed	880	2,640	4,400	9,900	15,400	22,000
4d Limo	960	2,880	4,800	10,800	16,800	24,000
1951-52 Windsor Series, 6-cyl., 125.5" wb						
2d Clb Cpe	800	2,400	4,000	9,000	14,000	20,000
4d Sed	700	2,100	3,500	7,880	12,250	17,500
4d T&C Sta Wag	1,160	3,480	5,800	13,050	20,300	29,000
1951-52 Windsor Series, 6-cyl., 139.5" wb						
4d Sed	700	2,100	3,500	7,880	12,250	17,500
1951-52 Windsor DeLuxe, 6-cyl., 125.5" wb						
2d Conv	1,120	3,360	5,600	12,600	19,600	28,000
2d Newport HT	960	2,880	4,800	10,800	16,800	24,000
2d Clb Cpe (1951 only)	800	2,400	4,000	9,000	14,000	20,000
4d Sed	704	2,112	3,520	7,920	12,320	17,600
4d Trav Sed (1951 only)	720	2,160	3,600	8,100	12,600	18,000
1951-52 Windsor DeLuxe, 6-cyl., 139.5" wb						
4d Sed	740	2,220	3,700	8,330	12,950	18,500
4d Limo	760	2,280	3,800	8,550	13,300	19,000
1951-52 Saratoga, V-8, 125.5" wb						
2d Clb Cpe	840	2,520	4,200	9,450	14,700	21,000
4d Sed	780	2,340	3,900	8,780	13,650	19,500
4d T&C Sta Wag (1951 only)	1,200	3,600	6,000	13,500	21,000	30,000
1951-52 Saratoga, V-8, 139.5" wb						
4d Sed	780	2,340	3,900	8,780	13,650	19,500
4d Limo (1951 only)	800	2,400	4,000	9,000	14,000	20,000
1951-52 New Yorker, V-8, 131.5" wb						
2d Conv	1,240	3,720	6,200	13,950	21,700	31,000
2d HT	1,040	3,120	5,200	11,700	18,200	26,000
2d Clb Cpe (1951 only)	900	2,700	4,500	10,130	15,750	22,500
4d Sed	860	2,580	4,300	9,680	15,050	21,500
4d T&C Sta Wag (1951 only)	1,200	3,600	6,000	13,500	21,000	30,000
1951-52 Imperial, V-8, 131.5" wb						
2d Conv (1951 only)	1,200	3,600	6,000	13,500	21,000	30,000
2d HT	1,080	3,240	5,400	12,150	18,900	27,000
2d Clb Cpe	920	2,760	4,600	10,350	16,100	23,000
4d Sed	900	2,700	4,500	10,130	15,750	22,500
1951-52 Crown Imperial, V-8, 145.5" wb						
4d Sed	880	2,640	4,400	9,900	15,400	22,000
4d Limo	1,000	3,000	5,000	11,250	17,500	25,000

CHRYSLER

	6	5	4	3	2	1
1953 Windsor Series, 6-cyl., 125.5" wb						
2d Clb Cpe	760	2,280	3,800	8,550	13,300	19,000
4d Sed	720	2,160	3,600	8,100	12,600	18,000
4d T&C Sta Wag	1,120	3,360	5,600	12,600	19,600	28,000
1953 Windsor Series, 6-cyl., 139.5" wb						
4d Sed	724	2,172	3,620	8,150	12,670	18,100
1953 Windsor DeLuxe Series, 6-cyl., 125.5" wb						
2d Conv	1,000	3,000	5,000	11,250	17,500	25,000
2d HT	920	2,760	4,600	10,350	16,100	23,000
4d Sed	732	2,196	3,660	8,240	12,810	18,300
1953 New Yorker, V-8, 125.5" wb						
2d Clb Cpe	820	2,460	4,100	9,230	14,350	20,500
2d HT	1,000	3,000	5,000	11,250	17,500	25,000
4d Sed	752	2,256	3,760	8,460	13,160	18,800
4d T&C Sta Wag	1,160	3,480	5,800	13,050	20,300	29,000
4d Sed	772	2,316	3,860	8,690	13,510	19,300
1953 New Yorker Deluxe, V-8, 125.5" wb						
2d Conv	1,200	3,600	6,000	13,500	21,000	30,000
2d HT	1,040	3,120	5,200	11,700	18,200	26,000
2d Clb Cpe	840	2,520	4,200	9,450	14,700	21,000
4d Sed	764	2,292	3,820	8,600	13,370	19,100
1953 Custom Imperial Series, V-8, 133.5" wb						
4d Sed	840	2,520	4,200	9,450	14,700	21,000
4d Twn Limo	920	2,760	4,600	10,350	16,100	23,000
1953 Custom Imperial, V-8, 131.5" wb						
2d HT	1,240	3,720	6,200	13,950	21,700	31,000
1953 Crown Imperial, V-8, 145.5" wb						
4d Sed	900	2,700	4,500	10,130	15,750	22,500
4d Limo	1,020	3,060	5,100	11,480	17,850	25,500
1954 Windsor DeLuxe Series, 6-cyl., 125.5" wb						
2d Conv	1,200	3,600	6,000	13,500	21,000	30,000
2d HT	1,040	3,120	5,200	11,700	18,200	26,000
2d Clb Cpe	780	2,340	3,900	8,780	13,650	19,500
4d Sed	720	2,160	3,600	8,100	12,600	18,000
4d T&C Sta Wag	1,040	3,120	5,200	11,700	18,200	26,000
1954 Windsor DeLuxe Series, 6-cyl., 139.5" wb						
4d Sed	780	2,340	3,900	8,780	13,650	19,500
1954 New Yorker Series, V-8, 125.5" wb						
2d HT	1,120	3,360	5,600	12,600	19,600	28,000
2d Clb Cpe	840	2,520	4,200	9,450	14,700	21,000
4d Sed	780	2,340	3,900	8,780	13,650	19,500
4d T&C Sta Wag	1,080	3,240	5,400	12,150	18,900	27,000
1954 New Yorker Series, V-8, 139.5" wb						
4d Sed	800	2,400	4,000	9,000	14,000	20,000
1954 New Yorker DeLuxe Series, V-8, 125.5" wb						
2d Conv	1,440	4,320	7,200	16,200	25,200	36,000
2d HT	1,160	3,480	5,800	13,050	20,300	29,000
2d Clb Cpe	800	2,400	4,000	9,000	14,000	20,000
4d Sed	820	2,460	4,100	9,230	14,350	20,500
1954 Custom Imperial, V-8, 133.5" wb						
4d Sed	920	2,760	4,600	10,350	16,100	23,000
4d Limo	1,000	3,000	5,000	11,250	17,500	25,000
1954 Custom Imperial, V-8, 131" wb						
2d HT Newport	1,240	3,720	6,200	13,950	21,700	31,000
1954 Crown Imperial, V-8, 145.5" wb						
4d Sed	940	2,820	4,700	10,580	16,450	23,500
4d Limo	1,040	3,120	5,200	11,700	18,200	26,000

NOTE: In 1955, Imperial became a separate division of Chrysler Corporation, and was no longer just a model of Chrysler. 1955-1975 Imperial listings directly follow Chrysler\Eagle listings.

	6	5	4	3	2	1
1955 Windsor DeLuxe Series, V-8, 126" wb						
2d Conv	1,560	4,680	7,800	17,550	27,300	39,000
2d HT Newport	1,080	3,240	5,400	12,150	18,900	27,000
2d HT Nassau	1,040	3,120	5,200	11,700	18,200	26,000
4d Sed	760	2,280	3,800	8,550	13,300	19,000
4d T&C Sta Wag	880	2,640	4,400	9,900	15,400	22,000
1955 New Yorker Deluxe Series, V-8, 126" wb						
2d Conv	1,680	5,040	8,400	18,900	29,400	42,000
2d HT St. Regis	1,120	3,360	5,600	12,600	19,600	28,000
2d HT Newport	1,080	3,240	5,400	12,150	18,900	27,000
4d Sed	800	2,400	4,000	9,000	14,000	20,000
4d T&C Sta Wag	1,040	3,120	5,200	11,700	18,200	26,000
1955 300 Series, V-8, 126" wb						
2d Spt Cpe	3,320	9,960	16,600	37,350	58,100	83,000
1956 Windsor Series, V-8						
2d Conv	1,520	4,560	7,600	17,100	26,600	38,000
2d HT Newport	1,120	3,360	5,600	12,600	19,600	28,000

	6	5	4	3	2	1
2d HT Nassau	1,080	3,240	5,400	12,150	18,900	27,000
4d HT	840	2,520	4,200	9,450	14,700	21,000
4d Sed.	760	2,280	3,800	8,550	13,300	19,000
4d T&C Sta Wag	1,000	3,000	5,000	11,250	17,500	25,000
1956 New Yorker Series, V-8						
2d Conv.	1,640	4,920	8,200	18,450	28,700	41,000
2d HT St. Regis.	1,200	3,600	6,000	13,500	21,000	30,000
2d HT Newport	1,160	3,480	5,800	13,050	20,300	29,000
4d HT	960	2,880	4,800	10,800	16,800	24,000
4d Sed.	800	2,400	4,000	9,000	14,000	20,000
4d T&C Sta Wag	1,040	3,120	5,200	11,700	18,200	26,000
1956 300 Letter Series "B", V-8						
2d HT	3,360	10,080	16,800	37,800	58,800	84,000
1957 Windsor Series, V-8						
2d HT	1,040	3,120	5,200	11,700	18,200	26,000
4d HT	840	2,520	4,200	9,450	14,700	21,000
4d Sed.	720	2,160	3,600	8,100	12,600	18,000
4d T&C Sta Wag.	800	2,400	4,000	9,000	14,000	20,000
1957 Saratoga Series, V-8						
2d HT	1,120	3,360	5,600	12,600	19,600	28,000
4d HT	920	2,760	4,600	10,350	16,100	23,000
4d Sed.	740	2,220	3,700	8,330	12,950	18,500
1957 New Yorker Series, V-8						
2d Conv.	2,640	7,920	13,200	29,700	46,200	66,000
2d HT	1,240	3,720	6,200	13,950	21,700	31,000
4d HT	960	2,880	4,800	10,800	16,800	24,000
4d Sed.	760	2,280	3,800	8,550	13,300	19,000
4d T&C Sta Wag.	840	2,520	4,200	9,450	14,700	21,000
1957 300 Letter Series "C", V-8						
2d Conv.	6,140	18,420	30,700	69,080	107,450	153,500
2d HT	3,680	11,040	18,400	41,400	64,400	92,000
1958 Windsor Series, V-8						
2d HT	1,000	3,000	5,000	11,250	17,500	25,000
4d HT	800	2,400	4,000	9,000	14,000	20,000
4d Sed.	720	2,160	3,600	8,100	12,600	18,000
4d T&C Sta Wag	820	2,460	4,100	9,230	14,350	20,500
1958 Saratoga Series, V-8						
2d HT	1,040	3,120	5,200	11,700	18,200	26,000
4d HT	840	2,520	4,200	9,450	14,700	21,000
4d Sed.	760	2,280	3,800	8,550	13,300	19,000
1958 New Yorker Series, V-8						
2d Conv.	2,640	7,920	13,200	29,700	46,200	66,000
2d HT	1,120	3,360	5,600	12,600	19,600	28,000
4d HT	880	2,640	4,400	9,900	15,400	22,000
4d Sed.	800	2,400	4,000	9,000	14,000	20,000
4d 6P T&C Sta Wag	820	2,460	4,100	9,230	14,350	20,500
4d 9P T&C Sta Wag	830	2,480	4,140	9,320	14,490	20,700
1958 300 Letter Series "D"						
2d Conv.	6,060	18,180	30,300	68,180	106,050	151,500
2d HT	3,600	10,800	18,000	40,500	63,000	90,000
NOTE: Add 40 percent for EFI.						
1959 Windsor Series, V-8						
2d Conv.	1,920	5,760	9,600	21,600	33,600	48,000
2d HT	920	2,760	4,600	10,350	16,100	23,000
4d HT	760	2,280	3,800	8,550	13,300	19,000
4d Sed.	680	2,040	3,400	7,650	11,900	17,000
1959 Town & Country Series, V-8						
4d 6P Sta Wag	740	2,220	3,700	8,330	12,950	18,500
4d 9P Sta Wag	708	2,124	3,540	7,970	12,390	17,700
1959 Saratoga Series, V-8						
4d Sed.	680	2,040	3,400	7,650	11,900	17,000
4d HT	800	2,400	4,000	9,000	14,000	20,000
2d HT	960	2,880	4,800	10,800	16,800	24,000
1959 New Yorker Series, V-8						
2d Conv.	2,560	7,680	12,800	28,800	44,800	64,000
2d HT	1,040	3,120	5,200	11,700	18,200	26,000
4d HT	840	2,520	4,200	9,450	14,700	21,000
4d Sed.	700	2,100	3,500	7,880	12,250	17,500
1959 Town & Country, V-8						
4d 6P Sta Wag	800	2,400	4,000	9,000	14,000	20,000
4d 9P Sta Wag	808	2,424	4,040	9,090	14,140	20,200
1959 300 Letter Series "E", V-8						
2d Conv.	6,020	18,060	30,100	67,730	105,350	150,500
2d HT	3,560	10,680	17,800	40,050	62,300	89,000
1960 Windsor Series, V-8						
2d Conv.	1,400	4,200	7,000	15,750	24,500	35,000

	6	5	4	3	2	1
2d HT	720	2,160	3,600	8,100	12,600	18,000
4d HT	680	2,040	3,400	7,650	11,900	17,000
4d Sed	640	1,920	3,200	7,200	11,200	16,000
1960 Town & Country Series, V-8						
4d 9P Sta Wag..........................	688	2,064	3,440	7,740	12,040	17,200
4d 6P Sta Wag..........................	680	2,040	3,400	7,650	11,900	17,000
1960 Saratoga Series, V-8						
2d HT	760	2,280	3,800	8,550	13,300	19,000
4d HT	720	2,160	3,600	8,100	12,600	18,000
4d Sed	648	1,944	3,240	7,290	11,340	16,200
1960 New Yorker Series, V-8						
2d Conv	2,000	6,000	10,000	22,500	35,000	50,000
2d HT	840	2,520	4,200	9,450	14,700	21,000
4d HT	760	2,280	3,800	8,550	13,300	19,000
4d Sed	660	1,980	3,300	7,430	11,550	16,500
1960 Town & Country Series, V-8, 126" wb						
4d 9P Sta Wag..........................	728	2,184	3,640	8,190	12,740	18,200
4d 6P Sta Wag..........................	720	2,160	3,600	8,100	12,600	18,000
1960 300 Letter Series "F", V-8						
2d Conv	6,100	18,300	30,500	68,630	106,750	152,500
2d HT	3,640	10,920	18,200	40,950	63,700	91,000

NOTE: 300 Letter Series cars containing the Pont-A-Mousson 4-speed transmission, the value is not estimable.

	6	5	4	3	2	1
1961 Newport Series, V-8						
2d Conv	1,200	3,600	6,000	13,500	21,000	30,000
2d HT	680	2,040	3,400	7,650	11,900	17,000
4d HT	660	1,980	3,300	7,430	11,550	16,500
4d Sed	620	1,860	3,100	6,980	10,850	15,500
4d 6P Sta Wag..........................	640	1,920	3,200	7,200	11,200	16,000
4d 9P Sta Wag..........................	644	1,932	3,220	7,250	11,270	16,100
1961 Windsor Series, V-8						
2d HT	700	2,100	3,500	7,880	12,250	17,500
4d HT	680	2,040	3,400	7,650	11,900	17,000
4d Sed	640	1,920	3,200	7,200	11,200	16,000
1961 New Yorker Series, V-8						
2d Conv	1,600	4,800	8,000	18,000	28,000	40,000
2d HT	720	2,160	3,600	8,100	12,600	18,000
4d HT	680	2,040	3,400	7,650	11,900	17,000
4d Sed	660	1,980	3,300	7,430	11,550	16,500
4d 6P Sta Wag..........................	680	2,040	3,400	7,650	11,900	17,000
4d 9P Sta Wag..........................	684	2,052	3,420	7,700	11,970	17,100
1961 300 Letter Series "G", V-8						
2d Conv	6,180	18,540	30,900	69,530	108,150	154,500
2d HT	3,720	11,160	18,600	41,850	65,100	93,000

NOTE: Add 20 percent for 400 hp engine.

	6	5	4	3	2	1
1962 Newport Series, V-8						
4d Sed	624	1,872	3,120	7,020	10,920	15,600
4d HT	640	1,920	3,200	7,200	11,200	16,000
2d Conv	960	2,880	4,800	10,800	16,800	24,000
2d HT	700	2,100	3,500	7,880	12,250	17,500
4d 6P HT Wag	680	2,040	3,400	7,650	11,900	17,000
4d 9P HT Wag	688	2,064	3,440	7,740	12,040	17,200
1962 300 Series						
2d Conv	1,080	3,240	5,400	12,150	18,900	27,000
2d HT	720	2,160	3,600	8,100	12,600	18,000
4d HT	680	2,040	3,400	7,650	11,900	17,000
1962 300 Letter Series "H", V-8						
2d Conv	5,780	17,340	28,900	65,030	101,150	144,500
2d HT	3,320	9,960	16,600	37,350	58,100	83,000
1962 New Yorker Series, V-8						
4d Sed	640	1,920	3,200	7,200	11,200	16,000
4d HT	700	2,100	3,500	7,880	12,250	17,500
4d 6P HT Wag	720	2,160	3,600	8,100	12,600	18,000
4d 9P HT Wag	728	2,184	3,640	8,190	12,740	18,200
1963 Newport Series, V-8						
2d Conv	800	2,400	4,000	9,000	14,000	20,000
2d HT	700	2,100	3,500	7,880	12,250	17,500
4d HT	640	1,920	3,200	7,200	11,200	16,000
4d Sed	624	1,872	3,120	7,020	10,920	15,600
4d 6P Sta Wag..........................	680	2,040	3,400	7,650	11,900	17,000
4d 9P Sta Wag..........................	688	2,064	3,440	7,740	12,040	17,200
1963 300 Series, "383" V-8						
2d Conv	880	2,640	4,400	9,900	15,400	22,000
2d HT	740	2,220	3,700	8,330	12,950	18,500
4d HT	660	1,980	3,300	7,430	11,550	16,500
1963 300 "Pacesetter" Series, "383" V-8						
2d Conv	1,280	3,840	6,400	14,400	22,400	32,000
2d HT	720	2,160	3,600	8,100	12,600	18,000

	6	5	4	3	2	1
1963 300 Letter Series "J", "413" V-8						
2d HT	1,320	3,960	6,600	14,850	23,100	33,000
1963 New Yorker Series, V-8						
4d Sed.	640	1,920	3,200	7,200	11,200	16,000
4d HT	660	1,980	3,300	7,430	11,550	16,500
4d HT Salon	668	2,004	3,340	7,520	11,690	16,700
4d 6P Sta Wag	708	2,124	3,540	7,970	12,390	17,700
4d 9P Sta Wag	708	2,124	3,540	7,970	12,390	17,700
1964 Newport Series, V-8						
2d Conv.	760	2,280	3,800	8,550	13,300	19,000
2d HT	680	2,040	3,400	7,650	11,900	17,000
4d HT	640	1,920	3,200	7,200	11,200	16,000
4d Sed.	624	1,872	3,120	7,020	10,920	15,600
1964 Town & Country Series, V-8						
4d 9P Sta Wag	660	1,980	3,300	7,430	11,550	16,500
4d 6P Sta Wag	660	1,980	3,300	7,430	11,550	16,500
1964 300 Series						
2d Conv.	880	2,640	4,400	9,900	15,400	22,000
2d HT	700	2,100	3,500	7,880	12,250	17,500
4d HT	660	1,980	3,300	7,430	11,550	16,500
1964 300 Letter Series "K", V-8						
2d Conv.	1,520	4,560	7,600	17,100	26,600	38,000
2d HT	1,280	3,840	6,400	14,400	22,400	32,000
NOTE: Add 10 percent for two 4-barrel carbs. Add 25 percent for Silver Edition introduced in Spring 1964.						
1964 New Yorker Series, V-8						
4d Sed.	660	1,980	3,300	7,430	11,550	16,500
4d HT	680	2,040	3,400	7,650	11,900	17,000
4d HT Salon	700	2,100	3,500	7,880	12,250	17,500
1964 Town & Country Series, V-8						
4d 9P HT Wag.	728	2,184	3,640	8,190	12,740	18,200
4d 6P HT Wag.	720	2,160	3,600	8,100	12,600	18,000
1965 Newport Series, V-8						
2d Conv.	780	2,340	3,900	8,780	13,650	19,500
2d HT	700	2,100	3,500	7,880	12,250	17,500
4d HT	660	1,980	3,300	7,430	11,550	16,500
4d Sed.	624	1,872	3,120	7,020	10,920	15,600
4d 6W Sed	612	1,836	3,060	6,890	10,710	15,300
1965 Town & Country Series, V-8						
4d 6P Wag	680	2,040	3,400	7,650	11,900	17,000
4d 9P Wag	688	2,064	3,440	7,740	12,040	17,200
1965 300 Series						
2d Conv.	840	2,520	4,200	9,450	14,700	21,000
2d HT	720	2,160	3,600	8,100	12,600	18,000
4d HT	660	1,980	3,300	7,430	11,550	16,500
1965 300 Letter Series "L", V-8						
2d Conv.	1,400	4,200	7,000	15,750	24,500	35,000
2d HT	1,240	3,720	6,200	13,950	21,700	31,000
1965 New Yorker Series, V-8						
2d HT	740	2,220	3,700	8,330	12,950	18,500
4d HT	680	2,040	3,400	7,650	11,900	17,000
4d 6W Sed	640	1,920	3,200	7,200	11,200	16,000
1965 Town & Country Series, V-8						
4d 6P Wag	720	2,160	3,600	8,100	12,600	18,000
4d 9P Wag	728	2,184	3,640	8,190	12,740	18,200
1966 Newport Series, V-8						
2d Conv.	840	2,520	4,200	9,450	14,700	21,000
2d HT	720	2,160	3,600	8,100	12,600	18,000
4d HT	680	2,040	3,400	7,650	11,900	17,000
4d Sed.	640	1,920	3,200	7,200	11,200	16,000
4d 6W Sed	640	1,920	3,200	7,200	11,200	16,000
1966 Town & Country Series, V-8						
4d 6P Sta Wag	720	2,160	3,600	8,100	12,600	18,000
4d 9P Sta Wag	728	2,184	3,640	8,190	12,740	18,200
1966 Chrysler 300, V-8						
2d Conv.	1,040	3,120	5,200	11,700	18,200	26,000
2d HT	840	2,520	4,200	9,450	14,700	21,000
4d HT	720	2,160	3,600	8,100	12,600	18,000
1966 New Yorker, V-8						
2d HT	740	2,220	3,700	8,330	12,950	18,500
4d HT	720	2,160	3,600	8,100	12,600	18,000
4d 6W Sed	700	2,100	3,500	7,880	12,250	17,500
1967 Newport, V-8, 124" wb						
2d Conv.	840	2,520	4,200	9,450	14,700	21,000
2d HT	740	2,220	3,700	8,330	12,950	18,500
4d HT	700	2,100	3,500	7,880	12,250	17,500
4d Sed.	644	1,932	3,220	7,250	11,270	16,100
4d Sta Wag	740	2,220	3,700	8,330	12,950	18,500

CHRYSLER

	6	5	4	3	2	1
1967 Newport Custom, V-8, 124" wb						
2d HT	740	2,220	3,700	8,330	12,950	18,500
4d HT	700	2,100	3,500	7,880	12,250	17,500
4d Sed	648	1,944	3,240	7,290	11,340	16,200
1967 300, V-8, 124" wb						
2d Conv	960	2,880	4,800	10,800	16,800	24,000
2d HT	780	2,340	3,900	8,780	13,650	19,500
4d HT	720	2,160	3,600	8,100	12,600	18,000
1967 New Yorker, V-8, 124" wb						
2d HT	760	2,280	3,800	8,550	13,300	19,000
4d HT	720	2,160	3,600	8,100	12,600	18,000
4d Sed	660	1,980	3,300	7,430	11,550	16,500
1968 Newport, V-8, 124" wb						
2d Conv	840	2,520	4,200	9,450	14,700	21,000
2d HT	760	2,280	3,800	8,550	13,300	19,000
4d HT	720	2,160	3,600	8,100	12,600	18,000
4d Sed	680	2,040	3,400	7,650	11,900	17,000
1968 Newport Custom, V-8, 124" wb						
2d HT	760	2,280	3,800	8,550	13,300	19,000
4d HT	680	2,040	3,400	7,650	11,900	17,000
4d Sed	668	2,004	3,340	7,520	11,690	16,700
1968 300, V-8, 124" wb						
2d Conv	1,000	3,000	5,000	11,250	17,500	25,000
2d HT	780	2,340	3,900	8,780	13,650	19,500
4d HT	720	2,160	3,600	8,100	12,600	18,000
1968 Town & Country, V-8, 122" wb						
4d Sta Wag	740	2,220	3,700	8,330	12,950	18,500
1968 New Yorker, V-8, 124" wb						
2d HT	780	2,340	3,900	8,780	13,650	19,500
4d HT	740	2,220	3,700	8,330	12,950	18,500
4d Sed	680	2,040	3,400	7,650	11,900	17,000
1969 Newport, V-8, 124" wb						
2d Conv	760	2,280	3,800	8,550	13,300	19,000
2d HT	400	1,200	2,000	4,500	7,000	10,000
4d HT	348	1,044	1,740	3,920	6,090	8,700
4d Sed	328	984	1,640	3,690	5,740	8,200
1969 Newport Custom, V-8, 124" wb						
2d HT	408	1,224	2,040	4,590	7,140	10,200
4d HT	352	1,056	1,760	3,960	6,160	8,800
4d Sed	332	996	1,660	3,740	5,810	8,300
1969 300, V-8, 124" wb						
2d Conv	800	2,400	4,000	9,000	14,000	20,000
2d HT	600	1,800	3,000	6,750	10,500	15,000
4d HT	460	1,380	2,300	5,180	8,050	11,500
1969 New Yorker, V-8, 124" wb						
2d HT	600	1,800	3,000	6,750	10,500	15,000
4d HT	440	1,320	2,200	4,950	7,700	11,000
4d Sed	352	1,056	1,760	3,960	6,160	8,800
1969 Town & Country, V-8, 122" wb						
4d Sta Wag	440	1,320	2,200	4,950	7,700	11,000
1970 Newport, V-8, 124" wb						
2d HT	500	1,500	2,500	5,630	8,750	12,500
2d Conv	700	2,100	3,500	7,880	12,250	17,500
4d HT	440	1,320	2,200	4,950	7,700	11,000
4d Sed	348	1,044	1,740	3,920	6,090	8,700
1970 Newport Custom						
2d HT	480	1,440	2,400	5,400	8,400	12,000
4d HT	468	1,404	2,340	5,270	8,190	11,700
4d Sed	440	1,320	2,200	4,950	7,700	11,000
1970 300, V-8, 124" wb						
2d Conv	880	2,640	4,400	9,900	15,400	22,000
2d HT Hurst	1,560	4,680	7,800	17,550	27,300	39,000
2d HT	600	1,800	3,000	6,750	10,500	15,000
4d HT	500	1,500	2,500	5,630	8,750	12,500
1970 New Yorker, V-8, 124" wb						
2d HT	620	1,860	3,100	6,980	10,850	15,500
4d HT	480	1,440	2,400	5,400	8,400	12,000
4d Sed	460	1,380	2,300	5,180	8,050	11,500
1970 Town & Country, V-8, 122" wb						
4d Sta Wag	460	1,380	2,300	5,180	8,050	11,500
1971 Newport Royal, V-8, 124" wb						
2d HT	320	960	1,600	3,600	5,600	8,000
4d HT	276	828	1,380	3,110	4,830	6,900
4d Sed	272	816	1,360	3,060	4,760	6,800
1971 Newport, V-8, 124" wb						
2d HT	440	1,320	2,200	4,950	7,700	11,000

	6	5	4	3	2	1
4d HT	288	864	1,440	3,240	5,040	7,200
4d Sed.	276	828	1,380	3,110	4,830	6,900
1971 Newport Custom						
2d HT	460	1,380	2,300	5,180	8,050	11,500
4d HT	300	900	1,500	3,380	5,250	7,500
4d Sed.	280	840	1,400	3,150	4,900	7,000
1971 300						
2d HT	480	1,440	2,400	5,400	8,400	12,000
4d HT	288	864	1,440	3,240	5,040	7,200
1971 New Yorker						
2d HT	480	1,440	2,400	5,400	8,400	12,000
4d HT	300	900	1,500	3,380	5,250	7,500
4d Sed.	284	852	1,420	3,200	4,970	7,100
1971 Town & Country						
4d Sta Wag	300	900	1,500	3,380	5,250	7,500
1972 Newport Royal						
2d HT	320	960	1,600	3,600	5,600	8,000
4d HT	260	780	1,300	2,930	4,550	6,500
4d Sed.	236	708	1,180	2,660	4,130	5,900
1972 Newport Custom						
2d HT	420	1,260	2,100	4,730	7,350	10,500
4d HT	280	840	1,400	3,150	4,900	7,000
4d Sed.	240	720	1,200	2,700	4,200	6,000
1972 New Yorker Brougham						
2d HT	440	1,320	2,200	4,950	7,700	11,000
4d HT	300	900	1,500	3,380	5,250	7,500
4d Sed.	260	780	1,300	2,930	4,550	6,500
1972 Town & Country						
4d Sta Wag	280	840	1,400	3,150	4,900	7,000
1973 Newport, V-8, 124" wb						
2d HT	280	840	1,400	3,150	4,900	7,000
4d HT	220	660	1,100	2,480	3,850	5,500
4d Sed.	212	636	1,060	2,390	3,710	5,300
1973 Newport Custom, V-8						
2d HT	288	864	1,440	3,240	5,040	7,200
4d HT	224	672	1,120	2,520	3,920	5,600
4d Sed.	220	660	1,100	2,480	3,850	5,500
1973 New Yorker Brougham, V-8						
2d HT	300	900	1,500	3,380	5,250	7,500
4d HT	240	720	1,200	2,700	4,200	6,000
4d Sed.	224	672	1,120	2,520	3,920	5,600
1973 Town & Country, V-8						
4d 3S Sta Wag	212	636	1,060	2,390	3,710	5,300
1974 Newport, V-8						
2d HT	252	756	1,260	2,840	4,410	6,300
4d HT	200	600	1,000	2,250	3,500	5,000
4d Sed.	196	588	980	2,210	3,430	4,900
1974 Newport Custom, V-8						
2d HT	260	780	1,300	2,930	4,550	6,500
4d HT	208	624	1,040	2,340	3,640	5,200
4d Sed.	204	612	1,020	2,300	3,570	5,100
1974 New Yorker, V-8						
4d Sed.	208	624	1,040	2,340	3,640	5,200
4d HT	228	684	1,140	2,570	3,990	5,700
1974 New Yorker Brougham, V-8						
2d HT	268	804	1,340	3,020	4,690	6,700
4d HT	220	660	1,100	2,480	3,850	5,500
4d Sed.	216	648	1,080	2,430	3,780	5,400
1974 Town & Country, V-8						
4d 3S Sta Wag	216	648	1,080	2,430	3,780	5,400
1975 Cordoba, V-8						
2d HT	280	840	1,400	3,150	4,900	7,000
1975 Newport, V-8						
2d HT	240	720	1,200	2,700	4,200	6,000
4d HT	200	600	1,000	2,250	3,500	5,000
4d Sed.	196	588	980	2,210	3,430	4,900
1975 Newport Custom, V-8						
2d HT	244	732	1,220	2,750	4,270	6,100
4d HT	204	612	1,020	2,300	3,570	5,100
4d Sed.	200	600	1,000	2,250	3,500	5,000
1975 New Yorker Brougham, V-8						
2d HT	252	756	1,260	2,840	4,410	6,300
4d HT	212	636	1,060	2,390	3,710	5,300
4d Sed.	204	612	1,020	2,300	3,570	5,100
1975 Town & Country, V-8						
4d 3S Sta Wag	204	612	1,020	2,300	3,570	5,100

	6	5	4	3	2	1
1976 Cordoba, V-8						
2d HT	300	900	1,500	3,380	5,250	7,500
1976 Newport, V-8						
2d HT	248	744	1,240	2,790	4,340	6,200
4d HT	216	648	1,080	2,430	3,780	5,400
4d Sed	200	600	1,000	2,250	3,500	5,000
1976 Newport Custom, V-8						
2d HT	260	780	1,300	2,930	4,550	6,500
4d HT	212	636	1,060	2,390	3,710	5,300
4d Sed	204	612	1,020	2,300	3,570	5,100
1976 Town & Country, V-8						
4d 2S Sta Wag	204	612	1,020	2,300	3,570	5,100
4d 3S Sta Wag	208	624	1,040	2,340	3,640	5,200
1976 New Yorker Brougham, V-8						
2d HT	268	804	1,340	3,020	4,690	6,700
4d HT	212	636	1,060	2,390	3,710	5,300
1977 LeBaron, V-8						
2d Cpe	200	550	900	2,030	3,150	4,500
4d Sed	150	500	850	1,940	3,000	4,300
1977 LeBaron Medallion, V-8						
2d Cpe	200	550	950	2,120	3,300	4,700
4d Sed	200	550	900	2,030	3,150	4,500
1977 Cordoba, V-8						
2d HT	250	700	1,200	2,700	4,200	6,000
1977 Newport, V-8						
2d HT	200	600	1,000	2,250	3,500	5,000
4d HT	150	500	850	1,940	3,000	4,300
4d Sed	150	500	800	1,850	2,850	4,100
1977 Town & Country, V-8						
4d 2S Sta Wag	150	500	850	1,890	2,950	4,200
4d 3S Sta Wag	150	500	850	1,940	3,000	4,300
1977 New Yorker Brougham, V-8						
2d HT	200	600	1,050	2,340	3,650	5,200
4d HT	200	550	900	1,980	3,100	4,400
1978 LeBaron						
2d Cpe	144	432	720	1,620	2,520	3,600
2d "S" Cpe	150	400	700	1,580	2,450	3,500
4d "S" Cpe	150	400	700	1,580	2,450	3,500
4d Sed	140	420	700	1,580	2,450	3,500
1978 Town & Country						
4d Sta Wag	140	420	700	1,580	2,450	3,500
1978 LeBaron Medallion						
2d Cpe	148	444	740	1,670	2,590	3,700
4d Sed	144	432	720	1,620	2,520	3,600
1978 Cordoba						
2d Cpe	220	660	1,100	2,480	3,850	5,500
1978 Newport						
2d Cpe	150	500	850	1,940	3,000	4,300
4d Sed	150	500	850	1,890	2,950	4,200
1978 New Yorker Brougham						
2d Cpe	200	550	900	2,030	3,150	4,500
4d Sed	200	550	900	1,980	3,100	4,400
1979 LeBaron, V-8						
2d Cpe	144	432	720	1,620	2,520	3,600
4d Sed	140	420	700	1,580	2,450	3,500
1979 LeBaron Salon, V-8						
2d Cpe	148	444	740	1,670	2,590	3,700
4d Sed	144	432	720	1,620	2,520	3,600
1979 LeBaron Medallion, V-8						
2d Cpe	156	468	780	1,760	2,730	3,900
4d Sed	152	456	760	1,710	2,660	3,800
1979 LeBaron Town & Country						
4d Sta Wag	152	456	760	1,710	2,660	3,800
NOTE: Deduct 5 percent for 6-cyl.						
1979 Cordoba, V-8						
2d Cpe	208	624	1,040	2,340	3,640	5,200
NOTE: Add 20 percent for 300 option.						
1979 Newport, V-8						
4d Sed	156	468	780	1,760	2,730	3,900
NOTE: Deduct 7 percent for 6-cyl.						
1979 New Yorker, V-8						
4d Sed	164	492	820	1,850	2,870	4,100
1980 LeBaron, V-8						
2d Cpe Medallion	160	480	800	1,800	2,800	4,000
4d Sed Medallion	156	468	780	1,760	2,730	3,900
4d Sta Wag T&C	160	480	800	1,800	2,800	4,000
NOTE: Deduct 5 percent for lesser models.						

CHRYSLER

	6	5	4	3	2	1
1980 Cordoba, V-8						
2d Cpe Specialty	240	720	1,200	2,700	4,200	6,000
2d Cpe Spl Crown	260	780	1,300	2,930	4,550	6,500
2d Cpe Spl LS	236	708	1,180	2,660	4,130	5,900
NOTE: Deduct 12 percent for 6-cyl.						
1980 Newport, V-8						
4d Sed	172	516	860	1,940	3,010	4,300
1980 New Yorker, V-8						
4d Sed	180	540	900	2,030	3,150	4,500
1981 LeBaron, V-8						
2d Cpe Medallion	164	492	820	1,850	2,870	4,100
4d Sed Medallion	160	480	800	1,800	2,800	4,000
4d Sta Wag T&C	164	492	820	1,850	2,870	4,100
NOTE: Deduct 12 percent for 6-cyl. Deduct 5 percent for lesser models.						
1981 Cordoba, V-8						
2d Cpe Specialty LS	240	720	1,200	2,700	4,200	6,000
2d Cpe Specialty	244	732	1,220	2,750	4,270	6,100
NOTE: Deduct 12 percent for 6-cyl.						
1981 Newport, V-8						
4d Sed	176	528	880	1,980	3,080	4,400
NOTE: Deduct 10 percent for 6-cyl.						
1981 New Yorker, V-8						
4d Sed	184	552	920	2,070	3,220	4,600
1981 Imperial, V-8						
2d Cpe	240	720	1,200	2,700	4,200	6,000
1982 LeBaron, 4-cyl.						
2d Conv	240	720	1,200	2,700	4,200	6,000
2d Cpe Specialty	160	480	800	1,800	2,800	4,000
4d Sed Medallion	164	492	820	1,850	2,870	4,100
4d Sed	160	480	800	1,800	2,800	4,000
2d Conv Medallion	240	720	1,200	2,700	4,200	6,000
2d Cpe Spec Medallion	160	490	820	1,850	2,870	4,100
4d Sta Wag T&C	176	528	880	1,980	3,080	4,400
1982 Cordoba, V-8						
2d Cpe Specialty LS	240	730	1,220	2,750	4,270	6,100
2d Cpe Specialty	248	744	1,240	2,790	4,340	6,200
NOTE: Deduct 12 percent for 6-cyl.						
1982 New Yorker, V-8						
4d Sed	196	588	980	2,210	3,430	4,900
NOTE: Deduct 11 percent for 6-cyl.						
1982 Imperial, V-8						
2d Cpe Luxury	240	720	1,200	2,700	4,200	6,000
1983 LeBaron, 4-cyl.						
2d Conv	244	732	1,220	2,750	4,270	6,100
2d Conv T&C Marc Cross	260	790	1,320	2,970	4,620	6,600
2d Cpe	164	492	820	1,850	2,870	4,100
4d Sed	164	492	820	1,850	2,870	4,100
4d Sta Wag T&C	180	540	900	2,030	3,150	4,500
4d Limo	196	588	980	2,210	3,430	4,900
1983 E Class, 4-cyl.						
4d Sed	180	540	900	2,030	3,150	4,500
1983 Cordoba, V-8						
2d Cpe	252	756	1,260	2,840	4,410	6,300
NOTE: Deduct 12 percent for 6-cyl.						
1983 New Yorker, 4-cyl.						
4d Sed	192	576	960	2,160	3,360	4,800
1983 New Yorker Fifth Avenue, V-8						
4d Sed	196	588	980	2,210	3,430	4,900
4d Sed Luxury	200	600	1,000	2,250	3,500	5,000
NOTE: Deduct 12 percent for 6-cyl.						
1983 Executive						
4d Limo (131" wb)	220	660	1,100	2,480	3,850	5,500
4d Sed (124" wb)	200	600	1,000	2,500	3,500	5,000
1983 Imperial, V-8						
2d Cpe	240	720	1,200	2,700	4,200	6,000
1984 LeBaron, 4-cyl.						
2d Conv	248	744	1,240	2,790	4,340	6,200
2d Conv Marc Cross	270	800	1,340	3,020	4,690	6,700
2d Conv T&C Marc Cross	260	790	1,320	2,970	4,620	6,600
2d Sed	164	492	820	1,850	2,870	4,100
4d Sed	164	492	820	1,850	2,870	4,100
4d Sta Wag T&C	168	504	840	1,890	2,940	4,200
1984 Laser, 4-cyl.						
2d HBk	168	504	840	1,890	2,940	4,200
2d HBk XE	172	516	860	1,940	3,010	4,300

	6	5	4	3	2	1
1984 E Class, 4-cyl.						
4d Sed 180	540	900	2,030	3,150	4,500	
1984 New Yorker, 4-cyl.						
4d Sed 192	576	960	2,160	3,360	4,800	
1984 New Yorker Fifth Avenue, V-8						
4d Sed 200	600	1,000	2,250	3,500	5,000	
1984 Executive						
4d Limo (131" wb) 220	660	1,100	2,480	3,850	5,500	
4d Sed (124" wb) 200	600	1,000	2,500	3,500	5,000	
1985 LeBaron, 4-cyl.						
2d Conv 248	744	1,240	2,790	4,340	6,200	
2d Conv Marc Cross 270	800	1,340	3,020	4,690	6,700	
2d Conv T&C Marc Cross 270	820	1,360	3,060	4,760	6,800	
2d Cpe 164	492	820	1,850	2,870	4,100	
4d Sed 168	504	840	1,890	2,940	4,200	
4d Sta Wag T&C 172	516	860	1,940	3,010	4,300	
1985 Laser, 4-cyl.						
2d HBk 172	516	860	1,940	3,010	4,300	
2d HBk XE 176	528	880	1,980	3,080	4,400	
1985 LeBaron GTS, 4-cyl.						
4d Spt 184	552	920	2,070	3,220	4,600	
4d Spt Premium 188	564	940	2,120	3,290	4,700	
1985 New Yorker, 4-cyl.						
4d Sed 200	590	980	2,210	3,430	4,900	
1985 Fifth Avenue, V-8						
4d Sed 204	612	1,020	2,300	3,570	5,100	
1985 Executive						
4d Limo 220	660	1,100	2,480	3,850	5,500	
1985 LeBaron GTS, 4-cyl.						
4d Spt 184	552	920	2,070	3,220	4,600	
4d Spt Premium 188	564	940	2,120	3,290	4,700	
1986 Laser						
2d HBk 172	516	860	1,940	3,010	4,300	
1986 LeBaron						
2d Conv 248	744	1,240	2,790	4,340	6,200	
2d Marc Cross Conv 280	840	1,400	3,150	4,900	7,000	
2d Conv T&C Marc Cross 270	820	1,360	3,060	4,760	6,800	
2d Cpe 184	552	920	2,070	3,220	4,600	
4d Sed 188	564	940	2,120	3,290	4,700	
4d T&C Sta Wag 192	576	960	2,160	3,360	4,800	
1986 New Yorker						
4d Sed 200	600	1,000	2,250	3,500	5,000	
1986 Fifth Avenue						
4d Sed 208	624	1,040	2,340	3,640	5,200	
1986 Executive						
4d Limo 220	660	1,100	2,480	3,850	5,500	
NOTE: Add 10 percent for deluxe models. Deduct 5 percent for smaller engines.						
1987 LeBaron						
2d Conv 260	780	1,300	2,930	4,550	6,500	
2d Cpe 168	504	840	1,890	2,940	4,200	
2d Cpe Premium 172	516	860	1,940	3,010	4,300	
4d Sed 172	516	860	1,940	3,010	4,300	
4d HBk Spt GTS 180	540	900	2,030	3,150	4,500	
4d HBk Spt Prem GTS 180	550	920	2,070	3,220	4,600	
4d Sta Wag 176	528	880	1,980	3,080	4,400	
NOTE: Add 5 percent for 2.2 Turbo engine.						
1987 Conquest, 4-cyl. Turbo						
2d HBk 172	516	860	1,940	3,010	4,300	
1987 New Yorker, 4-cyl.						
4d Sed 220	660	1,100	2,480	3,850	5,500	
1987 New Yorker, V-6						
4d Sed 188	564	940	2,120	3,290	4,700	
4d Sed Lan 196	588	980	2,210	3,430	4,900	
NOTE: Add 5 percent for 2.2 Turbo engine. Add 10 percent for V-6.						
1987 Fifth Avenue, V-8						
4d Sed 240	720	1,200	2,700	4,200	6,000	
1988 LeBaron, 4-cyl.						
2d Conv 272	816	1,360	3,060	4,760	6,800	
2d Cpe 152	456	760	1,710	2,660	3,800	
2d Cpe Prem 180	540	900	2,030	3,150	4,500	
4d Sed 132	396	660	1,490	2,310	3,300	
4d HBk GTS 128	384	640	1,440	2,240	3,200	
4d HBk Prem GTS 140	420	700	1,580	2,450	3,500	
4d Sta Wag T&C 168	504	840	1,890	2,940	4,200	
1988 Conquest, 4-cyl.						
2d HBk 160	480	800	1,800	2,800	4,000	

	6	5	4	3	2	1
1988 New Yorker, 4-cyl., Turbo						
4d Sed.	184	552	920	2,070	3,220	4,600
1988 New Yorker, V-6						
4d Sed.	208	624	1,040	2,340	3,640	5,200
4d Sed Landau	224	672	1,120	2,520	3,920	5,600
1988 Fifth Avenue, V-8						
4d Sed.	272	816	1,360	3,060	4,760	6,800
1989 LeBaron, 4-cyl.						
2d Conv.	360	1,080	1,800	4,050	6,300	9,000
2d Conv Prem.	400	1,200	2,000	4,500	7,000	10,000
2d Cpe.	224	672	1,120	2,520	3,920	5,600
2d Prem.	232	696	1,160	2,610	4,060	5,800
4d HBk	220	660	1,100	2,480	3,850	5,500
4d HBk Prem.	228	684	1,140	2,570	3,990	5,700
2d Conv.	360	1,080	1,800	4,050	6,300	9,000
1989 Conquest, 4-cyl.						
2d HBk	240	720	1,200	2,700	4,200	6,000
1989 New Yorker, V-6						
4d Sed.	264	792	1,320	2,970	4,620	6,600
4d Lan Sed	272	816	1,360	3,060	4,760	6,800
1989 Fifth Avenue, V-8						
4d Sed.	368	1,104	1,840	4,140	6,440	9,200
1989 TC, 4-cyl. Turbo by Maserati						
2d Conv.	600	1,800	3,000	6,750	10,500	15,000
1990 LeBaron 4-cyl.						
2d Conv.	260	780	1,300	2,930	4,550	6,500
2d Cpe.	200	600	1,000	2,250	3,500	5,000
1990 V-6						
2d Conv.	360	1,080	1,800	4,050	6,300	9,000
2d Prem Conv.	380	1,140	1,900	4,280	6,650	9,500
2d Cpe.	220	660	1,100	2,480	3,850	5,500
2d Prem Cpe.	240	720	1,200	2,700	4,200	6,000
4d Sed.	220	660	1,100	2,480	3,850	5,500
1990 New Yorker, V-6						
4d Sed.	260	780	1,300	2,930	4,550	6,500
4d Lan Sed	360	1,080	1,800	4,050	6,300	9,000
4d Fifth Ave Sed	400	1,200	2,000	4,500	7,000	10,000
1990 Imperial, V-6						
4d Sed.	520	1,560	2,600	5,850	9,100	13,000
1990 TC, V-6 by Maserati						
2d Conv.	600	1,800	3,000	6,750	10,500	15,000
1991 TC, V-6 by Maserati						
2d Conv.	600	1,800	3,000	6,750	10,500	15,000
1991 LeBaron, 4-cyl.						
2d Conv.	260	780	1,300	2,930	4,550	6,500
2d Cpe.	180	540	900	2,030	3,150	4,500
1991 V-6						
2d LX Conv.	360	1,080	1,800	4,050	6,300	9,000
2d LX Cpe.	200	600	1,000	2,250	3,500	5,000
4d Sed.	220	660	1,100	2,480	3,850	5,500
1991 New Yorker & Imperial, V-6						
4d Salon Sed.	248	744	1,240	2,790	4,340	6,200
4d Fifth Ave Sed	260	780	1,300	2,930	4,550	6,500
4d Imperial Sed	368	1,104	1,840	4,140	6,440	9,200
1992 LeBaron, 4-cyl.						
2d Cpe.	220	660	1,100	2,480	3,850	5,500
2d Conv.	360	1,080	1,800	4,050	6,300	9,000
4d Sed.	216	648	1,080	2,430	3,780	5,400
4d Lan Sed	220	660	1,100	2,480	3,850	5,500
2d LX Cpe.	380	1,140	1,900	4,280	6,650	9,500
2d LX Conv.	240	720	1,200	2,700	4,200	6,000
4d LX Sed.	260	780	1,300	2,930	4,550	6,500

NOTE: Add 10 percent for V-6 where available.

	6	5	4	3	2	1
1992 New Yorker, V-6						
4d Salon Sed	360	1,080	1,800	4,050	6,300	9,000
4d Fifth Ave Sed	380	1,140	1,900	4,280	6,650	9,500
1992 Imperial, V-6						
4d Sed.	420	1,260	2,100	4,730	7,350	10,500
1993 LeBaron, 4-cyl.						
4d Sed.	224	672	1,120	2,520	3,920	5,600
2d Cpe.	200	650	1,100	2,480	3,850	5,500
2d LE Conv.	364	1,092	1,820	4,100	6,370	9,100
1993 LeBaron, V-6						
4d LE Sed.	228	684	1,140	2,570	3,990	5,700
4d Landau Sed	232	696	1,160	2,610	4,060	5,800
2d Cpe.	232	696	1,160	2,610	4,060	5,800

CHRYSLER

	6	5	4	3	2	1
2d LX Cpe	236	708	1,180	2,660	4,130	5,900
2d Conv	376	1,128	1,880	4,230	6,580	9,400
2d LX Conv	384	1,152	1,920	4,320	6,720	9,600
1993 Concorde, V-6						
4d Sed	260	780	1,300	2,930	4,550	6,500
1993 New Yorker, V-6						
4d Salom Sed.	364	1,092	1,820	4,100	6,370	9,100
4d Fifth Ave Sed.	380	1,140	1,900	4,280	6,650	9,500
1993 Imperial, V-6						
4d Sed	424	1,272	2,120	4,770	7,420	10,600
1994 LeBaron						
4d LE Sed, 4-cyl.	240	720	1,200	2,700	4,200	6,000
4d LE Sed, V-6	260	780	1,300	2,930	4,550	6,500
4d Landau Sed, V-6	280	840	1,400	3,150	4,900	7,000
2d GTC Conv, V-6	288	864	1,440	3,240	5,040	7,200
1994 Concorde, V-6						
4d Sed	300	900	1,500	3,380	5,250	7,500
1994 New Yorker, V-6						
4d Sed	320	960	1,600	3,600	5,600	8,000
1994 LHS, V-6						
4d Sed	360	1,080	1,800	4,050	6,300	9,000
1995 LeBaron, V-6						
2d GTC Conv	300	850	1,450	3,240	5,050	7,200
1995 Cirrus, V-6						
4d LX Sed	250	750	1,200	2,750	4,250	6,100
4d LXi Sed	250	750	1,300	2,880	4,500	6,400
1995 Sebring, 4-cyl. & V-6						
2d LX Cpe	300	850	1,400	3,150	4,900	7,000
2d LXi Cpe (V-6 only)	320	960	1,600	3,600	5,600	8,000
1995 Concorde, V-6						
4d Sed	300	900	1,500	3,380	5,250	7,500
1995 New Yorker, V-6						
4d Sed	300	950	1,600	3,600	5,600	8,000
1995 LHS, V-6						
4d Sed	350	1,100	1,800	4,050	6,300	9,000
1996 Cirrus, 4-cyl. & V-6						
4d LX Sed	250	750	1,200	2,750	4,250	6,100
4d LXi Sed (V-6 only)	260	770	1,280	2,880	4,480	6,400
1996 Sebring, 4-cyl. & V-6						
2d LX Cpe	300	850	1,400	3,150	4,900	7,000
2d LXi Cpe (V-6 only)	320	960	1,600	3,600	5,600	8,000
2d JX Conv.	350	1,000	1,700	3,830	5,950	8,500
2d JXi Conv (V-6 only)	360	1,080	1,800	4,050	6,300	9,000
1996 Concorde, V-6						
4d LX Sed	300	900	1,500	3,380	5,250	7,500
4d LXi Sed	300	950	1,600	3,600	5,600	8,000
1996 New Yorker, V-6						
4d Sed	300	950	1,600	3,600	5,600	8,000
1996 LHS, V-6						
4d Sed	350	1,100	1,800	4,050	6,300	9,000
1997 Cirrus, 4-cyl. & V-6						
4d LX Sed	244	732	1,220	2,750	4,270	6,100
4d LXi Sed	256	768	1,280	2,880	4,480	6,400
1997 Sebring, 4-cyl. & V-6						
2d LX Cpe	280	840	1,400	3,150	4,900	7,000
2d LXi Cpe (V-6 only)	320	960	1,600	3,600	5,600	8,000
2d JX Conv.	340	1,020	1,700	3,830	5,950	8,500
2d JXi Conv	360	1,080	1,800	4,050	6,300	9,000
1997 Concorde, V-6						
4d LX Sed	300	900	1,500	3,380	5,250	7,500
4d LXi Sed	320	960	1,600	3,600	5,600	8,000
1997 LHS, V-6						
4d Sed	360	1,080	1,800	4,050	6,300	9,000
1998 Cirrus, V-6						
4d LXi Sed	260	770	1,280	2,880	4,480	6,400
1998 Sebring, 4-cyl. & V-6						
2d LX Cpe	280	840	1,400	3,150	4,900	7,000
2d LXi Cpe (V-6 only)	320	960	1,600	3,600	5,600	8,000
2d JX Conv.	340	1,020	1,700	3,830	5,950	8,500
2d JXi Conv	360	1,080	1,800	4,050	6,300	9,000
2d Limited Conv (V-6 only)	380	1,140	1,900	4,280	6,650	9,500
1998 Concorde, V-6						
4d LX Sed	300	900	1,500	3,380	5,250	7,500
4d LXi Sed	320	960	1,600	3,600	5,600	8,000

NOTE: The LHS was not offered in 1998. The 1999 LHS debuted in mid-year 1998.

	6	5	4	3	2	1
1999 Cirrus, V-6						
4d LXi Sed.	260	770	1,280	2,880	4,480	6,400
1999 Sebring, 4-cyl. & V-6						
2d LX Cpe.	280	840	1,400	3,150	4,900	7,000
2d LXi Cpe (V-6 only)	320	960	1,600	3,600	5,600	8,000
2d JX Conv.	340	1,020	1,700	3,830	5,950	8,500
2d JXi Conv.	360	1,080	1,800	4,050	6,300	9,000
2d Limited Conv (V-6 only)	380	1,140	1,900	4,280	6,650	9,500
1999 Concorde, V-6						
4d LX Sed.	300	900	1,500	3,380	5,250	7,500
4d LXi Sed.	320	960	1,600	3,600	5,600	8,000
1999 LHS, V-6						
4d Sed.	340	1,020	1,700	3,830	5,950	8,500
1999 300M, V-6						
4d Sed.	350	1,040	1,740	3,920	6,090	8,700
2000 Cirrus, V-6						
4d LXi Sed.	260	770	1,280	2,880	4,480	6,400
2000 Sebring, V-6						
2d LX Cpe.	290	860	1,440	3,240	5,040	7,200
2d LXi Cpe.	320	960	1,600	3,600	5,600	8,000
2d JX Conv.	340	1,020	1,700	3,830	5,950	8,500
2d JXi Conv.	360	1,080	1,800	4,050	6,300	9,000
2d Limited Conv.	390	1,160	1,940	4,370	6,790	9,700
2000 Concorde, V-6						
4d LX Sed.	300	900	1,500	3,380	5,250	7,500
4d LXi Sed.	320	960	1,600	3,600	5,600	8,000
2000 LHS, V-6						
4d Sed.	340	1,020	1,700	3,830	5,950	8,500
2000 300M, V-6						
4d Sed.	350	1,040	1,740	3,920	6,090	8,700
2001 PT Cruiser, 4-cyl.						
4d Sed.	280	830	1,380	3,450	4,830	6,900
4d Touring Sed.	280	850	1,420	3,550	4,970	7,100
4d Limited Sed.	320	960	1,600	4,000	5,600	8,000
2001 Sebring, 4-cyl. & V-6						
2d LX Cpe.	290	880	1,460	3,650	5,110	7,300
4d LX Sed.	290	860	1,440	3,240	5,040	7,200
2d LXi Cpe (V-6 only)	330	1,000	1,660	4,150	5,810	8,300
4d LXi Sed (V-6 only)	330	980	1,640	4,100	5,740	8,200
2d LX Conv (V-6 only)	350	1,040	1,740	4,350	6,090	8,700
2d LXi Conv (V-6 only)	370	1,100	1,840	4,600	6,440	9,200
2d Limited Conv (V-6 only)	390	1,160	1,940	4,850	6,790	9,700
2001 Concorde, V-6						
4d LX Sed.	310	920	1,540	3,850	5,390	7,700
4d LXi Sed.	330	980	1,640	4,100	5,740	8,200
2001 LHS, V-6						
4d Sed.	340	1,030	1,720	4,300	6,020	8,600

NOTE: Add 5 percent for Luxury Group pkg.

	6	5	4	3	2	1
2001 300M, V-6						
4d Sed.	350	1,060	1,760	4,400	6,160	8,800
2001 Prowler, V-6						
2d Rds.	1,440	4,320	7,200	16,200	25,200	36,000

NOTE: With the demise of Plymouth during the 2001 model year, Prowler became a product of Chrysler.

	6	5	4	3	2	1
2002 PT Cruiser, 4-cyl.						
4d Sed.	280	830	1,380	3,450	4,830	6,900
4d Touring Sed.	280	850	1,420	3,550	4,970	7,100
4d Limited Sed.	320	960	1,600	4,000	5,600	8,000

NOTE: Add 10 percent for Dream Cruiser Ed. Add 15 percent for Woodie Ed.

	6	5	4	3	2	1
2002 Sebring, 4-cyl. & V-6						
2d LX Cpe.	290	880	1,460	3,650	5,110	7,300
4d LX Sed.	290	860	1,440	3,240	5,040	7,200
2d LXi Cpe (V-6 only)	330	1,000	1,660	4,150	5,810	8,300
4d LXi Sed (V-6 only)	330	980	1,640	4,100	5,740	8,200
2d LX Conv.	350	1,040	1,740	4,350	6,090	8,700
2d GTC Conv (V-6 only)	350	1,060	1,760	4,400	6,160	8,800
2d LXi Conv (V-6 only)	370	1,100	1,840	4,600	6,440	9,200
2d Limited Conv (V-6 only)	390	1,160	1,940	4,850	6,790	9,700
2002 Concorde, V-6						
4d LX Sed.	310	920	1,540	3,850	5,390	7,700
4d LXi Sed.	330	980	1,640	4,100	5,740	8,200
4d Limited Sed.	340	1,020	1,700	4,250	5,950	8,500

NOTE: Add 5 percent for Limited Pro-Am Ed.

	6	5	4	3	2	1
2002 300M, V-6						
4d Sed.	350	1,060	1,760	4,400	6,160	8,800
4d Special Sed.	370	1,100	1,840	4,600	6,440	9,200

	6	5	4	3	2	1
2002 Prowler, V-6						
2d Rds	1,440	4,320	7,200	16,200	25,200	36,000

NOTE: The Prowler was discontinued in mid-model year.

	6	5	4	3	2	1
2003 PT Cruiser, 4-cyl.						
4d Sed	280	830	1,380	3,110	4,830	6,900
4d Touring Sed	280	850	1,420	3,550	4,970	7,100
4d Limited Sed	320	960	1,600	4,000	5,600	8,000
4d GT Turbo Sed	340	1,020	1,700	4,250	5,950	8,500
2003 Sebring, 4-cyl. & V-6						
2d LX Cpe	290	880	1,460	3,650	5,110	7,300
4d LX Sed	290	860	1,440	3,600	5,040	7,200
2d LXi Cpe (V-6 only)	330	1,000	1,660	4,150	5,810	8,300
4d LXi Sed (V-6 only)	330	980	1,640	4,100	5,740	8,200
2d LX Conv	350	1,040	1,740	4,350	6,090	8,700
2d GTC Conv (V-6 only)	350	1,060	1,760	4,400	6,160	8,800
2d LXi Conv (V-6 only)	370	1,100	1,840	4,600	6,440	9,200
2d Limited Conv (V-6 only)	390	1,160	1,940	4,850	6,790	9,700
2003 Concorde, V-6						
4d LX Sed	310	920	1,540	3,850	5,390	7,700
4d LXi Sed	330	980	1,640	4,100	5,740	8,200
4d Limited Sed	340	1,020	1,700	4,250	5,950	8,500
2003 300M, V-6						
4d Sed	350	1,060	1,760	4,400	6,160	8,800
4d Special Sed	370	1,100	1,840	4,600	6,440	9,200
2004 PT Cruiser, 4-cyl.						
4d Sed	280	830	1,380	3,450	4,830	6,900
4d Touring Sed	280	850	1,420	3,550	4,970	7,100
4d Limited Sed	320	960	1,600	4,000	5,600	8,000
4d GT Turbo Sed	340	1,020	1,700	3,830	5,950	8,500

NOTE: Deduct 5 percent for manual transmission. Add 5 percent for turbocharged Touring and Limited models. Add 10 percent for turbocharged Limited Platinum Ed.

	6	5	4	3	2	1
2004 Sebring, 4-cyl. & V-6						
2d Cpe (4-cyl. only)	290	860	1,440	3,600	5,040	7,200
4d Sed (4-cyl. only)	280	850	1,420	3,550	4,970	7,100
2d Conv (4-cyl. only)	330	1,000	1,660	4,150	5,810	8,300
4d LX Sed	290	860	1,440	3,600	5,040	7,200
4d LX Touring Sed (V-6 only)	300	890	1,480	3,700	5,180	7,400
4d LX Touring Platinum Sed (V-6 only)	300	910	1,520	3,800	5,320	7,600
2d Touring Conv (V-6 only)	370	1,120	1,860	4,650	6,510	9,300
2d Touring Platinum Conv (V-6 only)	380	1,150	1,920	4,800	6,720	9,600
4d LXi Sed (V-6 only)	330	980	1,640	4,100	5,740	8,200
2d LX Conv	350	1,040	1,740	4,350	6,090	8,700
2d GTC Conv (V-6 only)	350	1,060	1,760	4,400	6,160	8,800
2d LXi Conv (V-6 only)	370	1,100	1,840	4,600	6,440	9,200
2d Limited Cpe (V-6 only)	340	1,030	1,720	4,300	6,020	8,600
4d Limited Sed (V-6 only)	340	1,020	1,700	4,250	5,950	8,500
2d Limited Platinum Cpe (V-6 only)	370	1,120	1,860	4,650	6,510	9,300
2d Limited Conv (V-6 only)	390	1,160	1,940	4,850	6,790	9,700

NOTE: Deduct 5 percent for manual transmission.

	6	5	4	3	2	1
2004 Concorde, V-6						
4d LX Sed	310	920	1,540	3,850	5,390	7,700
4d LXi Sed	330	980	1,640	4,100	5,740	8,200
4d Limited Sed	340	1,020	1,700	4,250	5,950	8,500
2004 300M, V-6						
4d Sed	350	1,060	1,760	4,400	6,160	8,800
4d Platinum Sed	360	1,080	1,800	4,500	6,300	9,000
4d Special Sed	370	1,100	1,840	4,600	6,440	9,200
2004 Crossfire, V-6						
2d Cpe	410	1,240	2,060	5,150	7,210	10,300

EAGLE

	6	5	4	3	2	1
1988 Medallion, 4-cyl.						
4d Sed	128	384	640	1,440	2,240	3,200
4d Sta Wag	136	408	680	1,530	2,380	3,400
4d LX Sed	140	420	700	1,580	2,450	3,500
1988 Premier, V-6						
4d LX Sed	160	480	800	1,800	2,800	4,000
4d ES Sed	180	540	900	2,030	3,150	4,500
1988 Eagle, 6-cyl.						
4d Ltd Sta Wag	260	780	1,300	2,930	4,550	6,500
1989 Jeep Summit, 4-cyl.						
4d DL Sed	160	480	800	1,800	2,800	4,000
4d LX Sed	180	540	900	2,030	3,150	4,500
4d LX Sed DOHC	188	564	940	2,120	3,290	4,700

	6	5	4	3	2	1
1989 Medallion, 4-cyl.						
4d DL Sed.	144	432	720	1,620	2,520	3,600
4d DL Sta Wag	148	444	740	1,670	2,590	3,700
4d LX Sed.	152	456	760	1,710	2,660	3,800
4d LX Sta Wag	156	468	780	1,760	2,730	3,900
1989 Premier, V-6						
4d LX Sed, 4-cyl.	156	468	780	1,760	2,730	3,900
4d LX Sed.	172	516	860	1,940	3,010	4,300
4d ES Sed.	176	528	880	1,980	3,080	4,400
4d ES Sed Ltd.	200	600	1,000	2,250	3,500	5,000
1990 Jeep Summit, 4-cyl.						
4d Sed.	160	480	800	1,800	2,800	4,000
4d DL Sed.	168	504	840	1,890	2,940	4,200
4d LX Sed.	180	540	900	2,030	3,150	4,500
4d ES Sed.	188	564	940	2,120	3,290	4,700
1990 Talon, 4-cyl.						
2d Cpe.	300	900	1,500	3,380	5,250	7,500
2d Cpe Turbo	340	1,020	1,700	3,830	5,950	8,500
2d Cpe Turbo 4x4	540	1,620	2,700	6,080	9,450	13,500
1990 Premier, V-6						
4d LX Sed.	180	540	900	2,030	3,150	4,500
4d ES Sed.	200	600	1,000	2,250	3,500	5,000
4d ES Sed Ltd.	220	660	1,100	2,480	3,850	5,500
1991 Summit, 4-cyl.						
2d HBk	160	480	800	1,800	2,800	4,000
2d ES HBk.	164	492	820	1,850	2,870	4,100
4d Sed.	164	492	820	1,850	2,870	4,100
4d ES Sed.	168	504	840	1,890	2,940	4,200
1991 Talon, 4-cyl.						
2d Cpe.	240	720	1,200	2,700	4,200	6,000
2d Cpe TSi Turbo	280	840	1,400	3,150	4,900	7,000
2d Cpe TSi Turbo 4x4	320	960	1,600	3,600	5,600	8,000
1991 Premier, V-6						
4d LX Sed.	164	492	820	1,850	2,870	4,100
4d ES Sed.	188	564	940	2,120	3,290	4,700
4d ES Sed Ltd.	200	600	1,000	2,250	3,500	5,000
1992 Summit, 4-cyl.						
2d HBk	172	516	860	1,940	3,010	4,300
2d ES HBk.	176	528	880	1,980	3,080	4,400
4d Sed.	168	504	840	1,890	2,940	4,200
4d ES Sed.	172	516	860	1,940	3,010	4,300
4d DL Sta Wag	172	516	860	1,940	3,010	4,300
4d LX Sta Wag	176	528	880	1,980	3,080	4,400
4d Sta Wag 4x4.	200	600	1,000	2,250	3,500	5,000
1992 Talon, 4-cyl.						
2d Liftback.	220	660	1,100	2,480	3,850	5,500
2d Liftback TSi Turbo	260	780	1,300	2,930	4,550	6,500
2d Liftback TSi Turbo 4x4	300	900	1,500	3,380	5,250	7,500
1992 Premier, V-6						
4d LX Sed.	220	660	1,100	2,480	3,850	5,500
4d ES Sed.	228	684	1,140	2,570	3,990	5,700
4d ES Ltd Sed.	240	720	1,200	2,700	4,200	6,000
1993 Summit, 4-cyl.						
2d DL Cpe.	172	516	860	1,940	3,010	4,300
2d ES Cpe.	176	528	880	1,980	3,080	4,400
4d DL Sed.	176	528	880	1,980	3,080	4,400
4d ES Sed.	180	540	900	2,030	3,150	4,500
2d DL Sta Wag	184	552	920	2,070	3,220	4,600
2d LX Sta Wag	188	564	940	2,120	3,290	4,700
2d Sta Wag 4x4.	228	684	1,140	2,570	3,990	5,700
1993 Talon, 4-cyl.						
2d DL HBk.	184	552	920	2,070	3,220	4,600
2d ES HBk.	188	564	940	2,120	3,290	4,700
2d Turbo	240	720	1,200	2,700	4,200	6,000
2d Turbo 4x4.	280	840	1,400	3,150	4,900	7,000
1993 Vision, V-6						
4d ESi Sed	188	564	940	2,120	3,290	4,700
4d TSi Sed	192	576	960	2,160	3,360	4,800
1994 Summit, 4-cyl.						
2d DL Cpe.	172	516	860	1,940	3,010	4,300
2d ES Cpe.	200	600	1,000	2,250	3,500	5,000
4d ES Sed.	220	660	1,100	2,480	3,850	5,500
4d LX Sed.	208	624	1,040	2,340	3,640	5,200
2d DL Sta Wag	280	840	1,400	3,150	4,900	7,000
2d LX Sta Wag	300	900	1,500	3,380	5,250	7,500
2d Sta Wag 4x4.	320	960	1,600	3,600	5,600	8,000

EAGLE

	6	5	4	3	2	1
1994 Talon, 4-cyl.						
2d DL HBk 240	720	1,200	2,700	4,200	6,000
2d ES HBk 260	780	1,300	2,930	4,550	6,500
2d HBk TSi Turbo. 280	840	1,400	3,150	4,900	7,000
2d HBk TSi Turbo 4x4 340	1,020	1,700	3,830	5,950	8,500
1994 Vision, V-6						
4d ESi Sed 300	900	1,500	3,380	5,250	7,500
4d TSi Sed 340	1,020	1,700	3,830	5,950	8,500
1995 Summit, 4-cyl.						
2d DL Cpe 172	516	860	1,940	3,010	4,300
2d ESi Cpe 220	660	1,100	2,480	3,850	5,500
4d ESi Sed 240	720	1,200	2,700	4,200	6,000
4d LX Sed 208	624	1,040	2,340	3,640	5,200
2d DL Sta Wag. 280	840	1,400	3,150	4,900	7,000
2d LX Sta Wag. 300	900	1,500	3,380	5,250	7,500
2d Sta Wag 4x4 320	960	1,600	3,600	5,600	8,000
1995 Talon, 4-cyl.						
2d ESi HBk. 260	780	1,300	2,930	4,550	6,500
2d TSi HBk Turbo. 300	900	1,500	3,380	5,250	7,500
2d TSi HBk Turbo 4x4 380	1,140	1,900	4,280	6,650	9,500
1995 Vision, V-6						
4d ESi Sed 300	900	1,500	3,380	5,250	7,500
4d TSi Sed 340	1,020	1,700	3,830	5,950	8,500
1996 Summit, 4-cyl.						
2d DL Cpe 160	480	800	1,800	2,800	4,000
2d DL Sta Wag. 200	600	1,000	2,250	3,500	5,000
2d ESi Cpe 172	516	860	1,940	3,010	4,300
4d ESi Sed 180	540	900	2,030	3,150	4,500
4d LX Sed 168	504	840	1,890	2,940	4,200
2d LX Sta Wag. 212	636	1,060	2,390	3,710	5,300
2d Sta Wag 4x4 220	660	1,100	2,480	3,850	5,500
1996 Talon, 4-cyl.						
2d HBk 240	720	1,200	2,700	4,200	6,000
2d ESi HBk. 260	780	1,300	2,930	4,550	6,500
2d TSi Turbo HBk. 300	900	1,500	3,380	5,250	7,500
2d TSi Turbo HBx 4x4 320	960	1,600	3,600	5,600	8,000
1996 Vision, V-6						
4d ESi Sed 240	720	1,200	2,700	4,200	6,000
4d TSi Sed 260	780	1,300	2,930	4,550	6,500
1997 Talon, 4-cyl.						
2d HBk 220	660	1,100	2,480	3,850	5,500
2d ESi HBk. 240	720	1,200	2,700	4,200	6,000
2d TSi Turbo HBk. 280	840	1,400	3,150	4,900	7,000
2d TSi Turbo HBk AWD 300	900	1,500	3,380	5,250	7,500
1997 Vision, V-6						
4d ESi Sed 220	660	1,100	2,480	3,850	5,500
4d TSi Sed 240	720	1,200	2,700	4,200	6,000
1998 Talon, 4-cyl.						
2d HBk 220	660	1,100	2,480	3,850	5,500
2d ESi HBk. 240	720	1,200	2,700	4,200	6,000
2d TSi Turbo HBk. 280	840	1,400	3,150	4,900	7,000
2d TSi Turbo HBk AWD 300	900	1,500	3,380	5,250	7,500

NOTE: Eagle production ended at the conclusion of the 1998 model year.

IMPERIAL

	6	5	4	3	2	1
1955 Imperial, V-8						
4d Sed 840	2,520	4,200	9,450	14,700	21,000
2d HT Newport. 1,240	3,720	6,200	13,950	21,700	31,000
1955 Crown Imperial, V-8						
4d 8P Sed 1,000	3,000	5,000	11,250	17,500	25,000
4d 8P Limo. 1,160	3,480	5,800	13,050	20,300	29,000
1956 Imperial, V-8						
4d Sed 840	2,520	4,200	9,450	14,700	21,000
4d HT S Hamp 960	2,880	4,800	10,800	16,800	24,000
2d HT S Hamp 1,240	3,720	6,200	13,950	21,700	31,000
1956 Crown Imperial, V-8						
4d 8P Sed 1,040	3,120	5,200	11,700	18,200	26,000
4d 8P Limo. 1,120	3,360	5,600	12,600	19,600	28,000
1957 Imperial Custom, V-8						
2d HT S Hamp 1,280	3,840	6,400	14,400	22,400	32,000
4d HT S Hamp 1,040	3,120	5,200	11,700	18,200	26,000
4d Sed 960	2,880	4,800	10,800	16,800	24,000
1957 Imperial Crown, V-8						
2d Conv 4,000	12,000	20,000	45,000	70,000	100,000
2d HT S Hamp 1,320	3,960	6,600	14,850	23,100	33,000

	6	5	4	3	2	1
4d HT S Hamp	1,080	3,240	5,400	12,150	18,900	27,000
4d Sed.	1,000	3,000	5,000	11,250	17,500	25,000
1957 Imperial LeBaron, V-8						
4d Sed.	1,040	3,120	5,200	11,700	18,200	26,000
4d HT S Hamp	1,120	3,360	5,600	12,600	19,600	28,000
1957 Crown Imperial Ghia, V-8						
4d 8P Limo	1,680	5,040	8,400	18,900	29,400	42,000
1958 Imperial Custom, V-8						
2d HT S Hamp	1,280	3,840	6,400	14,400	22,400	32,000
4d HT S Hamp	1,040	3,120	5,200	11,700	18,200	26,000
4d Sed.	960	2,880	4,800	10,800	16,800	24,000
1958 Imperial Crown, V-8						
2d Conv.	4,000	12,000	20,000	45,000	70,000	100,000
2d HT S Hamp	1,320	3,960	6,600	14,850	23,100	33,000
4d HT S Hamp	1,080	3,240	5,400	12,150	18,900	27,000
4d Sed.	1,000	3,000	5,000	11,250	17,500	25,000
1958 Imperial LeBaron, V-8						
4d Sed.	1,040	3,120	5,200	11,700	18,200	26,000
4d HT S Hamp	1,120	3,360	5,600	12,600	19,600	28,000
1958 Crown Imperial Ghia, V-8						
4d Limo	1,680	5,040	8,400	18,900	29,400	42,000
1959 Imperial Custom, V-8						
4d Sed.	800	2,400	4,000	9,000	14,000	20,000
4d HT S Hamp	920	2,760	4,600	10,350	16,100	23,000
2d HT S Hamp	1,200	3,600	6,000	13,500	21,000	30,000
1959 Imperial Crown, V-8						
2d Conv.	4,400	13,200	22,000	49,500	77,000	110,000
2d HT S Hamp	1,400	4,200	7,000	15,750	24,500	35,000
4d Sed.	840	2,520	4,200	9,450	14,700	21,000
4d HT S Hamp	960	2,880	4,800	10,800	16,800	24,000
1959 Imperial LeBaron, V-8						
4d Sed.	880	2,640	4,400	9,900	15,400	22,000
4d HT S Hamp	1,000	3,000	5,000	11,250	17,500	25,000
1959 Crown Imperial Ghia, V-8						
4d Limo	1,840	5,520	9,200	20,700	32,200	46,000
1960 Imperial Custom, V-8						
2d HT S Hamp	1,040	3,120	5,200	11,700	18,200	26,000
4d HT S Hamp	760	2,280	3,800	8,550	13,300	19,000
4d Sed.	680	2,040	3,400	7,650	11,900	17,000
1960 Imperial Crown, V-8						
2d Conv.	3,920	11,760	19,600	44,100	68,600	98,000
2d HT S Hamp	1,120	3,360	5,600	12,600	19,600	28,000
4d HT S Hamp	920	2,760	4,600	10,350	16,100	23,000
4d Sed.	800	2,400	4,000	9,000	14,000	20,000
1960 Imperial LeBaron, V-8						
4d Sed.	820	2,460	4,100	9,230	14,350	20,500
4d HT S Hamp	940	2,820	4,700	10,580	16,450	23,500
1960 Crown Imperial Ghia, V-8						
4d Limo	1,760	5,280	8,800	19,800	30,800	44,000
1961 Imperial Custom, V-8						
2d HT S Hamp	740	2,220	3,700	8,330	12,950	18,500
4d HT S Hamp	680	2,040	3,400	7,650	11,900	17,000
1961 Imperial Crown, V-8						
2d Conv.	3,200	9,600	16,000	36,000	56,000	80,000
2d HT S Hamp	880	2,640	4,400	9,900	15,400	22,000
4d HT S Hamp	720	2,160	3,600	8,100	12,600	18,000
1961 Imperial LeBaron, V-8						
4d HT S Hamp	720	2,160	3,600	8,100	12,600	18,000
1961 Crown Imperial Ghia, V-8						
4d Limo	1,520	4,560	7,600	17,100	26,600	38,000
1962 Imperial Custom, V-8						
2d HT S Hamp	760	2,280	3,800	8,550	13,300	19,000
4d HT S Hamp	680	2,040	3,400	7,650	11,900	17,000
1962 Imperial Crown, V-8						
2d Conv.	3,200	9,600	16,000	36,000	56,000	80,000
2d HT S Hamp	880	2,640	4,400	9,900	15,400	22,000
4d HT S Hamp	720	2,160	3,600	8,100	12,600	18,000
1962 Imperial LeBaron, V-8						
4d HT S Hamp	720	2,160	3,600	8,100	12,600	18,000
1963 Imperial Custom, V-8						
2d HT S Hamp	740	2,220	3,700	8,330	12,950	18,500
4d HT S Hamp	680	2,040	3,400	7,650	11,900	17,000
1963 Imperial Crown, V-8						
2d Conv.	3,120	9,360	15,600	35,100	54,600	78,000
2d HT S Hamp	800	2,400	4,000	9,000	14,000	20,000
4d HT S Hamp	720	2,160	3,600	8,100	12,600	18,000

	6	5	4	3	2	1
1963 Imperial LeBaron, V-8						
4d HT S Hamp	720	2,160	3,600	8,100	12,600	18,000
1963 Crown Imperial Ghia, V-8						
4d 8P Sed	1,240	3,720	6,200	13,950	21,700	31,000
4d 8P Limo	1,440	4,320	7,200	16,200	25,200	36,000
1964 Imperial Crown, V-8						
2d Conv	1,840	5,520	9,200	20,700	32,200	46,000
2d HT	760	2,280	3,800	8,550	13,300	19,000
4d HT	700	2,100	3,500	7,880	12,250	17,500
1964 Imperial LeBaron, V-8						
4d HT	780	2,340	3,900	8,780	13,650	19,500
1964 Crown Imperial Ghia, V-8						
4d Limo	1,360	4,080	6,800	15,300	23,800	34,000
1965 Imperial Crown, V-8						
2d Conv	1,800	5,400	9,000	20,250	31,500	45,000
2d HT	760	2,280	3,800	8,550	13,300	19,000
4d HT	720	2,160	3,600	8,100	12,600	18,000
1965 Imperial LeBaron, V-8						
4d HT	780	2,340	3,900	8,780	13,650	19,500
1965 Crown Imperial Ghia, V-8						
4d Limo	1,040	3,120	5,200	11,700	18,200	26,000
1966 Imperial Crown, V-8						
2d Conv	1,800	5,400	9,000	20,250	31,500	45,000
2d HT	800	2,400	4,000	9,000	14,000	20,000
4d HT	760	2,280	3,800	8,550	13,300	19,000
1966 Imperial LeBaron, V-8						
4d HT	840	2,520	4,200	9,450	14,700	21,000
1967 Imperial, V-8						
2d Conv	1,120	3,360	5,600	12,600	19,600	28,000
4d Sed	780	2,340	3,900	8,780	13,650	19,500
1967 Imperial Crown, V-8						
4d HT	800	2,400	4,000	9,000	14,000	20,000
2d HT	900	2,700	4,500	10,130	15,750	22,500
1967 Imperial LeBaron, V-8						
4d HT	820	2,460	4,100	9,230	14,350	20,500
1968 Imperial Crown, V-8						
2d Conv	1,120	3,360	5,600	12,600	19,600	28,000
2d HT	900	2,700	4,500	10,130	15,750	22,500
4d HT	800	2,400	4,000	9,000	14,000	20,000
4d Sed	740	2,220	3,700	8,330	12,950	18,500
1968 Imperial LeBaron, V-8						
4d HT	860	2,580	4,300	9,680	15,050	21,500
1969 Imperial Crown, V-8						
2d HT	600	1,800	3,000	6,750	10,500	15,000
4d HT	460	1,380	2,300	5,180	8,050	11,500
4d Sed	440	1,320	2,200	4,950	7,700	11,000
1969 Imperial LeBaron, V-8						
2d HT	620	1,860	3,100	6,980	10,850	15,500
4d HT	460	1,380	2,300	5,180	8,050	11,500
1970 Imperial Crown, V-8						
2d HT	640	1,920	3,200	7,200	11,200	16,000
4d HT	500	1,500	2,500	5,630	8,750	12,500
1970 Imperial LeBaron, V-8						
2d HT	660	1,980	3,300	7,430	11,550	16,500
4d HT	600	1,800	3,000	6,750	10,500	15,000
1971 Imperial LeBaron, V-8						
2d HT	480	1,440	2,400	5,400	8,400	12,000
4d HT	320	960	1,600	3,600	5,600	8,000
1972 Imperial LeBaron, V-8						
2d HT	380	1,140	1,900	4,280	6,650	9,500
4d HT	320	960	1,600	3,600	5,600	8,000
1973 Imperial LeBaron, V-8						
2d HT	308	924	1,540	3,470	5,390	7,700
4d HT	248	744	1,240	2,790	4,340	6,200
1974 Imperial LeBaron, V-8						
2d HT	276	828	1,380	3,110	4,830	6,900
4d HT	232	696	1,160	2,610	4,060	5,800
1975 Imperial LeBaron, V-8						
2d HT	264	792	1,320	2,970	4,620	6,600
4d HT	220	660	1,100	2,480	3,850	5,500

NOTE: Add 20 percent for Crown Coupe package (Orig. price $569.).

CORD

	6	5	4	3	2	1
1930 Series L-29, 8-cyl., 137.5" wb						
4d 5P Sed	4,220	12,660	21,100	47,480	73,850	105,500

	6	5	4	3	2	1
4d 5P Brgm	4,400	13,200	22,000	49,500	77,000	110,000
2d 4P Conv 2-4 Pas	9,800	29,400	49,000	110,250	171,500	245,000
4d Conv Sed	10,160	30,480	50,800	114,300	177,800	254,000
1931 Series L-29, 8-cyl., 137.5" wb						
4d 5P Sed	4,260	12,780	21,300	47,930	74,550	106,500
4d 5P Brgm	4,440	13,320	22,200	49,950	77,700	111,000
2d 2-4P Cabr	9,800	29,400	49,000	110,250	171,500	245,000
4d Conv Sed	10,160	30,480	50,800	114,300	177,800	254,000
1932 Series L-29, 8-cyl., 137.5" wb						
4d 5P Sed	4,260	12,780	21,300	47,930	74,550	106,500
4d 5P Brgm	4,440	13,320	22,200	49,950	77,700	111,000
2d 2-4P Conv	9,800	29,400	49,000	110,250	171,500	245,000
4d Conv Sed	10,160	30,480	50,800	114,300	177,800	254,000
1936 Model 810, 8-cyl., 125" wb						
4d West Sed	2,990	8,980	14,960	33,660	52,360	74,800
4d Bev Sed	3,020	9,060	15,100	33,980	52,850	75,500
2d Sportsman	9,000	27,000	45,000	101,250	157,500	225,000
2d Phae	8,320	24,960	41,600	93,600	145,600	208,000
1937 Model 812, 8-cyl., 125" wb						
4d West Sed	2,990	8,980	14,960	33,660	52,360	74,800
4d Bev Sed	3,020	9,060	15,100	33,980	52,850	75,500
2d Sportsman	8,420	25,260	42,100	94,730	147,350	210,500
2d Phae	7,800	23,400	39,000	87,750	136,500	195,000
1937 Model 812, 8-cyl., 132" wb						
4d Cus Bev	3,270	9,820	16,360	36,810	57,260	81,800
4d Cus Berline	3,380	10,140	16,900	38,030	59,150	84,500

NOTE: Add 40 percent for S/C Models.

CROSLEY

	6	5	4	3	2	1
1939 2-cyl., 80" wb						
Conv	460	1,380	2,300	5,180	8,050	11,500
1940 2-cyl., 80" wb						
Conv	460	1,380	2,300	5,180	8,050	11,500
Sed	380	1,140	1,900	4,280	6,650	9,500
Sta Wag	400	1,200	2,000	4,500	7,000	10,000
1941 2-cyl., 80" wb						
Conv	460	1,380	2,300	5,180	8,050	11,500
Sed	380	1,140	1,900	4,280	6,650	9,500
Sta Wag	400	1,200	2,000	4,500	7,000	10,000
1942 4-cyl., 80" wb						
Conv	460	1,380	2,300	5,180	8,050	11,500
Sed	380	1,140	1,900	4,280	6,650	9,500
Sta Wag	400	1,200	2,000	4,500	7,000	10,000
1946-47-48 4-cyl., 80" wb						
Conv	420	1,260	2,100	4,730	7,350	10,500
Sed	340	1,020	1,700	3,830	5,950	8,500
Sta Wag	350	1,060	1,760	3,960	6,160	8,800
1949 4-cyl., 80" wb						
Conv	420	1,260	2,100	4,730	7,350	10,500
Sed	340	1,020	1,700	3,830	5,950	8,500
Sta Wag	350	1,060	1,760	3,960	6,160	8,800
1950 Standard, 4-cyl., 80" wb						
Conv	420	1,260	2,100	4,730	7,350	10,500
Sed	340	1,020	1,700	3,830	5,950	8,500
Sta Wag	350	1,060	1,760	3,960	6,160	8,800
1950 Super, 4-cyl., 80" wb						
Conv	420	1,270	2,120	4,770	7,420	10,600
Sed	340	1,030	1,720	3,870	6,020	8,600
Sta Wag	360	1,070	1,780	4,010	6,230	8,900
1950 Hot Shot, 4-cyl., 85" wb						
Rds	680	2,040	3,400	7,650	11,900	17,000
1951 Standard, 4-cyl., 80" wb						
Cpe	340	1,020	1,700	3,830	5,950	8,500
Sta Wag	350	1,060	1,760	3,960	6,160	8,800
1951 Super, 4-cyl., 80" wb						
Conv	420	1,270	2,120	4,770	7,420	10,600
Sed	340	1,030	1,720	3,870	6,020	8,600
Sta Wag	360	1,070	1,780	4,010	6,230	8,900
1951 Hot Shot, 4-cyl., 85" wb						
Rds	680	2,040	3,400	7,650	11,900	17,000
1952 Standard, 4-cyl., 80" wb						
Cpe	340	1,020	1,700	3,830	5,950	8,500
Sta Wag	350	1,060	1,760	3,960	6,160	8,800
1952 Super, 4-cyl., 80" wb						
Conv	420	1,270	2,120	4,770	7,420	10,600

CROSLEY

	6	5	4	3	2	1
Sed.	340	1,030	1,720	3,870	6,020	8,600
Sta Wag	360	1,070	1,780	4,010	6,230	8,900
1952 Hot Shot, 4-cyl., 85" wb						
Rds.	680	2,040	3,400	7,650	11,900	17,000

DESOTO

	6	5	4	3	2	1
1929 Model K, 6-cyl.						
2d Rds	1,640	4,920	8,200	18,450	28,700	41,000
4d Phae	1,720	5,160	8,600	19,350	30,100	43,000
2d Bus Cpe	920	2,760	4,600	10,350	16,100	23,000
2d DeL Cpe	900	2,700	4,500	10,130	15,750	22,500
2d Sed	820	2,460	4,100	9,230	14,350	20,500
4d Sed	830	2,490	4,150	9,340	14,530	20,750
4d DeL Sed	840	2,520	4,200	9,450	14,700	21,000
1930 Model CK, 6-cyl.						
2d Rds	1,640	4,920	8,200	18,450	28,700	41,000
4d Phae	1,720	5,160	8,600	19,350	30,100	43,000
2d Bus Cpe	900	2,700	4,500	10,130	15,750	22,500
2d DeL Cpe	920	2,760	4,600	10,350	16,100	23,000
2d Sed	800	2,410	4,020	9,050	14,070	20,100
4d Sed	840	2,520	4,200	9,450	14,700	21,000
1930 Model CF, 8-cyl.						
2d Rds	1,720	5,160	8,600	19,350	30,100	43,000
4d Phae	1,800	5,400	9,000	20,250	31,500	45,000
2d Bus Cpe	920	2,760	4,600	10,350	16,100	23,000
2d DeL Cpe	940	2,820	4,700	10,580	16,450	23,500
4d Sed	840	2,520	4,200	9,450	14,700	21,000
4d DeL Sed	860	2,580	4,300	9,680	15,050	21,500
2d Conv	1,720	5,160	8,600	19,350	30,100	43,000
1931 Model SA, 6-cyl.						
2d Rds	1,720	5,160	8,600	19,350	30,100	43,000
4d Phae	1,800	5,400	9,000	20,250	31,500	45,000
2d Cpe	900	2,700	4,500	10,130	15,750	22,500
2d DeL Cpe	960	2,880	4,800	10,800	16,800	24,000
2d Sed	820	2,460	4,100	9,230	14,350	20,500
4d Sed	830	2,480	4,140	9,320	14,490	20,700
4d Sed	840	2,520	4,200	9,450	14,700	21,000
2d Conv	1,720	5,160	8,600	19,350	30,100	43,000
1931 Model CF, 8-cyl.						
2d Rds	1,760	5,280	8,800	19,800	30,800	44,000
2d Bus Cpe	980	2,940	4,900	11,030	17,150	24,500
2d DeL Cpe	1,000	3,000	5,000	11,250	17,500	25,000
4d Sed	850	2,560	4,260	9,590	14,910	21,300
4d DeL Sed	860	2,580	4,300	9,680	15,050	21,500
2d Conv	1,720	5,160	8,600	19,350	30,100	43,000
1932 SA, 6-cyl., 109" wb						
4d Phae	1,800	5,400	9,000	20,250	31,500	45,000
2d Rds	1,760	5,280	8,800	19,800	30,800	44,000
2d Cpe	1,000	3,000	5,000	11,250	17,500	25,000
2d DeL Cpe	980	2,940	4,900	11,030	17,150	24,500
2d Conv	1,560	4,680	7,800	17,550	27,300	39,000
2d Sed	820	2,460	4,100	9,230	14,350	20,500
4d Sed	830	2,480	4,140	9,320	14,490	20,700
4d DeL Sed	840	2,520	4,200	9,450	14,700	21,000
1932 SC, 6-cyl., 112" wb						
2d Conv Sed	1,840	5,520	9,200	20,700	32,200	46,000
2d Rds	1,880	5,640	9,400	21,150	32,900	47,000
4d Phae	1,940	5,820	9,700	21,830	33,950	48,500
2d Conv	1,760	5,280	8,800	19,800	30,800	44,000
2d Bus Cpe	980	2,940	4,900	11,030	17,150	24,500
2d RS Cpe	1,000	3,000	5,000	11,250	17,500	25,000
4d Sed	860	2,580	4,300	9,680	15,050	21,500
4d DeL Sed	880	2,640	4,400	9,900	15,400	22,000
1932 CF, 8-cyl., 114" wb						
2d Rds	1,920	5,760	9,600	21,600	33,600	48,000
2d Bus Cpe	1,000	3,000	5,000	11,250	17,500	25,000
2d DeL Cpe	1,020	3,060	5,100	11,480	17,850	25,500
4d Brgm	860	2,580	4,300	9,680	15,050	21,500
4d Sed	1,120	3,360	5,600	12,600	19,600	28,000
4d DeL Sed	1,140	3,420	5,700	12,830	19,950	28,500
1933 SD, 6-cyl.						
2d Conv	1,760	5,280	8,800	19,800	30,800	44,000
2d Conv Sed	1,840	5,520	9,200	20,700	32,200	46,000
2d 2P Cpe	900	2,700	4,500	10,130	15,750	22,500
2d RS Cpe	920	2,760	4,600	10,350	16,100	23,000

DESOTO

	6	5	4	3	2	1
2d DeL Cpe.	920	2,760	4,600	10,350	16,100	23,000
2d Std Brgm	810	2,420	4,040	9,090	14,140	20,200
4d Cus Brgm	820	2,460	4,100	9,230	14,350	20,500
4d Sed.	800	2,400	4,000	9,000	14,000	20,000
4d Cus Sed	810	2,440	4,060	9,140	14,210	20,300
1934 Airflow SE, 6-cyl.						
2d Cpe.	1,360	4,080	6,800	15,300	23,800	34,000
4d Brgm.	1,280	3,840	6,400	14,400	22,400	32,000
4d Sed.	1,120	3,360	5,600	12,600	19,600	28,000
4d Twn Sed.	1,160	3,480	5,800	13,050	20,300	29,000
1935 Airstream, 6-cyl.						
2d Bus Cpe.	1,000	3,000	5,000	11,250	17,500	25,000
2d Cpe.	940	2,820	4,700	10,580	16,450	23,500
2d Conv.	1,600	4,800	8,000	18,000	28,000	40,000
2d Sed.	780	2,340	3,900	8,780	13,650	19,500
2d Tr Sed	780	2,350	3,920	8,820	13,720	19,600
4d Sed.	770	2,320	3,860	8,690	13,510	19,300
4d Tr Sed	780	2,340	3,900	8,780	13,650	19,500
1935 Airflow, 6-cyl.						
2d Bus Cpe.	1,260	3,780	6,300	14,180	22,050	31,500
2d Cpe.	1,340	4,020	6,700	15,080	23,450	33,500
4d Sed.	1,060	3,180	5,300	11,930	18,550	26,500
4d Twn Sed.	1,140	3,420	5,700	12,830	19,950	28,500
1936 DeLuxe Airstream S-1, 6-cyl.						
2d Bus Cpe.	920	2,760	4,600	10,350	16,100	23,000
4d Tr Brgm	810	2,440	4,060	9,140	14,210	20,300
4d Tr Sed	810	2,440	4,060	9,140	14,210	20,300
1936 Custom Airstream S-1, 6-cyl.						
2d Bus Cpe.	940	2,820	4,700	10,580	16,450	23,500
2d Cpe.	960	2,880	4,800	10,800	16,800	24,000
2d Conv.	1,760	5,280	8,800	19,800	30,800	44,000
4d Tr Brgm	830	2,480	4,140	9,320	14,490	20,700
4d Tr Sed	840	2,510	4,180	9,410	14,630	20,900
4d Conv Sed	1,600	4,800	8,000	18,000	28,000	40,000
4d Trv Sed.	850	2,540	4,240	9,540	14,840	21,200
4d 7P Sed	850	2,560	4,260	9,590	14,910	21,300
1936 Airflow III S-2, 6-cyl.						
2d Cpe.	1,280	3,840	6,400	14,400	22,400	32,000
4d Sed.	1,040	3,120	5,200	11,700	18,200	26,000
1937 S-3, 6-cyl.						
2d Conv.	1,680	5,040	8,400	18,900	29,400	42,000
4d Conv Sed	860	2,580	4,300	9,680	15,050	21,500
2d Bus Cpe.	860	2,580	4,300	9,680	15,050	21,500
2d Cpe.	880	2,640	4,400	9,900	15,400	22,000
4d Brgm.	760	2,270	3,780	8,510	13,230	18,900
4d Tr Brgm	760	2,280	3,800	8,550	13,300	19,000
4d Sed.	760	2,290	3,820	8,600	13,370	19,100
4d Tr Sed	770	2,300	3,840	8,640	13,440	19,200
4d 7P Sed	770	2,320	3,860	8,690	13,510	19,300
4d Limo	820	2,460	4,100	9,230	14,350	20,500
1938 S-5, 6-cyl.						
2d Conv.	1,680	5,040	8,400	18,900	29,400	42,000
4d Conv Sed	860	2,580	4,300	9,680	15,050	21,500
2d Bus Cpe.	860	2,580	4,300	9,680	15,050	21,500
2d Cpe.	1,120	3,360	5,600	12,600	19,600	28,000
4d Tr Brgm	770	2,320	3,860	8,690	13,510	19,300
4d Sed.	780	2,340	3,900	8,780	13,650	19,500
4d Tr Sed	780	2,350	3,920	8,820	13,720	19,600
4d 7P Sed	800	2,410	4,020	9,050	14,070	20,100
4d Limo	860	2,580	4,300	9,680	15,050	21,500
1939 S-6 DeLuxe, 6-cyl.						
2d Bus Cpe.	880	2,640	4,400	9,900	15,400	22,000
2d Cpe.	900	2,700	4,500	10,130	15,750	22,500
4d Tr Sed	770	2,320	3,860	8,690	13,510	19,300
4d Tr Sed	780	2,340	3,900	8,780	13,650	19,500
4d Limo	860	2,580	4,300	9,680	15,050	21,500
1939 S-6 Custom, 6-cyl.						
2d Cpe.	900	2,700	4,500	10,130	15,750	22,500
2d Cus Cpe.	920	2,760	4,600	10,350	16,100	23,000
2d Cus Clb Cpe.	940	2,820	4,700	10,580	16,450	23,500
2d Tr Sed	800	2,400	4,000	9,000	14,000	20,000
4d Tr Sed	800	2,410	4,020	9,050	14,070	20,100
4d 7P Sed	810	2,420	4,040	9,090	14,140	20,200
4d Limo	900	2,700	4,500	10,130	15,750	22,500
1940 S-7 DeLuxe, 6-cyl.						
2d Bus Cpe.	820	2,460	4,100	9,230	14,350	20,500

	6	5	4	3	2	1
2d Cpe	920	2,760	4,600	10,350	16,100	23,000
2d Tr Sed	810	2,420	4,040	9,090	14,140	20,200
4d Tr Sed	820	2,460	4,100	9,230	14,350	20,500
4d 7P Sed	840	2,520	4,200	9,450	14,700	21,000
1940 S-7 Custom, 6-cyl.						
2d Conv	1,520	4,560	7,600	17,100	26,600	38,000
2d 2P Cpe	940	2,820	4,700	10,580	16,450	23,500
2d Clb Cpe	960	2,880	4,800	10,800	16,800	24,000
2d Sed	820	2,460	4,100	9,230	14,350	20,500
4d Sed	780	2,340	3,900	8,780	13,650	19,500
4d 7P Sed	800	2,400	4,000	9,000	14,000	20,000
4d Limo	860	2,580	4,300	9,680	15,050	21,500
1941 S-8 DeLuxe, 6-cyl.						
2d Bus Cpe	900	2,700	4,500	10,130	15,750	22,500
2d Cpe	920	2,760	4,600	10,350	16,100	23,000
2d Sed	820	2,460	4,100	9,230	14,350	20,500
4d Sed	820	2,470	4,120	9,270	14,420	20,600
2d 7P Sed	880	2,640	4,400	9,900	15,400	22,000
1941 S-8 Custom, 6-cyl.						
2d Conv	1,560	4,680	7,800	17,550	27,300	39,000
2d Cpe	920	2,760	4,600	10,350	16,100	23,000
2d Clb Cpe	940	2,820	4,700	10,580	16,450	23,500
2d Brgm	830	2,500	4,160	9,360	14,560	20,800
4d Sed	840	2,510	4,180	9,410	14,630	20,900
4d Twn Sed	840	2,520	4,200	9,450	14,700	21,000
4d 7P Sed	880	2,640	4,400	9,900	15,400	22,000
4d Limo	900	2,700	4,500	10,130	15,750	22,500
1942 S-10 DeLuxe, 6-cyl.						
2d Bus Cpe	920	2,760	4,600	10,350	16,100	23,000
2d Cpe	940	2,820	4,700	10,580	16,450	23,500
2d Sed	860	2,590	4,320	9,720	15,120	21,600
4d Sed	870	2,600	4,340	9,770	15,190	21,700
4d Twn Sed	870	2,620	4,360	9,810	15,260	21,800
4d 7P Sed	920	2,770	4,620	10,400	16,170	23,100
1942 2d S-10 Custom, 6-cyl.						
2d Conv	1,560	4,680	7,800	17,550	27,300	39,000
2d Cpe	940	2,820	4,700	10,580	16,450	23,500
2d Clb Cpe	960	2,880	4,800	10,800	16,800	24,000
4d Brgm	880	2,640	4,400	9,900	15,400	22,000
4d Sed	880	2,650	4,420	9,950	15,470	22,100
4d Twn Sed	900	2,700	4,500	10,130	15,750	22,500
4d 7P Sed	940	2,820	4,700	10,580	16,450	23,500
4d Limo	950	2,840	4,740	10,670	16,590	23,700
1946-48 S-11 DeLuxe, 6-cyl.						
2d Cpe	700	2,100	3,500	7,880	12,250	17,500
2d Clb Cpe	760	2,280	3,800	8,550	13,300	19,000
2d Sed	640	1,920	3,200	7,200	11,200	16,000
4d Sed	652	1,956	3,260	7,340	11,410	16,300
1946-48 S-11 Custom, 6-cyl.						
2d Conv	1,600	4,800	8,000	18,000	28,000	40,000
2d Clb Cpe	780	2,340	3,900	8,780	13,650	19,500
2d Sed	652	1,956	3,260	7,340	11,410	16,300
4d Sed	660	1,980	3,300	7,430	11,550	16,500
4d 7P Sed	680	2,040	3,400	7,650	11,900	17,000
4d Limo	840	2,520	4,200	9,450	14,700	21,000
4d Sub	940	2,820	4,700	10,580	16,450	23,500
1949 S-13 DeLuxe, 6-cyl.						
First Series values and same as 1947-48.						
2d Clb Cpe	760	2,280	3,800	8,550	13,300	19,000
4d Sed	700	2,100	3,500	7,880	12,250	17,500
4d C-A Sed	708	2,124	3,540	7,970	12,390	17,700
4d Sta Wag	3,080	9,240	15,400	34,650	53,900	77,000
1949 S-13 Custom, 6-cyl.						
2d Conv	1,480	4,440	7,400	16,650	25,900	37,000
2d Clb Cpe	780	2,340	3,900	8,780	13,650	19,500
4d Sed	720	2,160	3,600	8,100	12,600	18,000
4d 8P Sed	740	2,220	3,700	8,330	12,950	18,500
4d Sub	840	2,520	4,200	9,450	14,700	21,000
1950 S-14 DeLuxe, 6-cyl.						
2d Clb Cpe	740	2,220	3,700	8,330	12,950	18,500
4d Sed	700	2,100	3,500	7,880	12,250	17,500
4d C-A Sed	708	2,124	3,540	7,970	12,390	17,700
4d 8P Sed	720	2,160	3,600	8,100	12,600	18,000
1950 S-14 Custom, 6-cyl.						
2d Conv	1,520	4,560	7,600	17,100	26,600	38,000
2d HT Sptman	920	2,760	4,600	10,350	16,100	23,000

	6	5	4	3	2	1
2d Clb Cpe	760	2,280	3,800	8,550	13,300	19,000
4d Sed.	720	2,160	3,600	8,100	12,600	18,000
4d 6P Sta Wag	3,080	9,240	15,400	34,650	53,900	77,000
4d Stl Sta Wag	880	2,640	4,400	9,900	15,400	22,000
4d 8P Sed	752	2,256	3,760	8,460	13,160	18,800
4d Sub Sed	740	2,220	3,700	8,330	12,950	18,500
1951-52 DeLuxe, 6-cyl., 125.5" wb						
4d Sed.	692	2,076	3,460	7,790	12,110	17,300
2d Clb Cpe	740	2,220	3,700	8,330	12,950	18,500
4d C-A Sed	692	2,076	3,460	7,790	12,110	17,300
1951-52 DeLuxe, 6-cyl., 139.5" wb						
4d Scd.	696	2,088	3,480	7,830	12,180	17,400
1951-52 Custom, 6-cyl., 125.5" wb						
4d Sed.	700	2,100	3,500	7,880	12,250	17,500
2d Clb Cpe	760	2,280	3,800	8,550	13,300	19,000
2d HT Sptman	1,000	3,000	5,000	11,250	17,500	25,000
2d Conv.	1,520	4,560	7,600	17,100	26,600	38,000
4d Sta Wag	920	2,760	4,600	10,350	16,100	23,000
1951-52 Custom, 6-cyl., 139.5" wb						
4d Sed.	708	2,124	3,540	7,970	12,390	17,700
4d Sub.	720	2,160	3,600	8,100	12,600	18,000
1951-52 Firedome, V-8, 125.5" wb (1952 only)						
4d Sed.	720	2,160	3,600	8,100	12,600	18,000
2d Clb Cpe	840	2,520	4,200	9,450	14,700	21,000
2d HT Sptman	1,040	3,120	5,200	11,700	18,200	26,000
2d Conv.	1,640	4,920	8,200	18,450	28,700	41,000
4d Sta Wag	920	2,760	4,600	10,350	16,100	23,000
1951-52 Firedome, V-8, 139.5" wb (1952 only)						
4d 8P Sed	740	2,220	3,700	8,330	12,950	18,500
1953-54 Powermaster Six, 6-cyl., 125.5" wb						
4d Sed.	680	2,040	3,400	7,650	11,900	17,000
2d Clb Cpe	700	2,100	3,500	7,880	12,250	17,500
4d Sta Wag	900	2,690	4,480	10,080	15,680	22,400
2d HT Sptman (1953 only)	920	2,760	4,600	10,350	16,100	23,000
1953-54 Powermaster Six, 6-cyl., 139.5" wb						
4d Sed.	672	2,016	3,360	7,560	11,760	16,800
1953-54 Firedome, V-8, 125.5" wb						
4d Sed.	704	2,112	3,520	7,920	12,320	17,600
2d Clb Cpe	740	2,220	3,700	8,330	12,950	18,500
2d HT Sptman	1,040	3,120	5,200	11,700	18,200	26,000
2d Conv.	1,640	4,920	8,200	18,450	28,700	41,000
4d Sta Wag	920	2,760	4,600	10,350	16,100	23,000
1953-54 Firedome, V-8, 139.5" wb						
4d Sed.	720	2,160	3,600	8,100	12,600	18,000
1955 Firedome, V-8						
4d Sed.	692	2,076	3,460	7,790	12,110	17,300
2d HT	1,000	3,000	5,000	11,250	17,500	25,000
2d HT Sptman	1,120	3,360	5,600	12,600	19,600	28,000
2d Conv.	2,480	7,440	12,400	27,900	43,400	62,000
4d Sta Wag	1,080	3,240	5,400	12,150	18,900	27,000
1955 Fireflite, V-8						
4d Sed.	712	2,136	3,560	8,010	12,460	17,800
2d HT Sptman	1,160	3,480	5,800	13,050	20,300	29,000
2d Conv.	3,480	10,440	17,400	39,150	60,900	87,000
1956 Firedome, V-8						
4d Sed.	660	1,980	3,300	7,430	11,550	16,500
4d HT Sev.	760	2,280	3,800	8,550	13,300	19,000
4d HT Sptman	880	2,640	4,400	9,900	15,400	22,000
2d HT Sev.	1,040	3,120	5,200	11,700	18,200	26,000
2d HT Sptman	1,120	3,360	5,600	12,600	19,600	28,000
2d Conv.	2,480	7,440	12,400	27,900	43,400	62,000
4d Sta Wag	1,080	3,240	5,400	12,150	18,900	27,000
1956 Fireflite, V-8						
4d Sed.	680	2,040	3,400	7,650	11,900	17,000
4d HT Sptman	880	2,640	4,400	9,900	15,400	22,000
2d HT Sptman	1,200	3,600	6,000	13,500	21,000	30,000
2d Conv.	3,740	11,220	18,700	42,080	65,450	93,500
2d Conv IPC	3,940	11,820	19,700	44,330	68,950	98,500
1956 Adventurer						
2d HT	2,080	6,240	10,400	23,400	36,400	52,000
1957 Firesweep, V-8, 122" wb						
4d Sed.	640	1,920	3,200	7,200	11,200	16,000
4d HT Sptman	760	2,280	3,800	8,550	13,300	19,000
2d HT Sptman	1,160	3,480	5,800	13,050	20,300	29,000
4d 2S Sta Wag	1,100	3,300	5,500	12,380	19,250	27,500
4d 3S Sta Wag	1,180	3,540	5,900	13,280	20,650	29,500

DESOTO

	6	5	4	3	2	1
1957 Firedome, V-8, 126" wb						
4d Sed 650	1,940	3,240	7,290	11,340	16,200
4d HT Sptman 840	2,520	4,200	9,450	14,700	21,000
2d HT Sptman 1,240	3,720	6,200	13,950	21,700	31,000
2d Conv 3,200	9,600	16,000	36,000	56,000	80,000
1957 Fireflite, V-8, 126" wb						
4d Sed 740	2,220	3,700	8,330	12,950	18,500
4d HT Sptman 920	2,760	4,600	10,350	16,100	23,000
2d HT Sptman 1,280	3,840	6,400	14,400	22,400	32,000
2d Conv 3,280	9,840	16,400	36,900	57,400	82,000
4d 2S Sta Wag. 1,180	3,540	5,900	13,280	20,650	29,500
4d 3S Sta Wag. 1,260	3,780	6,300	14,180	22,050	31,500
1957 Fireflite Adventurer, 126" wb						
2d HT 2,520	7,560	12,600	28,350	44,100	63,000
2d Conv 5,220	15,660	26,100	58,730	91,350	130,500
1958 Firesweep, V-8						
4d Sed 640	1,920	3,200	7,200	11,200	16,000
4d HT Sptman 760	2,280	3,800	8,550	13,300	19,000
2d HT Sptman 1,160	3,480	5,800	13,050	20,300	29,000
2d Conv 2,760	8,280	13,800	31,050	48,300	69,000
4d 2S Sta Wag. 1,100	3,300	5,500	12,380	19,250	27,500
4d 3S Sta Wag. 1,180	3,540	5,900	13,280	20,650	29,500
1958 Firedome, V-8						
4d Sed 648	1,944	3,240	7,290	11,340	16,200
4d HT Sptman 840	2,520	4,200	9,450	14,700	21,000
2d HT Sptman 1,240	3,720	6,200	13,950	21,700	31,000
2d Conv 3,200	9,600	16,000	36,000	56,000	80,000
1958 Fireflite, V-8						
4d Sed 740	2,220	3,700	8,330	12,950	18,500
4d HT Sptman 920	2,760	4,600	10,350	16,100	23,000
2d HT Sptman 1,280	3,840	6,400	14,400	22,400	32,000
2d Conv 3,280	9,840	16,400	36,900	57,400	82,000
4d 2S Sta Wag. 1,180	3,540	5,900	13,280	20,650	29,500
4d 3S Sta Wag. 1,260	3,780	6,300	14,180	22,050	31,500
1958 Adventurer, V-8						
2d HT 2,520	7,560	12,600	28,350	44,100	63,000
2d Conv 5,220	15,660	26,100	58,730	91,350	130,500
NOTE: With EFI, value inestimable.						
1959 Firesweep, V-8						
4d Sed 600	1,800	3,000	6,750	10,500	15,000
4d HT Sptman 720	2,160	3,600	8,100	12,600	18,000
2d HT Sptman 1,120	3,360	5,600	12,600	19,600	28,000
2d Conv 2,720	8,160	13,600	30,600	47,600	68,000
4d 2S Sta Wag. 1,060	3,180	5,300	11,930	18,550	26,500
4d 3S Sta Wag. 1,140	3,420	5,700	12,830	19,950	28,500
1959 Firedome, V-8						
4d Sed 620	1,860	3,100	6,980	10,850	15,500
4d HT Sptman 800	2,400	4,000	9,000	14,000	20,000
2d HT Sptman 1,200	3,600	6,000	13,500	21,000	30,000
2d Conv 3,160	9,480	15,800	35,550	55,300	79,000
1959 Fireflite, V-8						
4d Sed 660	1,980	3,300	7,430	11,550	16,500
4d HT Sptman 840	2,520	4,200	9,450	14,700	21,000
2d HT Sptman 1,200	3,600	6,000	13,500	21,000	30,000
2d Conv 3,200	9,600	16,000	36,000	56,000	80,000
4d 2S Sta Wag. 1,100	3,300	5,500	12,380	19,250	27,500
4d 3S Sta Wag. 1,180	3,540	5,900	13,280	20,650	29,500
1959 Adventurer, V-8						
2d HT 2,400	7,200	12,000	27,000	42,000	60,000
2d Conv 5,100	15,300	25,500	57,380	89,250	127,500
1960 Fireflite, V-8						
4d Sed 620	1,860	3,100	6,980	10,850	15,500
4d HT 660	1,980	3,300	7,430	11,550	16,500
2d HT 960	2,880	4,800	10,800	16,800	24,000
1960 Adventurer, V-8						
4d Sed 640	1,920	3,200	7,200	11,200	16,000
4d HT 720	2,160	3,600	8,100	12,600	18,000
2d HT 1,040	3,120	5,200	11,700	18,200	26,000
1961 Fireflite, V-8						
4d HT 740	2,220	3,700	8,330	12,950	18,500
2d HT 1,080	3,240	5,400	12,150	18,900	27,000

DODGE

	6	5	4	3	2	1
1914 4-cyl., 110" wb						
(Serial # 1-249.)						
4d Tr. 1,000	3,000	5,000	11,250	17,500	25,000

	6	5	4	3	2	1
1915 4-cyl., 110" wb						
2d Rds.	960	2,880	4,800	10,800	16,800	24,000
4d Tr	1,000	3,000	5,000	11,250	17,500	25,000
1916 4-cyl., 110" wb						
2d Rds.	960	2,880	4,800	10,800	16,800	24,000
2d W.T. Rds	1,000	3,000	5,000	11,250	17,500	25,000
4d Tr	1,040	3,120	5,200	11,700	18,200	26,000
4d W.T. Tr.	1,080	3,240	5,400	12,150	18,900	27,000
1917 4-cyl., 114" wb						
2d Rds.	990	2,980	4,960	11,160	17,360	24,800
2d W.T. Rds	960	2,880	4,800	10,800	16,800	24,000
4d Tr	1,000	3,000	5,000	11,250	17,500	25,000
4d W.T. Tr.	1,040	3,120	5,200	11,700	18,200	26,000
2d Cpe.	660	1,980	3,300	7,430	11,550	16,500
4d C.D. Sed.	640	1,920	3,200	7,200	11,200	16,000
1918 4-cyl., 114" wb						
2d Rds.	920	2,760	4,600	10,350	16,100	23,000
2d W.T. Rds	960	2,880	4,800	10,800	16,800	24,000
4d Tr	1,000	3,000	5,000	11,250	17,500	25,000
4d W.T. Tr.	1,040	3,120	5,200	11,700	18,200	26,000
2d Cpe.	720	2,160	3,600	8,100	12,600	18,000
4d Sed.	680	2,040	3,400	7,650	11,900	17,000
1919 4-cyl., 114" wb						
2d Rds.	880	2,640	4,400	9,900	15,400	22,000
4d Tr	920	2,760	4,600	10,350	16,100	23,000
2d Cpe.	720	2,160	3,600	8,100	12,600	18,000
2d Rex Cpe.	740	2,220	3,700	8,330	12,950	18,500
4d Rex Sed.	700	2,090	3,480	7,830	12,180	17,400
4d Sed.	700	2,100	3,500	7,880	12,250	17,500
4d Dep Hk.	680	2,040	3,400	7,650	11,900	17,000
2d Sed Dely.	720	2,160	3,600	8,100	12,600	18,000
1920 4-cyl., 114" wb						
2d Rds.	840	2,520	4,200	9,450	14,700	21,000
4d Tr	880	2,640	4,400	9,900	15,400	22,000
2d Cpe.	560	1,680	2,800	6,300	9,800	14,000
4d Sed.	540	1,620	2,700	6,080	9,450	13,500
1921 4-cyl., 114" wb						
2d Rds.	840	2,520	4,200	9,450	14,700	21,000
4d Tr	1,100	3,300	5,500	12,380	19,250	27,500
2d Cpe.	560	1,680	2,800	6,300	9,800	14,000
4d Sed.	540	1,620	2,700	6,080	9,450	13,500
1922 1st series, 4-cyl., 114" wb, (low hood models)						
2d Rds.	840	2,520	4,200	9,450	14,700	21,000
4d Tr	860	2,580	4,300	9,680	15,050	21,500
2d Cpe.	560	1,680	2,800	6,300	9,800	14,000
4d Sed.	540	1,620	2,700	6,080	9,450	13,500
1922 2nd series, 4-cyl., 114" wb, (high hood models)						
2d Rds.	860	2,580	4,300	9,680	15,050	21,500
4d Tr	880	2,640	4,400	9,900	15,400	22,000
2d Bus Cpe.	540	1,020	2,700	6,080	9,450	13,500
4d Bus Sed	520	1,560	2,600	5,850	9,100	13,000
4d Sed.	500	1,500	2,500	5,630	8,750	12,500
1923 4-cyl., 114" wb						
2d Rds.	800	2,400	4,000	9,000	14,000	20,000
4d Tr	780	2,340	3,900	8,780	13,650	19,500
2d Bus Cpe.	540	1,620	2,700	6,080	9,450	13,500
4d Bus Sed	520	1,560	2,600	5,850	9,100	13,000
4d Sed.	500	1,500	2,500	5,630	8,750	12,500
1924 4-cyl., 116" wb						
2d Rds.	840	2,520	4,200	9,450	14,700	21,000
4d Tr	860	2,580	4,300	9,680	15,050	21,500
2d Bus Cpe.	560	1,680	2,800	6,300	9,800	14,000
2d 4P Cpe.	580	1,740	2,900	6,530	10,150	14,500
4d Bus Sed	560	1,680	2,800	6,300	9,800	14,000
4d Sed.	560	1,690	2,820	6,350	9,870	14,100
1924 Special Series (deluxe equip. - introduced Jan. 1924)						
2d Rds.	840	2,520	4,200	9,450	14,700	21,000
4d Tr	880	2,640	4,400	9,900	15,400	22,000
2d Bus Cpe.	600	1,800	3,000	6,750	10,500	15,000
2d 4P Cpe.	620	1,860	3,100	6,980	10,850	15,500
4d Bus Sed	600	1,800	3,000	6,750	10,500	15,000
4d Sed.	600	1,810	3,020	6,800	10,570	15,100
1925 4-cyl., 116" wb						
2d Rds.	840	2,520	4,200	9,450	14,700	21,000
2d Spl Rds.	860	2,580	4,300	9,680	15,050	21,500
4d Tr	880	2,640	4,400	9,900	15,400	22,000

DODGE

	6	5	4	3	2	1
4d Spl Tr.	900	2,700	4,500	10,130	15,750	22,500
2d Bus Cpe	620	1,860	3,100	6,980	10,850	15,500
2d Spl Bus Cpe	640	1,920	3,200	7,200	11,200	16,000
2d 4P Cpe	620	1,860	3,100	6,980	10,850	15,500
2d Sp Cpe	620	1,860	3,100	6,980	10,850	15,500
4d Bus Sed.	600	1,800	3,000	6,750	10,500	15,000
4d Spl Bus Sed	600	1,800	3,000	6,750	10,500	15,000
4d Sed	600	1,800	3,000	6,750	10,500	15,000
4d Spl Sed	610	1,820	3,040	6,840	10,640	15,200
2d Sed	600	1,800	3,000	6,750	10,500	15,000
2d Spl Sed	600	1,810	3,020	6,800	10,570	15,100
1926 4-cyl., 116" wb						
2d Rds	820	2,460	4,100	9,230	14,350	20,500
2d Spl Rds	840	2,520	4,200	9,450	14,700	21,000
2d Spt Rds	850	2,540	4,240	9,540	14,840	21,200
4d Tr.	820	2,460	4,100	9,230	14,350	20,500
4d Spl Tr.	840	2,520	4,200	9,450	14,700	21,000
4d Spt Tr	880	2,640	4,400	9,900	15,400	22,000
2d Cpe	600	1,800	3,000	6,750	10,500	15,000
2d Spl Cpe	620	1,860	3,100	6,980	10,850	15,500
2d Sed	600	1,800	3,000	6,750	10,500	15,000
2d Spl Sed	600	1,810	3,020	6,800	10,570	15,100
4d Bus Sed.	600	1,800	3,000	6,750	10,500	15,000
4d Spl Bus Sed	600	1,810	3,020	6,800	10,570	15,100
4d Sed	600	1,800	3,000	6,750	10,500	15,000
4d Spl Sed	600	1,810	3,020	6,800	10,570	15,100
4d DeL Sed	610	1,820	3,040	6,840	10,640	15,200
1927-28 4-cyl., 116" wb						
2d Rds	820	2,460	4,100	9,230	14,350	20,500
2d Spl Rds	840	2,520	4,200	9,450	14,700	21,000
2d Spt Rds	860	2,580	4,300	9,680	15,050	21,500
2d Cabr	800	2,400	4,000	9,000	14,000	20,000
4d Tr.	800	2,400	4,000	9,000	14,000	20,000
4d Spl Tr.	820	2,460	4,100	9,230	14,350	20,500
4d Spt Tr	840	2,520	4,200	9,450	14,700	21,000
2d Cpe	600	1,800	3,000	6,750	10,500	15,000
2d Spl Cpe	620	1,860	3,100	6,980	10,850	15,500
4d Sed	600	1,800	3,000	6,750	10,500	15,000
4d Spl Sed	600	1,810	3,020	6,800	10,570	15,100
4d DeL Sed	610	1,820	3,040	6,840	10,640	15,200
4d A-P Sed.	620	1,860	3,100	6,980	10,850	15,500
1928 "Fast Four", 4-cyl., 108" wb						
2d Cabr	840	2,520	4,200	9,450	14,700	21,000
2d Cpe	650	1,940	3,240	7,290	11,340	16,200
4d Sed	640	1,920	3,200	7,200	11,200	16,000
4d DeL Sed	640	1,930	3,220	7,250	11,270	16,100
1928 Standard Series, 6-cyl., 110" wb						
2d Cabr	820	2,460	4,100	9,230	14,350	20,500
2d Cpe	680	2,040	3,400	7,650	11,900	17,000
4d Sed	660	1,980	3,300	7,430	11,550	16,500
4d DeL Sed	680	2,040	3,400	7,650	11,900	17,000
1928 Victory Series, 6-cyl., 112" wb						
4d Tr.	1,040	3,120	5,200	11,700	18,200	26,000
2d Cpe	740	2,220	3,700	8,330	12,950	18,500
2d RS Cpe	760	2,280	3,800	8,550	13,300	19,000
4d Brgm	740	2,220	3,700	8,330	12,950	18,500
1928 Series 2249, Standard 6-cyl., 116" wb						
2d Cabr	1,000	3,000	5,000	11,250	17,500	25,000
4d Brgm	700	2,090	3,480	7,830	12,180	17,400
4d Sed	660	1,980	3,300	7,430	11,550	16,500
4d DeL Sed	680	2,040	3,400	7,650	11,900	17,000
1928 Series 2251, Senior 6-cyl., 116" wb						
2d Cabr	1,080	3,240	5,400	12,150	18,900	27,000
2d Spt Cabr	1,120	3,360	5,600	12,600	19,600	28,000
2d RS Cpe	700	2,100	3,500	7,880	12,250	17,500
2d Spt Cpe	720	2,160	3,600	8,100	12,600	18,000
4d Sed	680	2,040	3,400	7,650	11,900	17,000
4d Spt Sed	700	2,100	3,500	7,880	12,250	17,500
1929 Standard Series, 6-cyl., 110" wb						
2d Bus Cpe	840	2,520	4,200	9,450	14,700	21,000
2d Cpe	860	2,580	4,300	9,680	15,050	21,500
4d Sed	800	2,400	4,000	9,000	14,000	20,000
4d DeL Sed	820	2,460	4,100	9,230	14,350	20,500
4d Spt DeL Sed	840	2,520	4,200	9,450	14,700	21,000
4d A-P Sed.	850	2,540	4,240	9,540	14,840	21,200

	6	5	4	3	2	1
1929 Victory Series, 6-cyl., 112" wb						
2d Rds.	1,400	4,200	7,000	15,750	24,500	35,000
2d Spt Rds	1,440	4,320	7,200	16,200	25,200	36,000
4d Tr	1,040	3,120	5,200	11,700	18,200	26,000
4d Spt Tr	1,480	4,440	7,400	16,650	25,900	37,000
2d Cpe.	880	2,640	4,400	9,900	15,400	22,000
2d DeL Cpe.	900	2,700	4,500	10,130	15,750	22,500
4d Sed.	820	2,460	4,100	9,230	14,350	20,500
4d Spt Sed	840	2,520	4,200	9,450	14,700	21,000
1929 Standard Series DA, 6-cyl., 63 hp, 112" wb						
(Introduced Jan. 1, 1929.)						
2d Rds.	1,480	4,440	7,400	16,650	25,900	37,000
2d Spt Rds	1,520	4,560	7,600	17,100	26,600	38,000
4d Phae.	1,560	4,680	7,800	17,550	27,300	39,000
4d Spt Phae	1,600	4,800	8,000	18,000	28,000	40,000
2d Bus Cpe.	940	2,820	4,700	10,580	16,450	23,500
2d DeL RS Cpe.	960	2,880	4,800	10,800	16,800	24,000
2d Vic	920	2,760	4,600	10,350	16,100	23,000
4d Brgm.	860	2,580	4,300	9,680	15,050	21,500
4d Sed.	840	2,520	4,200	9,450	14,700	21,000
4d DeL Sed.	850	2,560	4,260	9,590	14,910	21,300
4d DeL Spt Sed.	860	2,580	4,300	9,680	15,050	21,500
1929 Senior Series, 6-cyl., 120" wb						
2d Rds.	1,560	4,680	7,800	17,550	27,300	39,000
2d 2P Cpe.	1,000	3,000	5,000	11,250	17,500	25,000
2d RS Spt Cpe	1,040	3,120	5,200	11,700	18,200	26,000
2d Vic Brgm.	1,000	3,000	5,000	11,250	17,500	25,000
4d Sed.	960	2,880	4,800	10,800	16,800	24,000
4d Spt Sed	980	2,940	4,900	11,030	17,150	24,500
4d Lan Sed	1,000	3,000	5,000	11,250	17,500	25,000
4d Spt Lan Sed	1,020	3,060	5,100	11,480	17,850	25,500
1930 Series DA, 6-cyl., 112" wb						
2d Rds.	1,560	4,680	7,800	17,550	27,300	39,000
4d Phae.	1,600	4,800	8,000	18,000	28,000	40,000
2d Bus Cpe.	740	2,220	3,700	8,330	12,950	18,500
2d DeL Cpe.	760	2,280	3,800	8,550	13,300	19,000
2d Vic	770	2,300	3,840	8,640	13,440	19,200
4d Brgm.	740	2,220	3,700	8,330	12,950	18,500
2d Sed.	730	2,180	3,640	8,190	12,740	18,200
4d Sed.	730	2,200	3,660	8,240	12,810	18,300
4d DeL Sed.	760	2,280	3,800	8,550	13,300	19,000
2d RS Rds.	1,600	4,800	8,000	18,000	28,000	40,000
2d RS Cpe.	840	2,520	4,200	9,450	14,700	21,000
4d Lan Sed	760	2,280	3,800	8,550	13,300	19,000
1930 Series DD, 6-cyl., 109" wb						
(Introduced Jan. 1, 1930.)						
2d RS Rds.	1,520	4,560	7,600	17,100	26,600	38,000
4d Phae.	1,560	4,680	7,800	17,550	27,300	39,000
2d RS Conv.	1,640	4,920	8,200	18,450	28,700	41,000
2d Bus Cpe.	860	2,500	4,200	9,680	15,050	21,500
2d RS Cpe.	900	2,700	4,500	10,130	15,750	22,500
4d Sed.	720	2,160	3,600	8,100	12,600	18,000
1930 Series DC, 8-cyl., 114" wb						
(Introduced Jan. 1, 1930.)						
2d Rds.	1,560	4,680	7,800	17,550	27,300	39,000
2d RS Conv.	1,520	4,560	7,600	17,100	26,600	38,000
4d Phae.	1,600	4,800	8,000	18,000	28,000	40,000
2d Bus Cpe.	880	2,640	4,400	9,900	15,400	22,000
2d RS Cpe.	920	2,760	4,600	10,350	16,100	23,000
4d Sed.	740	2,220	3,700	8,330	12,950	18,500
1931 Series DH, 6-cyl., 114" wb						
(Introduced Dec. 1, 1930.)						
2d Rds.	1,600	4,800	8,000	18,000	28,000	40,000
2d RS Conv.	1,560	4,680	7,800	17,550	27,300	39,000
2d Bus Cpe.	860	2,580	4,300	9,680	15,050	21,500
2d RS Cpe.	900	2,700	4,500	10,130	15,750	22,500
4d Sed.	680	2,040	3,400	7,650	11,900	17,000
1931 Series DG, 8-cyl., 118.3" wb						
(Introduced Jan. 1, 1931.)						
2d RS Rds.	1,640	4,920	8,200	18,450	28,700	41,000
2d RS Conv.	1,600	4,800	8,000	18,000	28,000	40,000
4d Phae.	1,680	5,040	8,400	18,900	29,400	42,000
2d RS Cpe.	940	2,820	4,700	10,580	16,450	23,500
4d Sed.	820	2,460	4,100	9,230	14,350	20,500
2d 5P Cpe.	940	2,820	4,700	10,580	16,450	23,500

DODGE

	6	5	4	3	2	1
1932 Series DL, 6-cyl., 114.3" wb						
(Introduced Jan. 1, 1932.)						
2d RS Conv	1,520	4,560	7,600	17,100	26,600	38,000
2d Bus Cpe	900	2,700	4,500	10,130	15,750	22,500
2d RS Cpe	940	2,820	4,700	10,580	16,450	23,500
4d Sed	760	2,280	3,800	8,550	13,300	19,000
1932 Series DK, 8-cyl., 122" wb						
(Introduced Jan. 1, 1932.)						
2d Conv	1,560	4,680	7,800	17,550	27,300	39,000
4d Conv Sed	1,640	4,920	8,200	18,450	28,700	41,000
2d RS Cpe	1,000	3,000	5,000	11,250	17,500	25,000
2d 5P Cpe	960	2,880	4,800	10,800	16,800	24,000
4d Sed	740	2,220	3,700	8,330	12,950	18,500
1933 Series DP, 6-cyl., 111.3" wb						
2d RS Conv	1,640	4,920	8,200	18,450	28,700	41,000
2d Bus Cpe	920	2,760	4,600	10,350	16,100	23,000
2d RS Cpe	940	2,820	4,700	10,580	16,450	23,500
4d Sed	800	2,400	4,000	9,000	14,000	20,000
4d Brgm	810	2,420	4,040	9,090	14,140	20,200
4d DeL Brgm	820	2,460	4,100	9,230	14,350	20,500
NOTE: Second Series DP introduced April 5, 1933 increasing wb from 111" to 115" included in above.						
1933 Series DO, 8-cyl., 122" wb						
2d RS Conv	1,720	5,160	8,600	19,350	30,100	43,000
4d Conv Sed	1,760	5,280	8,800	19,800	30,800	44,000
2d RS Cpe	1,040	3,120	5,200	11,700	18,200	26,000
2d Cpe	1,020	3,060	5,100	11,480	17,850	25,500
4d Sed	900	2,700	4,500	10,130	15,750	22,500
1934 DeLuxe Series DR, 6-cyl., 117" wb						
2d RS Conv	1,600	4,800	8,000	18,000	28,000	40,000
2d Bus Cpe	980	2,940	4,900	11,030	17,150	24,500
2d RS Cpe	1,000	3,000	5,000	11,250	17,500	25,000
2d Sed	820	2,460	4,100	9,230	14,350	20,500
4d Sed	810	2,420	4,040	9,090	14,140	20,200
1934 Series DS, 6-cyl., 121" wb						
4d Conv Sed	1,640	4,920	8,200	18,450	28,700	41,000
4d Brgm	840	2,520	4,200	9,450	14,700	21,000
1934 DeLuxe Series DRXX, 6-cyl., 117" wb						
(Introduced June 2, 1934.)						
2d Conv	1,600	4,800	8,000	18,000	28,000	40,000
2d Bus Cpe	1,000	3,000	5,000	11,250	17,500	25,000
2d Cpe	1,020	3,060	5,100	11,480	17,850	25,500
2d Sed	800	2,410	4,020	9,050	14,070	20,100
4d Sed	800	2,400	4,000	9,000	14,000	20,000
1935 Series DU, 6-cyl., 116" wb - 128" wb, (*)						
2d RS Conv	1,680	5,040	8,400	18,900	29,400	42,000
2d Cpe	840	2,520	4,200	9,450	14,700	21,000
2d RS Cpe	860	2,580	4,300	9,680	15,050	21,500
2d Sed	720	2,170	3,620	8,150	12,670	18,100
2d Tr Sed	730	2,180	3,640	8,190	12,740	18,200
4d Sed	730	2,200	3,660	8,240	12,810	18,300
4d Tr Sed	740	2,220	3,700	8,330	12,950	18,500
4d Car Sed (*)	750	2,260	3,760	8,460	13,160	18,800
4d 7P Sed (*)	770	2,320	3,860	8,690	13,510	19,300
1936 Series D2, 6-cyl., 116" wb - 128" wb, (*)						
2d RS Conv	1,680	5,040	8,400	18,900	29,400	42,000
4d Conv Sed	1,600	4,800	8,000	18,000	28,000	40,000
2d 2P Cpe	840	2,520	4,200	9,450	14,700	21,000
2d RS Cpe	860	2,580	4,300	9,680	15,050	21,500
2d Sed	750	2,260	3,760	8,460	13,160	18,800
2d Tr Sed	760	2,270	3,780	8,510	13,230	18,900
4d Sed	760	2,270	3,780	8,510	13,230	18,900
4d Tr Sed	760	2,280	3,800	8,550	13,300	19,000
4d 7P Sed (*)	770	2,320	3,860	8,690	13,510	19,300
1937 Series D5, 6-cyl., 115" wb - 132" wb, (*)						
2d RS Conv	1,680	5,040	8,400	18,900	29,400	42,000
4d Conv Sed	1,600	4,800	8,000	18,000	28,000	40,000
2d Bus Cpe	860	2,580	4,300	9,680	15,050	21,500
2d RS Cpe	880	2,640	4,400	9,900	15,400	22,000
2d Sed	730	2,200	3,660	8,240	12,810	18,300
2d Tr Sed	980	2,950	4,920	11,070	17,220	24,600
4d Sed	740	2,230	3,720	8,370	13,020	18,600
4d Tr Sed	750	2,260	3,760	8,460	13,160	18,800
4d 7P Sed (*)	780	2,340	3,900	8,780	13,650	19,500
4d Limo (*)	800	2,400	4,000	9,000	14,000	20,000
1938 Series D8, 6-cyl., 115" wb - 132" wb, (*)						
2d Conv Cpe	1,680	5,040	8,400	18,900	29,400	42,000

	6	5	4	3	2	1
4d Conv Sed	1,600	4,800	8,000	18,000	28,000	40,000
2d Bus Cpe	840	2,520	4,200	9,450	14,700	21,000
2d Cpe 2-4	880	2,640	4,400	9,900	15,400	22,000
2d Sed	740	2,220	3,700	8,330	12,950	18,500
2d Tr Sed	750	2,240	3,740	8,420	13,090	18,700
4d Sed	760	2,280	3,800	8,550	13,300	19,000
4d Tr Sed	760	2,290	3,820	8,600	13,370	19,100
4d Sta Wag	810	2,440	4,060	9,140	14,210	20,300
4d 7P Sed (*)	800	2,400	4,000	9,000	14,000	20,000
4d Limo	820	2,470	4,120	9,270	14,420	20,600

1939 Special Series D11S, 6-cyl., 117" wb

	6	5	4	3	2	1
2d Cpe	890	2,680	4,460	10,040	15,610	22,300
2d Sed	770	2,320	3,860	8,690	13,510	19,300
4d Sed	780	2,340	3,900	8,780	13,650	19,500

1939 DeLuxe Series D11, 6-cyl., 117" wb - 134" wb, (*)

	6	5	4	3	2	1
2d Cpe	920	2,760	4,600	10,350	16,100	23,000
2d A/S Cpe	1,000	3,000	5,000	11,250	17,500	25,000
2d Twn Cpe	960	2,880	4,800	10,800	16,800	24,000
2d Sed	780	2,340	3,900	8,780	13,650	19,500
4d Sed	790	2,360	3,940	8,870	13,790	19,700
4d Ewb Sed (*)	870	2,620	4,360	9,810	15,260	21,800
4d Limo (*)	880	2,640	4,400	9,900	15,400	22,000

1940 Special Series D17, 6-cyl., 119.5" wb

	6	5	4	3	2	1
2d Cpe	900	2,700	4,500	10,130	15,750	22,500
2d Sed	800	2,400	4,000	9,000	14,000	20,000
4d Sed	810	2,420	4,040	9,090	14,140	20,200

1940 DeLuxe Series D14, 6-cyl., 119.5" wb - 139.5" wb, (*)

	6	5	4	3	2	1
2d Conv	1,680	5,040	8,400	18,900	29,400	42,000
2d Cpe	920	2,760	4,600	10,350	16,100	23,000
2d 4P Cpe	940	2,820	4,700	10,580	16,450	23,500
2d Sed	820	2,460	4,100	9,230	14,350	20,500
4d Sed	830	2,500	4,160	9,360	14,560	20,800
4d Ewb Sed (*)	840	2,510	4,180	9,410	14,630	20,900
4d Limo (*)	840	2,520	4,200	9,450	14,700	21,000

1941 DeLuxe Series D19, 6-cyl., 119.5" wb

	6	5	4	3	2	1
2d Cpe	960	2,880	4,800	10,800	16,800	24,000
2d Sed	790	2,360	3,940	8,870	13,790	19,700
4d Sed	840	2,510	4,180	9,410	14,630	20,900

1941 Custom Series D19, 6-cyl., 119.5" wb - 137.5" wb, (*)

	6	5	4	3	2	1
2d Conv	1,680	5,040	8,400	18,900	29,400	42,000
2d Clb Cpe	980	2,940	4,900	11,030	17,150	24,500
2d Brgm	830	2,480	4,140	9,320	14,490	20,700
4d Sed	840	2,520	4,200	9,450	14,700	21,000
4d Twn Sed	850	2,540	4,240	9,540	14,840	21,200
4d 7P Sed (*)	880	2,630	4,300	9,860	15,330	21,900
4d Limo (*)	900	2,700	4,500	10,130	15,750	22,500

1942 DeLuxe Series D22, 6-cyl., 119.5" wb

	6	5	4	3	2	1
2d Cpe	870	2,620	4,360	9,810	15,260	21,800
2d Clb Cpe	880	2,640	4,400	9,900	15,400	22,000
2d Sed	800	2,400	4,000	9,000	14,000	20,000
4d Sed	800	2,410	4,020	9,050	14,070	20,100

1942 Custom Series D22, 6-cyl., 119.5" wb - 137.5" wb, (*)

	6	5	4	3	2	1
2d Conv	1,680	5,040	8,400	18,900	29,400	42,000
2d Clb Cpe	920	2,760	4,600	10,350	16,100	23,000
2d Brgm	860	2,580	4,300	9,680	15,050	21,500
4d Sed	850	2,560	4,260	9,590	14,910	21,300
4d Twn Sed	860	2,570	4,280	9,630	14,980	21,400
4d 7P Sed (*)	870	2,620	4,360	9,810	15,260	21,800
4d Limo (*)	940	2,820	4,700	10,580	16,450	23,500

1946-48 DeLuxe Series D24, 6-cyl., 119.5" wb

	6	5	4	3	2	1
2d Cpe	676	2,028	3,380	7,610	11,830	16,900
2d Sed	608	1,824	3,040	6,840	10,640	15,200
4d Sed	612	1,836	3,060	6,890	10,710	15,300

1946-48 Custom Series D24, 6-cyl., 119.5" wb - 137.5" wb, (*)

	6	5	4	3	2	1
2d Conv	1,160	3,480	5,800	13,050	20,300	29,000
2d Clb Cpe	660	1,980	3,300	7,430	11,550	16,500
4d Sed	620	1,860	3,100	6,980	10,850	15,500
4d Twn Sed	624	1,872	3,120	7,020	10,920	15,600
4d 7P Sed (*)	628	1,884	3,140	7,070	10,990	15,700

1949 Series D29 Wayfarer, 6-cyl., 115" wb
First Series 1949 is the same as 1948.

	6	5	4	3	2	1
2d Rds	1,240	3,720	6,200	13,950	21,700	31,000
2d Bus Cpe	660	1,980	3,300	7,430	11,550	16,500
2d Sed	644	1,932	3,220	7,250	11,270	16,100

1949 Series D30 Meadowbrook, 6-cyl., 123.5" wb

	6	5	4	3	2	1
4d Sed	640	1,920	3,200	7,200	11,200	16,000

	6	5	4	3	2	1
1949 Series D30 Coronet, 6-cyl., 123.5" wb - 137.5" wb, (*)						
2d Conv	1,160	3,480	5,800	13,050	20,300	29,000
2d Clb Cpe	680	2,040	3,400	7,650	11,900	17,000
4d Sed	652	1,956	3,260	7,340	11,410	16,300
4d Twn Sed	660	1,980	3,300	7,430	11,550	16,500
4d Sta Wag	2,680	8,040	13,400	30,150	46,900	67,000
4d 8P Sed (*)	700	2,100	3,500	7,880	12,250	17,500
1950 Series D33 Wayfarer, 6-cyl., 115" wb						
2d Rds	1,240	3,720	6,200	13,950	21,700	31,000
2d Cpe	680	2,040	3,400	7,650	11,900	17,000
2d Sed	648	1,944	3,240	7,290	11,340	16,200
1950 Series D34 Meadowbrook, 6-cyl., 123.5" wb						
4d Sed	640	1,920	3,200	7,200	11,200	16,000
1950 Series D34 Coronet, 123.5" wb - 137.5" wb, (*)						
2d Conv	1,240	3,720	6,200	13,950	21,700	31,000
2d Clb Cpe	680	2,040	3,400	7,650	11,900	17,000
2d HT Dipl	840	2,520	4,200	9,450	14,700	21,000
4d Sed	648	1,944	3,240	7,290	11,340	16,200
4d Twn Sed	656	1,968	3,280	7,380	11,480	16,400
4d Sta Wag	2,680	8,040	13,400	30,150	46,900	67,000
4d Mtl Sta Wag	760	2,280	3,800	8,550	13,300	19,000
4d 8P Sed (*)	704	2,112	3,520	7,920	12,320	17,600
1951-52 Wayfarer Series D41, 6-cyl., 115" wb						
2d Rds (1951 only)	1,160	3,480	5,800	13,050	20,300	29,000
2d Sed	600	1,800	3,000	6,750	10,500	15,000
2d Cpe	640	1,920	3,200	7,200	11,200	16,000
1951-52 Meadowbrook Series D42, 6-cyl., 123.5" wb						
4d Sed	620	1,860	3,100	6,980	10,850	15,500
1951-52 Coronet Series D42, 6-cyl., 123.5" wb						
4d Sed	628	1,884	3,140	7,070	10,990	15,700
2d Clb Cpe	664	1,992	3,320	7,470	11,620	16,600
2d HT Dipl	920	2,760	4,600	10,350	16,100	23,000
2d Conv	1,160	3,480	5,800	13,050	20,300	29,000
4d Mtl Sta Wag	760	2,280	3,800	8,550	13,300	19,000
4d 8P Sed	644	1,932	3,220	7,250	11,270	16,100
1953 Meadowbrook Special, 6-cyl., disc 4/53						
4d Sed	652	1,956	3,260	7,340	11,410	16,300
2d Clb Cpe	660	1,980	3,300	7,430	11,550	16,500
1953 Series D46 Meadowbrook, 6-cyl., 119" wb						
4d Sed	660	1,980	3,300	7,430	11,550	16,500
2d Clb Cpe	660	1,980	3,300	7,430	11,550	16,500
2d Sub	660	1,980	3,300	7,430	11,550	16,500
1953 Coronet, 6-cyl., 119" wb						
4d Sed	668	2,004	3,340	7,520	11,690	16,700
2d Clb Cpe	672	2,016	3,360	7,560	11,760	16,800
1953 Series D44 Coronet, V-8, 119" wb						
4d Sed	680	2,040	3,400	7,650	11,900	17,000
2d Clb Cpe	684	2,052	3,420	7,700	11,970	17,100
1953 Series D48 Coronet, V-8, 119" wb - 114" wb, (*)						
2d HT Dipl	880	2,640	4,400	9,900	15,400	22,000
2d Conv	1,160	3,480	5,800	13,050	20,300	29,000
2d Sta Wag (*)	720	2,160	3,600	8,100	12,600	18,000
1954 Series D51-1 Meadowbrook, 6-cyl., 119" wb						
4d Sed	672	2,016	3,360	7,560	11,760	16,800
2d Clb Cpe	672	2,016	3,360	7,560	11,760	16,800
1954 Series D51-2 Coronet, 6-cyl., 119" wb						
4d Sed	676	2,028	3,380	7,610	11,830	16,900
2d Clb Cpe	680	2,040	3,400	7,650	11,900	17,000
1954 Series D52 Coronet, 6-cyl., 114" wb						
2d Sub	700	2,100	3,500	7,880	12,250	17,500
4d 6P Sta Wag	760	2,280	3,800	8,550	13,300	19,000
4d 8P Sta Wag	800	2,400	4,000	9,000	14,000	20,000
1954 Series D50-1 Meadowbrook, V-8, 119" wb						
4d Sed	672	2,016	3,360	7,560	11,760	16,800
2d Clb Cpe	680	2,040	3,400	7,650	11,900	17,000
1954 Series D50-2 Coronet, V-8, 119" wb						
4d Sed	692	2,076	3,460	7,790	12,110	17,300
2d Clb Cpe	700	2,100	3,500	7,880	12,250	17,500
1954 Series D53-2 Coronet, V-8, 114" wb						
2d Sub	692	2,076	3,460	7,790	12,110	17,300
4d 2S Sta Wag	780	2,340	3,900	8,780	13,650	19,500
4d 3S Sta Wag	820	2,460	4,100	9,230	14,350	20,500
1954 Series D50-3 Royal, V-8, 119" wb						
4d Sed	760	2,280	3,800	8,550	13,300	19,000
2d Clb Cpe	760	2,280	3,800	8,550	13,300	19,000

	6	5	4	3	2	1
1954 Series D53-3 Royal, V-8, 114" wb						
2d HT	1,000	3,000	5,000	11,250	17,500	25,000
2d Conv.	1,200	3,600	6,000	13,500	21,000	30,000
2d Pace Car Replica Conv	2,380	7,140	11,900	26,780	41,650	59,500
1955 Coronet, V-8, 120" wb						
4d Sed.	672	2,016	3,360	7,560	11,760	16,800
2d Sed.	668	2,004	3,340	7,520	11,690	16,700
2d HT	1,200	3,600	6,000	13,500	21,000	30,000
2d Sub Sta Wag	720	2,160	3,600	8,100	12,600	18,000
4d 6P Sta Wag	740	2,220	3,700	8,330	12,950	18,500
4d 8P Sta Wag	800	2,400	4,000	9,000	14,000	20,000
NOTE: Deduct 5 percent for 6-cyl. models.						
1955 Royal, V-8, 120" wb						
4d Sed.	672	2,016	3,360	7,560	11,760	16,800
2d HT	1,240	3,720	6,200	13,950	21,700	31,000
4d 6P Sta Wag	760	2,280	3,800	8,550	13,300	19,000
4d 8P Sta Wag	840	2,520	4,200	9,450	14,700	21,000
1955 Custom Royal, V-8, 120" wb						
4d Sed.	720	2,160	3,600	8,100	12,600	18,000
4d Lancer	840	2,520	4,200	9,450	14,700	21,000
2d HT	1,280	3,840	6,400	14,400	22,400	32,000
2d Conv.	2,160	6,480	10,800	24,300	37,800	54,000
NOTE: Deduct 5 percent for 6-cyl. models. Add 25 percent for La-Femme.						
1956 Coronet, V-8, 120" wb						
4d Sed.	660	1,980	3,300	7,430	11,550	16,500
4d HT	720	2,160	3,600	8,100	12,600	18,000
2d Clb Sed	880	2,640	4,400	9,900	15,400	22,000
2d HT	1,160	3,480	5,800	13,050	20,300	29,000
2d Conv.	1,920	5,760	9,600	21,600	33,600	48,000
2d Sub Sta Wag	720	2,160	3,600	8,100	12,600	18,000
4d 6P Sta Wag	728	2,184	3,640	8,190	12,740	18,200
4d 8P Sta Wag	780	2,340	3,900	8,780	13,650	19,500
NOTE: Deduct 5 percent for 6-cyl. models.						
1956 Royal, V-8, 120" wb						
4d Sed.	704	2,112	3,520	7,920	12,320	17,600
4d HT	760	2,280	3,800	8,550	13,300	19,000
2d HT	1,220	3,660	6,100	13,730	21,350	30,500
2d Sub Sta Wag	740	2,220	3,700	8,330	12,950	18,500
4d 6P Sta Wag	748	2,244	3,740	8,420	13,090	18,700
4d 8P Sta Wag	820	2,460	4,100	9,230	14,350	20,500
1956 Custom Royal, V-8, 120" wb						
4d Sed.	708	2,124	3,540	7,970	12,390	17,700
4d HT	840	2,520	4,200	9,450	14,700	21,000
2d HT	1,240	3,720	6,200	13,950	21,700	31,000
2d Conv.	2,120	6,360	10,600	23,850	37,100	53,000
NOTE: Add 30 percent for D500 option. Add 20 percent for Golden Lancer. Add 25 percent for La-Femme or Texan options.						
1957 Coronet, V-8, 122" wb						
4d Sed.	750	2,240	3,740	8,420	13,090	18,700
4d HT	820	2,400	4,100	9,230	14,350	20,500
2d Sed.	1,070	3,220	5,360	12,060	18,760	26,800
2d HT	1,160	3,480	5,800	13,050	20,300	29,000
NOTE: Deduct 5 percent for 6-cyl. models.						
1957 Coronet Lancer						
2d Conv.	2,120	6,360	10,600	23,850	37,100	53,000
1957 Royal, V-8, 122" wb						
4d Sed.	800	2,400	4,000	9,000	14,000	20,000
4d HT	900	2,700	4,500	10,130	15,750	22,500
2d HT	1,400	4,200	7,000	15,750	24,500	35,000
1957 Royal Lancer						
2d Conv.	2,160	6,480	10,800	24,300	37,800	54,000
1957 Custom Royal, V-8, 122" wb						
4d Sed.	840	2,520	4,200	9,450	14,700	21,000
4d HT	920	2,760	4,600	10,350	16,100	23,000
2d HT	1,440	4,320	7,200	16,200	25,200	36,000
4d 6P Sta Wag	1,000	3,000	5,000	11,250	17,500	25,000
4d 9P Sta Wag	1,100	3,300	5,500	12,380	19,250	27,500
2d Sub Sta Wag	940	2,820	4,700	10,580	16,450	23,500
1957 Custom Royal Lancer						
2d Conv.	2,280	6,840	11,400	25,650	39,900	57,000
NOTE: Add 30 percent for D500 option.						
1958 Coronet, V-8, 122" wb						
4d Sed.	750	2,240	3,740	8,420	13,090	18,700
4d HT	820	2,460	4,100	9,230	14,350	20,500
2d Sed.	1,070	3,220	5,360	12,060	18,760	26,800
2d HT	1,160	3,480	5,800	13,050	20,300	29,000

	6	5	4	3	2	1
2d Conv 2,160	6,480	10,800	24,300	37,800	54,000

NOTE: Deduct 5 percent for 6-cyl. models.

1958 Royal

	6	5	4	3	2	1
4d Sed 800	2,400	4,000	9,000	14,000	20,000
4d HT 900	2,700	4,500	10,130	15,750	22,500
2d HT 1,400	4,200	7,000	15,750	24,500	35,000

1958 Custom Royal

	6	5	4	3	2	1
4d Sed 840	2,520	4,200	9,450	14,700	21,000
4d HT 920	2,760	4,600	10,350	16,100	23,000
2d HT 1,440	4,320	7,200	16,200	25,200	36,000
2d Conv 2,160	6,480	10,800	24,300	37,800	54,000
4d 6P Sta Wag 920	2,760	4,600	10,350	16,100	23,000
4d 9P Sta Wag 1,020	3,060	5,100	11,480	17,850	25,500
4d 6P Cus Wag 1,000	3,000	5,000	11,250	17,500	25,000
4d 9P Cus Wag 1,100	3,300	5,500	12,380	19,250	27,500
2d Sub Sta Wag 940	2,820	4,700	10,580	16,450	23,500

NOTE: Add 30 percent for D500 option. Add 50 percent for E.F.I. Super D500. Add 20 percent for Regal Lancer.

1959 Coronet, V-8

	6	5	4	3	2	1
4d Sed 750	2,240	3,740	8,420	13,090	18,700
4d HT 820	2,460	4,100	9,230	14,350	20,500
2d Sed 1,070	3,220	5,360	12,060	18,760	26,800
2d HT 1,160	3,480	5,800	13,050	20,300	29,000
2d Conv 2,160	6,480	10,800	24,300	37,800	54,000

1959 Royal, V-8

	6	5	4	3	2	1
4d Sed 800	2,400	4,000	9,000	14,000	20,000
4d HT 900	2,700	4,500	10,130	15,750	22,500
2d HT 1,400	4,200	7,000	15,750	24,500	35,000

1959 Custom Royal, V-8

	6	5	4	3	2	1
4d Sed 840	2,520	4,200	9,450	14,700	21,000
4d HT 920	2,760	4,600	10,350	16,100	23,000
2d HT 1,440	4,320	7,200	16,200	25,200	36,000
2d Conv 2,160	6,480	10,800	24,300	37,800	54,000

1959 Sierra, V-8

	6	5	4	3	2	1
4d 6P Sta Wag 920	2,760	4,600	10,350	16,100	23,000
4d 9P Sta Wag 1,020	3,060	5,100	11,480	17,850	25,500
4d 6P Cus Wag 1,000	3,000	5,000	11,250	17,500	25,000
4d 9P Cus Wag 1,100	3,300	5,500	12,380	19,250	27,500

NOTE: Add 30 percent for D500 option. Deduct 10 percent for 6-cyl. models.

1960 Seneca, V-8, 118" wb

	6	5	4	3	2	1
4d Sed 484	1,452	2,420	5,450	8,470	12,100
2d Sed 488	1,464	2,440	5,490	8,540	12,200
4d Sta Wag 620	1,860	3,100	6,980	10,850	15,500

1960 Pioneer, V-8, 118" wb

	6	5	4	3	2	1
4d Sed 504	1,512	2,520	5,670	8,820	12,600
2d Sed 508	1,524	2,540	5,720	8,890	12,700
2d HT 708	2,124	3,540	7,970	12,390	17,700
4d 6P Sta Wag 640	1,920	3,200	7,200	11,200	16,000
4d 9P Sta Wag 648	1,944	3,240	7,290	11,340	16,200

1960 Phoenix, V-8, 118" wb

	6	5	4	3	2	1
4d Sed 608	1,824	3,040	6,840	10,640	15,200
4d HT 720	2,160	3,600	8,100	12,600	18,000
2d HT 800	2,400	4,000	9,000	14,000	20,000
2d Conv 1,880	5,640	9,400	21,150	32,900	47,000

1960 Matador

	6	5	4	3	2	1
4d Sed 612	1,836	3,060	6,890	10,710	15,300
4d HT 740	2,220	3,700	8,330	12,950	18,500
2d HT 840	2,520	4,200	9,450	14,700	21,000
4d 6P Sta Wag 656	1,968	3,280	7,380	11,480	16,400
4d 9P Sta Wag 664	1,992	3,320	7,470	11,620	16,600

1960 Polara

	6	5	4	3	2	1
4d Sed 620	1,860	3,100	6,980	10,850	15,500
4d HT 708	2,124	3,540	7,970	12,390	17,700
2d HT 840	2,520	4,200	9,450	14,700	21,000
2d Conv 2,120	6,360	10,600	23,850	37,100	53,000
4d 6P Sta Wag 664	1,992	3,320	7,470	11,620	16,600
4d 9P Sta Wag 672	2,016	3,360	7,560	11,760	16,800

NOTE: Deduct 5 percent for 6-cyl. models. Add 30 percent for D500 option.

1961 Lancer, 6-cyl., 106.5" wb

	6	5	4	3	2	1
4d Sed 480	1,440	2,400	5,400	8,400	12,000
2d HT 608	1,824	3,040	6,840	10,640	15,200
2d Spt Cpe 496	1,488	2,480	5,580	8,680	12,400

1961 Lancer 770

NOTE: Add 10 percent for Hyper Pak 170-180 hp engine option, and 20 percent for Hyper Pak 225-200 hp.

	6	5	4	3	2	1
4d Sta Wag 480	1,440	2,400	5,400	8,400	12,000

1961 Seneca, V-8, 118" wb

	6	5	4	3	2	1
4d Sed 484	1,452	2,420	5,450	8,470	12,100

	6	5	4	3	2	1
2d Sed.	488	1,464	2,440	5,490	8,540	12,200
4d Sta Wag	600	1,800	3,000	6,750	10,500	15,000
1961 Pioneer, V-8, 118" wb						
4d Sed.	484	1,452	2,420	5,450	8,470	12,100
2d Sed.	492	1,476	2,460	5,540	8,610	12,300
2d HT	620	1,860	3,100	6,980	10,850	15,500
4d 6P Sta Wag	616	1,848	3,080	6,930	10,780	15,400
4d 9P Sta Wag	620	1,860	3,100	6,980	10,850	15,500
1961 Phoenix, V-8, 118" wb						
4d Sed.	492	1,476	2,460	5,540	8,610	12,300
4d HT	640	1,920	3,200	7,200	11,200	16,000
2d HT	680	2,040	3,400	7,650	11,900	17,000
2d Conv.	1,320	3,960	6,600	14,850	23,100	33,000
1961 Polara						
4d Sed.	508	1,524	2,540	5,720	8,890	12,700
4d HT	660	1,980	3,300	7,430	11,550	16,500
2d HT	740	2,220	3,700	8,330	12,950	18,500
2d Conv.	1,400	4,200	7,000	15,750	24,500	35,000
4d 6P Sta Wag	620	1,860	3,100	6,980	10,850	15,500
4d 9P Sta Wag	624	1,872	3,120	7,020	10,920	15,600

NOTE: Deduct 5 percent for 6-cyl. models. Add 30 percent for D500 option. Add 75 percent for Ram Charger "413".

	6	5	4	3	2	1
1962 Lancer, 6-cyl., 106.5" wb						
4d Sed.	468	1,404	2,340	5,270	8,190	11,700
2d Sed.	472	1,416	2,360	5,310	8,260	11,800
4d Sta Wag	480	1,440	2,400	5,400	8,400	12,000
1962 Lancer 770, 6-cyl., 106.5" wb						
4d Sed.	472	1,416	2,360	5,310	8,260	11,800
2d Sed.	476	1,428	2,380	5,360	8,330	11,900
4d Sta Wag	488	1,464	2,440	5,490	8,540	12,200
2d GT Cpe.	600	1,800	3,000	6,750	10,500	15,000
1962 Dart, V-8, 116" wb						
4d Sed.	480	1,440	2,400	5,400	8,400	12,000
2d Sed.	484	1,452	2,420	5,450	8,470	12,100
2d HT	500	1,500	2,500	5,630	8,750	12,500
4d 6P Sta Wag	516	1,548	2,580	5,810	9,030	12,900
4d 9P Sta Wag	500	1,500	2,500	5,630	8,750	12,500
1962 Dart 440, V-8, 116" wb						
4d Sed.	488	1,464	2,440	5,490	8,540	12,200
4d HT	508	1,524	2,540	5,720	8,890	12,700
2d HT	600	1,800	3,000	6,750	10,500	15,000
2d Conv.	920	2,760	4,600	10,350	16,100	23,000
4d 6P Sta Wag	500	1,500	2,500	5,630	8,750	12,500
4d 9P Sta Wag	504	1,512	2,520	5,670	8,820	12,600
1962 Polara 500, V-8, 116" wb						
4d HT	600	1,800	3,000	6,750	10,500	15,000
2d HT	620	1,860	3,100	6,980	10,850	15,500
2d Conv.	1,280	3,840	6,400	14,400	22,400	32,000

NOTE: Add 20 percent for Daytona 500 Pace Car.

	6	5	4	3	2	1
1962 Custom 880, V-8, 122" wb						
4d Sed.	492	1,476	2,460	5,540	8,610	12,300
4d HT	620	1,860	3,100	6,980	10,850	15,500
2d HT	640	1,920	3,200	7,200	11,200	16,000
2d Conv.	1,200	3,600	6,000	13,500	21,000	30,000
4d 6P Sta Wag	500	1,500	2,500	5,630	8,750	12,500
4d 9P Sta Wag	508	1,524	2,540	5,720	8,890	12,700

NOTE: Deduct 5 percent for 6-cyl. models. Add 75 percent for Ram Charger "413". Value inestimable on autos equipped at factory with Max wedge engine option.

	6	5	4	3	2	1
1963 Dart 170, 6-cyl., 111" wb						
4d Sed.	444	1,332	2,220	5,000	7,770	11,100
2d Sed.	448	1,344	2,240	5,040	7,840	11,200
4d Sta Wag	460	1,380	2,300	5,180	8,050	11,500
1963 Dart 270, 6-cyl., 111" wb						
4d Sed.	448	1,344	2,240	5,040	7,840	11,200
2d Sed.	452	1,356	2,260	5,090	7,910	11,300
2d Conv.	640	1,920	3,200	7,200	11,200	16,000
4d Sta Wag	468	1,404	2,340	5,270	8,190	11,700
1963 Dart GT						
2d HT	680	2,040	3,400	7,650	11,900	17,000
2d Conv.	840	2,520	4,200	9,450	14,700	21,000
1963 Dodge, 330/440, V-8, 119" wb						
4d Sed.	468	1,404	2,340	5,270	8,190	11,700
2d Sed.	464	1,392	2,320	5,220	8,120	11,600
2d HT	600	1,800	3,000	6,750	10,500	15,000
4d 6P Sta Wag	500	1,500	2,500	5,630	8,750	12,500
4d 9P Sta Wag	504	1,512	2,520	5,670	8,820	12,600
1963 Polara, 318 cid V-8, 119" wb						
4d Sed.	476	1,428	2,380	5,360	8,330	11,900

	6	5	4	3	2	1
4d HT	496	1,488	2,480	5,580	8,680	12,400
2d HT	620	1,860	3,100	6,980	10,850	15,500
2d Conv	1,040	3,120	5,200	11,700	18,200	26,000
1963 Polara 500, 383 cid V-8, 119" wb						
2d HT	660	1,980	3,300	7,430	11,550	16,500
2d Conv	1,180	3,540	5,900	13,280	20,650	29,500
1963 880, V-8, 122" wb						
4d Sed	496	1,488	2,480	5,580	8,680	12,400
4d HT	600	1,800	3,000	6,750	10,500	15,000
2d HT	640	1,920	3,200	7,200	11,200	16,000
2d Conv	1,080	3,240	5,400	12,150	18,900	27,000
4d 6P Sta Wag	504	1,512	2,520	5,670	8,820	12,600
4d 9P Sta Wag	508	1,524	2,540	5,720	8,890	12,700

NOTE: Deduct 5 percent for 6-cyl. models. Add 100 percent for Ramcharger 426. Value inestimable on autos equipped at factory with Max wedge engine option.

	6	5	4	3	2	1
1964 Dart 170, 6-cyl., 111" wb						
4d Sed	444	1,332	2,220	5,000	7,770	11,100
2d Sed	448	1,344	2,240	5,040	7,840	11,200
4d Sta Wag	460	1,380	2,300	5,180	8,050	11,500
1964 Dart 270, 6-cyl., 106" wb						
4d Sed	448	1,344	2,240	5,040	7,840	11,200
2d Sed	452	1,356	2,260	5,090	7,910	11,300
2d Conv	760	2,280	3,800	8,550	13,300	19,000
4d Sta Wag	464	1,392	2,320	5,220	8,120	11,600
1964 Dart GT						
2d HT	700	2,100	3,500	7,880	12,250	17,500
2d Conv	960	2,880	4,800	10,800	16,800	24,000
1964 Dodge 330/440, V-8, 119" wb						
4d Sed	464	1,392	2,320	5,220	8,120	11,600
2d Sed	468	1,404	2,340	5,270	8,190	11,700
2d HT	600	1,800	3,000	6,750	10,500	15,000
4d 6P Sta Wag	500	1,500	2,500	5,630	8,750	12,500
4d 9P Sta Wag	504	1,512	2,520	5,670	8,820	12,600
1964 Polara, V-8, 119" wb						
4d Sed	492	1,476	2,460	5,540	8,610	12,300
4d HT	496	1,488	2,480	5,580	8,680	12,400
2d HT	660	1,980	3,300	7,430	11,550	16,500
2d Conv	920	2,760	4,600	10,350	16,100	23,000
1964 880, V-8, 122" wb						
4d Sed	508	1,524	2,540	5,720	8,890	12,700
4d HT	512	1,536	2,560	5,760	8,960	12,800
2d HT	680	2,040	3,400	7,650	11,900	17,000
2d Conv	960	2,880	4,800	10,800	16,800	24,000
4d 6P Sta Wag	504	1,512	2,520	5,670	8,820	12,600
4d 9P Sta Wag	508	1,524	2,540	5,720	8,890	12,700

NOTE: Add 75 percent for 426 street wedge. Add 100 percent for 426 Ramcharger. Add 30 percent for Polara 500 option. Deduct 5 percent for 6-cyl. models. Add 15 percent for 383 w/Hurst 4-Spd option. Value inestimable on autos equipped at factory with Max wedge engine option.

	6	5	4	3	2	1
1965 Dart, V8, 106" wb						
4d Sed	444	1,332	2,220	5,000	7,770	11,100
2d Sed	448	1,344	2,240	5,040	7,840	11,200
4d Sta Wag	460	1,380	2,300	5,180	8,050	11,500
1965 Dart 270, V-8, 106" wb						
4d Sed	448	1,344	2,240	5,040	7,840	11,200
2d Sed	452	1,356	2,260	5,090	7,910	11,300
2d HT	600	1,800	3,000	6,750	10,500	15,000
2d Conv	840	2,520	4,200	9,450	14,700	21,000
4d Sta Wag	464	1,392	2,320	5,220	8,120	11,600
1965 Dart GT						
2d HT	780	2,340	3,900	8,780	13,650	19,500
2d Conv	1,080	3,240	5,400	12,150	18,900	27,000
1965 Coronet, V-8, 117" wb						
4d Sed	452	1,356	2,260	5,090	7,910	11,300
2d Sed	456	1,368	2,280	5,130	7,980	11,400
1965 Coronet Deluxe, V-8, 117" wb						
4d Sed	460	1,380	2,300	5,180	8,050	11,500
2d Sed	464	1,392	2,320	5,220	8,120	11,600
4d Sta Wag	480	1,440	2,400	5,400	8,400	12,000
1965 Coronet 440, V-8, 117" wb						
4d Sed	468	1,404	2,340	5,270	8,190	11,700
2d HT	680	2,040	3,400	7,650	11,900	17,000
2d Conv	1,000	3,000	5,000	11,250	17,500	25,000
4d 6P Sta Wag	500	1,500	2,500	5,630	8,750	12,500
4d 9P Sta Wag	504	1,512	2,520	5,670	8,820	12,600

	6	5	4	3	2	1
1965 Coronet 500, V-8, 117" wb						
2d HT	700	2,100	3,500	7,880	12,250	17,500
2d Conv.	1,120	3,360	5,600	12,600	19,600	28,000
1965 Polara, V-8, 121" wb						
4d Sed.	468	1,404	2,340	5,270	8,190	11,700
4d HT	476	1,428	2,380	5,360	8,330	11,900
2d HT	620	1,860	3,100	6,980	10,850	15,500
2d Conv.	900	2,700	4,500	10,130	15,750	22,500
4d 6P Sta Wag	504	1,512	2,520	5,670	8,820	12,600
4d 9P Sta Wag	508	1,524	2,540	5,720	8,890	12,700
1965 Custom 880, V-8, 121" wb						
4d Sed.	472	1,416	2,360	5,310	8,260	11,800
4d HT	460	1,380	2,300	5,180	8,050	11,500
2d HT	660	1,980	3,300	7,430	11,550	16,500
2d Conv.	960	2,880	4,800	10,800	16,800	24,000
4d 6P Sta Wag	508	1,524	2,540	5,720	8,890	12,700
4d 9P Sta Wag	512	1,536	2,560	5,760	8,960	12,800
1965 Monaco, V-8, 121" wb						
2d HT	640	1,920	3,200	7,200	11,200	16,000

NOTE: Deduct 5 percent for 6-cyl. models. Autos equipped with 426 Hemi, value inestimable.

	6	5	4	3	2	1
1966 Dart, 6-cyl., 111" wb						
4d Sed.	448	1,344	2,240	5,040	7,840	11,200
2d Sed.	452	1,356	2,260	5,090	7,910	11,300
4d Sta Wag	460	1,380	2,300	5,180	8,050	11,500
1966 Dart 270, V-8, 111" wb						
4d Sed.	452	1,356	2,260	5,090	7,910	11,300
2d Sed.	456	1,368	2,280	5,130	7,980	11,400
2d HT	624	1,872	3,120	7,020	10,920	15,600
2d Conv.	920	2,760	4,600	10,350	16,100	23,000
4d Sta Wag	464	1,392	2,320	5,220	8,120	11,600
1966 Dart GT, V-8, 111" wb						
2d HT	720	2,160	3,600	8,100	12,600	18,000
2d Conv.	1,040	3,120	5,200	11,700	18,200	26,000

NOTE: Add 30 percent for 273 V-8, 275 hp engine option.

	6	5	4	3	2	1
1966 Coronet, V-8, 117" wb						
4d Sed.	440	1,320	2,200	4,950	7,700	11,000
2d Sed.	444	1,332	2,220	5,000	7,770	11,100
1966 Coronet DeLuxe, V-8, 117" wb						
4d Sed.	444	1,332	2,220	5,000	7,770	11,100
2d Sed.	448	1,344	2,240	5,040	7,840	11,200
4d Sta Wag	400	1,200	2,000	4,500	7,000	10,000
1966 Coronet 440, V-8, 117" wb						
4d Sed.	452	1,356	2,260	5,090	7,910	11,300
2d HT	640	1,920	3,200	7,200	11,200	16,000
2d Conv.	960	2,880	4,800	10,800	16,800	24,000
4d Sta Wag	460	1,380	2,300	5,180	8,050	11,500
1966 Coronet 500, V-8, 117" wb						
4d Sed.	452	1,356	2,260	5,090	7,910	11,300
2d HT	660	1,980	3,300	7,430	11,550	16,500
2d Conv.	1,040	3,120	5,200	11,700	18,200	26,000
1966 Polara, V-8, 121" wb						
4d Sed.	456	1,368	2,280	5,130	7,980	11,400
4d HT	476	1,428	2,380	5,360	8,330	11,900
2d HT	620	1,860	3,100	6,980	10,850	15,500
2d Conv.	680	2,040	3,400	7,650	11,900	17,000
4d Sta Wag	508	1,524	2,540	5,720	8,890	12,700

NOTE: Add 10 percent for Polara 500 option.

	6	5	4	3	2	1
1966 Monaco, V-8, 121" wb						
4d Sed.	456	1,368	2,280	5,130	7,980	11,400
4d HT	600	1,800	3,000	6,750	10,500	15,000
2d HT	624	1,872	3,120	7,020	10,920	15,600
4d Sta Wag	512	1,536	2,560	5,760	8,960	12,800
1966 Monaco 500						
2d HT	644	1,932	3,220	7,250	11,270	16,100
1966 Charger, 117" wb						
2d HT	1,040	3,120	5,200	11,700	18,200	26,000

NOTE: Autos equipped with 426 Hemi, value inestimable. Deduct 5 percent for all Dodge 6-cyl.

	6	5	4	3	2	1
1967 Dart, 6-cyl., 111" wb						
4d Sed.	444	1,332	2,220	5,000	7,770	11,100
2d Sed.	448	1,344	2,240	5,040	7,840	11,200
1967 Dart 270, 6-cyl., 111" wb						
4d Sed.	452	1,356	2,260	5,090	7,910	11,300
2d HT	480	1,440	2,400	5,400	8,400	12,000
1967 Dart GT, V-8						
2d HT	720	2,160	3,600	8,100	12,600	18,000
2d Conv.	1,080	3,240	5,400	12,150	18,900	27,000

	6	5	4	3	2	1
1967 Coronet DeLuxe, V-8, 117" wb						
4d Sed 440	1,320	2,200	4,950	7,700	11,000
2d Sed 444	1,332	2,220	5,000	7,770	11,100
4d Sta Wag 464	1,392	2,320	5,220	8,120	11,600
1967 Coronet 440, V-8, 117" wb						
4d Sed 452	1,356	2,260	5,090	7,910	11,300
2d HT 640	1,920	3,200	7,200	11,200	16,000
2d Conv 1,040	3,120	5,200	11,700	18,200	26,000
4d Sta Wag 468	1,404	2,340	5,270	8,190	11,700
1967 Coronet 500, V-8, 117" wb						
4d Sed 456	1,368	2,280	5,130	7,980	11,400
2d HT 680	2,040	3,400	7,650	11,900	17,000
2d Conv 1,080	3,240	5,400	12,150	18,900	27,000
1967 Coronet R/T, V-8, 117" wb						
2d HT 1,280	3,840	6,400	14,400	22,400	32,000
2d Conv 1,640	4,920	8,200	18,450	28,700	41,000
1967 Charger, V-8, 117 " wb						
2d HT 1,080	3,240	5,400	12,150	18,900	27,000
1967 Polara, V-8, 122" wb						
4d Sed 452	1,356	2,260	5,090	7,910	11,300
4d HT 460	1,380	2,300	5,180	8,050	11,500
2d HT 500	1,500	2,500	5,630	8,750	12,500
2d Conv 740	2,220	3,700	8,330	12,950	18,500
4d Sta Wag 480	1,440	2,400	5,400	8,400	12,000
1967 Polara 500, V-8, 122" wb						
2d HT 600	1,800	3,000	6,750	10,500	15,000
2d Conv 760	2,280	3,800	8,550	13,300	19,000
1967 Monaco, V-8, 122" wb						
4d Sed 480	1,440	2,400	5,400	8,400	12,000
4d HT 484	1,452	2,420	5,450	8,470	12,100
2d HT 620	1,860	3,100	6,980	10,850	15,500
4d Sta Wag 500	1,500	2,500	5,630	8,750	12,500
1967 Monaco 500, V-8, 122" wb						
2d HT 660	1,980	3,300	7,430	11,550	16,500
NOTE: Add 30 percent for 440 Magnum when optional. Autos equipped with 426 Hemi, value inestimable.						
1968 Dart, 6-cyl., 111" wb						
4d Sed 452	1,356	2,260	5,090	7,910	11,300
2d Sed 456	1,368	2,280	5,130	7,980	11,400
1968 Dart 270, 6-cyl., 111" wb						
2d HT 480	1,440	2,400	5,400	8,400	12,000
4d Sed 460	1,380	2,300	5,180	8,050	11,500
1968 Dart, V-8, 111" wb						
4d Sed 468	1,404	2,340	5,270	8,190	11,700
2d HT 604	1,812	3,020	6,800	10,570	15,100
1968 Dart GT						
2d HT 700	2,100	3,500	7,880	12,250	17,500
2d Conv 1,060	3,180	5,300	11,930	18,550	26,500
1968 Dart GT Sport 340, 111" wb						
2d HT 840	2,520	4,200	9,450	14,700	21,000
2d Conv 1,280	3,840	6,400	14,400	22,400	32,000
1968 Dart GT Sport 383, 111" wb						
2d HT 920	2,760	4,600	10,350	16,100	23,000
2d Conv 1,320	3,960	6,600	14,850	23,100	33,000
1968 Coronet DeLuxe, V-8, 117" wb						
4d Sed 448	1,344	2,240	5,040	7,840	11,200
2d Sed 452	1,356	2,260	5,090	7,910	11,300
4d Sta Wag 480	1,440	2,400	5,400	8,400	12,000
1968 Coronet 440						
2d Sed 456	1,368	2,280	5,130	7,980	11,400
2d HT 700	2,100	3,500	7,880	12,250	17,500
4d Sed 460	1,380	2,300	5,180	8,050	11,500
4d Sta Wag 492	1,476	2,460	5,540	8,610	12,300
1968 Coronet 500						
4d Sed 460	1,380	2,300	5,180	8,050	11,500
2d HT 720	2,160	3,600	8,100	12,600	18,000
2d Conv 1,120	3,360	5,600	12,600	19,600	28,000
4d Sta Wag 500	1,500	2,500	5,630	8,750	12,500
1968 Coronet Super Bee, V-8, 117" wb						
2d Cpe 1,480	4,440	7,400	16,650	25,900	37,000
1968 Coronet R/T						
2d HT 1,680	5,040	8,400	18,900	29,400	42,000
2d Conv 2,040	6,120	10,200	22,950	35,700	51,000
1968 Charger						
2d HT 1,480	4,440	7,400	16,650	25,900	37,000
1968 Charger R/T						
2d HT 1,840	5,520	9,200	20,700	32,200	46,000

	6	5	4	3	2	1
1968 Polara, V-8, 122" wb						
4d Sed.	456	1,368	2,280	5,130	7,980	11,400
2d HT	604	1,812	3,020	6,800	10,570	15,100
4d HT	504	1,512	2,520	5,670	8,820	12,600
2d Conv.	780	2,340	3,900	8,780	13,650	19,500
4d Sta Wag	512	1,536	2,560	5,760	8,960	12,800
1968 Polara 500						
2d HT	620	1,860	3,100	6,980	10,850	15,500
2d Conv.	800	2,400	4,000	9,000	14,000	20,000
1968 Monaco						
2d HT	688	2,064	3,440	7,740	12,040	17,200
4d HT	600	1,800	3,000	6,750	10,500	15,000
4d Sed.	480	1,440	2,400	5,400	8,400	12,000
4d Sta Wag	600	1,800	3,000	6,750	10,500	15,000
1968 Monaco 500						
2d HT	700	2,100	3,500	7,880	12,250	17,500
NOTE: Add 30 percent for 440 Magnum when optional. Autos equipped with 426 Hemi, value inestimable.						
1969 Dart V-8						
2d HT	360	1,080	1,800	4,050	6,300	9,000
4d Sed.	352	1,056	1,760	3,960	6,160	8,800
1969 Dart Swinger						
2d HT	472	1,416	2,360	5,310	8,260	11,800
1969 Dart Swinger 340						
2d HT	860	2,580	4,300	9,680	15,050	21,500
1969 Dart Custom, V-8, 111" wb						
4d Sed.	440	1,320	2,200	4,950	7,700	11,000
2d HT	496	1,488	2,480	5,580	8,680	12,400
1969 Dart GT						
2d HT	960	2,880	4,800	10,800	16,800	24,000
2d Conv.	1,240	3,720	6,200	13,950	21,700	31,000
1969 Dart GT Sport 340						
2d HT	1,080	3,240	5,400	12,150	18,900	27,000
2d Conv.	1,400	4,200	7,000	15,750	24,500	35,000
1969 Dart GT Sport 383, 111" wb						
2d HT (383 hp)	1,240	3,720	6,200	13,950	21,700	31,000
2d Conv (330 hp)	1,360	4,080	6,800	15,300	23,800	34,000
1969 Dart GT Sport 440, 111" wb						
2d HT	1,760	5,280	8,800	19,800	30,800	44,000
1969 Coronet DeLuxe, V-8, 117" wb						
4d Sed.	344	1,032	1,720	3,870	6,020	8,600
2d Sed.	360	1,080	1,800	4,050	6,300	9,000
4d Sta Wag	356	1,068	1,780	4,010	6,230	8,900
1969 Coronet 440						
2d Sed.	364	1,092	1,820	4,100	6,370	9,100
2d HT	820	2,460	4,100	9,230	14,350	20,500
4d Sed.	348	1,044	1,740	3,920	6,090	8,700
4d Sta Wag	356	1,068	1,780	4,010	6,230	8,900
1969 Coronet 500						
2d HT	840	2,520	4,200	9,450	14,700	21,000
2d Conv.	1,240	3,720	6,200	13,950	21,700	31,000
4d Sta Wag	396	1,188	1,980	4,460	6,930	9,900
4d Sed.	400	1,200	2,000	4,500	7,000	10,000
1969 Coronet Super Bee, V-8						
2d HT	1,480	4,440	7,400	16,650	25,900	37,000
2d Cpe (base 440/375)	1,440	4,320	7,200	16,200	25,200	36,000
NOTE: Add 75 percent for Super Bee six pack.						
1969 Coronet R/T						
2d HT	1,640	4,920	8,200	18,450	28,700	41,000
2d Conv.	1,960	5,880	9,800	22,050	34,300	49,000
1969 Charger						
2d HT	1,520	4,560	7,600	17,100	26,600	38,000
1969 Charger SE						
2d HT	1,560	4,680	7,800	17,550	27,300	39,000
1969 Charger 500						
2d HT	1,920	5,760	9,600	21,600	33,600	48,000
1969 Charger R/T						
2d HT	2,080	6,240	10,400	23,400	36,400	52,000
1969 Charger Daytona						
2d HT	4,940	14,820	24,700	55,580	86,450	123,500
1969 Polara, V-8						
4d Sed.	328	984	1,640	3,690	5,740	8,200
2d HT	444	1,332	2,220	5,000	7,770	11,100
4d HT	336	1,008	1,680	3,780	5,880	8,400
2d Conv.	664	1,992	3,320	7,470	11,620	16,600
4d Sta Wag	340	1,020	1,700	3,830	5,950	8,500

DODGE

DODGE

	6	5	4	3	2	1
1969 Polara 500						
2d HT	464	1,392	2,320	5,220	8,120	11,600
2d Conv	684	2,052	3,420	7,700	11,970	17,100
1969 Monaco						
2d HT	468	1,404	2,340	5,270	8,190	11,700
4d HT	352	1,056	1,760	3,960	6,160	8,800
4d Sed	328	984	1,640	3,690	5,740	8,200
4d Sta Wag	332	996	1,660	3,740	5,810	8,300

NOTE: Add 30 percent for Magnum 440/1x4V. Autos equipped with 426 Hemi, value inestimable. Add 20 percent for 383 engine. Add 75 percent for 440/3x2V.

	6	5	4	3	2	1
1970 Dart, V-8, 111" wb						
4d Sed	312	936	1,560	3,510	5,460	7,800
2d HT Swinger	480	1,440	2,400	5,400	8,400	12,000
1970 Dart Custom						
4d Sed	316	948	1,580	3,560	5,530	7,900
2d HT	440	1,320	2,200	4,950	7,700	11,000
1970 Dart Swinger 340						
2d HT	800	2,400	4,000	9,000	14,000	20,000
1970 Challenger, V-8, 110" wb						
2d HT	1,200	3,600	6,000	13,500	21,000	30,000
2d HT SE Fml.	1,160	3,480	5,800	13,050	20,300	29,000
2d Conv	2,200	6,600	11,000	24,750	38,500	55,000
1970 Challenger R/T						
2d HT	2,240	6,720	11,200	25,200	39,200	56,000
2d HT SE Fml.	2,100	6,300	10,500	23,630	36,750	52,500
2d Conv	2,740	8,220	13,700	30,830	47,950	68,500
1970 Challenger T/A						
2d Cpe	3,000	9,000	15,000	33,750	52,500	75,000
1970 Coronet, V-8, 117" wb						
4d Sed	308	924	1,540	3,470	5,390	7,700
2d Sed	316	948	1,580	3,560	5,530	7,900
4d Sta Wag	312	936	1,560	3,510	5,460	7,800
1970 Coronet 440						
2d HT	720	2,160	3,600	8,100	12,600	18,000
4d Sed	320	960	1,600	3,600	5,600	8,000
2d Sed	328	984	1,640	3,690	5,740	8,200
4d Sta Wag	324	972	1,620	3,650	5,670	8,100
1970 Coronet 500						
4d Sed	340	1,020	1,700	3,830	5,950	8,500
2d HT	800	2,400	4,000	9,000	14,000	20,000
2d Conv	1,160	3,480	5,800	13,050	20,300	29,000
4d Sta Wag	320	960	1,600	3,600	5,600	8,000
1970 Coronet Super Bee						
2d HT	1,280	3,840	6,400	14,400	22,400	32,000
2d Cpe	1,200	3,600	6,000	13,500	21,000	30,000
1970 Coronet R/T						
2d HT	1,560	4,680	7,800	17,550	27,300	39,000
2d Conv	1,880	5,640	9,400	21,150	32,900	47,000
1970 Charger						
2d HT	1,360	4,080	6,800	15,300	23,800	34,000
2d HT 500	1,600	4,800	8,000	18,000	28,000	40,000
2d HT R/T.	1,800	5,400	9,000	20,250	31,500	45,000
1970 Polara, V-8, 122" wb						
2d HT	440	1,320	2,200	4,950	7,700	11,000
4d HT	324	972	1,620	3,650	5,670	8,100
2d Conv	640	1,920	3,200	7,200	11,200	16,000
4d Sed	320	960	1,600	3,600	5,600	8,000
1970 Polara Custom						
4d Sed	328	984	1,640	3,690	5,740	8,200
2d HT	460	1,380	2,300	5,180	8,050	11,500
4d HT	332	996	1,660	3,740	5,810	8,300
1970 Monaco						
4d Sed	320	960	1,600	3,600	5,600	8,000
2d HT	360	1,080	1,800	4,050	6,300	9,000
4d HT	324	972	1,620	3,650	5,670	8,100
4d Sta Wag	328	984	1,640	3,690	5,740	8,200

NOTE: Add 30 percent for 440 Magnum 1x4V. Autos equipped with 426 Hemi, value inestimable. Add 20 percent for 383 engine. Add 75 percent for 440/3x2V. Add 50 percent for 340/3x2V.

	6	5	4	3	2	1
1971 Demon						
2d Cpe	340	1,020	1,700	3,830	5,950	8,500
2d 340 Cpe.	600	1,800	3,000	6,750	10,500	15,000
1971 Dart						
4d Cus Sed	292	876	1,460	3,290	5,110	7,300
1971 Swinger						
2d HT	480	1,440	2,400	5,400	8,400	12,000

	6	5	4	3	2	1
1971 Challenger						
2d HT	1,160	3,480	5,800	13,050	20,300	29,000
2d Conv.	2,120	6,360	10,600	23,850	37,100	53,000
2d HT R/T	2,000	6,000	10,000	22,500	35,000	50,000
1971 Coronet Brougham						
4d Sed.	264	792	1,320	2,970	4,620	6,600
4d Sta Wag	268	804	1,340	3,020	4,690	6,700
1971 Charger						
2d HT 500	1,160	3,480	5,800	13,050	20,300	29,000
2d HT	1,080	3,240	5,400	12,150	18,900	27,000
2d Super Bee HT	1,200	3,600	6,000	13,500	21,000	30,000
2d HT R/T	1,280	3,840	6,400	14,400	22,400	32,000
2d HT SE	1,240	3,720	6,200	13,950	21,700	31,000
1971 Polara Brougham						
4d HT	268	804	1,340	3,020	4,690	6,700
2d HT	272	816	1,360	3,060	4,760	6,800
1971 Monaco						
4d HT	268	804	1,340	3,020	4,690	6,700
2d HT	276	828	1,380	3,110	4,830	6,900
4d Sta Wag	272	816	1,360	3,060	4,760	6,800

NOTE: Add 30 percent for 440 Magnum. Autos equipped with 426 Hemi, value inestimable. Add 75 percent for 440/3x2V.

	6	5	4	3	2	1
1972 Colt						
4d Sed.	220	660	1,100	2,480	3,850	5,500
2d Cpe.	224	672	1,120	2,520	3,920	5,600
2d HT	240	720	1,200	2,700	4,200	6,000
4d Sta Wag	220	660	1,100	2,480	3,850	5,500
1972 Dart						
4d Sed.	296	888	1,480	3,330	5,180	7,400
2d Demon 340 Cpe.	600	1,800	3,000	6,750	10,500	15,000
1972 Swinger						
2d HT	480	1,440	2,400	5,400	8,400	12,000
1972 Challenger						
2d HT	1,000	3,000	5,000	11,250	17,500	25,000
2d HT Rallye	1,120	3,360	5,600	12,600	19,600	28,000
1972 Coronet						
4d Sed.	268	804	1,340	3,020	4,690	6,700
4d Sta Wag	272	816	1,360	3,060	4,760	6,800
1972 Charger						
2d Sed.	680	2,040	3,400	7,650	11,900	17,000
2d HT	688	2,064	3,440	7,740	12,040	17,200
2d HT SE	760	2,280	3,800	8,550	13,300	19,000

NOTE: Add 20 percent for Rallye.

	6	5	4	3	2	1
1972 Polara, V-8						
4d Sed.	260	780	1,300	2,930	4,550	6,500
4d HT	272	816	1,360	3,060	4,760	6,800
2d HT	280	840	1,400	3,150	4,900	7,000
4d Sta Wag	268	804	1,340	3,020	4,690	6,700
1972 Polara Custom						
4d Sed.	268	804	1,340	3,020	4,690	6,700
4d HT	276	828	1,380	3,110	4,830	6,900
2d HT	300	900	1,500	3,380	5,250	7,500
4d 2S Sta Wag	288	864	1,440	3,240	5,040	7,200
4d 3S Sta Wag	292	876	1,460	3,290	5,110	7,300
1972 Monaco						
4d Sed.	272	816	1,360	3,060	4,760	6,800
4d HT	276	828	1,380	3,110	4,830	6,900
2d HT	312	936	1,560	3,510	5,460	7,800
4d 2S Sta Wag	296	888	1,480	3,330	5,180	7,400
4d 3S Sta Wag	300	900	1,500	3,380	5,250	7,500

NOTE: Add 75 percent for 440/3x2V.

	6	5	4	3	2	1
1973 Colt						
4d Sed.	220	660	1,100	2,480	3,850	5,500
2d Cpe.	216	648	1,080	2,430	3,780	5,400
2d HT	228	684	1,140	2,570	3,990	5,700
4d Sta Wag	220	660	1,100	2,480	3,850	5,500
2d HT GT	240	720	1,200	2,700	4,200	6,000
1973 Dart						
4d Sed.	264	792	1,320	2,970	4,620	6,600
2d Cpe.	284	852	1,420	3,200	4,970	7,100
1973 Dart Sport						
2d Cpe.	304	912	1,520	3,420	5,320	7,600
1973 Dart Sport "340"						
2d Cpe.	340	1,020	1,700	3,830	5,950	8,500
1973 Dart Custom						
2d Cpe.	288	864	1,440	3,240	5,040	7,200

	6	5	4	3	2	1
1973 Swinger						
2d HT 352	1,056	1,760	3,960	6,160	8,800
2d Spl HT. 336	1,008	1,680	3,780	5,880	8,400
1973 Challenger						
2d HT 920	2,760	4,600	10,350	16,100	23,000
2d Rallye HT 1,040	3,120	5,200	11,700	18,200	26,000
1973 Coronet						
4d Sed 244	732	1,220	2,750	4,270	6,100
4d Sta Wag 248	744	1,240	2,790	4,340	6,200
1973 Coronet Custom						
4d Sed 256	768	1,280	2,880	4,480	6,400
4d Sta Wag 260	780	1,300	2,930	4,550	6,500
1973 Crestwood						
4d 6P Sta Wag. 264	792	1,320	2,970	4,620	6,600
4d 9P Sta Wag. 268	804	1,340	3,020	4,690	6,700
1973 Charger						
2d Cpe. 620	1,860	3,100	6,980	10,850	15,500
2d HT 640	1,920	3,200	7,200	11,200	16,000
2d "SE" HT 648	1,944	3,240	7,290	11,340	16,200
2d Rallye 660	1,980	3,300	7,430	11,550	16,500
1973 Polara						
4d Sed 248	744	1,240	2,790	4,340	6,200
2d HT 264	792	1,320	2,970	4,620	6,600
4d Sta Wag 252	756	1,260	2,840	4,410	6,300
1973 Polara Custom						
4d Sed 256	768	1,280	2,880	4,480	6,400
2d HT 272	816	1,360	3,060	4,760	6,800
4d HT 268	804	1,340	3,020	4,690	6,700
4d 2S Sta Wag. 260	780	1,300	2,930	4,550	6,500
4d 3S Sta Wag. 264	792	1,320	2,970	4,620	6,600
1973 Monaco						
4d Sed 260	780	1,300	2,930	4,550	6,500
4d HT 268	804	1,340	3,020	4,690	6,700
2d HT 284	852	1,420	3,200	4,970	7,100
4d 2S Sta Wag. 272	816	1,360	3,060	4,760	6,800
4d 3S Sta Wag. 276	828	1,380	3,110	4,830	6,900
1974 Colt						
4d Sed 200	600	1,000	2,250	3,500	5,000
2d Cpe 196	588	980	2,210	3,430	4,900
2d HT 208	624	1,040	2,340	3,640	5,200
2d Sta Wag 200	600	1,000	2,250	3,500	5,000
2d HT GT 220	660	1,100	2,480	3,850	5,500
4d Sta Wag 200	600	1,000	2,250	3,500	5,000
1974 Dart						
4d Sed 268	804	1,340	3,020	4,690	6,700
2d Spt Cpe 288	864	1,440	3,240	5,040	7,200
1974 Dart Sport "360"						
2d Cpe 304	912	1,520	3,420	5,320	7,600
1974 Dart Special Edition						
2d HT 284	852	1,420	3,200	4,970	7,100
4d Sed 280	840	1,400	3,150	4,900	7,000
1974 Dart Custom						
4d Sed 232	696	1,160	2,610	4,060	5,800
1974 Swinger						
2d HT 236	708	1,180	2,660	4,130	5,900
1974 Swinger Special						
2d HT 240	720	1,200	2,700	4,200	6,000
1974 Challenger						
2d HT 1,000	3,000	5,000	11,250	17,500	25,000
1974 Coronet						
4d Sta Wag 260	780	1,300	2,930	4,550	6,500
1974 Coronet Custom						
4d Sed 256	768	1,280	2,880	4,480	6,400
4d Sta Wag 260	780	1,300	2,930	4,550	6,500
1974 Coronet Crestwood						
4d Sta Wag 264	792	1,320	2,970	4,620	6,600
1974 Charger						
2d Cpe 344	1,032	1,720	3,870	6,020	8,600
2d HT 380	1,140	1,900	4,280	6,650	9,500
2d "SE" HT. 400	1,200	2,000	4,500	7,000	10,000
1974 Monaco						
4d Sed 252	756	1,260	2,840	4,410	6,300
2d HT Cpe 260	780	1,300	2,930	4,550	6,500
4d Sta Wag 256	768	1,280	2,880	4,480	6,400
1974 Monaco Custom						
4d Sed 260	780	1,300	2,930	4,550	6,500

	6	5	4	3	2	1
2d HT	272	816	1,360	3,060	4,760	6,800
4d HT	268	804	1,340	3,020	4,690	6,700
4d 2S Sta Wag	264	792	1,320	2,970	4,620	6,600
4d 3S Sta Wag	268	804	1,340	3,020	4,690	6,700
1974 Monaco Brougham						
4d Sed	264	792	1,320	2,970	4,620	6,600
2d HT	280	840	1,400	3,150	4,900	7,000
4d HT	272	816	1,360	3,060	4,760	6,800
4d 2S Sta Wag	268	804	1,340	3,020	4,690	6,700
4d 3S Sta Wag	272	816	1,360	3,060	4,760	6,800
1975 Dart						
4d Sed	208	624	1,040	2,340	3,640	5,200
1975 Dart Sport						
2d Cpe	224	672	1,120	2,520	3,920	5,600
1975 Swinger						
2d HT	272	816	1,360	3,060	4,760	6,800
2d Spl HT	252	756	1,260	2,840	4,410	6,300
1975 Dart Custom						
4d Sed	232	696	1,160	2,610	4,060	5,800
2d "360" Cpe	264	792	1,320	2,970	4,620	6,600
1975 Dart S.E.						
2d HT	244	732	1,220	2,750	4,270	6,100
4d Sed	224	672	1,120	2,520	3,920	5,600
1975 Coronet						
2d HT	232	696	1,160	2,610	4,060	5,800
4d Sed	208	624	1,040	2,340	3,640	5,200
4d Sta Wag	216	648	1,080	2,430	3,780	5,400
1975 Coronet Custom						
2d HT	240	720	1,200	2,700	4,200	6,000
4d Sed	212	636	1,060	2,390	3,710	5,300
4d Sta Wag	216	648	1,080	2,430	3,780	5,400
1975 Coronet Brougham						
2d HT	244	732	1,220	2,750	4,270	6,100
1975 Crestwood						
4d Sta Wag	220	660	1,100	2,480	3,850	5,500
1975 Charger S.E.						
2d HT	272	816	1,360	3,060	4,760	6,800
1975 Monaco						
2d HT	248	744	1,240	2,790	4,340	6,200
4d Sed	212	636	1,060	2,390	3,710	5,300
4d Sta Wag	216	648	1,080	2,430	3,780	5,400
1975 Royal Monaco						
2d HT	256	768	1,280	2,880	4,480	6,400
4d Sed	220	660	1,100	2,480	3,850	5,500
4d HT	244	732	1,220	2,750	4,270	6,100
4d 2S Sta Wag	224	672	1,120	2,520	3,920	5,600
4d 3S Sta Wag	228	684	1,140	2,570	3,990	5,700
1975 Royal Monaco Brougham						
2d Cpe	260	780	1,300	2,930	4,550	6,500
4d Sed	224	672	1,120	2,520	3,920	5,600
4d HT	248	744	1,240	2,790	4,340	6,200
4d 2S Sta Wag	228	684	1,140	2,570	3,990	5,700
4d 3S Sta Wag	232	696	1,160	2,610	4,060	5,800
1976 Colt, 4-cyl.						
4d Sed	164	492	820	1,850	2,870	4,100
2d Cpe	168	504	840	1,890	2,940	4,200
2d HT Carousel	180	540	900	2,030	3,150	4,500
4d Sta Wag	168	504	840	1,890	2,940	4,200
2d HT GT	176	528	880	1,980	3,080	4,400
1976 Dart Sport, 6-cyl.						
2d Spt Cpe	196	588	980	2,210	3,430	4,900
1976 Dart Swinger Special, 6-cyl.						
2d HT	200	600	1,000	2,250	3,500	5,000
1976 Dart, 6-cyl.						
4d Sed	192	576	960	2,160	3,360	4,800
2d Swinger	196	588	980	2,210	3,430	4,900
2d HT	204	612	1,020	2,300	3,570	5,100
1976 Aspen, V-8						
4d Sed	196	588	980	2,210	3,430	4,900
2d Spt Cpe	204	612	1,020	2,300	3,570	5,100
4d Sta Wag	200	600	1,000	2,250	3,500	5,000
1976 Aspen Custom, V-8						
4d Sed	200	600	1,000	2,250	3,500	5,000
2d Spt Cpe	208	624	1,040	2,340	3,640	5,200
1976 Aspen Special Edition, V-8						
4d Sed	204	612	1,020	2,300	3,570	5,100

	6	5	4	3	2	1
2d Spt Cpe................................... 212	636	1,060	2,390	3,710	5,300
4d Sta Wag.................................. 208	624	1,040	2,340	3,640	5,200
1976 Coronet, V-8						
4d Sed....................................... 196	588	980	2,210	3,430	4,900
4d 2S Sta Wag............................... 200	600	1,000	2,250	3,500	5,000
4d 3S Sta Wag............................... 204	612	1,020	2,300	3,570	5,100
1976 Coronet Brougham, V-8						
4d Sed....................................... 200	600	1,000	2,250	3,500	5,000
1976 Crestwood Coronet, V-8						
4d 2S Sta Wag............................... 212	636	1,060	2,390	3,710	5,300
4d 3S Sta Wag............................... 216	648	1,080	2,430	3,780	5,400
1976 Charger, V-8						
2d HT.. 248	744	1,240	2,790	4,340	6,200
2d HT Spt.................................... 252	756	1,260	2,840	4,410	6,300
1976 Charger Special Edition, V-8						
2d HT.. 256	768	1,280	2,880	4,480	6,400
1976 Monaco, V-8						
4d Sed....................................... 216	648	1,080	2,430	3,780	5,400
4d Sta Wag.................................. 220	660	1,100	2,480	3,850	5,500
1976 Royal Monaco, V-8						
4d Sed....................................... 220	660	1,100	2,480	3,850	5,500
2d HT.. 228	684	1,140	2,570	3,990	5,700
4d 2S Sta Wag............................... 224	672	1,120	2,520	3,920	5,600
4d 3S Sta Wag............................... 228	684	1,140	2,570	3,990	5,700
1976 Royal Monaco Brougham, V-8						
4d Sed....................................... 204	612	1,020	2,300	3,570	5,100
2d HT.. 228	684	1,140	2,570	3,990	5,700
4d Sta Wag.................................. 224	672	1,120	2,520	3,920	5,600
1977 Colt, 4-cyl.						
4d Sed....................................... 168	504	840	1,890	2,940	4,200
2d Cpe....................................... 172	516	860	1,940	3,010	4,300
2d Cus Cpe 176	528	880	1,980	3,080	4,400
2d HT Carousel 184	552	920	2,070	3,220	4,600
4d Sta Wag.................................. 172	516	860	1,940	3,010	4,300
2d HT GT.................................... 180	540	900	2,030	3,150	4,500
1977 Aspen, V-8						
4d Sed....................................... 196	588	980	2,210	3,430	4,900
2d Spt Cpe................................... 204	612	1,020	2,300	3,570	5,100
4d Sta Wag.................................. 200	600	1,000	2,250	3,500	5,000
1977 Aspen Custom, V-8						
4d Sed....................................... 200	600	1,000	2,250	3,500	5,000
2d Spt Cpe................................... 208	624	1,040	2,340	3,640	5,200
1977 Aspen Special Edition, V-8						
4d Sed....................................... 204	612	1,020	2,300	3,570	5,100
2d Spt Cpe................................... 212	636	1,060	2,390	3,710	5,300
4d Sta Wag 208	624	1,040	2,340	3,640	5,200
1977 Monaco, V-8						
4d Sed....................................... 180	540	900	2,030	3,150	4,500
2d HT.. 192	576	960	2,160	3,360	4,800
4d 2S Sta Wag............................... 184	552	920	2,070	3,220	4,600
4d 3S Sta Wag............................... 188	564	940	2,120	3,290	4,700
1977 Monaco Brougham, V-8						
4d Sed....................................... 188	564	940	2,120	3,290	4,700
2d HT.. 200	600	1,000	2,250	3,500	5,000
1977 Monaco Crestwood, V-8						
4d 2S Sta Wag............................... 192	576	960	2,160	3,360	4,800
4d 3S Sta Wag............................... 196	588	980	2,210	3,430	4,900
1977 Charger Special Edition, V-8						
2d HT.. 256	768	1,280	2,880	4,480	6,400
1977 Diplomat, V-8						
4d Sed....................................... 208	624	1,040	2,340	3,640	5,200
2d Cpe....................................... 216	648	1,080	2,430	3,780	5,400
1977 Diplomat Medallion, V-8						
4d Sed....................................... 216	648	1,080	2,430	3,780	5,400
2d Cpe....................................... 224	672	1,120	2,520	3,920	5,600
1977 Royal Monaco, V-8						
4d Sed....................................... 220	660	1,100	2,480	3,850	5,500
2d HT.. 228	684	1,140	2,570	3,990	5,700
4d Sta Wag.................................. 224	672	1,120	2,520	3,920	5,600
1977 Royal Monaco Brougham, V-8						
4d Sed....................................... 204	612	1,020	2,300	3,570	5,100
2d HT.. 228	684	1,140	2,570	3,990	5,700
4d 2S Sta Wag............................... 220	660	1,100	2,480	3,850	5,500
4d 3S Sta Wag............................... 224	672	1,120	2,520	3,920	5,600
1978 Omni						
4d HBk...................................... 132	396	660	1,490	2,310	3,300

2	1	6	5	4	3	2	1
2,800	4,000	128	384	640	1,440	2,240	3,200
2,870	4,100	132	396	660	1,490	2,310	3,300
2,870	4,100	136	408	680	1,530	2,380	3,400
		128	384	640	1,440	2,240	3,200
3,220	4,600	140	420	700	1,580	2,450	3,500
		144	432	720	1,620	2,520	3,600
2,520	3,600	140	420	700	1,580	2,450	3,500
2,590	3,700						
2,730	3,900	144	432	720	1,620	2,520	3,600
		148	444	740	1,670	2,590	3,700
2,590	3,700	148	444	740	1,670	2,590	3,700
2,660	3,800	144	432	720	1,620	2,520	3,600
		148	444	740	1,670	2,590	3,700
4,130	5,900	152	456	760	1,710	2,660	3,800
4,270	6,100	152	456	760	1,710	2,660	3,800
		148	444	740	1,670	2,590	3,700
2,870	4,100	208	624	1,040	2,340	3,640	5,200
		350	1,000	1,650	3,740	5,800	8,300
2,660	3,800						
2,870	4,100	224	672	1,120	2,520	3,920	5,600
		150	450	800	1,760	2,750	3,900
2,450	3,500	150	500	800	1,800	2,800	4,000
2,520	3,600	160	480	800	1,800	2,800	4,000
2,590	3,700	164	492	820	1,850	2,870	4,100
		160	480	800	1,800	2,800	4,000
2,730	3,900						
2,800	4,000	164	492	820	1,850	2,870	4,100
2,940	4,200	168	504	840	1,890	2,940	4,200
		128	384	640	1,440	2,240	3,200
3,150	4,500	132	396	660	1,490	2,310	3,300
2,730	3,900	124	372	620	1,400	2,170	3,100
2,800	4,000	128	384	640	1,440	2,240	3,200
2,870	4,100	132	396	660	1,490	2,310	3,300
		128	384	640	1,440	2,240	3,200
		132	396	660	1,490	2,310	3,300
4,200	6,000						
		144	432	720	1,620	2,520	3,600
		148	444	740	1,670	2,590	3,700
2,940	4,200	144	432	720	1,620	2,520	3,600
2,800	4,000	350	1,000	1,700	3,830	5,950	8,500
2,730	3,900						
		228	684	1,140	2,570	3,990	5,700
3,010	4,300	156	468	780	1,760	2,730	3,900
3,150	4,500	160	480	800	1,800	2,800	4,000
		160	480	800	1,800	2,800	4,000
2,730	3,900	164	492	820	1,850	2,870	4,100
2,940	4,200	160	480	800	1,800	2,800	4,000
3,080	4,400						
		168	504	840	1,890	2,940	4,200
2,940	4,200	172	516	860	1,940	3,010	4,300
3,010	4,300						
3,850	5,500	176	528	880	1,980	3,080	4,400
3,290	4,700	140	420	700	1,580	2,450	3,500
		156	468	780	1,760	2,730	3,900
2,870	4,100						
3,010	4,300	136	408	680	1,530	2,380	3,400
		140	420	700	1,580	2,450	3,500
		144	432	720	1,620	2,520	3,600
4,270	6,100						
		152	456	760	1,710	2,660	3,800
		156	468	780	1,760	2,730	3,900

	6	5	4	
1980 Aspen, V-8				
4d Sed	160	480	800	1,80
2d Cpe	164	492	820	1,85
4d Sta Wag	164	492	820	1,85
NOTE: Deduct 10 percent for 6-cyl.				
1980 Challenger				
2d Cpe	184	552	920	2,07
1980 Diplomat, V-8				
4d Sed Salon	144	432	720	1,62
2d Cpe Salon	148	444	740	1,67
4d Sta Wag Salon	156	468	780	1,76
NOTE: Deduct 5 percent for lesser models.				
4d Sed Medallion	148	444	740	1,67
2d Cpe Medallion	152	456	760	1,71
NOTE: Deduct 10 percent for 6-cyl.				
1980 Mirada, V-8				
2d Cpe Specialty S.	236	708	1,180	2,66
2d Cpe Specialty	244	732	1,220	2,75
NOTE: Deduct 12 percent for 6-cyl.				
1980 St. Regis, V-8				
4d Sed	164	492	820	1,85
NOTE: Deduct 12 percent for 6-cyl.				
1981 Omni, 4-cyl.				
4d HBk	152	456	760	1,71
2d HBk 024	164	492	820	1,85
NOTE: Deduct 5 percent for lesser models.				
1981 Colt, 4-cyl.				
2d HBk	140	420	700	1,58
2d HBk DeL	144	432	720	1,62
2d HBk Cus	148	444	740	1,67
1981 Aries, 4-cyl.				
4d Sed SE	156	468	780	1,76
2d Sed SE	160	480	800	1,80
4d Sta Wag SE.	168	504	840	1,89
NOTE: Deduct 5 percent for lesser models.				
1981 Challenger, 4-cyl.				
2d Cpe	180	540	900	2,03
1981 Diplomat, V-8				
4d Sed Medallion	156	468	780	1,76
2d Cpe Medallion	160	480	800	1,80
4d Sta Wag	164	492	820	1,85
NOTE: Deduct 5 percent for lesser models. Deduct 10 percent for 6-cyl.				
1981 Mirada, V-8				
2d Cpe	240	720	1,200	2,70
NOTE: Deduct 12 percent for 6-cyl.				
1981 St. Regis, V-8				
4d Sed	168	504	840	1,89
NOTE: Deduct 12 percent for 6-cyl.				
1982 Colt, 4-cyl.				
2d HBk Cus	160	480	800	1,80
4d HBk Cus	156	468	780	1,76
NOTE: Deduct 5 percent for lesser models.				
1982 Omni, 4-cyl.				
4d HBk Euro.	172	516	860	1,94
2d HBk 024 Charger	180	540	900	2,03
NOTE: Deduct 5 percent for lesser models.				
1982 Aries, 4-cyl.				
4d Sed SE	156	468	780	1,76
2d Cpe SE	168	504	840	1,89
4d Sta Wag SE.	176	528	880	1,98
NOTE: Deduct 5 percent for lesser models.				
1982 400, 4-cyl.				
2d Cpe Specialty LS.	168	504	840	1,89
4d Sed LS	172	516	860	1,94
2d Conv	220	660	1,100	2,48
NOTE: Deduct 5 percent for lesser models.				
1982 Challenger, 4-cyl.				
2d Cpe	188	564	940	2,12
1982 Diplomat, V-8				
4d Sed	164	492	820	1,85
4d Sed Medallion	172	516	860	1,94
NOTE: Deduct 10 percent for 6-cyl.				
1982 Mirada, V-8				
2d Cpe Specialty	244	732	1,220	2,750
NOTE: Deduct 12 percent for 6-cyl.				

	6	5	4	3	2	1
1983 Colt, 4-cyl.						
4d HBk Cus	156	468	780	1,760	2,730	3,900
2d HBk Cus	168	504	840	1,890	2,940	4,200
NOTE: Deduct 5 percent for lesser models.						
1983 Omni, 4-cyl.						
4d HBk	160	480	800	1,800	2,800	4,000
4d HBk Cus	172	516	860	1,940	3,010	4,300
1983 Charger, 4-cyl.						
2d HBk	176	528	880	1,980	3,080	4,400
2d HBk 2 plus 2	184	552	920	2,070	3,220	4,600
2d HBk Shelby	220	660	1,100	2,480	3,850	5,500
1983 Aries, 4-cyl.						
4d Sed SE	160	480	800	1,800	2,800	4,000
2d Sed SE	156	468	780	1,760	2,730	3,900
4d Sta Wag SE	180	540	900	2,030	3,150	4,500
NOTE: Deduct 5 percent for lesser models.						
1983 Challenger, 4-cyl.						
2d Cpe	192	576	960	2,160	3,360	4,800
1983 400, 4-cyl.						
4d Sed	168	504	840	1,890	2,940	4,200
2d Cpe	164	492	820	1,850	2,870	4,100
2d Conv	228	684	1,140	2,570	3,990	5,700
1983 600, 4-cyl.						
4d Sed	176	528	880	1,980	3,080	4,400
4d Sed ES	184	552	920	2,070	3,220	4,600
1983 Diplomat, V-8						
4d Sed	168	504	840	1,890	2,940	4,200
4d Sed Medallion	176	528	880	1,980	3,080	4,400
NOTE: Deduct 10 percent for 6-cyl.						
1983 Mirada, V-8						
2d Cpe Specialty	248	744	1,240	2,790	4,340	6,200
NOTE: Deduct 12 percent for 6-cyl.						
1984 Colt, 4-cyl.						
4d HBk DL	168	504	840	1,890	2,940	4,200
2d HBk DL	164	492	820	1,850	2,870	4,100
4d Sta Wag	160	480	800	1,800	2,800	4,000
NOTE: Deduct 5 percent for lesser models.						
1984 Omni, 4-cyl.						
4d HBk GLH	168	504	840	1,890	2,940	4,200
NOTE: Deduct 5 percent for lesser models.						
1984 Charger, 4-cyl.						
2d HBk	176	528	880	1,980	3,080	4,400
2d HBk 2 plus 2	184	552	920	2,070	3,220	4,600
2d HBk Shelby	220	660	1,100	2,480	3,850	5,500
1984 Aries, 4-cyl.						
4d Sed SE	164	492	820	1,850	2,870	4,100
2d Sed SE	168	504	840	1,890	2,940	4,200
4d Sta Wag SE	172	516	860	1,940	3,010	4,300
NOTE: Deduct 5 percent for lesser models.						
1984 Conquest, 4-cyl. Turbo						
2d HBk	180	540	900	2,030	3,150	4,500
1984 Daytona, 4-cyl.						
2d HBk	180	540	900	2,030	3,150	4,500
2d HBk Turbo	188	564	940	2,120	3,290	4,700
2d HBk Turbo Z	196	588	980	2,210	3,430	4,900
1984 600, 4-cyl.						
4d Sed	176	528	880	1,980	3,080	4,400
2d Sed	176	528	880	1,980	3,080	4,400
4d Sed ES	180	540	900	2,030	3,150	4,500
2d Conv	232	696	1,160	2,610	4,060	5,800
2d Conv ES	248	744	1,240	2,790	4,340	6,200
1984 Diplomat, V-8						
4d Sed	176	528	880	1,980	3,080	4,400
4d Sed SE	184	552	920	2,070	3,220	4,600
1985 Colt, 4-cyl.						
4d Sed DL	156	468	780	1,760	2,730	3,900
2d HBk DL	160	480	800	1,800	2,800	4,000
4d Sed Premiere	160	480	800	1,800	2,800	4,000
4d Sta Wag Vista	180	540	900	2,030	3,150	4,500
4d Sta Wag Vista 4WD	220	660	1,100	2,480	3,850	5,500
NOTE: Deduct 5 percent for lesser models.						
1985 Omni, 4-cyl.						
4d HBk GLH	172	516	860	1,940	3,010	4,300
NOTE: Deduct 5 percent for lesser models.						
1985 Charger, 4-cyl.						
2d HBk	196	588	980	2,210	3,430	4,900

DODGE

	6	5	4	3	2	1
2d HBk 2 plus 2	204	612	1,020	2,300	3,570	5,100
2d HBk Shelby	220	660	1,100	2,480	3,850	5,500
1985 Aries, 4-cyl.						
4d Sed LE	168	504	840	1,890	2,940	4,200
2d Sed LE	168	504	840	1,890	2,940	4,200
4d Sta Wag LE	176	528	880	1,980	3,080	4,400
NOTE: Deduct 5 percent for lesser models.						
1985 Conquest, 4-cyl.						
2d HBk Turbo	184	552	920	2,070	3,220	4,600
1985 Daytona, 4-cyl.						
2d HBk	184	552	920	2,070	3,220	4,600
2d HBk Turbo	192	576	960	2,160	3,360	4,800
2d HBk Turbo Z	200	600	1,000	2,250	3,500	5,000
1985 600, 4-cyl.						
4d Sed SE	180	540	900	2,030	3,150	4,500
2d Sed	184	552	920	2,070	3,220	4,600
Conv.	232	696	1,160	2,610	4,060	5,800
Conv ES Turbo	248	744	1,240	2,790	4,340	6,200
1985 Lancer						
4d HBk	192	576	960	2,160	3,360	4,800
4d HBk ES	196	588	980	2,210	3,430	4,900
1985 Diplomat, V-8						
4d Sed	180	540	900	2,030	3,150	4,500
4d Sed SE	188	564	940	2,120	3,290	4,700
1986 Colt						
4d E Sed	164	492	820	1,850	2,870	4,100
2d E HBk	160	480	800	1,800	2,800	4,000
4d DL Sed	168	504	840	1,890	2,940	4,200
2d DL HBk	164	492	820	1,850	2,870	4,100
4d Premiere Sed	172	516	860	1,940	3,010	4,300
4d Vista Sta Wag	184	552	920	2,070	3,220	4,600
4d Vista Sta Wag 4WD	220	670	1,120	2,520	3,920	5,600
1986 Omni						
4d HBk	168	504	840	1,890	2,940	4,200
4d HBk GLH	180	540	900	2,030	3,150	4,500
2d HBk Charger Shelby	200	600	1,000	2,500	3,500	5,000
1986 Charger						
2d HBk	200	600	1,000	2,250	3,500	5,000
2d HBk 2 plus 2	212	636	1,060	2,390	3,710	5,300
2d HBk Shelby	228	684	1,140	2,570	3,990	5,700
2d HBk Daytona	216	648	1,080	2,430	3,780	5,400
HBk Daytona Turbo	224	672	1,120	2,520	3,920	5,600
1986 Aries						
2d Sed	172	516	860	1,940	3,010	4,300
4d Sed	172	516	860	1,940	3,010	4,300
1986 Lancer						
4d HBk	196	588	980	2,210	3,430	4,900
1986 600						
2d Cpe	180	540	900	2,030	3,150	4,500
2d Conv	240	720	1,200	2,700	4,200	6,000
2d ES Conv	256	768	1,280	2,880	4,480	6,400
4d Sed	184	552	920	2,070	3,220	4,600
1986 Conquest						
2d HBk	236	708	1,180	2,660	4,130	5,900
1986 Diplomat						
4d Sed	192	576	960	2,160	3,360	4,800
NOTE: Add 10 percent for deluxe models. Deduct 5 percent for smaller engines.						
1987 Colt, 4-cyl.						
4d E Sed	168	504	840	1,890	2,940	4,200
2d E HBk	164	492	820	1,850	2,870	4,100
4d DL Sed	172	516	860	1,940	3,010	4,300
2d DL HBk	168	504	840	1,890	2,940	4,200
4d Sed Premiere	176	528	880	1,980	3,080	4,400
4d Vista Sta Wag	188	564	940	2,120	3,290	4,700
4d Vista Sta Wag 4WD	230	680	1,140	2,570	3,990	5,700
1987 Omni, 4-cyl.						
4d HBk America	168	504	840	1,890	2,940	4,200
2d HBk Charger	180	540	900	2,030	3,150	4,500
2d HBk Charger Shelby	200	600	1,000	2,250	3,500	5,000
1987 Aries, 4-cyl.						
2d Sed	168	504	840	1,890	2,940	4,200
4d Sed	172	516	860	1,940	3,010	4,300
2d LE Sed	172	516	860	1,940	3,010	4,300
4d Sed LE	176	528	880	1,980	3,080	4,400
4d LE Sta Wag	176	528	880	1,980	3,080	4,400

	6	5	4	3	2	1
1987 Shadow, 4-cyl.						
2d LBk	172	516	860	1,940	3,010	4,300
4d LBk	176	528	880	1,980	3,080	4,400

NOTE: Add 5 percent for 2.2 Turbo.

	6	5	4	3	2	1
1987 Daytona, 4-cyl.						
2d HBk	192	576	960	2,160	3,360	4,800
2d HBk Pacifica	228	684	1,140	2,570	3,990	5,700
2d HBk Shelby 2	248	744	1,240	2,790	4,340	6,200
1987 600, 4-cyl.						
4d Sed	180	540	900	2,030	3,150	4,500
4d Sed SE	184	552	920	2,070	3,220	4,600

NOTE: Add 5 percent for 2.2 Turbo.

	6	5	4	3	2	1
1987 Lancer, 4-cyl.						
4d HBk	188	564	940	2,120	3,290	4,700
4d HBk ES	192	576	960	2,160	3,360	4,800

NOTE: Add 5 percent for 2.2 Turbo. Add 15 percent for Shelby package.

	6	5	4	3	2	1
1987 Diplomat, V-8						
4d Sed	224	672	1,120	2,520	3,920	5,600
4d Sed SE	232	696	1,160	2,610	4,060	5,800
1988 Colt, 4-cyl.						
3d HBk	88	264	440	990	1,540	2,200
4d E Sed	112	336	560	1,260	1,960	2,800
3d E HBk	104	312	520	1,170	1,820	2,600
4d DL Sed	116	348	580	1,310	2,030	2,900
3d DL HBk	112	336	560	1,260	1,960	2,800
4d DL Sta Wag	120	360	600	1,350	2,100	3,000
4d Sed Premiere	140	420	700	1,580	2,450	3,500
4d Vista Sta Wag	160	480	800	1,800	2,800	4,000
4d Vista Sta Wag 4x4	200	600	1,000	2,250	3,500	5,000
1988 Omni, 4-cyl.						
4d HBk	112	336	560	1,260	1,960	2,800
1988 Aries, 4-cyl.						
2d Sed	112	336	560	1,260	1,960	2,800
4d Sed	112	336	560	1,260	1,960	2,800
4d Sta Wag	132	396	660	1,490	2,310	3,300
1988 Shadow, 4-cyl.						
2d HBk	128	384	640	1,440	2,240	3,200
4d HBk	136	408	680	1,530	2,380	3,400
1988 Daytona, 4-cyl.						
2d HBk	180	540	900	2,030	3,150	4,500
2d HBk Pacifica	224	672	1,120	2,520	3,920	5,600
2d HBk Shelby Z	240	720	1,200	2,700	4,200	6,000
1988 600, 4-cyl.						
4d Sed	140	420	700	1,580	2,450	3,500
4d SE Sed	156	468	780	1,760	2,730	3,900
1988 Lancer, 4-cyl.						
4d Spt HBk	168	504	840	1,890	2,940	4,200
4d Spt ES HBk	200	600	1,000	2,250	3,500	5,000

NOTE: Add 5 percent for 2.2 Turbo. Add 15 percent for Shelby package.

	6	5	4	3	2	1
1988 Dynasty						
4d Sed 4-cyl	160	480	800	1,800	2,800	4,000
4d Sed Prem 4-cyl	172	516	860	1,940	3,010	4,300
4d Sed V-6	180	540	900	2,030	3,150	4,500
4d Sed Prem V-6	184	552	920	2,070	3,220	4,600
1988 Diplomat, V-8						
4d Sed Salon	152	456	760	1,710	2,660	3,800
4d Sed	132	396	660	1,490	2,310	3,300
4d SE Sed	168	504	840	1,890	2,940	4,200
1989 Colt, 4-cyl.						
2d HBk	152	456	760	1,710	2,660	3,800
2d HBk E	156	468	780	1,760	2,730	3,900
2d HBk GT	164	492	820	1,850	2,870	4,100
4d DL Sta Wag	200	600	1,000	2,250	3,500	5,000
4d DL Sta Wag 4x4	216	648	1,080	2,430	3,780	5,400
4d Vista Sta Wag	208	624	1,040	2,340	3,640	5,200
4d Vista Sta Wag 4x4	220	670	1,120	2,520	3,920	5,600
1989 Omni, 4-cyl.						
4d HBk	144	432	720	1,620	2,520	3,600
1989 Aries, 4-cyl.						
4d Sed	140	420	700	1,580	2,450	3,500
2d Sed	136	408	680	1,530	2,380	3,400
1989 Shadow, 4-cyl.						
4d HBk	168	504	840	1,890	2,940	4,200
2d HBk	164	492	820	1,850	2,870	4,100
1989 Daytona, 4-cyl.						
2d HBk	184	552	920	2,070	3,220	4,600

	6	5	4	3	2	1
2d ES HBk 200		600	1,000	2,250	3,500	5,000
2d ES HBk Turbo 220		660	1,100	2,480	3,850	5,500
2d HBk Shelby 248		744	1,240	2,790	4,340	6,200
1989 Spirit, 4-cyl.						
4d Sed 168		504	840	1,890	2,940	4,200
4d LE Sed 180		540	900	2,030	3,150	4,500
4d ES Sed Turbo 204		612	1,020	2,300	3,570	5,100
4d ES Sed V-6 204		612	1,020	2,300	3,570	5,100
1989 Lancer, 4-cyl.						
4d Spt HBk 204		612	1,020	2,300	3,570	5,100
4d Spt HBk ES 212		636	1,060	2,390	3,710	5,300
4d Spt HBk Shelby 260		780	1,300	2,930	4,550	6,500
NOTE: Add 5 percent for 2.2 Turbo. Add 15 percent for Shelby package.						
1989 Dynasty, 4-cyl.						
4d Sed 184		552	920	2,070	3,220	4,600
1989 V-6						
4d Sed 192		576	960	2,160	3,360	4,800
4d LE Sed 216		648	1,080	2,430	3,780	5,400
1989 Diplomat, V-8						
4d Sed Salon 220		660	1,100	2,480	3,850	5,500
4d SE Sed 224		672	1,120	2,520	3,920	5,600
1990 Colt, 4-cyl.						
2d HBk 152		456	760	1,710	2,660	3,800
2d GL HBk 160		480	800	1,800	2,800	4,000
2d GT HBk 168		504	840	1,890	2,940	4,200
4d DL Sta Wag. 184		552	920	2,070	3,220	4,600
4d DL Sta Wag 4x4 200		650	1,100	2,480	3,850	5,500
4d Vista 208		624	1,040	2,340	3,640	5,200
4d Vista 4x4 248		744	1,240	2,790	4,340	6,200
1990 Omni, 4-cyl.						
4d HBk 140		420	700	1,580	2,450	3,500
1990 Shadow, 4-cyl.						
2d HBk 164		492	820	1,850	2,870	4,100
4d HBk 168		504	840	1,890	2,940	4,200
1990 Daytona, 4-cyl.						
2d HBk 200		600	1,000	2,250	3,500	5,000
2d ES HBk 220		660	1,100	2,480	3,850	5,500
2d ES HBk Turbo 240		720	1,200	2,700	4,200	6,000
2d Shelby HBK 260		780	1,300	2,930	4,550	6,500
NOTE: Add 10 percent for V-6 where available.						
1990 Spirit, 4-cyl.						
4d Sed 160		480	800	1,800	2,800	4,000
4d LE Sed 180		540	900	2,030	3,150	4,500
4d ES Sed Turbo 200		600	1,000	2,250	3,500	5,000
NOTE: Add 10 percent for V-6 where available.						
1990 Monaco, V-6						
4d LE Sed 160		480	800	1,800	2,800	4,000
4d ES Sed 176		528	880	1,980	3,080	4,400
1990 Dynasty, 4-cyl.						
4d Sed 192		576	960	2,160	3,360	4,800
1990 V-6						
4d Sed 220		660	1,100	2,480	3,850	5,500
4d LE Sed 240		720	1,200	2,700	4,200	6,000
1991 Colt, 4-cyl.						
2d HBk 120		360	600	1,350	2,100	3,000
2d GL HBk 140		420	700	1,580	2,450	3,500
4d Vista Sta Wag 180		540	900	2,030	3,150	4,500
4d Vista Sta Wag 4x4. 220		660	1,100	2,480	3,850	5,500
1991 Shadow, 4-cyl.						
2d America HBk 140		420	700	1,580	2,450	3,500
4d America HBk 140		420	700	1,580	2,450	3,500
2d HBk 148		444	740	1,670	2,590	3,700
4d HBk 148		444	740	1,670	2,590	3,700
2d Conv 240		720	1,200	2,700	4,200	6,000
2d ES HBk 168		504	840	1,890	2,940	4,200
4d ES HBk 168		504	840	1,890	2,940	4,200
2d ES Conv 260		780	1,300	2,930	4,550	6,500
1991 Daytona, 4-cyl.						
2d HBk 180		540	900	2,030	3,150	4,500
2d ES HBk 184		552	920	2,070	3,220	4,600
1991 Daytona, V-6						
2d HBk 200		600	1,000	2,250	3,500	5,000
2d ES HBk 200		600	1,000	2,250	3,500	5,000
2d IROC HBk 240		720	1,200	2,700	4,200	6,000
1991 Sprint, 4-cyl.						
4d Sed 160		480	800	1,800	2,800	4,000

	6	5	4	3	2	1
4d LE Sed	172	516	860	1,940	3,010	4,300
4d ES Sed Turbo	200	600	1,000	2,250	3,500	5,000
4d R/T Turbo Sed	208	624	1,040	2,340	3,640	5,200
1991 Sprint, V-6						
4d Sed	172	516	860	1,940	3,010	4,300
4d LE Sed	184	552	920	2,070	3,220	4,600
4d ES Sed	192	576	960	2,160	3,360	4,800
1991 Monaco, V-6						
4d LE Sed	140	420	700	1,580	2,450	3,500
4d ES Sed	160	480	800	1,800	2,800	4,000
1991 Dynasty						
4d Sed 4-cyl	180	540	900	2,030	3,150	4,500
4d Sed V-6	200	600	1,000	2,250	3,500	5,000
4d LE Sed V-6	216	648	1,080	2,430	3,780	5,400
1991 Stealth, V-6						
2d LBk	450	1,400	2,300	5,180	8,050	11,500
2d ES LBk	600	1,750	2,900	6,530	10,200	14,500
2d R/T LBk	700	2,150	3,600	8,100	12,600	18,000
2d R/T LBk Turbo 4x4	800	2,400	4,000	9,000	14,000	20,000
1992 Colt, 4-cyl.						
2d HBk	144	432	720	1,620	2,520	3,600
2d GL HBk	160	480	800	1,800	2,800	4,000
1992 Shadow						
4d America HBk	160	480	800	1,800	2,800	4,000
2d America HBk	160	480	800	1,800	2,800	4,000
4d HBk	168	504	840	1,890	2,940	4,200
2d HBk	168	504	840	1,890	2,940	4,200
2d Conv	220	660	1,100	2,480	3,850	5,500
4d ES HBk	200	600	1,000	2,250	3,500	5,000
2d ES HBk	200	600	1,000	2,250	3,500	5,000
2d ES Conv	240	720	1,200	2,700	4,200	6,000
1992 Daytona, 4-cyl.						
2d HBk	200	600	1,000	2,250	3,500	5,000
2d ES HBk	208	624	1,040	2,340	3,640	5,200
2d IROC HBk	260	780	1,300	2,930	4,550	6,500
2d IROC R/T HBk	280	840	1,400	3,150	4,900	7,000
NOTE: Add 10 percent for V-6 where available.						
1992 Spirit, 4-cyl.						
4d Sed	180	540	900	2,030	3,150	4,500
4d LE Sed	188	564	940	2,120	3,290	4,700
4d ES Turbo Sed	200	600	1,000	2,250	3,500	5,000
NOTE: Add 10 percent for V-6 where available.						
1992 Monaco, V-6						
4d LE Sed	160	480	800	1,800	2,800	4,000
4d ES Sed	180	540	900	2,030	3,150	4,500
1992 Dynasty, V-6						
4d Sed 4-cyl	180	540	900	2,030	3,150	4,500
4d Sed	220	660	1,100	2,480	3,850	5,500
1992 Stealth, V-6						
2d Cpe	450	1,400	2,300	5,180	8,050	11,500
2d ES Cpe	550	1,700	2,800	6,300	9,800	14,000
2d R/T Cpe	650	1,900	3,200	7,200	11,200	16,000
2d R/T Cpe Turbo 4x4	800	2,400	4,000	9,000	14,000	20,000
1992 Viper, V-10						
2d RT/10 Rds	3,000	9,000	15,000	33,750	52,500	75,000
1993 Colt						
2d Cpe	152	456	760	1,710	2,660	3,800
4d Sed	156	468	780	1,760	2,730	3,900
2d GL Cpe	156	468	780	1,760	2,730	3,900
4d GL Sed	160	480	800	1,800	2,800	4,000
1993 Shadow						
2d HBk	164	492	820	1,850	2,870	4,100
4d HBk	168	504	840	1,890	2,940	4,200
2d ES HBk	168	504	840	1,890	2,940	4,200
4d ES HBk	172	516	860	1,940	3,010	4,300
2d Conv	220	660	1,100	2,480	3,850	5,500
2d ES Conv	240	720	1,200	2,700	4,200	6,000
1993 Daytona, 4-cyl.						
2d HBk	208	624	1,040	2,340	3,640	5,200
2d ES HBk	212	636	1,060	2,390	3,710	5,300
1993 Daytona, V-6						
2d HBk	216	648	1,080	2,430	3,780	5,400
2d ES HBk	220	660	1,100	2,480	3,850	5,500
2d IROC HBk	260	780	1,300	2,930	4,550	6,500
2d IROC R/T HBk	280	840	1,400	3,150	4,900	7,000

DODGE

	6	5	4	3	2	1
1993 Spirit, 4-cyl.						
4d Sed	184	552	920	2,070	3,220	4,600
4d ES Sed	188	564	940	2,120	3,290	4,700
1993 Spirit, V-6						
4d Sed	188	564	940	2,120	3,290	4,700
4d ES Sed	192	576	960	2,160	3,360	4,800
1993 Dynasty						
4d Sed, 4-cyl.	192	576	960	2,160	3,360	4,800
4d Sed, V-6	196	588	980	2,210	3,430	4,900
4d LE Sed, V-6	200	600	1,000	2,250	3,500	5,000
1993 Intrepid, V-6						
4d Sed	208	624	1,040	2,340	3,640	5,200
4d ES Sed	216	648	1,080	2,430	3,780	5,400
1993 Stealth, V-6						
2d HBk	450	1,400	2,300	5,220	8,100	11,600
2d ES HBk	550	1,700	2,800	6,350	9,850	14,100
*2d R/T HBk	650	2,000	3,300	7,430	11,600	16,500
*2d R/T HBk, Turbo, 4x4	820	2,460	4,100	9,230	14,350	20,500
1993 Viper, V-10						
2d RT/10 Rds	3,000	9,000	15,000	33,750	52,500	75,000
1994 Colt, 4-cyl.						
2d Sed	180	540	900	2,030	3,150	4,500
4d Sed	200	600	1,000	2,250	3,500	5,000
2d ES Sed	192	576	960	2,160	3,360	4,800
4d ES Sed	208	624	1,040	2,340	3,640	5,200
1994 Shadow, 4-cyl.						
4d HBk	200	600	1,000	2,250	3,500	5,000
2d HBk	196	588	980	2,210	3,430	4,900
4d ES HBk	216	648	1,080	2,430	3,780	5,400
2d ES HBk	212	636	1,060	2,390	3,710	5,300
1994 Spirit, 4-cyl. & V-6						
4d Sed	208	624	1,040	2,340	3,640	5,200
1994 Intrepid, V-6						
4d Sed	280	840	1,400	3,150	4,900	7,000
4d ES Sed	300	900	1,500	3,380	5,250	7,500
1994 Stealth, V-6						
2d HBk	500	1,550	2,600	5,850	9,100	13,000
2d R/T HBk	600	1,750	2,900	6,530	10,200	14,500
2d R/T HBK, Turbo, 4x4	640	1,920	3,200	7,200	11,200	16,000
1994 Viper, V-10						
2d RT/10 Rds	3,000	9,000	15,000	33,750	52,500	75,000
1995 Neon, 4-cyl.						
4d Sed	150	500	800	1,800	2,800	4,000
2d Highline Cpe	150	500	850	1,890	2,950	4,200
4d Highline Sed	150	500	850	1,940	3,000	4,300
2d Spt Cpe	200	550	900	2,030	3,150	4,500
4d Spt Sed	200	550	900	2,070	3,200	4,600
1995 Spirit, 4-cyl. & V-6						
4d Sed	200	600	1,050	2,340	3,650	5,200
1995 Avenger, 4-cyl. & V-6						
2d Cpe, 4-cyl.	250	700	1,150	2,570	4,000	5,700
2d ES Cpe, V-6	250	800	1,350	3,020	4,700	6,700
1995 Stratus, 4-cyl. & V-6						
4d Sed (4-cyl. only)	200	550	900	2,030	3,150	4,500
4d ES Sed	200	600	1,050	2,340	3,650	5,200
1995 Intrepid, V-6						
4d Sed	300	850	1,400	3,150	4,900	7,000
4d ES Sed	300	900	1,500	3,380	5,250	7,500
1995 Stealth, V-6						
2d HBk	500	1,550	2,600	5,850	9,100	13,000
2d R/T HBk	600	1,750	2,900	6,530	10,200	14,500
2d R/T Turbo HBK, 4x4	640	1,920	3,200	7,200	11,200	16,000
1995 Viper, V-10						
2d RT/10 Rds	3,000	9,000	15,000	33,750	52,500	75,000
1996 Neon, 4-cyl.						
2d Cpe	150	450	800	1,760	2,750	3,900
4d Sed	150	500	800	1,800	2,800	4,000
2d Highline Cpe	150	500	850	1,890	2,950	4,200
4d Highline Sed	150	500	850	1,940	3,000	4,300
2d Spt Cpe	200	550	900	2,030	3,150	4,500
4d Spt Sed	200	550	900	2,070	3,200	4,600
1996 Avenger, 4-cyl. & V-6						
2d Cpe (4-cyl. only)	250	700	1,150	2,570	4,000	5,700
2d ES Cpe	250	800	1,350	3,020	4,700	6,700
1996 Stratus, 4-cyl. & V-6						
4d Sed (4-cyl. only)	200	600	1,050	2,340	3,650	5,200

	6	5	4	3	2	1
1996 Intrepid, V-6						
4d Sed.	300	850	1,400	3,150	4,900	7,000
4d ES Sed.	300	900	1,500	3,380	5,250	7,500
1996 Stealth, V-6						
2d HBk	500	1,450	2,400	5,400	8,400	12,000
2d R/T HBk	550	1,600	2,700	6,080	9,450	13,500
2d R/T Turbo HBk, 4x4	600	1,800	3,000	6,750	10,500	15,000
1996 Viper, V-10						
2d RT/10 Rds	3,000	9,000	15,000	33,750	52,500	75,000
2d GTS Cpe	3,200	9,600	16,000	36,000	56,000	80,000
1997 Neon, 4-cyl.						
2d Cpe.	156	468	780	1,760	2,730	3,900
4d Sed.	160	480	800	1,800	2,800	4,000
2d Highline Cpe.	168	504	840	1,890	2,940	4,200
4d Highline Sed.	172	516	860	1,940	3,010	4,300
NOTE: Add 5 percent for Sport Pkg on Highline models.						
1997 Avenger, 4-cyl. & V-6						
2d Cpe.	228	684	1,140	2,570	3,990	5,700
2d ES Cpe.	268	804	1,340	3,020	4,690	6,700
1997 Stratus, 4-cyl. & V-6						
4d Sed (4-cyl. only)	180	540	900	2,030	3,150	4,500
4d ES Sed.	208	624	1,040	2,340	3,640	5,200
1997 Intrepid, V-6						
4d Sed.	280	840	1,400	3,150	4,900	7,000
4d ES Sed.	300	900	1,500	3,380	5,250	7,500
1997 Viper, V-10						
2d RT/10 Rds	3,000	9,000	15,000	33,750	52,500	75,000
2d GTS Cpe	3,200	9,600	16,000	36,000	56,000	80,000
1998 Neon, 4-cyl.						
2d Highline Cpe.	170	520	860	1,940	3,010	4,300
4d Highline Sed.	180	530	880	1,980	3,080	4,400
NOTE: Add 5 percent for Sport Pkg or R/T Pkg. Add 10 percent for ARC Competition Pkg.						
1998 Avenger, 4-cyl. & V-6						
2d Cpe.	230	680	1,140	2,570	3,990	5,700
2d ES Cpe.	270	800	1,340	3,020	4,690	6,700
NOTE: Add 5 percent for Sport Pkg on base model.						
1998 Stratus, 4-cyl. & V-6						
4d Sed (4-cyl. only)	180	540	900	2,030	3,150	4,500
4d ES Sed.	210	620	1,040	2,340	3,640	5,200
1998 Intrepid, V-6						
4d Sed.	280	850	1,420	3,200	4,970	7,100
4d ES Sed.	300	910	1,520	3,420	5,320	7,600
1998 Viper, V-10						
2d RT/10 Rds	3,000	9,000	15,000	33,750	52,500	75,000
2d GTS Cpe	3,200	9,600	16,000	36,000	56,000	80,000
1999 Neon, 4-cyl.						
2d Highline Cpe.	170	520	860	1,940	3,010	4,300
4d Highline Sed.	180	530	880	1,980	3,080	4,400
NOTE: Add 5 percent for Sport Pkg or R/T Pkg. Add 10 percent for ARC Competition Pkg.						
1999 Avenger, 4-cyl. & V-6						
2d Cpe.	230	680	1,140	2,570	3,990	5,700
2d ES Cpe.	270	800	1,340	3,020	4,690	6,700
NOTE: Add 5 percent for Sport Pkg on base model.						
1999 Stratus, 4-cyl. & V-6						
4d Sed (4-cyl. only)	190	560	940	2,120	3,290	4,700
4d ES Sed (V-6 only)	220	660	1,100	2,480	3,850	5,500
1999 Intrepid, V-6						
4d Sed.	280	850	1,420	3,200	4,970	7,100
4d ES Sed.	300	910	1,520	3,420	5,320	7,600
1999 Viper, V-10						
2d RT/10 Rds	3,000	9,000	15,000	33,750	52,500	75,000
2d GTS Cpe	3,200	9,600	16,000	36,000	56,000	80,000
NOTE: Add 5 percent for Cognac Pkg. Add 10 percent for ARC Competition Pkg.						
2000 Neon, 4-cyl.						
4d Highline Sed.	190	560	940	2,120	3,290	4,700
4d ES Sed.	200	590	980	2,210	3,430	4,900
NOTE: Add 5 percent for R/T pkg.						
2000 Avenger, V-6						
2d Cpe.	230	680	1,140	2,570	3,990	5,700
2d ES Cpe.	270	800	1,340	3,020	4,690	6,700
2000 Stratus, 4-cyl. & V-6						
4d SE Sed (4-cyl. only)	190	580	960	2,160	3,360	4,800
4d ES Sed (V-6 only)	220	660	1,100	2,480	3,850	5,500
2000 Intrepid, V-6						
4d Sed.	280	850	1,420	3,200	4,970	7,100
4d ES Sed.	300	910	1,520	3,420	5,320	7,600
4d R/T Sed.	320	960	1,600	3,600	5,600	8,000

	6	5	4	3	2	1
2000 Viper, V-10						
2d RT/10 Rds	3,000	9,000	15,000	33,750	52,500	75,000
2d GTS Cpe	3,200	9,600	16,000	36,000	56,000	80,000

NOTE: Add 10 percent for ARC Competition pkg.

	6	5	4	3	2	1
2001 Neon, 4-cyl.						
4d SE Sed	190	560	940	2,350	3,290	4,700
4d ES Sed	200	590	980	2,450	3,430	4,900
4d R/T Sed	400	1,200	2,000	4,500	7,000	10,000
4d ACR Competition Sed	440	1,320	2,200	4,950	7,700	11,000
2001 Stratus, 4-cyl. & V-6						
2d SE Cpe	200	590	980	2,450	3,430	4,900
4d SE Sed	190	580	960	2,400	3,360	4,800
4d ES Sed (V-6 only)	220	670	1,120	2,800	3,920	5,600
2d R/T Cpe (V-6 only)	300	910	1,520	3,800	5,320	7,600
2001 Intrepid, V-6						
4d SE Sed	290	860	1,440	3,600	5,040	7,200
4d ES Sed	310	920	1,540	3,850	5,390	7,700
4d R/T Sed	320	970	1,620	4,050	5,670	8,100

NOTE: Add 5 percent for 3.2L V-6 option on ES.

	6	5	4	3	2	1
2001 Viper, V-10						
2d RT/10 Rds	3,000	9,000	15,000	37,500	52,500	75,000
2d GTS Cpe	3,200	9,600	16,000	40,000	56,000	80,000

NOTE: Add 10 percent for ACR Competition pkg.

	6	5	4	3	2	1
2002 Neon, 4-cyl.						
4d Sed	180	540	900	2,250	3,150	4,500
4d SE Sed	190	560	940	2,350	3,290	4,700
4d ES Sed	200	590	980	2,450	3,430	4,900
4d SXT Sed	210	620	1,040	2,600	3,640	5,200
4d R/T Sed	400	1,200	2,000	4,500	7,000	10,000
4d ACR Competition Sed	480	1,440	2,400	5,400	8,400	12,000
2002 Stratus, 4-cyl. & V-6						
2d SE Cpe	200	590	980	2,450	3,430	4,900
4d SE Sed	190	580	960	2,400	3,360	4,800
4d SE Plus Sed	190	580	960	2,400	3,360	4,800
4d ES Sed (V-6 only)	220	670	1,120	2,520	3,920	5,600
2d SXT Cpe (4-cyl. only)	220	650	1,080	2,700	3,780	5,400
4d SXT Sed (4-cyl. only)	210	640	1,060	2,650	3,710	5,300
2d R/T Cpe (V-6 only)	300	910	1,520	3,800	5,320	7,600
4d R/T Sed (V-6 only)	300	900	1,500	3,750	5,250	7,500

NOTE: Add 5 percent for AutoStick on ES Sed.

	6	5	4	3	2	1
2002 Intrepid, V-6						
4d SE Sed	290	860	1,440	3,600	5,040	7,200
4d ES Sed	310	920	1,540	3,850	5,390	7,700
4d SXT Sed	310	940	1,560	3,900	5,460	7,800
4d R/T Sed	320	970	1,620	4,050	5,670	8,100
2002 Viper, V-10						
2d RT/10 Rds	3,000	9,000	15,000	37,500	52,500	75,000
2d GTS Cpe	3,200	9,600	16,000	40,000	56,000	80,000

NOTE: Add 10 percent for ACR Competition pkg. Add 20 percent for GTS Final Ed.

	6	5	4	3	2	1
2003 Neon, 4-cyl.						
4d SE Sed	190	560	940	2,350	3,290	4,700
4d SXT Sed	210	620	1,040	2,600	3,640	5,200
4d R/T Sed	400	1,200	2,000	4,500	7,000	10,000
4d SRT-4 Sed	440	1,320	2,200	4,950	7,700	11,000
2003 Stratus, 4-cyl. & V-6						
2d SE Cpe	200	590	980	2,450	3,430	4,900
4d SE Sed	190	580	960	2,400	3,360	4,800
4d ES Sed (V-6 only)	220	670	1,120	2,800	3,920	5,600
2d SXT Cpe (4-cyl. only)	220	650	1,080	2,700	3,780	5,400
4d SXT Sed (4-cyl. only)	210	640	1,060	2,650	3,710	5,300
2d R/T Cpe (V-6 only)	300	910	1,520	3,800	5,320	7,600
4d R/T Sed (V-6 only)	300	900	1,500	3,750	5,250	7,500
2003 Intrepid, V-6						
4d SE Sed	290	860	1,440	3,600	5,040	7,200
4d ES Sed	310	920	1,540	3,850	5,390	7,700
4d SXT Sed	310	940	1,560	3,900	5,460	7,800
2003 Viper, V-10						
2d SRT/10 Conv	3,200	9,600	16,000	40,000	56,000	80,000

NOTE: The Viper Competition Coupe was offered beginning in 2003, but was not for highway use.

	6	5	4	3	2	1
2004 Neon, 4-cyl.						
4d SE Sed	190	560	940	2,350	3,290	4,700
4d SXT Sed	210	620	1,040	2,600	3,640	5,200
4d R/T Sed	220	670	1,120	2,800	3,920	5,600
4d SRT-4 Sed	440	1,320	2,200	5,500	7,700	11,000

NOTE: Deduct 5 percent for manual transmission, except SRT-4.

	6	5	4	3	2	1
2004 Stratus, 4-cyl. & V-6						
2d SXT Cpe (4-cyl. only)........ 200	590	980	2,450	3,430	4,900
4d SE Sed......... 190	580	960	2,400	3,360	4,800
4d ES Sed (V-6 only) 220	670	1,120	2,800	3,920	5,600
2d SXT Cpe (4-cyl. only)........ 220	650	1,080	2,700	3,780	5,400
4d SXT Sed........ 210	640	1,060	2,650	3,710	5,300
2d R/T Cpe (V-6 only)........ 300	910	1,520	3,800	5,320	7,600
4d R/T Cpe (V-6 only)........ 300	900	1,500	3,750	5,250	7,500
NOTE: Deduct 5 percent for manual transmission.						
2004 Intrepid, V-6						
4d SE Sed........... 290	860	1,440	3,600	5,040	7,200
4d ES Sed.......... 310	920	1,540	3,850	5,390	7,700
4d SXT Sed......... 310	940	1,560	3,900	5,460	7,800
2004 Viper, V-10						
2d SRT/10 Conv 3,200	9,600	16,000	40,000	56,000	80,000

EDSEL

	6	5	4	3	2	1
1958 Ranger Series, V-8, 118" wb						
2d Sed......... 660	1,990	3,320	7,470	11,620	16,600
4d Sed......... 660	1,980	3,300	7,430	11,550	16,500
4d HT 700	2,100	3,500	7,880	12,250	17,500
2d HT 960	2,880	4,800	10,800	16,800	24,000
1958 Pacer Series, V-8, 118" wb						
4d Sed......... 680	2,040	3,400	7,650	11,900	17,000
4d HT 720	2,160	3,600	8,100	12,600	18,000
2d HT 1,000	3,000	5,000	11,250	17,500	25,000
2d Conv......... 2,260	6,780	11,300	25,430	39,550	56,500
1958 Corsair Series, V-8, 124" wb						
4d HT 760	2,280	3,800	8,550	13,300	19,000
2d HT 1,060	3,180	5,300	11,930	18,550	26,500
1958 Citation Series, V-8, 124" wb						
4d HT 840	2,520	4,200	9,450	14,700	21,000
2d HT 1,120	3,360	5,600	12,600	19,600	28,000
2d Conv......... 3,140	9,420	15,700	35,330	54,950	78,500
NOTE: Deduct 5 percent for 6-cyl.						
1958 Station Wagons, V-8						
4d Vill......... 1,040	3,120	5,200	11,700	18,200	26,000
4d Ber......... 1,700	5,100	8,500	19,130	29,750	42,500
4d 9P Vill......... 1,100	3,300	5,500	12,380	19,250	27,500
4d 9P Ber......... 1,740	5,220	8,700	19,580	30,450	43,500
2d Rdup......... 1,160	3,480	5,800	13,050	20,300	29,000
1959 Ranger Series, V-8, 120" wb						
2d Sed......... 650	1,940	3,240	7,290	11,340	16,200
4d Sed......... 640	1,930	3,220	7,250	11,270	16,100
4d HT 680	2,050	3,420	7,700	11,970	17,100
2d HT 820	2,460	4,100	9,230	14,350	20,500
1959 Corsair Series, V-8, 120" wb						
4d Sed......... 660	1,980	3,300	7,430	11,550	16,500
4d HT 720	2,160	3,600	8,100	12,600	18,000
2d HT 880	2,640	4,400	9,900	15,400	22,000
2d Conv......... 1,340	4,020	6,700	15,080	23,450	33,500
1959 Station Wagons, V-8, 118" wb						
4d Vill......... 1,000	3,000	5,000	11,250	17,500	25,000
4d 9P Vill......... 1,060	3,180	5,300	11,930	18,550	26,500
NOTE: Deduct 5 percent for 6-cyl.						
1960 Ranger Series, V-8, 120" wb						
2d Sed......... 670	2,000	3,340	7,520	11,690	16,700
4d Sed......... 660	1,990	3,320	7,470	11,620	16,600
4d HT 940	2,820	4,700	10,580	16,450	23,500
2d HT 1,440	4,320	7,200	16,200	25,200	36,000
2d Conv......... 3,580	10,740	17,900	40,280	62,650	89,500
1960 Station Wagons, V-8, 120" wb						
4d 6P Vill......... 1,100	3,300	5,500	12,380	19,250	27,500
4d 9P Vill......... 1,120	3,360	5,600	12,600	19,600	28,000
NOTE: Deduct 5 percent for 6-cyl.						

FORD

	6	5	4	3	2	1
Model A 1903, 2-cyl., Ser. No. 1-670, 8 hp, 1904, 2-cyl., Ser. No. 671-1708, 10 hp						
Rbt......... 1,840	5,520	9,200	20,700	32,200	46,000
Rbt W/ton 1,880	5,640	9,400	21,150	32,900	47,000
Model B 10 hp, 4-cyl.						
Tr.........		value not estimable				
Model C 10 hp, 2-cyl., Ser. No. 1709-2700						
Rbt......... 1,840	5,520	9,200	20,700	32,200	46,000

FORD

	6	5	4	3	2	1
Rbt W/ton	1,880	5,640	9,400	21,150	32,900	47,000
Dr's Mdl	1,920	5,760	9,600	21,600	33,600	48,000
Model F 16 hp, 2-cyl., (Produced 1904-05-06)						
Tr	1,920	5,760	9,600	21,600	33,600	48,000
Model K 40 hp, 6-cyl., (Produced 1905-06-07-08)						
Tr	2,960	8,880	14,800	33,300	51,800	74,000
Rds	2,960	8,880	14,800	33,300	51,800	74,000
Model N 18 hp, 4-cyl., (Produced 1906-07-08)						
Rbt	1,760	5,280	8,800	19,800	30,800	44,000
Model R 4-cyl., (Produced 1907-08)						
Rbt	1,760	5,280	8,800	19,800	30,800	44,000
Model S 4-cyl.						
Rbt	1,800	5,400	9,000	20,250	31,500	45,000
1908 Model T, 4-cyl., 2 levers, 2 foot pedals (1,000 produced)						
Tr	1,860	5,580	9,300	20,930	32,550	46,500
1909 Model T, 4-cyl.						
Rbt	1,260	3,780	6,300	14,180	22,050	31,500
Tr	1,220	3,660	6,100	13,730	21,350	30,500
Trbt	1,140	3,420	5,700	12,830	19,950	28,500
Cpe	1,060	3,180	5,300	11,930	18,550	26,500
Twn Car	1,260	3,780	6,300	14,180	22,050	31,500
Lan'let	1,140	3,420	5,700	12,830	19,950	28,500
1910 Model T, 4-cyl.						
Rbt	1,220	3,660	6,100	13,730	21,350	30,500
Tr	1,180	3,540	5,900	13,280	20,650	29,500
Cpe	1,020	3,060	5,100	11,480	17,850	25,500
Twn Car	1,060	3,180	5,300	11,930	18,550	26,500
C'ml Rds	1,020	3,060	5,100	11,480	17,850	25,500
1911 Model T, 4-cyl.						
Rbt	1,180	3,540	5,900	13,280	20,650	29,500
Tor Rds	1,140	3,420	5,700	12,830	19,950	28,500
Tr	1,140	3,420	5,700	12,830	19,950	28,500
Trbt	1,100	3,300	5,500	12,380	19,250	27,500
Cpe	940	2,820	4,700	10,580	16,450	23,500
Twn Car	1,100	3,300	5,500	12,380	19,250	27,500
C'ml Rds	980	2,940	4,900	11,030	17,150	24,500
Dely Van	900	2,700	4,500	10,130	15,750	22,500
1912 Model T, 4-cyl.						
Rds	1,100	3,300	5,500	12,380	19,250	27,500
Tor Rds	1,140	3,420	5,700	12,830	19,950	28,500
Tr	1,140	3,420	5,700	12,830	19,950	28,500
Twn Car	1,100	3,300	5,500	12,380	19,250	27,500
Dely Van	940	2,820	4,700	10,580	16,450	23,500
C'ml Rds	1,020	3,060	5,100	11,480	17,850	25,500
1913 Model T, 4-cyl.						
Rds	1,100	3,300	5,500	12,380	19,250	27,500
Tr	1,140	3,420	5,700	12,830	19,950	28,500
Twn Car	1,020	3,060	5,100	11,480	17,850	25,500
1914 Model T, 4-cyl.						
Rds	1,100	3,300	5,500	12,380	19,250	27,500
Tr	1,140	3,420	5,700	12,830	19,950	28,500
Twn Car	1,060	3,180	5,300	11,930	18,550	26,500
Cpe	820	2,460	4,100	9,230	14,350	20,500
1915 & early 1916 Model T, 4-cyl., (brass rad.)						
Rds	1,100	3,300	5,500	12,380	19,250	27,500
Tr	1,100	3,300	5,500	12,380	19,250	27,500
Conv Cpe	1,140	3,420	5,700	12,830	19,950	28,500
Ctr dr Sed	860	2,580	4,300	9,680	15,050	21,500
Twn Car	1,020	3,060	5,100	11,480	17,850	25,500
1916 Model T, 4-cyl., (steel rad.)						
Rds	900	2,700	4,500	10,130	15,750	22,500
Tr	860	2,580	4,300	9,680	15,050	21,500
Conv Cpe	900	2,700	4,500	10,130	15,750	22,500
Ctr dr Sed	660	1,980	3,300	7,430	11,550	16,500
Twn Car	740	2,220	3,700	8,330	12,950	18,500
1917 Model T, 4-cyl.						
Rds	880	2,640	4,400	9,900	15,400	22,000
Tr	820	2,460	4,100	9,230	14,350	20,500
Conv Cpe	700	2,100	3,500	7,880	12,250	17,500
Twn Car	620	1,860	3,100	6,980	10,850	15,500
Ctr dr Sed	540	1,620	2,700	6,080	9,450	13,500
Cpe	580	1,740	2,900	6,530	10,150	14,500
1918 Model T, 4-cyl.						
Rds	880	2,640	4,400	9,900	15,400	22,000
Tr	820	2,460	4,100	9,230	14,350	20,500
Cpe	580	1,740	2,900	6,530	10,150	14,500
Ctr dr Sed	540	1,620	2,700	6,080	9,450	13,500

	6	5	4	3	2	1
1919 Model T, 4-cyl.						
Rds	880	2,640	4,400	9,900	15,400	22,000
Tr	860	2,580	4,300	9,680	15,050	21,500
Cpe	580	1,740	2,900	6,530	10,150	14,500
Ctr dr Sed	580	1,740	2,900	6,530	10,150	14,500
1920-21 Model T, 4-cyl.						
Rds	820	2,460	4,100	9,230	14,350	20,500
Tr	860	2,580	4,300	9,680	15,050	21,500
Cpe	540	1,620	2,700	6,080	9,450	13,500
Ctr dr Sed	540	1,620	2,700	6,080	9,450	13,500
1922-23 Model T, 4-cyl.						
Rds	740	2,220	3,700	8,330	12,950	18,500
'22 Tr	780	2,340	3,900	8,780	13,650	19,500
'23 Tr	800	2,400	4,000	9,000	14,000	20,000
Cpe	540	1,620	2,700	6,080	9,450	13,500
4d Sed	480	1,440	2,400	5,400	8,400	12,000
2d Sed	500	1,500	2,500	5,630	8,750	12,500
Ctr dr Sed	560	1,680	2,800	6,300	9,800	14,000
1924 Model T, 4-cyl.						
Rds	740	2,220	3,700	8,330	12,950	18,500
Tr	800	2,400	4,000	9,000	14,000	20,000
Cpe	580	1,740	2,900	6,530	10,150	14,500
4d Sed	480	1,440	2,400	5,400	8,400	12,000
2d Sed	500	1,500	2,500	5,630	8,750	12,500
Rds PU	620	1,860	3,100	6,980	10,850	15,500
1925 Model T, 4-cyl.						
Rds	740	2,220	3,700	8,330	12,950	18,500
Tr	780	2,340	3,900	8,780	13,650	19,500
Cpe	580	1,740	2,900	6,530	10,150	14,500
2d	480	1,440	2,400	5,400	8,400	12,000
4d	500	1,500	2,500	5,630	8,750	12,500
1926 Model T, 4-cyl.						
Rds	780	2,340	3,900	8,780	13,650	19,500
Tr	820	2,460	4,100	9,230	14,350	20,500
Cpe	580	1,740	2,900	6,530	10,150	14,500
2d	500	1,500	2,500	5,630	8,750	12,500
4d	500	1,510	2,520	5,670	8,820	12,600
1927 Model T, 4-cyl.						
Rds	820	2,460	4,100	9,230	14,350	20,500
Tr	860	2,580	4,300	9,680	15,050	21,500
Cpe	600	1,800	3,000	6,750	10,500	15,000
2d	520	1,560	2,600	5,850	9,100	13,000
4d	500	1,500	2,500	5,630	8,750	12,500
1928 Model A, 4-cyl.						
NOTE: Add 20 percent average for early "AH" features.						
2d Rds	1,320	3,960	6,600	14,850	23,100	33,000
4d Phae	1,400	4,200	7,000	15,750	24,500	35,000
2d Cpe	600	1,800	3,000	6,750	10,500	15,000
2d Spl Cpe	620	1,860	3,100	6,980	10,850	15,500
2d Bus Cpe	560	1,680	2,800	6,300	9,800	14,000
2d Spt Cpe	640	1,920	3,200	7,200	11,200	16,000
2d Sed	520	1,560	2,600	5,850	9,100	13,000
4d Sed	520	1,570	2,620	5,900	9,170	13,100
1929 Model A, 4-cyl.						
2d Rds	1,360	4,080	6,800	15,300	23,800	34,000
4d Phae	1,440	4,320	7,200	16,200	25,200	36,000
2d Cabr	1,280	3,840	6,400	14,400	22,400	32,000
2d Cpe	640	1,920	3,200	7,200	11,200	16,000
2d Bus Cpe	600	1,800	3,000	6,750	10,500	15,000
2d Spl Cpe	660	1,980	3,300	7,430	11,550	16,500
2d Spt Cpe	680	2,040	3,400	7,650	11,900	17,000
2d Sed	520	1,560	2,600	5,850	9,100	13,000
4d 3W Sed	540	1,620	2,700	6,080	9,450	13,500
4d 5W Sed	560	1,680	2,800	6,300	9,800	14,000
4d DeL Sed	640	1,920	3,200	7,200	11,200	16,000
4d Twn Sed	680	2,040	3,400	7,650	11,900	17,000
4d Taxi	1,800	5,400	9,000	20,250	31,500	45,000
4d Twn Car	920	2,760	4,600	10,350	16,100	23,000
4d Sta Wag	1,840	5,520	9,200	20,700	32,200	46,000
1930 Model A, 4-cyl.						
2d Rds	1,400	4,200	7,000	15,750	24,500	35,000
2d DeL Rds	1,440	4,320	7,200	16,200	25,200	36,000
4d Phae	1,480	4,440	7,400	16,650	25,900	37,000
2d DeL Phae	1,520	4,560	7,600	17,100	26,600	38,000
2d Cabr	1,320	3,960	6,600	14,850	23,100	33,000
2d Cpe	680	2,040	3,400	7,650	11,900	17,000

FORD

	6	5	4	3	2	1
2d DeL Cpe	720	2,160	3,600	8,100	12,600	18,000
2d Spt Cpe	700	2,100	3,500	7,880	12,250	17,500
2d Std Sed	560	1,680	2,800	6,300	9,800	14,000
2d DeL Sed	720	2,160	3,600	8,100	12,600	18,000
2d 3W Cpe	680	2,040	3,400	7,650	11,900	17,000
2d 5W Cpe	700	2,100	3,500	7,880	12,250	17,500
4d DeL Sed	680	2,040	3,400	7,650	11,900	17,000
4d Twn Sed	720	2,160	3,600	8,100	12,600	18,000
2d Vic	880	2,640	4,400	9,900	15,400	22,000
4d Sta Wag	1,880	5,640	9,400	21,150	32,900	47,000
1931 Model A, 4-cyl.						
2d Rds	1,400	4,200	7,000	15,750	24,500	35,000
2d DeL Rds	1,440	4,320	7,200	16,200	25,200	36,000
4d Phae	1,480	4,440	7,400	16,650	25,900	37,000
2d DeL Phae	1,520	4,560	7,600	17,100	26,600	38,000
2d Cabr	1,320	3,960	6,600	14,850	23,100	33,000
2d Conv Sed	1,600	4,800	8,000	18,000	28,000	40,000
2d Cpe	680	2,040	3,400	7,650	11,900	17,000
2d DeL Cpe	720	2,160	3,600	8,100	12,600	18,000
2d Spt Cpe	700	2,100	3,500	7,880	12,250	17,500
2d Sed	560	1,680	2,800	6,300	9,800	14,000
2d DeL Sed	720	2,160	3,600	8,100	12,600	18,000
4d Sed	600	1,800	3,000	6,750	10,500	15,000
4d DeL Sed	640	1,920	3,200	7,200	11,200	16,000
4d Twn Sed	720	2,160	3,600	8,100	12,600	18,000
2d Vic	880	2,640	4,400	9,900	15,400	22,000
4d Sta Wag	1,880	5,640	9,400	21,150	32,900	47,000
1932 Model B, 4-cyl.						
2d Rds	2,600	7,800	13,000	29,250	45,500	65,000
4d Phae	2,280	6,840	11,400	25,650	39,900	57,000
2d Cabr	2,680	8,040	13,400	30,150	46,900	67,000
4d Conv Sed	2,160	6,480	10,800	24,300	37,800	54,000
2d Cpe	2,400	7,200	12,000	27,000	42,000	60,000
2d Spt Cpe	2,440	7,320	12,200	27,450	42,700	61,000
2d Sed	1,280	3,840	6,400	14,400	22,400	32,000
4d Sed	880	2,640	4,400	9,900	15,400	22,000
2d Vic	1,720	5,160	8,600	19,350	30,100	43,000
4d Sta Wag	3,200	9,600	16,000	36,000	56,000	80,000
1932 Model 18, V-8						
2d Rds	2,800	8,400	14,000	31,500	49,000	70,000
2d DeL Rds	2,680	8,040	13,400	30,150	46,900	67,000
4d Phae	2,320	6,960	11,600	26,100	40,600	58,000
4d DeL Phae	2,680	8,040	13,400	30,150	46,900	67,000
2d Cabr	2,720	8,160	13,600	30,600	47,600	68,000
4d Conv Sed	2,200	6,600	11,000	24,750	38,500	55,000
2d Cpe	2,400	7,200	12,000	27,000	42,000	60,000
2d DeL Cpe	2,500	7,500	12,500	28,130	43,750	62,500
2d Spt Cpe	2,540	7,620	12,700	28,580	44,450	63,500
2d Sed	1,400	4,200	7,000	15,750	24,500	35,000
2d DeL Sed	1,500	4,500	7,500	16,880	26,250	37,500
4d Sed	1,000	3,000	5,000	11,250	17,500	25,000
4d DeL Sed	1,100	3,300	5,500	12,380	19,250	27,500
2d Vic	1,760	5,280	8,800	19,800	30,800	44,000
4d Sta Wag	3,480	10,440	17,400	39,150	60,900	87,000
1933 Model 40, V-8						
4d Phae	2,240	6,720	11,200	25,200	39,200	56,000
4d DeL Phae	2,280	6,840	11,400	25,650	39,900	57,000
2d Rds	2,720	8,160	13,600	30,600	47,600	68,000
2d DeL Rds	2,800	8,400	14,000	31,500	49,000	70,000
2d 3W Cpe	2,420	7,260	12,100	27,230	42,350	60,500
2d 3W DeL Cpe	2,540	7,620	12,700	28,580	44,450	63,500
2d 5W Cpe	2,340	7,020	11,700	26,330	40,950	58,500
2d 5W DeL Cpe	2,380	7,140	11,900	26,780	41,650	59,500
2d Cabr	2,640	7,920	13,200	29,700	46,200	66,000
2d Sed	1,320	3,960	6,600	14,850	23,100	33,000
2d DeL Sed	1,420	4,260	7,100	15,980	24,850	35,500
4d Sed	920	2,760	4,600	10,350	16,100	23,000
4d DeL Sed	1,020	3,060	5,100	11,480	17,850	25,500
2d Vic	2,280	6,840	11,400	25,650	39,900	57,000
4d Sta Wag	3,620	10,860	18,100	40,730	63,350	90,500
1933 Model 40, 4-cyl.						
NOTE: All models deduct 20 percent average from V-8 models.						
1934 Model 40, V-8						
2d Rds	2,760	8,280	13,800	31,050	48,300	69,000
4d Phae	2,320	6,960	11,600	26,100	40,600	58,000
2d Cabr	2,680	8,040	13,400	30,150	46,900	67,000

FORD

	6	5	4	3	2	1
5W Cpe.	2,360	7,080	11,800	26,550	41,300	59,000
2d 3W DeL Cpe.	2,560	7,680	12,800	28,800	44,800	64,000
2d 5W DeL Cpe.	2,400	7,200	12,000	27,000	42,000	60,000
2d Sed.	1,360	4,080	6,800	15,300	23,800	34,000
2d DeL Sed.	1,460	4,380	7,300	16,430	25,550	36,500
4d Sed.	960	2,880	4,800	10,800	16,800	24,000
4d DeL Sed.	1,060	3,180	5,300	11,930	18,550	26,500
2d Vic	2,320	6,960	11,600	26,100	40,600	58,000
4d Sta Wag	3,640	10,920	18,200	40,950	63,700	91,000

1935 Model 48, V-8

	6	5	4	3	2	1
4d Phae.	2,240	6,720	11,200	25,200	39,200	56,000
2d Rds.	2,520	7,560	12,600	28,350	44,100	63,000
2d Cabr.	2,360	7,080	11,800	26,550	41,300	59,000
4d Conv Sed	2,440	7,320	12,200	27,450	42,700	61,000
2d 3W DeL Cpe.	1,680	5,040	8,400	18,900	29,400	42,000
2d 5W Cpe.	1,520	4,560	7,600	17,100	26,600	38,000
2d 5W DeL Cpe.	1,560	4,680	7,800	17,550	27,300	39,000
2d Sed.	960	2,880	4,800	10,800	16,800	24,000
2d DeL Sed.	1,000	3,000	5,000	11,250	17,500	25,000
4d Sed.	920	2,760	4,600	10,350	16,100	23,000
4d DeL Sed.	940	2,820	4,700	10,580	16,450	23,500
4d Sta Wag	3,320	9,960	16,600	37,350	58,100	83,000
4d C'ham Twn Car	3,000	9,000	15,000	33,750	52,500	75,000

1936 Model 68, V-8

	6	5	4	3	2	1
2d Rds.	2,560	7,680	12,800	28,800	44,800	64,000
4d Phae.	2,280	6,840	11,400	25,650	39,900	57,000
2d Cabr.	2,400	7,200	12,000	27,000	42,000	60,000
2d Clb Cabr.	2,440	7,320	12,200	27,450	42,700	61,000
4d Conv Trk Sed.	2,520	7,560	12,600	28,350	44,100	63,000
4d Conv Sed.	2,480	7,440	12,400	27,900	43,400	62,000
2d 3W Cpe.	1,640	4,920	8,200	18,450	28,700	41,000
2d 5W Cpe.	1,600	4,800	8,000	18,000	28,000	40,000
2d 5W DeL Cpe.	1,640	4,920	8,200	18,450	28,700	41,000
2d Sed.	1,000	3,000	5,000	11,250	17,500	25,000
2d Tr Sed	1,020	3,060	5,100	11,480	17,850	25,500
2d DeL Sed.	1,040	3,120	5,200	11,700	18,200	26,000
4d Sed.	960	2,880	4,800	10,800	16,800	24,000
4d Tr Sed	980	2,940	4,900	11,030	17,150	24,500
4d DeL Sed.	1,000	3,000	5,000	11,250	17,500	25,000
4d DeL Tr Sed.	1,020	3,060	5,100	11,480	17,850	25,500
4d Sta Wag.	3,400	10,200	17,000	38,250	59,500	85,000

1937 Model 74, V-8, 60 hp

	6	5	4	3	2	1
2d Sed.	720	2,170	3,620	8,150	12,670	18,100
2d Tr Sed	740	2,230	3,720	8,370	13,020	18,600
4d Sed.	720	2,160	3,600	8,100	12,600	18,000
4d Tr Sed	740	2,220	3,700	8,330	12,950	18,500
2d Cpe.	1,320	3,960	6,600	14,850	23,100	33,000
2d Cpe PU.	1,360	4,080	6,800	15,300	23,800	34,000
4d Sta Wag.	2,920	8,760	14,600	32,850	51,100	73,000

1937 Model 78, V-8, 85 hp

	6	5	4	3	2	1
2d Rds.	2,760	8,280	13,800	31,050	48,300	69,000
4d Phae.	2,400	7,200	12,000	27,000	42,000	60,000
2d Cabr.	2,480	7,440	12,400	27,900	43,400	62,000
2d Clb Cabr.	2,520	7,560	12,600	28,350	44,100	63,000
4d Conv Sed.	2,560	7,680	12,800	28,800	44,800	64,000
2d Cpe.	1,400	4,200	7,000	15,750	24,500	35,000
2d Clb Cpe	1,440	4,320	7,200	16,200	25,200	36,000
2d Sed.	780	2,350	3,920	8,820	13,720	19,600
2d Tr Sed	800	2,410	4,020	9,050	14,070	20,100
4d Sed.	780	2,340	3,900	8,780	13,650	19,500
4d Tr Sed	800	2,400	4,000	9,000	14,000	20,000
4d Sta Wag.	3,560	10,680	17,800	40,050	62,300	89,000

1938 Model 81A Standard, V-8

	6	5	4	3	2	1
2d Cpe.	1,260	3,780	6,300	14,180	22,050	31,500
2d Sed.	720	2,170	3,620	8,150	12,670	18,100
4d Sed.	720	2,160	3,600	8,100	12,600	18,000

1938 Model 81A DeLuxe, V-8

	6	5	4	3	2	1
4d Phae.	2,360	7,080	11,800	26,550	41,300	59,000
2d Conv.	2,400	7,200	12,000	27,000	42,000	60,000
2d Clb Conv	2,440	7,320	12,200	27,450	42,700	61,000
4d Conv Sed	2,520	7,560	12,600	28,350	44,100	63,000
2d Cpe.	1,360	4,080	6,800	15,300	23,800	34,000
2d Clb Cpe	1,400	4,200	7,000	15,750	24,500	35,000
2d Sed.	760	2,290	3,820	8,600	13,370	19,100
4d Sed.	760	2,280	3,800	8,550	13,300	19,000
4d Sta Wag.	3,520	10,560	17,600	39,600	61,600	88,000

NOTE: Deduct 10 percent average for 60 hp 82A Ford.

	6	5	4	3	2	1
1939 Standard, V-8						
2d Cpe	1,360	4,080	6,800	15,300	23,800	34,000
2d Sed	740	2,230	3,720	8,370	13,020	18,600
4d Sed	740	2,220	3,700	8,330	12,950	18,500
4d Sta Wag	3,560	10,680	17,800	40,050	62,300	89,000
1939 DeLuxe, V-8						
2d Conv	3,120	9,360	15,600	35,100	54,600	78,000
4d Conv Sed	3,240	9,720	16,200	36,450	56,700	81,000
2d Cpe	1,400	4,200	7,000	15,750	24,500	35,000
2d Sed	800	2,410	4,020	9,050	14,070	20,100
4d Sed	800	2,400	4,000	9,000	14,000	20,000
4d Sta Wag	4,220	12,660	21,100	47,480	73,850	105,500
NOTE: Deduct 10 percent average for V-8, 60 hp models.						
1940 Standard & DeLuxe, V-8						
2d Conv	3,160	9,480	15,800	35,550	55,300	79,000
2d Cpe	1,440	4,320	7,200	16,200	25,200	36,000
2d DeL Cpe	1,520	4,560	7,600	17,100	26,600	38,000
2d Sed	840	2,530	4,220	9,500	14,770	21,100
2d DeL Sed	860	2,590	4,320	9,720	15,120	21,600
4d Sed	840	2,520	4,200	9,450	14,700	21,000
4d DeL Sed	860	2,580	4,300	9,680	15,050	21,500
4d Sta Wag	4,260	12,780	21,300	47,930	74,550	106,500
NOTE: Deduct 10 percent average for V-8, 60 hp models.						
1941 Model 11A Special, V-8						
2d Cpe	1,360	4,080	6,800	15,300	23,800	34,000
2d Sed	700	2,100	3,500	7,920	12,300	17,600
4d Sed	700	2,100	3,500	7,880	12,300	17,500
1941 DeLuxe						
3P Cpe	1,480	4,440	7,400	16,650	25,900	37,000
5P Cpe	1,440	4,320	7,200	16,200	25,200	36,000
2d Sed	750	2,300	3,800	8,600	13,400	19,100
4d Sed	750	2,300	3,800	8,550	13,300	19,000
4d Sta Wag	3,120	9,360	15,600	35,100	54,600	78,000
1941 Super DeLuxe						
2d Conv	2,360	7,080	11,800	26,550	41,300	59,000
3P Cpe	1,520	4,560	7,600	17,100	26,600	38,000
5P Cpe	1,560	4,680	7,800	17,550	27,300	39,000
2d Sed	800	2,350	3,900	8,820	13,700	19,600
4d Sed	800	2,350	3,900	8,780	13,700	19,500
4d Sta Wag	3,520	10,560	17,600	39,600	61,600	88,000
NOTE: Deduct 10 percent average for 6-cyl.						
1942 Model 2GA Special, 6-cyl.						
3P Cpe	1,240	3,720	6,200	13,950	21,700	31,000
2d Sed	700	2,050	3,400	7,700	12,000	17,100
4d Sed	700	2,050	3,400	7,650	11,900	17,000
1942 Model 21A DeLuxe, V-8						
2d Cpe	1,280	3,840	6,400	14,400	22,400	32,000
5P Cpe	1,320	3,960	6,600	14,850	23,100	33,000
2d Sed	700	2,100	3,500	7,920	12,300	17,600
4d Sed	700	2,100	3,500	7,880	12,300	17,500
4d Sta Wag	3,160	9,480	15,800	35,550	55,300	79,000
1942 Super DeLuxe						
2d Conv	2,400	7,200	12,000	27,000	42,000	60,000
3P Cpe	1,400	4,200	7,000	15,750	24,500	35,000
5P Cpe	1,360	4,080	6,800	15,300	23,800	34,000
2d Sed	700	2,100	3,500	7,880	12,300	17,500
4d Sed	700	2,050	3,450	7,740	12,000	17,200
4d Sta Wag	3,560	10,680	17,800	40,050	62,300	89,000
NOTE: Deduct 10 percent average for 6-cyl.						
1946-48 Model 89A DeLuxe, V-8						
3P Cpe	1,240	3,720	6,200	13,950	21,700	31,000
2d Sed	684	2,052	3,420	7,700	11,970	17,100
4d Sed	680	2,040	3,400	7,650	11,900	17,000
1946-48 Model 89A Super DeLuxe, V-8						
2d Conv	2,080	6,240	10,400	23,400	36,400	52,000
2d Sptman Conv	8,380	25,140	41,900	94,280	146,650	209,500
2d 3P Cpe	1,280	3,840	6,400	14,400	22,400	32,000
2d 5P Cpe	1,320	3,960	6,600	14,850	23,100	33,000
2d Sed	704	2,112	3,520	7,920	12,320	17,600
4d Sed	700	2,100	3,500	7,880	12,250	17,500
4d Sta Wag	3,720	11,160	18,600	41,850	65,100	93,000
NOTE: Deduct 5 percent average for 6-cyl.						
1949-50 DeLuxe, V-8, 114" wb						
2d Bus Cpe	1,040	3,120	5,200	11,700	18,200	26,000
2d Sed	880	2,640	4,400	9,900	15,400	22,000
4d Sed	800	2,400	4,000	9,000	14,000	20,000

	6	5	4	3	2	1

1949-50 Custom DeLuxe, V-8, 114" wb

	6	5	4	3	2	1
2d Clb Cpe	1,080	3,240	5,400	12,150	18,900	27,000
2d Sed.	920	2,760	4,600	10,350	16,100	23,000
4d Sed.	840	2,520	4,200	9,450	14,700	21,000
2d Crest (1950 only)	1,120	3,360	5,600	12,600	19,600	28,000
2d Conv.	1,880	5,640	9,400	21,150	32,900	47,000
2d Sta Wag	2,600	7,800	13,000	29,250	45,500	65,000

NOTE: Deduct 5 percent average for 6-cyl.

1951 DeLuxe, V-8, 114" wb

	6	5	4	3	2	1
2d Bus Cpe	1,080	3,240	5,400	12,150	18,900	27,000
2d Sed.	920	2,760	4,600	10,350	16,100	23,000
4d Sed.	840	2,520	4,200	9,450	14,700	21,000

1951 Custom DeLuxe, V-8, 114" wb

	6	5	4	3	2	1
2d Clb Cpe	1,120	3,360	5,600	12,600	19,600	28,000
2d Sed.	960	2,880	4,800	10,800	16,800	24,000
4d Sed.	880	2,640	4,400	9,900	15,400	22,000
2d Crest.	1,160	3,480	5,800	13,050	20,300	29,000
2d HT	1,200	3,600	6,000	13,500	21,000	30,000
2d Conv.	1,720	5,160	8,600	19,350	30,100	43,000
2d Ctry Sq Sta Wag	2,840	8,520	14,200	31,950	49,700	71,000

NOTE: Deduct 5 percent average for 6-cyl.

1952-53 Mainline, V-8, 115" wb

	6	5	4	3	2	1
2d Bus Cpe	760	2,280	3,800	8,550	13,300	19,000
2d Sed.	684	2,052	3,420	7,700	11,970	17,100
4d Sed.	680	2,040	3,400	7,650	11,900	17,000
2d Sta Wag	760	2,280	3,800	8,550	13,300	19,000

1952-53 Customline, V-8, 115" wb

	6	5	4	3	2	1
2d Clb Cpe	840	2,520	4,200	9,450	14,700	21,000
2d Sed.	780	2,340	3,900	8,780	13,650	19,500
4d Sed.	776	2,328	3,880	8,730	13,580	19,400
4d Sta Wag	840	2,520	4,200	9,450	14,700	21,000

1952-53 Crestline, 8-cyl., 115" wb

	6	5	4	3	2	1
2d HT	980	2,940	4,900	11,030	17,150	24,500
2d Conv.	1,200	3,600	6,000	13,500	21,000	30,000
4d Ctry Sq Sta Wag	1,060	3,180	5,300	11,930	18,550	26,500

NOTE: Deduct 5 percent average for 6-cyl. Add 50 percent for 1953 Indy Pace Car replica convertible.

1954 Mainline, 8-cyl., 115.5" wb

	6	5	4	3	2	1
2d Bus Cpe	720	2,160	3,600	8,100	12,600	18,000
2d Sed.	684	2,052	3,420	7,700	11,970	17,100
4d Sed.	680	2,040	3,400	7,650	11,900	17,000
2d Sta Wag	760	2,280	3,800	8,550	13,300	19,000

1954 Customline, V-8, 115.5" wb

	6	5	4	3	2	1
2d Clb Cpe	860	2,580	4,300	9,680	15,050	21,500
2d Sed.	820	2,460	4,100	9,230	14,350	20,500
4d Sed.	816	2,448	4,080	9,180	14,280	20,400
2/4d Sta Wag	880	2,640	4,400	9,900	15,400	22,000

1954 Crestline, V-8, 115.5" wb

	6	5	4	3	2	1
4d Sed.	820	2,460	4,100	9,230	14,350	20,500
2d HT	1,040	3,120	5,200	11,700	18,200	26,000
2d Sky Cpe	1,280	3,840	6,400	14,400	22,400	32,000
2d Conv.	1,360	4,080	6,800	15,300	23,800	34,000
4d Ctry Sq Sta Wag	1,100	3,300	5,500	12,380	19,250	27,500

NOTE: Deduct 5 percent average for 6-cyl.

1955 Mainline, V-8, 115.5" wb

	6	5	4	3	2	1
2d Bus Sed.	664	1,992	3,320	7,470	11,620	16,600
2d Sed.	672	2,016	3,360	7,560	11,760	16,800
4d Sed.	668	2,004	3,340	7,520	11,690	16,700

1955 Customline, V-8, 115.5" wb

	6	5	4	3	2	1
2d Sed.	696	2,088	3,480	7,830	12,180	17,400
4d Sed.	692	2,076	3,460	7,790	12,110	17,300

1955 Fairlane, V-8, 115.5" wb

	6	5	4	3	2	1
2d Sed.	752	2,256	3,760	8,460	13,160	18,800
4d Sed.	748	2,244	3,740	8,420	13,090	18,700
2d HT Vic	1,000	3,000	5,000	11,250	17,500	25,000
2d Crn Vic	1,560	4,680	7,800	17,550	27,300	39,000
2d Crn Vic Plexi-top	2,320	6,960	11,600	26,100	40,600	58,000
2d Conv.	2,140	6,420	10,700	24,080	37,450	53,500

1955 Station Wagon, V-8, 115.5" wb

	6	5	4	3	2	1
2d Custom Ran Wag.	800	2,400	4,000	9,000	14,000	20,000
2d Ran Wag	780	2,340	3,900	8,780	13,650	19,500
4d Ctry Sed Customline	800	2,400	4,000	9,000	14,000	20,000
4d Ctry Sed Fairlane	840	2,520	4,200	9,450	14,700	21,000
4d Ctry Sq.	880	2,640	4,400	9,900	15,400	22,000

NOTE: Deduct 5 percent average for 6-cyl.

1956 Mainline, V-8, 115.5" wb

	6	5	4	3	2	1
2d Bus Sed.	668	2,004	3,340	7,520	11,690	16,700

	6	5	4	3	2	1
2d Sed 676		2,028	3,380	7,610	11,830	16,900
4d Sed 672		2,016	3,360	7,560	11,760	16,800
1956 Customline, V-8, 115.5" wb						
2d Sed 700		2,100	3,500	7,880	12,250	17,500
4d Sed 696		2,088	3,480	7,830	12,180	17,400
2d HT Vic 920		2,760	4,600	10,350	16,100	23,000
1956 Fairlane, V-8, 115.5" wb						
2d Sed 752		2,256	3,760	8,460	13,160	18,800
4d Sed 748		2,244	3,740	8,420	13,090	18,700
4d HT Vic 1,000		3,000	5,000	11,250	17,500	25,000
2d HT Vic 1,200		3,600	6,000	13,500	21,000	30,000
2d Crn Vic 1,740		5,220	8,700	19,580	30,450	43,500
2d Crn Vic Plexi-top 2,360		7,080	11,800	26,550	41,300	59,000
2d Conv 2,180		6,540	10,900	24,530	38,150	54,500
1956 Station Wagons, V-8, 115.5" wb						
2d Ran Wag 760		2,280	3,800	8,550	13,300	19,000
2d Parklane 1,540		4,620	7,700	17,330	26,950	38,500
4d Ctry Sed Customline 800		2,400	4,000	9,000	14,000	20,000
4d Ctry Sed Fairlane 840		2,520	4,200	9,450	14,700	21,000
4d Ctry Sq 880		2,640	4,400	9,900	15,400	22,000
NOTE: Deduct 5 percent average for 6-cyl. Add 10 percent for "T-Bird Special" V-8.						
1957 Custom, V-8, 116" wb						
2d Bus Cpe 524		1,572	2,620	5,900	9,170	13,100
2d Sed 536		1,608	2,680	6,030	9,380	13,400
4d Sed 532		1,596	2,660	5,990	9,310	13,300
1957 Custom 300, V-8, 116" wb						
2d Sed 640		1,920	3,200	7,200	11,200	16,000
4d Sed 544		1,632	2,720	6,120	9,520	13,600
1957 Fairlane, V-8, 118" wb						
2d Sed 644		1,932	3,220	7,250	11,270	16,100
4d Sed 640		1,920	3,200	7,200	11,200	16,000
4d HT Vic 880		2,640	4,400	9,900	15,400	22,000
2d Vic HT 960		2,880	4,800	10,800	16,800	24,000
1957 Fairlane 500, V-8, 118" wb						
2d Sed 652		1,956	3,260	7,340	11,410	16,300
4d Sed 648		1,944	3,240	7,290	11,340	16,200
4d HT Vic 880		2,640	4,400	9,900	15,400	22,000
2d HT Vic 1,040		3,120	5,200	11,700	18,200	26,000
2d Sun Conv 1,880		5,640	9,400	21,150	32,900	47,000
2d Sky HT Conv 2,240		6,720	11,200	25,200	39,200	56,000
1957 Station Wagons, 8-cyl., 116" wb						
2d Ran Wag 680		2,040	3,400	7,650	11,900	17,000
2d DeL Rio Ran 1,100		3,300	5,500	12,380	19,250	27,500
4d Ctry Sed 800		2,400	4,000	9,000	14,000	20,000
4d Ctry Sq 760		2,280	3,800	8,550	13,300	19,000
NOTE: Deduct 5 percent average for 6-cyl. Add 20 percent for "T-Bird Special" V-8 (Code E). Add 30 percent for Supercharged V-8 (Code F).						
1958 Custom 300, V-8, 116.03" wb						
2d Bus Cpe 388		1,164	1,940	4,370	6,790	9,700
2d Sed 520		1,560	2,600	5,850	9,100	13,000
4d Sed 492		1,476	2,460	5,540	8,610	12,300
1958 Fairlane, V-8, 116.03" wb						
2d Sed 500		1,500	2,500	5,630	8,750	12,500
4d Sed 496		1,488	2,480	5,580	8,680	12,400
4d HT 800		2,400	4,000	9,000	14,000	20,000
2d HT 840		2,520	4,200	9,450	14,700	21,000
1958 Fairlane 500, V-8, 118.04" wb						
2d Sed 532		1,596	2,660	5,990	9,310	13,300
4d Sed 528		1,584	2,640	5,940	9,240	13,200
4d HT 840		2,520	4,200	9,450	14,700	21,000
2d HT 920		2,760	4,600	10,350	16,100	23,000
2d Sun Conv 1,800		5,400	9,000	20,250	31,500	45,000
2d Sky HT Conv 2,160		6,480	10,800	24,300	37,800	54,000
1958 Station Wagons, V-8, 116.03" wb						
2d Ran 668		2,004	3,340	7,520	11,690	16,700
4d Ran 660		1,980	3,300	7,430	11,550	16,500
4d Ctry Sed 700		2,100	3,500	7,880	12,250	17,500
2d DeL Rio Ran 1,120		3,360	5,600	12,600	19,600	28,000
4d Ctry Sq 740		2,220	3,700	8,330	12,950	18,500
NOTE: Deduct 5 percent average for 6-cyl.						
1959 Custom 300, V-8, 118" wb						
2d Bus Cpe 500		1,500	2,500	5,630	8,750	12,500
2d Sed 504		1,512	2,520	5,670	8,820	12,600
4d Sed 496		1,488	2,480	5,580	8,680	12,400
1959 Fairlane, V-8, 118" wb						
2d Sed 396		1,188	1,980	4,460	6,930	9,900
4d Sed 392		1,176	1,960	4,410	6,860	9,800

	6	5	4	3	2	1
1959 Fairlane 500, V-8, 118" wb						
2d Sed.	484	1,452	2,420	5,450	8,470	12,100
4d Sed.	480	1,440	2,400	5,400	8,400	12,000
4d HT	780	2,340	3,900	8,780	13,650	19,500
2d HT	900	2,700	4,500	10,130	15,750	22,500
2d Sun Conv	1,840	5,520	9,200	20,700	32,200	46,000
2d Sky HT Conv	2,200	6,600	11,000	24,750	38,500	55,000
1959 Galaxie, V-8, 118" wb						
2d Sed.	492	1,476	2,460	5,540	8,610	12,300
4d Sed.	488	1,464	2,440	5,490	8,540	12,200
4d HT	820	2,460	4,100	9,230	14,350	20,500
2d HT	940	2,820	4,700	10,580	16,450	23,500
2d Sun Conv	1,840	5,520	9,200	20,700	32,200	46,000
2d Sky HT Conv	2,200	6,600	11,000	24,750	38,500	55,000
1959 Station Wagons, V-8, 118" wb						
2d Ran.	540	1,620	2,700	6,080	9,450	13,500
4d Ran.	680	2,040	3,400	7,650	11,900	17,000
2d Ctry Sed	720	2,160	3,600	8,100	12,600	18,000
4d Ctry Sed	700	2,100	3,500	7,880	12,250	17,500
4d Ctry Sq	720	2,160	3,600	8,100	12,600	18,000
NOTE: Deduct 5 percent average for 6-cyl.						
1960 Falcon, 6-cyl., 109.5" wb						
2d Sed.	368	1,104	1,840	4,140	6,440	9,200
4d Sed.	364	1,092	1,820	4,100	6,370	9,100
2d Sta Wag	372	1,116	1,860	4,190	6,510	9,300
4d Sta Wag	368	1,104	1,840	4,140	6,440	9,200
1960 Fairlane, V-8, 119" wb						
2d Bus Cpe	372	1,116	1,860	4,190	6,510	9,300
2d Sed.	384	1,152	1,920	4,320	6,720	9,600
4d Sed.	380	1,140	1,900	4,280	6,650	9,500
1960 Fairlane 500, V-8, 119" wb						
2d Sed.	388	1,164	1,940	4,370	6,790	9,700
4d Sed.	384	1,152	1,920	4,320	6,720	9,600
1960 Galaxie, V-8, 119" wb						
2d Sed.	500	1,500	2,500	5,630	8,750	12,500
4d Sed.	496	1,488	2,480	5,580	8,680	12,400
4d HT	720	2,160	3,600	8,100	12,600	18,000
2d HT	880	2,640	4,400	9,900	15,400	22,000
1960 Galaxie Special, V-8, 119" wb						
2d Starliner HT	1,280	3,840	6,400	14,400	22,400	32,000
2d Sun Conv	1,480	4,440	7,400	16,650	25,900	37,000
1960 Station Wagons, V-8, 119" wb						
2d Ran.	652	1,956	3,260	7,340	11,410	16,300
4d Ran.	640	1,920	3,200	7,200	11,200	16,000
4d Ctry Sed	660	1,980	3,300	7,430	11,550	16,500
4d Ctry Sq	680	2,040	3,400	7,650	11,900	17,000
NOTE: Deduct 5 percent average for 6-cyl.						
1961 Falcon, 6-cyl., 109.5" wb						
2d Sed.	392	1,176	1,960	4,410	6,860	9,800
4d Sed.	388	1,164	1,940	4,370	6,790	9,700
2d Futura Sed	640	1,920	3,200	7,200	11,200	16,000
2d Sta Wag	396	1,188	1,980	4,460	6,930	9,900
4d Sta Wag	392	1,176	1,960	4,410	6,860	9,800
1961 Fairlane, V-8, 119" wb						
2d Sed.	396	1,188	1,980	4,460	6,930	9,900
4d Sed.	392	1,176	1,960	4,410	6,860	9,800
1961 Galaxie, V-8, 119" wb						
2d Sed.	500	1,500	2,500	5,630	8,750	12,500
4d Sed.	496	1,488	2,480	5,580	8,680	12,400
4d Vic HT	680	2,040	3,400	7,650	11,900	17,000
2d Vic HT	760	2,280	3,800	8,550	13,300	19,000
2d Star HT	1,360	4,080	6,800	15,300	23,800	34,000
2d Sun Conv	1,560	4,680	7,800	17,550	27,300	39,000
1961 Station Wagons, V-8, 119" wb						
4d Ran.	620	1,860	3,100	6,980	10,850	15,500
2d Ran.	628	1,884	3,140	7,070	10,990	15,700
4d 6P Ctry Sed	720	2,160	3,600	8,100	12,600	18,000
4d Ctry Sq	740	2,220	3,700	8,330	12,950	18,500
NOTE: Deduct 5 percent average for 6-cyl. Add 30 percent for 390 cid, 401 hp. Add 25 percent for 390 cid, 375 hp.						
1962 Falcon, 6-cyl., 109.5" wb						
4d Sed.	336	1,008	1,680	3,780	5,880	8,400
2d Sed.	340	1,020	1,700	3,830	5,950	8,500
2d Fut Spt Cpe	680	2,040	3,400	7,650	11,900	17,000
4d Sq Wag	392	1,176	1,960	4,410	6,860	9,800
1962 Falcon Station Bus, 6-cyl., 109.5" wb						
Sta Bus	332	996	1,660	3,740	5,810	8,300

	6	5	4	3	2	1
Clb Wag	336	1,008	1,680	3,780	5,880	8,400
DeL Wag	340	1,020	1,700	3,830	5,950	8,500
1962 Fairlane, V-8, 115.5" wb						
4d Sed	332	996	1,660	3,740	5,810	8,300
2d Sed	336	1,008	1,680	3,780	5,880	8,400
2d Spt Cpe	352	1,056	1,760	3,960	6,160	8,800
1962 Galaxie 500, V-8, 119" wb						
4d Sed	348	1,044	1,740	3,920	6,090	8,700
4d HT	640	1,920	3,200	7,200	11,200	16,000
2d Sed	392	1,176	1,960	4,410	6,860	9,800
2d HT	720	2,160	3,600	8,100	12,600	18,000
2d Sun Conv	1,080	3,240	5,400	12,150	18,900	27,000
1962 Galaxie 500 XL, V-8, 119" wb						
2d HT	800	2,400	4,000	9,000	14,000	20,000
2d Sun Conv	1,200	3,600	6,000	13,500	21,000	30,000
1962 Station Wagons, V-8, 119" wb						
4d Ranch	580	1,740	2,900	6,530	10,150	14,500
4d Ctry Sed	600	1,800	3,000	6,750	10,500	15,000
4d Ctry Sq	620	1,860	3,100	6,980	10,850	15,500

NOTE: Deduct 5 percent for 6-cyl. Add 30 percent for 406 V-8. Add 20 percent for 390 cid, 330 hp. Add 20 percent for 390 cid, 300 hp.

	6	5	4	3	2	1
1963 Falcon/Falcon Futura, 6-cyl., 109.5" wb						
4d Sed	344	1,032	1,720	3,870	6,020	8,600
2d Sed	348	1,044	1,740	3,920	6,090	8,700
2d Spt Sed	360	1,080	1,800	4,050	6,300	9,000
2d HT	640	1,920	3,200	7,200	11,200	16,000
2d Spt HT	680	2,040	3,400	7,650	11,900	17,000
2d Conv	800	2,400	4,000	9,000	14,000	20,000
2d Spt Conv	840	2,520	4,200	9,450	14,700	21,000
4d Sq Wag	420	1,260	2,100	4,730	7,350	10,500
4d Sta Wag	400	1,200	2,000	4,500	7,000	10,000
2d Sta Wag	404	1,212	2,020	4,550	7,070	10,100

NOTE: Add 10 percent for V-8 models.

	6	5	4	3	2	1
1963 Station Buses, 6-cyl., 90" wb						
Sta Bus	372	1,116	1,860	4,190	6,510	9,300
Clb Wag	376	1,128	1,880	4,230	6,580	9,400
DeL Clb Wag	384	1,152	1,920	4,320	6,720	9,600
1963 Sprint, V-8, 109.5" wb						
2d HT	760	2,280	3,800	8,550	13,300	19,000
2d Conv	880	2,640	4,400	9,900	15,400	22,000
1963 Fairlane, V-8, 115.5" wb						
4d Sed	332	996	1,660	3,740	5,810	8,300
2d Sed	336	1,008	1,680	3,780	5,880	8,400
2d HT	420	1,260	2,100	4,730	7,350	10,500
2d Spt Cpe	440	1,320	2,200	4,950	7,700	11,000
4d Sq Wag	580	1,740	2,900	6,530	10,150	14,500
4d Cus Ran	576	1,728	2,880	6,480	10,080	14,400

NOTE: Add 20 percent for 271 hp V-8.

	6	5	4	3	2	1
1963 Ford 300, V-8, 119" wb						
4d Sed	336	1,008	1,680	3,780	5,880	8,400
2d Sed	340	1,020	1,700	3,830	5,950	8,500
1963 Galaxie 500, V-8, 119" wb						
4d Sed	340	1,020	1,700	3,830	5,950	8,500
4d HT	720	2,160	3,600	8,100	12,600	18,000
2d Sed	344	1,032	1,720	3,870	6,020	8,600
2d HT	800	2,400	4,000	9,000	14,000	20,000
2d FBk	880	2,640	4,400	9,900	15,400	22,000
2d Sun Conv	1,120	3,360	5,600	12,600	19,600	28,000
1963 Galaxie 500 XL, V-8, 119" wb						
4d HT	760	2,280	3,800	8,550	13,300	19,000
2d HT	840	2,520	4,200	9,450	14,700	21,000
2d FBk	920	2,760	4,600	10,350	16,100	23,000
2d Sun Conv	1,240	3,720	6,200	13,950	21,700	31,000
1963 Station Wagons, V-8, 119" wb						
4d Ctry Sed	600	1,800	3,000	6,750	10,500	15,000
4d Ctry Sq	620	1,860	3,100	6,980	10,850	15,500

NOTE: Deduct 5 percent average for 6-cyl. Add 30 percent for 406 & add 40 percent for 427. Add 5 percent for V-8 except Sprint. Add 20 percent for 390 cid, 330 hp. Add 20 percent for 390 cid, 300 hp.

	6	5	4	3	2	1
1964 Falcon/Falcon Futura, 6-cyl., 109.5" wb						
4d Sed	340	1,020	1,700	3,830	5,950	8,500
2d Sed	344	1,032	1,720	3,870	6,020	8,600
2d HT	540	1,620	2,700	6,080	9,450	13,500
2d Spt HT	700	2,100	3,500	7,880	12,250	17,500
2d Conv	720	2,160	3,600	8,100	12,600	18,000
2d Spt Conv	760	2,280	3,800	8,550	13,300	19,000
4d Sq Wag	420	1,260	2,100	4,730	7,350	10,500

	6	5	4	3	2	1
4d DeL Wag	400	1,200	2,000	4,500	7,000	10,000
4d Sta	400	1,200	2,000	4,500	7,000	10,000
2d Sta	404	1,212	2,020	4,550	7,070	10,100

NOTE: Add 10 percent for V-8 models.
1964 Station Bus, 6-cyl., 90" wb

Sta Bus	360	1,080	1,800	4,050	6,300	9,000
Clb Wag	364	1,092	1,820	4,100	6,370	9,100
DeL Clb	372	1,116	1,860	4,190	6,510	9,300

1964 Sprint, V-8, 109.5" wb

2d HT	740	2,220	3,700	8,330	12,950	18,500
2d Conv.	800	2,400	4,000	9,000	14,000	20,000

1964 Fairlane, V-8, 115.5" wb

4d Sed.	324	972	1,620	3,650	5,670	8,100
2d Sed.	328	984	1,640	3,690	5,740	8,200
2d HT	660	1,980	3,300	7,430	11,550	16,500
2d Spt HT	700	2,100	3,500	7,880	12,250	17,500
4d Sta Wag	524	1,572	2,620	5,900	9,170	13,100

NOTE: Add 20 percent for 271 hp V-8.
1964 Fairlane Thunderbolt

2d Sed.			value not estimable			

1964 Custom, V-8, 119" wb

4d Sed.	324	972	1,620	3,650	5,670	8,100
2d Sed.	328	984	1,640	3,690	5,740	8,200

1964 Custom 500, V-8, 119" wb

4d Sed.	328	984	1,640	3,690	5,740	8,200
2d Sed.	332	996	1,660	3,740	5,810	8,300

1964 Galaxie 500, V-8, 119" wb

4d Sed.	376	1,128	1,880	4,230	6,580	9,400
4d HT	800	2,400	4,000	9,000	14,000	20,000
2d Sed.	380	1,140	1,900	4,280	6,650	9,500
2d HT	880	2,640	4,400	9,900	15,400	22,000
2d Sun Conv	1,080	3,240	5,400	12,150	18,900	27,000

1964 Galaxie 500XL, V-8, 119" wb

4d HT	840	2,520	4,200	9,450	14,700	21,000
2d HT	920	2,760	4,600	10,350	16,100	23,000
2d Sun Conv	1,200	3,600	6,000	13,500	21,000	30,000

1964 Station Wagons, V-8, 119" wb

4d Ctry Sed.	720	2,160	3,600	8,100	12,600	18,000
4d Ctry Sq	740	2,220	3,700	8,330	12,950	18,500

NOTE: Add 40 percent for 427 V-8. Add 20 percent for 390 cid, 330 hp. Add 20 percent for 390 cid, 300 hp. Add 10 percent for 390 cid, 275 hp.
1965 Falcon/Falcon Futura, 6-cyl., 109.5" wb

4d Sed.	316	948	1,580	3,560	5,530	7,900
2d Sed.	320	960	1,600	3,600	5,600	8,000
2d HT	480	1,440	2,400	5,400	8,400	12,000
2d Conv.	760	2,280	3,800	8,550	13,300	19,000
4d Sq Wag	400	1,200	2,000	4,500	7,000	10,000
4d DeL Wag	380	1,140	1,900	4,280	6,650	9,500
4d Sta	360	1,080	1,800	4,050	6,300	9,000
2d Sta	368	1,104	1,840	4,140	6,440	9,200

NOTE: Add 10 percent for V-8 models.
1965 Sprint, V-8, 109.5" wb

2d HT	720	2,160	3,600	8,100	12,600	18,000
2d Conv.	800	2,400	4,000	9,000	14,000	20,000

1965 Falcon Station Buses, 6-cyl., 90" wb

Sta Bus	324	972	1,620	3,650	5,670	8,100
Clb Wag	332	996	1,660	3,740	5,810	8,300
DeL Wag	340	1,020	1,700	3,830	5,950	8,500

1965 Fairlane, V-8, 116" wb

4d Sed.	328	984	1,640	3,690	5,740	8,200
2d Sed.	332	996	1,660	3,740	5,810	8,300
2d HT	480	1,440	2,400	5,400	8,400	12,000
2d Spt HT	660	1,980	3,300	7,430	11,550	16,500
4d Sta Wag	340	1,020	1,700	3,830	5,950	8,500

NOTE: Add 10 percent for 271 hp V-8.
1965 Custom, V-8, 119" wb

4d Sed.	316	948	1,580	3,560	5,530	7,900
2d Sed.	320	960	1,600	3,600	5,600	8,000

1965 Custom 500, V-8, 119" wb

4d Sed.	320	960	1,600	3,600	5,600	8,000
2d Sed.	324	972	1,620	3,650	5,670	8,100

1965 Galaxie 500, V-8, 119" wb

4d Sed.	360	1,080	1,800	4,050	6,300	9,000
4d HT	600	1,800	3,000	6,750	10,500	15,000
2d HT	680	2,040	3,400	7,650	11,900	17,000
2d Conv.	760	2,280	3,800	8,550	13,300	19,000

FORD

	6	5	4	3	2	1
1965 Galaxie 500 XL, V-8, 119" wb						
2d HT	720	2,160	3,600	8,100	12,600	18,000
2d Conv	800	2,400	4,000	9,000	14,000	20,000
1965 Galaxie 500 LTD, V-8, 119" wb						
4d HT	700	2,100	3,500	7,880	12,250	17,500
2d HT	780	2,340	3,900	8,780	13,650	19,500
1965 Station Wagons, V-8, 119" wb						
4d Ran	560	1,680	2,800	6,300	9,800	14,000
4d 9P Ctry Sed	580	1,740	2,900	6,530	10,150	14,500
4d 9P Ctry Sq	600	1,800	3,000	6,750	10,500	15,000
NOTE: Add 40 percent for 427 V-8. Add 20 percent for 390 cid, 330 hp. Add 20 percent for 390 cid, 300 hp.						
1966 Falcon/Falcon Futura, 6-cyl., 110.9" wb						
4d Sed	320	960	1,600	3,600	5,600	8,000
2d Clb Cpe	320	970	1,620	3,650	5,670	8,100
2d Spt Cpe	330	1,000	1,660	3,740	5,810	8,300
4d 6P Wag	400	1,190	1,980	4,460	6,930	9,900
4d Sq Wag	400	1,200	2,000	4,500	7,000	10,000
1966 Falcon Station Bus, 6-cyl., 90" wb						
Clb Wag	312	936	1,560	3,510	5,460	7,800
Cus Clb Wag	316	948	1,580	3,560	5,530	7,900
DeL Clb Wag	320	960	1,600	3,600	5,600	8,000
1966 Fairlane, V-8, 116" wb						
4d Sed	320	960	1,600	3,600	5,600	8,000
2d Clb Cpe	324	972	1,620	3,650	5,670	8,100
1966 Fairlane 500, V-8						
4d Sed	350	1,060	1,760	3,960	6,160	8,800
2d Cpe	380	1,140	1,900	4,280	6,650	9,500
2d HT	580	1,740	2,900	6,530	10,150	14,500
2d Conv	880	2,640	4,400	9,900	15,400	22,000
1966 Fairlane 500 XL, V-8, 116" wb						
2d HT	660	1,980	3,300	7,430	11,550	16,500
2d Conv	960	2,880	4,800	10,800	16,800	24,000
1966 Fairlane 500 GT, V-8, 116" wb						
2d HT	800	2,400	4,000	9,000	14,000	20,000
2d Conv	1,000	3,000	5,000	11,250	17,500	25,000
1966 Station Wagons, V-8, 113" wb						
6P DeL	320	960	1,600	3,600	5,600	8,000
2d Sq Wag	368	1,104	1,840	4,140	6,440	9,200
1966 Custom, V-8, 119" wb						
4d Sed	324	972	1,620	3,650	5,670	8,100
2d Sed	328	984	1,640	3,690	5,740	8,200
1966 Galaxie 500, V-8, 119" wb						
4d Sed	360	1,080	1,800	4,050	6,300	9,000
4d HT	500	1,500	2,500	5,630	8,750	12,500
2d HT	540	1,620	2,700	6,080	9,450	13,500
2d Conv	760	2,280	3,800	8,550	13,300	19,000
1966 Galaxie 500 XL, V-8, 119" wb						
2d HT	660	1,980	3,300	7,430	11,550	16,500
2d Conv	800	2,400	4,000	9,000	14,000	20,000
1966 LTD, V-8, 119" wb						
4d HT	600	1,800	3,000	6,750	10,500	15,000
2d HT	680	2,040	3,400	7,650	11,900	17,000
1966 Galaxie 500, 7-litre V-8, 119" wb						
2d HT	920	2,760	4,600	10,350	16,100	23,000
2d Conv	1,320	3,960	6,600	14,850	23,100	33,000
NOTE: Add 50 percent for 427 engine option on 7-litre models.						
1966 Station Wagons, V-8, 119" wb						
4d Ran Wag	580	1,740	2,900	6,530	10,150	14,500
4d Ctry Sed	600	1,800	3,000	6,750	10,500	15,000
4d Ctry Sq	620	1,860	3,100	6,980	10,850	15,500
NOTE: Add 40 percent for 427 or 30 percent for 428 engine option.						
1967 Falcon, 6-cyl., 111" wb						
4d Sed	316	948	1,580	3,560	5,530	7,900
2d Sed	320	960	1,600	3,600	5,600	8,000
4d Sta Wag	360	1,080	1,800	4,050	6,300	9,000
1967 Futura						
4d Sed	320	960	1,600	3,600	5,600	8,000
2d Clb Cpe	324	972	1,620	3,650	5,670	8,100
2d HT	380	1,140	1,900	4,280	6,650	9,500
1967 Fairlane						
4d Sed	316	948	1,580	3,560	5,530	7,900
2d Cpe	320	960	1,600	3,600	5,600	8,000
1967 Fairlanc 500, V-8, 116" wb						
4d Sed	320	960	1,600	3,600	5,600	8,000
2d Cpe	324	972	1,620	3,650	5,670	8,100
2d HT	500	1,500	2,500	5,630	8,750	12,500

	6	5	4	3	2	1
2d Conv.	880	2,640	4,400	9,900	15,400	22,000
4d Wag	380	1,140	1,900	4,280	6,650	9,500
1967 Fairlane 500 XL, V-8						
2d HT	660	1,980	3,300	7,430	11,550	16,500
2d Conv.	960	2,880	4,800	10,800	16,800	24,000
2d HT GT	800	2,400	4,000	9,000	14,000	20,000
2d Conv GT.	1,000	3,000	5,000	11,250	17,500	25,000

NOTE: When fitted with automatic transmission, the GT was named GTA.

	6	5	4	3	2	1
1967 Fairlane Wagons						
4d Sta Wag	360	1,080	1,800	4,050	6,300	9,000
4d 500 Wag	364	1,092	1,820	4,100	6,370	9,100
4d Sq Wag	372	1,116	1,860	4,190	6,510	9,300
1967 Ford Custom						
4d Sed.	316	948	1,580	3,560	5,530	7,900
2d Sed.	320	960	1,600	3,600	5,600	8,000
1967 Ford Custom 500						
4d Sed.	320	960	1,600	3,600	5,600	8,000
2d Sed.	324	972	1,620	3,650	5,670	8,100
1967 Galaxie 500, V-8, 119" wb						
4d Sed.	332	996	1,660	3,740	5,810	8,300
4d HT	580	1,740	2,900	6,530	10,150	14,500
2d HT	660	1,980	3,300	7,430	11,550	16,500
2d Conv.	800	2,400	4,000	9,000	14,000	20,000
1967 Galaxie 500 XL						
2d HT	700	2,100	3,500	7,880	12,250	17,500
2d Conv.	840	2,520	4,200	9,450	14,700	21,000
1967 LTD, V-8, 119" wb						
4d HT	640	1,920	3,200	7,200	11,200	16,000
2d HT	720	2,160	3,600	8,100	12,600	18,000
1907 Station Wagons						
4d Ranch.	560	1,080	2,800	6,300	9,800	14,000
4d Ctry Sed.	580	1,740	2,900	6,530	10,150	14,500
4d Ctry Sq.	600	1,800	3,000	6,750	10,500	15,000

NOTE: Add 5 percent for V-8. Add 40 percent for 427 or 428 engine option.

	6	5	4	3	2	1
1968 Standard Falcon						
4d Sed.	296	888	1,480	3,330	5,180	7,400
2d Sed.	300	900	1,500	3,380	5,250	7,500
4d Sta Wag	340	1,020	1,700	3,830	5,950	8,500
1968 Falcon Futura, 6-cyl., 110.0" wb						
4d Sed.	300	900	1,500	3,380	5,250	7,500
2d Sed.	304	912	1,520	3,420	5,320	7,600
2d Spt Cpe	312	936	1,560	3,510	5,460	7,800
4d Sta Wag	344	1,032	1,720	3,870	6,020	8,600
1968 Fairlane						
4d Sed.	304	912	1,520	3,420	5,320	7,600
2d HT	380	1,140	1,900	4,280	6,650	9,500
4d Sta Wag	352	1,056	1,760	3,960	6,160	8,800
1968 Fairlane 500, V-8, 116" wb						
4d Sed.	308	924	1,540	3,470	5,390	7,700
2d HT	440	1,320	2,200	4,950	7,700	11,000
2d FBk.	560	1,680	2,800	6,300	9,800	14,000
2d Conv.	720	2,160	3,600	8,100	12,600	18,000
4d Sta Wag	356	1,068	1,780	4,010	6,230	8,900
1968 Torino, V-8, 116" wb						
4d Sed.	292	876	1,460	3,290	5,110	7,300
2d HT	500	1,500	2,500	5,630	8,750	12,500
4d Wag	360	1,080	1,800	4,050	6,300	9,000
1968 Torino GT, V-8						
2d HT	880	2,640	4,400	9,900	15,400	22,000
2d FBk.	960	2,880	4,800	10,800	16,800	24,000
2d Conv.	1,120	3,360	5,600	12,600	19,600	28,000
1968 Custom						
4d Sed.	296	888	1,480	3,330	5,180	7,400
2d Sed.	300	900	1,500	3,380	5,250	7,500
1968 Custom 500						
4d Sed.	300	900	1,500	3,380	5,250	7,500
2d Sed.	304	912	1,520	3,420	5,320	7,600
1968 Galaxie 500, V-8, 119" wb						
4d Sed.	308	924	1,540	3,470	5,390	7,700
4d HT	440	1,320	2,200	4,950	7,700	11,000
2d HT	520	1,560	2,600	5,850	9,100	13,000
2d FBk.	680	2,040	3,400	7,650	11,900	17,000
2d Conv.	760	2,280	3,800	8,550	13,300	19,000
1968 XL						
2d FBk.	720	2,160	3,600	8,100	12,600	18,000
2d Conv.	800	2,400	4,000	9,000	14,000	20,000

FORD

	6	5	4	3	2	1
1968 LTD						
4d Sed 320	960	1,600	3,600	5,600	8,000	
4d HT 460	1,380	2,300	5,180	8,050	11,500	
2d HT 540	1,620	2,700	6,080	9,450	13,500	
1968 Ranch Wagon						
4d Std Wag 520	1,560	2,600	5,850	9,100	13,000	
4d 500 Wag 528	1,584	2,640	5,940	9,240	13,200	
4d DeL 500 Wag 532	1,596	2,660	5,990	9,310	13,300	
1968 Country Sedan						
4d Std Wag 560	1,680	2,800	6,300	9,800	14,000	
DeL Wag 568	1,704	2,840	6,390	9,940	14,200	
1968 Country Squire						
4d Sta Wag 600	1,800	3,000	6,750	10,500	15,000	
4d DeL Wag 616	1,848	3,080	6,930	10,780	15,400	
NOTE: Add 50 percent for 429 engine option. Add 40 percent for 427 or 428 engine option.						
1969 Falcon Futura, 6-cyl., 111" wb						
2d Spt Cpe 284	852	1,420	3,200	4,970	7,100	
2d Sed 268	804	1,340	3,020	4,690	6,700	
1969 Fairlane 500, V-8, 116" wb						
4d Sed 264	792	1,320	2,970	4,620	6,600	
2d HT 360	1,080	1,800	4,050	6,300	9,000	
2d FBk 380	1,140	1,900	4,280	6,650	9,500	
2d Conv 640	1,920	3,200	7,200	11,200	16,000	
1969 Torino, V-8, 116" wb						
4d Sed 280	840	1,400	3,150	4,900	7,000	
2d HT 480	1,440	2,400	5,400	8,400	12,000	
1969 Torino GT, V-8						
2d HT 880	2,640	4,400	9,900	15,400	22,000	
2d FBk 960	2,880	4,800	10,800	16,800	24,000	
2d Conv 1,120	3,360	5,600	12,600	19,600	28,000	
1969 Cobra						
2d HT 1,440	4,320	7,200	16,200	25,200	36,000	
2d FBk 1,680	5,040	8,400	18,900	29,400	42,000	
1969 Galaxie 500, V-8, 121" wb						
4d HT 340	1,020	1,700	3,830	5,950	8,500	
2d HT 380	1,140	1,900	4,280	6,650	9,500	
2d FBk 520	1,560	2,600	5,850	9,100	13,000	
2d Conv 720	2,160	3,600	8,100	12,600	18,000	
1969 XL						
2d FBk 660	1,980	3,300	7,430	11,550	16,500	
2d Conv 760	2,280	3,800	8,550	13,300	19,000	
NOTE: Add 10 percent for GT option.						
1969 LTD						
4d HT 360	1,080	1,800	4,050	6,300	9,000	
2d HT 460	1,380	2,300	5,180	8,050	11,500	
1969 Falcon Wagon, 6-cyl.						
4d Wag 280	840	1,400	3,150	4,900	7,000	
4d Futura Sta Wag 324	972	1,620	3,650	5,670	8,100	
1969 Fairlane, 6-cyl.						
4d Wag 364	1,092	1,820	4,100	6,370	9,100	
4d 500 Sta Wag 388	1,164	1,940	4,370	6,790	9,700	
4d Torino Sta Wag 372	1,116	1,860	4,190	6,510	9,300	
NOTE: Add 30 percent for V-8 where available.						
1969 Custom Ranch Wagon, V-8						
4d Wag 440	1,320	2,200	4,950	7,700	11,000	
4d 500 Sta Wag 2S 444	1,332	2,220	5,000	7,770	11,100	
4d 500 Sta Wag 4S 448	1,344	2,240	5,040	7,840	11,200	
NOTE: Deduct 30 percent for 6-cyl.						
1969 Galaxie 500 Country Sedan, V-8						
4d Wag 2S 448	1,344	2,240	5,040	7,840	11,200	
4d Wag 4S 452	1,356	2,260	5,090	7,910	11,300	
1969 LTD Country Squire, V-8						
4d Wag 2S 500	1,500	2,500	5,630	8,750	12,500	
4d Wag 4S 504	1,512	2,520	5,670	8,820	12,600	
NOTE: Add 40 percent for 428 engine option. Add 50 percent for 429 engine option.						
1970 Falcon, 6-cyl., 110" wb						
4d Sed 292	876	1,460	3,290	5,110	7,300	
2d Sed 296	888	1,480	3,330	5,180	7,400	
4d Sta Wag 332	996	1,660	3,740	5,810	8,300	
1970 Futura, 6-cyl., 110" wb						
4d Sed 300	900	1,500	3,380	5,250	7,500	
2d Sed 304	912	1,520	3,420	5,320	7,600	
4d Sta Wag 340	1,020	1,700	3,830	5,950	8,500	
NOTE: Add 10 percent for V-8.						
1970 Maverick						
2d Sed 288	864	1,440	3,240	5,040	7,200	

	6	5	4	3	2	1
1970 Fairlane 500, V-8, 117" wb						
4d Sed.	312	936	1,560	3,510	5,460	7,800
2d HT	360	1,080	1,800	4,050	6,300	9,000
4d Sta Wag	348	1,044	1,740	3,920	6,090	8,700
1970 Torino, V-8, 117" wb						
4d Sed.	316	948	1,580	3,560	5,530	7,900
4d HT	360	1,080	1,800	4,050	6,300	9,000
2d HT	420	1,260	2,100	4,730	7,350	10,500
2d Sports Roof HT	540	1,620	2,700	6,080	9,450	13,500
4d Sta Wag	360	1,080	1,800	4,050	6,300	9,000
1970 Torino Brougham, V-8, 117" wb						
4d HT	380	1,140	1,900	4,280	6,650	9,500
2d HT	500	1,500	2,500	5,630	8,750	12,500
4d Sta Wag	352	1,056	1,760	3,960	6,160	8,800
1970 Torino GT, V-8, 117" wb						
2d HT	800	2,400	4,000	9,000	14,000	20,000
2d Conv.	1,040	3,120	5,200	11,700	18,200	26,000
1970 Cobra, V-8, 117" wb						
2d HT	1,440	4,320	7,200	16,200	25,200	36,000
1970 Custom, V-8, 121" wb						
4d Sed.	280	840	1,400	3,150	4,900	7,000
4d Sta Wag	348	1,044	1,740	3,920	6,090	8,700
1970 Custom 500, V-8, 121" wb						
4d Sed.	284	852	1,420	3,200	4,970	7,100
4d Sta Wag	352	1,056	1,760	3,960	6,160	8,800
1970 Galaxie 500, V-8, 121" wb						
4d Sed.	288	864	1,440	3,240	5,040	7,200
4d HT	340	1,020	1,700	3,830	5,950	8,500
2d HT	380	1,140	1,900	4,280	6,650	9,500
4d Sta Wag	356	1,068	1,780	4,010	6,230	8,900
2d FBk.	520	1,560	2,600	5,850	9,100	13,000
1970 XL, V-8, 121" wb						
2d FBk.	540	1,620	2,700	6,080	9,450	13,500
2d Conv.	700	2,100	3,500	7,880	12,250	17,500
1970 LTD, V-8, 121" wb						
4d Sed.	292	876	1,460	3,290	5,110	7,300
4d HT	308	924	1,540	3,470	5,390	7,700
2d HT	340	1,020	1,700	3,830	5,950	8,500
4d Sta Wag	360	1,080	1,800	4,050	6,300	9,000
1970 LTD Brougham, V-8, 121" wb						
4d Sed.	296	888	1,480	3,330	5,180	7,400
4d HT	320	960	1,600	3,600	5,600	8,000
2d HT	360	1,080	1,800	4,050	6,300	9,000

NOTE: Add 40 percent for 428 engine option. Add 50 percent for 429 engine option.

	6	5	4	3	2	1
1970-1/2 Falcon, 6-cyl., 117" wb						
4d Sed.	296	888	1,480	3,330	5,180	7,400
2d Sed.	300	900	1,500	3,380	5,250	7,500
4d Sta Wag	340	1,020	1,700	3,830	5,950	8,500
1971 Pinto						
2d Rbt	288	864	1,440	3,240	5,040	7,200
1971 Maverick, 6-cyl.						
2d Sed.	310	940	1,560	3,510	5,460	7,800
4d Sed.	310	920	1,540	3,470	5,390	7,700
2d Grabber Sed.	340	1,010	1,680	3,780	5,880	8,400

NOTE: Add 20 percent for V-8.

	6	5	4	3	2	1
1971 Torino, V-8, 114" wb, Sta Wag 117" wb						
4d Sed.	316	948	1,580	3,560	5,530	7,900
2d HT	380	1,140	1,900	4,280	6,650	9,500
4d Sta Wag	356	1,068	1,780	4,010	6,230	8,900
1971 Torino 500, V-8, 114" wb, Sta Wag 117" wb						
4d Sed.	320	960	1,600	3,600	5,600	8,000
4d HT	364	1,092	1,820	4,100	6,370	9,100
2d Formal HT	640	1,920	3,200	7,200	11,200	16,000
2d Sports Roof HT	660	1,980	3,300	7,430	11,550	16,500
4d Sta Wag	320	960	1,600	3,600	5,600	8,000
4d HT Brougham	364	1,092	1,820	4,100	6,370	9,100
2d HT Brougham	500	1,500	2,500	5,630	8,750	12,500
4d Sq Sta Wag	404	1,212	2,020	4,550	7,070	10,100
2d HT Cobra	1,320	3,960	6,600	14,850	23,100	33,000
2d HT GT	760	2,280	3,800	8,550	13,300	19,000
2d GT Conv.	1,000	3,000	5,000	11,250	17,500	25,000
1971 Custom, V-8, 121" wb						
4d Sed.	304	912	1,520	3,420	5,320	7,600
4d Sta Wag	400	1,200	2,000	4,500	7,000	10,000
1971 Custom 500, V-8, 121" wb						
4d Sed.	308	924	1,540	3,470	5,390	7,700
4d Sta Wag	404	1,212	2,020	4,550	7,070	10,100

	6	5	4	3	2	1
1971 Galaxie 500, V-8, 121" wb						
4d Sed 316	948	1,580	3,560	5,530	7,900
4d HT 320	960	1,600	3,600	5,600	8,000
2d HT 340	1,020	1,700	3,830	5,950	8,500
4d Sta Wag 416	1,248	2,080	4,680	7,280	10,400
1971 LTD						
4d Sed 320	960	1,600	3,600	5,600	8,000
4d HT 324	972	1,620	3,650	5,670	8,100
2d HT 344	1,032	1,720	3,870	6,020	8,600
2d Conv 660	1,980	3,300	7,430	11,550	16,500
4d Ctry Sq Sta Wag 560	1,680	2,800	6,300	9,800	14,000
1971 LTD Brougham, V-8, 121" wb						
4d Sed 324	972	1,620	3,650	5,670	8,100
4d HT 340	1,020	1,700	3,830	5,950	8,500
2d HT 380	1,140	1,900	4,280	6,650	9,500
NOTE: Add 40 percent for 429 engine option.						
1972 Pinto						
2d Sed 296	888	1,480	3,330	5,180	7,400
3d HBk 300	900	1,500	3,380	5,250	7,500
2d Sta Wag 304	912	1,520	3,420	5,320	7,600
1972 Maverick						
4d Sed 296	888	1,480	3,330	5,180	7,400
2d Sed 300	900	1,500	3,380	5,250	7,500
2d Grabber Sed 340	1,010	1,680	3,780	5,880	8,400
NOTE: Deduct 20 percent for 6-cyl. Add 20 percent for Sprint pkg.						
1972 Torino, V-8, 118" wb, 2d 114" wb						
4d Sed 296	888	1,480	3,330	5,180	7,400
2d HT 380	1,140	1,900	4,280	6,650	9,500
4d Sta Wag 348	1,044	1,740	3,920	6,090	8,700
1972 Gran Torino						
4d Pillared HT 300	900	1,500	3,380	5,250	7,500
2d HT 440	1,320	2,200	4,950	7,700	11,000
1972 Gran Torino Sport, V-8						
2d Formal HT 480	1,440	2,400	5,400	8,400	12,000
2d Sports Roof HT 500	1,500	2,500	5,630	8,750	12,500
4d Sta Wag 340	1,020	1,700	3,830	5,950	8,500
1972 Custom, V-8, 121" wb						
4d Sed 304	912	1,520	3,420	5,320	7,600
4d Sta Wag 360	1,080	1,800	4,050	6,300	9,000
1972 Custom 500, V-8, 121" wb						
4d Sed 308	924	1,540	3,470	5,390	7,700
4d Sta Wag 380	1,140	1,900	4,280	6,650	9,500
1972 Galaxie 500, V-8, 121" wb						
4d Sed 312	936	1,560	3,510	5,460	7,800
4d HT 360	1,080	1,800	4,050	6,300	9,000
2d HT 440	1,320	2,200	4,950	7,700	11,000
4d Sta Wag 400	1,200	2,000	4,500	7,000	10,000
1972 LTD, V-8, 121" wb						
4d Sed 330	980	1,640	3,690	5,740	8,200
4d HT 330	1,000	1,660	3,740	5,810	8,300
2d HT 350	1,060	1,760	3,960	6,160	8,800
2d Conv 670	2,000	3,340	7,520	11,690	16,700
4d Sta Wag 570	1,700	2,840	6,390	9,940	14,200
1972 LTD Brougham, V-8, 121" wb						
4d Sed 330	1,000	1,660	3,740	5,810	8,300
4d HT 350	1,040	1,740	3,920	6,090	8,700
2d HT 390	1,160	1,940	4,370	6,790	9,700
NOTE: Add 40 percent for 429 engine option. Add 30 percent for 460 engine option.						
1973 Pinto, 4-cyl.						
2d Sed 212	636	1,060	2,390	3,710	5,300
2d Rbt. 216	648	1,080	2,430	3,780	5,400
2d Sta Wag 220	660	1,100	2,480	3,850	5,500
1973 Maverick, V-8						
2d Sed 224	672	1,120	2,520	3,920	5,600
4d Sed 228	684	1,140	2,570	3,990	5,700
2d Grabber Sed 270	800	1,340	3,020	4,690	6,700
1973 Torino, V-8						
4d Sed 216	648	1,080	2,430	3,780	5,400
2d HT 300	900	1,500	3,380	5,250	7,500
4d Sta Wag 224	672	1,120	2,520	3,920	5,600
1973 Gran Torino, V-8						
4d Pillared HT 220	660	1,100	2,480	3,850	5,500
2d HT 320	960	1,600	3,600	5,600	8,000
4d Sta Wag 268	804	1,340	3,020	4,690	6,700
1973 Gran Torino Sport, V-8						
2d Sports Roof HT 460	1,380	2,300	5,180	8,050	11,500

	6	5	4	3	2	1
2d Formal HT	480	1,440	2,400	5,400	8,400	12,000
4d Sq Sta Wag	320	960	1,600	3,600	5,600	8,000
1973 Gran Torino Brgm, V-8						
4d Pillared HT	224	672	1,120	2,520	3,920	5,600
2d HT	460	1,380	2,300	5,180	8,050	11,500
1973 Custom 500, V-8						
4d Pillared HT	224	672	1,120	2,520	3,920	5,600
4d Sta Wag	300	900	1,500	3,380	5,250	7,500
1973 Galaxie 500, V-8						
4d Pillared HT	228	684	1,140	2,570	3,990	5,700
2d HT	288	864	1,440	3,240	5,040	7,200
4d HT	232	696	1,160	2,610	4,060	5,800
4d Sta Wag	320	960	1,600	3,600	5,600	8,000
1973 LTD, V-8						
4d Sed.	232	696	1,160	2,610	4,060	5,800
2d HT	300	900	1,500	3,380	5,250	7,500
4d HT	240	720	1,200	2,700	4,200	6,000
4d Sta Wag	340	1,020	1,700	3,830	5,950	8,500
1973 LTD Brgm, V-8						
4d Sed.	236	708	1,180	2,660	4,130	5,900
2d HT	320	960	1,600	3,600	5,600	8,000
4d HT	280	840	1,400	3,150	4,900	7,000

NOTE: Add 30 percent for 429 engine option. Add 30 percent for 460 engine option.

	6	5	4	3	2	1
1974 Pinto						
2d Sed.	212	636	1,060	2,390	3,710	5,300
3d HBk	216	648	1,080	2,430	3,780	5,400
2d Sta Wag	220	660	1,100	2,480	3,850	5,500
1974 Maverick, V-8						
2d Sed.	224	672	1,120	2,520	3,920	5,600
4d Sed.	228	684	1,140	2,570	3,990	5,700
2d Grabber Sed.	260	770	1,280	2,880	4,480	6,400
1974 Torino, V-8						
4d Sed.	224	672	1,120	2,520	3,920	5,600
2d HT	288	864	1,440	3,240	5,040	7,200
4d Sta Wag	260	780	1,300	2,930	4,550	6,500
1974 Gran Torino, V-8						
4d Sed.	228	684	1,140	2,570	3,990	5,700
2d HT	304	912	1,520	3,420	5,320	7,600
4d Sta Wag	264	792	1,320	2,970	4,620	6,600
1974 Gran Torino Sport, V-8						
2d HT	324	972	1,620	3,650	5,670	8,100
1974 Gran Torino Brgm, V-8						
4d Sed.	232	696	1,160	2,610	4,060	5,800
2d HT	300	900	1,500	3,380	5,250	7,500
1974 Gran Torino Elite, V-8						
2d HT	320	960	1,600	3,600	5,600	8,000
1974 Gran Torino Squire, V-8						
4d Sta Wag	284	852	1,420	3,200	4,970	7,100
1974 Custom 500						
4d Sed.	220	660	1,100	2,480	3,850	5,500
4d Sta Wag	280	840	1,400	3,150	4,900	7,000
1974 Galaxie 500, V-8						
4d Sed.	224	672	1,120	2,520	3,920	5,600
2d HT	248	744	1,240	2,790	4,340	6,200
4d HT	236	708	1,180	2,660	4,130	5,900
4d Sta Wag	284	852	1,420	3,200	4,970	7,100
1974 LTD, V-8						
2d HT	260	780	1,300	2,930	4,550	6,500
4d Sed.	228	684	1,140	2,570	3,990	5,700
4d HT	240	720	1,200	2,700	4,200	6,000
4d Sta Wag	320	960	1,600	3,600	5,600	8,000
1974 LTD Brgm, V-8						
4d Sed.	228	684	1,140	2,570	3,990	5,700
2d HT	280	840	1,400	3,150	4,900	7,000
4d HT	260	780	1,300	2,930	4,550	6,500

NOTE: Add 30 percent for 460 engine option.

	6	5	4	3	2	1
1975 Pinto						
2d Sed.	220	660	1,100	2,480	3,850	5,500
3d HBk	224	672	1,120	2,520	3,920	5,600
2d Sta Wag	240	720	1,200	2,700	4,200	6,000
1975 Maverick						
2d Sed.	240	720	1,200	2,700	4,200	6,000
4d Sed.	236	708	1,180	2,660	4,130	5,900
2d Grabber Sed.	260	790	1,320	2,970	4,620	6,600
1975 Torino						
2d Cpe.	240	720	1,200	2,700	4,200	6,000

FORD

	6	5	4	3	2	1
4d Sed	220	660	1,100	2,480	3,850	5,500
4d Sta Wag	224	672	1,120	2,520	3,920	5,600
1975 Gran Torino						
2d Cpe	244	732	1,220	2,750	4,270	6,100
4d Sed	228	684	1,140	2,570	3,990	5,700
4d Sta Wag	232	696	1,160	2,610	4,060	5,800
1975 Gran Torino Brougham						
2d Cpe	252	756	1,260	2,840	4,410	6,300
4d Sed	248	744	1,240	2,790	4,340	6,200
1975 Gran Torino Sport						
2d HT	260	780	1,300	2,930	4,550	6,500
1975 Torino Squire						
4d Sta Wag	280	840	1,400	3,150	4,900	7,000
1975 Elite						
2d HT	280	840	1,400	3,150	4,900	7,000
1975 Granada						
2d Cpe	212	636	1,060	2,390	3,710	5,300
4d Sed	188	564	940	2,120	3,290	4,700
2d Ghia Cpe	224	672	1,120	2,520	3,920	5,600
4d Ghia Sed	220	660	1,100	2,480	3,850	5,500
1975 Custom 500						
4d Sed	224	672	1,120	2,520	3,920	5,600
4d Sta Wag	228	684	1,140	2,570	3,990	5,700
1975 LTD						
2d Cpe	236	708	1,180	2,660	4,130	5,900
4d Sed	228	684	1,140	2,570	3,990	5,700
1975 LTD Brougham						
2d Cpe	240	720	1,200	2,700	4,200	6,000
4d Sed	232	696	1,160	2,610	4,060	5,800
1975 LTD Landau						
2d Cpe	248	744	1,240	2,790	4,340	6,200
4d Sed	236	708	1,180	2,660	4,130	5,900
1975 LTD Station Wagon						
4d Sta Wag	268	804	1,340	3,020	4,690	6,700
4d Ctry Sq	288	864	1,440	3,240	5,040	7,200
NOTE: Add 30 percent for 460 engine option.						
1976 Pinto, 4-cyl.						
2d Sed	200	600	1,000	2,250	3,500	5,000
2d Rbt	204	612	1,020	2,300	3,570	5,100
2d Sta Wag	208	624	1,040	2,340	3,640	5,200
2d Sq Wag	212	636	1,060	2,390	3,710	5,300
NOTE: Add 10 percent for V-6.						
1976 Maverick, V-8						
4d Sed	192	576	960	2,160	3,360	4,800
2d Sed	196	588	980	2,210	3,430	4,900
NOTE: Deduct 5 percent for 6-cyl.						
1976 Torino, V-8						
4d Sed	200	600	1,000	2,250	3,500	5,000
2d HT	204	612	1,020	2,300	3,570	5,100
1976 Gran Torino, V-8						
4d Sed	204	612	1,020	2,300	3,570	5,100
2d HT	208	624	1,040	2,340	3,640	5,200
NOTE: Add 20 percent for "Starsky & Hutch" Ed.						
1976 Gran Torino Brougham, V-8						
4d Sed	208	624	1,040	2,340	3,640	5,200
2d HT	212	636	1,060	2,390	3,710	5,300
1976 Station Wagons, V-8						
4d 2S Torino	240	720	1,200	2,700	4,200	6,000
4d 2S Gran Torino	244	732	1,220	2,750	4,270	6,100
4d 2S Gran Torino Sq	250	740	1,240	2,790	4,340	6,200
1976 Granada, V-8						
4d Sed	188	564	940	2,120	3,290	4,700
2d Sed	212	636	1,060	2,390	3,710	5,300
1976 Granada Ghia, V-8						
4d Sed	220	660	1,100	2,480	3,850	5,500
2d Sed	224	672	1,120	2,520	3,920	5,600
1976 Elite, V-8						
2d HT	208	624	1,040	2,340	3,640	5,200
1976 Custom, V-8						
4d Sed	196	588	980	2,210	3,430	4,900
1976 LTD, V-8						
4d Sed	204	612	1,020	2,300	3,570	5,100
2d Sed	212	636	1,060	2,390	3,710	5,300
1976 LTD Brougham, V-8						
4d Sed	212	636	1,060	2,390	3,710	5,300
2d Sed	220	660	1,100	2,480	3,850	5,500

	6	5	4	3	2	1
1976 LTD Landau, V-8						
4d Sed.	220	660	1,100	2,480	3,850	5,500
2d Sed.	228	684	1,140	2,570	3,990	5,700
1976 Station Wagons, V-8						
4d Ranch Wag	256	768	1,280	2,880	4,480	6,400
4d LTD Wag	268	804	1,340	3,020	4,690	6,700
4d Ctry Sq Wag.	288	864	1,440	3,240	5,040	7,200
1977 Pinto, 4-cyl.						
2d Sed.	204	612	1,020	2,300	3,570	5,100
2d Rbt	208	624	1,040	2,340	3,640	5,200
2d Sta Wag	228	684	1,140	2,570	3,990	5,700
2d Sq Wag	232	696	1,160	2,610	4,060	5,800
NOTE: Add 5 percent for V-6.						
1977 Maverick, V-8						
4d Sed.	196	588	980	2,210	3,430	4,900
2d Sed.	200	600	1,000	2,250	3,500	5,000
NOTE: Deduct 5 percent for 6-cyl.						
1977 Granada, V-8						
4d Sed.	188	564	940	2,120	3,290	4,700
2d Sed.	212	636	1,060	2,390	3,710	5,300
1977 Granada Ghia, V-8						
4d Sed.	220	660	1,100	2,480	3,850	5,500
2d Sed.	224	672	1,120	2,520	3,920	5,600
1977 LTD II "S", V-8						
4d Sed.	132	396	660	1,490	2,310	3,300
2d Sed.	136	408	680	1,530	2,380	3,400
1977 LTD II, V-8						
4d Sed.	136	408	680	1,530	2,380	3,400
2d Sed.	140	420	700	1,580	2,450	3,500
1977 LTD II Brougham, V-8						
4d Sed.	144	432	720	1,620	2,520	3,600
2d Sed.	148	444	740	1,670	2,590	3,700
1977 Station Wagons, V-8						
4d 2S LTD II	200	550	900	2,030	3,150	4,500
4d 3S LTD II	200	550	900	2,070	3,200	4,600
4d 3S LTD II Sq.	200	600	950	2,160	3,350	4,800
1977 LTD, V-8						
4d Sed.	208	624	1,040	2,340	3,640	5,200
2d Sed.	212	636	1,060	2,390	3,710	5,300
1977 LTD Landau, V-8						
4d Sed.	216	648	1,080	2,430	3,780	5,400
2d Sed.	220	660	1,100	2,480	3,850	5,500
1977 Station Wagons, V-8						
4d 2S LTD	292	876	1,460	3,290	5,110	7,300
4d 3S LTD	296	888	1,480	3,330	5,180	7,400
4d 3S Ctry Sq	300	900	1,500	3,380	5,250	7,500
1978 Fiesta						
2d HBk	112	336	560	1,260	1,960	2,800
1978 Pinto						
2d Sed.	200	600	1,000	2,250	3,500	5,000
3d Rbt	204	612	1,020	2,300	3,570	5,100
2d Sta Wag	224	672	1,120	2,520	3,920	5,600
2d Sq Wag	228	684	1,140	2,570	3,990	5,700
1978 Fairmont						
4d Sed.	124	372	620	1,400	2,170	3,100
2d Sed.	120	360	600	1,350	2,100	3,000
2d Cpe Futura	150	450	700	1,620	2,500	3,600
4d Sta Wag	150	400	700	1,580	2,450	3,500
1978 Granada						
4d Sed.	188	564	940	2,120	3,290	4,700
2d Sed.	212	636	1,060	2,390	3,710	5,300
1978 LTD II "S"						
4d Sed.	100	350	600	1,400	2,150	3,100
2d Cpe.	100	350	600	1,350	2,100	3,000
1978 LTD II						
4d Sed.	128	384	640	1,440	2,240	3,200
2d Cpe.	124	372	620	1,400	2,170	3,100
1978 LTD II Brougham						
4d Sed.	132	396	660	1,490	2,310	3,300
2d Cpe.	128	384	640	1,440	2,240	3,200
1978 LTD						
4d Sed.	208	624	1,040	2,340	3,640	5,200
2d Cpe.	212	636	1,060	2,390	3,710	5,300
4d 2S Sta Wag	292	876	1,460	3,290	5,110	7,300
1978 LTD Landau						
4d Sed.	216	648	1,080	2,430	3,780	5,400
2d Cpe.	220	660	1,100	2,480	3,850	5,500

FORD

	6	5	4	3	2	1
1979 Fiesta, 4-cyl.						
3d HBk 116		348	580	1,310	2,030	2,900
1979 Pinto, V-6						
2d Sed 150		450	800	1,760	2,750	3,900
2d Rbt. 150		500	800	1,800	2,800	4,000
2d Sta Wag 200		550	900	2,030	3,150	4,500
2d Sq Wag 200		550	900	2,070	3,200	4,600
NOTE: Deduct 5 percent for 4-cyl.						
1979 Fairmont, 6-cyl.						
4d Sed 128		384	640	1,440	2,240	3,200
2d Sed 124		372	620	1,400	2,170	3,100
2d Cpe 144		432	720	1,620	2,520	3,600
4d Sta Wag 132		396	660	1,490	2,310	3,300
4d Sq Wag 136		408	680	1,530	2,380	3,400
NOTE: Deduct 5 percent for 4-cyl. Add 5 percent for V-8.						
1979 Granada, V-8						
4d Sed 150		500	850	1,940	3,000	4,300
2d Sed 150		450	750	1,670	2,600	3,700
NOTE: Deduct 5 percent for 6-cyl.						
1979 LTD II, V-8						
4d Sed 128		384	640	1,440	2,240	3,200
2d Sed 124		372	620	1,400	2,170	3,100
1979 LTD II Brougham, V-8						
4d Sed 132		396	660	1,490	2,310	3,300
2d Sed 128		384	640	1,440	2,240	3,200
1979 LTD, V-8						
4d Sed 144		432	720	1,620	2,520	3,600
2d Sed 136		408	680	1,530	2,380	3,400
4d 2S Sta Wag 140		420	700	1,580	2,450	3,500
4d 3S Sta Wag. 144		432	720	1,620	2,520	3,600
4d 2S Sq Wag 148		444	740	1,670	2,590	3,700
4d 3S Sq Wag 152		456	760	1,710	2,660	3,800
1979 LTD Landau						
4d Sed 152		456	760	1,710	2,660	3,800
2d Sed 144		432	720	1,620	2,520	3,600
1980 Fiesta, 4-cyl.						
2d HBk 124		372	620	1,400	2,170	3,100
1980 Pinto, 4-cyl.						
2d Cpe Pony 150		450	750	1,670	2,600	3,700
2d Sta Wag Pony. 150		450	800	1,760	2,750	3,900
2d Cpe 150		450	750	1,710	2,650	3,800
2d HBk 150		450	750	1,710	2,650	3,800
2d Sta Wag 200		550	900	1,980	3,100	4,400
2d Sta Wag Sq. 200		550	900	2,030	3,150	4,500
1980 Fairmont, 6-cyl.						
4d Sed 136		408	680	1,530	2,380	3,400
2d Sed 132		396	660	1,490	2,310	3,300
4d Sed Futura 144		432	720	1,620	2,520	3,600
2d Cpe Futura 164		492	820	1,850	2,870	4,100
4d Sta Wag 152		456	760	1,710	2,660	3,800
NOTE: Deduct 10 percent for 4-cyl. Add 12 percent for V-8.						
1980 Granada, V-8						
4d Sed 156		468	780	1,760	2,730	3,900
2d Sed 152		456	760	1,710	2,660	3,800
4d Sed Ghia. 164		492	820	1,850	2,870	4,100
2d Sed Ghia. 160		480	800	1,800	2,800	4,000
4d Sed ESS 168		504	840	1,890	2,940	4,200
2d Sed ESS 164		492	820	1,850	2,870	4,100
NOTE: Deduct 10 percent for 6-cyl.						
1980 LTD, V-8						
4d Sed S 168		504	840	1,890	2,940	4,200
4d Sta Wag 176		528	880	1,980	3,080	4,400
4d Sed 172		516	860	1,940	3,010	4,300
2d Sed 168		504	840	1,890	2,940	4,200
4d Sta Wag 180		540	900	2,030	3,150	4,500
4d Sta Wag CS 188		564	940	2,120	3,290	4,700
1980 LTD Crown Victoria, V-8						
4d Sed 184		552	920	2,070	3,220	4,600
2d Sed 180		540	900	2,030	3,150	4,500
1981 Escort, 4-cyl.						
2d HBk SS 144		432	720	1,620	2,520	3,600
4d HBk SS 148		444	740	1,670	2,590	3,700
NOTE: Deduct 5 percent for lesser models.						
1981 Fairmont, 6-cyl.						
2d Sed S 136		408	680	1,530	2,380	3,400
4d Sed 140		420	700	1,580	2,450	3,500

	6	5	4	3	2	1
2d Sed.	140	420	700	1,580	2,450	3,500
4d Futura.	144	432	720	1,620	2,520	3,600
2d Cpe Futura.	168	504	840	1,890	2,940	4,200
4d Sta Wag.	156	468	780	1,760	2,730	3,900
4d Sta Wag Futura	160	480	800	1,800	2,800	4,000

NOTE: Deduct 10 percent for 4-cyl. Add 12 percent for V-8.

1981 Granada, 6-cyl.

	6	5	4	3	2	1
4d Sed GLX.	160	480	800	1,800	2,800	4,000
2d Sed GLX.	156	468	780	1,760	2,730	3,900

NOTE: Deduct 5 percent for lesser models. Deduct 10 percent for 4-cyl. Add 12 percent for V-8.

1981 LTD, V-8

	6	5	4	3	2	1
4d Sed S.	172	516	860	1,940	3,010	4,300
4d Sta Wag S.	180	540	900	2,030	3,150	4,500
4d Sed.	176	528	880	1,980	3,080	4,400
2d Sed.	172	516	860	1,940	3,010	4,300
4d Sta Wag.	184	552	920	2,070	3,220	4,600
4d Sta Wag CS.	192	576	960	2,160	3,360	4,800

1981 LTD Crown Victoria, V-8

	6	5	4	3	2	1
4d Sed.	192	576	960	2,160	3,360	4,800
2d Sed.	188	564	940	2,120	3,290	4,700

NOTE: Deduct 15 percent for 6-cyl.

1982 Escort, 4-cyl.

	6	5	4	3	2	1
2d HBk GLX	144	432	720	1,620	2,520	3,600
4d HBk GLX	148	444	740	1,670	2,590	3,700
4d Sta Wag GLX.	152	456	760	1,710	2,660	3,800
2d HBk GT	156	468	780	1,760	2,730	3,900

NOTE: Deduct 5 percent for lesser models.

1982 EXP, 4-cyl.

	6	5	4	3	2	1
2d Cpe.	180	540	900	2,030	3,150	4,500

1982 Fairmont Futura, 4-cyl.

	6	5	4	3	2	1
4d Sed.	120	300	600	1,350	2,100	3,000
2d Sed.	116	348	580	1,310	2,030	2,900
2d Cpe Futura.	132	396	660	1,490	2,310	3,300

1982 Fairmont Futura, 6-cyl.

	6	5	4	3	2	1
4d Sed.	148	444	740	1,670	2,590	3,700
2d Cpe Futura.	172	516	860	1,940	3,010	4,300

1982 Granada, 6-cyl.

	6	5	4	3	2	1
4d Sed GLX.	164	492	820	1,850	2,870	4,100
2d Sed GLX.	160	480	800	1,800	2,800	4,000

NOTE: Deduct 10 percent for 4-cyl. Deduct 5 percent for lesser models.

1982 Granada Wagon, 6-cyl.

	6	5	4	3	2	1
4d Sta Wag GL	172	516	860	1,940	3,010	4,300

1982 LTD, V-8

	6	5	4	3	2	1
4d Sed S	176	528	880	1,980	3,080	4,400
4d Sed.	180	540	900	2,030	3,150	4,500
2d Sed.	176	528	880	1,980	3,080	4,400

1982 LTD Crown Victoria, V-8

	6	5	4	3	2	1
4d Sed.	196	588	980	2,210	3,430	4,900
2d Sed.	192	576	960	2,160	3,360	4,800

1982 LTD Station Wagon, V-8

	6	5	4	3	2	1
4d Sta Wag S	184	552	920	2,070	3,220	4,600
4d Sta Wag.	188	564	940	2,120	3,290	4,700
4d Sta Wag CS.	196	588	980	2,210	3,430	4,900

NOTE: Deduct 15 percent for V-6.

1983 Escort, 4-cyl.

	6	5	4	3	2	1
2d HBk GLX	144	432	720	1,620	2,520	3,600
4d HBk GLX	148	444	740	1,670	2,590	3,700
4d Sta Wag GLX.	152	456	760	1,710	2,660	3,800
2d HBk GT	148	444	740	1,670	2,590	3,700

NOTE: Deduct 5 percent for lesser models.

1983 EXP, 4-cyl.

	6	5	4	3	2	1
2d Cpe.	180	540	900	2,030	3,150	4,500

1983 Fairmont Futura, 6-cyl.

	6	5	4	3	2	1
4d Sed.	148	444	740	1,670	2,590	3,700
2d Sed.	144	432	720	1,620	2,520	3,600
2d Cpe.	172	516	860	1,940	3,010	4,300

NOTE: Deduct 5 percent for 4-cyl.

1983 LTD, 6-cyl.

	6	5	4	3	2	1
4d Sed.	168	504	840	1,890	2,940	4,200
4d Sed Brgm.	176	528	880	1,980	3,080	4,400
4d Sta Wag.	184	552	920	2,070	3,220	4,600

NOTE: Deduct 10 percent for 4-cyl.

1983 LTD Crown Victoria, V-8

	6	5	4	3	2	1
4d Sed.	200	600	1,000	2,250	3,500	5,000
2d Sed.	196	588	980	2,210	3,430	4,900
4d Sta Wag.	204	612	1,020	2,300	3,570	5,100

	6	5	4	3	2	1
1984 Escort, 4-cyl.						
4d HBk LX	140	420	700	1,580	2,450	3,500
2d HBk LX	140	420	700	1,580	2,450	3,500
4d Sta Wag LX	144	432	720	1,620	2,520	3,600
2d HBk GT	144	432	720	1,620	2,520	3,600
2d HBk Turbo GT	152	456	760	1,710	2,660	3,800
NOTE: Deduct 5 percent for lesser models.						
1984 EXP, 4-cyl.						
2d Cpe	160	480	800	1,800	2,800	4,000
2d Cpe L	168	504	840	1,890	2,940	4,200
2d Cpe Turbo	184	552	920	2,070	3,220	4,600
1984 Tempo, 4-cyl.						
2d Sed GLX	140	420	700	1,580	2,450	3,500
4d Sed GLX	140	420	700	1,580	2,450	3,500
NOTE: Deduct 5 percent for lesser models.						
1984 LTD, V-6						
4d Sed	168	504	840	1,890	2,940	4,200
4d Sed Brgm	172	516	860	1,940	3,010	4,300
4d Sta Wag	172	516	860	1,940	3,010	4,300
4d Sed LX, (V-8)	184	552	920	2,070	3,220	4,600
NOTE: Deduct 8 percent for 4-cyl.						
1984 LTD Crown Victoria, V-8						
4d Sed S	188	564	940	2,120	3,290	4,700
4d Sed	196	588	980	2,210	3,430	4,900
2d Sed	196	588	980	2,210	3,430	4,900
4d Sta Wag S	200	600	1,000	2,250	3,500	5,000
4d Sta Wag	204	612	1,020	2,300	3,570	5,100
4d Sta Wag Sq	208	624	1,040	2,340	3,640	5,200
1985 Escort, 4-cyl.						
4d HBk LX	144	432	720	1,620	2,520	3,600
4d Sta Wag LX	144	432	720	1,620	2,520	3,600
2d HBk GT	148	444	740	1,670	2,590	3,700
2d HBk Turbo GT	156	468	780	1,760	2,730	3,900
NOTE: Deduct 5 percent for lesser models.						
1985 EXP, 4-cyl.						
2d Cpe HBk	164	492	820	1,850	2,870	4,100
2d Cpe HBk Luxury	172	516	860	1,940	3,010	4,300
2d Cpe HBk Turbo	188	564	940	2,120	3,290	4,700
NOTE: Deduct 20 percent for diesel.						
1985 Tempo, 4-cyl.						
2d Sed GLX	140	420	700	1,580	2,450	3,500
4d Sed GLX	140	420	700	1,580	2,450	3,500
NOTE: Deduct 5 percent for lesser models. Deduct 20 percent for diesel.						
1985 LTD						
4d V-6 Sed	172	516	860	1,940	3,010	4,300
4d V-6 Sed Brgm	176	528	880	1,980	3,080	4,400
4d V-6 Sta Wag	176	528	880	1,980	3,080	4,400
4d V-8 Sed LX	188	564	940	2,120	3,290	4,700
NOTE: Deduct 20 percent for 4-cyl. where available.						
1985 LTD Crown Victoria, V-8						
4d Sed S	192	576	960	2,160	3,360	4,800
4d Sed	200	600	1,000	2,250	3,500	5,000
2d Sed	196	588	980	2,210	3,430	4,900
4d Sta Wag S	204	612	1,020	2,300	3,570	5,100
4d Sta Wag	208	624	1,040	2,340	3,640	5,200
4d Sta Wag Ctry Sq	216	648	1,080	2,430	3,780	5,400
1986 Escort						
2d HBk	144	432	720	1,620	2,520	3,600
4d HBk	140	420	700	1,580	2,450	3,500
4d Sta Wag	148	444	740	1,670	2,590	3,700
2d GT HBk	160	480	800	1,800	2,800	4,000
1986 EXP						
2d Cpe	184	552	920	2,070	3,220	4,600
1986 Tempo						
2d Sed	144	432	720	1,620	2,520	3,600
4d Sed	144	432	720	1,620	2,520	3,600
1986 Taurus						
4d Sed	188	564	940	2,120	3,290	4,700
4d Sta Wag	192	576	960	2,160	3,360	4,800
1986 LTD						
4d Sed	208	624	1,040	2,340	3,640	5,200
4d Brgm Sed	208	624	1,040	2,340	3,640	5,200
4d Sta Wag	216	648	1,080	2,430	3,780	5,400
1986 LTD Crown Victoria						
2d Sed	216	648	1,080	2,430	3,780	5,400
4d Sed	216	648	1,080	2,430	3,780	5,400

FORD

	6	5	4	3	2	1
4d Sta Wag	220	660	1,100	2,480	3,850	5,500

NOTE: Add 10 percent for deluxe models. Deduct 5 percent for smaller engines.

1987 Escort, 4-cyl.

	6	5	4	3	2	1
2d HBk Pony	148	444	740	1,670	2,590	3,700
2d HBk GL	152	456	760	1,710	2,660	3,800
4d HBk GL	156	468	780	1,760	2,730	3,900
4d Sta Wag GL	156	468	780	1,760	2,730	3,900
2d HBk GT	160	480	800	1,800	2,800	4,000

1987 EXP, 4-cyl.

	6	5	4	3	2	1
2d HBk LX	188	564	940	2,120	3,290	4,700
2d HBk Spt	192	576	960	2,160	3,360	4,800

1987 Tempo

	6	5	4	3	2	1
2d Sed GL	148	444	740	1,670	2,590	3,700
4d Sed GL	152	456	760	1,710	2,660	3,800
2d Sed GL Spt	152	456	760	1,710	2,660	3,800
4d Sed GL Spt	156	468	780	1,760	2,730	3,900
2d Sed LX	156	468	780	1,760	2,730	3,900
4d Sed LX	160	480	800	1,800	2,800	4,000
2d Sed 4WD	180	540	900	2,030	3,150	4,500
4d Sed 4WD	184	552	920	2,070	3,220	4,600

1987 Taurus, 4-cyl.

	6	5	4	3	2	1
4d Sed	192	576	960	2,160	3,360	4,800
4d Sta Wag	196	588	980	2,210	3,430	4,900

1987 Taurus, V-6

	6	5	4	3	2	1
4d Sed L	196	588	980	2,210	3,430	4,900
4d Sta Wag L	200	600	1,000	2,250	3,500	5,000
4d Sed GL	200	600	1,000	2,250	3,500	5,000
4d Sta Wag GL	204	612	1,020	2,300	3,570	5,100
4d Sed LX	204	612	1,020	2,300	3,570	5,100
4d Sta Wag LX	208	624	1,040	2,340	3,640	5,200

1987 LTD Crown Victoria, V-8

	6	5	4	3	2	1
4d Sed S	220	660	1,100	2,480	3,850	5,500
4d Sta Wag S	224	672	1,120	2,520	3,920	5,600
4d Sed	224	672	1,120	2,520	3,920	5,600
2d Cpe	220	660	1,100	2,480	3,850	5,500
4d Sta Wag	224	672	1,120	2,520	3,920	5,600
4d Sta Wag Ctry Sq	230	700	1,160	2,610	4,060	5,800
4d Sed LX	228	684	1,140	2,570	3,990	5,700
2d Cpe LX	224	672	1,120	2,520	3,920	5,600
4d Sta Wag LX	228	684	1,140	2,570	3,990	5,700
4d Sta Wag Ctry Sq LX	240	710	1,180	2,660	4,130	5,900

1988 Festiva, 4-cyl.

	6	5	4	3	2	1
2d HBk L	92	276	460	1,040	1,610	2,300
2d HBk L Plus	100	300	500	1,130	1,750	2,500
2d HBk LX	116	348	580	1,310	2,030	2,900

1988 Escort, 4-cyl.

	6	5	4	3	2	1
2d HBk Pony	88	264	440	990	1,540	2,200
2d HBk GL	100	300	500	1,130	1,750	2,500
4d HBk GL	104	312	520	1,170	1,820	2,600
4d Sta Wag GL	116	348	580	1,310	2,030	2,900
2d HBk GT	140	420	700	1,580	2,450	3,500
2d HBk LX	112	336	560	1,260	1,960	2,800
4d HBk LX	116	348	580	1,310	2,030	2,900
4d Sta Wag LX	124	372	620	1,400	2,170	3,100

1988 EXP, 4-cyl.

	6	5	4	3	2	1
2d HBk	120	360	600	1,350	2,100	3,000

1988 Tempo, 4-cyl.

	6	5	4	3	2	1
2d Sed GL	132	396	660	1,490	2,310	3,300
4d Sed GL	140	420	700	1,580	2,450	3,500
2d Sed GLS	140	420	700	1,580	2,450	3,500
4d Sed GLS	144	432	720	1,620	2,520	3,600
4d Sed LX	148	444	740	1,670	2,590	3,700
4d Sed 4x4	180	540	900	2,030	3,150	4,500

1988 Taurus, 4-cyl., V-6

	6	5	4	3	2	1
4d Sed	168	504	840	1,890	2,940	4,200
4d Sed L	176	528	880	1,980	3,080	4,400
4d Sta Wag L	184	552	920	2,070	3,220	4,600
4d Sed GL	180	540	900	2,030	3,150	4,500
4d Sta Wag GL	200	600	1,000	2,250	3,500	5,000
4d Sed LX	220	660	1,100	2,480	3,850	5,500
4d Sta Wag LX	228	684	1,140	2,570	3,990	5,700

1988 LTD Crown Victoria, V-8

	6	5	4	3	2	1
4d Sed	204	612	1,020	2,300	3,570	5,100
4d Sta Wag	212	636	1,060	2,390	3,710	5,300
4d Ctry Sq Sta Wag	230	700	1,160	2,610	4,060	5,800
4d Sed S	212	636	1,060	2,390	3,710	5,300

	6	5	4	3	2	1
4d Sed LX	216	648	1,080	2,430	3,780	5,400
4d Sta Wag LX	220	660	1,100	2,480	3,850	5,500
4d Ctry Sq Sta Wag	240	720	1,200	2,700	4,200	6,000
1989 Festiva, 4-cyl.						
2d HBk L	128	384	640	1,440	2,240	3,200
2d HBk L Plus	132	396	660	1,490	2,310	3,300
2d HBk LX	136	408	680	1,530	2,380	3,400
1989 Escort, 4-cyl.						
2d HBk Pony	132	396	660	1,490	2,310	3,300
2d HBk LX	136	408	680	1,530	2,380	3,400
2d HBk GT	152	456	760	1,710	2,660	3,800
4d HBk LX	140	420	700	1,580	2,450	3,500
4d Sta Wag LX	144	432	720	1,620	2,520	3,600
1989 Tempo, 4-cyl.						
2d Sed GL	140	420	700	1,580	2,450	3,500
4d Sed GL	144	432	720	1,620	2,520	3,600
2d Sed GLS	152	456	760	1,710	2,660	3,800
4d Sed GLS	156	468	780	1,760	2,730	3,900
4d Sed LX	168	504	840	1,890	2,940	4,200
4d Sed 4x4	192	576	960	2,160	3,360	4,800
1989 Probe, 4-cyl.						
2d GL HBk	200	600	1,000	2,250	3,500	5,000
2d LX HBk	220	660	1,100	2,480	3,850	5,500
2d GT Turbo HBk	240	720	1,200	2,700	4,200	6,000
1989 Taurus, 4-cyl.						
4d Sed L	184	552	920	2,070	3,220	4,600
4d Sed GL	188	564	940	2,120	3,290	4,700
1989 V-6						
4d Sed L	192	576	960	2,160	3,360	4,800
4d Sta Wag L	200	600	1,000	2,250	3,500	5,000
4d Sed GL	204	612	1,020	2,300	3,570	5,100
4d Sta Wag GL	240	720	1,200	2,700	4,200	6,000
4d Sed LX	232	696	1,160	2,610	4,060	5,800
4d Sta Wag LX	360	1,080	1,800	4,050	6,300	9,000
4d Sed SHO	400	1,200	2,000	4,500	7,000	10,000
1989 LTD Crown Victoria, V-8						
4d Sed S	220	660	1,100	2,480	3,850	5,500
4d Sed	228	684	1,140	2,570	3,990	5,700
4d Sed LX	252	756	1,260	2,840	4,410	6,300
4d Sta Wag	256	768	1,280	2,880	4,480	6,400
4d Sta Wag LX	260	780	1,300	2,930	4,550	6,500
4d Ctry Sq Sta Wag	260	790	1,320	2,970	4,620	6,600
4d Ctry Sq LX Sta Wag	270	800	1,340	3,020	4,690	6,700
1990 Festiva, 4-cyl.						
2d	112	336	560	1,260	1,960	2,800
2d L	120	360	600	1,350	2,100	3,000
2d LX	140	420	700	1,580	2,450	3,500
1990 Escort, 4-cyl.						
2d Pony HBk	120	360	600	1,350	2,100	3,000
2d LX HBk	140	420	700	1,580	2,450	3,500
4d LX HBk	144	432	720	1,620	2,520	3,600
4d LX Sta Wag	152	456	760	1,710	2,660	3,800
2d GT HBk	164	492	820	1,850	2,870	4,100
1990 Tempo, 4-cyl.						
2d GL Sed	144	432	720	1,620	2,520	3,600
4d GL Sed	148	444	740	1,670	2,590	3,700
2d GLS Sed	160	480	800	1,800	2,800	4,000
4d GLS Sed	164	492	820	1,850	2,870	4,100
4d LX Sed	168	504	840	1,890	2,940	4,200
4d Sed 4x4	220	660	1,100	2,480	3,850	5,500
1990 Probe						
2d GL HBk, 4-cyl.	220	660	1,100	2,480	3,850	5,500
2d LX HBk, V-6	260	780	1,300	2,930	4,550	6,500
2d GT HBk, Turbo	360	1,080	1,800	4,050	6,300	9,000
1990 Taurus, 4-cyl.						
4d L Sed	160	480	800	1,800	2,800	4,000
4d GL Sed	168	504	840	1,890	2,940	4,200
1990 V-6						
4d L Sed	188	564	940	2,120	3,290	4,700
4d L Sta Wag	200	600	1,000	2,250	3,500	5,000
4d GL Sed	196	588	980	2,210	3,430	4,900
4d GL Sta Wag	208	624	1,040	2,340	3,640	5,200
4d LX Sed	232	696	1,160	2,610	4,060	5,800
4d LX Sta Wag	256	768	1,280	2,880	4,480	6,400
4d SHO Sed	360	1,080	1,800	4,050	6,300	9,000

	6	5	4	3	2	1
1990 LTD Crown Victoria, V-8						
4d S Sed	220	660	1,100	2,480	3,850	5,500
4d Sed	240	720	1,200	2,700	4,200	6,000
4d LX Sed	260	780	1,300	2,930	4,550	6,500
4d Sta Wag	232	696	1,160	2,610	4,060	5,800
4d LX Sta Wag	248	744	1,240	2,790	4,340	6,200
4d Ctry Sq Sta Wag	260	780	1,300	2,930	4,550	6,500
4d LX Ctry Sq Sta Wag	270	820	1,360	3,060	4,760	6,800
1991 Festiva, 4-cyl.						
2d HBk	124	372	620	1,400	2,170	3,100
2d GL HBk	132	396	660	1,490	2,310	3,300
1991 Escort, 4-cyl.						
2d Pony HBk	140	420	700	1,580	2,450	3,500
2d LX HBk	148	444	740	1,670	2,590	3,700
4d LX HBk	148	444	740	1,670	2,590	3,700
4d LX Sta Wag	156	468	780	1,760	2,730	3,900
2d GT HBk	164	492	820	1,850	2,870	4,100
1991 Tempo, 4-cyl.						
2d L Sed	144	432	720	1,620	2,520	3,600
4d L Sed	144	432	720	1,620	2,520	3,600
2d GL Sed	152	456	760	1,710	2,660	3,800
4d GL Sed	152	456	760	1,710	2,660	3,800
2d GLS Sed	160	480	800	1,800	2,800	4,000
4d GLS Sed	160	480	800	1,800	2,800	4,000
4d LX Sed	168	504	840	1,890	2,940	4,200
4d Sed 4x4	200	600	1,000	2,250	3,500	5,000
1991 Probe, 4-cyl.						
2d GL HBk	188	564	940	2,120	3,290	4,700
2d LX HBk	220	660	1,100	2,480	3,850	5,500
2d GT HBk Turbo	240	720	1,200	2,700	4,200	6,000
1991 Taurus, 4-cyl.						
4d L Sed	144	432	720	1,620	2,520	3,600
4d GL Sed	152	456	760	1,710	2,660	3,800
1991 Taurus, V-6						
4d L Sed	152	456	760	1,710	2,660	3,800
4d L Sta Wag	180	540	900	2,030	3,150	4,500
4d GL Sed	168	504	840	1,890	2,940	4,200
4d GL Sta Wag	220	660	1,100	2,480	3,850	5,500
4d LX Sed	208	624	1,040	2,340	3,640	5,200
4d LX Sta Wag	260	780	1,300	2,930	4,550	6,500
4d SHO Sed	380	1,140	1,900	4,280	6,650	9,500
1991 LTD Crown Victoria, V-8						
4d S Sed	180	540	900	2,030	3,150	4,500
4d Sed	220	660	1,100	2,480	3,850	5,500
4d LX Sed	240	720	1,200	2,700	4,200	6,000
4d 3S Sta Wag	196	588	980	2,210	3,430	4,900
4d 2S Sta Wag	236	708	1,180	2,660	4,130	5,900
4d LX 3S Sta Wag	256	768	1,280	2,880	4,480	6,400
4d Ctry Sq 3S Sta Wag	210	620	1,040	2,340	3,640	5,200
4d Ctry Sq 2S Sta Wag	250	740	1,240	2,790	4,340	6,200
4d Ctry Sq LX 3S Sta Wag	250	800	1,350	3,020	4,700	6,700
1992 Festiva, 4-cyl.						
2d L HBk	140	420	700	1,580	2,450	3,500
2d GL HBk	152	456	760	1,710	2,660	3,800
1992 Escort, 4-cyl.						
2d HBk	168	504	840	1,890	2,940	4,200
2d LX HBk	168	504	840	1,890	2,940	4,200
4d LX HBk	168	504	840	1,890	2,940	4,200
4d LX Sed	160	480	800	1,800	2,800	4,000
4d LX Sta Wag	176	528	880	1,980	3,080	4,400
4d LX-E Sta Wag	180	540	900	2,030	3,150	4,500
2d GT HBk	200	600	1,000	2,250	3,500	5,000
1992 Tempo, 4-cyl.						
2d GL Cpe	152	456	760	1,710	2,660	3,800
4d GL Sed	156	468	780	1,760	2,730	3,900
4d LX Sed	160	480	800	1,800	2,800	4,000
2d GLS Sed V-6	220	660	1,100	2,480	3,850	5,500
4d GLS Sed V-6	220	660	1,100	2,480	3,850	5,500
1992 Probe, 4-cyl.						
2d GL HBk	220	660	1,100	2,480	3,850	5,500
2d LX HBk V-6	256	768	1,280	2,880	4,480	6,400
2d GT HBk Turbo	260	780	1,300	2,930	4,550	6,500
1992 Taurus, V-6						
4d L Sed	200	600	1,000	2,250	3,500	5,000
4d L Sta Wag	200	600	1,000	2,250	3,500	5,000
4d GL Sed	220	660	1,100	2,480	3,850	5,500

	6	5	4	3	2	1
4d GL Sta Wag.	220	660	1,100	2,480	3,850	5,500
4d LX Sed	240	720	1,200	2,700	4,200	6,000
4d LX Sta Wag.	240	720	1,200	2,700	4,200	6,000
4d SHO Sed.	420	1,260	2,100	4,730	7,350	10,500
1992 Crown Victoria, V-8						
4d S Sed	240	720	1,200	2,700	4,200	6,000
4d Sed	260	780	1,300	2,930	4,550	6,500
4d LX Sed	380	1,140	1,900	4,280	6,650	9,500
4d Trg Sed	320	960	1,600	3,600	5,600	8,000
1993 Festiva, 4-cyl.						
2d Sed	144	432	720	1,620	2,520	3,600
1993 Escort, 4-cyl.						
2d HBk.	172	516	860	1,940	3,010	4,300
2d LX HBk	176	528	880	1,980	3,080	4,400
2d GT HBk	180	540	900	2,030	3,150	4,500
4d HBk	176	528	880	1,980	3,080	4,400
4d LX Sed	180	540	900	2,030	3,150	4,500
4d LXE Sed	184	552	920	2,070	3,220	4,600
4d LX Sta Wag.	188	564	940	2,120	3,290	4,700
1993 Tempo, 4-cyl.						
2d GL Sed	168	504	840	1,890	2,940	4,200
4d GL Sed	172	516	860	1,940	3,010	4,300
4d LX Sed	180	540	900	2,030	3,150	4,500
1993 Probe						
2d HBk, 4-cyl..	244	732	1,220	2,750	4,270	6,100
2d GT HBk, V-6	256	768	1,280	2,880	4,480	6,400
1993 Taurus, V-6						
4d GL Sed	248	744	1,240	2,790	4,340	6,200
4d LX Sed	252	756	1,260	2,840	4,410	6,300
4d GL Sta Wag.	264	792	1,320	2,970	4,620	6,600
4d LX Sta Wag.	268	804	1,340	3,020	4,690	6,700
4d SHO Sed.	380	1,140	1,900	4,280	6,650	9,500
1993 Crown Victoria, V-8						
4d Sed S	284	852	1,420	3,200	4,970	7,100
4d Sed	292	876	1,460	3,290	5,110	7,300
4d LX Sed	296	888	1,480	3,330	5,180	7,400
1994 Aspire, 4-cyl.						
2d HBk.	128	384	640	1,440	2,240	3,200
2d SE HBk	140	420	700	1,580	2,450	3,500
4d HBk	136	408	680	1,530	2,380	3,400
1994 Escort, 4-cyl.						
2d HBk.	156	468	780	1,760	2,730	3,900
2d LX HBk	180	540	900	2,030	3,150	4,500
4d LX HBk	180	540	900	2,030	3,150	4,500
2d GT HBk	200	600	1,000	2,250	3,500	5,000
4d LX Sed	188	564	940	2,120	3,290	4,700
4d LX Sta Wag.	192	576	960	2,160	3,360	4,800
1994 Tempo, 4-cyl.						
2d GL Sed	168	504	840	1,890	2,940	4,200
4d GL Sed	172	516	860	1,940	3,010	4,300
4d LX Sed	180	540	900	2,030	3,150	4,500
1994 Probe						
2d HbK, 4-cyl..	250	750	1,200	2,750	4,250	6,100
2d GT HBk, V-6	250	750	1,300	2,880	4,500	6,400
1994 Taurus, V-6						
4d GL Sed	250	750	1,250	2,790	4,350	6,200
4d LX Sed	250	750	1,250	2,840	4,400	6,300
4d GL Sta Wag.	250	800	1,300	2,970	4,600	6,600
4d LX Sta Wag.	250	800	1,350	3,020	4,700	6,700
4d SHO Sed.	400	1,150	1,900	4,280	6,650	9,500
1994 Crown Victoria, V-8						
4d Sed S	288	864	1,440	3,240	5,040	7,200
4d Sed	300	900	1,500	3,380	5,250	7,500
4d LX Sed	320	960	1,600	3,600	5,600	8,000
1995 Aspire, 4-cyl.						
2d HBk.	150	400	650	1,440	2,250	3,200
2d SE HBk	150	400	700	1,580	2,450	3,500
4d HBk.	150	400	700	1,530	2,400	3,400
1995 Escort, 4-cyl.						
2d HBk.	150	450	800	1,760	2,750	3,900
2d LX HBk	200	550	900	2,030	3,150	4,500
4d LX HBk	200	550	900	2,030	3,150	4,500
4d LX Sed	200	550	950	2,120	3,300	4,700
4d LX Sta Wag.	200	600	950	2,160	3,350	4,800
2d GT HBk.	200	600	1,000	2,250	3,500	5,000

	6	5	4	3	2	1
1995 Contour, 4-cyl. & V-6						
4d GL Sed.	200	600	1,050	2,340	3,650	5,200
4d LX Sed.	200	650	1,050	2,390	3,700	5,300
4d SE Sed (V-6 only)	220	670	1,120	2,520	3,920	5,600
1995 Probe, 4-cyl. & V-6						
2d HBk, 4-cyl.	250	750	1,200	2,750	4,250	6,100
2d GT HBk, V-6.	250	750	1,300	2,880	4,500	6,400
1995 Taurus, V-6						
4d GL Sed.	250	750	1,250	2,790	4,350	6,200
4d GL Sta Wag.	250	800	1,300	2,970	4,600	6,600
4d LX Sed.	250	750	1,250	2,840	4,400	6,300
4d LX Sta Wag.	250	800	1,350	3,020	4,700	6,700
4d SE Sed.	250	750	1,300	2,880	4,500	6,400
4d SHO Sed.	400	1,150	1,900	4,280	6,650	9,500
1995 Crown Victoria, V-8						
4d S Sed.	300	850	1,450	3,240	5,050	7,200
4d Sed.	300	900	1,500	3,380	5,250	7,500
4d LX Sed.	300	950	1,600	3,600	5,600	8,000
1996 Aspire, 4-cyl.						
2d HBk	150	400	650	1,440	2,250	3,200
4d HBk	150	400	700	1,530	2,400	3,400
1996 Escort, 4-cyl.						
2d HBk	150	450	800	1,760	2,750	3,900
2d LX HBk.	200	550	900	2,030	3,150	4,500
4d LX HBk.	200	550	900	2,030	3,150	4,500
4d LX Sed.	200	550	950	2,120	3,300	4,700
4d LX Sta Wag	200	600	950	2,160	3,350	4,800
2d GT HBk	200	600	1,000	2,250	3,500	5,000
1996 Contour, 4-cyl. & V-6						
4d GL Sed.	200	600	1,050	2,340	3,650	5,200
4d LX Sed.	200	650	1,050	2,390	3,700	5,300
4d SE Sed (V-6 only)	220	670	1,120	2,520	3,920	5,600
1996 Probe, 4-cyl. & V-6						
2d HBk, 4-cyl.	250	750	1,200	2,750	4,250	6,100
2d GT HBk, V-6.	250	750	1,300	2,880	4,500	6,400
1996 Taurus, V-6						
4d G Sed.	250	700	1,200	2,700	4,200	6,000
4d GL Sed.	250	750	1,250	2,790	4,350	6,200
4d GL Sta Wag	250	800	1,300	2,970	4,600	6,600
4d LX Sed.	250	750	1,250	2,840	4,400	6,300
4d LX Sta Wag	250	800	1,350	3,020	4,700	6,700
1996 Crown Victoria, V-8						
4d S Sed.	300	850	1,450	3,240	5,050	7,200
4d Sed.	300	900	1,500	3,380	5,250	7,500
4d LX Sed.	300	950	1,600	3,600	5,600	8,000
1997 Aspire, 4-cyl.						
2d HBk	128	384	640	1,440	2,240	3,200
4d HBk	136	408	680	1,530	2,380	3,400
1997 Escort, 4-cyl.						
4d Sed.	180	540	900	2,030	3,150	4,500
4d LX Sed.	188	564	940	2,120	3,290	4,700
4d LX Sta Wag	192	576	960	2,160	3,360	4,800
1997 Contour, 4-cyl. & V-6						
4d Sed (4-cyl. only)	200	600	1,000	2,250	3,500	5,000
4d GL Sed.	208	624	1,040	2,340	3,640	5,200
4d LX Sed.	212	636	1,060	2,390	3,710	5,300
4d SE Sed (V-6 only)	220	670	1,120	2,520	3,920	5,600
NOTE: Add 5 percent for Sport Pkg on GL or LX models.						
1997 Probe, 4-cyl. & V-6						
2d HBK, 4-cyl.	244	732	1,220	2,750	4,270	6,100
2d GT HBk, V-6.	256	768	1,280	2,880	4,480	6,400
NOTE: Add 5 percent for GTS Sport Pkg on GT model.						
1997 Taurus, V-6						
4d G Sed.	240	720	1,200	2,700	4,200	6,000
4d GL Sed.	248	744	1,240	2,790	4,340	6,200
4d GL Sta Wag	264	792	1,320	2,970	4,620	6,600
4d LX Sed.	252	756	1,260	2,840	4,410	6,300
4d LX Sta Wag	268	804	1,340	3,020	4,690	6,700
1997 Taurus, V-8						
4d SHO Sed	420	1,260	2,100	4,730	7,350	10,500
1997 Crown Victoria, V-8						
4d S Sed.	288	864	1,440	3,240	5,040	7,200
4d Sed.	300	900	1,500	3,380	5,250	7,500
4d LX Sed.	320	960	1,600	3,600	5,600	8,000
1998 Escort, 4-cyl.						
4d LX Sed.	180	550	920	2,070	3,220	4,600

FORD

	6	5	4	3	2	1
4d SE Sed	190	580	960	2,160	3,360	4,800
4d SE Sta Wag.	200	590	980	2,210	3,430	4,900
2d ZX2 "Cool" Cpe.	200	610	1,020	2,300	3,570	5,100
2d ZX2 "Hot" Cpe.	210	620	1,040	2,340	3,640	5,200

NOTE: Add 5 percent for ZX2 Spt Pkg.

1998 Contour, 4-cyl. & V-6

4d LX Sed	210	640	1,060	2,390	3,710	5,300
4d SE Sed	220	670	1,120	2,520	3,920	5,600
4d SVT Spt Sed (V-6 only).	420	1,260	2,100	4,730	7,350	10,500

1998 Taurus, V-6

4d LX Sed	250	760	1,260	2,840	4,410	6,300
4d SE Sed	260	780	1,300	2,930	4,550	6,500
4d SE Sta Wag.	270	800	1,340	3,020	4,690	6,700

1998 Taurus, V-8

4d SHO Sed.	420	1,260	2,100	4,730	7,350	10,500

NOTE: Add 10 percent for Spt Pkg on SE Sed.

1998 Crown Victoria, V-8

4d S Sed	290	860	1,440	3,240	5,040	7,200
4d Sed	300	900	1,500	3,380	5,250	7,500
4d LX Sed	320	960	1,600	3,600	5,600	8,000

NOTE: Add 5 percent for 41G Handling & Performance Pkg.

1999 Escort, 4-cyl.

4d LX Sed	180	550	920	2,070	3,220	4,600
4d SE Sed	190	580	960	2,160	3,360	4,800
4d SE Sta Wag.	200	590	980	2,210	3,430	4,900
2d ZX2 "Cool" Cpe.	200	610	1,020	2,300	3,570	5,100
2d ZX2 "Hot" Cpe.	210	620	1,040	2,340	3,640	5,200

NOTE: Add 5 percent for ZX2 Spt Pkg.

1999 Contour, 4-cyl. & V-6

4d LX Sed	210	640	1,060	2,390	3,710	5,300
4d SE Sed	220	670	1,120	2,520	3,920	5,600
4d SVT Spt Sed (V-6 only).	420	1,260	2,100	4,730	7,350	10,500

1999 Taurus, V-6

4d LX Sed	250	760	1,260	2,840	4,410	6,300
4d SE Sed	260	780	1,300	2,930	4,550	6,500
4d SE Sta Wag.	270	800	1,340	3,020	4,690	6,700

NOTE: Add 10 percent for Sport Pkg on SE Sed.

1999 Taurus, V-8

4d SHO Sed.	440	1,320	2,200	4,950	7,700	11,000

1999 Crown Victoria, V-8

4d S Sed	290	860	1,440	3,240	5,040	7,200
4d Sed	300	900	1,500	3,380	5,250	7,500
4d LX Sed	320	960	1,600	3,600	5,600	8,000

NOTE: Add 5 percent for 41G Handling & Performance Pkg. Add 5 percent for natural gas-fueled Sed.

2000 Focus, 4-cyl.

4d LX Sed	190	560	940	2,120	3,290	4,700
4d SE Sed	200	590	980	2,210	3,430	4,900
4d ZTS Sed	210	640	1,060	2,390	3,710	5,300
4d SE Sta Wag.	210	620	1,040	2,340	3,640	5,200
2d ZX3 HBk	200	610	1,020	2,300	3,570	5,100

2000 Escort, 4-cyl.

4d SE Sed	190	580	960	2,160	3,360	4,800
2d ZX2 Cpe	200	610	1,020	2,300	3,570	5,100

NOTE: Add 5 percent for ZX2 S/R pkg.

2000 Contour, 4-cyl. & V-6

4d SE Sed	220	670	1,120	2,520	3,920	5,600
4d Spt Sed (V-6 only).	250	740	1,240	2,790	4,340	6,200
4d SVT Sed (V-6 only)	420	1,260	2,100	4,730	7,350	10,500

2000 Taurus, V-6

4d LX Sed	250	760	1,260	2,840	4,410	6,300
4d SE Sed	260	780	1,300	2,930	4,550	6,500
4d SES Sed	260	790	1,320	2,970	4,620	6,600
4d SEL Sed	270	800	1,340	3,020	4,690	6,700
4d SE Sta Wag.	270	800	1,340	3,020	4,690	6,700
4d SES Sta Wag	270	820	1,360	3,060	4,760	6,800

NOTE: Add 5 percent for flex-fuel SE Sed.

2000 Crown Victoria, V-8

4d S Sed	290	860	1,440	3,240	5,040	7,200
4d Sed	300	900	1,500	3,380	5,250	7,500
4d LX Sed	320	960	1,600	3,600	5,600	8,000

NOTE: Add 5 percent for 41G Handling & Performance Pkg. Add 5 percent for natural gas-fueled Sed.

2001 Focus, 4-cyl.

4d LX Sed	190	560	940	2,350	3,290	4,700
4d SE Sed	200	590	980	2,450	3,430	4,900
4d ZTS Sed	210	640	1,060	2,650	3,710	5,300
4d SE Sta Wag.	210	620	1,040	2,600	3,640	5,200
2d ZX3 HBk	200	610	1,020	2,550	3,570	5,100

NOTE: Add 5 percent for Sony or Kona pkgs.

	6	5	4	3	2	1
2001 Escort, 4-cyl.						
2d ZX2 Cpe.	200	610	1,020	2,550	3,570	5,100
NOTE: The 4d SE Sed was now available only to fleet service.						
2001 Taurus, V-6						
4d LX Sed.	250	760	1,260	3,150	4,410	6,300
4d SE Sed.	260	780	1,300	3,250	4,550	6,500
4d SES Sed.	260	790	1,320	3,300	4,620	6,600
4d SEL Sed.	270	800	1,340	3,350	4,690	6,700
4d SE Sta Wag.	270	800	1,340	3,350	4,690	6,700
NOTE: Add 5 percent for flex-fuel SE Sed.						
2001 Crown Victoria, V-8						
4d S Sed.	290	860	1,440	3,600	5,040	7,200
4d Sed.	300	910	1,520	3,800	5,320	7,600
4d LX Sed.	320	970	1,620	4,050	5,670	8,100
NOTE: Add 5 percent for 41G Handling & Performance Pkg. Add 5 percent for natural gas-fueled Sed.						
2002 Focus, 4-cyl.						
4d LX Sed.	190	560	940	2,350	3,290	4,700
4d SE Sed.	200	590	980	2,450	3,430	4,900
4d ZTS Sed.	210	640	1,060	2,650	3,710	5,300
4d SE Sta Wag.	210	620	1,040	2,600	3,640	5,200
4d ZTW Sta Wag.	220	670	1,120	2,800	3,920	5,600
2d ZX3 HBk.	200	610	1,020	2,550	3,570	5,100
4d ZX5 HBk.	230	700	1,160	2,900	4,060	5,800
2d SVT HBk	270	820	1,360	3,400	4,760	6,800
NOTE: Add 5 percent for AdvanceTrac on all Z models.						
2002 Escort, 4-cyl.						
2d ZX2 Cpe.	200	610	1,020	2,550	3,570	5,100
4d Sed.	180	550	920	2,300	3,220	4,600
2002 Taurus, V-6						
4d LX Sed.	250	760	1,260	3,150	4,410	6,300
4d SE Sed.	260	780	1,300	3,250	4,550	6,500
4d SES Sed.	260	790	1,320	3,300	4,620	6,600
4d SEL Sed.	270	800	1,340	3,350	4,690	6,700
4d SE Sta Wag.	270	800	1,340	3,350	4,690	6,700
4d SEL Sta Wag.	300	900	1,500	3,750	5,250	7,500
NOTE: Add 5 percent for Duratec V-6 (except SEL Sed).						
2002 Crown Victoria, V-8						
4d S Sed.	290	860	1,440	3,600	5,040	7,200
4d S Ext Sed.	300	900	1,500	3,750	5,250	7,500
4d Sed.	300	910	1,520	3,800	5,320	7,600
4d LX Sed.	320	970	1,620	4,050	5,670	8,100
4d LX Sport Sed	360	1,080	1,800	4,500	6,300	9,000
NOTE: Add 5 percent for 41G Handling & Performance Pkg.						
2003 Focus, 4-cyl.						
4d LX Sed.	190	560	940	2,350	3,290	4,700
4d SE Sed.	200	590	980	2,450	3,430	4,900
4d ZTS Sed.	210	640	1,060	2,650	3,710	5,300
4d SE Sta Wag.	210	620	1,040	2,600	3,640	5,200
4d ZTW Sta Wag.	220	670	1,120	2,800	3,920	5,600
2d ZX3 HBk.	200	610	1,020	2,550	3,570	5,100
4d ZX5 HBk.	230	700	1,160	2,900	4,060	5,800
2d SVT HBk	270	820	1,360	3,400	4,760	6,800
4d SVT HBk	280	840	1,400	3,500	4,900	7,000
NOTE: Add 5 percent for European Appearance pkg on SVT models.						
2003 ZX2, 4-cyl.						
2d Cpe.	200	610	1,020	2,550	3,570	5,100
2003 Taurus, V-6						
4d LX Sed.	250	760	1,260	3,150	4,410	6,300
4d SE Sed.	260	780	1,300	3,250	4,550	6,500
4d SES Sed.	260	790	1,320	3,300	4,620	6,600
4d SEL Sed.	270	800	1,340	3,350	4,690	6,700
4d SE Sta Wag.	270	800	1,340	3,350	4,690	6,700
4d SEL Sta Wag.	300	900	1,500	3,750	5,250	7,500
NOTE: Add 5 percent for Duratec V-6 (except SEL Sed).						
2003 Crown Victoria, V-8						
4d S Sed.	290	860	1,440	3,600	5,040	7,200
4d S Ext Sed.	300	900	1,500	3,750	5,250	7,500
4d Sed.	300	910	1,520	3,800	5,320	7,600
4d LX Sed.	320	970	1,620	4,050	5,670	8,100
4d LX Sport Sed	360	1,080	1,800	4,500	6,300	9,000
NOTE: Add 5 percent for 41G Handling & Performance Pkg.						
2004 Focus, 4-cyl.						
4d LX Sed.	190	560	940	2,350	3,290	4,700
4d SE Sed.	200	590	980	2,450	3,430	4,900
4d ZTS Sed.	210	640	1,060	2,650	3,710	5,300
4d SE Sta Wag.	210	620	1,040	2,600	3,640	5,200

	6	5	4	3	2	1
4d ZTW Sta Wag 220	670	1,120	2,800	3,920	5,600
2d ZX3 HBk 200	610	1,020	2,550	3,570	5,100
4d ZX5 HBk 230	700	1,160	2,900	4,060	5,800
2d SVT HBk 270	820	1,360	3,400	4,760	6,800
4d SVT HBk 280	840	1,400	3,500	4,900	7,000

NOTE: Add 5 percent for European Appearance pkg on SVT models. Deduct 5 percent for manual transmission, except SVT.

2004 Taurus, V-6

	6	5	4	3	2	1
4d LX Sed 250	760	1,260	3,150	4,410	6,300
4d SE Sed 260	780	1,300	3,250	4,550	6,500
4d SES Sed 260	790	1,320	3,300	4,620	6,600
4d SEL Sed 270	800	1,340	3,350	4,690	6,700
4d SE Sta Wag 270	800	1,340	3,350	4,690	6,700
4d SEL Sta Wag 300	900	1,500	3,750	5,250	7,500

NOTE: Add 5 percent for Duratec V-6, except SEL Sed.

2004 Crown Victoria, V-8

	6	5	4	3	2	1
4d S Sed 290	860	1,440	3,600	5,040	7,200
4d S Ext Sed 300	900	1,500	3,750	5,250	7,500
4d Sed 300	910	1,520	3,800	5,320	7,600
4d LX Sed 320	970	1,620	4,050	5,670	8,100
4d LX Sport Sed 360	1,080	1,800	4,500	6,300	9,000

NOTE: Police Interceptor sed value equal to 4d Sed. Add 5 percent for Handling pkg, except LX Sport Sed.

MUSTANG

1964

	6	5	4	3	2	1
2d HT 1,020	3,060	5,100	11,480	17,850	25,500
Conv. 1,520	4,560	7,600	17,100	26,600	38,000

NOTE: Deduct 20 percent for 6-cyl. Add 20 percent for Challenger Code "K" V-8. First Mustang introduced April 17, 1964 at N.Y. World's Fair. Add 20 percent for Indianapolis 500 pace car edition.

1965

	6	5	4	3	2	1
2d HT 1,020	3,060	5,100	11,480	17,850	25,500
Conv. 1,520	4,560	7,600	17,100	26,600	38,000
FBk. 1,560	4,680	7,800	17,550	27,300	39,000

NOTE: Add 30 percent for 271 hp Hi-perf engine. Add 20 percent for "GT" Package. Add 10 percent for "original pony interior". Deduct 20 percent for 6-cyl.

1965 Shelby GT

	6	5	4	3	2	1
350 FBk 10,000	30,000	50,000	112,500	175,000	250,000

1966

	6	5	4	3	2	1
2d HT 1,020	3,060	5,100	11,480	17,850	25,500
Conv. 1,560	4,680	7,800	17,550	27,300	39,000
FBk. 1,600	4,800	8,000	18,000	28,000	40,000

NOTE: Same as 1965.

1966 Shelby GT

	6	5	4	3	2	1
350 FBk 6,320	18,960	31,600	71,100	110,600	158,000
350H FBk 6,620	19,860	33,100	74,480	115,850	165,500
350 Conv		value not estimable			

1967

	6	5	4	3	2	1
2d HT 940	2,820	4,700	10,580	16,450	23,500
Conv. 1,600	4,800	8,000	18,000	28,000	40,000
FBk. 1,640	4,920	8,200	18,450	28,700	41,000

NOTE: Same as 1964-65 plus. Add 10 percent for 390 cid V-8 (code "S"). Deduct 15 percent for 6-cyl.

1967 Shelby GT

	6	5	4	3	2	1
350 FBk 5,680	17,040	28,400	63,900	99,400	142,000
500 FBk 6,600	19,800	33,000	74,250	115,500	165,000

1968

	6	5	4	3	2	1
2d HT 940	2,820	4,700	10,580	16,450	23,500
Conv. 1,400	4,200	7,000	15,750	24,500	35,000
FBk. 1,360	4,080	6,800	15,300	23,800	34,000

NOTE: Same as 1964-67 plus. Add 10 percent for GT-390. Add 30 percent for 428 cid V-8 (code "R"). Add 15 percent for "California Special" trim. Add 200 percent for 135 Series.

1968 Shelby GT

	6	5	4	3	2	1
350 Conv 5,520	16,560	27,600	62,100	96,600	138,000
350 FBk 4,200	12,600	21,000	47,250	73,500	105,000
500 Conv 6,880	20,640	34,400	77,400	120,400	172,000
500 FBk 5,520	16,560	27,600	62,100	96,600	138,000

NOTE: Add 35 percent for KR models.

1969

	6	5	4	3	2	1
2d HT 900	2,700	4,500	10,130	15,750	22,500
Conv. 1,300	3,900	6,500	14,630	22,750	32,500
FBk. 1,240	3,720	6,200	13,950	21,700	31,000

NOTE: Deduct 20 percent for 6-cyl.

	6	5	4	3	2	1
Mach 1 2,440	7,320	12,200	27,450	42,700	61,000
Boss 302 3,520	10,560	17,600	39,600	61,600	88,000
Boss 429 8,400	25,200	42,000	94,500	147,000	210,000
Grande. 940	2,820	4,700	10,580	16,450	23,500

NOTE: Same as 1968; plus. Add 30 percent for Cobra Jet V-8. Add 40 percent for "Super Cobra Jet" engine.

	6	5	4	3	2	1
1969 Shelby GT						
350 Conv.	5,240	15,720	26,200	58,950	91,700	131,000
350 FBk.	3,920	11,760	19,600	44,100	68,600	98,000
500 Conv.	6,600	19,800	33,000	74,250	115,500	165,000
500 FBk.	5,240	15,720	26,200	58,950	91,700	131,000
1970						
2d HT	820	2,460	4,100	9,230	14,350	20,500
Conv	1,220	3,660	6,100	13,730	21,350	30,500
FBk	1,160	3,480	5,800	13,050	20,300	29,000
Mach 1	2,240	6,720	11,200	25,200	39,200	56,000
Boss 302	3,320	9,960	16,600	37,350	58,100	83,000
Boss 429	8,200	24,600	41,000	92,250	143,500	205,000
Grande	940	2,820	4,700	10,580	16,450	23,500

NOTE: Add 30 percent for Cobra Jet V-8. Add 40 percent for "Super Cobra Jet". Deduct 20 percent for 6-cyl.

	6	5	4	3	2	1
1970 Shelby GT						
350 Conv.	5,240	15,720	26,200	58,950	91,700	131,000
350 FBk.	3,920	11,760	19,600	44,100	68,600	98,000
500 Conv.	6,600	19,800	33,000	74,250	115,500	165,000
500 FBk.	5,240	15,720	26,200	58,950	91,700	131,000
1971						
2d HT	680	2,040	3,400	7,650	11,900	17,000
Grande	700	2,100	3,500	7,880	12,250	17,500
Conv	1,080	3,240	5,400	12,150	18,900	27,000
FBk	1,000	3,000	5,000	11,250	17,500	25,000
Mach 1	1,420	4,260	7,100	15,980	24,850	35,500
Boss 351	2,420	7,260	12,100	27,230	42,350	60,500

NOTE: Same as 1970. Deduct 20 percent for 6-cyl. Add 20 percent for HO option where available.

	6	5	4	3	2	1
1972						
2d HT	680	2,040	3,400	7,650	11,900	17,000
Grande	700	2,100	3,500	7,880	12,250	17,500
FBk	880	2,640	4,400	9,900	15,400	22,000
Mach 1	1,280	3,840	6,400	14,400	22,400	32,000
Conv	1,040	3,120	5,200	11,700	18,200	26,000

NOTE: Deduct 20 percent for 6-cyl. Add 20 percent for HO option where available.

	6	5	4	3	2	1
1973						
2d HT	660	1,980	3,300	7,430	11,550	16,500
Grande	680	2,040	3,400	7,650	11,900	17,000
FBk	840	2,520	4,200	9,450	14,700	21,000
Mach 1	1,240	3,720	6,200	13,950	21,700	31,000
Conv	1,000	3,000	5,000	11,250	17,500	25,000
1974 Mustang II, Mustang Four						
HT Cpe	240	720	1,200	2,700	4,200	6,000
FBk	252	756	1,260	2,840	4,410	6,300
Ghia	252	756	1,260	2,840	4,410	6,300
1974 Mustang II, Six						
HT Cpe	250	700	1,200	2,700	4,200	6,000
FBk	250	750	1,300	2,880	4,500	6,400
Ghia	250	750	1,300	2,880	4,500	6,400
1974 Mach 1, Six						
FBk	400	1,150	1,900	4,280	6,650	9,500
1975 Mustang II						
HT Cpe	250	700	1,200	2,700	4,200	6,000
FBk	250	750	1,250	2,840	4,400	6,300
Ghia	250	750	1,250	2,840	4,400	6,300
1975 Mustang II, Six						
HT Cpe	250	750	1,200	2,750	4,250	6,100
FBk	250	750	1,300	2,880	4,500	6,400
Ghia	250	750	1,300	2,880	4,500	6,400
Mach 1	400	1,150	1,900	4,280	6,650	9,500
1975 Mustang II, V-8						
HT Cpe	350	1,100	1,800	4,100	6,350	9,100
FBk Cpe	350	1,100	1,850	4,140	6,450	9,200
Ghia	400	1,150	1,900	4,280	6,650	9,500
Mach 1	400	1,250	2,100	4,730	7,350	10,500
1976 Mustang II, V-6						
2d	252	756	1,260	2,840	4,410	6,300
3d 2 plus 2.	256	768	1,280	2,880	4,480	6,400
2d Ghia	268	804	1,340	3,020	4,690	6,700

NOTE: Deduct 20 percent for 4-cyl. Add 20 percent for V-8. Add 20 percent for Cobra II.

	6	5	4	3	2	1
1976 Mach 1, V-6						
3d	360	1,080	1,800	4,050	6,300	9,000
1977 Mustang II, V-6						
2d	260	780	1,300	2,930	4,550	6,500
3d 2 plus 2.	268	804	1,340	3,020	4,690	6,700
2d Ghia	276	828	1,380	3,110	4,830	6,900

NOTE: Deduct 20 percent for 4-cyl. Add 30 percent for Cobra II option. Add 20 percent for V-8.

MUSTANG

	6	5	4	3	2	1
1977 Mach 1, V-6						
2d 368	1,104	1,840	4,140	6,440	9,200
1978 Mustang II						
Cpe. 244	732	1,220	2,750	4,270	6,100
3d 2 plus 2 252	756	1,260	2,840	4,410	6,300
Ghia Cpe 256	768	1,280	2,880	4,480	6,400
1978 Mach 1, V-6						
Cpe. 360	1,080	1,800	4,050	6,300	9,000
NOTE: Add 20 percent for V-8. Add 30 percent for Cobra II option. Add 50 percent for King Cobra option. Deduct 20 percent for 4-cyl.						
1979 V-6						
2d Cpe 248	744	1,240	2,790	4,340	6,200
3d Cpe 252	756	1,260	2,840	4,410	6,300
2d Ghia Cpe. 260	780	1,300	2,930	4,550	6,500
3d Ghia Cpe. 264	792	1,320	2,970	4,620	6,600
NOTE: Add 30 percent for Pace Car package. Add 30 percent for Cobra option. Add 20 percent for V-8.						
1980 6-cyl.						
2d Cpe. 212	636	1,060	2,390	3,710	5,300
2d HBk 216	648	1,080	2,430	3,780	5,400
2d Ghia Cpe. 224	672	1,120	2,520	3,920	5,600
2d Ghia HBk. 228	684	1,140	2,570	3,990	5,700
NOTE: Deduct 20 percent for 4-cyl. Add 30 percent for V-8.						
1981 6-cyl.						
2d S Cpe 196	588	980	2,210	3,430	4,900
2d Cpe 204	612	1,020	2,300	3,570	5,100
2d HBk 208	624	1,040	2,340	3,640	5,200
2d Ghia Cpe. 208	624	1,040	2,340	3,640	5,200
2d Ghia HBk. 212	636	1,060	2,390	3,710	5,300
NOTE: Deduct 20 percent for 4-cyl. Add 35 percent for V-8.						
1982 4-cyl.						
2d L Cpe. 180	540	900	2,030	3,150	4,500
2d GL Cpe 184	552	920	2,070	3,220	4,600
2d GL HBk 188	564	940	2,120	3,290	4,700
2d GLX Cpe 196	588	980	2,210	3,430	4,900
2d GLX HBk. 200	600	1,000	2,250	3,500	5,000
1982 6-cyl.						
2d L Cpe. 196	588	980	2,210	3,430	4,900
2d GL Cpe 200	600	1,000	2,250	3,500	5,000
2d GL HBk 204	612	1,020	2,300	3,570	5,100
2d GLX Cpe 212	636	1,060	2,390	3,710	5,300
2d GLX HBk. 216	648	1,080	2,430	3,780	5,400
1982 V-8						
2d GT HBk 256	768	1,280	2,880	4,480	6,400
1983 4-cyl.						
2d L Cpe. 184	552	920	2,070	3,220	4,600
2d GL Cpe 188	564	940	2,120	3,290	4,700
2d GL HBk 196	588	980	2,210	3,430	4,900
2d GLX Cpe 200	600	1,000	2,250	3,500	5,000
2d GLX HBk. 204	612	1,020	2,300	3,570	5,100
1983 6-cyl.						
2d GL Cpe 204	612	1,020	2,300	3,570	5,100
2d GL HBk 208	624	1,040	2,340	3,640	5,200
2d GLX Cpe 216	648	1,080	2,430	3,780	5,400
2d GLX HBk. 220	660	1,100	2,480	3,850	5,500
2d GLX Conv 240	720	1,200	2,700	4,200	6,000
NOTE: Add 30 percent for V-8.						
1983 V-8						
2d GT HBk 360	1,080	1,800	4,050	6,300	9,000
2d GT Conv 400	1,200	2,000	4,500	7,000	10,000
1984 4-cyl.						
2d L Cpe. 188	564	940	2,120	3,290	4,700
2d L HBk 192	576	960	2,160	3,360	4,800
2d LX Cpe 192	576	960	2,160	3,360	4,800
2d LX HBk 196	588	980	2,210	3,430	4,900
2d GT Turbo HBk 212	636	1,060	2,390	3,710	5,300
2d GT Turbo Conv 260	780	1,300	2,930	4,550	6,500
1984 V-6						
2d L Cpe. 192	576	960	2,160	3,360	4,800
2d L HBk 196	588	980	2,210	3,430	4,900
2d LX Cpe 196	588	980	2,210	3,430	4,900
2d LX HBk 200	600	1,000	2,250	3,500	5,000
LX 2d Conv 280	840	1,400	3,150	4,900	7,000
1984 V-8						
2d L HBk 200	600	1,000	2,250	3,500	5,000
2d LX Cpe 204	612	1,020	2,300	3,570	5,100
2d LX HBk 204	612	1,020	2,300	3,570	5,100

	6	5	4	3	2	1
2d LX Conv.	320	960	1,600	3,600	5,600	8,000
2d GT HBk	212	636	1,060	2,390	3,710	5,300
2d GT Conv.	340	1,020	1,700	3,830	5,950	8,500

NOTE: Add 20 percent for 20th Anniversary Edition. Add 40 percent for SVO Model.

1985 4-cyl.

	6	5	4	3	2	1
2d LX	196	588	980	2,210	3,430	4,900
2d LX HBk.	200	600	1,000	2,250	3,500	5,000
2d SVO Turbo	240	720	1,200	2,700	4,200	6,000

1985 V-6

	6	5	4	3	2	1
2d LX	204	612	1,020	2,300	3,570	5,100
2d LX HBk.	208	624	1,040	2,340	3,640	5,200
2d LX Conv.	396	1,188	1,980	4,460	6,930	9,900

1985 V-8

	6	5	4	3	2	1
2d LX	220	660	1,100	2,480	3,850	5,500
2d LX HBk.	224	672	1,120	2,520	3,920	5,600
2d LX Conv.	420	1,260	2,100	4,730	7,350	10,500
2d GT HBk	400	1,200	2,000	4,500	7,000	10,000
2d GT Conv.	560	1,680	2,800	6,300	9,800	14,000

NOTE: Add 40 percent for SVO Model.

1986 Mustang, 4-cyl.

	6	5	4	3	2	1
2d Cpe.	200	600	1,000	2,250	3,500	5,000
2d HBk	200	600	1,000	2,250	3,500	5,000
2d Conv.	380	1,140	1,900	4,280	6,650	9,500
2d Turbo HBk	240	720	1,200	2,700	4,200	6,000

1986 V-8

	6	5	4	3	2	1
2d HBk	240	720	1,200	2,700	4,200	6,000
2d Conv.	420	1,260	2,100	4,730	7,350	10,500
2d GT HBk	400	1,200	2,000	4,500	7,000	10,000
2d GT Conv.	560	1,680	2,800	6,300	9,800	14,000

NOTE: Add 40 percent for SVO Model.

1987 4-cyl.

	6	5	4	3	2	1
2d LX Sed.	200	600	1,000	2,250	3,500	5,000
2d LX HBk.	204	612	1,020	2,300	3,570	5,100
2d LX Conv.	360	1,080	1,800	4,050	6,300	9,000

1987 V-8

	6	5	4	3	2	1
2d LX Sed.	200	600	1,000	2,250	3,500	5,000
2d LX HBk.	204	612	1,020	2,300	3,570	5,100
2d LX Conv.	424	1,272	2,120	4,770	7,420	10,600
2d GT HBk	390	1,160	1,940	4,370	6,790	9,700
2d GT Conv.	560	1,680	2,800	6,300	9,800	14,000

1988 V-6

	6	5	4	3	2	1
2d LX Sed.	160	480	800	1,800	2,800	4,000
2d LX HBk.	168	504	840	1,890	2,940	4,200
2d LX Conv.	360	1,080	1,800	4,050	6,300	9,000

1988 V-8

	6	5	4	3	2	1
2d LX Sed.	200	600	1,000	2,250	3,500	5,000
2d LX HBk.	220	660	1,100	2,480	3,850	5,500
2d LX Conv.	400	1,200	2,000	4,500	7,000	10,000
2d GT HBk	380	1,140	1,900	4,280	6,650	9,500
2d GT Conv.	560	1,680	2,800	6,300	9,800	14,000

1989 4-cyl.

	6	5	4	3	2	1
2d LX Cpe.	180	540	900	2,030	3,150	4,500
2d LX HBk.	188	504	940	2,120	3,290	4,700
2d LX Conv.	420	1,260	2,100	4,730	7,350	10,500

1989 V-8

	6	5	4	3	2	1
2d LX Spt Cpe.	236	708	1,180	2,660	4,130	5,900
2d LX Spt HBk.	240	720	1,200	2,700	4,200	6,000
2d LX Spt Conv.	560	1,680	2,800	6,300	9,800	14,000
2d GT HBk	388	1,164	1,940	4,370	6,790	9,700
2d GT Conv.	680	2,040	3,400	7,650	11,900	17,000

1990 4-cyl.

	6	5	4	3	2	1
2d LX.	184	552	920	2,070	3,220	4,600
2d LX HBk.	192	576	960	2,160	3,360	4,800
2d LX Conv.	380	1,140	1,900	4,280	6,650	9,500

1990 V-8

	6	5	4	3	2	1
2d LX Spt	240	720	1,200	2,700	4,200	6,000
2d LX HBk Spt.	248	744	1,240	2,790	4,340	6,200
2d LX Conv Spt.	520	1,560	2,600	5,850	9,100	13,000
2d GT HBk	400	1,200	2,000	4,500	7,000	10,000
2d GT Conv.	560	1,680	2,800	6,300	9,800	14,000

1991 4-cyl.

	6	5	4	3	2	1
2d LX Cpe.	180	540	900	2,030	3,150	4,500
2d LX HBk.	200	600	1,000	2,250	3,500	5,000
2d LX Conv.	360	1,080	1,800	4,050	6,300	9,000

1991 V-8

	6	5	4	3	2	1
2d LX Cpe.	220	660	1,100	2,480	3,850	5,500

MUSTANG

	6	5	4	3	2	1
2d LX HBk	240	720	1,200	2,700	4,200	6,000
2d LX Conv	400	1,200	2,000	4,500	7,000	10,000
2d GT HBk	380	1,140	1,900	4,280	6,650	9,500
2d GT Conv	540	1,620	2,700	6,080	9,450	13,500
1992 4-cyl.						
2d LX Cpe	200	600	1,000	2,250	3,500	5,000
2d LX HBk	220	660	1,100	2,480	3,850	5,500
2d LX Conv	400	1,200	2,000	4,500	7,000	10,000
1992 V-8						
2d LX Sed	360	1,080	1,800	4,050	6,300	9,000
2d LX HBk	380	1,140	1,900	4,280	6,650	9,500
2d LX Conv	520	1,560	2,600	5,850	9,100	13,000
2d GT HBk	420	1,260	2,100	4,730	7,350	10,500
2d GT Conv	600	1,800	3,000	6,750	10,500	15,000
1993 4-cyl.						
2d LX Cpe	220	660	1,100	2,480	3,850	5,500
2d LX HBk	224	672	1,120	2,520	3,920	5,600
2d LX Conv	408	1,224	2,040	4,590	7,140	10,200
1993 V-8						
2d LX Cpe	360	1,080	1,800	4,050	6,300	9,000
2d LX HBk	368	1,104	1,840	4,140	6,440	9,200
2d LX Conv	552	1,656	2,760	6,210	9,660	13,800
2d GT HBk	400	1,200	2,000	4,500	7,000	10,000
2d GT Conv	620	1,860	3,100	6,980	10,850	15,500
1993 Cobra						
2d HBk	700	2,100	3,500	7,880	12,250	17,500
NOTE: Add 40 percent for Code R.						
1994 V-6						
2d Cpe	320	960	1,600	3,600	5,600	8,000
2d Conv	440	1,320	2,200	4,950	7,700	11,000
1994 GT, V-8						
2d GT Cpe	420	1,260	2,100	4,730	7,350	10,500
2d GT Conv	480	1,440	2,400	5,400	8,400	12,000
1994 Cobra, V-8						
2d Cpe	560	1,680	2,800	6,300	9,800	14,000
2d Conv	640	1,920	3,200	7,200	11,200	16,000
1995 V-6						
2d Cpe	300	950	1,600	3,600	5,600	8,000
2d Conv	450	1,300	2,200	4,950	7,700	11,000
1995 V-8						
2d GTS Cpe	400	1,200	2,000	4,500	7,000	10,000
2d GT Cpe	400	1,250	2,100	4,730	7,350	10,500
2d GT Conv	500	1,450	2,400	5,400	8,400	12,000
2d Cobra Cpe	550	1,700	2,800	6,300	9,800	14,000
2d Cobra Conv	650	1,900	3,200	7,200	11,200	16,000
1996 V-6						
2d Cpe	300	950	1,600	3,600	5,600	8,000
2d Conv	450	1,300	2,200	4,950	7,700	11,000
1996 V-8						
2d GT Cpe	400	1,250	2,100	4,730	7,350	10,500
2d GT Conv	500	1,450	2,400	5,400	8,400	12,000
2d Cobra Cpe	550	1,700	2,800	6,300	9,800	14,000
2d Cobra Conv	650	1,900	3,200	7,200	11,200	16,000
1997 V-6						
2d Cpe	320	960	1,600	3,600	5,600	8,000
2d Conv	440	1,320	2,200	4,950	7,700	11,000
1997 V-8						
2d GT Cpe	420	1,260	2,100	4,730	7,350	10,500
2d GT Conv	480	1,440	2,400	5,400	8,400	12,000
2d Cobra Cpe	560	1,680	2,800	6,300	9,800	14,000
2d Cobra Conv	640	1,920	3,200	7,200	11,200	16,000
1998 V-6						
2d Cpe	320	960	1,600	3,600	5,600	8,000
2d Conv	440	1,320	2,200	4,950	7,700	11,000
1998 V-8						
2d GT Cpe	420	1,260	2,100	4,730	7,350	10,500
2d GT Conv	480	1,440	2,400	5,400	8,400	12,000
2d Cobra Cpe	560	1,680	2,800	6,300	9,800	14,000
2d Cobra Conv	640	1,920	3,200	7,200	11,200	16,000
NOTE: Add 10 percent for SVT Pkg.						
1999 V-6						
2d Cpe	320	960	1,600	3,600	5,600	8,000
2d Conv	440	1,320	2,200	4,950	7,700	11,000
1999 V-8						
2d GT Cpe	420	1,260	2,100	4,730	7,350	10,500
2d GT Conv	480	1,440	2,400	5,400	8,400	12,000

	6	5	4	3	2	1
2d SVT Cobra Cpe 580		1,740	2,900	6,530	10,150	14,500
2d SVT Cobra Conv 660		1,980	3,300	7,430	11,550	16,500

NOTE: Add 10 percent for 35th Anv Pkg on GT models.

2000 V-6

	6	5	4	3	2	1
2d Cpe. 320		970	1,620	3,650	5,670	8,100
2d Conv. 440		1,330	2,220	5,000	7,770	11,100

2000 V-8

	6	5	4	3	2	1
2d GT Cpe. 430		1,280	2,140	4,820	7,490	10,700
2d GT Conv. 490		1,460	2,440	5,490	8,540	12,200
2d SVT Cobra R Cpe (300 built) 2,400		7,200	12,000	27,000	42,000	60,000

NOTE: Cobra SVT coupe and convertible not available as 2000 models.

2001 V-6

	6	5	4	3	2	1
2d Cpe. 320		970	1,620	4,050	5,670	8,100
2d Conv. 440		1,330	2,220	5,550	7,770	11,100

2001 V-8

	6	5	4	3	2	1
2d GT Cpe. 430		1,280	2,140	5,350	7,490	10,700
2d GT Conv. 490		1,460	2,440	6,100	8,540	12,200
2d Cobra Cpe 660		1,980	3,300	8,250	11,550	16,500
2d Cobra Conv 700		2,100	3,500	8,750	12,250	17,500
2d GT Bullitt Cpe. 960		2,880	4,800	10,800	16,800	24,000

2002 V-6

	6	5	4	3	2	1
2d Cpe. 320		970	1,620	4,050	5,670	8,100
2d Conv. 440		1,330	2,220	5,550	7,770	11,100

NOTE: Add 5 percent for Sport Appearance pkg.

2002 V-8

	6	5	4	3	2	1
2d GT Cpe. 430		1,280	2,140	5,350	7,490	10,700
2d GT Conv. 490		1,460	2,440	6,100	8,540	12,200

NOTE: A revised Cobra was introduced mid-model year as a 2003 model.

2003 V-6

	6	5	4	3	2	1
2d Cpe. 320		970	1,620	4,050	5,670	8,100
2d Conv. 440		1,330	2,220	5,550	7,770	11,100

NOTE: Add 5 percent for Pony pkg

2003 V-8

	6	5	4	3	2	1
2d GT Cpe. 430		1,280	2,140	5,350	7,490	10,700
2d GT Conv. 490		1,460	2,440	6,100	8,540	12,200
2d Mach I Cpe. 550		1,640	2,740	6,850	9,590	13,700
2d Cobra Cpe 760		2,270	3,780	9,450	13,230	18,900
2d Cobra Conv 800		2,410	4,020	10,050	14,070	20,100

NOTE: Add 5 percent for 10th Anv pkg on Cobra models.

2004 V-6

	6	5	4	3	2	1
2d Cpe. 320		970	1,620	4,050	5,670	8,100
2d Conv. 440		1,330	2,220	5,550	7,770	11,100

NOTE: Add 5 percent for Pony pkg. Deduct 5 percent for manual transmission.

2004 V-8

	6	5	4	3	2	1
2d GT Cpe. 430		1,280	2,140	5,350	7,490	10,700
2d GT Conv. 490		1,460	2,440	6,100	8,540	12,200
2d Mach 1 Cpe 550		1,640	2,740	6,850	9,590	13,700
2d Cobra Cpe 760		2,270	3,780	9,450	13,230	18,900
2d Cobra Conv 800		2,410	4,020	10,050	14,070	20,100

THUNDERBIRD

1955 102" wb

	6	5	4	3	2	1
Conv 2,360		7,080	11,800	26,550	41,300	59,000

NOTE: Add $1,800 for hardtop.

1956 102" wb

	6	5	4	3	2	1
Conv 2,520		7,560	12,600	28,350	44,100	63,000

NOTE: Add $1,800 for hardtop. Add 10 percent for 312 engine.

1957 102" wb

	6	5	4	3	2	1
Conv 2,600		7,800	13,000	29,250	45,500	65,000

NOTE: Add $1,800 for hardtop. Add 100 percent for supercharged V-8 (Code F). Add 25 percent for "T-Bird Special" V-8 (Code E).

1958 113" wb

	6	5	4	3	2	1
2d HT 1,240		3,720	6,200	13,950	21,700	31,000
Conv 2,040		6,120	10,200	22,950	35,700	51,000

1959 113" wb

	6	5	4	3	2	1
2d HT 1,200		3,600	6,000	13,500	21,000	30,000
Conv 2,000		6,000	10,000	22,500	35,000	50,000

NOTE: Add 30 percent for 430 engine option.

1960 113" wb

	6	5	4	3	2	1
SR HT 1,360		4,080	6,800	15,300	23,800	34,000
2d HT 1,200		3,600	6,000	13,500	21,000	30,000
Conv 2,000		6,000	10,000	22,500	35,000	50,000

NOTE: Add 30 percent for 430 engine option Code J.

1961 113" wb

	6	5	4	3	2	1
2d HT 1,000		3,000	5,000	11,250	17,500	25,000
Conv 1,440		4,320	7,200	16,200	25,200	36,000

NOTE: Add 25 percent for Indy Pace Car.

THUNDERBIRD

	6	5	4	3	2	1
1962 113" wb						
2d HT	1,000	3,000	5,000	11,250	17,500	25,000
2d Lan HT	1,040	3,120	5,200	11,700	18,200	26,000
Conv.	1,400	4,200	7,000	15,750	24,500	35,000
Spt Rds	2,780	8,340	13,900	31,280	48,650	69,500
NOTE: Add 40 percent for M Series option.						
1963 113" wb						
2d HT	1,000	3,000	5,000	11,250	17,500	25,000
2d Lan HT	1,040	3,120	5,200	11,700	18,200	26,000
Conv.	1,400	4,200	7,000	15,750	24,500	35,000
Spt Rds	2,820	8,460	14,100	31,730	49,350	70,500
NOTE: Add 12 percent for Monaco option. Add 40 percent for M Series option. Add 10 percent for 390-330 hp engine.						
1964 113" wb						
2d HT	840	2,520	4,200	9,450	14,700	21,000
2d Lan HT	880	2,640	4,400	9,900	15,400	22,000
Conv.	1,320	3,960	6,600	14,850	23,100	33,000
NOTE: Add 10 percent for Tonneau convertible option. Add 30 percent for tonneau option and wire wheels.						
1965 113" wb						
2d HT	840	2,520	4,200	9,450	14,700	21,000
2d Lan HT	880	2,640	4,400	9,900	15,400	22,000
Conv.	1,360	4,080	6,800	15,300	23,800	34,000
NOTE: Add 5 percent for Special Landau option.						
1966 113" wb						
2d HT Cpe	880	2,640	4,400	9,900	15,400	22,000
2d Twn Lan	960	2,880	4,800	10,800	16,800	24,000
2d HT Twn	920	2,760	4,600	10,350	16,100	23,000
Conv.	1,400	4,200	7,000	15,750	24,500	35,000
NOTE: Add 20 percent for 428 engine.						
1967 117" wb						
4d Lan	600	1,800	3,000	6,750	10,500	15,000
1967 115" wb						
2d Lan	640	1,920	3,200	7,200	11,200	16,000
2d HT	648	1,944	3,240	7,290	11,340	16,200
NOTE: Add 30 percent for 428 engine option.						
1968 117" wb						
4d Lan Sed.	600	1,800	3,000	6,750	10,500	15,000
1968 115" wb						
2d HT	620	1,860	3,100	6,980	10,850	15,500
2d Lan HT	628	1,884	3,140	7,070	10,990	15,700
NOTE: Add 30 percent for 429 engine option, Code K or 428 engine.						
1969 117" wb						
4d Lan	600	1,800	3,000	6,750	10,500	15,000
1969 115" wb						
2d HT	620	1,860	3,100	6,980	10,850	15,500
2d Lan HT	630	1,880	3,140	7,070	10,990	15,700
1970 117" wb						
4d Lan	600	1,800	3,000	6,750	10,500	15,000
1970 115" wb						
2d HT	620	1,860	3,100	6,980	10,850	15,500
2d Lan HT	630	1,880	3,140	7,070	10,990	15,700
1971 117" wb						
4d HT	600	1,800	3,000	6,750	10,500	15,000
1971 115" wb						
2d HT	620	1,860	3,100	6,980	10,850	15,500
2d Lan HT	628	1,884	3,140	7,070	10,990	15,700
1972 120" wb						
2d HT	580	1,740	2,900	6,530	10,150	14,500
NOTE: Add 20 percent for 460 engine option.						
1973 120" wb						
2d HT	560	1,680	2,800	6,300	9,800	14,000
1974 120" wb						
2d HT	560	1,680	2,800	6,300	9,800	14,000
1975 120" wb						
2d HT	472	1,416	2,360	5,310	8,260	11,800
1976 120" wb						
2d HT	452	1,356	2,260	5,090	7,910	11,300
1977 114" wb						
2d HT	364	1,092	1,820	4,100	6,370	9,100
2d Lan	368	1,104	1,840	4,140	6,440	9,200
1978 114" wb						
2d HT	380	1,140	1,900	4,280	6,650	9,500
2d Twn Lan	420	1,260	2,100	4,730	7,350	10,500
2d Diamond Jubilee	520	1,560	2,600	5,850	9,100	13,000
NOTE: Add 5 percent for T-tops.						
1979 V-8, 114" wb						
2d HT	360	1,080	1,800	4,050	6,300	9,000

	6	5	4	3	2	1
2d HT Lan	380	1,140	1,900	4,280	6,650	9,500
2d HT Heritage	400	1,200	2,000	4,500	7,000	10,000

NOTE: Add 5 percent for T-tops.

1980 V-8, 108" wb

2d Cpe	240	720	1,200	2,700	4,200	6,000
2d Twn Lan Cpe	252	756	1,260	2,840	4,410	6,300
2d Silver Anniv. Cpe	260	780	1,300	2,930	4,550	6,500

1981 V-8, 108" wb

2d Cpe	224	672	1,120	2,520	3,920	5,600
2d Twn Lan Cpe	232	696	1,160	2,610	4,060	5,800
2d Heritage Cpe	236	708	1,180	2,660	4,130	5,900

NOTE: Deduct 15 percent for 6-cyl.

1982 V-8, 108" wb

2d Cpe	232	696	1,160	2,610	4,060	5,800
2d Twn Lan Cpe	240	720	1,200	2,700	4,200	6,000
2d Heritage Cpe	248	744	1,240	2,790	4,340	6,200

NOTE: Deduct 15 percent for V-6.

1983 V-6

2d Cpe	364	1,092	1,820	4,100	6,370	9,100
2d Cpe Heritage	376	1,128	1,880	4,230	6,580	9,400

1983 V-8

2d Cpe	376	1,128	1,880	4,230	6,580	9,400
2d Cpe Heritage	392	1,176	1,960	4,410	6,860	9,800

1983 4-cyl.

2d Cpe Turbo	380	1,140	1,900	4,280	6,650	9,500

1984 V-6

2d Cpe	276	828	1,380	3,110	4,830	6,900
2d Cpe Elan	368	1,104	1,840	4,140	6,440	9,200
2d Cpe Fila	372	1,116	1,860	4,190	6,510	9,300

1984 V-8

2d Cpe	376	1,128	1,880	4,230	6,580	9,400
2d Cpe Elan	384	1,152	1,920	4,320	6,720	9,600
2d Cpe Fila	388	1,164	1,940	4,370	6,790	9,700

NOTE: Deduct 10 percent for V-6 non turbo.

1984 4-cyl.

2d Cpe Turbo	376	1,128	1,880	4,230	6,580	9,400

1985 V-8, 104" wb

2d Cpe	256	768	1,280	2,880	4,480	6,400
2d Elan Cpe	272	816	1,360	3,060	4,760	6,800
2d Fila Cpe	276	828	1,380	3,110	4,830	6,900

1985 4-cyl. Turbo

2d Cpe	360	1,080	1,800	4,050	6,300	9,000

NOTE: Deduct 10 percent for V-6 non-turbo. Add 5 percent for 30th Anv. Ed.

1986 104" wb

2d Cpe	256	768	1,280	2,880	4,480	6,400
2d Elan Cpe	264	792	1,320	2,970	4,620	6,600
2d Turbo Cpe	368	1,104	1,840	4,140	6,440	9,200

1987 V-6, 104" wb

2d Cpe	260	780	1,300	2,930	4,550	6,500
2d LX Cpe	264	792	1,320	2,970	4,620	6,600

1987 V-8, 104" wb

2d Cpe	360	1,080	1,800	4,050	6,300	9,000
2d Spt Cpe	368	1,104	1,840	4,140	6,440	9,200
2d LX Cpe	372	1,116	1,860	4,190	6,510	9,300

1987 4-cyl. Turbo

2d Cpe	368	1,104	1,840	4,140	6,440	9,200

1988 V-6

2d Cpe	180	540	900	2,030	3,150	4,500
2d LX Cpe	200	600	1,000	2,250	3,500	5,000

1988 V-8

2d Spt Cpe	220	660	1,100	2,480	3,850	5,500

1988 4-cyl. Turbo

2d Cpe	350	1,100	1,850	4,140	6,450	9,200

NOTE: Add 20 percent for V-8 where available.

1989 V-6

2d Cpe	272	816	1,360	3,060	4,760	6,800
2d LX Cpe	360	1,080	1,800	4,050	6,300	9,000
2d Sup Cpe	520	1,560	2,600	5,850	9,100	13,000

1990 V-6

2d Cpe	260	780	1,300	2,930	4,550	6,500
2d LX Cpe	360	1,080	1,800	4,050	6,300	9,000
2d Sup Cpe	520	1,560	2,600	5,850	9,100	13,000

NOTE: Add 10 percent for Anniversary model.

1991 V-6

2d Cpe	240	720	1,200	2,700	4,200	6,000
2d LX Cpe	260	780	1,300	2,930	4,550	6,500
2d Sup Cpe	340	1,020	1,700	3,830	5,950	8,500

	6	5	4	3	2	1
1991 V-8						
2d Cpe 360	1,080	1,800	4,050	6,300	9,000
2d LX Cpe 380	1,140	1,900	4,280	6,650	9,500
1992 V-6						
2d Cpe 360	1,080	1,800	4,050	6,300	9,000
2d LX Cpe 368	1,104	1,840	4,140	6,440	9,200
2d Sup Cpe 380	1,140	1,900	4,280	6,650	9,500
1992 V-8						
2d Cpe 364	1,092	1,820	4,100	6,370	9,100
2d Spt Cpe 392	1,176	1,960	4,410	6,860	9,800
2d LX Cpe 380	1,140	1,900	4,280	6,650	9,500
1993 V-6						
2d LX Cpe 372	1,116	1,860	4,190	6,510	9,300
2d Sup Cpe 380	1,140	1,900	4,280	6,650	9,500
1993 V-8						
2d LX Cpe 404	1,212	2,020	4,550	7,070	10,100
1994 V-6						
2d LX Cpe 300	900	1,500	3,380	5,250	7,500
2d Sup Cpe 360	1,080	1,800	4,050	6,300	9,000
1994 V-8						
2d LX Cpe 320	960	1,600	3,600	5,600	8,000
1995 V-6						
2d LX Cpe 300	900	1,500	3,380	5,250	7,500
2d Sup Cpe 350	1,100	1,800	4,050	6,300	9,000
1995 V-8						
2d LX Cpe 300	950	1,600	3,600	5,600	8,000
1996 V-6						
2d LX Cpe 300	900	1,500	3,380	5,250	7,500
NOTE: Add 10 percent for V-8.						
1997 V-6						
2d LX Cpe 300	900	1,500	3,380	5,250	7,500
NOTE: Add 10 percent for V-8. Add 5 percent for Sport Pkg. Thunderbird production ceased until 2002.						
2002 V-8						
2d Conv 860	2,580	4,300	10,750	15,050	21,500
NOTE: Add $500 for removable HT. Add 10 percent for Nieman Marcus Ed.						
2003 V-8						
2d Conv 860	2,580	4,300	10,750	15,050	21,500
NOTE: Add $500 for removable HT.						
2004 V-8						
2d Conv 860	2,580	4,300	10,750	15,050	21,500
NOTE: Add $500 for removable HT.						

FRANKLIN

	6	5	4	3	2	1
1903 Four, 10 hp, 72" wb						
Rbt 2,200	6,600	11,000	24,750	38,500	55,000
1904 Type A, 4-cyl., 12 hp, 82" wb						
2/4P Light Rbt 2,160	6,480	10,800	24,300	37,800	54,000
1904 Type B, 4-cyl., 12 hp, 82" wb						
4P Light Ton. 2,160	6,480	10,800	24,300	37,800	54,000
1904 Type C, 4-cyl., 30 hp, 110" wb						
5P Side Entrance Ton 2,160	6,480	10,800	24,300	37,800	54,000
1904 Type D, 4-cyl., 20 hp, 100" wb						
5P Light Tr 2,080	6,240	10,400	23,400	36,400	52,000
1904 Type E, 4-cyl., 12 hp, 74" wb						
2P Gentleman's Rbt. 2,040	6,120	10,200	22,950	35,700	51,000
1904 Type F, 4-cyl., 12 hp, 82" wb						
4P Light Ton. 2,080	6,240	10,400	23,400	36,400	52,000
1905 Type A, 4-cyl., 12 hp, 80" wb						
Rbt 2,000	6,000	10,000	22,500	35,000	50,000
Detachable Ton 2,040	6,120	10,200	22,950	35,700	51,000
1905 Type B, 4-cyl., 12 hp, 80" wb						
Tr 2,040	6,120	10,200	22,950	35,700	51,000
1905 Type C, 4-cyl., 30 hp, 107" wb						
Tr 2,160	6,480	10,800	24,300	37,800	54,000
1905 Type D, 4-cyl., 20 hp, 100" wb						
Tr 2,120	6,360	10,600	23,850	37,100	53,000
1905 Type E, 4-cyl., 12 hp, 80" wb						
Rbt 2,000	6,000	10,000	22,500	35,000	50,000
1906 Type E, 4-cyl., 12 hp, 81-1						
2P Rbt 1,920	5,760	9,600	21,600	33,600	48,000
1906 Type G, 4-cyl., 12 hp, 88" wb						
5P Tr 1,960	5,880	9,800	22,050	34,300	49,000
1906 Type D, 4-cyl., 20 hp, 100" wb						
5P Tr 1,600	4,800	8,000	18,000	28,000	40,000
5P Limo (115" wb) 1,400	4,200	7,000	15,750	24,500	35,000

THUNDERBIRD

	6	5	4	3	2	1
1906 Type H, 6-cyl., 30 hp, 114" wb						
5P Tr	1,680	5,040	8,400	18,900	29,400	42,000
1907 Model G, 4-cyl., 12 hp, 90" wb						
2P Rbt	1,640	4,920	8,200	18,450	28,700	41,000
4P Tr	1,400	4,200	7,000	15,750	24,500	35,000
1907 Model D, 4-cyl., 20 hp, 105" wb						
5P Tr	1,720	5,160	8,600	19,350	30,100	43,000
2P Rbt	1,680	5,040	8,400	18,900	29,400	42,000
5P Lan'let	1,600	4,800	8,000	18,000	28,000	40,000
1907 Model H, 6-cyl., 30 hp, 127" wb						
7P Tr	1,760	5,280	8,800	19,800	30,800	44,000
2P Rbt	1,720	5,160	8,600	19,350	30,100	43,000
5P Limo	1,520	4,560	7,600	17,100	26,600	38,000
1908 Model G, 4-cyl., 16 hp, 90" wb						
Tr	1,600	4,800	8,000	18,000	28,000	40,000
Rbt	1,640	4,920	8,200	18,450	28,700	41,000
Brgm	1,320	3,960	6,600	14,850	23,100	33,000
Lan'let	1,360	4,080	6,800	15,300	23,800	34,000
1908 Model D, 4-cyl., 28 hp, 105" wb						
Tr	1,640	4,920	8,200	18,450	28,700	41,000
Surrey-Seat Rbt	1,600	4,800	8,000	18,000	28,000	40,000
Lan'let	1,400	4,200	7,000	15,750	24,500	35,000
1908 Model H, 6-cyl., 42 hp, 127" wb						
Tr	1,720	5,160	8,600	19,350	30,100	43,000
Limo	1,560	4,680	7,800	17,550	27,300	39,000
Rbt	1,680	5,040	8,400	18,900	29,400	42,000
1909 Model G, 4-cyl., 18 hp, 91-1						
4P Tr	1,600	4,800	8,000	18,000	28,000	40,000
4P Cape Top Tr	1,640	4,920	8,200	18,450	28,700	41,000
Brgm	1,320	3,960	6,600	14,850	23,100	33,000
Lan'let	1,360	4,080	0,000	15,300	23,800	34,000
1909 Model D, 4-cyl., 28 hp, 106" wb						
5P Tr	1,640	4,920	8,200	18,450	28,700	41,000
5P Cape Top Tr	1,680	5,040	8,400	18,900	29,400	42,000
Rbt, Single Rumble	1,720	5,160	8,600	19,350	30,100	43,000
Rbt, Double Rumble	1,760	5,280	8,800	19,800	30,800	44,000
Lan'let	1,480	4,440	7,400	16,650	25,900	37,000
1909 Model H, 6-cyl., 42 hp, 127" wb						
7P Tr	1,680	5,040	8,400	18,900	29,400	42,000
7P Cape Top Tr	1,720	5,160	8,600	19,350	30,100	43,000
Limo	1,840	5,520	9,200	20,700	32,200	46,000
1910 Model G, 4-cyl., 18 hp, 91-1						
5P Tr	1,680	5,040	8,400	18,900	29,400	42,000
4P Rbt	1,640	4,920	8,200	18,450	28,700	41,000
2P Rbt	1,600	4,800	8,000	18,000	28,000	40,000
1910 Model K, 4-cyl., 18 hp, 91-1						
Twn Car	1,560	4,680	7,800	17,550	27,300	39,000
Taxicab	1,480	4,440	7,400	16,650	25,900	37,000
1910 Model D, 4-cyl., 28 hp, 106" wb						
5P Tr	1,720	5,160	8,600	19,350	30,100	43,000
4P Surrey	1,560	4,680	7,800	17,550	27,300	39,000
6P Limo (111-1/2" wb)	1,480	4,440	7,400	16,650	25,900	37,000
Lan'let 6P (111-1/2" wb)	1,520	4,560	7,600	17,100	26,600	38,000
1910 Model H, 6-cyl., 42 hp, 127" wb						
7P Tr	1,760	5,280	8,800	19,800	30,800	44,000
4P Surrey	1,600	4,800	8,000	18,000	28,000	40,000
7P Limo	1,520	4,560	7,600	17,100	26,600	38,000
1911 Model G, 4-cyl., 18 hp, 100" wb						
5P Tr	1,640	4,920	8,200	18,450	28,700	41,000
Torp Phae (108" wb)	1,680	5,040	8,400	18,900	29,400	42,000
1911 Model M, 4-cyl., 25 hp, 108" wb						
5P Tr	1,680	5,040	8,400	18,900	29,400	42,000
7P Limo	1,520	4,560	7,600	17,100	26,600	38,000
7P Lan'let	1,560	4,680	7,800	17,550	27,300	39,000
1911 Model D, 6-cyl., 38 hp, 123" wb						
4P Torp Phae	1,760	5,280	8,800	19,800	30,800	44,000
5P Tr	1,720	5,160	8,600	19,350	30,100	43,000
6P Limo	1,560	4,680	7,800	17,550	27,300	39,000
6P Lan'let	1,600	4,800	8,000	18,000	28,000	40,000
1911 Model H, 6-cyl., 48 hp, 133" wb						
7P Tr	1,800	5,400	9,000	20,250	31,500	45,000
Torp Phae (126" wb)	1,840	5,520	9,200	20,700	32,200	46,000
1912 Model G, 4-cyl., 18 hp, 100" wb						
Rbt	1,680	5,040	8,400	18,900	29,400	42,000
1912 Model G, 4-cyl., 25 hp, 103" wb						
Tr	1,720	5,160	8,600	19,350	30,100	43,000

	6	5	4	3	2	1
1912 Model M, 6-cyl., 30 hp, 116" wb						
Tr	1,800	5,400	9,000	20,250	31,500	45,000
Torp Phae	1,840	5,520	9,200	20,700	32,200	46,000
Rds	1,920	5,760	9,600	21,600	33,600	48,000
1912 Model K-6, 4-cyl., 18 hp, 100" wb						
Taxicab	1,560	4,680	7,800	17,550	27,300	39,000
1912 Model D, 6-cyl., 38 hp, 123" wb						
Tr	1,800	5,400	9,000	20,250	31,500	45,000
Torp Phae	1,840	5,520	9,200	20,700	32,200	46,000
1912 Model H, 6-cyl., 38 hp, 126" wb						
Tr	1,840	5,520	9,200	20,700	32,200	46,000
Limo	1,880	5,640	9,400	21,150	32,900	47,000
1913 Model G, 4-cyl., 18 hp, 100" wb						
2P Rbt	1,800	5,400	9,000	20,250	31,500	45,000
1913 Model G, 4-cyl., 25 hp, 103" wb						
5P Tr	1,800	5,400	9,000	20,250	31,500	45,000
1913 Model M, 6-cyl., 30 hp, 116" wb						
5P Little Six Tr	1,840	5,520	9,200	20,700	32,200	46,000
2P Little Six Vic	1,760	5,280	8,800	19,800	30,800	44,000
1913 Model D, 6-cyl., 38 hp, 123" wb						
5P Tr	1,920	5,760	9,600	21,600	33,600	48,000
4P Torp Phae	1,960	5,880	9,800	22,050	34,300	49,000
1913 Model H, 4-cyl., 38 hp, 126" wb						
7P Tr	1,960	5,880	9,800	22,050	34,300	49,000
7P Limo	1,880	5,640	9,400	21,150	32,900	47,000
1914 Model Six-30, 6-cyl., 31.6 hp, 120" wb						
5P Tr	1,800	5,400	9,000	20,250	31,500	45,000
Rds	1,880	5,640	9,400	21,150	32,900	47,000
Cpe	1,640	4,920	8,200	18,450	28,700	41,000
Sed	1,600	4,800	8,000	18,000	28,000	40,000
Limo	1,720	5,160	8,600	19,350	30,100	43,000
Berlin	1,800	5,400	9,000	20,250	31,500	45,000
1915 Model Six-30, 6-cyl., 31.6 hp, 120" wb						
2P Rds	1,920	5,760	9,600	21,600	33,600	48,000
5P Tr	1,880	5,640	9,400	21,150	32,900	47,000
Cpe	1,640	4,920	8,200	18,450	28,700	41,000
Sed	1,600	4,800	8,000	18,000	28,000	40,000
Berlin	1,800	5,400	9,000	20,250	31,500	45,000
1916 Model Six-30, 6-cyl., 31.6 hp, 120" wb						
5P Tr	1,760	5,280	8,800	19,800	30,800	44,000
3P Rds	1,800	5,400	9,000	20,250	31,500	45,000
5P Sed	1,480	4,440	7,400	16,650	25,900	37,000
4P Doctor's Car	1,520	4,560	7,600	17,100	26,600	38,000
7P Berlin	1,680	5,040	8,400	18,900	29,400	42,000
1917 Series 9, 6-cyl., 25.35 hp, 115" wb						
5P Tr	1,800	5,400	9,000	20,250	31,500	45,000
4P Rds	1,840	5,520	9,200	20,700	32,200	46,000
2P Rbt	1,640	4,920	8,200	18,450	28,700	41,000
7P Limo	1,600	4,800	8,000	18,000	28,000	40,000
5P Sed	1,480	4,440	7,400	16,650	25,900	37,000
7P Twn Car	1,640	4,920	8,200	18,450	28,700	41,000
4P Brgm	1,560	4,680	7,800	17,550	27,300	39,000
4P Cabr	1,760	5,280	8,800	19,800	30,800	44,000
1918 Series 9, 6-cyl., 25.35 hp, 115" wb						
5P Tr	1,800	5,400	9,000	20,250	31,500	45,000
2P Rds	1,840	5,520	9,200	20,700	32,200	46,000
4P Rds	1,840	5,520	9,200	20,700	32,200	46,000
Sed	1,400	4,200	7,000	15,750	24,500	35,000
Brgm	1,440	4,320	7,200	16,200	25,200	36,000
Limo	1,600	4,800	8,000	18,000	28,000	40,000
Twn Car	1,640	4,920	8,200	18,450	28,700	41,000
Cabr	1,760	5,280	8,800	19,800	30,800	44,000
1919 Series 9, 6-cyl., 25.35 hp, 115" wb						
5P Tr	1,800	5,400	9,000	20,250	31,500	45,000
Rbt	1,800	5,400	9,000	20,250	31,500	45,000
4P Rds	1,840	5,520	9,200	20,700	32,200	46,000
Brgm	1,440	4,320	7,200	16,200	25,200	36,000
Sed	1,400	4,200	7,000	15,750	24,500	35,000
Limo	1,640	4,920	8,200	18,450	28,700	41,000
1920 Model 9-B, 6-cyl., 25.3 hp, 115" wb						
5P Tr	1,760	5,280	8,800	19,800	30,800	44,000
4P Rds	1,760	5,280	8,800	19,800	30,800	44,000
2P Rds	1,720	5,160	8,600	19,350	30,100	43,000
5P Sed	1,360	4,080	6,800	15,300	23,800	34,000
4P Brgm	1,400	4,200	7,000	15,750	24,500	35,000

	6	5	4	3	2	1
1921 Model 9-B, 6-cyl., 25 hp, 115" wb						
2P Rbt.	1,760	5,280	8,800	19,800	30,800	44,000
4P Rds.	1,760	5,280	8,800	19,800	30,800	44,000
5P Tr.	1,760	5,280	8,800	19,800	30,800	44,000
2P Conv Rbt.	1,840	5,520	9,200	20,700	32,200	46,000
5P Conv Tr.	1,880	5,640	9,400	21,150	32,900	47,000
4P Brgm.	1,400	4,200	7,000	15,750	24,500	35,000
5P Sed.	1,360	4,080	6,800	15,300	23,800	34,000
1922 Model 9-B, 6-cyl., 25 hp, 115" wb						
2P Rds.	1,720	5,160	8,600	19,350	30,100	43,000
5P Tr.	1,680	5,040	8,400	18,900	29,400	42,000
2P Demi Cpe.	1,440	4,320	7,200	16,200	25,200	36,000
5P Demi Cpe.	1,440	4,320	7,200	16,200	25,200	36,000
4P Brgm.	1,400	4,200	7,000	15,750	24,500	35,000
5P Sed.	1,360	4,080	6,800	15,300	23,800	34,000
5P Limo.	1,520	4,560	7,600	17,100	26,600	38,000
1923 Model 10, 6-cyl., 25 hp, 115" wb						
5P Tr.	1,600	4,800	8,000	18,000	28,000	40,000
2P Rds.	1,680	5,040	8,400	18,900	29,400	42,000
5P Demi Sed.	1,400	4,200	7,000	15,750	24,500	35,000
4P Brgm.	1,440	4,320	7,200	16,200	25,200	36,000
4P Cpe.	1,480	4,440	7,400	16,650	25,900	37,000
5P Sed.	1,360	4,080	6,800	15,300	23,800	34,000
5P Tr Limo.	1,600	4,800	8,000	18,000	28,000	40,000
1924 Model 10-B, 6-cyl., 25 hp, 115" wb						
5P Tr.	1,480	4,440	7,400	16,650	25,900	37,000
5P Demi Sed.	1,280	3,840	6,400	14,400	22,400	32,000
4P Cpe.	1,320	3,960	6,600	14,850	23,100	33,000
5P Brgm.	1,320	3,960	6,600	14,850	23,100	33,000
5P Sed.	1,240	3,720	6,200	13,950	21,700	31,000
Tr Limo.	1,480	4,440	7,400	16,650	25,900	37,000
1925 Model 10-C, 6-cyl., 32 hp, 115" wb						
5P Tr.	1,520	4,560	7,600	17,100	26,600	38,000
5P Demi Sed.	1,320	3,960	6,600	14,850	23,100	33,000
4P Cpe.	1,360	4,080	6,800	15,300	23,800	34,000
4P Brgm.	1,320	3,960	6,600	14,850	23,100	33,000
5P Sed.	1,200	3,600	6,000	13,500	21,000	30,000
NOTE: Series II introduced spring of 1925.						
1926 Model 11-A, 6-cyl., 32 hp, 119" wb						
5P Sed.	1,240	3,720	6,200	13,950	21,700	31,000
5P Spt Sed.	1,400	4,200	7,000	15,750	24,500	35,000
4P Cpe.	1,360	4,080	6,800	15,300	23,800	34,000
5P Encl Dr Limo.	1,520	4,560	7,600	17,100	26,600	38,000
4P Cabr.	1,560	4,680	7,800	17,550	27,300	39,000
5P Tr.	1,640	4,920	8,200	18,450	28,700	41,000
2P Spt Rbt.	1,640	4,920	8,200	18,450	28,700	41,000
5P Cpe Rumble.	1,440	4,320	7,200	16,200	25,200	36,000
1927 Model 11-B, 6-cyl., 32 hp, 119" wb						
4P Vic.	1,440	4,320	7,200	16,200	25,200	36,000
2P Spt Cpe.	1,480	4,440	7,400	16,650	25,900	37,000
4P Tandem Spt.	1,640	4,920	8,200	18,450	28,700	41,000
5P Sed.	1,240	3,720	6,200	13,950	21,700	31,000
5P Spt Sed.	1,400	4,200	7,000	15,750	24,500	35,000
3P Cpe.	1,320	3,960	6,600	14,850	23,100	33,000
5P Encl Dr Limo.	1,520	4,560	7,600	17,100	26,600	38,000
5P Cabr.	1,920	5,760	9,600	21,600	33,600	48,000
5P Tr.	1,880	5,640	9,400	21,150	32,900	47,000
2P Spt Rbt.	1,960	5,880	9,800	22,050	34,300	49,000
5P Cpe Rumble.	1,440	4,320	7,200	16,200	25,200	36,000
1928 Airman, 6-cyl., 46 hp, 119" wb						
3P Cpe.	1,520	4,560	7,600	17,100	26,600	38,000
4P Vic.	1,480	4,440	7,400	16,650	25,900	37,000
5P Sed.	1,320	3,960	6,600	14,850	23,100	33,000
5P Oxford Sed.	1,360	4,080	6,800	15,300	23,800	34,000
5P Spt Sed.	1,360	4,080	6,800	15,300	23,800	34,000
3/5P Conv.	2,120	6,360	10,600	23,850	37,100	53,000
1928 Airman, 6-cyl., 46 hp, 128" wb						
Spt Rbt.	2,200	6,600	11,000	24,750	38,500	55,000
Spt Tr.	2,160	6,480	10,800	24,300	37,800	54,000
7P Sed.	1,520	4,560	7,600	17,100	26,600	38,000
Oxford Sed.	1,560	4,680	7,800	17,550	27,300	39,000
7P Tr.	1,960	5,880	9,800	22,050	34,300	49,000
7P Limo.	1,600	4,800	8,000	18,000	28,000	40,000
1929 Model 130, 6-cyl., 46 hp, 120" wb						
3/5P Cpe.	1,480	4,440	7,400	16,650	25,900	37,000
5P Sed.	1,320	3,960	6,600	14,850	23,100	33,000

FRANKLIN

	6	5	4	3	2	1
1929 Model 135, 6-cyl., 60 hp, 125" wb						
3P Cpe	1,320	3,960	6,600	14,850	23,100	33,000
5P Sed	1,360	4,080	6,800	15,300	23,800	34,000
3/5P Conv Cpe	1,880	5,640	9,400	21,150	32,900	47,000
4P Vic Brgm	1,440	4,320	7,200	16,200	25,200	36,000
5P Oxford Sed	1,580	4,740	7,900	17,780	27,650	39,500
5P Spt Sed	1,400	4,200	7,000	15,750	24,500	35,000
1929 Model 137, 6-cyl., 60 hp, 132" wb						
5P Spt Tr	2,040	6,120	10,200	22,950	35,700	51,000
4P Spt Rbt	2,080	6,240	10,400	23,400	36,400	52,000
7P Tr	1,880	5,640	9,400	21,150	32,900	47,000
7P Sed	1,540	4,620	7,700	17,330	26,950	38,500
7P Oxford Sed	1,590	4,770	7,950	17,890	27,830	39,750
7P Limo	1,640	4,920	8,200	18,450	28,700	41,000
1930 Model 145, 6-cyl., 87 hp, 125" wb						
Sed	1,120	3,360	5,600	12,600	19,600	28,000
Cpe	1,200	3,600	6,000	13,500	21,000	30,000
Clb Sed	1,200	3,600	6,000	13,500	21,000	30,000
DeL Sed	1,160	3,480	5,800	13,050	20,300	29,000
Vic Brgm	1,240	3,720	6,200	13,950	21,700	31,000
Conv Cpe	1,840	5,520	9,200	20,700	32,200	46,000
Tr Sed	1,200	3,600	6,000	13,500	21,000	30,000
Pursuit	1,640	4,920	8,200	18,450	28,700	41,000
1930 Model 147, 6-cyl., 87 hp, 132" wb						
Rds	2,400	7,200	12,000	27,000	42,000	60,000
Pirate Tr	2,480	7,440	12,400	27,900	43,400	62,000
Pirate Phae	2,560	7,680	12,800	28,800	44,800	64,000
5P Sed	1,200	3,600	6,000	13,500	21,000	30,000
7P Sed	1,240	3,720	6,200	13,950	21,700	31,000
Limo	1,360	4,080	6,800	15,300	23,800	34,000
Sed Limo	1,400	4,200	7,000	15,750	24,500	35,000
Spds	1,760	5,280	8,800	19,800	30,800	44,000
Conv Spds	2,800	8,400	14,000	31,500	49,000	70,000
Deauville Sed	1,880	5,640	9,400	21,150	32,900	47,000
Twn Car	1,480	4,440	7,400	16,650	25,900	37,000
Cabr	2,480	7,440	12,400	27,900	43,400	62,000
Conv Sed	2,560	7,680	12,800	28,800	44,800	64,000
1931 Series 15, 6-cyl., 100 hp, 125" wb						
Pursuit	1,800	5,400	9,000	20,250	31,500	45,000
5P Sed	1,240	3,720	6,200	13,950	21,700	31,000
Cpe	1,360	4,080	6,800	15,300	23,800	34,000
Oxford Sed	1,260	3,780	6,300	14,180	22,050	31,500
Vic Brgm	1,320	3,960	6,600	14,850	23,100	33,000
Conv Cpe	1,960	5,880	9,800	22,050	34,300	49,000
Twn Sed	1,360	4,080	6,800	15,300	23,800	34,000
1931 Series 15, 6-cyl., 100 hp, 132" wb						
Rds	2,720	8,160	13,600	30,600	47,600	68,000
7P Sed	1,400	4,200	7,000	15,750	24,500	35,000
Spt Salon	1,440	4,320	7,200	16,200	25,200	36,000
Limo	1,520	4,560	7,600	17,100	26,600	38,000
1931 Series 15 DeLuxe, 6-cyl., 100 hp, 132" wb						
5P Tr	2,560	7,680	12,800	28,800	44,800	64,000
7P Tr	2,560	7,680	12,800	28,800	44,800	64,000
Spds	1,920	5,760	9,600	21,600	33,600	48,000
5P Sed	1,440	4,320	7,200	16,200	25,200	36,000
Clb Sed	1,480	4,440	7,400	16,650	25,900	37,000
Conv Cpe	2,680	8,040	13,400	30,150	46,900	67,000
Twn Sed	1,520	4,560	7,600	17,100	26,600	38,000
7P Sed	1,440	4,320	7,200	16,200	25,200	36,000
Limo	1,560	4,680	7,800	17,550	27,300	39,000
1932 Airman, 6-cyl., 100 hp, 132" wb						
Spds	2,560	7,680	12,800	28,800	44,800	64,000
5P Sed	1,360	4,080	6,800	15,300	23,800	34,000
Cpe	1,400	4,200	7,000	15,750	24,500	35,000
Clb Sed	1,380	4,140	6,900	15,530	24,150	34,500
Vic Brgm	1,400	4,200	7,000	15,750	24,500	35,000
Conv Cpe	2,400	7,200	12,000	27,000	42,000	60,000
7P Sed	1,400	4,200	7,000	15,750	24,500	35,000
Limo	1,440	4,320	7,200	16,200	25,200	36,000
Sed Oxford	1,360	4,080	6,800	15,300	23,800	34,000
1933 Olympic, 6-cyl., 100 hp, 118" wb						
5P Sed	1,080	3,240	5,400	12,150	18,900	27,000
4P Cpe	1,160	3,480	5,800	13,050	20,300	29,000
4P Conv Cpe	1,800	5,400	9,000	20,250	31,500	45,000
1933 Airman, 6-cyl., 100 hp, 132" wb						
4P Spds	1,240	3,720	6,200	13,950	21,700	31,000

	6	5	4	3	2	1
5P Sed	1,200	3,600	6,000	13,500	21,000	30,000
5P Cpe	1,280	3,840	6,400	14,400	22,400	32,000
5P Clb Sed	1,240	3,720	6,200	13,950	21,700	31,000
5P Vic Brgm	1,280	3,840	6,400	14,400	22,400	32,000
7P Sed	1,160	3,480	5,800	13,050	20,300	29,000
6P Oxford Sed	1,200	3,600	6,000	13,500	21,000	30,000
7P Limo	1,240	3,720	6,200	13,950	21,700	31,000
1933 Twelve, V-12, 150 hp, 144" wb						
5P Sed	2,320	6,960	11,600	26,100	40,600	58,000
5P Clb Brgm	2,400	7,200	12,000	27,000	42,000	60,000
7P Sed	2,120	6,360	10,600	23,850	37,100	53,000
7P Limo	2,520	7,560	12,600	28,350	44,100	63,000
1934 Olympic, 6-cyl., 100 hp, 118" wb						
Sed	1,040	3,120	5,200	11,700	18,200	26,000
Cpe	1,120	3,360	5,600	12,600	19,600	28,000
Conv Cpe	1,960	5,880	9,800	22,050	34,300	49,000
1934 Airman, 6-cyl., 100 hp, 132" wb						
Sed	1,160	3,480	5,800	13,050	20,300	29,000
Clb Sed	1,200	3,600	6,000	13,500	21,000	30,000
Sed	1,180	3,540	5,900	13,280	20,650	29,500
Oxford Sed	1,220	3,660	6,100	13,730	21,350	30,500
Limo	1,400	4,200	7,000	15,750	24,500	35,000
1934 Twelve, V-12, 150 hp, 144" wb						
Sed	2,360	7,080	11,800	26,550	41,300	59,000
Clb Brgm	2,440	7,320	12,200	27,450	42,700	61,000
Sed	2,160	6,480	10,800	24,300	37,800	54,000
Limo	2,560	7,680	12,800	28,800	44,800	64,000

GARDNER

	6	5	4	3	2	1
1920 Model G, 4-cyl., 35 hp, 112" wb						
5P Tr	960	2,880	4,800	10,800	16,800	24,000
3P Rds	1,080	3,240	5,400	12,150	18,900	27,000
5P Sed	680	2,040	3,400	7,650	11,900	17,000
1921 Model G, 4-cyl., 35 hp, 112" wb						
3P Rds	760	2,280	3,800	8,550	13,300	19,000
5P Tr	960	2,880	4,800	10,800	16,800	24,000
5P Sed	680	2,040	3,400	7,650	11,900	17,000
1922 Four, 35 hp, 112" wb						
3P Rds	1,080	3,240	5,400	12,150	18,900	27,000
5P Tr	960	2,880	4,800	10,800	16,800	24,000
5P Sed	680	2,040	3,400	7,650	11,900	17,000
1923 Model 5, 4-cyl., 43 hp, 112" wb						
5P Tr	960	2,880	4,800	10,800	16,800	24,000
2P Rds	1,080	3,240	5,400	12,150	18,900	27,000
2P Cpe	840	2,520	4,200	9,450	14,700	21,000
5P Sed	680	2,040	3,400	7,650	11,900	17,000
1924 Model 5, 4-cyl., 43 hp, 112" wb						
3P Rds	1,080	3,240	5,400	12,150	18,900	27,000
5P Tr	960	2,880	4,800	10,800	16,800	24,000
5P Spt Tr	1,000	3,000	5,000	11,250	17,500	25,000
3P Cpe	840	2,520	4,200	9,450	14,700	21,000
5P Brgm	720	2,160	3,600	8,100	12,600	18,000
5P Sed	680	2,040	3,400	7,650	11,900	17,000
1925 Model 5, 4-cyl., 44 hp, 112" wb						
5P Tr	960	2,880	4,800	10,800	16,800	24,000
3P Rds	1,080	3,240	5,400	12,150	18,900	27,000
5P Std Tr	1,000	3,000	5,000	11,250	17,500	25,000
5P DeL Tr	1,040	3,120	5,200	11,700	18,200	26,000
5P Sed	680	2,040	3,400	7,650	11,900	17,000
4P Cpe	840	2,520	4,200	9,450	14,700	21,000
5P Radio Sed	800	2,400	4,000	9,000	14,000	20,000
1925 Six, 57 hp, 117" wb						
5P Tr	1,000	3,000	5,000	11,250	17,500	25,000
1925 Line 8, 8-cyl., 65 hp, 125" wb						
5P Tr	1,040	3,120	5,200	11,700	18,200	26,000
5P Brgm	760	2,280	3,800	8,550	13,300	19,000
1926 Six, 57 hp, 117" wb						
5P Tr	1,120	3,360	5,600	12,600	19,600	28,000
4P Rds	1,280	3,840	6,400	14,400	22,400	32,000
4P Cabr	1,080	3,240	5,400	12,150	18,900	27,000
5P 4d Brgm	800	2,400	4,000	9,000	14,000	20,000
5P Sed	720	2,160	3,600	8,100	12,600	18,000
DeL Sed	760	2,280	3,800	8,550	13,300	19,000
1926 Line 8, 65 hp, 125" wb						
5P Tr	1,520	4,560	7,600	17,100	26,600	38,000

	6	5	4	3	2	1
4P Rds	1,680	5,040	8,400	18,900	29,400	42,000
4P Cabr	1,480	4,440	7,400	16,650	25,900	37,000
5P 4d Brgm	1,120	3,360	5,600	12,600	19,600	28,000
5P Sed	1,040	3,120	5,200	11,700	18,200	26,000
5P DeL Sed	1,080	3,240	5,400	12,150	18,900	27,000
1927 Model 6-B, 6-cyl., 55 hp, 117" wb						
5P Tr	1,120	3,360	5,600	12,600	19,600	28,000
4P Rds	1,280	3,840	6,400	14,400	22,400	32,000
4P Cabr	1,160	3,480	5,800	13,050	20,300	29,000
5P 4d Brgm	800	2,400	4,000	9,000	14,000	20,000
5P Sed	720	2,160	3,600	8,100	12,600	18,000
1927 Model 8-80, 8-cyl., 70 hp, 122" wb						
4P Rds	1,600	4,800	8,000	18,000	28,000	40,000
5P Sed	1,040	3,120	5,200	11,700	18,200	26,000
Vic Cpe	1,160	3,480	5,800	13,050	20,300	29,000
1927 Model 8-90, 8-cyl., 84 hp, 130" wb						
4P Rds	1,680	5,040	8,400	18,900	29,400	42,000
5P Sed	760	2,280	3,800	8,550	13,300	19,000
5P Brgm	840	2,520	4,200	9,450	14,700	21,000
5P Vic	840	2,520	4,200	9,450	14,700	21,000
1928 Model 8-75, 8-cyl., 65 hp, 122" wb						
4P Rds	1,640	4,920	8,200	18,450	28,700	41,000
Vic	1,160	3,480	5,800	13,050	20,300	29,000
Cpe	1,120	3,360	5,600	12,600	19,600	28,000
5P Clb Sed	1,080	3,240	5,400	12,150	18,900	27,000
5P Sed	1,000	3,000	5,000	11,250	17,500	25,000
1928 Model 8-85, 8-cyl., 74 hp, 125" wb						
4P Rds	1,680	5,040	8,400	18,900	29,400	42,000
5P Brgm	1,160	3,480	5,800	13,050	20,300	29,000
5P Sed	1,040	3,120	5,200	11,700	18,200	26,000
4P Cus Cpe	1,200	3,600	6,000	13,500	21,000	30,000
1928 Model 8-95, 8-cyl., 115 hp, 130" wb						
4P Rds	1,800	5,400	9,000	20,250	31,500	45,000
5P Brgm	1,200	3,600	6,000	13,500	21,000	30,000
5P Sed	1,080	3,240	5,400	12,150	18,900	27,000
4P Cus Cpe	1,240	3,720	6,200	13,950	21,700	31,000
1929-30 Model 120, 8-cyl., 65 hp, 122" wb						
4P Rds	1,680	5,040	8,400	18,900	29,400	42,000
5P Spt Sed	1,200	3,600	6,000	13,500	21,000	30,000
4P Cpe	1,240	3,720	6,200	13,950	21,700	31,000
5P Sed	1,040	3,120	5,200	11,700	18,200	26,000
1929-30 Model 125, 8-cyl., 85 hp, 125" wb						
4P Rds	1,800	5,400	9,000	20,250	31,500	45,000
4P Cabr	1,520	4,560	7,600	17,100	26,600	38,000
5P Brgm	1,160	3,480	5,800	13,050	20,300	29,000
5P Sed	1,080	3,240	5,400	12,150	18,900	27,000
4P Vic	1,120	3,360	5,600	12,600	19,600	28,000
Cpe	1,240	3,720	6,200	13,950	21,700	31,000
1929-30 Model 130, 8-cyl., 115 hp, 130" wb						
4P Rds	1,840	5,520	9,200	20,700	32,200	46,000
4P Cpe	1,280	3,840	6,400	14,400	22,400	32,000
5P Brgm	1,240	3,720	6,200	13,950	21,700	31,000
5P Sed	1,160	3,480	5,800	13,050	20,300	29,000
5P Vic	1,280	3,840	6,400	14,400	22,400	32,000
1930 Model 136, 6-cyl., 70 hp, 122" wb						
Rds	1,720	5,160	8,600	19,350	30,100	43,000
5P Spt Phae	1,640	4,920	8,200	18,450	28,700	41,000
7P Spt Phae	1,680	5,040	8,400	18,900	29,400	42,000
Spt Sed	1,160	3,480	5,800	13,050	20,300	29,000
Cpe	1,280	3,840	6,400	14,400	22,400	32,000
Brgm	1,160	3,480	5,800	13,050	20,300	29,000
5P Sed	1,040	3,120	5,200	11,700	18,200	26,000
7P Sed	1,080	3,240	5,400	12,150	18,900	27,000
1930 Model 140, 8-cyl., 90 hp, 125" wb						
Rds	1,800	5,400	9,000	20,250	31,500	45,000
5P Spt Phae	1,680	5,040	8,400	18,900	29,400	42,000
7P Spt Phae	1,720	5,160	8,600	19,350	30,100	43,000
Spt Sed	1,240	3,720	6,200	13,950	21,700	31,000
Cpe	1,320	3,960	6,600	14,850	23,100	33,000
Brgm	1,200	3,600	6,000	13,500	21,000	30,000
5P Sed	1,080	3,240	5,400	12,150	18,900	27,000
7P Sed	1,120	3,360	5,600	12,600	19,600	28,000
1930 Model 150, 8-cyl., 126 hp, 130" wb						
Rds	1,880	5,640	9,400	21,150	32,900	47,000
5P Spt Phae	1,800	5,400	9,000	20,250	31,500	45,000
7P Spt Phae	1,840	5,520	9,200	20,700	32,200	46,000

	6	5	4	3	2	1
Spt Sed	1,280	3,840	6,400	14,400	22,400	32,000
Cpe	1,360	4,080	6,800	15,300	23,800	34,000
Brgm	1,240	3,720	6,200	13,950	21,700	31,000
5P Sed	1,120	3,360	5,600	12,600	19,600	28,000
7P Sed	1,160	3,480	5,800	13,050	20,300	29,000

1931 Model 136, 6-cyl., 70 hp, 122" wb

Rds	1,760	5,280	8,800	19,800	30,800	44,000
Spt Sed	1,240	3,720	6,200	13,950	21,700	31,000
Cpe	1,280	3,840	6,400	14,400	22,400	32,000
Sed	1,120	3,360	5,600	12,600	19,600	28,000

1931 Model 148, 6-cyl., 100 hp, 125" wb

Rds	1,800	5,400	9,000	20,250	31,500	45,000
Phae	1,760	5,280	8,800	19,800	30,800	44,000
Spt Sed	1,320	3,960	6,600	14,850	23,100	33,000
Cpe	1,360	4,080	6,800	15,300	23,800	34,000
Brgm	1,320	3,960	6,600	14,850	23,100	33,000
Sed	1,160	3,480	5,800	13,050	20,300	29,000

1931 Model 158, 8-cyl., 130 hp, 130" wb

Rds	1,840	5,520	9,200	20,700	32,200	46,000
Cpe	1,400	4,200	7,000	15,750	24,500	35,000
Brgm	1,360	4,080	6,800	15,300	23,800	34,000
Sed	1,280	3,840	6,400	14,400	22,400	32,000

GRAHAM-PAIGE

1928 Model 610, 6-cyl., 111" wb

Cpe	580	1,740	2,900	6,530	10,150	14,500
4d Sed	510	1,540	2,560	5,760	8,960	12,800

1928 Model 614, 6-cyl., 114" wb

Cpe	600	1,800	3,000	6,750	10,500	15,000
4d Sed	520	1,560	2,600	5,850	9,100	13,000

1928 Model 619, 6-cyl., 119" wb

Cpe	620	1,860	3,100	6,980	10,850	15,500
4d Sed	560	1,680	2,800	6,300	9,800	14,000
DeL Cpe	640	1,920	3,200	7,200	11,200	16,000
DeL 4d Sed	500	1,500	2,500	5,630	8,750	12,500

1928 Model 629, 6-cyl., 129" wb

2P Cpe	640	1,920	3,200	7,200	11,200	16,000
5P Cpe	660	1,980	3,300	7,430	11,550	16,500
Cabr	1,040	3,120	5,200	11,700	18,200	26,000
5P 4d Sed	600	1,810	3,020	6,800	10,570	15,100
4d Twn Sed	570	1,700	2,840	6,390	9,940	14,200
7P 4d Sed	610	1,840	3,060	6,890	10,710	15,300

1928 Model 835, 8-cyl., 137" wb

Cpe 2P	660	1,980	3,300	7,430	11,550	16,500
Cpe 5P	680	2,040	3,400	7,650	11,900	17,000
Cabr	1,120	3,360	5,600	12,600	19,600	28,000
5P 4d Sed	650	1,960	3,260	7,340	11,410	16,300
7P 4d Sed	660	1,970	3,280	7,380	11,480	16,400
4d Twn Sed	650	1,960	3,260	7,340	11,410	16,300
Limo	670	2,000	3,340	7,520	11,690	16,700

1929 Model 612, 6-cyl., 112" wb

Rds	1,180	3,540	5,900	13,280	20,650	29,500
Tr	1,200	3,600	6,000	13,500	21,000	30,000
Cpe	600	1,800	3,000	6,750	10,500	15,000
Cabr	1,080	3,240	5,400	12,150	18,900	27,000
2d Sed	560	1,680	2,800	6,300	9,800	14,000
4d Sed	560	1,690	2,820	6,350	9,870	14,100

1929 Model 615, 6-cyl., 115" wb

Rds	1,200	3,600	6,000	13,500	21,000	30,000
Tour	1,220	3,660	6,100	13,730	21,350	30,500
Cpe	640	1,920	3,200	7,200	11,200	16,000
Cabr	1,120	3,360	5,600	12,600	19,600	28,000
2d Sed	580	1,740	2,900	6,530	10,150	14,500
4d Sed	580	1,750	2,920	6,570	10,220	14,600

1929 Model 621, 6-cyl., 121" wb

Rds	1,220	3,660	6,100	13,730	21,350	30,500
Tr	1,240	3,720	6,200	13,950	21,700	31,000
Cpe	620	1,860	3,100	6,980	10,850	15,500
Cabr	1,140	3,420	5,700	12,830	19,950	28,500
4d Sed	590	1,780	2,960	6,660	10,360	14,800

1929 Model 827, 8-cyl., 127" wb

Rds	1,400	4,200	7,000	15,750	24,500	35,000
Tr	1,440	4,320	7,200	16,200	25,200	36,000
Cpe	720	2,160	3,600	8,100	12,600	18,000
Cabr	1,320	3,960	6,600	14,850	23,100	33,000
4d Sed	640	1,920	3,200	7,200	11,200	16,000

	6	5	4	3	2	1
1929 Model 837, 8-cyl., 137" wb						
Tr	1,600	4,800	8,000	18,000	28,000	40,000
Cpe	880	2,640	4,400	9,900	15,400	22,000
5P 4d Sed	800	2,400	4,000	9,000	14,000	20,000
7P 4d Sed	840	2,520	4,200	9,450	14,700	21,000
4d Twn Sed	880	2,640	4,400	9,900	15,400	22,000
Limo	960	2,880	4,800	10,800	16,800	24,000
LeB Limo	1,040	3,120	5,200	11,700	18,200	26,000
LeB Twn Car	1,080	3,240	5,400	12,150	18,900	27,000

GRAHAM

	6	5	4	3	2	1
1930 Standard, 6-cyl., 115" wb						
Rds	1,720	5,160	8,600	19,350	30,100	43,000
Phae	1,680	5,040	8,400	18,900	29,400	42,000
Cabr	1,560	4,680	7,800	17,550	27,300	39,000
Cpe	760	2,280	3,800	8,550	13,300	19,000
DeL Cpe	800	2,400	4,000	9,000	14,000	20,000
2d Sed	670	2,000	3,340	7,520	11,690	16,700
4d Sed	670	2,020	3,360	7,560	11,760	16,800
4d DeL Sed	680	2,040	3,400	7,650	11,900	17,000
4d Twn Sed	680	2,040	3,400	7,650	11,900	17,000
DeL Twn Sed	690	2,060	3,440	7,740	12,040	17,200
1930 Special, 6-cyl., 115" wb						
Cpe	820	2,460	4,100	9,230	14,350	20,500
R/S Cpe	840	2,520	4,200	9,450	14,700	21,000
4d Sed	720	2,160	3,600	8,100	12,600	18,000
1930 Standard, 8-cyl., 122" and *134" wb						
Cpe	880	2,640	4,400	9,900	15,400	22,000
4d Sed	800	2,400	4,000	9,000	14,000	20,000
Conv Sed	1,840	5,520	9,200	20,700	32,200	46,000
*7P 4d Sed	840	2,520	4,200	*9,450	14,700	21,000
1930 Special, 8-cyl., 122" and *134" wb						
Cpe	900	2,700	4,500	10,130	15,750	22,500
4d Sed	820	2,460	4,100	9,230	14,350	20,500
Conv Sed	1,960	5,880	9,800	22,050	34,300	49,000
*7P 4d Sed	880	2,640	4,400	9,900	15,400	22,000
1930 Custom, 8-cyl., 127" wb						
Rds	1,840	5,520	9,200	20,700	32,200	46,000
Phae	1,800	5,400	9,000	20,250	31,500	45,000
Cpe	960	2,880	4,800	10,800	16,800	24,000
Cabr	1,720	5,160	8,600	19,350	30,100	43,000
4d Sed	840	2,520	4,200	9,450	14,700	21,000
1930 Custom, 8-cyl., 137" wb						
Phae	1,920	5,760	9,600	21,600	33,600	48,000
5P 4d Sed	940	2,820	4,700	10,580	16,450	23,500
4d Twn Sed	960	2,880	4,800	10,800	16,800	24,000
7P 4d Sed	980	2,940	4,900	11,030	17,150	24,500
Limo	1,040	3,120	5,200	11,700	18,200	26,000
LeB Limo	1,200	3,600	6,000	13,500	21,000	30,000
LeB Twn Car	1,120	3,360	5,600	12,600	19,600	28,000
1931 Standard, 6-cyl., 115" wb						
Rds	1,680	5,040	8,400	18,900	29,400	42,000
Phae	1,640	4,920	8,200	18,450	28,700	41,000
Bus Cpe	760	2,280	3,800	8,550	13,300	19,000
Cpe	780	2,340	3,900	8,780	13,650	19,500
Spt Cpe	800	2,400	4,000	9,000	14,000	20,000
2d Sed	690	2,080	3,460	7,790	12,110	17,300
4d Twn Sed	700	2,090	3,480	7,830	12,180	17,400
4d Univ Sed	700	2,100	3,500	7,880	12,250	17,500
4d DeL Sed	710	2,120	3,540	7,970	12,390	17,700
4d DeL Twn Sed	720	2,160	3,600	8,100	12,600	18,000
1931 Special, 6-cyl., 115" wb						
Bus Cpe	760	2,290	3,820	8,600	13,370	19,100
Cpe	800	2,400	4,000	9,000	14,000	20,000
4d Sed	740	2,210	3,680	8,280	12,880	18,400
1931 Model 621, 6-cyl., 121" wb						
Rds	1,520	4,560	7,600	17,100	26,600	38,000
Phae	1,560	4,680	7,800	17,550	27,300	39,000
Vic	800	2,400	4,000	9,000	14,000	20,000
Cpe	840	2,520	4,200	9,450	14,700	21,000
4d Sed	780	2,340	3,900	8,780	13,650	19,500
1931 Standard, 8-cyl., 122" and *134" wb						
Cpe	880	2,640	4,400	9,900	15,400	22,000
4d Sed	820	2,460	4,100	9,230	14,350	20,500
Conv Sed	1,640	4,920	8,200	18,450	28,700	41,000

	6	5	4	3	2	1
7P 4d Sed	840	2,520	4,200	9,450	14,700	21,000
5P 4d Sed	820	2,460	4,100	9,230	14,350	20,500
*Limo	880	2,640	4,400	9,900	15,400	22,000
1931 Special 822, 8-cyl., 122" and *134" wb						
Cpe	920	2,760	4,600	10,350	16,100	23,000
4d Sed	840	2,520	4,200	9,450	14,700	21,000
Conv Sed	1,680	5,040	8,400	18,900	29,400	42,000
7P 4d Sed	920	2,760	4,600	10,350	16,100	23,000
5P 4d Sed	880	2,640	4,400	9,900	15,400	22,000
*Limo	960	2,880	4,800	10,800	16,800	24,000
1931 Custom, 8-cyl., 127" wb						
Rds	1,800	5,400	9,000	20,250	31,500	45,000
Phae	1,760	5,280	8,800	19,800	30,800	44,000
Vic	880	2,640	4,400	9,900	15,400	22,000
Cabr	1,800	5,400	9,000	20,250	31,500	45,000
4d Sed	860	2,580	4,300	9,680	15,050	21,500
1931 Custom, 8-cyl., 137" wb						
7P Phae	2,320	6,960	11,600	26,100	40,600	58,000
4d Sed	920	2,760	4,600	10,350	16,100	23,000
LeB Limo	1,120	3,360	5,600	12,600	19,600	28,000
1931 Prosperity, 6-cyl., 113" wb						
Cpe	760	2,280	3,800	8,550	13,300	19,000
Cpe 2-4	800	2,400	4,000	9,000	14,000	20,000
4d Sed	690	2,080	3,460	7,790	12,110	17,300
4d Twn Sed	700	2,100	3,500	7,880	12,250	17,500
1931 Special 820, 8-cyl., 120" wb						
Bus Cpe	860	2,580	4,300	9,680	15,050	21,500
Cpe 2-4	880	2,640	4,400	9,900	15,400	22,000
4d Spt Sed	820	2,460	4,100	9,230	14,350	20,500
4d Sed	800	2,400	4,000	9,000	14,000	20,000
1931 Custom 834, 8-cyl., 134" wb						
4d Sed	860	2,580	4,300	9,680	15,050	21,500
7P 4d Sed	880	2,640	4,400	9,900	15,400	22,000
Limo	920	2,760	4,600	10,350	16,100	23,000
1932 Prosperity, 6-cyl., 113" wb						
Cpe	840	2,520	4,200	9,450	14,700	21,000
Cpe 2-4	880	2,640	4,400	9,900	15,400	22,000
4d Sed	730	2,200	3,660	8,240	12,810	18,300
4d Twn Sed	740	2,220	3,700	8,330	12,950	18,500
1932 Graham, 6-cyl., 113" wb						
Bus Cpe	880	2,640	4,400	9,900	15,400	22,000
Cpe 2-4	920	2,760	4,600	10,350	16,100	23,000
Cabr	1,320	3,960	6,600	14,850	23,100	33,000
4d Sed	760	2,280	3,800	8,550	13,300	19,000
1932 Standard, 6-cyl., 115" wb						
Rds	1,400	4,200	7,000	15,750	24,500	35,000
Bus Cpe	900	2,700	4,500	10,130	15,750	22,500
Cpe 2-4	940	2,820	4,700	10,580	16,450	23,500
4d Sed	780	2,340	3,900	8,780	13,650	19,500
4d Twn Sed	800	2,400	4,000	9,000	14,000	20,000
1932 Special, 6-cyl., 115" wb						
Rds	1,440	4,320	7,200	16,200	25,200	36,000
Bus Cpe	940	2,820	4,700	10,580	16,450	23,500
Cpe 2-4	960	2,880	4,800	10,800	16,800	24,000
4d Sed	760	2,280	3,800	8,550	13,300	19,000
4d Twn Sed	840	2,520	4,200	9,450	14,700	21,000
1932 Model 57, 8-cyl., 123" wb						
Cpe	960	2,880	4,800	10,800	16,800	24,000
Cpe 2-4	980	2,940	4,900	11,030	17,150	24,500
4d Sed	860	2,580	4,300	9,680	15,050	21,500
DeL Cpe	1,000	3,000	5,000	11,250	17,500	25,000
DeL Cpe 2-4	1,040	3,120	5,200	11,700	18,200	26,000
Conv Cpe	1,520	4,560	7,600	17,100	26,600	38,000
4d DeL Sed	880	2,640	4,400	9,900	15,400	22,000
1932 Special 820, 8-cyl., 120" wb						
Bus Cpe	1,020	3,060	5,100	11,480	17,850	25,500
Cpe 2-4	1,060	3,180	5,300	11,930	18,550	26,500
4d Spt Sed	900	2,700	4,500	10,130	15,750	22,500
4d Sed	890	2,660	4,440	9,990	15,540	22,200
1932 Special 822, 8-cyl., 122" wb						
4d Sed	920	2,760	4,600	10,350	16,100	23,000
Conv Sed	1,920	5,760	9,600	21,600	33,600	48,000
1932 Custom 834, 8-cyl., 134" wb						
4d Sed	1,080	3,240	5,400	12,150	18,900	27,000
7P 4d Sed	1,120	3,360	5,600	12,600	19,600	28,000
Limo	1,240	3,720	6,200	13,950	21,700	31,000

	6	5	4	3	2	1
1933 Graham, 6-cyl., 113" wb						
4d Sed	720	2,170	3,620	8,150	12,670	18,100
4d Twn Sed	730	2,200	3,660	8,240	12,810	18,300
1933 Model 65, 6-cyl., 113" wb						
Bus Cpe	760	2,280	3,800	8,550	13,300	19,000
Cpe 2-4	780	2,340	3,900	8,780	13,650	19,500
Conv Cpe	1,240	3,720	6,200	13,950	21,700	31,000
4d Sed	740	2,210	3,680	8,280	12,880	18,400
1933 Graham, 6-cyl., 118" wb						
Bus Cpe	780	2,340	3,900	8,780	13,650	19,500
Cpe 2-4	800	2,400	4,000	9,000	14,000	20,000
Cabr	1,400	4,200	7,000	15,750	24,500	35,000
4d Sed	740	2,220	3,700	8,330	12,950	18,500
1933 Model 64, 8-cyl., 119" wb						
Bus Cpe	800	2,400	4,000	9,000	14,000	20,000
Cpe 2-4	820	2,460	4,100	9,230	14,350	20,500
Conv Cpe	1,320	3,960	6,600	14,850	23,100	33,000
4d Sed	750	2,240	3,740	8,420	13,090	18,700
1933 Model 57A, 8-cyl., 123" wb						
Cpe	820	2,460	4,100	9,230	14,350	20,500
Cpe 2-4	840	2,520	4,200	9,450	14,700	21,000
4d Sed	760	2,270	3,780	8,510	13,230	18,900
DeL Cpe	860	2,580	4,300	9,680	15,050	21,500
DeL Cpe 2-4	880	2,640	4,400	9,900	15,400	22,000
DeL Conv Cpe	1,480	4,440	7,400	16,650	25,900	37,000
4d DeL Sed	770	2,300	3,840	8,640	13,440	19,200
1933 Custom 57A, 8-cyl., 123" wb						
Cpe	880	2,640	4,400	9,900	15,400	22,000
Cpe 2-4	900	2,700	4,500	10,130	15,750	22,500
4d Sed	780	2,340	3,900	8,780	13,650	19,500
1934 Model 65, 6-cyl., 113" wb						
Cpe	780	2,340	3,900	8,780	13,650	19,500
Cpe 2-4	800	2,400	4,000	9,000	14,000	20,000
Conv Cpe	1,160	3,480	5,800	13,050	20,300	29,000
4d Sed	700	2,090	3,480	7,830	12,180	17,400
1934 Model 64, 6-cyl., 119" wb						
Cpe	780	2,340	3,900	8,780	13,650	19,500
Cpe 2-4	800	2,400	4,000	9,000	14,000	20,000
Conv Cpe	1,200	3,600	6,000	13,500	21,000	30,000
4d Sed	700	2,100	3,500	7,880	12,250	17,500
1934 Model 68, 6-cyl., 116" wb						
Bus Cpe	800	2,400	4,000	9,000	14,000	20,000
Cpe 2-4	820	2,460	4,100	9,230	14,350	20,500
Conv Cpe	1,360	4,080	6,800	15,300	23,800	34,000
4d Sed	700	2,110	3,520	7,920	12,320	17,600
4d Sed Trunk	710	2,120	3,540	7,970	12,390	17,700
1934 Model 67, 8-cyl., 123" wb						
Bus Cpe	820	2,460	4,100	9,230	14,350	20,500
Cpe 2-4	840	2,520	4,200	9,450	14,700	21,000
Conv Cpe	1,400	4,200	7,000	15,750	24,500	35,000
4d Sed	640	1,920	3,200	7,200	11,200	16,000
4d Sed Trunk	730	2,180	3,640	8,190	12,740	18,200
1934 Model 69, 8-cyl., 123" wb						
Bus Cpe	840	2,520	4,200	9,450	14,700	21,000
Cpe 2-4	860	2,580	4,300	9,680	15,050	21,500
Conv Cpe	1,440	4,320	7,200	16,200	25,200	36,000
4d Sed	730	2,180	3,640	8,190	12,740	18,200
4d Sed Trunk	740	2,210	3,680	8,280	12,880	18,400
1934 Custom 8-71, 8-cyl., 138" wb						
7P 4d Sed	780	2,340	3,900	8,780	13,650	19,500
7P 4d Sed Trunk	800	2,400	4,000	9,000	14,000	20,000
1935 Model 74, 6-cyl., 111" wb						
2d Sed	690	2,060	3,440	7,740	12,040	17,200
4d Sed	690	2,080	3,460	7,790	12,110	17,300
2d DeL Sed	690	2,080	3,460	7,790	12,110	17,300
4d DeL Sed	700	2,090	3,480	7,830	12,180	17,400
1935 Model 68, 6-cyl., 116" wb						
Bus Cpe	780	2,340	3,900	8,780	13,650	19,500
Cpe 3-5	800	2,400	4,000	9,000	14,000	20,000
Conv Cpe	1,200	3,600	6,000	13,500	21,000	30,000
4d Sed	700	2,090	3,480	7,830	12,180	17,400
4d Sed Trunk	700	2,100	3,500	7,880	12,250	17,500
1935 Model 67, 8-cyl., 123" wb						
Cpe	800	2,400	4,000	9,000	14,000	20,000
Cpe 3-5	820	2,460	4,100	9,230	14,350	20,500
Conv Cpe	1,240	3,720	6,200	13,950	21,700	31,000

	6	5	4	3	2	1
4d Sed.	710	2,120	3,540	7,970	12,390	17,700
4d Sed Trunk.	710	2,140	3,560	8,010	12,460	17,800
1935 Model 72, 8-cyl., 123" wb						
Cpe	800	2,400	4,000	9,000	14,000	20,000
Cpe 2-4	820	2,460	4,100	9,230	14,350	20,500
Conv Cpe	1,320	3,960	6,600	14,850	23,100	33,000
4d Sed.	710	2,140	3,560	8,010	12,460	17,800
1935 Custom Model 69, Supercharged, 8-cyl., 123" wb						
Cpe	900	2,700	4,500	10,130	15,750	22,500
Cpe 3-5	920	2,760	4,600	10,350	16,100	23,000
Conv Cpe	1,440	4,320	7,200	16,200	25,200	36,000
4d Sed.	840	2,520	4,200	9,450	14,700	21,000
4d Sed Trunk.	850	2,540	4,240	9,540	14,840	21,200
1935 Model 75, Supercharged, 8-cyl., 123" wb						
Cpe	920	2,760	4,600	10,350	16,100	23,000
Cpe 2-4	960	2,880	4,800	10,800	16,800	24,000
Conv Cpe	1,480	4,440	7,400	16,650	25,900	37,000
4d Sed.	880	2,640	4,400	9,900	15,400	22,000
1936 Crusader Model 80, 6-cyl., 111" wb						
2d Sed.	720	2,170	3,620	8,150	12,670	18,100
2d Sed Trunk.	730	2,180	3,640	8,190	12,740	18,200
4d Sed.	730	2,180	3,640	8,190	12,740	18,200
4d Sed Trunk.	730	2,200	3,660	8,240	12,810	18,300
1936 Cavalier Model 90, 6-cyl., 115" wb						
Bus Cpe	770	2,320	3,860	8,690	13,510	19,300
Cpe 2-4	780	2,340	3,900	8,780	13,650	19,500
2d Sed.	730	2,180	3,640	8,190	12,740	18,200
2d Sed Trunk.	730	2,200	3,660	8,240	12,810	18,300
4d Sed.	730	2,180	3,640	8,190	12,740	18,200
4d Sed Trunk.	740	2,210	3,680	8,280	12,880	18,400
1936 Model 110, Supercharged, 6-cyl., 115" wb						
Cpe	880	2,640	4,400	9,900	15,400	22,000
Cpe 2-4	900	2,700	4,500	10,130	15,750	22,500
2d Sed.	820	2,460	4,100	9,230	14,350	20,500
2d Sed Trunk.	820	2,470	4,120	9,270	14,420	20,600
4d Sed.	820	2,460	4,100	9,230	14,350	20,500
4d Sed Trunk.	820	2,470	4,120	9,270	14,420	20,600
4d Cus Sed	840	2,520	4,200	9,450	14,700	21,000
1937 Crusader, 6-cyl., 111" wb						
2d Sed.	720	2,160	3,600	8,100	12,600	18,000
2d Sed Trunk.	720	2,170	3,620	8,150	12,670	18,100
4d Sed.	730	2,180	3,640	8,190	12,740	18,200
4d Sed Trunk.	730	2,200	3,660	8,240	12,810	18,300
1937 Cavalier, 6-cyl., 116" wb						
Bus Cpe	840	2,520	4,200	9,450	14,700	21,000
Cpe 3-5	880	2,640	4,400	9,900	15,400	22,000
Conv Cpe	1,280	3,840	6,400	14,400	22,400	32,000
2d Sed.	720	2,170	3,620	8,150	12,670	18,100
2d Sed Trunk.	730	2,180	3,640	8,190	12,740	18,200
4d Sed.	730	2,200	3,660	8,240	12,810	18,300
4d Sed Trunk.	740	2,210	3,680	8,280	12,880	18,400
1937 Series 116, Supercharged, 6-cyl., 116" wb						
Bus Cpe	880	2,640	4,400	9,900	15,400	22,000
Cpe 3-5	890	2,680	4,400	10,040	15,610	22,300
Conv Cpe	1,400	4,200	7,000	15,750	24,500	35,000
2d Sed.	820	2,460	4,100	9,230	14,350	20,500
2d Sed Trunk.	820	2,470	4,120	9,270	14,420	20,600
4d Sed.	820	2,470	4,120	9,270	14,420	20,600
4d Sed Trunk.	830	2,480	4,140	9,320	14,490	20,700
1937 Series 120, Custom Supercharged, 6-cyl., 116" and 120" wb						
Bus Cpe	890	2,660	4,440	9,990	15,540	22,200
Cpe 3-5	900	2,700	4,500	10,130	15,750	22,500
Conv Cpe	1,480	4,440	7,400	16,650	25,900	37,000
4d Sed.	840	2,520	4,200	9,450	14,700	21,000
4d Sed Trunk.	850	2,540	4,240	9,540	14,840	21,200
1938 Standard Model 96, 6-cyl., 120" wb						
4d Sed.	790	2,360	3,940	8,870	13,790	19,700
1938 Special Model 96, 6-cyl., 120" wb						
4d Sed.	800	2,400	4,000	9,000	14,000	20,000
1938 Model 97, Supercharged, 6-cyl., 120" wb						
4d Sed.	1,280	3,840	6,400	14,400	22,400	32,000
1938 Custom Model 97, Supercharged, 6-cyl., 120" wb						
4d Sed.	1,360	4,080	6,800	15,300	23,800	34,000
1939 Special Model 96, 6-cyl., 120" wb						
Cpe	880	2,640	4,400	9,900	15,400	22,000
2d Sed.	830	2,480	4,140	9,320	14,490	20,700
4d Sed.	830	2,500	4,160	9,360	14,560	20,800

GRAHAM

	6	5	4	3	2	1
1939 Custom Special 96, 6-cyl., 120" wb						
Cpe.	900	2,700	4,500	10,130	15,750	22,500
2d Sed	830	2,500	4,160	9,360	14,560	20,800
4d Sed	840	2,510	4,180	9,410	14,630	20,900
1939 Model 97, Supercharged, 6-cyl., 120" wb						
Cpe.	1,320	3,960	6,600	14,850	23,100	33,000
2d Sed	1,320	3,960	6,600	14,850	23,100	33,000
4d Sed	1,280	3,840	6,400	14,400	22,400	32,000
1939 Custom Model 97, Supercharged, 6-cyl., 120" wb						
Cpe.	1,320	3,960	6,600	14,850	23,100	33,000
2d Sed	1,320	3,960	6,600	14,850	23,100	33,000
4d Sed	1,280	3,840	6,400	14,400	22,400	32,000
1940 DeLuxe Model 108, 6-cyl., 120" wb						
Cpe.	960	2,880	4,800	10,800	16,800	24,000
2d Sed	920	2,750	4,580	10,310	16,030	22,900
4d Sed	920	2,760	4,600	10,350	16,100	23,000
1940 Custom Model 108, 6-cyl., 120" wb						
Cpe.	980	2,940	4,900	11,030	17,150	24,500
2d Sed	920	2,760	4,600	10,350	16,100	23,000
4d Sed	930	2,780	4,640	10,440	16,240	23,200
1940 DeLuxe Model 107, Supercharged, 6-cyl., 120" wb						
Cpe.	1,120	3,360	5,600	12,600	19,600	28,000
2d Sed	1,100	3,300	5,500	12,380	19,250	27,500
4d Sed	1,110	3,320	5,540	12,470	19,390	27,700
1940 Custom Model 107, Supercharged, 6-cyl., 120" wb						
Cpe.	1,300	3,900	6,500	14,630	22,750	32,500
2d Sed	1,240	3,710	6,180	13,910	21,630	30,900
4d Sed	1,250	3,760	6,260	14,090	21,910	31,300
1941 Custom Hollywood Model 113, 6-cyl., 115" wb						
4d Sed	1,400	4,200	7,000	15,750	24,500	35,000
1941 Custom Hollywood Model 113, Supercharged, 6-cyl., 115" wb						
4d Sed	1,760	5,280	8,800	19,800	30,800	44,000

HUDSON

	6	5	4	3	2	1
1909 Model 20, 4-cyl.						
2d Rds.	1,800	5,400	9,000	20,250	31,500	45,000
1910 Model 20, 4-cyl.						
2d Rds	1,560	4,680	7,800	17,550	27,300	39,000
4d Tr.	1,560	4,680	7,800	17,550	27,300	39,000
1911 Model 33, 4-cyl.						
2d Rds	1,440	4,320	7,200	16,200	25,200	36,000
2d Tor Rds	1,480	4,440	7,400	16,650	25,900	37,000
4d Pony Ton.	1,520	4,560	7,600	17,100	26,600	38,000
4d Tr.	1,560	4,680	7,800	17,550	27,300	39,000
1912 Model 33, 4-cyl.						
2d Rds	1,640	4,920	8,200	18,450	28,700	41,000
2d Tor Rds	1,680	5,040	8,400	18,900	29,400	42,000
4d Tr.	1,760	5,280	8,800	19,800	30,800	44,000
2d Cpe	1,280	3,840	6,400	14,400	22,400	32,000
4d Limo	1,400	4,200	7,000	15,750	24,500	35,000
1913 Model 37, 4-cyl.						
2d Rds	1,520	4,560	7,600	17,100	26,600	38,000
2d Tor Rds	1,560	4,680	7,800	17,550	27,300	39,000
4d Tr.	1,600	4,800	8,000	18,000	28,000	40,000
2d Cpe	1,240	3,720	6,200	13,950	21,700	31,000
4d Limo	1,360	4,080	6,800	15,300	23,800	34,000
1913 Model 54, 6-cyl.						
2d 2P Rds	1,560	4,680	7,800	17,550	27,300	39,000
2d 5P Rds	1,600	4,800	8,000	18,000	28,000	40,000
2d Tor Rds	1,640	4,920	8,200	18,450	28,700	41,000
4d Tr.	1,680	5,040	8,400	18,900	29,400	42,000
4d 7P Tr	1,720	5,160	8,600	19,350	30,100	43,000
2d Cpe	1,320	3,960	6,600	14,850	23,100	33,000
4d Limo	1,400	4,200	7,000	15,750	24,500	35,000
1914 Model 40, 6-cyl.						
2d Rbt.	1,400	4,200	7,000	15,750	24,500	35,000
4d Tr.	1,480	4,440	7,400	16,650	25,900	37,000
2d Cabr	1,440	4,320	7,200	16,200	25,200	36,000
1914 Model 54, 6-cyl.						
4d 7P Tr.	1,520	4,560	7,600	17,100	26,600	38,000
1915 Model 40, 6-cyl.						
2d Rds	1,360	4,080	6,800	15,300	23,800	34,000
4d Phae	1,440	4,320	7,200	16,200	25,200	36,000
4d Tr.	1,400	4,200	7,000	15,750	24,500	35,000
2d Cabr	1,400	4,200	7,000	15,750	24,500	35,000

	6	5	4	3	2	1
2d Cpe.	960	2,880	4,800	10,800	16,800	24,000
4d Limo	1,040	3,120	5,200	11,700	18,200	26,000
4d Lan Limo	1,080	3,240	5,400	12,150	18,900	27,000
1915 Model 54, 6-cyl.						
4d Phae.	1,520	4,560	7,600	17,100	26,600	38,000
4d 7P Tr	1,560	4,680	7,800	17,550	27,300	39,000
4d Sed.	1,000	3,000	5,000	11,250	17,500	25,000
4d Limo	1,120	3,360	5,600	12,600	19,600	28,000
1916 Super Six, 6-cyl.						
2d Rds.	1,200	3,600	6,000	13,500	21,000	30,000
2d Cabr.	1,240	3,720	6,200	13,950	21,700	31,000
4d Phae.	1,280	3,840	6,400	14,400	22,400	32,000
4d Tr Sed	840	2,520	4,200	9,450	14,700	21,000
4d T&C	880	2,640	4,400	9,900	15,400	22,000
1916 Model 54, 6-cyl.						
4d 7P Phae.	1,400	4,200	7,000	15,750	24,500	35,000
1917 Super Six, 6-cyl.						
2d Rds.	1,120	3,360	5,600	12,600	19,600	28,000
2d Cabr.	1,160	3,480	5,800	13,050	20,300	29,000
4d 7P Phae.	1,200	3,600	6,000	13,500	21,000	30,000
4d Tr Sed	760	2,280	3,800	8,550	13,300	19,000
4d T&C	880	2,640	4,400	9,900	15,400	22,000
4d Twn Lan	840	2,520	4,200	9,450	14,700	21,000
4d Limo Lan	880	2,640	4,400	9,900	15,400	22,000
1918 Super Six, 6-cyl.						
2d Rds.	1,040	3,120	5,200	11,700	18,200	26,000
2d Cabr.	1,080	3,240	5,400	12,150	18,900	27,000
4d 4P Phae.	1,080	3,240	5,400	12,150	18,900	27,000
4d 5P Phae.	1,120	3,360	5,600	12,600	19,600	28,000
2d 4P Cpe.	760	2,280	3,800	8,550	13,300	19,000
4d Tr Sed	800	2,400	4,000	9,000	14,000	20,000
4d Sed.	800	2,400	4,000	9,000	14,000	20,000
4d Tr Limo	840	2,520	4,200	9,450	14,700	21,000
4d T&C	840	2,520	4,200	9,450	14,700	21,000
4d Limo	880	2,640	4,400	9,900	15,400	22,000
4d Twn Limo	880	2,640	4,400	9,900	15,400	22,000
4d Limo Lan	880	2,640	4,400	9,900	15,400	22,000
4d F F Lan.	890	2,680	4,460	10,040	15,610	22,300
1919 Super Six Series O, 6-cyl.						
2d Cabr.	920	2,760	4,600	10,350	16,100	23,000
4d 4P Phae.	960	2,880	4,800	10,800	16,800	24,000
4d 7P Phae.	1,000	3,000	5,000	11,250	17,500	25,000
2d 4P Cpe.	640	1,920	3,200	7,200	11,200	16,000
4d Sed.	600	1,800	3,000	6,750	10,500	15,000
4d Tr Limo	640	1,920	3,200	7,200	11,200	16,000
4d T&C	680	2,040	3,400	7,650	11,900	17,000
4d Twn Lan	680	2,040	3,400	7,650	11,900	17,000
4d Limo Lan	720	2,160	3,600	8,100	12,600	18,000
1920 Super Six Series 10-12, 6-cyl.						
4d 4P Phae.	960	2,880	4,800	10,800	16,800	24,000
4d 7P Phae.	1,000	3,000	5,000	11,250	17,500	25,000
2d Cabr.	800	2,400	4,000	9,000	14,000	20,000
2d Cpe.	600	1,800	3,000	6,750	10,500	15,000
4d Sed.	560	1,680	2,800	6,300	9,800	14,000
4d Tr Limo	640	1,920	3,200	7,200	11,200	16,000
4d Limo.	680	2,040	3,400	7,650	11,900	17,000
1921 Super Six, 6-cyl.						
4d 4P Phae.	960	2,880	4,800	10,800	16,800	24,000
4d 7P Phae.	1,000	3,000	5,000	11,250	17,500	25,000
2d Cabr.	800	2,400	4,000	9,000	14,000	20,000
2d 4P Cpe.	560	1,680	2,800	6,300	9,800	14,000
4d Sed.	520	1,560	2,600	5,850	9,100	13,000
4d Tr Limo.	560	1,680	2,800	6,300	9,800	14,000
4d Limo.	600	1,800	3,000	6,750	10,500	15,000
1922 Super Six, 6-cyl.						
2d Spds.	960	2,880	4,800	10,800	16,800	24,000
4d Phae.	920	2,760	4,600	10,350	16,100	23,000
2d Cabr.	800	2,400	4,000	9,000	14,000	20,000
2d Cpe.	540	1,620	2,700	6,080	9,450	13,500
2d Sed.	460	1,380	2,300	5,180	8,050	11,500
4d Sed.	440	1,320	2,200	4,950	7,700	11,000
4d Tr Limo.	600	1,800	3,000	6,750	10,500	15,000
4d Limo	560	1,680	2,800	6,300	9,800	14,000
1923 Super Six, 6-cyl.						
2d Spds.	960	2,880	4,800	10,800	16,800	24,000
4d Phae.	920	2,760	4,600	10,350	16,100	23,000

	6	5	4	3	2	1
2d Cpe	540	1,620	2,700	6,080	9,450	13,500
2d Sed	460	1,380	2,300	5,180	8,050	11,500
4d Sed	440	1,320	2,200	4,950	7,700	11,000
4d 7P Sed	520	1,560	2,600	5,850	9,100	13,000
1924 Super Six, 6-cyl.						
2d Spds	960	2,880	4,800	10,800	16,800	24,000
4d Phae	920	2,760	4,600	10,350	16,100	23,000
2d Sed	420	1,260	2,100	4,730	7,350	10,500
4d Sed	400	1,200	2,000	4,500	7,000	10,000
4d 7P Sed	480	1,440	2,400	5,400	8,400	12,000
1925 Super Six, 6-cyl.						
2d Spds	1,000	3,000	5,000	11,250	17,500	25,000
4d Phae	960	2,880	4,800	10,800	16,800	24,000
2d Sed	500	1,500	2,500	5,630	8,750	12,500
4d Brgm	560	1,680	2,800	6,300	9,800	14,000
4d Sed	460	1,380	2,300	5,180	8,050	11,500
4d 7P Sed	520	1,560	2,600	5,850	9,100	13,000
1926 Super Six, 6-cyl.						
4d Phae	1,000	3,000	5,000	11,250	17,500	25,000
2d Sed	500	1,500	2,500	5,630	8,750	12,500
4d Brgm	560	1,680	2,800	6,300	9,800	14,000
4d 7P Sed	520	1,560	2,600	5,850	9,100	13,000
1927 Standard Six, 6-cyl.						
4d Phae	1,040	3,120	5,200	11,700	18,200	26,000
2d Sed	500	1,500	2,500	5,630	8,750	12,500
2d Spl Sed	560	1,680	2,800	6,300	9,800	14,000
4d Brgm	560	1,680	2,800	6,300	9,800	14,000
4d 7P Sed	520	1,560	2,600	5,850	9,100	13,000
1927 Super Six						
2d Cus Rds	1,400	4,200	7,000	15,750	24,500	35,000
4d Cus Phae	1,440	4,320	7,200	16,200	25,200	36,000
2d Sed	520	1,560	2,600	5,850	9,100	13,000
4d Sed	560	1,680	2,800	6,300	9,800	14,000
4d Cus Brgm	720	2,160	3,600	8,100	12,600	18,000
4d Cus Sed	760	2,280	3,800	8,550	13,300	19,000
1928 First Series, 6-cyl., (Start June, 1927)						
2d Std Sed	540	1,620	2,700	6,080	9,450	13,500
4d Std Sed	550	1,640	2,740	6,170	9,590	13,700
2d Sed	560	1,680	2,800	6,300	9,800	14,000
4d Sed	580	1,740	2,900	6,530	10,150	14,500
2d Rds	960	2,880	4,800	10,800	16,800	24,000
4d Cus Phae	1,000	3,000	5,000	11,250	17,500	25,000
4d Cus Brgm	720	2,160	3,600	8,100	12,600	18,000
4d Cus Sed	760	2,280	3,800	8,550	13,300	19,000
1928 Second Series, 6-cyl., (Start Jan. 1928)						
2d Sed	560	1,680	2,800	6,300	9,800	14,000
4d Sed	580	1,740	2,900	6,530	10,150	14,500
2d RS Cpe	600	1,800	3,000	6,750	10,500	15,000
2d Rds	1,000	3,000	5,000	11,250	17,500	25,000
4d EWB Sed	600	1,800	3,000	6,750	10,500	15,000
4d Lan Sed	620	1,860	3,100	6,980	10,850	15,500
2d Vic	640	1,920	3,200	7,200	11,200	16,000
4d 7P Sed	600	1,800	3,000	6,750	10,500	15,000
1929 Series Greater Hudson, 6-cyl., 122" wb						
2d RS Rds	1,480	4,440	7,400	16,650	25,900	37,000
4d Phae	1,560	4,680	7,800	17,550	27,300	39,000
2d Cpe	680	2,040	3,400	7,650	11,900	17,000
2d Sed	640	1,920	3,200	7,200	11,200	16,000
2d Conv	1,360	4,080	6,800	15,300	23,800	34,000
2d Vic	760	2,280	3,800	8,550	13,300	19,000
4d Sed	660	1,980	3,300	7,430	11,550	16,500
4d Twn Sed	670	2,010	3,350	7,540	11,730	16,750
4d Lan Sed	720	2,160	3,600	8,100	12,600	18,000
1929 Series Greater Hudson, 6-cyl., 139" wb						
4d Spt Sed	800	2,400	4,000	9,000	14,000	20,000
4d 7P Sed	880	2,640	4,400	9,900	15,400	22,000
4d Limo	960	2,880	4,800	10,800	16,800	24,000
4d DC Phae	1,880	5,640	9,400	21,150	32,900	47,000
1930 Great Eight, 8-cyl., 119" wb						
2d Rds	1,840	5,520	9,200	20,700	32,200	46,000
4d Phae	1,920	5,760	9,600	21,600	33,600	48,000
2d RS Cpe	920	2,760	4,600	10,350	16,100	23,000
2d Sed	720	2,160	3,600	8,100	12,600	18,000
4d Sed	740	2,220	3,700	8,330	12,950	18,500
4d Conv Sed	1,960	5,880	9,800	22,050	34,300	49,000

	6	5	4	3	2	1
1930 Great Eight, 8-cyl., 126" wb						
4d Phae.	2,040	6,120	10,200	22,950	35,700	51,000
4d Tr Sed	740	2,220	3,700	8,330	12,950	18,500
4d 7P Sed	760	2,280	3,800	8,550	13,300	19,000
4d Brgm.	760	2,280	3,800	8,550	13,300	19,000
1931 Greater Eight, 8-cyl., 119" wb						
2d Rds.	2,040	6,120	10,200	22,950	35,700	51,000
4d Phae.	2,120	6,360	10,600	23,850	37,100	53,000
2d Cpe.	680	2,040	3,400	7,650	11,900	17,000
2d Spl Cpe	780	2,340	3,900	8,780	13,650	19,500
2d RS Cpe.	800	2,400	4,000	9,000	14,000	20,000
2d Sed.	640	1,920	3,200	7,200	11,200	16,000
4d Sed.	650	1,940	3,240	7,290	11,340	16,200
4d Twn Sed	680	2,040	3,400	7,650	11,900	17,000
1931 Great Eight, LWB, 8-cyl., 126" wb						
4d Spt Phae	2,200	6,600	11,000	24,750	38,500	55,000
4d Brgm.	880	2,640	4,400	9,900	15,400	22,000
4d Fam Sed.	880	2,640	4,400	9,900	15,400	22,000
4d 7P Sed	860	2,580	4,300	9,680	15,050	21,500
4d Clb Sed	860	2,580	4,300	9,680	15,050	21,500
4d Tr Sed	760	2,280	3,800	8,550	13,300	19,000
4d Spl Sed.	780	2,340	3,900	8,780	13,650	19,500
1932 (Standard) Greater, 8-cyl., 119" wb						
2d 2P Cpe	660	1,980	3,300	7,430	11,550	16,500
2d 4P Cpe.	680	2,040	3,400	7,650	11,900	17,000
2d Spl Cpe	720	2,160	3,600	8,100	12,600	18,000
2d Conv.	1,520	4,560	7,600	17,100	26,600	38,000
2d Sed.	640	1,920	3,200	7,200	11,200	16,000
4d 5P Sed.	660	1,980	3,300	7,430	11,550	16,500
4d Twn Sed.	660	1,980	3,300	7,430	11,550	16,500
1932 (Sterling) Series, 8-cyl., 132" wb						
4d Spl Sed.	720	2,160	3,600	8,100	12,600	18,000
4d Sub.	680	2,040	3,400	7,650	11,900	17,000
1932 Major Series, 8-cyl., 132" wb						
4d Phae.	1,600	4,800	8,000	18,000	28,000	40,000
4d Tr Sed	720	2,160	3,600	8,100	12,600	18,000
4d Clb Sed	740	2,220	3,700	8,330	12,950	18,500
4d Brgm.	780	2,340	3,900	8,780	13,650	19,500
4d 7P Sed	760	2,280	3,800	8,550	13,300	19,000
1933 Pacemaker Super Six, 6-cyl., 113" wb						
2d Conv.	1,160	3,480	5,800	13,050	20,300	29,000
4d Phae.	1,200	3,600	6,000	13,500	21,000	30,000
2d Bus Cpe	620	1,860	3,100	6,980	10,850	15,500
2d RS Cpe.	660	1,980	3,300	7,430	11,550	16,500
2d Sed.	560	1,680	2,800	6,300	9,800	14,000
4d Sed.	580	1,740	2,900	6,530	10,150	14,500
1933 Pacemaker Standard, 8-cyl., 119" wb						
2d Conv.	1,320	3,960	6,600	14,850	23,100	33,000
2d RS Cpe.	620	1,860	3,100	6,980	10,850	15,500
2d Sed.	580	1,740	2,900	6,530	10,150	14,500
4d Sed.	660	1,980	3,300	7,430	11,550	16,500
1933 Pacemaker Major, 8-cyl., 132" wb						
4d Phae.	1,400	4,200	7,000	15,750	24,500	35,000
4d Tr Sed	660	1,980	3,300	7,430	11,550	16,500
4d Brgm.	660	1,980	3,300	7,430	11,550	16,500
2d Clb Sed	680	2,040	3,400	7,650	11,900	17,000
4d 7P Sed	700	2,100	3,500	7,880	12,250	17,500
1934 Special, 8-cyl., 116" wb						
2d Conv.	1,440	4,320	7,200	16,200	25,200	36,000
2d Bus Cpe	610	1,820	3,040	6,840	10,640	15,200
2d Cpe.	620	1,860	3,100	6,980	10,850	15,500
2d RS Cpe.	680	2,040	3,400	7,650	11,900	17,000
2d Comp Vic	630	1,880	3,140	7,070	10,990	15,700
2d Sed.	620	1,860	3,100	6,980	10,850	15,500
4d Sed.	600	1,800	3,000	6,750	10,500	15,000
4d Comp Sed	640	1,920	3,200	7,200	11,200	16,000
1934 DeLuxe Series, 8-cyl., 116" wb						
2d 2P Cpe.	620	1,860	3,100	6,980	10,850	15,500
2d RS Cpe.	660	1,980	3,300	7,430	11,550	16,500
2d Comp Vic	640	1,920	3,200	7,200	11,200	16,000
2d Sed.	630	1,900	3,160	7,110	11,060	15,800
4d Sed.	610	1,840	3,060	6,890	10,710	15,300
4d Comp Sed	620	1,870	3,120	7,020	10,920	15,600
1934 Challenger Series, 8-cyl., 116" wb						
2d 2P Cpe.	620	1,870	3,120	7,020	10,920	15,600
2d RS Cpe.	670	2,020	3,360	7,560	11,760	16,800

HUDSON

	6	5	4	3	2	1
2d Conv	1,680	5,040	8,400	18,900	29,400	42,000
2d Sed	620	1,870	3,120	7,020	10,920	15,600
4d Sed	630	1,880	3,140	7,070	10,990	15,700
1934 Major Series, 8-cyl., 123" wb (Special)						
4d Tr Sed	680	2,040	3,400	7,650	11,900	17,000
4d Comp Trs	690	2,060	3,440	7,740	12,040	17,200
1934 (DeLuxe)						
4d Clb Sed	700	2,100	3,500	7,880	12,250	17,500
4d Brgm	690	2,060	3,440	7,740	12,040	17,200
4d Comp Clb Sed	680	2,050	3,420	7,700	11,970	17,100
1935 Big Six, 6-cyl., 116" wb						
2d Conv	1,360	4,080	6,800	15,300	23,800	34,000
2d Cpe	620	1,860	3,100	6,980	10,850	15,500
2d RS Cpe	600	1,800	3,000	6,750	10,500	15,000
4d Tr Brgm	600	1,800	3,000	6,750	10,500	15,000
2d Sed	580	1,740	2,900	6,530	10,150	14,500
4d Sed	600	1,800	3,000	6,750	10,500	15,000
4d Sub Sed	620	1,850	3,080	6,930	10,780	15,400
1935 Eight Special, 8-cyl., 117" wb						
2d Conv	1,600	4,800	8,000	18,000	28,000	40,000
2d Cpe	630	1,880	3,140	7,070	10,990	15,700
2d RS Cpe	660	1,980	3,300	7,430	11,550	16,500
4d Tr Brgm	610	1,820	3,040	6,840	10,640	15,200
2d Sed	600	1,810	3,020	6,800	10,570	15,100
4d Sed	620	1,870	3,120	7,020	10,920	15,600
4d Sub Sed	630	1,880	3,140	7,070	10,990	15,700
1935 Eight DeLuxe Eight Special, 8-cyl., 124" wb						
4d Brgm	620	1,870	3,120	7,020	10,920	15,600
4d Tr Brgm	630	1,880	3,140	7,070	10,990	15,700
4d Clb Sed	620	1,860	3,100	6,980	10,850	15,500
4d Sub Sed	620	1,870	3,120	7,020	10,920	15,600
1935 Eight DeLuxe, 8-cyl., 117" wb						
2d 2P Cpe	630	1,900	3,160	7,110	11,060	15,800
2d RS Cpe	660	1,990	3,320	7,470	11,620	16,600
2d Conv	1,640	4,920	8,200	18,450	28,700	41,000
4d Tr Brgm	610	1,840	3,060	6,890	10,710	15,300
2d Sed	610	1,820	3,040	6,840	10,640	15,200
4d Sed	630	1,880	3,140	7,070	10,990	15,700
4d Sub Sed	630	1,900	3,160	7,110	11,060	15,800
1935 Eight Custom, 8-cyl., 124" wb						
4d Brgm	630	1,880	3,140	7,070	10,990	15,700
4d Tr Brgm	630	1,900	3,160	7,110	11,060	15,800
4d Sed	620	1,860	3,100	6,980	10,850	15,500
Sub Sed	630	1,900	3,160	7,110	11,060	15,800
1935 Late Special, 8-cyl., 124" wb						
4d Brgm	610	1,820	3,040	6,840	10,640	15,200
4d Tr Brgm	610	1,840	3,060	6,890	10,710	15,300
4d Clb Sed	600	1,810	3,020	6,800	10,570	15,100
4d Sub Sed	630	1,900	3,160	7,110	11,060	15,800
1935 Late DeLuxe, 8-cyl., 124" wb						
4d Brgm	610	1,840	3,060	6,890	10,710	15,300
4d Tr Brgm	620	1,850	3,080	6,930	10,780	15,400
4d Clb Sed	610	1,820	3,040	6,840	10,640	15,200
4d Sub Sed	640	1,910	3,180	7,160	11,130	15,900
1936 Custom Six, 6-cyl., 120" wb						
2d Conv	1,520	4,560	7,600	17,100	26,600	38,000
2d Cpe	620	1,860	3,100	6,980	10,850	15,500
2d RS Cpe	680	2,040	3,400	7,650	11,900	17,000
4d Brgm	600	1,800	3,000	6,750	10,500	15,000
4d Tr Brgm	600	1,810	3,020	6,800	10,570	15,100
4d Sed	600	1,800	3,000	6,750	10,500	15,000
4d Tr Sed	620	1,860	3,100	6,980	10,850	15,500
1936 DeLuxe Eight, Series 64, 8-cyl., 120" wb						
2d Conv	1,600	4,800	8,000	18,000	28,000	40,000
2d Cpe	630	1,880	3,140	7,070	10,990	15,700
2d RS Cpe	620	1,850	3,080	6,930	10,780	15,400
4d Brgm	610	1,820	3,040	6,840	10,640	15,200
4d Tr Brgm	610	1,840	3,060	6,890	10,710	15,300
1936 DeLuxe Eight, Series 66, 8-cyl., 127" wb						
4d Sed	630	1,880	3,140	7,070	10,990	15,700
4d Tr Sed	640	1,920	3,200	7,200	11,200	16,000
1936 Custom Eight, Series 65, 120" wb						
2d 2P Cpe	630	1,900	3,160	7,110	11,060	15,800
2d RS Cpe	660	1,980	3,300	7,430	11,550	16,500
2d Conv	1,640	4,920	8,200	18,450	28,700	41,000
4d Brgm	610	1,840	3,060	6,890	10,710	15,300
4d Tr Brgm	620	1,850	3,080	6,930	10,780	15,400

	6	5	4	3	2	1
1936 Custom Eight, Series 67, 127" wb						
4d Sed.	620	1,870	3,120	7,020	10,920	15,600
4d Tr Sed	630	1,880	3,140	7,070	10,990	15,700
1937 Custom Six, Series 73, 6-cyl., 122" wb						
2d Conv.	1,600	4,800	8,000	18,000	28,000	40,000
2d Conv Brgm.	1,640	4,920	8,200	18,450	28,700	41,000
2d Bus Cpe.	620	1,860	3,100	6,980	10,850	15,500
2d 3P Cpe.	640	1,920	3,200	7,200	11,200	16,000
2d Vic Cpe.	660	1,980	3,300	7,430	11,550	16,500
2d Brgm.	820	2,460	4,100	9,230	14,350	20,500
2d Tr Brgm	630	1,880	3,140	7,070	10,990	15,700
4d Sed.	640	1,920	3,200	7,200	11,200	16,000
4d Tr Sed	640	1,930	3,220	7,250	11,270	16,100
1937 DeLuxe Eight, Series 74, 8-cyl., 122" wb						
2d Cpe.	680	2,040	3,400	7,650	11,900	17,000
2d Vic Cpe.	700	2,100	3,500	7,880	12,250	17,500
2d Conv.	1,640	4,920	8,200	18,450	28,700	41,000
2d Brgm.	700	2,110	3,520	7,920	12,320	17,600
2d Tr Brgm	710	2,120	3,540	7,970	12,390	17,700
4d Sed.	710	2,120	3,540	7,970	12,390	17,700
4d Tr Sed	710	2,140	3,560	8,010	12,460	17,800
2d Conv Brgm.	1,680	5,040	8,400	18,900	29,400	42,000
1937 DeLuxe Eight, Series 76, 8-cyl., 129" wb						
4d Sed.	720	2,160	3,600	8,100	12,600	18,000
4d Tr Sed	740	2,220	3,700	8,330	12,950	18,500
1937 Custom Eight, Series 75, 8-cyl., 122" wb						
2d Cpe.	680	2,040	3,400	7,650	11,900	17,000
2d Vic Cpe.	690	2,060	3,440	7,740	12,040	17,200
2d Conv Cpe.	1,680	5,040	8,400	18,900	29,400	42,000
2d Brgm.	670	2,020	3,360	7,560	11,760	16,800
2d Tr Brgm	680	2,040	3,400	7,650	11,900	17,000
4d Sed.	670	2,020	3,360	7,560	11,760	16,800
4d Tr Sed	680	2,030	3,380	7,610	11,830	16,900
2d Conv Brgm.	1,720	5,160	8,600	19,350	30,100	43,000
1937 Custom Eight, Series 77, 8-cyl., 129" wb						
4d Sed.	680	2,040	3,400	7,650	11,900	17,000
4d Tr Sed	690	2,060	3,440	7,740	12,040	17,200
1938 Standard Series 89, 6-cyl., 112" wb						
2d Conv.	1,600	4,800	8,000	18,000	28,000	40,000
2d Conv Brgm.	1,640	4,920	8,200	18,450	28,700	41,000
2d 3P Cpe.	680	2,040	3,400	7,650	11,900	17,000
2d Vic Cpe.	700	2,100	3,500	7,880	12,250	17,500
4d Brgm.	660	1,970	3,280	7,380	11,480	16,400
4d Tr Brgm	660	1,980	3,300	7,430	11,550	16,500
4d Sed.	660	1,990	3,320	7,470	11,620	16,600
4d Tr Sed	670	2,000	3,340	7,520	11,690	16,700
1938 Utility Series 89, 6-cyl., 112" wb						
2d Cpe.	660	1,980	3,300	7,430	11,550	16,500
2d Sed.	630	1,900	3,160	7,110	11,060	15,800
2d Tr Sed	640	1,910	3,180	7,160	11,130	15,900
1938 DeLuxe Series 89, 6-cyl., 112" wb						
2d Conv.	1,640	4,920	8,200	18,450	28,700	41,000
2d Conv Brgm.	1,680	5,040	8,400	18,900	29,400	42,000
2d 3P Cpe.	720	2,160	3,600	8,100	12,600	18,000
2d Vic Cpe.	740	2,220	3,700	8,330	12,950	18,500
4d Brgm.	680	2,040	3,400	7,650	11,900	17,000
4d Tr Brgm	690	2,060	3,440	7,740	12,040	17,200
4d Sed.	690	2,080	3,460	7,790	12,110	17,300
4d Tr Sed	700	2,090	3,480	7,830	12,180	17,400
1938 Custom Series 83, 6-cyl., 122" wb						
2d Conv.	1,680	5,040	8,400	18,900	29,400	42,000
2d Conv Brgm.	1,720	5,160	8,600	19,350	30,100	43,000
2d 3P Cpe.	740	2,220	3,700	8,330	12,950	18,500
2d Vic Cpe.	760	2,280	3,800	8,550	13,300	19,000
4d Brgm.	700	2,100	3,500	7,880	12,250	17,500
4d Tr Brgm	700	2,110	3,520	7,920	12,320	17,600
4d Sed.	700	2,090	3,480	7,830	12,180	17,400
4d Tr Sed	700	2,100	3,500	7,880	12,250	17,500
1938 DeLuxe Series 84, 8-cyl., 122" wb						
2d Conv.	1,720	5,160	8,600	19,350	30,100	43,000
2d Conv Brgm.	1,760	5,280	8,800	19,800	30,800	44,000
2d 3P Cpe.	760	2,280	3,800	8,550	13,300	19,000
2d Vic Cpe.	780	2,340	3,900	8,780	13,650	19,500
4d Brgm.	730	2,180	3,640	8,190	12,740	18,200
4d Tr Brgm	700	2,100	3,500	7,880	12,250	17,500
4d Tr Sed	680	2,040	3,400	7,650	11,900	17,000

HUDSON

	6	5	4	3	2	1
1938 Custom Series 85, 8-cyl., 122" wb						
2d 3P Cpe	800	2,400	4,000	9,000	14,000	20,000
2d Vic Cpe	820	2,460	4,100	9,230	14,350	20,500
4d Brgm	760	2,280	3,800	8,550	13,300	19,000
4d Tr Brgm	780	2,340	3,900	8,780	13,650	19,500
4d Sed	740	2,220	3,700	8,330	12,950	18,500
4d Tr Sed	740	2,230	3,720	8,370	13,020	18,600
1938 Country Club Series 87, 8-cyl., 129" wb						
4d Sed	800	2,400	4,000	9,000	14,000	20,000
4d Tr Sed	810	2,420	4,040	9,090	14,140	20,200
1939 DeLuxe Series 112, 6-cyl., 112" wb						
2d Conv	1,600	4,800	8,000	18,000	28,000	40,000
2d Conv Brgm	1,640	4,920	8,200	18,450	28,700	41,000
2d Trav Cpe	680	2,040	3,400	7,650	11,900	17,000
2d Utl Cpe	700	2,100	3,500	7,880	12,250	17,500
2d 3P Cpe	710	2,120	3,540	7,970	12,390	17,700
2d Vic Cpe	720	2,160	3,600	8,100	12,600	18,000
2d Utl Sed	660	1,980	3,300	7,430	11,550	16,500
4d Tr Brgm	680	2,030	3,380	7,610	11,830	16,900
4d Tr Sed	680	2,040	3,400	7,650	11,900	17,000
4d Sta Wag	1,840	5,520	9,200	20,700	32,200	46,000
1939 Pacemaker Series 91, 6-cyl., 118" wb						
2d 3P Cpe	740	2,220	3,700	8,330	12,950	18,500
2d Vic Cpe	760	2,280	3,800	8,550	13,300	19,000
4d Tr Brgm	730	2,180	3,640	8,190	12,740	18,200
4d Tr Sed	720	2,160	3,600	8,100	12,600	18,000
1939 Series 92, 6-cyl., 118" wb						
2d Conv	1,640	4,920	8,200	18,450	28,700	41,000
2d Conv Brgm	1,680	5,040	8,400	18,900	29,400	42,000
2d 3P Cpe	800	2,400	4,000	9,000	14,000	20,000
2d Vic Cpe	820	2,460	4,100	9,230	14,350	20,500
4d Tr Brgm	780	2,340	3,900	8,780	13,650	19,500
4d Tr Sed	760	2,280	3,800	8,550	13,300	19,000
1939 Country Club Series 93, 6-cyl., 122" wb						
2d Conv	1,680	5,040	8,400	18,900	29,400	42,000
2d Conv Brgm	1,720	5,160	8,600	19,350	30,100	43,000
2d 3P Cpe	820	2,460	4,100	9,230	14,350	20,500
2d Vic Cpe	840	2,520	4,200	9,450	14,700	21,000
4d Tr Brgm	820	2,460	4,100	9,230	14,350	20,500
4d Tr Sed	800	2,400	4,000	9,000	14,000	20,000
1939 Big Boy Series 96, 6-cyl., 129" wb						
4d 6P Sed	840	2,520	4,200	9,450	14,700	21,000
4d 7P Sed	850	2,560	4,260	9,590	14,910	21,300
1939 Country Club Series 95, 8-cyl., 122" wb						
2d Conv	1,760	5,280	8,800	19,800	30,800	44,000
2d Conv Brgm	1,800	5,400	9,000	20,250	31,500	45,000
2d 3P Cpe	840	2,520	4,200	9,450	14,700	21,000
2d Vic Cpe	860	2,580	4,300	9,680	15,050	21,500
4d Tr Brgm	830	2,500	4,160	9,360	14,560	20,800
4d Tr Sed	820	2,460	4,100	9,230	14,350	20,500
1939 Custom Series 97, 8-cyl., 129" wb						
4d 5P Tr Sed	850	2,540	4,240	9,540	14,840	21,200
4d 7P Sed	860	2,580	4,300	9,680	15,050	21,500
1940 Traveler Series 40-T, 6-cyl., 113" wb						
2d Cpe	690	2,060	3,440	7,740	12,040	17,200
2d Vic Cpe	700	2,090	3,480	7,830	12,180	17,400
2d Tr Sed	680	2,040	3,400	7,650	11,900	17,000
4d Tr Sed	680	2,050	3,420	7,700	11,970	17,100
1940 DeLuxe Series, 40-P, 6-cyl., 113" wb						
2d 6P Conv	1,320	3,960	6,600	14,850	23,100	33,000
2d Cpe	700	2,110	3,520	7,920	12,320	17,600
2d Vic Cpe	710	2,120	3,540	7,970	12,390	17,700
2d Tr Sed	690	2,060	3,440	7,740	12,040	17,200
4d Sed	690	2,080	3,460	7,790	12,110	17,300
1940 Super Series 41, 6-cyl., 118" wb						
2d 5P Conv	1,360	4,080	6,800	15,300	23,800	34,000
2d 6P Conv	1,400	4,200	7,000	15,750	24,500	35,000
2d Cpe	760	2,280	3,800	8,550	13,300	19,000
2d Vic Cpe	780	2,340	3,900	8,780	13,650	19,500
2d Tr Sed	680	2,040	3,400	7,650	11,900	17,000
4d Tr Sed	690	2,060	3,440	7,740	12,040	17,200
1940 Country Club Series 43, 6-cyl., 125" wb						
4d 6P Sed	720	2,160	3,600	8,100	12,600	18,000
4d 7P Sed	740	2,220	3,700	8,330	12,950	18,500
1940 Series 44, 8-cyl., 118" wb						
2d 5P Conv	1,400	4,200	7,000	15,750	24,500	35,000

	6	5	4	3	2	1
2d 6P Conv	1,440	4,320	7,200	16,200	25,200	36,000
2d Cpe	840	2,520	4,200	9,450	14,700	21,000
2d Vic Cpe	860	2,580	4,300	9,680	15,050	21,500
2d Tr Sed	820	2,470	4,120	9,270	14,420	20,600
4d Tr Sed	830	2,480	4,140	9,320	14,490	20,700
1940 DeLuxe Series 45, 8-cyl., 118" wb						
2d Tr Sed	830	2,500	4,160	9,360	14,560	20,800
4d Tr Sed	840	2,510	4,180	9,410	14,630	20,900
1940 Country Club Eight Series 47, 8-cyl., 125" wb						
4d Tr Sed	840	2,530	4,220	9,500	14,770	21,100
4d 7P Sed	850	2,540	4,240	9,540	14,840	21,200
1940 Big Boy Series 48, 6-cyl., 125" wb						
4d C-A Sed	820	2,460	4,100	9,230	14,350	20,500
4d 7P Sed	810	2,420	4,040	9,090	14,140	20,200
1941 Utility Series 10-C, 6-cyl., 116" wb						
2d Cpe	700	2,100	3,500	7,880	12,250	17,500
2d Sed	660	1,980	3,300	7,430	11,550	16,500
1941 Traveler Series 10-T, 6-cyl., 116" wb						
2d Cpe	720	2,160	3,600	8,100	12,600	18,000
2d Clb Cpe	740	2,220	3,700	8,330	12,950	18,500
2d Sed	670	2,000	3,340	7,520	11,690	16,700
4d Sed	680	2,030	3,380	7,610	11,830	16,900
1941 DeLuxe Series 10-P, 6-cyl., 116" wb						
2d Conv	1,360	4,080	6,800	15,300	23,800	34,000
2d Cpe	760	2,280	3,800	8,550	13,300	19,000
2d Clb Cpe	780	2,340	3,900	8,780	13,650	19,500
2d Sed	680	2,050	3,420	7,700	11,970	17,100
4d Sed	690	2,060	3,440	7,740	12,040	17,200
1941 Super Series 11, 6-cyl., 121" wb						
2d Conv	1,440	4,320	7,200	16,200	25,200	36,000
2d Cpe	780	2,340	3,900	8,780	13,650	19,500
2d Clb Cpe	800	2,400	4,000	9,000	14,000	20,000
2d Sed	700	2,090	3,480	7,830	12,180	17,400
4d Sed	700	2,100	3,500	7,880	12,250	17,500
4d Sta Wag	2,640	7,920	13,200	29,700	46,200	66,000
1941 Commodore Series 12, 6-cyl., 121" wb						
2d Conv	1,480	4,440	7,400	16,650	25,900	37,000
2d Cpe	810	2,420	4,040	9,090	14,140	20,200
2d Clb Cpe	820	2,450	4,080	9,180	14,280	20,400
2d Sed	720	2,160	3,600	8,100	12,600	18,000
4d Sed	720	2,170	3,620	8,150	12,670	18,100
1941 Commodore Series 14, 8-cyl., 121" wb						
2d Conv	1,520	4,560	7,600	17,100	26,600	38,000
2d Cpe	820	2,460	4,100	9,230	14,350	20,500
2d Clb Cpe	830	2,480	4,140	9,320	14,490	20,700
2d Sed	780	2,350	3,920	8,820	13,720	19,600
4d Sed	790	2,360	3,940	8,870	13,790	19,700
4d Sta Wag	2,640	7,920	13,200	29,700	46,200	66,000
1941 Commodore Custom Series 15, 8-cyl., 121" wb						
2d Cpe	830	2,500	4,160	9,360	14,560	20,800
2d Clb Cpe	840	2,520	4,200	9,450	14,700	21,000
1941 Commodore Custom Series 17, 8-cyl., 128" wb						
4d Sed	790	2,380	3,960	8,910	13,860	19,800
4d 7P Sed	800	2,400	4,000	9,000	14,000	20,000
1941 Big Boy Series 18, 6-cyl., 128" wb						
4d C-A Sed	800	2,400	4,000	9,000	14,000	20,000
4d 7P Sed	780	2,340	3,900	8,780	13,650	19,500
1942 Traveler Series 20-T, 6-cyl., 116" wb						
2d Cpe	700	2,100	3,500	7,880	12,250	17,500
2d Clb Cpe	710	2,120	3,540	7,970	12,390	17,700
2d Sed	660	1,990	3,320	7,470	11,620	16,600
4d Sed	670	2,000	3,340	7,520	11,690	16,700
1942 DeLuxe Series 20-P, 6-cyl., 116" wb						
2d Conv	1,400	4,200	7,000	15,750	24,500	35,000
2d Cpe	750	2,240	3,740	8,420	13,090	18,700
2d Clb Cpe	760	2,280	3,800	8,550	13,300	19,000
2d Sed	680	2,040	3,400	7,650	11,900	17,000
4d Sed	680	2,050	3,420	7,700	11,970	17,100
1942 Super Series 21, 6-cyl., 121" wb						
2d Conv	1,440	4,320	7,200	16,200	25,200	36,000
2d Cpe	760	2,280	3,800	8,550	13,300	19,000
2d Clb Cpe	770	2,300	3,840	8,640	13,440	19,200
2d Sed	700	2,110	3,520	7,920	12,320	17,600
4d Sed	710	2,120	3,540	7,970	12,390	17,700
4d Sta Wag	2,680	8,040	13,400	30,150	46,900	67,000

	6	5	4	3	2	1
1942 Commodore Series 22, 6-cyl., 121" wb						
2d Conv	1,520	4,560	7,600	17,100	26,600	38,000
2d Cpe	780	2,340	3,900	8,780	13,650	19,500
2d Clb Cpe	800	2,400	4,000	9,000	14,000	20,000
2d Sed	700	2,100	3,500	7,880	12,250	17,500
4d Sed	700	2,110	3,520	7,920	12,320	17,600
1942 Commodore Series 24, 8-cyl., 121" wb						
2d Conv	1,560	4,680	7,800	17,550	27,300	39,000
2d Cpe	840	2,520	4,200	9,450	14,700	21,000
2d Clb Cpe	860	2,580	4,300	9,680	15,050	21,500
2d Sed	770	2,300	3,840	8,640	13,440	19,200
4d Sed	770	2,320	3,860	8,690	13,510	19,300
1942 Commodore Custom Series 25, 8-cyl., 121" wb						
2d Clb Cpe	860	2,590	4,320	9,720	15,120	21,600
1942 Commodore Series 27, 8-cyl., 128" wb						
4d Sed	780	2,340	3,900	8,780	13,650	19,500
1946-47 Super Series, 6-cyl., 121" wb						
2d Cpe	756	2,268	3,780	8,510	13,230	18,900
2d Clb Cpe	680	2,040	3,400	7,650	11,900	17,000
2d Conv	1,120	3,360	5,600	12,600	19,600	28,000
2d Sed	592	1,776	2,960	6,660	10,360	14,800
4d Sed	596	1,788	2,980	6,710	10,430	14,900
1946-47 Commodore Series, 6-cyl., 121" wb						
2d Clb Cpe	704	2,112	3,520	7,920	12,320	17,600
4d Sed	640	1,920	3,200	7,200	11,200	16,000
1946-47 Super Series, 8-cyl., 121" wb						
2d Clb Cpe	708	2,124	3,540	7,970	12,390	17,700
4d Sed	648	1,944	3,240	7,290	11,340	16,200
1946-47 Commodore Series, 8-cyl., 121" wb						
2d Clb Cpe	732	2,196	3,660	8,240	12,810	18,300
2d Conv	1,240	3,720	6,200	13,950	21,700	31,000
4d Sed	672	2,016	3,360	7,560	11,760	16,800
1948-49 Super Series, 6-cyl., 124" wb						
2d Cpe	760	2,280	3,800	8,550	13,300	19,000
2d Clb Cpe	772	2,316	3,860	8,690	13,510	19,300
2d Conv	1,480	4,440	7,400	16,650	25,900	37,000
2d Sed	684	2,052	3,420	7,700	11,970	17,100
4d Sed	680	2,040	3,400	7,650	11,900	17,000
1948-49 Commodore Series, 6-cyl., 124" wb						
2d Clb Cpe	800	2,400	4,000	9,000	14,000	20,000
2d Conv	1,640	4,920	8,200	18,450	28,700	41,000
4d Sed	740	2,220	3,700	8,330	12,950	18,500
1948-49 Super Series, 8-cyl., 124" wb						
2d Clb Cpe	820	2,460	4,100	9,230	14,350	20,500
2d Sed (1949 only)	744	2,232	3,720	8,370	13,020	18,600
4d Sed	740	2,220	3,700	8,330	12,950	18,500
1948-49 Commodore Series, 8-cyl., 124" wb						
2d Clb Cpe	840	2,520	4,200	9,450	14,700	21,000
2d Conv	1,720	5,160	8,600	19,350	30,100	43,000
4d Sed	780	2,340	3,900	8,780	13,650	19,500
1950 Pacemaker Series 500, 6-cyl., 119" wb						
2d Bus Cpe	720	2,160	3,600	8,100	12,600	18,000
2d Clb Cpe	760	2,280	3,800	8,550	13,300	19,000
2d Conv	1,600	4,800	8,000	18,000	28,000	40,000
2d Sed	688	2,064	3,440	7,740	12,040	17,200
4d Sed	692	2,076	3,460	7,790	12,110	17,300
1950 DeLuxe Series 50A, 6-cyl., 119" wb						
2d Clb Cpe	808	2,424	4,040	9,090	14,140	20,200
2d Conv	1,640	4,920	8,200	18,450	28,700	41,000
2d Sed	700	2,100	3,500	7,880	12,250	17,500
4d Sed	704	2,112	3,520	7,920	12,320	17,600
1950 Super Six Series 501, 6-cyl., 124" wb						
2d Clb Cpe	820	2,460	4,100	9,230	14,350	20,500
2d Conv	1,680	5,040	8,400	18,900	29,400	42,000
2d Sed	724	2,172	3,620	8,150	12,670	18,100
4d Sed	728	2,184	3,640	8,190	12,740	18,200
1950 Commodore Series 502, 6-cyl., 124" wb						
2d Clb Cpe	840	2,520	4,200	9,450	14,700	21,000
2d Conv	1,720	5,160	8,600	19,350	30,100	43,000
4d Sed	760	2,280	3,800	8,550	13,300	19,000
1950 Super Series 503, 8-cyl., 124" wb						
2d Sed	760	2,280	3,800	8,550	13,300	19,000
2d Clb Cpe	860	2,580	4,300	9,680	15,050	21,500
4d Sed	748	2,244	3,740	8,420	13,090	18,700
1950 Commodore Series 504, 8-cyl., 124" wb						
2d Clb Cpe	880	2,640	4,400	9,900	15,400	22,000

	6	5	4	3	2	1
2d Conv.	1,800	5,400	9,000	20,250	31,500	45,000
4d Sed.	760	2,280	3,800	8,550	13,300	19,000
1951 Pacemaker Custom Series 4A, 6-cyl., 119" wb						
2d Cpe.	780	2,340	3,900	8,780	13,650	19,500
2d Clb Cpe	820	2,460	4,100	9,230	14,350	20,500
2d Conv.	1,600	4,800	8,000	18,000	28,000	40,000
2d Sed.	724	2,172	3,620	8,150	12,670	18,100
4d Sed.	720	2,160	3,600	8,100	12,600	18,000
1951 Super Custom Series 5A, 6-cyl., 124" wb						
2d Clb Cpe	840	2,520	4,200	9,450	14,700	21,000
2d Hlywd HT	960	2,880	4,800	10,800	16,800	24,000
2d Conv.	1,640	4,920	8,200	18,450	28,700	41,000
2d Sed.	740	2,220	3,700	8,330	12,950	18,500
4d Sed.	748	2,244	3,740	8,420	13,090	18,700
1951 Commodore Custom Series 6A, 6-cyl., 124" wb						
2d Clb Cpe	860	2,580	4,300	9,680	15,050	21,500
2d Hlywd HT	1,000	3,000	5,000	11,250	17,500	25,000
2d Conv.	1,680	5,040	8,400	18,900	29,400	42,000
4d Sed.	824	2,472	4,120	9,270	14,420	20,600
1951 Hornet Series 7A, 6-cyl., 124" wb						
2d Clb Cpe	880	2,640	4,400	9,900	15,400	22,000
2d Hlywd HT	1,040	3,120	5,200	11,700	18,200	26,000
2d Conv.	1,960	5,880	9,800	22,050	34,300	49,000
4d Sed.	844	2,532	4,220	9,500	14,770	21,100
1951 Commodore Custom Series 8A, 8-cyl., 124" wb						
2d Clb Cpe	900	2,700	4,500	10,130	15,750	22,500
2d Hlywd HT	1,080	3,240	5,400	12,150	18,900	27,000
2d Conv.	1,800	5,400	9,000	20,250	31,500	45,000
4d Sed.	864	2,592	4,320	9,720	15,120	21,600
1952 Pacemaker Series 4B, 6-cyl., 119" wb						
2d Cpe.	788	2,364	3,940	8,870	13,790	19,700
2d Clb Cpe	792	2,376	3,960	8,910	13,860	19,800
2d Sed.	740	2,220	3,700	8,330	12,950	18,500
4d Sed.	744	2,232	3,720	8,370	13,020	18,600
1952 Wasp Series 5B, 6-cyl., 119" wb						
2d Clb Cpe	800	2,400	4,000	9,000	14,000	20,000
2d Hlywd HT	880	2,640	4,400	9,900	15,400	22,000
2d Conv.	1,600	4,800	8,000	18,000	28,000	40,000
2d Sed.	744	2,232	3,720	8,370	13,020	18,600
4d Sed.	748	2,244	3,740	8,420	13,090	18,700
1952 Commodore Series 6B, 6-cyl., 124" wb						
2d Clb Cpe	804	2,412	4,020	9,050	14,070	20,100
2d Hlywd HT	920	2,760	4,600	10,350	16,100	23,000
2d Conv.	1,840	5,520	9,200	20,700	32,200	46,000
4d Sed.	760	2,280	3,800	8,550	13,300	19,000
1952 Hornet Series 7B, 6-cyl., 124" wb						
2d Clb Cpe	812	2,436	4,060	9,140	14,210	20,300
2d Hlywd HT	960	2,880	4,800	10,800	16,800	24,000
2d Conv.	1,880	5,640	9,400	21,150	32,900	47,000
4d Sed.	764	2,292	3,820	8,600	13,370	19,100
1952 Commodore Series 8B, 8-cyl., 124" wb						
2d Clb Cpe	816	2,448	4,080	9,180	14,280	20,400
2d Hlywd HT	1,000	3,000	5,000	11,250	17,500	25,000
2d Conv.	1,920	5,760	9,600	21,600	33,600	48,000
4d Sed.	764	2,292	3,820	8,600	13,370	19,100
1953 Jet Series 1C, 6-cyl., 105" wb						
4d Sed.	680	2,040	3,400	7,650	11,900	17,000
1953 Super Jet Series 2C, 6-cyl., 105" wb						
2d Clb Sed	700	2,100	3,500	7,880	12,250	17,500
4d Sed.	704	2,112	3,520	7,920	12,320	17,600
1953 Wasp Series 4C, 6-cyl., 119" wb						
2d Clb Cpe	752	2,256	3,760	8,460	13,160	18,800
2d Sed.	700	2,100	3,500	7,880	12,250	17,500
4d Sed.	704	2,112	3,520	7,920	12,320	17,600
1953 Super Wasp Series 5C, 6-cyl., 119" wb						
2d Clb Cpe	760	2,280	3,800	8,550	13,300	19,000
2d Hlywd HT	880	2,640	4,400	9,900	15,400	22,000
2d Conv.	1,600	4,800	8,000	18,000	28,000	40,000
2d Sed.	704	2,112	3,520	7,920	12,320	17,600
4d Sed.	708	2,124	3,540	7,970	12,390	17,700
1953 Hornet Series 7C, 6-cyl., 124" wb						
2d Clb Cpe	800	2,400	4,000	9,000	14,000	20,000
2d Hlywd HT	944	2,832	4,720	10,620	16,520	23,600
2d Conv.	1,920	5,760	9,600	21,600	33,600	48,000
4d Sed.	760	2,280	3,800	8,550	13,300	19,000

	6	5	4	3	2	1
1954 Jet Series 1D, 6-cyl., 105" wb						
2d Utl Sed	680	2,040	3,400	7,650	11,900	17,000
2d Clb Sed	700	2,100	3,500	7,880	12,250	17,500
4d Sed	696	2,088	3,480	7,830	12,180	17,400
1954 Super Jet Series 2D, 6-cyl., 105" wb						
2d Clb Sed	720	2,160	3,600	8,100	12,600	18,000
4d Sed	716	2,148	3,580	8,060	12,530	17,900
1954 Jet Liner Series 3D, 6-cyl., 105" wb						
2d Clb Sed	728	2,184	3,640	8,190	12,740	18,200
4d Sed	724	2,172	3,620	8,150	12,670	18,100
1954 Wasp Series 4D, 6-cyl., 119" wb						
2d Clb Cpe	740	2,220	3,700	8,330	12,950	18,500
2d Clb Sed	692	2,076	3,460	7,790	12,110	17,300
4d Sed	696	2,088	3,480	7,830	12,180	17,400
1954 Super Wasp Series 5D, 6-cyl., 119" wb						
2d Clb Cpe	748	2,244	3,740	8,420	13,090	18,700
2d Hlywd HT	840	2,520	4,200	9,450	14,700	21,000
2d Conv	1,640	4,920	8,200	18,450	28,700	41,000
2d Clb Sed	704	2,112	3,520	7,920	12,320	17,600
4d Sed	700	2,100	3,500	7,880	12,250	17,500
1954 Hornet Special Series 6D, 6-cyl., 124" wb						
2d Clb Cpe	800	2,400	4,000	9,000	14,000	20,000
2d Clb Sed	724	2,172	3,620	8,150	12,670	18,100
4d Sed	736	2,208	3,680	8,280	12,880	18,400
1954 Hornet Series 7D, 6-cyl., 124" wb						
2d Clb Cpe	840	2,520	4,200	9,450	14,700	21,000
2d Hlywd HT	920	2,760	4,600	10,350	16,100	23,000
2d Brgm Conv	2,200	6,600	11,000	24,750	38,500	55,000
4d Sed	744	2,232	3,720	8,370	13,020	18,600
1954 Italia, 6-cyl.						
2d Cpe	12,000	36,000	60,000	135,000	210,000	300,000
1955 Super Wasp, 6-cyl., 114" wb						
4d Sed	660	1,980	3,300	7,430	11,550	16,500
1955 Custom Wasp, 6-cyl., 114" wb						
2d Hlywd HT	840	2,520	4,200	9,450	14,700	21,000
4d Sed	664	1,992	3,320	7,470	11,620	16,600
1955 Hornet Super, 6-cyl., 121" wb						
4d Sed	680	2,040	3,400	7,650	11,900	17,000
1955 Hornet Custom, 6-cyl., 121" wb						
2d Hlywd HT	880	2,640	4,400	9,900	15,400	22,000
4d Sed	700	2,100	3,500	7,880	12,250	17,500
1955 Italia, 6-cyl.						
2d Cpe	12,000	36,000	60,000	135,000	210,000	300,000

NOTE: Add 5 percent for V-8. For Hudson Rambler prices see Nash section same year.

	6	5	4	3	2	1
1956 Super Wasp, 6-cyl., 114" wb						
4d Sed	640	1,920	3,200	7,200	11,200	16,000
1956 Super Hornet, 6-cyl., 121" wb						
4d Sed	680	2,040	3,400	7,650	11,900	17,000
1956 Custom Hornet, 6-cyl., 121" wb						
2d Hlywd HT	920	2,760	4,600	10,350	16,100	23,000
4d Sed	720	2,160	3,600	8,100	12,600	18,000
1956 Hornet Super Special, 8-cyl., 114" wb						
2d Hlywd HT	960	2,880	4,800	10,800	16,800	24,000
4d Sed	728	2,184	3,640	8,190	12,740	18,200
1956 Hornet Custom, 8-cyl., 121" wb						
2d Hlywd HT	1,000	3,000	5,000	11,250	17,500	25,000
4d Sed	740	2,220	3,700	8,330	12,950	18,500

NOTE: For Hudson Rambler prices see Nash section same year.

	6	5	4	3	2	1
1957 Hornet Super, 8-cyl., 121" wb						
2d Hlywd HT	960	2,880	4,800	10,800	16,800	24,000
4d Sed	780	2,340	3,900	8,780	13,650	19,500
1957 Hornet Custom, 8-cyl., 121" wb						
2d Hlywd HT	1,000	3,000	5,000	11,250	17,500	25,000
4d Sed	820	2,460	4,100	9,230	14,350	20,500

NOTE: For Hudson Rambler prices see Nash section same year.

ESSEX

	6	5	4	3	2	1
1919 Model A, 4-cyl.						
2d Rds	600	1,800	3,000	6,750	10,500	15,000
4d Tr	580	1,740	2,900	6,530	10,150	14,500
4d Sed	520	1,560	2,600	5,850	9,100	13,000
1920 4-cyl.						
2d Rds	600	1,800	3,000	6,750	10,500	15,000
4d Tr	580	1,740	2,900	6,530	10,150	14,500
4d Sed	520	1,560	2,600	5,850	9,100	13,000

	6	5	4	3	2	1
1921 4-cyl.						
2d Rds.	620	1,860	3,100	6,980	10,850	15,500
4d Tr	560	1,680	2,800	6,300	9,800	14,000
2d Cabr	600	1,800	3,000	6,750	10,500	15,000
2d Sed.	460	1,380	2,300	5,180	8,050	11,500
4d Sed.	460	1,390	2,320	5,220	8,120	11,600
1922 4-cyl.						
4d Tr	560	1,680	2,800	6,300	9,800	14,000
2d Cabr	600	1,800	3,000	6,750	10,500	15,000
2d Sed.	460	1,380	2,300	5,180	8,050	11,500
4d Sed.	460	1,390	2,320	5,220	8,120	11,600
1923 4-cyl.						
2d Cabr	600	1,800	3,000	6,750	10,500	15,000
4d Phae.	560	1,680	2,800	6,300	9,800	14,000
2d Sed.	440	1,320	2,200	4,950	7,700	11,000
1924 Six, 6-cyl.						
4d Tr	600	1,800	3,000	6,750	10,500	15,000
2d Sed.	440	1,320	2,200	4,950	7,700	11,000
1925 Six, 6-cyl.						
4d Tr	600	1,800	3,000	6,750	10,500	15,000
2d Sed.	350	1,060	1,760	3,960	6,160	8,800
1926 Six, 6-cyl.						
4d Tr	600	1,800	3,000	6,750	10,500	15,000
2d Sed.	460	1,380	2,300	5,180	8,050	11,500
4d Sed.	460	1,390	2,320	5,220	8,120	11,600
1927 Six, 6-cyl.						
4d Tr	680	2,040	3,400	7,650	11,900	17,000
2d Sed.	320	960	1,600	3,600	5,600	8,000
4d Sed.	330	980	1,640	3,690	5,740	8,200
1927 Super Six, 6-cyl.						
2d BT Spds	1,080	3,240	5,400	12,150	18,900	27,000
4d Tr	720	2,160	3,600	8,100	12,600	18,000
2d 4P Spds	920	2,760	4,600	10,350	16,100	23,000
2d Cpe.	460	1,380	2,300	5,180	8,050	11,500
2d Sed.	340	1,020	1,700	3,830	5,950	8,500
4d Sed.	340	1,030	1,720	3,870	6,020	8,600
4d DeL Sed.	480	1,440	2,400	5,400	8,400	12,000
1928 First Series, 6-cyl.						
2d BT Spds	1,000	3,000	5,000	11,250	17,500	25,000
2d 4P Spds	920	2,760	4,600	10,350	16,100	23,000
2d Cpe.	460	1,370	2,280	5,130	7,980	11,400
2d Sed.	340	1,030	1,720	3,870	6,020	8,600
4d Sed.	350	1,060	1,760	3,960	6,160	8,800
1928 Second Series, 6-cyl.						
2d Spt Rds	920	2,760	4,600	10,350	16,100	23,000
4d Phae.	960	2,880	4,800	10,800	16,800	24,000
2d 2P Cpe.	480	1,440	2,400	5,400	8,400	12,000
2d RS Cpe.	520	1,560	2,600	5,850	9,100	13,000
2d Sed.	340	1,030	1,720	3,870	6,020	8,600
4d Sed.	350	1,060	1,760	3,960	6,160	8,800
1929 Challenger Series, 6-cyl.						
2d Rds.	1,280	3,840	6,400	14,400	22,400	32,000
2d Phae.	520	1,560	2,600	5,850	9,100	13,000
2d 2P Cpe.	560	1,680	2,800	6,300	9,800	14,000
2d 4P Cpe.	480	1,430	2,380	5,360	8,330	11,900
2d Sed.	360	1,070	1,780	4,010	6,230	8,900
4d Sed.	460	1,370	2,280	5,130	7,980	11,400
2d RS Rds.	1,280	3,840	6,400	14,400	22,400	32,000
4d Phae.	1,240	3,720	6,200	13,950	21,700	31,000
2d Conv.	1,200	3,600	6,000	13,500	21,000	30,000
2d RS Cpe.	480	1,440	2,400	5,400	8,400	12,000
4d Twn Sed.	480	1,450	2,420	5,450	8,470	12,100
4d DeL Sed.	490	1,480	2,460	5,540	8,610	12,300
1930 First Series, Standard, 6-cyl.						
2d Rds.	1,400	4,200	7,000	15,750	24,500	35,000
2d Conv.	1,240	3,720	6,200	13,950	21,700	31,000
4d Phae.	1,280	3,840	6,400	14,400	22,400	32,000
2d 2P Cpe.	460	1,370	2,280	5,130	7,980	11,400
2d RS Cpe.	480	1,440	2,400	5,400	8,400	12,000
2d Sed.	450	1,340	2,240	5,040	7,840	11,200
4d Std Sed.	450	1,360	2,260	5,090	7,910	11,300
4d Twn Sed.	460	1,370	2,280	5,130	7,980	11,400
1930 Second Series, Standard, 6-cyl.						
2d RS Rds.	1,480	4,440	7,400	16,650	25,900	37,000
4d Phae.	1,440	4,320	7,200	16,200	25,200	36,000
4d Sun Sed.	600	1,800	3,000	6,750	10,500	15,000

	6	5	4	3	2	1
4d Tr.	1,360	4,080	6,800	15,300	23,800	34,000
2d 2P Cpe	460	1,370	2,280	5,130	7,980	11,400
2d RS Cpe	500	1,490	2,480	5,580	8,680	12,400
2d Sed	320	960	1,600	3,600	5,600	8,000
4d Sed	320	970	1,620	3,650	5,670	8,100
4d Twn Sed	440	1,320	2,200	4,950	7,700	11,000
4d DeL Sed	460	1,370	2,280	5,130	7,980	11,400
4d Brgm	480	1,440	2,400	5,400	8,400	12,000
1931 Standard, 6-cyl.						
2d BT Rds	1,960	5,880	9,800	22,050	34,300	49,000
4d Phae	1,320	3,960	6,600	14,850	23,100	33,000
2d RS Cpe	560	1,680	2,800	6,300	9,800	14,000
2d 2P Cpe	520	1,560	2,600	5,850	9,100	13,000
4d Sed	460	1,370	2,280	5,130	7,980	11,400
2d Sed	450	1,360	2,260	5,090	7,910	11,300
4d Tr Sed	460	1,380	2,300	5,180	8,050	11,500
1932 Pacemaker, 6-cyl.						
2d Conv	1,200	3,600	6,000	13,500	21,000	30,000
4d Phae	1,280	3,840	6,400	14,400	22,400	32,000
2d 2P Cpe	560	1,680	2,800	6,300	9,800	14,000
2d RS Cpe	640	1,910	3,180	7,160	11,130	15,900
2d Sed	540	1,610	2,680	6,030	9,380	13,400
4d Sed	540	1,620	2,700	6,080	9,450	13,500

TERRAPLANE

	6	5	4	3	2	1
1933 Six, 6-cyl., 106" wb						
2d Rds	1,520	4,560	7,600	17,100	26,600	38,000
4d Phae	1,560	4,680	7,800	17,550	27,300	39,000
2d 2P Cpe	640	1,920	3,200	7,200	11,200	16,000
2d RS Cpe	700	2,090	3,480	7,830	12,180	17,400
2d Sed	660	1,970	3,280	7,380	11,480	16,400
4d Sed	660	1,990	3,320	7,470	11,620	16,600
1933 Special Six, 6-cyl., 113" wb						
2d Spt Rds	1,520	4,560	7,600	17,100	26,600	38,000
4d Phae	1,560	4,680	7,800	17,550	27,300	39,000
2d Conv	1,240	3,720	6,200	13,950	21,700	31,000
2d Bus Cpe	690	2,080	3,460	7,790	12,110	17,300
2d RS Cpe	700	2,110	3,520	7,920	12,320	17,600
2d Sed	660	1,990	3,320	7,470	11,620	16,600
4d Sed	670	2,020	3,360	7,560	11,760	16,800
1933 DeLuxe Six, 6-cyl., 113" wb						
2d Conv	1,520	4,560	7,600	17,100	26,600	38,000
2d 2P Cpe	660	1,980	3,300	7,430	11,550	16,500
2d RS Cpe	720	2,160	3,600	8,100	12,600	18,000
2d Sed	670	2,000	3,340	7,520	11,690	16,700
4d Sed	680	2,040	3,400	7,650	11,900	17,000
1933 Terraplane, 8-cyl.						
2d 2P Rds	1,520	4,560	7,600	17,100	26,600	38,000
2d RS Rds	1,520	4,560	7,600	17,100	26,600	38,000
2d 2P Cpe	710	2,140	3,560	8,010	12,460	17,800
2d RS Cpe	760	2,280	3,800	8,550	13,300	19,000
2d Conv	1,400	4,200	7,000	15,750	24,500	35,000
2d Sed	710	2,140	3,560	8,010	12,460	17,800
4d Sed	720	2,160	3,600	8,100	12,600	18,000
1933 Terraplane DeLuxe Eight, 8-cyl.						
2d Conv	1,520	4,560	7,600	17,100	26,600	38,000
2P Cpe	720	2,160	3,600	8,100	12,600	18,000
2d RS Cpe	780	2,340	3,900	8,780	13,650	19,500
2d Sed	710	2,140	3,560	8,010	12,460	17,800
4d Sed	720	2,160	3,600	8,100	12,600	18,000
1934 Terraplane Challenger KS, 6-cyl., 112" wb						
2P Cpe	660	1,970	3,280	7,380	11,480	16,400
2d RS Cpe	700	2,090	3,480	7,830	12,180	17,400
2d Sed	630	1,880	3,140	7,070	10,990	15,700
4d Sed	640	1,920	3,200	7,200	11,200	16,000
1934 Major Line KU, 6-cyl.						
2P Cpe	660	1,980	3,300	7,430	11,550	16,500
2d RS Cpe	700	2,100	3,500	7,880	12,250	17,500
2d Conv	1,440	4,320	7,200	16,200	25,200	36,000
2d Comp Vic	660	1,980	3,300	7,430	11,550	16,500
2d Sed	600	1,800	3,000	6,750	10,500	15,000
4d Sed	640	1,930	3,220	7,250	11,270	16,100
4d Comp Sed	650	1,960	3,260	7,340	11,410	16,300
1934 Special Line K, 8-cyl.						
2P Cpe	680	2,040	3,400	7,650	11,900	17,000

	6	5	4	3	2	1
2d RS Cpe.	720	2,160	3,600	8,100	12,600	18,000
2d Conv.	1,480	4,440	7,400	16,650	25,900	37,000
2d Comp Vic	660	1,990	3,320	7,470	11,620	16,600
2d Sed.	640	1,920	3,200	7,200	11,200	16,000
4d Sed.	640	1,930	3,220	7,250	11,270	16,100
4d Comp Sed	650	1,960	3,260	7,340	11,410	16,300
1935 Special G, 6-cyl.						
2P Cpe	660	1,970	3,280	7,380	11,480	16,400
2d RS Cpe.	670	2,000	3,340	7,520	11,690	16,700
4d Tr Brgm	650	1,940	3,240	7,290	11,340	16,200
2d Sed.	640	1,930	3,220	7,250	11,270	16,100
4d Sed.	650	1,940	3,240	7,290	11,340	16,200
4d Sub Sed	650	1,960	3,260	7,340	11,410	16,300
1935 DeLuxe GU, 6-cyl., Big Six						
2d 2P Cpe.	660	1,980	3,300	7,430	11,550	16,500
2d RS Cpe.	680	2,040	3,400	7,650	11,900	17,000
2d Conv.	1,400	4,200	7,000	15,750	24,500	35,000
4d Tr Brgm	660	1,990	3,320	7,470	11,620	16,600
2d Sed.	660	1,970	3,280	7,380	11,480	16,400
4d Sed.	660	1,980	3,300	7,430	11,550	16,500
4d Sub Sed	670	2,000	3,340	7,520	11,690	16,700
1936 DeLuxe 61, 6-cyl.						
2d Conv.	1,400	4,200	7,000	15,750	24,500	35,000
2d 2P Cpe.	640	1,920	3,200	7,200	11,200	16,000
2d RS Cpe.	680	2,040	3,400	7,650	11,900	17,000
4d Brgm.	620	1,870	3,120	7,020	10,920	15,600
2d Tr Brgm	640	1,920	3,200	7,200	11,200	16,000
4d Sed.	630	1,880	3,140	7,070	10,990	15,700
4d Tr Sed	630	1,900	3,160	7,110	11,060	15,800
1936 Custom 62, 6-cyl.						
2d Conv.	1,400	4,200	7,000	15,750	24,500	35,000
2d 2P Cpe.	660	1,990	3,320	7,470	11,620	16,600
2d HS Cpe.	720	2,160	3,600	8,100	12,600	18,000
4d Brgm.	660	1,970	3,280	7,380	11,480	16,400
2d Tr Brgm	660	1,990	3,320	7,470	11,620	16,600
4d Sed.	660	1,970	3,280	7,380	11,480	16,400
4d Tr Sed	660	1,980	3,300	7,430	11,550	16,500
1937 DeLuxe 71, 6-cyl.						
2d Bus Cpe.	640	1,920	3,200	7,200	11,200	16,000
2d 3P Cpe	640	1,930	3,220	7,250	11,270	16,100
2d Vic Cpe.	660	1,970	3,280	7,380	11,480	16,400
2d Conv.	1,400	4,200	7,000	15,750	24,500	35,000
2d Brgm.	640	1,920	3,200	7,200	11,200	16,000
1938 Terraplane Utility Series 80, 6-cyl., 117" wb						
2d 3P Cpe.	540	1,610	2,680	6,030	9,380	13,400
2d Sed.	520	1,570	2,620	5,900	9,170	13,100
4d Twn Sed.	530	1,580	2,640	5,940	9,240	13,200
4d Sed.	520	1,570	2,620	5,900	9,170	13,100
2d Tr Sed	530	1,580	2,640	5,940	9,240	13,200
4d Sta Wag	2,400	7,200	12,000	27,000	42,000	60,000
1938 Terraplane Deluxe Series 81, 6-cyl., 117" wb						
2d 3P Conv	1,360	4,080	6,800	15,300	23,800	34,000
2d Conv Brgm	1,400	4,200	7,000	15,750	24,500	35,000
2d 3P Cpe.	580	1,750	2,920	6,570	10,220	14,600
2d Vic Cpe.	640	1,920	3,200	7,200	11,200	16,000
4d Brgm.	570	1,720	2,860	6,440	10,010	14,300
2d Tr Brgm	560	1,690	2,820	6,350	9,870	14,100
4d Sed.	570	1,700	2,840	6,390	9,940	14,200
4d Tr Sed	570	1,720	2,860	6,440	10,010	14,300
1938 Terraplane Super Series 82, 6-cyl., 117" wb						
2d Conv.	1,400	4,200	7,000	15,750	24,500	35,000
2d Conv Brgm	1,440	4,320	7,200	16,200	25,200	36,000
2d Vic Cpe.	640	1,920	3,200	7,200	11,200	16,000
2d Brgm.	620	1,850	3,080	6,930	10,780	15,400
2d Tr Brgm	610	1,820	3,040	6,840	10,640	15,200
4d Sed.	610	1,840	3,060	6,890	10,710	15,300
4d Tr Sed	620	1,850	3,080	6,930	10,780	15,400

HUPMOBILE

	6	5	4	3	2	1
1909 Model 20, 4-cyl., 16.9 hp, 86" wb						
2d 2P Rbt	1,360	4,080	6,800	15,300	23,800	34,000
1910 Model 20, 4-cyl., 18/20 hp, 86" wb						
2d 2P B Rbt.	1,320	3,960	6,600	14,850	23,100	33,000
1911 Model 20, 4-cyl., 20 hp, 86" wb						
2d 2P C Rbt.	1,320	3,960	6,600	14,850	23,100	33,000

	6	5	4	3	2	1
2d 2P T Torp	1,380	4,140	6,900	15,530	24,150	34,500
4d 4P D Tr	1,400	4,200	7,000	15,750	24,500	35,000
2d 4P F Cpe	1,200	3,600	6,000	13,500	21,000	30,000
1912 Model 20, 4-cyl., 20 hp, 86" wb						
2d 2P Rbt	1,320	3,960	6,600	14,850	23,100	33,000
2d 2P Rds	1,360	4,080	6,800	15,300	23,800	34,000
2d 2P Cpe	1,200	3,600	6,000	13,500	21,000	30,000
1912 Model 32, 4-cyl., 32 hp, 106" wb						
4d 4P Torp Tr	1,400	4,200	7,000	15,750	24,500	35,000
1913 Model 20-C, 4-cyl., 20 hp, 86" wb						
2d 2P Rbt	1,320	3,960	6,600	14,850	23,100	33,000
1913 Model 20-E, 4-cyl., 20 hp, 110" wb						
2d Rds	1,160	3,480	5,800	13,050	20,300	29,000
1913 Model 32, 4-cyl., 32 hp, 106" wb						
4d 5P H Tr	1,360	4,080	6,800	15,300	23,800	34,000
2d 2P H Rds	1,400	4,200	7,000	15,750	24,500	35,000
2d H L Cpe	1,120	3,360	5,600	12,600	19,600	28,000
1913 Model 32, 4-cyl., 32 hp, 126" wb						
4d 6P Tr	1,440	4,320	7,200	16,200	25,200	36,000
1914 Model 32, 4-cyl., 32 hp, 106" wb						
4d 6P HM Tr	1,240	3,720	6,200	13,950	21,700	31,000
2d 2P HR Rds	1,280	3,840	6,400	14,400	22,400	32,000
4d 5P H Tr	1,320	3,960	6,600	14,850	23,100	33,000
2d 3P HAK Cpe	1,080	3,240	5,400	12,150	18,900	27,000
1915 Model 32, 4-cyl., 32 hp, 106" wb						
4d 4P Tr	1,280	3,840	6,400	14,400	22,400	32,000
2d 2P Rds	1,240	3,720	6,200	13,950	21,700	31,000
1915 Model K, 4-cyl., 36 hp, 119" wb						
2d 2P Rds	1,280	3,840	6,400	14,400	22,400	32,000
4d 5P Tr	1,320	3,960	6,600	14,850	23,100	33,000
2d 2P Cpe	960	2,880	4,800	10,800	16,800	24,000
4d Limo	1,000	3,000	5,000	11,250	17,500	25,000
1916 Model N, 4-cyl., 22.5 hp, 119" wb						
4d 5P Tr	1,080	3,240	5,400	12,150	18,900	27,000
2d 2P Rds	1,040	3,120	5,200	11,700	18,200	26,000
4d 5P Sed	840	2,520	4,200	9,450	14,700	21,000
4d 5P Year-'Round Tr	1,120	3,360	5,600	12,600	19,600	28,000
2d Year-'Round Cpe	880	2,640	4,400	9,900	15,400	22,000
1916 Model N, 4-cyl., 22.5 hp, 134" wb						
4d 7P Tr	1,240	3,720	6,200	13,950	21,700	31,000
4d 7P Limo	960	2,880	4,800	10,800	16,800	24,000
1917 Model N, 4-cyl., 22 hp, 119" wb						
4d 5P Tr	1,000	3,000	5,000	11,250	17,500	25,000
2d 6P Rds	1,040	3,120	5,200	11,700	18,200	26,000
4d 5P Year-'Round Tr	1,080	3,240	5,400	12,150	18,900	27,000
2d 2P Year-'Round Cpe	800	2,400	4,000	9,000	14,000	20,000
4d 5P Sed	680	2,040	3,400	7,650	11,900	17,000
1917 Model N, 4-cyl., 22.5 hp, 134" wb						
4d 7P Tr	1,120	3,360	5,600	12,600	19,600	28,000
NOTE: Series R introduced October 1917.						
1918 Series R-1, 4-cyl., 16.9 hp, 112" wb						
4d 5P Tr	840	2,520	4,200	9,450	14,700	21,000
2d 2P Rds	800	2,400	4,000	9,000	14,000	20,000
1919 Series R-1,2,3, 4-cyl., 16.9 hp, 112" wb						
4d 5P Tr	880	2,640	4,400	9,900	15,400	22,000
2d 2P Rds	840	2,520	4,200	9,450	14,700	21,000
4d 5P Sed	600	1,800	3,000	6,750	10,500	15,000
2d 4P Cpe	680	2,040	3,400	7,650	11,900	17,000
1920 Series R-3,4,5, 4-cyl., 35 hp, 112" wb						
4d 5P Tr	880	2,640	4,400	9,900	15,400	22,000
2d 2P Rds	840	2,520	4,200	9,450	14,700	21,000
2d 4P Cpe	680	2,040	3,400	7,650	11,900	17,000
4d 5P Sed	600	1,800	3,000	6,750	10,500	15,000
1921 Series R-4,5,6, 4-cyl., 35 hp, 112" wb						
4d 5P Tr	880	2,640	4,400	9,900	15,400	22,000
2d 2P Rds	840	2,520	4,200	9,450	14,700	21,000
2d 4P Cpe	680	2,040	3,400	7,650	11,900	17,000
4d 5P Sed	600	1,800	3,000	6,750	10,500	15,000
1922 Series R-7,8,9,10, 4-cyl., 35 hp, 112" wb						
4d 5P Tr	880	2,640	4,400	9,900	15,400	22,000
2d 2P Cpe Rds	840	2,520	4,200	9,450	14,700	21,000
2d 2P Cpe	680	2,040	3,400	7,650	11,900	17,000
2d 4P Cpe	700	2,100	3,500	7,880	12,250	17,500
4d 5P Sed	600	1,800	3,000	6,750	10,500	15,000
1923 Series R-10,11,12, 4-cyl., 35 hp, 112" wb						
4d 5P Tr	840	2,520	4,200	9,450	14,700	21,000

	6	5	4	3	2	1
4d 5P Spl Tr 880	2,640	4,400	9,900	15,400	22,000
2d 2P Rds. 880	2,640	4,400	9,900	15,400	22,000
2d Spl Rds. 920	2,760	4,600	10,350	16,100	23,000
4d 5P Sed. 600	1,800	3,000	6,750	10,500	15,000
2d 4P Cpe. 680	2,040	3,400	7,650	11,900	17,000
2d 2P Cpe. 640	1,920	3,200	7,200	11,200	16,000
1924 Series R-12,13, 4-cyl., 39 hp, 115" wb					
4d 5P Tr 800	2,400	4,000	9,000	14,000	20,000
4d 5P Spl Tr 840	2,520	4,200	9,450	14,700	21,000
2d 2P Spl Rds. 880	2,640	4,400	9,900	15,400	22,000
2d 2P Cpe. 680	2,040	3,400	7,650	11,900	17,000
2d 4P Cpe. 720	2,160	3,600	8,100	12,600	18,000
4d 5P Sed. 600	1,800	3,000	6,750	10,500	15,000
4d 5P Clb Sed. 640	1,920	3,200	7,200	11,200	16,000
1925 Model R-14,15, 4-cyl., 39 hp, 115" wb					
4d 5P Tr 800	2,400	4,000	9,000	14,000	20,000
2d 2P Rds. 840	2,520	4,200	9,450	14,700	21,000
2d 2P Cpe. 640	1,920	3,200	7,200	11,200	16,000
4d 5P Clb Sed. 640	1,920	3,200	7,200	11,200	16,000
4d 5P Sed. 600	1,800	3,000	6,750	10,500	15,000
1925 Model E-1, 8-cyl., 60 hp, 118-1/4" wb					
4d 5P Tr 1,000	3,000	5,000	11,250	17,500	25,000
2d 2P Rds. 1,040	3,120	5,200	11,700	18,200	26,000
2d 4P Cpe. 720	2,160	3,600	8,100	12,600	18,000
4d 5P Sed. 640	1,920	3,200	7,200	11,200	16,000
1926 Model A-1, 6-cyl., 50 hp, 114" wb					
4d 5P Tr 800	2,400	4,000	9,000	14,000	20,000
4d 5P Sed. 600	1,800	3,000	6,750	10,500	15,000
1926 Model E-2, 8-cyl., 63 hp, 118-1/4" wb					
2d 4P Rds. 1,040	3,120	5,200	11,700	18,200	26,000
4d 5P Tr 1,000	3,000	5,000	11,250	17,500	25,000
2d 2P Cpe. 720	2,160	3,600	8,100	12,600	18,000
2d 4P Cpe. 760	2,280	3,800	8,550	13,300	19,000
4d 5P Sed. 640	1,920	3,200	7,200	11,200	16,000
1927 Series A, 6-cyl., 50 hp, 114" wb					
4d 5P Tr 840	2,520	4,200	9,450	14,700	21,000
2d 2P Rds. 880	2,640	4,400	9,900	15,400	22,000
4d 5P Sed. 600	1,800	3,000	6,750	10,500	15,000
2d 4P Cpe. 680	2,040	3,400	7,650	11,900	17,000
4d 5P Brgm 640	1,920	3,200	7,200	11,200	16,000
1927 Series E-3, 8-cyl., 67 hp, 125" wb					
2d 4P Rds. 1,000	3,000	5,000	11,250	17,500	25,000
4d 5P Tr 960	2,880	4,800	10,800	16,800	24,000
4d 5P Spt Tr 1,000	3,000	5,000	11,250	17,500	25,000
2d 2P Cpe. 720	2,160	3,600	8,100	12,600	18,000
4d 7P Tr 920	2,760	4,600	10,350	16,100	23,000
4d 5P Sed. 600	1,800	3,000	6,750	10,500	15,000
4d 7P Sed. 620	1,860	3,100	6,980	10,850	15,500
4d 5P Berl 640	1,920	3,200	7,200	11,200	16,000
4d 5P Brgm 620	1,860	3,100	6,980	10,850	15,500
2d 5P Vic. 640	1,920	3,200	7,200	11,200	16,000
4d Limo Sed 680	2,040	3,400	7,650	11,900	17,000
1928 Century Series A, 6-cyl., 57 hp, 114" wb					
4d 5P Phae. 1,000	3,000	5,000	11,250	17,500	25,000
4d 7P Phae 960	2,880	4,800	10,800	16,800	24,000
4d 4P Cpe. 680	2,040	3,400	7,650	11,900	17,000
4d 5P Sed. 640	1,920	3,200	7,200	11,200	16,000
2d 5P Sed. 560	1,680	2,800	6,300	9,800	14,000
1928 Century Series M, 8-cyl., 80 hp, 120" wb					
2d Rds. 1,120	3,360	5,600	12,600	19,600	28,000
4d 5P Tr 1,080	3,240	5,400	12,150	18,900	27,000
4d 7P Tr 1,040	3,120	5,200	11,700	18,200	26,000
2d 2P Cpe. 840	2,520	4,200	9,450	14,700	21,000
4d Brgm. 760	2,280	3,800	8,550	13,300	19,000
2d Vic 800	2,400	4,000	9,000	14,000	20,000
4d 5P Sed. 640	1,920	3,200	7,200	11,200	16,000
4d 7P Sed. 600	1,800	3,000	6,750	10,500	15,000
4d Sed Limo 680	2,040	3,400	7,650	11,900	17,000
1928 Century Series 125 (E-4), 8-cyl., 80 hp, 125" wb					
2d R.S. Rds. 1,160	3,480	5,800	13,050	20,300	29,000
4d 5P Tr 1,120	3,360	5,600	12,600	19,600	28,000
4d 7P Tr 1,080	3,240	5,400	12,150	18,900	27,000
2d R.S. Cpe. 840	2,520	4,200	9,450	14,700	21,000
4d 5P Brgm 800	2,400	4,000	9,000	14,000	20,000
4d 5P Sed. 680	2,040	3,400	7,650	11,900	17,000
4d 7P Sed. 640	1,920	3,200	7,200	11,200	16,000

	6	5	4	3	2	1
2d Vic	800	2,400	4,000	9,000	14,000	20,000
4d Sed-Limo	760	2,280	3,800	8,550	13,300	19,000

NOTE: Series A and Series E-3 of 1927 carried over as 1928 models. Both Century Series A and M available in custom line.

1929 Series A, 6-cyl., 57 hp, 114" wb

	6	5	4	3	2	1
4d 5P Tr	1,320	3,960	6,600	14,850	23,100	33,000
2d 4P Rds	1,360	4,080	6,800	15,300	23,800	34,000
4d 7P Tr	1,280	3,840	6,400	14,400	22,400	32,000
4d 5P Brgm	960	2,880	4,800	10,800	16,800	24,000
2d 4P Cpe	1,000	3,000	5,000	11,250	17,500	25,000
4d 5P Sed	840	2,520	4,200	9,450	14,700	21,000
2d 2P Cabr	1,240	3,720	6,200	13,950	21,700	31,000
2d 4P Cabr	1,280	3,840	6,400	14,400	22,400	32,000

1929 Series M, 8-cyl., 80 hp, 120" wb

	6	5	4	3	2	1
4d 5P Tr	1,360	4,080	6,800	15,300	23,800	34,000
2d 4P Rds	1,400	4,200	7,000	15,750	24,500	35,000
4d 7P Tr	1,320	3,960	6,600	14,850	23,100	33,000
4d 5P Brgm	1,000	3,000	5,000	11,250	17,500	25,000
2d 4P Cpe	1,040	3,120	5,200	11,700	18,200	26,000
4d 5P Sed	880	2,640	4,400	9,900	15,400	22,000
2d 5P Cabr	1,360	4,080	6,800	15,300	23,800	34,000
4d 5P Twn Sed	960	2,880	4,800	10,800	16,800	24,000
4d 7P Sed (130" wb)	1,000	3,000	5,000	11,250	17,500	25,000
4d 7P Limo (130" wb)	1,200	3,600	6,000	13,500	21,000	30,000

NOTE: Both series available in custom line models.

1930 Model S, 6-cyl., 70 hp, 114" wb

	6	5	4	3	2	1
4d Phae	1,560	4,680	7,800	17,550	27,300	39,000
2d Cpe	1,000	3,000	5,000	11,250	17,500	25,000
4d Sed	840	2,520	4,200	9,450	14,700	21,000
2d Conv Cabr	1,440	4,320	7,200	16,200	25,200	36,000

1930 Model C, 8-cyl., 100 hp, 121" wb

	6	5	4	3	2	1
2d Cpe	1,000	3,000	5,000	11,250	17,500	25,000
4d Sed	880	2,640	4,400	9,900	15,400	22,000
2d Cabr	1,520	4,560	7,600	17,100	26,600	38,000
4d Tr Sed	920	2,760	4,600	10,350	16,100	23,000

1930 Model H, 8-cyl., 133 hp, 125" wb

	6	5	4	3	2	1
4d Sed	960	2,880	4,800	10,800	16,800	24,000
2d Cpe	1,040	3,120	5,200	11,700	18,200	26,000
2d Cabr	1,560	4,680	7,800	17,550	27,300	39,000
4d Tr Sed	960	2,880	4,800	10,800	16,800	24,000

1930 Model U, 8-cyl., 133 hp, 137" wb

	6	5	4	3	2	1
4d Sed	1,040	3,120	5,200	11,700	18,200	26,000
4d Sed Limo	1,240	3,720	6,200	13,950	21,700	31,000

NOTE: All models available in custom line.

1931 Century Six, Model S, 70 hp, 114" wb

	6	5	4	3	2	1
4d Phae	1,640	4,920	8,200	18,450	28,700	41,000
2d 2P Cpe	1,000	3,000	5,000	11,250	17,500	25,000
2d 4P Cpe	1,040	3,120	5,200	11,700	18,200	26,000
2d Rds	1,680	5,040	8,400	18,900	29,400	42,000
4d Sed	840	2,520	4,200	9,450	14,700	21,000
2d Cabr	1,440	4,320	7,200	16,200	25,200	36,000

1931 Century Eight, Model L, 90 hp, 118" wb

	6	5	4	3	2	1
4d Phae	1,720	5,160	8,600	19,350	30,100	43,000
2d Rds	1,760	5,280	8,800	19,800	30,800	44,000
2d 2P Cpe	1,000	3,000	5,000	11,250	17,500	25,000
2d 4P Cpe	1,040	3,120	5,200	11,700	18,200	26,000
4d Sed	880	2,640	4,400	9,900	15,400	22,000
2d Cabr	1,480	4,440	7,400	16,650	25,900	37,000

1931 Model C, 8-cyl., 100 hp, 121" wb

	6	5	4	3	2	1
4d Spt Phae	1,880	5,640	9,400	21,150	32,900	47,000
2d 4P Cpe	1,080	3,240	5,400	12,150	18,900	27,000
4d Sed	920	2,760	4,600	10,350	16,100	23,000
2d Vic Cpe	1,040	3,120	5,200	11,700	18,200	26,000
2d Cabr	1,520	4,560	7,600	17,100	26,600	38,000
4d Twn Sed	1,000	3,000	5,000	11,250	17,500	25,000

1931 Model H, 8-cyl., 133 hp, 125" wb

	6	5	4	3	2	1
2d Cpe	1,120	3,360	5,600	12,600	19,600	28,000
4d Sed	960	2,880	4,800	10,800	16,800	24,000
4d Twn Sed	1,000	3,000	5,000	11,250	17,500	25,000
4d Phae	2,000	6,000	10,000	22,500	35,000	50,000
2d Vic Cpe	1,080	3,240	5,400	12,150	18,900	27,000
2d Cabr	1,560	4,680	7,800	17,550	27,300	39,000

1931 Model U, 8-cyl., 133 hp, 137" wb

	6	5	4	3	2	1
2d Vic Cpe	1,160	3,480	5,800	13,050	20,300	29,000
4d Sed	1,000	3,000	5,000	11,250	17,500	25,000
4d Sed Limo	1,200	3,600	6,000	13,500	21,000	30,000

NOTE: All models available in custom line.

	6	5	4	3	2	1
1932 Series S-214, 6-cyl., 70 hp, 114" wb						
2d Rds.	1,720	5,160	8,600	19,350	30,100	43,000
2d Cpe.	1,040	3,120	5,200	11,700	18,200	26,000
4d Sed.	880	2,640	4,400	9,900	15,400	22,000
2d Cabr.	1,640	4,920	8,200	18,450	28,700	41,000
1932 Series B-216, 6-cyl., 75 hp, 116" wb						
4d Phae.	1,800	5,400	9,000	20,250	31,500	45,000
2d Rds.	1,840	5,520	9,200	20,700	32,200	46,000
2d 2P Cpe.	1,040	3,120	5,200	11,700	18,200	26,000
2d 4P Cpe.	1,080	3,240	5,400	12,150	18,900	27,000
4d Sed.	920	2,760	4,600	10,350	16,100	23,000
2d Conv Cabr	1,760	5,280	8,800	19,800	30,800	44,000
1932 Series L-218, 8-cyl., 90 hp, 118" wb						
2d Rds.	1,760	5,280	8,800	19,800	30,800	44,000
2d Cpe.	1,080	3,240	5,400	12,150	18,900	27,000
4d Sed.	960	2,880	4,800	10,800	16,800	24,000
2d Cabr.	1,720	5,160	8,600	19,350	30,100	43,000
1932 Series C-221, 8-cyl., 100 hp, 121" wb						
4d Sed.	1,000	3,000	5,000	11,250	17,500	25,000
2d Vic	1,080	3,240	5,400	12,150	18,900	27,000
4d Twn Sed.	960	2,880	4,800	10,800	16,800	24,000
1932 Series F-222, 8-cyl., 93 hp, 122" wb						
2d Cabr.	1,800	5,400	9,000	20,250	31,500	45,000
2d Cpe.	1,080	3,240	5,400	12,150	18,900	27,000
4d Sed.	1,000	3,000	5,000	11,250	17,500	25,000
2d Vic	1,120	3,360	5,600	12,600	19,600	28,000
1932 Series H-225, 8-cyl., 133 hp, 125" wb						
4d Sed.	1,040	3,120	5,200	11,700	18,200	26,000
1932 Series I-226, 8-cyl., 103 hp, 126" wb						
2d Cpe.	1,120	3,360	5,600	12,600	19,600	28,000
2d Cabr Rds	1,880	5,640	9,400	21,150	32,900	47,000
4d Sed.	1,040	3,120	5,200	11,700	18,200	26,000
2d Vic	1,160	3,480	5,800	13,050	20,300	29,000
1932 Series V-237, 8-cyl., 133 hp, 137" wb						
2d Vic	1,200	3,600	6,000	13,500	21,000	30,000
4d Sed.	1,080	3,240	5,400	12,150	18,900	27,000

NOTE: Series S-214, L-218, C-221, H-225 and V-237 were carryovers of 1931 models. Horsepower of Series F-222 raised to 96 mid-year.

	6	5	4	3	2	1
1933 Series K-321, 6-cyl., 90 hp, 121" wb						
2d Cpe.	920	2,760	4,600	10,350	16,100	23,000
4d Sed.	800	2,400	4,000	9,000	14,000	20,000
2d Vic	880	2,640	4,400	9,900	15,400	22,000
2d Cabr	1,680	5,040	8,400	18,900	29,400	42,000
1933 Series KK-321A, 6-cyl., 90 hp, 121" wb						
2d Cpe.	960	2,880	4,800	10,800	16,800	24,000
4d Sed.	840	2,520	4,200	9,450	14,700	21,000
2d Vic	920	2,760	4,600	10,350	16,100	23,000
1933 Series F-322, 8-cyl., 96 hp, 122" wb						
2d Cpe.	1,040	3,120	5,200	11,700	18,200	26,000
4d Sed.	880	2,640	4,400	9,900	15,400	22,000
2d Vic	960	2,880	4,800	10,800	16,800	24,000
2d Cabr	1,720	5,160	8,600	19,350	30,100	43,000
1933 Series I-326, 8-cyl., 109 hp, 126" wb						
2d Cpe.	1,000	3,000	5,000	11,250	17,500	25,000
4d Sed.	920	2,760	4,600	10,350	16,100	23,000
2d Vic	960	2,880	4,800	10,800	16,800	24,000
2d Cabr	1,760	5,280	8,800	19,800	30,800	44,000
1934 Series 417-W, 6-cyl., 80 hp, 117" wb						
2d Cpe.	880	2,640	4,400	9,900	15,400	22,000
4d Sed.	720	2,160	3,600	8,100	12,600	18,000
1934 Series KK-421A, 6-cyl., 90 hp, 121" wb						
4d DeL Sed.	800	2,400	4,000	9,000	14,000	20,000
4d Sed.	760	2,280	3,800	8,550	13,300	19,000
4d Tr Sed.	800	2,400	4,000	9,000	14,000	20,000
2d Cpe.	1,000	3,000	5,000	11,250	17,500	25,000
2d Cabr.	1,760	5,280	8,800	19,800	30,800	44,000
2d Vic	960	2,880	4,800	10,800	16,800	24,000
1934 Series K-421, 6-cyl., 90 hp, 121" wb						
2d Cpe.	760	2,280	3,800	8,550	13,300	19,000
4d Sed.	720	2,160	3,600	8,100	12,600	18,000
2d Vic	800	2,400	4,000	9,000	14,000	20,000
2d Cabr	1,600	4,800	8,000	18,000	28,000	40,000
1934 Series 421-J, 6-cyl., 93 hp, 121" wb						
2d Cpe.	1,000	3,000	5,000	11,250	17,500	25,000
4d Sed.	840	2,520	4,200	9,450	14,700	21,000
2d Vic	1,000	3,000	5,000	11,250	17,500	25,000

	6	5	4	3	2	1
1934 Series F-442, 8-cyl., 96 hp, 122" wb						
2d Cpe	1,040	3,120	5,200	11,700	18,200	26,000
4d Sed	880	2,640	4,400	9,900	15,400	22,000
2d Vic	1,040	3,120	5,200	11,700	18,200	26,000
2d Cabr	1,640	4,920	8,200	18,450	28,700	41,000
1934 Series I-426, 8-cyl., 109 hp, 126" wb						
2d Cpe	1,080	3,240	5,400	12,150	18,900	27,000
4d Sed	920	2,760	4,600	10,350	16,100	23,000
2d Vic	1,080	3,240	5,400	12,150	18,900	27,000
2d Cabr	1,680	5,040	8,400	18,900	29,400	42,000
1934 Series 427-T, 8-cyl., 115 hp, 127" wb						
2d Cpe	1,120	3,360	5,600	12,600	19,600	28,000
4d Sed	960	2,880	4,800	10,800	16,800	24,000
2d Vic	1,120	3,360	5,600	12,600	19,600	28,000
NOTE: Series KK-421A, K-421, F-422, I-426 were carryover 1933 models.						
1935 Series 517-W, 6-cyl., 91 hp, 117" wb						
4d Sed	720	2,160	3,600	8,100	12,600	18,000
4d Sed Tr	740	2,220	3,700	8,330	12,950	18,500
1935 Series 518-D, 6-cyl., 91 hp, 118" wb						
4d Sed	740	2,220	3,700	8,330	12,950	18,500
1935 Series 521-J, 6-cyl., 101 hp, 121" wb						
4d Sed	780	2,340	3,900	8,780	13,650	19,500
2d Cpe	820	2,460	4,100	9,230	14,350	20,500
2d Vic	820	2,460	4,100	9,230	14,350	20,500
1935 Series 521-O, 8-cyl., 120 hp, 121" wb						
2d Cpe	820	2,460	4,100	9,230	14,350	20,500
2d Vic	820	2,460	4,100	9,230	14,350	20,500
2d Vic Tr	820	2,460	4,100	9,230	14,350	20,500
4d Sed	740	2,220	3,700	8,330	12,950	18,500
4d Sed Tr	760	2,280	3,800	8,550	13,300	19,000
1935 Series 527-T, 8-cyl., 120 hp, 127-1/2" wb						
4d Sed	820	2,460	4,100	9,230	14,350	20,500
2d Cpe	880	2,640	4,400	9,900	15,400	22,000
2d Vic	1,120	3,360	5,600	12,600	19,600	28,000
NOTE: All series except 517-W available in deluxe models.						
1936 Series 618-D, 6-cyl., 101 hp, 118" wb						
4d Sed	680	2,040	3,400	7,650	11,900	17,000
4d Tr Sed	700	2,100	3,500	7,880	12,250	17,500
1936 Series 618-G, 6-cyl., 101 hp, 118" wb						
2d Bus Cpe	760	2,280	3,800	8,550	13,300	19,000
2d Cpe	800	2,400	4,000	9,000	14,000	20,000
4d Sed	720	2,160	3,600	8,100	12,600	18,000
2d Sed	680	2,040	3,400	7,650	11,900	17,000
4d Tr Sed	740	2,220	3,700	8,330	12,950	18,500
2d Tr Sed	700	2,100	3,500	7,880	12,250	17,500
1936 Series 621-N, 8-cyl., 120 hp, 121" wb						
2d Cpe	820	2,460	4,100	9,230	14,350	20,500
2d Sed	720	2,160	3,600	8,100	12,600	18,000
4d Sed	740	2,220	3,700	8,330	12,950	18,500
4d Tr Sed	760	2,280	3,800	8,550	13,300	19,000
2d Tr Sed	740	2,220	3,700	8,330	12,950	18,500
1936 Series 621-O, 8-cyl., 120 hp, 121" wb						
2d Cpe	840	2,520	4,200	9,450	14,700	21,000
4d Vic	880	2,640	4,400	9,900	15,400	22,000
4d Tr Vic	900	2,700	4,500	10,130	15,750	22,500
4d Sed	760	2,280	3,800	8,550	13,300	19,000
4d Tr Sed	780	2,340	3,900	8,780	13,650	19,500
NOTE: Series 618-G and 621-N available in custom models. Series 618-D and 621-O available in deluxe models.						
1937 Series 621-O, 8-cyl., 120 hp, 121" wb						
Although ostensibly there were no 1937 Hupmobiles beginning July 1937, some 1936 style 618-G and 621-N models were run off to use up parts. Some of these cars may have been sold in the U.S. as 1937 models.						
1938 Series 822-ES, 6-cyl., 101 hp, 122" wb						
4d Std Sed	600	1,800	3,000	6,750	10,500	15,000
1938 Series 822-E, 6-cyl., 101 hp, 122" wb						
4d Sed	620	1,860	3,100	6,980	10,850	15,500
4d DeL Sed	640	1,920	3,200	7,200	11,200	16,000
4d Cus Sed	660	1,980	3,300	7,430	11,550	16,500
1938 Series 825-H, 8-cyl., 120 hp, 125" wb						
4d Sed	680	2,040	3,400	7,650	11,900	17,000
4d DeL Sed	700	2,100	3,500	7,880	12,250	17,500
4d Cus Sed	720	2,160	3,600	8,100	12,600	18,000
1939 Model R, 6-cyl., 101 hp, 115" wb						
4d Spt Sed	640	1,920	3,200	7,200	11,200	16,000
4d Cus Sed	650	1,940	3,240	7,290	11,340	16,200
1939 Model E, 6-cyl., 101 hp, 122" wb						
4d DeL Sed	620	1,860	3,100	6,980	10,850	15,500
4d Cus Sed	630	1,880	3,140	7,070	10,990	15,700

HUPMOBILE

	6	5	4	3	2	1
1939 Model H, 8-cyl., 120 hp, 125" wb						
4d DeL Sed	700	2,100	3,500	7,880	12,250	17,500
4d Cus Sed	710	2,120	3,540	7,970	12,390	17,700
NOTE: The first pilot models of the Skylark were built April, 1939.						
1940 Skylark, 6-cyl., 101 hp, 115" wb						
4d Sed	960	2,880	4,800	10,800	16,800	24,000
1941 Series 115-R Skylark, 6-cyl., 101 hp, 115" wb						
4d Sed	1,000	3,000	5,000	11,250	17,500	25,000

KAISER

	6	5	4	3	2	1
1947-48 Special, 6-cyl.						
4d Sed	780	2,340	3,900	8,780	13,650	19,500
1947-48 Custom, 6-cyl.						
4d Sed	800	2,400	4,000	9,000	14,000	20,000
1949-50 Special, 6-cyl.						
4d Sed	812	2,436	4,060	9,140	14,210	20,300
1949-50 Traveler, 6-cyl.						
4d Sed	820	2,460	4,100	9,230	14,350	20,500
1949-50 DeLuxe, 6-cyl.						
4d Sed	832	2,496	4,160	9,360	14,560	20,800
4d Conv Sed	2,720	8,160	13,600	30,600	47,600	68,000
1949-50 Vagabond, 6-cyl.						
4d Sed	980	2,940	4,900	11,030	17,150	24,500
1949-50 Virginian, 6-cyl.						
4d Sed HT	1,300	3,900	6,500	14,630	22,750	32,500
1951 Special, 6-cyl.						
4d Sed	820	2,460	4,100	9,230	14,350	20,500
4d Trav Sed	832	2,496	4,160	9,360	14,560	20,800
2d Sed	824	2,472	4,120	9,270	14,420	20,600
2d Trav Sed	840	2,520	4,200	9,450	14,700	21,000
2d Bus Cpe	900	2,700	4,500	10,130	15,750	22,500
1951 DeLuxe						
4d Sed	836	2,508	4,180	9,410	14,630	20,900
4d Trav Sed	844	2,532	4,220	9,500	14,770	21,100
2d Sed	840	2,520	4,200	9,450	14,700	21,000
2d Trav Sed	848	2,544	4,240	9,540	14,840	21,200
2d Clb Cpe	980	2,940	4,900	11,030	17,150	24,500
1952 Kaiser DeLuxe, 6-cyl.						
4d Sed	820	2,460	4,100	9,230	14,350	20,500
1a Sed	840	2,520	4,200	9,450	14,700	21,000
2d Sed	820	2,460	4,100	9,230	14,350	20,500
2d Trav	860	2,580	4,300	9,680	15,050	21,500
2d Bus Cpe	960	2,880	4,800	10,800	16,800	24,000
1952 Kaiser Manhattan, 6-cyl.						
4d Sed	880	2,640	4,400	9,900	15,400	22,000
2d Sed	900	2,700	4,500	10,130	15,750	22,500
2d Clb Cpe	1,160	3,480	5,800	13,050	20,300	29,000
1952 Virginian, 6-cyl.						
4d Sed	840	2,520	4,200	9,450	14,700	21,000
2d Sed	844	2,532	4,220	9,500	14,770	21,100
2d Clb Cpe	940	2,820	4,700	10,580	16,450	23,500
1953 Carolina, 6-cyl.						
2d Sed	832	2,496	4,160	9,360	14,560	20,800
4d Sed	828	2,484	4,140	9,320	14,490	20,700
1953 Deluxe						
2d Clb Sed	840	2,520	4,200	9,450	14,700	21,000
4d Trav Sed	844	2,532	4,220	9,500	14,770	21,100
4d Sed	836	2,508	4,180	9,410	14,630	20,900
1953 Manhattan, 6-cyl.						
2d Clb Sed	1,080	3,240	5,400	12,150	18,900	27,000
4d Sed	884	2,652	4,420	9,950	15,470	22,100
1953 Dragon 4d Sed, 6-cyl.						
4d Sed	1,460	4,380	7,300	16,430	25,550	36,500
1954 Early Special, 6-cyl.						
4d Sed	884	2,652	4,420	9,950	15,470	22,100
2d Clb Sed	888	2,664	4,440	9,990	15,540	22,200
1954 Late Special, 6-cyl.						
4d Sed	880	2,640	4,400	9,900	15,400	22,000
2d Clb Sed	884	2,652	4,420	9,950	15,470	22,100
1954 Manhattan, 6-cyl.						
4d Sed	900	2,700	4,500	10,130	15,750	22,500
2d Clb Sed	1,100	3,300	5,500	12,380	19,250	27,500
1954 Kaiser Darrin Spts Car, 6-cyl.						
2d Spt Car	5,100	15,300	25,500	57,380	89,250	127,500

	6	5	4	3	2	1
1955 Manhattan, 6-cyl.						
4d Sed	920	2,760	4,600	10,350	16,100	23,000
2d Clb Sed	924	2,772	4,620	10,400	16,170	23,100

FRAZER

	6	5	4	3	2	1
1947-48						
4d Sed	800	2,400	4,000	9,000	14,000	20,000
1947-48 Manhattan, 6-cyl.						
4d Sed	820	2,460	4,100	9,230	14,350	20,500
1949-50 Manhattan, 6-cyl.						
4d Sed	840	2,520	4,200	9,450	14,700	21,000
4d Conv Sed	2,240	6,720	11,200	25,200	39,200	56,000
1951 Manhattan, 6-cyl.						
4d Sed	780	2,340	3,900	8,780	13,650	19,500
4d Vag	860	2,580	4,300	9,680	15,050	21,500
4d Sed HT	1,100	3,300	5,500	12,380	19,250	27,500
4d Conv Sed	2,240	6,720	11,200	25,200	39,200	56,000

HENRY J

	6	5	4	3	2	1
1951 Four						
2d Sed	704	2,112	3,520	7,920	12,320	17,600
1951 DeLuxe Six						
2d Sed	712	2,136	3,560	8,010	12,460	17,800
1952 Vagabond, 4-cyl.						
2d Sed	720	2,160	3,600	8,100	12,600	18,000
1952 Vagabond, 6-cyl.						
2d Sed	728	2,184	3,640	8,190	12,740	18,200
1952 Corsair, 4-cyl.						
2d Sed	740	2,220	3,700	8,330	12,950	18,500
1952 Corsair, 6-cyl.						
2d Sed	748	2,244	3,740	8,420	13,090	18,700
1952 Allstate						
2d 4-cyl.	744	2,232	3,720	8,370	13,020	18,600
2d DeL Six	752	2,256	3,760	8,460	13,160	18,800
1953 Corsair, 4-cyl.						
2d Sed	720	2,160	3,600	8,100	12,600	18,000
1953 Corsair, 6-cyl.						
2d DeL Sed	728	2,184	3,640	8,190	12,740	18,200
1953 Allstate						
2d Sed 4-cyl.	724	2,172	3,620	8,150	12,670	18,100
2d Sed DeL Six	732	2,196	3,660	8,240	12,810	18,300
1954 Corsair, 4-cyl.						
2d Sed	728	2,184	3,640	8,190	12,740	18,200
1954 Corsair Deluxe, 6-cyl.						
2d Sed	732	2,196	3,660	8,240	12,810	18,300

LINCOLN

	6	5	4	3	2	1
1920 V-8, 130" - 136" wb						
3P Rds	1,880	5,640	9,400	21,150	32,900	47,000
5P Phae	2,000	6,000	10,000	22,500	35,000	50,000
7P Tr	1,920	5,760	9,600	21,600	33,600	48,000
4P Cpe	1,420	4,260	7,100	15,980	24,850	35,500
5P Sed	1,380	4,140	6,900	15,530	24,150	34,500
Sub Sed	1,380	4,140	6,900	15,530	24,150	34,500
7P Town Car	1,460	4,380	7,300	16,430	25,550	36,500
1921 V-8, 130" - 136" wb						
3P Rds	1,840	5,520	9,200	20,700	32,200	46,000
5P Phae	1,920	5,760	9,600	21,600	33,600	48,000
7P Tr	1,880	5,640	9,400	21,150	32,900	47,000
4P Cpe	1,420	4,260	7,100	15,980	24,850	35,500
4P Sed	1,340	4,020	6,700	15,080	23,450	33,500
5P Sed	1,380	4,140	6,900	15,530	24,150	34,500
Sub Sed	1,380	4,140	6,900	15,530	24,150	34,500
Town Car	1,460	4,380	7,300	16,430	25,550	36,500
1922 V-8, 130" wb						
3P Rds	1,960	5,880	9,800	22,050	34,300	49,000
5P Phae	1,880	5,640	9,400	21,150	32,900	47,000
7P Tr	1,840	5,520	9,200	20,700	32,200	46,000
Conv Tr	1,880	5,640	9,400	21,150	32,900	47,000
4P Cpe	1,460	4,380	7,300	16,430	25,550	36,500
5P Sed	1,420	4,260	7,100	15,980	24,850	35,500
1922 V-8, 136" wb						
Spt Rds	1,920	5,760	9,600	21,600	33,600	48,000
DeL Phae	1,960	5,880	9,800	22,050	34,300	49,000

	6	5	4	3	2	1
DeL Tr.	1,880	5,640	9,400	21,150	32,900	47,000
Std Sed.	1,460	4,380	7,300	16,430	25,550	36,500
Jud Sed.	1,500	4,500	7,500	16,880	26,250	37,500
FW Sed.	1,500	4,500	7,500	16,880	26,250	37,500
York Sed.	1,500	4,500	7,500	16,880	26,250	37,500
4P Jud Sed.	1,540	4,620	7,700	17,330	26,950	38,500
7P Jud Limo.	1,640	4,920	8,200	18,450	28,700	41,000
Sub Limo.	1,720	5,160	8,600	19,350	30,100	43,000
Town Car.	1,760	5,280	8,800	19,800	30,800	44,000
FW Limo.	1,840	5,520	9,200	20,700	32,200	46,000
Std Limo.	1,760	5,280	8,800	19,800	30,800	44,000
FW Cabr.	2,040	6,120	10,200	22,950	35,700	51,000
FW Coll Cabr.	2,240	6,720	11,200	25,200	39,200	50,000
FW Lan'let.	1,840	5,520	9,200	20,700	32,200	46,000
FW Town Car.	1,920	5,760	9,600	21,600	33,600	48,000
Holbrk Cabr.	2,040	6,120	10,200	22,950	35,700	51,000
Brn Town Car.	1,840	5,520	9,200	20,700	32,200	46,000
Brn OD Limo.	1,920	5,760	9,600	21,600	33,600	48,000
1923 Model L, V-8						
Tr.	1,840	5,520	9,200	20,700	32,200	46,000
Phae.	1,880	5,640	9,400	21,150	32,900	47,000
Rds.	1,840	5,520	9,200	20,700	32,200	46,000
Cpe.	1,540	4,620	7,700	17,330	26,950	38,500
5P Sed.	1,500	4,500	7,500	16,880	26,250	37,500
7P Sed.	1,540	4,620	7,700	17,330	26,950	38,500
Limo.	1,720	5,160	8,600	19,350	30,100	43,000
OD Limo.	1,760	5,280	8,800	19,800	30,800	44,000
Town Car.	1,800	5,400	9,000	20,250	31,500	45,000
4P Sed.	1,460	4,380	7,300	16,430	25,550	36,500
Berl.	1,500	4,500	7,500	16,880	26,250	37,500
FW Cabr.	1,800	5,400	9,000	20,250	31,500	45,000
FW Limo.	1,760	5,280	8,800	19,800	30,800	44,000
FW Town Car.	1,800	5,400	9,000	20,250	31,500	45,000
Jud Cpe.	1,540	4,620	7,700	17,330	26,950	38,500
Brn Town Car.	1,800	5,400	9,000	20,250	31,500	45,000
Brn OD Limo.	1,840	5,520	9,200	20,700	32,200	46,000
Jud 2W Berl.	1,540	4,620	7,700	17,330	26,950	38,500
Jud 3W Berl.	1,540	4,620	7,700	17,330	26,950	38,500
Holbrk Cabr.	2,040	6,120	10,200	22,950	35,700	51,000
1924 V-8						
Tr.	1,840	5,520	9,200	20,700	32,200	46,000
Phae.	1,880	5,640	9,400	21,150	32,900	47,000
Rds.	1,920	5,760	9,600	21,600	33,600	48,000
Cpe.	1,580	4,740	7,900	17,780	27,650	39,500
5P Sed.	1,500	4,500	7,500	16,880	26,250	37,500
7P Sed.	1,460	4,380	7,300	16,430	25,550	36,500
Limo.	1,540	4,620	7,700	17,330	26,950	38,500
4P Sed.	1,460	4,380	7,300	16,430	25,550	36,500
Town Car.	1,640	4,920	8,200	18,450	20,700	41,000
Twn Limo.	1,680	5,040	8,400	18,900	29,400	42,000
FW Limo.	1,720	5,160	8,600	19,350	30,100	43,000
Jud Cpe.	1,500	4,500	7,500	16,880	26,250	37,500
Jud Berl.	1,540	4,620	7,700	17,330	26,950	38,500
Brn Cabr.	1,800	5,400	9,000	20,250	31,500	45,000
Brn Cpe.	1,540	4,620	7,700	17,330	26,950	38,500
Brn OD Limo.	1,720	5,160	8,600	19,350	30,100	43,000
Leb Sed.	1,760	5,280	8,800	19,800	30,800	44,000
1925 Model L, V-8						
Tr.	1,960	5,880	9,800	22,050	34,300	49,000
Spt Tr.	2,120	6,360	10,600	23,850	37,100	53,000
Phae.	2,000	6,000	10,000	22,500	35,000	50,000
Rds.	1,960	5,880	9,800	22,050	34,300	49,000
Cpe.	1,600	4,800	8,000	18,000	28,000	40,000
4P Sed.	1,240	3,720	6,200	13,950	21,700	31,000
5P Sed.	1,200	3,600	6,000	13,500	21,000	30,000
7P Sed.	1,200	3,600	6,000	13,500	21,000	30,000
Limo.	1,600	4,800	8,000	18,000	28,000	40,000
FW Limo.	1,640	4,920	8,200	18,450	28,700	41,000
Jud Cpe.	1,460	4,380	7,300	16,430	25,550	36,500
Jud Berl.	1,500	4,500	7,500	16,880	26,250	37,500
Brn Cabr.	2,000	6,000	10,000	22,500	35,000	50,000
FW Coll Clb Rds.	1,960	5,880	9,800	22,050	34,300	49,000
FW Sed.	1,760	5,280	8,800	19,800	30,800	44,000
FW Brgm.	1,800	5,400	9,000	20,250	31,500	45,000
FW Cabr.	1,920	5,760	9,600	21,600	33,600	48,000
3W Jud Berl.	1,800	5,400	9,000	20,250	31,500	45,000

	6	5	4	3	2	1
4P Jud Cpe	1,800	5,400	9,000	20,250	31,500	45,000
Jud Brgm	1,760	5,280	8,800	19,800	30,800	44,000
Mur OD Limo	1,920	5,760	9,600	21,600	33,600	48,000
Holbrk Brgm	1,840	5,520	9,200	20,700	32,200	46,000
Holbrk Coll	1,880	5,640	9,400	21,150	32,900	47,000
Brn OD Limo	1,880	5,640	9,400	21,150	32,900	47,000
Brn Spt Phae	2,120	6,360	10,600	23,850	37,100	53,000
Brn Lan Sed	1,880	5,640	9,400	21,150	32,900	47,000
Brn Town Car	1,920	5,760	9,600	21,600	33,600	48,000
Brn Pan Brgm	1,880	5,640	9,400	21,150	32,900	47,000
Hume Limo	1,960	5,880	9,800	22,050	34,300	49,000
Hume Cpe	1,800	5,400	9,000	20,250	31,500	45,000
5P Leb Sed	1,920	5,760	9,600	21,600	33,600	48,000
4P Leb Sed	1,840	5,520	9,200	20,700	32,200	46,000
Leb DC Phae	2,560	7,680	12,800	28,800	44,800	64,000
Leb Clb Rds	2,240	6,720	11,200	25,200	39,200	56,000
Leb Limo	1,840	5,520	9,200	20,700	32,200	46,000
Leb Brgm	1,880	5,640	9,400	21,150	32,900	47,000
Leb Twn Brgm	1,920	5,760	9,600	21,600	33,600	48,000
Leb Cabr	2,040	6,120	10,200	22,950	35,700	51,000
Leb Coll Spt Cabr	2,240	6,720	11,200	25,200	39,200	56,000
Lke Cabr	2,160	6,480	10,800	24,300	37,800	54,000
Dtrch Coll Cabr	2,200	6,600	11,000	24,750	38,500	55,000
1926 Model L, V-8						
Tr	2,120	6,360	10,600	23,850	37,100	53,000
Spt Tr	2,320	6,960	11,600	26,100	40,600	58,000
Phae	2,240	6,720	11,200	25,200	39,200	56,000
Rds	2,160	6,480	10,800	24,300	37,800	54,000
Cpe	1,420	4,260	7,100	15,980	24,850	35,500
4P Sed	1,280	3,840	6,400	14,400	22,400	32,000
5P Sed	1,320	3,960	6,600	14,850	23,100	33,000
7P Sed	1,360	4,080	6,800	15,300	23,800	34,000
Limo	1,460	4,380	7,300	16,430	25,550	36,500
FW Limo	1,500	4,500	7,500	16,880	26,250	37,500
Jud Cpe	2,120	6,360	10,600	23,850	37,100	53,000
Jud Berl	2,080	6,240	10,400	23,400	36,400	52,000
Brn Cabr	2,600	7,800	13,000	29,250	45,500	65,000
Holbrk Coll Cabr	2,640	7,920	13,200	29,700	46,200	66,000
Hume Limo	2,080	6,240	10,400	23,400	36,400	52,000
W'by Limo	2,080	6,240	10,400	23,400	36,400	52,000
W'by Lan'let	2,120	6,360	10,600	23,850	37,100	53,000
Dtrch Sed	2,000	6,000	10,000	22,500	35,000	50,000
Dtrch Coll Cabr	2,680	8,040	13,400	30,150	46,900	67,000
Dtrch Brgm	2,200	6,600	11,000	24,750	38,500	55,000
Dtrch Cpe Rds	2,640	7,920	13,200	29,700	46,200	66,000
3W Jud Berl	2,040	6,120	10,200	22,950	35,700	51,000
Jud Brgm	2,000	6,000	10,000	22,500	35,000	50,000
Brn Phae	2,600	7,800	13,000	29,250	45,500	65,000
Brn Sed	1,960	5,880	9,800	22,050	34,300	49,000
Brn Brgm	2,000	6,000	10,000	22,500	35,000	50,000
Brn Semi-Coll Cabr	2,600	7,800	13,000	29,250	45,500	65,000
2W LeB Sed	1,960	5,880	9,800	22,050	34,300	49,000
3W LeB Sed	1,960	5,880	9,800	22,050	34,300	49,000
LeB Cpe	2,040	6,120	10,200	22,950	35,700	51,000
LeB Spt Cabr	2,640	7,920	13,200	29,700	46,200	66,000
LeB A-W Cabr	1,640	4,920	8,200	18,450	28,700	41,000
LeB Limo	2,120	6,360	10,600	23,850	37,100	53,000
LeB Clb Rds	2,680	8,040	13,400	30,150	46,900	67,000
Lke Rds	2,800	8,400	14,000	31,500	49,000	70,000
Lke Semi-Coll Cabr	2,520	7,560	12,600	28,350	44,100	63,000
Lke Cabr	2,680	8,040	13,400	30,150	46,900	67,000
LeB Conv Phae	2,800	8,400	14,000	31,500	49,000	70,000
LeB Conv	2,800	8,400	14,000	31,500	49,000	70,000
1927 Model L, V-8						
Spt Rds	3,000	9,000	15,000	33,750	52,500	75,000
Spt Tr	2,920	8,760	14,600	32,850	51,100	73,000
Phae	3,080	9,240	15,400	34,650	53,900	77,000
Cpe	1,640	4,920	8,200	18,450	28,700	41,000
2W Sed	1,320	3,960	6,600	14,850	23,100	33,000
3W Sed	1,300	3,900	6,500	14,630	22,750	32,500
Sed	1,280	3,840	6,400	14,400	22,400	32,000
FW Limo	1,760	5,280	8,800	19,800	30,800	44,000
Jud Cpe	1,720	5,160	8,600	19,350	30,100	43,000
Brn Cabr	3,600	10,800	18,000	40,500	63,000	90,000
Holbrk Cabr	3,840	11,520	19,200	43,200	67,200	96,000
Brn Brgm	2,840	8,520	14,200	31,950	49,700	71,000

	6	5	4	3	2	1
Dtrch Conv Sed.	3,920	11,760	19,600	44,100	68,600	98,000
Dtrch Conv Vic	3,920	11,760	19,600	44,100	68,600	98,000
Brn Conv.	3,720	11,160	18,600	41,850	65,100	93,000
Brn Semi-Coll Cabr.	3,840	11,520	19,200	43,200	67,200	96,000
Holbrk Coll Cabr	3,920	11,760	19,600	44,100	68,600	98,000
LeB A-W Cabr.	3,920	11,760	19,600	44,100	68,600	98,000
LeB A-W Brgm.	3,920	11,760	19,600	44,100	68,600	98,000
W'by Semi-Coll Cabr.	3,840	11,520	19,200	43,200	67,200	96,000
Jud Brgm.	2,600	7,800	13,000	29,250	45,500	65,000
Clb Rds.	2,800	8,400	14,000	31,500	49,000	70,000
2W Jud Berl.	2,040	6,120	10,200	22,950	35,700	51,000
3W Jud Berl.	2,040	6,120	10,200	22,950	35,700	51,000
7P E d Limo.	1,800	5,400	9,000	20,250	31,500	45,000
LeB Spt Cabr.	3,920	11,760	19,600	44,100	68,600	98,000
W'by Lan'let.	3,600	10,800	18,000	40,500	63,000	90,000
W'by Limo.	2,280	6,840	11,400	25,650	39,900	57,000
LeB Cpe.	2,200	6,600	11,000	24,750	38,500	55,000
Der Spt Sed.	2,120	6,360	10,600	23,850	37,100	53,000
Lke Conv Sed.	3,920	11,760	19,600	44,100	68,600	98,000
Dtrch Cpe Rds.	3,840	11,520	19,200	43,200	67,200	96,000
Dtrch Spt Phae.	3,920	11,760	19,600	44,100	68,600	98,000
1928 Model L, V-8						
164 Spt Tr.	3,480	10,440	17,400	39,150	60,900	87,000
163 Lke Spt Phae.	3,640	10,920	18,200	40,950	63,700	91,000
151 Lke Spt Rds.	3,560	10,680	17,800	40,050	62,300	89,000
154 Clb Rds.	3,400	10,200	17,000	38,250	59,500	85,000
156 Cpe.	2,200	6,600	11,000	24,750	38,500	55,000
144W 2W Sed.	1,480	4,440	7,400	16,650	25,900	37,000
144B Sed.	1,480	4,440	7,400	16,650	25,900	37,000
152 Sed.	1,440	4,320	7,200	16,200	25,200	36,000
147A Sed.	1,440	4,320	7,200	16,200	25,200	36,000
147B Limo.	2,200	6,600	11,000	24,750	38,500	55,000
161 Jud Berl.	2,240	6,720	11,200	25,200	39,200	56,000
161C Jud Berl.	2,240	6,720	11,200	25,200	39,200	56,000
Jud Cpe.	2,400	7,200	12,000	27,000	42,000	60,000
159 Brn Cabr.	3,640	10,920	18,200	40,950	63,700	91,000
145 Brn Brgm.	3,080	9,240	15,400	34,650	53,900	77,000
155A Hlbrk Coll Cabr	3,640	10,920	18,200	40,950	63,700	91,000
155 LeB Spt Cabr.	4,040	12,120	20,200	45,450	70,700	101,000
157 W'by Lan'let Berl	3,640	10,920	18,200	40,950	63,700	91,000
160 W'by Limo.	3,880	11,640	19,400	43,650	67,900	97,000
162A LeB A-W Cabr.	3,720	11,160	18,600	41,850	65,100	93,000
162 LeB A-W Lan'let.	3,560	10,680	17,800	40,050	62,300	89,000
Jud Spt Cpe	3,320	9,960	16,600	37,350	58,100	83,000
LeB Cpe.	3,480	10,440	17,400	39,150	60,900	87,000
Dtrch Conv Vic	3,880	11,640	19,400	43,650	67,900	97,000
Dtrch Cpe Rds.	3,960	11,880	19,800	44,550	69,300	99,000
Dtrch Conv Sed.	4,040	12,120	20,200	45,450	70,700	101,000
Holbrk Cabr.	3,960	11,880	19,800	44,550	69,300	99,000
W'by Spt Sed	2,120	6,360	10,600	23,850	37,100	53,000
Der Spt Sed.	2,120	6,360	10,600	23,850	37,100	53,000
Brn Spt Conv.	3,560	10,680	17,800	40,050	62,300	89,000
1929 Model L, V-8 Standard Line						
Lke Spt Rds.	3,880	11,640	19,400	43,650	67,900	97,000
Clb Rds.	3,800	11,400	19,000	42,750	66,500	95,000
Lke Spt Phae.	4,120	12,360	20,600	46,350	72,100	103,000
Lke TWS Spt Phae	4,520	13,560	22,600	50,850	79,100	113,000
Lke Spt Phae TC & WS.	4,680	14,040	23,400	52,650	81,900	117,000
Lke Spt Tr.	3,960	11,880	19,800	44,550	69,300	99,000
Lke Clb Rds.	4,280	12,840	21,400	48,150	74,900	107,000
4P Cpe.	2,040	6,120	10,200	22,950	35,700	51,000
Twn Sed.	1,400	4,200	7,000	15,750	24,500	35,000
5P Sed.	1,360	4,080	6,800	15,300	23,800	34,000
7P Sed.	1,400	4,200	7,000	15,750	24,500	35,000
7P Limo.	2,000	6,000	10,000	22,500	35,000	50,000
2W Jud Berl.	2,160	6,480	10,800	24,300	37,800	54,000
3W Jud Berl.	2,120	6,360	10,600	23,850	37,100	53,000
Brn A-W Brgm.	3,640	10,920	18,200	40,950	63,700	91,000
Brn Cabr.	3,800	11,400	19,000	42,750	66,500	95,000
Brn Non-Coll Cabr.	3,640	10,920	18,200	40,950	63,700	91,000
Holbrk Coll Cabr	4,040	12,120	20,200	45,450	70,700	101,000
LeB A-W Cabr.	4,120	12,360	20,600	46,350	72,100	103,000
LeB Semi-Coll Cabr	3,640	10,920	18,200	40,950	63,700	91,000
LeB Coll Cabr	4,040	12,120	20,200	45,450	70,700	101,000
W'by Lan'let.	3,080	9,240	15,400	34,650	53,900	77,000
W'by Limo.	2,920	8,760	14,600	32,850	51,100	73,000

	6	5	4	3	2	1
Dtrch Cpe	2,680	8,040	13,400	30,150	46,900	67,000
Dtrch Sed	2,680	8,040	13,400	30,150	46,900	67,000
Dtrch Conv	3,880	11,640	19,400	43,650	67,900	97,000
LeB Spt Sed	2,760	8,280	13,800	31,050	48,300	69,000
LeB Aero Phae	3,880	11,640	19,400	43,650	67,900	97,000
LeB Sal Cabr	3,800	11,400	19,000	42,750	66,500	95,000
Brn Spt Conv	3,880	11,640	19,400	43,650	67,900	97,000
Dtrch Conv Sed	4,040	12,120	20,200	45,450	70,700	101,000
Dtrch Conv Vic	4,120	12,360	20,600	46,350	72,100	103,000
1930 Model L, V-8 Standard Line						
Conv Rds	3,880	11,640	19,400	43,650	67,900	97,000
5P Lke Spt Phae	4,480	13,440	22,400	50,400	78,400	112,000
5P Lke Spt Phae TC & WS	4,560	13,680	22,800	51,300	79,800	114,000
7P Lke Spt Phae	4,040	12,120	20,200	45,450	70,700	101,000
Lke Rds	4,480	13,440	22,400	50,400	78,400	112,000
4P Cpe	2,040	6,120	10,200	22,950	35,700	51,000
Twn Sed	1,400	4,200	7,000	15,750	24,500	35,000
5P Sed	1,360	4,080	6,800	15,300	23,800	34,000
7P Sed	1,400	4,200	7,000	15,750	24,500	35,000
7P Limo	2,000	6,000	10,000	22,500	35,000	50,000
1930 Custom Line						
Jud Cpe	2,600	7,800	13,000	29,250	45,500	65,000
2W Jud Berl	3,000	9,000	15,000	33,750	52,500	75,000
3W Jud Berl	3,000	9,000	15,000	33,750	52,500	75,000
Brn A-W Cabr	3,640	10,920	18,200	40,950	63,700	91,000
Brn Non-Coll Cabr	3,080	9,240	15,400	34,650	53,900	77,000
LeB A-W Cabr	4,720	14,160	23,600	53,100	82,600	118,000
LeB Semi-Coll Cabr	4,480	13,440	22,400	50,400	78,400	112,000
W'by Limo	3,000	9,000	15,000	33,750	52,500	75,000
Dtrch Cpe	2,760	8,280	13,800	31,050	48,300	69,000
Dtrch Sed	2,760	8,280	13,800	31,050	48,300	69,000
2W W'by Twn Sed	2,760	8,280	13,800	31,050	48,300	69,000
3W W'by Twn Sed	2,920	8,760	14,600	32,850	51,100	73,000
W'by Pan Brgm	3,080	9,240	15,400	34,650	53,900	77,000
LeB Cpe	2,760	8,280	13,800	31,050	48,300	69,000
LeB Conv Rds	4,480	13,440	22,400	50,400	78,400	112,000
LeB Spt Sed	3,480	10,440	17,400	39,150	60,900	87,000
Der Spt Conv	4,560	13,680	22,800	51,300	79,800	114,000
Der Conv Phae	4,640	13,920	23,200	52,200	81,200	116,000
Brn Semi-Coll Cabr	4,480	13,440	22,400	50,400	78,400	112,000
Dtrch Conv Cpe	4,640	13,920	23,200	52,200	81,200	116,000
Dtrch Conv Sed	4,720	14,160	23,600	53,100	82,600	118,000
Wolf Conv Sed	4,720	14,160	23,600	53,100	82,600	118,000
1931 Model K, V-8 Type 201, V-8, 145" wb						
202B Spt Phae	5,280	15,840	26,400	59,400	92,400	132,000
202A Spt Phae	5,360	16,080	26,800	60,300	93,800	134,000
203 Spt Tr	4,880	14,640	24,400	54,900	85,400	122,000
214 Conv Rds	4,720	14,160	23,600	53,100	82,600	118,000
206 Cpe	2,480	7,440	12,400	27,900	43,400	62,000
204 Twn Sed	2,200	6,600	11,000	24,750	38,500	55,000
205 Sed	2,120	6,360	10,600	23,850	37,100	53,000
207A Sed	2,120	6,360	10,600	23,850	37,100	53,000
207B Limo	2,560	7,680	12,800	28,800	44,800	64,000
212 Conv Phae	4,880	14,640	24,400	54,900	85,400	122,000
210 Conv Cpe	4,720	14,160	23,600	53,100	82,600	118,000
211 Conv Sed	4,880	14,640	24,400	54,900	85,400	122,000
216 W'by Pan Brgm	3,000	9,000	15,000	33,750	52,500	75,000
213A Jud Berl	2,680	8,040	13,400	30,150	46,900	67,000
213B Jud Berl	2,680	8,040	13,400	30,150	46,900	67,000
Jud Cpe	2,680	8,040	13,400	30,150	46,900	67,000
Brn Cabr	4,720	14,160	23,600	53,100	82,600	118,000
LeB Cabr	4,720	14,160	23,600	53,100	82,600	118,000
W'by Limo	3,000	9,000	15,000	33,750	52,500	75,000
Lke Spt Rds	4,880	14,640	24,400	54,900	85,400	122,000
Der Conv Sed	5,200	15,600	26,000	58,500	91,000	130,000
LeB Conv Rds	4,960	14,880	24,800	55,800	86,800	124,000
Mur DC Phae	5,360	16,080	26,800	60,300	93,800	134,000
Dtrch Conv Sed	5,360	16,080	26,800	60,300	93,800	134,000
Dtrch Conv Cpe	5,280	15,840	26,400	59,400	92,400	132,000
Wtrhs Conv Vic	5,360	16,080	26,800	60,300	93,800	134,000
1932 Model KA, V-8, 8-cyl., 136" wb						
Rds	4,560	13,680	22,800	51,300	79,800	114,000
Phae	5,280	15,840	26,400	59,400	92,400	132,000
Twn Sed	2,320	6,960	11,600	26,100	40,600	58,000
Sed	2,240	6,720	11,200	25,200	39,200	56,000
Cpe	2,800	8,400	14,000	31,500	49,000	70,000

	6	5	4	3	2	1
Vic	2,720	8,160	13,600	30,600	47,600	68,000
7P Sed	2,720	8,160	13,600	30,600	47,600	68,000
Limo	2,880	8,640	14,400	32,400	50,400	72,000
1932 Model KB, V-12 Standard, 12-cyl., 145" wb						
Phae	5,760	17,280	28,800	64,800	100,800	144,000
Spt Phae	5,920	17,760	29,600	66,600	103,600	148,000
Cpe	2,800	8,400	14,000	31,500	49,000	70,000
2W Tr Sed	2,480	7,440	12,400	27,900	43,400	62,000
3W Tr Sed	2,440	7,320	12,200	27,450	42,700	61,000
5P Sed	2,400	7,200	12,000	27,000	42,000	60,000
7P Sed	2,360	7,080	11,800	26,550	41,300	59,000
Limo	2,720	8,160	13,600	30,600	47,600	68,000
1932 Custom, 145" wb						
LeB Conv Cpe	7,120	21,360	35,600	80,100	124,600	178,000
2P Dtrch Cpe	3,520	10,560	17,600	39,600	61,600	88,000
4P Dtrch Cpe	3,360	10,080	16,800	37,800	58,800	84,000
Jud Cpe	3,600	10,800	18,000	40,500	63,000	90,000
Jud Berl	3,200	9,600	16,000	36,000	56,000	80,000
W'by Limo	3,280	9,840	16,400	36,900	57,400	82,000
Wtrhs Conv Vic	6,960	20,880	34,800	78,300	121,800	174,000
Dtrch Conv Sed	7,120	21,360	35,600	80,100	124,600	178,000
W'by Twn Brgm	4,040	12,120	20,200	45,450	70,700	101,000
Brn Brgm	3,960	11,880	19,800	44,550	69,300	99,000
Brn Non-Coll Cabr	5,840	17,520	29,200	65,700	102,200	146,000
Brn Semi-Coll Cabr	6,720	20,160	33,600	75,600	117,600	168,000
LeB Twn Cabr	7,120	21,360	35,600	80,100	124,600	178,000
Dtrch Spt Berl	5,520	16,560	27,600	62,100	96,600	138,000
5P Rlstn TwnC	5,360	16,080	26,800	60,300	93,800	134,000
7P Rlstn TwnC	5,360	16,080	26,800	60,300	93,800	134,000
Brn Phae	6,160	18,480	30,800	69,300	107,800	154,000
Brn dbl-entry Spt Sed	4,640	13,920	23,200	52,200	81,200	116,000
Brn A-W Brgm	5,360	16,080	26,800	60,300	93,800	134,000
Brn Clb Sed	4,240	12,720	21,200	47,700	74,200	106,000
Mur Conv Rds	7,720	23,160	38,600	86,850	135,100	193,000
1933 Model KA, V-12, 12-cyl., 136" wb						
512B Cpe	2,800	8,400	14,000	31,500	49,000	70,000
512A RS Cpe	2,880	8,640	14,400	32,400	50,400	72,000
513A Conv Rds	4,720	14,160	23,600	53,100	82,600	118,000
514 Twn Sed	2,400	7,200	12,000	27,000	42,000	60,000
515 Sed	2,360	7,080	11,800	26,550	41,300	59,000
516 Cpe	2,800	8,400	14,000	31,500	49,000	70,000
517 Sed	2,360	7,080	11,800	26,550	41,300	59,000
517B Limo	2,720	8,160	13,600	30,600	47,600	68,000
518A DC Phae	5,520	16,560	27,600	62,100	96,600	138,000
518B Phae	5,360	16,080	26,800	60,300	93,800	134,000
519 7P Tr	5,200	15,600	26,000	58,500	91,000	130,000
520B RS Rds	4,800	14,400	24,000	54,000	84,000	120,000
520A Rds	4,720	14,160	23,600	53,100	82,600	118,000
1933 Model KB, V-8, 12-cyl., 145" wb						
252A DC Phae	6,560	19,680	32,800	73,800	114,800	164,000
252B Phae	6,320	18,960	31,600	71,100	110,600	158,000
253 7P Tr	6,320	18,960	31,600	71,100	110,600	158,000
Twn Sed	2,480	7,440	12,400	27,900	43,400	62,000
255 5P Sed	2,560	7,680	12,800	28,800	44,800	64,000
256 5P Cpe	2,880	8,640	14,400	32,400	50,400	72,000
257 7P Sed	2,480	7,440	12,400	27,900	43,400	62,000
257B Limo	2,960	8,880	14,800	33,300	51,800	74,000
258C Brn Semi-Coll Cabr	6,160	18,480	30,800	69,300	107,800	154,000
258D Brn Non-Coll Cabr	5,760	17,280	28,800	64,800	100,800	144,000
259 Brn Brgm	3,760	11,280	18,800	42,300	65,800	94,000
260 Brn Conv Cpe	7,720	23,160	38,600	86,850	135,100	193,000
Dtrch Conv Sed	7,920	23,760	39,600	89,100	138,600	198,000
2P Dtrch Cpe	3,680	11,040	18,400	41,400	64,400	92,000
4P Dtrch Cpe	3,680	11,040	18,400	41,400	64,400	92,000
Jud Berl	3,200	9,600	16,000	36,000	56,000	80,000
2P Jud Cpe	3,360	10,080	16,800	37,800	58,800	84,000
4P Jud Cpe	3,360	10,080	16,800	37,800	58,800	84,000
Jud Limo	3,520	10,560	17,600	39,600	61,600	88,000
LeB Conv Rds	7,120	21,360	35,600	80,100	124,600	178,000
W'by Limo	3,520	10,560	17,600	39,600	61,600	88,000
W'by Brgm	3,680	11,040	18,400	41,400	64,400	92,000
1934 Series K, V-12, 12-cyl., 136" wb						
4P Conv Rds	4,800	14,400	24,000	54,000	84,000	120,000
4P Twn Sed	2,120	6,360	10,600	23,850	37,100	53,000
5P Sed	2,480	7,440	12,400	27,900	43,400	62,000
5P Cpe	2,880	8,640	14,400	32,400	50,400	72,000

	6	5	4	3	2	1
7P Sed	2,480	7,440	12,400	27,900	43,400	62,000
7P Limo	2,960	8,880	14,800	33,300	51,800	74,000
2P Cpe	2,960	8,880	14,800	33,300	51,800	74,000
5P Conv Phae	4,720	14,160	23,600	53,100	82,600	118,000
4P Cpe	2,720	8,160	13,600	30,600	47,600	68,000
1934 V-12, 145" wb						
Tr	4,640	13,920	23,200	52,200	81,200	116,000
Sed	2,560	7,680	12,800	28,800	44,800	64,000
Limo	2,880	8,640	14,400	32,400	50,400	72,000
2W Jud Berl	3,360	10,080	16,800	37,800	58,800	84,000
3W Jud Berl	3,200	9,600	16,000	36,000	56,000	80,000
Jud Sed Limo	2,960	8,880	14,800	33,300	51,800	74,000
Brn Brgm	3,200	9,600	16,000	36,000	56,000	80,000
Brn Semi-Coll Cabr	5,280	15,840	26,400	59,400	92,400	132,000
Brn Conv Cpe	5,760	17,280	28,800	64,800	100,800	144,000
W'by Limo	2,880	8,640	14,400	32,400	50,400	72,000
LeB Rds	5,760	17,280	28,800	64,800	100,800	144,000
Dtrch Conv Sed	6,160	18,480	30,800	69,300	107,800	154,000
Brn Conv Vic	6,160	18,480	30,800	69,300	107,800	154,000
LeB Cpe	3,200	9,600	16,000	36,000	56,000	80,000
Dtrch Conv Rds	5,760	17,280	28,800	64,800	100,800	144,000
W'by Spt Sed	2,880	8,640	14,400	32,400	50,400	72,000
LeB Conv Cpe	5,760	17,280	28,800	64,800	100,800	144,000
Brn Conv Sed	5,760	17,280	28,800	64,800	100,800	144,000
Brn Cus Phae	6,160	18,480	30,800	69,300	107,800	154,000
Brwstr Non-Coll Cabr	4,560	13,680	22,800	51,300	79,800	114,000
1935 Series K, V-12, 136" wb						
LeB Conv Rds	4,800	14,400	24,000	54,000	84,000	120,000
LeB Cpe	2,440	7,320	12,200	27,450	42,700	61,000
Cpe	2,360	7,080	11,800	26,550	41,300	59,000
Brn Conv Vic	4,880	14,640	24,400	54,900	85,400	122,000
2W Sed	2,000	6,000	10,000	22,500	35,000	50,000
3W Sed	1,960	5,880	9,800	22,050	34,300	49,000
LeB Conv Phae	4,960	14,880	24,800	55,800	86,800	124,000
1935 V-12, 145" wb						
7P Tr	4,720	14,160	23,600	53,100	82,600	118,000
7P Sed	2,040	6,120	10,200	22,950	35,700	51,000
7P Limo	2,440	7,320	12,200	27,450	42,700	61,000
LeB Conv Sed	6,400	19,200	32,000	72,000	112,000	160,000
Brn Semi-Coll Cabr	4,480	13,440	22,400	50,400	78,400	112,000
Brn Non-Coll Cabr	4,120	12,360	20,600	46,350	72,100	103,000
Brn Brgm	2,440	7,320	12,200	27,450	42,700	61,000
W'by Limo	2,400	7,200	12,000	27,000	42,000	60,000
W'by Spt Sed	2,440	7,320	12,200	27,450	42,700	61,000
2W Jud Berl	2,400	7,200	12,000	27,000	42,000	60,000
3W Jud Berl	2,440	7,320	12,200	27,450	42,700	61,000
Jud Sed Limo	2,480	7,440	12,400	27,900	43,400	62,000
1936 Zephyr, V-12, 122" wb						
4d Sed	1,400	4,200	7,000	15,750	24,500	35,000
2d Sed	1,440	4,320	7,200	16,200	25,200	36,000
1936 12-cyl., 136" wb						
LeB Rds Cabr	4,200	12,600	21,000	47,250	73,500	105,000
2P LeB Cpe	1,880	5,640	9,400	21,150	32,900	47,000
5P Cpe	1,800	5,400	9,000	20,250	31,500	45,000
Brn Conv Vic	3,960	11,880	19,800	44,550	69,300	99,000
2W Sed	1,600	4,800	8,000	18,000	28,000	40,000
3W Sed	1,560	4,680	7,800	17,550	27,300	39,000
LeB Conv Sed	4,320	12,960	21,600	48,600	75,600	108,000
1936 V-12, 145" wb						
7P Tr	4,120	12,360	20,600	46,350	72,100	103,000
7P Sed	1,960	5,880	9,800	22,050	34,300	49,000
7P Limo	2,040	6,120	10,200	22,950	35,700	51,000
LeB Conv Sed w/part	5,760	17,280	28,800	64,800	100,800	144,000
Brn Semi-Coll Cabr	3,960	11,880	19,800	44,550	69,300	99,000
Brn Non-Coll Cabr	3,160	9,480	15,800	35,550	55,300	79,000
Brn Brgm	2,080	6,240	10,400	23,400	36,400	52,000
W'by Limo	2,160	6,480	10,800	24,300	37,800	54,000
W'by Spt Sed	2,000	6,000	10,000	22,500	35,000	50,000
2W Jud Berl	2,080	6,240	10,400	23,400	36,400	52,000
3W Jud Berl	2,120	6,360	10,600	23,850	37,100	53,000
Jud Limo	2,200	6,600	11,000	24,750	38,500	55,000
1937 Zephyr, V-12						
3P Cpe	1,500	4,500	7,500	16,880	26,250	37,500
2d Sed	1,440	4,320	7,200	16,200	25,200	36,000
4d Sed	1,400	4,200	7,000	15,750	24,500	35,000
Twn Sed	1,440	4,320	7,200	16,200	25,200	36,000

	6	5	4	3	2	1
1937 Series K, V-12, 136" wb						
LeB Conv Rds	3,760	11,280	18,800	42,300	65,800	94,000
LeB Cpe	1,840	5,520	9,200	20,700	32,200	46,000
W'by Cpe	1,920	5,760	9,600	21,600	33,600	48,000
Brn Conv Vic	3,920	11,760	19,600	44,100	68,600	98,000
2W Sed	1,680	5,040	8,400	18,900	29,400	42,000
3W Sed	1,640	4,920	8,200	18,450	28,700	41,000
1937 V-12, 145" wb						
7P Sed	1,760	5,280	8,800	19,800	30,800	44,000
7P Limo	1,840	5,520	9,200	20,700	32,200	46,000
LeB Conv Sed	3,800	11,400	19,000	42,750	66,500	95,000
LeB Conv Sed w/part	3,960	11,880	19,800	44,550	69,300	99,000
Brn Semi-Coll Cabr	3,560	10,680	17,800	40,050	62,300	89,000
Brn Non-Coll Cabr	2,840	8,520	14,200	31,950	49,700	71,000
Brn Brgm	2,120	6,360	10,600	23,850	37,100	53,000
Brn Tr Cabr	3,720	11,160	18,600	41,850	65,100	93,000
2W Jud Berl	2,080	6,240	10,400	23,400	36,400	52,000
3W Jud Berl	2,040	6,120	10,200	22,950	35,700	51,000
Jud Limo	2,280	6,840	11,400	25,650	39,900	57,000
W'by Tr	2,480	7,440	12,400	27,900	43,400	62,000
W'by Limo	2,240	6,720	11,200	25,200	39,200	56,000
W'by Spt Sed	2,040	6,120	10,200	22,950	35,700	51,000
W'by Cpe	2,120	6,360	10,600	23,850	37,100	53,000
W'by Pan Brgm	2,160	6,480	10,800	24,300	37,800	54,000
Jud Cpe	2,120	6,360	10,600	23,850	37,100	53,000
1938 Zephyr, V-12						
3P Cpe	1,500	4,500	7,500	16,880	26,250	37,500
3P Conv Cpe	2,460	7,380	12,300	27,680	43,050	61,500
4d Sed	1,400	4,200	7,000	15,750	24,500	35,000
2d Sed	1,440	4,320	7,200	16,200	25,200	36,000
Conv Sed	2,980	8,940	14,900	33,530	52,150	74,500
Twn Sed	1,440	4,320	7,200	16,200	25,200	36,000
1938 Series K, V-12, 136" wb						
LeB Conv Rds	3,560	10,680	17,800	40,050	62,300	89,000
LeB Cpe	1,840	5,520	9,200	20,700	32,200	46,000
W'by Cpe	1,880	5,640	9,400	21,150	32,900	47,000
2W Sed	1,680	5,040	8,400	18,900	29,400	42,000
3W Sed	1,640	4,920	8,200	18,450	28,700	41,000
Brn Conv Vic	3,440	10,320	17,200	38,700	60,200	86,000
1938 V-12, 145" wb						
7P Sed	1,760	5,280	8,800	19,800	30,800	44,000
Sed Limo	1,840	5,520	9,200	20,700	32,200	46,000
LeB Conv Sed	3,960	11,880	19,800	44,550	69,300	99,000
LeB Conv Sed w/part	4,120	12,360	20,600	46,350	72,100	103,000
2W Jud Berl	2,080	6,240	10,400	23,400	36,400	52,000
3W Jud Berl	2,040	6,120	10,200	22,950	35,700	51,000
Jud Limo	2,280	6,840	11,400	25,650	39,900	57,000
Brn Tr Cabr	4,040	12,120	20,200	45,450	70,700	101,000
W'by Tr	2,480	7,440	12,400	27,900	43,400	62,000
W'by Spt Sed	2,040	6,120	10,200	22,950	35,700	51,000
Brn Non-Coll Cabr	2,760	8,280	13,800	31,050	48,300	69,000
Brn Semi-Coll Cabr	3,560	10,680	17,800	40,050	62,300	89,000
Brn Brgm	2,120	6,360	10,600	23,850	37,100	53,000
W'by Pan Brgm	2,160	6,480	10,800	24,300	37,800	54,000
W'by Limo	2,240	6,720	11,200	25,200	39,200	56,000
1939 Zephyr, V-12						
3P Cpe	1,500	4,500	7,500	16,880	26,250	37,500
Conv Cpe	2,500	7,500	12,500	28,130	43,750	62,500
2d Sed	1,440	4,320	7,200	16,200	25,200	36,000
5P Sed	1,400	4,200	7,000	15,750	24,500	35,000
Conv Sed	2,980	8,940	14,900	33,530	52,150	74,500
Twn Sed	1,440	4,320	7,200	16,200	25,200	36,000
1939 Series K, V-12, 136" wb						
LeB Conv Rds	3,360	10,080	16,800	37,800	58,800	84,000
LeB Cpe	1,920	5,760	9,600	21,600	33,600	48,000
W'by Cpe	1,960	5,880	9,800	22,050	34,300	49,000
2W Sed	1,800	5,400	9,000	20,250	31,500	45,000
3W Sed	1,800	5,400	9,000	20,250	31,500	45,000
Brn Conv Vic	3,240	9,720	16,200	36,450	56,700	81,000
1939 V-12, 145" wb						
2W Jud Berl	1,840	5,520	9,200	20,700	32,200	46,000
3W Jud Berl	1,800	5,400	9,000	20,250	31,500	45,000
Jud Limo	1,920	5,760	9,600	21,600	33,600	48,000
Brn Tr Cabr	2,680	8,040	13,400	30,150	46,900	67,000
7P Sed	1,840	5,520	9,200	20,700	32,200	46,000
7P Limo	1,960	5,880	9,800	22,050	34,300	49,000

	6	5	4	3	2	1
LeB Conv Sed	3,960	11,880	19,800	44,550	69,300	99,000
LeB Conv Sed w/part	4,120	12,360	20,600	46,350	72,100	103,000
W'by Spt Sed	2,080	6,240	10,400	23,400	36,400	52,000
1939 V-12, 145" wb, 6 wheels						
Brn Non-Coll Cabr	3,560	10,680	17,800	40,050	62,300	89,000
Brn Semi-Coll Cabr	3,960	11,880	19,800	44,550	69,300	99,000
Brn Brgm	2,200	6,600	11,000	24,750	38,500	55,000
W'by Limo	2,360	7,080	11,800	26,550	41,300	59,000
1940 Zephyr, V-12						
3P Cpe	1,500	4,500	7,500	16,880	26,250	37,500
OS Cpe	1,440	4,320	7,200	16,200	25,200	36,000
Clb Cpe	1,470	4,410	7,350	16,540	25,730	36,750
Conv Clb Cpe	2,500	7,500	12,500	28,130	43,750	62,500
6P Sed	1,400	4,200	7,000	15,750	24,500	35,000
Twn Limo	1,440	4,320	7,200	16,200	25,200	36,000
Cont Clb Cpe	2,580	7,740	12,900	29,030	45,150	64,500
Cont Conv Cabr	2,880	8,640	14,400	32,400	50,400	72,000
1940 Series K, V-12						
NOTE: Available on special request, black emblems rather than blue.						
1941 Zephyr, V-12						
3P Cpe	1,500	4,500	7,500	16,880	26,250	37,500
OS Cpe	1,440	4,320	7,200	16,200	25,200	36,000
Clb Cpe	1,470	4,410	7,350	16,540	25,730	36,750
Conv Cpe	2,500	7,500	12,500	28,130	43,750	62,500
Cont Cpe	2,580	7,740	12,900	29,030	45,150	64,500
Cont Conv Cabr	2,880	8,640	14,400	32,400	50,400	72,000
6P Sed	1,400	4,200	7,000	15,750	24,500	35,000
Cus Sed	1,480	4,440	7,400	16,650	25,900	37,000
8P Limo	2,160	6,480	10,800	24,300	37,800	54,000
1942 Zephyr, V-12						
3P Cpe	1,500	4,500	7,500	16,880	26,250	37,500
Clb Cpe	1,470	4,410	7,350	16,540	25,730	36,750
Conv Clb Cpe	2,500	7,500	12,500	28,130	43,750	62,500
Cont Cpe	2,580	7,740	12,900	29,030	45,150	64,500
Cont Conv Cabr	2,920	8,760	14,600	32,850	51,100	73,000
6P Sed	1,400	4,200	7,000	15,750	24,500	35,000
Cus Sed	1,480	4,440	7,400	16,650	25,900	37,000
8P Limo	2,160	6,480	10,800	24,300	37,800	54,000
1946-48 8th Series, V-12, 125" wb						
2d Clb Cpe	1,440	4,320	7,200	16,200	25,200	36,000
2d Conv	2,600	7,800	13,000	29,250	45,500	65,000
4d Sed	960	2,880	4,800	10,800	16,800	24,000
2d Cont Cpe	2,200	6,600	11,000	24,750	38,500	55,000
2d Cont Conv	3,520	10,560	17,600	39,600	61,600	88,000
1949-50 Model 9EL/OEL, V-8, 121" wb						
4d Spt Sed	960	2,880	4,800	10,800	16,800	24,000
2d Cpe	1,120	3,360	5,600	12,600	19,600	28,000
2d Lido Cpe (1950 only)	1,320	3,960	6,600	14,850	23,100	33,000
2d Conv (1949 only)	3,100	9,300	15,500	34,880	54,250	77,500
1949-50 Cosmopolitan, V-8, 125" wb						
4d Town Sed (1949 only)	1,000	3,000	5,000	11,250	17,500	25,000
4d Spt Sed	1,020	3,060	5,100	11,480	17,850	25,500
2d Cpe	1,120	3,360	5,600	12,600	19,600	28,000
2d Capri (1950 only)	1,280	3,840	6,400	14,400	22,400	32,000
2d Conv	3,160	9,480	15,800	35,550	55,300	79,000
1951 Model 1EL, V-8, 121" wb						
4d Spt Sed	1,000	3,000	5,000	11,250	17,500	25,000
2d Cpe	1,160	3,480	5,800	13,050	20,300	29,000
2d Lido Cpe	1,380	4,140	6,900	15,530	24,150	34,500
1951 Cosmopolitan, V-8, 125" wb						
4d Spt Sed	1,040	3,120	5,200	11,700	18,200	26,000
2d Cpe	1,200	3,600	6,000	13,500	21,000	30,000
2d Capri	1,360	4,080	6,800	15,300	23,800	34,000
2d Conv	3,240	9,720	16,200	36,450	56,700	81,000
1952-53 Cosmopolitan Model BH, V-8, 123" wb						
4d Sed	760	2,280	3,800	8,550	13,300	19,000
2d HT	1,160	3,480	5,800	13,050	20,300	29,000
1952-53 Capri, V-8, 123" wb						
4d Sed	800	2,400	4,000	9,000	14,000	20,000
2d HT	1,160	3,480	5,800	13,050	20,300	29,000
2d Conv	2,480	7,440	12,400	27,900	43,400	62,000
1954 Cosmopolitan, V-8, 123" wb						
4d Sed	800	2,400	4,000	9,000	14,000	20,000
2d HT	1,200	3,600	6,000	13,500	21,000	30,000
1954 Capri, V-8, 123" wb						
4d Sed	840	2,520	4,200	9,450	14,700	21,000

	6	5	4	3	2	1
2d HT	1,200	3,600	6,000	13,500	21,000	30,000
2d Conv.	2,560	7,680	12,800	28,800	44,800	64,000
1955 Cosmopolitan, V-8, 123" wb						
4d Sed.	880	2,640	4,400	9,900	15,400	22,000
2d HT	1,240	3,720	6,200	13,950	21,700	31,000
1955 Capri, V-8, 123" wb						
4d Sed.	980	2,940	4,900	11,030	17,150	24,500
2d HT	1,260	3,780	6,300	14,180	22,050	31,500
2d Conv.	2,640	7,920	13,200	29,700	46,200	66,000
1956 Capri, V-8, 126" wb						
4d Sed.	920	2,760	4,600	10,350	16,100	23,000
2d HT	1,200	3,600	6,000	13,500	21,000	30,000
1956 Premiere, V-8, 126" wb						
4d Sed.	1,000	3,000	5,000	11,250	17,500	25,000
2d HT	1,280	3,840	6,400	14,400	22,400	32,000
2d Conv.	3,400	10,200	17,000	38,250	59,500	85,000
1956 Continental Mk II, V-8, 126" wb						
2d HT	3,600	10,800	18,000	40,500	63,000	90,000
1957 Capri, V-8, 126" wb						
4d Sed.	840	2,520	4,200	9,450	14,700	21,000
4d HT	960	2,880	4,800	10,800	16,800	24,000
2d HT	1,240	3,720	6,200	13,950	21,700	31,000
1957 Premiere, V-8, 126" wb						
4d Sed.	920	2,760	4,600	10,350	16,100	23,000
4d HT	960	2,880	4,800	10,800	16,800	24,000
2d HT	1,320	3,960	6,600	14,850	23,100	33,000
2d Conv.	3,440	10,320	17,200	38,700	60,200	86,000
1957 Continental Mk II, V-8, 126" wb						
2d HT	3,600	10,800	18,000	40,500	63,000	90,000
1958-59 Capri, V-8, 131" wb						
4d Sed.	720	2,160	3,600	8,100	12,600	18,000
4d HT	800	2,400	4,000	9,000	14,000	20,000
2d HT	920	2,760	4,600	10,350	16,100	23,000
1958-59 Premiere, V-8, 131" wb						
4d Sed.	760	2,280	3,800	8,550	13,300	19,000
4d HT	840	2,520	4,200	9,450	14,700	21,000
2d HT	960	2,880	4,800	10,800	16,800	24,000
1958-59 Continental Mk III and IV, V-8, 131" wb						
4d Sed.	840	2,520	4,200	9,450	14,700	21,000
4d HT	920	2,760	4,600	10,350	16,100	23,000
2d HT	1,040	3,120	5,200	11,700	18,200	26,000
2d Conv.	3,500	10,500	17,500	39,380	61,250	87,500
4d Town Car (1959 only)	1,240	3,720	6,200	13,950	21,700	31,000
4d Limo (1959 only)	1,480	4,440	7,400	16,650	25,900	37,000
1960 Lincoln, V-8, 131" wb						
4d Sed.	760	2,280	3,800	8,550	13,300	19,000
4d HT	840	2,520	4,200	9,450	14,700	21,000
2d HT	920	2,760	4,600	10,350	16,100	23,000
1960 Premiere, V-8, 131" wb						
4d Sed.	800	2,400	4,000	9,000	14,000	20,000
4d HT	880	2,640	4,400	9,900	15,400	22,000
2d HT	960	2,880	4,800	10,800	16,800	24,000
1960 Continental Mk V, V-8, 131" wb						
4d Sed.	880	2,640	4,400	9,900	15,400	22,000
4d HT	960	2,880	4,800	10,800	16,800	24,000
2d HT	1,120	3,360	5,600	12,600	19,600	28,000
2d Conv.	3,540	10,620	17,700	39,830	61,950	88,500
4d Town Car	1,280	3,840	6,400	14,400	22,400	32,000
4d Limo	1,520	4,560	7,600	17,100	26,600	38,000
1961-63 Continental, V-8, 123" wb						
4d Sed.	1,000	3,000	5,000	11,250	17,500	25,000
4d Conv.	2,360	7,080	11,800	26,550	41,300	59,000
1964-65 Continental, V-8, 126" wb						
4d Sed.	1,040	3,120	5,200	11,700	18,200	26,000
4d Conv.	2,400	7,200	12,000	27,000	42,000	60,000
4d Exec Limo	1,600	4,800	8,000	18,000	28,000	40,000
1966 Continental, V-8, 126" wb						
4d Sed.	720	2,160	3,600	8,100	12,600	18,000
2d HT	840	2,520	4,200	9,450	14,700	21,000
4d Conv.	2,000	6,000	10,000	22,500	35,000	50,000
1967 Continental, V-8, 126" wb						
4d Sed.	720	2,160	3,600	8,100	12,600	18,000
2d HT	840	2,520	4,200	9,450	14,700	21,000
4d Conv.	2,000	6,000	10,000	22,500	35,000	50,000
1968 Continental, V-8, 126" wb						
4d Sed.	680	2,040	3,400	7,650	11,900	17,000
2d HT	800	2,400	4,000	9,000	14,000	20,000

	6	5	4	3	2	1
1968 Continental Mk III, V-8, 117" wb						
2d HT	840	2,520	4,200	9,450	14,700	21,000
1969 Continental, V-8, 126" wb						
4d Sed	640	1,920	3,200	7,200	11,200	16,000
2d HT	680	2,040	3,400	7,650	11,900	17,000
1969 Continental Mk III, V-8, 117" wb						
2d HT	1,000	3,000	5,000	11,250	17,500	25,000
1970 Continental						
4d Sed	640	1,920	3,200	7,200	11,200	16,000
2d HT	680	2,040	3,400	7,650	11,900	17,000
1970 Continental Mk III, V-8, 117" wb						
2d HT	1,020	3,060	5,100	11,480	17,850	25,500
1971 Continental						
4d Sed	640	1,920	3,200	7,200	11,200	16,000
2d	680	2,040	3,400	7,650	11,900	17,000
1971 Mk III						
2d	1,020	3,060	5,100	11,480	17,850	25,500
1972 Continental						
4d Sed	640	1,920	3,200	7,200	11,200	16,000
2d	680	2,040	3,400	7,650	11,900	17,000
1972 Mk IV						
2d	760	2,280	3,800	8,550	13,300	19,000
1973 Continental, V-8						
2d HT	660	1,980	3,300	7,430	11,550	16,500
4d HT	620	1,860	3,100	6,980	10,850	15,500
1973 Mk IV, V-8						
2d HT	760	2,280	3,800	8,550	13,300	19,000
1974 Continental, V-8						
4d Sed	600	1,800	3,000	6,750	10,500	15,000
2d Cpe	620	1,860	3,100	6,980	10,850	15,500
1974 Mk IV, V-8						
2d HT	720	2,160	3,600	8,100	12,600	18,000
1975 Continental, V-8						
4d Sed	612	1,836	3,060	6,890	10,710	15,300
2d Cpe	620	1,860	3,100	6,980	10,850	15,500
1975 Mk IV, V-8						
2d HT	720	2,160	3,600	8,100	12,600	18,000
1976 Continental, V-8						
4d Sed	600	1,800	3,000	6,750	10,500	15,000
2d Cpe	620	1,860	3,100	6,980	10,850	15,500
1976 Mk IV, V-8						
2d Cpe	720	2,160	3,600	8,100	12,600	18,000
NOTE: Add 10 percent for 460 cid engine. Add 5 percent for Designer Series.						
1977 Versailles, V-8						
4d Sed	400	1,200	2,000	4,500	7,000	10,000
1977 Continental, V-8						
4d Sed	412	1,236	2,060	4,640	7,210	10,300
2d Cpe	420	1,260	2,100	4,730	7,350	10,500
1977 Mk V, V-8						
2d Cpe	600	1,800	3,000	6,750	10,500	15,000
NOTE: Add 10 percent for 460 cid engine. Add 5 percent for Designer Series.						
1978 Versailles						
4d Sed	300	850	1,400	3,150	4,900	7,000
1978 Continental						
4d Sed	300	850	1,450	3,240	5,050	7,200
2d Cpe	300	900	1,500	3,420	5,300	7,600
1978 Mk V						
2d Cpe	600	1,800	3,000	6,750	10,500	15,000
NOTE: Add 10 percent for Diamond Jubilee. Add 5 percent for Collector Series. Add 5 percent for Designer Series. Add 10 percent for 460 cid engine.						
1979 Versailles, V-8						
4d Sed	250	800	1,350	3,060	4,750	6,800
1979 Continental, V-8						
4d Sed	300	900	1,500	3,330	5,200	7,400
2d Cpe	300	950	1,600	3,560	5,550	7,900
1979 Mk V, V-8						
2d Cpe	560	1,680	2,800	6,300	9,800	14,000
NOTE: Add 5 percent for Collector Series. Add 5 percent for Designer Series.						
1980 Versailles, V-8						
4d Sed	244	732	1,220	2,750	4,270	6,100
1980 Continental, V-8						
4d Sed	300	900	1,500	3,330	5,200	7,400
2d Cpe	300	950	1,600	3,560	5,550	7,900
1980 Mk VI, V-8						
4d Sed	360	1,080	1,800	4,050	6,300	9,000
2d Cpe	368	1,104	1,840	4,140	6,440	9,200
NOTE: Add 30 percent for Signature Series. Add 10 percent for Signature Series w/351-cid options.						

LINCOLN

	6	5	4	3	2	1
1981 Town Car, V-8						
4d Sed.	300	900	1,450	3,290	5,100	7,300
2d Cpe.	300	950	1,550	3,510	5,450	7,800
1981 Mk VI						
4d Sed.	240	720	1,200	2,700	4,200	6,000
2d Cpe.	248	744	1,240	2,790	4,340	6,200
NOTE: Add 20 percent for Signature Series.						
1982 Town Car, V-8						
4d Sed.	260	780	1,300	2,930	4,550	6,500
1982 Mk VI, V-8						
4d Sed.	244	732	1,220	2,750	4,270	6,100
2d Cpe.	248	744	1,240	2,790	4,340	6,200
NOTE: Add 5 percent for Designer Series.						
1982 Continental, V-8						
4d Sed.	520	1,560	2,600	5,850	9,100	13,000
1983 Town Car, V-8						
4d Sed.	272	816	1,360	3,060	4,760	6,800
1983 Mk VI, V-8						
4d Sed.	250	750	1,200	2,750	4,250	6,100
2d Cpe.	248	744	1,240	2,790	4,340	6,200
NOTE: Add 5 percent for Designer Series.						
1983 Continental, V-8						
4d Sed.	520	1,560	2,600	5,850	9,100	13,000
1984 Town Car, V-8						
4d Sed.	276	828	1,380	3,110	4,830	6,900
1984 Mk VII, V-8						
2d Cpe.	360	1,080	1,800	4,050	6,300	9,000
2d LSC Cpe.	540	1,620	2,700	6,080	9,450	13,500
NOTE: Add 10 percent for BMW 2.4 liter turbo diesel option.						
1984 Continental, V-8						
4d Sed.	520	1,560	2,600	5,850	9,100	13,000
1985 Town Car, V-8						
4d Sed.	360	1,080	1,800	4,050	6,300	9,000
1985 Mk VII, V-8						
2d Cpe.	368	1,104	1,840	4,140	6,440	9,200
2d LSC Cpe.	540	1,620	2,700	6,080	9,450	13,500
NOTE: Add 10 percent for BMW 2.4 liter turbo diesel option.						
1985 Continental, V-8						
4d Sed.	536	1,608	2,680	6,030	9,380	13,400
1986 Town Car						
4d Sed.	380	1,140	1,900	4,280	6,650	9,500
1986 Mk VII						
2d Cpe.	520	1,560	2,600	5,850	9,100	13,000
2d LSC Cpe.	540	1,620	2,700	6,080	9,450	13,500
2d Cpe Bill Blass.	550	1,700	2,800	6,300	9,800	14,000
1986 Continental						
4d Sed.	552	1,656	2,760	6,210	9,660	13,800
NOTE: Add 20 percent for Designer Series.						
1987 Town Car, V-8						
4d Sed.	392	1,176	1,960	4,410	6,860	9,800
4d Sed Signature	420	1,260	2,100	4,730	7,350	10,500
4d Sed Cartier.	540	1,620	2,700	6,080	9,450	13,500
1987 Mk VII, V-8						
2d Cpe.	420	1,260	2,100	4,730	7,350	10,500
2d Cpe LSC.	540	1,620	2,700	6,080	9,450	13,500
2d Cpe Bill Blass.	560	1,680	2,800	6,300	9,800	14,000
1987 Continental, V-8						
4d Sed.	380	1,140	1,900	4,280	6,650	9,500
4d Sed Givenchy.	420	1,260	2,100	4,730	7,350	10,500
1988 Town Car, V-8						
4d Sed.	400	1,200	2,000	4,500	7,000	10,000
4d Sed Signature	520	1,560	2,600	5,850	9,100	13,000
4d Sed Cartier.	540	1,620	2,700	6,080	9,450	13,500
1988 Mk VII, V-8						
2d Cpe LSC.	552	1,656	2,760	6,210	9,660	13,800
2d Cpe Bill Blass.	556	1,668	2,780	6,260	9,730	13,900
1988 Continental, V-6						
4d Sed.	412	1,236	2,060	4,640	7,210	10,300
4d Sed Signature	532	1,596	2,660	5,990	9,310	13,300
1989 Town Car, V-8						
4d Sed.	540	1,620	2,700	6,080	9,450	13,500
4d Sed Signature	560	1,680	2,800	6,300	9,800	14,000
4d Sed Cartier.	600	1,800	3,000	6,750	10,500	15,000
1989 Mk VII, V-8						
2d Cpe LSC.	560	1,680	2,800	6,300	9,800	14,000
2d Cpe Bill Blass.	560	1,680	2,800	6,300	9,800	14,000

LINCOLN

	6	5	4	3	2	1
1989 Continental, V-6						
4d Sed	420	1,260	2,100	4,730	7,350	10,500
4d Sed Signature	540	1,620	2,700	6,080	9,450	13,500
1990 Town Car, V-8						
4d Sed	600	1,800	3,000	6,750	10,500	15,000
4d Sed Signature	640	1,920	3,200	7,200	11,200	16,000
4d Sed Cartier	660	1,980	3,300	7,430	11,550	16,500
1990 Mk VII, V-8						
2d LSC Cpe	560	1,680	2,800	6,300	9,800	14,000
2d Cpe Bill Blass	580	1,740	2,900	6,530	10,150	14,500
1990 Continental, V-6						
4d Sed	520	1,560	2,600	5,850	9,100	13,000
4d Sed Signature	540	1,620	2,700	6,080	9,450	13,500
1991 Town Car, V-8						
4d Sed	520	1,560	2,600	5,850	9,100	13,000
4d Sed Signature	540	1,620	2,700	6,080	9,450	13,500
4d Sed Cartier	580	1,740	2,900	6,530	10,150	14,500
1991 Mk VII, V-8						
2d Cpe LSC	560	1,680	2,800	6,300	9,800	14,000
2d Cpe Bill Blass	580	1,740	2,900	6,530	10,150	14,500
1991 Continental, V-6						
4d Sed	420	1,260	2,100	4,730	7,350	10,500
4d Sed Signature	520	1,560	2,600	5,850	9,100	13,000
1992 Town Car, V-8						
4d Sed Executive	592	1,776	2,960	6,660	10,360	14,800
4d Sed Signature	600	1,800	3,000	6,750	10,500	15,000
4d Sed Cartier	620	1,860	3,100	6,980	10,850	15,500
1992 Mk VII, V-8						
2d Cpe LSC	640	1,920	3,200	7,200	11,200	16,000
2d Cpe Bill Blass	640	1,920	3,200	7,200	11,200	16,000
1992 Continental, V-6						
4d Executive	400	1,200	2,000	4,500	7,000	10,000
4d Signature	420	1,260	2,100	4,730	7,350	10,500
1993 Town Car, V-8						
4d Sed Executive	600	1,800	3,000	6,750	10,500	15,000
4d Sed Signature	640	1,920	3,200	7,200	11,200	16,000
4d Sed Cartier	660	1,980	3,300	7,430	11,550	16,500
1993 Mk VIII, V-8						
2d Sed Executive	648	1,944	3,240	7,290	11,340	16,200
2d Sed Signature	652	1,956	3,260	7,340	11,410	16,300
1993 Continental, V-6						
4d Sed Executive	600	1,800	3,000	6,750	10,500	15,000
4d Sed Signature	604	1,812	3,020	6,800	10,570	15,100
1994 Town Car, V-8						
4d Sed Executive	520	1,560	2,600	5,850	9,100	13,000
4d Sed Signature	540	1,620	2,700	6,080	9,450	13,500
4d Sed Cartier	580	1,740	2,900	6,530	10,150	14,500
1994 Mark VIII, V-8						
2d Cpe	520	1,560	2,600	5,850	9,100	13,000
1994 Continental, V-6						
4d Sed Executive	440	1,320	2,200	4,950	7,700	11,000
4d Sed Signature	480	1,440	2,400	5,400	8,400	12,000
1995 Town Car, V-8						
4d Executive Sed	500	1,550	2,600	5,850	9,100	13,000
4d Signature Sed	550	1,600	2,700	6,080	9,450	13,500
4d Cartier Sed	600	1,750	2,900	6,530	10,200	14,500
1995 Mark VIII, V-8						
2d Cpe	500	1,550	2,600	5,850	9,100	13,000
1995 Continental V-8						
4d Sed	500	1,500	2,500	5,630	8,750	12,500
1996 Town Car, V-8						
4d Executive Sed	500	1,550	2,600	5,850	9,100	13,000
4d Signature Sed	550	1,600	2,700	6,080	9,450	13,500
4d Cartier Sed	600	1,750	2,900	6,530	10,200	14,500
1996 Mark VIII, V-8						
2d Cpe	500	1,550	2,600	5,850	9,100	13,000
1996 Continental, V-8						
4d Sed	500	1,500	2,500	5,630	8,750	12,500
1997 Town Car, V-8						
4d Executive Sed	520	1,560	2,600	5,850	9,100	13,000
4d Signature Sed	540	1,620	2,700	6,080	9,450	13,500
4d Cartier Sed	580	1,740	2,900	6,530	10,150	14,500
1997 Mark VIII, V-8						
2d Cpe	520	1,560	2,600	5,850	9,100	13,000
2d LSC Cpe	560	1,680	2,800	6,300	9,800	14,000

LINCOLN

	6	5	4	3	2	1
1997 Continental, V-8						
4d Sed.	500	1,500	2,500	5,630	8,750	12,500
1998 Town Car, V-8						
4d Executive Sed	530	1,580	2,640	5,940	9,240	13,200
4d Signature Sed	550	1,640	2,740	6,170	9,590	13,700
4d Cartier Sed.	590	1,760	2,940	6,620	10,290	14,700
1998 Mark VIII, V-8						
2d Cpe.	520	1,560	2,600	5,850	9,100	13,000
2d LSC Cpe.	560	1,680	2,800	6,300	9,800	14,000
1998 Continental, V-8						
4d Sed.	510	1,520	2,540	5,720	8,890	12,700
1999 Town Car, V-8						
4d Executive Sed	530	1,580	2,640	5,940	9,240	13,200
4d Signature Sed	550	1,640	2,740	6,170	9,590	13,700
4d Cartier Sed.	590	1,760	2,940	6,620	10,290	14,700
1999 Continental, V-8						
4d Sed.	510	1,540	2,560	5,760	8,960	12,800
2000 LS, V-6 & V-8						
4d Sed.	360	1,080	1,800	4,050	6,300	9,000
NOTE: Deduct 5 percent for manual transmission.						
2000 Town Car, V-8						
4d Executive Sed	530	1,600	2,660	5,990	9,310	13,300
4d Signature Sed	550	1,660	2,760	6,210	9,660	13,800
4d Cartier Sed.	590	1,780	2,960	6,660	10,360	14,800
NOTE: Add 5 percent for Signature Touring pkg.						
2000 Continental, V-8						
4d Sed.	510	1,540	2,560	5,760	8,960	12,800
2001 LS, V-6 & V-8						
4d Sed.	360	1,090	1,820	4,550	6,370	9,100
NOTE: Add 5 percent for Sport pkg. Deduct 5 percent for manual transmission.						
2001 Town Car, V-8						
4d Executive Sed	540	1,610	2,680	6,700	9,380	13,400
4d Signature Sed	560	1,670	2,780	6,950	9,730	13,900
4d Cartier Sed.	600	1,790	2,980	7,450	10,430	14,900
NOTE: Add 5 percent for L pkg. (N/A on Signature Sed). Add 5 percent for Signature Touring pkg.						
2001 Continental, V-8						
4d Sed.	520	1,550	2,580	6,450	9,030	12,900
2002 LS, V-6 & V-8						
4d Sed.	360	1,090	1,820	4,550	6,370	9,100
NOTE: Add 5 percent for LSE, Sport or All-Season pkgs. Deduct 5 percent for manual transmission.						
2002 Town Car, V-8						
4d Executive Sed	540	1,610	2,680	6,700	9,380	13,400
4d Signature Sed	560	1,670	2,780	6,950	9,730	13,900
4d Cartier Sed.	600	1,790	2,980	7,450	10,430	14,900
NOTE: Add 5 percent for L pkg. (N/A on Signature Sed). Add 5 percent for Signature Touring pkg.						
2002 Continental, V-8						
4d Sed.	520	1,550	2,580	6,450	9,030	12,900
2003 LS, V-6 & V-8						
4d Sed (V-6 only)	360	1,090	1,820	4,550	6,370	9,100
4d Sport Sed (V-8 only).	450	1,340	2,240	5,600	7,840	11,200
2003 Town Car, V-8						
4d Executive Sed	540	1,610	2,680	6,700	9,380	13,400
4d Signature Sed	560	1,670	2,780	6,950	9,730	13,900
4d Cartier Sed.	600	1,790	2,980	7,450	10,430	14,900
NOTE: Add 5 percent for L pkg.						
2004 LS, V-6 & V-8						
4d Sed (V-6 only)	360	1,090	1,820	4,550	6,370	9,100
4d Sport Sed (V-8 only).	450	1,340	2,240	5,600	7,840	11,200
NOTE: Add 5 percent for LSE pkg.						
2004 Town Car, V-8						
4d Executive Sed	540	1,610	2,680	6,700	9,380	13,400
4d Signature Sed	560	1,670	2,780	6,950	9,730	13,900
4d Ultimate Sed.	600	1,790	2,980	7,450	10,430	14,900
4d Ultimate Limited Sed	620	1,860	3,100	7,750	10,850	15,500

LOCOMOBILE

1901						
Style 2 Steam Rbt.	1,560	4,680	7,800	17,550	27,300	39,000
Style 02 Steam Rbt.	1,600	4,800	8,000	18,000	28,000	40,000
Style 3 Buggy Top Rbt	1,640	4,920	8,200	18,450	28,700	41,000
Style 03 Vic Top Rbt.	1,640	4,920	8,200	18,450	28,700	41,000
Style 003 Vic Top Rbt.	1,640	4,920	8,200	18,450	28,700	41,000
Style 5 Locosurrey	1,680	5,040	8,400	18,900	29,400	42,000
Style 05 Locosurrey	1,720	5,160	8,600	19,350	30,100	43,000

LOCOMOBILE

	6	5	4	3	2	1
1902						
4P Model A Steam Tr.	1,640	4,920	8,200	18,450	28,700	41,000
2/4P Model B Steam Tr	1,680	5,040	8,400	18,900	29,400	42,000
2P Steam Vic	1,560	4,680	7,800	17,550	27,300	39,000
Style No. 2 Std Steam Rbt	1,520	4,560	7,600	17,100	26,600	38,000
Style No. 02 Steam Rbt	1,560	4,680	7,800	17,550	27,300	39,000
4P Style No. 5 Steam Locosurrey	1,640	4,920	8,200	18,450	28,700	41,000
4P Style No. 05 Steam Locosurrey	1,680	5,040	8,400	18,900	29,400	42,000
Style No. 3 Steam Physician's Car	1,560	4,680	7,800	17,550	27,300	39,000
Style No. 03 Steam Stanhope	1,480	4,440	7,400	16,650	25,900	37,000
Style No. 003 Stanhope	1,520	4,560	7,600	17,100	26,600	38,000
Steam Locotrap	1,520	4,560	7,600	17,100	26,600	38,000
Steam Locodelivery	1,560	4,680	7,800	17,550	27,300	39,000
1903 Steam Cars						
Dos-a-Dos	1,600	4,800	8,000	18,000	28,000	40,000
Locosurrey	1,640	4,920	8,200	18,450	28,700	41,000
Rbt	1,560	4,680	7,800	17,550	27,300	39,000
1903 Gasoline Car, 2-cyl., 9 hp, 76" wb						
5P Tonn	1,600	4,800	8,000	18,000	28,000	40,000
1903 Gasoline Car, 4-cyl., 16 hp, 86" wb						
5P Tonn	1,720	5,160	8,600	19,350	30,100	43,000
1904 Steam Cars						
Tr, 85" wb	1,680	5,040	8,400	18,900	29,400	42,000
Tr, 79" wb	1,720	5,160	8,600	19,350	30,100	43,000
Stanhope, 79" wb	1,560	4,680	7,800	17,550	27,300	39,000
Dos-a-Dos, 79" wb	1,640	4,920	8,200	18,450	28,700	41,000
LWB Rbt	1,600	4,800	8,000	18,000	28,000	40,000
Locosurrey, 75" wb	1,720	5,160	8,600	19,350	30,100	43,000
Spl Surrey, 93" wb	1,760	5,280	8,800	19,800	30,800	44,000
1904 Gasoline Model C, 2-cyl., 9/12 hp, 76" wb						
5P Tonn	1,680	5,040	8,400	18,900	29,400	42,000
5P Canopy Top Tonn	1,840	5,520	9,200	20,700	32,200	46,000
1904 Gasoline Model D, 4-cyl., 16/22 hp, 86" wb						
6/8P Limo	1,440	4,320	7,200	16,200	25,200	36,000
6P King of Belgian Tonn	1,560	4,680	7,800	17,550	27,300	39,000
6P DeL Tonn	1,400	4,200	7,000	15,750	24,500	35,000
1905 Model E, 4-cyl., 15/20 hp, 92" wb						
5P Tr	1,720	5,160	8,600	19,350	30,100	43,000
5P Lan'let	1,640	4,920	8,200	18,450	28,700	41,000
1905 Model D, 4-cyl., 20/25 hp, 96" wb						
7P Tr	1,760	5,280	8,800	19,800	30,800	44,000
1905 Model H, 4-cyl., 30/35 hp, 106" wb						
7P Tr	1,800	5,400	9,000	20,250	31,500	45,000
7P Limo	1,480	4,440	7,400	16,650	25,900	37,000
1905 Model F, 4-cyl., 40/45 hp, 110" wb						
7P Limo	1,520	4,560	7,600	17,100	26,600	38,000
1906 Model E, 4-cyl., 15/20 hp, 93" wb						
5P Tr	1,720	5,160	8,600	19,350	30,100	43,000
2P Fishtail Rbt	1,760	5,280	8,800	19,800	30,800	44,000
5P Limo	1,440	4,320	7,200	16,200	25,200	36,000
1906 Model H, 4-cyl., 30/35 hp, 106" wb						
5/7P Tr	1,800	5,400	9,000	20,250	31,500	45,000
5/7P Limo	1,480	4,440	7,400	16,650	25,900	37,000
1906 Special, 4-cyl., 90 hp, 110" wb						
Vanderbilt Racer			value not estimable			
1907 Model E, 4-cyl., 20 hp, 96" wb						
5P Tr	1,760	5,280	8,800	19,800	30,800	44,000
2P Fishtail Rbt	1,800	5,400	9,000	20,250	31,500	45,000
5P Limo	1,480	4,440	7,400	16,650	25,900	37,000
1907 Model H, 4-cyl., 35 hp, 120" wb						
7P Tr	1,840	5,520	9,200	20,700	32,200	46,000
7P Limo	1,520	4,560	7,600	17,100	26,600	38,000
1907 Special, 4-cyl., 90 hp, 120" wb						
Vanderbilt Racer			value not estimable			
1908 Model E, 4-cyl., 20 hp, 102" wb						
Std Tr	1,800	5,400	9,000	20,250	31,500	45,000
1908 Model E, 4-cyl., 20 hp, 116" wb						
6P Limo	1,480	4,440	7,400	16,650	25,900	37,000
6P Lan'let	1,600	4,800	8,000	18,000	28,000	40,000
1908 Model I, 4-cyl., 40 hp, 123" wb						
3P Rbt	1,880	5,640	9,400	21,150	32,900	47,000
1909 Model 30, 4-cyl., 32 hp, 120" wb						
5P Tr	1,840	5,520	9,200	20,700	32,200	46,000
4P Rbt	1,880	5,640	9,400	21,150	32,900	47,000
1909 Model 40, 4-cyl., 40 hp, 123" wb						
7P Tr	1,920	5,760	9,600	21,600	33,600	48,000

	6	5	4	3	2	1
4P Baby Tonn.	1,960	5,880	9,800	22,050	34,300	49,000
7P Limo.	1,480	4,440	7,400	16,650	25,900	37,000
1910 Model 30(L), 4-cyl., 30 hp, 120" wb						
4P Rds	1,920	5,760	9,600	21,600	33,600	48,000
4P Baby Tonn.	1,880	5,640	9,400	21,150	32,900	47,000
5P Tr.	1,840	5,520	9,200	20,700	32,200	46,000
Limo	1,480	4,440	7,400	16,650	25,900	37,000
1910 Model 40(I), 4-cyl., 40 hp, 123" wb						
7P Tr	2,160	6,480	10,800	24,300	37,800	54,000
Rbt.	2,120	6,360	10,600	23,850	37,100	53,000
7P Limo.	1,760	5,280	8,800	19,800	30,800	44,000
7P Lan'let	1,880	5,640	9,400	21,150	32,900	47,000
4P Baby Tonn.	2,120	6,360	10,600	23,850	37,100	53,000
1911 Model 30(L), 4-cyl., 32 hp, 120" wb						
5P Tr.	1,920	5,760	9,600	21,600	33,600	48,000
4P Baby Tonn.	2,000	6,000	10,000	22,500	35,000	50,000
4P Torp.	2,040	6,120	10,200	22,950	35,700	51,000
6P Limo.	1,560	4,680	7,800	17,550	27,300	39,000
6P Lan'let	1,680	5,040	8,400	18,900	29,400	42,000
1911 Model 48(M), 6-cyl., 48 hp, 125" wb						
7P Tr.	2,200	6,600	11,000	24,750	38,500	55,000
4P Baby Tonn.	2,320	6,960	11,600	26,100	40,600	58,000
7P Limo.	1,840	5,520	9,200	20,700	32,200	46,000
7P Lan'let	1,960	5,880	9,800	22,050	34,300	49,000
1912 Model 30(L), 4-cyl., 30 hp, 120" wb						
Tr.	1,920	5,760	9,600	21,600	33,600	48,000
Baby Tonn.	1,960	5,880	9,800	22,050	34,300	49,000
Torp.	2,000	6,000	10,000	22,500	35,000	50,000
Limo	1,560	4,680	7,800	17,550	27,300	39,000
Berl	1,720	5,160	8,600	19,350	30,100	43,000
Lan'let	1,840	5,520	9,200	20,700	32,200	46,000
1912 Model 48(M), 6-cyl., 48 hp, 135" wb						
Tr.	2,200	6,600	11,000	24,750	38,500	55,000
4P Torp.	2,240	6,720	11,200	25,200	39,200	56,000
5P Torp.	2,280	6,840	11,400	25,650	39,900	57,000
Limo	1,800	5,400	9,000	20,250	31,500	45,000
Berl	1,960	5,880	9,800	22,050	34,300	49,000
Lan'let	2,080	6,240	10,400	23,400	36,400	52,000
1913 Model 30(L), 4-cyl., 32.4 hp, 120" wb						
4P Torp.	2,040	6,120	10,200	22,950	35,700	51,000
5P Tr.	2,080	6,240	10,400	23,400	36,400	52,000
Rds.	2,040	6,120	10,200	22,950	35,700	51,000
1913 Model 38(R), 6-cyl., 43.8 hp, 128" wb						
4P Torp.	2,480	7,440	12,400	27,900	43,400	62,000
5P Tr.	2,440	7,320	12,200	27,450	42,700	61,000
Rds.	2,480	7,440	12,400	27,900	43,400	62,000
Limo	1,840	5,520	9,200	20,700	32,200	46,000
Lan'let	1,920	5,760	9,600	21,600	33,600	48,000
Berl Limo.	2,040	6,120	10,200	22,950	35,700	51,000
Berl Lan'let	2,120	6,360	10,600	23,850	37,100	53,000
1914 Model 38, 6-cyl., 43.8 hp, 132" wb						
4P Torp.	2,720	8,160	13,600	30,600	47,600	68,000
5P Tr.	2,800	8,400	14,000	31,500	49,000	70,000
2P Rds.	2,880	8,640	14,400	32,400	50,400	72,000
7P Limo.	2,160	6,480	10,800	24,300	37,800	54,000
7P Lan'let	2,200	6,600	11,000	24,750	38,500	55,000
7P Berl	2,280	6,840	11,400	25,650	39,900	57,000
1914 Model 48, 6-cyl., 48.6 hp, 136 & 140" wb						
7P Tr.	2,800	8,400	14,000	31,500	49,000	70,000
6P Torp.	2,880	8,640	14,400	32,400	50,400	72,000
2P Rds.	2,960	8,880	14,800	33,300	51,800	74,000
7P Limo.	2,280	6,840	11,400	25,650	39,900	57,000
7P Lan'let	2,360	7,080	11,800	26,550	41,300	59,000
7P Berl	2,440	7,320	12,200	27,450	42,700	61,000
1915 Model 38, 6-cyl., 43.3 hp, 132" wb						
5P Tr.	2,800	8,400	14,000	31,500	49,000	70,000
2P Rds.	2,880	8,640	14,400	32,400	50,400	72,000
4P Torp.	2,800	8,400	14,000	31,500	49,000	70,000
7P Limo.	1,560	4,680	7,800	17,550	27,300	39,000
7P Lan'let	1,600	4,800	8,000	18,000	28,000	40,000
7P Berl	1,640	4,920	8,200	18,450	28,700	41,000
1915 Model 48, 6-cyl., 48.6 hp, 140" wb						
7P Tr.	2,880	8,640	14,400	32,400	50,400	72,000
2P Rds.	2,960	8,880	14,800	33,300	51,800	74,000
6P Torp.	2,880	8,640	14,400	32,400	50,400	72,000
7P Limo.	1,600	4,800	8,000	18,000	28,000	40,000

	6	5	4	3	2	1
7P Lan'let	1,640	4,920	8,200	18,450	28,700	41,000
7P Berl	1,680	5,040	8,400	18,900	29,400	42,000
1916 Model 38, 6-cyl., 43.35 hp, 140" wb						
7P Tr	3,040	9,120	15,200	34,200	53,200	76,000
6P Tr	3,120	9,360	15,600	35,100	54,600	78,000
7P Limo	1,560	4,680	7,800	17,550	27,300	39,000
7P Lan'let	1,600	4,800	8,000	18,000	28,000	40,000
7P Berl	1,640	4,920	8,200	18,450	28,700	41,000
1916 Model 48, 6-cyl., 48.6 hp, 143" wb						
6P Tr	3,760	11,280	18,800	42,300	65,800	94,000
7P Tr	3,440	10,320	17,200	38,700	60,200	86,000
7P Lan'let	1,720	5,160	8,600	19,350	30,100	43,000
7P Berl	1,760	5,280	8,800	19,800	30,800	44,000
7P Limo	1,680	5,040	8,400	18,900	29,400	42,000
1917 Model 38, 6-cyl., 43.34 hp, 139" wb						
7P Tr	3,600	10,800	18,000	40,500	63,000	90,000
6P Tr	3,760	11,280	18,800	42,300	65,800	94,000
4P Tr	3,840	11,520	19,200	43,200	67,200	96,000
7P Limo	1,680	5,040	8,400	18,900	29,400	42,000
7P Lan'let	1,720	5,160	8,600	19,350	30,100	43,000
7P Berl	1,800	5,400	9,000	20,250	31,500	45,000
1917 Model 48, 6-cyl., 48.6 hp, 142" wb						
Sportif	5,920	17,760	29,600	66,600	103,600	148,000
6P Tr	3,840	11,520	19,200	43,200	67,200	96,000
7P Tr	3,760	11,280	18,800	42,300	65,800	94,000
7P Lan'let	1,800	5,400	9,000	20,250	31,500	45,000
7P Berl	1,880	5,640	9,400	21,150	32,900	47,000
7P Limo	1,760	5,280	8,800	19,800	30,800	44,000
1918 Model 38, Series Two, 6-cyl., 43.35 hp, 139" wb						
7P Tr	3,600	10,800	18,000	40,500	63,000	90,000
6P Tr	3,680	11,040	18,400	41,400	64,400	92,000
4P Tr	3,760	11,280	18,800	42,300	65,800	94,000
7P Lan'let	1,680	5,040	8,400	18,900	29,400	42,000
7P Berl	1,800	5,400	9,000	20,250	31,500	45,000
7P Limo	1,640	4,920	8,200	18,450	28,700	41,000
1918 Model 48, Series Two, 6-cyl., 48.6 hp, 142" wb						
Sportif	5,920	17,760	29,600	66,600	103,600	148,000
7P Tr	3,760	11,280	18,800	42,300	65,800	94,000
6P Tr	3,840	11,520	19,200	43,200	67,200	96,000
4P Tr	3,840	11,520	19,200	43,200	67,200	96,000
7P Limo	1,760	5,280	8,800	19,800	30,800	44,000
7P Lan'let	1,800	5,400	9,000	20,250	31,500	45,000
7P Berl	1,880	5,640	9,400	21,150	32,900	47,000
1919 Model 48, 6-cyl., 48.6 hp, 142" wb						
7P Tr	3,840	11,520	19,200	43,200	67,200	96,000
Torp	3,840	11,520	19,200	43,200	67,200	96,000
Sportif	5,920	17,760	29,600	66,600	103,600	148,000
Limo	2,080	6,240	10,400	23,400	36,400	52,000
Lan'let	2,160	6,480	10,800	24,300	37,800	54,000
Berl	2,280	6,840	11,400	25,650	39,900	57,000
1920 Model 48, 6-cyl., 142" wb						
4P Spl Tr	3,920	11,760	19,600	44,100	68,600	98,000
4P Tr	3,760	11,280	18,800	42,300	65,800	94,000
7P Tr	3,520	10,560	17,600	39,600	61,600	88,000
7P Limo	2,280	6,840	11,400	25,650	39,900	57,000
7P Lan'let	2,360	7,080	11,800	26,550	41,300	59,000
7P Sed	1,360	4,080	6,800	15,300	23,800	34,000
4P Cabr	1,880	5,640	9,400	21,150	32,900	47,000
5P Semi-Tr	2,280	6,840	11,400	25,650	39,900	57,000
1921 Model 48, 6-cyl., 95 hp, 142" wb						
7P Tr	3,520	10,560	17,600	39,600	61,600	88,000
Sportif	5,720	17,160	28,600	64,350	100,100	143,000
7P Limo	2,280	6,840	11,400	25,650	39,900	57,000
7P Lan	2,360	7,080	11,800	26,550	41,300	59,000
1922 Model 48, 6-cyl., 95 hp, 142" wb						
7P Tr	3,520	10,560	17,600	39,600	61,600	88,000
4P Sportif	5,720	17,160	28,600	64,350	100,100	143,000
6P Limo	2,280	6,840	11,400	25,650	39,900	57,000
Lan'let	2,360	7,080	11,800	26,550	41,300	59,000
DC Phae	5,520	16,560	27,600	62,100	96,600	138,000
Cpe-Limo	2,480	7,440	12,400	27,900	43,400	62,000
Cabr	2,560	7,680	12,800	28,800	44,800	64,000
Sed	1,880	5,640	9,400	21,150	32,900	47,000
1923 Model 48, 6-cyl., 95 hp, 142" wb						
4P Sportif	5,720	17,160	28,600	64,350	100,100	143,000
7P Tr	3,520	10,560	17,600	39,600	61,600	88,000

	6	5	4	3	2	1
4P Tr	3,760	11,280	18,800	42,300	65,800	94,000
7P Limo	2,480	7,440	12,400	27,900	43,400	62,000
4P DC Phae	5,520	16,560	27,600	62,100	96,600	138,000
5P Cpe	1,880	5,640	9,400	21,150	32,900	47,000
5P Cabr	2,560	7,680	12,800	28,800	44,800	64,000
7P Sed	1,680	5,040	8,400	18,900	29,400	42,000

1924 Model 48, 6-cyl., 95 hp, 142" wb

	6	5	4	3	2	1
4P Sportif	5,520	16,560	27,600	62,100	96,600	138,000
7P Tr	3,760	11,280	18,800	42,300	65,800	94,000
7P Tr Limo	2,560	7,680	12,800	28,800	44,800	64,000
5P Brgm	2,480	7,440	12,400	27,900	43,400	62,000
Encl Dr Limo	2,400	7,200	12,000	27,000	42,000	60,000
Vic Sed	1,880	5,640	9,400	21,150	32,900	47,000
5P Cabr	2,720	8,160	13,600	30,600	47,600	68,000

1925 Junior 8, 8-cyl., 66 hp, 124" wb

	6	5	4	3	2	1
5P Tr	3,040	9,120	15,200	34,200	53,200	76,000
5P Sed	1,520	4,560	7,600	17,100	26,600	38,000
5P Brgm	1,920	5,760	9,600	21,600	33,600	48,000
4P Rds	3,200	9,600	16,000	36,000	56,000	80,000
4P Cpe	1,720	5,160	8,600	19,350	30,100	43,000

1925 Model 48, 6-cyl., 103 hp, 142" wb

	6	5	4	3	2	1
4P Sportif	5,720	17,160	28,600	64,350	100,100	143,000
7P Tr	3,840	11,520	19,200	43,200	67,200	96,000
7P Tr Limo	2,640	7,920	13,200	29,700	46,200	66,000
6P Brgm	2,400	7,200	12,000	27,000	42,000	60,000
5P Vic Sed	1,920	5,760	9,600	21,600	33,600	48,000
7P Encl Limo	2,480	7,440	12,400	27,900	43,400	62,000
7P Cabr	2,800	8,400	14,000	31,500	49,000	70,000

1926 Junior 8, 8-cyl., 66 hp, 124" wb

	6	5	4	3	2	1
5P Tr	3,120	9,360	15,600	35,100	54,600	78,000
5P Sed	1,520	4,560	7,600	17,100	26,600	38,000
5P Brgm	1,720	5,160	8,600	19,350	30,100	43,000
4P Rds	3,200	9,600	16,000	36,000	56,000	80,000
4P Cpe	1,800	5,400	9,000	20,250	31,500	45,000

1926 Model 90, 6-cyl., 86 hp, 138" wb

	6	5	4	3	2	1
4P Sportif	5,200	15,600	26,000	58,500	91,000	130,000
4P Rds	5,040	15,120	25,200	56,700	88,200	126,000
5P Vic Cpe	1,800	5,400	9,000	20,250	31,500	45,000
5P Vic Sed	1,720	5,160	8,600	19,350	30,100	43,000
5P Vic Div Sed	1,920	5,760	9,600	21,600	33,600	48,000
7P Brgm	2,000	6,000	10,000	22,500	35,000	50,000
7P Sub Limo	2,040	6,120	10,200	22,950	35,700	51,000
7P Cabr	2,560	7,680	12,800	28,800	44,800	64,000

1926 Model 48, 6-cyl., 103 hp, 138" wb

	6	5	4	3	2	1
4P Sportif	5,440	16,320	27,200	61,200	95,200	136,000
7P Tr	3,840	11,520	19,200	43,200	67,200	96,000
7P Cabr	2,640	7,920	13,200	29,700	46,200	66,000
5P Vic Sed	1,920	5,760	9,600	21,600	33,600	48,000
7P Encl Dr Limo	2,320	6,960	11,600	26,100	40,600	58,000
7P Tr Limo	2,120	6,360	10,600	23,850	37,100	53,000
6P Twn Brgm	2,080	6,240	10,400	23,400	36,400	52,000

1927 Junior 8, 8-cyl., 66 hp, 124" wb

	6	5	4	3	2	1
5P Tr	3,440	10,320	17,200	38,700	60,200	86,000
5P Sed	1,920	5,760	9,600	21,600	33,600	48,000
5P Brgm	2,320	6,960	11,600	26,100	40,600	58,000
4P Rds	3,280	9,840	16,400	36,900	57,400	82,000
4P Cpe	2,400	7,200	12,000	27,000	42,000	60,000

1927 Model 8-80, 8-cyl., 90 hp, 130" wb

	6	5	4	3	2	1
5P Sed	1,720	5,160	8,600	19,350	30,100	43,000

1927 Model 90, 6-cyl., 86 hp, 138" wb

	6	5	4	3	2	1
4P Tr	3,600	10,800	18,000	40,500	63,000	90,000
4P Sportif	5,200	15,600	26,000	58,500	91,000	130,000
4P Rds	3,920	11,760	19,600	44,100	68,600	98,000
5P Vic Cpe	2,400	7,200	12,000	27,000	42,000	60,000
5P Sed	2,120	6,360	10,600	23,850	37,100	53,000
5P Div Sed	2,200	6,600	11,000	24,750	38,500	55,000
7P Sed	2,160	6,480	10,800	24,300	37,800	54,000
7P Brgm	2,400	7,200	12,000	27,000	42,000	60,000
7P Cabr	2,800	8,400	14,000	31,500	49,000	70,000

1927 Model 48, 6-cyl., 103 hp, 138" wb

	6	5	4	3	2	1
4P Sportif	5,440	16,320	27,200	61,200	95,200	136,000
7P Tr	3,680	11,040	18,400	41,400	64,400	92,000
4P Rds	4,000	12,000	20,000	45,000	70,000	100,000
5P Cabr	3,040	9,120	15,200	34,200	53,200	76,000
5P Vic Sed	1,920	5,760	9,600	21,600	33,600	48,000
7P Encl Dr Limo	2,320	6,960	11,600	26,100	40,600	58,000

	6	5	4	3	2	1
7P Tr Limo	2,200	6,600	11,000	24,750	38,500	55,000
6P Twn Brgm	2,400	7,200	12,000	27,000	42,000	60,000
1928 Model 8-70, 8-cyl., 70 hp, 122" wb						
5P Sed	1,520	4,560	7,600	17,100	26,600	38,000
5P Brgm	1,600	4,800	8,000	18,000	28,000	40,000
5P DeL Brgm	1,680	5,040	8,400	18,900	29,400	42,000
4P Vic Cpe	1,800	5,400	9,000	20,250	31,500	45,000
1928 Model 8-80, 8-cyl., 90 hp, 130" wb						
5P Spt Phae	2,640	7,920	13,200	29,700	46,200	66,000
5P Sed	1,600	4,800	8,000	18,000	28,000	40,000
5P Brgm	1,680	5,040	8,400	18,900	29,400	42,000
4P Vic Cpe	1,920	5,760	9,600	21,600	33,600	48,000
Spl Rds	2,720	8,160	13,600	30,600	47,600	68,000
4P Collegiate Cpe	2,040	6,120	10,200	22,950	35,700	51,000
7P Tr	2,640	7,920	13,200	29,700	46,200	66,000
Vic Sed	1,680	5,040	8,400	18,900	29,400	42,000
7P Sed, 140" wb	1,600	4,800	8,000	18,000	28,000	40,000
7P Sub, 140" wb	1,680	5,040	8,400	18,900	29,400	42,000
1928 Model 90, 6-cyl., 86 hp, 138" wb						
4P Sportif	3,440	10,320	17,200	38,700	60,200	86,000
4P Rds	3,040	9,120	15,200	34,200	53,200	76,000
7P Tr	2,960	8,880	14,800	33,300	51,800	74,000
Cpe	2,000	6,000	10,000	22,500	35,000	50,000
5P Vic Sed	1,800	5,400	9,000	20,250	31,500	45,000
5P Div Vic Sed	1,920	5,760	9,600	21,600	33,600	48,000
7P Sub	1,960	5,880	9,800	22,050	34,300	49,000
7P Twn Brgm	1,960	5,880	9,800	22,050	34,300	49,000
7P Cabr	2,640	7,920	13,200	29,700	46,200	66,000
7P Semi-Collapsible Cabr	2,560	7,680	12,800	28,800	44,800	64,000
1928 Model 48, 6-cyl., 103 hp, 142" wb						
4P Sportif	3,600	10,800	18,000	40,500	63,000	90,000
7P Tr	3,440	10,320	17,200	38,700	60,200	86,000
Rds	3,520	10,560	17,600	39,600	61,600	88,000
7P Cabr	2,720	8,160	13,600	30,600	47,600	68,000
5P Vic Sed	2,720	8,160	13,600	30,600	47,600	68,000
7P Encl Dr Limo	2,640	7,920	13,200	29,700	46,200	66,000
7P Tr Limo	2,800	8,400	14,000	31,500	49,000	70,000
6P Twn Brgm	2,800	8,400	14,000	31,500	49,000	70,000
1929 Model 88, 8-cyl., 115 hp, 130" wb						
4P Phae	3,040	9,120	15,200	34,200	53,200	76,000
5P Sed	1,720	5,160	8,600	19,350	30,100	43,000
Vic Cpe	2,320	6,960	11,600	26,100	40,600	58,000
5P Brgm	2,120	6,360	10,600	23,850	37,100	53,000
4P Collegiate Cpe	2,400	7,200	12,000	27,000	42,000	60,000
7P Sed	1,640	4,920	8,200	18,450	28,700	41,000
7P Sub	1,680	5,040	8,400	18,900	29,400	42,000
7P A/W Cabr	2,400	7,200	12,000	27,000	42,000	60,000
1929 Model 90, 6-cyl., 86 hp, 138" wb						
4P Sportif	3,480	10,440	17,400	39,150	60,900	87,000
4P Rds	3,200	9,600	16,000	36,000	56,000	80,000
7P Tr	3,120	9,360	15,600	35,100	54,600	78,000
5P Vic Sed	2,320	6,960	11,600	26,100	40,600	58,000
5P Vic Div Sed	2,400	7,200	12,000	27,000	42,000	60,000
6P Twn Brgm	2,480	7,440	12,400	27,900	43,400	62,000
7P Cabr	2,800	8,400	14,000	31,500	49,000	70,000
Semi-Collapsible Cabr	2,720	8,160	13,600	30,600	47,600	68,000
1929 Model 48, 6-cyl., 103 hp, 142" wb						
4P Sportif	3,680	11,040	18,400	41,400	64,400	92,000
7P Tr	3,440	10,320	17,200	38,700	60,200	86,000
Rds	3,600	10,800	18,000	40,500	63,000	90,000
7P Cabr	3,040	9,120	15,200	34,200	53,200	76,000
5P Vic Sed	2,400	7,200	12,000	27,000	42,000	60,000
7P Encl Dr Limo	2,560	7,680	12,800	28,800	44,800	64,000
7P Tr Limo	2,640	7,920	13,200	29,700	46,200	66,000
6P Twn Brgm	2,640	7,920	13,200	29,700	46,200	66,000

MARMON

NOTE: Marmon production started in 1902 but the earliest car known to exist is a 1909 speedster. Therefore ballpark values on pre-1909 models are inestimable.

1909-12 Model 32, 4-cyl., 32 hp, 120" wb						
Rds	2,000	6,000	10,000	22,500	35,000	50,000
4P Tr	2,040	6,120	10,200	22,950	35,700	51,000
5P Tr	2,080	6,240	10,400	23,400	36,400	52,000
Spds	3,280	9,840	16,400	36,900	57,400	82,000
Limo	1,960	5,880	9,800	22,050	34,300	49,000

	6	5	4	3	2	1
1913 Model 32, 4-cyl., 32 hp, 120" wb						
Rds	2,000	6,000	10,000	22,500	35,000	50,000
5P Tr	2,040	6,120	10,200	22,950	35,700	51,000
7P Tr	1,960	5,880	9,800	22,050	34,300	49,000
Spds	3,400	10,200	17,000	38,250	59,500	85,000
Limo	1,980	5,940	9,900	22,280	34,650	49,500
1913 Model 48, 6-cyl., 48 hp, 145" wb						
Rds	2,520	7,560	12,600	28,350	44,100	63,000
4P Tr	2,560	7,680	12,800	28,800	44,800	64,000
5P Tr	2,600	7,800	13,000	29,250	45,500	65,000
7P Tr	2,640	7,920	13,200	29,700	46,200	66,000
Spds	3,600	10,800	18,000	40,500	63,000	90,000
Limo	2,400	7,200	12,000	27,000	42,000	60,000
1914 Model 32, 4-cyl., 32 hp, 120" wb						
Rds	2,000	6,000	10,000	22,500	35,000	50,000
4P Tr	2,040	6,120	10,200	22,950	35,700	51,000
5P Tr	2,060	6,180	10,300	23,180	36,050	51,500
Spds	3,400	10,200	17,000	38,250	59,500	85,000
Limo	1,980	5,940	9,900	22,280	34,650	49,500
1914 Model 41, 6-cyl., 41 hp, 132" wb						
Rds	2,000	6,000	10,000	22,500	35,000	50,000
4P Tr	2,040	6,120	10,200	22,950	35,700	51,000
5P Tr	2,080	6,240	10,400	23,400	36,400	52,000
7P Tr	2,120	6,360	10,600	23,850	37,100	53,000
Spds	3,500	10,500	17,500	39,380	61,250	87,500
1914 Model 48, 6-cyl., 48 hp, 145" wb						
Rds	2,360	7,080	11,800	26,550	41,300	59,000
4P Tr	2,400	7,200	12,000	27,000	42,000	60,000
5P Tr	2,440	7,320	12,200	27,450	42,700	61,000
7P Tr	2,480	7,440	12,400	27,900	43,400	62,000
Spds	3,600	10,800	18,000	40,500	63,000	90,000
Limo	2,400	7,200	12,000	27,000	42,000	60,000
Ber Limo	2,440	7,320	12,200	27,450	42,700	61,000
1915 Model 41, 6-cyl., 41 hp, 132" wb						
Rds	2,000	6,000	10,000	22,500	35,000	50,000
4P Tr	2,040	6,120	10,200	22,950	35,700	51,000
5P Tr	2,060	6,180	10,300	23,180	36,050	51,500
7P Tr	2,080	6,240	10,400	23,400	36,400	52,000
Spds	3,500	10,500	17,500	39,380	61,250	87,500
1915 Model 48, 6-cyl., 48 hp, 145" wb						
7P Tr	2,200	6,600	11,000	24,750	38,500	55,000
1916 Model 41, 6-cyl., 41 hp, 132" wb						
Rds	1,920	5,760	9,600	21,600	33,600	48,000
4P Tr	1,960	5,880	9,800	22,050	34,300	49,000
5P Tr	2,000	6,000	10,000	22,500	35,000	50,000
5P Tr	2,040	6,120	10,200	22,950	35,700	51,000
Spds	3,500	10,500	17,500	39,380	61,250	87,500
1916 Model 34, 6-cyl., 34 hp, 136" wb						
Clb Rds	1,880	5,640	9,400	21,150	32,900	47,000
5P Tr	1,920	5,760	9,600	21,600	33,600	48,000
7P Tr	1,960	5,880	9,800	22,050	34,300	49,000
Limo	1,840	5,520	9,200	20,700	32,200	46,000
Lan'let	1,880	5,640	9,400	21,150	32,900	47,000
Sed	1,560	4,680	7,800	17,550	27,300	39,000
Twn Car	1,680	5,040	8,400	18,900	29,400	42,000
1917 Model 34, 6-cyl., 34 hp, 136" wb						
5P Tr	1,560	4,680	7,800	17,550	27,300	39,000
4P Rds	1,520	4,560	7,600	17,100	26,600	38,000
7P Tr	1,640	4,920	8,200	18,450	28,700	41,000
Limo	1,200	3,600	6,000	13,500	21,000	30,000
Lan'let	1,240	3,720	6,200	13,950	21,700	31,000
Sed	1,000	3,000	5,000	11,250	17,500	25,000
Twn Car	1,280	3,840	6,400	14,400	22,400	32,000
1918 Model 34, 6-cyl., 34 hp, 136" wb						
5P Tr	1,560	4,680	7,800	17,550	27,300	39,000
4P Rds	1,520	4,560	7,600	17,100	26,600	38,000
7P Tr	1,640	4,920	8,200	18,450	28,700	41,000
Sed	1,200	3,600	6,000	13,500	21,000	30,000
Limo-Twn Car	1,360	4,080	6,800	15,300	23,800	34,000
Lan'let	1,400	4,200	7,000	15,750	24,500	35,000
Rubay Twn Car	1,480	4,440	7,400	16,650	25,900	37,000
Rubay Limo	1,520	4,560	7,600	17,100	26,600	38,000
1919 Model 34, 6-cyl., 34 hp, 136" wb						
5P Tr	1,560	4,680	7,800	17,550	27,300	39,000
4P Rds	1,520	4,560	7,600	17,100	26,600	38,000
7P Tr	1,640	4,920	8,200	18,450	28,700	41,000

	6	5	4	3	2	1
Sed.	1,200	3,600	6,000	13,500	21,000	30,000
Limo	1,320	3,960	6,600	14,850	23,100	33,000
Twn Car	1,360	4,080	6,800	15,300	23,800	34,000
Lan'let	1,400	4,200	7,000	15,750	24,500	35,000
1920 Model 34, 6-cyl., 34 hp, 136" wb						
4P Rds	1,600	4,800	8,000	18,000	28,000	40,000
4P 4d Tr	1,640	4,920	8,200	18,450	28,700	41,000
4P Cpe	1,240	3,720	6,200	13,950	21,700	31,000
7P Sed	1,280	3,840	6,400	14,400	22,400	32,000
Twn Car	1,360	4,080	6,800	15,300	23,800	34,000
7P Tr	1,640	4,920	8,200	18,450	28,700	41,000
1921 Model 34, 6-cyl., 34 hp, 136" wb						
4P Rds	1,600	4,800	8,000	18,000	28,000	40,000
7P Tr	1,680	5,040	8,400	18,900	29,400	42,000
2P Spds	2,040	6,120	10,200	22,950	35,700	51,000
4P Cpe	1,240	3,720	6,200	13,950	21,700	31,000
4P Tr	1,640	4,920	8,200	18,450	28,700	41,000
7P Sed	1,280	3,840	6,400	14,400	22,400	32,000
Limo	1,320	3,960	6,600	14,850	23,100	33,000
Twn Car	1,360	4,080	6,800	15,300	23,800	34,000
1922 Model 34, 6-cyl., 34 hp, 136" wb						
4P Rds	1,600	4,800	8,000	18,000	28,000	40,000
4P Tr	1,640	4,920	8,200	18,450	28,700	41,000
7P Tr	1,680	5,040	8,400	18,900	29,400	42,000
2P Spds	2,040	6,120	10,200	22,950	35,700	51,000
4P Spds	2,000	6,000	10,000	22,500	35,000	50,000
W'by Cpe	1,600	4,800	8,000	18,000	28,000	40,000
N & M Cpe	1,540	4,620	7,700	17,330	26,950	38,500
7P N & M Sed	1,520	4,560	7,600	17,100	26,600	38,000
Rubay Limo	1,440	4,320	7,200	16,200	25,200	36,000
4P N & M Sed	1,440	4,320	7,200	16,200	25,200	36,000
7P Sub	1,520	4,560	7,600	17,100	26,600	38,000
Spt Sed	1,560	4,680	7,800	17,550	27,300	39,000
N & H Sed	1,440	4,320	7,200	16,200	25,200	36,000
Rubay Twn Car	1,520	4,560	7,600	17,100	26,600	38,000
W'by Limo	1,520	4,560	7,600	17,100	26,600	38,000
W'by Twn Car	1,600	4,800	8,000	18,000	28,000	40,000

NOTE: N & M bodies by Nordyke Marmon Co. (factory custom).

1923 Model 34, 6-cyl., 34 hp, 132" wb						
4P Phae	1,640	4,920	8,200	18,450	28,700	41,000
2P Rds	1,620	4,860	8,100	18,230	28,350	40,500
4P Rds	1,600	4,800	8,000	18,000	28,000	40,000
7P Phae	1,680	5,040	8,400	18,900	29,400	42,000
4P Tr	1,600	4,800	8,000	18,000	28,000	40,000
2P Spds	2,040	6,120	10,200	22,950	35,700	51,000
4P Spds	2,000	6,000	10,000	22,500	35,000	50,000
4P Cpe	1,200	3,600	6,000	13,500	21,000	30,000
4P Sed	1,200	3,600	6,000	13,500	21,000	30,000
7P Sed	1,240	3,720	6,200	13,950	21,700	31,000
7P Limo	1,320	3,960	6,600	14,850	23,100	33,000
Twn Car	1,360	4,080	6,800	15,300	23,800	34,000
Sub Sed	1,520	4,560	7,600	17,100	26,600	38,000
1924 Model 34, 6-cyl., 34 hp, 132" wb						
Spt Spds	2,000	6,000	10,000	22,500	35,000	50,000
4P Spds	2,000	6,000	10,000	22,500	35,000	50,000
4P Phae	1,640	4,920	8,200	18,450	28,700	41,000
4P Conv Phae	1,680	5,040	8,400	18,900	29,400	42,000
7P Conv Phae	1,680	5,040	8,400	18,900	29,400	42,000
4P Cpe	1,200	3,600	6,000	13,500	21,000	30,000
4P Sed	1,200	3,600	6,000	13,500	21,000	30,000
7P Sed	1,240	3,720	6,200	13,950	21,700	31,000
Sub Sed	1,440	4,320	7,200	16,200	25,200	36,000
Limo	1,320	3,960	6,600	14,850	23,100	33,000
Twn Car	1,360	4,080	6,800	15,300	23,800	34,000

NOTE: The Phaeton (Phae) is a touring car; the convertible Phaeton (Conv Phae) is a convertible sedan with glass slide-in windows.
NOTE: The following Marmon models are authentic Classic Cars: all 16-cyl., all Models 74 (1925-26); all Models 75 (1927); all Models E75 (1928), 1930 "Big Eight" and 1931 Model "88" and "Big Eight".

1925 Model D-74, 6-cyl., 34 hp, 136" wb						
R/S Rds	2,400	7,200	12,000	27,000	42,000	60,000
5P Phae	2,320	6,960	11,600	26,100	40,600	58,000
7P Tr	1,960	5,880	9,800	22,050	34,300	49,000
Std Sed	1,160	3,480	5,800	13,050	20,300	29,000
Brgm Cpe	1,200	3,600	6,000	13,500	21,000	30,000
DeL Cpe	1,220	3,660	6,100	13,730	21,350	30,500
DeL Sed	1,200	3,600	6,000	13,500	21,000	30,000

	6	5	4	3	2	1
7P DeL Sed.	1,240	3,720	6,200	13,950	21,700	31,000
5P Sed Limo	1,240	3,720	6,200	13,950	21,700	31,000
7P Sed Limo	1,280	3,840	6,400	14,400	22,400	32,000
7P Std Sed	1,240	3,720	6,200	13,950	21,700	31,000
4P Vic Cpe	1,200	3,600	6,000	13,500	21,000	30,000
2P Std Cpe	1,200	3,600	6,000	13,500	21,000	30,000

1926 Model D-74, 6-cyl., 34 hp, 136" wb

	6	5	4	3	2	1
2P Spds.	2,240	6,720	11,200	25,200	39,200	56,000
5P Phae	2,320	6,960	11,600	26,100	40,600	58,000
7P Tr.	1,960	5,880	9,800	22,050	34,300	49,000
Std Cpe.	1,200	3,600	6,000	13,500	21,000	30,000
Std Sed.	1,200	3,600	6,000	13,500	21,000	30,000
5P DeL Sed.	1,200	3,600	6,000	13,500	21,000	30,000
7P Del Sed.	1,240	3,720	6,200	13,950	21,700	31,000
Std Vic.	1,200	3,600	6,000	13,500	21,000	30,000
Std Brgm.	1,200	3,600	6,000	13,500	21,000	30,000
5P DeL Limo.	1,240	3,720	6,200	13,950	21,700	31,000
7P DeL Limo.	1,280	3,840	6,400	14,400	22,400	32,000
Spl Brgm.	1,320	3,960	6,600	14,850	23,100	33,000
7P Spl Sed.	1,300	3,900	6,500	14,630	22,750	32,500
5P Spl Sed.	1,200	3,600	6,000	13,500	21,000	30,000

1927 Little Marmon Series, 8-cyl., 24 hp

	6	5	4	3	2	1
2P Spds.	1,240	3,720	6,200	13,950	21,700	31,000
4P Spds.	1,220	3,660	6,100	13,730	21,350	30,500
4d Sed.	1,000	3,000	5,000	11,250	17,500	25,000
2d Sed.	960	2,880	4,800	10,800	16,800	24,000
R/S Cpe.	1,040	3,120	5,200	11,700	18,200	26,000
Coll Rds Cpe.	1,200	3,600	6,000	13,500	21,000	30,000
4P Brgm	1,020	3,060	5,100	11,480	17,850	25,500

1927 E-75 Series (Factory Body), 6-cyl., 34 hp, 136" wb

	6	5	4	3	2	1
5P Sed	1,060	3,180	5,300	11,930	18,550	26,500
7P Sed	1,080	3,240	5,400	12,150	18,900	27,000
5P Brgm	1,100	3,300	5,500	12,380	19,250	27,500
R/M Cpe	1,120	3,360	5,600	12,600	19,600	28,000
Twn Cpe	1,140	3,420	5,700	12,830	19,950	28,500
Vic.	1,160	3,480	5,800	13,050	20,300	29,000
4P Spds.	2,120	6,360	10,600	23,850	37,100	53,000
2P Spds.	2,320	6,960	11,600	26,100	40,600	58,000

1927 E-75 Series (Custom Body), 6-cyl., 136" wb

	6	5	4	3	2	1
7P Sed	1,240	3,720	6,200	13,950	21,700	31,000
5P Sed	1,200	3,600	6,000	13,500	21,000	30,000
Limo	1,220	3,660	6,100	13,730	21,350	30,500
7P Spds.	2,600	7,800	13,000	29,250	45,500	65,000

1928 Series 68, 8-cyl., 24 hp, 114" wb

	6	5	4	3	2	1
Rds	1,440	4,320	7,200	16,200	25,200	36,000
Sed	1,080	3,240	5,400	12,150	18,900	27,000
Cpe	1,100	3,300	5,500	12,380	19,250	27,500
Vic.	1,120	3,360	5,600	12,600	19,600	28,000

1928 Series 78, 8-cyl., 28 hp, 120" wb

	6	5	4	3	2	1
Cpe	1,120	3,360	5,600	12,600	19,600	28,000
Sed	1,100	3,300	5,500	12,380	19,250	27,500
Rds	1,440	4,320	7,200	16,200	25,200	36,000
Spds	1,560	4,680	7,800	17,550	27,300	39,000
Coll Cpe	1,200	3,600	6,000	13,500	21,000	30,000
Vic Cpe	1,120	3,360	5,600	12,600	19,600	28,000

1928 Series 75 Standard Line, 6-cyl., 34 hp

	6	5	4	3	2	1
Twn Cpe	1,160	3,480	5,800	13,050	20,300	29,000
2P Spds.	1,720	5,160	8,600	19,350	30,100	43,000
Cpe	1,080	3,240	5,400	12,150	18,900	27,000
Vic.	1,120	3,360	5,600	12,600	19,600	28,000
Cpe Rds	1,220	3,660	6,100	13,730	21,350	30,500
Brgm	1,080	3,240	5,400	12,150	18,900	27,000
5P Sed	1,040	3,120	5,200	11,700	18,200	26,000
7P Sed	1,060	3,180	5,300	11,930	18,550	26,500

1928 Series 75 Custom Line, 6-cyl., 34 hp

	6	5	4	3	2	1
4P Spds.	2,320	6,960	11,600	26,100	40,600	58,000
7P Spds.	2,280	6,840	11,400	25,650	39,900	57,000
5P Sed	1,080	3,240	5,400	12,150	18,900	27,000
7P Sed	1,140	3,420	5,700	12,830	19,950	28,500
Limo	1,160	3,480	5,800	13,050	20,300	29,000

1929 Marmon Roosevelt, 8-cyl., 24 hp, 112.75" wb

	6	5	4	3	2	1
Sed	960	2,880	4,800	10,800	16,800	24,000
Cpe	1,000	3,000	5,000	11,250	17,500	25,000
Vic Cpe	1,080	3,240	5,400	12,150	18,900	27,000
Coll Cpe	1,160	3,480	5,800	13,050	20,300	29,000

	6	5	4	3	2	1
1929 Series 68, 8-cyl., 28 hp, 114" wb						
Sed.	1,000	3,000	5,000	11,250	17,500	25,000
Coll Cpe	1,240	3,720	6,200	13,950	21,700	31,000
Cpe.	1,060	3,180	5,300	11,930	18,550	26,500
Rds.	1,680	5,040	8,400	18,900	29,400	42,000
Vic Cpe.	1,100	3,300	5,500	12,380	19,250	27,500
1929 Series 78, 8-cyl., 28 hp, 120" wb						
Sed.	1,080	3,240	5,400	12,150	18,900	27,000
Cpe.	1,160	3,480	5,800	13,050	20,300	29,000
Vic Cpe.	1,200	3,600	6,000	13,500	21,000	30,000
Coll Cpe	1,560	4,680	7,800	17,550	27,300	39,000
Rds.	1,800	5,400	9,000	20,250	31,500	45,000
6P Spds	2,120	6,360	10,600	23,850	37,100	53,000
1930 Marmon Roosevelt, 8-cyl., 24 hp, 112.75" wb						
Sed.	1,040	3,120	5,200	11,700	18,200	26,000
R/S Cpe	1,120	3,360	5,600	12,600	19,600	28,000
Vic Cpe.	1,160	3,480	5,800	13,050	20,300	29,000
Conv.	1,800	5,400	9,000	20,250	31,500	45,000
1930 Model 8-69, 8-cyl., 25.5 hp, 118" wb						
Sed.	1,040	3,120	5,200	11,700	18,200	26,000
Cpe.	1,100	3,300	5,500	12,380	19,250	27,500
Phae.	1,920	5,760	9,600	21,600	33,600	48,000
Conv.	1,880	5,640	9,400	21,150	32,900	47,000
Brgm.	1,120	3,360	5,600	12,600	19,600	28,000
Clb Sed	1,080	3,240	5,400	12,150	18,900	27,000
1930 Model 8-79, 8-cyl., 32.5 hp, 125" wb						
Sed.	1,080	3,240	5,400	12,150	18,900	27,000
R/S Cpe	1,200	3,600	6,000	13,500	21,000	30,000
Phae.	2,120	6,360	10,600	23,850	37,100	53,000
Conv.	2,080	6,240	10,400	23,400	36,400	52,000
Brgm.	1,160	3,480	5,800	13,050	20,300	29,000
Clb Sed	1,120	3,360	5,600	12,600	19,600	28,000
1930 Model "Big Eight", 8-cyl., 34 hp, 136" wb						
5P Sed	1,400	4,200	7,000	15,750	24,500	35,000
R/S Cpe	1,800	5,400	9,000	20,250	31,500	45,000
7P Tr	2,280	6,840	11,400	25,650	39,900	57,000
Conv Sed	2,680	8,040	13,400	30,150	46,900	67,000
7P Sed	1,440	4,320	7,200	16,200	25,200	36,000
Limo.	1,480	4,440	7,400	16,650	25,900	37,000
Brgm.	1,400	4,200	7,000	15,750	24,500	35,000
Clb Sed	1,440	4,320	7,200	16,200	25,200	36,000
1931 Model "Big Eight" (First Series), 8-cyl., 33.8 hp, 136" wb						
5P Sed	1,360	4,080	6,800	15,300	23,800	34,000
Cpe.	1,760	5,280	8,800	19,800	30,800	44,000
Tr	2,080	6,240	10,400	23,400	36,400	52,000
Conv Sed	2,560	7,680	12,800	28,800	44,800	64,000
Weyman Sed		value not estimable				
7P Sed	1,400	4,200	7,000	15,750	24,500	35,000
Limo.	1,480	4,440	7,400	16,650	25,900	37,000
Brgm.	1,400	4,200	7,000	15,750	24,500	35,000
Clb Sed	1,440	4,320	7,200	16,200	25,200	36,000
1931 Model 8-79 (First Series), 8-cyl., 32.5 hp, 125" wb						
5P Sed	1,080	3,240	5,400	12,150	18,900	27,000
Cpe.	1,200	3,600	6,000	13,500	21,000	30,000
Phae.	2,080	6,240	10,400	23,400	36,400	52,000
Conv Cpe	1,800	5,400	9,000	20,250	31,500	45,000
Brgm.	1,120	3,360	5,600	12,600	19,600	28,000
Clb Sed	1,080	3,240	5,400	12,150	18,900	27,000
1931 Model 8-69 (First Series), 8-cyl., 25.3 hp, 118" wb						
Sed.	1,080	3,240	5,400	12,150	18,900	27,000
Cpe.	1,160	3,480	5,800	13,050	20,300	29,000
Phae.	1,880	5,640	9,400	21,150	32,900	47,000
Conv Cpe	1,640	4,920	8,200	18,450	28,700	41,000
Brgm.	1,080	3,240	5,400	12,150	18,900	27,000
Clb Sed	1,040	3,120	5,200	11,700	18,200	26,000
1931 Marmon Roosevelt (First Series), 8-cyl., 25.3 hp, 112.75" wb						
Sed.	1,040	3,120	5,200	11,700	18,200	26,000
Cpe.	1,120	3,360	5,600	12,600	19,600	28,000
Vic Cpe.	1,080	3,240	5,400	12,150	18,900	27,000
Conv Cpe	1,600	4,800	8,000	18,000	28,000	40,000
1931 Model 70 (Second Series), 8-cyl., 25.3 hp, 112.75" wb						
Sed.	960	2,880	4,800	10,800	16,800	24,000
Cpe.	1,040	3,120	5,200	11,700	18,200	26,000
Vic Cpe.	1,000	3,000	5,000	11,250	17,500	25,000
Conv Cpe	1,640	4,920	8,200	18,450	28,700	41,000

NOTE: Effective with release of the Second Series on January 1, 1931, the Roosevelt became the Marmon Model 70.

	6	5	4	3	2	1

1931 Model 88 (Second Series), 8-cyl., 33.8 hp, 130"-136" wb

	6	5	4	3	2	1
5P Sed	1,360	4,080	6,800	15,300	23,800	34,000
Cpe	1,440	4,320	7,200	16,200	25,200	36,000
Conv Cpe	2,160	6,480	10,800	24,300	37,800	54,000
Spl Sed	1,400	4,200	7,000	15,750	24,500	35,000
Clb Sed	1,360	4,080	6,800	15,300	23,800	34,000
Tr.	2,160	6,480	10,800	24,300	37,800	54,000
Spl Cpe	1,480	4,440	7,400	16,650	25,900	37,000
7P Sed	1,400	4,200	7,000	15,750	24,500	35,000
Limo	1,520	4,560	7,600	17,100	26,600	38,000

1931 Series 16 (Second Series), 16-cyl., 62.5 hp, 145" wb

	6	5	4	3	2	1
5P Sed	3,560	10,680	17,800	40,050	62,300	89,000
2P Cpe	4,320	12,960	21,600	48,600	75,600	108,000
5P Cpe	4,400	13,200	22,000	49,500	77,000	110,000
Conv Cpe	11,920	35,760	59,600	134,100	208,600	298,000
Conv Sed	12,120	36,360	60,600	136,350	212,100	303,000
7P Sed	3,720	11,160	18,600	41,850	65,100	93,000
Limo	3,960	11,880	19,800	44,550	69,300	99,000
C.C. Sed	3,800	11,400	19,000	42,750	66,500	95,000

1932 Series 70, 8-cyl., 25.3 hp, 112.75" wb

	6	5	4	3	2	1
Sed	1,080	3,240	5,400	12,150	18,900	27,000
Cpe	1,160	3,480	5,800	13,050	20,300	29,000

1932 Series 125, 8-cyl., 33.8 hp, 125" wb

	6	5	4	3	2	1
Sed	1,120	3,360	5,600	12,600	19,600	28,000
Cpe	1,240	3,720	6,200	13,950	21,700	31,000
Conv Cpe	1,840	5,520	9,200	20,700	32,200	46,000

1932 Series 16, 16-cyl., 62.5 hp, 145" wb

	6	5	4	3	2	1
Sed	3,680	11,040	18,400	41,400	64,400	92,000
2d Cpe	4,400	13,200	22,000	49,500	77,000	110,000
5P Cpe	4,480	13,440	22,400	50,400	78,400	112,000
Conv Cpe	12,000	36,000	60,000	135,000	210,000	300,000
Conv Sed	12,200	36,600	61,000	137,250	213,500	305,000
Sed	3,680	11,040	18,400	41,400	64,400	92,000
Limo	3,960	11,880	19,800	44,550	69,300	99,000
C.C. Sed	3,800	11,400	19,000	42,750	66,500	95,000

1933 Series 16, 16-cyl., 62.5 hp, 145" wb

	6	5	4	3	2	1
Sed	3,680	11,040	18,400	41,400	64,400	92,000
2P Cpe	4,400	13,200	22,000	49,500	77,000	110,000
5P Cpe	4,480	13,440	22,400	50,400	78,400	112,000
Conv Cpe	12,000	36,000	60,000	135,000	210,000	300,000
Conv Sed	12,200	36,600	61,000	137,250	213,500	305,000
Sed	3,680	11,040	18,400	41,400	64,400	92,000
Limo	3,960	11,880	19,800	44,550	69,300	99,000
C.C. Sed	3,800	11,400	19,000	42,750	66,500	95,000

NOTE: Marmon was discontinued after the close of 1933 model year.

MERCURY

1939 Series 99A, V-8, 116" wb

	6	5	4	3	2	1
2d Conv	1,920	5,760	9,600	21,600	33,600	48,000
2d Cpe	1,200	3,600	6,000	13,500	21,000	30,000
2d Sed	960	2,880	4,800	10,800	16,800	24,000
4d Sed	1,120	3,360	5,600	12,600	19,600	28,000

1940 Series 09A, V-8, 116" wb

	6	5	4	3	2	1
2d Conv	1,920	5,760	9,600	21,600	33,600	48,000
4d Conv Sed	2,240	6,720	11,200	25,200	39,200	56,000
2d Cpe	1,200	3,600	6,000	13,500	21,000	30,000
2d Sed	1,160	3,480	5,800	13,050	20,300	29,000
4d Sed	1,120	3,360	5,600	12,600	19,600	28,000

1941 Series 19A, V-8, 118" wb

	6	5	4	3	2	1
2d Conv	1,920	5,760	9,600	21,600	33,600	48,000
2d Bus Cpe	1,200	3,600	6,000	13,500	21,000	30,000
2d 5P Cpe	1,240	3,720	6,200	13,950	21,700	31,000
2d 6P Cpe	1,260	3,780	6,300	14,180	22,050	31,500
2d Sed	1,160	3,480	5,800	13,050	20,300	29,000
4d Sed	1,120	3,360	5,600	12,600	19,600	28,000
4d Sta Wag	3,320	9,960	16,600	37,350	58,100	83,000

1942 Series 29A, V-8, 118" wb

	6	5	4	3	2	1
2d Conv	1,940	5,820	9,700	21,830	33,950	48,500
2d Bus Cpe	1,200	3,600	6,000	13,500	21,000	30,000
2d 6P Cpe	1,260	3,780	6,300	14,180	22,050	31,500
2d Sed	1,160	3,480	5,800	13,050	20,300	29,000
4d Sed	1,120	3,360	5,600	12,600	19,600	28,000
4d Sta Wag	3,340	10,020	16,700	37,580	58,450	83,500

NOTE: Add 10 percent for liquamatic drive models.

	6	5	4	3	2	1
1946-48 Series 69M, V-8, 118" wb						
2d Conv	1,960	5,880	9,800	22,050	34,300	49,000
2d 6P Cpe	860	2,580	4,300	9,680	15,050	21,500
2d Sed	748	2,244	3,740	8,420	13,090	18,700
4d Sed	744	2,232	3,720	8,370	13,020	18,600
4d Sta Wag	3,520	10,560	17,600	39,600	61,600	88,000
2d Sptsman Conv (1946 only)	11,500	34,500	57,500	129,380	201,250	287,500
1949-50 Series OCM, V-8, 118" wb						
2d Conv	1,920	5,760	9,600	21,600	33,600	48,000
2d Cpe	1,200	3,600	6,000	13,500	21,000	30,000
2d Clb Cpe	1,240	3,720	6,200	13,950	21,700	31,000
2d Mon Cpe (1950 only)	1,280	3,840	6,400	14,400	22,400	32,000
4d Sed	840	2,520	4,200	9,450	14,700	21,000
2d Sta Wag	3,400	10,200	17,000	38,250	59,500	85,000
1951 Mercury, V-8, 118" wb						
4d Sed	860	2,580	4,300	9,680	15,050	21,500
2d Cpe	1,240	3,720	6,200	13,950	21,700	31,000
2d Conv	1,860	5,580	9,300	20,930	32,550	46,500
2d Sta Wag	3,400	10,200	17,000	38,250	59,500	85,000
1951 Monterey, V-8, 118" wb						
2d Clth Cpe	1,320	3,960	6,600	14,850	23,100	33,000
2d Lthr Cpe	1,360	4,080	6,800	15,300	23,800	34,000
1952-53 Mercury Custom, V-8, 118" wb						
4d Sta Wag (1952 only)	1,000	3,000	5,000	11,250	17,500	25,000
4d Sed	740	2,220	3,700	8,330	12,950	18,500
2d Sed	744	2,232	3,720	8,370	13,020	18,600
2d HT	1,080	3,240	5,400	12,150	18,900	27,000
1952-53 Monterey Special Custom, V-8, 118" wb						
4d Sed	732	2,196	3,660	8,240	12,810	18,300
2d HT	1,120	3,360	5,600	12,600	19,600	28,000
2d Conv	1,520	4,560	7,600	17,100	26,600	38,000
4d Sta Wag (1953 only)	1,080	3,240	5,400	12,150	18,900	27,000
1954 Mercury Custom, V-8, 118" wb						
4d Sed	780	2,340	3,900	8,780	13,650	19,500
2d Sed	784	2,352	3,920	8,820	13,720	19,600
2d HT	1,080	3,240	5,400	12,150	18,900	27,000
1954 Monterey Special Custom, V-8, 118" wb						
4d Sed	792	2,376	3,960	8,910	13,860	19,800
2d HT SV	2,400	7,200	12,000	27,000	42,000	60,000
2d HT	1,120	3,360	5,600	12,600	19,600	28,000
2d Conv	1,600	4,800	8,000	18,000	28,000	40,000
4d Sta Wag	1,000	3,000	5,000	11,250	17,500	25,000
1955 Custom Series, V-8, 119" wb						
4d Sed	736	2,208	3,680	8,280	12,880	18,400
2d Sed	740	2,220	3,700	8,330	12,950	18,500
2d HT	960	2,880	4,800	10,800	16,800	24,000
4d Sta Wag	760	2,280	3,800	8,550	13,300	19,000
1955 Monterey Series, V-8, 119" wb						
4d Sed	760	2,280	3,800	8,550	13,300	19,000
2d HT	1,000	3,000	5,000	11,250	17,500	25,000
4d Sta Wag	880	2,640	4,400	9,900	15,400	22,000
1955 Montclair Series, V-8, 119" wb						
4d Sed	780	2,340	3,900	8,780	13,650	19,500
2d HT	1,080	3,240	5,400	12,150	18,900	27,000
2d HT SV	2,480	7,440	12,400	27,900	43,400	62,000
2d Conv	1,640	4,920	8,200	18,450	28,700	41,000
1956 Medalist Series, V-8, 119" wb						
4d Sed	696	2,088	3,480	7,830	12,180	17,400
2d Sed	700	2,100	3,500	7,880	12,250	17,500
2d HT	880	2,640	4,400	9,900	15,400	22,000
4d Phae HT	800	2,400	4,000	9,000	14,000	20,000
1956 Custom Series, V-8, 119" wb						
4d Sed	720	2,160	3,600	8,100	12,600	18,000
2d Sed	728	2,184	3,640	8,190	12,740	18,200
2d HT	920	2,760	4,600	10,350	16,100	23,000
4d Phae HT	840	2,520	4,200	9,450	14,700	21,000
2d Conv	1,560	4,680	7,800	17,550	27,300	39,000
4d Sta Wag 8P	820	2,460	4,100	9,230	14,350	20,500
4d Sta Wag 9P	840	2,520	4,200	9,450	14,700	21,000
1956 Monterey Series, V-8, 119" wb						
4d Sed	740	2,220	3,700	8,330	12,950	18,500
4d Spt Sed	760	2,280	3,800	8,550	13,300	19,000
2d HT	1,000	3,000	5,000	11,250	17,500	25,000
4d Phae HT	860	2,580	4,300	9,680	15,050	21,500
4d Sta Wag	860	2,580	4,300	9,680	15,050	21,500

	6	5	4	3	2	1
1956 Montclair Series, V-8, 119" wb						
4d Spt Sed	780	2,340	3,900	8,780	13,650	19,500
2d HT	1,080	3,240	5,400	12,150	18,900	27,000
4d Phae HT	960	2,880	4,800	10,800	16,800	24,000
2d Conv.	1,680	5,040	8,400	18,900	29,400	42,000
1957 Monterey Series, V-8, 122" wb						
4d Sed.	696	2,088	3,480	7,830	12,180	17,400
2d Sed.	700	2,100	3,500	7,880	12,250	17,500
4d HT	840	2,520	4,200	9,450	14,700	21,000
2d HT	960	2,880	4,800	10,800	16,800	24,000
2d Conv.	1,280	3,840	6,400	14,400	22,400	32,000
1957 Montclair Series, V-8, 122" wb						
4d Sed.	720	2,160	3,600	8,100	12,600	18,000
4d HT	880	2,640	4,400	9,900	15,400	22,000
2d HT	1,000	3,000	5,000	11,250	17,500	25,000
2d Conv.	1,440	4,320	7,200	16,200	25,200	36,000
1957 Turnpike Cruiser, V-8, 122" wb						
4d HT	1,120	3,360	5,600	12,600	19,600	28,000
2d HT	1,240	3,720	6,200	13,950	21,700	31,000
2d Conv.	1,680	5,040	8,400	18,900	29,400	42,000
NOTE: Add 60 percent for pace car edition.						
1957 Station Wagons, V-8, 122" wb						
2d Voy HT	1,080	3,240	5,400	12,150	18,900	27,000
4d Voy HT	1,140	3,420	5,700	12,830	19,950	28,500
2d Com HT	1,100	3,300	5,500	12,380	19,250	27,500
4d Com HT	1,160	3,480	5,800	13,050	20,300	29,000
4d Col Pk HT	1,200	3,600	6,000	13,500	21,000	30,000
1958 Mercury, V-8, 122" wb						
4d Sed.	640	1,920	3,200	7,200	11,200	16,000
2d Sed.	648	1,944	3,240	7,290	11,340	16,200
1958 Monterey, V-8, 122" wb						
4d Sed.	648	1,944	3,240	7,290	11,340	16,200
2d Sed.	652	1,956	3,260	7,340	11,410	16,300
4d HT	720	2,160	3,600	8,100	12,600	18,000
2d HT	800	2,400	4,000	9,000	14,000	20,000
2d Conv.	1,280	3,840	6,400	14,400	22,400	32,000
1958 Montclair, V-8, 122" wb						
4d Sed.	640	1,920	3,200	7,200	11,200	16,000
4d HT	840	2,520	4,200	9,450	14,700	21,000
2d HT	1,000	3,000	5,000	11,250	17,500	25,000
2d Conv.	1,360	4,080	6,800	15,300	23,800	34,000
1958 Turnpike Cruiser, V-8, 122" wb						
4d HT	960	2,880	4,800	10,800	16,800	24,000
2d HT	1,120	3,360	5,600	12,600	19,600	28,000
1958 Station Wagons, V-8, 122" wb						
2d Voy HT	1,060	3,180	5,300	11,930	18,550	26,500
4d Voy HT	1,120	3,360	5,600	12,600	19,600	28,000
2d Com HT	1,080	3,240	5,400	12,150	18,900	27,000
4d Com HT	1,140	3,420	5,700	12,830	19,950	28,500
4d Col Pk HT	1,180	3,540	5,900	13,280	20,650	29,500
1958 Park Lane, V-8, 125" wb						
4d HT	880	2,640	4,400	9,900	15,400	22,000
2d HT	1,040	3,120	5,200	11,700	18,200	26,000
2d Conv.	1,640	4,920	8,200	18,450	28,700	41,000
1959 Monterey, V-8, 126" wb						
4d Sed.	620	1,860	3,100	6,980	10,850	15,500
2d Sed.	624	1,872	3,120	7,020	10,920	15,600
4d HT	680	2,040	3,400	7,650	11,900	17,000
2d HT	800	2,400	4,000	9,000	14,000	20,000
2d Conv.	1,320	3,960	6,600	14,850	23,100	33,000
1959 Montclair, V-8, 126" wb						
4d Sed.	640	1,920	3,200	7,200	11,200	16,000
4d HT	720	2,160	3,600	8,100	12,600	18,000
2d HT	880	2,640	4,400	9,900	15,400	22,000
1959 Park Lane, V-8, 128" wb						
4d HT	760	2,280	3,800	8,550	13,300	19,000
2d HT	920	2,760	4,600	10,350	16,100	23,000
2d Conv.	1,360	4,080	6,800	15,300	23,800	34,000
1959 Country Cruiser Station Wagons, V-8, 126" wb						
2d Com HT	1,000	3,000	5,000	11,250	17,500	25,000
4d Com HT	1,060	3,180	5,300	11,930	18,550	26,500
4d Voy HT	1,080	3,240	5,400	12,150	18,900	27,000
4d Col Pk HT	1,140	3,420	5,700	12,830	19,950	28,500
1960 Comet, 6-cyl., 114" wb						
4d Sed.	332	996	1,660	3,740	5,810	8,300
2d Sed.	336	1,008	1,680	3,780	5,880	8,400

MERCURY

	6	5	4	3	2	1
4d Sta Wag 540	1,620	2,700	6,080	9,450	13,500
2d Sta Wag 540	1,630	2,720	6,120	9,520	13,600
1960 Monterey, V-8, 126" wb					
4d Sed 456	1,368	2,280	5,130	7,980	11,400
2d Sed 460	1,380	2,300	5,180	8,050	11,500
4d HT 580	1,740	2,900	6,530	10,150	14,500
2d HT 820	2,460	4,100	9,230	14,350	20,500
2d Conv 1,200	3,600	6,000	13,500	21,000	30,000
1960 Country Cruiser Station Wagons, V-8, 126" wb					
4d Com HT. 1,200	3,600	6,000	13,500	21,000	30,000
4d Col Pk HT 1,240	3,720	6,200	13,950	21,700	31,000
1960 Montclair, V-8, 126" wb					
4d Sed 472	1,416	2,360	5,310	8,260	11,800
4d HT 680	2,040	3,400	7,650	11,900	17,000
2d HT 960	2,880	4,800	10,800	16,800	24,000
1960 Park Lane, V-8, 126" wb					
4d HT 720	2,160	3,600	8,100	12,600	18,000
2d HT 1,040	3,120	5,200	11,700	18,200	26,000
2d Conv 1,400	4,200	7,000	15,750	24,500	35,000
1961 Comet, 6-cyl., 114" wb					
4d Sed 350	1,060	1,760	3,960	6,160	8,800
2d Sed 360	1,070	1,780	4,010	6,230	8,900
2d S-22 Cpe 700	2,100	3,500	7,880	12,250	17,500
4d Sta Wag 580	1,750	2,920	6,570	10,220	14,600
2d Sta Wag 590	1,760	2,940	6,620	10,290	14,700
1961 Meteor 600, V-8, 120" wb					
4d Sed 390	1,160	1,940	4,370	6,790	9,700
2d Sed 390	1,180	1,960	4,410	6,860	9,800
1961 Meteor 800, V-8, 120" wb					
4d Sed 400	1,190	1,980	4,460	6,930	9,900
4d HT 400	1,210	2,020	4,550	7,070	10,100
2d Sed 400	1,200	2,000	4,500	7,000	10,000
2d HT 540	1,620	2,700	6,080	9,450	13,500
1961 Monterey, V-8, 120" wb					
4d Sed 420	1,250	2,080	4,680	7,280	10,400
4d HT 420	1,260	2,100	4,730	7,350	10,500
2d HT 580	1,740	2,900	6,530	10,150	14,500
2d Conv 920	2,760	4,600	10,350	16,100	23,000
1961 Station Wagon, V-8, 120" wb					
4d Com. 900	2,700	4,500	10,130	15,750	22,500
4d Col Pk 920	2,760	4,600	10,350	16,100	23,000
1962 Comet, 6-cyl.					
4d Sed 292	876	1,460	3,290	5,110	7,300
2d Sed 340	1,010	1,680	3,780	5,880	8,400
4d Sta Wag 370	1,120	1,860	4,190	6,510	9,300
2d Sta Wag 400	1,200	2,000	4,500	7,000	10,000
2d S-22 Cpe 700	2,100	3,500	7,880	12,250	17,500
4d Vill Sta Wag. 410	1,220	2,040	4,590	7,140	10,200
NOTE: Add 10 percent for Custom line.					
1962 Meteor, 8-cyl.					
4d Sed 340	1,010	1,680	3,780	5,880	8,400
2d Sed 340	1,020	1,700	3,830	5,950	8,500
2d S-33 Cpe. 540	1,620	2,700	6,080	9,450	13,500
NOTE: Deduct 10 percent for 6-cyl. Add 10 percent for Custom line.					
1962 Monterey, V-8					
4d Sed 340	1,030	1,720	3,870	6,020	8,600
4d HT Sed 350	1,040	1,740	3,920	6,090	8,700
2d Sed 380	1,150	1,920	4,320	6,720	9,600
2d HT 400	1,200	2,000	4,500	7,000	10,000
2d Conv 840	2,520	4,200	9,450	14,700	21,000
4d Sta Wag 640	1,920	3,200	7,200	11,200	16,000
NOTE: Add 10 percent for Custom line.					
1962 Custom S-55 Sport Series, V-8					
2d HT 1,060	3,180	5,300	11,930	18,550	26,500
2d Conv 1,420	4,260	7,100	15,980	24,850	35,500
NOTE: Add 40 percent for 406 cid.					
1963 Comet, 6-cyl.					
4d Sed 292	876	1,460	3,290	5,110	7,300
2d Sed 296	888	1,480	3,330	5,180	7,400
4d Cus Sed 380	1,140	1,900	4,280	6,650	9,500
2d Cus Sed 384	1,152	1,920	4,320	6,720	9,600
2d Cus HT 540	1,620	2,700	6,080	9,450	13,500
2d Cus Conv 720	2,160	3,600	8,100	12,600	18,000
2d S-22 Cpe. 620	1,860	3,100	6,980	10,850	15,500
2d S-22 HT 740	2,220	3,700	8,330	12,950	18,500
2d S-22 Conv. 1,140	3,420	5,700	12,830	19,950	28,500

	6	5	4	3	2	1
4d Sta Wag	368	1,104	1,840	4,140	6,440	9,200
2d Cus Sta Wag	372	1,116	1,860	4,190	6,510	9,300
4d Cus Sta Wag	380	1,140	1,900	4,280	6,650	9,500
4d Vill Sta Wag	392	1,176	1,960	4,410	6,860	9,800
1963 Meteor, V-8						
4d Sed	296	888	1,480	3,330	5,180	7,400
2d Sed	300	900	1,500	3,380	5,250	7,500
4d Sta Wag	400	1,200	2,000	4,500	7,000	10,000
2d Cus HT	420	1,260	2,100	4,730	7,350	10,500
2d S-33 HT	540	1,620	2,700	6,080	9,450	13,500
NOTE: Deduct 10 percent for 6-cyl. Add 10 percent for Custom line.						
1963 Monterey, V-8						
4d Sed	340	1,030	1,720	3,870	6,020	8,600
4d HT	360	1,080	1,800	4,050	6,300	9,000
2d Sed	350	1,040	1,740	3,920	6,090	8,700
2d HT	360	1,090	1,820	4,100	6,370	9,100
2d Cus Conv	1,180	3,540	5,900	13,280	20,650	29,500
4d S-55 HT	760	2,280	3,800	8,550	13,300	19,000
2d S-55 Conv	1,680	5,040	8,400	18,900	29,400	42,000
2d Marauder FBk	800	2,400	4,000	9,000	14,000	20,000
2d Mar S-55 FBk	1,160	3,480	5,800	13,050	20,300	29,000
4d Col Pk	800	2,400	4,000	9,000	14,000	20,000
NOTE: Add 10 percent for Custom line. Add 40 percent for 406 cid. Add 80 percent for 427 cid.						
1964 Comet, 6-cyl., 114" wb						
4d Sed	316	948	1,580	3,560	5,530	7,900
2d Sed	320	960	1,600	3,600	5,600	8,000
4d Sta Wag	368	1,104	1,840	4,140	6,440	9,200
1964 Comet 404, 6-cyl., 114" wb						
4d Sed	320	960	1,600	3,600	5,600	8,000
2d Sed	324	972	1,620	3,650	5,670	8,100
2d HT	460	1,380	2,300	5,180	8,050	11,500
4d DeL Wag	410	1,220	2,040	4,590	7,140	10,200
4d Sta Wag	400	1,210	2,020	4,550	7,070	10,100
1964 Comet Caliente, V-8 cyl., 114" wb						
4d Sed	328	984	1,640	3,690	5,740	8,200
2d HT	640	1,920	3,200	7,200	11,200	16,000
2d Conv	800	2,400	4,000	9,000	14,000	20,000
1964 Comet Cyclone, V-8 cyl., 114" wb						
2d HT	920	2,760	4,600	10,350	16,100	23,000
NOTE: Deduct 25 percent for 6-cyl. Caliente.						
1964 Monterey, V-8						
4d Sed	312	936	1,560	3,510	5,460	7,800
4d HT	324	972	1,620	3,650	5,670	8,100
2d Sed	316	948	1,580	3,560	5,530	7,900
2d HT	332	996	1,660	3,740	5,810	8,300
2d FBk	460	1,380	2,300	5,180	8,050	11,500
2d Conv	860	2,580	4,300	9,680	15,050	21,500
1964 Montclair, V-8, 120" wb						
4d Sed	320	960	1,600	3,600	5,600	8,000
4d FBk	340	1,020	1,700	3,830	5,950	8,500
2d HT	440	1,320	2,200	4,950	7,700	11,000
2d FBk	460	1,380	2,300	5,180	8,050	11,500
1964 Park Lane, V-8, 120" wb						
4d Sed	328	984	1,640	3,690	5,740	8,200
4d HT	420	1,260	2,100	4,730	7,350	10,500
4d FBk	460	1,380	2,300	5,180	8,050	11,500
2d HT	600	1,800	3,000	6,750	10,500	15,000
2d FBk	640	1,920	3,200	7,200	11,200	16,000
2d Conv	960	2,880	4,800	10,800	16,800	24,000
1964 Station Wagon, V-8, 120" wb						
4d Col Pk	910	2,720	4,540	10,220	15,890	22,700
4d Com	700	2,100	3,500	7,880	12,250	17,500
NOTE: Add 10 percent for Marauder. Add 5 percent for bucket seat option where available. 427 Super Marauder, value inestimable.						
1965 Comet 202, V-8, 114" wb						
4d Sed	320	960	1,600	3,600	5,600	8,000
2d Sed	324	972	1,620	3,650	5,670	8,100
4d Sta Wag	372	1,116	1,860	4,190	6,510	9,300
NOTE: Deduct 20 percent for 6-cyl.						
1965 Comet 404						
4d Sed	324	972	1,620	3,650	5,670	8,100
2d Sed	328	984	1,640	3,690	5,740	8,200
4d Vill Wag	376	1,128	1,880	4,230	6,580	9,400
4d Sta Wag	372	1,116	1,860	4,190	6,510	9,300
1965 Comet Caliente, V-8, 114" wb						
4d Sed	332	996	1,660	3,740	5,810	8,300

	6	5	4	3	2	1
2d HT	480	1,440	2,400	5,400	8,400	12,000
2d Conv	840	2,520	4,200	9,450	14,700	21,000
1965 Comet Cyclone, V-8, 114" wb						
2d HT	960	2,880	4,800	10,800	16,800	24,000
1965 Monterey, V-8, 123" wb						
4d Sed	336	1,008	1,680	3,780	5,880	8,400
4d HT	440	1,320	2,200	4,950	7,700	11,000
4d Brzwy	460	1,380	2,300	5,180	8,050	11,500
2d Sed	340	1,020	1,700	3,830	5,950	8,500
2d HT	472	1,416	2,360	5,310	8,260	11,800
2d Conv	920	2,760	4,600	10,350	16,100	23,000
1965 Montclair, V-8, 123" wb						
4d Brzwy	472	1,416	2,360	5,310	8,260	11,800
4d HT	440	1,320	2,200	4,950	7,700	11,000
2d HT	480	1,440	2,400	5,400	8,400	12,000
1965 Park Lane, V-8, 123" wb						
4d Brzwy	476	1,428	2,380	5,360	8,330	11,900
4d HT	480	1,440	2,400	5,400	8,400	12,000
2d HT	500	1,500	2,500	5,630	8,750	12,500
2d Conv	960	2,880	4,800	10,800	16,800	24,000
1965 Station Wagon, V-8, 119" wb						
4d Col Pk	770	2,300	3,840	8,640	13,440	19,200
4d Com	548	1,644	2,740	6,170	9,590	13,700
NOTE: Add 80 percent for 427 cid engine.						
1966 Comet Capri, V-8, 116" wb						
4d Sed	328	984	1,640	3,690	5,740	8,200
2d HT	440	1,320	2,200	4,950	7,700	11,000
4d Sta Wag	380	1,140	1,900	4,280	6,650	9,500
1966 Comet Caliente, V-8, 116" wb						
4d Sed	332	996	1,660	3,740	5,810	8,300
2d HT	600	1,800	3,000	6,750	10,500	15,000
2d Conv	760	2,280	3,800	8,550	13,300	19,000
1966 Comet Cyclone, V-8, 116" wb						
2d HT	840	2,520	4,200	9,450	14,700	21,000
2d Conv	1,080	3,240	5,400	12,150	18,900	27,000
1966 Comet Cyclone GT/GTA, V-8, 116" wb						
2d HT	920	2,760	4,600	10,350	16,100	23,000
2d Conv	1,200	3,600	6,000	13,500	21,000	30,000
NOTE: Add 40 percent for pace car edition.						
1966 Comet 202, V-8, 116" wb						
4d Sed	320	960	1,600	3,600	5,600	8,000
2d Sed	328	984	1,640	3,690	5,740	8,200
4d Sta Wag	324	972	1,620	3,650	5,670	8,100
1966 Monterey, V-8, 123" wb						
4d Sed	332	996	1,660	3,740	5,810	8,300
4d Brzwy Sed	440	1,320	2,200	4,950	7,700	11,000
4d HT	460	1,380	2,300	5,180	8,050	11,500
2d Sed	336	1,008	1,680	3,780	5,880	8,400
2d FBk	480	1,440	2,400	5,400	8,400	12,000
2d Conv	860	2,580	4,300	9,680	15,050	21,500
1966 Montclair, V-8, 123" wb						
4d Sed	340	1,020	1,700	3,830	5,950	8,500
4d HT	468	1,404	2,340	5,270	8,190	11,700
2d HT	480	1,440	2,400	5,400	8,400	12,000
1966 Park Lane, V-8, 123" wb						
4d Brzwy Sed	480	1,440	2,400	5,400	8,400	12,000
4d HT	492	1,476	2,460	5,540	8,610	12,300
2d HT	520	1,560	2,600	5,850	9,100	13,000
2d Conv	920	2,760	4,600	10,350	16,100	23,000
1966 S-55, V-8, 123" wb						
2d HT	800	2,400	4,000	9,000	14,000	20,000
2d Conv	920	2,760	4,600	10,350	16,100	23,000
NOTE: Add 70 percent for 428-cid.						
1966 Station Wagons, V-8, 123" wb						
4d Comm	460	1,380	2,300	5,180	8,050	11,500
4d Col Pk	680	2,040	3,400	7,650	11,900	17,000
NOTE: Add 20 percent for 410 cid engine.						
1967 Comet 202, V-8, 116" wb						
2d Sed	336	1,008	1,680	3,780	5,880	8,400
4d Sed	332	996	1,660	3,740	5,810	8,300
1967 Capri, V-8, 116" wb						
2d HT	348	1,044	1,740	3,920	6,090	8,700
4d Sed	332	996	1,660	3,740	5,810	8,300
1967 Caliante, V-8, 116" wb						
4d Sed	352	1,056	1,760	3,960	6,160	8,800
2d HT	500	1,500	2,500	5,630	8,750	12,500
2d Conv	700	2,100	3,500	7,880	12,250	17,500

	6	5	4	3	2	1
1967 Cyclone, V-8, 116" wb						
2d HT	880	2,640	4,400	9,900	15,400	22,000
2d Conv.	1,000	3,000	5,000	11,250	17,500	25,000
1967 Station Wagons, V-8, 113" wb						
4d Voyager	384	1,152	1,920	4,320	6,720	9,600
4d Villager	470	1,400	2,340	5,270	8,190	11,700
1967 Cougar, V-8, 111" wb						
2d HT	840	2,520	4,200	9,450	14,700	21,000
2d XR-7 HT	1,020	3,060	5,100	11,480	17,850	25,500
1967 Monterey, V-8, 123" wb						
4d Sed.	332	996	1,660	3,740	5,810	8,300
4d Brzwy	400	1,200	2,000	4,500	7,000	10,000
2d Conv.	760	2,280	3,800	8,550	13,300	19,000
2d HT	420	1,260	2,100	4,730	7,350	10,500
4d HT	340	1,020	1,700	3,830	5,950	8,500
1967 Montclair, V-8, 123" wb						
4d Sed.	336	1,008	1,680	3,780	5,880	8,400
4d Brzwy	420	1,260	2,100	4,730	7,350	10,500
2d HT	480	1,440	2,400	5,400	8,400	12,000
4d HT	440	1,320	2,200	4,950	7,700	11,000
1967 Park Lane, V-8, 123" wb						
4d Brzwy	460	1,380	2,300	5,180	8,050	11,500
2d Conv.	920	2,760	4,600	10,350	16,100	23,000
2d HT	500	1,500	2,500	5,630	8,750	12,500
4d HT	480	1,440	2,400	5,400	8,400	12,000
1967 Brougham, V-8, 123" wb						
4d Brzwy	520	1,560	2,600	5,850	9,100	13,000
4d HT	540	1,620	2,700	6,080	9,450	13,500
1967 Marquis, V-8, 123" wb						
2d HT	600	1,800	3,000	6,750	10,500	15,000
1967 Station Wagons, 119" wb						
4d Commuter	560	1,680	2,800	6,300	9,800	14,000
4d Col Park	660	1,980	3,300	7,430	11,550	16,500

NOTE: Add 10 percent for GT option. Add 60 percent for S-55 performance package. Add 80 percent for 427 cid engine.

	6	5	4	3	2	1
1968 Comet, V-8						
2d HT	440	1,320	2,200	4,950	7,700	11,000
1968 Montego, V-8						
4d Sed.	300	900	1,500	3,380	5,250	7,500
2d HT	320	960	1,600	3,600	5,600	8,000
1968 Montego MX						
4d Sta Wag	340	1,020	1,700	3,830	5,950	8,500
4d Sed.	292	876	1,460	3,290	5,110	7,300
2d HT	440	1,320	2,200	4,950	7,700	11,000
2d Conv.	660	1,980	3,300	7,430	11,550	16,500
1968 Cyclone, V-8						
2d FBk.	880	2,640	4,400	9,900	15,400	22,000
2d HT	840	2,520	4,200	9,450	14,700	21,000
1968 Cyclone GT, V-8						
2d FBk.	1,080	3,240	5,400	12,150	18,900	27,000
2d HT	1,040	3,120	5,200	11,700	18,200	26,000
1968 Cougar, V-8						
2d HT	760	2,280	3,800	8,550	13,300	19,000
2d XR-7 HT	940	2,820	4,700	10,580	16,450	23,500

NOTE: Add 120 percent for GTE package. Add 40 percent for XR-7G.

	6	5	4	3	2	1
1968 Monterey, V-8						
4d Sed.	292	876	1,460	3,290	5,110	7,300
2d Conv.	680	2,040	3,400	7,650	11,900	17,000
2d HT	340	1,020	1,700	3,830	5,950	8,500
4d HT	320	960	1,600	3,600	5,600	8,000
1968 Montclair, V-8						
4d Sed.	296	888	1,480	3,330	5,180	7,400
2d HT	348	1,044	1,740	3,920	6,090	8,700
4d HT	328	984	1,640	3,690	5,740	8,200
1968 Park Lane, V-8						
4d Sed.	312	936	1,560	3,510	5,460	7,800
2d Conv.	700	2,100	3,500	7,880	12,250	17,500
2d HT	460	1,380	2,300	5,180	8,050	11,500
4d HT	356	1,068	1,780	4,010	6,230	8,900
1968 Marquis, V-8						
2d HT	480	1,440	2,400	5,400	8,400	12,000
1968 Station Wagons, V-8						
4d Commuter	580	1,740	2,900	6,530	10,150	14,500
4d Col Pk.	600	1,800	3,000	6,750	10,500	15,000

NOTE: Deduct 5 percent for six-cylinder engine. Add 5 percent for Brougham package. Add 5 percent for "yacht paneling". Add 80 percent for 427 cid engine. Add 50 percent for 428 cid engine.

	6	5	4	3	2	1
1969 Comet, 6-cyl.						
2d HT	320	960	1,600	3,600	5,600	8,000
1969 Montego, 6-cyl.						
4d Sed	272	816	1,360	3,060	4,760	6,800
2d HT	280	840	1,400	3,150	4,900	7,000
1969 Montego MX, V8						
4d Sed	276	828	1,380	3,110	4,830	6,900
2d HT	320	960	1,600	3,600	5,600	8,000
2d Conv	600	1,800	3,000	6,750	10,500	15,000
4d Sta Wag	380	1,140	1,900	4,280	6,650	9,500
1969 Cyclone, V-8						
2d HT	840	2,520	4,200	9,450	14,700	21,000
1969 Cyclone CJ, V-8						
2d HT	1,600	4,800	8,000	18,000	28,000	40,000
1969 Cougar, V-8						
2d HT	740	2,220	3,700	8,330	12,950	18,500
2d Conv	960	2,880	4,800	10,800	16,800	24,000
2d XR-7 HT	900	2,700	4,500	10,130	15,750	22,500
2d XR-7 Conv.	1,220	3,660	6,100	13,730	21,350	30,500
2d Eliminator HT	1,320	3,960	6,600	14,850	23,100	33,000
NOTE: Add 50 percent for Boss 302. Add 70 percent for 428 CJ.						
1969 Monterey, V-8						
4d Sed	312	936	1,560	3,510	5,460	7,800
4d HT	316	948	1,580	3,560	5,530	7,900
2d HT	328	984	1,640	3,690	5,740	8,200
2d Conv	560	1,680	2,800	6,300	9,800	14,000
4d Sta Wag	500	1,500	2,500	5,630	8,750	12,500
1969 Marauder, V-8						
2d HT	460	1,380	2,300	5,180	8,050	11,500
2d X-100 HT	760	2,280	3,800	8,550	13,300	19,000
1969 Marquis, V-8						
4d Sed	316	948	1,580	3,560	5,530	7,900
4d HT	360	1,080	1,800	4,050	6,300	9,000
2d HT	460	1,380	2,300	5,180	8,050	11,500
2d Conv	680	2,040	3,400	7,650	11,900	17,000
4d Sta Wag	520	1,560	2,600	5,850	9,100	13,000
1969 Marquis Brougham, V-8						
4d Sed	320	960	1,600	3,600	5,600	8,000
4d HT	380	1,140	1,900	4,280	6,650	9,500
2d HT	500	1,500	2,500	5,630	8,750	12,500
NOTE: Add 10 percent for Montego/Comet V-8. Add 15 percent for GT option. Add 100 percent for GT Spoiler II. Add 10 percent for bucket seats (except Cougar). Add 10 percent for bench seats (Cougar only). Add 70 percent for "CJ" 428 V-8. Add 70 percent for 429 cid engine.						
1970 Montego						
4d Sed	316	948	1,580	3,560	5,530	7,900
2d HT	320	960	1,600	3,600	5,600	8,000
1970 Montego MX, V-8						
4d Sed	332	996	1,660	3,740	5,810	8,300
2d HT	400	1,200	2,000	4,500	7,000	10,000
4d Sta Wag	380	1,140	1,900	4,280	6,650	9,500
1970 Montego MX Brougham, V-8						
4d Sed	328	984	1,640	3,690	5,740	8,200
4d HT	380	1,140	1,900	4,280	6,650	9,500
2d HT	420	1,260	2,100	4,730	7,350	10,500
4d Vill Sta Wag.	440	1,320	2,200	4,950	7,700	11,000
1970 Cyclone, V-8						
2d HT	900	2,700	4,500	10,130	15,750	22,500
1970 Cyclone GT, V-8						
2d HT	960	2,880	4,800	10,800	16,800	24,000
1970 Cyclone Spoiler, V-8						
2d HT	1,220	3,660	6,100	13,730	21,350	30,500
NOTE: Add 70 percent for 429 V-8 GT. Add 100 percent for Gurney or Yarborough Editions.						
1970 Cougar, V-8						
2d HT	740	2,220	3,700	8,330	12,950	18,500
2d Conv	960	2,880	4,800	10,800	16,800	24,000
1970 Cougar XR-7, V-8						
2d HT	860	2,580	4,300	9,680	15,050	21,500
2d Conv	1,180	3,540	5,900	13,280	20,650	29,500
2d Eliminator HT	1,280	3,840	6,400	14,400	22,400	32,000
NOTE: Add 50 percent for Boss 302. Add 70 percent for 428 CJ.						
1970 Monterey, V-8						
4d Sed	320	960	1,600	3,600	5,600	8,000
4d HT	352	1,056	1,760	3,960	6,160	8,800
2d HT	412	1,236	2,060	4,640	7,210	10,300
2d Conv	620	1,860	3,100	6,980	10,850	15,500
4d Sta Wag	448	1,344	2,240	5,040	7,840	11,200

	6	5	4	3	2	1
1970 Monterey Custom, V-8						
4d Sed.	328	984	1,640	3,690	5,740	8,200
4d HT	440	1,320	2,200	4,950	7,700	11,000
2d HT	460	1,380	2,300	5,180	8,050	11,500
1970 Marauder, V-8						
2d HT	460	1,380	2,300	5,180	8,050	11,500
2d X-100 HT	720	2,160	3,600	8,100	12,600	18,000
1970 Marquis, V-8						
4d Sed.	316	948	1,580	3,560	5,530	7,900
4d HT	360	1,080	1,800	4,050	6,300	9,000
2d HT	460	1,380	2,300	5,180	8,050	11,500
2d Conv.	680	2,040	3,400	7,650	11,900	17,000
4d Sta Wag	520	1,560	2,600	5,850	9,100	13,000
4d Col Pk.	540	1,620	2,700	6,080	9,450	13,500
1970 Marquis Brougham, V-8						
4d Sed.	320	960	1,600	3,600	5,600	8,000
4d HT	380	1,140	1,900	4,280	6,650	9,500
2d HT	500	1,500	2,500	5,630	8,750	12,500
NOTE: Add 70 percent for any 429 engine option.						
1971 Comet, V-8						
4d Sed.	264	792	1,320	2,970	4,620	6,600
2d Sed.	268	804	1,340	3,020	4,690	6,700
2d HT GT	420	1,260	2,100	4,730	7,350	10,500
1971 Montego, V-8						
4d Sed.	296	888	1,480	3,330	5,180	7,400
2d HT	308	924	1,540	3,470	5,390	7,700
1971 Montego MX						
4 Sed.	312	936	1,560	3,510	5,460	7,800
2d HT	376	1,128	1,880	4,230	6,580	9,400
4d Sta Wag	384	1,152	1,920	4,320	6,720	9,600
1971 Montego MX Brougham						
4d Sed.	308	924	1,540	3,470	5,390	7,700
4d HT	360	1,080	1,800	4,050	6,300	9,000
2d HT	400	1,200	2,000	4,500	7,000	10,000
4d Villager Sta Wag	420	1,260	2,100	4,730	7,350	10,500
1971 Cyclone, V-8						
2d HT	800	2,400	4,000	9,000	14,000	20,000
1971 Cyclone GT, V-8						
2d HT	900	2,700	4,500	10,130	15,750	22,500
1971 Cyclone Spoiler, V-8						
2d HT	1,160	3,480	5,800	13,050	20,300	29,000
NOTE: Add 80 percent for 429 V-8 GT.						
1971 Cougar, V-8						
2d HT	640	1,920	3,200	7,200	11,200	16,000
2d Conv.	740	2,220	3,700	8,330	12,950	18,500
1971 Cougar XR-7, V-8						
2d HT	760	2,280	3,800	8,550	13,300	19,000
2d Conv.	860	2,580	4,300	9,680	15,050	21,500
1971 Monterey, V-8						
4d Sed.	300	900	1,500	3,380	5,250	7,500
4d HT	332	996	1,660	3,740	5,810	8,300
2d HT	392	1,176	1,960	4,410	6,860	9,800
4d Sta Wag	424	1,272	2,120	4,770	7,420	10,600
1971 Monterey Custom, V-8						
4d Sed.	320	960	1,600	3,600	5,600	8,000
4d HT	424	1,272	2,120	4,770	7,420	10,600
2d HT	432	1,296	2,160	4,860	7,560	10,800
1971 Marquis, V-8						
4d Sed.	292	876	1,460	3,290	5,110	7,300
4d HT	352	1,056	1,760	3,960	6,160	8,800
2d HT	440	1,320	2,200	4,950	7,700	11,000
4d Sta Wag	500	1,500	2,500	5,630	8,750	12,500
1971 Marquis Brougham						
4d Sed.	300	900	1,500	3,380	5,250	7,500
4d HT	360	1,080	1,800	4,050	6,300	9,000
2d HT	480	1,440	2,400	5,400	8,400	12,000
4d Col Pk.	520	1,560	2,600	5,850	9,100	13,000
NOTE: Add 70 percent for 429.						
1972 Comet, V-8						
4d Sed.	264	792	1,320	2,970	4,620	6,600
2d Sed.	268	804	1,340	3,020	4,690	6,700
1972 Montego, V-8						
4d Sed.	280	840	1,400	3,150	4,900	7,000
2d HT	308	924	1,540	3,470	5,390	7,700
1972 Montego MX, V-8						
4d Sed.	292	876	1,460	3,290	5,110	7,300

	6	5	4	3	2	1
2d HT 368	1,104	1,840	4,140	6,440	9,200
4d Sta Wag 376	1,128	1,880	4,230	6,580	9,400
1972 Montego Brougham, V-8					
4d Sed 300	900	1,500	3,380	5,250	7,500
2d HT 380	1,140	1,900	4,280	6,650	9,500
4d Sta Wag 400	1,200	2,000	4,500	7,000	10,000
1972 Montego GT, V-8					
2d HT FBk 420	1,260	2,100	4,730	7,350	10,500
1972 Cougar, V-8					
2d HT 600	1,800	3,000	6,750	10,500	15,000
2d Conv 660	1,980	3,300	7,430	11,550	16,500
1972 Cougar XR-7, V-8					
2d HT 720	2,160	3,600	8,100	12,600	18,000
2d Conv 760	2,280	3,800	8,550	13,300	19,000
1972 Monterey, V-8					
4d Sed 300	900	1,500	3,380	5,250	7,500
4d HT 332	996	1,660	3,740	5,810	8,300
2d HT 392	1,176	1,960	4,410	6,860	9,800
4d Sta Wag 424	1,272	2,120	4,770	7,420	10,600
1972 Monterey Custom, V-8					
4d Sed 320	960	1,600	3,600	5,600	8,000
4d HT 424	1,272	2,120	4,770	7,420	10,600
2d HT 432	1,296	2,160	4,860	7,560	10,800
1972 Marquis, V-8					
4d Sed 292	876	1,460	3,290	5,110	7,300
4d HT 352	1,056	1,760	3,960	6,160	8,800
2d HT 440	1,320	2,200	4,950	7,700	11,000
4d Sta Wag 500	1,500	2,500	5,630	8,750	12,500
1972 Marquis Brougham, V-8					
4d Sed 300	900	1,500	3,380	5,250	7,500
4d HT 360	1,080	1,800	4,050	6,300	9,000
2d HT 480	1,440	2,400	5,400	8,400	12,000
4d Col Pk 520	1,560	2,600	5,850	9,100	13,000
1973 Comet, V-8					
4d Sed 256	768	1,280	2,880	4,480	6,400
2d Sed 260	780	1,300	2,930	4,550	6,500
1973 Montego, V-8					
4d Sed 260	780	1,300	2,930	4,550	6,500
2d HT 288	864	1,440	3,240	5,040	7,200
1973 Montego MX, V-8					
4d Sed 272	816	1,360	3,060	4,760	6,800
2d HT 332	996	1,660	3,740	5,810	8,300
1973 Montego MX Brougham, V-8					
4d Sed 272	816	1,360	3,060	4,760	6,800
2d HT 348	1,044	1,740	3,920	6,090	8,700
1973 Montego GT, V-8					
2d HT 400	1,200	2,000	4,500	7,000	10,000
1973 Montego MX					
4d Village Wag. 372	1,116	1,860	4,190	6,510	9,300
1973 Cougar, V-8					
2d HT 500	1,500	2,500	5,630	8,750	12,500
2d Conv 620	1,860	3,100	6,980	10,850	15,500
1973 Cougar XR-7, V-8					
2d HT 620	1,860	3,100	6,980	10,850	15,500
2d Conv 660	1,980	3,300	7,430	11,550	16,500
1973 Monterey, V-8					
4d Sed 260	780	1,300	2,930	4,550	6,500
2d HT 280	840	1,400	3,150	4,900	7,000
1973 Monterey Custom, V-8					
4d Sed 280	840	1,400	3,150	4,900	7,000
2d HT 300	900	1,500	3,380	5,250	7,500
1973 Marquis, V-8					
4d Sed 288	864	1,440	3,240	5,040	7,200
4d HT 292	876	1,460	3,290	5,110	7,300
2d HT 420	1,260	2,100	4,730	7,350	10,500
1973 Marquis Brougham, V-8					
4d Sed 292	876	1,460	3,290	5,110	7,300
4d HT 300	900	1,500	3,380	5,250	7,500
2d HT 420	1,260	2,100	4,730	7,350	10,500
1973 Station Wagon, V-8					
4d Monterey 276	828	1,380	3,110	4,830	6,900
4d Marquis 280	840	1,400	3,150	4,900	7,000
4d Col Pk 420	1,260	2,100	4,730	7,350	10,500
1974 Comet, V-8					
4d Sed 256	768	1,280	2,880	4,480	6,400
2d Sed 260	780	1,300	2,930	4,550	6,500

	6	5	4	3	2	1
1974 Montego, V-8						
4d Sed.	260	780	1,300	2,930	4,550	6,500
2d HT	288	864	1,440	3,240	5,040	7,200
1974 Montego MX, V-8						
4d Sed.	272	816	1,360	3,060	4,760	6,800
2d HT	332	996	1,660	3,740	5,810	8,300
1974 Montego MX Brougham, V-8						
4d Sed.	272	816	1,360	3,060	4,760	6,800
2d HT	348	1,044	1,740	3,920	6,090	8,700
4d Villager	372	1,116	1,860	4,190	6,510	9,300
1974 Cougar XR-7, V-8						
2d HT	400	1,200	2,000	4,500	7,000	10,000
1974 Monterey, V-8						
4d Sed.	260	780	1,300	2,930	4,550	6,500
2d HT	280	840	1,400	3,150	4,900	7,000
1974 Monterey Custom, V-8						
4d Sed.	280	840	1,400	3,150	4,900	7,000
2d HT	300	900	1,500	3,380	5,250	7,500
1974 Marquis, V-8						
4d Sed.	288	864	1,440	3,240	5,040	7,200
4d HT	292	876	1,460	3,290	5,110	7,300
2d HT	420	1,260	2,100	4,730	7,350	10,500
1974 Marquis Brougham, V-8						
4d Sed.	292	876	1,460	3,290	5,110	7,300
4d HT	300	900	1,500	3,380	5,250	7,500
2d HT	420	1,260	2,100	4,730	7,350	10,500
1974 Station Wagons, V-8						
4d Monterey	276	828	1,380	3,110	4,830	6,900
4d Marquis	280	840	1,400	3,150	4,900	7,000
4d Col Pk.	420	1,260	2,100	4,730	7,350	10,500
1975 Bobcat 4-cyl.						
2d HBk	248	744	1,240	2,790	4,340	6,200
4d Sta Wag	244	732	1,220	2,750	4,270	6,100
1975 Comet, V-8						
4d Sed.	256	768	1,280	2,880	4,480	6,400
2d Sed.	260	780	1,300	2,930	4,550	6,500
1975 Monarch, V-8						
4d Sed.	240	720	1,200	2,700	4,200	6,000
2d Cpe.	244	732	1,220	2,750	4,270	6,100
1975 Monarch Ghia, V-8						
4d Sed.	244	732	1,220	2,750	4,270	6,100
2d Cpe.	248	744	1,240	2,790	4,340	6,200
1975 Monarch Grand Ghia, V-8						
4d Sed.	252	756	1,260	2,840	4,410	6,300
1975 Montego, V-8						
4d Sed.	260	780	1,300	2,930	4,550	6,500
2d HT	288	864	1,440	3,240	5,040	7,200
1975 Montego MX, V-8						
4d Sed.	272	816	1,360	3,060	4,760	6,800
2d HT	332	996	1,660	3,740	5,810	8,300
1975 Montego Brougham, V-8						
4d Sed.	276	828	1,380	3,110	4,830	6,900
2d HT	352	1,056	1,760	3,960	6,160	8,800
1975 Station Wagons, V-8						
4d Villager	368	1,104	1,840	4,140	6,440	9,200
1975 Cougar XR-7, V-8						
2d HT	360	1,080	1,800	4,050	6,300	9,000
1975 Marquis, V-8						
4d Sed.	280	840	1,400	3,150	4,900	7,000
2d HT	400	1,200	2,000	4,500	7,000	10,000
1975 Marquis Brougham, V-8						
4d Sed.	288	864	1,440	3,240	5,040	7,200
2d HT	408	1,224	2,040	4,590	7,140	10,200
1975 Grand Marquis, V-8						
4d Sed.	292	876	1,460	3,290	5,110	7,300
2d HT	412	1,236	2,060	4,640	7,210	10,300
1975 Station Wagons, V-8						
4d Marquis	284	852	1,420	3,200	4,970	7,100
4d Col Pk.	424	1,272	2,120	4,770	7,420	10,600
1976 Bobcat, 4-cyl.						
3d HBk	248	744	1,240	2,790	4,340	6,200
4d Sta Wag	244	732	1,220	2,750	4,270	6,100
1976 Comet, V-8						
4d Sed.	256	768	1,280	2,880	4,480	6,400
2d Sed.	260	780	1,300	2,930	4,550	6,500

MERCURY

	6	5	4	3	2	1
1976 Monarch, V-8						
4d Sed	240	720	1,200	2,700	4,200	6,000
2d Sed	244	732	1,220	2,750	4,270	6,100
1976 Monarch Ghia, V-8						
4d Sed	244	732	1,220	2,750	4,270	6,100
2d Sed	248	744	1,240	2,790	4,340	6,200
1976 Monarch Grand Ghia, V-8						
4d Sed	252	756	1,260	2,840	4,410	6,300
1976 Montego, V-8						
4d Sed	260	780	1,300	2,930	4,550	6,500
2d Cpe	288	864	1,440	3,240	5,040	7,200
1976 Montego MX, V-8						
4d Sed	272	816	1,360	3,060	4,760	6,800
2d Cpe	332	996	1,660	3,740	5,810	8,300
1976 Montego Brougham, V-8						
4d Sed	256	768	1,280	2,880	4,480	6,400
2d Cpe	352	1,056	1,760	3,960	6,160	8,800
1976 Station Wagons, V-8						
4d Montego MX	320	960	1,600	3,600	5,600	8,000
4d Montego Vill	360	1,080	1,800	4,050	6,300	9,000
1976 Cougar XR7, V-8						
2d HT	280	840	1,400	3,150	4,900	7,000
1976 Marquis, V-8						
4d Sed	280	840	1,400	3,150	4,900	7,000
2d Cpe	400	1,200	2,000	4,500	7,000	10,000
1976 Marquis Brougham, V-8						
4d Sed	288	864	1,440	3,240	5,040	7,200
2d Cpe	408	1,224	2,040	4,590	7,140	10,200
1976 Grand Marquis, V-8						
4d Sed	292	876	1,460	3,290	5,110	7,300
2d Cpe	412	1,236	2,060	4,640	7,210	10,300
1976 Station Wagons, V-8						
4d Marquis	284	852	1,420	3,200	4,970	7,100
4d Col Pk	424	1,272	2,120	4,770	7,420	10,600
1977 Bobcat, 4-cyl.						
3d HBK	248	744	1,240	2,790	4,340	6,200
4d Sta Wag	244	732	1,220	2,750	4,270	6,100
4d Vill Wag	252	756	1,260	2,840	4,410	6,300
NOTE: Add 5 percent for V-6.						
1977 Comet, V-8						
4d Sed	256	768	1,280	2,880	4,480	6,400
2d Sed	260	780	1,300	2,930	4,550	6,500
1977 Monarch, V-8						
4d Sed	240	720	1,200	2,700	4,200	6,000
2d Sed	244	732	1,220	2,750	4,270	6,100
1977 Monarch Ghia, V-8						
4d Sed	244	732	1,220	2,750	4,270	6,100
2d Sed	248	744	1,240	2,790	4,340	6,200
1977 Cougar, V-8						
4d Sed	220	660	1,100	2,480	3,850	5,500
2d Sed	224	672	1,120	2,520	3,920	5,600
1977 Cougar Brougham, V-8						
4d Sed	228	684	1,140	2,570	3,990	5,700
2d Sed	232	696	1,160	2,610	4,060	5,800
1977 Cougar XR7, V-8						
2d HT	280	840	1,400	3,150	4,900	7,000
1977 Station Wagons, V-8						
4d Cougar	248	744	1,240	2,790	4,340	6,200
4d Vill	320	960	1,600	3,600	5,600	8,000
1977 Marquis, V-8						
4d Sed	280	840	1,400	3,150	4,900	7,000
2d Sed	400	1,200	2,000	4,500	7,000	10,000
1977 Marquis Brougham, V-8						
4d Sed	288	864	1,440	3,240	5,040	7,200
2d Sed	408	1,224	2,040	4,590	7,140	10,200
1977 Grand Marquis, V-8						
4d HT	292	876	1,460	3,290	5,110	7,300
2d HT	412	1,236	2,060	4,640	7,210	10,300
1977 Station Wagons, V-8						
4d 2S Marquis	284	852	1,420	3,200	4,970	7,100
4d 3S Marquis	300	900	1,500	3,380	5,250	7,500
1978 Bobcat						
3d Rbt.	200	600	1,050	2,340	3,650	5,200
4d Sta Wag	200	600	1,000	2,300	3,550	5,100
1978 Zephyr						
4d Sed	150	450	750	1,710	2,650	3,800

	6	5	4	3	2	1
2d Sed.	150	450	750	1,670	2,600	3,700
2d Cpe.	150	500	800	1,800	2,800	4,000
4d Sta Wag	150	500	850	1,890	2,950	4,200
1978 Monarch						
4d Sed.	200	600	1,000	2,250	3,500	5,000
2d Sed.	200	600	1,000	2,300	3,550	5,100
1978 Cougar						
4d Sed.	200	550	900	2,030	3,150	4,500
2d HT	200	550	900	2,070	3,200	4,600
1978 Cougar XR7						
2d HT	250	700	1,200	2,700	4,200	6,000
1978 Marquis						
4d Sed.	250	700	1,200	2,700	4,200	6,000
2d HT	350	1,100	1,800	4,050	6,300	9,000
4d Sta Wag	300	850	1,400	3,150	4,900	7,000
1978 Marquis Brougham						
4d Sed.	250	750	1,250	2,790	4,350	6,200
2d HT	350	1,100	1,850	4,140	6,450	9,200
1978 Grand Marquis						
4d Sed.	250	750	1,250	2,840	4,400	6,300
2d HT	350	1,100	1,850	4,190	6,500	9,300
1979 Bobcat, 4-cyl.						
3d Rbt	148	444	740	1,670	2,590	3,700
4d Wag	144	432	720	1,620	2,520	3,600
4d Villager Wag.	148	444	740	1,670	2,590	3,700
1979 Capri, 4-cyl.						
2d Cpe.	152	456	760	1,710	2,660	3,800
2d Ghia Cpe	160	480	800	1,800	2,800	4,000
NOTE: Add 5 percent for 6-cyl. Add 8 percent for V-8.						
1979 Zephyr, 6-cyl.						
4d Sed.	136	400	680	1,530	2,380	3,400
2d Cpe.	144	432	720	1,620	2,520	3,600
2d Spt Cpe	152	456	760	1,710	2,660	3,800
4d Sta Wag	140	420	700	1,580	2,450	3,500
NOTE: Deduct 10 percent for 4-cyl.						
1979 Monarch, V-8						
4d Sed.	136	408	680	1,530	2,380	3,400
2d Cpe.	144	432	720	1,620	2,520	3,600
NOTE: Deduct 5 percent for 6-cyl.						
1979 Cougar, V-8						
4d Sed.	144	432	720	1,620	2,520	3,600
2d HT	148	444	740	1,670	2,590	3,700
2d HT XR7	250	700	1,150	2,610	4,050	5,800
1979 Marquis, V-8						
4d Sed.	152	456	760	1,710	2,660	3,800
2d HT	156	468	780	1,760	2,730	3,900
1979 Marquis Brougham, V-8						
4d Sed.	156	468	780	1,760	2,730	3,900
2d HT	160	480	800	1,800	2,800	4,000
1979 Grand Marquis, V-8						
4d Sed.	160	480	800	1,800	2,800	4,000
2d HT	164	492	820	1,850	2,870	4,100
1979 Station Wagons, V-8						
4d 3S Marquis.	152	456	760	1,710	2,660	3,800
4d 3S Colony Park	160	480	800	1,800	2,800	4,000
1980 Bobcat, 4-cyl.						
2d HBk	140	420	700	1,580	2,450	3,500
2d Sta Wag	144	432	720	1,620	2,520	3,600
2d Sta Wag Villager	152	456	760	1,710	2,660	3,800
1980 Capri, 6-cyl.						
2d HBk	188	564	940	2,120	3,290	4,700
2d HBk Ghia	200	600	1,000	2,250	3,500	5,000
NOTE: Deduct 10 percent for 4-cyl.						
1980 Zephyr, 6-cyl.						
4d Sed.	140	420	700	1,580	2,450	3,500
2d Sed.	136	408	680	1,530	2,380	3,400
2d Cpe Z-7	168	504	840	1,890	2,940	4,200
4d Sta Wag	156	468	780	1,760	2,730	3,900
NOTE: Deduct 10 percent for 4-cyl.						
1980 Monarch, V-8						
4d Sed.	168	504	840	1,890	2,940	4,200
2d Cpe.	164	492	820	1,850	2,870	4,100
NOTE: Deduct 10 percent for 4-cyl.						
1980 Cougar XR7, V-8						
2d Cpe.	232	696	1,160	2,610	4,060	5,800

	6	5	4	3	2	1
1980 Marquis, V-8						
4d Sed	176	528	880	1,980	3,080	4,400
2d Sed	172	516	860	1,940	3,010	4,300
1980 Marquis Brougham, V-8						
4d Sed	184	552	920	2,070	3,220	4,600
2d Sed	180	540	900	2,030	3,150	4,500
1980 Grand Marquis, V-8						
4d Sed	188	564	940	2,120	3,290	4,700
2d Sed	184	552	920	2,070	3,220	4,600
4d Sta Wag	192	576	960	2,160	3,360	4,800
4d Sta Wag CP	200	600	1,000	2,250	3,500	5,000
1981 Lynx, 4-cyl.						
2d HBk RS	148	444	740	1,670	2,590	3,700
4d HBk RS	152	456	760	1,710	2,660	3,800
2d HBk LS	152	456	760	1,710	2,660	3,800
NOTE: Deduct 5 percent for lesser models.						
1981 Zephyr, 6-cyl.						
4d Sed S	140	420	700	1,580	2,450	3,500
4d Sed	144	432	720	1,620	2,520	3,600
2d Sed	140	420	700	1,580	2,450	3,500
2d Cpe Z-7	172	516	860	1,940	3,010	4,300
4d Sta Wag	160	480	800	1,800	2,800	4,000
NOTE: Deduct 10 percent for 4-cyl.						
1981 Capri, 6-cyl.						
2d HBk	180	540	900	2,030	3,150	4,500
2d HBk GS	188	564	940	2,120	3,290	4,700
NOTE: Deduct 10 percent for 4-cyl.						
1981 Cougar, 6-cyl.						
4d Sed	168	504	840	1,890	2,940	4,200
2d Sed	164	492	820	1,850	2,870	4,100
NOTE: Deduct 10 percent for 4-cyl.						
1981 Cougar XR7, V-8						
2d Cpe	236	708	1,180	2,660	4,130	5,900
NOTE: Deduct 12 percent for 6-cyl.						
1981 Marquis, V-8						
4d Sed	176	528	880	1,980	3,080	4,400
1981 Marquis Brougham, V-8						
4d Sed	184	552	920	2,070	3,220	4,600
2d Sed	180	540	900	2,030	3,150	4,500
1981 Grand Marquis, V-8						
4d Sed	192	576	960	2,160	3,360	4,800
2d Sed	188	564	940	2,120	3,290	4,700
4d Sta Wag	196	588	980	2,210	3,430	4,900
4d Sta Wag CP	196	588	980	2,210	3,430	4,900
1982 Lynx, 4-cyl.						
2d HBk LS	152	456	760	1,710	2,660	3,800
4d HBk LS	156	468	780	1,760	2,730	3,900
4d Sta Wag LS	160	480	800	1,800	2,800	4,000
2d HBk RS	156	468	780	1,760	2,730	3,900
NOTE: Deduct 5 percent for lesser models.						
1982 LN7, 4-cyl.						
2d HBk	184	552	920	2,070	3,220	4,600
1982 Zephyr, 6-cyl.						
4d Sed	148	444	740	1,670	2,590	3,700
2d Cpe Z-7	172	516	860	1,940	3,010	4,300
4d Sed GS	152	456	760	1,710	2,660	3,800
2d Cpe Z-7 GS	180	540	900	2,030	3,150	4,500
1982 Capri, 6-cyl.						
2d HBk L	212	636	1,060	2,390	3,710	5,300
2d HBk GS	220	660	1,100	2,480	3,850	5,500
1982 Capri, V-8						
2d HBk RS	224	672	1,120	2,520	3,920	5,600
NOTE: Deduct 10 percent for 4-cyl.						
1982 Cougar, 6-cyl.						
4d Sed GS	160	480	800	1,800	2,800	4,000
2d Sed GS	156	468	780	1,760	2,730	3,900
4d Sta Wag GS	168	504	840	1,890	2,940	4,200
4d Sed LS	164	492	820	1,850	2,870	4,100
2d Sed LS	160	480	800	1,800	2,800	4,000
1982 Cougar XR7, V-8						
2d Cpe	240	720	1,200	2,700	4,200	6,000
2d Cpe LS	248	744	1,240	2,790	4,340	6,200
NOTE: Deduct 10 percent for 6-cyl.						
1982 Marquis, V-8						
4d Sed	180	540	900	2,030	3,150	4,500

	6	5	4	3	2	1
1982 Marquis Brougham, V-8						
4d Sed.	188	564	940	2,120	3,290	4,700
2d Cpe.	184	552	920	2,070	3,220	4,600
1982 Grand Marquis, V-8						
4d Sed.	196	588	980	2,210	3,430	4,900
2d Cpe.	192	576	960	2,160	3,360	4,800
4d Sta Wag	196	588	980	2,210	3,430	4,900
4d Sta Wag CP	200	600	1,000	2,250	3,500	5,000
1983 Lynx, 4-cyl.						
2d HBk LS.	152	456	760	1,710	2,660	3,800
4d HBk LS.	156	468	780	1,760	2,730	3,900
4d Sta Wag LS	160	480	800	1,800	2,800	4,000
2d HBk RS	156	468	780	1,760	2,730	3,900
4d HBk LTS.	160	480	800	1,800	2,800	4,000
NOTE: Deduct 5 percent for lesser models.						
1983 LN7, 4-cyl.						
2d HBk	188	564	940	2,120	3,290	4,700
2d HBk Spt	192	576	960	2,160	3,360	4,800
2d HBk GS	200	600	1,000	2,250	3,500	5,000
2d HBk RS	208	624	1,040	2,340	3,640	5,200
1983 Zephyr, V-6						
4d Sed.	152	456	760	1,710	2,660	3,800
2d Cpe Z-7	176	528	880	1,980	3,080	4,400
4d Sed GS.	156	468	780	1,760	2,730	3,900
2d Cpe Z-7 GS	184	552	920	2,070	3,220	4,600
NOTE: Deduct 10 percent for 4-cyl.						
1983 Capri, 6-cyl.						
2d HBk L	216	648	1,080	2,430	3,780	5,400
2d HBk GS	224	672	1,120	2,520	3,920	5,600
1983 Capri, V-8						
2d HBk RS	228	684	1,140	2,570	3,990	5,700
NOTE: Deduct 10 percent for 4-cyl.						
1983 Cougar, V-8						
2d Cpe.	260	780	1,300	2,930	4,550	6,500
2d Cpe LS.	268	804	1,340	3,020	4,690	6,700
NOTE: Deduct 15 percent for V-6.						
1983 Marquis, 4-cyl.						
4d Sed.	168	504	840	1,890	2,940	4,200
4d Brgm.	176	528	880	1,980	3,080	4,400
1983 Marquis, 6-cyl.						
4d Sed.	176	528	880	1,980	3,080	4,400
4d Sta Wag	188	564	940	2,120	3,290	4,700
4d Sed Brgm	192	576	960	2,160	3,360	4,800
4d Sta Wag Brgm	196	588	980	2,210	3,430	4,900
1983 Grand Marquis, V-8						
4d Sed.	208	624	1,040	2,340	3,640	5,200
2d Cpe.	204	612	1,020	2,300	3,570	5,100
4d Sed LS	216	648	1,080	2,430	3,780	5,400
2d Cpe LS.	212	636	1,060	2,390	3,710	5,300
4d Sta Wag	220	660	1,100	2,480	3,850	5,500
1984 Lynx, 4-cyl.						
4d HBk LTS.	140	420	700	1,580	2,450	3,500
2d HBk RS	144	432	720	1,620	2,520	3,600
2d HBk RS Turbo	152	456	760	1,710	2,660	3,800
NOTE: Deduct 5 percent for lesser models.						
1984 Topaz, 4-cyl.						
2d Sed.	132	396	660	1,490	2,310	3,300
4d Sed.	132	396	660	1,490	2,310	3,300
2d Sed GS.	136	408	680	1,530	2,380	3,400
4d Sed GS.	136	408	680	1,530	2,380	3,400
1984 Capri, 4-cyl.						
2d HBk GS	176	528	880	1,980	3,080	4,400
2d HBk RS Turbo	192	576	960	2,160	3,360	4,800
2d HBk GS, V-6.	184	552	920	2,070	3,220	4,600
2d HBk GS, V-8.	192	576	960	2,160	3,360	4,800
2d HBk RS, V-8.	200	600	1,000	2,250	3,500	5,000
1984 Cougar, V-6						
2d Cpe.	168	504	840	1,890	2,940	4,200
2d Cpe LS.	172	516	860	1,940	3,010	4,300
1984 Cougar, V-8						
2d Cpe.	180	540	900	2,030	3,150	4,500
2d Cpe LS.	192	576	960	2,160	3,360	4,800
2d Cpe XR7.	220	660	1,100	2,480	3,850	5,500
1984 Marquis, 4-cyl.						
4d Sed.	164	492	820	1,850	2,870	4,100
4d Sed Brgm.	168	504	840	1,890	2,940	4,200

MERCURY

	6	5	4	3	2	1
1984 Marquis, V-6						
4d Sed	168	504	840	1,890	2,940	4,200
4d Sed Brgm	172	516	860	1,940	3,010	4,300
4d Sta Wag	172	516	860	1,940	3,010	4,300
4d Sta Wag Brgm	176	528	880	1,980	3,080	4,400
1984 Grand Marquis, V-8						
4d Sed	196	588	980	2,210	3,430	4,900
2d Sed	196	588	980	2,210	3,430	4,900
4d Sed LS	200	600	1,000	2,250	3,500	5,000
2d Sed LS	200	600	1,000	2,250	3,500	5,000
4d Sta Wag Colony Park	200	600	1,000	2,250	3,500	5,000
1985 Lynx, 4-cyl.						
2d HBk GS	136	408	680	1,530	2,380	3,400
4d HBk GS	140	420	700	1,580	2,450	3,500
4d Sta Wag GS	140	420	700	1,580	2,450	3,500
NOTE: Deduct 20 percent for diesel. Deduct 5 percent for lesser models.						
1985 Topaz, 4-cyl.						
2d Sed	136	408	680	1,530	2,380	3,400
4d Sed	136	408	680	1,530	2,380	3,400
2d Sed LS	136	408	680	1,530	2,380	3,400
4d Sed LS	140	420	700	1,580	2,450	3,500
NOTE: Deduct 20 percent for diesel.						
1985 Capri, 4-cyl.						
2d HBk GS	180	540	900	2,030	3,150	4,500
2d HBk GS, V-6	184	552	920	2,070	3,220	4,600
2d HBk GS, V-8	196	588	980	2,210	3,430	4,900
2d HBk 5.0 liter, V-8	210	620	1,040	2,340	3,640	5,200
1985 Cougar, V-6						
2d Cpe	172	516	860	1,940	3,010	4,300
2d Cpe LS	176	528	880	1,980	3,080	4,400
2d Cpe, V-8	184	552	920	2,070	3,220	4,600
2d Cpe LS, V-8	196	588	980	2,210	3,430	4,900
2d Cpe XR7 Turbo, 4-cyl.	220	670	1,120	2,520	3,920	5,600
1985 Marquis, V-6						
4d Sed	172	516	860	1,940	3,010	4,300
4d Sed Brgm	176	528	880	1,980	3,080	4,400
4d Sta Wag	176	528	880	1,980	3,080	4,400
4d Sta Wag Brgm	180	540	900	2,030	3,150	4,500
NOTE: Deduct 20 percent for 4-cyl. where available.						
1985 Grand Marquis, V-8						
4d Sed	200	600	1,000	2,250	3,500	5,000
2d Sed	196	588	980	2,210	3,430	4,900
4d Sed LS	204	612	1,020	2,300	3,570	5,100
2d Sed LS	200	600	1,000	2,250	3,500	5,000
4d Sta Wag Colony Park	210	620	1,040	2,340	3,640	5,200
1986 Lynx						
2d HBk	140	420	700	1,580	2,450	3,500
4d HBk	148	444	740	1,670	2,590	3,700
4d Sta Wag	148	444	740	1,670	2,590	3,700
1986 Capri						
2d HBk	184	552	920	2,070	3,220	4,600
1986 Topaz						
2d Sed	144	432	720	1,620	2,520	3,600
4d Sed	144	432	720	1,620	2,520	3,600
1986 Marquis						
4d Sed	176	528	880	1,980	3,080	4,400
4d Sta Wag	180	540	900	2,030	3,150	4,500
1986 Marquis Brougham						
4d Sed	180	540	900	2,030	3,150	4,500
4d Sta Wag	184	552	920	2,070	3,220	4,600
1986 Cougar						
2d Cpe	192	576	960	2,160	3,360	4,800
2d LS Cpe	200	600	1,000	2,250	3,500	5,000
XR7 2d Cpe	228	684	1,140	2,570	3,990	5,700
1986 Sable, V-6						
4d Sed GS	200	600	1,000	2,250	3,500	5,000
4d Sed LS	200	610	1,020	2,300	3,570	5,100
4d Sta Wag GS	200	610	1,020	2,300	3,570	5,100
4d Sta Wag LS	210	620	1,040	2,340	3,640	5,200
1986 Grand Marquis						
2d Sed	204	612	1,020	2,300	3,570	5,100
4d Sed	208	624	1,040	2,340	3,640	5,200
4d Sta Wag	220	660	1,100	2,480	3,850	5,500
NOTE: Add 10 percent for deluxe models. Deduct 5 percent for smaller engines.						
1987 Lynx, 4-cyl.						
2d HBk L	148	444	740	1,670	2,590	3,700

	6	5	4	3	2	1
2d HBk GS	152	456	760	1,710	2,660	3,800
4d HBk GS	156	468	780	1,760	2,730	3,900
4d Sta Wag GS	156	468	780	1,760	2,730	3,900
2d HBk XR3	160	480	800	1,800	2,800	4,000
1987 Topaz, 4-cyl.						
2d Sed GS	152	456	760	1,710	2,660	3,800
4d Sed GS	156	468	780	1,760	2,730	3,900
2d Sed GS Spt	156	468	780	1,760	2,730	3,900
4d Sed GS Spt	160	480	800	1,800	2,800	4,000
4d Sed LS	164	492	820	1,850	2,870	4,100
1987 Cougar						
2d Cpe LS, V-6	256	768	1,280	2,880	4,480	6,400
2d Cpe LS, V-8	360	1,080	1,800	4,050	6,300	9,000
2d Cpe XR7, V-8	368	1,104	1,840	4,140	6,440	9,200
NOTE: Add 10 percent for Anniversary Model.						
1987 Sable, V-6						
4d Sed GS	200	600	1,000	2,250	3,500	5,000
4d Sed LS	204	612	1,020	2,300	3,570	5,100
4d Sta Wag GS	204	612	1,020	2,300	3,570	5,100
4d Sta Wag LS	208	624	1,040	2,340	3,640	5,200
1987 Grand Marquis, V-8						
4d Sed GS	228	684	1,140	2,570	3,990	5,700
4d Sta Wag Col Park GS	240	710	1,180	2,660	4,130	5,900
2d Sed LS	228	684	1,140	2,570	3,990	5,700
4d Sed LS	232	696	1,160	2,610	4,060	5,800
4d Sta Wag Col Park LS	240	720	1,200	2,700	4,200	6,000
1988 Tracer, 4-cyl.						
2d HBk	120	360	600	1,350	2,100	3,000
4d HBk	124	372	620	1,400	2,170	3,100
4d Sta Wag	132	396	660	1,490	2,310	3,300
1988 Topaz, 4-cyl.						
2d Sed	128	384	640	1,440	2,240	3,200
4d Sed	132	396	660	1,490	2,310	3,300
4d Sed LS	144	432	720	1,620	2,520	3,600
4d Sed LTS	152	456	760	1,710	2,660	3,800
2d Sed XR5	160	480	800	1,800	2,800	4,000
1988 Cougar						
2d LS V-6	232	696	1,160	2,610	4,060	5,800
2d LS V-8	248	744	1,240	2,790	4,340	6,200
2d XR7 V-8	272	816	1,360	3,060	4,760	6,800
1988 Sable, V-6						
4d Sed GS	184	552	920	2,070	3,220	4,600
4d Sta Wag GS	208	624	1,040	2,340	3,640	5,200
4d Sed LS	192	576	960	2,160	3,360	4,800
4d Sta Wag LS	232	696	1,160	2,610	4,060	5,800
1988 Grand Marquis, V-8						
4d Sed GS	220	660	1,100	2,480	3,850	5,500
4d Sta Wag Col Park GS	230	700	1,160	2,610	4,060	5,800
4d Sed LS	224	672	1,120	2,520	3,920	5,600
4d Sta Wag Col Park LS	240	730	1,220	2,750	4,270	6,100
1989 Tracer, 4-cyl.						
4d HBk	156	468	780	1,760	2,730	3,900
2d HBk	152	456	760	1,710	2,660	3,800
4d Sta Wag	160	480	800	1,800	2,800	4,000
1989 Topaz, 4-cyl.						
2d Sed GS	144	432	720	1,620	2,520	3,600
4d Sed GS	148	444	740	1,670	2,590	3,700
4d Sed LS	156	468	780	1,760	2,730	3,900
4d Sed LTS	172	516	860	1,940	3,010	4,300
2d Sed XR5	196	588	980	2,210	3,430	4,900
1989 Cougar, V-6						
2d Cpe LS	360	1,080	1,800	4,050	6,300	9,000
2d Cpe XR7	400	1,200	2,000	4,500	7,000	10,000
1989 Sable, V-6						
4d Sed GS	212	636	1,060	2,390	3,710	5,300
4d Sta Wag GS	248	744	1,240	2,790	4,340	6,200
4d Sed LS	236	708	1,180	2,660	4,130	5,900
4d Sta Wag LS	368	1,104	1,840	4,140	6,440	9,200
1989 Grand Marquis, V-8						
4d Sed GS	252	756	1,260	2,840	4,410	6,300
4d Sed LS	256	768	1,280	2,880	4,480	6,400
4d Sta Wag Col Park GS	270	800	1,340	3,020	4,690	6,700
4d Sta Wag Col Park LS	280	830	1,380	3,110	4,830	6,900
1990 Topaz, 4-cyl.						
2d Sed GS	156	468	780	1,760	2,730	3,900
4d Sed GS	160	480	800	1,800	2,800	4,000

	6	5	4	3	2	1
4d Sed LS 168		504	840	1,890	2,940	4,200
4d Sed LTS 184		552	920	2,070	3,220	4,600
2d Sed XR5 168		504	840	1,890	2,940	4,200
1990 Cougar, V-6						
2d Cpe LS 260		780	1,300	2,930	4,550	6,500
2d Cpe XR7 360		1,080	1,800	4,050	6,300	9,000
1990 Sable, V-6						
4d Sed GS 220		660	1,100	2,480	3,850	5,500
4d Sed LS 240		720	1,200	2,700	4,200	6,000
4d Sta Wag GS 240		720	1,200	2,700	4,200	6,000
4d Sta Wag LS 260		780	1,300	2,930	4,550	6,500
1990 Grand Marquis, V-8						
4d Sed GS 260		780	1,300	2,930	4,550	6,500
4d Sed LS 360		1,080	1,800	4,050	6,300	9,000
4d Sta Wag GS 360		1,080	1,800	4,050	6,300	9,000
4d Sta Wag LS 380		1,140	1,900	4,280	6,650	9,500

NOTE: Mercury suspended production of the Tracer for 1990. It would return the following year.

	6	5	4	3	2	1
1991 Tracer, 4-cyl.						
4d NBk 140		420	700	1,580	2,450	3,500
4d NBk LTS 148		444	740	1,670	2,590	3,700
4d Sta Wag 156		468	780	1,760	2,730	3,900
1991 Topaz, 4-cyl.						
2d Sed GS 148		444	740	1,670	2,590	3,700
4d Sed GS 148		444	740	1,670	2,590	3,700
4d Sed LS 156		468	780	1,760	2,730	3,900
4d Sed LTS 160		480	800	1,800	2,800	4,000
2d Sed XR5 168		504	840	1,890	2,940	4,200
1991 Capri, 4-cyl.						
2d Conv 200		600	1,000	2,250	3,500	5,000
2d Conv XR2 Turbo 220		660	1,100	2,480	3,850	5,500
1991 Cougar						
2d Cpe LS, V-6 240		720	1,200	2,700	4,200	6,000
2d Cpe LS, V-8 360		1,080	1,800	4,050	6,300	9,000
2d Cpe XR7, V-8 380		1,140	1,900	4,280	6,650	9,500
1991 Sable, V-6						
4d Sed GS 148		444	740	1,670	2,590	3,700
4d Sta Wag GS 156		468	780	1,760	2,730	3,900
4d Sed LS 152		456	760	1,710	2,660	3,800
4d Sta Wag LS 160		480	800	1,800	2,800	4,000
1991 Grand Marquis, V-8						
4d Sed GS 184		552	920	2,070	3,220	4,600
4d Sed LS 192		576	960	2,160	3,360	4,800
1991 Grand Marquis Colony Park, V-8						
4d Sta Wag GS35 220		660	1,100	2,480	3,850	5,500
4d Sta Wag GS25 216		648	1,080	2,430	3,780	5,400
4d Sta Wag LS35 224		672	1,120	2,520	3,920	5,600
4d Sta Wag LS25 220		660	1,100	2,480	3,850	5,500
1992 Tracer, 4-cyl.						
4d Sed 164		492	820	1,850	2,870	4,100
4d Sed LTS 168		504	840	1,890	2,940	4,200
4d Sta Wag 184		552	920	2,070	3,220	4,600
1992 Topaz, 4-cyl. & V-6						
2d Cpe GS 156		468	780	1,760	2,730	3,900
4d Sed GS 160		480	800	1,800	2,800	4,000
4d Sed LS 168		504	840	1,890	2,940	4,200
4d Sed LTS V-6 224		672	1,120	2,520	3,920	5,600
2d Cpe XR5 V-6 224		672	1,120	2,520	3,920	5,600
1992 Capri, 4-cyl.						
2d Conv 240		720	1,200	2,700	4,200	6,000
2d Conv XR2 Turbo 248		744	1,240	2,790	4,340	6,200
1992 Cougar						
2d Cpe LS, V-6 292		876	1,460	3,290	5,110	7,300
2d Cpe LS, V-8 308		924	1,540	3,470	5,390	7,700
2d Cpe XR7 V-8 316		948	1,580	3,560	5,530	7,900
1992 Sable, V-6						
4d Sed GS 240		720	1,200	2,700	4,200	6,000
4d Sta Wag GS 240		720	1,200	2,700	4,200	6,000
4d Sed LS 248		744	1,240	2,790	4,340	6,200
4d Sta Wag LS 248		744	1,240	2,790	4,340	6,200
1992 Grand Marquis, V-8						
4d Sed GS 280		840	1,400	3,150	4,900	7,000
4d Sed LS 288		864	1,440	3,240	5,040	7,200
1993 Tracer, 4-cyl.						
4d Sed 172		516	860	1,940	3,010	4,300
4d Sta Wag 184		552	920	2,070	3,220	4,600
4d Sed LTS 180		540	900	2,030	3,150	4,500

	6	5	4	3	2	1	**285**

1993 Topaz, 4-cyl.

	6	5	4	3	2	1
2d Sed GS.	168	504	840	1,890	2,940	4,200
4d Sed GS.	176	528	880	1,980	3,080	4,400

1993 Capri, 4-cyl.

2d Conv.	280	840	1,400	3,150	4,900	7,000
2d Conv XR2 Turbo	288	864	1,440	3,240	5,040	7,200

1993 Cougar

2d Cpe XR7, V-6.	292	876	1,460	3,290	5,110	7,300
2d Cpe XR7, V-8.	302	906	1,510	3,400	5,285	7,550

1993 Sable, V-6

4d Sed GS.	248	744	1,240	2,790	4,340	6,200
4d Sed LS.	252	756	1,260	2,840	4,410	6,300
4d Sta Wag GS.	260	780	1,300	2,930	4,550	6,500
4d Sta Wag LS.	264	792	1,320	2,970	4,620	6,600

1993 Grand Marquis, V-8

4d Sed GS.	288	864	1,440	3,240	5,040	7,200
4d Sed LS.	296	888	1,480	3,330	5,180	7,400

1994 Tracer, 4-cyl.

4d Sed.	200	600	1,000	2,250	3,500	5,000
4d Sed LTS.	220	660	1,100	2,480	3,850	5,500
4d Sta Wag.	240	720	1,200	2,700	4,200	6,000

1994 Topaz, 4-cyl.

2d Sed GS.	212	636	1,060	2,390	3,710	5,300
4d Sed GS.	216	648	1,080	2,430	3,780	5,400

1994 Capri, 4-cyl.

2d Conv.	260	780	1,300	2,930	4,550	6,500
2d Conv XR2 Turbo	288	864	1,440	3,240	5,040	7,200

1994 Cougar

2d Cpe XR7, V-6.	260	780	1,300	2,930	4,550	6,500
2d Cpe XR7, V-8.	280	840	1,400	3,150	4,900	7,000

1994 Sable, V-6

4d Sed GS.	220	660	1,100	2,480	3,850	5,500
4d Sed LS.	240	720	1,200	2,700	4,200	6,000
4d Sta Wag GS.	240	720	1,200	2,700	4,200	6,000
4d Sta Wag LS.	260	780	1,300	2,930	4,550	6,500

1994 Grand Marquis, V-8

4d Sed GS.	300	900	1,500	3,380	5,250	7,500
4d Sed LS.	320	960	1,600	3,600	5,600	8,000

1995 Tracer, 4-cyl.

4d Sed.	200	600	1,000	2,250	3,500	5,000
4d Sta Wag.	250	700	1,200	2,700	4,200	6,000
4d LTS Sed.	200	650	1,100	2,480	3,850	5,500

1995 Mystique, 4-cyl. & V-6

4d GS Sed.	200	650	1,050	2,390	3,700	5,300
4d LS Sed.	200	650	1,100	2,480	3,850	5,500

1995 Cougar, V-6 & V-8

2d XR7 Cpe, V-6.	250	800	1,300	2,930	4,550	6,500
2d XR7 Cpe, V-8.	280	840	1,400	3,150	4,900	7,000

1995 Sable, V-6

4d GS Sed.	200	650	1,100	2,480	3,850	5,500
4d GS Sta Wag.	250	700	1,200	2,700	4,200	6,000
4d LS Sed.	250	700	1,200	2,700	4,200	6,000
4d LS Sta Wag.	250	800	1,300	2,930	4,550	6,500
4d LTS Sed.	250	800	1,300	2,970	4,600	6,600

1995 Grand Marquis, V-8

4d GS Sed.	300	900	1,500	3,380	5,250	7,500
4d LS Sed.	300	950	1,600	3,600	5,600	8,000

1996 Tracer, 4-cyl.

4d Sed.	200	600	1,000	2,250	3,500	5,000
4d Sta Wag.	250	700	1,200	2,700	4,200	6,000
4d LTS Sed.	200	650	1,100	2,480	3,850	5,500

1996 Mystique, 4-cyl. & V-6

4d GS Sed.	200	650	1,050	2,390	3,700	5,300
4d LS Sed.	200	650	1,100	2,480	3,850	5,500

1996 Cougar, V-6

2d XR7 Cpe, V-6.	250	800	1,300	2,930	4,550	6,500

NOTE: Add 10 percent for V-8.

1996 Sable, V-6

4d G Sed.	200	650	1,050	2,390	3,700	5,300
4d GS Sed.	200	650	1,100	2,480	3,850	5,500
4d GS Sta Wag.	250	700	1,200	2,700	4,200	6,000
4d LS Sed.	250	700	1,200	2,700	4,200	6,000
4d LS Sta Wag.	250	800	1,300	2,930	4,550	6,500

1996 Grand Marquis, V-8

4d GS Sed.	300	900	1,500	3,380	5,250	7,500
4d LS Sed.	300	950	1,600	3,600	5,600	8,000

	6	5	4	3	2	1
1997 Tracer, 4-cyl.						
4d GS Sed 200	600	1,000	2,250	3,500	5,000	
4d LS Sed 240	720	1,200	2,700	4,200	6,000	
4d LS Sta Wag 220	660	1,100	2,480	3,850	5,500	
NOTE: Add 5 percent for Trio Pkg on LS Sed.						
1997 Mystique, 4-cyl. & V-6						
4d Sed (4-cyl. only) 200	600	1,000	2,250	3,500	5,000	
4d GS Sed 212	636	1,060	2,390	3,710	5,300	
4d LS Sed 220	660	1,100	2,480	3,850	5,500	
NOTE: Add 5 percent for either Sport or Spree Pkg on GS Sed.						
1997 Cougar, V-6						
2d XR7 Cpe, V-6 260	780	1,300	2,930	4,550	6,500	
NOTE: Add 10 percent for V-8. Add 10 percent for 30th Anv Pkg.						
1997 Sable, V-6						
4d G Sed 212	636	1,060	2,390	3,710	5,300	
4d GS Sed 220	660	1,100	2,480	3,850	5,500	
4d GS Sta Wag 240	720	1,200	2,700	4,200	6,000	
4d LS Sed 240	720	1,200	2,700	4,200	6,000	
4d LS Sta Wag 260	780	1,300	2,930	4,550	6,500	
1997 Grand Marquis, V-8						
4d GS Sed 300	900	1,500	3,380	5,250	7,500	
4d LS Sed 320	960	1,600	3,600	5,600	8,000	
1998 Tracer, 4-cyl.						
4d GS Sed 200	600	1,000	2,250	3,500	5,000	
4d LS Sed 240	720	1,200	2,700	4,200	6,000	
4d LS Sta Wag 260	780	1,300	2,930	4,550	6,500	
NOTE: Add 5 percent for Trio Pkg on GS Sed.						
1998 Mystique, 4-cyl. & V-6						
4d GS Sed 210	640	1,060	2,390	3,710	5,300	
4d LS Sed (V-6 only) 220	660	1,100	2,480	3,850	5,500	
NOTE: Add 5 percent for Sport Pkg on GS Sed.						
1998						
NOTE: The Cougar was not available in 1998. The 1999 Cougar debuted mid-year in 1998.						
1998 Sable, V-6						
4d GS Sed 220	660	1,100	2,480	3,850	5,500	
4d LS Sed 240	720	1,200	2,700	4,200	6,000	
4d LS Sta Wag 260	780	1,300	2,930	4,550	6,500	
1998 Grand Marquis, V-8						
4d GS Sed 300	910	1,520	3,420	5,320	7,600	
4d LS Sed 320	970	1,620	3,650	5,670	8,100	
NOTE: Add 5 percent for Handling Pkg.						
1999 Tracer, 4-cyl.						
4d GS Sed 200	600	1,000	2,250	3,500	5,000	
4d LS Sed 240	720	1,200	2,700	4,200	6,000	
4d LS Sta Wag 260	780	1,300	2,930	4,550	6,500	
NOTE: Add 5 percent for Trio Pkg on GS Sed.						
1999 Mystique, 4-cyl. & V-6						
4d GS Sed 210	640	1,060	2,390	3,710	5,300	
4d LS Sed (V-6 only) 220	660	1,100	2,480	3,850	5,500	
NOTE: Add 5 percent for Sport Pkg on GS Sed.						
1999 Sable, V-6						
4d GS Sed 220	660	1,100	2,480	3,850	5,500	
4d GS Sta Wag 240	720	1,200	2,700	4,200	6,000	
4d LS Sed 240	720	1,200	2,700	4,200	6,000	
4d LS Sta Wag 260	780	1,300	2,930	4,550	6,500	
1999 Cougar, 4-cyl. & V-6						
2d Cpe 260	780	1,300	2,930	4,550	6,500	
NOTE: Add 5 percent for Sport Pkg on V-6 Cpe.						
1999 Grand Marquis, V-8						
4d GS Sed 300	910	1,520	3,420	5,320	7,600	
4d LS Sed 320	970	1,620	3,650	5,670	8,100	
NOTE: Add 5 percent for 41G Handling & Performance Pkg.						
2000 Mystique, 4-cyl. & V-6						
4d GS Sed (4-cyl. only) 210	640	1,060	2,390	3,710	5,300	
4d LS Sed (V-6 only) 220	660	1,100	2,480	3,850	5,500	
NOTE: Add 5 percent for Sport Pkg on GS Sed.						
2000 Sable, V-6						
4d GS Sed 220	670	1,120	2,520	3,920	5,600	
4d GS Sta Wag 240	730	1,220	2,750	4,270	6,100	
4d LS Sed 240	730	1,220	2,750	4,270	6,100	
4d LS Sta Wag 260	790	1,320	2,970	4,620	6,600	
NOTE: Add 10 percent for LS Premium pkg.						
2000 Cougar, 4-cyl. & V-6						
2d Cpe 260	780	1,300	2,930	4,550	6,500	
2000 Grand Marquis, V-8						
4d GS Sed 300	910	1,520	3,420	5,320	7,600	
4d LS Sed 320	970	1,620	3,650	5,670	8,100	
NOTE: Add 5 percent for 41G Handling & Performance Pkg.						

	6	5	4	3	2	1
2001 Sable, V-6						
4d GS Sed.	230	680	1,140	2,850	3,990	5,700
4d GS Sta Wag.	250	740	1,240	3,100	4,340	6,200
4d LS Sed.	250	740	1,240	3,100	4,340	6,200
4d LS Premium Sed	270	800	1,340	3,350	4,690	6,700
4d LS Premium Sta Wag.	270	820	1,360	3,400	4,760	6,800
2001 Cougar, 4-cyl. & V-6						
2d Cpe.	280	830	1,380	3,450	4,830	6,900
NOTE: Add 5 percent for C2 or ZN pkgs. Add 5 percent for mid-year Sport Ed.						
2001 Grand Marquis, V-8						
4d GS Sed.	310	920	1,540	3,850	5,390	7,700
4d LS Sed.	330	980	1,640	4,100	5,740	8,200
4d LSE Sed.	350	1,060	1,760	4,400	6,160	8,800
NOTE: Add 5 percent for Limited Ed.						
2002 Sable, V-6						
4d GS Sed.	230	680	1,140	2,850	3,990	5,700
4d GS Sta Wag.	250	740	1,240	3,100	4,340	6,200
4d LS Premium Sed	270	800	1,340	3,350	4,690	6,700
4d LS Premium Sta Wag.	270	820	1,360	3,400	4,760	6,800
2002 Cougar, 4-cyl. & V-6						
2d Cpe.	280	830	1,380	3,450	4,830	6,900
2d Sport Cpe (V-6 only)	310	920	1,540	3,850	5,390	7,700
NOTE: Add 5 percent for C2 or XR pkgs.						
2002 Grand Marquis, V-8						
4d GS Sed.	310	920	1,540	3,850	5,390	7,700
4d LS Sed.	330	980	1,640	4,100	5,740	8,200
4d LSE Sed.	350	1,060	1,760	4,400	6,160	8,800
2003 Sable, V-6						
4d GS Sed.	230	680	1,140	2,850	3,990	5,700
4d GS Sta Wag.	250	740	1,240	3,100	4,340	6,200
4d LS Premium Sed	270	800	1,340	3,350	4,690	6,700
4d LS Platinum Sed	290	860	1,440	3,600	5,040	7,200
4d LS Premium Sta Wag.	270	820	1,360	3,400	4,760	6,800
4d LS Platinum Sta Wag.	290	880	1,460	3,650	5,110	7,300
2003 Grand Marquis, V-8						
4d GS Sed.	310	920	1,540	3,850	5,390	7,700
4d LS Sed.	330	980	1,640	4,100	5,740	8,200
4d LS Ultimate Sed.	340	1,020	1,700	4,250	5,950	8,500
4d LSE Sed.	350	1,060	1,760	4,400	6,160	8,800
NOTE: Add 5 percent for Handling pkg (excluding LSE).						
2003 Marauder, V-8						
4d Sed.	510	1,520	2,540	6,350	8,890	12,700
2004 Sable, V-6						
4d GS Sed.	230	680	1,140	2,850	3,990	5,700
4d GS Sta Wag.	250	740	1,240	3,100	4,340	6,200
4dLS Premium Sed.	270	800	1,340	3,350	4,690	6,700
4dLS Platinum Sed.	290	860	1,440	3,600	5,040	7,200
4d LS Premium Sta Wag.	270	820	1,360	3,400	4,760	6,800
2004 Grand Marquis, V-8						
4d GS Sed.	310	920	1,540	3,850	5,390	7,700
4d LS Sed.	330	980	1,640	4,100	5,740	8,200
4d LS Ultimate Sed.	340	1,020	1,700	4,250	5,950	8,500
4d Limited Sed	350	1,060	1,760	4,400	6,160	8,800
NOTE: Add 5 percent for Handling pkg.						
2004 Marauder, V-8						
4d Sed.	510	1,520	2,540	6,350	8,890	12,700

RAMBLER

	6	5	4	3	2	1
1902 1-cyl., 4 hp						
2P Rbt.	1,560	4,680	7,800	17,550	27,300	39,000
1903 1-cyl., 6 hp						
2/4P Lt Tr	1,520	4,560	7,600	17,100	26,600	38,000
1904 Model E, 1-cyl., 7 hp, 78" wb						
Rbt.	1,360	4,080	6,800	15,300	23,800	34,000
1904 Model G, 1-cyl., 7 hp, 81" wb						
Rbt.	1,400	4,200	7,000	15,750	24,500	35,000
1904 Model H, 1-cyl., 7 hp, 81" wb						
Tonn	1,400	4,200	7,000	15,750	24,500	35,000
1904 Model J, 2-cyl., 16 hp, 84" wb						
Rbt.	1,440	4,320	7,200	16,200	25,200	36,000
1904 Model K, 2-cyl., 16 hp, 84" wb						
Tonn	1,440	4,320	7,200	16,200	25,200	36,000
1904 Model L, 2-cyl., 16 hp, 84" wb						
Canopy Tonn.	1,480	4,440	7,400	16,650	25,900	37,000

RAMBLER

	6	5	4	3	2	1
1905 Model G, 1-cyl., 8 hp, 81" wb						
Rbt	1,360	4,080	6,800	15,300	23,800	34,000
1905 Model H, 1-cyl., 8 hp, 81" wb						
Tr	1,360	4,080	6,800	15,300	23,800	34,000
1905 Type One, 2-cyl., 18 hp, 90" wb						
Tr	1,400	4,200	7,000	15,750	24,500	35,000
1905 Type Two, 2-cyl., 20 hp, 100" wb						
Surrey.	1,440	4,320	7,200	16,200	25,200	36,000
Limo	1,520	4,560	7,600	17,100	26,600	38,000
1906 Model 17, 2-cyl., 10/12 hp, 88" wb						
2P Rbt	1,320	3,960	6,600	14,850	23,100	33,000
1906 Type One, 2-cyl., 18/20 hp, 90" wb						
5P Surrey	1,360	4,080	6,800	15,300	23,800	34,000
1906 Type Two, 2-cyl., 20 hp, 100" wb						
5P Surrey	1,400	4,200	7,000	15,750	24,500	35,000
1906 Type Three, 2-cyl., 18/20 hp, 96" wb						
5P Surrey	1,440	4,320	7,200	16,200	25,200	36,000
1906 Model 14, 4-cyl., 25 hp, 106" wb						
5P Tr	1,480	4,440	7,400	16,650	25,900	37,000
1906 Model 15, 4-cyl., 35/40 hp, 112" wb						
5P Tr	1,560	4,680	7,800	17,550	27,300	39,000
1906 Model 16, 4-cyl., 35/40 hp, 112" wb						
5P Limo	1,440	4,320	7,200	16,200	25,200	36,000
1907 Model 27, 2-cyl., 14/16 hp, 90" wb						
2P Rbt	1,320	3,960	6,600	14,850	23,100	33,000
1907 Model 22, 2-cyl., 20/22 hp, 100" wb						
2P Rbt	1,360	4,080	6,800	15,300	23,800	34,000
1907 Model 21, 2-cyl., 20/22 hp, 100" wb						
5P Tr	1,400	4,200	7,000	15,750	24,500	35,000
1907 Model 24, 4-cyl., 25/30 hp, 108" wb						
5P Tr	1,440	4,320	7,200	16,200	25,200	36,000
1907 Model 25, 4-cyl., 35/40 hp, 112" wb						
5P Tr	1,520	4,560	7,600	17,100	26,600	38,000
1908 Model 31, 2-cyl., 22 hp, 106" wb						
Det Tonneau	1,440	4,320	7,200	16,200	25,200	36,000
1908 Model 34, 4-cyl., 32 hp, 112" wb						
3P Rds	1,480	4,440	7,400	16,650	25,900	37,000
5P Tr	1,520	4,560	7,600	17,100	26,600	38,000
1909 Model 47, 2-cyl., 22 hp, 106" wb						
2P Rbt	1,440	4,320	7,200	16,200	25,200	36,000
1909 Model 41, 2-cyl., 22 hp, 106" wb						
5P Tr	1,480	4,440	7,400	16,650	25,900	37,000
1909 Model 44, 4-cyl., 34 hp, 112" wb						
5P Tr	1,520	4,560	7,600	17,100	26,600	38,000
4P C.C. Tr	1,560	4,680	7,800	17,550	27,300	39,000
1909 Model 45, 4-cyl., 45 hp, 123" wb						
7P Tr	1,760	5,280	8,800	19,800	30,800	44,000
4P C.C. Tr	1,800	5,400	9,000	20,250	31,500	45,000
3P Rds	1,720	5,160	8,600	19,350	30,100	43,000
1910 Model 53, 4-cyl., 34 hp, 109" wb						
Tr	1,640	4,920	8,200	18,450	28,700	41,000
1910 Model 54, 4-cyl., 45 hp, 117" wb						
Tr	1,720	5,160	8,600	19,350	30,100	43,000
1910 Model 55, 4-cyl., 45 hp, 123" wb						
Tr	1,800	5,400	9,000	20,250	31,500	45,000
Limo	1,440	4,320	7,200	16,200	25,200	36,000
1911 Model 63, 4-cyl., 34 hp, 112" wb						
Tr	1,600	4,800	8,000	18,000	28,000	40,000
Rds.	1,560	4,680	7,800	17,550	27,300	39,000
Cpe.	920	2,760	4,600	10,350	16,100	23,000
Twn Car	1,000	3,000	5,000	11,250	17,500	25,000
1911 Model 64, 4-cyl., 34 hp, 120" wb						
Tr	1,680	5,040	8,400	18,900	29,400	42,000
Toy Tonn	1,720	5,160	8,600	19,350	30,100	43,000
Lan'let.	1,320	3,960	6,600	14,850	23,100	33,000
1911 Model 65, 4-cyl., 34 hp, 128" wb						
Tr	1,760	5,280	8,800	19,800	30,800	44,000
Toy Tonn	1,800	5,400	9,000	20,250	31,500	45,000
Limo	1,320	3,960	6,600	14,850	23,100	33,000
1912 Four, 38 hp, 120" wb						
5P Cr Ctry Tr	1,720	5,160	8,600	19,350	30,100	43,000
4P Sub Ctry Clb	1,680	5,040	8,400	18,900	29,400	42,000
2P Rds	1,680	5,040	8,400	18,900	29,400	42,000
4P Sed	920	2,760	4,600	10,350	16,100	23,000
7P Gotham Limo	1,120	3,360	5,600	12,600	19,600	28,000

	6	5	4	3	2	1
1912 Four, 50 hp, 120" wb						
Ctry Clb	1,760	5,280	8,800	19,800	30,800	44,000
Valkyrie	1,720	5,160	8,600	19,350	30,100	43,000
1912 Four, 50 hp, 128" wb						
Morraine Tr	1,840	5,520	9,200	20,700	32,200	46,000
Metropolitan	1,880	5,640	9,400	21,150	32,900	47,000
Greyhound	1,880	5,640	9,400	21,150	32,900	47,000
Knickerbocker	2,400	7,200	12,000	27,000	42,000	60,000
1913 Four, 42 hp, 120" wb						
2/3P Cr Ctry Rds	1,680	5,040	8,400	18,900	29,400	42,000
4/5P Cr Ctry Tr	1,720	5,160	8,600	19,350	30,100	43,000
4P Inside Drive Cpe	1,040	3,120	5,200	11,700	18,200	26,000
7P Gotham Limo	1,160	3,480	5,800	13,050	20,300	29,000

JEFFERY

	6	5	4	3	2	1
1914 Four, 40 hp, 116" wb						
4d 5P Tr	1,760	5,280	8,800	19,800	30,800	44,000
4d 5P Sed	1,360	4,080	6,800	15,300	23,800	34,000
1914 Four, 27 hp, 120" wb						
2d 2P Rds	1,840	5,520	9,200	20,700	32,200	46,000
4d 4P/5P/7P Tr	1,880	5,640	9,400	21,150	32,900	47,000
1914 Six, 48 hp, 128" wb						
4d 5P Tr	2,280	6,840	11,400	25,650	39,900	57,000
4d 6P Tr	2,320	6,960	11,600	26,100	40,600	58,000
4d 7P Limo	1,480	4,440	7,400	16,650	25,900	37,000
1915 Four, 40 hp, 116" wb						
4d 5P Tr	1,680	5,040	8,400	18,900	29,400	42,000
2d 2P Rds	1,640	4,920	8,200	18,450	28,700	41,000
2d 2P A/W	1,200	3,600	6,000	13,500	21,000	30,000
4d 7P Limo	1,040	3,120	5,200	11,700	18,200	26,000
4d 4P Sed	880	2,640	4,400	9,900	15,400	22,000
1915 Chesterfield Six, 48 hp, 122" wb						
4d 5P Tr	2,080	6,240	10,400	23,400	36,400	52,000
2d 2P Rds	2,000	6,000	10,000	22,500	35,000	50,000
2d 2P A/W	1,960	5,880	9,800	22,050	34,300	49,000
1916 Four, 40 hp, 116" wb						
4d 7P Tr	1,840	5,520	9,200	20,700	32,200	46,000
4d 5P Tr	1,800	5,400	9,000	20,250	31,500	45,000
4d 7P Sed	920	2,760	4,600	10,350	16,100	23,000
4d 5P Sed	880	2,640	4,400	9,900	15,400	22,000
2d 3P Rds	1,720	5,160	8,600	19,350	30,100	43,000
1916 Chesterfield Six, 48 hp, 122" wb						
4d 5P Tr	2,160	6,480	10,800	24,300	37,800	54,000
1917 Model 472, 4-cyl., 40 hp, 116" wb						
4d 7P Tr	1,720	5,160	8,600	19,350	30,100	43,000
2d 2P Rds	1,680	5,040	8,400	18,900	29,400	42,000
4d 7P Sed	880	2,640	4,400	9,900	15,400	22,000
1917 Model 671, 6-cyl., 48 hp, 125" wb						
4d 7P Tr	2,080	6,240	10,400	23,400	36,400	52,000
2d 3P Rds	2,040	6,120	10,200	22,950	35,700	51,000
4d 5P Sed	1,160	3,480	5,800	13,050	20,300	29,000

NASH

	6	5	4	3	2	1
1918 Series 680, 6-cyl.						
4d 7P Tr	1,320	3,960	6,600	14,850	23,100	33,000
4d 5P Tr	1,280	3,840	6,400	14,400	22,400	32,000
4d 4P Rds	1,360	4,080	6,800	15,300	23,800	34,000
4d Sed	920	2,760	4,600	10,350	16,100	23,000
2d Cpe	920	2,760	4,600	10,350	16,100	23,000
1919 Series 680, 6-cyl.						
2d Rds	1,320	3,960	6,600	14,850	23,100	33,000
2d Spt Rds	1,280	3,840	6,400	14,400	22,400	32,000
4d 5P Tr	1,360	4,080	6,800	15,300	23,800	34,000
4d 7P Tr	1,400	4,200	7,000	15,750	24,500	35,000
2d 4P Rds	1,360	4,080	6,800	15,300	23,800	34,000
4d Sed	960	2,880	4,800	10,800	16,800	24,000
2d Cpe	980	2,940	4,900	11,030	17,150	24,500
1920 Series 680, 6-cyl.						
4d 5P Tr	1,280	3,840	6,400	14,400	22,400	32,000
2d Rds	1,240	3,720	6,200	13,950	21,700	31,000
4d 7P Tr	1,320	3,960	6,600	14,850	23,100	33,000
2d Cpe	980	2,940	4,900	11,030	17,150	24,500
4d Sed	960	2,880	4,800	10,800	16,800	24,000
4d Spt Tr	1,360	4,080	6,800	15,300	23,800	34,000

NASH

	6	5	4	3	2	1
1921 Series 680, 6-cyl.						
4d 5P Tr	1,200	3,600	6,000	13,500	21,000	30,000
2d Rds	1,240	3,720	6,200	13,950	21,700	31,000
4d Spt Tr	1,400	4,200	7,000	15,750	24,500	35,000
4d Tr	1,240	3,720	6,200	13,950	21,700	31,000
2d Cpe	980	2,940	4,900	11,030	17,150	24,500
4d Sed	920	2,760	4,600	10,350	16,100	23,000
1921 Series 40, 4-cyl.						
4d Tr	1,160	3,480	5,800	13,050	20,300	29,000
2d Rds	1,200	3,600	6,000	13,500	21,000	30,000
2d Cpe	880	2,640	4,400	9,900	15,400	22,000
4d Sed	800	2,400	4,000	9,000	14,000	20,000
2d Cabr	1,120	3,360	5,600	12,600	19,600	28,000
1922 Series 680, 6-cyl.						
4d 5P Tr	1,200	3,600	6,000	13,500	21,000	30,000
4d 7P Tr	1,240	3,720	6,200	13,950	21,700	31,000
4d 7P Sed	880	2,640	4,400	9,900	15,400	22,000
2d Cpe	960	2,880	4,800	10,800	16,800	24,000
2d Rds	1,280	3,840	6,400	14,400	22,400	32,000
2d Spt	1,440	4,320	7,200	16,200	25,200	36,000
4d 5P Sed	920	2,760	4,600	10,350	16,100	23,000
1922 Series 40, 4-cyl.						
4d Tr	1,160	3,480	5,800	13,050	20,300	29,000
2d Rds	1,200	3,600	6,000	13,500	21,000	30,000
2d Cpe	920	2,760	4,600	10,350	16,100	23,000
4d Sed	760	2,280	3,800	8,550	13,300	19,000
2d Cabr	960	2,880	4,800	10,800	16,800	24,000
Ca'ole	840	2,520	4,200	9,450	14,700	21,000
1923 Series 690, 6-cyl., 121" wb						
2d Rds	1,240	3,720	6,200	13,950	21,700	31,000
4d Tr	1,280	3,840	6,400	14,400	22,400	32,000
4d Spt Tr	1,440	4,320	7,200	16,200	25,200	36,000
4d Sed	760	2,280	3,800	8,550	13,300	19,000
2d Cpe	840	2,520	4,200	9,450	14,700	21,000
1923 Series 690, 6-cyl., 127" wb						
4d Tr	1,280	3,840	6,400	14,400	22,400	32,000
4d Sed	740	2,220	3,700	8,330	12,950	18,500
2d Cpe	820	2,460	4,100	9,230	14,350	20,500
1923 Series 40, 4-cyl.						
4d Tr	1,200	3,600	6,000	13,500	21,000	30,000
2d Rds	1,240	3,720	6,200	13,950	21,700	31,000
4d Spt Tr	1,440	4,320	7,200	16,200	25,200	36,000
Ca'ole	800	2,400	4,000	9,000	14,000	20,000
4d Sed	760	2,280	3,800	8,550	13,300	19,000
1924 Series 690, 6-cyl., 121" wb						
2d Rds	1,240	3,720	6,200	13,950	21,700	31,000
4d Tr	1,200	3,600	6,000	13,500	21,000	30,000
4d Spl DeL	680	2,040	3,400	7,650	11,900	17,000
2d Cpe	720	2,160	3,600	8,100	12,600	18,000
4d Spl Sed	700	2,100	3,500	7,880	12,250	17,500
1924 Series 690, 6-cyl., 127" wb						
4d 7P Tr	1,280	3,840	6,400	14,400	22,400	32,000
4d 7P Sed	660	1,980	3,300	7,430	11,550	16,500
2d Vic	680	2,040	3,400	7,650	11,900	17,000
1924 4-cyl.						
4d Tr	1,240	3,720	6,200	13,950	21,700	31,000
2d Rds	1,280	3,840	6,400	14,400	22,400	32,000
2d Cab	1,200	3,600	6,000	13,500	21,000	30,000
4d 5P Sed	680	2,040	3,400	7,650	11,900	17,000
4d Sed	640	1,920	3,200	7,200	11,200	16,000
4d Spt Sed	720	2,160	3,600	8,100	12,600	18,000
2d Cpe	760	2,280	3,800	8,550	13,300	19,000
1925 Advanced models, 6-cyl.						
4d Tr	1,120	3,360	5,600	12,600	19,600	28,000
4d 7P Tr	1,160	3,480	5,800	13,050	20,300	29,000
4d Sed	720	2,160	3,600	8,100	12,600	18,000
2d Vic Cpe	760	2,280	3,800	8,550	13,300	19,000
4d 7P Sed	740	2,220	3,700	8,330	12,950	18,500
2d Rds	1,160	3,480	5,800	13,050	20,300	29,000
2d Cpe	720	2,160	3,600	8,100	12,600	18,000
2d Sed	640	1,920	3,200	7,200	11,200	16,000
1925 Special models, 6-cyl.						
4d Tr	1,080	3,240	5,400	12,150	18,900	27,000
4d Sed	680	2,040	3,400	7,650	11,900	17,000
2d Rds	1,160	3,480	5,800	13,050	20,300	29,000
2d Sed	670	2,020	3,360	7,560	11,760	16,800

	6	5	4	3	2	1
1925 Light Six, (Ajax), 6-cyl.						
4d Tr	1,000	3,000	5,000	11,250	17,500	25,000
4d Sed.	720	2,160	3,600	8,100	12,600	18,000
1926 Advanced models, 6-cyl.						
4d 5P Tr	1,120	3,360	5,600	12,600	19,600	28,000
4d 7P Tr	1,160	3,480	5,800	13,050	20,300	29,000
2d Sed.	640	1,920	3,200	7,200	11,200	16,000
4d Sed.	650	1,940	3,240	7,290	11,340	16,200
4d 7P Sed.	660	1,980	3,300	7,430	11,550	16,500
2d Cpe.	680	2,030	3,380	7,610	11,830	16,900
2d Rds.	1,160	3,480	5,800	13,050	20,300	29,000
2d Vic Cpe.	760	2,280	3,800	8,550	13,300	19,000
1926 Special models, 6-cyl.						
2d Rds.	1,160	3,480	5,800	13,050	20,300	29,000
2d Sed.	660	1,980	3,300	7,430	11,550	16,500
4d 7P Sed.	670	2,000	3,340	7,520	11,690	16,700
2d Cpe.	680	2,040	3,400	7,650	11,900	17,000
4d Sed.	660	1,990	3,320	7,470	11,620	16,600
2d Spl Rds.	1,200	3,600	6,000	13,500	21,000	30,000
1926 Light Six (formerly Ajax)						
4d Tr	1,000	3,000	5,000	11,250	17,500	25,000
2d Sed.	720	2,160	3,600	8,100	12,600	18,000
1927 Standard, 6-cyl.						
4d Tr	1,040	3,120	5,200	11,700	18,200	26,000
2d Cpe.	700	2,100	3,500	7,880	12,250	17,500
2d Sed.	660	1,990	3,320	7,470	11,620	16,600
4d Sed.	620	1,870	3,120	7,020	10,920	15,600
4d DeL Sed.	670	2,000	3,340	7,520	11,690	16,700
1927 Special, 6-cyl.						
2d Rds.	1,160	3,480	5,800	13,050	20,300	29,000
4d Tr	1,040	3,120	5,200	11,700	18,200	26,000
2d Cpe.	720	2,160	3,600	8,100	12,600	18,000
2d Sed.	680	2,040	3,400	7,650	11,900	17,000
4d Sed.	690	2,060	3,440	7,740	12,040	17,200
NOTE: Begin September 1926.						
4d Cav Sed	700	2,100	3,500	7,880	12,250	17,500
4d Sed.	700	2,090	3,480	7,830	12,180	17,400
2d RS Cab.	1,100	3,300	5,500	12,380	19,250	27,500
2d RS Rds.	1,160	3,480	5,800	13,050	20,300	29,000
NOTE: Begin January 1927.						
1927 Advanced, 6-cyl.						
2d Rds.	1,160	3,480	5,800	13,050	20,300	29,000
4d 5P Tr	1,040	3,120	5,200	11,700	18,200	26,000
4d 7P Tr	1,080	3,240	5,400	12,150	18,900	27,000
2d Cpe.	760	2,280	3,800	8,550	13,300	19,000
2d Vic	800	2,400	4,000	9,000	14,000	20,000
2d Sed.	680	2,040	3,400	7,650	11,900	17,000
4d Sed.	690	2,060	3,440	7,740	12,040	17,200
4d 7P Sed.	740	2,220	3,700	8,330	12,950	18,500
NOTE: Begin August 1926.						
2d RS Cpe.	1,160	3,480	5,800	13,050	20,300	29,000
4d Spl Sed.	700	2,100	3,500	7,880	12,250	17,500
4d Amb Sed	710	2,120	3,540	7,970	12,390	17,700
NOTE: Begin January 1927.						
1928 Standard, 6-cyl.						
4d Tr	1,040	3,120	5,200	11,700	18,200	26,000
2d Cpe.	720	2,160	3,600	8,100	12,600	18,000
2d Conv Cabr	1,180	3,540	5,900	13,280	20,650	29,500
2d Sed.	660	1,980	3,300	7,430	11,550	16,500
4d Sed.	660	1,990	3,320	7,470	11,620	16,600
4d Lan Sed	670	2,000	3,340	7,520	11,690	16,700
1928 Special, 6-cyl.						
4d Tr	1,040	3,120	5,200	11,700	18,200	26,000
2d RS Rds.	1,180	3,540	5,900	13,280	20,650	29,500
2d Cpe.	720	2,160	3,600	8,100	12,600	18,000
2d Conv Cabr	1,180	3,540	5,900	13,280	20,650	29,500
2d Vic	840	2,520	4,200	9,450	14,700	21,000
2d Sed.	760	2,280	3,800	8,550	13,300	19,000
4d Sed.	770	2,300	3,840	8,640	13,440	19,200
4d Cpe.	780	2,340	3,900	8,780	13,650	19,500
1928 Advanced, 6-cyl.						
4d Spt Tr	1,200	3,600	6,000	13,500	21,000	30,000
4d Tr	1,160	3,480	5,800	13,050	20,300	29,000
2d RS Rds.	1,240	3,720	6,200	13,950	21,700	31,000
2d Cpe.	760	2,280	3,800	8,550	13,300	19,000
2d Vic	780	2,340	3,900	8,780	13,650	19,500

NASH

	6	5	4	3	2	1
2d Sed	690	2,080	3,460	7,790	12,110	17,300
4d Sed	700	2,110	3,520	7,920	12,320	17,600
4d Cpe	720	2,160	3,600	8,100	12,600	18,000
4d 7P Sed	700	2,090	3,480	7,830	12,180	17,400
1929 Standard, 6-cyl.						
4d Sed	650	1,940	3,240	7,290	11,340	16,200
4d Tr	1,080	3,240	5,400	12,150	18,900	27,000
2d Cabr	1,180	3,540	5,900	13,280	20,650	29,500
2d Sed	650	1,940	3,240	7,290	11,340	16,200
2P Cpe	640	1,930	3,220	7,250	11,270	16,100
4P Cpe	660	1,970	3,280	7,380	11,480	16,400
4d Lan Sed	720	2,160	3,600	8,100	12,600	18,000
1929 Special, 6-cyl.						
2d Sed	680	2,040	3,400	7,650	11,900	17,000
2d 2P Cpe	700	2,100	3,500	7,880	12,250	17,500
2d 4P Cpe	720	2,160	3,600	8,100	12,600	18,000
2d Rds	1,240	3,720	6,200	13,950	21,700	31,000
4d Sed	680	2,040	3,400	7,650	11,900	17,000
2d Cabr	1,180	3,540	5,900	13,280	20,650	29,500
2d Vic	700	2,090	3,480	7,830	12,180	17,400
1929 Advanced, 6-cyl.						
2d Cpe	720	2,160	3,600	8,100	12,600	18,000
2d Cabr	1,180	3,540	5,900	13,280	20,650	29,500
2d Sed	700	2,090	3,480	7,830	12,180	17,400
4d 7P Sed	720	2,160	3,600	8,100	12,600	18,000
4d Amb Sed	710	2,140	3,560	8,010	12,460	17,800
4d Sed	700	2,100	3,500	7,880	12,250	17,500
1930 Single, 6-cyl.						
2d Rds	1,240	3,720	6,200	13,950	21,700	31,000
4d Tr	1,200	3,600	6,000	13,500	21,000	30,000
2P Cpe	700	2,100	3,500	7,880	12,250	17,500
2d Sed	680	2,040	3,400	7,650	11,900	17,000
4P Cpe	740	2,210	3,680	8,280	12,880	18,400
2d Cabr	1,180	3,540	5,900	13,280	20,650	29,500
4d Sed	680	2,050	3,420	7,700	11,970	17,100
4d DeL Sed	690	2,080	3,460	7,790	12,110	17,300
4d Lan'let	720	2,160	3,600	8,100	12,600	18,000
1930 Twin-Ign, 6-cyl.						
2d Rds	1,320	3,960	6,600	14,850	23,100	33,000
4d 7P Tr	1,280	3,840	6,400	14,400	22,400	32,000
4d 5P Tr	1,240	3,720	6,200	13,950	21,700	31,000
2d 2P Cpe	680	2,040	3,400	7,650	11,900	17,000
2d 4P Cpe	720	2,160	3,600	8,100	12,600	18,000
2d Sed	640	1,920	3,200	7,200	11,200	16,000
2d Cabr	1,240	3,720	6,200	13,950	21,700	31,000
2d Vic	800	2,400	4,000	9,000	14,000	20,000
4d Sed	700	2,090	3,480	7,830	12,180	17,400
4d 7P Sed	710	2,120	3,540	7,970	12,390	17,700
1930 Twin-Ign, 8-cyl.						
2d Sed	740	2,210	3,680	8,280	12,880	18,400
2d 2P Cpe	860	2,580	4,300	9,680	15,050	21,500
2d 4P Cpe	880	2,640	4,400	9,900	15,400	22,000
2d Vic	960	2,880	4,800	10,800	16,800	24,000
2d Cabr	1,680	5,040	8,400	18,900	29,400	42,000
4d Sed	740	2,220	3,700	8,330	12,950	18,500
4d Amb Sed	780	2,340	3,900	8,780	13,650	19,500
4d 7P Sed	760	2,280	3,800	8,550	13,300	19,000
4d 7P Limo	800	2,400	4,000	9,000	14,000	20,000
1931 Series 660, 6-cyl.						
4d 5P Tr	1,160	3,480	5,800	13,050	20,300	29,000
2d 2P Cpe	700	2,100	3,500	7,880	12,250	17,500
2d 4P Cpe	710	2,120	3,540	7,970	12,390	17,700
2d Sed	680	2,040	3,400	7,650	11,900	17,000
4d Sed	680	2,040	3,400	7,650	11,900	17,000
1931 Series 870, 8-cyl.						
2d 2P Cpe	760	2,280	3,800	8,550	13,300	19,000
2d 4P Cpe	770	2,300	3,840	8,640	13,440	19,200
2d Conv Sed	2,280	6,840	11,400	25,650	39,900	57,000
2d Sed	730	2,180	3,640	8,190	12,740	18,200
4d Spl Sed	740	2,210	3,680	8,280	12,880	18,400
1931 Series 880 - Twin-Ign, 8-cyl.						
2d 2P Cpe	840	2,520	4,200	9,450	14,700	21,000
2d 4P Cpe	860	2,580	4,300	9,680	15,050	21,500
2d Conv Sed	2,320	6,960	11,600	26,100	40,600	58,000
2d Sed	760	2,280	3,800	8,550	13,300	19,000
4d Twn Sed	780	2,340	3,900	8,780	13,650	19,500

	6	5	4	3	2	1

1931 Series 890 - Twin-Ign, 8-cyl.

	6	5	4	3	2	1
4d 7P Tr	2,080	6,240	10,400	23,400	36,400	52,000
2d 2P Cpe	1,120	3,360	5,600	12,600	19,600	28,000
2d 4P Cpe	1,160	3,480	5,800	13,050	20,300	29,000
2d Cabr	2,280	6,840	11,400	25,650	39,900	57,000
2d Vic	1,040	3,120	5,200	11,700	18,200	26,000
2d Sed.	960	2,880	4,800	10,800	16,800	24,000
4d Amb Sed	1,000	3,000	5,000	11,250	17,500	25,000
4d 7P Sed	1,040	3,120	5,200	11,700	18,200	26,000
4d 7P Limo	1,080	3,240	5,400	12,150	18,900	27,000

1932 Series 960, 6-cyl.

	6	5	4	3	2	1
4d 5P Tr	1,400	4,200	7,000	15,750	24,500	35,000
2d 2P Cpe	680	2,040	3,400	7,650	11,900	17,000
2d 4P Cpe	700	2,100	3,500	7,880	12,250	17,500
2d Sed.	600	1,800	3,000	6,750	10,500	15,000
4d Sed.	620	1,860	3,100	6,980	10,850	15,500

1932 Series 970, 8-cyl., 116.5" wb

	6	5	4	3	2	1
2d 2P Cpe	800	2,400	4,000	9,000	14,000	20,000
2d 4P Cpe	820	2,460	4,100	9,230	14,350	20,500
2d Conv Sed	2,440	7,320	12,200	27,450	42,700	61,000
2d Sed.	700	2,100	3,500	7,880	12,250	17,500
4d Spl Sed	710	2,120	3,540	7,970	12,390	17,700

1932 Series 980 - Twin-Ign, 8-cyl., 121" wb

	6	5	4	3	2	1
2d 2P Cpe	1,160	3,480	5,800	13,050	20,300	29,000
2d 4P Cpe	1,200	3,600	6,000	13,500	21,000	30,000
2d Conv Sed	2,360	7,080	11,800	26,550	41,300	59,000
4d Sed.	1,040	3,120	5,200	11,700	18,200	26,000
4d Twn Sed.	1,080	3,240	5,400	12,150	18,900	27,000

1932 Series 990 - Twin-Ign, 8-cyl., 124"-133" wb

	6	5	4	3	2	1
4d 7P Tr	2,200	6,600	11,000	24,750	38,500	55,000
2d 2P Cpe	1,240	3,720	6,200	13,950	21,700	31,000
2d 4P Cpe	1,280	3,840	6,400	14,400	22,400	32,000
2d Cabr	2,360	7,080	11,800	26,550	41,300	59,000
2d Vic	1,400	4,200	7,000	15,750	24,500	35,000
2d Sed.	1,080	3,240	5,400	12,150	18,900	27,000
4d Spl Sed	1,160	3,480	5,800	13,050	20,300	29,000
4d Amb Sed	1,200	3,600	6,000	13,500	21,000	30,000
4d 7P Sed	1,160	3,480	5,800	13,050	20,300	29,000
4d Limo	1,360	4,080	6,800	15,300	23,800	34,000

1933 Standard Series, 8-cyl.

	6	5	4	3	2	1
2d Rds.	1,440	4,320	7,200	16,200	25,200	36,000
2d 2P Cpe	620	1,860	3,100	6,980	10,850	15,500
2d 4P Cpe	600	1,800	3,000	6,750	10,500	15,000
4d Sed.	560	1,680	2,800	6,300	9,800	14,000
4d Twn Sed.	580	1,740	2,900	6,530	10,150	14,500

1933 Special Series, 8-cyl.

	6	5	4	3	2	1
2d Rds.	1,480	4,440	7,400	16,650	25,900	37,000
2d 2P Cpe	700	2,100	3,500	7,880	12,250	17,500
2d 4P Cpe	720	2,160	3,600	8,100	12,600	18,000
4d Sed.	680	2,040	3,400	7,650	11,900	17,000
4d Conv Sed	2,080	6,240	10,400	23,400	36,400	52,000
4d Twn Sed.	720	2,160	3,600	8,100	12,600	18,000

1933 Advanced Series, 8-cyl.

	6	5	4	3	2	1
2d Cabr	1,680	5,040	8,400	18,900	29,400	42,000
2d 2P Cpe	740	2,220	3,700	8,330	12,950	18,500
2d 4P Cpe	760	2,280	3,800	8,550	13,300	19,000
4d Sed.	680	2,000	3,340	7,520	11,690	16,700
4d Conv Sed	2,360	7,080	11,800	26,550	41,300	59,000
2d Vic	780	2,340	3,900	8,780	13,650	19,500

1933 Ambassador Series, 8-cyl.

	6	5	4	3	2	1
2d Cabr	2,080	6,240	10,400	23,400	36,400	52,000
2d Cpe.	820	2,460	4,100	9,230	14,350	20,500
4d Sed.	780	2,340	3,900	8,780	13,650	19,500
4d Conv Sed	2,480	7,440	12,400	27,900	43,400	62,000
2d Vic	1,440	4,320	7,200	16,200	25,200	36,000
4d 142" Brgm	1,160	3,480	5,800	13,050	20,300	29,000
4d 142" Sed	1,080	3,240	5,400	12,150	18,900	27,000
4d 142" Limo.	1,320	3,960	6,600	14,850	23,100	33,000

1934 Big Six, 6-cyl.

	6	5	4	3	2	1
2d Bus Cpe	680	2,040	3,400	7,650	11,900	17,000
2d Cpe.	700	2,100	3,500	7,880	12,250	17,500
4d Brgm.	640	1,920	3,200	7,200	11,200	16,000
2d Sed.	620	1,860	3,100	6,980	10,850	15,500
4d Twn Sed.	640	1,920	3,200	7,200	11,200	16,000
4d Tr Sed	640	1,910	3,180	7,160	11,130	15,900

	6	5	4	3	2	1
1934 Advanced, 8-cyl.						
2d Bus Cpe	700	2,100	3,500	7,880	12,250	17,500
2d Cpe	720	2,160	3,600	8,100	12,600	18,000
4d Brgm	700	2,100	3,500	7,880	12,250	17,500
2d Sed	720	2,160	3,600	8,100	12,600	18,000
4d Twn Sed	720	2,160	3,600	8,100	12,600	18,000
4d Tr Sed	700	2,100	3,500	7,880	12,250	17,500
1934 Ambassador, 8-cyl.						
4d Brgm	720	2,160	3,600	8,100	12,600	18,000
2d Sed	700	2,100	3,500	7,880	12,250	17,500
4d Tr Sed	710	2,120	3,540	7,970	12,390	17,700
4d 7P Sed	740	2,220	3,700	8,330	12,950	18,500
4d Limo	820	2,460	4,100	9,230	14,350	20,500
1934 Lafayette, 6-cyl.						
2d Sed	620	1,860	3,100	6,980	10,850	15,500
4d Twn Sed	620	1,870	3,120	7,020	10,920	15,600
4d Brgm	630	1,900	3,160	7,110	11,060	15,800
2d Spl Cpe	680	2,040	3,400	7,650	11,900	17,000
2d Spl 4P Cpe	700	2,100	3,500	7,880	12,250	17,500
4d Spl Tr Sed	640	1,920	3,200	7,200	11,200	16,000
4d Spl Sed	650	1,940	3,240	7,290	11,340	16,200
4d Brgm	660	1,980	3,300	7,430	11,550	16,500
1935 Lafayette, 6-cyl.						
2d Bus Cpe	640	1,920	3,200	7,200	11,200	16,000
2d Sed	610	1,820	3,040	6,840	10,640	15,200
4d Brgm	620	1,860	3,100	6,980	10,850	15,500
4d Tr Sed	610	1,840	3,060	6,890	10,710	15,300
4d Twn Sed	620	1,850	3,080	6,930	10,780	15,400
2d Spl Cpe	680	2,040	3,400	7,650	11,900	17,000
4d Spl 6W Sed	640	1,920	3,200	7,200	11,200	16,000
4d 6W Brgm	640	1,930	3,220	7,250	11,270	16,100
1935 Advanced, 6-cyl.						
2d Vic	640	1,920	3,200	7,200	11,200	16,000
4d 6W Sed	600	1,800	3,000	6,750	10,500	15,000
1935 Advanced, 8-cyl.						
2d Vic	730	2,180	3,640	8,190	12,740	18,200
4d 6W Sed	690	2,060	3,440	7,740	12,040	17,200
1935 Ambassador, 8-cyl.						
2d Vic	740	2,220	3,700	8,330	12,950	18,500
4d 6W Sed	700	2,100	3,500	7,880	12,250	17,500
1936 Lafayette, 6-cyl.						
2d Bus Cpe	640	1,920	3,200	7,200	11,200	16,000
2d Cpe	650	1,940	3,240	7,290	11,340	16,200
2d Cabr	1,140	3,420	5,700	12,830	19,950	28,500
4d Sed	600	1,800	3,000	6,750	10,500	15,000
2d Vic	640	1,920	3,200	7,200	11,200	16,000
4d Tr Sed	600	1,810	3,020	6,800	10,570	15,100
1936 400 Series, 6-cyl.						
2d Bus Cpe	630	1,880	3,140	7,070	10,990	15,700
2d Cpe	640	1,920	3,200	7,200	11,200	16,000
2d Vic	620	1,860	3,100	6,980	10,850	15,500
4d Tr Vic	640	1,920	3,200	7,200	11,200	16,000
4d Sed	580	1,750	2,920	6,570	10,220	14,600
4d Tr Sed	590	1,760	2,940	6,620	10,290	14,700
2d Spl Bus Cpe	640	1,920	3,200	7,200	11,200	16,000
2d Spl Cpe	670	2,000	3,340	7,520	11,690	16,700
2d Spl Spt Cabr	1,240	3,720	6,200	13,950	21,700	31,000
2d Spl Vic	620	1,860	3,100	6,980	10,850	15,500
2d Spl Tr Vic	640	1,920	3,200	7,200	11,200	16,000
4d Spl Sed	580	1,750	2,920	6,570	10,220	14,600
4d Spl Tr Sed	590	1,760	2,940	6,620	10,290	14,700
1936 Ambassador Series, 6-cyl.						
2d Vic	680	2,040	3,400	7,650	11,900	17,000
4d Tr Sed	640	1,920	3,200	7,200	11,200	16,000
1936 Ambassador Series, 8-cyl.						
4d Tr Sed	680	2,040	3,400	7,650	11,900	17,000
1937 Lafayette 400, 6-cyl.						
2d Bus Cpe	680	2,040	3,400	7,650	11,900	17,000
2d Cpe	700	2,100	3,500	7,880	12,250	17,500
2d A-P Cpe	700	2,100	3,500	7,880	12,250	17,500
2d Cabr	1,180	3,540	5,900	13,280	20,650	29,500
2d Vic Sed	620	1,860	3,100	6,980	10,850	15,500
4d Tr Sed	620	1,870	3,120	7,020	10,920	15,600
1937 Ambassador, 6-cyl.						
2d Bus Cpe	680	2,040	3,400	7,650	11,900	17,000
2d Cpe	700	2,100	3,500	7,880	12,250	17,500

NASH

	6	5	4	3	2	1
2d A-P Cpe	710	2,120	3,540	7,970	12,390	17,700
2d Cabr	1,440	4,320	7,200	16,200	25,200	36,000
2d Vic Sed	640	1,920	3,200	7,200	11,200	16,000
4d Tr Sed	640	1,930	3,220	7,250	11,270	16,100
1937 Ambassador, 8-cyl.						
2d Bus Cpe	740	2,220	3,700	8,330	12,950	18,500
2d Cpe	760	2,280	3,800	8,550	13,300	19,000
2d A-P Cpe	780	2,330	3,880	8,730	13,580	19,400
2d Cabr	1,480	4,440	7,400	16,650	25,900	37,000
2d Vic Sed	700	2,100	3,500	7,880	12,250	17,500
4d Tr Sed	700	2,110	3,520	7,920	12,320	17,600
1938 Lafayette Master, 6-cyl.						
2d Bus Cpe	680	2,050	3,420	7,700	11,970	17,100
2d Vic	680	2,030	3,380	7,610	11,830	16,900
4d Tr Sed	640	1,930	3,220	7,250	11,270	16,100
1938 DeLuxe, 6-cyl.						
2d Bus Cpe	670	2,020	3,360	7,560	11,760	16,800
2d A-P Cpe	680	2,040	3,400	7,650	11,900	17,000
2d Cabr	1,120	3,360	5,600	12,600	19,600	28,000
2d Vic	660	1,980	3,300	7,430	11,550	16,500
4d Tr Sed	620	1,870	3,120	7,020	10,920	15,600
1938 Ambassador, 6-cyl.						
2d Bus Cpe	660	1,980	3,300	7,430	11,550	16,500
2d A-P Cpe	680	2,040	3,400	7,650	11,900	17,000
2d Cabr	1,360	4,080	6,800	15,300	23,800	34,000
2d Vic	640	1,920	3,200	7,200	11,200	16,000
4d Tr Sed	600	1,810	3,020	6,800	10,570	15,100
1938 Ambassador, 8-cyl.						
2d Bus Cpe	680	2,040	3,400	7,650	11,900	17,000
2d A-P Cpe	700	2,100	3,500	7,880	12,250	17,500
2d Cabr	1,400	4,200	7,000	15,750	24,500	35,000
2d Vic	680	2,050	3,420	7,700	11,970	17,100
4d Tr Sed	680	2,040	3,400	7,650	11,900	17,000
1939 Lafayette, 6-cyl.						
2d Bus Cpe	680	2,040	3,400	7,650	11,900	17,000
2d Sed	660	1,980	3,300	7,430	11,550	16,500
4d Sed	620	1,870	3,120	7,020	10,920	15,600
4d Tr Sed	630	1,880	3,140	7,070	10,990	15,700
2d A-P Cpe	720	2,160	3,600	8,100	12,600	18,000
2d A-P Cabr	1,180	3,540	5,900	13,280	20,650	29,500

NOTE: Add 10 percent for DeLuxe.

	6	5	4	3	2	1
1939 Ambassador, 6-cyl.						
2d Bus Cpe	700	2,110	3,520	7,920	12,320	17,600
2d A-P Cpe	720	2,160	3,600	8,100	12,600	18,000
2d A-P Cabr	1,440	4,320	7,200	16,200	25,200	36,000
2d Sed	630	1,880	3,140	7,070	10,990	15,700
4d Sed	630	1,900	3,160	7,110	11,060	15,800
4d Tr Sed	640	1,920	3,200	7,200	11,200	16,000
1939 Ambassador, 8-cyl.						
2d Bus Cpe	780	2,340	3,900	8,780	13,650	19,500
2d A-P Cpe	780	2,350	3,920	8,820	13,720	19,600
2d A-P Cabr	1,640	4,920	8,200	18,450	28,700	41,000
2d Sed	700	2,100	3,500	7,880	12,250	17,500
4d Sed	700	2,110	3,520	7,920	12,320	17,600
4d Tr Sed	710	2,120	3,540	7,970	12,390	17,700
1940 DeLuxe Lafayette, 6-cyl.						
2d Bus Cpe	720	2,160	3,600	8,100	12,600	18,000
2d A-P Cpe	720	2,170	3,620	8,150	12,670	18,100
2d A-P Cabr	1,500	4,500	7,500	16,880	26,250	37,500
2d FBk	670	2,000	3,340	7,520	11,690	16,700
4d FBk	660	1,990	3,320	7,470	11,620	16,600
4d Trk Sed	670	2,020	3,360	7,560	11,760	16,800
1940 Ambassador, 6-cyl.						
2d Bus Cpe	740	2,230	3,720	8,370	13,020	18,600
2d A-P Cpe	760	2,280	3,800	8,550	13,300	19,000
2d A-P Cabr	1,720	5,160	8,600	19,350	30,100	43,000
2d FBk	700	2,110	3,520	7,920	12,320	17,600
4d FBk	700	2,100	3,500	7,880	12,250	17,500
4d Trk Sed	710	2,140	3,560	8,010	12,460	17,800
1940 Ambassador, 8-cyl.						
2d Bus Cpe	820	2,460	4,100	9,230	14,350	20,500
2d A-P Cpe	820	2,470	4,120	9,270	14,420	20,600
2d A-P Cabr	1,840	5,520	9,200	20,700	32,200	46,000
2d FBk	780	2,340	3,900	8,780	13,650	19,500
4d FBk	760	2,270	3,780	8,510	13,230	18,900
4d Trk Sed	760	2,280	3,800	8,550	13,300	19,000

	6	5	4	3	2	1
1941 Ambassador 600, 6-cyl.						
2d Bus Cpe	720	2,160	3,600	8,100	12,600	18,000
2d FBk	660	1,990	3,320	7,470	11,620	16,600
4d FBk	660	1,980	3,300	7,430	11,550	16,500
2d DeL Bus Cpe	760	2,280	3,800	8,550	13,300	19,000
4d DeL Brgm	880	2,640	4,400	9,900	15,400	22,000
2d DeL FBk	880	2,630	4,380	9,860	15,330	21,900
4d DeL FBk	840	2,510	4,180	9,410	14,630	20,900
4d Tr Sed	690	2,060	3,440	7,740	12,040	17,200
1941 Ambassador, 6-cyl.						
2d Bus Cpe	780	2,350	3,920	8,820	13,720	19,600
2d Spl Bus Cpe	790	2,360	3,940	8,870	13,790	19,700
2d A-P Cabr	1,560	4,680	7,800	17,550	27,300	39,000
2d Brgm	740	2,210	3,680	8,280	12,880	18,400
4d Spl Sed	740	2,220	3,700	8,330	12,950	18,500
4d Spl FBk	740	2,210	3,680	8,280	12,880	18,400
4d DeL FBk	740	2,220	3,700	8,330	12,950	18,500
4d Tr Sed	740	2,230	3,720	8,370	13,020	18,600
1941 Ambassador, 8-cyl.						
2d A-P Cabr	1,600	4,800	8,000	18,000	28,000	40,000
2d DeL Brgm	780	2,340	3,900	8,780	13,650	19,500
4d Spl FBk	780	2,350	3,920	8,820	13,720	19,600
4d DeL FBk	790	2,360	3,940	8,870	13,790	19,700
4d Tr Sed	790	2,380	3,960	8,910	13,860	19,800
1942 Ambassador 600, 6-cyl.						
2d Bus Cpe	770	2,300	3,840	8,640	13,440	19,200
2d Brgm	720	2,170	3,620	8,150	12,670	18,100
2d Sed	720	2,160	3,600	8,100	12,600	18,000
4d Sed	720	2,170	3,620	8,150	12,670	18,100
4d Tr Sed	730	2,180	3,640	8,190	12,740	18,200
1942 Ambassador, 6-cyl.						
2d Bus Cpe	820	2,460	4,100	9,230	14,350	20,500
2d Brgm	770	2,320	3,860	8,690	13,510	19,300
2d Sed	770	2,300	3,840	8,640	13,440	19,200
4d Sed	770	2,320	3,860	8,690	13,510	19,300
4d Tr Sed	780	2,330	3,880	8,730	13,580	19,400
1942 Ambassador, 8-cyl.						
2d Bus Cpe	800	2,400	4,000	9,000	14,000	20,000
2d Brgm	780	2,340	3,900	8,780	13,650	19,500
2d Sed	770	2,320	3,860	8,690	13,510	19,300
4d Sed	780	2,330	3,880	8,730	13,580	19,400
4d Tr Sed	780	2,340	3,900	8,780	13,650	19,500
1946 600, 6-cyl.						
2d Brgm	664	1,992	3,320	7,470	11,620	16,600
4d Sed	660	1,980	3,300	7,430	11,550	16,500
4d Trk Sed	672	2,016	3,360	7,560	11,760	16,800
1946 Ambassador, 6-cyl.						
2d Brgm	720	2,160	3,600	8,100	12,600	18,000
4d Sed	724	2,172	3,620	8,150	12,670	18,100
4d Trk Sed	728	2,184	3,640	8,190	12,740	18,200
4d Sed Suburban	4,060	12,180	20,300	45,680	71,050	101,500
1947 600, 6-cyl.						
2d Brgm	664	1,992	3,320	7,470	11,620	16,600
4d Sed	660	1,980	3,300	7,430	11,550	16,500
4d Trk Sed	672	2,016	3,360	7,560	11,760	16,800
1947 Ambassador, 6-cyl.						
2d Brgm	720	2,160	3,600	8,100	12,600	18,000
4d Sed	724	2,172	3,620	8,150	12,670	18,100
4d Trk Sed	728	2,184	3,640	8,190	12,740	18,200
4d Sed Suburban	4,060	12,180	20,300	45,680	71,050	101,500
1948 600, 6-cyl.						
DeL Bus Cpe	732	2,196	3,660	8,240	12,810	18,300
4d Sup Sed	684	2,052	3,420	7,700	11,970	17,100
4d Sup Trk Sed	688	2,064	3,440	7,740	12,040	17,200
2d Sup Brgm	688	2,064	3,440	7,740	12,040	17,200
4d Cus Sed	692	2,076	3,460	7,790	12,110	17,300
4d Cus Trk Sed	696	2,088	3,480	7,830	12,180	17,400
2d Cus Brgm	700	2,100	3,500	7,880	12,250	17,500
1948 Ambassador, 6-cyl.						
4d Sed	708	2,124	3,540	7,970	12,390	17,700
4d Trk Sed	712	2,136	3,560	8,010	12,460	17,800
2d Brgm	712	2,136	3,560	8,010	12,460	17,800
4d Sed Suburban	4,100	12,300	20,500	46,130	71,750	102,500
1948 Custom Ambassador, 6-cyl.						
4d Sed	760	2,280	3,800	8,550	13,300	19,000
4d Trk Sed	740	2,220	3,700	8,330	12,950	18,500

	6	5	4	3	2	1
2d Brgm.	760	2,280	3,800	8,550	13,300	19,000
2d Cabr.	1,800	5,400	9,000	20,250	31,500	45,000
1949 600 Super, 6-cyl.						
4d Sed.	660	1,980	3,300	7,430	11,550	16,500
2d Sed.	664	1,992	3,320	7,470	11,620	16,600
2d Brgm.	668	2,004	3,340	7,520	11,690	16,700
1949 600 Super Special, 6-cyl.						
4d Sed.	664	1,992	3,320	7,470	11,620	16,600
2d Sed.	668	2,004	3,340	7,520	11,690	16,700
2d Brgm.	672	2,016	3,360	7,560	11,760	16,800
1949 600 Custom, 6-cyl.						
4d Sed.	672	2,016	3,360	7,560	11,760	16,800
2d Sed.	676	2,028	3,380	7,610	11,830	16,900
2d Brgm.	680	2,040	3,400	7,650	11,900	17,000
1949 Ambassador Super, 6-cyl.						
4d Sed.	704	2,112	3,520	7,920	12,320	17,600
2d Sed.	708	2,124	3,540	7,970	12,390	17,700
2d Brgm.	712	2,136	3,560	8,010	12,460	17,800
1949 Ambassador Super Special, 6-cyl.						
4d Sed.	708	2,124	3,540	7,970	12,390	17,700
2d Sed.	712	2,136	3,560	8,010	12,460	17,800
2d Brgm.	716	2,148	3,580	8,060	12,530	17,900
1949 Ambassador Custom, 6-cyl.						
4d Sed.	716	2,148	3,580	8,060	12,530	17,900
2d Sed.	720	2,160	3,600	8,100	12,600	18,000
2d Brgm.	724	2,172	3,620	8,150	12,670	18,100
1950 Rambler Custom, 6-cyl.						
2d Conv Lan	820	2,460	4,100	9,230	14,350	20,500
2d Sta Wag	680	2,040	3,400	7,650	11,900	17,000
1950 Nash Super Statesman, 6-cyl.						
2d DeL Cpe.	672	2,016	3,360	7,560	11,760	16,800
4d Sed.	664	1,992	3,320	7,470	11,620	16,600
2d Sed.	668	2,004	3,340	7,520	11,690	16,700
2d Clb Cpe	672	2,016	3,360	7,560	11,760	16,800
1950 Nash Custom Statesman, 6-cyl.						
4d Sed.	676	2,028	3,380	7,610	11,830	16,900
2d Sed.	680	2,040	3,400	7,650	11,900	17,000
2d Clb Cpe	684	2,052	3,420	7,700	11,970	17,100
1950 Ambassador, 6-cyl.						
4d Sed.	700	2,100	3,500	7,880	12,250	17,500
2d Sed.	708	2,124	3,540	7,970	12,390	17,700
2d Clb Cpe	712	2,136	3,560	8,010	12,460	17,800
1950 Ambassador Custom, 6-cyl.						
4d Sed.	716	2,148	3,580	8,060	12,530	17,900
2d Sed.	720	2,160	3,600	8,100	12,600	18,000
2d Clb Cpe	724	2,172	3,620	8,150	12,670	18,100
1951 Rambler, 6-cyl.						
2d Utl Wag	680	2,040	3,400	7,650	11,900	17,000
2d Sta Wag	688	2,064	3,440	7,740	12,040	17,200
2d Cus Clb Sed.	676	2,028	3,380	7,610	11,830	16,900
2d Cus Conv	820	2,460	4,100	9,230	14,350	20,500
2d Ctry Clb HT	740	2,220	3,700	8,330	12,950	18,500
2d Cus Sta Wag	700	2,100	3,500	7,880	12,250	17,500
1951 Nash Statesman, 6-cyl.						
2d DeL Bus Cpe	680	2,040	3,400	7,650	11,900	17,000
4d Sup Sed	672	2,016	3,360	7,560	11,760	16,800
2d Sup.	668	2,004	3,340	7,520	11,690	16,700
2d Sup Cpe	680	2,040	3,400	7,650	11,900	17,000
2d Cus Cpe	684	2,052	3,420	7,700	11,970	17,100
2d Cus.	680	2,040	3,400	7,650	11,900	17,000
1951 Ambassador, 6-cyl.						
4d Sup Sed	708	2,124	3,540	7,970	12,390	17,700
2d Sup.	704	2,112	3,520	7,920	12,320	17,600
2d Sup Cpe	712	2,136	3,560	8,010	12,460	17,800
4d Cus Sed	716	2,148	3,580	8,060	12,530	17,900
2d Cus.	708	2,124	3,540	7,970	12,390	17,700
2d Cus Cpe	712	2,136	3,560	8,010	12,460	17,800
1951 Nash-Healey						
Spt Rds	4,800	14,400	24,000	54,000	84,000	120,000
1952-53 Rambler, 6-cyl.						
2d Utl Wag	680	2,040	3,400	7,650	11,900	17,000
2d Sta Wag	688	2,064	3,440	7,740	12,040	17,200
2d Cus Clb Sed.	680	2,040	3,400	7,650	11,900	17,000
2d Cus Conv	820	2,460	4,100	9,230	14,350	20,500
2d Cus Ctry Clb HT	740	2,220	3,700	8,330	12,950	18,500
2d Cus Sta Wag	700	2,100	3,500	7,880	12,250	17,500

	6	5	4	3	2	1
1952-53 Nash Statesman, 6-cyl.						
2d Sed	688	2,064	3,440	7,740	12,040	17,200
4d Sed	684	2,052	3,420	7,700	11,970	17,100
2d Cus Ctry Clb	780	2,340	3,900	8,780	13,650	19,500
NOTE: Add 10 percent for Custom.						
1952-53 Ambassador, 6-cyl.						
2d Sed	700	2,100	3,500	7,880	12,250	17,500
4d Sed	700	2,100	3,500	7,880	12,250	17,500
2d Cus Ctry Clb	820	2,460	4,100	9,230	14,350	20,500
NOTE: Add 10 percent for Custom.						
1952-53 Nash-Healey						
2d Cpe (1953 only)	4,000	12,000	20,000	45,000	70,000	100,000
2d Spt Rds	5,200	15,600	26,000	58,500	91,000	130,000
1954 Rambler, 6-cyl.						
2d DeL Clb Sed	680	2,040	3,400	7,650	11,900	17,000
2d Sup Clb Sed	684	2,052	3,420	7,700	11,970	17,100
2d Sup Ctry Clb HT	720	2,160	3,600	8,100	12,600	18,000
2d Sup Suburban Sta Wag	692	2,076	3,460	7,790	12,110	17,300
4d Sup Sed (108")	684	2,052	3,420	7,700	11,970	17,100
2d Cus Ctry Clb HT	760	2,280	3,800	8,550	13,300	19,000
2d Cus Conv	860	2,580	4,300	9,680	15,050	21,500
2d Cus Sta Wag	720	2,160	3,600	8,100	12,600	18,000
4d Cus Sed (108")	688	2,064	3,440	7,740	12,040	17,200
4d Cus Wag (108")	724	2,172	3,620	8,150	12,670	18,100
2d Cus Wag (108")	740	2,220	3,700	8,330	12,950	18,500
1954 Nash Statesman, 6-cyl.						
4d Sup Sed	660	1,980	3,300	7,430	11,550	16,500
2d Sup Sed	664	1,992	3,320	7,470	11,620	16,600
4d Cus Sed	668	2,004	3,340	7,520	11,690	16,700
2d Cus Ctry Clb HT	820	2,460	4,100	9,230	14,350	20,500
1954 Nash Ambassador, 6-cyl.						
4d Sup Sed	708	2,124	3,540	7,970	12,390	17,700
2d Sup Sed	712	2,136	3,560	8,010	12,460	17,800
4d Cus Sed	720	2,160	3,600	8,100	12,600	18,000
2d Cus Ctry Clb HT	820	2,460	4,100	9,230	14,350	20,500
1954 Nash-Healey						
2d Cpe	4,000	12,000	20,000	45,000	70,000	100,000
NOTE: Add 5 percent for LeMans option.						
1955 Rambler, 6-cyl.						
2d DeL Clb Sed	680	2,040	3,400	7,650	11,900	17,000
2d DeL Bus Sed	676	2,028	3,380	7,610	11,830	16,900
4d DeL Sed (108")	684	2,052	3,420	7,700	11,970	17,100
2d Sup Clb Sed	684	2,052	3,420	7,700	11,970	17,100
2d Sup Sta Wag	676	2,028	3,380	7,610	11,830	16,900
4d Sup Sed (108")	684	2,052	3,420	7,700	11,970	17,100
4d Sup Crs Ctry (108")	720	2,160	3,600	8,100	12,600	18,000
2d Cus Ctry Clb HT	780	2,340	3,900	8,780	13,650	19,500
4d Cus Sed (108")	688	2,064	3,440	7,740	12,040	17,200
4d Cus Crs Ctry (108")	760	2,280	3,800	8,550	13,300	19,000
1955 Nash Statesman, 6-cyl.						
4d Sup Sed	680	2,040	3,400	7,650	11,900	17,000
4d Cus Sed	684	2,052	3,420	7,700	11,970	17,100
2d Cus Ctry Clb	800	2,400	4,000	9,000	14,000	20,000
1955 Nash Ambassador, 6-cyl.						
4d Sup Sed	724	2,172	3,620	8,150	12,670	18,100
4d Cus Sed	728	2,184	3,640	8,190	12,740	18,200
2d Cus Ctry Clb	860	2,580	4,300	9,680	15,050	21,500
1955 Nash Ambassador, 8-cyl.						
4d Sup Sed	728	2,184	3,640	8,190	12,740	18,200
4d Cus Sed	768	2,304	3,840	8,640	13,440	19,200
2d Cus Ctry Clb	860	2,580	4,300	9,680	15,050	21,500
1956 Rambler, 6-cyl.						
4d DeL Sed	628	1,884	3,140	7,070	10,990	15,700
4d Sup Sed	632	1,896	3,160	7,110	11,060	15,800
4d Sup Crs Ctry	664	1,992	3,320	7,470	11,620	16,600
4d Cus Sed	668	2,004	3,340	7,520	11,690	16,700
4d Cus HT	700	2,100	3,500	7,880	12,250	17,500
4d Cus Crs Ctry	684	2,052	3,420	7,700	11,970	17,100
4d HT Wag	700	2,100	3,500	7,880	12,250	17,500
1956 Nash Statesman, 6-cyl.						
4d Sup Sed	680	2,040	3,400	7,650	11,900	17,000
1956 Nash Ambassador, 6-cyl.						
4d Sup Sed	700	2,100	3,500	7,880	12,250	17,500
1956 Nash Ambassador, 8-cyl.						
4d Sup Sed	708	2,124	3,540	7,970	12,390	17,700
4d Cus Sed	720	2,160	3,600	8,100	12,600	18,000
2d Cus HT	900	2,700	4,500	10,130	15,750	22,500

	6	5	4	3	2	1
1957 Rambler, 6-cyl.						
4d DeL Sed	592	1,776	2,960	6,660	10,360	14,800
4d Sup Sed	600	1,800	3,000	6,750	10,500	15,000
4d Sup HT	620	1,860	3,100	6,980	10,850	15,500
4d Sup Crs Ctry	628	1,884	3,140	7,070	10,990	15,700
4d Cus Sed	596	1,788	2,980	6,710	10,430	14,900
4d Cus Crs Ctry	628	1,884	3,140	7,070	10,990	15,700
1957 Rambler, 8-cyl.						
4d Sup Sed	600	1,800	3,000	6,750	10,500	15,000
4d Sup Crs Ctry Wag	630	1,880	3,140	7,070	10,990	15,700
4d Cus Sed	604	1,812	3,020	6,800	10,570	15,100
4d Cus HT	632	1,896	3,160	7,110	11,060	15,800
4d Cus Crs Ctry Wag	640	1,910	3,180	7,160	11,130	15,900
4d Cus HT Crs Ctry	660	1,980	3,300	7,430	11,550	16,500
1957 Rebel, 8-cyl.						
4d HT	1,020	3,060	5,100	11,480	17,850	25,500
1957 Nash Ambassador, 8-cyl.						
4d Sup Sed	688	2,064	3,440	7,740	12,040	17,200
2d Sup HT	860	2,580	4,300	9,680	15,050	21,500
4d Cus Sed	700	2,100	3,500	7,880	12,250	17,500
2d Cus HT	900	2,700	4,500	10,130	15,750	22,500

AMC

	6	5	4	3	2	1
1958-59 American DeLuxe, 6-cyl.						
2d Sed	328	984	1,640	3,690	5,740	8,200
2d Sta Wag (1959 only)	370	1,120	1,860	4,190	6,510	9,300
1958-59 American Super, 6-cyl.						
2d Sed	332	996	1,660	3,740	5,810	8,300
2d Sta Wag (1959 only)	380	1,130	1,880	4,230	6,580	9,400
1958-59 Rambler DeLuxe, 6-cyl.						
4d Sed	328	984	1,640	3,690	5,740	8,200
4d Sta Wag	410	1,240	2,060	4,640	7,210	10,300
1958-59 Rambler Super, 6-cyl.						
4d Sed	332	996	1,660	3,740	5,810	8,300
4d HT	340	1,020	1,700	3,830	5,950	8,500
4d Sta Wag	420	1,250	2,080	4,680	7,280	10,400
1958-59 Rambler Custom, 6-cyl.						
4d Sed	348	1,044	1,740	3,920	6,090	8,700
4d H I	356	1,068	1,780	4,010	6,230	8,900
4d Sta Wag	420	1,260	2,100	4,730	7,350	10,500
1958-59 Rebel Super V-8						
4d Sed DeL (1958 only)	430	1,280	2,140	4,820	7,490	10,700
4d Sed	432	1,296	2,160	4,860	7,560	10,800
4d Sta Wag	520	1,550	2,580	5,810	9,030	12,900
1958-59 Rebel Custom, V-8						
4d Sed	436	1,308	2,180	4,910	7,630	10,900
4d HT	444	1,332	2,220	5,000	7,770	11,100
4d Sta Wag	520	1,560	2,600	5,850	9,100	13,000
1958-59 Ambassador Super, V-8						
4d Sed	468	1,404	2,340	5,270	8,190	11,700
4d Sta Wag	550	1,660	2,760	6,210	9,660	13,800
1958-59 Ambassador Custom, V-8						
4d Sed	472	1,416	2,360	5,310	8,260	11,800
4d HT	480	1,430	2,380	5,360	8,330	11,900
4d Sta Wag	560	1,670	2,780	6,260	9,730	13,900
4d HT Sta Wag	640	1,930	3,220	7,250	11,270	16,100
1960 American DeLuxe, 6-cyl.						
2d Sed	364	1,092	1,820	4,100	6,370	9,100
4d Sed	360	1,080	1,800	4,050	6,300	9,000
2d Sta Wag	368	1,104	1,840	4,140	6,440	9,200
1960 American Super, 6-cyl.						
2d Sed	368	1,104	1,840	4,140	6,440	9,200
4d Sed	364	1,092	1,820	4,100	6,370	9,100
2d Sta Wag	372	1,116	1,860	4,190	6,510	9,300
1960 American Custom, 6-cyl.						
2d Sed	372	1,116	1,860	4,190	6,510	9,300
4d Sed	368	1,104	1,840	4,140	6,440	9,200
2d Sta Wag	376	1,128	1,880	4,230	6,580	9,400
1960 Rambler DeLuxe, 6-cyl.						
4d Sed	364	1,092	1,820	4,100	6,370	9,100
4d Sta Wag	450	1,340	2,240	5,040	7,840	11,200
1960 Rambler Super, 6-cyl.						
4d Sed	368	1,104	1,840	4,140	6,440	9,200
4d 6P Sta Wag	450	1,360	2,260	5,090	7,910	11,300
4d 8P Sta Wag	460	1,370	2,280	5,130	7,980	11,400

AMC

AMC

	6	5	4	3	2	1
1960 Rambler Custom, 6-cyl.						
4d Sed	372	1,116	1,860	4,190	6,510	9,300
4d HT	376	1,128	1,880	4,230	6,580	9,400
4d 6P Sta Wag	460	1,370	2,280	5,130	7,980	11,400
4d 8P Sta Wag	460	1,380	2,300	5,180	8,050	11,500
1960 Rebel Super, V-8						
4d Sed	460	1,370	2,280	5,130	7,980	11,400
4d 6P Sta Wag	540	1,620	2,700	6,080	9,450	13,500
4d 8P Sta Wag	540	1,630	2,720	6,120	9,520	13,600
1960 Rebel Custom, V-8						
4d Sed	460	1,380	2,300	5,180	8,050	11,500
4d HT	464	1,392	2,320	5,220	8,120	11,600
4d 6P Sta Wag	540	1,630	2,720	6,120	9,520	13,600
4d 8P Sta Wag	550	1,640	2,740	6,170	9,590	13,700
1960 Ambassador Super, V-8						
4d Sed	464	1,392	2,320	5,220	8,120	11,600
4d 6P Sta Wag	550	1,640	2,740	6,170	9,590	13,700
4d 8P Sta Wag	550	1,660	2,760	6,210	9,660	13,800
1960 Ambassador Custom, V-8						
4d Sed	468	1,404	2,340	5,270	8,190	11,700
4d HT	476	1,428	2,380	5,360	8,330	11,900
4d 6P Sta Wag	550	1,660	2,760	6,210	9,660	13,800
4d HT Sta Wag	640	1,920	3,200	7,200	11,200	16,000
4d 8P Sta Wag	560	1,670	2,780	6,260	9,730	13,900
1961 American						
4d DeL Sed	320	960	1,600	3,600	5,600	8,000
2d DeL Sed	324	972	1,620	3,650	5,670	8,100
4d DeL Sta Wag	370	1,100	1,840	4,140	6,440	9,200
2d DeL Sta Wag	360	1,090	1,820	4,100	6,370	9,100
4d Sup Sed	324	972	1,620	3,650	5,670	8,100
2d Sup Sed	328	984	1,640	3,690	5,740	8,200
4d Sup Sta Wag	370	1,120	1,860	4,190	6,510	9,300
2d Sup Sta Wag	360	1,090	1,820	4,100	6,370	9,100
4d Cus Sed	324	972	1,620	3,650	5,670	8,100
2d Cus Sed	330	980	1,640	3,690	5,740	8,200
2d Cus Conv	560	1,680	2,800	6,300	9,800	14,000
4d Cus Sta Wag	370	1,100	1,840	4,140	6,440	9,200
2d Cus Sta Wag	370	1,120	1,860	4,190	6,510	9,300
4d 400 Sed	328	984	1,640	3,690	5,740	8,200
2d 400 Conv	568	1,704	2,840	6,390	9,940	14,200
1961 Rambler Classic						
4d DeL Sed	320	960	1,600	3,600	5,600	8,000
4d DeL Sta Wag	360	1,090	1,820	4,100	6,370	9,100
4d Sup Sed	324	972	1,620	3,650	5,670	8,100
4d Sup Sta Wag	370	1,100	1,840	4,140	6,440	9,200
4d Cus Sed	328	984	1,640	3,690	5,740	8,200
4d Cus Sta Wag	370	1,120	1,860	4,190	6,510	9,300
4d 400 Sed	332	996	1,660	3,740	5,810	8,300
NOTE: Add 5 percent for V-8.						
1961 Ambassador						
4d DeL Sed	324	972	1,620	3,650	5,670	8,100
4d Sup Sed	328	984	1,640	3,690	5,740	8,200
5d Sup Sta Wag	332	996	1,660	3,740	5,810	8,300
4d Sup Sta Wag	328	984	1,640	3,690	5,740	8,200
4d Cus Sed	332	996	1,660	3,740	5,810	8,300
5d Cus Sta Wag	420	1,260	2,100	4,730	7,350	10,500
4d Cus Sta Wag	420	1,250	2,080	4,680	7,280	10,400
4d 400 Sed	336	1,008	1,680	3,780	5,880	8,400
1962 American						
4d DeL Sed	280	840	1,400	3,150	4,900	7,000
2d DeL Sed	284	852	1,420	3,200	4,970	7,100
4d DeL Sta Wag	320	970	1,620	3,650	5,670	8,100
2d DeL Sta Wag	320	960	1,600	3,600	5,600	8,000
4d Cus Sed	284	852	1,420	3,200	4,970	7,100
2d Cus Sed	284	852	1,420	3,200	4,970	7,100
4d Cus Sta Wag	330	980	1,640	3,690	5,740	8,200
2d Cus Sta Wag	320	970	1,620	3,650	5,670	8,100
4d 400	284	852	1,420	3,200	4,970	7,100
2d 400	288	864	1,440	3,240	5,040	7,200
2d 400 Conv	568	1,704	2,840	6,390	9,940	14,200
4d 400 Sta Wag	340	1,020	1,700	3,830	5,950	8,500
1962 Classic						
4d DeL Sed	280	840	1,400	3,150	4,900	7,000
2d DeL	284	852	1,420	3,200	4,970	7,100
4d DeL Sta Wag	330	980	1,640	3,690	5,740	8,200
4d Cus Sed	292	876	1,460	3,290	5,110	7,300

	6	5	4	3	2	1	**301**

	6	5	4	3	2	1
2d Cus.	296	888	1,480	3,330	5,180	7,400
4d Cus Sta Wag	330	1,000	1,660	3,740	5,810	8,300
5d Cus Sta Wag	340	1,010	1,680	3,780	5,880	8,400
4d 400 Sed	296	888	1,480	3,330	5,180	7,400
2d 400	300	900	1,500	3,380	5,250	7,500
4d 400 Sta Wag	340	1,030	1,720	3,870	6,020	8,600

NOTE: Add 5 percent for V-8.

1962 Ambassador

	6	5	4	3	2	1
4d Cus Sed	288	864	1,440	3,240	5,040	7,200
2d Cus Sed	292	876	1,460	3,290	5,110	7,300
4d Cus Sta Wag	350	1,040	1,740	3,920	6,090	8,700
4d 400 Sed	300	900	1,500	3,380	5,250	7,500
2d 400 Sed	304	912	1,520	3,420	5,320	7,600
4d 400 Sta Wag	350	1,040	1,740	3,920	6,090	8,700
5d 400 Sta Wag	350	1,060	1,760	3,960	6,160	8,800

1963 American

	6	5	4	3	2	1
4d 220 Sed	264	792	1,320	2,970	4,620	6,600
2d 220 Sed	268	804	1,340	3,020	4,690	6,700
4d 220 Bus Sed	260	780	1,300	2,930	4,550	6,500
4d 220 Sta Wag	310	920	1,540	3,470	5,390	7,700
2d 220 Sta Wag	300	910	1,520	3,420	5,320	7,600
4d 330 Sed	268	804	1,340	3,020	4,690	6,700
2d 330 Sed	264	792	1,320	2,970	4,620	6,600
4d 330 Sta Wag	320	950	1,580	3,560	5,530	7,900
2d 330 Sta Wag	320	960	1,600	3,600	5,600	8,000
4d 440 Sed	276	828	1,380	3,110	4,830	6,900
2d 440 Sed	280	840	1,400	3,150	4,900	7,000
2d 440 HT	330	1,000	1,660	3,740	5,810	8,300
2d 440-H HT	400	1,200	2,000	4,500	7,000	10,000
2d 440 Conv	460	1,380	2,300	5,180	8,050	11,500
4d 440 Sta Wag	320	970	1,620	3,650	5,670	8,100

1963 Classic

	6	5	4	3	2	1
4d 550 Sed	260	780	1,300	2,930	4,550	6,500
2d 550 Sed	264	792	1,320	2,970	4,620	6,600
4d 550 Sta Wag	260	780	1,300	2,930	4,550	6,500
4d 660 Sed	260	780	1,300	2,930	4,550	6,500
2d 660 Sed	264	792	1,320	2,970	4,620	6,600
4d 660 Sta Wag	310	920	1,540	3,470	5,390	7,700
4d 770 Sed	276	828	1,380	3,110	4,830	6,900
2d 770 Sed	272	816	1,360	3,060	4,760	6,800
4d 770 Sta Wag	320	970	1,620	3,650	5,670	8,100

NOTE: Add 5 percent for V-8 models.

1963 Ambassador

	6	5	4	3	2	1
4d 800 Sed	272	816	1,360	3,060	4,760	6,800
2d 800 Sed	276	828	1,380	3,110	4,830	6,900
4d 880 Sta Wag	320	960	1,600	3,600	5,600	8,000
4d 880 Sed	276	828	1,380	3,110	4,830	6,900
2d 880 Sed	280	840	1,400	3,150	4,900	7,000
4d 880 Sta Wag	320	970	1,620	3,650	5,670	8,100
4d 990 Sed	280	840	1,400	3,150	4,900	7,000
2d 990 Sed	284	852	1,420	3,200	4,970	7,100
5d 990 Sta Wag	330	1,000	1,660	3,740	5,810	8,300
4d 990 Sta Wag	330	980	1,640	3,690	5,740	8,200

1964 American

	6	5	4	3	2	1
4d 220 Sed	264	792	1,320	2,970	4,620	6,600
2d 220 Sed	270	800	1,340	3,020	4,690	6,700
4d 220 Sta Wag	310	940	1,560	3,510	5,460	7,800
4d 330 Sed	272	816	1,360	3,060	4,760	6,800
2d 330 Sed	280	830	1,380	3,110	4,830	6,900
4d 330 Sta Wag	320	950	1,580	3,560	5,530	7,900
4d 440 Sed	272	816	1,360	3,060	4,760	6,800
2d 440 HT	330	1,000	1,660	3,740	5,810	8,300
2d 440-H HT	400	1,200	2,000	4,500	7,000	10,000
2d Conv	460	1,380	2,300	5,180	8,050	11,500

1964 Classic

	6	5	4	3	2	1
4d 550 Sed	260	780	1,300	2,930	4,550	6,500
2d 550 Sed	260	790	1,320	2,970	4,620	6,600
4d 550 Sta Wag	310	920	1,540	3,470	5,390	7,700
4d 660 Sed	264	792	1,320	2,970	4,620	6,600
2d 660 Sed	270	800	1,340	3,020	4,690	6,700
4d 660 Sta Wag	310	940	1,560	3,510	5,460	7,800
4d 770 Sed	268	804	1,340	3,020	4,690	6,700
2d 770 Sed	270	820	1,360	3,060	4,760	6,800
2d 770 HT	412	1,236	2,060	4,640	7,210	10,300
2d 770 Typhoon HT	500	1,500	2,500	5,630	8,750	12,500
4d 770 Sta Wag	320	950	1,580	3,560	5,530	7,900

NOTE: Add 5 percent for V-8 models.

AMC

	6	5	4	3	2	1
1964 Ambassador						
4d 990 Sed.	330	980	1,640	3,690	5,740	8,200
2d 990 HT	330	1,000	1,660	3,740	5,810	8,300
2d 990-H HT.	600	1,800	3,000	6,750	10,500	15,000
4d 990 Sta Wag	350	1,060	1,760	3,960	6,160	8,800
1965 American						
4d 220 Sed.	268	804	1,340	3,020	4,690	6,700
2d 220 Sed.	270	820	1,360	3,060	4,760	6,800
4d 220 Sta Wag	310	940	1,560	3,510	5,460	7,800
4d 330 Sed.	272	816	1,360	3,060	4,760	6,800
2d 330 Sed.	280	840	1,400	3,150	4,900	7,000
4d 330 Sta Wag	320	970	1,620	3,650	5,670	8,100
4d 440 Sed.	280	840	1,400	3,150	4,900	7,000
2d 440 HT	340	1,010	1,680	3,780	5,880	8,400
2d 440-H HT.	400	1,210	2,020	4,550	7,070	10,100
2d 440 Conv.	460	1,390	2,320	5,220	8,120	11,600
1965 Classic						
4d 550 Sed.	264	792	1,320	2,970	4,620	6,600
2d 550 Sed.	270	800	1,340	3,020	4,690	6,700
4d 550 Sta Wag	310	920	1,540	3,470	5,390	7,700
4d 660 Sed.	276	828	1,380	3,110	4,830	6,900
2d 660 Sed.	280	840	1,400	3,150	4,900	7,000
4d 660 Sta Wag	320	970	1,620	3,650	5,670	8,100
4d 770 Sed.	276	828	1,380	3,110	4,830	6,900
2d 770 HT	420	1,250	2,080	4,680	7,280	10,400
2d 770-H HT.	480	1,440	2,400	5,400	8,400	12,000
2d 770 Conv.	568	1,704	2,840	6,390	9,940	14,200
4d 770 Sta Wag	330	980	1,640	3,690	5,740	8,200
NOTE: Add 5 percent for V-8 models.						
1965 Ambassador						
4d 880 Sed.	280	840	1,400	3,150	4,900	7,000
2d 880 Sed.	280	850	1,420	3,200	4,970	7,100
4d 880 Sta Wag	330	980	1,640	3,690	5,740	8,200
4d 990 Sed.	330	980	1,640	3,690	5,740	8,200
2d 990 HT	330	1,000	1,660	3,740	5,810	8,300
2d 990-H HT.	600	1,800	3,000	6,750	10,500	15,000
2d 990 Conv.	570	1,720	2,860	6,440	10,010	14,300
4d 990 Sta Wag	350	1,060	1,760	3,960	6,160	8,800
1965 Marlin						
2d FBk	860	2,580	4,300	9,680	15,050	21,500
NOTE: Deduct 5 percent for 6-cyl.						
1966 American						
4d 220 Sed.	280	840	1,400	3,150	4,900	7,000
2d 220 Sed.	280	850	1,420	3,200	4,970	7,100
4d 220 Wag	290	860	1,440	3,240	5,040	7,200
4d 440 Sed.	310	940	1,560	3,510	5,460	7,800
2d 440 Sed.	320	950	1,580	3,560	5,530	7,900
2d 440 Conv.	520	1,570	2,620	5,900	9,170	13,100
4d 440 Wag	310	920	1,540	3,470	5,390	7,700
2d 440 HT	380	1,140	1,900	4,280	6,650	9,500
2d Rogue HT	460	1,380	2,300	5,180	8,050	11,500
1966 Classic						
4d 550 Sed.	280	850	1,420	3,200	4,970	7,100
2d 550 Sed.	290	860	1,440	3,240	5,040	7,200
4d 550 Sta Wag	310	920	1,540	3,470	5,390	7,700
4d 770 Sed.	290	880	1,460	3,290	5,110	7,300
2d 770 HT	380	1,150	1,920	4,320	6,720	9,600
2d 770 Conv.	560	1,690	2,820	6,350	9,870	14,100
4d 770 Sta Wag	350	1,040	1,740	3,920	6,090	8,700
1966 Rebel						
2d HT	540	1,620	2,700	6,080	9,450	13,500
1966 Marlin						
2d FBk	860	2,580	4,300	9,680	15,050	21,500
1966 Ambassador						
4d 880 Sed.	276	828	1,380	3,110	4,830	6,900
2d 880 Sed.	280	840	1,400	3,150	4,900	7,000
4d 880 Sta Wag	320	970	1,620	3,650	5,670	8,100
4d 990 Sed.	320	970	1,620	3,650	5,670	8,100
2d 990 HT	340	1,020	1,700	3,830	5,950	8,500
2d 990 Conv.	580	1,740	2,900	6,530	10,150	14,500
4d 990 Sta Wag	350	1,040	1,740	3,920	6,090	8,700
1966 DPL (Diplomat)						
2d DPL HT	470	1,420	2,360	5,310	8,260	11,800
1967 American 220						
4d Sed.	280	840	1,400	3,150	4,900	7,000
2d Sed.	280	850	1,420	3,200	4,970	7,100
4d Sta Wag	300	910	1,520	3,420	5,320	7,600

AMC

	6	5	4	3	2	1
1967 American 440						
4d Sed.	280	850	1,420	3,200	4,970	7,100
2d Sed.	290	860	1,440	3,240	5,040	7,200
2d HT	360	1,080	1,800	4,050	6,300	9,000
4d Sta Wag	310	920	1,540	3,470	5,390	7,700
1967 American Rogue						
2d HT	480	1,440	2,400	5,400	8,400	12,000
2d Conv.	700	2,100	3,500	7,880	12,250	17,500
1967 Rebel 550						
4d Sed.	290	860	1,440	3,240	5,040	7,200
2d Sed.	290	880	1,460	3,290	5,110	7,300
4d Sta Wag	350	1,060	1,760	3,960	6,160	8,800
1967 Rebel 770						
4d Sed.	290	880	1,460	3,290	5,110	7,300
2d HT	360	1,090	1,820	4,100	6,370	9,100
4d Sta Wag	360	1,070	1,780	4,010	6,230	8,900
1967 Rebel SST						
2d HT	510	1,520	2,540	5,720	8,890	12,700
2d Conv.	650	1,940	3,240	7,290	11,340	16,200
1967 Rambler Marlin						
2d FBk.	820	2,460	4,100	9,230	14,350	20,500
1967 Ambassador 880						
4d Sed.	290	880	1,460	3,290	5,110	7,300
2d Sed.	300	890	1,480	3,330	5,180	7,400
4d Sta Wag	360	1,080	1,800	4,050	6,300	9,000
1967 Ambassador 990						
4d Sed.	300	890	1,480	3,330	5,180	7,400
2d HT	340	1,030	1,720	3,870	6,020	8,600
4d Sta Wag	360	1,090	1,820	4,100	6,370	9,100
1967 Ambassador DPL						
2d HT	480	1,430	2,380	5,360	8,330	11,900
2d Conv.	700	2,100	3,500	7,880	12,250	17,500
1968 American 220						
4d Sed.	280	850	1,420	3,200	4,970	7,100
2d Sed.	290	860	1,440	3,240	5,040	7,200
1968 American 440						
4d Sed.	290	880	1,460	3,290	5,110	7,300
4d Sta Wag	320	950	1,580	3,560	5,530	7,900
1968 Rogue						
2d HT	580	1,740	2,900	6,530	10,150	14,500
1968 Rebel 550						
4d Sed.	300	890	1,480	3,330	5,180	7,400
2d Conv.	580	1,740	2,900	6,530	10,150	14,500
4d Sta Wag	320	960	1,600	3,600	5,600	8,000
2d HT	370	1,100	1,840	4,140	6,440	9,200
1968 Rebel 770						
4d Sed.	300	910	1,520	3,420	5,320	7,600
4d Sta Wag	360	1,090	1,820	4,100	6,370	9,100
2d HT	370	1,120	1,860	4,190	6,510	9,300
1968 Rebel SST						
2d Conv.	650	1,940	3,240	7,290	11,340	16,200
2d HT	510	1,520	2,540	5,720	8,890	12,700
1968 Ambassador						
4d Sed.	310	920	1,540	3,470	5,390	7,700
2d HT	400	1,200	2,000	4,500	7,000	10,000
1968 Ambassador DPL						
4d Sed.	310	940	1,560	3,510	5,460	7,800
2d HT	480	1,440	2,400	5,400	8,400	12,000
4d Sta Wag	400	1,210	2,020	4,550	7,070	10,100
1968 Ambassador SST						
4d Sed.	320	950	1,580	3,560	5,530	7,900
2d HT	500	1,500	2,500	5,630	8,750	12,500
1968 Javelin						
2d FBk.	1,000	3,000	5,000	11,250	17,500	25,000
1968 Javelin SST						
2d FBk.	1,080	3,240	5,400	12,150	18,900	27,000

NOTE: Add 25 percent for GO Package. Add 30 percent for Big Bad Package.

1968 AMX						
2d FBk.	1,380	4,140	6,900	15,530	24,150	34,500

NOTE: Add 30 percent for Craig Breedlove Edit.

1969 Rambler						
4d Sed.	280	850	1,420	3,200	4,970	7,100
2d Sed.	290	860	1,440	3,240	5,040	7,200
1969 Rambler 440						
4d Sed.	290	860	1,440	3,240	5,040	7,200
2d Sed.	290	880	1,460	3,290	5,110	7,300

	6	5	4	3	2	1
1969 Rambler Rogue						
2d HT	600	1,800	3,000	6,750	10,500	15,000
1969 Rambler Hurst S/C						
2d HT	1,560	4,670	7,780	17,510	27,230	38,900
1969 Rebel						
4d Sed	300	890	1,480	3,330	5,180	7,400
2d HT	370	1,120	1,860	4,190	6,510	9,300
4d Sta Wag	320	970	1,620	3,650	5,670	8,100
1969 Rebel SST						
4d Sed	300	900	1,500	3,380	5,250	7,500
2d HT	510	1,540	2,560	5,760	8,960	12,800
4d Sta Wag	370	1,100	1,840	4,140	6,440	9,200
1969 AMX						
2d FBk	1,400	4,200	7,000	15,750	24,500	35,000
NOTE: Add 30 percent for Big Bad Package. Add 300 percent for Hurst-built SS/AMX.						
1969 Javelin						
2d FBk	1,020	3,060	5,100	11,480	17,850	25,500
1969 Javelin SST						
2d FBk	1,100	3,300	5,500	12,380	19,250	27,500
NOTE: Add 25 percent for GO Package. Add 30 percent for Big Bad Package.						
1969 Ambassador						
4d Sed	310	940	1,560	3,510	5,460	7,800
1969 Ambassador DPL						
4d Sed	320	950	1,580	3,560	5,530	7,900
4d Sta Wag	410	1,220	2,040	4,590	7,140	10,200
2d HT	480	1,450	2,420	5,450	8,470	12,100
1969 Ambassador SST						
4d Sed	320	960	1,600	3,600	5,600	8,000
2d HT	500	1,510	2,520	5,670	8,820	12,600
1970 Hornet						
4d Sed	260	780	1,300	2,930	4,550	6,500
2d Sed	260	790	1,320	2,970	4,620	6,600
1970 Hornet SST						
4d Sed	260	790	1,320	2,970	4,620	6,600
2d Sed	270	800	1,340	3,020	4,690	6,700
1970 Rebel						
4d Sed	300	890	1,480	3,330	5,180	7,400
2d HT	370	1,120	1,860	4,190	6,510	9,300
4d Sta Wag	320	970	1,620	3,650	5,670	8,100
1970 Rebel SST						
4d Sed	300	900	1,500	3,380	5,250	7,500
2d HT	510	1,540	2,560	5,760	8,960	12,800
4d Sta Wag	370	1,100	1,840	4,140	6,440	9,200
1970 Rebel "Machine"						
2d HT	1,600	4,800	8,000	18,000	28,000	40,000
1970 AMX						
2d FBk	1,400	4,200	7,000	15,750	24,500	35,000
1970 Gremlin						
2d Comm	300	900	1,500	3,380	5,250	7,500
2d Sed	300	910	1,520	3,420	5,320	7,600
1970 Javelin						
2d FBk	1,020	3,060	5,100	11,480	17,850	25,500
1970 Javelin SST						
2d FBk	1,100	3,300	5,500	12,380	19,250	27,500
NOTE: Add 25 percent for GO Package. Add 30 percent for Big Bad Package.						
1970 "Trans Am"						
2d FBk	1,320	3,960	6,600	14,850	23,100	33,000
1970 "Mark Donohue"						
2d FBk	1,360	4,080	6,800	15,300	23,800	34,000
1970 Ambassador						
4d Sed	310	940	1,560	3,510	5,460	7,800
1970 Ambassador DPL						
4d Sed	320	950	1,580	3,560	5,530	7,900
2d HT	480	1,450	2,420	5,450	8,470	12,100
4d Sta Wag	410	1,220	2,040	4,590	7,140	10,200
1970 Ambassador SST						
4d Sed	320	960	1,600	3,600	5,600	8,000
2d HT	500	1,510	2,520	5,670	8,820	12,600
4d Sta Wag	410	1,240	2,060	4,640	7,210	10,300
1971 Gremlin						
2d Comm	300	900	1,500	3,380	5,250	7,500
2d Sed	300	910	1,520	3,420	5,320	7,600
NOTE: Add 10 percent for X Package.						
1971 Hornet						
2d Sed	260	780	1,300	2,930	4,550	6,500
4d Sed	260	790	1,320	2,970	4,620	6,600

| | 6 | 5 | 4 | 3 | 2 | 1 | **305** |

1971 Hornet SST

	6	5	4	3	2	1
2d Sed.	270	800	1,340	3,020	4,690	6,700
4d Sed.	270	820	1,360	3,060	4,760	6,800
4d SportAbout Sta Wag	290	880	1,460	3,290	5,110	7,300

1971 Hornet SC/360

	6	5	4	3	2	1
2d HT	740	2,220	3,700	8,330	12,950	18,500

1971 Javelin

	6	5	4	3	2	1
2d HT	900	2,700	4,500	10,130	15,750	22,500
2d SST HT	980	2,940	4,900	11,030	17,150	24,500

NOTE: Add 40 percent for 401 V-8. Add 40 percent for Police Special 401 V-8.

1971 Javelin AMX

	6	5	4	3	2	1
2d HT	1,200	3,600	6,000	13,500	21,000	30,000

NOTE: Add 25 percent for GO Package. Add 40 percent for 401 V-8.

1971 Matador

	6	5	4	3	2	1
4d Sed.	310	920	1,540	3,470	5,390	7,700
2d HT	390	1,180	1,960	4,410	6,860	9,800
4d Sta Wag	340	1,030	1,720	3,870	6,020	8,600

1971 Ambassador DPL

	6	5	4	3	2	1
4d Sed.	320	950	1,580	3,560	5,530	7,900

1971 Ambassador SST

	6	5	4	3	2	1
4d Sed.	320	960	1,600	3,600	5,600	8,000
2d HT	450	1,340	2,240	5,040	7,840	11,200
4d Sta Wag	370	1,120	1,860	4,190	6,510	9,300

NOTE: Add 10 percent to Ambassador SST for Broughams.

1972 Hornet SST

	6	5	4	3	2	1
2d Sed.	240	720	1,200	2,700	4,200	6,000
4d Sed.	240	730	1,220	2,750	4,270	6,100
4d Sta Wag	250	740	1,240	2,790	4,340	6,200
2d Gucci	280	840	1,400	3,150	4,900	7,000
4d DeL Wag	250	760	1,260	2,840	4,410	6,300
4d "X" Wag	260	780	1,300	2,930	4,550	6,500

1972 Matador

	6	5	4	3	2	1
4d Sed.	300	900	1,500	3,380	5,250	7,500
2d HT	390	1,160	1,940	4,370	6,790	9,700
4d Sta Wag	380	1,140	1,900	4,280	6,650	9,500

1972 Gremlin

	6	5	4	3	2	1
2d Sed.	300	900	1,500	3,380	5,250	7,500

NOTE: Add 10 percent for X Package. Add 20 percent for V-8.

1972 Javelin

	6	5	4	3	2	1
2d SST	780	2,340	3,900	8,780	13,650	19,500
2d Go "360"	840	2,520	4,200	9,450	14,700	21,000
2d Go "401"	880	2,640	4,400	9,900	15,400	22,000
2d Cardin.	800	2,400	4,000	9,000	14,000	20,000

NOTE: Add 40 percent for 401 V-8. Add 40 percent for 401 Police Special V-8. Add 25 percent for GO Package.

1972 Javelin AMX, V-8

	6	5	4	3	2	1
2d HT	1,000	3,000	5,000	11,250	17,500	25,000

NOTE: Add 25 percent for GO Package. Add 40 percent for 401 V-8.

1972 Ambassador SST

	6	5	4	3	2	1
4d Sed.	310	940	1,560	3,510	5,460	7,800
2d HT	420	1,270	2,120	4,770	7,420	10,600
4d Sta Wag	360	1,080	1,800	4,050	6,300	9,000

1972 Ambassador Brougham, V-8

	6	5	4	3	2	1
4d Sed.	320	950	1,580	3,560	5,530	7,900
2d HT	430	1,280	2,140	4,820	7,490	10,700
4d Sta Wag	360	1,090	1,820	4,100	6,370	9,100

1973 Gremlin, V-8

	6	5	4	3	2	1
2d Sed.	290	860	1,440	3,240	5,040	7,200

NOTE: Add 10 percent for X Package. Deduct 20 percent for 6-cyl.

1973 Hornet, V-8

	6	5	4	3	2	1
2d Sed	230	680	1,140	2,570	3,990	5,700
4d Sed.	220	670	1,120	2,520	3,920	5,600
2d HBk	230	700	1,160	2,610	4,060	5,800
4d Sta Wag	240	710	1,180	2,660	4,130	5,900

1973 Javelin, V-8

	6	5	4	3	2	1
2d HT	640	1,920	3,200	7,200	11,200	16,000

NOTE: Add 20 percent for Trans Am Victory Javelin. Add 40 percent for 401 V-8.

1973 Javelin AMX, V-8

	6	5	4	3	2	1
2d HT	760	2,280	3,800	8,550	13,300	19,000

NOTE: Add 40 percent for 401 V-8.

1973 Matador, V-8

	6	5	4	3	2	1
4d Sed.	300	890	1,480	3,330	5,180	7,400
2d HT	380	1,150	1,920	4,320	6,720	9,600
4d Sta Wag	380	1,130	1,880	4,230	6,580	9,400

1973 Ambassador Brougham, V-8

	6	5	4	3	2	1
4d Sed.	300	900	1,500	3,380	5,250	7,500
2d HT	390	1,160	1,940	4,370	6,790	9,700
4d Sta Wag	380	1,140	1,900	4,280	6,650	9,500

AMC

	6	5	4	3	2	1
1974 Gremlin, V-8						
2d Sed	280	840	1,400	3,150	4,900	7,000

NOTE: Add 10 percent for X Package. Deduct 20 percent for 6-cyl.

	6	5	4	3	2	1
1974 Hornet						
4d Sed	220	650	1,080	2,430	3,780	5,400
2d Sed	220	660	1,100	2,480	3,850	5,500
2d HBk	220	670	1,120	2,520	3,920	5,600
4d Sta Wag	230	680	1,140	2,570	3,990	5,700
1974 Javelin						
2d FBk	600	1,800	3,000	6,750	10,500	15,000

NOTE: Add 30 percent for 401 V-8. Add 15 percent for GO Package.

	6	5	4	3	2	1
1974 Javelin AMX						
2d FBk	720	2,160	3,600	8,100	12,600	18,000

NOTE: Add 30 percent for 401 V-8.

	6	5	4	3	2	1
1974 Matador						
4d Sed	280	850	1,420	3,200	4,970	7,100
2d Sed	290	860	1,440	3,240	5,040	7,200
4d Sta Wag	360	1,080	1,800	4,050	6,300	9,000
1974 Matador Brougham						
2d Cpe	320	960	1,600	3,600	5,600	8,000

NOTE: Add 10 percent for Oleg Cassini coupe.

	6	5	4	3	2	1
1974 Matador "X"						
2d Cpe	370	1,100	1,840	4,140	6,440	9,200
1974 Ambassador Brougham						
4d Sed	320	950	1,580	3,560	5,530	7,900
4d Sta Wag	360	1,090	1,820	4,100	6,370	9,100
1975 Gremlin, V-8						
2d Sed	280	840	1,400	3,150	4,900	7,000

NOTE: Add 10 percent for Levis Package. Add 15 percent for X Package. Deduct 20 percent for 6-cyl.

	6	5	4	3	2	1
1975 Hornet						
4d Sed	180	540	900	2,030	3,150	4,500
2d Sed	184	552	920	2,070	3,220	4,600
2d HBk	188	564	940	2,120	3,290	4,700
4d Sta Wag	192	576	960	2,160	3,360	4,800
1975 Pacer						
2d Sed	280	830	1,380	3,110	4,830	6,900

NOTE: Add 15 percent for X Package. Add 20 percent for D/L Package.

	6	5	4	3	2	1
1975 Matador						
4d Sed	180	540	900	2,030	3,150	4,500
2d Cpe	184	552	920	2,070	3,220	4,600
4d Sta Wag	188	564	940	2,120	3,290	4,700
1976 Gremlin, V-8						
2d Sed	260	780	1,300	2,930	4,550	6,500

NOTE: Add 10 percent for Levis Package. Add 15 percent for X Package. Deduct 20 percent for 6-cyl.

	6	5	4	3	2	1
1976 Hornet, V-8						
4d Sed	156	468	780	1,760	2,730	3,900
2d Sed	160	480	800	1,800	2,800	4,000
2d HBk	168	504	840	1,890	2,940	4,200
4d Sptabt	172	516	860	1,940	3,010	4,300
1976 Pacer, 6-cyl.						
2d Sed	280	830	1,380	3,110	4,830	6,900

NOTE: Add 15 percent for X Package. Add 20 percent for D/L Package.

	6	5	4	3	2	1
1976 Matador, V-8						
4d Sed	164	492	820	1,850	2,870	4,100
2d Cpe	168	504	840	1,890	2,940	4,200
4d Sta Wag	172	516	860	1,940	3,010	4,300

NOTE: Deduct 10 percent for 6-cylinder.

	6	5	4	3	2	1
1977 Gremlin, V-8						
2d Sed	256	768	1,280	2,880	4,480	6,400

NOTE: Add 15 percent for X Package. Deduct 20 percent for 6-cyl.

	6	5	4	3	2	1
1977 Hornet, V-8						
4d Sed	160	480	800	1,800	2,800	4,000
2d Sed	164	492	820	1,850	2,870	4,100
2d HBk	172	516	860	1,940	3,010	4,300
4d Sta Wag	176	528	880	1,980	3,080	4,400

NOTE: Add 10 percent for AMX Package.

	6	5	4	3	2	1
1977 Pacer, 6-cyl.						
2d Sed	260	780	1,300	2,930	4,550	6,500
4d Sta Wag	260	790	1,320	2,970	4,620	6,600
1977 Matador, V-8						
4d Sed	164	492	820	1,850	2,870	4,100
2d Cpe	168	504	840	1,890	2,940	4,200
4d Sta Wag	172	516	860	1,940	3,010	4,300

NOTE: Deduct 10 percent for 6-cylinder. Add 10 percent for AMX package.

	6	5	4	3	2	1
1978 Gremlin, V-8						
2d Sed	256	768	1,280	2,880	4,480	6,400

NOTE: Add 15 percent for X Package. Add 20 percent for GT Package. Deduct 20 percent for 6-cyl.

	6	5	4	3	2	1
1978 Concord						
4d Sed.	100	350	600	1,400	2,150	3,100
2d Sed.	150	400	650	1,440	2,250	3,200
2d HBk	150	400	650	1,440	2,250	3,200
4d Sta Wag	150	400	650	1,440	2,250	3,200
1978 Pacer						
2d HBk	170	520	860	1,940	3,010	4,300
4d Sta Wag	180	530	880	1,980	3,080	4,400
1978 AMX						
2d HBk	250	760	1,260	2,840	4,410	6,300
1978 Matador						
4d Sed.	164	492	820	1,850	2,870	4,100
2d Cpe.	168	504	840	1,890	2,940	4,200
4d Sta Wag	172	516	860	1,940	3,010	4,300
1979 Spirit, 6-cyl.						
2d HBk	140	420	700	1,580	2,450	3,500
2d Sed.	136	408	680	1,530	2,380	3,400
1979 Spirit DL, 6-cyl.						
2d HBk	144	432	720	1,620	2,520	3,600
2d Sed.	140	420	700	1,580	2,450	3,500
1979 Spirit Ltd, 6-cyl.						
2d HBk	148	444	740	1,670	2,590	3,700
2d Sed.	144	432	720	1,620	2,520	3,600
NOTE: Deduct 10 percent for 4-cyl.						
1979 Concord, V-8						
4d Sed.	124	372	620	1,400	2,170	3,100
2d Sed.	150	400	650	1,440	2,250	3,200
2d HBk	128	384	640	1,440	2,240	3,200
4d Sta Wag	128	384	640	1,440	2,240	3,200
1979 Concord DL, V-8						
4d Sed.	128	384	640	1,440	2,240	3,200
2d Sed.	124	372	620	1,400	2,170	3,100
2d HBk	132	396	660	1,490	2,310	3,300
4d Sta Wag	132	396	660	1,490	2,310	3,300
1979 Concord Ltd, V-8						
4d Sed.	132	396	660	1,490	2,310	3,300
2d Sed.	128	384	640	1,440	2,240	3,200
4d Sta Wag	136	408	680	1,530	2,380	3,400
NOTE: Deduct 5 percent for 6-cyl.						
1979 Pacer DL, V-8						
2d HBk	170	520	860	1,940	3,010	4,300
2d Sta Wag	180	530	880	1,980	3,080	4,400
1979 Pacer Ltd, V-8						
2d HBk	180	530	880	1,980	3,080	4,400
2d Sta Wag	180	540	900	2,030	3,150	4,500
NOTE: Deduct 5 percent for 6-cyl.						
1979 AMX, V-8						
2d HBk	250	760	1,260	2,840	4,410	6,300
NOTE: Deduct 7 percent for 6-cyl.						
1980 Spirit, 6-cyl.						
2d HBk	160	480	800	1,800	2,800	4,000
2d Cpe.	156	468	780	1,760	2,730	3,900
2d HBk DL	164	492	820	1,850	2,870	4,100
2d Cpe DL	160	480	800	1,800	2,800	4,000
2d HBk Ltd	172	516	860	1,940	3,010	4,300
2d Cpe Ltd	168	504	840	1,890	2,940	4,200
NOTE: Deduct 10 percent for 4-cyl.						
1980 Concord, 6-cyl.						
4d Sed.	144	432	720	1,620	2,520	3,600
2d Cpe.	140	420	700	1,580	2,450	3,500
4d Sta Wag	148	444	740	1,670	2,590	3,700
4d Sed DL	148	444	740	1,670	2,590	3,700
2d Cpe DL	144	432	720	1,620	2,520	3,600
4d Sta Wag DL	152	456	760	1,710	2,660	3,800
4d Sed Ltd.	156	468	780	1,760	2,730	3,900
2d Cpe Ltd.	152	456	760	1,710	2,660	3,800
4d Sta Wag Ltd	156	468	780	1,760	2,730	3,900
1980 Pacer, 6-cyl.						
2d HBk DL	144	432	720	1,620	2,520	3,600
2d Sta Wag DL	148	444	740	1,670	2,590	3,700
2d HBk Ltd	152	456	760	1,710	2,660	3,800
2d Sta Wag Ltd	156	468	780	1,760	2,730	3,900
1980 AMX, 6-cyl.						
2d HBk	168	504	840	1,890	2,940	4,200
1980 Eagle 4x4, 6-cyl.						
4d Sed.	200	600	1,000	2,250	3,500	5,000

	6	5	4	3	2	1
2d Cpe	196	588	980	2,210	3,430	4,900
4d Sta Wag	208	624	1,040	2,340	3,640	5,200
4d Sed Ltd	208	624	1,040	2,340	3,640	5,200
2d Cpe Ltd	204	612	1,020	2,300	3,570	5,100
4d Sta Wag Ltd	216	648	1,080	2,430	3,780	5,400
1981 Spirit, 4-cyl.						
2d HBk	148	444	740	1,670	2,590	3,700
2d Cpe	144	432	720	1,620	2,520	3,600
2d HBk DL	156	468	780	1,760	2,730	3,900
2d Cpe DL	152	456	760	1,710	2,660	3,800
1981 Spirit, 6-cyl.						
2d HBk	164	492	820	1,850	2,870	4,100
2d Cpe	160	480	800	1,800	2,800	4,000
2d HBk DL	172	516	860	1,940	3,010	4,300
2d Cpe DL	168	504	840	1,890	2,940	4,200
1981 Concord, 6-cyl.						
4d Sed	148	444	740	1,670	2,590	3,700
2d Cpe	144	432	720	1,620	2,520	3,600
4d Sta Wag	152	456	760	1,710	2,660	3,800
4d Sed DL	152	456	760	1,710	2,660	3,800
2d Cpe DL	148	444	740	1,670	2,590	3,700
4d Sta Wag DL	156	468	780	1,760	2,730	3,900
4d Sed Ltd	156	468	780	1,760	2,730	3,900
2d Cpe Ltd	152	456	760	1,710	2,660	3,800
4d Sta Wag Ltd	160	480	800	1,800	2,800	4,000
NOTE: Deduct 12 percent for 4-cyl.						
1981 Eagle 50 4x4, 4-cyl.						
2d HBk SX4	200	600	1,000	2,250	3,500	5,000
2d HBk	196	588	980	2,210	3,430	4,900
2d HBk SX4 DL	208	624	1,040	2,340	3,640	5,200
2d HBk DL	204	612	1,020	2,300	3,570	5,100
1981 Eagle 50 4x4, 6-cyl.						
2d HBk SX4	216	648	1,080	2,430	3,780	5,400
2d HBk	212	636	1,060	2,390	3,710	5,300
2d HBk SX4 DL	224	672	1,120	2,520	3,920	5,600
2d HBk DL	220	660	1,100	2,480	3,850	5,500
1982 Spirit, 6-cyl.						
2d HBk	168	504	840	1,890	2,940	4,200
2d Cpe	164	492	820	1,850	2,870	4,100
2d HBk DL	176	528	880	1,980	3,080	4,400
2d Cpe DL	172	516	860	1,940	3,010	4,300
NOTE: Deduct 10 percent for 4-cyl.						
1982 Concord, 6-cyl.						
4d Sed	152	456	760	1,710	2,660	3,800
2d Cpe	148	444	740	1,670	2,590	3,700
4d Sta Wag	156	468	780	1,760	2,730	3,900
4d Sed DL	156	468	780	1,760	2,730	3,900
2d Cpe DL	152	456	760	1,710	2,660	3,800
4d Sta Wag DL	160	480	800	1,800	2,800	4,000
4d Sed Ltd	160	480	800	1,800	2,800	4,000
2d Cpe Ltd	156	468	780	1,760	2,730	3,900
4d Sta Wag Ltd	164	492	820	1,850	2,870	4,100
NOTE: Deduct 12 percent for 4-cyl.						
1982 Eagle 50 4x4, 4-cyl.						
2d HBk SX4	204	612	1,020	2,300	3,570	5,100
2d HBk	200	600	1,000	2,250	3,500	5,000
2d HBk SX4 DL	212	636	1,060	2,390	3,710	5,300
2d HBk DL	208	624	1,040	2,340	3,640	5,200
1982 Eagle 50 4x4, 6-cyl.						
2d HBk SX4	220	660	1,100	2,480	3,850	5,500
2d HBk	216	648	1,080	2,430	3,780	5,400
2d HBk SX4 DL	228	684	1,140	2,570	3,990	5,700
2d HBk DL	224	672	1,120	2,520	3,920	5,600
1982 Eagle 30 4x4, 4-cyl.						
4d Sed	196	588	980	2,210	3,430	4,900
2d Cpe	192	576	960	2,160	3,360	4,800
4d Sta Wag	200	600	1,000	2,250	3,500	5,000
4d Sed Ltd	200	600	1,000	2,250	3,500	5,000
2d Cpe Ltd	196	588	980	2,210	3,430	4,900
4d Sta Wag Ltd	208	624	1,040	2,340	3,640	5,200
1982 Eagle 30 4x4, 6-cyl.						
4d Sed	212	636	1,060	2,390	3,710	5,300
2d Cpe	208	624	1,040	2,340	3,640	5,200
4d Sta Wag	220	660	1,100	2,480	3,850	5,500
4d Sed Ltd	220	660	1,100	2,480	3,850	5,500
2d Cpe Ltd	216	648	1,080	2,430	3,780	5,400
4d Sta Wag Ltd	228	684	1,140	2,570	3,990	5,700

	6	5	4	3	2	1
1983 Spirit, 6-cyl.						
2d HBk DL	172	516	860	1,940	3,010	4,300
2d HBk GT	176	528	880	1,980	3,080	4,400
1983 Concord, 6-cyl.						
4d Sed	156	468	780	1,760	2,730	3,900
4d Sta Wag	160	480	800	1,800	2,800	4,000
4d Sed DL	160	480	800	1,800	2,800	4,000
4d Sta Wag DL	164	492	820	1,850	2,870	4,100
4d Sta Wag Ltd	172	516	860	1,940	3,010	4,300
1983 Alliance, 4-cyl.						
2d Sed	144	432	720	1,620	2,520	3,600
4d Sed L	148	444	740	1,670	2,590	3,700
2d Sed L	148	444	740	1,670	2,590	3,700
4d Sed DL	152	456	760	1,710	2,660	3,800
2d Sed DL	152	456	760	1,710	2,660	3,800
4d Sed Ltd	156	468	780	1,760	2,730	3,900
1983 Eagle 50 4x4, 4-cyl.						
2d HBk SX4	208	624	1,040	2,340	3,640	5,200
2d HBk SX4 DL	216	648	1,080	2,430	3,780	5,400
1983 Eagle 50 4x4, 6-cyl.						
2d HBk SX4	224	672	1,120	2,520	3,920	5,600
2d HBk SX4 DL	232	696	1,160	2,610	4,060	5,800
1983 Eagle 30 4x4, 4-cyl.						
4d Sed	200	600	1,000	2,250	3,500	5,000
4d Sta Wag	208	624	1,040	2,340	3,640	5,200
4d Sta Wag Ltd	216	648	1,080	2,430	3,780	5,400
1983 Eagle 30 4x4, 6-cyl.						
4d Sed	216	648	1,080	2,430	3,780	5,400
4d Sta Wag	224	672	1,120	2,520	3,920	5,600
4d Sta Wag Ltd	232	696	1,160	2,610	4,060	5,800
1984 Alliance, 4-cyl.						
2d	148	444	740	1,670	2,590	3,700
1984 L						
4d	152	456	760	1,710	2,660	3,800
2d	152	456	760	1,710	2,660	3,800
1984 DL						
4d	156	468	780	1,760	2,730	3,900
2d	156	468	780	1,760	2,730	3,900
1984 Ltd						
4d	160	480	800	1,800	2,800	4,000
1984 Encore, 4-cyl.						
2d Liftback	136	408	680	1,530	2,380	3,400
1984 S						
2d Liftback	140	420	700	1,580	2,450	3,500
4d Liftback	140	420	700	1,580	2,450	3,500
1984 LS						
2d Liftback	144	432	720	1,620	2,520	3,600
4d Liftback	144	432	720	1,620	2,520	3,600
1984 GS						
2d Liftback	148	444	740	1,670	2,590	3,700
1984 Eagle 4WD, 4-cyl.						
4d Sed	204	612	1,020	2,300	3,570	5,100
4d Sta Wag	212	636	1,060	2,390	3,710	5,300
4d Sta Wag Ltd	220	660	1,100	2,480	3,850	5,500
1984 Eagle 4WD, 6-cyl.						
4d Sed	220	660	1,100	2,480	3,850	5,500
4d Sta Wag	228	684	1,140	2,570	3,990	5,700
4d Sta Wag Ltd	236	708	1,180	2,660	4,130	5,900
1985 Alliance						
2d Sed	104	312	520	1,170	1,820	2,600
4d Sed L	112	336	560	1,260	1,960	2,800
2d Sed L	116	348	580	1,310	2,030	2,900
Conv L	148	444	740	1,670	2,590	3,700
4d Sed DL	128	384	640	1,440	2,240	3,200
2d Sed DL	140	420	700	1,580	2,450	3,500
Conv DL	164	492	820	1,850	2,870	4,100
4d Ltd Sed	156	468	780	1,760	2,730	3,900
1985 Eagle 4WD						
4d Sed	224	672	1,120	2,520	3,920	5,600
4d Sta Wag	232	696	1,160	2,610	4,060	5,800
4d Ltd Sta Wag	240	720	1,200	2,700	4,200	6,000
1986 Encore 90						
2d HBk	140	420	700	1,580	2,450	3,500
4d HBk	144	432	720	1,620	2,520	3,600
1986 Alliance						
2d Sed	144	432	720	1,620	2,520	3,600

	6	5	4	3	2	1
4d Sed	148	444	740	1,670	2,590	3,700
Conv	220	660	1,100	2,480	3,850	5,500
1986 Eagle						
4d Sed	228	684	1,140	2,570	3,990	5,700
4d Sta Wag	232	696	1,160	2,610	4,060	5,800
4d Ltd Sta Wag	240	720	1,200	2,700	4,200	6,000

NOTE: Add 10 percent for deluxe models. Deduct 5 percent for smaller engines.

	6	5	4	3	2	1
1987 Eagle						
4d Sed	260	780	1,300	2,930	4,550	6,500
4d Sta Wag	268	804	1,340	3,020	4,690	6,700
4d Sta Wag Ltd	300	850	1,400	3,110	4,850	6,900

NOTE: On Aug. 5, 1987, Chrysler Corp. formally acquired American Motors Corp. (AMC) for $1.5 billion. It established a Jeep-Eagle Division to market the products previously badged as AMC vehicles, and AMC was dissolved.

METROPOLITAN

	6	5	4	3	2	1
1954 Series E, (Nash), 4-cyl., 85" wb, 42 hp						
HT	740	2,220	3,700	8,330	12,950	18,500
Conv	940	2,820	4,700	10,580	16,450	23,500
1955 Series A & B, Nash/Hudson, 4-cyl., 85" wb, 42 hp						
HT	740	2,220	3,700	8,330	12,950	18,500
Conv	940	2,820	4,700	10,580	16,450	23,500
1956 Series 1500, Nash/Hudson, 4-cyl., 85" wb, 52 hp						
HT	750	2,240	3,740	8,420	13,090	18,700
Conv	950	2,840	4,740	10,670	16,590	23,700
1956 Series A, Nash/Hudson, 4-cyl., 85" wb, 42 hp						
HT	740	2,220	3,700	8,330	12,950	18,500
Conv	940	2,820	4,700	10,580	16,450	23,500
1957 Series 1500, Nash/Hudson, 4-cyl., 85" wb, 52 hp						
HT	750	2,240	3,740	8,420	13,090	18,700
Conv	950	2,840	4,740	10,670	16,590	23,700
1957 Series A-85, Nash/Hudson, 4-cyl., 85" wb, 42 hp						
HT	740	2,220	3,700	8,330	12,950	18,500
Conv	940	2,820	4,700	10,580	16,450	23,500
1958 Series 1500, (AMC), 4-cyl., 85" wb, 55 hp						
HT	740	2,220	3,700	8,330	12,950	18,500
Conv	940	2,820	4,700	10,580	16,450	23,500
1959 Series 1500, (AMC), 4-cyl., 85" wb, 55 hp						
HT	750	2,240	3,740	8,420	13,090	18,700
Conv	950	2,840	4,740	10,670	16,590	23,700
1960 Series 1500, (AMC), 4-cyl., 85" wb, 55 hp						
HT	750	2,240	3,740	8,420	13,090	18,700
Conv	950	2,840	4,740	10,670	16,590	23,700
1961 Series 1500, (AMC), 4-cyl., 85" wb, 55 hp						
HT	750	2,240	3,740	8,420	13,090	18,700
Conv	950	2,840	4,740	10,670	16,590	23,700
1962 Series 1500, (AMC), 4-cyl., 85" wb, 55 hp						
HT	750	2,240	3,740	8,420	13,090	18,700
Conv	950	2,840	4,740	10,670	16,590	23,700

OLDSMOBILE

	6	5	4	3	2	1
1901 Curved Dash, 1-cyl.						
Rbt	2,080	6,240	10,400	23,400	36,400	52,000
1902 Curved Dash, 1-cyl.						
Rbt	2,040	6,120	10,200	22,950	35,700	51,000
1903 Curved Dash, 1-cyl.						
Rbt	2,040	6,120	10,200	22,950	35,700	51,000
1904 Curved Dash, 1-cyl.						
Rbt	2,040	6,120	10,200	22,950	35,700	51,000
1904 French Front, 1-cyl., 7 hp						
Rbt	1,920	5,760	9,600	21,600	33,600	48,000
1904 Light Tonneau, 1-cyl., 10 hp						
Tonn	2,200	6,600	11,000	24,750	38,500	55,000
1905 Curved Dash, 1-cyl.						
Rbt	2,040	6,120	10,200	22,950	35,700	51,000
1905 French Front, 1-cyl., 7 hp						
Rbt	1,920	5,760	9,600	21,600	33,600	48,000
1905 Touring Car, 2-cyl.						
Tr	1,880	5,640	9,400	21,150	32,900	47,000
1906 Straight Dash B, 1-cyl.						
Rbt	1,800	5,400	9,000	20,250	31,500	45,000
1906 Curved Dash B, 1-cyl.						
Rbt	2,040	6,120	10,200	22,950	35,700	51,000
1906 Model L, 2-cyl.						
Tr	1,840	5,520	9,200	20,700	32,200	46,000

1906 Model S, 4-cyl.

	6	5	4	3	2	1
Tr.	1,920	5,760	9,600	21,600	33,600	48,000

1907 Straight Dash F, 2-cyl.

	6	5	4	3	2	1
Rbt.	1,800	5,400	9,000	20,250	31,500	45,000

1907 Model H, 4-cyl.

	6	5	4	3	2	1
Fly Rds	2,200	6,600	11,000	24,750	38,500	55,000

1907 Model A, 4-cyl.

	6	5	4	3	2	1
Pal Tr.	2,000	6,000	10,000	22,500	35,000	50,000
Limo	1,960	5,880	9,800	22,050	34,300	49,000

1908 Model X, 4-cyl.

	6	5	4	3	2	1
Tr.	2,200	6,600	11,000	24,750	38,500	55,000

1908 Model M-MR, 4-cyl.

	6	5	4	3	2	1
Rds	1,920	5,760	9,600	21,600	33,600	48,000
Tr.	2,200	6,600	11,000	24,750	38,500	55,000

1908 Model Z, 6-cyl.

	6	5	4	3	2	1
Tr.	2,480	7,440	12,400	27,900	43,400	62,000

1909 Model D, 4-cyl.

	6	5	4	3	2	1
Tr.	2,560	7,680	12,800	28,800	44,800	64,000
Limo	2,480	7,440	12,400	27,900	43,400	62,000
Lan	2,440	7,320	12,200	27,450	42,700	61,000

1909 Model DR, 4-cyl.

	6	5	4	3	2	1
Rds	2,520	7,560	12,600	28,350	44,100	63,000
Cpe	2,400	7,200	12,000	27,000	42,000	60,000

1909 Model X, 4-cyl.

	6	5	4	3	2	1
Rbt.	2,200	6,600	11,000	24,750	38,500	55,000

1909 Model Z, 6-cyl.

	6	5	4	3	2	1
Rbt.	2,800	8,400	14,000	31,500	49,000	70,000
Tr.	2,880	8,640	14,400	32,400	50,400	72,000

1910 Special, 4-cyl.

	6	5	4	3	2	1
Rbt.	2,200	6,600	11,000	24,750	38,500	55,000
Tr.	1,960	5,880	9,800	22,050	34,300	49,000
Limo	2,040	6,120	10,200	22,950	35,700	51,000

1910 Limited, 6-cyl.

	6	5	4	3	2	1
Rbt.	3,800	11,400	19,000	42,750	66,500	95,000
Tr.		value not estimable				
Limo	3,200	9,600	16,000	36,000	56,000	80,000

1911 Special, 4-cyl.

	6	5	4	3	2	1
Rbt.	2,200	6,600	11,000	24,750	38,500	55,000
Tr.	1,960	5,880	9,800	22,050	34,300	49,000
Limo	2,040	6,120	10,200	22,950	35,700	51,000

1911 Autocrat, 4-cyl.

	6	5	4	3	2	1
Rbt.	3,160	9,480	15,800	35,550	55,300	79,000
Tr.	3,200	9,600	16,000	36,000	56,000	80,000
Limo	3,240	9,720	16,200	36,450	56,700	81,000

1911 Limited, 6-cyl.

	6	5	4	3	2	1
Rbt.	3,800	11,400	19,000	42,750	66,500	95,000
Tr.		value not estimable				
Limo	3,200	9,600	16,000	36,000	56,000	80,000

1912 Autocrat, 4-cyl., 40 hp

	6	5	4	3	2	1
2d Rds.	3,240	9,720	16,200	36,450	56,700	81,000
4d Tr	3,240	9,720	16,200	36,450	56,700	81,000
4d Limo	3,320	9,960	16,600	37,350	58,100	83,000

1912 Despatch, 4-cyl., 26 hp

	6	5	4	3	2	1
2d Rds.	1,800	5,400	9,000	20,250	31,500	45,000
4d Tr	1,920	5,760	9,600	21,600	33,600	48,000
2d Cpe.	1,720	5,160	8,600	19,350	30,100	43,000

1912 Defender, 4-cyl., 35 hp

	6	5	4	3	2	1
2d 2P Tr	1,880	5,640	9,400	21,150	32,900	47,000
4d 4P Tr	1,920	5,760	9,600	21,600	33,600	48,000
2d 2P Rds.	1,800	5,400	9,000	20,250	31,500	45,000
2d 3P Cpe.	1,720	5,160	8,600	19,350	30,100	43,000
2d 5P Cpe.	1,680	5,040	8,400	18,900	29,400	42,000

1912 Limited, 6-cyl.

	6	5	4	3	2	1
2d Rds.	3,720	11,160	18,600	41,850	65,100	93,000
4d Tr		value not estimable				
4d Limo	3,200	9,600	16,000	36,000	56,000	80,000

1913 Light Six, 6-cyl.

	6	5	4	3	2	1
4d 4P Tr	1,640	4,920	8,200	18,450	28,700	41,000
4d Phae.	1,680	5,040	8,400	18,900	29,400	42,000
4d 7P Tr	1,600	4,800	8,000	18,000	28,000	40,000
4d Limo	1,640	4,920	8,200	18,450	28,700	41,000

1913 6-cyl., 60 hp

	6	5	4	3	2	1
4d Tr	3,200	9,600	16,000	36,000	56,000	80,000

	6	5	4	3	2	1
1913 4-cyl., 35 hp						
4d Tr.	1,840	5,520	9,200	20,700	32,200	46,000
1914 Model 54, 6-cyl.						
4d Phae	1,960	5,880	9,800	22,050	34,300	49,000
4d 5P Tr	1,920	5,760	9,600	21,600	33,600	48,000
4d 7P Tr	1,960	5,880	9,800	22,050	34,300	49,000
4d Limo	1,640	4,920	8,200	18,450	28,700	41,000
1914 Model 42, 4-cyl.						
4d 5P Tr	1,600	4,800	8,000	18,000	28,000	40,000
1915 Model 42, 4-cyl.						
2d Rds	1,520	4,560	7,600	17,100	26,600	38,000
4d Tr.	1,560	4,680	7,800	17,550	27,300	39,000
1915 Model 55, 6-cyl.						
4d Tr.	2,400	7,200	12,000	27,000	42,000	60,000
1916 Model 43, 4-cyl.						
2d Rds	1,400	4,200	7,000	15,750	24,500	35,000
4d 5P Tr	1,440	4,320	7,200	16,200	25,200	36,000
1916 Model 44, V-8						
2d Rds	1,880	5,640	9,400	21,150	32,900	47,000
4d Tr.	1,920	5,760	9,600	21,600	33,600	48,000
4d Sed	1,120	3,360	5,600	12,600	19,600	28,000
2d Cabr	1,840	5,520	9,200	20,700	32,200	46,000
1917 Model 37, 6-cyl.						
4d Tr.	1,320	3,960	6,600	14,850	23,100	33,000
2d Rds	1,280	3,840	6,400	14,400	22,400	32,000
2d Cabr	1,240	3,720	6,200	13,950	21,700	31,000
4d Sed	960	2,880	4,800	10,800	16,800	24,000
1917 Model 45, V-8						
4d 5P Tr	1,840	5,520	9,200	20,700	32,200	46,000
4d 7P Tr	1,880	5,640	9,400	21,150	32,900	47,000
4d Conv Sed	1,840	5,520	9,200	20,700	32,200	46,000
2d Rds	1,760	5,280	8,800	19,800	30,800	44,000
1917 Model 44-B, V-8						
2d Rds	1,800	5,400	9,000	20,250	31,500	45,000
4d Tr.	1,760	5,280	8,800	19,800	30,800	44,000
1918 Model 37, 6-cyl.						
2d Rds	1,080	3,240	5,400	12,150	18,900	27,000
4d Tr.	1,120	3,360	5,600	12,600	19,600	28,000
2d Cabr	1,040	3,120	5,200	11,700	18,200	26,000
2d Cpe	840	2,520	4,200	9,450	14,700	21,000
4d Sed	760	2,280	3,800	8,550	13,300	19,000
1918 Model 45-A, V-8						
4d 5P Tr	1,720	5,160	8,600	19,350	30,100	43,000
4d 7P Tr	1,760	5,280	8,800	19,800	30,800	44,000
2d Rds	1,680	5,040	8,400	18,900	29,400	42,000
4d Spt Tr	1,720	5,160	8,600	19,350	30,100	43,000
2d Cabr	1,640	4,920	8,200	18,450	28,700	41,000
4d Sed	1,360	4,080	6,800	15,300	23,800	34,000
1919 Model 37-A, 6-cyl.						
2d Rds	1,040	3,120	5,200	11,700	18,200	26,000
4d Tr.	1,080	3,240	5,400	12,150	18,900	27,000
4d Sed	760	2,280	3,800	8,550	13,300	19,000
2d Cpe	840	2,520	4,200	9,450	14,700	21,000
1919 Model 45-A, V-8						
2d Rds	1,560	4,680	7,800	17,550	27,300	39,000
4d Tr.	1,600	4,800	8,000	18,000	28,000	40,000
1919 Model 45-B, V-8						
4d 4P Tr	1,600	4,800	8,000	18,000	28,000	40,000
4d 7P Tr	1,640	4,920	8,200	18,450	28,700	41,000
1920 Model 37-A, 6-cyl.						
2d Rds	960	2,880	4,800	10,800	16,800	24,000
4d Tr.	1,000	3,000	5,000	11,250	17,500	25,000
1920 Model 37-B, 6-cyl.						
2d Cpe	760	2,280	3,800	8,550	13,300	19,000
4d Sed	680	2,040	3,400	7,650	11,900	17,000
1920 Model 45-B, V-8						
4d 4P Tr	1,200	3,600	6,000	13,500	21,000	30,000
4d 5P Tr	1,240	3,720	6,200	13,950	21,700	31,000
4d 7P Sed	1,040	3,120	5,200	11,700	18,200	26,000
1921 Model 37, 6-cyl.						
2d Rds	1,000	3,000	5,000	11,250	17,500	25,000
4d Tr.	960	2,880	4,800	10,800	16,800	24,000
2d Cpe	720	2,160	3,600	8,100	12,600	18,000
4d Sed	640	1,920	3,200	7,200	11,200	16,000
1921 Model 43-A, 4-cyl.						
2d Rds	840	2,520	4,200	9,450	14,700	21,000

	6	5	4	3	2	1
4d Tr	880	2,640	4,400	9,900	15,400	22,000
2d Cpe	680	2,040	3,400	7,650	11,900	17,000
1921 Model 46, V-8						
4d 4P Tr	1,120	3,360	5,600	12,600	19,600	28,000
4d Tr	1,160	3,480	5,800	13,050	20,300	29,000
4d 7P Sed	920	2,760	4,600	10,350	16,100	23,000
1921 Model 47, V-8						
4d Spt Tr	1,280	3,840	6,400	14,400	22,400	32,000
2d 4P Cpe	1,040	3,120	5,200	11,700	18,200	26,000
4d 5P Sed	1,000	3,000	5,000	11,250	17,500	25,000
1922 Model 46, V-8						
4d Spt Tr	1,200	3,600	6,000	13,500	21,000	30,000
4d 4P Tr	1,080	3,240	5,400	12,150	18,900	27,000
4d 7P Tr	1,120	3,360	5,600	12,600	19,600	28,000
4d 7P Sed	880	2,640	4,400	9,900	15,400	22,000
1922 Model 47, V-8						
2d Rds	1,240	3,720	6,200	13,950	21,700	31,000
4d Tr	1,320	3,960	6,600	14,850	23,100	33,000
4d 4P Spt	1,280	3,840	6,400	14,400	22,400	32,000
2d 4P Cpe	960	2,880	4,800	10,800	16,800	24,000
4d 5P Sed	840	2,520	4,200	9,450	14,700	21,000
1923 Model M30-A, 6-cyl.						
2d Rds	960	2,880	4,800	10,800	16,800	24,000
4d Tr	1,000	3,000	5,000	11,250	17,500	25,000
2d Cpe	720	2,160	3,600	8,100	12,600	18,000
4d Sed	640	1,920	3,200	7,200	11,200	16,000
4d Spt Tr	1,080	3,240	5,400	12,150	18,900	27,000
1923 Model 43-A, 4-cyl.						
2d Rds	1,000	3,000	5,000	11,250	17,500	25,000
4d Tr	1,040	3,120	5,200	11,700	18,200	26,000
2d Cpe	720	2,160	3,600	8,100	12,600	18,000
4d Sed	640	1,920	3,200	7,200	11,200	16,000
4d Brgm	680	2,040	3,400	7,650	11,900	17,000
4d Cal Tp Sed	720	2,160	3,600	8,100	12,600	18,000
1923 Model 47, V-8						
4d 4P Tr	1,240	3,720	6,200	13,950	21,700	31,000
4d 5P Tr	1,280	3,840	6,400	14,400	22,400	32,000
2d Rds	1,200	3,600	6,000	13,500	21,000	30,000
4d Sed	840	2,520	4,200	9,450	14,700	21,000
2d Cpe	960	2,880	4,800	10,000	16,800	24,000
4d Spt Tr	1,280	3,840	6,400	14,400	22,400	32,000
1924 Model 30-B, 6-cyl.						
2d Rds	840	2,520	4,200	9,450	14,700	21,000
4d Tr	880	2,640	4,400	9,900	15,400	22,000
2d Spt Rds	880	2,640	4,400	9,900	15,400	22,000
4d Spt Tr	920	2,760	4,600	10,350	16,100	23,000
2d Cpe	680	2,040	3,400	7,650	11,900	17,000
4d Sed	640	1,920	3,200	7,200	11,200	16,000
2d Sed	620	1,860	3,100	6,980	10,850	15,500
4d DeL Sed	640	1,920	3,200	7,200	11,200	16,000
1925 Series 30-C, 6-cyl.						
2d Rds	840	2,520	4,200	9,450	14,700	21,000
4d Tr	880	2,640	4,400	9,900	15,400	22,000
2d Spt Rds	880	2,640	4,400	9,900	15,400	22,000
4d Spt Tr	920	2,760	4,600	10,350	16,100	23,000
2d Cpe	640	1,920	3,200	7,200	11,200	16,000
4d Sed	620	1,860	3,100	6,980	10,850	15,500
4d DeL Sed	630	1,900	3,160	7,110	11,060	15,800
4d DeL	600	1,800	3,000	6,750	10,500	15,000
1926 Model 30-D, 6-cyl.						
2d DeL Rds	960	2,880	4,800	10,800	16,800	24,000
4d Tr	920	2,760	4,600	10,350	16,100	23,000
4d DeL Tr	940	2,820	4,700	10,580	16,450	23,500
2d Cpe	680	2,040	3,400	7,650	11,900	17,000
2d DeL Cpe	700	2,100	3,500	7,880	12,250	17,500
2d Sed	620	1,860	3,100	6,980	10,850	15,500
2d DeL Sed	640	1,920	3,200	7,200	11,200	16,000
4d Sed	640	1,920	3,200	7,200	11,200	16,000
4d DeL Sed	660	1,980	3,300	7,430	11,550	16,500
4d Lan Sed	760	2,280	3,800	8,550	13,300	19,000
1927 Series 30-E, 6-cyl.						
2d DeL Rds	840	2,520	4,200	9,450	14,700	21,000
4d Tr	800	2,400	4,000	9,000	14,000	20,000
4d DeL Tr	800	2,400	4,000	9,000	14,000	20,000

	6	5	4	3	2	1
2d Cpe	720	2,160	3,600	8,100	12,600	18,000
2d DeL Cpe	740	2,220	3,700	8,330	12,950	18,500
2d Spt Cpe	760	2,280	3,800	8,550	13,300	19,000
2d Sed	660	1,980	3,300	7,430	11,550	16,500
2d DeL Sed	680	2,040	3,400	7,650	11,900	17,000
4d Sed	680	2,040	3,400	7,650	11,900	17,000
4d DeL Sed	700	2,100	3,500	7,880	12,250	17,500
4d Lan	680	2,040	3,400	7,650	11,900	17,000
1928 Model F-28, 6-cyl.						
2d Rds	840	2,520	4,200	9,450	14,700	21,000
2d DeL Rds	920	2,760	4,600	10,350	16,100	23,000
4d Tr	920	2,760	4,600	10,350	16,100	23,000
4d DeL Tr	960	2,880	4,800	10,800	16,800	24,000
2d Cpe	760	2,280	3,800	8,550	13,300	19,000
2d Spl Cpe	780	2,340	3,900	8,780	13,650	19,500
2d Spt Cpe	800	2,400	4,000	9,000	14,000	20,000
2d DeL Spt Cpe	820	2,460	4,100	9,230	14,350	20,500
2d Sed	680	2,040	3,400	7,650	11,900	17,000
4d Sed	690	2,060	3,440	7,740	12,040	17,200
4d DeL Sed	700	2,100	3,500	7,880	12,250	17,500
4d Lan	760	2,280	3,800	8,550	13,300	19,000
4d DeL Lan	800	2,400	4,000	9,000	14,000	20,000
1929 Model F-29, 6-cyl.						
2d Rds	1,080	3,240	5,400	12,150	18,900	27,000
2d Conv	1,000	3,000	5,000	11,250	17,500	25,000
4d Tr	1,040	3,120	5,200	11,700	18,200	26,000
2d Cpe	1,060	3,180	5,300	11,930	18,550	26,500
2d Spt Cpe	830	2,480	4,140	9,320	14,490	20,700
2d Sed	720	2,160	3,600	8,100	12,600	18,000
4d Sed	730	2,180	3,640	8,190	12,740	18,200
4d Lan	740	2,220	3,700	8,330	12,950	18,500
1929 Viking, V-8						
2d Conv Cpe	1,320	3,960	6,600	14,850	23,100	33,000
4d Sed	1,040	3,120	5,200	11,700	18,200	26,000
4d CC Sed	1,080	3,240	5,400	12,150	18,900	27,000
1930 Model F-30, 6-cyl.						
2d Conv	1,200	3,600	6,000	13,500	21,000	30,000
4d Tr	1,160	3,480	5,800	13,050	20,300	29,000
2d Cpe	800	2,400	4,000	9,000	14,000	20,000
2d Spt Cpe	840	2,520	4,200	9,450	14,700	21,000
2d Sed	760	2,280	3,800	8,550	13,300	19,000
4d Sed	1,080	3,240	5,400	12,150	18,900	27,000
4d Pat Sed	1,120	3,360	5,600	12,600	19,600	28,000
1930 Viking, V-8						
2d Conv Cpe	1,360	4,080	6,800	15,300	23,800	34,000
4d Sed	840	2,520	4,200	9,450	14,700	21,000
4d CC Sed	880	2,640	4,400	9,900	15,400	22,000
1931 Model F-31, 6-cyl.						
2d Conv	1,320	3,960	6,600	14,850	23,100	33,000
2d Cpe	860	2,580	4,300	9,680	15,050	21,500
2d Spt Cpe	1,000	3,000	5,000	11,250	17,500	25,000
2d Sed	960	2,880	4,800	10,800	16,800	24,000
4d Sed	960	2,880	4,800	10,800	16,800	24,000
4d Pat Sed	980	2,940	4,900	11,030	17,150	24,500
1932 Model F-32, 6-cyl.						
2d Conv	1,360	4,080	6,800	15,300	23,800	34,000
2d Cpe	960	2,880	4,800	10,800	16,800	24,000
2d Spt Cpe	1,000	3,000	5,000	11,250	17,500	25,000
2d Sed	860	2,580	4,300	9,680	15,050	21,500
4d Sed	880	2,640	4,400	9,900	15,400	22,000
4d Pat Sed	920	2,760	4,600	10,350	16,100	23,000
1932 Model L-32, 8-cyl.						
2d Conv	1,480	4,440	7,400	16,650	25,900	37,000
2d Cpe	960	2,880	4,800	10,800	16,800	24,000
2d Spt Cpe	1,000	3,000	5,000	11,250	17,500	25,000
2d Sed	860	2,580	4,300	9,680	15,050	21,500
4d Sed	940	2,820	4,700	10,580	16,450	23,500
4d Pat Sed	960	2,880	4,800	10,800	16,800	24,000
1933 Model F-33, 6-cyl.						
2d Conv	1,240	3,720	6,200	13,950	21,700	31,000
2d Bus Cpe	740	2,220	3,700	8,330	12,950	18,500
2d Spt Cpe	840	2,520	4,200	9,450	14,700	21,000
2d 5P Cpe	780	2,340	3,900	8,780	13,650	19,500
2d Tr Cpe	740	2,220	3,700	8,330	12,950	18,500

	6	5	4	3	2	1
4d Sed.	730	2,180	3,640	8,190	12,740	18,200
4d Trk Sed.	740	2,220	3,700	8,330	12,950	18,500
1933 Model L-33, 8-cyl.						
2d Conv.	1,280	3,840	6,400	14,400	22,400	32,000
2d Bus Cpe	760	2,280	3,800	8,550	13,300	19,000
2d Spt Cpe	880	2,640	4,400	9,900	15,400	22,000
2d 5P Cpe	820	2,460	4,100	9,230	14,350	20,500
4d Sed.	740	2,220	3,700	8,330	12,950	18,500
4d Trk Sed.	760	2,280	3,800	8,550	13,300	19,000
1934 Model F-34, 6-cyl.						
2d Bus Cpe	700	2,100	3,500	7,880	12,250	17,500
2d Spt Cpe	840	2,520	4,200	9,450	14,700	21,000
2d 5P Cpe	760	2,280	3,800	8,550	13,300	19,000
4d SB Sed.	660	1,980	3,300	7,430	11,550	16,500
4d Trk Sed.	670	2,000	3,340	7,520	11,690	16,700
1934 Model L-34, 8-cyl.						
2d Conv.	1,280	3,840	6,400	14,400	22,400	32,000
2d Bus Cpe	760	2,280	3,800	8,550	13,300	19,000
2d Spt Cpe	840	2,520	4,200	9,450	14,700	21,000
2d 5P Cpe	820	2,460	4,100	9,230	14,350	20,500
2d Tr Cpe	760	2,280	3,800	8,550	13,300	19,000
4d Sed.	680	2,040	3,400	7,650	11,900	17,000
4d Trk Sed.	690	2,080	3,460	7,790	12,110	17,300
1935 F-35, 6-cyl.						
2d Conv.	1,200	3,600	6,000	13,500	21,000	30,000
2d Clb Cpe	680	2,040	3,400	7,650	11,900	17,000
2d Bus Cpe	700	2,090	3,480	7,830	12,180	17,400
2d Spt Cpe	800	2,400	4,000	9,000	14,000	20,000
2d Tr Cpe	720	2,160	3,600	8,100	12,600	18,000
4d Sed.	600	1,810	3,020	6,800	10,570	15,100
4d Trk Sed.	610	1,820	3,040	6,840	10,640	15,200
1935 L-35, 8-cyl.						
2d Conv.	1,280	3,840	6,400	14,400	22,400	32,000
2d Clb Cpe	720	2,160	3,600	8,100	12,600	18,000
2d Bus Cpe	680	2,050	3,420	7,700	11,970	17,100
2d Spt Cpe	820	2,460	4,100	9,230	14,350	20,500
2d Sed.	630	1,880	3,140	7,070	10,990	15,700
2d Trk Sed.	640	1,920	3,200	7,200	11,200	16,000
4d Sed.	640	1,920	3,200	7,200	11,200	16,000
4d Trk Sed.	640	1,930	3,220	7,250	11,270	16,100
1936 F-36, 6-cyl.						
2d Conv.	1,280	3,840	6,400	14,400	22,400	32,000
2d Bus Cpe	620	1,860	3,100	6,980	10,850	15,500
2d Spt Cpe	720	2,160	3,600	8,100	12,600	18,000
2d Sed.	590	1,780	2,960	6,660	10,360	14,800
2d Trk Sed.	600	1,800	3,000	6,750	10,500	15,000
4d Sed.	600	1,810	3,020	6,800	10,570	15,100
4d Trk Sed.	610	1,820	3,040	6,840	10,640	15,200
1936 L-36, 8-cyl.						
2d Conv.	1,360	4,080	6,800	15,300	23,800	34,000
2d Bus Cpe	680	2,040	3,400	7,650	11,900	17,000
2d Spt Cpe	760	2,280	3,800	8,550	13,300	19,000
2d Sed.	650	1,940	3,240	7,290	11,340	16,200
2d Trk Sed.	660	1,980	3,300	7,430	11,550	16,500
4d Sed.	670	2,000	3,340	7,520	11,690	16,700
4d Trk Sed.	680	2,040	3,400	7,650	11,900	17,000
1937 F-37, 6-cyl.						
2d Conv.	1,400	4,200	7,000	15,750	24,500	35,000
2d Bus Cpe	700	2,090	3,480	7,830	12,180	17,400
2d Clb Cpe	740	2,220	3,700	8,330	12,950	18,500
2d Sed.	720	2,160	3,600	8,100	12,600	18,000
2d Trk Sed.	680	2,050	3,420	7,700	11,970	17,100
4d Sed.	720	2,160	3,600	8,100	12,600	18,000
4d Trk Sed.	690	2,060	3,440	7,740	12,040	17,200
1937 L-37, 8-cyl.						
2d Conv.	1,520	4,560	7,600	17,100	26,600	38,000
2d Bus Cpe	730	2,180	3,640	8,190	12,740	18,200
2d Clb Cpe	720	2,160	3,600	8,100	12,600	18,000
2d Sed.	700	2,090	3,480	7,830	12,180	17,400
2d Trk Sed.	700	2,100	3,500	7,880	12,250	17,500
4d Sed.	700	2,090	3,480	7,830	12,180	17,400
4d Trk Sed.	700	2,110	3,520	7,920	12,320	17,600
1938 F-38, 6-cyl.						
2d Conv.	1,480	4,440	7,400	16,650	25,900	37,000
2d Bus Cpe	700	2,090	3,480	7,830	12,180	17,400
2d Clb Cpe	720	2,150	3,580	8,060	12,530	17,900
2d Sed.	700	2,100	3,500	7,880	12,250	17,500

	6	5	4	3	2	1
2d Tr Sed	680	2,040	3,400	7,650	11,900	17,000
4d Sed	680	2,030	3,380	7,610	11,830	16,900
4d Tr Sed	680	2,040	3,400	7,650	11,900	17,000
1938 L-38, 8-cyl.						
2d Conv	1,640	4,920	8,200	18,450	28,700	41,000
2d Bus Cpe	720	2,150	3,580	8,060	12,530	17,900
2d Clb Cpe	740	2,210	3,680	8,280	12,880	18,400
2d Sed	680	2,040	3,400	7,650	11,900	17,000
2d Tr Sed	700	2,100	3,500	7,880	12,250	17,500
4d Sed	690	2,080	3,460	7,790	12,110	17,300
4d Tr Sed	700	2,100	3,500	7,880	12,250	17,500
1939 F-39 "60" Series, 6-cyl.						
2d Bus Cpe	650	1,960	3,260	7,340	11,410	16,300
2d Clb Cpe	660	1,970	3,280	7,380	11,480	16,400
2d Sed	650	1,940	3,240	7,290	11,340	16,200
4d Sed	660	1,970	3,280	7,380	11,480	16,400
1939 G-39 "70" Series, 6-cyl.						
2d Conv	1,400	4,200	7,000	15,750	24,500	35,000
2d Bus Sed	660	1,980	3,300	7,430	11,550	16,500
2d Clb Cpe	670	2,000	3,340	7,520	11,690	16,700
2d Sed	660	1,970	3,280	7,380	11,480	16,400
2d SR Sed	660	1,990	3,320	7,470	11,620	16,600
4d Sed	660	1,980	3,300	7,430	11,550	16,500
4d SR Sed	660	1,990	3,320	7,470	11,620	16,600
1939 L-39 "80" Series, 8-cyl.						
2d Conv	1,520	4,560	7,600	17,100	26,600	38,000
2d Bus Cpe	680	2,040	3,400	7,650	11,900	17,000
2d Clb Cpe	700	2,090	3,480	7,830	12,180	17,400
2d Sed	670	2,000	3,340	7,520	11,690	16,700
2d SR Sed	680	2,040	3,400	7,650	11,900	17,000
4d Sed	680	2,050	3,420	7,700	11,970	17,100
4d SR Sed	670	2,020	3,360	7,560	11,760	16,800
1940 Series 60, 6-cyl.						
2d Conv	1,440	4,320	7,200	16,200	25,200	36,000
2d Bus Cpe	680	2,040	3,400	7,650	11,900	17,000
2d Clb Cpe	700	2,110	3,520	7,920	12,320	17,600
4d Sta Wag	2,760	8,280	13,800	31,050	48,300	69,000
2d Sed	650	1,960	3,260	7,340	11,410	16,300
2d SR Sed	660	1,990	3,320	7,470	11,620	16,600
4d Sed	660	1,970	3,280	7,380	11,480	16,400
4d SR Sed	670	2,000	3,340	7,520	11,690	16,700
1940 Series 70, 6-cyl.						
2d Conv	1,520	4,560	7,600	17,100	26,600	38,000
2d Bus Cpe	700	2,110	3,520	7,920	12,320	17,600
2d Clb Cpe	680	2,050	3,420	7,700	11,970	17,100
2d Sed	680	2,040	3,400	7,650	11,900	17,000
4d Sed	690	2,060	3,440	7,740	12,040	17,200
1940 Series 90, 8-cyl.						
2d Conv Cpe	2,160	6,480	10,800	24,300	37,800	54,000
4d Conv Sed	2,200	6,600	11,000	24,750	38,500	55,000
2d Clb Cpe	860	2,590	4,320	9,720	15,120	21,600
4d Tr Sed	780	2,350	3,920	8,820	13,720	19,600
1941 Series 66, 6-cyl.						
2d Conv Cpe	1,400	4,200	7,000	15,750	24,500	35,000
2d Bus Cpe	740	2,230	3,720	8,370	13,020	18,600
2d Clb Cpe	760	2,290	3,820	8,600	13,370	19,100
2d Sed	720	2,160	3,600	8,100	12,600	18,000
4d Sed	730	2,180	3,640	8,190	12,740	18,200
4d Twn Sed	730	2,200	3,660	8,240	12,810	18,300
4d Sta Wag	2,800	8,400	14,000	31,500	49,000	70,000
1941 Series 68, 8-cyl.						
2d Conv Cpe	1,480	4,440	7,400	16,650	25,900	37,000
2d Bus Cpe	760	2,290	3,820	8,600	13,370	19,100
2d Clb Cpe	780	2,350	3,920	8,820	13,720	19,600
2d Sed	730	2,180	3,640	8,190	12,740	18,200
4d Sed	740	2,210	3,680	8,280	12,880	18,400
4d Twn Sed	740	2,230	3,720	8,370	13,020	18,600
4d Sta Wag	2,860	8,580	14,300	32,180	50,050	71,500
1941 Series 76, 6-cyl.						
2d Bus Cpe	780	2,350	3,920	8,820	13,720	19,600
2d Clb Sed	740	2,230	3,720	8,370	13,020	18,600
4d Sed	740	2,230	3,720	8,370	13,020	18,600
1941 Series 78, 8-cyl.						
2d Bus Sed	750	2,240	3,740	8,420	13,090	18,700
2d Clb Sed	760	2,280	3,800	8,550	13,300	19,000
4d Sed	760	2,290	3,820	8,600	13,370	19,100

	6	5	4	3	2	1
1941 Series 96, 6-cyl.						
2d Conv Cpe	2,000	6,000	10,000	22,500	35,000	50,000
2d Clb Cpe	910	2,720	4,540	10,220	15,890	22,700
4d Sed	830	2,480	4,140	9,320	14,490	20,700
1941 Series 98, 8-cyl.						
2d Conv Cpe	2,280	6,840	11,400	25,650	39,900	57,000
4d Conv Sed	2,320	6,960	11,600	26,100	40,600	58,000
2d Clb Cpe	950	2,840	4,740	10,670	16,590	23,700
4d Sed	870	2,600	4,340	9,770	15,190	21,700
1942 Special Series 66 & 68						
2d Conv	1,400	4,200	7,000	15,750	24,500	35,000
2d Bus Cpe	760	2,290	3,820	8,600	13,370	19,100
2d Clb Cpe	780	2,350	3,920	8,820	13,720	19,600
2d Clb Sed	770	2,300	3,840	8,640	13,440	19,200
2d Sed	760	2,270	3,780	8,510	13,230	18,900
4d Sed	760	2,290	3,820	8,600	13,370	19,100
4d Twn Sed	770	2,320	3,860	8,690	13,510	19,300
4d Sta Wag	2,800	8,400	14,000	31,500	49,000	70,000
NOTE: Add 10 percent for 8-cyl.						
1942 Dynamic Series 76-78						
2d Clb Sed	800	2,410	4,020	9,050	14,070	20,100
4d Sed	780	2,350	3,920	8,820	13,720	19,600
NOTE: Add 10 percent for 8-cyl.						
1942 Custom Series 98, 8-cyl.						
2d Conv	1,590	4,760	7,940	17,870	27,790	39,700
2d Clb Sed	890	2,660	4,440	9,990	15,540	22,200
4d Sed	880	2,630	4,380	9,860	15,330	21,900
1946-47 Special Series 66, 6-cyl.						
2d Conv	1,680	5,040	8,400	18,900	29,400	42,000
2d Clb Cpe	824	2,472	4,120	9,270	14,420	20,600
2d Clb Sed	816	2,448	4,080	9,180	14,280	20,400
4d Sed	812	2,436	4,060	9,140	14,210	20,300
4d Sta Wag	2,800	8,400	14,000	31,500	49,000	70,000
1946-47 Special Series 68, 8-cyl.						
2d Conv	1,720	5,160	8,600	19,350	30,100	43,000
2d Clb Cpe	864	2,592	4,320	9,720	15,120	21,600
2d Clb Sed	856	2,568	4,280	9,630	14,980	21,400
4d Sed	852	2,556	4,260	9,590	14,910	21,300
4d Sta Wag	2,860	8,580	14,300	32,180	50,050	71,500
1946-47 Dynamic Cruiser, Series 76, 6-cyl.						
2d Clb Sed	828	2,484	4,140	9,320	14,490	20,700
2d DeL Clb Sed (1947 only)	832	2,496	4,160	9,360	14,560	20,800
4d Sed	824	2,472	4,120	9,270	14,420	20,600
4d DeL Sed (1947 only)	830	2,480	4,140	9,320	14,490	20,700
1946-47 Dynamic Cruiser Series 70, 8-cyl.						
2d Clb Sed	868	2,604	4,010	9,770	15,190	21,700
2d DeL Clb Sed (1947 only)	872	2,616	4,360	9,810	15,260	21,800
4d Sed	864	2,592	4,320	9,700	15,120	21,600
4d DeL Sed (1947 only)	870	2,600	4,340	9,770	15,190	21,700
1946-47 Custom Cruiser Series 98, 8-cyl.						
2d Conv	1,720	5,160	8,600	19,350	30,100	43,000
2d Clb Sed	900	2,700	4,500	10,130	15,750	22,500
4d Sed	888	2,664	4,440	9,990	15,540	22,200
1948 Dynamic Series 66, 6-cyl., 119" wb						
2d Conv	1,640	4,920	8,200	18,450	28,700	41,000
2d Clb Cpe	820	2,460	4,100	9,230	14,350	20,500
2d Clb Sed	812	2,436	4,060	9,140	14,210	20,300
4d Sed	808	2,424	4,040	9,090	14,140	20,200
4d Sta Wag	2,880	8,640	14,400	32,400	50,400	72,000
1948 Dynamic Series 68, 8-cyl., 119" wb						
2d Conv	1,680	5,040	8,400	18,900	29,400	42,000
2d Clb Cpe	860	2,580	4,300	9,680	15,050	21,500
2d Clb Sed	852	2,556	4,260	9,590	14,910	21,300
4d Sed	848	2,544	4,240	9,540	14,840	21,200
4d Sta Wag	2,920	8,760	14,600	32,850	51,100	73,000
1948 Dynamic Series 76, 6-cyl., 125" wb						
2d Clb Sed	824	2,472	4,120	9,270	14,420	20,600
4d Sed	820	2,460	4,100	9,230	14,350	20,500
1948 Dynamic Series 78, 8-cyl., 125" wb						
2d Clb Sed	860	2,580	4,300	9,680	15,050	21,500
4d Sed	848	2,544	4,240	9,540	14,840	21,200
1948 Futuramic Series 98, 8-cyl., 125" wb						
2d Conv	1,720	5,160	8,600	19,350	30,100	43,000
2d Clb Sed	900	2,700	4,500	10,130	15,750	22,500
4d Sed	880	2,640	4,400	9,900	15,400	22,000

OLDSMOBILE

	6	5	4	3	2	1
1949 Futuramic 76, 6-cyl., 119.5" wb						
2d Conv	1,760	5,280	8,800	19,800	30,800	44,000
2d Clb Cpe	840	2,520	4,200	9,450	14,700	21,000
2d Sed	764	2,292	3,820	8,600	13,370	19,100
4d Sed	760	2,280	3,800	8,550	13,300	19,000
4d Sta Wag	2,560	7,680	12,800	28,800	44,800	64,000
NOTE: Deduct 25 percent for all-steel station wagon introduced late in the model year.						
1949 Futuramic Series 88, V-8, 119.5" wb						
2d Conv	1,800	5,400	9,000	20,250	31,500	45,000
2d Clb Cpe	1,080	3,240	5,400	12,150	18,900	27,000
2d Clb Sed	1,040	3,120	5,200	11,700	18,200	26,000
4d Sed	880	2,640	4,400	9,900	15,400	22,000
4d Sta Wag	2,640	7,920	13,200	29,700	46,200	66,000
NOTE: Deduct 25 percent for all-steel station wagon introduced late in the model year.						
1949 Futuramic Series 98, V-8, 125" wb						
2d Conv	1,840	5,520	9,200	20,700	32,200	46,000
2d Holiday HT	1,160	3,480	5,800	13,050	20,300	29,000
2d Clb Sed	940	2,820	4,700	10,580	16,450	23,500
4d Sed	920	2,760	4,600	10,350	16,100	23,000
1950 Futuramic 76, 6-cyl., 119.5" wb						
2d Conv	1,600	4,800	8,000	18,000	28,000	40,000
2d Holiday HT	1,240	3,720	6,200	13,950	21,700	31,000
2d Clb Cpe	1,000	3,000	5,000	11,250	17,500	25,000
2d Sed	768	2,304	3,840	8,640	13,440	19,200
2d Clb Sed	960	2,880	4,800	10,800	16,800	24,000
4d Sed	764	2,292	3,820	8,600	13,370	19,100
4d Sta Wag	1,820	5,460	9,100	20,480	31,850	45,500
1950 Futuramic 88, V-8, 119.5" wb						
2d Conv	1,760	5,280	8,800	19,800	30,800	44,000
2d DeL Holiday HT	1,400	4,200	7,000	15,750	24,500	35,000
2d DeL Clb Cpe	1,120	3,360	5,600	12,600	19,600	28,000
2d DeL	1,040	3,120	5,200	11,700	18,200	26,000
2d DeL Clb Sed	1,000	3,000	5,000	11,250	17,500	25,000
4d DeL Sed	960	2,880	4,800	10,800	16,800	24,000
4d DeL Sta Wag	1,860	5,580	9,300	20,930	32,550	46,500
1950 Futuramic 98, V-8, 122" wb						
2d DeL Conv	1,920	5,760	9,600	21,600	33,600	48,000
2d DeL Holiday HT	1,240	3,720	6,200	13,950	21,700	31,000
2d Holiday HT	1,200	3,600	6,000	13,500	21,000	30,000
2d DeL Clb Sed	940	2,820	4,700	10,580	16,450	23,500
2d DeL FBk	928	2,784	4,640	10,440	16,240	23,200
4d DeL FBk	924	2,772	4,620	10,400	16,170	23,100
4d DeL Sed	904	2,712	4,520	10,170	15,820	22,600
4d DeL Twn Sed	960	2,880	4,800	10,800	16,800	24,000
NOTE: Deduct 10 percent for 6-cyl.						
1951-52 Standard 88, V-8, 119.5" wb						
2d Sed (1951 only)	940	2,820	4,700	10,580	16,450	23,500
4d Sed (1951 only)	936	2,808	4,680	10,530	16,380	23,400
1951-52 DeLuxe 88, V-8, 120" wb						
2d Sed	864	2,592	4,320	9,720	15,120	21,600
4d Sed	860	2,580	4,300	9,680	15,050	21,500
1951-52 Super 88, V-8, 120" wb						
2d Conv	1,680	5,040	8,400	18,900	29,400	42,000
2d Holiday HT	1,120	3,360	5,600	12,600	19,600	28,000
2d Clb Cpe	960	2,880	4,800	10,800	16,800	24,000
2d Sed	872	2,616	4,360	9,810	15,260	21,800
4d Sed	868	2,604	4,340	9,770	15,190	21,700
1951-52 Series 98, V-8, 122" wb						
2d Conv	1,760	5,280	8,800	19,800	30,800	44,000
2d DeL Holiday HT ('51)	1,200	3,600	6,000	13,500	21,000	30,000
2d Holiday HT	1,160	3,480	5,800	13,050	20,300	29,000
4d Sed	880	2,640	4,400	9,900	15,400	22,000
1953 Series 88, V-8, 120" wb						
2d Sed	804	2,412	4,020	9,050	14,070	20,100
4d Sed	800	2,400	4,000	9,000	14,000	20,000
1953 Series Super 88, V-8, 120" wb						
2d Conv	2,560	7,680	12,800	28,800	44,800	64,000
2d Holiday HT	1,280	3,840	6,400	14,400	22,400	32,000
2d Sed	808	2,424	4,040	9,090	14,140	20,200
4d Sed	804	2,412	4,020	9,050	14,070	20,100
1953 Classic 98, V-8, 124" wb						
2d Conv	2,740	8,220	13,700	30,830	47,950	68,500
2d Holiday HT	1,320	3,960	6,600	14,850	23,100	33,000
4d Sed	860	2,580	4,300	9,680	15,050	21,500
1953 Fiesta 98, V-8, 124" wb						
2d Conv	7,940	23,820	39,700	89,330	138,950	198,500

	6	5	4	3	2	1	**319**

1954 Series 88, V-8, 122" wb

	6	5	4	3	2	1
2d Holiday HT	1,160	3,480	5,800	13,050	20,300	29,000
2d Sed.	784	2,352	3,920	8,820	13,720	19,600
4d Sed.	780	2,340	3,900	8,780	13,650	19,500

1954 Series Super 88, V-8, 122" wb

2d Conv.	2,520	7,560	12,600	28,350	44,100	63,000
2d Holiday HT	1,240	3,720	6,200	13,950	21,700	31,000
2d Sed.	808	2,424	4,040	9,090	14,140	20,200
4d Sed.	800	2,400	4,000	9,000	14,000	20,000

1954 Classic 98, V-8, 126" wb

2d Starfire Conv	3,020	9,060	15,100	33,980	52,850	75,500
2d DeL Holiday HT	1,400	4,200	7,000	15,750	24,500	35,000
2d Holiday HT	1,360	4,080	6,800	15,300	23,800	34,000
4d Sed.	880	2,640	4,400	9,900	15,400	22,000

1955 Series 88, V-8, 122" wb

2d DeL Holiday HT	1,080	3,240	5,400	12,150	18,900	27,000
4d Holiday HT	880	2,640	4,400	9,900	15,400	22,000
2d Sed.	784	2,352	3,920	8,820	13,720	19,600
4d Sed.	780	2,340	3,900	8,780	13,650	19,500

1955 Series Super 88, V-8, 122" wb

2d Conv.	3,440	10,320	17,200	38,700	60,200	86,000
2d DeL Holiday HT	1,160	3,480	5,800	13,050	20,300	29,000
4d Holiday HT	920	2,760	4,600	10,350	16,100	23,000
2d Sed.	804	2,412	4,020	9,050	14,070	20,100
4d Sed.	800	2,400	4,000	9,000	14,000	20,000

1955 Classic 98, V-8, 126" wb

2d Starfire Conv	5,000	15,000	25,000	56,250	87,500	125,000
2d DeL Holiday HT	1,320	3,960	6,600	14,850	23,100	33,000
4d DeL Holiday HT	1,000	3,000	5,000	11,250	17,500	25,000
4d Sed.	880	2,640	4,400	9,900	15,400	22,000

1956 Series 88, V-8, 122" wb

2d Holiday HT	1,160	3,480	5,800	13,050	20,300	29,000
4d Holiday HT	1,000	3,000	5,000	11,250	17,500	25,000
2d Sed.	880	2,640	4,400	9,900	15,400	22,000
4d Sed.	860	2,580	4,300	9,680	15,050	21,500

1956 Series Super 88, V-8, 122" wb

2d Conv.	3,440	10,320	17,200	38,700	60,200	86,000
2d Holiday HT	1,240	3,720	6,200	13,950	21,700	31,000
4d Holiday HT	1,080	3,240	5,400	12,150	18,900	27,000
2d Sed.	920	2,760	4,600	10,350	16,100	23,000
4d Sed.	900	2,700	4,500	10,130	15,750	22,500

1956 Series 98, V-8, 126" wb

2d Starfire Conv	5,000	15,000	25,000	56,250	87,500	125,000
2d DeL Holiday HT	1,280	3,840	6,400	14,400	22,400	32,000
4d DeL Holiday HT	1,120	3,360	5,600	12,600	19,600	28,000
4d Sed.	960	2,880	4,800	10,800	16,800	24,000

1957 Series 88, V-8, 122" wb

2d Conv.	2,600	7,800	13,000	29,250	45,500	65,000
2d Holiday HT	1,360	4,080	6,800	15,300	23,800	34,000
4d Holiday HT	1,200	3,600	6,000	13,500	21,000	30,000
2d Sed.	920	2,760	4,600	10,350	16,100	23,000
4d Sed.	880	2,640	4,400	9,900	15,400	22,000
4d HT Sta Wag	1,480	4,440	7,400	16,650	25,900	37,000
4d Sta Wag	1,240	3,720	6,200	13,950	21,700	31,000

1957 Series Super 88, V-8, 122" wb

2d Conv.	3,000	9,000	15,000	33,750	52,500	75,000
2d Holiday HT	1,440	4,320	7,200	16,200	25,200	36,000
4d Holiday HT	1,280	3,840	6,400	14,400	22,400	32,000
2d Sed.	960	2,880	4,800	10,800	16,800	24,000
4d Sed.	920	2,760	4,600	10,350	16,100	23,000
4d HT Sta Wag	2,120	6,360	10,600	23,850	37,100	53,000

1957 Series 98, V-8, 126" wb

2d Starfire Conv	5,300	15,900	26,500	59,630	92,750	132,500
2d Holiday HT	1,520	4,560	7,600	17,100	26,600	38,000
4d Holiday HT	1,360	4,080	6,800	15,300	23,800	34,000
4d Sed.	980	2,940	4,900	11,030	17,150	24,500

NOTE: Add 40 percent for J-2 option.

1958 Series 88, V-8, 122.5" wb

2d Conv.	2,040	6,120	10,200	22,950	35,700	51,000
2d Holiday HT	1,120	3,360	5,600	12,600	19,600	28,000
4d Holiday HT	920	2,760	4,600	10,350	16,100	23,000
2d Sed.	780	2,340	3,900	8,780	13,650	19,500
4d Sed.	776	2,328	3,880	8,730	13,580	19,400
4d HT Sta Wag	1,260	3,780	6,300	14,180	22,050	31,500
4d Sta Wag	1,040	3,120	5,200	11,700	18,200	26,000

OLDSMOBILE

	6	5	4	3	2	1
1958 Series Super 88, V-8, 122.5" wb						
2d Conv	2,740	8,220	13,700	30,830	47,950	68,500
2d Holiday HT	1,240	3,720	6,200	13,950	21,700	31,000
4d Holiday HT	1,000	3,000	5,000	11,250	17,500	25,000
4d Sed	800	2,400	4,000	9,000	14,000	20,000
4d HT Sta Wag	1,420	4,260	7,100	15,980	24,850	35,500
1958 Series 98, V-8, 126.5" wb						
2d Conv	3,520	10,560	17,600	39,600	61,600	88,000
2d Holiday HT	1,200	3,600	6,000	13,500	21,000	30,000
4d Holiday HT	1,080	3,240	5,400	12,150	18,900	27,000
4d Sed	840	2,520	4,200	9,450	14,700	21,000
NOTE: Add 30 percent for J-2 option.						
1959 Series 88, V-8, 123" wb						
2d Conv	1,480	4,440	7,400	16,650	25,900	37,000
2d Holiday HT	1,040	3,120	5,200	11,700	18,200	26,000
4d Holiday HT	920	2,760	4,600	10,350	16,100	23,000
4d Sed	720	2,160	3,600	8,100	12,600	18,000
4d Sta Wag	920	2,760	4,600	10,350	16,100	23,000
1959 Series Super 88, V-8, 123" wb						
2d Conv	1,600	4,800	8,000	18,000	28,000	40,000
2d Holiday HT	1,120	3,360	5,600	12,600	19,600	28,000
4d Holiday HT	1,000	3,000	5,000	11,250	17,500	25,000
4d Sed	740	2,220	3,700	8,330	12,950	18,500
4d Sta Wag	1,000	3,000	5,000	11,250	17,500	25,000
1959 Series 98, V-8, 126.3" wb						
2d Conv	1,960	5,880	9,800	22,050	34,300	49,000
2d Holiday HT	1,200	3,600	6,000	13,500	21,000	30,000
4d Holiday HT	1,080	3,240	5,400	12,150	18,900	27,000
4d Sed	760	2,280	3,800	8,550	13,300	19,000
NOTE: Add 10 percent for hp option.						
1960 Series Dynamic 88, V-8, 123" wb						
2d Conv	1,240	3,720	6,200	13,950	21,700	31,000
2d Sed	760	2,280	3,800	8,550	13,300	19,000
2d Holiday HT	1,040	3,120	5,200	11,700	18,200	26,000
4d Holiday HT	880	2,640	4,400	9,900	15,400	22,000
4d Sed	720	2,160	3,600	8,100	12,600	18,000
4d Sta Wag	740	2,220	3,700	8,330	12,950	18,500
1960 Series Super 88, V-8, 123" wb						
2d Conv	1,360	4,080	6,800	15,300	23,800	34,000
2d Holiday HT	1,040	3,120	5,200	11,700	18,200	26,000
4d Holiday HT	960	2,880	4,800	10,800	16,800	24,000
4d Sed	740	2,220	3,700	8,330	12,950	18,500
4d Sta Wag	760	2,280	3,800	8,550	13,300	19,000
1960 Series 98, V-8, 126.3" wb						
2d Conv	1,520	4,560	7,600	17,100	26,600	38,000
2d Holiday HT	1,120	3,360	5,600	12,600	19,600	28,000
4d Holiday HT	1,000	3,000	5,000	11,250	17,500	25,000
4d Sed	760	2,280	3,800	8,550	13,300	19,000
1961 F-85, V-8, 112" wb						
4d Sed	356	1,068	1,780	4,010	6,230	8,900
2d Clb Cpe	440	1,320	2,200	4,950	7,700	11,000
4d Sta Wag	460	1,380	2,300	5,180	8,050	11,500
1961 Dynamic 88, V-8, 123" wb						
2d Sed	500	1,500	2,500	5,630	8,750	12,500
4d Sed	496	1,488	2,480	5,580	8,680	12,400
2d Holiday HT	840	2,520	4,200	9,450	14,700	21,000
4d Holiday HT	680	2,040	3,400	7,650	11,900	17,000
2d Conv	1,120	3,360	5,600	12,600	19,600	28,000
4d Sta Wag	660	1,980	3,300	7,430	11,550	16,500
1961 Super 88, V-8, 123" wb						
4d Sed	600	1,800	3,000	6,750	10,500	15,000
4d Holiday HT	720	2,160	3,600	8,100	12,600	18,000
2d Holiday HT	920	2,760	4,600	10,350	16,100	23,000
2d Conv	1,240	3,720	6,200	13,950	21,700	31,000
4d Sta Wag	680	2,040	3,400	7,650	11,900	17,000
2d Starfire Conv	1,520	4,560	7,600	17,100	26,600	38,000
1961 Series 98, V-8, 126" wb						
4d Twn Sed	700	2,100	3,500	7,880	12,250	17,500
4d Spt Sed	708	2,124	3,540	7,970	12,390	17,700
4d Holiday HT	760	2,280	3,800	8,550	13,300	19,000
2d Holiday HT	960	2,880	4,800	10,800	16,800	24,000
2d Conv	1,320	3,960	6,600	14,850	23,100	33,000
NOTE: Deduct 10 percent for std. line values; add 10 percent for Cutlass.						
1962 F-85 Series, V-8, 112" wb						
4d Sed	440	1,320	2,200	4,950	7,700	11,000
2d Cutlass Cpe	480	1,440	2,400	5,400	8,400	12,000

	6	5	4	3	2	1
2d Cutlass Conv	640	1,920	3,200	7,200	11,200	16,000
4d Sta Wag	440	1,320	2,200	4,950	7,700	11,000
1962 Jetfire Turbo-charged, V-8, 112" wb						
2d HT	720	2,160	3,600	8,100	12,600	18,000
1962 Dynamic 88, V-8, 123" wb						
4d Sed	500	1,500	2,500	5,630	8,750	12,500
4d Holiday HT	680	2,040	3,400	7,650	11,900	17,000
2d Holiday HT	880	2,640	4,400	9,900	15,400	22,000
2d Conv	1,120	3,360	5,600	12,600	19,600	28,000
4d Sta Wag	660	1,980	3,300	7,430	11,550	16,500
1962 Super 88, V-8, 123" wb						
4d Sed	600	1,800	3,000	6,750	10,500	15,000
4d Holiday HT	720	2,160	3,600	8,100	12,600	18,000
2d Holiday HT	920	2,760	4,600	10,350	16,100	23,000
4d Sta Wag	680	2,040	3,400	7,650	11,900	17,000
1962 Starfire, 345 hp V-8, 123" wb						
2d HT	1,160	3,480	5,800	13,050	20,300	29,000
2d Conv	1,400	4,200	7,000	15,750	24,500	35,000
1962 Series 98, V-8, 126" wb						
4d Twn Sed	660	1,980	3,300	7,430	11,550	16,500
4d Spt Sed	668	2,004	3,340	7,520	11,690	16,700
4d Holiday HT	800	2,400	4,000	9,000	14,000	20,000
2d Holiday Spt HT	1,000	3,000	5,000	11,250	17,500	25,000
2d Conv	1,240	3,720	6,200	13,950	21,700	31,000
1963 F-85 Series, V-8, 112" wb						
4d Sed	440	1,320	2,200	4,950	7,700	11,000
2d Cutlass Cpe	480	1,440	2,400	5,400	8,400	12,000
2d Cutlass Conv	680	2,040	3,400	7,650	11,900	17,000
4d Sta Wag	460	1,380	2,300	5,180	8,050	11,500
NOTE: Deduct 5 percent for V-6 engine.						
1963 Jetfire Series, V-8, 112" wb						
2d HT	720	2,160	3,600	8,100	12,600	18,000
1963 Dynamic 88, V-8, 123" wb						
4d Sed	620	1,860	3,100	6,980	10,850	15,500
4d Holiday HT	680	2,040	3,400	7,650	11,900	17,000
2d Holiday HT	840	2,520	4,200	9,450	14,700	21,000
2d Conv	1,000	3,000	5,000	11,250	17,500	25,000
4d Sta Wag	640	1,920	3,200	7,200	11,200	16,000
1963 Super 88, V-8, 123" wb						
4d Sed	640	1,920	3,200	7,200	11,200	16,000
4d Holiday HT	720	2,160	3,600	8,100	12,600	18,000
2d Holiday HT	880	2,640	4,400	9,900	15,400	22,000
4d Sta Wag	660	1,980	3,300	7,430	11,550	16,500
1963 Starfire, V-8, 123" wb						
2d Cpe	1,040	3,120	5,200	11,700	18,200	26,000
2d Conv	1,400	4,200	7,000	15,750	24,500	35,000
1963 Series 98, V-8, 126" wb						
4d Sed	660	1,980	3,300	7,430	11,550	16,500
4d 4W Holiday HT	760	2,280	3,800	8,550	13,300	19,000
4d 6W Holiday HT	700	2,100	3,500	7,880	12,250	17,500
2d Holiday HT	920	2,760	4,600	10,350	16,100	23,000
2d Cus Spt HT	940	2,820	4,700	10,580	16,450	23,500
2d Conv	1,280	3,840	6,400	14,400	22,400	32,000
1964 F-85 Series, V-8, 115" wb						
2d Cpe	448	1,344	2,240	5,040	7,840	11,200
4d Sed	440	1,320	2,200	4,950	7,700	11,000
4d Sta Wag	452	1,356	2,260	5,090	7,910	11,300
NOTE: Deduct 5 percent for V-6 engine.						
1964 Cutlass Series, V-8						
2d Spt Cpe	480	1,440	2,400	5,400	8,400	12,000
2d HT	620	1,860	3,100	6,980	10,850	15,500
2d Conv	720	2,160	3,600	8,100	12,600	18,000
1964 Cutlass 4-4-2						
2d Sed	1,360	4,080	6,800	15,300	23,800	34,000
2d HT	1,520	4,560	7,600	17,100	26,600	38,000
2d Conv	2,040	6,120	10,200	22,950	35,700	51,000
1964 Vista Cruiser, V-8, 120" wb						
4d Sta Wag	600	1,800	3,000	6,750	10,500	15,000
4d Cus Wag	608	1,824	3,040	6,840	10,640	15,200
1964 Jetstar, V-8, 123" wb						
4d Sed	600	1,800	3,000	6,750	10,500	15,000
4d HT	660	1,980	3,300	7,430	11,550	16,500
2d HT	720	2,160	3,600	8,100	12,600	18,000
2d Conv	1,080	3,240	5,400	12,150	18,900	27,000
1964 Jetstar I, V-8, 123" wb						
2d HT	880	2,640	4,400	9,900	15,400	22,000

	6	5	4	3	2	1
1964 Dynamic 88, V-8, 123" wb						
4d Sed	620	1,860	3,100	6,980	10,850	15,500
4d HT	680	2,040	3,400	7,650	11,900	17,000
2d HT	840	2,520	4,200	9,450	14,700	21,000
2d Conv	1,160	3,480	5,800	13,050	20,300	29,000
4d Sta Wag	640	1,920	3,200	7,200	11,200	16,000
1964 Super 88, V-8, 123" wb						
4d Sed	640	1,920	3,200	7,200	11,200	16,000
4d HT	720	2,160	3,600	8,100	12,600	18,000
1964 Starfire, 123" wb						
2d HT	1,040	3,120	5,200	11,700	18,200	26,000
2d Conv	1,320	3,960	6,600	14,850	23,100	33,000
NOTE: Add 20 percent for J code engine. Deduct 10 percent for 3 speed trans.						
1964 Series 98, V-8, 126" wb						
4d Sed	660	1,980	3,300	7,430	11,550	16,500
4d 6W HT	760	2,280	3,800	8,550	13,300	19,000
4d 4W HT	780	2,340	3,900	8,780	13,650	19,500
2d HT	920	2,760	4,600	10,350	16,100	23,000
2d Cus Spt HT	940	2,820	4,700	10,580	16,450	23,500
2d Conv	1,280	3,840	6,400	14,400	22,400	32,000
1965 F-85 Series, V-8, 115" wb						
4d Sed	444	1,332	2,220	5,000	7,770	11,100
2d Cpe	456	1,368	2,280	5,130	7,980	11,400
4d Sta Wag	448	1,344	2,240	5,040	7,840	11,200
4d DeL Sed	452	1,356	2,260	5,090	7,910	11,300
4d DeL Sta Wag	460	1,380	2,300	5,180	8,050	11,500
1965 Cutlass Series, V-8, 115" wb						
2d Cpe	500	1,500	2,500	5,630	8,750	12,500
2d HT	660	1,980	3,300	7,430	11,550	16,500
2d Conv	700	2,100	3,500	7,880	12,250	17,500
1965 Cutlass 4-4-2						
2d Sed	1,400	4,200	7,000	15,750	24,500	35,000
2d HT	1,560	4,680	7,800	17,550	27,300	39,000
2d Conv	2,080	6,240	10,400	23,400	36,400	52,000
1965 Vista Cruiser, V-8, 120" wb						
4d Sta Wag	480	1,440	2,400	5,400	8,400	12,000
1965 Jetstar Series, V-8, 123" wb						
4d Sed	472	1,416	2,360	5,310	8,260	11,800
4d HT	620	1,860	3,100	6,980	10,850	15,500
2d HT	700	2,100	3,500	7,880	12,250	17,500
2d Conv	760	2,280	3,800	8,550	13,300	19,000
1965 Dynamic 88, V-8, 123" wb						
4d Sed	480	1,440	2,400	5,400	8,400	12,000
4d HT	660	1,980	3,300	7,430	11,550	16,500
2d HT	700	2,100	3,500	7,880	12,250	17,500
2d Conv	840	2,520	4,200	9,450	14,700	21,000
1965 Delta 88, V-8, 123" wb						
4d Sed	500	1,500	2,500	5,630	8,750	12,500
4d HT	660	1,980	3,300	7,430	11,550	16,500
2d HT	740	2,220	3,700	8,330	12,950	18,500
1965 Jetstar I, V-8, 123" wb						
2d HT	760	2,280	3,800	8,550	13,300	19,000
1965 Starfire, 123" wb						
2d HT	840	2,520	4,200	9,450	14,700	21,000
2d Conv	920	2,760	4,600	10,350	16,100	23,000
1965 Series 98, V-8, 126" wb						
4d Twn Sed	600	1,800	3,000	6,750	10,500	15,000
4d Lux Sed	608	1,824	3,040	6,840	10,640	15,200
4d HT	640	1,920	3,200	7,200	11,200	16,000
2d HT	760	2,280	3,800	8,550	13,300	19,000
2d Conv	920	2,760	4,600	10,350	16,100	23,000
1966 F-85 Series, Standard V-8, 115" wb						
4d Sed	444	1,332	2,220	5,000	7,770	11,100
2d Cpe	460	1,380	2,300	5,180	8,050	11,500
4d Sta Wag	464	1,392	2,320	5,220	8,120	11,600
1966 F-85 Series, Deluxe, V-8, 115" wb						
4d Sed	448	1,344	2,240	5,040	7,840	11,200
4d HT	464	1,392	2,320	5,220	8,120	11,600
2d HT	600	1,800	3,000	6,750	10,500	15,000
4d Sta Wag	468	1,404	2,340	5,270	8,190	11,700
1966 Cutlass, V-8, 115" wb						
4d Sed	452	1,356	2,260	5,090	7,910	11,300
4d HT	468	1,404	2,340	5,270	8,190	11,700
2d Cpe	464	1,392	2,320	5,220	8,120	11,600
2d HT	620	1,860	3,100	6,980	10,850	15,500
2d Conv	800	2,400	4,000	9,000	14,000	20,000

OLDSMOBILE

	6	5	4	3	2	1
1966 Cutlass 4-4-2						
2d Sed.	1,400	4,200	7,000	15,750	24,500	35,000
2d HT	1,560	4,680	7,800	17,550	27,300	39,000
2d Conv.	2,080	6,240	10,400	23,400	36,400	52,000
NOTE: Add 30 percent for triple two-barrel carbs. Add 90 percent for W-30.						
1966 Vista Cruiser, V-8, 120" wb						
4d 3S Sta Wag	500	1,500	2,500	5,630	8,750	12,500
4d 2S Sta Wag	492	1,476	2,460	5,540	8,610	12,300
4d 3S Cus Sta Wag.	508	1,524	2,540	5,720	8,890	12,700
4d 2S Cus Sta Wag.	500	1,500	2,500	5,630	8,750	12,500
1966 Jetstar 88, V-8, 123" wb						
4d Sed.	460	1,380	2,300	5,180	8,050	11,500
4d HT	480	1,440	2,400	5,400	8,400	12,000
2d HT	640	1,920	3,200	7,200	11,200	16,000
1966 Dynamic 88, V-8, 123" wb						
4d Sed.	468	1,404	2,340	5,270	8,190	11,700
4d HT	500	1,500	2,500	5,630	8,750	12,500
2d HT	668	2,004	3,340	7,520	11,690	16,700
2d Conv.	720	2,160	3,600	8,100	12,600	18,000
1966 Delta 88, V-8, 123" wb						
4d Sed.	480	1,440	2,400	5,400	8,400	12,000
4d HT	600	1,800	3,000	6,750	10,500	15,000
2d HT	680	2,040	3,400	7,650	11,900	17,000
2d Conv.	720	2,160	3,600	8,100	12,600	18,000
1966 Starfire, V-8, 123" wb						
2d HT	760	2,280	3,800	8,550	13,300	19,000
1966 Ninety-Eight, V-8, 126" wb						
4d Twn Sed.	488	1,464	2,440	5,490	8,540	12,200
4d Lux Sed	492	1,476	2,460	5,540	8,610	12,300
4d HT	620	1,860	3,100	6,980	10,850	15,500
2d HT	720	2,160	3,600	8,100	12,600	18,000
2d Conv.	800	2,400	4,000	9,000	14,000	20,000
1966 Toronado, FWD V-8, 119" wb						
2d Spt HT	720	2,160	3,600	8,100	12,600	18,000
2d Cus HT	740	2,220	3,700	8,330	12,950	18,500
1967 F-85 Series, Standard, V-8, 115" wb						
4d Sed.	444	1,332	2,220	5,000	7,770	11,100
2d Cpe.	460	1,380	2,300	5,180	8,050	11,500
4d 2S Sta Wag	448	1,344	2,240	5,040	7,840	11,200
1967 Cutlass, V-8, 115" wb						
4d Sed.	452	1,356	2,260	5,090	7,910	11,300
4d HT	460	1,380	2,300	5,180	8,050	11,500
2d HT	620	1,860	3,100	6,980	10,850	15,500
2d Conv.	920	2,760	4,600	10,350	16,100	23,000
4d 2S Sta Wag	460	1,380	2,300	5,180	8,050	11,500
NOTE: Deduct 20 percent for 6-cyl.						
1967 Cutlass Supreme, V-8, 115" wb						
4d Sed.	460	1,380	2,300	5,180	8,050	11,500
4d HT	476	1,428	2,380	5,360	8,330	11,900
2d Cpe.	484	1,452	2,420	5,450	8,470	12,100
2d HT	720	2,160	3,600	8,100	12,600	18,000
2d Conv.	960	2,880	4,800	10,800	16,800	24,000
1967 Cutlass 4-4-2						
2d Sed.	1,440	4,320	7,200	16,200	25,200	36,000
2d HT	1,600	4,800	8,000	18,000	28,000	40,000
2d Conv.	2,120	6,360	10,600	23,850	37,100	53,000
NOTE: Add 70 percent for W-30.						
1967 Vista Cruiser, V-8, 120" wb						
4d 3S Sta Wag	480	1,440	2,400	5,400	8,400	12,000
4d 2S Cus Sta Wag.	500	1,500	2,500	5,630	8,750	12,500
4d 3S Cus Sta Wag.	508	1,524	2,540	5,720	8,890	12,700
1967 Delmont 88, 330 V-8, 123" wb						
4d Sed.	440	1,320	2,200	4,950	7,700	11,000
4d HT	460	1,380	2,300	5,180	8,050	11,500
2d HT	600	1,800	3,000	6,750	10,500	15,000
1967 Delmont 88, 425 V-8, 123" wb						
4d Sed.	460	1,380	2,300	5,180	8,050	11,500
4d HT	480	1,440	2,400	5,400	8,400	12,000
2d HT	620	1,860	3,100	6,980	10,850	15,500
2d Conv.	800	2,400	4,000	9,000	14,000	20,000
1967 Delta 88, V-8, 123" wb						
4d Sed.	472	1,416	2,360	5,310	8,260	11,800
4d HT	492	1,476	2,460	5,540	8,610	12,300
2d HT	660	1,980	3,300	7,430	11,550	16,500
2d Conv.	880	2,640	4,400	9,900	15,400	22,000

OLDSMOBILE

	6	5	4	3	2	1
1967 Delta 88, Custom V-8, 123" wb						
4d HT	500	1,500	2,500	5,630	8,750	12,500
2d HT	672	2,016	3,360	7,560	11,760	16,800
1967 Ninety-Eight, V-8, 126" wb						
4d Twn Sed	500	1,500	2,500	5,630	8,750	12,500
4d Lux Sed	504	1,512	2,520	5,670	8,820	12,600
4d HT	612	1,836	3,060	6,890	10,710	15,300
2d HT	680	2,040	3,400	7,650	11,900	17,000
2d Conv	920	2,760	4,600	10,350	16,100	23,000
1967 Toronado, V-8, 119" wb						
2d HT	700	2,100	3,500	7,880	12,250	17,500
2d Cus HT	720	2,160	3,600	8,100	12,600	18,000
NOTE: Add 10 percent for "425" Delmont Series. Add 30 percent for W-30.						
1968 F-85, V-8, 116" wb, 2d 112" wb						
4d Sed	448	1,344	2,240	5,040	7,840	11,200
2d Cpe	460	1,380	2,300	5,180	8,050	11,500
1968 Cutlass, V-8, 116" wb, 2d 112" wb						
4d Sed	452	1,356	2,260	5,090	7,910	11,300
4d HT	456	1,368	2,280	5,130	7,980	11,400
2d Cpe S	468	1,404	2,340	5,270	8,190	11,700
2d HT S	600	1,800	3,000	6,750	10,500	15,000
2d Conv S	920	2,760	4,600	10,350	16,100	23,000
4d Sta Wag	460	1,380	2,300	5,180	8,050	11,500
1968 Cutlass Supreme, V-8, 116" wb, 2d 112" wb						
4d Sed	460	1,380	2,300	5,180	8,050	11,500
4d HT	476	1,428	2,380	5,360	8,330	11,900
2d HT	660	1,980	3,300	7,430	11,550	16,500
NOTE: Deduct 5 percent for 6-cyl.						
1968 4-4-2, V-8, 112" wb						
2d Cpe	1,640	4,920	8,200	18,450	28,700	41,000
2d HT	1,800	5,400	9,000	20,250	31,500	45,000
2d Conv	2,320	6,960	11,600	26,100	40,600	58,000
1968 Hurst/Olds						
2d HT	2,840	8,520	14,200	31,950	49,700	71,000
2d Sed	2,680	8,040	13,400	30,150	46,900	67,000
1968 Vista Cruiser, V-8, 121" wb						
4d 2S Sta Wag	468	1,404	2,340	5,270	8,190	11,700
4d 3S Sta Wag	480	1,440	2,400	5,400	8,400	12,000
1968 Delmont 88, V-8, 123" wb						
4d Sed	460	1,380	2,300	5,180	8,050	11,500
4d HT	468	1,404	2,340	5,270	8,190	11,700
2d HT	620	1,860	3,100	6,980	10,850	15,500
2d Conv	840	2,520	4,200	9,450	14,700	21,000
1968 Delta 88, V-8, 123" wb						
4d Sed	468	1,404	2,340	5,270	8,190	11,700
2d HT	640	1,920	3,200	7,200	11,200	16,000
4d HT	480	1,440	2,400	5,400	8,400	12,000
1968 Delta 88, Custom V-8, 123" wb						
4d HT	500	1,500	2,500	5,630	8,750	12,500
2d HT	670	2,020	3,360	7,560	11,760	16,800
1968 Ninety-Eight, V-8, 126" wb						
4d Sed	488	1,464	2,440	5,490	8,540	12,200
4d Lux Sed	496	1,488	2,480	5,580	8,680	12,400
4d HT	600	1,800	3,000	6,750	10,500	15,000
2d HT	680	2,040	3,400	7,650	11,900	17,000
2d Conv	880	2,640	4,400	9,900	15,400	22,000
1968 Toronado, V-8, 119" wb						
2d Cus Cpe	660	1,980	3,300	7,430	11,550	16,500
NOTE: Add 30 percent for W-30. Add 20 percent for 455 when not standard. Add 20 percent for W-34 option on Toronado.						
1969 F-85, V-8, 116" wb, 2d 112" wb						
2d Cpe	440	1,320	2,200	4,950	7,700	11,000
1969 Cutlass, V-8, 116" wb, 2d 112" wb						
4d Sed	384	1,152	1,920	4,320	6,720	9,600
4d HT	388	1,164	1,940	4,370	6,790	9,700
4d Sta Wag	388	1,164	1,940	4,370	6,790	9,700
1969 Cutlass S						
2d Cpe	460	1,380	2,300	5,180	8,050	11,500
2d HT	640	1,920	3,200	7,200	11,200	16,000
2d Conv	880	2,640	4,400	9,900	15,400	22,000
1969 Cutlass Supreme, V-8, 116" wb, 2d 112" wb						
4d Sed	444	1,332	2,220	5,000	7,770	11,100
4d HT	460	1,380	2,300	5,180	8,050	11,500
2d HT	800	2,400	4,000	9,000	14,000	20,000
1969 4-4-2, V-8, 112" wb						
2d Cpe	1,680	5,040	8,400	18,900	29,400	42,000
2d HT	1,840	5,520	9,200	20,700	32,200	46,000
2d Conv	2,360	7,080	11,800	26,550	41,300	59,000

	6	5	4	3	2	1
1969 Hurst/Olds						
2d HT	2,880	8,640	14,400	32,400	50,400	72,000
1969 Vista Cruiser						
4d 2S Sta Wag	448	1,344	2,240	5,040	7,840	11,200
4d 3S Sta Wag	452	1,356	2,260	5,090	7,910	11,300
1969 Delta 88, V-8, 124" wb						
4d Sed.	480	1,440	2,400	5,400	8,400	12,000
2d Conv.	720	2,160	3,600	8,100	12,600	18,000
4d HT	500	1,500	2,500	5,630	8,750	12,500
2d HT	640	1,920	3,200	7,200	11,200	16,000
1969 Delta 88 Custom, V-8, 124" wb						
4d Sed.	472	1,416	2,360	5,310	8,260	11,800
4d HT	600	1,800	3,000	6,750	10,500	15,000
2d HT	660	1,980	3,300	7,430	11,550	16,500
1969 Delta 88 Royale, V-8, 124" wb						
2d HT	680	2,040	3,400	7,650	11,900	17,000
1969 Ninety-Eight, V-8, 127" wb						
4d Sed.	500	1,500	2,500	5,630	8,750	12,500
4d Lux Sed	504	1,512	2,520	5,670	8,820	12,600
4d Lux HT	624	1,872	3,120	7,020	10,920	15,600
4d HT	620	1,860	3,100	6,980	10,850	15,500
2d HT	720	2,160	3,600	8,100	12,600	18,000
2d Conv.	800	2,400	4,000	9,000	14,000	20,000
2d Cus Cpe.	628	1,884	3,140	7,070	10,990	15,700
1969 Toronado, V-8, 119" wb						
2d HT	660	1,980	3,300	7,430	11,550	16,500

NOTE: Add 30 percent for W-30. Add 25 percent for W-31. Add 20 percent for W-34 option on Toronado. Add 20 percent for 455 when not standard.

	6	5	4	3	2	1
1970 F-85, V-8, 116" wb, 2d 112" wb						
2d Cpe.	460	1,380	2,300	5,180	8,050	11,500
1970 Cutlass, V-8, 116" wb, 2d 112" wb						
4d Sed.	440	1,320	2,200	4,950	7,700	11,000
4d HT	460	1,380	2,300	5,180	8,050	11,500
4d Sta Wag	448	1,344	2,240	5,040	7,840	11,200

NOTE: Deduct 5 percent for 6-cyl.

	6	5	4	3	2	1
1970 Cutlass S, V-8, 112" wb						
2d Cpe.	600	1,800	3,000	6,750	10,500	15,000
2d HT	760	2,280	3,800	8,550	13,300	19,000

NOTE: Add 30 percent for W45-W30-W31.

	6	5	4	3	2	1
1970 Cutlass Supreme, V-8, 112" wb						
4d HT	460	1,380	2,300	5,180	8,050	11,500
2d HT	840	2,520	4,200	9,450	14,700	21,000
2d Conv.	1,000	3,000	5,000	11,250	17,500	25,000
1970 4-4-2, V-8, 112" wb						
2d Cpe.	1,720	5,160	8,600	19,350	30,100	43,000
2d HT	1,880	5,640	9,400	21,150	32,900	47,000
2d Conv.	2,400	7,200	12,000	27,000	42,000	60,000
1970 Rallye 350, 112" wb						
2d HT	1,120	3,360	5,600	12,600	19,600	28,000
1970 Vista Cruiser, V-8, 121" wb						
4d 2S Sta Wag	448	1,344	2,240	5,040	7,840	11,200
4d 3S Sta Wag	452	1,356	2,260	5,090	7,910	11,300
1970 Delta 88, V-8, 124" wb						
4d Sed.	452	1,356	2,260	5,090	7,910	11,300
4d HT	460	1,380	2,300	5,180	8,050	11,500
2d HT	620	1,860	3,100	6,980	10,850	15,500
2d Conv.	760	2,280	3,800	8,550	13,300	19,000
1970 Delta 88 Custom, V-8, 124" wb						
4d Sed.	460	1,380	2,300	5,180	8,050	11,500
4d HT	464	1,392	2,320	5,220	8,120	11,600
2d HT	640	1,920	3,200	7,200	11,200	16,000
1970 Delta 88 Royale, V-8, 124" wb						
2d HT	660	1,980	3,300	7,430	11,550	16,500
1970 Ninety-Eight, V-8, 127" wb						
4d Sed.	464	1,392	2,320	5,220	8,120	11,600
4d Lux Sed	472	1,416	2,360	5,310	8,260	11,800
4d Lux HT	484	1,452	2,420	5,450	8,470	12,100
4d HT	480	1,440	2,400	5,400	8,400	12,000
2d HT	680	2,040	3,400	7,650	11,900	17,000
2d Conv.	800	2,400	4,000	9,000	14,000	20,000
1970 Toronado, V-8, 119" wb						
2d Std Cpe.	620	1,860	3,100	6,980	10,850	15,500
2d Cus Cpe.	640	1,920	3,200	7,200	11,200	16,000

NOTE: Add 20 percent for SX Cutlass Supreme option. Add 25 percent for SX option with W-32. Add 35 percent for Y-74 Indy Pace Car option. Add 30 percent for W-30. Add 25 percent for W-31. Add 20 percent for 455 when not standard. Add 15 percent for Toronado GT W-34 option.

OLDSMOBILE

	6	5	4	3	2	1
1971 F-85, V-8, 116" wb						
4d Sed 296	888	1,480	3,330	5,180	7,400	
1971 Cutlass, V-8, 116" wb, 2d 112" wb						
4d Sed 300	900	1,500	3,380	5,250	7,500	
2d HT 660	1,980	3,300	7,430	11,550	16,500	
4d Sta Wag 304	912	1,520	3,420	5,320	7,600	
1971 Cutlass S, V-8, 112" wb						
2d Cpe 480	1,440	2,400	5,400	8,400	12,000	
2d HT 600	1,800	3,000	6,750	10,500	15,000	
NOTE: Deduct 5 percent for 6-cyl.						
1971 Cutlass Supreme, V-8, 116" wb, 2d 112" wb						
4d Sed 384	1,152	1,920	4,320	6,720	9,600	
2d HT 760	2,280	3,800	8,550	13,300	19,000	
2d Conv 960	2,880	4,800	10,800	16,800	24,000	
NOTE: Add 15 percent for SX Cutlass Supreme option.						
1971 4-4-2, V-8, 112" wb						
2d HT 1,800	5,400	9,000	20,250	31,500	45,000	
2d Conv 2,320	6,960	11,600	26,100	40,600	58,000	
1971 Vista Cruiser, 121" wb						
4d 2S Sta Wag 340	1,020	1,700	3,830	5,950	8,500	
4d 3S Sta Wag 344	1,032	1,720	3,870	6,020	8,600	
1971 Delta 88, V-8, 124" wb						
4d Sed 300	900	1,500	3,380	5,250	7,500	
4d HT 360	1,080	1,800	4,050	6,300	9,000	
2d HT 480	1,440	2,400	5,400	8,400	12,000	
1971 Delta 88 Custom, V-8, 124" wb						
4d Sed 304	912	1,520	3,420	5,320	7,600	
4d HT 328	984	1,640	3,690	5,740	8,200	
2d HT 500	1,500	2,500	5,630	8,750	12,500	
1971 Delta 88 Royale, V-8, 124" wb						
2d HT 600	1,800	3,000	6,750	10,500	15,000	
2d Conv 720	2,160	3,600	8,100	12,600	18,000	
1971 Ninety-Eight, V-8, 127" wb						
2d HT 660	1,980	3,300	7,430	11,550	16,500	
4d HT 380	1,140	1,900	4,280	6,650	9,500	
4d Lux HT 388	1,164	1,940	4,370	6,790	9,700	
2d Lux HT 640	1,920	3,200	7,200	11,200	16,000	
1971 Custom Cruiser, V-8, 127" wb						
4d 2S Sta Wag 420	1,260	2,100	4,730	7,350	10,500	
4d 3S Sta Wag 428	1,284	2,140	4,820	7,490	10,700	
1971 Toronado, 122" wb						
2d HT 640	1,920	3,200	7,200	11,200	16,000	
NOTE: Add 30 percent for W-30. Add 25 percent for SX option. Add 20 percent for 455 when not standard.						
1972 F-85, V-8, 116" wb						
4d Sed 296	888	1,480	3,330	5,180	7,400	
1972 Cutlass, V-8, 116" wb, 2d 112" wb						
4d Sed 300	900	1,500	3,380	5,250	7,500	
2d HT 680	2,040	3,400	7,650	11,900	17,000	
4d Sta Wag 304	912	1,520	3,420	5,320	7,600	
1972 Cutlass S, V-8, 112" wb						
2d Cpe 480	1,440	2,400	5,400	8,400	12,000	
2d HT 680	2,040	3,400	7,650	11,900	17,000	
NOTE: Deduct 5 percent for 6-cyl. Add 100 percent for 4-4-2 option.						
1972 Cutlass Supreme, V-8, 116" wb, 2d 112" wb						
4d Sed 460	1,380	2,300	5,180	8,050	11,500	
2d HT 800	2,400	4,000	9,000	14,000	20,000	
2d Conv 960	2,880	4,800	10,800	16,800	24,000	
NOTE: Add 100 percent for Hurst option.						
1972 Vista Cruiser, 121" wb						
4d 2S Sta Wag 340	1,020	1,700	3,830	5,950	8,500	
4d 3S Sta Wag 344	1,032	1,720	3,870	6,020	8,600	
1972 Delta 88, V-8, 124" wb						
4d Sed 292	876	1,460	3,290	5,110	7,300	
4d HT 360	1,080	1,800	4,050	6,300	9,000	
2d HT 640	1,920	3,200	7,200	11,200	16,000	
1972 Delta 88 Royale, 124" wb						
4d Sed 296	888	1,480	3,330	5,180	7,400	
4d HT 368	1,104	1,840	4,140	6,440	9,200	
2d HT 660	1,980	3,300	7,430	11,550	16,500	
2d Conv 720	2,160	3,600	8,100	12,600	18,000	
1972 Custom Cruiser, 127" wb						
4d 2S Sta Wag 400	1,200	2,000	4,500	7,000	10,000	
4d 3S Sta Wag 408	1,224	2,040	4,590	7,140	10,200	
1972 Ninety-Eight, 127" wb						
4d HT 368	1,104	1,840	4,140	6,440	9,200	
2d HT 640	1,920	3,200	7,200	11,200	16,000	

	6	5	4	3	2	1	327

1972 Ninety-Eight Luxury, 127" wb

	6	5	4	3	2	1
4d HT	380	1,140	1,900	4,280	6,650	9,500
2d HT	660	1,980	3,300	7,430	11,550	16,500

1972 Toronado, 122" wb

	6	5	4	3	2	1
2d HT	640	1,920	3,200	7,200	11,200	16,000

NOTE: Add 30 percent for W-30. Add 20 percent for 455 when not standard. Add 35 percent for Indy Pace Car option.

1973 Omega, V-8, 111" wb

	6	5	4	3	2	1
4d Sed.	256	768	1,280	2,880	4,480	6,400
2d Cpe.	264	792	1,320	2,970	4,620	6,600
2d HBk	276	828	1,380	3,110	4,830	6,900

1973 Cutlass, 112" - 116" wb

	6	5	4	3	2	1
2d Col HT	344	1,032	1,720	3,870	6,020	8,600
4d Col HT	288	864	1,440	3,240	5,040	7,200

1973 Cutlass S, 112" wb

	6	5	4	3	2	1
2d Cpe.	356	1,068	1,780	4,010	6,230	8,900

NOTE: Add 100 percent for 4-4-2 option. Add 100 percent for Hurst option.

1973 Cutlass Supreme, 112" - 116" wb

	6	5	4	3	2	1
2d Col HT	360	1,080	1,800	4,050	6,300	9,000
4d Col HT	292	876	1,460	3,290	5,110	7,300

1973 Vista Cruiser, 116" wb

	6	5	4	3	2	1
4d 2S Sta Wag	340	1,020	1,700	3,830	5,950	8,500
4d 3S Sta Wag	344	1,032	1,720	3,870	6,020	8,600

1973 Delta 88, 124" wb

	6	5	4	3	2	1
4d Sed.	272	816	1,360	3,060	4,760	6,800
4d HT	340	1,020	1,700	3,830	5,950	8,500
2d HT	460	1,380	2,300	5,180	8,050	11,500

1973 Delta 88 Royale, 124" wb

	6	5	4	3	2	1
4d Sed.	276	828	1,380	3,110	4,830	6,900
4d HT	348	1,044	1,740	3,920	6,090	8,700
2d HT	480	1,440	2,400	5,400	8,400	12,000
2d Conv.	640	1,920	3,200	7,200	11,200	16,000

1973 Custom Cruiser, 127" wb

	6	5	4	3	2	1
3S Sta Wag.	388	1,164	1,940	4,370	6,790	9,700
2S Sta Wag.	380	1,140	1,900	4,280	6,650	9,500
3S Roy Wag	396	1,188	1,980	4,460	6,930	9,900
2S Roy Wag	388	1,164	1,940	4,370	6,790	9,700

1973 Ninety-Eight, 127" wb

	6	5	4	3	2	1
4d HT	340	1,020	1,700	3,830	5,950	8,500
2d HT	460	1,380	2,300	5,180	8,050	11,500
4d Lux HT	356	1,068	1,780	4,010	6,230	8,900
2d Lux HT	480	1,440	2,400	5,400	8,400	12,000
4d HT Reg.	360	1,080	1,800	4,050	6,300	9,000

1973 Toronado, 122" wb

	6	5	4	3	2	1
2d HT Cpe.	480	1,440	2,400	5,400	8,400	12,000

1974 Omega, 111" wb

	6	5	4	3	2	1
2d Cpe.	248	744	1,240	2,790	4,340	6,200
2d HBk	260	780	1,300	2,930	4,550	6,500
4d Sed.	240	720	1,200	2,700	4,200	6,000

1974 Cutlass, 112" - 116" wb

	6	5	4	3	2	1
2d Cpe.	284	852	1,420	3,200	4,970	7,100
4d Sed.	260	780	1,300	2,930	4,550	6,500

1974 Cutlass S, 112" wb

	6	5	4	3	2	1
2d Cpe.	284	852	1,420	3,200	4,970	7,100

1974 Cutlass Supreme, 112" - 116" wb

	6	5	4	3	2	1
4d Sed.	268	804	1,340	3,020	4,690	6,700
2d Cpe.	292	876	1,460	3,290	5,110	7,300

NOTE: Add 100 percent for 4-4-2 option. Add 100 percent for Hurst/Olds.

1974 Vista Cruiser, 116" wb

	6	5	4	3	2	1
4d 6P Sta Wag	252	756	1,260	2,840	4,410	6,300
4d 8P Sta Wag	256	768	1,280	2,880	4,480	6,400

1974 Delta 88, 124" wb

	6	5	4	3	2	1
2d HT	340	1,020	1,700	3,830	5,950	8,500
4d HT	276	828	1,380	3,110	4,830	6,900
4d Sed.	260	780	1,300	2,930	4,550	6,500

1974 Custom Cruiser, 127" wb

	6	5	4	3	2	1
4d 6P Sta Wag	360	1,080	1,800	4,050	6,300	9,000
4d 8P Sta Wag	368	1,104	1,840	4,140	6,440	9,200

1974 Delta 88 Royale, 124" wb

	6	5	4	3	2	1
2d HT	480	1,440	2,400	5,400	8,400	12,000
4d HT	348	1,044	1,740	3,920	6,090	8,700
4d Sed.	276	828	1,380	3,110	4,830	6,900
2d Conv.	640	1,920	3,200	7,200	11,200	16,000

NOTE: Add 20 percent for Indy PaceCar.

1974 Ninety-Eight, 127" wb

	6	5	4	3	2	1
4d HT	340	1,020	1,700	3,830	5,950	8,500
2d Lux HT	480	1,440	2,400	5,400	8,400	12,000

	6	5	4	3	2	1
4d Lux HT.	356	1,068	1,780	4,010	6,230	8,900
2d HT Reg	460	1,380	2,300	5,180	8,050	11,500
4d Sed Reg	332	996	1,660	3,740	5,810	8,300
1974 Toronado, 122" wb						
2d Cpe	480	1,440	2,400	5,400	8,400	12,000
1975 Starfire, 97" wb						
2d Cpe "S"	204	612	1,020	2,300	3,570	5,100
2d Cpe	208	624	1,040	2,340	3,640	5,200
1975 Omega, 111" wb						
2d Cpe	204	612	1,020	2,300	3,570	5,100
2d HBk	220	660	1,100	2,480	3,850	5,500
4d Sed	208	624	1,040	2,340	3,640	5,200
1975 Omega Salon, 111" wb						
2d Cpe	216	648	1,080	2,430	3,780	5,400
2d HBk	224	672	1,120	2,520	3,920	5,600
4d Sed	220	660	1,100	2,480	3,850	5,500
1975 Cutlass, 112" - 116" wb						
2d Cpe	248	744	1,240	2,790	4,340	6,200
4d Sed	228	684	1,140	2,570	3,990	5,700
2d Cpe "S"	252	756	1,260	2,840	4,410	6,300
1975 Cutlass Supreme, 112" - 116" wb						
2d Cpe	256	768	1,280	2,880	4,480	6,400
4d Sed	240	720	1,200	2,700	4,200	6,000
1975 Cutlass Salon, 112" - 116" wb						
2d Cpe	260	780	1,300	2,930	4,550	6,500
4d Sed	240	720	1,200	2,700	4,200	6,000
NOTE: Add 25 percent for 4-4-2 option. Add 75 percent for Hurst/Olds.						
1975 Vista Cruiser, 116" wb						
4d Sta Wag	236	708	1,180	2,660	4,130	5,900
1975 Delta 88, 124" wb						
2d Cpe	240	720	1,200	2,700	4,200	6,000
4d Twn Sed	224	672	1,120	2,520	3,920	5,600
4d HT	260	780	1,300	2,930	4,550	6,500
1975 Delta 88 Royale, 124" wb						
2d Cpe	244	732	1,220	2,750	4,270	6,100
4d Twn Sed	228	684	1,140	2,570	3,990	5,700
4d HT	268	804	1,340	3,020	4,690	6,700
2d Conv	600	1,800	3,000	6,750	10,500	15,000
1975 Ninety-Eight, 127" wb						
2d Lux Cpe	292	876	1,460	3,290	5,110	7,300
4d Lux HT	280	840	1,400	3,150	4,900	7,000
2d Reg Cpe	296	888	1,480	3,330	5,180	7,400
4d Reg HT	288	864	1,440	3,240	5,040	7,200
1975 Toronado, 122" wb						
2d Cus Cpe	420	1,260	2,100	4,730	7,350	10,500
2d Brgm Cpe	440	1,320	2,200	4,950	7,700	11,000
1975 Custom Cruiser, 127" wb						
4d Sta Wag	324	972	1,620	3,650	5,670	8,100
1976 Starfire, V-6						
2d Spt Cpe	192	576	960	2,160	3,360	4,800
2d Spt Cpe SX	196	588	980	2,210	3,430	4,900
NOTE: Add 5 percent for V-8.						
1976 Omega F-85, V-8						
2d Cpe	184	552	920	2,070	3,220	4,600
1976 Omega, V-8						
4d Sed	188	564	940	2,120	3,290	4,700
2d Cpe	192	576	960	2,160	3,360	4,800
2d HBk	196	588	980	2,210	3,430	4,900
1976 Omega Brougham, V-8						
4d Sed	192	576	960	2,160	3,360	4,800
2d Cpe	196	588	980	2,210	3,430	4,900
2d HBk	200	600	1,000	2,250	3,500	5,000
1976 Cutlass S, V-8						
4d Sed	204	612	1,020	2,300	3,570	5,100
2d Cpe	228	684	1,140	2,570	3,990	5,700
NOTE: Add 25 percent for 4-4-2 option.						
1976 Cutlass Supreme, V-8						
4d Sed	208	624	1,040	2,340	3,640	5,200
2d Cpe	232	696	1,160	2,610	4,060	5,800
1976 Cutlass Salon, V-8						
4d Sed	216	648	1,080	2,430	3,780	5,400
2d Cpe	236	708	1,180	2,660	4,130	5,900
1976 Cutlass Supreme Brougham, V-8						
2d Cpe	240	720	1,200	2,700	4,200	6,000
1976 Station Wagons, V-8						
4d 2S Cruiser	220	660	1,100	2,480	3,850	5,500

	6	5	4	3	2	1
4d 3S Cruiser	224	672	1,120	2,520	3,920	5,600
4d 2S Vista Cruiser	224	672	1,120	2,520	3,920	5,600
4d 3S Vista Cruiser	228	684	1,140	2,570	3,990	5,700
4d 2S Cus Cruiser	280	840	1,400	3,150	4,900	7,000
4d 3S Cus Cruiser	284	852	1,420	3,200	4,970	7,100
1976 Delta 88, V-8						
4d Sed	216	648	1,080	2,430	3,780	5,400
4d HT	232	696	1,160	2,610	4,060	5,800
2d Sed	220	660	1,100	2,480	3,850	5,500
1976 Delta 88 Royale, V-8						
4d Sed	224	672	1,120	2,520	3,920	5,600
4d HT	240	720	1,200	2,700	4,200	6,000
2d Sed	228	684	1,140	2,570	3,990	5,700
1976 Ninety-Eight, V-8						
4d Lux HT	268	804	1,340	3,020	4,690	6,700
2d Lux Cpe	284	852	1,420	3,200	4,970	7,100
4d Reg HT	280	840	1,400	3,150	4,900	7,000
2d Reg Cpe	288	864	1,440	3,240	5,040	7,200
1976 Toronado, V-8						
2d Cus Cpe	340	1,020	1,700	3,830	5,950	8,500
2d Brgm Cpe	400	1,200	2,000	4,500	7,000	10,000
NOTE: Deduct 5 percent for V-6.						
1977 Starfire, V-6						
2d Spt Cpe	156	468	780	1,760	2,730	3,900
2d Spt Cpe SX	164	492	820	1,850	2,870	4,100
NOTE: Add 5 percent for V-8.						
1977 Omega F85, V-8						
2d Cpe	148	444	740	1,670	2,590	3,700
1977 Omega, V-8						
4d Sed	176	528	880	1,980	3,080	4,400
2d Cpe	180	540	900	2,030	3,150	4,500
2d HBk	184	552	920	2,070	3,220	4,600
1977 Omega Brougham, V-8						
4d Sed	180	540	900	2,030	3,150	4,500
2d Cpe	184	552	920	2,070	3,220	4,600
2d HBk	188	564	940	2,120	3,290	4,700
NOTE: Deduct 5 percent for V-6.						
1977 Cutlass S, V-8						
4d Sed	168	504	840	1,890	2,940	4,200
2d Cpe	170	520	860	1,940	3,010	4,300
NOTE: Add 25 percent for 4-4-2 option.						
1977 Cutlass Supreme, V-8						
4d Sed	176	528	880	1,980	3,080	4,400
2d Cpe	180	540	900	2,030	3,150	4,500
1977 Cutlass Salon, V-8						
2d	180	540	900	2,030	3,150	4,500
1977 Cutlass Supreme Brougham, V-8						
4d Sed	184	552	920	2,070	3,220	4,600
2d Cpe	190	580	960	2,100	3,360	4,800
1977 Station Wagons, V-8						
4d 3S Cruiser	180	540	900	2,030	3,150	4,500
1977 Delta 88, V-8						
4d Sed	190	580	960	2,160	3,360	4,800
2d Cpe	300	910	1,520	3,420	5,320	7,600
1977 Delta 88 Royale, V-8						
4d Sed	200	600	1,000	2,250	3,500	5,000
2d Cpe	310	940	1,560	3,510	5,460	7,800
NOTE: Add 20 percent for Indy pace car edition.						
1977 Station Wagons, V-8						
4d 2S Cus Cruiser	200	610	1,020	2,300	3,570	5,100
4d 3S Cus Cruiser	210	620	1,040	2,340	3,640	5,200
1977 Ninety-Eight, V-8						
4d Lux Sed	200	610	1,020	2,300	3,570	5,100
2d Lux Cpe	320	960	1,600	3,600	5,600	8,000
4d Regency Sed	210	620	1,040	2,340	3,640	5,200
2d Regency Cpe	320	970	1,620	3,650	5,670	8,100
1977 Toronado Brougham, V-8						
2d Cpe XS	380	1,140	1,900	4,280	6,650	9,500
2d Cpe	330	980	1,640	3,690	5,740	8,200
NOTE: Deduct 5 percent for V-6.						
1978 Starfire						
2d Cpe	120	360	600	1,350	2,100	3,000
2d Cpe SX	128	384	640	1,440	2,240	3,200
1978 Omega						
4d Sed	140	420	700	1,580	2,450	3,500
2d Cpe	144	432	720	1,620	2,520	3,600
2d HBk	148	444	740	1,670	2,590	3,700

	6	5	4	3	2	1
1978 Omega Brougham						
4d Sed	144	432	720	1,620	2,520	3,600
2d Cpe	148	444	740	1,670	2,590	3,700
1978 Cutlass Salon						
4d Sed	132	396	660	1,490	2,310	3,300
2d Cpe	180	530	880	1,980	3,080	4,400
1978 Cutlass Salon Brougham						
4d Sed	136	408	680	1,530	2,380	3,400
2d Cpe	180	540	900	2,030	3,150	4,500
1978 Cutlass Supreme						
2d Cpe	260	790	1,320	2,970	4,620	6,600
1978 Cutlass Calais						
2d Cpe	270	800	1,340	3,020	4,690	6,700
1978 Cutlass Supreme Brougham						
2d Cpe	270	820	1,360	3,060	4,760	6,800
NOTE: Add 25 percent for 4-4-2 option.						
1978 Cutlass Cruiser						
4d 2S Sta Wag	160	480	800	1,800	2,800	4,000
1978 Delta 88						
4d Sed	160	470	780	1,760	2,730	3,900
2d Cpe	270	800	1,340	3,020	4,690	6,700
1978 Delta 88 Royale						
4d Sed	160	480	800	1,800	2,800	4,000
2d Cpe	270	820	1,360	3,060	4,760	6,800
1978 Custom Cruiser						
4d Sta Wag	200	600	1,000	2,250	3,500	5,000
1978 Ninety-Eight						
4d Lux Sed	160	490	820	1,850	2,870	4,100
2d Lux Cpe	280	840	1,400	3,150	4,900	7,000
4d Regency Sed	170	500	840	1,890	2,940	4,200
2d Regency Cpe	280	850	1,420	3,200	4,970	7,100
1978 Toronado Brougham, V-8						
2d Cpe XS	380	1,140	1,900	4,280	6,650	9,500
2d Cpe	330	980	1,640	3,690	5,740	8,200
1979 Starfire, 4-cyl.						
2d Spt Cpe	124	372	620	1,400	2,170	3,100
2d Spt Cpe SX	128	384	640	1,440	2,240	3,200
1979 Omega, V-8						
4d Sed	144	432	720	1,620	2,520	3,600
2d Cpe	148	444	740	1,670	2,590	3,700
2d HBk	152	456	760	1,710	2,660	3,800
1979 Omega Brougham, V-8						
4d Sed	148	444	740	1,670	2,590	3,700
2d Cpe	152	456	760	1,710	2,660	3,800
1979 Cutlass Salon, V-8						
4d Sed	140	430	720	1,620	2,520	3,600
2d Cpe	180	540	900	2,030	3,150	4,500
NOTE: Add 25 percent for 4-4-2 option.						
1979 Cutlass Salon Brougham, V-8						
4d Sed	150	440	740	1,670	2,590	3,700
2d Cpe	180	550	920	2,070	3,220	4,600
1979 Cutlass Supreme, V-8						
2d Cpe	270	800	1,340	3,020	4,690	6,700
1979 Cutlass Calais, V-8						
2d Cpe	270	820	1,360	3,060	4,760	6,800
1979 Cutlass Supreme Brougham, V-8						
2d Cpe	280	830	1,380	3,110	4,830	6,900
1979 Cutlass Cruiser, V-8						
4d Sta Wag	160	480	800	1,800	2,800	4,000
1979 Cutlass Cruiser Brougham, V-8						
4d Sta Wag	170	500	840	1,890	2,940	4,200
1979 Delta 88, V-8						
4d Sed	160	470	780	1,760	2,730	3,900
2d Cpe	280	830	1,380	3,110	4,830	6,900
1979 Delta 88 Royale, V-8						
4d Sed	160	480	800	1,800	2,800	4,000
2d Cpe	280	840	1,400	3,150	4,900	7,000
1979 Custom Cruiser, V-8						
4d 2S Sta Wag	200	590	980	2,210	3,430	4,900
4d 3S Sta Wag	200	600	1,000	2,250	3,500	5,000
1979 Ninety-Eight						
4d Lux Sed	170	520	860	1,940	3,010	4,300
2d Lux Cpe	290	860	1,440	3,240	5,040	7,200
4d Regency Sed	180	540	900	2,030	3,150	4,500
2d Regency Cpe	300	890	1,480	3,330	5,180	7,400

	6	5	4	3	2	1
1979 Toronado						
2d Cpe.. 200		600	1,000	3,380	3,500	7,500

NOTE: Deduct 5 percent for V-6. Add 75 percent for Hurst/Olds. Deduct 10 percent for diesel.

	6	5	4	3	2	1
1980 Starfire, 4-cyl.						
2d Cpe.. 152		456	760	1,710	2,660	3,800
2d Cpe SX... 156		468	780	1,760	2,730	3,900
1980 Omega, V-6						
4d Sed.. 152		456	760	1,710	2,660	3,800
2d Cpe.. 156		468	780	1,760	2,730	3,900

NOTE: Deduct 10 percent for 4-cyl.

	6	5	4	3	2	1
1980 Omega Brougham, V-6						
4d Sed.. 156		468	780	1,760	2,730	3,900
2d Cpe.. 160		480	800	1,800	2,800	4,000

NOTE: Deduct 10 percent for 4-cyl.

	6	5	4	3	2	1
1980 Cutlass, V-8						
4d Sed.. 150		440	740	1,670	2,590	3,700

NOTE: Deduct 12 percent for V-6.

	6	5	4	3	2	1
1980 Cutlass Salon, V-8						
2d Cpe.. 200		590	980	2,210	3,430	4,900

NOTE: Deduct 12 percent for V-6.

	6	5	4	3	2	1
1980 Cutlass Salon Brougham, V-8						
2d Cpe.. 200		600	1,000	2,250	3,500	5,000

NOTE: Deduct 12 percent for V-6.

	6	5	4	3	2	1
1980 Cutlass Supreme, V-8						
2d Cpe.. 280		850	1,420	3,200	4,970	7,100

NOTE: Deduct 12 percent for V-6.

	6	5	4	3	2	1
1980 Cutlass LS, V-8						
4d Sed.. 150		460	760	1,710	2,660	3,800

NOTE: Deduct 12 percent for V-6.

	6	5	4	3	2	1
1980 Cutlass Calais, V-8						
2d Cpe.. 290		860	1,440	3,240	5,040	7,200

NOTE: Deduct 12 percent for V-6. Add 25 percent for 4-4-2 option.

	6	5	4	3	2	1
1980 Cutlass Brougham, V-8						
4d Sed.. 160		470	780	1,760	2,730	3,900
2d Cpe Supreme.................................... 290		860	1,440	3,240	5,040	7,200

NOTE: Deduct 12 percent for V-6.

	6	5	4	3	2	1
1980 Cutlass Cruiser, V-8						
4d Sta Wag.. 160		480	800	1,800	2,800	4,000
4d Sta Wag Brgm................................... 160		490	820	1,850	2,870	4,100

NOTE: Deduct 12 percent for V-6.

	6	5	4	3	2	1
1980 Delta 88, V-8						
4d Sed.. 190		580	960	2,160	3,380	4,800
2d Cpe.. 250		740	1,240	2,790	4,340	6,200

NOTE: Deduct 12 percent for V-6.

	6	5	4	3	2	1
1980 Delta 88 Royale, V-8						
4d Sed.. 200		590	980	2,210	3,430	4,900
2d Cpe.. 250		760	1,260	2,840	4,410	6,300

NOTE: Deduct 12 percent for V-6.

	6	5	4	3	2	1
1980 Delta 88 Royale Brougham, V-8						
4d Sed.. 200		610	1,020	2,300	3,570	5,100
2d Cpe.. 260		780	1,300	2,930	4,550	6,500

NOTE: Deduct 12 percent for V-6.

	6	5	4	3	2	1
1980 Custom Cruiser, V-8						
4d 2S Sta Wag..................................... 200		600	1,000	2,250	3,500	5,000
4d 3S Sta Wag..................................... 200		610	1,020	2,300	3,570	5,100
1980 Ninety-Eight, V-8						
4d Lux Sed.. 210		640	1,060	2,390	3,710	5,300
4d Regency Sed.................................... 220		670	1,120	2,520	3,920	5,600
2d Regency Cpe.................................... 280		850	1,420	3,200	4,970	7,100
1980 Toronado Brougham, V-8						
2d Cpe.. 300		900	1,500	3,380	5,250	7,500

NOTE: Add 10 percent for XSC Package.

	6	5	4	3	2	1
1981 Omega, V-6						
4d Sed.. 156		468	780	1,760	2,730	3,900
2d Cpe.. 160		480	800	1,800	2,800	4,000

NOTE: Deduct 10 percent for 4-cyl.

	6	5	4	3	2	1
1981 Omega Brougham, V-6						
4d Sed.. 160		480	800	1,800	2,800	4,000
2d Cpe.. 164		492	820	1,850	2,870	4,100

NOTE: Deduct 10 percent for 4-cyl.

	6	5	4	3	2	1
1981 Cutlass, V-8						
4d Sed.. 150		460	760	1,710	2,660	3,800

NOTE: Deduct 12 percent for V-6.

	6	5	4	3	2	1
1981 Cutlass Supreme, V-8						
2d Cpe.. 290		860	1,440	3,240	5,040	7,200

NOTE: Deduct 12 percent for V-6.

OLDSMOBILE

	6	5	4	3	2	1
1981 Cutlass LS, V-8						
4d Sed 160		470	780	1,760	2,730	3,900
NOTE: Deduct 12 percent for V-6.						
1981 Cutlass Calais, V-8						
2d Cpe 300		890	1,480	3,330	5,180	7,400
NOTE: Deduct 12 percent for V-6.						
1981 Cutlass Supreme Brougham, V-8						
2d Cpe 290		880	1,460	3,290	5,110	7,300
NOTE: Deduct 12 percent for V-6.						
1981 Cutlass Brougham, V-8						
4d Sed 160		480	800	1,800	2,800	4,000
NOTE: Deduct 12 percent for V-6.						
1981 Cutlass Cruiser, V-8						
4d Sta Wag 160		480	800	1,800	2,800	4,000
4d Brgm Sta Wag............................. 160		490	820	1,850	2,870	4,100
NOTE: Deduct 12 percent for V-6.						
1981 Delta 88, V-8						
4d Sed 200		590	980	2,210	3,430	4,900
2d Cpe 250		760	1,260	2,840	4,410	6,300
NOTE: Deduct 12 percent for V-6.						
1981 Delta 88 Royale, V-8						
4d Sed 200		600	1,000	2,250	3,500	5,000
2d Cpe 260		770	1,280	2,880	4,480	6,400
NOTE: Deduct 12 percent for V-6.						
1981 Delta 88 Royale Brougham, V-8						
4d Sed 210		620	1,040	2,340	3,640	5,200
2d Cpe 260		790	1,320	2,970	4,620	6,600
1981 Custom Cruiser, V-8						
4d 2S Sta Wag............................. 200		610	1,020	2,300	3,570	5,100
4d 3S Sta Wag............................. 210		620	1,040	2,340	3,640	5,200
1981 Ninety-Eight, V-8						
4d Lux Sed............................... 220		650	1,080	2,430	3,780	5,400
4d Regency Sed........................... 220		660	1,100	2,480	3,850	5,500
2d Regency Cpe 280		830	1,380	3,110	4,830	6,900
NOTE: Deduct 12 percent for V-6.						
1981 Toronado Brougham, V-8						
2d Cpe 308		924	1,540	3,470	5,390	7,700
NOTE: Deduct 12 percent for V-6. Add 10 percent for XSC Package.						
1982 Firenza, 4-cyl.						
2d Cpe 168		504	840	1,890	2,940	4,200
4d Sed 172		516	860	1,940	3,010	4,300
4d Sta Wag 180		540	900	2,030	3,150	4,500
1982 Cutlass Calais, 4-cyl.						
2d Cpe 176		528	880	1,980	3,080	4,400
4d Sed 180		540	900	2,030	3,150	4,500
2d Cpe SL 192		576	960	2,160	3,360	4,800
2d Cpe Int. 220		660	1,100	2,480	3,850	5,500
4d Sed Int............................... 224		672	1,120	2,520	3,920	5,600
2d Cpe V-6............................... 208		624	1,040	2,340	3,640	5,200
4d Sed V-6............................... 212		636	1,060	2,390	3,710	5,300
2d Cpe SL V-6 216		648	1,080	2,430	3,780	5,400
4d Sed SL V-6 220		660	1,100	2,480	3,850	5,500
1982 Cutlass Ciera, 4-cyl.						
2d Cpe 196		588	980	2,210	3,430	4,900
4d Sed 200		600	1,000	2,250	3,500	5,000
4d Sta Wag 204		612	1,020	2,300	3,570	5,100
2d Cpe Brgm 200		600	1,000	2,250	3,500	5,000
4d Sed Brgm SL........................... 208		624	1,040	2,340	3,640	5,200
4d Sta Wag Brgm.......................... 208		624	1,040	2,340	3,640	5,200
2d Cpe V-6............................... 204		612	1,020	2,300	3,570	5,100
4d Sed V-6............................... 208		624	1,040	2,340	3,640	5,200
4d Sta Wag V-6 212		636	1,060	2,390	3,710	5,300
2d Cpe SL V-6 216		648	1,080	2,430	3,780	5,400
4d Sed V-6............................... 220		660	1,100	2,480	3,850	5,500
4d Sta Wag V-6 224		672	1,120	2,520	3,920	5,600
2d Cpe Int V-6 232		696	1,160	2,610	4,060	5,800
4d Sed Int V-6 236		708	1,180	2,660	4,130	5,900
1982 Cutlass Supreme						
2d Cpe V-6............................... 284		852	1,420	3,200	4,970	7,100
2d Cpe SL V-6 300		900	1,500	3,380	5,250	7,500
2d Cpe Int V-6 308		924	1,540	3,470	5,390	7,700
2d Cpe V-8............................... 304		912	1,520	3,420	5,320	7,600
2d Cpe Brgm V-8 300		900	1,500	3,380	5,250	7,500
1982 Delta 88 Royale						
2d Cpe V-6............................... 220		660	1,100	2,480	3,850	5,500
4d Sed V-6............................... 180		550	920	2,070	3,220	4,600

	6	5	4	3	2	1
2d Cpe Brgm V-6	236	708	1,180	2,660	4,130	5,900
4d Sed Brgm V-6	240	720	1,200	2,700	4,200	6,000
1982 Cutlass Cruiser, V-8						
4d Sta Wag	220	660	1,100	2,480	3,850	5,500
1982 Ninety-Eight, V-6						
4d Sed Regency	220	660	1,100	2,480	3,850	5,500
4d Sed Regency Brgm	260	780	1,300	2,930	4,550	6,500
4d Sed Touring Sed	260	780	1,300	2,930	4,550	6,500
1982 Toronado, V-8						
2d Cpe	380	1,140	1,900	4,280	6,650	9,500
2d Cpe Brgm	420	1,260	2,100	4,730	7,350	10,500
1982 Custom Cruiser, V-8						
4d Sta Wag	240	720	1,200	2,700	4,200	6,000
1982 Ninety-Eight Regency, V-8						
4d Sed	230	700	1,160	2,610	4,060	5,800
2d Cpe	290	860	1,440	3,240	5,040	7,200
4d Brgm Sed	240	710	1,180	2,660	4,130	5,900
NOTE: Deduct 12 percent for V-6.						
1982 Toronado Brougham, V-8						
2d Cpe	312	936	1,560	3,510	5,460	7,800
NOTE: Deduct 12 percent for V-6.						
1983 Firenza, 4-cyl.						
4d LX Sed	164	492	820	1,850	2,870	4,100
2d SX Cpe	168	504	840	1,890	2,940	4,200
4d LX Sta Wag	172	516	860	1,940	3,010	4,300
NOTE: Deduct 5 percent for lesser models.						
1983 Omega, V-6						
4d Sed	164	492	820	1,850	2,870	4,100
2d Cpe	168	504	840	1,890	2,940	4,200
NOTE: Deduct 10 percent for 4-cyl.						
1983 Omega Brougham, V-6						
4d Sed	168	504	840	1,890	2,940	4,200
2d Cpe	172	516	860	1,940	3,010	4,300
NOTE: Deduct 10 percent for 4-cyl.						
1983 Cutlass Supreme, V-8						
4d Sed	190	580	960	2,160	3,360	4,800
2d Cpe	310	920	1,540	3,470	5,390	7,700
NOTE: Deduct 12 percent for V-6.						
1983 Cutlass Supreme Brougham, V-8						
4d Sed	200	590	980	2,210	3,430	4,900
2d Cpe	310	940	1,560	3,510	5,460	7,800
NOTE: Deduct 12 percent for V-6.						
1983 Cutlass Calais, V-8						
2d Cpe Hurst/Olds	680	2,040	3,400	7,650	11,900	17,000
2d Cpe	320	950	1,580	3,560	5,530	7,900
NOTE: Deduct 12 percent for V-6.						
1983 Cutlass Cruiser, V-8						
4d Sta Wag	192	576	960	2,160	3,360	4,800
NOTE: Deduct 12 percent for V-6.						
1983 Cutlass Ciera, V-6						
4d Sed	184	552	920	2,070	3,220	4,600
2d Cpe	188	564	940	2,120	3,290	4,700
NOTE: Deduct 10 percent for 4-cyl.						
1983 Cutlass Ciera Brougham, V-6						
4d Sed	188	564	940	2,120	3,290	4,700
2d Cpe	192	576	960	2,160	3,360	4,800
NOTE: Deduct 10 percent for 4-cyl.						
1983 Delta 88, V-8						
4d Sed	192	576	960	2,160	3,360	4,800
NOTE: Deduct 12 percent for V-6.						
1983 Delta 88 Royale, V-8						
4d Sed	196	588	980	2,210	3,430	4,900
2d Cpe	240	720	1,200	2,700	4,200	6,000
NOTE: Deduct 12 percent for V-6.						
1983 Delta 88 Royale Brougham, V-8						
4d Sed	204	612	1,020	2,300	3,570	5,100
2d Cpe	250	740	1,240	2,790	4,340	6,200
NOTE: Deduct 12 percent for V-6.						
1983 Custom Cruiser, V-8						
4d Sta Wag	204	612	1,020	2,300	3,570	5,100
1983 Ninety-Eight Regency, V-8						
4d Sed	250	760	1,260	2,840	4,410	6,300
2d Cpe	300	900	1,500	3,380	5,250	7,500
4d Sed Brgm	260	770	1,280	2,880	4,480	6,400
NOTE: Deduct 13 percent for V-6.						

OLDSMOBILE

	6	5	4	3	2	1
1983 Toronado Brougham, V-8						
2d Cus Cpe	316	948	1,580	3,560	5,530	7,900
NOTE: Deduct 13 percent for V-6.						
1984 Firenza, 4-cyl.						
4d LX Sed	164	492	820	1,850	2,870	4,100
2d LX Sed	164	492	820	1,850	2,870	4,100
4d LX Sta Wag Cruiser	170	520	860	1,940	3,010	4,300
NOTE: Deduct 5 percent for lesser models.						
1984 Omega, V-6						
4d Sed	160	490	820	1,850	2,870	4,100
2d Sed	160	490	820	1,850	2,870	4,100
2d Cpe	170	500	840	1,890	2,940	4,200
NOTE: Deduct 10 percent for 4-cyl.						
1984 Omega Brougham, V-6						
4d Sed Brgm	170	500	840	1,890	2,940	4,200
2d Sed Brgm	170	520	860	1,940	3,010	4,300
NOTE: Deduct 8 percent for 4-cyl.						
1984 Cutlass, V-8						
4d Sed Supreme Brgm.	200	590	980	2,210	3,430	4,900
2d Cpe Supreme Brgm	310	940	1,560	3,510	5,460	7,800
2d Sed Calais.	320	950	1,580	3,560	5,530	7,900
2d Sed Calais Hurst/Olds.	660	1,980	3,300	7,430	11,550	16,500
NOTE: Deduct 10 percent for V-6.						
1984 Cutlass Ciera, V-6						
4d Sed	184	552	920	2,070	3,220	4,600
2d Sed	184	552	920	2,070	3,220	4,600
4d Sta Wag Cruiser	184	552	920	2,070	3,220	4,600
4d Sed Brgm	188	564	940	2,120	3,290	4,700
2d Sed Brgm	188	564	940	2,120	3,290	4,700
NOTE: Deduct 8 percent for 4-cyl.						
1984 Cutlass Ciera, V-8						
4d Sed	192	576	960	2,160	3,360	4,800
2d Sed	192	576	960	2,160	3,360	4,800
4d Sta Wag	192	576	960	2,160	3,360	4,800
4d Sed Brgm	196	588	980	2,210	3,430	4,900
2d Sed Brgm	196	588	980	2,210	3,430	4,900
1984 Delta 88 Royale, V-8						
4d Sed	200	600	1,000	2,250	3,500	5,000
2d Sed	240	720	1,200	2,700	4,200	6,000
4d Sed Brgm	208	624	1,040	2,340	3,640	5,200
2d Sed Brgm	250	740	1,240	2,790	4,340	6,200
4d Cus Sta Wag Cruiser	220	660	1,100	2,480	3,850	5,500
4d LS Sed	212	636	1,060	2,390	3,710	5,300
NOTE: Deduct 10 percent for V-6 cyl.						
1984 Ninety-Eight Regency, V-8						
4d Sed	220	660	1,100	2,480	3,850	5,500
2d Sed	300	900	1,500	3,380	5,250	7,500
4d Sed Brgm	224	672	1,120	2,520	3,920	5,600
1984 Toronado Brougham						
2d V-6 Cpe	300	900	1,500	3,380	5,250	7,500
2d V-8 Cpe	360	1,080	1,800	4,050	6,300	9,000
NOTE: Add 5 percent for Caliente Package.						
1985 Firenza, V-6						
4d LX Sed	172	516	860	1,940	3,010	4,300
2d LX Sed	172	516	860	1,940	3,010	4,300
4d LX Sta Wag.	176	528	880	1,980	3,080	4,400
NOTE: Deduct 8 percent for 4-cyl. Deduct 5 percent for lesser models.						
1985 Cutlass Supreme, V-8						
4d Sed	200	590	980	2,210	3,430	4,900
2d Sed	310	940	1,560	3,510	5,460	7,800
1985 Cutlass Supreme Brougham, V-8						
4d Sed	200	600	1,000	2,250	3,500	5,000
2d Cpe	320	950	1,580	3,560	5,530	7,900
1985 Cutlass Salon, V-8						
2d Cpe	320	950	1,580	3,560	5,530	7,900
2d 4-4-2 Cpe	430	1,300	2,160	4,860	7,560	10,800
NOTE: Deduct 10 percent for 6-cyl. Deduct 30 percent for diesel.						
1985 Calais, V-6						
2d Sed	196	588	980	2,210	3,430	4,900
2d Sed Brgm	196	588	980	2,210	3,430	4,900
NOTE: Deduct 8 percent for 4-cyl.						
1985 Cutlass Ciera, V-6						
4d Sed	184	552	920	2,070	3,220	4,600
2d Sed	184	552	920	2,070	3,220	4,600
4d Sta Wag	188	564	940	2,120	3,290	4,700

	6	5	4	3	2	1
1985 Cutlass Ciera Brougham, V-6						
4d Sed.	188	564	940	2,120	3,290	4,700
2d Sed.	188	564	940	2,120	3,290	4,700
NOTE: Deduct 8 percent for 4-cyl. Deduct 30 percent for diesel.						
1985 Delta 88 Royale, V-8						
4d Sed.	204	612	1,020	2,300	3,570	5,100
2d Sed.	240	730	1,220	2,750	4,270	6,100
4d Sed Brgm	212	636	1,060	2,390	3,710	5,300
2d Sed Brgm	250	760	1,260	2,840	4,410	6,300
4d Sta Wag	220	670	1,120	2,520	3,920	5,600
NOTE: Deduct 10 percent for V-6 where available. Deduct 30 percent for diesel.						
1985 Ninety-Eight Regency, V-6						
4d Sed.	224	672	1,120	2,520	3,920	5,600
2d Sed.	224	672	1,120	2,520	3,920	5,600
4d Sed Brgm	228	684	1,140	2,570	3,990	5,700
2d Sed Brgm	228	684	1,140	2,570	3,990	5,700
1985 Toronado, V-8						
2d Cpe.	364	1,092	1,820	4,100	6,370	9,100
NOTE: Deduct 30 percent for diesel. Add 5 percent for Caliente Package.						
1986 Firenza, 4-cyl.						
4d Sed.	180	540	900	2,030	3,150	4,500
2d Cpe.	176	528	880	1,980	3,080	4,400
2d HBk	180	540	900	2,030	3,150	4,500
4d Sed LX	184	552	920	2,070	3,220	4,600
2d Cpe LC.	180	540	900	2,030	3,150	4,500
4d Sta Wag	184	552	920	2,070	3,220	4,600
2d HBk GT V-6	200	600	1,000	2,250	3,500	5,000
1986 Cutlass Supreme V-6						
4d Sed.	188	564	940	2,120	3,290	4,700
2d Cpe.	310	920	1,540	3,470	5,390	7,700
4d Sed Brgm	192	576	960	2,160	3,360	4,800
2d Cpe Brgm.	310	940	1,560	3,510	5,460	7,800
1986 Cutlass Salon, V-6						
2d Cpe.	320	950	1,580	3,560	5,530	7,900
2d Cpe 4-4-2-V-8	430	1,300	2,160	4,860	7,560	10,800
NOTE: Add 20 percent for V-8.						
1986 Calais, 4-cyl.						
4d Sed.	204	612	1,020	2,300	3,570	5,100
2d Cpe.	204	612	1,020	2,300	3,570	5,100
4d Sed Supreme	208	624	1,040	2,340	3,640	5,200
2d Cpe Supreme.	208	624	1,040	2,340	3,640	5,200
NOTE: Add 10 percent for V-6.						
1986 Cutlass Ciera, V-6						
4d Sed LS	208	624	1,040	2,340	3,640	5,200
2d Cpe LS.	208	624	1,040	2,340	3,640	5,200
2d Cpe S LS	212	636	1,060	2,390	3,710	5,300
4d Sta Wag LS	216	648	1,080	2,430	3,780	5,400
4d Sed Brgm	216	648	1,080	2,430	3,780	5,400
2d Cpe Brgm.	216	648	1,080	2,430	3,780	5,400
2d Cpe Brgm SL	220	660	1,100	2,480	3,850	5,500
1986 Delta 88						
4d Sed.	216	648	1,080	2,430	3,780	5,400
2d Cpe.	216	648	1,080	2,430	3,780	5,400
4d Sed Brgm	220	660	1,100	2,480	3,850	5,500
2d Cpe Brgm.	220	660	1,100	2,480	3,850	5,500
1986 Custom Cruiser, V-8						
4d Sta Wag	288	864	1,440	3,240	5,040	7,200
1986 Ninety-Eight Regency						
4d Sed.	228	684	1,140	2,570	3,990	5,700
2d Cpe.	228	684	1,140	2,570	3,990	5,700
4d Sed Brgm	232	696	1,160	2,610	4,060	5,800
2d Cpe Brgm.	232	696	1,160	2,610	4,060	5,800
1986 Toronado						
2d Cpe.	380	1,140	1,900	4,280	6,650	9,500
1987 Firenza, 4-cyl.						
4d Sed.	180	540	900	2,030	3,150	4,500
2d Cpe.	176	528	880	1,980	3,080	4,400
2d HBk S	180	540	900	2,030	3,150	4,500
4d Sed LX	184	552	920	2,070	3,220	4,600
2d Cpe LC.	180	540	900	2,030	3,150	4,500
4d Sta Wag	184	552	920	2,070	3,220	4,600
2d HBk GT	190	580	960	2,160	3,360	4,800
1987 Cutlass Supreme, V-6						
4d Sed.	192	576	960	2,160	3,360	4,800
2d Cpe.	310	920	1,540	3,470	5,390	7,700

	6	5	4	3	2	1
1987 Cutlass Supreme, V-8						
4d Sed	200	600	1,000	2,250	3,500	5,000
2d Cpe	320	950	1,580	3,560	5,530	7,900
2d Cpe 4-4-2	410	1,240	2,060	4,640	7,210	10,300
1987 Cutlass Supreme Brougham, V-6						
4d Sed	196	588	980	2,210	3,430	4,900
2d Cpe	310	940	1,560	3,510	5,460	7,800
1987 Cutlass Supreme Brougham, V-8						
4d Sed	204	612	1,020	2,300	3,570	5,100
2d Cpe	320	960	1,600	3,600	5,600	8,000
1987 Cutlass Salon						
2d Cpe V-6	320	970	1,620	3,650	5,670	8,100
2d Cpe V-8	330	980	1,640	3,690	5,740	8,200
1987 Calais, 4-cyl.						
4d Sed	208	624	1,040	2,340	3,640	5,200
2d Cpe	204	612	1,020	2,300	3,570	5,100
1987 Calais, V-6						
4d Sed	212	636	1,060	2,390	3,710	5,300
2d Cpe	208	624	1,040	2,340	3,640	5,200
1987 Calais Supreme, 4-cyl.						
4d Sed	212	636	1,060	2,390	3,710	5,300
2d Cpe	208	624	1,040	2,340	3,640	5,200
1987 Calais Supreme, V-6						
4d Sed	216	648	1,080	2,430	3,780	5,400
2d Cpe	212	636	1,060	2,390	3,710	5,300
1987 Cutlass Ciera, 4-cyl.						
4d Sed	216	648	1,080	2,430	3,780	5,400
2d Cpe	212	636	1,060	2,390	3,710	5,300
4d Sta Wag	220	660	1,100	2,480	3,850	5,500
1987 Cutlass Ciera, V-6						
4d Sed	220	660	1,100	2,480	3,850	5,500
2d Cpe	216	648	1,080	2,430	3,780	5,400
4d Sta Wag	224	672	1,120	2,520	3,920	5,600
1987 Cutlass Ciera Brougham, 4-cyl.						
4d Sed	220	660	1,100	2,480	3,850	5,500
2d Cpe SL	216	648	1,080	2,430	3,780	5,400
4d Sta Wag	224	672	1,120	2,520	3,920	5,600
1987 Cutlass Ciera Brougham, V-6						
4d Sed	224	672	1,120	2,520	3,920	5,600
2d Cpe SL	220	660	1,100	2,480	3,850	5,500
4d Sta Wag	228	684	1,140	2,570	3,990	5,700
1987 Delta 88 Royale, V-6						
4d Sed	216	648	1,080	2,430	3,780	5,400
2d Cpe	212	636	1,060	2,390	3,710	5,300
4d Sed Brgm	224	672	1,120	2,520	3,920	5,600
2d Cpe Brgm	220	660	1,100	2,480	3,850	5,500
1987 Custom Cruiser, V-8						
4d Sta Wag	220	660	1,100	2,480	3,850	5,500
1987 Ninety-Eight, V-6						
4d Sed	224	672	1,120	2,520	3,920	5,600
4d Sed Regency Brgm	230	680	1,140	2,570	3,990	5,700
2d Sed Regency Brgm	220	670	1,120	2,520	3,920	5,600
1987 Toronado, V-6						
2d Cpe Brgm	376	1,128	1,880	4,230	6,580	9,400
NOTE: Add 10 percent for Trofeo option.						
1988 Firenza, 4-cyl.						
2d Cpe	168	504	840	1,890	2,940	4,200
4d Sed	172	516	860	1,940	3,010	4,300
4d Sta Wag	180	540	900	2,030	3,150	4,500
1988 Cutlass Calais, 4-cyl.						
2d Cpe	176	528	880	1,980	3,080	4,400
4d Sed	180	540	900	2,030	3,150	4,500
2d SL Cpe	192	576	960	2,160	3,360	4,800
4d SL Sed	196	588	980	2,210	3,430	4,900
2d Int'l Cpe	220	660	1,100	2,480	3,850	5,500
4d Int'l Sed	224	672	1,120	2,520	3,920	5,600
2d Cpe, V-6	208	624	1,040	2,340	3,640	5,200
4d Sed, V-6	212	636	1,060	2,390	3,710	5,300
2d SL Cpe, V-6	216	648	1,080	2,430	3,780	5,400
4d SL Sed, V-6	220	660	1,100	2,480	3,850	5,500
1988 Cutlass Ciera, 4-cyl.						
2d Cpe	196	588	980	2,210	3,430	4,900
4d Sed	200	600	1,000	2,250	3,500	5,000
4d Sta Wag	204	612	1,020	2,300	3,570	5,100
1988 Cutlass Ciera Brougham, 4-cyl.						
2d Cpe	200	600	1,000	2,250	3,500	5,000

	6	5	4	3	2	1
4d SL Sed	204	612	1,020	2,300	3,570	5,100
4d Sta Wag	208	624	1,040	2,340	3,640	5,200
1988 Cutlass Ciera, V-6						
2d Cpe	204	612	1,020	2,300	3,570	5,100
4d Sed	208	624	1,040	2,340	3,640	5,200
4d Sta Wag	212	636	1,060	2,390	3,710	5,300
1988 Cutlass Ciera Brougham, V-6						
2d Cpe SL	216	648	1,080	2,430	3,780	5,400
4d Sed	220	660	1,100	2,480	3,850	5,500
4d Sta Wag	224	672	1,120	2,520	3,920	5,600
2d Int'l Cpe	232	696	1,160	2,610	4,060	5,800
4d Int'l Cpe	236	708	1,180	2,660	4,130	5,900
1988 Cutlass Supreme, V-6						
2d Cpe	284	852	1,420	3,200	4,970	7,100
2d SL Cpe	300	900	1,500	3,380	5,250	7,500
2d Int'l Cpe	308	924	1,540	3,470	5,390	7,700
1988 Cutlass Supreme, V-8						
2d Cpe	370	1,120	1,860	4,190	6,510	9,300
2d Cpe Brgm	380	1,140	1,900	4,280	6,650	9,500
1988 Delta 88 Royale, V-6						
2d Cpe	220	660	1,100	2,480	3,850	5,500
4d Sed	224	672	1,120	2,520	3,920	5,600
2d Cpe Brgm	236	708	1,180	2,660	4,130	5,900
4d Sed Brgm	280	840	1,400	3,150	4,900	7,000
1988 Custom Cruiser, V-8						
4d Sta Wag	300	900	1,500	3,380	5,250	7,500
1988 Ninety-Eight, V-6						
4d Sed Regency	300	900	1,500	3,380	5,250	7,500
4d Sed Regency Brgm	360	1,080	1,800	4,050	6,300	9,000
4d Trg Sed	400	1,200	2,000	4,500	7,000	10,000
1988 Toronado, V-6						
2d Cpe	380	1,140	1,900	4,280	6,650	9,500
2d Cpe Trofeo	420	1,260	2,100	4,730	7,350	10,500
1989 Cutlass Calais, 4-cyl.						
4d Sed	180	540	900	2,030	3,150	4,500
2d Cpe	176	528	880	1,980	3,080	4,400
4d Sed S	192	576	960	2,160	3,360	4,800
2d Cpe S	188	564	940	2,120	3,290	4,700
4d Sed SL	212	636	1,060	2,390	3,710	5,300
2d Cpe SL	208	624	1,040	2,340	3,640	5,200
4d Sed Int'l Series	260	780	1,300	2,930	4,550	6,500
2d Cpe Int'l Series	250	750	1,300	2,880	4,500	6,400
1989 Cutlass Calais, V-6						
4d Sed S	200	650	1,050	2,390	3,700	5,300
2d Cpe S	200	600	1,050	2,340	3,650	5,200
4d Sed SL	200	650	1,100	2,520	3,900	5,600
2d Cpe SL	200	650	1,100	2,480	3,850	5,500
1989 Cutlass Ciera, 4-cyl.						
4d Sed	200	600	1,000	2,210	3,450	4,900
2d Cpe	200	600	950	2,160	3,350	4,800
4d Sta Wag	250	700	1,200	2,700	4,200	6,000
4d Sed SL	250	700	1,150	2,570	4,000	5,700
2d Cpe SL	200	650	1,100	2,520	3,900	5,600
4d Sta Wag SL	250	750	1,250	2,790	4,350	6,200
1989 Cutlass Ciera, V-6						
4d Sed	200	650	1,100	2,480	3,850	5,500
2d Cpe	200	650	1,100	2,430	3,800	5,400
4d Sta Wag	250	750	1,250	2,840	4,400	6,300
4d Sed SL	250	700	1,150	2,570	4,000	5,700
2d Cpe SL	200	650	1,100	2,520	3,900	5,600
4d Sta Wag SL	250	800	1,300	2,930	4,550	6,500
4d Sed Int'l Series	250	800	1,300	2,970	4,600	6,600
2d Cpe Int'l Series	250	800	1,300	2,930	4,550	6,500
1989 Cutlass Supreme, V-6						
2d Cpe	280	840	1,400	3,150	4,900	7,000
2d Cpe SL	300	900	1,500	3,380	5,250	7,500
2d Cpe Int'l Series	320	960	1,600	3,600	5,600	8,000
1989 Eighty-Eight Royale, V-6						
4d Sed	280	840	1,400	3,150	4,900	7,000
2d Cpe	276	828	1,380	3,110	4,830	6,900
4d Sed Brgm	300	900	1,500	3,380	5,250	7,500
2d Cpe Brgm	296	888	1,480	3,330	5,180	7,400
1989 Custom Cruiser, V-8						
4d Sta Wag	300	900	1,500	3,380	5,250	7,500
1989 Ninety-Eight, V-6						
4d Sed Regency	300	900	1,500	3,380	5,250	7,500

OLDSMOBILE

	6	5	4	3	2	1
4d Sed Regency Brgm........................ 340		1,020	1,700	3,830	5,950	8,500
4d Sed Trg........................ 540		1,620	2,700	6,080	9,450	13,500
1989 Toronado, V-6						
2d Cpe........................ 420		1,260	2,100	4,730	7,350	10,500
2d Cpe Trofeo........................ 540		1,620	2,700	6,080	9,450	13,500
1990 Cutlass Calais, 4-cyl.						
2d Cpe........................ 192		576	960	2,160	3,360	4,800
4d Sed........................ 196		588	980	2,210	3,430	4,900
2d Cpe S........................ 196		588	980	2,210	3,430	4,900
4d Sed S........................ 200		600	1,000	2,250	3,500	5,000
2d Cpe SL Quad........................ 220		660	1,100	2,480	3,850	5,500
4d Sed SL Quad........................ 224		672	1,120	2,520	3,920	5,600
2d Cpe Int'l Quad........................ 224		672	1,120	2,520	3,920	5,600
4d Sed Int'l Quad........................ 228		684	1,140	2,570	3,990	5,700
1990 Cutlass Calais, V-6						
2d Cpe SL........................ 250		700	1,150	2,610	4,050	5,800
4d Sed SL........................ 250		700	1,200	2,660	4,150	5,900
1990 Cutlass Ciera, 4-cyl.						
4d Sed........................ 200		600	1,000	2,250	3,500	5,000
2d Cpe S........................ 204		612	1,020	2,300	3,570	5,100
4d Sed S........................ 208		624	1,040	2,340	3,640	5,200
4d Sta Wag S........................ 220		660	1,100	2,480	3,850	5,500
1990 Cutlass Ciera, V-6						
4d Sed........................ 200		600	1,050	2,340	3,650	5,200
2d Cpe S........................ 200		650	1,100	2,480	3,850	5,500
4d Sed S........................ 200		650	1,100	2,520	3,900	5,600
4d Sta Wag S........................ 250		700	1,150	2,570	4,000	5,700
4d Sed SL........................ 250		700	1,150	2,610	4,050	5,800
4d Sta Wag SL........................ 250		700	1,200	2,660	4,150	5,900
2d Cpe Int'l........................ 250		700	1,200	2,700	4,200	6,000
4d Sed Int'l........................ 250		750	1,200	2,750	4,250	6,100
1990 Cutlass Supreme, 4-cyl.						
2d Cpe Quad........................ 260		780	1,300	2,930	4,550	6,500
4d Sed Quad........................ 264		792	1,320	2,970	4,620	6,600
2d Cpe Int'l Quad........................ 300		900	1,500	3,380	5,250	7,500
4d Sed Int'l Quad........................ 308		924	1,540	3,470	5,390	7,700
1990 Cutlass Supreme, V-6						
2d Cpe........................ 250		800	1,350	3,020	4,700	6,700
4d Sed........................ 250		800	1,350	3,060	4,750	6,800
2d Cpe SL........................ 300		850	1,400	3,110	4,850	6,900
2d Conv........................ 300		950	1,600	3,600	5,600	8,000
4d Sed SL........................ 300		850	1,400	3,150	4,900	7,000
2d Cpe Int'l........................ 300		900	1,500	3,380	5,250	7,500
4d Sed Int'l........................ 300		900	1,500	3,420	5,300	7,600
1990 Eighty-Eight Royale, V-6						
4d Sed........................ 280		840	1,400	3,150	4,900	7,000
2d Cpe Brgm........................ 300		900	1,500	3,380	5,250	7,500
4d Sed Brgm........................ 304		912	1,520	3,420	5,320	7,600
1990 Custom Cruiser, V-8						
4d Sta Wag........................ 300		900	1,500	3,380	5,250	7,500
1990 Ninety-Eight, V-6						
4d Sed Regency........................ 320		960	1,600	3,600	5,600	8,000
4d Sed Regency Brgm........................ 340		1,020	1,700	3,830	5,950	8,500
4d Sed Trg........................ 380		1,140	1,900	4,280	6,650	9,500
1990 Toronado, V-6						
2d Cpe........................ 340		1,020	1,700	3,830	5,950	8,500
2d Cpe Trofeo........................ 380		1,140	1,900	4,280	6,650	9,500
1991 Cutlass Calais, 4-cyl.						
2d Cpe........................ 184		552	920	2,070	3,220	4,600
4d Sed........................ 184		552	920	2,070	3,220	4,600
2d Cpe S........................ 196		588	980	2,210	3,430	4,900
4d Sed S........................ 196		588	980	2,210	3,430	4,900
2d Cpe SL........................ 220		660	1,100	2,480	3,850	5,500
4d Sed SL........................ 220		660	1,100	2,480	3,850	5,500
2d Cpe Int'l Quad........................ 244		732	1,220	2,750	4,270	6,100
4d Sed Int'l Quad........................ 244		732	1,220	2,750	4,270	6,100
1991 Cutlass Calais, V-6						
2d Cpe SL........................ 228		684	1,140	2,570	3,990	5,700
4d Sed SL........................ 228		684	1,140	2,570	3,990	5,700
1991 Cutlass Ciera, 4-cyl.						
4d Sed........................ 192		576	960	2,160	3,360	4,800
2d Cpe S........................ 200		600	1,000	2,250	3,500	5,000
4d Sed S........................ 200		600	1,000	2,250	3,500	5,000
4d Sta Wag S........................ 220		660	1,100	2,480	3,850	5,500
1991 Cutlass Ciera, V-6						
4d Sed........................ 200		600	1,000	2,250	3,500	5,000

	6	5	4	3	2	1
2d Cpe S.	220	660	1,100	2,480	3,850	5,500
4d Sed S.	220	660	1,100	2,480	3,850	5,500
4d Sta Wag S	228	684	1,140	2,570	3,990	5,700
4d Sed SL	228	684	1,140	2,570	3,990	5,700
4d Sta Wag SL	236	708	1,180	2,660	4,130	5,900
1991 Cutlass Supreme, 4-cyl.						
2d Cpe Quad.	240	720	1,200	2,700	4,200	6,000
4d Sed Quad.	240	720	1,200	2,700	4,200	6,000
1991 Cutlass Supreme, V-6						
2d Cpe.	248	744	1,240	2,790	4,340	6,200
4d Sed.	248	744	1,240	2,790	4,340	6,200
2d Conv.	580	1,740	2,900	6,530	10,150	14,500
2d Cpe SL	280	840	1,400	3,150	4,900	7,000
4d Sed SL	280	840	1,400	3,150	4,900	7,000
2d Cpe Int'l	300	900	1,500	3,380	5,250	7,500
4d Sed Int'l	300	900	1,500	3,380	5,250	7,500
1991 Eighty-Eight Royale, V-6						
2d Cpe.	272	816	1,360	3,060	4,760	6,800
4d Sed.	272	816	1,360	3,060	4,760	6,800
2d Cpe Brgm.	288	864	1,440	3,240	5,040	7,200
4d Sed Brgm.	288	864	1,440	3,240	5,040	7,200
1991 Custom Cruiser, V-8						
4d Sta Wag.	380	1,140	1,900	4,280	6,650	9,500
1991 Ninety-Eight, V-6						
4d Sed.	340	1,020	1,700	3,830	5,950	8,500
4d Sed Trg	380	1,140	1,900	4,280	6,650	9,500
1991 Toronado, V-6						
2d Cpe.	320	960	1,600	3,600	5,600	8,000
2d Cpe Trofeo.	380	1,140	1,900	4,280	6,650	9,500
1992 Achieva, 4-cyl.						
4d Sed S.	220	660	1,100	2,480	3,850	5,500
2d Cpe S.	220	660	1,100	2,480	3,850	5,500
4d Sed SL	236	708	1,180	2,660	4,130	5,900
2d Cpe SL	236	708	1,180	2,660	4,130	5,900
NOTE: Add 10 percent for V-6.						
1992 Cutlass Ciera, V-6						
4d Sed S	256	768	1,280	2,880	4,480	6,400
4d Sta Wag S	260	780	1,300	2,930	4,550	6,500
4d Sed SL	276	828	1,380	3,110	4,830	6,900
4d Sta Wag SL	280	840	1,400	3,150	4,900	7,000
NOTE: Deduct 10 percent for 4-cyl.						
1992 Cutlass Supreme, V-6						
4d Sed S.	300	900	1,500	3,380	5,250	7,500
2d Cpe S.	300	900	1,500	3,380	5,250	7,500
4d Sed Int'l	360	1,080	1,800	4,050	6,300	9,000
2d Cpe Int'l	360	1,080	1,800	4,050	6,300	9,000
2d Conv.	480	1,440	2,400	5,400	8,400	12,000
1992 Eighty-Eight, V-6						
4d Sed.	320	960	1,600	3,600	5,600	8,000
4d Sed LS.	340	1,020	1,700	3,830	5,950	8,500
4d Sta Wag.	380	1,140	1,900	4,280	6,650	9,500
1992 Ninety-Eight, V-6						
4d Sed Regency.	360	1,080	1,800	4,050	6,300	9,000
4d Sed Regency Elite.	380	1,140	1,900	4,280	6,650	9,500
4d Sed Trg	400	1,200	2,000	4,500	7,000	10,000
1992 Toronado, V-6						
2d Cpe.	420	1,260	2,100	4,730	7,350	10,500
2d Cpe Trofeo.	480	1,440	2,400	5,400	8,400	12,000
1993 Achieva, 4-cyl.						
2d Cpe S.	220	660	1,100	2,480	3,850	5,500
4d Sed S.	220	660	1,100	2,480	3,850	5,500
2d Cpe SL.	224	672	1,120	2,520	3,920	5,600
4d Sed SL.	224	672	1,120	2,520	3,920	5,600
1993 Achieva, V-6						
2d Cpe S.	228	684	1,140	2,570	3,990	5,700
4d Sed S.	228	684	1,140	2,570	3,990	5,700
2d Cpe SL.	232	696	1,160	2,610	4,060	5,800
4d Sed SL.	232	696	1,160	2,610	4,060	5,800
1993 Cutlass Ciera, 4-cyl.						
4d Sed.	224	672	1,120	2,520	3,920	5,600
4d Sta Wag.	232	696	1,160	2,610	4,060	5,800
1993 Cutlass Ciera, V-6						
4d Sed S.	228	684	1,140	2,570	3,990	5,700
4d Sta Wag S	236	708	1,180	2,660	4,130	5,900
4d Sed SL.	232	696	1,160	2,610	4,060	5,800
4d Sta Wag SL.	240	720	1,200	2,700	4,200	6,000

	6	5	4	3	2	1
1993 Cutlass Supreme, V-6						
2d Cpe S	248	744	1,240	2,790	4,340	6,200
4d Sed S	244	732	1,220	2,750	4,270	6,100
4d Sed Int'l	248	744	1,240	2,790	4,340	6,200
2d Cpe Int'l	252	756	1,260	2,840	4,410	6,300
2d Conv	500	1,450	2,400	5,400	8,400	12,000
1993 Eighty Eight, V-6						
4d Sed	300	900	1,500	3,380	5,250	7,500
4d Sed LS	304	912	1,520	3,420	5,320	7,600
1993 Ninety-Eight						
4d Sed Regency	344	1,032	1,720	3,870	6,020	8,600
4d Sed Regency Elite	350	1,040	1,740	3,920	6,090	8,700
4d Sed Trg	352	1,056	1,760	3,960	6,160	8,800
1994 Achieva, 4-cyl. & V-6						
2d Cpe S	228	684	1,140	2,570	3,990	5,700
4d Sed S	232	696	1,160	2,610	4,060	5,800
2d Cpe SC	244	732	1,220	2,750	4,270	6,100
4d Sed SL	248	744	1,240	2,790	4,340	6,200
1994 Cutlass Ciera						
4d Sed S, 4-cyl.	260	780	1,300	2,930	4,550	6,500
4d Sed S, V-6	268	804	1,340	3,020	4,690	6,700
4d Sta Wag S, V-6	272	816	1,360	3,060	4,760	6,800
1994 Cutlass Supreme, V-6						
2d Cpe S	300	900	1,500	3,380	5,250	7,500
4d Sed S	304	912	1,520	3,420	5,320	7,600
2d Conv	480	1,440	2,400	5,400	8,400	12,000
1994 Eighty Eight Royale, V-6						
4d Sed	300	950	1,600	3,600	5,600	8,000
4d Sed LS	350	1,000	1,700	3,830	5,950	8,500
1994 Ninety-Eight, V-6						
4d Sed Regency	420	1,260	2,100	4,730	7,350	10,500
4d Sed Regency Elite	440	1,320	2,200	4,950	7,700	11,000
1995 Achieva, 4-cyl. & V-6						
2d S Cpe	250	700	1,150	2,570	4,000	5,700
4d S Sed	250	700	1,150	2,610	4,050	5,800
1995 Ciera, 4-cyl. & V-6						
4d SL Sed	250	800	1,350	3,020	4,700	6,700
4d SL Cruiser Sta Wag (V-6 only)	300	850	1,450	3,240	5,050	7,200
1995 Cutlass Supreme, V-6						
2d SL Cpe	300	900	1,500	3,420	5,300	7,600
4d SL Sed	300	900	1,550	3,470	5,400	7,700
2d Conv	500	1,450	2,400	5,400	8,400	12,000
1995 Eighty-Eight Royale, V-6						
4d Sed	300	950	1,600	3,600	5,600	8,000
4d LS Sed	350	1,000	1,700	3,830	5,950	8,500
1995 Ninety-Eight, V-6						
4d Regency Elite Sed	440	1,320	2,200	4,950	7,700	11,000
1995 Aurora, V-8						
4d Sed	500	1,500	2,500	5,630	8,750	12,500
1996 Achieva, 4-cyl. & V-6						
2d SC Cpe	250	700	1,150	2,570	4,000	5,700
4d SL Sed	250	700	1,150	2,610	4,050	5,800
1996 Ciera, 4-cyl. & V-6						
4d SL Sed	250	800	1,350	3,020	4,700	6,700
4d SL Cruiser Sta Wag (V-6 only)	300	850	1,450	3,240	5,050	7,200
1996 Cutlass Supreme, V-6						
2d SL Cpe	300	900	1,500	3,420	5,300	7,600
4d SL Sed	300	900	1,550	3,470	5,400	7,700
1996 Eighty-Eight, V-6						
4d Sed	300	950	1,600	3,600	5,600	8,000
4d LS Sed	350	1,000	1,700	3,830	5,950	8,500
1996 LSS, V-6						
4d Sed	350	1,050	1,750	3,920	6,100	8,700

NOTE: Add 5 percent for supercharged V-6.

	6	5	4	3	2	1
1996 Ninety-Eight, V-6						
4d Regency Elite Sed	440	1,320	2,200	4,950	7,700	11,000
1996 Aurora, V-8						
4d Sed	500	1,500	2,500	5,630	8,750	12,500
1997 Achieva, 4-cyl. & V-6						
2d SC Cpe	228	684	1,140	2,570	3,990	5,700
4d SL Sed	232	696	1,160	2,610	4,060	5,800
1997 Cutlass, V-6						
4d Sed	300	900	1,500	3,380	5,250	7,500
4d GLS Sed	320	960	1,600	3,600	5,600	8,000
1997 Cutlass Supreme, V-6						
2d SL Cpe	304	912	1,520	3,420	5,320	7,600
4d SL Sed	308	924	1,540	3,470	5,390	7,700

	6	5	4	3	2	1
1997 Eighty-Eight, V-6						
4d Sed.	320	960	1,600	3,600	5,600	8,000
4d LS Sed.	340	1,020	1,700	3,830	5,950	8,500
1997 LSS, V-6						
4d Sed.	348	1,044	1,740	3,920	6,090	8,700
NOTE: Add 5 percent for supercharged V-6.						
1997 Regency, V-6						
4d Regency Elite Sed	440	1,320	2,200	4,950	7,700	11,000
1997 Aurora, V-8						
4d Sed.	500	1,500	2,500	5,630	8,750	12,500
1998 Achieva, V-6						
4d SL Sed.	230	700	1,160	2,610	4,060	5,800
1998 Cutlass, V-6						
4d GL Sed.	300	900	1,500	3,380	5,250	7,500
4d GLS Sed.	320	960	1,600	3,600	5,600	8,000
1998 Intrigue, V-6						
4d Sed.	300	910	1,520	3,420	5,320	7,600
4d GL Sed.	310	920	1,540	3,470	5,390	7,700
4d GLS Sed.	320	950	1,580	3,560	5,530	7,900
1998 Eighty-Eight, V-6						
4d Sed.	320	960	1,600	3,600	5,600	8,000
4d LS Sed.	340	1,020	1,700	3,830	5,950	8,500
1998 LSS, V-6						
4d Sed.	350	1,040	1,740	3,920	6,090	8,700
NOTE: Add 5 percent for supercharged V-6.						
1998 Regency, V-6						
4d Sed.	440	1,320	2,200	4,950	7,700	11,000
1998 Aurora, V-8						
4d Sed.	500	1,500	2,500	5,630	8,750	12,500
NOTE: Add 5 percent for either Autobahn Pkg or Gold Pkg.						
1999 Alero, 4-cyl. & V-6						
2d GX Cpe (4-cyl. only).	200	600	1,000	2,250	3,500	5,000
2d GL Cpe.	210	620	1,040	2,340	3,640	5,200
2d GLS Cpe (V-6 only)	230	700	1,160	2,610	4,060	5,800
4d GX Sed (4-cyl. only).	210	640	1,060	2,390	3,710	5,300
4d GL Sed.	220	660	1,100	2,480	3,850	5,500
4d GLS Sed (V-6 only)	240	720	1,200	2,700	4,200	6,000
NOTE: Add 5 percent for Sport Pkg on GL Sed. Add 5 percent for Performance Suspension Pkg on GLS Cpe.						
1999 Cutlass, V-6						
4d GL Sed.	300	900	1,500	3,380	5,250	7,500
4d GLS Sed.	320	960	1,600	3,600	5,600	8,000
NOTE: Add 5 percent for Gold Pkg.						
1999 Intrigue, V-6						
4d GX Sed.	300	910	1,520	3,420	5,320	7,600
4d GL Sed.	310	940	1,560	3,510	5,460	7,800
4d GLS Sed.	320	970	1,620	3,650	5,670	8,100
NOTE: Add 5 percent for Autobahn Pkg.						
1999 Eighty-Eight, V-6						
4d Sed.	320	960	1,600	3,600	5,600	8,000
4d LS Sed.	340	1,020	1,700	3,830	5,950	8,500
NOTE: Add 5 percent for 50th Anv Ed.						
1999 LSS, V-6						
4d Sed.	350	1,040	1,740	3,920	6,090	8,700
NOTE: Add 5 percent for supercharged V-6.						
1999 Aurora, V-8						
4d Sed.	500	1,500	2,500	5,630	8,750	12,500
NOTE: Add 5 percent for either Autobahn Pkg or Gold Pkg.						
2000 Alero, 4-cyl. & V-6						
2d GX Cpe (4-cyl. only).	200	600	1,000	2,250	3,500	5,000
2d GL Cpe.	210	620	1,040	2,340	3,640	5,200
2d GLS Cpe (V-6 only)	230	700	1,160	2,610	4,060	5,800
4d GX Sed (4-cyl. only).	210	640	1,060	2,390	3,710	5,300
4d GL Sed.	220	660	1,100	2,480	3,850	5,500
4d GLS Sed (V-6 only)	240	720	1,200	2,700	4,200	6,000
NOTE: Add 5 percent for Sport Pkg on GL Sed. Add 5 percent for Performance Suspension Pkg on GLS Cpe.						
2000 Intrigue, V-6						
4d GX Sed.	300	910	1,520	3,420	5,320	7,600
4d GL Sed.	310	940	1,560	3,510	5,460	7,800
4d GLS Sed.	320	970	1,620	3,650	5,670	8,100
NOTE: Add 5 percent for Autobahn Pkg.						
NOTE: Aurora was re-introduced in 2000 as a 2001 model.						
2001 Alero, 4-cyl. & V-6						
2d GX Cpe (4-cyl. only).	200	600	1,000	2,500	3,500	5,000
2d GL Cpe.	210	620	1,040	2,600	3,640	5,200
2d GLS Cpe (V-6 only)	230	700	1,160	2,900	4,060	5,800
4d GX Sed (4-cyl. only).	210	640	1,060	2,390	3,710	5,300

	6	5	4	3	2	1
4d GL Sed 220	660	1,100	2,750	3,850	5,500
4d GLS Sed (V-6 only). 240	720	1,200	3,000	4,200	6,000

NOTE: Add 5 percent for Sport pkg. on GL. Add 5 percent for Performance Suspension pkg. on GLS.

2001 Intrigue, V-6

	6	5	4	3	2	1
4d GX Sed 300	910	1,520	3,800	5,320	7,600
4d GL Sed 310	940	1,560	3,900	5,460	7,800
4d GLS Sed 320	970	1,620	4,050	5,670	8,100

NOTE: Add 5 percent for Precision Control System pkg. (except GLS).

2001 Aurora, V-6 & V-8

	6	5	4	3	2	1
4d Sed 340	1,030	1,720	4,300	6,020	8,600

2002 Alero, 4-cyl. & V-6

	6	5	4	3	2	1
2d GX Cpe (4-cyl. only) 200	600	1,000	2,500	3,500	5,000
2d GL Cpe 210	620	1,040	2,600	3,640	5,200
2d GLS Cpe (V-6 only). 230	700	1,160	2,900	4,060	5,800
4d GX Sed (4-cyl. only) 210	640	1,060	2,650	3,710	5,300
4d GL Sed 220	660	1,100	2,750	3,850	5,500
4d GLS Sed (V-6 only). 240	720	1,200	3,000	4,200	6,000

NOTE: Add 5 percent for GLS Performance Suspension pkg.

2002 Intrigue, V-6

	6	5	4	3	2	1
4d GX Sed 300	910	1,520	3,800	5,320	7,600
4d GL Sed 310	940	1,560	3,900	5,460	7,800
4d GLS Sed 320	970	1,620	4,050	5,670	8,100

NOTE: Add 5 percent for Collector's Ed.

2002 Aurora, V-6 & V-8

	6	5	4	3	2	1
4d Sed 340	1,030	1,720	4,300	6,020	8,600

NOTE: V-6 was phased out at mid-model year.

2003 Alero, 4-cyl. & V-6

	6	5	4	3	2	1
2d GX Cpe (4-cyl only) 200	600	1,000	2,500	3,500	5,000
2d GL Cpe 210	620	1,040	2,600	3,640	5,200
2d GLS Cpe (V-6 only). 230	700	1,160	2,900	4,060	5,800
4d GX Sed (4-cyl only) 210	640	1,060	2,650	3,710	5,300
4d GL Sed 220	660	1,100	2,750	3,850	5,500
4d GLS Sed (V-6 only). 240	720	1,200	3,000	4,200	6,000

2003 Aurora, V-8

	6	5	4	3	2	1
4d 4.0L Sed 380	1,140	1,900	4,750	6,650	9,500

2004 Alero, 4-cyl. & V-6

	6	5	4	3	2	1
2d GX Cpe (4-cyl. only) 200	600	1,000	2,500	3,500	5,000
2d GL Cpe 210	620	1,040	2,600	3,640	5,200
2d GLS Cpe (V-6 only). 230	700	1,160	2,900	4,060	5,800
4d GX Sed (4-cyl. only) 210	640	1,060	2,650	3,710	5,300
4d GL Sed 220	660	1,100	2,750	3,850	5,500
4d GLS Sed (V-6 only). 240	720	1,200	3,000	4,200	6,000

NOTE: Oldsmobile was discontinued at the end of the 2004 model year.

PACKARD

1899 Model A, 1-cyl.

Rds. . . . . value not estimable

1900 Model B, 1-cyl.

Rds. . . . . value not estimable

1901 Model C, 1-cyl.

Rds. . . . . value not estimable

1902-03 Model F, 4-cyl.

Tr . . . . value not estimable

1904 Model L, 4-cyl.

Tr . . . . value not estimable

1904 Model M, 4-cyl.

Tr . . . . value not estimable

1905 Model N, 4-cyl.

Tr . . . . value not estimable

1906 Model S, 4-cyl., 24 hp

	6	5	4	3	2	1
Tr 3,200	9,600	16,000	36,000	56,000	80,000

1907 Model U, 4-cyl., 30 hp

	6	5	4	3	2	1
Tr 3,200	9,600	16,000	36,000	56,000	80,000

1908 Model UA, 4-cyl., 30 hp

	6	5	4	3	2	1
Tr 3,200	9,600	16,000	36,000	56,000	80,000
Rds. 3,000	9,000	15,000	33,750	52,500	75,000

1909 Model UB UBS, 4-cyl., 30 hp

	6	5	4	3	2	1
Tr 3,200	9,600	16,000	36,000	56,000	80,000
Rbt 3,000	9,000	15,000	33,750	52,500	75,000

1909 Model NA, 4-cyl., 18 hp

	6	5	4	3	2	1
Tr 2,600	7,800	13,000	29,250	45,500	65,000

1910-11 Model UC UCS, 4-cyl., 30 hp

	6	5	4	3	2	1
Tr 3,200	9,600	16,000	36,000	56,000	80,000
Rbt 3,120	9,360	15,600	35,100	54,600	78,000

1910-11 Model NB, 4-cyl., 18 hp

	6	5	4	3	2	1
Tr 2,600	7,800	13,000	29,250	45,500	65,000

	6	5	4	3	2	1
1911-12 Model UE, 4-cyl., 30 hp						
Tr.	3,000	9,000	15,000	33,750	52,500	75,000
Phae	3,040	9,120	15,200	34,200	53,200	76,000
Rbt.	2,600	7,800	13,000	29,250	45,500	65,000
Cpe	2,600	7,800	13,000	29,250	45,500	65,000
Brgm	2,400	7,200	12,000	27,000	42,000	60,000
Limo	2,520	7,560	12,600	28,350	44,100	63,000
Imp Limo	2,560	7,680	12,800	28,800	44,800	64,000
1912 Model NE, 4-cyl., 18 hp						
Tr.	3,200	9,600	16,000	36,000	56,000	80,000
Rbt.	3,160	9,480	15,800	35,550	55,300	79,000
Cpe	3,200	9,600	16,000	36,000	56,000	80,000
Limo	2,800	8,400	14,000	31,500	49,000	70,000
Imp Limo	2,920	8,760	14,600	32,850	51,100	73,000
1912 Model 12-48, 6-cyl., 36 hp						
Tr.	3,400	10,200	17,000	38,250	59,500	85,000
Phae	3,280	9,840	16,400	36,900	57,400	82,000
Rbt.	3,240	9,720	16,200	36,450	56,700	81,000
Cpe	2,800	8,400	14,000	31,500	49,000	70,000
Brgm	2,720	8,160	13,600	30,600	47,600	68,000
Limo	2,800	8,400	14,000	31,500	49,000	70,000
Imp Limo	2,880	8,640	14,400	32,400	50,400	72,000
1912 Model 1-38, 6-cyl., 38 hp						
Tr.	3,520	10,560	17,600	39,600	61,600	88,000
Phae	3,360	10,080	16,800	37,800	58,800	84,000
4P Phae	3,400	10,200	17,000	38,250	59,500	85,000
Rbt.	3,280	9,840	16,400	36,900	57,400	82,000
Cpe	2,880	8,640	14,400	32,400	50,400	72,000
Imp Cpe.	2,800	8,400	14,000	31,500	49,000	70,000
Lan'let	2,880	8,640	14,400	32,400	50,400	72,000
Imp Lan'let.	3,200	9,600	16,000	36,000	56,000	80,000
Limo	3,360	10,080	16,800	37,800	58,800	84,000
Imp Limo	3,280	9,840	16,400	36,900	57,400	82,000
1913 Model 13-48, 6-cyl.						
Tr.	3,560	10,680	17,800	40,050	62,300	89,000
1914 Model 2-38, 6-cyl.						
Tr.	3,520	10,560	17,600	39,600	61,600	88,000
Sal Tr.	3,560	10,680	17,800	40,050	62,300	89,000
Spl Tr.	3,560	10,680	17,800	40,050	62,300	89,000
Phae	3,520	10,560	17,600	39,600	61,600	88,000
4P Phae	3,520	10,560	17,600	39,600	61,600	88,000
Cpe	3,520	10,560	17,600	39,600	61,600	88,000
Brgm	3,520	10,560	17,600	39,600	61,600	88,000
4P Brgm	3,520	10,560	17,600	39,600	61,600	88,000
1914 Model 2-38						
Lan'let	3,520	10,560	17,600	39,600	61,600	88,000
Cabr Lan'let.	3,600	10,800	18,000	40,500	63,000	90,000
Limo	3,360	10,080	16,800	37,800	58,800	84,000
Cabr Limo	3,520	10,560	17,600	39,600	61,600	88,000
Imp Limo	3,400	10,200	17,000	38,250	59,500	85,000
Sal Limo	3,440	10,320	17,200	38,700	60,200	86,000
1914 Model 14-48, 6-cyl.						
Tr.	3,560	10,680	17,800	40,050	62,300	89,000
1914 Model 4-48, 6-cyl., 48 hp						
Tr.	3,520	10,560	17,600	39,600	61,600	88,000
Sal Tr.	3,520	10,560	17,600	39,600	61,600	88,000
Phae	3,680	11,040	18,400	41,400	64,400	92,000
4P Phae	3,720	11,160	18,600	41,850	65,100	93,000
Cpe	3,320	9,960	16,600	37,350	58,100	83,000
Brgm	3,280	9,840	16,400	36,900	57,400	82,000
Sal Brgm	3,320	9,960	16,600	37,350	58,100	83,000
Lan'let	3,360	10,080	16,800	37,800	58,000	84,000
Cabr Lan'let.	3,480	10,440	17,400	39,150	60,900	87,000
Limo	3,360	10,080	16,800	37,800	58,800	84,000
Imp Limo	3,440	10,320	17,200	38,700	60,200	86,000
Sal Limo	3,480	10,440	17,400	39,150	60,900	87,000
1915 Model 3-38, 6-cyl.						
Tr.	3,520	10,560	17,600	39,600	61,600	88,000
Sal Tr.	3,440	10,320	17,200	38,700	60,200	86,000
Spl Tr.	3,560	10,680	17,800	40,050	62,300	89,000
Phae	3,360	10,080	16,800	37,800	58,800	84,000
4P Phae	3,400	10,200	17,000	38,250	59,500	85,000
1915 Model 3-38, 38 hp						
Brgm	3,520	10,560	17,600	39,600	61,600	88,000
4P Brgm	3,520	10,560	17,600	39,600	61,600	88,000
Cpe	3,520	10,560	17,600	39,600	61,600	88,000

	6	5	4	3	2	1
Lan'let.	3,600	10,800	18,000	40,500	63,000	90,000
Cabr Lan'let	3,680	11,040	18,400	41,400	64,400	92,000
Limo	3,760	11,280	18,800	42,300	65,800	94,000
Limo Cabr.	3,520	10,560	17,600	39,600	61,600	88,000
Imp Limo	3,400	10,200	17,000	38,250	59,500	85,000
Sal Limo	3,440	10,320	17,200	38,700	60,200	86,000
1915 Model 5-48, 6-cyl., 48 hp						
Tr	3,520	10,560	17,600	39,600	61,600	88,000
Sal Tr	3,560	10,680	17,800	40,050	62,300	89,000
Phae.	3,600	10,800	18,000	40,500	63,000	90,000
4P Phae	3,640	10,920	18,200	40,950	63,700	91,000
Rbt	3,800	11,400	19,000	42,750	66,500	95,000
Cpe.	3,080	9,240	15,400	34,650	53,900	77,000
Brgm.	3,040	9,120	15,200	34,200	53,200	76,000
Sal Brgm	3,080	9,240	15,400	34,650	53,900	77,000
Lan'let.	3,480	10,440	17,400	39,150	60,900	87,000
Cabr Lan'let	3,640	10,920	18,200	40,950	63,700	91,000
Limo	3,760	11,280	18,800	42,300	65,800	94,000
Cabr Limo.	3,800	11,400	19,000	42,750	66,500	95,000
Imp Limo	3,800	11,400	19,000	42,750	66,500	95,000
1916 Twin Six, 12-cyl., 125" wb						
Tr	3,120	9,360	15,600	35,100	54,600	78,000
Sal Tr	3,160	9,480	15,800	35,550	55,300	79,000
Phae.	3,200	9,600	16,000	36,000	56,000	80,000
Sal Phae.	3,240	9,720	16,200	36,450	56,700	81,000
Rbt	3,160	9,480	15,800	35,550	55,300	79,000
Brgm.	2,680	8,040	13,400	30,150	46,900	67,000
Cpe.	2,720	8,160	13,600	30,600	47,600	68,000
Lan'let.	2,800	8,400	14,000	31,500	49,000	70,000
Limo	2,840	8,520	14,200	31,950	49,700	71,000
1916 Twin Six, 12-cyl., 135" wb						
Tr	3,240	9,720	16,200	36,450	56,700	81,000
Sal Tr	3,280	9,840	16,400	36,900	57,400	82,000
Phae.	3,240	9,720	16,200	36,450	56,700	81,000
Sal Phae.	3,320	9,960	16,600	37,350	58,100	83,000
Brgm.	2,800	8,400	14,000	31,500	49,000	70,000
Lan'let.	2,880	8,640	14,400	32,400	50,400	72,000
Sal Lan'let	2,920	8,760	14,600	32,850	51,100	73,000
Cabr Lan'let	3,200	9,600	16,000	36,000	56,000	80,000
Limo	2,920	8,760	14,600	32,850	51,100	73,000
Cabr Limo.	3,240	9,720	16,200	36,450	56,700	81,000
Imp Limo	3,200	9,600	16,000	36,000	56,000	80,000
1917 Series II Twin Six, 12-cyl., 126" wb						
Tr	2,920	8,760	14,600	32,850	51,100	73,000
Phae.	2,960	8,880	14,800	33,300	51,800	74,000
Sal Phae.	3,000	9,000	15,000	33,750	52,500	75,000
2P Rbt	2,880	8,640	14,400	32,400	50,400	72,000
4P Rbt	2,920	8,760	14,600	32,850	51,100	73,000
Brgm.	2,440	7,320	12,200	27,450	42,700	61,000
Cpe.	2,520	7,560	12,600	28,350	44,100	63,000
Lan'let.	2,800	8,400	14,000	31,500	49,000	70,000
Limo	2,840	8,520	14,200	31,950	49,700	71,000
1917 Series II Twin Six, 12-cyl., 135" wb						
Tr	3,040	9,120	15,200	34,200	53,200	76,000
Sal Tr	3,080	9,240	15,400	34,650	53,900	77,000
Phae.	3,120	9,360	15,600	35,100	54,600	78,000
Sal Phae.	3,160	9,480	15,800	35,550	55,300	79,000
Brgm.	3,080	9,240	15,400	34,650	53,900	77,000
Lan'let.	2,720	8,160	13,600	30,600	47,600	68,000
Cabr Lan'let	2,840	8,520	14,200	31,950	49,700	71,000
Limo	2,800	8,400	14,000	31,500	49,000	70,000
Cabr Limo.	2,840	8,520	14,200	31,950	49,700	71,000
Imp Limo	2,880	8,640	14,400	32,400	50,400	72,000
1918-20 Twin Six, 12-cyl., 128" wb						
Tr	2,640	7,920	13,200	29,700	46,200	66,000
Sal Tr	2,680	8,040	13,400	30,150	46,900	67,000
Phae.	2,760	8,280	13,800	31,050	48,300	69,000
Sal Phae.	2,840	8,520	14,200	31,950	49,700	71,000
Rbt	2,800	8,400	14,000	31,500	49,000	70,000
2d Brgm	2,160	6,480	10,800	24,300	37,800	54,000
Cpe.	2,240	6,720	11,200	25,200	39,200	56,000
Lan'let.	2,560	7,680	12,800	28,800	44,800	64,000
Limo	2,640	7,920	13,200	29,700	46,200	66,000
1918-20 Twin Six, 12-cyl., 136" wb						
Tr	2,840	8,520	14,200	31,950	49,700	71,000
Sal Tr	2,920	8,760	14,600	32,850	51,100	73,000

	6	5	4	3	2	1
Brgm	2,200	6,600	11,000	24,750	38,500	55,000
Lan'let	2,640	7,920	13,200	29,700	46,200	66,000
Limo	2,680	8,040	13,400	30,150	46,900	67,000
Imp Limo	2,760	8,280	13,800	31,050	48,300	69,000
1921-22 Single Six (1st Series), 116" wb						
5P Tr	1,760	5,280	8,800	19,800	30,800	44,000
Rbt	1,720	5,160	8,600	19,350	30,100	43,000
7P Tr	1,800	5,400	9,000	20,250	31,500	45,000
Cpe	1,560	4,680	7,800	17,550	27,300	39,000
Sed	1,480	4,440	7,400	16,650	25,900	37,000
1921-22 Single Six, 6-cyl., 126" wb						
Rbt	1,840	5,520	9,200	20,700	32,200	46,000
Rds	1,920	5,760	9,600	21,600	33,600	48,000
Tr	1,880	5,640	9,400	21,150	32,900	47,000
Cpe	1,600	4,800	8,000	18,000	28,000	40,000
5P Cpe	1,560	4,680	7,800	17,550	27,300	39,000
Sed	1,520	4,560	7,600	17,100	26,600	38,000
Limo Sed	1,640	4,920	8,200	18,450	28,700	41,000
1921-22 Single Six, 6-cyl., 133" wb						
Tr	1,920	5,760	9,600	21,600	33,600	48,000
Sed	1,520	4,560	7,600	17,100	26,600	38,000
Limo	1,640	4,920	8,200	18,450	28,700	41,000
1923-24 Single Six, 6-cyl., 126" wb						
Rbt	1,680	5,040	8,400	18,900	29,400	42,000
Spt Rds	1,760	5,280	8,800	19,800	30,800	44,000
Tr	1,720	5,160	8,600	19,350	30,100	43,000
Sed	1,360	4,080	6,800	15,300	23,800	34,000
Tr Sed	1,400	4,200	7,000	15,750	24,500	35,000
Limo Sed	1,520	4,560	7,600	17,100	26,600	38,000
1923-24 Single Six, 6-cyl., 133" wb						
Tr	1,800	5,400	9,000	20,250	31,500	45,000
Sed	1,400	4,200	7,000	15,750	24,500	35,000
Sed Limo	1,560	4,680	7,800	17,550	27,300	39,000
1923-24 Single Eight, 8-cyl., 136" wb						
Tr	1,960	5,880	9,800	22,050	34,300	49,000
Rbt	2,040	6,120	10,200	22,950	35,700	51,000
Spt Rds	2,160	6,480	10,800	24,300	37,800	54,000
Cpe	1,480	4,440	7,400	16,650	25,900	37,000
5P Cpe	1,440	4,320	7,200	16,200	25,200	36,000
Sed	1,400	4,200	7,000	15,750	24,500	35,000
Sed Limo	1,560	4,680	7,800	17,550	27,300	39,000
1923-24 Single Eight, 8-cyl., 143" wb						
Tr	2,040	6,120	10,200	22,950	35,700	51,000
Sed	1,440	4,320	7,200	16,200	25,200	36,000
Clb Sed	1,480	4,440	7,400	16,650	25,900	37,000
Sed Limo	1,600	4,800	8,000	18,000	28,000	40,000
1925-26 Single Six (3rd Series), 6-cyl., 126" wb						
Rbt	1,640	4,920	8,200	18,450	28,700	41,000
Spt Rds	1,760	5,280	8,800	19,800	30,800	44,000
Phae	1,800	5,400	9,000	20,250	31,500	45,000
2P Cpe	1,320	3,960	6,600	14,850	23,100	33,000
Cpe	1,280	3,840	6,400	14,400	22,400	32,000
5P Cpe	1,240	3,720	6,200	13,950	21,700	31,000
Sed	1,160	3,480	5,800	13,050	20,300	29,000
Sed Limo	1,360	4,080	6,800	15,300	23,800	34,000
1925-26 Single Six (3rd Series), 6-cyl., 133" wb						
Tr	1,560	4,680	7,800	17,550	27,300	39,000
Sed	1,200	3,600	6,000	13,500	21,000	30,000
Clb Sed	1,240	3,720	6,200	13,950	21,700	31,000
Sed Limo	1,400	4,200	7,000	15,750	24,500	35,000
1927 Single Six (4th Series), 6-cyl., 126" wb						
Rds	1,720	5,160	8,600	19,350	30,100	43,000
Phae	1,760	5,280	8,800	19,800	30,800	44,000
Sed	1,240	3,720	6,200	13,950	21,700	31,000
1927 Single Six (4th Series), 6-cyl., 133" wb						
Tr	1,760	5,280	8,800	19,800	30,800	44,000
Cpe	1,320	3,960	6,600	14,850	23,100	33,000
Sed	1,280	3,840	6,400	14,400	22,400	32,000
Clb Sed	1,320	3,960	6,600	14,850	23,100	33,000
Sed Limo	1,440	4,320	7,200	16,200	25,200	36,000
1927 Single Eight (3rd Series), 8-cyl., 136" wb						
Rbt	2,120	6,360	10,600	23,850	37,100	53,000
Phae	2,160	6,480	10,800	24,300	37,800	54,000
Sed	1,320	3,960	6,600	14,850	23,100	33,000
1927 Single Eight (3rd Series), 8-cyl., 143" wb						
Tr	2,200	6,600	11,000	24,750	38,500	55,000

PACKARD

	6	5	4	3	2	1
Cpe.	1,480	4,440	7,400	16,650	25,900	37,000
Sed.	1,360	4,080	6,800	15,300	23,800	34,000
Clb Sed	1,400	4,200	7,000	15,750	24,500	35,000
Sed Limo	1,520	4,560	7,600	17,100	26,600	38,000
1928 Single Six (5th Series), 6-cyl., 126" wb						
Phae.	3,720	11,160	18,600	41,850	65,100	93,000
Rbt	3,600	10,800	18,000	40,500	63,000	90,000
Conv.	1,680	5,040	8,400	18,900	29,400	42,000
RS Cpe.	1,440	4,320	7,200	16,200	25,200	36,000
Sed.	1,160	3,480	5,800	13,050	20,300	29,000
1928 Single Six (5th Series), 6-cyl., 133" wb						
Phae.	5,120	15,360	25,600	57,600	89,600	128,000
7P Tr	5,000	15,000	25,000	56,250	87,500	125,000
Rbt	5,080	15,240	25,400	57,150	88,900	127,000
Sed.	1,400	4,200	7,000	15,750	24,500	35,000
Clb Sed	1,440	4,320	7,200	16,200	25,200	36,000
Sed Limo	1,480	4,440	7,400	16,650	25,900	37,000
1928 Standard, Single Eight (4th Series), 8-cyl., 143" wb						
Rbt	7,600	22,800	38,000	85,500	133,000	190,000
Phae.	7,200	21,600	36,000	81,000	126,000	180,000
Conv.	7,000	21,000	35,000	78,750	122,500	175,000
7P Tr	7,200	21,600	36,000	81,000	126,000	180,000
4P Cpe.	2,000	6,000	10,000	22,500	35,000	50,000
5P Cpe.	2,200	6,600	11,000	24,750	38,500	55,000
Sed.	2,000	6,000	10,000	22,500	35,000	50,000
Clb Sed	2,200	6,600	11,000	24,750	38,500	55,000
Sed Limo	2,200	6,600	11,000	24,750	38,500	55,000
1928 Custom, Single Eight (4th Series), 8-cyl., 143" wb						
7P Tr	7,600	22,800	38,000	85,500	133,000	190,000
Phae.	8,000	24,000	40,000	90,000	140,000	200,000
Rbt	8,400	25,200	42,000	94,500	147,000	210,000
Conv Cpe	7,200	21,600	36,000	81,000	126,000	180,000
RS Cpe.	3,200	9,600	16,000	36,000	56,000	80,000
7P Sed	2,600	7,800	13,000	29,250	45,500	65,000
Sed.	2,520	7,560	12,600	28,350	44,100	63,000
Sed Limo	2,600	7,800	13,000	29,250	45,500	65,000
1929 Model 626, Standard Eight (6th Series), 8-cyl.						
Conv.	2,000	6,000	10,000	22,500	35,000	50,000
Cpe.	1,600	4,800	8,000	18,000	28,000	40,000
Sed.	1,400	4,200	7,000	15,750	24,500	35,000
1929 Model 633, Standard Eight (6th Series), 8-cyl.						
Phae.	5,000	15,000	25,000	56,250	87,500	125,000
Rbt	5,400	16,200	27,000	60,750	94,500	135,000
7P Tr	4,200	12,600	21,000	47,250	73,500	105,000
Cpe.	1,880	5,640	9,400	21,150	32,900	47,000
Sed.	1,360	4,080	6,800	15,300	23,800	34,000
Clb Sed	1,400	4,200	7,000	15,750	24,500	35,000
Limo Sed	1,640	4,920	8,200	18,450	28,700	41,000
1929 Model 626, Speedster Eight (6th Series), 8-cyl.						
Phae.			value not estimable			
Rds			value not estimable			
1929 Model 640, Custom Eight (6th Series), 8-cyl.						
DC Phae.	6,000	18,000	30,000	67,500	105,000	150,000
7P Tr	5,840	17,520	29,200	65,700	102,200	146,000
Rbt	6,800	20,400	34,000	76,500	119,000	170,000
Conv.	6,000	18,000	30,000	67,500	105,000	150,000
RS Cpe.	2,680	8,040	13,400	30,150	46,900	67,000
4P Cpe.	2,080	6,240	10,400	23,400	36,400	52,000
Sed.	2,000	6,000	10,000	22,500	35,000	50,000
Clb Sed	2,040	6,120	10,200	22,950	35,700	51,000
Limo	2,120	6,360	10,600	23,850	37,100	53,000
1929 Model 645, DeLuxe Eight (6th Series), 8-cyl.						
Phae.	9,000	27,000	45,000	101,250	157,500	225,000
Spt Phae	9,200	27,600	46,000	103,500	161,000	230,000
7P Tr	7,200	21,600	36,000	81,000	126,000	180,000
Rbt	9,000	27,000	45,000	101,250	157,500	225,000
RS Cpe.	2,800	8,400	14,000	31,500	49,000	70,000
5P Cpe.	2,480	7,440	12,400	27,900	43,400	62,000
Sed.	2,240	6,720	11,200	25,200	39,200	56,000
Clb Sed	2,280	6,840	11,400	25,650	39,900	57,000
Limo	2,360	7,080	11,800	26,550	41,300	59,000
1930 Model 726, Standard 8 (7th Series), 8-cyl.						
Sed.	1,400	4,200	7,000	15,750	24,500	35,000
1930 Model 733, Standard 8 (7th Series), 8-cyl., 134" wb						
Phae.	5,040	15,120	25,200	56,700	88,200	126,000
Spt Phae	5,520	16,560	27,600	62,100	96,600	138,000

	6	5	4	3	2	1
Rds 5,440	16,320	27,200	61,200	95,200	136,000
7P Tr. 4,560	13,680	22,800	51,300	79,800	114,000
RS Cpe 2,680	8,040	13,400	30,150	46,900	67,000
4P Cpe 1,480	4,440	7,400	16,650	25,900	37,000
Conv 4,200	12,600	21,000	47,250	73,500	105,000
Sed 1,560	4,680	7,800	17,550	27,300	39,000
Clb Sed 1,640	4,920	8,200	18,450	28,700	41,000
Limo Sed 1,800	5,400	9,000	20,250	31,500	45,000

1930 Model 734, Speedster Eight (7th Series), 8-cyl.

Boat.		value not estimable				
RS Rds		value not estimable				
Phae		value not estimable				
Vic.		value not estimable				
Sed		value not estimable				

1930 Model 740, Custom Eight (7th Series), 8-cyl.

	6	5	4	3	2	1
Phae 5,920	17,760	29,600	66,600	103,600	148,000
Spt Phae 6,200	18,600	31,000	69,750	108,500	155,000
7P Tr 5,840	17,520	29,200	65,700	102,200	146,000
Rds 7,320	21,960	36,600	82,350	128,100	183,000
Conv 6,320	18,960	31,600	71,100	110,600	158,000
RS Cpe 2,920	8,760	14,600	32,850	51,100	73,000
5P Cpe 2,280	6,840	11,400	25,650	39,900	57,000
Sed 2,000	6,000	10,000	22,500	35,000	50,000
7P Sed 2,040	6,120	10,200	22,950	35,700	51,000
Clb Sed. 2,080	6,240	10,400	23,400	36,400	52,000
Limo 2,240	6,720	11,200	25,200	39,200	56,000

1930 Model 745, DeLuxe Eight (7th Series)

	6	5	4	3	2	1
Phae 9,520	28,560	47,600	107,100	166,600	238,000
Spt Phae 9,920	29,760	49,600	111,600	173,600	248,000
Rds 9,320	27,960	46,600	104,850	163,100	233,000
Conv 10,920	32,760	54,600	122,850	191,100	273,000
7P Tr 9,520	28,560	47,600	107,100	166,600	238,000
RS Cpe 2,960	8,880	14,800	33,300	51,800	74,000
5P Cpe 2,560	7,680	12,800	28,800	44,800	64,000
Sed 2,280	6,840	11,400	25,650	39,900	57,000
7P Sed 2,360	7,080	11,800	26,550	41,300	59,000
Clb Sed 2,440	7,320	12,200	27,450	42,700	61,000
Limo 2,640	7,920	13,200	29,700	46,200	66,000

1931 Model 826, Standard Eight (8th Series)

	6	5	4	3	2	1
Sed 1,400	4,200	7,000	15,750	24,500	35,000

1931 Model 833, Standard Eight (8th Series)

	6	5	4	3	2	1
Phae 5,120	15,360	25,600	57,600	89,600	128,000
Spt Phae 5,200	15,600	26,000	58,500	91,000	130,000
7P Tr 4,640	13,920	23,200	52,200	81,200	116,000
Conv Sed 5,400	16,200	27,000	60,750	94,500	135,000
Rds 5,520	16,560	27,600	62,100	96,600	138,000
Conv 5,520	16,560	27,600	62,100	96,600	138,000
RS Cpe 2,760	8,280	13,800	31,050	48,300	69,000
5P Cpe 2,400	7,200	12,000	27,000	42,000	60,000
7P Sed 1,680	5,040	8,400	18,900	29,400	42,000
Clb Sed 1,720	5,160	8,600	19,350	30,100	43,000

NOTE: Add 45 percent for 845 models.

1931 Model 840, Custom

	6	5	4	3	2	1
A/W Cabr. 6,520	19,560	32,600	73,350	114,100	163,000
A/W Spt Cabr 6,720	20,160	33,600	75,600	117,600	168,000
A/W Lan'let 6,920	20,760	34,600	77,850	121,100	173,000
A/W Spt Lan'let 7,120	21,360	35,600	80,100	124,600	178,000
Dtrch Cv Sed. 7,320	21,960	36,600	82,350	128,100	183,000
Limo Cabr. 7,320	21,960	36,600	82,350	128,100	183,000
A/W Twn Car. 7,120	21,360	35,600	80,100	124,600	178,000
Dtrch Cv Vic 7,520	22,560	37,600	84,600	131,600	188,000
Conv 7,720	23,160	38,600	86,850	135,100	193,000
Spt Phae 9,120	27,360	45,600	102,600	159,600	228,000
Phae 8,920	26,760	44,600	100,350	156,100	223,000
Rds 7,920	23,760	39,600	89,100	138,600	198,000
Tr. 7,720	23,160	38,600	86,850	135,100	193,000
RS Cpe 3,040	9,120	15,200	34,200	53,200	76,000
5P Cpe 2,480	7,440	12,400	27,900	43,400	62,000
Sed 2,080	6,240	10,400	23,400	36,400	52,000
Clb Sed 2,200	6,600	11,000	24,750	38,500	55,000

1931 Model 840, Individual Custom

	6	5	4	3	2	1
A/W Cabr. 10,120	30,360	50,600	113,850	177,100	253,000
A/W Spt Cabr 10,320	30,960	51,600	116,100	180,600	258,000
A/W Lan'let 8,720	26,160	43,600	98,100	152,600	218,000
A/W Spt Lan'let 8,920	26,760	44,600	100,350	156,100	223,000
Dtrch Conv Sed. 9,720	29,160	48,600	109,350	170,100	243,000

	6	5	4	3	2	1
Cabr Sed Limo	8,920	26,760	44,600	100,350	156,100	223,000
A/W Twn Car	9,520	28,560	47,600	107,100	166,600	238,000
Lan'let Twn Car	8,320	24,960	41,600	93,600	145,600	208,000
Conv Vic	9,920	29,760	49,600	111,600	173,600	248,000
Sed	2,560	7,680	12,800	28,800	44,800	64,000
Sed Limo	3,120	9,360	15,600	35,100	54,600	78,000
1932 Model 900, Light Eight (9th Series)						
Rds	4,400	13,200	22,000	49,500	77,000	110,000
Cpe	2,400	7,200	12,000	27,000	42,000	60,000
Cpe Sed	2,320	6,960	11,600	26,100	40,600	58,000
Sed	2,240	6,720	11,200	25,200	39,200	56,000
1932 Model 901, Standard Eight (9th Series) 129" wb						
Sed	1,400	4,200	7,000	15,750	24,500	35,000
1932 Model 902, Standard Eight (9th Series) 136" wb						
Rds	5,600	16,800	28,000	63,000	98,000	140,000
Phae	5,200	15,600	26,000	58,500	91,000	130,000
Spt Phae	5,280	15,840	26,400	59,400	92,400	132,000
RS Cpe	2,400	7,200	12,000	27,000	42,000	60,000
5P Cpe	2,320	6,960	11,600	26,100	40,600	58,000
Sed	1,680	5,040	8,400	18,900	29,400	42,000
7P Sed	1,760	5,280	8,800	19,800	30,800	44,000
Clb Sed	1,800	5,400	9,000	20,250	31,500	45,000
Limo	1,840	5,520	9,200	20,700	32,200	46,000
Tr	4,720	14,160	23,600	53,100	82,600	118,000
Conv Sed	5,360	16,080	26,800	60,300	93,800	134,000
Conv Vic	5,520	16,560	27,600	62,100	96,600	138,000
1932 Model 903, DeLuxe Eight, 142" wb						
Conv	5,200	15,600	26,000	58,500	91,000	130,000
Phae	5,280	15,840	26,400	59,400	92,400	132,000
Spt Phae	5,360	16,080	26,800	60,300	93,800	134,000
Conv Sed	5,440	16,320	27,200	61,200	95,200	136,000
Conv Vic	7,200	21,600	36,000	81,000	126,000	180,000
7P Tr	4,800	14,400	24,000	54,000	84,000	120,000
RS Cpe	3,000	9,000	15,000	33,750	52,500	75,000
5P Cpe	2,560	7,680	12,800	28,800	44,800	64,000
Sed	2,400	7,200	12,000	27,000	42,000	60,000
Clb Sed	3,040	9,120	15,200	34,200	53,200	76,000
1932 Model 904, DeLuxe Eight, 147" wb						
Sed	3,000	9,000	15,000	33,750	52,500	75,000
Limo	3,000	9,000	15,000	33,750	52,500	75,000
1932 Model 904, Individual Custom, 147" wb						
Dtrch Conv Cpe	10,120	30,360	50,600	113,850	177,100	253,000
Dtrch Cpe	6,520	19,560	32,600	73,350	114,100	163,000
Cabr	10,320	30,960	51,600	116,100	180,600	258,000
Spt Cabr	10,720	32,160	53,600	120,600	187,600	268,000
A/W Brgm	10,920	32,760	54,600	122,850	191,100	273,000
Dtrch Spt Phae	10,920	32,760	54,600	122,850	191,100	273,000
Dtrch Conv Sed	11,120	33,360	55,600	125,100	194,600	278,000
Spt Sed	6,520	19,560	32,600	73,350	114,100	163,000
Limo Cabr	10,720	32,160	53,600	120,600	187,600	268,000
Dtrch Limo	7,520	22,560	37,600	84,600	131,600	188,000
A-W Twn Car	11,120	33,360	55,600	125,100	194,600	278,000
Dtrch Conv Vic	11,520	34,560	57,600	129,600	201,600	288,000
Lan'let	7,120	21,360	35,600	80,100	124,600	178,000
Spt Lan	7,520	22,560	37,600	84,600	131,600	188,000
Twn Car Lan'let	7,920	23,760	39,600	89,100	138,600	198,000
1932 Model 905, Twin Six, (9th Series), 142" wb						
Conv	10,920	32,760	54,600	122,850	191,100	273,000
Phae	10,720	32,160	53,600	120,600	187,600	268,000
Spt Phae	10,520	31,560	52,600	118,350	184,100	263,000
7P Tr	10,120	30,360	50,600	113,850	177,100	253,000
Conv Sed	10,920	32,760	54,600	122,850	191,100	273,000
Conv Vic	11,120	33,360	55,600	125,100	194,600	278,000
RS Cpe	3,840	11,520	19,200	43,200	67,200	96,000
5P Cpe	3,600	10,800	18,000	40,500	63,000	90,000
Sed	2,880	8,640	14,400	32,400	50,400	72,000
Clb Sed	3,000	9,000	15,000	33,750	52,500	75,000
1932 Model 906, Twin Six, 147" wb						
7P Sed	3,600	10,800	18,000	40,500	63,000	90,000
Limo	4,160	12,480	20,800	46,800	72,800	104,000
1932 Model 906, Individual Custom, Twin Six, 147" wb						
Conv		value not estimable				
Cabr		value not estimable				
Dtrch Spt Phae		value not estimable				
Dtrch Conv Vic		value not estimable				
Dtrch Sed		value not estimable				

	6	5	4	3	2	1

	6	5	4	3	2	1
Dtrch Cpe	value not estimable					
Lan'let	value not estimable					
Twn Car Lan'let	value not estimable					
A/W Twn Car	value not estimable					

1933 Model 1001, Eight, (10th Series), 127" wb
10th Series

	6	5	4	3	2	1
Conv	4,560	13,680	22,800	51,300	79,800	114,000
RS Cpe	1,680	5,040	8,400	18,900	29,400	42,000
Cpe Sed	1,600	4,800	8,000	18,000	28,000	40,000
Sed	1,520	4,560	7,600	17,100	26,600	38,000

1933 Model 1002, Eight, 136" wb

	6	5	4	3	2	1
Phae	5,720	17,160	28,600	64,350	100,100	143,000
Conv Sed	5,920	17,760	29,600	66,600	103,000	148,000
Conv Vic	6,120	18,360	30,600	68,850	107,100	153,000
7P Tr	5,120	15,360	25,600	57,600	89,600	128,000
RS Cpe	1,880	5,640	9,400	21,150	32,900	47,000
5P Cpe	1,800	5,400	9,000	20,250	31,500	45,000
Sed	1,720	5,160	8,600	19,350	30,100	43,000
7P Sed	1,800	5,400	9,000	20,250	31,500	45,000
Clb Sed	1,840	5,520	9,200	20,700	32,200	46,000
Limo	1,880	5,640	9,400	21,150	32,900	47,000

1933 Model 1003, Super Eight, 135" wb

	6	5	4	3	2	1
Sed	1,680	5,040	8,400	18,900	29,400	42,000

1933 Model 1004, Super Eight, 142" wb

	6	5	4	3	2	1
Conv	7,200	21,600	36,000	81,000	126,000	180,000
Phae	6,720	20,160	33,600	75,600	117,000	168,000
Spt Phae	7,320	21,960	36,600	82,350	128,100	183,000
Conv Vic	7,720	23,160	38,600	86,850	135,100	193,000
Conv Sed	7,320	21,960	36,600	82,350	128,100	183,000
7P Tr	6,920	20,760	34,600	77,850	121,100	173,000
RS Cpe	2,480	7,440	12,400	27,900	43,400	62,000
5P Cpe	2,080	6,240	10,400	23,400	36,400	52,000
Sed	1,760	5,280	8,800	19,800	30,800	44,000
Clb Sed	1,880	5,640	9,400	21,150	32,900	47,000
Limo	1,920	5,760	9,600	21,600	33,600	48,000
Fml Sed	2,320	6,960	11,600	26,100	40,600	58,000

1933 Model 1005, Twelve, 142" wb

	6	5	4	3	2	1
Conv	9,720	29,160	48,600	109,350	170,100	243,000
Spt Phae	9,920	29,760	49,600	111,600	173,600	248,000
Conv Sed	9,920	29,760	49,600	111,600	173,600	248,000
Conv Vic	10,120	30,360	50,600	113,850	177,100	253,000
RS Cpe	3,520	10,560	17,600	39,600	61,600	88,000
5P Cpe	2,680	8,040	13,400	30,150	46,900	67,000
Sed	2,360	7,080	11,800	26,550	41,300	59,000
Fml Sed	2,800	8,400	14,000	31,500	49,000	70,000
Clb Sed	2,440	7,320	12,200	27,450	42,700	61,000

1933 Model 1006, Standard, 147" wb

	6	5	4	3	2	1
7P Sed	3,160	9,480	15,800	35,550	55,300	79,000
Limo	3,400	10,200	17,000	38,250	59,500	85,000

1933 Model 1006, Custom Twelve, 147" wb, Dietrich

	6	5	4	3	2	1
Conv	10,320	30,960	51,600	116,100	180,600	258,000
Conv Vic	10,720	32,160	53,600	120,600	187,600	268,000
Spt Phae	10,520	31,560	52,600	118,350	184,100	263,000
Conv Sed	10,720	32,160	53,600	120,600	187,600	268,000
Cpe	3,560	10,680	17,800	40,050	62,300	89,000
Fml Sed	3,400	10,200	17,000	38,250	59,500	85,000

1933 Model 1006, LeBaron Custom, Twelve, 147" wb

	6	5	4	3	2	1
A/W Cabr	value not estimable					
A/W Twn Car	value not estimable					

1933 Model 1006, Packard Custom, Twelve, 147" wb

	6	5	4	3	2	1
A/W Cabr	value not estimable					
A/W Lan'let	value not estimable					
Spt Sed	value not estimable					
A/W Twn Car	value not estimable					
Twn Car Lan'let	value not estimable					
Limo	value not estimable					
Lan'let Limo	value not estimable					
A/W Cabr	value not estimable					
A/W Twn Car	value not estimable					

1934 Model 1100, Eight, (11th Series), 129" wb
11th Series

	6	5	4	3	2	1
Sed	1,680	5,040	8,400	18,900	29,400	42,000

1934 Model 1101, Eight, 136" wb

	6	5	4	3	2	1
Trg	5,600	16,800	28,000	63,000	98,000	140,000
Phae	5,760	17,280	28,800	64,800	100,800	144,000
Conv Vic	6,080	18,240	30,400	68,400	106,400	152,000

	6	5	4	3	2	1
Conv Sed	5,960	17,880	29,800	67,050	104,300	149,000
RS Cpe	1,920	5,760	9,600	21,600	33,600	48,000
5P Cpe	1,840	5,520	9,200	20,700	32,200	46,000
Sed	1,760	5,280	8,800	19,800	30,800	44,000
Clb Sed	1,880	5,640	9,400	21,150	32,900	47,000
Fml Sed	2,320	6,960	11,600	26,100	40,600	58,000
1934 Model 1102, Eight, 141" wb						
7P Sed	2,000	6,000	10,000	22,500	35,000	50,000
Limo	2,080	6,240	10,400	23,400	36,400	52,000
1934 Model 1103, Super Eight, 135" wb						
Sed	1,840	5,520	9,200	20,700	32,200	46,000
1934 Model 1104, Super Eight, 142" wb						
Conv	4,960	14,880	24,800	55,800	86,800	124,000
Phae	5,040	15,120	25,200	56,700	88,200	126,000
Spt Phae	7,320	21,960	36,600	82,350	128,100	183,000
Conv Vic	7,720	23,160	38,600	86,850	135,100	193,000
Conv Sed	7,320	21,960	36,600	82,350	128,100	183,000
RS Cpe	2,440	7,320	12,200	27,450	42,700	61,000
5P Cpe	2,040	6,120	10,200	22,950	35,700	51,000
Clb Sed	1,840	5,520	9,200	20,700	32,200	46,000
Fml Sed	2,320	6,960	11,600	26,100	40,600	58,000
1934 Model 1105, Super Eight, Standard, 147" wb						
7P Sed	3,000	9,000	15,000	33,750	52,500	75,000
Limo	3,160	9,480	15,800	35,550	55,300	79,000
1934 Model 1105, Dietrich, Super Eight, 147" wb						
Conv	5,720	17,160	28,600	64,350	100,100	143,000
Conv Vic	6,920	20,760	34,600	77,850	121,100	173,000
Conv Sed	6,720	20,160	33,600	75,600	117,600	168,000
Cpe	3,680	11,040	18,400	41,400	64,400	92,000
Spt Sed	3,600	10,800	18,000	40,500	63,000	90,000
1934 Model 1105, LeBaron, Super Eight, 147" wb, Model 1106, Twelve, LeBaron, 135" wb						
Spds		value not estimable				
Spt Phae		value not estimable				
1934 Model 1107, Twelve, 142" wb						
Conv		value not estimable				
Phae		value not estimable				
Spt Phae		value not estimable				
Conv Vic		value not estimable				
Conv Sed		value not estimable				
7P Tr		value not estimable				
RS Cpe		value not estimable				
5P Cpe		value not estimable				
Sed		value not estimable				
Clb Sed		value not estimable				
Fml Sed		value not estimable				
1934 Model 1108, Twelve, Standard, 147" wb						
7P Sed	3,560	10,680	17,800	40,050	62,300	89,000
Limo	3,760	11,280	18,800	42,300	65,800	94,000
1934 Model 1108, Twelve, Dietrich, 147" wb						
Conv		value not estimable				
Spt Phae		value not estimable				
Conv Sed		value not estimable				
Vic Conv		value not estimable				
Cpe		value not estimable				
Spt Sed		value not estimable				
1934 Model 1108, Twelve, LeBaron, 147" wb						
Cabr		value not estimable				
Spt Phae		value not estimable				
A/W Twn Car		value not estimable				
1935 120-A, 8-cyl., 120" wb						
Conv	2,280	6,840	11,400	25,650	39,900	57,000
Bus Cpe	1,600	4,800	8,000	18,000	28,000	40,000
Spt Cpe	1,680	5,040	8,400	18,900	29,400	42,000
Tr Cpe	1,680	5,040	8,400	18,900	29,400	42,000
Sed	1,080	3,240	5,400	12,150	18,900	27,000
Clb Sed	1,160	3,480	5,800	13,050	20,300	29,000
Tr Sed	1,120	3,360	5,600	12,600	19,600	28,000
1935 Series 1200, 8-cyl., 127" wb						
Sed	1,240	3,720	6,200	13,950	21,700	31,000
1935 Series 1201, 8-cyl., 134" wb						
Cpe Rds	2,600	7,800	13,000	29,250	45,500	65,000
Phae	3,600	10,800	18,000	40,500	63,000	90,000
Conv Vic	3,920	11,760	19,600	44,100	68,600	98,000
LeB A/W Cabr	4,120	12,360	20,600	46,350	72,100	103,000
RS Cpe	2,200	6,600	11,000	24,750	38,500	55,000
5P Cpe	2,160	6,480	10,800	24,300	37,800	54,000

	6	5	4	3	2	1
Sed	1,640	4,920	8,200	18,450	28,700	41,000
Fml Sed	2,320	6,960	11,600	26,100	40,600	58,000
Clb Sed	1,760	5,280	8,800	19,800	30,800	44,000

1935 Series 1202, 8-cyl., 139" wb

	6	5	4	3	2	1
7P Sed	1,960	5,880	9,800	22,050	34,300	49,000
Limo	2,280	6,840	11,400	25,650	39,900	57,000
Conv Sed	3,720	11,160	18,600	41,850	65,100	93,000
LeB A/W Twn Car	4,120	12,360	20,600	46,350	72,100	103,000

1935 Series 1203, Super 8, 132" wb

	6	5	4	3	2	1
5P Sed	2,200	6,600	11,000	24,750	38,500	55,000

1935 Series 1204, Super 8, 139" wb

	6	5	4	3	2	1
Rds	3,720	11,160	18,600	41,850	65,100	93,000
Phae	5,920	17,760	29,600	66,600	103,600	148,000
Spt Phae	6,600	19,800	33,000	74,250	115,500	165,000
Conv Vic	4,400	13,200	22,000	49,500	77,000	110,000
RS Cpe	2,600	7,800	13,000	29,250	45,500	65,000
5P Cpe	2,400	7,200	12,000	27,000	42,000	60,000
Clb Sed	2,080	6,240	10,400	23,400	36,400	52,000
Fml Sed	2,440	7,320	12,200	27,450	42,700	61,000
LeB A/W Cabr	3,720	11,160	18,600	41,850	65,100	93,000

1935 Series 1205, Super 8, 144" wb

	6	5	4	3	2	1
Tr Sed	3,200	9,600	16,000	36,000	56,000	80,000
Conv Sed	4,120	12,360	20,600	46,350	72,100	103,000
7P Sed	2,280	6,840	11,400	25,650	39,900	57,000
Limo	2,560	7,680	12,800	28,800	44,800	64,000
LeB A/W Twn Car	3,960	11,880	19,800	44,550	69,300	99,000

1935 Series 1207, V-12, 139" wb

	6	5	4	3	2	1
Rds	5,920	17,760	29,600	66,600	103,600	148,000
Phae	6,120	18,360	30,600	68,850	107,100	153,000
Spt Phae	6,520	19,560	32,600	73,350	114,100	163,000
RS Cpe	3,120	9,360	15,600	35,100	54,600	78,000
5P Cpe	2,880	8,640	14,400	32,400	50,400	72,000
Clb Sed	2,560	7,680	12,000	28,800	44,800	64,000
Sed	2,640	7,920	13,200	29,700	46,200	66,000
Fml Sed	3,120	9,360	15,600	35,100	54,600	78,000
Conv Vic	5,920	17,760	29,600	66,600	103,600	148,000
LeB A/W Cabr	6,120	18,360	30,600	68,850	107,100	153,000

1935 Series 1208, V-12, 144" wb

	6	5	4	3	2	1
Conv Sed	7,320	21,960	36,600	82,350	128,100	183,000
7P Sed	2,720	8,160	13,600	30,600	47,600	68,000
Limo	3,120	9,360	15,600	35,100	54,600	78,000
LeB A/W Twn Car	6,720	20,160	33,600	75,600	117,600	168,000

1936 14th Series Series 120-B, 8-cyl., 120" wb

	6	5	4	3	2	1
Conv	2,280	6,840	11,400	25,650	39,900	57,000
Conv Sed	2,400	7,200	12,000	27,000	42,000	60,000
Bus Cpe	1,600	4,800	8,000	18,000	28,000	40,000
Spt Cpe	1,680	5,040	8,400	18,900	29,400	42,000
Tr Cpe	1,680	5,040	8,400	18,900	29,400	42,000
2d Sed	1,120	3,360	5,600	12,600	19,600	28,000
Sed	1,080	3,240	5,400	12,150	18,900	27,000
Clb Sed	1,160	3,480	5,800	13,050	20,300	29,000
Tr Sed	1,120	3,360	5,600	12,600	19,600	28,000

1936 14th Series Series 1400, 8-cyl., 127" wb

	6	5	4	3	2	1
Sed	1,400	4,200	7,000	15,750	24,500	35,000

1936 14th Series Series 1401, 8-cyl., 134" wb

	6	5	4	3	2	1
Rds	3,560	10,680	17,800	40,050	62,300	89,000
Phae	3,640	10,920	18,200	40,950	63,700	91,000
Conv Vic	4,040	12,120	20,200	45,450	70,700	101,000
LeB A/W Cabr	3,720	11,160	18,600	41,850	65,100	93,000
RS Cpe	2,080	6,240	10,400	23,400	36,400	52,000
5P Cpe	2,000	6,000	10,000	22,500	35,000	50,000
Clb Sed	1,760	5,280	8,800	19,800	30,800	44,000
Sed	1,680	5,040	8,400	18,900	29,400	42,000
Fml Sed	2,120	6,360	10,600	23,850	37,100	53,000

1936 14th Series Series 1402, 8-cyl., 139" wb

	6	5	4	3	2	1
Conv Sed	4,560	13,680	22,800	51,300	79,800	114,000
7P Tr	4,400	13,200	22,000	49,500	77,000	110,000
7P Sed	2,080	6,240	10,400	23,400	36,400	52,000
Bus Sed	2,000	6,000	10,000	22,500	35,000	50,000
Limo	2,320	6,960	11,600	26,100	40,600	58,000
Bus Limo	2,240	6,720	11,200	25,200	39,200	56,000
LeB Twn Car	4,160	12,480	20,800	46,800	72,800	104,000

1936 14th Series Series 1403, Super 8, 132" wb

	6	5	4	3	2	1
Sed	2,000	6,000	10,000	22,500	35,000	50,000

1936 14th Series Series 1404, Super 8, 139" wb

	6	5	4	3	2	1
Cpe Rds	3,800	11,400	19,000	42,750	66,500	95,000

	6	5	4	3	2	1
Phae.	5,920	17,760	29,600	66,600	103,600	148,000
Spt Phae	6,600	19,800	33,000	74,250	115,500	165,000
Conv Vic.	4,400	13,200	22,000	49,500	77,000	110,000
LeB A/W Cabr	4,160	12,480	20,800	46,800	72,800	104,000
RS Cpe.	2,640	7,920	13,200	29,700	46,200	66,000
5P Cpe.	2,440	7,320	12,200	27,450	42,700	61,000
Clb Sed	2,160	6,480	10,800	24,300	37,800	54,000
Fml Sed	2,480	7,440	12,400	27,900	43,400	62,000
1936 14th Series Series 1405, Super 8, 144" wb						
7P Tr	4,400	13,200	22,000	49,500	77,000	110,000
Conv Sed	4,560	13,680	22,800	51,300	79,800	114,000
1936 14th Series Series 1407, V-12, 139" wb						
Cpe Rds	5,920	17,760	29,600	66,600	103,600	148,000
Phae.	6,120	18,360	30,600	68,850	107,100	153,000
Spt Phae	6,520	19,560	32,600	73,350	114,100	163,000
LeB A/W Cabr	6,120	18,360	30,600	68,850	107,100	153,000
Conv Vic.	5,920	17,760	29,600	66,600	103,600	148,000
RS Cpe.	3,120	9,360	15,600	35,100	54,600	78,000
5P Cpe.	2,880	8,640	14,400	32,400	50,400	72,000
Clb Sed	2,560	7,680	12,800	28,800	44,800	64,000
Sed.	2,640	7,920	13,200	29,700	46,200	66,000
Fml Sed	3,120	9,360	15,600	35,100	54,600	78,000
1936 14th Series Series 1408, V-12, 144" wb						
7P Tr	6,320	18,960	31,600	71,100	110,600	158,000
Conv Sed	7,320	21,960	36,600	82,350	128,100	183,000
7P Sed	2,720	8,160	13,600	30,600	47,600	68,000
Limo.	3,120	9,360	15,600	35,100	54,600	78,000
LeB A/W Twn Car	6,720	20,160	33,600	75,600	117,600	168,000
1937 15th Series Model 115-C, 6-cyl., 115" wb						
Conv.	1,880	5,640	9,400	21,150	32,900	47,000
Bus Cpe.	1,280	3,840	6,400	14,400	22,400	32,000
Spt Cpe.	1,360	4,080	6,800	15,300	23,800	34,000
2d Sed.	1,080	3,240	5,400	12,150	18,900	27,000
Sed.	1,040	3,120	5,200	11,700	18,200	26,000
Clb Sed	1,120	3,360	5,600	12,600	19,600	28,000
Tr Sed	1,080	3,240	5,400	12,150	18,900	27,000
Sta Wag	2,080	6,240	10,400	23,400	36,400	52,000
1937 15th Series Model 120-C, 8-cyl., 120" wb						
Conv.	2,280	6,840	11,400	25,650	39,900	57,000
Conv Sed.	2,400	7,200	12,000	27,000	42,000	60,000
Bus Cpe.	1,600	4,800	8,000	18,000	28,000	40,000
Spt Cpe.	1,680	5,040	8,400	18,900	29,400	42,000
2d Sed.	1,120	3,360	5,600	12,600	19,600	28,000
Sed.	1,080	3,240	5,400	12,150	18,900	27,000
Clb Sed	1,160	3,480	5,800	13,050	20,300	29,000
Tr Sed	1,120	3,360	5,600	12,600	19,600	28,000
Sta Wag	2,400	7,200	12,000	27,000	42,000	60,000
1937 15th Series Model 120-CD, 8-cyl., 120" wb						
2d Sed.	1,240	3,720	6,200	13,950	21,700	31,000
Clb Sed	1,280	3,840	6,400	14,400	22,400	32,000
Tr Sed	1,200	3,600	6,000	13,500	21,000	30,000
1937 15th Series Model 138-CD, 8-cyl., 138" wb						
Tr Sed	1,200	3,600	6,000	13,500	21,000	30,000
Tr Limo.	1,320	3,960	6,600	14,850	23,100	33,000
1937 15th Series Model 1500, Super 8, 127" wb						
Sed.	1,440	4,320	7,200	16,200	25,200	36,000
1937 15th Series Model 1501, Super 8, 134" wb						
Conv.	3,720	11,160	18,600	41,850	65,100	93,000
LeB A/W Cabr	3,960	11,880	19,800	44,550	69,300	99,000
RS Cpe.	2,120	6,360	10,600	23,850	37,100	53,000
5P Cpe.	2,080	6,240	10,400	23,400	36,400	52,000
Clb Sed	1,800	5,400	9,000	20,250	31,500	45,000
Tr Sed	1,840	5,520	9,200	20,700	32,200	46,000
Fml Sed	2,160	6,480	10,800	24,300	37,800	54,000
Vic	3,000	9,000	15,000	33,750	52,500	75,000
1937 15th Series Model 1502, Super 8, 139" wb						
Conv Sed	4,120	12,360	20,600	46,350	72,100	103,000
Bus Sed	1,720	5,160	8,600	19,350	30,100	43,000
Tr Sed	1,880	5,640	9,400	21,150	32,900	47,000
Tr Limo.	1,880	5,640	9,400	21,150	32,900	47,000
Bus Limo	1,840	5,520	9,200	20,700	32,200	46,000
LeB A/W Twn Car	4,320	12,960	21,600	48,600	75,600	108,000
1937 15th Series Model 1506, V-12, 132" wb						
Tr Sed	1,880	5,640	9,400	21,150	32,900	47,000
1937 15th Series Model 1507, V-12, 139" wb						
Conv.	5,920	17,760	29,600	66,600	103,600	148,000

	6	5	4	3	2	1
LeB A/W Cabr	6,120	18,360	30,600	68,850	107,100	153,000
RS Cpe	3,120	9,360	15,600	35,100	54,600	78,000
5P Cpe	2,880	8,640	14,400	32,400	50,400	72,000
Clb Sed	2,800	8,400	14,000	31,500	49,000	70,000
Fml Sed	3,200	9,600	16,000	36,000	56,000	80,000
Tr Sed	2,760	8,280	13,800	31,050	48,300	69,000
Conv Vic	6,000	18,000	30,000	67,500	105,000	150,000
1937 15th Series Model 1508, V-12, 144" wb						
Conv Sed	7,320	21,960	36,600	82,350	128,100	183,000
Tr Sed	3,120	9,360	15,600	35,100	54,600	78,000
Tr Limo	3,360	10,080	16,800	37,800	58,800	84,000
LeB A/W Twn Car	6,720	20,160	33,600	75,600	117,600	168,000
1938 16th Series Model 1600, 6-cyl., 122" wb						
Conv	1,760	5,280	8,800	19,800	30,800	44,000
Bus Cpe	1,120	3,360	5,600	12,600	19,600	28,000
Clb Cpe	1,160	3,480	5,800	13,050	20,300	29,000
2d Sed	840	2,520	4,200	9,450	14,700	21,000
Sed	760	2,280	3,800	8,550	13,300	19,000
1938 16th Series Model 1601, 8-cyl., 127" wb						
Conv	2,080	6,240	10,400	23,400	36,400	52,000
Conv Sed	2,160	6,480	10,800	24,300	37,800	54,000
Bus Cpe	1,160	3,480	5,800	13,050	20,300	29,000
Clb Cpe	1,200	3,600	6,000	13,500	21,000	30,000
2d Sed	880	2,640	4,400	9,900	15,400	22,000
Sed	840	2,520	4,200	9,450	14,700	21,000
1938 16th Series Model 1601-D, 8-cyl., 127" wb						
Tr Sed	1,160	3,480	5,800	13,050	20,300	29,000
1938 16th Series Model 1601, 8-cyl., 139" wb						
Roll A/W Cabr	4,320	12,960	21,600	48,600	75,600	108,000
Roll A/W Twn Car	4,160	12,480	20,800	46,800	72,800	104,000
Roll Brgm	3,760	11,280	18,800	42,300	65,800	94,000
1938 16th Series Model 1602, 8-cyl., 148" wb						
Tr Sed	1,480	4,440	7,400	16,650	25,900	37,000
Tr Limo	1,760	5,280	8,800	19,800	30,800	44,000
1938 16th Series Model 1603, Super 8, 127" wb						
Tr Sed	1,520	4,560	7,600	17,100	26,600	38,000
1938 16th Series Model 1604, Super 8, 134" wb						
Conv	3,720	11,160	18,600	41,850	65,100	93,000
RS Cpe	1,720	5,160	8,600	19,350	30,100	43,000
5P Cpe	1,680	5,040	8,400	18,900	29,400	42,000
Clb Sed	1,360	4,080	6,800	15,300	23,800	34,000
Tr Sed	1,280	3,840	6,400	14,400	22,400	32,000
Fml Sed	1,720	5,160	8,600	19,350	30,100	43,000
Vic	3,560	10,680	17,800	40,050	62,300	89,000
1938 16th Series Model 1605, Super 8, 139" wb						
Bus Sed	1,680	5,040	8,400	18,900	29,400	42,000
Conv Sed	4,120	12,360	20,600	46,350	72,100	103,000
Bus Limo	2,080	6,240	10,400	23,400	36,400	52,000
1938 16th Series Model 1606, Super 8, Customs						
Brn A/W Cabr			value not estimable			
Brn Tr Cabr			value not estimable			
Roll A/W Cabr			value not estimable			
Roll A/W Twn Car			value not estimable			
1938 16th Series Model 1607, V-12, 134" wb						
Conv Cpe	7,320	21,960	36,600	82,350	128,100	183,000
2-4P Cpe	2,680	8,040	13,400	30,150	46,900	67,000
5P Cpe	2,600	7,800	13,000	29,250	45,500	65,000
Clb Sed	2,320	6,960	11,600	26,100	40,600	58,000
Conv Vic	7,320	21,960	36,600	82,350	128,100	183,000
Tr Sed	2,200	6,600	11,000	24,750	38,500	55,000
Fml Sed	2,800	8,400	14,000	31,500	49,000	70,000
1938 16th Series Model 1608, V-12, 139" wb						
Conv Sed	7,520	22,560	37,600	84,600	131,600	188,000
Tr Sed	2,680	8,040	13,400	30,150	46,900	67,000
Tr Limo	2,840	8,520	14,200	31,950	49,700	71,000
1938 16th Series Model 1607-8, V-12, 139" wb						
Brn A/W Cabr			value not estimable			
Brn Tr Cabr			value not estimable			
Roll A/W Cabr			value not estimable			
Roll A/W Twn Car			value not estimable			
1939 17th Series Model 1700, 6-cyl., 122" wb						
Conv	1,760	5,280	8,800	19,800	30,800	44,000
Bus Cpe	1,120	3,360	5,600	12,600	19,600	28,000
Clb Cpe	1,160	3,480	5,800	13,050	20,300	29,000
2d Sed	840	2,520	4,200	9,450	14,700	21,000
Tr Sed	760	2,280	3,800	8,550	13,300	19,000
Sta Wag	3,000	9,000	15,000	33,750	52,500	75,000

PACKARD

	6	5	4	3	2	1
1939 17th Series Model 1701, 8-cyl., 127" wb						
Conv.	2,400	7,200	12,000	27,000	42,000	60,000
Conv Sed	2,440	7,320	12,200	27,450	42,700	61,000
Clb Cpe	1,200	3,600	6,000	13,500	21,000	30,000
Bus Cpe	1,160	3,480	5,800	13,050	20,300	29,000
2d Sed	880	2,640	4,400	9,900	15,400	22,000
Sed.	840	2,520	4,200	9,450	14,700	21,000
Sta Wag	3,120	9,360	15,600	35,100	54,600	78,000
1939 17th Series Model 1702, 8-cyl., 148" wb						
Tr Sed	1,480	4,440	7,400	16,650	25,900	37,000
Tr Limo	1,680	5,040	8,400	18,900	29,400	42,000
1939 17th Series Model 1703, Super 8, 127" wb						
Tr Sed	1,520	4,560	7,600	17,100	26,600	38,000
Conv.	2,400	7,200	12,000	27,000	42,000	60,000
Conv Sed	2,480	7,440	12,400	27,900	43,400	62,000
Clb Cpe	1,560	4,680	7,800	17,550	27,300	39,000
1939 17th Series Model 1705, Super 8, 148" wb						
Tr Sed	1,680	5,040	8,400	18,900	29,400	42,000
Tr Limo	1,880	5,640	9,400	21,150	32,900	47,000
1939 17th Series Model 1707, V-12, 134" wb						
Conv Cpe	7,320	21,960	36,600	82,350	128,100	183,000
Conv Vic	7,320	21,960	36,600	82,350	128,100	183,000
Roll A/W Cabr	7,600	22,800	38,000	85,500	133,000	190,000
2-4P Cpe	2,680	8,040	13,400	30,150	46,900	67,000
5P Cpe	2,600	7,800	13,000	29,250	45,500	65,000
Sed.	2,200	6,600	11,000	24,750	38,500	55,000
Clb Sed	2,320	6,960	11,600	26,100	40,600	58,000
Fml Sed	2,800	8,400	14,000	31,500	49,000	70,000
1939 17th Series Model 1708, V-12, 139" wb						
Conv Sed			value not estimable			
Brn Tr Cabr			value not estimable			
Brn A/W Cabr.			value not estimable			
Tr Sed	2,960	8,880	14,800	33,300	51,800	74,000
Tr Limo	3,040	9,120	15,200	34,200	53,200	76,000
Roll A/W Twn Car.			value not estimable			
1940 18th Series Model 1800, 6-cyl., 122" wb, (110)						
Conv.	1,680	5,040	8,400	18,900	29,400	42,000
Bus Cpe	1,160	3,480	5,800	13,050	20,300	29,000
Clb Cpe	1,240	3,720	6,200	13,950	21,700	31,000
2d Sed	920	2,760	4,600	10,350	16,100	23,000
Sed.	880	2,640	4,400	9,900	15,400	22,000
Sta Wag	3,080	9,240	15,400	34,650	53,900	77,000
1940 18th Series Model 1801, Std., 8-cyl., 127" wb, (120)						
Conv.	2,400	7,200	12,000	27,000	42,000	60,000
Conv Sed	2,440	7,320	12,200	27,450	42,700	61,000
Bus Cpe	1,200	3,600	6,000	13,500	21,000	30,000
Clb Cpe	1,240	3,720	6,200	13,950	21,700	31,000
2d Sed	920	2,760	4,600	10,350	16,100	23,000
Clb Sed	960	2,880	4,800	10,800	16,800	24,000
Sed.	920	2,760	4,600	10,350	16,100	23,000
Darr Vic	6,000	18,000	30,000	67,500	105,000	150,000
Sta Wag	3,200	9,600	16,000	36,000	56,000	80,000
1940 18th Series Model 1801, DeLuxe, 8-cyl., 127" wb, (120)						
Conv.	2,600	7,800	13,000	29,250	45,500	65,000
Clb Cpe	1,280	3,840	6,400	14,400	22,400	32,000
Clb Sed	1,000	3,000	5,000	11,250	17,500	25,000
Tr Sed	960	2,880	4,800	10,800	16,800	24,000
1940 18th Series Model 1803, Super 8, 127" wb, (160)						
Conv.	3,400	10,200	17,000	38,250	59,500	85,000
Conv Sed	3,520	10,560	17,600	39,600	61,600	88,000
Bus Cpe	1,320	3,960	6,600	14,850	23,100	33,000
Clb Cpe	1,400	4,200	7,000	15,750	24,500	35,000
Clb Sed	1,320	3,960	6,600	14,850	23,100	33,000
Sed.	1,280	3,840	6,400	14,400	22,400	32,000
1940 18th Series Model 1804, Super 8, 138" wb, (160)						
Sed.	1,600	4,800	8,000	18,000	28,000	40,000
1940 18th Series Model 1805, Super 8, 148" wb, (160)						
Tr Sed	2,000	6,000	10,000	22,500	35,000	50,000
Tr Limo	2,200	6,600	11,000	24,750	38,500	55,000
1940 18th Series Model 1806, Custom, Super 8, 127" wb, (180)						
Clb Sed	1,680	5,040	8,400	18,900	29,400	42,000
Darr Conv Vic.	7,600	22,800	38,000	85,500	133,000	190,000
1940 18th Series Model 1807, Custom, Super 8, 138" wb, (180)						
Darr Conv Sed	6,200	18,600	31,000	69,750	108,500	155,000
Roll A/W Cabr	4,520	13,560	22,600	50,850	79,100	113,000
Darr Spt Sed	6,600	19,800	33,000	74,250	115,500	165,000

	6	5	4	3	2	1
Fml Sed.	2,600	7,800	13,000	29,250	45,500	65,000
Tr Sed	2,400	7,200	12,000	27,000	42,000	60,000
1940 18th Series Model 1808, Custom, Super 8, 148" wb, (180)						
Roll A/W Twn Car	3,720	11,160	18,600	41,850	65,100	93,000
Tr Sed	2,720	8,160	13,600	30,600	47,600	68,000
Tr Limo	2,800	8,400	14,000	31,500	49,000	70,000
1941 19th Series Model 1900, Std., 6-cyl., 122" wb, (110)						
Conv	2,000	6,000	10,000	22,500	35,000	50,000
Bus Cpe	1,160	3,480	5,800	13,050	20,300	29,000
Clb Cpe	1,240	3,720	6,200	13,950	21,700	31,000
2d Sed.	920	2,760	4,600	10,350	16,100	23,000
Tr Sed	880	2,640	4,400	9,900	15,400	22,000
Sta Wag	4,400	13,200	22,000	49,500	77,000	110,000
1941 19th Series Model 1900, DeLuxe, 6-cyl., 122" wb, (110)						
Conv	2,080	6,240	10,400	23,400	36,400	52,000
Clb Cpe	1,280	3,840	6,400	14,400	22,400	32,000
2d Sed.	960	2,880	4,800	10,800	16,800	24,000
Sed	920	2,760	4,600	10,350	16,100	23,000
Sta Wag	4,400	13,200	22,000	49,500	77,000	110,000
1941 19th Series Model 1901, 8-cyl., 127" wb, (120)						
Conv	2,600	7,800	13,000	29,250	45,500	65,000
Conv Sed	2,720	8,160	13,600	30,600	47,600	68,000
Bus Cpe	1,120	3,360	5,600	12,600	19,600	28,000
Clb Cpe.	1,280	3,840	6,400	14,400	22,400	32,000
2d Sed.	1,000	3,000	5,000	11,250	17,500	25,000
Sed	960	2,880	4,800	10,800	16,800	24,000
Sta Wag	4,400	13,200	22,000	49,500	77,000	110,000
DeL Sta Wag.	4,800	14,400	24,000	54,000	84,000	120,000
1941 19th Series Model 1903, Super 8, 127" wb, (160)						
Conv	3,400	10,200	17,000	38,250	59,500	85,000
DeL Conv	3,480	10,440	17,400	39,150	60,900	87,000
Conv Sed	3,600	10,800	18,000	40,500	63,000	90,000
DeL Conv Sed.	3,600	10,800	18,000	40,500	63,000	90,000
Clb Cpe.	1,400	4,200	7,000	15,750	24,500	35,000
Bus Cpe	1,320	3,960	6,600	14,850	23,100	33,000
Sed	1,280	3,840	6,400	14,400	22,400	32,000
1941 19th Series Model 1904, Super 8, 138" wb, (160)						
Sed	1,520	4,560	7,600	17,100	26,600	38,000
1941 19th Series Model 1905, Super 8, 148" wb, (160)						
Tr Sed	2,000	6,000	10,000	22,500	35,000	50,000
Tr Limo	2,200	6,600	11,000	24,750	38,500	55,000
1941 19th Series Model 1906, Custom, Super 8, 127" wb, (180)						
Darr Conv Vic	7,800	23,400	39,000	87,750	136,500	195,000
1941 19th Series Model 1907, Custom, Super 8, 138" wb, (180)						
Leb Spt Brgm	3,600	10,800	18,000	40,500	63,000	90,000
Roll A/W Cabr	4,400	13,200	22,000	49,500	77,000	110,000
Darr Spt Sed.	5,200	15,600	26,000	58,500	91,000	130,000
Tr Sed	2,400	7,200	12,000	27,000	42,000	60,000
Fml Sed.	2,600	7,800	13,000	29,250	45,500	65,000
1941 19th Series Model 1908, Custom, Super 8, 148" wb, (180)						
Roll A/W Twn Car	3,680	11,040	18,400	41,400	64,400	92,000
Tr Sed	2,720	8,160	13,600	30,600	47,600	68,000
LeB Tr Sed	2,920	8,760	14,600	32,850	51,100	73,000
Tr Limo	2,800	8,400	14,000	31,500	49,000	70,000
LeB Tr Limo.	3,080	9,240	15,400	34,650	53,900	77,000
1941 19th Series Model 1951, Clipper, 8-cyl., 127" wb						
Sed	1,040	3,120	5,200	11,700	18,200	26,000
1942 20th Series Clipper Series - (6-cyl.) Series 2000, Special, 120" wb						
Bus Cpe	1,200	3,600	6,000	13,500	21,000	30,000
Clb Sed.	960	2,880	4,800	10,800	16,800	24,000
Tr Sed	920	2,760	4,600	10,350	16,100	23,000
1942 20th Series Model 2010, Custom, 120" wb						
Clb Sed.	920	2,760	4,600	10,350	16,100	23,000
Tr Sed	880	2,640	4,400	9,900	15,400	22,000
1942 20th Series Model 2020, Custom, 122" wb						
Conv	2,200	6,600	11,000	24,750	38,500	55,000
1942 20th Series Clipper Series - (8-cyl.) Series 2001, Special, 120" wb						
Bus Cpe	1,120	3,360	5,600	12,600	19,600	28,000
Clb Sed.	1,160	3,480	5,800	13,050	20,300	29,000
Tr Sed	1,120	3,360	5,600	12,600	19,600	28,000
1942 20th Series Model 2011, Custom, 120" wb						
Clb Sed.	1,360	4,080	6,800	15,300	23,800	34,000
Tr Sed	1,320	3,960	6,600	14,850	23,100	33,000
1942 20th Series Model 2021, Custom, 127" wb						
Conv	1,920	5,760	9,600	21,600	33,600	48,000

PACKARD

	6	5	4	3	2	1
1942 20th Series Super 8, 160 Series, Clipper, 127" wb, 2003						
Clb Sed	1,400	4,200	7,000	15,750	24,500	35,000
Tr Sed	1,360	4,080	6,800	15,300	23,800	34,000
1942 20th Series Super 8, 160, 127" wb, 2023						
Conv	2,600	7,800	13,000	29,250	45,500	65,000
1942 20th Series Super 8, 160, 138" wb, 2004						
Tr Sed	1,440	4,320	7,200	16,200	25,200	36,000
1942 20th Series Super 8, 160, 148" wb, 2005						
7P Sed	1,760	5,280	8,800	19,800	30,800	44,000
Limo	1,920	5,760	9,600	21,600	33,600	48,000
1942 20th Series Super 8, 160, 148" wb, 2055						
Bus Sed	1,680	5,040	8,400	18,900	29,400	42,000
Bus Limo	1,760	5,280	8,800	19,800	30,800	44,000
1942 20th Series Super 8, 180, Clipper, 127" wb, 2006						
Clb Sed	1,560	4,680	7,800	17,550	27,300	39,000
Tr Sed	1,520	4,560	7,600	17,100	26,600	38,000
1942 20th Series Super 8, 180, Special, 127" wb, 2006						
Darr Conv Vic	7,600	22,800	38,000	85,500	133,000	190,000
1942 20th Series Super 8, 180, 138" wb, 2007						
Tr Sed	1,480	4,440	7,400	16,650	25,900	37,000
Fml Sed	2,600	7,800	13,000	29,250	45,500	65,000
Roll A/W Cabr	3,640	10,920	18,200	40,950	63,700	91,000
1942 20th Series Super 8, 180, 148" wb, 2008						
Tr Sed	2,720	8,160	13,600	30,600	47,600	68,000
Limo	2,800	8,400	14,000	31,500	49,000	70,000
LeB Sed	2,920	8,760	14,600	32,850	51,100	73,000
LeB Limo	3,080	9,240	15,400	34,650	53,900	77,000
Roll A/W Twn Car	3,680	11,040	18,400	41,400	64,400	92,000
1946 21st Series Clipper, 6-cyl., 120" wb, 2100						
Clb Sed	800	2,400	4,000	9,000	14,000	20,000
Sed	760	2,280	3,800	8,550	13,300	19,000
1946 21st Series Clipper, 6-cyl., 120" wb, 2130						
4d Taxi	880	2,640	4,400	9,900	15,400	22,000
1946 21st Series Clipper, 8-cyl., 120" wb, 2101						
Tr Sed	760	2,280	3,800	8,550	13,300	19,000
1946 21st Series Clipper, DeLuxe, 8-cyl., 120" wb, 2111						
Clb Sed	840	2,520	4,200	9,450	14,700	21,000
Tr Sed	800	2,400	4,000	9,000	14,000	20,000
1946 21st Series Clipper, Super 8, 127" wb, 2103						
Clb Sed	880	2,640	4,400	9,900	15,400	22,000
Tr Sed	840	2,520	4,200	9,450	14,700	21,000
1946 21st Series Clipper, Super 8, 127" wb, 2106 Custom						
Clb Sed	960	2,880	4,800	10,800	16,800	24,000
Tr Sed	920	2,760	4,600	10,350	16,100	23,000
1946 21st Series Clipper, Super, 148" wb, 2126 Custom						
8P Sed	1,120	3,360	5,600	12,600	19,600	28,000
Limo	1,320	3,960	6,600	14,850	23,100	33,000
1947 21st Series Clipper, 6-cyl., 120" wb, 2100						
Clb Sed	800	2,400	4,000	9,000	14,000	20,000
Tr Sed	760	2,280	3,800	8,550	13,300	19,000
1947 21st Series Clipper, DeLuxe, 8-cyl., 120" wb, 2111						
Clb Sed	800	2,400	4,000	9,000	14,000	20,000
Tr Sed	760	2,280	3,800	8,550	13,300	19,000
1947 21st Series Clipper, Super 8, 127" wb, 2103						
Clb Sed	960	2,880	4,800	10,800	16,800	24,000
Tr Sed	880	2,640	4,400	9,900	15,400	22,000
1947 21st Series Clipper, Super 8, 127" wb, 2106 Custom						
Clb Sed	1,040	3,120	5,200	11,700	18,200	26,000
Tr Sed	960	2,880	4,800	10,800	16,800	24,000
1947 21st Series Clipper, Super 8, 148" wb, 2126 Custom						
7P Sed	1,120	3,360	5,600	12,600	19,600	28,000
Limo	1,320	3,960	6,600	14,850	23,100	33,000
1948 & Early 1949 22nd Series Model 2201, 8-cyl., 120" wb						
Clb Sed	760	2,280	3,800	8,550	13,300	19,000
Sed	720	2,160	3,600	8,100	12,600	18,000
Sta Sed	3,000	9,000	15,000	33,750	52,500	75,000
1948 & Early 1949 22nd Series Model 2211, DeLuxe, 8-cyl., 120" wb						
Clb Sed	840	2,520	4,200	9,450	14,700	21,000
Tr Sed	800	2,400	4,000	9,000	14,000	20,000
1948 & Early 1949 22nd Series Super 8, 120" wb, 2202						
Clb Sed	960	2,880	4,800	10,800	16,800	24,000
Sed	920	2,760	4,600	10,350	16,100	23,000
1948 & Early 1949 22nd Series Super 8, 120" wb, 2232						
Conv	2,560	7,680	12,800	28,800	44,800	64,000
1948 & Early 1949 22nd Series Super 8, 141" wb, 2222						
Sed	1,080	3,240	5,400	12,150	18,900	27,000
Limo	1,280	3,840	6,400	14,400	22,400	32,000

	6	5	4	3	2	1
1948 & Early 1949 22nd Series Super 8, DeLuxe, 141" wb						
Sed	1,120	3,360	5,600	12,600	19,600	28,000
Limo	1,320	3,960	6,600	14,850	23,100	33,000
1948 & Early 1949 22nd Series Custom 8, 127" wb, 2206						
Clb Sed	1,080	3,240	5,400	12,150	18,900	27,000
Tr Sed	1,040	3,120	5,200	11,700	18,200	26,000
1948 & Early 1949 22nd Series Custom 8, 127" wb, 2233						
Conv	2,760	8,280	13,800	31,050	48,300	69,000
1948 & Early 1949 22nd Series Custom 8, 148" wb, 2226						
7P Sed	1,320	3,960	6,600	14,850	23,100	33,000
Limo	1,360	4,080	6,800	15,300	23,800	34,000
1949-50 23rd Series Model 2301, 120" wb						
Clb Sed	800	2,400	4,000	9,000	14,000	20,000
Sed	760	2,280	3,800	8,550	13,300	19,000
Sta Sed	3,000	9,000	15,000	33,750	52,500	75,000
1949-50 23rd Series 2301 DeLuxe, 120" wb						
Clb Sed	840	2,520	4,200	9,450	14,700	21,000
Sed	800	2,400	4,000	9,000	14,000	20,000
1949-50 23rd Series Super 8, 127" wb, 2302						
Clb Sed	920	2,760	4,600	10,350	16,100	23,000
Sed	880	2,640	4,400	9,900	15,400	22,000
1949-50 23rd Series Super 8, 2302 DeLuxe						
Clb Sed	960	2,880	4,800	10,800	16,800	24,000
Sed	920	2,760	4,600	10,350	16,100	23,000
1949-50 23rd Series Super 8, Super DeLuxe, 127" wb, 2332						
Conv	2,560	7,680	12,800	28,800	44,800	64,000
1949-50 23rd Series Super 8, 141" wb, 2322						
7P Sed	1,160	3,480	5,800	13,050	20,300	29,000
Limo	1,320	3,960	6,600	14,850	23,100	33,000
1949-50 23rd Series Custom 8, 127" wb, 2306						
Sed	1,040	3,120	5,200	11,700	18,200	26,000
1949-50 23rd Series Custom 8, 127" wb, 2333						
Conv	2,760	8,280	13,800	31,050	48,300	69,000
1951 24th Series 200, Standard, 122" wb, 2401						
Bus Cpe	680	2,040	3,400	7,650	11,900	17,000
2d Sed	680	2,040	3,400	7,650	11,900	17,000
Sed	680	2,040	3,400	7,650	11,900	17,000
1951 24th Series 200, DeLuxe						
2d Sed	720	2,160	3,600	8,100	12,600	18,000
Sed	720	2,160	3,600	8,100	12,600	18,000
1951 24th Series 122" wb, 2402						
Mayfair HT	840	2,520	4,200	9,450	14,700	21,000
Conv	1,800	5,400	9,000	20,250	31,500	45,000
1951 24th Series 300, 127" wb, 2402						
Sed	760	2,280	3,800	8,550	13,300	19,000
1951 24th Series Patrician, 400, 127" wb, 2406						
Sed	840	2,520	4,200	9,450	14,700	21,000
1952 25th Series 200, Std., 122" wb, 2501						
2d Sed	680	2,040	3,400	7,650	11,900	17,000
Sed	680	2,040	3,400	7,650	11,900	17,000
1952 25th Series 200, DeLuxe						
2d Sed	720	2,160	3,600	8,100	12,600	18,000
Sed	720	2,160	3,600	8,100	12,600	18,000
1952 25th Series 122" wb, 2531						
Conv	1,840	5,520	9,200	20,700	32,200	46,000
Mayfair HT	880	2,640	4,400	9,900	15,400	22,000
1952 25th Series 300, 122" wb, 2502						
Sed	760	2,280	3,800	8,550	13,300	19,000
1952 25th Series Patrician, 400, 127" wb, 2506						
Sed	840	2,520	4,200	9,450	14,700	21,000
Der Cus Sed	880	2,640	4,400	9,900	15,400	22,000
1953 26th Series Clipper, 122" wb, 2601						
2d HT	840	2,520	4,200	9,450	14,700	21,000
2d Sed	720	2,160	3,600	8,100	12,600	18,000
Sed	720	2,160	3,600	8,100	12,600	18,000
1953 26th Series Clipper DeLuxe						
2d Sed	760	2,280	3,800	8,550	13,300	19,000
Sed	760	2,280	3,800	8,550	13,300	19,000
1953 26th Series Cavalier, 127" wb, 2602						
Cav Sed	800	2,400	4,000	9,000	14,000	20,000
1953 26th Series Packard 8, 122" wb, 2631						
Conv	1,880	5,640	9,400	21,150	32,900	47,000
Caribbean Conv	5,400	16,200	27,000	60,750	94,500	135,000
Mayfair HT	880	2,640	4,400	9,900	15,400	22,000

	6	5	4	3	2	1
1953 26th Series Patrician, 127" wb, 2606						
Sed.	840	2,520	4,200	9,450	14,700	21,000
Der Fml Sed.	920	2,760	4,600	10,350	16,100	23,000
1953 26th Series 149" wb, 2626						
Exec Sed	880	2,640	4,400	9,900	15,400	22,000
Corp Limo.	960	2,880	4,800	10,800	16,800	24,000
1954 54th Series Clipper, 122" wb, DeLuxe 5401						
2d HT.	840	2,520	4,200	9,450	14,700	21,000
Clb Sed	720	2,160	3,600	8,100	12,600	18,000
Sed.	720	2,160	3,600	8,100	12,600	18,000
1954 54th Series Clipper Super 5411						
Pan HT.	880	2,640	4,400	9,900	15,400	22,000
Clb Sed	760	2,280	3,800	8,550	13,300	19,000
Sed.	760	2,280	3,800	8,550	13,300	19,000
1954 54th Series Cavalier, 127" wb, 5402						
Sed.	800	2,400	4,000	9,000	14,000	20,000
1954 54th Series Packard 8, 122" wb, 5431						
Pac HT.	1,400	4,200	7,000	15,750	24,500	35,000
Conv.	1,840	5,520	9,200	20,700	32,200	46,000
Caribbean Conv.	5,240	15,720	26,200	58,950	91,700	131,000
1954 54th Series Patrician, 127" wb, 5406						
Sed.	840	2,520	4,200	9,450	14,700	21,000
Der Cus Sed.	920	2,760	4,600	10,350	16,100	23,000
1954 54th Series 149" wb, 5426						
8P Sed.	960	2,880	4,800	10,800	16,800	24,000
Limo.	1,000	3,000	5,000	11,250	17,500	25,000
1955 55th Series Clipper, DeLuxe, 122" wb, 5540						
Sed.	640	1,920	3,200	7,200	11,200	16,000
1955 55th Series Clipper, Super, 5540						
Pan HT.	920	2,760	4,600	10,350	16,100	23,000
Sed.	680	2,040	3,400	7,650	11,900	17,000
1955 55th Series Clipper Custom 5560 (352 cid V-8)						
Con HT.	1,000	3,000	5,000	11,250	17,500	25,000
Sed.	720	2,160	3,600	8,100	12,600	18,000
1955 55th Series Packard, 400, 127" wb, 5580						
"400" HT.	1,160	3,480	5,800	13,050	20,300	29,000
1955 55th Series Caribbean 5580						
Conv.	5,100	15,300	25,500	57,380	89,250	127,500
1955 55th Series Patrician 5580						
Sed.	920	2,760	4,600	10,350	16,100	23,000
1956 56th Series Clipper, DeLuxe, 122" wb, 5640						
Sed.	680	2,040	3,400	7,650	11,900	17,000
1956 56th Series Clipper, Super, 5640						
HT.	880	2,640	4,400	9,900	15,400	22,000
Sed.	720	2,160	3,600	8,100	12,600	18,000
1956 56th Series Clipper, Custom, 5660						
Con HT.	960	2,880	4,800	10,800	16,800	24,000
Sed.	720	2,160	3,600	8,100	12,600	18,000
1956 56th Series Clipper Executive						
HT.	1,000	3,000	5,000	11,250	17,500	25,000
Sed.	760	2,280	3,800	8,550	13,300	19,000
1956 56th Series Packard, 400, 127" wb, 5680						
"400" HT.	1,200	3,600	6,000	13,500	21,000	30,000
1956 56th Series Caribbean, 5688						
Conv.	5,240	15,720	26,200	58,950	91,700	131,000
HT.	1,480	4,440	7,400	16,650	25,900	37,000
1956 56th Series Patrician, 5680						
Sed.	880	2,640	4,400	9,900	15,400	22,000
1957 57th L Series Clipper						
Sed.	640	1,920	3,200	7,200	11,200	16,000
Sta Wag	1,280	3,840	6,400	14,400	22,400	32,000
1958 58th L Series Clipper						
HT.	960	2,880	4,800	10,800	16,800	24,000
Sed.	640	1,920	3,200	7,200	11,200	16,000
Sta Wag	1,280	3,840	6,400	14,400	22,400	32,000
Hawk	2,320	6,960	11,600	26,100	40,600	58,000

PIERCE-ARROW

1901 1-cyl., 2-3/4 hp	
Motorette	value not estimable
1901 1-cyl., 3-3/4 hp	
Motorette	value not estimable
1902 1-cyl., 3-1/2 hp, 58" wb	
Motorette	value not estimable

PACKARD

	6	5	4	3	2	1
1903 1-cyl., 5 hp						
Rbt.			value not estimable			
1903 1-cyl., 6-1/2 hp						
Stanhope			value not estimable			
1903 2-cyl., 15 hp						
5P Tr			value not estimable			
1904 1-cyl., 8 hp, 70" wb						
Stanhope	3,520	10,560	17,600	39,600	61,600	88,000
2P Stanhope	3,440	10,320	17,200	38,700	60,200	86,000
1904 4 cyl., 24/28 hp, 93" wb						
5P Great Arrow Tr	4,320	12,960	21,600	48,600	75,600	108,000
1904 2-cyl., 15 hp, 81" wb						
5P Tr	3,200	9,600	16,000	36,000	56,000	80,000
1904 4-cyl., 24/28 hp, 93" wb						
Great Arrow Tr	3,920	11,760	19,600	44,100	68,600	98,000
1905 1-cyl., 8 hp, 70" wb						
2P Stanhope	3,000	9,000	15,000	33,750	52,500	75,000
Stanhope	3,080	9,240	15,400	34,650	53,900	77,000
1905 Great Arrow, 4-cyl., 24/28 hp, 100" wb						
5P Tonn.	3,600	10,800	18,000	40,500	63,000	90,000
5P Canopy Tonn.	3,680	11,040	18,400	41,400	64,400	92,000
5P Vic	3,520	10,560	17,600	39,600	61,600	88,000
5P Cape Tonn.	3,560	10,680	17,800	40,050	62,300	89,000
1905 Great Arrow, 4-cyl., 28/32 hp, 104" wb						
5P Tonn.	3,560	10,680	17,800	40,050	62,300	89,000
5P Canopy Tonn.	3,480	10,440	17,400	39,150	60,900	87,000
5P Vic	3,400	10,200	17,000	38,250	59,500	85,000
5P Cape Tonn.	3,480	10,440	17,400	39,150	60,900	87,000
1905 Great Arrow, 4-cyl., 28/32 hp, 109" wb						
7P Lan'let	3,600	10,800	18,000	40,500	63,000	90,000
7P Sub	3,560	10,680	17,800	40,050	62,300	89,000
8P Opera Coach	3,760	11,280	18,800	42,300	65,800	94,000
1905 4-cyl., 24/28 hp, 100" wb						
Great Arrow Tr	3,280	9,840	16,400	36,900	57,400	82,000
Great Arrow Lan'let	3,240	9,720	16,200	36,450	56,700	81,000
Great Arrow Sub	3,080	9,240	15,400	34,650	53,900	77,000
1905 4-cyl., 24/32 hp, 104" wb						
Great Arrow Opera Ch	3,600	10,800	18,000	40,500	63,000	90,000
1906 Motorette, 1-cyl., 8 hp, 70" wb						
Stanhope	1,280	3,840	6,400	14,400	22,400	32,000
1906 Great Arrow, 4-cyl., 28/32 hp, 107" wb						
5P Tr	3,040	9,120	15,200	34,200	53,200	76,000
5P Vic	2,760	8,280	13,800	31,050	48,300	69,000
8P Open Coach	3,200	9,600	16,000	36,000	56,000	80,000
7P Sub	3,120	9,360	15,600	35,100	54,600	78,000
7P Lan'let	2,880	8,640	14,400	32,400	50,400	72,000
1906 Great Arrow, 4-cyl., 40/45 hp, 109" wb						
7P Tr	3,280	9,840	16,400	36,900	57,400	82,000
8P Open Coach	3,360	10,080	16,800	37,800	58,800	84,000
7P Sub	3,280	9,840	16,400	36,900	57,400	82,000
7P Lan'let	3,040	9,120	15,200	34,200	53,200	76,000
1907 Great Arrow, 4-cyl., 28/32 hp, 112" wb						
5P Tr	3,360	10,080	16,800	37,800	58,800	84,000
5P Limo	3,040	9,120	15,200	34,200	53,200	76,000
7P Sub	3,120	9,360	15,600	35,100	54,600	78,000
1907 Great Arrow, 4-cyl., 40/45 hp, 124" wb						
7P Tr	3,440	10,320	17,200	38,700	60,200	86,000
7P Limo	3,280	9,840	16,400	36,900	57,400	82,000
7P Sub	3,360	10,080	16,800	37,800	58,800	84,000
1907 Great Arrow, 6-cyl., 65 hp, 135" wb						
7P Tr	3,440	10,320	17,200	38,700	60,200	86,000
1908 Great Arrow, 4-cyl., 30 hp, 112" wb						
Tr.	3,200	9,600	16,000	36,000	56,000	80,000
1908 Great Arrow, 4-cyl., 40 hp, 124" wb						
Tr.	3,440	10,320	17,200	38,700	60,200	86,000
Sub	3,280	9,840	16,400	36,900	57,400	82,000
1908 Great Arrow, 6-cyl., 40 hp, 130" wb						
Tr.	3,680	11,040	18,400	41,400	64,400	92,000
Sub	3,440	10,320	17,200	38,700	60,200	86,000
Rds	3,600	10,800	18,000	40,500	63,000	90,000
1908 Great Arrow, 6-cyl., 60 hp, 135" wb						
Tr.	4,000	12,000	20,000	45,000	70,000	100,000
Sub	3,600	10,800	18,000	40,500	63,000	90,000
Rds	3,840	11,520	19,200	43,200	67,200	96,000
1909 Model 24, 4-cyl., 24 hp, 111-1/2" wb						
3P Rbt.	2,200	6,600	11,000	24,750	38,500	55,000
3P Vic Top Rbt	2,280	6,840	11,400	25,650	39,900	57,000

	6	5	4	3	2	1
2P Rbt	2,160	6,480	10,800	24,300	37,800	54,000
4P Tr Car	2,320	6,960	11,600	26,100	40,600	58,000
5P Lan'let	2,240	6,720	11,200	25,200	39,200	56,000
5P Brgm	2,280	6,840	11,400	25,650	39,900	57,000
1909 Model 36, 6-cyl., 36 hp, 119" wb						
5P Tr	2,440	7,320	12,200	27,450	42,700	61,000
5P Cape Top Tr	2,480	7,440	12,400	27,900	43,400	62,000
2P Rbt	2,240	6,720	11,200	25,200	39,200	56,000
3P Rbt	2,260	6,780	11,300	25,430	39,550	56,500
4P Tr	2,400	7,200	12,000	27,000	42,000	60,000
5P Brgm	2,280	6,840	11,400	25,650	39,900	57,000
5P Lan'let	2,360	7,080	11,800	26,550	41,300	59,000
1909 Model 40, 4-cyl., 40 hp, 124" wb						
7P Sub	2,680	8,040	13,400	30,150	46,900	67,000
4P Tr Car	2,640	7,920	13,200	29,700	46,200	66,000
7P Tr	2,680	8,040	13,400	30,150	46,900	67,000
7P Lan	2,480	7,440	12,400	27,900	43,400	62,000
1909 Model 48, 6-cyl., 48 hp, 130" wb						
4P Tr	2,960	8,880	14,800	33,300	51,800	74,000
4P Cape Top Tr	3,040	9,120	15,200	34,200	53,200	76,000
2P Rbt	2,880	8,640	14,400	32,400	50,400	72,000
3P Tr	2,960	8,880	14,800	33,300	51,800	74,000
7P Tr	3,000	9,000	15,000	33,750	52,500	75,000
7P Lan	2,880	8,640	14,400	32,400	50,400	72,000
7P Sub	3,000	9,000	15,000	33,750	52,500	75,000
1909 Model 60, 6-cyl., 60 hp, 135" wb						
7P Tr	3,560	10,680	17,800	40,050	62,300	89,000
7P Cape Top Tr	3,640	10,920	18,200	40,950	63,700	91,000
7P Sub	3,640	10,920	18,200	40,950	63,700	91,000
7P Lan	3,320	9,960	16,600	37,350	58,100	83,000
1910 Model 60, 6-cyl., 60 hp, 135" wb						
5P Lan'let	2,440	7,320	12,200	27,450	42,700	61,000
1910 Model 36, 6-cyl., 36 hp, 125" wb						
4P Miniature Tonn	2,360	7,080	11,800	26,550	41,300	59,000
5P Tr	2,440	7,320	12,200	27,450	42,700	61,000
5P Brgm	2,280	6,840	11,400	25,650	39,900	57,000
Rbt (119" wb)	2,280	6,840	11,400	25,650	39,900	57,000
1910 Model 48, 6-cyl., 48 hp, 134-1/2" wb						
7P Lan'let	2,280	6,840	11,400	25,650	39,900	57,000
Miniature Tonn	2,600	7,800	13,000	29,250	45,500	65,000
7P Tr	2,880	8,640	14,400	32,400	50,400	72,000
7P Sub	2,880	8,640	14,400	32,400	50,400	72,000
Rbt (128" wb)	2,680	8,040	13,400	30,150	46,900	67,000
1910 Model 66, 6-cyl., 66 hp, 140" wb						
7P Tr	3,720	11,160	18,600	41,850	65,100	93,000
4P Miniature Tonn	3,480	10,440	17,400	39,150	60,900	87,000
7P Sub	3,720	11,160	18,600	41,850	65,100	93,000
7P Lan'let	3,480	10,440	17,400	39,150	60,900	87,000
Rbt (133-1/2" wb)	3,400	10,200	17,000	38,250	59,500	85,000
1911 Model 36T, 6-cyl., 38 hp, 125" wb						
5P Tr	2,640	7,920	13,200	29,700	46,200	66,000
3P Rbt	2,480	7,440	12,400	27,900	43,400	62,000
4P Miniature Tonn	2,480	7,440	12,400	27,900	43,400	62,000
5P Brgm	2,360	7,080	11,800	26,550	41,300	59,000
5P Lan'let	2,400	7,200	12,000	27,000	42,000	60,000
1911 Model 48T, 6-cyl., 48 hp, 134-1/2" wb						
7P Tr	2,880	8,640	14,400	32,400	50,400	72,000
Rbt	2,560	7,680	12,800	28,800	44,800	64,000
Miniature Tonn	2,640	7,920	13,200	29,700	46,200	66,000
5P Close Coupled	2,280	6,840	11,400	25,650	39,900	57,000
5P Protected Tr	2,560	7,680	12,800	28,800	44,800	64,000
Sub	2,800	8,400	14,000	31,500	49,000	70,000
Lan	2,800	8,400	14,000	31,500	49,000	70,000
1911 Model 66T, 6-cyl., 66 hp, 140" wb						
7P Tr	3,360	10,080	16,800	37,800	58,800	84,000
Rbt	3,120	9,360	15,600	35,100	54,600	78,000
Miniature Tonn	3,200	9,600	16,000	36,000	56,000	80,000
5P Protected Tr	3,120	9,360	15,600	35,100	54,600	78,000
Close Coupled	2,720	8,160	13,600	30,600	47,600	68,000
Sub	3,280	9,840	16,400	36,900	57,400	82,000
Lan	3,280	9,840	16,400	36,900	57,400	82,000
1912 Model 36T, 6 cyl., 36 hp, 127-1/2" wb						
4P Tr	2,560	7,680	12,800	28,800	44,800	64,000
5P Tr	2,560	7,680	12,800	28,800	44,800	64,000
Brgm	2,400	7,200	12,000	27,000	42,000	60,000
Lan'let	2,400	7,200	12,000	27,000	42,000	60,000
Rbt (119" wb)	2,480	7,440	12,400	27,900	43,400	62,000

	6	5	4	3	2	1
1912 Model 48, 6-cyl., 48 hp, 134-1/2" wb						
4P Tr.	2,800	8,400	14,000	31,500	49,000	70,000
5P Tr.	2,800	8,400	14,000	31,500	49,000	70,000
7P Tr.	2,880	8,640	14,400	32,400	50,400	72,000
Brgm	2,560	7,680	12,800	28,800	44,800	64,000
Lan'let	2,560	7,680	12,800	28,800	44,800	64,000
Sub	2,720	8,160	13,600	30,600	47,600	68,000
Lan	2,720	8,160	13,600	30,600	47,600	68,000
Vestibule Sub	2,640	7,920	13,200	29,700	46,200	66,000
Rbt (128" wb)	2,640	7,920	13,200	29,700	46,200	66,000
1912 Model 66, 6-cyl., 66 hp, 140" wb						
4P Tr.	3,280	9,840	16,400	36,900	57,400	82,000
5P Tr.	3,360	10,080	16,800	37,800	58,800	84,000
7P Tr.	3,440	10,320	17,200	38,700	60,200	86,000
Sub	3,360	10,080	16,800	37,800	58,800	84,000
Lan	3,280	9,840	16,400	36,900	57,400	82,000
Vestibule Sub	3,280	9,840	16,400	36,900	57,400	82,000
Rbt (133-1/2" wb)	3,280	9,840	16,400	36,900	57,400	82,000
1913 Model 38-C, 6-cyl., 38.4 hp, 119" wb						
3P Rbt	2,280	6,840	11,400	25,650	39,900	57,000
4P Tr.	2,360	7,080	11,800	26,550	41,300	59,000
5P Tr.	2,440	7,320	12,200	27,450	42,700	61,000
6P Brgm	2,200	6,600	11,000	24,750	38,500	55,000
6P Lan'let	2,240	6,720	11,200	25,200	39,200	56,000
1913 Model 48-B, 6-cyl., 48.6 hp, 134-1/2" wb						
5P Tr.	2,800	8,400	14,000	31,500	49,000	70,000
Rbt.	2,720	8,160	13,600	30,600	47,600	68,000
4P Tr.	2,800	8,400	14,000	31,500	49,000	70,000
7P Tr.	2,880	8,640	14,400	32,400	50,400	72,000
Brgm	2,280	6,840	11,400	25,650	39,900	57,000
Lan'let	2,360	7,080	11,800	26,550	41,300	59,000
7P Sub	2,400	7,200	12,000	27,000	42,000	60,000
7P Lan.	2,440	7,320	12,200	27,450	42,700	61,000
Vestibule Sub	2,480	7,440	12,400	27,900	43,400	62,000
Vestibule Lan	2,480	7,440	12,400	27,900	43,400	62,000
1913 Model 66-A, 6-cyl., 60 hp, 147-1/2" wb						
7P Tr.	3,600	10,800	18,000	40,500	63,000	90,000
Rbt.	3,280	9,840	16,400	36,900	57,400	82,000
4P Tr.	3,520	10,560	17,600	39,600	61,600	88,000
5P Tr.	3,520	10,560	17,600	39,600	61,600	88,000
Brgm	2,880	8,640	14,400	32,400	50,400	72,000
Lan'let	2,880	8,640	14,400	32,400	50,400	72,000
7P Sub	3,120	9,360	15,600	35,100	54,600	78,000
7P Lan.	3,120	9,360	15,600	35,100	54,600	78,000
Vestibule Sub	3,200	9,600	16,000	36,000	56,000	80,000
Vestibule Lan	3,200	9,600	16,000	36,000	56,000	80,000
1914 Model 38-C, 6-cyl., 38.4 hp, 132" wb						
5P Tr.	2,440	7,320	12,200	27,450	42,700	61,000
4P Tr.	2,360	7,080	11,800	26,550	41,300	59,000
7P Brgm	2,200	6,600	11,000	24,750	38,500	55,000
7P Lan'let	2,240	6,720	11,200	25,200	39,200	56,000
Vestibule Brgm	2,280	6,840	11,400	25,650	39,900	57,000
Vestibule Lan	2,280	6,840	11,400	25,650	39,900	57,000
3P Rbt (127-1/2" wb)	2,360	7,080	11,800	26,550	41,300	59,000
1914 Model 48-B, 6-cyl., 48.6 hp, 142" wb						
4P Tr.	2,800	8,400	14,000	31,500	49,000	70,000
5P Tr.	2,880	8,640	14,400	32,400	50,400	72,000
7P Tr.	2,960	8,880	14,800	33,300	51,800	74,000
7P Sub	2,880	8,640	14,400	32,400	50,400	72,000
7P Lan.	2,640	7,920	13,200	29,700	46,200	66,000
Vestibule Sub	2,560	7,680	12,800	28,800	44,800	64,000
Vestibule Lan	2,560	7,680	12,800	28,800	44,800	64,000
Brgm	2,560	7,680	12,800	28,800	44,800	64,000
Lan	2,640	7,920	13,200	29,700	46,200	66,000
Vestibule Brgm	2,640	7,920	13,200	29,700	46,200	66,000
Vestibule Lan'let	2,640	7,920	13,200	29,700	46,200	66,000
3P Rbt (134-1/2 " wb)	2,720	8,160	13,600	30,600	47,600	68,000
1914 Model 66-A, 6-cyl., 60 hp, 147-1/2" wb						
4P Tr.	3,440	10,320	17,200	38,700	60,200	86,000
5P Tr.	3,520	10,560	17,600	39,600	61,600	88,000
7P Tr.	3,600	10,800	18,000	40,500	63,000	90,000
7P Sub	3,440	10,320	17,200	38,700	60,200	86,000
7P Lan.	3,280	9,840	16,400	36,900	57,400	82,000
Vestibule Lan	3,280	9,840	16,400	36,900	57,400	82,000
7P Brgm	3,280	9,840	16,400	36,900	57,400	82,000
7P Lan.	3,280	9,840	16,400	36,900	57,400	82,000

PIERCE-ARROW

	6	5	4	3	2	1
Vestibule Brgm.	3,360	10,080	16,800	37,800	58,800	84,000
Vestibule Lan.	3,360	10,080	16,800	37,800	58,800	84,000
3P Rbt	3,360	10,080	16,800	37,800	58,800	84,000
1915 Model 38-C, 6-cyl., 38.4 hp, 134" wb						
5P Tr	2,400	7,200	12,000	27,000	42,000	60,000
4P Tr	2,480	7,440	12,400	27,900	43,400	62,000
2P Rbt	2,360	7,080	11,800	26,550	41,300	59,000
2P Cpe Rbt.	2,280	6,840	11,400	25,650	39,900	57,000
7P Brgm	2,240	6,720	11,200	25,200	39,200	56,000
7P Lan'let	2,240	6,720	11,200	25,200	39,200	56,000
7P Sed	2,080	6,240	10,400	23,400	36,400	52,000
7P Brgm Lan'let	2,280	6,840	11,400	25,650	39,900	57,000
Vestibule Brgm.	2,360	7,080	11,800	26,550	41,300	59,000
Vestibule Lan'let.	2,360	7,080	11,800	26,550	41,300	59,000
Vestibule Brgm Lan'let	2,360	7,080	11,800	26,550	41,300	59,000
1915 Model 48-B, 6-cyl., 48.6 hp, 142" wb						
5P Tr	2,880	8,640	14,400	32,400	50,400	72,000
4P Tr	2,880	8,640	14,400	32,400	50,400	72,000
7P Tr	2,960	8,880	14,800	33,300	51,800	74,000
2P Rbt	2,800	8,400	14,000	31,500	49,000	70,000
2P Cpe Rbt.	2,720	8,160	13,600	30,600	47,600	68,000
Cpe.	2,640	7,920	13,200	29,700	46,200	66,000
7P Sub	2,560	7,680	12,800	28,800	44,800	64,000
7P Lan	2,560	7,680	12,800	28,800	44,800	64,000
7P Brgm	2,560	7,680	12,800	28,800	44,800	64,000
Sub Lan	2,560	7,680	12,800	28,800	44,800	64,000
Vestibule Sub.	2,640	7,920	13,200	29,700	46,200	66,000
Vestibule Lan	2,640	7,920	13,200	29,700	46,200	66,000
Vestibule Brgm.	2,560	7,680	12,800	28,800	44,800	64,000
Vestibule Sub Lan	2,560	7,680	12,800	28,800	44,800	64,000
1915 Model 66-A, 6-cyl., 60 hp, 147-1/2" wb						
7P Tr	3,600	10,800	18,000	40,500	63,000	90,000
4P Tr	3,440	10,320	17,200	38,700	60,200	86,000
5P Tr	3,520	10,560	17,600	39,600	61,600	88,000
2P Rbt	3,360	10,080	16,800	37,800	58,800	84,000
2P Cpe Rbt.	3,280	9,840	16,400	36,900	57,400	82,000
7P Sub	3,440	10,320	17,200	38,700	60,200	86,000
7P Lan	3,440	10,320	17,200	38,700	60,200	86,000
7P Brgm	3,440	10,320	17,200	38,700	60,200	86,000
7P Sub Lan	3,440	10,320	17,200	38,700	60,200	86,000
Vestibule Lan	3,520	10,560	17,600	39,600	61,600	88,000
Vestibule Sub.	3,520	10,560	17,600	39,600	61,600	88,000
Vestibule Brgm.	3,440	10,320	17,200	38,700	60,200	86,000
Vestibule Sub Lan	3,520	10,560	17,600	39,600	61,600	88,000
1916 Model 38-C, 6-cyl., 38.4 hp, 134" wb						
5P Tr	2,480	7,440	12,400	27,900	43,400	62,000
4P Tr	2,480	7,440	12,400	27,900	43,400	62,000
2P Rbt	2,400	7,200	12,000	27,000	42,000	60,000
3P Rbt	2,400	7,200	12,000	27,000	42,000	60,000
3P Cpe.	2,080	6,240	10,400	23,400	36,400	52,000
2P Cpe.	2,080	6,240	10,400	23,400	36,400	52,000
7P Brgm	2,040	6,120	10,200	22,950	35,700	51,000
7P Lan'let	2,040	6,120	10,200	22,950	35,700	51,000
7P Sed	1,960	5,880	9,800	22,050	34,300	49,000
Brgm Lan'let	2,080	6,240	10,400	23,400	36,400	52,000
Vestibule Brgm.	2,160	6,480	10,800	24,300	37,800	54,000
Vestibule Lan'let.	2,160	6,480	10,800	24,300	37,800	54,000
Vestibule Brgm Lan'let	2,160	6,480	10,800	24,300	37,800	54,000
1916 Model 48-B, 6-cyl., 48.6 hp, 142" wb						
7P Tr	2,880	8,640	14,400	32,400	50,400	72,000
4P Tr	2,800	8,400	14,000	31,500	49,000	70,000
5P Tr	2,880	8,640	14,400	32,400	50,400	72,000
2P Rbt	2,800	8,400	14,000	31,500	49,000	70,000
3P Rbt	2,800	8,400	14,000	31,500	49,000	70,000
2P Cpe.	2,400	7,200	12,000	27,000	42,000	60,000
3P Cpe.	2,400	7,200	12,000	27,000	42,000	60,000
7P Sub	2,560	7,680	12,800	28,800	44,800	64,000
7P Lan	2,560	7,680	12,800	28,800	44,800	64,000
7P Brgm	2,480	7,440	12,400	27,900	43,400	62,000
Sub Lan	2,560	7,680	12,800	28,800	44,800	64,000
Vestibule Sub.	2,560	7,680	12,800	28,800	44,800	64,000
Vestibule Lan.	2,560	7,680	12,800	28,800	44,800	64,000
Vestibule Brgm.	2,480	7,440	12,400	27,900	43,400	62,000
Vestibule Sub Lan	2,560	7,680	12,800	28,800	44,800	64,000
1916 Model 66-A, 6-cyl., 60 hp, 147-1/2" wb						
7P Tr	3,520	10,560	17,600	39,600	61,600	88,000

	6	5	4	3	2	1
4P Tr	3,440	10,320	17,200	38,700	60,200	86,000
5P Tr	3,440	10,320	17,200	38,700	60,200	86,000
2P Rbt	3,360	10,080	16,800	37,800	58,800	84,000
3P Rbt	3,440	10,320	17,200	38,700	60,200	86,000
2P Cpe	3,120	9,360	15,600	35,100	54,600	78,000
3P Cpe	3,120	9,360	15,600	35,100	54,600	78,000
7P Sub	3,280	9,840	16,400	36,900	57,400	82,000
7P Lan	3,200	9,600	16,000	36,000	56,000	80,000
7P Brgm	3,200	9,600	16,000	36,000	56,000	80,000
Sub Lan	3,200	9,600	16,000	36,000	56,000	80,000
Vestibule Lan	3,200	9,600	16,000	36,000	56,000	80,000
Vestibule Sub	3,200	9,600	16,000	36,000	56,000	80,000
Vestibule Brgm	3,200	9,600	16,000	36,000	56,000	80,000
Vestibule Sub Lan	3,200	9,600	16,000	36,000	56,000	80,000

1917 Model 38, 6-cyl., 38.4 hp, 134" wb

	6	5	4	3	2	1
5P Tr	2,280	6,840	11,400	25,650	39,900	57,000
2P Rbt	2,200	6,600	11,000	24,750	38,500	55,000
3P Rbt	2,200	6,600	11,000	24,750	38,500	55,000
2P Cpe	1,680	5,040	8,400	18,900	29,400	42,000
3P Cpe	1,720	5,160	8,600	19,350	30,100	43,000
4P Tr	2,240	6,720	11,200	25,200	39,200	56,000
Brgm	1,640	4,920	8,200	18,450	28,700	41,000
Lan'let	1,640	4,920	8,200	18,450	28,700	41,000
Sed	1,520	4,560	7,600	17,100	26,600	38,000
Vestibule Brgm	1,680	5,040	8,400	18,900	29,400	42,000
Brgm Lan'let	1,680	5,040	8,400	18,900	29,400	42,000
Vestibule Brgm Lan'let	1,760	5,280	8,800	19,800	30,800	44,000
Fr Brgm	1,760	5,280	8,800	19,800	30,800	44,000
Fr Brgm Lan'let	1,760	5,280	8,800	19,800	30,800	44,000

1917 Model 48, 6-cyl., 48.6 hp, 142" wb

	6	5	4	3	2	1
7P Tr	2,560	7,680	12,800	28,800	44,800	64,000
2P Rbt	2,400	7,200	12,000	27,000	42,000	60,000
3P Rbt	2,480	7,440	12,400	27,900	43,400	62,000
2P Cpe	2,080	6,240	10,400	23,400	36,400	52,000
3P Cpe	2,080	6,240	10,400	23,400	36,400	52,000
5P Tr	2,560	7,680	12,800	28,800	44,800	64,000
4P Tr	2,480	7,440	12,400	27,900	43,400	62,000
Brgm	2,040	6,120	10,200	22,950	35,700	51,000
Sub	2,080	6,240	10,400	23,400	36,400	52,000
Lan	2,080	6,240	10,400	23,400	36,400	52,000
Sub Lan	2,080	6,240	10,400	23,400	36,400	52,000
Vestibule Sub	2,160	6,480	10,800	24,300	37,800	54,000
Vestibule Lan	2,160	6,480	10,800	24,300	37,800	54,000
Vestibule Brgm	2,120	6,360	10,600	23,850	37,100	53,000
Vestibule Sub Lan	2,160	6,480	10,800	24,300	37,800	54,000

1917 Model 66, 6-cyl., 60 hp, 147-1/2" wb

	6	5	4	3	2	1
7P Tr	3,520	10,560	17,600	39,600	61,600	88,000
2P Rbt	3,360	10,080	16,800	37,800	58,800	84,000
3P Rbt	3,360	10,080	16,800	37,800	58,800	84,000
2P Cpe	3,120	9,360	15,600	35,100	54,600	78,000
3P Cpe	3,120	9,360	15,600	35,100	54,600	78,000
4P Tr	3,440	10,320	17,200	38,700	60,200	86,000
5P Tr	3,440	10,320	17,200	38,700	60,200	86,000
Brgm	2,800	8,400	14,000	31,500	49,000	70,000
Sub	2,880	8,640	14,400	32,400	50,400	72,000
Lan	2,880	8,640	14,400	32,400	50,400	72,000
Sub Lan	2,880	8,640	14,400	32,400	50,400	72,000
Vestibule Sub	2,880	8,640	14,400	32,400	50,400	72,000
Vestibule Lan	2,880	8,640	14,400	32,400	50,400	72,000
Vestibule Brgm	2,880	8,640	14,400	32,400	50,400	72,000
Vestibule Sub Lan	2,880	8,640	14,400	32,400	50,400	72,000

1918 Model 38, 6-cyl., 38.4 hp, 134" wb

	6	5	4	3	2	1
5P Tr	2,560	7,680	12,800	28,800	44,800	64,000
2P Rbt	2,480	7,440	12,400	27,900	43,400	62,000
3P Rbt	2,480	7,440	12,400	27,900	43,400	62,000
2P Cpe	2,240	6,720	11,200	25,200	39,200	56,000
3P Cpe	2,240	6,720	11,200	25,200	39,200	56,000
2P Conv Rds	2,480	7,440	12,400	27,900	43,400	62,000
3P Conv Rds	2,480	7,440	12,400	27,900	43,400	62,000
4P Rds	2,560	7,680	12,800	28,800	44,800	64,000
4P Tr	2,480	7,440	12,400	27,900	43,400	62,000
Brgm	2,280	6,840	11,400	25,650	39,900	57,000
Lan'let	2,280	6,840	11,400	25,650	39,900	57,000
Sed	2,080	6,240	10,400	23,400	36,400	52,000
Vestibule Brgm	2,160	6,480	10,800	24,300	37,800	54,000
Brgm Lan'let	2,120	6,360	10,600	23,850	37,100	53,000

	6	5	4	3	2	1
Vestibule Lan'let	2,240	6,720	11,200	25,200	39,200	56,000
Vestibule Brgm Lan'let	2,240	6,720	11,200	25,200	39,200	56,000
Fr Brgm	2,200	6,600	11,000	24,750	38,500	55,000
Fr Brgm Lan'let	2,240	6,720	11,200	25,200	39,200	56,000
Twn Brgm	2,200	6,600	11,000	24,750	38,500	55,000
1918 Model 48, 6-cyl., 48.6 hp, 142" wb						
2P Rbt	2,560	7,680	12,800	28,800	44,800	64,000
4P Rbt	2,560	7,680	12,800	28,800	44,800	64,000
3P Rbt	2,560	7,680	12,800	28,800	44,800	64,000
2P Cpe	2,360	7,080	11,800	26,550	41,300	59,000
3P Cpe	2,360	7,080	11,800	26,550	41,300	59,000
2P Conv Rds	2,560	7,680	12,800	28,800	44,800	64,000
3P Conv Rds	2,640	7,920	13,200	29,700	46,200	66,000
4P Tr	2,720	8,160	13,600	30,600	47,600	68,000
5P Tr	2,720	8,160	13,600	30,600	47,600	68,000
Brgm	2,400	7,200	12,000	27,000	42,000	60,000
Sub	2,400	7,200	12,000	27,000	42,000	60,000
Lan	2,400	7,200	12,000	27,000	42,000	60,000
Sub Lan	2,400	7,200	12,000	27,000	42,000	60,000
Vestibule Sub	2,400	7,200	12,000	27,000	42,000	60,000
Vestibule Lan	2,400	7,200	12,000	27,000	42,000	60,000
Vestibule Brgm	2,480	7,440	12,400	27,900	43,400	62,000
Vestibule Sub Lan	2,560	7,680	12,800	28,800	44,800	64,000
Fr Brgm	2,400	7,200	12,000	27,000	42,000	60,000
7P Tr	2,800	8,400	14,000	31,500	49,000	70,000
7P Sub Lan	2,560	7,680	12,800	28,800	44,800	64,000
1918 Model 66, 6-cyl., 60 hp, 147-1/2" wb						
2P Rbt	3,280	9,840	16,400	36,900	57,400	82,000
3P Rbt	3,280	9,840	16,400	36,900	57,400	82,000
2P Cpe	3,120	9,360	15,600	35,100	54,600	78,000
3P Cpe	3,120	9,360	15,600	35,100	54,600	78,000
2P Con Rds	3,280	9,840	16,400	36,900	57,400	82,000
3P Con Rds	3,360	10,080	16,800	37,800	58,800	84,000
4P Tr	3,440	10,320	17,200	38,700	60,200	86,000
5P Tr	3,440	10,320	17,200	38,700	60,200	86,000
7P Tr	3,520	10,560	17,600	39,600	61,600	88,000
Brgm	2,880	8,640	14,400	32,400	50,400	72,000
Sub	2,960	8,880	14,800	33,300	51,800	74,000
Lan	2,960	8,880	14,800	33,300	51,800	74,000
Sub Lan	2,960	8,880	14,800	33,300	51,800	74,000
Vestibule Lan	3,120	9,360	15,600	35,100	54,600	78,000
Vestibule Brgm	3,120	9,360	15,600	35,100	54,600	78,000
Vestibule Sub	3,120	9,360	15,600	35,100	54,600	78,000
Vestibule Sub Lan	3,120	9,360	15,600	35,100	54,600	78,000
1919 Model 48-B-5, 6-cyl., 48.6 hp, 142" wb						
7P Tr	2,960	8,880	14,800	33,300	51,800	74,000
2P Rbt	2,640	7,920	13,200	29,700	46,200	66,000
3P Rbt	2,640	7,920	13,200	29,700	46,200	66,000
4P Tr	2,720	8,160	13,600	30,600	47,600	68,000
4P Rds	2,880	8,640	14,400	32,400	50,400	72,000
5P Tr	2,960	8,880	14,800	33,300	51,800	74,000
2P Cpe	2,480	7,440	12,400	27,900	43,400	62,000
3P Cpe	2,480	7,440	12,400	27,900	43,400	62,000
2P Con Rds	2,560	7,680	12,800	28,800	44,800	64,000
3P Con Rds	2,560	7,680	12,800	28,800	44,800	64,000
Brgm	2,480	7,440	12,400	27,900	43,400	62,000
Brgm Lan'let	2,480	7,440	12,400	27,900	43,400	62,000
Fr Brgm	2,400	7,200	12,000	27,000	42,000	60,000
Fr Brgm Lan'let	2,480	7,440	12,400	27,900	43,400	62,000
Sub	2,480	7,440	12,400	27,900	43,400	62,000
Sub Lan	2,480	7,440	12,400	27,900	43,400	62,000
Vestibule Brgm	2,400	7,200	12,000	27,000	42,000	60,000
Vestibule Brgm Lan	2,480	7,440	12,400	27,900	43,400	62,000
Vestibule Sub	2,400	7,200	12,000	27,000	42,000	60,000
Vestibule Lan	2,400	7,200	12,000	27,000	42,000	60,000
Vestibule Sub Lan	2,480	7,440	12,400	27,900	43,400	62,000
1920 Model 31, 6 cyl., 38 hp, 134" wb						
2P & 3P Rbt	2,280	6,840	11,400	25,650	39,900	57,000
4P Tr	2,320	6,960	11,600	26,100	40,600	58,000
4P Rds	2,360	7,080	11,800	26,550	41,300	59,000
5P Tr	2,400	7,200	12,000	27,000	42,000	60,000
7P Tr	2,480	7,440	12,400	27,900	43,400	62,000
2P & 3P Cpe	1,880	5,640	9,400	21,150	32,900	47,000
4P Sed	1,280	3,840	6,400	14,400	22,400	32,000
7P Sed	1,360	4,080	6,800	15,300	23,800	34,000
Brgm	1,480	4,440	7,400	16,650	25,900	37,000
Fr Brgm	1,560	4,680	7,800	17,550	27,300	39,000

	6	5	4	3	2	1
1920 Model 31, 6 cyl., 38 hp, 134" wbb						
Brgm Lan'let	1,600	4,800	8,000	18,000	28,000	40,000
1920 Model 31, 6 cyl., 38 hp, 134" wb						
Tourer Brgm	1,640	4,920	8,200	18,450	28,700	41,000
Vestibule Brgm	1,680	5,040	8,400	18,900	29,400	42,000
1920 Model 48, 6-cyl., 48 hp, 142" wb						
2P & 4P Rbt	2,400	7,200	12,000	27,000	42,000	60,000
4P Tr	2,480	7,440	12,400	27,900	43,400	62,000
4P Rds	2,480	7,440	12,400	27,900	43,400	62,000
5P Tr	2,400	7,200	12,000	27,000	42,000	60,000
6P Tr	2,560	7,680	12,800	28,800	44,800	64,000
2P & 3P Cpe	2,080	6,240	10,400	23,400	36,400	52,000
5P Brgm	2,240	6,720	11,200	25,200	39,200	56,000
7P Fr Brgm	2,240	6,720	11,200	25,200	39,200	56,000
7P Sub	2,320	6,960	11,600	26,100	40,600	58,000
7P Vestibule Sub.	2,400	7,200	12,000	27,000	42,000	60,000
7P Fr Sub	2,320	6,960	11,600	26,100	40,600	58,000
1921 Model 32, 6-cyl., 38 hp, 138" wb						
4P Tr	2,320	6,960	11,600	26,100	40,600	58,000
6P Tr	2,320	6,960	11,600	26,100	40,600	58,000
7P Tr	2,400	7,200	12,000	27,000	42,000	60,000
3P Rds	2,400	7,200	12,000	27,000	42,000	60,000
4P Cpe	1,880	5,640	9,400	21,150	32,900	47,000
7P Brgm	1,680	5,040	8,400	18,900	29,400	42,000
7P Limo	1,760	5,280	8,800	19,800	30,800	44,000
6P Sed	1,680	5,040	8,400	18,900	29,400	42,000
6P Vestibule Sed.	1,760	5,280	8,800	19,800	30,800	44,000
7P Lan.	1,840	5,520	9,200	20,700	32,200	46,000
1922 Model 33, 6-cyl., 38 hp, 138" wb						
4P Tr	2,320	6,960	11,600	26,100	40,600	58,000
7P Tr	2,400	7,200	12,000	27,000	42,000	60,000
3P Rds	2,320	6,960	11,600	26,100	40,600	58,000
7P Brgm	1,680	5,040	8,400	18,900	29,400	42,000
Cpe Sed	1,680	5,040	8,400	18,900	29,400	42,000
3P Cpe	1,880	5,640	9,400	21,150	32,900	47,000
4P Sed	1,920	5,760	9,600	21,600	33,600	48,000
Lan'let	1,680	5,040	8,400	18,900	29,400	42,000
Limo	1,760	5,280	8,800	19,800	30,800	44,000
Fml Limo	1,840	5,520	9,200	20,700	32,200	46,000
Vestibule Sed	1,880	5,640	9,400	21,150	32,900	47,000
Sed	1,840	5,520	9,200	20,700	32,200	46,000
1923 Model 33, 6-cyl., 138" wb						
7P Tr	2,280	6,840	11,400	25,650	39,900	57,000
4P Tr	2,200	6,600	11,000	24,750	38,500	55,000
2P Rbt	2,080	6,240	10,400	23,400	36,400	52,000
3P Cpe	1,800	5,400	9,000	20,250	31,500	45,000
4P Cpe Sed	1,720	5,160	8,600	19,350	30,100	43,000
6P Brgm	1,680	5,040	8,400	18,900	29,400	42,000
4P Sed	1,560	4,680	7,800	17,550	27,300	39,000
7P Sed	1,640	4,920	8,200	18,450	28,700	41,000
6P Lan'let	1,880	5,640	9,400	21,150	32,900	47,000
7P Limo	1,960	5,880	9,800	22,050	34,300	49,000
7P Encl Drive Limo	2,040	6,120	10,200	22,950	35,700	51,000
7P Fml Limo	2,080	6,240	10,400	23,400	36,400	52,000
1924 Model 33, 6-cyl., 138" wb						
7P Tr	2,280	6,840	11,400	25,650	39,900	57,000
6P Tr	2,200	6,600	11,000	24,750	38,500	55,000
4P Tr	2,120	6,360	10,600	23,850	37,100	53,000
Rbt.	1,960	5,880	9,800	22,050	34,300	49,000
6P Brgm	1,880	5,640	9,400	21,150	32,900	47,000
3P Cpe	1,920	5,760	9,600	21,600	33,600	48,000
4P Cpe Sed.	1,920	5,760	9,600	21,600	33,600	48,000
4d 4P Sed.	1,800	5,400	9,000	20,250	31,500	45,000
7P Encl Drive Limo	2,160	6,480	10,800	24,300	37,800	54,000
7P Fml Limo	2,200	6,600	11,000	24,750	38,500	55,000
6P Lan'let	2,240	6,720	11,200	25,200	39,200	56,000
7P Limo.	2,280	6,840	11,400	25,650	39,900	57,000
7P Sed	2,200	6,600	11,000	24,750	38,500	55,000
7P Fml Lan	2,280	6,840	11,400	25,650	39,900	57,000
7P Limo Lan	2,320	6,960	11,600	26,100	40,600	58,000
4P Sed Lan	2,280	6,840	11,400	25,650	39,900	57,000
3P Cpe Lan	2,480	7,440	12,400	27,900	43,400	62,000
7P Encl Drive Lan	2,480	7,440	12,400	27,900	43,400	62,000
7P Sed Lan.	2,440	7,320	12,200	27,450	42,700	61,000
1925 Model 80, 6-cyl., 130" wb						
7P Tr.	2,520	7,560	12,600	28,350	44,100	63,000

	6	5	4	3	2	1
4P Tr	2,480	7,440	12,400	27,900	43,400	62,000
5P Sed	2,360	7,080	11,800	26,550	41,300	59,000
4P Cpe	2,520	7,560	12,600	28,350	44,100	63,000
7P Sed	2,400	7,200	12,000	27,000	42,000	60,000
Encl Drive Limo	2,600	7,800	13,000	29,250	45,500	65,000
2P Rbt	2,360	7,080	11,800	26,550	41,300	59,000
1925 Model 33, 6-cyl., 138" wb						
2P Rbt	2,600	7,800	13,000	29,250	45,500	65,000
4P Tr	2,640	7,920	13,200	29,700	46,200	66,000
6P Tr	2,680	8,040	13,400	30,150	46,900	67,000
7P Tr	2,720	8,160	13,600	30,600	47,600	68,000
Brgm.	2,400	7,200	12,000	27,000	42,000	60,000
Cpe.	2,520	7,560	12,600	28,350	44,100	63,000
4P Sed	2,360	7,080	11,800	26,550	41,300	59,000
Cpe Sed	2,360	7,080	11,800	26,550	41,300	59,000
Lan'let.	2,400	7,200	12,000	27,000	42,000	60,000
7P Sed	2,400	7,200	12,000	27,000	42,000	60,000
Encl Drive Sed	2,440	7,320	12,200	27,450	42,700	61,000
Limo.	2,560	7,680	12,800	28,800	44,800	64,000
Lan.	2,600	7,800	13,000	29,250	45,500	65,000
Encl Drive Lan	2,640	7,920	13,200	29,700	46,200	66,000
1926 Model 80, 6-cyl., 70 hp, 130" wb						
7P Tr	2,520	7,560	12,600	28,350	44,100	63,000
4P Tr	2,480	7,440	12,400	27,900	43,400	62,000
2P Rds	2,320	6,960	11,600	26,100	40,600	58,000
4P Cpe	2,520	7,560	12,600	28,350	44,100	63,000
7P Sed	2,400	7,200	12,000	27,000	42,000	60,000
7P Encl Drive Limo.	2,600	7,800	13,000	29,250	45,500	65,000
5P Sed	2,360	7,080	11,800	26,550	41,300	59,000
4P Cpe Lan	2,280	6,840	11,400	25,650	39,900	57,000
5P Coach	1,880	5,640	9,400	21,150	32,900	47,000
1926 Model 33, 6-cyl., 100 hp, 138" wb						
4P Tr	3,000	9,000	15,000	33,750	52,500	75,000
2P Rbt	2,920	8,760	14,600	32,850	51,100	73,000
6P Tr	3,080	9,240	15,400	34,650	53,900	77,000
7P Tr	3,240	9,720	16,200	36,450	56,700	81,000
6P Brgm.	2,920	8,760	14,600	32,850	51,100	73,000
3P Cpe.	2,600	7,800	13,000	29,250	45,500	65,000
4P Sed	2,520	7,560	12,600	28,350	44,100	63,000
4P Cpe Sed	2,560	7,680	12,800	28,800	44,800	64,000
4P Encl Drive Limo.	2,840	8,520	14,200	31,950	49,700	71,000
7P Sed	2,800	8,400	14,000	31,500	49,000	70,000
6P Lan'let	2,840	8,520	14,200	31,950	49,700	71,000
7P Fr Limo	2,840	8,520	14,200	31,950	49,700	71,000
7P Sed Lan'let	2,800	8,400	14,000	31,500	49,000	70,000
4P Sed Lan'let	2,800	8,400	14,000	31,500	49,000	70,000
3P Cpe Lan'let	2,920	8,760	14,600	32,850	51,100	73,000
7P Limo	2,960	8,880	14,800	33,300	51,800	74,000
7P Encl Drive Limo.	3,000	9,000	15,000	33,750	52,500	75,000
7P Encl Drive Lan'let	3,080	9,240	15,400	34,650	53,900	77,000
1927 Model 80, 6-cyl., 70 hp, 130" wb						
7P Tr	2,520	7,560	12,600	28,350	44,100	63,000
4P Tr	2,480	7,440	12,400	27,900	43,400	62,000
2P Rds	2,440	7,320	12,200	27,450	42,700	61,000
4P Cpe	2,320	6,960	11,600	26,100	40,600	58,000
7P Sed	2,080	6,240	10,400	23,400	36,400	52,000
7P Encl Drive Limo.	2,600	7,800	13,000	29,250	45,500	65,000
5P Sed	2,040	6,120	10,200	22,950	35,700	51,000
2d 5P Coach	2,080	6,240	10,400	23,400	36,400	52,000
4d 5P Coach	2,200	6,600	11,000	24,750	38,500	55,000
4P Cpe	2,360	7,080	11,800	26,550	41,300	59,000
2P Cpe	2,280	6,840	11,400	25,650	39,900	57,000
4d 7P Coach	2,280	6,840	11,400	25,650	39,900	57,000
7P Limo Coach.	2,480	7,440	12,400	27,900	43,400	62,000
1927 Model 36, 6-cyl., 100 hp, 138" wb						
2P Rbt	2,600	7,800	13,000	29,250	45,500	65,000
4P Tr	2,680	8,040	13,400	30,150	46,900	67,000
7P Tr	2,840	8,520	14,200	31,950	49,700	71,000
3P Cpe	2,640	7,920	13,200	29,700	46,200	66,000
4d 4P Sed	2,280	6,840	11,400	25,650	39,900	57,000
4P Cpe Sed	2,360	7,080	11,800	26,550	41,300	59,000
4P Encl Drive Limo.	2,600	7,800	13,000	29,250	45,500	65,000
7P Encl Drive Lan	2,560	7,680	12,800	28,800	44,800	64,000
7P Sed.	2,480	7,440	12,400	27,900	43,400	62,000
7P Fr Lan	2,520	7,560	12,600	28,350	44,100	63,000
7P Sed Lan	2,520	7,560	12,600	28,350	44,100	63,000

	6	5	4	3	2	1
4P Sed Lan	2,480	7,440	12,400	27,900	43,400	62,000
7P Encl Drive Limo	2,640	7,920	13,200	29,700	46,200	66,000
7P Fr Limo	2,560	7,680	12,800	28,800	44,800	64,000
4P Encl Drive Limo	2,600	7,800	13,000	29,250	45,500	65,000

1928 Model 81, 6-cyl., 75 hp, 130" wb

	6	5	4	3	2	1
4P Rbt	2,680	8,040	13,400	30,150	46,900	67,000
4P Tr	2,600	7,800	13,000	29,250	45,500	65,000
4P Rds	2,680	8,040	13,400	30,150	46,900	67,000
5P Brgm	2,440	7,320	12,200	27,450	42,700	61,000
2P Cpe	2,480	7,440	12,400	27,900	43,400	62,000
5P Clb Sed	2,440	7,320	12,200	27,450	42,700	61,000
4P Cpe	2,520	7,560	12,600	28,350	44,100	63,000
5P Sed	2,360	7,080	11,800	26,550	41,300	59,000
Spt Sed Lan	2,400	7,200	12,000	27,000	42,000	60,000
Clb Sed Lan	2,440	7,320	12,200	27,450	42,700	61,000
7P Sed	2,440	7,320	12,200	27,450	42,700	61,000
4P Cpe DeL	2,560	7,680	12,800	28,800	44,800	64,000
7P Encl Drive Limo	2,640	7,920	13,200	29,700	46,200	66,000

1928 Model 36, 6-cyl., 100 hp, 138" wb

	6	5	4	3	2	1
4P Rbt	3,160	9,480	15,800	35,550	55,300	79,000
4P Tr	3,240	9,720	16,200	36,450	56,700	81,000
7P Tr	3,320	9,960	16,600	37,350	58,100	83,000
Encl Drive Limo	2,920	8,760	14,600	32,850	51,100	73,000
7P Sed	2,880	8,640	14,400	32,400	50,400	72,000
7P Encl Drive Lan'let	2,920	8,760	14,600	32,850	51,100	73,000
7P Sed Lan	2,760	8,280	13,800	31,050	48,300	69,000
3P Cpe	2,760	8,280	13,800	31,050	48,300	69,000
4P Cpe Sed	2,760	8,280	13,800	31,050	48,300	69,000
4P Encl Drive Sed	3,000	9,000	15,000	33,750	52,500	75,000
4P Sed	2,680	8,040	13,400	30,150	46,900	67,000
6P Encl Drive Limo	3,160	9,480	15,800	35,550	55,300	79,000
4P CC Sed	2,840	8,520	14,200	31,950	49,700	71,000
4P Sed Lan	2,920	8,760	14,600	32,850	51,100	73,000
4P Encl Drive Lan	2,880	8,640	14,400	32,400	50,400	72,000
6P Fml Limo	3,160	9,480	15,800	35,550	55,300	79,000
6P Fr Lan	3,240	9,720	16,200	36,450	56,700	81,000

1929 Model 125, 8-cyl., 125 hp, 133" wb

	6	5	4	3	2	1
4P Rds	3,920	11,760	19,600	44,100	68,600	98,000
4P Tr	3,640	10,920	18,200	40,950	63,700	91,000
5P Brgm	2,680	8,040	13,400	30,150	46,900	67,000
4P Cpe	2,840	8,520	14,200	31,950	49,700	71,000
5P Sed	2,600	7,800	13,000	29,250	45,500	65,000
5P Twn Sed	2,680	8,040	13,400	30,150	46,900	67,000
7P Sed	2,680	8,040	13,400	30,150	46,900	67,000
7P Encl Drive Limo	2,920	8,760	14,600	32,850	51,100	73,000

1929 Model 126, 8-cyl., 125 hp, 143" wb

	6	5	4	3	2	1
7P Tr	4,160	12,480	20,800	46,800	72,800	104,000
4P Conv Cpe	4,240	12,720	21,200	47,700	74,200	106,000
7P Sed	3,080	9,240	15,400	34,650	53,900	77,000
7P Encl Drive Limo	3,160	9,480	15,800	35,550	55,300	79,000
4P Sed	2,920	8,760	14,600	32,850	51,100	73,000

1930 Model C, 8-cyl., 115 hp, 132" wb

	6	5	4	3	2	1
Clb Brgm	2,200	6,600	11,000	24,750	38,500	55,000
Cpe	2,280	6,840	11,400	25,650	39,900	57,000
Sed	2,080	6,240	10,400	23,400	36,400	52,000

1930 Model B, 8-cyl., 125 hp, 134" wb

	6	5	4	3	2	1
Rds	3,920	11,760	19,600	44,100	68,600	98,000
Tr	3,920	11,760	19,600	44,100	68,600	98,000
Spt Phae	4,560	13,680	22,800	51,300	79,800	114,000
Conv Cpe	4,240	12,720	21,200	47,700	74,200	106,000

1930 Model B, 8-cyl., 125 hp, 139" wb

	6	5	4	3	2	1
5P Sed	2,720	8,160	13,600	30,600	47,600	68,000
Vic Cpe	2,800	8,400	14,000	31,500	49,000	70,000
7P Sed	2,720	8,160	13,600	30,600	47,600	68,000
Clb Sed	2,800	8,400	14,000	31,500	49,000	70,000
Encl Drive Limo	3,200	9,600	16,000	36,000	56,000	80,000

1930 Model A, 8-cyl., 132 hp, 144" wb

	6	5	4	3	2	1
Tr	4,320	12,960	21,600	48,600	75,600	108,000
Conv Cpe	4,560	13,680	22,800	51,300	79,800	114,000
Sed	2,960	8,880	14,800	33,300	51,800	74,000
Encl Drive Limo	3,760	11,280	18,800	42,300	65,800	94,000
Twn Car	3,440	10,320	17,200	38,700	60,200	86,000

1931 Model 43, 8-cyl., 125 hp, 134" wb

	6	5	4	3	2	1
Rds	3,920	11,760	19,600	44,100	68,600	98,000
Tourer	3,920	11,760	19,600	44,100	68,600	98,000
Cpe	2,720	8,160	13,600	30,600	47,600	68,000

	6	5	4	3	2	1
1931 Model 43, 8-cyl., 125 hp, 137" wb						
5P Sed	2,200	6,600	11,000	24,750	38,500	55,000
Clb Sed	2,400	7,200	12,000	27,000	42,000	60,000
7P Sed	2,480	7,440	12,400	27,900	43,400	62,000
Encl Drive Limo	2,600	7,800	13,000	29,250	45,500	65,000
1931 Model 42, 8-cyl., 132 hp, 142" wb						
Rds	4,320	12,960	21,600	48,600	75,600	108,000
Tourer	4,320	12,960	21,600	48,600	75,600	108,000
Spt Tourer	4,560	13,680	22,800	51,300	79,800	114,000
Conv Cpe	4,400	13,200	22,000	49,500	77,000	110,000
5P Sed	2,360	7,080	11,800	26,550	41,300	59,000
Clb Sed	2,480	7,440	12,400	27,900	43,400	62,000
7P Sed	2,440	7,320	12,200	27,450	42,700	61,000
Clb Berl	2,560	7,680	12,800	28,800	44,800	64,000
Encl Drive Limo	2,800	8,400	14,000	31,500	49,000	70,000
1931 Model 41, 8-cyl., 132 hp, 147" wb						
Tr	4,320	12,960	21,600	48,600	75,600	108,000
Conv Cpe	4,320	12,960	21,600	48,600	75,600	108,000
Sed	2,600	7,800	13,000	29,250	45,500	65,000
Encl Drive Limo	2,840	8,520	14,200	31,950	49,700	71,000
Twn Car	2,840	8,520	14,200	31,950	49,700	71,000
1932 Model 54, 8-cyl., 125 hp, 137" wb						
Conv Cpe Rds	4,480	13,440	22,400	50,400	78,400	112,000
5P Tr	3,920	11,760	19,600	44,100	68,600	98,000
Phae	4,080	12,240	20,400	45,900	71,400	102,000
Brgm	2,360	7,080	11,800	26,550	41,300	59,000
Cpe	2,640	7,920	13,200	29,700	46,200	66,000
5P Sed	2,320	6,960	11,600	26,100	40,600	58,000
Clb Sed	2,360	7,080	11,800	26,550	41,300	59,000
Clb Berl	2,400	7,200	12,000	27,000	42,000	60,000
Con Sed	4,000	12,000	20,000	45,000	70,000	100,000
1932 Model 54, 8-cyl., 125 hp, 142" wb						
7P Tr	4,160	12,480	20,800	46,800	72,800	104,000
7P Sed	2,400	7,200	12,000	27,000	42,000	60,000
Limo	2,600	7,800	13,000	29,250	45,500	65,000
1932 Model 53, 12-cyl., 140 hp, 137" wb						
Conv Cpe Rds	4,720	14,160	23,600	53,100	82,600	118,000
5P Tr	4,240	12,720	21,200	47,700	74,200	106,000
Phae	4,480	13,440	22,400	50,400	78,400	112,000
Clb Brgm	2,680	8,040	13,400	30,150	46,900	67,000
Cpe	2,600	7,800	13,000	29,250	45,500	65,000
5P Sed	2,560	7,680	12,800	28,800	44,800	64,000
Clb Sed	2,640	7,920	13,200	29,700	46,200	66,000
Clb Berl	2,760	8,280	13,800	31,050	48,300	69,000
Con Sed	4,400	13,200	22,000	49,500	77,000	110,000
1932 Model 53, 12-cyl., 140 hp, 142" wb						
7P Tr	4,320	12,960	21,600	48,600	75,600	108,000
7P Sed	2,760	8,280	13,800	31,050	48,300	69,000
Limo	3,000	9,000	15,000	33,750	52,500	75,000
1932 Model 51, 12-cyl., 150 hp, 147" wb						
Cpe	2,920	8,760	14,600	32,850	51,100	73,000
Conv Vic Cpe	4,960	14,880	24,800	55,800	86,800	124,000
Clb Sed	2,840	8,520	14,200	31,950	49,700	71,000
Conv Sed	4,120	12,360	20,600	46,350	72,100	103,000
Encl Drive Limo	3,400	10,200	17,000	38,250	59,500	85,000
A/W Twn Brgm	3,960	11,880	19,800	44,550	69,300	99,000
A/W Twn Cabr	4,200	12,600	21,000	47,250	73,500	105,000
Encl Drive Brgm	3,600	10,800	18,000	40,500	63,000	90,000
1933 Model 836, 8-cyl., 135 hp, 136" wb						
5P Clb Brgm	2,040	6,120	10,200	22,950	35,700	51,000
5P Sed	2,080	6,240	10,400	23,400	36,400	52,000
5P Clb Sed	2,240	6,720	11,200	25,200	39,200	56,000
7P Sed	2,120	6,360	10,600	23,850	37,100	53,000
7P Encl Drive Limo	2,400	7,200	12,000	27,000	42,000	60,000
1933 Model 1236, 12-cyl., 160 hp, 136" wb						
5P Clb Brgm	2,280	6,840	11,400	25,650	39,900	57,000
5P Sed	2,320	6,960	11,600	26,100	40,600	58,000
5P Clb Sed	2,480	7,440	12,400	27,900	43,400	62,000
7P Sed (139" wb)	2,360	7,080	11,800	26,550	41,300	59,000
7P Encl Drive Limo	2,640	7,920	13,200	29,700	46,200	66,000
1933 Model 1242, 12-cyl., 175 hp, 137" wb						
5P Tr	3,760	11,280	18,800	42,300	65,800	94,000
5P Spt Phae	4,400	13,200	22,000	49,500	77,000	110,000
7P Tourer (142" wb)	3,840	11,520	19,200	43,200	67,200	96,000
5P Clb Brgm	2,360	7,080	11,800	26,550	41,300	59,000
5P Sed	2,400	7,200	12,000	27,000	42,000	60,000

	6	5	4	3	2	1
5P Clb Sed	2,560	7,680	12,800	28,800	44,800	64,000
5P Clb Berl	2,640	7,920	13,200	29,700	46,200	66,000
4P Cpe	2,320	6,960	11,600	26,100	40,600	58,000
4P Cus Rds	4,480	13,440	22,400	50,400	78,400	112,000
5P Conv Sed	3,960	11,880	19,800	44,550	69,300	99,000
7P Sed (142" wb)	2,440	7,320	12,200	27,450	42,700	61,000
7P Encl Drive Limo	2,720	8,160	13,600	30,600	47,600	68,000
1933 Model 1247, 12-cyl., 175 hp, 142" wb						
5P Sed	2,760	8,280	13,800	31,050	48,300	69,000
5P Clb Sed	2,840	8,520	14,200	31,950	49,700	71,000
7P Sed (147" wb)	2,840	8,520	14,200	31,950	49,700	71,000
5P Clb Berl	2,840	8,520	14,200	31,950	49,700	71,000
7P Encl Drive Limo	3,000	9,000	15,000	33,750	52,500	75,000
5P Conv Sed	4,160	12,480	20,800	46,800	72,800	104,000
4P Cpe (147" wb)	3,160	9,480	15,800	35,550	55,300	79,000
5P Conv Sed (147" wb)	4,960	14,880	24,800	55,800	86,800	124,000
5P Clb Sed (147" wb)	3,000	9,000	15,000	33,750	52,500	75,000
Encl Drive Limo (147" wb)	3,160	9,480	15,800	35,550	55,300	79,000
7P Twn Brgm (147" wb)	3,240	9,720	16,200	36,450	56,700	81,000
7P Twn Car (147" wb)	3,400	10,200	17,000	38,250	59,500	85,000
7P Twn Cabr (147" wb)	5,200	15,600	26,000	58,500	91,000	130,000
7P Encl Drive Brgm	3,400	10,200	17,000	38,250	59,500	85,000
1934 Model 836A, 136" wb						
Clb Brgm	2,200	6,600	11,000	24,750	38,500	55,000
Clb Brgm Salon	2,280	0,040	11,400	25,650	39,900	57,000
4d Sed	2,280	6,840	11,400	25,650	39,900	57,000
4d Sed Salon	2,360	7,080	11,800	26,550	41,300	59,000
1934 Model 840A, 8-cyl., 139" wb						
Rds	3,160	9,480	15,800	35,550	55,300	79,000
Brgm	2,320	6,960	11,600	26,100	40,600	58,000
Sed	2,360	7,080	11,800	26,550	41,300	59,000
Clb Sed	2,400	7,200	12,000	27,000	42,000	60,000
Cpe	2,520	7,560	12,600	28,350	44,100	63,000
1934 Model 840A, 8-cyl., 144" wb						
Silver Arrow	6,800	20,400	34,000	76,500	119,000	170,000
Sed	2,440	7,320	12,200	27,450	42,700	61,000
Encl Drive Limo	2,920	8,760	14,600	32,850	51,100	73,000
1934 Model 1240A, 12-cyl., 139" wb						
Rds	4,200	12,600	21,000	47,250	73,500	105,000
Brgm	2,480	7,440	12,400	27,900	43,400	62,000
Sed	2,520	7,560	12,600	28,350	44,100	63,000
Clb Sed	2,560	7,680	12,800	28,800	44,800	64,000
Cpe	2,680	8,040	13,400	30,150	46,900	67,000
1934 Model 1250A, 12-cyl., 144" wb						
Silver Arrow	7,200	21,600	36,000	81,000	126,000	180,000
Sed	2,680	8,040	13,400	30,150	46,900	67,000
1934 Model 1248A, 12-cyl., 147" wb						
Sed	2,960	8,880	14,800	33,300	51,800	74,000
Encl Drive Limo	3,360	10,080	16,800	37,800	58,800	84,000
1935 Model 845, 8-cyl., 140 hp, 138" wb						
Conv Rds	3,080	9,240	15,400	34,650	53,900	77,000
Clb Brgm	2,240	6,720	11,200	25,200	39,200	56,000
Cpe	2,440	7,320	12,200	27,450	42,700	61,000
5P Sed	2,280	6,840	11,400	25,650	39,900	57,000
Clb Sed	2,320	6,960	11,600	26,100	40,600	58,000
1935 Model 845, 8-cyl., 140 hp, 144" wb						
7P Sed	2,360	7,080	11,800	26,550	41,300	59,000
Encl Drive Limo	2,840	8,520	14,200	31,950	49,700	71,000
Silver Arrow	6,800	20,400	34,000	76,500	119,000	170,000
1935 Model 1245, 12-cyl., 175 hp, 138" wb						
Conv Rds	3,560	10,680	17,800	40,050	62,300	89,000
Clb Brgm	2,480	7,440	12,400	27,900	43,400	62,000
Cpe	2,680	8,040	13,400	30,150	46,900	67,000
5P Sed	2,520	7,560	12,600	28,350	44,100	63,000
Clb Sed	2,560	7,680	12,800	28,800	44,800	64,000
1935 Model 1245, 12-cyl., 175 hp, 144" wb						
7P Sed	2,600	7,800	13,000	29,250	45,500	65,000
Encl Drive Limo	2,760	8,280	13,800	31,050	48,300	69,000
Silver Arrow	7,200	21,600	36,000	81,000	126,000	180,000
1935 Model 1255, 12-cyl., 175 hp, 147" wb						
7P Sed	2,760	8,280	13,800	31,050	48,300	69,000
Encl Drive Limo	3,000	9,000	15,000	33,750	52,500	75,000
1936 Deluxe 8, 150 hp, 139" wb						
Cpe	2,280	6,840	11,400	25,650	39,900	57,000
Ctry Club Rds	2,920	8,760	14,600	32,850	51,100	73,000
Clb Sed	2,040	6,120	10,200	22,950	35,700	51,000

	6	5	4	3	2	1
5P Sed...................................	2,000	6,000	10,000	22,500	35,000	50,000
Clb Berl..............................	2,240	6,720	11,200	25,200	39,200	56,000
1936 Deluxe 8, 150 hp, 144" wb						
7P Sed..............................	2,120	6,360	10,600	23,850	37,100	53,000
Limo................................	2,440	7,320	12,200	27,450	42,700	61,000
Metropolitan Twn Car................	2,640	7,920	13,200	29,700	46,200	66,000
Conv Sed............................	2,960	8,880	14,800	33,300	51,800	74,000
1936 Salon Twelve, 185 hp, 139" wb						
Cpe.................................	2,480	7,440	12,400	27,900	43,400	62,000
Ctry Club Rds.......................	3,360	10,080	16,800	37,800	58,800	84,000
Clb Sed.............................	2,240	6,720	11,200	25,200	39,200	56,000
5P Sed..............................	2,200	6,600	11,000	24,750	38,500	55,000
Clb Berl............................	2,480	7,440	12,400	27,900	43,400	62,000
1936 Salon Twelve, 185 hp, 144" wb						
7P Sed..............................	2,400	7,200	12,000	27,000	42,000	60,000
Limo................................	2,680	8,040	13,400	30,150	46,900	67,000
Metropolitan Twn Car................	2,760	8,280	13,800	31,050	48,300	69,000
Conv Sed............................	3,600	10,800	18,000	40,500	63,000	90,000
7P Sed (147" wb)....................	2,680	8,040	13,400	30,150	46,900	67,000
7P Encl Drive Limo..................	2,840	8,520	14,200	31,950	49,700	71,000
1937 Pierce-Arrow 8, 150 hp, 138" wb						
Cpe.................................	2,200	6,600	11,000	24,750	38,500	55,000
5P Sed..............................	1,960	5,880	9,800	22,050	34,300	49,000
Conv Rds............................	2,840	8,520	14,200	31,950	49,700	71,000
Clb Sed.............................	2,040	6,120	10,200	22,950	35,700	51,000
Clb Berl............................	1,640	4,920	8,200	18,450	28,700	41,000
Fml Sed.............................	2,280	6,840	11,400	25,650	39,900	57,000
1937 Pierce-Arrow 8, 150 hp, 144" wb						
7P Fml Sed..........................	2,440	7,320	12,200	27,450	42,700	61,000
7P Sed..............................	2,320	6,960	11,600	26,100	40,600	58,000
Limo................................	2,640	7,920	13,200	29,700	46,200	66,000
Conv Sed............................	3,280	9,840	16,400	36,900	57,400	82,000
Brunn Metro Twn Car.................	2,720	8,160	13,600	30,600	47,600	68,000
Twn Brgm............................	2,560	7,680	12,800	28,800	44,800	64,000
5P Encl Drive Limo (147" wb)	2,560	7,680	12,800	28,800	44,800	64,000
1937 Pierce-Arrow 12, 185 hp, 139" wb						
Cpe.................................	2,400	7,200	12,000	27,000	42,000	60,000
5P Sed..............................	2,160	6,480	10,800	24,300	37,800	54,000
Conv Rds............................	3,360	10,080	16,800	37,800	58,800	84,000
Clb Sed.............................	2,200	6,600	11,000	24,750	38,500	55,000
Clb Berl............................	2,240	6,720	11,200	25,200	39,200	56,000
5P Fml Sed	2,480	7,440	12,400	27,900	43,400	62,000
1937 Pierce-Arrow 12, 185 hp, 144" wb						
7P Sed..............................	2,280	6,840	11,400	25,650	39,900	57,000
Limo................................	2,480	7,440	12,400	27,900	43,400	62,000
Conv Sed............................	3,800	11,400	19,000	42,750	66,500	95,000
Brunn Metro Twn Brgm................	3,160	9,480	15,800	35,550	55,300	79,000
1937 Pierce-Arrow 12, 185 hp, 147" wb						
7P Sed..............................	2,680	8,040	13,400	30,150	46,900	67,000
Encl Drive Limo	2,840	8,520	14,200	31,950	49,700	71,000
Metro Twn Car.......................	3,240	9,730	16,220	36,500	56,770	81,100
1938 Pierce-Arrow 8, 150 hp, 139" wb						
5P Sed..............................	1,880	5,640	9,400	21,150	32,900	47,000
Clb Sed	1,960	5,880	9,800	22,050	34,300	49,000
Cpe.................................	2,160	6,480	10,800	24,300	37,800	54,000
Conv Cpe............................	2,920	8,760	14,600	32,850	51,100	73,000
Clb Berl............................	2,120	6,360	10,600	23,850	37,100	53,000
Fml Sed.............................	2,000	6,000	10,000	22,500	35,000	50,000
1938 Pierce-Arrow 8, 150 hp, 144" wb						
Brunn Metro Twn Brgm	2,560	7,680	12,800	28,800	44,800	64,000
7P Sed..............................	2,360	7,080	11,800	26,550	41,300	59,000
Encl Drive Limo	2,520	7,560	12,600	28,350	44,100	63,000
Con Sed.............................	3,320	9,960	16,600	37,350	58,100	83,000
Spl Sed.............................	2,320	6,960	11,600	26,100	40,600	58,000
Fml Sed.............................	2,440	7,320	12,200	27,450	42,700	61,000
1938 Pierce-Arrow 12, 185 hp, 139" wb						
5P Sed..............................	2,480	7,440	12,400	27,900	43,400	62,000
Clb Sed	2,160	6,480	10,800	24,300	37,800	54,000
Cpe.................................	2,680	8,040	13,400	30,150	46,900	67,000
Conv Cpe............................	3,600	10,800	18,000	40,500	63,000	90,000
Clb Berl............................	2,280	6,840	11,400	25,650	39,900	57,000
Fml Sed.............................	2,280	6,840	11,400	25,650	39,900	57,000
1938 Pierce-Arrow 12, 185 hp, 144" wb						
Spl Sed.............................	2,680	8,040	13,400	30,150	46,900	67,000
7P Sed..............................	2,600	7,800	13,000	29,250	45,500	65,000
Encl Drive Limo	3,000	9,000	15,000	33,750	52,500	75,000

	6	5	4	3	2	1
Conv Sed 3,680		11,040	18,400	41,400	64,400	92,000
Brunn Metro Twn Brgm. 3,080		9,240	15,400	34,650	53,900	77,000
1938 Pierce-Arrow 12, 147" wb						
7P Sed 2,680		8,040	13,400	30,150	46,900	67,000
Encl Drive Limo. 3,160		9,480	15,800	35,550	55,300	79,000

PLYMOUTH

	6	5	4	3	2	1
1928 Model Q, 4-cyl.						
2d Rds. 1,400		4,200	7,000	15,750	24,500	35,000
4d Tr 1,440		4,320	7,200	16,200	25,200	36,000
2d Cpe. 920		2,760	4,600	10,350	16,100	23,000
2d DeL Cpe. 1,000		3,000	5,000	11,250	17,500	25,000
2d Sed. 800		2,400	4,000	9,000	14,000	20,000
4d Sed. 760		2,280	3,800	8,550	13,300	19,000
4d DeL Sed. 820		2,460	4,100	9,230	14,350	20,500
1929-30 Model U, 4-cyl.						
2d Rds. 1,320		3,960	6,600	14,850	23,100	33,000
4d Tr 1,080		3,240	5,400	12,150	18,900	27,000
2d Cpe. 740		2,220	3,700	8,330	12,950	18,500
2d DeL Cpe. 720		2,160	3,600	8,100	12,600	18,000
2d Sed. 640		1,920	3,200	7,200	11,200	16,000
4d Sed. 620		1,860	3,100	6,980	10,850	15,500
4d DeL Sed. 630		1,890	3,150	7,090	11,030	15,750

NOTE: Factory prices reduced app. 10 percent for 1930 model year.

	6	5	4	3	2	1
1931 Model PA, 4-cyl.						
2d Rds. 1,280		3,840	6,400	14,400	22,400	32,000
4d Tr 1,040		3,120	5,200	11,700	18,200	26,000
2d Conv. 1,160		3,480	5,800	13,050	20,300	29,000
2d Cpe. 660		1,980	3,300	7,430	11,550	16,500
2d Sed. 600		1,800	3,000	6,750	10,500	15,000
4d Sed. 580		1,740	2,900	6,530	10,150	14,500
4d DeL Sed. 620		1,860	3,100	6,980	10,850	15,500
1932 Model PA, 4-cyl., 109" wb						
2d Rds. 1,240		3,720	6,200	13,950	21,700	31,000
2d Conv. 1,280		3,840	6,400	14,400	22,400	32,000
2d Cpe. 680		2,040	3,400	7,650	11,900	17,000
2d RS Cpe. 820		2,460	4,100	9,230	14,350	20,500
2d Sed. 620		1,860	3,100	6,980	10,850	15,500
4d Sed. 620		1,860	3,100	6,980	10,850	15,500
4d Phae. 1,240		3,720	6,200	13,950	21,700	31,000
1932 Model PB, 4-cyl., 112" wb						
2d Rds. 1,240		3,720	6,200	13,950	21,700	31,000
2d Conv. 1,280		3,840	6,400	14,400	22,400	32,000
4d Conv Sed 1,320		3,960	6,600	14,850	23,100	33,000
2d RS Cpe. 840		2,520	4,200	9,450	14,700	21,000
2d Sed. 640		1,920	3,200	7,200	11,200	16,000
4d Sed. 640		1,920	3,200	7,200	11,200	16,000
4d DeL Sed. 650		1,940	3,240	7,290	11,340	16,200
1933 Model PC, 6-cyl., 108" wb						
2d Conv. 1,320		3,960	6,600	14,850	23,100	33,000
2d Cpe. 700		2,100	3,500	7,880	12,250	17,500
2d RS Cpe. 840		2,520	4,200	9,450	14,700	21,000
2d Sed. 660		1,990	3,320	7,470	11,620	16,600
4d Sed. 660		1,980	3,300	7,430	11,550	16,500
1933 Model PD, 6-cyl.						
NOTE: Deduct 4 percent for PCXX models.						
2d Conv. 1,360		4,080	6,800	15,300	23,800	34,000
2d Cpe. 760		2,280	3,800	8,550	13,300	19,000
2d RS Cpe. 840		2,520	4,200	9,450	14,700	21,000
2d Sed. 640		1,930	3,220	7,250	11,270	16,100
4d Sed. 640		1,910	3,100	7,160	11,130	15,900
1934 Standard PG Model, 6-cyl., 108" wb						
2d Bus Cpe. 630		1,880	3,140	7,070	10,990	15,700
2d Sed. 660		1,990	3,320	7,470	11,620	16,600
1934 Standard PF Model, 6-cyl., 108" wb						
2d Bus Cpe. 630		1,880	3,140	7,070	10,990	15,700
2d RS Cpe. 840		2,520	4,200	9,450	14,700	21,000
2d Sed. 640		1,930	3,220	7,250	11,270	16,100
4d Sed. 640		1,910	3,180	7,160	11,130	15,900
1934 DeLuxe PE Model, 6-cyl., 114" wb						
2d Conv. 1,320		3,960	6,600	14,850	23,100	33,000
2d Cpe. 640		1,920	3,200	7,200	11,200	16,000
2d RS Cpe. 800		2,400	4,000	9,000	14,000	20,000
2d Sed. 680		2,040	3,400	7,650	11,900	17,000
4d Sed. 680		2,050	3,420	7,700	11,970	17,100
4d Twn Sed. 700		2,100	3,500	7,880	12,250	17,500

PLYMOUTH

	6	5	4	3	2	1
1935 Model PJ, 6-cyl., 113" wb						
2P Cpe	720	2,160	3,600	8,100	12,600	18,000
2d Bus Cpe	680	2,050	3,420	7,700	11,970	17,100
2d Sed	570	1,720	2,860	6,440	10,010	14,300
4d Bus Sed	670	2,020	3,360	7,560	11,760	16,800
1935 DeLuxe PJ Model, 6-cyl., 113" wb						
2d Conv	1,320	3,960	6,600	14,850	23,100	33,000
2d Bus Cpe	740	2,220	3,700	8,330	12,950	18,500
2d RS Cpe	880	2,640	4,400	9,900	15,400	22,000
2d Sed	670	2,020	3,360	7,560	11,760	16,800
2d Tr Sed	680	2,040	3,400	7,650	11,900	17,000
4d Sed	690	2,080	3,460	7,790	12,110	17,300
4d Tr Sed	710	2,140	3,560	8,010	12,460	17,800
4d 7P Sed	730	2,200	3,660	8,240	12,810	18,300
4d Trav Sed	740	2,210	3,680	8,280	12,880	18,400
1936 P1 Business Line, 6-cyl., 113" wb						
2d Bus Cpe	700	2,100	3,500	7,880	12,250	17,500
2d Bus Sed	650	1,960	3,260	7,340	11,410	16,300
4d Bus Sed	660	1,970	3,280	7,380	11,480	16,400
4d Sta Wag	3,400	10,200	17,000	38,250	59,500	85,000
1936 P2 DeLuxe, 6-cyl., 113"-125" wb						
2d Conv	1,280	3,840	6,400	14,400	22,400	32,000
2d Cpe	720	2,160	3,600	8,100	12,600	18,000
2d RS Cpe	850	2,560	4,260	9,590	14,910	21,300
2d Sed	670	2,020	3,360	7,560	11,760	16,800
2d Tr Sed	690	2,080	3,460	7,790	12,110	17,300
4d Sed	670	2,020	3,360	7,560	11,760	16,800
4d Tr Sed	690	2,080	3,460	7,790	12,110	17,300
4d 7P Sed	700	2,100	3,500	7,880	12,250	17,500
1937 Roadking, 6-cyl., 112" wb						
2d Cpe	700	2,100	3,500	7,880	12,250	17,500
2d Sed	620	1,860	3,100	6,980	10,850	15,500
4d Sed	600	1,800	3,000	6,750	10,500	15,000
1937 DeLuxe, 6-cyl., 112"-132" wb						
2d Conv	1,200	3,600	6,000	13,500	21,000	30,000
2d Cpe	720	2,160	3,600	8,100	12,600	18,000
2d RS Cpe	850	2,560	4,260	9,590	14,910	21,300
2d Sed	640	1,920	3,200	7,200	11,200	16,000
2d Tr Sed	650	1,940	3,240	7,290	11,340	16,200
4d Sed	600	1,790	2,980	6,710	10,430	14,900
4d Tr Sed	640	1,920	3,200	7,200	11,200	16,000
4d Limo	710	2,140	3,560	8,010	12,460	17,800
4d Westchester Sub	3,400	10,200	17,000	38,250	59,500	85,000
NOTE: For 1937 only, the Westchester Suburban was built on a commercial chassis and was considered a truck.						
1938 Roadking, 6-cyl., 112" wb						
2d Cpe	740	2,220	3,700	8,330	12,950	18,500
2d Sed	580	1,750	2,920	6,570	10,220	14,600
4d Sed	590	1,780	2,960	6,660	10,360	14,800
2d Tr Sed	600	1,800	3,000	6,750	10,500	15,000
4d Tr Sed	560	1,670	2,780	6,260	9,730	13,900
1938 DeLuxe, 6-cyl., 112"-132" wb						
2d Conv	1,200	3,600	6,000	13,500	21,000	30,000
2d Cpe	760	2,280	3,800	8,550	13,300	19,000
2d RS Cpe	890	2,680	4,460	10,040	15,610	22,300
2d Sed	680	2,040	3,400	7,650	11,900	17,000
2d Tr Sed	680	2,050	3,420	7,700	11,970	17,100
4d Sed	600	1,790	2,980	6,710	10,430	14,900
4d Tr Sed	680	2,040	3,400	7,650	11,900	17,000
4d 7P Sed	730	2,200	3,660	8,240	12,810	18,300
4d Limo	780	2,340	3,900	8,780	13,650	19,500
4d Westchester Sub	3,400	10,200	17,000	38,250	59,500	85,000
1939 P7 Roadking, 6-cyl., 114" wb						
2d Cpe	740	2,220	3,700	8,330	12,950	18,500
2d Sed	580	1,740	2,900	6,530	10,150	14,500
2d Tr Sed	580	1,750	2,920	6,570	10,220	14,600
4d Sed	590	1,760	2,940	6,620	10,290	14,700
4d Tr Sed	590	1,780	2,960	6,660	10,360	14,800
4d Utl Sed	590	1,760	2,940	6,620	10,290	14,700
1939 P8 DeLuxe, 6-cyl., 114"-134" wb						
2d Conv	1,160	3,480	5,800	13,050	20,300	29,000
4d Conv Sed	1,160	3,480	5,800	13,050	20,300	29,000
2P Cpe	760	2,280	3,800	8,550	13,300	19,000
2d RS Cpe	900	2,700	4,500	10,130	15,750	22,500
2d Sed	680	2,040	3,400	7,650	11,900	17,000
2d Tr Sed	680	2,050	3,420	7,700	11,970	17,100
4d Sed	680	2,040	3,400	7,650	11,900	17,000

	6	5	4	3	2	1
4d Tr Sed	690	2,060	3,440	7,740	12,040	17,200
4d Sta Wag W/C	3,320	9,960	16,600	37,350	58,100	83,000
4d Sta Wag W/G	3,400	10,200	17,000	38,250	59,500	85,000
4d 7P Ewb Sed	720	2,160	3,600	8,100	12,600	18,000
4d Ewb Limo	760	2,280	3,800	8,550	13,300	19,000
1940 P9 Roadking, 6-cyl., 117" wb						
2d Cpe	760	2,280	3,800	8,550	13,300	19,000
2d Tr Sed	700	2,100	3,500	7,880	12,250	17,500
4d Tr Sed	700	2,090	3,480	7,830	12,180	17,400
4d Utl Sed	570	1,720	2,860	6,440	10,010	14,300
1940 P10 DeLuxe, 6-cyl., 117"-137" wb						
2d Conv	1,200	3,600	6,000	13,500	21,000	30,000
2d DeL Cpe	800	2,400	4,000	9,000	14,000	20,000
2d 4P Cpe	820	2,460	4,100	9,230	14,350	20,500
2d Sed	680	2,040	3,400	7,650	11,900	17,000
4d Sed	620	1,850	3,080	6,930	10,780	15,400
4d Sta Wag	3,200	9,600	16,000	36,000	56,000	80,000
4d 7P Sed	710	2,140	3,560	8,010	12,460	17,800
4d Sed Limo	780	2,340	3,900	8,780	13,650	19,500
1941 P11 Standard, 6-cyl., 117" wb						
2d Cpe	780	2,340	3,900	8,780	13,650	19,500
2d Sed	700	2,100	3,500	7,880	12,250	17,500
4d Sed	700	2,090	3,480	7,830	12,180	17,400
4d Utl Sed	580	1,740	2,900	6,530	10,150	14,500
1941 P11 DeLuxe, 6-cyl., 117" wb						
2d Cpe	790	2,360	3,940	8,870	13,790	10,700
2d Sed	710	2,120	3,540	7,970	12,390	17,700
4d Sed	700	2,110	3,520	7,920	12,320	17,600
1941 P12 Special DeLuxe, 6 cyl., 117"-137" wb						
2d Conv	1,240	3,720	6,200	13,950	21,700	31,000
2d DeL Cpe	800	2,400	4,000	9,000	14,000	20,000
2d 4P Cpe	820	2,460	4,100	9,230	14,350	20,500
2d Sed	700	2,100	3,500	7,880	12,250	17,500
4d Sed	700	2,110	3,520	7,920	12,320	17,600
4d Sta Wag	3,200	9,600	16,000	36,000	56,000	80,000
4d 7P Sed	710	2,140	3,560	8,010	12,460	17,800
4d Limo	820	2,460	4,100	9,230	14,350	20,500
1942 P14S DeLuxe, 6-cyl., 117" wb						
2d Cpe	840	2,520	4,200	9,450	14,700	21,000
2d Sed	640	1,910	3,180	7,160	11,130	15,900
4d Utl Sed	620	1,070	3,120	7,020	10,920	15,600
2d Clb Cpe	860	2,580	4,300	9,680	15,050	21,500
4d Sed	630	1,880	3,140	7,070	10,990	15,700
1942 P14C Special DeLuxe, 6-cyl., 117" wb						
2d Conv	1,440	4,320	7,200	16,200	25,200	36,000
2d Cpe	880	2,640	4,400	9,900	15,400	22,000
2d Sed	640	1,930	3,220	7,250	11,270	16,100
4d Sed	640	1,920	3,200	7,200	11,200	16,000
4d Twn Sed	640	1,930	3,220	7,250	11,270	16,100
2d Clb Cpe	900	2,700	4,500	10,130	15,750	22,500
4d Sta Wag	3,200	9,000	16,000	36,000	56,000	80,000
1946-48 P15 DeLuxe, 6-cyl., 117" wb						
2d Cpe	640	1,920	3,200	7,200	11,200	16,000
2d Clb Cpe	660	1,980	3,300	7,430	11,550	16,500
2d Sed	600	1,800	3,000	6,750	10,500	15,000
4d Sed	596	1,788	2,980	6,710	10,430	14,900
1946-48 P15 Special DeLuxe, 6-cyl., 117" wb						
2d Conv	1,240	3,720	6,200	13,950	21,700	31,000
2d Cpe	660	1,980	3,300	7,430	11,550	16,500
2d Clb Cpe	680	2,040	3,400	7,650	11,900	17,000
2d Sed	620	1,860	3,100	6,980	10,850	15,500
4d Sed	616	1,848	3,080	6,930	10,780	15,400
4d Sta Wag	3,200	9,600	16,000	36,000	56,000	80,000
1949 DeLuxe, 6-cyl., 111" wb						
First Series 1949 is the same as 1948 Second Series.						
2d Cpe	600	1,800	3,000	6,750	10,500	15,000
2d Sed	500	1,500	2,500	5,630	8,750	12,500
2d Sta Wag	640	1,920	3,200	7,200	11,200	16,000
1949 DeLuxe, 6-cyl., 118.5" wb						
2d Clb Cpe	620	1,860	3,100	6,980	10,850	15,500
4d Sed	416	1,248	2,080	4,680	7,280	10,400
1949 Special DeLuxe, 6-cyl., 118.5" wb						
2d Conv	1,120	3,360	5,600	12,600	19,600	28,000
2d Clb Cpe	628	1,884	3,140	7,070	10,990	15,700
4d Sed	504	1,512	2,520	5,670	8,820	12,600
4d Sta Wag	3,200	9,600	16,000	36,000	56,000	80,000

PLYMOUTH

	6	5	4	3	2	1
1950 DeLuxe, 6-cyl., 111" wb						
2d Cpe 620	1,860	3,100	6,980	10,850	15,500
2d Sed 600	1,800	3,000	6,750	10,500	15,000
2d Sta Wag 640	1,920	3,200	7,200	11,200	16,000
1950 DeLuxe, 6-cyl., 118.5" wb						
2d Clb Cpe 624	1,872	3,120	7,020	10,920	15,600
4d Sed 608	1,824	3,040	6,840	10,640	15,200
1950 Special DeLuxe, 6-cyl., 118.5" wb						
2d Conv 1,080	3,240	5,400	12,150	18,900	27,000
2d Clb Cpe 628	1,884	3,140	7,070	10,990	15,700
4d Sed 620	1,860	3,100	6,980	10,850	15,500
4d Sta Wag 3,200	9,600	16,000	36,000	56,000	80,000
NOTE: Add 5 percent for P-19 Special DeLuxe Suburban.						
1951-52 P22 Concord, 6-cyl., 111" wb						
2d Sed 480	1,440	2,400	5,400	8,400	12,000
2d Cpe 500	1,500	2,500	5,630	8,750	12,500
2d Sta Wag 640	1,920	3,200	7,200	11,200	16,000
1951-52 P23 Cambridge, 6-cyl., 118.5" wb						
4d Sed 488	1,464	2,440	5,490	8,540	12,200
2d Clb Cpe 600	1,800	3,000	6,750	10,500	15,000
1951-52 P23 Cranbrook, 6-cyl., 118.5" wb						
4d Sed 496	1,488	2,480	5,580	8,680	12,400
2d Clb Cpe 620	1,860	3,100	6,980	10,850	15,500
2d HT 800	2,400	4,000	9,000	14,000	20,000
2d Conv 1,080	3,240	5,400	12,150	18,900	27,000
1953 P24-1 Cambridge, 6-cyl., 114" wb						
4d Sed 464	1,392	2,320	5,220	8,120	11,600
2d Sed 468	1,404	2,340	5,270	8,190	11,700
2d Bus Cpe 472	1,416	2,360	5,310	8,260	11,800
2d Sta Wag 680	2,040	3,400	7,650	11,900	17,000
1953 P24-2 Cranbrook, 6-cyl., 114" wb						
4d Sed 480	1,440	2,400	5,400	8,400	12,000
2d Clb Cpe 500	1,500	2,500	5,630	8,750	12,500
2d HT 840	2,520	4,200	9,450	14,700	21,000
2d Sta Wag 640	1,920	3,200	7,200	11,200	16,000
2d Conv 1,160	3,480	5,800	13,050	20,300	29,000
1954 P25-1 Plaza, 6-cyl., 114" wb						
4d Sed 512	1,536	2,560	5,760	8,960	12,800
2d Sed 516	1,548	2,580	5,810	9,030	12,900
2d Bus Cpe 600	1,800	3,000	6,750	10,500	15,000
2d Sta Wag 700	2,100	3,500	7,880	12,250	17,500
1954 P25-2 Savoy, 6-cyl., 114" wb						
4d Sed 600	1,800	3,000	6,750	10,500	15,000
2d Sed 604	1,812	3,020	6,800	10,570	15,100
2d Clb Cpe 620	1,860	3,100	6,980	10,850	15,500
2d Sta Wag 640	1,920	3,200	7,200	11,200	16,000
1954 P25-3 Belvedere, 6-cyl., 114" wb						
4d Sed 620	1,860	3,100	6,980	10,850	15,500
2d HT 920	2,760	4,600	10,350	16,100	23,000
2d Conv 1,200	3,600	6,000	13,500	21,000	30,000
2d Sta Wag 680	2,040	3,400	7,650	11,900	17,000
1955 Plaza, V-8, 115" wb						
4d Sed 600	1,800	3,000	6,750	10,500	15,000
2d Sed 604	1,812	3,020	6,800	10,570	15,100
2d Sta Wag 680	2,040	3,400	7,650	11,900	17,000
4d Sta Wag 720	2,160	3,600	8,100	12,600	18,000
1955 Savoy, V-8, 115" wb						
4d Sed 604	1,812	3,020	6,800	10,570	15,100
2d Sed 608	1,824	3,040	6,840	10,640	15,200
1955 Belvedere, V-8, 115" wb						
4d Sed 616	1,848	3,080	6,930	10,780	15,400
2d Sed 620	1,860	3,100	6,980	10,850	15,500
2d HT 1,040	3,120	5,200	11,700	18,200	26,000
2d Conv 1,840	5,520	9,200	20,700	32,200	46,000
4d Sta Wag 960	2,880	4,800	10,800	16,800	24,000
NOTE: Deduct 10 percent for 6-cyl. models.						
1956 Plaza, V-8, 115" wb						
4d Sed 496	1,488	2,480	5,580	8,680	12,400
2d Sed 500	1,500	2,500	5,630	8,750	12,500
2d Bus Cpe 488	1,464	2,440	5,490	8,540	12,200
1956 Savoy, V-8, 115" wb						
4d Sed 500	1,500	2,500	5,630	8,750	12,500
2d Sed 504	1,512	2,520	5,670	8,820	12,600
2d HT 960	2,880	4,800	10,800	16,800	24,000
1956 Belvedere, V-8, 115" wb						
4d Sed 600	1,800	3,000	6,750	10,500	15,000

	6	5	4	3	2	1
4d HT	680	2,040	3,400	7,650	11,900	17,000
2d Sed.	604	1,812	3,020	6,800	10,570	15,100
2d HT	1,120	3,360	5,600	12,600	19,600	28,000

1956 Belvedere, V-8, 115" wb (conv. avail. as 8-cyl. only)

	6	5	4	3	2	1
2d Conv.	2,020	6,060	10,100	22,730	35,350	50,500

1956 Suburban, V-8, 115" wb

	6	5	4	3	2	1
4d DeL Sta Wag	800	2,400	4,000	9,000	14,000	20,000
2d Cus Sta Wag	920	2,760	4,600	11,500	16,100	23,000
4d Cus Sta Wag	900	2,700	4,500	10,130	15,750	22,500
4d Spt Sta Wag	1,000	3,000	5,000	11,250	17,500	25,000

1956 Fury, V-8, (avail. as V-8 only)

	6	5	4	3	2	1
2d HT	2,480	7,440	12,400	27,900	43,400	62,000

1957-58 Plaza, V-8, 118" wb

	6	5	4	3	2	1
4d Sed.	448	1,344	2,240	5,040	7,840	11,200
2d Sed.	540	1,620	2,700	6,080	9,450	13,500
2d Bus Cpe.	480	1,440	2,400	5,400	8,400	12,000

1957-58 Savoy, V-8

	6	5	4	3	2	1
4d Sed.	456	1,368	2,280	5,130	7,980	11,400
4d HT	620	1,860	3,100	6,980	10,850	15,500
2d Sed.	560	1,680	2,800	6,300	9,800	14,000
2d HT	1,120	3,360	5,600	12,600	19,600	28,000

1957-58 Belvedere, V-8, 118" wb

	6	5	4	3	2	1
4d Sed.	480	1,440	2,400	5,400	8,400	12,000
4d Spt HT	740	2,220	3,700	8,330	12,950	18,500
2d Sed.	580	1,740	2,900	6,530	10,150	14,500
2d HT	1,760	5,280	8,800	19,800	30,000	44,000

1957-58 Belvedere, V-8, 118" wb (conv. avail. as 8-cyl. only)

	6	5	4	3	2	1
2d Conv.	3,340	10,020	16,700	37,580	58,450	83,500

1957-58 Suburban, V-8, 122" wb 1957-58 Suburban

	6	5	4	3	2	1
4d Cus Sta Wag	1,080	3,240	5,400	12,150	18,900	27,000
2d Cus Sta Wag	1,100	3,300	5,500	12,380	19,250	27,500
4d Spt Sta Wag	1,280	3,840	6,400	14,400	22,400	32,000

1957-58 Fury, V-8, 118" wb

	6	5	4	3	2	1
2d HT	3,400	10,200	17,000	38,250	59,500	85,000

NOTE: Deduct 10 percent for 6-cyl. models. Add 25 percent for 318 cid/290 hp V-8 (except Fury) or 350 cid/305 hp V-8 (1958). Add 50 percent for 315 hp Bendix EFI V-8 (1958).

1959 Savoy, 6-cyl., 118" wb

	6	5	4	3	2	1
4d Sed.	440	1,320	2,200	4,950	7,700	11,000
2d Sed.	520	1,560	2,600	5,850	9,100	13,000

1959 Belvedere, V-8, 118" wb

	6	5	4	3	2	1
4d Sed.	444	1,332	2,220	5,000	7,770	11,100
4d HT	580	1,740	2,900	6,530	10,150	14,500
2d Sed.	540	1,620	2,700	6,080	9,450	13,500
2d HT	1,280	3,840	6,400	14,400	22,400	32,000
2d Conv.	2,740	8,220	13,700	30,830	47,950	68,500

1959 Fury, V-8, 118" wb

	6	5	4	3	2	1
4d Sed.	460	1,380	2,300	5,180	8,050	11,500
4d HT	600	1,800	3,000	6,750	10,500	15,000
2d HT	1,480	4,440	7,400	16,650	25,900	37,000

1959 Sport Fury, V-8, 118" wb (260 hp, V-8 offered)

	6	5	4	3	2	1
2d HT	1,560	4,680	7,800	17,550	27,300	39,000
2d Conv.	2,640	7,920	13,200	29,700	46,200	66,000

1959 Suburban, V-8, 122" wb

	6	5	4	3	2	1
4d Spt Sta Wag	1,080	3,240	5,400	12,150	18,900	27,000
2d Cus Sta Wag	860	2,580	4,300	9,680	15,050	21,500
4d Cus Sta Wag	840	2,520	4,200	9,450	14,700	21,000

NOTE: Deduct 10 percent for 6-cyl. models. Add 30 percent for Golden Commando V-8.

1960 Valiant 100, 6-cyl., 106.5" wb

	6	5	4	3	2	1
4d Sed.	448	1,344	2,240	5,040	7,840	11,200
4d Sta Wag	452	1,356	2,260	5,090	7,910	11,300

1960 Valiant 200, 6-cyl., 106" wb

	6	5	4	3	2	1
4d Sed.	452	1,356	2,260	5,090	7,910	11,300
4d Sta Wag	456	1,368	2,280	5,130	7,980	11,400

1960 Fleet Special, V8, 118" wb

	6	5	4	3	2	1
4d Sed.	448	1,344	2,240	5,040	7,840	11,200
2d Sed.	452	1,356	2,260	5,090	7,910	11,300

1960 Savoy, V-8, 118" wb

	6	5	4	3	2	1
4d Sed.	468	1,404	2,340	5,270	8,190	11,700
2d Sed.	472	1,416	2,360	5,310	8,260	11,800

1960 Belvedere, V-8, 118" wb

	6	5	4	3	2	1
4d Sed.	472	1,416	2,360	5,310	8,260	11,800
2d Sed.	476	1,428	2,380	5,360	8,330	11,900
2d HT	920	2,760	4,600	10,350	16,100	23,000

1960 Fury, V-8, 118" wb

	6	5	4	3	2	1
4d Sed.	500	1,500	2,500	5,630	8,750	12,500
4d HT	640	1,920	3,200	7,200	11,200	16,000
2d HT	1,040	3,120	5,200	11,700	18,200	26,000

	6	5	4	3	2	1
1960 Fury, V-8, 118" wb (conv. avail. as V-8 only)						
2d Conv 1,800	5,400	9,000	20,250	31,500	45,000
1960 Suburban, V-8, 122" wb						
4d DeL Sta Wag. 750	2,240	3,740	8,420	13,090	18,700
2d DeL Sta Wag. 740	2,230	3,720	8,370	13,020	18,600
4d 9P Cus Sta Wag 750	2,260	3,760	8,460	13,160	18,800
4d 9P Spt Sta Wag. 760	2,270	3,780	8,510	13,230	18,900
NOTE: Deduct 20 percent for 6-cyl. model except Valiant.						
1961 Valiant 100, 6-cyl., 106.5" wb						
4d Sed 432	1,296	2,160	4,860	7,560	10,800
2d Sed 436	1,308	2,180	4,910	7,630	10,900
4d Sta Wag 432	1,296	2,160	4,860	7,560	10,800
1961 Valiant 200, 6-cyl., 106.5" wb						
4d Sed 440	1,320	2,200	4,950	7,700	11,000
2d HT 640	1,920	3,200	7,200	11,200	16,000
4d Sta Wag 428	1,284	2,140	4,820	7,490	10,700
NOTE: Add 20 percent for Hyper Pak 170 cid/148 hp and 30 percent for Hyper Pak 225 cid/220 hp engines.						
1961 Fleet Special, V8, 118" wb						
4d Sed 424	1,272	2,120	4,770	7,420	10,600
2d Sed 428	1,284	2,140	4,820	7,490	10,700
1961 Savoy, V-8, 118" wb						
4d Sed 428	1,284	2,140	4,820	7,490	10,700
2d Sed 432	1,296	2,160	4,860	7,560	10,800
1961 Belvedere, V-8, 118" wb						
4d Sed 428	1,284	2,140	4,820	7,490	10,700
2d Clb Sed 432	1,296	2,160	4,860	7,560	10,800
2d HT 830	2,480	4,140	9,320	14,490	20,700
1961 Fury, V-8, 118" wb						
4d Sed 436	1,308	2,180	4,910	7,630	10,900
4d HT 600	1,800	3,000	6,750	10,500	15,000
2d HT 960	2,880	4,800	10,800	16,800	24,000
2d Conv 1,600	4,800	8,000	18,000	28,000	40,000
1961 Suburban, V-8, 122" wb						
4d 6P DeL Sta Wag 690	2,060	3,440	7,740	12,040	17,200
2d 6P DeL Sta Wag. 680	2,050	3,420	7,700	11,970	17,100
4d 6P Cus Sta Wag 690	2,080	3,460	7,790	12,110	17,300
4d 9P Spt Sta Wag. 700	2,090	3,480	7,830	12,180	17,400
NOTE: Deduct 10 percent for 6-cyl. models. Add 30 percent for 330, 340, 350, 375 hp engines.						
1962 Valiant 100, 6-cyl., 106.5" wb						
4d Sed 384	1,152	1,920	4,320	6,720	9,600
2d Sed 388	1,164	1,940	4,370	6,790	9,700
4d Sta Wag 392	1,176	1,960	4,410	6,860	9,800
1962 Valiant 200, 6-cyl., 106.5" wb						
4d Sed 388	1,164	1,940	4,370	6,790	9,700
2d Sed 392	1,176	1,960	4,410	6,860	9,800
4d Sta Wag 396	1,188	1,980	4,460	6,930	9,900
1962 Valiant Signet, 6-cyl., 106.5" wb						
2d HT 460	1,380	2,300	5,180	8,050	11,500
NOTE: Add 30 percent for Hyper Pak 170 cid/148 hp and 50 percent for Hyper Pak 225 cid/200 hp engines.						
1962 Fleet Special, V8, 116" wb						
4d Sed 380	1,140	1,900	4,280	6,650	9,500
2d Sed 384	1,152	1,920	4,320	6,720	9,600
1962 Savoy, V-8, 116" wb						
4d Sed 384	1,152	1,920	4,320	6,720	9,600
2d Sed 388	1,164	1,940	4,370	6,790	9,700
1962 Belvedere, V-8, 116" wb						
4d Sed 388	1,164	1,940	4,370	6,790	9,700
2d Sed 392	1,176	1,960	4,410	6,860	9,800
2d HT 820	2,460	4,100	9,230	14,350	20,500
1962 Fury, V-8, 116" wb						
4d Sed 396	1,188	1,980	4,460	6,930	9,900
4d HT 420	1,260	2,100	4,730	7,350	10,500
2d HT 840	2,520	4,200	9,450	14,700	21,000
2d Conv 1,080	3,240	5,400	12,150	18,900	27,000
1962 Sport Fury, V-8, 116" wb						
2d HT 920	2,760	4,600	10,350	16,100	23,000
2d Conv 1,360	4,080	6,800	15,300	23,800	34,000
1962 Suburban, V-8, 116" wb						
4d 6P Savoy Sta Wag 490	1,460	2,440	5,490	8,540	12,200
4d 6P Belv Sta Wag. 490	1,480	2,460	5,540	8,610	12,300
4d 9P Fury Sta Wag. 500	1,490	2,480	5,580	8,680	12,400
NOTE: Deduct 10 percent for 6-cyl. models. Add 30 percent for Golden Commando 361 ci. Add 50 percent for Golden Commando 383 ci. Add 75 percent for Super Stock 413, 410 hp. Value inestimable on autos equipped at factory with Max Wedge engine option.						
1963 Valiant 100, 6-cyl., 106.5" wb						
4d Sed 360	1,080	1,800	4,050	6,300	9,000

	6	5	4	3	2	1
2d Sed.	364	1,092	1,820	4,100	6,370	9,100
4d Sta Wag	364	1,092	1,820	4,100	6,370	9,100
1963 Valiant 200, 6-cyl., 106.5" wb						
4d Sed.	364	1,092	1,820	4,100	6,370	9,100
2d Sed.	368	1,104	1,840	4,140	6,440	9,200
2d Conv.	660	1,980	3,300	7,430	11,550	16,500
4d Sta Wag	364	1,092	1,820	4,100	6,370	9,100
1963 Valiant Signet, 6-cyl., 106.5" wb						
2d HT	660	1,980	3,300	7,430	11,550	16,500
2d Conv.	700	2,100	3,500	7,880	12,250	17,500
1963 Savoy, V-8, 116" wb						
4d Sed.	380	1,140	1,900	4,280	6,650	9,500
2d Sed.	384	1,152	1,920	4,320	6,720	9,600
4d 6P Sta Wag	460	1,370	2,280	5,130	7,980	11,400
1963 Belvedere, V-8, 116" wb						
4d Sed.	380	1,140	1,900	4,280	6,650	9,500
2d Sed.	384	1,152	1,920	4,320	6,720	9,600
2d HT	610	1,820	3,040	6,840	10,640	15,200
4d 6P Sta Wag	480	1,440	2,400	5,400	8,400	12,000
1963 Fury, V-8, 116" wb						
4d Sed.	388	1,164	1,940	4,370	6,790	9,700
4d HT	420	1,260	2,100	4,730	7,350	10,500
2d HT	860	2,580	4,300	9,680	15,050	21,500
2d Conv.	1,120	3,360	5,600	12,600	19,600	28,000
4d 9P Sta Wag	480	1,450	2,420	5,450	8,470	12,100
1963 Sport Fury, V-8, 116" wb						
2d HT	840	2,520	4,200	9,450	14,700	21,000
2d Conv.	1,060	3,180	5,300	11,930	18,550	26,500

NOTE: Deduct 10 percent for 6-cyl. models. Add 75 percent for Max Wedge II 426 engine. Add 40 percent for 413. Value inestimable on autos equipped at factory with Max Wedge engine option.

1964 Valiant 100, 6-cyl., 106.5" wb						
4d Sed.	360	1,080	1,800	4,050	6,300	9,000
2d Sed.	364	1,092	1,820	4,100	6,370	9,100
4d Sta Wag	360	1,080	1,800	4,050	6,300	9,000
1964 Valiant 200, 6 or V-8, 106.5" wb						
4d Sed.	364	1,092	1,820	4,100	6,370	9,100
2d Sed.	368	1,104	1,840	4,140	6,440	9,200
2d Conv.	800	2,400	4,000	9,000	14,000	20,000
4d Sta Wag	364	1,092	1,820	4,100	6,370	9,100
1964 Valiant Signet, V-8, 106.5" wb						
2d HT	760	2,280	3,800	8,550	13,300	19,000
2d Barracuda	1,000	3,000	5,000	11,250	17,500	25,000
2d Conv.	1,280	3,840	6,400	14,400	22,400	32,000
1964 Savoy, V-8, 116" wb						
4d Sed.	380	1,140	1,900	4,280	6,650	9,500
2d Sed.	384	1,152	1,920	4,320	6,720	9,600
4d 6P Sta Wag	428	1,284	2,140	4,820	7,490	10,700
1964 Belvedere, V-8, 116" wb						
2d HT	640	1,920	3,200	7,200	11,200	16,000
4d Sed.	384	1,152	1,920	4,320	6,720	9,600
2d Sed.	388	1,164	1,940	4,370	6,790	9,700
4d 6P Sta Wag	436	1,308	2,180	4,910	7,630	10,900
1964 Fury, V-8, 116" wb						
4d Sed.	388	1,164	1,940	4,370	6,790	9,700
4d HT	404	1,212	2,020	4,550	7,070	10,100
2d HT	680	2,040	3,400	7,650	11,900	17,000
2d Conv.	960	2,880	4,800	10,800	16,800	24,000
4d 9P Sta Wag	444	1,332	2,220	5,000	7,770	11,100
1964 Sport Fury, V-8, 116" wb						
2d HT	800	2,400	4,000	9,000	14,000	20,000
Conv	1,000	3,000	5,000	11,250	17,500	25,000

NOTE: Deduct 10 percent for 6-cyl. models. Add 75 percent for 426-415 Max Wedge III. Add 75 percent for 426 street wedge. Autos equipped with 426 Hemi, value inestimable. Value inestimable on autos equipped at factory with Max Wedge engine option.

1965 Valiant 100, V-8, 106" wb						
4d Sed.	360	1,080	1,800	4,050	6,300	9,000
2d Sed.	364	1,092	1,820	4,100	6,370	9,100
4d Sta Wag	364	1,092	1,820	4,100	6,370	9,100
1965 Valiant 200, V-8, 106" wb						
4d Sed.	364	1,092	1,820	4,100	6,370	9,100
2d Sed.	368	1,104	1,840	4,140	6,440	9,200
2d Conv.	720	2,160	3,600	8,100	12,600	18,000
4d Sta Wag	364	1,092	1,820	4,100	6,370	9,100
1965 Valiant Signet, V-8, 106" wb						
2d HT	760	2,280	3,800	8,550	13,300	19,000
2d Conv.	1,120	3,360	5,600	12,600	19,600	28,000

	6	5	4	3	2	1
1965 Barracuda, V-8, 106" wb						
2d HT	1,080	3,240	5,400	12,150	18,900	27,000
NOTE: Add 10 percent for Formula S option.						
1965 Belvedere I, V-8, 116" wb						
4d Sed	364	1,092	1,820	4,100	6,370	9,100
2d Sed	368	1,104	1,840	4,140	6,440	9,200
4d Sta Wag	408	1,224	2,040	4,590	7,140	10,200
1965 Belvedere II, V-8, 116" wb						
4d Sed	376	1,128	1,880	4,230	6,580	9,400
2d HT	720	2,160	3,600	8,100	12,600	18,000
2d Conv	920	2,760	4,600	10,350	16,100	23,000
4d 9P Sta Wag	380	1,140	1,900	4,280	6,650	9,500
4d 6P Sta Wag	416	1,248	2,080	4,680	7,280	10,400
1965 Satellite, V-8, 116"wb						
2d HT	840	2,520	4,200	9,450	14,700	21,000
2d Conv	1,240	3,720	6,200	13,950	21,700	31,000
1965 Fury, V-8, 119" wb						
4d Sed	380	1,140	1,900	4,280	6,650	9,500
2d Sed	384	1,152	1,920	4,320	6,720	9,600
1965 Fury, V-8, 119" wb, Sta Wag 121" wb						
4d Sta Wag	424	1,272	2,120	4,770	7,420	10,600
1965 Fury II, V-8, 119" wb						
4d Sed	388	1,164	1,940	4,370	6,790	9,700
2d Sed	392	1,176	1,960	4,410	6,860	9,800
1965 Fury II, V-8, 119" wb, Sta Wag 121" wb						
4d 9P Sta Wag	432	1,296	2,160	4,860	7,560	10,800
4d 6P Sta Wag	428	1,284	2,140	4,820	7,490	10,700
1965 Fury III, V-8, 119" wb						
4d Sed	392	1,176	1,960	4,410	6,860	9,800
4d HT	440	1,320	2,200	4,950	7,700	11,000
2d HT	760	2,280	3,800	8,550	13,300	19,000
2d Conv	1,200	3,600	6,000	13,500	21,000	30,000
1965 Fury III, V-8, 119" wb, Sta Wag 121" wb						
4d 9P Sta Wag	436	1,308	2,180	4,910	7,630	10,900
4d 6P Sta Wag	432	1,296	2,160	4,860	7,560	10,800
1965 Sport Fury, V-8						
2d HT	840	2,520	4,200	9,450	14,700	21,000
2d Conv	1,080	3,240	5,400	12,150	18,900	27,000
NOTE: Deduct 5 percent for 6-cyl. models. Add 60 percent for 383 Commando engine option. Autos equipped with 426 Hemi, value inestimable.						
1966 Valiant 100, V-8, 106" wb						
4d Sed	364	1,092	1,820	4,100	6,370	9,100
2d Sed	368	1,104	1,840	4,140	6,440	9,200
4d Sta Wag	376	1,128	1,880	4,230	6,580	9,400
1966 Valiant 200, V-8, 106" wb						
4d Sed	372	1,116	1,860	4,190	6,510	9,300
4d Sta Wag	380	1,140	1,900	4,280	6,650	9,500
1966 Valiant Signet, V-8, 106" wb						
2d HT	800	2,400	4,000	9,000	14,000	20,000
2d Conv	1,000	3,000	5,000	11,250	17,500	25,000
1966 Barracuda, V-8, 106" wb						
2d HT	1,000	3,000	5,000	11,250	17,500	25,000
NOTE: Add 10 percent for Formula S.						
1966 Belvedere I, V-8, 116" wb						
4d Sed	368	1,104	1,840	4,140	6,440	9,200
2d Sed	372	1,116	1,860	4,190	6,510	9,300
4d Sta Wag	424	1,272	2,120	4,770	7,420	10,600
1966 Belvedere II, V-8, 116" wb						
4d Sed	376	1,128	1,880	4,230	6,580	9,400
2d HT	840	2,520	4,200	9,450	14,700	21,000
2d Conv	1,040	3,120	5,200	11,700	18,200	26,000
4d Sta Wag	428	1,284	2,140	4,820	7,490	10,700
1966 Satellite, V-8, 116" wb						
2d HT	960	2,880	4,800	10,800	16,800	24,000
2d Conv	1,240	3,720	6,200	13,950	21,700	31,000
1966 Fury I, V-8, 119" wb						
4d Sed	376	1,128	1,880	4,230	6,580	9,400
2d Sed	380	1,140	1,900	4,280	6,650	9,500
4d 6P Sta Wag	432	1,296	2,160	4,860	7,560	10,800
NOTE: Deduct 5 percent for 6-cyl. models.						
1966 Fury II, V-8, 119" wb						
4d Sed	380	1,140	1,900	4,280	6,650	9,500
2d Sed	384	1,152	1,920	4,320	6,720	9,600
4d 9P Sta Wag	436	1,308	2,180	4,910	7,630	10,900
1966 Fury III, V-8, 119" wb						
4d Sed	388	1,164	1,940	4,370	6,790	9,700

	6	5	4	3	2	1
2d HT	760	2,280	3,800	8,550	13,300	19,000
4d HT	520	1,560	2,600	5,850	9,100	13,000
2d Conv.	1,160	3,480	5,800	13,050	20,300	29,000
4d 9P Sta Wag	480	1,440	2,400	5,400	8,400	12,000

1966 Sport Fury, V-8, 119" wb

	6	5	4	3	2	1
2d HT	840	2,520	4,200	9,450	14,700	21,000
2d Conv.	1,200	3,600	6,000	13,500	21,000	30,000

1966 VIP, V-8, 119" wb

	6	5	4	3	2	1
4d HT	560	1,680	2,800	6,300	9,800	14,000
2d HT	800	2,400	4,000	9,000	14,000	20,000

NOTE: Autos equipped with 426 Street Hemi or Race Hemi, value inestimable.

1967 Valiant 100, V-8, 108" wb

	6	5	4	3	2	1
4d Sed.	364	1,092	1,820	4,100	6,370	9,100
2d Sed.	368	1,104	1,840	4,140	6,440	9,200

1967 Valiant Signet, V-8, 108" wb

	6	5	4	3	2	1
4d Sed.	368	1,104	1,840	4,140	6,440	9,200
2d Sed.	372	1,116	1,860	4,190	6,510	9,300

1967 Barracuda, V-8, 108" wb

	6	5	4	3	2	1
2d HT	920	2,760	4,600	10,350	16,100	23,000
2d FBk.	960	2,880	4,800	10,800	16,800	24,000
2d Conv.	1,040	3,120	5,200	11,700	18,200	26,000

NOTE: Add 10 percent for Formula S and 40 percent for 383 cid.

1967 Belvedere I, V-8, 116" wb

	6	5	4	3	2	1
4d Sed.	368	1,104	1,840	4,140	6,440	9,200
2d Sed.	372	1,116	1,860	4,190	6,510	9,300
4d 6P Sta Wag	408	1,224	2,040	4,590	7,140	10,200

1967 Belvedere II, V-8, 116" wb

	6	5	4	3	2	1
4d Sed.	376	1,128	1,880	4,230	6,580	9,400
2d HT	800	2,400	4,000	9,000	14,000	20,000
2d Conv.	1,000	3,000	5,000	11,250	17,500	25,000
4d 9P Sta Wag	416	1,248	2,080	4,680	7,280	10,400

1967 Satellite, V-8, 116" wb

	6	5	4	3	2	1
2d HT	1,080	3,240	5,400	12,150	18,900	27,000
2d Conv.	1,320	3,960	6,600	14,850	23,100	33,000

1967 GTX, V-8, 116" wb

	6	5	4	3	2	1
2d HT	1,200	3,600	6,000	13,500	21,000	30,000
2d Conv.	1,800	5,400	9,000	20,250	31,500	45,000

1967 Fury I, V-8, 122" wb

	6	5	4	3	2	1
4d Sed.	380	1,140	1,900	4,280	6,650	9,500
2d Sed.	384	1,152	1,920	4,320	6,720	9,600
4d 6P Sta Wag	428	1,284	2,140	4,820	7,490	10,700

1967 Fury II, V-8, 122" wb

	6	5	4	3	2	1
4d Sed.	384	1,152	1,920	4,320	6,720	9,600
2d Sed.	388	1,164	1,940	4,370	6,790	9,700
4d 9P Sta Wag	440	1,320	2,200	4,950	7,700	11,000

1967 Fury III, V-8, 122" wb

	6	5	4	3	2	1
4d Sed.	392	1,176	1,960	4,410	6,860	9,800
4d HT	480	1,440	2,400	5,400	8,400	12,000
2d HT	640	1,920	3,200	7,200	11,200	16,000
2d Conv.	840	2,520	4,200	9,450	14,700	21,000
4d 9P Sta Wag	440	1,320	2,200	4,950	7,700	11,000

1967 Sport Fury, V-8, 119" wb

	6	5	4	3	2	1
2d HT	680	2,040	3,400	7,650	11,900	17,000
2d FBk.	700	2,100	3,500	7,880	12,250	17,500
2d Conv.	960	2,880	4,800	10,800	16,800	24,000

1967 VIP, V-8, 119" wb

	6	5	4	3	2	1
4d HT	600	1,800	3,000	6,750	10,500	15,000
2d HT	680	2,040	3,400	7,650	11,900	17,000

NOTE: Add 50 percent for 440 engine. Autos equipped with 426 Hemi, value inestimable.

1968 Valiant 100, V-8, 108" wb

	6	5	4	3	2	1
4d Sed.	368	1,104	1,840	4,140	6,440	9,200
2d Sed.	372	1,116	1,860	4,190	6,510	9,300

1968 Valiant Signet, V-8, 108" wb

	6	5	4	3	2	1
4d Sed.	376	1,128	1,880	4,230	6,580	9,400
2d Sed.	380	1,140	1,900	4,280	6,650	9,500

1968 Barracuda, V-8, 108" wb

	6	5	4	3	2	1
2d HT	880	2,640	4,400	9,900	15,400	22,000
2d FBk.	920	2,760	4,600	10,350	16,100	23,000
2d Conv.	1,000	3,000	5,000	11,250	17,500	25,000

NOTE: Add 20 percent for Barracuda/Formula S and 40 percent for 383 cid.

1968 Belvedere, V-8, 116" wb

	6	5	4	3	2	1
4d Sed.	372	1,116	1,860	4,190	6,510	9,300
2d Sed.	376	1,128	1,880	4,230	6,580	9,400
4d 6P Sta Wag	420	1,260	2,100	4,730	7,350	10,500

1968 Satellite, V-8, 116" wb

	6	5	4	3	2	1
4d Sed.	380	1,140	1,900	4,280	6,650	9,500

	6	5	4	3	2	1
2d HT	840	2,520	4,200	9,450	14,700	21,000
2d Conv	1,160	3,480	5,800	13,050	20,300	29,000
4d Sta Wag	424	1,272	2,120	4,770	7,420	10,600
1968 Sport Satellite, V-8, 116" wb						
2d HT	1,000	3,000	5,000	11,250	17,500	25,000
2d Conv	1,280	3,840	6,400	14,400	22,400	32,000
4d Sta Wag	468	1,404	2,340	5,270	8,190	11,700
1968 Road Runner, V-8, 116" wb						
2d Cpe	1,720	5,160	8,600	19,350	30,100	43,000
2d HT	1,800	5,400	9,000	20,250	31,500	45,000
1968 GTX, V-8, 116" wb						
2d HT	1,840	5,520	9,200	20,700	32,200	46,000
2d Conv	2,640	7,920	13,200	29,700	46,200	66,000
1968 Fury I, V-8, 119" & 122" wb						
4d Sed	384	1,152	1,920	4,320	6,720	9,600
2d Sed	388	1,164	1,940	4,370	6,790	9,700
4d 6P Sta Wag	432	1,296	2,160	4,860	7,560	10,800
1968 Fury II, V-8, 119" & 122" wb						
4d Sed	388	1,164	1,940	4,370	6,790	9,700
2d Sed	392	1,176	1,960	4,410	6,860	9,800
4d 6P Sta Wag	436	1,308	2,180	4,910	7,630	10,900
1968 Fury III, V-8, 119" & 122" wb						
4d Sed	396	1,188	1,980	4,460	6,930	9,900
4d HT	520	1,560	2,600	5,850	9,100	13,000
2d HT	760	2,280	3,800	8,550	13,300	19,000
2d FBk	920	2,760	4,600	10,350	16,100	23,000
2d Conv	1,160	3,480	5,800	13,050	20,300	29,000
4d 6P Sta Wag	440	1,320	2,200	4,950	7,700	11,000
1968 Suburban, V-8, 121" wb						
4d 6P Cus Sta Wag	428	1,284	2,140	4,820	7,490	10,700
4d 9P Cus Sta Wag	432	1,296	2,160	4,860	7,560	10,800
4d 6P Spt Sta Wag	436	1,308	2,180	4,910	7,630	10,900
4d 9P Spt Sta Wag	440	1,320	2,200	4,950	7,700	11,000
1968 Sport Fury, V-8, 119" wb						
2d HT	800	2,400	4,000	9,000	14,000	20,000
2d FBk	840	2,520	4,200	9,450	14,700	21,000
2d Conv	960	2,880	4,800	10,800	16,800	24,000
1968 VIP, V-8, 119" wb						
4d HT	620	1,860	3,100	6,980	10,850	15,500
2d FBk	700	2,100	3,500	7,880	12,250	17,500

NOTE: Add 50 percent for 440 engine. Autos equipped with 426 Hemi, value inestimable.

	6	5	4	3	2	1
1969 Valiant 100, V-8, 108" wb						
4d Sed	352	1,056	1,760	3,960	6,160	8,800
2d Sed	356	1,068	1,780	4,010	6,230	8,900
1969 Valiant Signet, V-8, 108" wb						
4d Sed	356	1,068	1,780	4,010	6,230	8,900
2d Sed	360	1,080	1,800	4,050	6,300	9,000
1969 Barracuda, V-8, 108" wb						
2d HT	1,080	3,240	5,400	12,150	18,900	27,000
2d FBk	1,120	3,360	5,600	12,600	19,600	28,000
2d Conv	1,200	3,600	6,000	13,500	21,000	30,000

NOTE: Add 40 percent for Formula S 383 cid option. Add 50 percent for Barracuda 440.

	6	5	4	3	2	1
1969 Belvedere, V-8, 117" wb						
4d Sed	364	1,092	1,820	4,100	6,370	9,100
2d Sed	368	1,104	1,840	4,140	6,440	9,200
4d 6P Sta Wag	408	1,224	2,040	4,590	7,140	10,200
1969 Satellite, V-8, 116" & 117" wb						
4d Sed	372	1,116	1,860	4,190	6,510	9,300
2d HT	920	2,760	4,600	10,350	16,100	23,000
2d Conv	1,080	3,240	5,400	12,150	18,900	27,000
4d 6P Sta Wag	416	1,248	2,080	4,680	7,280	10,400
1969 Sport Satellite, V-8, 116" & 117" wb						
4d Sed	376	1,128	1,880	4,230	6,580	9,400
2d HT	960	2,880	4,800	10,800	16,800	24,000
2d Conv	1,160	3,480	5,800	13,050	20,300	29,000
4d 9P Sta Wag	420	1,260	2,100	4,730	7,350	10,500
1969 Road Runner, V-8, 116" wb						
2d Sed	1,720	5,160	8,600	19,350	30,100	43,000
2d HT	1,800	5,400	9,000	20,250	31,500	45,000
2d Conv	2,200	6,600	11,000	24,750	38,500	55,000
1969 GTX, V-8, 116" wb						
2d HT	1,840	5,520	9,200	20,700	32,200	46,000
2d Conv	2,640	7,920	13,200	29,700	46,200	66,000
1969 Fury I, V-8, 120" & 122" wb						
4d Sed	380	1,140	1,900	4,280	6,650	9,500
2d Sed	384	1,152	1,920	4,320	6,720	9,600
4d 6P Sta Wag	428	1,284	2,140	4,820	7,490	10,700

	6	5	4	3	2	1
1969 Fury II, V-8, 120" & 122" wb						
4d Sed.	384	1,152	1,920	4,320	6,720	9,600
2d Sed.	388	1,164	1,940	4,370	6,790	9,700
4d 6P Sta Wag	432	1,296	2,160	4,860	7,560	10,800
1969 Fury III, V-8, 120" & 122" wb						
4d Sed.	392	1,176	1,960	4,410	6,860	9,800
4d HT	532	1,596	2,660	5,990	9,310	13,300
2d HT	800	2,400	4,000	9,000	14,000	20,000
2d Conv.	1,200	3,600	6,000	13,500	21,000	30,000
4d 9P Sta Wag	440	1,320	2,200	4,950	7,700	11,000
1969 Sport Fury						
2d HT	680	2,040	3,400	7,650	11,900	17,000
2d Conv.	800	2,400	4,000	9,000	14,000	20,000
1969 VIP						
4d HT	440	1,320	2,200	4,950	7,700	11,000
2d HT	680	2,040	3,400	7,650	11,900	17,000
NOTE: Add 75 percent for 440 6 pack. Autos equipped with 426 Hemi, value inestimable.						
1970 Valiant						
4d Sed.	352	1,056	1,760	3,960	6,160	8,800
1970 Valiant Duster						
2d Cpe.	400	1,200	2,000	4,500	7,000	10,000
1970 Duster "340"						
2d Cpe.	760	2,280	3,800	8,550	13,300	19,000
1970 Barracuda						
2d HT	1,360	4,080	6,800	15,300	23,800	34,000
2d Conv.	1,960	5,880	9,800	22,050	34,300	49,000
1970 Gran Coupe						
2d HT	1,400	4,200	7,000	15,750	24,500	35,000
2d Conv.	2,000	6,000	10,000	22,500	35,000	50,000
1970 'Cuda						
2d HT	2,200	6,600	11,000	24,750	38,500	55,000
2d Conv.	2,800	8,400	14,000	31,500	49,000	70,000
2d Hemi Cuda Conv		value not estimable				
1970 'Cuda AAR						
2d HT	3,000	9,000	15,000	33,750	52,500	75,000
1970 Belvedere						
4d Sed.	364	1,092	1,820	4,100	6,370	9,100
2d Cpe.	368	1,104	1,840	4,140	6,440	9,200
4d Wag	412	1,236	2,060	4,640	7,210	10,300
1970 Road Runner						
2d Cpe.	1,560	4,680	7,800	17,550	27,300	39,000
2d HT	1,680	5,040	8,400	18,900	29,400	42,000
2d Superbird	4,800	14,400	24,000	54,000	84,000	120,000
2d Conv.	2,160	6,480	10,800	24,300	37,800	54,000
1970 Satellite						
4d Sed.	372	1,116	1,860	4,190	6,510	9,300
2d HT	880	2,640	4,400	9,900	15,400	22,000
2d Conv.	1,240	3,720	6,200	13,950	21,700	31,000
4d 6P Wag	416	1,248	2,080	4,680	7,280	10,400
4d 9P Wag	420	1,260	2,100	4,730	7,350	10,500
1970 Sport Satellite						
4d Sed.	380	1,140	1,900	4,280	6,650	9,500
2d HT	1,000	3,000	5,000	11,250	17,500	25,000
4d 6P Wag	420	1,260	2,100	4,730	7,350	10,500
4d 9P Wag	424	1,272	2,120	4,770	7,420	10,600
1970 GTX						
2d HT	1,840	5,520	9,200	20,700	32,200	46,000
1970 Fury I						
4d Sed.	380	1,140	1,900	4,280	6,650	9,500
2d Sed.	384	1,152	1,920	4,320	6,720	9,600
1970 Fury II						
4d Sed.	384	1,152	1,920	4,320	6,720	9,600
2d Sed.	388	1,164	1,940	4,370	6,790	9,700
4d 6P Wag	428	1,284	2,140	4,820	7,490	10,700
4d 9P Wag	432	1,296	2,160	4,860	7,560	10,800
1970 Gran Coupe						
2d Sed.	516	1,548	2,580	5,810	9,030	12,900
1970 Fury III						
4d Sed.	392	1,176	1,960	4,410	6,860	9,800
2d HT	740	2,220	3,700	8,330	12,950	18,500
4d HT	520	1,560	2,600	5,850	9,100	13,000
2d Fml	748	2,244	3,740	8,420	13,090	18,700
2d Conv.	1,080	3,240	5,400	12,150	18,900	27,000
4d 6P Wag	440	1,320	2,200	4,950	7,700	11,000
4d 9P Wag	444	1,332	2,220	5,000	7,770	11,100

PLYMOUTH

	6	5	4	3	2	1
1970 Sport Fury						
4d Sed	396	1,188	1,980	4,460	6,930	9,900
2d HT	780	2,340	3,900	8,780	13,650	19,500
4d HT	540	1,620	2,700	6,080	9,450	13,500
2d Fml	668	2,004	3,340	7,520	11,690	16,700
4d Wag	448	1,344	2,240	5,040	7,840	11,200
1970 Fury S-23						
2d HT	1,000	3,000	5,000	11,250	17,500	25,000
1970 Fury GT						
2d HT	1,040	3,120	5,200	11,700	18,200	26,000

NOTE: Add 75 percent for 440 6 pack. Autos equipped with 426 Hemi, value inestimable. Add 20 percent for 'Cuda 340 package. Add 40 percent for 'Cuda 383.

	6	5	4	3	2	1
1971 Valiant						
4d Sed	348	1,044	1,740	3,920	6,090	8,700
1971 Duster						
2d Cpe	360	1,080	1,800	4,050	6,300	9,000
1971 Duster "340"						
2d Cpe	664	1,992	3,320	7,470	11,620	16,600
1971 Scamp						
2d HT	460	1,380	2,300	5,180	8,050	11,500
1971 Barracuda						
2d Cpe	1,320	3,960	6,600	14,850	23,100	33,000
2d HT	1,400	4,200	7,000	15,750	24,500	35,000
2d Conv	2,000	6,000	10,000	22,500	35,000	50,000
1971 Gran Coupe						
2d HT	1,240	3,720	6,200	13,950	21,700	31,000
1971 'Cuda						
2d HT	2,240	6,720	11,200	25,200	39,200	56,000
2d Conv	2,840	8,520	14,200	31,950	49,700	71,000
1971 Satellite						
4d Sed	352	1,056	1,760	3,960	6,160	8,800
2d Cpe	420	1,260	2,100	4,730	7,350	10,500
4d Sta Wag	428	1,284	2,140	4,820	7,490	10,700
1971 Satellite Sebring						
2d HT	740	2,220	3,700	8,330	12,950	18,500
1971 Satellite Custom						
4d Sed	356	1,068	1,780	4,010	6,230	8,900
4d 6P Sta Wag	392	1,176	1,960	4,410	6,860	9,800
4d 9P Sta Wag	396	1,188	1,980	4,460	6,930	9,900
1971 Road Runner						
2d HT	1,420	4,260	7,100	15,980	24,850	35,500
1971 Sebring Plus						
2d HT	800	2,400	4,000	9,000	14,000	20,000
1971 Satellite Brougham						
4d Sed	360	1,080	1,800	4,050	6,300	9,000
1971 Regent Wagon						
4d 6P Sta Wag	400	1,200	2,000	4,500	7,000	10,000
4d 9P Sta Wag	404	1,212	2,020	4,550	7,070	10,100
1971 GTX						
2d HT	1,600	4,800	8,000	18,000	28,000	40,000
1971 Fury I						
4d Sed	364	1,092	1,820	4,100	6,370	9,100
2d Sed	368	1,104	1,840	4,140	6,440	9,200
1971 Fury Custom						
4d Sed	368	1,104	1,840	4,140	6,440	9,200
2d Sed	372	1,116	1,860	4,190	6,510	9,300
1971 Fury II						
4d Sed	376	1,128	1,880	4,230	6,580	9,400
2d HT	640	1,920	3,200	7,200	11,200	16,000
4d 6P Sta Wag	416	1,248	2,080	4,680	7,280	10,400
4d 9P Sta Wag	420	1,260	2,100	4,730	7,350	10,500
1971 Fury III						
4d Sed	380	1,140	1,900	4,280	6,650	9,500
2d HT	580	1,740	2,900	6,530	10,150	14,500
4d HT	460	1,380	2,300	5,180	8,050	11,500
2d Fml Cpe	672	2,016	3,360	7,560	11,760	16,800
4d 6P Sta Wag	380	1,140	1,900	4,280	6,650	9,500
4d 9P Sta Wag	384	1,152	1,920	4,320	6,720	9,600
1971 Sport Fury						
4d Sed	388	1,164	1,940	4,370	6,790	9,700
4d HT	480	1,440	2,400	5,400	8,400	12,000
2d Fml Cpe	600	1,800	3,000	6,750	10,500	15,000
2d HT	620	1,860	3,100	6,980	10,850	15,500
4d 9P Sta Wag	432	1,296	2,160	4,860	7,560	10,800
4d 6P Sta Wag	428	1,284	2,140	4,820	7,490	10,700

	6	5	4	3	2	1
1971 Sport Fury "GT"						
2d HT	780	2,340	3,900	8,780	13,650	19,500

NOTE: Add 30 percent for 440 engine. Deduct 20 percent for 'Cuda 340 package. Add 75 percent for 440 6 pack. Autos equipped with 426 Hemi, value inestimable.

	6	5	4	3	2	1
1972 Valiant						
4d Sed.	348	1,044	1,740	3,920	6,090	8,700
1972 Duster						
2d Cpe.	420	1,260	2,100	4,730	7,350	10,500
2d "340" Cpe.	680	2,040	3,400	7,650	11,900	17,000

NOTE: Add 10 percent for Gold Duster.

	6	5	4	3	2	1
1972 Scamp						
2d HT	640	1,920	3,200	7,200	11,200	16,000
1972 Barracuda						
2d HT	1,000	3,000	5,000	11,250	17,500	25,000
1972 'Cuda						
2d HT	1,800	5,400	9,000	20,250	31,500	45,000
1972 Satellite						
4d Sed.	356	1,068	1,780	4,010	6,230	8,900
2d Cpe.	420	1,260	2,100	4,730	7,350	10,500
4d 6P Wag	396	1,188	1,980	4,460	6,930	9,900
1972 Satellite Sebring						
2d HT	740	2,220	3,700	8,330	12,950	18,500
1972 Satellite Custom						
4d Sed.	360	1,080	1,800	4,050	6,300	9,000
4d 6P Wag	444	1,332	2,220	5,000	7,770	11,100
4d 9P Wag	440	1,320	2,200	4,950	7,700	11,000
1972 Sebring-Plus						
2d HT	760	2,280	3,800	8,550	13,300	19,000
1972 Regent						
4d 6P Wag	448	1,344	2,240	5,040	7,840	11,200
4d 9P Wag	452	1,356	2,260	5,090	7,910	11,300
1972 Road Runner						
2d HT	1,360	4,080	6,800	15,300	23,800	34,000

NOTE: Add 25 percent for GTX Package.

	6	5	4	3	2	1
1972 Fury I						
4d Sed.	344	1,032	1,720	3,870	6,020	8,600
1972 Fury II						
4d Sed.	348	1,044	1,740	3,920	6,090	8,700
2d HT	620	1,860	3,100	6,980	10,850	15,500
1972 Fury III						
4d Sed.	352	1,056	1,760	3,960	6,160	8,800
4d HT	380	1,140	1,900	4,280	6,650	9,500
2d Fml Cpe	628	1,884	3,140	7,070	10,990	15,700
2d HT	624	1,872	3,120	7,020	10,920	15,600
1972 Gran Fury						
4d HT	408	1,224	2,040	4,590	7,140	10,200
2d Fml Cpe	632	1,896	3,160	7,110	11,060	15,800
1972 Suburban						
4d 6P Sta Wag	404	1,212	2,020	4,550	7,070	10,100
4d 9P Sta Wag	408	1,224	2,040	4,590	7,140	10,200
4d 6P Cus Wag	408	1,224	2,040	4,590	7,140	10,200
4d 9P Cus Wag	412	1,236	2,060	4,640	7,210	10,300
4d 6P Spt Wag	416	1,248	2,080	4,680	7,280	10,400
4d 9P Spt Wag	420	1,260	2,100	4,730	7,350	10,500

NOTE: Add 25 percent for 440 engine where available.

	6	5	4	3	2	1
1973 Valiant, V-8						
4d Sed.	304	912	1,520	3,420	5,320	7,600
1973 Duster, V-8						
2d Cpe Sport	364	1,092	1,820	4,100	6,370	9,100
2d 340 Cpe Spt	420	1,260	2,100	4,730	7,350	10,500

NOTE: Add 10 percent for Gold Duster.

	6	5	4	3	2	1
1973 Scamp, V-8						
2d HT	428	1,284	2,140	4,820	7,490	10,700
1973 Barracuda, V-8						
2d HT	1,000	3,000	5,000	11,250	17,500	25,000
2d 'Cuda HT	1,600	4,800	8,000	18,000	28,000	40,000
1973 Satellite Custom, V-8						
4d Sed.	336	1,008	1,680	3,780	5,880	8,400
4d 3S Sta Wag	400	1,200	2,000	4,500	7,000	10,000
4d 3S Sta Wag Regent	400	1,210	2,020	4,550	7,070	10,100
2d Cpe.	392	1,176	1,960	4,410	6,860	9,800
1973 Road Runner, V-8						
2d Cpe.	720	2,160	3,600	8,100	12,600	18,000

NOTE: Add 25 percent for GTX Package.

	6	5	4	3	2	1
1973 Satellite-Plus, V-8						
2d HT	640	1,920	3,200	7,200	11,200	16,000

PLYMOUTH

	6	5	4	3	2	1
1973 Satellite Sebring, V-8						
2d HT	620	1,860	3,100	6,980	10,850	15,500
1973 Fury I, V-8						
4d Sed	340	1,020	1,700	3,830	5,950	8,500
1973 Fury II, V-8						
4d Sed	344	1,032	1,720	3,870	6,020	8,600
1973 Fury III, V-8						
4d Sed	348	1,044	1,740	3,920	6,090	8,700
2d HT	580	1,740	2,900	6,530	10,150	14,500
4d HT	380	1,140	1,900	4,280	6,650	9,500
1973 Gran Fury, V-8						
2d HT	600	1,800	3,000	6,750	10,500	15,000
4d HT	392	1,176	1,960	4,410	6,860	9,800
1973 Fury Suburban, V-8						
4d 3S Spt Sta Wag	380	1,140	1,900	4,280	6,650	9,500
NOTE: Add 25 percent for 440 engine where available.						
1974 Valiant						
4d Sed	300	900	1,500	3,380	5,250	7,500
1974 Duster						
2d Cpe	304	912	1,520	3,420	5,320	7,600
NOTE: Add 10 percent for Gold Duster.						
1974 Scamp						
2d HT	364	1,092	1,820	4,100	6,370	9,100
1974 Duster "360"						
2d Cpe	428	1,284	2,140	4,820	7,490	10,700
1974 Valiant Brougham						
4d Sed	308	924	1,540	3,470	5,390	7,700
2d HT	400	1,200	2,000	4,500	7,000	10,000
1974 Barracuda						
2d Spt Cpe	920	2,760	4,600	10,350	16,100	23,000
1974 'Cuda						
2d Spt Cpe	1,520	4,560	7,600	17,100	26,600	38,000
1974 Satellite						
4d Sed	304	912	1,520	3,420	5,320	7,600
2d Cpe	308	924	1,540	3,470	5,390	7,700
1974 Satellite Custom						
4d Sed	312	936	1,560	3,510	5,460	7,800
1974 Sebring						
2d HT	452	1,356	2,260	5,090	7,910	11,300
1974 Sebring-Plus						
2d HT	584	1,752	2,920	6,570	10,220	14,600
1974 Road Runner						
2d Cpe	664	1,992	3,320	7,470	11,620	16,600
NOTE: Add 25 percent for GTX Package.						
1974 Satellite Wagon						
4d Std Wag	356	1,068	1,780	4,010	6,230	8,900
4d 6P Cus Wag	360	1,080	1,800	4,050	6,300	9,000
4d 9P Cus Wag	364	1,092	1,820	4,100	6,370	9,100
4d 6P Regent	360	1,080	1,800	4,050	6,300	9,000
4d 9P Regent	364	1,092	1,820	4,100	6,370	9,100
1974 Fury I						
4d Sed	308	924	1,540	3,470	5,390	7,700
1974 Fury II						
4d Sed	312	936	1,560	3,510	5,460	7,800
1974 Fury III						
4d Sed	316	948	1,580	3,560	5,530	7,900
2d HT	348	1,044	1,740	3,920	6,090	8,700
4d HT	328	984	1,640	3,690	5,740	8,200
1974 Gran Fury						
2d HT	368	1,104	1,840	4,140	6,440	9,200
4d HT	332	996	1,660	3,740	5,810	8,300
1974 Suburban						
4d Std Wag	344	1,032	1,720	3,870	6,020	8,600
4d 6P Cus	348	1,044	1,740	3,920	6,090	8,700
4d 9P Cus	352	1,056	1,760	3,960	6,160	8,800
4d 6P Spt	352	1,056	1,760	3,960	6,160	8,800
4d 9P Spt	356	1,068	1,780	4,010	6,230	8,900
1975 Valiant						
4d Sed	220	660	1,100	2,480	3,850	5,500
4d Cus Sed	184	552	920	2,070	3,220	4,600
1975 Brougham						
4d Sed	224	672	1,120	2,520	3,920	5,600
2d HT	268	804	1,340	3,020	4,690	6,700
1975 Duster						
2d Cpe	244	732	1,220	2,750	4,270	6,100
2d Cus	248	744	1,240	2,790	4,340	6,200

	6	5	4	3	2	1
2d "360" Cpe..............................	320	960	1,600	3,600	5,600	8,000

NOTE: Add 10 percent for Gold Duster.

1975 Scamp

	6	5	4	3	2	1
2d HT....................................	236	708	1,180	2,660	4,130	5,900
2d Brghm................................	244	732	1,220	2,750	4,270	6,100

1975 Fury

	6	5	4	3	2	1
2d HT....................................	260	780	1,300	2,930	4,550	6,500
2d Cus HT................................	280	840	1,400	3,150	4,900	7,000
2d Spt HT................................	288	864	1,440	3,240	5,040	7,200
4d Sed..................................	228	684	1,140	2,570	3,990	5,700
4d Cus Sed..............................	232	696	1,160	2,610	4,060	5,700

1975 Suburban

	6	5	4	3	2	1
4d Std Wag..............................	244	732	1,220	2,750	4,270	6,100
4d 6P Cus...............................	248	744	1,240	2,790	4,340	6,200
4d 9P Cus...............................	256	768	1,280	2,880	4,480	6,400
4d 6P Spt...............................	252	756	1,260	2,840	4,410	6,300
4d 9P Spt...............................	260	780	1,300	2,930	4,550	6,500

1975 Road Runner

	6	5	4	3	2	1
2d HT....................................	272	816	1,360	3,060	4,760	6,800

1975 Gran Fury

	6	5	4	3	2	1
4d Sed..................................	228	684	1,140	2,570	3,990	5,700

1975 Gran Fury Custom

	6	5	4	3	2	1
4d Sed..................................	236	708	1,180	2,660	4,130	5,900
4d HT....................................	268	804	1,340	3,020	4,690	6,700
2d HT....................................	280	840	1,400	3,150	4,900	7,000

1975 Gran Fury Brougham

	6	5	4	3	2	1
4d HT....................................	272	816	1,360	3,060	4,760	6,800
2d HT....................................	288	864	1,440	3,240	5,040	7,200

1975 Suburban

	6	5	4	3	2	1
4d Std Wag..............................	276	828	1,380	3,110	4,830	6,900
4d 6P Cus...............................	280	840	1,400	3,150	4,900	7,000
4d 9P Cus...............................	284	852	1,420	3,200	4,970	7,100
4d 6P Spt...............................	284	852	1,420	3,200	4,970	7,100
4d 9P Spt...............................	288	864	1,440	3,240	5,040	7,200

1976 Arrow, 4-cyl.

	6	5	4	3	2	1
2d HBk..................................	132	396	660	1,490	2,310	3,300
2d GT HBk..............................	136	408	680	1,530	2,380	3,400

1976 Valiant, 6-cyl.

	6	5	4	3	2	1
2d Duster Spt Cpe.......................	136	408	680	1,530	2,380	3,400
4d Sed Valiant..........................	128	384	640	1,440	2,240	3,200
2d HT Scamp Spec.......................	132	396	660	1,490	2,310	3,300
2d HT Scamp............................	140	420	700	1,580	2,450	3,500

1976 Volare, V-8

	6	5	4	3	2	1
4d Sed..................................	148	444	740	1,670	2,590	3,700
2d Spt Cpe..............................	164	492	820	1,850	2,870	4,100
4d Sta Wag.............................	152	456	760	1,710	2,660	3,800

NOTE: Add 25 percent for optional Road Runner pkg.

1976 Volare Custom, V-8

	6	5	4	3	2	1
4d Sed..................................	152	456	760	1,710	2,660	3,800
2d Spt Cpe..............................	168	504	840	1,890	2,940	4,200

1976 Volare Premier, V-8

	6	5	4	3	2	1
4d Sed..................................	156	468	780	1,760	2,730	3,900
2d Spt Cpe..............................	176	528	880	1,980	3,080	4,400
4d Sta Wag.............................	160	480	800	1,800	2,800	4,000

1976 Fury, V-8

	6	5	4	3	2	1
4d Sed..................................	172	516	860	1,940	3,010	4,300
2d HT....................................	204	612	1,020	2,300	3,570	5,100
4d Sed Salon............................	176	528	880	1,980	3,080	4,400
2d HT Spt................................	212	636	1,060	2,390	3,710	5,300
4d 2S Suburban.........................	216	648	1,080	2,430	3,780	5,400
4d 3S Suburban.........................	220	660	1,100	2,480	3,850	5,500
4d 2S Spt Suburban.....................	224	672	1,120	2,520	3,920	5,600
4d 3S Spt Suburban.....................	232	696	1,160	2,610	4,060	5,800

1976 Gran Fury, V-8

	6	5	4	3	2	1
4d Sed..................................	176	528	880	1,980	3,080	4,400

1976 Gran Fury Custom, V-8

	6	5	4	3	2	1
4d Sed..................................	180	540	900	2,030	3,150	4,500
2d HT....................................	192	576	960	2,160	3,360	4,800

1976 Gran Fury Brougham, V-8

	6	5	4	3	2	1
4d Sed..................................	180	540	900	2,030	3,150	4,500
2d HT....................................	204	612	1,020	2,300	3,570	5,100
4d 2S Gran Fury Sta Wag...............	230	700	1,160	2,610	4,060	5,800
4d 3S Gran Fury Sta Wag...............	240	720	1,200	2,700	4,200	6,000

1977 Arrow, 4-cyl.

	6	5	4	3	2	1
2d HBk..................................	132	396	660	1,490	2,310	3,300
2d GS HBk..............................	136	408	680	1,530	2,380	3,400
2d GT HBk..............................	140	420	700	1,580	2,450	3,500

	6	5	4	3	2	1
1977 Volare, V-8						
4d Sed 132	396	660	1,490	2,310	3,300	
2d Spt Cpe 140	420	700	1,580	2,450	3,500	
4d Sta Wag 136	408	680	1,530	2,380	3,400	
NOTE: Add 25 percent for optional Road Runner pkg.						
1977 Volare Custom, V-8						
4d Sed 136	408	680	1,530	2,380	3,400	
2d Spt Cpe 144	432	720	1,620	2,520	3,600	
1977 Volare Premier, V-8						
4d Sed 140	420	700	1,580	2,450	3,500	
2d Spt Cpe 148	444	740	1,670	2,590	3,700	
4d Sta Wag 144	432	720	1,620	2,520	3,600	
1977 Fury, V-8						
4d Spt Sed 176	528	880	1,980	3,080	4,400	
2d Spt HT 208	624	1,040	2,340	3,640	5,200	
4d 3S Sub 208	624	1,040	2,340	3,640	5,200	
4d 3S Spt Sub 212	636	1,060	2,390	3,710	5,300	
1977 Gran Fury, V-8						
4d Sed 180	540	900	2,030	3,150	4,500	
2d HT 200	600	1,000	2,250	3,500	5,000	
1977 Gran Fury Brougham, V-8						
4d Sed 184	552	920	2,070	3,220	4,600	
2d HT 208	624	1,040	2,340	3,640	5,200	
1977 Station Wagons, V-8						
2S Gran Fury 216	648	1,080	2,430	3,780	5,400	
3S Gran Fury Spt 224	672	1,120	2,520	3,920	5,600	
1978 Horizon						
4d HBk 136	408	680	1,530	2,380	3,400	
1978 Arrow						
2d HBk 140	420	700	1,580	2,450	3,500	
2d GS HBk 144	432	720	1,620	2,520	3,600	
2d GT HBk 148	444	740	1,670	2,590	3,700	
1978 Volare						
4d Sed 144	432	720	1,620	2,520	3,600	
Spt Cpe 152	456	760	1,710	2,660	3,800	
Sta Wag 148	444	740	1,670	2,590	3,700	
NOTE: Add 25 percent for optional Road Runner pkg.						
1978 Sapporo						
Cpe 152	456	760	1,710	2,660	3,800	
1978 Fury						
4d Sed 144	432	720	1,620	2,520	3,600	
2d 148	444	740	1,670	2,590	3,700	
4d Salon 148	444	740	1,670	2,590	3,700	
2d Spt 152	456	760	1,710	2,660	3,800	
1978 Station Wagons						
3S Fury Sub 148	444	740	1,670	2,590	3,700	
2S Fury Sub 144	432	720	1,620	2,520	3,600	
3S Spt Fury Sub 152	456	760	1,710	2,660	3,800	
2S Spt Fury Sub 148	444	740	1,670	2,590	3,700	
1979 Champ, 4-cyl.						
2d HBk 136	408	680	1,530	2,380	3,400	
2d Cus HBk 140	420	700	1,580	2,450	3,500	
1979 Horizon, 4-cyl.						
4d HBk 140	420	700	1,580	2,450	3,500	
TC 3 HBk 148	444	740	1,670	2,590	3,700	
1979 Fire-Arrow, 4-cyl.						
2d HBk 144	432	720	1,620	2,520	3,600	
2d GS HBk 148	444	740	1,670	2,590	3,700	
2d GT HBk 152	456	760	1,710	2,660	3,800	
1979 Volare, V-8						
Sed 152	456	760	1,710	2,660	3,800	
Spt Cpe 160	480	800	1,800	2,800	4,000	
Sta Wag 156	468	780	1,760	2,730	3,900	
NOTE: Add 25 percent for optional Road Runner pkg.						
1979 Sapporo, 4-cyl.						
Cpe 156	468	780	1,760	2,730	3,900	
1980 Champ, 4-cyl.						
2d HBk 132	396	660	1,490	2,310	3,300	
2d Cus HBk 136	408	680	1,530	2,380	3,400	
1980 Horizon, 4-cyl.						
4d HBk 136	408	680	1,530	2,380	3,400	
2d HBk 2 plus 2 TC3 152	456	760	1,710	2,660	3,800	
1980 Arrow, 4-cyl.						
2d HBk 180	540	900	2,030	3,150	4,500	
1980 Fire Arrow, 4-cyl.						
2d HBk 184	552	920	2,070	3,220	4,600	

	6	5	4	3	2	1
1980 Volare, V-8						
4d Sed.	136	408	680	1,530	2,380	3,400
2d Cpe.	140	420	700	1,580	2,450	3,500
4d Sta Wag	148	444	740	1,670	2,590	3,700
NOTE: Deduct 10 percent for 6-cyl. Add 25 percent for optional Road Runner pkg.						
1980 Sapporo, 4-cyl.						
2d Cpe.	156	468	780	1,760	2,730	3,900
1980 Gran Fury, V-8						
4d Sed.	152	456	760	1,710	2,660	3,800
NOTE: Deduct 10 percent for 6-cyl.						
1980 Gran Fury Salon, V-8						
4d Sed.	160	480	800	1,800	2,800	4,000
NOTE: Deduct 10 percent for 6-cyl.						
1981 Champ, 4-cyl.						
2d HBk	136	408	680	1,530	2,380	3,400
2d DeL HBk.	140	420	700	1,580	2,450	3,500
2d Cus HBk.	144	432	720	1,620	2,520	3,600
1981 Horizon, 4-cyl.						
4d Miser HBk.	140	420	700	1,580	2,450	3,500
4d Miser HBk TC3.	152	456	760	1,710	2,660	3,800
4d HBk.	148	444	740	1,670	2,590	3,700
2d HBk TC3.	160	480	800	1,800	2,800	4,000
1981 Reliant, 4-cyl.						
4d Sed.	136	408	680	1,530	2,380	3,400
2d Cpe.	140	420	700	1,580	2,450	3,500
1981 Reliant Custom, 4-cyl.						
4d Sed.	140	420	700	1,580	2,450	3,500
2d Cpe.	144	432	720	1,620	2,520	3,600
4d Sta Wag	152	456	760	1,710	2,660	3,800
1981 Reliant SE, 4-cyl.						
4d Sed.	144	432	720	1,620	2,520	3,600
2d Cpe.	148	444	740	1,670	2,590	3,700
4d Sta Wag	156	468	780	1,760	2,730	3,900
1981 Sapporo, 4-cyl.						
2d HT	160	480	800	1,800	2,800	4,000
1981 Gran Fury, V-8						
4d Sed.	164	492	820	1,850	2,870	4,100
NOTE: Deduct 10 percent for 6-cyl.						
1982 Champ, 4-cyl.						
4d Cus HBk.	144	432	720	1,620	2,520	3,600
2d Cus HBk.	148	444	740	1,670	2,590	3,700
NOTE: Deduct 5 percent for lesser models.						
1982 Horizon, 4-cyl.						
4d Miser HBk.	144	432	720	1,620	2,520	3,600
2d Miser HBk TC3.	156	468	780	1,760	2,730	3,900
4d Cus HBk.	148	444	740	1,670	2,590	3,700
2d Cus HBk.	152	456	760	1,710	2,660	3,800
4d E-Type HBk	156	468	780	1,760	2,730	3,900
1982 Turismo, 4-cyl.						
2d HBk TC3.	180	540	900	2,030	3,150	4,500
1982 Reliant, 4-cyl.						
4d Sed.	144	432	720	1,620	2,520	3,600
2d Cpe.	148	444	740	1,670	2,590	3,700
1982 Reliant Custom, 4-cyl.						
4d Sed.	148	444	740	1,670	2,590	3,700
2d Cpe.	152	456	760	1,710	2,660	3,800
4d Sta Wag	156	468	780	1,760	2,730	3,900
1982 Reliant SE, 4-cyl.						
4d Sed.	152	456	760	1,710	2,660	3,800
2d Cpe.	156	468	780	1,760	2,730	3,900
4d Sta Wag	160	480	800	1,800	2,800	4,000
1982 Sapporo						
2d HT	188	564	940	2,120	3,290	4,700
1982 Gran Fury, V-8						
4d Sed.	160	480	800	1,800	2,800	4,000
NOTE: Deduct 10 percent for 6-cyl.						
1983 Colt, 4-cyl.						
4d Cus HBk.	160	480	800	1,800	2,800	4,000
2d Cus HBk.	164	492	820	1,850	2,870	4,100
NOTE: Deduct 5 percent for lesser models.						
1983 Horizon, 4-cyl.						
4d HBk	152	456	760	1,710	2,660	3,800
4d Cus HBk.	156	468	780	1,760	2,730	3,900
1983 Turismo, 4-cyl.						
2d HBk	180	540	900	2,030	3,150	4,500
2d HBk 2 plus 2.	192	576	960	2,160	3,360	4,800

	6	5	4	3	2	1
1983 Reliant, 4-cyl.						
4d Sed 148	444	740	1,670	2,590	3,700
2d Cpe 152	456	760	1,710	2,660	3,800
4d Sta Wag 160	480	800	1,800	2,800	4,000
1983 Reliant SE, 4-cyl.						
4d Sed 152	456	760	1,710	2,660	3,800
2d Cpe 156	468	780	1,760	2,730	3,900
4d Sta Wag 164	492	820	1,850	2,870	4,100
1983 Sapporo, 4-cyl.						
2d HT 192	576	960	2,160	3,360	4,800
1983 Gran Fury, V-8						
4d Sed 164	492	820	1,850	2,870	4,100
NOTE: Deduct 10 percent for 6-cyl.						
1984 Colt, 4-cyl.						
4d HBk DL 148	444	740	1,670	2,590	3,700
2d HBk DL 148	444	740	1,670	2,590	3,700
4d Sta Wag Vista 148	444	740	1,670	2,590	3,700
NOTE: Deduct 5 percent for lesser models.						
1984 Horizon, 4-cyl.						
4d HBk 152	456	760	1,710	2,660	3,800
4d HBk SE 156	468	780	1,760	2,730	3,900
1984 Turismo, 4-cyl.						
2d HBk 188	564	940	2,120	3,290	4,700
2d HBk 2 plus 2 192	576	960	2,160	3,360	4,800
1984 Reliant, 4-cyl.						
4d Sed 144	432	720	1,620	2,520	3,600
2d Sed 144	432	720	1,620	2,520	3,600
4d Sta Wag 148	444	740	1,670	2,590	3,700
1984 Conquest, 4-cyl.						
2d HBk 180	540	900	2,030	3,150	4,500
1984 Gran Fury, V-8						
4d Sed 168	504	840	1,890	2,940	4,200
1985 Colt, 4-cyl.						
4d HBk E 148	444	740	1,670	2,590	3,700
2d HBk E 148	444	740	1,670	2,590	3,700
4d Sed DL 152	456	760	1,710	2,660	3,800
2d HBk DL 152	456	760	1,710	2,660	3,800
4d Sed Premier 152	456	760	1,710	2,660	3,800
4d Sta Wag Vista 156	468	780	1,760	2,730	3,900
4d Sta Wag Vista 4WD 190	560	940	2,120	3,290	4,700
1985 Horizon, 4-cyl.						
4d HBk 156	468	780	1,760	2,730	3,900
4d HBk SE 160	480	800	1,800	2,800	4,000
1985 Turismo, 4-cyl.						
2d HBk 192	576	960	2,160	3,360	4,800
2d HBk 2 plus 2 196	588	980	2,210	3,430	4,900
1985 Reliant, 4-cyl.						
4d Sed 148	444	740	1,670	2,590	3,700
2d Sed 148	444	740	1,670	2,590	3,700
4d Sed SE 152	456	760	1,710	2,660	3,800
2d Sed SE 152	456	760	1,710	2,660	3,800
4d Sta Wag SE 152	456	760	1,710	2,660	3,800
4d Sed LE 156	468	780	1,760	2,730	3,900
2d Sed LE 156	468	780	1,760	2,730	3,900
4d Sta Wag LE 156	468	780	1,760	2,730	3,900
1985 Conquest, 4-cyl.						
2d HBk Turbo 188	564	940	2,120	3,290	4,700
1985 Caravelle, 4-cyl.						
4d Sed SE 164	492	820	1,850	2,870	4,100
NOTE: Add 10 percent for turbo.						
1985 Gran Fury, V-8						
4d Sed Salon 170	520	860	1,940	3,010	4,300
1986 Colt						
4d Sed E 164	492	820	1,850	2,870	4,100
2d HBk E 160	480	800	1,800	2,800	4,000
4d Sed DL 168	504	840	1,890	2,940	4,200
2d HBk DL 164	492	820	1,850	2,870	4,100
4d Sed Premier 172	516	860	1,940	3,010	4,300
4d Vista Sta Wag 184	552	920	2,070	3,220	4,600
4d Vista Sta Wag 4WD 220	670	1,120	2,520	3,920	5,600
1986 Horizon						
4d HBk 160	480	800	1,800	2,800	4,000
1986 Turismo						
2d HBk 196	588	980	2,210	3,430	4,900
1986 Reliant						
2d Sed 152	456	760	1,710	2,660	3,800
4d Sed 156	468	780	1,760	2,730	3,900

	6	5	4	3	2	1
1986 Conquest, 4-cyl.						
2d HBk Turbo	190	560	940	2,120	3,290	4,700
1986 Caravelle						
4d Sed.	168	504	840	1,890	2,940	4,200
1986 Gran Fury						
4d Salon Sed.	190	560	940	2,120	3,290	4,700
NOTE: Add 10 percent for deluxe models. Deduct 5 percent for smaller engines.						
1987 Colt, 4-cyl.						
4d Sed E	168	504	840	1,890	2,940	4,200
2d HBk E	164	492	820	1,850	2,870	4,100
4d Sed DL	172	516	860	1,940	3,010	4,300
2d HBk DL	168	504	840	1,890	2,940	4,200
4d Sed Premier	176	528	880	1,980	3,080	4,400
4d Vista Sta Wag	188	564	940	2,120	3,290	4,700
4d Vista Sta Wag 4WD	230	680	1,140	2,570	3,990	5,700
1987 Horizon, 4-cyl.						
4d HBk	168	504	840	1,890	2,940	4,200
1987 Turismo, 4-cyl.						
2d HBk	180	540	900	2,030	3,150	4,500
1987 Sundance, 4-cyl.						
2d LBk	172	516	860	1,940	3,010	4,300
4d LBk	176	528	880	1,980	3,080	4,400
NOTE: Add 5 percent for 2.2 Turbo.						
1987 Reliant, 4-cyl.						
2d Sed	168	504	840	1,890	2,940	4,200
4d Sed	172	516	860	1,940	3,010	4,300
2d Sed LE	172	516	860	1,940	3,010	4,300
4d Sed LE	176	528	880	1,980	3,080	4,400
4d Sta Wag LE	176	528	880	1,980	3,080	4,400
1987 Caravelle, 4-cyl.						
4d Sed	180	540	900	2,030	3,150	4,500
4d Sed SE	184	552	920	2,070	3,220	4,600
NOTE: Add 5 percent for 2.2 Turbo.						
1987 Gran Fury, V-8						
4d Sed	220	660	1,100	2,480	3,850	5,500
1988 Colt, 4-cyl.						
3d HBk	88	264	440	990	1,540	2,200
4d Sed E	112	336	560	1,260	1,960	2,800
3d HBk E	104	312	520	1,170	1,820	2,600
4d Sed DL	116	348	580	1,310	2,030	2,900
3d HBk DL	112	336	560	1,260	1,960	2,800
4d Sta Wag DL	120	360	600	1,350	2,100	3,000
4d Sed Premier	140	420	700	1,580	2,450	3,500
4d Sta Wag Vista	160	480	800	1,800	2,800	4,000
4d Sta Wag Vista 4x4	200	600	1,000	2,250	3,500	5,000
1988 Horizon, 4-cyl.						
4d HBk	112	336	560	1,260	1,960	2,800
1988 Reliant, 4-cyl.						
2d Sed	112	336	560	1,260	1,960	2,800
4d Sed	116	348	580	1,310	2,030	2,900
4d Sta Wag	132	396	660	1,490	2,310	3,300
1988 Sundance, 4-cyl.						
2d HBk	128	384	640	1,440	2,240	3,200
4d HBk	136	408	680	1,530	2,380	3,400
1988 Caravelle, 4-cyl.						
4d Sed	140	420	700	1,580	2,450	3,500
4d Sed SE	156	468	780	1,760	2,730	3,900
1988 Gran Fury, V-8						
4d Salon	152	456	760	1,710	2,660	3,800
4d SE	168	504	840	1,890	2,940	4,200
1989 Colt, 4-cyl.						
2d HBk	152	456	760	1,710	2,660	3,800
2d HBk E	156	468	780	1,760	2,730	3,900
2d HBk GT	164	492	820	1,850	2,870	4,100
4d Sta Wag DL	200	600	1,000	2,250	3,500	5,000
4d Sta Wag DL 4x4	216	648	1,080	2,430	3,780	5,400
4d Sta Wag Vista	208	624	1,040	2,340	3,640	5,200
4d Sta Wag Vista 4x4	220	670	1,120	2,520	3,920	5,600
1989 Horizon, 4-cyl.						
4d HBk	144	432	720	1,620	2,520	3,600
1989 Reliant, 4-cyl.						
4d Sed	140	420	700	1,580	2,450	3,500
2d Sed	136	408	680	1,530	2,380	3,400
1989 Sundance, 4-cyl.						
4d HBk	168	504	840	1,890	2,940	4,200
2d HBk	164	492	820	1,850	2,870	4,100

	6	5	4	3	2	1
1989 Acclaim, 4-cyl.						
4d Sed 208	624	1,040	2,340	3,640	5,200	
4d Sed LE 212	636	1,060	2,390	3,710	5,300	
1989 Gran Fury, V-8						
4d Sed Salon 216	648	1,080	2,430	3,780	5,400	
1990 Colt, 4-cyl.						
2d HBk 152	456	760	1,710	2,660	3,800	
2d HBk GL 160	480	800	1,800	2,800	4,000	
2d HBk GT 168	504	840	1,890	2,940	4,200	
4d Sta Wag DL 184	552	920	2,070	3,220	4,600	
4d Sta Wag DL 4x4 220	660	1,100	2,480	3,850	5,500	
4d Vista 208	624	1,040	2,340	3,640	5,200	
4d Vista 4x4 248	744	1,240	2,790	4,340	6,200	
1990 Horizon, 4-cyl.						
4d HBk 140	420	700	1,580	2,450	3,500	
1990 Sundance, 4-cyl.						
2d HBk 168	504	840	1,890	2,940	4,200	
4d HBk 164	492	820	1,850	2,870	4,100	
1990 Laser, 4-cyl.						
2d HBk 200	600	1,000	2,250	3,500	5,000	
2d HBk RS 220	660	1,100	2,480	3,850	5,500	
2d HBk Turbo RS 240	720	1,200	2,700	4,200	6,000	
1990 Acclaim 4-cyl.						
4d Sed 160	480	800	1,800	2,800	4,000	
4d Sed LE 180	540	900	2,030	3,150	4,500	
1990 V-6						
4d Sed 176	528	880	1,980	3,080	4,400	
4d Sed LE 200	600	1,000	2,250	3,500	5,000	
4d Sed LX 220	660	1,100	2,480	3,850	5,500	
1991 Colt, 4-cyl.						
2d HBk 120	360	600	1,350	2,100	3,000	
2d HBk GL 140	420	700	1,580	2,450	3,500	
1991 Sundance, 4-cyl.						
2d HBk America 140	420	700	1,580	2,450	3,500	
4d HBk America 140	420	700	1,580	2,450	3,500	
2d HBk 148	444	740	1,670	2,590	3,700	
4d HBk 148	444	740	1,670	2,590	3,700	
2d HBk RS 168	504	840	1,890	2,940	4,200	
4d HBk RS 168	504	840	1,890	2,940	4,200	
1991 Laser, 4-cyl.						
2d HBk 180	540	900	2,030	3,150	4,500	
2d HBk RS 184	552	920	2,070	3,220	4,600	
2d HBk Turbo RS 192	576	960	2,160	3,360	4,800	
1991 Acclaim, 4-cyl.						
4d Sed 160	480	800	1,800	2,800	4,000	
4d Sed LE 172	516	860	1,940	3,010	4,300	
1991 V-6						
4d Sed 172	516	860	1,940	3,010	4,300	
4d Sed LE 184	552	920	2,070	3,220	4,600	
4d LX Sed 192	576	960	2,160	3,360	4,800	
1992 Colt, 4-cyl.						
2d HBk 144	432	720	1,620	2,520	3,600	
2d GL HBk 160	480	800	1,800	2,800	4,000	
3d Sta Wag 180	540	900	2,030	3,150	4,500	
3d SE Sta Wag 184	552	920	2,070	3,220	4,600	
3d Sta Wag 4x4 220	660	1,100	2,480	3,850	5,500	
1992 Sundance, 4-cyl. & V-6						
4d HBk America 160	480	800	1,800	2,800	4,000	
2d HBk America 160	480	800	1,800	2,800	4,000	
4d HBk 168	504	840	1,890	2,940	4,200	
2d HBk 168	504	840	1,890	2,940	4,200	
4d Duster HBk, V-6 200	600	1,000	2,250	3,500	5,000	
2d Duster HBk, V-6 200	600	1,000	2,250	3,500	5,000	
1992 Laser, 4-cyl.						
2d HBk 200	600	1,000	2,250	3,500	5,000	
2d RS HBk 220	660	1,100	2,480	3,850	5,500	
2d RS HBk Turbo 240	720	1,200	2,700	4,200	6,000	
2d RS HBk Turbo 4x4 300	900	1,500	3,380	5,250	7,500	
1992 Acclaim, 4-cyl. & V-6						
4d Sed 200	600	1,000	2,250	3,500	5,000	
4d Sed, V-6 220	660	1,100	2,480	3,850	5,500	
1993 Colt, 4-cyl.						
2d Sed 152	456	760	1,710	2,660	3,800	
2d GL Sed 156	468	780	1,760	2,730	3,900	
4d Sed 152	456	760	1,710	2,660	3,800	
4d GL Sed 156	468	780	1,760	2,730	3,900	

	6	5	4	3	2	1
3d Vista	182	546	910	2,050	3,185	4,550
3d SE Vista	184	552	920	2,070	3,220	4,600
3d Vista 4x4	224	672	1,120	2,520	3,920	5,600
1993 Sundance						
2d, 4-cyl.	184	552	920	2,070	3,220	4,600
2d Duster HBk, V-6	164	492	820	1,850	2,870	4,100
4d HBk, 4-cyl.	160	480	800	1,800	2,800	4,000
4d Duster HBk, V-6	164	492	820	1,850	2,870	4,100
1993 Laser						
2d HBk	224	672	1,120	2,520	3,920	5,600
2d RS HBk	204	612	1,020	2,300	3,570	5,100
2d HBk Turbo	212	636	1,060	2,390	3,710	5,300
2d HBk, 4x4	260	780	1,300	2,930	4,550	6,500
1993 Acclaim						
4d Sed, 4-cyl.	208	624	1,040	2,340	3,640	5,200
4d Sed, V-6	216	648	1,080	2,430	3,780	5,400
1994 Sundance, 4-cyl.						
2d HBk	192	576	960	2,160	3,360	4,800
4d HBk	196	588	980	2,210	3,430	4,900
1994 Duster, V-6						
2d HBk	200	600	1,000	2,250	3,500	5,000
4d HBk	204	612	1,020	2,300	3,570	5,100
1994 Laser						
2d HBk	220	660	1,100	2,480	3,850	5,500
2d HBk RS	240	720	1,200	2,700	4,200	6,000
2d HBk RS Turbo	260	780	1,300	2,930	4,550	6,500
2d HBk RS Turbo 4x4	300	900	1,500	3,380	5,250	7,500
1994 Acclaim						
4d Sed, 4-cyl.	200	600	1,000	2,250	3,500	5,000
4d Sed, V-6	220	660	1,100	2,480	3,850	5,500
1995 Neon, 4-cyl.						
4d Sed	150	500	800	1,800	2,800	4,000
2d Highline Cpe	150	500	850	1,890	2,950	4,200
4d Highline Sed	150	500	850	1,940	3,000	4,300
2d Spt Cpe	200	550	900	2,030	3,150	4,500
4d Spt Sed	200	550	900	2,070	3,200	4,600
1995 Acclaim, 4-cyl. & V-6						
4d Sed, 4-cyl.	200	600	1,000	2,250	3,500	5,000
4d Sed, V-6	200	650	1,100	2,480	3,850	5,500
1996 Neon, 4-cyl.						
2d Cpe	150	450	800	1,760	2,750	3,900
4d Sed	150	500	800	1,800	2,800	4,000
2d Highline Cpe	150	500	850	1,890	2,950	4,200
4d Highline Sed	150	500	850	1,940	3,000	4,300
2d Spt Cpe	200	550	900	2,030	3,150	4,500
4d Spt Sed	200	550	900	2,070	3,200	4,600
1996 Breeze, 4-cyl.						
4d Sed	200	600	1,000	2,250	3,500	5,000
1997 Neon, 4-cyl.						
2d Cpe	156	468	780	1,760	2,730	3,900
4d Sed	160	480	800	1,800	2,800	4,000
2d Highline Cpe	168	504	840	1,890	2,940	4,200
4d Highline Sed	172	516	860	1,940	3,010	4,300

NOTE: Add 5 percent for Sport Pkg on Highline models.

	6	5	4	3	2	1
1997 Breeze, 4-cyl.						
4d Sed	200	600	1,000	2,250	3,500	5,000
1997 Prowler, V-6						
2d Rds	1,400	4,200	7,000	15,750	24,500	35,000
1998 Neon, 4-cyl.						
2d Highline Cpe	160	480	800	1,800	2,800	4,000
4d Highline Sed	160	490	820	1,850	2,870	4,100
2d Expresso Cpe	170	520	860	1,940	3,010	4,300
4d Expresso Sed	180	540	900	2,030	3,150	4,500
4d Style Sed	190	560	940	2,120	3,290	4,700
1998 Breeze, 4-cyl.						
4d Sed	200	600	1,000	2,250	3,500	5,000

NOTE: Add 5 percent for Expresso Pkg.

	6	5	4	3	2	1
1998 Prowler, V-6						
2d Rds	1,400	4,200	7,000	15,750	24,500	35,000

NOTE: Prowler was a carry-over model from the previous year. The second-generation, 1999 Prowler debuted in mid 1998.

	6	5	4	3	2	1
1999 Neon, 4-cyl.						
2d Highline Cpe	160	480	800	1,800	2,800	4,000
4d Highline Sed	160	490	820	1,850	2,870	4,100
2d Expresso Cpe	170	520	860	1,940	3,010	4,300
4d Expresso Sed	180	540	900	2,030	3,150	4,500
4d Style Sed	190	560	940	2,120	3,290	4,700

	6	5	4	3	2	1
1999 Breeze, 4-cyl.						
4d Sed 200	600	1,000	2,250	3,500	5,000
NOTE: Add 5 percent for Expresso Pkg.						
1999 Prowler, V-6						
2d Rds 1,440	4,320	7,200	16,200	25,200	36,000
2000 Neon, 4-cyl.						
4d Highline Sed 190	560	940	2,120	3,290	4,700
4d LX Sed 200	590	980	2,210	3,430	4,900
2000 Breeze, 4-cyl.						
4d Sed 200	600	1,000	2,250	3,500	5,000
2000 Prowler, V-6						
2d Rds 1,440	4,320	7,200	16,200	25,200	36,000
2001 Neon, 4-cyl.						
4d Sed 190	580	960	2,400	3,360	4,800
4d LX Sed 200	600	1,000	2,500	3,500	5,000
NOTE: Plymouth was discontinued during the 2001 model year, and the Prowler was transferred to Chrysler.						

PONTIAC

	6	5	4	3	2	1
1926 Model 6-27, 6-cyl.						
2d Cpe 820	2,460	4,100	9,230	14,350	20,500
2d Sed 780	2,340	3,900	8,780	13,650	19,500
1927 Model 6-27, 6-cyl.						
2d Spt Rds 1,160	3,480	5,800	13,050	20,300	29,000
2d Spt Cabr 1,120	3,360	5,600	12,600	19,600	28,000
2d Cpe 760	2,280	3,800	8,550	13,300	19,000
2d DeL Cpe 780	2,340	3,900	8,780	13,650	19,500
2d Sed 720	2,160	3,600	8,100	12,600	18,000
4d Lan Sed 760	2,280	3,800	8,550	13,300	19,000
1928 Model 6-28, 6-cyl.						
2d Rds 1,160	3,480	5,800	13,050	20,300	29,000
2d Cabr 1,120	3,360	5,600	12,600	19,600	28,000
4d Phae 1,120	3,360	5,600	12,600	19,600	28,000
2d Sed 680	2,040	3,400	7,650	11,900	17,000
4d Sed 660	1,980	3,300	7,430	11,550	16,500
4d Trs 700	2,100	3,500	7,880	12,250	17,500
2d Cpe 740	2,220	3,700	8,330	12,950	18,500
2d Spt Cpe 780	2,340	3,900	8,780	13,650	19,500
4d Lan Sed 800	2,400	4,000	9,000	14,000	20,000
1929 Model 6-29A, 6-cyl.						
2d Rds 1,280	3,840	6,400	14,400	22,400	32,000
4d Phae 1,640	4,920	8,200	18,450	28,700	41,000
2d Conv 1,120	3,360	5,600	12,600	19,600	28,000
2d Cpe 740	2,220	3,700	8,330	12,950	18,500
2d Sed 680	2,040	3,400	7,650	11,900	17,000
4d Sed 680	2,040	3,400	7,650	11,900	17,000
4d Spt Lan Sed 700	2,100	3,500	7,880	12,250	17,500
NOTE: Add 5 percent for horizontal louvers on early year cars.						
1930 Model 6-30B, 6-cyl.						
2d Spt Rds 1,460	4,380	7,300	16,430	25,550	36,500
4d Phae 1,420	4,260	7,100	15,980	24,850	35,500
2d Cpe 700	2,100	3,500	7,880	12,250	17,500
2d Spt Cpe 720	2,160	3,600	8,100	12,600	18,000
2d Sed 660	1,980	3,300	7,430	11,550	16,500
4d Sed 660	1,980	3,300	7,430	11,550	16,500
4d Cus Sed 680	2,040	3,400	7,650	11,900	17,000
1931 Model 401, 6-cyl.						
2d Conv 1,500	4,500	7,500	16,880	26,250	37,500
2P Cpe 800	2,400	4,000	9,000	14,000	20,000
2d Spt Cpe 820	2,460	4,100	9,230	14,350	20,500
2d Sed 710	2,120	3,540	7,970	12,390	17,700
4d Sed 720	2,160	3,600	8,100	12,600	18,000
4d Cus Sed 740	2,220	3,700	8,330	12,950	18,500
1932 Model 402, 6-cyl.						
2d Conv 1,620	4,860	8,100	18,230	28,350	40,500
2d Cpe 840	2,520	4,200	9,450	14,700	21,000
2d RS Cpe 860	2,580	4,300	9,680	15,050	21,500
2d Sed 720	2,160	3,600	8,100	12,600	18,000
4d Cus Sed 740	2,220	3,700	8,330	12,950	18,500
1932 Model 302, V-8						
2d Conv 1,740	5,220	8,700	19,580	30,450	43,500
2d Cpe 920	2,760	4,600	10,350	16,100	23,000
2d Spt Cpe 940	2,820	4,700	10,580	16,450	23,500
2d Sed 760	2,280	3,800	8,550	13,300	19,000
4d Sed 780	2,340	3,900	8,780	13,650	19,500
4d Cus Sed 820	2,460	4,100	9,230	14,350	20,500

	6	5	4	3	2	1
1933 Model 601, 8-cyl.						
2d Rds.	1,540	4,620	7,700	17,330	26,950	38,500
2d Conv.	1,460	4,380	7,300	16,430	25,550	36,500
2d Cpe.	820	2,460	4,100	9,230	14,350	20,500
2d Spt Cpe	860	2,580	4,300	9,680	15,050	21,500
2d Sed.	720	2,160	3,600	8,100	12,600	18,000
2d Trg Sed	730	2,180	3,640	8,190	12,740	18,200
4d Sed.	740	2,220	3,700	8,330	12,950	18,500
1934 Model 603, 8-cyl.						
2d Conv.	1,420	4,260	7,100	15,980	24,850	35,500
2d Cpe.	860	2,580	4,300	9,680	15,050	21,500
2d Spt Cpe	880	2,640	4,400	9,900	15,400	22,000
2d Sed.	680	2,040	3,400	7,650	11,900	17,000
2d Trg Sed	700	2,100	3,500	7,880	12,250	17,500
4d Sed.	700	2,090	3,480	7,830	12,180	17,400
4d Trg Sed	700	2,100	3,500	7,880	12,250	17,500
1935 Standard Series 701, 6-cyl.						
2d Cpe.	760	2,280	3,800	8,550	13,300	19,000
2d Sed.	660	1,970	3,280	7,380	11,480	16,400
2d Trg Sed	660	1,980	3,300	7,430	11,550	16,500
4d Sed.	680	2,040	3,400	7,650	11,900	17,000
4d Trg Sed	700	2,100	3,500	7,880	12,250	17,500
1935 DeLuxe Series 701, 6-cyl.						
2d Cpe.	780	2,340	3,900	8,780	13,650	19,500
2d Spt Cpe	800	2,400	4,000	9,000	14,000	20,000
2d Cabr.	1,280	3,840	6,400	14,400	22,400	32,000
2d Sed.	660	1,980	3,300	7,430	11,550	16,500
2d Trg Sed	660	1,990	3,320	7,470	11,620	16,600
4d Sed.	670	2,000	3,340	7,520	11,690	16,700
4d Trg Sed	680	2,040	3,400	7,650	11,900	17,000
1935 Series 605, 8-cyl.						
2d Cpe.	800	2,400	4,000	9,000	14,000	20,000
2d Spt Cpe	820	2,460	4,100	9,230	14,350	20,500
2d Cabr.	1,400	4,200	7,000	15,750	24,500	35,000
2d Sed.	660	1,990	3,320	7,470	11,620	16,600
2d Trg Sed	680	2,040	3,400	7,650	11,900	17,000
4d Sed.	720	2,160	3,600	8,100	12,600	18,000
4d Trg Sed	740	2,220	3,700	8,330	12,950	18,500
1936 DeLuxe Series Silver Streak, 6-cyl.						
2d Cpe.	820	2,460	4,100	9,230	14,350	20,500
2d Spt Cpe	840	2,520	4,200	9,450	14,700	21,000
2d Cabr.	1,440	4,320	7,200	16,200	25,200	36,000
2d Sed.	660	1,970	3,280	7,380	11,480	16,400
2d Trg Sed	660	1,990	3,320	7,470	11,620	16,600
4d Sed.	670	2,000	3,340	7,520	11,690	16,700
4d Trg Sed	680	2,040	3,400	7,650	11,900	17,000
1936 DeLuxe Series Silver Streak, 8-cyl.						
2d Cpe.	840	2,520	4,200	9,450	14,700	21,000
2d Spt Cpe	860	2,580	4,300	9,680	15,050	21,500
2d Cabr.	1,360	4,080	6,800	15,300	23,800	34,000
2d Sed.	680	2,040	3,400	7,650	11,900	17,000
2d Trg Sed	690	2,060	3,440	7,740	12,040	17,200
4d Sed.	680	2,050	3,420	7,700	11,970	17,100
4d Trg Sed	690	2,080	3,460	7,790	12,110	17,300
1937-38 DeLuxe Model 6DA, 6-cyl.						
2d Conv.	1,640	4,920	8,200	18,450	28,700	41,000
4d Conv Sed	1,680	5,040	8,400	18,900	29,400	42,000
2d Bus Cpe	800	2,400	4,000	9,000	14,000	20,000
2d Spt Cpe	840	2,520	4,200	9,450	14,700	21,000
2d Sed.	660	1,970	3,280	7,380	11,480	16,400
2d Trg Sed	660	1,980	3,300	7,430	11,550	16,500
4d Sed.	680	2,040	3,400	7,650	11,900	17,000
4d Trg Sed	680	2,050	3,420	7,700	11,970	17,100
4d Sta Wag	3,280	9,840	16,400	36,900	57,400	82,000
1937-38 DeLuxe Model 8DA, 8-cyl.						
2d Conv.	1,720	5,160	8,600	19,350	30,100	43,000
4d Conv Sed	1,760	5,280	8,800	19,800	30,800	44,000
2d Bus Cpe	860	2,580	4,300	9,680	15,050	21,500
2d Spt Cpe	880	2,640	4,400	9,900	15,400	22,000
2d Sed.	700	2,100	3,500	7,880	12,250	17,500
2d Trg Sed	700	2,110	3,520	7,920	12,320	17,600
4d Sed.	700	2,110	3,520	7,920	12,320	17,600
4d Trg Sed	710	2,120	3,540	7,970	12,390	17,700
1939 Special Series 25, 6-cyl.						
2d Bus Cpe	740	2,220	3,700	8,330	12,950	18,500
2d Spt Cpe	780	2,340	3,900	8,780	13,650	19,500

	6	5	4	3	2	1
2d Trg Sed	660	1,980	3,300	7,430	11,550	16,500
4d Trg Sed	660	1,980	3,300	7,430	11,550	16,500
4d Sta Wag	3,260	9,780	16,300	36,680	57,050	81,500
1939 DeLuxe Series 26, 6-cyl.						
2d Conv	1,580	4,740	7,900	17,780	27,650	39,500
2d Bus Cpe	760	2,280	3,800	8,550	13,300	19,000
2d Spt Cpe	800	2,400	4,000	9,000	14,000	20,000
2d Sed	660	1,980	3,300	7,430	11,550	16,500
4d Sed	660	1,990	3,320	7,470	11,620	16,600
1939 DeLuxe Series 28, 8-cyl.						
2d Conv	1,620	4,860	8,100	18,230	28,350	40,500
2d Bus Cpe	780	2,340	3,900	8,780	13,650	19,500
2d Spt Cpe	820	2,460	4,100	9,230	14,350	20,500
2d Sed	680	2,040	3,400	7,650	11,900	17,000
4d Trg Sed	680	2,050	3,420	7,700	11,970	17,100
1940 Special Series 25, 6-cyl., 117" wb						
2d Bus Cpe	800	2,400	4,000	9,000	14,000	20,000
2d Spt Cpe	840	2,520	4,200	9,450	14,700	21,000
2d Sed	700	2,090	3,480	7,830	12,180	17,400
4d Sed	700	2,100	3,500	7,880	12,250	17,500
4d Sta Wag	3,260	9,780	16,300	36,680	57,050	81,500
1940 DeLuxe Series 26, 6-cyl., 120" wb						
2d Conv	1,640	4,920	8,200	18,450	28,700	41,000
2d Bus Cpe	820	2,460	4,100	9,230	14,350	20,500
2d Spt Cpe	860	2,580	4,300	9,680	15,050	21,500
2d Sed	680	2,040	3,400	7,650	11,900	17,000
4d Sed	710	2,120	3,540	7,970	12,390	17,700
1940 DeLuxe Series 28, 8-cyl., 120" wb						
2d Conv	1,680	5,040	8,400	18,900	29,400	42,000
2d Bus Cpe	840	2,520	4,200	9,450	14,700	21,000
2d Spt Cpe	880	2,640	4,400	9,900	15,400	22,000
2d Sed	710	2,120	3,540	7,970	12,390	17,700
4d Sed	710	2,140	3,560	8,010	12,460	17,800
1940 Torpedo Series 29, 8-cyl., 122" wb						
2d Spt Cpe	900	2,700	4,500	10,130	15,750	22,500
4d Sed	820	2,460	4,100	9,230	14,350	20,500
1941 DeLuxe Torpedo, 8-cyl.						
2d Bus Cpe	780	2,340	3,900	8,780	13,650	19,500
2d Spt Cpe	800	2,400	4,000	9,000	14,000	20,000
2d Conv	1,680	5,040	8,400	18,900	29,400	42,000
2d Sed	700	2,090	3,480	7,830	12,180	17,400
4d 4W Sed	700	2,110	3,520	7,920	12,320	17,600
4d 6W Sed	700	2,100	3,500	7,880	12,250	17,500
1941 Streamliner, 8-cyl.						
2d Cpe	820	2,460	4,100	9,230	14,350	20,500
4d Sed	760	2,280	3,800	8,550	13,300	19,000
1941 Super Streamliner, 8-cyl.						
2d Cpe	880	2,640	4,400	9,900	15,400	22,000
4d Sed	820	2,460	4,100	9,230	14,350	20,500
1941 Custom, 8-cyl.						
2d Spt Cpe	960	2,880	4,800	10,800	16,800	24,000
4d Sed	900	2,700	4,500	10,130	15,750	22,500
4d Sta Wag	1,480	4,440	7,400	16,650	25,900	37,000
4d DeL Sta Wag	3,340	10,020	16,700	37,580	58,450	83,500
NOTE: Deduct 10 percent for 6-cyl. models.						
1942 Torpedo, 8-cyl.						
2d Conv	1,600	4,800	8,000	18,000	28,000	40,000
2d Bus Cpe	760	2,280	3,800	8,550	13,300	19,000
2d Spt Cpe	780	2,340	3,900	8,780	13,650	19,500
2d 5P Cpe	800	2,400	4,000	9,000	14,000	20,000
2d Sed	700	2,100	3,500	7,880	12,250	17,500
4d Sed	700	2,090	3,480	7,830	12,180	17,400
4d Metro Sed	710	2,140	3,560	8,010	12,460	17,800
1942 Streamliner, 8-cyl.						
2d Cpe	760	2,280	3,800	8,550	13,300	19,000
4d Sed	740	2,220	3,700	8,330	12,950	18,500
4d Sta Wag	3,340	10,020	16,700	37,580	58,450	83,500
1942 Chieftain, 8-cyl.						
2d Cpe	820	2,460	4,100	9,230	14,350	20,500
4d Sed	750	2,240	3,740	8,420	13,090	18,700
4d Sta Wag	3,340	10,020	16,700	37,580	58,450	83,500
NOTE: Deduct 10 percent for 6-cyl. models.						
1946 Torpedo, 8-cyl.						
2d Conv	1,980	5,940	9,900	22,280	34,650	49,500
2d Bus Cpe	700	2,100	3,500	7,880	12,250	17,500
2d Spt Cpe	720	2,160	3,600	8,100	12,600	18,000

	6	5	4	3	2	1
2d 5P Cpe	740	2,220	3,700	8,330	12,950	18,500
2d Sed	640	1,920	3,200	7,200	11,200	16,000
4d Sed	644	1,932	3,220	7,250	11,270	16,100

1946 Streamliner, 8-cyl.

	6	5	4	3	2	1
5P Cpe	780	2,340	3,900	8,780	13,650	19,500
4d Sed	652	1,956	3,260	7,340	11,410	16,300
4d Sta Wag	3,120	9,360	15,600	35,100	54,600	78,000
4d DeL Sta Wag	3,200	9,600	16,000	36,000	56,000	80,000

NOTE: Deduct 5 percent for 6-cyl. models.

1947 Torpedo, 8-cyl.

	6	5	4	3	2	1
2d Conv	1,980	5,940	9,900	22,280	34,650	49,500
2d DeL Conv	2,040	6,120	10,200	22,950	35,700	51,000
2d Bus Cpe	740	2,220	3,700	8,330	12,950	18,500
2d Spt Cpe	760	2,280	3,800	8,550	13,300	19,000
2d 5P Cpe	760	2,280	3,800	8,550	13,300	19,000
2d Sed	640	1,920	3,200	7,200	11,200	16,000
4d Sed	684	2,052	3,420	7,700	11,970	17,100

1947 Streamliner, 8-cyl.

	6	5	4	3	2	1
2d Cpe	780	2,340	3,900	8,780	13,650	19,500
4d Sed	700	2,100	3,500	7,880	12,250	17,500
4d Sta Wag	3,120	9,360	15,600	35,100	54,600	78,000
4d DeL Sta Wag	3,200	9,600	16,000	36,000	56,000	80,000

NOTE: Deduct 5 percent for 6-cyl. models.

1948 Torpedo, 8-cyl.

	6	5	4	3	2	1
2d Bus Cpe	720	2,160	3,600	8,100	12,600	18,000
2d Spt Cpe	740	2,220	3,700	8,330	12,950	18,500
2d 5P Cpe	760	2,280	3,800	8,550	13,300	19,000
2d Sed	640	1,920	3,200	7,200	11,200	16,000
4d Sed	620	1,860	3,100	6,980	10,850	15,500

1948 DeLuxe Torpedo, 8-cyl.

	6	5	4	3	2	1
2d Conv	2,020	6,060	10,100	22,730	35,350	50,500
2d Spt Cpe	760	2,280	3,800	8,550	13,300	19,000
2d 5P Cpe	780	2,340	3,900	8,780	13,650	19,500
4d Sed	688	2,064	3,440	7,740	12,040	17,200

1948 DeLuxe Streamliner, 8-cyl.

	6	5	4	3	2	1
2d Cpe	780	2,340	3,900	8,780	13,650	19,500
4d Sed	700	2,100	3,500	7,880	12,250	17,500
4d Sta Wag	3,200	9,600	16,000	36,000	56,000	80,000

NOTE: Deduct 5 percent for 6-cyl. models.

1949-50 Streamliner, 8-cyl.

	6	5	4	3	2	1
2d Cpe Sed	628	1,884	3,140	7,070	10,990	15,700
4d Sed	624	1,872	3,120	7,020	10,920	15,600
4d Sta Wag	680	2,040	3,400	7,650	11,900	17,000
4d Wood Sta Wag ('49 only)	2,560	7,680	12,800	28,800	44,800	64,000

1949-50 Streamliner DeLuxe, 8-cyl.

	6	5	4	3	2	1
4d Sed	632	1,896	3,160	7,110	11,060	15,800
2d Cpe Sed	636	1,908	3,180	7,160	11,130	15,900
4d Stl Sta Wag	660	1,980	3,300	7,430	11,550	16,500
4d Woodie (1949 only)	2,640	7,920	13,200	29,700	46,200	66,000
2d Sed Dely	1,580	4,740	7,900	17,780	27,650	39,500

1949-50 Chieftain, 8-cyl.

	6	5	4	3	2	1
4d Sed	628	1,884	3,140	7,070	10,990	15,700
2d Sed	636	1,908	3,180	7,160	11,130	15,900
2d Cpe Sed	644	1,932	3,220	7,250	11,270	16,100
2d Bus Cpe	680	2,040	3,400	7,650	11,900	17,000

1949-50 Chieftain DeLuxe, 8-cyl.

	6	5	4	3	2	1
4d Sed	632	1,896	3,160	7,110	11,060	15,800
2d Sed	640	1,920	3,200	7,200	11,200	16,000
2d Bus Cpe (1949 only)	720	2,160	3,600	8,100	12,600	18,000
2d HT (1950 only)	840	2,520	4,200	9,450	14,700	21,000
2d Cpe Sed	648	1,944	3,240	7,290	11,340	16,200
2d Sup HT (1950 only)	900	2,700	4,500	10,130	15,750	22,500
2d Conv	1,660	4,980	8,300	18,680	29,050	41,500

NOTE: Deduct 5 percent for 6-cyl. models.

1951-52 Streamliner, 8-cyl. (1951 only)

	6	5	4	3	2	1
2d Cpe Sed	632	1,896	3,160	7,110	11,060	15,800
4d Sta Wag	680	2,040	3,400	7,650	11,900	17,000

1951-52 Streamliner DeLuxe, 8-cyl. (1951 only)

	6	5	4	3	2	1
2d Cpe Sed	640	1,920	3,200	7,200	11,200	16,000
4d Sta Wag	700	2,100	3,500	7,880	12,250	17,500
2d Sed Dely	1,580	4,740	7,900	17,780	27,650	39,500

1951-52 Chieftain, 8-cyl.

	6	5	4	3	2	1
4d Sed	632	1,896	3,160	7,110	11,060	15,800
2d Sed	640	1,920	3,200	7,200	11,200	16,000
2d Cpe Sed	644	1,932	3,220	7,250	11,270	16,100
2d Bus Cpe	680	2,040	3,400	7,650	11,900	17,000

PONTIAC

	6	5	4	3	2	1
1951-52 Chieftain DeLuxe, 8-cyl.						
4d Sed	640	1,920	3,200	7,200	11,200	16,000
2d Sed	644	1,932	3,220	7,250	11,270	16,100
2d Cpe Sed	660	1,980	3,300	7,430	11,550	16,500
2d HT	920	2,760	4,600	10,350	16,100	23,000
2d HT Sup	960	2,880	4,800	10,800	16,800	24,000
2d Conv	1,660	4,980	8,300	18,680	29,050	41,500
NOTE: Deduct 5 percent for 6-cyl. models.						
1953 Chieftain, 8-cyl., 122" wb						
4d Sed	640	1,920	3,200	7,200	11,200	16,000
2d Sed	644	1,932	3,220	7,250	11,270	16,100
4d Paint Sta Wag	680	2,040	3,400	7,650	11,900	17,000
4d Woodgrain Sta Wag	700	2,100	3,500	7,880	12,250	17,500
2d Sed Dely	1,600	4,800	8,000	18,000	28,000	40,000
1953 Chieftain DeLuxe, 8-cyl.						
4d Sed	644	1,932	3,220	7,250	11,270	16,100
2d Sed	648	1,944	3,240	7,290	11,340	16,200
2d HT	900	2,700	4,500	10,130	15,750	22,500
2d Conv	1,560	4,680	7,800	17,550	27,300	39,000
4d Mtl Sta Wag	660	1,980	3,300	7,430	11,550	16,500
4d Sim W Sta Wag	700	2,100	3,500	7,880	12,250	17,500
1953 Custom Catalina, 8-cyl.						
2d HT	920	2,760	4,600	10,350	16,100	23,000
NOTE: Deduct 5 percent for 6-cyl. models.						
1954 Chieftain, 8-cyl., 122" wb						
4d Sed	648	1,944	3,240	7,290	11,340	16,200
2d Sed	652	1,956	3,260	7,340	11,410	16,300
4d Sta Wag	700	2,100	3,500	7,880	12,250	17,500
1954 Chieftain DeLuxe, 8-cyl.						
4d Sed	652	1,956	3,260	7,340	11,410	16,300
2d Sed	660	1,980	3,300	7,430	11,550	16,500
2d HT	900	2,700	4,500	10,130	15,750	22,500
4d Sta Wag	720	2,160	3,600	8,100	12,600	18,000
1954 Custom Catalina, 8-cyl.						
2d HT	980	2,940	4,900	11,030	17,150	24,500
1954 Star Chief DeLuxe, 8-cyl.						
4d Sed	700	2,100	3,500	7,880	12,250	17,500
2d Conv	1,400	4,200	7,000	15,750	24,500	35,000
1954 Star Custom Chief, 8-cyl.						
4d Sed	740	2,220	3,700	8,330	12,950	18,500
1954 Star Chief Custom Catalina						
2d HT	1,020	3,060	5,100	11,480	17,850	25,500
NOTE: Deduct 5 percent for 6-cyl. models.						
1955 Chieftain 860, V-8						
4d Sed	640	1,920	3,200	7,200	11,200	16,000
2d Sed	644	1,932	3,220	7,250	11,270	16,100
2d Sta Wag	720	2,160	3,600	8,100	12,600	18,000
4d Sta Wag	740	2,220	3,700	8,330	12,950	18,500
1955 Chieftain 870, V-8, 122" wb						
4d Sed	660	1,980	3,300	7,430	11,550	16,500
2d Sed	664	1,992	3,320	7,470	11,620	16,600
2d HT	1,080	3,240	5,400	12,150	18,900	27,000
4d Sta Wag	760	2,280	3,800	8,550	13,300	19,000
1955 Star Chief Custom Safari, 122" wb						
2d Sta Wag	2,480	7,440	12,400	27,900	43,400	62,000
1955 Star Chief, V-8, 124" wb						
4d Sed	700	2,100	3,500	7,880	12,250	17,500
2d Conv	2,900	8,700	14,500	32,630	50,750	72,500
1955 Star Chief Custom, V-8, 124" wb						
4d Sed	740	2,220	3,700	8,330	12,950	18,500
1955 Star Chief Custom Catalina						
2d HT	1,160	3,480	5,800	13,050	20,300	29,000
1956 Chieftain 860, V-8, 122" wb						
4d Sed	640	1,920	3,200	7,200	11,200	16,000
4d HT	680	2,040	3,400	7,650	11,900	17,000
2d Sed	644	1,932	3,220	7,250	11,270	16,100
2d HT	1,040	3,120	5,200	11,700	18,200	26,000
2d Sta Wag	800	2,400	4,000	9,000	14,000	20,000
4d Sta Wag	780	2,340	3,900	8,780	13,650	19,500
1956 Chieftain 870, V-8, 122" wb						
4d Sed	652	1,956	3,260	7,340	11,410	16,300
4d HT	720	2,160	3,600	8,100	12,600	18,000
2d HT	1,080	3,240	5,400	12,150	18,900	27,000
4d Sta Wag	1,120	3,360	5,600	12,600	19,600	28,000
1956 Star Chief Custom Safari, V-8, 122" wb						
2d Sta Wag	2,480	7,440	12,400	27,900	43,400	62,000

	6	5	4	3	2	1
1956 Star Chief, V-8, 124" wb						
4d Sed.	680	2,040	3,400	7,650	11,900	17,000
2d Conv.	2,900	8,700	14,500	32,630	50,750	72,500
1956 Star Chief Custom Catalina, V-8, 124" wb						
4d HT	800	2,400	4,000	9,000	14,000	20,000
2d HT	1,200	3,600	6,000	13,500	21,000	30,000
1957 Chieftain, V-8, 122" wb						
4d Sed.	640	1,920	3,200	7,200	11,200	16,000
4d HT	680	2,040	3,400	7,650	11,900	17,000
2d Sed.	660	1,980	3,300	7,430	11,550	16,500
2d HT	1,080	3,240	5,400	12,150	18,900	27,000
4d Sta Wag	760	2,280	3,800	8,550	13,300	19,000
2d Sta Wag	780	2,340	3,900	8,780	13,650	19,500
1957 Super Chief, V-8, 122" wb						
4d Sed.	680	2,040	3,400	7,650	11,900	17,000
4d HT	760	2,280	3,800	8,550	13,300	19,000
2d HT	1,160	3,480	5,800	13,050	20,300	29,000
4d Sta Wag	840	2,520	4,200	9,450	14,700	21,000
1957 Star Chief Custom Safari, V-8, 122" wb						
4d Sta Wag	1,120	3,360	5,600	12,600	19,600	28,000
2d Sta Wag	2,700	8,100	13,500	30,380	47,250	67,500
1957 Star Chief, V-8, 124" wb						
4d Sed.	720	2,160	3,600	8,100	12,600	18,000
2d Conv.	3,180	9,540	15,900	35,780	55,650	79,500
2d Bonneville Conv*	7,180	21,540	35,900	80,780	125,650	179,500
1957 Star Chief Custom, V-8, 124" wb						
4d Sed.	740	2,220	3,700	8,330	12,950	18,500
4d HT	880	2,640	4,400	9,900	15,400	22,000
2d HT	1,240	3,720	6,200	13,950	21,700	31,000

*Available on one to-a-dealer basis.
NOTE: Add 25 percent for tri-power option.

	6	5	4	3	2	1
1958 Chieftain, V-8, 122" wb						
4d Sed.	404	1,212	2,020	4,550	7,070	10,100
4d HT	660	1,980	3,300	7,430	11,550	16,500
2d Sed.	600	1,800	3,000	6,750	10,500	15,000
2d HT	840	2,520	4,200	9,450	14,700	21,000
2d Conv.	2,600	7,800	13,000	29,250	45,500	65,000
4d 9P Safari	720	2,160	3,600	8,100	12,600	18,000
1958 Super-Chief, V-8, 122" wb						
4d Sed.	424	1,272	2,120	4,770	7,420	10,600
4d HT	720	2,160	3,600	8,100	12,600	18,000
2d HT	880	2,640	4,400	9,900	15,400	22,000
1958 Star Chief, V-8, 124" wb						
4d Cus Sed	600	1,800	3,000	6,750	10,500	15,000
4d HT	760	2,280	3,800	8,550	13,300	19,000
2d HT	1,000	3,000	5,000	11,250	17,500	25,000
4d Cus Safari	840	2,520	4,200	9,450	14,700	21,000
1958 Bonneville, V-8, 122" wb						
2d HT	2,280	6,840	11,400	25,650	39,900	57,000
2d Conv.	4,860	14,580	24,300	54,680	85,050	121,500

NOTE: Add 30 percent for fuel-injection Bonneville. Add 25 percent for tri-power option.

	6	5	4	3	2	1
1959 Catalina, V-8, 122" wb						
4d Sed.	360	1,080	1,800	4,050	6,300	9,000
4d HT	600	1,800	3,000	6,750	10,500	15,000
2d Sed.	380	1,140	1,900	4,280	6,650	9,500
2d HT	800	2,400	4,000	9,000	14,000	20,000
2d Conv.	1,720	5,160	8,600	19,350	30,100	43,000
1959 Safari, V-8, 124" wb						
4d 6P Sta Wag	680	2,040	3,400	7,650	11,900	17,000
4d 9P Sta Wag	688	2,064	3,440	7,740	12,040	17,200
1959 Star Chief, V-8, 124" wb						
4d Sed.	600	1,800	3,000	6,750	10,500	15,000
4d HT	680	2,040	3,400	7,650	11,900	17,000
2d Sed.	620	1,860	3,100	6,980	10,850	15,500
1959 Bonneville, V-8, 124" wb						
4d HT	720	2,160	3,600	8,100	12,600	18,000
2d HT	920	2,760	4,600	10,350	16,100	23,000
2d Conv.	2,160	6,480	10,800	24,300	37,800	54,000
1959 Custom Safari, V-8, 122" wb						
4d Sta Wag	780	2,340	3,900	8,780	13,650	19,500

NOTE: Add 25 percent for tri-power option.

	6	5	4	3	2	1
1960 Catalina, V-8, 122" wb						
4d Sed.	384	1,152	1,920	4,320	6,720	9,600
4d HT	600	1,800	3,000	6,750	10,500	15,000
2d Sed.	400	1,200	2,000	4,500	7,000	10,000
2d HT	800	2,400	4,000	9,000	14,000	20,000
2d Conv.	1,720	5,160	8,600	19,350	30,100	43,000

PONTIAC

PONTIAC

	6	5	4	3	2	1
1960 Safari, V-8, 122" wb						
4d Sta Wag 720	2,160	3,600	8,100	12,600	18,000	
4d 6P Sta Wag. 740	2,220	3,700	8,330	12,950	18,500	
1960 Ventura, V-8, 122" wb						
4d HT 640	1,920	3,200	7,200	11,200	16,000	
2d HT 840	2,520	4,200	9,450	14,700	21,000	
1960 Star Chief, V-8, 124" wb						
4d Sed 620	1,860	3,100	6,980	10,850	15,500	
4d HT 680	2,040	3,400	7,650	11,900	17,000	
2d Sed 640	1,920	3,200	7,200	11,200	16,000	
1960 Bonneville, V-8, 124" wb						
4d HT 720	2,160	3,600	8,100	12,600	18,000	
2d HT 960	2,880	4,800	10,800	16,800	24,000	
2d Conv 2,120	6,360	10,600	23,850	37,100	53,000	
1960 Bonneville Safari, V-8, 122" wb						
4d Sta Wag 800	2,400	4,000	9,000	14,000	20,000	
NOTE: Add 10 percent for alum wheel option. Add 25 percent for tri-power option.						
1961 Tempest Compact, 4-cyl.						
4d Sed 388	1,164	1,940	4,370	6,790	9,700	
2d Cpe 392	1,176	1,960	4,410	6,860	9,800	
2d Cus Cpe 440	1,320	2,200	4,950	7,700	11,000	
4d Safari Wag 440	1,320	2,200	4,950	7,700	11,000	
NOTE: Add 20 percent for Tempest V-8.						
1961 Catalina, V-8, 119" wb						
4d Sed 460	1,380	2,300	5,180	8,050	11,500	
4d HT 500	1,500	2,500	5,630	8,750	12,500	
2d Sed 464	1,392	2,320	5,220	8,120	11,600	
2d HT 720	2,160	3,600	8,100	12,600	18,000	
2d Conv 1,320	3,960	6,600	14,850	23,100	33,000	
4d Safari Wag 680	2,040	3,400	7,650	11,900	17,000	
NOTE: Add 200 percent for "421" S-D models.						
1961 Ventura, V-8, 119" wb						
4d HT 620	1,860	3,100	6,980	10,850	15,500	
2d HT 800	2,400	4,000	9,000	14,000	20,000	
1961 Star Chief, V-8, 123" wb						
4d Sed 500	1,500	2,500	5,630	8,750	12,500	
4d HT 640	1,920	3,200	7,200	11,200	16,000	
1961 Bonneville, V-8, 123" wb						
4d HT 660	1,980	3,300	7,430	11,550	16,500	
2d HT 800	2,400	4,000	9,000	14,000	20,000	
2d Conv 1,120	3,360	5,600	12,600	19,600	28,000	
1961 Bonneville Safari, V-8, 119" wb						
4d Sta Wag 720	2,160	3,600	8,100	12,600	18,000	
NOTE: Add 10 percent for alum wheel option.						
1962 Tempest, 4-cyl., 122" wb						
4d Sed 348	1,044	1,740	3,920	6,090	8,700	
2d Cpe 352	1,056	1,760	3,960	6,160	8,800	
2d HT 600	1,800	3,000	6,750	10,500	15,000	
2d Conv 720	2,160	3,600	8,100	12,600	18,000	
4d Safari 440	1,320	2,200	4,950	7,700	11,000	
NOTE: Add 20 percent for Tempest V-8.						
1962 Catalina, V-8, 120" wb						
4d Sed 460	1,380	2,300	5,180	8,050	11,500	
4d HT 500	1,500	2,500	5,630	8,750	12,500	
2d Sed 464	1,392	2,320	5,220	8,120	11,600	
2d HT 720	2,160	3,600	8,100	12,600	18,000	
2d Conv 880	2,640	4,400	9,900	15,400	22,000	
4d Sta Wag 660	1,980	3,300	7,430	11,550	16,500	
2d HT (421/405) 3,900	11,700	19,500	43,880	68,250	97,500	
2d Sed (421/405) 3,800	11,400	19,000	42,750	66,500	95,000	
1962 Star Chief, V-8, 123" wb						
4d Sed 480	1,440	2,400	5,400	8,400	12,000	
4d HT 620	1,860	3,100	6,980	10,850	15,500	
1962 Bonneville, V-8, 123" wb, Sta Wag 119" wb						
4d HT 640	1,920	3,200	7,200	11,200	16,000	
2d HT 800	2,400	4,000	9,000	14,000	20,000	
2d Conv 1,040	3,120	5,200	11,700	18,200	26,000	
4d Sta Wag 700	2,100	3,500	7,880	12,250	17,500	
1962 Grand Prix, V-8, 120" wb						
2d HT 880	2,640	4,400	9,900	15,400	22,000	
NOTE: Add 30 percent for 421. Add 10 percent for alum wheel option.						
1963 Tempest (Compact), 4-cyl., 112" wb						
4d Sed 340	1,020	1,700	3,830	5,950	8,500	
2d Cpe 440	1,320	2,200	4,950	7,700	11,000	
2d HT 500	1,500	2,500	5,630	8,750	12,500	
2d Conv 720	2,160	3,600	8,100	12,600	18,000	
4d Sta Wag 440	1,320	2,200	4,950	7,700	11,000	
NOTE: Add 20 percent for Tempest V-8.						

	6	5	4	3	2	1
1963 LeMans, V-8, 112" wb						
2d HT	640	1,920	3,200	7,200	11,200	16,000
2d Conv.	800	2,400	4,000	9,000	14,000	20,000
1963 Catalina, V-8, 119" wb						
4d Sed.	444	1,332	2,220	5,000	7,770	11,100
4d HT	504	1,512	2,520	5,670	8,820	12,600
2d Sed.	464	1,392	2,320	5,220	8,120	11,600
2d HT	760	2,280	3,800	8,550	13,300	19,000
2d Conv.	840	2,520	4,200	9,450	14,700	21,000
4d Sta Wag	680	2,040	3,400	7,650	11,900	17,000
1963 Catalina Super-Duty						
2d HT (421/405)	3,900	11,700	19,500	43,880	68,250	97,500
2d HT (421/410)	4,000	12,000	20,000	45,000	70,000	100,000
2d Sed (421/405)	3,800	11,400	19,000	42,750	66,500	95,000
2d Sed (421/410)	3,900	11,700	19,500	43,880	68,250	97,500
NOTE: Add 5 percent for 4-speed.						
1963 Star Chief, V-8, 123" wb						
4d Sed.	460	1,380	2,300	5,180	8,050	11,500
4d HT	620	1,860	3,100	6,980	10,850	15,500
1963 Bonneville, V-8, 123" wb						
2d HT	800	2,400	4,000	9,000	14,000	20,000
4d HT	660	1,980	3,300	7,430	11,550	16,500
2d Conv.	1,000	3,000	5,000	11,250	17,500	25,000
4d Sta Wag	700	2,100	3,500	7,880	12,250	17,500
1963 Grand Prix, V-8, 120" wb						
2d HT	920	2,760	4,600	10,350	10,100	23,000
NOTE: Add 5 percent for Catalina Ventura. Add 30 percent for "421" engine option. Add 10 percent for alum wheel option.						
1964 Tempest Custom 21, V-8, 115" wb						
4d Sed.	348	1,044	1,740	3,920	6,090	8,700
2d HT	500	1,500	2,500	5,630	8,750	12,500
2d Conv.	720	2,160	3,600	8,100	12,600	18,000
4d Sta Wag	440	1,320	2,200	4,950	7,700	11,000
NOTE: Deduct 10 percent for 6-cyl. where available.						
1964 LeMans, V-8, 115" wb						
2d HT	720	2,160	3,600	8,100	12,600	18,000
2d Cpe.	660	1,980	3,300	7,430	11,550	16,500
2d Conv.	760	2,280	3,800	8,550	13,300	19,000
2d GTO Cpe	1,920	5,760	9,600	21,600	33,600	48,000
2d GTO Conv	2,400	7,200	12,000	27,000	42,000	60,000
2d GTO HT	1,960	5,880	9,800	22,050	34,300	49,000
NOTE: Deduct 20 percent for Tempest 6-cyl.						
1964 Catalina, V-8, 120" wb						
4d Sed.	460	1,380	2,300	5,180	8,050	11,500
4d HT	500	1,500	2,500	5,630	8,750	12,500
2d Sed.	464	1,392	2,320	5,220	8,120	11,600
2d HT	720	2,160	3,600	8,100	12,600	18,000
2d Conv.	840	2,520	4,200	9,450	14,700	21,000
4d Sta Wag	640	1,920	3,200	7,200	11,200	16,000
1964 Star Chief, V-8, 123" wb						
4d Sed.	460	1,380	2,300	5,180	8,050	11,500
4d HT	620	1,860	3,100	6,980	10,850	15,500
1964 Bonneville, V-8, 123" wb						
4d HT	660	1,980	3,300	7,430	11,550	16,500
2d HT	760	2,280	3,800	8,550	13,300	19,000
2d Conv.	960	2,880	4,800	10,800	16,800	24,000
4d Sta Wag	700	2,100	3,500	7,880	12,250	17,500
1964 Grand Prix, V-8, 120" wb						
2d HT	880	2,640	4,400	9,900	15,400	22,000
NOTE: Add 30 percent for tri power. Add 5 percent for Catalina-Ventura option. Add 10 percent for 2 plus 2. Add 10 percent for alum wheel option.						
1965 Tempest, 6-cyl., 115" wb						
4d Sed.	384	1,152	1,920	4,320	6,720	9,600
2d Spt Cpe	444	1,332	2,220	5,000	7,770	11,100
2d HT	500	1,500	2,500	5,630	8,750	12,500
2d Conv.	640	1,920	3,200	7,200	11,200	16,000
4d Sta Wag	440	1,320	2,200	4,950	7,700	11,000
NOTE: Add 20 percent for V-8.						
1965 LeMans, V-8, 115" wb						
4d Sed.	440	1,320	2,200	4,950	7,700	11,000
2d Cpe.	500	1,500	2,500	5,630	8,750	12,500
2d HT	660	1,980	3,300	7,430	11,550	16,500
2d Conv.	840	2,520	4,200	9,450	14,700	21,000
2d GTO Conv	2,440	7,320	12,200	27,450	42,700	61,000
2d GTO HT	2,000	6,000	10,000	22,500	35,000	50,000
2d GTO Cpe	1,960	5,880	9,800	22,050	34,300	49,000
NOTE: Deduct 20 percent for 6-cyl. where available. Add 5 percent for 4-speed.						

	6	5	4	3	2	1
1965 Catalina, V-8, 121" wb						
4d Sed	392	1,176	1,960	4,410	6,860	9,800
4d HT	480	1,440	2,400	5,400	8,400	12,000
2d Sed	460	1,380	2,300	5,180	8,050	11,500
2d HT	660	1,980	3,300	7,430	11,550	16,500
2d Conv	760	2,280	3,800	8,550	13,300	19,000
4d Sta Wag	700	2,100	3,500	7,880	12,250	17,500
1965 Star Chief, V-8, 123" wb						
4d Sed	440	1,320	2,200	4,950	7,700	11,000
4d HT	500	1,500	2,500	5,630	8,750	12,500
1965 Bonneville, V-8, 123" wb						
4d HT	620	1,860	3,100	6,980	10,850	15,500
2d HT	720	2,160	3,600	8,100	12,600	18,000
2d Conv	920	2,760	4,600	10,350	16,100	23,000
4d 2S Sta Wag	700	2,100	3,500	7,880	12,250	17,500
1965 Grand Prix, 120" wb						
2d HT	800	2,400	4,000	9,000	14,000	20,000

NOTE: Add 30 percent for "421" H.O. tri power V-8. Add 30 percent for tri power. Add 60 percent for 2 plus 2. Add 10 percent for Catalina-Ventura option. Add 10 percent for Ram Air. Add 20 percent for alum wheel option.

	6	5	4	3	2	1
1966 Tempest Custom, OHC-6, 115" wb						
4d Sed	384	1,152	1,920	4,320	6,720	9,600
4d HT	428	1,284	2,140	4,820	7,490	10,700
2d HT	612	1,836	3,060	6,890	10,710	15,300
2d Cpe	480	1,440	2,400	5,400	8,400	12,000
2d Conv	640	1,920	3,200	7,200	11,200	16,000
4d Sta Wag	380	1,140	1,900	4,280	6,650	9,500

NOTE: Add 20 percent for V-8.

	6	5	4	3	2	1
1966 Lemans, OHC-6, 115" wb						
4d HT	440	1,320	2,200	4,950	7,700	11,000
2d Cpe	472	1,416	2,360	5,310	8,260	11,800
2d HT	640	1,920	3,200	7,200	11,200	16,000
2d Conv	700	2,100	3,500	7,880	12,250	17,500

NOTE: Add 20 percent for V-8.

	6	5	4	3	2	1
1966 GTO, V-8, 115" wb						
2d HT	2,000	6,000	10,000	22,500	35,000	50,000
2d Cpe	1,960	5,880	9,800	22,050	34,300	49,000
2d Conv	2,440	7,320	12,200	27,450	42,700	61,000

NOTE: Add 5 percent for 4-speed. Add 30 percent for tri power option.

	6	5	4	3	2	1
1966 Catalina, V-8, 121" wb						
4d Sed	388	1,164	1,940	4,370	6,790	9,700
4d HT	480	1,440	2,400	5,400	8,400	12,000
2d Sed	460	1,380	2,300	5,180	8,050	11,500
2d HT	700	2,100	3,500	7,880	12,250	17,500
2d Conv	880	2,640	4,400	9,900	15,400	22,000
4d Sta Wag	680	2,040	3,400	7,650	11,900	17,000
1966 2 Plus 2, V-8, 121" wb						
2d HT	940	2,820	4,700	10,580	16,450	23,500
2d Conv	1,360	4,080	6,800	15,300	23,800	34,000
1966 Executive, V-8, 124" wb						
4d Sed	460	1,380	2,300	5,180	8,050	11,500
4d HT	500	1,500	2,500	5,630	8,750	12,500
2d HT	700	2,100	3,500	7,880	12,250	17,500
1966 Bonneville, V-8, 124" wb						
4d HT	620	1,860	3,100	6,980	10,850	15,500
2d HT	740	2,220	3,700	8,330	12,950	18,500
2d Conv	960	2,880	4,800	10,800	16,800	24,000
4d Sta Wag	700	2,100	3,500	7,880	12,250	17,500
1966 Grand Prix, V-8, 121" wb						
2d HT	840	2,520	4,200	9,450	14,700	21,000

NOTE: Add 30 percent for 421. Add 20 percent for Ram Air. Add 30 percent for tri power. Add 10 percent for Ventura Custom trim option. Add 10 percent for alum wheel option.

	6	5	4	3	2	1
1967 Tempest, 6-cyl., 115" wb						
4d Sed	380	1,140	1,900	4,280	6,650	9,500
2d Cpe	440	1,320	2,200	4,950	7,700	11,000
4d Sta Wag	464	1,392	2,320	5,220	8,120	11,600

NOTE: Add 20 percent for V-8.

	6	5	4	3	2	1
1967 Tempest Custom, 6-cyl., 115" wb						
2d Cpe	444	1,332	2,220	5,000	7,770	11,100
2d HT	504	1,512	2,520	5,670	8,820	12,600
2d Conv	640	1,920	3,200	7,200	11,200	16,000
4d HT	448	1,344	2,240	5,040	7,840	11,200
4d Sed	384	1,152	1,920	4,320	6,720	9,600
4d Sta Wag	440	1,320	2,200	4,950	7,700	11,000

NOTE: Add 20 percent for V-8.

	6	5	4	3	2	1
1967 Lemans, 6-cyl., 115" wb						
4d HT	440	1,320	2,200	4,950	7,700	11,000
2d Cpe.	448	1,344	2,240	5,040	7,840	11,200
2d HT	600	1,800	3,000	6,750	10,500	15,000
2d Conv.	700	2,100	3,500	7,880	12,250	17,500
NOTE: Add 20 percent for V-8.						
1967 Tempest Safari, 6-cyl., 115" wb						
4d Sta Wag	480	1,440	2,400	5,400	8,400	12,000
NOTE: Add 20 percent for V-8.						
1967 GTO, V-8, 115" wb						
2d Cpo.	1,960	5,880	9,800	22,050	34,300	49,000
2d HT	2,000	6,000	10,000	22,500	35,000	50,000
2d Conv.	2,440	7,320	12,200	27,450	42,700	61,000
NOTE: Add 25 percent for Ram Air 400 GTO.						
1967 Catalina, V-8, 121" wb						
4d Sed.	388	1,164	1,940	4,370	6,790	9,700
4d HT	480	1,440	2,400	5,400	8,400	12,000
2d Sed.	464	1,392	2,320	5,220	8,120	11,600
2d HT	660	1,980	3,300	7,430	11,550	16,500
2d Conv.	720	2,160	3,600	8,100	12,600	18,000
1967 2 Plus 2, V-8, 121" Wb						
2d HT	1,020	3,060	5,100	11,480	17,850	25,500
2d Conv.	1,440	4,320	7,200	16,200	25,200	36,000
4d 3S Sta Wag	780	2,340	3,900	8,780	13,650	19,500
1967 Executive, V-8, 124" wb, Sta Wag 121" wb						
4d Sed.	440	1,320	2,200	4,950	7,700	11,000
4d HT	500	1,500	2,500	5,630	8,750	12,500
2d HT	700	2,100	3,500	7,880	12,250	17,500
4d 3S Sta Wag	680	2,040	3,400	7,650	11,900	17,000
1967 Bonneville, V-8, 124" wb						
4d HT	600	1,800	3,000	6,750	10,500	15,000
2d HT	700	2,100	3,500	7,880	12,250	17,500
2d Conv.	840	2,520	4,200	9,450	14,700	21,000
4d Sta Wag	680	2,040	3,400	7,650	11,900	17,000
1967 Grand Prix, V-8, 121" wb						
2d HT	720	2,160	3,600	8,100	12,600	18,000
Conv.	920	2,760	4,600	10,350	16,100	23,000
NOTE: Add 30 percent for 428. Add 10 percent for Sprint option. Add 15 percent for 2 plus 2 option. Add 10 percent for Ventura Custom trim option. Add 10 percent for alum wheel option.						
1967 Firebird, V-8, 108" wb						
2d Cpe.	960	2,880	4,800	10,800	16,800	24,000
2d Conv.	1,120	3,360	5,600	12,600	19,600	28,000
NOTE: Deduct 25 percent for 6-cyl. Add 20 percent for 326 HO. Add 10 percent for 4-speed. Add 20 percent for 400 /4V carb. Add 30 percent for the Ram Air 400 Firebird.						
1968 Tempest, 6-cyl., 112" wb						
2d Spt Cpe	440	1,320	2,200	4,950	7,700	11,000
2d Cus "S" Cpe	460	1,380	2,300	5,180	8,050	11,500
2d Cus "S" HT	600	1,800	3,000	6,750	10,500	15,000
2d Cus "S" Conv	640	1,920	3,200	7,200	11,200	16,000
2d LeMans	440	1,320	2,200	4,950	7,700	11,000
2d LeMans Spt Cpe	480	1,440	2,400	5,400	8,400	12,000
2d LeMans Conv	800	2,400	4,000	9,000	14,000	20,000
NOTE: Add 20 percent for V-8.						
1968 GTO, V-8, 112" wb						
2d HT	1,520	4,560	7,600	17,100	26,600	38,000
2d Conv.	2,280	6,840	11,400	25,650	39,900	57,000
NOTE: Add 25 percent for Ram Air I, 40 percent for Ram Air II.						
1968 Catalina, V-8, 122" wb						
4d Sed.	380	1,140	1,900	4,280	6,650	9,500
4d HT	440	1,320	2,200	4,950	7,700	11,000
2d Sed.	468	1,404	2,340	5,270	8,190	11,700
2d HT	600	1,800	3,000	6,750	10,500	15,000
2d Conv.	680	2,040	3,400	7,650	11,900	17,000
4d Sta Wag	640	1,920	3,200	7,200	11,200	16,000
1968 Executive, V-8, 124" wb, Sta Wag 121" wb						
4d Sed.	460	1,380	2,300	5,180	8,050	11,500
4d HT	480	1,440	2,400	5,400	8,400	12,000
2d HT	660	1,980	3,300	7,430	11,550	16,500
4d 3S Sta Wag	680	2,040	3,400	7,650	11,900	17,000
1968 Bonneville, V-8, 125" wb						
4d Sed.	468	1,404	2,340	5,270	8,190	11,700
4d HT	500	1,500	2,500	5,630	8,750	12,500
2d HT	680	2,040	3,400	7,650	11,900	17,000
2d Conv.	760	2,280	3,800	8,550	13,300	19,000
4d Sta Wag	700	2,100	3,500	7,880	12,250	17,500

PONTIAC

	6	5	4	3	2	1
1968 Grand Prix, V-8, 118" wb						
2d HT 720	2,160	3,600	8,100	12,600	18,000
NOTE: Add 10 percent for Sprint option. Add 30 percent for 428. Add 25 percent for Ram Air I, 40 percent for Ram Air II. Add 10 percent for Ventura Custom trim option. Add 10 percent for alum wheel option.						
1968 Firebird, V-8, 108" wb						
2d Cpe 960	2,880	4,800	10,800	16,800	24,000
2d Conv 1,120	3,360	5,600	12,600	19,600	28,000
NOTE: Deduct 25 percent for 6-cyl. Add 20 percent for 350 HO. Add 10 percent for 4-speed. Add 25 percent for the Ram Air 400 Firebird.						
1969 Tempest, 6-cyl., 116" wb, 2d 112" wb						
4d Sed 364	1,092	1,820	4,100	6,370	9,100
2d Cpe 368	1,104	1,840	4,140	6,440	9,200
NOTE: Add 20 percent for V-8.						
1969 Tempest "S" Custom, 6-cyl., 116" wb, 2d 112" wb						
4d Sed 368	1,104	1,840	4,140	6,440	9,200
4d HT 376	1,128	1,880	4,230	6,580	9,400
2d Cpe 372	1,116	1,860	4,190	6,510	9,300
2d HT 480	1,440	2,400	5,400	8,400	12,000
2d Conv 600	1,800	3,000	6,750	10,500	15,000
4d Sta Wag 420	1,260	2,100	4,730	7,350	10,500
NOTE: Add 20 percent for V-8.						
1969 Tempest Lemans, 6-cyl., 116" wb, 2d 112" wb						
4d HT 380	1,140	1,900	4,280	6,650	9,500
2d Cpe 376	1,128	1,880	4,230	6,580	9,400
2d HT 500	1,500	2,500	5,630	8,750	12,500
2d Conv 660	1,980	3,300	7,430	11,550	16,500
NOTE: Add 20 percent for V-8.						
1969 Tempest Safari, 6-cyl., 116" wb						
4d Sta Wag 428	1,284	2,140	4,820	7,490	10,700
NOTE: Add 20 percent for V-8.						
1969 GTO, V-8, 112" wb						
2d HT 1,480	4,440	7,400	16,650	25,900	37,000
2d Conv 2,240	6,720	11,200	25,200	39,200	56,000
NOTE: Add 125 percent for GTO Judge option.						
1969 Catalina, V-8, 122" wb						
4d Sed 380	1,140	1,900	4,280	6,650	9,500
4d HT 388	1,164	1,940	4,370	6,790	9,700
2d HT 500	1,500	2,500	5,630	8,750	12,500
2d Conv 660	1,980	3,300	7,430	11,550	16,500
4d 3S Sta Wag 520	1,560	2,600	5,850	9,100	13,000
1969 Executive, V-8, 125" wb, Sta Wag 122" wb						
4d Sed 384	1,152	1,920	4,320	6,720	9,600
4d HT 432	1,296	2,160	4,860	7,560	10,800
2d HT 600	1,800	3,000	6,750	10,500	15,000
4d 3S Sta Wag 528	1,584	2,640	5,940	9,240	13,200
1969 Bonneville, V-8, 125" wb						
4d Sed 384	1,152	1,920	4,320	6,720	9,600
4d HT 440	1,320	2,200	4,950	7,700	11,000
2d HT 620	1,860	3,100	6,980	10,850	15,500
2d Conv 700	2,100	3,500	7,880	12,250	17,500
4d Sta Wag 540	1,620	2,700	6,080	9,450	13,500
1969 Grand Prix, V-8, 118" wb						
2d HT 640	1,920	3,200	7,200	11,200	16,000
NOTE: Add 10 percent for LeMans Rally E Package. Add 30 percent for 428 cid V-8. Add 25 percent for Ram Air III. Add 40 percent for Ram Air IV.						
1969 Firebird, V-8, 108" wb						
2d Cpe 960	2,880	4,800	10,800	16,800	24,000
2d Conv 1,120	3,360	5,600	12,600	19,600	28,000
2d Trans Am Cpe 4,140	12,420	20,700	46,580	72,450	103,500
2d Trans Am Conv (8 produced) . . . . value not estimable					
NOTE: Deduct 25 percent for 6-cyl. Add 25 percent for "HO" 400 Firebird. Add 10 percent for 4-speed. Add 20 percent for Ram Air IV Firebird. Add 50 percent for "303" V-8 SCCA race engine.						
1970 Tempest, 6-cyl., 116" wb, 2d 112" wb						
4d Sed 372	1,116	1,860	4,190	6,510	9,300
2d HT 480	1,440	2,400	5,400	8,400	12,000
2d Cpe 380	1,140	1,900	4,280	6,650	9,500
NOTE: Add 20 percent for V-8.						
1970 LeMans, 6 cyl., 116" wb, 2d 112" wb						
4d Sed 376	1,128	1,880	4,230	6,580	9,400
4d HT 440	1,320	2,200	4,950	7,700	11,000
2d Cpe 384	1,152	1,920	4,320	6,720	9,600
2d HT 500	1,500	2,500	5,630	8,750	12,500
4d Sta Wag 432	1,296	2,160	4,860	7,560	10,800
NOTE: Add 20 percent for V-8.						
1970 LeMans Sport, 6-cyl., 116" wb, 2d 112" wb						
4d HT 448	1,344	2,240	5,040	7,840	11,200

	6	5	4	3	2	1
2d Cpe.	460	1,380	2,300	5,180	8,050	11,500
2d HT	600	1,800	3,000	6,750	10,500	15,000
2d Conv.	620	1,860	3,100	6,980	10,850	15,500
4d Sta Wag	480	1,440	2,400	5,400	8,400	12,000

NOTE: Add 20 percent for V-8.

1970 LeMans GT 37, V-8, 112" wb

	6	5	4	3	2	1
2d Cpe.	600	1,800	3,000	6,750	10,500	15,000
2d HT	660	1,980	3,300	7,430	11,550	16,500

1970 GTO, V-8, 112" wb

	6	5	4	3	2	1
2d HT	1,440	4,320	7,200	16,200	25,200	36,000
2d Conv.	2,200	6,600	11,000	24,750	38,500	55,000

NOTE: Add 125 percent for GTO Judge option.

1970 Catalina, V-8, 122" wb

	6	5	4	3	2	1
4d Sed.	380	1,140	1,900	4,280	6,650	9,500
4d HT	460	1,380	2,300	5,180	8,050	11,500
2d HT	600	1,800	3,000	6,750	10,500	15,000
2d Conv.	640	1,920	3,200	7,200	11,200	16,000
4d 3S Sta Wag	520	1,560	2,600	5,850	9,100	13,000

1970 Executive, V-8, 125" wb, Sta Wag 122" wb

	6	5	4	3	2	1
4d Sed.	384	1,152	1,920	4,320	6,720	9,600
4d HT	480	1,440	2,400	5,400	8,400	12,000
2d HT	620	1,860	3,100	6,980	10,850	15,500
4d 3S Sta Wag	488	1,464	2,440	5,490	8,540	12,200

1970 Bonneville, V-8, 125" wb, Sta Wag 122" wb

	6	5	4	3	2	1
4d Sed.	440	1,320	2,200	4,950	7,700	11,000
4d HT	500	1,500	2,500	5,630	8,750	12,500
2d HT	640	1,920	3,200	7,200	11,200	16,000
2d Conv.	700	2,100	3,500	7,880	12,250	17,500
4d 3S Sta Wag	500	1,500	2,500	5,630	8,750	12,500

1970 Grand Prix, V-8, 118" wb

	6	5	4	3	2	1
2d Hurst "SSJ" HT.	740	2,220	3,700	8,330	12,950	18,500
2d HT	660	1,980	3,300	7,430	11,550	16,500

NOTE: Add 10 percent for V-8 LeMans Rally Package. Add 40 percent for 455 HO V-8. Add 10 percent for Grand Prix S.J. Add 25 percent for Ram Air III. Add 10 percent for 4-speed trans.

1970 Firebird, V-8, 108" wb

	6	5	4	3	2	1
2d Firebird	720	2,160	3,600	8,100	12,600	18,000
2d Esprit	740	2,220	3,700	8,330	12,950	18,500
2d Formula 400	1,160	3,480	5,800	13,050	20,300	29,000
2d Trans Am	1,520	4,560	7,600	17,100	26,600	38,000

NOTE: Deduct 25 percent for 6-cyl. Add 10 percent for Trans Am with 4-speed. Add 25 percent for Ram Air IV Firebird.

1971 Ventura II, 6-cyl., 111" wb

	6	5	4	3	2	1
2d Cpe.	384	1,152	1,920	4,320	6,720	9,600
4d Sed.	368	1,104	1,840	4,140	6,440	9,200

1971 Ventura II, V-8, 111" wb

	6	5	4	3	2	1
2d Cpe.	392	1,176	1,960	4,410	6,860	9,800
4d Sed.	384	1,152	1,920	4,320	6,720	9,600

1971 LeMans T37, 6-cyl., 116" wb, 2d 112" wb

	6	5	4	3	2	1
2d Sed.	380	1,140	1,900	4,280	6,650	9,500
4d Sed.	360	1,080	1,800	4,050	6,300	9,000
2d HT	480	1,440	2,400	5,400	8,400	12,000

1971 LeMans, 6-cyl., 116" wb, 2d 112" wb

	6	5	4	3	2	1
2d Sed.	364	1,092	1,820	4,100	6,370	9,100
4d Sed.	360	1,080	1,800	4,050	6,300	9,000
4d HT	416	1,248	2,080	4,680	7,280	10,400
2d HT	600	1,800	3,000	6,750	10,500	15,000
4d 3S Sta Wag	460	1,380	2,300	5,180	8,050	11,500

1971 LeMans Sport, 6-cyl., 116" wb, 2d 112" wb

	6	5	4	3	2	1
4d HT	420	1,260	2,100	4,730	7,350	10,500
2d HT	620	1,860	3,100	6,980	10,850	15,500
2d Conv	680	2,040	3,400	7,650	11,900	17,000

NOTE: Add 20 percent for V-8.

1971 LeMans GT 37, V-8, 112" wb

	6	5	4	3	2	1
2d HT	680	2,040	3,400	7,650	11,900	17,000

1971 GTO

	6	5	4	3	2	1
2d HT	1,600	4,800	8,000	18,000	28,000	40,000
2d Conv.	2,280	6,840	11,400	25,650	39,900	57,000

NOTE: Add 125 percent for GTO Judge option.

1971 Catalina

	6	5	4	3	2	1
4d Sed.	384	1,152	1,920	4,320	6,720	9,600
4d HT	428	1,284	2,140	4,820	7,490	10,700
2d HT	460	1,380	2,300	5,180	8,050	11,500
2d Conv.	640	1,920	3,200	7,200	11,200	16,000

1971 Safari, V-8, 127" wb

	6	5	4	3	2	1
4d 2S Sta Wag	428	1,284	2,140	4,820	7,490	10,700
4d 3S Sta Wag	432	1,296	2,160	4,860	7,560	10,800

PONTIAC

	6	5	4	3	2	1
1971 Catalina Brougham, V-8, 123" wb						
4d Sed 392	1,176	1,960	4,410	6,860	9,800
4d HT 440	1,320	2,200	4,950	7,700	11,000
2d HT 468	1,404	2,340	5,270	8,190	11,700
1971 Grand Safari, V-8, 127" wb						
4d 2S Sta Wag. 400	1,200	2,000	4,500	7,000	10,000
4d 3S Sta Wag. 404	1,212	2,020	4,550	7,070	10,100
1971 Bonneville						
4d Sed 396	1,188	1,980	4,460	6,930	9,900
4d HT 440	1,320	2,200	4,950	7,700	11,000
2d HT 480	1,440	2,400	5,400	8,400	12,000
1971 Grandville						
4d HT 440	1,320	2,200	4,950	7,700	11,000
2d HT 480	1,440	2,400	5,400	8,400	12,000
2d Conv 760	2,280	3,800	8,550	13,300	19,000
1971 Grand Prix						
2d HT 640	1,920	3,200	7,200	11,200	16,000
2d Hurst "SSJ" Cpe 740	2,220	3,700	8,330	12,950	18,500
1971 Firebird, V-8, 108" wb						
2d Firebird 740	2,220	3,700	8,330	12,950	18,500
2d Esprit. 720	2,160	3,600	8,100	12,600	18,000
2d Formula. 1,160	3,480	5,800	13,050	20,300	29,000
2d Trans Am. 1,520	4,560	7,600	17,100	26,600	38,000

NOTE: Add 25 percent for Formula 455. Deduct 25 percent for 6-cyl. Add 40 percent for 455 HO V-8. Add 10 percent for 4-speed. (Formula Series - 350, 400, 455).

	6	5	4	3	2	1
1972 Ventura, 6-cyl., 111" wb						
4d Sed 328	984	1,640	3,690	5,740	8,200
2d Cpe 320	960	1,600	3,600	5,600	8,000

NOTE: Add 20 percent for V-8.

	6	5	4	3	2	1
1972 LeMans, 6-cyl., 116" wb, 2d 112" wb						
2d Cpe 340	1,020	1,700	3,830	5,950	8,500
4d Sed 332	996	1,660	3,740	5,810	8,300
2d HT 600	1,800	3,000	6,750	10,500	15,000
2d Conv 660	1,980	3,300	7,430	11,550	16,500
4d 3S Sta Wag. 340	1,020	1,700	3,830	5,950	8,500
1972 GTO						
2d HT 940	2,820	4,700	10,580	16,450	23,500
2d Sed 820	2,460	4,100	9,230	14,350	20,500
1972 Luxury LeMans, V-8						
4d HT 348	1,044	1,740	3,920	6,090	8,700
2d HT 620	1,860	3,100	6,980	10,850	15,500

NOTE: Add 10 percent for Endura option on LeMans models. Add 20 percent for V-8.

	6	5	4	3	2	1
1972 Catalina, V-8, 123" wb						
4d Sed 320	960	1,600	3,600	5,600	8,000
4d HT 328	984	1,640	3,690	5,740	8,200
2d HT 440	1,320	2,200	4,950	7,700	11,000
2d Conv 640	1,920	3,200	7,200	11,200	16,000
1972 Catalina Brougham, V-8, 123" wb						
4d Sed 324	972	1,620	3,650	5,670	8,100
4d HT 340	1,020	1,700	3,830	5,950	8,500
2d HT 460	1,380	2,300	5,180	8,050	11,500
1972 Bonneville						
4d Sed 328	984	1,640	3,690	5,740	8,200
4d HT 360	1,080	1,800	4,050	6,300	9,000
2d HT 480	1,440	2,400	5,400	8,400	12,000
1972 Grandville						
4d HT 360	1,080	1,800	4,050	6,300	9,000
2d HT 488	1,464	2,440	5,490	8,540	12,200
2d Conv 700	2,100	3,500	7,880	12,250	17,500
1972 Safari, V-8, 127" wb						
4d 2S Sta Wag. 324	972	1,620	3,650	5,670	8,100
4d 3S Sta Wag. 328	984	1,640	3,690	5,740	8,200
1972 Grand Safari, V-8, 127" wb						
4d 2S Sta Wag. 332	996	1,660	3,740	5,810	8,300
4d 3S Sta Wag. 336	1,008	1,680	3,780	5,880	8,400
1972 Grand Prix						
2d HT 628	1,884	3,140	7,070	10,990	15,700
2d Hurst "SSJ" HT 680	2,040	3,400	7,650	11,900	17,000
1972 Firebird, V-8, 108" wb						
2d Firebird 640	1,920	3,200	7,200	11,200	16,000
2d Esprit. 620	1,860	3,100	6,980	10,850	15,500
2d Formula. 1,060	3,180	5,300	11,930	18,550	26,500
2d Trans Am. 1,460	4,380	7,300	16,430	25,550	36,500

NOTE: Add 10 percent for Trans Am with 4-speed. Deduct 25 percent for 6-cyl. Add 40 percent for 455 HO V-8.

	6	5	4	3	2	1
1973 Ventura						
4d Sed 308	924	1,540	3,470	5,390	7,700

	6	5	4	3	2	1
2d Cpe.	296	888	1,480	3,330	5,180	7,400
2d HBk Cpe.	312	936	1,560	3,510	5,460	7,800
1973 Ventura Custom						
4d Sed.	312	936	1,560	3,510	5,460	7,800
2d Cpe.	316	948	1,580	3,560	5,530	7,900
2d HBk Cpe.	304	912	1,520	3,420	5,320	7,600
NOTE: Deduct 5 percent for 6-cyl.						
1973 LeMans						
4d Sed.	320	960	1,600	3,600	5,600	8,000
2d HT	368	1,104	1,840	4,140	6,440	9,200
1973 LeMans Spt						
2d Cpe.	340	1,020	1,700	3,830	5,950	8,500
1973 Luxury LeMans						
2d Cpe.	348	1,044	1,740	3,920	6,090	8,700
4d HT	340	1,020	1,700	3,830	5,950	8,500
1973 LeMans Safari, V-8, 116" wb						
4d 2S Sta Wag	320	960	1,600	3,600	5,600	8,000
4d 3S Sta Wag	324	972	1,620	3,650	5,670	8,100
1973 Grand Am						
2d HT	580	1,740	2,900	6,530	10,150	14,500
4d HT	360	1,080	1,800	4,050	6,300	9,000
2d GTO Spt Cpe.	580	1,740	2,900	6,530	10,150	14,500
NOTE: Deduct 5 percent for 6-cyl.						
1973 Catalina						
4d HT	304	912	1,520	3,420	5,320	7,600
2d HT	360	1,080	1,800	4,050	6,300	9,000
1973 Bonneville						
4d Sed.	308	924	1,540	3,470	5,390	7,700
4d HT	320	960	1,600	3,600	5,600	8,000
2d HT	376	1,128	1,880	4,230	6,580	9,400
1973 Safari, V-8, 127" wb						
4d 2S Sta Wag	320	960	1,600	3,600	5,600	8,000
4d 3S Sta Wag	324	972	1,620	3,650	5,670	8,100
1973 Grand Safari, V-8, 127" wb						
4d 2S Sta Wag	328	984	1,640	3,690	5,740	8,200
4d 3S Sta Wag	332	996	1,660	3,740	5,810	8,300
1973 Grandville						
4d HT	328	984	1,640	3,690	5,740	8,200
2d HT	384	1,152	1,920	4,320	6,720	9,600
2d Conv.	700	2,100	3,500	7,880	12,250	17,500
1973 Grand Prix						
2d HT	600	1,800	3,000	6,750	10,500	15,000
2d "SJ" HT.	608	1,824	3,040	6,840	10,640	15,200
1973 Firebird, V-8, 108" wb						
2d Cpe.	620	1,860	3,100	6,980	10,850	15,500
2d Esprit	640	1,920	3,200	7,200	11,200	16,000
2d Formula	980	2,940	4,900	11,030	17,150	24,500
2d Trans Am	1,380	4,140	6,900	15,530	24,150	34,500
NOTE: Add 75 percent for 455 SD V-8 (Formula & Trans Am only). Deduct 25 percent for 6-cyl. Add 10 percent for 4-speed.						
1974 Ventura						
4d Sed.	248	744	1,240	2,790	4,340	6,200
2d Cpe.	236	708	1,180	2,660	4,130	5,900
2d HBk	252	756	1,260	2,840	4,410	6,300
1974 Ventura Custom						
4d Sed.	252	756	1,260	2,840	4,410	6,300
2d Cpe.	240	720	1,200	2,700	4,200	6,000
2d HBk	256	768	1,280	2,880	4,480	6,400
2d GTO	320	960	1,600	3,600	5,600	8,000
NOTE: Deduct 5 percent for 6-cyl.						
1974 LeMans						
4d HT	228	684	1,140	2,570	3,990	5,700
2d HT	288	864	1,440	3,240	5,040	7,200
4d Sta Wag	240	720	1,200	2,700	4,200	6,000
1974 LeMans Sport						
2d Cpe.	260	780	1,300	2,930	4,550	6,500
1974 Luxury LeMans						
4d HT	252	756	1,260	2,840	4,410	6,300
2d HT	308	924	1,540	3,470	5,390	7,700
4d Safari	260	780	1,300	2,930	4,550	6,500
NOTE: Add 10 percent for GT option.						
1974 Grand Am						
2d HT	380	1,140	1,900	4,280	6,650	9,500
4d HT	292	876	1,460	3,290	5,110	7,300
1974 Catalina						
4d HT	252	756	1,260	2,840	4,410	6,300

	6	5	4	3	2	1
2d HT	300	900	1,500	3,380	5,250	7,500
4d Sed	220	660	1,100	2,480	3,850	5,500
4d Safari	252	756	1,260	2,840	4,410	6,300
1974 Bonneville						
4d Sed	228	684	1,140	2,570	3,990	5,700
4d HT	260	780	1,300	2,930	4,550	6,500
2d HT	316	948	1,580	3,560	5,530	7,900
1974 Grandville						
4d HT	264	792	1,320	2,970	4,620	6,600
2d HT	320	960	1,600	3,600	5,600	8,000
2d Conv	660	1,980	3,300	7,430	11,550	16,500
4d 2S Grand Safari Wag	290	860	1,440	3,600	5,040	7,200
4d 3S Grand Safari Wag	290	880	1,460	3,650	5,110	7,300
1974 Grand Prix						
2d HT	580	1,740	2,900	6,530	10,150	14,500
2d "SJ" Cpe	588	1,764	2,940	6,620	10,290	14,700
1974 Firebird, V-8, 108" wb						
2d Cpe	560	1,680	2,800	6,300	9,800	14,000
2d Esprit	580	1,740	2,900	6,530	10,150	14,500
2d Formula	900	2,700	4,500	10,130	15,750	22,500
2d Trans Am	1,300	3,900	6,500	14,630	22,750	32,500

NOTE: Add 75 percent for 455-SD V-8 (Formula & Trans Am only). Deduct 25 percent for 6-cyl. Add 10 percent for 4-speed.

1975 Astre S						
2d Cpe	212	636	1,060	2,390	3,710	5,300
2d HBk	216	648	1,080	2,430	3,780	5,400
2d Safari	220	660	1,100	2,480	3,850	5,500
1975 Astre						
2d HBk	216	648	1,080	2,430	3,780	5,400
2d Safari	220	660	1,100	2,480	3,850	5,500

NOTE: Add 10 percent for Astre "SJ".

1975 Ventura						
4d Sed	216	648	1,080	2,430	3,780	5,400
2d Cpe	220	660	1,100	2,480	3,850	5,500
2d HBk	224	672	1,120	2,520	3,920	5,600

NOTE: Deduct 5 percent for Ventura "S". Add 15 percent for Ventura "SJ". Add 5 percent for Ventura Custom.

1975 LeMans						
4d HT	220	660	1,100	2,480	3,850	5,500
2d HT	260	780	1,300	2,930	4,550	6,500
4d Safari	224	672	1,120	2,520	3,920	5,600

NOTE: Add 10 percent for Grand LeMans.

1975 LeMans Sport						
2d HT Cpe	268	804	1,340	3,020	4,690	6,700
1975 Grand Am						
4d HT	288	864	1,440	3,240	5,040	7,200
2d HT	376	1,128	1,880	4,230	6,580	9,400

NOTE: Add 5 percent for 4-speed. Add 20 percent for 455 HO V-8.

1975 Catalina						
4d Sed	204	612	1,020	2,300	3,570	5,100
2d Cpe	220	660	1,100	2,480	3,850	5,500
4d Safari	200	600	1,000	2,250	3,500	5,000
1975 Bonneville						
4d HT	212	636	1,060	2,390	3,710	5,300
2d Cpe	224	672	1,120	2,520	3,920	5,600
4d Gr Safari Wag	220	650	1,080	2,430	3,780	5,400
1975 Grand Ville Brougham						
4d HT	216	648	1,080	2,430	3,780	5,400
2d Cpe	232	696	1,160	2,610	4,060	5,800
2d Conv	720	2,160	3,600	8,100	12,600	18,000

NOTE: Add 20 percent for 455 V-8.

1975 Grand Prix						
2d Cpe	360	1,080	1,800	4,050	6,300	9,000
2d "LJ" Cpe	364	1,092	1,820	4,100	6,370	9,100
2d "SJ" Cpe	368	1,104	1,840	4,140	6,440	9,200

NOTE: Add 12 percent for 455 V-8.

1975 Firebird, V-8, 108" wb						
2d Cpe	520	1,560	2,600	5,850	9,100	13,000
2d Esprit	540	1,620	2,700	6,080	9,450	13,500
2d Formula	580	1,740	2,900	6,530	10,150	14,500
Trans Am	980	2,940	4,900	11,030	17,150	24,500

NOTE: Add 20 percent for 455 HO V-8. Deduct 25 percent for 6-cyl. Add 10 percent for 4-speed. Add $150 for Honeycomb wheels.

1976 Astre, 4-cyl.						
2d Cpe	184	552	920	2,070	3,220	4,600
2d HBk	188	564	940	2,120	3,290	4,700
2d Sta Wag	192	576	960	2,160	3,360	4,800

	6	5	4	3	2	1
1976 Sunbird, 4-cyl.						
2d Cpe.	232	696	1,160	2,610	4,060	5,800
1976 Ventura, V-8						
4d Sed.	224	672	1,120	2,520	3,920	5,600
2d Cpe.	228	684	1,140	2,570	3,990	5,700
2d HBk	232	696	1,160	2,610	4,060	5,800
1976 Ventura SJ, V-8						
4d Sed.	228	684	1,140	2,570	3,990	5,700
2d Cpe.	232	696	1,160	2,610	4,060	5,800
2d HBk	236	708	1,180	2,660	4,130	5,900
1976 LeMans, V-8						
4d Sed.	232	696	1,160	2,610	4,060	5,800
2d Cpe.	236	708	1,180	2,660	4,130	5,900
4d 2S Safari Wag	224	672	1,120	2,520	3,920	5,600
4d 3S Safari Wag	228	684	1,140	2,570	3,990	5,700
1976 LeMans Sport Cpe, V-8						
2d Cpe.	248	744	1,240	2,790	4,340	6,200
1976 Grand LeMans, V-8						
4d Sed.	236	708	1,180	2,660	4,130	5,900
2d Sed.	240	720	1,200	2,700	4,200	6,000
4d 2S Safari Wag	232	696	1,160	2,610	4,060	5,800
4d 3S Safari Wag	236	708	1,180	2,660	4,130	5,900
1976 Catalina, V-8						
4d Sed.	228	684	1,140	2,570	3,990	5,700
2d Cpe.	232	696	1,160	2,610	4,060	5,800
4d 2S Safari Wag	244	732	1,220	2,750	4,270	6,100
4d 3S Safari Wag	228	684	1,140	2,570	3,990	5,700
1976 Bonneville, V-8						
4d Sed.	236	708	1,180	2,660	4,130	5,900
2d Cpe.	240	720	1,200	2,700	4,200	6,000
1976 Bonneville Brougham, V-8						
4d Sed.	244	732	1,220	2,750	4,270	6,100
2d Cpe.	252	756	1,260	2,840	4,410	6,300
1976 Grand Safari, V-8						
4d 2S Sta Wag	232	696	1,160	2,610	4,060	5,800
4d 3S Sta Wag	236	708	1,180	2,660	4,130	5,900
1976 Grand Prix, V-8						
2d Cpe.	340	1,020	1,700	3,830	5,950	8,500
2d Cpe SJ	348	1,044	1,740	3,920	6,090	8,700
2d Cpe LJ	368	1,104	1,840	4,140	6,440	9,200

NOTE: Add 10 percent for T-tops & Anniversary model.

	6	5	4	3	2	1
1976 Firebird, V-8						
2d Cpe.	480	1,440	2,400	5,400	8,400	12,000
2d Esprit Cpe	500	1,500	2,500	5,630	8,750	12,500
2d Formula Cpe	540	1,620	2,700	6,080	9,450	13,500
2d Trans Am Cpe	940	2,820	4,700	10,580	16,450	23,500

NOTE: Add 20 percent for 455 HO V-8. Deduct 25 percent for 6-cyl. Add 10 percent for 4-speed. Add $150 for Honeycomb wheels. Add 20 percent for Limited Edition.

	6	5	4	3	2	1
1977 Astre, 4-cyl.						
2d Cpe.	152	456	760	1,710	2,660	3,800
2d HBk	156	468	780	1,760	2,730	3,900
2d Sta Wag	160	480	800	1,800	2,800	4,000
1977 Sunbird, 4-cyl.						
2d Cpe.	200	600	1,000	2,250	3,500	5,000
2d HBk	204	612	1,020	2,300	3,570	5,100
1977 Phoenix, V-8						
4d Sed.	156	468	780	1,760	2,730	3,900
2d Cpe.	160	480	800	1,800	2,800	4,000
1977 Ventura, V-8						
4d Sed.	196	588	980	2,210	3,430	4,900
2d Cpe.	200	600	1,000	2,250	3,500	5,000
2d HBk	204	612	1,020	2,300	3,570	5,100
1977 Ventura SJ, V-8						
4d Sed.	200	600	1,000	2,250	3,500	5,000
2d Cpe.	204	612	1,020	2,300	3,570	5,100
2d HBk	208	624	1,040	2,340	3,640	5,200
1977 LeMans, V-8						
4d Sed.	200	600	1,000	2,250	3,500	5,000
2d Cpe.	204	612	1,020	2,300	3,570	5,100
4d 2S Sta Wag	196	588	980	2,210	3,430	4,900
4d 3S Sta Wag	200	600	1,000	2,250	3,500	5,000
1977 LeMans Sport Cpe, V-8						
2d Cpe.	248	744	1,240	2,790	4,340	6,200

NOTE: Add 25 percent for Can Am option.

	6	5	4	3	2	1
1977 Grand LeMans, V-8						
4d Sed.	204	612	1,020	2,300	3,570	5,100

	6	5	4	3	2	1
2d Cpe	208	624	1,040	2,340	3,640	5,200
4d 2S Sta Wag	200	600	1,000	2,250	3,500	5,000
4d 3S Sta Wag	204	612	1,020	2,300	3,570	5,100
1977 Catalina, V-8						
4d Sed	156	468	780	1,760	2,730	3,900
2d Cpe	160	480	800	1,800	2,800	4,000
4d 2S Safari Wag	152	456	760	1,710	2,660	3,800
4d 3S Safari Wag	156	468	780	1,760	2,730	3,900
1977 Bonneville, V-8						
4d Sed	164	492	820	1,850	2,870	4,100
2d Cpe	168	504	840	1,890	2,940	4,200
1977 Bonneville Brougham, V-8						
4d Sed	172	516	860	1,940	3,010	4,300
2d Cpe	180	540	900	2,030	3,150	4,500
1977 Grand Safari						
4d 2S Sta Wag	168	504	840	1,890	2,940	4,200
4d 3S Sta Wag	172	516	860	1,940	3,010	4,300
1977 Grand Prix, V-8						
2d Cpe	308	924	1,540	3,470	5,390	7,700
2d Cpe LJ	320	960	1,600	3,600	5,600	8,000
2d Cpe SJ	360	1,080	1,800	4,050	6,300	9,000
1977 Firebird, V-8						
2d Cpe	440	1,320	2,200	4,950	7,700	11,000
2d Esprit Cpe	460	1,380	2,300	5,180	8,050	11,500
2d Formula Cpe	500	1,500	2,500	5,630	8,750	12,500
2d Trans Am Cpe	900	2,700	4,500	10,130	15,750	22,500

NOTE: Add 10 percent for 4-speed. Add 10 percent for L78 option.

	6	5	4	3	2	1
1978 Sunbird						
2d Cpe	116	348	580	1,310	2,030	2,900
2d Spt Cpe	120	360	600	1,350	2,100	3,000
2d Spt HBk	124	372	620	1,400	2,170	3,100
4d Spt Wag	120	360	600	1,350	2,100	3,000
1978 Phoenix						
4d Sed	120	360	600	1,350	2,100	3,000
2d Cpe	132	396	660	1,490	2,310	3,300
2d HBk	124	372	620	1,400	2,170	3,100
1978 Phoenix LJ						
4d Sed	124	372	620	1,400	2,170	3,100
2d Cpe	140	420	700	1,580	2,450	3,500
1978 LeMans						
4d Sed	180	540	900	2,030	3,150	4,500
2d Cpe	290	860	1,440	3,240	5,040	7,200
4d 2S Sta Wag	180	550	920	2,070	3,220	4,600
1978 Grand LeMans						
4d Sed	180	550	920	2,070	3,220	4,600
2d Cpe	290	880	1,460	3,290	5,110	7,300
4d 2S Sta Wag	190	560	940	2,120	3,290	4,700
1978 Grand Am						
4d Sed	210	620	1,040	2,340	3,640	5,200
2d Cpe	300	900	1,500	3,380	5,250	7,500
1978 Catalina						
4d Sed	190	560	940	2,120	3,290	4,700
2d Cpe	190	580	960	2,160	3,360	4,800
4d 2S Sta Wag	200	590	980	2,210	3,430	4,900
1978 Bonneville						
4d Sed	200	600	1,000	2,250	3,500	5,000
2d Cpe	210	620	1,040	2,340	3,640	5,200
4d 2S Sta Wag	200	610	1,020	2,300	3,570	5,100
1978 Bonneville Brougham						
4d Sed	200	610	1,020	2,300	3,570	5,100
2d Cpe	220	650	1,080	2,430	3,780	5,400
1978 Grand Prix						
2d Cpe	320	950	1,580	3,560	5,530	7,900
2d Cpe LJ	320	960	1,600	3,600	5,600	8,000
2d Cpe SJ	330	980	1,640	3,690	5,740	8,200
1978 Firebird, V-8, 108" wb						
2d Cpe	440	1,320	2,200	4,950	7,700	11,000
2d Esprit Cpe	460	1,380	2,300	5,180	8,050	11,500
2d Formula Cpe	500	1,500	2,500	5,630	8,750	12,500
2d Trans Am Cpe	900	2,700	4,500	10,130	15,750	22,500

NOTE: Add 10 percent for 4-speed. Add 10 percent for L78 option.

	6	5	4	3	2	1
1979 Sunbird						
2d Cpe	120	360	600	1,350	2,100	3,000
2d Spt Cpe	124	372	620	1,400	2,170	3,100
2d HBk	124	372	620	1,400	2,170	3,100
4d Sta Wag	128	384	640	1,440	2,240	3,200

	6	5	4	3	2	1
1979 Phoenix						
2d Sed.	124	372	620	1,400	2,170	3,100
2d Cpe.	132	396	660	1,490	2,310	3,300
2d HBk	128	384	640	1,440	2,240	3,200
1979 Phoenix LJ						
4d Sed.	128	384	640	1,440	2,240	3,200
2d Cpe.	136	408	680	1,530	2,380	3,400
1979 LeMans						
4d Sed.	180	550	920	2,070	3,220	4,600
2d Cpe.	290	880	1,460	3,290	5,110	7,300
4d Sta Wag	190	560	940	2,120	3,290	4,700
1979 Grand LeMans						
4d Sed.	190	560	940	2,120	3,290	4,700
2d Cpe.	300	900	1,500	3,380	5,250	7,500
4d Sta Wag	190	580	960	2,160	3,360	4,800
1979 Grand Am						
4d Sed.	190	580	960	2,160	3,360	4,800
2d Cpe.	310	920	1,540	3,470	5,390	7,700
1979 Catalina						
4d Sed.	190	580	960	2,160	3,360	4,800
2d Cpe.	200	600	1,000	2,250	3,500	5,000
4d Sta Wag	200	590	980	2,210	3,430	4,900
1979 Bonneville						
4d Sed.	200	590	980	2,210	3,430	4,900
2d Cpe.	210	620	1,040	2,340	3,640	5,200
4d Sta Wag	200	600	1,000	2,250	3,500	5,000
1979 Bonneville Brougham						
4d Sed.	200	600	1,000	2,250	3,500	5,000
2d Cpe.	220	660	1,100	2,480	3,850	5,500
1979 Grand Prix						
2d Cpe.	280	840	1,400	3,150	4,900	7,000
2d LJ Cpe	290	860	1,440	3,240	5,040	7,200
2d SJ Cpe	300	890	1,480	3,330	5,180	7,400
1979 Firebird, V-8, 108" wb						
2d Cpe.	440	1,320	2,200	4,950	7,700	11,000
2d Esprit Cpe	460	1,380	2,300	5,180	8,050	11,500
2d Formula Cpe	500	1,500	2,500	5,630	8,750	12,500
2d Trans Am Cpe	900	2,700	4,500	10,130	15,750	22,500
NOTE: Add 15 percent for 10th Anniversary Edition. Add 10 percent for 4-speed.						
1980 Sunbird, V-6						
2d Cpe.	140	420	700	1,580	2,450	3,500
2d HBk	144	432	720	1,620	2,520	3,600
2d Spt Cpe	144	432	720	1,620	2,520	3,600
2d Cpe HBk.	148	444	740	1,670	2,590	3,700
NOTE: Deduct 10 percent for 4-cyl.						
1980 Phoenix, V-6						
2d Cpe.	148	444	740	1,670	2,590	3,700
4d Sed HBk	144	432	720	1,620	2,520	3,600
NOTE: Deduct 10 percent for 4-cyl.						
1980 Phoenix LJ, V-6						
2d Cpe.	152	456	760	1,710	2,660	3,800
4d Sed HBk.	148	444	740	1,670	2,590	3,700
NOTE: Deduct 10 percent for 4-cyl.						
1980 LeMans, V-8						
4d Sed.	190	560	940	2,120	3,290	4,700
2d Cpe.	280	830	1,380	3,110	4,830	6,900
4d Sta Wag	190	580	960	2,160	3,360	4,800
NOTE: Deduct 10 percent for V-6.						
1980 Grand LeMans, V-8						
4d Sed.	190	580	960	2,160	3,360	4,800
2d Cpe.	280	840	1,400	3,150	4,900	7,000
4d Sta Wag	200	590	980	2,210	3,430	4,900
NOTE: Deduct 10 percent for V-6.						
1980 Grand Am, V-8						
2d Cpe.	280	850	1,420	3,200	4,970	7,100
1980 Firebird, V-8						
2d Cpe.	440	1,320	2,200	4,950	7,700	11,000
2d Cpe Esprit	460	1,380	2,300	5,180	8,050	11,500
2d Cpe Formula	500	1,500	2,500	5,630	8,750	12,500
2d Cpe Trans Am	900	2,700	4,500	10,130	15,750	22,500
NOTE: Deduct 15 percent for V-6. Add 10 percent for Indy Pace Car.						
1980 Catalina, V-8						
4d Sed.	200	590	980	2,210	3,430	4,900
2d Cpe.	200	600	1,000	2,250	3,500	5,000
4d 2S Sta Wag	200	590	980	2,210	3,430	4,900
4d 3S Sta Wag	200	600	1,000	2,250	3,500	5,000
NOTE: Deduct 10 percent for V-6.						

	6	5	4	3	2	1
1980 Bonneville, V-8						
4d Sed	200	600	1,000	2,250	3,500	5,000
2d Cpe	200	610	1,020	2,300	3,570	5,100
4d 2S Sta Wag	200	600	1,000	2,250	3,500	5,000
4d 3S Sta Wag	200	610	1,020	2,300	3,570	5,100
NOTE: Deduct 10 percent for V-6.						
1980 Bonneville Brougham, V-8						
4d Sed	200	610	1,020	2,300	3,570	5,100
2d Cpe	210	620	1,040	2,340	3,640	5,200
NOTE: Deduct 10 percent for V-6.						
1980 Grand Prix, V-8						
2d Cpe	300	890	1,480	3,330	5,180	7,400
2d Cpe LJ	300	900	1,500	3,380	5,250	7,500
2d Cpe SJ	300	910	1,520	3,420	5,320	7,600
NOTE: Deduct 10 percent for V-6.						
1981 T1000, 4-cyl.						
2d Sed HBk	140	420	700	1,580	2,450	3,500
4d Sed HBk	144	432	720	1,620	2,520	3,600
1981 Phoenix, V-6						
2d Cpe	148	444	740	1,670	2,590	3,700
4d Sed HBk	144	432	720	1,620	2,520	3,600
NOTE: Deduct 10 percent for 4-cyl.						
1981 Phoenix LJ, V-6						
2d Cpe	152	456	760	1,710	2,660	3,800
4d Sed HBk	148	444	740	1,670	2,590	3,700
NOTE: Deduct 10 percent for 4-cyl.						
1981 LeMans, V-8						
4d Sed	200	590	980	2,210	3,430	4,900
4d Sed LJ	200	600	1,000	2,250	3,500	5,000
2d Cpe	280	840	1,400	3,150	4,900	7,000
4d Sta Wag	200	600	1,000	2,250	3,500	5,000
NOTE: Deduct 10 percent for V-6.						
1981 Grand LeMans, V-8						
4d Sed	200	600	1,000	2,250	3,500	5,000
2d Cpe	290	860	1,440	3,240	5,040	7,200
4d Sta Wag	200	610	1,020	2,300	3,570	5,100
NOTE: Deduct 10 percent for V-6.						
1981 Firebird, V-8						
2d Cpe	320	960	1,600	3,600	5,600	8,000
2d Cpe Esprit	320	970	1,620	3,650	5,670	8,100
2d Cpe Formula	370	1,100	1,840	4,140	6,440	9,200
2d Cpe Trans Am	620	1,860	3,100	6,980	10,850	15,500
2d Cpe Trans Am SE	630	1,900	3,160	7,110	11,060	15,800
NOTE: Deduct 15 percent for V-6.						
1981 Catalina, V-8						
4d Sed	200	610	1,020	2,300	3,570	5,100
2d Cpe	230	700	1,160	2,610	4,060	5,800
4d 2S Sta Wag	210	620	1,040	2,340	3,640	5,200
4d 3S Sta Wag	210	640	1,060	2,390	3,710	5,300
NOTE: Deduct 10 percent for V-6.						
1981 Bonneville, V-8						
4d Sed	210	620	1,040	2,340	3,640	5,200
2d Cpe	240	710	1,180	2,660	4,130	5,900
4d 2S Sta Wag	210	640	1,060	2,390	3,710	5,300
4d 3S Sta Wag	220	650	1,080	2,430	3,780	5,400
NOTE: Deduct 10 percent for V-6.						
1981 Bonneville Brougham, V-8						
4d Sed	210	640	1,060	2,390	3,710	5,300
2d Cpe	240	720	1,200	2,700	4,200	6,000
1981 Grand Prix, V-8						
2d Cpe	300	890	1,480	3,330	5,180	7,400
2d Cpe LJ	300	900	1,500	3,380	5,250	7,500
2d Cpe Brgm	300	910	1,520	3,420	5,320	7,600
NOTE: Deduct 10 percent for V-6.						
1982 T1000, 4-cyl.						
4d Sed HBk	148	444	740	1,670	2,590	3,700
2d Cpe HBk	144	432	720	1,620	2,520	3,600
1982 J2000 S, 4-cyl.						
4d Sed	156	468	780	1,760	2,730	3,900
2d Cpe	160	480	800	1,800	2,800	4,000
4d Sta Wag	160	480	800	1,800	2,800	4,000
1982 J2000, 4-cyl.						
4d Sed	160	480	800	1,800	2,800	4,000
2d Cpe	164	492	820	1,850	2,870	4,100
2d Cpe HBk	168	504	840	1,890	2,940	4,200
4d Sta Wag	168	504	840	1,890	2,940	4,200

	6	5	4	3	2	1
1982 J2000 LE, 4-cyl.						
4d Sed.	164	492	820	1,850	2,870	4,100
2d Cpe.	168	504	840	1,890	2,940	4,200
1982 J2000 SE, 4-cyl.						
2d Cpe HBk.	176	528	880	1,980	3,080	4,400
1982 Phoenix, V-6						
4d Sed HBk.	152	456	760	1,710	2,660	3,800
2d Cpe.	156	468	780	1,760	2,730	3,900
NOTE: Deduct 10 percent for 4-cyl.						
1982 Phoenix LJ, V-6						
4d Sed HBk.	156	468	780	1,760	2,730	3,900
2d Cpe.	160	400	800	1,800	2,800	4,000
NOTE: Deduct 10 percent for 4-cyl.						
1982 Phoenix SJ, V-6						
4d Sed HBk.	160	480	800	1,800	2,800	4,000
2d Cpe.	164	492	820	1,850	2,870	4,100
1982 6000, V-6						
4d Sed.	168	504	840	1,890	2,940	4,200
2d Cpe.	172	516	860	1,940	3,010	4,300
NOTE: Deduct 10 percent for 4-cyl.						
1982 6000 LE, V-6						
4d Sed.	172	516	860	1,940	3,010	4,300
2d Cpe.	176	528	880	1,980	3,080	4,400
NOTE: Deduct 10 percent for 4-cyl.						
1982 Firebird, V-8						
2d Cpe.	252	756	1,260	2,840	4,410	6,300
2d Cpe SE.	264	792	1,320	2,970	4,620	6,600
2d Cpe Trans Am.	276	828	1,380	3,110	4,830	6,900
NOTE: Deduct 15 percent for V-6.						
1982 Bonneville, V-6						
4d Sed.	210	620	1,040	2,340	3,640	5,200
4d Sta Wag.	210	640	1,060	2,390	3,710	5,300
1982 Bonneville Brougham						
4d Sed.	210	640	1,060	2,390	3,710	5,300
1982 Grand Prix, V-6						
2d Cpe.	280	830	1,380	3,110	4,830	6,900
2d Cpe LJ.	280	840	1,400	3,150	4,900	7,000
2d Cpe Brgm.	280	850	1,420	3,200	4,970	7,100
1983 1000, 4-cyl.						
4d Sed HBk.	152	456	760	1,710	2,660	3,800
2d Cpe.	148	444	740	1,670	2,590	3,700
1983 2000, 4-cyl.						
4d Sed.	160	480	800	1,800	2,800	4,000
2d Cpe.	164	492	820	1,850	2,870	4,100
2d Cpe HBk.	168	504	840	1,890	2,940	4,200
4d Sta Wag.	168	504	840	1,890	2,940	4,200
1983 2000 LE, 4-cyl.						
4d Sed.	168	504	840	1,890	2,940	4,200
2d Cpe.	172	516	860	1,940	3,010	4,300
4d Sta Wag.	172	516	860	1,940	3,010	4,300
1983 2000 SE, 4-cyl.						
2d Cpe HBk.	176	528	880	1,980	3,080	4,400
1983 Sunbird, 4-cyl.						
2d Conv.	340	1,020	1,700	3,830	5,950	8,500
1983 Phoenix, V-6						
4d Sed HBk.	156	468	780	1,760	2,730	3,900
2d Cpe.	160	480	800	1,800	2,800	4,000
NOTE: Deduct 10 percent for 4-cyl.						
1983 Phoenix LJ, V-6						
4d Sed HBk.	160	480	800	1,800	2,800	4,000
2d Cpe.	164	492	820	1,850	2,870	4,100
NOTE: Deduct 10 percent for 4-cyl.						
1983 Phoenix SJ, V-6						
4d Sed HBk.	164	492	820	1,850	2,870	4,100
2d Cpe.	168	504	840	1,890	2,940	4,200
1983 6000, V-6						
4d Sed.	172	516	860	1,940	3,010	4,300
2d Cpe.	176	528	880	1,980	3,080	4,400
NOTE: Deduct 10 percent for 4-cyl.						
1983 6000 LE, V-6						
4d Sed.	176	528	880	1,980	3,080	4,400
2d Cpe.	180	540	900	2,030	3,150	4,500
NOTE: Deduct 10 percent for 4-cyl.						
1983 6000 STE, V-6						
4d Sed.	188	564	940	2,120	3,290	4,700

PONTIAC

	6	5	4	3	2	1
1983 Firebird, V-8						
2d Cpe	252	756	1,260	2,840	4,410	6,300
2d Cpe SE	256	768	1,280	2,880	4,480	6,400
2d Cpe Trans Am	264	792	1,320	2,970	4,620	6,600
NOTE: Deduct 15 percent for V-6. Add 25 percent for Daytona 500 Limited Ed. pkg. on Trans Am.						
1983 Bonneville, V-8						
4d Sed	210	640	1,060	2,390	3,710	5,300
4d Brgm	220	650	1,080	2,430	3,780	5,400
4d Sta Wag	220	660	1,100	2,480	3,850	5,500
NOTE: Deduct 10 percent for V-6.						
1983 Grand Prix, V-8						
2d Cpe	270	800	1,340	3,020	4,690	6,700
2d Cpe LJ	270	820	1,360	3,060	4,760	6,800
2d Cpe Brgm	280	830	1,380	3,110	4,830	6,900
1984 1000, 4-cyl.						
4d HBk	152	456	760	1,710	2,660	3,800
2d HBk	148	444	740	1,670	2,590	3,700
1984 Sunbird 2000, 4-cyl.						
4d Sed LE	164	492	820	1,850	2,870	4,100
2d Sed LE	160	480	800	1,800	2,800	4,000
2d Conv LE	340	1,020	1,700	3,830	5,950	8,500
4d Sta Wag LE	168	504	840	1,890	2,940	4,200
4d Sed SE	168	504	840	1,890	2,940	4,200
2d Sed SE	164	492	820	1,850	2,870	4,100
2d HBk SE	172	516	860	1,940	3,010	4,300
NOTE: Deduct 5 percent for lesser models. Add 10 percent for turbo where available.						
1984 Phoenix, 4-cyl.						
2d Sed	156	468	780	1,760	2,730	3,900
4d HBk	160	480	800	1,800	2,800	4,000
2d Sed LE	160	480	800	1,800	2,800	4,000
4d HBk LE	164	492	820	1,850	2,870	4,100
1984 Phoenix, V-6						
2d Sed	164	492	820	1,850	2,870	4,100
4d HBk	168	504	840	1,890	2,940	4,200
2d Sed LE	168	504	840	1,890	2,940	4,200
4d HBk LE	172	516	860	1,940	3,010	4,300
2d Sed SE	176	528	880	1,980	3,080	4,400
1984 6000, 4-cyl.						
4d Sed LE	180	540	900	2,030	3,150	4,500
2d Sed LE	184	552	920	2,070	3,220	4,600
4d Sta Wag LE	188	564	940	2,120	3,290	4,700
NOTE: Deduct 5 percent for lesser models.						
1984 6000, V-6						
4d Sed LE	184	552	920	2,070	3,220	4,600
2d Sed LE	188	564	940	2,120	3,290	4,700
4d Sta Wag LE	192	576	960	2,160	3,360	4,800
4d Sed STE	196	588	980	2,210	3,430	4,900
NOTE: Deduct 5 percent for lesser models.						
1984 Fiero, 4-cyl.						
2d Cpe	232	696	1,160	2,610	4,060	5,800
2d Cpe Spt	236	708	1,180	2,660	4,130	5,900
2d Cpe SE	240	720	1,200	2,700	4,200	6,000
NOTE: Add 40 percent for Indy Pace Car.						
1984 Firebird, V-6						
2d Cpe	244	732	1,220	2,750	4,270	6,100
2d Cpe SE	252	756	1,260	2,840	4,410	6,300
1984 Firebird, V-8						
2d Cpe	264	792	1,320	2,970	4,620	6,600
2d Cpe SE	268	804	1,340	3,020	4,690	6,700
2d Cpe TA	272	816	1,360	3,060	4,760	6,800
1984 Bonneville, V-6						
4d Sed	210	640	1,060	2,390	3,710	5,300
4d Sed LE	220	650	1,080	2,430	3,780	5,400
4d Sed Brgm	220	660	1,100	2,480	3,850	5,500
1984 Bonneville, V-8						
4d Sed	220	660	1,100	2,480	3,850	5,500
4d Sed LE	220	670	1,120	2,520	3,920	5,600
4d Sed Brgm	230	680	1,140	2,570	3,990	5,700
1984 Grand Prix, V-6						
2d Cpe	270	800	1,340	3,020	4,690	6,700
2d Cpe LE	270	820	1,360	3,060	4,760	6,800
2d Cpe Brgm	280	830	1,380	3,110	4,830	6,900
1984 Grand Prix, V-8						
2d Cpe	280	840	1,400	3,150	4,900	7,000
2d Cpe LE	280	850	1,420	3,200	4,970	7,100
2d Cpe Brgm	290	860	1,440	3,240	5,040	7,200

	6	5	4	3	2	1
1984 Parisienne, V-6						
4d Sed.	210	620	1,040	2,340	3,640	5,200
4d Sed Brgm	210	640	1,060	2,390	3,710	5,300
1984 Parisienne, V-8						
4d Sed.	220	650	1,080	2,430	3,780	5,400
4d Sed Brgm	220	660	1,100	2,480	3,850	5,500
4d Sta Wag	220	670	1,120	2,520	3,920	5,600
1985 1000, 4-cyl.						
4d Sed.	152	456	760	1,710	2,660	3,800
2d Sed.	148	444	740	1,670	2,590	3,700
2d HBk	156	468	780	1,760	2,730	3,900
4d Sta Wag	160	480	800	1,800	2,800	4,000
1985 Sunbird, 4-cyl.						
4d Sed.	164	492	820	1,850	2,870	4,100
2d Cpe.	160	480	800	1,800	2,800	4,000
Conv.	340	1,020	1,700	3,830	5,950	8,500
4d Sta Wag	168	504	840	1,890	2,940	4,200
4d Sed SE.	168	504	840	1,890	2,940	4,200
2d Cpe SE.	164	492	820	1,850	2,870	4,100
2d HBk SE.	172	516	860	1,940	3,010	4,300
NOTE: Add 20 percent for turbo.						
1985 Grand Am, V-6						
2d Cpe.	180	540	900	2,030	3,150	4,500
2d Cpe LE	184	552	920	2,070	3,220	4,600
NOTE: Deduct 15 percent for 4-cyl.						
1985 6000, V-6						
4d Sed LE	184	552	920	2,070	3,220	4,600
2d Sed LE	188	564	940	2,120	3,290	4,700
4d Sta Wag LE	192	576	960	2,160	3,360	4,800
4d Sed STE.	196	588	980	2,210	3,430	4,900
NOTE: Deduct 20 percent for 4-cyl. where available. Deduct 5 percent for losser models.						
1985 Fiero, V-6						
2d Cpe.	240	720	1,200	2,700	4,200	6,000
2d Cpe Spt	244	732	1,220	2,750	4,270	6,100
2d Cpe SE.	248	744	1,240	2,790	4,340	6,200
2d Cpe GT.	252	756	1,260	2,840	4,410	6,300
NOTE: Deduct 20 percent for 4-cyl. where available.						
1985 Firebird, V-8						
2d Cpe.	264	792	1,320	2,970	4,620	6,600
2d Cpe SE.	268	804	1,340	3,020	4,690	6,700
2d Cpe Trans Am	272	816	1,360	3,060	4,760	6,800
NOTE: Deduct 30 percent for V-6 where available.						
1985 Bonneville, V-8						
4d Sed.	210	640	1,060	2,390	3,710	5,300
4d Sed LE	220	650	1,080	2,430	3,780	5,400
4d Sed Brgm	220	660	1,100	2,480	3,850	5,500
NOTE: Deduct 25 percent for V-6.						
1985 Grand Prix, V-8						
2d Cpe.	270	800	1,340	3,020	4,690	6,700
2d Cpe LE	270	820	1,360	3,060	4,760	6,800
2d Cpe Brgm	280	830	1,380	3,110	4,830	6,900
NOTE: Deduct 25 percent for V-6.						
1985 Parisienne, V-8						
4d Sed.	220	650	1,080	2,430	3,780	5,400
4d Sed Brgm	220	660	1,100	2,480	3,850	5,500
4d Sta Wag	220	670	1,120	2,520	3,920	5,600
NOTE: Deduct 20 percent for V-6 where available. Deduct 30 percent for diesel.						
1986 Fiero, V-6						
2d Cpe Spt	240	720	1,200	2,700	4,200	6,000
2d Cpe SE.	244	732	1,220	2,750	4,270	6,100
2d Cpe GT.	252	756	1,260	2,840	4,410	6,300
NOTE: Deduct 20 percent for 4-cyl. where available.						
2d HBk	152	456	760	1,710	2,660	3,800
4d HBk	156	468	780	1,760	2,730	3,900
1986 Sunbird						
2d Cpe.	160	480	800	1,800	2,800	4,000
2d HBk	164	492	820	1,850	2,870	4,100
2d Conv.	344	1,032	1,720	3,870	6,020	8,600
4d GT Sed.	164	492	820	1,850	2,870	4,100
2d GT Conv.	352	1,056	1,760	3,960	6,160	8,800
1986 Grand Am						
2d Cpe.	188	564	940	2,120	3,290	4,700
4d Sed.	184	552	920	2,070	3,220	4,600
1986 Firebird						
2d Cpe.	264	792	1,320	2,970	4,620	6,600
2d SE V-8 Cpe	268	804	1,340	3,020	4,690	6,700
Trans Am Cpe.	276	828	1,380	3,110	4,830	6,900

PONTIAC

	6	5	4	3	2	1
1986 6000						
2d Cpe	192	576	960	2,160	3,360	4,800
4d Sed	188	564	940	2,120	3,290	4,700
4d Sta Wag	192	576	960	2,160	3,360	4,800
4d STE Sed	200	600	1,000	2,250	3,500	5,000
1986 Grand Prix						
2d Cpe	280	830	1,380	3,110	4,830	6,900
1986 Bonneville						
4d Sed	220	660	1,100	2,480	3,850	5,500
1986 Parisienne						
4d Sed	220	670	1,120	2,520	3,920	5,600
4d Sta Wag	232	696	1,160	2,610	4,060	5,800
4d Brgm Sed	230	680	1,140	2,570	3,990	5,700
NOTE: Add 10 percent for deluxe models.						
1986-1/2 Grand Prix 2 plus 2						
2d Aero Cpe	840	2,520	4,200	9,450	14,700	21,000
NOTE: Deduct 5 percent for smaller engines.						
1987 1000, 4-cyl.						
2d HBk	152	456	760	1,710	2,660	3,800
4d HBk	156	468	780	1,760	2,730	3,900
1987 Sunbird, 4-cyl.						
4d Sed	156	468	780	1,760	2,730	3,900
4d Sta Wag	160	480	800	1,800	2,800	4,000
2d SE Cpe	164	492	820	1,850	2,870	4,100
2d SE HBk	168	504	840	1,890	2,940	4,200
2d SE Conv	520	1,560	2,600	5,850	9,100	13,000
4d GT Turbo Sed	172	516	860	1,940	3,010	4,300
2d GT Turbo Cpe	168	504	840	1,890	2,940	4,200
2d GT Turbo HBk	172	516	860	1,940	3,010	4,300
2d GT Turbo Conv	560	1,680	2,800	6,300	9,800	14,000
NOTE: Add 5 percent for Turbo on all models except GT.						
1987 Grand Am, 4-cyl.						
4d Sed	192	576	960	2,160	3,360	4,800
2d Cpe	196	588	980	2,210	3,430	4,900
4d LE Sed	196	588	980	2,210	3,430	4,900
2d LE Cpe	200	600	1,000	2,250	3,500	5,000
4d SE Sed	204	612	1,020	2,300	3,570	5,100
2d SE Cpe	208	624	1,040	2,340	3,640	5,200
1987 Grand Am, V-6						
4d Sed	196	588	980	2,210	3,430	4,900
2d Cpe	200	600	1,000	2,250	3,500	5,000
4d LE Sed	200	600	1,000	2,250	3,500	5,000
2d LE Cpe	204	612	1,020	2,300	3,570	5,100
4d SE Sed	212	636	1,060	2,390	3,710	5,300
2d SE Cpe	216	648	1,080	2,430	3,780	5,400
1987 6000, 4-cyl.						
4d Sed	200	600	1,000	2,250	3,500	5,000
2d Cpe	196	588	980	2,210	3,430	4,900
4d Sta Wag	204	612	1,020	2,300	3,570	5,100
4d LE Sed	204	612	1,020	2,300	3,570	5,100
4d LE Sta Wag	208	624	1,040	2,340	3,640	5,200
1987 6000, V-6						
4d Sed	204	612	1,020	2,300	3,570	5,100
2d Cpe	200	600	1,000	2,250	3,500	5,000
4d Sta Wag	208	624	1,040	2,340	3,640	5,200
4d LE Sed	208	624	1,040	2,340	3,640	5,200
4d LE Sta Wag	212	636	1,060	2,390	3,710	5,300
4d SE Sed	212	636	1,060	2,390	3,710	5,300
4d SE Sta Wag	216	648	1,080	2,430	3,780	5,400
4d STE Sed	216	648	1,080	2,430	3,780	5,400
1987 Fiero, V-6						
2d Cpe	244	732	1,220	2,750	4,270	6,100
2d Spt Cpe	248	744	1,240	2,790	4,340	6,200
2d SE Cpe	252	756	1,260	2,840	4,410	6,300
NOTE: Deduct 20 percent for 4-cyl.						
2d GT Cpe	260	780	1,300	2,930	4,550	6,500
1987 Firebird, V-6						
2d Cpe	268	804	1,340	3,020	4,690	6,700
1987 Firebird, V-8						
2d Cpe	276	828	1,380	3,110	4,830	6,900
2d Cpe Formula	280	840	1,400	3,150	4,900	7,000
2d Cpe Trans Am	288	864	1,440	3,240	5,040	7,200
2d Cpe GTA	296	888	1,480	3,330	5,180	7,400
NOTE: Add 10 percent for 5.7 liter V-8 where available.						
1987 Bonneville, V-6						
4d Sed	200	600	1,000	2,250	3,500	5,000
4d LE Sed	208	624	1,040	2,340	3,640	5,200

	6	5	4	3	2	1
1987 Grand Prix, V-6						
2d Cpe.	280	840	1,400	3,150	4,900	7,000
2d LE Cpe.	280	850	1,420	3,200	4,970	7,100
2d Brgm Cpe.	290	860	1,440	3,240	5,040	7,200
1987 Grand Prix, V-8						
2d Cpe.	290	860	1,440	3,240	5,040	7,200
2d LE Cpe.	290	880	1,460	3,290	5,110	7,300
2d Brgm Cpe.	300	890	1,480	3,330	5,180	7,400
1987 Safari, V-8						
4d Sta Wag.	220	660	1,100	2,480	3,850	5,500
1988 LeMans, 4-cyl.						
3d HBk	100	300	500	1,130	1,750	2,500
4d Sed.	112	336	560	1,260	1,960	2,800
4d SE Sed.	120	360	600	1,350	2,100	3,000
1988 Sunbird, 4-cyl.						
4d Sed.	136	408	680	1,530	2,380	3,400
2d SE Cpe.	144	432	720	1,620	2,520	3,600
4d SE Sed.	148	444	740	1,670	2,590	3,700
4d Sta Wag.	152	456	760	1,710	2,660	3,800
2d GT Cpe.	200	600	1,000	2,250	3,500	5,000
2d GT Conv.	340	1,020	1,700	3,830	5,950	8,500
1988 Grand Am, 4-cyl.						
2d Cpe.	180	540	900	2,030	3,150	4,500
4d Sed.	184	552	920	2,070	3,220	4,600
2d LE Cpe.	192	576	960	2,160	3,360	4,800
4d Sed LE	196	588	980	2,210	3,430	4,900
2d SE Turbo Cpe	224	672	1,120	2,520	3,920	5,600
4d SE Turbo Sed.	228	684	1,140	2,570	3,990	5,700
1988 6000, 4-cyl.						
4d Sed.	156	468	780	1,760	2,730	3,900
4d Sta Wag.	160	480	800	1,800	2,800	4,000
4d LE Sed.	160	480	800	1,800	2,800	4,000
4d LE Sta Wag.	168	504	840	1,890	2,940	4,200
1988 6000, V-6						
4d Sed.	168	504	840	1,890	2,940	4,200
4d Sta Wag.	180	540	900	2,030	3,150	4,500
4d Sed LE	200	600	1,000	2,250	3,500	5,000
4d LE Sta Wag.	200	600	1,000	2,250	3,500	5,000
4d SE Sed.	208	624	1,040	2,340	3,640	5,200
4d SE Sta Wag.	220	660	1,100	2,480	3,850	5,500
4d STE Sed.	288	864	1,440	3,240	5,040	7,200
1988 Fiero, V-6						
2d Cpe III.	240	720	1,200	2,700	4,200	6,000
2d Formula Cpe	260	780	1,300	2,930	4,550	6,500
2d GT Cpe.	272	816	1,360	3,060	4,760	6,800
1988 Firebird, V-6						
2d Cpe.	240	720	1,200	2,700	4,200	6,000
1988 Firebird, V-8						
2d Cpe.	280	840	1,400	3,150	4,900	7,000
2d Formula Cpe	320	960	1,600	3,600	5,600	8,000
2d Cpe Trans Am	520	1,560	2,600	5,850	9,100	13,000
2d Cpe GTA	600	1,800	3,000	6,750	10,500	15,000
1988 Bonneville, V-6						
4d LE Sed.	240	720	1,200	2,700	4,200	6,000
4d SE Sed.	300	900	1,500	3,380	5,250	7,500
4d SSE Sed.	520	1,560	2,600	5,850	9,100	13,000
1988 Grand Prix, V-6						
2d Cpe.	260	780	1,300	2,930	4,550	6,500
2d LE Cpe.	280	840	1,400	3,150	4,900	7,000
2d SE Cpe.	320	960	1,600	3,600	5,600	8,000
1989 LeMans, 4-cyl.						
2d HBk	108	324	540	1,220	1,890	2,700
2d LE HBk.	116	348	580	1,310	2,030	2,900
2d GSE HBk	136	408	680	1,530	2,380	3,400
4d LE Sed.	132	396	660	1,490	2,310	3,300
4d SE Sed.	140	420	700	1,580	2,450	3,500
1989 Sunbird, 4-cyl.						
4d LE Sed.	184	552	920	2,070	3,220	4,600
2d LE Cpe.	180	540	900	2,030	3,150	4,500
2d SE Cpe.	188	564	940	2,120	3,290	4,700
2d GT Turbo Cpe	268	804	1,340	3,020	4,690	6,700
2d GT Turbo Conv	540	1,620	2,700	6,080	9,450	13,500
1989 Grand Am, 4-cyl.						
4d LE Sed.	224	672	1,120	2,520	3,920	5,600
2d LE Cpe.	220	660	1,100	2,480	3,850	5,500
4d SE Sed.	252	756	1,260	2,840	4,410	6,300
2d SE Cpe.	248	744	1,240	2,790	4,340	6,200

	6	5	4	3	2	1
1989 6000, 4-cyl.						
4d Sed LE	228	684	1,140	2,570	3,990	5,700
1989 6000, V-6						
4d LE Sed	244	732	1,220	2,750	4,270	6,100
4d LE Sta Wag	256	768	1,280	2,880	4,480	6,400
4d STE Sed, AWD	300	950	1,600	3,600	5,600	8,000
1989 Firebird, V-6						
2d Cpe	260	780	1,300	2,930	4,550	6,500
1989 Firebird, V-8						
2d Cpe	280	840	1,400	3,150	4,900	7,000
2d Formula Cpe	300	900	1,500	3,380	5,250	7,500
2d Trans Am Cpe	560	1,680	2,800	6,300	9,800	14,000
2d GTA Cpe	600	1,800	3,000	6,750	10,500	15,000
1989 Firebird, V-6						
2d Trans Am Cpe	550	1,700	2,800	6,300	9,800	14,000
1989 Bonneville, V-6						
4d LE Sed	272	816	1,360	3,060	4,760	6,800
4d SE Sed	312	936	1,560	3,510	5,460	7,800
4d SSE Sed	352	1,056	1,760	3,960	6,160	8,800
1989 Grand Prix, V-6						
2d Cpe	280	840	1,400	3,150	4,900	7,000
2d LE Cpe	300	900	1,500	3,380	5,250	7,500
2d SE Cpe	320	960	1,600	3,600	5,600	8,000
NOTE: Add 40 percent for McLaren Turbo Cpe.						
1989 Safari, V-8						
4d Sta Wag	288	864	1,440	3,240	5,040	7,200
1989-1/2 Firebird Trans Am Pace Car, V-6 Turbo						
Cpe	750	2,300	3,800	8,550	13,300	19,000
1990 LeMans, 4-cyl.						
2d Cpe	112	336	560	1,260	1,960	2,800
2d LE Cpe	128	384	640	1,440	2,240	3,200
2d GSE Cpe	144	432	720	1,620	2,520	3,600
4d LE Sed	128	384	640	1,440	2,240	3,200
1990 Sunbird, 4-cyl.						
2d VL Cpe	160	480	800	1,800	2,800	4,000
4d VL Sed	164	492	820	1,850	2,870	4,100
2d LE Cpe	168	504	840	1,890	2,940	4,200
2d LE Conv	300	900	1,500	3,380	5,250	7,500
4d LE Sed	172	516	860	1,940	3,010	4,300
2d SE Cpe	200	600	1,000	2,250	3,500	5,000
2d GT Turbo Cpe	240	720	1,200	2,700	4,200	6,000
1990 Grand Am, 4-cyl.						
2d LE Cpe	228	684	1,140	2,570	3,990	5,700
4d LE Cpe	240	720	1,200	2,700	4,200	6,000
2d SE Quad Cpe	260	780	1,300	2,930	4,550	6,500
4d SE Quad Sed	264	792	1,320	2,970	4,620	6,600
1990 6000, 4-cyl.						
4d LE Sed	180	540	900	2,030	3,150	4,500
1990 6000, V-6						
4d LE Sed	200	600	1,000	2,250	3,500	5,000
4d LE Sta Wag	220	660	1,100	2,480	3,850	5,500
4d SE Sed	220	660	1,100	2,480	3,850	5,500
4d SE Sta Wag	240	720	1,200	2,700	4,200	6,000
NOTE: Add 35 percent for AWD.						
1990 Firebird, V-6						
2d Cpe	260	780	1,300	2,930	4,550	6,500
1990 Firebird, V-8						
2d Cpe	300	900	1,500	3,380	5,250	7,500
2d Formula Cpe	320	960	1,600	3,600	5,600	8,000
2d Trans Am Cpe	520	1,560	2,600	5,850	9,100	13,000
2d GTA Cpe	600	1,800	3,000	6,750	10,500	15,000
1990 Bonneville, V-6						
4d LE Sed	280	840	1,400	3,150	4,900	7,000
4d SE Sed	300	900	1,500	3,380	5,250	7,500
4d SSE Sed	340	1,020	1,700	3,830	5,950	8,500
1990 Grand Prix, 4-cyl.						
2d LE Cpe	240	720	1,200	2,700	4,200	6,000
4d LE Sed	244	732	1,220	2,750	4,270	6,100
1990 Grand Prix, V-6						
2d LE Cpe	252	756	1,260	2,840	4,410	6,300
4d LE Sed	256	768	1,280	2,880	4,480	6,400
2d SE Cpe	320	960	1,600	3,600	5,600	8,000
4d STE Sed	340	1,020	1,700	3,830	5,950	8,500
1991 LeMans, 4-cyl.						
2d Aero Cpe	128	384	640	1,440	2,240	3,200
2d Aero LE Cpe	152	456	760	1,710	2,660	3,800
4d LE Sed	140	420	700	1,580	2,450	3,500

	6	5	4	3	2	1
1991 Sunbird, 4-cyl.						
2d Cpe.	152	456	760	1,710	2,660	3,800
4d Sed.	152	456	760	1,710	2,660	3,800
2d LE Cpe.	160	480	800	1,800	2,800	4,000
4d LE Cpe.	160	480	800	1,800	2,800	4,000
2d LE Conv	320	960	1,600	3,600	5,600	8,000
2d SE Cpe.	200	600	1,000	2,250	3,500	5,000
1991 Sunbird, V-6						
2d GT Cpe.	260	780	1,300	2,930	4,550	6,500
1991 Grand Am, 4-cyl.						
2d Cpe.	200	600	1,000	2,250	3,500	5,000
4d Sed.	200	600	1,000	2,250	3,500	5,000
2d LE Cpe.	208	624	1,040	2,340	3,640	5,200
4d LE Sed.	208	624	1,040	2,340	3,640	5,200
2d SE Quad 4 Cpe	232	696	1,160	2,610	4,060	5,800
4d SE Quad 4 Sed	232	696	1,160	2,610	4,060	5,800
1991 6000, 4-cyl.						
4d LE Sed.	180	540	900	2,030	3,150	4,500
1991 6000, V-6						
4d LE Sed.	200	600	1,000	2,250	3,500	5,000
4d LE Sta Wag	220	660	1,100	2,480	3,850	5,500
4d SE Sed.	216	648	1,080	2,430	3,780	5,400
1991 Firebird, V-6						
2d Cpe.	260	780	1,300	2,930	4,550	6,500
2d Conv.	560	1,680	2,800	6,300	9,800	14,000
1991 Firebird, V-8						
2d Cpe.	300	900	1,500	3,380	5,250	7,500
2d Conv.	600	1,800	3,000	6,750	10,500	15,000
2d Formula Cpe	320	960	1,600	3,600	5,600	8,000
2d Trans Am Cpe	520	1,560	2,600	5,850	9,100	13,000
2d Trans Am Conv	660	1,900	3,300	7,430	11,550	16,500
2d GTA Cpe	600	1,800	3,000	6,750	10,500	15,000
1991 Bonneville, V-6						
4d LE Sed.	260	780	1,300	2,930	4,550	6,500
4d SE Sed.	300	900	1,500	3,380	5,250	7,500
4d SSE Sed.	320	960	1,600	3,600	5,600	8,000
1991 Grand Prix, Quad 4						
2d SE Cpe.	220	660	1,100	2,480	3,850	5,500
4d LE Sed.	220	660	1,100	2,480	3,850	5,500
4d SE Sed.	232	696	1,160	2,610	4,060	5,800
1991 Grand Prix, V-6						
4d SE Cpe.	240	720	1,200	2,700	4,200	6,000
2d GT Cpe.	256	768	1,280	2,880	4,480	6,400
4d LE Sed.	240	720	1,200	2,700	4,200	6,000
4d SE Sed.	256	768	1,280	2,880	4,480	6,400
4d STE Sed.	280	840	1,400	3,150	4,900	7,000
1992 LeMans, 4-cyl.						
2d Aero Cpe HBk	152	456	760	1,710	2,660	3,800
2d SE Aero Cpe HBk	156	468	780	1,760	2,730	3,900
4d SE Sed.	160	480	800	1,800	2,800	4,000
1992 Sunbird, 4-cyl.						
4d LE Sed.	160	480	800	1,800	2,800	4,000
2d LE Cpe.	164	492	820	1,850	2,870	4,100
4d SE Sed.	168	504	840	1,890	2,940	4,200
2d SE Cpe.	172	516	860	1,940	3,010	4,300
2d SE Conv.	260	780	1,300	2,930	4,550	6,500
2d GT Cpe V-6	180	540	900	2,030	3,150	4,500
1992 Grand Am, 4-cyl.						
4d SE Sed.	200	600	1,000	2,250	3,500	5,000
2d SE Cpe.	220	660	1,100	2,480	3,850	5,500
4d GT Sed.	240	720	1,200	2,700	4,200	6,000
2d GT Cpe.	260	780	1,300	2,930	4,550	6,500
NOTE: Add 10 percent for V-6.						
1992 Firebird, V-8						
2d Cpe.	320	960	1,600	3,600	5,600	8,000
2d Conv.	600	1,800	3,000	6,750	10,500	15,000
2d Formula Cpe	340	1,020	1,700	3,830	5,950	8,500
2d Trans Am Cpe	540	1,620	2,700	6,080	9,450	13,500
2d Trans Am Conv	620	1,860	3,100	6,980	10,850	15,500
2d GTA Cpe	580	1,740	2,900	6,530	10,150	14,500
NOTE: Deduct 10 percent for V-6.						
1992 Bonneville, V-6						
4d SE Sed.	260	780	1,300	2,930	4,550	6,500
4d SSE Sed.	300	900	1,500	3,380	5,250	7,500
4d SSEi Sed	520	1,560	2,600	5,850	9,100	13,000

PONTIAC

	6	5	4	3	2	1
1992 Grand Prix, V-6						
4d LE Sed	220	660	1,100	2,480	3,850	5,500
4d SE Sed	240	720	1,200	2,700	4,200	6,000
2d SE Cpe	260	780	1,300	2,930	4,550	6,500
4d STE Sed	320	960	1,600	3,600	5,600	8,000
2d GT Cpe	340	1,020	1,700	3,830	5,950	8,500
1993 LeMans						
2d Aero Cpe	156	468	780	1,760	2,730	3,900
2d SE Aero Cpe	160	480	800	1,800	2,800	4,000
4d SE Sed	156	468	780	1,760	2,730	3,900
1993 Sunbird						
2d LE Cpe	168	504	840	1,890	2,940	4,200
4d LE Sed	170	510	850	1,910	2,975	4,250
2d SE Cpe	172	516	860	1,940	3,010	4,300
4d SE Sed	174	522	870	1,960	3,045	4,350
2d GT Cpe, V-6	180	540	900	2,030	3,150	4,500
2d SE Conv	188	564	940	2,120	3,290	4,700
1993 Grand Am, 4-cyl.						
2d SE Cpe	220	660	1,100	2,480	3,850	5,500
4d SE Sed	220	660	1,100	2,480	3,850	5,500
2d GT Cpe	224	672	1,120	2,520	3,920	5,600
4d GT Sed	224	672	1,120	2,520	3,920	5,600
1993 Grand Am, V-6						
2d SE Cpe	224	672	1,120	2,520	3,920	5,600
4d SE Sed	224	672	1,120	2,520	3,920	5,600
2d GT Cpe	228	684	1,140	2,570	3,990	5,700
4d GT Sed	228	684	1,140	2,570	3,990	5,700
1993 Firebird						
2d Cpe, V-6	320	960	1,600	3,600	5,600	8,000
2d Formula Cpe, V-8	520	1,560	2,600	5,850	9,100	13,000
2d Trans Am Cpe, V-8	540	1,620	2,700	6,080	9,450	13,500
1993 Bonneville, V-6						
4d SE Sed	320	960	1,600	3,600	5,600	8,000
4d SSE Sed	340	1,020	1,700	3,830	5,950	8,500
4d SSEi Sed	520	1,560	2,600	5,850	9,100	13,000
1993 Grand Prix						
2d SE Cpe	240	720	1,200	2,700	4,200	6,000
2d GT Cpe	248	744	1,240	2,790	4,340	6,200
4d LE Sed	240	720	1,200	2,700	4,200	6,000
4d SE Sed	248	744	1,240	2,790	4,340	6,200
4d STE Sed	256	768	1,280	2,880	4,480	6,400
1994 Sunbird						
2d LE Cpe, 4-cyl.	220	660	1,100	2,480	3,850	5,500
4d LE Sed, 4-cyl.	224	672	1,120	2,520	3,920	5,600
2d LE Conv, 4-cyl.	300	900	1,500	3,380	5,250	7,500
2d SE Cpe, V-6	260	780	1,300	2,930	4,550	6,500
1994 Grand Am						
2d SE Cpe, 4-cyl.	244	732	1,220	2,750	4,270	6,100
4d SE Sed, 4-cyl.	248	744	1,240	2,790	4,340	6,200
4d GT Sed, 4-cyl.	260	780	1,300	2,930	4,550	6,500
2d SE Cpe, V-6	252	756	1,260	2,840	4,410	6,300
2d GT Cpe, V-6	256	768	1,280	2,880	4,480	6,400
4d SE Sed, V-6	256	768	1,280	2,880	4,480	6,400
4d GT Sed, V-6	260	780	1,300	2,930	4,550	6,500
1994 Firebird						
2d Cpe, V-6	420	1,260	2,100	4,730	7,350	10,500
2d Conv, V-6	540	1,620	2,700	6,080	9,450	13,500
2d Formula Cpe, V-8	480	1,440	2,400	5,400	8,400	12,000
2d Formula Conv, V-8	580	1,740	2,900	6,530	10,150	14,500
2d Trans Am Cpe, V-8	540	1,620	2,700	6,080	9,450	13,500
2d Trans Am GT Cpe, V-8	580	1,740	2,900	6,530	10,150	14,500
2d Trans Am GT Conv, V-8	620	1,860	3,100	6,980	10,850	15,500
1994 Bonneville, V-6						
4d SE Sed	340	1,020	1,700	3,830	5,950	8,500
4d SSE Sed	440	1,320	2,200	4,950	7,700	11,000
1994 Grand Prix						
2d SE Cpe	340	1,020	1,700	3,830	5,950	8,500
4d SE Sed	344	1,032	1,720	3,870	6,020	8,600
1995 Sunbird, 4-cyl.						
2d SE Cpe	200	650	1,100	2,480	3,850	5,500
4d SE Sed	200	650	1,100	2,520	3,900	5,600
2d SE Conv	300	900	1,500	3,380	5,250	7,500
2d GT Cpe	300	850	1,400	3,150	4,900	7,000
1995 Grand Am, 4-cyl. & V-6						
2d SE Cpe	250	750	1,200	2,750	4,250	6,100
4d SE Sed	250	750	1,250	2,790	4,350	6,200

	6	5	4	3	2	1
2d GT Cpe.	250	750	1,300	2,880	4,500	6,400
4d GT Sed.	250	800	1,300	2,930	4,550	6,500
1995 Firebird, V-6 & V-8						
2d Cpe, V-6.	400	1,250	2,100	4,730	7,350	10,500
2d Conv, V-6.	550	1,600	2,700	6,080	9,450	13,500
2d Formula Cpe, V-8.	480	1,440	2,400	5,400	8,400	12,000
2d Formula Conv, V-8.	580	1,740	2,900	6,530	10,150	14,500
2d Trans Am Cpe, V-8	540	1,620	2,700	6,080	9,450	13,500
2d Trans Am Conv, V-8.	620	1,860	3,100	6,980	10,850	15,500
1995 Bonneville, V-6						
4d SE Sed.	350	1,000	1,700	3,830	5,950	8,500
4d SSE Sed.	450	1,300	2,200	4,950	7,700	11,000
4d SSEi Sed	500	1,500	2,500	5,630	8,750	12,500
1995 Grand Prix, V-6						
2d SE Cpe.	350	1,000	1,700	3,830	5,950	8,500
4d SE Sed.	350	1,050	1,700	3,870	6,000	8,600
1996 Sunfire, 4-cyl.						
2d SE Cpe.	200	650	1,100	2,480	3,850	5,500
4d SE Sed.	200	650	1,100	2,520	3,900	5,600
2d SE Conv.	300	900	1,500	3,380	5,250	7,500
2d GT Cpe.	300	850	1,400	3,150	4,900	7,000
1996 Grand Am, 4-cyl. & V-6						
2d SE Cpe.	250	750	1,250	2,790	4,350	6,200
4d SE Sed.	250	750	1,200	2,750	4,250	6,100
2d GT Cpe.	250	800	1,300	2,930	4,550	6,500
4d GT Sed.	250	750	1,300	2,880	4,500	6,400
1996 Firebird, V-6 & V-8						
2d Cpe, V-6.	400	1,250	2,100	4,730	7,350	10,500
2d Conv, V-6.	550	1,600	2,700	6,080	9,450	13,500
2d Formula Cpe, V-8.	480	1,440	2,400	5,400	8,400	12,000
2d Formula Conv, V-8.	580	1,740	2,900	6,530	10,150	14,500
2d Trans Am Cpe, V-8	540	1,620	2,700	6,080	9,450	13,500
2d Trans Am Conv, V-8.	620	1,860	3,100	6,980	10,850	15,500
1996 Bonneville, V-6						
4d SE Sed.	350	1,000	1,700	3,830	5,950	8,500
4d SSE Sed.	450	1,300	2,200	4,950	7,700	11,000
4d SSEi Sed	500	1,500	2,500	5,630	8,750	12,500

NOTE: For SE and SSE add 5 percent for supercharged V-6.

	6	5	4	3	2	1
1996 Grand Prix, V-6						
2d SE Cpe.	350	1,000	1,700	3,830	5,950	8,500
4d SE Sed.	350	1,050	1,700	3,870	6,000	8,600

NOTE: Add 5 percent for GT pkg. Add 10 percent for GTP pkg.

	6	5	4	3	2	1
1997 Sunfire, 4-cyl						
2d SE Cpe.	220	660	1,100	2,480	3,850	5,500
4d SE Sed.	224	672	1,120	2,520	3,920	5,600
2d SE Conv.	300	900	1,500	3,380	5,250	7,500
2d GT Cpe.	280	840	1,400	3,150	4,900	7,000
1997 Grand Am, 4-cyl. & V-6						
2d SE Cpe.	248	744	1,240	2,790	4,340	6,200
4d SE Sed.	244	732	1,220	2,750	4,270	6,100
2d GT Cpe.	260	780	1,300	2,930	4,550	6,500
4d GT Sed.	256	768	1,280	2,880	4,480	6,400
1997 Firebird, V-6 & V-8						
2d Cpe, V-6.	420	1,260	2,100	4,730	7,350	10,500
2d Conv, V-6.	540	1,620	2,700	6,080	9,450	13,500
2d Formula Cpe, V-8.	480	1,440	2,400	5,400	8,400	12,000
2d Formula Conv, V-8.	580	1,740	2,900	6,530	10,150	14,500
2d Trans Am Cpe, V-8.	540	1,620	2,700	6,080	9,450	13,500
2d Trans Am Conv, V-8.	620	1,860	3,100	6,980	10,850	15,500

NOTE: Add 5 percent for Sport Pkg on V-6 models. Add 5 percent for Ram Air Pkg on convertibles.

	6	5	4	3	2	1
1997 Bonneville, V-6						
4d SE Sed.	340	1,020	1,700	3,830	5,950	8,500
4d SSE Sed.	440	1,320	2,200	4,950	7,700	11,000
4d SSEi Sed	500	1,500	2,500	5,630	8,750	12,500

NOTE: Add 5 percent for supercharged V-6 on SE or SSE models. Add 5 percent for 40th Anv Pkg on SE or SSE.

	6	5	4	3	2	1
1997 Grand Prix, V-6						
4d SE Sed.	344	1,032	1,720	3,870	6,020	8,600
2d GT Cpe.	372	1,116	1,860	4,190	6,510	9,300
4d GT Sed.	376	1,128	1,880	4,230	6,580	9,400
2d GTP Cpe (supercharged).	408	1,224	2,040	4,590	7,140	10,200
4d GTP Sed (supercharged).	412	1,236	2,060	4,640	7,210	10,300
1998 Sunfire, 4-cyl.						
2d SE Cpe.	220	660	1,100	2,480	3,850	5,500
4d SE Sed.	220	670	1,120	2,520	3,920	5,600
2d SE Conv.	300	900	1,500	3,380	5,250	7,500
2d GT Cpe.	280	840	1,400	3,150	4,900	7,000

PONTIAC

	6	5	4	3	2	1
1998 Grand Am, 4-cyl. & V-6						
2d SE Cpe	250	740	1,240	2,790	4,340	6,200
4d SE Sed	240	730	1,220	2,750	4,270	6,100
2d GT Cpe	260	780	1,300	2,930	4,550	6,500
4d GT Sed	260	770	1,280	2,880	4,480	6,400
1998 Firebird, V-6 & V-8						
2d Cpe, V-6	420	1,260	2,100	4,730	7,350	10,500
2d Conv, V-6	540	1,620	2,700	6,080	9,450	13,500
2d Formula Cpe, V-8	480	1,440	2,400	5,400	8,400	12,000
2d Trans Am Cpe, V-8	540	1,620	2,700	6,080	9,450	13,500
2d Trans Am Conv, V-8	620	1,860	3,100	6,980	10,850	15,500
NOTE: Add 5 percent for Autocross Pkg. Add 10 percent for WS6 Pkg.						
1998 Bonneville, V-6						
4d SE Sed	340	1,020	1,700	3,830	5,950	8,500
4d SSE Sed	440	1,320	2,200	4,950	7,700	11,000
4d SSEi Sed	500	1,500	2,500	5,630	8,750	12,500
NOTE: Add 5 percent for supercharged V-6 on SSE Sed.						
1998 Grand Prix, V-6						
4d SE Sed	340	1,030	1,720	3,870	6,020	8,600
2d GT Cpe	370	1,120	1,860	4,190	6,510	9,300
4d GT Sed	380	1,130	1,880	4,230	6,580	9,400
2d GTP Cpe (supercharged)	410	1,220	2,040	4,590	7,140	10,200
4d GTP Sed (supercharged)	410	1,240	2,060	4,640	7,210	10,300
1999 Sunfire, 4-cyl.						
2d SE Cpe	230	680	1,140	2,570	3,990	5,700
4d SE Sed	220	670	1,120	2,520	3,920	5,600
2d GT Cpe	280	840	1,400	3,150	4,900	7,000
2d GT Conv	300	900	1,500	3,380	5,250	7,500
NOTE: Add 5 percent for Sun & Sound (SE Cpe), Sun & Storm (GT Cpe), or Special Ed (SE Sed) Pkgs.						
1999 Grand Am, 4-cyl. & V-6						
2d SE Cpe	250	760	1,260	2,840	4,410	6,300
4d SE Sed	250	740	1,240	2,790	4,340	6,200
2d GT Cpe (V-6 only)	260	790	1,320	2,970	4,620	6,600
4d GT Sed (V-6 only)	260	780	1,300	2,930	4,550	6,500
NOTE: Add 5 percent for Solid Sound or Solid Style Pkgs on SE models.						
1999 Firebird, V-6 & V-8						
2d Cpe, V-6	420	1,260	2,100	4,730	7,350	10,500
2d Conv, V-6	540	1,620	2,700	6,080	9,450	13,500
2d Formula Cpe, V-8	480	1,440	2,400	5,400	8,400	12,000
2d Trans Am Cpe, V-8	540	1,620	2,700	6,080	9,450	13,500
2d Trans Am Conv, V-8	620	1,860	3,100	6,980	10,850	15,500
NOTE: Add 10 percent for 30th Anv Pkg (Z4C) Trans Am. Add 5 percent for Autocross Pkg. Add 10 percent for WS6 Pkg.						
1999 Bonneville, V-6						
4d SE Sed	340	1,020	1,700	3,830	5,950	8,500
4d SSE Sed	440	1,320	2,200	4,950	7,700	11,000
4d SSEi Sed	500	1,500	2,500	5,630	8,750	12,500
NOTE: Add 5 percent for supercharged V-6 on SSE Sed.						
1999 Grand Prix, V-6						
4d SE Sed	340	1,030	1,720	3,870	6,020	8,600
2d GT Cpe	380	1,140	1,900	4,280	6,650	9,500
4d GT Sed	380	1,150	1,920	4,320	6,720	9,600
2d GTP Cpe (supercharged)	410	1,240	2,060	4,640	7,210	10,300
4d GTP Sed (supercharged)	420	1,250	2,080	4,680	7,280	10,400
2000 Sunfire, 4-cyl.						
2d SE Cpe	230	680	1,140	2,570	3,990	5,700
4d SE Sed	220	670	1,120	2,520	3,920	5,600
2d GT Cpe	280	840	1,400	3,150	4,900	7,000
2d GT Conv	300	900	1,500	3,380	5,250	7,500
2000 Grand Am, 4-cyl. & V-6						
2d SE Cpe	250	760	1,260	2,840	4,410	6,300
4d SE Sed	250	740	1,240	2,790	4,340	6,200
2d GT Cpe (V-6 only)	260	790	1,320	2,970	4,620	6,600
4d GT Sed (V-6 only)	260	780	1,300	2,930	4,550	6,500
2000 Firebird, V-6 & V-8						
2d Cpe, V-6	420	1,260	2,100	4,730	7,350	10,500
2d Conv, V-6	540	1,620	2,700	6,080	9,450	13,500
2d Formula Cpe, V-8	480	1,440	2,400	5,400	8,400	12,000
2d Trans Am Cpe, V-8	540	1,620	2,700	6,080	9,450	13,500
2d Trans Am Conv, V-8	620	1,860	3,100	6,980	10,850	15,500
NOTE: Add 5 percent for Formula Autocross pkg. Add 10 percent for V-8 WS6 pkg.						
2000 Bonneville, V-6						
4d SE Sed	340	1,020	1,700	3,830	5,950	8,500
4d SLE Sed	380	1,140	1,900	4,280	6,650	9,500
4d SSEi Sed (supercharged)	500	1,500	2,500	5,630	8,750	12,500
2000 Grand Prix, V-6						
4d SE Sed	340	1,030	1,720	3,870	6,020	8,600

	6	5	4	3	2	1
2d GT Cpe.	380	1,140	1,900	4,280	6,650	9,500
4d GT Sed.	380	1,150	1,920	4,320	6,720	9,600
2d GTP Cpe (supercharged).	410	1,240	2,060	4,640	7,210	10,300
4d GTP Sed (supercharged).	420	1,250	2,080	4,680	7,280	10,400

NOTE: Add 5 percent for Daytona Pace Car pkg.

2001 Sunfire, 4-cyl.

	6	5	4	3	2	1
2d SE Cpe.	230	680	1,140	2,850	3,990	5,700
4d SE Sed.	220	670	1,120	2,800	3,920	5,600
2d GT Cpe.	280	840	1,400	3,500	4,900	7,000

2001 Grand Am, 4-cyl. & V-6

	6	5	4	3	2	1
2d SE Cpe.	250	760	1,260	3,150	4,410	6,300
4d SE Sed.	250	740	1,240	3,100	4,340	6,200
2d GT Cpe (V-6 only)	260	790	1,320	3,300	4,620	6,600
4d GT Sed (V-6 only)	260	780	1,300	3,250	4,550	6,500

2001 Firebird, V-6 & V-8

	6	5	4	3	2	1
2d Cpe, V-6.	420	1,260	2,100	5,250	7,350	10,500
2d Conv, V-6.	540	1,620	2,700	6,750	9,450	13,500
2d Formula Cpe, V-8.	480	1,440	2,400	6,000	8,400	12,000
2d Trans Am Cpe, V-8.	540	1,620	2,700	6,750	9,450	13,500
2d Trans Am Conv, V-8.	620	1,860	3,100	7,750	10,850	15,500

NOTE: Add 10 percent for V-8 WS6 pkg.

2001 Bonneville, V-6

	6	5	4	3	2	1
4d SE Sed.	340	1,030	1,720	4,300	6,020	8,600
4d SLE Sed.	380	1,150	1,920	4,800	6,720	9,600
4d SSEi Sed (supercharged)	500	1,510	2,520	6,300	8,820	12,600

2001 Grand Prix, V-6

	6	5	4	3	2	1
4d SE Sed.	340	1,030	1,720	4,300	6,020	8,600
2d GT Cpe.	380	1,140	1,900	4,750	6,650	9,500
4d GT Sed.	380	1,150	1,920	4,800	6,720	9,600
2d GTP Cpe (supercharged).	410	1,240	2,060	5,150	7,210	10,300
4d GTP Sed (supercharged).	420	1,250	2,080	5,200	7,280	10,400

2002 Sunfire, 4-cyl.

	6	5	4	3	2	1
2d SE Cpe.	230	680	1,140	2,850	3,990	5,700
4d SE Sed.	220	670	1,120	2,800	3,920	5,600
2d GT Cpe.	280	840	1,400	3,500	4,900	7,000

NOTE: Add 5 percent for Driver Convenience pkg.

2002 Grand Am, 4-cyl. & V-6

	6	5	4	3	2	1
2d SE Cpe.	250	760	1,260	3,150	4,410	6,300
4d SE Sed.	250	740	1,240	3,100	4,340	6,200
2d GT Cpe (V-6 only)	260	790	1,320	3,300	4,620	6,600
4d GT Sed (V-6 only)	260	780	1,300	3,250	4,550	6,500

2002 Firebird, V-6

	6	5	4	3	2	1
2d Cpe.	420	1,260	2,100	5,250	7,350	10,500
2d Conv.	540	1,620	2,700	6,750	9,450	13,500

2002 Firebird, V-8

	6	5	4	3	2	1
2d Formula Cpe	480	1,440	2,400	6,000	8,400	12,000
2d Trans Am Cpe	540	1,620	2,700	6,750	9,450	13,500
2d Trans Am Conv	620	1,860	3,100	7,750	10,850	15,500

NOTE: Add 20 percent for Trans Am Collector's Ed. Add 10 percent for V-8 WS6 pkg. Add $500 for T-tops (except Trans Am).

2002 Bonneville, V-6

	6	5	4	3	2	1
4d SE Sed.	340	1,030	1,720	4,300	6,020	8,600
4d SLE Sed.	380	1,150	1,920	4,800	6,720	9,600
4d SSEi Sed (supercharged)	500	1,510	2,520	6,300	8,820	12,600

2002 Grand Prix, V-6

	6	5	4	3	2	1
4d SE Sed.	340	1,030	1,720	4,300	6,020	8,600
2d GT Cpe.	380	1,140	1,900	4,750	6,650	9,500
4d GT Sed.	380	1,150	1,920	4,800	6,720	9,600
2d GTP Cpe (supercharged).	410	1,240	2,060	5,150	7,210	10,300
4d GTP Sed (supercharged).	420	1,250	2,080	5,200	7,280	10,400

NOTE: Add 5 percent for GT or GTP 40th Anv Ed.

2003 Sunfire, 4-cyl.

	6	5	4	3	2	1
2d Cpe.	230	680	1,140	2,850	3,990	5,700

2003 Vibe, 4-cyl.

	6	5	4	3	2	1
4d Sta Wag.	320	960	1,600	4,000	5,600	8,000
4d GT Sta Wag.	330	980	1,640	4,100	5,740	8,200

NOTE: Add 10 percent for AWD on base model.

2003 Grand Am, 4-cyl. & V-6

	6	5	4	3	2	1
4d SE Sed.	250	740	1,240	3,100	4,340	6,200
2d GT Cpe (V-6 only)	260	790	1,320	3,300	4,620	6,600
4d GT Sed (V-6 only)	260	780	1,300	3,250	4,550	6,500

NOTE: Add 5 percent for SC/T Appearance pkg on GT models.

2003 Bonneville, V-6

	6	5	4	3	2	1
4d SE Sed.	340	1,030	1,720	4,300	6,020	8,600
4d SLE Sed.	380	1,150	1,920	4,800	6,720	9,600
4d SSEi Sed (supercharged)	500	1,510	2,520	6,300	8,820	12,600

	6	5	4	3	2	1
2003 Grand Prix, V-6						
4d SE Sed	340	1,030	1,720	4,300	6,020	8,600
4d GT Sed	380	1,150	1,920	4,800	6,720	9,600
4d GT Limited Sed	410	1,240	2,060	5,150	7,210	10,300
4d GTP Sed	420	1,250	2,080	5,200	7,280	10,400
4d GTP Limited Sed	460	1,370	2,280	5,700	7,980	11,400
2004 Sunfire, 4-cyl.						
2d Cpe	230	680	1,140	2,850	3,990	5,700
NOTE: Deduct 5 percent for manual transmission.						
2004 Vibe, 4-cyl.						
4d Sta Wag	320	960	1,600	4,000	5,600	8,000
4d GT Sta Wag	330	980	1,640	4,100	5,740	8,200
NOTE: Add 10 percent for AWD on base model. Deduct 5 percent for manual transmission, except GT.						
2004 Grand Am, 4-cyl. & V-6						
4d SE Sed	250	740	1,240	3,100	4,340	6,200
2d GT Cpe (V-6 only)	260	790	1,320	3,300	4,620	6,600
4d GT Sed (V-6 only)	260	780	1,300	3,250	4,550	6,500
NOTE: Add 5 percent for SC/T Appearance pkg on GT models. Deduct 5 percent for manual transmission.						
2004 Bonneville, V-6 & V-8						
4d SE Sed (V-6 only)	340	1,030	1,720	4,300	6,020	8,600
4d SLE Sed (V-6 only)	380	1,150	1,920	4,800	6,720	9,600
4d GXP Sed (V-8 only)	520	1,570	2,620	5,900	9,170	13,100
2004 Grand Prix, V-6						
4d GT1 Sed	410	1,240	2,060	5,150	7,210	10,300
4d GT2 Sed	430	1,280	2,140	5,350	7,490	10,700
4d GTP Sed	460	1,370	2,280	5,700	7,980	11,400
NOTE: Add 5 percent for Comp G pkg on GTP.						
2004 GTO, V-8						
2d Cpe	580	1,750	2,920	7,300	10,220	14,600

OAKLAND

	6	5	4	3	2	1
1907 Model A, 4-cyl., 96" wb - 100" sb						
All Body Styles	1,400	4,200	7,000	15,750	24,500	35,000
1909 Model 20, 2-cyl., 112" wb						
All Body Styles	1,280	3,840	6,400	14,400	22,400	32,000
1909 Model 40, 4-cyl., 112" wb						
All Body Styles	1,200	3,600	6,000	13,500	21,000	30,000
1910-11 Model 24, 4-cyl., 96" wb						
Rds	960	2,880	4,800	10,800	16,800	24,000
1910-11 Model 25, 4-cyl., 100" wb						
Tr	880	2,640	4,400	9,900	15,400	22,000
1910-11 Model 33, 4-cyl., 106" wb						
Tr	1,040	3,120	5,200	11,700	18,200	26,000
NOTE: Model 33 - 1911 only						
1910-11 Model K, 4-cyl., 102" wb						
Tr	1,120	3,360	5,600	12,600	19,600	28,000
1910-11 Model M, 4-cyl., 112" wb						
Rds	1,160	3,480	5,800	13,050	20,300	29,000
1912 Model 30, 4-cyl., 106" wb						
5P Tr	680	2,040	3,400	7,650	11,900	17,000
Rbt	700	2,100	3,500	7,880	12,250	17,500
1912 Model 40, 4-cyl., 112" wb						
5P Tr	680	2,040	3,400	7,650	11,900	17,000
Cpe	520	1,560	2,600	5,850	9,100	13,000
Rds	720	2,160	3,600	8,100	12,600	18,000
1912 Model 45, 4-cyl., 120" wb						
7P Tr	920	2,760	4,600	10,350	16,100	23,000
4P Tr	960	2,880	4,800	10,800	16,800	24,000
Limo	880	2,640	4,400	9,900	15,400	22,000
1913 Greyhound 6-60, 6-cyl., 130" wb						
4P Tr	1,040	3,120	5,200	11,700	18,200	26,000
7P Tr	1,000	3,000	5,000	11,250	17,500	25,000
Rbt	840	2,520	4,200	9,450	14,700	21,000
1913 Model 42, 4-cyl., 116" wb						
5P Tr	800	2,400	4,000	9,000	14,000	20,000
3P Rds	760	2,280	3,800	8,550	13,300	19,000
4P Cpe	520	1,560	2,600	5,850	9,100	13,000
1913 Model 35, 4-cyl., 112" wb						
5P Tr	720	2,160	3,600	8,100	12,600	18,000
3P Rds	720	2,160	3,600	8,100	12,600	18,000
1913 Model 40, 4-cyl., 114" wb						
5P Tr	760	2,280	3,800	8,550	13,300	19,000
1913 Model 45, 4-cyl., 120" wb						
7P Limo	680	2,040	3,400	7,650	11,900	17,000

PONTIAC

	6	5	4	3	2	1
1914 Model 6-60, 6-cyl., 130" wb						
Rbt.	760	2,280	3,800	8,550	13,300	19,000
Rds	920	2,760	4,600	10,350	16,100	23,000
Cl Cpl	720	2,160	3,600	8,100	12,600	18,000
Tr.	1,000	3,000	5,000	11,250	17,500	25,000
1914 Model 6-48, 6-cyl., 130" wb						
Spt.	560	1,680	2,800	6,300	9,800	14,000
Rds	840	2,520	4,200	9,450	14,700	21,000
Tr.	880	2,640	4,400	9,900	15,400	22,000
1914 Model 43, 4-cyl., 116" wb						
5P Tr.	720	2,160	3,600	8,100	12,600	18,000
Cpe	480	1,440	2,400	5,400	8,400	12,000
Sed	460	1,380	2,300	5,180	8,050	11,500
1914 Model 36, 4-cyl., 112" wb						
5P Tr.	680	2,040	3,400	7,650	11,900	17,000
Cabr	660	1,980	3,300	7,430	11,550	16,500
1914 Model 35, 4-cyl., 112" wb						
Rds	640	1,920	3,200	7,200	11,200	16,000
5P Tr	660	1,980	3,300	7,430	11,550	16,500
1915-16 Model 37 - Model 38, 4-cyl., 112" wb						
Tr.	640	1,920	3,200	7,200	11,200	16,000
Rds	600	1,800	3,000	6,750	10,500	15,000
Spd	580	1,740	2,900	6,530	10,150	14,500
1915-16 Model 49 - Model 32, 6-cyl., 110"-123.5" wb						
Tr.	720	2,160	3,600	8,100	12,600	18,000
Rds	700	2,100	3,500	7,880	12,250	17,500
1915-16 Model 50, 8-cyl., 127" wb						
7P Tr.	840	2,520	4,200	9,450	14,700	21,000
NOTE: Model 37 and Model 49 are 1915 models.						
1917 Model 34, 6-cyl., 112" wb						
Rds	560	1,680	2,800	6,300	9,800	14,000
5P Tr.	540	1,620	2,700	6,080	9,450	13,500
Cpe	460	1,380	2,300	5,180	8,050	11,500
Sed	440	1,320	2,200	4,950	7,700	11,000
1917 Model 50, 8-cyl., 127" wb						
7P Tr.	840	2,520	4,200	9,450	14,700	21,000
1918 Model 34-B, 6-cyl., 112" wb						
5P Tr.	560	1,680	2,800	6,300	9,800	14,000
Rds	540	1,620	2,700	6,080	9,450	13,500
Rds Cpe	460	1,380	2,300	5,180	8,050	11,500
Tr Sed	440	1,320	2,200	4,950	7,700	11,000
4P Cpe	320	960	1,600	3,600	5,600	8,000
Sed	300	900	1,500	3,380	5,250	7,500
1919 Model 34-B, 6-cyl., 112" wb						
5P Tr.	560	1,680	2,800	6,300	9,800	14,000
Rds	540	1,620	2,700	6,080	9,450	13,500
Rds Cpe	460	1,380	2,300	5,180	8,050	11,500
Cpe	320	960	1,600	3,600	5,600	8,000
Sed	300	900	1,500	3,380	5,250	7,500
1920 Model 34-C, 6-cyl., 112" wb						
Tr.	560	1,680	2,800	6,300	9,800	14,000
Rds	540	1,620	2,700	6,080	9,450	13,500
Sed	360	1,080	1,800	4,050	6,300	9,000
Cpe	440	1,320	2,200	4,950	7,700	11,000
1921-22 Model 34-C, 6-cyl., 115" wb						
Tr.	600	1,800	3,000	6,750	10,500	15,000
Rds	580	1,740	2,900	6,530	10,150	14,500
Sed	360	1,080	1,800	4,050	6,300	9,000
Cpe	440	1,320	2,200	4,950	7,700	11,000
1923 Model 6-44, 6-cyl., 115" wb						
Rds	600	1,800	3,000	6,750	10,500	15,000
Tr.	620	1,860	3,100	6,980	10,850	15,500
Spt Rds	620	1,860	3,100	6,980	10,850	15,500
Spt Tr	640	1,920	3,200	7,200	11,200	16,000
2P Cpe	320	960	1,600	3,600	5,600	8,000
4P Cpe	320	950	1,580	3,560	5,530	7,900
Sed	300	900	1,500	3,380	5,250	7,500
1924-25 Model 6-54, 6-cyl., 113" wb						
5P Tr.	680	2,040	3,400	7,650	11,900	17,000
Spl Tr.	700	2,100	3,500	7,880	12,250	17,500
Rds	660	1,980	3,300	7,430	11,550	16,500
Spl Rds	680	2,040	3,400	7,650	11,900	17,000
4P Cpe	460	1,380	2,300	5,180	8,050	11,500
Lan Cpe.	460	1,380	2,300	5,180	8,050	11,500
Sed	340	1,020	1,700	3,830	5,950	8,500
Lan Sed.	360	1,080	1,800	4,050	6,300	9,000

		6	5	4	3	2	1
2d Sed	320	960	1,600	3,600	5,600	8,000
2d Lan Sed	340	1,020	1,700	3,830	5,950	8,500
1926-27 Greater Six, 6-cyl., 113" wb						
Tr	700	2,100	3,500	7,880	12,250	17,500
Spt Phae	720	2,160	3,600	8,100	12,600	18,000
Rds	680	2,040	3,400	7,650	11,900	17,000
Spt Rds	700	2,100	3,500	7,880	12,250	17,500
Lan Cpe	500	1,500	2,500	5,630	8,750	12,500
2d Sed	440	1,320	2,200	4,950	7,700	11,000
Sed	360	1,080	1,800	4,050	6,300	9,000
Lan Sed	440	1,320	2,200	4,950	7,700	11,000
1928 Model 212, All-American, 6-cyl, 117" wb						
Spt Rds	740	2,220	3,700	8,330	12,950	18,500
Phae	760	2,280	3,800	8,550	13,300	19,000
Lan Cpe	520	1,560	2,600	5,850	9,100	13,000
Cabr	680	2,040	3,400	7,650	11,900	17,000
2d Sed	480	1,440	2,400	5,400	8,400	12,000
Sed	460	1,380	2,300	5,180	8,050	11,500
Lan Sed	480	1,440	2,400	5,400	8,400	12,000
1929 Model 212, All-American, 6-cyl., 117" wb						
Spt Rds	1,040	3,120	5,200	11,700	18,200	26,000
Spt Phae	1,080	3,240	5,400	12,150	18,900	27,000
Cpe	520	1,560	2,600	5,850	9,100	13,000
Conv	960	2,880	4,800	10,800	16,800	24,000
2d Sed	480	1,440	2,400	5,400	8,400	12,000
Brgm	520	1,560	2,600	5,850	9,100	13,000
Sed	460	1,380	2,300	5,180	8,050	11,500
Spl Sed	480	1,440	2,400	5,400	8,400	12,000
Lan Sed	500	1,500	2,500	5,630	8,750	12,500
1930 Model 101, V-8, 117" wb						
Spt Rds	1,040	3,120	5,200	11,700	18,200	26,000
Phae	1,080	3,240	5,400	12,150	18,900	27,000
Cpe	640	1,920	3,200	7,200	11,200	16,000
Spt Cpe	680	2,040	3,400	7,650	11,900	17,000
2d Sed	520	1,560	2,600	5,850	9,100	13,000
Sed	500	1,500	2,500	5,630	8,750	12,500
Cus Sed	510	1,540	2,560	5,760	8,960	12,800
1931 Model 301, V-8, 117" wb						
Cpe	680	2,040	3,400	7,650	11,900	17,000
Spt Cpe	720	2,160	3,600	8,100	12,600	18,000
Conv	1,080	3,240	5,400	12,150	18,900	27,000
2d Sed	500	1,500	2,500	5,630	8,750	12,500
Sed	510	1,540	2,560	5,760	8,960	12,800
Cus Sed	520	1,560	2,600	5,850	9,100	13,000

REO

		6	5	4	3	2	1
1905 2-cyl., 16 hp, 88" wb						
5P Detachable Tonn	1,800	5,400	9,000	20,250	31,500	45,000
1905 1-cyl., 7-1/2" hp, 76" wb						
Rbt	1,760	5,280	8,800	19,800	30,800	44,000
1906 1-cyl., 8 hp, 76" wb						
2P Bus Rbt	1,760	5,280	8,800	19,800	30,800	44,000
1906 1-cyl., 8 hp, 78" wb						
4P Rbt	1,800	5,400	9,000	20,250	31,500	45,000
1906 2-cyl., 16 hp, 90" wb						
2P Physician's Vehicle	1,840	5,520	9,200	20,700	32,200	46,000
4P Cpe/Depot Wag	1,880	5,640	9,400	21,150	32,900	47,000
5P Tr	1,800	5,400	9,000	20,250	31,500	45,000
1906 Four - 24 hp, 100" wb						
5P Tr	1,840	5,520	9,200	20,700	32,200	46,000
1907 2-cyl., 16/20 hp, 94" wb						
5P Tr	1,840	5,520	9,200	20,700	32,200	46,000
7P Limo	1,880	5,640	9,400	21,150	32,900	47,000
1907 1-cyl., 8 hp, 78" wb						
2/4P Rbt	1,840	5,520	9,200	20,700	32,200	46,000
2P Rbt	1,800	5,400	9,000	20,250	31,500	45,000
1908 1-cyl., 8/10 hp, 78" wb						
Rbt	1,800	5,400	9,000	20,250	31,500	45,000
1908 2-cyl., 18/20 hp, 94" wb						
Tr	1,840	5,520	9,200	20,700	32,200	46,000
Rds	1,800	5,400	9,000	20,250	31,500	45,000
1909 1-cyl., 10/12 hp, 78" wb						
Rbt	1,280	3,840	6,400	14,400	22,400	32,000
1909 2-cyl., 20/22, 96" wb						
Tr	1,360	4,080	6,800	15,300	23,800	34,000
Semi-Racer	1,320	3,960	6,600	14,850	23,100	33,000

	6	5	4	3	2	1
1910 1-cyl., 10/12 hp, 78" wb						
Rbt.	1,280	3,840	6,400	14,400	22,400	32,000
1910 2-cyl., 20 hp, 96" wb						
Tr.	1,320	3,960	6,600	14,850	23,100	33,000
1910 Four, 35 hp, 108" wb						
5P Tr.	1,360	4,080	6,800	15,300	23,800	34,000
4P Demi-Tonn.	1,360	4,080	6,800	15,300	23,800	34,000
1911 Twenty-Five, 4-cyl., 22.5 hp, 98" wb						
Rbt.	1,360	4,080	6,800	15,300	23,800	34,000
1911 Thirty, 4-cyl., 30 hp, 108" wb						
2P Torp Rds	1,440	4,320	7,200	16,200	25,200	36,000
5P Tr	1,440	4,320	7,200	16,200	25,200	36,000
4P Rds	1,400	4,200	7,000	15,750	24,500	35,000
1911 Thirty-Five, 4-cyl., 35 hp, 108" wb						
5P Tr	1,520	4,560	7,600	17,100	26,600	38,000
4P Demi-Tonn.	1,480	4,440	7,400	16,650	25,900	37,000
1912 The Fifth, 4-cyl., 30/35 hp, 112" wb						
5P Tr	1,440	4,320	7,200	16,200	25,200	36,000
4P Rds	1,400	4,200	7,000	15,750	24,500	35,000
2P Rbt.	1,400	4,200	7,000	15,750	24,500	35,000
1913 The Fifth, 4-cyl., 30/35 hp, 112" wb						
5P Tr	1,400	4,200	7,000	15,750	24,500	35,000
2P Rbt.	1,360	4,080	6,800	15,300	23,800	34,000
1914 The Fifth, 4-cyl., 30/35 hp, 112" wb						
5P Tr.	1,400	4,200	7,000	15,750	24,500	35,000
2P Rbt.	1,360	4,080	6,800	15,300	23,800	34,000
1915 The Fifth, 4-cyl., 30/35 hp, 115" wb						
5P Tr.	1,400	4,200	7,000	15,750	24,500	35,000
2P Rds	1,280	3,840	6,400	14,400	22,400	32,000
3P Cpe	1,120	3,360	5,600	12,600	19,600	28,000
1916 The Fifth, 4-cyl., 30/35 hp, 115" wb						
5P Tr.	1,200	3,600	6,000	13,500	21,000	30,000
3P Rbt.	1,160	3,480	5,800	13,050	20,300	29,000
1916 Model M, 6-cyl., 45 hp, 126" wb						
7P Tr.	1,560	4,680	7,800	17,550	27,300	39,000
1917 The Fifth, 4-cyl., 30/35 hp, 115" wb						
5P Tr.	1,200	3,600	6,000	13,500	21,000	30,000
3P Rds	1,160	3,480	5,800	13,050	20,300	29,000
1917 Model M, 6-cyl., 45 hp, 126" wb						
7P Tr.	1,560	4,680	7,800	17,550	27,300	39,000
4P Rds	1,480	4,440	7,400	16,650	25,900	37,000
7P Sed	1,040	3,120	5,200	11,700	18,200	26,000
1918 The Fifth, 4-cyl., 30/35 hp, 120" wb						
5P Tr.	1,200	3,600	6,000	13,500	21,000	30,000
3P Rds	1,160	3,480	5,800	13,050	20,300	29,000
1918 Model M, 6-cyl., 45 hp, 126" wb						
7P Tr.	1,480	4,440	7,400	16,650	25,900	37,000
4P Rds	1,440	4,320	7,200	16,200	25,200	36,000
4P Encl Rds	1,400	4,200	7,000	15,750	24,500	35,000
7P Sed	960	2,880	4,800	10,800	16,800	24,000
1919 The Fifth, 4-cyl., 30/35 hp, 120" wb						
5P Tr.	1,000	3,000	5,000	11,250	17,500	25,000
3P Rds	960	2,880	4,800	10,800	16,800	24,000
4P Cpe	720	2,160	3,600	8,100	12,600	18,000
5P Sed	680	2,040	3,400	7,650	11,900	17,000
1920 Model T-6, 6-cyl., 50 hp, 120" wb						
5P Tr.	1,400	4,200	7,000	15,750	24,500	35,000
3P Rds	1,360	4,080	6,800	15,300	23,800	34,000
4P Cpe	800	2,400	4,000	9,000	14,000	20,000
5P Sed	760	2,280	3,800	8,550	13,300	19,000
1921 Model T-6, 6-cyl., 50 hp, 120" wb						
5P Tr.	1,400	4,200	7,000	15,750	24,500	35,000
3P Rds	1,360	4,080	6,800	15,300	23,800	34,000
4P Cpe	800	2,400	4,000	9,000	14,000	20,000
5P Sed	760	2,280	3,800	8,550	13,300	19,000
1922 Model T-6, 6-cyl., 50 hp, 120" wb						
7P Tr.	1,400	4,200	7,000	15,750	24,500	35,000
3P Rds	1,360	4,080	6,800	15,300	23,800	34,000
3P Bus Cpe.	800	2,400	4,000	9,000	14,000	20,000
4P Cpe	760	2,280	3,800	8,550	13,300	19,000
5P Sed	720	2,160	3,600	8,100	12,600	18,000
1923 Model T-6, 6-cyl., 50 hp, 120" wb						
7P Tr.	1,400	4,200	7,000	15,750	24,500	35,000
5P Phae	1,440	4,320	7,200	16,200	25,200	36,000
4P Cpe	760	2,280	3,800	8,550	13,300	19,000
5P Sed	720	2,160	3,600	8,100	12,600	18,000

	6	5	4	3	2	1
1924 Model T-6, 6-cyl., 50 hp, 120" wb						
5P Tr	1,400	4,200	7,000	15,750	24,500	35,000
5P Phae	1,440	4,320	7,200	16,200	25,200	36,000
4P Cpe	760	2,280	3,800	8,550	13,300	19,000
5P Sed	720	2,160	3,600	8,100	12,600	18,000
5P Brgm	740	2,220	3,700	8,330	12,950	18,500
1925 Model T-6, 6-cyl., 50 hp, 120" wb						
5P Tr	1,400	4,200	7,000	15,750	24,500	35,000
5P Sed	720	2,160	3,600	8,100	12,600	18,000
4P Cpe	740	2,220	3,700	8,330	12,950	18,500
5P Brgm	720	2,160	3,600	8,100	12,600	18,000
1926 Model T-6, 6-cyl., 50 hp, 120" wb						
4P Rds	1,000	3,000	5,000	11,250	17,500	25,000
2P Cpe	720	2,160	3,600	8,100	12,600	18,000
5P Sed	680	2,040	3,400	7,650	11,900	17,000
5P Tr	1,300	3,900	6,500	14,630	22,750	32,500
1927 Flying Cloud, 6-cyl., 65 hp, 121" wb						
4P Spt Rds	1,120	3,360	5,600	12,600	19,600	28,000
4P Cpe	680	2,040	3,400	7,650	11,900	17,000
4P DeL Cpe	720	2,160	3,600	8,100	12,600	18,000
2d 5P Brgm	680	2,040	3,400	7,650	11,900	17,000
5P DeL Sed	640	1,920	3,200	7,200	11,200	16,000
1928 Flying Cloud, 6-cyl., 65 hp, 121" wb						
4P Spt Rds	1,080	3,240	5,400	12,150	18,900	27,000
4P Cpe	640	1,920	3,200	7,200	11,200	16,000
4P DeL Cpe	680	2,040	3,400	7,650	11,900	17,000
2d 5P Brgm	640	1,920	3,200	7,200	11,200	16,000
5P DeL Sed	600	1,800	3,000	6,750	10,500	15,000
1929 Flying Cloud Mate, 6-cyl., 65 hp, 115" wb						
5P Sed	600	1,800	3,000	6,750	10,500	15,000
4P Cpe	720	2,160	3,600	8,100	12,600	18,000
1929 Flying Cloud Master, 6-cyl., 80 hp, 121" wb						
4P Rds	1,240	3,720	6,200	13,950	21,700	31,000
4P Cpe	720	2,160	3,600	8,100	12,600	18,000
5P Brgm	640	1,920	3,200	7,200	11,200	16,000
5P Sed	600	1,800	3,000	6,750	10,500	15,000
4P Vic	640	1,920	3,200	7,200	11,200	16,000
1930 Flying Cloud, Model 15, 6-cyl., 60 hp, 115" wb						
5P Sed	560	1,680	2,800	6,300	9,800	14,000
2P Cpe	680	2,040	3,400	7,650	11,900	17,000
4P Cpe	720	2,160	3,600	8,100	12,600	18,000
1930 Flying Cloud, Model 20, 6-cyl., 80 hp, 120" wb						
5P Sed	600	1,800	3,000	6,750	10,500	15,000
2P Cpe	720	2,160	3,600	8,100	12,600	18,000
4P Cpe	760	2,280	3,800	8,550	13,300	19,000
1930 Flying Cloud, Model 25, 6-cyl., 80 hp, 124" wb						
7P Sed	680	2,040	3,400	7,650	11,900	17,000
1931 Flying Cloud, Model 15, 6-cyl., 60 hp, 116" wb						
5P Phae	1,360	4,080	6,800	15,300	23,800	34,000
5P Sed	640	1,920	3,200	7,200	11,200	16,000
2P Cpe	760	2,280	3,800	8,550	13,300	19,000
4P Cpe	800	2,400	4,000	9,000	14,000	20,000
1931 Flying Cloud, Model 20, 6-cyl., 85 hp, 120" wb						
5P Sed	680	2,040	3,400	7,650	11,900	17,000
Spt Cpe	760	2,280	3,800	8,550	13,300	19,000
Spt Sed	720	2,160	3,600	8,100	12,600	18,000
4P Cpe	760	2,280	3,800	8,550	13,300	19,000
1931 Flying Cloud, Model 25, 6-cyl., 85 hp, 125" wb						
Sed	680	2,040	3,400	7,650	11,900	17,000
Vic	720	2,160	3,600	8,100	12,600	18,000
4P Cpe	780	2,340	3,900	8,780	13,650	19,500
Spt Sed	740	2,220	3,700	8,330	12,950	18,500
Spt Vic	760	2,280	3,800	8,550	13,300	19,000
Spt Cpe	800	2,400	4,000	9,000	14,000	20,000
1931 Flying Cloud, Model 30, 8-cyl., 125 hp, 130" wb						
Sed	840	2,520	4,200	9,450	14,700	21,000
Vic	920	2,760	4,600	10,350	16,100	23,000
4P Cpe	920	2,760	4,600	10,350	16,100	23,000
Spt Sed	880	2,640	4,400	9,900	15,400	22,000
Spt Vic	960	2,880	4,800	10,800	16,800	24,000
Spt Cpe	960	2,880	4,800	10,800	16,800	24,000
1931 Royale, Model 35, 8-cyl., 125 hp, 135" wb						
Sed	1,440	4,320	7,200	16,200	25,200	36,000
Vic	1,480	4,440	7,400	16,650	25,900	37,000
4P Cpe	1,600	4,800	8,000	18,000	28,000	40,000

	6	5	4	3	2	1
1932 Flying Cloud, Model 6-21, 6-cyl., 85 hp, 121" wb						
Sed	920	2,760	4,600	10,350	16,100	23,000
Spt Sed	960	2,880	4,800	10,800	16,800	24,000
1932 Flying Cloud, Model 8-21, 8-cyl., 90 hp, 121" wb						
Sed	960	2,880	4,800	10,800	16,800	24,000
Spt Sed	1,000	3,000	5,000	11,250	17,500	25,000
1932 Flying Cloud, Model 6-25						
Vic	1,120	3,360	5,600	12,600	19,600	28,000
Sed	1,040	3,120	5,200	11,700	18,200	26,000
Cpe	1,080	3,240	5,400	12,150	18,900	27,000
1932 Flying Cloud, Model 8-25, 8-cyl., 90 hp, 125" wb						
Sed	1,000	3,000	5,000	11,250	17,500	25,000
Vic	1,080	3,240	5,400	12,150	18,900	27,000
Cpe	1,080	3,240	5,400	12,150	18,900	27,000
Spt Sed	1,040	3,120	5,200	11,700	18,200	26,000
Spt Vic	1,120	3,360	5,600	12,600	19,600	28,000
Spt Cpe	1,120	3,360	5,600	12,600	19,600	28,000
1932 Royale, Model 8-31, 8-cyl., 125 hp, 131" wb						
Sed	1,600	4,800	8,000	18,000	28,000	40,000
Vic	1,680	5,040	8,400	18,900	29,400	42,000
Cpe	1,680	5,040	8,400	18,900	29,400	42,000
Spt Sed	1,640	4,920	8,200	18,450	28,700	41,000
Spt Vic	1,720	5,160	8,600	19,350	30,100	43,000
Spt Cpe	1,720	5,160	8,600	19,350	30,100	43,000
1932 Royale, Model 8-35, 8-cyl., 125 hp, 135" wb						
Sed	1,640	4,920	8,200	18,450	28,700	41,000
Vic	1,680	5,040	8,400	18,900	29,400	42,000
Cpe	1,720	5,160	8,600	19,350	30,100	43,000
Conv Cpe	6,000	18,000	30,000	67,500	105,000	150,000
1932 Flying Cloud, Model S						
Std Cpe	840	2,520	4,200	9,450	14,700	21,000
Std Conv Cpe	1,440	4,320	7,200	16,200	25,200	36,000
Std Sed	720	2,160	3,600	8,100	12,600	18,000
Spt Cpe	880	2,640	4,400	9,900	15,400	22,000
Spt Conv Cpe	1,480	4,440	7,400	16,650	25,900	37,000
Spt Sed	760	2,280	3,800	8,550	13,300	19,000
DeL Cpe	880	2,640	4,400	9,900	15,400	22,000
DeL Conv Cpe	1,520	4,560	7,600	17,100	26,600	38,000
DeL Sed	800	2,400	4,000	9,000	14,000	20,000
NOTE: Model 8-31 had been introduced April 1931, Model 8-21 May 1931.						
1933 Flying Cloud, 6-cyl., 85 hp, 117-1/2" wb						
5P Sed	920	2,760	4,600	10,350	16,100	23,000
4P Cpe	1,040	3,120	5,200	11,700	18,200	26,000
Vic	1,000	3,000	5,000	11,250	17,500	25,000
1933 Royale, 8-cyl., 125 hp, 131" wb						
5P Sed	1,440	4,320	7,200	16,200	25,200	36,000
5P Vic	1,560	4,680	7,800	17,550	27,300	39,000
4P Cpe	1,520	4,560	7,600	17,100	26,600	38,000
Conv Cpe	2,400	7,200	12,000	27,000	42,000	60,000
1934 Flying Cloud, 6-cyl., 95 hp, 118" wb						
Cpe	960	2,880	4,800	10,800	16,800	24,000
5P Sed	920	2,760	4,600	10,350	16,100	23,000
Cpe	1,000	3,000	5,000	11,250	17,500	25,000
5P Sed	960	2,880	4,800	10,800	16,800	24,000
Elite Sed	1,000	3,000	5,000	11,250	17,500	25,000
Elite Cpe	1,040	3,120	5,200	11,700	18,200	26,000
1934 Royale, 8-cyl., 95 hp, 131" wb						
5P Sed	1,480	4,440	7,400	16,650	25,900	37,000
Vic	1,560	4,680	7,800	17,550	27,300	39,000
Elite Sed	1,720	5,160	8,600	19,350	30,100	43,000
Elite Vic	1,800	5,400	9,000	20,250	31,500	45,000
Elite Cpe	1,840	5,520	9,200	20,700	32,200	46,000
1934 Royale, 8-cyl., 95 hp, 135" wb						
Cus Sed	1,600	4,800	8,000	18,000	28,000	40,000
Cus Vic	1,680	5,040	8,400	18,900	29,400	42,000
Cus Cpe	1,720	5,160	8,600	19,350	30,100	43,000
1935 Flying Cloud, 6-cyl., 85 hp, 115" wb						
Cpe	920	2,760	4,600	10,350	16,100	23,000
Sed	800	2,400	4,000	9,000	14,000	20,000
1935 Flying Cloud, 6-cyl., 85 hp, 118" wb						
Sed	840	2,520	4,200	9,450	14,700	21,000
Conv Cpe	1,480	4,440	7,400	16,650	25,900	37,000
2P Cpe	960	2,880	4,800	10,800	16,800	24,000
4P Cpe	1,000	3,000	5,000	11,250	17,500	25,000
1936 Flying Cloud, 6-cyl., 85 hp, 115" wb						
Coach	840	2,520	4,200	9,450	14,700	21,000

	6	5	4	3	2	1
Sed.	880	2,640	4,400	9,900	15,400	22,000
DeL Brgm.	960	2,880	4,800	10,800	16,800	24,000
DeL Sed.	920	2,760	4,600	10,350	16,100	23,000

SATURN

	6	5	4	3	2	1
1991 4-cyl.						
SL 2d Cpe	240	720	1,200	2,700	4,200	6,000
SL 4d Sed	160	480	800	1,800	2,800	4,000
SL1 4d Sed	180	540	900	2,030	3,150	4,500
SL2 4d Trg Sed	220	660	1,100	2,480	3,850	5,500
1992 4-cyl.						
SL 4d Sed	180	540	900	2,030	3,150	4,500
SL1 4d Sed	220	660	1,100	2,480	3,850	5,500
SL2 4d Sed	260	780	1,300	2,930	4,550	6,500
SC 2d Cpe	280	840	1,400	3,150	4,900	7,000
1993 4-cyl.						
SC1 2d Cpe	290	860	1,440	3,240	5,040	7,200
SC2 2d Cpe	290	880	1,460	3,290	5,110	7,300
SL 4d Sed	280	850	1,420	3,200	4,970	7,100
SL1 4d Sed	290	860	1,440	3,240	5,040	7,200
SL2 4d Sed	290	880	1,460	3,290	5,110	7,300
SW1 4d Sta Wag	300	890	1,480	3,330	5,180	7,400
SW2 4d Sta Wag	300	900	1,500	3,380	5,250	7,500
1994 4-cyl.						
SC1 2d Cpe	250	740	1,240	2,790	4,340	6,200
SC2 2d Cpe	270	800	1,340	3,020	4,690	6,700
4d Sed	200	600	1,000	2,250	3,500	5,000
SL1 4d Sed	220	660	1,100	2,480	3,850	5,500
SL2 4d Sed	260	780	1,300	2,930	4,550	6,500
SW1 4d Sta Wag	280	840	1,400	3,150	4,900	7,000
SW2 4d Sta Wag	280	840	1,400	3,150	4,900	7,000
1995 4-cyl.						
4d SL Sed	200	600	1,000	2,250	3,500	5,000
4d SL1 Sed	220	660	1,100	2,480	3,850	5,500
4d SL2 Sed	260	780	1,300	2,930	4,550	6,500
2d SC1 Cpe	250	740	1,240	2,790	4,340	6,200
2d SC2 Cpe	270	800	1,340	3,020	4,690	6,700
4d SW1 Sta Wag	280	840	1,400	3,150	4,900	7,000
4d SW2 Sta Wag	320	960	1,600	3,600	5,600	8,000
1996 4-cyl.						
4d SL Sed	200	600	1,000	2,250	3,500	5,000
4d SL1 Sed	220	660	1,100	2,480	3,850	5,500
4d SL2 Sed	260	780	1,300	2,930	4,550	6,500
2d SC1 Cpe	250	740	1,240	2,790	4,340	6,200
2d SC2 Cpe	270	800	1,340	3,020	4,690	6,700
4d SW1 Sta Wag	280	840	1,400	3,150	4,900	7,000
4d SW2 Sta Wag	320	960	1,600	3,600	5,600	8,000
1997 4-cyl.						
4d SL Sed	200	600	1,000	2,250	3,500	5,000
4d SL1 Sed	220	660	1,100	2,480	3,850	5,500
4d SL2 Sed	260	780	1,300	2,930	4,550	6,500
2d SC1 Cpe	250	740	1,240	2,790	4,340	6,200
2d SC2 Cpe	270	800	1,340	3,020	4,690	6,700
4d SW1 Sta Wag	280	840	1,400	3,150	4,900	7,000
4d SW2 Sta Wag	320	960	1,600	3,600	5,600	8,000
1998 4-cyl.						
4d SL Sed	200	600	1,000	2,250	3,500	5,000
4d SL1 Sed	220	660	1,100	2,480	3,850	5,500
4d SL2 Sed	260	780	1,300	2,930	4,550	6,500
2d SC1 Cpe	250	740	1,240	2,790	4,340	6,200
2d SC2 Cpe	270	800	1,340	3,020	4,690	6,700
4d SW1 Sta Wag	280	840	1,400	3,150	4,900	7,000
4d SW2 Sta Wag	320	960	1,600	3,600	5,600	8,000
1999 4-cyl.						
4d SL Sed	200	600	1,000	2,250	3,500	5,000
4d SL1 Sed	220	660	1,100	2,480	3,850	5,500
4d SL2 Sed	260	780	1,300	2,930	4,550	6,500
3d SC1 Cpe	250	760	1,260	2,840	4,410	6,300
3d SC2 Cpe	270	820	1,360	3,060	4,760	6,800
4d SW1 Sta Wag	280	840	1,400	3,150	4,900	7,000
4d SW2 Sta Wag	320	960	1,600	3,600	5,600	8,000
NOTE: Add 5 percent for Homecoming Commemorative Ed.						
2000 S Series, 4-cyl.						
4d SL Sed	200	600	1,000	2,250	3,500	5,000
4d SL1 Sed	220	660	1,100	2,480	3,850	5,500

	6	5	4	3	2	1
4d SL2 Sed	260	780	1,300	2,930	4,550	6,500
3d SC1 Cpe	250	760	1,260	2,840	4,410	6,300
3d SC2 Cpe	270	820	1,360	3,060	4,760	6,800
4d SW2 Sta Wag	320	960	1,600	3,600	5,600	8,000
2000 L Series, 4-cyl.						
4d LS Sed	220	660	1,100	2,480	3,850	5,500
4d LS1 Sed	240	720	1,200	2,700	4,200	6,000
4d LS2 Sed (V-6 only)	280	840	1,400	3,150	4,900	7,000
4d LW1 Sta Wag	280	830	1,380	3,110	4,830	6,900
4d LW2 Sta Wag (V-6 only)	340	1,020	1,700	3,830	5,950	8,500
2001 S, 4-cyl.						
4d SL Sed	200	600	1,000	2,250	3,500	5,000
4d SL1 Sed	220	660	1,100	2,480	3,850	5,500
4d SL2 Sed	260	780	1,300	2,930	4,550	6,500
3d SC1 Cpe	250	760	1,260	2,840	4,410	6,300
3d SC2 Cpe	270	820	1,360	3,060	4,760	6,800
4d SW2 Sta Wag	320	960	1,600	3,600	5,600	8,000
2001 L, 4-cyl. & V-6						
4d L100 Sed (4-cyl. only)	240	720	1,200	2,700	4,200	6,000
4d L200 Sed (4-cyl. only)	280	840	1,400	3,150	4,900	7,000
4d L300 Sed (V-6 only)	280	850	1,420	3,200	4,970	7,100
4d LW200 Sta Wag (4-cyl. only)	280	830	1,380	3,110	4,830	6,900
4d LW300 Sta Wag (V-6 only)	290	860	1,440	3,240	5,040	7,200
2002 S, 4-cyl.						
4d SL Sed	200	600	1,000	2,250	3,500	5,000
4d SL1 Sed	220	660	1,100	2,400	3,850	5,500
4d SL2 Sed	260	780	1,300	2,930	4,550	6,500
3d SC1 Cpe	250	760	1,260	2,840	4,410	6,300
3d SC2 Cpe	270	820	1,360	3,060	4,760	6,800
2002 L, 4-cyl.						
4d L100 Sed	240	720	1,200	2,700	4,200	6,000
4d L200 Sed	280	810	1,400	3,150	4,900	7,000
4d LW200 Sta Wag	280	830	1,380	3,110	4,830	6,900
2002 L, V-6						
4d L300 Sed	280	850	1,420	3,200	4,970	7,100
4d LW300 Sta Wag	290	860	1,440	3,240	5,040	7,200
2003 Ion, 4-cyl.						
4d Ion 2 Quad Cpe	270	820	1,360	3,400	4,760	6,800
4d Ion 3 Quad Cpe	300	910	1,520	3,800	5,320	7,600
4d Ion 1 Sed	220	670	1,120	2,800	3,920	5,600
4d Ion 2 Sed	250	760	1,260	3,150	4,410	6,300
4d Ion 3 Sed	280	830	1,380	3,110	4,830	6,900
2003 L, 4-cyl.						
4d L200 Sed	280	840	1,400	3,500	4,900	7,000
4d LW200 Sta Wag	280	830	1,380	3,450	4,830	6,900
2003 L, V-6						
4d L300 Sed	280	850	1,420	3,550	4,970	7,100
4d LW300 Sta Wag	290	860	1,440	3,600	5,040	7,200
2004 Ion, 4-cyl.						
4d Ion 2 Quad Cpe	270	820	1,360	3,060	4,760	6,800
4d Ion 3 Quad Cpe	300	910	1,520	3,420	5,320	7,600
4d Red Line Quad Cpe	350	1,060	1,760	4,400	6,160	8,800
4d Ion 1 Sed	220	670	1,120	2,800	3,920	5,600
4d Ion 2 Sed	250	760	1,260	3,150	4,410	6,300
4d Ion 3 Sed	280	830	1,380	3,450	4,830	6,900

NOTE: Deduct 5 percent for manual transmission, except Red Line.

	6	5	4	3	2	1
2004 L, 4-cyl.						
4d L300-1 Sed	290	860	1,440	3,240	5,040	7,200
4d L300-1 Sta Wag	280	850	1,420	3,200	4,970	7,100
2004 L, V-6						
4d L300-2 Sed	300	890	1,480	3,700	5,180	7,400
4d L300-3 Sed	310	920	1,540	3,850	5,390	7,700
4d L300-2 Sta Wag	290	880	1,460	3,290	5,110	7,300
4d L300-3 Sta Wag	300	910	1,520	3,800	5,320	7,600

STUDEBAKER

	6	5	4	3	2	1
1903 Model A, 8 hp						
Tonn Tr		value not estimable				
1904 Model A						
Tonn Tr	1,480	4,440	7,400	16,650	25,900	37,000
1904 Model B						
Dely Wagon	1,440	4,320	7,200	16,200	25,200	36,000
1904 Model C						
Tonn Tr	1,520	4,560	7,600	17,100	26,600	38,000

	6	5	4	3	2	1
1905 Model 9502, 2-cyl.						
Rear Ent Tr.	1,560	4,680	7,800	17,550	27,300	39,000
Side Ent Tr.	1,600	4,800	8,000	18,000	28,000	40,000
1905 Model 9503, 4-cyl.						
Side Ent Tr.	1,680	5,040	8,400	18,900	29,400	42,000
1906 Model E, 20 N.A.C.C.H.P.						
Side Ent Tr.	1,520	4,560	7,600	17,100	26,600	38,000
Twn Car	1,480	4,440	7,400	16,650	25,900	37,000
1906 Model F, 28 N.A.C.C.H.P.						
Side Ent Tr.	1,600	4,800	8,000	18,000	28,000	40,000
1906 Model G, 30 N.A.C.C.H.P.						
Side Ent Tr.	1,720	5,160	8,600	19,350	30,100	43,000
1907 Model L, 4-cyl., 28 hp, 104" wb						
5P Rear Ent Tr.	1,720	5,160	8,600	19,350	30,100	43,000
1907 Model G, 4-cyl., 30 hp, 104" wb						
5P Rear Ent Tr.	1,760	5,280	8,800	19,800	30,800	44,000
1907 Model H, 4-cyl., 30 hp, 104" wb						
5P Rear Ent Tr.	1,760	5,280	8,800	19,800	30,800	44,000
1908 Model H, 4-cyl., 30 hp, 104" wb						
5P Rear Ent Tr.	1,760	5,280	8,800	19,800	30,800	44,000
1908 Model A, 4-cyl., 30 hp, 104" wb						
5P Tr	1,760	5,280	8,800	19,800	30,800	44,000
5P Twn Car	1,720	5,160	8,600	19,350	30,100	43,000
2P Rbt	1,680	5,040	8,400	18,900	29,400	42,000
5P Lan'let	1,760	5,280	8,800	19,800	30,800	44,000
1908 Model B, 4-cyl., 40 hp, 114" wb						
5P Tr	1,840	5,520	9,200	20,700	32,200	46,000
2P Rbt	1,760	5,280	8,800	19,800	30,800	44,000
7P Limo	1,800	5,400	9,000	20,250	31,500	45,000
5P Lan'let	1,840	5,520	9,200	20,700	32,200	46,000
4P Trabt	1,880	5,640	9,400	21,150	32,900	47,000
3P Speed Car	1,800	5,400	9,000	20,250	31,500	45,000
1909 Model A, 4-cyl., 30 hp, 104" wb						
5P Tr	1,760	5,280	8,800	19,800	30,800	44,000
5P Twn Car	1,720	5,160	8,600	19,350	30,100	43,000
Rbt	1,680	5,040	8,400	18,900	29,400	42,000
5P Lan'let	1,760	5,280	8,800	19,800	30,800	44,000
1909 Model B, 4-cyl., 40 hp, 114" wb						
5P Tr	1,840	5,520	9,200	20,700	32,200	46,000
7P Limo	1,800	5,400	9,000	20,250	31,500	45,000
5P Lan'let	1,840	5,520	9,200	20,700	32,200	46,000
1909 Model C, 4-cyl., 30 hp, 104" wb						
5P Tr	1,760	5,280	8,800	19,800	30,800	44,000
1909 Model D, 4-cyl., 40 hp, 117.5" wb						
5P Tr	1,880	5,640	9,400	21,150	32,900	47,000
1910 Model H, 4-cyl., 30 hp, 104" wb						
5P Tr	1,760	5,280	8,800	19,800	30,800	44,000
1910 Model M, 4-cyl., 28 hp, 104" wb						
5P Tr	1,720	5,160	8,600	19,350	30,100	43,000
1910 Model G-7, 4-cyl., 40 hp, 117.5" wb						
4/5P Tr	1,840	5,520	9,200	20,700	32,200	46,000
7P Tr	1,880	5,640	9,400	21,150	32,900	47,000
Limo (123" wb)	1,760	5,280	8,800	19,800	30,800	44,000
1911 Model G-8, 4-cyl., 40 hp, 117.5" wb						
4d 7P Limo	1,800	5,400	9,000	20,250	31,500	45,000
4d 5P Lan'let	1,840	5,520	9,200	20,700	32,200	46,000
4d 4/6/7P Tr	1,920	5,760	9,600	21,600	33,600	48,000
2d 2P Rds	1,720	5,160	8,600	19,350	30,100	43,000
1911 Model G-10, 4-cyl., 30 hp, 116" wb						
4d 5P Tr	1,840	5,520	9,200	20,700	32,200	46,000
NOTE: Studebaker-Garford association was discontinued after 1911 model year.						
1913 Model SA-25, 4-cyl., 101" wb						
2d Rds	1,240	3,720	6,200	13,950	21,700	31,000
4d Tr	1,280	3,840	6,400	14,400	22,400	32,000
1913 Model AA-35, 4-cyl., 115.5" wb						
4d Tr	1,440	4,320	7,200	16,200	25,200	36,000
2d Cpe	1,080	3,240	5,400	12,150	18,900	27,000
4d Sed	1,040	3,120	5,200	11,700	18,200	26,000
1913 Model E, 6-cyl., 121" wb						
4d Tr	1,480	4,440	7,400	16,650	25,900	37,000
4d Limo	1,160	3,480	5,800	13,050	20,300	29,000
1914 Series 14, Model 1 SC, 4-cyl., 108.3" wb						
4d Tr	1,160	3,480	5,800	13,050	20,300	29,000
2d Lan Rds	1,160	3,480	5,800	13,050	20,300	29,000
1914 Series 14, Model EB, 6-cyl., 121.3" wb						
4d Tr	1,400	4,200	7,000	15,750	24,500	35,000

	6	5	4	3	2	1
4d Lan Rds 1,200		3,600	6,000	13,500	21,000	30,000
2d Sed. 880		2,640	4,400	9,900	15,400	22,000

1915 Series 15, Model SD, 4-cyl., 108.3" wb

	6	5	4	3	2	1
2d Rds. 1,160		3,480	5,800	13,050	20,300	29,000
4d Tr 1,240		3,720	6,200	13,950	21,700	31,000

1915 Series 15, Model EC, 6-cyl., 121.3" wb

	6	5	4	3	2	1
4d 5P Tr 1,200		3,600	6,000	13,500	21,000	30,000
4d 7P Tr 1,240		3,720	6,200	13,950	21,700	31,000

1916 Model SF, 4-cyl., 112" wb

	6	5	4	3	2	1
2d Rds. 1,120		3,360	5,600	12,600	19,600	28,000
2d Lan Rds 1,160		3,480	5,800	13,050	20,300	29,000
4d 7P Tr 1,240		3,720	6,200	13,950	21,700	31,000
4d A/W Sed. 960		2,880	4,800	10,800	16,800	24,000

1916 Series 16 & 17, Model ED, 6-cyl., 121.8" wb

	6	5	4	3	2	1
2d Rds. 1,160		3,480	5,800	13,050	20,300	29,000
2d Lan Rds 1,200		3,600	6,000	13,500	21,000	30,000
4d 7P Tr 1,240		3,720	6,200	13,950	21,700	31,000
2d Cpe. 720		2,160	3,600	8,100	12,600	18,000
4d Sed. 640		1,920	3,200	7,200	11,200	16,000
4d Limo 960		2,880	4,800	10,800	16,800	24,000
4d A/W Sed. 960		2,880	4,800	10,800	16,800	24,000

NOTE: The All Weather sedan was available only in the Series 17.

1917 Series 18, Model SF, 4-cyl., 112" wb

	6	5	4	3	2	1
2d Rds. 1,000		3,000	5,000	11,250	17,500	25,000
2d Lan Rds 1,040		3,120	5,200	11,700	18,200	26,000
4d 7P Tr 1,080		3,240	5,400	12,150	18,900	27,000
4d A/W Sed. 880		2,640	4,400	9,900	15,400	22,000

1917 Series 18, Model ED, 6-cyl., 121.8" wb

	6	5	4	3	2	1
2d Rds. 1,040		3,120	5,200	11,700	18,200	26,000
2d Lan Rds 1,080		3,240	5,400	12,150	18,900	27,000
4d 7P Tr 1,120		3,360	5,600	12,600	19,600	28,000
2d Cpe. 000		2,040	3,400	7,650	11,900	17,000
4d Sed. 640		1,920	3,200	7,200	11,200	16,000
4d Limo 760		2,280	3,800	8,550	13,300	19,000
4d A/W Sed. 960		2,880	4,800	10,800	16,800	24,000

1918-19 Series 19, Model SH, 4-cyl., 112" wb

	6	5	4	3	2	1
2d Rds. 880		2,640	4,400	9,900	15,400	22,000
4d Tr 880		2,640	4,400	9,900	15,400	22,000
4d Sed. 580		1,740	2,900	6,530	10,150	14,500

1918-19 Series 19, Model EH, 6-cyl., 119" wb

	6	5	4	3	2	1
4d Tr 920		2,760	4,600	10,350	16,100	23,000
2d Clb Rds 920		2,760	4,600	10,350	16,100	23,000
2d Rds. 760		2,280	3,800	8,550	13,300	19,000
4d Sed. 580		1,750	2,920	6,570	10,220	14,600
2d Cpe. 600		1,800	3,000	6,750	10,500	15,000

1918-19 Series 19, Model EG, 6-cyl., 126" wb

	6	5	4	3	2	1
4d 7P Tr 1,000		3,000	5,000	11,250	17,500	25,000

1920-21 Model EJ, 6-cyl., 112" wb

	6	5	4	3	2	1
4d Tr 760		2,280	3,800	8,550	13,300	19,000
2d Lan Rds * 800		2,400	4,000	9,000	14,000	20,000
2d Rds. 770		2,300	3,840	8,640	13,440	19,200
2d Cpe Rds ** 820		2,460	4,100	9,230	14,350	20,500
4d Sed. 560		1,680	2,800	6,300	9,800	14,000

1920-21 Model EH, 6-cyl., 119" wb

	6	5	4	3	2	1
4d Tr 800		2,400	4,000	9,000	14,000	20,000
2d Rds. 810		2,420	4,040	9,090	14,140	20,200
4d Rds. 820		2,460	4,100	9,230	14,350	20,500
2d Cpe. 600		1,800	3,000	6,750	10,500	15,000
4d Sed. 560		1,680	2,800	6,300	9,800	14,000

1920-21 Model EG, Big Six

	6	5	4	3	2	1
4d 7P Tr 880		2,640	4,400	9,900	15,400	22,000
2d Cpe ** 640		1,920	3,200	7,200	11,200	16,000
4d 7P Sed 600		1,800	3,000	6,750	10,500	15,000

* 1920 Model only. * * 1921 Model only.

1922 Model EJ, Light Six, 6-cyl., 112" wb

	6	5	4	3	2	1
2d Rds. 760		2,280	3,800	8,550	13,300	19,000
4d Tr 740		2,220	3,700	8,330	12,950	18,500
2d Cpe Rds 780		2,340	3,900	8,780	13,650	19,500
4d Sed. 580		1,740	2,900	6,530	10,150	14,500

1922 Model EL, Special Six, 6-cyl., 119" wb

	6	5	4	3	2	1
2d Rds. 780		2,340	3,900	8,780	13,650	19,500
4d Tr 760		2,280	3,800	8,550	13,300	19,000
4d Rds. 800		2,400	4,000	9,000	14,000	20,000
2d Cpe. 640		1,920	3,200	7,200	11,200	16,000
4d Sed. 600		1,800	3,000	6,750	10,500	15,000

STUDEBAKER

	6	5	4	3	2	1
1922 Model EK, Big Six, 6-cyl., 126" wb						
4d Tr.	800	2,400	4,000	9,000	14,000	20,000
2d Cpe	620	1,860	3,100	6,980	10,850	15,500
4d Sed	600	1,800	3,000	6,750	10,500	15,000
4d Spds	840	2,520	4,200	9,450	14,700	21,000
1923 Model EM, Light Six						
2d Rds	700	2,100	3,500	7,880	12,250	17,500
4d Tr.	680	2,040	3,400	7,650	11,900	17,000
2d Cpe	540	1,620	2,700	6,080	9,450	13,500
4d Sed	520	1,560	2,600	5,850	9,100	13,000
1923 Model EL, Special Six						
4d Tr.	700	2,100	3,500	7,880	12,250	17,500
2d 4P Cpe	560	1,680	2,800	6,300	9,800	14,000
2d Cpe	720	2,170	3,620	8,150	12,670	18,100
2d 5P Cpe	580	1,740	2,900	6,530	10,150	14,500
4d Sed	540	1,620	2,700	6,080	9,450	13,500
1923 Model EK, Big Six						
4d Tr.	760	2,280	3,800	8,550	13,300	19,000
2d Spds	860	2,580	4,300	9,680	15,050	21,500
2d 5P Cpe	600	1,800	3,000	6,750	10,500	15,000
2d 4P Cpe	600	1,790	2,980	6,710	10,430	14,900
4d Sed	560	1,680	2,800	6,300	9,800	14,000
1924 Model EM, Light Six, 6-cyl., 112" wb						
4d Tr.	660	1,980	3,300	7,430	11,550	16,500
2d Rds	680	2,040	3,400	7,650	11,900	17,000
2d Cpe Rds	720	2,160	3,600	8,100	12,600	18,000
4d Cus Tr	700	2,100	3,500	7,880	12,250	17,500
4d Sed	460	1,380	2,300	5,180	8,050	11,500
2d Cpe	520	1,560	2,600	5,850	9,100	13,000
1924 Model EL, Special Six, 6-cyl., 119" wb						
4d Tr.	700	2,100	3,500	7,880	12,250	17,500
2d Rds	720	2,160	3,600	8,100	12,600	18,000
2d Cpe	580	1,740	2,900	6,530	10,150	14,500
4d Sed	540	1,620	2,700	6,080	9,450	13,500
1924 Model EK, Big Six, 6-cyl., 126" wb						
4d 7P Tr	840	2,520	4,200	9,450	14,700	21,000
2d Spds	860	2,580	4,300	9,680	15,050	21,500
2d Cpe	600	1,800	3,000	6,750	10,500	15,000
4d Sed	540	1,620	2,700	6,080	9,450	13,500
1925-26 Model ER, Standard Six, 6-cyl., 113" wb						
4d Dplx Phae	940	2,820	4,700	10,580	16,450	23,500
2d Dplx Rds	820	2,460	4,100	9,230	14,350	20,500
2d Coach	460	1,380	2,300	5,180	8,050	11,500
2d Cty Clb Cpe	620	1,860	3,100	6,980	10,850	15,500
2d Spt Rds	760	2,280	3,800	8,550	13,300	19,000
4d Spt Phae	740	2,220	3,700	8,330	12,950	18,500
4d Sed	500	1,500	2,500	5,630	8,750	12,500
2d Cpe Rds	780	2,340	3,900	8,780	13,650	19,500
4d w/Sed	520	1,560	2,600	5,850	9,100	13,000
4d Sed	500	1,500	2,500	5,630	8,750	12,500
2d Cpe	580	1,740	2,900	6,530	10,150	14,500
4d Ber.	560	1,680	2,800	6,300	9,800	14,000
1925-26 Model EQ, Special Six, 6-cyl., 120" - 127" wb						
4d Dplx Phae	1,020	3,060	5,100	11,480	17,850	25,500
2d Dplx Rds	920	2,760	4,600	10,350	16,100	23,000
2d Vic	570	1,720	2,860	6,440	10,010	14,300
4d Sed	560	1,680	2,800	6,300	9,800	14,000
4d Ber.	600	1,800	3,000	6,750	10,500	15,000
2d Brgm	580	1,740	2,900	6,530	10,150	14,500
2d Spt Rds	900	2,700	4,500	10,130	15,750	22,500
2d Coach	540	1,620	2,700	6,080	9,450	13,500
1925-26 Model EP, Big Six, 6-cyl., 120" wb						
4d Dplx Phae	1,100	3,300	5,500	12,380	19,250	27,500
2d Cpe	620	1,860	3,100	6,980	10,850	15,500
2d Brgm	520	1,560	2,600	5,850	9,100	13,000
4d 7P Sed	520	1,550	2,580	5,810	9,030	12,900
2d Ber.	580	1,740	2,900	6,530	10,150	14,500
4d Sed	520	1,560	2,600	5,850	9,100	13,000
4d Spt Phae	900	2,700	4,500	10,130	15,750	22,500
2d Clb Cpe	510	1,520	2,540	5,720	8,890	12,700
NOTE: Add 10 percent for 4-wheel brake option.						
1927 Dictator, Model EU, Standard, 6-cyl., 113" wb						
2d Spt Rds	1,180	3,540	5,900	13,280	20,650	29,500
4d Tr.	1,040	3,120	5,200	11,700	18,200	26,000
4d Dplx Tr.	1,140	3,420	5,700	12,830	19,950	28,500
4d 7P Tr	1,060	3,180	5,300	11,930	18,550	26,500

	6	5	4	3	2	1
2d Bus Cpe	600	1,800	3,000	6,750	10,500	15,000
2d Spt Cpe	620	1,860	3,100	6,980	10,850	15,500
2d Vic	520	1,560	2,600	5,850	9,100	13,000
4d (P) Sed	500	1,500	2,500	5,630	8,750	12,500
4d (M) Sed	540	1,620	2,700	6,080	9,450	13,500
1927 Special, Model EQ						
4d Dplx Phae	1,220	3,660	6,100	13,730	21,350	30,500
2d Coach	540	1,620	2,700	6,080	9,450	13,500
2d Brgm	580	1,740	2,900	6,530	10,150	14,500
2d Spt Rds	1,260	3,780	6,300	14,180	22,050	31,500
1927 Commander, Model EW						
2d Spt Rds	1,260	3,780	6,300	14,180	22,050	31,500
2d Bus Cpe	620	1,860	3,100	6,980	10,850	15,500
2d Spt Cpe	640	1,920	3,200	7,200	11,200	16,000
4d Sed	560	1,680	2,800	6,300	9,800	14,000
2d Cus Vic	600	1,800	3,000	6,750	10,500	15,000
2d Dplx Rds	1,220	3,660	6,100	13,730	21,350	30,500
4d Spt Phae	1,240	3,720	6,200	13,950	21,700	31,000
2d Cus Brgm	570	1,700	2,840	6,390	9,940	14,200
1927 President, Model ES						
4d Cus Sed	560	1,680	2,800	6,300	9,800	14,000
4d Limo	860	2,580	4,300	9,680	15,050	21,500
4d Dplx Phae	1,180	3,540	5,900	13,280	20,650	29,500
1928 Dictator, Model GE						
2d Roy Rds	1,640	4,920	8,200	18,450	28,700	41,000
4d Tr	1,520	4,560	7,600	17,100	26,600	38,000
4d Dplx Tr	1,560	4,680	7,800	17,550	27,300	39,000
4d 7P Roy Tr	1,600	4,800	8,000	18,000	28,000	40,000
2d Bus Cpe	560	1,680	2,800	6,300	9,800	14,000
2d Roy Cpe	580	1,740	2,900	6,530	10,150	14,500
2d Roy Vic	560	1,680	2,800	6,300	9,800	14,000
2d Clb Sed	530	1,500	2,640	5,940	9,240	13,200
4d Sed	510	1,520	2,540	5,720	8,890	12,700
4d Roy Sed	520	1,560	2,600	5,850	9,100	13,000
1928 Commander, Model GB						
2d Reg Rds	1,640	4,920	8,200	18,450	28,700	41,000
2d Cpe	600	1,800	3,000	6,750	10,500	15,000
2d Reg Cpe	620	1,860	3,100	6,980	10,850	15,500
2d Reg Cabr	560	1,680	2,800	6,300	9,800	14,000
2d Vic	560	1,680	2,800	6,300	9,800	14,000
2d Reg Vic	680	1,740	2,900	6,530	10,150	14,500
4d Sed	560	1,680	2,800	6,300	9,800	14,000
2d Clb Sed	570	1,700	2,840	6,390	9,940	14,200
4d Reg Sed	540	1,620	2,700	6,080	9,450	13,500
1928 President Six, Model ES						
4d Cus Sed	560	1,680	2,800	6,300	9,800	14,000
4d Limo	780	2,340	3,900	8,780	13,650	19,500
4d Cus Tr	1,180	3,540	5,900	13,280	20,650	29,500
1928 President Eight, Model FA						
4d 7P Tr	1,380	4,140	6,900	15,530	24,150	34,500
2d Sta Cabr	1,420	4,260	7,100	15,980	24,850	35,500
4d Sed	590	1,760	2,940	6,620	10,290	14,700
4d Sta Sed	600	1,800	3,000	6,750	10,500	15,000
4d 7P Sed	600	1,800	3,000	6,750	10,500	15,000
4d 7P Sta Sed	620	1,860	3,100	6,980	10,850	15,500
4d Limo	820	2,460	4,100	9,230	14,350	20,500
4d Sta Ber	1,020	3,060	5,100	11,480	17,850	25,500
1928-1/2 Dictator, Model GE						
2d Tr	1,180	3,540	5,900	13,280	20,650	29,500
2d 7P Tr	1,200	3,600	6,000	13,500	21,000	30,000
2d Bus Cpe	540	1,620	2,700	6,080	9,450	13,500
2d Roy Cabr	1,420	4,260	7,100	15,980	24,850	35,500
2d Roy Vic	560	1,680	2,800	6,300	9,800	14,000
2d Clb Sed	530	1,580	2,640	5,940	9,240	13,200
4d Sed	520	1,550	2,580	5,810	9,030	12,900
4d Roy Sed	540	1,620	2,700	6,080	9,450	13,500
1928-1/2 Commander, Model GH						
2d Reg Vic	570	1,700	2,840	6,390	9,940	14,200
4d Sed	550	1,640	2,740	6,170	9,590	13,700
4d Reg Sed	560	1,670	2,780	6,260	9,730	13,900
1928-1/2 President, Model FB						
2d Sta Rds	1,420	4,260	7,100	15,980	24,850	35,500
2d Sta Cabr	1,380	4,140	6,900	15,530	24,150	34,500
2d Sta Vic	570	1,720	2,860	6,440	10,010	14,300
4d Sed	560	1,670	2,780	6,260	9,730	13,900
4d Sta Sed	560	1,690	2,820	6,350	9,870	14,100

STUDEBAKER

	6	5	4	3	2	1
1928-1/2 President, Model FA						
4d Tr.	1,460	4,380	7,300	16,430	25,550	36,500
4d Sta Tr	1,500	4,500	7,500	16,880	26,250	37,500
2d Sta Cabr	1,540	4,620	7,700	17,330	26,950	38,500
4d Sta Sed	620	1,860	3,100	6,980	10,850	15,500
4d Sed	610	1,840	3,060	6,890	10,710	15,300
4d 7P Sta Sed	640	1,920	3,200	7,200	11,200	16,000
4d Limo	860	2,580	4,300	9,680	15,050	21,500
1929 Dictator GE, 6-cyl., 113" wb						
4d 5P Tr	1,180	3,540	5,900	13,280	20,650	29,500
4d 7P Tr	1,180	3,540	5,900	13,280	20,650	29,500
2d Bus Cpe	560	1,680	2,800	6,300	9,800	14,000
2d Cabr	1,180	3,540	5,900	13,280	20,650	29,500
2d Vic Ryl	580	1,740	2,900	6,530	10,150	14,500
1929 Commander Six, Model GJ						
2d Rds	1,700	5,100	8,500	19,130	29,750	42,500
2d Reg Rds	1,740	5,220	8,700	19,580	30,450	43,500
4d Tr.	1,500	4,500	7,500	16,880	26,250	37,500
4d Reg Tr	1,580	4,740	7,900	17,780	27,650	39,500
4d 7P Tr	1,500	4,500	7,500	16,880	26,250	37,500
4d 7P Reg Tr	1,580	4,740	7,900	17,780	27,650	39,500
2d Cpe	600	1,800	3,000	6,750	10,500	15,000
2d Spt Cpe	580	1,740	2,900	6,530	10,150	14,500
2d Cabr	1,460	4,380	7,300	16,430	25,550	36,500
2d Vic	560	1,680	2,800	6,300	9,800	14,000
4d Sed	540	1,620	2,700	6,080	9,450	13,500
4d Reg Sed	580	1,740	2,900	6,530	10,150	14,500
4d Reg Brgm	600	1,800	3,000	6,750	10,500	15,000
1929 Commander Eight, Model FD						
2d Reg Rds	1,820	5,460	9,100	20,480	31,850	45,500
4d Tr.	1,620	4,860	8,100	18,230	28,350	40,500
4d Reg Tr	1,700	5,100	8,500	19,130	29,750	42,500
4d 7P Tr	1,620	4,860	8,100	18,230	28,350	40,500
4d 7P Reg Tr	1,700	5,100	8,500	19,130	29,750	42,500
2d Bus Cpe	680	2,040	3,400	7,650	11,900	17,000
2d Spt Cpe	700	2,100	3,500	7,880	12,250	17,500
2d Reg Conv	1,660	4,980	8,300	18,680	29,050	41,500
2d Vic	620	1,860	3,100	6,980	10,850	15,500
2d Reg Brgm	660	1,980	3,300	7,430	11,550	16,500
4d Sed	640	1,920	3,200	7,200	11,200	16,000
4d Reg Sed	660	1,980	3,300	7,430	11,550	16,500
1929 President Eight, Model FH, 125" wb						
2d Rds	1,860	5,580	9,300	20,930	32,550	46,500
2d Cabr	1,700	5,100	8,500	19,130	29,750	42,500
2d Sta Vic	740	2,220	3,700	8,330	12,950	18,500
4d Sed	700	2,100	3,500	7,880	12,250	17,500
4d Sta Sed	740	2,220	3,700	8,330	12,950	18,500
1929 President Eight, Model FE, 135" wb						
4d 7P Tr	1,700	5,100	8,500	19,130	29,750	42,500
4d 7P Sta Tr	1,780	5,340	8,900	20,030	31,150	44,500
2d Brgm	740	2,220	3,700	8,330	12,950	18,500
4d 7P Sed	740	2,220	3,700	8,330	12,950	18,500
4d 7P Sta Sed	780	2,340	3,900	8,780	13,650	19,500
4d 7P Limo	820	2,460	4,100	9,230	14,350	20,500
1930 Studebaker Model 53, 6-cyl., 114" wb						
4d Tr.	1,460	4,380	7,300	16,430	25,550	36,500
4d Reg Tr	1,500	4,500	7,500	16,880	26,250	37,500
2d Bus Cpe	620	1,860	3,100	6,980	10,850	15,500
2d Reg Cpe	640	1,920	3,200	7,200	11,200	16,000
2d Clb Sed	580	1,740	2,900	6,530	10,150	14,500
4d Sed	540	1,620	2,700	6,080	9,450	13,500
4d Reg Sed	560	1,680	2,800	6,300	9,800	14,000
4d Lan Sed	550	1,640	2,740	6,170	9,590	13,700
1930 Dictator, 6 & 8-cyl., 115" wb						
4d Tr.	1,500	4,500	7,500	16,880	26,250	37,500
4d Reg Tr	1,540	4,620	7,700	17,330	26,950	38,500
2d Cpe	640	1,920	3,200	7,200	11,200	16,000
2d Spt Cpe	680	2,040	3,400	7,650	11,900	17,000
2d Brgm	600	1,800	3,000	6,750	10,500	15,000
2d Clb Sed	580	1,740	2,900	6,530	10,150	14,500
4d Sed	580	1,740	2,900	6,530	10,150	14,500
4d Reg Sed	600	1,800	3,000	6,750	10,500	15,000
NOTE: Add $200 for Dictator 8-cyl.						
1930 Commander 6 & 8-cyl., 120" wb Commander FD						
2d Reg Rds	1,860	5,580	9,300	20,930	32,550	46,500
4d Tr.	1,580	4,740	7,900	17,780	27,650	39,500

	6	5	4	3	2	1
4d Reg Tr	1,620	4,860	8,100	18,230	28,350	40,500
4d 7P Tr	1,580	4,740	7,900	17,780	27,650	39,500
4d 7P Reg Tr.	1,620	4,860	8,100	18,230	28,350	40,500
2d Cpe.	700	2,100	3,500	7,880	12,250	17,500
2d Spt Cpe	740	2,220	3,700	8,330	12,950	18,500
2d Conv Cabr	1,780	5,340	8,900	20,030	31,150	44,500
2d Vic	620	1,860	3,100	6,980	10,850	15,500
2d Brgm.	640	1,920	3,200	7,200	11,200	16,000
4d Sed.	620	1,860	3,100	6,980	10,850	15,500
4d Reg Sed.	660	1,980	3,300	7,430	11,550	16,500

NOTE: Add $200 for Commander 8-cyl.

1930 President FH Model

	6	5	4	3	2	1
2d Rds.	2,260	6,780	11,300	25,430	39,550	56,500
2d Conv Cabr	2,020	6,060	10,100	22,730	35,350	50,500
2d Sta Vic	780	2,340	3,900	8,780	13,650	19,500
4d Sed.	700	2,100	3,500	7,880	12,250	17,500
4d Sta Sed	740	2,220	3,700	8,330	12,950	18,500

1930 President FE Model

	6	5	4	3	2	1
4d Tr.	1,940	5,820	9,700	21,830	33,950	48,500
4d Sta Tr.	1,980	5,940	9,900	22,280	34,650	49,500
2d Sta Vic	1,260	3,780	6,300	14,180	22,050	31,500
2d Brgm.	740	2,220	3,700	8,330	12,950	18,500
4d Sed.	780	2,340	3,900	8,780	13,650	19,500
4d Sta Sed	820	2,460	4,100	9,230	14,350	20,500
4d Limo	940	2,820	4,700	10,580	16,450	23,500
4d Sta Limo	980	2,940	4,900	11,030	17,150	24,500

1931 Studebaker Six, Model 53, 114" wb

	6	5	4	3	2	1
2d Rds.	1,560	4,680	7,800	17,550	27,300	39,000
2d Tr.	1,400	4,200	7,000	15,750	24,500	35,000
2d Reg Tr	1,440	4,320	7,200	16,200	25,200	36,000
2d Bus Cpe.	560	1,680	2,800	6,300	9,800	14,000
2d Spt Cpe	600	1,800	3,000	6,750	10,500	15,000
2d Clb Sed	520	1,560	2,600	5,850	9,100	13,000
4d Sed.	520	1,560	2,600	5,850	9,100	13,000

1931 Model 61 Dictator, 8-cyl., 115" wb

	6	5	4	3	2	1
4d Reg Sed	540	1,610	2,680	6,030	9,380	13,400
4d Lan Sed	540	1,620	2,700	6,080	9,450	13,500

1931 Series 54

	6	5	4	3	2	1
2d Rds.	2,000	6,000	10,000	22,500	35,000	50,000
4d Tr.	1,720	5,160	8,600	19,350	30,100	43,000
4d Reg Tr	1,760	5,280	8,800	19,800	30,800	44,000
2d Bus Cpe	620	1,860	3,100	6,980	10,850	15,500
2d Spt Cpe	640	1,920	3,200	7,200	11,200	16,000
4d Sed.	560	1,680	2,800	6,300	9,800	14,000
4d Reg Sed.	580	1,740	2,900	6,530	10,150	14,500

1931 Dictator Eight, Model FC

	6	5	4	3	2	1
4d Tr.	1,680	5,040	8,400	18,900	29,400	42,000
4d Reg Tr	1,720	5,160	8,600	19,350	30,100	43,000
2d Cpe.	640	1,920	3,200	7,200	11,200	16,000
2d Spt Cpe	660	1,980	3,300	7,430	11,550	16,500
2d Reg Brgm.	600	1,800	3,000	6,750	10,500	15,000
2d Clb Sed	580	1,740	2,900	6,530	10,150	14,500
4d Sed.	600	1,800	3,000	6,750	10,500	15,000
4d Reg Sed	610	1,820	3,040	6,840	10,640	15,200

1931 Model 61

	6	5	4	3	2	1
2d Cpe.	680	2,040	3,400	7,650	11,900	17,000
2d Spt Cpe	720	2,160	3,600	8,100	12,600	18,000
4d Sed.	620	1,860	3,100	6,980	10,850	15,500
4d Reg Sed	640	1,920	3,200	7,200	11,200	16,000

1931 Commander Eight, Model 70

	6	5	4	3	2	1
2d Cpe.	700	2,100	3,500	7,880	12,250	17,500
2d Vic	680	2,040	3,400	7,650	11,900	17,000
2d Reg Brgm.	700	2,100	3,500	7,880	12,250	17,500
4d Sed.	700	2,100	3,500	7,880	12,250	17,500
4d Reg Sed.	720	2,160	3,600	8,100	12,600	18,000

1931 President Eight, Model 80

	6	5	4	3	2	1
2d Sta Rds	2,520	7,560	12,600	28,350	44,100	63,000
2d Cpe.	1,040	3,120	5,200	11,700	18,200	26,000
2d Sta Cpe	1,120	3,360	5,600	12,600	19,600	28,000
4d Sed.	800	2,400	4,000	9,000	14,000	20,000
4d Sta Sed	840	2,520	4,200	9,450	14,700	21,000

1931 President Eight, Model 90

	6	5	4	3	2	1
4d Tr.	2,040	6,120	10,200	22,950	35,700	51,000
4d Sta Tr.	2,120	6,360	10,600	23,850	37,100	53,000
2d Sta Vic	1,000	3,000	5,000	11,250	17,500	25,000
2d Sta Brgm	1,000	3,000	5,000	11,250	17,500	25,000

	6	5	4	3	2	1
4d Sed	920	2,760	4,600	10,350	16,100	23,000
4d Sta Sed	960	2,880	4,800	10,800	16,800	24,000
4d Sta Limo	1,040	3,120	5,200	11,700	18,200	26,000
1932 Model 55, 6-cyl., 117" wb						
2d Conv Rds	1,640	4,920	8,200	18,450	28,700	41,000
2d Reg Conv Rds	1,800	5,400	9,000	20,250	31,500	45,000
2d Cpe	620	1,860	3,100	6,980	10,850	15,500
2d Reg Cpe	630	1,880	3,140	7,070	10,990	15,700
2d Spt Cpe	620	1,860	3,100	6,980	10,850	15,500
2d Reg Spt Cpe	640	1,920	3,200	7,200	11,200	16,000
2d St R Brgm	600	1,800	3,000	6,750	10,500	15,000
2d Reg St R Brgm	640	1,920	3,200	7,200	11,200	16,000
4d Conv Sed	1,800	5,400	9,000	20,250	31,500	45,000
4d Reg Conv Sed	1,840	5,520	9,200	20,700	32,200	46,000
4d Sed	560	1,680	2,800	6,300	9,800	14,000
4d Reg Sed	570	1,700	2,840	6,390	9,940	14,200
1932 Model 62 Dictator, 8-cyl., 117" wb						
2d Conv Rds	2,120	6,360	10,600	23,850	37,100	53,000
2d Reg Conv Rds	2,160	6,480	10,800	24,300	37,800	54,000
2d Cpe	920	2,760	4,600	10,350	16,100	23,000
2d Reg Cpe	960	2,880	4,800	10,800	16,800	24,000
2d Spt Cpe	1,200	3,600	6,000	13,500	21,000	30,000
2d Reg Spt Cpe	1,240	3,720	6,200	13,950	21,700	31,000
2d St R Brgm	1,080	3,240	5,400	12,150	18,900	27,000
2d Reg St R Brgm	1,120	3,360	5,600	12,600	19,600	28,000
4d Conv Sed	1,800	5,400	9,000	20,250	31,500	45,000
4d Reg Conv Sed	2,080	6,240	10,400	23,400	36,400	52,000
4d Sed	920	2,760	4,600	10,350	16,100	23,000
4d Reg Sed	960	2,880	4,800	10,800	16,800	24,000
1932 Model 65 Rockne, 6-cyl., 110" wb						
2d 2P Cpe	600	1,800	3,000	6,750	10,500	15,000
4d 5P Sed	560	1,680	2,800	6,300	9,800	14,000
2d Sed	540	1,620	2,700	6,080	9,450	13,500
4d 5P Conv Sed	1,640	4,920	8,200	18,450	28,700	41,000
2d Rds	1,840	5,520	9,200	20,700	32,200	46,000
1932 Model 71 Commander, 8-cyl.						
2d Rds Conv	2,240	6,720	11,200	25,200	39,200	56,000
2d Reg Rds Conv	2,280	6,840	11,400	25,650	39,900	57,000
2d Spt Cpe	1,160	3,480	5,800	13,050	20,300	29,000
2d Reg Spt Cpe	1,200	3,600	6,000	13,500	21,000	30,000
2d St R Brgm	1,160	3,480	5,800	13,050	20,300	29,000
2d Reg St R Brgm	1,200	3,600	6,000	13,500	21,000	30,000
4d Conv Sed	2,080	6,240	10,400	23,400	36,400	52,000
4d Reg Conv Sed	2,120	6,360	10,600	23,850	37,100	53,000
4d Sed	920	2,760	4,600	10,350	16,100	23,000
4d Reg Sed	940	2,820	4,700	10,580	16,450	23,500
1932 Model 75 Rockne, 6-cyl., 114" wb						
2d 2P Cpe	620	1,860	3,100	6,980	10,850	15,500
2d 4P Cpe	600	1,800	3,000	6,750	10,500	15,000
4d 5P Sed	560	1,680	2,800	6,300	9,800	14,000
2d 2P DeL Cpe	660	1,980	3,300	7,430	11,550	16,500
2d 4P DeL Cpe	640	1,920	3,200	7,200	11,200	16,000
4d 5P DeL Sed	600	1,800	3,000	6,750	10,500	15,000
2d Rds	1,920	5,760	9,600	21,600	33,600	48,000
4d Conv Sed	1,880	5,640	9,400	21,150	32,900	47,000
1932 Model 91 President, 8-cyl.						
2d Rds Conv	2,840	8,520	14,200	31,950	49,700	71,000
2d Sta Rds Conv	2,760	8,280	13,800	31,050	48,300	69,000
2d Cpe	1,320	3,960	6,600	14,850	23,100	33,000
2d Sta Cpe	1,360	4,080	6,800	15,300	23,800	34,000
2d Spt Cpe	1,400	4,200	7,000	15,750	24,500	35,000
2d Sta Spt Cpe	1,440	4,320	7,200	16,200	25,200	36,000
2d St R Brgm	1,200	3,600	6,000	13,500	21,000	30,000
2d Sta St R Brgm	1,240	3,720	6,200	13,950	21,700	31,000
4d Conv Sed	2,680	8,040	13,400	30,150	46,900	67,000
4d Sta Conv Sed	2,760	8,280	13,800	31,050	48,300	69,000
4d Sed	960	2,880	4,800	10,800	16,800	24,000
4d Sta Sed	1,000	3,000	5,000	11,250	17,500	25,000
4d Limo	1,120	3,360	5,600	12,600	19,600	28,000
4d Sta Limo	1,160	3,480	5,800	13,050	20,300	29,000
4d 7P Sed	920	2,760	4,600	10,350	16,100	23,000
4d 7P Sta Sed	960	2,880	4,800	10,800	16,800	24,000
1933 Model 10 Rockne, 6-cyl., 110" wb						
2d 4P Conv	1,640	4,920	8,200	18,450	28,700	41,000
2d 4P DeL Conv Rds	1,680	5,040	8,400	18,900	29,400	42,000
2d 2P Cpe	680	2,040	3,400	7,650	11,900	17,000

	6	5	4	3	2	1
2d 5P Coach	520	1,560	2,600	5,850	9,100	13,000
2d 4P Cpe	640	1,920	3,200	7,200	11,200	16,000
2d 2P DeL Cpe	680	2,040	3,400	7,650	11,900	17,000
2d 5P Sed	520	1,560	2,600	5,850	9,100	13,000
2d 5P DeL Coach	540	1,620	2,700	6,080	9,450	13,500
2d 4P DeL Cpe	640	1,920	3,200	7,200	11,200	16,000
4d 5P DeL Sed	520	1,560	2,600	5,850	9,100	13,000
4d 5P Conv Sed	1,800	5,400	9,000	20,250	31,500	45,000
4d 5P DeL Conv Sed	1,840	5,520	9,200	20,700	32,200	46,000
1933 Model 56 Studebaker, 6-cyl., 117" wb						
2d Conv	1,880	5,640	9,400	21,150	32,900	47,000
2d Reg Conv	1,920	5,760	9,600	21,600	33,600	48,000
2d Cpe	800	2,400	4,000	9,000	14,000	20,000
2d Reg Cpe	840	2,520	4,200	9,450	14,700	21,000
2d Spt Cpe	880	2,640	4,400	9,900	15,400	22,000
2d Reg Spt Cpe	920	2,760	4,600	10,350	16,100	23,000
2d St R Brgm	720	2,160	3,600	8,100	12,600	18,000
2d Reg St R Brgm	760	2,280	3,800	8,550	13,300	19,000
4d Conv Sed	1,840	5,520	9,200	20,700	32,200	46,000
4d Reg Conv Sed	1,880	5,640	9,400	21,150	32,900	47,000
4d Sed	640	1,920	3,200	7,200	11,200	16,000
4d Reg Sed	680	2,040	3,400	7,650	11,900	17,000
1933 Model 73 Commander, 8-cyl.						
2d Rds Conv	2,040	6,120	10,200	22,950	35,700	51,000
2d Reg Rds Conv	2,080	6,240	10,400	23,400	36,400	52,000
2d Cpe	840	2,520	4,200	9,450	14,700	21,000
2d Reg Cpe	880	2,640	4,400	9,900	15,400	22,000
2d Spt Cpe	920	2,760	4,600	10,350	16,100	23,000
2d Reg Spt Cpe	960	2,880	4,800	10,800	16,800	24,000
2d St R Brgm	760	2,280	3,800	8,550	13,300	19,000
2d Reg St R Brgm	800	2,400	4,000	9,000	14,000	20,000
4d Conv Sed	1,920	5,760	9,600	21,600	33,600	48,000
4d Reg Conv Sed	1,960	5,880	9,800	22,050	34,300	49,000
4d Sed	760	2,280	3,800	8,550	13,300	19,000
4d Reg Sed	800	2,400	4,000	9,000	14,000	20,000
1933 Model 82 President, 8-cyl.						
2d Sta Rds Conv	2,160	6,480	10,800	24,300	37,800	54,000
2d Cpe	840	2,520	4,200	9,450	14,700	21,000
2d Sta Cpe	960	2,880	4,800	10,800	16,800	24,000
2d St R Brgm	760	2,280	3,800	8,550	13,300	19,000
2d Sta St R Brgm	800	2,400	4,000	9,000	14,000	20,000
4d Sta Conv Sed	2,040	6,120	10,200	22,950	35,700	51,000
4d Sed	800	2,400	4,000	9,000	14,000	20,000
4d Sta Sed	840	2,520	4,200	9,450	14,700	21,000
1933 Model 92 President Speedway, 8-cyl.						
2d Sta Rds Conv	2,200	6,600	11,000	24,750	38,500	55,000
2d Sta Cpe	960	2,880	4,800	10,800	16,800	24,000
2d Sta St R Brgm	1,000	3,000	5,000	11,250	17,500	25,000
4d Sta Conv Sed	2,080	6,240	10,400	23,400	36,400	52,000
4d Sed	760	2,280	3,800	8,550	13,300	19,000
4d Sta Sed	800	2,400	4,000	9,000	14,000	20,000
4d 7P Sed	840	2,520	4,200	9,450	14,700	21,000
4d 7P Sta Sed	880	2,640	4,400	9,900	15,400	22,000
4d 7P Sta Limo	960	2,880	4,800	10,800	16,800	24,000
1934 Model Special A, Dictator						
2d Cpe	640	1,920	3,200	7,200	11,200	16,000
2d Reg Cpe	720	2,160	3,600	8,100	12,600	18,000
2d 4P Cpe	640	1,920	3,200	7,200	11,200	16,000
2d 4P Reg Cpe	680	2,040	3,400	7,650	11,900	17,000
2d St R Sed	520	1,560	2,600	5,850	9,100	13,000
2d Reg St R Sed	540	1,620	2,700	6,080	9,450	13,500
2d Sed	520	1,560	2,600	5,850	9,100	13,000
2d Reg Sed	540	1,620	2,700	6,080	9,450	13,500
4d Cus Reg St R	560	1,680	2,800	6,300	9,800	14,000
4d Cus Sed	580	1,740	2,900	6,530	10,150	14,500
1934 Model A, Dictator						
2d Rds	1,680	5,040	8,400	18,900	29,400	42,000
2d Rds Regal	1,720	5,160	8,600	19,350	30,100	43,000
2d Reg Cpe	800	2,400	4,000	9,000	14,000	20,000
2d St R Sed	640	1,920	3,200	7,200	11,200	16,000
2d Cus St R Sed	540	1,620	2,700	6,080	9,450	13,500
4d Sed	520	1,560	2,600	5,850	9,100	13,000
4d Reg Sed	540	1,620	2,700	6,080	9,450	13,500
1934 Model B, Commander						
2d Rds Conv	1,720	5,160	8,600	19,350	30,100	43,000
2d Reg Rds Conv	1,760	5,280	8,800	19,800	30,800	44,000

STUDEBAKER

	6	5	4	3	2	1
2d Cpe	800	2,400	4,000	9,000	14,000	20,000
2d Reg Cpe	840	2,520	4,200	9,450	14,700	21,000
2d 4P Cpe	760	2,280	3,800	8,550	13,300	19,000
2d 4P Reg Cpe	800	2,400	4,000	9,000	14,000	20,000
2d St R Sed	560	1,680	2,800	6,300	9,800	14,000
2d Cus St R Sed	580	1,740	2,900	6,530	10,150	14,500
4d Sed	520	1,560	2,600	5,850	9,100	13,000
4d Reg Sed	540	1,620	2,700	6,080	9,450	13,500
4d Cus Sed	550	1,640	2,740	6,170	9,590	13,700
4d L Cruise	720	2,160	3,600	8,100	12,600	18,000
1934 Model C, President						
2d Rds Conv	1,840	5,520	9,200	20,700	32,200	46,000
2d Reg Rds Conv	1,880	5,640	9,400	21,150	32,900	47,000
2d Cpe	840	2,520	4,200	9,450	14,700	21,000
2d Reg Cpe	880	2,640	4,400	9,900	15,400	22,000
2d 4P Cpe	800	2,400	4,000	9,000	14,000	20,000
2d 4P Reg Cpe	840	2,520	4,200	9,450	14,700	21,000
2d Sed	580	1,740	2,900	6,530	10,150	14,500
2d Reg Sed	600	1,800	3,000	6,750	10,500	15,000
4d Cus Sed	600	1,800	3,000	6,750	10,500	15,000
4d Cus Berl	620	1,860	3,100	6,980	10,850	15,500
4d L Cruise	760	2,280	3,800	8,550	13,300	19,000
1935 Model 1A, Dictator Six						
2d Rds	1,640	4,920	8,200	18,450	28,700	41,000
2d Reg Rds	1,680	5,040	8,400	18,900	29,400	42,000
2d Cpe	600	1,800	3,000	6,750	10,500	15,000
2d Reg Cpe	640	1,920	3,200	7,200	11,200	16,000
2d R/S Cpe	660	1,980	3,300	7,430	11,550	16,500
2d Reg R/S Cpe	700	2,100	3,500	7,880	12,250	17,500
2d St Reg	460	1,380	2,300	5,180	8,050	11,500
2d Reg St Reg	500	1,500	2,500	5,630	8,750	12,500
2d Cus St Reg	520	1,560	2,600	5,850	9,100	13,000
4d Sed	440	1,320	2,200	4,950	7,700	11,000
2d Reg Sed	450	1,360	2,260	5,090	7,910	11,300
2d Cus Sed	480	1,450	2,420	5,450	8,470	12,100
4d L Cr	640	1,920	3,200	7,200	11,200	16,000
4d Reg L Cr	680	2,040	3,400	7,650	11,900	17,000
1935 Model 1B, Commander Eight						
2d Rds	1,760	5,280	8,800	19,800	30,800	44,000
2d Reg Rds	1,800	5,400	9,000	20,250	31,500	45,000
2d Cpe	640	1,920	3,200	7,200	11,200	16,000
2d Reg Cpe	680	2,040	3,400	7,650	11,900	17,000
2d R/S Cpe	700	2,100	3,500	7,880	12,250	17,500
2d Reg R/S Cpe	720	2,160	3,600	8,100	12,600	18,000
2d Reg St R	520	1,560	2,600	5,850	9,100	13,000
2d Cus St R	530	1,580	2,640	5,940	9,240	13,200
2d Reg Sed	530	1,600	2,660	5,990	9,310	13,300
2d Cus Sed	540	1,620	2,700	6,080	9,450	13,500
4d L Cr	680	2,040	3,400	7,650	11,900	17,000
4d Reg L Cr	720	2,160	3,600	8,100	12,600	18,000
1935 Model 1C, President Eight						
2d Rds	1,800	5,400	9,000	20,250	31,500	45,000
2d Reg Rds	1,840	5,520	9,200	20,700	32,200	46,000
2d Cpe	760	2,280	3,800	8,550	13,300	19,000
2d Reg Cpe	800	2,400	4,000	9,000	14,000	20,000
2d R/S Cpe	820	2,460	4,100	9,230	14,350	20,500
2d Reg R/S Cpe	840	2,520	4,200	9,450	14,700	21,000
2d Reg Sed	560	1,680	2,800	6,300	9,800	14,000
2d Cus Sed	600	1,800	3,000	6,750	10,500	15,000
4d L Cr	720	2,160	3,600	8,100	12,600	18,000
4d Reg L Cr	760	2,280	3,800	8,550	13,300	19,000
4d Cus Berl	720	2,160	3,600	8,100	12,600	18,000
4d Reg Berl	740	2,220	3,700	8,330	12,950	18,500

NOTE: Add 10 percent for 2A Dictator models.

	6	5	4	3	2	1
1936 Model 3A/4A, Dictator Six						
2d Bus Cpe	600	1,800	3,000	6,750	10,500	15,000
2d Cus Cpe	640	1,920	3,200	7,200	11,200	16,000
2d 5P Cus Cpe	680	2,040	3,400	7,650	11,900	17,000
2d Cus St R	530	1,580	2,640	5,940	9,240	13,200
4d Cr St R	540	1,620	2,700	6,080	9,450	13,500
2d Cus Sed	540	1,620	2,700	6,080	9,450	13,500
4d Cr Sed	550	1,660	2,760	6,210	9,660	13,800
1936 Model 2C, President Eight						
2d Cus Cpe	720	2,160	3,600	8,100	12,600	18,000
2d 5P Cus Cpe	760	2,280	3,800	8,550	13,300	19,000
2d Cus St R	610	1,820	3,040	6,840	10,640	15,200

	6	5	4	3	2	1
4d Cr St R	620	1,860	3,100	6,980	10,850	15,500
4d Cus Sed	640	1,920	3,200	7,200	11,200	16,000
4d Cr Sed	680	2,040	3,400	7,650	11,900	17,000

NOTE: Add 10 percent for Model 4A Dictator Six.

1937 Model 5A/6A, Dictator Six

	6	5	4	3	2	1
2d Cpe Express	1,040	3,120	5,200	11,700	18,200	26,000
2d Bus Cpe	640	1,920	3,200	7,200	11,200	16,000
2d Cus Cpe	680	2,040	3,400	7,650	11,900	17,000
2d 5P Cus Cpe	660	1,980	3,300	7,430	11,550	16,500
2d Cus St R	540	1,620	2,700	6,080	9,450	13,500
4d St R Cr	540	1,610	2,680	6,030	9,380	13,400
4d Cus Sed	540	1,610	2,680	6,030	9,380	13,400
4d Cr Sed	550	1,640	2,740	6,170	9,590	13,700

1937 Model 3C, President Eight

	6	5	4	3	2	1
2d Cus Cpe	720	2,160	3,600	8,100	12,600	18,000
2d 5P Cus Cpe	700	2,100	3,500	7,880	12,250	17,500
2d Cus St R	610	1,820	3,040	6,840	10,640	15,200
4d St R Cr	600	1,810	3,020	6,800	10,570	15,100
4d Cus Sed	600	1,810	3,020	6,800	10,570	15,100
4d Cr Sed	620	1,850	3,080	6,930	10,780	15,400

NOTE: Add 10 percent for Dictator 6A models.

1938 Model 7A, Commander Six

	6	5	4	3	2	1
2d Cpe Exp	1,040	3,120	5,200	11,700	18,200	26,000
2d Bus Cpe	600	1,800	3,000	6,750	10,500	15,000
2d Cus Cpe	640	1,920	3,200	7,200	11,200	16,000
2d Clb Sed	540	1,630	2,720	6,120	9,520	13,600
4d Cr Sed	550	1,660	2,760	6,210	9,660	13,800
4d Conv Sed	1,380	4,140	6,900	15,530	24,150	34,500

1938 Model 8A, State Commander Six

	6	5	4	3	2	1
2d Cus Cpe	660	1,980	3,300	7,430	11,550	16,500
2d Clb Sed	540	1,630	2,720	6,120	9,520	13,600
4d Cr Sed	550	1,660	2,760	6,210	9,660	13,800
4d Conv Sed	1,420	4,260	7,100	15,980	24,850	35,500

1938 Model 4C, President Eight

	6	5	4	3	2	1
2d Cpe	680	2,040	3,400	7,650	11,900	17,000
2d Clb Sed	600	1,800	3,000	6,750	10,500	15,000
4d Cr Sed	620	1,860	3,100	6,980	10,850	15,500

1938 Model 4C, State President Eight

	6	5	4	3	2	1
2d Cpe	720	2,160	3,600	8,100	12,600	18,000
2d Clb Sed	610	1,840	3,060	6,890	10,710	15,300
4d Cr Sed	640	1,920	3,200	7,200	11,200	16,000
4d Conv Sed	1,540	4,620	7,700	17,330	26,950	38,500

1939 Model G, Custom Champion Six

	6	5	4	3	2	1
2d Cpe	600	1,800	3,000	6,750	10,500	15,000
2d Clb Sed	550	1,650	2,750	6,170	9,600	13,700
4d Cr Sed	550	1,650	2,750	6,210	9,650	13,800

1939 Model G, Deluxe Champion Six

	6	5	4	3	2	1
2d Cpe	700	2,050	3,400	7,650	11,900	17,000
2d Clb Sed	600	1,800	2,950	6,660	10,400	14,800
4d Cr Sed	600	1,800	3,000	6,750	10,500	15,000

1939 Model 9A, Commander Six

	6	5	4	3	2	1
2d Cpe Express	1,040	3,120	5,200	11,700	18,200	26,000
2d Bus Cpe	700	2,150	3,600	8,100	12,600	18,000
2d Cus Cpe	750	2,300	3,800	8,550	13,300	19,000
2d Clb Sed	650	2,000	3,300	7,470	11,600	16,600
4d Cr Sed	650	2,000	3,350	7,520	11,700	16,700
4d Conv Sed	1,600	4,800	8,000	18,000	28,000	40,000

1939 Model 5C, State President Eight

	6	5	4	3	2	1
2d Cus Cpe	800	2,400	4,000	9,000	14,000	20,000
2d Clb Sed	700	2,150	3,600	8,100	12,600	18,000
4d Cr Sed	750	2,200	3,700	8,330	13,000	18,500
4d Conv Sed	1,720	5,160	8,600	19,350	30,100	43,000

1940 Champion Custom

	6	5	4	3	2	1
2d Cpe	650	2,000	3,300	7,430	11,600	16,500
2d OS Cpe	700	2,100	3,500	7,880	12,300	17,500
2d Clb Sed	600	1,800	3,000	6,750	10,500	15,000
4d Cr Sed	600	1,800	3,000	6,800	10,600	15,100

1940 Champion Custom Deluxe

	6	5	4	3	2	1
2d Cpe	700	2,150	3,600	8,100	12,600	18,000
2d OS Cpe	750	2,200	3,700	8,330	13,000	18,500
2d Clb Sed	600	1,800	3,000	6,800	10,600	15,100
4d Cr Sed	600	1,800	3,050	6,840	10,600	15,200

1940 Champion Deluxe

	6	5	4	3	2	1
2d Cpe	750	2,200	3,700	8,330	13,000	18,500
2d OS Cpe	750	2,300	3,800	8,550	13,300	19,000
2d Clb Sed	600	1,800	3,050	6,840	10,600	15,200
4d Cr Sed	600	1,850	3,050	6,890	10,700	15,300

STUDEBAKER

	6	5	4	3	2	1
1940 Champion Deluxe-Tone						
2d Cpe	750	2,300	3,800	8,550	13,300	19,000
2d OS Cpe	800	2,350	3,900	8,780	13,700	19,500
2d Clb Sed	600	1,850	3,050	6,890	10,700	15,300
4d Cr Sed	600	1,850	3,100	6,930	10,800	15,400
1940 Commander						
2d Cus Cpe	800	2,400	4,000	9,000	14,000	20,000
2d Clb Sed	600	1,850	3,100	7,020	10,900	15,600
4d Cr Sed	650	1,900	3,150	7,070	11,000	15,700
1940 Commander Deluxe-Tone						
2d Cus Cpe	850	2,500	4,200	9,450	14,700	21,000
2d Clb Sed	600	1,850	3,100	7,020	10,900	15,600
4d Cr Sed	650	1,900	3,150	7,070	11,000	15,700
1940 State President						
2d Cpe	850	2,600	4,300	9,680	15,000	21,500
2d Clb Sed	700	2,050	3,400	7,650	11,900	17,000
4d Cr Sed	700	2,150	3,600	8,100	12,600	18,000
1940 President Deluxe-Tone						
2d Cpe	900	2,700	4,500	10,130	15,700	22,500
2d Clb Sed	700	2,050	3,450	7,740	12,000	17,200
4d Cr Sed	700	2,150	3,600	8,100	12,600	18,000
1941 Champion Custom						
2d Cpe	700	2,050	3,400	7,650	11,900	17,000
2d D D Cpe	700	2,100	3,500	7,880	12,300	17,500
2d OS Cpe	700	2,150	3,600	8,100	12,600	18,000
2d Clb Sed	650	1,900	3,150	7,070	11,000	15,700
4d Cr Sed	650	1,900	3,150	7,110	11,100	15,800
1941 Champion Custom Deluxe						
2d Cpe	700	2,100	3,500	7,880	12,300	17,500
2d D D Cpe	700	2,150	3,600	8,100	12,600	18,000
2d OS Cpe	750	2,200	3,700	8,330	13,000	18,500
2d Clb Sed	650	1,900	3,150	7,110	11,100	15,800
4d Cr Sed	650	1,900	3,200	7,200	11,200	16,000
1941 Champion Deluxe-Tone						
2d Cpe	700	2,150	3,600	8,100	12,600	18,000
2d D D Cpe	750	2,200	3,700	8,330	13,000	18,500
2d OS Cpe	750	2,300	3,800	8,550	13,300	19,000
2d Clb Sed	650	1,900	3,150	7,110	11,100	15,800
4d Cr Sed	650	1,900	3,200	7,200	11,200	16,000
1941 Commander Custom						
4d Sed Cpe	700	2,150	3,600	8,100	12,600	18,000
2d Cr Cpe	800	2,350	3,900	8,780	13,700	19,500
4d L Cruise	700	2,150	3,600	8,100	12,600	18,000
1941 Commander Deluxe-Tone						
4d Cr Sed	750	2,200	3,650	8,240	12,800	18,300
4d L Cruise	750	2,200	3,700	8,330	13,000	18,500
1941 Commander Skyway						
4d Sed Cpe	800	2,400	4,000	9,000	14,000	20,000
4d Cr Sed	750	2,300	3,800	8,550	13,300	19,000
4d L Cruise	800	2,350	3,900	8,780	13,700	19,500
1941 President Custom						
4d Cr Sed	800	2,350	3,900	8,780	13,700	19,500
4d L Cruise	800	2,450	4,100	9,230	14,300	20,500
1941 President Deluxe-Tone						
4d Cr Sed	800	2,350	3,950	8,870	13,800	19,700
4d L Cruise	850	2,500	4,150	9,320	14,500	20,700
1941 President Skyway						
2d Sed Cpe	950	2,900	4,800	10,800	16,800	24,000
4d Cr Sed	900	2,650	4,400	9,900	15,400	22,000
4d L Cruise	900	2,700	4,500	10,130	15,700	22,500
1942 Champion Custom Series						
2d Cpe	600	1,750	2,900	6,530	10,200	14,500
2d D D Cpe	600	1,800	3,000	6,750	10,500	15,000
2d Clb Sed	500	1,550	2,600	5,850	9,100	13,000
4d Cr Sed	500	1,550	2,600	5,900	9,150	13,100
1942 Champion Deluxstyle Series						
2d Cpe	600	1,800	3,000	6,750	10,500	15,000
2d D D Cpe	600	1,850	3,100	6,980	10,900	15,500
2d Clb Sed	500	1,550	2,600	5,900	9,150	13,100
4d Cr Sed	550	1,600	2,650	5,940	9,250	13,200
1942 Commander Custom Series						
2d Sed Cpe	600	1,850	3,100	6,980	10,900	15,500
4d Cr Sed	550	1,650	2,750	6,170	9,600	13,700
4d L Cr	550	1,650	2,750	6,210	9,650	13,800
1942 Commander Deluxstyle Series						
2d Sed Cpe	650	2,000	3,300	7,430	11,600	16,500

	6	5	4	3	2	1
4d Cr Sed	550	1,700	2,850	6,440	10,000	14,300
4d L Cr	600	1,800	2,950	6,660	10,400	14,800
1942 Commander Skyway Series						
2d Sed Cpe	750	2,200	3,700	8,330	13,000	18,500
4d Cr Sed	650	1,900	3,150	7,110	11,100	15,800
4d L Cr	650	2,000	3,350	7,560	11,800	16,800
1942 President Custom Series						
2d Sed Cpe	750	2,200	3,700	8,330	13,000	18,500
4d Cr Sed	650	1,900	3,150	7,110	11,100	15,800
4d L Cr	650	2,000	3,350	7,560	11,800	16,800
1942 President Deluxstyle Series						
2d Sed Cpe	800	2,350	3,900	8,780	13,700	19,500
4d Cr Sed	650	2,000	3,350	7,560	11,800	16,800
4d L Cr	700	2,150	3,550	8,010	12,500	17,800
1942 President Skyway Series						
2d Sed Cpe	800	2,450	4,100	9,230	14,300	20,500
4d Cr Sed	700	2,150	3,550	8,010	12,500	17,800
4d L Cr	750	2,250	3,750	8,460	13,200	18,800
1946 Skyway Champion, 6-cyl., 109.5" wb						
2d 3P Cpe	680	2,040	3,400	7,650	11,900	17,000
2d 5P Cpe	700	2,100	3,500	7,880	12,250	17,500
2d Sed	608	1,824	3,040	6,840	10,640	15,200
4d Sed	616	1,848	3,080	6,930	10,780	15,400
1947-49 Champion, 6-cyl., 112" wb						
2d 3P Cpe	640	1,920	3,200	7,200	11,200	16,000
2d 5P Cpe Starlight	840	2,520	4,200	9,450	14,700	21,000
2d Sed	588	1,764	2,940	6,620	10,290	14,700
4d Sed	592	1,776	2,960	6,660	10,360	14,800
2d Conv	1,440	4,320	7,200	16,200	25,200	36,000
1947-49 Commander, 6-cyl., 119" wb						
2d 3P Cpe	660	1,980	3,300	7,430	11,550	16,500
2d 5P Cpe Starlight	880	2,640	4,400	9,900	15,400	22,000
2d Sed	604	1,812	3,020	6,800	10,570	15,100
4d Sed	612	1,836	3,060	6,890	10,710	15,300
2d Conv	1,480	4,440	7,400	16,650	25,900	37,000
1947-49 Land Cruiser, 6-cyl., 123" wb						
4d Ld Crs Sed	668	2,004	3,340	7,520	11,690	16,700
1950 Champion, 6-cyl., 113" wb						
2d 3P Cpe	700	2,100	3,500	7,880	12,250	17,500
2d 5P Cpe Starlight	920	2,760	4,600	10,350	16,100	23,000
2d Sed	720	2,160	3,600	8,100	12,600	18,000
4d Sed	720	2,160	3,600	8,100	12,600	18,000
2d Conv	1,440	4,320	7,200	16,200	25,200	36,000
1950 Commander, 6-cyl., 120" - 124" wb						
2d 3P Cpe	840	2,520	4,200	9,450	14,700	21,000
2d 5P Cpe Starlight	1,000	3,000	5,000	11,250	17,500	25,000
2d Sed	740	2,220	3,700	8,330	12,950	18,500
4d Sed	740	2,220	3,700	8,330	12,950	18,500
2d Conv	1,520	4,560	7,600	17,100	26,600	38,000
1950 Land Cruiser, 6-cyl., 124" wb						
4d Ld Crs Sed	760	2,280	3,800	8,550	13,300	19,000
1951 Champion Custom, 6-cyl., 115" wb						
4d Sed	760	2,280	3,800	8,550	13,300	19,000
2d Sed	760	2,280	3,800	8,550	13,300	19,000
2d 5P Cpe Starlight	920	2,760	4,600	10,350	16,100	23,000
2d 3P Cpe	780	2,340	3,900	8,780	13,650	19,500
1951 Champion DeLuxe, 6-cyl., 115" wb						
4d Sed	680	2,040	3,400	7,650	11,900	17,000
2d Sed	680	2,040	3,400	7,650	11,900	17,000
2d 5P Cpe Starlight	960	2,880	4,800	10,800	16,800	24,000
2d 3P Cpe	760	2,280	3,800	8,550	13,300	19,000
1951 Champion Regal, 6-cyl., 115" wb						
4d Sed	720	2,160	3,600	8,100	12,600	18,000
2d Sed	720	2,160	3,600	8,100	12,600	18,000
2d 5P Cpe Starlight	1,000	3,000	5,000	11,250	17,500	25,000
2d 3P Cpe	760	2,280	3,800	8,550	13,300	19,000
2d Conv	1,480	4,440	7,400	16,650	25,900	37,000
1951 Commander Regal, V-8, 115" wb						
4d Sed	720	2,160	3,600	8,100	12,600	18,000
2d Sed	720	2,160	3,600	8,100	12,600	18,000
2d 5P Cpe Starlight	1,040	3,120	5,200	11,700	18,200	26,000
1951 Commander State, V-8, 115" wb						
4d Sed	740	2,220	3,700	8,330	12,950	18,500
2d Sed	740	2,220	3,700	8,330	12,950	18,500
2d 5P Cpe Starlight	1,080	3,240	5,400	12,150	18,900	27,000
2d Conv	1,600	4,800	8,000	18,000	28,000	40,000

STUDEBAKER

	6	5	4	3	2	1
1951 Land Cruiser, V-8, 119" wb						
4d Sed 760	2,280	3,800	8,550	13,300	19,000	
1952 Champion Custom, 6-cyl., 115" wb						
4d Sed 680	2,040	3,400	7,650	11,900	17,000	
2d Sed 680	2,040	3,400	7,650	11,900	17,000	
2d 5P Cpe Starlight 840	2,520	4,200	9,450	14,700	21,000	
1952 Champion DeLuxe, 6-cyl., 115" wb						
4d Sed 680	2,040	3,400	7,650	11,900	17,000	
2d Sed 680	2,040	3,400	7,650	11,900	17,000	
2d 5P Cpe Starlight 880	2,640	4,400	9,900	15,400	22,000	
1952 Champion Regal, 6-cyl., 115" wb						
Sed. 700	2,100	3,500	7,880	12,250	17,500	
2d Sed 700	2,100	3,500	7,880	12,250	17,500	
2d 5P Cpe Starlight 820	2,460	4,100	9,230	14,350	20,500	
2d Star HT 840	2,520	4,200	9,450	14,700	21,000	
2d Conv 1,480	4,440	7,400	16,650	25,900	37,000	
1952 Commander Regal, V-8, 115" wb						
4d Sed 720	2,160	3,600	8,100	12,600	18,000	
2d Sed 720	2,160	3,600	8,100	12,600	18,000	
2d 5P Cpe Starlight 920	2,760	4,600	10,350	16,100	23,000	
1952 Commander State, V-8, 115" wb						
4d Sed 740	2,220	3,700	8,330	12,950	18,500	
2d Sed 740	2,220	3,700	8,330	12,950	18,500	
2d Cpe Starlight 960	2,880	4,800	10,800	16,800	24,000	
2d Star HT 1,040	3,120	5,200	11,700	18,200	26,000	
2d Conv 1,560	4,680	7,800	17,550	27,300	39,000	
1952 Land Cruiser, V-8, 119" wb						
4d Sed 760	2,280	3,800	8,550	13,300	19,000	
1953-54 Champion Custom, 6-cyl., 116.5" wb						
4d Sed 640	1,920	3,200	7,200	11,200	16,000	
2d Sed 648	1,944	3,240	7,290	11,340	16,200	
1953-54 Champion DeLuxe, 6-cyl., 116.5" - 120.5" wb						
4d Sed 660	1,980	3,300	7,430	11,550	16,500	
2d Sed 668	2,004	3,340	7,520	11,690	16,700	
2d Cpe 840	2,520	4,200	9,450	14,700	21,000	
2d Sta Wag 800	2,400	4,000	9,000	14,000	20,000	
1953-54 Champion Regal, 6-cyl., 116.5" - 120.5" wb						
4d Sed 700	2,100	3,500	7,880	12,250	17,500	
2d Sed 704	2,112	3,520	7,920	12,320	17,600	
2d 5P Cpe 880	2,640	4,400	9,900	15,400	22,000	
2d HT 1,000	3,000	5,000	11,250	17,500	25,000	
2d Sta Wag (1954 only) 840	2,520	4,200	9,450	14,700	21,000	
1953-54 Commander DeLuxe, V-8, 116.5" - 120.5" wb						
4d Sed 720	2,160	3,600	8,100	12,600	18,000	
2d Sed 724	2,172	3,620	8,150	12,670	18,100	
2d Cpe 920	2,760	4,600	10,350	16,100	23,000	
Sta Wag (1954 only) 880	2,640	4,400	9,900	15,400	22,000	
1953-54 Commander Regal, V-8, 116.5" - 120.5" wb						
4d Sed 740	2,220	3,700	8,330	12,950	18,500	
2d Cpe 940	2,820	4,700	10,580	16,450	23,500	
2d HT 1,120	3,360	5,600	12,600	19,600	28,000	
2d Sta Wag (1954 only) 920	2,760	4,600	10,350	16,100	23,000	
1953-54 Land Cruiser, V-8, 120.5" wb						
4d Sed 760	2,280	3,800	8,550	13,300	19,000	
4d Reg Sed (1954 only) 780	2,340	3,900	8,780	13,650	19,500	
1955 Champion Custom, 6-cyl., 116.5" wb						
4d Sed 640	1,920	3,200	7,200	11,200	16,000	
2d Sed 644	1,932	3,220	7,250	11,270	16,100	
1955 Champion DeLuxe, 6-cyl., 116.5" - 120.5" wb						
4d Sed 680	2,040	3,400	7,650	11,900	17,000	
2d Sed 684	2,052	3,420	7,700	11,970	17,100	
2d Cpe 960	2,880	4,800	10,800	16,800	24,000	
1955 Champion Regal, 6-cyl., 116.5" - 120.5" wb						
4d Sed 700	2,100	3,500	7,880	12,250	17,500	
2d Cpe 1,000	3,000	5,000	11,250	17,500	25,000	
2d HT 1,080	3,240	5,400	12,150	18,900	27,000	
2d Sta Wag 800	2,400	4,000	9,000	14,000	20,000	
1955 Commander Custom, V-8, 116.5" wb						
4d Sed 720	2,160	3,600	8,100	12,600	18,000	
2d Sed 724	2,172	3,620	8,150	12,670	18,100	
1955 Commander DeLuxe, V-8, 116.5" - 120.5" wb						
4d Sed 740	2,220	3,700	8,330	12,950	18,500	
2d Sed 744	2,232	3,720	8,370	13,020	18,600	
2d Cpe 1,120	3,360	5,600	12,600	19,600	28,000	
Sta Wag 840	2,520	4,200	9,450	14,700	21,000	

	6	5	4	3	2	1
1955 Commander Regal, V-8, 116.5" - 120.5" wb						
4d Sed.	760	2,280	3,800	8,550	13,300	19,000
2d Cpe.	1,140	3,420	5,700	12,830	19,950	28,500
2d HT	1,180	3,540	5,900	13,280	20,650	29,500
2d Sta Wag	880	2,640	4,400	9,900	15,400	22,000
1955 President DeLuxe, V-8, 120.5" wb						
4d Sed.	780	2,340	3,900	8,780	13,650	19,500
1955 President State, V-8, 120.5" wb						
4d Sed.	800	2,400	4,000	9,000	14,000	20,000
2d Cpe.	1,160	3,480	5,800	13,050	20,300	29,000
2d HT	1,200	3,600	6,000	13,500	21,000	30,000
2d Spds HT	1,440	4,320	7,200	16,200	25,200	36,000
NOTE: Deduct $200 for Champion models in all series.						
1956 Champion, 6-cyl., 116.5" wb						
4d Sed.	600	1,800	3,000	6,750	10,500	15,000
2d Sed.	604	1,812	3,020	6,800	10,570	15,100
1956 Flight Hawk, 6-cyl., 120.5" wb						
2d Cpe.	840	2,520	4,200	9,450	14,700	21,000
1956 Champion Pelham, 6-cyl., 116.5" wb						
Sta Wag	860	2,580	4,300	9,680	15,050	21,500
1956 Commander, V-8, 116.5" wb						
4d Sed.	620	1,860	3,100	6,980	10,850	15,500
2d Sed.	624	1,872	3,120	7,020	10,920	15,600
1956 Power Hawk, V-8, 120.5" wb						
2d Cpe.	900	2,700	4,500	10,130	15,750	22,500
1956 Commander Parkview, V-8, 116.5" wb						
2d Sta Wag	880	2,640	4,400	9,900	15,400	22,000
1956 President, V-8, 116.5" wb						
4d Sed.	860	2,580	4,300	9,680	15,050	21,500
4d Classic	880	2,640	4,400	9,900	15,400	22,000
2d Sed.	864	2,592	4,320	9,720	15,120	21,600
1956 Sky Hawk, V-8, 120.5" wb						
2d HT	1,000	3,000	5,000	11,250	17,500	25,000
1956 President Pinehurst, V-8, 116.5" wb						
4d Sta Wag	900	2,700	4,500	10,130	15,750	22,500
1956 Golden Hawk, V-8, 120.5" wb						
2d HT	1,920	5,760	9,600	21,600	33,600	48,000
1957 Champion Scotsman, 6-cyl., 116.5" wb						
4d Sed.	560	1,680	2,800	6,300	9,800	14,000
2d Sed.	564	1,692	2,820	6,350	9,870	14,100
2d Sta Wag	720	2,160	3,600	8,100	12,600	18,000
1957 Champion Custom, 6-cyl., 116.5" wb						
4d Sed.	600	1,800	3,000	6,750	10,500	15,000
2d Clb Sed	604	1,812	3,020	6,800	10,570	15,100
1957 Champion DeLuxe, 6-cyl., 116.5" wb						
4d Sed.	620	1,860	3,100	6,980	10,850	15,500
2d Clb Sed	624	1,872	3,120	7,020	10,920	15,600
1957 Silver Hawk, 6-cyl., 120.5" wb						
2d Cpe.	1,000	3,000	5,000	11,250	17,500	25,000
1957 Champion Pelham, 6-cyl., 116.5" wb						
Sta Wag	860	2,580	4,300	9,680	15,050	21,500
1957 Commander Custom, V-8, 116.5" wb						
4d Sed.	600	1,800	3,000	6,750	10,500	15,000
2d Clb Sed	604	1,812	3,020	6,800	10,570	15,100
1957 Commander DeLuxe, V-8, 116.5" wb						
4d Sed.	620	1,860	3,100	6,980	10,850	15,500
2d Clb Sed	624	1,872	3,120	7,020	10,920	15,600
1957 Commander Station Wagons, V-8, 116.5" wb						
4d Park	880	2,640	4,400	9,900	15,400	22,000
4d Prov	900	2,700	4,500	10,130	15,750	22,500
1957 President, V-8, 116.5" wb						
4d Sed.	680	2,040	3,400	7,650	11,900	17,000
4d Classic	700	2,100	3,500	7,880	12,250	17,500
2d Clb Sed	684	2,052	3,420	7,700	11,970	17,100
1957 Silver Hawk, V-8, 120.5" wb						
2d Cpe.	1,120	3,360	5,600	12,600	19,600	28,000
1957 President Broadmoor, V-8, 116.5" wb						
4d Sta Wag	900	2,700	4,500	10,130	15,750	22,500
1957 Golden Hawk, V-8, 120.5" wb						
2d Spt HT	1,920	5,760	9,600	21,600	33,600	48,000
1958 Champion Scotsman, 6-cyl., 116.5" wb						
4d Sed.	388	1,164	1,940	4,370	6,790	9,700
2d Sed.	384	1,152	1,920	4,320	6,720	9,600
4d Sta Wag	420	1,260	2,100	4,730	7,350	10,500
1958 Champion, 6-cyl., 116.5" wb						
4d Sed.	392	1,176	1,960	4,410	6,860	9,800
2d Sed.	388	1,164	1,940	4,370	6,790	9,700

	6	5	4	3	2	1
1958 Silver Hawk, 6-cyl., 120.5" wb						
2d Cpe 1,000	3,000	5,000	11,250	17,500	25,000
1958 Commander, V-8, 116.5" wb						
4d Sed 520	1,560	2,600	5,850	9,100	13,000
2d HT 580	1,740	2,900	6,530	10,150	14,500
4d Sta Wag 540	1,620	2,700	6,080	9,450	13,500
1958 President, V-8, 120.5" & 116.5" wb						
4d Sed 528	1,584	2,640	5,940	9,240	13,200
2d HT 588	1,764	2,940	6,620	10,290	14,700
1958 Silver Hawk, V-8, 120.5" wb						
2d Cpe 1,080	3,240	5,400	12,150	18,900	27,000
1958 Golden Hawk, V-8, 120.5" wb						
2d Spt HT 1,880	5,640	9,400	21,150	32,900	47,000
1959-60 Lark DeLuxe, V-8, 108.5" wb						
4d Sed 400	1,200	2,000	4,500	7,000	10,000
2d Sed 400	1,200	2,000	4,500	7,000	10,000
4d Sta Wag (1960 only) 410	1,240	2,060	4,640	7,210	10,300
2d Sta Wag 416	1,248	2,080	4,680	7,280	10,400
1959-60 Lark Regal, V-8, 108.5" wb						
4d Sed 420	1,260	2,100	4,730	7,350	10,500
2d HT 580	1,740	2,900	6,530	10,150	14,500
2d Conv (1960 only) 780	2,340	3,900	8,780	13,650	19,500
4d Sta Wag 420	1,260	2,100	4,730	7,350	10,500
NOTE: Deduct 5 percent for 6-cyl. models.						
1959-60 Hawk, V-8, 120.5" wb						
2d Spt Cpe 920	2,760	4,600	10,350	16,100	23,000
1961 Lark DeLuxe, V-8, 108.5" wb						
4d Sed 392	1,176	1,960	4,410	6,860	9,800
2d Sed 396	1,188	1,980	4,460	6,930	9,900
1961 Lark Regal, V-8, 108.5" wb						
4d Sed 400	1,200	2,000	4,500	7,000	10,000
2d HT 560	1,680	2,800	6,300	9,800	14,000
2d Conv 760	2,280	3,800	8,550	13,300	19,000
1961 Lark Cruiser, V-8, 113" wb						
4d Sed 408	1,224	2,040	4,590	7,140	10,200
1961 Station Wagons, V-8, 113" wb						
4d DeL 392	1,176	1,960	4,410	6,860	9,800
2d 392	1,176	1,960	4,410	6,860	9,800
4d Reg 396	1,188	1,980	4,460	6,930	9,900
1961 Hawk, 8-cyl., 120.5" wb						
2d Spt Cpe 920	2,760	4,600	10,350	16,100	23,000
NOTE: Deduct 5 percent for 6-cyl. models. First year for 4-speed Hawks.						
1962 Lark DeLuxe, V-8, 109" - 113" wb						
4d Sed 392	1,176	1,960	4,410	6,860	9,800
2d Sed 392	1,176	1,960	4,410	6,860	9,800
4d Sta Wag 412	1,236	2,060	4,640	7,210	10,300
1962 Lark Regal, V-8, 109" - 113" wb						
4d Sed 392	1,176	1,960	4,410	6,860	9,800
2d HT 580	1,740	2,900	6,530	10,150	14,500
2d Conv 700	2,100	3,500	7,880	12,250	17,500
4d Sta Wag 420	1,260	2,100	4,730	7,350	10,500
1962 Lark Daytona, V-8, 109" wb						
2d HT 580	1,740	2,900	6,530	10,150	14,500
2d Conv 1,080	3,240	5,400	12,150	18,900	27,000
1962 Lark Cruiser, V-8, 113" wb						
4d Sed 560	1,680	2,800	6,300	9,800	14,000
1962 Gran Turismo Hawk, V-8, 120.5" wb						
2d HT 1,280	3,840	6,400	14,400	22,400	32,000
NOTE: Deduct 5 percent for 6-cyl. models.						
1963 Lark Standard, V-8, 109" - 113" wb						
4d Sed 392	1,176	1,960	4,410	6,860	9,800
2d Sed 392	1,176	1,960	4,410	6,860	9,800
4d Wagonaire Sta Wag 420	1,260	2,100	4,730	7,350	10,500
1963 Lark Regal, V-8, 109" - 113" wb						
4d Sed 392	1,176	1,960	4,410	6,860	9,800
2d Sed 392	1,176	1,960	4,410	6,860	9,800
4d Wagonaire Sta Wag 430	1,280	2,140	4,820	7,490	10,700
1963 Lark Custom, V-8, 109" - 113" wb						
4d Sed 392	1,176	1,960	4,410	6,860	9,800
2d Sed 396	1,188	1,980	4,460	6,930	9,900
1963 Lark Daytona, V-8, 109" - 113" wb						
2d HT 560	1,680	2,800	6,300	9,800	14,000
2d Conv 1,060	3,180	5,300	11,930	18,550	26,500
4d Wagonaire Sta Wag 600	1,800	3,000	6,750	10,500	15,000
1963 Cruiser, V-8, 113" wb						
4d Sed 564	1,692	2,820	6,350	9,870	14,100

	6	5	4	3	2	1
1963 Gran Turismo Hawk, V-8, 120.5" wb						
2d HT	1,280	3,840	6,400	14,400	22,400	32,000

NOTE: Deduct 5 percent for 6-cyl. Add 10 percent for R1 engine option. Add 20 percent for R2 engine option. Add 30 percent for R3 engine option. Add 10 percent for fully enclosed station wagon (introduced mid-model year).

	6	5	4	3	2	1
1964 Challenger, V-8, 109" - 113" wb						
4d Sed.	396	1,188	1,980	4,460	6,930	9,900
2d Sed.	400	1,200	2,000	4,500	7,000	10,000
4d Wagonaire Sta Wag.	410	1,220	2,040	4,590	7,140	10,200
1964 Commander, V-8, 109" - 113" wb						
4d Sed.	404	1,212	2,020	4,550	7,070	10,100
2d Sed.	408	1,224	2,040	4,590	7,140	10,200
4d Wagonaire Sta Wag.	420	1,260	2,100	4,730	7,350	10,500
1964 Daytona, V-8, 109" - 113" wb						
4d Sed.	420	1,260	2,100	4,730	7,350	10,500
2d HT	620	1,860	3,100	6,980	10,850	15,500
2d Conv.	1,060	3,180	5,300	11,930	18,550	26,500
4d Wagonaire Sta Wag.	580	1,740	2,900	6,530	10,150	14,500
1964 Cruiser, V-8, 113" wb						
4d Sed.	568	1,704	2,840	6,390	9,940	14,200
1964 Gran Turismo Hawk, V-8, 120.5" wb						
2d HT	1,280	3,840	6,400	14,400	22,400	32,000

NOTE: Deduct 5 percent for 6-cyl. models. Add 10 percent for R1 engine option. Add 20 percent for R2 engine option. Add 30 percent for R3 engine option.

	6	5	4	3	2	1
1965 Commander, V-8, 109" - 113" wb						
4d Sed.	400	1,200	2,000	4,500	7,000	10,000
2d Sed.	396	1,188	1,980	4,400	6,930	9,900
4d Wagonaire Sta Wag.	410	1,240	2,060	4,640	7,210	10,300
1965 Daytona, V-8, 109" - 113" wb						
4d Spt Sed	408	1,224	2,040	4,590	7,140	10,200
4d Wagonaire Sta Wag.	420	1,260	2,100	4,730	7,350	10,500
2d Spt Sed	420	1,260	2,100	4,730	7,350	10,500
1965 Cruiser, V-8, 113" wb						
4d Sed.	428	1,284	2,140	4,820	7,490	10,700

NOTE: Deduct 10 percent for 6-cyl. models.

	6	5	4	3	2	1
1966 Commander, V-8, 109" wb						
4d Sed.	400	1,200	2,000	4,500	7,000	10,000
2d Sed.	396	1,188	1,980	4,460	6,930	9,900
1966 Daytona, V-8, 109" - 113" wb						
2d Spt Sed	420	1,260	2,100	4,730	7,350	10,500
1966 Cruiser, V-8, 113" wb						
4d Sed.	412	1,236	2,060	4,640	7,210	10,300
1966 Wagonaire, V-8, 113" wb						
4d Sta Wag	420	1,260	2,100	4,730	7,350	10,500

AVANTI

	6	5	4	3	2	1
1963 Avanti, V-8, 109" wb						
2d Spt Cpe	1,200	3,600	6,000	13,500	21,000	30,000
1964 Avanti, V-8, 109" wb						
2d Spt Cpe	1,200	3,600	6,000	13,500	21,000	30,000

NOTE: Add 40 percent for R2 engine option. Add 50 percent for R4 engine option. Add 60 percent for R3 engine option.

AVANTI II

	6	5	4	3	2	1
Avanti II, V-8, 109" wb						
1965 2d Spt Cpe	1,040	3,120	5,200	11,700	18,200	26,000

NOTE: 5 prototypes made.

	6	5	4	3	2	1
1966 2d Spt Cpe	880	2,640	4,400	9,900	15,400	22,000
1967 2d Spt Cpe	880	2,640	4,400	9,900	15,400	22,000
1968 2d Spt Cpe	880	2,640	4,400	9,900	15,400	22,000
1969 2d Spt Cpe	880	2,640	4,400	9,900	15,400	22,000
1970 2d Spt Cpe	880	2,640	4,400	9,900	15,400	22,000
1971 2d Spt Cpe	880	2,640	4,400	9,900	15,400	22,000
1972 2d Spt Cpe	880	2,640	4,400	9,900	15,400	22,000
1973 2d Spt Cpe	880	2,640	4,400	9,900	15,400	22,000
1974 2d Spt Cpe	880	2,640	4,400	9,900	15,400	22,000
1975 2d Spt Cpe	880	2,640	4,400	9,900	15,400	22,000
1976 2d Spt Cpe	840	2,520	4,200	9,450	14,700	21,000

NOTE: Add 5 percent for leather upholstery. Add 5 percent for sunroof. Add 6 percent for wire wheels.

	6	5	4	3	2	1
1977 2d Spt Cpe	840	2,520	4,200	9,450	14,700	21,000
1978 2d Spt Cpe	840	2,520	4,200	9,450	14,700	21,000
1979 2d Spt Cpe	920	2,760	4,600	10,350	16,100	23,000
1980 2d Spt Cpe	920	2,760	4,600	10,350	16,100	23,000
1981 2d Spt Cpe	960	2,880	4,800	10,800	16,800	24,000
1982 2d Spt Cpe	1,000	3,000	5,000	11,250	17,500	25,000
1983 2d Spt Cpe	1,000	3,000	5,000	11,250	17,500	25,000
1984 2d Spt Cpe	1,000	3,000	5,000	11,250	17,500	25,000

	6	5	4	3	2	1
1985 2d Spt Cpe	1,080	3,240	5,400	12,150	18,900	27,000

NOTE: No Avanti II models manufactured in 1986.

	6	5	4	3	2	1
1987 2d Spt Cpe	1,200	3,600	6,000	13,500	21,000	30,000
1987 2d Conv.	1,320	3,960	6,600	14,850	23,100	33,000
1988 2d Spt Cpe	1,240	3,720	6,200	13,950	21,700	31,000
1988 2d Conv.	1,360	4,080	6,800	15,300	23,800	34,000
1989 2d Spt Cpe	1,240	3,720	6,200	13,950	21,700	31,000
1989 2d Conv.	1,360	4,080	6,800	15,300	23,800	34,000
1990 4d Sed.	960	2,880	4,800	10,800	16,800	24,000
1991 2d Conv.	1,400	4,200	7,000	15,750	24,500	35,000

STUTZ

	6	5	4	3	2	1
1912 Series A, 4-cyl., 50 hp, 120" wb						
2P Rds	2,800	8,400	14,000	31,500	49,000	70,000
4P Toy Tonn.	2,720	8,160	13,600	30,600	47,600	68,000
5P Tr	2,720	8,160	13,600	30,600	47,600	68,000
2P Bearcat	5,200	15,600	26,000	58,500	91,000	130,000
4P Cpe.	2,080	6,240	10,400	23,400	36,400	52,000
1912 Series A, 6-cyl., 60 hp, 124" wb Touring - 6P (130" wb)						
6P Tr	2,560	7,680	12,800	28,800	44,800	64,000
4P Toy Tonn.	2,480	7,440	12,400	27,900	43,400	62,000
2P Bearcat	5,600	16,800	28,000	63,000	98,000	140,000
1913 Series B, 4-cyl., 50 hp, 120" wb						
2P Rds	2,800	8,400	14,000	31,500	49,000	70,000
4P Toy Tonn.	2,720	8,160	13,600	30,600	47,600	68,000
4P Tr (124" wb)	2,720	8,160	13,600	30,600	47,600	68,000
2P Bearcat	5,200	15,600	26,000	58,500	91,000	130,000
6P Tr (124" wb)	2,880	8,640	14,400	32,400	50,400	72,000
1913 Series B, 6-cyl., 60 hp, 124" wb						
2P Bearcat	5,600	16,800	28,000	63,000	98,000	140,000
4P Toy Tonn.	2,720	8,160	13,600	30,600	47,600	68,000
6P Tr (130" wb)	2,960	8,880	14,800	33,300	51,800	74,000
1914 Model 4E, 4-cyl., 50 hp, 120" wb						
2P Rds	2,720	8,160	13,600	30,600	47,600	68,000
Bearcat.	5,600	16,800	28,000	63,000	98,000	140,000
5P Tr	2,720	8,160	13,600	30,600	47,600	68,000
1914 Model 6E, 6-cyl., 55 hp, 130" wb						
2P Rds	2,960	8,880	14,800	33,300	51,800	74,000
6P Tr	2,960	8,880	14,800	33,300	51,800	74,000
1915 Model H.C.S., 4-cyl., 23 hp, 108" wb						
2P Rds	2,080	6,240	10,400	23,400	36,400	52,000
1915 Model 4F, 4-cyl., 36.1 hp, 120" wb						
2P Rds	2,480	7,440	12,400	27,900	43,400	62,000
Bearcat.	5,200	15,600	26,000	58,500	91,000	130,000
Cpe.	1,360	4,080	6,800	15,300	23,800	34,000
Bulldog.	2,400	7,200	12,000	27,000	42,000	60,000
5P Tr	2,400	7,200	12,000	27,000	42,000	60,000
5P Sed	1,240	3,720	6,200	13,950	21,700	31,000
1915 Model 6F, 6-cyl., 38.4 hp, 130" wb						
2P Rds	2,480	7,440	12,400	27,900	43,400	62,000
Bearcat.	5,200	15,600	26,000	58,500	91,000	130,000
Cpe.	1,480	4,440	7,400	16,650	25,900	37,000
5P Tr	2,560	7,680	12,800	28,800	44,800	64,000
6P Tr	2,560	7,680	12,800	28,800	44,800	64,000
5P Sed	1,280	3,840	6,400	14,400	22,400	32,000
1916 Model C, 4-cyl., 36.1 hp, 120" wb						
2P Rds	2,480	7,440	12,400	27,900	43,400	62,000
Bearcat.	5,200	15,600	26,000	58,500	91,000	130,000
Bulldog.	2,560	7,680	12,800	28,800	44,800	64,000
Sed.	1,240	3,720	6,200	13,950	21,700	31,000
1916 Bulldog Special, 4-cyl., 36.1 hp, 130" wb						
4P Tr	2,560	7,680	12,800	28,800	44,800	64,000
5P Tr	2,640	7,920	13,200	29,700	46,200	66,000
1917 Series R, 4-cyl., 80 hp, 130" wb						
2P Rds	2,720	8,160	13,600	30,600	47,600	68,000
4P Bulldog Spl	2,560	7,680	12,800	28,800	44,800	64,000
6P Bulldog Spl	2,640	7,920	13,200	29,700	46,200	66,000
Bearcat (120" wb)	5,400	16,200	27,000	60,750	94,500	135,000
1918 Series S, 4-cyl., 80 hp, 130" wb						
2P Rds	2,720	8,160	13,600	30,600	47,600	68,000
4P Bulldog Spl	2,560	7,680	12,800	28,800	44,800	64,000
6P Bulldog Spl	2,640	7,920	13,200	29,700	46,200	66,000
Bearcat (120" wb)	5,400	16,200	27,000	60,750	94,500	135,000
1919 Series G, 4-cyl., 80 hp, 130" wb						
6P Tr	2,800	8,400	14,000	31,500	49,000	70,000

	6	5	4	3	2	1
2P Rds	2,560	7,680	12,800	28,800	44,800	64,000
4P C.C. Tr	2,800	8,400	14,000	31,500	49,000	70,000
Bearcat (120" wb)	5,400	16,200	27,000	60,750	94,500	135,000
1920 Series H, 4-cyl., 80 hp, 130" wb						
2P Bearcat (120" wb)	5,400	16,200	27,000	60,750	94,500	135,000
2P Rds	2,720	8,160	13,600	30,600	47,600	68,000
4P/5P Tr	2,800	8,400	14,000	31,500	49,000	70,000
6P/7P Tr	2,880	8,640	14,400	32,400	50,400	72,000
1921 Series K, 4-cyl., 80 hp, 130" wb						
2P Bearcat (120" wb)	5,400	16,200	27,000	60,750	94,500	135,000
2P Rds	3,520	10,560	17,600	39,600	61,600	88,000
4P Tr	2,800	8,400	14,000	31,500	49,000	70,000
6P Tr	2,800	8,400	14,000	31,500	49,000	70,000
4P Cpe	1,680	5,040	8,400	18,900	29,400	42,000
1922 Series K, 4-cyl., 80 hp, 130" wb						
3P Cpe	1,680	5,040	8,400	18,900	29,400	42,000
2P Rds	2,720	8,160	13,600	30,600	47,600	68,000
Bearcat (120" wb)	5,400	16,200	27,000	60,750	94,500	135,000
6P Tr	2,800	8,400	14,000	31,500	49,000	70,000
4P Spt	2,960	8,880	14,800	33,300	51,800	74,000
1923 Special Six, 70 hp, 120" wb						
5P Sed	1,480	4,440	7,400	16,650	25,900	37,000
5P Tr	2,800	8,400	14,000	31,500	49,000	70,000
Rds	2,800	8,400	14,000	31,500	49,000	70,000
1923 Speedway Four, 88 hp, 130" wb						
6P Tr	2,960	8,880	14,800	33,300	51,800	74,000
Sportster	3,120	9,360	15,600	35,100	54,600	78,000
4P Cpe	1,680	5,040	8,400	18,900	29,400	42,000
Sportsedan	1,560	4,680	7,800	17,550	27,300	39,000
Rds	2,720	8,160	13,600	30,600	47,600	68,000
Bearcat	5,600	16,800	28,000	63,000	98,000	140,000
Calif Tr	3,040	9,120	15,200	34,200	53,200	76,000
Calif Sptstr	3,040	9,120	15,200	34,200	53,200	76,000
1924 Special Six, 70 hp, 120" wb						
5P Phae	2,640	7,920	13,200	29,700	46,200	66,000
Tourabout	2,640	7,920	13,200	29,700	46,200	66,000
2P Rds	2,720	8,160	13,600	30,600	47,600	68,000
Palanquin	2,640	7,920	13,200	29,700	46,200	66,000
5P Sed	1,360	4,080	6,800	15,300	23,800	34,000
1924 Speedway Four, 4-cyl., 88 hp, 130" wb						
2P Rds	2,720	8,160	13,600	30,600	47,600	68,000
2P Bearcat	5,600	16,800	28,000	63,000	98,000	140,000
6P Tr	2,800	8,400	14,000	31,500	49,000	70,000
4P Cpe	1,680	5,040	8,400	18,900	29,400	42,000
1925 Models 693-694, 6-cyl., 70 hp, 120" wb						
5P Phae	2,560	7,680	12,800	28,800	44,800	64,000
5P Tourabout	2,640	7,920	13,200	29,700	46,200	66,000
2P Rds	2,560	7,680	12,800	28,800	44,800	64,000
4P Cpe	1,600	4,800	8,000	18,000	28,000	40,000
5P Sed	1,360	4,080	6,800	15,300	23,800	34,000
1925 Model 695, 6-cyl., 80 hp, 130" wb						
7P Tourster	2,640	7,920	13,200	29,700	46,200	66,000
5P Sportster	2,640	7,920	13,200	29,700	46,200	66,000
7P Sub	1,880	5,640	9,400	21,150	32,900	47,000
Sportbrohm	1,840	5,520	9,200	20,700	32,200	46,000
7P Berline	1,920	5,760	9,600	21,600	33,600	48,000
1926 Vertical Eight, AA, 92 hp, 131" wb						
4P Spds	5,000	15,000	25,000	56,250	87,500	125,000
5P Spds	5,000	15,000	25,000	56,250	87,500	125,000
4P Vic Cpe	2,280	6,840	11,400	25,650	39,900	57,000
5P Brgm	2,040	6,120	10,200	22,950	35,700	51,000
5P Sed	1,680	5,040	8,400	18,900	29,400	42,000
1927 Vertical Eight, AA, 92 hp, 131" wb						
4P Spds	5,000	15,000	25,000	56,250	87,500	125,000
5P Spds	5,000	15,000	25,000	56,250	87,500	125,000
2P Cpe	2,080	6,240	10,400	23,400	36,400	52,000
4P Cpe	2,080	6,240	10,400	23,400	36,400	52,000
5P Brgm	2,040	6,120	10,200	22,950	35,700	51,000
5P Sed	1,680	5,040	8,400	18,900	29,400	42,000
7P Berline	2,040	6,120	10,200	22,950	35,700	51,000
7P Sed	1,760	5,280	8,800	19,800	30,800	44,000
1928 Series BB, 8-cyl., 115 hp, 131 & 135" wb						
2P Spds	5,200	15,600	26,000	58,500	91,000	130,000
4P Spds	5,000	15,000	25,000	56,250	87,500	125,000
5P Spds	5,000	15,000	25,000	56,250	87,500	125,000
7P Spds	5,100	15,300	25,500	57,380	89,250	127,500

STUTZ

STUTZ

	6	5	4	3	2	1
2P Black Hawk Spds	5,800	17,400	29,000	65,250	101,500	145,000
4P Black Hawk Spds	5,800	17,400	29,000	65,250	101,500	145,000
4P Vic Cpe	2,280	6,840	11,400	25,650	39,900	57,000
2P Cpe	2,160	6,480	10,800	24,300	37,800	54,000
5P Sed	1,680	5,040	8,400	18,900	29,400	42,000
5P Brgm	1,720	5,160	8,600	19,350	30,100	43,000
2P Cabr Cpe	3,520	10,560	17,600	39,600	61,600	88,000
7P Sed	1,760	5,280	8,800	19,800	30,800	44,000
7P Sed Limo	2,480	7,440	12,400	27,900	43,400	62,000
4P Deauville	2,400	7,200	12,000	27,000	42,000	60,000
5P Chantilly Sed	2,400	7,200	12,000	27,000	42,000	60,000
4P Monaco Cpe	2,560	7,680	12,800	28,800	44,800	64,000
5P Riv Sed	2,560	7,680	12,800	28,800	44,800	64,000
7P Biarritz Sed	2,560	7,680	12,800	28,800	44,800	64,000
5P Chamonix Sed	2,640	7,920	13,200	29,700	46,200	66,000
7P Fontainbleau	2,640	7,920	13,200	29,700	46,200	66,000
5P Aix Les Bains	2,640	7,920	13,200	29,700	46,200	66,000
7P Versailles	2,720	8,160	13,600	30,600	47,600	68,000
5P Prince of Wales	2,720	8,160	13,600	30,600	47,600	68,000
8P Prince of Wales	2,800	8,400	14,000	31,500	49,000	70,000
Transformable Twn Car	2,960	8,880	14,800	33,300	51,800	74,000
1929 Model M, 8-cyl., 115 hp, 134-1/2" wb						
4P Spds	5,000	15,000	25,000	56,250	87,500	125,000
7P Spds	5,100	15,300	25,500	57,380	89,250	127,500
2P Speed Car	5,600	16,800	28,000	63,000	98,000	140,000
5P Cpe	2,160	6,480	10,800	24,300	37,800	54,000
4P Cpe	2,160	6,480	10,800	24,300	37,800	54,000
2P Cabr	3,760	11,280	18,800	42,300	65,800	94,000
5P Sed	1,760	5,280	8,800	19,800	30,800	44,000
7P Sed	1,800	5,400	9,000	20,250	31,500	45,000
5P Chantilly Sed	2,400	7,200	12,000	27,000	42,000	60,000
5P Monaco Cpe	2,560	7,680	12,800	28,800	44,800	64,000
5P Deauville	2,400	7,200	12,000	27,000	42,000	60,000
7P Limo	2,400	7,200	12,000	27,000	42,000	60,000
5P Sed	2,080	6,240	10,400	23,400	36,400	52,000
2P Cabr	4,000	12,000	20,000	45,000	70,000	100,000
5P Biarritz	2,560	7,680	12,800	28,800	44,800	64,000
7P Fontainbleau	2,640	7,920	13,200	29,700	46,200	66,000
7P Aix Les Baines	2,640	7,920	13,200	29,700	46,200	66,000
5P Sed	2,280	6,840	11,400	25,650	39,900	57,000
5P Limo	2,560	7,680	12,800	28,800	44,800	64,000
6P Brgm	2,560	7,680	12,800	28,800	44,800	64,000
Brgm Limo	2,640	7,920	13,200	29,700	46,200	66,000
6P Sed	2,240	6,720	11,200	25,200	39,200	56,000
6P Sed Limo	2,640	7,920	13,200	29,700	46,200	66,000
7P Sed Limo	2,640	7,920	13,200	29,700	46,200	66,000
5P Transformable Cabr	3,360	10,080	16,800	37,800	58,800	84,000
7P Trans Twn Car	3,360	10,080	16,800	37,800	58,800	84,000
5P Trans Twn Car	3,440	10,320	17,200	38,700	60,200	86,000
1929 Model M, 8-cyl., 115 hp, 145" wb						
4P Spds	5,200	15,600	26,000	58,500	91,000	130,000
7P Spds	5,300	15,900	26,500	59,630	92,750	132,500
5P Sed	1,800	5,400	9,000	20,250	31,500	45,000
7P Sed	1,840	5,520	9,200	20,700	32,200	46,000
7P Limo	2,080	6,240	10,400	23,400	36,400	52,000
5P Sed	1,920	5,760	9,600	21,600	33,600	48,000
Cabr	3,600	10,800	18,000	40,500	63,000	90,000
Chaumont	2,720	8,160	13,600	30,600	47,600	68,000
Monte Carlo	2,720	8,160	13,600	30,600	47,600	68,000
5P Sed	2,480	7,440	12,400	27,900	43,400	62,000
5P Limo	2,400	7,200	12,000	27,000	42,000	60,000
Brgm	2,480	7,440	12,400	27,900	43,400	62,000
Brgm Limo	2,560	7,680	12,800	28,800	44,800	64,000
6P Sed	2,480	7,440	12,400	27,900	43,400	62,000
6P Sed Limo	2,560	7,680	12,800	28,800	44,800	64,000
7P Sed Limo	2,640	7,920	13,200	29,700	46,200	66,000
Transformable Cabr	3,360	10,080	16,800	37,800	58,800	84,000
Transformable Twn Car	3,360	10,080	16,800	37,800	58,800	84,000
Transformable Tr Cabr	3,520	10,560	17,600	39,600	61,600	88,000
1930 Model MA, 8-cyl., 115 hp, 134-1/2" wb						
2P Spds	4,800	14,400	24,000	54,000	84,000	120,000
4P Spds	5,000	15,000	25,000	56,250	87,500	125,000
2P Cpe	2,280	6,840	11,400	25,650	39,900	57,000
5P Cpe	2,280	6,840	11,400	25,650	39,900	57,000
Sed	1,680	5,040	8,400	18,900	29,400	42,000
Cabr	3,520	10,560	17,600	39,600	61,600	88,000

	6	5	4	3	2	1
Longchamps	2,560	7,680	12,800	28,800	44,800	64,000
Versailles	2,560	7,680	12,800	28,800	44,800	64,000
Torpedo	3,200	9,600	16,000	36,000	56,000	80,000
1930 Model MB, 8-cyl., 115 hp, 145" wb						
4P Spds	5,200	15,600	26,000	58,500	91,000	130,000
7P Spds	5,300	15,900	26,500	59,630	92,750	132,500
5P Sed	1,800	5,400	9,000	20,250	31,500	45,000
7P Sed	1,840	5,520	9,200	20,700	32,200	46,000
7P Limo	2,080	6,240	10,400	23,400	36,400	52,000
5P Sed	1,920	5,760	9,600	21,600	33,600	48,000
Cabr	3,600	10,800	18,000	40,500	63,000	90,000
Chaumont	2,720	8,160	13,600	30,600	47,600	68,000
Monte Carlo	2,720	8,160	13,600	30,600	47,600	68,000
5P Sed	2,480	7,440	12,400	27,900	43,400	62,000
5P Limo	2,400	7,200	12,000	27,000	42,000	60,000
Brgm	2,480	7,440	12,400	27,900	43,400	62,000
Brgm Limo	2,560	7,680	12,800	28,800	44,800	64,000
6P Sed	2,480	7,440	12,400	27,900	43,400	62,000
6P Sed Limo	2,560	7,680	12,800	28,800	44,800	64,000
7P Sed Limo	2,640	7,920	13,200	29,700	46,200	66,000
Transformable Cabr	3,360	10,080	16,800	37,800	58,800	84,000
Transformable Twn Car	3,360	10,080	16,800	37,800	58,800	84,000
Transformable Tr Cabr	3,520	10,560	17,600	39,600	61,600	88,000
1931 Model LA, 6-cyl., 85 hp, 127-1/2" wb						
4P Spds	4,960	14,880	24,800	55,800	86,800	124,000
5P Cpe	1,880	5,640	9,400	21,150	32,900	47,000
Sed	1,600	4,800	8,000	18,000	28,000	40,000
4P Cpe	1,920	5,760	9,600	21,600	33,600	48,000
Cabr Cpe	3,120	9,360	15,600	35,100	54,600	78,000
1931 Model MA, 8-cyl., 115 hp, 134-1/2" wb						
2P Spds	4,800	14,400	24,000	54,000	84,000	120,000
Torp	3,600	10,800	18,000	40,500	63,000	90,000
4P Spds	5,000	15,000	25,000	56,250	87,500	125,000
5P Cpe	2,080	6,240	10,400	23,400	36,400	52,000
4P Cpe	2,120	6,360	10,600	23,850	37,100	53,000
Cabr Cpe	3,120	9,360	15,600	35,100	54,600	78,000
Sed	1,760	5,280	8,800	19,800	30,800	44,000
Longchamps	2,240	6,720	11,200	25,200	39,200	56,000
Versailles	2,240	6,720	11,200	25,200	39,200	56,000
1931 Model MB, 8-cyl., 115 hp, 145" wb						
7P Spds	5,360	16,080	26,800	60,300	93,800	134,000
5P Sed	2,040	6,120	10,200	22,950	35,700	51,000
7P Sed	2,080	6,240	10,400	23,400	36,400	52,000
Limo	2,480	7,440	12,400	27,900	43,400	62,000
Cabr Cpe	3,760	11,280	18,800	42,300	65,800	94,000
Conv Sed	4,960	14,880	24,800	55,800	86,800	124,000
Chaumont	3,760	11,280	18,800	42,300	65,800	94,000
Monte Carlo	3,760	11,280	18,800	42,300	65,800	94,000
5P Sed	2,480	7,440	12,400	27,900	43,400	62,000
Brgm	2,400	7,200	12,000	27,000	42,000	60,000
7P Sed	2,560	7,680	12,800	28,800	44,800	64,000
Brgm Limo	2,640	7,920	13,200	29,700	46,200	66,000
6/7P Sed Limo	2,720	8,160	13,600	30,600	47,600	68,000
Transformable Cabr	3,520	10,560	17,600	39,600	61,600	88,000
Transformable Twn Car	3,360	10,080	16,800	37,800	58,800	84,000
Transformable Twn Cabr	3,520	10,560	17,600	39,600	61,600	88,000
1932 Model LAA, 6-cyl., 85 hp, 127-1/2" wb						
Sed	1,680	5,040	8,400	18,900	29,400	42,000
5P Cpe	2,280	6,840	11,400	25,650	39,900	57,000
4P Cpe	2,280	6,840	11,400	25,650	39,900	57,000
Clb Sed	1,880	5,640	9,400	21,150	32,900	47,000
1932 Model SV-16, 8-cyl., 115 hp, 134-1/2" wb						
4P Spds	5,120	15,360	25,600	57,600	89,600	128,000
Torp	3,360	10,080	16,800	37,800	58,800	84,000
5P Cpe	2,080	6,240	10,400	23,400	36,400	52,000
5P Sed	1,880	5,640	9,400	21,150	32,900	47,000
4P Cpe	2,280	6,840	11,400	25,650	39,900	57,000
Clb Sed	1,960	5,880	9,800	22,050	34,300	49,000
Cabr Cpe	3,360	10,080	16,800	37,800	58,800	84,000
Longchamps	2,280	6,840	11,400	25,650	39,900	57,000
Versailles	2,280	6,840	11,400	25,650	39,900	57,000
6P Sed	2,160	6,480	10,800	24,300	37,800	54,000
Cont Cpe	2,640	7,920	13,200	29,700	46,200	66,000
1932 Model SV-16, 8-cyl., 115 hp, 145" wb						
7P Spds	5,720	17,160	28,600	64,350	100,100	143,000
7P Sed	3,120	9,360	15,600	35,100	54,600	78,000

	6	5	4	3	2	1
5P Sed	2,960	8,880	14,800	33,300	51,800	74,000
Limo	3,360	10,080	16,800	37,800	58,800	84,000
Conv Sed	4,960	14,880	24,800	55,800	86,800	124,000
6P Sed	3,200	9,600	16,000	36,000	56,000	80,000
Chaumont	3,760	11,280	18,800	42,300	65,800	94,000
Brgm	3,360	10,080	16,800	37,800	58,800	84,000
Monte Carlo	3,440	10,320	17,200	38,700	60,200	86,000
Brgm Limo	3,520	10,560	17,600	39,600	61,600	88,000
7P Sed Limo	3,520	10,560	17,600	39,600	61,600	88,000
6P Sed Limo	3,520	10,560	17,600	39,600	61,600	88,000
Transformable Cabr	3,760	11,280	18,800	42,300	65,800	94,000
Monte Carlo	3,840	11,520	19,200	43,200	67,200	96,000
Prince of Walcs	3,840	11,520	19,200	43,200	67,200	96,000
Conv Vic	4,320	12,960	21,600	48,600	75,600	108,000
Spt Sed	3,360	10,080	16,800	37,800	58,800	84,000
Tuxedo Cabr	5,360	16,080	26,800	60,300	93,800	134,000
Patrician Cpe	3,520	10,560	17,600	39,600	61,600	88,000
Transformable Twn Car	5,520	16,560	27,600	62,100	96,600	138,000

NOTE: All other models same as SV-16, with prices $1,000 more than SV-16.

1932 Model DV-32, 8-cyl., 156 hp, 134-1/2" wb

	6	5	4	3	2	1
Bearcat	8,000	24,000	40,000	90,000	140,000	200,000

1932 Model DV-32, 8-cyl., 156 hp, 145" wb

NOTE: All models same as SV-16, with prices $1,000 more than SV-16.

1932 Model DV-32, 8-cyl., 156 hp, 116" wb

	6	5	4	3	2	1
Sup Bearcat	8,000	24,000	40,000	90,000	140,000	200,000

1933 Model LAA, 6-cyl., 85 hp, 127-1/2" wb

	6	5	4	3	2	1
5P Sed	1,760	5,280	8,800	19,800	30,800	44,000
5P Cpe	2,080	6,240	10,400	23,400	36,400	52,000
4P Cpe	2,120	6,360	10,600	23,850	37,100	53,000
5P Clb Sed	1,880	5,640	9,400	21,150	32,900	47,000
4P Cabr Cpe	2,960	8,880	14,800	33,300	51,800	74,000

1933 Model SV-16, 8-cyl., 115 hp, 134-1/2" wb

	6	5	4	3	2	1
2P Spds	4,320	12,960	21,600	48,600	75,600	108,000
2P Torp	3,120	9,360	15,600	35,100	54,600	78,000
4P Spds	4,720	14,160	23,600	53,100	82,600	118,000
5P Cpe	2,360	7,080	11,800	26,550	41,300	59,000
5P Sed	1,880	5,640	9,400	21,150	32,900	47,000
4P Cpe	2,400	7,200	12,000	27,000	42,000	60,000
5P Clb Sed	1,960	5,880	9,800	22,050	34,300	49,000
4P Cabr Cpe	3,120	9,360	15,600	35,100	54,600	78,000
5P Versailles	2,560	7,680	12,800	28,800	44,800	64,000

1933 Model SV-16, 8-cyl., 115 hp, 145" wb

	6	5	4	3	2	1
4P Spds	5,520	16,560	27,600	62,100	96,600	138,000
5P Sed	2,280	6,840	11,400	25,650	39,900	57,000
7P Sed	2,360	7,080	11,800	26,550	41,300	59,000
7P Limo	2,560	7,680	12,800	28,800	44,800	64,000
4P Cabr Cpe	3,760	11,280	18,800	42,300	65,800	94,000
5P Conv Sed	5,120	15,360	25,600	57,600	89,600	128,000
6P Sed	2,640	7,920	13,200	29,700	46,200	66,000
5P Chaumont	2,720	8,160	13,600	30,600	47,600	68,000
6P Brgm	2,720	8,160	13,600	30,600	47,600	68,000
6P Sed	2,640	7,920	13,200	29,700	46,200	66,000
5P Monte Carlo	2,800	8,400	14,000	31,500	49,000	70,000
6P Brgm Limo	3,360	10,080	16,800	37,800	58,800	84,000
6P Sed Limo	3,120	9,360	15,600	35,100	54,600	78,000
7P Twn Car	3,520	10,560	17,600	39,600	61,600	88,000
5P Monte Carlo	3,520	10,560	17,600	39,600	61,600	88,000

1933 Series DV-32, 8-cyl., 156" wb

NOTE: Same models as the SV-16 on the two chassis, with prices $700 more. Bearcat and Super Bearcat continued from 1932.

1934 Model SV-16, 8-cyl., 115 hp, 134-1/2" wb

	6	5	4	3	2	1
Spds	4,720	14,160	23,600	53,100	82,600	118,000
Spds	4,720	14,160	23,600	53,100	82,600	118,000
Torp	4,320	12,960	21,600	48,600	75,600	108,000
4P Cpe	2,080	6,240	10,400	23,400	36,400	52,000
Conv Cpe	3,360	10,080	16,800	37,800	58,800	84,000
Club Sed	2,480	7,440	12,400	27,900	43,400	62,000
5P Sed	2,280	6,840	11,400	25,650	39,900	57,000
5P Cpe	2,480	7,440	12,400	27,900	43,400	62,000
Versailles	2,480	7,440	12,400	27,900	43,400	62,000

1934 Model SV-16, 8-cyl., 115 hp, 145" wb

	6	5	4	3	2	1
Conv Cpe	3,520	10,560	17,600	39,600	61,600	88,000
7P Sed	2,440	7,320	12,200	27,450	42,700	61,000
Limo	2,400	7,200	12,000	27,000	42,000	60,000
Chaumont	2,400	7,200	12,000	27,000	42,000	60,000
Monte Carlo	2,480	7,440	12,400	27,900	43,400	62,000

	6	5	4	3	2	1
1934 Model DV-32, 8-cyl., 156 hp, 134-1/2" wb						
Spds	5,120	15,360	25,600	57,600	89,600	128,000
Spds	5,200	15,600	26,000	58,500	91,000	130,000
Torp.	5,040	15,120	25,200	56,700	88,200	126,000
4P Cpe	2,480	7,440	12,400	27,900	43,400	62,000
Conv Cpe	4,960	14,880	24,800	55,800	86,800	124,000
Clb Sed	2,440	7,320	12,200	27,450	42,700	61,000
5P Sed	2,400	7,200	12,000	27,000	42,000	60,000
5P Cpe	2,400	7,200	12,000	27,000	42,000	60,000
Versailles.	2,560	7,680	12,800	28,800	44,800	64,000
1934 Model DV-32, 8-cyl., 156 hp, 145" wb						
Conv Cpe	4,720	14,160	23,600	53,100	82,600	118,000
7P Sed	2,480	7,440	12,400	27,900	43,400	62,000
Limo	2,720	8,160	13,600	30,600	47,600	68,000
Chaumont	2,720	8,160	13,600	30,600	47,600	68,000
Monte Carlo.	2,800	8,400	14,000	31,500	49,000	70,000
1935 Model SV-16, 8-cyl., 134 & 145" wb						
2P Spds.	3,440	10,320	17,200	38,700	60,200	86,000
2P Cpe	2,160	6,480	10,800	24,300	37,800	54,000
5P Sed	1,760	5,280	8,800	19,800	30,800	44,000
7P Sed	2,000	6,000	10,000	22,500	35,000	50,000
1935 Model DV-32, 8-cyl., 134 & 145" wb						
2P Spds.	3,520	10,560	17,600	39,600	61,600	88,000
2/4P Cpe.	2,280	6,840	11,400	25,650	39,900	57,000
5P Sed	1,760	5,280	8,800	19,800	30,800	44,000
7P Limo.	2,280	6,840	11,400	25,650	39,900	57,000

WHIPPET

	6	5	4	3	2	1
1926 Model 96, 4-cyl.						
2d 2P Cpe	360	1,090	1,820	4,100	6,370	9,100
4d 5P Tr	840	2,520	4,200	9,450	14,700	21,000
4d 5P Sed	360	1,080	1,800	4,050	6,300	9,000
1927 Model 96, 4-cyl., 30 hp, 104-1/4" wb						
4d 5P Tr	840	2,520	4,200	9,450	14,700	21,000
2d 5P Coach	360	1,070	1,780	4,010	6,230	8,900
2d 5P Rds	800	2,400	4,000	9,000	14,000	20,000
2d 2P Cpe	460	1,380	2,300	5,180	8,050	11,500
4d 5P Sed	360	1,080	1,800	4,050	6,300	9,000
2d Cabr	640	1,920	3,200	7,200	11,200	16,000
4d 5P Lan Sed	350	1,060	1,760	3,960	6,160	8,800
1927 Model 93A, 6-cyl., 40 hp, 109-1/4" wb						
4d 5P Tr	880	2,640	4,400	9,900	15,400	22,000
2d 2/4P Rds	840	2,520	4,200	9,450	14,700	21,000
2d 2P Cpe	480	1,440	2,400	5,400	8,400	12,000
2d 5P Cpe	440	1,320	2,200	4,950	7,700	11,000
4d 5P Sed	450	1,340	2,240	5,040	7,840	11,200
2d Cabr	640	1,920	3,200	7,200	11,200	16,000
4d 5P Lan Sed	360	1,070	1,780	4,010	6,230	8,900
1928 Model 96, 4-cyl., 32 hp, 100-1/4" wb						
2d 2/4P Spt Rds	800	2,400	4,000	9,000	14,000	20,000
4d 5P Tr	840	2,520	4,200	9,450	14,700	21,000
2d 5P Coach	340	1,010	1,680	3,780	5,880	8,400
2d 2P Cpe	440	1,320	2,200	4,950	7,700	11,000
2d 2/4P Cabr	640	1,920	3,200	7,200	11,200	16,000
4d 5P Sed	330	980	1,640	3,690	5,740	8,200
1928 Model 98, 6-cyl.						
2d 2/4P Rds	840	2,520	4,200	9,450	14,700	21,000
4d 5P Tr	880	2,640	4,400	9,900	15,400	22,000
2d 2P Cpe	480	1,440	2,400	5,400	8,400	12,000
2d 5P Coach	440	1,320	2,200	4,950	7,700	11,000
4d 5P Sed	450	1,340	2,240	5,040	7,840	11,200
1929 Model 96A, 4-cyl., 103-1/2" wb						
2d 2P Rds	800	2,400	4,000	9,000	14,000	20,000
2d 2/4P Rds	840	2,520	4,200	9,450	14,700	21,000
2d 2/4P Rds College	840	2,520	4,200	9,450	14,700	21,000
4d 5P Tr	840	2,520	4,200	9,450	14,700	21,000
2d 2P Cpe	440	1,320	2,200	4,950	7,700	11,000
2d Cabr	640	1,920	3,200	7,200	11,200	16,000
2d 2/4P Cpe	640	1,920	3,200	7,200	11,200	16,000
2d 5P Coach	340	1,010	1,680	3,780	5,880	8,400
4d 5P Sed	340	1,030	1,720	3,870	6,020	8,600
4d DeL Sed	360	1,070	1,780	4,010	6,230	8,900
1929 Model 98A, 6-cyl.						
2d 2/4P Spt Rds	920	2,760	4,600	10,350	16,100	23,000
4d 5P Tr	880	2,640	4,400	9,900	15,400	22,000

	6	5	4	3	2	1
2d 2P Cpe	460	1,380	2,300	5,180	8,050	11,500
2d 2/4P Cpe	480	1,440	2,400	5,400	8,400	12,000
2d 5P Coach	340	1,030	1,720	3,870	6,020	8,600
4d 5P Sed	360	1,070	1,780	4,010	6,230	8,900
4d 5P DeL Sed	360	1,080	1,800	4,050	6,300	9,000
1930 Model 96A, 4-cyl.						
2d 2P Rds	920	2,760	4,600	10,350	16,100	23,000
2d 2/4P Rds College	1,000	3,000	5,000	11,250	17,500	25,000
4d 5P Tr	880	2,640	4,400	9,900	15,400	22,000
2d 2P Cpe	440	1,320	2,200	4,950	7,700	11,000
2d 2/4P Cpe	460	1,380	2,300	5,180	8,050	11,500
2d 5P Coach	320	960	1,600	3,600	5,600	8,000
4d 5P Sed	330	980	1,640	3,690	5,740	8,200
4d 5P DeL Sed	340	1,020	1,700	3,830	5,950	8,500
1930 Model 98A, 6-cyl.						
4d 5P Tr	880	2,640	4,400	9,900	15,400	22,000
2d 2/4P Spt Rds	920	2,760	4,600	10,350	16,100	23,000
2d 2P Cpe	450	1,340	2,240	5,040	7,840	11,200
2d 2/4P Cpe	460	1,390	2,320	5,220	8,120	11,600
2d 5P Coach	450	1,340	2,240	5,040	7,840	11,200
4d 5P Sed	450	1,360	2,260	5,090	7,910	11,300
4d 5P DeL Sed	470	1,420	2,360	5,310	8,260	11,800
1930 Model 96A, 4-cyl.						
2d 2P Cpe	440	1,320	2,200	4,950	7,700	11,000
2d 2/4P Cpe	460	1,380	2,300	5,180	8,050	11,500
4d 5P Sed	330	980	1,640	3,690	5,740	8,200
1930 Model 98A, 6-cyl.						
2d 5P Coach	330	980	1,640	3,690	5,740	8,200
4d 5P Sed	330	1,000	1,660	3,740	5,810	8,300
4d 5P DeL Sed	350	1,060	1,760	3,960	6,160	8,800

WILLYS

	6	5	4	3	2	1
1902-03 Model 13, 1-cyl.						
2P Rbt	1,400	4,200	7,000	15,750	24,500	35,000
1904 Model 13, 1-cyl.						
2P Rbt	1,280	3,840	6,400	14,400	22,400	32,000
1905 Model 15, 2-cyl.						
2P Rbt	1,280	3,840	6,400	14,400	22,400	32,000
1905 Model 17, 2-cyl.						
2P Rbt	1,280	3,840	6,400	14,400	22,400	32,000
1905 Model 18, 4-cyl.						
5P Tr	1,320	3,960	6,600	14,850	23,100	33,000
1906 Model 16, 2-cyl.						
2P Rbt	1,240	3,720	6,200	13,950	21,700	31,000
1906 Model 18, 4-cyl.						
4P Tr	1,280	3,840	6,400	14,400	22,400	32,000
1907 Model 22, 4-cyl.						
2P Rbt	1,240	3,720	6,200	13,950	21,700	31,000
1908 Model 24, 4-cyl.						
2P Rds	1,280	3,840	6,400	14,400	22,400	32,000
1909 Model 30, 4-cyl.						
3P Rds	1,160	3,480	5,800	13,050	20,300	29,000
4P Rds	1,160	3,480	5,800	13,050	20,300	29,000
2P Cpe	1,080	3,240	5,400	12,150	18,900	27,000
1909 Model 31, 4-cyl.						
4P Toy Tonn	1,280	3,840	6,400	14,400	22,400	32,000
5P Tourist	1,200	3,600	6,000	13,500	21,000	30,000
5P Taxi	1,160	3,480	5,800	13,050	20,300	29,000
1909 Model 32, 4-cyl.						
3P Rds	1,120	3,360	5,600	12,600	19,600	28,000
4P Rds	1,160	3,480	5,800	13,050	20,300	29,000
4P Toy Tonn	1,280	3,840	6,400	14,400	22,400	32,000
5P Tr	1,200	3,600	6,000	13,500	21,000	30,000
1909 Willys, 6-cyl.						
3P Rds	1,200	3,600	6,000	13,500	21,000	30,000
4P Rds	1,200	3,600	6,000	13,500	21,000	30,000
Toy Tonn	1,280	3,840	6,400	14,400	22,400	32,000
5P Tr	1,240	3,720	6,200	13,950	21,700	31,000
1910 Model 38, 4-cyl., 102" wb, 25 hp						
2P Rds	1,160	3,480	5,800	13,050	20,300	29,000
3P Rds	1,160	3,480	5,800	13,050	20,300	29,000
4P Rds	1,180	3,540	5,900	13,280	20,650	29,500
Toy Tonn	1,280	3,840	6,400	14,400	22,400	32,000
1910 Model 40, 4-cyl., 112" wb, 40 hp						
3P Rds	1,200	3,600	6,000	13,500	21,000	30,000
4P Rds	1,200	3,600	6,000	13,500	21,000	30,000

WILLYS

	6	5	4	3	2	1
1910 Model 41, 4-cyl.						
5P Tr	1,240	3,720	6,200	13,950	21,700	31,000
4P C.C. Tr	1,240	3,720	6,200	13,950	21,700	31,000
1910 Model 42, 4-cyl.						
5P Tr	1,280	3,840	6,400	14,400	22,400	32,000
4P C.C. Tr	1,280	3,840	6,400	14,400	22,400	32,000
1911 Model 38, 4-cyl.						
4P Tr	1,080	3,240	5,400	12,150	18,900	27,000
2P Cpe	880	2,640	4,400	9,900	15,400	22,000
1911 Model 45, 4-cyl.						
2P Rds	1,120	3,360	5,600	12,600	19,600	28,000
1911 Model 46, 4-cyl.						
2P Torp	1,120	3,360	5,600	12,600	19,600	28,000
1911 Model 47, 4-cyl.						
Tr	1,160	3,480	5,800	13,050	20,300	29,000
1911 Model 49, 4-cyl.						
5P Tr	1,120	3,360	5,600	12,600	19,600	28,000
4P Tr	1,160	3,480	5,800	13,050	20,300	29,000
1911 Model 50, 4-cyl.						
2P Torp	1,280	3,840	6,400	14,400	22,400	32,000
1911 Model 51, 4-cyl.						
4d 5P Tr	1,240	3,720	6,200	13,950	21,700	31,000
5P Tr	1,240	3,720	6,200	13,950	21,700	31,000
1911 Model 52, 4-cyl.						
4d 5P Tr	1,280	3,840	6,400	14,400	22,400	32,000
5P Tr	1,280	3,840	6,400	14,400	22,400	32,000
1911 Model 53, 4-cyl.						
2P Rds	1,320	3,960	6,600	14,850	23,100	33,000
1911 Model 54, 4-cyl.						
5P Tr	1,320	3,960	6,600	14,850	23,100	33,000
1911 Model 55, 4-cyl.						
4d 5P Tr	1,320	3,960	6,600	14,850	23,100	33,000
5P Tr	1,320	3,960	6,600	14,850	23,100	33,000
1911 Model 56, 4-cyl.						
5P Tr	1,360	4,080	6,800	15,300	23,800	34,000
1912 Model 58R, 4-cyl., 25 hp						
Torp Rds	1,120	3,360	5,600	12,600	19,600	28,000
1912 Model 59R-T, 4-cyl., 30 hp						
Rds	1,160	3,480	5,800	13,050	20,300	29,000
Tr	1,200	3,600	6,000	13,500	21,000	30,000
1912 Model 59C, 4-cyl., 30 hp						
Cpe	880	2,640	4,400	9,900	15,400	22,000
1912 Model 60, 4-cyl., 35 hp						
Tr	1,240	3,720	6,200	13,950	21,700	31,000
1912 Model 61, 4-cyl., 45 hp						
Rds	1,440	4,320	7,200	16,200	25,200	36,000
4d Tr	1,480	4,440	7,400	16,650	25,900	37,000
Tr	1,480	4,440	7,400	16,650	25,900	37,000
Cpe	1,000	3,000	5,000	11,250	17,500	25,000
1913 Model 69, 4-cyl., 30 hp						
Cpe	840	2,520	4,200	9,450	14,700	21,000
Tr	1,200	3,600	6,000	13,500	21,000	30,000
Rds	1,160	3,480	5,800	13,050	20,300	29,000
4d Tr	1,240	3,720	6,200	13,950	21,700	31,000
1913 Model 71, 4-cyl., 45 hp						
Rds	1,440	4,320	7,200	16,200	25,200	36,000
Tr	1,480	4,440	7,400	16,650	25,900	37,000
5P Tr	1,520	4,560	7,600	17,100	26,600	38,000
1914 Model 79, 4-cyl., 35 hp						
Rds	1,160	3,480	5,800	13,050	20,300	29,000
Tr	1,200	3,600	6,000	13,500	21,000	30,000
Cpe	880	2,640	4,400	9,900	15,400	22,000
1914 Model 46, 4-cyl., 35 hp						
Tr	1,240	3,720	6,200	13,950	21,700	31,000
1915 Model 81, 4-cyl., 30 hp						
Rds	1,200	3,600	6,000	13,500	21,000	30,000
Tr	1,240	3,720	6,200	13,950	21,700	31,000
1915 Willys-Knight K-19, 4-cyl., 45 hp						
Rds	1,240	3,720	6,200	13,950	21,700	31,000
Tr	1,280	3,840	6,400	14,400	22,400	32,000
1915 Willys-Knight K-17, 4-cyl., 45 hp						
Rds	1,280	3,840	6,400	14,400	22,400	32,000
Tr	1,320	3,960	6,600	14,850	23,100	33,000
1915 Model 80, 4-cyl., 35 hp						
Rds	1,080	3,240	5,400	12,150	18,900	27,000
Tr	1,040	3,120	5,200	11,700	18,200	26,000
Cpe	880	2,640	4,400	9,900	15,400	22,000

	6	5	4	3	2	1
1915 Model 82, 6-cyl., 45-50 hp						
7P Tr	1,600	4,800	8,000	18,000	28,000	40,000
1916 Model 75, 4-cyl., 20-25 hp						
Rds.	840	2,520	4,200	9,450	14,700	21,000
Tr	880	2,640	4,400	9,900	15,400	22,000
1916 Model 83, 4-cyl., 35 hp						
Rds.	880	2,640	4,400	9,900	15,400	22,000
Tr	920	2,760	4,600	10,350	16,100	23,000
1916 Model 83-B, 4-cyl., 35 hp						
Rds.	920	2,760	4,600	10,350	16,100	23,000
Tr	960	2,880	4,800	10,800	16,800	24,000
1916 Willys-Knight, 4-cyl., 40 hp (also Model 84)						
Rds.	1,120	3,360	5,600	12,600	19,600	28,000
Tr	1,160	3,480	5,800	13,050	20,300	29,000
Cpe.	800	2,400	4,000	9,000	14,000	20,000
Limo	880	2,640	4,400	9,900	15,400	22,000
1916 Willys-Knight, 6-cyl., 45 hp (also Model 86)						
7P Tr	1,480	4,440	7,400	16,650	25,900	37,000
1917-18 Light Four 90, 4-cyl., 32 hp						
2P Rds	760	2,280	3,800	8,550	13,300	19,000
5P Tr	800	2,400	4,000	9,000	14,000	20,000
4P Ctry Clb.	720	2,160	3,600	8,100	12,600	18,000
5P Sed*	560	1,680	2,800	6,300	9,800	14,000
*NOTE: (*1917 only).*						
1917-18 Big Four 85, 4-cyl., 35 hp						
3P Rds	800	2,400	4,000	9,000	14,000	20,000
5P Tr	840	2,520	4,200	9,450	14,700	21,000
3P Tr Cpe.	680	2,040	3,400	7,650	11,900	17,000
5P Tr Sed.	600	1,800	3,000	6,750	10,500	15,000
1917-18 Light Six 85, 6-cyl., 35-40 hp						
3P Rds	840	2,520	4,200	9,450	14,700	21,000
5P Tr	880	2,640	4,400	9,900	15,400	22,000
3P Tr Cpe.	720	2,160	3,600	8,100	12,600	18,000
5P Tr Sed.	640	1,920	3,200	7,200	11,200	16,000
1917-18 Willys 89, 6-cyl., 45 hp						
7P Tr	1,120	3,360	5,600	12,600	19,600	28,000
4P Clb Rds.	1,080	3,240	5,400	12,150	18,900	27,000
6P Sed	680	2,040	3,400	7,650	11,900	17,000
1917-18 Willys-Knight 88-4, 4-cyl., 40 hp						
7P Tr	1,240	3,720	6,200	13,950	21,700	31,000
4P Cpe.	760	2,280	3,800	8,550	13,300	19,000
7P Tr Sed.	600	1,800	3,000	6,750	10,500	15,000
7P Limo	800	2,400	4,000	9,000	14,000	20,000
1917-18 Willys-Knight 88-8, 8-cyl., 65 hp						
7P Tr	1,440	4,320	7,200	16,200	25,200	36,000
7P Sed	640	1,920	3,200	7,200	11,200	16,000
7P Limo	800	2,400	4,000	9,000	14,000	20,000
7P Twn Car	960	2,880	4,800	10,800	16,800	24,000
This model offered 1917 only.						
1919 Light Four 90, 4-cyl., 32 hp						
Rds.	640	1,920	3,200	7,200	11,200	16,000
5P Tr	680	2,040	3,400	7,650	11,900	17,000
Clb Rds	680	2,040	3,400	7,650	11,900	17,000
5P Sed	560	1,680	2,800	6,300	9,800	14,000
1919 Willys 89, 6-cyl., 45 hp						
7P Tr	1,120	3,360	5,600	12,600	19,600	28,000
4P Clb Rds.	1,080	3,240	5,400	12,150	18,900	27,000
6P Sed	560	1,680	2,800	6,300	9,800	14,000
1919 Willys-Knight 88-4, 4-cyl., 40 hp						
7P Tr	1,040	3,120	5,200	11,700	18,200	26,000
4P Cpe.	480	1,440	2,400	5,400	8,400	12,000
7P Sed	460	1,380	2,300	5,180	8,050	11,500
7P Limo	600	1,800	3,000	6,750	10,500	15,000
1919 Willys-Knight 88-8, 8-cyl., 65 hp						
7P Tr	1,160	3,480	5,800	13,050	20,300	29,000
4P Cpe.	500	1,500	2,500	5,630	8,750	12,500
7P Tr Sed.	480	1,440	2,400	5,400	8,400	12,000
7P Limo	600	1,800	3,000	6,750	10,500	15,000
1920 Model 4, 4-cyl., 100" wb, 27 hp						
2P Rds	800	2,400	4,000	9,000	14,000	20,000
5P Tr	840	2,520	4,200	9,450	14,700	21,000
Clb Rds	640	1,920	3,200	7,200	11,200	16,000
5P Sed	480	1,440	2,400	5,400	8,400	12,000
1920 Model 89-6, Willys Six, 6-cyl.						
Clb Rds	840	2,520	4,200	9,450	14,700	21,000
7P Tr	880	2,640	4,400	9,900	15,400	22,000
6P Sed	480	1,440	2,400	5,400	8,400	12,000

WILLYS

WILLYS

	6	5	4	3	2	1
1920 Model 20 Willys-Knight, 4-cyl., 118" wb, 48 hp						
3P Rds	840	2,520	4,200	9,450	14,700	21,000
5P Tr	880	2,640	4,400	9,900	15,400	22,000
4P Cpe	500	1,500	2,500	5,630	8,750	12,500
5P Sed	480	1,440	2,400	5,400	8,400	12,000
1921 Model 4, 4-cyl., 100" wb, 27 hp						
5P Tr	800	2,400	4,000	9,000	14,000	20,000
2P Rds	840	2,520	4,200	9,450	14,700	21,000
5P Sed	500	1,500	2,500	5,630	8,750	12,500
2P Cpe	512	1,536	2,560	5,760	8,960	12,800
1921 Model 20 Willys-Knight, 4-cyl., 118" wb						
3P Rds	760	2,280	3,800	8,550	13,300	19,000
5P Tr	800	2,400	4,000	9,000	14,000	20,000
4P Cpe	540	1,620	2,700	6,080	9,450	13,500
5P Sed	520	1,560	2,600	5,850	9,100	13,000
1922 Model 4, 4-cyl., 100" wb, 27 hp						
2P Rds	760	2,280	3,800	8,550	13,300	19,000
5P Tr	800	2,400	4,000	9,000	14,000	20,000
5P Sed	500	1,500	2,500	5,630	8,750	12,500
2P Cpe	508	1,524	2,540	5,720	8,890	12,700
1922 Model 20 Willys-Knight, 4-cyl., 118" wb, 40 hp						
3P Rds	840	2,520	4,200	9,450	14,700	21,000
5P Tr	880	2,640	4,400	9,900	15,400	22,000
4P Cpe	520	1,560	2,600	5,850	9,100	13,000
5P Sed	500	1,500	2,500	5,630	8,750	12,500
1922 Model 27 Willys-Knight, 4-cyl., 118" wb						
7P Tr	920	2,760	4,600	10,350	16,100	23,000
7P Sed	500	1,500	2,500	5,630	8,750	12,500
1923-24 Model 91, 4-cyl., 100" wb, 27 hp						
2P Rds	640	1,920	3,200	7,200	11,200	16,000
5P Tr	640	1,920	3,200	7,200	11,200	16,000
3P Cpe	500	1,500	2,500	5,630	8,750	12,500
5P Sed	480	1,440	2,400	5,400	8,400	12,000
1923-24 Model 92, 4-cyl., 106" wb, 30 hp						
Redbird	1,480	4,440	7,400	16,650	25,900	37,000
Blackbird*	1,480	4,440	7,400	16,650	25,900	37,000
Bluebird*	1,480	4,440	7,400	16,650	25,900	37,000
NOTE: (*1924 only).						
1923-24 Model 64 Willys-Knight, 4-cyl., 118" wb, 40 hp						
3P Rds	840	2,520	4,200	9,450	14,700	21,000
5P Tr	880	2,640	4,400	9,900	15,400	22,000
Ctry Clb	600	1,800	3,000	6,750	10,500	15,000
4P Cpe	500	1,500	2,500	5,630	8,750	12,500
5P Sed	480	1,440	2,400	5,400	8,400	12,000
1923-24 Model 67 Willys-Knight, 4-cyl., 124" wb, 40 hp						
7P Tr	880	2,640	4,400	9,900	15,400	22,000
7P Sed	520	1,560	2,600	5,850	9,100	13,000
*Model offered 1924 only.						
1925 Model 91, 4-cyl., 100" wb, 27 hp						
5P Tr	760	2,280	3,800	8,550	13,300	19,000
2P Cpe	540	1,620	2,700	6,080	9,450	13,500
5P Tr Sed	480	1,440	2,400	5,400	8,400	12,000
5P Cpe Sed	492	1,476	2,460	5,540	8,610	12,300
5P DeL Sed	500	1,500	2,500	5,630	8,750	12,500
1925 Model 92, 4-cyl., 106" wb, 30 hp						
Bluebird	1,400	4,200	7,000	15,750	24,500	35,000
1925 Model 93, 6-cyl., 113" wb, 38 hp						
5P Sed	710	2,140	3,560	8,010	12,460	17,800
DeL Sed	720	2,160	3,600	8,100	12,600	18,000
1925 Model 65 Willys-Knight, 4-cyl., 124" wb, 40 hp						
5P Tr	840	2,520	4,200	9,450	14,700	21,000
2P Cpe	560	1,680	2,800	6,300	9,800	14,000
Cpe Sed	540	1,620	2,700	6,080	9,450	13,500
Sed	480	1,440	2,400	5,400	8,400	12,000
Brgm	520	1,560	2,600	5,850	9,100	13,000
1925 Model 66 Willys-Knight, 6-cyl., 126" wb, 60 hp						
Rds	1,080	3,240	5,400	12,150	18,900	27,000
5P Tr	1,120	3,360	5,600	12,600	19,600	28,000
Cpe Sed	760	2,280	3,800	8,550	13,300	19,000
Brgm	780	2,340	3,900	8,780	13,650	19,500
Cpe	780	2,340	3,900	8,780	13,650	19,500
Sed	740	2,220	3,700	8,330	12,950	18,500
1926 Model 91, 4-cyl., 100" wb, 27 hp						
5P Tr	800	2,400	4,000	9,000	14,000	20,000
2P Cpe	540	1,620	2,700	6,080	9,450	13,500
5P Sed	472	1,416	2,360	5,310	8,260	11,800

	6	5	4	3	2	1
2d Sed	464	1,392	2,320	5,220	8,120	11,600
4P Cpe	468	1,404	2,340	5,270	8,190	11,700
1926 Model 92, 4-cyl., 100" wb, 30 hp						
5P Tr	1,040	3,120	5,200	11,700	18,200	26,000
1926 Model 93, 6-cyl., 113" wb, 38 hp						
5P Tr	1,080	3,240	5,400	12,150	18,900	27,000
5P Sed	680	2,040	3,400	7,650	11,900	17,000
DeL Sed	700	2,100	3,500	7,880	12,250	17,500
2P Cpe	680	2,040	3,400	7,650	11,900	17,000
1926 Model 66 Willys-Knight, 6-cyl., 126" wb, 60 hp						
Rds	1,440	4,320	7,200	16,200	25,200	36,000
7P Tr	1,280	3,840	6,400	14,400	22,400	32,000
5P Tr	1,240	3,720	6,200	13,950	21,700	31,000
4P Cpe	740	2,220	3,700	8,330	12,950	18,500
Sed	720	2,160	3,600	8,100	12,600	18,000
1926 Model 70 Willys-Knight, 6-cyl., 113" wb, 53 hp						
5P Tr	1,280	3,840	6,400	14,400	22,400	32,000
Sed	700	2,100	3,500	7,880	12,250	17,500
2d Sed	680	2,040	3,400	7,650	11,900	17,000
Cpe	740	2,220	3,700	8,330	12,950	18,500
Rds	1,480	4,440	7,400	16,650	25,900	37,000
1927 Model 70A Willys-Knight, 6-cyl., 113" wb, 52 hp						
Rds	1,360	4,080	6,800	15,300	23,800	34,000
Tr	1,200	3,600	6,000	13,500	21,000	30,000
Cpe	800	2,400	4,000	9,000	14,000	20,000
Cabr	1,120	3,360	5,600	12,600	19,600	28,000
Sed	740	2,220	3,700	8,330	12,950	18,500
2d Sed	720	2,160	3,600	8,100	12,600	18,000
1927 Model 66A Willys-Knight, 6-cyl., 126" wb, 65 hp						
Rds	1,520	4,560	7,600	17,100	26,600	38,000
Tr	1,360	4,080	6,800	15,300	23,800	34,000
Foursome	1,520	4,560	7,600	17,100	26,600	38,000
Cabr	1,400	4,200	7,000	15,750	24,500	35,000
5P Sed	780	2,340	3,900	8,780	13,650	19,500
7P Sed	820	2,460	4,100	9,230	14,350	20,500
Limo	880	2,640	4,400	9,900	15,400	22,000
1928 Model 56 Willys-Knight, 6-cyl., 109.5" wb, 45 hp						
Rds	1,320	3,960	6,600	14,850	23,100	33,000
Tr	1,160	3,480	5,800	13,050	20,300	29,000
Cpe	820	2,460	4,100	9,230	14,350	20,500
2d Sed	720	2,160	3,600	8,100	12,600	18,000
Sed	720	2,170	3,620	8,150	12,670	18,100
1928 Model 70A Willys-Knight, 6-cyl., 113.5" wb, 53 hp						
Rds	1,400	4,200	7,000	15,750	24,500	35,000
Tr	1,240	3,720	6,200	13,950	21,700	31,000
Cpe	880	2,640	4,400	9,900	15,400	22,000
5P Cpe	900	2,700	4,500	10,130	15,750	22,500
Cabr	960	2,880	4,800	10,800	16,800	24,000
2d Sed	780	2,340	3,900	8,780	13,650	19,500
Sed	800	2,400	4,000	9,000	14,000	20,000
1928 Model 66A Willys-Knight, 6-cyl., 126" wb, 70 hp						
Rds	1,480	4,440	7,400	16,650	25,900	37,000
Tr	1,320	3,960	6,600	14,850	23,100	33,000
Cabr	1,360	4,080	6,800	15,300	23,800	34,000
Fml Sed	820	2,460	4,100	9,230	14,350	20,500
Sed	760	2,280	3,800	8,550	13,300	19,000
1928 Model 66A Willys-Knight, 6-cyl., 135" wb, 70 hp						
7P Tr	1,360	4,080	6,800	15,300	23,800	34,000
Cpe	960	2,880	4,800	10,800	16,800	24,000
7P Sed	900	2,700	4,500	10,130	15,750	22,500
Limo	920	2,760	4,600	10,350	16,100	23,000
1929 Series 56, 6-cyl., 109.5" wb, 45 hp						
(All Willys-Knight)						
Rds	1,520	4,560	7,600	17,100	26,600	38,000
Tr	1,120	3,360	5,600	12,600	19,600	28,000
Cpe	840	2,520	4,200	9,450	14,700	21,000
2d Sed	780	2,340	3,900	8,780	13,650	19,500
Sed	800	2,400	4,000	9,000	14,000	20,000
1929 Series 70A, 6-cyl., 113.2" wb, 53 hp						
Rds	1,560	4,680	7,800	17,550	27,300	39,000
Tr	1,400	4,200	7,000	15,750	24,500	35,000
Cpe	960	2,880	4,800	10,800	16,800	24,000
Cabr	1,440	4,320	7,200	16,200	25,200	36,000
2d Sed	800	2,400	4,000	9,000	14,000	20,000
Sed	820	2,460	4,100	9,230	14,350	20,500

	6	5	4	3	2	1
1929 Series 66A, 6-cyl., 126" wb, 70 hp						
Rds	1,600	4,800	8,000	18,000	28,000	40,000
Tr	1,440	4,320	7,200	16,200	25,200	36,000
Cabr	1,480	4,440	7,400	16,650	25,900	37,000
Fml Sed	960	2,880	4,800	10,800	16,800	24,000
DeL Fml Sed	980	2,940	4,900	11,030	17,150	24,500
Sed	880	2,640	4,400	9,900	15,400	22,000
1929 Series 66A, 6-cyl., 135" wb, 70 hp						
7P Tr	1,560	4,680	7,800	17,550	27,300	39,000
5P Cpe	1,080	3,240	5,400	12,150	18,900	27,000
7P Sed	960	2,880	4,800	10,800	16,800	24,000
Limo	1,000	3,000	5,000	11,250	17,500	25,000
1929 Series 70B, 6-cyl., 112.5" - 115" wb, 53 hp						
Rds	1,520	4,560	7,600	17,100	26,600	38,000
Tr	1,360	4,080	6,800	15,300	23,800	34,000
2P Cpe	920	2,760	4,600	10,350	16,100	23,000
4P Cpe	880	2,640	4,400	9,900	15,400	22,000
2d Sed	780	2,340	3,900	8,780	13,650	19,500
Sed	780	2,350	3,920	8,820	13,720	19,600
DeL Sed	800	2,400	4,000	9,000	14,000	20,000
1930 Series 98B, 6-cyl., 110" wb, 65 hp						
Willys Models						
Rds	1,560	4,680	7,800	17,550	27,300	39,000
4P Rds	1,600	4,800	8,000	18,000	28,000	40,000
5P Tr	1,440	4,320	7,200	16,200	25,200	36,000
2P Cpe	920	2,760	4,600	10,350	16,100	23,000
4P Cpe	880	2,640	4,400	9,900	15,400	22,000
2d Sed	800	2,400	4,000	9,000	14,000	20,000
Sed	820	2,460	4,100	9,230	14,350	20,500
DeL Sed	840	2,520	4,200	9,450	14,700	21,000
1930 Series 66B, 6-cyl., 120" wb, 87 hp						
Willys-Knight Models						
Rds	1,640	4,920	8,200	18,450	28,700	41,000
Tr	1,480	4,440	7,400	16,650	25,900	37,000
2P Cpe	960	2,880	4,800	10,800	16,800	24,000
5P Cpe	1,000	3,000	5,000	11,250	17,500	25,000
Sed	920	2,760	4,600	10,350	16,100	23,000

1930
Series 70B, "See 1929 Series 70B"
Series 6-87, "See 1929 Series 56"
1931
Willys 98B, "See 1930 98B Series"

	6	5	4	3	2	1
1931 Willys 97, 6-cyl., 110" wb, 65 hp						
Rds	1,480	4,440	7,400	16,650	25,900	37,000
Tr	1,320	3,960	6,600	14,850	23,100	33,000
Cpe	920	2,760	4,600	10,350	16,100	23,000
2d Sed	820	2,460	4,100	9,230	14,350	20,500
Clb Sed	840	2,520	4,200	9,450	14,700	21,000
Sed	820	2,460	4,100	9,230	14,350	20,500
1931 Willys 98D, 6-cyl., 113" wb, 65 hp						
Vic Cpe	880	2,640	4,400	9,900	15,400	22,000
Sed	840	2,520	4,200	9,450	14,700	21,000

NOTE: Add 10 percent for DeLuxe Willys models.
1931
Willys-Knight 66B, "See 1930 W-K 66B"
Willys-Knight 87, "See 1930 Series 6-87"

	6	5	4	3	2	1
1931 Willys-Knight 66D, 6-cyl., 121" wb, 87 hp						
Vic Cpe	920	2,760	4,600	10,350	16,100	23,000
Sed	880	2,640	4,400	9,900	15,400	22,000
Cus Sed	900	2,700	4,500	10,130	15,750	22,500

NOTE: Add 10 percent for DeLuxe Willys-Knight models.

	6	5	4	3	2	1
1931 Willys 8-80, 8-cyl., 120" wb, 80 hp						
Cpe	960	2,880	4,800	10,800	16,800	24,000
DeL Cpe	1,000	3,000	5,000	11,250	17,500	25,000
Sed	920	2,760	4,600	10,350	16,100	23,000
DeL Sed	960	2,880	4,800	10,800	16,800	24,000
1931 Willys 8-80D, 8-cyl., 120" wb, 80 hp						
Vic Cpe	1,000	3,000	5,000	11,250	17,500	25,000
DeL Vic Cpe	1,020	3,060	5,100	11,480	17,850	25,500
Sed	960	2,880	4,800	10,800	16,800	24,000
DeL Sed	980	2,940	4,900	11,030	17,150	24,500
Cus Sed	1,000	3,000	5,000	11,250	17,500	25,000

1932
Willys 97, "See 1931 Willys 97 Series"
Willys 98D, "See 1931 Willys 98D Series"

	6	5	4	3	2	1
1932 Willys 90 (Silver Streak), 6-cyl., 113" wb, 65 hp						
2P Rds	1,480	4,440	7,400	16,650	25,900	37,000
4P Rds	1,520	4,560	7,600	17,100	26,600	38,000
Spt Rds	1,560	4,680	7,800	17,550	27,300	39,000
5P Tr	1,360	4,080	6,800	15,300	23,800	34,000
2P Cpe	960	2,880	4,800	10,800	16,800	24,000
4P Cpe	1,000	3,000	5,000	11,250	17,500	25,000
Vic Cus	920	2,760	4,600	10,350	16,100	23,000
5P Sed	680	2,040	3,400	7,650	11,900	17,000
2d Sed	780	2,340	3,900	8,780	13,650	19,500
Spl Sed	840	2,520	4,200	9,450	14,700	21,000
Cus Sed	860	2,580	4,300	9,680	15,050	21,500
1932						
Willys 8-88D, "See 1931 Willys 8-80D"						
1932 Willys 8-88 (Silver Streak), 8-cyl., 121" wb, 80 hp						
Rds	1,520	4,560	7,600	17,100	26,600	38,000
Spt Rds	1,560	4,680	7,800	17,550	27,300	39,000
2P Cpe	1,000	3,000	5,000	11,250	17,500	25,000
4P Cpe	1,040	3,120	5,200	11,700	18,200	26,000
Vic Cus	960	2,880	4,800	10,800	16,800	24,000
Sed	800	2,400	4,000	9,000	14,000	20,000
Spl Sed	880	2,640	4,400	9,900	15,400	22,000
Cus Sed	920	2,760	4,600	10,350	16,100	23,000
1932 Willys-Knight 95 DeLuxe, 6-cyl., 113" wb, 60 hp						
2P Cpe	900	2,700	4,500	10,130	15,750	22,500
4P Cpe	920	2,760	4,600	10,350	16,100	23,000
Vic	880	2,640	4,400	9,900	15,400	22,000
2d Sed	840	2,520	4,200	9,450	14,700	21,000
Sed	860	2,580	4,300	9,680	15,050	21,500
1932 Willys-Knight 66D, 6-cyl., 121" wb, 87 hp						
1st Series (start Oct. 1931)						
Vic	960	2,880	4,800	10,800	16,800	24,000
DeL Vic	980	2,940	4,900	11,030	17,150	24,500
Sed	880	2,640	4,400	9,900	15,400	22,000
DeL Sed	900	2,700	4,500	10,130	15,750	22,500
Cus Sed	920	2,760	4,600	10,350	16,100	23,000
2nd Series (start Jan. 1932)						
Vic Cus	960	2,880	4,800	10,800	16,800	24,000
Cus Sed	980	2,940	4,900	11,030	17,150	24,500
1933 Willys 77, 4-cyl., 100" wb, 48 hp						
Cpe	2,480	7,440	12,400	27,900	43,400	62,000
Cus Cpe	2,520	7,560	12,600	28,350	44,100	63,000
4P Cpe	2,540	7,620	12,700	28,580	44,450	63,500
4P Cus Cpe	2,560	7,680	12,800	28,800	44,800	64,000
Sed	2,000	6,000	10,000	22,500	35,000	50,000
Cus Sed	2,040	6,120	10,200	22,950	35,700	51,000
1933 Willys 6-90A (Silver Streak), 6-cyl., 113" wb, 65 hp						
Rds	1,280	3,840	6,400	14,400	22,400	32,000
4P Rds	1,320	3,960	6,600	14,850	23,100	33,000
Spt Rds	1,360	4,080	6,800	15,300	23,800	34,000
Cpe	1,360	4,080	6,800	15,300	23,800	34,000
Cus Cpe	1,400	4,200	7,000	15,750	24,500	35,000
2d Sed	1,000	3,000	5,000	11,250	17,500	25,000
Sed	920	2,760	4,600	10,350	16,100	23,000
Cus Sed	960	2,880	4,800	10,800	16,800	24,000
1933 Willys 8-88A (Streamline), 8-cyl., 121" wb, 80 hp						
2P Cpe	1,080	3,240	5,400	12,150	18,900	27,000
Cus Cpe	1,120	3,360	5,600	12,600	19,600	28,000
Sed	960	2,880	4,800	10,800	16,800	24,000
Cus Sed	1,000	3,000	5,000	11,250	17,500	25,000
1933 Willys-Knight 66E, 6-cyl., 121" wb, 87 hp						
Cus Sed	980	2,940	4,900	11,030	17,150	24,500
1934 Willys 77, 4-cyl., 100" wb, 48 hp						
Cpe	2,440	7,320	12,200	27,450	42,700	61,000
Cus Cpe	2,480	7,440	12,400	27,900	43,400	62,000
4P Cpe	2,500	7,500	12,500	28,130	43,750	62,500
4P Cus Cpe	2,520	7,560	12,600	28,350	44,100	63,000
Sed	1,960	5,880	9,800	22,050	34,300	49,000
Cus Sed	2,000	6,000	10,000	22,500	35,000	50,000
Pan Dely	2,800	8,400	14,000	31,500	49,000	70,000
1935 Willys 77, 4-cyl., 100" wb, 48 hp						
Cpe	2,440	7,320	12,200	27,450	42,700	61,000
Sed	1,960	5,880	9,800	22,050	34,300	49,000
1936 Willys 77, 4-cyl., 100" wb, 48 hp						
Cpe	2,440	7,320	12,200	27,450	42,700	61,000
Sed	1,960	5,880	9,800	22,050	34,300	49,000
DeL Sed	2,360	7,080	11,800	26,550	41,300	59,000

	6	5	4	3	2	1
1937 Willys 37, 4-cyl., 100" wb, 48 hp						
Cpe	3,240	9,720	16,200	36,450	56,700	81,000
DeL Cpe	3,280	9,840	16,400	36,900	57,400	82,000
Sed	2,320	6,960	11,600	26,100	40,600	58,000
DeL Sed	2,360	7,080	11,800	26,550	41,300	59,000
1938 Willys 38, 4-cyl., 100" wb, 48 hp						
Std Cpe	3,200	9,600	16,000	36,000	56,000	80,000
DeL Cpe	3,240	9,720	16,200	36,450	56,700	81,000
2d Clipper Sed	2,800	8,400	14,000	31,500	49,000	70,000
Std Sed	2,200	6,600	11,000	24,750	38,500	55,000
2d Del Clipper Sed	2,840	8,520	14,200	31,950	49,700	71,000
DeL Sed	2,240	6,720	11,200	25,200	39,200	56,000
Cus Sed	2,260	6,780	11,300	25,430	39,550	56,500
1939 Willys Std Speedway, 4-cyl., 102" wb, 48 hp						
Cpe	3,320	9,960	16,600	37,350	58,100	83,000
2d Sed	3,000	9,000	15,000	33,750	52,500	75,000
Sed	2,320	6,960	11,600	26,100	40,600	58,000
DeLCpe	3,360	10,080	16,800	37,800	58,800	84,000
DeL 2d Sed	3,040	9,120	15,200	34,200	53,200	76,000
DeL 4d Sed	2,360	7,080	11,800	26,550	41,300	59,000
Spl Speedway Cpe	3,360	10,080	16,800	37,800	58,800	84,000
Spl Speedway 2d Sed	3,080	9,240	15,400	34,650	53,900	77,000
Spl Speedway 4d Sed	2,400	7,200	12,000	27,000	42,000	60,000
1939 Model 48, 100" wb						
Cpe	3,220	9,660	16,100	36,230	56,350	80,500
2d Sed	2,920	8,760	14,600	32,850	51,100	73,000
4d Sed	2,360	7,080	11,800	26,550	41,300	59,000
1939 Model 38, 100" wb						
Std Cpe	3,240	9,720	16,200	36,450	56,700	81,000
Std 2d Sed	2,920	8,760	14,600	32,850	51,100	73,000
Std 4d Sed	2,200	6,780	11,300	25,430	39,550	56,500
DeL Cpe	3,320	9,960	16,600	37,350	58,100	83,000
DeL 2d Sed	3,000	9,000	15,000	33,750	52,500	75,000
DeL 4d Sed	2,320	6,960	11,600	26,100	40,600	58,000
1940 Willys Speedway, 4-cyl., 102" wb, 48 hp						
Willys (Americar)						
Cpe	5,440	16,320	27,200	61,200	95,200	136,000
Sed	2,360	7,080	11,800	26,550	41,300	59,000
Sta Wag	3,520	10,560	17,600	39,600	61,600	88,000
1940 DeLuxe, 4-cyl., 102" wb						
Cpe	5,400	16,200	27,000	60,750	94,500	135,000
Sed	2,320	6,960	11,600	26,100	40,600	58,000
Sta Wag	3,480	10,440	17,400	39,150	60,900	87,000
1941 Speedway Series, 4-cyl., 104" wb, 63 hp						
Cpe	5,400	16,200	27,000	60,750	94,500	135,000
Sed	2,400	7,200	12,000	27,000	42,000	60,000
1941 DeLuxe, 4-cyl., 104" wb, 63 hp						
Cpe	5,360	16,080	26,800	60,300	93,800	134,000
Sed	2,360	7,080	11,800	26,550	41,300	59,000
Sta Wag	3,520	10,560	17,600	39,600	61,600	88,000
1941 Plainsman, 4-cyl., 104" wb, 63 hp						
Cpe	5,360	16,080	26,800	60,300	93,800	134,000
Sed	2,360	7,080	11,800	26,550	41,300	59,000
1942 Speedway Series, 4-cyl., 104" wb, 63 hp						
Cpe	5,400	16,200	27,000	60,750	94,500	135,000
Sed	2,400	7,200	12,000	27,000	42,000	60,000
1942 DeLuxe, 4-cyl., 104" wb, 63 hp						
Cpe	5,360	16,080	26,800	60,300	93,800	134,000
Sed	2,360	7,080	11,800	26,550	41,300	59,000
Sta Wag	3,520	10,560	17,600	39,600	61,600	88,000
1942 Plainsman, 4-cyl., 104" wb, 63 hp						
Cpe	5,360	16,080	26,800	60,300	93,800	134,000
Sed	2,360	7,080	11,800	26,550	41,300	59,000
1946-47 Willys 4-63, 4-cyl., 104" wb, 63 hp						
2d Sta Wag	600	1,800	3,000	6,750	10,500	15,000
1948 Willys 4-63, 4-cyl., 104" wb, 63 hp						
2d Sta Wag	600	1,800	3,000	6,750	10,500	15,000
2d Jeepster	700	2,150	3,600	8,100	12,600	18,000
1948 Willys 6-63, 6-cyl., 104" wb, 75 hp						
2d Sta Sed	600	1,850	3,100	6,980	10,900	15,500
2d Jeepster	750	2,200	3,700	8,330	13,000	18,500
1949 Willys 4X463, 4-cyl., 104.5" wb, 63 hp						
2d FWD Sta Wag	550	1,700	2,800	6,300	9,800	14,000
1949 Willys VJ3, 4-cyl., 104" wb, 63 hp						
2d Phae	700	2,150	3,600	8,100	12,600	18,000

	6	5	4	3	2	1
1949 Willys 463, 4-cyl., 104" wb, 63 hp						
2d Sta Wag	600	1,800	3,000	6,750	10,500	15,000
1949 Willys Six, 6-cyl., 104" wb, 75 hp						
2d Phae	750	2,200	3,700	8,330	13,000	18,500
2d Sta Sed	650	1,900	3,150	7,110	11,100	15,800
2d Sta Wag	600	1,850	3,100	6,980	10,900	15,500
1950-51 Willys 473SW, 4-cyl., 104" wb, 63 hp						
2d Sta Wag	600	1,800	3,000	6,750	10,500	15,000
1950-51 Willys 4X473SW, 4-cyl., 104.5" wb, 63 hp						
2d FWD Sta Wag	600	1,750	2,900	6,530	10,200	14,500
1950-51 Willys 473VJ, 4-cyl., 104" wb, 63 hp						
2d Phae	750	2,200	3,700	8,330	13,000	18,500
NOTE: Add 10 percent for six cylinder models.						
1952 Willys Aero, 6-cyl., 108" wb, 75 hp						
2d Lark	600	1,800	3,000	6,750	10,500	15,000
2d Wing	600	1,800	3,050	6,840	10,600	15,200
2d Ace	600	1,850	3,100	7,020	10,900	15,600
2d HT Eagle	700	2,100	3,500	7,880	12,300	17,500
1952 Willys Four, 4-cyl., 104"-104.5" wb, 63 hp						
2d FWD Sta Wag	550	1,600	2,700	6,080	9,450	13,500
2d Sta Wag	550	1,700	2,800	6,300	9,800	14,000
1952 Willys Six, 6-cyl., 104" wb, 75 hp						
2d Sta Wag	600	1,750	2,900	6,530	10,200	14,500
NOTE: Deduct 10 percent for standard models.						
1953 Willys Aero, 6-cyl., 108" wb, 90 hp						
4d H.D. Aero	600	1,800	3,000	6,800	10,600	15,100
4d DeL Lark	600	1,850	3,100	6,930	10,800	15,400
2d DeL Lark	600	1,850	3,100	6,980	10,900	15,500
4d Falcon	600	1,850	3,100	7,020	10,900	15,600
2d Falcon	650	1,900	3,150	7,070	11,000	15,700
4d Ace	650	1,900	3,150	7,110	11,100	15,800
2d Ace	650	1,900	3,200	7,200	11,200	16,000
2d HT Eagle	750	2,300	3,800	8,550	13,300	19,000
1953 Willys Four, 4-cyl., 104"-104.5" wb, 72 hp						
2d FWD Sta Wag	550	1,600	2,700	6,080	9,450	13,500
2d Sta Wag	550	1,700	2,800	6,300	9,800	14,000
1953 Willys Six, 6-cyl., 104" wb, 90 hp						
2d Sta Wag	550	1,700	2,850	6,440	10,000	14,300
1954 Willys, 6-cyl., 108" wb, 90 hp						
4d DeL Ace	600	1,850	3,100	6,980	10,900	15,500
2d DeL Ace	600	1,850	3,100	7,020	10,900	15,600
2d HT DeL Eagle	750	2,300	3,800	8,550	13,300	19,000
2d HT Cus Eagle	800	2,350	3,900	8,780	13,700	19,500
4d Lark	600	1,850	3,100	7,020	10,900	15,600
2d Lark	650	1,900	3,150	7,070	11,000	15,700
4d Ace	650	1,900	3,150	7,070	11,000	15,700
2d Ace	650	1,900	3,150	7,110	11,100	15,800
2d HT Eagle	800	2,350	3,900	8,780	13,700	19,500
1954 Willys Four, 4-cyl., 104"-104.5" wb, 72 hp						
2d Sta Wag	550	1,700	2,800	6,300	9,800	14,000
1954 Willys Six, 6-cyl., 104" wb, 90 hp						
2d FWD Sta Wag	550	1,600	2,700	6,080	9,450	13,500
2d Sta Wag	550	1,700	2,850	6,440	10,000	14,300
1955 Willys Six, 6-cyl., 108" wb, 90 hp						
4d Cus Sed	650	1,900	3,200	7,200	11,200	16,000
2d Cus	650	1,950	3,200	7,250	11,300	16,100
2d HT Bermuda	850	2,500	4,200	9,450	14,700	21,000
1955 Willys Six, 6-cyl., 104"-104.5" wb, 90 hp						
2d FWD Sta Wag	550	1,600	2,700	6,080	9,450	13,500
2d Sta Wag	550	1,700	2,800	6,300	9,800	14,000

IMPORT CARS

AC

	6	5	4	3	2	1
1947-52 Two-Litre, 6-cyl., 117" wb, various bodies						
2d DHC	1,200	3,600	6,000	13,500	21,000	30,000
4d Saloon	720	2,160	3,600	8,100	12,600	18,000
1953-54 Ace, 6-cyl., 90" wb						
2d Rds	6,700	20,100	33,500	75,380	117,250	167,500
1955-56 Ace, 6-cyl., 90" wb						
2d Rds	6,700	20,100	33,500	75,380	117,250	167,500
1955-56 Aceca, 6-cyl., 90" wb						
2d FBk Cpe	2,780	8,340	13,900	31,280	48,650	69,500

	6	5	4	3	2	1
1957 Ace, 6-cyl., 90" wb						
2d Rds.	6,700	20,100	33,500	75,380	117,250	167,500
1957 Aceca, 6-cyl., 90" wb						
2d FBk Cpe.	3,140	9,420	15,700	35,330	54,950	78,500
1958 Ace, 6-cyl., 90" wb						
2d Rds.	6,700	20,100	33,500	75,380	117,250	167,500
1958 Aceca, 6-cyl., 90" wb						
2d FBk Cpe.	3,140	9,420	15,700	35,330	54,950	78,500
1959 Ace, 6-cyl., 90" wb						
2d Rds.	6,700	20,100	33,500	75,380	117,250	167,500
1959 Aceca, 6-cyl., 90" wb						
2d FBk Cpe.	3,140	9,420	15,700	35,330	54,950	78,500
1960 Ace, 6-cyl., 90" wb						
2d Rds.	6,700	20,100	33,500	75,380	117,250	167,500
1960 Aceca, 6-cyl., 90" wb						
2d FBk Cpe.	3,140	9,420	15,700	35,330	54,950	78,500
1961 Ace, 6-cyl., 90" wb						
2d Rds.	6,700	20,100	33,500	75,380	117,250	167,500
1961 Aceca, 6-cyl., 90" wb						
2d FBk Cpe.	3,140	9,420	15,700	35,330	54,950	78,500
1962 Ace, 6-cyl., 90" wb						
2d Rds.	6,700	20,100	33,500	75,380	117,250	167,500
1962 Aceca, 6-cyl., 90" wb						
2d FBk Cpe.	3,140	9,420	15,700	35,330	54,950	78,500
1962 Ford/AC Shelby Cobra, 260/289 V-8, 90" wb						
2d Rds.	21,180	63,540	105,900	238,280	370,650	529,500
1963 Ace, 6-cyl., 90" wb						
2d Rds.	6,700	20,100	33,500	75,380	117,250	167,500
1963 Aceca, 6-cyl., 90" wb						
2d FBk Cpe.	3,140	9,420	15,700	35,330	54,950	78,500
1963 Ford/AC Shelby Cobra Mk II, 289 V-8, 90" wb						
2d Rds.	19,700	59,100	98,500	221,630	344,750	492,500
NOTE: Add 40 percent for 1956-63 Ace or Aceca with Bristol engine.						
1964 Ace, 6-cyl., 90" wb						
2d Rds.	6,700	20,100	33,500	75,380	117,250	167,500
1964 Aceca, 6-cyl., 90" wb						
2d FBk Cpe.	3,140	9,420	15,700	35,330	54,950	78,500
1964 Ford/AC Shelby Cobra Mk II, 289 V-8, 90" wb						
2d Rds.	19,700	59,100	98,500	221,630	344,750	492,500
1965 Ford/AC Shelby Cobra Mk II, 289 V-8, 90" wb						
2d Rds.	19,700	59,100	98,500	221,630	344,750	492,500
1965 Ford/AC Shelby Cobra Mk III, 427/428, V-8, 90" wb						
2d Rds.			value not estimable			
1965 Ford/AC 428, 428 V-8, 96" wb						
2d Conv.	4,500	13,500	22,500	50,630	78,750	112,500
2d Cpe.	3,020	9,060	15,100	33,980	52,850	75,500
1965 Shelby Cobra Mk III, 427 SC V-8, 90" wb						
2d Rds.			value not estimable			
NOTE: Approximately 26 made.						
1965 Shelby Cobra Daytona						
2d Cpe.			value not estimable			
NOTE: 6 made.						
1966 Ford/AC Shelby Cobra Mk III, 427/428 V-8, 90" wb						
2d Rds.			value not estimable			
1966 Ford/AC 289, 289 V-8, 90" wb						
2d Rds.	19,700	59,100	98,500	221,630	344,750	492,500
1966 Ford/AC 428, 428 V-8, 96" wb						
2d Conv.	4,500	13,500	22,500	50,630	78,750	112,500
2d Cpe.	3,020	9,060	15,100	33,980	52,850	75,500
1967 Ford/AC Shelby Cobra Mk III 427/428 V-8, 90" wb						
2d Rds.			value not estimable			
1967 Ford/AC 289, 289 V-8, 90" wb						
2d Rds.	19,700	59,100	98,500	221,630	344,750	492,500
1967 Ford/AC 428, 428 V-8, 96" wb						
2d Conv.	4,500	13,500	22,500	50,630	78,750	112,500
2d Cpe.	3,020	9,060	15,100	33,980	52,850	75,500
1968 Ford/AC 289, 289 V-8, 90" wb						
2d Rds.	19,700	59,100	98,500	221,630	344,750	492,500
1968 Ford/AC 428, 428 V-8, 96" wb						
2d Conv.	4,500	13,500	22,500	50,630	78,750	112,500
2d Cpe.	3,020	9,060	15,100	33,980	52,850	75,500
1969-73 Ford/AC 428, 428 V-8, 96" wb						
2d Conv.	4,500	13,500	22,500	50,630	78,750	112,500
2d Cpe.	3,020	9,060	15,100	33,980	52,850	75,500

ACURA

	6	5	4	3	2	1
1986 Integra						
3d HBk RS	240	720	1,200	2,700	4,200	6,000
5d HBk RS	260	770	1,280	2,880	4,480	6,400
3d HBk LS	260	780	1,300	2,930	4,550	6,500
5d HBk LS	280	840	1,400	3,150	4,900	7,000
1986 Legend						
4d Sed	300	900	1,500	3,380	5,250	7,500
1987 Integra						
3d HBk RS	260	780	1,300	2,930	4,550	6,500
5d HBk RS	270	800	1,340	3,020	4,690	6,700
3d HBk LS	280	840	1,400	3,150	4,900	7,000
5d HBk LS	300	900	1,500	3,380	5,250	7,500
1987 Legend						
4d Sed	320	960	1,600	3,600	5,600	8,000
2d Cpe	340	1,020	1,700	3,830	5,950	8,500
1988 Integra						
3d HBk RS	260	780	1,300	2,930	4,550	6,500
5d HBk RS	280	840	1,400	3,150	4,900	7,000
3d HBk LS	300	900	1,500	3,380	5,250	7,500
5d HBk LS	320	960	1,600	3,600	5,600	8,000
3d HBk SE	340	1,020	1,700	3,830	5,950	8,500
1988 Legend						
4d Sed	360	1,080	1,800	4,050	6,300	9,000
2d Cpe	380	1,140	1,900	4,280	6,650	9,500
1989 Integra						
3d HBk RS	320	960	1,600	3,600	5,600	8,000
5d HBk RS	340	1,020	1,700	3,830	5,950	8,500
3d HBk LS	340	1,020	1,700	3,830	5,950	8,500
5d HBk LS	360	1,080	1,800	4,050	6,300	9,000
1989 Legend						
4d Sed	680	2,040	3,400	7,650	11,900	17,000
2d Cpe	720	2,160	3,600	8,100	12,600	18,000
1990 Integra, 4-cyl.						
2d HBk RS	340	1,020	1,700	3,830	5,950	8,500
4d Sed RS	360	1,080	1,800	4,050	6,300	9,000
2d HBk LS	360	1,080	1,800	4,050	6,300	9,000
4d Sed LS	380	1,140	1,900	4,280	6,650	9,500
2d HBk GS	380	1,140	1,900	4,280	6,650	9,500
4d Sed GS	560	1,680	2,800	6,300	9,800	14,000
1990 Legend, V-6						
4d Sed	600	1,800	3,000	6,750	10,500	15,000
2d Cpe	680	2,040	3,400	7,650	11,900	17,000
4d Sed L	660	1,980	3,300	7,430	11,550	16,500
2d Cpe L	720	2,160	3,600	8,100	12,600	18,000
4d Sed LS	700	2,100	3,500	7,880	12,250	17,500
2d Cpe LS	760	2,280	3,800	8,550	13,300	19,000
1991 Integra						
2d HBk RS	310	940	1,560	3,510	5,460	7,800
4d Sed RS	320	960	1,600	3,600	5,600	8,000
2d HBk LS	320	960	1,600	3,600	5,600	8,000
4d Sed LS	330	980	1,640	3,690	5,740	8,200
2d HBk GS	340	1,020	1,700	3,830	5,950	8,500
4d Sed GS	350	1,040	1,740	3,920	6,090	8,700
1991 Legend						
2d Cpe L	680	2,040	3,400	7,650	11,900	17,000
2d Cpe LS	720	2,160	3,600	8,100	12,600	18,000
4d Sed	600	1,800	3,000	6,750	10,500	15,000
4d Sed L	700	2,100	3,500	7,880	12,250	17,500
4d Sed LS	740	2,220	3,700	8,330	12,950	18,500
1991 NSX, V-6						
2d Cpe	1,400	4,200	7,000	15,750	24,500	35,000
1992 Integra, 4-cyl.						
2d HBk RS	340	1,020	1,700	3,830	5,950	8,500
4d Sed RS	350	1,040	1,740	3,920	6,090	8,700
2d HBk LS	350	1,040	1,740	3,920	6,090	8,700
4d Sed LS	360	1,070	1,780	4,010	6,230	8,900
2d HBk GS	360	1,080	1,800	4,050	6,300	9,000
4d Sed GS	560	1,680	2,800	6,300	9,800	14,000
4d Sed GS-R	580	1,740	2,900	6,530	10,150	14,500
1992 Vigor, 5-cyl.						
4d Sed LS	580	1,740	2,900	6,530	10,150	14,500
4d Sed GS	600	1,800	3,000	6,750	10,500	15,000
1992 Legend, V-6						
4d Sed	740	2,220	3,700	8,330	12,950	18,500

	6	5	4	3	2	1
4d Sed L	760	2,280	3,800	8,550	13,300	19,000
2d Cpe L	800	2,400	4,000	9,000	14,000	20,000
4d Sed LS	800	2,400	4,000	9,000	14,000	20,000
2d Cpe LS	880	2,640	4,400	9,900	15,400	22,000
1992 NSX, V-6						
2d Cpe	1,800	5,400	9,000	20,250	31,500	45,000
1993 Integra, 4-cyl.						
2d Sed RS	340	1,030	1,720	3,870	6,020	8,600
4d Sed RS	350	1,040	1,740	3,920	6,090	8,700
2d Sed LS	350	1,040	1,740	3,920	6,090	8,700
4d Sed LS	360	1,070	1,780	4,010	6,230	8,900
2d Sed GS	360	1,070	1,780	4,010	6,230	8,900
4d Sed GS	600	1,800	3,000	6,750	10,500	15,000
1993 Legend, V-6						
4d Sed	760	2,280	3,800	8,550	13,300	19,000
4d Sed L	780	2,340	3,900	8,780	13,650	19,500
2d Cpe L	820	2,460	4,100	9,230	14,350	20,500
4d Sed LS	820	2,460	4,100	9,230	14,350	20,500
2d Cpe LS	900	2,700	4,500	10,130	15,750	22,500
1993 NSX, V-6						
2d Cpe	1,840	5,520	9,200	20,700	32,200	46,000
1994 Integra, 4-cyl.						
2d Cpe RS	400	1,200	2,000	4,500	7,000	10,000
2d Cpe LS	420	1,260	2,100	4,730	7,350	10,500
2d Cpe GS-R	480	1,440	2,400	5,400	8,400	12,000
4d Sed RS	410	1,220	2,040	4,590	7,140	10,200
4d Sed LS	430	1,280	2,140	4,820	7,490	10,700
4d Sed GS-R	490	1,460	2,440	5,490	8,540	12,200
1994 Vigor, 5-cyl.						
4d Sed LS	520	1,560	2,600	5,850	9,100	13,000
4d Sed GS	540	1,620	2,700	6,080	9,450	13,500
1994 Legend, V-6						
2d Cpe L	760	2,280	3,800	8,550	13,300	19,000
2d Cpe LS	800	2,400	4,000	9,000	14,000	20,000
4d Sed L	680	2,040	3,400	7,650	11,900	17,000
4d Sed LS	720	2,160	3,600	8,100	12,600	18,000
4d Sed GS	760	2,280	3,800	8,550	13,300	19,000
1994 NSX, V-6						
2d Cpe	1,760	5,280	8,800	19,800	30,800	44,000
1995 Integra, 4-cyl						
2d Cpe RS	400	1,200	2,000	4,500	7,000	10,000
2d Cpe LS	420	1,260	2,100	4,730	7,350	10,500
2d Cpe SE	440	1,320	2,200	4,950	7,700	11,000
2d Cpe GS-R	480	1,440	2,400	5,400	8,400	12,000
4d Sed RS	410	1,220	2,040	4,590	7,140	10,200
4d Sed LS	430	1,280	2,140	4,820	7,490	10,700
4d Sed SE	460	1,380	2,300	5,180	8,050	11,500
4d Sed GS-R	490	1,460	2,440	5,490	8,540	12,200
1995 TL, 5-cyl.						
4d Sed 2.5	500	1,500	2,500	5,630	8,750	12,500
4d Sed 2.5 Prem	540	1,620	2,700	6,080	9,450	13,500
1995 Legend, V-6						
2d Cpe L	760	2,280	3,800	8,550	13,300	19,000
2d Cpe LS	800	2,400	4,000	9,000	14,000	20,000
4d Sed L	680	2,040	3,400	7,650	11,900	17,000
4d Sed SE	700	2,100	3,500	7,880	12,250	17,500
4d Sed LS	720	2,160	3,600	8,100	12,600	18,000
4d Sed GS	760	2,280	3,800	8,550	13,300	19,000
1995 NSX, V-6						
2d Cpe	1,760	5,280	8,800	19,800	30,800	44,000
1996 Integra, 4-cyl.						
2d Cpe RS	400	1,200	2,000	4,500	7,000	10,000
2d Cpe LS	420	1,260	2,100	4,730	7,350	10,500
2d Cpe SE	440	1,320	2,200	4,950	7,700	11,000
2d Cpe GS-R	480	1,440	2,400	5,400	8,400	12,000
4d Sed RS	410	1,220	2,040	4,590	7,140	10,200
4d Sed LS	430	1,280	2,140	4,820	7,490	10,700
4d Sed SE	460	1,380	2,300	5,180	8,050	11,500
4d Sed GS-R	490	1,460	2,440	5,490	8,540	12,200
1996 TL, 5-cyl.						
4d Sed 2.5	500	1,500	2,500	5,630	8,750	12,500
4d Sed 2.5 Prem	540	1,620	2,700	6,080	9,450	13,500
1996 TL, V-6						
4d Sed 3.2	660	1,980	3,300	7,430	11,550	16,500
4d Sed 3.2 Prem	680	2,040	3,400	7,650	11,900	17,000

	6	5	4	3	2	1
1996 RL, V-6						
4d Sed 3.5 700	2,100	3,500	7,880	12,250	17,500
4d Sed 3.5 Prem 740	2,220	3,700	8,330	12,950	18,500
1996 NSX, V-6						
2d Cpe 1,740	5,220	8,700	19,580	30,450	43,500
2d Targa Cpe. 1,800	5,400	9,000	20,250	31,500	45,000
1997 Integra, 4-cyl.						
2d Cpe RS 400	1,200	2,000	4,500	7,000	10,000
2d Cpe LS 420	1,260	2,100	4,730	7,350	10,500
2d Cpe GS 440	1,320	2,200	4,950	7,700	11,000
2d Cpe GS-R 480	1,440	2,400	5,400	8,400	12,000
2d Cpe R 530	1,580	2,640	5,940	9,240	13,200
4d Sed LS 430	1,280	2,140	4,820	7,490	10,700
4d Sed GS 460	1,380	2,300	5,180	8,050	11,500
4d Sed GS-R 490	1,460	2,440	5,490	8,540	12,200
1997 CL, 4-cyl.						
2d Cpe 2.2 410	1,220	2,040	4,590	7,140	10,200
2d Cpe 2.2 Prem 420	1,260	2,100	4,730	7,350	10,500
1997 CL, V-6						
2d Cpe 3.0 Prem 460	1,380	2,300	5,180	8,050	11,500
2d Cpe 3.0 440	1,320	2,200	4,950	7,700	11,000
1997 TL, 5-cyl.						
4d Sed 2.5 500	1,500	2,500	5,630	8,750	12,500
4d Sed 2.5 Prem 540	1,620	2,700	6,080	9,450	13,500
1997 TL, V-6						
4d Sed 3.2 660	1,980	3,300	7,430	11,550	16,500
4d Sed 3.2 Prem 680	2,040	3,400	7,650	11,900	17,000
1997 RL, V-6						
4d Sed 3.5 700	2,100	3,500	7,880	12,250	17,500
4d Sed 3.5 Prem 740	2,220	3,700	8,330	12,950	18,500
1997 NSX, V-6						
2d Cpe 1,740	5,220	8,700	19,580	30,450	43,500
2d Targa Cpe 1,800	5,400	9,000	20,250	31,500	45,000
1998 Integra, 4-cyl.						
2d Cpe RS 400	1,200	2,000	4,500	7,000	10,000
2d Cpe LS 420	1,260	2,100	4,730	7,350	10,500
2d Cpe GS 440	1,320	2,200	4,950	7,700	11,000
2d Cpe GS-R 480	1,440	2,400	5,400	8,400	12,000
2d Cpe R 530	1,580	2,640	5,940	9,240	13,200
4d Sed LS 430	1,280	2,140	4,820	7,490	10,700
4d Sed GS 460	1,380	2,300	5,180	8,050	11,500
4d Sed GS-R 490	1,460	2,440	5,490	8,540	12,200
1998 CL, 4-cyl.						
2d Cpe 2.3 410	1,220	2,040	4,590	7,140	10,200
2d Cpe 2.3 Prem 420	1,260	2,100	4,730	7,350	10,500
1998 CL, V-6						
2d Cpe 3.0 440	1,320	2,200	4,950	7,700	11,000
2d Cpe 3.0 Prem 460	1,380	2,300	5,180	8,050	11,500
1998 TL, 5-cyl.						
4d Sed 2.5 500	1,500	2,500	5,630	8,750	12,500
1998 TL, V-6						
4d Sed 3.2 660	1,980	3,300	7,430	11,550	16,500
1998 RL, V-6						
4d Sed 3.5 700	2,100	3,500	7,880	12,250	17,500
4d Sed 3.5 Prem 740	2,220	3,700	8,330	12,950	18,500
1998 NSX, V-6						
2d Cpe 1,820	5,460	9,100	20,480	31,850	45,500
2d Targa Cpe 1,880	5,640	9,400	21,150	32,900	47,000
1999 Integra, 4-cyl.						
2d Cpe LS 420	1,260	2,100	4,730	7,350	10,500
2d Cpe GS 440	1,320	2,200	4,950	7,700	11,000
2d Cpe GS-R 480	1,440	2,400	5,400	8,400	12,000
4d Sed LS 430	1,280	2,140	4,820	7,490	10,700
4d Sed GS 460	1,380	2,300	5,180	8,050	11,500
1999 CL, 4-cyl.						
2d Cpe 2.3 420	1,260	2,100	4,730	7,350	10,500
1999 CL, V-6						
2d Cpe 3.0 460	1,380	2,300	5,180	8,050	11,500
1999 TL, V-6						
4d Sed 3.2 660	1,980	3,300	7,430	11,550	16,500
1999 RL, V-6						
4d Sed 3.5 740	2,220	3,700	8,330	12,950	18,500
1999 NSX, V-6						
2d Cpe 1,820	5,460	9,100	20,480	31,850	45,500
2d Targa Cpe 1,880	5,640	9,400	21,150	32,900	47,000

NOTE: Add 10 percent for Zanardi Ed NSX.

	6	5	4	3	2	1
2000 Integra, 4-cyl.						
2d Cpe LS	420	1,260	2,100	4,730	7,350	10,500
2d Cpe GS	440	1,320	2,200	4,950	7,700	11,000
2d Cpe GS-R	480	1,440	2,400	5,400	8,400	12,000
2d Cpe R	540	1,620	2,700	6,080	9,450	13,500
4d Sed LS	430	1,280	2,140	4,820	7,490	10,700
4d Sed GS	460	1,380	2,300	5,180	8,050	11,500
4d Sed GS-R	480	1,440	2,400	5,400	8,400	12,000
2000 CL, V-6						
2d Cpe 3.2	460	1,380	2,300	5,180	8,050	11,500
2000 TL, V-6						
4d Sed 3.2	680	2,040	3,400	7,650	11,900	17,000
2000 RL, V-6						
4d Sed 3.5	740	2,220	3,700	8,330	12,950	18,500
2000 NSX, V-6						
2d Cpe	1,740	5,220	8,700	19,580	30,450	43,500
2d Targa Cpe	1,800	5,400	9,000	20,250	31,500	45,000
2001 Integra, 4-cyl.						
2d Cpe LS	420	1,260	2,100	4,730	7,350	10,500
2d Cpe GS	440	1,320	2,200	4,950	7,700	11,000
2d Cpe GS-R	480	1,440	2,400	5,400	8,400	12,000
2d Cpe R	540	1,620	2,700	6,080	9,450	13,500
4d Sed LS	430	1,280	2,140	4,820	7,490	10,700
4d Sed GS	460	1,380	2,300	5,180	8,050	11,500
4d Sed GS-R	480	1,440	2,400	5,400	8,400	12,000
2001 CL, V-6						
2d Cpe 3.2	470	1,410	2,350	5,290	8,230	11,750
2001 TL, V-6						
4d Sed 3.2	680	2,040	3,400	7,650	11,900	17,000
2001 RL, V-6						
4d Sed 3.5	740	2,220	3,700	8,330	12,950	18,500
2001 NSX, V-6						
2d Cpe	1,740	5,220	8,700	19,580	30,450	43,500
2d Targa Cpe	1,800	5,400	9,000	20,250	31,500	45,000
2002 RSX, 4-cyl.						
2d Cpe	420	1,260	2,100	5,250	7,350	10,500
2d Cpe Type S	440	1,320	2,200	5,500	7,700	11,000
2002 CL, V-6						
2d Cpe 3.2	470	1,410	2,350	5,880	8,230	11,750
2d Cpe 3.2 Type S	480	1,440	2,400	6,000	8,400	12,000
2002 TL, V-6						
4d Sed 3.2	680	2,040	3,400	8,500	11,900	17,000
4d Sed 3.2 Type S	690	2,070	3,450	8,630	12,080	17,250
2002 RL, V-6						
4d Sed 3.5	740	2,220	3,700	9,250	12,950	18,500
2002 NSX, V-6						
2d Cpe	1,800	5,400	9,000	22,500	31,500	45,000
2003 RSX, 4-cyl.						
2d Cpe	420	1,260	2,100	5,250	7,350	10,500
2d Cpe Type S	440	1,320	2,200	5,500	7,700	11,000
2003 CL, V-6						
2d Cpe 3.2	470	1,410	2,350	5,880	8,230	11,750
2d Cpe 3.2 Type S	480	1,440	2,400	6,000	8,400	12,000
2003 TL, V-6						
4d Sed 3.2	680	2,040	3,400	8,500	11,900	17,000
4d Sed 3.2 Type S	690	2,070	3,450	8,630	12,080	17,250
2003 RL, V-6						
4d Sed 3.5	740	2,220	3,700	9,250	12,950	18,500
2003 NSX, V-6						
2d Cpe	1,800	5,400	9,000	22,500	31,500	45,000

NOTE: Choice of V-6 in NSX as either 3.2L with manual transmission or 3.0L with automatic.

	6	5	4	3	2	1
2004 RSX, 4-cyl.						
2d Cpe	420	1,260	2,100	5,250	7,350	10,500
Type S 2d Cpe	440	1,320	2,200	5,500	7,700	11,000
2004 TSX, 4-cyl.						
4d Sed	500	1,500	2,500	6,250	8,750	12,500

NOTE: Deduct 5 percent for manual transmission.

	6	5	4	3	2	1
2004 TL, V-6						
3.2 4d Sed	680	2,040	3,400	8,500	11,900	17,000

NOTE: Deduct 5 percent for manual transmission.

	6	5	4	3	2	1
2004 RL, V-6						
3.5 4d Sed	740	2,220	3,700	9,250	12,950	18,500
2004 NSX, V-6						
2d Cpe	1,800	5,400	9,000	22,500	31,500	45,000

NOTE: Choice of V-6 in NSX as either 3.2L with manual transmission or 3.0L with automatic.

| | 6 | 5 | 4 | 3 | 2 | 1 |

ALFA ROMEO

1946-53 6-cyl., 2443cc, 118" wb (106" SS) 6C-2500 Series

	6	5	4	3	2	1
3P Spt Cpe............................	3,500	10,500	17,500	39,380	61,250	87,500
Spt Cabr.	5,180	15,540	25,900	58,280	90,650	129,500
3P Sup Spt Cpe...........................	14,430	43,290	72,150	162,340	252,530	360,750
Sup Spt Cabr............................	15,100	45,300	75,500	169,880	264,250	377,500
Freccia d'Oro Cpe	3,700	11,100	18,500	41,630	64,750	92,500
Spt Sed	2,290	6,870	11,450	25,760	40,080	57,250
1950 4-cyl., 1884cc, 98.5" wb						
1900 Berlina 4d Sed.......................	1,120	3,360	5,600	12,600	19,600	28,000
1951 4-cyl., 1884cc, 98.5" wb						
1900 Berlina 4d Sed.......................	1,120	3,360	5,600	12,600	19,600	28,000
1900 Sprint Cpe..........................	3,500	10,500	17,500	39,380	61,250	87,500
1952 4-cyl., 1884cc, 98.5" wb						
1900 Berlina 4d Sed.......................	1,120	3,360	5,600	12,600	19,600	28,000
1900 TI 4d Sed...........................	1,420	4,260	7,100	15,980	24,850	35,500
1900 Sprint Cpe..........................	3,500	10,500	17,500	39,380	61,250	87,500
1900 Sup Sprint Cpe	14,430	43,290	72,150	162,340	252,530	360,750
1900 Cabr................................	15,100	45,300	75,500	169,880	264,250	377,500
1953 4-cyl., 1884cc, 98.5" wb						
1900 Berlina 4d Sed.......................	1,120	3,360	5,600	12,600	19,600	28,000
1953 4-cyl., 1975cc, 98.5" wb						
1900 TI Sup 4d Sed.......................	1,420	4,260	7,100	15,980	24,850	35,500
1900 Sup Sprint Cpe	3,500	10,500	17,500	39,380	61,250	87,500
1954 4-cyl., 1884cc, 98.5" wb						
1900 Berlina 4d Sed.......................	1,120	3,360	5,600	12,600	19,600	28,000
1954 4-cyl., 1975cc, 98.5" wb						
1900 TI Sup 4d Sed.......................	1,420	4,260	7,100	15,980	24,850	35,500
1900 Sup Sprint Cpe	3,500	10,500	17,500	39,380	61,250	87,500
1954 4-cyl., 1290cc, 93.7" wb						
Giulietta Sprint Cpe	1,230	3,690	6,150	13,840	21,530	30,750
1955 4-cyl., 1975cc, 98.5" wb						
1900 TI Sup 4d Sed.......................	1,420	4,260	7,100	15,980	24,850	35,500
1900 Sup Sprint Cpe	3,500	10,500	17,500	39,380	61,250	87,500
1955 Giulietta 4-cyl., 1290cc, 93.7" wb (88.6" Spider)						
Berlina 4d Sed	720	2,160	3,600	8,100	12,600	18,000
Sprint Cpe	1,420	4,260	7,100	15,980	24,850	35,500
Spider Conv............................	1,280	3,840	6,400	14,400	22,400	32,000
1956 4-cyl., 1975cc, 98.5" wb						
1900 Sup Sprint Cpe	3,500	10,500	17,500	39,380	61,250	87,500
1956 Giulietta 4-cyl., 1290cc, 93.7" wb (88.6" Spider)						
Berlina 4d Sed	720	2,160	3,600	8,100	12,600	18,000
Sprint Cpe	1,420	4,260	7,100	15,980	24,850	35,500
Sp Veloce Cpe..........................	1,920	5,760	9,600	21,600	33,600	48,000
Spider Conv............................	1,280	3,840	6,400	14,400	22,400	32,000
Spr Veloce Conv	2,100	6,300	10,500	23,630	36,750	52,500
1957 1900, 4-cyl., 1975cc, 98.5" wb						
Sup Sprint Cpe..........................	3,260	9,780	16,300	36,680	57,050	81,500
1957 Giulietta 4-cyl., 1290cc, 93.7" wb (88.6" Spider & SS)						
Berlina 4d Sed	720	2,160	3,600	8,100	12,600	18,000
Sprint Cpe	1,420	4,260	7,100	15,980	24,850	35,500
Veloce Cpe.............................	1,920	5,760	9,600	21,600	33,600	48,000
Spider Conv............................	1,280	3,840	6,400	14,400	22,400	32,000
Spr Veloce Conv	2,100	6,300	10,500	23,630	36,750	52,500
Sprint Speciale.........................	1,400	4,200	7,000	15,750	24,500	35,000
1958 1900, 4-cyl., 1975cc, 98.5" wb						
Sup Sprint Cpe..........................	2,940	8,820	14,700	33,080	51,450	73,500
1958 Giulietta 4-cyl., 1290cc, 93.7" wb (88.6" Spider & SS)						
Berlina 4d Sed	720	2,160	3,600	8,100	12,600	18,000
Sprint Cpe	1,420	4,260	7,100	15,980	24,850	35,500
Veloce Cpe.............................	1,920	5,760	9,600	21,600	33,600	48,000
Spider Conv............................	1,280	3,840	6,400	14,400	22,400	32,000
Spider Veloce Conv.....................	2,100	6,300	10,500	23,630	36,750	52,500
Sprint Speciale.........................	1,400	4,200	7,000	15,750	24,500	35,000
1958 2000, 4-cyl., 1975cc, 107.1" wb (98.4" Spider)						
Berlina 4d Sed	760	2,280	3,800	8,550	13,300	19,000
Spider Conv............................	1,820	5,460	9,100	20,480	31,850	45,500
1959 4-cyl., 1290cc, 93.7" wb (88.6" Spider, SS, SZ) Giulietta - 750 Series						
Berlina 4d Sed	720	2,160	3,600	8,100	12,600	18,000
Sprint Cpe	1,420	4,260	7,100	15,980	24,850	35,500
Veloce Cpe.............................	1,920	5,760	9,600	21,600	33,600	48,000
Spider Conv............................	1,280	3,840	6,400	14,400	22,400	32,000
Spr Veloce Conv	2,100	6,300	10,500	23,630	36,750	52,500
1959 Giulietta - 101 Series						
Sprint Cpe	1,420	4,260	7,100	15,980	24,850	35,500

	6	5	4	3	2	1
Sp Veloce Cpe	1,920	5,760	9,600	21,600	33,600	48,000
Spider Conv	1,280	3,840	6,400	14,400	22,400	32,000
Spr Veloce Conv.	2,100	6,300	10,500	23,630	36,750	52,500
Sprint Speciale Cpe	2,640	7,920	13,200	29,700	46,200	66,000
Sprint Zagato.	4,600	13,800	23,000	51,750	80,500	115,000
1959 2000, 4-cyl., 1975cc, 107.1" wb (98.4" Spider)						
Berlina 4d Sed.	720	2,160	3,600	8,100	12,600	18,000
Spider Conv	1,820	5,460	9,100	20,480	31,850	45,500
1960 4-cyl., 1290cc, 93.7" wb (88.6" Spider, SS, SZ) Giulietta - 750 Series						
Berlina 4d Sed.	720	2,160	3,600	8,100	12,600	18,000
1960 Giulietta - 101 Series						
Sprint Cpe.	1,420	4,260	7,100	15,980	24,850	35,500
Sp Veloce Cpe	1,920	5,760	9,600	21,600	33,600	40,000
Spider Conv	1,280	3,840	6,400	14,400	22,400	32,000
Spr Veloce Conv.	2,100	6,300	10,500	23,630	36,750	52,500
Sprint Speciale	2,640	7,920	13,200	29,700	46,200	66,000
Sprint Zagato.	4,600	13,800	23,000	51,750	80,500	115,000
1960 2000, 4-cyl., 1975cc, 107.1" wb (101.6" Sprint, 98.4" Spider)						
Berlina 4d Sed.	720	2,160	3,600	8,100	12,600	18,000
Sprint Cpe.	1,100	3,300	5,500	12,380	19,250	27,500
Spider Conv	1,820	5,460	9,100	20,480	31,850	45,500
1961 Giulietta, 4-cyl., 1290cc, 93.7" wb (88.6" Spider, SS, SZ)						
Sprint Cpe	1,420	4,260	7,100	15,980	24,850	35,500
Sp Veloce Cpe	1,920	5,760	9,600	21,600	33,600	48,000
Spider Conv	1,280	3,840	6,400	14,400	22,400	32,000
Spr Veloce Conv.	2,100	6,300	10,500	23,630	36,750	52,500
Sprint Speciale	2,640	7,920	13,200	29,700	46,200	66,000
Sprint Zagato.	4,600	13,800	23,000	51,750	80,500	115,000
1961 2000, 4-cyl., 1975cc, 107" wb (101.6" Sprint, 98.4" Spider)						
Berlina 4d Sed.	720	2,160	3,600	8,100	12,600	18,000
Sprint Cpe.	1,100	3,300	5,500	12,380	19,250	27,500
Spider Conv	1,820	5,460	9,100	20,480	31,850	45,500
1962 Giulietta, 4-cyl., 1290cc, 93.7" wb (88.6" Spider, SS)						
Sprint Cpe	1,420	4,260	7,100	15,980	24,850	35,500
Sp Veloce Cpe	1,920	5,760	9,600	21,600	33,600	48,000
Spider Conv	1,280	3,840	6,400	14,400	22,400	32,000
Spr Veloce Conv.	2,100	6,300	10,500	23,630	36,750	52,500
Sprint Speciale	2,640	7,920	13,200	29,700	46,200	66,000
1962 4-cyl., 1570cc, 93.7" wb (88.6" Spider) Giulia - 101 Series						
Sprint Cpe.	1,520	4,560	7,600	17,100	26,600	38,000
Spider Conv	1,740	5,220	8,700	19,580	30,450	43,500
1962 4-cyl., 1570cc, 98.8" wb Giulia - 105 Series						
TI 4d Sed.	640	1,920	3,200	7,200	11,200	16,000
1962 2000, 4-cyl., 1975cc, 107" wb (101.6" Sprint)						
Berlina 4d Sed.	720	2,160	3,600	8,100	12,600	18,000
Sprint Cpe.	1,100	3,300	5,500	12,380	19,250	27,500
1962 2600, 6-cyl., 2584cc, 106.7" wb (101.6" Sprint, 98.4" Spider, SZ)						
Berlina 4d Sed.	800	2,400	4,000	9,000	14,000	20,000
Sprint Cpe.	1,680	5,040	8,400	18,900	29,400	42,000
Spider Conv	2,220	6,660	11,100	24,980	38,850	55,500
1963 Giulietta, 4-cyl., 1290cc, 93.7" wb						
Sprint 1300 Cpe	600	1,800	3,000	6,750	10,500	15,000
1963 4-cyl., 1570cc, 93.7" wb (88.6" Spider) Giulia - 101 Series						
Sprint Cpe.	1,520	4,560	7,600	17,100	26,600	38,000
Spider Conv	1,740	5,220	8,700	19,580	30,450	43,500
Sprint Spl.	2,640	7,920	13,200	29,700	46,200	66,000
1963 4-cyl., 1570cc, 98.8" wb (92.5" Sprint) Giulia - 105 Series						
TI 4d Sed.	540	1,620	2,700	6,080	9,450	13,500
TI Sup 4d Sed.	560	1,680	2,800	6,300	9,800	14,000
Sprint GT Cpe.	1,620	4,860	8,100	18,230	28,350	40,500
GTZ.	2,480	7,440	12,400	27,900	43,400	62,000
1963 2600, 6-cyl., 2584cc, 106.7" wb (101.6" Sprint, 98.4" Spider)						
Berlina 4d Sed.	580	1,740	2,900	6,530	10,150	14,500
Sprint Cpe.	680	2,040	3,400	7,650	11,900	17,000
Spider Conv	1,000	3,000	5,000	11,250	17,500	25,000
1964 Giulietta, 4-cyl., 1290cc, 93.7" wb						
Sprint 1300 Cpe	600	1,800	3,000	6,750	10,500	15,000
1964 4-cyl., 1570cc, 93.7" wb (88.6" Spider) Giulia - 101 Series						
Sprint Cpe.	680	2,040	3,400	7,650	11,900	17,000
Spider Conv	920	2,760	4,600	10,350	16,100	23,000
Spider Veloce Conv	840	2,520	4,200	9,450	14,700	21,000
Sprint Speciale	1,360	4,080	6,800	15,300	23,800	34,000
1964 4-cyl., 1570cc, 98.8" wb (92.5" Sprint) Giulia - 105 Series						
TI 4d Sed.	540	1,620	2,700	6,080	9,450	13,500
TI Sup 4d Sed.	560	1,680	2,800	6,300	9,800	14,000
Sprint GT Cpe.	720	2,160	3,600	8,100	12,600	18,000

ALFA ROMEO

	6	5	4	3	2	1
GTZ	2,480	7,440	12,400	27,900	43,400	62,000
GTC Conv	1,000	3,000	5,000	11,250	17,500	25,000
1964 2600, 6-cyl., 2584cc, 106.7" wb (101.6" Sprint, 98.4" Spider)						
Berlina 4d Sed	580	1,740	2,900	6,530	10,150	14,500
Sprint Cpe	680	2,040	3,400	7,650	11,900	17,000
Spider Conv	880	2,640	4,400	9,900	15,400	22,000
1965 4-cyl., 1570cc, 93.7" wb (88.6" Spider) Giulia - 101 Series						
Spider Conv	960	2,880	4,800	10,800	16,800	24,000
Spider Veloce Conv	1,000	3,000	5,000	11,250	17,500	25,000
Sprint Spl Cpe	1,320	3,960	6,600	14,850	23,100	33,000
1965 4-cyl., 1570cc, 98.8" wb (92.5" Sprint) Giulia - 105 Series						
TI 4d Sed	250	740	1,240	2,790	4,340	6,200
Sup 4d Sed	560	1,680	2,800	6,300	9,800	14,000
Sprint GT Cpe	720	2,160	3,600	8,100	12,600	18,000
GTV Cpe	800	2,400	4,000	9,000	14,000	20,000
GTZ Cpe	2,480	7,440	12,400	27,900	43,400	62,000
GTA Cpe	1,320	3,960	6,600	14,850	23,100	33,000
GTC Conv	1,000	3,000	5,000	11,250	17,500	25,000
TZ 2			value not estimable			
1965 2600, 6-cyl., 2584cc, 106.7" wb (101.6" Sprint, 98.4" Spider)						
Berlina 4d Sed	560	1,680	2,800	6,300	9,800	14,000
Sprint Cpe	680	2,040	3,400	7,650	11,900	17,000
Spider Conv	1,320	3,960	6,600	14,850	23,100	33,000
SZ	1,120	3,360	5,600	12,600	19,600	28,000
1966 Giulia, 4-cyl., 1570cc, 98.8" wb (92.5" Sprint)						
T.I. 4d Sed	250	740	1,240	2,790	4,340	6,200
Sprint GT Cpe	720	2,160	3,600	8,100	12,600	18,000
GTV Cpe	1,360	4,080	6,800	15,300	23,800	34,000
Spider Conv	960	2,880	4,800	10,800	16,800	24,000
Spider Veloce	1,000	3,000	5,000	11,250	17,500	25,000
GTZ	2,480	7,440	12,400	27,900	43,400	62,000
GTA Cpe	1,080	3,240	5,400	12,150	18,900	27,000
GTC Conv	1,000	3,000	5,000	11,250	17,500	25,000
TZ 2 Cpe			value not estimable			
1966 4-cyl., 1570cc, 88.6" wb						
Duetto Conv	680	2,040	3,400	7,650	11,900	17,000
1966 2600, 6-cyl., 2584cc, 106.7" wb (101.6" Sprint, 98.4" Spider)						
Berlina 4d Sed	640	1,920	3,200	7,200	11,200	16,000
Sprint Cpe	880	2,640	4,400	9,900	15,400	22,000
SZ	1,120	3,360	5,600	12,600	19,600	28,000
1967 Giulia, 4-cyl., 1570cc, 98.8" wb (92.5" Sprint)						
T.I. 4d Sed	250	740	1,240	2,790	4,340	6,200
GTV Cpe	800	2,400	4,000	9,000	14,000	20,000
GTZ Cpe	2,480	7,440	12,400	27,900	43,400	62,000
GTA Cpe	1,080	3,240	5,400	12,150	18,900	27,000
TZ 2			value not estimable			
1967 4-cyl., 1570cc, 88.6" wb						
Duetto Conv	680	2,040	3,400	7,650	11,900	17,000
1967 1750, 4-cyl., 1779cc, 101.2" wb (92.5" Cpe, 88.6" Spider)						
Berlina 4d Sed	250	740	1,240	2,790	4,340	6,200
GTV Cpe	840	2,520	4,200	9,450	14,700	21,000
Spider	880	2,640	4,400	9,900	15,400	22,000
1967 2600, 6-cyl., 2584cc, 106.7" wb						
Berlina 4d Sed	580	1,740	2,900	6,530	10,150	14,500
SZ	1,120	3,360	5,600	12,600	19,600	28,000
1968 4-cyl., 1290/1570cc, 92.5" wb						
Giulia GTV Cpe	800	2,400	4,000	9,000	14,000	20,000
1968 1750, 4-cyl., 1779cc, 101.2" wb (92.5" Sprint, 88.6" Spider)						
Berlina 4d Sed	250	740	1,240	2,790	4,340	6,200
GTV Cpe	840	2,520	4,200	9,450	14,700	21,000
Spider Conv	880	2,640	4,400	9,900	15,400	22,000
1968 2600, 6-cyl., 2584cc, 106.7" wb						
Berlina 4d Sed	300	900	1,500	3,380	5,250	7,500
1969 Giulia, 4-cyl., 1290cc, 92.5" wb						
GTA 1300 Jr Cpe	1,000	3,000	5,000	11,250	17,500	25,000
1969 1750, 4-cyl., 1779cc, 101.2" wb (92.5" Cpe, 88.6" Spider)						
Berlina 4d Sed	260	780	1,300	2,930	4,550	6,500
GTV Cpe	840	2,520	4,200	9,450	14,700	21,000
Spider Conv	880	2,640	4,400	9,900	15,400	22,000
1970 Giulia, 4-cyl., 1290cc, 92.5" wb						
GTA 1300 Jr Cpe	1,000	3,000	5,000	11,250	17,500	25,000
Jr Z 1300 Cpe	800	2,400	4,000	9,000	14,000	20,000
1970 1750, 4-cyl., 1779cc, 101.2" wb (92.5" Cpe, 88.6" Spider)						
Berlina 4d Sed	260	780	1,300	2,930	4,550	6,500
GTV Cpe	520	1,560	2,600	5,850	9,100	13,000
Spider	640	1,920	3,200	7,200	11,200	16,000

	6	5	4	3	2	1
1971 Giulia, 4-cyl., 1290cc, 92.5" wb						
GTA 1300 Jr Cpe	1,000	3,000	5,000	11,250	17,500	25,000
Jr Z 1300 Cpe	800	2,400	4,000	9,000	14,000	20,000
1971 1750, 4-cyl., 1779cc, 101.2" wb (92.5" Cpe, 88.6" Spider)						
Berlina 4d Sed.	250	740	1,240	2,790	4,340	6,200
GTV Cpe.	520	1,560	2,600	5,850	9,100	13,000
Spider	580	1,740	2,900	6,530	10,150	14,500
1971 2000, 4-cyl., 1962cc, 101.8" wb (92.5" Cpe, 88.6" Spider)						
Berlina 4d Sed.	260	780	1,300	2,930	4,550	6,500
GTV Cpe.	560	1,680	2,800	6,300	9,800	14,000
Spider Veloce	640	1,920	3,200	7,200	11,200	16,000
1971 V-8, 2953cc, 92.5" wb						
Montreal Cpe.	1,800	5,400	9,000	20,250	31,500	45,000
1972 Giulia, 4-cyl., 1290cc, 92.5" wb						
GTA 1300 Jr Cpe	1,000	3,000	5,000	11,250	17,500	25,000
Jr Z 1300 Cpe	800	2,400	4,000	9,000	14,000	20,000
Jr Z 1600 Cpe	840	2,520	4,200	9,450	14,700	21,000
1972 1750, 4-cyl., 1779cc, 101.2" wb (92.5" Cpe, 88.6" Spider)						
Berlina 4d Sed.	250	740	1,240	2,790	4,340	6,200
GTV Cpe.	520	1,560	2,600	5,850	9,100	13,000
Spider	580	1,740	2,900	6,530	10,150	14,500
1972 2000, 4-cyl., 1962cc, 101.8" wb (92.5" Cpe, 88.6" Spider)						
Berlina 4d Sed.	260	780	1,300	2,930	4,550	6,500
GTV Cpe.	520	1,560	2,600	5,850	9,100	13,000
Spider Veloce	640	1,920	3,200	7,200	11,200	16,000
1972 V-8, 2593cc, 92.5" wb						
Montreal Cpe.	1,800	5,400	9,000	20,250	31,500	45,000
1973 4-cyl., 1570cc, 92.5" wb						
Giulia Jr Z 1600.	800	2,400	4,000	9,000	14,000	20,000
1973 2000, 4-cyl., 1992cc, 101.8" wb (92.5" Cpe, 88.6" Spider)						
Berlina 4d Sed.	260	780	1,300	2,930	4,550	6,500
GTV Cpe.	540	1,620	2,700	6,080	9,450	13,500
Spider Veloce	640	1,920	3,200	7,200	11,200	16,000
1973 V-8, 2593cc, 92.5" wb						
Montreal Cpe.	1,800	5,400	9,000	20,250	31,500	45,000
1974 4-cyl., 1570 cc, 92.5" wb						
Giulia Jr Z 1600 Cpe	800	2,400	4,000	9,000	14,000	20,000
1974 2000, 4-cyl., 1962cc, 101.8" wb (92.5" Cpe, 88.6" Spider)						
Berlina 4d Sed.	260	780	1,300	2,930	4,550	6,500
GTV Cpe.	540	1,620	2,700	6,080	9,450	13,500
Spider Veloce	640	1,920	3,200	7,200	11,200	16,000
1974 V-8, 2953cc, 92.5" wb						
Montreal Cpe.	1,800	5,400	9,000	20,250	31,500	45,000
1975 Giulia, 4-cyl., 1570cc, 92.5" wb						
Jr Z 1600 Cpe	800	2,400	4,000	9,000	14,000	20,000
1975 2000, 4-cyl., 1962cc, 88.6" wb						
Spr Veloce Conv	640	1,920	3,200	7,200	11,200	16,000
1975 V-8, 2593cc, 92.5" wb						
Montreal Cpe.	1,800	5,400	9,000	20,250	31,500	45,000
1975 Alfetta, 4-cyl., 1779cc, 98.8" wb						
4d Sed.	240	720	1,200	2,700	4,200	6,000
1975 Alfetta, 4-cyl., 1962cc, 94.5" wb						
GT Cpe	520	1,560	2,600	5,850	9,100	13,000
1976 2000, 4-cyl., 1962cc, 88.6" wb						
Spr Veloce Conv	640	1,920	3,200	7,200	11,200	16,000
1976 Alfetta, 4-cyl., 1779cc, 98.8" wb						
4d Sed.	260	780	1,300	2,930	4,550	6,500
1976 4-cyl., 1962cc, 94.5" wb						
GTV Cpe.	520	1,560	2,600	5,850	9,100	13,000
1977 2000, 4-cyl., 1962cc, 88.6" wb						
Spr Veloce Conv	640	1,920	3,200	7,200	11,200	16,000
1977 Alfetta, 4-cyl., 1779cc, 98.8" wb						
4d Sed.	260	780	1,300	2,930	4,550	6,500
1977 4-cyl., 1962cc, 94.5" wb						
GTV Cpe.	540	1,620	2,700	6,080	9,450	13,500
1978 2000, 4-cyl., 1962cc, 88.6" wb						
Spr Veloce Conv	640	1,920	3,200	7,200	11,200	16,000
1978 4-cyl., 1962cc, 98.8" wb (94.5" Cpe)						
4d Spt Sed	260	780	1,300	2,930	4,550	6,500
Sprint Veloce Cpe.	540	1,620	2,700	6,080	9,450	13,500
1980 4-cyl., 1962cc, 98.8" wb (94.5" Cpe)						
2d Spider Conv	620	1,860	3,100	6,980	10,850	15,500
1981 4-cyl., 1962cc, 98.8" wb (94.5" Cpe)						
2d Spt Cpe 2 plus 2.	280	840	1,400	3,150	4,900	7,000
2d Spider Conv.	620	1,860	3,100	6,980	10,850	15,500

	6	5	4	3	2	1
1982 4-cyl., 1962cc, 98.8" wb (94.5" Cpe)						
2d Spt Cpe 270	800	1,340	3,020	4,690	6,700
2d Spider 620	1,860	3,100	6,980	10,850	15,500
1983 4-cyl., 1962cc, 98.8" wb (94.5" Cpe)						
2d Cpe 280	840	1,400	3,150	4,900	7,000
2d Spider 620	1,860	3,100	6,980	10,850	15,500
1984 4-cyl., 1962cc, 98.8" wb (94.5" Cpe)						
GTV6 Cpe 320	960	1,600	3,600	5,600	8,000
Spider Veloce 620	1,860	3,100	6,980	10,850	15,500
1985 4-cyl., 1962cc, 98.8" wb (94.5" Cpe)						
GTV6 2d Cpe 520	1,560	2,600	5,850	9,100	13,000
Graduate 2d Conv 640	1,920	3,200	7,200	11,200	16,000
Spider Veloce 2d Conv 680	2,040	3,400	7,650	11,900	17,000
1986 4-cyl., 1962cc, 98.8" wb (94.5" Cpe)						
GTV6 2d Cpe 520	1,560	2,600	5,850	9,100	13,000
Graduate 2d Conv 680	2,040	3,400	7,650	11,900	17,000
Spider Veloce 2d Conv 720	2,160	3,600	8,100	12,600	18,000
Quadrifoglio 2d Conv 680	2,040	3,400	7,650	11,900	17,000
1987 4-cyl., 1962cc, 98.8" wb (94.5" Cpe)						
4d Sed Milano Silver 320	960	1,600	3,600	5,600	8,000
2d Spider Veloce 720	2,160	3,600	8,100	12,600	18,000
4d Quadrifoglio 640	1,920	3,200	7,200	11,200	16,000
2d Conv Graduate 680	2,040	3,400	7,650	11,900	17,000
1988 4-cyl., 1962cc, 98.8" wb (94.5" Cpe)						
4d Sed Milano Gold 520	1,560	2,600	5,850	9,100	13,000
4d Sed Milano Platinum 540	1,620	2,700	6,080	9,450	13,500
4d Sed Milano Verde 3.0 560	1,680	2,800	6,300	9,800	14,000
2d Spider Veloce 680	2,040	3,400	7,650	11,900	17,000
4d Quadrifoglio 680	2,040	3,400	7,650	11,900	17,000
2d Conv Graduate 660	1,980	3,300	7,430	11,550	16,500
1989 4-cyl., 1962cc, 98.8" wb (94.5" Cpe)						
4d Sed Milano Gold 520	1,560	2,600	5,850	9,100	13,000
4d Sed Milano Platinum 540	1,620	2,700	6,080	9,450	13,500
4d Sed Milano 3.0 560	1,680	2,800	6,300	9,800	14,000
2d Spider Veloce 680	2,040	3,400	7,650	11,900	17,000
4d Quadrifoglio 720	2,160	3,600	8,100	12,600	18,000
2d Conv Graduate 600	1,800	3,000	6,750	10,500	15,000
1990 4-cyl., 1962cc, 98.8" wb (94.5" Cpe)						
2d Conv Spider 560	1,680	2,800	6,300	9,800	14,000
2d Conv Graduate 520	1,560	2,600	5,850	9,100	13,000
2d Conv Quadrifoglio 600	1,800	3,000	6,750	10,500	15,000
1991 Alfa Romeo						
4d 220	660	1,100	2,480	3,850	5,500
4d L 260	780	1,300	2,930	4,550	6,500
4d S 320	960	1,600	3,600	5,600	8,000
1991 Spider						
2d Conv 520	1,560	2,600	5,850	9,100	13,000
2d Conv Veloce 560	1,680	2,800	6,300	9,800	14,000
1992 Spider, 4-cyl.						
2d Conv 620	1,860	3,100	6,980	10,850	15,500
2d Conv Veloce 680	2,040	3,400	7,650	11,900	17,000
1992 164, V-6						
4d Sed L 540	1,620	2,700	6,080	9,450	13,500
4d Sed S 620	1,860	3,100	6,980	10,850	15,500
1993 Spider, 4-cyl.						
2d Conv 640	1,920	3,200	7,200	11,200	16,000
2d Veloce Conv 680	2,040	3,400	7,650	11,900	17,000
1993 164, V-6						
4d Sed L 540	1,630	2,720	6,120	9,520	13,600
4d Sed S 550	1,660	2,760	6,210	9,660	13,800
1994 Spider, 4-cyl.						
2d Conv 520	1,560	2,600	5,850	9,100	13,000
2d Conv Veloce 580	1,740	2,900	6,530	10,150	14,500
1994 164, V-6						
4d Sed LS 560	1,680	2,800	6,300	9,800	14,000
4d Sed Quadrifoglio 680	2,040	3,400	7,650	11,900	17,000

ALLARD

	6	5	4	3	2	1
1946-49 J1, V-8, 100" wb						
2d Rds 2,920	8,760	14,600	32,850	51,100	73,000
1946-49 K1, V-8, 106" wb						
2d Rds 4,280	12,840	21,400	48,150	74,900	107,000
1946-49 L, V-8, 112" wb						
2d Tr. 2,480	7,440	12,400	27,900	43,400	62,000

	6	5	4	3	2	1
1946-49 M, V-8, 112" wb						
2d DHC 2,600	7,800	13,000	29,250	45,500	65,000
1950-51 J2, V-8, 100" wb						
2d Rds. 9,380	28,140	46,900	105,530	164,150	234,500
1950-51 K2, V-8, 106" wb						
2d Rds. 6,380	19,140	31,900	71,780	111,650	159,500
2d Spt Sed 1,980	5,940	9,900	22,280	34,650	49,500
1950-51 L, V-8, 112" wb						
2d Tr 1,740	5,220	8,700	19,580	30,450	43,500
1950-51 M, V-8, 112" wb						
2d DHC 2,680	8,040	13,400	30,150	46,900	67,000
1952-54 K3, V-8, 100" wb						
2d Rds. 6,040	18,120	30,200	67,950	105,700	151,000
1952-54 J2X, V-8, 100" wb						
2d Rds. 10,280	30,840	51,400	115,650	179,900	257,000
2d LeMans Rds. 12,620	37,860	63,100	141,980	220,850	315,500
1952-54 JR, V-8, 96" wb						
2d Rds. 6,760	20,280	33,800	76,050	118,300	169,000
1952-54 Monte Carlo/Safari, V-8, 112" wb						
2d M.C. Sed 2,800	8,400	14,000	31,500	49,000	70,000
2d Safari Wag 3,200	9,600	16,000	36,000	56,000	80,000
1952-54 Palm Beach, 4-cyl., 96" wb						
2d Rds. 2,120	6,360	10,600	23,850	37,100	53,000
1952-54 Palm Beach, 6-cyl., 96" wb						
2d Rds 2,240	6,720	11,200	25,200	39,200	56,000
1955-59 Palm Beach, 4-cyl., 96" wb						
2d Rds. 2,120	6,360	10,600	23,850	37,100	53,000
1955-59 Palm Beach, 6-cyl., 96" wb						
2d Rds. 2,240	6,720	11,200	25,200	39,200	56,000

AMPHICAR

	6	5	4	3	2	1
1961 4-cyl., 43 hp, 83" wb						
2d Conv. 2,500	7,500	12,500	28,130	43,750	62,500
1962 4-cyl., 43 hp, 83" wb						
2d Conv. 2,500	7,500	12,500	28,130	43,750	62,500
1963 4-cyl., 43 hp, 83" wb						
2d Conv. 2,500	7,500	12,500	28,130	43,750	62,500
1964 4-cyl., 43 hp, 83" wb						
2d Conv. 2,500	7,500	12,500	28,130	43,750	62,500
1965 4-cyl., 43 hp, 83" wb						
2d Conv. 2,500	7,500	12,500	28,130	43,750	62,500
1966 4-cyl., 43 hp, 83" wb						
2d Conv. 2,500	7,500	12,500	28,130	43,750	62,500
1967-68 4-cyl., 43 hp, 83" wb						
2d Conv. 2,500	7,500	12,500	28,130	43,750	62,500

ASTON MARTIN

	6	5	4	3	2	1
1948-50 DB1, 4-cyl., 1970cc, 108" wb						
2S Rds (14 made).		value not estimable				
1950-53 DB2, 6-cyl., 2580cc, 99" wb						
Saloon. 3,040	9,120	15,200	34,200	53,200	76,000
DHC 6,000	18,000	30,000	67,500	105,000	150,000
Graber DHC (3 made).		value not estimable				
1951-53 DB3, 6-cyl., 2580/2922cc, 93" wb						
Racer (10 made)		value not estimable				
1953-55 DB2/4, 6-cyl., 292cc, 99" wb						
Saloon. 4,000	12,000	20,000	45,000	70,000	100,000
DHC 6,000	18,000	30,000	67,500	105,000	150,000
DHC by Graber. 7,000	21,000	35,000	78,750	122,500	175,000
Rds by Touring (2 made)		value not estimable				
1953-56 DB3S, 6-cyl., 2922cc, 87" wb						
Racer.		value not estimable				
Cpe 8,000	24,000	40,000	90,000	140,000	200,000
1955-57 DB2/4, 6-cyl., 2922cc, 99" wb						
Mk II Saloon 3,040	9,120	15,200	34,200	53,200	76,000
Mk II DHC 6,000	18,000	30,000	67,500	105,000	150,000
Mk II FHC 3,600	10,800	18,000	40,500	63,000	90,000
Mk II Spider by Touring (2 made)		value not estimable				
1956-60 DBR, 6-cyl., 2493/2992/4164cc, 90" wb						
Racer (14 made).		value not estimable				
1957-59 DB, 6-cyl., 2922cc, 99" wb						
Mk III Saloon. 3,040	9,120	15,200	34,200	53,200	76,000
Mk III DHC. 6,000	18,000	30,000	67,500	105,000	150,000
Mk III FHC. 3,200	9,600	16,000	36,000	56,000	80,000

ASTON MARTIN

	6	5	4	3	2	1
1958-60 DB4, 6-cyl., 3670cc, 98" wb, Series 1						
Saloon	3,040	9,120	15,200	34,200	53,200	76,000
1959-63 DB4GT, 6-cyl., 3670cc, 93" wb						
Saloon	5,040	15,120	25,200	56,700	88,200	126,000
Cpe by Zagato			value not estimable			
Bertone (1 made)			value not estimable			
1960-61 DB4, 6-cyl., 3670cc, 98" wb, Series 2						
Saloon	3,040	9,120	15,200	34,200	53,200	76,000
1961 DB4, 6-cyl., 3670cc, 98" wb, Series 3						
Saloon	3,040	9,120	15,200	34,200	53,200	76,000
1961-62 DB4, 6-cyl., 3670cc, 98" wb, Series 4						
Saloon	3,040	9,120	15,200	34,200	53,200	76,000
DHC	5,600	16,800	28,000	63,000	98,000	140,000
1962-63 DB4, 6-cyl., 3670cc, 98" wb, Series 5						
Saloon	3,040	9,120	15,200	34,200	53,200	76,000
DHC	5,600	16,800	28,000	63,000	98,000	140,000
1963-65 DB5, 6-cyl., 3995cc, 98" wb						
Saloon	3,200	9,600	16,000	36,000	56,000	80,000
DHC	6,000	18,000	30,000	67,500	105,000	150,000
Radford Shooting Brake (12 made)			value not estimable			
Volante (37 made)			value not estimable			
1965-69 DB6, 6-cyl., 3995cc, 102" wb						
Saloon	3,440	10,320	17,200	38,700	60,200	86,000
Radford Shooting Brake (6 made)			value not estimable			
Volante	6,000	18,000	30,000	67,500	105,000	150,000
1967-72 6-cyl., 3995cc, 103" wb						
DBS Saloon	3,040	9,120	15,200	34,200	53,200	76,000
DBSC Saloon (2 made)			value not estimable			
1969-70 DB6, 6-cyl., 3995cc, 102" wb						
Mk II Saloon	3,200	9,600	16,000	36,000	56,000	80,000
Mk II Volante	6,000	18,000	30,000	67,500	105,000	150,000
1970-72 DBSV8, V-8, 5340cc, 103" wb						
Saloon	3,200	9,600	16,000	36,000	56,000	80,000
Saloon by Ogle (2 built)			value not estimable			
1972-73 AM, 6-cyl., 3995cc, 103" wb						
Vantage Saloon (70 made)			value not estimable			
1972-73 AMV8, 5340cc, V-8, 103" wb, Series II						
Saloon	2,000	6,000	10,000	22,500	35,000	50,000
1973-78 AMV8, V-8, 5340cc, 103" wb, Series III						
Saloon	2,360	7,080	11,800	26,550	41,300	59,000
1977-78 AMV8, V-8, 5340cc, 103" wb						
Vantage Saloon	2,360	7,080	11,800	26,550	41,300	59,000
1979 AMV8, V-8, 5340cc, 103" wb						
2d Vantage Cpe	2,440	7,320	12,200	27,450	42,700	61,000
2d Volante Conv.	3,760	11,280	18,800	42,300	65,800	94,000
4d Lagonda	2,960	8,880	14,800	33,300	51,800	74,000
1980 AMV8, V-8, 5340cc, 103" wb						
2d Vantage Cpe	2,520	7,560	12,600	28,350	44,100	63,000
2d Volante Conv.	3,760	11,280	18,800	42,300	65,800	94,000
4d Lagonda	2,960	8,880	14,800	33,300	51,800	74,000
1981 AMV8, V-8, 5340cc, 103" wb						
2d Vantage Cpe	2,480	7,440	12,400	27,900	43,400	62,000
2d Volante Conv.	3,840	11,520	19,200	43,200	67,200	96,000
4d Lagonda	2,960	8,880	14,800	33,300	51,800	74,000
1982 AMV8, V-8, 5340cc, 103" wb						
2d Vantage Cpe	2,560	7,680	12,800	28,800	44,800	64,000
2d Volante Conv.	3,840	11,520	19,200	43,200	67,200	96,000
4d Lagonda	2,960	8,880	14,800	33,300	51,800	74,000
1983 AMV8, V-8, 5340cc, 103" wb						
2d Vantage Cpe	2,800	8,400	14,000	31,500	49,000	70,000
2d Volante Conv.	3,920	11,760	19,600	44,100	68,600	98,000
4d Lagonda	3,040	9,120	15,200	34,200	53,200	76,000
1984 AMV8, V-8, 5340cc, 103" wb						
2d Vantage Cpe	3,680	11,040	18,400	41,400	64,400	92,000
2d Volante Conv.	3,920	11,760	19,600	44,100	68,600	98,000
4d Lagonda	3,040	9,120	15,200	34,200	53,200	76,000
1985 V-8						
2d Vantage Cpe	530	1,580	2,640	5,940	9,240	13,200
2d Volante Conv.	550	1,660	2,760	6,210	9,660	13,800
4d Lagonda	3,040	9,120	15,200	34,200	53,200	76,000
1986 V-8						
2d Vantage Cpe	3,760	11,280	18,800	42,300	65,800	94,000
2d Volante Conv.	4,000	12,000	20,000	45,000	70,000	100,000
4d Lagonda Saloon	310	940	1,560	3,510	5,460	7,800
1987 V-8						
2d Vantage Cpe	3,760	11,280	18,800	42,300	65,800	94,000

	6	5	4	3	2	1
2d Volante Conv	4,000	12,000	20,000	45,000	70,000	100,000
4d Lagonda Saloon	3,120	9,360	15,600	35,100	54,600	78,000
1988 V-8						
2d Vantage Cpe	3,840	11,520	19,200	43,200	67,200	96,000
2d Volante Conv	4,080	12,240	20,400	45,900	71,400	102,000
4d Lagonda Saloon	3,120	9,360	15,600	35,100	54,600	78,000
1989 V-8						
2d Vantage Cpe	4,000	12,000	20,000	45,000	70,000	100,000
2d Volante Conv	4,160	12,480	20,800	46,800	72,800	104,000
4d Lagonda Saloon	3,280	9,840	16,400	36,900	57,400	82,000
1990 V-8						
2d Virage Cpe	5,440	16,320	27,200	61,200	95,200	136,000
1991 Virage						
2d Cpe	4,400	13,200	22,000	49,500	77,000	110,000
1992 Virage						
2d Cpe	4,600	13,800	23,000	51,750	80,500	115,000
1993 Virage						
2d Cpe	4,000	12,000	20,000	45,000	70,000	100,000
1993 Volante						
2d Conv	6,400	19,200	32,000	72,000	112,000	160,000
1994 Virage						
2d Cpe	4,400	13,200	22,000	49,500	77,000	110,000
1994 Volante						
2d Conv	6,600	19,800	33,000	74,250	115,500	165,000

AUDI

	6	5	4	3	2	1
1970 Super 90						
2d Sed	260	790	1,320	2,970	4,620	6,600
4d Sed	270	800	1,340	3,020	4,690	6,700
4d Sta Wag	270	820	1,360	3,060	4,760	6,800
1970 100 LS						
2d Sed	270	820	1,360	3,060	4,760	6,800
4d Sed	280	830	1,380	3,110	4,830	6,900
1971 Super 90						
2d Sed	260	790	1,320	2,970	4,620	6,600
4d Sed	270	800	1,340	3,020	4,690	6,700
4d Sta Wag	270	800	1,340	3,020	4,690	6,700
1971 100 LS						
2d Sed	270	820	1,360	3,060	4,760	6,800
4d Sed	280	830	1,380	3,110	4,830	6,900
1972 Super 90						
2d Sed	260	790	1,320	2,970	4,620	6,600
4d Sed	270	800	1,340	3,020	4,690	6,700
4d Sta Wag	270	820	1,360	3,060	4,760	6,800
1972 100						
2d Sed	270	800	1,340	3,020	4,690	6,700
4d Sed	270	820	1,360	3,060	4,760	6,800
1972 100 LS						
2d Sed	270	820	1,360	3,060	4,760	6,800
4d Sed	280	830	1,380	3,110	4,830	6,900
1972 100 GL						
2d Sed	280	830	1,380	3,110	4,830	6,900
4d Sed	280	840	1,400	3,150	4,900	7,000
1973 100						
2d Sed	260	700	1,320	2,970	4,620	6,600
4d Sed	270	800	1,340	3,020	4,690	6,700
1973 100 LS						
2d Sed	270	800	1,340	3,020	4,690	6,700
4d Sed	270	820	1,360	3,060	4,760	6,800
1973 100 GL						
2d Sed	270	820	1,360	3,060	4,760	6,800
4d Sed	280	830	1,380	3,110	4,830	6,900
1973 Fox						
2d Sed	200	600	1,000	2,250	3,500	5,000
4d Sed	200	610	1,020	2,300	3,570	5,100
1974 100 LS						
2d Sed	260	790	1,320	2,970	4,620	6,600
4d Sed	270	800	1,340	3,020	4,690	6,700
1974 Fox						
2d Sed	200	600	1,000	2,250	3,500	5,000
4d Sed	200	600	1,000	2,250	3,500	5,000
1975 100 LS						
2d Sed	260	780	1,300	2,930	4,550	6,500
4d Sed	260	790	1,320	2,970	4,620	6,600

	6	5	4	3	2	1
1975 Fox						
2d Sed	200	600	1,000	2,250	3,500	5,000
4d Sed	200	600	1,000	2,250	3,500	5,000
4d Sta Wag	210	620	1,040	2,340	3,640	5,200
1976 100 LS						
2d Sed	260	770	1,280	2,880	4,480	6,400
4d Sed	260	780	1,300	2,930	4,550	6,500
1976 Fox						
2d Sed	200	600	1,000	2,250	3,500	5,000
4d Sed	200	600	1,000	2,250	3,500	5,000
4d Sta Wag	210	620	1,040	2,340	3,640	5,200
1977 Sedan						
2d	250	760	1,260	2,840	4,410	6,300
4d	260	770	1,280	2,880	4,480	6,400
1977 Fox						
2d Sed	200	600	1,000	2,250	3,500	5,000
4d Sed	200	600	1,000	2,250	3,500	5,000
4d Sta Wag	210	620	1,040	2,340	3,640	5,200
1978 5000						
4d Sed	260	770	1,280	2,880	4,480	6,400
1978 Fox						
2d Sed	200	600	1,000	2,250	3,500	5,000
4d Sed	200	600	1,000	2,250	3,500	5,000
4d Sta Wag	210	620	1,040	2,340	3,640	5,200
1979 5000						
4d Sed	250	760	1,260	2,840	4,410	6,300
4d Sed S	260	790	1,320	2,970	4,620	6,600
1979 Fox						
2d Sed	200	600	1,000	2,250	3,500	5,000
4d Sed	200	600	1,000	2,250	3,500	5,000
4d Sta Wag	210	620	1,040	2,340	3,640	5,200
1980 5000						
4d Sed	250	740	1,240	2,790	4,340	6,200
4d Sed S	260	780	1,300	2,930	4,550	6,500
4d Sed (Turbo)	280	840	1,400	3,150	4,900	7,000
1980 4000						
2d Sed	240	710	1,180	2,660	4,130	5,900
4d Sed	240	720	1,200	2,700	4,200	6,000
1981 5000						
4d Sed	240	720	1,200	2,700	4,200	6,000
4d Sed S	250	740	1,240	2,790	4,340	6,200
4d Sed (Turbo)	260	780	1,300	2,930	4,550	6,500
1981 4000						
2d Sed 4E	220	650	1,080	2,430	3,780	5,400
4d Sed 4E	220	660	1,100	2,480	3,850	5,500
2d Sed (5 plus 5)	240	710	1,180	2,660	4,130	5,900
2d Cpe	240	720	1,200	2,700	4,200	6,000
1982 5000						
4d Sed S	240	720	1,200	2,700	4,200	6,000
4d Sed (Turbo)	260	780	1,300	2,930	4,550	6,500
1982 4000						
2d Sed	220	660	1,100	2,480	3,850	5,500
4d Sed (Diesel)	200	600	1,000	2,250	3,500	5,000
4d Sed S	230	700	1,160	2,610	4,060	5,800
2d Cpe	240	710	1,180	2,660	4,130	5,900
1983 5000						
4d Sed S	240	720	1,200	2,700	4,200	6,000
4d Sed (Turbo)	260	780	1,300	2,930	4,550	6,500
4d Sed (Turbo Diesel)	230	700	1,160	2,610	4,060	5,800
1983 4000						
2d Sed	220	660	1,100	2,480	3,850	5,500
4d Sed S	230	700	1,160	2,610	4,060	5,800
4d Sed S (Diesel)	200	600	1,000	2,250	3,500	5,000
2d Cpe	240	710	1,180	2,660	4,130	5,900
2d Quattro Cpe (4x4)	340	1,020	1,700	3,830	5,950	8,500
1984 5000						
4d Sed S	240	720	1,200	2,700	4,200	6,000
4d Sed (Turbo)	260	780	1,300	2,930	4,550	6,500
4d Sta Wag S	250	760	1,260	2,840	4,410	6,300
1984 4000						
2d Sed S	220	660	1,100	2,480	3,850	5,500
4d Sed S	230	680	1,140	2,570	3,990	5,700
2d GT Cpe	250	760	1,260	2,840	4,410	6,300
4d Sed S Quattro (4x4)	260	780	1,300	2,930	4,550	6,500
2d Quattro Cpe (4x4)	360	1,080	1,800	4,050	6,300	9,000

	6	5	4	3	2	1
1985 5000						
4d Sed S	240	720	1,200	2,700	4,200	6,000
4d Sed (Turbo)	260	780	1,300	2,930	4,550	6,500
4d Sta Wag S	250	760	1,260	2,840	4,410	6,300
1985 4000						
4d Sed S	230	680	1,140	2,570	3,990	5,700
2d GT Cpe	250	760	1,260	2,840	4,410	6,300
4d Sed S Quattro (4x4)	260	780	1,300	2,930	4,550	6,500
2d Quattro Cpe (4x4)	360	1,080	1,800	4,050	6,300	9,000
1986 5000						
4d Sed S	280	840	1,400	3,150	4,900	7,000
4d Sed CS (Turbo)	320	960	1,600	3,600	5,600	8,000
4d Sed CS Quattro (Turbo - 4x4)	560	1,680	2,800	6,300	9,800	14,000
4d Sta Wag S	300	900	1,500	3,380	5,250	7,500
4d Sta Wag CS Quattro (Turbo - 4x4)	580	1,740	2,900	6,530	10,150	14,500
1986 4000						
4d Sed S	260	780	1,300	2,930	4,550	6,500
2d GT Cpe	320	960	1,600	3,600	5,600	8,000
4d Sed CS Quattro (4x4)	360	1,080	1,800	4,050	6,300	9,000
1987 5000						
4d Sed S	300	900	1,500	3,380	5,250	7,500
4d Sed CS (Turbo)	340	1,020	1,700	3,830	5,950	8,500
4d Sed CS Quattro (Turbo - 4x4)	560	1,680	2,800	6,300	9,800	14,000
4d Sta Wag S	300	900	1,500	3,380	5,250	7,500
4d Sta Wag CS Quattro (Turbo - 4x4)	580	1,740	2,900	6,530	10,150	14,500
1987 4000						
4d Sed S	280	840	1,400	3,150	4,900	7,000
2d GT Cpe	340	1,020	1,700	3,830	5,950	8,500
4d Sed CS Quattro (4x4)	380	1,140	1,900	4,280	6,650	9,500
1988 5000						
4d Sed S	340	1,020	1,700	3,830	5,950	8,500
4d Sed CS (Turbo)	380	1,140	1,900	4,200	6,650	0,500
4d Sed S Quattro (4x4)	560	1,680	2,800	6,300	9,800	14,000
4d Sed CS Quattro (Turbo - 4x4)	580	1,740	2,900	6,530	10,150	14,500
4d Sta Wag S	340	1,020	1,700	3,830	5,950	8,500
4d Sta Wag CS Quattro (Turbo - 4x4)	600	1,800	3,000	6,750	10,500	15,000
1988 80 and 90						
4d Sed 80	740	2,220	3,700	8,330	12,950	18,500
4d Sed 90	560	1,680	2,800	6,300	9,800	14,000
4d Sed 80 Quattro (4x4)	580	1,740	2,900	6,530	10,150	14,500
4d Sed 90 Quattro (4x4)	740	2,220	3,700	8,330	12,950	18,500
1989 80 and 90						
4d Sed 80	700	2,100	3,500	7,880	12,250	17,500
4d Sed 90	740	2,220	3,700	8,330	12,950	18,500
4d Sed 80 (4x4)	760	2,280	3,800	8,550	13,300	19,000
4d Sed 90 (4x4)	820	2,460	4,100	9,230	14,350	20,500
1989 100						
4d Sed E	740	2,220	3,700	8,330	12,950	18,500
4d Sed	820	2,460	4,100	9,230	14,350	20,500
4d Sed Quattro (4x4)	860	2,580	4,300	9,680	15,050	21,500
4d Sta Wag	820	2,460	4,100	9,230	14,350	20,500
1989 200						
4d Sed (Turbo)	860	2,580	4,300	9,680	15,050	21,500
4d Sed Quattro (Turbo - 4x4)	900	2,700	4,500	10,130	15,750	22,500
4d Sta Wag Quattro (Turbo - 4x4)	980	2,940	4,900	11,030	17,150	24,500
1990 80 and 90, 4 & 5-cyl.						
4d Sed 80	300	900	1,500	3,380	5,250	7,500
4d Sed 90	560	1,680	2,800	6,300	9,800	14,000
4d Sed 80 Quattro	560	1,670	2,780	6,260	9,730	13,900
4d Sed 90 Quattro	660	1,980	3,300	7,430	11,550	16,500
2d Cpe	680	2,040	3,400	7,650	11,900	17,000
1990 100						
4d Sed	540	1,620	2,700	6,080	9,450	13,500
4d Sed Quattro	620	1,860	3,100	6,980	10,850	15,500
1990 200						
4d Sed Turbo	640	1,920	3,200	7,200	11,200	16,000
4d Sed 200T Quattro	720	2,160	3,600	8,100	12,600	18,000
4d Sta Wag 200T Quattro	740	2,220	3,700	8,330	12,950	18,500
4d Sed Quattro V-8	820	2,460	4,100	9,230	14,350	20,500
1991 80 and 90						
2d Cpe Quattro	620	1,860	3,100	6,980	10,850	15,500
4d Sed 80	320	960	1,600	3,600	5,600	8,000
4d Sed 90	560	1,680	2,800	6,300	9,800	14,000
4d Sed 80 Quattro	560	1,670	2,780	6,260	9,730	13,900
4d Sed 90 Quattro	600	1,800	3,000	6,750	10,500	15,000

	6	5	4	3	2	1
1991 100						
4d Sed	340	1,020	1,700	3,830	5,950	8,500
4d Sed Quattro	560	1,680	2,800	6,300	9,800	14,000
1991 200						
4d Sed Turbo	620	1,860	3,100	6,980	10,850	15,500
4d Sed Turbo Quattro	660	1,980	3,300	7,430	11,550	16,500
4d Sta Wag Turbo Quattro	740	2,220	3,700	8,330	12,950	18,500
4d Sed Quattro V-8	780	2,340	3,900	8,780	13,650	19,500
1992 80, 5-cyl.						
4d Sed	300	900	1,500	3,380	5,250	7,500
4d Sed Quattro	540	1,620	2,700	6,080	9,450	13,500
1992 100, V-6						
4d Sed	540	1,620	2,700	6,080	9,450	13,500
4d Sed S	580	1,740	2,900	6,530	10,150	14,500
4d Sed CS	620	1,860	3,100	6,980	10,850	15,500
4d Sed CS Quattro	660	1,980	3,300	7,430	11,550	16,500
4d Sed S4 (Turbo - 4x4)	900	2,700	4,500	10,130	15,750	22,500
4d Sed Quattro V-8	900	2,700	4,500	10,130	15,750	22,500
4d Sta Wag CS	700	2,100	3,500	7,880	12,250	17,500
1993 90, V-6						
4d Sed S	330	1,000	1,660	3,740	5,810	8,300
4d Sed CS	340	1,010	1,680	3,780	5,880	8,400
4d Quattro Sed	350	1,040	1,740	3,920	6,090	8,700
1993 100, V-6						
4d Sed	550	1,640	2,740	6,170	9,590	13,700
4d Sed S	560	1,680	2,800	6,300	9,800	14,000
4d Sed CS	560	1,690	2,820	6,350	9,870	14,100
4d Sed CS Quattro	570	1,720	2,860	6,440	10,010	14,300
4d Sta Wag CS Quattro	580	1,740	2,900	6,530	10,150	14,500
4d Sed (4x4)	600	1,810	3,020	6,800	10,570	15,100
4d Quattro Sed V-8	620	1,860	3,100	6,980	10,850	15,500
1994 90, V-6						
4d Sed S	540	1,620	2,700	6,080	9,450	13,500
4d Sed CS	560	1,680	2,800	6,300	9,800	14,000
4d Sed Quattro Spt	620	1,860	3,100	6,980	10,850	15,500
1994 Cabriolet, V-6						
2d Conv	740	2,220	3,700	8,330	12,950	18,500
1994 100, V-6						
4d Sed S	590	1,760	2,940	6,620	10,290	14,700
4d Sed CS	600	1,800	3,000	6,750	10,500	15,000
4d Sed CS Quattro	610	1,840	3,060	6,890	10,710	15,300
4d Sta Wag S	600	1,800	3,000	6,750	10,500	15,000
4d Sta Wag CS Quattro	640	1,920	3,200	7,200	11,200	16,000
1994 S4, 5-cyl.						
4d Sed (4x4)	800	2,400	4,000	9,000	14,000	20,000
1994 Quattro, V-8						
4d Sed	920	2,760	4,600	10,350	16,100	23,000
1995 90, V-6						
4d Sed	540	1,620	2,700	6,080	9,450	13,500
4d Sed Spt	560	1,680	2,800	6,300	9,800	14,000
4d Sed Quattro	600	1,800	3,000	6,750	10,500	15,000
4d Sed Quattro Spt	620	1,860	3,100	6,980	10,850	15,500
1995 Cabriolet, V-6						
2d Conv	740	2,220	3,700	8,330	12,950	18,500
1995 A6, V-6						
4d Sed	620	1,860	3,100	6,980	10,850	15,500
4d Sed Quattro	700	2,100	3,500	7,880	12,250	17,500
4d Sta Wag	720	2,160	3,600	8,100	12,600	18,000
4d Sta Wag Quattro	760	2,280	3,800	8,550	13,300	19,000
1995 S6, 5-cyl. Turbo						
4d Sed (AWD)	920	2,760	4,600	10,350	16,100	23,000
4d Sta Wag (AWD)	1,020	3,060	5,100	11,480	17,850	25,500
1996 A4, V-6						
4d Sed 2.8	540	1,620	2,700	6,080	9,450	13,500
4d Sed 2.8 Quattro	600	1,800	3,000	6,750	10,500	15,000
1996 Cabriolet, V-6						
2d Conv	740	2,220	3,700	8,330	12,950	18,500
1996 A6, V-6						
4d Sed	620	1,860	3,100	6,980	10,850	15,500
4d Sed Quattro	700	2,100	3,500	7,880	12,250	17,500
4d Sta Wag	720	2,160	3,600	8,100	12,600	18,000
4d Sta Wag Quattro	760	2,280	3,800	8,550	13,300	19,000
1997 A4, Turbo 4-cyl.						
4d Sed 1.8	500	1,500	2,500	5,630	8,750	12,500
4d Sed 1.8 Quattro	560	1,680	2,800	6,300	9,800	14,000

	6	5	4	3	2	1
1997 A4, V-6						
4d Sed 2.8	540	1,620	2,700	6,080	9,450	13,500
4d Sed 2.8 Quattro	600	1,800	3,000	6,750	10,500	15,000
1997 Cabriolet, V-6						
2d Conv	740	2,220	3,700	8,330	12,950	18,500
1997 A6, V-6						
4d Sed	620	1,860	3,100	6,980	10,850	15,500
4d Sed Quattro	700	2,100	3,500	7,880	12,250	17,500
4d Sta Wag	720	2,160	3,600	8,100	12,600	18,000
4d Sta Wag Quattro	760	2,280	3,800	8,550	13,300	19,000
1997 A8, V-8						
4d Sed 3.7	900	2,700	4,500	10,130	15,750	22,500
4d Sed 4.2 Quattro	1,000	3,000	5,000	11,250	17,500	25,000
1998 A4, Turbo, 4-cyl.						
4d Sed 1.8	500	1,500	2,500	5,630	8,750	12,500
4d Sed 1.8 Quattro	560	1,680	2,800	6,300	9,800	14,000
1998 A4, V-6						
4d Sed 2.8	540	1,620	2,700	6,080	9,450	13,500
4d Sed 2.8 Quattro	600	1,800	3,000	6,750	10,500	15,000
4d Sta Wag 2.8	600	1,800	3,000	6,750	10,500	15,000
4d Sta Wag 2.8 Quattro	680	2,040	3,400	7,650	11,900	17,000
1998 Cabriolet, V-6						
2d Conv	740	2,220	3,700	8,330	12,950	18,500
1998 A6, V-6						
4d Sed	620	1,860	3,100	6,980	10,850	15,500
4d Sed Quattro	700	2,100	3,500	7,880	12,250	17,500
4d Sta Wag	720	2,160	3,600	8,100	12,600	18,000
4d Sta Wag Quattro	760	2,280	3,800	8,550	13,300	19,000
1998 A8, V-8						
4d Sed 3.7	900	2,700	4,500	10,130	15,750	22,500
4d Sed 4.2 Quattro	1,000	3,000	5,000	11,250	17,500	25,000
1999 A4, Turbo 4-cyl.						
4d Sed 1.8	500	1,500	2,500	5,630	8,750	12,500
4d Sed 1.8 Quattro	560	1,680	2,800	6,300	9,800	14,000
4d Avant 1.8 Sta Wag Quattro	600	1,800	3,000	6,750	10,500	15,000
1999 A4, V-6						
4d Sed 2.8	540	1,620	2,700	6,080	9,450	13,500
4d Sed 2.8 Quattro	600	1,800	3,000	6,750	10,500	15,000
4d Avant 2.8 Sta Wag Quattro	680	2,040	3,400	7,650	11,900	17,000
1999 A6, V-6						
4d Sed	620	1,860	3,100	6,980	10,850	15,500
4d Sed Quattro	700	2,100	3,500	7,880	12,250	17,500
4d Avant Sta Wag Quattro	760	2,280	3,800	8,550	13,300	19,000
1999 A8, V-8						
4d Sed 3.7	900	2,700	4,500	10,130	15,750	22,500
4d Sed 4.2 Quattro	1,000	3,000	5,000	11,250	17,500	25,000
2000 A4, Turbo 4-cyl.						
4d Sed 1.8	500	1,500	2,500	5,630	8,750	12,500
4d Sed 1.8 Quattro	560	1,680	2,800	6,300	9,800	14,000
4d Avant 1.8 Sta Wag Quattro	600	1,800	3,000	6,750	10,500	15,000
2000 A4, V-6						
4d Sed 2.8	540	1,620	2,700	6,080	9,450	13,500
4d Sed 2.8 Quattro	600	1,800	3,000	6,750	10,500	15,000
4d Avant 2.8 Sta Wag Quattro	680	2,040	3,400	7,650	11,900	17,000
2000 S4, Turbo V-6						
4d Sed	740	2,220	3,700	8,330	12,950	18,500
2000 TT, 4-cyl.						
2d Cpe	520	1,560	2,600	5,850	9,100	13,000
2d Cpe Quattro	580	1,740	2,900	6,530	10,150	14,500
2000 A6, V-6						
4d Sed	620	1,860	3,100	6,980	10,850	15,500
4d Sed Quattro	700	2,100	3,500	7,880	12,250	17,500
4d Avant Sta Wag Quattro	760	2,280	3,800	8,550	13,300	19,000
NOTE: Add 5 percent for optional turbo V-6. Add 10 percent for optional V-8.						
2000 A8, V-8						
4d Sed 4.2 Quattro	1,000	3,000	5,000	11,250	17,500	25,000
2001 A4, Turbo 4-cyl.						
4d Sed 1.8	500	1,500	2,500	6,250	8,750	12,500
4d Sed 1.8 Quattro	560	1,680	2,800	7,000	9,800	14,000
4d Avant 1.8 Sta Wag Quattro	600	1,800	3,000	7,500	10,500	15,000
2001 A4, V-6						
4d Sed 2.8	540	1,620	2,700	6,750	9,450	13,500
4d Sed 2.8 Quattro	600	1,800	3,000	7,500	10,500	15,000
4d Avant 2.8 Sta Wag Quattro	680	2,040	3,400	8,500	11,900	17,000
2001 S4, Turbo V-6						
4d Sed T Quattro	740	2,220	3,700	9,250	12,950	18,500
4d Avant Sta Wag T Quattro	760	2,280	3,800	8,550	13,300	19,000

	6	5	4	3	2	1
2001 TT, Turbo 4-cyl.						
2d 180 Cpe.	520	1,560	2,600	6,500	9,100	13,000
2d 180 Cpe Quattro	580	1,740	2,900	7,250	10,150	14,500
2d 225 Cpe Quattro	620	1,860	3,100	7,750	10,850	15,500
2d 180 Rds.	600	1,800	3,000	7,500	10,500	15,000
2d 225 Rds Quattro	640	1,920	3,200	8,000	11,200	16,000
2001 A6, V-6						
4d 2.8 Sed	620	1,860	3,100	7,750	10,850	15,500
4d 2.8 Sed Quattro	700	2,100	3,500	8,750	12,250	17,500
4d 2.8 T Sed Quattro	740	2,220	3,700	9,250	12,950	18,500
4d Avant 2.8 Sta Wag Quattro	760	2,280	3,800	9,500	13,300	19,000
NOTE: Add 5 percent for optional turbo V-6. Add 10 percent for optional V-8.						
2001 AllRoad, Turbo V-6						
4d Sta Wag Quattro	800	2,400	4,000	10,000	14,000	20,000
2001 A8, V-8						
4d Sed 4.2 Quattro.	1,000	3,000	5,000	12,500	17,500	25,000
4d Sed L 4.2 Quattro	1,040	3,120	5,200	13,000	18,200	26,000
2001 S8, V-8						
4d Sed 4.2 Quattro.	1,160	3,480	5,800	14,500	20,300	29,000
2002 A4, Turbo 4-cyl.						
4d Sed 1.8	500	1,500	2,500	6,250	8,750	12,500
4d Sed 1.8 Quattro	560	1,680	2,800	7,000	9,800	14,000
4d Avant Sta Wag 1.8 Quattro	600	1,800	3,000	7,500	10,500	15,000
2002 A4, V-6						
4d Sed 3.0	540	1,620	2,700	6,750	9,450	13,500
4d Sed 3.0 Quattro	600	1,800	3,000	7,500	10,500	15,000
4d Sed S4-T Quattro	720	2,160	3,600	9,000	12,600	18,000
4d Avant Sta Wag 3.0 Quattro	680	2,040	3,400	8,500	11,900	17,000
4d Sta Wag S4-T Quattro.	760	2,280	3,800	9,500	13,300	19,000
2002 TT, Turbo, 4-cyl.						
2d 180 Cpe.	520	1,560	2,600	6,500	9,100	13,000
2d 180 Cpe Quattro	580	1,740	2,900	7,250	10,150	14,500
2d 225 Cpe Quattro	620	1,860	3,100	7,750	10,850	15,500
2d 180 Rds.	600	1,800	3,000	7,500	10,500	15,000
2d 225 Rds Quattro	640	1,920	3,200	8,000	11,200	16,000
NOTE: Add 5 percent for Sport pkg.						
2002 A6, V-6						
4d 3.0 Sed	620	1,860	3,100	7,750	10,850	15,500
4d 3.0 Sed Quattro	700	2,100	3,500	8,750	12,250	17,500
4d 2.7T Sed Quattro.	740	2,220	3,700	9,250	12,950	18,500
4d Avant Sta Wag 3.0 Quattro	760	2,280	3,800	9,500	13,300	19,000
4d Allroad Sta Wag Quattro	800	2,400	4,000	10,000	14,000	20,000
2002 A6, V-8						
4d 4.2 Sed Quattro.	760	2,280	3,800	9,500	13,300	19,000
4d Avant Sta Wag S6 Quattro	920	2,760	4,600	11,500	16,100	23,000
NOTE: Add 5 percent for Sport pkg.						
2002 A8, V-8						
4d 4.2 Sed Quattro.	1,000	3,000	5,000	12,500	17,500	25,000
4d 4.2 L Sed Quattro	1,040	3,120	5,200	13,000	18,200	26,000
4d Sed S8 Quattro	1,120	3,360	5,600	14,000	19,600	28,000
NOTE: Add 5 percent for Sport pkg.						
2003 A4, Turbo 4-cyl.						
4d Sed 1.8	500	1,500	2,500	6,250	8,750	12,500
4d Sed 1.8 Quattro.	560	1,680	2,800	7,000	9,800	14,000
4d Avant Sta Wag 1.8 Quattro	600	1,800	3,000	7,500	10,500	15,000
2d Cabr 1.8	760	2,280	3,800	9,500	13,300	19,000
2003 A4, V-6						
4d Sed 3.0	540	1,620	2,700	6,750	9,450	13,500
4d Sed 3.0 Quattro.	600	1,800	3,000	7,500	10,500	15,000
4d Avant Sta Wag 3.0 Quattro	680	2,040	3,400	8,500	11,900	17,000
2d Cabr 3.0	840	2,520	4,200	10,500	14,700	21,000
NOTE: Add 5 percent for Sport pkg.						
2003 TT, Turbo 4-cyl.						
2d 180 Cpe.	520	1,560	2,600	6,500	9,100	13,000
2d 225 Cpe Quattro	620	1,860	3,100	7,750	10,850	15,500
2d 180 Rds.	600	1,800	3,000	7,500	10,500	15,000
2d 225 Rds Quattro	640	1,920	3,200	8,000	11,200	16,000
2003 A6, V-6						
4d 3.0 Sed	620	1,860	3,100	7,750	10,850	15,500
4d 3.0 Sed Quattro.	700	2,100	3,500	8,750	12,250	17,500
4d 2.7T Sed Quattro.	740	2,220	3,700	9,250	12,950	18,500
4d Avant Sta Wag 3.0 Quattro	760	2,280	3,800	8,550	13,300	19,000
4d Allroad Sta Wag Quattro	800	2,400	4,000	9,000	14,000	20,000
2003 A6, V-8						
4d 4.2 Sed Quattro.	760	2,280	3,800	9,500	13,300	19,000
4d RS6 Sed Quattro.	1,760	5,280	8,800	22,000	30,800	44,000
4d Avant Sta Wag S6 Quattro	920	2,760	4,600	11,500	16,100	23,000

	6	5	4	3	2	1
2003 A8, V-8						
4d 4.2 Sed Quattro	1,000	3,000	5,000	12,500	17,500	25,000
4d 4.2 L Sed Quattro	1,040	3,120	5,200	13,000	18,200	26,000
4d Sed S8 Quattro	1,120	3,360	5,600	14,000	19,600	28,000
NOTE: Add 5 percent for Sport pkg.						
2004 A4, Turbo 4-cyl.						
1.8T 4d Sed	500	1,500	2,500	6,250	8,750	12,500
1.8T Quattro 4d Sed	560	1,680	2,800	7,000	9,800	14,000
1.8T Avant Quattro 4d Sta Wag	600	1,800	3,000	7,500	10,500	15,000
1.8T 2d Cabr	760	2,280	3,800	9,500	13,300	19,000
2004 A4, V-6						
3.0 4d Sed	540	1,620	2,700	6,750	9,450	13,500
3.0 Quattro 4d Sed	600	1,800	3,000	7,500	10,500	15,000
3.0 Avant Quattro 4d Sta Wag	680	2,040	3,400	8,500	11,900	17,000
3.0 2d Cabr	840	2,520	4,200	10,500	14,700	21,000
3.0 Quattro 2d Cabr	910	2,740	4,560	11,400	15,960	22,800
NOTE: Add 5 percent for Sport pkg. Deduct 5 percent for manual transmission.						
2004 S4, V-8						
Quattro 4d Sed	930	2,780	4,640	11,600	16,240	23,200
Avant Quattro 4d Sta Wag	960	2,870	4,780	11,950	16,730	23,900
Quattro 2d Cabr	1,080	3,240	5,400	13,500	18,900	27,000
2004 TT, Turbo 4-cyl.						
180 2d Cpe	520	1,560	2,600	6,500	9,100	13,000
225 Quattro 2d Cpe	620	1,860	3,100	7,750	10,850	15,500
180 2d Rds	600	1,800	3,000	7,500	10,500	15,000
225 Quattro 2d Rds	640	1,920	3,200	8,000	11,200	16,000
2004 TT, V-6						
250 Quattro 2d Cpe	680	2,040	3,400	8,500	11,900	17,000
250 Quattro 2d Rds	740	2,220	3,700	9,250	12,950	18,500
2004 A6, V-6						
3.0 4d Sed	620	1,860	3,100	7,750	10,850	15,500
3.0 Quattro 4d Sed	700	2,100	3,500	8,760	12,260	17,500
2.7T Quattro 4d Sed	740	2,220	3,700	9,250	12,950	18,500
2.7T S Line Quattro 4d Sed	850	2,540	4,240	10,600	14,840	21,200
3.0 Avant Quattro 4d Sta Wag	760	2,280	3,800	9,500	13,300	19,000
Allroad Quattro 4d Sta Wag	800	2,400	4,000	10,000	14,000	20,000
2004 A6, V-8						
4.2 Quattro 4d Sed	840	2,520	4,200	10,500	14,700	21,000
4.2 Allroad Quattro 4d Sta Wag	890	2,660	4,440	11,100	15,540	22,200
NOTE: Add 5 percent for Sport pkg on 4.2 Sed.						
2004 A8, V-8						
4.2 Quattro L 4d Sed	1,040	3,120	5,200	13,000	18,200	20,000

AUSTIN

	6	5	4	3	2	1
1947-48 A40, 4-cyl., 40 hp, 92.5" wb						
2d Dorset Sed	550	1,700	2,800	6,300	9,800	14,000
2d Devon Sed	550	1,700	2,800	6,300	9,800	14,000
1949 A40, 4-cyl., 40 hp, 92.5" wb						
2d Dorset Sed	550	1,700	2,800	6,300	9,800	14,000
2d Devon Sed	550	1,700	2,800	6,300	9,800	14,000
2d Countryman Wag	580	1,740	2,900	6,530	10,150	14,500
1949 A90 Atlantic, 4-cyl., 88 hp, 96" wb						
2d Conv	800	2,450	4,100	9,230	14,300	20,500
1949 A125 Sheerline, 6-cyl., 125 hp, 119" wb						
4d Sed	600	1,850	3,100	6,980	10,900	15,500
1950 A40 Devon, 4-cyl., 40 hp, 92.5" wb						
4d Mk II Sed	550	1,700	2,800	6,300	9,800	14,000
4d DeL Sed	550	1,700	2,800	6,300	9,800	14,000
1950 A40 Countryman, 4-cyl., 40 hp, 92.5" wb						
2d Sta Wag	650	2,000	3,300	7,430	11,600	16,500
1950 A90 Atlantic, 4-cyl., 88 hp, 96" wb						
2d Conv	800	2,450	4,100	9,230	14,300	20,500
1950 A125 Sheerline, 6-cyl., 125 hp, 119" wb						
4d Sed	650	1,900	3,200	7,200	11,200	16,000
1951 A40 Devon, 4-cyl., 40 hp, 92.5" wb						
4d Mk II Sed	550	1,600	2,700	6,080	9,450	13,500
4d DeL Sed	550	1,700	2,800	6,300	9,800	14,000
1951 A40 Countryman, 4-cyl., 40 hp, 92.5" wb						
2d Sta Wag	650	2,000	3,300	7,430	11,600	16,500
1951 A90 Atlantic, 4-cyl., 88 hp, 96" wb						
2d Conv	800	2,450	4,100	9,230	14,300	20,500
2d Spt Sed	600	1,850	3,100	6,980	10,900	15,500
1951 A125 Sheerline, 6-cyl., 125 hp, 119" wb						
4d Sed	650	1,900	3,200	7,200	11,200	16,000

AUSTIN

AUSTIN

	6	5	4	3	2	1
1952 A40 Somerset, 4-cyl., 42/50 hp, 92.5" wb						
2d Conv	800	2,350	3,900	8,780	13,700	19,500
2d Spt Conv	800	2,400	4,000	9,000	14,000	20,000
4d Sed	550	1,600	2,700	6,080	9,450	13,500
1952 A40 Countryman, 4-cyl., 42 hp, 92.5" wb						
2d Sta Wag	650	2,000	3,300	7,430	11,600	16,500
1952 A90 Atlantic, 4-cyl., 88 hp, 96" wb						
2d Spt Sed	600	1,750	2,900	6,530	10,200	14,500
1952 A125 Sheerline, 6-cyl., 125 hp, 119" wb						
4d Sed	650	1,900	3,200	7,200	11,200	16,000
1953 A30 "Seven", 4-cyl., 30 hp, 79.5" wb						
4d Sed	550	1,600	2,700	6,080	9,450	13,500
1953 A40 Somerset, 4-cyl., 42/50 hp, 92.5" wb						
2d Conv	800	2,350	3,900	8,780	13,700	19,500
2d Spt Conv	800	2,400	4,000	9,000	14,000	20,000
4d Sed	550	1,700	2,800	6,300	9,800	14,000
1953 A40 Countryman, 4-cyl., 42 hp, 92.5" wb						
2d Sta Wag	650	2,000	3,300	7,430	11,600	16,500
1954 A30 "Seven", 4-cyl., 30 hp, 79.5" wb						
2d Sed	550	1,600	2,700	6,080	9,450	13,500
4d Sed	350	1,000	1,700	3,830	5,950	8,500
1954 A40 Somerset, 4-cyl., 42/50 hp, 92.5" wb						
2d Conv	750	2,200	3,700	8,330	13,000	18,500
4d Sed	550	1,600	2,700	6,080	9,450	13,500
1954 A40 Countryman, 4-cyl., 42 hp, 92.5" wb						
2d Sta Wag	650	2,000	3,300	7,430	11,600	16,500
1955 A50 Cambridge, 4-cyl., 50 hp, 99" wb						
4d Sed	350	1,100	1,800	4,050	6,300	9,000
1955 A90 Westminster, 6-cyl., 85 hp, 103" wb						
4d Sed	550	1,600	2,700	6,080	9,450	13,500
1956 A50 Cambridge, 4-cyl., 50 hp, 99" wb						
4d Sed	350	1,100	1,800	4,050	6,300	9,000
1956 A90 Westminster, 6-cyl., 85 hp, 103" wb						
4d Sed	550	1,600	2,700	6,080	9,450	13,500
1957 A35, 4-cyl., 34 hp, 79" wb						
2d Sed	300	950	1,600	3,560	5,550	7,900
1957 A55 Cambridge, 4-cyl., 51 hp, 99" wb						
4d Sed	350	1,000	1,650	3,690	5,750	8,200
1957 A95 Westminster, 6-cyl., 92 hp, 106" wb						
4d Sed	550	1,600	2,700	6,080	9,450	13,500
1958 A35, 4-cyl., 34 hp, 79" wb						
2d Sed	300	950	1,600	3,560	5,550	7,900
1958 A55 Cambridge, 4-cyl., 51 hp, 99" wb						
4d Sed	350	1,000	1,650	3,690	5,750	8,200
1959 A35, 4-cyl., 34 hp, 79" wb						
2d Sed	300	950	1,600	3,560	5,550	7,900
1959 A40, 4-cyl., 34 hp, 83" wb						
2d Std Sed	300	950	1,600	3,600	5,600	8,000
2d DeL Sed	300	950	1,600	3,650	5,650	8,100
1959 A55 Cambridge, 4-cyl., 51 hp, 99" wb						
4d Sed	350	1,000	1,650	3,690	5,750	8,200
1959 A55 Mk II, 4-cyl., 51 hp, 99" wb						
4d Sed	350	1,000	1,650	3,740	5,800	8,300
1960 850 Mini, 4-cyl., 37 hp, 80" wb						
2d Sed	650	2,000	3,300	7,430	11,600	16,500
1960 A40, 4-cyl., 34 hp, 83" wb						
2d Std Sed	300	950	1,600	3,600	5,600	8,000
2d DeL Sed	300	950	1,600	3,650	5,650	8,100
1960 A55 Mk II, 4-cyl., 51 hp, 99" wb						
4d Sed	350	1,000	1,650	3,740	5,800	8,300
1960 A99 Westminster, 6-cyl., 112 hp, 108" wb						
4d Sed	350	1,000	1,700	3,780	5,900	8,400
1961 850 Mini, 4-cyl., 37 hp, 80" wb						
2d Sed	650	2,000	3,300	7,430	11,600	16,500
1961 Mini Cooper, 4-cyl., 55 hp, 80" wb						
2d Sed	750	2,200	3,700	8,330	13,000	18,500
1961 A40, 4-cyl., 34 hp, 83" wb						
2d Std Sed	300	950	1,600	3,600	5,600	8,000
2d DeL Sed	300	950	1,600	3,650	5,650	8,100
2d Std Sta Wag	350	1,000	1,700	3,830	5,950	8,500
2d DeL Sta Wag	350	1,100	1,800	4,050	6,300	9,000
1961 A55 Mk II, 4-cyl., 51 hp, 99" wb						
4d Sed	350	1,000	1,650	3,740	5,800	8,300
1961 A99 Westminster, 6-cyl., 112 hp, 108" wb						
4d Sed	350	1,000	1,700	3,830	5,950	8,500

	6	5	4	3	2	1
1962 850 Mini, 4-cyl., 37 hp, 80" wb						
2d Sed.	650	2,000	3,300	7,430	11,600	16,500
1962 Mini Cooper, 4-cyl., 55 hp, 80" wb						
2d Sed.	750	2,200	3,700	8,330	13,000	18,500
1962 A40, 4-cyl., 34 hp, 83" wb						
2d Sed.	300	950	1,600	3,600	5,600	8,000
1962 A55 Mk II, 4-cyl., 51 hp, 99" wb						
4d Sed.	300	950	1,600	3,650	5,650	8,100
1963 850 Mini, 4-cyl., 37 hp, 80" wb						
2d Sed.	650	2,000	3,300	7,430	11,600	16,500
2d Sta Wag	700	2,100	3,500	7,880	12,300	17,500
1963 850 Mini Cooper, 4-cyl., 56 hp, 80" wb						
2d Sed.	750	2,300	3,800	8,550	13,300	19,000
1963 850 Mini Cooper "S", 4-cyl., 75 hp, 80" wb						
2d Sed.	800	2,450	4,100	9,230	14,300	20,500
1963 A60, 4-cyl., 68 hp, 100" wb						
4d Sed.	300	950	1,600	3,600	5,600	8,000
4d Countryman	350	1,000	1,650	3,690	5,750	8,200
1964 850 Mini, 4-cyl., 37 hp, 80" wb						
2d Sed.	650	2,000	3,300	7,430	11,600	16,500
2d Sta Wag	700	2,100	3,500	7,880	12,300	17,500
1964 850 Mini Cooper, 4-cyl., 56 hp, 80" wb						
2d Sed.	750	2,300	3,800	8,550	13,300	19,000
1964 850 Mini Cooper "S", 4-cyl., 75 hp, 80" wb						
2d Sed.	800	2,450	4,100	9,230	14,300	20,500
1964 A60, 4-cyl., 68 hp, 100" wb						
4d Sed.	300	950	1,600	3,600	5,600	8,000
4d Countryman	350	1,000	1,650	3,690	5,750	8,200
1964 Mk II Princess, 6-cyl., 175 hp, 110" wb						
4d Sed.	700	2,100	3,500	7,880	12,300	17,500
1965 850 Mini, 4-cyl., 34 hp, 80" wb						
2d Sed.	650	2,000	3,300	7,430	11,600	16,500
1965 850 Mini Cooper "S", 4-cyl., 75 hp, 80" wb						
2d Sed.	800	2,450	4,100	9,230	14,300	20,500
1965 Mk II Princess, 6-cyl., 175 hp, 110" wb						
4d Sed.	550	1,600	2,700	6,080	9,450	13,500
1966 850 Mini, 4-cyl., 34 hp, 80" wb						
2d Sed.	650	2,000	3,300	7,430	11,600	16,500
1966 850 Mini Cooper "S", 4-cyl., 75 hp, 80" wb						
2d Sed.	800	2,450	4,100	9,230	14,300	20,500
1966 Mk II Princess "R", 6-cyl., 175 hp, 110" wb						
4d Sed.	550	1,600	2,700	6,080	9,450	13,500
1967 850 Mini Cooper "S", 4-cyl., 75 hp, 80" wb						
2d Sed.	850	2,500	4,200	9,450	14,700	21,000
1968 850 Mini Cooper "S", 4-cyl., 75 hp, 80" wb						
2d Sed.	850	2,500	4,200	9,450	14,700	21,000
1968 America, 4-cyl., 58 hp, 93" wb						
2d Sed.	200	650	1,100	2,480	3,850	5,500
1969 America, 4-cyl., 58 hp, 93" wb						
2d Sed.	200	650	1,100	2,480	3,850	5,500
1970 America, 4-cyl., 58 hp, 93" wb						
2d Sed.	200	650	1,100	2,480	3,850	5,500
1971 America, 4-cyl., 58 hp, 93" wb						
2d Sed.	200	650	1,100	2,480	3,850	5,500
1972						
NOTE: No Austins imported in 1972.						
1973 Marina, 4-cyl., 68 hp, 96" wb						
2d GT Sed.	200	650	1,100	2,480	3,850	5,500
4d Sed.	200	650	1,050	2,390	3,700	5,300
1974 Marina, 4-cyl., 68 hp, 96" wb						
2d GT Sed.	200	650	1,100	2,480	3,850	5,500
4d Sed.	200	650	1,050	2,390	3,700	5,300
1975 Marina, 4-cyl., 68 hp, 96" wb						
2d GT Sed.	200	650	1,100	2,480	3,850	5,500
4d Sed.	200	650	1,050	2,390	3,700	5,300

AUSTIN-HEALEY

	6	5	4	3	2	1
1953-56 "100", 4-cyl., 90 hp, 90" wb						
Rds	2,280	6,840	11,400	25,650	39,900	57,000
1956 "100-6", 6-cyl., 102 hp, 92" wb						
Rds	2,080	6,240	10,400	23,400	36,400	52,000
1957 "100-6", 6-cyl., 102 hp, 92" wb						
Rds	2,080	6,240	10,400	23,400	36,400	52,000
1958 "100-6", 6-cyl., 117 hp, 92" wb						
Rds	2,120	6,360	10,600	23,850	37,100	53,000

	6	5	4	3	2	1
1958 Sprite Mk I, 4-cyl., 43 hp, 80" wb						
Rds.................................	1,100	3,300	5,500	12,380	19,250	27,500
1959 "100-6", 6-cyl., 117 hp, 92" wb						
Rds.................................	2,120	6,360	10,600	23,850	37,100	53,000
1959 Sprite Mk I, 4-cyl., 43 hp, 80" wb						
Rds.................................	1,100	3,300	5,500	12,380	19,250	27,500
1960 "3000" Mk I, 6-cyl., 124 hp, 92" wb						
Rds.................................	2,700	8,100	13,500	30,380	47,250	67,500
1960 Sprite Mk I, 4-cyl., 43 hp, 80" wb						
Rds.................................	1,100	3,300	5,500	12,380	19,250	27,500
1961 "3000" Mk I, 6-cyl., 124 hp, 92" wb						
Rds.................................	2,700	8,100	13,500	30,380	47,250	67,500
1961 "3000" Mk II, 6-cyl., 132 hp, 92" wb						
Rds.................................	2,760	8,280	13,800	31,050	48,300	69,000
1961 Sprite Mk I, 4-cyl., 43 hp, 80" wb						
Rds.................................	1,100	3,300	5,500	12,380	19,250	27,500
1961 Sprite Mk II, 4-cyl., 46 hp, 80" wb						
Rds.................................	600	1,800	3,000	6,750	10,500	15,000
1962 "3000" Mk II, 6-cyl., 132 hp, 92" wb						
Rds.................................	2,760	8,280	13,800	31,050	48,300	69,000
1962 Sprite Mk II, 4-cyl., 46 hp, 80" wb						
Conv.................................	600	1,800	3,000	6,750	10,500	15,000
1963 "3000 Mk II, 6-cyl., 132 hp, 92" wb						
Conv.................................	2,760	8,280	13,800	31,050	48,300	69,000
1963 Sprite Mk II, 4-cyl., 56 hp, 80" wb						
Rds.................................	600	1,800	3,000	6,750	10,500	15,000
1964 "3000" Mk II, 6-cyl., 132 hp, 92" wb						
Conv.................................	1,920	5,760	9,600	21,600	33,600	48,000
1964 "3000" Mk III, 6-cyl., 150 hp, 92" wb						
Conv.................................	2,940	8,820	14,700	33,080	51,450	73,500
1964 Sprite Mk II, 4-cyl., 56 hp, 80" wb						
Rds.................................	600	1,800	3,000	6,750	10,500	15,000
1964 Sprite Mk III, 4-cyl., 59 hp, 80" wb						
Conv.................................	620	1,860	3,100	6,980	10,850	15,500
1965 "3000" Mk III, 6-cyl., 150 hp, 92" wb						
Conv.................................	2,940	8,820	14,700	33,080	51,450	73,500
1965 Sprite Mk III, 4-cyl., 59 hp, 80" wb						
Conv.................................	620	1,860	3,100	6,980	10,850	15,500
1966 "3000" Mk III, 6-cyl., 150 hp, 92" wb						
Conv.................................	2,940	8,820	14,700	33,080	51,450	73,500
1966 Sprite Mk III, 4-cyl., 59 hp, 80" wb						
Conv.................................	620	1,860	3,100	6,980	10,850	15,500
1967 "3000" Mk III, 6-cyl., 150 hp, 92" wb						
Conv.................................	2,940	8,820	14,700	33,080	51,450	73,500
1967 Sprite Mk III, 4-cyl., 59 hp, 80" wb						
Conv.................................	620	1,860	3,100	6,980	10,850	15,500
1968 Sprite Mk III, 4-cyl., 59 hp, 80" wb						
2d Rds.................................	600	1,800	3,000	6,750	10,500	15,000
1968 Sprite Mk IV, 4-cyl., 62 hp, 80" wb						
2d Rds.................................	640	1,920	3,200	7,200	11,200	16,000
1969 Sprite Mk IV, 4-cyl., 62 hp, 80" wb						
2d Rds.................................	640	1,920	3,200	7,200	11,200	16,000
1970 Sprite MK IV, 4-cyl., 62 hp, 80" wb						
2d Rds.................................	640	1,920	3,200	7,200	11,200	16,000

BENTLEY

	6	5	4	3	2	1
1951-52 Mk VI, 6-cyl., 4566cc, 120" wb						
Std Steel Saloon	1,480	4,440	7,400	16,650	25,900	37,000
1951-52 Abbott						
DHC.................................	3,440	10,320	17,200	38,700	60,200	86,000
FHC.................................	2,240	6,720	11,200	25,200	39,200	56,000
1951-52 Facel						
FHC.................................	2,680	8,040	13,400	30,150	46,900	67,000
1951-52 Franay						
Sedanca Cpe...........................	2,720	8,160	13,600	30,600	47,600	68,000
DHC.................................	3,520	10,560	17,600	39,600	61,600	88,000
1951-52 Freestone & Webb						
Cpe..................................	2,440	7,320	12,200	27,450	42,700	61,000
Saloon	1,640	4,920	8,200	18,450	28,700	41,000
1951-52 Graber						
Cpe..................................	2,760	8,280	13,800	31,050	48,300	69,000
1951-52 Gurney Nutting						
Sedanca Cpe...........................	2,760	8,280	13,800	31,050	48,300	69,000
1951-52 Hooper						
Cpe..................................	2,800	8,400	14,000	31,500	49,000	70,000

	6	5	4	3	2	1
Saloon.	2,080	6,240	10,400	23,400	36,400	52,000
Sedanca Cpe	2,880	8,640	14,400	32,400	50,400	72,000
1951-52 H.J. Mulliner						
DHC	4,560	13,680	22,800	51,300	79,800	114,000
4d Saloon	1,640	4,920	8,200	18,450	28,700	41,000
2d Saloon	1,800	5,400	9,000	20,250	31,500	45,000
1951-52 Park Ward						
DHC	4,560	13,680	22,800	51,300	79,800	114,000
Cpe	2,480	7,440	12,400	27,900	43,400	62,000
Saloon	1,840	5,520	9,200	20,700	32,200	46,000
1951-52 Radford						
Countryman	1,880	5,640	9,400	21,150	32,900	47,000
1951-52 Windovers						
2d Saloon	1,840	5,520	9,200	20,700	32,200	46,000
1951-52 Worlaufen						
DHC	3,280	9,840	16,400	36,900	57,400	82,000
1951-52 James Young						
Clubman Cpe	1,840	5,520	9,200	20,700	32,200	46,000
Saloon	1,680	5,040	8,400	18,900	29,400	42,000
Spt Saloon	1,880	5,640	9,400	21,150	32,900	47,000

NOTE: Deduct 30 percent for RHD.

1952-55 R Type, 6-cyl., 4566cc, 120" wb
NOTE: Numbers produced in ( ).

	6	5	4	3	2	1
Std Steel Saloon	1,480	4,440	7,400	16,650	25,900	37,000
1952-55 Abbott (16)						
Continental	3,760	11,280	18,800	42,300	65,800	94,000
DHC	3,920	11,760	19,600	44,100	68,600	98,000
1952-55 Frankdale						
Saloon	1,720	5,160	8,600	19,350	30,100	43,000
1952-55 Freestone & Webb (29)						
Saloon	1,840	5,520	9,200	20,700	32,200	46,000
1952-55 Franay (2)						
Cpe	3,360	10,080	16,800	37,800	58,800	84,000
1952-55 Hooper (41)						
4d Saloon	1,800	5,400	9,000	20,250	31,500	45,000
2d Saloon	1,880	5,640	9,400	21,150	32,900	47,000
Sedanca Cpe	2,600	7,800	13,000	29,250	45,500	65,000
1952-55 Graber (7) H.J. Mulliner (67)						
DHC	3,760	11,280	18,800	42,300	65,800	94,000
Saloon	1,720	5,160	8,600	19,350	30,100	43,000
1952-55 Radford (20)						
Countryman	2,040	6,120	10,200	22,950	35,700	51,000
1952-55 Park Ward (50)						
FHC	2,680	8,040	13,400	30,150	46,900	67,000
DHC	3,520	10,560	17,600	39,600	61,600	88,000
Saloon	1,640	4,920	8,200	18,450	28,700	41,000
1952-55 James Young (69)						
Cpe	2,320	6,960	11,600	26,100	40,600	58,000
Saloon	1,520	4,560	7,600	17,100	26,600	38,000
Sedanca Cpe	2,360	7,080	11,800	26,550	41,300	59,000

1952-55 R Type Continental 6-cyl., 4566cc (A-C series), 4887cc (D-E series) Bertone, 120" wb

	6	5	4	3	2	1
Saloon	2,080	6,240	10,400	23,400	36,400	52,000
1952-55 Farina						
Cpe (1)			value not estimable			
Franay (5)			value not estimable			
Graber (3)			value not estimable			
1952-55 J.H. Mulliner						
Cpe (193)	2,680	8,040	13,400	30,150	46,900	67,000
Park Ward (6)			value not estimable			
Cpe (2)			value not estimable			
DHC (4)			value not estimable			

NOTE: Deduct 30 percent for RHD.

1955-59 S1 Type, 6-cyl., 4887cc, 123" wb, 127" wb

	6	5	4	3	2	1
Std Steel Saloon	1,840	5,520	9,200	20,700	32,200	46,000
LWB Saloon (after 1957)	1,960	5,880	9,800	22,050	34,300	49,000
1955-59 Freestone & Webb						
Saloon	2,000	6,000	10,000	22,500	35,000	50,000
1955-59 Graber						
DHC	3,360	10,080	16,800	37,800	58,800	84,000
1955-59 Hooper						
Saloon	2,000	6,000	10,000	22,500	35,000	50,000
1955-59 H.J. Mulliner						
Saloon	2,240	6,720	11,200	25,200	39,200	56,000
Limo (5)	2,280	6,840	11,400	25,650	39,900	57,000
1955-59 Park Ward						
FHC	3,120	9,360	15,600	35,100	54,600	78,000

	6	5	4	3	2	1
1955-59 James Young						
Saloon	2,040	6,120	10,200	22,950	35,700	51,000
1955-59 S1 Type Continental, 6-cyl., 4887cc Franay, 123" wb						
Cpe.	6,000	18,000	30,000	67,500	105,000	150,000
1955-59 Graber						
DHC	4,560	13,680	22,800	51,300	79,800	114,000
1955-59 Hooper						
Saloon (6)	1,880	5,640	9,400	21,150	32,900	47,000
1955-59 H.J. Mulliner						
Cpe.	2,560	7,680	12,800	28,800	44,800	64,000
DHC	3,280	9,840	16,400	36,900	57,400	82,000
Spt Saloon	2,280	6,840	11,400	25,650	39,900	57,000
Flying Spur (after 1957)	4,000	12,000	20,000	45,000	70,000	100,000
1955-59 Park Ward						
DHC	3,440	10,320	17,200	38,700	60,200	86,000
Spt Saloon	2,480	7,440	12,400	27,900	43,400	62,000
1955-59 James Young						
Saloon	1,760	5,280	8,800	19,800	30,800	44,000
NOTE: Deduct 30 percent for RHD.						
1959-62 S2 Type V-8, 6230cc, 123" wb, 127" wb						
Std Steel Saloon	1,840	5,520	9,200	20,700	32,200	46,000
LWB Saloon	2,000	6,000	10,000	22,500	35,000	50,000
Franay	2,360	7,080	11,800	26,550	41,300	59,000
Graber	2,400	7,200	12,000	27,000	42,000	60,000
Hooper	2,440	7,320	12,200	27,450	42,700	61,000
1959-62 H.J. Mulliner						
DHC (15)	4,320	12,960	21,600	48,600	75,600	108,000
1959-62 Park Ward						
DHC	3,280	9,840	16,400	36,900	57,400	82,000
1959-62 Radford						
Countryman	2,280	6,840	11,400	25,650	39,900	57,000
1959-62 James Young						
Limo (5)	2,320	6,960	11,600	26,100	40,600	58,000
1959-62 S2 Type Continental, V-8, 6230cc H.J. Mulliner, 123" wb						
Flying Spur	3,280	9,840	16,400	36,900	57,400	82,000
1959-62 Park Ward						
DHC	3,240	9,720	16,200	36,450	56,700	81,000
1959-62 James Young						
Saloon	1,880	5,640	9,400	21,150	32,900	47,000
NOTE: Deduct 30 percent for RHD.						
1962-65 S3 Type V-8, 6230cc, 123" wb, 127" wb						
Std Steel Saloon	1,960	5,880	9,800	22,050	34,300	49,000
LWB Saloon	2,120	6,360	10,600	23,850	37,100	53,000
1962-65 H.J. Mulliner						
Cpe.	2,640	7,920	13,200	29,700	46,200	66,000
DHC	3,320	9,960	16,600	37,350	58,100	83,000
1962-65 Park Ward						
Cpe.	3,240	9,720	16,200	36,450	56,700	81,000
DHC	3,920	11,760	19,600	44,100	68,600	98,000
1962-65 James Young						
LWB Limo.	2,640	7,920	13,200	29,700	46,200	66,000
1962-65 S3 Continental, V-8, 6230cc H.J. Mulliner-Park Ward, 123" wb						
Cpe.	2,960	8,880	14,800	33,300	51,800	74,000
DHC	3,520	10,560	17,600	39,600	61,600	88,000
Flying Spur	3,280	9,840	16,400	36,900	57,400	82,000
1962-65 James Young						
Cpe.	2,640	7,920	13,200	29,700	46,200	66,000
Saloon	2,240	6,720	11,200	25,200	39,200	56,000
NOTE: Add 10 percent for factory sunroof. Deduct 30 percent for RHD.						
1966 James Young						
James Young 2d	2,240	6,720	11,200	25,200	39,200	56,000
Park Ward 2d	4,080	12,240	20,400	45,900	71,400	102,000
1967 James Young						
James Young 2d	2,200	6,600	11,000	24,750	38,500	55,000
Park Ward 2d	3,360	10,080	16,800	37,800	58,800	84,000
Park Ward 2d Conv	4,080	12,240	20,400	45,900	71,400	102,000
T 4d	1,600	4,800	8,000	18,000	28,000	40,000
1968 James Young						
Park Ward 2d	3,360	10,080	16,800	37,800	58,800	84,000
Park Ward 2d Conv	4,080	12,240	20,400	45,900	71,400	102,000
T 4d	1,600	4,800	8,000	18,000	28,000	40,000
1969 James Young						
Park Ward 2d	3,360	10,080	16,800	37,800	58,800	84,000
Park Ward 2d Conv	4,320	12,960	21,600	48,600	75,600	108,000
T 4d	1,640	4,920	8,200	18,450	28,700	41,000

	6	5	4	3	2	1
1970 James Young						
Park Ward 2d	3,280	9,840	16,400	36,900	57,400	82,000
Park Ward 2d Conv	4,320	12,960	21,600	48,600	75,600	108,000
T 4d	1,680	5,040	8,400	18,900	29,400	42,000
1971 James Young						
T 4d	1,640	4,920	8,200	18,450	28,700	41,000
1972 James Young						
T 4d	1,640	4,920	8,200	18,450	28,700	41,000
1973 James Young						
T 4d	1,640	4,920	8,200	18,450	28,700	41,000
1974 James Young						
T 4d	1,680	5,040	8,400	18,900	29,400	42,000
1975 James Young						
T 4d	1,680	5,040	8,400	18,900	29,400	42,000
1976 James Young						
T 4d	1,720	5,160	8,600	19,350	30,100	43,000
1977 James Young						
T2 4d	1,520	4,560	7,600	17,100	26,600	38,000
Corniche 2d	1,840	5,520	9,200	20,700	32,200	46,000
Corniche 2d Conv	2,720	8,160	13,600	30,600	47,600	68,000
1978 James Young						
T2 4d	1,600	4,800	8,000	18,000	28,000	40,000
Corniche 2d	1,840	5,520	9,200	20,700	32,200	46,000
Corniche 2d Conv	2,720	8,160	13,600	30,600	47,600	68,000
1979 James Young						
T2 4d	1,720	5,160	8,000	19,350	30,100	43,000
Corniche 2d	1,920	5,760	9,600	21,600	33,600	48,000
Corniche 2d Conv	2,800	8,400	14,000	31,500	49,000	70,000
1980 James Young						
T2 4d	1,800	5,400	9,000	20,250	31,500	45,000
Mulsanne 4d	2,000	6,000	10,000	22,500	35,000	50,000
Corniche 2d	2,100	6,250	10,400	23,400	36,400	52,000
Corniche 2d Conv	2,850	8,500	14,200	31,950	49,700	71,000
1981 James Young						
Mulsanne 4d	2,100	6,250	10,400	23,400	36,400	52,000
Corniche 2d Conv	2,900	8,750	14,600	32,850	51,100	73,000
1982 James Young						
Mulsanne 4d	2,200	6,600	11,000	24,750	38,500	55,000
Corniche 2d Conv	3,100	9,250	15,400	34,650	53,900	77,000
1983 James Young						
Mulsanne 4d	2,300	6,850	11,400	25,650	39,900	57,000
Corniche 2d Conv	3,150	9,500	15,800	35,550	55,300	79,000
1984 Mulsanne						
4d Sed	2,350	7,100	11,800	26,550	41,300	59,000
Turbo 4d Sed	2,450	7,300	12,200	27,450	42,700	61,000
1984 Corniche						
2d Conv	3,250	9,700	16,200	36,450	56,700	81,000
1985 Eight						
4d Sed	2,600	7,800	13,000	29,250	45,500	65,000
1985 Mulsanne-S						
4d Sed	2,500	7,550	12,600	28,350	44,100	63,000
Turbo 4d Sed	2,600	7,800	13,000	29,250	45,500	65,000
1985 Continental						
2d Conv	3,550	10,700	17,800	40,050	62,500	89,000
1986 Eight						
4d Sed	2,700	8,050	13,400	30,150	46,900	67,000
1986 Mulsanne-S						
4d Sed	2,750	8,300	13,800	31,050	48,300	69,000
Turbo 4d Sed	2,850	8,500	14,200	31,950	49,700	71,000
1986 Continental						
2d Conv	3,800	11,400	19,000	42,750	66,500	95,000
1987 Eight						
4d Sed	1,900	5,750	9,600	21,600	33,600	48,000
1987 Mulsanne-S						
4d Sed	2,050	6,100	10,200	22,950	35,700	51,000
1987 Continental						
2d Conv	5,250	15,700	26,200	58,950	91,500	131,000
1988 Eight						
4d Sed	2,100	6,250	10,400	23,400	36,400	52,000
1988 Mulsanne-S						
4d Sed	2,200	6,600	11,000	24,750	38,500	55,000
1988 Continental						
2d Conv	5,500	16,400	27,400	61,650	96,000	137,000
1989 Eight						
4d Sed	2,200	6,600	11,000	24,750	38,500	55,000

	6	5	4	3	2	1
1989 Mulsanne-S						
4d Sed	2,300	6,850	11,400	25,650	39,900	57,000
Turbo 4d Sed	2,400	7,200	12,000	27,000	42,000	60,000
1989 Continental						
2d Conv	5,550	16,700	27,800	62,550	97,500	139,000
1990 Eight						
4d Sed	2,500	7,550	12,600	28,350	44,100	63,000
1990 Mulsanne-S						
4d Sed	2,600	7,800	13,000	29,250	45,500	65,000
Turbo 4d Sed	2,600	7,800	13,000	29,250	45,500	65,000
1990 Continental						
2d Conv	5,650	16,900	28,200	63,450	98,500	141,000
1991 Eight						
4d Sed	2,600	7,800	13,000	29,250	45,500	65,000
1991 Mulsanne-S						
4d Sed	2,850	8,500	14,200	31,950	49,700	71,000
1991 Turbo R						
4d Sed	3,250	9,700	16,200	36,450	56,700	81,000
1991 Continental						
2d Conv	5,850	17,500	29,200	65,700	102,000	146,000
1992 Mulsanne-S, V-8						
4d Sed	2,850	8,500	14,200	31,950	49,700	71,000
1992 Turbo R, V-8						
4d Sed	3,400	10,200	17,000	38,250	59,500	85,000
4d Sed LWB	5,100	15,200	25,400	57,150	89,000	127,000
1992 Continental, V-8						
2d Conv	5,650	16,900	28,200	63,450	98,500	141,000
1993 Brooklands						
4d Sed	2,600	7,800	13,000	29,250	45,500	65,000
1993 Brooklands LWB						
4d Limo	2,850	8,500	14,200	31,950	49,700	71,000
1993 Turbo R						
4d Sed	3,250	9,700	16,200	36,450	56,700	81,000
1993 Turbo RL LWB						
4d Limo	3,450	10,300	17,200	38,700	60,000	86,000
1993 Continental R						
2d Cpe	5,250	15,700	26,200	58,950	91,500	131,000
1993 Continental						
2d Conv	5,650	16,900	28,200	63,450	98,500	141,000
1994 Continental						
2d Conv	7,650	22,900	38,200	85,950	134,000	191,000
2d Cpe R	6,850	20,500	34,200	76,950	120,000	171,000
1994 Turbo						
4d Sed R	4,050	12,100	20,200	45,450	70,500	101,000
4d Sed R L LWB	4,650	13,900	23,200	52,200	81,000	116,000
1994 Brooklands						
4d Sed	3,450	10,300	17,200	38,700	60,000	86,000
4d Sed LWB	3,500	10,400	17,400	39,150	61,000	87,000
1995 Continental						
2d Conv	7,650	22,900	38,200	85,950	134,000	191,000
2d Cpe R	6,850	20,500	34,200	76,950	120,000	171,000
1995 Turbo						
4d Sed R	4,050	12,100	20,200	45,450	70,500	101,000
4d Sed RL, LWB	4,650	13,900	23,200	52,200	81,000	116,000
1995 Brooklands						
4d Sed	3,450	10,300	17,200	38,700	60,000	86,000
4d Sed, LWB	3,500	10,400	17,400	39,150	61,000	87,000
1995 Azure						
2d Conv	7,050	21,100	35,200	79,200	123,000	176,000
1996 Continental						
2d Cpe R	6,800	20,400	34,000	76,500	119,000	170,000
1996 Turbo						
4d Sed R	4,000	12,000	20,000	45,000	70,000	100,000
4d Sed RL, LWB	4,600	13,800	23,000	51,750	80,500	115,000
1996 Brooklands						
4d Sed	3,400	10,200	17,000	38,250	59,500	85,000
4d Sed, LWB	3,450	10,300	17,200	38,700	60,000	86,000
1996 Azure						
2d Conv	7,000	21,000	35,000	78,750	122,000	175,000
1997 Continental R						
2d Cpe	6,800	20,400	34,000	76,500	119,000	170,000
1997 Turbo RT						
4d Sed	4,000	12,000	20,000	45,000	70,000	100,000
1997 Brooklands R						
4d Sed	3,400	10,200	17,000	38,250	59,500	85,000

	6	5	4	3	2	1
1997 Arnage						
4d Sed.	3,800	11,400	19,000	42,750	66,500	95,000
1997 Azure						
2d Conv.	7,000	21,000	35,000	78,750	122,500	175,000
1998 Continental R						
2d Cpe.	6,800	20,400	34,000	76,500	119,000	170,000
1998 Turbo RT						
4d Sed.	4,000	12,000	20,000	45,000	70,000	100,000
1998 Brooklands R						
4d Sed.	3,400	10,200	17,000	38,250	59,500	85,000
1998 Arnage						
4d Sed.	3,800	11,400	19,000	42,750	66,500	95,000
1998 Azure						
2d Conv.	7,000	21,000	35,000	78,750	122,500	175,000
1999 Continental R						
2d Cpe.	6,800	20,400	34,000	76,500	119,000	170,000
1999 Continental T						
4d Sed.	7,200	21,600	36,000	81,000	126,000	180,000
1999 Continental SC						
4d Sed.	7,600	22,800	38,000	85,500	133,000	190,000
1999 Arnage						
Green Label 4d Sed	3,600	10,800	18,000	40,500	63,000	90,000
Red Label 4d Sed	3,800	11,400	19,000	42,750	66,500	95,000
1999 Azure						
2d Conv.	7,000	21,000	35,000	78,750	122,500	175,000
2000 Continental R						
2d Cpe.	6,800	20,400	34,000	76,500	119,000	170,000
2000 Continental T						
4d Sed.	7,200	21,600	36,000	81,000	126,000	180,000
2000 Continental SC						
4d Sed.	7,600	22,800	38,000	85,500	133,000	190,000
2000 Arnage						
Green Label 4d Sed	3,600	10,800	18,000	40,500	63,000	90,000
Red Label 4d Sed	3,800	11,400	19,000	42,750	66,500	95,000
2000 Azure						
2d Conv.	7,000	21,000	35,000	78,750	122,500	175,000
2001 Continental R, V-8						
2d Cpe.	6,800	20,400	34,000	85,000	119,000	170,000
NOTE: Add 5 percent for Mulliner Ed.						
2001 Continental T, V-8						
2d Cpe.	7,200	21,600	36,000	90,000	126,000	180,000
2001 Arnage, V-8						
Green Label 4d Sed	3,600	10,800	18,000	45,000	63,000	90,000
Red Label 4d Sed	3,800	11,400	19,000	47,500	66,500	95,000
2001 Azure, V-8						
2d Conv.	7,000	21,000	35,000	87,500	122,500	175,000
NOTE: Add 5 percent for Mulliner Ed.						
2002 Continental R, V-8						
2d Cpe.	6,800	20,400	34,000	85,000	119,000	170,000
2002 Continental T, V-8						
2d Cpe.	7,200	21,600	36,000	90,000	126,000	180,000
2002 Continental SC, V-8						
2d Cpe.	7,600	22,800	38,000	95,000	133,000	190,000
2002 Arnage, V-8						
R 4d Sed.	3,800	11,400	19,000	47,500	66,500	95,000
T 4d Sed.	3,800	11,400	19,000	47,500	66,500	95,000
2002 Azure, V-8						
2d Conv.	7,000	21,000	35,000	87,500	122,500	175,000
2003 Continental R, V-8						
2d Mulliner Cpe.	6,800	20,400	34,000	85,000	119,000	170,000
2003 Arnage, V-8						
R 4d Sed.	3,800	11,400	19,000	47,500	66,500	95,000
T 4d Sed.	3,800	11,400	19,000	47,500	66,500	95,000
RL 4d Sed.	4,200	12,600	21,000	52,500	73,500	105,000
2003 Azure, V-8						
2d Mulliner Cpe.	6,600	19,800	33,000	82,500	115,500	165,000
2d Mulliner Conv.	7,000	21,000	35,000	87,500	122,500	175,000
2004 Continental GT, 12-cyl., AWD						
2d Cpe.	5,000	15,000	25,000	62,500	87,500	125,000
2004 Arnage, V-8						
R 4d Sed.	3,800	11,400	19,000	47,500	66,500	95,000
T 4d Sed.	3,800	11,400	19,000	47,500	66,500	95,000
RL Mulliner 4d Sed	4,200	12,600	21,000	52,500	73,500	105,000
2004 Azure, V-8						
2d Mulliner Cpe.	6,600	19,800	33,000	82,500	115,500	165,000
2d Mulliner Conv.	7,000	21,000	35,000	87,500	122,500	175,000

BENTLEY

BMW

1955 6-cyl., 1971cc, 111.6" wb

	6	5	4	3	2	1
501A 4d Sed	1,100	3,300	5,500	12,380	19,250	27,500
501B 4d Sed	1,100	3,300	5,500	12,380	19,250	27,500
501/6 4d Sed, 2077cc	1,160	3,480	5,800	13,050	20,300	29,000
501 V-8 4d Sed, 2580cc	1,200	3,600	6,000	13,500	21,000	30,000
502/2.6 4d Sed	1,240	3,720	6,200	13,950	21,700	31,000
502/3.2 4d Sed	1,160	3,480	5,800	13,050	20,300	29,000

NOTE: *Add 75 percent for coach-built cpe. Add 100 percent for coach-built 2d and 4d convertibles.*

1956 Isetta 250

	6	5	4	3	2	1
1d Std Sed	1,100	3,300	5,500	12,380	19,250	27,500
1d DeL Sed	1,140	3,420	5,700	12,830	19,950	28,500
501/6 4d Sed	1,100	3,300	5,500	12,380	19,250	27,500
501 V-8 4d Sed	1,180	3,540	5,900	13,280	20,650	29,500
502/2.6 4d Sed	1,220	3,660	6,100	13,730	21,350	30,500
502/3.2 4d Sed	1,300	3,900	6,500	14,630	22,750	32,500

NOTE: *Add 25 percent for coach-built cpe. Add 100 percent for coach-built 2d and 4d convertibles.*

1956 V-8, 3168cc, 111.6" wb

	6	5	4	3	2	1
503 Cpe	1,900	5,700	9,500	21,380	33,250	47,500
503 Conv	2,650	7,940	13,240	29,790	46,340	66,200
507 Rds	33,040	99,120	165,200	371,700	578,200	826,000

1957 Isetta 300

	6	5	4	3	2	1
1d Std Sed	1,130	3,380	5,640	12,690	19,740	28,200
1d DeL Sed	1,100	3,300	5,500	12,380	19,250	27,500

1957 2-cyl., 582cc, 66.9" wb

	6	5	4	3	2	1
600 2d Sed	1,080	3,240	5,400	12,150	18,900	27,000
501/6 4d Sed	1,100	3,300	5,500	12,380	19,250	27,500
501 V-8 4d Sed	1,180	3,540	5,900	13,280	20,650	29,500
502/2.6 4d Sed	1,240	3,720	6,200	13,950	21,700	31,000
502/3.2 4d Sed	1,300	3,900	6,500	14,630	22,750	32,500
502/3.2 Sup 4d Sed	1,340	4,020	6,700	15,080	23,450	33,500
503 Cpe	1,900	5,700	9,500	21,380	33,250	47,500
503 Conv	2,650	7,940	13,240	29,790	46,340	66,200
507 Rds	33,040	99,120	165,200	371,700	578,200	826,000

1958 Isetta 300

	6	5	4	3	2	1
1d Std Sed	1,140	3,420	5,700	12,830	19,950	28,500
1d DeL Sed	1,150	3,460	5,760	12,960	20,160	28,800
600 2d Sed	1,080	3,240	5,400	12,150	18,900	27,000
501/3 4d Sed	1,100	3,300	5,500	12,380	19,250	27,500
501 V-8 4d Sed	1,180	3,540	5,900	13,280	20,650	29,500
502/2.6 4d Sed	1,240	3,720	6,200	13,950	21,700	31,000
502/3.2 4d Sed	1,300	3,900	6,500	14,630	22,750	32,500
502/3.2 Sup 4d Sed	1,340	4,020	6,700	15,080	23,450	33,500

NOTE: *Add 75 percent for coach-built cpe. Add 100 percent for coach-built 2d and 4d convertibles.*

	6	5	4	3	2	1
503 Cpe	1,900	5,700	9,500	21,380	33,250	47,500
503 Conv	2,650	7,940	13,240	29,790	46,340	66,200
507 Rds	33,040	99,120	165,200	371,700	578,200	826,000

1959 Isetta 300

	6	5	4	3	2	1
1d Std Sed	1,140	3,420	5,700	12,830	19,950	28,500
1d DeL Sed	1,150	3,460	5,760	12,960	20,160	28,800
600 2d Sed	1,080	3,240	5,400	12,150	18,900	27,000

1959 2-cyl., 697cc, 83.5" wb

	6	5	4	3	2	1
Cpe	740	2,220	3,700	8,330	12,950	18,500
2d Sed	690	2,060	3,440	7,740	12,040	17,200
501 V-8 4d Sed	1,020	3,060	5,100	11,480	17,850	25,500
502/2.6 4d Sed	1,060	3,180	5,300	11,930	18,550	26,500
502/3.2 4d Sed	1,140	3,420	5,700	12,830	19,950	28,500
502/3.2 Sup 4d Sed	1,180	3,540	5,900	13,280	20,650	29,500
503 Cpe	1,900	5,700	9,500	21,380	33,250	47,500
503 Conv	2,650	7,940	13,240	29,790	46,340	66,200
507 Rds	33,040	99,120	165,200	371,700	578,200	826,000

1960 Isetta 300

	6	5	4	3	2	1
1d Std Sed	1,140	3,420	5,700	12,830	19,950	28,500
1d DeL Sed	1,150	3,460	5,760	12,960	20,160	28,800
600 2d Sed	1,080	3,240	5,400	12,150	18,900	27,000
700 Cpe	520	1,560	2,600	5,850	9,100	13,000
700 2d Sed	510	1,520	2,540	5,720	8,890	12,700
700 Spt Cpe	530	1,600	2,660	5,990	9,310	13,300
501 V-8 4d Sed	1,180	3,540	5,900	13,280	20,650	29,500
502/2.6 4d Sed	1,240	3,720	6,200	13,950	21,700	31,000
502/3.2 4d Sed	1,300	3,900	6,500	14,630	22,750	32,500
502/3.2 Sup 4d Sed	1,340	4,020	6,700	15,080	23,450	33,500

1961 Isetta 300

	6	5	4	3	2	1
1d Std Sed	1,140	3,420	5,700	12,830	19,950	28,500
1d DeL Sed	1,150	3,460	5,760	12,960	20,160	28,800

	6	5	4	3	2	1
700 Cpe.	520	1,560	2,600	5,850	9,100	13,000
700 2d Sed	510	1,520	2,540	5,720	8,890	12,700
700 Spt Cpe	530	1,600	2,660	5,990	9,310	13,300
700 2d Luxus Sed	470	1,400	2,340	5,270	8,190	11,700
700 Conv.	1,020	3,060	5,100	11,480	17,850	25,500
501 V-8 4d Sed	1,180	3,540	5,900	13,280	20,650	29,500
502/2.6 4d Sed	1,220	3,660	6,100	13,730	21,350	30,500
2600 4d Sed	460	1,380	2,300	5,180	8,050	11,500
2600L 4d Sed	530	1,580	2,640	5,940	9,240	13,200
502/3.2 4d Sed	1,220	3,660	6,100	13,730	21,350	30,500
502/3.2 4d Sup Sed	1,260	3,780	6,300	14,180	22,050	31,500
3200L 4d Sed	1,300	3,900	6,500	14,630	22,750	32,500
3200S 4d Sed	1,340	4,020	6,700	15,080	23,450	33,500
1962 Isetta 300						
1d Std Sed	1,140	3,420	5,700	12,830	19,950	28,500
1d DeL Sed	1,150	3,460	5,760	12,960	20,160	28,800
700 Cpe.	520	1,560	2,600	5,850	9,100	13,000
700CS Cpe	530	1,580	2,640	5,940	9,240	13,200
700 Spt Cpe	530	1,600	2,660	5,990	9,310	13,300
700 2d Sed	510	1,520	2,540	5,720	8,890	12,700
700 Conv.	1,020	3,060	5,100	11,480	17,850	25,500
700LS 2d Sed	440	1,320	2,200	4,950	7,700	11,000
700LS Luxus 2d Sed	470	1,400	2,340	5,270	8,190	11,700
1962 4-cyl., 1499cc, 100.4" wb						
1500 4d Sed	340	1,020	1,700	3,830	5,950	8,500
2600 4d Sed	460	1,380	2,300	5,180	8,050	11,500
2600L 4d Sed	530	1,580	2,640	5,940	9,240	13,200
3200L 4d Sed	1,300	3,900	6,500	14,630	22,750	32,500
3200S 4d Sed	1,340	4,020	6,700	15,080	23,450	33,500
3200CS Cpe	1,540	4,620	7,700	17,330	26,950	38,500
1963 4-cyl., 1499cc, 100.4" wb						
700 Cpe.	510	1,520	2,540	5,720	8,890	12,700
700 Spt Cpe	520	1,560	2,600	5,850	9,100	13,000
700CS Cpe	520	1,550	2,580	5,810	9,030	12,900
700 Conv.	940	2,820	4,700	10,580	16,450	23,500
700LS 2d Sed	432	1,296	2,160	4,860	7,560	10,800
700LS Luxus 2d Sed	460	1,380	2,300	5,180	8,050	11,500
1500 4d Sed	340	1,020	1,700	3,830	5,950	8,500
1800 4d Sed	460	1,380	2,300	5,180	8,050	11,500
2600L 4d Sed	530	1,580	2,640	5,940	9,240	13,200
3200S 4d Sed	1,220	3,660	6,100	13,730	21,350	30,500
3200CS Cpe	1,540	4,620	7,700	17,330	26,950	38,500
1964 4-cyl., 1499cc, 100.4" wb						
700 C Cpe.	480	1,440	2,400	5,400	8,400	12,000
700CS Cpe	500	1,500	2,500	5,630	8,750	12,500
700 Conv.	930	2,800	4,660	10,490	16,310	23,300
700LS Cpe	450	1,360	2,260	5,090	7,910	11,300
700 Luxus 2d Sed	530	1,600	2,660	5,990	9,310	13,300
1500 4d Sed	340	1,020	1,700	3,830	5,950	8,500
1600 4d Sed	440	1,320	2,200	4,950	7,700	11,000
1800 4d Sed	460	1,380	2,300	5,180	8,050	11,500
1800TI 4d Sed	480	1,440	2,400	5,400	8,400	12,000
1800TI/SA 4d Sed.	660	1,980	3,300	7,430	11,550	16,500
2600L 4d Sed	530	1,580	2,640	5,940	9,240	13,200
3200CS Cpe	1,540	4,620	7,700	17,330	26,950	38,500
1965 4-cyl., 1499cc, 100.4" wb						
700LS Cpe	428	1,284	2,140	4,820	7,490	10,700
700 Luxus 2d Sed	420	1,260	2,100	4,730	7,350	10,500
1600 4d Sed	440	1,320	2,200	4,950	7,700	11,000
1800 4d Sed	580	1,740	2,900	6,530	10,150	14,500
1800TI 4d Sed.	600	1,800	3,000	6,750	10,500	15,000
1800TI/SA 4d Sed.	700	2,100	3,500	7,880	12,250	17,500
1965 4-cyl., 100.4" wb						
2000C Cpe	740	2,220	3,700	8,330	12,950	18,500
2000CS Cpe	772	2,316	3,860	8,690	13,510	19,300
1965 V-8, 111.4" wb						
3200CS Cpe	1,540	4,620	7,700	17,330	26,950	38,500
1966 4-cyl., 98.4" wb						
1600-2 2d Sed.	460	1,380	2,300	5,180	8,050	11,500
1600 4d Sed	440	1,320	2,200	4,950	7,700	11,000
1800 4d Sed	460	1,380	2,300	5,180	8,050	11,500
1800TI 4d Sed.	488	1,464	2,440	5,490	8,540	12,200
2000 4d Sed	468	1,404	2,340	5,270	8,190	11,700
2000TI 4d Sed.	488	1,464	2,440	5,490	8,540	12,200
2000TI Lux 4d Sed	588	1,764	2,940	6,620	10,290	14,700
2000C Cpe	740	2,220	3,700	8,330	12,950	18,500

	6	5	4	3	2	1
2000CA Cpe.	772	2,316	3,860	8,690	13,510	19,300
2000CS Cpe.	772	2,316	3,860	8,690	13,510	19,300
1967 4-cyl., 98.4" wb						
1602 2d Sed.	420	1,260	2,100	4,730	7,350	10,500
1600TI 2d Sed	580	1,740	2,900	6,530	10,150	14,500
Glas 1600GT Cpe	600	1,800	3,000	6,750	10,500	15,000
1800 4d Sed.	420	1,260	2,100	4,730	7,350	10,500
2000 4d Sed.	428	1,284	2,140	4,820	7,490	10,700
2000TI 4d Sed.	448	1,344	2,240	5,040	7,840	11,200
2000TI Lux 4d Sed.	480	1,440	2,400	5,400	8,400	12,000
2000C Cpe.	752	2,256	3,760	8,460	13,160	18,800
2000CA Cpe.	752	2,256	3,760	8,460	13,160	18,800
2000CS Cpe.	752	2,256	3,760	8,460	13,160	18,800
Glas 3000 V-8 Cpe.	800	2,400	4,000	9,000	14,000	20,000
1968 4-cyl., 98.4" wb						
1600 2d Sed.	580	1,740	2,900	6,530	10,150	14,500
1600 Cabr	820	2,460	4,100	9,230	14,350	20,500
Glas 1600GT Cpe	600	1,800	3,000	6,750	10,500	15,000
1800 4d Sed.	420	1,260	2,100	4,730	7,350	10,500
2002 2d Sed.	600	1,800	3,000	6,750	10,500	15,000
2002TI 2d Sed, Non-USA	660	1,980	3,300	7,430	11,550	16,500
2000 4d Sed.	420	1,260	2,100	4,730	7,350	10,500
2000TI 4d Sed.	440	1,320	2,200	4,950	7,700	11,000
2000TI Lux 4d Sed.	480	1,440	2,400	5,400	8,400	12,000
2000C Cpe.	736	2,208	3,680	8,280	12,880	18,400
2000CA Cpe.	740	2,220	3,700	8,330	12,950	18,500
2000CS Cpe.	760	2,280	3,800	8,550	13,300	19,000
2500 4d Sed, E-3	440	1,320	2,200	4,950	7,700	11,000
2800 4d Sed, E-3	480	1,440	2,400	5,400	8,400	12,000
2800CS Cpe, E-9	940	2,820	4,700	10,580	16,450	23,500
Glas 3000 V-8 Cpe.	780	2,340	3,900	8,780	13,650	19,500
1969 4-cyl., 98.4" wb						
1600 2d Sed.	460	1,380	2,300	5,180	8,050	11,500
1600 Cabr	860	2,580	4,300	9,680	15,050	21,500
1800 4d Sed.	420	1,260	2,100	4,730	7,350	10,500
2002 2d Sed.	600	1,800	3,000	6,750	10,500	15,000
2002TI 2d Sed, Non-USA	660	1,980	3,300	7,430	11,550	16,500
2000TI Lux 4d Sed.	440	1,320	2,200	4,950	7,700	11,000
2000CA Cpe.	736	2,208	3,680	8,280	12,880	18,400
2000CS Cpe.	760	2,280	3,800	8,550	13,300	19,000
2500 4d Sed.	460	1,380	2,300	5,180	8,050	11,500
2800 4d Sed.	440	1,320	2,200	4,950	7,700	11,000
2800CSA Cpe	812	2,436	4,060	9,140	14,210	20,300
2800CS Cpe.	904	2,712	4,520	10,170	15,820	22,600
1970 4-cyl., 98.4" wb						
1600 2d Sed.	480	1,440	2,400	5,400	8,400	12,000
1600 Cabr	860	2,580	4,300	9,680	15,050	21,500
1800 4d Sed.	420	1,260	2,100	4,730	7,350	10,500
2002 2d Sed.	580	1,740	2,900	6,530	10,150	14,500
2000TI Lux 4d Sed.	480	1,440	2,400	5,400	8,400	12,000
2000TII 4d Sed.	580	1,740	2,900	6,530	10,150	14,500
2500 4d Sed.	440	1,320	2,200	4,950	7,700	11,000
2800 4d Sed.	480	1,440	2,400	5,400	8,400	12,000
2800CSA	812	2,436	4,060	9,140	14,210	20,300
2800CS Cpe.	900	2,700	4,500	10,130	15,750	22,500
1971 4-cyl., 98.4" wb						
1600 2d Sed.	450	1,400	2,300	5,180	8,050	11,500
1600 Tr, E-10, Non-USA	460	1,380	2,300	5,180	8,050	11,500
1600 Cabr	900	2,650	4,400	9,900	15,400	22,000
1800 4d Sed.	400	1,200	2,000	4,500	7,000	10,000
2002 2d Sed.	550	1,700	2,800	6,300	9,800	14,000
2002 Cabr	1,000	3,000	5,000	11,250	17,500	25,000
2002 Targa.	700	2,050	3,400	7,650	11,900	17,000
2000 Tr, E-10, Non-USA	620	1,860	3,100	6,980	10,850	15,500
2002TI 2d Sed, Non-USA	580	1,740	2,900	6,530	10,150	14,500
2000TII 4d Sed.	550	1,700	2,800	6,300	9,800	14,000
2500 4d Sed.	400	1,200	2,000	4,500	7,000	10,000
2800 4d Sed.	400	1,250	2,100	4,730	7,350	10,500
Bavaria 4d Sed.	400	1,250	2,100	4,730	7,350	10,500
3.0S 4d Sed.	450	1,400	2,300	5,180	8,050	11,500
Bavaria 4d Sed.	450	1,400	2,300	5,180	8,050	11,500
2800CSA Cpe	800	2,400	3,950	8,910	13,900	19,800
2800CS Cpe.	900	2,700	4,550	10,220	15,900	22,700
3.0CSA Cpe.	850	2,600	4,350	9,810	15,300	21,800
3.0CS Cpe	900	2,750	4,600	10,350	16,100	23,000
3.0CSi Cpe.	1,100	3,250	5,400	12,150	18,900	27,000
3.0CSL Cpe, Non-USA	1,260	3,780	6,300	14,180	22,050	31,500

	6	5	4	3	2	1
1972 4-cyl., 98.4" wb						
1800 4d Sed	400	1,200	2,000	4,500	7,000	10,000
2000TII 4d Sed	550	1,700	2,800	6,300	9,800	14,000
2002 2d Sed	550	1,700	2,800	6,300	9,800	14,000
2002 Targa	700	2,050	3,400	7,650	11,900	17,000
2000 Tr, Non-USA.	600	1,850	3,100	6,980	10,900	15,500
2002TII 2d Sed	600	1,800	3,000	6,750	10,500	15,000
2000TII Tr, Non-USA	640	1,920	3,200	7,200	11,200	16,000
2800 4d Sed	400	1,250	2,100	4,730	7,350	10,500
Bavaria 4d Sed, 2788cc	420	1,260	2,100	4,730	7,350	10,500
3.0S 4d Sed	450	1,400	2,300	5,180	8,050	11,500
Bavaria 4d Sed, 2985cc	460	1,380	2,300	5,180	8,050	11,500
3.0CS Cpe.	900	2,750	4,550	10,260	16,000	22,800
3.0CSA Cpe	750	2,300	3,800	8,550	13,300	19,000
3.0CSi Cpe	1,050	3,100	5,200	11,700	18,200	26,000
3.0CSL Cpe, Non-USA	1,260	3,780	6,300	14,180	22,050	31,500
1973 4-cyl., 98.4" wb						
2002 2d Sed	550	1,700	2,800	6,300	9,800	14,000
2000 Targa	700	2,050	3,400	7,650	11,900	17,000
2000 Tr, Non-USA.	620	1,860	3,100	6,980	10,850	15,500
2002TII 2d Sed	600	1,800	3,000	6,750	10,500	15,000
2000TII Tr, Non-USA	640	1,920	3,200	7,200	11,200	16,000
2002 Turbo, Non-USA	920	2,760	4,600	10,350	16,100	23,000
2800 4d Sed	400	1,250	2,100	4,730	7,350	10,500
Bavaria 4d Sed, 2788cc	420	1,260	2,100	4,730	7,350	10,500
3.0S 4d Sed	450	1,400	2,300	5,180	8,050	11,500
Bavaria 4d Sed, 2985cc	460	1,380	2,300	5,180	8,050	11,500
3.0CSA Cpe	800	2,400	4,000	9,000	14,000	20,000
3.0CS Cpe.	900	2,650	4,400	9,900	15,400	22,000
3.0CSi Cpe	1,000	3,000	5,000	11,250	17,500	25,000
3.0CSL Cpe, Non-USA	1,260	3,780	6,300	14,180	22,050	31,500
1973 3153cc						
3.0CSL Cpe.	1,350	4,000	6,700	15,080	23,500	33,500
1974 3153cc						
2002 2d Sed	550	1,700	2,800	6,300	9,800	14,000
2002 Targa	700	2,050	3,400	7,650	11,900	17,000
2000 Tr, Non-USA.	610	1,840	3,060	6,890	10,710	15,300
2002TII 2d Sed	600	1,800	3,000	6,750	10,500	15,000
2000TII Tr, Non-USA	640	1,920	3,200	7,200	11,200	16,000
2002 Turbo, Non-USA.	880	2,630	4,380	9,860	15,330	21,900
2800 4d Sed	400	1,250	2,100	4,730	7,350	10,500
Bavaria 4d Sed, 2788cc	420	1,260	2,100	4,730	7,350	10,500
3.0S 4d Sed	450	1,400	2,300	5,180	8,050	11,500
Bavaria 4d Sed, 2985cc	460	1,380	2,300	5,180	8,050	11,500
3.0CSA Cpe	800	2,400	4,000	9,000	14,000	20,000
3.0CS Cpe.	900	2,650	4,400	9,900	15,400	22,000
3.0CSi Cpe	1,000	3,000	5,000	11,250	17,500	25,000
3.0CSL Cpe, Non-USA	1,340	4,020	6,700	15,080	23,450	33,500
530i 4d Sed. E-12	450	1,400	2,300	5,180	8,050	11,500
1975 3153cc						
2002 2d Sed	550	1,700	2,800	6,300	9,800	14,000
2002TII 2d Sed	600	1,800	3,000	6,750	10,500	15,000
2002 Targa	700	2,150	3,600	8,100	12,600	18,000
320i 2d Sed, E-21	400	1,200	2,000	4,500	7,000	10,000
2800 4d Sed	400	1,250	2,100	4,730	7,350	10,500
Bavaria, 2788cc	400	1,250	2,100	4,730	7,350	10,500
3.0S 4d Sed	550	1,700	2,800	6,300	9,800	14,000
Bavaria, 2985cc	550	1,700	2,800	6,300	9,800	14,000
3.0CSA Cpe	800	2,400	4,000	9,000	14,000	20,000
3.0CS Cpe.	900	2,650	4,400	9,900	15,400	22,000
3.0CSi Cpe	1,000	3,000	5,000	11,250	17,500	25,000
3.0CSL Cpe, Non-USA	1,340	4,020	6,700	15,080	23,450	33,500
530i 4d Sed.	360	1,080	1,800	4,050	6,300	9,000
1976 3153cc						
2002 2d Sed	550	1,700	2,800	6,300	9,800	14,000
320i 2d Sed.	400	1,200	2,000	4,500	7,000	10,000
2800 4d Sed	420	1,260	2,100	4,730	7,350	10,500
Bavaria, 2788cc	420	1,260	2,100	4,730	7,350	10,500
3.0Si 4d Sed	560	1,680	2,800	6,300	9,800	14,000
Bavaria, 2985cc	560	1,680	2,800	6,300	9,800	14,000
530i 4d Sed.	360	1,080	1,800	4,050	6,300	9,000
630CS Cpe, E-24	400	1,200	2,000	4,500	7,000	10,000
1977 3153cc						
320i 2d Sed.	400	1,200	2,000	4,500	7,000	10,000
2800 4d Sed	420	1,260	2,100	4,730	7,350	10,500
Bavaria, 2788cc	420	1,260	2,100	4,730	7,350	10,500

BMW

	6	5	4	3	2	1
3.0S 4d Sed	560	1,680	2,800	6,300	9,800	14,000
Bavaria, 2985cc	560	1,680	2,800	6,300	9,800	14,000
530i 4d Sed	360	1,080	1,800	4,050	6,300	9,000
630CS Cpe	400	1,200	2,000	4,500	7,000	10,000
630CSi Cpe	440	1,320	2,200	4,950	7,700	11,000
633CSi Cpe	460	1,380	2,300	5,180	8,050	11,500
1978 3153cc						
320i 2d Sed	460	1,380	2,300	5,180	8,050	11,500
528i 4d Sed	340	1,020	1,700	3,830	5,950	8,500
530i 4d Sed	360	1,080	1,800	4,050	6,300	9,000
630CS Cpe	400	1,200	2,000	4,500	7,000	10,000
630CSi Cpe	440	1,320	2,200	4,950	7,700	11,000
633CSi Cpe	460	1,380	2,300	5,180	8,050	11,500
733i 4d Sed, E-23	340	1,020	1,700	3,830	5,950	8,500
1979 3153cc						
320i 2d Sed	400	1,200	2,000	4,500	7,000	10,000
528i 4d Sed	340	1,020	1,700	3,830	5,950	8,500
M535i 4d Sed, Non-USA	1,000	3,000	4,950	11,160	17,400	24,800
733i 4d Sed	340	1,020	1,700	3,830	5,950	8,500
633CSi 2d Cpe	460	1,380	2,300	5,180	8,050	11,500
M1 Cpe, E-26, Non-USA	5,850	17,500	29,200	65,700	102,000	146,000
1980 3153cc						
320i 2d Sed	400	1,200	2,000	4,500	7,000	10,000
528i 4d Sed	340	1,020	1,700	3,830	5,950	8,500
M535i 4d Sed, Non-USA	1,000	3,000	4,950	11,160	17,400	24,800
733i 4d Sed	340	1,020	1,700	3,830	5,950	8,500
633CSi 2d Cpe	460	1,380	2,300	5,180	8,050	11,500
M1 Cpe, Non-USA	6,440	19,320	32,200	72,450	112,700	161,000
1981 3153cc						
320i 2d Sed	400	1,200	2,000	4,500	7,000	10,000
528i 4d Sed	340	1,020	1,700	3,830	5,950	8,500
733i 4d Sed	340	1,020	1,700	3,830	5,950	8,500
633CSi 2d Cpe	460	1,380	2,300	5,180	8,050	11,500
1982 3153cc						
320i 2d Sed	400	1,200	2,000	4,500	7,000	10,000
528E 4d Sed	360	1,080	1,800	4,050	6,300	9,000
733i 4d Sed	340	1,020	1,700	3,830	5,950	8,500
633CSi 2d Cpe	460	1,380	2,300	5,180	8,050	11,500
1983 3153cc						
320i 2d Sed	400	1,200	2,000	4,500	7,000	10,000
528E 4d Sed	360	1,080	1,800	4,050	6,300	9,000
533i 4d Sed	380	1,140	1,900	4,280	6,650	9,500
733i 4d Sed	340	1,020	1,700	3,830	5,950	8,500
633CSi 2d Cpe	460	1,380	2,300	5,180	8,050	11,500
1984 3153cc						
318i 2d Sed	420	1,260	2,100	4,730	7,350	10,500
325E 2d Sed	440	1,320	2,200	4,950	7,700	11,000
528E 4d Sed	360	1,080	1,800	4,050	6,300	9,000
533i 4d Sed	380	1,140	1,900	4,280	6,650	9,500
733i 4d Sed	340	1,020	1,700	3,830	5,950	8,500
633CSi Cpe	460	1,380	2,300	5,180	8,050	11,500
1985 3153cc						
318i 2d Sed	420	1,260	2,100	4,730	7,350	10,500
318i 4d Sed	400	1,200	2,000	4,500	7,000	10,000
325E 2d Sed	440	1,320	2,200	4,950	7,700	11,000
325E 4d Sed	420	1,260	2,100	4,730	7,350	10,500
528E 4d Sed	360	1,080	1,800	4,050	6,300	9,000
535i 4d Sed	440	1,320	2,200	4,950	7,700	11,000
524TD 4d Sed	440	1,320	2,200	4,950	7,700	11,000
735i 4d Sed	460	1,380	2,300	5,180	8,050	11,500
635CSi 2d Cpe	480	1,440	2,400	5,400	8,400	12,000
1986 3153cc						
325 2d Sed	400	1,200	2,000	4,500	7,000	10,000
325 4d Sed	380	1,140	1,900	4,280	6,650	9,500
325ES 4d Sed	440	1,320	2,200	4,950	7,700	11,000
325E 4d Sed	420	1,260	2,100	4,730	7,350	10,500
524TD 4d Sed	440	1,320	2,200	4,950	7,700	11,000
528E 4d Sed	360	1,080	1,800	4,050	6,300	9,000
535i 4d Sed	440	1,320	2,200	4,950	7,700	11,000
735i 4d Sed	460	1,380	2,300	5,180	8,050	11,500
L7 4d Sed	360	1,080	1,800	4,050	6,300	9,000
635CSi 2d Cpe	480	1,440	2,400	5,400	8,400	12,000
1987 3153cc						
325 2d Sed	400	1,200	2,000	4,500	7,000	10,000
325 4d Sed	380	1,140	1,900	4,280	6,650	9,500
325ES 2d Sed	440	1,320	2,200	4,950	7,700	11,000

	6	5	4	3	2	1
325E 4d Sed.	420	1,260	2,100	4,730	7,350	10,500
325is 2d Sed.	440	1,320	2,200	4,950	7,700	11,000
325i 4d Sed.	420	1,260	2,100	4,730	7,350	10,500
325i 2d Conv.	480	1,440	2,400	5,400	8,400	12,000
528E 4d Sed.	360	1,080	1,800	4,050	6,300	9,000
528i 4d Sed.	380	1,140	1,900	4,280	6,650	9,500
528is 4d Sed.	400	1,200	2,000	4,500	7,000	10,000
735i 4d Sed.	460	1,380	2,300	5,180	8,050	11,500
L7 4d Sed.	360	1,080	1,800	4,050	6,300	9,000
635CSi 2d Cpe.	480	1,440	2,400	5,400	8,400	12,000
L6 2d Cpe.	500	1,500	2,500	5,630	8,750	12,500
M6 2d Cpe.	1,170	3,500	5,840	13,140	20,440	29,200
1988 3153cc						
325 2d.	400	1,200	2,000	4,500	7,000	10,000
325 4d.	380	1,140	1,900	4,280	6,650	9,500
325i 2d	440	1,320	2,200	4,950	7,700	11,000
325i 4d	420	1,260	2,100	4,730	7,350	10,500
325i 2d Conv.	480	1,440	2,400	5,400	8,400	12,000
325iX 2d	460	1,380	2,300	5,180	8,050	11,500
M3 2d Sed.	560	1,680	2,800	6,300	9,800	14,000
528E 4d.	360	1,080	1,800	4,050	6,300	9,000
535i 4d	440	1,320	2,200	4,950	7,700	11,000
535is 4d.	480	1,440	2,400	5,400	8,400	12,000
M5 4d	720	2,160	3,600	8,100	12,600	18,000
735i 4d	460	1,380	2,300	5,180	8,050	11,500
735iL 4d	480	1,440	2,400	5,400	8,400	12,000
750iL 4d	900	2,700	4,500	10,130	15,750	22,500
635CSi 2d	480	1,440	2,400	5,400	8,400	12,000
M6 2d	1,170	3,500	5,840	13,140	20,440	29,200
1989 3153cc						
325i 2d Sed.	440	1,320	2,200	4,950	7,700	11,000
325i 4d Sed.	420	1,260	2,100	4,730	7,350	10,500
325is 2d Sed.	440	1,320	2,200	4,950	7,700	11,000
325i Conv.	480	1,440	2,400	5,400	8,400	12,000
325ix 2d Sed (4x4)	560	1,680	2,800	6,300	9,800	14,000
325ix 4d Sed (4x4)	560	1,680	2,800	6,300	9,800	14,000
M3 2d Sed.	760	2,280	3,800	8,550	13,300	19,000
525i 4d Sed.	420	1,260	2,100	4,730	7,350	10,500
535i 4d Sed.	440	1,320	2,200	4,950	7,700	11,000
735i 4d Sed.	460	1,380	2,300	5,180	8,050	11,500
735iL 4d Sed.	480	1,440	2,400	5,400	8,400	12,000
750iL 4d Sed.	900	2,700	4,500	10,130	15,750	22,500
635CSi Cpe.	480	1,440	2,400	5,400	8,400	12,000
1990 3153cc						
325i 2d Sed.	440	1,320	2,200	4,950	7,700	11,000
325i 4d Sed.	420	1,260	2,100	4,730	7,350	10,500
325is 2d Sed.	440	1,320	2,200	4,950	7,700	11,000
325i 2d Conv.	480	1,440	2,400	5,400	8,400	12,000
325i 2d Sed (4x4)	520	1,560	2,600	5,850	9,100	13,000
325i 4d Sed (4x4)	520	1,560	2,600	5,850	9,100	13,000
M3 2d Sed.	700	2,280	3,800	8,550	13,300	19,000
525i 4d Sed.	420	1,260	2,100	4,730	7,350	10,500
535i 4d Sed.	440	1,320	2,200	4,950	7,700	11,000
735i 4d Sed.	460	1,380	2,300	5,180	8,050	11,500
735iL 4d Sed.	480	1,440	2,400	5,400	8,400	12,000
750iL 4d Sed.	900	2,700	4,500	10,130	15,750	22,500
1991 3153cc						
318i 2d Sed.	400	1,250	2,100	4,730	7,350	10,500
318i 4d Sed.	400	1,200	2,000	4,500	7,000	10,000
318i 2d Conv.	520	1,560	2,600	5,850	9,100	13,000
325i 2d Sed.	440	1,320	2,200	4,950	7,700	11,000
325i 4d Sed.	420	1,260	2,100	4,730	7,350	10,500
325i 2d Conv.	480	1,440	2,400	5,400	8,400	12,000
325i 2d Sed (4x4)	520	1,560	2,600	5,850	9,100	13,000
325i 4d Sed (4x4)	520	1,560	2,600	5,850	9,100	13,000
M3 2d Sed.	850	2,600	4,300	9,680	15,000	21,500
525i 4d Sed.	420	1,260	2,100	4,730	7,350	10,500
535i 4d Sed.	440	1,320	2,200	4,950	7,700	11,000
M5 4d Sed.	760	2,280	3,800	8,550	13,300	19,000
735i 4d Sed.	460	1,380	2,300	5,180	8,050	11,500
735iL 4d Sed.	480	1,440	2,400	5,400	8,400	12,000
750iL 4d Sed.	900	2,700	4,500	10,130	15,750	22,500
850i 2d Cpe.	1,120	3,360	5,600	12,600	19,600	28,000
1992 3153cc						
318is 2d Cpe.	420	1,260	2,100	4,730	7,350	10,500
318i 4d Sed.	400	1,200	2,000	4,500	7,000	10,000

BMW • 1992 3153cc

	6	5	4	3	2	1
318i 2d Conv	520	1,560	2,600	5,850	9,100	13,000
325is 2d Cpe	440	1,320	2,200	4,950	7,700	11,000
325i 4d Sed	420	1,260	2,100	4,730	7,350	10,500
325i 2d Conv	520	1,560	2,600	5,850	9,100	13,000
525i 4d Sed	420	1,260	2,100	4,730	7,350	10,500
535i 4d Sed	440	1,320	2,200	4,950	7,700	11,000
525i 4d Sta Wag	520	1,560	2,600	5,850	9,100	13,000
M5 4d Sed	760	2,280	3,800	8,550	13,300	19,000
735i 4d Sed	460	1,380	2,300	5,180	8,050	11,500
735L 4d Sed	480	1,440	2,400	5,400	8,400	12,000
750L 4d Sed	900	2,700	4,500	10,130	15,750	22,500
850i 2d Cpe	1,120	3,360	5,600	12,600	19,600	28,000
1993 3 Series						
318is 2d Cpe	700	2,150	3,600	8,100	12,600	18,000
318i 4d Sed	750	2,200	3,650	8,190	12,700	18,200
325 is 2d Cpe	750	2,200	3,700	8,330	13,000	18,500
325i 4d Sed	750	2,250	3,750	8,420	13,100	18,700
318i 2d Conv	700	2,050	3,400	7,650	11,900	17,000
325i 2d Conv	850	2,500	4,200	9,450	14,700	21,000
1993 5 Series						
525i 4d Sed	900	2,700	4,500	10,130	15,700	22,500
530i 4d Sed	700	2,150	3,600	8,100	12,600	18,000
540i 4d Sed	850	2,500	4,200	9,450	14,700	21,000
525i 4d Sta Wag	950	2,800	4,700	10,580	16,500	23,500
530i 4d Sta Wag	750	2,300	3,800	8,550	13,300	19,000
1993 7 Series						
740i 4d Sed	1,100	3,250	5,400	12,150	18,900	27,000
740iL 4d Sed	1,100	3,350	5,600	12,600	19,600	28,000
750iL 4d Sed	1,150	3,500	5,800	13,050	20,300	29,000
1993 8 Series						
850ci 2d Cpe	1,150	3,500	5,800	13,050	20,300	29,000
850ci 2d Cpe	1,400	4,200	7,000	15,750	24,500	35,000
850csi 2d Cpe	1,750	5,300	8,800	19,800	30,800	44,000
1994 3 Series						
318is 2d Cpe	600	1,850	3,100	6,980	10,900	15,500
325is 2d Cpe	800	2,350	3,900	8,780	13,700	19,500
318i 4d Sed	600	1,800	3,000	6,750	10,500	15,000
325i 4d Sed	750	2,300	3,800	8,550	13,300	19,000
318i 2d Conv	800	2,400	4,000	9,000	14,000	20,000
325i 2d Conv	1,000	3,000	5,000	11,250	17,500	25,000
1994 5 Series						
525i 4d Sed	800	2,350	3,900	8,780	13,700	19,500
530i 4d Sed	850	2,500	4,200	9,450	14,700	21,000
540i 4d Sed	950	2,900	4,800	10,800	16,800	24,000
525i 4d Sta Wag	850	2,500	4,200	9,450	14,700	21,000
530i 4d Sta Wag	900	2,750	4,600	10,350	16,100	23,000
1994 7 Series						
740i 4d Sed	900	2,750	4,600	10,350	16,100	23,000
740il 4d Sed	1,000	3,000	5,000	11,250	17,500	25,000
750il 4d Sed	1,150	3,500	5,800	13,050	20,300	29,000
1994 8 Series						
840ci 2d Cpe	1,350	4,100	6,800	15,300	23,800	34,000
850ci 2d Cpe	1,650	4,900	8,200	18,450	28,700	41,000
850csi 2d Cpe	2,050	6,100	10,200	22,950	35,700	51,000
1995 3 Series						
318ti 2d Cpe	500	1,550	2,600	5,850	9,100	13,000
318is 2d Cpe	600	1,850	3,100	6,980	10,900	15,500
325is 2d Cpe	800	2,350	3,900	8,780	13,700	19,500
M3 2d Cpe	1,000	2,950	4,900	11,030	17,200	24,500
318i 4d Sed	600	1,800	3,000	6,750	10,500	15,000
325i 4d Sed	750	2,300	3,800	8,550	13,300	19,000
318i 2d Conv	800	2,400	4,000	9,000	14,000	20,000
325i 2d Conv	1,000	3,000	5,000	11,250	17,500	25,000
1995 5 Series						
525i 4d Sed	800	2,350	3,900	8,780	13,700	19,500
530i 4d Sed	850	2,500	4,200	9,450	14,700	21,000
540i 4d Sed	950	2,900	4,800	10,800	16,800	24,000
525i 4d Sta Wag	850	2,500	4,200	9,450	14,700	21,000
530i 4d Sta Wag	900	2,750	4,600	10,350	16,100	23,000
1995 7 Series						
740i 4d Sed	900	2,750	4,600	10,350	16,100	23,000
740iL 4d Sed	1,000	3,000	5,000	11,250	17,500	25,000
750iL 4d Sed	1,150	3,500	5,800	13,050	20,300	29,000
1995 8 Series						
840ci 2d Cpe	1,350	4,100	6,800	15,300	23,800	34,000
850ci 2d Cpe	1,650	4,900	8,200	18,450	28,700	41,000
850csi 2d Cpe	2,050	6,100	10,200	22,950	35,700	51,000

BMW

	6	5	4	3	2	1

1996 3 Series

318ti 2d Cpe	500	1,450	2,400	5,400	8,400	12,000
318is 2d Cpe	600	1,750	2,900	6,530	10,200	14,500
328is 2d Cpe	750	2,200	3,700	8,330	13,000	18,500
M3 2d Cpe	950	2,800	4,700	10,580	16,500	23,500
318i 4d Sed	550	1,700	2,800	6,300	9,800	14,000
328i 4d Sed	700	2,150	3,600	8,100	12,600	18,000
318i 2d Conv	750	2,300	3,800	8,550	13,300	19,000
328i 2d Conv	950	2,900	4,800	10,800	16,800	24,000

1996 Z Series

Z3 2d Rds	750	2,300	3,800	8,550	13,300	19,000

1996 7 Series

740iL 4d Sed	950	2,900	4,800	10,800	16,800	24,000
750iL 4d Sed	1,100	3,350	5,600	12,600	19,600	28,000

1996 8 Series

840Ci 2d Cpe	1,300	3,950	6,600	14,850	23,100	33,000
850Ci 2d Cpe	1,600	4,800	8,000	18,000	28,000	40,000

NOTE: Add 5 percent for detachable hardtop.

1997 3 Series

318ti 2d Cpe	480	1,440	2,400	5,400	8,400	12,000
318is 2d Cpe	580	1,740	2,900	6,530	10,150	14,500
328is 2d Cpe	740	2,220	3,700	8,330	12,950	18,500
M3 2d Cpe	940	2,820	4,700	10,580	16,450	23,500
M3 4d Sed	920	2,760	4,600	10,350	16,100	23,000
318i 4d Sed	560	1,680	2,800	6,300	9,800	14,000
328i 4d Sed	720	2,160	3,600	8,100	12,600	18,000
318i 2d Conv	760	2,280	3,800	8,550	13,300	19,000
328i 2d Conv	960	2,880	4,800	10,800	16,800	24,000

1997 Z Series, 6-cyl.

Z3 2d Rds	760	2,280	3,800	8,550	13,300	19,000
M 2d Rds	920	2,760	4,600	10,350	16,100	23,000

NOTE: Deduct 5 percent for 4-cyl. on Z3 Rds.

1997 5 Series

528i 4d Sed	740	2,220	3,700	8,330	12,950	18,500
540i 4d Sed	900	2,700	4,500	10,130	15,750	22,500

1997 7 Series

740i 4d Sed	920	2,760	4,600	10,350	16,100	23,000
740iL 4d Sed	960	2,880	4,800	10,800	16,800	24,000
750iL 4d Sed	1,120	3,360	5,600	12,600	19,600	28,000

1997 8 Series

840Ci 2d Cpe	1,320	3,960	6,600	14,850	23,100	33,000
850Ci 2d Cpe	1,600	4,800	8,000	18,000	28,000	40,000

NOTE: Add 5 percent for detachable hardtop.

1998 3 Series

318ti 2d Cpe	480	1,440	2,400	5,400	8,400	12,000
323is 2d Cpe	580	1,740	2,900	6,530	10,150	14,500
328is 2d Cpe	740	2,220	3,700	8,330	12,950	18,500
M3 2d Cpe	940	2,820	4,700	10,580	16,450	23,500
M3 4d Sed	920	2,760	4,600	10,350	16,100	23,000
318i 4d Sed	560	1,680	2,800	6,300	9,800	14,000
328i 4d Sed	720	2,160	3,600	8,100	12,600	18,000
323i 2d Conv	760	2,280	3,800	8,550	13,300	19,000
328i 2d Conv	880	2,640	4,400	9,900	15,400	22,000
M3 2d Conv	1,060	3,180	5,300	11,930	18,550	26,500

1998 Z Series, 6-cyl.

Z3 1.9 2d Rds (4-cyl.)	760	2,280	3,800	8,550	13,300	19,000
Z3 2.8 2d Rds	800	2,400	4,000	9,000	14,000	20,000
M 2d Rds	920	2,760	4,600	10,350	16,100	23,000

NOTE: Add 5 percent for detachable HT.

1998 5 Series

528i 4d Sed	740	2,220	3,700	8,330	12,950	18,500
540i 4d Sed	900	2,700	4,500	10,130	15,750	22,500

1998 7 Series

740i 4d Sed	920	2,760	4,600	10,350	16,100	23,000
740iL 4d Sed	960	2,880	4,800	10,800	16,800	24,000
750iL 4d Sed	1,120	3,360	5,600	12,600	19,600	28,000

1999 E36 3 Series, 6-cyl.

318ti 2d Cpe (4-cyl.)	480	1,440	2,400	5,400	8,400	12,000
323is 2d Cpe	580	1,740	2,900	6,530	10,150	14,500
328is 2d Cpe	740	2,220	3,700	8,330	12,950	18,500
M3 2d Cpe	940	2,820	4,700	10,580	16,450	23,500
323i 2d Conv	760	2,280	3,800	8,550	13,300	19,000
328i 2d Conv	880	2,640	4,400	9,900	15,400	22,000
M3 2d Conv	1,060	3,180	5,300	11,930	18,550	26,500

1999 E46 3 Series, 6-cyl.

323i 4d Sed	560	1,680	2,800	6,300	9,800	14,000
328i 4d Sed	720	2,160	3,600	8,100	12,600	18,000

	6	5	4	3	2	1
1999 Z Series, 6-cyl.						
Z3 2.3 2d Rds.	780	2,340	3,900	8,780	13,650	19,500
Z3 2.8 2d Rds.	800	2,400	4,000	9,000	14,000	20,000
Z3 2.8 2d Cpe	780	2,340	3,900	8,780	13,650	19,500
M 2d Rds	920	2,760	4,600	10,350	16,100	23,000
M 2d Cpe	900	2,700	4,500	10,130	15,750	22,500
NOTE: Add 5 percent for detachable HT.						
1999 5 Series, 6-cyl.						
528i 4d Sed	740	2,220	3,700	8,330	12,950	18,500
528i 4d Sta Wag.	760	2,280	3,800	8,550	13,300	19,000
540i 4d Sed (V-8)	900	2,700	4,500	10,130	15,750	22,500
540i 4d Sta Wag (V-8)	920	2,760	4,600	10,350	16,100	23,000
1999 7 Series, V-8						
740i 4d Sed	920	2,760	4,600	10,350	16,100	23,000
740iL 4d Sed	960	2,880	4,800	10,800	16,800	24,000
750iL 4d Sed (V-12)	1,120	3,360	5,600	12,600	19,600	28,000
2000 3 Series, 6-cyl.						
323Ci 2d Cpe	580	1,740	2,900	6,530	10,150	14,500
328Ci 2d Cpe	660	1,980	3,300	7,430	11,550	16,500
323Ci 4d Sed	540	1,620	2,700	6,080	9,450	13,500
328Ci 4d Sed	620	1,860	3,100	6,980	10,850	15,500
323i 2d Conv	720	2,160	3,600	8,100	12,600	18,000
328i 2d Conv	760	2,280	3,800	8,550	13,300	19,000
323i 4d Sta Wag.	640	1,920	3,200	7,200	11,200	16,000
2000 Z Series, 6-cyl.						
Z3 2.3 2d Rds.	780	2,340	3,900	8,780	13,650	19,500
Z3 2.8 2d Rds.	800	2,400	4,000	9,000	14,000	20,000
Z3 2.8 2d Cpe	780	2,340	3,900	8,780	13,650	19,500
M 2d Rds	920	2,760	4,600	10,350	16,100	23,000
M 2d Cpe	900	2,700	4,500	10,130	15,750	22,500
NOTE: Add 5 percent for detachable HT.						
2000 5 Series, 6-cyl.						
528i 4d Sed	750	2,240	3,740	8,420	13,090	18,700
528i 4d Sta Wag.	770	2,300	3,840	8,640	13,440	19,200
540i 4d Sed (V-8)	910	2,720	4,540	10,220	15,890	22,700
540i 4d Sta Wag (V-8)	930	2,780	4,640	10,440	16,240	23,200
M5 4d Sed (V-8)	1,520	4,560	7,600	17,100	26,600	38,000
2000 7 Series, V-8						
740i 4d Sed	930	2,780	4,640	10,440	16,240	23,200
740iL 4d Sed	970	2,900	4,840	10,890	16,940	24,200
750iL 4d Sed (V-12)	1,130	3,380	5,640	12,690	19,740	28,200
2001 3 Series, 6-cyl.						
325Ci 2d Cpe	580	1,750	2,920	7,300	10,220	14,600
330Ci 2d Cpe	660	1,990	3,320	8,300	11,620	16,600
325i 4d Sed	540	1,630	2,720	6,800	9,520	13,600
325xi 4d Sed (AWD)	620	1,860	3,100	7,750	10,850	15,500
330i 4d Sed	600	1,810	3,020	7,550	10,570	15,100
325Ci 2d Conv	720	2,170	3,620	9,050	12,670	18,100
330Ci 2d Conv	760	2,290	3,820	9,550	13,370	19,100
325i 4d Sta Wag.	640	1,930	3,220	8,050	11,270	16,100
325xi 4d Sta Wag (AWD)	660	1,980	3,300	8,250	11,550	16,500
M3 2d Cpe	860	2,580	4,300	10,750	15,050	21,500
2001 Z Series, 6-cyl.						
Z3 2.5 2d Rds.	780	2,350	3,920	9,800	13,720	19,600
Z3 3.0 2d Rds.	800	2,410	4,020	10,050	14,070	20,100
Z3 3.0 2d Cpe	780	2,350	3,920	9,800	13,720	19,600
M 2d Rds	920	2,770	4,620	11,550	16,170	23,100
M 2d Cpe	900	2,710	4,520	11,300	15,820	22,600
NOTE: Add 5 percent for detachable HT.						
2001 5 Series, 6-cyl.						
525i 4d Sed	740	2,230	3,720	9,300	13,020	18,600
525i 4d Sta Wag.	760	2,290	3,820	9,550	13,370	19,100
530i 4d Sed	810	2,420	4,040	10,100	14,140	20,200
540i 4d Sed (V-8)	910	2,720	4,540	11,350	15,890	22,700
540i 4d Sta Wag (V-8)	930	2,780	4,640	11,600	16,240	23,200
M5 4d Sed (V-8)	1,520	4,570	7,620	19,050	26,670	38,100
2001 7 Series, V-8						
740i 4d Sed	930	2,780	4,640	11,600	16,240	23,200
740iL 4d Sed	970	2,900	4,840	12,100	16,940	24,200
750iL 4d Sed (V-12)	1,130	3,380	5,640	14,100	19,740	28,200
NOTE: Add 20 percent for 740iL and 750iL Protection (armor body panels/bullet-proof glass/run-flat tires) pkg.						
2001 Z8, V-8						
Conv.	1,650	4,940	8,240	18,540	28,840	41,200
2002 3 Series, 6-cyl.						
325Ci 2d Cpe	580	1,750	2,920	7,300	10,220	14,600
330Ci 2d Cpe	660	1,990	3,320	8,300	11,620	16,600

BMW

	6	5	4	3	2	1
325i 4d Sed.	540	1,630	2,720	6,800	9,520	13,600
325xi 4d Sed (AWD)	620	1,860	3,100	7,750	10,850	15,500
330i 4d Sed.	600	1,810	3,020	7,550	10,570	15,100
330xi 4d Sed (AWD)	700	2,100	3,500	8,750	12,250	17,500
325Ci 2d Conv	720	2,170	3,620	9,050	12,670	18,100
330Ci 2d Conv	760	2,290	3,820	9,550	13,370	19,100
325i 4d Sta Wag	640	1,930	3,220	8,050	11,270	16,100
325xi 4d Sta Wag (AWD)	660	1,980	3,300	8,250	11,550	16,500
M3 2d Cpe.	860	2,580	4,300	10,750	15,050	21,500
2002 Z Series, 6-cyl.						
Z3 2.5 2d Rds	780	2,350	3,920	9,800	13,720	19,600
Z3 3.0 2d Rds	800	2,410	4,020	10,050	14,070	20,100
Z3 3.0 2d Cpe	780	2,350	3,920	9,800	13,720	19,600
M 2d Rds.	920	2,770	4,620	11,550	16,170	23,100
M 2d Cpe.	900	2,710	4,520	11,300	15,820	22,600
NOTE: Add 5 percent for detachable HT.						
2002 5 Series, 6-cyl.						
525i 4d Sed.	740	2,230	3,720	9,300	13,020	18,600
525i 4d Sta Wag	760	2,290	3,820	9,550	13,370	19,100
530i 4d Sed.	810	2,420	4,040	10,100	14,140	20,200
540i 4d Sed (V-8)	910	2,720	4,540	11,350	15,890	22,700
540i 4d Sta Wag (V-8).	930	2,780	4,640	11,600	16,240	23,200
2002 M5, V-8						
4d Sed.	1,480	4,440	7,400	18,500	25,900	37,000
2002 7 Series, V-8						
745i 4d Sed.	930	2,780	4,640	11,600	16,240	23,200
745Li 4d Sed.	970	2,900	4,840	12,100	16,940	24,200
2002 Z8, V-8						
2d Conv.	1,650	4,940	8,240	20,600	28,840	41,200
2003 3 Series, 6-cyl.						
325Ci 2d Cpe	580	1,750	2,920	7,300	10,220	14,600
330Ci 2d Cpe	660	1,990	3,320	8,300	11,620	16,600
325i 4d Sed.	540	1,630	2,720	6,800	9,520	13,600
325xi 4d Sed (AWD)	620	1,860	3,100	7,750	10,850	15,500
330i 4d Sed.	600	1,810	3,020	7,550	10,570	15,100
330xi 4d Sed (AWD)	700	2,100	3,500	8,750	12,250	17,500
325Ci 2d Conv	720	2,170	3,620	9,050	12,670	18,100
330Ci 2d Conv	760	2,290	3,820	9,550	13,370	19,100
325i 4d Sta Wag	640	1,930	3,220	8,050	11,270	16,100
325xi 4d Sta Wag (AWD)	660	1,980	3,300	8,250	11,550	16,500
M3 2d Cpe.	860	2,580	4,300	10,750	15,050	21,500
M3 2d Conv.	1,060	3,180	5,300	13,250	18,550	26,500
2003 Z Series, 6-cyl.						
Z4 2.5i 2d Rds.	780	2,350	3,920	9,800	13,720	19,600
Z4 3.0i 2d Rds.	800	2,410	4,020	10,050	14,070	20,100
NOTE: Add 5 percent for detachable HT.						
2003 5 Series, 6-cyl.						
525i 4d Sed.	740	2,230	3,720	9,300	13,020	18,600
525i 4d Sta Wag	760	2,290	3,820	9,550	13,370	19,100
530i 4d Sed.	810	2,420	4,040	10,100	14,140	20,200
540i 4d Sed (V-8)	910	2,720	4,540	11,350	15,890	22,700
540i 4d Sta Wag (V-8).	930	2,780	4,640	11,600	16,240	23,200
2003 M5, V-8						
4d Sed.	1,480	4,440	7,400	18,500	25,900	37,000
2003 7 Series, V-8						
745i 4d Sed.	930	2,780	4,640	11,600	16,240	23,200
745Li 4d Sed.	970	2,900	4,840	12,100	16,940	24,200
760Li 4d Sed.	1,480	4,450	7,420	18,550	25,970	37,100
2003 Z8, V-8						
2d Conv.	1,650	4,940	8,240	20,600	28,840	41,200
2d Alpina Conv	3,400	10,200	17,000	42,500	59,500	85,000
2004 3 Series, 6-cyl.						
325Ci 2d Cpe	580	1,750	2,920	7,300	10,220	14,600
330Ci 2d Cpe	660	1,990	3,320	8,300	11,620	16,600
325i 4d Sed.	540	1,630	2,720	6,800	9,520	13,600
325i 4d Sed (AWD)	620	1,860	3,100	7,750	10,850	15,500
330i 4d Sed.	600	1,810	3,020	7,550	10,570	15,100
330xi 4d Sed (AWD)	700	2,100	3,500	8,750	12,250	17,500
325Ci 2d Conv	720	2,170	3,620	9,050	12,670	18,100
330Ci 2d Conv	760	2,290	3,820	9,550	13,370	19,100
325Ci 4d Sta Wag.	640	1,930	3,220	8,050	11,270	16,100
325Ci 4d Sta Wag (AWD)	660	1,980	3,300	8,250	11,550	16,500
M3 2d Cpe.	860	2,580	4,300	10,750	15,050	21,500
M3 2d Conv.	1,060	3,180	5,300	13,250	18,550	26,500

NOTE: Add 10 percent for Performance pkg on 330 class models.

	6	5	4	3	2	1
2004 Z Series, 6-cyl.						
Z4 2.5i 2d Rds 780	2,350	3,920	9,800	13,720	19,600
Z4 3.0i 2d Rds 800	2,410	4,020	10,050	14,070	20,100
NOTE: Add 5 percent for detachable HT.						
2004 5 Series, 6-cyl.						
525i 4d Sed 740	2,230	3,720	9,300	13,020	18,600
530i 4d Sed 810	2,420	4,040	10,100	14,140	20,200
545i 4d Sed (V-8 only) 910	2,720	4,540	11,350	15,890	22,700
2004 6 Series, V-8						
645Ci 2d Cpe 1,370	4,120	6,860	17,150	24,010	34,300
645Ci 2d Conv 1,460	4,380	7,300	18,250	25,550	36,500
2004 7 Series, V-8						
745i 4d Sed 930	2,780	4,640	11,600	16,240	23,200
745Li 4d Sed 970	2,900	4,840	12,100	16,940	24,200
760i 4d Sed 1,340	4,020	6,700	16,750	23,450	33,500
760Li 4d Sed (V-12 only) 1,480	4,450	7,420	18,550	25,970	37,100

BORGWARD

	6	5	4	3	2	1
1949-53 Hansa 1500, 4-cyl., 96" wb						
2d Sed 300	850	1,400	3,150	4,900	7,000
2d Conv 550	1,600	2,700	6,080	9,450	13,500
1949-53 Hansa 1800, 4-cyl., 102" wb						
4d Sed 300	850	1,400	3,200	4,950	7,100
1949-53 Hansa 2400, 4-cyl., 102" wb or 111" wb						
4d Sed 300	850	1,450	3,240	5,050	7,200
1954-55 Isabella, 4-cyl., 102" wb						
2d Sed 300	950	1,600	3,600	5,600	8,000
1954-55 Hansa 1500, 4-cyl., 96" wb						
2d Sed 300	850	1,400	3,200	4,950	7,100
2d Conv 550	1,600	2,700	6,080	9,450	13,500
1954-55 Hansa 1800, 4-cyl., 102" wb						
4d Sed 300	850	1,400	3,200	4,950	7,100
1954-55 Hansa 2400, 4-cyl., 102" or 111" wb						
4d Sed 300	850	1,450	3,240	5,050	7,200
1956 Isabella, 4-cyl., 102" wb						
2d Sed 350	1,000	1,650	3,690	5,750	8,200
2d TS Sed 350	1,000	1,650	3,740	5,800	8,300
2d Sta Wag 350	1,000	1,650	3,690	5,750	8,200
2d Cabr 600	1,850	3,100	6,980	10,900	15,500
1957 Isabella, 4-cyl., 102" wb						
2d Sed 350	1,000	1,650	3,740	5,800	8,300
2d Sta Wag 350	1,000	1,650	3,740	5,800	8,300
2d TS Sed 350	1,000	1,700	3,830	5,950	8,500
2d TS Conv Cpe 600	1,850	3,100	6,980	10,900	15,500
2d TS Spt Cpe 550	1,600	2,700	6,080	9,450	13,500
1958 Isabella, 4-cyl., 102" wb						
2d Sed 350	1,000	1,650	3,690	5,750	8,200
2d Sta Wag 350	1,000	1,650	3,740	5,800	8,300
2d TS Sed 350	1,000	1,700	3,780	5,900	8,400
2d TS Spt Cpe 550	1,600	2,700	6,080	9,450	13,500
1959 Isabella, 4-cyl., 102" wb						
2d Sed 350	1,000	1,650	3,690	5,750	8,200
2d SR Sed 350	1,000	1,650	3,740	5,800	8,300
2d Combi Wag 350	1,000	1,700	3,780	5,900	8,400
2d TS Spt Sed 350	1,000	1,700	3,780	5,900	8,400
2d TS DeL Sed 350	1,000	1,700	3,830	5,950	8,500
2d TS Spt Cpe 550	1,600	2,700	6,080	9,450	13,500
1960 Isabella, 4-cyl., 102" wb						
2d Sed 350	1,000	1,650	3,690	5,750	8,200
2d SR Sed 350	1,000	1,650	3,740	5,800	8,300
2d Combi Wag 350	1,000	1,650	3,740	5,800	8,300
2d TS Spt Sed 350	1,000	1,700	3,780	5,900	8,400
2d TS DeL Sed 350	1,000	1,700	3,830	5,950	8,500
2d TS Spt Cpe 550	1,600	2,700	6,080	9,450	13,500
1961 Isabella, 4-cyl., 102" wb						
2d Sed 350	1,000	1,700	3,780	5,900	8,400

CITROEN

	6	5	4	3	2	1
1945-48 11 Legere, 4-cyl., 1911cc, 114.5" wb						
4d Sed 700	2,050	3,400	7,650	11,900	17,000
1945-48 11 Normale, 4-cyl., 1911cc, 119" wb						
4d Sed 1,000	3,000	5,000	11,250	17,500	25,000
1945-48 15, 6-cyl., 2867cc, 119" wb						
4d Sed 1,000	3,000	5,000	11,250	17,500	25,000

	6	5	4	3	2	1
1949-54 2CV, 2-cyl., 375cc, 94.4" wb						
4d Sed.	350	1,000	1,700	3,830	5,950	8,500
1949-54 11 Legere, 4-cyl., 1911cc, 114.5" wb						
4d Sed.	700	2,050	3,400	7,650	11,900	17,000
1949-54 11 Normale, 4-cyl., 1911cc, 119" wb						
4d Sed.	750	2,300	3,800	8,550	13,300	19,000
1949-54 15, 6-cyl., 2867cc, 119" wb						
4d Sed.	1,100	3,300	5,500	12,380	19,300	27,500
1955-56 2CV, 2-cyl., 425cc, 94.4" wb						
4d Sed.	350	1,050	1,750	3,960	6,150	8,800
1955-56 DS19, 4-cyl., 1911cc, 123" wb						
4d Sed.	400	1,200	2,000	4,500	7,000	10,000
1955-56 11, 4-cyl., 1911cc, 114.5" wb						
4d Sed.	800	2,400	4,000	9,000	14,000	20,000
1955-56 15, 6-cyl., 2867cc, 121.5" wb						
4d Sed.	1,200	3,600	6,000	13,500	21,000	30,000
1957 2CV, 2-cyl., 425cc, 94.4" wb						
4d Sed.	350	1,050	1,750	3,960	6,150	8,800
1957 ID19, 4-cyl., 1911cc, 123" wb						
4d Sed.	400	1,150	1,900	4,280	6,650	9,500
1957 DS19, 4-cyl., 1911cc, 123" wb						
4d DeL Sed.	400	1,200	2,000	4,500	7,000	10,000
1958 2CV, 2-cyl., 425cc, 94.4" wb						
4d DeL Sed.	350	1,050	1,750	3,960	6,150	8,800
1958 ID19, 4-cyl., 1911cc, 123" wb						
4d Sed.	400	1,150	1,900	4,280	6,650	9,500
1958 DS19, 4-cyl., 1911cc, 123" wb						
4d DeL Sed.	400	1,200	2,000	4,500	7,000	10,000
1959 2CV, 2-cyl., 425cc, 94.4" wb						
2d Sed	350	1,050	1,750	3,960	6,150	8,800
1959 ID19, 4-cyl., 1911cc, 123" wb						
4d Sed.	400	1,150	1,900	4,320	6,700	9,600
1959 DS19, 4-cyl., 1911cc, 123" wb						
4d DeL Sed.	400	1,200	2,050	4,590	7,150	10,200
1960 AMI-6, 2-cyl., 602cc, 94.5" wb						
4d Sed.	400	1,150	1,900	4,280	6,650	9,500
1960 ID19, 4-cyl., 1911cc, 123" wb						
4d Luxe Sed	400	1,200	2,000	4,460	6,950	9,900
4d Confort Sed	400	1,250	2,050	4,640	7,200	10,300
4d Sta Wag	400	1,200	2,000	4,500	7,000	10,000
1960 DS19, 4-cyl., 1911cc, 123" wb						
4d DeL Sed.	400	1,200	1,950	4,410	6,850	9,800
1961 AMI-6, 2-cyl., 602cc, 94.5" wb						
4d Sed.	400	1,150	1,900	4,280	6,650	9,500
1961 ID19, 4-cyl., 1911cc, 123" wb						
4d Luxe Sed	400	1,200	2,000	4,500	7,000	10,000
4d Luxe Sta Wag.	400	1,200	2,000	4,500	7,000	10,000
4d Confort Sed	400	1,200	2,050	4,590	7,150	10,200
4d Confort Sta Wag.	400	1,200	2,050	4,590	7,150	10,200
1961 DS19, 4-cyl., 1911cc, 123" wb						
4d DeL Sed.	400	1,200	2,000	4,500	7,000	10,000
2d Chapron Sed	1,200	3,600	6,000	13,500	21,000	30,000
4d Prestige Limo	700	2,050	3,400	7,650	11,900	17,000
1962 AMI-6, 2-cyl., 602cc, 94.5" wb						
4d Sed.	400	1,150	1,900	4,280	6,650	9,500
1962 ID19, 4-cyl., 1911cc, 123" wb						
4d Normale Sed	400	1,200	1,950	4,410	6,850	9,800
4d Luxe Sed	400	1,200	2,000	4,500	7,000	10,000
4d Luxe Sta Wag.	400	1,200	2,000	4,500	7,000	10,000
4d Confort Sed	400	1,200	2,050	4,590	7,150	10,200
4d Confort Sta Wag.	400	1,200	2,050	4,590	7,150	10,200
1962 DS19, 4-cyl., 1911cc, 123" wb						
4d Sup 83 Sed	400	1,250	2,100	4,730	7,350	10,500
1963 AMI-6, 2-cyl., 602cc, 94.5" wb						
4d Sed.	400	1,150	1,900	4,280	6,650	9,500
1963 ID19, 4-cyl., 1911cc, 123" wb						
4d Normale Sed	400	1,200	1,950	4,410	6,850	9,800
4d Luxe Sed	400	1,200	2,000	4,500	7,000	10,000
4d Luxe Sta Wag.	400	1,200	2,000	4,500	7,000	10,000
4d Confort Sed	400	1,200	2,050	4,590	7,150	10,200
4d Confort Sta Wag.	400	1,200	2,050	4,590	7,150	10,200
2d Confort Conv	1,200	3,600	6,000	13,500	21,000	30,000
1963 DS19, 4-cyl., 1911cc, 123" wb						
4d Sup 83 Sed	400	1,250	2,100	4,730	7,350	10,500
2d Sup 83 Conv	1,250	3,800	6,300	14,180	22,100	31,500
4d Aero Sup Sed.	600	1,800	3,000	6,750	10,500	15,000
2d Aero Sup Conv.	1,350	4,000	6,700	15,080	23,500	33,500

CITROEN

	6	5	4	3	2	1
1964 AMI-6, 2-cyl., 602cc, 94.5" wb						
4d Sed	400	1,150	1,900	4,280	6,650	9,500
1964 ID19, 4-cyl., 1911cc, 123" wb						
4d Sup Sed	400	1,200	2,000	4,500	7,000	10,000
2d Sup Conv	1,200	3,600	6,000	13,500	21,000	30,000
4d DeL Sta Wag	400	1,200	2,000	4,500	7,000	10,000
4d Confort Sta Wag	400	1,200	2,050	4,590	7,150	10,200
1964 DS19, Grande Route, 4-cyl., 1911cc, 94.5" wb						
4d Sed	400	1,250	2,100	4,730	7,350	10,500
2d Conv	1,250	3,800	6,300	14,180	22,100	31,500
1964 DS19, Aero Super, 4-cyl., 1911cc, 94.5" wb						
4d Sed	600	1,800	3,000	6,750	10,500	15,000
2d Conv	1,350	4,000	6,700	15,080	23,500	33,500
1965 AMI-6, 2-cyl., 602cc, 94.5" wb						
4d Sed	400	1,150	1,900	4,280	6,650	9,500
1965 ID19, 4-cyl., 1911cc, 123" wb						
4d Luxe Sed	400	1,200	2,000	4,500	7,000	10,000
4d Luxe Sta Wag	400	1,200	2,000	4,500	7,000	10,000
4d Sup Sed	400	1,200	2,000	4,500	7,000	10,000
4d Confort Sta Wag	400	1,200	2,050	4,590	7,150	10,200
1965 DS19, Grande Route, 4-cyl., 1911cc, 123" wb						
4d Sed	400	1,250	2,100	4,730	7,350	10,500
4d Pallas Sed	400	1,250	2,100	4,770	7,400	10,600
1965 DS19, Aero Super, 4-cyl., 1911cc, 123" wb						
4d Sed	600	1,800	3,000	6,750	10,500	15,000
4d Pallas Sed	600	1,800	2,950	6,660	10,400	14,800
1966-67 AMI-6, 2-cyl., 602cc, 94.5" wb						
4d Sed	400	1,150	1,900	4,280	6,650	9,500
4d Sta Wag	400	1,150	1,900	4,280	6,650	9,500
1966-67 ID19, 4-cyl., 1911cc, 123" wb						
4d Luxe Sed	400	1,200	2,000	4,500	7,000	10,000
4d Sup Sed	400	1,200	2,000	4,500	7,000	10,000
1966-67 DS19, Grand Route, 4-cyl., 1985cc, 123" wb						
4d Sed	400	1,250	2,100	4,730	7,350	10,500
4d Pallas Sed	700	2,100	3,500	7,880	12,300	17,500
1966-67 DS19, Aero Super, 4-cyl., 1985cc, 123" wb						
4d Sed	400	1,250	2,100	4,730	7,350	10,500
4d Pallas Sed	700	2,100	3,500	7,880	12,300	17,500
1966-67 DS21, Grande Route, 4-cyl., 2175cc, 123" wb						
4d Sed	450	1,300	2,150	4,860	7,550	10,800
4d Pallas Sed	600	1,800	3,000	6,750	10,500	15,000
1966-67 DS21, Aero Super, 4-cyl., 2175cc, 123" wb						
4d Sed	750	2,200	3,700	8,330	13,000	18,500
4d Pallas Sed	800	2,400	4,000	9,000	14,000	20,000
1966-67 DS21, Chapron, 4-cyl., 2175cc, 123" wb						
2d Conv Cpe	1,400	4,200	7,000	15,750	24,500	35,000
1966-67 D21, 4-cyl., 2175cc, 123" wb						
4d Luxe Sta Wag	600	1,800	3,000	6,750	10,500	15,000
4d Confort Sta Wag	650	2,000	3,300	7,430	11,600	16,500
1968 ID19, 4-cyl., 1985cc, 123" wb						
4d Luxe Sed	400	1,200	2,000	4,500	7,000	10,000
4d Grande Rte Sed	400	1,250	2,100	4,730	7,350	10,500
1968 DS21, Grande Route, 4-cyl., 2175cc, 123" wb						
4d Sed	450	1,300	2,150	4,860	7,550	10,800
4d Pallas Sed	600	1,800	3,000	6,750	10,500	15,000
1968 DS21, Aero Super, 4-cyl., 2175cc, 123" wb						
4d Sed	750	2,200	3,700	8,330	13,000	18,500
4d Pallas Sed	800	2,400	4,000	9,000	14,000	20,000
1968 D21, 4-cyl., 2175cc, 123" wb						
4d Luxe Sta Wag	600	1,800	3,000	6,750	10,500	15,000
4d Confort Sta Wag	650	2,000	3,300	7,430	11,600	16,500
1969 ID19, 4-cyl., 1985cc, 123" wb						
4d Luxe Sed	400	1,150	1,900	4,280	6,650	9,500
4d Grande Rte Sed	400	1,200	2,000	4,500	7,000	10,000
1969 DS21, Grande Route, 4-cyl., 2175cc, 123" wb						
4d Sed	400	1,250	2,050	4,640	7,200	10,300
4d Pallas Sed	600	1,750	2,900	6,530	10,200	14,500
1969 DS21, Aero Super, 4-cyl., 2175cc, 123" wb						
4d Sed	400	1,250	2,050	4,640	7,200	10,300
4d Pallas Sed	600	1,750	2,900	6,530	10,200	14,500
1969 Luxe, 4-cyl., 2175cc, 123" wb						
4d D19 Sta Wag	600	1,750	2,900	6,530	10,200	14,500
4d D21 Sta Wag	600	1,750	2,900	6,530	10,200	14,500
1970 ID19/D Special, 4-cyl., 1985cc, 123" wb						
4d Grande Rte Sed	400	1,250	2,050	4,640	7,200	10,300

	6	5	4	3	2	1
1970 DS21, Aero Super, 4-cyl., 2175cc, 123" wb						
4d Sed.	400	1,200	2,050	4,590	7,150	10,200
4d Pallas Sed	600	1,750	2,900	6,530	10,200	14,500
4d Grande Rte Sed	400	1,200	2,000	4,500	7,000	10,000
1970 D21, 4-cyl., 2175cc, 123" wb						
4d Luxe Sta Wag.	550	1,700	2,800	6,300	9,800	14,000
4d Confort Sta Wag.	600	1,850	3,100	6,980	10,900	15,500
1971-72 D Special, 4-cyl., 1985cc, 123" wb						
4d DS20 Sed.	550	1,700	2,800	6,300	9,800	14,000
1971-72 DS21, Aero Super, 4-cyl., 2175cc, 123" wb						
4d Sed.	400	1,200	2,050	4,590	7,150	10,200
4d Pallas Sed	600	1,750	2,900	6,530	10,200	14,500
1971-72 DS21, Grande Route, 4-cyl., 2175cc, 123" wb						
4d Sed.	400	1,200	2,000	4,500	7,000	10,000
1971-72 D21, 4-cyl., 2175cc, 123" wb						
4d Sta Wag	550	1,700	2,800	6,300	9,800	14,000
1971-72 SM Maserati, V-6, 2670cc, 116.1" wb						
2d Cpe (2 plus 2).	1,100	3,350	5,600	12,600	19,600	28,000
1973-75 SM-Maserati, V-6, 2670-2695cc, 116.1" wb						
2d Cpe.	1,000	3,000	5,000	11,250	17,500	25,000
1973-75 SM-Maserati, V-6, 2670-2965cc, 116.1" wb						

NOTE: Although still in production in the '80s and '90s, cars were not exported to U.S. after mid-'70s.

DAIHATSU

	6	5	4	3	2	1
1988						
2d HBk CLS	200	550	900	2,030	3,150	4,500
2d HBk CLX	200	600	1,000	2,210	3,450	4,900
2d HBk CSX	200	650	1,100	2,480	3,850	5,500
1989						
2d HBk CES	200	650	1,100	2,480	3,850	5,500
2d HBk CLS	250	700	1,200	2,660	4,150	5,900
2d HBk CLX	250	800	1,300	2,930	4,550	6,500
1990 Charade						
2d HBk SE.	250	750	1,250	2,790	4,350	6,200
2d HBk SX.	250	750	1,250	2,840	4,400	6,300
4d Sed SE.	250	750	1,250	2,790	4,350	6,200
4d Sed SX.	250	750	1,250	2,840	4,400	6,300
1990 Rocky 4x4						
2d Conv SE.	300	950	1,600	3,600	5,600	8,000
2d Conv SX.	350	1,000	1,650	3,690	5,750	8,200
2d Utly SE.	300	850	1,400	3,150	4,900	7,000
2d Utly SX.	300	850	1,450	3,240	5,050	7,200
1991 Charade						
2d HBk SE.	100	350	600	1,350	2,100	3,000
4d Sed SE.	150	400	650	1,440	2,250	3,200
4d Sed SX.	150	450	700	1,620	2,500	3,600
1992 Charade						
2d HBk SE.	150	400	650	1,440	2,250	3,200
4d Sed SE.	150	400	700	1,530	2,400	3,400
4d Sed SX.	150	400	700	1,580	2,450	3,500

DATSUN

	6	5	4	3	2	1
1960 4-cyl., 1189cc, 87.4" wb						
Fairlady Rds SPL 212	1,140	3,420	5,700	12,830	19,950	28,500
1961-62 4-cyl., 1189cc, 86.6" wb						
Fairlady Rds SPL 213	1,140	3,420	5,700	12,830	19,950	28,500
1963-65 4-cyl., 1488cc, 89.8" wb						
1500 Rds SPL 310	1,080	3,240	5,400	12,150	18,900	27,000
1966 4-cyl., 1595cc, 89.8" wb						
1600 Rds SPL 311	1,060	3,180	5,300	11,930	18,550	26,500
1967 4-cyl., 1595cc, 89.8" wb						
1600 Rds SPL 311, (Early)	1,060	3,180	5,300	11,930	18,550	26,500
2000 Rds SRL 311, (Late)	1,000	3,000	5,000	11,250	17,500	25,000
1968 4-cyl., 1595cc, 89.8" wb						
4d Sed 510	412	1,236	2,060	4,640	7,210	10,300
1600 Rds SPL 311	920	2,760	4,600	10,350	16,100	23,000
1968 4-cyl., 1982cc, 89.8" wb						
2000 Rds SRL 311	960	2,880	4,800	10,800	16,800	24,000
1969 4-cyl., 1595cc, 95.3" wb						
2d 510 Sed	416	1,248	2,080	4,680	7,280	10,400
4d 510 Sed	412	1,236	2,060	4,640	7,210	10,300
1969 4-cyl., 1595cc, 89.8" wb						
1600 Rds SPL 311	880	2,640	4,400	9,900	15,400	22,000

	6	5	4	3	2	1
1969 4-cyl., 1982cc, 89.8" wb						
2000 Rds SRL 311 920	2,760	4,600	10,350	16,100	23,000	
1970 4-cyl., 1595cc, 95.3" wb						
2d 510 Sed. 416	1,248	2,080	4,680	7,280	10,400	
4d 510 Sed. 412	1,236	2,060	4,640	7,210	10,300	
1970 4-cyl., 1595cc, 89.8" wb						
1600 Rds SPL 311 840	2,520	4,200	9,450	14,700	21,000	
1970 4-cyl., 1982cc, 89.8" wb						
2000 Rds SRL 311 880	2,640	4,400	9,900	15,400	22,000	
1970 6-cyl., 2393cc, 90.7" wb						
240Z 2d Cpe 700	2,100	3,500	7,880	12,250	17,500	
1971 4-cyl., 1595cc, 95.3" wb						
2d 510 Scd. 416	1,248	2,080	4,680	7,280	10,400	
4d 510 Sed. 412	1,236	2,060	4,640	7,210	10,300	
1971 6-cyl., 2393cc, 90.7" wb						
240Z 2d Cpe 680	2,040	3,400	7,650	11,900	17,000	
1972 4-cyl., 1595cc, 95.3" wb						
2d 510 Sed. 416	1,248	2,080	4,680	7,280	10,400	
4d 510 Sed. 412	1,236	2,060	4,640	7,210	10,300	
1972 6-cyl., 2393cc, 90.7" wb						
240Z 2d Cpe 640	1,920	3,200	7,200	11,200	16,000	
1973 4-cyl., 1595cc, 95.3" wb						
2d 510 Sed. 416	1,248	2,080	4,680	7,280	10,400	
1973 6-cyl., 2393cc, 90.7" wb						
240Z 2d Cpe 640	1,920	3,200	7,200	11,200	16,000	
1974 6-cyl., 2565cc, 90.7" wb						
260Z 2d Cpe 560	1,680	2,800	6,300	9,800	14,000	
1974 6-cyl., 2565cc, 102.6" wb						
260Z 2d Cpe 2 plus 2. 500	1,500	2,500	5,630	8,750	12,500	
1975 6-cyl., 2565cc, 90.7" wb						
260Z 2d Cpe 560	1,680	2,800	6,300	9,800	14,000	
1975 6-cyl., 2565cc, 102.6" wb						
260Z 2d Cpe 2 plus 2 500	1,500	2,500	5,630	8,750	12,500	
1975 6-cyl., 2753cc, 90.7" wb						
280Z 2d Cpe 520	1,560	2,600	5,850	9,100	13,000	
1975 6-cyl., 2753cc, 102.6" wb						
280Z 2d Cpe 2 plus 2 460	1,380	2,300	5,180	8,050	11,500	
1976 6-cyl., 2753cc, 90.7" wb						
280Z 2d Cpe 520	1,560	2,600	5,850	9,100	13,000	
1976 6-cyl., 2753cc, 102.6" wb						
280Z 2d Cpe 2 plus 2. 460	1,380	2,300	5,180	8,050	11,500	
1977 6-cyl., 2393cc, 104.3" wb						
4d 810 Sed. 240	720	1,200	2,700	4,200	6,000	
1977 6-cyl., 2753cc, 90.7" wb						
280Z 2d Cpe 480	1,440	2,400	5,400	8,400	12,000	
1977 6-cyl., 2753cc, 102.6" wb						
280Z 2d Cpe 2 plus 2. 420	1,260	2,100	4,730	7,350	10,500	

DATSUN/NISSAN

	6	5	4	3	2	1
1978 6-cyl., 149 hp, 90.7" wb						
280Z Cpe 400	1,200	2,000	4,500	7,000	10,000	
280Z Cpe 2 plus 2 390	1,180	1,960	4,410	6,860	9,800	
1978-79 4-cyl., 1952cc, 92.1" wb						
200SX Cpe. 312	936	1,560	3,510	5,460	7,800	
1979 6-cyl., L28E/L28ET, 2753cc, 90.7" wb						
280ZX Cpe. 400	1,200	2,000	4,500	7,000	10,000	
280ZX Cpe 2 plus 2 390	1,180	1,960	4,410	6,860	9,800	
1980 6-cyl., L28E/L28ET, 2753cc, 90.7" wb						
280ZX Cpe. 400	1,150	1,950	4,370	6,800	9,700	
280ZX Cpe 2 plus 2 380	1,130	1,880	4,230	6,580	9,400	
NOTE: Add 10 percent for 10th Anniv. Ed. (Black Gold).						
1981 6-cyl., L28E/L28ET, 2753cc, 90.7" wb						
280ZX Cpe. 350	1,100	1,850	4,190	6,500	9,300	
280ZX Cpe 2 plus 2 GL 360	1,080	1,800	4,050	6,300	9,000	
280ZX Cpe Turbo GL. 360	1,080	1,800	4,050	6,300	9,000	
1982 6-cyl., L28E/L28ET, 2753cc, 90.7" wb						
280ZX Cpe. 400	1,150	1,900	4,320	6,700	9,600	
280ZX Cpe 2 plus 2 370	1,120	1,860	4,190	6,510	9,300	
280ZX Cpe Turbo. 400	1,200	2,000	4,500	7,000	10,000	
280ZX Cpe 2 plus 2 Turbo. 400	1,200	1,950	4,410	6,850	9,800	
1983 6-cyl., L28E/L28ET, 2753cc, 90.7" wb						
280ZX Cpe. 400	1,150	1,900	4,280	6,650	9,500	
280ZX Cpe 2 plus 2 370	1,100	1,840	4,140	6,440	9,200	
280ZX Cpe Turbo. 400	1,200	2,000	4,460	6,950	9,900	
280ZX Cpe 2 plus 2 Turbo. 400	1,150	1,950	4,370	6,800	9,700	

	6	5	4	3	2	1
1984 Sentra (FWD)						
2d Sed.	200	600	1,000	2,300	3,550	5,100
2d DeL Sed.	200	600	1,050	2,340	3,650	5,200
4d DeL Sed.	200	600	1,000	2,250	3,500	5,000
4d DeL Wag.	200	650	1,050	2,390	3,700	5,300
2d HBk XE.	200	650	1,100	2,430	3,800	5,400
1984 300ZX						
Cpe GL.	580	1,740	2,900	6,530	10,150	14,500
2d 2 plus 2 GL.	390	1,160	1,940	4,370	6,790	9,700
2d Turbo GL.	440	1,320	2,200	4,950	7,700	11,000
1985 Sentra						
2d Std Sed	200	600	1,000	2,300	3,550	5,100
2d DeL Sed.	200	600	1,050	2,310	3,650	5,200
4d DeL Sed.	200	650	1,050	2,390	3,700	5,300
4d DeL Sta Wag.	200	650	1,100	2,430	3,800	5,400
2d Diesel Sed.	200	600	1,000	2,300	3,550	5,100
XE 2d Sed.	200	650	1,050	2,390	3,700	5,300
XE 4d Sed.	200	650	1,100	2,430	3,800	5,400
XE 4d Sta Wag.	200	650	1,100	2,480	3,850	5,500
XE 2d HBk.	200	650	1,100	2,430	3,800	5,400
SE 2d HBk.	200	650	1,100	2,520	3,900	5,600
1985 Pulsar						
2d Cpe.	250	700	1,150	2,610	4,050	5,800
1985 Stanza						
4d HBk.	200	650	1,100	2,520	3,900	5,600
4d Sed.	250	700	1,150	2,670	4,000	5,700
1985 200SX						
2d DeL Sed.	250	700	1,200	2,700	4,200	6,000
2d DeL HBk.	250	750	1,250	2,840	4,400	6,300
XE 2d Sed.	250	750	1,250	2,790	4,350	6,200
XE 2d HBk.	250	800	1,300	2,930	4,550	6,500
Turbo 2d HBk.	250	800	1,350	3,020	4,700	6,700
1985 Maxima						
SE 4d Sed.	350	1,000	1,650	3,690	5,750	8,200
GL 4d Sed.	350	1,000	1,700	3,780	5,900	8,400
GL 4d Sta Wag.	350	1,050	1,700	3,870	6,000	8,600
1985 300ZX						
2d Cpe.	550	1,700	2,800	6,300	9,800	14,000
2d Cpe 2 plus 2.	600	1,800	3,000	6,750	10,500	15,000
Turbo 2d Cpe	650	1,900	3,200	7,200	11,200	16,000
1986 Sentra						
2d Sed.	250	700	1,150	2,570	4,000	5,700
2d DeL Sed.	250	700	1,150	2,610	4,050	5,800
4d DeL Sed.	250	700	1,200	2,660	4,150	5,900
4d Sta Wag.	200	650	1,100	2,480	3,850	5,500
2d Diesel Sed.	250	700	1,150	2,570	4,000	5,700
XE 2d Sed.	200	650	1,100	2,480	3,850	5,500
XE 4d Sed.	200	650	1,100	2,520	3,900	5,600
XE 4d Sta Wag.	200	650	1,050	2,390	3,700	5,300
XE 2d HBk.	200	600	1,000	2,300	3,550	5,100
SE 2d HBk.	200	650	1,100	2,430	3,800	5,400
1986 Pulsar						
2d Cpe.	200	650	1,100	2,480	3,850	5,500
1986 Stanza						
GL 4d Sed.	250	750	1,250	2,790	4,350	6,200
XE 4d Sta Wag.	250	750	1,250	2,840	4,400	6,300
XE 4d Sta Wag 4WD.	280	830	1,380	3,110	4,830	6,900
1986 200SX						
E 2d Sed.	250	800	1,350	3,060	4,750	6,800
E 2d HBk.	300	850	1,450	3,240	5,050	7,200
XE 2d Sed.	300	850	1,400	3,110	4,850	6,900
XE 2d HBk.	300	900	1,450	3,290	5,100	7,300
Turbo 2d HBk.	300	900	1,500	3,420	5,300	7,600
1986 Maxima						
SE 4d Sed.	350	1,050	1,750	3,960	6,150	8,800
GL 4d Sed.	350	1,100	1,800	4,100	6,350	9,100
GL 4d Sta Wag.	350	1,100	1,850	4,190	6,500	9,300
1986 300ZX						
2d Cpe.	400	1,250	2,100	4,730	7,350	10,500
2d Cpe 2 plus 2.	450	1,400	2,300	5,180	8,050	11,500
2d Turbo Cpe	500	1,500	2,500	5,630	8,750	12,500
1987 Sentra						
2d Sed.	200	600	1,050	2,340	3,650	5,200
E 2d Sed.	250	700	1,200	2,700	4,200	6,000
E 4d Sed.	250	750	1,200	2,750	4,250	6,100
E 2d HBk.	250	700	1,200	2,700	4,200	6,000

	6	5	4	3	2	1
E 4d Sta Wag	250	750	1,250	2,840	4,400	6,300
XE 2d Sed	250	750	1,250	2,840	4,400	6,300
XE 4d Sed	250	750	1,300	2,880	4,500	6,400
XE 4d Sta Wag	250	750	1,250	2,840	4,400	6,300
XE 4d Sta Wag 4WD	270	800	1,340	3,020	4,690	6,700
GXE 4d Sed	300	900	1,450	3,290	5,100	7,300
XE 2d Cpe	250	800	1,350	3,060	4,750	6,800
SE 2d Cpe	300	850	1,450	3,240	5,050	7,200
1987 Pulsar						
XE 2d Cpe	350	1,000	1,650	3,690	5,750	8,200
SE 2d Cpe 16V	350	1,050	1,750	3,920	6,100	8,700
1987 Stanza						
E 4d NBk	300	950	1,600	3,560	5,550	7,900
GXE 4d NBk	300	900	1,500	3,330	5,200	7,400
4d HBk	300	850	1,450	3,240	5,050	7,200
XE 4d Sta Wag	300	900	1,500	3,330	5,200	7,400
XE 4d Sta Wag 4WD	320	960	1,600	3,600	5,600	8,000
1987 200SX						
XE 2d NBk	300	850	1,400	3,200	4,950	7,100
XE 2d HBk	300	850	1,450	3,240	5,050	7,200
SE 2d HBk V-6	350	1,000	1,650	3,740	5,800	8,300
1987 Maxima						
SE 4d Sed	350	1,050	1,750	3,960	6,150	8,800
GXE 4d Sed	350	1,050	1,750	3,920	6,100	8,700
GXE 4d Sta Wag	400	1,150	1,900	4,280	6,650	9,500
1987 300ZX						
GS 2d Cpe	500	1,450	2,400	5,400	8,400	12,000
GS 2d Cpe 2 plus 2	500	1,500	2,500	5,630	8,750	12,500
2d Turbo Cpe	550	1,600	2,700	6,080	9,450	13,500
1988 Sentra						
2d Sed	250	700	1,150	2,570	4,000	5,700
E 2d Sed	250	800	1,350	3,020	4,700	6,700
E 4d Sed	300	850	1,400	3,150	4,900	7,000
E 2d HBk	250	800	1,350	3,020	4,700	6,700
E 4d Sta Wag	300	900	1,450	3,290	5,100	7,300
XE 2d Sed	300	850	1,400	3,200	4,950	7,100
XE 4d Sed	300	900	1,500	3,330	5,200	7,400
XE 4d Sta Wag	300	900	1,550	3,470	5,400	7,700
XE 4d Sta Wag 4x4	350	1,000	1,700	3,780	5,900	8,400
XE 2d Cpe	300	900	1,550	3,470	5,400	7,700
SE 2d Cpe	350	1,000	1,650	3,690	5,750	8,200
GXE 4d Sed	300	950	1,550	3,510	5,450	7,800
1988 Pulsar						
XE 2d Cpe	350	1,050	1,750	3,960	6,150	8,800
SE 2d Cpe	350	1,100	1,850	4,140	6,450	9,200
1988 Stanza						
E 4d Sed	350	1,000	1,650	3,690	5,750	8,200
GXE 4d Sed	350	1,100	1,800	4,050	6,300	9,000
XE 4d Sta Wag	350	1,050	1,750	3,920	6,100	8,700
XE 4d Sta Wag 4x4	400	1,150	1,900	4,230	6,600	9,400
1988 200 SX						
XE 2d Cpe	350	1,050	1,750	3,920	6,100	8,700
XE 2d HBk	350	1,050	1,800	4,010	6,250	8,900
SE 2d HBk V-6	400	1,200	2,000	4,500	7,000	10,000
1988 Maxima						
SE 4d Sed	400	1,200	2,000	4,500	7,000	10,000
GXE 4d Sed	400	1,250	2,100	4,730	7,350	10,500
GXE 4d Sta Wag	450	1,300	2,200	4,950	7,700	11,000
1988 300ZX						
GS 2d Cpe	500	1,550	2,600	5,850	9,100	13,000
GS 2d Cpe 2 plus 2	540	1,620	2,700	6,080	9,450	13,500
2d Turbo Cpe	550	1,700	2,800	6,300	9,800	14,000
1989 Sentra						
2d Sed	300	850	1,400	3,150	4,900	7,000
E 2d Sed	300	950	1,600	3,600	5,600	8,000
E 4d Sed	350	1,000	1,700	3,780	5,900	8,400
E 4d Sta Wag	350	1,050	1,750	3,920	6,100	8,700
XE 2d Sed	350	1,050	1,700	3,870	6,000	8,600
XE 4d Sed	350	1,050	1,800	4,010	6,250	8,900
XE 4d Sta Wag	350	1,100	1,850	4,140	6,450	9,200
XE 4d Sta Wag 4x4	400	1,200	2,000	4,460	6,950	9,900
XE Cpe	400	1,150	1,900	4,280	6,650	9,500
SE Cpe	400	1,200	2,000	4,460	6,950	9,900
1989 Pulsar						
XE Cpe	400	1,200	2,050	4,590	7,150	10,200
SE Cpe (16V)	450	1,300	2,150	4,860	7,550	10,800

	6	5	4	3	2	1
1989 Stanza						
E 4d Sed	400	1,200	2,050	4,590	7,150	10,200
GXE 4d Sed	450	1,300	2,200	4,950	7,700	11,000
1989 240 SX						
XE 2d Sed	500	1,500	2,450	5,540	8,600	12,300
SE 2d HBk	500	1,500	2,500	5,580	8,700	12,400
1989 Maxima						
SE 4d Sed	600	1,800	2,950	6,660	10,400	14,800
GXE 4d Sed	600	1,750	2,900	6,480	10,100	14,400
1989 300 ZX						
GS Cpe	600	1,850	3,100	6,930	10,800	15,400
GS 2d Cpe 2 plus 2	620	1,860	3,100	6,980	10,850	15,500
Cpe Turbo	650	1,900	3,200	7,200	11,200	16,000
1990 Sentra, 4-cyl.						
2d Sed	200	550	900	2,070	3,200	4,600
XE 2d Sed	200	650	1,100	2,480	3,850	5,500
XE 4d Sed	200	650	1,100	2,520	3,900	5,600
XE 4d Sta Wag	250	700	1,150	2,570	4,000	5,700
XE 2d Cpe	250	700	1,200	2,700	4,200	6,000
SE 2d Cpe	250	800	1,300	2,930	4,550	6,500
1990 Pulsar, 4-cyl.						
XE 2d Cpe	300	900	1,500	3,380	5,250	7,500
1990 Stanza, 4-cyl.						
XE 4d Sed	300	850	1,450	3,240	5,050	7,200
GXE 4d Sed	300	900	1,550	3,470	5,400	7,700
1990 240 SX, 4-cyl.						
XE 2d Cpe	300	950	1,600	3,600	5,600	8,000
SE 2d FBk	350	1,000	1,700	3,830	5,950	8,500
1990 Maxima, V-6						
SE 4d Sed	450	1,300	2,150	4,820	7,500	10,700
GXE 4d Sed	400	1,200	2,000	4,500	7,000	10,000
1990 300ZX, V-6						
GS 2d Cpe	550	1,700	2,800	6,300	9,800	14,000
GS 2d Cpe 2 plus 2	580	1,740	2,900	6,530	10,150	14,500
2d Turbo Cpe	650	1,900	3,200	7,200	11,200	16,000
1990 Axxess, 4-cyl.						
XE 4d Sta Wag	300	850	1,400	3,150	4,900	7,000
XE 4d Sta Wag 4x4	300	950	1,600	3,600	5,600	8,000
1991 Sentra						
E 2d Sed	200	600	1,050	2,340	3,650	5,200
XE 2d Sed	200	650	1,100	2,430	3,800	5,400
SE 2d Sed	200	650	1,100	2,520	3,900	5,600
SE-R 2d Sed	250	700	1,150	2,610	4,050	5,800
E 4d Sed	200	600	1,050	2,340	3,650	5,200
XE 4d Sed	200	650	1,100	2,430	3,800	5,400
GXE 4d Sed	250	700	1,200	2,660	4,150	5,900
1991 Stanza						
XE 4d Sed	250	800	1,350	3,020	4,700	6,700
GXE 4d Sed	300	900	1,500	3,330	5,200	7,400
1991 NX						
2d Cpe 1600	250	800	1,300	2,930	4,550	6,500
2d Cpe 2000	300	850	1,400	3,150	4,900	7,000
1991 240SX						
2d Cpe	300	950	1,600	3,600	5,600	8,000
SE 2d Cpe	350	1,100	1,800	4,050	6,300	9,000
2d FBk	350	1,100	1,800	4,050	6,300	9,000
SE 2d FBk	400	1,150	1,900	4,280	6,650	9,500
LE 2d FBk	400	1,150	1,950	4,370	6,800	9,700
1991 Maxima, V-6						
SE 4d Sed	400	1,250	2,100	4,730	7,350	10,500
GXE 4d Sed	400	1,200	2,000	4,500	7,000	10,000
1991 300ZX, V-6						
2d Cpe	600	1,800	3,000	6,750	10,500	15,000
2d Cpe 2 plus 2	600	1,850	3,100	6,980	10,900	15,500
2d Turbo Cpe	650	1,900	3,200	7,200	11,200	16,000
1992 Sentra, 4-cyl.						
E 2d Sed	200	650	1,100	2,520	3,900	5,600
E 4d Sed	250	700	1,150	2,610	4,050	5,800
XE 2d Sed	250	700	1,200	2,660	4,150	5,900
XE 4d Sed	250	700	1,200	2,700	4,200	6,000
SE 2d Sed	250	700	1,200	2,700	4,200	6,000
SE-R 4d Sed	250	750	1,250	2,790	4,350	6,200
GXE 4d Sed	250	800	1,300	2,930	4,550	6,500
1992 NX, 4-cyl.						
2d Cpe 1600	300	900	1,500	3,380	5,250	7,500
2d Cpe 2000	300	950	1,600	3,600	5,600	8,000

DATSUN/NISSAN

	6	5	4	3	2	1
1992 Stanza, 4-cyl.						
XE 4d Sed	250	800	1,300	2,930	4,550	6,500
SE 4d Sed	300	850	1,400	3,150	4,900	7,000
GXE 4d Sed	300	900	1,500	3,380	5,250	7,500
1992 240SX, 4-cyl.						
2d Cpe	300	850	1,400	3,150	4,900	7,000
2d FBk	300	900	1,500	3,380	5,250	7,500
SE 2d Cpe	300	950	1,600	3,600	5,600	8,000
SE 2d FBk	350	1,000	1,700	3,830	5,950	8,500
LE 2d FBk	400	1,150	1,900	4,280	6,650	9,500
SE 2d Conv	600	1,850	3,100	6,980	10,900	15,500
1992 Maxima, V-6						
GXE 4d Sed	400	1,250	2,100	4,730	7,350	10,500
SE 4d Sed	450	1,400	2,300	5,180	8,050	11,500
1992 300ZX, V-6						
2d Cpe	600	1,800	3,000	6,750	10,500	15,000
2d Cpe 2 plus 2	650	1,900	3,200	7,200	11,200	16,000
2d Cpe Turbo	700	2,150	3,600	8,100	12,600	18,000
1993 Sentra, 4-cyl.						
E 2d Sed	200	650	1,100	2,480	3,850	5,500
E 4d Sed	200	650	1,100	2,520	3,900	5,600
XE 2d Sed	250	700	1,150	2,570	4,000	5,700
XE 4d Sed	250	700	1,150	2,610	4,050	5,800
SE 2d Sed	250	700	1,150	2,610	4,050	5,800
SE-R 2d Sed	250	700	1,200	2,660	4,150	5,900
GXE 4d Sed	250	700	1,200	2,700	4,200	6,000
1993 NX, 4-cyl.						
2d Cpe 1600	250	750	1,250	2,790	4,350	6,200
2d Cpe 2000	250	800	1,300	2,930	4,550	6,500
1993 Altima, 4-cyl.						
XE 4d Sed	250	700	1,150	2,610	4,050	5,800
GXE 4d Sed	250	700	1,200	2,660	4,150	5,900
SE 4d Sed	250	750	1,200	2,750	4,250	6,100
GLE 4d Sed	250	750	1,250	2,790	4,350	6,200
1993 240SX, 4-cyl.						
2d Cpe	350	1,000	1,700	3,830	5,950	8,500
2d FBk	350	1,000	1,700	3,830	5,950	8,500
SE 2d Cpe	350	1,050	1,700	3,870	6,000	8,600
SE 2d FBk	350	1,050	1,700	3,870	6,000	8,600
SE 2d Conv	500	1,550	2,600	5,850	9,100	13,000
1993 Maxima, V-6						
GXE 4d Sed	250	700	1,200	2,700	4,200	6,000
SE 4d Sed	250	750	1,250	2,790	4,350	6,200
1993 300ZX, V-6						
2d Cpe	400	1,250	2,100	4,730	7,350	10,500
2d Cpe 2 plus 2	450	1,300	2,200	4,950	7,700	11,000
2d Cpe Turbo	500	1,450	2,400	5,400	8,400	12,000
2d Conv	550	1,700	2,800	6,300	9,800	14,000
1994 Sentra, 4-cyl.						
E 2d Sed	250	700	1,200	2,700	4,200	6,000
XE 2d Sed	250	750	1,250	2,790	4,350	6,200
LE 2d Sed	250	750	1,300	2,880	4,500	6,400
SE 2d Sed	250	800	1,300	2,930	4,550	6,500
SE-R 2d Sed	250	800	1,350	3,020	4,700	6,700
E 4d Sed	250	750	1,200	2,750	4,250	6,100
XE 4d Sed	250	800	1,300	2,930	4,550	6,500
LE 4d Sed	300	850	1,400	3,150	4,900	7,000
GXE 4d Sed	300	900	1,500	3,380	5,250	7,500
1994 Altima, 4-cyl.						
XE 4d Sed	300	950	1,600	3,600	5,600	8,000
GXE 4d Sed	350	1,000	1,700	3,830	5,950	8,500
SE 4d Sed	350	1,100	1,800	4,050	6,300	9,000
GLE 4d Sed	400	1,200	2,000	4,500	7,000	10,000
1994 240SX, 4-cyl.						
SE 2d Conv	500	1,450	2,400	5,400	8,400	12,000
1994 Maxima, V-6						
GXE 4d Sed	350	1,100	1,800	4,050	6,300	9,000
SE 4d Sed	400	1,200	2,000	4,500	7,000	10,000
1994 300ZX, V-6						
2d Cpe	700	2,050	3,400	7,650	11,900	17,000
2d Cpe 2 plus 2	700	2,150	3,600	8,100	12,600	18,000
2d Cpe Turbo	800	2,400	4,000	9,000	14,000	20,000
2d Conv	850	2,500	4,200	9,450	14,700	21,000
1995 Sentra, 4-cyl.						
E 4d Sed	250	750	1,200	2,750	4,250	6,100
XE 4d Sed	250	800	1,300	2,930	4,550	6,500

	6	5	4	3	2	1
GXE 4d Sed	300	900	1,500	3,380	5,250	7,500
GLE 4d Sed.	300	950	1,600	3,600	5,600	8,000
1995 200SX, 4-cyl.						
2d Cpe.	250	800	1,350	3,060	4,750	6,800
SE 2d Cpe.	300	900	1,500	3,330	5,200	7,400
SER 2d Cpe	350	1,000	1,650	3,690	5,750	8,200
1995 Altima, 4-cyl.						
XE 4d Sed.	300	950	1,600	3,600	5,600	8,000
GXE 4d Sed	350	1,000	1,700	3,830	5,950	8,500
SE 4d Sed.	350	1,100	1,800	4,050	6,300	9,000
GLE 4d Sed.	400	1,200	2,000	4,500	7,000	10,000
1995 240SX, 4-cyl.						
2d Cpe.	350	1,000	1,650	3,690	5,750	8,200
SE 2d Cpe.	400	1,150	1,900	4,230	6,600	9,400
1995 Maxima, V-6						
GXE 4d Sed	350	1,100	1,800	4,050	6,300	9,000
SE 4d Sed.	400	1,200	2,000	4,500	7,000	10,000
GLE 4d Sed.	400	1,250	2,100	4,730	7,350	10,500
1995 300ZX, V-6						
2d Cpe.	700	2,050	3,400	7,650	11,900	17,000
2d Cpe 2 plus 2.	700	2,150	3,600	8,100	12,600	18,000
2d Turbo Cpe	800	2,400	4,000	9,000	14,000	20,000
2d Conv.	850	2,500	4,200	9,450	14,700	21,000
1996 Sentra, 4-cyl.						
4d Sed.	200	600	1,000	2,300	3,550	5,100
XE 4d Sed.	200	650	1,100	2,480	3,850	5,500
GXE 4d Sed	250	800	1,300	2,930	4,550	6,500
GLE 4d Sed	300	850	1,400	3,150	4,900	7,000
1996 200SX, 4-cyl.						
2d Cpe.	250	700	1,150	2,610	4,050	5,800
SE 2d Cpe.	250	750	1,300	2,880	4,500	6,400
SER 2d Cpe	300	850	1,450	3,240	5,050	7,200
1996 Altima, 4-cyl.						
XE 4d Sed.	300	850	1,400	3,150	4,900	7,000
GXE 4d Sed	300	900	1,500	3,380	5,250	7,500
SE 4d Sed.	300	950	1,600	3,600	5,600	8,000
GLE 4d Sed.	350	1,100	1,800	4,050	6,300	9,000
1996 240SX, 4-cyl.						
2d Cpe.	300	850	1,450	3,240	5,050	7,200
SE 2d Cpe.	350	1,000	1,700	3,780	5,900	8,400
1996 Maxima, V-6						
GXE 4d Sed	300	950	1,600	3,600	5,600	8,000
SE 4d Sed.	350	1,100	1,800	4,050	6,300	9,000
GLE 4d Sed.	400	1,150	1,900	4,280	6,650	9,500
1996 300ZX, V-6						
2d Cpe.	650	1,900	3,200	7,200	11,200	16,000
2d Cpe 2 plus 2.	700	2,050	3,400	7,650	11,900	17,000
Turbo Cpe.	750	2,300	3,800	8,550	13,300	19,000
2d Conv.	800	2,400	4,000	9,000	14,000	20,000
1997 Sentra, 4-cyl.						
4d Sed.	204	612	1,020	2,300	3,570	5,100
XE 4d Sed.	220	660	1,100	2,480	3,850	5,500
GXE 4d Sed	260	780	1,300	2,930	4,550	6,500
GLE 4d Sed.	280	840	1,400	3,150	4,900	7,000
1997 200SX, 4-cyl.						
2d Cpe.	232	696	1,160	2,610	4,060	5,800
SE 2d Cpe.	256	768	1,280	2,880	4,480	6,400
SER 2d Cpe	288	864	1,440	3,240	5,040	7,200
1997 Altima, 4-cyl.						
XF 4d Sed.	280	840	1,400	3,150	4,900	7,000
GXE 4d Sed	300	900	1,500	3,380	5,250	7,500
SE 4d Sed.	320	960	1,600	3,600	5,600	8,000
GLE 4d Sed.	360	1,080	1,800	4,050	6,300	9,000

NOTE: Add 5 percent for Limited Ed Pkg on GXE.

	6	5	4	3	2	1
1997 240SX, 4-cyl.						
2d Cpe.	288	864	1,440	3,240	5,040	7,200
SE 2d Cpe.	336	1,008	1,680	3,780	5,880	8,400
LE 2d Cpe.	400	1,200	2,000	4,500	7,000	10,000
1997 Maxima, V-6						
GXE 4d Sed	320	960	1,600	3,600	5,600	8,000
SE 4d Sed.	360	1,080	1,800	4,050	6,300	9,000
GLE 4d Sed.	380	1,140	1,900	4,280	6,650	9,500
1998 Sentra, 4-cyl.						
4d Sed.	210	620	1,040	2,340	3,640	5,200
XE 4d Sed.	220	670	1,120	2,520	3,920	5,600
GXE 4d Sed	260	790	1,320	2,970	4,620	6,600

	6	5	4	3	2	1
GLE 4d Sed 280	850	1,420	3,200	4,970	7,100	
SE 4d Sed 290	860	1,440	3,240	5,040	7,200	
1998 200SX, 4-cyl.						
2d Cpe. 230	700	1,160	2,610	4,060	5,800	
SE 2d Cpe 260	770	1,280	2,880	4,480	6,400	
SER 2d Cpe 290	860	1,440	3,240	5,040	7,200	
1998 Altima, 4-cyl.						
XE 4d Sed 280	850	1,420	3,200	4,970	7,100	
GXE 4d Sed 300	910	1,520	3,420	5,320	7,600	
SE 4d Sed 320	970	1,620	3,650	5,670	8,100	
GLE 4d Sed 360	1,090	1,820	4,100	6,370	9,100	
1998 240SX, 4-cyl.						
2d Cpe. 290	860	1,440	3,240	5,040	7,200	
SE 2d Cpe 340	1,010	1,680	3,780	5,880	8,400	
LE 2d Cpe 400	1,200	2,000	4,500	7,000	10,000	
1998 Maxima, V-6						
GXE 4d Sed 320	960	1,600	3,600	5,600	8,000	
SE 4d Sed 360	1,080	1,800	4,050	6,300	9,000	
GLE 4d Sed 380	1,140	1,900	4,280	6,650	9,500	
1999 Sentra, 4-cyl.						
4d Sed 210	620	1,040	2,340	3,640	5,200	
XE 4d Sed 220	670	1,120	2,520	3,920	5,600	
GXE 4d Sed 260	790	1,320	2,970	4,620	6,600	
GLE 4d Sed 280	850	1,420	3,200	4,970	7,100	
SE 4d Sed 290	860	1,440	3,240	5,040	7,200	
1999 Altima, 4-cyl.						
XE 4d Sed 280	850	1,420	3,200	4,970	7,100	
GXE 4d Sed 300	910	1,520	3,420	5,320	7,600	
SE 4d Sed 320	970	1,620	3,650	5,670	8,100	
GLE 4d Sed 360	1,090	1,820	4,100	6,370	9,100	
1999 Maxima, V-6						
GXE 4d Sed 320	960	1,600	3,600	5,600	8,000	
SE 4d Sed 360	1,080	1,800	4,050	6,300	9,000	
GLE 4d Sed 380	1,140	1,900	4,280	6,650	9,500	
2000 Sentra, 4-cyl.						
CA 4d Sed (low emissions) 280	840	1,400	3,150	4,900	7,000	
XE 4d Sed. 220	670	1,120	2,520	3,920	5,600	
GXE 4d Sed. 260	790	1,320	2,970	4,620	6,600	
SE 4d Sed 290	860	1,440	3,240	5,040	7,200	
2000 Altima, 4-cyl.						
XE 4d Sed 290	860	1,440	3,240	5,040	7,200	
GXE 4d Sed 310	920	1,540	3,470	5,390	7,700	
SE 4d Sed 330	980	1,640	3,690	5,740	8,200	
GLE 4d Sed 370	1,100	1,840	4,140	6,440	9,200	
2000 Maxima, V-6						
GXE 4d Sed 320	970	1,620	3,650	5,670	8,100	
SE 4d Sed 360	1,090	1,820	4,100	6,370	9,100	
GLE 4d Sed 380	1,150	1,920	4,320	6,720	9,600	
2001 Sentra, 4-cyl.						
CA 4d Sed (low emissions) 280	840	1,400	3,500	4,900	7,000	
XE 4d Sed 220	670	1,120	2,800	3,920	5,600	
GXE 4d Sed. 260	790	1,320	3,300	4,620	6,600	
SE 4d Sed 290	860	1,440	3,600	5,040	7,200	
2001 Altima, 4-cyl.						
XE 4d Sed 290	860	1,440	3,600	5,040	7,200	
GXE 4d Sed. 310	920	1,540	3,850	5,390	7,700	
SE 4d Sed 330	980	1,640	4,100	5,740	8,200	
GLE 4d Sed 370	1,100	1,840	4,600	6,440	9,200	
NOTE: Add 5 percent for GXE Limited Ed. pkg.						
2001 Maxima, V-6						
GXE 4d Sed. 320	970	1,620	4,050	5,670	8,100	
SE 4d Sed 360	1,090	1,820	4,550	6,370	9,100	
GLE 4d Sed 380	1,150	1,920	4,800	6,720	9,600	
NOTE: Add 5 percent for Maxima SE 20th Anv. E.						
2002 Sentra, 4-cyl.						
XE 4d Sed 220	670	1,120	2,800	3,920	5,600	
GXE 4d Sed. 260	790	1,320	3,300	4,620	6,600	
SE-R 4d Sed 290	860	1,440	3,600	5,040	7,200	
SE-R Spec V 4d Sed 300	900	1,500	3,750	5,250	7,500	
2002 Altima, 4-cyl.						
4d Sed 330	980	1,640	4,100	5,740	8,200	
S 4d Sed 350	1,040	1,740	4,350	6,090	8,700	
SL 4d Sed 370	1,120	1,860	4,650	6,510	9,300	
SE 4d Sed (V-6 only) 380	1,140	1,900	4,750	6,650	9,500	
2002 Maxima, V-6						
GXE 4d Sed. 320	970	1,620	4,050	5,670	8,100	

	6	5	4	3	2	1
SE 4d Sed	360	1,090	1,820	4,550	6,370	9,100
GLE 4d Sed	380	1,150	1,920	4,800	6,720	9,600
2003 Sentra, 4-cyl.						
XE 4d Sed	220	670	1,120	2,800	3,920	5,600
GXE 4d Sed	260	790	1,320	3,300	4,620	6,600
Limited Ed 4d Sed	280	830	1,380	3,450	4,830	6,900
SE-R 4d Sed	290	860	1,440	3,600	5,040	7,200
SE-R Spec V 4d Sed	300	900	1,500	3,750	5,250	7,500
2003 Altima, 4-cyl.						
4d Sed	330	980	1,640	4,100	5,740	8,200
S 4d Sed	350	1,040	1,740	4,350	6,090	8,700
SL 4d Sed	370	1,120	1,860	4,650	6,510	9,300
SE 4d Sed (V-6 only)	380	1,140	1,900	4,750	6,650	9,500
2003 Maxima, V-6						
GXE 4d Sed	320	970	1,620	4,050	5,670	8,100
SE 4d Sed	360	1,090	1,820	4,550	6,370	9,100
GLE 4d Sed	380	1,150	1,920	4,800	6,720	9,600
2003 350Z, V-6						
2d Cpe	470	1,410	2,350	5,290	8,230	11,750

NOTE: Four variations of the 350Z: Enthusiast, Performance, Touring and Track were also offered.

	6	5	4	3	2	1
2004 Sentra, 4-cyl.						
1.8 4d Sed	230	700	1,160	2,900	4,060	5,800
1.8 S 4d Sed	270	820	1,360	3,400	4,760	6,800
2.5 4d Sed	280	850	1,420	3,550	4,970	7,100
SE-R 4d Sed	290	880	1,460	3,650	5,110	7,300
SE-R Spec V 4d Sed	310	920	1,540	3,850	5,300	7,700

NOTE: Deduct 5 percent for manual transmission, except Spec V.

	6	5	4	3	2	1
2004 Altima, 4-cyl.						
4d Sed	330	980	1,640	4,100	5,740	8,200
S 4d Sed	350	1,040	1,740	4,350	6,090	8,700
SL 4d Sed	370	1,120	1,860	4,650	6,510	9,300
SE 4d Sed (V-6 only)	380	1,140	1,900	4,750	6,650	9,500

NOTE: Deduct 5 percent for manual transmission.

	6	5	4	3	2	1
2004 Maxima, V-6						
SE 4d Sed	380	1,150	1,920	4,800	6,720	9,600
SL 4d Sed	400	1,210	2,020	5,050	7,070	10,100

NOTE: Deduct 5 percent for manual transmission.

	6	5	4	3	2	1
2004 350Z, V-6						
2d Cpe	600	1,810	3,020	7,550	10,570	15,100
Enthusiast 2d Cpe	610	1,840	3,060	7,650	10,710	15,300
Performance 2d Cpe	620	1,860	3,100	7,750	10,850	15,500
Touring 2d Cpe	630	1,900	3,160	7,900	11,060	15,800
Track 2d Cpe	640	1,930	3,220	8,050	11,270	16,100
Enthusiast 2d Rds	690	2,080	3,460	8,650	12,110	17,300
Touring 2d Rds	730	2,200	3,660	9,150	12,810	18,300

DE TOMASO

	6	5	4	3	2	1
1967-71 V-8, 302 cid, 98.4" wb						
Mangusta 2d Cpe	3,400	10,200	17,000	38,250	59,500	85,000
1971-74 V-8, 351 cid, 99" wb						
Pantera 2d Cpe	2,320	6,960	11,600	28,100	40,600	58,000
1975-78 V-8, 351 cid, 99" wb						
Pantera 2d Cpe	2,120	6,360	10,600	23,850	37,100	53,000

NOTE: After 1974 the Pantera was not officially available in the U.S. Add 5 percent for GTS models.

FACEL VEGA

	6	5	4	3	2	1
1954 FV, V-8, 103" wb						
2d HT Cpe	2,720	8,160	13,600	30,600	47,600	68,000
1955 FV, V-8, 103" wb						
2d HT Cpe	2,720	8,160	13,600	30,600	47,600	68,000
1956 FV2, V-8, 103" wb						
2d HT Cpe	2,720	8,160	13,600	30,600	47,600	68,000
1956 Excellence, V-8, 122" wb						
4d HT Sed	2,640	7,920	13,200	29,700	46,200	66,000
1957 FV2, V-8, 103" wb						
2d HT Cpe	2,720	8,160	13,600	30,600	47,600	68,000
1957 Excellence, V-8, 122" wb						
4d HT Sed	2,640	7,920	13,200	29,700	46,200	66,000
1958 FV2, V-8, 105" wb						
2d HT Cpe	2,720	8,160	13,600	30,600	47,600	68,000
1958 Excellence, V-8, 122" wb						
4d HT Sed	2,640	7,920	13,200	29,700	46,200	66,000
1959 HK500, V-8, 105" wb						
2d HT Cpe	2,720	8,160	13,600	30,600	47,600	68,000

	6	5	4	3	2	1
1959 Excellence, V-8, 125" wb						
4d HT Sed	2,640	7,920	13,200	29,700	46,200	66,000
1960 Facellia, 4-cyl., 96" wb						
2d Cpe	1,840	5,520	9,200	20,700	32,200	46,000
2d Conv	2,240	6,720	11,200	25,200	39,200	56,000
1960 HK500, V-8, 105" wb						
2d HT Cpe	2,720	8,160	13,600	30,600	47,600	68,000
1960 Excellence, V-8, 125" wb						
4d HT Sed	2,640	7,920	13,200	29,700	46,200	66,000
1961 Facellia, 4-cyl., 96" wb						
2d Cpe	1,840	5,520	9,200	20,700	32,200	46,000
2d Conv	2,240	6,720	11,200	25,200	39,200	56,000
1961 HK500, V-8, 105" wb						
2d HT Cpe	2,720	8,160	13,600	30,600	47,600	68,000
1961 Excellence, V-8, 125" wb						
4d HT Sed	2,640	7,920	13,200	29,700	46,200	66,000
1962 Facellia, 4-cyl., 96" wb						
2d Cpe	1,840	5,520	9,200	20,700	32,200	46,000
2d Conv	2,240	6,720	11,200	25,200	39,200	56,000
1962 Facel II, V-8, 105" wb						
2d HT Cpe	2,720	8,160	13,600	30,600	47,600	68,000
1962 Excellence, V-8, 125" wb						
4d HT Sed	2,880	8,640	14,400	32,400	50,400	72,000
1963 Facellia, 4-cyl., 96" wb						
2d Cpe	1,840	5,520	9,200	20,700	32,200	46,000
2d Conv	2,240	6,720	11,200	25,200	39,200	56,000
1963 Facel II, V-8, 105" wb						
2d HT Cpe	2,880	8,640	14,400	32,400	50,400	72,000
1963 Facel III, 4-cyl., 97" wb						
2d HT Cpe	2,720	8,160	13,600	30,600	47,600	68,000
1963 Facel 6, 6-cyl., 97" wb						
2d HT Cpe	2,800	8,400	14,000	31,500	49,000	70,000
1963 Excellence, V-8, 125" wb						
4d HT Sed	2,880	8,640	14,400	32,400	50,400	72,000
1964-65 Facellia, 4-cyl., 96" wb						
2d Cpe	1,840	5,520	9,200	20,700	32,200	46,000
2d Conv	2,240	6,720	11,200	25,200	39,200	56,000
1964-65 Facel II, V-8, 105" wb						
2d HT Cpe	2,880	8,640	14,400	32,400	50,400	72,000
1964-65 Facel III, 4-cyl., 97" wb						
2d HT Cpe	2,720	8,160	13,600	30,600	47,600	68,000
1964-65 Facel 6, 6-cyl., 97" wb						
2d HT Cpe	2,800	8,400	14,000	31,500	49,000	70,000

FIAT

	6	5	4	3	2	1
1947-52 4-cyl., 570cc, 78.75" wb						
500 2d Sed	360	1,080	1,800	4,050	6,300	9,000
1947-52 4-cyl., 1089cc, 95.4" wb						
1100B 4d Sed	240	720	1,200	2,700	4,200	6,000
1100BL 4d Sed	240	720	1,200	2,700	4,200	6,000
1947-52 4-cyl., 1089cc, 95.25" wb						
1100E 4d Sed	280	840	1,400	3,150	4,900	7,000
1947-52 4-cyl., 1089cc, 106" wb						
1100EL 4d Sed	280	840	1,400	3,150	4,900	7,000
1100S 2d Spt Cpe	440	1,320	2,200	4,950	7,700	11,000
1100ES 2d Spt Cpe	440	1,320	2,200	4,950	7,700	11,000
1947-52 4-cyl., 1395cc, 104.2" wb						
1400 4d Sed	260	780	1,300	2,930	4,550	6,500
1400 2d Cabr	520	1,560	2,600	5,850	9,100	13,000
1947-52 6-cyl., 1493cc, 110" wb						
1500 4d Sed	260	780	1,300	2,930	4,550	6,500
2d Conv Cpe	520	1,560	2,600	5,850	9,100	13,000
1953-56 500, 4-cyl., 570cc, 78.75" wb						
2d Sed	360	1,080	1,800	4,050	6,300	9,000
2d Sta Wag	400	1,200	2,000	4,500	7,000	10,000
1953-56 600, 4-cyl., 633cc, 78.75" wb						
2d Sed	240	720	1,200	2,700	4,200	6,000
2d Conv (S/R)	260	780	1,300	2,930	4,550	6,500
1953-56 600 Multipla, 4-cyl., 633cc, 78.75" wb						
4d Sta Wag	280	840	1,400	3,150	4,900	7,000
1953-56 1100, 4-cyl., 1089cc, 92.1" wb						
103 4d Sed	240	720	1,200	2,700	4,200	6,000
103E 4d Sed	244	732	1,220	2,750	4,270	6,100
103E TV 4d Sed	248	744	1,240	2,790	4,340	6,200
103E 4d Sta Wag	260	780	1,300	2,930	4,550	6,500
103F TV 2d Spt Rds	640	1,920	3,200	7,200	11,200	16,000

	6	5	4	3	2	1
1953-56 1400, 4-cyl., 1395cc, 104.2" wb						
4d Sed.	260	780	1,300	2,930	4,550	6,500
2d Cabr.	520	1,560	2,600	5,850	9,100	13,000
1953-56 1900, 4-cyl., 1901cc, 104" wb						
4d Sed.	260	780	1,300	2,930	4,550	6,500
1953-56 8V, V-8, 1996cc, 94.5" wb						
2d Cpe.	5,600	16,800	28,000	63,000	98,000	140,000
1957 500, 2-cyl., 479cc, 72.4" wb						
2d Sed.	320	960	1,600	3,600	5,600	8,000
1957 600, 4-cyl., 633cc, 78.75" wb						
2d Sed.	240	720	1,200	2,700	4,200	6,000
2d Conv (S/H)	280	840	1,400	3,150	4,900	7,000
1957 600 Multipla, 4-cyl., 633cc, 78.75" wb						
4d Sta Wag (4/5P)	280	840	1,400	3,150	4,900	7,000
4d Sta Wag (6P)	280	840	1,400	3,150	4,900	7,000
1957 1100, 4-cyl., 1089cc, 92.1" wb						
4d Sed.	240	720	1,200	2,700	4,200	6,000
4d Sta Wag	260	780	1,300	2,930	4,550	6,500
1957 1100 TV, 4-cyl., 1089cc, 92.1" wb						
4d Sed.	272	816	1,360	3,060	4,760	6,800
2d Conv.	520	1,560	2,600	5,850	9,100	13,000
1958 500, 2-cyl., 479cc, 72.4" wb						
2d Sed.	320	960	1,600	3,600	5,600	8,000
1958 600, 4-cyl., 633cc, 78.75" wb						
2d Sed.	240	720	1,200	2,700	4,200	6,000
2d Conv (S/R)	260	780	1,300	2,930	4,550	6,500
1958 600 Multipla, 4-cyl., 633cc, 78.75" wb						
4d Sta Wag (4/5P)	280	840	1,400	3,150	4,900	7,000
4d Sta Wag (6P)	280	840	1,400	3,150	4,900	7,000
1958 1100, 4-cyl., 1089cc, 92.1" wb						
4d Sed.	260	780	1,300	2,930	4,550	6,500
4d Familiare Sta Wag	270	820	1,360	3,060	4,760	6,800
1958 1100 TV, 4-cyl., 1089cc, 92.1" wb						
4d Sed.	260	780	1,300	2,930	4,550	6,500
2d Conv.	520	1,560	2,600	5,850	9,100	13,000
1958 1200 Gran Luce, 4-cyl., 1221cc, 92.1" wb						
4d Sed.	240	720	1,200	2,700	4,200	6,000
TV, 2d Conv	520	1,560	2,600	5,850	9,100	13,000
1959 500, 2-cyl., 479cc, 72.4" wb						
2d Sed.	240	720	1,200	2,700	4,200	6,000
2d Bianchina Cpe	260	780	1,300	2,930	4,550	6,500
2d Jolly Sed.	440	1,320	2,200	4,950	7,700	11,000
1959 500 Sport, 2-cyl., 499cc, 72.4" wb						
2d Sed.	240	720	1,200	2,700	4,200	6,000
2d Bianchina Cpe	260	780	1,300	2,930	4,550	6,500
1959 600, 4-cyl., 633cc, 78.75" wb						
2d Sed.	240	720	1,200	2,700	4,200	6,000
2d Sed (S/R)	260	780	1,300	2,930	4,550	6,500
1959 600 Multipla, 4-cyl., 633cc, 78.75" wb						
4d Sta Wag (4/5P)	280	840	1,400	3,150	4,900	7,000
4d Sta Wag (6P)	280	840	1,400	3,150	4,900	7,000
1959 1100, 4-cyl., 1089cc, 92.1" wb						
4d Sed.	240	720	1,200	2,700	4,200	6,000
4d Sta Wag	260	780	1,300	2,930	4,550	6,500
1959 1200, 4-cyl., 1221cc, 92.1" wb						
4d Sed.	240	720	1,200	2,700	4,200	6,000
2d Spider Conv	480	1,440	2,400	5,400	8,400	12,000
1959 1500, 1500S, 4-cyl., 1491cc, 92.1" wb						
2d Spider Conv	540	1,620	2,700	6,080	9,450	13,500
1960 500, 2-cyl., 479cc, 72.4" wb						
2d Sed.	248	744	1,240	2,790	4,340	6,200
2d Bianchina Cpe	268	804	1,340	3,020	4,690	6,700
2d Jolly Sed.	440	1,320	2,200	4,950	7,700	11,000
1960 500 Sport, 2-cyl., 499cc, 72.4" wb						
2d Sed.	252	756	1,260	2,840	4,410	6,300
2d Bianchina Cpe	272	816	1,360	3,060	4,760	6,800
1960 600, 4-cyl., 633cc, 78.75" wb						
2d Sed.	240	720	1,200	2,700	4,200	6,000
2d Sed (S/R)	260	780	1,300	2,930	4,550	6,500
2d Jolly Sed.	440	1,320	2,200	4,950	7,700	11,000
1960 600 Multipla, 4-cyl., 633cc, 78.75" wb						
4d Sta Wag (4/5P)	280	840	1,400	3,150	4,900	7,000
4d Sta Wag (6P)	280	840	1,400	3,150	4,900	7,000
1960 1100, 4-cyl., 1089cc, 92.1" wb						
4d Sed.	240	720	1,200	2,700	4,200	6,000
4d DeL Sed.	248	744	1,240	2,790	4,340	6,200
4d Sta Wag	260	780	1,300	2,930	4,550	6,500

	6	5	4	3	2	1
1960 1200, 4-cyl., 1221cc, 92.1" wb						
4d Sed	240	720	1,200	2,700	4,200	6,000
2d Spider Conv	540	1,620	2,700	6,080	9,450	13,500
1960 1500, 1500S, 4-cyl., 1491cc, 92.1" wb						
2d Spider Conv	580	1,740	2,900	6,530	10,150	14,500
1960 2100, 6-cyl., 2054cc, 104.3" wb						
4d Sed	260	780	1,300	2,930	4,550	6,500
4d Sta Wag	260	780	1,300	2,930	4,550	6,500
1961 500, 2-cyl., 479cc, 72.4" wb						
Bianchina DeL Cpe	264	792	1,320	2,970	4,620	6,600
2d Jolly Sed	440	1,320	2,200	4,950	7,700	11,000
1961 500 Sport, 2-cyl., 499cc, 72.4" wb						
2d Sed	320	960	1,600	3,600	5,600	8,000
2d Bianchina Cpe	268	804	1,340	3,020	4,690	6,700
1961 600, 4-cyl., 633cc, 78.75" wb						
2d Sed	240	720	1,200	2,700	4,200	6,000
2d Sed (S/R)	260	780	1,300	2,930	4,550	6,500
2d Jolly Sed	440	1,320	2,200	4,950	7,700	11,000
1961 600 Multipla, 4-cyl., 633cc, 78.75" wb						
4d Sta Wag (4/5P)	280	840	1,400	3,150	4,900	7,000
4d Sta Wag (6P)	280	840	1,400	3,150	4,900	7,000
1961 1100, 4-cyl., 1089cc, 92.1" wb						
4d Sed	240	720	1,200	2,700	4,200	6,000
4d DeL Sed	248	744	1,240	2,790	4,340	6,200
4d Sta Wag	260	780	1,300	2,930	4,550	6,500
1961 1200, 4-cyl., 1225cc, 92.1" wb						
4d Sed	240	720	1,200	2,700	4,200	6,000
2d Spider Conv	480	1,440	2,400	5,400	8,400	12,000
1961 1500, 1500S, 4-cyl., 1491cc, 92.1" wb						
Spider Conv	540	1,620	2,700	6,080	9,450	13,500
1961 2100, 6-cyl., 2054cc, 104.3" wb						
4d Sed	240	720	1,200	2,700	4,200	6,000
4d Sta Wag	260	780	1,300	2,930	4,550	6,500
1962 600D, 4-cyl., 767cc, 78.75" wb						
2d Sed	240	720	1,200	2,700	4,200	6,000
1962 1100, 4-cyl., 1089cc, 92.1" wb						
4d Export Sed	240	720	1,200	2,700	4,200	6,000
4d Spl Sed	248	744	1,240	2,790	4,340	6,200
1962 1200 Spider, 4-cyl., 1221cc, 92.1" wb						
2d Conv	480	1,440	2,400	5,400	8,400	12,000
1963 600D, 4-cyl., 767cc, 78.5" wb						
2d Sed	240	720	1,200	2,700	4,200	6,000
1963 1100 Special, 4-cyl., 1089cc, 92.1" wb						
4d Sed	240	720	1,200	2,700	4,200	6,000
1963 1100D, 4-cyl., 1221cc, 92.1" wb						
4d Sed	240	720	1,200	2,700	4,200	6,000
1963 1200 Spider, 4-cyl., 1221cc, 92.1" wb						
2d Conv	480	1,440	2,400	5,400	8,400	12,000
1964 600D, 4-cyl., 767cc, 78.5" wb						
2d Sed	240	720	1,200	2,700	4,200	6,000
1964 1100D, 4-cyl., 1221cc, 92.1" wb						
4d Sed	260	780	1,300	2,930	4,550	6,500
1964 1500 Spider, 4-cyl., 1481cc, 92.1" wb						
2d Conv	500	1,500	2,500	5,630	8,750	12,500
1965 600D, 4-cyl., 767cc, 78.5" wb						
2d Sed	240	720	1,200	2,700	4,200	6,000
1965 1100D, 4-cyl., 1221cc, 92.1" wb						
4d Sed	240	720	1,200	2,700	4,200	6,000
4d Sta Wag	260	780	1,300	2,930	4,550	6,500
1965 1500 Spider, 4-cyl., 1481cc, 92." wb						
2d Conv	500	1,500	2,500	5,630	8,750	12,500
1966 600D, 4-cyl., 767cc, 78.5" wb						
2d Sed	240	720	1,200	2,700	4,200	6,000
1966 1100D, 4-cyl., 1221cc, 92.1" wb						
4d Sed	240	720	1,200	2,700	4,200	6,000
4d Sta Wag	260	780	1,300	2,930	4,550	6,500
1966 1500 Spider, 4-cyl., 1481cc, 92.1" wb						
2d Conv	500	1,500	2,500	5,630	8,750	12,500
1967 600D, 4-cyl., 767cc, 78.7" wb						
2d Sed	240	720	1,200	2,700	4,200	6,000
1967 850, 4-cyl., 843cc, 79.8" wb						
FBk Cpe 2 plus 2	240	720	1,200	2,700	4,200	6,000
2d Spider Conv	420	1,260	2,100	4,730	7,350	10,500
1967 124, 4-cyl., 1197cc, 95.3" wb						
4d Sed	200	600	1,000	2,250	3,500	5,000
4d Sta Wag	212	636	1,060	2,390	3,710	5,300

	6	5	4	3	2	1
1967 1100R, 4-cyl., 1089cc, 92.2" wb						
4d Sed.	240	720	1,200	2,700	4,200	6,000
4d Sta Wag	260	780	1,300	2,930	4,550	6,500
1967 1500 Spider, 4-cyl., 1481cc, 92.1" wb						
2d Conv.	500	1,500	2,500	5,630	8,750	12,500
1968 850, 4-cyl., 817cc, 79.8" wb						
2d Sed.	200	600	1,000	2,250	3,500	5,000
2d FBk Cpe	240	720	1,200	2,700	4,200	6,000
2d Spider Conv	460	1,380	2,300	5,180	8,050	11,500
1968 124, 4-cyl., 1197cc, 95.3" wb						
4d Sed.	200	600	1,000	2,250	3,500	5,000
4d Sta Wag	200	600	1,000	2,250	3,500	5,000
1968 124, 4-cyl., 1438cc, 95.3" wb						
2d Spt Cpe	320	960	1,600	3,600	5,600	8,000
1968 124 Spider, 4-cyl., 1438cc, 89.8" wb						
2d Conv.	500	1,500	2,500	5,630	8,750	12,500
1969 850, 4-cyl., 817cc, 79.8" wb						
2d Sed.	200	600	1,000	2,250	3,500	5,000
2d FBk Cpe 2 plus 2	240	720	1,200	2,700	4,200	6,000
2d Spider Conv	460	1,380	2,300	5,180	8,050	11,500
1969 124, 4-cyl., 1197cc, 95.3" wb						
4d Sed.	200	600	1,000	2,250	3,500	5,000
4d Sta Wag	200	600	1,000	2,250	3,500	5,000
1969 124, 4-cyl., 1438cc, 95.3" wb						
2d Spt Cpe	320	960	1,600	3,600	5,600	8,000
1969 124 Spider, 4-cyl., 1438cc, 89.8" wb						
2d Conv.	500	1,500	2,500	5,630	8,750	12,500
1970 850, 4-cyl., 817cc, 79.8" wb						
2d Sed.	200	600	1,000	2,250	3,500	5,000
1970 850, 4-cyl., 903cc, 79.8" wb						
Spt FBk Cpe 2 plus 2	260	780	1,300	2,930	4,550	6,500
Racer 2d HT Cpe	272	816	1,360	3,060	4,760	6,800
1970 850 Spider, 4-cyl., 903cc, 79.8" wb						
2d Conv.	400	1,200	2,000	4,500	7,000	10,000
1970 124, 4-cyl., 1438cc, 95.3" wb						
4d Spl Sed.	240	720	1,200	2,700	4,200	6,000
4d Spl Sta Wag	240	720	1,200	2,700	4,200	6,000
2d Spt Cpe	360	1,080	1,800	4,050	6,300	9,000
1970 124 Spider, 4-cyl., 1438cc, 89.8" wb						
2d Conv.	500	1,500	2,500	5,630	8,750	12,500
1971 850, 4-cyl., 817cc, 79.8" wb						
2d Sed.	240	720	1,200	2,700	4,200	6,000
1971 850, 4-cyl., 903cc, 79.8" wb						
2d FBk Cpe, 2 plus 2	280	840	1,400	3,150	4,900	7,000
Racer, 2d HT Cpe	312	936	1,560	3,510	5,460	7,800
1971 850 Spider, 4-cyl., 903cc, 79.8" wb						
2d Conv.	380	1,140	1,900	4,280	6,650	9,500
1971 124, 4-cyl., 1438cc, 95.3" wb						
4d Spl Sed.	240	720	1,200	2,700	4,200	6,000
4d Spl Sta Wag	240	720	1,200	2,700	4,200	6,000
2d Spt Cpe	360	1,080	1,800	4,050	6,300	9,000
1971 124 Spider, 4-cyl., 1438cc, 89.8" wb						
2d Conv.	500	1,500	2,500	5,630	8,750	12,500

NOTE: The 124 coupe and convertible could be ordered with the larger 1.6-liter engine (1608cc).

	6	5	4	3	2	1
1972 850 Spider, 4-cyl., 903cc, 79.8" wb						
2d Conv.	380	1,140	1,900	4,280	6,650	9,500
1972 128, 4-cyl., 1116cc, 96.4" wb						
2d Sed.	220	660	1,100	2,480	3,850	5,500
4d Sed.	220	660	1,100	2,480	3,850	5,500
2d Sta Wag	220	660	1,100	2,480	3,850	5,500
1972 124, 4-cyl., 1438cc, 95.3" wb						
4d Spl Sed.	240	720	1,200	2,700	4,200	6,000
4d Sta Wag	240	720	1,200	2,700	4,200	6,000
1972 124, 4-cyl., 1608cc, 95.3" wb						
2d Spt Cpe	360	1,080	1,800	4,050	6,300	9,000
1972 124 Spider, 4-cyl., 1608cc, 89.8" wb						
2d Conv.	480	1,440	2,400	5,400	8,400	12,000
1973 850 Spider, 4-cyl., 903cc, 79.8" wb						
2d Conv.	380	1,140	1,900	4,280	6,650	9,500
1973 128, 4-cyl., 1116cc, 96.4" wb						
2d Sed.	240	720	1,200	2,700	4,200	6,000
4d Sed.	240	720	1,200	2,700	4,200	6,000
2d Sta Wag	244	732	1,220	2,750	4,270	6,100
SL 1300 2d Cpe	252	756	1,260	2,840	4,410	6,300
1973 124, 4-cyl., 1438cc, 95.3" wb						
4d Spl Sed.	260	780	1,300	2,930	4,550	6,500
4d Sta Wag	260	780	1,300	2,930	4,550	6,500

FIAT

	6	5	4	3	2	1
1973 124, 4-cyl., 1608cc, 95.3" wb						
2d Spt Cpe 380	1,140	1,900	4,280	6,650	9,500
1973 124 Spider, 4-cyl., 1608cc, 89.8" wb						
2d Conv 480	1,440	2,400	5,400	8,400	12,000
1974 128, 4-cyl., 1290cc, 96.4" wb						
2d Sed 240	720	1,200	2,700	4,200	6,000
4d Sed 240	720	1,200	2,700	4,200	6,000
2d Sta Wag 244	732	1,220	2,750	4,270	6,100
1974 128, 4-cyl., 1290cc, 87.5" wb						
SL 2d Cpe 252	756	1,260	2,840	4,410	6,300
1974 X1/9, 4-cyl., 1290cc, 86.7" wb						
2d Targa Cpe 300	900	1,500	3,380	5,250	7,500
1974 124, 4-cyl., 1593cc, 95.3" wb						
4d Spl Sed 260	780	1,300	2,930	4,550	6,500
4d Sta Wag 260	780	1,300	2,930	4,550	6,500
1974 124, 4-cyl., 1756cc, 95.3" wb						
2d Spt Cpe 260	780	1,300	2,930	4,550	6,500
1974 124 Spider, 4-cyl., 1756cc, 89.8" wb						
2d Conv 480	1,440	2,400	5,400	8,400	12,000
1975 128, 4-cyl., 1290cc, 96.4" wb						
2d Sed 240	720	1,200	2,700	4,200	6,000
4d Sed 240	720	1,200	2,700	4,200	6,000
2d Sta Wag 244	732	1,220	2,750	4,270	6,100
1975 128, 4-cyl., 1290cc, 87.5" wb						
SL 2d Cpe 252	756	1,260	2,840	4,410	6,300
1975 X1/9, 4-cyl., 1290cc, 86.7" wb						
2d Targa Cpe 300	900	1,500	3,380	5,250	7,500
1975 131, 4-cyl., 1756cc, 98" wb						
2d Sed 240	720	1,200	2,700	4,200	6,000
4d Sed 240	720	1,200	2,700	4,200	6,000
4d Sta Wag 252	756	1,260	2,840	4,410	6,300
1975 124, 4-cyl., 1756cc, 95.3" wb						
2d Spt Cpe 380	1,140	1,900	4,280	6,650	9,500
1975 124 Spider, 4-cyl., 1756cc, 89.7" wb						
2d Conv 480	1,440	2,400	5,400	8,400	12,000
1976 128, 4-cyl., 1290cc, 96.4" wb						
2d Sed 240	720	1,200	2,700	4,200	6,000
2d Cus Sed 240	720	1,200	2,700	4,200	6,000
4d Cus Sed 240	720	1,200	2,700	4,200	6,000
2d Sta Wag 244	732	1,220	2,750	4,270	6,100
1976 128 Sport, 4-cyl., 1290cc, 87.5" wb						
3P HBk Cpe 252	756	1,260	2,840	4,410	6,300
1976 X1/9, 4-cyl., 1290cc, 86.7" wb						
AS Targa Cpe 300	900	1,500	3,380	5,250	7,500
1976 131, 4-cyl., 1756cc, 98" wb						
A3 2d Sed 240	720	1,200	2,700	4,200	6,000
A3 4d Sed 240	720	1,200	2,700	4,200	6,000
AF2 4d Sta Wag 240	720	1,200	2,700	4,200	6,000
1976 124 Sport Spider, 4-cyl., 1756cc, 89.7" wb						
CS 2d Conv 480	1,440	2,400	5,400	8,400	12,000
1977 128, 4-cyl., 1290cc, 96.4" wb						
2d Sed 240	720	1,200	2,700	4,200	6,000
2d Cus Sed 240	720	1,200	2,700	4,200	6,000
4d Cus Sed 240	720	1,200	2,700	4,200	6,000
2d Sta Wag 244	732	1,220	2,750	4,270	6,100
1977 128, 4-cyl., 1290cc, 87.5" wb						
3P Cus HBk Cpe 252	756	1,260	2,840	4,410	6,300
1977 X1/9, 4-cyl., 1290cc, 86.7" wb						
AS Targa Cpe 300	900	1,500	3,380	5,250	7,500
1977 131, 4-cyl., 1756cc, 98" wb						
A3 2d Sed 240	720	1,200	2,700	4,200	6,000
A3 4d Sed 240	720	1,200	2,700	4,200	6,000
AF2 4d Sta Wag 244	732	1,220	2,750	4,270	6,100
1977 124 Sport Spider, 4-cyl., 1756cc, 89.7" wb						
CS 2d Conv 480	1,440	2,400	5,400	8,400	12,000
1978 128, 4-cyl., 1290cc, 96.4" wb						
A1 2d Sed 240	720	1,200	2,700	4,200	6,000
A1 4d Sed 240	720	1,200	2,700	4,200	6,000
1978 128, 4-cyl., 1290cc, 87.5" wb						
AC Spt HBk 252	756	1,260	2,840	4,410	6,300
1978 X1/9, 4-cyl., 1290cc, 86.7" wb						
AS Targa Cpe 300	900	1,500	3,380	5,250	7,500
1978 131, 4-cyl., 1756cc, 98" wb						
A 2d Sed 244	732	1,220	2,750	4,270	6,100
A 4d Sed 244	732	1,220	2,750	4,270	6,100
AF 4d Sta Wag 248	744	1,240	2,790	4,340	6,200

	6	5	4	3	2	1
1978 Brava, 4-cyl., 1756cc, 98" wb						
2d Sed.	208	624	1,040	2,340	3,640	5,200
2d Sup Sed.	208	624	1,040	2,340	3,640	5,200
4d Sup Sed.	208	624	1,040	2,340	3,640	5,200
4d Sup Sta Wag	212	636	1,060	2,390	3,710	5,300
1978 Spider 124, 4-cyl., 1756cc, 89.7" wb						
2d Conv.	480	1,440	2,400	5,400	8,400	12,000
1978 X1/9						

NOTE: At mid-year the Brava series and Spider contained the new twin-cam 2.0-liter four (1995cc).

	6	5	4	3	2	1
1979 128A1, 4-cyl., 1290cc, 96.4" wb						
2d Sed.	200	600	1,000	2,250	3,500	5,000
4d Sed.	200	600	1,000	2,250	3,500	5,000
1979 128AC, 4-cyl., 1290cc, 87.5" wb						
2d Spt HBk.	212	636	1,060	2,390	3,710	5,300
1979 X1/9, 4-cyl., 1498cc, 86.7" wb						
AS Targa Cpe.	260	780	1,300	2,930	4,550	6,500
1979 Strada 138A, 1498cc, 96.4" wb						
2d HBk.	204	612	1,020	2,300	3,570	5,100
2d Cus HBk.	204	612	1,020	2,300	3,570	5,100
4d Cus HBk.	204	612	1,020	2,300	3,570	5,100
1979 Brava 131, 4-cyl., 1995cc, 98" wb						
A4 2d Sed.	208	624	1,040	2,340	3,640	5,200
A4 4d Sed.	208	624	1,040	2,340	3,640	5,200
AF 4d Sta Wag.	212	636	1,060	2,390	3,710	5,300
1979 Spider 2000, 4-cyl., 1995cc, 89.7" wb						
2d Conv.	500	1,500	2,500	5,630	8,750	12,500
1980 Strada 138, 4-cyl., 1498cc, 96.4" wb						
2d HBk.	200	600	1,000	2,250	3,500	5,000
2d Cus HBk.	200	600	1,000	2,250	3,500	5,000
4d Cus HBk.	200	600	1,000	2,250	3,500	5,000
1980 X1/9, 4-cyl., 1498cc, 86.7" wb						
128 Targa Cpe.	260	780	1,300	2,930	4,550	6,500
1980 Brava 131, 4-cyl., 1995cc, 98" wb						
2d Sed.	204	612	1,020	2,300	3,570	5,100
4d Sed.	204	612	1,020	2,300	3,570	5,100
1980 Spider 2000, 4-cyl., 1995cc, 89.7" wb						
124 2d Conv	500	1,500	2,500	5,630	8,750	12,500

NOTE The Brava series and the Spider 2000 were also available with fuel injection in 1980.

	6	5	4	3	2	1
1981 Strada 138, 4-cyl., 1498cc, 96.4" wb						
2d HBk.	200	600	1,000	2,250	3,500	5,000
2d Cus HBk.	200	600	1,000	2,250	3,500	5,000
4d Cus HBk.	200	600	1,000	2,250	3,500	5,000
1981 X1/9, 4-cyl., 1498cc, 86.7" wb						
128 Targa Cpe.	260	780	1,300	2,930	4,550	6,500
1981 Brava 131, 4-cyl., 1995cc, 98" wb						
2d Sed.	204	612	1,020	2,300	3,570	5,100
4d Sed.	204	612	1,020	2,300	3,570	5,100
1981 Spider 2000, 4-cyl., 1995cc, 89.7" wb						
124 2d Conv.	420	1,260	2,100	4,730	7,350	10,500
124 2d Turbo Conv.	440	1,320	2,200	4,950	7,700	11,000
1982 Strada, 4-cyl., 1498cc, 96.4" wb						
DD 2d HBk.	200	600	1,000	2,250	3,500	5,000
DD 2d Cus HBk.	200	600	1,000	2,250	3,500	5,000
DE Cus 4d HBk.	200	600	1,000	2,250	3,500	5,000
1982 X1/9, 4-cyl., 1498cc, 86.7" wb						
BS Targa Cpe.	260	780	1,300	2,930	4,550	6,500
1982 Spider 2000, 4-cyl., 1995cc, 89.7" wb						
AS 2d Conv.	420	1,260	2,100	4,730	7,350	10,500
2d Turbo Conv	440	1,320	2,200	4,950	7,700	11,000
1983 X1/9, 4-cyl., 1498cc, 86.7" wb						
BS Targa Cpe.	260	780	1,300	2,930	4,550	6,500
1983 Spider 2000, 4-cyl., 1995cc, 89.7" wb						
AS 2d Conv.	420	1,260	2,100	4,730	7,350	10,500
2d Turbo Conv	440	1,320	2,200	4,950	7,700	11,000

NOTE: The Spider 2000 convertible was produced under the Pininfarina nameplate during 1984-85. The X1/9 Targa Coupe was produced under the Bertone nameplate during 1984-90.

FORD - BRITISH

	6	5	4	3	2	1
1948 Anglia, 4-cyl., 90" wb						
2d Sed.	400	1,200	2,000	4,500	7,000	10,000
1948 Prefect, 4-cyl., 94" wb						
4d Sed.	400	1,150	1,900	4,280	6,650	9,500
1949 Anglia, 4-cyl., 90" wb						
2d Sed.	400	1,200	2,000	4,500	7,000	10,000
1949 Prefect, 4-cyl., 94" wb						
4d Sed.	400	1,150	1,900	4,280	6,650	9,500

FORD - BRITISH

	6	5	4	3	2	1
1950 Anglia, 4-cyl., 90" wb						
2d Sed 400	1,200	2,000	4,500	7,000	10,000	
1950 Prefect, 4-cyl., 94" wb						
4d Sed 400	1,150	1,900	4,280	6,650	9,500	
1951 Anglia, 4-cyl., 90" wb						
2d Sed 350	1,000	1,650	3,690	5,750	8,200	
1951 Prefect, 4-cyl., 90" wb						
4d Sed 300	950	1,600	3,650	5,650	8,100	
1951 Consul, 4-cyl., 100" wb						
4d Sed 350	1,000	1,650	3,690	5,750	8,200	
1952 Anglia, 4-cyl., 90" wb						
2d Sed 350	1,000	1,650	3,690	5,750	8,200	
1952 Prefect, 4-cyl., 94" wb						
4d Sed 300	950	1,600	3,650	5,650	8,100	
1952 Consul, 4-cyl., 100" wb						
4d Sed 350	1,000	1,650	3,690	5,750	8,200	
1952 Zephyr, 6-cyl., 104" wb						
4d Sed 350	1,000	1,700	3,830	5,950	8,500	
1953 Anglia, 4-cyl., 90" wb						
2d Sed 350	1,000	1,650	3,690	5,750	8,200	
1953 Prefect, 4-cyl., 94" wb						
4d Sed 300	950	1,600	3,650	5,650	8,100	
1953 Consul, 4-cyl., 100" wb						
4d Sed 350	1,000	1,650	3,690	5,750	8,200	
1953 Zephyr, 6-cyl., 104" wb						
4d Sed 350	1,000	1,700	3,830	5,950	8,500	
1954 Anglia, 4-cyl., 87" wb						
2d Sed 350	1,000	1,650	3,690	5,750	8,200	
1954 Prefect, 4-cyl., 87" wb						
4d Sed 300	950	1,600	3,650	5,650	8,100	
1954 Consul, 4-cyl., 100" wb						
4d Sed 350	1,000	1,650	3,690	5,750	8,200	
1954 Zephyr, 6-cyl., 104" wb						
4d Sed 350	1,000	1,700	3,830	5,950	8,500	
1955 Anglia, 4-cyl., 87" wb						
2d Sed 350	1,000	1,650	3,690	5,750	8,200	
1955 Prefect, 4-cyl., 87" wb						
4d Sed 300	950	1,600	3,650	5,650	8,100	
1955 Consul, 4-cyl., 100" wb						
4d Sed 350	1,000	1,700	3,780	5,900	8,400	
2d Conv 400	1,200	2,000	4,500	7,000	10,000	
1955 Zephyr, 6-cyl., 104" wb						
4d Sed 350	1,000	1,700	3,830	5,950	8,500	
1955 Zodiac, 6-cyl., 104" wb						
4d Sed 350	1,050	1,700	3,870	6,000	8,600	
2d Conv 400	1,200	2,000	4,500	7,000	10,000	
1956 Anglia, 4-cyl., 87" wb						
2d Sed 350	1,000	1,650	3,690	5,750	8,200	
1956 Prefect, 4-cyl., 87" wb						
4d Sed 300	950	1,600	3,650	5,650	8,100	
1956 Escort/Squire, 4-cyl., 87" wb						
2d Sta Wag 350	1,000	1,700	3,780	5,900	8,400	
1956 Consul, 4-cyl., 100" wb						
4d Sed 350	1,000	1,700	3,780	5,900	8,400	
2d Conv 400	1,200	2,000	4,500	7,000	10,000	
1956 Zephyr, 6-cyl., 104" wb						
4d Sed 350	1,000	1,700	3,830	5,950	8,500	
2d Conv 400	1,200	2,000	4,500	7,000	10,000	
1956 Zodiac, 6-cyl., 104" wb						
4d Sed 350	1,050	1,700	3,870	6,000	8,600	
1957 Anglia, 4-cyl., 87" wb						
2d Sed 350	1,000	1,650	3,690	5,750	8,200	
1957 Prefect, 4-cyl., 87" wb						
4d Sed 300	950	1,600	3,650	5,650	8,100	
1957 Escort/Squire, 4-cyl., 87" wb						
2d Sta Wag 350	1,000	1,700	3,780	5,900	8,400	
1957 Consul, 4-cyl., 104" wb						
4d Sed 350	1,000	1,700	3,780	5,900	8,400	
2d Conv 400	1,200	2,000	4,500	7,000	10,000	
1957 Zephyr, 6-cyl., 107" wb						
4d Sed 350	1,000	1,700	3,830	5,950	8,500	
2d Conv 400	1,200	2,000	4,500	7,000	10,000	
1957 Zodiac, 6-cyl., 107" wb						
4d Sed 350	1,050	1,700	3,870	6,000	8,600	
2d Conv 600	1,750	2,900	6,530	10,200	14,500	

	6	5	4	3	2	1
1958 Anglia, 4-cyl., 87" wb						
2d Sed.	350	1,000	1,650	3,690	5,750	8,200
2d DeL Sed.	350	1,000	1,650	3,740	5,800	8,300
1958 Prefect, 4-cyl., 87" wb						
4d Sed.	350	1,000	1,650	3,690	5,750	8,200
1958 Escort/Squire, 4-cyl., 87" wb						
2d Sta Wag	350	1,000	1,700	3,780	5,900	8,400
1958 Consul, 4-cyl., 104" wb						
4d Sed.	350	1,000	1,700	3,780	5,900	8,400
2d Conv.	400	1,200	2,000	4,500	7,000	10,000
1958 Zephyr, 6-cyl., 107" wb						
4d Sed.	350	1,000	1,700	3,830	5,950	8,500
2d Conv.	400	1,200	2,000	4,500	7,000	10,000
1958 Zodiac, 6-cyl., 107" wb						
4d Sed.	350	1,050	1,700	3,870	6,000	8,600
2d Conv.	600	1,750	2,900	6,530	10,200	14,500
1959 Anglia, 4-cyl., 87" wb						
2d DeL Sed.	350	1,000	1,650	3,690	5,750	8,200
1959 Prefect, 4-cyl., 87" wb						
4d Sed.	300	950	1,600	3,650	5,650	8,100
1959 Escort/Squire, 4-cyl., 87" wb						
2d Sta Wag	350	1,000	1,700	3,780	5,900	8,400
1959 Consul, 4-cyl., 104" wb						
4d Sed.	350	1,000	1,700	3,780	5,900	8,400
2d Conv.	400	1,200	2,000	4,500	7,000	10,000
4d Sta Wag	350	1,000	1,700	3,830	5,050	8,500
1959 Zephyr, 6-cyl., 107" wb						
4d Sed.	350	1,000	1,700	3,830	5,950	8,500
2d Conv.	400	1,200	2,000	4,500	7,000	10,000
4d Sta Wag	350	1,050	1,700	3,870	6,000	8,600
1959 Zodiac, 6-cyl., 107" wb						
4d Sed.	350	1,050	1,700	3,870	0,000	8,600
2d Conv.	400	1,200	2,000	4,550	7,050	10,100
4d Sta Wag	350	1,050	1,750	3,920	6,100	8,700
1960 Anglia, 4-cyl., 90" wb						
2d Sed.	300	950	1,600	3,650	5,650	8,100
1960 Prefect, 4-cyl., 90" wb						
4d Sed.	300	850	1,400	3,150	4,900	7,000
1960 Escort/Squire, 4-cyl., 87" wb						
2d Sta Wag	350	1,000	1,700	3,780	5,900	8,400
1960 Consul, 4-cyl., 104" wb						
4d Sed.	350	1,000	1,700	3,780	5,900	8,400
2d Conv.	400	1,150	1,900	4,280	6,650	9,500
1960 Zephyr, 6-cyl., 107" wb						
4d Sed.	350	1,000	1,700	3,830	5,950	8,500
2d Conv.	400	1,150	1,950	4,370	6,800	9,700
1960 Zodiac, 6-cyl., 107" wb						
4d Sed.	350	1,050	1,700	3,870	6,000	8,600
2d Conv.	400	1,200	2,000	4,500	7,000	10,000
1961 Anglia, 4-cyl., 90" wb						
2d Sed.	300	850	1,400	3,200	4,950	7,100
1961 Prefect, 4-cyl., 90" wb						
4d Sed.	300	850	1,400	3,150	4,900	7,000
1961 Escort, 4-cyl., 87" wb						
2d Sta Wag	350	1,000	1,700	3,780	5,900	8,400
1961 Consul, 4-cyl., 104" wb						
4d Sed.	350	1,000	1,700	3,780	5,900	8,400
2d Conv.	600	1,800	3,000	6,750	10,500	15,000
1961 Zephyr, 6-cyl., 107" wb						
4d Sed.	350	1,000	1,700	3,830	5,950	8,500
2d Conv.	600	1,850	3,100	6,980	10,900	15,500
1961 Zodiac, 6-cyl., 107" wb						
4d Sed.	350	1,050	1,700	3,870	6,000	8,600
2d Conv.	650	1,900	3,150	7,070	11,000	15,700
1962 Anglia, 4-cyl., 90" wb						
2d Sed.	300	850	1,400	3,200	4,950	7,100
2d DeL Sed.	300	850	1,450	3,240	5,050	7,200
2d Sta Wag	300	850	1,450	3,240	5,050	7,200
1962 Consul 315, 4-cyl., 99" wb						
2d Sed.	300	900	1,450	3,290	5,100	7,300
4d DeL Sed.	300	900	1,500	3,330	5,200	7,400
1962 Consul Capri, 4-cyl., 99" wb						
2d HT Cpe.	350	1,000	1,700	3,830	5,950	8,500
1963 Anglia, 4-cyl., 90" wb						
2d Sed.	300	850	1,400	3,200	4,950	7,100
2d DeL Sed.	300	850	1,450	3,240	5,050	7,200
2d Sta Wag	300	850	1,450	3,240	5,050	7,200

	6	5	4	3	2	1
1963 Consul 315, 4-cyl., 99" wb						
2d Sed	300	900	1,450	3,290	5,100	7,300
4d DeL Sed	300	900	1,500	3,330	5,200	7,400
1963 Capri, 4-cyl., 99" wb						
2d HT Cpe	350	1,000	1,700	3,830	5,950	8,500
1963 Cortina, 4-cyl., 98" wb						
2d DeL Sed	300	850	1,450	3,240	5,050	7,200
4d DeL Sed	300	900	1,450	3,290	5,100	7,300
4d Sta Wag	300	900	1,450	3,290	5,100	7,300
1963 Zephyr, 6-cyl., 107" wb						
4d Sed	300	900	1,500	3,330	5,200	7,400
1963 Zodiac, 6-cyl., 107" wb						
4d Sed	300	900	1,500	3,380	5,250	7,500
1964 Anglia, 4-cyl., 90" wb						
2d Sed	300	850	1,400	3,200	4,950	7,100
2d DeL Sed	300	850	1,450	3,240	5,050	7,200
2d Sta Wag	300	850	1,450	3,240	5,050	7,200
1964 Consul 315, 4-cyl., 99" wb						
2d Sed	300	900	1,450	3,290	5,100	7,300
4d DeL Sed	300	900	1,500	3,330	5,200	7,400
1964 Consul Capri, 4-cyl., 99" wb						
2d Cpe	350	1,000	1,700	3,830	5,950	8,500
2d GT Cpe	350	1,050	1,750	3,920	6,100	8,700
1964 Cortina, 4-cyl., 98" wb						
2d GT Sed	300	900	1,500	3,420	5,300	7,600
2d DeL Sed	300	900	1,500	3,380	5,250	7,500
4d DeL Sed	300	900	1,500	3,330	5,200	7,400
4d Sta Wag	300	900	1,500	3,330	5,200	7,400
1964 Zodiac, 6-cyl., 107" wb						
4d Sed	300	900	1,500	3,380	5,250	7,500
1965 Anglia, 4-cyl., 90" wb						
2d DeL Sed	300	850	1,450	3,240	5,050	7,200
1965 Capri, 4-cyl., 99" wb						
2d Cpe	300	900	1,450	3,290	5,100	7,300
2d GT Cpe	300	900	1,500	3,330	5,200	7,400
1965 Cortina, 4-cyl., 98" wb						
2d GT Sed	300	950	1,600	3,600	5,600	8,000
2d Sed	300	850	1,450	3,240	5,050	7,200
4d Sed	300	850	1,400	3,200	4,950	7,100
4d Sta Wag	300	850	1,400	3,200	4,950	7,100
1966 Anglia 1200, 4-cyl., 90" wb						
2d DeL Sed	300	850	1,450	3,240	5,050	7,200
1966 Cortina 1500, 4-cyl., 98" wb						
2d GT Sed	300	950	1,600	3,600	5,600	8,000
2d Sed	300	850	1,450	3,240	5,050	7,200
4d Sed	300	900	1,450	3,290	5,100	7,300
4d Sta Wag	300	900	1,500	3,330	5,200	7,400
1966 Cortina Lotus, 4-cyl., 98" wb						
2d Sed	650	2,000	3,300	7,430	11,600	16,500
1967 Anglia 113E, 4-cyl., 90" wb						
2d DeL Sed	300	850	1,450	3,240	5,050	7,200
1967 Cortina 116E, 4-cyl., 98" wb						
2d GT Sed	300	900	1,450	3,290	5,100	7,300
2d Sed	300	850	1,400	3,200	4,950	7,100
4d Sed	300	850	1,450	3,240	5,050	7,200
4d Sta Wag	300	900	1,500	3,380	5,250	7,500
1968 Cortina, 4-cyl., 98" wb						
2d Sed	300	900	1,450	3,290	5,100	7,300
4d Sed	300	900	1,500	3,330	5,200	7,400
2d GT Sed	300	900	1,500	3,380	5,250	7,500
4d GT Sed	300	900	1,500	3,380	5,250	7,500
4d Sta Wag	300	900	1,500	3,380	5,250	7,500
1969 Cortina, 4-cyl., 98" wb						
2d Sed	300	900	1,450	3,290	5,100	7,300
4d Sed	300	900	1,500	3,330	5,200	7,400
2d GT Sed	300	900	1,500	3,420	5,300	7,600
4d GT Sed	300	900	1,500	3,420	5,300	7,600
2d DeL Sed	300	900	1,500	3,380	5,250	7,500
4d DeL Sed	300	900	1,500	3,380	5,250	7,500
4d Sta Wag	300	900	1,500	3,420	5,300	7,600
1970 Cortina, 4-cyl., 98" wb						
2d Sed	300	900	1,450	3,290	5,100	7,300
4d Sed	300	900	1,500	3,330	5,200	7,400
2d GT Sed	300	900	1,500	3,420	5,300	7,600
4d GT Sed	300	900	1,500	3,420	5,300	7,600
2d DeL Sed	300	900	1,500	3,380	5,250	7,500

	6	5	4	3	2	1
4d DeL Sed...........................	300	900	1,500	3,380	5,250	7,500
4d Sta Wag...........................	300	900	1,500	3,420	5,300	7,600

FORD-CAPRI

1969-70 1600, 4-cyl., 1599cc, 100.8" wb

2d Spt Cpe............................	340	1,020	1,700	3,830	5,950	8,500

1971 1600, 4-cyl., 1599cc, 100.8" wb
| 2d Spt Cpe............................ | 360 | 1,080 | 1,800 | 4,050 | 6,300 | 9,000 |

1971 2000, 4-cyl., 1993cc. 100.8" wb
| 2d Spt Cpe............................ | 380 | 1,140 | 1,900 | 4,280 | 6,650 | 9,500 |

1972 1600, 4-cyl., 1599cc. 100.8" wb
| 2d Spt Cpe............................ | 340 | 1,020 | 1,700 | 3,830 | 5,950 | 8,500 |

1972 2000, 4-cyl., 1993cc, 100.8" wb
| 2d Spt Cpe............................ | 360 | 1,080 | 1,800 | 4,050 | 6,300 | 9,000 |

1972 2600, V-6, 2548cc, 100.8" wb
| 2d Spt Cpe............................ | 380 | 1,140 | 1,900 | 4,280 | 6,650 | 9,500 |

1973 2000, 4-cyl., 1993cc, 100.8" wb
| 2d Spt Cpe............................ | 360 | 1,080 | 1,800 | 4,050 | 6,300 | 9,000 |

1973 2600, V-6, 2548cc, 100.8" wb
| 2d Spt Cpe............................ | 380 | 1,140 | 1,900 | 4,280 | 6,650 | 9,500 |

1974 2000, 4-cyl., 1993cc, 100.8" wb
| 2d Spt Cpe............................ | 360 | 1,080 | 1,800 | 4,050 | 6,300 | 9,000 |

1974 2800, V-6, 2792cc, 100.8" wb
| 2d Spt Cpe............................ | 380 | 1,140 | 1,900 | 4,280 | 6,650 | 9,500 |

1975-76 2300, 4-cyl., 2300cc, 100.9" wb
2d HBk Cpe...........................	360	1,080	1,800	4,050	6,300	9,000
2d Ghia Cpe...........................	380	1,140	1,900	4,280	6,650	9,500
2d "S" Cpe............................	380	1,140	1,900	4,280	6,650	9,500

1975-76 2800, V-6, 2795cc, 100.9" wb
| 2d HBk Cpe........................... | 360 | 1,080 | 1,800 | 4,050 | 6,300 | 9,000 |

NOTE: No Capris were imported for the 1975 model year. Late in the year came the Capri II (intended as a '76 model)

1977-78 2300, 4-cyl., 2300cc, 100.9" wb
| 2d HBk Cpe........................... | 360 | 1,080 | 1,800 | 4,050 | 6,300 | 9,000 |
| 2d Ghia Cpe........................... | 380 | 1,140 | 1,900 | 4,280 | 6,650 | 9,500 |

1977-78 2800, V-6, 2795cc, 100.9" wb
| 2d HBk Cpe........................... | 380 | 1,140 | 1,900 | 4,280 | 6,650 | 9,500 |

NOTE: 1977 was the final model year for Capri II. They were not imported after 1977.

GEO

1989 Metro

2d HBk	184	552	920	2,070	3,220	4,600
2d HBk LSi...........................	204	612	1,020	2,300	3,570	5,100
4d Sed LSi............................	208	624	1,040	2,340	3,640	5,200

1989 Prizm
| 4d Sed............................... | 264 | 792 | 1,320 | 2,970 | 4,620 | 6,600 |
| 5d HBk .... | 268 | 804 | 1,340 | 3,020 | 4,690 | 6,700 |

1989 Spectrum
| 2d HBk .... | 224 | 672 | 1,120 | 2,520 | 3,920 | 5,600 |
| 4d Sed............................... | 232 | 696 | 1,160 | 2,610 | 4,060 | 5,800 |

1989 Tracker (4x4)
| Wag HT............................... | 340 | 1,020 | 1,700 | 3,830 | 5,950 | 8,500 |
| Wag Soft-top.......................... | 320 | 960 | 1,600 | 3,600 | 5,600 | 8,000 |

1990 Metro, 3-cyl.
2d HBk XFi...........................	112	336	560	1,260	1,960	2,800
2d HBk	116	348	580	1,310	2,030	2,900
2d HBk LSi...........................	124	372	620	1,400	2,170	3,100
4d HBk	116	348	580	1,310	2,030	2,900
4d HBk LSi...........................	132	396	660	1,490	2,310	3,300
2d Conv LSi...........................	200	600	1,000	2,250	3,500	5,000

1990 Prizm, 4-cyl.
4d Sed...............................	240	720	1,200	2,700	4,200	6,000
4d Sed GSi...........................	260	780	1,300	2,930	4,550	6,500
4d HBk	256	768	1,280	2,880	4,480	6,400
4d HBk GSi...........................	276	828	1,380	3,110	4,830	6,900

1990 Storm, 4-cyl.
| 2d HBk (2 plus 2)..................... | 220 | 660 | 1,100 | 2,480 | 3,850 | 5,500 |
| 2d HBk (2 plus 2) GSi................. | 240 | 720 | 1,200 | 2,700 | 4,200 | 6,000 |

1991 Metro
2d HBk	100	300	500	1,130	1,750	2,500
2d HBk XFi...........................	104	312	520	1,170	1,820	2,600
2d HBk LSi...........................	112	336	560	1,260	1,960	2,800
4d HBk	104	312	520	1,170	1,820	2,600
4d HBk LSi...........................	112	336	560	1,260	1,960	2,800
2d Conv LSi...........................	156	468	780	1,760	2,730	3,900

	6	5	4	3	2	1
1991 Prizm						
4d NBk	200	600	1,000	2,250	3,500	5,000
4d NBk GSi	220	660	1,100	2,480	3,850	5,500
4d HBk	204	612	1,020	2,300	3,570	5,100
4d HBk GSi	224	672	1,120	2,520	3,920	5,600
1991 Storm						
2d Cpe	180	540	900	2,030	3,150	4,500
2d Cpe GSi	200	600	1,000	2,250	3,500	5,000
2d HBk	180	540	900	2,030	3,150	4,500
1992 Metro, 3-cyl.						
2d HBk XFi	120	360	600	1,350	2,100	3,000
2d HBk	128	384	640	1,440	2,240	3,200
2d HBk LSi	140	420	700	1,580	2,450	3,500
4d HBk	128	384	640	1,440	2,240	3,200
4d HBk LSi	140	420	700	1,580	2,450	3,500
2d Conv LSi	180	540	900	2,030	3,150	4,500
1992 Prizm, 4-cyl.						
4d Sed	200	600	1,000	2,250	3,500	5,000
4d Sed GSi	240	720	1,200	2,700	4,200	6,000
1992 Storm, 4-cyl.						
2d Cpe	168	504	840	1,890	2,940	4,200
2d HBk	180	540	900	2,030	3,150	4,500
2d Cpe GSi	220	660	1,100	2,480	3,850	5,500
1993 Metro, 3-cyl.						
2d XFi HBk	152	456	760	1,710	2,660	3,800
2d HBk	156	468	780	1,760	2,730	3,900
2d LSi HBk	156	468	780	1,760	2,730	3,900
4d HBk	160	480	800	1,800	2,800	4,000
4d LSi HBk	160	480	800	1,800	2,800	4,000
2d LSi Conv	260	780	1,300	2,930	4,550	6,500
1993 Prizm						
4d Sed	220	660	1,100	2,480	3,850	5,500
4d LSi Sed	224	672	1,120	2,520	3,920	5,600
1993 Storm						
2d Cpe	228	684	1,140	2,570	3,990	5,700
2d GSi Cpe	232	696	1,160	2,610	4,060	5,800
1994 Metro, 3-cyl.						
2d HBk XFi	128	384	640	1,440	2,240	3,200
2d HBk	136	408	680	1,530	2,380	3,400
4d HBk	140	420	700	1,580	2,450	3,500
1994 Prizm, 4-cyl.						
4d Sed	220	660	1,100	2,480	3,850	5,500
4d Sed LSi	224	672	1,120	2,520	3,920	5,600
1995 Metro, 4-cyl.						
2d HBk (3-cyl.)	150	400	650	1,440	2,250	3,200
2d HBk LSi (3-cyl.)	150	400	700	1,530	2,400	3,400
2d HBk LSi	150	400	700	1,580	2,450	3,500
4d Sed	150	400	700	1,530	2,400	3,400
4d Sed LSi	150	450	700	1,620	2,500	3,600
1995 Prizm, 4-cyl.						
4d Sed	200	650	1,100	2,480	3,850	5,500
4d Sed LSi	200	650	1,100	2,520	3,900	5,600
1996 Metro, 4-cyl.						
2d HBk (3-cyl.)	150	400	650	1,440	2,250	3,200
2d HBk	150	400	650	1,490	2,300	3,300
2d HBk LSi (3-cyl.)	150	400	700	1,530	2,400	3,400
2d HBk LSi	150	400	700	1,580	2,450	3,500
4d Sed	150	400	700	1,530	2,400	3,400
4d Sed LSi	150	450	700	1,620	2,500	3,600
1996 Prizm, 4-cyl.						
4d Sed	200	650	1,100	2,480	3,850	5,500
4d Sed LSi	200	650	1,100	2,520	3,900	5,600
1997 Metro, 4-cyl.						
2d HBk (3-cyl.)	128	384	640	1,440	2,240	3,200
2d HBk LSi	136	408	680	1,530	2,380	3,400
4d Sed LSi	144	432	720	1,620	2,520	3,600
1997 Prizm, 4-cyl.						
4d Sed	220	660	1,100	2,480	3,850	5,500
4d Sed LSi	224	672	1,120	2,520	3,920	5,600

HILLMAN

	6	5	4	3	2	1
1948 Minx, 4-cyl., 92" wb						
4d Sed	300	850	1,400	3,150	4,900	7,000
2d Conv	540	1,620	2,700	6,080	9,450	13,500
4d Est Wag	300	950	1,600	3,600	5,600	8,000

	6	5	4	3	2	1
1949 Minx, 4-cyl., 93" wb						
4d Sed.	300	850	1,400	3,150	4,900	7,000
2d Conv.	540	1,620	2,700	6,080	9,450	13,500
4d Est Wag	300	950	1,600	3,600	5,600	8,000
1950 Minx, 4-cyl., 93" wb						
4d Sed.	300	850	1,400	3,150	4,900	7,000
2d Conv.	540	1,620	2,700	6,080	9,450	13,500
4d Est Wag	300	950	1,600	3,600	5,600	8,000
1951 Minx Mk IV, 4-cyl., 93" wb						
4d Sed.	300	850	1,400	3,150	4,900	7,000
2d Conv.	540	1,620	2,700	6,080	9,450	13,500
4d Est Wag	300	950	1,600	3,600	5,600	8,000
1952 Minx Mk IV, 4-cyl., 93" wb						
4d Sed.	300	850	1,400	3,150	4,900	7,000
2d Conv.	540	1,620	2,700	6,080	9,450	13,500
4d Est Wag	300	900	1,500	3,380	5,250	7,500
1952 Minx Mk V, 4-cyl., 93" wb						
4d Sed.	300	850	1,400	3,150	4,900	7,000
2d Conv.	544	1,632	2,720	6,120	9,520	13,600
4d Est Wag	300	950	1,600	3,600	5,600	8,000
1953 Minx Mk VI, 4-cyl., 93" wb						
4d Sed.	300	850	1,400	3,150	4,900	7,000
2d HT	350	1,100	1,800	4,050	6,300	9,000
2d Conv.	548	1,644	2,740	6,170	9,590	13,700
4d Est Wag	300	950	1,600	3,600	5,600	8,000
1954 Minx Mk VII, 4-cyl., 93" wb						
4d Sed.	300	850	1,400	3,150	4,900	7,000
2d HT	350	1,100	1,800	4,050	6,300	9,000
2d Conv.	548	1,644	2,740	6,170	9,590	13,700
4d Est Wag	300	950	1,600	3,600	5,600	8,000
1955 Husky, 4-cyl., 84" wb						
2d Sta Wag	300	950	1,600	3,600	5,000	8,000
1955 Minx Mk VIII, 4-cyl., 93" wb						
4d Sed.	300	850	1,400	3,150	4,900	7,000
2d HT Cpe.	350	1,100	1,800	4,050	6,300	9,000
2d Conv.	548	1,644	2,740	6,170	9,590	13,700
4d Est Wag	300	950	1,600	3,600	5,600	8,000
1956 Husky, 4-cyl., 84" wb						
2d Sta Wag	300	900	1,500	3,380	5,250	7,500
1956 Minx Mk VIII, 4-cyl., 93" wb						
4d Sed.	300	900	1,500	3,380	5,250	7,500
2d HT Cpe.	350	1,100	1,800	4,050	6,300	9,000
2d Conv.	548	1,644	2,740	6,170	9,590	13,700
4d Est Wag	300	950	1,600	3,600	5,600	8,000
1957 Husky, 4-cyl., 84" wb						
2d Sta Wag	300	950	1,600	3,600	5,600	8,000
1957 New Minx, 4-cyl., 96" wb						
4d Sed.	300	850	1,400	3,150	4,900	7,000
2d Conv.	536	1,608	2,680	6,030	9,380	13,400
4d Est Wag	350	1,000	1,650	3,690	5,750	8,200
1958 Husky, 4-cyl., 84" wb						
2d Sta Wag	300	950	1,600	3,600	5,600	8,000
1958 Husky, 2nd Series, 4-cyl., 86" wb						
2d Sta Wag	300	900	1,500	3,420	5,300	7,600
1958 Minx, 4-cyl., 96" wb						
4d Spl Sed.	300	850	1,400	3,150	4,900	7,000
4d DeL Sed.	300	900	1,500	3,380	5,250	7,500
2d Conv.	536	1,608	2,680	6,030	9,380	13,400
4d Est Wag	350	1,000	1,700	3,780	5,900	8,400
1959 Husky, 4-cyl., 86" wb						
2d Sta Wag	300	900	1,500	3,380	5,250	7,500
1959 Minx Series II, 4-cyl., 96" wb						
4d Spl Sed.	300	900	1,500	3,380	5,250	7,500
4d DeL Sed.	300	900	1,500	3,380	5,250	7,500
2d Conv.	400	1,150	1,900	4,230	6,600	9,400
4d Est Wag	300	900	1,550	3,470	5,400	7,700
1960 Husky, 4-cyl., 86" wb						
2d Sta Wag	300	900	1,500	3,380	5,250	7,500
1960 Minx Series IIIA, 4-cyl., 96" wb						
4d Spl Sed.	300	900	1,500	3,380	5,250	7,500
4d DeL Sed.	300	900	1,500	3,380	5,250	7,500
2d Conv.	400	1,150	1,900	4,280	6,650	9,500
4d Est Wag	300	900	1,550	3,470	5,400	7,700
1961 Husky, 4-cyl., 86" wb						
2d Sta Wag	300	900	1,500	3,380	5,250	7,500

HILLMAN

	6	5	4	3	2	1
1961 Minx Series IIIA, 4-cyl., 96" wb						
4d Spl Sed	300	900	1,500	3,380	5,250	7,500
4d DeL Sed	300	900	1,500	3,380	5,250	7,500
2d Conv	540	1,620	2,700	6,080	9,450	13,500
4d Est Wag	300	900	1,550	3,470	5,400	7,700
1962 Husky, 4-cyl., 86" wb						
2d Sta Wag	300	900	1,500	3,380	5,250	7,500
1962 Minx Series 1600, 4-cyl., 96" wb						
4d Sed	300	850	1,400	3,150	4,900	7,000
2d Conv	500	1,550	2,600	5,850	9,100	13,000
4d Est Wag	300	900	1,550	3,470	5,400	7,700
1962 Super Minx, 4-cyl., 101" wb						
4d Sed	300	900	1,500	3,380	5,250	7,500
1963 Husky II, 4-cyl., 86" wb						
2d Sta Wag	300	900	1,500	3,380	5,250	7,500
1963 Minx Series 1600, 4-cyl., 96" wb						
4d Sed	300	850	1,400	3,150	4,900	7,000
1963 Super Minx Mk I, 4-cyl., 101" wb						
4d Sed	300	850	1,400	3,150	4,900	7,000
2d Conv	520	1,560	2,600	5,850	9,100	13,000
4d Est Wag	300	900	1,550	3,470	5,400	7,700
1963 Super Minx Mk II, 4-cyl., 101" wb						
4d Sed	520	1,560	2,600	5,850	9,100	13,000
2d Conv	528	1,584	2,640	5,940	9,240	13,200
4d Est Wag	300	950	1,550	3,510	5,450	7,800
1964 Husky, 4-cyl., 86" wb						
2d Sta Wag	300	900	1,500	3,380	5,250	7,500
1964 Minx Series 1600 Mk V, 4-cyl., 96" wb						
4d Sed	300	850	1,400	3,150	4,900	7,000
1964 Super Minx Mk II, 4-cyl., 101" wb						
4d Sed	300	850	1,400	3,150	4,900	7,000
2d Conv	524	1,572	2,620	5,900	9,170	13,100
4d Est Wag	300	900	1,500	3,420	5,300	7,600
1965 Husky, 4-cyl., 86" wb						
2d Sta Wag	300	900	1,500	3,380	5,250	7,500
1965 Super Minx Mk II, 4-cyl., 101" wb						
4d Sed	300	850	1,400	3,150	4,900	7,000
4d Est Wag	300	900	1,550	3,470	5,400	7,700
1966 Husky, 4-cyl., 86" wb						
2d Sta Wag	300	900	1,500	3,380	5,250	7,500
1966 Super Minx Mk III, 4-cyl., 101" wb						
4d Sed	300	850	1,400	3,150	4,900	7,000
4d Est Wag	300	900	1,550	3,470	5,400	7,700
1967 Husky, 4-cyl., 86" wb						
2d Sta Wag	300	900	1,550	3,470	5,400	7,700

HONDA

	6	5	4	3	2	1
1967-70 S 800						
2d	700	2,100	3,500	7,880	12,250	17,500
1970-72 N 600						
2d	560	1,680	2,800	6,300	9,800	14,000
2d AZ600	640	1,920	3,200	7,200	11,200	16,000
1973-78 Civic						
2d	250	700	1,200	2,700	4,200	6,000
4d Sta Wag	250	750	1,200	2,750	4,250	6,100
1976-79 Accord						
HBk	220	660	1,100	2,480	3,850	5,500
LX HBx (1978-79 only)	240	720	1,200	2,700	4,200	6,000
4 Sed (1979 only)	240	720	1,200	2,700	4,200	6,000
1979 Civic						
2d	250	750	1,200	2,750	4,250	6,100
4d Sta Wag	250	750	1,250	2,790	4,350	6,200
1980 Civic 1300						
3d HBk	200	600	1,000	2,250	3,500	5,000
3d DX	200	600	1,000	2,250	3,500	5,000
1980 Civic 1500						
3d HBk	200	600	1,000	2,250	3,500	5,000
3d HBk DX	200	600	1,000	2,300	3,550	5,100
3d HBk GL	200	600	1,050	2,340	3,650	5,200
5d Sta Wag	200	600	1,000	2,300	3,550	5,100
1980 Accord						
3d HBk	200	650	1,100	2,480	3,850	5,500
4d Sed	250	700	1,200	2,700	4,200	6,000
3d HBk LX	250	700	1,200	2,700	4,200	6,000

	6	5	4	3	2	1
1980 Prelude						
2d Cpe.	250	800	1,350	3,020	4,700	6,700
1981 Civic 1300						
3d HBk	200	600	1,000	2,250	3,500	5,000
3d HBk DX	200	600	1,000	2,300	3,550	5,100
1981 Civic 1500						
3d HBk DX	200	600	1,000	2,250	3,500	5,000
3d HBk GL	200	600	1,000	2,250	3,500	5,000
4d Sed.	200	600	1,000	2,300	3,550	5,100
4d Sta Wag	200	600	1,000	2,300	3,550	5,100
1981 Accord						
3d HBk	250	700	1,200	2,700	4,200	6,000
4d Sed.	250	700	1,200	2,700	4,200	6,000
3d HBk LX	250	750	1,200	2,750	4,250	6,100
4d Sed SE	250	750	1,200	2,750	4,250	6,100
1981 Prelude						
2d Cpe.	300	850	1,400	3,150	4,900	7,000
1982 Civic 1300						
3d HBk	200	600	1,000	2,250	3,500	5,000
3d HBk FE.	200	600	1,000	2,250	3,500	5,000
1982 Civic 1500						
3d HBk DX	200	600	1,000	2,300	3,550	5,100
3d HBk GL.	200	600	1,050	2,340	3,650	5,200
4d Sed.	200	650	1,050	2,390	3,700	5,300
4d Sta Wag	250	750	1,200	2,750	4,250	6,100
1982 Accord						
3d HBk	250	700	1,200	2,700	4,200	6,000
4d Sed.	250	750	1,200	2,750	4,250	6,100
3d HBk LX.	250	750	1,250	2,790	4,350	6,200
1982 Prelude						
2d Cpe	300	850	1,450	3,240	5,050	7,200
1983 Civic 1300						
3d HBk	200	600	1,000	2,250	3,500	5,000
3d HBk FE.	200	600	1,000	2,250	3,500	5,000
1983 Civic 1500						
3d HBk DX	200	600	1,000	2,300	3,550	5,100
3d HBk S.	200	600	1,050	2,340	3,650	5,200
4d Sed.	200	650	1,050	2,390	3,700	5,300
4d Sta Wag	200	600	1,000	2,300	3,550	5,100
1983 Accord						
3d HBk	250	700	1,200	2,700	4,200	6,000
3d HBk LX.	250	750	1,200	2,750	4,250	6,100
4d Sed.	250	750	1,250	2,790	4,350	6,200
1983 Prelude						
2d Cpe.	300	900	1,450	3,290	5,100	7,300
1984 Civic 1300						
2d Cpe CRX	200	600	1,000	2,250	3,500	5,000
3d HBk	200	600	1,000	2,250	3,500	5,000
1984 Civic 1500						
2d Cpe CRX	250	700	1,200	2,700	4,200	6,000
3d HBk DX	200	600	1,000	2,250	3,500	5,000
3d HBk S.	200	600	1,000	2,250	3,500	5,000
4d Sed.	200	600	1,050	2,340	3,650	5,200
4d Sta Wag	200	600	1,050	2,340	3,650	5,200
1984 Accord						
3d HBk	200	650	1,100	2,520	3,900	5,600
3d HBk LX.	250	700	1,150	2,570	4,000	5,700
4d Sed.	250	700	1,150	2,610	4,050	5,800
4d Sed LX.	250	700	1,200	2,700	4,200	6,000
1984 Prelude						
2d Cpe.	300	850	1,400	3,150	4,900	7,000
1985 Civic 1300						
3d HBk	200	600	1,000	2,250	3,500	5,000
1985 Civic 1500						
2d Cpe CRX HF	250	700	1,200	2,700	4,200	6,000
2d Cpe CRX	250	750	1,250	2,790	4,350	6,200
2d Cpe CRX Si	250	800	1,300	2,930	4,550	6,500
3d HBk DX	200	650	1,100	2,480	3,850	5,500
3d HBk S.	200	550	900	2,030	3,150	4,500
4d Sed.	200	550	900	2,070	3,200	4,600
4d Sta Wag	200	550	900	2,030	3,150	4,500
4d Sta Wag (4x4)	200	600	1,000	2,250	3,500	5,000
1985 Accord						
3d HBk	250	800	1,300	2,930	4,550	6,500
3d HBk LX.	300	850	1,400	3,150	4,900	7,000
4d Sed.	300	850	1,400	3,200	4,950	7,100

	6	5	4	3	2	1
4d Sed LX	300	900	1,450	3,290	5,100	7,300
4d Sed SEi	300	950	1,600	3,600	5,600	8,000
1985 Prelude						
2d Cpe	300	950	1,600	3,600	5,600	8,000
2d Cpe Si	350	1,050	1,750	3,960	6,150	8,800
1986 Civic						
3d HBk	200	550	950	2,120	3,300	4,700
3d HBk DX	200	600	1,050	2,340	3,650	5,200
3d HBk Si	250	700	1,200	2,660	4,150	5,900
4d Sed	250	700	1,200	2,700	4,200	6,000
4d Sta Wag	200	650	1,100	2,480	3,850	5,500
4d Sta Wag (4x4)	250	750	1,200	2,750	4,250	6,100
1986 Civic CRX						
2d Cpe HF	250	700	1,150	2,570	4,000	5,700
2d Cpe Si	250	800	1,300	2,930	4,550	6,500
2d Cpe	250	700	1,200	2,700	4,200	6,000
1986 Accord						
3d HBk DX	300	850	1,400	3,200	4,950	7,100
3d HBk LXi	350	1,000	1,700	3,830	5,950	8,500
4d Sed DX	300	950	1,600	3,600	5,600	8,000
4d Sed LX	350	1,000	1,700	3,830	5,950	8,500
4d Sed LXi	400	1,150	1,900	4,230	6,600	9,400
1986 Prelude						
2d Cpe	350	1,100	1,850	4,190	6,500	9,300
2d Cpe Si	400	1,200	2,050	4,590	7,150	10,200
1987 Civic						
3d HBk	200	600	1,000	2,250	3,500	5,000
3d HBk DX	200	650	1,100	2,520	3,900	5,600
3d HBk Si	250	750	1,250	2,840	4,400	6,300
4d Sed	250	800	1,300	2,930	4,550	6,500
4d Sta Wag	250	700	1,200	2,660	4,150	5,900
4d Sta Wag (4x4)	250	800	1,300	2,970	4,600	6,600
1987 Civic CRX						
2d Cpe HF	250	750	1,200	2,750	4,250	6,100
2d Cpe	250	750	1,300	2,880	4,500	6,400
2d Cpe Si	300	850	1,400	3,150	4,900	7,000
1987 Accord						
3d HBk DX	300	900	1,500	3,380	5,250	7,500
3d HBk LXi	300	950	1,600	3,560	5,550	7,900
4d Sed DX	350	1,000	1,650	3,690	5,750	8,200
4d Sed LX	300	950	1,600	3,600	5,600	8,000
4d Sed LXi	400	1,200	2,000	4,500	7,000	10,000
1987 Prelude						
2d Cpe	400	1,200	2,000	4,500	7,000	10,000
2d Cpe Si	450	1,400	2,300	5,180	8,050	11,500
1988 Civic						
3d HBk	200	650	1,100	2,480	3,850	5,500
3d HBk DX	250	800	1,300	2,930	4,550	6,500
4d Sed DX	250	800	1,350	3,020	4,700	6,700
4d Sed LX	300	900	1,450	3,290	5,100	7,300
4d Sta Wag	250	750	1,250	2,840	4,400	6,300
4d Sta Wag (4x4)	250	700	1,200	2,700	4,200	6,000
1988 Civic CRX						
2d Cpe HF	300	850	1,400	3,150	4,900	7,000
2d Cpe Si	300	950	1,600	3,600	5,600	8,000
2d Cpe	300	900	1,450	3,290	5,100	7,300
1988 Accord						
3d HBk DX	300	950	1,600	3,650	5,650	8,100
3d HBk LXi	400	1,150	1,900	4,280	6,650	9,500
2d Cpe DX	350	1,000	1,650	3,740	5,800	8,300
2d Cpe LXi	350	1,100	1,800	4,050	6,300	9,000
4d Sed DX	350	1,000	1,700	3,830	5,950	8,500
4d Sed LX	350	1,050	1,750	3,920	6,100	8,700
4d Sed LXi	400	1,200	2,000	4,500	7,000	10,000
1988 Prelude						
2d Cpe S	400	1,250	2,100	4,730	7,350	10,500
2d Cpe Si	500	1,450	2,400	5,400	8,400	12,000
2d Cpe Si (4x4)	500	1,500	2,500	5,630	8,750	12,500
1989 Civic						
3d HBk	250	800	1,350	3,060	4,750	6,800
3d HBk DX	300	950	1,550	3,510	5,450	7,800
3d HBk Si	350	1,050	1,700	3,870	6,000	8,600
4d Sed DX	350	1,050	1,750	3,960	6,150	8,800
4d Sed LX	400	1,150	1,900	4,230	6,600	9,400
4d Sta Wag	350	1,000	1,700	3,830	5,950	8,500
4d Sta Wag (4x4)	400	1,150	1,900	4,230	6,600	9,400

	6	5	4	3	2	1 525
1989 Civic CRX						
2d Cpe HF.	350	1,000	1,700	3,830	5,950	8,500
2d Cpe.	350	1,100	1,800	4,050	6,300	9,000
2d Cpe Si	450	1,300	2,200	4,950	7,700	11,000
1989 Accord						
3d HBk DX	400	1,200	2,050	4,590	7,150	10,200
3d HBk LXi	500	1,500	2,450	5,540	8,600	12,300
2d Cpe DX.	450	1,350	2,200	5,000	7,750	11,100
2d Cpe LXi	550	1,600	2,650	5,990	9,300	13,300
4d Sed DX.	450	1,350	2,250	5,090	7,900	11,300
4d Sed LX.	450	1,400	2,300	5,180	8,050	11,500
4d Sed LXi.	550	1,600	2,650	5,990	9,300	13,300
2d Cpe SEi	550	1,600	2,650	5,990	9,300	13,300
4d Sed SEi	550	1,700	2,800	6,300	9,800	14,000
1989 Prelude						
2d Cpe S	400	1,250	2,100	4,730	7,350	10,500
2d Cpe Si	500	1,550	2,550	5,760	8,950	12,800
2d Cpe Si (4x4)	550	1,600	2,650	5,990	9,300	13,300
1990 Civic, 4-cyl.						
2d HBk	200	600	1,000	2,250	3,500	5,000
2d HBk DX	200	650	1,100	2,480	3,850	5,500
2d HBk Si	250	700	1,200	2,700	4,200	6,000
4d Sed DX.	250	800	1,300	2,930	4,550	6,500
4d Sed LX.	300	850	1,400	3,150	4,900	7,000
4d Sed EX,	300	900	1,450	3,290	5,100	7,300
4d Sta Wag	250	800	1,300	2,030	4,550	6,500
4d Sta Wag 4x4.	300	850	1,400	3,150	4,900	7,000
1990 Civic CRX, 4-cyl.						
2d Cpe HF.	250	700	1,200	2,700	4,200	6,000
2d Cpe.	250	800	1,300	2,930	4,550	6,500
2d Cpe Si	300	850	1,400	3,150	4,900	7,000
1990 Accord, 4-cyl.						
2d Cpe DX.	300	900	1,500	3,380	5,250	7,500
2d Cpe LX.	300	950	1,600	3,600	5,600	8,000
2d Cpe EX.	350	1,000	1,700	3,830	5,950	8,500
4d Sed DX.	300	950	1,600	3,600	5,600	8,000
4d Sed LX.	350	1,000	1,700	3,830	5,950	8,500
4d Sed EX.	400	1,150	1,900	4,280	6,650	9,500
1990 Prelude, 4-cyl.						
2d 2.0 Cpe S.	350	1,000	1,700	3,830	5,950	8,500
2d 2.0 Cpe Si	350	1,100	1,800	4,050	6,300	9,000
2d Cpe Si	400	1,150	1,900	4,280	6,650	9,500
2d Cpe Si 4WS	400	1,200	2,000	4,500	7,000	10,000
1991 Civic						
2d HBk	200	550	950	2,120	3,300	4,700
2d HBk DX	200	600	1,000	2,250	3,500	5,000
2d HBk Si	200	650	1,100	2,480	3,850	5,500
4d Sed DX.	250	700	1,200	2,700	4,200	6,000
4d Sed LX.	250	750	1,250	2,840	4,400	6,300
4d Sed EX.	250	800	1,350	3,020	4,700	6,700
4d Sta Wag	250	700	1,200	2,700	4,200	6,000
4d Sta Wag 4x4.	250	800	1,350	3,020	4,700	6,700
2d Cpe CRX HF	200	650	1,100	2,480	3,850	5,500
2d Cpe CRX	250	700	1,200	2,700	4,200	6,000
2d Cpe CRX Si	250	800	1,300	2,930	4,550	6,500
1991 Accord						
2d Cpe DX.	250	800	1,300	2,930	4,550	6,500
2d Cpe LX.	300	900	1,500	3,380	5,250	7,500
2d Cpe EX.	350	1,000	1,700	3,830	5,950	8,500
4d Sed DX.	250	800	1,300	2,930	4,550	6,500
4d Sed LX.	300	900	1,500	3,380	5,250	7,500
4d Sed EX.	350	1,000	1,700	3,830	5,950	8,500
4d Sed SE.	350	1,100	1,800	4,050	6,300	9,000
4d Sta Wag LX	350	1,100	1,850	4,190	6,500	9,300
4d Sta Wag EX	400	1,150	1,900	4,280	6,650	9,500
1991 Prelude						
2d 2.0 Si Cpe	350	1,000	1,700	3,830	5,950	8,500
2d Si Cpe	350	1,100	1,800	4,050	6,300	9,000
2d Si Cpe 4WS	400	1,150	1,900	4,280	6,650	9,500
1992 Civic, 4-cyl.						
2d Cpe CX.	200	650	1,100	2,480	3,850	5,500
2d HBk DX	250	700	1,200	2,700	4,200	6,000
2d HBk VX.	250	700	1,200	2,700	4,200	6,000
2d HBk Si	250	800	1,350	3,020	4,700	6,700
4d Sed DX.	250	800	1,350	3,020	4,700	6,700
4d Sed LX.	300	850	1,400	3,150	4,900	7,000

HONDA

	6	5	4	3	2	1
4d Sed EX	350	1,000	1,650	3,740	5,800	8,300
4d Sta Wag	300	850	1,400	3,150	4,900	7,000
1992 Accord, 4-cyl.						
2d Cpe DX	300	900	1,500	3,380	5,250	7,500
2d Cpe LX	300	950	1,600	3,600	5,600	8,000
2d Cpe EX	300	950	1,600	3,600	5,600	8,000
4d Sed DX	300	950	1,600	3,600	5,600	8,000
4d Sed LX	350	1,000	1,700	3,830	5,950	8,500
4d Sed EX	400	1,200	2,000	4,500	7,000	10,000
4d Sta Wag LX	400	1,200	2,000	4,500	7,000	10,000
4d Sta Wag EX	400	1,250	2,100	4,730	7,350	10,500
1992 Prelude, 4-cyl.						
2d S Cpe	400	1,200	2,000	4,500	7,000	10,000
2d Si Cpe	400	1,250	2,100	4,730	7,350	10,500
2d Si Cpe 4WS	450	1,400	2,300	5,180	8,050	11,500
1993 Civic, 4-cyl.						
2d HBk CX	200	600	1,000	2,250	3,500	5,000
2d HBk DX	200	600	1,000	2,300	3,550	5,100
2d HBk VX	200	600	1,050	2,340	3,650	5,200
2d HBk Si	200	650	1,050	2,390	3,700	5,300
2d Cpe DX	200	600	1,050	2,340	3,650	5,200
2d Cpe EX	200	650	1,050	2,390	3,700	5,300
4d Sed DX	200	650	1,050	2,390	3,700	5,300
4d Sed LX	200	650	1,100	2,430	3,800	5,400
4d Sed EX	200	650	1,100	2,480	3,850	5,500
2d Cpe S	200	650	1,100	2,430	3,800	5,400
2d Cpe Si	200	650	1,100	2,520	3,900	5,600
1993 Accord, 4-cyl.						
2d Cpe DX	250	700	1,200	2,700	4,200	6,000
2d Cpe LX	250	750	1,200	2,750	4,250	6,100
2d Cpe EX	250	750	1,250	2,790	4,350	6,200
2d Cpe SE	250	750	1,200	2,750	4,250	6,100
4d Sed DX	250	750	1,250	2,790	4,350	6,200
4d Sed LX	250	750	1,250	2,840	4,400	6,300
4d Sed Anniversary	260	770	1,280	2,880	4,480	6,400
4d Sed EX	250	800	1,300	2,930	4,550	6,500
4d Sed SE	250	800	1,300	2,970	4,600	6,600
4d Sta Wag LX	300	850	1,400	3,150	4,900	7,000
4d Sta Wag EX	300	850	1,450	3,240	5,050	7,200
1993 Prelude, 4-cyl.						
2d Cpe S	250	700	1,200	2,700	4,200	6,000
2d Cpe Si	250	750	1,200	2,750	4,250	6,100
2d Cpe 4WS	250	750	1,250	2,840	4,400	6,300
2d Cpe VTEC	250	800	1,300	2,930	4,550	6,500
1994 Civic, 4-cyl.						
2d HBk CX	200	550	950	2,120	3,300	4,700
2d HBk DX	200	600	1,000	2,250	3,500	5,000
2d HBk VX	200	600	1,000	2,250	3,500	5,000
2d HBk Si	250	700	1,200	2,700	4,200	6,000
2d Cpe DX	250	700	1,200	2,700	4,200	6,000
2d Cpe EX	300	850	1,450	3,240	5,050	7,200
4d Sed DX	250	700	1,200	2,700	4,200	6,000
4d Sed LX	300	850	1,400	3,150	4,900	7,000
4d Sed EX	300	900	1,500	3,380	5,250	7,500
1994 Civic Del Sol, 4-cyl.						
2d Cpe S	300	850	1,400	3,150	4,900	7,000
2d Cpe Si	300	900	1,500	3,380	5,250	7,500
2d Cpe VTEC	300	950	1,600	3,600	5,600	8,000
1994 Accord, 4-cyl.						
2d Cpe DX	300	850	1,400	3,150	4,900	7,000
2d Cpe LX	300	900	1,500	3,380	5,250	7,500
2d Cpe EX	350	1,000	1,700	3,830	5,950	8,500
4d Sed DX	300	850	1,400	3,150	4,900	7,000
4d Sed LX	300	950	1,600	3,600	5,600	8,000
4d Sed EX	350	1,100	1,800	4,050	6,300	9,000
4d Sta Wag LX	350	1,000	1,700	3,830	5,950	8,500
4d Sta Wag EX	400	1,150	1,900	4,280	6,650	9,500
1994 Prelude, 4-cyl.						
2d S	300	950	1,600	3,600	5,600	8,000
2d Si	350	1,100	1,800	4,050	6,300	9,000
2d Si 4WS	400	1,200	2,000	4,500	7,000	10,000
2d VTEC	400	1,250	2,100	4,730	7,350	10,500
1995 Civic, 4-cyl.						
2d HBk CX	200	550	950	2,120	3,300	4,700
2d HBk DX	200	600	1,000	2,250	3,500	5,000
2d HBk VX	200	650	1,050	2,390	3,700	5,300

	6	5	4	3	2	1
2d HBk Si	250	700	1,200	2,700	4,200	6,000
2d Cpe DX	250	800	1,300	2,930	4,550	6,500
2d Cpe EX	300	850	1,450	3,240	5,050	7,200
4d Sed DX	250	700	1,200	2,700	4,200	6,000
4d Sed LX	300	850	1,400	3,150	4,900	7,000
4d Sed EX	300	900	1,500	3,380	5,250	7,500
1995 Civic Del Sol, 4-cyl.						
2d Cpe S	300	850	1,400	3,150	4,900	7,000
2d Cpe Si	300	900	1,500	3,380	5,250	7,500
2d Cpe VTEC	300	950	1,600	3,600	5,600	8,000
1995 Accord, 4-cyl. & V-6						
2d Cpe LX	300	900	1,500	3,380	5,250	7,500
2d Cpe EX	350	1,000	1,700	3,830	5,950	8,500
4d Sed DX	300	850	1,400	3,150	4,900	7,000
4d Sed LX, 4-cyl.	350	1,100	1,800	4,050	6,300	9,000
4d Sed LX, V-6	400	1,150	1,900	4,280	6,650	9,500
4d Sed EX, 4-cyl.	400	1,250	2,100	4,730	7,350	10,500
4d Sed EX, V-6	450	1,300	2,200	4,950	7,700	11,000
4d Sta Wag LX	350	1,000	1,700	3,830	5,950	8,500
4d Sta Wag EX	400	1,150	1,900	4,280	6,650	9,500
1995 Prelude, 4-cyl.						
2d Cpe S	300	950	1,600	3,600	5,600	8,000
2d Cpe Si	350	1,100	1,800	4,050	6,300	9,000
2d Cpe SE	400	1,200	2,000	4,500	7,000	10,000
2d Cpe VTEC	400	1,250	2,100	4,730	7,350	10,500
1996 Civic, 4-cyl.						
2d HBk CX	150	500	850	1,890	2,950	4,200
2d HBk DX	200	550	900	2,030	3,150	4,500
2d Cpe DX	250	700	1,200	2,700	4,200	6,000
2d Cpe HX	250	750	1,250	2,840	4,400	6,300
2d Cpe EX	250	800	1,350	3,020	4,700	6,700
4d Sed DX	200	650	1,100	2,480	3,850	5,500
4d Sed LX	250	800	1,300	2,930	4,550	6,500
4d Sed EX	300	850	1,400	3,150	4,900	7,000
1996 Civic Del Sol, 4-cyl.						
2d Cpe S	250	800	1,300	2,930	4,550	6,500
2d Cpe Si	300	850	1,400	3,150	4,900	7,000
2d Cpe VTEC	300	900	1,500	3,380	5,250	7,500
1996 Accord, 4-cyl.						
2d Cpe LX	300	850	1,400	3,150	4,900	7,000
2d Cpe EX	300	950	1,600	3,600	5,600	8,000
4d Sed DX	250	800	1,300	2,930	4,550	6,500
4d Sed LX	350	1,000	1,700	3,830	5,950	8,500
4d Sed EX	400	1,200	2,000	4,500	7,000	10,000
4d Sta Wag LX	300	950	1,600	3,600	5,600	8,000
4d Sta Wag EX	350	1,100	1,800	4,050	6,300	9,000
NOTE: Add 10 percent for Anv. Pkg.						
1996 Accord, V-6.						
4d Sed LX	350	1,100	1,800	4,050	6,300	9,000
4d Sed EX	400	1,250	2,100	4,730	7,350	10,500
1996 Prelude, 4-cyl.						
2d Cpe S	300	900	1,500	3,380	5,250	7,500
2d Cpe Si	350	1,000	1,700	3,830	5,950	8,500
2d Cpe VTEC	400	1,200	2,000	4,500	7,000	10,000
1997 Civic, 4-cyl.						
2d HBk CX	168	504	840	1,890	2,940	4,200
2d HBk DX	180	540	900	2,030	3,150	4,500
2d Cpe DX	240	720	1,200	2,700	4,200	6,000
2d Cpe HX	252	756	1,260	2,840	4,410	6,300
2d Cpe EX	268	804	1,340	3,020	4,690	6,700
4d Sed DX	220	660	1,100	2,480	3,850	5,500
4d Sed LX	260	780	1,300	2,930	4,550	6,500
4d Sed EX	280	840	1,400	3,150	4,900	7,000
1997 Civic Del Sol, 4-cyl.						
2d Cpe S	260	780	1,300	2,930	4,550	6,500
2d Cpe Si	280	840	1,400	3,150	4,900	7,000
2d Cpe VTEC	300	900	1,500	3,380	5,250	7,500
1997 Accord, 4-cyl.						
2d Cpe LX	280	840	1,400	3,150	4,900	7,000
2d Cpe SE	300	900	1,500	3,380	5,250	7,500
2d Cpe EX	320	960	1,600	3,600	5,600	8,000
4d Sed DX	260	780	1,300	2,930	4,550	6,500
4d Sed LX	320	960	1,600	3,600	5,600	8,000
4d Sed SE	360	1,080	1,800	4,050	6,300	9,000
4d Sed EX	400	1,200	2,000	4,500	7,000	10,000
4d Sta Wag LX	320	960	1,600	3,600	5,600	8,000
4d Sta Wag EX	360	1,080	1,800	4,050	6,300	9,000

HONDA

	6	5	4	3	2	1
1997 Accord, V-6						
4d Sed LX	360	1,080	1,800	4,050	6,300	9,000
4d Sed EX	420	1,260	2,100	4,730	7,350	10,500
1997 Prelude, 4-cyl.						
2d Cpe	340	1,020	1,700	3,830	5,950	8,500
2d Cpe SH	400	1,200	2,000	4,500	7,000	10,000
1998 Civic, 4-cyl.						
2d HBk CX	170	500	840	1,890	2,940	4,200
2d HBk DX	180	540	900	2,030	3,150	4,500
2d Cpe DX	240	720	1,200	2,700	4,200	6,000
2d Cpe HX	260	780	1,300	2,930	4,550	6,500
2d Cpe EX	270	800	1,340	3,020	4,690	6,700
4d Sed DX	220	660	1,100	2,480	3,850	5,500
4d Sed LX	260	780	1,300	2,930	4,550	6,500
4d Sed EX	280	840	1,400	3,150	4,900	7,000
1998 Accord, 4-cyl. & V-6						
2d Cpe LX	290	860	1,440	3,240	5,040	7,200
2d Cpe EX	330	980	1,640	3,690	5,740	8,200
4d Sed DX (4-cyl. only)	270	800	1,340	3,020	4,690	6,700
4d Sed LX	330	980	1,640	3,690	5,740	8,200
4d Sed EX	410	1,220	2,040	4,590	7,140	10,200
1998 Prelude, 4-cyl.						
2d Cpe	340	1,020	1,700	3,830	5,950	8,500
2d Cpe SH	400	1,200	2,000	4,500	7,000	10,000
1999 Civic, 4-cyl.						
2d HBk CX	170	500	840	1,890	2,940	4,200
2d HBk DX	180	540	900	2,030	3,150	4,500
2d Cpe DX	240	720	1,200	2,700	4,200	6,000
2d Cpe HX	260	780	1,300	2,930	4,550	6,500
2d Cpe EX	270	800	1,340	3,020	4,690	6,700
4d Sed DX	220	660	1,100	2,480	3,850	5,500
4d Sed LX	260	780	1,300	2,930	4,550	6,500
4d Sed EX	280	840	1,400	3,150	4,900	7,000
1999 Accord, 4-cyl. & V-6						
2d Cpe LX	290	860	1,440	3,240	5,040	7,200
2d Cpe EX	330	980	1,640	3,690	5,740	8,200
4d Sed DX (4-cyl. only)	270	800	1,340	3,020	4,690	6,700
4d Sed LX	330	980	1,640	3,690	5,740	8,200
4d Sed EX	410	1,220	2,040	4,590	7,140	10,200
1999 Prelude, 4-cyl.						
2d Cpe	340	1,020	1,700	3,830	5,950	8,500
2d Cpe SH	400	1,200	2,000	4,500	7,000	10,000
2000 Civic, 4-cyl.						
2d HBk CX	170	500	840	1,890	2,940	4,200
2d HBk DX	180	540	900	2,030	3,150	4,500
2d Cpe DX	240	720	1,200	2,700	4,200	6,000
2d Cpe HX	260	780	1,300	2,930	4,550	6,500
2d Cpe EX	270	800	1,340	3,020	4,690	6,700
4d Sed DX	220	660	1,100	2,480	3,850	5,500
4d Sed LX	260	780	1,300	2,930	4,550	6,500
4d Sed EX	280	840	1,400	3,150	4,900	7,000
2000 Accord, 4-cyl. & V-6						
2d Cpe LX	290	860	1,440	3,240	5,040	7,200
2d Cpe EX	330	980	1,640	3,690	5,740	8,200
4d Sed DX (4-cyl. only)	270	800	1,340	3,020	4,690	6,700
4d Sed LX	330	980	1,640	3,690	5,740	8,200
4d Sed EX	410	1,220	2,040	4,590	7,140	10,200
2000 Prelude, 4-cyl.						
2d Cpe	340	1,020	1,700	3,830	5,950	8,500
2d Cpe SH	400	1,200	2,000	4,500	7,000	10,000
2000 Insight hybrid, 3-cyl.						
2d HBk (gas/elect)	480	1,440	2,400	5,400	8,400	12,000
2000 S2000, 4-cyl.						
2d Rds	880	2,640	4,400	9,900	15,400	22,000
NOTE: Add 5 percent for detachable HT.						
2001 Civic, 4-cyl.						
2d Cpe DX	240	720	1,200	3,000	4,200	6,000
2d Cpe LX	250	740	1,240	3,100	4,340	6,200
2d Cpe HX	260	780	1,300	3,250	4,550	6,500
2d Cpe EX	270	800	1,340	3,350	4,690	6,700
4d Sed DX	220	660	1,100	2,750	3,850	5,500
4d Sed LX	260	780	1,300	3,250	4,550	6,500
4d Sed EX	280	840	1,400	3,500	4,900	7,000
2001 Accord, 4-cyl. & V-6						
2d Cpe LX	290	860	1,440	3,600	5,040	7,200
2d Cpe EX	330	980	1,640	4,100	5,740	8,200

	6	5	4	3	2	1
4d Sed DX (4-cyl. only)	270	800	1,340	3,350	4,690	6,700
4d Sed LX	330	980	1,640	4,100	5,740	8,200
4d Sed EX	410	1,220	2,040	5,100	7,140	10,200
2001 Prelude, 4-cyl.						
2d Cpe	340	1,020	1,700	4,250	5,950	8,500
2d Cpe SH	400	1,200	2,000	5,000	7,000	10,000
2001 Insight hybrid, 3-cyl.						
2d HBk (gas/elect)	480	1,440	2,400	6,000	8,400	12,000
2001 S2000, 4-cyl.						
2d Rds	880	2,640	4,400	11,000	15,400	22,000
NOTE: Add 5 percent for detachable HT.						
2002 Civic, 4-cyl.						
2d HBk Si	360	1,070	1,780	4,450	6,230	8,900
2d Cpe DX	240	720	1,200	3,000	4,200	6,000
2d Cpe HX	250	740	1,240	3,100	4,340	6,200
2d Cpe LX	260	780	1,300	3,250	4,550	6,500
2d Cpe EX	270	800	1,340	3,350	4,690	6,700
2d Sed DX	220	660	1,100	2,750	3,850	5,500
2d Sed LX	260	780	1,300	3,250	4,550	6,500
2d Sed EX	280	840	1,400	3,500	4,900	7,000
2002 Accord, 4-cyl. & V-6						
2d Cpe LX	290	860	1,440	3,600	5,040	7,200
2d Cpe SE (4-cyl. only)	320	950	1,580	3,950	5,530	7,900
2d Cpe EX	330	980	1,640	4,100	5,740	8,200
4d Sed DX (4-cyl. only)	270	800	1,340	3,350	4,690	6,700
4d Sed Value (4 cyl. only)	280	830	1,380	3,450	4,830	6,900
4d Sed LX	330	980	1,640	4,100	5,740	8,200
4d Sed SE (4-cyl. only)	360	1,070	1,780	4,450	6,230	8,900
4d Sed EX	410	1,220	2,040	5,100	7,140	10,200
2002 Insight hybrid, 3-cyl.						
2d HBk (gas/elect)	480	1,440	2,400	6,000	8,400	12,000
2002 S2000, 4-cyl.						
2d Rds	880	2,640	4,400	11,000	15,400	22,000
NOTE: Add 5 percent for detachable HT.						
2003 Civic, 4-cyl.						
2d Cpe DX	240	720	1,200	3,000	4,200	6,000
2d Cpe HX	250	740	1,240	3,100	4,340	6,200
2d Cpe LX	260	780	1,300	3,250	4,550	6,500
2d Cpe EX	270	800	1,340	3,350	4,690	6,700
4d Sed DX	220	660	1,100	2,750	3,850	5,500
4d Sed LX	260	780	1,300	3,250	4,550	6,500
4d Sed EX	280	840	1,400	3,500	4,900	7,000
4d Hybrid Sed	500	1,500	2,500	6,250	8,750	12,500
2003 Accord, 4-cyl. & V-6						
2d Cpe LX	290	860	1,440	3,600	5,040	7,200
2d Cpe EX	330	980	1,640	4,100	5,740	8,200
4d Sed DX (4-cyl. only)	270	800	1,340	3,350	4,690	6,700
4d Sed LX	330	980	1,640	4,100	5,740	8,200
4d Sed EX	410	1,220	2,040	5,100	7,140	10,200
2003 Insight hybrid, 3-cyl.						
2d HBk (gas/elect)	480	1,440	2,400	6,000	8,400	12,000
2003 S2000, 4-cyl.						
2d Rds	880	2,640	4,400	11,000	15,400	22,000
NOTE: Add 5 percent for detachable HT.						
2004 Civic, 4-cyl.						
DX 2d Cpe	240	720	1,200	3,000	4,200	6,000
HX 2d Cpe	250	740	1,240	3,100	4,340	6,200
LX 2d Cpe	260	780	1,300	3,250	4,550	6,500
EX 2d Cpe	270	800	1,340	3,350	4,690	6,700
DX 4d Sed	220	660	1,100	2,750	3,850	5,500
LX 4d Sed	260	780	1,300	3,250	4,550	6,500
EX 4d Sed	280	840	1,400	3,500	4,900	7,000
Hybrid 4d Sed (gas/elect)	500	1,500	2,500	6,250	8,750	12,500
Si 2d HBk	430	1,280	2,140	5,350	7,490	10,700
NOTE: Deduct 5 percent for manual transmission, except Si.						
2004 Accord, 4-cyl. & V-6						
LX 2d Cpe	290	860	1,440	3,600	5,040	7,200
EX 2d Cpe	330	980	1,640	4,100	5,740	8,200
DX 4d Sed (4-cyl. only)	270	800	1,340	3,350	4,690	6,700
LX 4d Sed	330	980	1,640	4,100	5,740	8,200
EX 4d Sed	410	1,220	2,040	5,100	7,140	10,200
NOTE: Deduct 5 percent for manual transmission.						
2004 Insight hybrid, 3-cyl.						
2d HBk (gas/elect)	480	1,440	2,400	6,000	8,400	12,000

	6	5	4	3	2	1
2004 S2000, 4-cyl.						
2d Rds 880		2,640	4,400	11,000	15,400	22,000
NOTE: Add 5 percent for detachable HT.						

HYUNDAI

	6	5	4	3	2	1
1993 Excel, 4-cyl.						
2d HBk 150		450	750	1,710	2,650	3,800
4d Sed 150		450	800	1,760	2,750	3,900
2d GS HBk 150		450	800	1,760	2,750	3,900
4d GL Sed 150		500	800	1,800	2,800	4,000
1993 Scoupe, 4-cyl.						
2d Cpe 150		500	850	1,890	2,950	4,200
2d LS Cpe 150		500	850	1,940	3,000	4,300
2d Turbo Cpe 200		550	900	2,030	3,150	4,500
1993 Elantra, 4-cyl.						
4d Sed 200		550	900	2,030	3,150	4,500
4d GLS Sed 200		550	900	2,070	3,200	4,600
1993 Sonata, 4-cyl.						
4d Sed 200		550	900	2,070	3,200	4,600
4d GLS Sed 200		550	950	2,120	3,300	4,700
4d Sed, V-6 200		550	950	2,120	3,300	4,700
4d GLS Sed V-6 200		600	950	2,160	3,350	4,800
1994 Excel, 4-cyl.						
2d HBk 150		450	750	1,710	2,650	3,800
2d GS HBk 150		450	800	1,760	2,750	3,900
4d GL Sed 150		500	800	1,800	2,800	4,000
1994 Scoupe, 4-cyl.						
2d Cpe 150		500	850	1,890	2,950	4,200
2d LS Cpe 150		500	850	1,940	3,000	4,300
2d Turbo Cpe 200		550	900	2,030	3,150	4,500
1994 Elantra, 4-cyl.						
4d Sed 200		550	900	2,030	3,150	4,500
4d GLS Sed 200		550	900	2,070	3,200	4,600
1994 Sonata, 4-cyl.						
4d Sed 200		550	900	2,070	3,200	4,600
4d GLS Sed 200		550	950	2,120	3,300	4,700
4d Sed (V-6) 200		550	950	2,120	3,300	4,700
4d GLS Sed (V-6) 200		600	950	2,160	3,350	4,800
1995 Accent, 4-cyl.						
2d L HBk 150		400	700	1,580	2,450	3,500
2d HBk 150		450	750	1,710	2,650	3,800
4d Sed 150		500	800	1,800	2,800	4,000
1995 Scoupe, 4-cyl.						
2d Cpe 150		500	850	1,890	2,950	4,200
2d LS Cpe 150		500	850	1,940	3,000	4,300
2d Turbo Cpe 200		550	900	2,030	3,150	4,500
1995 Elantra, 4-cyl.						
4d Sed 200		550	900	2,030	3,150	4,500
4d GLS Sed 200		550	900	2,070	3,200	4,600
1995 Sonata, 4-cyl.						
4d Sed 200		550	900	2,070	3,200	4,600
4d GL Sed 200		550	950	2,120	3,300	4,700
4d GL Sed (V-6) 200		600	950	2,160	3,350	4,800
4d GLS Sed (V-6) 200		600	1,000	2,210	3,450	4,900
1996 Accent, 4-cyl.						
2d L HBk 150		400	700	1,580	2,450	3,500
2d HBk 150		450	750	1,710	2,650	3,800
2d GT HBk 150		500	800	1,850	2,850	4,100
4d Sed 150		500	800	1,800	2,800	4,000
1996 Elantra, 4-cyl.						
4d Sed 200		550	900	2,030	3,150	4,500
4d GLS Sed 200		550	900	2,070	3,200	4,600
4d Sta Wag 200		600	1,000	2,210	3,450	4,900
4d GLS Sta Wag 200		600	1,000	2,250	3,500	5,000
1996 Sonata, 4-cyl.						
4d Sed 200		550	900	2,070	3,200	4,600
4d GL Sed 200		550	950	2,120	3,300	4,700
4d GL Sed (V-6) 200		600	950	2,160	3,350	4,800
4d GLS Sed (V-6) 200		600	1,000	2,210	3,450	4,900
1997 Accent, 4-cyl.						
2d L HBk 140		420	700	1,580	2,450	3,500
2d GS HBk 152		456	760	1,710	2,660	3,800
2d GT HBk 164		492	820	1,850	2,870	4,100
4d GL Sed 160		480	800	1,800	2,800	4,000

	6	5	4	3	2	1
1997 Elantra, 4-cyl.						
4d Sed.	180	540	900	2,030	3,150	4,500
4d GLS Sed.	184	552	920	2,070	3,220	4,600
4d Sta Wag.	196	588	980	2,210	3,430	4,900
4d GLS Sta Wag.	200	600	1,000	2,250	3,500	5,000
1997 Tiburon, 4-cyl.						
2d Cpe.	180	540	900	2,030	3,150	4,500
2d FX Cpe.	192	576	960	2,160	3,360	4,800
1997 Sonata, 4-cyl.						
4d Sed.	184	552	920	2,070	3,220	4,600
4d GL Sed.	188	564	940	2,120	3,290	4,700
4d GL Sed (V-6)	192	576	960	2,160	3,360	4,800
4d GLS Sed (V-6)	196	588	980	2,210	3,430	4,900
1998 Accent, 4-cyl.						
2d L HBk	140	420	700	1,580	2,450	3,500
2d GS HBk	150	460	760	1,710	2,660	3,800
2d GSi HBk	160	490	820	1,850	2,870	4,100
4d GL Sed.	160	480	800	1,800	2,800	4,000
1998 Elantra, 4-cyl.						
4d Sed.	180	540	900	2,030	3,150	4,500
4d GLS Sed.	180	550	920	2,070	3,220	4,600
4d Sta Wag.	200	590	980	2,210	3,430	4,900
4d GLS Sta Wag.	200	600	1,000	2,250	3,500	5,000
1998 Tiburon, 4-cyl.						
2d Cpe.	180	540	900	2,030	3,150	4,500
2d FX Cpe.	190	580	960	2,160	3,360	4,800
1998 Sonata, 4-cyl.						
4d Sed.	180	550	920	2,070	3,220	4,600
4d GL Sed.	190	560	940	2,120	3,290	4,700
4d GL Sed (V-6)	190	580	960	2,160	3,360	4,800
4d GLS Sed (V-6)	200	590	980	2,210	3,430	4,900
1999 Accent, 4-cyl.						
2d L HBk	140	420	700	1,580	2,450	3,500
2d GS HBk	150	460	760	1,710	2,660	3,800
4d GL Sed.	160	480	800	1,800	2,800	4,000
1999 Elantra, 4-cyl.						
4d Sed.	180	540	900	2,030	3,150	4,500
4d GLS Sed.	180	550	920	2,070	3,220	4,600
4d Sta Wag.	200	590	900	2,210	3,430	4,900
4d GLS Sta Wag.	200	600	1,000	2,250	3,500	5,000
1999 Tiburon, 4-cyl.						
2d Cpe.	180	540	900	2,030	3,150	4,500
2d FX Cpe.	190	580	960	2,160	3,360	4,800
1999 Sonata, V-6						
4d Sed (4-cyl)	180	550	920	2,070	3,220	4,600
4d GL Sed.	190	580	960	2,160	3,360	4,800
4d GLS Sed.	200	590	980	2,210	3,430	4,900
2000 Accent, 4-cyl.						
2d L HBk	140	420	700	1,580	2,450	3,500
2d GS HBk	150	460	760	1,710	2,660	3,800
4d GL Sed.	160	480	800	1,800	2,800	4,000
2000 Elantra, 4-cyl.						
4d GLS Sed.	180	550	920	2,070	3,220	4,600
4d GLS Sta Wag.	200	600	1,000	2,250	3,500	5,000
2000 Tiburon, 4-cyl.						
2d Cpe.	180	540	900	2,030	3,150	4,500
2000 Sonata, V-6						
4d Sed (4-cyl.)	180	550	920	2,070	3,220	4,600
4d GL Sed.	190	580	960	2,160	3,360	4,800
4d GLS Sed.	200	590	980	2,210	3,430	4,900
2001 Accent, 4-cyl.						
2d L HBK	140	420	700	1,750	2,450	3,500
2d GS HBk	150	460	760	1,900	2,660	3,800
4d GL Sed.	160	480	800	2,000	2,800	4,000
2001 Elantra, 4-cyl.						
4d GLS Sed.	180	550	920	2,300	3,220	4,600
4d GT HBk	200	600	1,000	2,500	3,500	5,000
2001 Tiburon, 4-cyl.						
2d Cpe.	180	540	900	2,250	3,150	4,500
2001 Sonata, V-6						
4d Sed (4-cyl.)	180	550	920	2,300	3,220	4,600
4d GLS Sed.	200	590	980	2,450	3,430	4,900
2001 XG300, V-6						
4d Sed.	200	600	1,000	2,500	3,500	5,000
4d L Sed	220	660	1,100	2,750	3,850	5,500

		6	5	4	3	2	1
2002 Accent, 4-cyl.							
2d L HBk	140	420	700	1,750	2,450	3,500
2d GS HBk	150	460	760	1,900	2,660	3,800
4d GL Sed	160	480	800	2,000	2,800	4,000
2002 Elantra, 4-cyl.							
4d GLS Sed	180	550	920	2,300	3,220	4,600
4d GT HBk	200	600	1,000	2,500	3,500	5,000
2002 Tiburon, 4-cyl.							

NOTE: Tiburon was not offered in 2002, but returned mid-year as a 2003 model.

		6	5	4	3	2	1
2002 Sonata, V-6							
4d Sed	180	550	920	2,300	3,220	4,600
4d GLS Sed	200	590	980	2,450	3,430	4,900
4d LX Sed	210	620	1,040	2,600	3,640	5,200

NOTE: Deduct 5 percent on base sed if equipped with 4-cyl.

		6	5	4	3	2	1
2002 XG350, V-6							
4d Sed	200	600	1,000	2,500	3,500	5,000
4d L Sed	220	660	1,100	2,750	3,850	5,500
2003 Accent, 4-cyl.							
2d HBk	140	420	700	1,750	2,450	3,500
2d GL HBk	150	460	760	1,900	2,660	3,800
4d GL Sed	160	480	800	2,000	2,800	4,000
2003 Elantra, 4-cyl.							
4d GLS Sed	180	550	920	2,300	3,220	4,600
4d GT Sed	190	580	960	2,400	3,360	4,800
4d GT HBk	200	600	1,000	2,500	3,500	5,000
2003 Tiburon, 4-cyl.							
2d Cpe	200	610	1,020	2,550	3,570	5,100
2d GT Cpe (V-6)	290	860	1,440	3,600	5,040	7,200
2003 Sonata, 4-cyl. & V-6							
4d Sed	180	550	920	2,300	3,220	4,600
4d GLS Sed (V-6 only)	200	590	980	2,450	3,430	4,900
4d LX Sed (V-6 only)	210	620	1,040	2,600	3,640	5,200
2003 XG350, V-6							
4d Sed	200	600	1,000	2,500	3,500	5,000
4d L Sed	220	660	1,100	2,750	3,850	5,500
2004 Accent, 4-cyl.							
2d HBk	140	420	700	1,750	2,450	3,500
GL 2d HBk	150	460	760	1,900	2,660	3,800
GT 2d HBk	160	470	780	1,950	2,730	3,900
GL 4d Sed	160	480	800	2,000	2,800	4,000
2004 Elantra, 4-cyl.							
GLS 4d Sed	180	550	920	2,300	3,220	4,600
GT 4d Sed	190	580	960	2,400	3,360	4,800
GT 4d HBk	200	600	1,000	2,500	3,500	5,000
2004 Tiburon, 4-cyl.							
2d Cpe	200	610	1,020	2,550	3,570	5,100
GT 2d Cpe (V-6 only)	290	860	1,440	3,600	5,040	7,200
2004 Sonata, 4-cyl. & V-6							
4d Sed	180	550	920	2,300	3,220	4,600
GLS 4d Sed (V-6 only)	200	590	980	2,450	3,430	4,900
LX 4d Sed (V-6 only)	210	620	1,040	2,600	3,640	5,200
2004 XG350, V-6							
4d Sed	200	600	1,000	2,500	3,500	5,000
L 4d Sed	220	660	1,100	2,750	3,850	5,500

NOTE: Deduct 5 percent for manual transmission on all models, except base Accent HBk.

INFINITI

		6	5	4	3	2	1
1990 Infiniti							
4d Sed Q45	680	2,040	3,400	7,650	11,900	17,000
2d Cpe M30	640	1,920	3,200	7,200	11,200	16,000
1991 Infiniti							
4d Sed G20	400	1,200	2,000	4,500	7,000	10,000
4d Sed Q45	720	2,160	3,600	8,100	12,600	18,000
4d Sed Q45A	740	2,220	3,700	8,330	12,950	18,500
2d Cpe M30	660	1,980	3,300	7,430	11,550	16,500
2d Conv M30	840	2,520	4,200	9,450	14,700	21,000
1992 G20, 4-cyl.							
4d Sed	400	1,200	2,000	4,500	7,000	10,000
1992 M30, V-6							
2d Cpe	640	1,920	3,200	7,200	11,200	16,000
2d Conv	800	2,400	4,000	9,000	14,000	20,000
1992 Q45, V-8							
4d Sed	770	2,300	3,840	8,640	13,440	19,200
4d Sed Active	780	2,340	3,900	8,780	13,650	19,500
1993 G20, 4-cyl.							
4d Sed	680	2,040	3,400	7,650	11,900	17,000

	6	5	4	3	2	1
1993 J30, V-6						
4d Sed.	760	2,280	3,800	8,550	13,300	19,000
1993 Q45, V-8						
4d Sed.	880	2,640	4,400	9,900	15,400	22,000
4d Sed Active	960	2,880	4,800	10,800	16,800	24,000
1994 G20, 4-cyl.						
4d Sed.	380	1,140	1,900	4,280	6,650	9,500
1994 J30, V-6						
4d Sed.	560	1,680	2,800	6,300	9,800	14,000
1994 Q45, V-8						
4d Sed.	680	2,040	3,400	7,650	11,900	17,000
4d Sed Active	700	2,100	3,500	7,880	12,250	17,500
1995 G20, 4-cyl.						
4d Sed.	380	1,140	1,900	4,280	6,650	9,500
1995 J30, V-6						
4d Sed.	560	1,680	2,800	6,300	9,800	14,000
1995 Q45, V-8						
4d Sed.	680	2,040	3,400	7,650	11,900	17,000
4d Sed Active	700	2,100	3,500	7,880	12,250	17,500
1996 G20, 4-cyl.						
4d Sed.	380	1,140	1,900	4,280	6,650	9,500
1996 I30, V-6						
4d Sed.	480	1,440	2,400	5,400	8,400	12,000
1996 J30, V-6						
4d Sed.	560	1,680	2,800	6,300	9,800	14,000
1996 Q45, V-8						
4d Sed.	680	2,040	3,400	7,650	11,900	17,000
1997 I30, V-6						
4d Sed.	480	1,440	2,400	5,400	8,400	12,000
1997 J30, V-6						
4d Sed.	560	1,680	2,800	6,300	9,800	14,000
1997 Q45, V-8						
4d Sed.	700	2,100	3,500	7,880	12,250	17,500
1998 I30, V-8						
4d Sed.	480	1,440	2,400	5,400	8,400	12,000
NOTE: Add 5 percent for Touring Pkg.						
1998 Q45, V-8						
4d Sed.	700	2,100	3,500	7,880	12,250	17,500
NOTE: Add 5 percent for Touring Pkg.						
1999 G20, 4-cyl.						
4d Sed.	360	1,080	1,800	4,050	6,300	9,000
NOTE: Add 5 percent for Touring Pkg.						
1999 I30, V-6						
4d Sed.	480	1,440	2,400	5,400	8,400	12,000
NOTE: Add 5 percent for Touring Pkg.						
1999 Q45, V-8						
4d Sed.	700	2,100	3,500	7,880	12,250	17,500
NOTE: Add 5 percent for Touring Pkg.						
2000 G20, 4-cyl.						
4d Sed.	360	1,080	1,800	4,050	6,300	9,000
NOTE: Add 5 percent for Touring pkg.						
2000 I30, V-6						
4d Sed.	500	1,500	2,500	5,630	8,750	12,500
NOTE: Add 5 percent for Touring pkg.						
2000 Q45, V-8						
4d Sed.	700	2,100	3,500	7,880	12,250	17,500
NOTE: Add 5 percent for Touring pkg. Add 5 percent for Anniversary Ed.						
2001 G20, 4-cyl.						
4d Sed.	360	1,080	1,800	4,050	6,300	9,000
NOTE: Add 5 percent for Touring pkg.						
2001 I30, V-6						
4d Sed.	500	1,500	2,500	5,630	8,750	12,500
NOTE: Add 5 percent for Touring pkg.						
2001 Q45, V-8						
4d Sed.	700	2,100	3,500	7,880	12,250	17,500
NOTE: Add 5 percent for Touring pkg. Add 5 percent for Luxury Ed.						
2002 G20, 4-cyl.						
4d Sed.	360	1,080	1,800	4,500	6,300	9,000
NOTE: Add 5 percent for Sport pkg.						
2002 I35, V-6						
4d Sed.	500	1,500	2,500	6,250	8,750	12,500
NOTE: Add 5 percent for Sport pkg.						
2002 Q45, V-8						
4d Sed.	700	2,100	3,500	8,750	12,250	17,500
4d Premium Sed	740	2,220	3,700	9,250	12,950	18,500
NOTE: Add 5 percent for Sport pkg. except Premium model.						

	6	5	4	3	2	1
2003 G35, V-6						
2d Cpe	670	2,020	3,360	8,400	11,760	16,800
4d Sed	520	1,560	2,600	6,500	9,100	13,000
2003 I35, V-6						
4d Sed	500	1,500	2,500	6,250	8,750	12,500
NOTE: Add 5 percent for Sport pkg.						
2003 M45, V-8						
4d Sed	600	1,790	2,980	7,450	10,430	14,900
2003 Q45, V-8						
4d Sed	700	2,100	3,500	8,750	12,250	17,500
4d Premium Sed	740	2,220	3,700	9,250	12,950	18,500
2004 G35, V-6						
2d Cpe	670	2,020	3,360	8,400	11,760	16,800
4d Sed	520	1,560	2,600	6,500	9,100	13,000
NOTE: Add 10 percent for AWD on sed. Deduct 5 percent for manual transmission on sed.						
2004 I35, V-6						
4d Sed	500	1,500	2,500	6,250	8,750	12,500
NOTE: Deduct 5 percent for manual transmission.						
2004 M45, V-8						
4d Sed	600	1,790	2,980	7,450	10,430	14,900
2004 Q45, V-8						
4d Sed	700	2,100	3,500	8,750	12,250	17,500
Premium 4d Sed	740	2,220	3,700	9,250	12,950	18,500

ISUZU

	6	5	4	3	2	1
1961-65 Bellel 2000, 4-cyl., 1991cc, 99.6" wb						
Diesel 4d Sed	200	600	1,000	2,250	3,500	5,000
Diesel 4d Sta Wag	208	624	1,040	2,340	3,640	5,200
NOTE: An optional diesel engine DL200 was available.						
1966-80 Bellel 2000, 4-cyl., 1991cc, 99.6" wb						
NOTE: See detailed listings.						
1981-82 I-Mark, Gasoline, 4-cyl., 1817cc, 94.3" wb						
AT77B 2d DeL Cpe	180	540	900	2,030	3,150	4,500
AT69B 4d DeL Sed	180	540	900	2,030	3,150	4,500
AT77B 2d LS Cpe	192	576	960	2,160	3,360	4,800
1981-82 I-Mark, Diesel, 4-cyl., 1817cc, 94.3" wb						
AT77P 2d Cpe	160	480	800	1,800	2,800	4,000
AT77P 2d DeL Cpe	168	504	840	1,890	2,940	4,200
AT69P 4d DeL Sed	164	492	820	1,850	2,870	4,100
AT77P 2d LS Cpe	184	552	920	2,070	3,220	4,600
1983-85 I-Mark, Gasoline, 4-cyl., 1817cc, 94.3" wb						
T77 2d DeL Cpe	200	600	1,000	2,250	3,500	5,000
T69 4d DeL Sed	200	600	1,000	2,250	3,500	5,000
T77 2d LS Cpe	204	612	1,020	2,300	3,570	5,100
T69 4d LS Sed	204	612	1,020	2,300	3,570	5,100
1983-85 I-Mark, Diesel, 4-cyl., 1817cc, 94.3" wb						
T77 2d Cpe	212	636	1,060	2,390	3,710	5,300
1983-85 Impulse, 4-cyl., 1949cc, 96" wb						
2d Spt Cpe	280	840	1,400	3,150	4,900	7,000
1986 I-Mark, 4x4						
4d Sed	220	660	1,100	2,480	3,850	5,500
2d HBk	228	684	1,140	2,570	3,990	5,700
1986 Impulse						
2d Cpe	300	900	1,500	3,380	5,250	7,500
2d Turbo Cpe	320	960	1,600	3,600	5,600	8,000
1987 I-Mark, 4x4						
2d S HBk	224	672	1,120	2,520	3,920	5,600
2d HBk	232	696	1,160	2,610	4,060	5,800
2d RS Turbo HBk	248	744	1,240	2,790	4,340	6,200
4d S Sed	232	696	1,160	2,610	4,060	5,800
4d Sed	240	720	1,200	2,700	4,200	6,000
4d RS Turbo Sed	256	768	1,280	2,880	4,480	6,400
1987 Impulse						
2d RS Turbo Cpe	340	1,020	1,700	3,830	5,950	8,500
1988 I-Mark, 4x4						
2d S HBk	228	684	1,140	2,570	3,990	5,700
2d XS HBk	236	708	1,180	2,660	4,130	5,900
2d Turbo HBk	252	756	1,260	2,840	4,410	6,300
2d RS Turbo HBk	260	780	1,300	2,930	4,550	6,500
4d S Sed	232	696	1,160	2,610	4,060	5,800
4d XS Sed	240	720	1,200	2,700	4,200	6,000
4d Turbo Sed	256	768	1,280	2,880	4,480	6,400
4d LS Turbo Sed	264	792	1,320	2,970	4,620	6,600
1988 Impulse						
2d Cpe	340	1,020	1,700	3,830	5,950	8,500
2d Turbo Cpe	348	1,044	1,740	3,920	6,090	8,700

	6	5	4	3	2	1
2d S Sta Wag	600	1,800	3,000	6,750	10,500	15,000
4d S Sta Wag	620	1,860	3,100	6,980	10,850	15,500
4d Ltd Sta Wag	640	1,920	3,200	7,200	11,200	16,000
1989 I-Mark						
2d S HBk	228	684	1,140	2,570	3,990	5,700
2d XS HBk	236	708	1,180	2,660	4,130	5,900
2d RS HBk 16V	256	768	1,280	2,880	4,480	6,400
4d S Sed	232	696	1,160	2,610	4,060	5,800
4d XS Sed	236	708	1,180	2,660	4,130	5,900
4d RS Sed 16V	260	780	1,300	2,930	4,550	6,500
4d LS Turbo Sed	264	792	1,320	2,970	4,620	6,600
1989 Impulse						
2d Cpe	340	1,020	1,700	3,830	5,950	8,500
2d Turbo Cpe	352	1,056	1,760	3,960	6,160	8,800
1990 Impulse, 4x4						
2d XS 2 plus 2 Cpe	356	1,068	1,780	4,010	6,230	8,900
1990 Amigo						
2d S SUV	352	1,056	1,760	3,960	6,160	8,800
2d XS SUV	356	1,068	1,780	4,010	6,230	8,900
2d S SUV 4x4	552	1,656	2,760	6,210	9,660	13,800
2d XS SUV 4x4	556	1,668	2,780	6,260	9,730	13,900
1990 Trooper						
2d RS Sta Wag	600	1,800	3,000	6,750	10,500	15,000
4d S Sta Wag	620	1,860	3,100	6,980	10,850	15,500
1991 Stylus						
4d S Sed	144	432	720	1,620	2,520	3,600
4d XS Sed	160	480	800	1,800	2,800	4,000
1991 Impulse						
2d XS Cpe	200	600	1,000	2,250	3,500	5,000
2d RS Turbo Cpe	240	720	1,200	2,700	4,200	6,000
1992 Stylus, 4-cyl.						
4d S Sed	180	540	900	2,030	3,150	4,500
4d RS Sed	200	600	1,000	2,250	3,500	5,000
1992 Impulse, 4-cyl.						
2d XS HBk	220	660	1,100	2,480	3,850	5,500
2d XS Cpe	220	660	1,100	2,480	3,850	5,500
2d RS Cpe 4x4	300	900	1,500	3,380	5,250	7,500
1993 Stylus, 4-cyl.						
4d S Sed	140	420	700	1,580	2,450	3,500

JAGUAR

	6	5	4	3	2	1
1946-48 3.5 Litre, 6-cyl., 125 hp, 120" wb						
Conv Cpe	5,400	16,200	27,000	60,750	94,500	135,000
Saloon	3,020	9,060	15,100	33,980	52,850	75,500
1949 Mk V, 6-cyl., 125 hp, 120" wb						
Conv Cpe	3,880	11,640	19,400	43,650	67,900	97,000
Saloon	2,260	6,780	11,300	25,430	39,550	56,500
1950 Mk V, 6-cyl., 160 hp, 120" wb						
Saloon	2,260	6,780	11,300	25,430	39,550	56,500
Conv Cpe	3,720	11,160	18,600	41,850	65,100	93,000
1950 XK-120, 6-cyl., 160 hp, 102" wb						
Rds	6,500	19,500	32,500	73,130	113,750	162,500
NOTE: Some XK-120 models delivered as early as 1949 models, use 1950 prices.						
1951 Mk VII, 6-cyl., 160 hp, 120" wb						
Saloon	1,660	4,980	8,300	18,680	29,050	41,500
1951 XK-120, 6-cyl., 160 hp, 102" wb						
Rds	5,800	17,400	29,000	65,250	101,500	145,000
Cpe	3,480	10,440	17,400	39,150	60,900	87,000
1952 Mk VII, 6-cyl., 160 hp, 120" wb, (twin-cam)						
Std Sed	1,580	4,740	7,900	17,780	27,650	39,500
DeL Sed	1,620	4,860	8,100	18,230	28,350	40,500
1952 XK-120S (modified), 160 hp, 102" wb						
Rds	5,800	17,400	29,000	65,250	101,500	145,000
Cpe	3,480	10,440	17,400	39,150	60,900	87,000
1952 XK-120, 6-cyl., 160 hp, 102" wb						
Rds	5,600	16,800	28,000	63,000	98,000	140,000
Cpe	3,280	9,840	16,400	36,900	57,400	82,000
1953 Mk VII, 6-cyl., 160 hp, 120" wb						
Std Sed	1,580	4,740	7,900	17,780	27,650	39,500
1953 XK-120S (modified), 6-cyl., 160 hp, 102" wb						
Rds	5,800	17,400	29,000	65,250	101,500	145,000
Cpe	3,480	10,440	17,400	39,150	60,900	87,000
Conv	3,740	11,220	18,700	42,080	65,450	93,500
1953 XK-120, 6-cyl., 160 hp, 102" wb						
Rds	5,600	16,800	28,000	63,000	98,000	140,000

536

	6	5	4	3	2	1
Cpe.	3,280	9,840	16,400	36,900	57,400	82,000
Conv.	3,540	10,620	17,700	39,830	61,950	88,500
1954 Mk VII, 6-cyl., 160 hp, 120" wb						
Sed.	1,580	4,740	7,900	17,780	27,650	39,500
1954 XK-120S (modified), 6-cyl., 102" wb						
Rds.	5,800	17,400	29,000	65,250	101,500	145,000
Cpe.	3,480	10,440	17,400	39,150	60,900	87,000
Conv.	3,740	11,220	18,700	42,080	65,450	93,500
1954 XK-120, 6-cyl., 160 hp, 102" wb						
Rds.	5,600	16,800	28,000	63,000	98,000	140,000
Cpe.	3,280	9,840	16,400	36,900	57,400	82,000
Conv.	3,540	10,620	17,700	39,830	61,950	88,500
1955 Mk VII M, 6-cyl., 190 hp, 120" wb						
Saloon	1,580	4,740	7,900	17,780	27,650	39,500
1955 XK-140, 6-cyl., 190 hp, 102" wb						
Cpe.	2,300	6,900	11,500	25,880	40,250	57,500
Rds.	4,840	14,520	24,200	54,450	84,700	121,000
Conv.	3,500	10,500	17,500	39,380	61,250	87,500
1955 XK-140M, 6-cyl., 190 hp, 102" wb						
Cpe.	3,100	9,300	15,500	34,880	54,250	77,500
Rds.	5,280	15,840	26,400	59,400	92,400	132,000
Conv.	3,700	11,100	18,500	41,630	64,750	92,500
1955 XK-140MC, 6-cyl., 210 hp, 102" wb						
Cpe.	3,900	11,700	19,500	43,880	68,250	97,500
Rds.	7,480	22,440	37,400	84,150	130,900	187,000
Conv.	5,580	16,740	27,900	62,780	97,650	139,500
1956 Mk VII M, 6-cyl., 190 hp, 120" wb						
Saloon	1,580	4,740	7,900	17,780	27,650	39,500
1956 XK-140, 6-cyl., 190 hp, 102" wb						
Cpe.	2,300	6,900	11,500	25,880	40,250	57,500
Rds.	4,840	14,520	24,200	54,450	84,700	121,000
Conv.	3,500	10,500	17,500	39,380	61,250	87,500
1956 XK-140M, 6-cyl., 190 hp, 102" wb						
Cpe.	3,100	9,300	15,500	34,880	54,250	77,500
Rds.	5,280	15,840	26,400	59,400	92,400	132,000
Conv.	3,700	11,100	18,500	41,630	64,750	92,500
1956 XK-140MC, 6-cyl., 210 hp, 102" wb						
Cpe.	3,900	11,700	19,500	43,880	68,250	97,500
Rds.	7,480	22,440	37,400	84,150	130,900	187,000
Conv.	5,580	16,740	27,900	62,780	97,650	139,500
1956 2.4 Litre, 6-cyl., 112 hp, 108" wb						
Sed.	1,500	4,500	7,500	16,880	26,250	37,500
1956 3.4 Litre, 6-cyl., 210 hp, 108" wb						
Sed.	1,540	4,620	7,700	17,330	26,950	38,500
1956 Mk VIII, 6-cyl., 210 hp, 120" wb						
Lux Sed	1,620	4,860	8,100	18,230	28,350	40,500

NOTE: 3.4 Litre available 1957 only. Mk VIII luxury sedan available 1957.

	6	5	4	3	2	1
1957 Mk VIII, 6-cyl., 210 hp, 102" wb						
Saloon	1,360	4,080	6,800	15,300	23,800	34,000
1957 XK-140, 6-cyl., 190 hp, 102" wb						
Cpe.	2,300	6,900	11,500	25,880	40,250	57,500
Rds.	4,840	14,520	24,200	54,450	84,700	121,000
Conv.	3,500	10,500	17,500	39,380	61,250	87,500
1957 XK-150, 6-cyl., 190 hp, 102" wb						
Cpe.	3,200	9,600	16,000	36,000	56,000	80,000
Rds.	4,200	12,600	21,000	47,250	73,500	105,000
Conv.	3,780	11,340	18,900	47,250	66,150	94,500
1957 2.4 Litre, 6-cyl., 112 hp, 108" wb						
Sed.	1,500	4,500	7,500	16,880	26,250	37,500
1957 3.4 Litre, 6-cyl., 210 hp, 108" wb						
Sed.	1,540	4,620	7,700	17,330	26,950	38,500
1958 3.4 Litre, 6-cyl., 210 hp, 108" wb						
Sed.	1,540	4,620	7,700	17,330	26,950	38,500
1958 XK-150, 6-cyl., 190 hp, 120" wb						
Cpe.	3,200	9,600	16,000	36,000	56,000	80,000
Rds.	4,200	12,600	21,000	47,250	73,500	105,000
Conv.	3,780	11,340	18,900	42,530	66,150	94,500
1958 XK-150S, 6-cyl., 250 hp, 102" wb						
Rds.	7,020	21,060	35,100	78,980	122,850	175,500
1958 Mk VIII, 6-cyl., 210 hp, 120" wb						
Saloon	1,660	4,980	8,300	18,680	29,050	41,500
1959-60 XK-150, 6-cyl., 210 hp, 102" wb						
Cpe.	3,200	9,600	16,000	36,000	56,000	80,000
Rds.	4,200	12,600	21,000	47,250	73,500	105,000
Conv.	3,780	11,340	18,900	42,530	66,150	94,500

	6	5	4	3	2	1 537
1959-60 XK-150SE, 6-cyl., 210 hp, 102" wb						
Cpe	3,400	10,200	17,000	38,250	59,500	85,000
Rds	4,400	13,200	22,000	49,500	77,000	110,000
Conv	3,980	11,940	19,900	44,780	69,650	99,500
1959-60 XK-150S, 6-cyl., 250 hp, 102" wb						
Rds	7,000	21,000	35,000	78,750	122,500	175,000
1959-60 3.4 Litre, 6-cyl., 210 hp, 108" wb						
Sed	1,540	4,620	7,700	17,330	26,950	38,500
1959-60 Mk IX, 6-cyl., 220 hp, 120" wb						
Sed	1,700	5,100	8,500	19,130	29,750	42,500
NOTE: Some factory prices increase for 1960.						
1961 XK-150, 6-cyl., 210 hp, 102" wb						
Cpe	3,200	9,600	16,000	36,000	56,000	80,000
Conv	3,780	11,340	18,900	42,530	66,150	94,500
1961 XKE, 6-cyl., 265 hp, 96" wb						
Rds	3,660	10,980	18,300	41,180	64,050	91,500
Cpe	2,540	7,620	12,700	28,580	44,450	63,500
1961 3.8 Litre Mk II, 6-cyl., 265 hp, 108" wb						
Sed	2,740	8,220	13,700	30,830	47,950	68,500
1961 Mk IX, 6-cyl., 265 hp, 120" wb						
Sed	1,700	5,100	8,500	19,130	29,750	42,500
1962 XKE, 6-cyl., 265 hp, 96" wb						
Rds	3,660	10,980	18,300	41,180	64,050	91,500
Cpe	2,540	7,620	12,700	28,580	44,450	63,500
1962 3.8 Litre Mk II, 6-cyl., 265 hp, 108" wb						
Sed	2,740	8,220	13,700	30,830	47,950	68,500
1962 Mk X, 6-cyl., 265 hp, 120" wb						
Sed	1,100	3,300	5,500	12,380	19,250	27,500
1963 XKE, 6-cyl., 265 hp, 96" wb						
Rds	3,660	10,980	18,300	41,180	64,050	91,500
Cpe	2,540	7,620	12,700	28,580	44,450	63,500
1963 3.8 Litre Mk II, 6-cyl., 265 hp, 108" wb						
Sed	2,740	8,220	13,700	30,830	47,950	68,500
1963 Mk X, 6-cyl., 265 hp, 120" wb						
Sed	1,100	3,300	5,500	12,380	19,250	27,500
1964 XKE, 6-cyl., 265 hp, 96" wb						
Rds	3,660	10,980	18,300	41,180	64,050	91,500
Cpe	2,540	7,620	12,700	28,580	44,450	63,500
1964 Model 3.8 Liter Mk II, 6-cyl., 108" wb						
4d Sed.	2,740	8,220	13,700	30,830	47,950	68,500
1964 Model Mk X, 6-cyl., 265 hp, 120" wb						
4d Sed.	1,100	3,300	5,500	12,380	19,250	27,500
1965 XKE 4.2, 6-cyl., 265 hp, 96" wb						
Rds	3,660	10,980	18,300	41,180	64,050	91,500
Cpe	2,540	7,620	12,700	28,580	44,450	63,500
1965 Model Mk X 4.2						
4d Sed.	1,000	3,000	5,000	11,250	17,500	25,000
1965 Model 3.8 Mk II						
4d Sed.	2,740	8,220	13,700	30,830	47,950	68,500
S Sed	1,200	3,600	6,000	13,500	21,000	30,000
1966 XKE 4.2, 6-cyl., 265 hp, 96" wb						
Rds	3,660	10,980	18,300	41,180	64,050	91,500
Cpe	2,540	7,620	12,700	28,580	44,450	63,500
1966 Model Mk X 4.2						
4d Sed.	1,000	3,000	5,000	11,250	17,500	25,000
1966 Model 3.8 Mk II						
4d Sed.	2,740	8,220	13,700	30,830	47,950	68,500
S 4d Sed.	1,200	3,600	6,000	13,500	21,000	30,000
1967 XKE 4.2, 6-cyl., 265 hp, 96" wb						
Rds	3,660	10,980	18,300	41,180	64,050	91,500
Cpe	2,540	7,620	12,700	28,580	44,450	63,500
2 plus 2 Cpe	1,440	4,320	7,200	16,200	25,200	36,000
1967 420, 6-cyl., 255 hp, 108" wb						
4d Sed.	1,540	4,620	7,700	17,330	26,950	38,500
1967 340, 6-cyl., 225 hp, 108" wb						
4d Sed.	1,340	4,020	6,700	15,080	23,450	33,500
1967 420 G, 6-cyl., 245 hp, 107" wb						
4d Sed.	1,420	4,260	7,100	15,980	24,850	35,500
1968 Model XKE 4.2, 245 hp, 96" wb						
Rds	3,220	9,660	16,100	36,230	56,350	80,500
Cpe	2,100	6,300	10,500	23,630	36,750	52,500
2 plus 2 Cpe	1,120	3,360	5,600	12,600	19,600	28,000
1969 Model XKE, 246 hp, 96" wb						
Rds	2,160	6,480	10,800	24,300	37,800	54,000
Cpe	1,440	4,320	7,200	16,200	25,200	36,000
2 plus 2 Cpe	1,080	3,240	5,400	12,150	18,900	27,000

538

	6	5	4	3	2	1
1969 Model XJ, 246 hp, 96" wb						
4d Sed	800	2,400	4,000	9,000	14,000	20,000
1970 Model XKE, 246 hp, 96" wb						
Rds	2,160	6,480	10,800	24,300	37,800	54,000
Cpe	1,440	4,320	7,200	16,200	25,200	36,000
2 plus 2 Cpe	1,080	3,240	5,400	12,150	18,900	27,000
1970 Model XJ, 246 hp, 96" wb						
4d Sed	800	2,400	4,000	9,000	14,000	20,000
1971 Model XKE, 246 hp, 96" wb						
Rds	2,160	6,480	10,800	24,300	37,800	54,000
Cpe	1,440	4,320	7,200	16,200	25,200	36,000
V-12 2 plus 2 Cpe	1,480	4,440	7,400	16,650	25,900	37,000
V-12 Conv	2,520	7,560	12,600	28,350	44,100	63,000
1971 Model XJ, 246 hp, 96" wb						
4d Sed	800	2,400	4,000	9,000	14,000	20,000
1972 Model XKE V-12, 272 hp, 105" wb						
Rds	2,520	7,560	12,600	28,350	44,100	63,000
2 plus 2 Cpe	1,480	4,440	7,400	16,650	25,900	37,000
1972 Model XJ6, 186 hp, 108.9" wb						
4d Sed	720	2,160	3,600	8,100	12,600	18,000
1973 Model XKE V-12, 272 hp, 105" wb						
Rds	2,520	7,560	12,600	28,350	44,100	63,000
2 plus 2 Cpe	1,480	4,440	7,400	16,650	25,900	37,000
1973 Model XJ, 186 hp, 108.9" wb						
4d XJ6	680	2,040	3,400	7,650	11,900	17,000
4d XJ12	840	2,520	4,200	9,450	14,700	21,000
1974 Model XKE V-12, 272 hp, 105" wb						
Rds	2,400	7,200	12,000	27,000	42,000	60,000
1974 Model XJ						
4d XJ6	640	1,920	3,200	7,200	11,200	16,000
4d XJ6 LWB	680	2,040	3,400	7,650	11,900	17,000
4d XJ12L	800	2,400	4,000	9,000	14,000	20,000
1975 Model XJ6						
C Cpe	800	2,400	4,000	9,000	14,000	20,000
4d L Sed	640	1,920	3,200	7,200	11,200	16,000
1975 Model XJ12						
C Cpe	880	2,640	4,400	9,900	15,400	22,000
4d L Sed	720	2,160	3,600	8,100	12,600	18,000
1976 Model XJ6						
C Cpe	800	2,400	4,000	9,000	14,000	20,000
4d L Sed	640	1,920	3,200	7,200	11,200	16,000
1976 Model XJ12						
C Cpe	880	2,640	4,400	9,900	15,400	22,000
4d L Sed	720	2,160	3,600	8,100	12,600	18,000
1976 Model XJS						
2 plus 2 Cpe	800	2,400	4,000	9,000	14,000	20,000
1977 Model XJ6						
C Cpe	800	2,400	4,000	9,000	14,000	20,000
4d L Sed	640	1,920	3,200	7,200	11,200	16,000
1977 Model XJ12L						
4d Sed	720	2,160	3,600	8,100	12,600	18,000
1977 Model XJS						
GT 2 plus 2 Cpe	800	2,400	4,000	9,000	14,000	20,000
1978 Model XJ6L						
4d Sed	640	1,920	3,200	7,200	11,200	16,000
1978 Model XJ12L						
4d Sed	720	2,160	3,600	8,100	12,600	18,000
1978 Model XJS						
Cpe	800	2,400	4,000	9,000	14,000	20,000
1979 Model XJ6						
4d Sed	600	1,800	3,000	6,750	10,500	15,000
4d Sed Series III	640	1,920	3,200	7,200	11,200	16,000
1979 Model XJ12						
4d Sed	720	2,160	3,600	8,100	12,600	18,000
1979 Model XJS						
Cpe	800	2,400	4,000	9,000	14,000	20,000
1980 Model XJS						
4d Sed XJ6	600	1,800	3,000	6,750	10,500	15,000
2d XJS 2 plus 2 Cpe	840	2,520	4,200	9,450	14,700	21,000
1981 Model XJS						
4d XJ6 Sed	600	1,800	3,000	6,750	10,500	15,000
2d XJS Cpe	840	2,520	4,200	9,450	14,700	21,000
1982 Model XJS						
4d XJ6 Sed	600	1,800	3,000	6,750	10,500	15,000
Vanden Plas 4d XJ6 Sed	760	2,280	3,800	8,550	13,300	19,000
2d XJS Cpe	840	2,520	4,200	9,450	14,700	21,000

JAGUAR

	6	5	4	3	2	1
1983 Model XJS						
4d XJ6 Sed	600	1,800	3,000	6,750	10,500	15,000
Vanden Plas 4d XJ6 Sed	760	2,280	3,800	8,550	13,300	19,000
2d XJS Cpe.	840	2,520	4,200	9,450	14,700	21,000
1984 Model XJS						
4d XJ6 Sed	600	1,800	3,000	6,750	10,500	15,000
Vanden Plas 4d XJ6 Sed	760	2,280	3,800	8,550	13,300	19,000
2d XJS Cpe.	840	2,520	4,200	9,450	14,700	21,000
1985 Model XJ6						
4d Sed.	600	1,800	3,000	6,750	10,500	15,000
Vanden Plas 4d Sed	760	2,280	3,800	8,550	13,300	19,000
1985 Model XJS						
2d Cpe.	840	2,520	4,200	9,450	14,700	21,000
1986 Model XJ6						
4d Sed.	600	1,800	3,000	6,750	10,500	15,000
Vanden Plas 4d Sed	760	2,280	3,800	8,550	13,300	19,000
1986 Model XJS						
2d Cpe.	840	2,520	4,200	9,450	14,700	21,000
1987 Model XJ6						
4d Sed.	600	1,800	3,000	6,750	10,500	15,000
Vanden Plas 4d Sed	760	2,280	3,800	8,550	13,300	19,000
1987 Model XJS						
2d Cpe.	880	2,640	4,400	9,900	15,400	22,000
2d Cpe Cabr	1,000	3,000	5,000	11,250	17,500	25,000
1988 Model XJ6						
4d Sed.	680	2,040	3,400	7,650	11,900	17,000
1988 Model XJS						
2d Cpe.	880	2,640	4,400	9,900	15,400	22,000
2d Cpe Cabr	1,000	3,000	5,000	11,250	17,500	25,000
2d Conv.	1,080	3,240	5,400	12,150	18,900	27,000
1989 Model XJ6						
4d Sed.	720	2,160	3,600	8,100	12,600	18,000
1989 Model XJS						
2d Cpe.	920	2,760	4,600	10,350	16,100	23,000
2d Conv.	1,120	3,360	5,600	12,600	19,600	28,000
1990 Model XJ6						
4d Sed.	760	2,280	3,800	8,550	13,300	19,000
4d Sovereign Sed	800	2,400	4,000	9,000	14,000	20,000
Vanden Plas 4d Sed	840	2,520	4,200	9,450	14,700	21,000
4d Majestic Sed.	880	2,640	4,400	9,900	15,400	22,000
1990 Model XJS						
2d Cpe.	920	2,760	4,600	10,350	16,100	23,000
2d Conv.	1,120	3,360	5,600	12,600	19,600	28,000
NOTE: Add 10 percent for Collection Rouge Ed.						
1991 Model XJ6						
4d Sed.	760	2,280	3,800	8,550	13,300	19,000
4d Sovereign Sed	800	2,400	4,000	9,000	14,000	20,000
Vanden Plas 4d Sed	840	2,520	4,200	9,450	14,700	21,000
1991 Model XJS						
2d Cpe.	900	2,750	4,600	10,350	16,100	23,000
2d Conv.	1,120	3,360	5,600	12,600	19,600	28,000
1992 Model XJ6						
4d Sed.	800	2,400	4,000	9,000	14,000	20,000
4d Sovereign Sed	850	2,500	4,200	9,450	14,700	21,000
Vanden Plas 4d Sed	880	2,640	4,400	9,900	15,400	22,000
4d Majestic Sed.	900	2,750	4,600	10,350	16,100	23,000
1992 Model XJS						
2d Cpe.	960	2,880	4,800	10,800	16,800	24,000
2d Conv.	1,160	3,480	5,800	13,050	20,300	29,000
1993 Model XJ6						
4d Sed.	840	2,520	4,200	9,450	14,700	21,000
Vanden Plas 4d Sed	880	2,640	4,400	9,900	15,400	22,000
1993 Model XJS, V-12						
2d Cpe.	960	2,880	4,800	10,800	16,800	24,000
2d Conv.	1,160	3,480	5,800	13,050	20,300	29,000
NOTE: Deduct 10 percent for 6-cyl.						
1994 XJ6, 6-cyl.						
4d Sed.	840	2,520	4,200	9,450	14,700	21,000
Vanden Plas 4d Sed	880	2,640	4,400	9,900	15,400	22,000
4d Sed XJ12	1,000	3,000	5,000	11,250	17,500	25,000
1994 XJS						
2d Cpe, 6-cyl.	860	2,580	4,300	9,680	15,050	21,500
2d Cpe, V-12.	960	2,880	4,800	10,800	16,800	24,000
2d Conv, 6-cyl.	1,040	3,120	5,200	11,700	18,200	26,000
2d Conv, V-12.	1,160	3,480	5,800	13,050	20,300	29,000

JAGUAR

	6	5	4	3	2	1
1995 XJ6, 6-cyl. & V-12						
4d Sed 840	2,520	4,200	9,450	14,700	21,000
Vanden Plas 4d Sed 880	2,640	4,400	9,900	15,400	22,000
4d XJR Sed (supercharged) 940	2,820	4,700	10,580	16,450	23,500
4d XJ12 Sed. 1,000	3,000	5,000	11,250	17,500	25,000
1995 XJS, 6-cyl. & V-12						
2d Cpe, 6-cyl. 900	2,700	4,500	10,130	15,750	22,500
2d Cpe, V-12 1,000	3,000	5,000	11,250	17,500	25,000
2d Conv, 6-cyl. 1,080	3,240	5,400	12,150	18,900	27,000
2d Conv, V-12 1,200	3,600	6,000	13,500	21,000	30,000
1996 XJ6, 6-cyl.						
4d Sed 840	2,520	4,200	9,450	14,700	21,000
Vanden Plas 4d Sed 880	2,640	4,400	9,900	15,400	22,000
XJR 4d Sed (supercharged) 940	2,820	4,700	10,580	16,450	23,500
1996 XJ12, V-12						
XJ12 4d Sed. 1,000	3,000	5,000	11,250	17,500	25,000
1996 XJS, 6-cyl.						
2d Conv 1,080	3,240	5,400	12,150	18,900	27,000
1997 XJ6, 6-cyl.						
4d Sed 840	2,520	4,200	9,450	14,700	21,000
L 4d Sed. 860	2,580	4,300	9,680	15,050	21,500
Vanden Plas 4d Sed 880	2,640	4,400	9,900	15,400	22,000
XJR 4d Sed (supercharged) 940	2,820	4,700	10,580	16,450	23,500
1997 XK8, V-8						
2d Cpe 980	2,940	4,900	11,030	17,150	24,500
2d Conv 1,160	3,480	5,800	13,050	20,300	29,000
1998 XJ8, V-8						
4d Sed 880	2,640	4,400	9,900	15,400	22,000
L 4d Sed. 900	2,700	4,500	10,130	15,750	22,500
Vanden Plas 4d Sed 920	2,760	4,600	10,350	16,100	23,000
XJR 4d Sed (supercharged) 960	2,880	4,800	10,800	16,800	24,000
1998 XK8, V-8						
2d Cpe 1,020	3,060	5,100	11,480	17,850	25,500
2d Conv 1,200	3,600	6,000	13,500	21,000	30,000
1999 XJ8, V-8						
4d Sed 760	2,280	3,800	8,550	13,300	19,000
L 4d Sed. 800	2,400	4,000	9,000	14,000	20,000
Vanden Plas 4d Sed 840	2,520	4,200	9,450	14,700	21,000
XJR 4d Sed (supercharged) 1,040	3,120	5,200	11,700	18,200	26,000
1999 XK8, V-8						
2d Cpe 1,020	3,060	5,100	11,480	17,850	25,500
2d Conv 1,200	3,600	6,000	13,500	21,000	30,000
2000 S-type, V-8						
4d Sed 3.0 (V-6) 760	2,280	3,800	8,550	13,300	19,000
4d Sed 4.0 800	2,400	4,000	9,000	14,000	20,000
2000 XJ8, V-8						
4d Sed 820	2,460	4,100	9,230	14,350	20,500
L 4d Sed. 860	2,580	4,300	9,680	15,050	21,500
Vanden Plas 4d Sed 900	2,700	4,500	10,130	15,750	22,500
XJR 4d Sed (supercharged) 1,100	3,300	5,500	12,380	19,250	27,500
2000 XK8, V-8						
2d Cpe 1,060	3,180	5,300	11,930	18,550	26,500
2d Conv 1,200	3,600	6,000	13,500	21,000	30,000
2d XKR Cpe (supercharged) 1,300	3,900	6,500	14,630	22,750	32,500
2d XKR Conv (supercharged) 1,380	4,140	6,900	15,530	24,150	34,500
2001 S-type, V-8						
4d Sed 3.0 (V-6) 760	2,280	3,800	9,500	13,300	19,000
4d Sed 4.0 800	2,400	4,000	10,000	14,000	20,000
2001 XJ8, V-8						
4d Sed 820	2,460	4,100	10,250	14,350	20,500
L 4d Sed. 860	2,580	4,300	10,750	15,050	21,500
Vanden Plas 4d Sed 900	2,700	4,500	11,250	15,750	22,500
XJR 4d Sed (supercharged) 1,100	3,300	5,500	13,750	19,250	27,500
NOTE: Add 10 percent for supercharged Vanden Plas model.						
2001 XK8, V-8						
2d Cpe 1,060	3,180	5,300	13,250	18,550	26,500
2d Conv 1,200	3,600	6,000	15,000	21,000	30,000
2d XKR Cpe (supercharged) 1,300	3,900	6,500	16,250	22,750	32,500
2d XKR Conv (supercharged) 1,380	4,140	6,900	17,250	24,150	34,500
NOTE: Add 10 percent for XKR Silverstone Ed.						
2002 X-type, V-6, AWD						
4d Sed 2.5 480	1,440	2,400	6,000	8,400	12,000
4d Sed 2.5 Sport 500	1,500	2,500	6,250	8,750	12,500
4d Sed 3.0 540	1,620	2,700	6,750	9,450	13,500
4d Sed 3.0 Sport 560	1,680	2,800	7,000	9,800	14,000

	6	5	4	3	2	1
2002 S-type, V-6 & V-8						
4d Sed 3.0	600	1,800	3,000	7,500	10,500	15,000
4d Sed 3.0 Sport	620	1,860	3,100	7,750	10,850	15,500
4d Sed 4.0	640	1,920	3,200	8,000	11,200	16,000
4d Sed 4.0 Sport	660	1,980	3,300	8,250	11,550	16,500
2002 XJ8, V-8						
4d Sed	820	2,460	4,100	10,250	14,350	20,500
Sport 4d Sed	860	2,580	4,300	10,750	15,050	21,500
Vanden Plas 4d Sed	900	2,700	4,500	11,250	15,750	22,500
XJR 4d Sed (supercharged)	1,100	3,300	5,500	13,750	19,250	27,500
Super V8 4d Sed	1,140	3,420	5,700	14,250	19,950	28,500
2002 XK8, V-8						
2d Cpe	1,060	3,180	5,300	13,250	18,550	26,500
2d Conv	1,200	3,600	6,000	15,000	21,000	30,000
2d XKR Cpe (supercharged)	1,300	3,900	6,500	16,250	22,750	32,500
2d XKR Conv (supercharged)	1,380	4,140	6,900	17,250	24,150	34,500
2003 X-type, V-6, AWD						
4d Sed 2.5	480	1,440	2,400	6,000	8,400	12,000
4d Sed 2.5 Sport	500	1,500	2,500	6,250	8,750	12,500
4d Sed 3.0	540	1,620	2,700	6,750	9,450	13,500
4d Sed 3.0 Sport	560	1,680	2,800	7,000	9,800	14,000
2003 S-type, V-6 & V-8						
4d Sed 3.0	600	1,800	3,000	7,500	10,500	15,000
4d Sed 3.0 Sport	620	1,860	3,100	7,750	10,850	15,500
4d Sed 4.2	640	1,920	3,200	8,000	11,200	16,000
4d Sed 4.2 Sport	660	1,980	3,300	8,250	11,550	16,500
4d Sed 4.2 R	790	2,380	3,960	9,900	13,860	19,800
2003 XJ8, V-8						
4d Sed	820	2,460	4,100	10,250	14,350	20,500
Sport 4d Sed	860	2,580	4,300	10,750	15,050	21,500
Vanden Plas 4d Sed	900	2,700	4,500	11,250	15,750	22,500
XJR 4d Sed (supercharged)	1,100	3,300	5,500	13,750	19,250	27,500
Super V8 4d Sed	1,140	3,420	5,700	14,250	19,950	28,500
2003 XK8, V-8						
2d Cpe	1,060	3,180	5,300	13,250	18,550	26,500
2d Conv	1,200	3,600	6,000	15,000	21,000	30,000
2d XKR Cpe (supercharged)	1,300	3,900	6,500	16,250	22,750	32,500
2d XKR Conv (supercharged)	1,380	4,140	6,900	17,250	24,150	34,500
2004 X-type, V-6, AWD						
2.5 4d Sed	480	1,440	2,400	6,000	8,400	12,000
3.0 4d Sed	540	1,620	2,700	6,750	9,450	13,500
3.0 Sport 4d Sed	560	1,680	2,800	7,000	9,800	14,000
2004 S-type, V-6 & V-8						
3.0 4d Sed	600	1,800	3,000	7,500	10,500	15,000
3.0 Sport 4d Sed	620	1,860	3,100	7,750	10,850	15,500
4.2 4d Sed	640	1,920	3,200	8,000	11,200	16,000
4.2 Sport 4d Sed	660	1,980	3,300	8,250	11,550	16,500
4.2 R 4d Sed	790	2,380	3,960	9,900	13,860	19,800
2004 XJ8, V-8						
4d Sed	820	2,460	4,100	10,250	14,350	20,500
Vanden Plas 4d Sed	900	2,700	4,500	11,250	15,750	22,500
XJR 4d Sed (supercharged)	1,100	3,300	5,500	13,750	19,250	27,500
2004 XK8, V-8						
2d Cpe	1,060	3,180	5,300	13,250	18,550	26,500
2d Conv	1,200	3,600	6,000	15,000	21,000	30,000
XKR 2d Cpe (supercharged)	1,300	3,900	6,500	16,250	22,750	32,500
XKR 2d Conv (supercharged)	1,380	4,140	6,900	17,250	24,150	34,500

NOTE: Add 5 percent for Handling pkg on XKR cpe. Deduct 5 percent for manual transmission on all Jaguars.

LAMBORGHINI

	6	5	4	3	2	1
1964-66 V-12, 3464/3929cc, 350/400 GT, 99.5" wb						
Cpe	11,400	34,200	57,000	128,250	199,500	285,000
1966-68 V-12, 3929cc, 99.5" wb, 400 GT 2 plus 2						
2 plus 2 Cpe	6,200	18,600	31,000	69,750	108,500	155,000
1966-69 V-12, 3929cc, 97.5" wb, P400 Miura						
Cpe	9,400	28,200	47,000	105,750	164,500	235,000
1968-69 V-12, 3929cc, 99.5" wb, 400 GT Islero, Islero S						
2 plus 2 Cpe	2,400	7,200	12,000	27,000	42,000	60,000
1968-78 V-12, 3929cc, 99.5" wb, Espada						
2 plus 2 Cpe	2,000	6,000	10,000	22,500	35,000	50,000
1969-71 V-12, 3929cc, 97.7" wb, P400 Miura S						
Cpe	16,700	50,100	83,500	187,880	292,250	417,500
1970-73 V-12, 3929cc, 92.8" wb, 400 GT Jarama						
2 plus 2 Cpe	1,800	5,400	9,000	20,250	31,500	45,000

	6	5	4	3	2	1
1971-72 V-12, 3929cc, 97.7" wb, P400 Miura SV						
Cpe.	31,000	93,000	155,000	348,750	542,500	775,000
1972-76 V-8, 2462cc, 95.5" wb, P 250 Urraco						
2 plus 2 Cpe.	1,600	4,800	8,000	18,000	28,000	40,000
1973-76 V-12, 3929cc, 92.8" wb, 400 GTS Jarama						
2 plus 2 Cpe.	1,880	5,640	9,400	21,150	32,900	47,000
1973-78 V-12, 3929cc, 95.5" wb, LP 400 Countach						
Cpe.	6,460	19,380	32,300	72,680	113,050	161,500
1975-77 V-8, 1994cc, 95.5" wb, P 200 Urraco						
2 plus 2 Cpe.	1,400	4,200	7,000	15,750	24,500	35,000
1975-79 V-8, 2995.8cc, 95.5" wb, P 300 Urraco						
2 plus 2 Cpe.	1,920	5,760	9,600	21,600	33,600	48,000
1976-78 V-8, 2995.8cc, 95.5" wb, Silhouette						
Targa Conv	2,200	6,600	11,000	24,750	38,500	55,000
1978-Present V-12, 3929cc, 95.5" wb, LP 400S Countach						
Cpe.	3,100	9,300	15,500	34,880	54,250	77,500
1982-Present V-12, 4754cc, 95.5" wb, LP 5000 Countach						
Cpe.	3,440	10,320	17,200	38,700	60,200	86,000
1982-Present V-8, 3485cc, 95.5" wb, P 350 Jalpa						
Targa Conv	1,340	4,020	6,700	15,080	23,450	33,500
1990-91 Diablo						
2d Cpe	4,200	12,600	21,000	47,250	73,500	105,000
1992 Diablo						
2d Cpe	4,400	13,200	22,000	49,500	77,000	110,000
1993 Diablo						
2d Cpe	4,800	14,400	24,000	54,000	84,000	120,000
1994 Diablo						
VT	5,200	15,600	26,000	58,500	91,000	130,000
1995 Diablo						
VT	5,400	16,200	27,000	60,750	94,500	135,000
1996 Diablo, V-12						
VT 2d Cpe	5,600	16,800	28,000	63,000	98,000	140,000
VT 2d Rds (w/removable HT)	6,600	19,800	33,000	74,250	115,000	165,000
1997 Diablo, V-12						
VT 2d Cpe	5,800	17,400	29,000	65,250	101,500	145,000
VT 2d Rds (w/removable HT)	6,800	20,400	34,000	76,500	119,000	170,000
1998 Diablo, V-12						
SV 2d Cpe	5,740	17,220	28,700	64,580	100,450	143,500
VT 2d Cpe	6,000	18,000	30,000	67,500	105,000	150,000
VT 2d Rds (w/removable HT)	7,000	21,000	35,000	78,750	122,500	175,000
1999 Diablo, V-12						
SV 2d Cpe	6,100	18,300	30,500	68,630	106,750	152,500
VT 2d Cpe	6,200	18,600	31,000	69,750	108,500	155,000
VT 2d Rds (w/removable HT)	7,200	21,600	36,000	81,000	126,000	180,000
2000 Diablo, V-12						
SV 2d Cpe	6,100	18,300	30,500	68,630	106,750	152,500
VT 2d Cpe	6,200	18,600	31,000	69,750	108,500	155,000
VT 2d Rds (w/removable HT)	7,200	21,600	36,000	81,000	126,000	180,000
2001 Diablo, V-12						
VT 6.2 2d Cpe	7,400	22,200	37,000	83,250	129,500	185,000
2002 Murcielago, V-12, AWD						
2d Cpe	7,520	22,560	37,600	94,000	131,600	188,000
2003 Murcielago, V-12, AWD						
2d Cpe	7,520	22,560	37,600	94,000	131,600	188,000
NOTE: Add 25 percent for 40th Anv Ed.						
2004 Gallardo, V-10, AWD						
LP560-4 2d Cpe	6,720	20,160	33,600	84,000	117,600	168,000
NOTE: A limited-production rear-wheel-drive only LP550-2 cpe was also produced.						
2004 Murcielago, V-12, AWD						
2d Cpe	7,520	22,560	37,600	84,600	131,600	188,000

LEXUS

	6	5	4	3	2	1
1990 Lexus						
4d ES250 Sed	380	1,140	1,900	4,280	6,650	9,500
4d LS400 Sed	700	2,100	3,500	7,880	12,250	17,500
1991 Lexus						
4d ES250 Sed	420	1,260	2,100	4,730	7,350	10,500
4d LS400 Sed	740	2,220	3,700	8,330	12,950	18,500
1992 Lexus						
4d ES300 Sed	800	2,400	4,000	9,000	14,000	20,000
2d SC300 Cpe	1,000	3,000	5,000	11,250	17,500	25,000
2d SC400 Cpe	1,080	3,240	5,400	12,150	18,900	27,000
4d LS400 Sed	1,040	3,120	5,200	11,700	18,200	26,000
1993 ES						
4d ES300 Sed	760	2,280	3,800	8,550	13,300	19,000

	6	5	4	3	2	1
1993 GS						
4d GS300 Sed.	840	2,520	4,200	9,450	14,700	21,000
1993 SC						
2d SC300 Cpe.	960	2,880	4,800	10,800	16,800	24,000
2d SC400 Cpe.	980	2,940	4,900	11,030	17,150	24,500
1993 LS						
4d LS400 Sed, V-8	1,080	3,240	5,400	12,150	18,900	27,000
1994 ES, V-6						
4d ES300 Sed.	560	1,680	2,800	6,300	9,800	14,000
1994 GS						
4d GS300 Sed.	740	2,220	3,700	8,330	12,950	18,500
1994 SC, V-8						
2d SC300 Cpe.	760	2,280	3,800	8,550	13,300	19,000
2d SC400 Cpe.	840	2,520	4,200	9,450	14,700	21,000
1994 LS						
4d LS400 Sed.	840	2,520	4,200	9,450	14,700	21,000
1995 ES, V-6						
4d ES300 Sed.	560	1,680	2,800	6,300	9,800	14,000
1995 GS, 6-cyl.						
4d GS300 Sed.	740	2,220	3,700	8,330	12,950	18,500
1995 SC, 6-cyl. & V-8						
2d SC300 Cpe.	760	2,280	3,800	8,550	13,300	19,000
2d SC400 Cpe.	840	2,520	4,200	9,450	14,700	21,000
1995 LS, V-8						
4d LS400 Sed.	880	2,640	4,400	9,900	15,400	22,000
1996 ES, V-6						
4d ES300 Sed.	520	1,560	2,600	5,850	9,100	13,000
1996 GS, 6-cyl.						
4d GS300 Sed.	700	2,100	3,500	7,880	12,250	17,500
1996 SC, 6-cyl. & V-8						
2d SC300 Cpe.	720	2,160	3,600	8,100	12,600	18,000
2d SC400 Cpe.	800	2,400	4,000	9,000	14,000	20,000
1996 LS, V-8						
4d LS400 Sed.	840	2,520	4,200	9,450	14,700	21,000
1997 ES, V-6						
ES300 4d Sed.	520	1,560	2,600	5,850	9,100	13,000
1997 GS, 6-cyl.						
GS300 4d Sed.	700	2,100	3,500	7,880	12,250	17,500
1997 SC, 6-cyl. & V-8						
SC300 2d Cpe.	720	2,160	3,600	8,100	12,600	18,000
SC400 2d Cpe.	800	2,400	4,000	9,000	14,000	20,000
1997 LS, V-8						
LS400 4d Sed.	840	2,520	4,200	9,450	14,700	21,000
1998 ES, V-6						
ES300 4d Sed.	520	1,560	2,600	5,850	9,100	13,000
1998 GS, 6-cyl. & V-8						
GS300 4d Sed.	700	2,100	3,500	7,880	12,250	17,500
GS400 4d Sed.	740	2,220	3,700	8,330	12,950	18,500
1998 SC, 6-cyl. & V-8						
SC300 2d Cpe.	760	2,280	3,800	8,550	13,300	19,000
SC400 2d Cpe.	840	2,520	4,200	9,450	14,700	21,000
1998 LS, V-8						
LS400 4d Sed.	880	2,640	4,400	9,900	15,400	22,000
1999 ES, V-6						
ES300 4d Sed.	540	1,620	2,700	6,080	9,450	13,500
1999 GS, 6-cyl.						
GS300 4d Sed.	700	2,100	3,500	7,880	12,250	17,500
GS400 4d Sed (V-8)	740	2,220	3,700	8,330	12,950	18,500
1999 SC, 6-cyl.						
SC300 2d Cpe.	760	2,280	3,800	8,550	13,300	19,000
SC400 2d Cpe (V-8)	840	2,520	4,200	9,450	14,700	21,000
1999 LS, V-8						
LS400 4d Sed.	880	2,640	4,400	9,900	15,400	22,000
2000 ES, V-6						
ES300 4d Sed.	540	1,620	2,700	6,080	9,450	13,500
2000 GS, 6-cyl.						
GS300 4d Sed.	700	2,100	3,500	7,880	12,250	17,500
GS400 4d Sed (V-8)	740	2,220	3,700	8,330	12,950	18,500
2000 SC, 6-cyl.						
SC300 2d Cpe.	760	2,280	3,800	8,550	13,300	19,000
SC400 2d Cpe (V-8)	840	2,520	4,200	9,450	14,700	21,000
2000 LS, V-8						
LS400 4d Sed.	880	2,640	4,400	9,900	15,400	22,000
2001 ES, V-6						
ES300 4d Sed.	540	1,620	2,700	6,080	9,450	13,500

	6	5	4	3	2	1
2001 IS, 6-cyl.						
IS300 4d Sed	620	1,860	3,100	6,980	10,850	15,500
2001 GS, 6-cyl.						
GS300 4d Sed	700	2,100	3,500	7,880	12,250	17,500
GS430 4d Sed (V-8)	740	2,220	3,700	8,330	12,950	18,500
2001 SC, V-8						
SC430 2d Conv	840	2,520	4,200	9,450	14,700	21,000
2001 LS, V-8						
LS430 4d Sed	880	2,640	4,400	9,900	15,400	22,000
2002 ES, V-6						
ES300 4d Sed	540	1,620	2,700	6,750	9,450	13,500
2002 IS, 6-cyl.						
IS300 4d Sed	620	1,860	3,100	7,750	10,850	15,500
2002 GS, 6-cyl.						
GS300 4d Sed	700	2,100	3,500	8,750	12,250	17,500
GS430 4d Sed (V-8)	740	2,220	3,700	9,250	12,950	18,500
2002 SC, V-8						
SC430 2d Conv	840	2,520	4,200	10,500	14,700	21,000
2002 LS, V-8						
LS430 4d Sed	880	2,640	4,400	11,000	15,400	22,000
2003 ES, V-6						
ES300 4d Sed	540	1,620	2,700	6,750	9,450	13,500
2003 IS, 6-cyl.						
IS300 4d Sed	620	1,860	3,100	6,980	10,850	15,500
IS300 Sport 4d Sta Wag	600	1,800	3,000	7,500	10,500	15,000
2003 GS, 6-cyl.						
GS300 4d Sed	700	2,100	3,500	8,750	12,250	17,500
GS430 4d Sed (V-8)	740	2,220	3,700	9,250	12,950	18,500
2003 SC, V-8						
SC430 2d Conv	840	2,520	4,200	10,500	14,700	21,000
2003 LS, V-8						
LS430 4d Sed	880	2,640	4,400	11,000	15,400	22,000
2004 ES, V-6						
ES330 4d Sed	540	1,620	2,700	6,750	9,450	13,500
2004 IS, 6-cyl.						
IS300 4d Sed	620	1,860	3,100	7,750	10,850	15,500
IS300 Sport 4d Sta Wag	600	1,800	3,000	7,500	10,500	15,000
2004 GS, 6-cyl.						
GS300 4d Sed	700	2,100	3,500	8,750	12,250	17,500
GS430 4d Sed (V-8)	740	2,220	3,700	9,250	12,950	18,500
2004 SC, V-8						
SC430 2d Conv	840	2,520	4,200	10,500	14,700	21,000
2004 LS, V-8						
LS430 4d Sed	880	2,640	4,400	11,000	15,400	22,000

NOTE: Deduct 5 percent for manual transmission on all models.

MASERATI

	6	5	4	3	2	1
1946-50 A6/1500, 6-cyl., 1488cc, 100.4" wb						
2d Cpe (2 plus 2)	4,400	13,200	22,000	49,500	77,000	110,000
2d Cabr	8,400	25,200	42,000	94,500	147,000	210,000
1951-53 A6G, 6-cyl., 1954cc, 100.4" wb						
2d Cpe (2 plus 2)	6,400	19,200	32,000	72,000	112,000	160,000
2d Cabr (2 plus 2)	12,400	37,200	62,000	139,500	217,000	310,000
1954-56 A6G, 6-cyl., 1954cc, 100.4" wb						
2d Cpe (2 plus 2)	6,400	19,200	32,000	72,000	112,000	160,000
2d Cabr (2 plus 2)	12,400	37,200	62,000	139,500	217,000	310,000
1954-56 A6G/2000, 6-cyl., 1985cc, 100.4" wb						
2d Cpe (2 plus 2)	6,400	19,200	32,000	72,000	112,000	160,000
2d Cabr (2 plus 2)	12,400	37,200	62,000	139,500	217,000	310,000
1957-61 A6G/2000/C, 6-cyl., 1985cc, 100.4" wb						
Allemano Cpe (2 plus 2)	6,400	19,200	32,000	72,000	112,000	160,000
Frua Cabr (2 plus 2)	12,400	37,200	62,000	139,500	217,000	310,000
Frua 2d Cpe	10,400	31,200	52,000	117,000	182,000	260,000
Zagato Cpe (2 plus 2)	12,400	37,200	62,000	139,500	217,000	310,000
1957-61 3500 GT, 6-cyl., 3485cc, 102.3" wb						
2d Cpe	2,120	6,360	10,600	23,850	37,100	53,000
1957-61 3500 GT Spider 6-cyl., 3485cc, 98.4" wb						
2d Rds	4,000	12,000	20,000	45,000	70,000	100,000
1962 3500 GTI, 6-cyl., 3485cc, 102.3" wb						
2d Cpe (2 plus 2)	2,120	6,360	10,600	23,850	37,100	53,000
1962 3500 GTI, 6-cyl., 3485cc, 98.4" wb						
Spider 2d Rds	4,000	12,000	20,000	45,000	70,000	100,000
1962 Sebring, 6-cyl., 3485cc, 98.4" wb						
2d Cpe (2 plus 2)	2,000	6,000	10,000	22,500	35,000	50,000

	6	5	4	3	2	1
1963-64 3500 GTI, 6-cyl., 3485cc, 102.3" wb						
2d Cpe (2 plus 2)	1,960	5,880	9,800	22,050	34,300	49,000
Spider 2d Conv	4,000	12,000	20,000	45,000	70,000	100,000
1963-64 Sebring, 6-cyl, 102.3" wb Early 3485cc, Later 3694cc						
2d Cpe (2 plus 2)	2,080	6,240	10,400	23,400	36,400	52,000
1963-64 Mistral, 6-cyl., 94.5" wb Early 3485cc, Later 3694cc						
2d Cpe	1,800	5,400	9,000	20,250	31,500	45,000
Spider 2d Conv	4,000	12,000	20,000	45,000	70,000	100,000
1963-64 Quattroporte, V-8, 4136cc, 108.3" wb						
4d Sed	800	2,400	4,000	9,000	14,000	20,000
1965-66 Sebring II, 6-cyl., 3694cc, 102.3" wb						
2d Cpe (2 plus 2)	1,720	5,160	8,600	19,350	30,100	43,000
1965-66 Mistral, 6-cyl., 3694cc, 94.5" wb						
2d Cpe	1,800	5,400	9,000	20,250	31,500	45,000
Spider 2d Conv	4,000	12,000	20,000	45,000	70,000	100,000
NOTE: Optional Six engine 4014cc available in Sebring Mistral models.						
1965-66 Mexico, V-8, 4136cc, 103.9" wb						
2d Cpe	1,000	3,000	5,000	11,250	17,500	25,000
1965-66 Quattroporte, V-8, 4136cc, 108.3" wb						
4200 4d Sed	540	1,620	2,700	6,080	9,450	13,500
1967-68 Mistral, 6-cyl., 3694cc, 94.5" wb						
2d Cpe	1,800	5,400	9,000	20,250	31,500	45,000
Spider 2d Conv	4,000	12,000	20,000	45,000	70,000	100,000
1967-68 Ghibli, V-8, 4719cc, 100.4" wb						
4700 2d Cpe	2,360	7,080	11,800	26,550	41,300	59,000
1967-68 Mexico, V-8, 4136cc-4719cc, 103.9" wb						
4200 2d Cpe	1,000	3,000	5,000	11,250	17,500	25,000
4700 2d Cpe	1,040	3,120	5,200	11,700	18,200	26,000
1967-68 Quattroporte, V-8, 4136cc-4719cc, 108.3" wb						
4200 4d Sed	540	1,620	2,700	6,080	9,450	13,500
4700 4d Sed	560	1,680	2,800	6,300	9,000	14,000
1969-70 Mistral, 6-cyl., 3694cc, 94.5" wb						
2d Cpe	1,800	5,400	9,000	20,250	31,500	45,000
Spider 2d Conv	4,000	12,000	20,000	45,000	70,000	100,000
1969-70 Ghibli, V-8, 4719cc, 100.4" wb						
2d Cpe	2,360	7,080	11,800	26,550	41,300	59,000
Spider 2d Conv	5,000	15,000	25,000	56,250	87,500	125,000
1969-70 Indy, V-8, 4136cc, 102.5" wb						
2d Cpe (2 plus 2)	1,160	3,480	5,800	13,050	20,300	29,000
1969-70 Quattroporte, V-8, 4719cc, 108.3" wb						
4d Sed	540	1,620	2,700	6,080	9,450	13,500
1971-73 Merak, V-6, 2965cc, 102.3" wb						
2d Cpe (2 plus 2)	920	2,760	4,600	10,350	16,100	23,000
1971-73 Bora, V-8, 4719cc, 102.3" wb						
2d Cpe	2,840	8,520	14,200	31,950	49,700	71,000
1971-73 Ghibli, V-8, 4930cc, 100.4" wb						
2d Cpe	2,360	7,080	11,800	26,550	41,300	59,000
Spider 2d Conv	5,000	15,000	25,000	56,250	87,500	125,000
1971-73 Indy, V-8, 4136cc, 102.5" wb						
2d Cpe (2 plus 2)	1,160	3,480	5,800	13,050	20,300	29,000
1974-76 Merak, V-6, 2965cc, 102.3" wb						
2d Cpe (2 plus 2)	920	2,760	4,600	10,350	16,100	23,000
1974-76 Bora, V-8, 4930cc, 102.3" wb						
2d Cpe	2,840	8,520	14,200	31,950	49,700	71,000
1974-76 Indy, V-8, 4930cc, 102.5" wb						
2d Cpe	1,160	3,480	5,800	13,050	20,300	29,000
1977-83 Merak SS, 2965cc, 102.3" wb						
2d Cpe (2 plus 2)	1,120	3,360	5,600	12,600	19,600	28,000
1977-83 Bora, V-8, 4930cc, 102.3" wb						
2d Cpe	2,840	8,520	14,200	31,950	49,700	71,000
1977-83 Khamsin, V-8, 4930cc, 100.3" wb						
2d Cpe (2 plus 2)	1,320	3,960	6,600	14,850	23,100	33,000
1977-83 Kyalami, V-8, 4930cc, 102.4" wb						
2d Cpe (2 plus 2)	1,200	3,600	6,000	13,500	21,000	30,000
1984-88 Biturbo, V-6, 1996cc, 99" wb						
2d Cpe	400	1,200	2,000	4,500	7,000	10,000
E 2d Cpe	440	1,320	2,200	4,950	7,700	11,000
1984-88 Biturbo, V-6, 2491cc, 94.5" wb						
Spider 2d Conv	600	1,800	3,000	6,750	10,500	15,000
425 4d Sed	400	1,200	2,000	4,500	7,000	10,000
1984-88 Quattroporte, V-8, 4930cc, 110.2" wb						
4d Sed	600	1,800	3,000	6,750	10,500	15,000

MASERATI

MAZDA

	6	5	4	3	2	1
1970-71 Conventional Engine 1200, 4-cyl., 1169cc, 88.9" wb						
2d Sed	190	580	960	2,160	3,360	4,800
2d Cpe	200	600	1,000	2,250	3,500	5,000
2d Sta Wag	190	580	960	2,160	3,360	4,800
1970-71 616, 4-cyl., 1587cc, 97" wb						
2d Cpe	200	600	1,000	2,250	3,500	5,000
4d Sed	190	580	960	2,160	3,360	4,800
1970-71 1800, 4-cyl., 1769cc, 98.4" wb						
4d Sed	200	590	980	2,210	3,430	4,900
4d Sta Wag	200	610	1,020	2,300	3,570	5,100
1970-71 Wankel Rotary Engine R100, 1146cc, 88.9" wb						
2d Spt Cpe (2 plus 2)	280	840	1,400	3,150	4,900	7,000
1970-71 RX-2, 1146cc, 97" wb						
2d Cpe	210	620	1,040	2,340	3,640	5,200
4d Sed	200	600	1,000	2,250	3,500	5,000
1972 Conventional Engine 808, 4-cyl., 1587cc, 91" wb						
2d Cpe	180	550	920	2,070	3,220	4,600
4d Sed	180	540	900	2,030	3,150	4,500
4d Sta Wag	190	560	940	2,120	3,290	4,700
1972 618, 4-cyl., 1796cc, 97" wb						
2d Cpe	190	560	940	2,120	3,290	4,700
4d Sed	180	550	920	2,070	3,220	4,600
1972 Wankel Rotary Engine R100, 1146cc, 88.9" wb						
2d Cpe (2 plus 2)	280	840	1,400	3,150	4,900	7,000
1972 RX-2, 1146cc, 97" wb						
2d Cpe	200	600	1,000	2,250	3,500	5,000
4d Sed	190	560	940	2,120	3,290	4,700
1972 RX-3, 1146cc, 91" wb						
2d Cpe	200	600	1,000	2,250	3,500	5,000
4d Sed	180	550	920	2,070	3,220	4,600
4d Sta Wag	190	560	940	2,120	3,290	4,700
1973 Conventional Engine 808, 4-cyl., 1587cc, 91" wb						
2d Cpe	180	550	920	2,070	3,220	4,600
4d Sed	180	540	900	2,030	3,150	4,500
4d Sta Wag	190	560	940	2,120	3,290	4,700
1973 Wankel Rotary Engine RX-2, 1146cc, 97" wb						
2d Cpe	200	600	1,000	2,250	3,500	5,000
4d Sed	180	550	920	2,070	3,220	4,600
1973 RX-3, 1146cc, 162" wb						
2d Cpe	200	590	980	2,210	3,430	4,900
4d Sed	180	540	900	2,030	3,150	4,500
4d Sta Wag	190	560	940	2,120	3,290	4,700
1974 Conventional Engine 808, 4-cyl., 1587cc, 91" wb						
2d Cpe	200	600	1,000	2,250	3,500	5,000
4d Sta Wag	190	580	960	2,160	3,360	4,800
1974 Wankel Rotary Engine RX-2, 1146cc, 97" wb						
2d Cpe	200	610	1,020	2,300	3,570	5,100
4d Sed	200	590	980	2,210	3,430	4,900
1974 RX-3, 1146cc, 91" wb						
2d Cpe	200	590	980	2,210	3,430	4,900
4d Sta Wag	190	560	940	2,120	3,290	4,700
1974 RX-4, 1308cc, 99" wb						
2d HT Cpe	200	610	1,020	2,300	3,570	5,100
4d Sed	190	580	960	2,160	3,360	4,800
4d Sta Wag	190	590	980	2,210	3,430	4,900
1975 Conventional Engine 808, 4-cyl., 1587cc, 91" wb						
2d Cpe	180	550	920	2,070	3,220	4,600
4d Sta Wag	190	560	940	2,120	3,290	4,700
1975 Wankel Rotary Engine RX-3, 1146cc, 91" wb						
2d Cpe	200	600	1,000	2,250	3,500	5,000
4d Sta Wag	190	580	960	2,160	3,360	4,800
1975 RX-4, 1308cc, 99" wb						
2d HT Cpe	200	610	1,020	2,300	3,570	5,100
4d Sed	190	560	940	2,120	3,290	4,700
4d Sta Wag	190	580	960	2,160	3,360	4,800
1976 Conventional Engine Mizer 808-1300, 4-cyl., 1272cc, 91" wb						
2d Cpe	180	540	900	2,030	3,150	4,500
4d Sed	180	550	920	2,070	3,220	4,600
4d Sta Wag	190	560	940	2,120	3,290	4,700
1976 808-1600, 4-cyl., 1587cc, 91" wb						
2d Cpe	180	550	920	2,070	3,220	4,600
4d Sed	190	560	940	2,120	3,290	4,700
4d Sta Wag	190	580	960	2,160	3,360	4,800

	6	5	4	3	2	1
1976 Wankel Rotary Engine RX-3, 1146cc, 91" wb						
2d Cpe.	200	600	1,000	2,250	3,500	5,000
4d Sta Wag	190	580	960	2,160	3,360	4,800
1976 RX-4, 1308cc, 99" wb						
2d HT Cpe.	200	600	1,000	2,250	3,500	5,000
4d Sed.	190	580	960	2,160	3,360	4,800
4d Sta Wag	200	590	980	2,210	3,430	4,900
Cosmo 2d HdTp Cpe	260	780	1,300	2,930	4,550	6,500
1977 Mizer, 4-cyl., 1272cc						
2d Cpe.	180	540	900	2,030	3,150	4,500
4d Sed.	180	540	900	2,030	3,150	4,500
4d Sta Wag	180	550	920	2,070	3,220	4,600
1977 GLC, 4-cyl., 1272cc, 91.1" wb						
2d HBk	180	540	900	2,030	3,150	4,500
2d DeL HBk.	180	550	920	2,070	3,220	4,600
1977 808, 4-cyl., 1587cc, 91" wb						
2d Cpe.	180	550	920	2,070	3,220	4,600
4d Sed.	180	540	900	2,030	3,150	4,500
4d Sta Wag	190	560	940	2,120	3,290	4,700
1977 Wankel Rotary Engine RX-3SP, 1146cc, 91" wb						
2d Cpe.	200	610	1,020	2,300	3,570	5,100
1977 RX-4, 1308cc, 99" wb						
4d Sed.	180	550	920	2,070	3,220	4,600
4d Sta Wag	190	560	940	2,120	3,290	4,700
Cosmo 2d HT Cpe	260	780	1,300	2,930	4,550	6,500
1978 GLC, 4-cyl., 1272cc, 91.1" wb						
2d HBk	170	520	860	1,940	3,010	4,300
2d DeL HBk.	180	530	880	1,980	3,080	4,400
2d Spt HBk	180	540	900	2,030	3,150	4,500
4d DeL HBk.	180	540	900	2,030	3,150	4,500
1978 Wankel Rotary Engine RX-3SP, 1146cc, 91" wb						
2d Cpe.	200	600	1,000	2,250	3,500	5,000
1978 RX-4, 1308cc, 99" wb						
4d Sed.	180	540	900	2,030	3,150	4,500
4d Sta Wag	180	550	920	2,070	3,220	4,600
Cosmo 2d Cpe	260	780	1,300	2,930	4,550	6,500
1979 GLC, 4-cyl., 1415cc, 91" wb						
2d HBk	170	520	860	1,940	3,010	4,300
2d DeL HBk.	180	530	880	1,980	3,080	4,400
2d Spt HBk	180	540	900	2,030	3,150	4,500
4d DeL HBk.	180	540	900	2,030	3,150	4,500
4d Sta Wag	180	550	920	2,070	3,220	4,600
4d DeL Sta Wag	190	560	940	2,120	3,290	4,700
1979 626, 4-cyl., 1970cc, 98.8" wb						
2d Spt Cpe	200	600	1,000	2,250	3,500	5,000
4d Spt Sed	190	580	960	2,160	3,360	4,800
1979 Wankel Rotary Engine RX-7, 1146cc, 95.3" wb						
S 2d Cpe.	260	780	1,300	2,930	4,550	6,500
GS 2d Cpe	270	800	1,340	3,020	4,690	6,700
1980 GLC, 4-cyl., 1415cc, 91" wb						
2d HBk	200	600	1,000	2,250	3,500	5,000
2d Cus HBk.	200	610	1,020	2,300	3,570	5,100
2d Spt HBk	210	620	1,040	2,340	3,640	5,200
4d Cus HBk.	210	620	1,040	2,340	3,640	5,200
4d Cus Sta Wag	210	640	1,060	2,390	3,710	5,300
1980 626, 4-cyl., 1970cc, 98.8" wb						
2d Spt Cpe	220	660	1,100	2,480	3,850	5,500
4d Spt Sed	220	650	1,080	2,430	3,780	5,400
1980 Wankel Rotary Engine RX-7, 1146cc, 95.3" wb						
S 2d Cpe.	280	840	1,400	3,150	4,900	7,000
GS 2d Cpe	290	880	1,460	3,290	5,110	7,300
1981 GLC, 4-cyl., 1490cc, 93.1" wb						
2d HBk	200	600	1,000	2,250	3,500	5,000
2d Cus HBk.	200	610	1,020	2,300	3,570	5,100
4d Cus HBk.	200	600	1,000	2,250	3,500	5,000
4d Cus Sed .	200	610	1,020	2,300	3,570	5,100
2d Cus L HBk	210	620	1,040	2,340	3,640	5,200
4d Cus L Sed	210	620	1,040	2,340	3,640	5,200
2d Spt HBk	210	640	1,060	2,390	3,710	5,300
4d Sta Wag	220	650	1,080	2,430	3,780	5,400
1981 626, 4-cyl., 1970cc, 98.8" wb						
2d Spt Cpe	220	660	1,100	2,480	3,850	5,500
4d Spt Sed	220	650	1,080	2,430	3,780	5,400
2d Lux Spt Cpe	230	680	1,140	2,570	3,990	5,700
4d Lux Spt Sed	220	670	1,120	2,520	3,920	5,600

	6	5	4	3	2	1
1981 Wankel Rotary Engine RX-7, 1146cc, 95.3" wb						
S 2d Cpe	300	900	1,500	3,380	5,250	7,500
GS 2d Cpe	320	960	1,600	3,600	5,600	8,000
GSL 2d Cpe	340	1,020	1,700	3,830	5,950	8,500
1982 GLC, 4-cyl., 1490cc, 93.1" wb						
2d HBk	220	660	1,100	2,480	3,850	5,500
2d Cus HBk	220	670	1,120	2,520	3,920	5,600
4d Cus Sed	220	670	1,120	2,520	3,920	5,600
2d Cus L HBk	230	680	1,140	2,570	3,990	5,700
4d Cus L Sed	230	680	1,140	2,570	3,990	5,700
2d Spt HBk	230	700	1,160	2,610	4,060	5,800
4d Cus Sta Wag	220	660	1,100	2,480	3,850	5,500
1982 626, 4-cyl., 1970cc, 98.8" wb						
2d Spt Cpe	220	670	1,120	2,520	3,920	5,600
4d Spt Sed	220	660	1,100	2,480	3,850	5,500
2d Lux Spt Cpe	230	680	1,140	2,570	3,990	5,700
4d Lux Spt Sed	220	670	1,120	2,520	3,920	5,600
1982 Wankel Rotary Engine RX-7, 1146cc, 95.3" wb						
S 2d Cpe	320	960	1,600	3,600	5,600	8,000
GS 2d Cpe	340	1,020	1,700	3,830	5,950	8,500
GSL 2d Cpe	350	1,060	1,760	3,960	6,160	8,800
1983 GLC, 4-cyl., 1490cc, 93.1" wb						
2d HBk	220	660	1,100	2,480	3,850	5,500
2d Cus HBk	220	670	1,120	2,520	3,920	5,600
4d Cus Sed	220	670	1,120	2,520	3,920	5,600
2d Cus L HBk	230	680	1,140	2,570	3,990	5,700
4d Cus L Sed	230	680	1,140	2,570	3,990	5,700
2d Spt HBk	230	700	1,160	2,610	4,060	5,800
4d Sed	220	670	1,120	2,520	3,920	5,600
4d Cus Sta Wag	220	670	1,120	2,520	3,920	5,600
1983 626, 4-cyl., 1998cc, 98.8" wb						
2d Spt Cpe	230	680	1,140	2,570	3,990	5,700
4d Spt Sed	230	680	1,140	2,570	3,990	5,700
2d Lux Spt Cpe	230	700	1,160	2,610	4,060	5,800
4d Lux Spt Sed	230	700	1,160	2,610	4,060	5,800
4d Lux HBk	240	720	1,200	2,700	4,200	6,000
1983 Wankel Rotary Engine RX-7, 1146cc, 95.3" wb						
S 2d Cpe	320	960	1,600	3,600	5,600	8,000
GS 2d Cpe	340	1,020	1,700	3,830	5,950	8,500
1984-85 GLC, 4-cyl., 1490cc, 93.1" wb						
2d HBk	240	710	1,180	2,660	4,130	5,900
2d DeL HBk	240	720	1,200	2,700	4,200	6,000
4d DeL Sed	240	720	1,200	2,700	4,200	6,000
2d Lux HBk	240	730	1,220	2,750	4,270	6,100
4d Lux Sed	240	730	1,220	2,750	4,270	6,100
1984-85 626, 4-cyl., 1998cc, 98.8" wb						
2d DeL Cpe	260	780	1,300	2,930	4,550	6,500
4d DeL Sed	260	780	1,300	2,930	4,550	6,500
2d Lux Cpe	270	800	1,340	3,020	4,690	6,700
4d Lux Sed	270	800	1,340	3,020	4,690	6,700
4d Tr HBk	270	820	1,360	3,060	4,760	6,800
1984-85 Wankel Rotary Engine RX-7, 1146cc, 95.3" wb						
S 2d Cpe	340	1,020	1,700	3,830	5,950	8,500
GS 2d Cpe	360	1,080	1,800	4,050	6,300	9,000
GSL 2d Cpe	380	1,140	1,900	4,280	6,650	9,500
1984-85 RX-7, 1308cc, 95.3" wb						
GSL-SE 2d Cpe	360	1,080	1,800	4,050	6,300	9,000
1986 323						
2d HBk	140	430	720	1,620	2,520	3,600
DX 2d HBk	150	440	740	1,670	2,590	3,700
LX 2d HBk	150	460	760	1,710	2,660	3,800
DX 4d Sed	160	470	780	1,760	2,730	3,900
LX 4d Sed	160	480	800	1,800	2,800	4,000
1986 626, 4-cyl.						
DX 4d Sed	170	520	860	1,940	3,010	4,300
DX 2d Cpe	180	530	880	1,980	3,080	4,400
LX 4d Sed	180	540	900	2,030	3,150	4,500
LX 2d Cpe	190	560	940	2,120	3,290	4,700
LX 4d HBk	190	580	960	2,160	3,360	4,800
GT 4d Sed (Turbo)	200	600	1,000	2,250	3,500	5,000
GT 2d Cpe (Turbo)	200	610	1,020	2,300	3,570	5,100
GT 4d HBk (Turbo)	210	620	1,040	2,340	3,640	5,200
1986 RX-7, 4-cyl.						
2d Cpe	220	660	1,100	2,480	3,850	5,500
GXL 2d Cpe	240	720	1,200	2,700	4,200	6,000

	6	5	4	3	2	1
1987 323, 4-cyl.						
2d HBk	150	460	760	1,710	2,660	3,800
SE 2d HBk.	160	470	780	1,760	2,730	3,900
DX 2d HBk	170	500	840	1,890	2,940	4,200
DX 4d Sed.	180	550	920	2,070	3,220	4,600
LX 4d Sed.	190	580	960	2,160	3,360	4,800
DX 4d Sta Wag	180	540	900	2,030	3,150	4,500
1987 626, 4-cyl.						
DX 4d Sed.	200	600	1,000	2,250	3,500	5,000
DX 2d Cpe.	200	610	1,020	2,300	3,570	5,100
LX 4d Sed.	210	620	1,040	2,340	3,640	5,200
LX 2d Cpe.	220	650	1,080	2,430	3,780	5,400
LX 4d HBk.	220	660	1,100	2,480	3,850	5,500
GT 4d Sed.	210	620	1,040	2,340	3,640	5,200
GT 2d Cpe.	210	640	1,060	2,390	3,710	5,300
GT 4d HBk	220	660	1,100	2,480	3,850	5,500
1987 RX-7, 4-cyl.						
2d Cpe.	240	720	1,200	2,700	4,200	6,000
GXL 2d Cpe	280	840	1,400	3,150	4,900	7,000
2d Cpe Turbo	300	900	1,500	3,380	5,250	7,500
1988 323, 4-cyl.						
2d HBk	160	480	800	1,800	2,800	4,000
SE 2d HBk.	170	500	840	1,890	2,940	4,200
GTX 2d HBk (4x4).	260	780	1,300	2,930	4,550	6,500
4d Sed.	170	520	860	1,940	3,010	4,300
SE 4d Sed.	180	540	900	2,030	3,150	4,500
LX 4d Sed.	200	600	1,000	2,250	3,500	5,000
GT 4d Sed.	220	660	1,100	2,480	3,850	5,500
4d Sta Wag	190	580	960	2,160	3,360	4,800
1988 626, 4-cyl.						
DX 4d Sed.	200	600	1,000	2,250	3,500	5,000
LX 4d Sed.	220	660	1,100	2,480	3,850	5,500
LX 4d HBk.	240	720	1,200	2,700	4,200	6,000
4d Sed (Turbo)	260	780	1,300	2,930	4,550	6,500
4d HBk (Turbo)	270	820	1,360	3,060	4,760	6,800
4d Sed, (Turbo) 4WS	280	830	1,380	3,110	4,830	6,900
1988 MX-6, 4-cyl.						
DX 2d Cpe.	240	710	1,180	2,660	4,130	5,900
LX 2d Cpe.	260	780	1,300	2,930	4,550	6,500
GT 2d Cpe.	270	820	1,360	3,060	4,760	6,800
1988 RX-7, 4-cyl.						
SE 2d Cpe.	300	890	1,480	3,330	5,180	7,400
GTV 2d Cpe	300	900	1,500	3,380	5,250	7,500
GXL 2d Cpe	330	980	1,640	3,690	5,740	8,200
2d Cpe (Turbo)	340	1,020	1,700	3,830	5,950	8,500
2d Conv.	600	1,800	3,000	6,750	10,500	15,000
1988 929						
LX 4d Sed.	310	920	1,540	3,470	5,390	7,700
1989 323, 4-cyl.						
2d HBk	190	580	960	2,160	3,360	4,800
SE 2d HBk.	200	590	980	2,210	3,430	4,900
GTX 2d HBk (4x4).	260	780	1,000	2,030	4,550	6,500
SE 4d Sed.	240	720	1,200	2,700	4,200	6,000
LX 4d Sed.	260	780	1,300	2,930	4,550	6,500
1989 626, 4-cyl.						
DX 4d Sed.	260	780	1,300	2,930	4,550	6,500
LX 4d Sed.	280	840	1,400	3,150	4,900	7,000
LX 4d HBk.	300	900	1,500	3,380	5,250	7,500
4d HBk (Turbo)	320	960	1,600	3,600	5,600	8,000
1989 MX-6, 4-cyl.						
DX 2d Cpe.	270	800	1,340	3,020	4,690	6,700
LX 2d Cpe.	280	840	1,400	3,150	4,900	7,000
GT 2d Cpe.	320	960	1,600	3,600	5,600	8,000
GT 2d Cpe 4WS	320	960	1,600	3,600	5,600	8,000
1989 RX-7, 4-cyl.						
GTV 2d Cpe	340	1,020	1,700	3,830	5,950	8,500
GXL 2d Cpe	380	1,140	1,900	4,280	6,650	9,500
2d Cpe (Turbo)	560	1,680	2,800	6,300	9,800	14,000
2d Conv.	680	2,040	3,400	7,650	11,900	17,000
1989 929, V-6						
LX 4d Sed.	340	1,020	1,700	3,830	5,950	8,500
1990 323, 4-cyl.						
2d HBk	200	600	1,000	2,250	3,500	5,000
2d HBk SE.	220	660	1,100	2,480	3,850	5,500
1990 Protege, 4-cyl.						
SE 4d Sed.	240	720	1,200	2,700	4,200	6,000

	6	5	4	3	2	1
LX 4d Sed 260		780	1,300	2,930	4,550	6,500
4d Sed (4x4). 280		840	1,400	3,150	4,900	7,000
1990 626, 4-cyl.						
DX 4d Sed 300		900	1,500	3,380	5,250	7,500
LX 4d Sed 320		960	1,600	3,600	5,600	8,000
LX 4d HBk 320		960	1,600	3,600	5,600	8,000
GT 4d HBk 360		1,080	1,800	4,050	6,300	9,000
1990 MX-6, 4-cyl.						
DX 2d Cpe 320		960	1,600	3,600	5,600	8,000
LX 2d Cpe 340		1,020	1,700	3,830	5,950	8,500
GT 2d Cpe 360		1,070	1,780	4,010	6,230	8,900
GT 2d Cpe 4WS 360		1,080	1,800	4,050	6,300	9,000
1990 MX-5 Miata, 4-cyl.						
2d Conv 640		1,920	3,200	7,200	11,200	16,000
1990 RX-7						
GTV 2d Cpe 560		1,680	2,800	6,300	9,800	14,000
GXL 2d Cpe 580		1,740	2,900	6,530	10,150	14,500
2d Cpe (Turbo). 600		1,800	3,000	6,750	10,500	15,000
2d Conv 720		2,160	3,600	8,100	12,600	18,000
1990 926, V-6						
4d Sed 580		1,740	2,900	6,530	10,150	14,500
S 4d Sed 600		1,800	3,000	6,750	10,500	15,000
1991 323						
2d HBk. 200		600	1,000	2,250	3,500	5,000
2d HBk SE 220		660	1,100	2,480	3,850	5,500
1991 Protege						
4d Sed DX 220		660	1,100	2,480	3,850	5,500
4d Sed LX 240		720	1,200	2,700	4,200	6,000
4d Sed (4x4). 280		840	1,400	3,150	4,900	7,000
1991 626						
4d Sed DX 280		840	1,400	3,150	4,900	7,000
4d Sed LX 300		900	1,500	3,380	5,250	7,500
4d HBk LX 310		940	1,560	3,510	5,460	7,800
4d HBk GT 320		960	1,600	3,600	5,600	8,000
1991 Miata						
2d Conv 640		1,920	3,200	7,200	11,200	16,000
1991 RX-7						
2d Cpe 560		1,680	2,800	6,300	9,800	14,000
2d Cpe (Turbo). 600		1,800	3,000	6,750	10,500	15,000
2d Conv 700		2,100	3,500	7,880	12,250	17,500
1991 929, V-6						
4d Sed 380		1,140	1,900	4,280	6,650	9,500
4d Sed S 560		1,680	2,800	6,300	9,800	14,000
1992 323, 4-cyl.						
2d HBk. 200		600	1,000	2,250	3,500	5,000
2d HBk SE 220		660	1,100	2,480	3,850	5,500
1992 Protege, 4-cyl.						
4d Sed DX 240		720	1,200	2,700	4,200	6,000
4d Sed LX 260		780	1,300	2,930	4,550	6,500
1992 MX-3, 4-cyl.						
2d Cpe 240		720	1,200	2,700	4,200	6,000
2d Cpe GS, V-6 260		780	1,300	2,930	4,550	6,500
1992 626, 4-cyl.						
4d Sed DX 280		840	1,400	3,150	4,900	7,000
4d Sed LX 300		900	1,500	3,380	5,250	7,500
1992 MX-6, 4-cyl.						
2d Cpe DX 300		900	1,500	3,380	5,250	7,500
2d Cpe LX 320		960	1,600	3,600	5,600	8,000
2d Cpe GT 360		1,080	1,800	4,050	6,300	9,000
1992 MX-5, 4-cyl.						
2d Miata Conv 640		1,920	3,200	7,200	11,200	16,000
1992 929, V-6						
4d Sed 620		1,860	3,100	6,980	10,850	15,500
1993 323, 4-cyl.						
2d HBk. 220		660	1,100	2,480	3,850	5,500
2d SE HBk 220		670	1,120	2,520	3,920	5,600
1993 Protege, 4-cyl.						
4d DX Sed 260		780	1,300	2,930	4,550	6,500
4d LX Sed 270		800	1,340	3,020	4,690	6,700
1993 MX-3						
2d Cpe, 4-cyl. 300		900	1,500	3,380	5,250	7,500
2d Cpe, V-6 310		920	1,540	3,470	5,390	7,700
1993 626						
4d DX Sed, 4-cyl. 270		820	1,360	3,060	4,760	6,800
4d LX Sed, 4-cyl. 280		830	1,380	3,110	4,830	6,900
4d ES Sed, V-6 280		840	1,400	3,150	4,900	7,000

	6	5	4	3	2	1	551

1993 MX-6
2d Cpe, 4-cyl.	340	1,020	1,700	3,830	5,950	8,500
2d LS Cpe, V-6	350	1,040	1,740	3,920	6,090	8,700

1993 MX-5 Miata, 4-cyl.
2d Conv.	680	2,040	3,400	7,650	11,900	17,000

1993 RX7
2d Turbo Cpe	800	2,400	4,000	9,000	14,000	20,000

1994 323, 4-cyl.
2d HBk	220	660	1,100	2,480	3,850	5,500

1994 Protege, 4-cyl.
4d Sed.	240	720	1,200	2,700	4,200	6,000
4d DX Sed.	260	780	1,300	2,930	4,550	6,500
4d LX Sed.	280	840	1,400	3,150	4,900	7,000

1994 MX-3
2d Cpe, 4-cyl.	320	960	1,600	3,600	5,600	8,000
2d GS Cpe, V-6.	360	1,080	1,800	4,050	6,300	9,000

1994 626
4d DX Sed, 4-cyl.	320	960	1,600	3,600	5,600	8,000
4d LX Sed, 4-cyl.	340	1,020	1,700	3,830	5,950	8,500
4d LX Sed, V-6	360	1,080	1,800	4,050	6,300	9,000
4d ES Sed, V-6	380	1,140	1,900	4,280	6,650	9,500

1994 MX-6
2d Cpe, 4-cyl.	360	1,080	1,800	4,050	6,300	9,000
2d Cpe, V-6.	400	1,200	2,000	4,500	7,000	10,000

1994 MX-5 Miata, 4-cyl.
2d Conv.	540	1,620	2,700	6,080	9,450	13,500
2d Conv M.	600	1,800	3,000	6,750	10,500	15,000

1994 RX-7 Rotary Turbo
2d Cpe.	800	2,400	4,000	9,000	14,000	20,000

1994 929
4d Sed, V-6.	480	1,440	2,400	5,400	8,400	12,000

1995 Protege, 4-cyl.
4d DX Sed	260	780	1,300	2,930	4,550	6,500
4d LX Sed.	280	840	1,400	3,150	4,900	7,000
4d ES Sed.	300	900	1,500	3,380	5,250	7,500

1995 MX-3, 4-cyl.
2d Cpe.	320	960	1,600	3,600	5,600	8,000

1995 626, 4-cyl.
4d DX Sed.	320	960	1,600	3,600	5,600	8,000
4d LX Sed.	340	1,020	1,700	3,830	5,950	8,500
4d LX Sed (V-6)	360	1,080	1,800	4,050	6,300	9,000
4d ES Sed (V-6)	400	1,200	2,000	4,500	7,000	10,000

1995 MX-6, 4-cyl.
2d Cpe.	360	1,080	1,800	4,050	6,300	9,000
2d LS Cpe (V-6)	400	1,200	2,000	4,500	7,000	10,000

1995 MX-5 Miata, 4-cyl.
2d Conv.	540	1,620	2,700	6,080	9,450	13,500
2d MConv.	600	1,800	3,000	6,750	10,500	15,000

NOTE: Add 5 percent for detachable HT.

1995 RX-7 Rotary Turbo
2d Cpe.	800	2,400	4,000	9,000	14,000	20,000

1995 Millenia, V-6
4d Sed.	400	1,200	2,000	4,500	7,000	10,000
4d L Sed.	420	1,260	2,100	4,730	7,350	10,500
4d S Sed.	440	1,320	2,200	4,950	7,700	11,000

1995 929, V-6
4d Sed.	480	1,440	2,400	5,400	8,400	12,000

1996 Protege, 4-cyl.
4d DX Sed.	260	780	1,300	2,930	4,550	6,500
4d LX Sed.	280	840	1,400	3,150	4,900	7,000
4d ES Sed.	300	900	1,500	3,380	5,250	7,500

1996 626, 4-cyl.
4d DX Sed.	320	960	1,600	3,600	5,600	8,000
4d LX Sed.	340	1,020	1,700	3,830	5,950	8,500
4d LX Sed (V-6)	360	1,080	1,800	4,050	6,300	9,000
4d ES Sed (V-6)	400	1,200	2,000	4,500	7,000	10,000

1996 MX-6, 4-cyl.
2d Cpe.	360	1,080	1,800	4,050	6,300	9,000
2d LS Cpe (V-6)	400	1,200	2,000	4,500	7,000	10,000

1996 MX-5 Miata, 4-cyl.
2d Conv.	540	1,620	2,700	6,080	9,450	13,500
2d M Conv.	600	1,800	3,000	6,750	10,500	15,000

NOTE: Add 5 percent for detachable HT.

1996 Millenia, V-6
4d Sed.	400	1,200	2,000	4,500	7,000	10,000
4d L Sed.	420	1,260	2,100	4,730	7,350	10,500
4d S Sed.	440	1,320	2,200	4,950	7,700	11,000

MAZDA

	6	5	4	3	2	1
1997 Protege, 4-cyl.						
4d DX Sed	260	780	1,300	2,930	4,550	6,500
4d LX Sed	280	840	1,400	3,150	4,900	7,000
4d ES Sed	300	900	1,500	3,380	5,250	7,500
1997 626, 4-cyl.						
4d DX Sed	320	960	1,600	3,600	5,600	8,000
4d LX Sed	340	1,020	1,700	3,830	5,950	8,500
4d LX Sed (V-6)	360	1,080	1,800	4,050	6,300	9,000
4d ES Sed (V-6)	400	1,200	2,000	4,500	7,000	10,000
1997 MX-6, 4-cyl.						
2d Cpe	360	1,080	1,800	4,050	6,300	9,000
2d LS Cpe (V-6)	400	1,200	2,000	4,500	7,000	10,000
1997 MX-5 Miata, 4-cyl.						
2d Conv	540	1,620	2,700	6,080	9,450	13,500
2d M Conv	600	1,800	3,000	6,750	10,500	15,000
NOTE: Add 5 percent for detachable HT.						
1997 Millenia, V-6						
4d Sed	400	1,200	2,000	4,500	7,000	10,000
4d L Sed	420	1,260	2,100	4,730	7,350	10,500
4d S Sed (supercharged)	440	1,320	2,200	4,950	7,700	11,000
1998 Protege, 4-cyl.						
4d DX Sed	260	780	1,300	2,930	4,550	6,500
4d LX Sed	280	840	1,400	3,150	4,900	7,000
4d ES Sed	300	900	1,500	3,380	5,250	7,500
1998 626, 4-cyl.						
4d DX Sed	320	960	1,600	3,600	5,600	8,000
4d LX Sed	340	1,020	1,700	3,830	5,950	8,500
4d LX Sed (V-6)	360	1,080	1,800	4,050	6,300	9,000
4d ES Sed (V-6)	400	1,200	2,000	4,500	7,000	10,000
1998 Miata MX-5, 4-cyl.						
2d Conv	540	1,620	2,700	6,080	9,450	13,500
2d M Conv	600	1,800	3,000	6,750	10,500	15,000
NOTE: Add 5 percent for detachable HT.						
1998 Millenia, V-6						
4d Sed	400	1,200	2,000	4,500	7,000	10,000
4d Premium Sed	420	1,260	2,100	4,730	7,350	10,500
4d S Sed (supercharged)	440	1,320	2,200	4,950	7,700	11,000
1999 Protege, 4-cyl.						
4d DX Sed	260	780	1,300	2,930	4,550	6,500
4d LX Sed	280	840	1,400	3,150	4,900	7,000
4d ES Sed	300	900	1,500	3,380	5,250	7,500
1999 626, 4-cyl. & V-6						
4d LX Sed	320	960	1,600	3,600	5,600	8,000
4d ES Sed	360	1,080	1,800	4,050	6,300	9,000
1999 Miata MX-5, 4-cyl.						
2d Conv	560	1,680	2,800	6,300	9,800	14,000
NOTE: Add 5 percent for Anv Pkg. Add 5 percent for detachable HT.						
1999 Millenia, V-6						
4d Sed	400	1,200	2,000	4,500	7,000	10,000
4d Premium Sed	420	1,260	2,100	4,730	7,350	10,500
4d S Sed (supercharged)	440	1,320	2,200	4,950	7,700	11,000
2000 Protege, 4-cyl.						
4d DX Sed	260	780	1,300	2,930	4,550	6,500
4d LX Sed	280	840	1,400	3,150	4,900	7,000
4d ES Sed	300	900	1,500	3,380	5,250	7,500
2000 626, 4-cyl. & V-6						
4d LX Sed	320	960	1,600	3,600	5,600	8,000
4d ES Sed	360	1,080	1,800	4,050	6,300	9,000
2000 Miata MX5, 4-cyl.						
2d Conv	560	1,680	2,800	6,300	9,800	14,000
2d LS Conv	600	1,800	3,000	6,750	10,500	15,000
NOTE: Add 5 percent for detachable HT.						
2000 Millenia, V-6						
4d Sed	400	1,200	2,000	4,500	7,000	10,000
4d Premium Sed	420	1,260	2,100	4,730	7,350	10,500
4d S Sed (supercharged)	440	1,320	2,200	4,950	7,700	11,000
NOTE: Add 5 percent for Millennium Ed.						
2001 Protege, 4-cyl.						
4d DX Sed	260	780	1,300	3,250	4,550	6,500
4d LX Sed	280	840	1,400	3,500	4,900	7,000
4d LX 2.0 Sed	290	860	1,440	3,600	5,040	7,200
4d ES 2.0 Sed	300	900	1,500	3,750	5,250	7,500
4d MP3 Sed	320	950	1,580	3,950	5,530	7,900
2001 626, 4-cyl. & V-6						
4d LX Sed	320	960	1,600	4,000	5,600	8,000
4d ES Sed	360	1,080	1,800	4,500	6,300	9,000

	6	5	4	3	2	1
2001 Miata MX-5, 4-cyl.						
2d Conv	570	1,700	2,840	6,390	9,940	14,200
2d LS Conv	610	1,820	3,040	6,840	10,640	15,200
2d SE Conv	630	1,880	3,140	7,070	10,990	15,700
NOTE: Add 5 percent for detachable HT.						
2001 Millenia, V-6						
4d Premium Sed	420	1,270	2,120	5,300	7,420	10,600
4d S Sed (supercharged)	440	1,330	2,220	5,550	7,770	11,100
2002 Protege, 4-cyl.						
4d DX Sed	260	780	1,300	3,250	4,550	6,500
4d LX Sed	280	840	1,400	3,500	4,900	7,000
4d ES Sed	300	900	1,500	3,750	5,250	7,500
4d 5 Sta Wag	320	950	1,580	3,950	5,530	7,900
2002 626, V-6						
4d LX Sed	320	960	1,600	4,000	5,600	8,000
4d ES Sed	360	1,080	1,800	4,500	6,300	9,000
NOTE: Deduct 5 percent for LX model equipped with 4-cyl.						
2002 Miata MX-5, 4-cyl.						
2d Conv	570	1,700	2,840	6,390	9,940	14,200
2d LS Conv	610	1,820	3,040	6,840	10,640	15,200
2d SE Conv	630	1,880	3,140	7,070	10,990	15,700
NOTE: Add 5 percent for detachable HT.						
2002 Millenia, V-6						
4d Premium Sed	420	1,270	2,120	5,300	7,420	10,600
4d S Sed (supercharged)	440	1,330	2,220	5,550	7,770	11,100
2003 Protege, 4-cyl.						
4d DX Sed	260	780	1,300	3,250	4,550	6,500
4d LX Sed	280	840	1,400	3,500	4,900	7,000
4d ES Sed	300	900	1,500	3,750	5,250	7,500
4d MazdaSpeed Sed	410	1,220	2,040	5,100	7,140	10,200
4d 5 Sta Wag	320	950	1,580	3,950	5,530	7,900
2003 Mazda6, V-6						
4d i Sed (4-cyl.)	410	1,240	2,060	5,150	7,210	10,300
4d s Sed	510	1,520	2,540	6,350	8,890	12,700
2003 Miata MX-5, 4-cyl.						
2d Conv	490	1,460	2,440	6,100	8,540	12,200
2d LS Conv	530	1,580	2,640	6,600	9,240	13,200
2d SE Conv	550	1,640	2,740	6,850	9,590	13,700
NOTE: Add 5 percent for detachable HT.						
2004 Mazda3, 4-cyl.						
i 4d Sed	310	940	1,560	3,900	5,460	7,800
s 4d Sed	320	960	1,600	4,000	5,600	8,000
s 4d Sta Wag	320	970	1,620	4,050	5,670	8,100
NOTE: Deduct 5 percent for manual transmission.						
2004 Mazda6, V-6						
i 4d HBk (4-cyl.)	360	1,090	1,820	4,550	6,370	9,100
s 4d HBk	410	1,240	2,060	5,150	7,210	10,300
i 4d (4-cyl.)	350	1,060	1,760	4,400	6,160	8,800
s 4d Sed	400	1,200	2,000	5,000	7,000	10,000
s Sport 4d Sta Wag	370	1,100	1,840	4,600	6,440	9,200
NOTE: Deduct 5 percent for manual transmission.						
2004 Miata MX-5, 4-cyl.						
2d Conv	490	1,460	2,440	6,100	8,540	12,200
LS 2d Conv	530	1,580	2,640	6,600	9,240	13,200
Speed 2d Conv	550	1,640	2,740	6,850	9,590	13,700
NOTE: Add 5 percent for detachable HT. Add 5 percent for automatic transmission.						
2004 RX-8, rotary engine						
2d Cpe	490	1,480	2,460	6,150	8,610	12,300
Touring 2d Cpe	510	1,540	2,560	6,400	8,960	12,800
GT 2d Cpe	520	1,570	2,620	6,550	9,170	13,100
NOTE: Add 5 percent for Sport pkg on base cpe.						

MERCEDES-BENZ

	6	5	4	3	2	1
1951-53 Model 170S						
4d Sed	1,240	3,720	6,200	13,950	21,700	31,000
NOTE: Deduct 8 percent for lesser models. Deduct 10 percent for diesel.						
1951-53 Model 180						
4d Sed	1,200	3,600	6,000	13,500	21,000	30,000
1951-53 Model 220						
4d Sed	1,280	3,840	6,400	14,400	22,400	32,000
2d Conv	2,400	7,200	12,000	27,000	42,000	60,000
2d Cpe	1,600	4,800	8,000	18,000	28,000	40,000
1951-53 Model 300						
4d Sed	1,400	4,200	7,000	15,750	24,500	35,000
4d Conv Sed	5,020	15,060	25,100	56,480	87,850	125,500
2d Cpe	3,680	11,040	18,400	41,400	64,400	92,000

	6	5	4	3	2	1
1951-53 Model 300S						
4d Conv Sed	5,800	17,400	29,000	65,250	101,500	145,000
2d Conv	10,680	32,040	53,400	120,150	186,900	267,000
2d Cpe	5,500	16,500	27,500	61,880	96,250	137,500
2d Rds	12,280	36,840	61,400	138,150	214,900	307,000
1954 Model 170						
4d Sed	1,000	3,000	5,000	11,250	17,500	25,000
NOTE: Deduct 10 percent for diesel.						
1954 Model 180						
4d Sed	1,050	3,100	5,200	11,700	18,200	26,000
NOTE: Deduct 10 percent for diesel.						
1954 Model 220A						
4d Sed	1,320	3,960	6,600	14,850	23,100	33,000
2d Conv	2,360	7,080	11,800	26,550	41,300	59,000
2d Cpe	1,960	5,880	9,800	22,050	34,300	49,000
1954 Model 300						
4d Sed	1,400	4,200	7,000	15,750	24,500	35,000
4d Conv Sed	5,020	15,060	25,100	56,480	87,850	125,500
2d Cpe	3,680	11,040	18,400	41,400	64,400	92,000
1954 Model 300B						
4d Sed	1,600	4,800	8,000	18,000	28,000	40,000
4d Conv Sed	5,260	15,780	26,300	59,180	92,050	131,500
2d Cpe	3,600	10,800	18,000	40,500	63,000	90,000
1954 Model 300S						
4d Sed	1,960	5,880	9,800	22,050	34,300	49,000
2d Conv	10,680	32,040	53,400	120,150	186,900	267,000
2d Cpe	6,300	18,900	31,500	70,880	110,250	157,500
2d Rds	12,280	36,840	61,400	138,150	214,900	307,000
1954 Model 300SL						
2d GW Cpe	25,420	76,260	127,100	285,980	444,850	635,500
1955 Model 170						
4d Sed	1,040	3,120	5,200	11,700	18,200	26,000
NOTE: Deduct 10 percent for diesel.						
1955 Model 180						
4d Sed	1,100	3,250	5,400	12,150	18,900	27,000
NOTE: Deduct 10 percent for diesel.						
1955 Model 190						
2d Rds	2,600	7,800	13,000	29,250	45,500	65,000
1955 Model 220A						
4d Sed	1,320	3,960	6,600	14,850	23,100	33,000
2d Conv	2,360	7,080	11,800	26,550	41,300	59,000
2d Cpe	1,960	5,880	9,800	22,050	34,300	49,000
1955 Model 300B						
4d Sed	1,600	4,800	8,000	18,000	28,000	40,000
4d Conv Sed	5,260	15,780	26,300	59,180	92,050	131,500
2d Cpe	3,600	10,800	18,000	40,500	63,000	90,000
1955 Model 300S						
4d Sed	1,960	5,880	9,800	22,050	34,300	49,000
2d Conv	10,680	32,040	53,400	120,150	186,900	267,000
2d Cpe	6,300	18,900	31,500	70,880	110,250	157,500
2d Rds	12,280	36,840	61,400	138,150	214,900	307,000
1955 Model 300SL						
2d GW Cpe	25,420	76,260	127,100	285,980	444,850	635,500
1956-57 Model 180						
4d Sed	760	2,280	3,800	8,550	13,300	19,000
NOTE: Deduct 10 percent for diesel.						
1956-57 Model 190						
4d Sed	800	2,400	4,000	9,000	14,000	20,000
SL Rds	2,740	8,220	13,700	30,830	47,950	68,500
NOTE: Add 10 percent for removable hardtop.						
1956-57 Model 219						
4d Sed	880	2,640	4,400	9,900	15,400	22,000
1956-57 Model 220S						
4d Sed	1,000	3,000	5,000	11,250	17,500	25,000
Cpe	1,340	4,020	6,700	15,080	23,450	33,500
Cabr	3,100	9,300	15,500	34,880	54,250	77,500
1956-57 Model 300C						
4d Sed	1,560	4,680	7,800	17,550	27,300	39,000
4d Limo	2,260	6,780	11,300	25,430	39,550	56,500
4d Conv Sed	5,380	16,140	26,900	60,530	94,150	134,500
2d Cpe	4,320	12,960	21,600	48,600	75,600	108,000
1956-57 Model 300S						
4d Sed	1,920	5,760	9,600	21,600	33,600	48,000
2d Conv	11,500	34,500	57,500	129,380	201,250	287,500
2d Cpe	6,260	18,780	31,300	70,430	109,550	156,500
2d Rds	12,720	38,160	63,600	143,100	222,600	318,000

MERCEDES-BENZ

	6	5	4	3	2	1
1956-57 Model 300SC						
4d Sed.	2,080	6,240	10,400	23,400	36,400	52,000
2d Conv.	13,520	40,560	67,600	152,100	236,600	338,000
2d Rds.	13,940	41,820	69,700	156,830	243,950	348,500
1956-57 Model 300SL						
2d GW Cpe.	25,420	76,260	127,100	285,980	444,850	635,500
1958-60 Model 180a						
4d Sed.	720	2,160	3,600	8,100	12,600	18,000
NOTE: Deduct 10 percent for diesel.						
1958-60 Model 190						
4d Sed.	720	2,160	3,600	8,100	12,600	18,000
SL Rds	2,580	7,740	12,900	29,030	45,150	64,500
SL Cpe	2,580	7,740	12,900	29,030	45,150	64,500
NOTE: Add 10 percent for removable hardtop. Deduct 10 percent for diesel.						
1958-60 Model 219						
4d Sed.	760	2,280	3,800	8,550	13,300	19,000
1958-60 Model 220S						
2d Cpe.	1,180	3,540	5,900	13,280	20,650	29,500
4d Sed.	980	2,940	4,900	11,030	17,150	24,500
2d Conv.	2,980	8,940	14,900	33,530	52,150	74,500
1958-60 Model 220SE						
4d Sed.	1,000	3,000	5,000	11,250	17,500	25,000
2d Cpe.	1,300	3,900	6,500	14,630	22,750	32,500
2d Conv.	3,280	9,840	16,400	36,900	57,400	82,000
1958-60 Model 300D						
4d HT	1,200	3,600	6,000	13,500	21,000	30,000
4d Conv.	4,560	13,680	22,800	51,300	79,800	114,000
1958-60 Model 300SL						
2d Rds.	20,100	60,300	100,500	226,130	351,750	502,500
NOTE: Add 10 percent for removable hardtop.						
1961-62						
180 4d Sed	600	1,800	3,000	6,750	10,500	15,000
180D 4d Sed.	640	1,920	3,200	7,200	11,200	16,000
190 4d Sed.	620	1,860	3,100	6,980	10,850	15,500
190D 4d Sed.	660	1,980	3,300	7,430	11,550	16,500
190SL Cpe/Rds.	2,580	7,740	12,900	29,030	45,150	64,500
220 4d Sed	760	2,280	3,800	8,550	13,300	19,000
220S 4d Sed.	800	2,400	4,000	9,000	14,000	20,000
220SF 4d Sed.	840	2,520	4,200	9,450	14,700	21,000
220SE Cpe	1,120	3,360	5,600	12,600	19,600	28,000
220SE Cabr.	2,320	6,960	11,600	26,100	40,600	58,000
220SEb Cpe	1,280	3,840	6,400	14,400	22,400	32,000
220SEb Cabr.	2,640	7,920	13,200	29,700	46,200	66,000
220SEb 4d Sed.	880	2,640	4,400	9,900	15,400	22,000
300 4d HT.	2,000	6,000	10,000	22,500	35,000	50,000
300 4d Cabr	4,560	13,680	22,800	51,300	79,800	114,000
300SE 4d Sed.	1,000	3,000	5,000	11,250	17,500	25,000
300SE 2d Cpe.	1,480	4,440	7,400	16,650	25,900	37,000
300SE 2d Cabr	3,480	10,440	17,400	39,150	60,900	87,000
300SL Rds	20,100	60,300	100,500	226,130	351,750	502,500
NOTE: Add 5 percent for removable hardtop.						
1963						
180Dc 4d Sed.	550	1,700	2,800	6,300	9,800	14,000
190c 4d Sed	450	1,400	2,300	5,180	8,050	11,500
190Dc 4d Sed.	600	1,750	2,900	6,530	10,200	14,500
190SL Rds	2,500	7,500	12,500	28,130	43,750	62,500
NOTE: Add 10 percent for removable hardtop.						
220 4d Sed	650	1,900	3,200	7,200	11,200	16,000
220S 4d Sed.	700	2,050	3,400	7,650	11,900	17,000
220SE 4d Sed.	700	2,150	3,600	8,100	12,600	18,000
220SEb Cpe	1,080	3,240	5,400	12,150	18,900	27,000
220SEb Cabr.	2,560	7,680	12,800	28,800	44,800	64,000
300SE 4d Sed.	1,050	3,100	5,200	11,700	18,200	26,000
300SE Cpe	1,320	3,960	6,600	14,850	23,100	33,000
300SE Cabr.	3,400	10,200	17,000	38,250	59,500	85,000
300 4d HT.	1,300	3,850	6,400	14,400	22,400	32,000
300SL Rds	20,020	60,060	100,100	225,230	350,350	500,500
NOTE: Add 5 percent for removable hardtop.						
1964						
190c 4d Sed	450	1,300	2,200	4,950	7,700	11,000
190Dc 4d Sed.	550	1,700	2,800	6,300	9,800	14,000
220 4d Sed	650	1,900	3,200	7,200	11,200	16,000
220S 4d Sed.	700	2,050	3,400	7,650	11,900	17,000
220SE 4d Sed.	700	2,150	3,600	8,100	12,600	18,000
220SEb Cpe	1,040	3,120	5,200	11,700	18,200	26,000
220SEb Cabr.	2,100	6,300	10,500	23,630	36,750	52,500

	6	5	4	3	2	1
230SL Cpe/Rds	2,240	6,720	11,200	25,200	39,200	56,000
300SE 4d Sed	900	2,650	4,400	9,900	15,400	22,000
300SE 4d Sed (112)	920	2,760	4,600	10,350	16,100	23,000
300SE Cpe	1,300	3,850	6,400	14,400	22,400	32,000
300SE Cabr	3,320	9,960	16,600	37,350	58,100	83,000
1965						
190c 4d Sed	450	1,300	2,200	4,950	7,700	11,000
190Dc 4d Sed	550	1,700	2,800	6,300	9,800	14,000
220b 4d Sed	650	1,900	3,200	7,200	11,200	16,000
220Sb 4d Sed	650	2,000	3,300	7,430	11,600	16,500
220SEb 4d Sed	700	2,050	3,400	7,650	11,900	17,000
220SEb Cpe	1,000	3,000	5,000	11,250	17,500	25,000
220SEb Cabr	2,060	6,180	10,300	23,180	36,050	51,500
230SL Cpe/Rds	2,200	6,600	11,000	24,750	38,500	55,000
250SE Cpe	1,080	3,240	5,400	12,150	18,900	27,000
250SE Cabr	1,880	5,640	9,400	21,150	32,900	47,000
300SE 4d Sed	750	2,300	3,800	8,550	13,300	19,000
300SEL 4d Sed	850	2,500	4,200	9,450	14,700	21,000
300SE Cpe	1,240	3,720	6,200	13,950	21,700	31,000
300SE Cabr	3,280	9,840	16,400	36,900	57,400	82,000
600 4d Sed	5,400	16,200	27,000	60,750	94,500	135,000
600 Limo	6,200	18,600	31,000	69,750	108,500	155,000
1966						
200 4d Sed	450	1,300	2,200	4,950	7,700	11,000
200D 4d Sed	550	1,700	2,800	6,300	9,800	14,000
230 4d Sed	450	1,400	2,300	5,180	8,050	11,500
230S 4d Sed	450	1,400	2,350	5,270	8,200	11,700
230SL Cpe/Rds	2,200	6,600	11,000	24,750	38,500	55,000
250SE Cpe	1,080	3,240	5,400	12,150	18,900	27,000
250SE Cabr	1,880	5,640	9,400	21,150	32,900	47,000
250S 4d Sed	650	1,900	3,200	7,200	11,200	16,000
250SE 4d Sed	650	2,000	3,300	7,430	11,600	16,500
300SE Cpe	1,240	3,720	6,200	13,950	21,700	31,000
300SE Cabr	3,280	9,840	16,400	36,900	57,400	82,000
600 4d Sed	5,400	16,200	27,000	60,750	94,500	135,000
600 Limo	6,600	19,800	33,000	74,250	115,500	165,000
1967						
200 4d Sed	450	1,400	2,300	5,180	8,050	11,500
200D 4d Sed	600	1,750	2,900	6,530	10,200	14,500
230 4d Sed	550	1,700	2,800	6,300	9,800	14,000
230S 4d Sed	550	1,700	2,850	6,390	9,950	14,200
230SL Cpe/Rds	2,160	6,480	10,800	24,300	37,800	54,000
250S 4d Sed	650	1,900	3,200	7,200	11,200	16,000
250SE 4d Sed	650	2,000	3,300	7,430	11,600	16,500
250SE Cpe	1,080	3,240	5,400	12,150	18,900	27,000
250SE Cabr	1,880	5,640	9,400	21,150	32,900	47,000
250SL Cpe/Rds	2,240	6,720	11,200	25,200	39,200	56,000
280SE Cpe	1,020	3,060	5,100	11,480	17,850	25,500
280SE Cabr	2,360	7,080	11,800	26,550	41,300	59,000
300SE Cpe	1,050	3,100	5,200	11,700	18,200	26,000
300SE Cabr	3,280	9,840	16,400	36,900	57,400	82,000
300SE 4d Sed	950	2,900	4,800	10,800	16,800	24,000
300SEL 4d Sed	1,000	3,000	5,000	11,250	17,500	25,000
600 4d Sed	5,400	16,200	27,000	60,750	94,500	135,000
600 Limo	6,200	18,600	31,000	69,750	108,500	155,000
1968						
220 4d Sed	450	1,400	2,300	5,180	8,050	11,500
220D 4d Sed	600	1,750	2,900	6,530	10,200	14,500
230 4d Sed	560	1,680	2,800	6,300	9,800	14,000
250 4d Sed	600	1,750	2,900	6,570	10,200	14,600
280 4d Sed	600	1,800	2,950	6,660	10,400	14,800
280SE 4d Sed	650	1,900	3,200	7,200	11,200	16,000
280SEL 4d Sed	700	2,050	3,400	7,650	11,900	17,000
280SE Cpe	1,020	3,060	5,100	11,480	17,850	25,500
280SE Cabr	2,360	7,080	11,800	26,550	41,300	59,000
280SL Cpe/Rds	2,520	7,560	12,600	28,350	44,100	63,000
300SEL 4d Sed	1,000	3,000	5,000	11,250	17,500	25,000
600 4d Sed	5,400	16,200	27,000	60,750	94,500	135,000
600 Limo	6,200	18,600	31,000	69,750	108,500	155,000
1969						
220 4d Sed	600	1,850	3,100	6,980	10,900	15,500
220D 4d Sed	650	2,000	3,300	7,430	11,600	16,500
230 4d Sed	650	1,900	3,150	7,110	11,100	15,800
250 4d Sed	650	1,900	3,200	7,200	11,200	16,000
280S 4d Sed	650	1,950	3,200	7,250	11,300	16,100
280SE 4d Sed	650	1,900	3,200	7,200	11,200	16,000

	6	5	4	3	2	1
280SEL 4d Sed.	650	2,000	3,300	7,430	11,600	16,500
280SE Cpe.	1,020	3,060	5,100	11,480	17,850	25,500
280SE Cabr.	2,360	7,080	11,800	26,550	41,300	59,000
280SL Cpe/Rds.	2,520	7,560	12,600	28,350	44,100	63,000
300SEL 4d Sed.	950	2,900	4,800	10,800	16,800	24,000
300SEL 6.3 4d Sed.	1,460	4,380	7,300	16,430	25,550	36,500
600 4d Sed.	5,400	16,200	27,000	60,750	94,500	135,000
600 Limo.	6,200	18,600	31,000	69,750	108,500	155,000
1970						
220 4d Sed.	550	1,700	2,800	6,300	9,800	14,000
220D 4d Sed.	600	1,750	2,900	6,530	10,200	14,500
250 4d Sed.	550	1,700	2,850	6,390	9,950	14,200
250C Cpe.	700	2,050	3,400	7,650	11,900	17,000
280S 4d Sed.	600	1,850	3,100	6,980	10,900	15,500
280SE 4d Sed.	650	1,900	3,200	7,200	11,200	16,000
280SEL 4d Sed.	650	2,000	3,300	7,430	11,600	16,500
280SE Cpe.	1,100	3,300	5,500	12,380	19,250	27,500
280SE Cpe 3.5	1,700	5,150	8,600	19,350	30,100	43,000
280SE Cabr.	2,440	7,320	12,200	27,450	42,700	61,000
280SE Cabr 3.5.	2,600	7,800	13,000	29,250	45,500	65,000
280SL Cpe/Rds.	2,520	7,560	12,600	28,350	44,100	63,000
300SEL 4d Sed.	900	2,750	4,600	10,350	16,100	23,000
300SEL 6.3 4d Sed.	1,460	4,380	7,300	16,430	25,550	36,500
600 4d Sed.	5,800	17,400	29,000	65,250	101,500	145,000
600 Limo.	6,600	19,800	33,000	74,250	115,500	165,000
1971						
220 4d Sed.	550	1,700	2,800	6,300	9,800	14,000
220D 4d Sed.	600	1,750	2,900	6,530	10,200	14,500
250 4d Sed.	550	1,700	2,800	6,300	9,800	14,000
250C Cpe.	650	1,900	3,200	7,200	11,200	16,000
280S 4 Sed.	600	1,850	3,100	6,980	10,900	15,500
280SE 4d Sed.	650	1,900	3,200	7,200	11,200	16,000
280SE 4.5 4d Sed.	800	2,400	4,000	9,000	14,000	20,000
280SEL 4d Sed.	650	2,000	3,300	7,430	11,600	16,500
280SE 3.5 Cpe.	1,200	3,600	6,000	13,500	21,000	30,000
280SE 3.5 Cabr.	3,900	11,700	19,500	43,880	68,250	97,500
280SL Cpe/Rds.	2,520	7,560	12,600	28,350	44,100	63,000
300SEL 4d Sed.	950	2,900	4,800	10,800	16,800	24,000
300SEL 6.3 4d Sed.	1,460	4,380	7,300	16,430	25,550	36,500
600 4d Sed.	5,800	17,400	29,000	65,250	101,500	145,000
600 4d Limo.	6,600	19,800	33,000	74,250	115,500	165,000
1972						
220 4d Sed.	550	1,700	2,800	6,300	9,800	14,000
220D 4d Sed.	600	1,750	2,900	6,530	10,200	14,500
250 4d Sed.	600	1,800	3,000	6,750	10,500	15,000
250C Cpe.	700	2,050	3,400	7,650	11,900	17,000
280SE 4d Sed.	650	1,900	3,200	7,200	11,200	16,000
280SE 4.5 4d Sed.	800	2,400	4,000	9,000	14,000	20,000
280SE 3.5 Cpe.	900	2,650	4,400	9,900	15,400	22,000
280SE 3.5 Cabr.	1,550	4,700	7,800	17,550	27,300	39,000
280SEL 4d Sed.	700	2,050	3,400	7,650	11,900	17,000
300SEL 4d Sed.	900	2,750	4,600	10,350	16,100	23,000
350SL Cpe/Rds.	1,450	4,300	7,200	16,200	25,200	36,000
600 4d Sed.	5,800	17,400	29,000	65,250	101,500	145,000
600 Limo.	6,600	19,800	33,000	74,250	115,500	165,000
1973						
220 4d Sed.	550	1,700	2,800	6,300	9,800	14,000
220D 4d Sed.	600	1,800	3,000	6,750	10,500	15,000
280 4d Sed.	600	1,850	3,100	6,980	10,900	15,500
280C Cpe.	700	2,150	3,600	8,100	12,600	18,000
280SE 4d Sed.	700	2,050	3,400	7,650	11,900	17,000
280SE 4.5 4d Sed.	850	2,500	4,200	9,450	14,700	21,000
280SEL 4d Sed.	700	2,100	3,500	7,880	12,300	17,500
280SEL 4.5 4d Sed.	880	2,640	4,400	9,900	15,400	22,000
300SEL 4d Sed.	900	2,750	4,600	10,350	16,100	23,000
450SE 4d Sed.	700	2,100	3,500	7,880	12,300	17,500
450SEL 4d Sed.	750	2,200	3,700	8,330	13,000	18,500
450SL Cpe/Rds.	1,350	4,100	6,800	15,300	23,800	34,000
450SLC Cpe.	1,100	3,350	5,600	12,600	19,600	28,000
1974						
230 4d Sed.	600	1,750	2,900	6,530	10,200	14,500
240D 4d Sed.	600	1,800	3,000	6,750	10,500	15,000
280 4d Sed.	650	1,900	3,200	7,200	11,200	16,000
280C Cpe.	700	2,150	3,600	8,100	12,600	18,000
450SE 4d Sed.	750	2,300	3,800	8,550	13,300	19,000
450SEL 4d Sed.	850	2,500	4,200	9,450	14,700	21,000

MERCEDES-BENZ

	6	5	4	3	2	1
450SL Cpe/Rds	1,300	3,950	6,600	14,850	23,100	33,000
450SLC Cpe.	1,100	3,350	5,600	12,600	19,600	28,000
1975						
230 4d Sed.	600	1,800	3,000	6,750	10,500	15,000
240D 4d Sed	650	1,900	3,200	7,200	11,200	16,000
300D 4d Sed	700	2,050	3,400	7,650	11,900	17,000
280 4d Sed.	700	2,150	3,600	8,100	12,600	18,000
280C Cpe.	750	2,300	3,800	8,550	13,300	19,000
280S 4d Sed	700	2,150	3,600	8,100	12,600	18,000
450SE 4d Sed	800	2,400	4,000	9,000	14,000	20,000
450SEL 4d Sed	850	2,500	4,200	9,450	14,700	21,000
450SL Cpe/Rds	1,400	4,200	7,000	15,750	24,500	35,000
450SLC Cpe.	1,100	3,350	5,600	12,600	19,600	28,000
1976						
230 4d Sed.	700	2,050	3,400	7,650	11,900	17,000
240D 4d Sed	700	2,050	3,400	7,650	11,900	17,000
300D 4d Sed	700	2,100	3,500	7,880	12,300	17,500
280 4d Sed.	700	2,150	3,600	8,100	12,600	18,000
280C Cpe.	850	2,500	4,200	9,450	14,700	21,000
280S 4d Sed	750	2,200	3,700	8,330	13,000	18,500
450SE 4d Sed	900	2,650	4,400	9,900	15,400	22,000
450SEL 4d Sed	900	2,750	4,600	10,350	16,100	23,000
450SL Cpe/Rds	1,400	4,200	7,000	15,750	24,500	35,000
450SLC Cpe.	1,100	3,250	5,400	12,150	18,900	27,000
1977						
230 4d Sed.	650	1,900	3,200	7,200	11,200	16,000
240D 4d Sed	700	2,100	3,500	7,880	12,300	17,500
300D 4d Sed	700	2,150	3,600	8,100	12,600	18,000
280E 4d Sed	750	2,200	3,700	8,330	13,000	18,500
280SE 4d Sed	750	2,300	3,800	8,550	13,300	19,000
450SEL 4d Sed	900	2,750	4,600	10,350	16,100	23,000
450SL Cpe/Rds	1,400	4,200	7,000	15,750	24,500	35,000
450SLC Cpe.	1,100	3,250	5,400	12,150	18,900	27,000
1978						
230 4d Sed.	650	1,900	3,200	7,200	11,200	16,000
240D 4d Sed	650	2,000	3,300	7,430	11,600	16,500
300D 4d Sed	700	2,050	3,400	7,650	11,900	17,000
300CD Cpe	700	2,150	3,600	8,100	12,600	18,000
300SD 4d Sed	800	2,350	3,900	8,780	13,700	19,500
280E 4d Sed	700	2,100	3,500	7,880	12,300	17,500
280CE Cpe.	800	2,350	3,900	8,780	13,700	19,500
280SE 4d Sed	800	2,400	4,000	9,000	14,000	20,000
450SEL 4d Sed	950	2,900	4,800	10,800	16,800	24,000
450SL Cpe/Rds	1,350	4,100	6,800	15,300	23,800	34,000
450SLC Cpe.	1,150	3,500	5,800	13,050	20,300	29,000
6.9L 4d Sed	1,100	3,350	5,600	12,600	19,600	28,000
1979						
240D 4d Sed	550	1,700	2,800	6,300	9,800	14,000
300D 4d Sed	600	1,800	3,000	6,750	10,500	15,000
300CD Cpe	700	2,050	3,400	7,650	11,900	17,000
300TD Sta Wag	900	2,750	4,600	10,350	16,100	23,000
300SD 4d Sed	750	2,300	3,800	8,550	13,300	19,000
280E 4d Sed	650	1,900	3,200	7,200	11,200	16,000
280CE Cpe.	700	2,150	3,600	8,100	12,600	18,000
280SE 4d Sed	750	2,300	3,800	8,550	13,300	19,000
450SEL 4d Sed	900	2,650	4,400	9,900	15,400	22,000
450SL Cpe/Rds	1,300	3,850	6,400	14,400	22,400	32,000
450SLC Cpe.	1,100	3,350	5,600	12,600	19,600	28,000
6.9L 4d Sed	1,050	3,100	5,200	11,700	18,200	26,000
1980						
240D 4d Sed	600	1,800	3,000	6,750	10,500	15,000
300D 4d Sed	650	1,900	3,200	7,200	11,200	16,000
300CD 2d Cpe	700	2,150	3,600	8,100	12,600	18,000
300TD 4d Sta Wag.	900	2,750	4,600	10,350	16,100	23,000
300SD 4d Sed	800	2,400	4,000	9,000	14,000	20,000
280E 4d Sed	750	2,300	3,800	8,550	13,300	19,000
280CE 2d Cpe	800	2,400	4,000	9,000	14,000	20,000
280SE 4d Sed	750	2,300	3,800	8,550	13,300	19,000
450SEL 4d Sed	800	2,400	4,000	9,000	14,000	20,000
450SL 2d Conv	1,350	4,100	6,800	15,300	23,800	34,000
450SLC 2d Cpe	1,050	3,100	5,200	11,700	18,200	26,000
1981						
240D 4d Sed	600	1,800	3,000	6,750	10,500	15,000
300D 4d Sed	650	1,900	3,200	7,200	11,200	16,000
300CD 2d Cpe	700	2,150	3,600	8,100	12,600	18,000
300TD-T 4d Turbo Sta Wag.	1,050	3,100	5,200	11,700	18,200	26,000

	6	5	4	3	2	1
300SD 4d Sed.	750	2,300	3,800	8,550	13,300	19,000
280E 4d Sed.	700	2,150	3,600	8,100	12,600	18,000
280CE 2d Cpe.	750	2,300	3,800	8,550	13,300	19,000
280SEL 4d Sed.	950	2,900	4,800	10,800	16,800	24,000
380SL 2d Conv.	1,450	4,300	7,200	16,200	25,200	36,000
380SLC 2d Cpe.	1,100	3,250	5,400	12,150	18,900	27,000
1982						
240D 4d Sed.	650	1,900	3,200	7,200	11,200	16,000
300D-T 4d Sed.	700	2,050	3,400	7,650	11,900	17,000
300CD-T 2d Cpe.	750	2,300	3,800	8,550	13,300	19,000
300TD-T 4d Turbo Sta Wag	1,050	3,100	5,200	11,700	18,200	26,000
300SD 4d Sed.	800	2,400	4,000	9,000	14,000	20,000
380SEL 4d Sed.	1,000	3,000	5,000	11,250	17,500	25,000
380SL 2d Conv.	1,600	4,800	8,000	18,000	28,000	40,000
380SEC 2d Cpe	1,200	3,600	6,000	13,500	21,000	30,000
1983						
240D 4d Sed.	650	1,900	3,200	7,200	11,200	16,000
300D-T 4d Sed.	700	2,050	3,400	7,650	11,900	17,000
300CD-T 2d Cpe.	750	2,300	3,800	8,550	13,300	19,000
300TD-T 4d Turbo Sta Wag	1,050	3,100	5,200	11,700	18,200	26,000
300SD 4d Sed.	800	2,400	4,000	9,000	14,000	20,000
300SEL 4d Sed.	1,000	3,000	5,000	11,250	17,500	25,000
380SL 2d Conv.	1,600	4,800	8,000	18,000	28,000	40,000
380SEC 2d Cpe	1,200	3,600	6,000	13,500	21,000	30,000
1984						
190E 4d Sed.	650	1,900	3,200	7,200	11,200	16,000
190D 4d Sed.	600	1,800	3,000	6,750	10,500	15,000
300D-T 4d Sed.	650	2,000	3,300	7,430	11,600	16,500
300CD-T 2d Cpe.	700	2,050	3,400	7,650	11,900	17,000
300TD-T 4d Turbo Sta Wag	1,050	3,100	5,200	11,700	18,200	26,000
300SD 4d Sed.	900	2,750	4,600	10,350	16,100	23,000
500SEL 4d Sed.	1,100	3,250	5,400	12,150	18,900	27,000
500SEC 2d Cpe	1,200	3,600	6,000	13,500	21,000	30,000
380SE 4d Sed.	900	2,750	4,600	10,350	16,100	23,000
380SL 2d Conv.	1,500	4,450	7,400	16,650	25,900	37,000
1985						
190E 4d Sed.	650	1,900	3,200	7,200	11,200	16,000
190D 4d Sed.	600	1,850	3,100	6,980	10,900	15,500
300D-T 4d Sed.	700	2,100	3,500	7,880	12,300	17,500
300CD-T 2d Cpe.	700	2,150	3,600	8,100	12,600	18,000
300TD-T 4d Turbo Sta Wag	1,050	3,100	5,200	11,700	18,200	26,000
300SD 4d Sed.	950	2,900	4,800	10,800	16,800	24,000
500SEL 4d Sed.	1,100	3,350	5,600	12,600	19,600	28,000
500SEC 2d Cpe	1,250	3,700	6,200	13,950	21,700	31,000
380SE 4d Sed.	950	2,900	4,800	10,800	16,800	24,000
380SL 2d Conv.	1,450	4,300	7,200	16,200	25,200	36,000
1986						
190E 4d Sed.	650	2,000	3,300	7,430	11,600	16,500
190D 4d Sed.	650	1,900	3,200	7,200	11,200	16,000
190D 1.6 4d Sed.	700	2,050	3,400	7,650	11,900	17,000
300E 4d Sed.	750	2,200	3,700	8,330	13,000	18,500
300SDL 4d Sed.	1,100	3,250	5,400	12,150	18,900	27,000
420SEL 4d Sed.	1,150	3,500	5,800	13,050	20,300	29,000
560SEL 4d Sed.	1,250	3,700	6,200	13,950	21,700	31,000
560SEC 2d Cpe	1,300	3,950	6,600	14,850	23,100	33,000
560SL 2d Conv.	1,500	4,550	7,600	17,100	26,600	38,000
1987						
190D 4d Sed.	700	2,150	3,600	8,100	12,600	18,000
190D-T 4d Sed.	750	2,200	3,700	8,330	13,000	18,500
190E 4d Sed.	800	2,350	3,900	8,780	13,700	19,500
190 2.6 4d Sed.	800	2,450	4,100	9,230	14,300	20,500
190E-16V 4d Sed.	1,000	3,050	5,100	11,480	17,900	25,500
260E 4d Sed.	900	2,750	4,600	10,350	16,100	23,000
300E 4d Sed.	1,000	3,000	5,000	11,250	17,500	25,000
300DT 4d Sed.	950	2,800	4,700	10,580	16,500	23,500
300TD-T 4d Sta Wag	1,020	3,060	5,100	11,480	17,850	25,500
300SDL-T 4d Sed.	1,150	3,500	5,800	13,050	20,300	29,000
420SEL 4d Sed.	1,200	3,550	5,900	13,280	20,700	29,500
560SEL 4d Sed.	1,500	4,450	7,400	16,650	25,900	37,000
560SEC 2d Cpe	1,500	4,550	7,600	17,100	26,600	38,000
560SL 2d Conv.	1,450	4,300	7,200	16,200	25,200	36,000
1988						
190D 4d Sed.	750	2,300	3,800	8,550	13,300	19,000
190E 4d Sed.	850	2,500	4,200	9,450	14,700	21,000
190E 2.6 4d Sed.	950	2,900	4,800	10,800	16,800	24,000
260E 4d Sed.	1,000	3,000	5,000	11,250	17,500	25,000

	6	5	4	3	2	1
300E 4d Sed	1,100	3,250	5,400	12,150	18,900	27,000
300CE 2d Cpe	1,300	3,950	6,600	14,850	23,100	33,000
300TE 4d Sta Wag	1,200	3,650	6,100	13,730	21,400	30,500
300SE 4d Sed	1,100	3,350	5,600	12,600	19,600	28,000
300SEL 4d Sed	1,200	3,600	6,000	13,500	21,000	30,000
420SEL 4d Sed	1,300	3,850	6,400	14,400	22,400	32,000
560SEL 4d Sed	1,500	4,450	7,400	16,650	25,900	37,000
560SEC 2d Cpe	1,550	4,700	7,800	17,550	27,300	39,000
560SL 2d Conv	1,650	4,900	8,200	18,450	28,700	41,000
1989						
190D 4d Sed	950	2,900	4,800	10,800	16,800	24,000
190E 4d 2.6 Sed	900	2,750	4,600	10,350	16,100	23,000
260E 4d Sed	1,200	3,600	6,000	13,500	21,000	30,000
300E 4d Sed	1,300	3,850	6,400	14,400	22,400	32,000
300CE 2d Cpe	1,400	4,200	7,000	15,750	24,500	35,000
300TE 4d Sta Wag	1,300	3,850	6,400	14,400	22,400	32,000
300SE 4d Sed	1,200	3,600	6,000	13,500	21,000	30,000
300SEC 4d Sed	1,250	3,700	6,200	13,950	21,700	31,000
420SEL 4d Sed	1,400	4,200	7,000	15,750	24,500	35,000
560SEL 4d Sed	1,600	4,800	8,000	18,000	28,000	40,000
560SEC 2d Cpe	1,800	5,400	9,000	20,250	31,500	45,000
560SL 2d Conv	2,300	6,850	11,400	25,650	39,900	57,000
1990						
190E 4d 2.6 Sed	900	2,650	4,400	9,900	15,400	22,000
300E 4d 2.6 Sed	950	2,900	4,800	10,800	16,800	24,000
300D 4d 2.5 Turbo Sed	1,000	3,000	5,000	11,250	17,500	25,000
300E 4d Sed	1,300	3,950	6,600	14,850	23,100	33,000
300E Matic 4d Sed	1,350	4,100	6,800	15,300	23,800	34,000
300CE 2d Cpe	1,450	4,300	7,200	16,200	25,200	36,000
300TE 4d Sta Wag	1,300	3,950	6,600	14,850	23,100	33,000
300TE Matic 4d Sta Wag	1,350	4,100	6,800	15,300	23,800	34,000
300SE 4d Sed	1,250	3,700	6,200	13,950	21,700	31,000
300SEL 4d Sed	1,300	3,950	6,600	14,850	23,100	33,000
350SDL 4d Turbo Sed	1,280	3,840	6,400	14,400	22,400	32,000
420SEL 4d Sed	1,500	4,550	7,600	17,100	26,600	38,000
560SEL 4d Sed	1,650	4,900	8,200	18,450	28,700	41,000
560SEC 2d Cpe	1,800	5,400	9,000	20,250	31,500	45,000
300SL 2d Conv	2,200	6,600	11,000	24,750	38,500	55,000
500SL 2d Conv	2,300	6,950	11,600	26,100	40,600	58,000
1991						
4d 2.3 Sed	700	2,050	3,400	7,650	11,900	17,000
4d 2.6 Sed	750	2,300	3,800	8,550	13,300	19,000
300TD 4d Turbo Sed	880	2,640	4,400	9,900	15,400	22,000
300E 4d Sed	950	2,900	4,800	10,800	16,800	24,000
300E Matic 4x4 4d Sed	1,080	3,240	5,400	12,150	18,900	27,000
300CE 2d Cpe	1,200	3,600	6,000	13,500	21,000	30,000
300TE 4d Sta Wag	1,150	3,500	5,800	13,050	20,300	29,000
300TE Matic 4x4 4d Sta Wag	1,250	3,700	6,200	13,950	21,700	31,000
300SE 4d Sed	1,050	3,100	5,200	11,700	18,200	26,000
300SEL 4d Sed	1,100	3,350	5,600	12,600	19,600	28,000
350SD 4d Sed	1,300	3,850	6,400	14,400	22,400	32,000
350SDL 4d Turbo Sed	1,320	3,960	6,600	14,850	23,100	33,000
420SEL 4d Sed	1,550	4,700	7,800	17,550	27,300	39,000
560SEC 4d Sed	1,700	5,050	8,400	18,900	29,400	42,000
560SEC 2d Cpe	1,900	5,750	9,600	21,600	33,600	48,000
300SL 2d Conv	2,250	6,700	11,200	25,200	39,200	56,000
500SL 2d Conv	2,350	7,100	11,800	26,550	41,300	59,000
1992						
190 4d 2.3 Sed	700	2,150	3,600	8,100	12,600	18,000
190 4d 2.6 Sed	750	2,300	3,800	8,550	13,300	19,000
300E 4d 2.6 Sed	800	2,400	4,000	9,000	14,000	20,000
300DT 4d 2.5 Sed	900	2,700	4,500	10,130	15,700	22,500
300E 4d Sed	1,000	2,950	4,900	11,030	17,200	24,500
300E 4d Sed 4 Matic	1,120	3,360	5,600	12,600	19,600	28,000
300CE 2d Cpe	1,250	3,700	6,200	13,950	21,700	31,000
300TE 4d Sta Wag	1,200	3,600	6,000	13,500	21,000	30,000
300TE 4d Sta Wag 4 Matic	1,300	3,850	6,400	14,400	22,400	32,000
300SDT 4d Sed	1,050	3,100	5,200	11,700	18,200	26,000
300SE 4d Sed	1,100	3,350	5,600	12,600	19,600	28,000
400E 4d Sed	1,100	3,250	5,400	12,150	18,900	27,000
400SE 4d Sed	1,150	3,500	5,800	13,050	20,300	29,000
500E 4d Sed	1,250	3,700	6,200	13,950	21,700	31,000
500SEL 4d Sed	1,350	4,100	6,800	15,300	23,800	34,000
600SEL 4d Sed	1,450	4,300	7,200	16,200	25,200	36,000
300SL 2d Conv	2,300	6,850	11,400	25,650	39,900	57,000
500SL 2d Conv	2,400	7,200	12,000	27,000	42,000	60,000

	6	5	4	3	2	1
1993						
190E 4d 2.3 Sed	700	2,150	3,600	8,100	12,600	18,000
190E 4d 2.6 Sed	750	2,200	3,650	8,190	12,700	18,200
300E 4d 2.8 Sed	750	2,300	3,800	8,550	13,300	19,000
300DT 4d 2.5 Sed	950	2,900	4,850	10,890	16,900	24,200
300E 4d Sed	1,200	3,600	6,000	13,500	21,000	30,000
300E Matic 4d Sed	1,200	3,600	6,050	13,590	21,100	30,200
300CE 2d Cpe	1,250	3,700	6,200	13,950	21,700	31,000
300CE 2d Conv	2,300	6,850	11,400	25,650	39,900	57,000
300TE 4d Sta Wag	1,300	3,950	6,600	14,850	23,100	33,000
300TE Matic 4d Sta Wag	1,350	4,100	6,800	15,300	23,800	34,000
300SDT 4d Sed	1,150	3,500	5,800	13,050	20,300	29,000
300SE 4d Sed	1,200	3,550	5,900	13,280	20,700	29,500
400E 4d Sed	1,200	3,600	6,000	13,500	21,000	30,000
400SEL 4d Sed	1,250	3,700	6,200	13,950	21,700	31,000
500E 4d Sed	1,300	3,950	6,600	14,850	23,100	33,000
500SEL 4d Sed	1,350	4,100	6,800	15,300	23,800	34,000
500SEL 2d Cpe	1,450	4,300	7,200	16,200	25,200	36,000
600SEL 4d Sed	1,500	4,550	7,600	17,100	26,600	38,000
600SEL 2d Cpe	1,650	4,900	8,200	18,450	28,700	41,000
300SL 2d Rds	2,300	6,950	11,600	26,100	40,600	58,000
500SL 2d Rds	2,400	7,200	12,000	27,000	42,000	60,000
600SL 2d Rds	2,500	7,550	12,600	28,350	44,100	63,000
1994 C Class						
220C 4d Sed	750	2,300	3,800	8,550	13,300	19,000
280C 4d Sed	850	2,500	4,200	9,450	14,700	21,000
1994 E Class						
320C 2d Cpe	1,250	3,700	6,200	13,950	21,700	31,000
320E 2d Conv	1,850	5,500	9,200	20,700	32,200	46,000
320E 4d Sed	1,250	3,700	6,200	13,950	21,700	31,000
420E 4d Sed	1,600	4,800	8,000	18,000	28,000	40,000
500F 4d Sed	1,650	4,900	8,200	18,450	28,700	41,000
320E 4d Sta Wag	1,150	3,500	5,800	13,050	20,300	29,000
1994 S Class						
500S 2d Cpe	2,050	6,100	10,200	22,950	35,700	51,000
600S 2d Cpe	2,250	6,700	11,200	25,200	39,200	56,000
320S 4d Sed	1,250	3,700	6,200	13,950	21,700	31,000
350S 4d Sed Diesel Turbo	1,300	3,850	6,400	14,400	22,400	32,000
420S 4d Sed	1,450	4,300	7,200	16,200	25,200	36,000
500S 4d Sed	1,650	4,900	8,200	18,450	28,700	41,000
600S 4d Sed	2,100	6,350	10,600	23,850	37,100	53,000
1994 SL Class						
320SL 2d Rds	1,650	4,900	8,200	18,450	28,700	41,000
500SL 2d Rds	2,050	6,100	10,200	22,950	35,700	51,000
600SL 2d Rds	2,450	7,300	12,200	27,450	42,700	61,000
1995 C Class						
220C 4d Sed	750	2,300	3,800	8,550	13,300	19,000
280C 4d Sed	850	2,500	4,200	9,450	14,700	21,000
36C 4d Sed	1,150	3,500	5,800	13,050	20,300	29,000
1995 E Class						
300F 4d Sed Diesel Turbo	700	2,150	3,600	8,100	12,600	18,000
320E 2d Cpe	1,250	3,700	6,200	13,950	21,700	31,000
320E 2d Conv	1,850	5,500	9,200	20,700	32,200	46,000
320E 4d Sed	1,100	3,350	5,600	12,600	19,600	28,000
320E 4d Sta Wag	1,150	3,500	5,800	13,050	20,300	29,000
420E 4d Sed	1,600	4,800	8,000	18,000	28,000	40,000
1995 S Class						
320SW 4d Sed	1,250	3,700	6,200	13,950	21,700	31,000
320SV 4d Sed	1,300	3,950	6,600	14,850	23,100	33,000
350S 4d Sed Diesel Turbo	1,300	3,850	6,400	14,400	22,400	32,000
420S 4d Sed	1,450	4,300	7,200	16,200	25,200	36,000
500S 2d Cpe	2,050	6,100	10,200	22,950	35,700	51,000
500S 4d Sed	1,650	4,900	8,200	18,450	28,700	41,000
600S 2d Cpe	2,250	6,700	11,200	25,200	39,200	56,000
600S 4d Sed	2,100	6,350	10,600	23,850	37,100	53,000
1995 SL Class						
320SL 2d Rds	1,650	4,900	8,200	18,450	28,700	41,000
500SL 2d Rds	2,050	6,100	10,200	22,950	35,700	51,000
600SL 2d Rds	2,450	7,300	12,200	27,450	42,700	61,000
1996 C Class						
C220 4d Sed	700	2,150	3,600	8,100	12,600	18,000
C280 4d Sed	800	2,400	4,000	9,000	14,000	20,000
C36 4d Sed	1,100	3,350	5,600	12,600	19,600	28,000
1996 E Class						
E300 4d Sed, Diesel	760	2,280	3,800	8,550	13,300	19,000
E320 4d Sed	1,100	3,250	5,400	12,150	18,900	27,000

	6	5	4	3	2	1
1996 S Class						
S320W 4d Sed	1,200	3,600	6,000	13,500	21,000	30,000
S320V 4d Sed	1,300	3,850	6,400	14,400	22,400	32,000
S420 4d Sed	1,400	4,200	7,000	15,750	24,500	35,000
S500 2d Cpe	2,000	6,000	10,000	22,500	35,000	50,000
S500 4d Sed	1,600	4,800	8,000	18,000	28,000	40,000
S600 2d Cpe	2,200	6,600	11,000	24,750	38,500	55,000
S600 4d Sed	2,100	6,250	10,400	23,400	36,400	52,000
1996 SL Class						
SL320 2d Rds	1,600	4,800	8,000	18,000	28,000	40,000
SL500 2d Rds	2,000	6,000	10,000	22,500	35,000	50,000
SL600 2d Rds	2,400	7,200	12,000	27,000	42,000	60,000
NOTE: Add 5 percent for Spt Pkg.						
1997 C Class						
C230 4d Sed	760	2,280	3,800	8,550	13,300	19,000
C280 4d Sed	800	2,400	4,000	9,000	14,000	20,000
C36 4d Sed	1,120	3,360	5,600	12,600	19,600	28,000
1997 E Class						
E300D 4d Sed, Diesel	760	2,280	3,800	8,550	13,300	19,000
E320 4d Sed	1,080	3,240	5,400	12,150	18,900	27,000
E420 4d Sed	1,180	3,540	5,900	13,280	20,650	29,500
1997 S Class						
S320W 4d Sed	1,200	3,600	6,000	13,500	21,000	30,000
S320V 4d Sed	1,280	3,840	6,400	14,400	22,400	32,000
S420 4d Sed	1,400	4,200	7,000	15,750	24,500	35,000
S500 2d Cpe	1,920	5,760	9,600	21,600	33,600	48,000
S500 4d Sed	1,800	5,400	9,000	20,250	31,500	45,000
S600 2d Cpe	2,200	6,600	11,000	24,750	38,500	55,000
S600 4d Sed	2,080	6,240	10,400	23,400	36,400	52,000
1997 SL Class						
SL320 2d Rds	1,600	4,800	8,000	18,000	28,000	40,000
SL500 2d Rds	2,000	6,000	10,000	22,500	35,000	50,000
SL600 2d Rds	2,400	7,200	12,000	27,000	42,000	60,000
NOTE: Add 5 percent for Spt Pkg.						
1998 C Class, 4-cyl. & V-6						
C230 4d Sed	760	2,280	3,800	8,550	13,300	19,000
C280 4d Sed	800	2,400	4,000	9,000	14,000	20,000
1998 CLK Class, V-6						
CLK320 2d Cpe	860	2,580	4,300	9,680	15,050	21,500
1998 E Class, 6-cyl. & V-6						
E300TD 4d Sed, turbo diesel	760	2,280	3,800	8,550	13,300	19,000
E320 4d Sed	680	2,040	3,400	7,650	11,900	17,000
E320 4d Sed AWD	780	2,340	3,900	8,780	13,650	19,500
E320 4d Sta Wag	760	2,280	3,800	8,550	13,300	19,000
E320 4d Sta Wag AWD	800	2,400	4,000	9,000	14,000	20,000
E320 4d Sed (V-8 only)	780	2,340	3,900	8,780	13,650	19,500
1998 S Class, 6-cyl. & V-8						
S320W 4d Sed	1,200	3,600	6,000	13,500	21,000	30,000
S320V 4d Sed	1,280	3,840	6,400	14,400	22,400	32,000
S420 4d Sed	1,400	4,200	7,000	15,750	24,500	35,000
S500 4d Sed	1,800	5,400	9,000	20,250	31,500	45,000
S600 4d Sed (V-12 only)	2,080	6,240	10,400	23,400	36,400	52,000
1998 CL Class						
CL500 2d Cpe (V-8 only)	1,680	5,040	8,400	18,900	29,400	42,000
CL600 2d Cpe (V-12 only)	2,120	6,360	10,600	23,850	37,100	53,000
1998 SLK Class, Supercharged 4-cyl.						
SLK320 "Kompressor" 2d Rds	880	2,640	4,400	9,900	15,400	22,000
1998 SL Class						
SL500 2d Rds (V-8 only)	1,800	5,400	9,000	20,250	31,500	45,000
SL600 2d Rds (V-12 only)	2,200	6,600	11,000	24,750	38,500	55,000
NOTE: Add 5 percent for Spt Pkg.						
1999 C Class						
C230K 4d Sed (supercharged 4-cyl.)	760	2,280	3,800	8,550	13,300	19,000
C280 4d Sed (V-6)	800	2,400	4,000	9,000	14,000	20,000
C43 4d Sed (AMG V-8)	880	2,640	4,400	9,900	15,400	22,000
1999 CLK Class						
CLK320 2d Cpe (V-6)	860	2,580	4,300	9,680	15,050	21,500
CLK320 2d Conv (6-cyl.)	1,000	3,000	5,000	11,250	17,500	25,000
CLK430 2d Cpe (V-8)	940	2,820	4,700	10,580	16,450	23,500
1999 E Class, 6-cyl. & V-6						
E300TD 4d Sed, turbo diesel	760	2,280	3,800	8,550	13,300	19,000
E320 4d Sed	680	2,040	3,400	7,650	11,900	17,000
E320 4d Sed AWD	780	2,340	3,900	8,780	13,650	19,500
E320 4d Sta Wag	760	2,280	3,800	8,550	13,300	19,000
E320 4d Sta Wag AWD	800	2,400	4,000	9,000	14,000	20,000
E430 4d Sed (V-8 only)	780	2,340	3,900	8,780	13,650	19,500

	6	5	4	3	2	1
1999 S Class, 6-cyl. & V-8						
S320W 4d Sed	1,200	3,600	6,000	13,500	21,000	30,000
S320V 4d Sed	1,280	3,840	6,400	14,400	22,400	32,000
S420 4d Sed	1,400	4,200	7,000	15,750	24,500	35,000
S500 4d Sed	1,800	5,400	9,000	20,250	31,500	45,000
S600 4d Sed (V-12 only)	2,080	6,240	10,400	23,400	36,400	52,000
1999 CL Class						
CL500 2d Cpe (V-8 only)	1,680	5,040	8,400	18,900	29,400	42,000
CL600 2d Cpe (V-12 only)	2,120	6,360	10,600	23,850	37,100	53,000
1999 SLK Class, Supercharged 4-cyl.						
SLK230 "Kompressor" 2d Rds	880	2,640	4,400	9,900	15,400	22,000
NOTE: Add 5 percent for Sport Pkg.						
1999 SL Class						
SL500 2d Rds (V-8 only)	1,800	5,400	9,000	20,250	31,500	45,000
SL600 2d Rds (V-12 only)	2,200	6,600	11,000	24,750	38,500	55,000
NOTE: Add 5 percent for Sport Pkg.						
2000 C Class						
C230K 4d Sed (supercharged 4-cyl.)	760	2,280	3,800	8,550	13,300	19,000
C280 4d Sed (V-6)	800	2,400	4,000	9,000	14,000	20,000
C43 4d Sed (AMG V-8)	880	2,640	4,400	9,900	15,400	22,000
2000 CLK Class						
CLK320 2d Cpe (V-6)	860	2,580	4,300	9,680	15,050	21,500
CLK320 2d Conv (6-cyl.)	1,000	3,000	5,000	11,250	17,500	25,000
CLK430 2d Cpe (V-8)	940	2,820	4,700	10,580	16,450	23,500
CLK430 2d Conv (V-8)	1,100	3,300	5,500	12,380	19,250	27,500
2000 E Class, 6-cyl. & V-6						
E320 4d Sed	680	2,040	3,400	7,650	11,900	17,000
E320 4d Sed AWD	780	2,340	3,900	8,780	13,650	19,500
E320 4d Sta Wag	760	2,280	3,800	8,550	13,300	19,000
E320 4d Sta Wag AWD	800	2,400	4,000	9,000	14,000	20,000
E430 4d Sed (V-8 only)	780	2,340	3,900	8,780	13,650	19,500
E430 4d Sed AWD (V-8 only)	820	2,460	4,100	9,230	14,350	20,500
E55 4d Sed (V-8 only)	1,140	3,420	5,700	12,830	19,950	28,500
2000 S Class, V-8						
S430 4d Sed	1,320	3,960	6,600	14,850	23,100	33,000
S500 4d Sed	1,720	5,160	8,600	19,350	30,100	43,000
2000 CL Class, V-8						
CL500 2d Cpe	1,800	5,400	9,000	20,250	31,500	45,000
2000 SLK Class, Supercharged 4-cyl.						
SLK230 "Kompressor" 2d Rds	880	2,640	4,400	9,900	15,400	22,000
NOTE: Add 5 percent for Sport pkg.						
2000 SL Class						
SL500 2d Rds (V-8 only)	1,800	5,400	9,000	20,250	31,500	45,000
SL600 2d Rds (V-12 only)	2,200	6,600	11,000	24,750	38,500	55,000
NOTE: Add 5 percent for Sport pkg.						
2001 C Class, V-6						
C240K 4d Sed	760	2,280	3,800	9,500	13,300	19,000
C320 4d Sed	800	2,400	4,000	10,000	14,000	20,000
2001 CLK Class, V-6 & V-8						
CLK320 2d Cpe (V-6)	860	2,580	4,300	10,750	15,050	21,500
CLK320 2d Conv (V-6)	1,000	3,000	5,000	12,500	17,500	25,000
CLK430 2d Cpe (V-8)	940	2,820	4,700	11,750	16,450	23,500
CLK430 2d Conv (V-8)	1,100	3,300	5,500	13,750	19,250	27,500
CLK55 AMG 2d Cpe (V-8)	1,040	3,120	5,200	13,000	18,200	26,000
2001 E Class, V-6 & V-8						
E320 4d Sed (V-6)	680	2,040	3,400	8,500	11,900	17,000
E320 4d Sed AWD (V-6)	780	2,340	3,900	9,750	13,650	19,500
E320 4d Sta Wag (V-6)	760	2,280	3,800	9,500	13,300	19,000
E320 4d Sta Wag AWD (V-6)	800	2,400	4,000	10,000	14,000	20,000
E430 4d Sed (V-8)	780	2,340	3,900	9,750	13,650	19,500
E430 4d Sed AWD (V-8)	820	2,460	4,100	10,250	14,350	20,500
E55 AMG 4d Sed (V-8)	1,140	3,420	5,700	14,250	19,950	28,500
NOTE: Add 5 percent for Sport pkg. (excluding E55 Sed).						
2001 S Class, V-8						
S430 4d Sed	1,320	3,960	6,600	16,500	23,100	33,000
S500 4d Sed	1,720	5,160	8,600	21,500	30,100	43,000
S55 AMG 4d Sed	1,800	5,400	9,000	22,500	31,500	45,000
S600 4d Sed (V-12)	1,980	5,940	9,900	24,750	34,650	49,500
2001 CL Class, V-8						
CL500 2d Cpe	1,800	5,400	9,000	22,500	31,500	45,000
CL55 AMG 2d Cpe	1,860	5,580	9,300	23,250	32,550	46,500
CL600 2d Cpe (V-12)	2,020	6,060	10,100	25,250	35,350	50,500
2001 SLK Class, Supercharged 4-cyl.						
SLK230 "Kompressor" 2d Rds	880	2,640	4,400	11,000	15,400	22,000
SLK230 2d Rds (V-6)	960	2,880	4,800	12,000	16,800	24,000
NOTE: Add 5 percent for detachable HT. Add 5 percent for Sport pkg.						

MERCEDES-BENZ

	6	5	4	3	2	1
2001 SL Class, V-8						
SL500 2d Rds	1,800	5,400	9,000	22,500	31,500	45,000
SL600 2d Rds (V-12)	2,200	6,600	11,000	27,500	38,500	55,000

NOTE: Add 5 percent for detachable HT. Add 5 percent for Sport pkg. AMG wheels on SL600 and body cladding on both models are standard equipment.

	6	5	4	3	2	1
2002 C Class, V-6						
C230 2d Sport Cpe (supercharged)	560	1,680	2,800	7,000	9,800	14,000
C240 4d Sed	760	2,280	3,800	9,500	13,300	19,000
C320 4d Sed	800	2,400	4,000	10,000	14,000	20,000
C320 4d Sta Wag	740	2,220	3,700	9,250	12,950	18,500
C32/AMG 4d Sed (supercharged)	920	2,760	4,600	11,500	16,100	23,000
2002 CLK Class, V-6 & V-8						
CLK320 2d Cpe	860	2,580	4,300	10,750	15,050	21,500
CLK320 2d Conv	1,000	3,000	5,000	12,500	17,500	25,000
CLK430 2d Cpe	940	2,820	4,700	11,750	16,450	23,500
CLK430 2d Conv	1,100	3,300	5,500	13,750	19,250	27,500
CLK55/AMG 2d Cpe	1,040	3,120	5,200	13,000	18,200	26,000
2002 E Class, V-6 & V-8						
E320 4d Sed	680	2,040	3,400	8,500	11,900	17,000
E320 4d Sta Wag	760	2,280	3,800	9,500	13,300	19,000
E430 4d Sed (V-8)	780	2,340	3,900	9,750	13,650	19,500
E55/AMG 4d Sed	1,140	3,420	5,700	14,250	19,950	28,500

NOTE: Add 5 percent for AWD. Add 5 percent for Sport pkg. excluding E55 sed.

	6	5	4	3	2	1
2002 S Class, V-8						
S430 4d Sed	1,320	3,960	6,600	16,500	23,100	33,000
S500 4d Sed	1,720	5,160	8,600	21,500	30,100	43,000
S55/AMG 4d Sed	1,800	5,400	9,000	22,500	31,500	45,000
S60 4d Sed (V-12)	1,980	5,940	9,900	24,750	34,650	49,500

NOTE: Add 5 percent for Sport pkg. excluding S55 sed.

	6	5	4	3	2	1
2002 CL Class, V-8						
CL500 2d Cpe	1,800	5,400	9,000	22,500	31,500	45,000
CL55/AMG 2d Cpe	1,860	5,580	9,300	23,250	32,550	46,500
CL600 2d Cpe (V-12)	2,020	6,060	10,100	25,250	35,350	50,500

NOTE: Add 5 percent for Sport pkg. excluding CL55 model.

	6	5	4	3	2	1
2002 SLK Class, Supercharged 4-cyl.						
SLK230 "Kompressor" 2d Rds	880	2,640	4,400	11,000	15,400	22,000
SLK320 2d Rds	960	2,880	4,800	12,000	16,800	24,000
SLK32/AMG 2d Rds	1,080	3,240	5,400	13,500	18,900	27,000

NOTE: Add 5 percent for detachable HT. Add 5 percent for Sport pkg. excluding SLK32 model.

	6	5	4	3	2	1
2002 SL Class, V-8						
SL500 2d Rds	1,800	5,400	9,000	22,500	31,500	45,000
SL600 2d Rds (V-12)	2,200	6,600	11,000	27,500	38,500	55,000

NOTE: Add 5 percent for detachable HT. Add 5 percent for Sport pkg.

	6	5	4	3	2	1
2003 C Class, V-6						
C230 2d Sport Cpe (supercharged)	560	1,680	2,800	7,000	9,800	14,000
C230 4d Sport Sed (supercharged)	670	2,020	3,360	8,400	11,760	16,800
C240 4d Sed	760	2,280	3,800	9,500	13,300	19,000
C320 2d Sport Cpe	620	1,860	3,100	7,750	10,850	15,500
C320 4d Sed	800	2,400	4,000	10,000	14,000	20,000
C320 4d Sport Sed	740	2,220	3,700	9,250	12,950	18,500
C32/AMG 4d Sport Sed (supercharged)	920	2,760	4,600	11,500	16,100	23,000
C240 4d Sta Wag	750	2,260	3,760	9,400	13,160	18,800
C320 4d Sta Wag	810	2,420	4,040	10,100	14,140	20,200

NOTE: Add 5 percent for AWD on C240 sed or sta wag and C320 sed or sta wag.

	6	5	4	3	2	1
2003 CLK Class, V-6 & V-8						
CLK320 2d Cpe	860	2,580	4,300	10,750	15,050	21,500
CLK320 2d Conv	1,000	3,000	5,000	12,500	17,500	25,000
CLK500 2d Cpe	990	2,980	4,960	12,400	17,360	24,800
CLK430 2d Conv	1,100	3,300	5,500	13,750	19,250	27,500
CLK55/AMG 2d Cpe	1,040	3,120	5,200	13,000	18,200	26,000
2003 E Class, V-6 & V-8						
E320 4d Sed	680	2,040	3,400	8,500	11,900	17,000
E320 4d Sta Wag	760	2,280	3,800	9,500	13,300	19,000
E500 4d Sed	780	2,340	3,900	9,750	13,650	19,500
E55/AMG 4d Sed	1,140	3,420	5,700	14,250	19,950	28,500

NOTE: Add 5 percent for AWD on E320 Sta Wag. Add 5 percent for Sport pkg excluding E500 or E55 sed.

	6	5	4	3	2	1
2003 S Class, V-8						
S430 4d Sed	1,320	3,960	6,600	16,500	23,100	33,000
S500 4d Sed	1,720	5,160	8,600	21,500	30,100	43,000
S55/AMG 4d Sed	1,800	5,400	9,000	22,500	31,500	45,000
S600 4d Sed (V-12)	1,980	5,940	9,900	24,750	34,650	49,500

NOTE: Add 5 percent for Sport pkg excluding S55 sed. Add 5 percent for AWD on S430 or S500 sed.

	6	5	4	3	2	1
2003 CL Class, V-8						
CL500 2d Cpe	1,800	5,400	9,000	22,500	31,500	45,000
CL55/AMG 2d Cpe	1,860	5,580	9,300	23,250	32,550	46,500
CL600 2d Cpe (V-12)	2,020	6,060	10,100	25,250	35,350	50,500

NOTE: Add 5 percent for Sport pkg excluding CL55 model.

	6	5	4	3	2	1

2003 SLK Class, Supercharged 4-cyl.
SLK230 "Kompressor" 2d Rds	880	2,640	4,400	11,000	15,400	22,000
SLK320 2d Rds	960	2,880	4,800	12,000	16,800	24,000
SLK32/AMG 2d Rds	1,080	3,240	5,400	13,500	18,900	27,000

NOTE: Add 5 percent for Sport pkg excluding SLK32 model.

2003 SL Class, V-8
| SL500 2d Rds | 1,800 | 5,400 | 9,000 | 22,500 | 31,500 | 45,000 |
| SL55/AMG 2d Rds | 2,280 | 6,840 | 11,400 | 28,500 | 39,900 | 57,000 |

NOTE: Add 5 percent for Sport pkg.

2004 C Class, V-6
C230 2d Sport Cpe (supercharged)	560	1,680	2,800	7,000	9,800	14,000
C230 4d Sport Sed (supercharged)	670	2,020	3,360	8,400	11,760	16,800
C240 4d Sed	760	2,280	3,800	9,500	13,300	19,000
C320 2d Sport Cpe	620	1,860	3,100	7,750	10,850	15,500
C320 2d Sed	800	2,400	4,000	10,000	14,000	20,000
C320 2d Sport Sed	740	2,220	3,700	9,250	12,950	18,500
C32/AMG 4d Sport Sed (supercharged)	920	2,760	4,600	11,500	16,100	23,000
C240 4d Sta Wag	750	2,260	3,760	9,400	13,160	18,800
C320 4d Sta Wag	810	2,420	4,040	10,100	14,140	20,200

NOTE: Add 5 percent for AWD on C240 sed or sta wag and C320 sed or sta wag. Add 5 percent for AMG Sport pkg, except C32 sed.

2004 CLK Class, V-6 & V-8
CLK320 2d Cpe	860	2,580	4,300	10,750	15,050	21,500
CLK320 2d Conv	1,000	3,000	5,000	12,500	17,500	25,000
CLK500 2d Cpe	990	2,980	4,960	12,400	17,360	24,800
CLK500 2d Conv	1,100	3,300	5,500	13,750	19,250	27,500
CLK55/AMG 2d Cpe	1,040	3,120	5,200	13,000	18,200	26,000
CLK55/AMG 2d Conv	1,220	3,660	6,100	15,250	21,350	30,500

NOTE: Add 5 percent for AMG Sport pkg, except CLK55 models.

2004 E Class, V-6 & V-8
E320 4d Sed	680	2,040	3,400	8,500	11,900	17,000
E320 4d Sta Wag	760	2,280	3,800	9,500	13,300	19,000
E500 4d Sed	780	2,340	3,900	9,750	13,650	19,500
E500 4d Sta Wag	870	2,620	4,360	10,900	15,260	21,800
E55/AMG 4d Sed	1,140	3,420	5,700	14,250	19,950	28,500

NOTE: Add 5 percent for AWD on E320 sed and sta wag and E500 sed. Add 5 percent for AMG Sport pkg, except E55 sed. Add 5 percent for Appearance pkg on E320 models.

2004 S Class, V-8
S430 4d Sed	1,320	3,960	6,600	16,500	23,100	33,000
S500 4d Sed	1,720	5,160	8,600	21,500	30,100	43,000
S55/AMG 4d Sed	1,800	5,400	9,000	22,500	31,500	45,000
S600 4d Sed (V-12)	1,980	5,940	9,900	24,750	34,650	49,500

NOTE: Add 5 percent for AWD on S430 or S500 sed. Add 5 percent for Sport pkg, except S55 sed.

2004 CL Class, V-8
CL500 2d Cpe	1,800	5,400	9,000	22,500	31,500	45,000
CL55/AMG 2d Cpe	1,860	5,580	9,300	23,250	32,550	46,500
CL600 2d Cpe (V-12)	2,020	6,060	10,100	25,250	35,350	50,500

NOTE: Add 5 percent for Sport pkg, except CL55 cpe.

2004 SLK Class, 4-cyl.
SLK230 "Kompressor" 2d Rds (supercharged)	880	2,640	4,400	11,000	15,400	22,000
SLK320 2d Rds	960	2,880	4,800	12,000	16,800	24,000
SLK32/AMG 2d Rds (supercharged)	1,080	3,240	5,400	13,500	18,900	27,000

NOTE: Add 5 percent for Sport pkg, except SLK32 rds.

2004 SL Class, V-8
SL500 2d Rds	1,800	5,400	9,000	22,500	31,500	45,000
SL55/AMG 2d Rds	2,280	6,840	11,400	28,500	39,900	57,000
SL600 2d Rds	2,260	6,780	11,300	28,250	39,550	56,500

NOTE: Add 5 percent for Sport pkg, except SL55 rds. Deduct 5 percent for manual transmission on all Mercedes-Benz.

MERKUR

1985
| HBk XR4Ti | 240 | 720 | 1,200 | 2,700 | 4,200 | 6,000 |

1986
| HBk XR4Ti | 280 | 840 | 1,400 | 3,150 | 4,900 | 7,000 |

1987
| HBk XR4Ti | 360 | 1,080 | 1,800 | 4,050 | 6,300 | 9,000 |

1988
| HBk XR4Ti | 380 | 1,140 | 1,900 | 4,280 | 6,650 | 9,500 |
| HBk Scorpio | 380 | 1,140 | 1,900 | 4,280 | 6,650 | 9,500 |

1989
| HBk XR4Ti | 600 | 1,800 | 3,000 | 6,750 | 10,500 | 15,000 |
| HBk Scorpio | 600 | 1,800 | 3,000 | 6,750 | 10,500 | 15,000 |

MG

1945-49 MG-TC, 4-cyl., 94" wb
| Rds | 1,320 | 3,960 | 6,600 | 14,850 | 23,100 | 33,000 |

	6	5	4	3	2	1
1950 MG-TD, 4-cyl., 54.4 hp, 94" wb						
Rds.	1,050	3,100	5,200	11,700	18,200	26,000
1951 MG-TD, 4-cyl., 54.4 hp, 94" wb						
Rds.	1,050	3,100	5,200	11,700	18,200	26,000
1951 Mk II, 4-cyl., 54.4 hp, 94" wb						
Rds.	1,100	3,350	5,600	12,600	19,600	28,000
1952 MG-TD, 4-cyl., 54.4 hp, 94" wb						
Rds.	1,050	3,100	5,200	11,700	18,200	26,000
1952 Mk II, 4-cyl., 62 hp, 94" wb						
Rds.	1,100	3,350	5,600	12,600	19,600	28,000
NOTE: Add 20 percent for Inskip 4 place Roadster.						
1953 MG-TD, 4-cyl., 54.4 hp, 94" wb						
Rds.	1,100	3,300	5,500	12,380	19,250	27,500
1953 MG-TDC, 4-cyl., 62 hp, 94" wb						
Rds.	1,100	3,350	5,600	12,600	19,600	28,000
1953 MG-TF, 4-cyl., 57 hp, 94" wb						
Rds.	1,160	3,480	5,800	13,050	20,300	29,000
1954 MG-TF, 4-cyl., 57 hp, 94" wb						
Rds.	1,160	3,480	5,800	13,050	20,300	29,000
1955 MG-TF, 4-cyl., 68 hp, 94" wb						
Rds.	1,200	3,600	6,000	13,500	21,000	30,000
1956 MG-"A", 4-cyl., 68 hp, 94" wb						
1500 Rds	1,040	3,120	5,200	11,700	18,200	26,000
1957 MG-"A", 4-cyl., 68 hp, 94" wb						
1500 Rds	1,040	3,120	5,200	11,700	18,200	26,000
1958 MG-"A", 4-cyl., 72 hp, 94" wb						
1500 Cpe	1,000	3,000	5,000	11,250	17,500	25,000
1500 Rds	1,040	3,120	5,200	11,700	18,200	26,000
1959-60 MG-"A", 4-cyl., 72 hp, 94" wb						
1600 Rds	1,040	3,120	5,200	11,700	18,200	26,000
1600 Cpe	1,000	3,000	5,000	11,250	17,500	25,000
1959-60 MG-"A", Twin-Cam, 4-cyl., 107 hp, 94" wb						
Rds.	1,400	4,200	7,000	15,750	24,500	35,000
Cpe.	1,280	3,840	6,400	14,400	22,400	32,000
1961 MG-"A", 4-cyl., 79 hp, 94" wb						
1600 Rds	1,000	3,000	5,000	11,250	17,500	25,000
1600 Cpe	960	2,880	4,800	10,800	16,800	24,000
1600 Mk II Rds	960	2,880	4,800	10,800	16,800	24,000
1600 Mk II Cpe	920	2,760	4,600	10,350	16,100	23,000
1962 MG Midget, 4-cyl., 50 hp, 80" wb						
Rds.	400	1,200	2,000	4,500	7,000	10,000
1962 MG-"A", 4-cyl., 90 hp, 94" wb						
1600 Mk II Rds	960	2,880	4,800	10,800	16,800	24,000
1600 Mk II Cpe	920	2,760	4,600	10,350	16,100	23,000
NOTE: Add 40 percent for 1600 Mk II Deluxe.						
1963 MG Midget, 4-cyl., 56 hp, 80" wb						
Rds.	400	1,200	2,000	4,500	7,000	10,000
1963 MG-B, 4-cyl., 95 hp, 91" wb						
Rds.	700	2,100	3,500	7,880	12,300	17,500
1964 MG Midget, 4-cyl., 56 hp, 80" wb						
Rds.	440	1,320	2,200	4,950	7,700	11,000
1964 MG-B, 4-cyl., 95 hp, 91" wb						
Rds.	700	2,100	3,500	7,880	12,300	17,500
1965 MG Midget Mk II, 4-cyl., 59 hp, 80" wb						
Rds.	440	1,320	2,200	4,950	7,700	11,000
1965 MG-B, 4-cyl., 95 hp, 91" wb						
Rds.	700	2,100	3,500	7,880	12,300	17,500
1966 MG Midget Mk III, 4-cyl., 59 hp, 80" wb						
Rds.	440	1,320	2,200	4,950	7,700	11,000
1966 MG-B, 4-cyl., 95 hp, 91" wb						
Rds.	700	2,050	3,400	7,650	11,900	17,000
1966 1100 Sport, 4-cyl., 58 hp, 93.5" wb						
2d Sed	300	850	1,400	3,150	4,900	7,000
4d Sed	300	850	1,450	3,240	5,050	7,200
1967 MG Midget Mk III, 4-cyl., 59 hp, 80" wb						
Rds.	440	1,320	2,200	4,950	7,700	11,000
1967 MG-B, 4-cyl., 98 hp, 91" wb						
Rds.	700	2,050	3,400	7,650	11,900	17,000
GT Cpe.	650	1,900	3,200	7,200	11,200	16,000
1967 1100 Sport, 4-cyl., 58 hp, 93.5" wb						
2d Sed	300	850	1,400	3,150	4,900	7,000
4d Sed	300	850	1,450	3,240	5,050	7,200
1968 MG Midget, 4-cyl., 65 hp, 80" wb						
Rds.	440	1,320	2,200	4,950	7,700	11,000
1968 MG-B, 4-cyl., 98 hp, 91" wb						
Conv.	600	1,750	2,900	6,570	10,200	14,600
GT Cpe.	600	1,750	2,900	6,530	10,200	14,500

MG

	6	5	4	3	2	1
1969 MG Midget Mk III, 4-cyl., 65 hp, 80" wb						
Rds	400	1,200	2,000	4,500	7,000	10,000
1969 MG-B/GT, Mk II, 4-cyl., 98 hp, 91" wb						
Cpe	550	1,700	2,850	6,390	9,950	14,200
"B" Rds	650	1,900	3,200	7,200	11,200	16,000
1969 MG-C, 6-cyl., 145 hp, 91" wb						
Rds	700	2,100	3,500	7,880	12,300	17,500
GT Cpe	550	1,700	2,800	6,300	9,800	14,000
1970 MG Midget, 4-cyl., 65 hp, 80" wb						
Rds	400	1,200	2,000	4,500	7,000	10,000
1970 MG-B/GT, 4-cyl., 78.5 hp, 91" wb						
Rds	650	2,000	3,300	7,430	11,600	16,500
GT Cpe	600	1,850	3,100	6,980	10,900	15,500
NOTE: Add 10 percent for wire wheels. Add 5 percent for overdrive.						
1971 MG Midget, 4-cyl., 65 hp, 80" wb						
Rds	400	1,200	2,000	4,500	7,000	10,000
1971 MG-B/GT, 4-cyl., 78.5 hp, 91" wb						
Rds	650	2,000	3,300	7,430	11,600	16,500
GT Cpe	600	1,850	3,100	6,980	10,900	15,500
NOTE: Add 10 percent for wire wheels. Add 5 percent for overdrive.						
1972 MG Midget, 4-cyl., 54.5 hp, 80" wb						
Conv	400	1,200	2,000	4,500	7,000	10,000
1972 MG-B/GT, 4-cyl., 78.5 hp, 91" wb						
Conv	600	1,850	3,100	6,980	10,900	15,500
Cpe GT	550	1,700	2,800	6,300	9,800	14,000
NOTE: Add 10 percent for wire wheels. Add 5 percent for overdrive.						
1973 MG Midget, 4-cyl., 54.5 hp, 80" wb						
Conv	400	1,200	2,000	4,500	7,000	10,000
1973 MG-B/GT, 4-cyl., 78.5 hp, 91" wb						
Conv	600	1,850	3,100	6,980	10,900	15,500
GT Cpe	550	1,700	2,800	6,300	9,800	14,000
NOTE: Add 10 percent for wire wheels. Add 5 percent for overdrive.						
1974 MG Midget, 4-cyl., 54.5 hp, 80" wb						
Conv	400	1,200	2,000	4,500	7,000	10,000
1974 MG-B, 4-cyl., 78.5 hp, 91" wb						
Conv	600	1,850	3,100	6,980	10,900	15,500
GT Cpe	550	1,700	2,800	6,300	9,800	14,000
1974 Interim MG-B, 4-cyl., 62.9 hp, 91.125" wb						
Conv	600	1,750	2,900	6,530	10,200	14,500
GT Cpe	350	1,100	1,800	4,100	6,350	9,100
NOTE: Add 10 percent for wire wheels. Add 5 percent for overdrive.						
1975 MG Midget, 4-cyl., 50 hp, 80" wb						
Conv	400	1,200	2,000	4,500	7,000	10,000
1975 MG-B, 4-cyl., 62.9 hp, 91.125" wb						
Conv	560	1,680	2,800	6,300	9,800	14,000
NOTE: Add 10 percent for wire wheels. Add 5 percent for overdrive.						
1976 MG Midget, 4-cyl., 50 hp, 80" wb						
Conv	400	1,200	2,000	4,500	7,000	10,000
1976 MG-B, 4-cyl., 62.5 hp, 91.13" wb						
Conv	560	1,680	2,800	6,300	9,800	14,000
NOTE: Add 10 percent for wire wheels. Add 5 percent for overdrive.						
1977 MG Midget, 4-cyl., 50 hp, 80" wb						
Conv	400	1,200	2,000	4,500	7,000	10,000
1977 MG-B, 4-cyl., 62.5 hp, 91.13" wb						
Conv	560	1,680	2,800	6,300	9,800	14,000
NOTE: Add 10 percent for wire wheels. Add 5 percent for overdrive.						
1978 MG-B, 4-cyl., 62.5 hp, 91.13" wb						
Midget Conv	400	1,200	2,000	4,500	7,000	10,000
B Conv	560	1,680	2,800	6,300	9,800	14,000
1979 MG-B, 4-cyl., 62.5 hp, 91.13" wb						
Midget Conv	400	1,200	2,000	4,500	7,000	10,000
B Conv	560	1,680	2,800	6,300	9,800	14,000
1980 MG-B, 4-cyl., 62.5 hp, 91.13" wb						
B Conv	560	1,680	2,800	6,300	9,800	14,000

MITSUBISHI

	6	5	4	3	2	1
1982-83 Cordia, 4-cyl., 1795cc, FWD, 96.3" wb						
2d HBk	150	460	760	1,710	2,660	3,800
L 2d HBk	160	470	780	1,760	2,730	3,900
LS 2d HBk	180	540	900	2,030	3,150	4,500
1982-83 Tredia, 4-cyl., 1795cc, FWD, 96.3" wb						
4d Sed	140	420	700	1,580	2,450	3,500
L 4d Sed	150	460	760	1,710	2,660	3,800
LS 4d Sed	160	480	800	1,800	2,800	4,000

MITSUBISHI

	6	5	4	3	2	1
1982-83 Starion, 4-cyl., 2555cc, 95.9" wb						
2d Cpe (2 plus 2)	190	560	940	2,120	3,290	4,700
LS 2d Cpe (2 plus 2)	220	660	1,100	2,480	3,850	5,500
1984 Cordia, 4-cyl., 1997cc, FWD, 96.3" wb						
2d HBk	190	560	940	2,120	3,290	4,700
L 2d HBk	200	610	1,020	2,300	3,570	5,100
LS 2d HBk	210	620	1,040	2,340	3,640	5,200
2d HBk Turbo	220	660	1,100	2,480	3,850	5,500
1984 Tredia, 4-cyl., 1997cc, FWD, 96.3" wb						
4d Sed	170	500	840	1,890	2,940	4,200
L 4d Sed	170	520	860	1,940	3,010	4,300
LS 4d Sed	180	540	900	2,030	3,150	4,500
1984 Tredia, 4-cyl., 1795cc, FWD, 96.3" wb						
4d Sed Turbo	190	560	940	2,120	3,290	4,700
1984 Starion, 4-cyl., 2555cc, 95.9" wb						
LS Cpe (2 plus 2)	260	780	1,300	2,930	4,550	6,500
LE Cpe (2 plus 2)	280	840	1,400	3,150	4,900	7,000
ES Cpe (2 plus 2)	290	860	1,440	3,240	5,040	7,200
1985-86 Mirage, 4-cyl., 1468cc, FWD, 93.7" wb						
2d HBk	180	540	900	2,030	3,150	4,500
L 2d HBk	190	560	940	2,120	3,290	4,700
LS 2d HBk	200	600	1,000	2,250	3,500	5,000
1985-86 Mirage, 4-cyl., 1597cc, FWD, 93.7" wb						
2d HBk Turbo	220	660	1,100	2,480	3,850	5,500
1985-86 Cordia, 4-cyl., 1997cc, FWD, 96.3" wb						
L 2d HBk	240	720	1,200	2,700	4,200	6,000
1985-86 Cordia, 4-cyl., 1795cc, FWD, 96.3" wb						
2d HBk Turbo	250	740	1,240	2,790	4,340	6,200
1985-86 Tredia, 4-cyl., 1997cc, FWD, 96.3" wb						
4d Sed	180	540	900	2,030	3,150	4,500
L 4d Sed	200	600	1,000	2,250	3,500	5,000
4d Sed Turbo	200	600	1,000	2,250	3,500	5,000
1985-86 Galant, 4-cyl., 2350cc, FWD, 102.4" wb						
4d Sed	220	660	1,100	2,480	3,850	5,500
1985-86 Starion (2 plus 2), 4-cyl., 2555cc, 95.9" wb						
LS 2d Cpe	220	660	1,100	2,480	3,850	5,500
LE 2d Cpe	220	660	1,100	2,480	3,850	5,500
ES 2d Cpe	230	700	1,160	2,610	4,060	5,800
ESI 2d Cpe	240	710	1,180	2,660	4,130	5,900
ESI-R 2d Cpe	240	720	1,200	2,700	4,200	6,000
1987 Precis						
2d HBk	180	530	880	1,980	3,080	4,400
LS 2d HBk	180	550	920	2,070	3,220	4,600
LS 4d HBk	180	550	920	2,070	3,220	4,600
1987 Mirage						
2d HBk	200	600	1,000	2,250	3,500	5,000
L 2d HBk	200	610	1,020	2,300	3,570	5,100
2d HBk Turbo	210	620	1,040	2,340	3,640	5,200
4d Sed	200	610	1,020	2,300	3,570	5,100
1987 Cordia						
L 2d HBk	240	710	1,180	2,660	4,130	5,900
2d HBk Turbo	240	730	1,220	2,750	4,270	6,100
1987 Tredia						
L 4d Sed	180	550	920	2,070	3,220	4,600
4d Sed Turbo	190	580	960	2,160	3,360	4,800
1987 Galant						
LUX 4d Sed	220	650	1,080	2,430	3,780	5,400
1987 Starion						
LE 2d Cpe	230	680	1,140	2,570	3,990	5,700
ESi-R 2d Cpe	240	710	1,180	2,660	4,130	5,900
1988 Precis						
2d HBk	180	540	900	2,030	3,150	4,500
RS 2d HBk	180	550	920	2,070	3,220	4,600
LS 2d HBk	190	580	960	2,160	3,360	4,800
LS 4d HBk	200	590	980	2,210	3,430	4,900
1988 Mirage						
2d HBk Turbo	210	640	1,060	2,390	3,710	5,300
L 4d Sed	200	600	1,000	2,250	3,500	5,000
1988 Cordia						
L 2d HBk	240	720	1,200	2,700	4,200	6,000
2d HBk Turbo	250	740	1,240	2,790	4,340	6,200
1988 Galant						
Sigma 4d Sed	220	670	1,120	2,520	3,920	5,600
1988 Starion						
ESi 2d Cpe	230	700	1,160	2,610	4,060	5,800
ESi-R 2d Cpe	240	720	1,200	2,700	4,200	6,000

	6	5	4	3	2	1
1989 Precis						
2d HBk	180	550	920	2,070	3,220	4,600
RS 2d HBk	190	560	940	2,120	3,290	4,700
LS 2d HBk	200	590	980	2,210	3,430	4,900
LS 4d HBk	200	600	1,000	2,250	3,500	5,000
1989 Mirage						
2d HBk	200	610	1,020	2,300	3,570	5,100
2d HBk Turbo	220	650	1,080	2,430	3,780	5,400
4d Sed	200	600	1,000	2,250	3,500	5,000
LS 4d Sed	200	610	1,020	2,300	3,570	5,100
1989 Galant						
4d Sed	230	680	1,140	2,570	3,990	5,700
LS 4d Sed	230	700	1,160	2,610	4,060	5,800
GS 4d Sed	240	710	1,180	2,660	4,130	5,900
1989 Sigma						
4d Sed	240	730	1,220	2,750	4,270	6,100
1989 Starion						
ESi-R 2d Cpe	240	730	1,220	2,750	4,270	6,100
1990 Precis						
2d HBk	190	560	940	2,120	3,290	4,700
RS 2d HBk	190	580	960	2,160	3,360	4,800
1990 Mirage						
VL 2d HBk	210	620	1,040	2,340	3,640	5,200
2d HBk	210	640	1,060	2,390	3,710	5,300
RS 2d HBk	210	640	1,060	2,390	3,710	5,300
4d Sed	220	650	1,080	2,430	3,780	5,400
RS 4d Sed	220	660	1,100	2,480	3,850	5,500
1990 Galant						
4d Sed	230	700	1,160	2,610	4,060	5,800
LS 4d Sed	240	710	1,180	2,660	4,130	5,900
GS 4d Sed	240	720	1,200	2,700	4,200	6,000
GSX 4d Sed 4x4	280	840	1,400	3,150	4,900	7,000
1990 Sigma						
4d Sed	250	740	1,240	2,790	4,340	6,200
1990 Eclipse						
2d Cpe	250	760	1,260	2,840	4,410	6,300
GS 2d Cpe	260	770	1,280	2,880	4,480	6,400
2d Cpe Turbo	260	780	1,300	2,930	4,550	6,500
2d Cpe Turbo 4x4	300	900	1,500	3,380	5,250	7,500
1990 Van						
Cargo Van	230	680	1,140	2,570	3,990	5,700
Mini Van	240	710	1,180	2,660	4,130	5,900
1991 Precis						
2d HBk	160	480	800	1,800	2,800	4,000
RS 2d HBk	160	490	820	1,850	2,870	4,100
1991 Mirage						
VL 2d HBk	170	500	840	1,890	2,940	4,200
2d HBk	180	540	900	2,030	3,150	4,500
4d Sed	180	540	900	2,030	3,150	4,500
LS 4d Sed	190	560	940	2,120	3,290	4,700
GS 4d Sed	200	590	980	2,210	3,430	4,900
1991 Galant						
4d Sed	240	720	1,200	2,700	4,200	6,000
LS 4d Sed	260	780	1,300	2,930	4,550	6,500
GS 4d Sed	280	840	1,400	3,150	4,900	7,000
GSR 4d Sed	300	900	1,500	3,380	5,250	7,500
GSX 4d Sed 4x4	360	1,080	1,800	4,050	6,300	9,000
VR-4 4d Turbo Sed 4x4	580	1,740	2,900	6,530	10,150	14,500
1991 Eclipse						
2d Cpe	240	720	1,200	2,700	4,200	6,000
GS 2d Cpe	260	780	1,300	2,930	4,550	6,500
GS 2d Cpe 16V	280	840	1,400	3,150	4,900	7,000
GS 2d Cpe 16V Turbo	320	960	1,600	3,600	5,600	8,000
GSX 2d Cpe 16V Turbo 4x4	360	1,080	1,800	4,050	6,300	9,000
1991 3000 GT						
2d Cpe	560	1,680	2,800	6,300	9,800	14,000
SL 2d Cpe	660	1,980	3,300	7,430	11,550	16,500
VR-4 2d Turbo Cpe 4x4	780	2,340	3,900	8,780	13,650	19,500
1992 Precis, 4-cyl.						
2d HBk	160	470	780	1,760	2,730	3,900
1992 Mirage, 4-cyl.						
2d VL HBk	180	540	900	2,030	3,150	4,500
2d HBk	200	600	1,000	2,250	3,500	5,000
4d Sed	200	600	1,000	2,250	3,500	5,000
4d LS Sed	220	660	1,100	2,480	3,850	5,500
4d GS Sed	240	720	1,200	2,700	4,200	6,000

	6	5	4	3	2	1
1992 Expo, 4-cyl.						
2d LRV Sta Wag	280	840	1,400	3,150	4,900	7,000
2d LRV Spt Sta Wag	300	900	1,500	3,380	5,250	7,500
2d LRV Spt Sta Wag 4x4	320	960	1,600	3,600	5,600	8,000
4d Sta Wag	300	900	1,500	3,380	5,250	7,500
4d SP Sta Wag	320	960	1,600	3,600	5,600	8,000
4d SP Sta Wag 4x4	360	1,080	1,800	4,050	6,300	9,000
1992 Galant, 4-cyl.						
4d Sed	200	600	1,000	2,250	3,500	5,000
4d LS Sed	220	660	1,100	2,480	3,850	5,500
4d GS Sed	240	720	1,200	2,700	4,200	6,000
4d GSR Sed	260	780	1,300	2,930	4,550	6,500
4d GSX Sed 4x4	320	960	1,600	3,600	5,600	8,000
4d VR4 Sed 4x4	360	1,080	1,800	4,050	6,300	9,000
1992 Eclipse, 4-cyl.						
2d Cpe	240	720	1,200	2,700	4,200	6,000
2d GS Cpe	260	780	1,300	2,930	4,550	6,500
1992 Eclipse, GS, 16V, 4-cyl.						
2d Cpe	300	900	1,500	3,380	5,250	7,500
2d Turbo Cpe	320	960	1,600	3,600	5,600	8,000
2d GSX Turbo Cpe 4x4	540	1,620	2,700	6,080	9,450	13,500
1992 Diamante, V-6						
4d Sed	360	1,080	1,800	4,050	6,300	9,000
4d LS Sed	560	1,680	2,800	6,300	9,800	14,000
1992 3000 GT, V-6						
2d Cpe	600	1,800	3,000	6,750	10,500	15,000
2d SL Cpe	700	2,100	3,500	7,880	12,250	17,500
2d VR-4 Turbo Cpe 4x4	820	2,460	4,100	9,230	14,350	20,500
1993 Precis, 4-cyl.						
2d HBk	200	600	1,000	2,250	3,500	5,000
1993 Mirage, 4-cyl.						
2d S Cpe	220	660	1,100	2,480	3,850	5,500
2d ES Cpe	230	680	1,140	2,570	3,990	5,700
2d LS Cpe	240	720	1,200	2,700	4,200	6,000
4d S Sed	230	680	1,140	2,570	3,990	5,700
4d ES Sed	230	700	1,160	2,610	4,060	5,800
4d LS Sed	240	710	1,180	2,660	4,130	5,900
1993 Expo, 4-cyl.						
3d LRV Sta Wag	270	800	1,340	3,020	4,690	6,700
3d LRV Sta Wag 4x4	310	920	1,540	3,470	5,390	7,700
3d Spt Sta Wag	280	840	1,400	3,150	4,900	7,000
4d Sta Wag	300	900	1,500	3,380	5,250	7,500
4d Sta Wag 4x4	340	1,020	1,700	3,830	5,950	8,500
4d SP Sta Wag	320	960	1,600	3,600	5,600	8,000
4d SP Sta Wag 4x4	360	1,080	1,800	4,050	6,300	9,000
1993 Galant, 4-cyl.						
4d S Sed	280	840	1,400	3,150	4,900	7,000
4d ES Sed	280	850	1,420	3,200	4,970	7,100
4d LS Sed	290	860	1,440	3,240	5,040	7,200
1993 Eclipse, 4-cyl.						
2d Cpe	280	850	1,420	3,200	4,970	7,100
2d GS Cpe	290	860	1,440	3,240	5,040	7,200
2d GS Cpe 16V	300	890	1,480	3,330	5,180	7,400
2d GS Turbo Cpe	300	900	1,500	3,380	5,250	7,500
2d GSX Cpe 4x4	340	1,020	1,700	3,830	5,950	8,500
1993 Diamante, V-6						
4d ES Sed	320	960	1,600	3,600	5,600	8,000
4d LS Sed	320	970	1,620	3,650	5,670	8,100
4d ES Sta Wag	330	1,000	1,660	3,740	5,810	8,300
1993 3000 GT, V-6						
2d Cpe	540	1,620	2,700	6,080	9,450	13,500
2d SL Cpe	580	1,740	2,900	6,530	10,150	14,500
2d Turbo Cpe, 4x4	760	2,280	3,800	8,550	13,300	19,000
1994 Precis, 4-cyl.						
2d HBk	160	480	800	1,800	2,800	4,000
1994 Mirage, 4-cyl.						
2d S Cpe	180	540	900	2,030	3,150	4,500
2d ES Cpe	200	600	1,000	2,250	3,500	5,000
2d LS Cpe	220	660	1,100	2,480	3,850	5,500
4d S Sed	200	600	1,000	2,250	3,500	5,000
4d ES Sed	220	660	1,100	2,480	3,850	5,500
4d LS Sed	240	720	1,200	2,700	4,200	6,000
1994 Expo, 4-cyl.						
4d LRV Sta Wag	290	880	1,460	3,290	5,110	7,300
4d Spt LRV Sta Wag	300	900	1,500	3,380	5,250	7,500
4d Sta Wag	320	960	1,600	3,600	5,600	8,000
4d Sta Wag 4x4	340	1,020	1,700	3,830	5,950	8,500

	6	5	4	3	2	1
1994 Galant, 4-cyl.						
4d S Sed	280	840	1,400	3,150	4,900	7,000
4d ES Sed	300	900	1,500	3,380	5,250	7,500
4d LS Sed	340	1,020	1,700	3,830	5,950	8,500
4d GS Sed	380	1,140	1,900	4,280	6,650	9,500
1994 Eclipse, 4-cyl.						
2d Cpe	260	780	1,300	2,930	4,550	6,500
2d GS Cpe	280	840	1,400	3,150	4,900	7,000
2d GS Cpe 16V	300	900	1,500	3,380	5,250	7,500
2d GSi Cpe Turbo 16V	340	1,020	1,700	3,830	5,950	8,500
2d GSX Cpe Turbo 4x4 16V	460	1,380	2,300	5,180	8,050	11,500
1994 Diamante, V-6						
4d ES Sed	380	1,140	1,900	4,280	6,650	9,500
4d LS Sed	500	1,500	2,500	5,630	8,750	12,500
4d ES Sta Wag	380	1,140	1,900	4,280	6,650	9,500
1994 3000 GT, V-6						
2d Cpe	540	1,620	2,700	6,080	9,450	13,500
2d SL Cpe	620	1,860	3,100	6,980	10,850	15,500
2d Cpe Turbo 4x4	860	2,580	4,300	9,680	15,050	21,500
1995 Mirage, 4-cyl.						
2d S Cpe	180	540	900	2,030	3,150	4,500
2d ES Cpe	200	600	1,000	2,250	3,500	5,000
2d LS Cpe	220	660	1,100	2,480	3,850	5,500
4d S Sed	200	600	1,000	2,250	3,500	5,000
4d ES Sed	220	660	1,100	2,480	3,850	5,500
1995 Expo, 4-cyl.						
4d Sta Wag	320	960	1,600	3,600	5,600	8,000
4d Sta Wag 4x4	340	1,020	1,700	3,830	5,950	8,500
1995 Galant, 4-cyl.						
4d S Sed	280	840	1,400	3,150	4,900	7,000
4d ES Sed	300	900	1,500	3,380	5,250	7,500
4d LS Sed	340	1,020	1,700	3,830	5,950	8,500
1995 Eclipse, 4-cyl.						
2d RS Cpe	260	780	1,300	2,930	4,550	6,500
2d GS Cpe	280	840	1,400	3,150	4,900	7,000
2d GS Cpe Turbo	340	1,020	1,700	3,830	5,950	8,500
2d GSX Cpe Turbo 4x4	460	1,380	2,300	5,180	8,050	11,500
1995 Diamante, V-6						
4d ES Sed	380	1,140	1,900	4,280	6,650	9,500
4d LS Sed	500	1,500	2,500	5,630	8,750	12,500
4d ES Sta Wag	380	1,140	1,900	4,280	6,650	9,500
1995 3000GT, V-6						
2d Cpe	540	1,620	2,700	6,080	9,450	13,500
2d SL Cpe	620	1,860	3,100	6,980	10,850	15,500
2d VR-4 Cpe Turbo 4x4	780	2,340	3,900	8,780	13,650	19,500
2d Spyder SL Cpe	960	2,880	4,800	10,800	16,800	24,000
2d Spyder VR-4 Cpe Turbo 4x4	1,140	3,420	5,700	12,830	19,950	28,500
1996 Mirage, 4-cyl.						
2d S Cpe	180	540	900	2,030	3,150	4,500
2d LS Cpe	220	660	1,100	2,480	3,850	5,500
4d S Sed	200	600	1,000	2,250	3,500	5,000
1996 Galant, 4-cyl.						
4d S Sed	280	840	1,400	3,150	4,900	7,000
4d ES Sed	300	900	1,500	3,380	5,250	7,500
4d LS Sed	340	1,020	1,700	3,830	5,950	8,500
1996 Eclipse, 4-cyl.						
2d RS Cpe	260	780	1,300	2,930	4,550	6,500
2d GS Cpe	280	840	1,400	3,150	4,900	7,000
2d GS Cpe Turbo	340	1,020	1,700	3,830	5,950	8,500
2d GSX Cpe Turbo 4x4	460	1,380	2,300	5,180	8,050	11,500
2d GS Spyder Conv	440	1,320	2,200	4,950	7,700	11,000
2d GS Spyder Conv Turbo	500	1,500	2,500	5,630	8,750	12,500

NOTE: The GS convertible debuted late in the 1996 model year.

	6	5	4	3	2	1
1996 Diamante, V-6						
4d ES Sed	380	1,140	1,900	4,280	6,650	9,500
4d LS Sed	500	1,500	2,500	5,630	8,750	12,500
1996 3000GT, V-6						
2d Cpe	540	1,620	2,700	6,080	9,450	13,500
2d SL Cpe	620	1,860	3,100	6,980	10,850	15,500
2d VR-4 Cpe Turbo 4x4	780	2,340	3,900	8,780	13,650	19,500
2d Spyder SL Cpe	960	2,880	4,800	10,800	16,800	24,000
2d Spyder VR-4 Cpe Turbo 4x4	1,140	3,420	5,700	12,830	19,950	28,500
1997 Mirage, 4-cyl.						
2d DE Cpe	180	540	900	2,030	3,150	4,500
2d LS Cpe	220	660	1,100	2,480	3,850	5,500
4d DE Sed	200	600	1,000	2,250	3,500	5,000
4d LS Sed	240	720	1,200	2,700	4,200	6,000

	6	5	4	3	2	1
1997 Galant, 4-cyl.						
4d DE Sed	280	840	1,400	3,150	4,900	7,000
4d ES Sed	300	900	1,500	3,380	5,250	7,500
4d LS Sed	340	1,020	1,700	3,830	5,950	8,500
1997 Eclipse, 4-cyl.						
2d Cpe	240	720	1,200	2,700	4,200	6,000
2d RS Cpe	260	780	1,300	2,930	4,550	6,500
2d GS Cpe	280	840	1,400	3,150	4,900	7,000
2d GS Cpe Turbo	340	1,020	1,700	3,830	5,950	8,500
2d GSX Cpe Turbo AWD	460	1,380	2,300	5,180	8,050	11,500
2d GS Spyder Conv	440	1,320	2,200	4,950	7,700	11,000
2d GS Spyder Conv Turbo	500	1,500	2,500	5,630	8,750	12,500
1997 Diamante, V-6						
4d ES Sed	380	1,140	1,900	4,280	6,650	9,500
4d LS Sed	500	1,500	2,500	5,630	8,750	12,500
1997 3000GT, V-6						
2d Cpe	540	1,620	2,700	6,080	9,450	13,500
2d SL Cpe	620	1,860	3,100	6,980	10,850	15,500
2d VR-4 Cpe Turbo AWD	780	2,340	3,900	8,780	13,650	19,500
1998 Mirage, 4-cyl.						
2d DE Cpe	180	540	900	2,030	3,150	4,500
2d LS Cpe	220	660	1,100	2,480	3,850	5,500
4d DE Sed	200	600	1,000	2,250	3,500	5,000
4d LS Sed	240	720	1,200	2,700	4,200	6,000
1998 Galant, 4-cyl.						
4d DE Sed	280	840	1,400	3,150	4,900	7,000
4d ES Sed	300	900	1,500	3,380	5,250	7,500
4d LS Sed	340	1,020	1,700	3,830	5,950	8,500
1998 Eclipse, 4-cyl.						
2d RS Cpe	260	780	1,300	2,930	4,550	6,500
2d GS Cpe	280	840	1,400	3,150	4,900	7,000
2d GS Cpe Turbo	340	1,020	1,700	3,830	5,950	8,500
2d GSX Cpe Turbo AWD	460	1,380	2,300	5,180	8,050	11,500
2d GS Spyder Conv	440	1,320	2,200	4,950	7,700	11,000
2d GS Spyder Conv Turbo	500	1,500	2,500	5,630	8,750	12,500
1998 Diamante, V-6						
4d ES Sed	380	1,140	1,900	4,280	6,650	9,500
4d LS Sed	500	1,500	2,500	5,630	8,750	12,500
1998 3000GT, V-6						
2d Cpe	540	1,620	2,700	6,080	9,450	13,500
2d SL Cpe	620	1,860	3,100	6,980	10,850	15,500
2d VR-4 Cpe Turbo AWD	780	2,340	3,900	8,780	13,650	19,500
1999 Mirage, 4-cyl.						
2d DE Cpe	180	540	900	2,030	3,150	4,500
2d LS Cpe	220	660	1,100	2,480	3,850	5,500
4d DE Sed	200	600	1,000	2,250	3,500	5,000
4d LS Sed	240	720	1,200	2,700	4,200	6,000
1999 Galant, 4-cyl. & V-6						
4d DE Sed	280	840	1,400	3,150	4,900	7,000
4d ES Sed	300	900	1,500	3,380	5,250	7,500
4d LS Sed (V-6 only)	340	1,020	1,700	3,830	5,950	8,500
4d GTZ Sed (V-6 only)	350	1,060	1,760	3,960	6,160	8,800
1999 Eclipse, 4-cyl.						
2d RS Cpe	260	780	1,300	2,930	4,550	6,500
2d GS Cpe •	280	840	1,400	3,150	4,900	7,000
2d GS Cpe Turbo	340	1,020	1,700	3,830	5,950	8,500
2d GSX Cpe Turbo AWD	460	1,380	2,300	5,180	8,050	11,500
2d GSX Spyder Conv	440	1,320	2,200	4,950	7,700	11,000
2d GSX Spyder Conv Turbo	500	1,500	2,500	5,630	8,750	12,500
NOTE: Add 5 percent for Sport Value Pkg.						
1999 Diamante, V-6						
4d Sed	460	1,380	2,300	5,180	8,050	11,500
NOTE: Add 5 percent for Cold Weather Pkg.						
1999 3000GT, V-6						
2d Cpe	540	1,620	2,700	6,080	9,450	13,500
2d SL Cpe	620	1,860	3,100	6,980	10,850	15,500
2d VR-4 Cpe Turbo AWD	780	2,340	3,900	8,780	13,650	19,500
2000 Mirage, 4-cyl.						
2d DE Cpe	190	560	940	2,120	3,290	4,700
2d LS Cpe	230	680	1,140	2,570	3,990	5,700
4d DE Sed	210	620	1,040	2,340	3,640	5,200
4d LS Sed	250	740	1,240	2,790	4,340	6,200
2000 Galant, 4-cyl. & V-6						
4d DE Sed (4-cyl. only)	280	840	1,400	3,150	4,900	7,000
4d ES Sed	300	900	1,500	3,380	5,250	7,500
4d LS Sed (V-6 only)	340	1,020	1,700	3,830	5,950	8,500
4d GTZ Sed (V-6 only)	350	1,060	1,760	3,960	6,160	8,800

	6	5	4	3	2	1
2000 Eclipse, 4-cyl.						
2d RS Cpe.	270	800	1,340	3,020	4,690	6,700
2d GS Cpe	290	860	1,440	3,240	5,040	7,200
2d GT Cpe (V-6)	350	1,040	1,740	3,920	6,090	8,700
2000 Diamante, V-6						
4d ES Sed.	440	1,320	2,200	4,950	7,700	11,000
4d LS Sed.	460	1,380	2,300	5,180	8,050	11,500
NOTE: Add 5 percent for Cold Weather Pkg.						
2001 Mirage, 4-cyl.						
2d DE Cpe.	190	560	940	2,350	3,290	4,700
2d LS Cpe.	230	680	1,140	2,850	3,990	5,700
4d ES Sed.	210	620	1,040	2,600	3,640	5,200
4d LS Sed.	250	740	1,240	3,100	4,340	6,200
2001 Galant, 4-cyl. & V-6						
4d DE Sed (4-cyl. only)	280	840	1,400	3,500	4,900	7,000
4d ES Sed.	300	900	1,500	3,750	5,250	7,500
4d LS Sed (V-6 only)	340	1,020	1,700	4,250	5,950	8,500
4d GTZ Sed (V-6 only)	350	1,060	1,760	4,400	6,160	8,800
2001 Eclipse, 4-cyl.						
2d RS Cpe.	270	800	1,340	3,350	4,690	6,700
2d GS Cpe	290	860	1,440	3,600	5,040	7,200
2d GT Cpe (V-6)	350	1,040	1,740	4,350	6,090	8,700
2d GS Spyder Conv	360	1,080	1,800	4,500	6,300	9,000
2d GS Spyder Conv (V-6)	400	1,200	2,000	5,000	7,000	10,000
2001 Diamante, V-6						
4d ES Sed.	440	1,320	2,200	5,500	7,700	11,000
4d LS Sed.	460	1,380	2,300	5,750	8,050	11,500
2002 Mirage, 4-cyl.						
2d DE Cpe.	190	560	940	2,350	3,290	4,700
2d LS Cpe.	230	680	1,140	2,850	3,990	5,700
2002 Lancer, 4-cyl.						
4d ES Sed.	220	660	1,100	2,750	3,850	5,500
4d LS Sed.	250	740	1,240	3,100	4,340	6,200
4d O-Z Rally Sed.	280	850	1,420	3,550	4,970	7,100
2002 Galant, 4-cyl. & V-6						
4d DE Sed (4-cyl. only)	280	840	1,400	3,500	4,900	7,000
4d ES Sed.	300	900	1,500	3,750	5,250	7,500
4d LS Sed.	340	1,020	1,700	4,250	5,950	8,500
4d GTZ Sed (V-6 only)	350	1,060	1,760	4,400	6,160	8,800
2002 Eclipse, 4-cyl.						
2d RS Cpe.	270	800	1,340	3,350	4,690	6,700
2d GS Cpe	290	860	1,440	3,600	5,040	7,200
2d GT Cpe (V-6 only)	350	1,040	1,740	4,350	6,090	8,700
2d GS Spyder Conv	360	1,080	1,800	4,500	6,300	9,000
2d GT Spyder Conv (V-6 only)	400	1,200	2,000	5,000	7,000	10,000
2002 Diamante, V-6						
4d ES Sed.	440	1,320	2,200	5,500	7,700	11,000
4d VR-X Sed.	460	1,370	2,280	5,700	7,980	11,400
4d LS Sed.	460	1,380	2,300	5,750	8,050	11,500
2003 Lancer, 4-cyl.						
4d ES Sed.	220	660	1,100	2,750	3,850	5,500
4d LS Sed.	250	740	1,240	3,100	4,340	6,200
4d O-Z Rally Sed.	280	850	1,420	3,550	4,970	7,100
4d Evolution Sed (AWD)	740	2,230	3,720	9,300	13,020	18,600
2003 Galant, 4-cyl. & V-6						
4d DE Sed (4-cyl. only)	280	840	1,400	3,500	4,900	7,000
4d ES Sed.	300	900	1,500	3,750	5,250	7,500
4d LS Sed.	340	1,020	1,700	4,250	5,950	8,500
4d GTZ Sed (V-6 only)	350	1,060	1,760	4,400	6,160	8,800
2003 Eclipse, 4-cyl.						
2d RS Cpe.	270	800	1,340	3,350	4,690	6,700
2d GS Cpe	290	860	1,440	3,600	5,040	7,200
2d GT Cpe (V-6 only)	350	1,040	1,740	4,350	6,090	8,700
2d GTS Cpe (V-6 only)	390	1,180	1,960	4,900	6,860	9,800
2d GS Spyder Conv	360	1,080	1,800	4,500	6,300	9,000
2d GT Spyder Conv (V-6 only)	400	1,200	2,000	5,000	7,000	10,000
2d GTS Spyder Conv (V-6 only)	430	1,280	2,140	5,350	7,490	10,700
2003 Diamante, V-6						
4d ES Sed.	440	1,320	2,200	5,500	7,700	11,000
4d VR-X Sed.	460	1,370	2,280	5,700	7,980	11,400
4d LS Sed.	460	1,380	2,300	5,750	8,050	11,500
2004 Lancer, 4-cyl.						
ES 4d Sed.	220	660	1,100	2,750	3,850	5,500
LS 4d Sed.	250	740	1,240	3,100	4,340	6,200
O-Z Rally 4d Sed.	280	850	1,420	3,550	4,970	7,100
Ralliart 4d Sed.	300	900	1,500	3,750	5,250	7,500

MITSUBISHI

	6	5	4	3	2	1
Evolution RS 4d Sed (AWD)	720	2,150	3,580	8,950	12,530	17,900
Evolution 4d Sed (AWD)	740	2,230	3,720	9,300	13,020	18,600
LS Sportback 4d Sta Wag	250	760	1,260	3,150	4,410	6,300
Ralliart Sportback 4d Sta Wag	290	860	1,440	3,600	5,040	7,200

NOTE: Deduct 5 percent for manual transmission, except Evolution models.

2004 Galant, 4-cyl.

	6	5	4	3	2	1
DE 4d Sed	280	840	1,400	3,500	4,900	7,000
ES 4d Sed	300	900	1,500	3,750	5,250	7,500
LS 4d Sed (V-6 only)	340	1,020	1,700	4,250	5,950	8,500
GTZ 4d Sed (V-6 only)	350	1,060	1,760	4,400	6,160	8,800

NOTE: Deduct 5 percent for manual transmission.

2004 Eclipse, 4-cyl.

	6	5	4	3	2	1
RS 2d Cpe	270	800	1,340	3,350	4,690	6,700
GS 2d Cpe	290	860	1,440	3,600	5,040	7,200
GT 2d Cpe (V-6 only)	350	1,040	1,740	4,350	6,090	8,700
GTS 2d Cpe (V-6 only)	390	1,180	1,960	4,900	6,860	9,800
GS Spyder 2d Conv	360	1,080	1,800	4,500	6,300	9,000
GT Spyder 2d Conv (V-6 only)	400	1,200	2,000	5,000	7,000	10,000
GTS Spyder 2d Conv (V-6 only)	430	1,280	2,140	5,350	7,490	10,700

NOTE: Deduct 5 percent for manual transmission.

2004 Diamante, V-6

	6	5	4	3	2	1
ES 4d Sed	440	1,320	2,200	5,500	7,700	11,000
VR-X 4d Sed	460	1,370	2,280	5,700	7,980	11,400
LS 4d Sed	460	1,380	2,300	5,750	8,050	11,500

MORGAN

1945-50 4/4, Series I, 4-cyl., 1267cc, 92" wb

	6	5	4	3	2	1
2d Rds	1,600	4,800	8,000	18,000	28,000	40,000
2d Rds (2 plus 2)	1,560	4,680	7,800	17,550	27,300	39,000
2d DHC	1,640	4,920	8,200	18,450	28,700	41,000

1951-54 Plus Four I, 4-cyl., 2088cc, 96" wb

	6	5	4	3	2	1
2d Rds	1,400	4,200	7,000	15,750	24,500	35,000
2d Rds (2 plus 2)	1,320	3,960	6,600	14,850	23,100	33,000
2d DHC	1,600	4,800	8,000	18,000	28,000	40,000
2d DHC (2 plus 2)	1,480	4,440	7,400	16,650	25,900	37,000

1955-62 Plus Four I (1954-1962) 4-cyl., 1991cc, 96" wb

	6	5	4	3	2	1
2d Rds	1,360	4,080	6,800	15,300	23,800	34,000
2d Rds (2 plus 2)	1,280	3,840	6,400	14,400	22,400	32,000
2d DHC	1,560	4,680	7,800	17,550	27,300	39,000

1955-62 Plus Four Super Sports 4-cyl., 2138cc, 96" wb

	6	5	4	3	2	1
2d Rds	2,600	7,800	13,000	29,250	45,500	65,000

1955-62 4/4 II (1955-59) L-head, 4-cyl., 1172cc, 96" wb

	6	5	4	3	2	1
2d Rds	1,000	3,000	5,000	11,250	17,500	25,000

1955-62 4/4 III (1960-61) 4-cyl., 997cc, 96" wb

	6	5	4	3	2	1
2d Rds	1,080	3,240	5,400	12,150	18,900	27,000

1955-62 4/4 IV (1961-63) 4-cyl., 1340cc, 96" wb

	6	5	4	3	2	1
2d Rds	1,120	3,360	5,600	12,600	19,600	28,000

1963-67 Plus Four (1962-68) 4-cyl., 2138cc, 96" wb

	6	5	4	3	2	1
2d Rds	1,400	4,200	7,000	15,750	24,500	35,000
2d Rds (2 plus 2)	1,320	3,960	6,600	14,850	23,100	33,000
2d DHC	1,600	4,800	8,000	18,000	28,000	40,000
2d Sup Spt Rds	2,600	7,800	13,000	29,250	45,500	65,000

1963-67 Plus Four Plus (1963-66) 4-cyl., 2138cc, 96" wb

	6	5	4	3	2	1
2d Cpe	1,520	4,560	7,600	17,100	26,600	38,000

1963-67 4/4 Series IV (1962-63) 4-cyl., 1340cc, 96" wb

	6	5	4	3	2	1
2d Rds	1,120	3,360	5,600	12,600	19,600	28,000

1963-67 4/4 Series V (1963-68) 4-cyl., 1498cc, 96" wb

	6	5	4	3	2	1
2d Rds	960	2,880	4,800	10,800	16,800	24,000

1968-69 Plus Four (1962-68) 4-cyl., 2138cc, 96" wb

	6	5	4	3	2	1
2d Rds	1,440	4,320	7,200	16,200	25,200	36,000
2d Rds (2 plus 2)	1,360	4,080	6,800	15,300	23,800	34,000
2d DHC	1,640	4,920	8,200	18,450	28,700	41,000
2d Sup Spt Rds	2,640	7,920	13,200	29,700	46,200	66,000

1968-69 Plus 8, V-8, 3528cc, 98" wb

	6	5	4	3	2	1
2d Rds	1,800	5,400	9,000	20,250	31,500	45,000

1968-69 4/4 Series V (1963-68) 4-cyl., 1498cc, 96" wb

	6	5	4	3	2	1
2d Rds	960	2,880	4,800	10,800	16,800	24,000

1968-69 4/4 1600, 4-cyl., 1599cc, 96" wb

	6	5	4	3	2	1
2d Rds	1,040	3,120	5,200	11,700	18,200	26,000
2d Rds (2 plus 2)	1,000	3,000	5,000	11,250	17,500	25,000

1970-90 Plus 8 (1972-90) V-8, 3528cc, 98" wb

	6	5	4	3	2	1
2d Rds	1,720	5,160	8,600	19,350	30,100	43,000

1970-90 4/4 1600 (1970-81) 4-cyl., 1599cc, 96" wb

	6	5	4	3	2	1
2d Rds	1,160	3,480	5,800	13,050	20,300	29,000
2d Rds (2 plus 2)	1,120	3,360	5,600	12,600	19,600	28,000

	6	5	4	3	2	1
1970-90 4/4 1600 (1982-87) 4-cyl., 1596cc, 96" wb						
2d Rds.	1,200	3,600	6,000	13,500	21,000	30,000
2d Rds (2 plus 2).	1,160	3,480	5,800	13,050	20,300	29,000

MORRIS

	6	5	4	3	2	1
1946-48 Eight Series, 4-cyl., 918cc, 89" wb						
2d Sed.	550	1,700	2,800	6,300	9,800	14,000
4d Sed.	400	1,200	2,000	4,500	7,000	10,000
2d Rds.	600	1,850	3,100	6,980	10,900	15,500
1946-48 Ten Series, 4-cyl., 1140cc						
4d Sed.	400	1,200	2,000	4,500	7,000	10,000
1949 Minor MM, 4-cyl., 918.6cc, 86" wb						
2d Sed.	400	1,250	2,100	4,730	7,350	10,500
2d Conv.	600	1,850	3,100	6,980	10,900	15,500
1949 Oxford MO, 4-cyl., 1476cc, 97" wb						
4d Sed.	400	1,200	2,000	4,500	7,000	10,000
1950 Minor MM, 4-cyl., 918.6cc, 86" wb						
2d Sed.	400	1,250	2,100	4,730	7,350	10,500
2d Conv.	600	1,850	3,100	6,980	10,900	15,500
1950 Oxford MO, 4-cyl., 1476cc, 97" wb						
4d Sed.	400	1,200	2,000	4,500	7,000	10,000
1951 Minor MM, 4-cyl., 918.6cc, 86" wb						
2d Sed.	400	1,250	2,100	4,730	7,350	10,500
2d Conv.	600	1,850	3,100	6,980	10,900	15,500
4d Sed.	400	1,200	2,000	4,500	7,000	10,000
1951 Oxford MO, 4-cyl., 1476cc, 97" wb						
4d Sed.	400	1,200	2,000	4,500	7,000	10,000
1952 Minor MM, 4-cyl., 918.6cc, 86" wb						
2d Sed.	400	1,250	2,100	4,730	7,350	10,500
2d Conv.	650	2,000	3,300	7,430	11,600	16,500
4d Sed.	400	1,200	2,000	4,500	7,000	10,000
1952 Oxford MO, 4-cyl., 1476cc, 97" wb						
4d Sed.	400	1,200	2,000	4,500	7,000	10,000
1953 Minor II, 4-cyl., 803cc, 86" wb						
2d Sed.	400	1,250	2,100	4,730	7,350	10,500
4d Sed.	400	1,200	2,000	4,500	7,000	10,000
2d Conv.	650	2,000	3,300	7,430	11,600	16,500
1953 Oxford MO, 4-cyl., 1476cc, 97" wb						
4d Sed.	400	1,200	2,000	4,500	7,000	10,000
4d Sta Wag.	650	2,000	3,300	7,430	11,600	16,500
1954 Minor II, 4-cyl., 803cc, 86" wb						
2d Sed.	400	1,250	2,100	4,730	7,350	10,500
4d Sed.	400	1,200	2,000	4,500	7,000	10,000
2d Tr Conv	650	2,000	3,300	7,430	11,600	16,500
2d Sta Wag	650	2,000	3,300	7,430	11,600	16,500
1954 Oxford MO, 4-cyl., 1476cc, 97" wb						
4d Sed.	400	1,200	2,000	4,500	7,000	10,000
4d Sta Wag	700	2,050	3,400	7,650	11,900	17,000
1955-56 Minor II, 4-cyl., 803cc, 86" wb						
2d Sed.	400	1,250	2,100	4,730	7,350	10,500
4d Sed.	400	1,200	2,000	4,500	7,000	10,000
2d Conv.	650	2,000	3,300	7,430	11,000	10,500
2d Sta Wag	650	2,000	3,300	7,430	11,600	16,500
1957-59 Minor 1000, 4-cyl., 948cc, 86" wb						
2d Sed.	400	1,250	2,100	4,730	7,350	10,500
4d Sed.	400	1,200	2,000	4,500	7,000	10,000
2d Conv.	650	2,000	3,300	7,430	11,600	16,500
2d Sta Wag	650	2,000	3,300	7,430	11,600	16,500
1960-62 Minor 1000, 4-cyl., 997cc, 86" wb						
2d Sed.	400	1,250	2,100	4,730	7,350	10,500
2d DeL Sed.	550	1,600	2,700	6,080	9,450	13,500
4d Sed.	400	1,200	2,000	4,500	7,000	10,000
4d DeL Sed.	550	1,600	2,700	6,080	9,450	13,500
2d Conv.	700	2,050	3,400	7,650	11,900	17,000
2d DeL Conv.	700	2,100	3,500	7,880	12,300	17,500
2d Sta Wag	650	2,000	3,300	7,430	11,600	16,500
2d DeL Sta Wag	700	2,050	3,400	7,650	11,900	17,000
1960-62 Mini-Minor, 4-cyl., 997cc, FWD, 80" wb						
850 2d Sed	400	1,250	2,100	4,730	7,350	10,500
850 2d Sta Wag	650	2,000	3,300	7,430	11,600	16,500
1960-62 Oxford V, 4-cyl., 1489cc, 99.2" wb						
4d Sed.	400	1,200	2,000	4,500	7,000	10,000
1963-71 Minor 1000, 4-cyl., 1098cc, 86" wb						
2d Sed.	400	1,250	2,100	4,730	7,350	10,500
2d Conv.	700	2,050	3,400	7,650	11,900	17,000

	6	5	4	3	2	1
2d Sta Wag	650	2,000	3,300	7,430	11,600	16,500
2d DeL Wag	700	2,050	3,400	7,650	11,900	17,000
1963-71 Mini-Minor 850 Cooper 4-cyl., 848cc, FWD, 80" wb						
2d Sed	550	1,700	2,800	6,300	9,800	14,000
2d Sta Wag	650	2,000	3,300	7,430	11,600	16,500

NOTE: The Mini-Minor Mark II 1000 1967-69 contained a 998cc engine. The Mini-Minor Cooper a 997cc until 1964 998cc thru 1964-65. The 1071 S a 1071cc the 970 S a 970cc the 1275 S a 1275cc. Add 50 percent for Mini-Minor Coopers.

OPEL

	6	5	4	3	2	1
1947-52 Olympia, 4-cyl., 1488cc, 94.3" wb						
2d Sed	300	900	1,500	3,380	5,250	7,500
1947-52 Kapitan, 6-cyl., 2473cc, 106.1" wb						
4d Sed	300	900	1,500	3,380	5,250	7,500
1953-57 Olympia Rekord, 4-cyl., 1488cc, 97.9" wb						
2d Sed	280	840	1,400	3,150	4,900	7,000
1953-57 Caravan, 4-cyl.						
2d Sta Wag	290	860	1,440	3,240	5,040	7,200
1953-57 Kapitan, 6-cyl., 2473cc, 108.3" wb						
4d Sed	300	900	1,500	3,380	5,250	7,500
1958-59 Olympia Rekord 28, 4-cyl., 1488cc, 100.4" wb						
2d Sed	280	840	1,400	3,150	4,900	7,000
1958-59 Caravan 29, 4-cyl., 100.4" wb						
2d Sta Wag	300	900	1,500	3,380	5,250	7,500
1960 Olympia Rekord 28, 4-cyl., 1488cc, 100.4" wb						
2d Sed	280	840	1,400	3,150	4,900	7,000
1960 Caravan 29, 4-cyl., 100.4" wb						
2d Sta Wag	300	900	1,500	3,380	5,250	7,500
1961-62 Olympia Rekord 11, 4-cyl., 1680cc, 100" wb						
2d Sed	280	840	1,400	3,150	4,900	7,000
1961-62 Caravan 14, 4-cyl., 1680cc						
2d Sta Wag	290	860	1,440	3,240	5,040	7,200
1964-65 Kadett, 4-cyl., 987cc, 91.5" wb						
31 2d Sed	280	840	1,400	3,150	4,900	7,000
32 2d Spt Cpe	300	900	1,500	3,380	5,250	7,500
34 2d Sta Wag	320	960	1,600	3,600	5,600	8,000
1966-67 Kadett, 4-cyl., 1077cc, 95.1" wb						
31 2d Sed	280	840	1,400	3,150	4,900	7,000
32 2d Spt Cpe	300	900	1,500	3,380	5,250	7,500
38 2d DeL Sed	290	860	1,440	3,240	5,040	7,200
37 4d DeL Sed	300	910	1,520	3,420	5,320	7,600
39 2d DeL Sta Wag	320	960	1,600	3,600	5,600	8,000
1966-67 Rallye, 4-cyl., 1077cc, 95.1" wb						
32 2d Spt Cpe	310	940	1,560	3,510	5,460	7,800
1968 Kadett, 4-cyl., 1077cc, 95.1" wb						
31 2d Sed	280	840	1,400	3,150	4,900	7,000
39 2d Sta Wag	290	860	1,440	3,240	5,040	7,200
1968 Rallye, 4-cyl., 1491cc, 95.1" wb						
92 2d Spt Cpe	300	910	1,520	3,420	5,320	7,600
1968 Sport Series, 4-cyl., 1491cc, 95.1" wb						
91 2d Spt Sed	290	860	1,440	3,240	5,040	7,200
99 2d LS Cpe	300	900	1,500	3,380	5,250	7,500
95 2d DeL Spt Cpe	310	940	1,560	3,510	5,460	7,800

NOTE: Two larger engines were optional in 1968. The 4-cyl. 149cc engine that was standard in the Rallye Cpe and the even larger 4-cyl. 1897cc.

	6	5	4	3	2	1
1969 Kadett, 4-cyl., 1077cc, 95.1" wb						
31 2d Sed	280	850	1,420	3,200	4,970	7,100
39 2d Sta Wag	290	860	1,440	3,240	5,040	7,200
1969 Rallye/Sport Series, 4-cyl., 1077cc, 95.1" wb						
92 Rallye Spe Cpe	300	910	1,520	3,420	5,320	7,600
91 2d Spt Sed	290	880	1,460	3,290	5,110	7,300
95 DeL Spt Cpe	300	900	1,500	3,380	5,250	7,500
1969 GT, 4-cyl., 1077cc, 95.7" wb						
2d Cpe	490	1,460	2,440	5,490	8,540	12,200

NOTE: Optional 4-cyl. 1897cc engine.

	6	5	4	3	2	1
1970 Kadett, 4-cyl., 1077cc, 95.1" wb						
31 2d Sed	280	850	1,420	3,200	4,970	7,100
39 2d Sta Wag	290	860	1,440	3,240	5,040	7,200
1970 Rallye/Sport (FB) Series, 4-cyl., 1077cc, 95.1" wb						
92 Rallye Spt Cpe	300	910	1,520	3,420	5,320	7,600
91 2d Spt Sed	290	880	1,460	3,290	5,110	7,300
95 DeL Spt Cpe	300	890	1,480	3,330	5,180	7,400
1970 GT, 4-cyl., 1077cc, 95.7" wb						
93 2d Cpe	490	1,460	2,440	5,490	8,540	12,200
1971-72 Kadett, 4-cyl., 1077cc, 95.1" wb						
31 2d Sed	290	860	1,440	3,240	5,040	7,200

	6	5	4	3	2	1
31D DeL 2d Sed...........................	290	880	1,460	3,290	5,110	7,300
36 4d Sed.................................	280	850	1,420	3,200	4,970	7,100
36D DeL 4d Sed...........................	290	860	1,440	3,240	5,040	7,200
39 DeL 2d Sta Wag.......................	300	900	1,500	3,380	5,250	7,500
1971-72 1900 Series, 4-cyl., 1897cc, 95.7" wb						
51 2d Sed.................................	300	900	1,500	3,380	5,250	7,500
53 4d Sed.................................	300	890	1,480	3,330	5,180	7,400
54 2d Sta Wag............................	300	910	1,520	3,420	5,320	7,600
57 2d Spt Cpe.............................	300	910	1,520	3,420	5,320	7,600
57R 2d Rallye Cpe........................	320	960	1,600	3,600	5,600	8,000
1971-72 GT, 4-cyl., 1897cc, 95.7" wb						
77 2d Cpe.................................	490	1,460	2,440	5,490	8,540	12,200
1973 1900 Series, 4-cyl., 1897cc, 95.7" wb						
51 2d Sed.................................	300	900	1,500	3,380	5,250	7,500
53 4d Sed.................................	300	890	1,480	3,330	5,180	7,400
54 2d Sta Wag............................	300	910	1,520	3,420	5,320	7,600
1973 Manta 57, 4-cyl., 1897cc, 95.7" wb						
2d Spt Cpe................................	310	920	1,540	3,470	5,390	7,700
Luxus 2d Spt Cpe.........................	490	1,460	2,440	5,490	8,540	12,200
R 2d Rallye Cpe...........................	340	1,010	1,680	3,780	5,880	8,400
1973 GT, 4-cyl., 1897cc, 95.7" wb						
77 2d Cpe.................................	330	980	1,640	3,690	5,740	8,200
1974-75 1900, 4-cyl., 1897cc, 95.7" wb						
51 2d Sed.................................	290	860	1,440	3,240	5,040	7,200
54 2d Sta Wag............................	300	900	1,500	3,380	5,250	7,500
1974-75 Manta 57, 1897cc, 95.7" wb						
2d Spt Cpe................................	300	910	1,520	3,420	5,320	7,600
Luxus Spt Cpe............................	330	980	1,640	3,690	5,740	8,200
R 2d Rallye Cpe...........................	340	1,010	1,680	3,780	5,880	8,400
NOTE: FI was available in 1975.						
1976-79 Opel Isuzu, 1976 models 4-cyl., 1817cc, 94.3" wb						
77 2d Cpe.................................	230	700	1,160	2,610	4,060	5,800
2d DeL Cpe...............................	240	710	1,180	2,660	4,100	6,000
T77 2d Cpe................................	230	700	1,160	2,610	4,060	5,800
Y77 2d DeL Cpe...........................	240	710	1,180	2,660	4,130	5,900
Y69 4d DeL Sed...........................	240	710	1,180	2,660	4,130	5,900
W77 2d Spt Cpe...........................	240	720	1,200	2,700	4,200	6,000

PEUGEOT

	6	5	4	3	2	1
1945-48 202, 4-cyl., 1133cc						
Sed......................................	300	900	1,500	3,380	5,250	7,500
1949-54 203, 4-cyl., 1290cc, 102 or 110" wb						
4d Sed...................................	300	900	1,500	3,380	5,250	7,500
4d Family Limo...........................	280	840	1,400	3,150	4,900	7,000
2d Cabr..................................	660	1,980	3,300	7,430	11,550	16,500
4d Conv..................................	700	2,100	3,500	7,880	12,250	17,500
1955-57 203, minimal changes 403, 4-cyl., 1468cc, 105" wb						
4d Sed...................................	300	900	1,500	3,380	5,250	7,500
4d Sta Wag..............................	280	850	1,420	3,200	4,970	7,100
2d Conv Cpe.............................	700	2,100	3,500	7,880	12,250	17,500
1955-57 403L, 4-cyl., 1468cc, 114" wb						
4d Family Sed............................	260	780	1,300	2,930	4,550	6,500
1958-59 403, 4-cyl., 1468cc, 105" wb						
4d Sed...................................	260	780	1,300	2,930	4,550	6,500
L 4d Family Sed..........................	300	900	1,500	3,380	5,250	7,500
4d Sta Wag..............................	540	1,620	2,700	6,080	9,450	13,500
2d Conv Cpe.............................	700	2,100	3,500	7,880	12,250	17,500
1960 403, 4-cyl., 1468cc, 105" wb						
4d Sed...................................	280	840	1,400	3,150	4,900	7,000
1960 403, 4-cyl., 1468cc, 116" wb						
4d Sta Wag..............................	300	900	1,500	3,380	5,250	7,500
1961-62 403, 4-cyl., 1468cc, 105" wb						
4d Sed...................................	280	840	1,400	3,150	4,900	7,000
1961-62 403, 4-cyl., 1468cc, 116" wb						
4d Sta Wag..............................	280	840	1,400	3,150	4,900	7,000
1961-62 404, 4-cyl., 1618cc, 104.3" wb						
4d Sed...................................	280	840	1,400	3,150	4,900	7,000
1963-64 403, 4-cyl., 1468cc, 105" wb						
4d Sed...................................	280	840	1,400	3,150	4,900	7,000
1963-64 404, 4-cyl., 1618cc, 104.3" wb						
4d Sed...................................	280	840	1,400	3,150	4,900	7,000
4d Sta Wag..............................	300	900	1,500	3,380	5,250	7,500
1965-67 403, 4-cyl., 1468cc, 105" wb						
4d Sed...................................	280	840	1,400	3,150	4,900	7,000

	6	5	4	3	2	1
1965-67 404, 4-cyl., 1618cc, 104.3" wb						
4d Sed 260	780	1,300	2,930	4,550	6,500	
1965-67 404, 4-cyl., 1618cc, 111.8" wb						
4d Sta Wag 280	840	1,400	3,150	4,900	7,000	
1968-69 404, 4-cyl., 1618cc, 104.3" wb						
4d Sed 260	780	1,300	2,930	4,550	6,500	
1968-69 404, 4-cyl., 1618cc, 111.8" wb						
4d Sta Wag 280	840	1,400	3,150	4,900	7,000	
NOTE: Convertibles were available on a special order basis.						
1970 404, 4-cyl., 1796cc, 111.8" wb						
4d Sta Wag 240	720	1,200	2,700	4,200	6,000	
1970 504, 4-cyl., 1796cc, 108" wb						
4d Sed 240	720	1,200	2,700	4,200	6,000	
1971-72 304, 4-cyl., 1288cc, 101.9" wb						
4d Sed 240	720	1,200	2,700	4,200	6,000	
4d Sta Wag 260	780	1,300	2,930	4,550	6,500	
1971-72 504, 4-cyl., 1971cc, 108" wb						
4d Sed 240	720	1,200	2,700	4,200	6,000	
4d Sta Wag 260	780	1,300	2,930	4,550	6,500	
1973-76 504, 1973 models 4-cyl., 1971cc						
4d Sed 240	720	1,200	2,700	4,200	6,000	
4d Sta Wag 260	780	1,300	2,930	4,550	6,500	
1973-76 504, 1974 models 4-cyl., 1971cc						
4d Sed 240	720	1,200	2,700	4,200	6,000	
4d Sta Wag 240	720	1,200	2,700	4,200	6,000	
1973-76 Diesel, 2111cc						
4d Sed 240	720	1,200	2,700	4,200	6,000	
4d Sta Wag 260	780	1,300	2,930	4,550	6,500	
1973-76 504, 1975 models 4-cyl., 1971cc						
4d Sed 240	720	1,200	2,700	4,200	6,000	
4d Sta Wag 260	780	1,300	2,930	4,550	6,500	
1973-76 Diesel, 2111cc						
4d Sed 240	720	1,200	2,700	4,200	6,000	
4d Sta Wag 260	780	1,300	2,930	4,550	6,500	
1973-76 504, 1976 models 4-cyl., 1971cc						
GL 4d Sed 240	720	1,200	2,700	4,200	6,000	
SL 4d Sed 260	780	1,300	2,930	4,550	6,500	
4d Sta Wag 260	780	1,300	2,930	4,550	6,500	
1973-76 Diesel, 2111cc						
4d Sed 240	720	1,200	2,700	4,200	6,000	
4d Sta Wag 260	780	1,300	2,930	4,550	6,500	
NOTE: The sedans had a 108" wb. The station wagons had a 114" wb.						
1977-79 504, 1977 models 4-cyl., 1971cc						
SL 4d Sed 240	720	1,200	2,700	4,200	6,000	
4d Sta Wag 260	780	1,300	2,930	4,550	6,500	
1977-79 Diesel, 2304cc						
4d Sed 240	720	1,200	2,700	4,200	6,000	
4d Sta Wag 260	780	1,300	2,930	4,550	6,500	
1977-79 604, 1977 models V-6, 2664cc, 110.2" wb						
4d Sed 240	720	1,200	2,700	4,200	6,000	
NOTE: 504 sedans - 108" wb, 504 wagons - 114" wb.						
1980-81 505/504, 1980 models, 4-cyl., 1971cc, 107.9" wb						
4d Sed 240	720	1,200	2,700	4,200	6,000	
1980-81 Diesel, 2304cc						
505 4d Sed. 240	720	1,200	2,700	4,200	6,000	
504 4d Sta Wag 260	780	1,300	2,930	4,550	6,500	
1980-81 505 Turbodiesel, 1981 models						
D 4d Sed 240	720	1,200	2,700	4,200	6,000	
1980-81 604, 1980 models V-6, 2849cc, 110.2" wb						
SL 4d Sed 240	720	1,200	2,700	4,200	6,000	
1982 505, 4-cyl., 1971cc, 107.9" wb						
4d Sed 260	780	1,300	2,930	4,550	6,500	
S 4d Sed 260	780	1,300	2,930	4,550	6,500	
STI 4d Sed 270	820	1,360	3,060	4,760	6,800	
1982 Diesel, 2304cc						
505 4d Sed. 220	660	1,100	2,480	3,850	5,500	
504 4d Sta Wag 230	700	1,160	2,610	4,060	5,800	
1982 505/604 Turbodiesel, 2304cc						
505 4d Sed. 230	700	1,160	2,610	4,060	5,800	
505S 4d Sed 230	700	1,160	2,610	4,060	5,800	
604TD 4d Sed 240	720	1,200	2,700	4,200	6,000	
1983 505/504						
505 4d Sed. 260	780	1,300	2,930	4,550	6,500	
505S 4d Sed 260	780	1,300	2,930	4,550	6,500	
505 STI 4d Sed 260	780	1,300	2,930	4,550	6,500	
505 Dsl 4d Sed. 220	660	1,100	2,480	3,850	5,500	
504 Dsl Sta Wag 240	720	1,200	2,700	4,200	6,000	

	6	5	4	3	2	1
1983 505/604 Turbodiesel						
505 4d Sed	260	780	1,300	2,930	4,550	6,500
505 S 4d Sed	260	780	1,300	2,930	4,550	6,500
604 4d Sed	260	780	1,300	2,930	4,550	6,500
1984 505 Series						
GL 4d Sed	280	840	1,400	3,150	4,900	7,000
S 4d Sed	280	840	1,400	3,150	4,900	7,000
STI 4d Sed	280	840	1,400	3,150	4,900	7,000
GL 4d Sta Wag	300	900	1,500	3,380	5,250	7,500
S 4d Sta Wag	300	900	1,500	3,380	5,250	7,500
1984 505/604 Turbodiesel						
GL 4d Sed	260	780	1,300	2,930	4,550	6,500
S 4d Sed	260	780	1,300	2,930	4,550	6,500
STI 4d Sed	260	780	1,300	2,930	4,550	6,500
GL 4d Sta Wag	280	840	1,400	3,150	4,900	7,000
S 4d Sta Wag	280	840	1,400	3,150	4,900	7,000
604 4d Sed	280	840	1,400	3,150	4,900	7,000
1985 505						
GL 4d Sed	300	900	1,500	3,380	5,250	7,500
S 4d Sed	300	900	1,500	3,380	5,250	7,500
STI 4d Sed	300	900	1,500	3,380	5,250	7,500
Turbo 4d Sed	310	940	1,560	3,510	5,460	7,800
GL 4d Sta Wag	310	940	1,560	3,510	5,460	7,800
S 4d Sta Wag	310	940	1,560	3,510	5,460	7,800
1985 505 Turbodiesel						
GL 4d Sed	280	840	1,400	3,150	4,900	7,000
S 4d Sed	280	840	1,400	3,150	4,900	7,000
STI 4d Sed	260	780	1,300	2,930	4,550	6,500
GL 4d Sta Wag	300	900	1,500	3,380	5,250	7,500
S 4d Sta Wag	300	900	1,500	3,380	5,250	7,500
1986 505						
GL 4d Sed	310	920	1,540	3,470	5,390	7,700
S 4d Sed	310	920	1,540	3,470	5,390	7,700
S 4d Sed Turbodiesel	300	910	1,520	3,420	5,320	7,600
STI 4d Sed	310	940	1,560	3,510	5,460	7,800
GL 4d Sed Turbo	320	960	1,600	3,600	5,600	8,000
4d Sed Turbo	310	940	1,560	3,510	5,460	7,800
GL 4d Sta Wag	310	940	1,560	3,510	5,460	7,800
S 4d Sta Wag	320	950	1,580	3,560	5,530	7,900
S 4d Sta Wag Turbodiesel	310	920	1,540	3,470	5,390	7,700
4d Sta Wag Turbo	320	960	1,600	3,600	5,600	8,000
1987 505						
GL 4d Sed	300	910	1,520	3,420	5,320	7,600
GLS 4d Sed	310	940	1,560	3,510	5,460	7,800
4d Sed Turbo	310	940	1,560	3,510	5,460	7,800
S 4d Sed Turbo	320	960	1,600	3,600	5,600	8,000
STI 4d Sed	320	970	1,620	3,650	5,670	8,100
STI 4d Sed V-6	320	950	1,580	3,560	5,530	7,900
STX 4d Sed V-6	320	960	1,600	3,600	5,600	8,000
Lib. 4d Sed	320	970	1,620	3,650	5,670	8,100
Lib. 4d Sta Wag	320	950	1,580	3,560	5,530	7,900
4d Sta Wag Turbo	320	960	1,600	3,600	5,600	8,000
S 4d Sta Wag Turbo	320	970	1,620	3,650	5,670	8,100
1988 505						
DL 4d Sed	320	950	1,580	3,560	5,530	7,900
GLS 4d Sed	320	960	1,600	3,600	5,600	8,000
S 4d Sed Turbo	320	970	1,620	3,650	5,670	8,100
STI 4d Sed	320	950	1,580	3,560	5,530	7,900
GLX 4d Sed V-6	330	980	1,640	3,690	5,740	8,200
STX 4d Sed V-6	330	980	1,640	3,690	5,740	8,200
DL 4d Sta Wag	320	960	1,600	3,600	5,600	8,000
GLS 4d Sta Wag	320	970	1,620	3,650	5,670	8,100
SW8 4d Sta Wag	330	980	1,640	3,690	5,740	8,200
S 4d Sta Wag Turbo	330	1,000	1,660	3,740	5,810	8,300
1989 405						
DL 4d Sed	320	960	1,600	3,600	5,600	8,000
S 4d Sed	320	970	1,620	3,650	5,670	8,100
Mk 4d Sed	330	980	1,640	3,690	5,740	8,200
1989 505						
S 4d Sed	320	970	1,620	3,650	5,670	8,100
S 4d Sed V-6	330	1,000	1,660	3,740	5,810	8,300
STX 4d Sed V-6	340	1,010	1,680	3,780	5,880	8,400
4d Sed Turbo	340	1,020	1,700	3,830	5,950	8,500
DL 4d Sta Wag	340	1,010	1,680	3,780	5,880	8,400
SW8 4d Sta Wag	340	1,020	1,700	3,830	5,950	8,500
4d Sta Wag Turbo	350	1,040	1,740	3,920	6,090	8,700
SW8 4d Sta Wag Turbo	360	1,080	1,800	4,050	6,300	9,000

	6	5	4	3	2	1
1990 405						
DL 4d Sed	340	1,010	1,680	3,780	5,880	8,400
DL 4d Sta Wag	350	1,040	1,740	3,920	6,090	8,700
S 4d Sta Wag	360	1,080	1,800	4,050	6,300	9,000
1991 405						
DL 4d Sed	220	660	1,100	2,480	3,850	5,500
S 4d Sed	240	720	1,200	2,700	4,200	6,000
Mi 4d Sed 16V	260	780	1,300	2,930	4,550	6,500
DL 4d Sta Wag	330	980	1,640	3,690	5,740	8,200
S 4d Sta Wag	260	780	1,300	2,930	4,550	6,500
1991 505						
DL 4d Sta Wag	240	720	1,200	2,700	4,200	6,000
SW8 4d 2.2 Sta Wag	260	780	1,300	2,930	4,550	6,500
SW8 4d Turbo Sta Wag	300	900	1,500	3,380	5,250	7,500

PORSCHE

	6	5	4	3	2	1
1950 Model 356, 40 hp, 1100cc						
Cpe	1,800	5,400	9,000	20,250	31,500	45,000
1951 Model 356, 40 hp, 1100cc						
Cpe	1,800	5,400	9,000	20,250	31,500	45,000
Cabr	2,520	7,560	12,600	28,350	44,100	63,000
1952 Model 356, 40 hp, 1100cc						
Cpe	1,960	5,880	9,800	22,050	34,300	49,000
Cabr	2,720	8,160	13,600	30,600	47,600	68,000
1953 Model 356, 40 hp						
Cpe	1,960	5,880	9,800	22,050	34,300	49,000
Cabr	2,720	8,160	13,600	30,600	47,600	68,000
1954 Model 356, 1.5 liter, 55 hp						
Spds	6,720	20,160	33,600	75,600	117,600	168,000
Cpe	1,960	5,880	9,800	22,050	34,300	49,000
Cabr	2,720	8,160	13,600	30,600	47,600	68,000
1954 Model 356, 1.5 liter, Super						
Spds	7,320	21,960	36,600	82,350	128,100	183,000
Cpe	1,960	5,880	9,800	22,050	34,300	49,000
Cabr	2,720	8,160	13,600	30,600	47,600	68,000
1955 Model 356, 4-cyl., 55 hp						
Spds	6,720	20,160	33,600	75,600	117,600	168,000
Cpe	1,840	5,520	9,200	20,700	32,200	46,000
Cabr	2,600	7,800	13,000	29,250	45,500	65,000
1955 Model 356, Super, 1.5 liter, 70 hp						
Spds	7,320	21,960	36,600	82,350	128,100	183,000
Cpe	1,960	5,880	9,800	22,050	34,300	49,000
Cabr	2,720	8,160	13,600	30,600	47,600	68,000
1956 Model 356A, Normal, 1.6 liter, 60 hp						
Spds	7,000	21,000	35,000	78,750	122,500	175,000
Cpe	2,040	6,120	10,200	22,950	35,700	51,000
Cabr	3,200	9,600	16,000	36,000	56,000	80,000
1956 Model 356A, Super, 1.6 liter, 75 hp						
Spds	6,800	20,400	34,000	76,500	119,000	170,000
Cpe	2,200	6,600	11,000	24,750	38,500	55,000
Cabr	3,480	10,440	17,400	39,150	60,900	87,000
1956 Model 356A, Carrera, 1.5 liter, 100 hp						
Spds	12,620	37,860	63,100	141,980	220,850	315,500
Cpe	2,480	7,440	12,400	27,900	43,400	62,000
Cabr	3,600	10,800	18,000	40,500	63,000	90,000
1957 Model 356A, Normal, 1.6 liter, 60 hp						
Spds	7,000	21,000	35,000	78,750	122,500	175,000
Cpe	2,040	6,120	10,200	22,950	35,700	51,000
Cabr	3,200	9,600	16,000	36,000	56,000	80,000
1957 Model 356A, Super, 1.6 liter, 75 hp						
Spds	7,600	22,800	38,000	85,500	133,000	190,000
Cpe	2,200	6,600	11,000	24,750	38,500	55,000
Cabr	3,480	10,440	17,400	39,150	60,900	87,000
1957 Model 356A, Carrera, 1.5 liter, 100 hp						
Spds	12,620	37,860	63,100	141,980	220,850	315,500
Cpe	2,480	7,440	12,400	27,900	43,400	62,000
Cabr	3,600	10,800	18,000	40,500	63,000	90,000
1958 Model 356A, Normal, 1.6 liter, 60 hp						
Spds	7,080	21,240	35,400	79,650	123,900	177,000
Cpe	2,040	6,120	10,200	22,950	35,700	51,000
Cabr	3,200	9,600	16,000	36,000	56,000	80,000
HT	1,620	4,860	8,100	18,230	28,350	40,500
1958 Model 356A, Super, 1.6 liter, 75 hp						
Spds	7,920	23,760	39,600	89,100	138,600	198,000
Cpe	2,200	6,600	11,000	24,750	38,500	55,000

	6	5	4	3	2	1
HT	1,780	5,340	8,900	20,030	31,150	44,500
Cabr	3,480	10,440	17,400	39,150	60,900	87,000

1958 Model 356A, Carrera, 1.5 liter, 100 hp

	6	5	4	3	2	1
Spds	12,620	37,860	63,100	141,980	220,850	315,500
Cpe	2,480	7,440	12,400	27,900	43,400	62,000
HT	2,340	7,020	11,700	26,330	40,950	58,500
Cabr	3,600	10,800	18,000	40,500	63,000	90,000

1959 Model 356A, Normal, 60 hp

	6	5	4	3	2	1
Cpe	2,000	6,000	10,000	22,500	35,000	50,000
Cpe/HT	1,600	4,800	8,000	18,000	28,000	40,000
Conv D	5,800	17,400	29,000	65,250	101,500	145,000
Cabr	2,280	6,840	11,400	25,650	39,900	57,000

1959 Model 356A, Super, 75 hp

	6	5	4	3	2	1
Cpe	2,120	6,360	10,600	23,850	37,100	53,000
Cpe/HT	1,720	5,160	8,600	19,350	30,100	43,000
Conv D	5,940	17,820	29,700	66,830	103,950	148,500
Cabr	2,400	7,200	12,000	27,000	42,000	60,000

1959 Model 356A, Carrera, 1.6 liter, 105 hp

	6	5	4	3	2	1
Cpe	2,800	8,400	14,000	31,500	49,000	70,000
Cpe/HT	2,440	7,320	12,200	27,450	42,700	61,000
Cabr	3,080	9,240	15,400	34,650	53,900	77,000

1960 Model 356B, Normal, 1.6 liter, 60 hp

	6	5	4	3	2	1
Cpe	1,520	4,560	7,600	17,100	26,600	38,000
HT	1,400	4,200	7,000	15,750	24,500	35,000
Rds	2,400	7,200	12,000	27,000	42,000	60,000
Cabr	2,200	6,600	11,000	24,750	38,500	55,000

1960 Model 356B, Super, 1.6 liter, 75 hp

	6	5	4	3	2	1
Cpe	1,640	4,920	8,200	18,450	20,700	41,000
HT	1,520	4,560	7,600	17,100	26,600	38,000
Rds	2,520	7,560	12,600	28,350	44,100	63,000
Cabr	2,320	6,960	11,600	26,100	40,600	58,000

1960 Model 356B, Super 90, 1.6 liter, 90 hp

	6	5	4	3	2	1
Cpe	1,760	5,280	8,800	19,800	30,800	44,000
HT	1,640	4,920	8,200	18,450	20,700	41,000
Rds	2,640	7,920	13,200	29,700	46,200	66,000
Cabr	2,440	7,320	12,200	27,450	42,700	61,000

1961 Model 356B, Normal, 1.6 liter, 60 hp

	6	5	4	3	2	1
Cpe	1,520	4,560	7,600	17,100	26,600	38,000
HT	1,400	4,200	7,000	15,750	24,500	35,000
Rds	2,400	7,200	12,000	27,000	42,000	60,000
Cabr	2,200	6,600	11,000	24,750	38,500	55,000

1961 Model 356B, Super 90, 1.6 liter, 90 hp

	6	5	4	3	2	1
Cpe	1,760	5,280	8,800	19,800	30,800	44,000
HT	1,640	4,920	8,200	18,450	28,700	41,000
Rds	2,640	7,920	13,200	29,700	46,200	66,000
Cabr	2,440	7,320	12,200	27,450	42,700	61,000

1961 Model 356B, Carrera, 2.0 liter, 130 hp

	6	5	4	3	2	1
Cpe	7,600	22,800	38,000	85,500	133,000	190,000
Rds	9,560	28,680	47,800	107,550	167,300	239,000
Cabr	11,500	34,500	57,500	129,380	201,250	287,500

1962 Model 356B, Normal, 1.6 liter, 60 hp

	6	5	4	3	2	1
Cpe	1,520	4,560	7,600	17,100	26,600	38,000
HT	1,400	4,200	7,000	15,750	24,500	35,000

1962 Model 356B, Super 90, 1.6 liter, 90 hp

	6	5	4	3	2	1
Cpe	1,760	5,280	8,800	19,800	30,800	44,000
HT	1,640	4,920	8,200	18,450	28,700	41,000
Rds	2,640	7,920	13,200	29,700	46,200	66,000
Cabr	2,440	7,320	12,200	27,450	42,700	61,000

1962 Model 356B, Carrera 2, 2.0 liter, 130 hp

	6	5	4	3	2	1
Cpe	7,600	22,800	38,000	85,500	133,000	190,000
Rds	9,560	28,680	47,800	107,550	167,300	239,000
Cabr	11,500	34,500	57,500	129,380	201,250	287,500

1963 Model 356C, Standard, 1.6 liter, 75 hp

	6	5	4	3	2	1
Cpe	1,600	4,800	8,000	18,000	28,000	40,000
Cabr	2,400	7,200	12,000	27,000	42,000	60,000

1963 Model 356C, SC, 1.6 liter, 95 hp

	6	5	4	3	2	1
Cpe	1,680	5,040	8,400	18,900	29,400	42,000
Cabr	2,480	7,440	12,400	27,900	43,400	62,000

1963 Model 356C, Carrera 2, 2.0 liter, 130 hp

	6	5	4	3	2	1
Cpe	7,600	22,800	38,000	85,500	133,000	190,000
Cabr	11,500	34,500	57,500	129,380	201,250	287,500

1964 Model 356C, Normal, 1.6 liter, 75 hp

	6	5	4	3	2	1
Cpe	1,600	4,800	8,000	18,000	28,000	40,000
Cabr	2,400	7,200	12,000	27,000	42,000	60,000

1964 Model 356C, SC, 1.6 liter, 95 hp

	6	5	4	3	2	1
Cpe	1,680	5,040	8,400	18,900	29,400	42,000
Cabr	2,480	7,440	12,400	27,900	43,400	62,000

PORSCHE

	6	5	4	3	2	1
1964 Model 356C, Carrera 2, 2.0 liter, 130 hp						
Cpe.	7,600	22,800	38,000	85,500	133,000	190,000
Cabr	11,500	34,500	57,500	129,380	201,250	287,500
1965 Model 356C, 1.6 liter, 75 hp						
Cpe.	1,600	4,800	8,000	18,000	28,000	40,000
Cabr	2,400	7,200	12,000	27,000	42,000	60,000
1965 Model 356SC, 1.6 liter, 95 hp						
Cpe.	1,680	5,040	8,400	18,900	29,400	42,000
Cabr	2,480	7,440	12,400	27,900	43,400	62,000
1966 Model 912, 4-cyl., 90 hp						
Cpe.	900	2,750	4,600	10,350	16,100	23,000
1966 Model 911, 6-cyl., 130 hp						
Cpe.	1,400	4,200	7,000	15,750	24,500	35,000
1967 Model 912, 4-cyl., 90 hp						
Cpe.	900	2,750	4,600	10,350	16,100	23,000
Targa	1,000	3,000	5,000	11,250	17,500	25,000
1967 Model 911, 6-cyl., 110 hp						
Cpe.	1,400	4,200	7,000	15,750	24,500	35,000
Targa	1,480	4,440	7,400	16,650	25,900	37,000
1967 Model 911S, 6-cyl., 160 hp						
Cpe.	1,560	4,680	7,800	17,550	27,300	39,000
Targa	1,600	4,800	8,000	18,000	28,000	40,000
1968 Model 912, 4-cyl., 90 hp						
Cpe.	950	2,900	4,800	10,800	16,800	24,000
Targa	1,050	3,100	5,200	11,700	18,200	26,000
1968 Model 911, 6-cyl., 130 hp						
Cpe.	1,480	4,440	7,400	16,650	25,900	37,000
Targa	1,520	4,560	7,600	17,100	26,600	38,000
1968 Model 911L, 6-cyl., 130 hp						
Cpe.	1,520	4,560	7,600	17,100	26,600	38,000
Targa	1,560	4,680	7,800	17,550	27,300	39,000
1968 Model 911S, 6-cyl., 160 hp						
Cpe.	1,600	4,800	8,000	18,000	28,000	40,000
Targa	1,680	5,040	8,400	18,900	29,400	42,000
1969 Model 912, 4-cyl., 90 hp						
Cpe.	950	2,900	4,800	10,800	16,800	24,000
Targa	1,000	3,000	5,000	11,250	17,500	25,000
1969 Model 911T, 6-cyl., 110 hp						
Cpe.	1,100	3,250	5,400	12,150	18,900	27,000
Targa	1,150	3,500	5,800	13,050	20,300	29,000
1969 Model 911E, 6-cyl., 140 hp						
Cpe.	1,100	3,250	5,400	12,150	18,900	27,000
Targa	1,150	3,500	5,800	13,050	20,300	29,000
1969 Model 911S, 6-cyl., 170 hp						
Cpe.	1,200	3,600	6,000	13,500	21,000	30,000
Targa	1,300	3,850	6,400	14,400	22,400	32,000
1970 Model 914, 4-cyl., 1.7 liter, 80 hp						
Cpe/Targa	900	2,650	4,400	9,900	15,400	22,000
1970 Model 914/6, 6-cyl., 2.0 liter, 110 hp						
Cpe/Targa	950	2,900	4,800	10,800	16,800	24,000
1970 Model 911T, 6-cyl., 125 hp						
Cpe.	1,000	3,000	5,000	11,250	17,500	25,000
Targa	1,100	3,250	5,400	12,150	18,900	27,000
1970 Model 911E, 6-cyl., 155 hp						
Cpe.	1,050	3,100	5,200	11,700	18,200	26,000
Targa	1,100	3,350	5,600	12,600	19,600	28,000
1970 Model 911S, 6-cyl., 180 hp						
Cpe.	1,200	3,600	6,000	13,500	21,000	30,000
Targa	1,300	3,950	6,600	14,850	23,100	33,000
1971 Model 914, 4-cyl., 1.7 liter, 80 hp						
Cpe/Targa	900	2,650	4,400	9,900	15,400	22,000
1971 Model 914/6, 6-cyl., 2.0 liter, 110 hp						
Cpe/Targa	950	2,900	4,800	10,800	16,800	24,000
1971 Model 911T, 6-cyl., 125 hp						
Cpe.	1,000	3,000	5,000	11,250	17,500	25,000
Targa	1,100	3,250	5,400	12,150	18,900	27,000
1971 Model 911E, 6-cyl., 155 hp						
Cpe.	1,050	3,100	5,200	11,700	18,200	26,000
Targa	1,100	3,350	5,600	12,600	19,600	28,000
1971 Model 911S, 6-cyl., 180 hp						
Cpe.	1,300	3,850	6,400	14,400	22,400	32,000
Targa	1,400	4,200	7,000	15,750	24,500	35,000
1972 Model 914, 4-cyl., 1.7 liter, 80 hp						
Cpe/Targa	900	2,650	4,400	9,900	15,400	22,000

	6	5	4	3	2	1
1972 Model 911T, 6-cyl., 130 hp						
Cpe 1,000	3,000	5,000	11,250	17,500	25,000
Targa 1,100	3,250	5,400	12,150	18,900	27,000
1972 Model 911E, 6-cyl., 165 hp						
Cpe 950	2,900	4,800	10,800	16,800	24,000
Targa 1,100	3,250	5,400	12,150	18,900	27,000
1972 Model 911S, 6-cyl., 190 hp						
Cpe 1,200	3,600	6,000	13,500	21,000	30,000
Targa 1,300	3,950	6,600	14,850	23,100	33,000
1973 Model 914, 4-cyl., 1.8 liter, 76 hp						
Cpe/Targa 900	2,650	4,400	9,900	15,400	22,000
1973 Model 914, 4-cyl., 2.0 liter, 95 hp						
Cpe/Targa 950	2,900	4,800	10,800	16,800	24,000
1973 Model 911T, 6-cyl., 140 hp						
Cpe 1,050	3,100	5,200	11,700	18,200	26,000
Targa 1,100	3,350	5,600	12,600	19,600	28,000
1973 Model 911E, 6-cyl., 165 hp						
Cpe 1,050	3,100	5,200	11,700	18,200	26,000
Targa 1,100	3,350	5,600	12,600	19,600	28,000
1973 Model 911S, 6-cyl., 190 hp						
Cpe 1,200	3,600	6,000	13,500	21,000	30,000
Targa 1,300	3,950	6,600	14,850	23,100	33,000
1974 Model 914, 4-cyl., 1.8 liter, 76 hp						
Cpe/Targa 900	2,650	4,400	9,900	15,400	22,000
1974 Model 914, 4-cyl., 2 liter, 95 hp						
Cpe/Targa 950	2,900	4,800	10,800	16,800	24,000
1974 Model 911, 6-cyl., 150 hp						
Cpe 1,100	3,250	5,400	12,150	18,900	27,000
Targa 1,150	3,500	5,800	13,050	20,300	29,000
1974 Model 911S, 6-cyl., 175 hp						
Cpe 1,150	3,500	5,800	13,050	20,300	29,000
Targa 1,250	3,700	6,200	13,950	21,700	31,000
1974 Model 911 Carrera, 6-cyl., 175 hp						
Cpe 1,350	4,100	6,800	15,300	23,800	34,000
Targa 1,450	4,300	7,200	16,200	25,200	36,000
NOTE: Add 10 percent for RS. Add 20 percent for RSR.						
1975 Model 914, 4-cyl., 1.8 liter, 76 hp						
Cpe/Targa 750	2,300	3,800	8,550	13,300	19,000
1975 Model 914, 4-cyl., 2 liter, 95 hp						
Cpe/Targa 800	2,400	4,000	9,000	14,000	20,000
1975 Model 911S, 6-cyl., 175 hp						
Cpe 1,100	3,350	5,600	12,600	19,600	28,000
Targa 1,150	3,500	5,800	13,050	20,300	29,000
1975 Model 911 Carrera, 6-cyl., 210 hp						
Cpe 1,300	3,950	6,600	14,850	23,100	33,000
Targa 1,400	4,200	7,000	15,750	24,500	35,000
1976 Model 914, 4-cyl., 2 liter, 95 hp						
Cpe/Targa 800	2,400	4,000	9,000	14,000	20,000
1976 Model 912E, 4-cyl., 90 hp						
Cpe 1,000	3,000	5,000	11,250	17,500	25,000
1976 Model 911S, 6-cyl., 165 hp						
Cpe 1,100	3,350	5,600	12,600	19,600	28,000
Cpe 3.0 1,750	5,200	8,700	19,580	30,400	43,500
Targa 1,200	3,600	6,000	13,500	21,000	30,000
1976 Model 930, Turbo & T. Carrera						
Cpe 1,700	5,050	8,400	18,900	29,400	42,000
1977 Model 924, 4-cyl., 95 hp						
Cpe 800	2,400	4,000	9,000	14,000	20,000
1977 Model 911S, 6-cyl., 165 hp						
Cpe 1,050	3,100	5,200	11,700	18,200	26,000
Targa 1,100	3,350	5,600	12,600	19,600	28,000
Targa 3.0 (200 hp) 1,750	5,200	8,700	19,580	30,400	43,500
1977 Model 930 Turbo, 6-cyl., 245 hp						
Cpe 1,700	5,050	8,400	18,900	29,400	42,000
1978 Model 924						
Cpe 800	2,400	4,000	9,000	14,000	20,000
1978 Model 911SC						
Cpe 1,100	3,250	5,400	12,150	18,900	27,000
Cpe Targa 1,100	3,350	5,600	12,600	19,600	28,000
1978 Model 928						
Cpe 1,200	3,600	6,000	13,500	21,000	30,000
1978 Model 930						
Cpe 1,700	5,050	8,400	18,900	29,400	42,000
1979 Model 924						
Cpe 750	2,300	3,800	8,550	13,300	19,000

	6	5	4	3	2	1
1979 Model 911SC						
Cpe....................................	1,050	3,100	5,200	11,700	18,200	26,000
Targa	1,100	3,350	5,600	12,600	19,600	28,000
1979 Model 930						
Cpe....................................	1,650	4,900	8,200	18,450	28,700	41,000
1979 Model 928						
Cpe....................................	1,700	5,050	8,400	18,900	29,400	42,000
1980 Model 924						
Cpe....................................	750	2,300	3,800	8,550	13,300	19,000
Cpe Turbo	900	2,650	4,400	9,900	15,400	22,000
1980 Model 911SC						
Cpe....................................	1,100	3,350	5,600	12,600	19,600	28,000
Cpe Targa	1,150	3,500	5,800	13,050	20,300	29,000
1980 Model 928						
Cpe....................................	1,250	3,700	6,200	13,950	21,700	31,000
1981 Model 924						
Cpe....................................	700	2,150	3,600	8,100	12,600	18,000
Cpe Turbo	800	2,400	4,000	9,000	14,000	20,000
1981 Model 911SC						
Cpe....................................	1,100	3,250	5,400	12,150	18,900	27,000
Cpe Targa	1,100	3,350	5,600	12,600	19,600	28,000
1981 Model 928						
Cpe....................................	1,300	3,850	6,400	14,400	22,400	32,000
1982 Model 924						
Cpe....................................	700	2,050	3,400	7,650	11,900	17,000
Cpe Turbo	750	2,300	3,800	8,550	13,300	19,000
1982 Model 911SC						
Cpe....................................	1,000	3,000	5,000	11,250	17,500	25,000
Cpe Targa	1,050	3,100	5,200	11,700	18,200	26,000
1982 Model 928						
Cpe....................................	1,300	3,850	6,400	14,400	22,400	32,000
1983 Model 944						
Cpe....................................	700	2,050	3,400	7,650	11,900	17,000
1983 Model 911SC						
Cpe....................................	1,000	3,000	5,000	11,250	17,500	25,000
Cpe Targa	1,050	3,100	5,200	11,700	18,200	26,000
Conv.................................	1,100	3,350	5,600	12,600	19,600	28,000
1983 Model 928						
Cpe....................................	1,350	4,100	6,800	15,300	23,800	34,000
1984 Model 944						
2d Cpe	700	2,050	3,400	7,650	11,900	17,000
1984 Model 911						
2d Cpe	1,000	3,000	5,000	11,250	17,500	25,000
2d Cpe Targa..........................	1,100	3,350	5,600	12,600	19,600	28,000
2d Conv	1,250	3,700	6,200	13,950	21,700	31,000
1984 Model 928S						
Cpe....................................	1,350	4,100	6,800	15,300	23,800	34,000
1985 Model 944						
2d Cpe	700	2,150	3,600	8,100	12,600	18,000
1985 Model 911						
Carrera 2d Cpe	1,100	3,250	5,400	12,150	18,900	27,000
Carrera 2d Conv.......................	1,300	3,950	6,600	14,850	23,100	33,000
Targa 2d Cpe..........................	1,200	3,600	6,000	13,500	21,000	30,000
1985 Model 928S						
2d Cpe	1,400	4,200	7,000	15,750	24,500	35,000
1986 Model 944						
2d Cpe	750	2,300	3,800	8,550	13,300	19,000
Turbo 2d Cpe..........................	800	2,400	4,000	9,000	14,000	20,000
1986 Model 911 Carrera						
2d Cpe	1,450	4,300	7,200	16,200	25,200	36,000
2d Conv	1,700	5,050	8,400	18,900	29,400	42,000
2d Cpe Targa..........................	1,500	4,550	7,600	17,100	26,600	38,000
2d Cpe Turbo..........................	2,050	6,100	10,200	22,950	35,700	51,000
1986 Model 928S						
2d Cpe	1,400	4,200	7,000	15,750	24,500	35,000
1987 Model 924S						
2d Cpe	750	2,300	3,800	8,550	13,300	19,000
1987 Model 928S4						
2d Cpe	2,000	6,000	10,000	22,500	35,000	50,000
1987 Model 944						
2d Cpe	900	2,650	4,400	9,900	15,400	22,000
2d Cpe Turbo	950	2,900	4,800	10,800	16,800	24,000
1987 Model 944S						
2d Cpe	900	2,750	4,600	10,350	16,100	23,000
1987 Model 911 Carrera						
2d Cpe	1,450	4,300	7,200	16,200	25,200	36,000

	6	5	4	3	2	1
2d Cpe Targa 1,500		4,550	7,600	17,100	26,600	38,000
2d Conv. 1,700		5,050	8,400	18,900	29,400	42,000
2d Turbo 2,050		6,100	10,200	22,950	35,700	51,000
1988 Porsche						
2d 924S Cpe. 900		2,650	4,400	9,900	15,400	22,000
2d 944 Cpe. 950		2,900	4,800	10,800	16,800	24,000
2d 944S Cpe. 1,000		3,000	5,000	11,250	17,500	25,000
2d 944 Cpe Turbo 1,050		3,100	5,200	11,700	18,200	26,000
2d 911 Cpe Carrera 1,720		5,160	8,600	19,350	30,100	43,000
2d 911 Cpe Targa. 1,750		5,300	8,800	19,800	30,800	44,000
2d 911 Conv 1,900		5,650	9,400	21,150	32,900	47,000
2d 928S4 Cpe. 1,300		3,950	6,600	14,850	23,100	33,000
2d 911 Turbo Conv 2,440		7,320	12,200	27,450	42,700	61,000
1989 Model 944						
2d Cpe. 1,000		3,000	5,000	11,250	17,500	25,000
2d Cpe (Turbo) 1,100		3,250	5,400	12,150	18,900	27,000
2d S2 Cpe. 1,150		3,500	5,800	13,050	20,300	29,000
2d S2 Conv 1,400		4,200	7,000	15,750	24,500	35,000
1989 Model 911						
2d Carrera. 1,600		4,800	8,000	18,000	28,000	40,000
2d Targa 1,650		4,900	8,200	18,450	28,700	41,000
2d Conv. 1,900		5,750	9,600	21,600	33,600	48,000
2d Conv Turbo 2,450		7,300	12,200	27,450	42,700	61,000
1989 Model 928						
2d Cpe. 1,300		3,950	6,600	14,850	23,100	33,000
1990 Model 944S						
2d Cpe. 950		2,900	4,800	10,000	16,800	24,000
2d Conv. 1,100		3,250	5,400	12,150	18,900	27,000
1990 Model 911						
2d Carrera Cpe 2P 1,500		4,550	7,600	17,100	26,600	38,000
2d Targa Cpe 2P. 1,550		4,700	7,800	17,550	27,300	39,000
2d Carrera Conv 2P 1,840		5,520	9,200	20,700	32,200	46,000
2d Carrera Cpe 4P 1,700		5,050	8,400	18,900	29,400	42,000
2d Targa Cpe 4P. 1,700		5,150	8,600	19,350	30,100	43,000
2d Carrera Conv 4P 1,920		5,760	9,600	21,600	33,600	48,000
1990 Model 928S						
2d Cpe. 1,300		3,850	6,400	14,400	22,400	32,000
1991 Model 944S						
2d Cpe 2P. 1,000		3,000	5,000	11,250	17,500	25,000
2d Conv 2P 1,100		3,350	5,600	12,600	19,600	28,000
1991 Model 911						
2d Carrera 2P 1,650		4,900	8,200	18,450	28,700	41,000
2d Carrera Targa 2P 1,680		5,040	8,400	18,900	29,400	42,000
2d Carrera Conv 2P 1,920		5,760	9,600	21,600	33,600	48,000
2d Carrera 4P 1,800		5,400	9,000	20,250	31,500	45,000
2d Carrera Targa 4P 1,840		5,520	9,200	20,700	32,200	46,000
2d Carrera Conv 4P 2,040		6,120	10,200	22,950	35,700	51,000
2d Turbo Cpe 2,150		6,500	10,800	24,300	37,800	54,000
1991 Model 928S						
2d Cpe 4P. 1,250		3,700	6,200	13,950	21,700	31,000
1992 968, 4-cyl.						
2d Cpe. 1,200		3,600	6,000	13,500	21,000	30,000
2d Conv. 1,400		4,200	7,000	15,750	24,500	35,000
1992 911, 6-cyl.						
2d Cpe 2P. 1,850		5,500	9,200	20,700	32,200	46,000
2d Targa Cpe 2P. 1,900		5,650	9,400	21,150	32,900	47,000
2d Conv 2P 2,050		6,100	10,200	22,950	35,700	51,000
2d Cpe 4P. 1,900		5,750	9,600	21,600	33,600	48,000
2d Targa Cpe 4P. 1,950		5,900	9,800	22,050	34,300	49,000
2d Conv 4P 2,150		6,500	10,800	24,300	37,800	54,000
2d Turbo Cpe 2,450		7,300	12,200	27,450	42,700	61,000
1993 968, 4 cyl.						
2d Cpe. 1,250		3,700	6,200	13,950	21,700	31,000
2d Conv. 1,450		4,300	7,200	16,200	25,200	36,000
1993 911, 6-cyl.						
2d Carrera. 1,900		5,750	9,600	21,600	33,600	48,000
2d Carrera Targa. 2,100		6,250	10,400	23,400	36,400	52,000
2d Carrera Cabrio 2,150		6,500	10,800	24,300	37,800	54,000
2d Carrera. 2,250		6,700	11,200	25,200	39,200	56,000
2d Carrera Turbo. 2,700		8,050	13,400	30,150	46,900	67,000
1993 928 GTS, V-8						
2d Cpe. 2,100		6,250	10,400	23,400	36,400	52,000
1994 968, 4-cyl.						
2d Cpe. 900		2,650	4,400	9,900	15,400	22,000
2d Conv. 1,100		3,250	5,400	12,150	18,900	27,000

	6	5	4	3	2	1
1994 911, 6-cyl.						
2d Cpe Carrera	1,600	4,800	8,000	18,000	28,000	40,000
2d Cpe Carrera Targa	1,680	5,040	8,400	18,900	29,400	42,000
2d Cpe Carrera Conv	1,760	5,280	8,800	19,800	30,800	44,000
2d Cpe Carrera	1,700	5,050	8,400	18,900	29,400	42,000
2d Cpe Carrera Targa	1,720	5,160	8,600	19,350	30,100	43,000
2d Cpe Carrera Conv	1,880	5,640	9,400	21,150	32,900	47,000
1994 928 GTS, V-8						
2d Cpe	1,500	4,450	7,400	16,650	25,900	37,000
1995 968, 4-cyl.						
2d Cpe	900	2,650	4,400	9,900	15,400	22,000
2d Conv	1,100	3,250	5,400	12,150	18,900	27,000
1995 911, 6-cyl.						
2d Cpe Carrera 2	1,600	4,800	8,000	18,000	28,000	40,000
2d Cpe Carrera 2 Conv	1,760	5,280	8,800	19,800	30,800	44,000
2d Cpe Carrera 4	1,700	5,050	8,400	18,900	29,400	42,000
2d Cpe Carrera 4 Conv	1,880	5,640	9,400	21,150	32,900	47,000
1995 928GTS, V-8						
2d Cpe	1,500	4,450	7,400	16,650	25,900	37,000
1996 911, 6-cyl.						
2d Cpe Carrera 2	1,500	4,550	7,600	17,100	26,600	38,000
2d Cpe Carrera 2 Conv	1,680	5,040	8,400	18,900	29,400	42,000
2d Cpe Carrera 4	1,600	4,800	8,000	18,000	28,000	40,000
2d Cpe Carrera 4S	1,700	5,150	8,600	19,350	30,100	43,000
2d Cpe Carrera 4 Conv	1,800	5,400	9,000	20,250	31,500	45,000
2d Targa Cpe	1,650	4,900	8,200	18,450	28,700	41,000
2d Turbo Cpe 4x4	3,000	9,000	15,000	33,750	52,500	75,000
1997 911, 6-cyl.						
2d Cpe Carrera 2	1,520	4,560	7,600	17,100	26,600	38,000
2d Cpe Carrera 2 Conv	1,680	5,040	8,400	18,900	29,400	42,000
2d Cpe Carrera 4	1,600	4,800	8,000	18,000	28,000	40,000
2d Cpe Carrera 4S	1,720	5,160	8,600	19,350	30,100	43,000
2d Cpe Carrera 4 Conv	1,800	5,400	9,000	20,250	31,500	45,000
2d Targa Cpe	1,640	4,920	8,200	18,450	28,700	41,000
2d Turbo Cpe 4x4	3,000	9,000	15,000	33,750	52,500	75,000
1997 Boxster, 6-cyl.						
2d Conv	880	2,640	4,400	9,900	15,400	22,000
NOTE: Add 5 percent for detachable HT.						
1998 911, 6-cyl.						
2d Cpe Carrera S	1,500	4,500	7,500	16,880	26,250	37,500
2d Conv Cpe Carrera 2	1,680	5,040	8,400	18,900	29,400	42,000
2d Cpe Carrera 4	1,600	4,800	8,000	18,000	28,000	40,000
2d Cpe Carrera 4S	1,720	5,160	8,600	19,350	30,100	43,000
2d Conv Cpe Carrera 4	1,800	5,400	9,000	20,250	31,500	45,000
2d Targa Cpe	1,640	4,920	8,200	18,450	28,700	41,000
1998 Boxster, 6-cyl.						
2d Conv	880	2,640	4,400	9,900	15,400	22,000
NOTE: Add 5 percent for detachable HT.						
1999 911, 6-cyl.						
2d Cpe Carrera S	1,500	4,500	7,500	16,880	26,250	37,500
2d Conv Cpe Carrera 2	1,680	5,040	8,400	18,900	29,400	42,000
2d Cpe Carrera 4	1,600	4,800	8,000	18,000	28,000	40,000
2d Conv Cpe Carrera 4	1,800	5,400	9,000	20,250	31,500	45,000
1999 Boxster, 6-cyl.						
2d Conv	880	2,640	4,400	9,900	15,400	22,000
NOTE: Add 5 percent for detachable HT.						
2000 911, 6-cyl.						
2d Cpe Carrera 2	1,500	4,500	7,500	16,880	26,250	37,500
2d Conv Cpe Carrera 2	1,680	5,040	8,400	18,900	29,400	42,000
2d Cpe Carrera 4	1,600	4,800	8,000	18,000	28,000	40,000
2d Conv Cpe Carrera 4	1,800	5,400	9,000	20,250	31,500	45,000
2000 Boxster, 6-cyl.						
2d Conv	880	2,640	4,400	9,900	15,400	22,000
2d S Conv	1,060	3,180	5,300	11,930	18,550	26,500
NOTE: Add 5 percent for detachable HT.						
2001 911, 6-cyl.						
2d Cpe Carrera 2	1,500	4,500	7,500	18,750	26,250	37,500
2d Conv Cpe Carrera 2	1,680	5,040	8,400	21,000	29,400	42,000
2d Cpe Carrera 4	1,600	4,800	8,000	20,000	28,000	40,000
2d Conv Cpe Carrera 4	1,800	5,400	9,000	22,500	31,500	45,000
2d Cpe Turbo AWD	2,540	7,620	12,700	31,750	44,450	63,500
2001 Boxster, 6-cyl.						
2d Conv	880	2,640	4,400	11,000	15,400	22,000
2d S Conv	1,060	3,180	5,300	13,250	18,550	26,500
NOTE: Add 5 percent for detachable HT.						

	6	5	4	3	2	1
2002 911, 6-cyl.						
2d Cpe Carrera	1,420	4,260	7,100	17,750	24,850	35,500
2d Targa Cpe Carrera	1,470	4,400	7,340	18,350	25,690	36,700
2d Cabr Cpe Carrera	1,600	4,800	8,000	20,000	28,000	40,000
2d 4S Cpe Carrera	1,640	4,920	8,200	20,500	28,700	41,000
2d 4 Cabr Cpe Carrera	1,720	5,160	8,600	21,500	30,100	43,000
2d Turbo Cpe, AWD	2,540	7,620	12,700	31,750	44,450	63,500
2002 Boxster, 6-cyl.						
2d Conv	880	2,640	4,400	11,000	15,400	22,000
2d S Conv	1,060	3,180	5,300	13,250	18,550	26,500
NOTE: Add 5 percent for detachable HT.						
2003 911, 6-cyl.						
2d Cpe Carrera	1,420	4,260	7,100	17,750	24,850	35,500
2d Targa Cpe Carrera	1,470	4,400	7,340	18,350	25,690	36,700
2d Cabr Cpe Carrera	1,600	4,800	8,000	20,000	28,000	40,000
2d 4S Cpe Carrera	1,640	4,920	8,200	20,500	28,700	41,000
2d 4 Cabr Cpe Carrera	1,720	5,160	8,600	21,500	30,100	43,000
2d Turbo Cpe, AWD	2,540	7,620	12,700	28,580	44,450	63,500
2003 Boxster, 6-cyl.						
2d Conv	880	2,640	4,400	11,000	15,400	22,000
2d S Conv	1,060	3,180	5,300	13,250	18,550	26,500
NOTE: Add 5 percent for detachable HT.						
2004 911, 6-cyl.						
Carrera 2d Cpe	1,420	4,260	7,100	17,750	24,850	35,500
Carrera Targa 2d Cpe	1,470	4,400	7,340	18,350	25,690	36,700
Carrera 4S 2d Cpo	1,640	4,920	8,200	20,500	28,700	41,000
Carrera 40th Anv 2d Cpe	1,710	5,140	8,560	21,400	29,960	42,800
Turbo 2d Cpe, AWD	2,540	7,620	12,700	31,750	44,450	63,500
Carrera 2d Cabr	1,600	4,800	8,000	20,000	28,000	40,000
Carrera 4 2d Cabr	1,720	5,160	8,600	21,500	30,100	43,000
Carrera 4S 2d Cabr	1,760	5,270	8,780	21,950	30,730	43,900
Turbo 2d Cabr, AWD	2,670	8,000	13,340	33,350	46,690	66,700
2004 Boxster, 6-cyl.						
2d Conv	880	2,640	4,400	11,000	15,400	22,000
S 2d Conv	1,060	3,180	5,300	13,250	18,550	26,500
S 50th Anv 2d Conv	1,090	3,280	5,460	13,650	19,110	27,300

NOTE: Add 5 percent for detachable HT. Add 5 percent for traction control when optional. Add 10 percent for Tiptronic transmission.

RENAULT

	6	5	4	3	2	1
1946-48 Juvaquatre, 4-cyl., 760cc 4CV, 4-cyl., 760cc. 83" wb						
4d Sed	300	850	1,400	3,150	4,900	7,000
1949 4CV, 4-cyl., 760cc, 83" wb						
Std 4d Sed	300	850	1,400	3,150	4,900	7,000
Grande Luxe 4d Sed	280	840	1,400	3,150	4,900	7,000
1950 4CV, 4-cyl., 760cc, 83" wb						
Grande Luxe 4d Sed	280	840	1,400	3,150	4,900	7,000
1951 4CV, Sliding Windows 4-cyl., 747cc, 83" wb						
R-1060 4d Sed	300	850	1,400	3,150	4,900	7,000
1951 4CV Luxe, Rolldown Windows						
R-1062 4d Sed	300	850	1,400	3,150	4,900	7,000
1951 4CV Super Grande Luxe, Rolldown Windows						
R-1062 4d Sed	300	850	1,400	3,150	4,900	7,000
R-1062 4d Conv	300	900	1,500	3,380	5,250	7,500
1952 4CV Luxe, 4-cyl., 747cc, 83" wb						
R-1062 4d Sed	300	850	1,400	3,150	4,900	7,000
1952 4CV Super Grande Luxe						
R-1062 4d Sed	300	850	1,400	3,150	4,900	7,000
R-1062 4d Conv	300	900	1,500	3,380	5,250	7,500
NOTE: All models had rollup windows.						
1953-54 4CV Luxe, Sport Line 4-cyl., 747cc, 83" wb						
R-1062 4d Sed	300	850	1,400	3,150	4,900	7,000
1953-54 4CV Super Grande Luxe, Sport Line 4-cyl., 747cc, 83" wb						
R-1062 4d Conv	300	900	1,500	3,380	5,250	7,500
1953-54 Fregate, 4-cyl., 1997cc, 110.25" wb						
R-1100 4d Sed	200	650	1,100	2,480	3,850	5,500
1955-56 4CV Luxe, Sport Line 4-cyl., 747cc, 82.7" wb						
R-1062 4d Sed	300	850	1,400	3,150	4,900	7,000
1955-56 4CV Super Grande Luxe 4-cyl., 747cc, 82.7" wb						
R-1062 4d Conv	300	900	1,500	3,380	5,250	7,500
1957-59 4CV, Sport Line 4-cyl., 747cc, 82.7" wb						
R-1062 4d Sed	300	850	1,400	3,150	4,900	7,000
1957-59 Dauphine, 4-cyl., 845cc, 89" wb						
R-1090 4d Sed	250	700	1,200	2,700	4,200	6,000

	6	5	4	3	2	1
1960-62 4CV, 1960-61 4-cyl., 747cc, 83" wb						
R-1062 4d Sed	300	850	1,400	3,150	4,900	7,000
4d Sed S/R	300	850	1,400	3,150	4,900	7,000
1960-62 Dauphine, 4-cyl., 845cc, 89" wb						
R-1090 4d Sed	250	700	1,200	2,700	4,200	6,000
4d Sed S/R	250	700	1,200	2,700	4,200	6,000
1960-62 Gordini, 1961-62 4-cyl., 845cc, 89" wb						
R-1091A 4d Spt Sed	220	660	1,100	2,480	3,850	5,500
1960-62 Caravella R-1092, 4-cyl., 845cc, 89" wb						
2d Conv	350	1,000	1,700	3,830	5,950	8,500
2d Cpe	300	950	1,600	3,600	5,600	8,000
2d HdTp Conv	350	1,000	1,700	3,830	5,950	8,500
1963-66 Dauphine, 4-cyl., 845cc, 89" wb						
R-1090 4d Sed	250	700	1,200	2,700	4,200	6,000
1963-66 Caravella S, 1963, 4-cyl., 956cc, 89" wb						
R-1133 2d Conv	350	1,000	1,700	3,830	5,950	8,500
R-1131 2d Cpe	300	950	1,600	3,600	5,600	8,000
2d HT Cpe	350	1,000	1,700	3,830	5,950	8,500
1963-66 Caravella 1964-66, 4-cyl., 89" wb						
R-1133 2d Conv	350	1,000	1,700	3,830	5,950	8,500
R-1131 2d Cpe	300	950	1,600	3,600	5,600	8,000
1963-66 R8, 4-cyl., 956cc, 89" wb						
R-1130 4d Sed	200	650	1,100	2,480	3,850	5,500
1963-66 R8 1100, 1964-66, 4-cyl., 1108cc, 89" wb						
R-1132 4d Sed	200	650	1,100	2,480	3,850	5,500
1963-66 R8 Gordini, 1965-66, 4-cyl., 89" wb						
R-1134 4d Sed	250	700	1,200	2,700	4,200	6,000
1967-68 10, R-10, 4-cyl., 1108cc, 89" wb						
R-1190 4d Sed	200	650	1,100	2,480	3,850	5,500
1969-70 10, 1969 R-10, 4-cyl., 1108cc, 89" wb						
R-1190 4d Sed	200	650	1,100	2,480	3,850	5,500
1969-70 10, 1970 R-10, 4-cyl., 1289cc, 89" wb						
4d Sed	250	700	1,200	2,700	4,200	6,000
1969-70 16, 1970 R-16, 4-cyl., 1565cc, FWD, 105.8" wb						
R-1152 4d Sed Wag	260	780	1,300	2,930	4,550	6,500
1971-75 R-10, 1971 only, 4-cyl., 1289cc, 89" wb						
4d Sed	250	700	1,200	2,700	4,200	6,000
1971-75 R-12, 1972-up, 4-cyl., 1565cc, FWD, 96" wb						
4d Sed	250	800	1,300	2,930	4,550	6,500
4d Sta Wag	250	700	1,200	2,700	4,200	6,000
1971-75 R-15, 1972-up, 4-cyl., 1647cc, FWD, 96" wb						
2d Cpe	250	800	1,300	2,930	4,550	6,500
1971-75 R-16, 1971-72 only, 4-cyl., 1565cc, FWD, 105.8" wb						
4d Sed	200	650	1,100	2,480	3,850	5,500
1971-75 R-17, 1972-up, 4-cyl., 1565cc-1647cc, FWD, 96" wb						
2d Spt Cpe		850	1,400	3,150	4,900	7,000
1976-80 R-5, 1976, 4-cyl., 1289cc, FWD, 94.6-95.8" wb						
R-5TL 2d HBk	200	650	1,100	2,480	3,850	5,500
R-5GTL 2d HBk	200	650	1,100	2,480	3,850	5,500
1976-80 LeCar, 1977-up, 4-cyl., 1289cc-1397cc, FWD						
TL 2d HBk	200	650	1,100	2,480	3,850	5,500
GTL 2d HBk	200	650	1,100	2,480	3,850	5,500
1976-80 R-12, 1976-77 only, 4-cyl., 1647cc, FWD, 96" wb						
TL 4d Sed	200	600	1,000	2,250	3,500	5,000
GTL 4d Sed	200	600	1,000	2,250	3,500	5,000
R-12 4d Sta Wag	200	650	1,050	2,390	3,700	5,300
1976-80 R-15, 1976 only, 4-cyl., 1647cc, FWD, 96" wb						
TL 2d Cpe	200	600	1,000	2,250	3,500	5,000
1976-80 R-17, 4-cyl., 1647cc, FWD, 96" wb						
TL 2d Cpe/Conv	250	800	1,300	2,930	4,550	6,500
Gordini 2d Cpe/Conv	280	840	1,400	3,150	4,900	7,000
1981 LeCar, 4-cyl., 1397cc, FWD, 95.2" wb						
2d HBk	200	650	1,100	2,480	3,850	5,500
1981 LeCar, 4-cyl, 95.2" wb, 1397cc, FWD						
DeL 2d HBk	200	650	1,100	2,480	3,850	5,500
DeL 4d HBk	200	650	1,100	2,480	3,850	5,500
1981 18i, 4-cyl., 1647cc, FWD, 96.1" wb						
4d Sed	200	650	1,100	2,480	3,850	5,500
4d Sta Wag	250	700	1,150	2,570	4,000	5,700
DeL 4d Sed	250	700	1,150	2,570	4,000	5,700
DeL 4d Sta Wag	250	700	1,200	2,660	4,150	5,900
1982 LeCar, 4-cyl., 1397cc, FWD, 95.2" wb						
2d HBk	200	650	1,100	2,480	3,850	5,500
DeL 2d HBk	250	700	1,150	2,570	4,000	5,700
DeL 4d HBk	250	700	1,150	2,570	4,000	5,700

	6	5	4	3	2	1
1982 Fuego, 4-cyl., 1647cc, FWD, 96.1" wb						
2d Cpe.	250	800	1,300	2,930	4,550	6,500
1982 18i, 4-cyl., 1647cc, FWD, 96.1" wb						
4d Sed.	200	650	1,100	2,480	3,850	5,500
4d Sta Wag	250	700	1,150	2,570	4,000	5,700
DeL 4d Sed.	250	700	1,150	2,570	4,000	5,700
DeL 4d Sta Wag	250	700	1,200	2,660	4,150	5,900
1983 LeCar, 4-cyl., 1397cc, FWD, 95.2" wb						
2d HBk	200	650	1,100	2,480	3,850	5,500
DeL 2d HBk.	250	700	1,150	2,570	4,000	5,700
DeL 4d HBk.	250	700	1,200	2,660	4,150	5,900
1983 Fuego, 4-cyl., 1647cc, FWD, 96.1" wb						
2d Cpe.	250	800	1,300	2,930	4,550	6,500
1983 Fuego Turbo, 4-cyl., 1565cc, FWD, 96.1" wb						
2d Cpe.	300	850	1,400	3,150	4,900	7,000
1983 18i, 4-cyl., 1647cc, FWD, 96.1" wb						
DeL 4d Sed.	200	650	1,100	2,480	3,850	5,500
DeL 4d Sta Wag	250	700	1,150	2,570	4,000	5,700
1984 Fuego, 4-cyl., 2165cc, FWD, 96.1" wb						
2d Cpe.	250	800	1,300	2,930	4,550	6,500
1984 Fuego Turbo, 4-cyl., 1565cc, FWD, 96.1" wb						
2d Cpe.	300	850	1,400	3,150	4,900	7,000
1984 Sportwagon, 4-cyl., 2165cc, FWD, 96.1" wb						
4d Sta Wag	250	700	1,150	2,570	4,000	5,700
1985 Fuego, 4-cyl., 2165cc, FWD, 96.1" wb						
2d Cpe.	300	850	1,400	3,150	4,900	7,000
1985 Sportwagon, 4-cyl., 2165cc, FWD, 96.1" wb						
4d Sta Wag	250	700	1,150	2,570	4,000	5,700

ROLLS-ROYCE

	6	5	4	3	2	1
1947-51 6-cyl., 4257cc, 127" wb, 133" wb (1951), Silver Wraith Freestone & Webb						
Cpe	3,320	9,960	16,600	37,350	58,100	83,000
Limo	2,200	6,600	11,000	24,750	38,500	55,000
Saloon	1,960	5,880	9,800	22,050	34,300	49,000
Spt Saloon	2,040	6,120	10,200	22,950	35,700	51,000
1947-51 Hooper						
DHC	4,320	12,960	21,600	48,600	75,600	108,000
Treviot	2,200	6,600	11,000	24,750	38,500	55,000
Treviot II	2,240	6,720	11,200	25,200	39,200	56,000
Treviot III	2,280	6,840	11,400	25,650	39,900	57,000
1947-51 H.J. Mulliner						
Sedanca de Ville	3,320	9,960	16,600	37,350	58,100	83,000
Tr Limo	2,280	6,840	11,400	25,650	39,900	57,000
1947-51 Park Ward						
Saloon	2,120	6,360	10,600	23,850	37,100	53,000
1947-51 James Young						
Limo	2,280	6,840	11,400	25,650	39,900	57,000
Saloon	2,200	6,600	11,000	24,750	38,500	55,000
1949-51 6-cyl., 4257cc, 120" wb, Silver Dawn						
Std Steel Saloon	2,200	6,600	11,000	24,750	38,500	55,000
1949-51 Farina						
Spl Saloon	2,800	8,400	14,000	31,500	49,000	70,000
1949-51 Freestone & Webb						
Saloon	2,280	6,840	11,400	25,650	39,900	57,000
1949-51 Park Ward						
DHC	3,440	10,320	17,200	38,700	60,200	86,000
FHC	3,000	9,000	15,000	33,750	52,500	75,000
1950-56 8-cyl., 5675cc, 145" wb, Phantom IV						
Park Ward Limo	6,360	19,080	31,800	71,550	111,300	159,000
1951-52 6-cyl., 4566cc, 127" wb, Silver Wraith Freestone & Webb						
Cpe	2,880	8,640	14,400	32,400	50,400	72,000
1951-55 6-cyl., 4566cc, 127" wb, Silver Wraith Freestone & Webb						
Spt Saloon	2,280	6,840	11,400	25,650	39,900	57,000
1951-55 Hooper						
Tr Limo	2,120	6,360	10,600	23,850	37,100	53,000
1951-55 H.J. Mulliner						
Tr Limo	2,280	6,840	11,400	25,650	39,900	57,000
1951-55 Park Ward						
Limo	2,240	6,720	11,200	25,200	39,200	56,000
1951-55 6-cyl., 4566cc, 120" wb, Silver Dawn						
Std Steel Saloon	2,200	6,600	11,000	24,750	38,500	55,000
1951-55 Park Ward						
DHC	3,520	10,560	17,600	39,600	61,600	88,000
1955-59 6-cyl., 4887cc, 123" wb, 127" wb (after 1957), Silver Cloud						
Std Steel Saloon	2,120	6,360	10,600	23,850	37,100	53,000

	6	5	4	3	2	1
1955-59 H.J. Mulliner						
DHC	4,400	13,200	22,000	49,500	77,000	110,000
1955-59 Park Ward						
Saloon, LWB	2,160	6,480	10,800	24,300	37,800	54,000
1955-59 James Young						
Saloon	2,600	7,800	13,000	29,250	45,500	65,000
NOTE: Deduct 30 percent for RHD.						
1955-59 6-cyl., 4887cc, 133" wb, Silver Wraith Hooper						
Limo, LWB	2,280	6,840	11,400	25,650	39,900	57,000
Saloon	2,200	6,600	11,000	24,750	38,500	55,000
1955-59 H.J. Mulliner						
Tr Limo	2,360	7,080	11,800	26,550	41,300	59,000
1955-59 Park Ward						
Limo	2,120	6,360	10,600	23,850	37,100	53,000
Saloon	2,080	6,240	10,400	23,400	36,400	52,000
NOTE: Deduct 30 percent for RHD.						
1959-62 V-8, 6230cc, 123" wb, 127" wb (after 1960), Silver Cloud II						
Std Steel Saloon	1,960	5,880	9,800	22,050	34,300	49,000
1959-62 H.J. Mulliner						
DHC	4,240	12,720	21,200	47,700	74,200	106,000
1959-62 Radford						
Countryman	2,200	6,600	11,000	24,750	38,500	55,000
1959-62 James Young						
Limo, LWB	2,640	7,920	13,200	29,700	46,200	66,000
NOTE: Deduct 30 percent for RHD.						
1960-68 V-8, 6230cc, 144" wb, Phantom V H.J. Mulliner-Park Ward						
Landaulette	6,360	19,080	31,800	71,550	111,300	159,000
Limo	2,960	8,880	14,800	33,300	51,800	74,000
1960-68 Park Ward						
Limo	2,400	7,200	12,000	27,000	42,000	60,000
1960-68 James Young						
Limo	3,360	10,080	16,800	37,800	58,800	84,000
Sedanca de Ville	6,360	19,080	31,800	71,550	111,300	159,000
NOTE: Deduct 30 percent for RHD.						
1962-66 V-8, 6230cc, 123" wb, 127" wb, Silver Cloud III						
Std Steel Saloon	3,120	9,360	15,600	35,100	54,600	78,000
1962-66 H.J. Mulliner						
2d Saloon	2,360	7,080	11,800	26,550	41,300	59,000
DHC	5,280	15,840	26,400	59,400	92,400	132,000
Flying Spur	3,600	10,800	18,000	40,500	63,000	90,000
NOTE: Deduct 30 percent for RHD.						
1962-66 James Young						
4d Spt Saloon	1,960	5,880	9,800	22,050	34,300	49,000
Cpe	2,400	7,200	12,000	27,000	42,000	60,000
Tr Limo, SWB	2,720	8,160	13,600	30,600	47,600	68,000
Tr Limo, LWB	3,200	9,600	16,000	36,000	56,000	80,000
1962-66 Park Ward						
DHC	2,600	7,800	13,000	29,250	45,500	65,000
Limo, LWB	2,720	8,160	13,600	30,600	47,600	68,000
NOTE: Deduct 30 percent for RHD.						
1965-69 V-8, 6230cc, 119.5" wb, 123.5" wb, Silver Shadow						
Std Steel Saloon	1,920	5,760	9,600	21,600	33,600	48,000
LWB Saloon	2,040	6,120	10,200	22,950	35,700	51,000
1965-69 Mulliner-Park Ward						
2d Saloon	2,160	6,480	10,800	24,300	37,800	54,000
DHC	2,280	6,840	11,400	25,650	39,900	57,000
1965-69 James Young						
2d Saloon	2,160	6,480	10,800	24,300	37,800	54,000
NOTE: Deduct 30 percent for RHD.						
1968-77 V-8, 6230cc, 145" wb, Phantom VI						
Landau	4,000	12,000	20,000	45,000	70,000	100,000
Limo	3,600	10,800	18,000	40,500	63,000	90,000
1968-77 Mulliner-Park Ward						
Laudaulette	7,360	22,080	36,800	82,800	128,800	184,000
NOTE: Deduct 30 percent for RHD.						
1970-76 V-8, 6750cc, 119.5" wb, 123.5" wb, Silver Shadow						
Std Steel Saloon	2,040	6,120	10,200	22,950	35,700	51,000
1970-76 V-8, 6750cc, 119.5" wb, 123.5" wb Silver Shadow						
LWB Saloon	2,240	6,720	11,200	25,200	39,200	56,000
1970-76 Mulliner-Park Ward						
2d Saloon	2,480	7,440	12,400	27,900	43,400	62,000
DHC	2,880	8,640	14,400	32,400	50,400	72,000
NOTE: Deduct 30 percent for RHD.						
1971-77 V-8, 6750cc, 119" wb, Corniche						
2d Saloon	2,640	7,920	13,200	29,700	46,200	66,000
Conv	3,280	9,840	16,400	36,900	57,400	82,000
NOTE: Deduct 30 percent for RHD.						

	6	5	4	3	2	1
1975-78 V-8, 6750cc, 108.5" wb						
Camarque	2,240	6,720	11,200	25,200	39,200	56,000
NOTE: Deduct 30 percent for RHD.						
1977-78 V-8, 6750cc, 120" wb						
Silver Shadow II	2,040	6,120	10,200	22,950	35,700	51,000
1977-78 V-8, 6750cc, 123.5" wb						
Silver Wraith II	2,240	6,720	11,200	25,200	39,200	56,000
NOTE: Add 10 percent for factory sunroof. Deduct 30 percent for RHD.						
1979 V-8, 6750cc, 123.5" wb						
4d Silver Spirit	2,550	7,700	12,800	28,800	44,800	64,000
4d Silver Spur	2,650	7,900	13,200	29,700	46,200	66,000
2d Conv Corniche	3,500	10,600	17,600	39,600	61,500	88,000
2d Camarque	2,600	7,800	13,000	29,250	45,500	65,000
4d Phantom VI	6,700	20,000	33,400	75,150	117,000	167,000
4d Silver Shadow	2,450	7,300	12,200	27,450	42,700	61,000
4d Silver Wraith	2,550	7,700	12,800	28,800	44,800	64,000
1980 V-8, 6750cc, 123.5" wb						
4d Silver Spirit	2,550	7,700	12,800	28,800	44,800	64,000
4d Silver Spur	2,650	7,900	13,200	29,700	46,200	66,000
2d Conv Corniche	3,500	10,600	17,600	39,600	61,500	88,000
2d Camarque	2,650	7,900	13,200	29,700	46,200	66,000
4d Phantom VI	6,700	20,000	33,400	75,150	117,000	167,000
4d Silver Shadow	2,450	7,300	12,200	27,450	42,700	61,000
4d Silver Wraith	2,550	7,700	12,800	28,800	44,800	64,000
1981 V-8, 6750cc, 123.5" wb						
4d Silver Spirit	2,550	7,700	12,800	28,800	44,800	64,000
4d Silver Spur	2,650	7,900	13,200	29,700	46,200	66,000
2d Conv Corniche	3,500	10,600	17,600	39,600	61,500	88,000
2d Camarque	2,600	7,800	13,000	29,250	45,500	65,000
4d Phantom VI	6,700	20,000	33,400	75,150	117,000	167,000
1982 V-8, 6750cc, 123.5" wb						
4d Silver Spirit	2,500	7,550	12,600	28,350	44,100	63,000
4d Silver Spur	2,650	7,900	13,200	29,700	46,200	66,000
2d Conv Corniche	3,600	10,800	18,000	40,500	63,000	90,000
2d Camarque	2,550	7,700	12,800	28,800	44,800	64,000
4d Phantom VI	6,700	20,000	33,400	75,150	117,000	167,000
1983 V-8, 6750cc, 123.5" wb						
4d Silver Spirit	2,500	7,550	12,600	28,350	44,100	63,000
4d Silver Spur	2,650	7,900	13,200	29,700	46,200	66,000
2d Conv Corniche	3,600	10,800	18,000	40,500	63,000	90,000
2d Camarque	2,550	7,700	12,800	28,800	44,800	64,000
4d Phantom VI	6,700	20,000	33,400	75,150	117,000	167,000
1984 V-8, 6750cc, 123.5" wb						
4d Silver Spirit Sed	2,600	7,800	13,000	29,250	45,500	65,000
4d Silver Spur Sed	2,720	8,160	13,600	30,600	47,600	68,000
2d Camarque Cpe	2,700	8,150	13,600	30,600	47,600	68,000
2d Corniche Conv	3,750	11,300	18,800	42,300	66,000	94,000
1985 V-8, 6750cc, 123.5" wb						
4d Silver Spirit Sed	2,720	8,160	13,600	30,600	47,600	68,000
4d Silver Spur Sed	2,960	8,880	14,800	33,300	51,800	74,000
2d Camarque Cpe	3,000	9,000	15,000	33,750	52,500	75,000
2d Corniche Conv	4,000	12,000	20,000	45,000	70,000	100,000
1986 V-8, 6750cc, 123.5" wb						
4d Silver Spirit Sed	2,960	8,880	14,800	33,300	51,800	74,000
4d Silver Spur Sed	3,160	9,480	15,800	35,550	55,300	79,000
2d Camarque Cpe	3,200	9,600	16,000	36,000	56,000	80,000
2d Corniche Conv	4,100	12,200	20,400	45,900	71,500	102,000
1987 V-8, 6750cc, 123.5" wb						
4d Silver Spirit Sed	2,320	6,960	11,600	26,100	40,600	58,000
4d Silver Spur Sed	2,440	7,320	12,200	27,450	42,700	61,000
2d Camarque Cpe	3,400	10,200	17,000	38,250	59,500	85,000
2d Corniche Conv	5,300	15,800	26,400	59,400	92,500	132,000
4d Silver Spur Limo	4,880	14,640	24,400	54,900	85,400	122,000
1988 V-8, 6750cc, 123.5" wb						
4d Silver Spirit Sed	2,320	6,960	11,600	26,100	40,600	58,000
4d Silver Spur Sed	2,440	7,320	12,200	27,450	42,700	61,000
2d Corniche Conv	5,500	16,600	27,600	62,100	96,500	138,000
1989 V-8, 6750cc, 123.5" wb						
4d Silver Spirit Sed	2,520	7,560	12,600	28,350	44,100	63,000
4d Silver Spur Sed	2,640	7,920	13,200	29,700	46,200	66,000
2d Corniche Conv	5,600	16,800	28,000	63,000	98,000	140,000
1990 V-8, 6750cc, 123.5" wb						
4d Silver Spirit Sed	2,720	8,160	13,600	30,600	47,600	68,000
4d Silver Spur Sed	2,800	8,400	14,000	31,500	49,000	70,000
2d Corniche Conv	5,600	16,800	28,000	63,000	98,000	140,000

	6	5	4	3	2	1
1991 Silver Spirit II						
4d Sed, SWB	2,900	8,650	14,400	32,400	50,400	72,000
4d Sed, LWB	3,100	9,350	15,600	35,100	54,600	78,000
1991 Corniche III						
2d Conv	5,700	17,000	28,400	63,900	99,500	142,000
1992 Silver Spirit, V-8						
4d Sed	3,100	9,350	15,600	35,100	54,600	78,000
1992 Silver Spur, V-8						
4d Sed	3,500	10,600	17,600	39,600	61,500	88,000
4d Limo	5,500	16,600	27,600	62,100	96,500	138,000
1992 Corniche IV, V-8						
2d Conv	5,900	17,600	29,400	66,150	103,000	147,000
1993 Silver Spur IV						
4d Sed	3,900	11,600	19,400	43,650	68,000	97,000
1993 Silver Spur						
4d Limo	5,700	17,000	28,400	63,900	99,500	142,000
1993 Corniche IV						
2d Conv	6,500	19,400	32,400	72,900	113,000	162,000
1994 Corniche IV, V-8						
2d Conv	7,500	22,400	37,400	84,150	131,000	187,000
1994 Silver Spirit II, V-8						
4d Sed	3,950	11,900	19,800	44,550	69,500	99,000
1994 Silver Spur III, V-8						
4d Sed, LWB	4,050	12,100	20,200	45,450	70,500	101,000
4d Limo	7,300	21,800	36,400	81,900	127,000	182,000
1995 Corniche IV, V-8						
2d Conv	7,300	22,000	36,600	82,350	128,000	183,000
2d Conv, Turbo	10,200	30,600	51,000	114,750	179,000	255,000
1995 Silver Dawn, V-8						
4d Sed	2,900	8,750	14,600	32,850	51,100	73,000
1995 Silver Spur III, V-8						
4d Sed, LWB	3,900	11,600	19,400	43,650	68,000	97,000
4d Limo	7,100	21,400	35,600	80,100	125,000	178,000
1996 Silver Dawn, V-8						
4d Sed	3,000	9,000	15,000	33,750	52,500	75,000
1996 Silver Spur III, V-8						
4d Sed, LWB	3,950	11,900	19,800	44,550	69,500	99,000
4d Limo	7,200	21,600	36,000	81,000	126,000	180,000
1997 Silver Dawn, V-8						
4d Sed	3,000	9,000	15,000	33,750	52,500	75,000
1997 Silver Spur III, V-8						
4d Sed, LWB	3,960	11,880	19,800	44,550	69,300	99,000
4d Limo	7,200	21,600	36,000	81,000	126,000	180,000
1997 Corniche IV, V-8						
2d Conv	6,000	18,000	30,000	67,500	105,000	150,000
1998 Silver Spur III, V-8						
4d Sed, LWB	3,960	11,880	19,800	44,550	69,300	99,000
4d Limo	7,200	21,600	36,000	81,000	126,000	180,000
1999 Silver Seraph, V-12						
4d Sed	4,400	13,200	22,000	49,500	77,000	110,000
2000 Silver Seraph, V-12						
4d Sed	4,600	13,800	23,000	51,750	80,500	115,000
2000 Corniche IV, V-8						
2d Conv Cpe	8,400	25,200	42,000	94,500	147,000	210,000
2001 Silver Seraph, V-12						
4d Sed	4,600	13,800	23,000	57,500	80,500	115,000
2001 Park Ward, V-12						
4d Sed	5,000	15,000	25,000	62,500	87,500	125,000
2001 Corniche IV, V-8						
2d Conv Cpe	8,400	25,200	42,000	105,000	147,000	210,000
2002 Silver Seraph, V-12						
4d Sed	4,600	13,800	23,000	57,500	80,500	115,000
2002 Park Ward, V-12						
4d Sed	5,000	15,000	25,000	62,500	87,500	125,000
2002 Corniche IV, V-8						
2d Conv	8,400	25,200	42,000	105,000	147,000	210,000
2003 Phantom VI, V-12						
4d Sed	5,400	16,200	27,000	67,500	94,500	135,000
2004 Phantom VI, V-12						
4d Sed	5,400	16,200	27,000	67,500	94,500	135,000

SAAB

	6	5	4	3	2	1
1950-52 2-cyl., 764cc, 97.2" wb						
92 2d Sed	352	1,056	1,760	3,960	6,160	8,800
1953-55 2-cyl., 764cc, 97.2" wb						
92B 2d Sed	332	996	1,660	3,740	5,810	8,300

	6	5	4	3	2	1
1956-57 3-cyl., 748cc, 98" wb						
93 2d Sed	312	936	1,560	3,510	5,460	7,800
1958 3-cyl., 748cc, 98" wb						
93B 2d Sed	292	876	1,460	3,290	5,110	7,300
GT 750 2d Sed	312	936	1,560	3,510	5,460	7,800
1959 3-cyl., 748cc, 98" wb						
93B 2d Sed	292	876	1,460	3,290	5,110	7,300
GT 750 2d Sed	312	936	1,560	3,510	5,460	7,800
1959 3-cyl., 841cc, 98" wb						
95 2d Sta Wag	304	912	1,520	3,420	5,320	7,600
1960 3-cyl., 748cc, 98" wb						
93F 2d Sed	292	876	1,460	3,290	5,110	7,300
GT 750 2d Sed	312	936	1,560	3,510	5,460	7,800
1960 3-cyl., 841cc, 98" wb						
96 2d Sed	292	876	1,460	3,290	5,110	7,300
95 2d Sta Wag	304	912	1,520	3,420	5,320	7,600
1961 3-cyl., 748cc, 98" wb						
GT 750 2d Sed	312	936	1,560	3,510	5,460	7,800
1961 3-cyl., 841cc, 98" wb						
96 2d Sed	280	840	1,400	3,150	4,900	7,000
95 2d Sta Wag	284	852	1,420	3,200	4,970	7,100
1962 3-cyl., 748cc, 98" wb						
GT 750 2d Sed	312	936	1,560	3,510	5,460	7,800
1962 3-cyl., 841cc, 98" wb						
96 2d Sed	280	840	1,400	3,150	4,900	7,000
95 2d Sta Wag	284	852	1,420	3,200	4,970	7,100
2d Spt Sed	292	876	1,460	3,290	5,110	7,300
1963 3-cyl., 841cc, 98" wb						
96 2d Sed	280	840	1,400	3,150	4,900	7,000
95 2d Sta Wag	284	852	1,420	3,200	4,970	7,100
Spt/GT 850 2d Sed	292	876	1,460	3,290	5,110	7,300
1964 3-cyl., 841cc, 98" wb						
96 2d Sed	280	840	1,400	3,150	4,900	7,000
95 2d Sta Wag	292	876	1,460	3,290	5,110	7,300
Spt/Monte Carlo 850 2d Sed.	332	996	1,660	3,740	5,810	8,300
1965 3-cyl., 841cc, 98" wb						
96 2d Sed	280	840	1,400	3,150	4,900	7,000
95 2d Sta Wag	284	852	1,420	3,200	4,970	7,100
Spt/Monte Carlo 850 2d Sed.	332	996	1,660	3,740	5,810	8,300
1966 3-cyl., 841cc, 98" wb						
96 2d Sed	280	840	1,400	3,150	4,900	7,000
96 Spl 2d Sed	284	852	1,420	3,200	4,970	7,100
95 2d Sta Wag	288	864	1,440	3,240	5,040	7,200
Monte Carlo 850 2d Sed	330	1,000	1,660	3,740	5,810	8,300
1966 3-cyl., 841cc, 84.6" wb						
Sonett II	332	996	1,660	3,740	5,810	8,300
1967 3-cyl., 841cc, 98" wb						
96 Shrike 2d Sed.	240	720	1,200	2,700	4,200	6,000
95 2d Sta Wag	244	732	1,220	2,750	4,270	6,100
Monte Carlo 850 2d Sed	330	1,000	1,660	3,740	5,810	8,300
1967 3-cyl., 841cc, 84.6" wb						
Sonett II	332	996	1,660	3,740	5,810	8,300
1967 V-4, 1498cc, 98" wb						
96 V4 2d Sed	240	720	1,200	2,700	4,200	6,000
95 V4 2d Sta Wag.	244	732	1,220	2,750	4,270	6,100
Monte Carlo V4 2d Sed.	340	1,020	1,700	3,830	5,950	8,500
1967 V-4, 1498cc, 84.6" wb						
Sonett V4	332	996	1,660	3,740	5,810	8,300
1968 3-cyl., 841cc (816cc Shrike), 98" wb						
96 Shrike 2d Sed.	272	816	1,360	3,060	4,760	6,800
96 2d Sed	276	828	1,380	3,110	4,830	6,900
95 Shrike 2d Sta Wag.	270	820	1,360	3,060	4,760	6,800
95 2d Sta Wag	276	828	1,380	3,110	4,830	6,900
1968 V-4, 1498cc, 98" wb						
96 V4 2d Sed	292	876	1,460	3,290	5,110	7,300
96 V4 2d DeL Sed.	296	888	1,480	3,330	5,180	7,400
95 V4 2d Sta Wag.	300	900	1,500	3,380	5,250	7,500
95 V4C 2d Sta Wag	304	912	1,520	3,420	5,320	7,600
Monte Carlo V4 2d Sed.	340	1,010	1,680	3,780	5,880	8,400
1968 V-4, 1498cc, 84.6" wb						
Sonett V4	320	960	1,600	3,600	5,600	8,000
1969 V-4, 1498cc, 98" wb						
96 V4 2d Sed	292	876	1,460	3,290	5,110	7,300
96 V4 2d DeL Sed.	296	888	1,480	3,330	5,180	7,400
95 V4 2d Sta Wag.	292	876	1,460	3,290	5,110	7,300

	6	5	4	3	2	1
1969 V-4, 1498cc, 84.6" wb						
Sonett V4	320	960	1,600	3,600	5,600	8,000
1969 4-cyl., 1709cc, 97.4" wb						
99 2d Sed	292	876	1,460	3,290	5,110	7,300
1970 V-4, 1498cc, 98" wb						
96 V4 2d Sed	292	876	1,460	3,290	5,110	7,300
95 V4 2d Sta Wag	304	912	1,520	3,420	5,320	7,600
1970 V-4, 84.6" wb						
Sonett III	340	1,020	1,700	3,830	5,950	8,500
1970 4-cyl., 1709cc, 97.4" wb						
99 2d Sed	288	864	1,440	3,240	5,040	7,200
99 4d Sed	284	852	1,420	3,200	4,970	7,100
1971 V-4, 1698cc, 98" wb						
96 V4 2d Sed	252	756	1,260	2,840	4,410	6,300
95 V4 2d Sta Wag	264	792	1,320	2,970	4,620	6,600
1971 V-4, 1698cc, 84.6" wb						
Sonett III	320	960	1,600	3,600	5,600	8,000
1971 4-cyl., 1709cc, 97.4" wb						
99 2d Sed	252	756	1,260	2,840	4,410	6,300
99 4d Sed	248	744	1,240	2,790	4,340	6,200
1972 V-4, 1698cc, 98" wb						
96 V4 2d Sed	252	756	1,260	2,840	4,410	6,300
95 V4 2d Sta Wag	264	792	1,320	2,970	4,620	6,600
1972 V-4, 1698cc, 84.6" wb						
Sonett III	320	960	1,600	3,600	5,600	8,000
1972 4-cyl., 1850/1985cc, 97.4" wb						
99 2d Sed	252	756	1,260	2,840	4,410	6,300
99EMS 2d Sed	272	816	1,360	3,060	4,760	6,800
99 4d Sed	252	756	1,260	2,840	4,410	6,300
1973 V-4, 1698cc, 98" wb						
96 V4	252	756	1,260	2,840	4,410	6,300
95 V4 2d Sta Wag	264	792	1,320	2,970	4,620	6,600
1973 V-4, 1698cc, 84.6" wb						
Sonett III	320	960	1,600	3,600	5,600	8,000
1973 4-cyl., 1850/1985cc, 97.4" wb						
99X7 2d Sed	248	744	1,240	2,790	4,340	6,200
99L 2d Sed	248	744	1,240	2,790	4,340	6,200
99L 4d Sed	244	732	1,220	2,750	4,270	6,100
99EMS 2d Sed	272	816	1,360	3,060	4,760	6,800
1974 V-4, 1698cc, 98" wb						
96 V4 2d Sed	252	756	1,260	2,840	4,410	6,300
95 V4 2d Sta Wag	260	780	1,300	2,930	4,550	6,500
1974 V-4, 1698cc, 84.6" wb						
Sonett III	320	960	1,600	3,600	5,600	8,000
1974 4-cyl., 1985cc, 97.4" wb						
99X7 2d Sed	250	750	1,250	2,840	4,400	6,300
99L 2d Sed	250	750	1,300	2,880	4,500	6,400
99L 4d Sed	250	750	1,250	2,840	4,400	6,300
99L 3d Combi Cpe	250	800	1,300	2,930	4,550	6,500
99EMS 2d Sed	250	800	1,350	3,060	4,750	6,800
1975 V-4, 1498cc, 98" wb						
96 V4 2d Sed	232	696	1,160	2,610	4,060	5,800
95 V4 2d Sta Wag	240	720	1,200	2,700	4,200	6,000
1975 4-cyl., 1985cc, 97.4" wb						
99 2d Sed	200	600	1,050	2,340	3,650	5,200
99L 2d Sed	200	650	1,100	2,480	3,850	5,500
99L 4d Sed	200	650	1,100	2,480	3,850	5,500
99L 3d Combi Cpe	200	650	1,100	2,520	3,900	5,600
99EMS 2d Sed	250	700	1,200	2,700	4,200	6,000
1976 4-cyl., 1985cc, 97.4" wb						
99L 2d Sed	200	650	1,050	2,390	3,700	5,300
99GL 2d Sed	200	650	1,100	2,430	3,800	5,400
99GL 4d Sed	200	650	1,050	2,390	3,700	5,300
99GL 3d Combi Cpe	220	660	1,100	2,480	3,850	5,500
99GL 5d Combi Cpe	220	670	1,120	2,520	3,920	5,600
99EMS 2d Sed	250	750	1,250	2,790	4,350	6,200
99GLE 4d Sed	250	750	1,200	2,750	4,250	6,100
1977 4-cyl., 1985cc, 97.4" wb						
99L 2d Sed	200	600	1,000	2,250	3,500	5,000
99GL 2d Sed	200	650	1,050	2,390	3,700	5,300
99GL 4d Sed	200	650	1,050	2,390	3,700	5,300
99GL 3d Combi Cpe	220	660	1,100	2,480	3,850	5,500
99GL 5d Combi Cpe	220	670	1,120	2,520	3,920	5,600
99EMS 2d Sed	250	700	1,150	2,610	4,050	5,800
99GLE 4d Sed	250	700	1,150	2,570	4,000	5,700
1978 4-cyl., 1985cc, 97.4" wb						
99L 2d Sed	200	600	1,000	2,250	3,500	5,000

	6	5	4	3	2	1
99L 4d Sed	200	600	1,000	2,250	3,500	5,000
99L 3d Combi Cpe	200	650	1,050	2,390	3,700	5,300
99GL 2d Sed	200	600	1,000	2,300	3,550	5,100
99GL 4d Sed.	200	600	1,050	2,340	3,650	5,200
99GL 3d Combi Cpe	220	650	1,080	2,430	3,780	5,400
99GL 5d Combi Cpe	220	650	1,080	2,430	3,780	5,400
99EMS 2d Sed	200	650	1,100	2,480	3,850	5,500
99EMS 3d Combi Cpe	220	670	1,120	2,520	3,920	5,600
99GLE 5d Combi Cpe.	220	670	1,120	2,520	3,920	5,600
99 Turbo 3d Combi Cpe	250	760	1,260	2,840	4,410	6,300
1979 4-cyl., 1985cc, 97.4" wb						
99GL 2d Sed	200	650	1,100	2,480	3,850	5,500
900GL 2d HBk.	200	650	1,100	2,520	3,900	5,600
900GLE 4d HBk	250	700	1,200	2,660	4,150	5,900
900EMS 2d HBk	250	700	1,200	2,700	4,200	6,000
900 Turbo 2d HBk	250	750	1,250	2,790	4,350	6,200
900 Turbo 4d HBk.	250	750	1,250	2,790	4,350	6,200
1980 4-cyl., 1985cc, 97.4" wb						
99GL 2d Sed	250	700	1,150	2,570	4,000	5,700
900GLI 2d HBk	250	700	1,150	2,610	4,050	5,800
900GLE 4d HBk	250	700	1,200	2,660	4,150	5,900
900EMS 2d HBk	250	700	1,200	2,700	4,200	6,000
900 Turbo 2d HBk.	250	750	1,250	2,790	4,350	6,200
900 Turbo 4d HDk.	250	750	1,250	2,790	4,350	6,200
1981 4-cyl., 1985cc, 97.4" wb						
900 2d HBk.	250	750	1,200	2,750	4,250	6,100
900S 2d HBk.	250	750	1,250	2,790	4,350	6,200
900S 4d Sed	250	750	1,250	2,790	4,350	6,200
900 Turbo 2d HBk.	250	750	1,250	2,840	4,400	6,300
900 Turbo 4d HBk.	250	750	1,250	2,840	4,400	6,300
1982 4-cyl., 1985cc, 97.4" wb						
900 2d HBk.	250	700	1,200	2,700	4,200	6,000
900 4d Sed	250	750	1,200	2,750	4,250	6,100
900S 2d HBk.	250	750	1,200	2,750	4,250	6,100
900S 4d Sed	250	750	1,250	2,790	4,350	6,200
900 Turbo 2d HBk.	250	750	1,300	2,880	4,500	6,400
900 Turbo 4d Sed	250	750	1,300	2,880	4,500	6,400
1983 4-cyl., 1985cc, 97.4" wb						
900 2d HBk	250	700	1,200	2,700	4,200	6,000
900 4d Sed	250	750	1,200	2,750	4,250	6,100
900S 2d HBk.	250	750	1,200	2,750	4,250	6,100
900S 4d Sed	250	750	1,250	2,790	4,350	6,200
900 Turbo 2d HBk.	250	750	1,300	2,880	4,500	6,400
900 Turbo 4d Sed	250	750	1,300	2,880	4,500	6,400
1984 4-cyl., 1985cc, 97.4" wb						
900 2d HBk	250	700	1,200	2,700	4,200	6,000
900 4d Sed	250	750	1,200	2,750	4,250	6,100
900S 2d HBk.	250	750	1,200	2,750	4,250	6,100
900S 4d Sed	250	750	1,250	2,790	4,350	6,200
900 Turbo 2d HBk.	250	800	1,300	2,930	4,550	6,500
900 Turbo 4d Sed	250	800	1,300	2,930	4,550	6,500
1985 4-cyl., 1985cc, 97.4" wb						
900 2d HBk	250	800	1,300	2,930	4,550	6,500
900 4d Sed	250	800	1,350	3,020	4,700	6,700
900S 2d HBk.	300	900	1,450	3,290	5,100	7,300
900S 4d Sed	300	900	1,450	3,290	5,100	7,300
NOTE: Add 10 percent for Turbo.						
1986 4-cyl., 1985cc, 97.4" wb						
900 2d HBk	250	800	1,300	2,930	4,550	6,500
900 4d Sed	250	800	1,350	3,020	4,700	6,700
900S 2d HBk.	300	900	1,500	3,330	5,200	7,400
900S 2d HBk.	300	900	1,500	3,330	5,200	7,400
900S 4d Sed	300	900	1,500	3,380	5,250	7,500
NOTE: Add 10 percent for Turbo.						
1987 4-cyl., 1985cc, 97.4" wb						
900 2d HBk	300	900	1,500	3,380	5,250	7,500
900 4d Sed	300	900	1,550	3,470	5,400	7,700
900S 2d HBk.	300	950	1,600	3,600	5,600	8,000
900S 4d Sed	300	950	1,600	3,600	5,600	8,000
900 2d HBk Turbo.	350	1,100	1,800	4,050	6,300	9,000
900 2d Conv Turbo	700	2,100	3,500	7,880	12,300	17,500
9000S 4d HBk.	350	1,100	1,800	4,050	6,300	9,000
9000 4d HBk Turbo.	400	1,150	1,900	4,280	6,650	9,500
1988 4-cyl., 1985cc, 97.4" wb						
900 2d HBk	350	1,000	1,700	3,830	5,950	8,500
900 4d Sed	350	1,000	1,700	3,830	5,950	8,500

	6	5	4	3	2	1
900S 2d HBk	400	1,150	1,900	4,230	6,600	9,400
900S 4d Sed	400	1,150	1,900	4,280	6,650	9,500
900 2d HBk Turbo	450	1,400	2,300	5,180	8,050	11,500
900 2d Conv Turbo	800	2,350	3,900	8,780	13,700	19,500
9000 4d HBk	400	1,150	1,900	4,280	6,650	9,500
9000 4d HBk Turbo	400	1,250	2,100	4,730	7,350	10,500
1989 4-cyl., 1985cc, 97.4" wb						
900 2d HBk	350	1,000	1,700	3,830	5,950	8,500
900 4d Sed	350	1,000	1,700	3,830	5,950	8,500
900S 2d HBk	400	1,150	1,900	4,280	6,650	9,500
900S 4d Sed	400	1,150	1,900	4,280	6,650	9,500
900 2d HBk Turbo	400	1,250	2,100	4,730	7,350	10,500
900 4d Sed Turbo	400	1,250	2,100	4,730	7,350	10,500
900 2d Conv Turbo	900	2,700	4,500	10,130	15,700	22,500
9000S 4d HBk	450	1,400	2,300	5,180	8,050	11,500
9000 4d HBk Turbo	500	1,500	2,500	5,630	8,750	12,500
9000 4d Sed Turbo	550	1,600	2,700	6,080	9,450	13,500
1990 4-cyl., 1985 cc, 97.4" wb						
900 2d Sed	350	1,100	1,800	4,050	6,300	9,000
1990 4-cyl., 1985cc, 97.4" wb						
900 4d Sed	350	1,100	1,800	4,100	6,350	9,100
900S 2d Sed	400	1,150	1,900	4,280	6,650	9,500
900S 4d Sed	400	1,150	1,900	4,320	6,700	9,600
900 2d Sed Turbo	450	1,400	2,300	5,180	8,050	11,500
900 4d Sed Turbo	450	1,400	2,300	5,220	8,100	11,600
900 2d Conv Turbo	650	2,000	3,300	7,430	11,600	16,500
9000S 4d Sed	450	1,400	2,300	5,180	8,050	11,500
9000S 4d HBk Sed	450	1,400	2,300	5,220	8,100	11,600
9000 4d HBk Sed Turbo	540	1,620	2,700	6,080	9,450	13,500
9000 4d Sed Turbo	600	1,750	2,900	6,530	10,200	14,500
1991 4-cyl., 1985cc, 97.4" wb						
900 2d Sed	300	950	1,600	3,600	5,600	8,000
900S 2d Sed	350	1,100	1,800	4,050	6,300	9,000
900S 2d Conv	550	1,600	2,700	6,080	9,450	13,500
900 2d Sed Turbo	450	1,400	2,300	5,180	8,050	11,500
900 2d Conv Turbo	600	1,850	3,100	6,980	10,900	15,500
900 4d Sed	300	950	1,600	3,600	5,600	8,000
900S 4d Sed	350	1,100	1,800	4,050	6,300	9,000
9000 HBk	400	1,150	1,900	4,280	6,650	9,500
9000S 4d HBk	400	1,200	2,000	4,500	7,000	10,000
9000S 4d Turbo HBk	460	1,380	2,300	5,180	8,050	11,500
9000CD 4d Sed	400	1,250	2,100	4,730	7,350	10,500
9000CD 4d Turbo Sed	460	1,380	2,300	5,180	8,050	11,500
1992 900, 4-cyl.						
2d HBk	350	1,100	1,800	4,050	6,300	9,000
4d Sed	350	1,100	1,800	4,050	6,300	9,000
2d S HBk	400	1,200	2,000	4,500	7,000	10,000
4d S Sed	400	1,200	2,000	4,500	7,000	10,000
2d S Conv	500	1,500	2,500	5,630	8,750	12,500
2d Turbo HBk	400	1,250	2,100	4,730	7,350	10,500
2d Turbo Conv	600	1,850	3,100	6,980	10,900	15,500
1992 9000, 4-cyl.						
4d HBk	450	1,300	2,200	4,950	7,700	11,000
4d S HBk	450	1,400	2,300	5,180	8,050	11,500
4d CD Sed	450	1,400	2,300	5,180	8,050	11,500
4d Turbo HBk	500	1,500	2,500	5,630	8,750	12,500
4d CD Turbo Sed	500	1,500	2,500	5,630	8,750	12,500
1993 900, 4-cyl.						
2d S Sed	400	1,150	1,900	4,230	6,600	9,400
4d S Sed	400	1,150	1,900	4,280	6,650	9,500
2d S Conv	500	1,550	2,600	5,850	9,100	13,000
2d Sed Turbo	400	1,200	2,000	4,500	7,000	10,000
2d Conv Turbo	550	1,700	2,800	6,300	9,800	14,000
1993 9000, 4-cyl.						
4d CD Sed	400	1,150	1,950	4,370	6,800	9,700
4d CD Turbo Sed	400	1,200	2,000	4,550	7,050	10,100
CS 4d HBk	400	1,250	2,100	4,730	7,350	10,500
CS 4d HBk, Turbo	450	1,300	2,200	4,950	7,700	11,000
4d CDE Sed	400	1,250	2,050	4,640	7,200	10,300
4d CDE Turbo Sed	450	1,300	2,150	4,820	7,500	10,700
CSE 4d HBk	400	1,200	2,000	4,500	7,000	10,000
CSE 4d Turbo HBk	400	1,250	2,100	4,730	7,350	10,500
4d Aero Turbo Sed	450	1,400	2,300	5,180	8,050	11,500
1994 900, 4-cyl.						
2d S Cpe HBk	450	1,400	2,300	5,180	8,050	11,500
2d SE Cpe HBk Turbo	480	1,440	2,400	5,400	8,400	12,000

	6	5	4	3	2	1
4d S Sed HBk	500	1,450	2,400	5,400	8,400	12,000
4d S Sed HBk, V-6	500	1,500	2,500	5,630	8,750	12,500
4d SE Sed HBk, V-6	560	1,680	2,800	6,300	9,800	14,000
2d S Conv	600	1,750	2,900	6,530	10,200	14,500
2d Conv, Turbo	650	2,000	3,300	7,430	11,600	16,500
1994 9000, 4-cyl.						
4d Sed Cpe, Turbo	600	1,750	2,900	6,530	10,200	14,500
CS 4d Sed HBk	500	1,500	2,500	5,630	8,750	12,500
CS 4d Sed HBk, Turbo	540	1,620	2,700	6,080	9,450	13,500
CSE 4d Sed HBk	550	1,600	2,700	6,080	9,450	13,500
CSE 4d Sed Hbk, Turbo	580	1,740	2,900	6,530	10,150	14,500
4d Sed HBk Aero, Turbo	700	2,100	3,500	7,880	12,250	17,500
1995 900, 4-cyl. & V-6						
2d S Cpe	450	1,400	2,300	5,180	8,050	11,500
2d S Conv	600	1,750	2,900	6,530	10,200	14,500
4d S Sed	500	1,450	2,400	5,400	8,400	12,000
2d SE Cpe, Turbo	500	1,450	2,400	5,400	8,400	12,000
4d SE Sed, V-6	550	1,700	2,800	6,300	9,800	14,000
2d SE Conv, Turbo	650	2,000	3,300	7,430	11,600	16,500
2d SE Conv, V-6	650	1,950	3,250	7,340	11,400	16,300
1995 9000, 4-cyl. & V-6						
4d CDE Sed, V-6	550	1,600	2,700	6,080	9,450	13,500
CS 4d Sed, Turbo	500	1,500	2,500	5,630	8,750	12,500
CS 4d Sup Sed, Turbo	540	1,620	2,700	6,080	9,450	13,500
CSE 4d Sed, Turbo	600	1,750	2,900	6,530	10,200	14,500
CSE 4d Sed, V-6	550	1,700	2,800	6,300	9,800	14,000
4d Aero Sed, Turbo	700	2,100	3,500	7,880	12,300	17,500
1996 900, 4-cyl.						
2d S Cpe	450	1,300	2,200	4,950	7,700	11,000
2d S Conv	550	1,700	2,800	6,300	9,800	14,000
4d S Sed	450	1,400	2,300	5,180	8,050	11,500
2d SE Cpe, Turbo	450	1,400	2,300	5,180	8,050	11,500
2d SE Conv, Turbo	650	1,900	3,200	7,200	11,200	16,000
4d SE Sed, Turbo	450	1,400	2,350	5,270	8,200	11,700
1996 900, V-6						
2d SE Conv	632	1,896	3,160	7,110	11,060	15,800
4d SE Sed	540	1,620	2,700	6,080	9,450	13,500
1996 9000, 4-cyl.						
CS 4d Sed, Turbo	500	1,450	2,400	5,400	8,400	12,000
CSE 4d Sed, Turbo	550	1,700	2,800	6,300	9,800	14,000
4d Aero Sed, Turbo	700	2,050	3,400	7,650	11,900	17,000
1996 9000, V-6.						
CSE 4d Sed	550	1,600	2,700	6,080	9,450	13,500
1997 900, 4-cyl.						
2d S Cpe	440	1,320	2,200	4,950	7,700	11,000
2d S Conv	560	1,680	2,800	6,300	9,800	14,000
4d S Sed	460	1,380	2,300	5,180	8,050	11,500
2d SE Cpe, Turbo	460	1,380	2,300	5,180	8,050	11,500
2d SE Conv, Turbo	640	1,920	3,200	7,200	11,200	16,000
4d SE Sed, Turbo	468	1,404	2,340	5,270	8,190	11,700
1997 900, V-6						
2d SE Conv	630	1,890	3,150	7,090	11,025	15,750
4d SE Sed	540	1,620	2,700	6,080	9,450	13,500
1997 9000, 4-cyl.						
CS 4d Sed, Turbo	480	1,440	2,400	5,400	8,400	12,000
CSE 4d Sed, Turbo	560	1,680	2,800	6,300	9,800	14,000
4d Aero Sed, Turbo	680	2,040	3,400	7,650	11,900	17,000
1997 9000, V-6						
CSE 4d Sed	540	1,620	2,700	6,080	9,450	13,500
1998 900, 4-cyl.						
2d S Cpe Turbo	440	1,320	2,200	4,950	7,700	11,000
2d S Conv	560	1,680	2,800	6,300	9,800	14,000
4d S Sed	460	1,380	2,300	5,180	8,050	11,500
2d SE Cpe Turbo	460	1,380	2,300	5,180	8,050	11,500
2d SE Conv Turbo	640	1,920	3,200	7,200	11,200	16,000
4d SE Sed Turbo	470	1,400	2,340	5,270	8,190	11,700
1998 9000, Turbo 4-cyl.						
CS 4d Sed	520	1,560	2,600	5,850	9,100	13,000
CSE 4d Sed	600	1,800	3,000	6,750	10,500	15,000
1999 9-3, Turbo 4-cyl.						
2d Cpe	320	960	1,600	3,600	5,600	8,000
2d Conv	400	1,200	2,000	4,500	7,000	10,000
2d Viggen Cpe	440	1,320	2,200	4,950	7,700	11,000
4d Sed	340	1,020	1,700	3,830	5,950	8,500
4d SE Sed	360	1,080	1,800	4,050	6,300	9,000
2d SE Conv	480	1,440	2,400	5,400	8,400	12,000

	6	5	4	3	2	1
1999 9-5, Turbo 4-cyl.						
4d Sed	380	1,140	1,900	4,280	6,650	9,500
4d SE Sed	400	1,200	2,000	4,500	7,000	10,000
4d SE Sed (Turbo V-6).	440	1,320	2,200	4,950	7,700	11,000
2000 9-3, Turbo 4-cyl.						
2d Cpe	320	960	1,600	3,600	5,600	8,000
4d Sed	340	1,020	1,700	3,830	5,950	8,500
2d Conv	400	1,200	2,000	4,500	7,000	10,000
4d SE Sed	360	1,080	1,800	4,050	6,300	9,000
2d SE Conv	480	1,440	2,400	5,400	8,400	12,000
2d Viggen Cpe	440	1,320	2,200	4,950	7,700	11,000
4d Viggen Sed	450	1,340	2,240	5,040	7,840	11,200
2d Viggen Conv	580	1,740	2,900	6,530	10,150	14,500
2000 9-5, Turbo 4-cyl.						
4d Sed	380	1,140	1,900	4,280	6,650	9,500
4d SE Sed	400	1,200	2,000	4,500	7,000	10,000
4d SE Sed (Turbo V-6).	440	1,320	2,200	4,950	7,700	11,000
4d Aero Sed.	460	1,380	2,300	5,180	8,050	11,500
4d Sta Wag	470	1,400	2,340	5,270	8,190	11,700
4d SE Sta Wag (Turbo V-6)	510	1,520	2,540	5,720	8,890	12,700
4d Aero Sta Wag	560	1,680	2,800	6,300	9,800	14,000
2001 9-3, Turbo 4-cyl.						
2d Cpe	320	960	1,600	4,000	5,600	8,000
4d Sed	340	1,020	1,700	4,250	5,950	8,500
4d SE Sed	360	1,080	1,800	4,500	6,300	9,000
2d SE Conv	480	1,440	2,400	6,000	8,400	12,000
2d Viggen Cpe	440	1,320	2,200	5,500	7,700	11,000
4d Viggen Sed	450	1,340	2,240	5,600	7,840	11,200
2d Viggen Conv	580	1,740	2,900	7,250	10,150	14,500
2001 9-5, Turbo 4-cyl.						
4d Sed	380	1,140	1,900	4,750	6,650	9,500
4d SE Sed	400	1,200	2,000	5,000	7,000	10,000
4d SE Sed (Turbo V-6).	440	1,320	2,200	5,500	7,700	11,000
4d Aero Sed	460	1,380	2,300	5,750	8,050	11,500
4d Sta Wag	470	1,400	2,340	5,850	8,190	11,700
4d SE Sta Wag (Turbo V-6)	510	1,520	2,540	6,350	8,890	12,700
4d Aero Sta Wag	560	1,680	2,800	7,000	9,800	14,000
2002 9-3, Turbo, 4-cyl.						
4d SE Sed	360	1,080	1,800	4,500	6,300	9,000
2d SE Conv	480	1,440	2,400	6,000	8,400	12,000
2d Viggen Cpe	440	1,320	2,200	5,500	7,700	11,000
2d Viggen Sed	450	1,340	2,240	5,600	7,840	11,200
2d Viggen Conv	580	1,740	2,900	7,250	10,150	14,500
2002 9-5, Turbo, 4-cyl.						
4d Linear Sed.	380	1,140	1,900	4,750	6,650	9,500
4d Arc Sed (V-6)	400	1,200	2,000	5,000	7,000	10,000
4d Aero Sed.	460	1,380	2,300	5,750	8,050	11,500
4d Linear Sta Wag	470	1,400	2,340	5,850	8,190	11,700
4d Arc Sta Wag (V-6).	490	1,460	2,440	6,100	8,540	12,200
4d Aero Sta Wag	520	1,560	2,600	6,500	9,100	13,000
2003 9-3, Turbo 4-cyl.						
4d Linear Sed.	380	1,130	1,880	4,700	6,580	9,400
4d Arc Sed	400	1,190	1,980	4,950	6,930	9,900
4d Vector Sed	440	1,310	2,180	5,450	7,630	10,900
2d SE Conv	570	1,720	2,860	7,150	10,010	14,300
2003 9-5, Turbo 4-cyl.						
4d Linear Sed.	380	1,140	1,900	4,750	6,650	9,500
4d Arc Sed (V-6)	400	1,200	2,000	5,000	7,000	10,000
4d Aero Sed	460	1,380	2,300	5,750	8,050	11,500
4d Linear Sta Wag	470	1,400	2,340	5,850	8,190	11,700
4d Arc Sta Wag (V-6).	490	1,460	2,440	6,100	8,540	12,200
4d Aero Sta Wag	520	1,560	2,600	6,500	9,100	13,000
2004 9-3, Turbo 4-cyl.						
Linear 4d Sed.	380	1,140	1,900	4,750	6,650	9,500
Arc 4d Sed	400	1,200	2,000	5,000	7,000	10,000
Aero 4d Sed.	440	1,310	2,180	5,450	7,630	10,900
Arc 2d Conv	570	1,720	2,860	7,150	10,010	14,300
Aero 2d Conv	610	1,820	3,040	7,600	10,640	15,200
2004 9-5, Turbo 4-cyl.						
Arc 4d Sed.	400	1,200	2,000	5,000	7,000	10,000
Aero 4d Sed.	460	1,380	2,300	5,750	8,050	11,500
Linear 4d Sta Wag	470	1,400	2,340	5,850	8,190	11,700
Arc 4d Sta Wag	490	1,460	2,440	6,100	8,540	12,200
Aero 4d Sta Wag	520	1,560	2,600	6,500	9,100	13,000

NOTE: Deduct 5 percent for manual transmission on all Saabs.

	6	5	4	3	2	1

SCION

2004 xA, 4-cyl.
	6	5	4	3	2	1
4d HBk	230	680	1,140	2,850	3,990	5,700

2004 xB, 4-cyl.
4d Sta Wag	240	730	1,220	3,050	4,270	6,100

NOTE: Deduct 5 percent for manual transmission on all Scions.

SIMCA

1946-50 Series 5, 4-cyl., 570cc, 79" wb
	6	5	4	3	2	1
2d Cpe	350	1,000	1,700	3,830	5,950	8,500

1946-50 Series 6, 4-cyl., 570cc, 79" wb
2d Cpe	350	1,000	1,700	3,830	5,950	8,500

1946-50 Series 8, 1000, 4-cyl., 1089cc, 95" wb
4d Sed	300	950	1,600	3,600	5,600	8,000
2d Bus Cpe	350	1,000	1,700	3,830	5,950	8,500
2d Conv Cpe	600	1,750	2,900	6,530	10,200	14,500

1946-50 Series 8, 1200, 4-cyl., 1221cc, 95" wb
4d Sed	300	950	1,600	3,600	5,600	8,000
2d Bus Cpe	350	1,000	1,700	3,830	5,950	8,500
2d Conv Cpe	600	1,750	2,900	6,530	10,200	14,500

1946-50 Series 8, 4-cyl., 1221cc, 95" wb
2d Spt Rds	700	2,050	3,400	7,650	11,900	17,000

1951-55 Series 8, 1221cc, 95" wb
2d Spt Rds	700	2,050	3,400	7,650	11,900	17,000
2d Spt Cpe	600	1,750	2,900	6,530	10,200	14,500
2d Sed	300	950	1,600	3,600	5,600	8,000

1951-55 Aronde 9, 4-cyl., 1221cc, 96" wb
4d Sed	200	600	1,000	2,250	3,500	5,000
2d Sta Wag	200	650	1,100	2,480	3,850	5,500
2d HT Cpe	250	800	1,300	2,930	4,550	6,500

1956-58 Aronde 1300, 4-cyl., 1290cc, 96.2" wb
4d DeL Sed	200	550	900	2,030	3,150	4,500
4d Elysee Sed	200	600	950	2,160	3,350	4,800
2d Plein Ciel Sed	200	600	1,000	2,250	3,500	5,000
Grand Large HT Cpe	260	780	1,300	2,930	4,550	6,500
Chatelaine Sta Wag	200	650	1,100	2,480	3,850	5,500
Oceane 2d Conv	600	1,750	2,900	6,530	10,200	14,500

1956-58 Vedette, V-8, 2351cc, 106" wb
Versailles Sed	200	650	1,100	2,480	3,850	5,500

1959-61 Aronde, 4-cyl., 1290cc, 96.3" wb
4d DeL Sed	200	550	900	2,030	3,150	4,500
Sup DeL Sed	200	600	950	2,160	3,350	4,800
4d Elysee Sed	200	600	1,000	2,250	3,500	5,000
Montlhery Sed	200	600	1,050	2,340	3,650	5,200
Grand Large HT Cpe	260	780	1,300	2,930	4,550	6,500
Plain Ciel HT Cpe	250	800	1,300	2,930	4,550	6,500
Chatelaine Sta Wag	200	650	1,100	2,480	3,850	5,500
Oceane 2d Conv	600	1,750	2,900	6,530	10,200	14,500

1959-61 Aronde (Second Series 1959) 4-cyl., 1290cc, 96.3" wb
Elysee 4d Sed	200	550	900	2,030	3,150	4,500
Montlhery Sed	200	600	950	2,160	3,350	4,800
Grand Large HT Cpe	260	780	1,300	2,930	4,550	6,500
Monaco HT Cpe	250	800	1,300	2,930	4,550	6,500
Etoile 4d Sed	200	600	950	2,160	3,350	4,800

1959-61 Vedette Beaulieu, V-8, 2351cc, 106" wb
4d Sed	200	650	1,100	2,480	3,850	5,500

1959-61 Ariane, 235cc, 106" wb
Four 4d Sed	200	550	900	2,030	3,150	4,500

1959-61 Ariane, 2351cc, 106" wb
V-8 4d Sed	200	650	1,100	2,480	3,850	5,500

1962-68 Series 5, 4-cyl., 1290cc, 96.3" wb
4d Sed	200	550	900	2,030	3,150	4,500

1962-68 Series 1000, 4-cyl., 944cc, 87.3" wb
4d Sed	200	550	900	2,030	3,150	4,500

1962-68 Bertone 1000, 4-cyl., 944cc, 87.7" wb
2d Cpe	200	650	1,100	2,480	3,850	5,500

1969-71 Series 1118, 4-cyl., 1118cc, 87.4" wb
GL 4d Sed	200	550	900	2,030	3,150	4,500
GLS 4d Sed	200	550	900	2,030	3,150	4,500

1969-71 Series 1204, 4-cyl., 1204cc, 99.2" wb
LS 2d Sed	200	550	900	2,030	3,150	4,500
GLS 2d Sed	200	550	900	2,070	3,200	4,600
GLS 4d Sed	200	550	900	2,030	3,150	4,500
GLS 2d Sta Wag	200	600	950	2,160	3,350	4,800
GLS 4d Sta Wag	200	600	950	2,160	3,350	4,800

	6	5	4	3	2	1

SUBARU

1958-70 360, 2-cyl., 356cc, 70.9" wb

	6	5	4	3	2	1
2d Cpe	220	660	1,100	2,480	3,850	5,500
2d Cus Cpe	230	680	1,140	2,570	3,990	5,700

NOTE: Imports began in the late 1960s.

1971 FF-1 Star, 4-cyl., 1088cc, 95.2" wb

	6	5	4	3	2	1
1100 2d Sed	220	670	1,120	2,520	3,920	5,600
1100 4d Sed	220	660	1,100	2,480	3,850	5,500
1100 4d Sta Wag	230	680	1,140	2,570	3,990	5,700

1972 1300, 4-cyl., 1267cc, 95.3" wb

	6	5	4	3	2	1
A15L 2d Sed	220	670	1,120	2,520	3,920	5,600
A15L 4d Sed	220	660	1,100	2,480	3,850	5,500
A44L 4d Sta Wag	230	680	1,140	2,570	3,990	5,700
GL 2d Cpe	240	720	1,200	2,700	4,200	6,000

1973-76 1400, 4-cyl., 1361cc, 96.7" wb

	6	5	4	3	2	1
DL 2d Sed	220	670	1,120	2,520	3,920	5,600
DL 4d Sed	220	660	1,100	2,480	3,850	5,500
DL 4d Sta Wag	220	660	1,100	2,480	3,850	5,500
GL 2d Cpe	240	720	1,200	2,700	4,200	6,000

NOTE: A 4WD Station Wagon was available in 1975 with a 96.1" wb.

1977-79 1600, 4-cyl., 1595cc, 96.7" wb

	6	5	4	3	2	1
STD 2d Sed	220	660	1,100	2,480	3,850	5,500
DL 2d Sed	220	670	1,120	2,520	3,920	5,600
DL 4d Sed	220	660	1,100	2,480	3,850	5,500
DL 2d Cpe	230	680	1,140	2,570	3,990	5,700
GF 2d HT Cpe	240	720	1,200	2,700	4,200	6,000
DL 4d Sta Wag	230	680	1,140	2,570	3,990	5,700
DL 4x4 Sta Wag	260	780	1,300	2,930	4,550	6,500

1980-84 1600

	6	5	4	3	2	1
STD 2d HBk	220	660	1,100	2,480	3,850	5,500
STD 2d HBk, 4x4	240	720	1,200	2,700	4,200	6,000
DL 2d HBk	220	660	1,100	2,480	3,850	5,500
DL 2d HBk, 4x4	240	720	1,200	2,700	4,200	6,000
DL 4d Sed	220	660	1,100	2,480	3,850	5,500
DL 2d HT Cpe	240	720	1,200	2,700	4,200	6,000
DL 4d Sta Wag	220	660	1,100	2,480	3,850	5,500
DL Sta Wag, 4x4	260	780	1,300	2,930	4,550	6,500
GL 4d Sed	220	660	1,100	2,480	3,850	5,500
GL 4d Sta Wag	240	720	1,200	2,700	4,200	6,000
GL Sta Wag, 4x4	260	780	1,300	2,930	4,550	6,500
GLF HT Cpe	240	720	1,200	2,700	4,200	6,000

NOTE: Optional 4-cyl 1781cc engine also available.

1985-86 STD

	6	5	4	3	2	1
STD 2d HBk	240	720	1,200	2,700	4,200	6,000
DL 4d Sed	260	780	1,300	2,930	4,550	6,500
DL 4d Sta Wag	280	840	1,400	3,150	4,900	7,000
GL 2d HBk	290	860	1,440	3,240	5,040	7,200
GL HBk, 4x4	310	920	1,540	3,470	5,390	7,700
GL 4d Sed	250	740	1,240	2,790	4,340	6,200
GL 4d Sed, 4x4	280	840	1,400	3,150	4,900	7,000
GL 4d Sta Wag	260	780	1,300	2,930	4,550	6,500
GL Sta Wag, 4x4	300	900	1,500	3,380	5,250	7,500

1985-86 Turbo RX

	6	5	4	3	2	1
RX 4d Sed, 4x4	300	900	1,500	3,380	5,250	7,500
GL 4d Sed, 4x4	300	900	1,500	3,380	5,250	7,500

1985-86 XT

	6	5	4	3	2	1
DL 2d Cpe	280	840	1,400	3,150	4,900	7,000
GL 2d Cpe	290	860	1,440	3,240	5,040	7,200
Turbo 2d Cpe, 4x4	300	900	1,500	3,380	5,250	7,500

1987 STD

	6	5	4	3	2	1
2d HBk	190	580	960	2,160	3,360	4,800

1987 Justy

	6	5	4	3	2	1
DL 2d HBk	210	620	1,040	2,340	3,640	5,200
GL 2d HBk	220	650	1,080	2,430	3,780	5,400

1987 DL

	6	5	4	3	2	1
2d Cpe	220	670	1,120	2,520	3,920	5,600
4d Sed	220	660	1,100	2,480	3,850	5,500
4d Sta Wag	230	680	1,140	2,570	3,990	5,700
4d Sta Wag, 4x4	270	800	1,340	3,020	4,690	6,700

1987 GL

	6	5	4	3	2	1
2d HBk	230	680	1,140	2,570	3,990	5,700
2d HBk, 4x4	270	800	1,340	3,020	4,690	6,700
2d Cpe	220	670	1,120	2,520	3,920	5,600
2d Cpe, 4x4	260	790	1,320	2,970	4,620	6,600
4d Sed	220	660	1,100	2,480	3,850	5,500

SUBARU

	6	5	4	3	2	1
4d Sed, 4x4	260	780	1,300	2,930	4,550	6,500
4d Sta Wag	230	700	1,160	2,610	4,060	5,800
4d Sta Wag, 4x4	270	820	1,360	3,060	4,760	6,800
4d Sed RX Turbo, 4x4	300	910	1,520	3,420	5,320	7,600
1987 XT						
DL 2d Cpe	270	820	1,360	3,060	4,760	6,800
GL 2d Cpe	280	830	1,380	3,110	4,830	6,900
GL 2d Cpe, 4x4	310	940	1,560	3,510	5,460	7,800
1988 Justy						
DL 2d HBk	220	650	1,080	2,430	3,780	5,400
GL 2d HBk	220	660	1,100	2,480	3,850	5,500
GL 2d HBk, 4x4	260	770	1,280	2,880	4,480	6,400
RS 2d HBk, 4x4	260	780	1,300	2,930	4,550	6,500
1988 DL						
2d Cpe	230	680	1,140	2,570	3,990	5,700
4d Sed	220	670	1,120	2,520	3,920	5,600
4d Sta Wag	230	700	1,160	2,610	4,060	5,800
4d Sta Wag, 4x4	270	820	1,360	3,060	4,760	6,800
1988 GL						
2d HBk	230	680	1,140	2,570	3,990	5,700
2d HBk, 4x4	270	800	1,340	3,020	4,690	6,700
2d Cpe	240	710	1,180	2,660	4,130	5,900
2d Cpe, 4x4	270	820	1,360	3,060	4,760	6,800
2d Cpe RX Turbo, 4x4	300	900	1,500	3,380	5,250	7,500
4d Sed	230	700	1,160	2,610	4,060	5,800
4d Sed, 4x4	280	830	1,380	3,110	4,830	6,900
4d Sed RX Turbo, 4x4	300	910	1,520	3,420	5,320	7,600
4d Sta Wag	240	730	1,220	2,750	4,270	6,100
4d Sta Wag, 4x4	280	850	1,420	3,200	4,970	7,100
1988 XT						
DL 2d Cpe	280	830	1,380	3,110	4,830	6,900
GL 2d Cpe	280	840	1,400	3,150	4,900	7,000
GL 2d Cpe, 4x4	320	960	1,600	3,600	5,600	8,000
2d Cpe XT6	300	900	1,500	3,380	5,250	7,500
2d Cpe XT6, 4x4	340	1,020	1,700	3,830	5,950	8,500
1989 Justy						
DL 2d HBk	220	660	1,100	2,480	3,850	5,500
GL 2d HBk	220	670	1,120	2,520	3,920	5,600
DL 2d HBk, 4x4	260	780	1,300	2,930	4,550	6,500
GL 2d HBk, 4x4	260	790	1,320	2,970	4,620	6,600
1989 DL						
2d Cpe	230	700	1,160	2,610	4,060	5,800
4d Sed	230	680	1,140	2,570	3,990	5,700
4d Sta Wag	240	710	1,180	2,660	4,130	5,900
4d Sta Wag, 4x4	280	830	1,380	3,110	4,830	6,900
1989 GL						
2d HBk	230	700	1,160	2,610	4,060	5,800
2d HBk, 4x4	270	820	1,360	3,060	4,760	6,800
2d Cpe	240	720	1,200	2,700	4,200	6,000
2d Cpe, 4x4	280	830	1,380	3,110	4,830	6,900
2d Cpe RX Turbo, 4x4	310	940	1,560	3,510	5,460	7,800
4d Sed	240	710	1,180	2,660	4,130	5,900
4d Sed, 4x4	280	840	1,400	3,150	4,900	7,000
4d Sta Wag	250	740	1,240	2,790	4,340	6,200
4d Sta Wag, 4x4	290	860	1,440	3,240	5,040	7,200
1989 XT						
GL 2d Cpe	280	840	1,400	3,150	4,900	7,000
GL 2d Cpe, 4x4	320	960	1,600	3,600	5,600	8,000
2d Cpe XT6	310	940	1,560	3,510	5,460	7,800
2d Cpe XT6, 4x4	350	1,060	1,760	3,960	6,160	8,800
1990 Justy						
2d DL HBk	220	670	1,120	2,520	3,920	5,600
2d GL HBk	230	680	1,140	2,570	3,990	5,700
2d GL HBk 4x4	270	800	1,340	3,020	4,690	6,700
4d GL HBk 4x4	260	790	1,320	2,970	4,620	6,600
1990 Loyale						
2d Cpe	220	650	1,080	2,430	3,780	5,400
2d RS Cpe 4x4	270	820	1,360	3,060	4,760	6,800
2d RS Cpe Turbo 4x4	280	840	1,400	3,150	4,900	7,000
4d Sed	230	700	1,160	2,610	4,060	5,800
4d Sed 4x4	280	830	1,380	3,110	4,830	6,900
4d Sta Wag	240	720	1,200	2,700	4,200	6,000
4d Sta Wag 4x4	280	840	1,400	3,150	4,900	7,000
1990 Legacy						
4d Sed	240	720	1,200	2,700	4,200	6,000
4d L Sed	240	730	1,220	2,750	4,270	6,100

	6	5	4	3	2	1
4d L Sed 4x4	280	850	1,420	3,200	4,970	7,100
4d Sta Wag	240	730	1,220	2,750	4,270	6,100
4d L Sta Wag	250	740	1,240	2,790	4,340	6,200
4d L Sta Wag 4x4	290	860	1,440	3,240	5,040	7,200
1991 Justy						
2d DL HBk	160	480	800	1,800	2,800	4,000
2d GL HBk	170	500	840	1,890	2,940	4,200
2d GL HBk 4x4	240	720	1,200	2,700	4,200	6,000
4d GL HBk 4x4	240	710	1,180	2,660	4,130	5,900
1991 Loyale						
4d Sed	230	680	1,140	2,570	3,990	5,700
4d Sed 4x4	260	780	1,300	2,930	4,550	6,500
4d Sta Wag	240	720	1,200	2,700	4,200	6,000
4d Sta Wag 4x4	280	840	1,400	3,150	4,900	7,000
1991 Legacy						
4d L Sed	280	840	1,400	3,150	4,900	7,000
4d L Sed 4x4	340	1,020	1,700	3,830	5,950	8,500
4d LS Sed	300	900	1,500	3,380	5,250	7,500
4d LS Sed 4x4	360	1,080	1,800	4,050	6,300	9,000
4d Sed Spt Turbo 4x4	560	1,680	2,800	6,300	9,800	14,000
4d L Sta Wag	320	960	1,600	3,600	5,600	8,000
4d L Sta Wag 4x4	360	1,080	1,800	4,050	6,300	9,000
4d LS Sta Wag	340	1,020	1,700	3,830	5,950	8,500
4d LS Sta Wag 4x4	380	1,140	1,900	4,280	6,650	9,500
1991 XT						
2d GL HBk	280	840	1,400	3,150	4,900	7,000
2d XT6 HBk	300	900	1,500	3,380	5,250	7,500
2d XT6 HBk 4x4	320	960	1,600	3,600	5,600	8,000
1992 Justy, 3-cyl.						
2d DL HBk	170	500	840	1,890	2,940	4,200
2d GL HBk	180	540	900	2,030	3,150	4,500
2d GL HBk, 4x4	220	670	1,120	2,520	3,920	5,600
4d GL HBk, 4x4	220	660	1,100	2,480	3,850	5,500
1992 Loyale, 4-cyl.						
4d Sed	240	720	1,200	2,700	4,200	6,000
4d Sed 4x4	280	840	1,400	3,150	4,900	7,000
4d Sta Wag	250	740	1,240	2,790	4,340	6,200
4d Sta Wag 4x4	300	900	1,500	3,380	5,250	7,500
1992 Legacy, 4-cyl.						
4d L Sed	290	860	1,440	3,240	5,040	7,200
4d L Sed 4x4	320	960	1,600	3,600	5,600	8,000
4d LS Sed	320	960	1,600	3,600	5,600	8,000
4d LS Sed 4x4	360	1,080	1,800	4,050	6,300	9,000
4d LSi Sed	340	1,020	1,700	3,830	5,950	8,500
4d LSi Sed 4x4	580	1,740	2,900	6,530	10,150	14,500
4d Turbo Sed 4x4	600	1,800	3,000	6,750	10,500	15,000
4d L Sta Wag	340	1,020	1,700	3,830	5,950	8,500
4d L Sta Wag 4x4	580	1,740	2,900	6,530	10,150	14,500
4d LS Sta Wag	560	1,680	2,800	6,300	9,800	14,000
4d LS Sta Wag 4x4	600	1,800	3,000	6,750	10,500	15,000
4d Turbo Sta Wag 4x4	620	1,860	3,100	6,980	10,850	15,500
1992 SVX, 6-cyl.						
2d LS Cpe	640	1,920	3,200	7,200	11,200	16,000
2d LSL Cpe	680	2,040	3,400	7,650	11,900	17,000
1993 Justy, 3-cyl.						
2d HBk	220	660	1,100	2,480	3,850	5,500
2d GL HBk	220	670	1,120	2,520	3,920	5,600
2d GL HBk 4x4	260	790	1,320	2,970	4,620	6,600
4d GL HBk 4x4	260	780	1,300	2,930	4,550	6,500
1993 Loyale, 4-cyl.						
4d Sed	240	710	1,180	2,660	4,130	5,900
4d Sed, 4x4	280	830	1,380	3,110	4,830	6,900
4d Sta Wag	240	730	1,220	2,750	4,270	6,100
4d Sta Wag 4x4	280	850	1,420	3,200	4,970	7,100
1993 Impreza, 4-cyl.						
4d Sed	290	860	1,440	3,240	5,040	7,200
4d Sed L	300	900	1,500	3,380	5,250	7,500
4d Sed L 4x4	340	1,020	1,700	3,830	5,950	8,500
4d Sed LS	300	910	1,520	3,420	5,320	7,600
4d Sed LS 4x4	340	1,030	1,720	3,870	6,020	8,600
4d Sta Wag L	320	960	1,600	3,600	5,600	8,000
4d Sta Wag L 4x4	360	1,080	1,800	4,050	6,300	9,000
4d Sta Wag LS	330	980	1,640	3,690	5,740	8,200
4d Sta Wag LS 4x4	370	1,100	1,840	4,140	6,440	9,200
1993 Legacy, 4-cyl.						
4d Sed L	380	1,140	1,900	4,280	6,650	9,500

	6	5	4	3	2	1
4d Sed L 4x4	580	1,740	2,900	6,530	10,150	14,500
4d Sed LS	380	1,150	1,920	4,320	6,720	9,600
4d Sed LS 4x4	580	1,750	2,920	6,570	10,220	14,600
4d Sed LSi 4x4	590	1,780	2,960	6,660	10,360	14,800
4d Turbo Sed 4x4	600	1,800	3,000	6,750	10,500	15,000
4d Sta Wag L	580	1,740	2,900	6,530	10,150	14,500
4d Sta Wag L 4x4	620	1,860	3,100	6,980	10,850	15,500
4d Sta Wag LS	580	1,750	2,920	6,570	10,220	14,600
4d Sta Wag LS 4x4	620	1,870	3,120	7,020	10,920	15,600
4d Sta Wag LSi 4x4	640	1,920	3,200	7,200	11,200	16,000
4d Turbo Sta Wag 4x4	680	2,040	3,400	7,650	11,900	17,000
1993 SVX, 6-cyl.						
2d Cpe LSL	590	1,780	2,960	6,660	10,360	14,800
1994 Justy, 3-cyl.						
2d HBk	170	500	840	1,890	2,940	4,200
4d HBk GL 4x4	180	540	900	2,030	3,150	4,500
1994 Loyale, 4-cyl.						
4d Sta Wag 4x4	340	1,020	1,700	3,830	5,950	8,500
1994 Impreza, 4-cyl.						
4d Sed	260	780	1,300	2,930	4,550	6,500
4d Sed L	280	840	1,400	3,150	4,900	7,000
4d Sed L 4x4	340	1,020	1,700	3,830	5,950	8,500
4d Sed LS 4x4	380	1,140	1,900	4,280	6,650	9,500
4d Sta Wag L	360	1,080	1,800	4,050	6,300	9,000
4d Sta Wag L 4x4	420	1,260	2,100	4,730	7,350	10,500
4d Sta Wag LS 4x4	440	1,320	2,200	4,950	7,700	11,000
1994 Legacy, 4-cyl.						
4d Sed L	320	960	1,600	3,600	5,600	8,000
4d Sed L 4x4	380	1,140	1,900	4,280	6,650	9,500
4d Sed LS	360	1,080	1,800	4,050	6,300	9,000
4d Sed LS 4x4	420	1,260	2,100	4,730	7,350	10,500
4d Sed LSi 4x4	440	1,320	2,200	4,950	7,700	11,000
4d Sed Spt Turbo 4x4	480	1,440	2,400	5,400	8,400	12,000
4d Sta Wag L	360	1,080	1,800	4,050	6,300	9,000
4d Sta Wag L 4x4	400	1,200	2,000	4,500	7,000	10,000
4d Sta Wag LS	400	1,200	2,000	4,500	7,000	10,000
4d Sta Wag LS 4x4	460	1,380	2,300	5,180	8,050	11,500
4d Sta Wag LSi 4x4	480	1,440	2,400	5,400	8,400	12,000
4d Sta Wag Spt Turbo 4x4	520	1,560	2,600	5,850	9,100	13,000
1994 SVX, 6-cyl.						
2d Cpe L	340	1,020	1,700	3,830	5,950	8,500
2d Cpe LS	380	1,140	1,900	4,280	6,650	9,500
2d Cpe LSi 4x4	440	1,320	2,200	4,950	7,700	11,000
1995 Impreza, 4-cyl.						
2d Cpe	180	550	920	2,070	3,220	4,600
2d Cpe 4x4	200	600	1,000	2,250	3,500	5,000
2d L Cpe	210	640	1,060	2,390	3,710	5,300
2d L Cpe 4x4	240	710	1,180	2,660	4,130	5,900
2d LX Cpe 4x4	280	840	1,400	3,150	4,900	7,000
4d Sed	260	780	1,300	2,930	4,550	6,500
4d Sed 4x4	270	820	1,360	3,060	4,760	6,800
4d L Sed	280	840	1,400	3,150	4,900	7,000
4d L Sed 4x4	340	1,020	1,700	3,830	5,950	8,500
4d LX Sed 4x4	380	1,140	1,900	4,280	6,650	9,500
4d L Sta Wag 4x4	420	1,260	2,100	4,730	7,350	10,500
4d LX Sta Wag 4x4	440	1,320	2,200	4,950	7,700	11,000
1995 Legacy, 4-cyl.						
4d Sed	290	880	1,460	3,290	5,110	7,300
4d L Sed	320	960	1,600	3,600	5,600	8,000
4d L Sed 4x4	380	1,140	1,900	4,280	6,650	9,500
4d LS Sed 4x4	420	1,260	2,100	4,730	7,350	10,500
4d LSi Sed 4x4	440	1,320	2,200	4,950	7,700	11,000
4d Brighton Sta Wag 4x4	380	1,140	1,900	4,280	6,650	9,500
4d L Sta Wag	360	1,080	1,800	4,050	6,300	9,000
4d L Sta Wag 4x4	400	1,200	2,000	4,500	7,000	10,000
4d Outback Sta Wag 4x4	420	1,260	2,100	4,730	7,350	10,500
4d LS Sta Wag 4x4	460	1,380	2,300	5,180	8,050	11,500
4d LSi Sta Wag 4x4	480	1,440	2,400	5,400	8,400	12,000
1995 SVX, 6-cyl.						
2d L Cpe	340	1,020	1,700	3,830	5,950	8,500
2d L Cpe 4x4	380	1,140	1,900	4,280	6,650	9,500
2d LSi Cpe 4x4	440	1,320	2,200	4,950	7,700	11,000
1996 Impreza, 4-cyl.						
2d Brighton Cpe 4x4	180	550	920	2,070	3,220	4,600
2d L Cpe	210	640	1,060	2,390	3,710	5,300
2d L Cpe 4x4	240	710	1,180	2,660	4,130	5,900

	6	5	4	3	2	1
2d LX Cpe 4x4 280		840	1,400	3,150	4,900	7,000
4d L Sed. 280		840	1,400	3,150	4,900	7,000
4d L Sed 4x4 340		1,020	1,700	3,830	5,950	8,500
4d LX Sed 4x4 380		1,140	1,900	4,280	6,650	9,500
4d L Sta Wag 4x4. 420		1,260	2,100	4,730	7,350	10,500
4d LX Sta Wag 4x4 440		1,320	2,200	4,950	7,700	11,000
4d Outback Sta Wag 4x4 460		1,380	2,300	5,180	8,050	11,500
1996 Legacy, 4-cyl.						
4d L Sed. 320		960	1,600	3,600	5,600	8,000
4d L Sed 4x4 380		1,140	1,900	4,280	6,650	9,500
4d LS Sed 4x4 420		1,260	2,100	4,730	7,350	10,500
4d LSi Sed 4x4 440		1,320	2,200	4,950	7,700	11,000
4d Brighton Sta Wag 4x4 380		1,140	1,900	4,280	6,650	9,500
4d L Sta Wag 4x4. 400		1,200	2,000	4,500	7,000	10,000
4d Outback Sta Wag 4x4 420		1,260	2,100	4,730	7,350	10,500
4d LS Sta Wag 4x4 460		1,380	2,300	5,180	8,050	11,500
4d LSi Sta Wag 4x4 480		1,440	2,400	5,400	8,400	12,000
4d 2.5 GT Sed 440		1,320	2,200	4,950	7,700	11,000
4d 2.5 GT Sta Wag 460		1,380	2,300	5,180	8,050	11,500
1996 SVX, 6-cyl.						
2d L Cpe 4x4 380		1,140	1,900	4,280	6,650	9,500
2d LSi Cpe 4x4 440		1,320	2,200	4,950	7,700	11,000
1997 Impreza, 4-cyl.						
2d Brighton Cpe AWD 180		550	920	2,070	3,220	4,600
2d L Cpe AWD 240		710	1,180	2,660	4,130	5,900
4d L Sed AWD 340		1,020	1,700	3,830	5,950	8,500
4d L Sta Wag AWD 420		1,260	2,100	4,730	7,350	10,500
4d Outback Sta Wag AWD. 460		1,380	2,300	5,180	8,050	11,500
1997 Legacy, 4-cyl.						
4d L Sed AWD 380		1,140	1,900	4,280	6,650	9,500
4d GT Sed AWD 420		1,260	2,100	4,730	7,350	10,500
4d LSi Sed AWD 440		1,320	2,200	4,950	7,700	11,000
4d Brighton Sta Wag AWD. 380		1,140	1,900	4,280	6,650	9,500
4d L Sta Wag AWD 400		1,200	2,000	4,500	7,000	10,000
4d GT Sta Wag AWD. 440		1,320	2,200	4,950	7,700	11,000
4d Outback Sta Wag AWD. 460		1,380	2,300	5,180	8,050	11,500
4d Outback Ltd Sta Wag AWD. 480		1,440	2,400	5,400	8,400	12,000
4d LSi Sta Wag AWD 500		1,500	2,500	5,630	8,750	12,500
1997 SVX, 6-cyl.						
2d L Cpe AWD 380		1,140	1,900	4,280	6,650	9,500
2d LSi Cpe AWD 520		1,560	2,600	5,850	9,100	13,000
1998 Impreza, 4-cyl.						
2d L Cpe AWD. 240		710	1,180	2,660	4,130	5,900
4d L Sed AWD 340		1,020	1,700	3,830	5,950	8,500
4d L Sta Wag AWD 420		1,260	2,100	4,730	7,350	10,500
4d Outback Sta Wag AWD. 460		1,380	2,300	5,180	8,050	11,500
2d 2.5 RS Cpe AWD 500		1,500	2,500	5,630	8,750	12,500
1998 Legacy, 4-cyl.						
4d L Sed AWD. 380		1,140	1,900	4,280	6,650	9,500
4d Spt Utly Sed AWD. 400		1,200	2,000	4,500	7,000	10,000
4d GT Sed AWD 420		1,260	2,100	4,730	7,350	10,500
4d Brighton Sta Wag AWD. 380		1,140	1,900	4,280	6,650	9,500
4d L Sta Wag AWD 400		1,200	2,000	4,500	7,000	10,000
4d GT Sta Wag AWD 440		1,320	2,200	4,950	7,700	11,000
4d Outback Sta Wag AWD. 460		1,380	2,300	5,180	8,050	11,500
NOTE: Add 5 percent for Limited Pkg.						
1998 Forester, 4-cyl.						
4d Sta Wag AWD. 440		1,320	2,200	4,950	7,700	11,000
4d L Sta Wag AWD 480		1,440	2,400	5,400	8,400	12,000
4d S Sta Wag AWD 520		1,560	2,600	5,850	9,100	13,000
1999 Impreza, 4-cyl.						
2d L Cpe AWD. 240		710	1,180	2,660	4,130	5,900
4d L Sed AWD 340		1,020	1,700	3,830	5,950	8,500
4d L Sta Wag AWD 420		1,260	2,100	4,730	7,350	10,500
4d Outback Sta Wag AWD. 460		1,380	2,300	5,180	8,050	11,500
2d 2.5 RS Cpe AWD 500		1,500	2,500	5,630	8,750	12,500
1999 Legacy, 4-cyl.						
4d L Sed AWD. 380		1,140	1,900	4,280	6,650	9,500
4d Spt Utly Sed AWD. 400		1,200	2,000	4,500	7,000	10,000
4d GT Sed AWD 420		1,260	2,100	4,730	7,350	10,500
4d Brighton Sta Wag AWD. 380		1,140	1,900	4,280	6,650	9,500
4d L Sta Wag AWD 400		1,200	2,000	4,500	7,000	10,000
4d GT Sta Wag AWD 440		1,320	2,200	4,950	7,700	11,000
4d Outback Sta Wag AWD. 460		1,380	2,300	5,180	8,050	11,500

NOTE: Add 5 percent for Limited Pkg. Add 5 percent for 30th Anv Pkg.

	6	5	4	3	2	1
1999 Forester, 4-cyl.						
4d Sta Wag AWD	440	1,320	2,200	4,950	7,700	11,000
4d L Sta Wag AWD	480	1,440	2,400	5,400	8,400	12,000
4d S Sta Wag AWD	520	1,560	2,600	5,850	9,100	13,000
2000 Impreza, 4-cyl., AWD						
2d L Cpe	240	710	1,180	2,660	4,130	5,900
4d L Sed	340	1,020	1,700	3,830	5,950	8,500
4d L Sta Wag	420	1,260	2,100	4,730	7,350	10,500
4d Outback Sta Wag	460	1,380	2,300	5,180	8,050	11,500
2d 2.5 RS Cpe	500	1,500	2,500	5,630	8,750	12,500
4d 2.5 RS Sed	520	1,560	2,600	5,850	9,100	13,000
2000 Legacy, 4-cyl., AWD						
4d L Sed	380	1,140	1,900	4,280	6,650	9,500
4d GT Sed	420	1,260	2,100	4,730	7,350	10,500
4d GT Ltd Sed	440	1,320	2,200	4,950	7,700	11,000
4d Outback Ltd Sed	460	1,380	2,300	5,180	8,050	11,500
4d Brighton Sta Wag	390	1,160	1,940	4,370	6,790	9,700
4d L Sta Wag	400	1,200	2,000	4,500	7,000	10,000
4d GT Sta Wag	450	1,340	2,240	5,040	7,840	11,200
4d Outback Sta Wag	470	1,400	2,340	5,270	8,190	11,700
4d Outback Ltd Sta Wag	500	1,500	2,500	5,630	8,750	12,500
2000 Forester, 4-cyl., AWD						
4d L Sta Wag	480	1,440	2,400	5,400	8,400	12,000
4d S Sta Wag	520	1,560	2,600	5,850	9,100	13,000
2001 Impreza, 4-cyl., AWD						
2d L Cpe	240	710	1,180	2,950	4,130	5,900
4d L Sed	340	1,020	1,700	4,250	5,950	8,500
4d L Sta Wag	420	1,260	2,100	5,250	7,350	10,500
4d Outback Sta Wag	460	1,380	2,300	5,750	8,050	11,500
2d 2.5 RS Cpe	500	1,500	2,500	6,250	8,750	12,500
4d 2.5 RS Sed	520	1,560	2,600	6,500	9,100	13,000
2001 Legacy, 4-cyl., AWD						
4d L Sed	380	1,140	1,900	4,750	6,650	9,500
4d GT Sed	420	1,260	2,100	5,250	7,350	10,500
4d GT Ltd Sed	440	1,320	2,200	5,500	7,700	11,000
4d L Sta Wag	400	1,200	2,000	5,000	7,000	10,000
4d GT Sta Wag	450	1,340	2,240	5,600	7,840	11,200
4d Sport Sta Wag	400	1,200	2,000	5,000	7,000	10,000
4d Outback Ltd Sed	460	1,380	2,300	5,750	8,050	11,500
4d Outback Sta Wag	470	1,400	2,340	5,850	8,190	11,700
4d Outback Ltd Sta Wag	500	1,500	2,500	6,250	8,750	12,500
4d Outback LL Bean Sta Wag (6-cyl.)	560	1,680	2,800	7,000	9,800	14,000
4d Outback VDC Sta Wag (6-cyl.)	460	1,380	2,300	5,750	8,050	11,500
2001 Forester, 4-cyl., AWD						
4d L Sta Wag	480	1,440	2,400	6,000	8,400	12,000
4d S Sta Wag	520	1,560	2,600	6,500	9,100	13,000
2002 Impreza, 4-cyl., AWD						
4d RS Sed	380	1,140	1,900	4,750	6,650	9,500
4d WRX Sed	490	1,480	2,460	6,150	8,610	12,300
4d TS Sta Wag	390	1,180	1,960	4,900	6,860	9,800
4d Outback Sta Wag	460	1,380	2,300	5,750	8,050	11,500
4d WRX Sta Wag	500	1,500	2,500	6,250	8,750	12,500
2002 Legacy, 4-cyl., AWD						
4d L Sed	380	1,140	1,900	4,750	6,650	9,500
4d GT Sed	420	1,260	2,100	5,250	7,350	10,500
4d GT Ltd Sed	440	1,320	2,200	5,500	7,700	11,000
4d L Sta Wag	400	1,200	2,000	5,000	7,000	10,000
4d GT Sta Wag	450	1,340	2,240	5,600	7,840	11,200
4d Outback Ltd Sed	460	1,380	2,300	5,750	8,050	11,500
4d Outback 3.0 Sed (6-cyl.)	480	1,430	2,380	5,950	8,330	11,900
4d Outback VDC Sed (6-cyl.)	530	1,580	2,640	6,600	9,240	13,200
4d Outback Sta Wag	470	1,400	2,340	5,850	8,190	11,700
4d Outback Ltd Sta Wag	500	1,500	2,500	6,250	8,750	12,500
4d Outback LL Bean Sta Wag (6-cyl.)	560	1,680	2,800	7,000	9,800	14,000
4d Outback VDC Sta Wag (6-cyl.)	580	1,740	2,900	7,250	10,150	14,500
2002 Forester, 4-cyl., AWD						
4d L Sta Wag	480	1,440	2,400	6,000	8,400	12,000
4d S Sta Wag	520	1,560	2,600	6,500	9,100	13,000
2003 Impreza, 4-cyl., AWD						
4d RS Sed	380	1,140	1,900	4,750	6,650	9,500
4d WRX Sed	490	1,480	2,460	6,150	8,610	12,300
4d TS Sta Wag	390	1,180	1,960	4,900	6,860	9,800
4d Outback Sta Wag	460	1,380	2,300	5,750	8,050	11,500
4d WRX Sta Wag	500	1,500	2,500	6,250	8,750	12,500
2003 Legacy, 4-cyl., AWD						
4d L Sed	380	1,140	1,900	4,750	6,650	9,500

	6	5	4	3	2	1
4d GT Sed	420	1,260	2,100	5,250	7,350	10,500
4d L Sta Wag	400	1,200	2,000	5,000	7,000	10,000
4d GT Sta Wag	450	1,340	2,240	5,600	7,840	11,200
4d Outback Ltd Sed	460	1,380	2,300	5,750	8,050	11,500
4d Outback 3.0 Sed (6-cyl.)	480	1,430	2,380	5,950	8,330	11,900
4d Outback VDC Sed (6-cyl.)	530	1,580	2,640	6,600	9,240	13,200
4d Outback Sta Wag	470	1,400	2,340	5,850	8,190	11,700
4d Outback Ltd Sta Wag	500	1,500	2,500	6,250	8,750	12,500
4d Outback LL Bean Sta Wag (6-cyl.)	560	1,680	2,800	7,000	9,800	14,000
4d Outback VDC Sta Wag (6-cyl.)	580	1,740	2,900	7,250	10,150	14,500
2003 Forester, 4-cyl., AWD						
4d X Sta Wag	440	1,330	2,220	5,550	7,770	11,100
4d XS Sta Wag	500	1,510	2,520	6,300	8,820	12,600
2003 Baja, 4-cyl., AWD						
4d Spt Utly	480	1,450	2,420	6,050	8,470	12,100
4d Utly	510	1,540	2,560	6,400	8,960	12,800
2004 Impreza, 4-cyl., AWD						
RS 4d Sed	380	1,140	1,900	4,750	6,650	9,500
WRX 4d Sed	490	1,480	2,460	6,150	8,610	12,300
WRX STi 4d Sed	620	1,850	3,080	7,700	10,780	15,400
TS 4d Sta Wag	390	1,180	1,960	4,900	6,860	9,800
Outback 4d Sta Wag	460	1,380	2,300	5,750	8,050	11,500
WRX 4d Sta Wag	500	1,500	2,500	6,250	8,750	12,500
2004 Legacy, 4-cyl., AWD						
L 4d Sed	380	1,140	1,900	4,750	6,650	9,500
GT 4d Sed	420	1,260	2,100	5,250	7,350	10,500
Outback Ltd 4d Sed	460	1,380	2,300	5,750	8,050	11,500
Outback 3.0 4d Sed (6-cyl.)	480	1,430	2,380	5,950	8,330	11,900
Outback VDC 4d Sed (6-cyl.)	530	1,580	2,640	6,600	9,240	13,200
L 4d Sta Wag	400	1,200	2,000	5,000	7,000	10,000
GT 4d Sta Wag	450	1,340	2,240	5,600	7,840	11,200
Outback 4d Sta Wag	470	1,400	2,340	5,850	8,190	11,700
Outback Ltd 4d Sta Wag	500	1,500	2,500	6,250	8,750	12,500
Outback LL Bean 4d Sta Wag (6-cyl.)	560	1,680	2,800	7,000	9,800	14,000
Outback VDC 4d Sta Wag (6-cyl.)	580	1,740	2,900	7,250	10,150	14,500

NOTE: Add 5 percent for Anniversary Ed L and base Outback models.

	6	5	4	3	2	1
2004 Forester, 4-cyl., AWD						
X 4d Sta Wag	440	1,330	2,220	5,550	7,770	11,100
XS 4d Sta Wag	500	1,510	2,520	6,300	8,820	12,600
XT 4d Sta Wag	530	1,580	2,640	6,600	9,240	13,200
2004 Baja, 4-cyl., AWD						
Sport 4d Utly	480	1,450	2,420	6,050	8,470	12,100
Turbo 4d Utly	510	1,540	2,560	6,400	8,960	12,800

NOTE: Deduct 5 percent for manual transmission on all Subarus, except Impreza WRX models.

SUNBEAM

	6	5	4	3	2	1
1948-51 4-cyl., 1944cc, 97.5" wb, Sunbeam-Talbot 90						
4d Sed	400	1,200	2,000	4,500	7,000	10,000
DHC	880	2,640	4,400	9,900	15,400	22,000
1948-57 4-cyl., 2267cc, 97.5" wb, Sunbeam-Talbot 90						
4d Sed	420	1,260	2,100	4,730	7,350	10,500
DHC	940	2,820	4,700	10,580	16,450	23,500
1953-55 4-cyl., 2267cc, 97.5" wb, Sunbeam Alpine						
Rds	1,020	3,060	5,100	11,480	17,850	25,500
1956-58 4-cyl., 1390cc, 96" wb, Sunbeam Rapier Series I						
2d HT	320	960	1,600	3,600	5,600	8,000
Conv	600	1,800	3,000	6,750	10,500	15,000
1959-61 4-cyl., 1494cc, 96" wb, Sunbeam Rapier Series II/III						
2d HT	320	960	1,600	3,600	5,600	8,000
Conv	600	1,800	3,000	6,750	10,500	15,000
1960 4-cyl., 1494cc, 86" wb, Sunbeam Alpine Series I						
Conv	1,180	3,540	5,900	13,280	20,650	29,500
1961 4-cyl., 1592cc, 86" wb, Sunbeam Alpine Series II/III						
Conv	1,180	3,540	5,900	13,280	20,650	29,500
1962 4-cyl., 1592cc, 86" wb, Sunbeam Alpine Series II/III						
Conv	1,180	3,540	5,900	13,280	20,650	29,500
1962 Sunbeam Herrington LeMans						
Cpe	1,060	3,180	5,300	11,930	18,550	26,500
1962-65 4-cyl., 1592cc, 96" wb, Sunbeam Rapier Series III/IV						
2d HT	300	900	1,500	3,380	5,250	7,500
Conv	580	1,740	2,900	6,530	10,150	14,500
1963 4-cyl., 1592cc, 86" wb, Sunbeam Alpine Series II/III						
Conv	520	1,560	2,600	5,850	9,100	13,000
Conv GT	540	1,620	2,700	6,080	9,450	13,500

	6	5	4	3	2	1
1963 Sunbeam Herrington LeMans						
Cpe	1,060	3,180	5,300	11,930	18,550	26,500
1964 4-cyl., 1592cc, 86" wb, Sunbeam Alpine Series III/IV						
Conv	540	1,620	2,700	6,080	9,450	13,500
Conv GT	560	1,680	2,800	6,300	9,800	14,000
1964 Sunbeam Venezia by Superleggera						
Cpe	940	2,820	4,700	10,580	16,450	23,500
1964 V-8, 260 cid, 86" wb, Sunbeam Tiger Series I						
Conv	2,440	7,320	12,200	27,450	42,700	61,000
1965 4-cyl., 1592cc, 86" wb, Sunbeam Alpine Series IV						
Conv	540	1,620	2,700	6,080	9,450	13,500
1965 Sunbeam Venezia by Superleggera						
Cpe	780	2,340	3,900	8,780	13,650	19,500
1965 V-8, 260 cid, 86" wb, Sunbeam Tiger Series I						
Conv	2,440	7,320	12,200	27,450	42,700	61,000
1966 V-8, 260 cid, 86" wb, Sunbeam Tiger Series I/IA						
Conv	2,560	7,680	12,800	28,800	44,800	64,000
1966-67 4-cyl., 1725cc, 96" wb, Sunbeam Rapier Series V						
2d HT	320	960	1,600	3,600	5,600	8,000
Conv	600	1,800	3,000	6,750	10,500	15,000
1967-68 4-cyl., 1725cc, 86" wb, Sunbeam Alpine Series V						
Conv	560	1,680	2,800	6,300	9,800	14,000
1967-68 V-8, 289cc, 86" wb, Sunbeam Tiger Series II						
Conv	2,820	8,460	14,100	31,730	49,350	70,500
1969-70 4-cyl., 1725cc, 98.5" wb, Sunbeam Alpine						
HT FBk	620	1,860	3,100	6,980	10,850	15,500
GT HT FBk	640	1,920	3,200	7,200	11,200	16,000

SUZUKI

	6	5	4	3	2	1
1989 Swift FWD						
2d GTi HBk	200	650	1,100	2,480	3,850	5,500
4d GLX HBk	200	600	1,000	2,250	3,500	5,000
1990 Swift, 4-cyl.						
2d GA HBk	150	400	700	1,580	2,450	3,500
2d GT HBk	150	500	850	1,940	3,000	4,300
4d GA Sed.	150	450	750	1,710	2,650	3,800
4d GS Sed.	150	500	800	1,850	2,850	4,100
1991 Swift						
2d GA HBk	150	400	700	1,580	2,450	3,500
2d GT HBk	150	500	850	1,940	3,000	4,300
4d GA Sed.	150	450	750	1,710	2,650	3,800
4d GT Sed.	150	500	800	1,850	2,850	4,100
1992 Swift, 4-cyl.						
2d GA HBk	150	400	700	1,580	2,450	3,500
2d GT HBk	150	500	850	1,940	3,000	4,300
4d GA Sed.	150	450	750	1,710	2,650	3,800
4d GS Sed.	150	500	800	1,850	2,850	4,100
1993 Swift, 4-cyl.						
2d GA HBk	150	400	700	1,580	2,450	3,500
2d GT HBk	150	500	850	1,940	3,000	4,300
4d GA Sed.	150	450	750	1,710	2,650	3,800
4d GS Sed.	150	500	800	1,850	2,850	4,100
1994 Swift, 4-cyl.						
2d GA HBk	150	400	700	1,580	2,450	3,500
2d GT HBk	150	500	850	1,940	3,000	4,300
4d GA Sed.	150	450	750	1,710	2,650	3,800
4d GS Sed.	150	500	800	1,850	2,850	4,100
1995 Swift, 4-cyl.						
2d HBk	150	450	800	1,760	2,750	3,900
1995 Esteem, 4-cyl.						
4d GL Sed.	200	600	950	2,160	3,350	4,800
4d GLX Sed.	200	600	1,000	2,250	3,500	5,000
1996 Swift, 4-cyl.						
2d HBk	150	450	800	1,760	2,750	3,900
1996 Esteem, 4-cyl.						
4d GL Sed.	200	600	950	2,160	3,350	4,800
4d GLX Sed.	200	600	1,000	2,250	3,500	5,000
1997 Swift, 4-cyl.						
2d HBk	156	468	780	1,760	2,730	3,900
1997 Esteem, 4-cyl.						
4d GL Sed.	192	576	960	2,160	3,360	4,800
4d GLi Sed.	200	600	1,000	2,250	3,500	5,000
4d GLX Sed.	208	624	1,040	2,340	3,640	5,200
1998 Swift, 4-cyl.						
2d HBk	160	470	780	1,760	2,730	3,900

SUZUKI

SUZUKI

	6	5	4	3	2	1
1998 Esteem, 4-cyl.						
4d GL Sed	190	580	960	2,160	3,360	4,800
4d GLX Sed	210	620	1,040	2,340	3,640	5,200
4d GL Sta Wag.	210	640	1,060	2,390	3,710	5,300
4d GLX Sta Wag.	220	660	1,100	2,480	3,850	5,500
1999 Swift, 4-cyl.						
2d HBk	160	470	780	1,760	2,730	3,900
1999 Esteem, 4-cyl.						
4d GL Sed	190	580	960	2,160	3,360	4,800
4d GLX Sed	210	620	1,040	2,340	3,640	5,200
4d GL Sta Wag.	210	640	1,060	2,390	3,710	5,300
4d GLX Sta Wag	220	660	1,100	2,480	3,850	5,500
2000 Swift, 4-cyl.						
2d GA HBk	160	470	780	1,760	2,730	3,900
2d GL HBk	180	530	880	1,980	3,080	4,400
2000 Esteem, 4-cyl.						
4d GL Sed	190	580	960	2,160	3,360	4,800
4d GLX Sed	210	620	1,040	2,340	3,640	5,200
4d GL Sta Wag.	210	640	1,060	2,390	3,710	5,300
4d GLX Sta Wag	220	660	1,100	2,480	3,850	5,500
2001 Swift, 4-cyl.						
2d GA HBk	160	470	780	1,950	2,730	3,900
2d GL HBk	180	530	880	2,200	3,080	4,400
2001 Esteem, 4-cyl.						
4d GL Sed	190	580	960	2,400	3,360	4,800
4d GLX Sed	210	620	1,040	2,600	3,640	5,200
4d GL Sta Wag.	210	640	1,060	2,650	3,710	5,300
4d GLX Sta Wag	220	660	1,100	2,750	3,850	5,500
2002 Esteem, 4-cyl.						
4d GL Sed	160	490	820	2,050	2,870	4,100
4d GLX Sed	180	540	900	2,250	3,150	4,500
4d GL Sta Wag.	180	530	880	2,200	3,080	4,400
4d GLX Sta Wag	190	580	960	2,400	3,360	4,800
2002 Aerio, 4-cyl.						
4d S Sed	190	560	940	2,350	3,290	4,700
4d GS Sed	200	590	980	2,450	3,430	4,900
4d SX Sta Wag.	220	660	1,100	2,750	3,850	5,500
2003 Aerio, 4-cyl.						
4d S Sed	190	560	940	2,350	3,290	4,700
4d GS Sed	200	590	980	2,450	3,430	4,900
4d SX Sta Wag.	220	660	1,100	2,750	3,850	5,500
NOTE: Add 5 percent for AWD (excluding S sed.).						
2004 Forenza, 4-cyl.						
S 4d Sed	140	420	700	1,750	2,450	3,500
LX 4d Sed	160	470	780	1,950	2,730	3,900
EX 4d Sed	160	490	820	2,050	2,870	4,100
2004 Aerio, 4-cyl.						
S 4d Sed	190	560	940	2,350	3,290	4,700
LX 4d Sed	200	590	980	2,450	3,430	4,900
SX 4d Sta Wag.	220	660	1,100	2,750	3,850	5,500
NOTE: Add 5 percent for AWD, except S sed.						
2004 Verona, 6-cyl.						
S 4d Sed	230	680	1,140	2,850	3,990	5,700
LX 4d Sed	240	710	1,180	2,950	4,130	5,900
EX 4d Sed	260	780	1,300	3,250	4,550	6,500
NOTE: Deduct 5 percent for manual transmission on all Suzukis.						

TOYOTA (TOYOPET)

	6	5	4	3	2	1
1958-60 Crown, 4-cyl., 1453cc, 99.6" wb						
RSL 4d Sed	260	780	1,300	2,930	4,550	6,500
1961-66 Tiara, 4-cyl., 1453cc, 94.5" wb						
4d Sed	240	720	1,200	2,700	4,200	6,000
1961-66 Crown, 4-cyl., 1879cc, 99.6" wb						
4d Cus Sed	268	804	1,340	3,020	4,690	6,700
4d Cus Sta Wag.	272	816	1,360	3,060	4,760	6,800

TOYOTA

	6	5	4	3	2	1
1967-68 Corona, 4-cyl., 1879cc, 95.3" wb						
4d Sed	240	720	1,200	2,700	4,200	6,000
2d HT Cpe	280	840	1,400	3,150	4,900	7,000
1967-68 Crown, 6-cyl., 2254cc, 105.9" wb						
4d Sed	240	720	1,200	2,700	4,200	6,000
4d Sta Wag	248	744	1,240	2,790	4,340	6,200
1967-68 2000 GT, 6-cyl., 1988cc, 91.7" wb						
2d FBk Cpe	12,700	38,100	63,500	142,880	222,250	317,500

	6	5	4	3	2	1
1969-70 1969 - Corolla, 4-cyl., 1079cc, 90" wb; 1970 - Corolla, 4-cyl., 1166cc, 90" wb						
2d Sed.	220	660	1,100	2,480	3,850	5,500
2d FBk Cpe.	240	720	1,200	2,700	4,200	6,000
2d Sta Wag.	232	696	1,160	2,610	4,060	5,800
1969-70 Corona, 4-cyl., 1879cc, 95.3" wb						
4d Sed.	220	660	1,100	2,480	3,850	5,500
2d HT Cpe.	260	780	1,300	2,930	4,550	6,500
1969-70 Corona Mk II, 4-cyl., 1859cc, 98.8" wb						
4d Sed.	240	720	1,200	2,700	4,200	6,000
2d HT Cpe.	268	804	1,340	3,020	4,690	6,700
4d Sta Wag.	252	756	1,260	2,840	4,410	6,300
1969-70 Crown, 6-cyl., 2254cc, 105.9" wb						
4d Sed.	240	720	1,200	2,700	4,200	6,000
4d Sta Wag.	260	780	1,300	2,930	4,550	6,500
1971-77 Corolla 1200, 4-cyl., 1166cc, 91.9" wb						
2d Sed.	220	660	1,100	2,480	3,850	5,500
2d Cpe.	220	660	1,100	2,480	3,850	5,500
2d Sta Wag.	232	696	1,160	2,610	4,060	5,800
1971-77 Corolla 1600, 4-cyl., 1588cc, 91.9" wb						
2d Sed.	220	660	1,100	2,480	3,850	5,500
4d Sed.	220	660	1,100	2,480	3,850	5,500
2d Cpe.	232	696	1,160	2,610	4,060	5,800
2d Sta Wag.	236	708	1,180	2,660	4,130	5,900
1971-77 1971-74 - Celica, 4-cyl., 1967cc; 1975-77 - 2189cc						
2d Cpe.	300	900	1,500	3,380	5,250	7,500
1971-77 Corona, 4-cyl., 1859cc, 95.7" wb						
4d Sed.	240	720	1,200	2,700	4,200	6,000
2d HT Cpe.	268	804	1,340	3,020	4,690	6,700
1971-77 Corona Mk II, 4-cyl., 1859cc, 98.8" wb						
4d Sed.	240	720	1,200	2,700	4,200	6,000
2d HT Cpe.	268	804	1,340	3,020	4,690	6,700
4d Sta Wag.	260	780	1,300	2,930	4,550	6,500
1971-77 Crown, 1971 only, 6-cyl., 2254cc, 105.9" wb						
4d Sed.	240	720	1,200	2,700	4,200	6,000
4d Sta Wag.	260	780	1,300	2,930	4,550	6,500
1978-83 Corolla, 4-cyl., 1770cc, 94.5" wb						
2d Sed.	200	600	1,000	2,250	3,500	5,000
DeL 2d Sed.	200	600	1,000	2,250	3,500	5,000
DeL 4d Sed.	200	600	1,000	2,250	3,500	5,000
DeL Sta Wag.	200	600	1,000	2,300	3,550	5,100
DeL HT Cpe.	200	650	1,100	2,480	3,850	5,500
SR5 2d HT Cpe.	250	700	1,150	2,570	4,000	5,700
DeL 3d LBk.	200	600	1,000	2,250	3,500	5,000
DeL 2d Spt Cpe.	200	650	1,050	2,390	3,700	5,300
SR5 3d LDk.	200	650	1,100	2,480	3,850	5,500
SR5 2d Spt Cpe	200	650	1,100	2,480	3,850	5,500
1978-83 Tercel, 4-cyl., 1452cc, 98.4" wb						
2d Sed.	200	650	1,100	2,480	3,850	5,500
DeL 2d Sed.	200	650	1,100	2,480	3,850	5,500
4d Sed.	200	650	1,100	2,480	3,850	5,500
DeL 3d LBk.	200	650	1,100	2,480	3,850	5,500
SR5 3d LBk.	250	700	1,150	2,570	4,000	5,700
1978-83 Starlet, 4-cyl., 1290cc, 90.6" wb						
3d LBk.	200	650	1,100	2,480	3,850	5,500
1978-83 Celica, 4-cyl., 2366cc, 98.4" wb						
ST 2d Spt Cpe.	250	800	1,300	2,930	4,550	6,500
GT 2d Spt Cpe	250	800	1,300	2,970	4,600	6,600
GT 3d LBk.	250	800	1,350	3,020	4,700	6,700
1978-83 Celica Supra, 6-cyl., 2759cc, 103.5" wb						
GT 2d Spt Cpe	300	900	1,500	3,380	5,250	7,500
1978-83 Corona, 4-cyl., 2366cc, 99.4" wb						
DeL 4d Sed.	200	650	1,100	2,480	3,850	5,500
DeL 5d Sta Wag.	250	700	1,200	2,700	4,200	6,000
LE 4d Sed.	200	650	1,100	2,480	3,850	5,500
LE 5d LBk.	250	700	1,200	2,700	4,200	6,000
1978-83 Cressida, 6-cyl., 2759cc, 104.1" wb						
Lux 4d Sed.	250	700	1,150	2,570	4,000	5,700
Lux 4d Sta Wag.	250	740	1,240	2,790	4,340	6,200
1978-83 Cressida, 6-cyl., 2759cc, 103.5" wb						

NOTE: Specifications in this section are for 1981 models only. Prices are averages for the 1980-1981 model years.

1984 Starlet						
2d LBk.	200	600	1,000	2,300	3,550	5,100
1984 Tercel						
2d LBk.	200	600	1,050	2,340	3,650	5,200
4d Sta Wag.	200	650	1,050	2,390	3,700	5,300

NOTE: Add 20 percent for 4x4 option where available.

TOYOTA

	6	5	4	3	2	1
1984 Corolla						
4d Sed	200	600	1,050	2,340	3,650	5,200
4d LBk	200	650	1,050	2,390	3,700	5,300
2d HT	200	650	1,100	2,480	3,850	5,500
1984 Celica						
2d Cpe	250	700	1,150	2,610	4,050	5,800
2d LBk	250	700	1,200	2,700	4,200	6,000
2d Supra	250	750	1,250	2,840	4,400	6,300
1984 Camry						
4d Sed	250	700	1,200	2,660	4,150	5,900
4d LBk	250	700	1,200	2,700	4,200	6,000
1984 Cressida						
4d Sed	250	700	1,200	2,700	4,200	6,000
4d Sta Wag	250	750	1,200	2,750	4,250	6,100
1985 Tercel						
2d LBk	200	650	1,050	2,390	3,700	5,300
4d LBk	200	650	1,100	2,430	3,800	5,400
4d Sta Wag	200	650	1,100	2,480	3,850	5,500
NOTE: Add 20 percent for 4x4 option where available.						
1985 Corolla						
4d Sed	200	650	1,100	2,430	3,800	5,400
4d LBk	200	650	1,100	2,480	3,850	5,500
2d Cpe	200	650	1,100	2,520	3,900	5,600
2d LBk	200	650	1,100	2,480	3,850	5,500
1985 Celica						
2d Cpe	250	700	1,150	2,610	4,050	5,800
2d LBk	250	700	1,200	2,700	4,200	6,000
2d Conv	300	850	1,400	3,150	4,900	7,000
2d Supra	250	750	1,250	2,840	4,400	6,300
1985 Camry						
4d Sed	250	700	1,200	2,660	4,150	5,900
4d LBk	250	750	1,200	2,750	4,250	6,100
1985 MR2						
2d Cpe	250	750	1,300	2,880	4,500	6,400
1985 Cressida						
4d Sed	250	750	1,250	2,840	4,400	6,300
4d Sta Wag	250	750	1,300	2,880	4,500	6,400
1986 Tercel						
2d LBk	200	600	1,000	2,210	3,450	4,900
4d Sta Wag	200	600	1,000	2,250	3,500	5,000
NOTE: Add 20 percent for 4x4 option where available.						
1986 Corolla						
4d Sed	200	600	950	2,160	3,350	4,800
4d LBk	200	600	1,000	2,210	3,450	4,900
2d Cpe	200	550	950	2,120	3,300	4,700
1986 Celica						
2d Cpe	250	700	1,200	2,660	4,150	5,900
2d LBk	250	750	1,200	2,750	4,250	6,100
1986 Supra						
2d LBk	250	750	1,300	2,880	4,500	6,400
1986 Camry						
4d Sed	200	600	950	2,160	3,350	4,800
4d LBk	200	600	1,000	2,210	3,450	4,900
1986 MR2						
2d Cpe	250	700	1,200	2,700	4,200	6,000
1986 Cressida						
4d Sed	250	700	1,200	2,660	4,150	5,900
4d Sta Wag	250	750	1,250	2,790	4,350	6,200
1987 Tercel						
2d LBk	200	600	1,000	2,250	3,500	5,000
4d LBk	200	600	1,000	2,300	3,550	5,100
2d Cpe	200	600	1,000	2,210	3,450	4,900
4d Sta Wag	200	600	1,000	2,300	3,550	5,100
NOTE: Add 20 percent for 4x4 option where available.						
1987 Corolla						
4d Sed	200	600	1,000	2,210	3,450	4,900
4d LBk	200	600	1,000	2,250	3,500	5,000
2d Cpe	200	600	1,000	2,210	3,450	4,900
2d LBk	200	600	950	2,160	3,350	4,800
1987 Celica						
2d Cpe	250	700	1,200	2,700	4,200	6,000
2d LBk	250	750	1,200	2,750	4,250	6,100
2d Conv	300	900	1,450	3,290	5,100	7,300
1987 Supra						
2d LBk	250	800	1,300	2,930	4,550	6,500

	6	5	4	3	2	1
1987 Camry						
4d Sed.	200	600	1,000	2,210	3,450	4,900
4d Sta Wag	200	600	1,000	2,250	3,500	5,000
1987 MR2						
2d Cpe.	250	750	1,200	2,750	4,250	6,100
1987 Cressida						
4d Sed.	250	700	1,200	2,700	4,200	6,000
4d Sta Wag	250	750	1,250	2,840	4,400	6,300
1988 Tercel						
2d LBk.	200	550	900	2,070	3,200	4,600
4d LBk.	200	550	950	2,120	3,300	4,700
2d Cpe.	200	550	900	2,030	3,150	4,500
4d Sta Wag	200	550	950	2,120	3,300	4,700
NOTE: Add 20 percent for 4x4 option where available.						
1988 Corolla						
4d Sed.	200	550	900	2,030	3,150	4,500
4d Sta Wag	200	550	900	2,030	3,150	4,500
2d Cpe.	200	550	900	2,070	3,200	4,600
2d LBk.	200	550	900	2,030	3,150	4,500
NOTE: Add 20 percent for 4x4 option where available.						
1988 Celica						
2d Cpe.	250	750	1,200	2,750	4,250	6,100
2d LBk.	250	750	1,250	2,790	4,350	6,200
2d Conv.	300	900	1,500	3,380	5,250	7,500
1988 Supra						
2d LBk.	250	800	1,300	2,930	4,550	6,500
1988 Camry						
4d Sed.	200	600	1,000	2,250	3,500	5,000
4d Sta Wag	200	600	1,000	2,300	3,550	5,100
NOTE: Add 20 percent for 4x4 option where available.						
1988 MR2						
2d Cpe.	250	750	1,250	2,790	4,350	6,200
1988 Cressida						
4d Sed.	250	750	1,200	2,750	4,250	6,100
1989 Tercel						
2d LBk.	200	550	950	2,120	3,300	4,700
4d LBk.	200	600	950	2,160	3,350	4,800
2d Cpe.	200	550	900	2,070	3,200	4,600
1989 Corolla						
4d Sed.	200	550	900	2,070	3,200	4,600
4d Sta Wag	200	550	900	2,070	3,200	4,600
2d Cpe.	200	550	950	2,120	3,300	4,700
NOTE: Add 20 percent for 4x4 option.						
1989 Celica						
2d Cpe.	250	750	1,250	2,790	4,350	6,200
2d LBk.	250	750	1,250	2,840	4,400	6,300
2d Conv.	300	900	1,550	3,470	5,400	7,700
1989 Supra						
2d LBk.	250	800	1,300	2,970	4,600	6,600
1989 Camry						
4d Sed.	200	600	1,000	2,300	3,550	5,100
4d Sta Wag	200	600	1,050	2,340	3,650	5,200
1989 MR2						
2d Cpe.	250	750	1,250	2,840	4,400	6,300
1989 Cressida						
4d Sed.	250	750	1,250	2,790	4,350	6,200
1990 Tercel, 4-cyl.						
2d EZ HBk.	200	550	900	2,030	3,150	4,500
2d HBk	200	600	1,000	2,250	3,500	5,000
2d Cpe.	200	600	1,000	2,300	3,550	5,100
2d DLX Cpe.	200	650	1,100	2,480	3,850	5,500
1990 Corolla, 4-cyl.						
4d Sed.	200	600	1,000	2,250	3,500	5,000
DLX 4d Sed.	220	660	1,100	2,480	3,850	5,500
LE 4d Sed.	240	720	1,200	2,700	4,200	6,000
DLX 4d Sta Wag	228	684	1,140	2,570	3,990	5,700
DLX 4d Sed 4x4	260	780	1,300	2,930	4,550	6,500
DLX 4d Sta Wag 4x4.	260	780	1,300	2,930	4,550	6,500
SR5 4d Sta Wag 4x4.	290	860	1,440	3,240	5,040	7,200
SR5 2d Cpe.	280	840	1,400	3,150	4,900	7,000
GT-S 2d Cpe.	300	900	1,450	3,290	5,100	7,300
1990 Celica, 4-cyl.						
ST 2d Cpe.	300	950	1,600	3,600	5,600	8,000
GT 2d Cpe.	350	1,000	1,700	3,830	5,950	8,500
GT 2d HBk	350	1,050	1,750	3,920	6,100	8,700
GT-S 2d HBk.	400	1,150	1,900	4,280	6,650	9,500
2d HBk 4x4, Turbo	450	1,400	2,300	5,180	8,050	11,500

	6	5	4	3	2	1
1990 Supra, 6-cyl.						
2d HBk	450	1,400	2,300	5,180	8,050	11,500
2d HBk, Turbo	500	1,500	2,500	5,630	8,750	12,500
1990 Camry 4-cyl.						
4d Sed	300	900	1,500	3,380	5,250	7,500
DLX 4d Sed	300	950	1,600	3,560	5,550	7,900
LE 4d Sed	300	950	1,600	3,650	5,650	8,100
DLX 4d Sed 4x4	350	1,000	1,700	3,830	5,950	8,500
LE 4d Sed 4x4	350	1,050	1,800	4,010	6,250	8,900
DLX 4d Sta Wag	350	1,050	1,750	3,960	6,150	8,800
1990 V-6						
DLX 4d Sed	300	950	1,600	3,600	5,600	8,000
LE 4d Sed	350	1,000	1,650	3,740	5,800	8,300
DLX 4d Sta Wag	350	1,100	1,800	4,100	6,350	9,100
LE 4d Sta Wag	400	1,150	1,900	4,280	6,650	9,500
1990 Cressida, 6-cyl.						
LUX 4d Sed	400	1,200	2,000	4,500	7,000	10,000
1991 Tercel						
2d Sed	150	500	800	1,800	2,800	4,000
DX 2d Sed	150	500	850	1,940	3,000	4,300
DX 4d Sed	150	500	800	1,850	2,850	4,100
LE 4d Sed	200	550	900	1,980	3,100	4,400
1991 Corolla						
4d Sed	200	600	1,000	2,250	3,500	5,000
DX 4d Sed	200	650	1,100	2,480	3,850	5,500
LE 4d Sed	250	700	1,200	2,700	4,200	6,000
DX 4d Sta Wag	250	750	1,250	2,790	4,350	6,200
DX 4d Sta Wag 4x4	250	800	1,300	2,930	4,550	6,500
SR5 2d Cpe	300	850	1,400	3,150	4,900	7,000
GT-S 2d Cpe	300	900	1,450	3,290	5,100	7,300
1991 Celica						
ST 2d Cpe	300	900	1,500	3,380	5,250	7,500
GT 2d Cpe	300	950	1,600	3,600	5,600	8,000
GT 2d Conv	500	1,500	2,500	5,630	8,750	12,500
GT 2d HBk	400	1,150	1,900	4,280	6,650	9,500
GT-S 2d HBk	400	1,250	2,100	4,730	7,350	10,500
2d HBk 4x4, Turbo	450	1,300	2,200	4,950	7,700	11,000
1991 Supra						
2d HBk	450	1,400	2,300	5,180	8,050	11,500
2d HBk, Turbo	500	1,500	2,500	5,630	8,750	12,500
1991 Camry						
4d Sed	300	850	1,400	3,150	4,900	7,000
DX 4d Sed	300	900	1,500	3,380	5,250	7,500
LE 4d Sed	300	900	1,500	3,380	5,250	7,500
DX 4d Sed 4x4	350	1,000	1,700	3,830	5,950	8,500
LE 4d Sed 4x4	350	1,100	1,800	4,050	6,300	9,000
DX 4d Sta Wag	300	950	1,600	3,600	5,600	8,000
LE 4d Sta Wag V-6	400	1,150	1,900	4,280	6,650	9,500
NOTE: Add 5 percent for V-6 on LE and DX 2x4 sedans.						
1991 MR2						
2d Cpe	350	1,100	1,800	4,050	6,300	9,000
2d Cpe, Turbo	400	1,150	1,900	4,280	6,650	9,500
1991 Cressida						
4d Sed	450	1,400	2,300	5,180	8,050	11,500
1992 & 1993 Tercel, 4-cyl.						
2d Sed	200	550	900	2,030	3,150	4,500
DX 2d Sed	200	550	950	2,120	3,300	4,700
DX 4d Sed	200	600	1,000	2,250	3,500	5,000
LE 4d Sed	200	650	1,050	2,390	3,700	5,300
1992 & 1993 Corolla, 4-cyl.						
4d Sed	300	950	1,600	3,600	5,600	8,000
DX 4d Sed	350	1,000	1,650	3,740	5,800	8,300
LE 4d Sed	350	1,000	1,700	3,830	5,950	8,500
DX 4d Sta Wag	400	1,200	2,000	4,500	7,000	10,000
1992 & 1993 Paseo, 4-cyl.						
2d Cpe	550	1,600	2,700	6,080	9,450	13,500
1992 & 1993 Celica, 4-cyl.						
ST 2d Cpe	350	1,000	1,700	3,830	5,950	8,500
GT 2d Cpe	350	1,100	1,800	4,050	6,300	9,000
GT 2d HBk	450	1,300	2,200	4,950	7,700	11,000
GT-S 2d HBk	450	1,350	2,250	5,090	7,900	11,300
2d HBk, Turbo	450	1,400	2,300	5,180	8,050	11,500
GT 2d Conv	500	1,500	2,500	5,630	8,750	12,500
1992 & 1993 Camry, 4-cyl.						
DX 4d Sed	250	800	1,350	3,060	4,750	6,800
LE 4d Sed	300	850	1,400	3,150	4,900	7,000

	6	5	4	3	2	1
XLE 4d Sed.	300	900	1,500	3,380	5,250	7,500
DX 4d Sta Wag	300	950	1,600	3,600	5,600	8,000
LE 4d Sta Wag	350	1,000	1,700	3,830	5,950	8,500
1992 & 1993 Camry, V-6						
DX 4d Sed.	300	900	1,500	3,380	5,250	7,500
LE 4d Sed.	300	900	1,500	3,420	5,300	7,600
SE 4d Sed.	300	900	1,550	3,470	5,400	7,700
XLE 4d Sed.	350	1,000	1,650	3,740	5,800	8,300
LE 4d Sta Wag	400	1,200	2,000	4,500	7,000	10,000
1992 & 1993 MR2, 4-cyl.						
2d Cpe.	400	1,150	1,900	4,280	6,650	9,500
2d Cpe, Turbo.	400	1,200	2,000	4,500	7,000	10,000
1992 & 1993 Supra						
2d HBk	600	1,800	3,000	6,750	10,500	15,000
2d HBk, Turbo.	720	2,160	3,600	8,100	12,600	18,000
1994 Tercel, 4-cyl.						
2d Sed.	200	600	1,000	2,250	3,500	5,000
DX 2d Sed.	200	650	1,100	2,480	3,850	5,500
DX 4d Sed.	250	700	1,150	2,570	4,000	5,700
1994 Corolla, 4-cyl.						
4d Sed.	300	850	1,400	3,150	4,900	7,000
DX 4d Sed.	300	900	1,500	3,380	5,250	7,500
LE 4d Sed.	300	950	1,600	3,600	5,600	8,000
DX 4d Sta Wag.	350	1,000	1,650	3,740	5,800	8,300
1994 Paseo, 4-cyl.						
2d Cpe.	300	900	1,500	3,380	5,250	7,500
1994 Celica, 4-cyl.						
ST 2d Cpe.	400	1,200	2,000	4,500	7,000	10,000
GT 2d Cpe.	400	1,250	2,100	4,730	7,350	10,500
ST 2d HBk.	400	1,150	1,900	4,280	6,650	9,500
GT 2d HBk	450	1,300	2,200	4,950	7,700	11,000
1994 Camry						
DX 2d Cpe, 4-cyl.	400	1,200	2,000	4,500	7,000	10,000
LE 2d Cpe, 4-cyl.	400	1,250	2,100	4,730	7,350	10,500
LE 2d Cpe, V-6	450	1,300	2,200	4,950	7,700	11,000
SE 2d Cpe, V-6	450	1,400	2,300	5,180	8,050	11,500
DX 4d Sed, 4-cyl.	400	1,200	2,000	4,460	6,950	9,900
LE 4d Sed, 4-cyl.	400	1,200	2,000	4,500	7,000	10,000
LE 4d Sed, V-6	450	1,300	2,200	4,950	7,700	11,000
SE 4d Sed, V-6	450	1,400	2,300	5,180	8,050	11,500
XLE 4d Sed, 4-cyl.	450	1,400	2,300	5,180	8,050	11,500
XLE 4d Sed, V-6	500	1,450	2,400	5,400	8,400	12,000
DX 4d Sta Wag, 4-cyl.	420	1,260	2,100	4,730	7,350	10,500
LE 4d Sta Wag, 4-cyl.	440	1,320	2,200	4,950	7,700	11,000
LE 4d Sta Wag, V-6	480	1,440	2,400	5,400	8,400	12,000
1994 MR2, 4-cyl.						
2d Cpe.	500	1,500	2,500	5,630	8,750	12,500
2d Cpe, Turbo.	600	1,750	2,900	6,530	10,200	14,500
1994 Supra						
2d HBk	800	2,400	4,000	9,000	14,000	20,000
2d HBk, Turbo.	960	2,880	4,800	10,800	16,800	24,000
1995 Tercel, 4-cyl.						
2d Sed.	200	600	1,000	2,250	3,500	5,000
DX 2d Sed.	200	650	1,100	2,480	3,850	5,500
DX 4d Sed.	250	700	1,150	2,570	4,000	5,700
1995 Corolla, 4-cyl.						
4d Sed.	300	850	1,400	3,150	4,900	7,000
DX 4d Sed.	300	900	1,500	3,380	5,250	7,500
DX 4d Sta Wag.	350	1,000	1,650	3,740	5,800	8,300
LE 4d Sed.	300	950	1,600	3,600	5,600	8,000
1995 Paseo, 4-cyl.						
2d Cpe.	300	900	1,500	3,380	5,250	7,500
1995 Celica, 4-cyl.						
ST 2d Cpe.	400	1,200	2,000	4,500	7,000	10,000
ST 2d HBk.	400	1,150	1,900	4,280	6,650	9,500
GT 2d Cpe.	400	1,250	2,100	4,730	7,350	10,500
GT 2d HBk	450	1,300	2,200	4,950	7,700	11,000
GT 2d Conv.	500	1,550	2,600	5,850	9,100	13,000
1995 Camry, 4-cyl. & V-6						
DX 2d Cpe.	400	1,200	2,000	4,500	7,000	10,000
DX 4d Sed.	400	1,200	2,000	4,460	6,950	9,900
LE 2d Cpe.	400	1,250	2,100	4,730	7,350	10,500
LE 2d Cpe, V-6	450	1,300	2,200	4,950	7,700	11,000
LE 4d Sed	400	1,200	2,000	4,500	7,000	10,000
LE 4d Sed, V-6	450	1,300	2,200	4,950	7,700	11,000
LE 4d Sta Wag	450	1,300	2,200	4,950	7,700	11,000

	6	5	4	3	2	1
LE 4d Sta Wag, V-6	480	1,440	2,400	5,400	8,400	12,000
SE 2d Cpe, V-6	450	1,400	2,300	5,180	8,050	11,500
SE 4d Sed, V-6	450	1,400	2,300	5,180	8,050	11,500
XLE 4d Sed	450	1,400	2,300	5,180	8,050	11,500
XLE 4d Sed, V-6	500	1,450	2,400	5,400	8,400	12,000
1995 MR2, 4-cyl.						
2d Cpe	500	1,500	2,500	5,630	8,750	12,500
2d Cpe, Turbo	600	1,750	2,900	6,530	10,200	14,500
1995 Avalon, V-6						
XL 4d Sed	400	1,250	2,100	4,730	7,350	10,500
XLS 4d Sed	450	1,400	2,300	5,180	8,050	11,500
1995 Supra, 6-cyl.						
2d HBk	800	2,400	4,000	9,000	14,000	20,000
2d HBk, Turbo	960	2,880	4,800	10,800	16,800	24,000
1996 Tercel, 4-cyl.						
2d Sed	200	550	900	2,030	3,150	4,500
DX 2d Sed	200	600	1,000	2,250	3,500	5,000
DX 4d Sed	200	600	1,050	2,340	3,650	5,200
1996 Corolla, 4-cyl.						
4d Sed	250	800	1,300	2,930	4,550	6,500
DX 4d Sed	300	850	1,400	3,150	4,900	7,000
DX 4d Sta Wag	300	950	1,550	3,510	5,450	7,800
1996 Paseo, 4-cyl.						
2d Cpe	300	850	1,400	3,150	4,900	7,000
1996 Celica, 4-cyl.						
ST 2d Cpe	400	1,150	1,900	4,280	6,650	9,500
ST 2d HBk	350	1,100	1,800	4,050	6,300	9,000
GT 2d Cpe	400	1,200	2,000	4,500	7,000	10,000
GT 2d HBk	400	1,250	2,100	4,730	7,350	10,500
GT 2d Conv	500	1,500	2,500	5,630	8,750	12,500
1996 Camry, 4-cyl.						
DX 2d Cpe	400	1,150	1,900	4,280	6,650	9,500
DX 4d Sed	400	1,150	1,900	4,230	6,600	9,400
LE 2d Cpe	400	1,200	2,000	4,500	7,000	10,000
LE 4d Sed	400	1,150	1,900	4,280	6,650	9,500
LE 4d Sta Wag	400	1,250	2,100	4,730	7,350	10,500
XLE 4d Sed	450	1,300	2,200	4,950	7,700	11,000
1996 Camry, V-6.						
LE 2d Cpe	400	1,250	2,100	4,730	7,350	10,500
LE 4d Sed	400	1,250	2,100	4,730	7,350	10,500
LE 4d Sta Wag	450	1,400	2,300	5,180	8,050	11,500
SE 2d Cpe	450	1,300	2,200	4,950	7,700	11,000
SE 4d Sed	450	1,300	2,200	4,950	7,700	11,000
XLE 4d Sed	450	1,400	2,300	5,180	8,050	11,500
1996 Avalon, V-6.						
XL 4d Sed	400	1,200	2,000	4,500	7,000	10,000
XLS 4d Sed	450	1,300	2,200	4,950	7,700	11,000
1996 Supra, 6-cyl.						
2d HBk	780	2,340	3,900	8,780	13,650	19,500
2d HBk, Turbo	940	2,820	4,700	10,580	16,450	23,500
1997 Tercel, 4-cyl.						
CE 2d Sed	200	600	1,000	2,250	3,500	5,000
CE 4d Sed	208	624	1,040	2,340	3,640	5,200
1997 Corolla, 4-cyl.						
VE 4d Sed	260	780	1,300	2,930	4,550	6,500
CE 4d Sed	280	840	1,400	3,150	4,900	7,000
LE 4d Sed	300	900	1,500	3,380	5,250	7,500
1997 Paseo, 4-cyl.						
2d Cpe	280	840	1,400	3,150	4,900	7,000
2d Conv	348	1,044	1,740	3,920	6,090	8,700
1997 Celica, 4-cyl.						
ST 2d Cpe	380	1,140	1,900	4,280	6,650	9,500
ST 2d HBk	360	1,080	1,800	4,050	6,300	9,000
GT 2d HBk	420	1,260	2,100	4,730	7,350	10,500
GT 2d Conv	500	1,500	2,500	5,630	8,750	12,500
1997 Camry, 4-cyl.						
CE 4d Sed	380	1,140	1,900	4,280	6,650	9,500
LE 4d Sed	388	1,164	1,940	4,370	6,790	9,700
XLE 4d Sed	400	1,200	2,000	4,500	7,000	10,000
1997 Camry, V-6						
CE 4d Sed	400	1,200	2,000	4,500	7,000	10,000
LE 4d Sed	420	1,260	2,100	4,730	7,350	10,500
XLE 4d Sed	440	1,320	2,200	4,950	7,700	11,000
1997 Avalon, V-6						
XL 4d Sed	408	1,224	2,040	4,590	7,140	10,200
XLS 4d Sed	460	1,380	2,300	5,180	8,050	11,500

	6	5	4	3	2	1
1997 Supra, 6-cyl.						
2d HBk	800	2,400	4,000	9,000	14,000	20,000
2d HBk, Turbo	960	2,880	4,800	10,800	16,800	24,000
NOTE: 15th Anv. Ed.						
1998 Tercel, 4-cyl.						
CE 2d Sed.	200	600	1,000	2,250	3,500	5,000
CE 4d Sed.	210	620	1,040	2,340	3,640	5,200
1998 Corolla, 4-cyl.						
VE 4d Sed.	260	780	1,300	2,930	4,550	6,500
CE 4d Sed.	280	840	1,400	3,150	4,900	7,000
LE 4d Sed.	300	900	1,500	3,380	5,250	7,500
1998 Paseo, 4-cyl.						
2d Cpc.	280	840	1,400	3,150	4,900	7,000
2d Conv.	350	1,040	1,740	3,920	6,090	8,700
1998 Celica GT, 4-cyl.						
2d Cpe.	380	1,140	1,900	4,280	6,650	9,500
2d HBk	420	1,260	2,100	4,730	7,350	10,500
2d Conv.	500	1,500	2,500	5,630	8,750	12,500
1998 Camry, 4-cyl.						
CE 4d Sed.	380	1,140	1,900	4,280	6,650	9,500
LE 4d Sed.	390	1,160	1,940	4,370	6,790	9,700
XLE 4d Sed.	400	1,200	2,000	4,500	7,000	10,000
1998 Camry, V-6						
CE 4d Sed.	400	1,200	2,000	4,500	7,000	10,000
LE 4d Sed.	420	1,260	2,100	4,730	7,350	10,500
XLE 4d Scd.	440	1,320	2,200	4,950	7,700	11,000
1998 Avalon, V-6						
XL 4d Sed.	430	1,280	2,140	4,820	7,490	10,700
XLS 4d Sed.	490	1,460	2,440	5,490	8,540	12,200
1998 Supra, 6-cyl.						
2d HBk	840	2,520	4,200	9,450	14,700	21,000
2d HBk, Turbo	1,000	3,000	5,000	11,250	17,500	25,000
1999 Echo, 4-cyl.						
2d Scd.	160	480	800	1,800	2,800	4,000
4d Sed.	170	500	840	1,890	2,940	4,200
1999 Corolla, 4-cyl.						
VE 4d Sed.	260	780	1,300	2,930	4,550	6,500
CE 4d Sed.	280	840	1,400	3,150	4,900	7,000
LE 4d Sed.	300	900	1,500	3,380	5,250	7,500
1999 Celica GT, 4-cyl.						
2d HBk	420	1,260	2,100	4,730	7,350	10,500
2d Conv.	500	1,500	2,500	5,630	8,750	12,500
1999 Camry, 4-cyl. & V-6						
CE 4d Sed (4-cyl. only).	400	1,200	2,000	4,500	7,000	10,000
LE 4d Sed.	420	1,260	2,100	4,730	7,350	10,500
XLE 4d Sed.	440	1,320	2,200	4,950	7,700	11,000
1999 Camry Solara, 4-cyl. & V-6						
SE 2d Cpe.	420	1,260	2,100	4,730	7,350	10,500
SLE 2d Cpe (V-6 only)	440	1,320	2,200	4,950	7,700	11,000
1999 Avalon, V-6						
XL 4d Sed.	430	1,280	2,140	4,820	7,490	10,700
XLS 4d Sed.	490	1,460	2,440	5,490	8,540	12,200
2000 Echo, 4-cyl.						
2d Sed.	160	480	800	1,800	2,800	4,000
4d Sed.	170	500	840	1,890	2,940	4,200
2000 Corolla, 4-cyl.						
VE 4d Sed.	260	780	1,300	2,930	4,550	6,500
CE 4d Sed.	280	840	1,400	3,150	4,900	7,000
LE 4d Sed.	300	900	1,500	3,380	5,250	7,500
2000 Celica, 4-cyl.						
2d GT Cpe.	430	1,280	2,140	4,820	7,490	10,700
2d GT-S Cpe.	510	1,520	2,540	5,720	8,890	12,700
2000 Camry, 4-cyl. & V-6						
CE 4d Sed (4-cyl. only).	400	1,200	2,000	4,500	7,000	10,000
LE 4d Sed.	420	1,260	2,100	4,730	7,350	10,500
XLE 4d Sed.	440	1,320	2,200	4,950	7,700	11,000
2000 Camry Solara, 4-cyl. & V-6						
SE 2d Cpe.	420	1,260	2,100	4,730	7,350	10,500
SLE 2d Cpe (V-6 only)	440	1,320	2,200	4,950	7,700	11,000
SE 2d Conv.	500	1,500	2,500	5,630	8,750	12,500
SLE 2d Conv (V-6 only)	540	1,620	2,700	6,080	9,450	13,500
2000 Avalon, V-6						
XL 4d Sed.	430	1,280	2,140	4,820	7,490	10,700
XLS 4d Sed.	490	1,460	2,440	5,490	8,540	12,200
2000 Prius, 4-cyl. hybrid						
4d Sed (gas/elect).	800	2,400	4,000	9,000	14,000	20,000

	6	5	4	3	2	1
2001 Echo, 4-cyl.						
2d Sed 160		480	800	2,000	2,800	4,000
4d Sed 170		500	840	2,100	2,940	4,200
2001 Corolla, 4-cyl.						
CE 4d Sed 280		840	1,400	3,500	4,900	7,000
S 4d Sed 290		860	1,440	3,600	5,040	7,200
LE 4d Sed 300		900	1,500	3,750	5,250	7,500
2001 Celica, 4-cyl.						
2d GT Cpe 430		1,280	2,140	5,350	7,490	10,700
2d GT-S Cpe 510		1,520	2,540	6,350	8,890	12,700
2001 Camry, 4-cyl. & V-6						
CE 4d Sed (4-cyl. only) 400		1,200	2,000	5,000	7,000	10,000
LE 4d Sed 420		1,260	2,100	5,250	7,350	10,500
XLE 4d Sed 440		1,320	2,200	5,500	7,700	11,000
NOTE: Add 5 percent for LE Gallery Series Ed.						
2001 Camry Solara, 4-cyl. & V-6						
SE 2d Cpe 420		1,260	2,100	5,250	7,350	10,500
SLE 2d Cpe (V-6 only) 440		1,320	2,200	5,500	7,700	11,000
SE 2d Conv 500		1,500	2,500	6,250	8,750	12,500
SLE 2d Conv (V-6 only) 540		1,620	2,700	6,750	9,450	13,500
2001 Avalon, V-6						
XL 4d Sed 430		1,280	2,140	5,350	7,490	10,700
XLS 4d Sed 490		1,460	2,440	6,100	8,540	12,200
2001 Prius, 4-cyl. hybrid						
4d Sed (gas/elect) 840		2,520	4,200	9,450	14,700	21,000
2001 MR2, 4-cyl.						
2d Spyder Conv 510		1,540	2,560	6,400	8,960	12,800
2002 Echo, 4-cyl.						
2d Sed 160		480	800	2,000	2,800	4,000
4d Sed 170		500	840	2,100	2,940	4,200
2002 Corolla, 4-cyl.						
CE 4d Sed 280		840	1,400	3,500	4,900	7,000
S 4d Sed 290		860	1,440	3,600	5,040	7,200
LE 4d Sed 300		900	1,500	3,750	5,250	7,500
2002 Celica, 4-cyl.						
2d GT Cpe 430		1,280	2,140	5,350	7,490	10,700
2d GT-S Cpe 510		1,520	2,540	6,350	8,890	12,700
2002 Camry, 4-cyl.						
LE 4d Sed 400		1,200	2,000	5,000	7,000	10,000
SE 4d Sed 420		1,260	2,100	5,250	7,350	10,500
XLE 4d Sed 440		1,320	2,200	5,500	7,700	11,000
NOTE: Add 5 percent for V-6.						
2002 Camry Solara, 4-cyl.						
SE 2d Cpe 420		1,260	2,100	5,250	7,350	10,500
SLE 2d Cpe 440		1,320	2,200	5,500	7,700	11,000
SE 2d Conv 500		1,500	2,500	6,250	8,750	12,500
SLE 2d Conv 540		1,620	2,700	6,750	9,450	13,500
NOTE: Deduct 5 percent for 4-cyl.						
2002 Avalon, V-6						
XL 4d Sed 430		1,280	2,140	5,350	7,490	10,700
XLS 4d Sed 490		1,460	2,440	6,100	8,540	12,200
2002 Prius, 4-cyl. hybrid						
4d Sed (gas/elect) 540		1,620	2,700	6,080	9,450	13,500
2002 MR2, 4-cyl.						
2d Spyder Conv 510		1,540	2,560	6,400	8,960	12,800
2003 Echo, 4-cyl.						
2d Sed 160		480	800	2,000	2,800	4,000
4d Sed 170		500	840	2,100	2,940	4,200
2003 Corolla, 4-cyl.						
CE 4d Sed 280		840	1,400	3,500	4,900	7,000
S 4d Sed 290		860	1,440	3,600	5,040	7,200
LE 4d Sed 300		900	1,500	3,750	5,250	7,500
2003 Matrix, 4-cyl.						
4d Sta Wag 320		960	1,600	4,000	5,600	8,000
XR 4d Sta Wag 340		1,020	1,700	4,250	5,950	8,500
XRS 4d Sta Wag 360		1,080	1,800	4,500	6,300	9,000
NOTE: Add 5 percent for AWD (excluding XRS sta wag.).						
2003 Celica, 4-cyl.						
2d GT Cpe 430		1,280	2,140	5,350	7,490	10,700
2d GT-S Cpe 510		1,520	2,540	6,350	8,890	12,700
2003 Camry, 4-cyl.						
LE 4d Sed 400		1,200	2,000	5,000	7,000	10,000
SE 4d Sed 420		1,260	2,100	5,250	7,350	10,500
XLE 4d Sed 440		1,320	2,200	5,500	7,700	11,000
NOTE: Add 5 percent for V-6.						

	6	5	4	3	2	1
2003 Camry Solara, V-6						
SE 2d Cpe.	420	1,260	2,100	5,250	7,350	10,500
SLE 2d Cpe.	440	1,320	2,200	5,500	7,700	11,000
SE 2d Conv.	500	1,500	2,500	6,250	8,750	12,500
SLE 2d Conv.	540	1,620	2,700	6,750	9,450	13,500
NOTE: Deduct 5 percent for 4-cyl. on SE models.						
2003 Avalon, V-6						
XL 4d Sed.	430	1,280	2,140	5,350	7,490	10,700
XLS 4d Sed.	490	1,460	2,440	6,100	8,540	12,200
2003 Prius, 4-cyl. hybrid						
4d Sed (gas/elect).	420	1,260	2,100	5,250	7,350	10,500
2003 MR2, 4-cyl.						
2d Spyder Conv.	510	1,540	2,560	6,400	8,960	12,800
2004 Echo, 4-cyl.						
2d Sed.	160	480	800	2,000	2,800	4,000
4d Sed.	170	500	840	2,100	2,940	4,200
NOTE: Deduct 5 percent for manual transmission.						
2004 Corolla, 4-cyl.						
CE 4d Sed.	280	840	1,400	3,500	4,900	7,000
S 4d Sed.	290	860	1,440	3,600	5,040	7,200
LE 4d Sed.	300	900	1,500	3,750	5,250	7,500
NOTE: Deduct 5 percent for manual transmission.						
2004 Matrix, 4-cyl.						
4d Sta Wag.	320	960	1,600	4,000	5,600	8,000
XR 4d Sta Wag.	340	1,020	1,700	4,250	5,950	8,500
XRS 4d Sta Wag.	360	1,080	1,800	4,500	6,300	9,000
NOTE: Add 5 percent for AWD, except XRS wag. Deduct 5 percent for manual transmission, except XRS wag.						
2004 Celica, 4-cyl.						
GT 2d Cpe.	430	1,280	2,140	5,350	7,490	10,700
GT-S 2d Cpe.	510	1,520	2,540	6,350	8,890	12,700
NOTE: Deduct 5 percent for manual transmission.						
2004 Camry, 4-cyl.						
Standard 4d Sed.	370	1,120	1,860	4,650	6,510	9,300
LE 4d Sed.	400	1,200	2,000	5,000	7,000	10,000
SE 4d Sed.	420	1,260	2,100	5,250	7,350	10,500
XLE 4d Sed.	440	1,320	2,200	5,500	7,700	11,000
NOTE: Add 5 percent for V-6, except Standard sed. Deduct 5 percent for manual transmission.						
2004 Camry Solara, V-6						
SE 2d Cpe.	420	1,260	2,100	5,250	7,350	10,500
SE Sport 2d Cpe.	460	1,380	2,300	5,750	8,050	11,500
SLE 2d Cpe.	440	1,320	2,200	5,500	7,700	11,000
SE 2d Conv.	500	1,500	2,500	6,250	8,750	12,500
SLE 2d Conv.	540	1,620	2,700	6,750	9,450	13,500
NOTE: Deduct 5 percent for 4-cyl. Deduct 5 percent for manual transmission.						
2004 Avalon, V-6						
XL 4d Sed.	430	1,280	2,140	5,350	7,490	10,700
XLS 4d Sed.	490	1,460	2,440	6,100	8,540	12,200
2004 Prius, 4-cyl. hybrid						
4d Sed (gas/elect).	460	1,380	2,300	5,750	8,050	11,500
NOTE: Deduct 5 percent for manual transmission.						
2004 MR2, 4-cyl.						
Spyder 2d Conv.	510	1,540	2,560	6,400	8,960	12,800
NOTE: Add 5 percent for sequential manual transmission.						

TRIUMPH

	6	5	4	3	2	1
1946-48 1800, 4-cyl., 63 hp, 108" wb						
T&C Saloon.	420	1,260	2,100	4,730	7,350	10,500
1946-48 1800, 4-cyl., 63 hp, 100" wb						
Rds.	1,440	4,320	7,200	16,200	25,200	36,000
1949 1800, 4-cyl., 63 hp, 108" wb						
T&C Saloon.	380	1,140	1,900	4,280	6,650	9,500
1949 2000, 4-cyl., 68 hp, 108" wb						
Saloon.	380	1,150	1,920	4,320	6,720	9,600
1949 2000 Renown, 4-cyl., 68 hp, 108" wb						
Saloon.	420	1,260	2,100	4,730	7,350	10,500
1949 Mayflower, 4-cyl., 38 hp, 84" wb						
Saloon.	360	1,080	1,800	4,050	6,300	9,000
1949 2000, 4-cyl., 68 hp, 100" wb						
Rds.	1,480	4,440	7,400	16,650	25,900	37,000
1950 2000 Renown, 4-cyl., 68 hp, 108" wb						
Saloon.	380	1,140	1,900	4,280	6,650	9,500
1950 Mayflower, 4-cyl., 38 hp, 84" wb						
Saloon.	360	1,080	1,800	4,050	6,300	9,000
Conv.	460	1,380	2,300	5,180	8,050	11,500

TRIUMPH

	6	5	4	3	2	1
1950 TRX (New Roadster Prototype) 4-cyl., 71 hp, 94" wb						
Rds..			value not estimable			
NOTE: Car was offered but none were ever delivered.						
1951 2000 Renown, 4-cyl., 68 hp, 108" wb						
Saloon...............................	380	1,140	1,900	4,280	6,650	9,500
1951 2000, 4-cyl., 68 hp, 111" wb						
Limo................................	390	1,180	1,960	4,410	6,860	9,800
1951 Mayflower, 4-cyl., 38 hp, 84" wb						
Saloon...............................	360	1,080	1,800	4,050	6,300	9,000
1952 2000, 4-cyl., 68 hp, 111" wb						
Limo................................	390	1,180	1,960	4,410	6,860	9,800
1952 Mayflower, 4-cyl., 38 hp, 84" wb						
Saloon...............................	360	1,080	1,800	4,050	6,300	9,000
1952 20TS (prototype), 4-cyl., 75 hp, 130" wb						
TR-1 Rds............................			value not estimable			
NOTE: Only one prototype built.						
1952 2000 Renown, 4-cyl., 68 hp, 111" wb						
Saloon...............................	380	1,140	1,900	4,280	6,650	9,500
1953 2000 Renown, 4-cyl., 68 hp, 108" wb						
Saloon...............................	380	1,140	1,900	4,280	6,650	9,500
1953 2000, 4-cyl., 68 hp, 111" wb						
Limo................................	380	1,150	1,920	4,320	6,720	9,600
1953 Mayflower, 4-cyl., 38 hp, 84" wb						
Saloon...............................	360	1,080	1,800	4,050	6,300	9,000
1953 TR-2, 4-cyl., 90 hp, 88" wb						
Rds................................	1,440	4,320	7,200	16,200	25,200	36,000
1954 2000 Renown, 4-cyl., 68 hp, 108" wb						
Saloon...............................	380	1,140	1,900	4,280	6,650	9,500
1954 TR-2, 4-cyl., 90 hp, 88" wb						
Rds................................	1,400	4,200	7,000	15,750	24,500	35,000
1955 TR-2, 4-cyl., 90 hp, 88" wb						
Rds................................	1,400	4,200	7,000	15,750	24,500	35,000
1955 TR-3, 4-cyl., 95 hp, 88" wb						
Rds................................	1,440	4,320	7,200	16,200	25,200	36,000
1956 TR-3, 4-cyl., 95 hp, 88" wb						
Rds................................	1,440	4,320	7,200	16,200	25,200	36,000
HT Rds.............................	1,480	4,440	7,400	16,650	25,900	37,000
1957 TR-3, 4-cyl., 100 hp, 88" wb						
Rds................................	1,520	4,560	7,600	17,100	26,600	38,000
HT Rds.............................	1,560	4,680	7,800	17,550	27,300	39,000
1957 TR-10, 4-cyl., 40 hp, 84" wb						
Saloon.............................	620	1,860	3,100	6,980	10,850	15,500
1958 TR-3, 4-cyl., 100 hp, 88" wb						
Rds................................	1,520	4,560	7,600	17,100	26,600	38,000
HT Rds.............................	1,560	4,680	7,800	17,550	27,300	39,000
1958 TR-10, 4-cyl., 40 hp, 84" wb						
Saloon.............................	620	1,860	3,100	6,980	10,850	15,500
Sta Wag............................	630	1,880	3,140	7,070	10,990	15,700
NOTE: All cars registered after 9-15-58 are 1959 models.						
1959 TR-3, 4-cyl., 100 hp, 88" wb						
Rds................................	1,520	4,560	7,600	17,100	26,600	38,000
HT Rds.............................	1,560	4,680	7,800	17,550	27,300	39,000
1959 TR-10, 4-cyl., 40 hp, 84" wb						
Saloon.............................	620	1,860	3,100	6,980	10,850	15,500
Sta Wag............................	630	1,880	3,140	7,070	10,990	15,700
1960 Herald, 4-cyl., 40 hp, 84" wb						
Sed................................	250	750	1,200	2,750	4,250	6,100
Cpe................................	250	750	1,250	2,790	4,350	6,200
Conv................................	450	1,300	2,200	4,950	7,700	11,000
Sta Wag............................	250	800	1,300	2,930	4,550	6,500
1960 TR-3, 4-cyl., 100 hp, 88" wb						
Rds................................	1,520	4,560	7,600	17,100	26,600	38,000
HT Rds.............................	1,560	4,680	7,800	17,550	27,300	39,000
NOTE: All cars registered after 9-15-60 are 1961 models.						
1961 Herald, 4-cyl., 40 hp, 91.5" wb						
Sed................................	250	750	1,250	2,790	4,350	6,200
Cpe................................	250	750	1,250	2,840	4,400	6,300
Conv................................	450	1,300	2,200	4,950	7,700	11,000
Sta Wag............................	250	750	1,250	2,790	4,350	6,200
1961 TR-3, 4-cyl., 100 hp, 88" wb						
Rds................................	1,520	4,560	7,600	17,100	26,600	38,000
HT Rds.............................	1,560	4,680	7,800	17,550	27,300	39,000
1962 Herald, 4-cyl., 40 hp, 91.5" wb						
Sed................................	250	750	1,200	2,750	4,250	6,100
Cpe................................	250	750	1,250	2,790	4,350	6,200
Conv................................	450	1,300	2,200	4,950	7,700	11,000

	6	5	4	3	2	1
1962 TR-3, 4-cyl., 100 hp, 88" wb						
Rds	1,520	4,560	7,600	17,100	26,600	38,000
HT Rds	1,560	4,680	7,800	17,550	27,300	39,000
1962 TR-4, 4-cyl., 105 hp, 88" wb						
Rds	1,040	3,120	5,200	11,700	18,200	26,000
HT Rds	1,060	3,180	5,300	11,930	18,550	26,500
1962 Spitfire, 4-cyl., 57 hp, 83" wb						
Conv	680	2,040	3,400	7,650	11,900	17,000
1963 TR-3B, 4-cyl., 100 hp, 88" wb						
Rds	1,440	4,320	7,200	16,200	25,200	36,000
HT Rds	1,520	4,560	7,600	17,100	26,600	38,000
1963 TR-4, 4-cyl., 105 hp, 88" wb						
Conv	1,040	3,120	5,200	11,700	18,200	26,000
HT	1,060	3,180	5,300	11,930	18,550	26,500
1963 Four, 4-cyl., 40 hp, 91.5" wb						
Sed	250	800	1,300	2,930	4,550	6,500
Conv	300	950	1,600	3,600	5,600	8,000
1963 Spitfire, 4-cyl., 57 hp, 83" wb						
Spt Conv	600	1,800	3,000	6,750	10,500	15,000
1963 Six, 6-cyl., 70 hp, 91.5" wb						
Spt Conv	600	1,750	2,900	6,530	10,200	14,500
1964 TR-4, 4-cyl., 105 hp, 88" wb						
Conv	880	2,640	4,400	9,900	15,400	22,000
HT Cpe	800	2,400	4,000	9,000	14,000	20,000
1965 TR-4 and TR-4A, 4-cyl., 105 hp, 88" wb						
Conv	1,080	3,240	5,400	12,150	18,900	27,000
HT Cpe	1,100	3,300	5,500	12,380	19,250	27,500
1965 Spitfire Mk II, 4-cyl., 57 hp, 83" wb						
Conv	560	1,680	2,800	6,300	9,800	14,000
1966 TR-4A, 4-cyl., 105 hp, 88" wb						
Conv	1,080	3,240	5,400	12,150	18,900	27,000
HT Cpe	1,100	3,300	5,500	12,380	19,250	27,500
1966 2000, 6-cyl., 90 hp, 106" wb						
Sed	300	900	1,500	3,380	5,250	7,500
1966 Spitfire Mk II, 4-cyl., 57 hp, 83" wb						
Conv	560	1,680	2,800	6,300	9,800	14,000
1967 TR-4A, 4-cyl., 105 hp, 88" wb						
Conv	1,080	3,240	5,400	12,150	18,900	27,000
HT Cpe	1,100	3,300	5,500	12,380	19,250	27,500
1967 2000						
Sed	250	700	1,200	2,700	4,200	6,000
1967 Spitfire Mk II, 4-cyl., 60 hp, 83" wb						
Conv	600	1,750	2,900	6,530	10,200	14,500
HT Cpe	400	1,150	1,900	4,280	6,650	9,500
1967 1200 Sport						
Sed	250	700	1,150	2,570	4,000	5,700
Conv	450	1,400	2,300	5,180	8,050	11,500
1968 TR-250, 6-cyl., 104 hp, 88" wb						
Conv	1,040	3,120	5,200	11,700	18,200	26,000
1968 Spitfire Mk III, 4-cyl., 68 hp, 83" wb						
Conv	600	1,750	2,900	6,530	10,200	14,500
1968 GT-6 Plus, 6-cyl., 95 hp, 83" wb						
Cpe	420	1,260	2,100	4,730	7,350	10,500

NOTE: Add 10 percent for wire wheels. Add 10 percent for factory hardtop. Add 5 percent for overdrive.

	6	5	4	3	2	1
1969 TR-6, 6-cyl., 104 hp, 88" wb						
Conv	920	2,760	4,600	10,350	16,100	23,000
1969 Spitfire Mk III, 4-cyl., 68 hp, 83" wb						
Conv	600	1,750	2,900	6,530	10,200	14,500
1969 GT-6 Plus, 6-cyl., 95 hp, 83" wb						
Cpe	420	1,260	2,100	4,730	7,350	10,500

NOTE: Add 10 percent for wire wheels. Add 10 percent for factory hardtop. Add 5 percent for overdrive.

	6	5	4	3	2	1
1970 TR-6, 6-cyl., 104 hp, 88" wb						
Conv	920	2,760	4,600	10,350	16,100	23,000
1970 Spitfire Mk III, 4-cyl., 68 hp, 83" wb						
Conv	600	1,750	2,900	6,530	10,200	14,500
1970 GT-6 Plus, 6-cyl., 95 hp, 83" wb						
Cpe	420	1,260	2,100	4,730	7,350	10,500
1970 Stag, 8-cyl., 145 hp, 100" wb						
Conv	860	2,580	4,300	9,680	15,050	21,500

NOTE: Add 10 percent for wire wheels. Add 10 percent for factory hardtop. Add 5 percent for overdrive.

	6	5	4	3	2	1
1971 TR-6, 6-cyl., 104 hp, 88" wb						
Conv	920	2,760	4,600	10,350	16,100	23,000
1971 Spitfire Mk IV, 4-cyl., 58 hp, 83" wb						
Conv	600	1,750	2,900	6,530	10,200	14,500
1971 GT-6 Mk III, 6-cyl., 90 hp, 83" wb						
Cpe	420	1,260	2,100	4,730	7,350	10,500

	6	5	4	3	2	1
1971 Stag, 8-cyl., 145 hp, 100" wb						
Conv. 840	2,520	4,200	9,450	14,700	21,000
NOTE: Add 10 percent for wire wheels. Add 10 percent for factory hardtop. Add 5 percent for overdrive.						
1972 TR-6, 6-cyl., 106 hp, 88" wb						
Conv. 920	2,760	4,600	10,350	16,100	23,000
1972 Spitfire Mk IV, 4-cyl., 48 hp, 83" wb						
Conv. 600	1,750	2,900	6,530	10,200	14,500
1972 GT-6 Mk III, 6-cyl., 79 hp, 83" wb						
Cpe. 420	1,260	2,100	4,730	7,350	10,500
1972 Stag, 8-cyl., 127 hp, 100" wb						
Conv. 840	2,520	4,200	9,450	14,700	21,000
NOTE: Add 10 percent for wire wheels. Add 10 percent for factory hardtop. Add 5 percent for overdrive.						
1973 TR-6, 6-cyl., 106 hp, 88" wb						
Conv. 880	2,640	4,400	9,900	15,400	22,000
1973 Spitfire Mk IV, 4-cyl., 57 hp, 83" wb						
Conv. 450	1,400	2,300	5,180	8,050	11,500
1973 GT-6 Mk III, 6-cyl., 79 hp, 83" wb						
Cpe. 420	1,260	2,100	4,730	7,350	10,500
1973 Stag, 8-cyl., 127 hp, 100" wb						
Conv. 820	2,460	4,100	9,230	14,350	20,500
NOTE: Add 10 percent for wire wheels. Add 10 percent for factory hardtop. Add 5 percent for overdrive.						
1974 TR-6, 6-cyl., 106 hp, 88" wb						
Conv. 880	2,640	4,400	9,900	15,400	22,000
1974 Spitfire Mk IV, 4-cyl., 57 hp, 83" wb						
Conv. 450	1,400	2,300	5,180	8,050	11,500
NOTE: Add 10 percent for factory hardtop. Add 5 percent for overdrive.						
1975 TR-6, 6-cyl., 106 hp, 88" wb						
Conv. 880	2,640	4,400	9,900	15,400	22,000
1975 TR-7, 4-cyl., 92 hp, 85" wb						
Cpe. 450	1,300	2,200	4,950	7,700	11,000
1975 Spitfire 1500, 4-cyl., 57 hp, 83" wb						
Conv. 450	1,400	2,300	5,180	8,050	11,500
NOTE: Add 10 percent for factory hardtop. Add 5 percent for overdrive.						
1976 TR-6, 6-cyl., 106 hp, 88" wb						
Conv. 880	2,640	4,400	9,900	15,400	22,000
1976 TR-7, 4-cyl., 92 hp, 85" wb						
Cpe. 450	1,300	2,200	4,950	7,700	11,000
1976 Spitfire 1500, 4-cyl., 57 hp, 83" wb						
Conv. 450	1,400	2,300	5,180	8,050	11,500
NOTE: Add 10 percent for factory hardtop. Add 5 percent for overdrive.						
1977 TR-7, 4-cyl., 92 hp, 85" wb						
Cpe. 350	1,000	1,700	3,830	5,950	8,500
1977 Spitfire 1500, 4-cyl., 57 hp, 83" wb						
Conv. 450	1,400	2,300	5,180	8,050	11,500
NOTE: Add 10 percent for factory hardtop. Add 5 percent for overdrive.						
1978 TR-7, 4-cyl., 92 hp, 85" wb						
Cpe. 350	1,000	1,700	3,830	5,950	8,500
1978 TR-8, 8-cyl., 133 hp, 85" wb (About 150 prototypes in USA)						
Cpe. 650	2,000	3,300	7,430	11,600	16,500
1978 Spitfire 1500, 4-cyl., 57 hp, 83" wb						
Conv. 450	1,300	2,200	4,950	7,700	11,000
NOTE: Add 10 percent for factory hardtop. Add 5 percent for overdrive.						
1979 TR-7, 4-cyl., 86 hp, 85" wb						
Conv. 450	1,300	2,200	4,950	7,700	11,000
Cpe. 300	950	1,600	3,600	5,600	8,000
1979 Spitfire 1500, 4-cyl., 53 hp, 83" wb						
Conv. 350	1,000	1,700	3,830	5,950	8,500
NOTE: Add 10 percent for factory hardtop. Add 5 percent for overdrive.						
1980 TR-7, 4-cyl., 86 hp, 85" wb						
Conv. 450	1,350	2,250	5,040	7,850	11,200
Spider Conv 450	1,400	2,300	5,220	8,100	11,600
Cpe. 350	1,000	1,650	3,740	5,800	8,300
1980 TR-8, 8-cyl., 133 hp, 85" wb						
Conv. 700	2,050	3,450	7,740	12,000	17,200
Cpe. 600	1,850	3,100	6,980	10,900	15,500
1980 Spitfire 1500, 4-cyl., 57 hp, 83" wb						
Conv. 450	1,350	2,300	5,130	8,000	11,400
NOTE: Add 10 percent for factory hardtop. Add 5 percent for overdrive.						
1981 TR-7, 4-cyl., 89 hp, 85" wb						
Conv. 500	1,450	2,400	5,360	8,350	11,900
1981 TR-8, 8-cyl., 148 hp, 85" wb						
Conv. 750	2,200	3,700	8,330	13,000	18,500

| | 6 | 5 | 4 | 3 | 2 | 1 | 621 |

VAUXHALL

1946-56 Ten, 4-cyl., 1203cc. 97.8" wb
Saloon	248	744	1,240	2,790	4,340	6,200

1946-56 Twelve, 4-cyl., 1442cc, 97.8" wb
| Saloon | 280 | 840 | 1,400 | 3,150 | 4,900 | 7,000 |

1946-56 Fourteen, 6-cyl., 1781cc, 105" wb
| Saloon | 320 | 960 | 1,600 | 3,600 | 5,600 | 8,000 |

1946-56 Wyvern, 1948, 1442cc, 97.8" wb; 1951, 103" wb
| Saloon | 320 | 960 | 1,600 | 3,600 | 5,600 | 8,000 |

1946-56 Velox, 1948, 6-cyl., 97.8" wb, 2275cc 1951, 103" wb
| Saloon | 340 | 1,020 | 1,700 | 3,830 | 5,950 | 8,500 |

1957-59 Victor Super, 4-cyl., 1507cc, 98" wb
| FD 4d Sed | 300 | 850 | 1,450 | 3,240 | 5,050 | 7,200 |
| FW 4d Sta Wag | 300 | 950 | 1,550 | 3,510 | 5,450 | 7,800 |

1960-61 Victor Super, 4-cyl., 1507cc Series 2, 98" wb
| FD 4d Sed | 300 | 850 | 1,450 | 3,240 | 5,050 | 7,200 |
| FW 4d Sta Wag | 300 | 950 | 1,550 | 3,510 | 5,450 | 7,800 |

1962 Victor FB Super, 4-cyl., 1507cc, 100" wb
| FBD 4d Sed | 300 | 850 | 1,450 | 3,240 | 5,050 | 7,200 |
| FBW 4d Sta Wag | 300 | 950 | 1,550 | 3,510 | 5,450 | 7,800 |

VOLKSWAGEN

1945 Standard, 4-cyl., 25 hp, 94.5" wb
| 2d Sed | 1,280 | 3,840 | 6,400 | 14,400 | 22,400 | 32,000 |

1946 Standard, 4-cyl., 25 hp, 94.5" wb
| 2d Sed | 1,240 | 3,720 | 6,200 | 13,950 | 21,700 | 31,000 |

1947-48 4-cyl., 25 hp, 94.5" wb
| Std | 1,100 | 3,300 | 5,500 | 12,380 | 19,250 | 27,500 |
| Export | 1,200 | 3,600 | 6,000 | 13,500 | 21,000 | 30,000 |

1949 Standard, 4-cyl., 25 hp, 94.5" wb
| 2d Sed | 1,100 | 3,300 | 5,500 | 12,300 | 19,250 | 27,500 |

1949 DeLuxe, 4-cyl., 10 hp, 94.5" wb
2d Sed	1,160	3,480	5,800	13,050	20,300	29,000
Conv	1,320	3,950	6,580	14,810	23,030	32,900
Heb Conv	1,360	4,070	6,780	15,260	23,730	33,900

NOTE: Only 700 Hebmuller Cabr convertibles were built during 1949-1950. Add 10 percent for sunroof.

1950 DeLuxe, 4-cyl., 25 hp, 94.5" wb
2d Sed	1,140	3,420	5,700	12,830	19,950	28,500
Conv	1,220	3,660	6,100	13,730	21,350	30,500
Heb Conv	1,360	4,080	6,800	15,300	23,800	34,000

NOTE: Add 10 percent for sunroof.

1950 Transporter, 4-cyl., 25 hp, 94.5" wb
| DeL Van | 1,240 | 3,720 | 6,200 | 13,950 | 21,700 | 31,000 |
| Kombi | 1,140 | 3,420 | 5,700 | 12,830 | 19,950 | 28,500 |

1951-52 (Serial Nos. 170000-Up) DeLuxe, 4-cyl., 25 hp, 94.5" wb
| 2d Sed | 1,100 | 3,300 | 5,500 | 12,380 | 19,250 | 27,500 |
| Conv | 1,160 | 3,480 | 5,800 | 13,050 | 20,300 | 29,000 |

NOTE: Add 10 percent for sunroof.

1951-52 Transporter, 4-cyl., 25 hp, 94.5" wb
| DeL Van | 1,240 | 3,720 | 6,200 | 13,950 | 21,700 | 31,000 |
| Kombi | 1,140 | 3,420 | 5,700 | 12,830 | 19,950 | 28,500 |

NOTE: Overdrive is standard equipment.

1952-53 (Serial Nos. 1-0264198-Up) DeLuxe 4-cyl., 25 hp, 94.5" wb
| 2d Sed | 1,100 | 3,300 | 5,500 | 12,380 | 19,250 | 27,500 |
| Conv | 1,220 | 3,660 | 6,100 | 13,730 | 21,350 | 30,500 |

NOTE: Add 10 percent for sunroof.

1952-53 Transporter, 4-cyl., 25 hp, 94.5" wb
| DeL Van | 1,240 | 3,720 | 6,200 | 13,950 | 21,700 | 31,000 |
| Kombi | 1,140 | 3,420 | 5,700 | 12,830 | 19,950 | 28,500 |

1953 (Serial Nos. later than March 1953) DeLuxe, 4-cyl., 94.5" wb, 25 hp
| 2d Sed | 700 | 2,100 | 3,500 | 7,880 | 12,250 | 17,500 |
| Conv | 1,220 | 3,660 | 6,100 | 13,730 | 21,350 | 30,500 |

NOTE: Add 10 percent for sunroof.

1953 Transporter, 4-cyl., 25 hp, 94.5" wb
| DeL Van | 1,140 | 3,420 | 5,700 | 12,830 | 19,950 | 28,500 |
| Kombi | 1,240 | 3,720 | 6,200 | 13,950 | 21,700 | 31,000 |

1954 DeLuxe, 4-cyl., 36 hp, 94.5" wb
| 2d Sed | 700 | 2,100 | 3,500 | 7,880 | 12,250 | 17,500 |
| Conv | 1,220 | 3,660 | 6,100 | 13,730 | 21,350 | 30,500 |

NOTE: Add 10 percent for sunroof.

1954 Station Wagons, 4-cyl., 30 hp, 94.5" wb
| Microbus | 1,220 | 3,660 | 6,100 | 13,730 | 21,350 | 30,500 |
| DeL Microbus | 1,240 | 3,720 | 6,200 | 13,950 | 21,700 | 31,000 |

NOTE: Microbus 165" overall; DeLuxe Microbus 166.1" overall; Beetle 160.3" overall.

	6	5	4	3	2	1
1955 DeLuxe, 4-cyl., 36 hp, 94.5" wb						
2d Sed	700	2,100	3,500	7,880	12,250	17,500
Conv.	1,220	3,660	6,100	13,730	21,350	30,500
NOTE: Add 10 percent for sunroof.						
1955 Station Wagons, 4-cyl., 36 hp, 94.5" wb						
Kombi	1,140	3,420	5,700	12,830	19,950	28,500
Microbus	1,220	3,660	6,100	13,730	21,350	30,500
Microbus DeL	1,240	3,720	6,200	13,950	21,700	31,000
1956 DeLuxe, 4-cyl., 36 hp, 94.5" wb						
2d Sed	700	2,100	3,500	7,880	12,250	17,500
Conv.	1,220	3,660	6,100	13,730	21,350	30,500
NOTE: Add 10 percent for sunroof.						
1956 Karmann-Ghia, 4-cyl., 36 hp, 94.5" wb						
Cpe.	740	2,220	3,700	8,330	12,950	18,500
1956 Station Wagons, 4-cyl., 36 hp, 94.5" wb						
Kombi	1,140	3,420	5,700	12,830	19,950	28,500
Microbus	1,260	3,780	6,300	14,180	22,050	31,500
Microbus DeL	1,280	3,840	6,400	14,400	22,400	32,000
1957 Beetle, 4-cyl., 36 hp, 94.5" wb						
2d Sed	700	2,100	3,500	7,880	12,250	17,500
Conv.	1,220	3,660	6,100	13,730	21,350	30,500
NOTE: Add 10 percent for sunroof.						
1957 Karmann-Ghia, 4-cyl., 36 hp, 94.5" wb						
Cpe.	700	2,100	3,500	7,880	12,250	17,500
1957 Station Wagons, 4-cyl., 36 hp, 94.5" wb						
Kombi	1,180	3,540	5,900	13,280	20,650	29,500
Microbus	1,320	3,960	6,600	14,850	23,100	33,000
Microbus SR	1,340	4,020	6,700	15,080	23,450	33,500
Camper	1,380	4,140	6,900	15,530	24,150	34,500
NOTE: Add 10 percent for sunroof.						
1958 Beetle, 4-cyl., 36 hp, 94.5" wb						
2d DeL Sed	700	2,100	3,500	7,880	12,250	17,500
Conv.	1,220	3,660	6,100	13,730	21,350	30,500
1958 Karmann-Ghia, 4-cyl., 36 hp, 94.5" wb						
Cpe.	780	2,340	3,900	8,780	13,650	19,500
Conv.	1,220	3,660	6,100	13,730	21,350	30,500
1958 Station Wagons, 4-cyl., 36 hp, 94.5" wb						
Kombi	1,180	3,540	5,900	13,280	20,650	29,500
Microbus	1,360	4,080	6,800	15,300	23,800	34,000
Microbus DeL SR	1,380	4,140	6,900	15,530	24,150	34,500
Camper	1,420	4,260	7,100	15,980	24,850	35,500
1959 Beetle, 4-cyl., 36 hp, 94.5" wb						
2d Sed	680	2,040	3,400	7,650	11,900	17,000
Conv.	1,200	3,600	6,000	13,500	21,000	30,000
NOTE: Add 10 percent for sunroof.						
1959 Karmann-Ghia, 4-cyl., 36 hp, 94.5" wb						
Cpe.	740	2,220	3,700	8,330	12,950	18,500
Conv.	1,180	3,540	5,900	13,280	20,650	29,500
1959 Station Wagons, 4-cyl., 36 hp, 94.5" wb						
Kombi	1,180	3,540	5,900	13,280	20,650	29,500
Microbus	1,380	4,140	6,900	15,530	24,150	34,500
Microbus DeL SR	1,500	4,500	7,500	16,880	26,250	37,500
Camper	1,440	4,320	7,200	16,200	25,200	36,000
1960 Beetle, 4-cyl., 36 hp, 94.5" wb						
2d DeL Sed	680	2,040	3,400	7,650	11,900	17,000
Conv.	1,200	3,600	6,000	13,500	21,000	30,000
1960 Karmann-Ghia, 4-cyl., 36 hp, 94.5" wb						
Cpe.	740	2,220	3,700	8,330	12,950	18,500
Conv.	1,180	3,540	5,900	13,280	20,650	29,500
1960 Station Wagons, 4-cyl., 36 hp, 94.5" wb						
Kombi	1,180	3,540	5,900	13,280	20,650	29,500
Microbus	1,380	4,140	6,900	15,530	24,150	34,500
Microbus DeL SR	1,500	4,500	7,500	16,880	26,250	37,500
Camper	1,440	4,320	7,200	16,200	25,200	36,000
NOTE: Add 10 percent for sunroof.						
1961 Beetle, 4-cyl., 40 hp, 94.5" wb						
2d DeL Sed	680	2,040	3,400	7,650	11,900	17,000
Conv.	1,160	3,480	5,800	13,050	20,300	29,000
1961 Karmann-Ghia, 4-cyl., 40 hp, 94.5" wb						
Cpe.	780	2,340	3,900	8,780	13,650	19,500
Conv.	1,220	3,660	6,100	13,730	21,350	30,500
1961 Station Wagons, 4-cyl., 40 hp, 94.5" wb						
Kombi	1,180	3,540	5,900	13,280	20,650	29,500
Sta Wag	1,420	4,260	7,100	15,980	24,850	35,500
Sta Wag DeL/SR	1,540	4,620	7,700	17,330	26,950	38,500
Camper	1,480	4,440	7,400	16,650	25,900	37,000
NOTE: Add 5 percent for extra seats (sta. wag.).						

1962 Beetle, 4-cyl., 40 hp, 94.5" wb

	6	5	4	3	2	1
2d DeL Sed	680	2,040	3,400	7,650	11,900	17,000
Conv	1,160	3,480	5,800	13,050	20,300	29,000

NOTE: Add 10 percent for sunroof.

1962 Karmann-Ghia, 4-cyl., 40 hp, 94.5" wb

	6	5	4	3	2	1
Cpe	780	2,340	3,900	8,780	13,650	19,500
Conv	1,220	3,660	6,100	13,730	21,350	30,500

1962 Station Wagons, 4-cyl., 40 hp, 94.5" wb

	6	5	4	3	2	1
Kombi	1,180	3,540	5,900	13,280	20,650	29,500
Sta Wag	1,440	4,320	7,200	16,200	25,200	36,000
DeL Sta Wag	1,540	4,620	7,700	17,330	26,950	38,500
Camper	1,500	4,500	7,500	16,880	26,250	37,500

1963 Beetle, 4-cyl., 40 hp, 94.5" wb

	6	5	4	3	2	1
2d DeL Sed	660	1,980	3,300	7,430	11,550	16,500
Conv	1,140	3,420	5,700	12,830	19,950	28,500

NOTE: Add 10 percent for sunroof.

1963 Karmann-Ghia, 4-cyl., 40 hp, 94.5" wb

	6	5	4	3	2	1
Cpe	740	2,220	3,700	8,330	12,950	18,500
Conv	1,180	3,540	5,900	13,280	20,650	29,500

1963 Station Wagons, 4-cyl., 40 hp, 94.5" wb

	6	5	4	3	2	1
Kombi	1,180	3,540	5,900	13,280	20,650	29,500
Sta Wag	1,440	4,320	7,200	16,200	25,200	36,000
DeL Sta Wag	1,540	4,620	7,700	17,330	26,950	38,500
Camper	1,500	4,500	7,500	16,880	26,250	37,500

1964 Beetle, 4-cyl., 40 hp, 94.5" wb

	6	5	4	3	2	1
2d DeL Sed	660	1,980	3,300	7,430	11,550	16,500
Conv	1,140	3,420	5,700	12,830	19,950	28,500

NOTE: Add 10 percent for sunroof.

1964 Karmann-Ghia, 4-cyl., 40 hp, 94.5" wb

	6	5	4	3	2	1
Cpe	740	2,220	3,700	8,330	12,950	18,500
Conv	980	2,940	4,900	11,030	17,150	24,500

1964 Station Wagons (1200 Series), 4-cyl., 40 hp, 94.5" wb

	6	5	4	3	2	1
Kombi	1,180	3,540	5,900	13,280	20,650	29,500
Sta Wag	1,440	4,320	7,200	16,200	25,200	36,000
DeL Sta Wag	1,480	4,440	7,400	16,650	25,900	37,000

1964 Station Wagons (1500 Series), 4-cyl., 50 hp, 94.5" wb

	6	5	4	3	2	1
Kombi	820	2,460	4,100	9,230	14,350	20,500
Sta Wag	1,060	3,180	5,300	11,930	18,550	26,500
DeL Sta Wag	1,140	3,420	5,700	12,830	19,950	28,500
Camper	1,140	3,420	5,700	12,830	19,950	28,500

1965 Beetle, 4-cyl., 40 hp, 94.5" wb

	6	5	4	3	2	1
2d DeL Sed	660	1,980	3,300	7,430	11,550	16,500
Conv	940	2,820	4,700	10,580	16,450	23,500

NOTE: Add 10 percent for sunroof.

1965 Karmann-Ghia, 4-cyl., 40 hp, 94.5" wb

	6	5	4	3	2	1
Cpe	740	2,220	3,700	8,330	12,950	18,500
Conv	980	2,940	4,900	11,030	17,150	24,500

1965 Station Wagons (1500 Series), 4-cyl., 40 hp, 94.5" wb

	6	5	4	3	2	1
Kombi	780	2,340	3,900	8,780	13,650	19,500
Sta Wag	1,040	3,120	5,200	11,700	18,200	26,000
DeL Sta Wag	1,140	3,420	5,700	12,830	19,950	28,500
Camper	1,100	3,300	5,500	12,380	19,250	27,500

1965 Commercial, (1500 Series), 4-cyl., 40 hp, 94.5" wb

	6	5	4	3	2	1
Panel	660	1,980	3,300	7,430	11,550	16,500
PU	680	2,040	3,400	7,650	11,900	17,000
Dbl Cab PU	684	2,052	3,420	7,700	11,970	17,100

1966 Beetle, 50 hp

	6	5	4	3	2	1
2d DeL Sed	660	1,980	3,300	7,430	11,550	16,500
Conv	740	2,220	3,700	8,330	12,950	18,500

NOTE: Add 10 percent for sunroof.

1966 Karmann-Ghia, 53 hp

	6	5	4	3	2	1
Cpe	740	2,220	3,700	8,330	12,950	18,500
Conv	780	2,340	3,900	8,780	13,650	19,500

1966 Station Wagons, 57 hp

	6	5	4	3	2	1
Kombi	780	2,340	3,900	8,780	13,650	19,500
Sta Wag	1,040	3,120	5,200	11,700	18,200	26,000
DeL Sta Wag	1,140	3,420	5,700	12,830	19,950	28,500
Camper	1,100	3,300	5,500	12,380	19,250	27,500

1966 1600 Series, 65 hp

	6	5	4	3	2	1
2d FBk Sed	304	912	1,520	3,420	5,320	7,600
2d SqBk Sed	308	924	1,540	3,470	5,390	7,700

NOTE: Add 10 percent for sunroof.

1966 Commercial

	6	5	4	3	2	1
Panel	660	1,980	3,300	7,430	11,550	16,500
PU	680	2,040	3,400	7,650	11,900	17,000
Dbl Cab PU	684	2,052	3,420	7,700	11,970	17,100

	6	5	4	3	2	1
1967 Beetle, 53 hp						
2d DeL Sed	680	2,040	3,400	7,650	11,900	17,000
Conv.	760	2,280	3,800	8,550	13,300	19,000
NOTE: Add 10 percent for sunroof.						
1967 Karmann-Ghia, 53 hp						
Cpe.	740	2,220	3,700	8,330	12,950	18,500
Conv.	780	2,340	3,900	8,780	13,650	19,500
1967 Station Wagon, 57 hp						
Kombi.	780	2,340	3,900	8,780	13,650	19,500
Sta Wag	1,040	3,120	5,200	11,700	18,200	26,000
DeL Sta Wag	1,140	3,420	5,700	12,830	19,950	28,500
Camper	1,100	3,300	5,500	12,380	19,250	27,500
1967 1600 Series, 65 hp						
2d FBk Sed	316	948	1,580	3,560	5,530	7,900
2d SqBk Sed	324	972	1,620	3,650	5,670	8,100
NOTE: Add 10 percent for sunroof.						
1967 Commercial						
Panel	660	1,980	3,300	7,430	11,550	16,500
PU	680	2,040	3,400	7,650	11,900	17,000
Dbl Cab PU	684	2,052	3,420	7,700	11,970	17,100
1968 Beetle, 53 hp						
2d Sed	660	1,980	3,300	7,430	11,550	16,500
Conv.	740	2,220	3,700	8,330	12,950	18,500
NOTE: Add 10 percent for sunroof.						
1968 Karmann-Ghia, 53 hp						
Cpe.	740	2,220	3,700	8,330	12,950	18,500
Conv.	780	2,340	3,900	8,780	13,650	19,500
1968 1600 Series, 65 hp						
2d FBk Sed	316	948	1,580	3,560	5,530	7,900
2d SqBk Sed	324	972	1,620	3,650	5,670	8,100
NOTE: Add 10 percent for sunroof.						
1968 Station Wagons, 57 hp						
Kombi.	780	2,340	3,900	8,780	13,650	19,500
Sta Wag	980	2,940	4,900	11,030	17,150	24,500
Camper	1,020	3,060	5,100	11,480	17,850	25,500
1968 Commercial						
Panel	620	1,860	3,100	6,980	10,850	15,500
PU	640	1,920	3,200	7,200	11,200	16,000
Dbl Cab PU	644	1,932	3,220	7,250	11,270	16,100
1969 Beetle, 53 hp						
2d Sed	660	1,980	3,300	7,430	11,550	16,500
Conv.	740	2,220	3,700	8,330	12,950	18,500
NOTE: Add 10 percent for sunroof.						
1969 Karmann-Ghia, 53 hp						
Cpe.	740	2,220	3,700	8,330	12,950	18,500
Conv.	780	2,340	3,900	8,780	13,650	19,500
1969 1600 Series, 65 hp						
2d FBk Sed	324	972	1,620	3,650	5,670	8,100
2d SqBk Sed	328	984	1,640	3,690	5,740	8,200
NOTE: Add 10 percent for sunroof.						
1969 Station Wagons, 57 hp						
Kombi.	740	2,220	3,700	8,330	12,950	18,500
Sta Wag	980	2,940	4,900	11,030	17,150	24,500
Camper	1,000	3,000	5,000	11,250	17,500	25,000
1969 Commercial						
Panel	620	1,860	3,100	6,980	10,850	15,500
PU	640	1,920	3,200	7,200	11,200	16,000
Dbl Cab PU	644	1,932	3,220	7,250	11,270	16,100
1970 Beetle, 60 hp						
2d Sed	660	1,980	3,300	7,430	11,550	16,500
Conv.	740	2,220	3,700	8,330	12,950	18,500
NOTE: Add 10 percent for sunroof.						
1970 Karmann-Ghia, 60 hp						
Cpe.	740	2,220	3,700	8,330	12,950	18,500
Conv.	780	2,340	3,900	8,780	13,650	19,500
1970 1600 Series, 65 hp						
2d FBk Sed	320	960	1,600	3,600	5,600	8,000
2d SqBk Sed	324	972	1,620	3,650	5,670	8,100
NOTE: Add 10 percent for sunroof.						
1970 Station Wagons, 60 hp						
Kombi.	740	2,220	3,700	8,330	12,950	18,500
Sta Wag	980	2,940	4,900	11,030	17,150	24,500
Camper	1,000	3,000	5,000	11,250	17,500	25,000
1970 Commercial						
Panel	620	1,860	3,100	6,980	10,850	15,500
PU	640	1,920	3,200	7,200	11,200	16,000
Dbl Cab PU	644	1,932	3,220	7,250	11,270	16,100

	6	5	4	3	2	1
1971 Beetle, 60 hp						
2d Sed.	650	1,900	3,200	7,200	11,200	16,000
2d Sup Sed	650	2,000	3,300	7,430	11,600	16,500
Conv	700	2,150	3,600	8,100	12,600	18,000
NOTE: Add 10 percent for sunroof.						
1971 Karmann-Ghia						
Cpe	700	2,050	3,400	7,650	11,900	17,000
Conv	750	2,200	3,700	8,330	13,000	18,500
1971 Thing						
4d Conv.	440	1,320	2,200	4,950	7,700	11,000
1971 Type 3, Sq. Back 411						
2d SqBk Sed.	300	900	1,500	3,380	5,250	7,500
3d 411 Sed	304	912	1,520	3,420	5,320	7,600
4d 411 Sed	304	912	1,520	3,420	5,320	7,600
2d Type 3 Sed.	300	900	1,500	3,380	5,250	7,500
1971 Transporter						
Kombi	700	2,050	3,400	7,650	11,900	17,000
Sta Wag	800	2,400	4,000	9,000	14,000	20,000
Sta Wag SR	800	2,400	4,050	9,090	14,100	20,200
Campmobile	800	2,450	4,100	9,230	14,300	20,500
1971 Commercial						
Panel.	550	1,700	2,800	6,300	9,800	14,000
PU	600	1,750	2,900	6,530	10,200	14,500
Dbl Cab PU	600	1,750	2,900	6,570	10,200	14,600
1972 Beetle, 60 hp						
2d Sed.	650	1,900	3,200	7,200	11,200	16,000
2d Sup Sed	650	2,000	3,300	7,430	11,600	16,500
Conv	700	2,150	3,600	8,100	12,600	18,000
NOTE: Add 10 percent for sunroof.						
1972 Karmann-Ghia						
Cpe	700	2,050	3,400	7,650	11,900	17,000
Conv	750	2,200	3,700	8,330	13,000	18,500
1972 Thing						
4d Conv.	440	1,320	2,200	4,950	7,700	11,000
1972 Type 3, Sq. Back 411						
2d Sed.	300	900	1,500	3,380	5,250	7,500
2d Sed Type 3.	300	900	1,500	3,380	5,250	7,500
2d Sed 411	304	912	1,520	3,420	5,320	7,600
4d Sed AT 411	304	912	1,520	3,420	5,320	7,600
3d Wagon 411.	308	924	1,540	3,470	5,390	7,700
NOTE: Add 10 percent for sunroof.						
1972 Transporter						
Kombi	700	2,050	3,400	7,650	11,900	17,000
Sta Wag	800	2,400	4,000	9,000	14,000	20,000
Campmobile	800	2,450	4,100	9,230	14,300	20,500
1972 Commercial						
Panel.	550	1,700	2,800	6,300	9,800	14,000
PU	600	1,750	2,900	6,530	10,200	14,500
Dbl Cab PU	600	1,750	2,900	6,570	10,200	14,600
1973 Beetle, 46 hp						
2d Sed.	650	1,900	3,200	7,200	11,200	16,000
2d Sup Sed	650	2,000	3,300	7,430	11,600	16,500
Conv	700	2,150	3,600	8,100	12,000	18,000
1973 Karmann-Ghia						
Cpe	650	1,900	3,200	7,200	11,200	16,000
Conv	700	2,150	3,600	8,100	12,600	18,000
1973 Type 3, Sq. Back 412						
2d Sed SqBk.	300	900	1,500	3,380	5,250	7,500
2d Sed Type 3.	300	900	1,500	3,380	5,250	7,500
2d Sed 412	304	912	1,520	3,420	5,320	7,600
4d Sed 412	304	912	1,520	3,420	5,320	7,600
3d Sed 412	304	912	1,520	3,420	5,320	7,600
1973 Thing						
4d Conv.	440	1,320	2,200	4,950	7,700	11,000
1973 Transporter						
Kombi	650	1,900	3,200	7,200	11,200	16,000
Sta Wag	750	2,300	3,800	8,550	13,300	19,000
Campmobile	800	2,350	3,900	8,780	13,700	19,500
Panel.	600	1,850	3,100	6,980	10,900	15,500
1974 Beetle						
2d Sed.	650	1,900	3,200	7,200	11,200	16,000
2d Sup Sed	650	2,000	3,300	7,430	11,600	16,500
2d Sun Bug Sed	650	2,000	3,300	7,470	11,600	16,600
Conv	700	2,100	3,500	7,880	12,300	17,500
1974 Karmann-Ghia						
Cpe	600	1,850	3,100	6,980	10,900	15,500
Conv	700	2,100	3,500	7,880	12,300	17,500

	6	5	4	3	2	1
1974 Thing						
4d Conv	440	1,320	2,200	4,950	7,700	11,000
NOTE: Add 5 percent for Acupulco pkg.						
1974 Dasher						
2d Sed	300	950	1,550	3,510	5,450	7,800
4d Sed	300	950	1,600	3,560	5,550	7,900
4d Wag	300	950	1,600	3,600	5,600	8,000
1974 412						
2d Sed	300	950	1,550	3,510	5,450	7,800
4d Sed	300	950	1,600	3,560	5,550	7,900
3d Sed	300	950	1,600	3,560	5,550	7,900
1974 Transporter						
Kombi	650	1,900	3,200	7,200	11,200	16,000
Sta Wag	700	2,150	3,600	8,100	12,600	18,000
Campmobile	750	2,200	3,700	8,330	13,000	18,500
Panel	600	1,800	3,000	6,750	10,500	15,000
1975 Beetle						
2d Sed	600	1,800	3,000	6,750	10,500	15,000
2d Sup Sed	600	1,850	3,100	6,980	10,900	15,500
Conv	700	2,050	3,400	7,650	11,900	17,000
1975 Rabbit						
2d Cus Sed	300	900	1,500	3,420	5,300	7,600
4d Cus Sed	300	900	1,550	3,470	5,400	7,700
NOTE: Add 5 percent for DeLuxe.						
1975 Dasher						
2d Sed	300	900	1,500	3,420	5,300	7,600
4d Sed	300	950	1,550	3,510	5,450	7,800
HBk	300	950	1,600	3,560	5,550	7,900
4d Wag	300	950	1,600	3,600	5,600	8,000
1975 Scirocco						
Cpe	350	1,000	1,700	3,780	5,900	8,400
1975 Transporter						
Kombi	600	1,850	3,100	6,980	10,900	15,500
Sta Wag	700	2,050	3,400	7,650	11,900	17,000
Campmobile	700	2,100	3,500	7,880	12,300	17,500
Panel	600	1,750	2,900	6,530	10,200	14,500
1976 Beetle						
2d Sed	600	1,800	3,000	6,750	10,500	15,000
Conv	600	1,850	3,100	6,980	10,900	15,500
1976 Rabbit						
2d Sed	250	800	1,300	2,970	4,600	6,600
2d Cus Sed	250	800	1,350	3,020	4,700	6,700
4d Cus Sed	250	800	1,350	3,020	4,700	6,700
NOTE: Add 10 percent for DeLuxe.						
1976 Dasher						
2d Sed	250	800	1,350	3,020	4,700	6,700
4d Sed	300	850	1,400	3,110	4,850	6,900
4d Wag	300	850	1,450	3,240	5,050	7,200
1976 Scirocco						
Cpe	300	950	1,550	3,510	5,450	7,800
1976 Transporter						
Kombi	600	1,850	3,100	6,980	10,900	15,500
Sta Wag	700	2,050	3,400	7,650	11,900	17,000
Campmobile	700	2,100	3,500	7,880	12,300	17,500
1977 Beetle						
2d Sed	600	1,800	3,000	6,750	10,500	15,000
Conv	700	2,050	3,400	7,650	11,900	17,000
1977 Rabbit						
2d Sed	250	800	1,300	2,970	4,600	6,600
2d Cus Sed	250	800	1,350	3,020	4,700	6,700
4d Cus Sed	250	800	1,350	3,020	4,700	6,700
NOTE: Add 10 percent for DeLuxe. Add 15 percent for Champagne Ed.						
1977 Dasher						
2d Sed	250	800	1,350	3,020	4,700	6,700
4d Sed	300	850	1,400	3,110	4,850	6,900
4d Wag	300	850	1,450	3,240	5,050	7,200
1977 Scirocco						
Cpe	300	950	1,600	3,560	5,550	7,900
1977 Transporter						
Kombi	600	1,800	3,000	6,750	10,500	15,000
Sta Wag	680	2,040	3,400	7,650	11,900	17,000
Campmobile	700	2,100	3,500	7,880	12,300	17,500
1978 Beetle						
2d Conv	650	1,900	3,200	7,200	11,200	16,000
1978 Rabbit						
2d	250	800	1,300	2,930	4,550	6,500

	6	5	4	3	2	1
2d Cus.	250	800	1,300	2,970	4,600	6,600
4d Cus.	250	800	1,300	2,970	4,600	6,600
2d DeL.	250	800	1,350	3,020	4,700	6,700
4d DeL.	250	800	1,350	3,020	4,700	6,700
1978 Dasher						
2d	300	850	1,400	3,150	4,900	7,000
4d	300	850	1,400	3,150	4,900	7,000
4d Sta Wag	300	850	1,400	3,200	4,950	7,100
1978 Scirocco						
2d Cpe.	300	900	1,500	3,380	5,250	7,500
1978 Transporter						
Kombi	600	1,800	3,000	6,750	10,500	15,000
Sta Wag	700	2,050	3,400	7,650	11,900	17,000
Campmobile	700	2,100	3,500	7,880	12,300	17,500
1979 Beetle						
2d Conv.	650	2,000	3,300	7,430	11,600	16,500
1979 Rabbit						
2d	250	800	1,300	2,930	4,550	6,500
2d Cus.	250	800	1,300	2,970	4,600	6,600
4d Cus.	250	800	1,300	2,970	4,600	6,600
2d DeL.	250	800	1,350	3,020	4,700	6,700
4d DeL.	250	800	1,350	3,020	4,700	6,700
1979 Dasher						
2d HBk	300	850	1,400	3,150	4,900	7,000
4d HBk	300	850	1,400	3,150	4,900	7,000
4d Sta Wag	300	850	1,400	3,200	4,950	7,100
1979 Scirocco						
2d Cpe.	300	900	1,500	3,380	5,250	7,500
1979 Transporter						
Kombi	600	1,800	3,000	6,750	10,500	15,000
Sta Wag	700	2,050	3,400	7,650	11,900	17,000
Campmobile	700	2,100	3,500	7,880	12,300	17,500
1980 Rabbit						
2d Conv.	350	1,000	1,700	3,780	5,900	8,400
2d Cus.	250	700	1,200	2,700	4,200	6,000
4d Cus.	250	700	1,200	2,700	4,200	6,000
2d DeL.	250	750	1,200	2,750	4,250	6,100
4d DeL.	250	750	1,200	2,750	4,250	6,100
1980 Jetta						
2d	250	750	1,300	2,880	4,500	6,400
4d	250	750	1,300	2,880	4,500	6,400
1980 Dasher						
2d	250	750	1,250	2,840	4,400	6,300
4d	250	750	1,250	2,840	4,400	6,300
4d Sta Wag	250	750	1,300	2,880	4,500	6,400
1980 Scirocco						
2d Cpe.	250	800	1,300	2,970	4,600	6,600
2d Cpe S.	250	800	1,350	3,060	4,750	6,800
1980 Pickup						
Cus.	250	800	1,300	2,970	4,600	6,600
LX	250	800	1,350	3,020	4,700	6,700
Spt.	250	800	1,350	3,060	4,750	6,800
1980 Vanagon Transporter						
Kombi	400	1,150	1,900	4,280	6,650	9,500
Sta Wag	400	1,250	2,100	4,730	7,350	10,500
Campmobile	600	1,800	3,000	6,750	10,500	15,000
1981 Rabbit						
2d Conv.	300	900	1,450	3,290	5,100	7,300
2d	200	600	1,000	2,250	3,500	5,000
2d L	200	600	1,000	2,250	3,500	5,000
4d L	200	600	1,000	2,250	3,500	5,000
2d LS	200	600	1,000	2,300	3,550	5,100
4d LS	200	600	1,000	2,300	3,550	5,100
2d S.	200	600	1,050	2,340	3,650	5,200
1981 Jetta						
2d	200	650	1,100	2,430	3,800	5,400
4d	200	650	1,100	2,430	3,800	5,400
1981 Dasher						
4d	200	600	1,050	2,340	3,650	5,200
1981 Scirocco						
2d Cpe.	200	650	1,100	2,520	3,900	5,600
2d Cpe S.	250	700	1,150	2,570	4,000	5,700
1981 Pickup						
PU.	200	650	1,100	2,520	3,900	5,600
LX.	250	700	1,150	2,570	4,000	5,700
Spt.	250	700	1,150	2,610	4,050	5,800

	6	5	4	3	2	1
1981 Vanagon Transporter						
Kombi	350	1,000	1,700	3,830	5,950	8,500
Sta Wag	400	1,150	1,900	4,280	6,650	9,500
Campmobile	450	1,300	2,200	4,950	7,700	11,000
1982 Rabbit						
2d Conv	300	850	1,400	3,200	4,950	7,100
2d	200	600	1,000	2,250	3,500	5,000
2d L	200	600	1,000	2,300	3,550	5,100
4d L	200	600	1,000	2,250	3,500	5,000
2d LS	200	600	1,000	2,300	3,550	5,100
4d LS	200	600	1,000	2,300	3,550	5,100
2d S	200	600	1,050	2,340	3,650	5,200
1982 Jetta						
2d	200	650	1,050	2,390	3,700	5,300
4d	200	650	1,050	2,390	3,700	5,300
1982 Scirocco						
2d Cpe	250	700	1,150	2,570	4,000	5,700
1982 Quantum						
2d Cpe	250	700	1,200	2,700	4,200	6,000
4d	250	700	1,200	2,700	4,200	6,000
4d Sta Wag	250	750	1,200	2,750	4,250	6,100
1982 Pickup						
PU	200	650	1,100	2,520	3,900	5,600
LX	250	700	1,150	2,570	4,000	5,700
Spt	250	700	1,150	2,610	4,050	5,800
1982 Vanagon						
Sta Wag	350	1,000	1,700	3,830	5,950	8,500
Campmobile	450	1,300	2,200	4,950	7,700	11,000
1983 Rabbit						
2d Conv	300	850	1,450	3,240	5,050	7,200
2d L	200	600	1,000	2,250	3,500	5,000
4d L	200	600	1,000	2,250	3,500	5,000
2d LS	200	600	1,000	2,250	3,500	5,000
4d LS	200	600	1,000	2,250	3,500	5,000
GL 2d	200	600	1,000	2,300	3,550	5,100
GL 4d	200	600	1,000	2,300	3,550	5,100
GTI 2d	200	650	1,100	2,480	3,850	5,500
1983 Jetta						
2d	200	650	1,100	2,430	3,800	5,400
4d	200	650	1,100	2,430	3,800	5,400
1983 Scirocco						
2d Cpe	250	750	1,200	2,750	4,250	6,100
1983 Quantum						
2d Cpe	250	750	1,200	2,750	4,250	6,100
4d	250	750	1,200	2,750	4,250	6,100
4d Sta Wag	250	750	1,250	2,790	4,350	6,200
1983 Pickup						
PU	200	650	1,100	2,520	3,900	5,600
LX	250	700	1,150	2,570	4,000	5,700
Spt	250	700	1,150	2,610	4,050	5,800
1983 Vanagon						
Sta Wag	350	1,000	1,700	3,830	5,950	8,500
Campmobile	450	1,300	2,200	4,950	7,700	11,000
1984 Rabbit						
2d Conv	300	950	1,550	3,510	5,450	7,800
2d L HBk	200	600	1,000	2,250	3,500	5,000
4d L HBk	200	600	1,000	2,300	3,550	5,100
GL 4d HBk	200	650	1,100	2,480	3,850	5,500
GTI 2d HBk	250	700	1,200	2,700	4,200	6,000
1984 Jetta						
2d Sed	250	700	1,150	2,610	4,050	5,800
4d Sed	250	700	1,200	2,660	4,150	5,900
GL 4d Sed	250	700	1,200	2,700	4,200	6,000
GLi 4d Sed	250	750	1,250	2,790	4,350	6,200
1984 Scirocco						
2d Cpe	250	700	1,200	2,700	4,200	6,000
1984 Quantum						
GL 4d Sed	250	700	1,150	2,610	4,050	5,800
GL 4d Sta Wag	250	700	1,150	2,570	4,000	5,700
1984 Vanagon						
Sta Wag	300	950	1,600	3,600	5,600	8,000
Campmobile	450	1,300	2,200	4,950	7,700	11,000
1985 Golf						
2d HBk	200	600	1,000	2,300	3,550	5,100
GTI 2d HBk	200	650	1,100	2,480	3,850	5,500
4d HBk	200	600	1,050	2,340	3,650	5,200

	6	5	4	3	2	1
1985 Jetta						
2d Sed.	200	600	1,050	2,340	3,650	5,200
4d Sed.	200	650	1,050	2,390	3,700	5,300
NOTE: Add 5 percent for GL and GLi option.						
1985 Cabriolet						
2d Conv.	350	1,000	1,700	3,830	5,950	8,500
1985 Scirocco						
2d Cpe.	200	650	1,100	2,480	3,850	5,500
1985 Quantum						
4d Sed.	200	650	1,050	2,390	3,700	5,300
4d Sta Wag	200	650	1,100	2,430	3,800	5,400
1985 Vanagon						
Sta Wag	300	950	1,600	3,600	5,600	8,000
Camper	450	1,300	2,200	4,950	7,700	11,000
1986 Golf						
2d HBk	250	800	1,300	2,970	4,600	6,600
GTI 2d HBk	300	850	1,400	3,150	4,900	7,000
4d HBk	250	800	1,350	3,020	4,700	6,700
1986 Jetta						
2d Sed.	250	800	1,350	3,020	4,700	6,700
4d Sed.	250	800	1,350	3,060	4,750	6,800
NOTE: Add 5 percent for GL and GLi option.						
1986 Cabriolet						
2d Conv.	400	1,250	2,100	4,730	7,350	10,500
1986 Scirocco						
2d Cpe.	300	850	1,400	3,150	4,900	7,000
1986 Quantum						
GL 4d Sed.	250	800	1,350	3,060	4,750	6,800
1986 Vanagon						
Sta Wag	350	1,100	1,800	4,050	6,300	9,000
Camper	600	1,800	3,000	6,750	10,500	15,000
1987 Fox						
2d Sed.	250	800	1,350	3,020	4,700	6,700
GL 4d Sed.	250	800	1,350	3,060	4,750	6,800
GL 2d Sta Wag	300	850	1,400	3,110	4,850	6,900
1987 Cabriolet						
2d Conv.	450	1,300	2,150	4,860	7,550	10,800
1987 Golf						
2d HBk GL.	250	800	1,350	3,060	4,750	6,800
GL 4d HBk.	300	850	1,400	3,110	4,850	6,900
GT 2d HBk	300	850	1,400	3,110	4,850	6,900
GT 4d HBk	300	850	1,400	3,150	4,900	7,000
GTI 2d HBk	300	950	1,550	3,510	5,450	7,800
GTI 2d HBk 16V	350	1,050	1,750	3,960	6,150	8,800
1987 Jetta						
2d Sed.	300	850	1,400	3,110	4,850	6,900
4d Sed.	300	850	1,400	3,150	4,900	7,000
GL 4d Sed.	300	850	1,450	3,240	5,050	7,200
GLi 4d Sed	300	950	1,600	3,560	5,550	7,900
GLi 4d Sed 16V.	350	1,050	1,800	4,010	6,250	8,900
1987 Scirocco						
2d Cpe.	300	850	1,450	3,240	5,050	7,200
2d Cpe 16V.	350	1,000	1,650	3,690	5,750	8,200
1987 Quantum						
GL 4d Sed.	300	850	1,400	3,150	4,900	7,000
4d Sta Wag	300	850	1,400	3,200	4,950	7,100
GL 4d Sta Wag	300	900	1,450	3,290	5,100	7,300
1987 Vanagon						
Sta Wag	350	1,100	1,800	4,050	6,300	9,000
GL Sta Wag.	400	1,150	1,900	4,280	6,650	9,500
Camper	400	1,200	2,000	4,500	7,000	10,000
GL Camper	400	1,200	2,050	4,590	7,150	10,200
1988 Fox						
2d Sed.	250	700	1,200	2,700	4,200	6,000
GL 4d Sed.	250	750	1,250	2,790	4,350	6,200
GL 2d Sta Wag	250	800	1,300	2,930	4,550	6,500
1988 Cabriolet						
2d Conv.	500	1,450	2,400	5,400	8,400	12,000
1988 Golf						
2d HBk	250	800	1,300	2,930	4,550	6,500
GL 2d HBk.	300	850	1,400	3,150	4,900	7,000
GL 4d HBk.	300	850	1,450	3,240	5,050	7,200
GT 2d HBk	300	900	1,500	3,420	5,300	7,600
GT 4d HBk	300	950	1,550	3,510	5,450	7,800
GTI 2d HBk.	300	950	1,600	3,560	5,550	7,900

	6	5	4	3	2	1
1988 Jetta						
2d Sed 300	950	1,550	3,510	5,450	7,800
4d Sed 300	950	1,600	3,650	5,650	8,100
GL 4d Sed 350	1,000	1,700	3,780	5,900	8,400
4d Sed Carat 350	1,000	1,700	3,830	5,950	8,500
GLi 4d Sed 400	1,150	1,900	4,280	6,650	9,500
1988 Scirocco						
2d Cpe 300	950	1,550	3,510	5,450	7,800
1988 Quantum						
GL 4d Sed 300	850	1,450	3,240	5,050	7,200
GL 4d Sta Wag. 300	850	1,450	3,240	5,050	7,200
1988 Vanagon						
GL Sta Wag 400	1,250	2,100	4,730	7,350	10,500
GL Camper. 500	1,550	2,600	5,850	9,100	13,000
1989 Fox						
2d Sed 250	750	1,250	2,790	4,350	6,200
GL 2d Sed 250	800	1,300	2,930	4,550	6,500
GL 4d Sed 250	800	1,350	3,020	4,700	6,700
GL 4d Sta Wag. 300	850	1,400	3,110	4,850	6,900
1989 Cabriolet						
2d Conv 500	1,500	2,500	5,630	8,750	12,500
1989 Golf						
2d HBk 250	800	1,350	3,020	4,700	6,700
GL 2d HBk 300	850	1,400	3,200	4,950	7,100
GL 4d HBk 300	850	1,450	3,240	5,050	7,200
GTI 2d HBk 300	950	1,600	3,600	5,600	8,000
1989 Jetta						
2d Sed 300	950	1,600	3,600	5,600	8,000
4d Sed 350	1,000	1,650	3,690	5,750	8,200
GL 4d Sed 350	1,000	1,700	3,830	5,950	8,500
4d Sed Carat 350	1,050	1,700	3,870	6,000	8,600
GLi 4d Sed 400	1,150	1,950	4,370	6,800	9,700
1989 Vanagon						
GL Sta Wag 500	1,450	2,400	5,400	8,400	12,000
GL Camper. 550	1,600	2,700	6,080	9,450	13,500
Carat Sta Wag 550	1,600	2,700	6,080	9,450	13,500
1990 Fox, 4-cyl.						
2d Sed 250	700	1,200	2,700	4,200	6,000
4d Sed 250	800	1,300	2,930	4,550	6,500
2d Sta Wag 250	800	1,350	3,060	4,750	6,800
4d Spt Sed 250	800	1,300	2,970	4,600	6,600
1990 Cabriolet, 4-cyl.						
2d Conv 500	1,450	2,400	5,400	8,400	12,000
1990 Golf, 4-cyl.						
GL 2d HBk 300	850	1,400	3,150	4,900	7,000
GL 4d HBk 300	850	1,400	3,200	4,950	7,100
GTI 2d HBk 300	950	1,600	3,560	5,550	7,900
1990 Jetta, 4-cyl.						
GL 2d Sed 350	1,000	1,650	3,740	5,800	8,300
GL 4d Sed 350	1,000	1,700	3,780	5,900	8,400
GL 4d Sed Diesel. 300	950	1,550	3,510	5,450	7,800
4d Carat Sed 350	1,000	1,700	3,830	5,950	8,500
GLi 4d Sed 400	1,150	1,900	4,280	6,650	9,500
1990 Passat, 4-cyl.						
4d Sed 400	1,150	1,900	4,280	6,650	9,500
4d Sta Wag 400	1,200	2,000	4,500	7,000	10,000
1990 Corrado, 4-cyl.						
2d Cpe 400	1,250	2,100	4,730	7,350	10,500
1991 Fox						
2d Sed 150	500	850	1,890	2,950	4,200
GL 4d Sed 200	550	900	2,030	3,150	4,500
1991 Cabriolet						
2d Conv 400	1,150	1,900	4,280	6,650	9,500
1991 Golf						
GL 2d HBk 250	700	1,200	2,700	4,200	6,000
GTI 2d HBk 300	900	1,500	3,380	5,250	7,500
GTI 2d HBk 16V 300	950	1,600	3,600	5,600	8,000
GL 4d HBk 250	800	1,350	3,020	4,700	6,700
1991 Jetta						
GL 2d Sed 250	800	1,300	2,930	4,550	6,500
GL 4d Sed 250	800	1,350	3,020	4,700	6,700
GL 4d Sed Diesel. 200	650	1,100	2,480	3,850	5,500
4d Carat Sed 300	850	1,450	3,240	5,050	7,200
GLi 4d Sed 16V 300	950	1,600	3,600	5,600	8,000
1991 Passat						
GL 4d Sed 300	900	1,500	3,380	5,250	7,500
GL 4d Sta Wag. 300	950	1,600	3,600	5,600	8,000

VOLKSWAGEN

	6	5	4	3	2	1
1991 Corrado						
2d Cpe.	400	1,150	1,900	4,280	6,650	9,500
1992 Fox, 4-cyl.						
2d Sed.	200	600	1,000	2,250	3,500	5,000
GL 4d Sed.	200	650	1,100	2,480	3,850	5,500
1992 Golf, 4-cyl.						
GL 2d HBk.	300	850	1,400	3,150	4,900	7,000
GL 4d HBk.	300	900	1,500	3,380	5,250	7,500
GTI 2d HBk.	300	950	1,600	3,600	5,600	8,000
GTI 2d HBk 16V	350	1,000	1,700	3,830	5,950	8,500
1992 Cabriolet, 4-cyl.						
2d Conv.	400	1,150	1,900	4,280	6,650	9,500
1992 Jetta, 4-cyl.						
GL 4d Sed.	300	900	1,500	3,380	5,250	7,500
GL 4d Sed Diesel	300	850	1,400	3,150	4,900	7,000
4d Carat Sed.	350	1,000	1,700	3,830	5,950	8,500
GLi 4d Sed 16V.	400	1,150	1,900	4,280	6,650	9,500
1992 Passat, 4-cyl.						
CL 4d Sed.	300	900	1,500	3,380	5,250	7,500
GL 4d Sed.	350	1,000	1,700	3,830	5,950	8,500
GL 4d Sta Wag.	400	1,150	1,900	4,280	6,650	9,500
1992 Corrado, 4-cyl.						
2d G60 Cpe.	450	1,300	2,200	4,950	7,700	11,000
SLC 2d Cpe.	500	1,550	2,600	5,850	9,100	13,000
1993 Fox, 4-cyl.						
2d Sed.	200	550	900	2,070	3,200	4,600
GL 4d Sed.	200	600	950	2,160	3,350	4,000
1993 Golf						
GL 4d HBk.	300	950	1,600	3,600	5,600	8,000
1993 Cabriolet, 4-cyl.						
2d Conv.	400	1,150	1,950	4,370	6,800	9,700
1993 Jetta, 4-cyl.						
GL 4d Sed.	300	950	1,550	3,510	5,450	7,800
1993 Passat, 4-cyl.						
GL 4d Sed.	350	1,100	1,800	4,050	6,300	9,000
GLX 4d Sed.	400	1,150	1,900	4,280	6,650	9,500
GLX 4d Sta Wag.	400	1,200	2,000	4,500	7,000	10,000
1993 Corrado, V-6						
SLC 2d Cpe.	500	1,450	2,400	5,400	8,400	12,000
1994 Golf, 4-cyl.						
GL 2d HBk.	300	900	1,500	3,380	5,250	7,500
GL 4d HBk.	300	950	1,550	3,510	5,450	7,800
1994 Jetta, 4-cyl.						
GL 4d Sed.	350	1,000	1,700	3,830	5,950	8,500
GLS 4d Sed.	350	1,100	1,800	4,050	6,300	9,000
GLX 4d Sed, V-6.	400	1,250	2,100	4,730	7,350	10,500
1994 Passat, V-6						
GLX 4d Sed.	450	1,300	2,200	4,950	7,700	11,000
GLX 4d Sta Wag.	500	1,450	2,400	5,400	8,400	12,000
1994 Corrado, V-6						
SLC 2d Cpe.	550	1,700	2,800	6,300	9,800	14,000
1995 Golf III, 4-cyl. & V-6						
4d HBk	300	900	1,450	3,290	5,100	7,300
GL 2d HBk.	300	900	1,500	3,380	5,250	7,500
GL 4d HBk.	300	950	1,550	3,510	5,450	7,800
2d Spt HBk.	300	950	1,600	3,600	5,600	8,000
GTI 2d HBk, V-6.	400	1,250	2,100	4,730	7,350	10,500
1995 Jetta III, 4-cyl. & V-6						
4d Sed.	300	950	1,600	3,600	5,600	8,000
GL 4d Sed.	350	1,000	1,700	3,830	5,950	8,500
GLS 4d Sed.	350	1,100	1,800	4,050	6,300	9,000
GLX 4d Sed, V-6.	400	1,250	2,100	4,730	7,350	10,500
1995 Cabrio, 4-cyl.						
2d Conv.	450	1,300	2,200	4,950	7,700	11,000
1995 Passat, 4-cyl.						
GLS 4d Sed.	350	1,000	1,700	3,830	5,950	8,500
GLX 4d Sed, V-6.	450	1,300	2,200	4,950	7,700	11,000
GLX 4d Sta Wag, V-6	480	1,440	2,400	5,400	8,400	12,000
1996 Golf, 4-cyl.						
GL 4d HBk.	250	800	1,350	3,060	4,750	6,800
GTI 2d HBk	300	950	1,550	3,510	5,450	7,800
GTI VR6 2d HBk (V-6 only).	400	1,150	1,900	4,280	6,650	9,500
1996 Jetta, 4-cyl.						
GL 4d Sed.	300	900	1,500	3,380	5,250	7,500
GLS 4d Sed.	300	950	1,600	3,600	5,600	8,000
GLX VR6 4d Sed (V-6 only)	400	1,150	1,900	4,280	6,650	9,500

	6	5	4	3	2	1
1996 Cabrio, 4-cyl.						
2d Conv 400	1,200	2,000	4,500	7,000	10,000
1996 Passat, 4-cyl.						
GLS 4d Sed 300	900	1,500	3,380	5,250	7,500
TDI 4d Sed. 350	1,100	1,800	4,050	6,300	9,000
TDI 4d Sta Wag 400	1,150	1,900	4,280	6,650	9,500
1996 Passat, V-6.						
GLX VR6 4d Sed 400	1,200	2,000	4,500	7,000	10,000
GLX VR6 4d Sta Wag 440	1,320	2,200	4,950	7,700	11,000
1997 Golf, 4-cyl.						
GL 4d HBk 272	816	1,360	3,060	4,760	6,800
GTI 2d HBk 312	936	1,560	3,510	5,460	7,800
GTI VR6 2d HBk (V-6 only) 380	1,140	1,900	4,280	6,650	9,500
1997 Jetta, 4-cyl.						
GL 4d Sed 300	900	1,500	3,380	5,250	7,500
GT 4d Sed 320	960	1,600	3,600	5,600	8,000
GLS 4d Sed 340	1,020	1,700	3,830	5,950	8,500
GLX VR6 4d Sed (V-6 only) 380	1,140	1,900	4,280	6,650	9,500
NOTE: Add 5 percent for TDI (diesel) engine.						
1997 Cabrio, 4-cyl.						
2d Conv 400	1,200	2,000	4,500	7,000	10,000
2d Highline Conv 420	1,260	2,100	4,730	7,350	10,500
1997 Passat, TDI 4-cyl.						
4d Sed 360	1,080	1,800	4,050	6,300	9,000
4d Sta Wag 380	1,140	1,900	4,280	6,650	9,500
1997 Passat, V-6						
GLX VR6 4d Sed 400	1,200	2,000	4,500	7,000	10,000
GLX VR6 4d Sta Wag 440	1,320	2,200	4,950	7,700	11,000
1998 Golf, 4-cyl.						
GL 4d HBk 270	820	1,360	3,060	4,760	6,800
GTI 2d HBk 310	940	1,560	3,510	5,460	7,800
GTI VR6 2d HBk (V-6 only) 380	1,140	1,900	4,280	6,650	9,500
1998 Jetta, 4-cyl.						
GL 4d Sed 300	900	1,500	3,380	5,250	7,500
GT 4d Sed 320	960	1,600	3,600	5,600	8,000
GLS 4d Sed 340	1,020	1,700	3,830	5,950	8,500
GLX VR6 4d Sed (V-6 only) 380	1,140	1,900	4,280	6,650	9,500
TDI 4d Sed. 360	1,080	1,800	4,050	6,300	9,000
1998 Cabrio, 4-cyl.						
2d Conv 400	1,200	2,000	4,500	7,000	10,000
2d GLS Conv 440	1,320	2,200	4,950	7,700	11,000
1998 Passat, Turbo 4-cyl.						
GLS 4d Sed 400	1,200	2,000	4,500	7,000	10,000
GLX 4d Sed 440	1,320	2,200	4,950	7,700	11,000
1998 New Beetle, 4-cyl.						
2d Cpe 320	960	1,600	3,600	5,600	8,000
TDI 2d Cpe. 340	1,020	1,700	3,830	5,950	8,500
1999 Golf, 4-cyl.						
GL 2d HBk 270	820	1,360	3,060	4,760	6,800
GLS 2d HBk 270	820	1,360	3,060	4,760	6,800
GTI GLS 2d HBk 310	940	1,560	3,510	5,460	7,800
GTI GLX VR6 2d HBk (V-6 only) 380	1,140	1,900	4,280	6,650	9,500
NOTE: Add 10 percent for TDI 4-cyl.						
1999 Jetta, 4-cyl. & V-6						
GL 4d Sed (4-cyl. only) 300	900	1,500	3,380	5,250	7,500
GLS 4d Sed 340	1,020	1,700	3,830	5,950	8,500
GLX VR6 4d Sed (V-6 only) 380	1,140	1,900	4,280	6,650	9,500
NOTE: Add 10 percent for TDI 4-cyl.						
1999 Cabrio, 4-cyl.						
2d GL Conv 400	1,200	2,000	4,500	7,000	10,000
2d GLS Conv 440	1,320	2,200	4,950	7,700	11,000
1999 Passat, Turbo 4-cyl. & V-6						
GLS 4d Sed 400	1,200	2,000	4,500	7,000	10,000
GLS 4d Sta Wag 420	1,260	2,100	4,730	7,350	10,500
GLX 4d Sed (V-6 only) 440	1,320	2,200	4,950	7,700	11,000
1999 New Beetle, 4-cyl.						
GL 2d Cpe 320	960	1,600	3,600	5,600	8,000
GLS 2d Cpe 330	980	1,640	3,690	5,740	8,200
GLS TDI 2d Cpe. 340	1,020	1,700	3,830	5,950	8,500
GLS 1.8T 2d Cpe. 330	1,000	1,660	3,740	5,810	8,300
GLX 1.8T 2d Cpe 360	1,080	1,800	4,050	6,300	9,000
2000 Golf, 4-cyl.						
GL 2d HBk 270	820	1,360	3,060	4,760	6,800
GLS 2d HBk 270	820	1,360	3,060	4,760	6,800
GTI GLS 2d HBk 310	940	1,560	3,510	5,460	7,800
GTI GLX VR6 2d HBk (V-6 only) 380	1,140	1,900	4,280	6,650	9,500

	6	5	4	3	2	1
GLS 4d HBk	360	1,080	1,800	4,050	6,300	9,000

NOTE: Add 10 percent for TDI 4-cyl.

2000 Jetta, 4-cyl. & V-6

	6	5	4	3	2	1
GL 4d Sed (4-cyl. only)	300	900	1,500	3,380	5,250	7,500
GLS 4d Sed.	340	1,020	1,700	3,830	5,950	8,500
GLX VR6 4d Sed (V-6 only)	380	1,140	1,900	4,280	6,650	9,500

NOTE: Add 10 percent for TDI 4-cyl.

2000 Cabrio, 4-cyl.

	6	5	4	3	2	1
2d GL Conv.	400	1,200	2,000	4,500	7,000	10,000
2d GLS Conv.	440	1,320	2,200	4,950	7,700	11,000

2000 Passat, 4-cyl. & V-6

	6	5	4	3	2	1
GLS 4d Sed.	400	1,200	2,000	4,500	7,000	10,000
GLS 4d Sta Wag.	420	1,260	2,100	4,730	7,350	10,500
GLX 4d Sed (V-6 only)	440	1,320	2,200	4,950	7,700	11,000
GLX 4d Sta Wag (V-6 only).	460	1,380	2,300	5,180	8,050	11,500

2000 New Beetle, 4-cyl.

	6	5	4	3	2	1
GL 2d Cpe.	320	960	1,600	3,600	5,600	8,000
GLS 2d Cpe	330	980	1,640	3,690	5,740	8,200
TDI 2d Cpe	340	1,020	1,700	3,830	5,950	8,500
GLS 1.8T 2d Cpe	330	1,000	1,660	3,740	5,810	8,300
GLX 1.8T 2d Cpe	360	1,080	1,800	4,050	6,300	9,000

2001 Golf, 4-cyl.

	6	5	4	3	2	1
GL 2d HBk.	270	820	1,360	3,400	4,760	6,800
GLS 4d HBk	270	820	1,360	3,400	4,760	6,800
GLS Turbo 4d HBk (diesel).	360	1,080	1,800	4,500	6,300	9,000
GTI GLS 2d HBk.	370	1,100	1,840	4,600	6,440	9,200
GTI GLX 2d HBk.	380	1,140	1,900	4,750	6,650	9,500

NOTE: Add 10 percent for TDI 4-cyl.

2001 Jetta, 4-cyl.

	6	5	4	3	2	1
GL 2d Sed.	300	900	1,500	3,750	5,250	7,500
GLS 2d Sed.	340	1,020	1,700	4,250	5,950	8,500
GLS Turbo 4d Sed	360	1,080	1,800	4,500	6,300	9,000
GLX VR6 4d Sed (V-6)	380	1,140	1,900	4,750	6,650	9,500
Wolfsburg 4d Sed	390	1,160	1,940	4,850	6,790	9,700
GLS 4d Sta Wag.	370	1,100	1,840	4,600	6,440	9,200
GLX 4d Sta Wag (V-6)	410	1,220	2,040	5,100	7,140	10,200

NOTE: Add 10 percent for TDI 4-cyl. Add 5 percent for Sport pkg.

2001 Cabrio, 4-cyl.

	6	5	4	3	2	1
2d GL Conv.	400	1,200	2,000	5,000	7,000	10,000
2d GLS Conv.	440	1,320	2,200	5,500	7,700	11,000
2d GLX Conv.	450	1,340	2,240	5,600	7,840	11,200

2001 Passat, 4-cyl. & V-6

	6	5	4	3	2	1
GLS 4d Sed.	400	1,200	2,000	5,000	7,000	10,000
GLS 4d Sta Wag.	420	1,260	2,100	5,250	7,350	10,500
GLX 4d Sed (V-6 only)	440	1,320	2,200	5,500	7,700	11,000
GLX 4d Sta Wag (V-6 only).	460	1,380	2,300	5,750	8,050	11,500

NOTE: Add 5 percent for 4Motion option.

2001 New Beetle, 4-cyl.

	6	5	4	3	2	1
GL 2d Cpe.	320	960	1,600	4,000	5,600	8,000
GLS 2d Cpe	330	980	1,640	4,100	5,740	8,200
GLS Turbo 2d Cpe	330	1,000	1,660	4,150	5,810	8,300
GLX Turbo 2d Cpe	360	1,080	1,800	4,500	6,300	9,000
Sport 2d Cpe.	380	1,140	1,900	4,750	6,650	9,500

NOTE: Add 10 percent for TDI 4-cyl.

2002 Golf, 4-cyl.

	6	5	4	3	2	1
GL 2d HBk.	270	820	1,360	3,400	4,760	6,800
GL TDI 2d HBk	350	1,060	1,760	4,400	6,160	8,800
GTi 1.8 2d HBk.	410	1,220	2,040	5,100	7,140	10,200
GTi 337 2d HBk.	470	1,400	2,340	5,850	8,190	11,700
GTi VR6 2d HBk.	450	1,360	2,260	5,650	7,910	11,300
GTi VR6 2d HBk (24V)	470	1,420	2,360	5,900	8,260	11,800
GL 4d HBk.	300	900	1,500	3,750	5,250	7,500
GL TDi 4d HBk	400	1,210	2,020	5,050	7,070	10,100
GLS 4d HBk	350	1,040	1,740	4,350	6,090	8,700
GLS TDi 4d HBk	400	1,190	1,980	4,950	6,930	9,900

2002 Jetta, 4-cyl.

	6	5	4	3	2	1
GL 4d Sed.	320	950	1,580	3,950	5,530	7,900
GL TDi 4d Sed	330	1,000	1,660	4,150	5,810	8,300
GLS 4d Sed.	340	1,020	1,700	4,250	5,950	8,500
GLS TDi 4d Sed	360	1,080	1,800	4,500	6,300	9,000
GLS 1.8T 4d Sed	390	1,160	1,940	4,850	6,790	9,700
GLS VR6 4d Sed.	400	1,190	1,980	4,950	6,930	9,900
GLi VR6 4d Sed	410	1,220	2,040	5,100	7,140	10,200
GLX VR6 4d Sed.	440	1,320	2,200	5,500	7,700	11,000
GLX VR6 4d Sed (24V).	450	1,360	2,260	5,650	7,910	11,300
GL 4d Sta Wag	330	980	1,640	4,100	5,740	8,200

	6	5	4	3	2	1
GL TDi 4d Sta Wag	340	1,020	1,700	4,250	5,950	8,500
GLS 4d Sta Wag	370	1,100	1,840	4,600	6,440	9,200
GLS TDi 4d Sta Wag	400	1,200	2,000	5,000	7,000	10,000
GLS 1.8T 4d Sta Wag	400	1,190	1,980	4,950	6,930	9,900
GLS VR6 4d Sta Wag	430	1,280	2,140	5,350	7,490	10,700
GLX VR6 4d Sta Wag	450	1,340	2,240	5,600	7,840	11,200

NOTE: Add 5 percent for V-6.

2002 Cabrio, 4-cyl.

	6	5	4	3	2	1
2d GL Conv	400	1,200	2,000	5,000	7,000	10,000
2d GLS Conv	440	1,320	2,200	5,500	7,700	11,000
2d GLX Conv	450	1,340	2,240	5,600	7,840	11,200

2002 Passat, 4-cyl. & V-6

	6	5	4	3	2	1
GLS 4d Sed	400	1,200	2,000	5,000	7,000	10,000
GLS 4d Sta Wag	420	1,260	2,100	5,250	7,350	10,500
GLX 4d Sed (V-6 only)	440	1,320	2,200	5,500	7,700	11,000
GLX 4d Sta Wag (V-6 only)	460	1,380	2,300	5,750	8,050	11,500
W8 4Motion 4d Sed (V-6 only)	580	1,740	2,900	7,250	10,150	14,500
W8 4Motion 4d Sta Wag (V-6 only)	600	1,800	3,000	7,500	10,500	15,000

NOTE: Add 5 percent for 4Motion option excluding W8 models.

2002 New Beetle, 4-cyl.

	6	5	4	3	2	1
GL 2d Cpe	320	960	1,600	4,000	5,600	8,000
GLS 2d Cpe	330	980	1,640	4,100	5,740	8,200
GLS TDi 2d Cpe	330	1,000	1,660	4,150	5,810	8,300
GLS Turbo 2d Cpe	360	1,080	1,800	4,500	6,300	9,000
Sport 2d Cpe	380	1,140	1,900	4,750	6,650	9,500
GLX Turbo 2d Cpe	390	1,160	1,940	4,850	6,790	9,700
Turbo S 2d Cpe	400	1,210	2,020	5,050	7,070	10,100

2003 Golf, 4-cyl.

	6	5	4	3	2	1
GL 2d HBk	270	820	1,360	3,400	4,760	6,800
GL TDi 2d HBk	350	1,060	1,760	4,400	6,160	8,800
GTi 1.8T 2d HBk	410	1,220	2,040	5,100	7,140	10,200
GTi VR6 2d HBk	450	1,360	2,260	5,650	7,910	11,300
GTi VR6 2d HBk (24V)	470	1,420	2,360	5,900	8,260	11,800
GL 4d HBk	300	900	1,500	3,750	5,250	7,500
GL TDi 4d HBk	400	1,210	2,020	5,050	7,070	10,100
GLS 4d HBk	350	1,040	1,740	4,350	6,090	8,700
GLS TDi 4d HBk	400	1,190	1,980	4,950	6,930	9,900

NOTE: Add 10 percent for GTi HBk 20th Anv Ed. Add 5 percent for automatic transmission.

2003 Jetta, 4-cyl.

	6	5	4	3	2	1
GL 4d Sed	320	950	1,580	3,950	5,530	7,900
GL TDi 4d Sed	330	1,000	1,660	4,150	5,810	8,300
GL 1.8T 4d Sed	320	970	1,620	4,050	5,670	8,100
GLS 4d Sed	340	1,020	1,700	4,250	5,950	8,500
GLS TDi 4d Sed	360	1,080	1,800	4,500	6,300	9,000
GLS 1.8T 4d Sed	390	1,160	1,940	4,850	6,790	9,700
Wolfsburg 4d Sed	380	1,140	1,900	4,750	6,650	9,500
GLi VR6 4d Sed	410	1,220	2,040	5,100	7,140	10,200
GLX VR6 4d Sed	440	1,320	2,200	5,500	7,700	11,000
GL 4d Sta Wag	330	980	1,640	4,100	5,740	8,200
GL TDi 4d Sta Wag	340	1,020	1,700	4,250	5,950	8,500
GL 1.8T 4d Sta Wag	340	1,010	1,680	4,200	5,880	8,400
GLS 4d Sta Wag	370	1,100	1,840	4,600	6,440	9,200
GLS TDi 4d Sta Wag	400	1,200	2,000	5,000	7,000	10,000
GLS 1.8T 4d Sta Wag	400	1,190	1,980	4,950	6,930	9,900
GLS 1.8T Premium 4d Sta Wag	430	1,300	2,160	5,400	7,560	10,800

NOTE: Add 5 percent for Sport pkg (excluding GLS 1.8T model).

2003 Passat, Turbo 4-cyl.

	6	5	4	3	2	1
GL 4d Sed	360	1,090	1,820	4,550	6,370	9,100
GLS 4d Sed	400	1,200	2,000	5,000	7,000	10,000
GL 4d Sta Wag	400	1,190	1,980	4,950	6,930	9,900
GLS 4d Sta Wag	430	1,300	2,160	5,400	7,560	10,800

2003 Passat, V-6

	6	5	4	3	2	1
GLS 4d Sed	440	1,310	2,180	5,450	7,630	10,900
GLX 4d Sed	450	1,340	2,240	5,600	7,840	11,200
W8 4Motion 4d Sed	580	1,740	2,900	7,250	10,150	14,500
GLS 4d Sta Wag	440	1,320	2,200	5,500	7,700	11,000
GLX 4d Sta Wag	460	1,380	2,300	5,750	8,050	11,500
W8 4Motion 4d Sta Wag	600	1,800	3,000	7,500	10,500	15,000

NOTE: Add 5 percent for 4Motion option excluding W8 models.

2003 New Beetle, 4-cyl.

	6	5	4	3	2	1
GL 2d Cpe	320	960	1,600	4,000	5,600	8,000
GL TDi 2d Cpe	320	970	1,620	4,050	5,670	8,100
GL Turbo 2d Cpe	320	960	1,600	4,000	5,600	8,000
GLS 2d Cpe	330	980	1,640	4,100	5,740	8,200
GLS TDi 2d Cpe	330	1,000	1,660	4,150	5,810	8,300
GLS Turbo 2d Cpe	360	1,080	1,800	4,500	6,300	9,000

	6	5	4	3	2	1
GLX Turbo 2d Cpe	390	1,160	1,940	4,850	6,790	9,700
Turbo S 2d Cpe	400	1,210	2,020	5,050	7,070	10,100
GL 2d Conv	420	1,260	2,100	5,250	7,350	10,500
GLS 2d Conv	440	1,330	2,220	5,550	7,770	11,100
GLS Turbo 2d Conv	490	1,460	2,440	6,100	8,540	12,200
GLX Turbo 2d Conv	510	1,520	2,540	6,350	8,890	12,700
2004 Golf, 4-cyl.						
GL 2d HBk	270	820	1,360	3,400	4,760	6,800
GTi 1.8T 2d HBk	410	1,220	2,040	5,100	7,140	10,200
GTi VR6 2d HBk	450	1,360	2,260	5,650	7,910	11,300
R32 4Motion 2d HBk (AWD)	700	2,110	3,520	8,800	12,320	17,600
GL 4d HBk	300	900	1,500	3,750	5,250	7,500
GL TDi 4d HBk	400	1,210	2,020	5,050	7,070	10,100
GLS 4d HBk	350	1,040	1,740	4,350	6,090	8,700
GLS TDi 4d HBk	400	1,190	1,980	4,950	6,930	9,900

NOTE: Add 5 percent for automatic transmission.

2004 Jetta, 4-cyl.

	6	5	4	3	2	1
GL 4d Sed	320	950	1,580	3,950	5,530	7,900
GL TDi 4d Sed	330	1,000	1,660	4,150	5,810	8,300
GL 1.8T 4d Sed	320	970	1,620	4,050	5,670	8,100
GLS 4d Sed	340	1,020	1,700	4,250	5,950	8,500
GLS TDi 4d Sed	360	1,080	1,800	4,500	6,300	9,000
GLS 1.8T 4d Sed	390	1,160	1,940	4,850	6,790	9,700
GLi 1.8T 4d Sed	400	1,190	1,980	4,950	6,930	9,900
GLi VR6 4d Sed	410	1,220	2,040	5,100	7,140	10,200
GL 4d Sta Wag	330	980	1,640	4,100	5,740	8,200
GL TDi 4d Sta Wag	340	1,020	1,700	4,250	5,950	8,500
GLS 4d Sta Wag	370	1,100	1,840	4,600	6,440	9,200
GLS TDi 4d Sta Wag	400	1,200	2,000	5,000	7,000	10,000
GLS 1.8T 4d Sta Wag	400	1,190	1,980	4,950	6,930	9,900

NOTE: Add 5 percent for Sport pkg on GLS 1.8T models. Add 5 percent for automatic transmission.

2004 Passat, Turbo 4-cyl.

	6	5	4	3	2	1
GL 4d Sed	360	1,090	1,820	4,550	6,370	9,100
GL TDi 4d Sed	450	1,360	2,260	5,650	7,910	11,300
GLS 4d Sed	40	120	200	500	700	1,000
GLS 4Motion 4d Sed	460	1,370	2,280	5,700	7,980	11,400
GLS TDi 4d Sed	460	1,390	2,320	5,800	8,120	11,600
GL 4d Sta Wag	400	1,190	1,980	4,950	6,930	9,900
GL TDi 4d Sta Wag	460	1,370	2,280	5,700	7,980	11,400
GLS 4d Sta Wag	430	1,300	2,160	5,400	7,560	10,800
GLS 4Motion 4d Sta Wag	470	1,400	2,340	5,850	8,190	11,700
GLS TDi 4d Sta Wag	480	1,440	2,400	6,000	8,400	12,000
2004 Passat, V-6						
GLX 4d Sed	440	1,310	2,180	5,450	7,630	10,900
GLX 4Motion 4d Sed	460	1,380	2,300	5,750	8,050	11,500
W8 4Motion 4d Sed	580	1,750	2,920	7,300	10,220	14,600
GLX 4d Sta Wag	440	1,320	2,200	5,500	7,700	11,000
GLX 4Motion 4d Sta Wag	470	1,400	2,340	5,850	8,190	11,700
W8 4Motion 4d Sta Wag	610	1,820	3,040	7,600	10,640	15,200

NOTE: Add 5 percent for Sport pkg. Deduct 5 percent for manual transmission.

2004 New Beetle, 4-cyl.

	6	5	4	3	2	1
GL 2d Cpe	320	960	1,600	4,000	5,600	8,000
GL TDi 2d Cpe	320	970	1,620	4,050	5,670	8,100
GLS 2d Cpe	330	980	1,640	4,100	5,740	8,200
GLS TDi 2d Cpe	330	1,000	1,660	4,150	5,810	8,300
GLS Turbo 2d Cpe	360	1,080	1,800	4,500	6,300	9,000
Turbo S 2d Cpe	400	1,210	2,020	5,050	7,070	10,100
GL 2d Conv	420	1,260	2,100	5,250	7,350	10,500
GLS 2d Conv	440	1,330	2,220	5,550	7,770	11,100
GLS Turbo 2d Conv	490	1,460	2,440	6,100	8,540	12,200

NOTE: Add 5 percent for automatic transmission.

2004 Phaeton 4Motion

	6	5	4	3	2	1
V-8 4d Sed	950	2,860	4,760	11,900	16,660	23,800
W12 4Motion 4d Sed	1,260	3,790	6,320	15,800	22,120	31,600

NOTE: Add 10 percent for Comfort/Four Seat pkg.

VOLVO

	6	5	4	3	2	1
1944-50 4-cyl., 1414cc, 102.4" wb						
PV444 2d Sed	568	1,704	2,840	6,390	9,940	14,200
1951 4-cyl., 1414cc, 102.4" wb						
PV444 2d Sed	550	1,700	2,800	6,300	9,800	14,000
1952 4-cyl., 1414cc, 102.4" wb						
PV444 2d Sed	550	1,700	2,800	6,300	9,800	14,000
1953 4-cyl., 1414cc, 102.4" wb						
PV444 2d Sed	550	1,700	2,800	6,300	9,800	14,000

VOLVO

	6	5	4	3	2	1
1954 4-cyl., 1414cc, 102.4" wb						
PV444 2d Sed 550	1,700	2,800	6,300	9,800	14,000
PV445 2d Sta Wag. 550	1,700	2,800	6,350	9,850	14,100
1955 4-cyl., 1414cc, 102.4" wb						
PV444 2d Sed 550	1,700	2,800	6,300	9,800	14,000
PV445 2d Sta Wag. 550	1,700	2,800	6,350	9,850	14,100
1956 4-cyl., 1414cc, 102.4" wb						
PV444 2d Sed 550	1,700	2,800	6,300	9,800	14,000
PV445 2d Sta Wag. 550	1,700	2,800	6,350	9,850	14,100
1957 4-cyl., 1414cc, 102.4" wb						
PV444 2d Sed 550	1,700	2,800	6,300	9,800	14,000
PV445 2d Sta Wag. 550	1,700	2,800	6,350	9,850	14,100
1957 4-cyl., 104.4" wb, 1583cc, 4-cyl., 94.5" wb, 1414cc						
P1900 Conv 1,320	3,960	6,600	14,850	23,100	33,000
1958 4-cyl., 1583cc, 102.4" wb						
PV544 2d Sed 550	1,700	2,800	6,300	9,800	14,000
PV445 2d Sta Wag. 550	1,700	2,800	6,350	9,850	14,100
1959 4-cyl., 1583cc, 102.4" wb						
PV544 2d Sed 550	1,700	2,800	6,300	9,800	14,000
PV445 2d Sta Wag. 550	1,700	2,800	6,350	9,850	14,100
122S 4d Sed 600	1,750	2,900	6,530	10,200	14,500
1960 4-cyl., 1583cc, 102.4" wb						
PV544 2d Sed 550	1,700	2,800	6,300	9,800	14,000
PV445 2d Sta Wag. 550	1,700	2,850	6,440	10,000	14,300
122S 4d Sed 600	1,750	2,900	6,530	10,200	14,500
1961 4-cyl., 1583cc, 102.4" wb						
PV544 2d Sed 450	1,400	2,300	5,180	8,050	11,500
P210 2d Sta Wag 450	1,400	2,350	5,310	8,250	11,800
122 4d Sed. 550	1,700	2,800	6,300	9,800	14,000
1961 4-cyl., 1778cc, 96.5" wb						
P1800 Cpe 550	1,700	2,800	6,300	9,800	14,000
1962 4-cyl., 1583cc, 102.4" wb						
P210 2d Sta Wag 450	1,400	2,350	5,270	8,200	11,700
1962 4-cyl., 1778cc, 102.4" wb						
PV544 2d Sed 450	1,300	2,200	4,950	7,700	11,000
122S 4d Sed 350	1,000	1,700	3,830	5,950	8,500
122S 2d Sed 350	1,050	1,750	3,920	6,100	8,700
122S 4d Sta Wag. 450	1,300	2,200	4,950	7,700	11,000
1962 4-cyl., 1778cc, 96.5" wb						
P1800 Cpe 550	1,700	2,800	6,300	9,800	14,000
1963 4-cyl., 1778cc, 102.4" wb						
PV544 2d Sed 450	1,400	2,350	5,270	8,200	11,700
210 2d Sta Wag. 450	1,400	2,350	5,310	8,250	11,800
P122S 4d Sed 450	1,300	2,200	4,950	7,700	11,000
P122S 2d Sed 450	1,350	2,250	5,040	7,850	11,200
P122S 4d Sta Wag 450	1,400	2,300	5,180	8,050	11,500
1963 4-cyl., 1778cc, 96.5" wb						
1800S Cpe 550	1,700	2,800	6,300	9,800	14,000
1964 4-cyl., 1778cc, 102.4" wb						
PV544 2d Sed 450	1,400	2,350	5,270	8,200	11,700
P210 2d Sta Wag. 600	1,750	2,900	6,530	10,200	14,500
122S 2d Sed 450	1,300	2,200	4,950	7,700	11,000
122S 2d Sed 450	1,350	2,250	5,040	7,850	11,200
122S 4d Sta Wag. 450	1,400	2,300	5,180	8,050	11,500
1964 4-cyl., 1778cc, 96.5" wb						
1800S Cpe 600	1,750	2,900	6,530	10,200	14,500
1965 4-cyl., 1778cc, 102.4" wb						
PV544 2d Sed 450	1,400	2,300	5,180	8,050	11,500
P210 Sta Wag 550	1,700	2,800	6,300	9,800	14,000
122S 4d Sed 450	1,350	2,250	5,040	7,850	11,200
122S 2d Sed 450	1,300	2,200	4,950	7,700	11,000
122S 4d Sta Wag. 450	1,400	2,300	5,180	8,050	11,500
1965 4-cyl., 1778cc, 96.5" wb						
1800S Cpe 600	1,800	3,000	6,750	10,500	15,000
1966 4-cyl., 1778cc, 102.4" wb						
210S 2d Sta Wag. 550	1,700	2,800	6,300	9,800	14,000
122S 4d Sed 450	1,300	2,200	4,950	7,700	11,000
122S 2d Sed 450	1,350	2,250	5,040	7,850	11,200
122S 4d Sta Wag. 450	1,400	2,300	5,180	8,050	11,500
1966 4-cyl., 1778cc, 96.5" wb						
1800S Cpe 550	1,700	2,800	6,300	9,800	14,000
1967 4-cyl., 1778cc, 102.4" wb						
P210 2d Sta Wag. 600	1,750	2,900	6,530	10,200	14,500
122S 2d Sed 450	1,350	2,250	5,040	7,850	11,200
122S 4d Sed 450	1,300	2,200	4,950	7,700	11,000
122S 4d Sta Wag. 450	1,400	2,300	5,180	8,050	11,500

	6	5	4	3	2	1
1967 4-cyl., 1778cc, 96.5" wb						
123 GT	550	1,700	2,800	6,300	9,800	14,000
1800S Cpe	600	1,850	3,100	6,980	10,900	15,500
1968 4-cyl., 1778cc, 102.4" wb						
122S 2d Sed	450	1,350	2,250	5,040	7,850	11,200
122S 4d Sta Wag	450	1,400	2,300	5,180	8,050	11,500
123 GT	550	1,700	2,800	6,300	9,800	14,000
142S 2d Sed	350	1,000	1,700	3,830	5,950	8,500
144 4d Sed	350	1,000	1,650	3,740	5,800	8,300
1968 4-cyl., 1778cc, 96.5" wb						
1800S Cpe	600	1,800	3,000	6,750	10,500	15,000
1969 4-cyl., 1986cc, 102.4" wb						
142S 2d Sed	450	1,350	2,200	5,000	7,750	11,100
144S 4d Sed	450	1,300	2,200	4,950	7,700	11,000
145S 4d Sta Wag	450	1,350	2,250	5,040	7,850	11,200
1969 4-cyl., 1986cc, 96.5" wb						
1800S Cpe	600	1,850	3,100	6,980	10,900	15,500
1970 4-cyl., 1986cc, 102.4" wb						
142 2d Sed	450	1,350	2,250	5,040	7,850	11,200
144 4d Sed	450	1,350	2,200	5,000	7,750	11,100
145 4d Sta Wag	450	1,350	2,200	5,000	7,750	11,100
1970 4-cyl., 1986cc, 96.5" wb						
1800E Cpe	600	1,850	3,100	6,980	10,900	15,500
1970 6-cyl., 2978cc, 106.3" wb						
164 4d Sed	350	1,000	1,700	3,830	5,950	8,500
1971 4-cyl., 1986cc, 103.2" wb						
142 2d Sed	350	1,050	1,750	3,920	6,100	8,700
144 4d Sed	350	1,000	1,700	3,830	5,950	8,500
145 4d Sta Wag	350	1,050	1,800	4,010	6,250	8,900
1971 4-cyl., 1986cc, 96.5" wb						
1800E Cpe	650	1,900	3,200	7,200	11,200	16,000
1971 6-cyl., 2978cc, 107" wb						
164 4d Sed	350	1,050	1,700	3,870	6,000	8,600
1972 4-cyl., 1986cc, 103.2" wb						
142 2d Sed	350	1,050	1,750	3,960	6,150	8,800
144 4d Sed	350	1,050	1,750	3,920	6,100	8,700
145 4d Sta Wag	450	1,300	2,200	4,950	7,700	11,000
1972 4-cyl., 1986cc, 96.5" wb						
1800E Cpe	650	1,900	3,200	7,200	11,200	16,000
1800ES Spt Wag	650	2,000	3,300	7,430	11,600	16,500
1972 6-cyl., 2978cc, 107" wb						
164 4d Sed	350	1,050	1,700	3,870	6,000	8,600
1973 4-cyl., 1986cc, 103.2" wb						
142 2d Sed	350	1,000	1,700	3,830	5,950	8,500
144 4d Sed	350	1,000	1,700	3,780	5,900	8,400
145 4d Sta Wag	350	1,050	1,750	3,920	6,100	8,700
1973 4-cyl., 1986cc, 96.5" wb						
1800ES Spt Wag	700	2,050	3,400	7,650	11,900	17,000
1973 6-cyl., 2978cc, 107" wb						
164E 4d Sed	350	1,000	1,700	3,830	5,950	8,500
1974 4-cyl., 1986cc, 103.2" wb						
142 2d Sed	300	950	1,600	3,650	5,650	8,100
144 4d Sed	300	950	1,600	3,650	5,650	8,100
145 4d Sta Wag	350	1,000	1,650	3,740	5,800	8,300
142GL 2d Sed	350	1,000	1,650	3,600	5,750	8,200
144GL 4d Sed	350	1,000	1,650	3,690	5,750	8,200
1974 6-cyl., 2978cc, 107" wb						
164E 4d Sed	350	1,000	1,700	3,780	5,900	8,400
1975 4-cyl., 2127cc, 103.9" wb						
242 2d Sed	300	850	1,450	3,240	5,050	7,200
244 4d Sed	300	850	1,450	3,240	5,050	7,200
245 4d Sta Wag	300	900	1,500	3,380	5,250	7,500
242GL 2d Sed	300	900	1,500	3,330	5,200	7,400
244GL 4d Sed	300	900	1,500	3,330	5,200	7,400
1975 6-cyl., 2978cc, 107" wb						
164 4d Sed	300	900	1,500	3,380	5,250	7,500
1976 4-cyl., 2127cc, 103.9" wb						
242 2d Sed	300	900	1,500	3,380	5,250	7,500
244 4d Sed	300	900	1,500	3,380	5,250	7,500
245 4d Sta Wag	300	950	1,550	3,510	5,450	7,800
1976 6-cyl., 2664cc, 103.9" wb						
262GL 2d Sed	300	950	1,550	3,510	5,450	7,800
264 4d Sed	300	950	1,600	3,560	5,550	7,900
265 4d Sta Wag	300	950	1,600	3,650	5,650	8,100
264GL 4d Sed	300	950	1,600	3,600	5,600	8,000

	6	5	4	3	2	1
1977 4-cyl., 2127cc, 103.9" wb						
242 2d Sed................................300		950	1,550	3,510	5,450	7,800
244 4d Sed................................300		950	1,550	3,510	5,450	7,800
245 4d Sta Wag............................350		1,000	1,650	3,690	5,750	8,200
1977 6-cyl., 2664cc, 103.9" wb						
264GL 4d Sed.............................300		950	1,600	3,650	5,650	8,100
265GL 4d Sta Wag.........................350		1,000	1,650	3,740	5,800	8,300
262C 2d Cpe..............................600		1,800	3,000	6,750	10,500	15,000
1978 6-cyl., 2664cc, 103.9" wb						
244 4d...................................300		850	1,400	3,150	4,900	7,000
242GT 2d.................................300		850	1,400	3,200	4,950	7,100
242 2d...................................300		850	1,450	3,240	5,050	7,200
245 4d Sta Wag...........................300		900	1,450	3,290	5,100	7,300
264GL 4d.................................300		850	1,450	3,240	5,050	7,200
265GL 4d Sta Wag.........................300		900	1,500	3,330	5,200	7,400
262C 2d..................................600		1,800	3,000	6,750	10,500	15,000
1979 6-cyl., 2664cc, 103.9" wb						
242DL 2d.................................250		800	1,350	3,060	4,750	6,800
242GT 2d.................................300		850	1,400	3,110	4,850	6,900
244DL 4d.................................300		850	1,400	3,110	4,850	6,900
245DL 4d Sta Wag.........................300		850	1,400	3,150	4,900	7,000
245GL 4d.................................300		850	1,400	3,150	4,900	7,000
265GL 4d Sta Wag.........................300		850	1,400	3,200	4,950	7,100
262C 2d Cpe..............................600		1,850	3,100	6,980	10,900	15,500
1980 6-cyl., 2664cc, 103.9" wb						
DL 2d....................................250		750	1,250	2,790	4,350	6,200
DL GT 2d.................................250		750	1,300	2,880	4,500	6,400
DL 4d....................................250		750	1,300	2,880	4,500	6,400
DL 4d Sta Wag............................250		800	1,350	3,020	4,700	6,700
GL 4d....................................250		800	1,350	3,020	4,700	6,700
GLE 4d...................................250		800	1,350	3,060	4,750	6,800
GLE 4d Sta Wag...........................300		850	1,400	3,110	4,850	6,900
GLE 2d Cpe Bertone.......................600		1,810	3,020	6,800	10,570	15,100
1981 6-cyl., 2664cc, 103.9" wb						
DL 2d....................................250		750	1,250	2,790	4,350	6,200
DL 4d....................................250		750	1,300	2,880	4,500	6,400
DL 4d Sta Wag............................250		800	1,350	3,020	4,700	6,700
GL 2d....................................250		800	1,300	2,930	4,550	6,500
GL 4d....................................250		800	1,300	2,930	4,550	6,500
GLT 2d...................................250		800	1,300	2,930	4,550	6,500
GLT 4d Sta Wag...........................250		800	1,350	3,060	4,750	6,800
GLT 2d, Turbo............................300		850	1,400	3,150	4,900	7,000
GLT 4d, Turbo............................300		850	1,400	3,150	4,900	7,000
GLE 4d...................................300		850	1,400	3,150	4,900	7,000
2d Bertone Cpe...........................600		1,850	3,100	6,980	10,900	15,500
1982 6-cyl., 2664cc, 103.9" wb						
DL 2d....................................250		750	1,250	2,790	4,350	6,200
DL 4d....................................250		750	1,250	2,790	4,350	6,200
DL 4d Sta Wag............................250		750	1,250	2,840	4,400	6,300
GL 4d....................................250		750	1,250	2,840	4,400	6,300
GL 4d Sta Wag............................250		750	1,300	2,880	4,500	6,400
GLT 2d...................................250		750	1,250	2,840	4,400	6,300
GLT 2d, Turbo............................250		800	1,350	3,020	4,700	6,700
GLT 4d, Turbo............................250		800	1,350	3,020	4,700	6,700
GLT 4d Sta Wag, Turbo....................270		800	1,340	3,020	4,690	6,700
GLE 4d...................................250		800	1,350	3,020	4,700	6,700
1983 4-cyl., 2316cc						
DL 2d....................................250		750	1,250	2,790	4,350	6,200
DL 4d....................................250		750	1,250	2,790	4,350	6,200
DL 4d Sta Wag............................250		750	1,250	2,840	4,400	6,300
GL 4d....................................250		750	1,250	2,840	4,400	6,300
GL 4d Sta Wag............................250		750	1,300	2,880	4,500	6,400
GLT 2d, Turbo............................250		750	1,250	2,840	4,400	6,300
GLT 4d, Turbo............................250		800	1,300	2,970	4,600	6,600
GLT 4d Sta Wag, Turbo....................270		800	1,340	3,020	4,690	6,700
760 GLE 4d...............................250		800	1,350	3,020	4,700	6,700
760 GLE 4d, Turbo Diesel.................270		820	1,360	3,060	4,760	6,800
NOTE: Add 5 percent for 6-cyl.						
1984 4-cyl., 2316cc						
DL 2d....................................350		1,000	1,700	3,830	5,950	8,500
DL 4d....................................450		1,300	2,200	4,950	7,700	11,000
DL 4d Sta Wag............................450		1,400	2,300	5,180	8,050	11,500
GL 4d....................................550		1,700	2,800	6,300	9,800	14,000
GL 4d Sta Wag............................600		1,750	2,900	6,530	10,200	14,500
GLT 2d, Turbo............................600		1,800	3,000	6,750	10,500	15,000
GLT 4d, Turbo............................600		1,850	3,100	6,980	10,900	15,500

	6	5	4	3	2	1
GLT 4d Sta Wag, Turbo	620	1,860	3,100	6,980	10,850	15,500
760 GLE 4d	600	1,850	3,100	6,980	10,900	15,500
760 GLE 4d, Turbo	650	1,900	3,200	7,200	11,200	16,000
760 GLE 4d, Turbo Diesel	600	1,800	3,000	6,750	10,500	15,000

NOTE: Add 5 percent for 6-cyl.

1985 4-cyl., 2316cc

	6	5	4	3	2	1
DL 4d Sed	350	1,000	1,700	3,830	5,950	8,500
DL 4d Sta Wag	350	1,050	1,700	3,870	6,000	8,600
GL 4d Sed	450	1,400	2,300	5,180	8,050	11,500
GL 4d Sta Wag	450	1,400	2,300	5,220	8,100	11,600

NOTE: Add 10 percent for Turbo.

	6	5	4	3	2	1
740 4d Sed	600	1,850	3,100	6,980	10,900	15,500
740 4d Sta Wag	650	1,900	3,200	7,200	11,200	16,000

NOTE: Deduct 10 percent for Diesel. Add 10 percent for Turbo. Add 5 percent for 6-cyl.

	6	5	4	3	2	1
760 4d Sed	700	2,050	3,400	7,650	11,900	17,000
760 4d Sta Wag	700	2,100	3,500	7,880	12,300	17,500

NOTE: Deduct 10 percent for Diesel. Add 10 percent for Turbo. Add 5 percent for 6-cyl.

1986 4-cyl., 2316cc

	6	5	4	3	2	1
DL 4d Sed	550	1,700	2,800	6,300	9,800	14,000
DL 4d Sta Wag	550	1,700	2,800	6,350	9,850	14,100
GL 4d Sed	600	1,850	3,100	6,980	10,900	15,500
GL 4d Sta Wag	600	1,850	3,100	7,020	10,900	15,600
740 4d Sed	700	2,100	3,500	7,880	12,300	17,500
740 4d Sta Wag	700	2,150	3,600	8,100	12,600	18,000

NOTE: Deduct 10 percent for Diesel. Add 10 percent for Turbo.

	6	5	4	3	2	1
760 4d Sed	750	2,300	3,800	8,550	13,300	19,000
760 4d Sta Wag	800	2,400	4,000	9,000	14,000	20,000

NOTE: Add 5 percent for 6-cyl.

1987 240

	6	5	4	3	2	1
DL 4d Sed	600	1,800	3,000	6,750	10,500	15,000
DL 4d Sta Wag	650	1,900	3,200	7,200	11,200	16,000
GL 4d Sed	650	1,900	3,200	7,200	11,200	16,000
GL 4d Sta Wag	700	2,050	3,400	7,650	11,900	17,000

1987 740

	6	5	4	3	2	1
GLE 4d Sed	700	2,100	3,500	7,880	12,300	17,500
GLE 4d Sed, Turbo	750	2,300	3,800	8,550	13,300	19,000
GLE 4d Sta Wag	700	2,150	3,600	8,100	12,600	18,000
GLE 4d Sta Wag, Turbo	800	2,400	4,000	9,000	14,000	20,000

1987 760

	6	5	4	3	2	1
GLE 4d Sed, Turbo	850	2,500	4,200	9,450	14,700	21,000
GLE 4d Sta Wag, Turbo	880	2,640	4,400	9,900	15,400	22,000

1987 780

	6	5	4	3	2	1
GLE 2d Cpe	1,100	3,250	5,400	12,150	18,900	27,000

1987 240

	6	5	4	3	2	1
DL 4d Sed	600	1,750	2,900	6,530	10,200	14,500
DL 4d Sta Wag	600	1,850	3,100	6,980	10,900	15,500
GL 4d Sed	600	1,850	3,100	7,020	10,900	15,600
GL 4d Sta Wag	600	1,850	3,100	6,980	10,900	15,500

1987 740

	6	5	4	3	2	1
GLE 4d Sed	700	2,100	3,500	7,880	12,300	17,500
GLE 4d Sta Wag	700	2,150	3,600	8,100	12,600	18,000
GLE 4d Sed, Turbo	750	2,300	3,800	8,550	13,300	19,000
GLE Sta Wag	800	2,400	4,000	9,000	14,000	20,000

1987 760

	6	5	4	3	2	1
4d Sed	750	2,300	3,800	8,550	13,300	19,000
4d Sed, Turbo	850	2,500	4,200	9,450	14,700	21,000
4d Sta Wag, Turbo	900	2,650	4,400	9,900	15,400	22,000

1987 780

	6	5	4	3	2	1
GLE 2d Cpe	1,100	3,250	5,400	12,150	18,900	27,000

NOTE: Deduct 5 percent for 4-cyl.

1988 240

	6	5	4	3	2	1
DL 4d Sed	700	2,050	3,400	7,650	11,900	17,000
DL 4d Sta Wag	700	2,150	3,600	8,100	12,600	18,000
GL 4d Sed	750	2,300	3,800	8,550	13,300	19,000
GL 4d Sta Wag	800	2,400	4,000	9,000	14,000	20,000

1988 740

	6	5	4	3	2	1
GLE 4d Sed	800	2,400	4,000	9,000	14,000	20,000
GLE 4d Sta Wag	850	2,500	4,200	9,450	14,700	21,000
GLE 4d Sed, Turbo	1,000	3,000	5,000	11,250	17,500	25,000
GLE 4d Sta Wag, Turbo	1,040	3,120	5,200	11,700	18,200	26,000

1988 760

	6	5	4	3	2	1
4d Sed	1,100	3,250	5,400	12,150	18,900	27,000
GLE 4d Sed, Turbo	1,100	3,350	5,600	12,600	19,600	28,000
GLE 4d Sta Wag, Turbo	1,160	3,480	5,800	13,050	20,300	29,000

VOLVO

	6	5	4	3	2	1
1988 780						
GLE 2d Cpe 1,250	3,700	6,200	13,950	21,700	31,000
NOTE: Deduct 5 percent for 4-cyl.						
1989 DL						
4d Sed 650	1,900	3,200	7,200	11,200	16,000
4d Sta Wag 700	2,050	3,400	7,650	11,900	17,000
1989 GL						
4d Sed 700	2,050	3,400	7,650	11,900	17,000
4d Sta Wag 700	2,150	3,600	8,100	12,600	18,000
1989 740 GL						
4d 750	2,300	3,800	8,550	13,300	19,000
4d Sta Wag 800	2,400	4,000	9,000	14,000	20,000
1989 740 GLE						
4d Sed (16V) 900	2,650	4,400	9,900	15,400	22,000
4d Sta Wag (16V). 900	2,750	4,600	10,350	16,100	23,000
1989 740 (Turbo)						
4d Sed 950	2,900	4,800	10,800	16,800	24,000
4d Sta Wag 1,000	3,000	5,000	11,250	17,500	25,000
1989 760 GLE						
4d Sed 1,100	3,350	5,600	12,600	19,600	28,000
4d Sed, Turbo 1,150	3,500	5,800	13,050	20,300	29,000
4d Sta Wag, Turbo. 1,200	3,600	6,000	13,500	21,000	30,000
1989 780						
2d Cpe 1,200	3,600	6,000	13,500	21,000	30,000
2d Cpe, Turbo 1,250	3,700	6,200	13,950	21,700	31,000
NOTE: Deduct 5 percent for 4-cyl.						
1990 240, 4-cyl.						
4d Sed 600	1,800	3,000	6,750	10,500	15,000
4d Sta Wag 650	1,900	3,200	7,200	11,200	16,000
DL 4d Sed 650	1,900	3,200	7,200	11,200	16,000
DL 4d Sta Wag. 700	2,050	3,400	7,650	11,900	17,000
1990 740, 4-cyl.						
4d Sed 650	1,900	3,200	7,200	11,200	16,000
4d Sta Wag 700	2,050	3,400	7,650	11,900	17,000
GL 4d Sed 700	2,150	3,600	8,100	12,600	18,000
GL 4d Sta Wag. 750	2,300	3,800	8,550	13,300	19,000
GLE 4d Sed 800	2,400	4,000	9,000	14,000	20,000
GLE 4d Sta Wag 850	2,500	4,200	9,450	14,700	21,000
4d Sed, Turbo 900	2,650	4,400	9,900	15,400	22,000
4d Sta Wag, Turbo. 900	2,750	4,600	10,350	16,100	23,000
1990 760, 6-cyl.						
GLE 4d Sed 950	2,900	4,800	10,800	16,800	24,000
GLE 4d Sed, Turbo 1,000	3,000	5,000	11,250	17,500	25,000
GLE 4d Sta Wag, Turbo. 1,040	3,120	5,200	11,700	18,200	26,000
1990 780, 6-cyl.						
2d Cpe 1,050	3,100	5,200	11,700	18,200	26,000
2d Cpe, Turbo 1,100	3,250	5,400	12,150	18,900	27,000
NOTE: Deduct 5 percent for 4-cyl.						
1991 240						
4d Sed 600	1,750	2,900	6,530	10,200	14,500
4d Sta Wag 600	1,800	2,950	6,660	10,400	14,800
4d SE Sta Wag. 650	1,900	3,200	7,200	11,200	16,000
1991 740						
4d Sed 650	1,900	3,150	7,070	11,000	15,700
4d Sed, Turbo 700	2,150	3,600	8,100	12,600	18,000
4d SE Sed, Turbo. 700	2,100	3,500	7,880	12,300	17,500
4d Sta Wag 700	2,150	3,600	8,100	12,600	18,000
4d Sta Wag, Turbo. 750	2,300	3,800	8,550	13,300	19,000
4d SE Sta Wag, Turbo 800	2,400	4,000	9,000	14,000	20,000
1991 940						
GLE 4d Sed (16V) 700	2,150	3,600	8,100	12,600	18,000
4d Sed, Turbo 750	2,300	3,800	8,550	13,300	19,000
4d SE Sed, Turbo. 800	2,400	4,000	9,000	14,000	20,000
GLE 4d Sta Wag (16V) 760	2,280	3,800	8,550	13,300	19,000
4d Sta Wag, Turbo. 800	2,400	4,000	9,000	14,000	20,000
4d SE Sta Wag, Turbo. 800	2,400	4,000	9,000	14,000	20,000
1991 780						
2d Cpe, Turbo 900	2,750	4,600	10,350	16,100	23,000
1992 240, 4-cyl.						
4d Sed 600	1,850	3,100	6,980	10,900	15,500
4d Sta Wag 650	2,000	3,300	7,430	11,600	16,500
GL 4d Sed 650	1,900	3,200	7,200	11,200	16,000
1992 740, 4-cyl.						
4d Sed 650	1,900	3,200	7,200	11,200	16,000
4d Sta Wag 700	2,050	3,400	7,650	11,900	17,000
4d Sta Wag, Turbo. 750	2,300	3,800	8,550	13,300	19,000

	6	5	4	3	2	1
1992 940, 4-cyl.						
CL 4d Sed.	650	1,900	3,200	7,200	11,200	16,000
4d Sed, Turbo.	750	2,200	3,650	8,190	12,700	18,200
4d Sta Wag, Turbo.	750	2,300	3,850	8,640	13,400	19,200
1992 960, 4-cyl.						
4d Sed (16V).	750	2,200	3,650	8,240	12,800	18,300
4d Sta Wag (16V).	750	2,300	3,850	8,690	13,500	19,300
1993 240, 4-cyl.						
4d Sed.	600	1,800	3,000	6,750	10,500	15,000
4d Sta Wag.	650	1,900	3,200	7,200	11,200	16,000
1993 850, 5-cyl.						
GLT 4d Sed.	650	1,900	3,200	7,200	11,200	16,000
1993 940, 4-cyl.						
4d Sed.	650	2,000	3,300	7,430	11,600	16,500
4d Sta Wag.	650	2,000	3,300	7,430	11,600	16,500
4d Sed, Turbo.	700	2,050	3,400	7,650	11,900	17,000
4d Sta Wag, Turbo.	700	2,100	3,500	7,880	12,300	17,500
1993 960, 4-cyl.						
4d Sed.	700	2,150	3,600	8,100	12,600	18,000
4d Sta Wag.	800	2,350	3,900	8,780	13,700	19,500
1994 850, 4-cyl.						
4d Sed.	650	1,900	3,200	7,200	11,200	16,000
4d Sed, Turbo.	700	2,150	3,600	8,100	12,600	18,000
4d Sta Wag.	700	2,050	3,400	7,650	11,900	17,000
4d Sta Wag, Turbo.	750	2,300	3,800	8,550	13,300	19,000
1994 940, 4-cyl.						
4d Sed.	500	1,550	2,600	5,850	9,100	13,000
4d Sed, Turbo.	600	1,800	3,000	6,750	10,500	15,000
4d Sta Wag.	550	1,700	2,800	6,300	9,800	14,000
4d Sta Wag, Turbo.	650	1,900	3,200	7,200	11,200	16,000
1994 960, 4-cyl.						
4d Sed.	650	1,900	3,200	7,200	11,200	16,000
4d Sta Wag.	700	2,050	3,400	7,650	11,900	17,000
1995 850, 4-cyl.						
4d Sed.	650	1,900	3,200	7,200	11,200	16,000
4d Sed, Turbo.	700	2,150	3,600	8,100	12,600	18,000
4d Sta Wag.	700	2,050	3,400	7,650	11,900	17,000
4d Sta Wag, Turbo.	750	2,300	3,800	8,550	13,300	19,000
GLT 4d Sed.	700	2,100	3,500	7,880	12,300	17,500
GLT 4d Sta Wag.	750	2,200	3,700	8,330	13,000	18,500
T-5R 4d Sed, Turbo.	780	2,340	3,900	8,780	13,650	19,500
T-5R 4d Sta Wag, Turbo.	840	2,520	4,200	9,450	14,700	21,000
1995 940, 4-cyl.						
4d Sed.	500	1,550	2,600	5,850	9,100	13,000
4d Sta Wag.	550	1,700	2,800	6,300	9,800	14,000
4d Sed, Turbo.	600	1,800	3,000	6,750	10,500	15,000
4d Sta Wag, Turbo.	650	1,900	3,200	7,200	11,200	16,000
1995 960, 6-cyl.						
4d Sed.	650	1,900	3,200	7,200	11,200	16,000
4d Sta Wag.	700	2,050	3,400	7,650	11,900	17,000
1996 850, 5-cyl.						
4d Sed.	600	1,800	3,000	6,750	10,500	15,000
4d Sed, Turbo.	700	2,050	3,400	7,650	11,900	17,000
4d Sta Wag.	650	1,900	3,200	7,200	11,200	16,000
4d Sta Wag, Turbo.	700	2,150	3,600	8,100	12,600	18,000
GLT 4d Sed.	650	2,000	3,300	7,430	11,600	16,500
GLT 4d Sta Wag.	700	2,100	3,500	7,880	12,300	17,500
T-5R 4d Sed, Turbo.	740	2,220	3,700	8,330	12,950	18,500
T-5R 4d Sta Wag, Turbo.	800	2,400	4,000	9,000	14,000	20,000
1996 960, 6-cyl.						
4d Sed.	600	1,800	3,000	6,750	10,500	15,000
4d Sta Wag.	650	1,900	3,200	7,200	11,200	16,000
1997 850, 5-cyl.						
4d Sed.	600	1,800	3,000	6,750	10,500	15,000
GLT 4d Sed, Turbo.	640	1,920	3,200	7,200	11,200	16,000
T5 4d Sed, Turbo.	660	1,980	3,300	7,430	11,550	16,500
R 4d Sed, Turbo.	700	2,100	3,500	7,880	12,250	17,500
4d Sta Wag.	640	1,920	3,200	7,200	11,200	16,000
GLT 4d Sta Wag, Turbo.	700	2,100	3,500	7,880	12,250	17,500
T5 4d Sta Wag, Turbo.	720	2,160	3,600	8,100	12,600	18,000
R 4d Sta Wag, Turbo.	740	2,220	3,700	8,330	12,950	18,500
1997 960, 6-cyl.						
4d Sed.	600	1,800	3,000	6,750	10,500	15,000
4d Sta Wag.	640	1,920	3,200	7,200	11,200	16,000
1998 70 Series, 5-cyl.						
C70 2d Cpe.	800	2,400	4,000	9,000	14,000	20,000

642

	6	5	4	3	2	1
S70 4d Sed	600	1,800	3,000	6,750	10,500	15,000
S70 GLT 4d Sed Turbo	640	1,920	3,200	7,200	11,200	16,000
S70 T5 4d Sed Turbo	660	1,980	3,300	7,430	11,550	16,500
V70 4d Sta Wag	640	1,920	3,200	7,200	11,200	16,000
V70 GLT 4d Sta Wag Turbo	700	2,100	3,500	7,880	12,250	17,500
V70 T5 4d Sta Wag Turbo	720	2,160	3,600	8,100	12,600	18,000
V70 4d Sta Wag AWD	720	2,160	3,600	8,100	12,600	18,000
V70 R 4d Sta Wag AWD	740	2,220	3,700	8,330	12,950	18,500
V70 XC 4d Sta Wag AWD	800	2,400	4,000	9,000	14,000	20,000
1998 90 Series, 6-cyl.						
S90 4d Sed	600	1,800	3,000	6,750	10,500	15,000
V90 4d Sta Wag	640	1,920	3,200	7,200	11,200	16,000
1999 70 Series, 5-cyl.						
C70 2d Cpe	720	2,160	3,600	8,100	12,600	18,000
C70 2d Conv	840	2,520	4,200	9,450	14,700	21,000
S70 4d Sed	600	1,800	3,000	6,750	10,500	15,000
S70 GLT 4d Sed Turbo	640	1,920	3,200	7,200	11,200	16,000
S70 T5 4d Sed Turbo	660	1,980	3,300	7,430	11,550	16,500
S70 4d Sed AWD Turbo	680	2,040	3,400	7,650	11,900	17,000
V70 4d Sta Wag	640	1,920	3,200	7,200	11,200	16,000
V70 GLT 4d Sta Wag Turbo	700	2,100	3,500	7,880	12,250	17,500
V70 T5 4d Sta Wag Turbo	720	2,160	3,600	8,100	12,600	18,000
V70 4d Sta Wag AWD Turbo	720	2,160	3,600	8,100	12,600	18,000
V70 R 4d Sta Wag AWD Turbo	740	2,220	3,700	8,330	12,950	18,500
V70 XC 4d Sta Wag AWD Turbo	800	2,400	4,000	9,000	14,000	20,000
1999 80 Series, 6-cyl.						
2.9 4d Sed	630	1,880	3,140	7,070	10,990	15,700
2.8 T-6 4d Sed	660	1,980	3,300	7,430	11,550	16,500
2000 40 Series, 4-cyl.						
S40 4d Sed	400	1,200	2,000	4,500	7,000	10,000
V40 4d Sta Wag	420	1,260	2,100	4,730	7,350	10,500
2000 70 Series, 5-cyl.						
C70 LT 2d Cpe	520	1,560	2,600	5,850	9,100	13,000
C70 HT 2d Cpe	600	1,800	3,000	6,750	10,500	15,000
C70 LT 2d Conv	680	2,040	3,400	7,650	11,900	17,000
C70 HT 2d Conv	720	2,160	3,600	8,100	12,600	18,000
S70 4d Sed	600	1,800	3,000	6,750	10,500	15,000
S70 GLT 4d Sed Turbo	640	1,920	3,200	7,200	11,200	16,000
S70 T5 4d Sed Turbo	660	1,980	3,300	7,430	11,550	16,500
S70 4d Sed AWD Turbo	680	2,040	3,400	7,650	11,900	17,000
V70 4d Sta Wag	640	1,920	3,200	7,200	11,200	16,000
V70 GLT 4d Sta Wag Turbo	700	2,100	3,500	7,880	12,250	17,500
V70 XC 4d Sta Wag AWD Turbo	740	2,220	3,700	8,330	12,950	18,500
V70 R 4d Sta Wag AWD Turbo	800	2,400	4,000	9,000	14,000	20,000
2000 80 Series, 6-cyl.						
2.9 4d Sed	630	1,880	3,140	7,070	10,990	15,700
2.8 T-6 4d Sed	660	1,980	3,300	7,430	11,550	16,500
2001 40 Series, 4-cyl.						
S40 4d Sed	400	1,210	2,020	5,050	7,070	10,100
V40 4d Sta Wag	420	1,270	2,120	5,300	7,420	10,600
2001 60 Series, Turbo 5-cyl.						
S60 4d Sed	410	1,220	2,040	5,100	7,140	10,200
S60 2.4T 4d Sed	430	1,280	2,140	5,350	7,490	10,700
S60 T5 4d Sed	440	1,320	2,200	5,500	7,700	11,000
2001 70 Series, Turbo 5-cyl.						
C70 HT 2d Cpe	600	1,800	3,000	7,500	10,500	15,000
C70 LT 2d Conv	680	2,040	3,400	8,500	11,900	17,000
C70 HT 2d Conv	720	2,160	3,600	9,000	12,600	18,000
V70 2.4 4d Sta Wag (non-turbocharged)	500	1,500	2,500	6,250	8,750	12,500
V70 2.4T 4d Sta Wag	520	1,560	2,600	6,500	9,100	13,000
V70 T5 4d Sta Wag	560	1,680	2,800	7,000	9,800	14,000
2001 80 Series, 6-cyl.						
2.9 4d Sed	630	1,880	3,140	7,850	10,990	15,700
2.8 T-6 4d Sed	660	1,980	3,300	8,250	11,550	16,500
NOTE: Add 5 percent for Executive Ed.						
2001 Cross Country, Turbo 5-cyl.						
XC 4d Sta Wag	620	1,860	3,100	7,750	10,850	15,500
2002 40 Series, Turbo 4-cyl.						
S40 4d Sed	400	1,210	2,020	5,050	7,070	10,100
V40 4d Sta Wag	420	1,270	2,120	5,300	7,420	10,600
2002 S60 Series, Turbo 5-cyl.						
4d Sed (non-turbocharged)	410	1,220	2,040	5,100	7,140	10,200
2.4T 4d Sed	430	1,280	2,140	5,350	7,490	10,700
T5 4d Sed	440	1,320	2,200	5,500	7,700	11,000

NOTE: Add 5 percent for AWD on 2.4T model.

	6	5	4	3	2	1
2002 C70 Series, Turbo 5-cyl.						
HT 2d Cpe.	530	1,580	2,640	6,600	9,240	13,200
LT 2d Conv.	620	1,860	3,100	7,750	10,850	15,500
HT 2d Conv.	640	1,920	3,200	8,000	11,200	16,000
2002 V70 Series, Turbo 5-cyl.						
4d Sta Wag (non-turbocharged)	500	1,500	2,500	6,250	8,750	12,500
2.4T 4d Sta Wag.	520	1,560	2,600	6,500	9,100	13,000
T5 4d Sta Wag	560	1,680	2,800	7,000	9,800	14,000
XC 4d Sta Wag, AWD.	620	1,860	3,100	7,750	10,850	15,500
NOTE: Add 5 percent for AWD on 2.4T model.						
2002 S80 Series, 6-cyl.						
4d Sed.	630	1,880	3,140	7,850	10,990	15,700
T-6 4d Sed	660	1,980	3,300	8,250	11,550	16,500
2003 40 Series, Turbo 4-cyl.						
S40 4d Sed.	400	1,210	2,020	5,050	7,070	10,100
V40 4d Sta Wag	420	1,270	2,120	5,300	7,420	10,600
2003 S60 Series, Turbo 5-cyl.						
4d Sed (non-turbocharged)	410	1,220	2,040	5,100	7,140	10,200
2.4T 4d Sed.	430	1,280	2,140	5,350	7,490	10,700
T5 4d Sed.	440	1,320	2,200	5,500	7,700	11,000
NOTE: Add 5 percent for AWD on 2.4T model.						
2003 C70 Series, Turbo 5-cyl.						
LT 2d Conv.	620	1,860	3,100	7,750	10,850	15,500
HT 2d Conv.	640	1,920	3,200	8,000	11,200	16,000
2003 V70 Series, Turbo 5-cyl.						
4d Sta Wag (non-turbocharged)	500	1,500	2,500	6,250	8,750	12,500
2.4T 4d Sta Wag.	520	1,560	2,600	6,500	9,100	13,000
2.5T 4d Sta Wag, AWD.	590	1,780	2,960	7,400	10,360	14,800
T5 4d Sta Wag	560	1,680	2,800	7,000	9,800	14,000
XC 4d Sta Wag, AWD.	620	1,860	3,100	7,750	10,850	15,500
2003 S80 Series, 6-cyl.						
4d Sed.	630	1,880	3,140	7,850	10,990	15,700
T-6 4d Sed	660	1,980	3,300	8,250	11,550	16,500
2004 40 Series, Turbo 4-cyl.						
S40 4d Sed.	400	1,210	2,020	5,050	7,070	10,100
V40 4d Sta Wag	420	1,270	2,120	5,300	7,420	10,600
NOTE: Deduct 5 percent for manual transmission.						
2004 S40 Series, 5-cyl.						
2.4i 4d Sed.	440	1,330	2,220	5,550	7,770	11,100
Turbo T5 4d Sed.	490	1,480	2,460	6,150	8,610	12,300
NOTE: Introduced mid-model year. Add 5 percent for Sport pkg. Deduct 5 percent for manual transmission.						
2004 S60 Series, Turbo 5-cyl.						
4d Sed (non-turbocharged)	450	1,340	2,240	5,600	7,840	11,200
2.5T 4d Sed.	470	1,400	2,340	5,850	8,190	11,700
T5 4d Sed.	510	1,540	2,560	6,400	8,960	12,800
R 4d Sed.	550	1,640	2,740	6,850	9,590	13,700
NOTE: Add 5 percent for AWD on 2.5T and R sed. Add 5 percent for Sport pkg on T5 sed. Deduct 5 percent for manual transmission, except R sed.						
2004 C70 Series, Turbo 5-cyl.						
LT 2d Conv.	620	1,860	3,100	7,750	10,850	15,500
HT 2d Conv.	640	1,920	3,200	8,000	11,200	16,000
2004 V70 Series, Turbo 5-cyl.						
4d Sta Wag (non-turbocharged)	500	1,500	2,500	6,250	8,750	12,500
2.5T 4d Sta Wag.	520	1,560	2,600	6,500	9,100	13,000
2.5T 4d Sta Wag, AWD.	590	1,780	2,960	7,400	10,360	14,800
T5 4d Sta Wag	560	1,680	2,800	7,000	9,800	14,000
XC 4d Sta Wag, AWD.	620	1,860	3,100	7,750	10,850	15,500
R 4d Sta Wag, AWD.	640	1,910	3,180	7,950	11,130	15,900
NOTE: Deduct 5 percent for manual transmission, except R wag.						
2004 S80 Series, 5-cyl. & 6-cyl.						
4d Sed.	630	1,880	3,140	7,850	10,990	15,700
2.5l 4d Sed.	630	1,900	3,160	7,900	11,060	15,800
T-6 4d Sed	660	1,980	3,300	8,250	11,550	16,500
NOTE: Add 5 percent for AWD on 2.5T sed. Deduct 5 percent for manual transmission.						

YUGO

	6	5	4	3	2	1
1986						
2d HBk GV	150	400	650	1,490	2,300	3,300
1987						
2d HBk GV	150	400	650	1,490	2,300	3,300
1988						
2d HBk GV	150	400	650	1,490	2,300	3,300
2d HBk GVL	150	400	700	1,530	2,400	3,400

DOMESTIC TRUCKS

AMERICAN AUSTIN-BANTAM TRUCKS

1931 Austin Series A

	6	5	4	3	2	1
Cpe Dly	1,060	3,180	5,300	11,930	18,550	26,500
Panel Dly	1,140	3,420	5,700	12,830	19,950	28,500

1932 Austin Series A

Cpe Dly	1,060	3,180	5,300	11,930	18,550	26,500
Panel Dly	1,140	3,420	5,700	12,830	19,950	28,500

1933 Austin 275

Cpe Dly	1,020	3,060	5,100	11,480	17,850	25,500
Panel Dly	1,100	3,300	5,500	12,380	19,250	27,500
Bantam Van	1,060	3,180	5,300	11,930	18,550	26,500

1933 Austin 375

Panel Dly	1,060	3,180	5,300	11,930	18,550	26,500
PU	1,020	3,060	5,100	11,480	17,850	25,500
Pony Exp	980	2,940	4,900	11,030	17,150	24,500
Cpe Dly	1,100	3,300	5,500	12,380	19,250	27,500

1934 Austin 375

PU	900	2,700	4,500	10,130	15,750	22,500
Panel Dly	980	2,940	4,900	11,030	17,150	24,500

1935 Austin 475

PU	860	2,580	4,300	9,680	15,050	21,500
Panel Dly	940	2,820	4,700	10,580	16,450	23,500

1936 Austin 475
No vehicles manufactured.

1937 American Bantam 575

PU	1,040	3,120	5,200	11,700	18,200	26,000
Panel Dly	1,200	3,600	6,000	13,500	21,000	30,000

1938 American Bantam 60

Bus Cpe	960	2,880	4,800	10,800	16,800	24,000
PU Exp	1,040	3,120	5,200	11,700	18,200	26,000
Panel Exp	1,200	3,600	6,000	13,500	21,000	30,000
Boulevard Dly	2,160	6,480	10,800	24,300	37,800	54,000

1939 American Bantam 60

PU Exp	1,040	3,120	5,200	11,700	18,200	26,000
Panel Exp	1,200	3,600	6,000	13,500	21,000	30,000
Boulevard Dly	2,160	6,480	10,800	24,300	37,800	54,000

1940 American Bantam 65

PU	1,040	3,120	5,200	11,700	18,200	26,000
Panel	1,200	3,600	6,000	13,500	21,000	30,000
Boulevard Dly	2,160	6,480	10,800	24,300	37,800	54,000

1941 American Bantam 65

PU	1,040	3,120	5,200	11,700	18,200	26,000
Panel	1,280	3,840	6,400	14,400	22,400	32,000

BUICK TRUCKS

2002 Rendezvous, V-6

CX 4d SUV	400	1,200	2,000	4,500	7,000	10,000
CX 4d SUV, 4x4	440	1,320	2,200	4,950	7,700	11,000
CXL 4d SUV, 4x4	480	1,440	2,400	5,400	8,400	12,000

2003 Rendezvous, V-6

CX 4d SUV	400	1,200	2,000	5,000	7,000	10,000
CXL 4d SUV	480	1,440	2,400	6,000	8,400	12,000

NOTE: Add 5 percent for AWD and 5 percent for V-8.

2004 Rendezvous, V-6

CX 4d SUV	400	1,200	2,000	5,000	7,000	10,000
CXL 4d SUV	480	1,440	2,400	6,000	8,400	12,000
Ultra AWD 4d SUV	580	1,740	2,900	7,250	10,150	14,500

NOTE: Add 5 percent for AWD on CX and CXL. Add 5 percent for 3.6L V-6, except Ultra.

2004 Rainer, 6-cyl.

CXL 4d SUV	550	1,650	2,750	6,880	9,630	13,750
CXL AWD 4d SUV	600	1,800	3,000	7,500	10,500	15,000

NOTE: Add 10 percent for V-8.

CADILLAC TRUCKS

1999 Escalade, V-8, 4x4

4d SUV	520	1,560	2,600	5,850	9,100	13,000

2000 Escalade, V-8, 4x4

4d SUV	540	1,620	2,700	6,080	9,450	13,500

2001 Escalade, V-8, 4x4
NOTE: Cadillac did not offer Escalade in 2001, but it returned in 2002.

	6	5	4	3	2	1
2002 Escalade, V-8						
EXT 4d SUV, 4x4 640	1,920	3,200	7,200	11,200	16,000
4d SUV 520	1,560	2,600	5,850	9,100	13,000
4d SUV, 4x4 580	1,740	2,900	6,530	10,150	14,500
2003 Escalade, V-8, AWD						
4d SUV 520	1,560	2,600	5,850	9,100	13,000
ESV 4d SUV 580	1,740	2,900	6,530	10,150	14,500
EXT 4d SUV 640	1,920	3,200	7,200	11,200	16,000
NOTE: Deduct 5 percent on base model when equipped with 2WD.						
2004 SRX, V-6 & V-8						
3.6L 4d SUV (V-6) 310	940	1,560	3,900	5,460	7,800
3.6L Luxury 4d SUV (V-6) 330	980	1,640	4,100	5,740	8,200
4.6L Luxury 4d SUV (V-8) 420	1,260	2,100	5,250	7,350	10,500
NOTE: Add 5 percent for AWD.						
2004 Escalade, V-8, AWD						
4d SUV 520	1,560	2,600	6,500	9,100	13,000
ESV 4d SUV 580	1,740	2,900	7,250	10,150	14,500
EXT 4d SUV 640	1,920	3,200	8,000	11,200	16,000
ESV Platinum 4d SUV 720	2,150	3,580	8,950	12,530	17,900
NOTE: Deduct 5 percent on base model when equipped with 2WD.						

CHEVROLET TRUCKS

	6	5	4	3	2	1
1918 Series "490"						
1/2-Ton Light Dly. 740	2,220	3,700	8,330	12,950	18,500
1918 Series "T"						
1-Ton Flare Exp 580	1,740	2,900	6,530	10,150	14,500
1-Ton Covered Flare. 600	1,800	3,000	6,750	10,500	15,000
1919 Series "490"						
1/2-Ton Light Dly. 700	2,100	3,500	7,880	12,250	17,500
1919 Series "T"						
1 Ton Flare Exp 600	1,800	3,000	6,750	10,500	15,000
1-Ton Covered Flare. 640	1,920	3,200	7,200	11,200	16,000
1920 Series "490"						
Light Dly Wag 1-Seat 660	1,980	3,300	7,430	11,550	16,500
Light Dly Wag 2-Seat 660	1,980	3,300	7,430	11,550	16,500
1920 Model T						
Flareboard Exp 620	1,860	3,100	6,980	10,850	15,500
Covered Flare 660	1,980	3,300	7,430	11,550	16,500
1921 Series "490"						
Open Exp 640	1,920	3,200	7,200	11,200	16,000
Canopy Exp 3 Seat 700	2,100	3,500	7,880	12,250	17,500
1921 Series G						
Open Exp 600	1,800	3,000	6,750	10,500	15,000
Canopy Exp. 690	2,060	3,440	7,740	12,040	17,200
1921 Series T						
Open Exp 600	1,800	3,000	6,750	10,500	15,000
Canopy Exp. 650	1,940	3,240	7,290	11,340	16,200
1922 Series "490"						
Dly Wag. 640	1,920	3,200	7,200	11,200	16,000
Panel Dly. 680	2,040	3,400	7,650	11,900	17,000
Sta Wag 800	2,400	4,000	9,000	14,000	20,000
1922 Series G						
Exp 600	1,800	3,000	6,750	10,500	15,000
Canopy Exp. 650	1,940	3,240	7,290	11,340	16,200
1922 Series T						
Open Exp 600	1,800	3,000	6,750	10,500	15,000
Canopy Exp. 610	1,820	3,040	6,840	10,640	15,200
Canopy Exp w/curtains 660	1,980	3,300	7,430	11,550	16,500
1923 Series B Superior						
Canopy Exp. 680	2,040	3,400	7,650	11,900	17,000
Panel Dly. 680	2,040	3,400	7,650	11,900	17,000
Sta Wag 800	2,400	4,000	9,000	14,000	20,000
1923 Series D Superior						
Utl Dly (Exp) 600	1,800	3,000	6,750	10,500	15,000
Cattle Body (Stake). 572	1,716	2,860	6,440	10,010	14,300
Dly Wag. 620	1,860	3,100	6,980	10,850	15,500
Panel Body 640	1,920	3,200	7,200	11,200	16,000
Gravity Dump 588	1,764	2,940	6,620	10,290	14,700
Petroleum Tanker 600	1,800	3,000	6,750	10,500	15,000
1924 Series F						
Open Exp 560	1,680	2,800	6,300	9,800	14,000
Canopy Exp. 600	1,800	3,000	6,750	10,500	15,000
Panel Dly. 620	1,860	3,100	6,980	10,850	15,500
Sta Wag 680	2,040	3,400	7,650	11,900	17,000

	6	5	4	3	2	1
1924 Series H						
Open Cab Grain/Stock Body 484	1,452	2,420	5,450	8,470	12,100	
Closed Cab Grain/Stock Body 488	1,464	2,440	5,490	8,540	12,200	
Flareboard Exp. 516	1,548	2,580	5,810	9,030	12,900	
Panel Body 532	1,596	2,660	5,990	9,310	13,300	
Dump/Coal Body 536	1,608	2,680	6,030	9,380	13,400	
Tanker (3 compartment). 560	1,680	2,800	6,300	9,800	14,000	
1925 Series M, 1924-25, 1-Ton						
Flareboard Exp. 560	1,680	2,800	6,300	9,800	14,000	
Panel Body. 520	1,560	2,600	5,850	9,100	13,000	
1925 Series K, 1/2-Ton						
Flareboard Exp. 580	1,740	2,900	6,530	10,150	14,500	
Panel Body. 560	1,680	2,800	6,300	9,800	14,000	
Sta Wag 700	2,100	3,500	7,880	12,250	17,500	
1925 Series R, 1-Ton						
Flareboard Exp. 580	1,740	2,900	6,530	10,150	14,500	
Panel Body. 560	1,680	2,800	6,300	9,800	14,000	
Grain Body 488	1,464	2,440	5,490	8,540	12,200	
Stake-Platform 484	1,452	2,420	5,450	8,470	12,100	
Tanker (3 compartment). 520	1,560	2,600	5,850	9,100	13,000	
Dump Body 496	1,488	2,480	5,580	8,680	12,400	
Wrecker 560	1,680	2,800	6,300	9,800	14,000	
1926 Series V						
Rds PU (Factory) 760	2,280	3,800	8,550	13,300	19,000	
Commercial Rds (Factory) 600	1,800	3,000	6,750	10,500	15,000	
Hercules Panel Dly. 580	1,740	2,900	6,530	10,150	14,500	
Springfield Ctry Clb Sub. 760	2,280	3,800	8,550	13,300	19,000	
Springfield Panel Dly 680	2,040	3,400	7,650	11,900	17,000	
1926 Series X, 1926-27						
Flareboard Exp (Factory) 560	1,680	2,800	6,300	9,800	14,000	
Canopy Exp (Factory) 580	1,740	2,900	6,530	10,150	14,500	
Screenside Exp (Factory). 580	1,740	2,900	6,530	10,150	14,500	
Peddler's Wag (Factory) 592	1,776	2,960	6,660	10,360	14,800	
Mifflinburg Depot Hack. 680	2,040	3,400	7,650	11,900	17,000	
Springfield 12P Sub 680	2,040	3,400	7,650	11,900	17,000	
Proctor-Keefe Dump 588	1,764	2,940	6,620	10,290	14,700	
Mifflinburg Jitney/Exp. 580	1,740	2,900	6,530	10,150	14,500	
Platform Stake 572	1,716	2,860	6,440	10,010	14,300	
Rack Body w/Coach Front 572	1,716	2,860	6,440	10,010	14,300	
1927-28						
Rds PU. 840	2,520	4,200	9,450	14,700	21,000	
Commercial Rds. 800	2,400	4,000	9,000	14,000	20,000	
Open Exp 720	2,160	3,600	8,100	12,600	18,000	
Sta Wag 880	2,640	4,400	9,900	15,400	22,000	
Panel Dly 760	2,280	3,800	8,550	13,300	19,000	
1929-30						
Rds w/Slip-in Cargo Box 1,100	3,300	5,500	12,380	19,250	27,500	
Rds w/Panel Carrier. 1,100	3,300	5,500	12,380	19,250	27,500	
Open Exp 960	2,880	4,800	10,800	16,800	24,000	
Canopy Exp 1,000	3,000	5,000	11,250	17,500	25,000	
Sed Dly. 1,080	3,240	5,400	12,150	18,900	27,000	
Screenside Exp 1,040	3,120	5,200	11,700	18,200	26,000	
Panel Dly 1,040	3,120	5,200	11,700	18,200	26,000	
Ambassador Panel Dly. 1,080	3,240	5,400	12,150	18,900	27,000	
1931-32						
Open Cab PU. 1,120	3,360	5,600	12,600	19,600	28,000	
Closed Cab PU 1,040	3,120	5,200	11,700	18,200	26,000	
Panel Dly 1,080	3,240	5,400	12,150	18,900	27,000	
Canopy Dly (curtains). 1,120	3,360	5,600	12,600	19,600	28,000	
Canopy Dly (screens). 1,120	3,360	5,600	12,600	19,600	28,000	
Sed Dly. 1,200	3,600	6,000	13,500	21,000	30,000	
DeL Sta Wag 1,280	3,840	6,400	14,400	22,400	32,000	

NOTE: Add 5 percent for Deluxe 1/2-Ton models. Add 5 percent for Special Equipment on models other than those noted as "Specials" above. Add 2 percent for Canopy Tops on both pickups.

	6	5	4	3	2	1
1933-36						
Sed Dly. 1,040	3,120	5,200	11,700	18,200	26,000	
Spl Sed Dly 1,080	3,240	5,400	12,150	18,900	27,000	
Closed Cab PU 1,000	3,000	5,000	11,250	17,500	25,000	
Panel Dly 960	2,880	4,800	10,800	16,800	24,000	
Spl Panel Dly 1,000	3,000	5,000	11,250	17,500	25,000	
Canopy Exp 1,040	3,120	5,200	11,700	18,200	26,000	
Spl Canopy Exp 1,040	3,120	5,200	11,700	18,200	26,000	
Screenside Exp 1,000	3,000	5,000	11,250	17,500	25,000	

NOTE: Add 2 percent for canopied pickups.

	6	5	4	3	2	1
1937-40						
Sed Dly. 1,080	3,240	5,400	12,150	18,900	27,000	

	6	5	4	3	2	1
PU	1,120	3,360	5,600	12,600	19,600	28,000
Panel	1,040	3,120	5,200	11,700	18,200	26,000
Canopy Exp	1,100	3,300	5,500	12,380	19,250	27,500
Carryall Suburban	1,150	3,450	5,750	12,940	20,130	28,750
1937-40 1/2-Ton						
PU	1,080	3,240	5,400	12,150	18,900	27,000
Stake	960	2,880	4,800	10,800	16,800	24,000
1937-40 3/4-Ton						
PU	1,080	3,240	5,400	12,150	18,900	27,000
Stake	960	2,880	4,800	10,800	16,800	24,000
1941-47 1/2-Ton						
PU	1,240	3,720	6,200	13,950	21,700	31,000
Panel Dly	1,120	3,360	5,600	12,600	19,600	28,000
Canopy	1,180	3,540	5,900	13,280	20,650	29,500
Suburban	1,190	3,570	5,950	13,390	20,830	29,750
1941-47 3/4-Ton						
Cpe PU	1,260	3,780	6,300	14,180	22,050	31,500
Sed Dly	1,200	3,600	6,000	13,500	21,000	30,000
1948-53 1/2-Ton						
Sed Dly	1,160	3,480	5,800	13,050	20,300	29,000
PU	1,240	3,720	6,200	13,950	21,700	31,000
Panel	1,040	3,120	5,200	11,700	18,200	26,000
Canopy Exp	1,080	3,240	5,400	12,150	18,900	27,000
Suburban	1,080	3,240	5,400	12,150	18,900	27,000
1948-53 3/4-Ton						
PU	1,120	3,360	5,600	12,600	19,600	28,000
Platform	1,000	3,000	5,000	11,250	17,500	25,000
Stake	1,000	3,000	5,000	11,250	17,500	25,000
1948-53 1-Ton						
PU	1,020	3,060	5,100	11,480	17,850	25,500
Panel	950	2,860	4,760	10,710	16,660	23,800
Canopy Exp	960	2,880	4,800	10,800	16,800	24,000
Platform	910	2,740	4,560	10,260	15,960	22,800
Stake	920	2,760	4,600	10,350	16,100	23,000
1954						
Sed Dly	1,160	3,480	5,800	13,050	20,300	29,000
1954 - First Series 1955 1/2-Ton						
PU	1,120	3,360	5,600	12,600	19,600	28,000
Panel	1,000	3,000	5,000	11,250	17,500	25,000
Canopy	980	2,940	4,900	11,030	17,150	24,500
Suburban	1,020	3,060	5,100	11,480	17,850	25,500
1954 - First Series 1955 3/4-Ton						
PU	1,040	3,120	5,200	11,700	18,200	26,000
Platform	920	2,770	4,620	10,400	16,170	23,100
Stake	930	2,800	4,660	10,490	16,310	23,300
1954 - First Series 1955 1-Ton						
PU	1,040	3,120	5,200	11,700	18,200	26,000
Panel	960	2,880	4,800	10,800	16,800	24,000
Canopy	960	2,880	4,800	10,800	16,800	24,000
Platform	920	2,760	4,600	10,350	16,100	23,000
Stake	920	2,770	4,620	10,400	16,170	23,100
1955-57 - Second Series 1/2-Ton, V-8						
Sed Dly	1,440	4,320	7,200	16,200	25,200	36,000
PU	1,120	3,360	5,600	12,600	19,600	28,000
Cus Cab PU	1,140	3,420	5,700	12,830	19,950	28,500
Panel Dly	1,040	3,120	5,200	11,700	18,200	26,000
Suburban	1,080	3,240	5,400	12,150	18,900	27,000
Cameo Carrier	1,640	4,920	8,200	18,450	28,700	41,000
Cantrell Sta Wag	1,700	5,100	8,500	19,130	29,750	42,500

NOTE: 1955 and up prices based on top of the line models. Deduct 20 percent for 6-cyl., except Cameo deduct 10 percent.

1958-59 1/2-Ton, V-8						
Sed Dly	1,240	3,720	6,200	13,950	21,700	31,000
El Camino - 1959 only	1,320	3,960	6,600	14,850	23,100	33,000
Stepside PU	1,000	3,000	5,000	11,250	17,500	25,000
Fleetside PU	1,040	3,120	5,200	11,700	18,200	26,000
Cameo PU - 1958 only	1,240	3,720	6,200	13,950	21,700	31,000
Panel	960	2,880	4,800	10,800	16,800	24,000
Suburban	960	2,880	4,800	10,800	16,800	24,000
Fleetside (LBx)	960	2,880	4,800	10,800	16,800	24,000

NOTE: 1955-up prices based on top of the line models. Deduct 20 percent for 6-cyl., except Cameo deduct 10 percent.

1960-66 1/2-Ton, V-8						
Sed Dly (1960 only)	1,160	3,480	5,800	13,050	20,300	29,000
El Camino	1,280	3,840	6,400	14,400	22,400	32,000
Stepside PU	760	2,280	3,800	8,550	13,300	19,000
Fleetside PU	820	2,460	4,100	9,230	14,350	20,500
Panel	740	2,210	3,680	8,280	12,880	18,400
Suburban	750	2,240	3,740	8,420	13,090	18,700

	6	5	4	3	2	1
1960-66 "Long Box", 1/2-Ton, V-8						
Stepside PU	740	2,210	3,680	8,280	12,880	18,400
Fleetside PU	760	2,280	3,800	8,550	13,300	19,000
1960-66 3/4-Ton, V-8						
Stepside PU	740	2,210	3,680	8,280	12,880	18,400
Fleetside PU	760	2,280	3,800	8,550	13,300	19,000
8-ft. Stake	680	2,040	3,400	7,650	11,900	17,000
NOTE: Deduct 20 percent for 6-cyl.						
1961-65 Corvair Series 95, 61-64						
Loadside	800	2,400	4,000	9,000	14,000	20,000
Rampside	820	2,460	4,100	9,230	14,350	20,500
1961-65 Corvan Series, 61-64						
Corvan Panel	820	2,460	4,100	9,230	14,350	20,500
Greenbriar Spt Van	840	2,520	4,200	9,450	14,700	21,000
1967 El Camino Series, V-8						
Spt PU	920	2,760	4,600	10,350	16,100	23,000
Cus Spt PU	940	2,820	4,700	10,580	16,450	23,500
1967-68 Fleetside Pickups, V-8						
C10 PU (SBx)	800	2,400	4,000	9,000	14,000	20,000
C10 PU (LBx)	760	2,280	3,800	8,550	13,300	19,000
K10 PU (SBx)	840	2,520	4,200	9,450	14,700	21,000
K10 PU (LBx)	800	2,400	4,000	9,000	14,000	20,000
C20 PU (LBx)	712	2,136	3,560	8,010	12,460	17,800
C20 PU (8-1/2 ft. bed)	710	2,120	3,540	7,970	12,390	17,700
K20 PU (LBx)	800	2,400	4,000	9,000	14,000	20,000
K20 PU (8-1/2 ft. bed)	760	2,280	3,800	8,550	13,300	19,000
1967-68 Stepside Pickups, V-8						
C10 PU (SBx)	760	2,280	3,800	8,550	13,300	19,000
C10 PU (LBx)	744	2,232	3,720	8,370	13,020	18,600
C20 PU (LBx)	708	2,124	3,540	7,970	12,390	17,700
K10 PU (SBx)	760	2,280	3,800	8,550	13,300	19,000
K20 PU (LBx)	740	2,220	3,700	8,330	12,950	18,500
1967-68 Panel/Suburbans, Stakes, V-8						
C10 Panel	640	1,920	3,200	7,200	11,200	16,000
C10 Suburban	760	2,280	3,800	8,550	13,300	19,000
C20 Panel	600	1,800	3,000	6,750	10,500	15,000
C20 Suburban	660	1,980	3,300	7,430	11,550	16,500
NOTE: 1955-up prices based on top of the line models. Add 5 percent for 4x4. C is conventional drive model. K is 4-wheel drive (4x4) model. 10 is 1/2-Ton series. 20 is 3/4-Ton series. 30 is 1-Ton series. Short box has 6-1/2 ft. bed. Long box has 8-ft. bed. Deduct 20 percent for 6-cyl.						
1968-70 El Camino Series, V-8						
Spt PU	920	2,760	4,600	10,350	16,100	23,000
Cus Spt PU	960	2,880	4,800	10,800	16,800	24,000
NOTE: Add 25 percent for SS-396 option. Add 45 percent for 454 engine option.						
1969-70 Blazer Series, 4x4						
Blazer, V-8	800	2,400	4,000	9,000	14,000	20,000
1969-70 Fleetside Series, V-8						
C10 PU (SBx)	840	2,520	4,200	9,450	14,700	21,000
C10 PU (LBx)	820	2,460	4,100	9,230	14,350	20,500
K10 PU (SBx)	860	2,580	4,300	9,680	15,050	21,500
K10 PU (LBx)	840	2,520	4,200	9,450	14,700	21,000
C20 PU (LBx)	712	2,136	3,560	8,010	12,460	17,800
C20 PU (long horn)	704	2,112	3,520	7,920	12,320	17,600
K20 PU (LBx)	744	2,232	3,720	8,370	13,020	18,600
K20 PU (long horn)	748	2,244	3,740	8,420	13,090	18,700
1969-70 Stepside Series, V-8						
C10 PU (SBx)	760	2,280	3,800	8,550	13,300	19,000
C10 PU (LBx)	740	2,220	3,700	8,330	12,950	18,500
K10 PU (SBx)	760	2,280	3,800	8,550	13,300	19,000
K10 PU (LBx)	780	2,340	3,900	8,780	13,650	19,500
C20 PU (LBx)	752	2,256	3,760	8,460	13,160	18,800
C20 PU (long horn)	724	2,172	3,620	8,150	12,670	18,100
K20 PU (LBx)	764	2,292	3,820	8,600	13,370	19,100
K20 PU (long horn)	764	2,292	3,820	8,600	13,370	19,100
1969-70 Panel/Suburban Series C10/K10, V-8, 115" wb						
C10 Suburban	800	2,400	4,000	9,000	14,000	20,000
K10 Suburban	820	2,460	4,100	9,230	14,350	20,500
1969-70 Panel/Suburban Series C20/K20, V-8, 127" wb						
C20 Suburban	760	2,280	3,800	8,550	13,300	19,000
K20 Suburban	780	2,340	3,900	8,780	13,650	19,500
NOTE: 1955-up prices based on top of the line models. C is conventional drive model. K is 4-wheel drive (4x4) model. 10 is 1/2-Ton series. 20 is 3/4-Ton series. 30 is 1-Ton series. Short box has 6-1/2 ft. bed and 115" wb. Long box pickup has 8-ft. bed and 127" wb. Long horn pickup has 8-1/2 to 9-ft. bed and 133" wb. Deduct 20 percent for 6-cyl.						
1971-72 Vega, 1/2-Ton, V-8						
Panel Exp	380	1,140	1,900	4,280	6,650	9,500

	6	5	4	3	2	1
1971-72 LUV Pickup, 1/2-Ton, 1972 only						
PU	352	1,056	1,760	3,960	6,160	8,800
1971-72 El Camino, V-8						
Spt PU	840	2,520	4,200	9,450	14,700	21,000
Cus Spt PU	880	2,640	4,400	9,900	15,400	22,000
SS PU	1,120	3,360	5,600	12,600	19,600	28,000

NOTE: Add 30 percent for 350, 40 percent for 402, 45 percent for 454 engine options. Deduct 20 percent for 6-cyl.

	6	5	4	3	2	1
1971-72 Blazer, 4x4						
C10 Blazer, V-8 (1972 only)	800	2,400	4,000	9,000	14,000	20,000
K10 Blazer, V-8	800	2,400	4,000	9,000	14,000	20,000
1971-72 Fleetside Pickups, V-8						
C10 PU (SBx)	860	2,580	4,300	9,680	15,050	21,500
C10 PU (LBx)	840	2,520	4,200	9,450	14,700	21,000
K10 PU (SBx)	880	2,640	4,400	9,900	15,400	22,000
K10 PU (LBx)	860	2,580	4,300	9,680	15,050	21,500
C20 PU (SBx)	752	2,256	3,760	8,460	13,160	18,800
C20 PU (LBx)	760	2,280	3,800	8,550	13,300	19,000
K20 PU (SBx)	800	2,400	4,000	9,000	14,000	20,000
K20 PU (LBx)	780	2,340	3,900	8,780	13,650	19,500
1971-72 Stepside Pickups, V-8						
C10 PU (SBx)	800	2,400	4,000	9,000	14,000	20,000
C10 PU (LBx)	780	2,340	3,900	8,780	13,650	19,500
K10 PU (SBx)	820	2,460	4,100	9,230	14,350	20,500
K10 PU (LBx)	800	2,400	4,000	9,000	14,000	20,000
K20 PU (LBx)	780	2,340	3,900	8,780	13,650	19,500
1971-72 Suburban, V-8						
C10 Suburban	800	2,400	4,000	9,000	14,000	20,000
K10 Suburban	780	2,340	3,900	8,780	13,650	19,500
C20 Suburban	780	2,340	3,900	8,780	13,650	19,500
K20 Suburban	760	2,280	3,800	8,550	13,300	19,000

NOTE: 1955-up prices based on top of the line models. Deduct 20 percent for 6-cyl. Add 15 percent for 4x4.

	6	5	4	3	2	1
1973-77 El Camino, V-8						
PU	600	1,800	3,000	6,750	10,500	15,000
Cus PU	620	1,860	3,100	6,980	10,850	15,500

NOTE: Add 25 percent for 454 engine option.

	6	5	4	3	2	1
1973-80 Vega						
Panel	360	1,080	1,800	4,050	6,300	9,000
1973-80 LUV						
PU	312	936	1,560	3,510	5,460	7,800
1973-80 Blazer K10, V-8						
Blazer 2WD	620	1,860	3,100	6,980	10,850	15,500
Blazer (4x4)	700	2,100	3,500	7,880	12,250	17,500
1973-80 C10, 1/2-Ton, V-8						
Stepside (SBx)	660	1,980	3,300	7,430	11,550	16,500
Stepside (LBx)	620	1,860	3,100	6,980	10,850	15,500
Fleetside (SBx)	620	1,860	3,100	6,980	10,850	15,500
Fleetside (LBx)	600	1,800	3,000	6,750	10,500	15,000
Suburban	620	1,860	3,100	6,980	10,850	15,500
1973-80 K10, 4x4, 1/2-Ton, V-8						
Stepside (SBx)	680	2,040	3,400	7,650	11,900	17,000
Stepside (LBx)	660	1,980	3,300	7,430	11,550	16,500
Fleetside (SBx)	640	1,920	3,200	7,200	11,200	16,000
Fleetside (LBx)	620	1,860	3,100	6,980	10,850	15,500
Suburban	640	1,920	3,200	7,200	11,200	16,000
1973-80 C20, 3/4-Ton						
Stepside (LBx)	360	1,080	1,800	4,050	6,300	9,000
Fleetside (LBx)	368	1,104	1,840	4,140	6,440	9,200
6P (LBx)	352	1,056	1,760	3,960	6,160	8,800
Suburban	460	1,380	2,300	5,180	8,050	11,500
1973-80 K20, 4x4, 3/4-Ton, V-8						
Stepside (LBx)	420	1,260	2,100	4,730	7,350	10,500
Fleetside (LBx)	420	1,260	2,100	4,730	7,350	10,500
6P (LBx)	376	1,128	1,880	4,230	6,580	9,400
Suburban	480	1,440	2,400	5,400	8,400	12,000

NOTE: Deduct 20 percent for 6-cyl.

	6	5	4	3	2	1
1978-80 El Camino, V-8						
PU	520	1,560	2,600	5,850	9,100	13,000
Cus PU	540	1,620	2,700	6,080	9,450	13,500

NOTE: Deduct 20 percent for V-6.

	6	5	4	3	2	1
1981-82 Luv, 1/2-Ton, 104.3" or 117.9" wb						
PU (SBx)	264	792	1,320	2,970	4,620	6,600
PU (LBx)	268	804	1,340	3,020	4,690	6,700
1981-82 El Camino, 1/2-Ton, V-8, 117" wb						
PU	460	1,380	2,300	5,180	8,050	11,500
SS PU	560	1,680	2,800	6,300	9,800	14,000

	6	5	4	3	2	1
1981-82 Blazer K10, 1/2-Ton, V-8, 106.5" wb						
Blazer (4x4), V-8 620	1,860	3,100	6,980	10,850	15,500	
1981-82 C10, 1/2-Ton, V-8, 117" or 131" wb						
Stepside PU (SBx) 452	1,356	2,260	5,090	7,910	11,300	
Stepside PU (LBx) 448	1,344	2,240	5,040	7,840	11,200	
Fleetside PU (SBx) 480	1,440	2,400	5,400	8,400	12,000	
Fleetside PU (LBx) 580	1,740	2,900	6,530	10,150	14,500	
Suburban 480	1,440	2,400	5,400	8,400	12,000	
1981-82 C20, 3/4-Ton, V-8, 131" or 164" wb						
Stepside PU (LBx) 448	1,344	2,240	5,040	7,840	11,200	
Fleetside PU (LBx) 452	1,356	2,260	5,090	7,910	11,300	
Fleetside PU Bonus Cab (LBx) 460	1,380	2,300	5,180	8,050	11,500	
Fleetside PU Crew Cab (LBx) 456	1,368	2,280	5,130	7,980	11,400	
Suburban 468	1,404	2,340	5,270	8,190	11,700	
NOTE: Add 15 percent for 4x4. Deduct 20 percent for 6-cyl.						
1983-87 El Camino, 1/2-Ton, 117" wb						
PU 420	1,260	2,100	4,730	7,350	10,500	
SS PU 520	1,560	2,600	5,850	9,100	13,000	
NOTE: Deduct 20 percent for V-6. Add 30 percent for ChooChoo model where available.						
1983-87 S10, 1/2-Ton, 100.5" wb						
Blazer 2WD 320	960	1,600	3,600	5,600	8,000	
Blazer (4x4) 340	1,020	1,700	3,830	5,950	8,500	
1983-87 Blazer K10, 1/2-Ton, 106.5" wb						
Blazer (4x4) 480	1,440	2,400	5,400	8,400	12,000	
1983-87 S10, 1/2-Ton, 108" or 122" wb						
Fleetside PU (SBx) 288	864	1,440	3,240	5,040	7,200	
Fleetside PU (LBx) 292	876	1,460	3,290	5,110	7,300	
Fleetside PU Ext Cab 300	900	1,500	3,380	5,250	7,500	
1983-87 C10, 1/2-Ton, 117" or 131" wb						
Stepside PU (SBx) 372	1,116	1,860	4,190	6,510	9,300	
Fleetside PU (SBx) 376	1,128	1,880	4,230	6,580	9,400	
Fleetside PU (LBx) 364	1,092	1,820	4,100	6,370	9,100	
Suburban 432	1,296	2,160	4,860	7,560	10,800	
1983-87 C20, 3/4-Ton, 131" or 164" wb						
Stepside PU (LBx) 368	1,104	1,840	4,140	6,440	9,200	
Fleetside PU (LBx) 372	1,116	1,860	4,190	6,510	9,300	
Fleetside PU Bonus Cab (LBx) 424	1,272	2,120	4,770	7,420	10,600	
Fleetside PU Crew Cab (LBx) 364	1,092	1,820	4,100	6,370	9,100	
Suburban 432	1,296	2,160	4,860	7,560	10,800	
NOTE: Add 15 percent for 4x4. Deduct 20 percent for 6-cyl. on full-size vehicles.						
1988-91 Blazer, 106.5" wb						
V10 (4x4) 520	1,560	2,600	5,850	9,100	13,000	
S10 2WD 320	960	1,600	3,600	5,600	8,000	
S10 (4x4) 400	1,200	2,000	4,500	7,000	10,000	
1988-91 S10 Pickup, 108.3" or 122.9" wb						
Fleetside (SBx) 280	840	1,400	3,150	4,900	7,000	
Fleetside (LBx) 288	864	1,440	3,240	5,040	7,200	
Fleetside Ext Cab 300	900	1,500	3,380	5,250	7,500	
1988-91 C1500, 1/2-Ton, 117.5" or 131" wb						
Sportside PU (SBx) 400	1,200	2,000	4,500	7,000	10,000	
SS 454 PU (SBx), 1990 & 1991 only 760	2,280	3,800	8,550	13,300	19,000	
Fleetside PU (SBx) 400	1,200	2,000	4,500	7,000	10,000	
Fleetside PU (LBx) 420	1,260	2,100	4,730	7,350	10,500	
Fleetside PU Ext Cab (LBx) 460	1,380	2,300	5,180	8,050	11,500	
Suburban 560	1,680	2,800	6,300	9,800	14,000	
1988-91 C2500, 3/4-Ton, 129.5" or 164.5" wb						
Stepside PU (LBx) 520	1,560	2,600	5,850	9,100	13,000	
Fleetside PU (LBx) 520	1,560	2,600	5,850	9,100	13,000	
Bonus Cab PU (LBx) 460	1,380	2,300	5,180	8,050	11,500	
Crew Cab PU (LBx) 472	1,416	2,360	5,310	8,260	11,800	
Suburban 600	1,800	3,000	6,750	10,500	15,000	
1992 K1500 Blazer, V-8						
2d SUV (4x4) 640	1,920	3,200	7,200	11,200	16,000	
1992 S10 Blazer, V-6						
2d SUV 320	960	1,600	3,600	5,600	8,000	
2d SUV (4x4) 360	1,080	1,800	4,050	6,300	9,000	
4d SUV 500	1,500	2,500	5,630	8,750	12,500	
4d SUV (4x4) 540	1,620	2,700	6,080	9,450	13,500	
1992 Astro Van, V-6						
3d Van 250	800	1,350	3,020	4,700	6,700	
1992 Lumina, V-6						
3d Van 250	800	1,300	2,930	4,550	6,500	
1992 Suburban 1500, V-8						
4d Sta Wag 680	2,040	3,400	7,650	11,900	17,000	
4d Sta Wag (4x4) 720	2,160	3,600	8,100	12,600	18,000	

	6	5	4	3	2	1
1992 Suburban 2500, V-8						
4d Sta Wag	720	2,160	3,600	8,100	12,600	18,000
4d Sta Wag (4x4)	760	2,280	3,800	8,550	13,300	19,000
1992 S10, 1/2-Ton, V-6						
2d PU (SBx)	400	1,200	2,000	4,500	7,000	10,000
2d PU (LBx)	400	1,200	2,000	4,500	7,000	10,000
NOTE: Add $1,500 for 4x4.						
1992 C1500, 1/2-Ton, V-8						
2d Sportside PU (SBx)	480	1,440	2,400	5,400	8,400	12,000
2d Fleetside PU (SBx)	480	1,440	2,400	5,400	8,400	12,000
2d Fleetside PU (LBx)	500	1,500	2,500	5,630	8,750	12,500
NOTE: Add $2,000 for 4x4. Add 25 percent for 454 SS pkg.						
1992 C2500, 3/4-Ton, V-8						
2d Fleetside PU (LBx)	520	1,560	2,600	5,850	9,100	13,000
1993 K1500 Blazer, V-8						
2d SUV 4x4	680	2,040	3,400	7,650	11,900	17,000
1993 S10 Blazer, V-6						
2d SUV 2WD	350	1,000	1,700	3,830	5,950	8,500
4d SUV 2WD	350	1,050	1,750	3,960	6,150	8,800
2d SUV 4x4	500	1,500	2,500	5,630	8,750	12,500
4d SUV 4x4	520	1,560	2,600	5,850	9,100	13,000
1993 Astro, V-6						
Van	250	700	1,200	2,700	4,200	6,000
1993 Lumina, V-6, FWD						
Van	250	700	1,200	2,700	4,200	6,000
1993 G Van, V-8						
Spt Van	250	800	1,300	2,930	4,550	6,500
1993 Suburban C1500/C2500, V-8						
4d Sta Wag 1500	720	2,160	3,600	8,100	12,600	18,000
4d Sta Wag 2500	720	2,160	3,600	8,100	12,600	18,000
1993 S10, V-6						
2d PU (SBx)	350	1,100	1,850	4,140	6,450	9,200
2d PU (LBx)	400	1,150	1,900	4,280	6,650	9,500
1993 C1500/C2500, V-8						
2d PU 1500 (SBx)	490	1,460	2,440	5,490	8,540	12,200
2d PU 1500 (LBx)	500	1,500	2,500	5,630	8,750	12,500
2d PU 2500 (SBx)	500	1,500	2,500	5,630	8,750	12,500
2d PU 2500 (LBx)	510	1,520	2,540	5,720	8,890	12,700
1994 K1500 Blazer, V-8						
2d SUV 4x4	640	1,920	3,200	7,200	11,200	16,000
1994 S10 Blazer, V-6						
2d SUV	320	960	1,600	3,600	5,600	8,000
4d SUV	330	980	1,640	3,690	5,740	8,200
2d SUV 4x4	400	1,200	2,000	4,500	7,000	10,000
4d SUV 4x4	440	1,320	2,200	4,950	7,700	11,000
1994 Astro, V-6						
Cargo Van	350	1,000	1,700	3,830	5,950	8,500
Cargo Van LWB	350	1,100	1,800	4,050	6,300	9,000
CS Van	400	1,150	1,900	4,280	6,650	9,500
CS Van LWB	380	1,140	1,900	4,280	6,650	9,500
1994 Lumina, V-6						
Cargo Van	280	840	1,400	3,150	4,900	7,000
Window Van	340	1,020	1,700	3,830	5,950	8,500
1994 G10, V-8						
Van	380	1,140	1,900	4,280	6,650	9,500
1994 G20, V-8						
Van	440	1,320	2,200	4,950	7,700	11,000
Van Spt	480	1,440	2,400	5,400	8,400	12,000
1994 Suburban, V-8						
4d C1500	680	2,040	3,400	7,650	11,900	17,000
4d C2500	720	2,160	3,600	8,100	12,600	18,000
1994 S10, V-6						
2d PU 6 ft.	300	900	1,500	3,380	5,250	7,500
2d PU 7-1/2 ft.	300	900	1,500	3,420	5,300	7,600
2d PU 6 ft. Ext Cab	400	1,150	1,900	4,280	6,650	9,500
1994 C1500, V-8						
2d PU 6-1/2 ft.	320	960	1,600	3,600	5,600	8,000
2d PU 8 ft.	340	1,020	1,700	3,830	5,950	8,500
2d PU 6-1/2 ft. Ext Cab	460	1,380	2,300	5,180	8,050	11,500
2d PU 8 ft. Ext Cab	480	1,440	2,400	5,400	8,400	12,000
NOTE: Deduct 10 percent for V-6.						
1994 C2500, V-8						
2d PU 8 ft.	360	1,080	1,800	4,050	6,300	9,000
2d PU 6 ft. Ext Cab	480	1,440	2,400	5,400	8,400	12,000
2d PU 8 ft. Ext Cab	520	1,560	2,600	5,850	9,100	13,000

	6	5	4	3	2	1
1995 Tahoe, V-8						
LS 4d SUV	480	1,440	2,400	5,400	8,400	12,000
2d SUV, 4x4	500	1,500	2,500	5,630	8,750	12,500
LS 2d SUV, 4x4	520	1,560	2,600	5,850	9,100	13,000
LS 4d SUV, 4x4	560	1,680	2,800	6,300	9,800	14,000
1995 Blazer, V-6						
2d SUV	280	840	1,400	3,150	4,900	7,000
4d SUV	320	960	1,600	3,600	5,600	8,000
2d SUV, 4x4	330	1,000	1,660	3,740	5,810	8,300
4d SUV, 4x4	370	1,120	1,860	4,190	6,510	9,300
1995 Astro, V-6						
Cargo Van	350	1,000	1,700	3,830	5,950	8,500
CS Van	400	1,150	1,900	4,280	6,650	9,500
1995 Lumina, V-6						
Cargo Van	300	850	1,400	3,150	4,900	7,000
Window Van	350	1,000	1,700	3,830	5,950	8,500
1995 G-10, V-8						
Van	380	1,140	1,900	4,280	6,650	9,500
1995 G-20, V-8						
Van	440	1,320	2,200	4,950	7,700	11,000
Van Spt	480	1,440	2,400	5,400	8,400	12,000
1995 Suburban, V-8						
4d C1500	640	1,920	3,200	7,200	11,200	16,000
4d C1500 LS	660	1,980	3,300	7,430	11,550	16,500
4d C1500 LT	680	2,040	3,400	7,650	11,900	17,000
4d C2500	680	2,040	3,400	7,650	11,900	17,000
4d C2500 LS	700	2,100	3,500	7,880	12,250	17,500
4d C2500 LT	720	2,160	3,600	8,100	12,600	18,000
1995 S-10, V-6						
2d PU, 6 ft.	300	900	1,500	3,380	5,250	7,500
2d PU, 7-1/2 ft.	300	900	1,500	3,420	5,300	7,600
2d PU, 6 ft. Ext Cab	340	1,020	1,700	3,830	5,950	8,500
NOTE: Deduct 10 percent for 4-cyl. Add $2,000 for 4x4.						
1995 C1500, V-8						
2d Fleetside WT PU, 6-1/2 ft.	320	960	1,600	3,600	5,600	8,000
2d Fleetside WT PU, 8 ft.	340	1,020	1,700	3,830	5,950	8,500
2d Sportside PU, 6-1/2 ft.	360	1,080	1,800	4,050	6,300	9,000
2d Fleetside PU, 6-1/2 ft.	380	1,140	1,900	4,280	6,650	9,500
2d Fleetside PU, 8 ft.	400	1,200	2,000	4,500	7,000	10,000
2d Fleetside PU, 6-1/2 ft. Ext Cab	460	1,380	2,300	5,180	8,050	11,500
2d Fleetside PU, 8 ft. Ext Cab	480	1,440	2,400	5,400	8,400	12,000
2d Sportside PU, 6-1/2 ft. Ext Cab	480	1,440	2,400	5,400	8,400	12,000
NOTE: Deduct 10 percent for V-6.						
1995 C2500, V-8						
2d Fleetside PU, 8 ft.	360	1,080	1,800	4,050	6,300	9,000
2d Fleetside PU, 6-1/2 ft. Ext Cab	480	1,440	2,400	5,400	8,400	12,000
2d Fleetside PU, 8 ft. Ext Cab	520	1,560	2,600	5,850	9,100	13,000
1996 Tahoe, V-8						
2d SUV	390	1,180	1,960	4,410	6,860	9,800
LS 2d SUV	420	1,260	2,100	4,730	7,350	10,500
LS 4d SUV	440	1,320	2,200	4,950	7,700	11,000
2d SUV, 4x4	460	1,380	2,300	5,180	8,050	11,500
LS 2d SUV, 4x4	480	1,440	2,400	5,400	8,400	12,000
LS 4d SUV, 4x4	520	1,560	2,600	5,850	9,100	13,000
NOTE: Add 10 percent for turbo diesel V-8.						
1996 Blazer, V-6						
2d SUV	300	850	1,400	3,150	4,900	7,000
4d SUV	300	950	1,600	3,600	5,600	8,000
2d SUV, 4x4	350	1,000	1,650	3,740	5,800	8,300
4d SUV, 4x4	350	1,100	1,850	4,190	6,500	9,300
1996 Astro, V-6						
Cargo Van	300	900	1,500	3,380	5,250	7,500
Van	340	1,020	1,700	3,830	5,950	8,500
NOTE: Add 15 percent for 4x4.						
1996 Lumina, V-6						
Cargo Van	250	700	1,200	2,700	4,200	6,000
Window Van	300	900	1,500	3,380	5,250	7,500
1996 G10, V-8						
Van	340	1,020	1,700	3,830	5,950	8,500
Express Van	380	1,140	1,900	4,280	6,650	9,500
1996 G20, V-8						
Van	400	1,200	2,000	4,500	7,000	10,000
Express Van	440	1,320	2,200	4,950	7,700	11,000
1996 Suburban, V-8						
4d C1500	600	1,800	3,000	6,750	10,500	15,000
4d C1500 LS	620	1,860	3,100	6,980	10,850	15,500

	6	5	4	3	2	1
4d C1500 LT	640	1,920	3,200	7,200	11,200	16,000
4d C2500	640	1,920	3,200	7,200	11,200	16,000
4d C2500 LS	660	1,980	3,300	7,430	11,550	16,500
4d C2500 LT	680	2,040	3,400	7,650	11,900	17,000

NOTE: Add 10 percent for turbo diesel V-8. Add 10 percent for 4x4.

1996 S10, V-6

	6	5	4	3	2	1
2d PU, 6 ft.	250	800	1,300	2,930	4,550	6,500
2d PU, 7-1/2 ft.	250	800	1,300	2,970	4,600	6,600
2d PU, 6 ft. Ext Cab	340	1,020	1,700	3,830	5,950	8,500

NOTE: Deduct 10 percent for 4-cyl. Add $2,000 for 4x4.

1996 C1500, V-8

	6	5	4	3	2	1
2d Fleetside WT PU, 6-1/2 ft.	300	950	1,600	3,600	5,600	8,000
2d Fleetside WT PU, 8 ft.	340	1,020	1,700	3,830	5,950	8,500
2d Sportside PU, 6-1/2 ft.	360	1,080	1,800	4,050	6,300	9,000
2d Fleetside PU, 6-1/2 ft.	380	1,140	1,900	4,280	6,650	9,500
2d Fleetside PU, 8 ft.	400	1,200	2,000	4,500	7,000	10,000
2d Fleetside PU, 6-1/2 ft. Ext Cab.	460	1,380	2,300	5,180	8,050	11,500
2d Fleetside PU, 8 ft. Ext. Cab	480	1,440	2,400	5,400	8,400	12,000
2d Sportside PU, 6-1/2 ft. Ext Cab	480	1,440	2,400	5,400	8,400	12,000

1996 C2500, V-8

	6	5	4	3	2	1
2d Fleetside PU, 8 ft.	360	1,080	1,800	4,050	6,300	9,000
2d Fleetside PU, 6-1/2 ft. Ext Cab.	480	1,440	2,400	5,400	8,400	12,000
2d Fleetside PU, 8 ft. Ext Cab.	520	1,560	2,600	5,850	9,100	13,000

NOTE: Add $2,000 for 4x4. Add 10 percent for turbo diesel V-8.

1997 Tahoe, V-8

	6	5	4	3	2	1
2d SUV	390	1,180	1,960	4,410	6,860	9,800
LS 2d SUV	420	1,260	2,100	4,730	7,350	10,500
LS 4d SUV	440	1,320	2,200	4,950	7,700	11,000
2d SUV, 4x4	460	1,380	2,300	5,180	8,050	11,500
LS 2d SUV, 4x4	480	1,440	2,400	5,400	8,400	12,000
LS 4d SUV, 4x4	520	1,560	2,600	5,850	9,100	13,000

NOTE: Add 10 percent for turbo diesel V-8.

1997 Blazer, V-6

	6	5	4	3	2	1
2d SUV	280	840	1,400	3,150	4,900	7,000
4d SUV	320	960	1,600	3,600	5,600	8,000
2d SUV, 4x4	332	996	1,660	3,740	5,810	8,300
4d SUV, 4x4	372	1,116	1,860	4,190	6,510	9,300

1997 Astro, V-6

	6	5	4	3	2	1
Cargo Van	300	900	1,500	3,380	5,250	7,500
Van	340	1,020	1,700	3,830	5,950	8,500

NOTE: Add 15 percent for 4x4.

1997 Venture, V-6

	6	5	4	3	2	1
2d Van	240	720	1,200	2,700	4,200	6,000
4d Van	300	900	1,500	3,380	5,250	7,500

NOTE: Add 5 percent for extended model.

1997 G Series, V-8

	6	5	4	3	2	1
G10 Van	340	1,020	1,700	3,830	5,950	8,500
G10 Express Van	380	1,140	1,900	4,280	6,650	9,500
G20 Van	400	1,200	2,000	4,500	7,000	10,000
G20 Express Van	440	1,320	2,200	4,950	7,700	11,000

NOTE: Add 10 percent for turbo diesel V-8. Add 5 percent for 7.4L V-8.

1997 Suburban, V-8

	6	5	4	3	2	1
4d C1500	600	1,800	3,000	6,750	10,500	15,000
4d C1500 LS	620	1,860	3,100	6,980	10,850	15,500
4d C1500 LT	640	1,920	3,200	7,200	11,200	16,000
4d C2500	640	1,920	3,200	7,200	11,200	16,000
4d C2500 LS	660	1,980	3,300	7,430	11,550	16,500
4d C2500 LT	680	2,040	3,400	7,650	11,900	17,000
4d K1500	620	1,860	3,100	6,980	10,850	15,500
4d K1500 LS	640	1,920	3,200	7,200	11,200	16,000
4d K1500 LT	680	2,040	3,400	7,650	11,900	17,000
4d K2500	660	1,980	3,300	7,430	11,550	16,500
4d K2500 LS	700	2,100	3,500	7,880	12,250	17,500
4d K2500 LT	720	2,160	3,600	8,100	12,600	18,000

NOTE: Add 10 percent for turbo diesel V-8. Add 10 percent for 4x4.

1997 S10, V-6

	6	5	4	3	2	1
2d PU, 6 ft.	260	780	1,300	2,930	4,550	6,500
2d PU, 7-1/2 ft.	264	792	1,320	2,970	4,620	6,600
2d PU, 6 ft. Ext Cab	340	1,020	1,700	3,830	5,950	8,500

NOTE: Deduct 10 percent for 4-cyl. Add $2,000 for 4x4.

1997 C1500, V-8

	6	5	4	3	2	1
2d Fleetside WT PU, 6-1/2 ft.	320	960	1,600	3,600	5,600	8,000
2d Fleetside WT PU, 8 ft.	340	1,020	1,700	3,830	5,950	8,500
2d Sportside PU, 6-1/2 ft.	360	1,080	1,800	4,050	6,300	9,000
2d Fleetside PU, 6-1/2 ft.	380	1,140	1,900	4,280	6,650	9,500
2d Fleetside PU, 8 ft.	400	1,200	2,000	4,500	7,000	10,000

	6	5	4	3	2	1
2d Fleetside PU, 6-1/2 ft. Ext Cab 460	1,380	2,300	5,180	8,050	11,500
2d Fleetside PU, 8 ft. Ext Cab 480	1,440	2,400	5,400	8,400	12,000
2d Sportside PU, 6-1/2 ft. Ext Cab 480	1,440	2,400	5,400	8,400	12,000

NOTE: Add $2,000 for 4x4. Add 10 percent for turbo diesel V-8.

1997 C2500, V-8

	6	5	4	3	2	1
2d Fleetside PU, 8 ft. 360	1,080	1,800	4,050	6,300	9,000
2d Fleetside PU, 6-1/2 ft. Ext Cab 480	1,440	2,400	5,400	8,400	12,000
2d Fleetside PU, 8 ft. Ext Cab 520	1,560	2,600	5,850	9,100	13,000

NOTE: Add $2,000 for 4x4. Add 10 percent for turbo diesel V-8.

1998 Tracker, 4-cyl.

	6	5	4	3	2	1
2d Utly Conv. 210	620	1,040	2,340	3,640	5,200
4d SUV. 230	680	1,140	2,570	3,990	5,700
2d Utly Conv, 4x4. 250	740	1,240	2,790	4,340	6,200
4d SUV, 4x4 270	800	1,340	3,020	4,690	6,700

1998 Tahoe, V-8

	6	5	4	3	2	1
2d SUV. 390	1,180	1,960	4,410	6,860	9,800
LS 2d SUV. 420	1,260	2,100	4,730	7,350	10,500
LS 4d SUV 440	1,320	2,200	4,950	7,700	11,000
2d SUV, 4x4 460	1,380	2,300	5,180	8,050	11,500
LS 2d SUV, 4x4 480	1,440	2,400	5,400	8,400	12,000
LS 4d SUV, 4x4 520	1,560	2,600	5,850	9,100	13,000

NOTE: Add 10 percent for turbo diesel V-8.

1998 Blazer, V-6

	6	5	4	3	2	1
2d SUV. 280	840	1,400	3,150	4,900	7,000
4d SUV. 320	960	1,600	3,600	5,600	8,000
2d SUV, 4x4 330	1,000	1,660	3,740	5,810	8,300
4d SUV, 4x4 370	1,120	1,860	4,190	6,510	9,300

1998 Astro, V-6

	6	5	4	3	2	1
Cargo Van 300	900	1,500	3,380	5,250	7,500
Van. 340	1,020	1,700	3,830	5,950	8,500

NOTE: Add 15 percent for 4x4.

1998 Venture, V-6

	6	5	4	3	2	1
2d Van 240	720	1,200	2,700	4,200	6,000
4d Van 300	900	1,500	3,380	5,250	7,500

NOTE: Add 5 percent for extended model.

1998 G Series, V-8

	6	5	4	3	2	1
G15 Van. 340	1,020	1,700	3,830	5,950	8,500
G15 Express Van. 380	1,140	1,900	4,280	6,650	9,500
G20 Van. 400	1,200	2,000	4,500	7,000	10,000
G20 Express Van. 440	1,320	2,200	4,950	7,700	11,000

NOTE: Add 5 percent for extended model. Add 10 percent for turbo diesel V-8. Add 5 percent for 7.4L V-8.

1998 Suburban, V-8

	6	5	4	3	2	1
4d C1500 600	1,800	3,000	6,750	10,500	15,000
4d C1500 LS 620	1,860	3,100	6,980	10,850	15,500
4d C1500 LT 640	1,920	3,200	7,200	11,200	16,000
4d C2500 640	1,920	3,200	7,200	11,200	16,000
4d C2500 LS 660	1,980	3,300	7,430	11,550	16,500
4d C2500 LT 680	2,040	3,400	7,650	11,900	17,000
4d K1500 620	1,860	3,100	6,980	10,850	15,500
4d K1500 LS 640	1,920	3,200	7,200	11,200	16,000
4d K1500 LT. 680	2,040	3,400	7,650	11,900	17,000
4d K2500 660	1,980	3,300	7,430	11,550	16,500
4d K2500 LS 700	2,100	3,500	7,880	12,250	17,500
4d K2500 LT. 720	2,160	3,600	8,100	12,600	18,000

NOTE: Add 10 percent for turbo diesel V-8. Add 10 percent for 4x4.

1998 S10, V-6

	6	5	4	3	2	1
2d PU, 6 ft.. 260	780	1,300	2,930	4,550	6,500
2d PU, 7-1/2 ft.. 260	790	1,320	2,970	4,620	6,600
2d PU, 6 ft. Ext Cab 340	1,020	1,700	3,830	5,950	8,500
2d PU, 7-1/2 ft. Ext Cab 340	1,030	1,720	3,870	6,020	8,600

NOTE: Deduct 10 percent for 4-cyl. Add $2,000 for 4x4.

1998 C1500, V-8

	6	5	4	3	2	1
2d Fleetside WT PU (V-6) 320	960	1,600	3,600	5,600	8,000
2d Fleetside PU 360	1,080	1,800	4,050	6,300	9,000
2d Sportside PU. 400	1,200	2,000	4,500	7,000	10,000

NOTE: Add 5 percent for extended cab. Add $2,000 for 4x4. Add 10 percent for turbo diesel V-8. Add 5 percent for 7.4L V-8.

1998 C2500, V-8

	6	5	4	3	2	1
2d Fleetside PU 400	1,200	2,000	4,500	7,000	10,000
2d HD Fleetside PU 440	1,320	2,200	4,950	7,700	11,000

NOTE: Add 5 percent for extended cab. Add $2,000 for 4x4. Add 10 percent for turbo diesel V-8. Add 5 percent for 7.4L V-8.

1999 Tracker, 4-cyl.

	6	5	4	3	2	1
2d Utly Conv. 210	620	1,040	2,340	3,640	5,200
4d SUV. 230	680	1,140	2,570	3,990	5,700
2d Utly Conv, 4x4. 250	740	1,240	2,790	4,340	6,200
4d SUV, 4x4 270	800	1,340	3,020	4,690	6,700

	6	5	4	3	2	1
1999 Tahoe, V-8						
2d SUV	390	1,180	1,960	4,410	6,860	9,800
LS 2d SUV	420	1,260	2,100	4,730	7,350	10,500
LS 4d SUV	440	1,320	2,200	4,950	7,700	11,000
LT 2d SUV	460	1,380	2,300	5,180	8,050	11,500
LT4d SUV	480	1,440	2,400	5,400	8,400	12,000
2d SUV, 4x4	460	1,380	2,300	5,180	8,050	11,500
LS 2d SUV, 4x4	480	1,440	2,400	5,400	8,400	12,000
LS 4d SUV, 4x4	520	1,560	2,600	5,850	9,100	13,000
LT 2d SUV, 4x4	520	1,560	2,600	5,850	9,100	13,000
LT 4d SUV, 4x4	540	1,620	2,700	6,080	9,450	13,500

NOTE: Add 10 percent for turbo diesel V-8.

	6	5	4	3	2	1
1999 Blazer, V-6						
2d SUV	280	840	1,400	3,150	4,900	7,000
4d SUV	320	960	1,600	3,600	5,600	8,000
2d SUV, 4x4	330	1,000	1,660	3,740	5,810	8,300
4d SUV, 4x4	370	1,120	1,860	4,190	6,510	9,300

NOTE: Add 5 percent for LS, LT, Trailblazer, or ZR2 Pkgs.

	6	5	4	3	2	1
1999 Astro, V-6						
Cargo Van	300	900	1,500	3,380	5,250	7,500
Van	340	1,020	1,700	3,830	5,950	8,500

NOTE: Add 15 percent for 4x4. Add 5 percent for LS or LT Pkgs.

	6	5	4	3	2	1
1999 Venture, V-6						
2d Van	240	720	1,200	2,700	4,200	6,000
4d Van	300	900	1,500	3,380	5,250	7,500

NOTE: Add 5 percent for extended model. Add 5 percent for LS or LT Pkgs.

	6	5	4	3	2	1
1999 G Series, V-8						
G15 Van	340	1,020	1,700	3,830	5,950	8,500
G15 Express Van	380	1,140	1,900	4,280	6,650	9,500
G25 Van	400	1,200	2,000	4,500	7,000	10,000
G25 Express Van	440	1,320	2,200	4,950	7,700	11,000

NOTE: Add 5 percent for extended model. Add 5 percent for LS Pkg. Add 10 percent for turbo diesel V-8. Add 5 percent for 7.4L V-8. Deduct 5 percent for V-6.

	6	5	4	3	2	1
1999 Suburban, V-8						
4d C1500	600	1,800	3,000	6,750	10,500	15,000
4d C1500 LS	620	1,860	3,100	6,980	10,850	15,500
4d C1500 LT	640	1,920	3,200	7,200	11,200	16,000
4d C2500	640	1,920	3,200	7,200	11,200	16,000
4d C2500 LS	660	1,980	3,300	7,430	11,550	16,500
4d C2500 LT	680	2,040	3,400	7,650	11,900	17,000
4d K1500	620	1,860	3,100	6,980	10,850	15,500
4d K1500 LS	640	1,920	3,200	7,200	11,200	16,000
4d K1500 LT	680	2,040	3,400	7,650	11,900	17,000
4d K2500	660	1,980	3,300	7,430	11,550	16,500
4d K2500 LS	700	2,100	3,500	7,880	12,250	17,500
4d K2500 LT	720	2,160	3,600	8,100	12,600	18,000

NOTE: Add 10 percent for turbo diesel V-8, Add 10 percent for 4x4. Add 5 percent for 7.4L V-8.

	6	5	4	3	2	1
1999 S10, V-6						
2d Fleetside PU	260	780	1,300	2,930	4,550	6,500
2d Sportside PU	260	790	1,320	2,970	4,620	6,600
2d Fleetside Ext Cab PU	340	1,020	1,700	3,830	5,950	8,500
2d Sportside Ext Cab PU	340	1,030	1,720	3,870	6,020	8,600

NOTE: Add 5 percent for LS, Extreme, or ZR2 Pkgs. Deduct 10 percent for 4-cyl. Add $2,000 for 4x4.

	6	5	4	3	2	1
1999 C1500, V-8						
2d LS Ext Cab PU	400	1,200	2,000	4,500	7,000	10,000
2d Silverado Fleetside PU	360	1,080	1,800	4,050	6,300	9,000
2d Silverado Sportside PU	400	1,200	2,000	4,500	7,000	10,000

NOTE: Add 5 percent for Silverado extended cab. Add 5 percent for LS or LT Pkgs. Add $2,000 for 4x4. Add 10 percent for turbo diesel V-8. Add 5 percent for 7.4L V-8. Deduct 5 percent for V-6.

	6	5	4	3	2	1
1999 C2500, V-8						
2d Fleetside PU	400	1,200	2,000	4,500	7,000	10,000
2d HD Fleetside PU (6.0L V-8)	420	1,260	2,100	4,730	7,350	10,500
4d Fleetside Crew Cab PU	440	1,320	2,200	4,950	7,700	11,000

NOTE: Add 5 percent for extended cab. Add 5 percent for LS or LT Pkgs. Add $2,000 for 4x4. Add 10 percent for turbo diesel V-8. Add 5 percent for 7.4L V-8.

	6	5	4	3	2	1
2000 Tracker, 4-cyl.						
2d Utly Conv	210	640	1,060	2,390	3,710	5,300
4d SUV	230	700	1,160	2,610	4,060	5,800
2d Utly Conv, 4x4	250	760	1,260	2,840	4,410	6,300
4d SUV, 4x4	270	820	1,360	3,060	4,760	6,800

NOTE: Add 5 percent for Hang Ten Ed.

	6	5	4	3	2	1
2000 Tahoe, V-8						
Limited 4d SUV	400	1,190	1,980	4,460	6,930	9,900
Z71 4d SUV, 4x4	460	1,380	2,300	5,180	8,050	11,500
2000 New Tahoe, V-8						
4d SUV	390	1,180	1,960	4,410	6,860	9,800

	6	5	4	3	2	1
LS 4d SUV	440	1,320	2,200	4,950	7,700	11,000
4d SUV, 4x4	480	1,440	2,400	5,400	8,400	12,000
LS 4d SUV, 4x4	520	1,560	2,600	5,850	9,100	13,000

NOTE: Add 5 percent for LT pkg on LS.

2000 Blazer, V-6

	6	5	4	3	2	1
LS 2d SUV	280	840	1,400	3,150	4,900	7,000
LS 4d SUV	320	960	1,600	3,600	5,600	8,000
LS 2d SUV, 4x4	330	1,000	1,660	3,740	5,810	8,300
LS 4d SUV, 4x4	370	1,120	1,860	4,190	6,510	9,300

NOTE: Add 5 percent for LT, Trailblazer, or ZR2 pkgs.

2000 Astro, V-6

	6	5	4	3	2	1
Cargo Van	300	900	1,500	3,380	5,250	7,500
Van	340	1,020	1,700	3,830	5,950	8,500

NOTE: Add 15 percent for 4x4. Add 5 percent for LS or LT pkg.

2000 Venture, V-6

	6	5	4	3	2	1
4d Van	300	900	1,500	3,380	5,250	7,500

NOTE: Add 5 percent for extended model. Add 5 percent for LS or LT pkgs. Add 5 percent for Warner Bros. Ed.

2000 G Series, V-8

	6	5	4	3	2	1
G1500 Van	340	1,020	1,700	3,830	5,950	8,500
G1500 Express Van	380	1,140	1,900	4,280	6,650	9,500
G2500 Van	400	1,200	2,000	4,500	7,000	10,000
G2500 Express Van	440	1,320	2,200	4,950	7,700	11,000

NOTE: Add 5 percent for extended model. Add 5 percent for LS pkg. Add 10 percent for turbo diesel V-8. Add 5 percent for 7.4L V-8. Deduct 5 percent for V-6.

2000 Suburban, V-8

	6	5	4	3	2	1
4d C1500	600	1,800	3,000	6,750	10,500	15,000
4d C1500 LS	620	1,860	3,100	6,980	10,850	15,500
4d C1500 LT	640	1,920	3,200	7,200	11,200	16,000
4d C2500	640	1,920	3,200	7,200	11,200	16,000
4d C2500 LS	660	1,980	3,300	7,430	11,550	16,500
4d C2500 LT	680	2,040	3,400	7,650	11,900	17,000
4d K1500	620	1,860	3,100	6,980	10,850	15,500
4d K1500 LS	640	1,920	3,200	7,200	11,200	16,000
4d K1500 LT	680	2,040	3,400	7,650	11,900	17,000
4d K2500	660	1,980	3,300	7,430	11,550	16,500
4d K2500 LS	700	2,100	3,500	7,880	12,250	17,500
4d K2500 LT	720	2,160	3,600	8,100	12,600	18,000

NOTE: Add 10 percent for 4x4.

2000 S10, V-6

	6	5	4	3	2	1
2d Fleetside PU	260	780	1,300	2,930	4,550	6,500
2d Sportside PU	260	790	1,320	2,970	4,620	6,600
2d Fleetside Ext Cab PU	340	1,020	1,700	3,830	5,950	8,500
2d Sportside Ext Cab PU	340	1,030	1,720	3,870	6,020	8,600

NOTE: Add 5 percent for LS, Extreme, or ZR2 pkgs. Deduct 10 percent for 4-cyl. Add $2,000 for 4x4.

2000 C1500, V-8

	6	5	4	3	2	1
2d Silverado Fleetside PU	360	1,080	1,800	4,050	6,300	9,000
2d Silverado Sportside PU	400	1,200	2,000	4,500	7,000	10,000

NOTE: Add 5 percent for Silverado extended cab. Add 5 percent for Z71, LS or LT pkgs. Add $2,000 for 4x4. Add 10 percent for turbo diesel V-8. Add 5 percent for 7.4L V-8. Deduct 5 percent for V-6.

2000 C2500, V-8

	6	5	4	3	2	1
2d Fleetside PU	380	1,140	1,900	4,280	6,650	9,500
2d HD Fleetside PU	400	1,200	2,000	4,500	7,000	10,000
4d Fleetside Crew Cab PU	460	1,380	2,300	5,180	8,050	11,500

NOTE: Add 5 percent for dual rear wheels. Add 5 percent for Z71, LS or LT pkgs. Add $2,000 for 4x4. Add 10 percent for turbo diesel V-8. Add 5 percent for 7.4L V-8.

2001 Tracker, 4-cyl.

	6	5	4	3	2	1
2d Utly Conv	210	640	1,060	2,650	3,710	5,300
ZR2 2d Utly Conv	240	730	1,220	3,050	4,270	6,100
2d Utly Conv, 4x4	250	760	1,260	3,150	4,410	6,300
4d SUV	230	700	1,160	2,900	4,060	5,800
4d SUV, 4x4	270	820	1,360	3,400	4,760	6,800
LT 4d SUV (V-6)	260	770	1,280	3,200	4,480	6,400
LT 4d SUV, 4x4 (V-6)	260	790	1,320	3,300	4,620	6,600
ZR2 4d SUV (V-6)	270	820	1,360	3,400	4,760	6,800

2001 Tahoe, V-8

	6	5	4	3	2	1
4d SUV	300	900	1,500	3,380	5,250	7,500
LS 4d SUV	330	1,000	1,660	3,740	5,810	8,300
LT 4d SUV	400	1,190	1,980	4,460	6,930	9,900
4d SUV, 4x4	460	1,380	2,300	5,180	8,050	11,500
LS 4d SUV, 4x4	480	1,430	2,380	5,360	8,330	11,900
LT 4d SUV, 4x4	500	1,500	2,500	5,630	8,750	12,500

NOTE: Add 10 percent for Z72 pkg.

2001 Blazer, V-6

	6	5	4	3	2	1
LS 2d SUV	280	840	1,400	3,500	4,900	7,000
Extreme 2d SUV	380	1,140	1,900	4,750	6,650	9,500
LS 4d SUV	320	960	1,600	4,000	5,600	8,000

	6	5	4	3	2	1
LS 2d SUV, 4x4	330	1,000	1,660	4,150	5,810	8,300
LS 4d SUV, 4x4	370	1,120	1,860	4,650	6,510	9,300

NOTE: Add 5 percent for LT, Trailblazer, or ZR2 pkgs.

2001 Astro, V-6

	6	5	4	3	2	1
Cargo Van	300	900	1,500	3,750	5,250	7,500
Van	340	1,020	1,700	4,250	5,950	8,500

NOTE: Add 15 percent for 4x4. Add 5 percent for LS or LT pkgs.

2001 Venture, V-6

	6	5	4	3	2	1
4d Van	300	900	1,500	3,750	5,250	7,500

NOTE: Add 5 percent for extended model. Add 5 percent for LS or LT pkgs. Add 5 percent for Warner Bros. Ed.

2001 G Series, V-8

	6	5	4	3	2	1
G1500 Van	340	1,020	1,700	3,830	5,950	8,500
G1500 Express Van	380	1,140	1,900	4,280	6,650	9,500
G2500 Van	400	1,200	2,000	4,500	7,000	10,000
G2500 Express Van	440	1,320	2,200	4,950	7,700	11,000

NOTE: Add 5 percent for extended model. Add 5 percent for LS pkg. Add 10 percent for turbo diesel V-8. Add 5 percent for 8.1L V-8. Deduct 5 percent for V-6.

2001 Suburban, V-8

	6	5	4	3	2	1
4d C1500	600	1,800	3,000	6,750	10,500	15,000
4d C1500 LS	620	1,860	3,100	6,980	10,850	15,500
4d C1500 LT	640	1,920	3,200	7,200	11,200	16,000
4d C2500	640	1,920	3,200	7,200	11,200	16,000
4d C2500 LS	660	1,980	3,300	7,430	11,550	16,500
4d C2500 LT	680	2,040	3,400	7,650	11,900	17,000
4d K1500	620	1,860	3,100	6,980	10,850	15,500
4d K1500 LS	640	1,920	3,200	7,200	11,200	16,000
4d K1500 LT	680	2,040	3,400	7,650	11,900	17,000
4d K2500	660	1,980	3,300	7,430	11,550	16,500
4d K2500 LS	700	2,100	3,500	7,880	12,250	17,500
4d K2500 LT	720	2,160	3,600	8,100	12,600	18,000

NOTE: Add 10 percent for 4x4. Add 10 percent for Z71 pkg. Add 5 percent for 8.1L V-8.

2001 S10, V-6

	6	5	4	3	2	1
2d Fleetside PU	260	780	1,300	3,250	4,550	6,500
2d Sportside PU	260	790	1,320	3,300	4,620	6,600
2d Fleetide Ext Cab PU	340	1,020	1,700	4,250	5,950	8,500
2d Sportside Ext Cab PU	340	1,030	1,720	4,300	6,020	8,600
4d LS Crew Cab PU	380	1,140	1,900	4,280	6,650	9,500

NOTE: Add 5 percent for LS, Extreme, or ZR2 pkgs. Deduct 10 percent for 4-cyl. Add $2,000 for 4x4.

2001 C1500, V-8

	6	5	4	3	2	1
2d Silverado Fleetside PU	360	1,080	1,800	4,050	6,300	9,000
2d Silverado Sportside PU	400	1,200	2,000	4,500	7,000	10,000

NOTE: Add 5 percent for Silverado extended cab. Add 5 percent for Z71, LS or LT pkgs. Add $2,000 for 4x4. Add 10 percent for turbo diesel V-8. Add 5 percent for 8.1L V-8. Deduct 5 percent for V-6.

2001 C2500, V-8

	6	5	4	3	2	1
2d Fleetside PU	380	1,140	1,900	4,280	6,650	9,500
2d HD Fleetside PU	400	1,200	2,000	4,500	7,000	10,000
4d Fleetside Crew Cab PU	460	1,380	2,300	5,180	8,050	11,500

NOTE: Add 5 percent for dual rear wheels. Add 5 percent for Z71, LS or LT pkgs. Add $2,000 for 4x4. Add 10 percent for turbo diesel V-8. Add 5 percent for 7.4L V-8.

2002 Tracker, 4-cyl.

	6	5	4	3	2	1
2d Utly Conv	210	640	1,060	2,650	3,710	5,300
ZR2 2d Utly Conv	240	730	1,220	2,750	4,270	6,100
2d Utly Conv, 4x4	250	760	1,260	3,150	4,410	6,300
4d SUV	230	700	1,160	2,900	4,060	5,800
4d SUV, 4x4	270	820	1,360	3,400	4,760	6,800
LT 4d SUV (V-6)	260	770	1,280	3,200	4,480	6,400
LT 4d SUV, 4x4 (V-6)	260	790	1,320	3,300	4,620	6,600
ZR2 4d SUV (V-6)	270	820	1,360	3,400	4,760	6,800

2002 Tahoe, V-8

	6	5	4	3	2	1
LS 4d SUV	410	1,240	2,060	5,150	7,210	10,300
LT 4d SUV	480	1,430	2,380	5,950	8,330	11,900
LS 4d SUV, 4x4	560	1,670	2,780	6,950	9,730	13,900
LT 4d SUV, 4x4	580	1,740	2,900	7,250	10,150	14,500

NOTE: Add 10 percent for Z71 pkg.

2002 Blazer, V-6

	6	5	4	3	2	1
LS 2d SUV	280	840	1,400	3,500	4,900	7,000
Xtreme 2d SUV	380	1,140	1,900	4,750	6,650	9,500
LS 4d SUV	320	960	1,600	4,000	5,600	8,000
LS 2d SUV, 4x4	330	1,000	1,660	4,150	5,810	8,300
LS 4d SUV, 4x4	370	1,120	1,860	4,650	6,510	9,300

NOTE: Add 5 percent for ZR2 pkg.

2002 Trailblazer, 6-cyl.

	6	5	4	3	2	1
LS 4d SUV	400	1,200	2,000	5,000	7,000	10,000
LS 4d SUV, 4x4	460	1,380	2,300	5,750	8,050	11,500
LT 4d SUV	440	1,320	2,200	5,500	7,700	11,000
LT 4d SUV, 4x4	500	1,500	2,500	6,250	8,750	12,500

	6	5	4	3	2	1
EXT LT 4d SUV	480	1,440	2,400	6,000	8,400	12,000
EXT LT 4d SUV, 4x4	520	1,560	2,600	6,500	9,100	13,000
LTZ 4d SUV	480	1,440	2,400	6,000	8,400	12,000
LTZ 4d SUV, 4x4	520	1,560	2,600	6,500	9,100	13,000
2002 Astro, V-6						
Cargo Van	300	900	1,500	3,750	5,250	7,500
LS Van	340	1,020	1,700	4,250	5,950	8,500
LT Van	380	1,140	1,900	4,750	6,650	9,500

NOTE: Add 15 percent for 4x4.

2002 Venture, V-6

	6	5	4	3	2	1
4d Van	300	900	1,500	3,750	5,250	7,500

NOTE: Add 5 percent for extended model. Add 5 percent for LS or LT pkgs. Add 5 percent for Warner Bros. Ed.

2002 Avalanche, V-8

	6	5	4	3	2	1
1500 PU	580	1,740	2,900	7,250	10,150	14,500
1500 PU, 4x4	640	1,920	3,200	8,000	11,200	16,000
2500 PU	620	1,860	3,100	7,750	10,850	15,500
2500 PU, 4x4	660	1,980	3,300	8,250	11,550	16,500

NOTE: Add 5 percent for Z71 pkg.

2002 G Series, V-8

	6	5	4	3	2	1
G1500 Van	380	1,140	1,900	4,750	6,650	9,500
G1500 Express Van	420	1,260	2,100	5,250	7,350	10,500
G2500 Van	440	1,320	2,200	5,500	7,700	11,000
G2500 Express Van	480	1,440	2,400	6,000	8,400	12,000

NOTE: Add 5 percent for extended model. Add 5 percent for LS pkg. Add 10 percent for turbo diesel V-8. Add 5 percent for 8.1L V-8. Deduct 5 percent for V-6.

2002 Suburban, V-8

	6	5	4	3	2	1
4d C1500 LS	700	2,100	3,500	8,750	12,250	17,500
4d C1500 LT	720	2,160	3,600	9,000	12,600	18,000
4d C2500 LS	740	2,220	3,700	9,250	12,950	18,500
4d C2500 LT	760	2,280	3,800	9,500	13,300	19,000
4d K1500 LS	720	2,160	3,600	9,000	12,600	18,000
4d K1500 LT	760	2,280	3,800	9,500	13,300	19,000
4d K2500 LS	780	2,340	3,900	9,750	13,650	19,500
4d K2500 LT	800	2,400	4,000	10,000	14,000	20,000

NOTE: Add 10 percent for 4x4. Add 10 percent for Z71 pkg. Add 5 percent for 8.1L V-8.

2002 S10, V-6

	6	5	4	3	2	1
2d Fleetside PU	260	780	1,300	3,250	4,550	6,500
2d Sportside PU	260	790	1,320	3,300	4,620	6,600
2d Fleetside Ext Cab PU	340	1,020	1,700	4,250	5,950	8,500
2d Sportside Ext Cab PU	340	1,030	1,720	4,300	6,020	8,600
4d LS Crew Cab PU	420	1,260	2,100	5,250	7,350	10,500

NOTE: Add 5 percent for LS, Extreme, ZR2 or ZR5 pkgs. Deduct 10 percent for 4-cyl. Add $2,000 for 4x4.

2002 Silverado 1500, V-8

	6	5	4	3	2	1
2d Fleetside PU	400	1,200	2,000	5,000	7,000	10,000
2d Sportside PU	440	1,320	2,200	5,500	7,700	11,000

NOTE: Add 5 percent for extended cab. Add 5 percent for Z71, LS or LT pkgs. Add $2,000 for 4x4. Add 10 percent for turbo diesel V-8. Add 5 percent for 8.1L V-8. Deduct 5 percent for V-6.

2002 Silverado 1500 HD, V-8

	6	5	4	3	2	1
2d LS Fleetside Crew Cab PU	560	1,680	2,800	7,000	9,800	14,000
2d LT Fleetside Crew Cab PU	600	1,800	3,000	7,500	10,500	15,000

NOTE: Add 5 percent for Z71 pkg. Add $2,000 for 4x4. Add 10 percent for turbo diesel V-8. Add 5 percent for 8.1L V-8. Deduct 5 percent for V-6.

2002 Silverado LD 2500, V-8

	6	5	4	3	2	1
2d Fleetside PU	500	1,500	2,500	6,250	8,750	12,500
4d Fleetside Extended Cab PU	640	1,920	3,200	8,000	11,200	16,000

NOTE: Add 5 percent for Z71, LS or LT pkgs. Add $2,000 for 4x4. Add 10 percent for turbo diesel V-8. Add 5 percent for 7.4L V-8.

2002 Silverado HD 2500, V-8

	6	5	4	3	2	1
2d Fleetside PU	520	1,560	2,600	6,500	9,100	13,000
4d Fleetside Extended Cab PU	600	1,800	3,000	7,500	10,500	15,000
4d Fleetside Crew Cab PU	640	1,920	3,200	8,000	11,200	16,000

NOTE: Add 5 percent for Z71, LS or LT pkgs. Add $2,000 for 4x4. Add 10 percent for turbo diesel V-8. Add 5 percent for 7.4L V-8.

2003 Tracker, 4-cyl., FWD

	6	5	4	3	2	1
2d Conv	210	640	1,060	2,650	3,710	5,300
ZR2 2d Conv	240	730	1,220	3,050	4,270	6,100
4d SUV	230	700	1,160	2,900	4,060	5,800
LT 4d SUV (V-6)	260	770	1,280	3,200	4,480	6,400
XR2 4d SUV (V-6)	270	820	1,360	3,400	4,760	6,800

NOTE: Deduct 5 percent when equipped with 2WD. Add 5 percent when equipped with V-6 other than LT and ZR2 SUV models.

2003 Tahoe, V-8

	6	5	4	3	2	1
LS 4d SUV	410	1,240	2,060	5,150	7,210	10,300
LT 4d SUV	480	1,430	2,380	5,950	8,330	11,900

NOTE: Add 10 percent for Z71 pkg. Add 5 percent for 4x4.

	6	5	4	3	2	1
2003 Blazer, V-6						
LS 2d SUV	280	840	1,400	3,500	4,900	7,000
Extreme 2d SUV	380	1,140	1,900	4,750	6,650	9,500
LS 4d SUV	320	960	1,600	4,000	5,600	8,000

NOTE: Add 5 percent for ZR2 pkg. Add 5 percent for 4x4.

	6	5	4	3	2	1
2003 Trailblazer, 6-cyl.						
LS 4d SUV	400	1,200	2,000	5,000	7,000	10,000
LT 4d SUV	440	1,320	2,200	5,500	7,700	11,000
LTZ 4d SUV	480	1,440	2,400	6,000	8,400	12,000

NOTE: Add 5 percent for 4x4.

	6	5	4	3	2	1
2003 Trailblazer EXT, 6-cyl.						
LS 4d SUV	400	1,200	2,000	5,000	7,000	10,000
LT 4d SUV	440	1,320	2,200	5,500	7,700	11,000

NOTE: Add 5 percent for V-8. Add 5 percent for 4x4.

	6	5	4	3	2	1
2003 SSR, V-8						
Conv PU	740	2,230	3,720	9,300	13,020	18,600

	6	5	4	3	2	1
2003 Astro, V-6						
Cargo Van	300	900	1,500	3,750	5,250	7,500
Van	310	940	1,560	3,900	5,460	7,800
LS Van	340	1,020	1,700	4,250	5,950	8,500
LT Van	380	1,140	1,900	4,750	6,650	9,500

NOTE: Add 5 percent for AWD.

	6	5	4	3	2	1
2003 Venture, V-6						
4d Van	300	900	1,500	3,750	5,250	7,500

NOTE: Add 5 percent for extended model. Add 5 percent for LS or LT pkgs. Add 5 percent for Warner Bros. Ed.

	6	5	4	3	2	1
2003 Avalache, V 8						
1500 PU	580	1,740	2,900	7,250	10,150	14,500
2500 PU	620	1,860	3,100	7,750	10,850	15,500

NOTE: Add 5 percent for Z71 pkg. Add 5 percent for 4x4.

	6	5	4	3	2	1
2003 G Series, V-8						
G1500 Van	380	1,140	1,900	4,750	6,650	9,500
G1500 Express Van	420	1,260	2,100	5,250	7,350	10,500
G2500 Van	440	1,320	2,200	5,500	7,700	11,000
G2500 Express Van	480	1,440	2,400	6,000	8,400	12,000

NOTE: Add 5 percent for extended model. Add 5 percent for LS pkg. Add 10 percent for 6.0L V-8. Add 5 percent for AWD. Deduct 5 percent for V-6.

	6	5	4	3	2	1
2003 Suburban, V-8						
4d C1500 LS	700	2,100	3,500	8,750	12,250	17,500
4d C1500 LT	720	2,160	3,600	9,000	12,600	18,000
4d C2500 LS	740	2,220	3,700	9,250	12,950	18,500
4d C2500 LT	760	2,280	3,800	9,500	13,300	19,000
4d K1500 LS	720	2,160	3,600	9,000	12,600	18,000
4d K1500 LT	760	2,280	3,800	9,500	13,300	19,000
4d K2500 LS	780	2,340	3,900	8,780	13,650	19,500
4d K2500 LT	800	2,400	4,000	10,000	14,000	20,000

NOTE: Add 10 percent for 4x4. Add 10 percent for Z71 pkg. Add 5 percent for 8.1L V-8.

	6	5	4	3	2	1
2003 S10, V-6						
2d Fleetside PU	260	780	1,300	3,250	4,550	6,500
2d Sportside PU	260	790	1,320	3,300	4,620	6,600
2d Fleetside Ext Cab PU	340	1,020	1,700	4,250	5,950	8,500
2d Sportside Ext Cab PU	340	1,030	1,720	4,300	6,020	8,600
4d LS Crew Cab PU	420	1,260	2,100	5,250	7,350	10,500

NOTE: Add 5 percent for LS, Extreme, ZR2 or ZR5 pkgs. Deduct 10 percent for 4-cyl. Add $2,000 for 4x4.

	6	5	4	3	2	1
2003 Silverado 1500, V-8						
2d Fleetside PU	400	1,200	2,000	5,000	7,000	10,000
2d Sportside PU	440	1,320	2,200	5,500	7,700	11,000
2d Ext Cab SS, AWD	730	2,200	3,660	9,150	12,810	18,300

NOTE: Add 5 percent for extended cab (excluding SS). Add 5 percent for Z71, LS or LT pkgs. Add $2,000 for 4x4. Add 10 percent for turbo diesel V-8. Add 5 percent for 8.1L V-8. Deduct 5 percent for V-6.

	6	5	4	3	2	1
2003 Silverado 1500 HD, V-8						
2d LS Fleetside Crew Cab PU	560	1,680	2,800	7,000	9,800	14,000
2d LT Fleetside Crew Cab PU	600	1,800	3,000	7,500	10,500	15,000

NOTE: Add 5 percent for Z71 pkg. Add $2,000 for 4x4. Add 10 percent for turbo diesel V-8. Add 5 percent for 8.1L V-8. Deduct 5 percent for V-6.

	6	5	4	3	2	1
2003 Silverado LD 2500, V-8						
2d Fleetside PU	500	1,500	2,500	6,250	8,750	12,500
4d Fleetside Extended Cab PU, 4x4	640	1,920	3,200	8,000	11,200	16,000

NOTE: Add 5 percent for Z71, LS or LT pkgs. Add $2,000 for 4x4. Add 10 percent for turbo diesel V-8. Add 5 percent for 8.1L V-8.

	6	5	4	3	2	1
2003 Silverado HD 2500, V-8						
2d Fleetside PU	520	1,560	2,600	6,500	9,100	13,000
4d Fleetside Extended Cab PU	600	1,800	3,000	7,500	10,500	15,000
4d Fleetside Crew Cab PU	640	1,920	3,200	8,000	11,200	16,000

NOTE: Add 5 percent for Z71, LS or LT pkgs. Add $2,000 for 4x4. Add 10 percent for turbo diesel V-8. Add 5 percent for 8.1L V-8.

	6	5	4	3	2	1
2004 Tracker, V-6, 4WD						
4d SUV	230	700	1,160	2,900	4,060	5,800
LT 4d SUV	260	770	1,280	3,200	4,480	6,400
ZR2 4d SUV	270	820	1,360	3,400	4,760	6,800

NOTE: Deduct 5 percent when base and LT models equipped with 2WD.

	6	5	4	3	2	1
2004 Tahoe, V-8						
LS 4d SUV	410	1,240	2,060	5,150	7,210	10,300
LT 4d SUV	480	1,430	2,380	5,950	8,330	11,900

NOTE: Add 10 percent for Z71 pkg. Add 5 percent for 4WD.

	6	5	4	3	2	1
2004 Blazer, V-6						
LS 2d SUV	280	840	1,400	3,500	4,900	7,000
Xtreme 2d SUV	380	1,140	1,900	4,280	6,650	9,500
LS 4d SUV	320	960	1,600	4,000	5,600	8,000

NOTE: Add 5 percent for ZR2 pkg. Add 5 percent on LS for 4WD. Deduct 5 percent for manual transmission.

	6	5	4	3	2	1
2004 Trailblazer, 6-cyl.						
LS 4d SUV	400	1,200	2,000	5,000	7,000	10,000
LT 4d SUV	440	1,320	2,200	5,500	7,700	11,000

NOTE: Add 5 percent for 4WD.

	6	5	4	3	2	1
2004 Trailblazer EXT, 6-cyl.						
LS 4d SUV	440	1,320	2,200	5,500	7,700	11,000
LT 4d SUV	480	1,440	2,400	6,000	8,400	12,000

NOTE: Add 5 percent for V-8. Add 5 percent for 4WD.

	6	5	4	3	2	1
2004 SSR, V-8						
Conv PU	740	2,230	3,720	9,300	13,020	18,600

	6	5	4	3	2	1
2004 Astro, V-6						
Cargo Van	300	900	1,500	3,750	5,250	7,500
Van	310	940	1,560	3,900	5,460	7,800
LS Van	340	1,020	1,700	4,250	5,950	8,500
LT Van	380	1,140	1,900	4,750	6,650	9,500

NOTE: Add 5 percent for AWD.

	6	5	4	3	2	1
2004 Venture, V-6						
4d Van	300	900	1,500	3,750	5,250	7,500

NOTE: Add 5 percent for extended model. Add 5 percent for LS or LT pkgs. Add 5 percent for AWD.

	6	5	4	3	2	1
2004 Avalanche, V-8						
1500 PU	580	1,740	2,900	7,250	10,150	14,500
2500 PU	620	1,860	3,100	7,750	10,850	15,500

NOTE: Add 5 percent for Z71 pkg. Add 5 percent for AWD.

	6	5	4	3	2	1
2004 G Series, V-8						
G1500 Van	380	1,140	1,900	4,750	6,650	9,500
G1500 Express Van	420	1,260	2,100	5,250	7,350	10,500
G2500 Van	440	1,320	2,200	5,500	7,700	11,000
G2500 Express Van	480	1,440	2,400	6,000	8,400	12,000

NOTE: Add 5 percent for extended model. Add 5 percent for LS pkg. Add 5 percent for 6.0L V-8. Add 5 percent for AWD. Deduct 5 percent for V-6.

	6	5	4	3	2	1
2004 Suburban, V-8						
4d C1500 LS	700	2,100	3,500	8,750	12,250	17,500
4d C1500 LT	720	2,160	3,600	9,000	12,600	18,000
4d C2500 LS	740	2,220	3,700	9,250	12,950	18,500
4d C2500 LT	760	2,280	3,800	9,500	13,300	19,000
4d K1500 LS	720	2,160	3,600	9,000	12,600	18,000
4d K1500 LT	760	2,280	3,800	9,500	13,300	19,000
4d K2500 LS	780	2,340	3,900	9,750	13,650	19,500
4d K2500 LT	800	2,400	4,000	10,000	14,000	20,000

NOTE: Add 10 percent for 4WD. Add 10 percent for Z71 pkg., except LS 4WD. Add 5 percent for 8.1L V-8. Add 5 percent for Quadrasteer.

	6	5	4	3	2	1
2004 S10, V-6, 4WD						
4d LS Crew Cab PU	420	1,260	2,100	5,250	7,350	10,500

NOTE: Add 5 percent for ZR5 pkg.

	6	5	4	3	2	1
2004 Colorado, 5-cyl.						
2d Z85 PU	280	840	1,400	3,500	4,900	7,000
2d Sport PU	330	1,000	1,660	4,150	5,810	8,300
2d Z71 PU	340	1,010	1,680	4,200	5,880	8,400
4d Z85 LS PU	410	1,240	2,060	5,150	7,210	10,300
4d Sport LS PU	450	1,340	2,240	5,600	7,840	11,200
4d Z71 LS PU	450	1,360	2,260	5,650	7,910	11,300

NOTE: Add 5 percent for ext cab or LS pkg on base models. Add 10 percent for 4WD. Deduct 5 percent for 4-cyl. Deduct 5 percent for manual transmission.

	6	5	4	3	2	1
2004 Silverado 1500, V-8						
2d Fleetside PU	400	1,200	2,000	5,000	7,000	10,000
2d Sportside PU	440	1,320	2,200	5,500	7,700	11,000
2d Ext Cab SS, 4WD	730	2,200	3,660	9,150	12,810	18,300
4d LS Fleetside Crew Cab PU	560	1,680	2,800	7,000	9,800	14,000
4d LT Fleetside Crew Cab PU	640	1,920	3,200	8,000	11,200	16,000

NOTE: Add 5 percent for extended cab, except SS. Add 5 percent for Z71, LS or LT pkgs. Add 10 percent for 4WD, when optional. Add 5 percent for Quadrasteer. Add 5 percent for Limited Ed pkg. Add 10 percent for Performance pkg. Add 10 percent for turbo diesel V-8. Add 5 percent for 8.1L V-8. Deduct 5 percent for V-6. Deduct 5 percent for manual transmission.

	6	5	4	3	2	1

2004 Silverado 2500 LD, V-8

	6	5	4	3	2	1
2d Fleetside PU.	500	1,500	2,500	6,250	8,750	12,500
2d Fleetside Ext Cab PU, 4WD.	640	1,920	3,200	8,000	11,200	16,000
4d Fleetside Crew Cab LS PU	630	1,890	3,150	7,880	11,030	15,750
4d Fleetside Crew Cab LT PU	660	1,980	3,300	8,250	11,550	16,500
2004 Silverado 2500 HD, V-8						
2d Fleetside PU.	520	1,560	2,600	6,500	9,100	13,000
2d Fleetside Ext Cab PU.	660	1,980	3,300	8,250	11,550	16,500
4d Fleetside Crew Cab PU	680	2,040	3,400	8,500	11,900	17,000

NOTE: Add 5 percent for Z71, LS or LT pkgs. Add 10 for 4WD, when optional. Add 5 percent for Quadrasteer. Add 10 percent for turbo diesel V-8. Add 5 percent for 8.1L V-8. Deduct 5 percent for V-6. Deduct 5 percent for manual transmission.

CHRYSLER TRUCKS

	6	5	4	3	2	1
1990 Town & Country						
Window Van	230	680	1,140	2,570	3,990	5,700
1991 Town & Country						
Window Van	250	740	1,240	2,790	4,340	6,200
1992 Town & Country						
Window Van	290	860	1,440	3,240	5,040	7,200
NOTE: Add 5 percent for 4x4.						
1993 Town & Country						
Window Van	320	950	1,580	3,560	5,530	7,900
NOTE: Add 5 percent for 4x4.						
1994 Town & Country						
Window Van	390	1,160	1,940	4,370	6,790	9,700
NOTE: Add 5 percent for 4x4.						
1995 Town & Country						
Window Van	390	1,160	1,940	4,370	6,790	9,700
NOTE: Add 5 percent for 4x4.						
1996 Town & Country, V-6						
Window Van LX	370	1,100	1,840	4,140	6,440	9,200
Window Van LXi	410	1,240	2,060	4,040	7,210	10,300
NOTE: Add 5 percent for 4x4.						
1997 Town & Country, V-6						
Window Van SX	320	960	1,600	3,600	5,600	8,000
Window Van LX	360	1,080	1,800	4,050	6,300	9,000
Window Van LXi	410	1,240	2,060	4,640	7,210	10,300
NOTE: Add 5 percent for 4x4.						
1998 Town & Country, V-6						
Window Van SX	320	960	1,600	3,600	5,600	8,000
Window Van LX	360	1,080	1,800	4,050	6,300	9,000
Window Van LXi	410	1,240	2,060	4,640	7,210	10,300
NOTE: Add 5 percent for 4x4.						
1999 Town & Country, V-6						
Window Van SX	320	960	1,600	3,600	5,600	8,000
Window Van LX	360	1,080	1,800	4,050	6,300	9,000
Window Van LXi	410	1,240	2,060	4,640	7,210	10,300
NOTE: Add 5 percent for 4x4.						
2000 Voyager, V-6						
Voyager (4-cyl.)	240	720	1,200	2,700	4,200	6,000
Voyager SE (4-cyl.)	250	740	1,240	2,790	4,340	6,200
Grand Voyager	290	860	1,440	3,240	5,040	7,200
Grand Voyager SE	300	890	1,480	3,330	5,180	7,400
2000 Town & Country, V-6						
SX	320	960	1,600	3,600	5,600	8,000
LX	330	980	1,640	3,690	5,740	8,200
LXi	370	1,100	1,840	4,140	6,440	9,200
Limited	410	1,220	2,040	4,590	7,140	10,200
NOTE: Add 5 percent for 4x4.						
2001 Voyager, V-6						
Voyager	250	740	1,240	2,790	4,340	6,200
Voyager LX	260	780	1,300	2,930	4,550	6,500
NOTE: Deduct 5 percent for 4-cy.						
2001 Town & Country, V-6						
LX	330	980	1,640	3,690	5,740	8,200
EX	340	1,020	1,700	3,830	5,950	8,500
LXi	370	1,100	1,840	4,140	6,440	9,200
Limited	410	1,220	2,040	4,590	7,140	10,200
NOTE: Add 5 percent for 4x4.						
2002 Voyager, V-6						
Voyager eC (4-cyl.)	240	710	1,180	2,660	4,130	5,900
Voyager	250	740	1,240	2,790	4,340	6,200
Voyager LX	260	780	1,300	2,930	4,550	6,500

NOTE: Deduct 5 percent for 4-cyl. except eC model.

	6	5	4	3	2	1
2002 Town & Country, V-6						
eL	330	1,000	1,660	3,740	5,810	8,300
LX	330	980	1,640	3,690	5,740	8,200
EX	340	1,020	1,700	3,830	5,950	8,500
LXi	370	1,100	1,840	4,140	6,440	9,200
Limited	410	1,220	2,040	4,590	7,140	10,200
NOTE: Add 5 percent for 4x4.						
2003 Voyager, V-6						
LX Base	250	740	1,240	3,100	4,340	6,200
LX	260	780	1,300	3,250	4,550	6,500
NOTE: Deduct 5 percent for 4-cyl.						
2003 Town & Country, V-6						
Van	320	970	1,620	4,050	5,670	8,100
eL	330	1,000	1,660	4,150	5,810	8,300
LX	330	980	1,640	4,100	5,740	8,200
EX	340	1,020	1,700	4,250	5,950	8,500
LXi	370	1,100	1,840	4,600	6,440	9,200
Limited	410	1,220	2,040	5,100	7,140	10,200
NOTE: Add 5 percent for AWD.						
2004 Pacifica, V-6						
4d Wag	380	1,140	1,900	4,750	6,650	9,500
NOTE: Add 5 percent for AWD.						
2004 Town & Country, V-6						
Van	320	970	1,620	4,050	5,670	8,100
LX	330	980	1,640	4,100	5,740	8,200
EX	340	1,020	1,700	4,250	5,950	8,500
Touring	370	1,100	1,840	4,600	6,440	9,200
Touring Platinum	390	1,160	1,940	4,850	6,790	9,700
Limited	410	1,220	2,040	5,100	7,140	10,200
NOTE: Add 5 percent for AWD.						

CROFTON TRUCKS

	6	5	4	3	2	1
1959-62 Crofton Bug Series						
Bug Utl	430	1,300	2,160	4,860	7,560	10,800
Brawny Bug Utl	440	1,330	2,220	5,000	7,770	11,100

CROSLEY TRUCKS

	6	5	4	3	2	1
1940 Crosley Commercial						
Panel Dly	400	1,200	2,000	4,500	7,000	10,000
1941 Crosley Commercial						
PU Dly	400	1,190	1,980	4,460	6,930	9,900
Parkway Dly	400	1,210	2,020	4,550	7,070	10,100
Panel Dly	400	1,200	2,000	4,500	7,000	10,000
1942 Crosley Commercial						
PU Dly	400	1,190	1,980	4,460	6,930	9,900
Parkway Dly	400	1,210	2,020	4,550	7,070	10,100
Panel Dly	400	1,200	2,000	4,500	7,000	10,000
1947 Crosley Commercial						
PU	370	1,100	1,840	4,140	6,440	9,200
1948 Crosley Commercial						
PU	370	1,100	1,840	4,140	6,440	9,200
Panel	380	1,130	1,880	4,230	6,580	9,400
1949 Crosley Commercial Series CD						
PU	370	1,120	1,860	4,190	6,510	9,300
Panel	380	1,130	1,880	4,230	6,580	9,400
1950 Crosley Commercial Series CD						
PU	370	1,120	1,860	4,190	6,510	9,300
Panel	380	1,130	1,880	4,230	6,580	9,400
Farm-O-Road	380	1,140	1,900	4,280	6,650	9,500
1951 Crosley Commercial Series CD						
PU	370	1,120	1,860	4,190	6,510	9,300
Panel	380	1,130	1,880	4,230	6,580	9,400
Farm-O-Road	380	1,140	1,900	4,280	6,650	9,500
1952 Crosley Commercial Series CD						
PU	370	1,120	1,860	4,190	6,510	9,300
Panel	380	1,130	1,880	4,230	6,580	9,400
Farm-O-Road	380	1,140	1,900	4,280	6,650	9,500

DODGE TRUCKS

	6	5	4	3	2	1
1917 Commercial Car, 1/2-Ton						
Screenside	640	1,930	3,220	7,250	11,270	16,100
1918 Commercial/Business Car, 1/2-Ton						
Screenside	640	1,930	3,220	7,250	11,270	16,100
Panel	630	1,900	3,160	7,110	11,060	15,800

	6	5	4	3	2	1
1919 Commercial/Business Car, 1/2-Ton						
Screenside	640	1,920	3,200	7,200	11,200	16,000
Panel	630	1,880	3,140	7,070	10,990	15,700
1920 Commercial/Business Car, 1/2-Ton						
Screenside	630	1,900	3,160	7,110	11,060	15,800
Panel	620	1,860	3,100	6,980	10,850	15,500
1921 Commercial/Business Car, 1/2-Ton						
Screenside	640	1,910	3,180	7,160	11,130	15,900
Panel	620	1,870	3,120	7,020	10,920	15,600
1922 Commercial/Business Car, 1/2-Ton						
Screenside	640	1,910	3,180	7,160	11,130	15,900
Panel	620	1,870	3,120	7,020	10,920	15,600
1923 Commercial/Business Car, 3/4-Ton						
Screenside	640	1,920	3,200	7,200	11,200	16,000
Panel	630	1,880	3,140	7,070	10,990	15,700
1924 Commercial/Business Car, 3/4-Ton						
Screenside	640	1,920	3,200	7,200	11,200	16,000
Panel	630	1,880	3,140	7,070	10,990	15,700
1925 Commercial/Business Car, 3/4-Ton						
Screenside	640	1,920	3,200	7,200	11,200	16,000
Panel	630	1,880	3,140	7,070	10,990	15,700
1926 Commercial/Business Car, 3/4-Ton, 116" wb						
Screenside	640	1,910	3,180	7,160	11,130	15,900
Panel (72" wb)	620	1,860	3,100	6,980	10,850	15,500
1926 Business Car, 3/4-Ton, 140" wb						
Panel (96" wb)	620	1,850	3,080	6,930	10,780	15,400
1927 Series DC, 3/4-Ton, 116" wb						
Exp	630	1,880	3,140	7,070	10,990	15,700
Canopy	660	1,980	3,300	7,430	11,550	16,500
Screen	640	1,910	3,180	7,160	11,130	15,900
Panel	610	1,840	3,060	6,890	10,710	15,300
1927 Series BD, 1-Ton, 126" wb						
Exp	600	1,800	3,000	6,750	10,500	15,000
Farm Box	580	1,750	2,920	6,570	10,220	14,600
Canopy	640	1,910	3,180	7,160	11,130	15,900
Panel	590	1,780	2,960	6,660	10,360	14,800
Stake	580	1,750	2,920	6,570	10,220	14,600
1927 Series ID, 1-Ton,137" wb						
Exp	600	1,790	2,980	6,710	10,430	14,900
Canopy	630	1,900	3,160	7,110	11,060	15,800
Panel	590	1,760	2,940	6,620	10,290	14,700
1928-29 Series SE, 1/2-Ton						
Panel	620	1,850	3,080	6,930	10,780	15,400
1928-29 Series DA-120, 3/4-Ton						
PU Exp	620	1,860	3,100	6,980	10,850	15,500
Canopy Dly	650	1,960	3,260	7,340	11,410	16,300
Screen Dly	620	1,870	3,120	7,020	10,920	15,600
Panel Dly	610	1,820	3,040	6,840	10,640	15,200
Platform	600	1,800	3,000	6,750	10,500	15,000
Stake	600	1,790	2,980	6,710	10,430	14,900
1928-29 Series DA-130, 1-Ton						
PU Exp	600	1,800	3,000	6,750	10,500	15,000
Farm	580	1,740	2,900	6,530	10,150	14,500
Canopy Dly	630	1,900	3,160	7,110	11,060	15,800
Screen Dly	600	1,810	3,020	6,800	10,570	15,100
Panel Dly	590	1,760	2,940	6,620	10,290	14,700
Platform	580	1,740	2,900	6,530	10,150	14,500
Stake	580	1,740	2,900	6,530	10,150	14,500
1928-29 Series DA-140, 1-Ton						
PU Exp	600	1,800	3,000	6,750	10,500	15,000
Canopy Dly	630	1,880	3,140	7,070	10,990	15,700
Screen Dly	600	1,800	3,000	6,750	10,500	15,000
Panel Dly	580	1,750	2,920	6,570	10,220	14,600
Side Door Panel	580	1,740	2,900	6,530	10,150	14,500
Carryall	580	1,750	2,920	6,570	10,220	14,600
Platform	580	1,730	2,880	6,480	10,080	14,400
Stake	580	1,730	2,880	6,480	10,080	14,400
1929 Merchant's Exp, 1/2-Ton, 109" wb						
Panel	620	1,860	3,100	6,980	10,850	15,500
1930 Series UI-A-109, 1/2-Ton						
PU	710	2,140	3,560	8,010	12,460	17,800
Canopy	730	2,200	3,660	8,240	12,810	18,300
Screen	700	2,090	3,480	7,830	12,180	17,400
Panel	690	2,060	3,440	7,740	12,040	17,200
1930 Series UI-B-124, 3/4-Ton, 4-cyl.						
PU	720	2,160	3,600	8,100	12,600	18,000

DODGE TRUCKS

	6	5	4	3	2	1
Canopy	710	2,140	3,560	8,010	12,460	17,800
Screen	680	2,030	3,380	7,610	11,830	16,900
Panel	670	2,000	3,340	7,520	11,690	16,700
Platform	640	1,920	3,200	7,200	11,200	16,000
Stake	650	1,940	3,240	7,290	11,340	16,200

1930 Series DA1-B-124, 3/4-Ton, 6-cyl., Note 1, Series UI-C-133, 1-Ton, 4-cyl.

	6	5	4	3	2	1
Farm	640	1,930	3,220	7,250	11,270	16,100
Exp	680	2,030	3,380	7,610	11,830	16,900
Canopy	710	2,120	3,540	7,970	12,390	17,700
Screen	670	2,020	3,360	7,560	11,760	16,800
Panel	660	1,990	3,320	7,470	11,620	16,600
Platform	640	1,910	3,180	7,160	11,130	15,900
Stake	640	1,930	3,220	7,250	11,270	16,100

1930 Series DA1-C-133, 1-Ton, 6-cyl., Note 2, Series DA1-C-140, 1-Ton, 140" wb

	6	5	4	3	2	1
Exp	640	1,930	3,220	7,250	11,270	16,100
Canopy	710	2,120	3,540	7,970	12,390	17,700
Screen	670	2,020	3,360	7,560	11,760	16,800
Panel	660	1,990	3,320	7,470	11,620	16,600
Side Door Panel	660	1,980	3,300	7,430	11,550	16,500
Carryall	720	2,160	3,600	8,100	12,600	18,000
Platform	640	1,910	3,180	7,160	11,130	15,900
Stake	640	1,930	3,220	7,250	11,270	16,100

NOTE 1: For 6-cyl. models, add 5 percent from figure given for equivalent 4-cyl. (UI-B-124). NOTE 2: For 6-cyl. models, add 5 percent from figure given for equivalent 4-cyl. (UI-C-133).

1931 Series UF-10, 1/2-Ton, 4-cyl.

	6	5	4	3	2	1
PU	760	2,280	3,800	8,550	13,300	19,000
Canopy	620	1,870	3,120	7,020	10,920	15,600
Screen	630	1,880	3,140	7,070	10,990	15,700
Panel	620	1,860	3,100	6,980	10,850	15,500

1931 Series F-10, 1/2-Ton, 6-cyl., Note 1, Series UI-B-124, 3/4-Ton, 4-cyl.

	6	5	4	3	2	1
PU	720	2,160	3,600	8,100	12,600	18,000
Canopy	590	1,780	2,960	6,660	10,360	14,800
Screen	600	1,790	2,980	6,710	10,430	14,900
Panel	590	1,760	2,940	6,620	10,290	14,700
Platform	560	1,680	2,800	6,300	9,800	14,000
Stake	570	1,700	2,840	6,390	9,940	14,200
Exp	600	1,790	2,980	6,710	10,430	14,900
Farm	560	1,690	2,820	6,350	9,870	14,100
Canopy	590	1,760	2,940	6,620	10,290	14,700
Screen	590	1,780	2,960	6,660	10,360	14,800

1931 Series DA1-B-124, 3/4-Ton, 6-cyl., Note 2, Series UI-C-133, 1-Ton, 4-cyl.

	6	5	4	3	2	1
Panel	580	1,750	2,920	6,570	10,220	14,600
Platform	560	1,670	2,780	6,260	9,730	13,900
Stake	560	1,690	2,820	6,350	9,870	14,100

1931 Series DA1-C-133, 1-Ton, 6-cyl., Note 3

NOTE 1: For 6-cyl. model F-10, add 5 percent from figure given for equivalent 4-cyl. (UF-10). NOTE 2: For 6-cyl. model DA1-B-124, add 5 percent from figure given for equivalent 4-cyl. (UI-B-124). NOTE 3: For 6-cyl. model DA1-C-133, add 5 percent from figure given for equivalent 4-cyl. (UI-C-133).

1932 Series UF-10, 1/2-Ton, 4-cyl.

	6	5	4	3	2	1
PU	760	2,280	3,800	8,550	13,300	19,000
Canopy	620	1,870	3,120	7,020	10,920	15,600
Screen	630	1,880	3,140	7,070	10,990	15,700
Panel	620	1,860	3,100	6,980	10,850	15,500

1932 Series F-10, 1/2-Ton, 6-cyl., Note 1, Series UI-B-124, 3/4-Ton, 4-cyl.

	6	5	4	3	2	1
PU	720	2,160	3,600	8,100	12,600	18,000
Canopy	590	1,780	2,960	6,660	10,360	14,800
Screen	600	1,790	2,980	6,710	10,430	14,900
Panel	590	1,760	2,940	6,620	10,290	14,700
Platform	560	1,680	2,800	6,300	9,800	14,000
Stake	570	1,700	2,840	6,390	9,940	14,200

1932 Series DA1-B-124, 3/4-Ton, 6-cyl., Note 2, Series UI-C-133, 1-Ton, 4-cyl.

	6	5	4	3	2	1
Exp	600	1,790	2,980	6,710	10,430	14,900
Farm	560	1,690	2,820	6,350	9,870	14,100
Canopy	590	1,760	2,940	6,620	10,290	14,700
Screen	590	1,780	2,960	6,660	10,360	14,800
Panel	580	1,750	2,920	6,570	10,220	14,600
Platform	560	1,670	2,780	6,260	9,730	13,900
Stake	560	1,690	2,820	6,350	9,870	14,100

1932 Series DA1-C-133, 1-Ton, 6-cyl., Note 3

NOTE 1: For 6-cyl. model F-10, add 5 percent from figure given for equivalent 4-cyl. (UF-10). NOTE 2: For 6-cyl. model DA1-B-124, add 5 percent from figure given for equivalent 4-cyl. (UI-B-124). NOTE 3: For 6-cyl. model DA1-C-133, add 5 percent from figure given for equivalent 4-cyl. (UI-C-133).

1933-35 1/2-Ton, 111.25" wb

	6	5	4	3	2	1
PU	840	2,520	4,200	9,450	14,700	21,000
Canopy	800	2,400	4,000	9,000	14,000	20,000
Comm Sed	710	2,120	3,540	7,970	12,390	17,700
Panel	700	2,100	3,500	7,880	12,250	17,500

	6	5	4	3	2	1
1933-35 1/2-Ton, 119" wb						
Panel	700	2,090	3,480	7,830	12,180	17,400
1933-35 1/2-Ton, 109" wb						
PU	840	2,520	4,200	9,450	14,700	21,000
Canopy	800	2,400	4,000	9,000	14,000	20,000
Screen	710	2,140	3,560	8,010	12,460	17,800
Panel	700	2,110	3,520	7,920	12,320	17,600
1933-35 3/4-Ton, 131" wb						
Panel	690	2,080	3,460	7,790	12,110	17,300
1936-38 1/2-Ton						
PU	760	2,290	3,820	8,600	13,370	19,100
Canopy	710	2,120	3,540	7,970	12,390	17,700
Screen	710	2,140	3,560	8,010	12,460	17,800
Comm Sed	720	2,150	3,580	8,060	12,530	17,900
Panel	700	2,110	3,520	7,920	12,320	17,600
Westchester Suburban	1,800	5,400	9,000	20,250	31,500	45,000
1936-38 3/4-Ton, 136" wb						
PU	840	2,520	4,200	9,450	14,700	21,000
Canopy	780	2,340	3,900	8,780	13,650	19,500
Screen	720	2,160	3,600	8,100	12,600	18,000
Panel	700	2,100	3,500	7,880	12,250	17,500
Platform	630	1,900	3,160	7,110	11,060	15,800
Stake	640	1,920	3,200	7,200	11,200	16,000
1939-42, 1946-47 1/2-Ton, 116" wb						
PU	860	2,580	4,300	9,680	15,050	21,500
Canopy	790	2,370	3,950	8,890	13,830	19,750
Screen	740	2,200	3,720	8,370	13,020	18,600
Panel	750	2,260	3,760	8,460	13,160	18,800
1939-42, 1946-47 3/4-Ton, 120" wb						
PU	840	2,520	4,200	9,450	14,700	21,000
Platform	700	2,090	3,480	7,830	12,180	17,400
Stake	700	2,090	3,480	7,830	12,180	17,400
1948-49 1/2-Ton, 108" wb						
PU	820	2,460	4,100	9,230	14,350	20,500
Panel	740	2,220	3,700	8,330	12,950	18,500
1948-49 3/4-Ton, 116" wb						
PU	810	2,420	4,040	9,090	14,140	20,200
Platform	720	2,160	3,600	8,100	12,600	18,000
Stake	700	2,110	3,520	7,920	12,320	17,600
1948-49 Power Wagon, 1-Ton, 126" wb						
PU	900	2,700	4,500	10,130	15,750	22,500
1950-52 1/2-Ton, 108" wb						
PU	840	2,520	4,200	9,450	14,700	21,000
Panel	760	2,280	3,800	8,550	13,300	19,000
1950-52 3/4-Ton, 116" wb						
PU	830	2,480	4,140	9,320	14,490	20,700
Platform	740	2,220	3,700	8,330	12,950	18,500
Stake	740	2,230	3,720	8,370	13,020	18,600
1950-52 Power-Wagon, 1-Ton, 126" wb						
PU	900	2,700	4,500	10,130	15,750	22,500
NOTE: Add 3 percent for Fluid Drive.						
1953-54 1/2-Ton, 108" wb						
PU	840	2,520	4,200	9,450	14,700	21,000
Panel	760	2,280	3,800	8,550	13,300	19,000
1953-54 1/2-Ton, 116" wb						
PU	830	2,500	4,160	9,360	14,560	20,800
1953-54 3/4-Ton, 116" wb						
PU	820	2,470	4,120	9,270	14,420	20,600
Platform	740	2,220	3,700	8,330	12,950	18,500
Stake	740	2,220	3,700	8,330	12,950	18,500
NOTE: Add 3 percent for Fluid Drive. Add 10 percent for V-8. Add 5 percent for automatic transmission.						
1953-54 Power-Wagon, 1-Ton, 126" wb						
PU	900	2,700	4,500	10,130	15,750	22,500
1955-57 1/2-Ton, 108" wb						
Lowside PU	850	2,560	4,260	9,590	14,910	21,300
Highside PU	860	2,570	4,280	9,630	14,980	21,400
Panel	790	2,360	3,940	8,870	13,790	19,700
1955-57 1/2-Ton, 116" wb						
Lowside PU	840	2,520	4,200	9,450	14,700	21,000
Highside PU	840	2,530	4,220	9,500	14,770	21,100
Sweptside PU, 1957 only	1,500	4,500	7,500	16,880	26,250	37,500
Platform	760	2,280	3,800	8,550	13,300	19,000
Stake	760	2,290	3,820	8,600	13,370	19,100
1955-57 3/4-Ton, 116" wb						
PU	820	2,450	4,080	9,180	14,280	20,400
Platform	740	2,220	3,700	8,330	12,950	18,500

	6	5	4	3	2	1
Stake 740	2,220	3,700	8,330	12,950	18,500

NOTE: Add 15 percent for V-8 engine. Add 5 percent for automatic transmission.

1955-57 Power-Wagon, 1-Ton, 126" wb

	6	5	4	3	2	1
PU 880	2,640	4,400	9,900	15,400	22,000

1958-60 1/2-Ton, 108" wb

	6	5	4	3	2	1
PU 740	2,230	3,720	8,370	13,020	18,600
Twn Panel 700	2,100	3,500	7,880	12,250	17,500
6P Wag 710	2,120	3,540	7,970	12,390	17,700
8P Wag 680	2,040	3,400	7,650	11,900	17,000

1958-60 1/2-Ton, 116" wb

	6	5	4	3	2	1
PU 820	2,460	4,100	9,230	14,350	20,500
Sweptside PU (1958-1959) 1,400	4,200	7,000	15,750	24,500	35,000
Platform 490	1,460	2,440	5,490	8,540	12,200
Stake 490	1,480	2,460	5,540	8,610	12,300

1958-60 3/4-Ton, 116" wb

	6	5	4	3	2	1
PU 700	2,100	3,500	7,880	12,250	17,500
Platform 460	1,390	2,320	5,220	8,120	11,600
Stake 470	1,400	2,340	5,270	8,190	11,700

NOTE: Add 10 percent for V-8 engine. Add 5 percent for automatic transmission.

1958-60 Power-Wagon, 1-Ton, 126" wb

	6	5	4	3	2	1
PU 880	2,640	4,400	9,900	15,400	22,000

1961-71 1/2-Ton, 114" wb

	6	5	4	3	2	1
Utiline PU 380	1,140	1,900	4,280	6,650	9,500
Sweptline PU 380	1,130	1,880	4,230	6,580	9,400
Twn Panel 330	1,000	1,660	3,740	5,810	8,300
6P Wag 340	1,010	1,680	3,780	5,880	8,400
8P Wag 340	1,010	1,680	3,780	5,880	8,400

1961-71 1/2-Ton, 122" wb Power-Wagon, 1-Ton, 126" wb

	6	5	4	3	2	1
PU 800	2,400	4,000	9,000	14,000	20,000
Utiline PU 380	1,130	1,880	4,230	6,580	9,400
Sweptline PU 370	1,120	1,860	4,190	6,510	9,300
Platform 300	900	1,500	3,380	5,250	7,500
Stake 300	910	1,520	3,420	5,320	7,600

1961-71 3/4-Ton, 122" wb

	6	5	4	3	2	1
Utiline PU 360	1,090	1,820	4,100	6,370	9,100
Sweptline PU 360	1,080	1,800	4,050	6,300	9,000
Platform 300	890	1,480	3,330	5,180	7,400
Stake 300	900	1,500	3,380	5,250	7,500

NOTE: Add 10 percent for V-8 engine. Add 5 percent for automatic transmission.

1964-69 A100, 90" wb

	6	5	4	3	2	1
PU 460	1,380	2,300	5,180	8,050	11,500
Van. 430	1,280	2,140	4,820	7,490	10,700
Wag 400	1,210	2,020	4,550	7,070	10,100

NOTE: Add 10 percent for Sportsman models.

1972-80 1/2-Ton

	6	5	4	3	2	1
Van (109" wb) 184	552	920	2,070	3,220	4,600
Van (127" wb) 192	576	960	2,160	3,360	4,800

1972-80 3/4-Ton

	6	5	4	3	2	1
Van (109" wb) 176	528	880	1,980	3,080	4,400
Van (127" wb) 184	552	920	2,070	3,220	4,600
Maxivan 192	576	960	2,160	3,360	4,800

1972-80 1-Ton

	6	5	4	3	2	1
Van (109" wb) 168	504	840	1,890	2,940	4,200
Van (127" wb) 176	528	880	1,980	3,080	4,400
Maxivan 184	552	920	2,070	3,220	4,600

1972-80 1/2-Ton

	6	5	4	3	2	1
Utiline PU (115" wb). 290	880	1,460	3,290	5,110	7,300
Sweptline PU (115" wb) 290	860	1,440	3,240	5,040	7,200
Utiline PU (131" wb). 290	860	1,440	3,240	5,040	7,200
Sweptline PU (131" wb) 290	880	1,460	3,290	5,110	7,300

NOTE: Add 20 percent for Macho Power Wagon Package.

1972-80 3/4-Ton, 131" wb

	6	5	4	3	2	1
Utiline PU 280	840	1,400	3,150	4,900	7,000
Sweptline PU 284	852	1,420	3,200	4,970	7,100

1972-80 Crew Cab, 3/4-Ton

	6	5	4	3	2	1
Utiline PU (149" wb) 230	700	1,160	2,610	4,060	5,800
Sweptline PU (149" wb) 240	710	1,180	2,660	4,130	5,900
Utiline PU (165" wb) 230	680	1,140	2,570	3,990	5,700
Sweptline PU (165" wb) 230	700	1,160	2,610	4,060	5,800
1978 Little Red Express PU 800	2,400	4,000	9,000	14,000	20,000
1979 Little Red Express PU. 760	2,280	3,800	8,550	13,300	19,000

NOTE: Add 10 percent for V-8 engine. Add 20 percent for Warlock Package. (1977).

1981-91 Rampage

	6	5	4	3	2	1
PU 168	504	840	1,890	2,940	4,200

1981-91 Ram 50

	6	5	4	3	2	1
Cus PU. 180	540	900	2,030	3,150	4,500

	6	5	4	3	2	1
Royal PU	184	552	920	2,070	3,220	4,600
Spt PU	188	564	940	2,120	3,290	4,700
1981-91 Ramcharger						
2WD	240	720	1,200	2,700	4,200	6,000
4x4	280	840	1,400	3,150	4,900	7,000
1981-91 B150						
Van	220	660	1,100	2,480	3,850	5,500
Long Range Van	212	636	1,060	2,390	3,710	5,300
Wag	256	768	1,280	2,880	4,480	6,400
Mini-Ram Wag	252	756	1,260	2,840	4,410	6,300
1981-91 B250						
Van	216	648	1,080	2,430	3,780	5,400
Wag	256	768	1,280	2,880	4,480	6,400
Mini-Ram Wag	252	756	1,260	2,840	4,410	6,300
1981-91 B350						
Van	216	648	1,080	2,430	3,780	5,400
Wag	256	768	1,280	2,880	4,480	6,400
1981-91 D150						
Utiline PU (SBx)	176	528	880	1,980	3,080	4,400
Sweptline PU (SBx)	180	540	900	2,030	3,150	4,500
Clb Cab PU (SBx)	196	588	980	2,210	3,430	4,900
Utiline PU (LBx)	180	540	900	2,030	3,150	4,500
Sweptline PU (LBx)	184	552	920	2,070	3,220	4,600
Clb Cab PU (LBx)	200	600	1,000	2,250	3,500	5,000
1981-91 D250						
Utiline PU (LBx)	172	516	860	1,940	3,010	4,300
Sweptline PU (LBx)	176	528	880	1,980	3,080	4,400
Clb Cab PU (LBx)	196	588	980	2,210	3,430	4,900
Crew Cab PU (SBx)	192	576	960	2,160	3,360	4,800
Crew Cab PU (LBx)	196	588	980	2,210	3,430	4,900
NOTE: Add 15 percent for 4x4.						
1981-91 Dakota, 1/2-Ton, V-6, 1987-91						
PU (SBx)	180	540	900	2,030	3,150	4,500
PU (LBx)	176	528	880	1,980	3,080	4,400
PU Spt Conv (1989-91)	340	1,020	1,700	3,830	5,950	8,500

NOTE: Deduct 10 percent for 4-cyl. Add 30 percent for V-8, 1991. NOTE: Add 5 percent for 2.2 Turbo. Add 15 percent for Shelby package (1987, 1988 & 1989 only).

	6	5	4	3	2	1
1984-91						
Caravan	192	576	960	2,160	3,360	4,800
Caravan SE	204	612	1,020	2,300	3,570	5,100
Caravan LE	212	636	1,060	2,390	3,710	5,300
1984-91 Caravan, V-6						
Sta Wag	232	696	1,160	2,610	4,060	5,800
Sta Wag SE	236	708	1,180	2,660	4,130	5,900
Sta Wag LE	240	720	1,200	2,700	4,200	6,000
NOTE: Add 5 percent for 4x4.						
1992 Ram 50, 1/2-Ton, 4-cyl.						
2d PU	200	600	1,000	2,250	3,500	5,000
2d LB PU	208	624	1,040	2,340	3,640	5,200
2d SE PU	220	660	1,100	2,480	3,850	5,500
1992 Ramcharger, V-8						
2d 150S SUV	272	816	1,360	3,060	4,760	6,800
2d 150S SUV (4x4)	288	864	1,440	3,240	5,040	7,200
2d 150 SUV	280	840	1,400	3,150	4,900	7,000
2d 150 SUV (4x4)	300	900	1,500	3,380	5,250	7,500
1992 Caravan, V-6						
3d CV Van	228	684	1,140	2,570	3,990	5,700
3d SE Van	232	696	1,160	2,610	4,060	5,800
3d LE Van	236	708	1,180	2,660	4,130	5,900
3d ES Van	240	720	1,200	2,700	4,200	6,000
NOTE: Add 10 percent for Grand models. Add 5 percent for 4x4.						
1992 B Series Van, V-8						
B150 Van	280	840	1,400	3,150	4,900	7,000
B150 Wag	300	900	1,500	3,380	5,250	7,500
B250 Van	300	900	1,500	3,380	5,250	7,500
B250 Sta Wag	320	960	1,600	3,600	5,600	8,000
B250 Maxi Van	320	960	1,600	3,600	5,600	8,000
B250 Maxi Wag	340	1,020	1,700	3,830	5,950	8,500
1992 Dakota, 1/2-Ton						
2d PU (SBx)	220	660	1,100	2,480	3,850	5,500
2d PU (LBx)	240	720	1,200	2,700	4,200	6,000
NOTE: Add 10 percent for V-8. Add 5 percent for 4x4.						
1992 D Series, V-8						
2d D150 PU	260	780	1,300	2,930	4,550	6,500
2d D250 PU	300	900	1,500	3,380	5,250	7,500

	6	5	4	3	2	1
1993 Ram 50, 4-cyl.						
2d PU SBx 208	624	1,040	2,340	3,640	5,200	
2d PU LBx 212	636	1,060	2,390	3,710	5,300	
1993 Ramcharger, V-8						
2d SUV 2WD 280	840	1,400	3,150	4,900	7,000	
2d SUV 4x4 320	960	1,600	3,600	5,600	8,000	
1993 Caravan, V-6						
Sta Wag 272	816	1,360	3,060	4,760	6,800	
1993 B150/250						
Window Van 276	828	1,380	3,110	4,830	6,900	
1993 Dakota, V-8						
2d PU SBx 260	780	1,300	2,930	4,550	6,500	
2d PU LBx 264	792	1,320	2,970	4,620	6,600	
1993 D150/250, V-8						
2d PU SBx D150 280	840	1,400	3,150	4,900	7,000	
2d PU LBx D150 284	852	1,420	3,200	4,970	7,100	
2d PU SBx D250 284	852	1,420	3,200	4,970	7,100	
2d PU LBx D250 288	864	1,440	3,240	5,040	7,200	
1994						
Caravan 200	550	900	2,030	3,150	4,500	
Caravan LWB 250	700	1,200	2,700	4,200	6,000	
Caravan SE 300	850	1,400	3,150	4,900	7,000	
Caravan LE 300	900	1,500	3,380	5,250	7,500	
Caravan ES 300	950	1,600	3,600	5,600	8,000	
Caravan Grand SE 300	900	1,500	3,380	5,250	7,500	
Caravan Grand LE 300	950	1,600	3,600	5,600	8,000	
Caravan Grand ES 350	1,000	1,700	3,830	5,950	8,500	
1994 B150 & B250, V-8						
Window Van 400	1,200	2,000	4,500	7,000	10,000	
Van 360	1,080	1,800	4,050	6,300	9,000	
Maxi Van 440	1,320	2,200	4,950	7,700	11,000	
1994 Dakota, V-6						
2d PU 6 ft. 250	800	1,300	2,930	4,550	6,500	
2d PU 8 ft. 250	800	1,350	3,020	4,700	6,700	
2d PU Spt 6 ft. 300	900	1,500	3,380	5,250	7,500	
2d PU Spt 8 ft. 300	950	1,600	3,600	5,600	8,000	
1994 Ram 1500 & 2500, V-8						
2d Pu 6-1/2 ft. 360	1,080	1,800	4,050	6,300	9,000	
2d PU 8 ft. 380	1,140	1,900	4,280	6,650	9,500	
1995						
Caravan C/V 150	400	700	1,580	2,450	3,500	
Caravan C/V, LWB 150	500	850	1,940	3,000	4,300	
Caravan 200	550	900	2,030	3,150	4,500	
Caravan SE 300	850	1,400	3,150	4,900	7,000	
Caravan LE 300	900	1,500	3,380	5,250	7,500	
Caravan ES 300	950	1,600	3,600	5,600	8,000	
Grand Caravan 300	850	1,400	3,150	4,900	7,000	
Grand Caravan SE 300	900	1,500	3,380	5,250	7,500	
Grand Caravan LE 300	950	1,600	3,600	5,600	8,000	
Grand Caravan ES 350	1,000	1,700	3,830	5,950	8,500	
NOTE: Deduct 5 percent for 4-cyl. Add 5 percent for 4x4.						
1995 Ram Van 1500 & 2500, V-8						
Window Van 400	1,200	2,000	4,500	7,000	10,000	
Van 360	1,080	1,800	4,050	6,300	9,000	
Maxi Van 440	1,320	2,200	4,950	7,700	11,000	
1995 Dakota, V-6						
2d PU, 6-1/2 ft. 250	800	1,300	2,930	4,550	6,500	
2d PU, 8 ft. 250	800	1,350	3,020	4,700	6,700	
2d PU Spt, 6-1/2 ft. 300	900	1,500	3,380	5,250	7,500	
Club Cab PU, 6-1/2 ft. 320	960	1,600	3,600	5,600	8,000	
Club Cab Spt PU, 6-1/2 ft. 300	950	1,600	3,650	5,650	8,100	
1995 Ram 1500 & 2500, V-8						
2d PU, 6-1/2 ft. 360	1,080	1,800	4,050	6,300	9,000	
2d PU, 8 ft. 380	1,140	1,900	4,280	6,650	9,500	
Club Cab PU, 6-1/2 ft. 440	1,320	2,200	4,950	7,700	11,000	
Club Cab PU, 8 ft. 450	1,340	2,240	5,040	7,840	11,200	
1996 Caravan, V-6						
Caravan 200	550	900	2,030	3,150	4,500	
Caravan SE 300	850	1,400	3,150	4,900	7,000	
Caravan LE 300	900	1,500	3,380	5,250	7,500	
Caravan ES 300	950	1,600	3,600	5,600	8,000	
Grand Caravan 300	850	1,400	3,150	4,900	7,000	
Grand Caravan SE 300	900	1,500	3,380	5,250	7,500	
Grand Caravan LE 300	950	1,600	3,600	5,600	8,000	
Grand Caravan ES 350	1,000	1,700	3,830	5,950	8,500	
NOTE: Deduct 5 percent for 4-cyl. Add 5 percent for 4x4.						

	6	5	4	3	2	1
1996 Ram Van 1500 & 2500, V-8						
Window Van 400	1,200	2,000	4,500	7,000	10,000
Van 360	1,080	1,800	4,050	6,300	9,000
Maxi Van 440	1,320	2,200	4,950	7,700	11,000
1996 Dakota, V-6						
2d PU, 6-1/2 ft. 250	800	1,300	2,930	4,550	6,500
2d PU, 8 ft. 250	800	1,350	3,020	4,700	6,700
2d PU Spt, 6-1/2 ft. 300	900	1,500	3,380	5,250	7,500
Club Cab PU, 6-1/2 ft. 320	960	1,600	3,600	5,600	8,000
Club Cab Spt PU, 6-1/2 ft. 300	950	1,600	3,650	5,650	8,100
NOTE: Add $2,000 for 4x4. Add 5 percent for V-8.						
1996 Ram 1500 & 2500, V-8						
2d PU, 6-1/2 ft. 360	1,080	1,800	4,050	6,300	9,000
2d PU, 8 ft. 380	1,140	1,900	4,280	6,650	9,500
Club Cab PU, 6-1/2 ft. 440	1,320	2,200	4,950	7,700	11,000
Club Cab PU, 8 ft. 450	1,340	2,240	5,040	7,840	11,200
NOTE: Add $2,000 for 4x4. Add 5 percent for V-10.						
1997 Caravan, V-6						
Caravan. 180	540	900	2,030	3,150	4,500
Caravan SE. 280	840	1,400	3,150	4,900	7,000
Caravan LE. 300	900	1,500	3,380	5,250	7,500
Caravan ES. 320	960	1,600	3,600	5,600	8,000
Grand Caravan 280	840	1,400	3,150	4,900	7,000
Grand Caravan SE 300	900	1,500	3,380	5,250	7,500
Grand Caravan LE 320	960	1,600	3,600	5,600	8,000
Grand Caravan ES 340	1,020	1,700	3,830	5,950	8,500
NOTE: Deduct 5 percent for 4-cyl. Add 5 percent for 4x4.						
1997 Ram Van 1500 & 2500, V-8						
Window Van 400	1,200	2,000	4,500	7,000	10,000
Van 360	1,080	1,800	4,050	6,300	9,000
Maxi Van 440	1,320	2,200	4,950	7,700	11,000
NOTE: Deduct 5 percent for V-6.						
1997 Dakota, V-6						
2d PU, 6-1/2 ft. 260	780	1,300	2,930	4,550	6,500
2d PU, 8 ft. 268	804	1,340	3,020	4,690	6,700
Club Cab 2d PU, 6-1/2 ft. 320	960	1,600	3,600	5,600	8,000
NOTE: Add $2,000 for 4x4. Add 5 percent for V-8. Deduct 5 percent for 4-cyl.						
1997 Ram 1500 & 2500, V-8						
2d PU, 6-1/2 ft. 360	1,080	1,800	4,050	6,300	9,000
2d PU, 8 ft. 380	1,140	1,900	4,280	6,650	9,500
Club Cab PU, 6-1/2 ft. 440	1,320	2,200	4,950	7,700	11,000
Club Cab PU, 8 ft. 450	1,340	2,240	5,040	7,840	11,200
NOTE: Add $2,000 for 4x4. Add 5 percent for V-10. Add 25 percent for turbo diesel V-8.						
1998 Caravan, V-6						
Caravan. 180	540	900	2,030	3,150	4,500
Caravan SE. 280	840	1,400	3,150	4,900	7,000
Caravan LE. 300	900	1,500	3,380	5,250	7,500
Grand Caravan 280	840	1,400	3,150	4,900	7,000
Grand Caravan SE 300	900	1,500	3,380	5,250	7,500
Grand Caravan LE 320	960	1,600	3,600	5,600	8,000
Grand Caravan ES 340	1,020	1,700	3,830	5,950	8,500
NOTE: Deduct 5 percent for 4-cyl. Add 5 percent for 4x4.						
1998 Durango, V-8, 4x4						
SLT 4d SUV 340	1,020	1,700	3,830	5,950	8,500
1998 Ram Van 1500 & 2500, V-8						
Window Van 400	1,200	2,000	4,500	7,000	10,000
Van 360	1,080	1,800	4,050	6,300	9,000
Maxi Van 440	1,320	2,200	4,950	7,700	11,000
NOTE: Deduct 5 percent for V-6.						
1998 Dakota, V-6						
2d PU 260	780	1,300	2,930	4,550	6,500
R/T Spt 2d PU. 330	980	1,640	3,690	5,740	8,200
Club Cab 2d PU 320	960	1,600	3,600	5,600	8,000
R/T Spt Club Cab 2d PU. 400	1,200	2,000	4,500	7,000	10,000
NOTE: Add $2,000 for 4x4. Add 5 percent for V-8. Deduct 5 percent for 4-cyl.						
1998 Ram 1500 & 2500, V-8						
2d PU WS (V-6) 280	840	1,400	3,150	4,900	7,000
2d PU 320	960	1,600	3,600	5,600	8,000
2d PU HD 360	1,080	1,800	4,050	6,300	9,000
Club Cab PU 400	1,200	2,000	4,500	7,000	10,000
Club Cab PU HD. 420	1,260	2,100	4,730	7,350	10,500
Quad Cab PU 400	1,200	2,000	4,500	7,000	10,000
Quad Cab PU HD 440	1,320	2,200	4,950	7,700	11,000
NOTE: Add $2,000 for 4x4. Add 5 percent for V-10. Add 25 percent for turbo diesel 6-cyl. Add 5 percent for SST pkg.						
1999 Caravan, V-6						
Caravan. 180	540	900	2,030	3,150	4,500

	6	5	4	3	2	1
Caravan SE	280	840	1,400	3,150	4,900	7,000
Caravan LE	300	900	1,500	3,380	5,250	7,500
Grand Caravan	280	840	1,400	3,150	4,900	7,000
Grand Caravan SE	300	900	1,500	3,380	5,250	7,500
Grand Caravan LE	320	960	1,600	3,600	5,600	8,000
Grand Caravan ES	340	1,020	1,700	3,830	5,950	8,500

NOTE: Add 5 percent for Sport Pkg. Deduct 5 percent for 4-cyl. Add 5 percent for 4x4.

1999 Durango, V-8

	6	5	4	3	2	1
SLT 4d SUV	340	1,020	1,700	3,830	5,950	8,500

NOTE: Add 5 percent for 4x4.

1999 Ram Van 1500 & 2500, V-8

	6	5	4	3	2	1
Window Van	400	1,200	2,000	4,500	7,000	10,000
Van	360	1,080	1,800	4,050	6,300	9,000
Maxi Van	440	1,320	2,200	4,950	7,700	11,000

NOTE: Add 5 percent tor Premium Pkg. Deduct 5 percent for V-6.

1999 Dakota, V-6

	6	5	4	3	2	1
2d Sweptline PU	260	780	1,300	2,930	4,550	6,500
2d Sweptline R/T Spt PU	330	980	1,640	3,690	5,740	8,200
2d Club Cab PU	320	960	1,600	3,600	5,600	8,000
2d Club Cab R/T Spt PU	400	1,200	2,000	4,500	7,000	10,000

NOTE: Add $2,000 for 4x4. Add 5 percent for V-8. Add 5 percent for SLT Pkg. Deduct 5 percent for 4-cyl.

1999 Ram 1500 & 2500, V-8

	6	5	4	3	2	1
2d Sweptline PU	320	960	1,600	3,600	5,600	8,000
2d Sweptline HD PU	360	1,080	1,800	4,050	6,300	9,000
Club Cab PU	400	1,200	2,000	4,500	7,000	10,000
HD Club Cab PU	420	1,260	2,100	4,730	7,350	10,500
Quad Cab PU	400	1,200	2,000	4,500	7,000	10,000
HQ Quad Cab PU	440	1,320	2,200	4,950	7,700	11,000

NOTE: Add $2,000 for 4x4. Add 5 percent for V-10. Add 25 percent for turbo diesel 6-cyl. Add 5 percent for Sport or Laramie SLT Pkgs.

2000 Caravan, V-6

	6	5	4	3	2	1
Caravan	180	540	900	2,030	3,150	4,500
Caravan SE	280	840	1,400	3,150	4,900	7,000
Grand Caravan	280	840	1,400	3,150	4,900	7,000
Grand Caravan SE	300	900	1,500	3,380	5,250	7,500
Grand Caravan LE	320	960	1,600	3,600	5,600	8,000
Grand Caravan ES	340	1,020	1,700	3,830	5,950	8,500

NOTE: Add 5 percent for Sport pkg. Deduct 5 percent for 4-cyl. Add 5 percent for 4x4.

2000 Durango, V-8

	6	5	4	3	2	1
Sport 4d SUV	320	960	1,600	3,600	5,600	8,000
SLT 4d SUV	340	1,020	1,700	3,830	5,950	8,500
SLT Plus 4d SUV	360	1,080	1,800	4,050	6,300	9,000
R/T Sport 4d SUV	440	1,320	2,200	4,950	7,700	11,000

NOTE: Add 5 percent for 4x4.

2000 Ram Van 1500 & 2500, V-8

	6	5	4	3	2	1
Window Van	400	1,200	2,000	4,500	7,000	10,000
Van	360	1,080	1,800	4,050	6,300	9,000
Maxi Van	440	1,320	2,200	4,950	7,700	11,000

NOTE: Add 5 percent for Premium pkg. Deduct 5 percent for V-6.

2000 Dakota, V-6

	6	5	4	3	2	1
2d Sweptline PU	260	780	1,300	2,930	4,550	6,500
2d Sweptline PU R/T Spt PU	330	980	1,640	3,690	5,740	8,200
2d Club Cab PU	320	960	1,600	3,600	5,600	8,000
2d Club Cab R/T Spt PU	400	1,200	2,000	4,500	7,000	10,000
Quad Cab Sport SLT PU	380	1,140	1,900	4,280	6,650	9,500

NOTE: Add $2,000 for 4x4. Add 5 percent for V-8. Add 5 percent for SLT or Sport pkgs. Deduct 5 percent for 4-cyl.

2000 Ram 1500 & 2500, V-8

	6	5	4	3	2	1
2d Sweptline PU	320	960	1,600	3,600	5,600	8,000
2d Sweptline HD PU	360	1,080	1,800	4,050	6,300	9,000
Club Cab PU	400	1,200	2,000	4,500	7,000	10,000
Quad Cab PU	400	1,200	2,000	4,500	7,000	10,000
HD Quad Cab PU	440	1,320	2,200	4,950	7,700	11,000

NOTE: Add $2,000 for 4x4. Add 5 percent for V-10. Add 25 percent for turbo diesel V-8. Add 5 percent for Sport, SLT Plus or Laramie SLT pkgs. Deduct 5 percent for V-6.

2001 Caravan, V-6

	6	5	4	3	2	1
Caravan SE	280	840	1,400	3,500	4,900	7,000
Caravan Sport	290	860	1,440	3,600	5,040	7,200
Grand Caravan SE	300	900	1,500	3,750	5,250	7,500
Grand Caravan Sport	320	960	1,600	4,000	5,600	8,000
Grand Caravan EX	330	980	1,640	4,100	5,740	8,200
Grand Caravan ES	340	1,020	1,700	4,250	5,950	8,500

NOTE: Deduct 5 percent for 4-cyl. Add 5 percent for 4x4.

2001 Durango, V-8

	6	5	4	3	2	1
Sport 4d SUV	320	960	1,600	3,600	5,600	8,000
SLT 4d SUV	340	1,020	1,700	3,830	5,950	8,500
SLT Plus 4d SUV	360	1,080	1,800	4,050	6,300	9,000

	6	5	4	3	2	1
R/T Sport 4d SUV	440	1,320	2,200	4,950	7,700	11,000

NOTE: Add 5 percent for 4x4.

2001 Ram Van 1500 & 2500, V-8

	6	5	4	3	2	1
Window Van	400	1,200	2,000	4,500	7,000	10,000
Van	360	1,080	1,800	4,050	6,300	9,000
Maxi Van	440	1,320	2,200	4,950	7,700	11,000

NOTE: Add 5 percent for Premium pkg. Deduct 5 percent for V-6.

2001 Dakota, V-6

	6	5	4	3	2	1
2d Sweptline PU	260	780	1,300	3,250	4,550	6,500
2d Sweptline R/T Spt PU	330	980	1,640	4,100	5,740	8,200
2d Club Cab PU	320	960	1,600	4,000	5,600	8,000
2d Club Cab R/T Sport PU	400	1,200	2,000	5,000	7,000	10,000
Quad Cab Sport SLT PU	380	1,140	1,900	4,750	6,650	9,500

NOTE: Add $2,000 for 4x4. Add 5 percent for V-8. Add 5 percent for SLT or Sport pkgs. Deduct 5 percent for 4-cyl.

2001 Ram 1500 & 2500, V-8

	6	5	4	3	2	1
2d Sweptline PU	320	960	1,600	3,600	5,600	8,000
2d Sweptline HD PU	360	1,080	1,800	4,050	6,300	9,000
Club Cab PU	400	1,200	2,000	4,500	7,000	10,000
Quad Cab PU	400	1,200	2,000	4,500	7,000	10,000
HD Quad Cab PU	440	1,320	2,200	4,950	7,700	11,000

NOTE: Add $2,000 for 4x4. Add 5 percent for V-10. Add 25 percent for turbo diesel V-8. Add 5 percent for Sport, SLT or SLT Plus or pkgs. Deduct 5 percent for V-6.

2002 Caravan, V-6

	6	5	4	3	2	1
Caravan eC (4-cyl.)	240	720	1,200	3,000	4,200	6,000
Caravan SE	280	840	1,400	3,500	4,900	7,000
Caravan Sport	290	860	1,440	3,600	5,040	7,200
Grand Caravan SE	300	900	1,500	3,750	5,250	7,500
Grand Caravan eL	320	970	1,620	4,050	5,670	8,100
Grand Caravan Sport	320	960	1,600	4,000	5,600	8,000
Grand Caravan EX	330	980	1,640	4,100	5,740	8,200
Grand Caravan ES	340	1,020	1,700	4,250	5,950	8,500

NOTE: Deduct 5 percent for 4-cyl. except eC model. Add 5 percent for 4x4.

2002 Durango, V-8

	6	5	4	3	2	1
Sport 4d SUV	360	1,080	1,800	4,500	6,300	9,000
SXT 4d SUV	370	1,120	1,860	4,650	6,510	9,300
SLT 4d SUV	380	1,140	1,900	4,750	6,650	9,500
SLT Plus 4d SUV	400	1,200	2,000	5,000	7,000	10,000
R/T Sport 4d SUV	480	1,440	2,400	6,000	8,400	12,000

NOTE: Add 5 percent for 4x4.

2002 Ram Van 1500 & 2500, V-8

	6	5	4	3	2	1
Window Van	440	1,320	2,200	5,500	7,700	11,000
Van	400	1,200	2,000	5,000	7,000	10,000
Maxi Van	480	1,440	2,400	6,000	8,400	12,000

NOTE: Add 5 percent for Premium pkg. Deduct 5 percent for V-6.

2002 Dakota, V-6

	6	5	4	3	2	1
2d Sweptline PU	260	780	1,300	3,250	4,550	6,500
2d Sweptline SXT PU	280	840	1,400	3,500	4,900	7,000
2d Sweptline Sport PU	300	900	1,500	3,750	5,250	7,500
2d Sweptline SLT PU	320	960	1,600	4,000	5,600	8,000
2d Sweptline R/T Sport PU	330	980	1,640	4,100	5,740	8,200
2d Club Cab PU	320	960	1,600	4,000	5,600	8,000
2d Club Cab SXT PU	340	1,020	1,700	4,250	5,950	8,500
2d Club Cab Sport PU	360	1,080	1,800	4,500	6,300	9,000
2d Club Cab SLT PU	380	1,140	1,900	4,750	6,650	9,500
2d Club Cab R/T Sport PU	400	1,200	2,000	5,000	7,000	10,000
Quad Cab Sport PU	380	1,140	1,900	4,750	6,650	9,500
Quad Cab SLT PU	400	1,200	2,000	5,000	7,000	10,000

NOTE: Add $2,000 for 4x4. Add 5 percent for V-8 except R/T Sport. Deduct 5 percent for 4-cyl.

2002 Ram 1500 & 2500, V-8

	6	5	4	3	2	1
2d Sweptline PU	360	1,080	1,800	4,500	6,300	9,000
Quad Cab PU	440	1,320	2,200	5,500	7,700	11,000

NOTE: Add $2,000 for 4x4. Add 5 percent for V-10. Add 25 percent for turbo diesel V-8. Add 5 percent for Sport, SLT or SLT Plus pkgs. Deduct 5 percent for V-6.

2003 Caravan, V-6

	6	5	4	3	2	1
Caravan C/V	250	740	1,240	3,100	4,340	6,200
Caravan SE	280	840	1,400	3,500	4,900	7,000
Caravan SXT	280	850	1,420	3,550	4,970	7,100
Caravan Sport	290	860	1,440	3,600	5,040	7,200
Grand Caravan C/V	300	890	1,480	3,700	5,180	7,400
Grand Caravan SE	300	900	1,500	3,750	5,250	7,500
Grand Caravan eL	320	970	1,620	4,050	5,670	8,100
Grand Caravan Sport	320	960	1,600	4,000	5,600	8,000
Grand Caravan EX	330	980	1,640	4,100	5,740	8,200
Grand Caravan ES	340	1,020	1,700	4,250	5,950	8,500

NOTE: Deduct 5 percent for 4-cyl. Add 5 percent for AWD.

	6	5	4	3	2	1
2003 Durango, V-8						
Sport 4d SUV	360	1,080	1,800	4,500	6,300	9,000
SXT 4d SUV	370	1,120	1,860	4,650	6,510	9,300
SLT 4d SUV	380	1,140	1,900	4,750	6,650	9,500
SLT Plus 4d SUV	400	1,200	2,000	5,000	7,000	10,000
R/T Sport 4d SUV	480	1,440	2,400	6,000	8,400	12,000
NOTE: Add 5 percent for 4x4.						
2003 Ram Van 1500 & 2500, V-8						
Van	400	1,200	2,000	5,000	7,000	10,000
Maxi Van	480	1,440	2,400	6,000	8,400	12,000
NOTE: Deduct 5 percent for V-6.						
2003 Dakota, V-6						
2d Sweptline PU	260	780	1,300	3,250	4,550	6,500
2d Sweptline SXT PU	280	840	1,400	3,500	4,900	7,000
2d Sweptline Sport PU	300	900	1,500	3,750	5,250	7,500
2d Sweptline SLT PU	320	960	1,600	4,000	5,600	8,000
2d Sweptline R/T Sport PU	330	980	1,640	4,100	5,740	8,200
2d Club Cab PU	320	960	1,600	4,000	5,600	8,000
2d Club Cab SXT PU	340	1,020	1,700	4,250	5,950	8,500
2d Club Cab Sport PU	360	1,080	1,800	4,500	6,300	9,000
2d Club Cab SLT PU	380	1,140	1,900	4,750	6,650	9,500
2d Club Cab R/T Sport PU	400	1,200	2,000	5,000	7,000	10,000
Quad Cab Sport PU	380	1,140	1,900	4,750	6,650	9,500
Quad Cab SLT PU	400	1,200	2,000	5,000	7,000	10,000
NOTE: Add $2,000 for 4x4. Add 5 percent for V-8 except R/T Sport.						
2003 Ram 1500 & 2500, V-8						
2d Sweptline PU	360	1,080	1,800	4,500	6,300	9,000
Quad Cab PU	440	1,320	2,200	5,500	7,700	11,000
NOTE: Add $2,000 for 4x4. Add 5 percent for V-10. Add 5 percent for Hemi V-8. Add 25 percent for turbo diesel V-8. Add 5 percent for Off Road, Sport or SLT pkgs. Add 10 percent for Laramie pkg. Deduct 5 percent for V-6.						
2004 Caravan, V-6						
Caravan C/V	250	740	1,240	3,100	4,340	6,200
Caravan SE	280	840	1,400	3,500	4,900	7,000
Caravan SXT	280	850	1,420	3,550	4,970	7,100
Grand Caravan C/V	300	890	1,480	3,700	5,180	7,400
Grand Caravan SE	300	900	1,500	3,750	5,250	7,500
Grand Caravan EX	330	980	1,640	4,100	5,740	8,200
Grand Caravan SXT	380	1,140	1,900	4,750	6,650	9,500
NOTE: Add 5 percent for Anniversary Ed. Dedut 5 percent for 4-cyl. Add 5 percent for AWD.						
2004 Durango, V-8						
ST 4d SUV	360	1,080	1,800	4,500	6,300	9,000
SLT 4d SUV	380	1,140	1,900	4,750	6,650	9,500
SLT Hemi 4d SUV	400	1,200	2,000	5,000	7,000	10,000
Limited 4d SUV	480	1,440	2,400	6,000	8,400	12,000
Limited Hemi 4d SUV	520	1,560	2,600	6,500	9,100	13,000
NOTE: Add 5 percent for 4x4. Deduct 5 percent for V-6.						
2004 Dakota, V-6						
2d Sweptline PU	260	780	1,300	3,250	4,550	6,500
2d Sweptline SXT PU	280	840	1,400	3,500	4,900	7,000
2d Sweptline Sport PU	300	900	1,500	3,750	5,250	7,500
2d Sweptline SLT PU	320	960	1,600	4,000	5,600	8,000
2d Club Cab PU	320	960	1,600	4,000	5,600	8,000
2d Club Cab SXT PU	340	1,020	1,700	4,250	5,950	8,500
2d Club Cab Sport PU	360	1,080	1,800	4,500	6,300	9,000
2d Club Cab SLT PU	380	1,140	1,900	4,750	6,650	9,500
Quad Cab SXT PU	380	1,150	1,920	4,800	6,720	9,600
Quad Cab Sport PU	390	1,180	1,960	4,900	6,860	9,800
Quad Cab SLT PU	400	1,200	2,000	5,000	7,000	10,000
NOTE: Add $2,000 for 4x4. Add 5 percent for V-8. Deduct 5 percent for manual transmission.						
2004 Ram 1500, V-8						
2d Sweptline PU	360	1,080	1,800	4,500	6,300	9,000
Quad Cab PU	440	1,320	2,200	5,500	7,700	11,000
2d Sweptline SRT-10 PU (V-10, 6-Spd only)	740	2,220	3,700	9,250	12,950	18,500
2004 Ram 2500, V-8						
2d Sweptline PU	420	1,260	2,100	5,250	7,350	10,500
Quad Cab PU	480	1,440	2,400	6,000	8,400	12,000
NOTE: Add $2,000 for 4x4. Add 5 percent for Hemi V-8. Add 25 percent for turbo diesel V-8. Add 10 percent for Laramie pkg. Add 5 percent for Off Road, Sport or SLT pkgs. Deduct 5 percent for V-6. Deduct 5 percent for manual transmission.						

FORD TRUCKS

	6	5	4	3	2	1
1905 Model E, 78" wb						
Dly Car	1,400	4,200	7,000	15,750	24,500	35,000
1906 Model T, 84" wb						
PU	1,360	4,080	6,800	15,300	23,800	34,000
Dly Van	1,400	4,200	7,000	15,750	24,500	35,000

	6	5	4	3	2	1
1907 Model T, 84" wb						
PU	1,360	4,080	6,800	15,300	23,800	34,000
Dly Van	1,400	4,200	7,000	15,750	24,500	35,000
1908 Model T, 84" wb						
PU	1,360	4,080	6,800	15,300	23,800	34,000
Dly Van	1,400	4,200	7,000	15,750	24,500	35,000
1909 Model T, 100" wb						
PU	1,360	4,080	6,800	15,300	23,800	34,000
Dly Van	1,400	4,200	7,000	15,750	24,500	35,000
1910 Model T, 100" wb						
PU	1,360	4,080	6,800	15,300	23,800	34,000
Dly Van	1,400	4,200	7,000	15,750	24,500	35,000
1911 Model T, 100" wb						
PU	1,360	4,080	6,800	15,300	23,800	34,000
Dly Van	1,400	4,200	7,000	15,750	24,500	35,000

NOTE: The 1906-1911 Ford trucks were commercial adaptations of passenger car chassis. As there were no factory truck bodies, the above prices should be used as a general guide only.

	6	5	4	3	2	1
1912 Model T, 84" wb						
Commercial Rds	1,480	4,440	7,400	16,650	25,900	37,000
Dly Van	1,360	4,080	6,800	15,300	23,800	34,000

NOTE: In 1912 the company marketed a true commercial roadster and also buillt Delivery Car (Van) prototypes that were listed by firms such as Bell Telephone, John Wanamaker and Milwaukee Novelty Dye Works.

	6	5	4	3	2	1
1913 Model T, 84" wb						
Dly Van	1,400	4,200	7,000	15,750	24,500	35,000
Panel truck	1,320	3,960	6,600	14,850	23,100	33,000

NOTE: Ford again stopped making factory truck bodies. Trucks built on the 1913-1916 Model T chassis have aftermarket bodies. Therefore, prices given here should be considered only a general guide to typical body styles that exist.

	6	5	4	3	2	1
1914 Model T, 84" wb						
C-Cab Dly	800	2,400	4,000	9,000	14,000	20,000
Panel truck	640	1,920	3,200	7,200	11,200	16,000
Fire truck (TT)	720	2,160	3,600	8,100	12,600	18,000
1915 Model T, 84" wb						
C-Cab Dly	680	2,040	3,400	7,650	11,000	17,000
Panel truck	640	1,920	3,200	7,200	11,200	16,000
Express	640	1,920	3,200	7,200	11,200	16,000
1916 Model T, 100" wb						
Panel truck	640	1,920	3,200	7,200	11,200	16,000
Swellside Panel	640	1,920	3,200	7,200	11,200	16,000
Fire truck	720	2,160	3,600	8,100	12,600	18,000
1917 Model T, 100" wb						
Box Body Dly	640	1,920	3,200	7,200	11,200	16,000
Open Front Panel	640	1,920	3,200	7,200	11,200	16,000
Enclosed Panel	640	1,920	3,200	7,200	11,200	16,000
Huckster	640	1,920	3,200	7,200	11,200	16,000
1917 Model TT, 124" wb						
Exp	560	1,680	2,800	6,300	9,800	14,000
Stake	560	1,680	2,800	6,300	9,800	14,000
Open Front Panel	600	1,800	3,000	6,750	10,500	15,000
Enclosed Panel	560	1,680	2,800	6,300	9,800	14,000
1918-20 Model T, 100" wb						
Rds PU	1,080	3,240	5,400	12,150	18,900	27,000
Box Body Dly	700	2,100	3,500	7,880	12,250	17,500
Open Front Panel	720	2,160	3,600	8,100	12,600	18,000
Enclosed Panel	680	2,040	3,400	7,650	11,900	17,000
Huckster	700	2,100	3,500	7,880	12,250	17,500
1918-20 Model TT, 124" wb						
Exp	620	1,860	3,100	6,980	10,850	15,500
Stake	600	1,800	3,000	6,750	10,500	15,000
Open Front Panel	660	1,980	3,300	7,430	11,550	16,500
Enclosed Panel	620	1,860	3,100	6,980	10,850	15,500
Huckster	1,000	3,000	5,000	11,250	17,500	25,000
1921-27 Model T, 100" wb						
Rds PU	1,080	3,240	5,400	12,150	18,900	27,000
Box Body Dly	620	1,860	3,100	6,980	10,850	15,500
Open Front Panel	720	2,160	3,600	8,100	12,600	18,000
Enclosed Panel	680	2,040	3,400	7,650	11,900	17,000
Huckster	1,000	3,000	5,000	11,250	17,500	25,000
1921-27 Model TT, 124" wb						
Exp	640	1,920	3,200	7,200	11,200	16,000
Stake	620	1,860	3,100	6,980	10,850	15,500
Open Front Panel	700	2,100	3,500	7,880	12,250	17,500
Enclosed Panel	660	1,980	3,300	7,430	11,550	16,500
Huckster	1,000	3,000	5,000	11,250	17,500	25,000
1928-29 Model A, 103" wb						
Sed Dly	1,130	3,380	5,640	12,690	19,740	28,200
Open Cab PU	1,350	4,040	6,740	15,170	23,590	33,700

	6	5	4	3	2	1
Closed Cab PU	1,320	3,960	6,600	14,850	23,100	33,000
Canopy Exp	1,360	4,080	6,800	15,300	23,800	34,000
Screenside Exp	1,360	4,080	6,800	15,300	23,800	34,000
Panel	1,120	3,360	5,600	12,600	19,600	28,000
1930-31 Model A, 103" wb						
Sed Dly	1,130	3,380	5,640	12,690	19,740	28,200
Twn Car Dly	1,350	4,040	6,740	15,170	23,590	33,700
Open Cab PU	1,440	4,320	7,200	16,200	25,200	36,000
Closed Cab PU	1,240	3,720	6,200	13,950	21,700	31,000
Panel	1,120	3,360	5,600	12,600	19,600	28,000
NOTE: Sedan Delivery officially called "Deluxe Delivery".						
1932 Model B, 4-cyl., 106" wb						
Sed Dly	2,180	6,540	10,900	24,530	38,150	54,500
Open Cab PU	1,320	3,960	6,600	14,850	23,100	33,000
Closed Cab PU	1,120	3,360	5,600	12,600	19,600	28,000
Std Panel	1,000	3,000	5,000	11,250	17,500	25,000
DeL Panel	1,020	3,060	5,100	11,480	17,850	25,500
1932 Model B-18, V-8, 106" wb						
Sed Dly	2,220	6,660	11,100	24,980	38,850	55,500
Open Cab PU	1,360	4,080	6,800	15,300	23,800	34,000
Closed Cab PU	1,160	3,480	5,800	13,050	20,300	29,000
Std Panel	1,040	3,120	5,200	11,700	18,200	26,000
DeL Panel	1,060	3,180	5,300	11,930	18,550	26,500
1933-34 Model 46, 4-cyl., 112" wb						
Sed Dly	2,100	6,300	10,500	23,630	36,750	52,500
Panel	1,120	3,360	5,600	12,600	19,600	28,000
DeL Panel	1,140	3,420	5,700	12,830	19,950	28,500
PU	1,100	3,300	5,500	12,380	19,250	27,500
1933-34 Model 46, V-8, 112" wb						
Sed Dly	2,140	6,420	10,700	24,080	37,450	53,500
Panel	1,160	3,480	5,800	13,050	20,300	29,000
DeL Panel	1,180	3,540	5,900	13,280	20,650	29,500
PU	1,140	3,420	5,700	12,830	19,950	28,500
1935 Model 48, V-8, 112" wb						
Sed Dly	1,300	3,900	6,500	14,630	22,750	32,500
1935 Model 50, V-8, 112" wb						
Panel	960	2,880	4,800	10,800	16,800	24,000
DeL Panel	980	2,940	4,900	11,030	17,150	24,500
PU	1,100	3,300	5,500	12,380	19,250	27,500
1936 Model 68, V-8, 112" wb						
Sed Dly	1,280	3,840	6,400	14,400	22,400	32,000
1936 Model 67, V-8, 112" wb						
Panel	880	2,640	4,400	9,900	15,400	22,000
DeL Panel	900	2,700	4,500	10,130	15,750	22,500
PU	900	2,700	4,500	10,130	15,750	22,500
1937-39 V-8, 60 hp, 112" wb						
Cpe PU	1,180	3,540	5,900	13,280	20,650	29,500
Sed Dly	1,200	3,600	6,000	13,500	21,000	30,000
1937-39 V-8, 60 hp, 142" wb						
PU	780	2,340	3,900	8,780	13,650	19,500
Platform	680	2,040	3,400	7,650	11,900	17,000
Stake	680	2,040	3,400	7,650	11,900	17,000
Panel	730	2,200	3,660	8,240	12,810	18,300
DeL Panel	740	2,220	3,700	8,330	12,950	18,500
1937-39 V-8, 85 hp, 112" wb						
Cpe PU	1,220	3,660	6,100	13,730	21,350	30,500
DeL Cpe PU	1,240	3,720	6,200	13,950	21,700	31,000
Sed Dly	1,240	3,720	6,200	13,950	21,700	31,000
PU	820	2,460	4,100	9,230	14,350	20,500
Platform	680	2,050	3,420	7,700	11,970	17,100
Stake	680	2,050	3,420	7,700	11,970	17,100
Panel	920	2,760	4,600	10,350	16,100	23,000
DeL Panel	940	2,820	4,700	10,580	16,450	23,500
1937-39 3/4-Ton, 85 hp, 122" wb (1939)						
PU Exp	740	2,220	3,700	8,330	12,950	18,500
NOTE: Deduct 10 percent for 60 hp V-8.						
1940-41 1/2-Ton, 112" wb						
PU	840	2,520	4,200	9,450	14,700	21,000
Platform	640	1,920	3,200	7,200	11,200	16,000
Stake	640	1,920	3,200	7,200	11,200	16,000
Panel	760	2,280	3,800	8,550	13,300	19,000
Sed Dly	1,460	4,380	7,300	16,430	25,550	36,500
1940-41 3/4-Ton, 122" wb						
Platform	640	1,920	3,200	7,200	11,200	16,000
PU Exp	840	2,520	4,200	9,450	14,700	21,000
Stake	640	1,920	3,200	7,200	11,200	16,000
Panel	800	2,400	4,000	9,000	14,000	20,000

NOTE: Deduct 5 percent for 60 hp V-8 where available. Deduct 10 percent for 4-cyl. (1941 only) where available.

	6	5	4	3	2	1
1942-47 1/2-Ton, 6-cyl., 114" wb						
Sed Dly 1,380	4,140	6,900	15,530	24,150	34,500	
1942-47 1/2-Ton, 114" wb						
PU. 880	2,640	4,400	9,900	15,400	22,000	
Platform. 630	1,900	3,160	7,110	11,060	15,800	
Stake. 640	1,930	3,220	7,250	11,270	16,100	
Panel 800	2,400	4,000	9,000	14,000	20,000	
1942-47 3/4-Ton, 122" wb						
Platform. 650	1,960	3,260	7,340	11,410	16,300	
PU Exp 880	2,640	4,400	9,900	15,400	22,000	
Stake. 660	1,990	3,320	7,470	11,620	16,600	
Panel 820	2,460	4,100	9,230	14,350	20,500	
NOTE: Deduct 10 percent for 4-cyl. (1942 only) where available.						
1948-50 F-1 Model 8HC, 1/2-Ton, V-8, 114" wb						
DeL Sed Dly 920	2,760	4,600	10,350	16,100	23,000	
PU. 800	2,400	4,000	9,000	14,000	20,000	
Platform. 660	1,980	3,300	7,430	11,550	16,500	
Stake. 628	1,884	3,140	7,070	10,990	15,700	
Panel 700	2,100	3,500	7,880	12,250	17,500	
1948-50 F-2 Model 8HD, 3/4-Ton, V-8, 112" wb						
PU. 780	2,340	3,900	8,780	13,650	19,500	
Platform. 600	1,800	3,000	6,750	10,500	15,000	
Stake. 608	1,824	3,040	6,840	10,640	15,200	
1948-50 F-3 Model 8HY, HD 3/4-Ton, V-8, 122" wb						
PU. 788	2,364	3,940	8,870	13,790	19,700	
Platform. 604	1,812	3,020	6,800	10,570	15,100	
Stake. 012	1,836	3,060	6,890	10,710	15,300	
NOTE: Deduct 10 percent for 6-cyl.						
1951-52 Courier Sed Dly 6-cyl., 115" wb						
1952 only 1,230	3,680	6,140	13,820	21,490	30,700	
1951-52 F-1 Model 1HC, 1/2-Ton, V-8, 114" wb						
PU 960	2,880	4,800	10,800	16,800	24,000	
Platform 620	1,860	3,100	6,980	10,850	15,500	
Stake. 628	1,884	3,140	7,070	10,990	15,700	
Panel 940	2,820	4,700	10,580	16,450	23,500	
1951-52 F-2 Model 1HD, 3/4-Ton, V-8, 122" wb						
PU. 980	2,940	4,900	11,030	17,150	24,500	
Platform. 600	1,800	3,000	6,750	10,500	15,000	
Stake. 608	1,824	3,040	6,840	10,640	15,200	
1951-52 F-3 Model 1HY, Heavy 3/4-Ton, 6-cyl., 112" wb						
PU 1,000	3,000	5,000	11,250	17,500	25,000	
Platform. 604	1,812	3,020	6,800	10,570	15,100	
Stake. 612	1,836	3,060	6,890	10,710	15,300	
1951-52 F-3 Model 1HJ, 104" wb; Model 1H2J, 122" wb 3/4-Ton, 6-cyl.						
Parcel Dly 780	2,340	3,900	8,780	13,650	19,500	
NOTE: Add 10 percent for V-8.						
1953-55 Courier Series, 1/2-Ton, 6-cyl., 115" wb						
Sed Dly 1,240	3,720	6,200	13,950	21,700	31,000	
1953-55 F-100 Series, 1/2-Ton, 6-cyl., 110" wb						
PU. 1,320	3,960	6,600	14,850	23,100	33,000	
Platform. 640	1,920	3,200	7,200	11,200	16,000	
Stake. 648	1,944	3,240	7,290	11,340	16,200	
Panel 980	2,940	4,900	11,030	17,150	24,500	
1953-55 F-250 Series, 3/4-Ton, 6-cyl., 118" wb						
PU. 1,020	3,060	5,100	11,480	17,850	25,500	
Platform. 600	1,800	3,000	6,750	10,500	15,000	
Stake. 608	1,824	3,040	6,840	10,640	15,200	
NOTE: Add 10 percent for V-8.						
1956 Courier Series, 1/2-Ton, 6-cyl., 115.5" wb						
Sed Dly 1,280	3,840	6,400	14,400	22,400	32,000	
1956 F-100 Series, 1/2-Ton, 6-cyl., 110" wb						
PU. 1,340	4,020	6,700	15,080	23,450	33,500	
PU (118" wb). 950	2,860	4,760	10,710	16,660	23,800	
Platform. 620	1,860	3,100	6,980	10,850	15,500	
Stake. 628	1,884	3,140	7,070	10,990	15,700	
Panel 1,060	3,180	5,300	11,930	18,550	26,500	
Cus Panel 1,080	3,240	5,400	12,150	18,900	27,000	
1956 F-250 Series, 3/4-Ton, 6-cyl., 118" wb						
PU. 800	2,400	4,000	9,000	14,000	20,000	
Platform. 620	1,870	3,120	7,020	10,920	15,600	
Stake. 630	1,900	3,160	7,110	11,060	15,800	
NOTE: Add 10 percent for V-8.						
1957-59 Ranchero Series, 1/2-Ton, 6-cyl., 116" wb						
PU. 1,080	3,240	5,400	12,150	18,900	27,000	
Cus PU 1,320	3,960	6,600	14,850	23,100	33,000	

	6	5	4	3	2	1
1957-60 Courier Series, 1/2-Ton, 6-cyl., 116" wb						
Sed Dly	1,060	3,180	5,300	11,930	18,550	26,500
1957-60 F-100 Series, 1/2-Ton, 6-cyl., 110" wb						
Flareside PU	880	2,640	4,400	9,900	15,400	22,000
Styleside PU (118" wb)	860	2,580	4,300	9,680	15,050	21,500
Styleside PU	870	2,600	4,340	9,770	15,190	21,700
Platform	580	1,740	2,900	6,530	10,150	14,500
Stake	588	1,764	2,940	6,620	10,290	14,700
Panel	1,080	3,240	5,400	12,150	18,900	27,000
1957-60 F-250 Series, 3/4-Ton, 6-cyl., 118" wb						
Flareside PU	760	2,280	3,800	8,550	13,300	19,000
Styleside PU	780	2,340	3,900	8,780	13,650	19,500
Platform	520	1,560	2,600	5,850	9,100	13,000
Stake	530	1,580	2,640	5,940	9,240	13,200
NOTE: Add 10 percent for V-8.						
1960-66 Falcon Series, 1/2-Ton, 6-cyl., 109.5" wb						
Ranchero PU (to 1965)	820	2,460	4,100	9,230	14,350	20,500
Sed Dly (1961 to 1965)	660	1,980	3,300	7,430	11,550	16,500
1961-66 Econoline, Series E-100 1/2-Ton, 6-cyl., 90" wb						
PU	560	1,680	2,800	6,300	9,800	14,000
Van	540	1,620	2,700	6,080	9,450	13,500
Station Bus	550	1,640	2,740	6,170	9,590	13,700
1961-66 F-100 Series, 1/2-Ton, 6-cyl., 110" wb						
Styleside PU, 6-1/2 ft.	710	2,120	3,540	7,970	12,390	17,700
Flareside PU, 6-1/2 ft.	700	2,100	3,500	7,880	12,250	17,500
Platform	580	1,740	2,900	6,530	10,150	14,500
Stake	588	1,764	2,940	6,620	10,290	14,700
Panel	650	1,960	3,260	7,340	11,410	16,300
Styleside PU, 8 ft.	700	2,100	3,500	7,880	12,250	17,500
Flareside PU, 8 ft.	690	2,080	3,460	7,790	12,110	17,300
NOTE: Add 10 percent for Intergal Body PU 1961-1964. Deduct 5 percent for F-250.						
1966 Bronco U-100, 1/2-Ton, 4x4, 6-cyl., 90" wb						
Rds	780	2,340	3,900	8,780	13,650	19,500
Spt Utl	760	2,280	3,800	8,550	13,300	19,000
Wag	760	2,280	3,800	8,550	13,300	19,000
1966 Fairlane Ranchero, 1/2-Ton, 113" wb						
PU	700	2,100	3,500	7,880	12,250	17,500
Cus PU	740	2,220	3,700	8,330	12,950	18,500
NOTE: Add 10 percent for V-8.						
1967-72 Bronco U-100, 1/2-Ton, 113" wb						
Rds	780	2,340	3,900	8,780	13,650	19,500
Spt Utl	760	2,280	3,800	8,550	13,300	19,000
Wag	760	2,280	3,800	8,550	13,300	19,000
1967-72 Econoline E-100, 1/2-Ton, 6-cyl.						
PU	560	1,680	2,800	6,300	9,800	14,000
Van	540	1,620	2,700	6,080	9,450	13,500
Sup Van	550	1,640	2,740	6,170	9,590	13,700
Panel Van	520	1,560	2,600	5,850	9,100	13,000
Sup Panel Van	530	1,580	2,640	5,940	9,240	13,200
1967-72 Ranchero, 1/2-Ton, 6-cyl.						
PU (1967-1971)	680	2,040	3,400	7,650	11,900	17,000
500 PU	740	2,220	3,700	8,330	12,950	18,500
500 XL PU (1967 only)	760	2,280	3,800	8,550	13,300	19,000
500 GT PU (1968-1972)	800	2,400	4,000	9,000	14,000	20,000
500 Squire PU (1970-1972)	780	2,340	3,900	8,780	13,650	19,500
NOTE: Add 10 percent for V-8.						
1967-72 F-100/ Model F-101, 1/2-Ton, 6-cyl.						
Flareside PU, 6-1/2 ft.	700	2,100	3,500	7,880	12,250	17,500
Styleside PU, 6-1/2 ft.	710	2,120	3,540	7,970	12,390	17,700
Platform	460	1,380	2,300	5,180	8,050	11,500
Stake	460	1,380	2,300	5,180	8,050	11,500
Flareside, 8 ft.	730	2,200	3,660	8,240	12,810	18,300
Styleside, 8 ft.	740	2,220	3,700	8,330	12,950	18,500
1967-72 F-250, 3/4-Ton, 6-cyl.						
Flareside PU, 8 ft.	710	2,120	3,540	7,970	12,390	17,700
Styleside PU, 8 ft.	720	2,160	3,600	8,100	12,600	18,000
Platform	420	1,260	2,100	4,730	7,350	10,500
Stake	420	1,260	2,100	4,730	7,350	10,500
NOTE: Add 10 percent for V-8. Add 5 percent for 4x4.						
1973-79 Courier, 1/2-Ton, 4-cyl.						
PU	360	1,080	1,800	4,050	6,300	9,000
1973-79 Fairlane/Torino, 1/2-Ton, V-8						
Ranchero 500 PU	580	1,740	2,900	6,530	10,150	14,500
Ranchero Squire PU	600	1,800	3,000	6,750	10,500	15,000
Ranchero GT PU	620	1,860	3,100	6,980	10,850	15,500
NOTE: Deduct 5 percent for 6-cyl.						

	6	5	4	3	2	1
1973-79 Club Wagon E-100, 1/2-Ton, 6-cyl.						
Clb Wag	348	1,044	1,740	3,920	6,090	8,700
Cus Clb Wag	360	1,080	1,800	4,050	6,300	9,000
Chateau Wag	400	1,200	2,000	4,500	7,000	10,000
1973-79 Bronco U-100, 1/2-Ton, 6-cyl.						
Wag	560	1,680	2,800	6,300	9,800	14,000
1973-79 Econoline E-100, 1/2-Ton, 6-cyl.						
Cargo Van	280	840	1,400	3,150	4,900	7,000
Window Van	300	900	1,500	3,380	5,250	7,500
Display Van	292	876	1,460	3,290	5,110	7,300
1973-79 Econoline E-200, 3/4-Ton, 6-cyl.						
Cargo Van	276	828	1,380	3,110	4,830	6,900
Window Van	296	888	1,480	3,330	5,180	7,400
Display Van	288	864	1,440	3,240	5,040	7,200
1973-79 Econoline E-300, HD 3/4-Ton, 6-cyl.						
Cargo Van	272	816	1,360	3,060	4,760	6,800
Window Van	292	876	1,460	3,290	5,110	7,300
Display Van	284	852	1,420	3,200	4,970	7,100
1973-79 F-100, 1/2-Ton, 6-cyl.						
Flareside PU, 6-1/2 ft.	540	1,620	2,700	6,080	9,450	13,500
Styleside PU, 6-1/2 ft.	540	1,630	2,720	6,120	9,520	13,600
Flareside PU, 8 ft.	540	1,610	2,680	6,030	9,380	13,400
Styleside PU, 8 ft.	540	1,620	2,700	6,080	9,450	13,500
1973-79 F-250, 3/4-Ton, 6-cyl.						
Flareside PU	440	1,310	2,180	4,910	7,630	10,900
Styleside PU	430	1,300	2,160	4,860	7,560	10,800
Platform	300	900	1,500	3,380	5,250	7,500
Stake	308	924	1,540	3,470	5,390	7,700
1973-79 F-350, HD 3/4-Ton, 6-cyl.						
Flareside PU	430	1,280	2,140	4,820	7,490	10,700
Styleside PU	420	1,270	2,120	4,770	7,420	10,600
Platform	292	876	1,460	3,290	5,110	7,300
Stake	300	900	1,500	3,380	5,250	7,500

NOTE: Add 5 percent for base V-8. Add 10 percent for optional V-8. Add 5 percent for 4x4 on F-250 and F-350 models only.

	6	5	4	3	2	1
1975-82 F-150, 1/2-Ton						
Flareside PU (SBx)	460	1,380	2,300	5,180	8,050	11,500
Styleside PU (SBx)	480	1,440	2,400	5,400	8,400	12,000
Styleside PU (LBx)	500	1,500	2,500	5,630	8,750	12,500
Styleside PU Sup Cab (SBx)	520	1,560	2,600	5,850	9,100	13,000
Styleside PU Sup Cab (LBx)	560	1,680	2,800	6,300	9,800	14,000
1980-83 F-100, 1/2-Ton						
Flareside PU	280	840	1,400	3,150	4,900	7,000
Styleside PU	284	852	1,420	3,200	4,970	7,100
Sup Cab	284	852	1,420	3,200	4,970	7,100

NOTE: F-100 was discontinued after 1983.

	6	5	4	3	2	1
1980-86 Courier to 1982, replaced by Ranger 1983-1986						
PU	280	840	1,400	3,150	4,900	7,000
1980-86 Bronco						
Wag	340	1,020	1,700	3,830	5,950	8,500
1980-86 Econoline E-100						
Cargo Van	240	720	1,200	2,700	4,200	6,000
Window Van	248	744	1,240	2,790	4,340	6,200
Display Van	256	768	1,280	2,880	4,480	6,400
Clb Wag	276	828	1,380	3,110	4,830	6,900
Cus Clb Wag	284	852	1,420	3,200	4,970	7,100
Chateau Clb Wag	292	876	1,460	3,290	5,110	7,300
1980-86 Econoline E-200						
Cargo Van	240	720	1,200	2,700	4,200	6,000
Window Van	244	732	1,220	2,750	4,270	6,100
Display Van	248	744	1,240	2,790	4,340	6,200
1980-86 Econoline E-300						
Cargo Van	236	700	1,180	2,660	4,130	5,900
Window Van	240	720	1,200	2,700	4,200	6,000
Display Van	244	732	1,220	2,750	4,270	6,100
1980-86 F-250, 3/4-Ton						
Flareside PU	280	840	1,400	3,150	4,900	7,000
Styleside PU	284	852	1,420	3,200	4,970	7,100
Sup Cab	288	864	1,440	3,240	5,040	7,200
1980-86 F-350, 1-Ton						
PU	272	816	1,360	3,060	4,760	6,800
Crew Cab PU	276	828	1,380	3,110	4,830	6,900
Stake	260	780	1,300	2,930	4,550	6,500

NOTE: Add 10 percent for 4x4.

	6	5	4	3	2	1
1983-86 F-150, 1/2-Ton						
Flareside PU (SBx)	260	780	1,300	2,930	4,550	6,500

	6	5	4	3	2	1
Styleside PU (SBx)............................280		840	1,400	3,150	4,900	7,000
Styleside PU (LBx)............................300		900	1,500	3,380	5,250	7,500
Styleside PU Sup Cab (SBx).................320		960	1,600	3,600	5,600	8,000
Styleside PU Sup Cab (LBx).................360		1,080	1,800	4,050	6,300	9,000
1987-91 Bronco II, 1/2-Ton, 94" wb						
Wag............................220		660	1,100	2,480	3,850	5,500
Wag (4x4)............................280		840	1,400	3,150	4,900	7,000
1987-91 Bronco, 1/2-Ton, 105" wb						
Wag (4x4)............................380		1,140	1,900	4,280	6,650	9,500
1987-91 Aerostar, 1/2-Ton, 119" wb						
Cargo Van............................200		600	1,000	2,250	3,500	5,000
Wag............................260		780	1,300	2,930	4,550	6,500
Window Van............................200		600	1,000	2,250	3,500	5,000
1987-91 Club Wagon, 138" wb						
E-150 Wag............................300		900	1,500	3,380	5,250	7,500
E-250 Wag............................320		960	1,600	3,600	5,600	8,000
E-350 Sup Clb Wag............................340		1,020	1,700	3,830	5,950	8,500
1987-91 Econoline E-150, 1/2-Ton, 124" or 138" wb						
Cargo Van............................240		720	1,200	2,700	4,200	6,000
Sup Cargo Van............................260		780	1,300	2,930	4,550	6,500
1987-91 Econoline E-250, 3/4-Ton, 138" wb						
Cargo Van............................260		780	1,300	2,930	4,550	6,500
Sup Cargo Van............................280		840	1,400	3,150	4,900	7,000
1987-91 Econoline E-350, 1-Ton, 138" or 176" wb						
Cargo Van............................280		840	1,400	3,150	4,900	7,000
Sup Cargo Van............................300		900	1,500	3,380	5,250	7,500
1987-91 Ranger, 1/2-Ton, 108" or 125" wb						
Styleside PU (SBx)............................196		588	980	2,210	3,430	4,900
Styleside PU (LBx)............................200		600	1,000	2,250	3,500	5,000
Styleside PU Sup Cab............................220		660	1,100	2,480	3,850	5,500
1987-91 F-150, 1/2-Ton, 116" or 155" wb						
Flareside PU (SBx)............................220		660	1,100	2,480	3,850	5,500
Styleside PU (SBx)............................240		720	1,200	2,700	4,200	6,000
Styleside PU (LBx)............................260		780	1,300	2,930	4,550	6,500
Styleside PU Sup Cab (SBx).................280		840	1,400	3,150	4,900	7,000
Styleside PU Sup Cab (LBx).................320		960	1,600	3,600	5,600	8,000
1987-91 F-250, 3/4-Ton, 133" or 155" wb						
Styleside PU (LBx)............................300		900	1,500	3,380	5,250	7,500
Styleside PU Sup Cab (LBx).................320		960	1,600	3,600	5,600	8,000
1987-91 F-350, 1-Ton, 133" or 168.4" wb						
Styleside PU (LBx)............................320		960	1,600	3,600	5,600	8,000
Styleside PU Crew Cab............................340		1,020	1,700	3,830	5,950	8,500
NOTE: Add 15 percent for 4x4.						
1992 Explorer, V-6						
2d SUV............................520		1,560	2,600	5,850	9,100	13,000
4d SUV............................540		1,620	2,700	6,080	9,450	13,500
2d SUV, 4x4............................540		1,620	2,700	6,080	9,450	13,500
4d SUV, 4x4............................560		1,680	2,800	6,300	9,800	14,000
1992 Bronco, V-8						
2d SUV............................600		1,800	3,000	6,750	10,500	15,000
1992 Aerostar, V-6						
Van............................350		1,000	1,700	3,830	5,950	8,500
Window Van............................350		1,100	1,800	4,050	6,300	9,000
Ext Van............................350		1,100	1,800	4,050	6,300	9,000
Ext Window Van............................400		1,150	1,900	4,280	6,650	9,500
NOTE: Add 5 percent for 4x4.						
1992 E Series, V-8						
Cargo Van............................500		1,500	2,500	5,630	8,750	12,500
1992 Club Wagon, V-8						
E-150 Wag............................520		1,560	2,600	5,850	9,100	13,000
1992 Ranger, 1/2-Ton, V-6						
2d PU (SBx)............................250		800	1,300	2,930	4,550	6,500
2d PU (LBx)............................300		850	1,400	3,150	4,900	7,000
NOTE: Add 5 percent for 4x4.						
1992 F-150, F-250, V-8						
2d PU 1/2-Ton (SBx)............................520		1,560	2,600	5,850	9,100	13,000
2d PU 1/2-Ton (LBx)............................540		1,620	2,700	6,080	9,450	13,500
2d PU 3/4-Ton (SBx)............................540		1,620	2,700	6,080	9,450	13,500
2d PU 3/4-Ton (LBx)............................560		1,680	2,800	6,300	9,800	14,000
NOTE: Add 5 percent for 4x4.						
1993 Explorer, V-6						
2d SUV 2WD............................520		1,560	2,600	5,850	9,100	13,000
4d SUV 2WD............................520		1,560	2,600	5,850	9,100	13,000
2d SUV, 4x4............................560		1,680	2,800	6,300	9,800	14,000
4d SUV, 4x4............................500		1,680	2,800	6,300	9,800	14,000

	6	5	4	3	2	1
1993 Bronco, V-8						
2d SUV	620	1,860	3,100	6,980	10,850	15,500
1993 Aerostar, V-6						
Window Van	400	1,150	1,900	4,280	6,650	9,500
1993 E150/250 Van, V-8						
Window Van	500	1,500	2,500	5,630	8,750	12,500
1993 Ranger, V-6						
2d PU SBx	250	800	1,300	2,930	4,550	6,500
2d PU LBx	250	800	1,350	3,020	4,700	6,700
1993 F150/F250, V-8						
2d PU SBx F150	520	1,560	2,600	5,850	9,100	13,000
2d PU LBx F150	520	1,560	2,600	5,850	9,100	13,000
2d PU SBx F250	560	1,680	2,800	6,300	9,800	14,000
2d PU LBx F250	560	1,680	2,800	6,300	9,800	14,000

NOTE: Add 25 percent for F150 Lightning option.

	6	5	4	3	2	1
1994 Explorer, V-6						
2d SUV	300	900	1,500	3,380	5,250	7,500
4d SUV	320	960	1,600	3,600	5,600	8,000
2d SUV, 4x4	400	1,200	2,000	4,500	7,000	10,000
4d SUV, 4x4	440	1,320	2,200	4,950	7,700	11,000
1994 Bronco, V-8						
2d SUV	520	1,560	2,600	5,850	9,100	13,000
1994 Aerostar, V-6						
Cargo Van	300	850	1,400	3,150	4,900	7,000
Window Van	300	900	1,500	3,380	5,250	7,500
Cargo Van LWB	300	950	1,600	3,560	5,550	7,900
Window Van LWB	300	950	1,600	3,600	5,600	8,000
1994 E150/250, V-8						
Cargo Van	340	1,020	1,700	3,830	5,950	8,500
Window Van	400	1,200	2,000	4,500	7,000	10,000
Club Wag	480	1,440	2,400	5,400	8,400	12,000
1994 Ranger, V-6						
2d PU	300	900	1,500	3,380	5,250	7,500
2d PU 4x4	380	1,140	1,900	4,280	6,650	9,500
2d PU Sup Cab 4x4	400	1,200	2,000	4,500	7,000	10,000
1994 F150/250, V-8						
2d PU XL 6 ft.	380	1,140	1,900	4,280	6,650	9,500
2d PU XL 8 ft.	400	1,200	2,000	4,500	7,000	10,000
2d PU Sup Cab XL 6 ft.	440	1,320	2,200	4,950	7,700	11,000
2d PU Sup Cab XL 8 ft.	480	1,440	2,400	5,400	8,400	12,000

NOTE: Add 10 percent for 4x4 Add 25 percent for F150 Lightning option.

	6	5	4	3	2	1
1995 Explorer, V-6						
2d SUV	300	900	1,500	3,380	5,250	7,500
4d SUV	320	960	1,600	3,600	5,600	8,000
2d SUV, 4x4	400	1,200	2,000	4,500	7,000	10,000
4d SUV, 4x4	440	1,320	2,200	4,950	7,700	11,000

NOTE: Add 5 percent for Spt, XLT, Eddie Bauer, Ltd, or Expedition trim package.

	6	5	4	3	2	1
1995 Bronco, V-8						
2d SUV	520	1,560	2,600	5,850	9,100	13,000

NOTE: Add 5 percent for XL or, Eddie Bauer trim package.

	6	5	4	3	2	1
1995 Aerostar, V-6						
Cargo Van	300	850	1,400	3,150	4,900	7,000
XLT Van	300	900	1,500	3,380	5,250	7,500
XLT Van, LWB	300	950	1,600	3,600	5,600	8,000

NOTE: Add 10 percent for 4x4.

	6	5	4	3	2	1
1995 Windstar, V-6						
Cargo Van	250	800	1,300	2,930	4,550	6,500
GL Van	300	950	1,600	3,600	5,600	8,000
LX Van	400	1,150	1,900	4,280	6,650	9,500
1995 E150 & E250, V-8						
Cargo Van	380	1,140	1,900	4,280	6,650	9,500
Window Van	400	1,200	2,000	4,500	7,000	10,000
Club Wag	480	1,440	2,400	5,400	8,400	12,000
1995 Ranger, 4-cyl. & V-6						
2d PU	300	900	1,500	3,380	5,250	7,500
2d LB PU	300	900	1,550	3,470	5,400	7,700
2d Splash	350	1,000	1,700	3,830	5,950	8,500
2d Sup Cab PU	400	1,200	2,000	4,500	7,000	10,000
2d Splash Sup Cab PU	440	1,320	2,200	4,950	7,700	11,000

NOTE: Add 5 percent for XLT, Spt, or STX trim package. Add 10 percent for 4x4. Deduct 5 percent for 4-cyl.

	6	5	4	3	2	1
1995 F150 & F250, V-8						
2d XL PU, 6-3/4 ft.	380	1,140	1,900	4,280	6,650	9,500
2d XL PU, 8 ft.	400	1,200	2,000	4,500	7,000	10,000
2d Lightning PU, 6-3/4 ft.	400	1,200	2,000	4,500	7,000	10,000
2d Sup Cab XL PU, 6-3/4 ft.	440	1,320	2,200	4,950	7,700	11,000
2d Sup Cab XL PU, 8 ft.	520	1,560	2,600	5,850	9,100	13,000

NOTE: Add 10 percent for 4x4.

	G	5	4	3	2	1
1996 Explorer, V-6						
2d SUV	300	900	1,500	3,380	5,250	7,500
4d SUV	320	960	1,600	3,600	5,600	8,000
2d SUV, 4x4	400	1,200	2,000	4,500	7,000	10,000
4d SUV, 4x4	440	1,320	2,200	4,950	7,700	11,000
NOTE: Add 5 percent for Sport, XLT, Eddie Bauer, or Limited Pkg.						
1996 Bronco, V-8						
2d SUV	480	1,440	2,400	5,400	8,400	12,000
NOTE: Add 5 percent for XLT or Eddie Bauer Pkg.						
1996 Aerostar, V-6						
Cargo Van	250	700	1,200	2,700	4,200	6,000
XLT Van	250	800	1,300	2,930	4,550	6,500
XLT Van, LWB	300	850	1,400	3,150	4,900	7,000
NOTE: Add 10 percent for 4x4.						
1996 Windstar, V-6						
Cargo Van	200	650	1,100	2,480	3,850	5,500
GL Van	300	850	1,400	3,150	4,900	7,000
LX Van	350	1,000	1,700	3,830	5,950	8,500
1996 E150 & E250, V-8						
Cargo Van	340	1,020	1,700	3,830	5,950	8,500
Sup Cargo Van	360	1,080	1,800	4,050	6,300	9,000
Club Wag	440	1,320	2,200	4,950	7,700	11,000
1996 Ranger, 4-cyl. & V-6						
2d PU	250	800	1,300	2,930	4,550	6,500
2d LB PU	250	800	1,350	3,020	4,700	6,700
2d Splash	300	900	1,500	3,380	5,250	7,500
2d Sup Cab PU	350	1,100	1,800	4,050	6,300	9,000
2d Splash Sup Cab PU	400	1,200	2,000	4,500	7,000	10,000
NOTE: Add 5 percent for XLT, Sport, or STX Pkg. Add 10 percent for 4x4. Deduct 5 percent for 4-cyl.						
1996 F150 & F250, V-8						
2d PU, 6-3/4 ft.	300	850	1,400	3,150	4,900	7,000
2d PU, 8 ft.	300	900	1,500	3,380	5,250	7,500
2d XL PU, 6-3/4 ft.	340	1,020	1,700	3,830	5,950	8,500
2d XL PU, 8 ft.	360	1,080	1,800	4,050	6,300	9,000
2d Sup Cab XL PU, 6-3/4 ft.	400	1,200	2,000	4,500	7,000	10,000
2d Sup Cab XL PU, 8 ft.	440	1,320	2,200	4,950	7,700	11,000
2d Heavy-Duty Sup Cab XL PU, 6-3/4 ft.	480	1,440	2,400	5,400	8,400	12,000
2d Heavy-Duty Sup Cab XL PU, 8 ft.	520	1,560	2,600	5,850	9,100	13,000
NOTE: Add 10 percent for 4x4. Add 15 percent for turbo diesel V-8.						
1997 Explorer, V-6						
2d SUV	300	900	1,500	3,380	5,250	7,500
4d SUV	320	960	1,600	3,600	5,600	8,000
2d SUV, 4x4	400	1,200	2,000	4,500	7,000	10,000
4d SUV, 4x4	440	1,320	2,200	4,950	7,700	11,000
NOTE: Add 5 percent for Sport, XLT, Eddie Bauer, or Limited Pkg. Add 5 percent for V-8.						
1997 Expedition, V-8						
XLT SUV	520	1,560	2,600	5,850	9,100	13,000
Eddie Bauer SUV	540	1,620	2,700	6,080	9,450	13,500
XLT SUV, 4x4	560	1,680	2,800	6,300	9,800	14,000
Eddie Bauer, 4x4	580	1,740	2,900	6,530	10,150	14,500
NOTE: Deduct 5 percent for 4.6L V-8.						
1997 Aerostar, V-6						
Cargo Van	240	720	1,200	2,700	4,200	6,000
XLT Van	260	780	1,300	2,930	4,550	6,500
XLT Van, LWB	280	840	1,400	3,150	4,900	7,000
NOTE: Add 10 percent for 4x4.						
1997 Windstar, V-6						
Cargo Van	220	660	1,100	2,480	3,850	5,500
GL Van	280	840	1,400	3,150	4,900	7,000
LX Van	340	1,020	1,700	3,830	5,950	8,500
1997 E150 & E250, V-8						
Cargo Van	340	1,020	1,700	3,830	5,950	8,500
Sup Cargo Van	400	1,200	2,000	4,500	7,000	10,000
Club Wag	480	1,440	2,400	5,400	8,400	12,000
1997 Ranger, V-6						
2d PU	260	780	1,300	2,930	4,550	6,500
2d LBx PU	268	804	1,340	3,020	4,690	6,700
2d Splash	300	900	1,500	3,380	5,250	7,500
2d Sup Cab PU	360	1,080	1,800	4,050	6,300	9,000
2d Splash Sup Cab PU	400	1,200	2,000	4,500	7,000	10,000
NOTE: Add 5 percent for XLT or STX Pkg. Add 10 percent for 4x4. Deduct 5 percent for 4-cyl.						
1997 F150 & F250, V-6						
2d PU, 6-3/4 ft.	280	840	1,400	3,150	4,900	7,000
2d PU, 8 ft.	300	900	1,500	3,380	5,250	7,500
2d XL PU, 6-3/4 ft.	340	1,020	1,700	3,830	5,950	8,500
2d XL PU, 8 ft.	360	1,080	1,800	4,050	6,300	9,000

	6	5	4	3	2	1
2d Sup Cab XL PU, 6-3/4 ft.	400	1,200	2,000	4,500	7,000	10,000
2d Sup Cab XL PU, 8 ft.	440	1,320	2,200	4,950	7,700	11,000
2d Heavy-Duty Sup Cab XL PU, 6-3/4 ft.	480	1,440	2,400	5,400	8,400	12,000
2d Heavy-Duty Sup Cab XL PU, 8 ft.	560	1,680	2,800	6,300	9,800	14,000

NOTE: Add 10 percent for 4x4. Add 15 percent for turbo diesel V-8. Add 5 percent for 7.5L V-8.

1998 Explorer, V-6

	6	5	4	3	2	1
2d Spt SUV	300	900	1,500	3,380	5,250	7,500
4d SUV	320	960	1,600	3,600	5,600	8,000
2d Spt SUV, 4x4	400	1,200	2,000	4,500	7,000	10,000
4d SUV, 4x4	440	1,320	2,200	4,950	7,700	11,000

NOTE: Add 5 percent for XLT, Eddie Bauer, or Limited Pkg. Add 5 percent for V-8.

1998 Expedition, V-8

	6	5	4	3	2	1
XLT SUV	520	1,560	2,600	5,850	9,100	13,000
Eddie Bauer SUV	540	1,620	2,700	6,080	9,450	13,500
XLT SUV, 4x4	560	1,680	2,800	6,300	9,800	14,000
Eddie Bauer, 4x4	580	1,740	2,900	6,530	10,150	14,500

NOTE: Deduct 5 percent for 4.6L V-8.

1998 Windstar, V-6

	6	5	4	3	2	1
Cargo Van	240	720	1,200	2,700	4,200	6,000
GL Van	280	840	1,400	3,150	4,900	7,000
LX Van	300	900	1,500	3,380	5,250	7,500
Ltd Van	320	960	1,600	3,600	5,600	8,000

1998 E150 & E250, V-8

	6	5	4	3	2	1
Cargo Van	340	1,020	1,700	3,830	5,950	8,500
Sup Cargo Van	400	1,200	2,000	4,500	7,000	10,000
Club Wag	480	1,440	2,400	5,400	8,400	12,000

NOTE: Add 5 percent for Chateau or XLT Pkg. Add 5 percent for V-10. Add 10 percent for turbo diesel V-8. Deduct 5 percent for V-6.

1998 Ranger, V-6

	6	5	4	3	2	1
2d PU	260	780	1,300	2,930	4,550	6,500
2d Splash PU	300	900	1,500	3,380	5,250	7,500
2d Cup Cab PU	360	1,080	1,800	4,050	6,300	9,000
2d Splash Sup Cab PU	400	1,200	2,000	4,500	7,000	10,000

NOTE: Add 5 percent for XLT Pkg. Add 10 percent for 4x4. Deduct 5 percent for 4-cyl.

1998 F150 & F250, V-8

	6	5	4	3	2	1
S 2d PU	300	900	1,500	3,380	5,250	7,500
XL 2d PU	320	960	1,600	3,600	5,600	8,000
S 2d Sup Cab PU	360	1,080	1,800	4,050	6,300	9,000
XL 2d Sup Cab PU	400	1,200	2,000	4,500	7,000	10,000

NOTE: Add 5 percent for Lariat, STX, or XLT Pkg. Add 10 percent for 4x4. Deduct 5 percent for V-6.

1999 Explorer, V-6

	6	5	4	3	2	1
2d Spt SUV	300	900	1,500	3,380	5,250	7,500
4d SUV	320	960	1,600	3,600	5,600	8,000
2d Spt SUV, 4x4	400	1,200	2,000	4,500	7,000	10,000
4d SUV, 4x4	440	1,320	2,200	4,950	7,700	11,000

NOTE: Add 5 percent for XLS, XLT, Eddie Bauer, or Limited Pkgs. Add 5 percent for V-8.

1999 Expedition, V-8

	6	5	4	3	2	1
XLT SUV	520	1,560	2,600	5,850	9,100	13,000
Eddie Bauer SUV	540	1,620	2,700	6,080	9,450	13,500
XLT SUV, 4x4	560	1,680	2,800	6,300	9,800	14,000
Eddie Bauer, 4x4	580	1,740	2,900	6,530	10,150	14,500

NOTE: Deduct 5 percent for 4.6L V-8.

1999 Windstar, V-6

	6	5	4	3	2	1
Cargo Van	240	720	1,200	2,700	4,200	6,000
LX Van	300	900	1,500	3,380	5,250	7,500
SE Van	320	960	1,600	3,600	5,600	8,000
SEL Van	340	1,020	1,700	3,830	5,950	8,500

1999 E150 & E250, V-8

	6	5	4	3	2	1
Cargo Van	340	1,020	1,700	3,830	5,950	8,500
Ext Cargo Van	400	1,200	2,000	4,500	7,000	10,000
Club Wag	480	1,440	2,400	5,400	8,400	12,000

NOTE: Add 5 percent for Chateau or XLT Pkg. Add 5 percent for V-10. Add 20 percent for turbo diesel V-8. Deduct 5 percent for V-6.

1999 Ranger, V-6

	6	5	4	3	2	1
2d Styleside PU	240	720	1,200	2,700	4,200	6,000
2d Flareside PU	260	780	1,300	2,930	4,550	6,500
2d Styleside Sup Cab PU	280	840	1,400	3,150	4,900	7,000
2d Flareside Sup Cab PU	300	900	1,500	3,380	5,250	7,500
4d Styleside Sup Cab PU	320	960	1,600	3,600	5,600	8,000
4d Flareside Sup Cab PU	340	1,020	1,700	3,830	5,950	8,500

NOTE: Add 5 percent for XLT Pkg. Add 10 percent for 4x4. Deduct 5 percent for 4-cyl.

1999 F150 & F250, V-8

	6	5	4	3	2	1
2d Styleside XL PU	280	840	1,400	3,150	4,900	7,000
2d Flareside XL PU	300	900	1,500	3,380	5,250	7,500
Styleside XL Sup Cab PU	360	1,080	1,800	4,050	6,300	9,000
Flareside XL Sup Cab PU	380	1,140	1,900	4,280	6,650	9,500

	6	5	4	3	2	1
2d Flareside Lightning PU 620	1,860	3,100	6,980	10,850	15,500
4d XL Crew Cab PU (F250 only) 540	1,620	2,700	6,080	9,450	13,500

NOTE: Add 5 percent for Lariat or XLT Pkg. Add 10 percent for 4x4. Add 5 percent for V-10. Add 25 percent for turbo diesel V-8. Add 5 percent for dually version. Deduct 5 percent for V-6.

2000 Explorer, V-6

	6	5	4	3	2	1
2d Spt SUV 300	900	1,500	3,380	5,250	7,500
4d XL SUV 320	960	1,600	3,600	5,600	8,000
2d Spt SUV, 4x4 400	1,200	2,000	4,500	7,000	10,000
4d XL SUV, 4x4 440	1,320	2,200	4,950	7,700	11,000

NOTE: Add 5 percent for XLS, XLT, Eddie Bauer or Limited pkgs. Add 5 percent for V-8.

2000 Expedition, V-8

	6	5	4	3	2	1
XLT SUV 520	1,560	2,600	5,850	9,100	13,000
Eddie Bauer SUV 540	1,620	2,700	6,080	9,450	13,500
XLT SUV, 4x4 560	1,680	2,800	6,300	9,800	14,000
Eddie Bauer, 4x4 580	1,740	2,900	6,530	10,150	14,500

NOTE: Deduct 5 percent for 4.6L V-8.

2000 Excursion, V-10

	6	5	4	3	2	1
XLT SUV 550	1,640	2,740	6,170	9,590	13,700
Limited SUV 560	1,670	2,780	6,260	9,730	13,900
XLT SUV (turbo diesel) 620	1,860	3,100	6,980	10,850	15,500
Limited SUV (turbo diesel) 660	1,980	3,300	7,430	11,550	16,500

NOTE: Add 10 percent for 4x4. Deduct 5 percent for 4.6L V-8.

2000 Windstar, V-6

	6	5	4	3	2	1
Cargo Van 240	720	1,200	2,700	4,200	6,000
Window Van 250	740	1,240	2,790	4,340	6,200
LX Van 300	900	1,500	3,380	5,250	7,500
SE Van 320	960	1,600	3,600	5,600	8,000
SEL Van 340	1,020	1,700	3,830	5,950	8,500
Limited Van 360	1,080	1,800	4,050	6,300	9,000

2000 E150 & E250, V-8

	6	5	4	3	2	1
Cargo Van 340	1,020	1,700	3,830	5,950	8,500
Ext Cargo Van 400	1,200	2,000	4,500	7,000	10,000
Club Wag 480	1,440	2,400	5,400	8,400	12,000

NOTE: Add 5 percent for Chateau or XLT pkgs. Add 5 percent for V-10. Add 20 percent for turbo diesel V-8. Deduct 5 percent for V-6.

2000 Ranger, V-6

	6	5	4	3	2	1
2d Styleside PU 240	720	1,200	2,700	4,200	6,000
2d Flareside PU 260	780	1,300	2,930	4,550	6,500
2d Styleside Sup Cab PU 280	840	1,400	3,150	4,900	7,000
2d Flareside Sup Cab PU 300	900	1,500	3,380	5,250	7,500
4d Styleside Sup Cab PU 320	960	1,600	3,600	5,600	8,000
4d Flareside Sup Cab PU 340	1,020	1,700	3,830	5,950	8,500

NOTE: Add 5 percent for XLT pkg. Add 10 percent for 4x4. Deduct 5 percent for 4-cyl.

2000 F150 & F250, V-8

	6	5	4	3	2	1
2d Styleside XL PU 280	840	1,400	3,150	4,900	7,000
2d Flareside XL PU 300	900	1,500	3,380	5,250	7,500
Styleside XL Sup Cab PU 360	1,080	1,800	4,050	6,300	9,000
Flareside XL Sup Cab PU 380	1,140	1,900	4,280	6,650	9,500
2d Flareside Lightning PU 620	1,860	3,100	6,980	10,850	15,500
4d XL Crew Cab PU (F250 only) 540	1,620	2,700	6,080	9,450	13,500
Flareside XL Sup Cab Harley PU (F150 only) 690	2,060	3,440	7,740	12,040	17,200

NOTE: Add 5 percent for Lariat or XLT pkgs. Add 10 percent for 4x4. Add 5 percent for V-10. Add 25 percent for turbo diesel V-8. Add 5 percent for dually version. Deduct 5 percent for V-6.

2001 Escape, V-6

	6	5	4	3	2	1
4d XLS SUV 300	900	1,500	3,750	5,250	7,500
4d XLT SUV 320	960	1,600	4,000	5,600	8,000
4d XLS SUV, 4x4 340	1,020	1,700	4,250	5,950	8,500
4d XLT SUV, 4x4 360	1,080	1,800	4,500	6,300	9,000

NOTE: Deduct 5 percent for 4-cyl.

2001 Explorer Sport Trac, V-6

	6	5	4	3	2	1
4d SUV 360	1,080	1,800	4,050	6,300	9,000
4d SUV, 4x4 380	1,140	1,900	4,280	6,650	9,500

NOTE: Add 5 percent for Eddie Bauer or Limited pkgs. Add 5 percent for V-8.

2001 Explorer, V-6

	6	5	4	3	2	1
2d Spt SUV 300	900	1,500	3,380	5,250	7,500
4d XLS SUV 320	960	1,600	3,600	5,600	8,000
4d XLT SUV 340	1,020	1,700	3,830	5,950	8,500
2d Spt SUV, 4x4 400	1,200	2,000	4,500	7,000	10,000
4d XLS SUV, 4x4 440	1,320	2,200	4,950	7,700	11,000
4d XLT SUV, 4x4 460	1,380	2,300	5,180	8,050	11,500

NOTE: Add 5 percent for Eddie Bauer or Limited pkgs. Add 5 percent for V-8.

2001 Expedition, V-8

	6	5	4	3	2	1
XLT SUV 520	1,560	2,600	5,850	9,100	13,000
Eddie Bauer SUV 540	1,620	2,700	6,080	9,450	13,500
XLT SUV, 4x4 560	1,680	2,800	6,300	9,800	14,000
Eddie Bauer SUV, 4x4 580	1,740	2,900	6,530	10,150	14,500

NOTE: Deduct 5 percent for 4.6L V-8.

	6	5	4	3	2	1
2001 Excursion, V-10						
XLT SUV	550	1,640	2,740	6,170	9,590	13,700
Limited SUV	560	1,670	2,780	6,260	9,730	13,900
XLT SUV (turbo diesel)	620	1,860	3,100	6,980	10,850	15,500
Limited SUV (turbo diesel)	660	1,980	3,300	7,430	11,550	16,500
NOTE: Add 10 percent for 4x4. Deduct 5 percent for 5.4L V-8.						
2001 Windstar, V-6						
Cargo Van	240	720	1,200	3,000	4,200	6,000
Window Van	250	740	1,240	3,100	4,340	6,200
LX Van	300	900	1,500	3,750	5,250	7,500
SE Van	320	960	1,600	4,000	5,600	8,000
SEL Van	340	1,020	1,700	4,250	5,950	8,500
Limited Van	360	1,080	1,800	4,500	6,300	9,000
NOTE: Add 5 percent for SE Sport pkg.						
2001 Econoline E150 & E250, V-8						
Cargo Van	340	1,020	1,700	3,830	5,950	8,500
Ext Cargo Van	400	1,200	2,000	4,500	7,000	10,000
Club Wag	480	1,440	2,400	5,400	8,400	12,000
NOTE: Add 5 percent for Chateau or XLT pkgs. Add 5 percent for V-10. Add 20 percent for turbo diesel V-8. Deduct 5 percent for V-6.						
2001 Ranger, V-6						
2d Styleside PU	240	720	1,200	3,000	4,200	6,000
2d Flareside PU	260	780	1,300	3,250	4,550	6,500
2d Styleside Sup Cab PU	280	840	1,400	3,500	4,900	7,000
2d Flareside Sup Cab PU	300	900	1,500	3,750	5,250	7,500
4d Styleside Sup Cab PU	320	960	1,600	4,000	5,600	8,000
4d Flareside Sup Cab PU	340	1,020	1,700	4,250	5,950	8,500
NOTE: Add 5 percent for Edge or XLT pkgs. Add 10 percent for 4x4. Deduct 5 percent for 4-cyl.						
2001 F150 & F250, V-8						
2d Styleside XL PU	280	840	1,400	3,150	4,900	7,000
2d Flareside XL PU	300	900	1,500	3,380	5,250	7,500
Styleside XL Sup Cab PU	360	1,080	1,800	4,050	6,300	9,000
Flareside XL Sup Cab PU	380	1,140	1,900	4,280	6,650	9,500
2d Flareside Lightning PU	620	1,860	3,100	6,980	10,850	15,500
4d XL Crew Cab PU (F250 only)	540	1,620	2,700	6,080	9,450	13,500
Flareside XL Sup Cab Harley PU (F150 only)	690	2,060	3,440	7,740	12,040	17,200
NOTE: Add 5 percent for F150 King Ranch pkg. Add 5 percent for Lariat or XLT pkgs. Add 10 percent for 4x4. Add 5 percent for V-10. Add 25 percent for turbo diesel V-8. Add 5 percent for dually version. Deduct 5 percent for V-6.						
2002 Escape, V-6						
4d XLS SUV	300	900	1,500	3,750	5,250	7,500
4d XLT SUV	320	960	1,600	4,000	5,600	8,000
4d XLS SUV, 4x4	340	1,020	1,700	4,250	5,950	8,500
4d XLT SUV, 4x4	360	1,080	1,800	4,500	6,300	9,000
NOTE: Deduct 5 percent for 4-cyl.						
2002 Explorer Sport Trac, V-6						
4d SUV	400	1,200	2,000	5,000	7,000	10,000
4d SUV, 4x4	420	1,260	2,100	5,250	7,350	10,500
NOTE: Add 5 percent for V-8.						
2002 Explorer, V-6						
2d Spt SUV	340	1,020	1,700	4,250	5,950	8,500
4d XLS SUV	360	1,080	1,800	4,500	6,300	9,000
4d XLT SUV	380	1,140	1,900	4,750	6,650	9,500
4d Eddie Bauer SUV	400	1,200	2,000	5,000	7,000	10,000
4d Limited SUV	420	1,260	2,100	5,250	7,350	10,500
2d Spt SUV, 4x4	440	1,320	2,200	5,500	7,700	11,000
4d XLS SUV, 4x4	480	1,440	2,400	6,000	8,400	12,000
4d XLT SUV, 4x4	500	1,500	2,500	6,250	8,750	12,500
4d Eddie Bauer SUV, 4x4	520	1,560	2,600	6,500	9,100	13,000
4d Limited SUV, 4x4	540	1,620	2,700	6,750	9,450	13,500
NOTE: Add 5 percent for V-8.						
2002 Expedition, V-8						
XLT SUV	600	1,800	3,000	7,500	10,500	15,000
Eddie Bauer SUV	620	1,860	3,100	7,750	10,850	15,500
XLT SUV, 4x4	640	1,920	3,200	8,000	11,200	16,000
Eddie Bauer SUV, 4x4	660	1,980	3,300	8,250	11,550	16,500
NOTE: Deduct 5 percent for 4.6L V-8.						
2002 Excursion, V-10						
XLT SUV	630	1,880	3,140	7,850	10,990	15,700
Limited SUV	640	1,910	3,180	7,950	11,130	15,900
XLT SUV (turbo diesel)	700	2,100	3,500	8,750	12,250	17,500
Limited SUV (turbo diesel)	740	2,220	3,700	9,250	12,950	18,500
NOTE: Add 10 percent for 4x4. Deduct 5 percent for 5.4L V-8.						
2002 Windstar, V-6						
Cargo Van	240	720	1,200	3,000	4,200	6,000
LX Van	300	900	1,500	3,750	5,250	7,500
SE Van	320	960	1,600	4,000	5,600	8,000

	6	5	4	3	2	1
SEL Van	340	1,020	1,700	4,250	5,950	8,500
Limited Van	360	1,080	1,800	4,500	6,300	9,000
2002 Econoline E150 & E250, V-8						
Cargo Van	380	1,140	1,900	4,750	6,650	9,500
Ext Cargo Van	440	1,320	2,200	5,500	7,700	11,000
Club Wag	520	1,560	2,600	6,500	9,100	13,000

NOTE: Add 5 percent for Chateau or XLT pkgs. Add 5 percent for V-10. Add 20 percent for turbo diesel V-8. Deduct 5 percent for V-6.

2002 Ranger, V-6						
2d Styleside PU	240	720	1,200	3,000	4,200	6,000
2d Flareside PU	260	780	1,300	3,250	4,550	6,500
2d Styleside Sup Cab PU	280	840	1,400	3,500	4,900	7,000
2d Flareside Sup Cab PU	300	900	1,500	3,750	5,250	7,500
4d Styleside Sup Cab PU	320	960	1,600	4,000	5,600	8,000
4d Flareside Sup Cab PU	340	1,020	1,700	4,250	5,950	8,500

NOTE: Add 5 percent for Edge, FX4, XLT or Tremor pkgs. Add 10 percent for 4x4. Deduct 5 percent for 4-cyl.

2002 F150 & F250, V-8						
F150 2d Styleside XL PU	320	960	1,600	4,000	5,600	8,000
F150 2d Flareside XL PU	340	1,020	1,700	4,250	5,950	8,500
F150 Styleside XL Sup Cab PU	400	1,200	2,000	5,000	7,000	10,000
F150 Flareside XL Sup Cab PU	420	1,260	2,100	5,250	7,350	10,500
F150 2d Flareside Lightning PU	660	1,980	3,300	8,250	11,550	16,500
F150 Supercab King Ranch PU	520	1,560	2,600	6,500	9,100	13,000
F150 Supercrew XLT PU	500	1,500	2,500	5,630	8,750	12,500
F150 Supercrew Lariat	540	1,620	2,700	6,080	9,450	13,500
F150 Supercrew King Ranch PU	580	1,740	2,900	6,530	10,150	14,500
F150 Supercrew Harley-Davidson PU	780	2,340	3,900	8,780	13,650	19,500
F250 Superduty Styleside XL PU	560	1,680	2,800	7,000	9,800	14,000
F250 Superduty Styleside XL Sup Cab PU	600	1,800	3,000	7,500	10,500	15,000
F250 Superduty Styleside XL Crew Cab PU	640	1,920	3,200	8,000	11,200	16,000

NOTE: Add 5 percent for FX4 pkg. Add 10 percent for 4x4. Add 5 percent for V-10. Add 25 percent for turbo diesel V-8. Add 5 percent for dually version. Deduct 5 percent for V-6.

2003 Escape, V-6						
4d XLS SUV	300	900	1,500	3,380	5,250	7,500
4d XLT SUV	320	960	1,600	4,000	5,600	8,000
4d Limited SUV	340	1,020	1,700	4,250	5,950	8,500

NOTE: Add 5 percent for 4x4. Deduct 5 percent for 4-cyl.

2003 Explorer Sport Trac, V-6						
4d XLS SUV	400	1,200	2,000	5,000	7,000	10,000
4d XLT SUV	420	1,260	2,100	5,250	7,350	10,500

NOTE: Add 5 percent for V-8. Add 5 percent for 4x4.

2003 Explorer, V-6						
2d XLS Sport SUV	340	1,020	1,700	4,250	5,950	8,500
2d XLT Sport SUV	360	1,080	1,800	4,500	6,300	9,000
4d XLS SUV	360	1,080	1,800	4,500	6,300	9,000
4d XLT SUV	380	1,140	1,900	4,750	6,650	9,500
4d Eddie Bauer SUV	400	1,200	2,000	5,000	7,000	10,000
4d Limited SUV	420	1,260	2,100	5,250	7,350	10,500

NOTE: Add 5 percent for V-8. Add 5 percent for 4x4. Add 5 percent for NBX pkg on XLT models.

2003 Expedition, V-8						
XLT SUV	600	1,800	3,000	7,500	10,500	15,000
Eddie Bauer SUV	620	1,860	3,100	7,750	10,850	15,500

NOTE: Add 5 percent for 4x4. Add 5 percent for FX4 Off Road pkg on XLT. Deduct 5 percent for 4.6L V-8.

2003 Expedition, V-10						
XLT SUV	630	1,880	3,140	7,850	10,990	15,700
Eddie Bauer SUV	630	1,900	3,160	7,900	11,060	15,800
Limited SUV	640	1,910	3,180	7,950	11,130	15,900

NOTE: Add 5 percent for 4x4. Add 10 percent for turbo diesel V-8. Deduct 5 percent for 5.4L V-8.

2003 Windstar, V-6						
Cargo Van	240	720	1,200	3,000	4,200	6,000
Van	270	800	1,340	3,350	4,690	6,700
LX Van	300	900	1,500	3,750	5,250	7,500
SE Van	320	960	1,600	4,000	5,600	8,000
SEL Van	340	1,020	1,700	4,250	5,950	8,500
Limited Van	360	1,080	1,800	4,500	6,300	9,000
2003 Econoline E150 & E250, V-8						
Cargo Van	380	1,140	1,900	4,750	6,650	9,500
Ext Cargo Van	440	1,320	2,200	5,500	7,700	11,000
Club Wag	520	1,560	2,600	6,500	9,100	13,000

NOTE: Add 5 percent for Chateau or XLT pkgs. Add 5 percent for V-10. Add 20 percent for turbo diesel V-8. Deduct 5 percent for V-6.

2003 Ranger, V-6						
2d Styleside PU	240	720	1,200	3,000	4,200	6,000
2d Flareside PU	260	780	1,300	3,250	4,550	6,500
2d Styleside Sup Cab PU	280	840	1,400	3,500	4,900	7,000
2d Flareside Sup Cab PU	300	900	1,500	3,750	5,250	7,500

	6	5	4	3	2	1
4d Styleside Sup Cab PU	320	960	1,600	4,000	5,600	8,000
4d Flareside Sup Cab PU	340	1,020	1,700	4,250	5,950	8,500

NOTE: Add 5 percent for Edge, FX4, XLT or Tremor pkgs. Add 10 percent for 4x4. Deduct 5 percent for 4-cyl.

2003 F150 & F250, V-8

	6	5	4	3	2	1
F150 2d Styleside XL PU	320	960	1,600	4,000	5,600	8,000
F150 2d Flareside XL PU	340	1,020	1,700	4,250	5,950	8,500
F150 Styleside XL Sup Cab PU	400	1,200	2,000	5,000	7,000	10,000
F150 Flareside XL Sup Cab PU	420	1,260	2,100	5,250	7,350	10,500
F150 2d Flareside Lightning PU	660	1,980	3,300	8,250	11,550	16,500
F150 Flareside Supercab King Ranch PU	520	1,560	2,600	6,500	9,100	13,000
F150 Supercrew XLT PU	500	1,500	2,500	6,250	8,750	12,500
F150 Supercrew Lariat PU	540	1,620	2,700	6,750	9,450	13,500
F150 Supercrew King Ranch PU	580	1,740	2,900	7,250	10,150	14,500
F150 Supercrew Harley-Davidson PU	780	2,340	3,900	9,750	13,650	19,500
F250 Superduty Styleside XL PU	560	1,680	2,800	7,000	9,800	14,000
F250 Superduty Styleside XL Sup Cab PU.......	600	1,800	3,000	7,500	10,500	15,000
F250 Superduty Styleside XL Crew Cab PU.......	640	1,920	3,200	8,000	11,200	16,000

NOTE: Add 5 percent for FX4, STX or XLT pkgs. Add $1,000 for Heritage pkg. (excluding XLT). Add $2,000 for Lariat pkg. on XL or King Ranch pkg. on Super Duty PUs. Add 10 percent for 4x4. Add 5 percent for V-10. Add 25 percent for turbo diesel V-8. Add 5 percent for dually version. Deduct 5 percent for V-6.

2004 Escape, V-6

	6	5	4	3	2	1
4d XLS SUV	300	900	1,500	3,750	5,250	7,500
4d XLT SUV	320	960	1,600	4,000	5,600	8,000
4d Limited SUV..........................	340	1,020	1,700	4,250	5,950	8,500

NOTE: Add 5 percent for 4x4. Deduct 5 percent for 4-cyl. Deduct 5 percent for manual transmission.

2004 Explorer Sport Trac, V-6

	6	5	4	3	2	1
4d XLS SUV	400	1,200	2,000	5,000	7,000	10,000
4d XLT SUV	420	1,260	2,100	5,250	7,350	10,500

NOTE: Add 5 percent for V-8. Add 5 percent for 4x4.

2004 Explorer, V-6

	6	5	4	3	2	1
4d XLS SUV	360	1,080	1,800	4,500	6,300	9,000
4d XLT SUV	380	1,140	1,900	4,750	6,650	9,500
4d Eddie Bauer SUV.......................	400	1,200	2,000	5,000	7,000	10,000
4d Limited SUV..........................	420	1,260	2,100	5,250	7,350	10,500

NOTE: Add 5 percent for V-8. Add 5 percent for AWD/4x4. Add 5 percent for Adrenalin pkg on Sport Trac XLT. Add 5 percent for NBX pkg on XLT models.

2004 Expedition, V-8

	6	5	4	3	2	1
XLS SUV...............................	580	1,740	2,900	7,250	10,150	14,500
XLT SUV...............................	600	1,800	3,000	7,500	10,500	15,000
Eddie Bauer SUV	620	1,860	3,100	7,750	10,850	15,500

NOTE: Add 5 percent for 4x4. Add 5 percent for NBX pkg on XLT. Deduct 5 percent for 4.6L V-8 except XLS.

2004 Excursion, V-10

	6	5	4	3	2	1
XLS SUV...............................	600	1,810	3,020	7,550	10,570	15,100
XLT SUV...............................	630	1,880	3,140	7,850	10,990	15,700
Eddie Bauer SUV	630	1,900	3,160	7,900	11,060	15,800
Limited SUV	640	1,910	3,180	7,950	11,130	15,900

NOTE: Add 5 percent for 4x4. Add 10 percent for turbo diesel V-8. Deduct 5 percent for 5.4L V-8.

2004 Freestar, V-6

	6	5	4	3	2	1
Cargo Van..............................	240	720	1,200	3,000	4,200	6,000
S Van	270	800	1,340	3,350	4,690	6,700
SE Van	320	960	1,600	4,000	5,600	8,000
SES Van	330	990	1,650	4,130	5,780	8,250
SEL Van	340	1,020	1,700	4,250	5,950	8,500
Limited Van.............................	360	1,080	1,800	4,500	6,300	9,000

2004 Econoline E150 & E250, V-8

	6	5	4	3	2	1
Cargo Van..............................	380	1,140	1,900	4,750	6,650	9,500
Ext Cargo Van (E250 only)	440	1,320	2,200	5,500	7,700	11,000
Club Wag	520	1,560	2,600	6,500	9,100	13,000

NOTE: Add 5 percent for Chateau or XLT pkgs. Add 5 percent for V-10. Add 20 percent for turbo diesel V-8.

2004 Ranger, V-6

	6	5	4	3	2	1
2d Styleside PU...........................	240	720	1,200	3,000	4,200	6,000
2d Flareside PU	260	780	1,300	3,250	4,550	6,500
2d Styleside Sup Cab PU	280	840	1,400	3,500	4,900	7,000
2d Flareside Sup Cab PU	300	900	1,500	3,750	5,250	7,500
4d Styleside Sup Cab PU	320	960	1,600	4,000	5,600	8,000
4d Flareside Sup Cab PU	340	1,020	1,700	4,250	5,950	8,500

NOTE: Add 5 percent for Edge, FX4, XLT or Tremor pkgs. Add 10 percent for 4x4. Deduct 5 percent for 4-cyl. Deduct 5 percent for manual transmission.

2004 F150 & F250, V-8

	6	5	4	3	2	1
F150 Heritage 2d Styleside XL PU	300	890	1,480	3,700	5,180	7,400
F150 Heritage 2d Flareside XL PU..............	300	900	1,500	3,750	5,250	7,500
F150 Heritage 2d Styleside XL Sup Cab PU	340	1,020	1,700	4,250	5,950	8,500
F150 Heritage 2d Flareside Lightning PU.........	700	2,100	3,500	8,750	12,250	17,500
F150 2d Styleside XL PU	320	960	1,600	4,000	5,600	8,000
F150 2d Styleside SXT PU	330	980	1,640	4,100	5,740	8,200
F150 2d Styleside XLT PU	350	1,040	1,740	4,350	6,090	8,700

	6	5	4	3	2	1
F150 2d Styleside FX4 PU (AWD)............... 410	1,230	2,050	5,130	7,180	10,250	
F150 2d Flareside STX PU..................... 350	1,060	1,760	4,400	6,160	8,800	
F150 2d Flareside XLT PU..................... 360	1,080	1,800	4,500	6,300	9,000	
F150 2d Flareside FX4 PU (AWD)............... 440	1,320	2,200	5,500	7,700	11,000	
F150 Styleside XL Sup Cab PU................. 400	1,200	2,000	4,500	7,000	10,000	
F150 Styleside STX Sup Cab PU............... 410	1,230	2,050	5,130	7,180	10,250	
F150 Styleside XLT Sup Cab PU............... 420	1,260	2,100	5,250	7,350	10,500	
F150 Styleside FX4 Sup Cab PU (AWD)......... 520	1,560	2,600	6,500	9,100	13,000	
F150 Styleside Lariat Sup Cab PU 460	1,380	2,300	5,750	8,050	11,500	
F150 Flareside STX Sup Cab PU............... 430	1,290	2,150	5,380	7,530	10,750	
F150 Flareside XLT Sup Cab PU................ 440	1,320	2,200	5,500	7,700	11,000	
F150 Flareside FX4 Sup Cab PU (AWD)......... 560	1,680	2,800	7,000	9,800	14,000	
F150 Supercrew XLT PU...................... 480	1,440	2,400	6,000	8,400	12,000	
F150 Supercrow Lariat PU..................... 540	1,620	2,700	6,750	9,450	13,500	
F150 Supercrew FX4 PU (AWD)................ 580	1,740	2,900	7,250	10,150	14,500	
F250 Superduty Styleside XL PU............... 560	1,680	2,800	7,000	9,800	14,000	
F250 Superduty Styleside XL Sup Cab PU 600	1,800	3,000	7,500	10,500	15,000	
F250 Superduty Styleside XL Crew Cab PU 640	1,920	3,200	8,000	11,200	16,000	

NOTE: Add 10 percent for 4x4. Add 5 percent for FX4 or XLT pkg on Super Duty. Add 5 percent for XLT pkg on Heritage Ed. Add 20 percent for Harley-Davidson, King Ranch or Lariat pkg on Super Duty. Add 5 percent for V-10. Add 25 percent for turbo diesel V-8. Add 5 percent for dually version. Deduct 5 percent for V-6. Deduct 5 percent for manual transmission.

GMC TRUCKS

	6	5	4	3	2	1
1920-26						
Canopy.................................. 660	1,980	3,300	7,430	11,550	16,500	
1927-29 Light Duty						
PU 660	1,980	3,300	7,430	11,550	16,500	
Panel.................................. 610	1,840	3,060	6,890	10,710	15,300	
1930-33 Light Duty						
PU 670	2,000	3,340	7,520	11,690	16,700	
Panel.................................. 620	1,860	3,100	6,980	10,850	15,500	
Stake.................................. 580	1,740	2,900	6,530	10,150	14,500	
1934-35 Light Duty						
PU 720	2,160	3,600	8,100	12,600	18,000	
Panel.................................. 640	1,920	3,200	7,200	11,200	16,000	
1936-40 Light Duty						
PU 760	2,280	3,800	8,550	13,300	19,000	
Panel.................................. 680	2,040	3,400	7,650	11,900	17,000	
1940 Light Duty, 1/2-Ton, 113.5" wb						
Canopy Dly............................. 760	2,280	3,800	8,550	13,300	19,000	
Screenside Dly.......................... 720	2,160	3,600	8,100	12,600	18,000	
Suburban............................... 780	2,340	3,900	8,780	13,650	19,500	
1941-42, 1946-47 Light Duty, 1/2-Ton, 115" wb						
PU 880	2,640	4,400	9,900	15,400	22,000	
Panel.................................. 788	2,364	3,940	8,870	13,790	19,700	
Canopy Dly............................. 820	2,460	4,100	9,230	14,350	20,500	
Screenside Dly.......................... 820	2,460	4,100	9,230	14,350	20,500	
Suburban............................... 840	2,520	4,200	9,450	14,700	21,000	
Stake.................................. 660	1,980	3,300	7,430	11,550	16,500	
1941-42, 1946-47 Light Duty, 1/2-Ton, 125" wb						
PU 880	2,640	4,400	9,900	15,400	22,000	
Panel.................................. 780	2,340	3,900	8,780	13,650	19,500	
Stake.................................. 672	2,016	3,360	7,560	11,760	16,800	
1941-42, 1946-47 Medium Duty, 3/4-Ton, 125" wb						
PU 760	2,280	3,800	8,550	13,300	19,000	
Panel.................................. 680	2,040	3,400	7,650	11,900	17,000	
Stake.................................. 656	1,968	3,280	7,380	11,480	16,400	
1948-53 Light Duty, 1/2-Ton						
PU 920	2,760	4,600	10,350	16,100	23,000	
Panel.................................. 808	2,424	4,040	9,090	14,140	20,200	
Canopy Exp 748	2,244	3,740	8,420	13,090	18,700	
Suburban............................... 820	2,460	4,100	9,230	14,350	20,500	
1948-53 Medium Duty, 3/4-Ton						
PU 780	2,340	3,900	8,780	13,650	19,500	
Stake.................................. 680	2,040	3,400	7,650	11,900	17,000	
1948-53 Heavy Duty, 1-Ton						
PU 760	2,280	3,800	8,550	13,300	19,000	
Stake.................................. 724	2,172	3,620	8,150	12,670	18,100	
1954-55 First Series Light Duty, 1/2-Ton						
PU 860	2,580	4,300	9,680	15,050	21,500	
Panel.................................. 760	2,280	3,800	8,550	13,300	19,000	
Canopy Dly............................. 800	2,400	4,000	9,000	14,000	20,000	
Suburban............................... 800	2,400	4,000	9,000	14,000	20,000	
PU (LWB)............................... 780	2,340	3,900	8,780	13,650	19,500	
Stake Rack.............................. 640	1,920	3,200	7,200	11,200	16,000	

	6	5	4	3	2	1
1954-55 First Series Medium Duty, 3/4-Ton						
PU	800	2,400	4,000	9,000	14,000	20,000
Stake Rack	640	1,920	3,200	7,200	11,200	16,000
1954-55 First Series Heavy Duty, 1-Ton						
PU	760	2,280	3,800	8,550	13,300	19,000
Panel	680	2,040	3,400	7,650	11,900	17,000
Canopy Exp.	740	2,220	3,700	8,330	12,950	18,500
Stake Rack	640	1,920	3,200	7,200	11,200	16,000
Platform	640	1,920	3,200	7,200	11,200	16,000
1955-57 Second Series Light Duty, 1/2-Ton, V-8						
PU	840	2,520	4,200	9,450	14,700	21,000
Panel	720	2,160	3,600	8,100	12,600	18,000
DeL Panel	728	2,184	3,640	8,190	12,740	18,200
Suburban PU	1,430	4,280	7,140	16,070	24,990	35,700
Suburban	728	2,184	3,640	8,190	12,740	18,200
1955-57 Second Series Medium Duty, 3/4-Ton, V-8						
PU	760	2,280	3,800	8,550	13,300	19,000
Stake Rack	640	1,920	3,200	7,200	11,200	16,000
1955-57 Second Series Heavy Duty, 1-Ton, V-8						
PU	700	2,100	3,500	7,880	12,250	17,500
Panel	720	2,160	3,600	8,100	12,600	18,000
DeL Panel	740	2,220	3,700	8,330	12,950	18,500
Stake Rack	640	1,920	3,200	7,200	11,200	16,000
Platform	640	1,920	3,200	7,200	11,200	16,000
NOTE: Deduct 20 percent for 6-cyl.						
1958-59 Light Duty, 1/2-Ton, V-8						
PU	760	2,280	3,800	8,550	13,300	19,000
Wide-Side PU	752	2,256	3,760	8,460	13,160	18,800
PU (LWB)	748	2,244	3,740	8,420	13,090	18,700
Wide-Side PU (LWB)	740	2,220	3,700	8,330	12,950	18,500
Panel	720	2,160	3,600	8,100	12,600	18,000
Panel Del	728	2,184	3,640	8,190	12,740	18,200
Suburban	740	2,220	3,700	8,330	12,950	18,500
1958-59 Medium Duty, 3/4-Ton, V-8						
PU	680	2,040	3,400	7,650	11,900	17,000
Wide-Side PU	688	2,064	3,440	7,740	12,040	17,200
Stake Rack	600	1,800	3,000	6,750	10,500	15,000
1958-59 V-8						
Panel, 8 ft.	660	1,980	3,300	7,430	11,550	16,500
Panel, 10 ft.	660	1,980	3,300	7,430	11,550	16,500
Panel, 12 ft.	668	2,004	3,340	7,520	11,690	16,700
1958-59 Heavy Duty, 1-Ton, V-8						
PU	660	1,980	3,300	7,430	11,550	16,500
Panel	660	1,980	3,300	7,430	11,550	16,500
Panel DeL	668	2,004	3,340	7,520	11,690	16,700
Stake Rack	512	1,536	2,560	5,760	8,960	12,800
NOTE: Deduct 20 percent for 6-cyl.						
1960-66 95" wb						
Dly Van	620	1,860	3,100	6,980	10,850	15,500
1960-66 1/2-Ton, 6-cyl., 115" wb						
Fender-Side PU	730	2,180	3,640	8,190	12,740	18,200
Wide-Side PU	720	2,160	3,600	8,100	12,600	18,000
1960-66 1/2-Ton, 6-cyl., 127" wb						
Fender-Side PU	700	2,100	3,500	7,880	12,250	17,500
Wide-Side PU	720	2,160	3,600	8,100	12,600	18,000
Panel	660	1,990	3,320	7,470	11,620	16,600
Suburban	680	2,040	3,400	7,650	11,900	17,000
1960-66 3/4-Ton, 6-cyl., 127" wb						
Fender-Side PU	500	1,510	2,520	5,670	8,820	12,600
Wide-Side PU	510	1,520	2,540	5,720	8,890	12,700
Stake	600	1,800	3,000	6,750	10,500	15,000
1960-66 1-Ton, 6-cyl., 121" or 133" wb						
PU	500	1,490	2,480	5,580	8,680	12,400
Panel	490	1,460	2,440	5,490	8,540	12,200
Stake	480	1,450	2,420	5,450	8,470	12,100
NOTE: Add 10 percent for V-6, when used instead of inline 6.						
1967-68 1/2-Ton, 90" wb						
Handi Van	460	1,380	2,300	5,180	8,050	11,500
Handi Bus	436	1,308	2,180	4,910	7,630	10,900
1967-68 1/2-Ton, 102" wb						
Van	440	1,320	2,200	4,950	7,700	11,000
1967-68 1/2-Ton, V-8, 115" wb						
Fender-Side PU	760	2,280	3,800	8,550	13,300	19,000
Wide-Side PU	780	2,340	3,900	8,780	13,650	19,500
1967-68 1/2-Ton, V-8, 127" wb						
Fender-Side PU	744	2,232	3,720	8,370	13,020	18,600

GMC TRUCKS

	6	5	4	3	2	1
Wide-Side PU. 748	2,244	3,740	8,420	13,090	18,700
Panel 672	2,016	3,360	7,560	11,760	16,800
Suburban 740	2,220	3,700	8,330	12,950	18,500
1967-68 3/4-Ton, V-8, 127" wb					
Fender-Side PU. 660	1,980	3,300	7,430	11,550	16,500
Wide-Side PU. 680	2,040	3,400	7,650	11,900	17,000
Panel 420	1,260	2,100	4,730	7,350	10,500
Suburban 700	2,100	3,500	7,880	12,250	17,500
Stake 416	1,248	2,080	4,680	7,280	10,400
1967-68 1-Ton, V-8, 133" wb					
PU 620	1,860	3,100	6,980	10,850	15,500
Stake Rack 500	1,500	2,500	5,630	8,750	12,500
NOTE: Deduct 20 percent for 6-cyl. Add 5 percent for 4x4 where available.					
1969-70 1/2-Ton, 90" wb					
Handi Van 460	1,380	2,300	5,180	8,050	11,500
Handi Bus DeL 356	1,068	1,780	4,010	6,230	8,900
1969-70 1/2-Ton, 102" wb					
Van. 440	1,320	2,200	4,950	7,700	11,000
1969-70 1/2-Ton, V-8, 115" wb					
Fender-Side PU. 760	2,280	3,800	8,550	13,300	19,000
Wide-Side PU. 768	2,304	3,840	8,640	13,440	19,200
1969-70 1/2-Ton, V-8, 127" wb					
Fender-Side PU. 744	2,232	3,720	8,370	13,020	18,600
Wide-Side PU. 748	2,244	3,740	8,420	13,090	18,700
Panel 672	2,016	3,360	7,560	11,760	16,800
Suburban 740	2,220	3,700	8,330	12,950	18,500
1969-70 3/4-Ton, V-8, 127" wb					
Fender-Side PU. 700	2,100	3,500	7,880	12,250	17,500
Wide-Side PU. 720	2,160	3,600	8,100	12,600	18,000
Panel 460	1,380	2,300	5,180	8,050	11,500
Suburban 620	1,860	3,100	6,980	10,850	15,500
Stake 460	1,380	2,300	5,180	8,050	11,500
1969-70 1-Ton, V-8, 133" wb					
PU 624	1,872	3,120	7,020	10,920	15,600
Stake Rack. 504	1,512	2,520	5,670	8,820	12,600
NOTE: Deduct 20 percent for 6-cyl. Add 5 percent for 4x4 where available.					
1971-72 Sprint, 1/2-Ton, V-8					
PU 840	2,520	4,200	9,450	14,700	21,000
Cus PU. 880	2,640	4,400	9,900	15,400	22,000
NOTE: Add 30 percent for 350, 40 percent for 402, 45 percent for 454 engine options.					
1971-72 1/2-Ton, 90" wb					
Handi Van 400	1,200	2,000	4,500	7,000	10,000
Handi Bus DeL. 400	1,200	2,000	4,500	7,000	10,000
1971-72 1/2-Ton, 102" wb					
Van. 420	1,260	2,100	4,730	7,350	10,500
1971-72 1/2-Ton, V-8, 115" wb					
Fender-Side PU. 800	2,400	4,000	9,000	14,000	20,000
Wide-Side PU. 820	2,460	4,100	9,230	14,350	20,500
1971-72 1/2-Ton, V-8, 127" wb					
Fender-Side PU. 780	2,340	3,900	8,780	13,650	19,500
Wide-Side PU. 800	2,400	4,000	9,000	14,000	20,000
Suburban 700	2,100	3,500	7,880	12,250	17,500
1971-72 3/4-Ton, V-8, 127" wb					
Fender-Side PU. 720	2,160	3,600	8,100	12,600	18,000
Wide-Side PU. 740	2,220	3,700	8,330	12,950	18,500
Suburban 640	1,920	3,200	7,200	11,200	16,000
Stake 420	1,270	2,120	4,770	7,420	10,600
1971-72 1-Ton, V-8, 133" wb					
PU 630	1,900	3,160	7,110	11,060	15,800
Stake Rack. 580	1,740	2,900	6,530	10,150	14,500
1971-72 Jimmy, V-8, 104" wb					
Jimmy (2WD). 680	2,040	3,400	7,650	11,900	17,000
Jimmy (4x4) 760	2,280	3,800	8,550	13,300	19,000
NOTE: Deduct 20 percent for 6-cyl. Add 5 percent for 4x4 where available.					
1973-77 Sprint 1/2-Ton, V-8, 116" wb					
Sprint Cus 580	1,740	2,900	6,530	10,150	14,500
1973-80 Jimmy, 1/2-Ton, V-8, 106" wb					
Jimmy (2WD). 600	1,800	3,000	6,750	10,500	15,000
Jimmy (4x4) 640	1,920	3,200	7,200	11,200	16,000
1973-80 1/2-Ton, V-8, 110" wb					
Rally Van 370	1,100	1,840	4,140	6,440	9,200
1973-80 1/2-Ton, V-8, 117" wb					
Fender-Side PU. 580	1,740	2,900	6,530	10,150	14,500
Wide-Side PU. 580	1,740	2,900	6,530	10,150	14,500
1973-80 1/2-Ton, V-8, 125" wb					
Fender-Side PU. 600	1,800	3,000	6,750	10,500	15,000

	6	5	4	3	2	1
Wide-Side PU	600	1,800	3,000	6,750	10,500	15,000
Suburban	520	1,560	2,600	5,850	9,100	13,000
1973-80 3/4-Ton, V-8, 125" wb						
Fender-Side PU	400	1,200	2,000	4,500	7,000	10,000
Wide-Side PU	410	1,220	2,040	4,590	7,140	10,200
Suburban	520	1,560	2,600	5,850	9,100	13,000
Rally Van	360	1,080	1,800	4,050	6,300	9,000
1973-80 1-Ton, V-8, 125" or 135" wb						
PU	360	1,080	1,800	4,050	6,300	9,000
Crew Cab PU	270	800	1,340	3,020	4,690	6,700
NOTE: Deduct 20 percent for 6-cyl. Add 5 percent for 4x4 where available.						
1978-80 Caballero, V-8						
PU	500	1,500	2,500	5,630	8,750	12,500
Cus PU	520	1,560	2,600	5,850	9,100	13,000
NOTE: Deduct 20 percent for V-6.						
1981-82 Caballero, 1/2-Ton, 117" wb						
Caballero PU	460	1,380	2,300	5,180	8,050	11,500
Diablo PU	480	1,440	2,400	5,400	8,400	12,000
1981-82 K1500, 1/2-Ton, 106.5" wb						
Jimmy (4x4)	540	1,620	2,700	6,080	9,450	13,500
Jimmy Conv. Top (4x4)	580	1,740	2,900	6,530	10,150	14,500
1981-82 G1500 Van, 1/2-Ton, 110" or 125" wb						
Vandura	252	756	1,260	2,840	4,410	6,300
Rally	288	864	1,440	3,240	5,040	7,200
Rally Cus	296	888	1,480	3,330	5,180	7,400
Rally STX	304	912	1,520	3,420	5,320	7,600
1981-82 G2500 Van, 3/4-Ton, 110" or 125" wb						
Vandura	248	744	1,240	2,790	4,340	6,200
Rally	284	852	1,420	3,200	4,970	7,100
Rally Cus	292	876	1,460	3,290	5,110	7,300
Rally STX	300	900	1,500	3,380	5,250	7,500
Gaucho	300	900	1,500	3,380	5,250	7,500
1981-82 G3500 Van, 1-Ton, 125" or 146" wb						
Vandura	244	732	1,220	2,750	4,270	6,100
Vandura Spl	280	840	1,400	3,150	4,900	7,000
Rally Camper Spl	288	864	1,440	3,240	5,040	7,200
Rally	296	888	1,480	3,330	5,180	7,400
Rally Cus	304	912	1,520	3,420	5,320	7,600
Rally STX	312	936	1,560	3,510	5,460	7,800
Magna Van 10 ft	280	840	1,400	3,150	4,900	7,000
Magna Van 12 ft	280	840	1,400	3,150	4,900	7,000
1981-82 C1500, 1/2-Ton, 117.5" or 131.5" wb						
Fender-Side PU (SBx)	310	940	1,560	3,510	5,460	7,800
Wide-Side PU (SBx)	320	950	1,580	3,560	5,530	7,900
Wide-Side PU (LBx)	310	920	1,540	3,470	5,390	7,700
Suburban 4d	370	1,100	1,840	4,140	6,440	9,200
1981-82 C2500, 3/4-Ton, 131" wb						
Fender-Side PU (LBx)	310	920	1,540	3,470	5,390	7,700
Wide-Side PU (LBx)	310	940	1,560	3,510	5,460	7,800
Bonus Cab 2d PU (LBx)	320	960	1,600	3,600	5,600	8,000
Crew Cab 4d PU (LBx)	320	950	1,580	3,560	5,530	7,900
Suburban 4d	370	1,120	1,860	4,190	6,510	9,300
1981-82 C3500, 1-Ton, 131.5" or 164.5" wb						
Fender-Side PU (LBx)	300	910	1,520	3,420	5,320	7,600
Wide-Side PU (LBx)	310	920	1,540	3,470	5,390	7,700
Bonus Cab 2d PU (LBx)	310	940	1,560	3,510	5,460	7,800
Crew Cab 4d PU (LBx)	310	920	1,540	3,470	5,390	7,700
NOTE: Add 5 percent for 4x4. Deduct 20 percent for 6-cyl.						
1983-87 Caballero, V-8						
PU	460	1,380	2,300	5,180	8,050	11,500
Cus PU	480	1,440	2,400	5,400	8,400	12,000
NOTE. Deduct 20 percent for V-6. Add 30 percent for Choo Choo model where available.						
1983-87 S15, 1/2-Ton, 100.5" wb						
Jimmy (2WD)	260	780	1,300	2,930	4,550	6,500
Jimmy (4x4)	320	960	1,600	3,600	5,600	8,000
1983-87 K1500, 1/2-Ton, 106.5" wb						
Jimmy (4x4)	360	1,080	1,800	4,050	6,300	9,000
1983-87 G1500 Van, 1/2-Ton, 110" or 125" wb						
Vandura	240	720	1,200	2,700	4,200	6,000
Rally	252	756	1,260	2,840	4,410	6,300
Rally Cus	260	780	1,300	2,930	4,550	6,500
Rally STX	268	804	1,340	3,020	4,690	6,700
1983-87 G2500 Van, 3/4-Ton, 110" or 125" wb						
Vandura	240	720	1,200	2,700	4,200	6,000
Rally	248	744	1,240	2,790	4,340	6,200
Rally Cus	256	768	1,280	2,880	4,480	6,400
Rally STX	264	792	1,320	2,970	4,620	6,600

		6	5	4	3	2	1
1983-87 G3500 Van, 1-Ton, 125" or 146" wb							
Vandura	240	720	1,200	2,700	4,200	6,000
Rally	244	732	1,220	2,750	4,270	6,100
Rally Cus	252	756	1,260	2,840	4,410	6,300
Rally STX	260	780	1,300	2,930	4,550	6,500
Magna Van 10 ft.	240	720	1,200	2,700	4,200	6,000
Magna Van 12 ft.	240	720	1,200	2,700	4,200	6,000
1983-87 S15, 1/2-Ton, 108.3" or 122.9" wb							
Wide-Side PU (SBx)	210	640	1,060	2,390	3,710	5,300
Wide-Side PU (LBx)	220	650	1,080	2,430	3,780	5,400
Wide-Side Ext Cab PU	220	670	1,120	2,520	3,920	5,600
1983-87 C1500, 1/2-Ton, 117.5" or 131.5" wb							
Fender-Side PU (SBx)	280	830	1,380	3,110	4,830	6,900
Wide-Side PU (SBx)	280	840	1,400	3,150	4,900	7,000
Wide-Side PU (LBx)	270	800	1,340	3,020	4,690	6,700
Suburban 4d.	376	1,128	1,880	4,230	6,580	9,400
1983-87 C2500, 3/4-Ton, 131" wb							
Fender-Side PU (LBx)	270	820	1,360	3,060	4,760	6,800
Wide-Side PU (LBx)	280	830	1,380	3,110	4,830	6,900
Bonus Cab 2d PU (LBx)	290	860	1,440	3,240	5,040	7,200
Crew Cab 4d PU (LBx)	310	920	1,540	3,470	5,390	7,700
Suburban 4d.	380	1,140	1,900	4,280	6,650	9,500
1983-87 C3500, 1-Ton, 131.5" or 164.5" wb							
Fender-Side PU (LBx)	260	790	1,320	2,970	4,620	6,600
Wide-Side PU (LBx)	270	800	1,340	3,020	4,690	6,700
Bonus Cab 2d PU (LBx)	280	830	1,380	3,110	4,830	6,900
Crew Cab 4d PU (LBx)	270	820	1,360	3,060	4,760	6,800
NOTE: Add 5 percent for 4x4.							
1988-91 V1500 Jimmy, 1/2-Ton, 106.5" wb							
Wag (4x4)	550	1,640	2,740	6,170	9,590	13,700
1988-91 S15, 1/2-Ton, 100.5" wb							
Wag	308	924	1,540	3,470	5,390	7,700
Wag (4x4)	390	1,160	1,940	4,370	6,790	9,700
1988-91 Safari, 1/2-Ton, 111" wb							
Cargo Van	260	780	1,300	2,930	4,550	6,500
SLX Van	380	1,140	1,900	4,280	6,650	9,500
SLE Van	420	1,260	2,100	4,730	7,350	10,500
SLT Van	500	1,500	2,500	5,630	8,750	12,500
1988-91 G1500 Van, 1/2-Ton, 110" or 125" wb							
Vandura	288	864	1,440	3,240	5,040	7,200
Rally	350	1,040	1,740	3,920	6,090	8,700
Rally Cus	390	1,160	1,940	4,370	6,790	9,700
Rally STX	510	1,520	2,540	5,720	8,890	12,700
1988-91 G2500 Van, 3/4-Ton, 110" or 125" wb							
Vandura	320	960	1,600	3,600	5,600	8,000
Rally	380	1,140	1,900	4,280	6,650	9,500
Rally Cus	490	1,460	2,440	5,490	8,540	12,200
Rally STX	530	1,580	2,640	5,940	9,240	13,200
1988-91 G3500, 1-Ton, 125" or 146" wb							
Vandura	390	1,160	1,940	4,370	6,790	9,700
Rally	450	1,340	2,240	5,040	7,840	11,200
Rally Cus	530	1,580	2,640	5,940	9,240	13,200
Rally STX	550	1,640	2,740	6,170	9,590	13,700
Magna Van 10 ft.	480	1,440	2,400	5,400	8,400	12,000
Magna Van 12 ft.	520	1,560	2,600	5,850	9,100	13,000
1988-91 S15, 1/2-Ton, 108.3" or 122.9" wb							
Wide-Side PU (SBx)	240	710	1,180	2,660	4,130	5,900
Wide-Side PU (LBx)	240	720	1,200	2,700	4,200	6,000
Wide-Side Ext Cab PU (SBx)	244	732	1,220	2,750	4,270	6,100
1988-91 C1500, 1/2-Ton, 117.5" or 131.5" wb							
Fender-Side PU (SBx)	310	920	1,540	3,470	5,390	7,700
Wide-Side PU (SBx)	310	920	1,540	3,470	5,390	7,700
Wide-Side PU (LBx)	320	960	1,600	3,600	5,600	8,000
Wide-Side Clb Cab PU (LBx)	360	1,080	1,800	4,050	6,300	9,000
Suburban	600	1,800	3,000	6,750	10,500	15,000
1988-91 C2500, 3/4-Ton, 117.5" or 131.5" wb							
Fender-Side PU (LBx)	350	1,040	1,740	3,920	6,090	8,700
Wide-Side PU (LBx)	350	1,040	1,740	3,920	6,090	8,700
Wide-Side Bonus Cab (LBx)	368	1,104	1,840	4,140	6,440	9,200
Wide-Side Crew Cab (LBx)	380	1,140	1,900	4,280	6,650	9,500
Suburban	640	1,920	3,200	7,200	11,200	16,000
Wide-Side PU (LBx)	370	1,100	1,840	4,140	6,440	9,200
1988-91 C2500, 1-Ton, 131.5" or 164.5" wb							
Wide-Side Clb Cpe PU (LBx)	330	980	1,640	3,690	5,740	8,200
Wide-Side Bonus Cab (LBx)	490	1,460	2,440	5,490	8,540	12,200
Wide-Side Crew Cab (LBx)	500	1,500	2,500	5,630	8,750	12,500
NOTE: Add 5 percent for 4x4.							

	6	5	4	3	2	1
1992 Yukon, V-8						
2d SUV	600	1,800	3,000	6,750	10,500	15,000
1992 Jimmy, V-6						
2d SUV	280	840	1,400	3,150	4,900	7,000
4d SUV	320	960	1,600	3,600	5,600	8,000
2d SUV (4x4)	500	1,500	2,500	5,630	8,750	12,500
4d SUV (4x4)	540	1,620	2,700	6,080	9,450	13,500
2d Typhoon SUV (4x4)	640	1,920	3,200	7,200	11,200	16,000
1992 Safari, V-6						
3d Van	300	900	1,500	3,380	5,250	7,500
3d SLX Van	350	1,000	1,700	3,830	5,950	8,500
1992 G Series, V-8						
G150 Van	300	900	1,500	3,380	5,250	7,500
G250 Van	300	950	1,600	3,600	5,600	8,000
1992 Suburban 1500, V-8						
4d	640	1,920	3,200	7,200	11,200	16,000
4d (4x4)	680	2,040	3,400	7,650	11,900	17,000
1992 Suburban 2500, V-8						
4d	680	2,040	3,400	7,650	11,900	17,000
4d (4x4)	720	2,160	3,600	8,100	12,600	18,000
1992 Sonoma, 1/2-Ton, V-6						
2d PU (SBx)	350	1,100	1,800	4,050	6,300	9,000
2d PU (LBx)	350	1,100	1,800	4,050	6,300	9,000
2d Syclone PU (AWD) (1991-1992 only)	900	2,700	4,500	10,130	15,700	22,500
NOTE: Add 5 percent for 4x4.						
1992 Sierra 1500, 1/2-Ton, V-8						
2d Sportside PU (SBx)	440	1,320	2,200	4,950	7,700	11,000
2d Fleetside PU (SBx)	440	1,320	2,200	4,950	7,700	11,000
2d Fleetside PU (LBx)	480	1,440	2,400	5,400	8,400	12,000
NOTE: Add 5 percent for 4x4.						
1992 Sierra 2500, 3/4-Ton, V-8						
2d Fleetside PU (SBx)	480	1,440	2,400	5,400	8,400	12,000
2d Fleetside PU (LBx)	520	1,560	2,600	5,850	9,100	13,000
NOTE: Add 5 percent for 4x4.						
1993 Yukon, V-8						
2d SUV (4x4)	600	1,800	3,000	6,750	10,500	15,000
1993 Jimmy, V-6						
2d SUV 2WD	300	900	1,500	3,380	5,250	7,500
4d SUV 2WD	310	940	1,560	3,510	5,460	7,800
2d SUV (4x4)	500	1,500	2,500	5,630	8,750	12,500
4d SUV (4x4)	520	1,560	2,600	5,850	9,100	13,000
1993 Safari, V-6						
Window Van	250	700	1,200	2,700	4,200	6,000
1993 G Van, V-8						
Window Van	250	800	1,300	2,930	4,550	6,500
1993 Suburban C1500/C2500						
4d Sta Wag 1500	640	1,920	3,200	7,200	11,200	16,000
4d Sta Wag 2500	680	2,040	3,400	7,650	11,900	17,000
1993 Sonoma, V-6						
2d PU (SBx)	350	1,100	1,850	4,140	6,450	9,200
2d PU (LBx)	400	1,150	1,900	4,280	6,650	9,500
1993 Sierra 1500/2500, V-8						
2d PU 1500 (SBx)	490	1,460	2,440	5,490	8,540	12,200
2d PU 1500 (LBx)	500	1,500	2,500	5,630	8,750	12,500
2d PU 2500 (SBx)	500	1,500	2,500	5,630	8,750	12,500
2d PU 2500 (LBx)	510	1,520	2,540	5,720	8,890	12,700
1994 Yukon, V-8						
2d SUV 4x4	600	1,800	3,000	6,750	10,500	15,000
1994 Jimmy, V-6						
2d SUV	320	960	1,600	3,600	5,600	8,000
2d SUV 4x4	330	980	1,640	3,690	5,740	8,200
4d SUV	400	1,200	2,000	4,500	7,000	10,000
4d SUV 4x4	440	1,320	2,200	4,950	7,700	11,000
1994 Safari, V-6						
Van Cargo	300	900	1,500	3,380	5,250	7,500
Van Cargo XT	320	960	1,600	3,600	5,600	8,000
Van SLX	340	1,020	1,700	3,830	5,950	8,500
Van SLX XT	380	1,140	1,900	4,280	6,650	9,500
1994 G1500/G2500, V-8						
Van	380	1,140	1,900	4,280	6,650	9,500
Rally (G2500 only)	440	1,320	2,200	4,950	7,700	11,000
1994 Suburban, V-8						
4d C1500	600	1,800	3,000	6,750	10,500	15,000
4d C2500	680	2,040	3,400	7,650	11,900	17,000
1994 Sonoma, V-6						
2d PU 6 ft	300	900	1,500	3,380	5,250	7,500

	6	5	4	3	2	1
2d PU 7 ft.	300	900	1,500	3,420	5,300	7,600
2d PU Club Cab 6 ft.	380	1,140	1,900	4,280	6,650	9,500
1994 Sierra 1500/2500, V-8						
2d PU 6 ft.	320	960	1,600	3,600	5,600	8,000
2d PU 8 ft.	440	1,320	2,200	4,950	7,700	11,000
2d PU Club Cab 6 ft.	480	1,440	2,400	5,400	8,400	12,000
2d PU Club Cab 8 ft.	520	1,560	2,600	5,850	9,100	13,000
1995 Yukon, V-8						
2d SUV, 4x4	600	1,800	3,000	6,750	10,500	15,000
4d SUV, 4x4	620	1,860	3,100	6,980	10,850	15,500
NOTE: Add 10 percent for turbo diesel.						
1995 Jimmy, V-6						
2d SUV	320	960	1,600	3,600	5,600	8,000
4d SUV	400	1,200	2,000	4,500	7,000	10,000
2d SUV, 4x4	330	980	1,640	3,690	5,740	8,200
4d SUV, 4x4	440	1,320	2,200	4,950	7,700	11,000
NOTE: Add 5 percent for SLS, SLE, or SLT trim package.						
1995 Safari, V-6						
Cargo Van XT	320	960	1,600	3,600	5,600	8,000
Van SLX XT	380	1,140	1,900	4,280	6,650	9,500
NOTE: Add 5 percent for SLE or SLT trim package. Add 10 percent for 4x4.						
1995 G1500 & G2500, V-8						
Van	380	1,140	1,900	4,280	6,650	9,500
Rally (G2500 only)	440	1,320	2,200	4,950	7,700	11,000
1995 Suburban, V-8						
C1500	600	1,800	3,000	6,750	10,500	15,000
C2500	680	2,040	3,400	7,650	11,900	17,000
NOTE: Add 10 percent for 4x4. Add 10 percent for turbo diesel.						
1995 Sonoma, 4-cyl. & V-6						
2d PU, 6 ft.	300	900	1,500	3,380	5,250	7,500
2d PU, 7-1/2 ft.	300	900	1,500	3,420	5,300	7,600
Club Cab PU, 6 ft.	400	1,150	1,900	4,280	6,650	9,500
NOTE: Add 5 percent SLS or SLE trim package. Add 10 percent for 4x4. Deduct 5 percent for 4-cyl.						
1995 Sierra 1500 & 2500, V-6 & V-8						
2d PU, 6-1/2 ft.	360	1,080	1,800	4,050	6,300	9,000
2d PU, 8 ft.	440	1,320	2,200	4,950	7,700	11,000
Club Cab PU, 6-1/2 ft.	480	1,440	2,400	5,400	8,400	12,000
Club Cab PU, 8 ft.	520	1,560	2,600	5,850	9,100	13,000
NOTE: Add 5 percent for SLE or SLT trim package. Add 10 percent for 4x4. Add 10 percent for turbo diesel. Deduct 5 percent for V-6.						
1996 Yukon, V-8						
2d SUV	520	1,560	2,600	5,850	9,100	13,000
SLE 2d SUV	540	1,620	2,700	6,080	9,450	13,500
SLE 4d SUV	560	1,680	2,800	6,300	9,800	14,000
NOTE: Add 10 percent for turbo diesel V-8. Add 10 percent for 4x4.						
1996 Jimmy, V-6						
2d SUV	280	840	1,400	3,150	4,900	7,000
4d SUV	360	1,080	1,800	4,050	6,300	9,000
NOTE: Add 5 percent for SLS, SLE, or SLT Pkg. Add 10 percent for 4x4.						
1996 Safari, V-6						
Cargo Van	280	840	1,400	3,150	4,900	7,000
SLX Van	340	1,020	1,700	3,830	5,950	8,500
NOTE: Add 5 percent for SLE or SLT Pkg. Add 10 percent for 4x4.						
1996 G1500 & G2500, V-8						
Cargo Van	340	1,020	1,700	3,830	5,950	8,500
Savana Van	400	1,200	2,000	4,500	7,000	10,000
1996 Suburban, V-8						
C1500	560	1,680	2,800	6,300	9,800	14,000
C2500	640	1,920	3,200	7,200	11,200	16,000
NOTE: Add 5 percent for SLE or SLT Pkg. Add 10 percent for 4x4. Add 10 percent for turbo diesel V-8.						
1996 Sonoma, 4-cyl. & V-6						
2d PU, 6 ft.	250	800	1,300	2,930	4,550	6,500
2d PU, 7-1/2 ft.	250	800	1,300	2,970	4,600	6,600
Club Cab PU, 6 ft.	350	1,000	1,700	3,830	5,950	8,500
NOTE: Add 5 percent SLS or SLE trim pkg. Add 10 percent for 4x4. Deduct 5 percent for 4-cyl.						
1996 Sierra 1500 & 2500, V-6 & V-8						
2d PU, 6-1/2 ft.	320	960	1,600	3,600	5,600	8,000
2d PU, 8 ft.	400	1,200	2,000	4,500	7,000	10,000
Club Cab PU, 6-1/2 ft.	440	1,320	2,200	4,950	7,700	11,000
Club Cab PU, 8 ft.	480	1,440	2,400	5,400	8,400	12,000
NOTE: Add 5 percent for SLE or SLT Pkg. Add 10 percent for 4x4. Add 10 percent for turbo diesel V-8. Deduct 5 percent for V-6.						
1997 Yukon, V-8						
2d SUV	520	1,560	2,600	5,850	9,100	13,000
SLE 2d SUV	540	1,620	2,700	6,080	9,450	13,500
SLE 4d SUV	560	1,680	2,800	6,300	9,800	14,000
NOTE: Add 10 percent for turbo diesel V-8. Add 10 percent for 4x4.						

	6	5	4	3	2	1
1997 Jimmy, V-6						
2d SUV	280	840	1,400	3,150	4,900	7,000
4d SUV	360	1,080	1,800	4,050	6,300	9,000

NOTE: Add 5 percent for SLS, SLE, or SLT Pkg. Add 10 percent for 4x4.

	6	5	4	3	2	1
1997 Safari, V-6						
Cargo Van	280	840	1,400	3,150	4,900	7,000
SLX Van	340	1,020	1,700	3,830	5,950	8,500

NOTE: Add 5 percent for SLE or SLT Pkg. Add 10 percent for 4x4.

	6	5	4	3	2	1
1997 G1500 & G2500, V-8						
Cargo Van	340	1,020	1,700	3,830	5,950	8,500
Savana Van	400	1,200	2,000	4,500	7,000	10,000

NOTE: Add 5 percent for extended model. Add 10 percent for turbo diesel V-8. Add 5 percent for 7.4L V-8. Deduct 5 percent for V-6.

	6	5	4	3	2	1
1997 Suburban, V-8						
C1500	560	1,680	2,800	6,300	9,800	14,000
C2500	600	1,800	3,000	6,750	10,500	15,000
K1500	620	1,860	3,100	6,980	10,850	15,500
K2500	640	1,920	3,200	7,200	11,200	16,000

NOTE: Add 5 percent for SLE or SLT Pkg. Add 10 percent for 4x4. Add 10 percent for turbo diesel V-8. Add 5 percent for 7.4L V-8.

	6	5	4	3	2	1
1997 Sonoma, V-6						
2d PU, 6 ft.	260	780	1,300	2,930	4,550	6,500
2d PU, 7-1/2 ft.	264	792	1,320	2,970	4,620	6,600
Club Cab PU, 6 ft.	340	1,020	1,700	3,830	5,950	8,500

NOTE: Add 5 percent for SLS or SLE Pkg. Add 10 percent for 4x4. Deduct 5 percent for 4-cyl.

	6	5	4	3	2	1
1997 Sierra 1500 & 2500, V-8						
2d PU, 6-1/2 ft.	320	960	1,600	3,600	5,600	8,000
2d PU, 8 ft.	400	1,200	2,000	4,500	7,000	10,000
Club Cab PU, 6-1/2 ft.	440	1,320	2,200	4,950	7,700	11,000
Club Cab PU, 8 ft.	480	1,440	2,400	5,400	8,400	12,000

NOTE: Add 5 percent for SLE or SLT Pkg. Add 10 percent for 4x4. Add 10 percent for turbo diesel V-8. Add 5 percent for 7.4L V-8. Deduct 5 percent for V-6.

	6	5	4	3	2	1
1998 Yukon, V-8						
SLE 4d SUV	560	1,680	2,800	6,300	9,800	14,000

NOTE: Add 10 percent for 4x4.

	6	5	4	3	2	1
1998 Jimmy, V-6						
2d SUV	280	840	1,400	3,150	4,900	7,000
4d SUV	360	1,080	1,800	4,050	6,300	9,000

NOTE: Add 5 percent for SLS, SLE, or SLT Pkg. Add 10 percent for 4x4.

	6	5	4	3	2	1
1998 Envoy, V-6, 4x4						
4d SUV	360	1,080	1,800	4,050	6,300	9,000

	6	5	4	3	2	1
1998 Safari, V-6						
Cargo Van	280	840	1,400	3,150	4,900	7,000
SLX Van	340	1,020	1,700	3,830	5,950	8,500

NOTE: Add 5 percent for SLE or SLT Pkg. Add 10 percent for 4x4.

	6	5	4	3	2	1
1998 G1500 & G2500, V-8						
Cargo Van	340	1,020	1,700	3,830	5,950	8,500
Savana Van	400	1,200	2,000	4,500	7,000	10,000

NOTE: Add 5 percent for extended model. Add 10 percent for turbo diesel V-8. Add 5 percent for 7.4L V-8. Deduct 5 percent for V-6.

	6	5	4	3	2	1
1998 Suburban, V-8						
C1500	560	1,680	2,800	6,300	9,800	14,000
C2500	600	1,800	3,000	6,750	10,500	15,000
K1500	620	1,860	3,100	6,980	10,850	15,500
K2500	640	1,920	3,200	7,200	11,200	16,000

NOTE: Add 5 percent for SLE or SLT Pkg. Add 10 percent for 4x4. Add 10 percent for turbo diesel V-8. Add 5 percent for 7.4L V-8.

	6	5	4	3	2	1
1998 Sonoma, V-6						
2d Wideside PU	260	780	1,300	2,930	4,550	6,500
2d Sportside PU	260	790	1,320	2,970	4,620	6,600

NOTE: Add 5 percent for extended cab. Add 5 percent for SLE, SLS, or ZR2 Highrider Pkg. Add 10 percent for 4x4. Deduct 5 percent for 4-cyl.

	6	5	4	3	2	1
1998 Sierra 1500 & 2500, V-8						
WS 2d PU (V-6)	240	720	1,200	2,700	4,200	6,000
2d Wideside PU	320	960	1,600	3,600	5,600	8,000
2d Sportside PU	400	1,200	2,000	4,500	7,000	10,000

NOTE: Add 5 percent for SLE or SLT Pkg. Add 5 percent for extended cab. Add 10 percent for 4x4. Add 10 percent for Heavy Duty Pkg. Add 10 percent for turbo diesel V-8. Add 5 percent for 7.4L V-8. Add 5 percent for dual rear wheels. Deduct 5 percent for V-6.

	6	5	4	3	2	1
1999 Yukon, V-8						
SLE 4d SUV	480	1,440	2,400	5,400	8,400	12,000
SLT 4d SUV	500	1,500	2,500	5,630	8,750	12,500

NOTE: Add 10 percent for 4x4.

	6	5	4	3	2	1
1999 Jimmy, V-6						
2d SUV	240	720	1,200	2,700	4,200	6,000
4d SUV	320	960	1,600	3,600	5,600	8,000
4d Envoy SUV 4x4	360	1,080	1,800	4,050	6,300	9,000

NOTE: Add 5 percent for SLE or SLT Pkgs. Add 10 percent for 4x4.

	6	5	4	3	2	1
1999 Denall, V-8, 4x4						
4d SUV 460	1,380	2,300	5,180	8,050	11,500
1999 Safari, V-6						
Cargo Van 280	840	1,400	3,150	4,900	7,000
SL Van 340	1,020	1,700	3,830	5,950	8,500
NOTE: Add 5 percent for SLE or SLT Pkgs. Add 10 percent for 4x4.						
1999 G1500 & G2500, V-8						
Cargo Van 340	1,020	1,700	3,830	5,950	8,500
Savana Van 400	1,200	2,000	4,500	7,000	10,000
NOTE: Add 5 percent for SLE Pkg. Add 5 percent for extended model. Add 10 percent for turbo diesel V-8. Add 5 percent for 7.4L V-8. Deduct 5 percent for V-6.						
1999 Suburban, V-8						
C1500 560	1,680	2,800	6,300	9,800	14,000
C2500 600	1,800	3,000	6,750	10,500	15,000
K1500 620	1,860	3,100	6,980	10,850	15,500
K2500 640	1,920	3,200	7,200	11,200	16,000
NOTE: Add 5 percent for SLE or SLT Pkgs. Add 10 percent for 4x4. Add 10 percent for turbo diesel V-8. Add 5 percent for 7.4L V-8.						
1999 Sonoma, V-6						
2d Wideside PU 260	780	1,300	2,930	4,550	6,500
2d Sportside PU 260	790	1,320	2,970	4,620	6,600
NOTE: Add 5 percent for extended cab. Add 5 percent SLE or ZR2 Pkgs. Add 10 percent for 4x4. Deduct 5 percent for 4-cyl.						
1999 Sierra 1500 & 2500, V-8						
2d Wideside PU 320	960	1,600	3,600	5,600	8,000
2d Sportside PU 400	1,200	2,000	4,500	7,000	10,000
4d Crew Cab PU (2500 only) 440	1,320	2,200	4,950	7,700	11,000
NOTE: Add 5 percent for SLE or SLT Pkgs. Add 5 percent for extended cab. Add 10 percent for 4x4. Add 10 percent for Heavy Duty Pkg. Add 10 percent for turbo diesel V-8. Add 5 percent for 7.4L V-8. Add 5 percent for dually version. Deduct 5 percent for V-6.						
2000 Yukon, V-8						
SLE 4d SUV 480	1,440	2,400	5,400	8,400	12,000
NOTE: Add 5 percent for SLT pkg. Add 10 percent for 4x4.						
2000 Jimmy, V-6						
2d SLS SUV 240	720	1,200	2,700	4,200	6,000
4d SLE SUV 320	960	1,600	3,600	5,600	8,000
4d Diamond SUV 330	980	1,640	3,690	5,740	8,200
4d Envoy SUV (4x4 only) 360	1,080	1,800	4,050	6,300	9,000
NOTE: Add 5 percent for SLT pkg. Add 10 percent for 4x4.						
2000 Denali, V-8, 4x4						
4d SUV 460	1,380	2,300	5,180	8,050	11,500
2000 Safari, V-6						
Cargo Van 280	840	1,400	3,150	4,900	7,000
SL Van 340	1,020	1,700	3,830	5,950	8,500
NOTE: Add 5 percent for SLE or SLT pkgs. Add 10 percent for 4x4.						
2000 G1500 & G2500, V-8						
Cargo Van 340	1,020	1,700	3,830	5,950	8,500
Savana Van 400	1,200	2,000	4,500	7,000	10,000
NOTE: Add 5 percent for SLE pkg. Add 5 percent for extended model. Add 10 percent for turbo diesel V-8. Add 5 percent for 7.4L V-8. Deduct 5 percent for V-6.						
2000 Yukon XL, V-8						
C1500 SLE SUV 480	1,440	2,400	5,400	8,400	12,000
C1500 SLT SUV 500	1,500	2,500	5,630	8,750	12,500
C2500 SLE SUV 500	1,510	2,520	5,670	8,820	12,600
C2500 SLT SUV 520	1,560	2,600	5,850	9,100	13,000
K1500 SLE SUV, 4x4 540	1,620	2,700	6,080	9,450	13,500
K1500 SLT SUV, 4x4 560	1,680	2,800	6,300	9,800	14,000
K2500 SLE SUV, 4x4 580	1,740	2,900	6,530	10,150	14,500
K2500 SLT SUV, 4x4 600	1,800	3,000	6,750	10,500	15,000
NOTE: Add 10 percent for C Series 4x4.						
2000 Sonoma, V-6						
2d Wideside PU 260	780	1,300	2,930	4,550	6,500
2d Sportside PU 260	790	1,320	2,970	4,620	6,600
NOTE: Add 5 percent for extended cab. Add 5 percent SLE, SLS or ZR2 pkgs. Add 10 percent for 4x4. Deduct 5 percent for 4-cyl.						
2000 New Sierra 1500, V-8						
2d Wideside PU 320	960	1,600	3,600	5,600	8,000
2d Sportside PU 400	1,200	2,000	4,500	7,000	10,000
2000 Classic Seirra 2500, V-8						
2d Wideside PU 360	1,080	1,800	4,050	6,300	9,000
2d Wideside Crew Cab PU 440	1,320	2,200	4,950	7,700	11,000
2000 New Seirra 2500, V-8						
2d Wideside PU 410	1,220	2,040	4,590	7,140	10,200
NOTE (all Sierra): Add 5 percent for Z71, SLE or SLT pkgs. Add 5 percent for extended cab. Add 10 percent for 4x4. Add 10 percent for Heavy Duty pkg. Add 10 percent for turbo diesel V-8. Add 5 percent for 7.4L V-8. Add 5 percent for dually version. Deduct 5 percent for V-6.						

	6	5	4	3	2	1
2001 Yukon, V-8						
SLE 4d SUV	480	1,440	2,400	5,400	8,400	12,000
SLT 4d SUV	520	1,560	2,600	5,850	9,100	13,000
NOTE: Add 10 percent for 4x4.						
2001 Jimmy, V-6						
2d SLS SUV	240	720	1,200	2,700	4,200	6,000
4d SL SUV	230	680	1,140	2,570	3,990	5,700
4d SLE SUV	320	960	1,600	3,600	5,600	8,000
4d Diamond SUV	330	980	1,640	3,690	5,740	8,200
NOTE: Add 5 percent for SLT pkg on SLE. Add 10 percent for 4x4.						
2001 Denali, V-8, 4x4						
4d SUV	480	1,440	2,400	5,400	8,400	12,000
4d XL SUV	490	1,470	2,450	5,510	8,580	12,250
2001 Safari, V-6						
Cargo Van	280	840	1,400	3,150	4,900	7,000
SLE Van	340	1,020	1,700	3,830	5,950	8,500
SLT Van	350	1,040	1,740	3,920	6,090	8,700
NOTE: Add 10 percent for 4x4.						
2001 G1500 & G2500, V-8						
Cargo Van	340	1,020	1,700	3,830	5,950	8,500
Savana Van	400	1,200	2,000	4,500	7,000	10,000
NOTE: Add 5 percent for SLE pkg. Add 5 percent for extended model. Add 10 percent for turbo diesel V-8. Add 5 percent for 8.1L V-8. Deduct 5 percent for V-6.						
2001 Yukon XL, V-8						
C1500 SLE SUV	520	1,560	2,600	5,850	9,100	13,000
C1500 SLT SUV	540	1,620	2,700	6,080	9,450	13,500
C2500 SLE SUV	540	1,630	2,720	6,120	9,520	13,600
C2500 SLT SUV	560	1,680	2,800	6,300	9,800	14,000
K1500 SLE SUV, 4x4	580	1,740	2,900	6,530	10,150	14,500
K1500 SLT SUV, 4x4	600	1,800	3,000	6,750	10,500	15,000
K2500 SLE SUV, 4x4	620	1,860	3,100	6,980	10,850	15,500
K2500 SLT SUV, 4x4	640	1,920	3,200	7,200	11,200	16,000
NOTE: Add 10 percent for C Series 4x4. Add 5 percent for 8.1L V-8.						
2001 Sonoma, V-6						
2d Wideside PU	260	780	1,300	3,250	4,550	6,500
2d Sportside PU	260	790	1,320	3,300	4,620	6,600
4d SLS Crew Cab PU, 4x4	370	1,100	1,840	4,140	6,440	9,200
NOTE: Add 5 percent for extended cab. Add 5 percent for SLE, SLS or ZR2 pkgs. Add 10 percent for 4x4. Deduct 5 percent for 4-cyl.						
2001 Sierra 1500 & 2500, V-8						
2d Wideside PU	320	960	1,600	3,600	5,600	8,000
2d Sportside PU	400	1,200	2,000	4,500	7,000	10,000
NOTE: Add 5 percent for Z71, SLE or SLT pkgs. Add 5 percent for extended cab. Add 10 percent for 4x4. Add 10 percent for Heavy Duty pkg. Add 10 percent for turbo diesel V-8. Add 5 percent for 8.1L V-8. Add 5 percent for dually version. Deduct 5 percent for V-6.						
2002 Yukon, V-8						
SLE 4d SUV	560	1,680	2,800	7,000	9,800	14,000
SLT 4d SUV	600	1,800	3,000	7,500	10,500	15,000
NOTE: Add 10 percent for 4x4.						
2002 Envoy, 6-cyl.						
4d SLE SUV	440	1,320	2,200	5,500	7,700	11,000
4d SLT SUV	480	1,440	2,400	6,000	8,400	12,000
NOTE: Add 10 percent for 4x4.						
2002 Envoy XL, 6-cyl.						
4d XL SLE SUV	500	1,500	2,500	6,250	8,750	12,500
4d XL SLT SUV	520	1,560	2,600	6,500	9,100	13,000
NOTE: Add 10 percent for 4x4.						
2002 Denali, V-8, 4x4						
4d SUV	560	1,680	2,800	7,000	9,800	14,000
4d XL SUV	570	1,710	2,850	7,130	9,980	14,250
4d Sierra SUV	640	1,920	3,200	8,000	11,200	16,000
2002 Safari, V-6						
Cargo Van	320	960	1,600	4,000	5,600	8,000
SLE Van	380	1,140	1,900	4,750	6,650	9,500
SLT Van	390	1,160	1,940	4,850	6,790	9,700
NOTE: Add 10 percent for 4x4.						
2002 G1500 & G2500, V-8						
Cargo Van	380	1,140	1,900	4,750	6,650	9,500
Savana Van	480	1,440	2,400	6,000	8,400	12,000
NOTE: Add 5 percent for SLT or SLE pkgs. Add 5 percent for extended model. Add 10 percent for turbo diesel V-8. Add 5 percent for 8.1L V-8. Deduct 5 percent for V-6.						
2002 Yukon XL, V-8						
C1500 SLE SUV	600	1,800	3,000	7,500	10,500	15,000
C1500 SLT SUV	620	1,860	3,100	7,750	10,850	15,500
C2500 SLE SUV	620	1,870	3,120	7,800	10,920	15,600
C2500 SLT SUV	640	1,920	3,200	8,000	11,200	16,000

	6	5	4	3	2	1
K1500 SLE SUV, 4x4 660	1,980	3,300	8,250	11,550	16,500
K1500 SLT SUV, 4x4 680	2,040	3,400	8,500	11,900	17,000
K2500 SLE SUV, 4x4 700	2,100	3,500	8,750	12,250	17,500
K2500 SLT SUV, 4x4 720	2,160	3,600	9,000	12,600	18,000

NOTE: Add 5 percent for 8.1L V-8.

2002 Sonoma, V-6

2d Wideside PU 260	780	1,300	3,250	4,550	6,500
2d Sportside PU 260	790	1,320	3,300	4,620	6,600
4d SLS Crew Cab PU, 4x4 410	1,220	2,040	5,100	7,140	10,200

NOTE: Add 5 percent for extended cab. Add 5 percent SLS, ZR2 or ZR5 pkgs. Add 10 percent for 4x4. Deduct 5 percent for 4-cyl.

2002 Sierra 1500 & 2500, V-8

1500 2d Wideside PU 360	1,080	1,800	4,500	6,300	9,000
1500 2d Sportside PU 480	1,440	2,400	6,000	8,400	12,000
1500 HD Wideside Crew Cab SLE PU 560	1,680	2,800	7,000	9,800	14,000
1500 HD Wideside Crew Cab SLT PU 600	1,800	3,000	7,500	10,500	15,000
2500 LD Wideside PU 440	1,320	2,200	5,500	7,700	11,000
2500 HD Wideside PU 480	1,440	2,400	6,000	8,400	12,000
2500 HD Crew Cab PU 640	1,920	3,200	8,000	11,200	16,000

NOTE: Add 5 percent for Z71 pkg. Add 5 percent for extended cab. Add 10 percent for 4x4. Add 10 percent for turbo diesel V-8. Add 5 percent for 8.1L V-8. Add 5 percent for dually version. Deduct 5 percent for V-6.

2003 Yukon, V-8

SLE 4d SUV 560	1,680	2,800	7,000	9,800	14,000
SLT 4d SUV 600	1,800	3,000	7,500	10,500	15,000

NOTE: Add 5 percent for 4x4. Deduct 5 percent for Z71 pkg.

2003 Envoy, 6-cyl.

4d SLE SUV 440	1,320	2,200	5,500	7,700	11,000
4d SLT SUV 480	1,440	2,400	6,000	8,400	12,000

NOTE: Add 5 percent for 4x4.

2003 Envoy XL, 6-cyl.

4d SLE SUV 500	1,500	2,500	6,250	8,750	12,500
4d SLT SUV 520	1,560	2,600	6,500	9,100	13,000

NOTE: Add 5 percent for 4x4. Add 5 percent for V-8.

2003 Denali, V-8, 4x4

4d SUV 560	1,680	2,800	7,000	9,800	14,000
4d XL SUV 570	1,710	2,850	7,130	9,980	14,250
4d Sierra SUV 640	1,920	3,200	8,000	11,200	16,000

2003 Safari, V-6

Cargo Van 320	960	1,600	4,000	5,600	8,000
Van 340	1,020	1,700	4,250	5,950	8,500
SLE Van 380	1,140	1,900	4,750	6,650	9,500
SLT Van 390	1,160	1,940	4,850	6,790	9,700

NOTE: Add 5 percent for 4x4.

2003 G1500 & G2500, V-8

Cargo Van 380	1,140	1,900	4,750	6,650	9,500
Savana Van 480	1,440	2,400	6,000	8,400	12,000

NOTE: Add 5 percent for SLE pkg. Add 5 percent for AWD. Add 5 percent for extended model. Add 5 percent for 6.0L V-8. Deduct 5 percent for V-6.

2003 Yukon XL, V-8

C1500 SLE SUV 600	1,800	3,000	7,500	10,500	15,000
C1500 SLT SUV 620	1,860	3,100	7,750	10,850	15,500
C2500 SLE SUV 620	1,870	3,120	7,800	10,920	15,600
C2500 SLT SUV 640	1,920	3,200	8,000	11,200	16,000
K1500 SLE SUV, 4x4 660	1,980	3,300	8,250	11,550	16,500
K1500 SLT SUV, 4x4 680	2,040	3,400	8,500	11,900	17,000
K2500 SLE SUV, 4x4 700	2,100	3,500	8,750	12,250	17,500
K2500 SLT SUV, 4x4 720	2,160	3,600	9,000	12,600	18,000

NOTE: Add 5 percent for 8.1L V-8.

2003 Sonoma, V-6

2d Wideside PU 260	780	1,300	3,250	4,550	6,500
2d Sportside PU 260	790	1,320	3,300	4,620	6,600
4d SLS Crew Cab PU, 4x4 410	1,220	2,040	5,100	7,140	10,200

NOTE: Add 5 percent for extended cab. Add 5 percent SLS, ZR2, ZR5 or ZRX pkgs. Add 10 percent for 4x4 when not so equipped. Deduct 5 percent for 4-cyl.

2003 Sierra 1500 & 2500, V-8

1500 2d Wideside PU 360	1,080	1,800	4,500	6,300	9,000
1500 2d Sportside PU 480	1,440	2,400	6,000	8,400	12,000
1500 HD Wideside Crew Cab SLE PU 560	1,680	2,800	7,000	9,800	14,000
1500 HD Wideside Crew Cab SLT PU 600	1,800	3,000	7,500	10,500	15,000
2500 LD Wideside PU 440	1,320	2,200	5,500	7,700	11,000
2500 HD Wideside PU 480	1,440	2,400	6,000	8,400	12,000
2500 HD Crew Cab PU 640	1,920	3,200	8,000	11,200	16,000

NOTE: Add 5 percent for SLE or Z71 pkg. Add 10 percent for SLT pkg. Add 5 percent for extended cab. Add 10 percent for 4x4. Add 10 percent for turbo diesel V-8. Add 5 percent for 8.1L V-8. Add 5 percent for dually version. Deduct 5 percent for V-6.

	6	5	4	3	2	1
2004 Yukon, V-8						
SLE 4d SUV 560	1,680	2,800	7,000	9,800	14,000
SLT 4d SUV 600	1,800	3,000	6,750	10,500	15,000
NOTE: Add 5 percent for 4x4. Add 5 percent for Z71 pkg.						
2004 Envoy, 6-cyl.						
4d SLE SUV 440	1,320	2,200	5,500	7,700	11,000
4d SLT SUV 480	1,440	2,400	6,000	8,400	12,000
NOTE: Add 5 percent for 4x4.						
2004 Envoy XL, 6-cyl.						
4d SLE SUV 500	1,500	2,500	6,250	8,750	12,500
4d SLT SUV 520	1,560	2,600	6,500	9,100	13,000
NOTE: Add 5 percent for 4x4. Add 5 percent for V-8.						
2004 Envoy XUV, 6-cyl.						
4d SLE SUV 540	1,620	2,700	6,750	9,450	13,500
4d SLT SUV 560	1,680	2,800	7,000	9,800	14,000
NOTE: Add 5 percent for 4x4. Add 5 percent for V-8.						
2004 Denali, V-8, 4x4						
4d SUV 560	1,680	2,800	7,000	9,800	14,000
4d XL SUV 570	1,710	2,850	7,130	9,980	14,250
4d Sierra SUV 640	1,920	3,200	8,000	11,200	16,000
2004 Safari, V-6						
Cargo Van 320	960	1,600	4,000	5,600	8,000
Van 340	1,020	1,700	4,250	5,950	8,500
SLE Van 380	1,140	1,900	4,750	6,650	9,500
SLT Van 390	1,160	1,940	4,850	6,790	9,700
NOTE: Add 5 percent for AWD.						
2004 G1500 & G2500, V-8						
Cargo Van 380	1,140	1,900	4,750	6,650	9,500
Savana Van 480	1,440	2,400	6,000	8,400	12,000
NOTE: Add 5 percent for SLE pkg. Add 5 percent for AWD. Add 5 percent for extended model. Add 5 percent for 6.0L V-8. Deduct 5 percent for V-6.						
2004 Yukon XL, V-8						
C1500 SLE SUV 600	1,800	3,000	7,500	10,500	15,000
C1500 SLT SUV 620	1,860	3,100	7,750	10,850	15,500
C2500 SLE SUV 620	1,870	3,120	7,800	10,920	15,600
C2500 SLT SUV 640	1,920	3,200	8,000	11,200	16,000
K1500 SLE SUV, 4x4 660	1,980	3,300	8,250	11,550	16,500
K1500 SLT SUV, 4x4 680	2,040	3,400	8,500	11,900	17,000
K2500 SLE SUV, 4x4 700	2,100	3,500	8,750	12,250	17,500
K2500 SLT SUV, 4x4 720	2,160	3,600	9,000	12,600	18,000
NOTE: Add 5 percent for 8.1L V-8. Add 5 percent for Quadrasteer.						
2004 Sonoma, V-6, 4x4						
SLS Crew Cab PU 410	1,220	2,040	5,100	7,140	10,200
NOTE: Add 5 percent for ZR5 pkg.						
2004 Canyon, 5-cyl.						
Z85 PU 290	860	1,440	3,600	5,040	7,200
Z71 PU 300	900	1,500	3,750	5,250	7,500
NOTE: Add 5 percent for ext cab. Add 5 percent for crew cab. Add 10 percent for 4x4. Add 5 percent for SLE pkg except crew cab. Deduct 5 percent for 4-cyl. Deduct 5 percent for manual transmission.						
2004 Sierra 1500 & 2500, V-8						
1500 2d Wideside PU 360	1,080	1,800	4,500	6,300	9,000
1500 2d Sportside PU 480	1,440	2,400	6,000	8,400	12,000
1500 2d Wideside Ext Cab PU 520	1,560	2,600	6,500	9,100	13,000
1500 2d Sportside Ext Cab PU 540	1,620	2,700	6,750	9,450	13,500
1500 Wideside Crew Cab SLE PU 560	1,680	2,800	7,000	9,800	14,000
1500 Wideside Crew Cab SLT PU 600	1,800	3,000	7,500	10,500	15,000
2500 LD Wideside PU 480	1,440	2,400	6,000	8,400	12,000
2500 LD Wideside Ext Cab PU (AWD) 600	1,800	3,000	7,500	10,500	15,000
2500 LD Wideside Crew Cab SLE PU 580	1,740	2,900	7,250	10,150	14,500
2500 LD Wideside Crew Cab SLT PU 620	1,860	3,100	7,750	10,850	15,500
2500 HD Wideside PU 500	1,500	2,500	6,250	8,750	12,500
2500 HD Wideside Ext Cab PU 570	1,710	2,850	7,130	9,980	14,250
2500 HD Wideside Crew Cab PU 580	1,740	2,900	7,250	10,150	14,500
NOTE: Add 5 percent for SLE, SLT or Z71 pkg when available. Add 10 percent for Limited Ed or Performance Ed pkg when available. Add 10 percent for 4x4 when optional. Add 10 percent for turbo diesel V-8. Add 5 percent for 8.1L V-8. Deduct 5 percent for V-6. Deduct 5 percent for manual transmission.						

HUDSON TRUCKS

1929 Dover Series

	6	5	4	3	2	1
Canopy Exp. 664	1,992	3,320	7,470	11,620	16,600
Screenside Dly 652	1,956	3,260	7,340	11,410	16,300
Panel Dly. 672	2,016	3,360	7,560	11,760	16,800
Flareboard PU. 692	2,076	3,460	7,790	12,110	17,300
Bed Rail PU. 792	2,376	3,960	8,910	13,860	19,800
Sed Dly 712	2,136	3,560	8,010	12,460	17,800
Mail Truck w/sl doors 952	2,856	4,760	10,710	16,660	23,800

		6	5	4	3	2	1
1930-31 Essex Commercial Car Series							
PU	770	2,320	3,860	8,690	13,510	19,300	
Canopy Exp	720	2,160	3,600	8,100	12,600	18,000	
Screenside Exp	730	2,200	3,660	8,240	12,810	18,300	
Panel Exp.	750	2,260	3,760	8,460	13,160	18,800	
Sed Dly	790	2,380	3,960	8,910	13,860	19,800	
1933 Essex-Terraplane Series							
PU Exp	720	2,160	3,600	8,100	12,600	18,000	
Canopy Dly.	700	2,100	3,500	7,880	12,250	17,500	
Screenside Dly	710	2,140	3,560	8,010	12,460	17,800	
Panel Dly	720	2,170	3,620	8,150	12,670	18,100	
DeL Panel Dly	730	2,200	3,660	8,240	12,810	18,300	
Sed Dly.	750	2,260	3,760	8,460	13,160	18,800	
Mail Dly Van	910	2,740	4,560	10,260	15,960	22,800	
1934 Terraplane Series							
Cab PU.	800	2,400	4,000	9,000	14,000	20,000	
Sed Dly.	750	2,260	3,760	8,460	13,160	18,800	
Cantrell Sta Wag	1,680	5,040	8,400	18,900	29,400	42,000	
Cotton Sta Wag	1,200	3,600	6,000	13,500	21,000	30,000	
1935-36 Terraplane Series GU							
Cab PU.	800	2,400	4,000	9,000	14,000	20,000	
Sed Dly.	750	2,260	3,760	8,460	13,160	18,800	
1937 Terraplane Series 70, 1/2-Ton							
Utl Cpe PU	740	2,220	3,700	8,330	12,950	18,500	
1937 Terraplane Series 70, 3/4-Ton							
Cab PU.	800	2,400	4,000	9,000	14,000	20,000	
Panel Dly	740	2,230	3,720	8,370	13,020	18,600	
1937 "Big Boy" Series 78, 3/4-Ton							
Cab PU.	710	2,140	3,560	8,010	12,460	17,800	
Cus Panel Dly	730	2,200	3,660	8,240	12,810	18,300	
1938 Hudson-Terraplane Series 80							
Cab PU.	800	2,400	4,000	9,000	14,000	20,000	
Cus Panel Dly	750	2,260	3,760	8,460	13,160	18,800	
1938 Hudson "Big Boy" Series 88							
Cab PU.	750	2,260	3,760	8,460	13,160	18,800	
Cus Panel Dly	770	2,320	3,860	8,690	13,510	19,300	
1938 Hudson 112 Series 89							
Cab PU.	730	2,200	3,660	8,240	12,810	18,300	
Panel Dly	750	2,260	3,760	8,460	13,160	18,800	
1939 Hudson 112 Series							
PU	650	1,960	3,260	7,340	11,410	16,300	
Cus Panel.	670	2,020	3,360	7,560	11,760	16,800	
1939 Hudson "Big Boy" Series							
PU	670	2,020	3,360	7,560	11,760	16,800	
Cus Panel.	690	2,080	3,460	7,790	12,110	17,300	
1939 Hudson Pacemaker Series							
Cus Panel	780	2,350	3,920	8,820	13,720	19,600	
1940 Hudson Six Series							
PU	870	2,620	4,360	9,810	15,260	21,800	
Panel Dly	850	2,560	4,260	9,590	14,910	21,300	
1940 "Big Boy" Series							
PU	890	2,680	4,460	10,040	15,610	22,300	
Panel Dly	870	2,620	4,360	9,810	15,260	21,800	
1941 Hudson Six Series							
PU	850	2,560	4,260	9,590	14,910	21,300	
All-Purpose Dly	860	2,570	4,280	9,630	14,980	21,400	
1941 "Big Boy" Series							
PU	870	2,620	4,360	9,810	15,260	21,800	
1942 Hudson Six Series							
PU	850	2,560	4,260	9,590	14,910	21,300	
1942 Hudson "Big Boy" Series							
PU	870	2,620	4,360	9,810	15,260	21,800	
1946-47 Cab Pickup Series 178							
Cab PU.	1,200	3,600	6,000	13,500	21,000	30,000	

IHC TRUCKS

NOTE: Add 15% for MAX or MWX (x = widetrack) versions through 1915. IHC designated their trucks through 1915 as "Auto Wagons."

		6	5	4	3	2	1
1909 Model A Series							
Auto Wag	1,560	4,680	7,800	17,550	27,300	39,000	
1910 Model A Series							
Auto Wag	1,560	4,680	7,800	17,550	27,300	39,000	
1911 Model A Series							
Auto Wag	1,560	4,680	7,800	17,550	27,300	39,000	
1912 Series AA							
Dly Wag	1,540	4,620	7,700	17,330	26,950	38,500	

	6	5	4	3	2	1
1912 Series MW						
Dly Wag.	1,540	4,620	7,700	17,330	26,950	38,500
Panel Exp	1,500	4,500	7,500	16,880	26,250	37,500
1912 Series AW						
Panel Exp	1,500	4,500	7,500	16,880	26,250	37,500
1913-14 Series AA						
Panel Exp	1,520	4,560	7,600	17,100	26,600	38,000
1913-14 Series AW						
Panel Exp	1,500	4,500	7,500	16,880	26,250	37,500
1913-14 Series MA						
Panel Exp	1,520	4,560	7,600	17,100	26,600	38,000
1913-14 Series MW						
Panel Exp	1,500	4,500	7,500	16,880	26,250	37,500
1915 Model M						
1/2-Ton Chassis	1,520	4,560	7,600	17,100	26,600	38,000
1915 Model E						
3/4-Ton Chassis	1,440	4,320	7,200	16,200	25,200	36,000
1915 Model F						
1-Ton Chassis	1,320	3,960	6,600	14,850	23,100	33,000
1916-20 Model F						
1-Ton Chassis	1,320	3,960	6,600	14,850	23,100	33,000
1916-20 Model H						
3/4-Ton Chassis	1,460	4,380	7,300	16,430	25,550	36,500
1921 Model S Series, 3/4-Ton						
Chassis	660	1,980	3,300	7,430	11,550	16,500
PU	760	2,280	3,800	8,550	13,300	19,000
Exp	740	2,220	3,700	8,330	12,950	18,500
Stake	740	2,220	3,700	8,330	12,950	18,500
Ambulance	760	2,280	3,800	8,550	13,300	19,000
Panel	760	2,280	3,800	8,550	13,300	19,000
1921 Model 21 Series, 1-Ton						
Chassis	640	1,920	3,200	7,200	11,200	16,000
Exp	700	2,100	3,500	7,880	12,250	17,500
Panel	680	2,040	3,400	7,650	11,900	17,000
Stake	700	2,100	3,500	7,880	12,250	17,500
Dump	720	2,160	3,600	8,100	12,600	18,000
Tank	740	2,220	3,700	8,330	12,950	18,500
1922 Model S Series, 3/4-Ton						
Chassis	660	1,980	3,300	7,430	11,550	16,500
PU	760	2,280	3,800	8,550	13,300	19,000
Exp	740	2,220	3,700	8,330	12,950	18,500
Panel	760	2,280	3,800	8,550	13,300	19,000
Stake	740	2,220	3,700	8,330	12,950	18,500
Ambulance	760	2,280	3,800	8,550	13,300	19,000
1922 Model 21 Series, 1-Ton						
Chassis	640	1,920	3,200	7,200	11,200	16,000
Exp	700	2,100	3,500	7,880	12,250	17,500
Panel	720	2,160	3,600	8,100	12,600	18,000
Stake	700	2,100	3,500	7,880	12,250	17,500
Dump	720	2,160	3,600	8,100	12,600	18,000
Tank	740	2,220	3,700	8,330	12,950	18,500
1923 Model S Series, 3/4-Ton						
Chassis	660	1,980	3,300	7,430	11,550	16,500
PU	760	2,280	3,800	8,550	13,300	19,000
Exp	740	2,220	3,700	8,330	12,950	18,500
Panel	760	2,280	3,800	8,550	13,300	19,000
Stake	740	2,220	3,700	8,330	12,950	18,500
Ambulance	760	2,280	3,800	8,550	13,300	19,000
1923 Model 21 Series, 1-Ton						
Chassis	640	1,920	3,200	7,200	11,200	16,000
Exp	700	2,100	3,500	7,880	12,250	17,500
Panel	720	2,160	3,600	8,100	12,600	18,000
Stake	700	2,100	3,500	7,880	12,250	17,500
Dump	720	2,160	3,600	8,100	12,600	18,000
Tank	740	2,220	3,700	8,330	12,950	18,500
1925 Special Delivery Series, 3/4-Ton						
Chassis	700	2,100	3,500	7,880	12,250	17,500
Panel Dly	740	2,220	3,700	8,330	12,950	18,500
1925 Model S Series, 1-Ton						
Chassis	660	1,980	3,300	7,430	11,550	16,500
PU	740	2,220	3,700	8,330	12,950	18,500
Exp	720	2,160	3,600	8,100	12,600	18,000
Panel	660	1,980	3,300	7,430	11,550	16,500
Stake	720	2,160	3,600	8,100	12,600	18,000
Ambulance	740	2,220	3,700	8,330	12,950	18,500
Lang Bus	640	1,920	3,200	7,200	11,200	16,000

	6	5	4	3	2	1
1925 Model SD Series, 1-Ton						
Chassis 640	1,920	3,200	7,200	11,200	16,000	
1925 Model SL Series, 1-Ton						
Chassis 640	1,920	3,200	7,200	11,200	16,000	
1927-28 Series S, 3/4-Ton						
PU 720	2,160	3,600	8,100	12,600	18,000	
Canopy Dly. 700	2,110	3,520	7,920	12,320	17,600	
Screen Dly 690	2,060	3,440	7,740	12,040	17,200	
Panel Dly 740	2,210	3,680	8,280	12,880	18,400	
Sed Dly. 760	2,270	3,780	8,510	13,230	18,900	
1929 Series S, 3/4-Ton						
PU 720	2,150	3,580	8,060	12,530	17,900	
Canopy Dly. 700	2,110	3,520	7,920	12,320	17,600	
Screen Dly 690	2,060	3,440	7,740	12,040	17,200	
Panel Dly 740	2,210	3,680	8,280	12,880	18,400	
Sed Dly. 760	2,270	3,780	8,510	13,230	18,900	
1930 Series AW-1, 3/4-Ton, 134" wb						
Chassis 680	2,040	3,400	7,650	11,900	17,000	
PU 710	2,140	3,560	8,010	12,460	17,800	
Canopy Dly. 710	2,140	3,560	8,010	12,460	17,800	
Screen Dly 700	2,100	3,500	7,880	12,250	17,500	
Panel Dly 740	2,220	3,700	8,330	12,950	18,500	
Sed Dly. 760	2,280	3,800	8,550	13,300	19,000	
1930 Series AW-1, 3/4-Ton, 136" wb						
Chassis 640	1,920	3,200	7,200	11,200	16,000	
PU 700	2,110	3,520	7,920	12,320	17,600	
Canopy Dly. 690	2,060	3,440	7,740	12,040	17,200	
Screen Dly 670	2,020	3,360	7,560	11,760	16,800	
Panel Dly 720	2,160	3,600	8,100	12,600	18,000	
Sed Dly. 740	2,220	3,700	8,330	12,950	18,500	
1931 Series AW-1, 3/4-Ton						
Chassis 680	2,040	3,400	7,650	11,900	17,000	
PU 740	2,220	3,700	8,330	12,950	18,500	
Canopy Dly. 740	2,210	3,680	8,280	12,880	18,400	
Screen Dly 710	2,140	3,560	8,010	12,460	17,800	
Panel 700	2,100	3,500	7,880	12,250	17,500	
Sed Dly. 760	2,280	3,800	8,550	13,300	19,000	
1931 Series A-1, 3/4-Ton						
Chassis 660	1,980	3,300	7,430	11,550	16,500	
1932 Series AW-1, 3/4-Ton						
Chassis 680	2,040	3,400	7,650	11,900	17,000	
PU 740	2,220	3,700	8,330	12,950	18,500	
Canopy Dly. 740	2,210	3,680	8,280	12,880	18,400	
Screen Dly 710	2,140	3,560	8,010	12,460	17,800	
Panel 700	2,100	3,500	7,880	12,250	17,500	
Sed Dly. 760	2,280	3,800	8,550	13,300	19,000	
1932 Series A-1, 3/4-Ton						
Chassis 680	2,040	3,400	7,650	11,900	17,000	
PU 700	2,100	3,500	7,880	12,250	17,500	
Canopy Dly. 700	2,090	3,480	7,830	12,180	17,400	
Screen Dly 670	2,020	3,360	7,560	11,760	16,800	
Panel 660	1,980	3,300	7,430	11,550	16,500	
Sed Dly. 720	2,160	3,600	8,100	12,600	18,000	
1932 Series M-2, 1-Ton						
Chassis 650	1,960	3,260	7,340	11,410	16,300	
1933 Series D-1, 1/2-Ton						
Chassis 660	1,990	3,320	7,470	11,620	16,600	
PU 680	2,050	3,420	7,700	11,970	17,100	
Canopy Dly. 680	2,040	3,400	7,650	11,900	17,000	
Screen Dly 660	1,970	3,280	7,380	11,480	16,400	
Panel 640	1,930	3,220	7,250	11,270	16,100	
Sed Dly. 700	2,110	3,520	7,920	12,320	17,600	
1933 Series A-1, 3/4-Ton						
Chassis 660	1,980	3,300	7,430	11,550	16,500	
PU 680	2,040	3,400	7,650	11,900	17,000	
Canopy Dly. 680	2,030	3,380	7,610	11,830	16,900	
Screen Dly 650	1,960	3,260	7,340	11,410	16,300	
Panel 640	1,920	3,200	7,200	11,200	16,000	
Sed Dly. 700	2,100	3,500	7,880	12,250	17,500	
1933 Series M-2, 1-Ton						
Chassis 630	1,900	3,160	7,110	11,060	15,800	
1934-36 Series D-1, 1/2-Ton						
PU 720	2,170	3,620	8,150	12,670	18,100	
Canopy Dly. 720	2,160	3,600	8,100	12,600	18,000	
Screen Dly 740	2,220	3,700	8,330	12,950	18,500	
Panel 720	2,160	3,600	8,100	12,600	18,000	
Sed Dly. 740	2,230	3,720	8,370	13,020	18,600	

	6	5	4	3	2	1
1934-36 Series C-1, 1/2-Ton						
PU (113" wb)	740	2,220	3,700	8,330	12,950	18,500
1934-36 Series A-1, 3/4-Ton						
PU	720	2,160	3,600	8,100	12,600	18,000
Canopy Dly	700	2,100	3,500	7,880	12,250	17,500
Screen Dly	730	2,180	3,640	8,190	12,740	18,200
Panel	720	2,160	3,600	8,100	12,600	18,000
Sed Dly	740	2,220	3,700	8,330	12,950	18,500
1937-40 Series D-2, 6-cyl., 1/2-Ton, 113" wb						
Exp	710	2,140	3,560	8,010	12,460	17,800
Canopy Exp	720	2,150	3,580	8,060	12,530	17,900
Panel	720	2,160	3,600	8,100	12,600	18,000
DM Body	700	2,100	3,500	7,880	12,250	17,500
DB Body	700	2,100	3,500	7,880	12,250	17,500
Sta Wag	1,140	3,420	5,700	12,830	19,950	28,500
Metro	620	1,860	3,100	6,980	10,850	15,500
1937-40 Series D-2, 6-cyl., 1-Ton, 125" wb						
Exp	700	2,110	3,520	7,920	12,320	17,600
Canopy Exp	710	2,120	3,540	7,970	12,390	17,700
Panel	710	2,140	3,560	8,010	12,460	17,800
Stake	690	2,060	3,440	7,740	12,040	17,200
1941-42, 1946-49 Series K-1, 1/2-Ton, 113" wb						
PU	860	2,580	4,300	9,680	15,050	21,500
1941-42, 1946-49 Series K-1, 1/2-Ton, 125" wb						
Canopy	870	2,600	4,340	9,770	15,190	21,700
Panel	860	2,590	4,320	9,720	15,120	21,600
Milk Dly	760	2,280	3,800	8,550	13,300	19,000
Sta Wag	1,400	4,200	7,000	15,750	24,500	35,000
PU	860	2,580	4,300	9,680	15,050	21,500
Canopy	860	2,580	4,300	9,680	15,050	21,500
Panel	840	2,520	4,200	9,450	14,700	21,000
Stake	780	2,340	3,900	8,780	13,650	19,500
Bakery Dly	750	2,260	3,760	8,400	13,160	18,800
1941-42, 1946-49 Series K-2, 3/4-Ton, 125" wb						
PU	790	2,370	3,950	8,890	13,830	19,750
Canopy	800	2,390	3,990	8,980	13,970	19,950
Panel	790	2,380	3,970	8,930	13,900	19,850
Stake	770	2,310	3,850	8,660	13,480	19,250
Bakery Dly	740	2,210	3,690	8,300	12,920	18,450
1950-52 Series L-110/L-111, 1/2-Ton						
PU (6-1/2 ft.)	800	2,400	4,000	9,000	14,000	20,000
PU (8 ft.)	780	2,340	3,900	8,780	13,650	19,500
Sta Wag	920	2,760	4,600	10,350	16,100	23,000
Panel (7-1/2 ft.)	760	2,280	3,800	8,550	13,300	19,000
1950-52 Series L-112, 3/4-Ton						
PU (6-1/2 ft.)	740	2,220	3,700	8,330	12,950	18,500
PU (8 ft.)	740	2,220	3,700	8,330	12,950	18,500
Sta Wag	940	2,820	4,700	10,580	16,450	23,500
PU (8 ft.)	684	2,052	3,420	7,700	11,970	17,100
1950-52 Series L-120, 3/4-Ton						
PU (6-1/2 ft.)	700	2,100	3,500	7,880	12,250	17,500
PU (8 ft.)	704	2,112	3,520	7,920	12,320	17,600
Panel (7-1/2 ft.)	680	2,040	3,400	7,650	11,900	17,000
1953-55 Series R-100 Light Duty, 1/2-Ton, 115" wb						
PU (6-1/2 ft.)	720	2,160	3,600	8,100	12,600	18,000
1953-55 Series R-110 Heavy Duty, 1/2-Ton, 115" or 127" wb						
PU (6-1/2 ft.)	716	2,148	3,580	8,060	12,530	17,900
Panel (7-1/2 ft.)	700	2,100	3,500	7,880	12,250	17,500
PU (8 ft.)	700	2,100	3,500	7,880	12,250	17,500
Stake	580	1,740	2,900	6,530	10,150	14,500
1953-55 Series R-120, 3/4-Ton, 115" or 127" wb						
PU (6-1/2 ft.)	668	2,004	3,340	7,520	11,690	16,700
Panel (7-1/2 ft.)	660	1,980	3,300	7,430	11,550	16,500
PU (8 ft.)	640	1,920	3,200	7,200	11,200	16,000
Stake	632	1,896	3,160	7,110	11,060	15,800
1956-57 Series S-100, 1/2-Ton, 115" wb						
PU (6-1/2 ft.)	720	2,160	3,600	8,100	12,600	18,000
1956-57 Series S-110, Heavy Duty 1/2-Ton, 115" or 127" wb						
PU (6-1/2 ft.)	720	2,160	3,600	8,100	12,600	18,000
Panel	668	2,004	3,340	7,520	11,690	16,700
Travelall	672	2,016	3,360	7,560	11,760	16,800
PU (8 ft.)	700	2,100	3,500	7,880	12,250	17,500
Stake	580	1,740	2,900	6,530	10,150	14,500
Platform	580	1,740	2,900	6,530	10,150	14,500
1956-57 Series S-120, 3/4-Ton, 115" or 127" wb						
PU (6-1/2 ft.)	720	2,160	3,600	8,100	12,600	18,000

	6	5	4	3	2	1
Panel 560	1,680	2,800	6,300	9,800	14,000
Travelall 564	1,692	2,820	6,350	9,870	14,100
PU (8 ft.) 620	1,860	3,100	6,980	10,850	15,500
Stake 580	1,740	2,900	6,530	10,150	14,500
1957-1/2 - 1958 Series A-100, 1/2-Ton, 7 ft.						
PU 700	2,150	3,600	8,100	12,600	18,000
Cus PU. 800	2,450	4,100	9,230	14,300	20,500
Panel 600	1,800	3,000	6,800	10,600	15,100
Travelall 600	1,850	3,100	7,020	10,900	15,600
1957-1/2 - 1958 Series A-110, Heavy Duty, 1/2-Ton						
PU (7 ft.). 750	2,200	3,700	8,330	13,000	18,500
Cus PU (7 ft.) 800	2,350	3,900	8,780	13,700	19,500
Panel (7 ft.). 600	1,800	3,000	6,750	10,500	15,000
Travelall 600	1,850	3,100	6,980	10,900	15,500
PU (8-1/2 ft.). 600	1,850	3,100	6,980	10,900	15,500
Utl PU (6 ft.) 600	1,750	2,900	6,530	10,200	14,500
Cus Utl PU (6 ft.) 650	2,000	3,300	7,430	11,600	16,500
1957-1/2 - 1958 Series A-120, 3/4-Ton						
PU (7 ft.). 600	1,750	2,900	6,530	10,200	14,500
Cus PU (7 ft.) 650	2,000	3,300	7,430	11,600	16,500
Panel (7 ft.). 450	1,300	2,150	4,860	7,550	10,800
Travelall (7 ft.) 550	1,700	2,850	6,440	10,000	14,300
PU (8-1/2 ft.). 550	1,700	2,850	6,440	10,000	14,300
Utl PU (6 ft.) 550	1,700	2,800	6,350	9,850	14,100
Cus Utl PU (6 ft.) 650	1,900	3,200	7,200	11,200	16,000
1959-60 Series B-100/B-102, 3/4-Ton						
PU (7 ft.). 428	1,284	2,140	4,820	7,490	10,700
Panel (7 ft.). 388	1,164	1,940	4,370	6,790	9,700
Travelall 416	1,248	2,080	4,680	7,280	10,400
1959-60 Series B-110/B-112, Heavy Duty, 1/2-Ton						
PU (7 ft.). 428	1,284	2,140	4,820	7,490	10,700
Panel 388	1,164	1,940	4,370	6,790	9,700
Travelall 416	1,248	2,080	4,680	7,280	10,400
PU (8-1/2 ft.). 408	1,224	2,040	4,590	7,140	10,200
Travelette 396	1,188	1,980	4,460	6,930	9,900
NOTE: Add 10 percent for Custom trim package.						
1959-60 Series B-120/B-122, 3/4-Ton						
PU (7 ft.). 408	1,224	2,040	4,590	7,140	10,200
Panel (7 ft.). 404	1,212	2,020	4,550	7,070	10,100
Travelall 408	1,224	2,040	4,590	7,140	10,200
PU (8-1/2 ft.). 392	1,176	1,960	4,410	6,860	9,800
Travelette (6 ft.) 388	1,164	1,940	4,370	6,790	9,700
NOTE: Add 5 percent for 4x4 trucks.						
1959-60 Series B-130/B-132, 1-Ton						
PU (8-1/2 ft.). 388	1,164	1,940	4,370	6,790	9,700
Travelette 392	1,176	1,960	4,410	6,860	9,800
NOTE: Add 5 percent for V-8 engines.						
1961-64 Series 80 Scout, 1/4-Ton, 5 ft.						
PU 276	828	1,380	3,110	4,830	6,900
PU (4x4) 396	1,188	1,980	4,460	6,930	9,900
NOTE: Add 5 percent for vinyl Sport-Top (full enclosure). Add 4 percent for steel Travel-Top.						
1961-68 Series C-100/C-1000 (1963-'68), 1/2-Ton						
PU (7 ft.). 290	860	1,440	3,240	5,040	7,200
Panel (7 ft.). 270	800	1,340	3,020	4,690	6,700
Travelall 390	1,160	1,940	4,370	6,790	9,700
Cus Travelall 410	1,220	2,040	4,590	7,140	10,200
1961-68 Series C-110/C-1100 (1963-'68), Heavy Duty, 1/2-Ton						
PU (7 ft.). 290	880	1,460	3,290	5,110	7,300
Panel (7 ft.). 270	820	1,360	3,060	4,760	6,800
Travelall 390	1,180	1,960	4,410	6,860	9,800
Cus Travelall 410	1,240	2,060	4,640	7,210	10,300
PU (8-1/2 ft.). 290	860	1,440	3,240	5,040	7,200
Travelette PU 270	800	1,340	3,020	4,690	6,700
1961-68 Series C-120/C-1200 (1963-'68), 3/4-Ton						
PU (7 ft.). 270	820	1,360	3,060	4,760	6,800
Panel (7 ft.). 260	790	1,320	2,970	4,620	6,600
Travelall 290	860	1,440	3,240	5,040	7,200
Cus Travelall 300	910	1,520	3,420	5,320	7,600
PU (8-1/2 ft.). 270	800	1,340	3,020	4,690	6,700
Travelette PU 280	840	1,400	3,150	4,900	7,000
NOTE: Add 5 percent for vinyl Sport-Top (full enclosure). Add 4 percent for steel Travel-Top.						
1965-69 Series 80 Scout, 1/4-Ton, 5 ft.						
PU 276	828	1,380	3,110	4,830	6,900
PU (4x4) 396	1,188	1,980	4,460	6,930	9,900
NOTE: Add 10 percent for 1966-on Sport-Top.						

IHC TRUCKS

	6	5	4	3	2	1
1969-70 Scout 800A and 1971 800B Series						
PU	268	804	1,340	3,020	4,690	6,700
Rds	248	744	1,240	2,790	4,340	6,200
Travel-Top	272	816	1,360	3,060	4,760	6,800
Aristocrat	372	1,116	1,860	4,190	6,510	9,300
NOTE: Add 45 percent for 4x4.						
1969-75 Metro Series						
M-1100 Panel	260	780	1,300	2,930	4,550	6,500
M-1200 Panel	260	780	1,300	2,930	4,550	6,500
MA-1200 Panel	264	792	1,320	2,970	4,620	6,600
1969-75 Series 1000D						
PU (6-1/2 ft.)	252	756	1,260	2,840	4,410	6,300
Bonus Load PU (6-1/2 ft.)	256	768	1,280	2,880	4,480	6,400
PU (8 ft.)	248	744	1,240	2,790	4,340	6,200
Bonus Load PU (8 ft.)	250	760	1,260	2,840	4,410	6,300
Panel	228	684	1,140	2,570	3,990	5,700
1969-75 Series 1100D						
PU (6-1/2 ft.)	260	780	1,300	2,930	4,550	6,500
Bonus Load PU (6-1/2 ft.)	264	792	1,320	2,970	4,620	6,600
PU (8 ft.)	240	720	1,200	2,700	4,200	6,000
Bonus Load PU (8 ft.)	240	730	1,220	2,750	4,270	6,100
Panel	232	696	1,160	2,610	4,060	5,800
1969-75 Series 1200D						
PU (6-1/2 ft.)	256	768	1,280	2,880	4,480	6,400
Bonus Load PU (6-1/2 ft.)	260	780	1,300	2,930	4,550	6,500
PU (8 ft.)	248	744	1,240	2,790	4,340	6,200
Bonus Load PU (8 ft.)	250	760	1,260	2,840	4,410	6,300
Panel	228	684	1,140	2,570	3,990	5,700
Travelette (6-1/2 ft.)	248	744	1,240	2,790	4,340	6,200
BL Travelette (8 ft.)	252	756	1,260	2,840	4,410	6,300
1969-75 Series 1300D						
PU (9 ft.)	264	792	1,320	2,970	4,620	6,600
Travelette	240	744	1,240	2,790	4,340	6,200
B.L. Travelette (6 1/2 ft.)	240	730	1,220	2,750	4,270	6,100
NOTE: See 1967 for percent additions for special equipment, optional engines and 4x4 models (all series)						
1971-75 Scout II						
Travel-Top (2WD)	340	1,020	1,700	3,830	5,950	8,500
Travel-Top (4x4)	348	1,044	1,740	3,920	6,090	8,700
PU (2WD)	320	960	1,600	3,600	5,600	8,000
PU (4x4)	328	984	1,640	3,690	5,740	8,200
1976-80 Scout II						
Travel Top (2WD)	340	1,020	1,700	3,830	5,950	8,500
Travel-Top (4x4)	348	1,044	1,740	3,920	6,090	8,700
1976-80 Scout II Diesel						
Travel-Top (2WD)	328	984	1,640	3,690	5,740	8,200
Travel-Top (4x4)	336	1,008	1,680	3,780	5,880	8,400
1976-80 Terra						
PU (2WD)	252	756	1,260	2,840	4,410	6,300
PU (4x4)	260	780	1,300	2,930	4,550	6,500
1976-80 Terra Diesel						
PU (2WD)	240	720	1,200	2,700	4,200	6,000
PU (4x4)	248	744	1,240	2,790	4,340	6,200
1976-80 Traveler						
Sta Wag (2WD)	268	804	1,340	3,020	4,690	6,700
Sta Wag (4x4)	276	828	1,380	3,110	4,830	6,900
1976-80 Traveler Diesel						
Sta Wag (2WD)	256	768	1,280	2,880	4,480	6,400
Sta Wag (4x4)	264	792	1,320	2,970	4,620	6,600
NOTE: Add 3 percent for V-8 engines. Add 3 percent for 4-speed transmission. Add 6 percent for Rally package. Add 4 percent for Custom trim. Add 2 percent for Deluxe trim.						
1977-79 Scout SS-II, 4x4 only						
Rds	420	1,260	2,100	4,730	7,350	10,500

WILLYS OVERLAND JEEP/TRUCKS (1945-1962)

	6	5	4	3	2	1
1945 Jeep Series, 4x4						
NOTE: All Jeep prices in this catalog are for civilian models unless noted otherwise. Military Jeeps may sell for higher prices.						
1946 Jeep Series, 4x4						
CJ-2 Jeep	1,010	3,040	5,060	11,390	17,710	25,300
1947 Willys Jeep, 4x4						
CJ-2 Jeep	1,010	3,040	5,060	11,390	17,710	25,300
1947 Willys Jeep, 2WD						
Panel	670	2,020	3,360	7,560	11,760	16,800
1947 Willys Truck, 4x4						
PU	580	1,740	2,900	6,530	10,150	14,500

	6	5	4	3	2	1
1948 Jeep Series, 4x4						
CJ-2 Jeep	1,010	3,040	5,060	11,390	17,710	25,300
1948 Willys Jeep, 2WD						
PU	540	1,620	2,700	6,080	9,450	13,500
Panel	670	2,020	3,360	7,560	11,760	16,800
1948 Willys Truck, 4x4						
PU	580	1,740	2,900	6,530	10,150	14,500
1949 Jeep Series, 4x4						
CJ-2 Jeep	930	2,800	4,660	10,490	16,310	23,300
CJ-3 Jeep	660	1,980	3,300	7,430	11,550	16,500
1949 Willys Truck, 2WD						
PU	540	1,620	2,700	6,080	9,450	13,500
Panel	670	2,020	3,360	7,560	11,760	16,800
1949 Willys Truck, 4x4						
PU	580	1,740	2,900	6,530	10,150	14,500
1950 Jeep Series, 4x4						
CJ-3 Jeep	628	1,884	3,140	7,070	10,990	15,700
1950 Willys Truck, 2WD						
PU	580	1,740	2,900	6,530	10,150	14,500
Panel	592	1,776	2,960	6,660	10,360	14,800
1950 Jeep Truck, 4x4						
PU	580	1,740	2,900	6,530	10,150	14,500
Utl Wag	592	1,776	2,960	6,660	10,360	14,800
1951 Jeep Series, 4x4						
Farm Jeep	612	1,836	3,060	6,890	10,710	15,300
CJ-3 Jeep	628	1,884	3,140	7,070	10,990	15,700
1951 Jeep Trucks, 2WD						
PU	572	1,716	2,860	6,440	10,010	14,300
Sed Dly	596	1,788	2,980	6,710	10,430	14,900
1951 Jeep Trucks, 4x4						
PU	580	1,740	2,900	6,530	10,150	14,500
Utl Wag	592	1,776	2,960	6,660	10,360	14,800
1952 Jeep Series, 4x4						
CJ-3 Open	628	1,884	3,140	7,070	10,990	15,700
1952 Jeep Trucks, 2WD						
Sed Dly	596	1,788	2,980	6,710	10,430	14,900
1952 Jeep Trucks, 4x4						
PU	584	1,752	2,920	6,570	10,220	14,600
Utl Wag	596	1,788	2,980	6,710	10,430	14,900
1953 Jeep Series, 4x4						
CJ-3B Jeep	632	1,896	3,160	7,110	11,060	15,800
CJ-3B Farm Jeep	628	1,884	3,140	7,070	10,990	15,700
CJ-3A Jeep	628	1,884	3,140	7,070	10,990	15,700
1953 Jeep Trucks, 2WD						
Sed Dly	596	1,788	2,980	6,710	10,430	14,900
1953 Jeep Trucks, 4x4						
Sed Dly	572	1,716	2,860	6,440	10,010	14,300
PU	588	1,764	2,940	6,620	10,290	14,700
Utl Wag	560	1,680	2,800	6,300	9,800	14,000
1954 Jeep Series, 4x4						
Open Jeep	632	1,896	3,160	7,110	11,060	15,800
Farm Jeep	628	1,884	3,140	7,070	10,990	15,700
1954 Jeep Trucks, 2WD						
Sed Dly	596	1,788	2,980	6,710	10,430	14,900
1954 Jeep Trucks, 4x4						
PU	616	1,848	3,080	6,930	10,780	15,400
Sed Dly	616	1,848	3,080	6,930	10,780	15,400
Utl Wag	628	1,884	3,140	7,070	10,990	15,700
1955 Jeep Series, 4x4						
CJ-3B	628	1,884	3,140	7,070	10,990	15,700
CJ-5	628	1,884	3,140	7,070	10,990	15,700
1955 Jeep Trucks, 2WD						
Sed Dly	568	1,704	2,840	6,390	9,940	14,200
Utl Wag	580	1,740	2,900	6,530	10,150	14,500
1955 Jeep Trucks, 4x4						
Sed Dly	580	1,740	2,900	6,530	10,150	14,500
Utl Wag	592	1,776	2,960	6,660	10,360	14,800
1956 Jeep Series, 4x4						
CJ-3B	628	1,884	3,140	7,070	10,990	15,700
CJ-5	628	1,884	3,140	7,070	10,990	15,700
CJ-6	624	1,872	3,120	7,020	10,920	15,600
1956 Dispatcher Series, 2WD						
Open Jeep	572	1,716	2,860	6,440	10,010	14,300
Canvas Top	580	1,740	2,900	6,530	10,150	14,500
HT	588	1,764	2,940	6,620	10,290	14,700

	6	5	4	3	2	1
1956 Jeep Trucks, 2WD						
Utl Wag	580	1,740	2,900	6,530	10,150	14,500
Sed Dly	568	1,704	2,840	6,390	9,940	14,200
1956 Jeep Trucks, 4x4						
Sed Dly	584	1,752	2,920	6,570	10,220	14,600
Sta Wag	592	1,776	2,960	6,660	10,360	14,800
PU	560	1,680	2,800	6,300	9,800	14,000
1957 Jeep Series, 4x4						
CJ-3B	628	1,884	3,140	7,070	10,990	15,700
CJ-5	628	1,884	3,140	7,070	10,990	15,700
CJ-6	624	1,872	3,120	7,020	10,920	15,600
1957 Dispatcher Series, 2WD						
Open Jeep	572	1,716	2,860	6,440	10,010	14,300
Soft Top	580	1,740	2,900	6,530	10,150	14,500
HT	588	1,764	2,940	6,620	10,290	14,700
1957 Jeep Trucks, 2WD						
Dly	568	1,704	2,840	6,390	9,940	14,200
Utl Wag	580	1,740	2,900	6,530	10,150	14,500
1957 Jeep Trucks, 4x4						
Dly	584	1,752	2,920	6,570	10,220	14,600
PU	560	1,680	2,800	6,300	9,800	14,000
Utl Wag	592	1,776	2,960	6,660	10,360	14,800
1957 Forward Control, 4x4						
1/2-Ton PU	680	2,040	3,400	7,650	11,900	17,000
3/4-Ton PU	650	1,940	3,240	7,290	11,340	16,200
1958 Jeep Series, 4x4						
CJ-3B	628	1,884	3,140	7,070	10,990	15,700
CJ-5	632	1,896	3,160	7,110	11,060	15,800
CJ-6	624	1,872	3,120	7,020	10,920	15,600
1958 Dispatcher Series, 2WD						
Open Jeep	572	1,716	2,860	6,440	10,010	14,300
Soft Top	580	1,740	2,900	6,530	10,150	14,500
HT	588	1,764	2,940	6,620	10,290	14,700
1958 Jeep Trucks, 2WD						
Dly	528	1,584	2,640	5,940	9,240	13,200
Utl Wag	532	1,596	2,660	5,990	9,310	13,300
1958 Jeep Trucks, 4x4						
Dly	544	1,632	2,720	6,120	9,520	13,600
Utl Wag	548	1,644	2,740	6,170	9,590	13,700
1958 Forward Control, 4x4						
1/2-Ton PU	680	2,040	3,400	7,650	11,900	17,000
3/4-Ton PU	650	1,940	3,240	7,290	11,340	16,200
NOTE: Add 3 percent for 6-cyl. trucks, not available in Jeeps.						
1959 Jeep Series, 4x4						
CJ-3	628	1,884	3,140	7,070	10,990	15,700
CJ-5	632	1,896	3,160	7,110	11,060	15,800
CJ-6	624	1,872	3,120	7,020	10,920	15,600
1959 Dispatcher Series, 2WD						
Soft Top	576	1,728	2,880	6,480	10,080	14,400
HT	592	1,776	2,960	6,660	10,360	14,800
1959 Jeep Trucks, 2WD						
Utl Wag	536	1,608	2,680	6,030	9,380	13,400
Dly	532	1,596	2,660	5,990	9,310	13,300
1959 Jeep Trucks, 4x4						
Utl Dly	548	1,644	2,740	6,170	9,590	13,700
PU	520	1,560	2,600	5,850	9,100	13,000
Utl Wag	556	1,668	2,780	6,260	9,730	13,900
1959 Forward Control, 4x4						
1/2-Ton PU	680	2,040	3,400	7,650	11,900	17,000
3/4-Ton PU	650	1,940	3,240	7,290	11,340	16,200
NOTE: Add 3 percent for 6-cyl. trucks, not available for Jeeps. Add 5 percent for Maverick.						
1960 Jeep Series, 4x4						
CJ-3	628	1,884	3,140	7,070	10,990	15,700
CJ-5	632	1,896	3,160	7,110	11,060	15,800
CJ-6	624	1,872	3,120	7,020	10,920	15,600
1960 Dispatcher Series, 2WD						
Soft Top	576	1,728	2,880	6,480	10,080	14,400
HT	592	1,776	2,960	6,660	10,360	14,800
Surrey	870	2,620	4,360	9,810	15,260	21,800
1960 Jeep Trucks, 2WD						
Economy Dly	508	1,524	2,540	5,720	8,890	12,700
Sta Wag	548	1,644	2,740	6,170	9,590	13,700
Utl Wag	536	1,608	2,680	6,030	9,380	13,400
Utl Dly	528	1,584	2,640	5,940	9,240	13,200
1960 Jeep Trucks, 4x4						
Utl Wag	548	1,644	2,740	6,170	9,590	13,700
Utl Dly	540	1,620	2,700	6,080	9,450	13,500

WILLYS OVERLAND

	6	5	4	3	2	1
1960 Forward Control, 4x4						
1/2-Ton PU.	680	2,040	3,400	7,650	11,900	17,000
3/4-Ton PU.	650	1,940	3,240	7,290	11,340	16,200
NOTE: Add 3 percent for 6-cyl. trucks. Add 5 percent for custom two-tone trim.						
1961 Jeep Series, 4x4						
CJ-3	628	1,884	3,140	7,070	10,990	15,700
CJ-5	632	1,896	3,160	7,110	11,060	15,800
CJ-6	624	1,872	3,120	7,020	10,920	15,600
1961 Dispatcher Series, 2WD						
Jeep (Open)	580	1,740	2,900	6,530	10,150	14,500
Soft Top	584	1,752	2,920	6,570	10,220	14,600
HT	592	1,776	2,960	6,660	10,360	14,800
Surrey	870	2,620	4,360	10,900	15,260	21,800
1961 Jeep Trucks, 2WD						
Fleetvan	512	1,536	2,560	5,760	8,960	12,800
Economy Dly	508	1,524	2,540	5,720	8,890	12,700
Sta Wag	540	1,620	2,700	6,080	9,450	13,500
Utl Wag	528	1,584	2,640	5,940	9,240	13,200
Utl Dly.	524	1,572	2,620	5,900	9,170	13,100
1961 Jeep Trucks, 4x4						
Utl Wag	540	1,620	2,700	6,080	9,450	13,500
Utl Dly.	520	1,560	2,600	5,850	9,100	13,000
1-Ton PU	512	1,536	2,560	5,760	8,960	12,800
1961 Forward Control, 4x4						
1/2-Ton PU.	680	2,040	3,400	7,650	11,900	17,000
3/4-Ton PU.	650	1,940	3,240	7,290	11,340	16,200
NOTE: Add 3 percent for 6-cyl. trucks.						
1962 Jeep Series, 4x4						
CJ-3	628	1,884	3,140	7,070	10,990	15,700
CJ-5	632	1,896	3,160	7,110	11,060	15,800
CJ-6	624	1,872	3,120	7,020	10,920	15,600
1962 Dispatcher Series, 2WD						
Basic Jeep	540	1,620	2,700	6,080	9,450	13,500
Jeep w/Soft Top	544	1,632	2,720	6,120	9,520	13,600
Jeep w/HT	548	1,644	2,740	6,170	9,590	13,700
Surrey	870	2,620	4,360	9,810	15,260	21,800
1962 Jeep Trucks, 2WD						
Fleetvan	472	1,416	2,360	5,310	8,260	11,800
Economy Dly	468	1,404	2,340	5,270	8,190	11,700
Sta Wag	500	1,500	2,500	5,630	8,750	12,500
Utl Wag	488	1,464	2,440	5,490	8,540	12,200
Utl Dly.	484	1,452	2,420	5,450	8,470	12,100
1962 Jeep Trucks, 4x4						
Utl Wag	500	1,500	2,500	5,630	8,750	12,500
Utl Dly.	480	1,440	2,400	5,400	8,400	12,000
1962 Forward Control, 4x4						
1/2-Ton PU.	680	2,040	3,400	7,650	11,900	17,000
3/4-Ton PU.	650	1,940	3,240	7,290	11,340	16,200
NOTE: Add 3 percent for 6-cyl. trucks.						

KAISER JEEP

	6	5	4	3	2	1
1963 Jeep Universal, 4x4						
CJ-3B Jeep	560	1,680	2,800	6,300	9,800	14,000
CJ-5 Jeep	600	1,800	3,000	6,750	10,500	15,000
CJ-6 Jeep	580	1,740	2,900	6,530	10,150	14,500
1963 Dispatcher, 2WD						
Jeep	500	1,510	2,520	5,670	8,820	12,600
HT	510	1,520	2,540	5,720	8,890	12,700
Soft Top	510	1,540	2,560	5,760	8,960	12,800
1963 Dispatcher Series, 2WD						
Surrey	870	2,620	4,360	10,900	15,260	21,800
1963 "Jeep" Wagons and Trucks, 1/2-Ton						
Sta Wag	480	1,440	2,400	5,400	8,400	12,000
Traveller	490	1,460	2,440	5,490	8,540	12,200
Utl (2WD)	460	1,380	2,300	5,180	8,050	11,500
Utl (4x4)	480	1,440	2,400	5,400	8,400	12,000
Panel (2WD).	450	1,340	2,240	5,040	7,840	11,200
Panel (4x4).	470	1,420	2,360	5,310	8,260	11,800
1963 "Jeep" Wagons and Truck, 1-Ton						
PU (4WD).	430	1,300	2,160	4,860	7,560	10,800
NOTE: Add 3 percent for L-Head 6-cyl. Add 4 percent for OHC 6-cyl.						
1963 Forward-Control, 4x4, 1/2-Ton						
PU	640	1,920	3,200	7,200	11,200	16,000
1963 Forward-Control, 4x4, 3/4-Ton						
PU	610	1,820	3,040	6,840	10,640	15,200

	6	5	4	3	2	1
1963 Forward-Control, 1-Ton						
PU	600	1,810	3,020	6,800	10,570	15,100
Stake	600	1,800	3,000	6,750	10,500	15,000
HD PU	610	1,820	3,040	6,840	10,640	15,200
1963 Gladiator/Wagoneer, 1/2-Ton						
2d Wag	480	1,430	2,380	5,360	8,330	11,900
4d Wag	520	1,560	2,600	5,850	9,100	13,000
2d Cus Wag	520	1,560	2,600	5,850	9,100	13,000
4d Cus Wag	520	1,570	2,620	5,900	9,170	13,100
Panel Dly	410	1,240	2,060	4,640	7,210	10,300
1963 Gladiator, 1/2-Ton, 120" wb						
Thriftside PU	460	1,380	2,300	5,180	8,050	11,500
Townside PU	470	1,400	2,340	5,270	8,190	11,700
1963 Gladiator, 1/2-Ton, 126" wb						
Thriftside PU	450	1,360	2,260	5,090	7,910	11,300
Townside PU	460	1,380	2,300	5,180	8,050	11,500
1963 Gladiator, 3/4-Ton, 120" wb						
Thriftside PU	440	1,330	2,220	5,000	7,770	11,100
Townside PU	450	1,360	2,260	5,090	7,910	11,300
1963 Gladiator, 1-Ton, 126" wb						
PU	450	1,360	2,260	5,090	7,910	11,300
NOTE: Add 5 percent for 4x4.						
1964 Jeep Universal, 4x4						
CJ-3B Jeep	560	1,680	2,800	6,300	9,800	14,000
CJ-5 Joop	600	1,800	3,000	6,750	10,500	15,000
CJ-5A Tuxedo Park	620	1,860	3,100	6,980	10,850	15,500
CJ-6 Jeep	610	1,820	3,040	6,840	10,640	15,200
CJ-6A Jeep Park	620	1,850	3,080	6,930	10,780	15,400
1964 Dispatcher, 2WD						
Jeep	540	1,630	2,720	6,120	9,520	13,600
HT	550	1,640	2,740	6,170	9,590	13,700
Soft Top	550	1,660	2,760	6,210	9,660	13,800
Surrey	870	2,620	4,360	9,810	15,260	21,800
1964 "Jeep" Wagons and Trucks, 1/2-Ton						
Sta Wag	460	1,380	2,300	5,180	8,050	11,500
Utl (2WD)	450	1,360	2,260	5,090	7,910	11,300
Utl (4x4)	470	1,420	2,360	5,310	8,260	11,800
Traveler (2WD)	470	1,400	2,340	5,270	8,190	11,700
Traveler (4x4)	530	1,580	2,640	5,940	9,240	13,200
Panel (2WD)	440	1,330	2,220	5,000	7,770	11,100
Panel (4x4)	460	1,390	2,320	5,220	8,120	11,600
1964 "Jeep" Wagons and Trucks, 1-Ton, 4x4						
PU	450	1,360	2,260	5,090	7,910	11,300
NOTE: Add 3 percent for L-I lead 6-cyl. Add 4 percent for OHC 6-cyl.						
1964 Forward-Control, 1/2-Ton, 4x4						
PU	600	1,800	3,000	6,750	10,500	15,000
1964 Forward-Control, 3/4-Ton, 4x4						
Stake	560	1,680	2,800	6,300	9,800	14,000
PU	560	1,690	2,820	6,350	9,870	14,100
HD PU	570	1,700	2,840	6,390	9,940	14,200
1964 Gladiator/Wagoneer, 1/2-Ton						
2d Wag	480	1,430	2,380	5,360	8,330	11,900
4d Wag	520	1,560	2,600	5,850	9,100	13,000
2d Cus Wag	520	1,560	2,600	5,850	9,100	13,000
4d Cus Wag	520	1,570	2,620	5,900	9,170	13,100
Panel Dly	450	1,360	2,260	5,090	7,910	11,300
1964 Gladiator Pickup Truck, 1/2-Ton, 120" wb						
Thriftside PU	440	1,320	2,200	4,950	7,700	11,000
Townside PU	450	1,340	2,240	5,040	7,840	11,200
1964 Gladiator Pickup Truck, 1/2-Ton, 126" wb						
Thriftside PU	430	1,300	2,160	4,860	7,560	10,800
Townside PU	440	1,320	2,200	4,950	7,700	11,000
1964 Gladiator Pickup Truck, 3/4-Ton, 120" wb						
Thriftside PU	420	1,270	2,120	4,770	7,420	10,600
Townside PU	430	1,300	2,160	4,860	7,560	10,800
1964 Gladiator Pickup Truck, 3/4-Ton, 126" wb						
Thriftside PU	420	1,260	2,100	4,730	7,350	10,500
Townside PU	430	1,280	2,140	4,820	7,490	10,700
1965 Jeep Universal, 4x4						
CJ-3B Jeep	560	1,680	2,800	6,300	9,800	14,000
CJ-5 Jeep	580	1,740	2,900	6,530	10,150	14,500
CJ-5A Tuxedo Park	600	1,800	3,000	6,750	10,500	15,000
CJ-6 Jeep	580	1,750	2,920	6,570	10,220	14,600
CJ-6A Tuxedo Park	590	1,780	2,960	6,660	10,360	14,800
1965 Dispatcher, 2WD						
DJ-5 Courier	460	1,380	2,300	5,180	8,050	11,500

	6	5	4	3	2	1
DJ-6 Courier................................. 460		1,390	2,320	5,220	8,120	11,600
DJ-3A Jeep 430		1,280	2,140	4,820	7,490	10,700
DJ-3A HT 520		1,560	2,600	5,850	9,100	13,000
1965 "Jeep" Wagons and Trucks, 1/2-Ton						
Sta Wag.................................... 460		1,380	2,300	5,180	8,050	11,500
Utl Wag (4x4) 470		1,420	2,360	5,310	8,260	11,800
Traveler (4x4)............................. 530		1,580	2,640	5,940	9,240	13,200
Panel (2WD)................................ 440		1,330	2,220	5,000	7,770	11,100
Panel (4x4)................................ 460		1,390	2,320	5,220	8,120	11,600
1965 "Jeep" Wagons and Trucks, 1-Ton, 4x4						
PU 450		1,360	2,260	5,090	7,910	11,300
NOTE: Add 3 percent for L-Head 6-cyl. engine.						
1965 Forward-Control, 4x4, 1/2-Ton						
PU 600		1,800	3,000	6,750	10,500	15,000
1965 Forward-Control, 4x4, 3/4-Ton						
PU 560		1,690	2,820	6,350	9,870	14,100
1965 Gladiator/Wagoneer, 1/2-Ton						
2d Wag.................................... 480		1,430	2,380	5,360	8,330	11,900
4d Wag.................................... 520		1,560	2,600	5,850	9,100	13,000
2d Cus Wag................................ 520		1,560	2,600	5,850	9,100	13,000
4d Cus Wag................................ 520		1,570	2,620	5,900	9,170	13,100
Panel Dly 450		1,360	2,260	5,090	7,910	11,300
1965 Gladiator Pickup Truck, 1/2-Ton, 120" wb						
Thriftside PU 440		1,320	2,200	4,950	7,700	11,000
Townside PU 450		1,340	2,240	5,040	7,840	11,200
1965 Gladiator Pickup Truck, 1/2-Ton, 126" wb						
Thriftside PU 430		1,300	2,160	4,860	7,560	10,800
Townside PU 440		1,320	2,200	4,950	7,700	11,000
1965 Gladiator Pickup Truck, 3/4-Ton, 120" wb						
Thriftside PU 420		1,270	2,120	4,770	7,420	10,600
Townside PU 430		1,300	2,160	4,860	7,560	10,800
1965 Gladiator Pickup Truck, 3/4-Ton, 126" wb						
Thriftside PU 420		1,260	2,100	4,730	7,350	10,500
Townside PU 430		1,280	2,140	4,820	7,490	10,700
1965 Gladiator Pickup Truck, 3/4-Ton, 120" wb						
Thriftside PU 440		1,320	2,200	4,950	7,700	11,000
Townside PU 530		1,580	2,640	5,940	9,240	13,200
NOTE: Add 5 percent for 4x4. Add 5 percent for V-8. For "First Series" 1965 Gladiators, refer to 1964 prices.						
1966 Jeep Universal, 4x4						
CJ-3B Jeep 560		1,680	2,800	6,300	9,800	14,000
CJ-5 Jeep 580		1,740	2,900	6,530	10,150	14,500
CJ-5A Tuxedo Park 600		1,800	3,000	6,750	10,500	15,000
CJ-6 Jeep 580		1,750	2,920	6,570	10,220	14,600
CJ-6A Tuxedo Park 590		1,780	2,960	6,660	10,360	14,800
1966 Dispatcher, 2WD						
DJ-5 Courier.............................. 460		1,380	2,300	5,180	8,050	11,500
DJ-6 Courier.............................. 460		1,390	2,320	5,220	8,120	11,600
DJ-3A Jeep 470		1,400	2,340	5,270	8,190	11,700
DJ-3A HT 520		1,560	2,600	5,850	9,100	13,000
1966 Forward-Control, 4x4, 1/2-Ton						
PU 560		1,680	2,800	6,300	9,800	14,000
1966 Forward-Control, 4x4, 3/4-Ton						
PU 520		1,570	2,620	5,900	9,170	13,100
1966 Wagoneer, 1/2-Ton						
2d Wag.................................... 460		1,370	2,280	5,130	7,980	11,400
4d Wag.................................... 460		1,380	2,300	5,180	8,050	11,500
2d Cus Sta Wag............................ 460		1,380	2,300	5,180	8,050	11,500
4d Cus Sta Wag............................ 460		1,390	2,320	5,220	8,120	11,600
Panel Dly 430		1,300	2,160	4,860	7,560	10,800
4d Super Wag 530		1,600	2,660	5,990	9,310	13,300
1966 Gladiator, 1/2-Ton, 120" wb						
Thriftside PU 450		1,340	2,240	5,040	7,840	11,200
Townside PU 460		1,380	2,300	5,180	8,050	11,500
1966 Gladiator, 1/2-Ton, 126" wb						
Thriftside PU 430		1,300	2,160	4,860	7,560	10,800
Townside PU 440		1,320	2,200	4,950	7,700	11,000
1966 Gladiator, 3/4-Ton, 120" wb						
Thriftside PU 420		1,270	2,120	4,770	7,420	10,600
Townside PU 430		1,300	2,160	4,860	7,560	10,800
1966 Gladiator, 3/4-Ton, 126" wb						
Thriftside PU 420		1,260	2,100	4,730	7,350	10,500
Townside PU 430		1,280	2,140	4,820	7,490	10,700
NOTE: Add 5 percent for 4x4. Add 5 percent for V-8.						
1967 Jeep Universal, 4x4						
CJ-5 Jeep................................. 560		1,680	2,800	6,300	9,800	14,000
CJ-5A Jeep 580		1,740	2,900	6,530	10,150	14,500

	6	5	4	3	2	1
CJ-6 Jeep	600	1,800	3,000	6,750	10,500	15,000
CJ-6A Jeep	620	1,860	3,100	6,980	10,850	15,500
1967 Dispatcher, 2WD						
DJ-5 Courier	460	1,380	2,300	5,180	8,050	11,500
DJ-6 Courier	470	1,400	2,340	5,270	8,190	11,700
1967 Jeepster Commando, 4x4						
Conv	640	1,920	3,200	7,200	11,200	16,000
Sta Wag	480	1,430	2,380	5,360	8,330	11,900
Cpe-Rds	600	1,800	3,000	6,750	10,500	15,000
PU	460	1,380	2,300	5,180	8,050	11,500
1967 Wagoneer						
2d Wag	460	1,370	2,280	5,130	7,980	11,400
4d Wag	460	1,380	2,300	5,180	8,050	11,500
2d Cus Sta Wag	460	1,380	2,300	5,180	8,050	11,500
4d Cus Sta Wag	460	1,390	2,320	5,220	8,120	11,600
Panel Dly	430	1,300	2,160	4,860	7,560	10,800
4d Sup Wag	470	1,420	2,360	5,310	8,260	11,800
1967 Gladiator, 4x4, 1/2-Ton, 120" wb						
Thriftside PU	440	1,330	2,220	5,000	7,770	11,100
Townside PU	450	1,340	2,240	5,040	7,840	11,200
1967 Gladiator, 3/4-Ton, 120" wb						
Thriftside PU	420	1,270	2,120	4,770	7,420	10,600
Townside PU	430	1,280	2,140	4,820	7,490	10,700
1967 Gladiator, 1/2-Ton, 126" wb						
Thriftside PU	430	1,300	2,160	4,860	7,560	10,800
Townside PU	440	1,310	2,180	4,910	7,630	10,900
1967 Gladiator, 3/4-Ton, 126" wb						
Thriftside PU	420	1,270	2,120	4,770	7,420	10,600
Townside PU	430	1,280	2,140	4,820	7,490	10,700

NOTE: Add 5 percent for V-8 (except Super V-8). Add 5 percent for 2WD (Series 2500 only). Add 4 percent for V-6 engine. Add 5 percent for 4x4.

1968 Jeep Universal, 4x4						
CJ-5 Jeep	560	1,680	2,800	6,300	9,800	14,000
CJ-5A Jeep	580	1,740	2,900	6,530	10,150	14,500
CJ-6 Jeep	600	1,800	3,000	6,750	10,500	15,000
CJ-6A Jeep	620	1,860	3,100	6,980	10,850	15,500
1968 Dispatcher, 2WD						
DJ-5 Courier	450	1,340	2,240	5,040	7,840	11,200
DJ-6 Courier	450	1,360	2,260	5,090	7,910	11,300

NOTE: Add 4 percent for V-6 engine. Add 5 percent for diesel engine.

1968 Wagoneer, V-8, 4x4						
4d Sta Wag	470	1,400	2,340	5,270	8,190	11,700
4d Sta Wag Cus	470	1,420	2,360	5,310	8,260	11,800
4d Sta Wag Sup	480	1,430	2,380	5,360	8,330	11,900
1968 Jeepster Commando, 4x4						
Conv	640	1,920	3,200	7,200	11,200	16,000
Sta Wag	480	1,430	2,380	5,360	8,330	11,900
Cpe-Rds	600	1,800	3,000	6,750	10,500	15,000
PU	460	1,380	2,300	5,180	8,050	11,500

NOTE: Add 4 percent for V-6 engine.

1969 Jeep						
CJ-5 Jeep	560	1,680	2,800	6,300	9,800	14,000
CJ-6 Jeep	580	1,740	2,900	6,530	10,150	14,500
DJ-5 Courier	420	1,260	2,100	4,730	7,350	10,500
1969 Jeepster Commando, 4x4						
Conv	640	1,920	3,200	7,200	11,200	16,000
Sta Wag	440	1,310	2,180	4,910	7,630	10,900
Cpe-Rds	600	1,800	3,000	6,750	10,500	15,000
PU	420	1,260	2,100	4,730	7,350	10,500
1969 Wagoneer						
4d Wag	430	1,300	2,160	4,860	7,560	10,800
4d Cus Wag	440	1,310	2,180	4,910	7,630	10,900
1969 Gladiator, 1/2-Ton, 120" wb						
Thriftside PU	420	1,260	2,100	4,730	7,350	10,500
Townside PU	420	1,270	2,120	4,770	7,420	10,600
1969 Gladiator, 3/4-Ton, 120" wb						
Thriftside PU	400	1,190	1,980	4,460	6,930	9,900
Townside PU	400	1,200	2,000	4,500	7,000	10,000
1969 Gladiator, 1/2-Ton, 126" wb						
Townside	400	1,190	1,980	4,460	6,930	9,900
1969 Gladiator, 3/4-Ton, 126" wb						
Townside	390	1,160	1,940	4,370	6,790	9,700

NOTE: Add 4 percent for V-6 engine. Add 5 percent for V-8 engine. Add 10 percent for factory Camper Package.

		6	5	4	3	2	1

AMC JEEP

1970-76 Model J-100, 110" wb
PU 340	1,020	1,700	3,830	5,950	8,500
4d Cus Sta Wag.............................. 336	1,008	1,680	3,780	5,880	8,400

1970-76 Model J-100, 101" wb
4d Cust Sta Wag 324	972	1,620	3,650	5,670	8,100

1970-76 Jeepster Commando, 101" wb
Sta Wag..................................... 336	1,008	1,680	3,780	5,880	8,400
Rds.. 408	1,224	2,040	4,590	7,140	10,200

1970-76 Jeepster
Conv... 600	1,800	3,000	6,750	10,500	15,000
Conv Commando 620	1,860	3,100	6,980	10,850	15,500

1970-76 CJ-5, 1/4-Ton, 81" wb
Jeep 620	1,860	3,100	6,980	10,850	15,500

1970-76 CJ-6, 101" wb
Jeep 600	1,800	3,000	6,750	10,500	15,000

1970-76 CJ-7, 94" wb
Jeep 600	1,800	3,000	6,750	10,500	15,000

1970-76 DJ-5, 1/4-Ton, 81" wb
Jeep 340	1,020	1,700	3,830	5,950	8,500

1970-76 Jeepster, 1/4-Ton, 101" wb
PU 380	1,140	1,900	4,280	6,650	9,500

1970-76 Wagoneer, V-8
4d Cus Sta Wag.............................. 390	1,160	1,940	4,370	6,790	9,700

NOTE: Deduct 10 percent for 6-cyl.

1970-76 Series J-2500
Thriftside PU 296	888	1,480	3,330	5,180	7,400
Townside PU 300	900	1,500	3,380	5,250	7,500

1970-76 Series J-2600
Thriftside PU 288	864	1,440	3,240	5,040	7,200
Townside PU 292	876	1,460	3,290	5,110	7,300

1970-76 Series J-2700, 3/4-Ton
Thriftside PU 268	804	1,340	3,020	4,690	6,700
Townside PU 272	816	1,360	3,060	4,760	6,800

1970-76 Series J-3500, 1/2-Ton
Townside PU 272	816	1,360	3,060	4,760	6,800

1970-76 Series J-3600, 1/2-Ton
Townside PU 268	804	1,340	3,020	4,690	6,700

1970-76 Series J-3700, 3/4-Ton
Townside PU 264	792	1,320	2,970	4,620	6,600

1977-80 Wagoneer, V-8
4d Sta Wag 380	1,150	1,920	4,320	6,720	9,600

1977-80 Cherokee, 6-cyl.
2d Sta Wag 332	996	1,660	3,740	5,810	8,300
2d "S" Sta Wag 336	1,008	1,680	3,780	5,880	8,400
4d Sta Wag 332	996	1,660	3,740	5,810	8,300

1977-80 CJ-5, 1/4-Ton, 84" wb
Jeep 588	1,764	2,940	6,620	10,290	14,700

1977-80 CJ-7, 1/4-Ton, 94" wb
Jeep 580	1,740	2,900	6,530	10,150	14,500

1977-80 Series J-10, 1/2-Ton, 119" or 131" wb
Townside PU, SWB 284	852	1,420	3,200	4,970	7,100
Townside PU, LWB 280	840	1,400	3,150	4,900	7,000

1977-80 Series J-20, 3/4-Ton, 131" wb
Townside PU 276	828	1,380	3,110	4,830	6,900

1981-83 Wagoneer, 108.7" wb
4d Sta Wag 380	1,140	1,900	4,280	6,650	9,500
4d Brgm Sta Wag............................ 390	1,160	1,940	4,370	6,790	9,700
4d Ltd Sta Wag 400	1,190	1,980	4,460	6,930	9,900

1981-83 Cherokee
2d Sta Wag 296	888	1,480	3,330	5,180	7,400
2d Sta Wag, Wide Wheels..................... 300	900	1,500	3,380	5,250	7,500
4d Sta Wag 304	912	1,520	3,420	5,320	7,600

1981-83 Scrambler, 1/2-Ton, 104" wb
PU 240	720	1,200	2,700	4,200	6,000

1981-83 CJ-5, 1/4-Ton, 84" wb
Jeep.. 260	780	1,300	2,930	4,550	6,500

1981-83 CJ-7, 1/4-Ton, 94" wb
Jeep.. 268	804	1,340	3,020	4,690	6,700

1981-83 Series J-10, 1/2-Ton, 119" or 131" wb
Townside PU, SWB 280	840	1,400	3,150	4,900	7,000
Townside PU, LWB 276	828	1,380	3,110	4,830	6,900

1981-83 Series J-20, 3/4-Ton, 131" wb
Townside PU 272	816	1,360	3,060	4,760	6,800

	6	5	4	3	2	1
1983-85 Wagoneer, 4-cyl.						
4d Sta Wag	430	1,280	2,140	4,820	7,490	10,700
4d Ltd Sta Wag	440	1,320	2,200	4,950	7,700	11,000
1983-85 Wagoneer, 6-cyl.						
4d Sta Wag	440	1,310	2,180	4,910	7,630	10,900
4d Ltd Sta Wag	450	1,340	2,240	5,040	7,840	11,200
1983-85 Grand Wagoneer, V-8						
4d Sta Wag	450	1,360	2,260	5,090	7,910	11,300
1983-85 Cherokee, 4-cyl.						
2d Sta Wag	384	1,152	1,920	4,320	6,720	9,600
4d Sta Wag	380	1,140	1,900	4,280	6,650	9,500
1983-85 Cherokee, 6-cyl.						
2d Sta Wag	392	1,176	1,960	4,410	6,860	9,800
4d Sta Wag	388	1,164	1,940	4,370	6,790	9,700
1983-85 Scrambler, 1/2-Ton, 103.4" wb						
PU	276	828	1,380	3,110	4,830	6,900
1983-85 CJ-7, 1/4-Ton, 93.4" wb						
Jeep	412	1,236	2,060	4,640	7,210	10,300
1983-85 Series J-10, 1/2-Ton, 119" or 131" wb						
Townside PU	308	924	1,540	3,470	5,390	7,700
1983-85 Series J-20, 3/4-Ton, 131" wb						
Townside PU	312	936	1,560	3,510	5,460	7,800
1986-87 Wagoneer, 1/2-Ton, 4x4						
4d Sta Wag	480	1,440	2,400	5,400	8,400	12,000
4d Ltd Sta Wag	490	1,480	2,460	5,540	8,610	12,300
4d Grand Sta Wag	520	1,560	2,600	5,850	9,100	13,000
1986-87 Cherokee, V-6						
2d Sta Wag 2WD	380	1,140	1,900	4,280	6,650	9,500
4d Sta Wag 2WD	400	1,200	2,000	4,500	7,000	10,000
2d Sta Wag (4x4)	400	1,200	2,000	4,500	7,000	10,000
4d Sta Wag (4x4)	420	1,260	2,100	4,730	7,350	10,500
1986-87 Wrangler, 1/4-Ton, 93.4" wb						
Jeep 2WD	400	1,200	2,000	4,500	7,000	10,000
1986-87 Comanche, 120" wb, 4x2						
PU	360	1,070	1,780	4,010	6,230	8,900
1986-87 CJ-7, 1/4-Ton, 93.5" wb, 4x4						
Jeep	440	1,320	2,200	4,950	7,700	11,000
1986-87 Series J-10, 1/2-Ton, 131" wb, 4x4						
Townside PU	380	1,140	1,900	4,280	6,650	9,500
1986-87 Series J-20, 3/4-Ton, 131" wb, 4x4						
Townside PU	400	1,200	2,000	4,500	7,000	10,000

CHRYSLER JEEP

	6	5	4	3	2	1
1988 Jeep Wagoneer						
4d Limited Sta Wag, 6-cyl.	500	1,450	2,400	5,400	8,400	12,000
4d Grand Wagoneer, V-8	540	1,620	2,700	6,080	9,450	13,500
1988 Jeep Cherokee, 6-cyl.						
2d Sta Wag 2WD	280	840	1,400	3,150	4,900	7,000
4d Sta Wag 2WD	300	900	1,500	3,380	5,250	7,500
2d Sta Wag, 4x4	350	1,100	1,800	4,050	6,300	9,000
4d Sta Wag, 4x4	400	1,150	1,900	4,280	6,650	9,500
2d Limited Sta Wag, 4x4	480	1,440	2,400	5,400	8,400	12,000
4d Limited Sta Wag, 4x4	540	1,620	2,700	6,080	9,450	13,500
NOTE: Deduct 7 percent for 4-cyl. models.						
1988 Wrangler, 4x4, 93.5" wb						
Jeep	548	1,644	2,740	6,170	9,590	13,700
Jeep S	400	1,200	2,000	4,500	7,000	10,000
1988 Comanche, 113" or 120" wb						
PU (SBx)	352	1,056	1,760	3,960	6,160	8,800
PU (LBx)	368	1,104	1,840	4,140	6,440	9,200
1988 J10, 131" wb						
PU	520	1,560	2,600	5,850	9,100	13,000
1988 J20, 131" wb						
PU	540	1,620	2,700	6,080	9,450	13,500
1989 Jeep Wagoneer						
4d Sta Wag, V-6	600	1,800	3,000	6,750	10,500	15,000
4d Grand Wagoneer, V-8	560	1,680	2,800	6,300	9,800	14,000
1989 Jeep Cherokee, 4-cyl.						
2d Sta Wag 2WD	400	1,200	2,000	4,500	7,000	10,000
4d Sta Wag 2WD	408	1,224	2,040	4,590	7,140	10,200
2d Sta Wag, 4x4	550	1,600	2,700	6,080	9,450	13,500
4d Sta Wag, 4x4	550	1,650	2,700	6,120	9,500	13,600
1989 Jeep Cherokee, 6-cyl.						
2d Sta Wag 2WD	420	1,260	2,100	4,730	7,350	10,500
4d Sta Wag 2WD	424	1,272	2,120	4,770	7,420	10,600

	6	5	4	3	2	1
2d Sta Wag, 4x4	510	1,540	2,560	5,760	8,960	12,800
4d Sta Wag, 4x4	520	1,560	2,600	5,850	9,100	13,000
2d Limited Sta Wag, 4x4	580	1,740	2,900	6,530	10,150	14,500
4d Limited Sta Wag, 4x4	590	1,760	2,940	6,620	10,290	14,700
1989 Jeep						
2d Wrangler, 4x4	500	1,500	2,500	5,630	8,750	12,500
2d Laredo Sta Wag, 4x4	540	1,620	2,700	6,080	9,450	13,500
4d Laredo Sta Wag, 4x4	550	1,640	2,740	6,170	9,590	13,700
1990 Wrangler, 6-cyl., 4x4						
Jeep	548	1,644	2,740	6,170	9,590	13,700
Jeep S	564	1,692	2,820	6,350	9,870	14,100
1990 Comanche, 6-cyl.						
PU	428	1,284	2,140	4,820	7,490	10,700
PU (LBx)	432	1,296	2,160	4,860	7,560	10,800
1990 Wagoneer, 6-cyl., 4x4						
4d Sta Wag	620	1,860	3,100	6,980	10,850	15,500
1990 Grand Wagoneer, V-8, 4x4						
4d Sta Wag	660	1,980	3,300	7,430	11,550	16,500
1990 Cherokee, 4-cyl.						
4d Sta Wag, 2x4	580	1,740	2,900	6,530	10,150	14,500
2d Sta Wag, 2x4	560	1,680	2,800	6,300	9,800	14,000
4d Sta Wag, 4x4	640	1,920	3,200	7,200	11,200	16,000
2d Sta Wag, 4x4	620	1,860	3,100	6,980	10,850	15,500
1990 Cherokee, 6-cyl.						
4d Sta Wag, 2x4	640	1,920	3,200	7,200	11,200	16,000
2d Sta Wag, 2x4	620	1,860	3,100	6,980	10,850	15,500
4d Sta Wag, 4x4	660	1,980	3,300	7,430	11,550	16,500
2d Sta Wag, 4x4	640	1,920	3,200	7,200	11,200	16,000
4d Limited Sta Wag, 4x4	700	2,100	3,500	7,880	12,250	17,500
2d Limited Sta Wag, 4x4	680	2,040	3,400	7,650	11,900	17,000
1991 Wrangler Jeep, 6-cyl.						
2d Jeep	520	1,560	2,600	5,850	9,100	13,000
2d Sahara	560	1,680	2,800	6,300	9,800	14,000
2d Renegade	580	1,740	2,900	6,530	10,150	14,500
NOTE: Deduct 5 percent for 4-cyl.						
1991 Comanche, 6-cyl.						
2d PU	340	1,020	1,700	3,830	5,950	8,500
2d PU (LBx)	352	1,056	1,760	3,960	6,160	8,800
NOTE: Deduct 5 percent for 4-cyl.						
1991 Wagoneer, V-6, 4x4						
4d Limited Sta Wag	580	1,740	2,900	6,530	10,150	14,500
1991 Grand Wagoneer, V-8, 4x4						
4d Sta Wag	640	1,920	3,200	7,200	11,200	16,000
1991 Cherokee, 4-cyl.						
2d Sta Wag 2WD	320	960	1,600	3,600	5,600	8,000
4d Sta Wag 2WD	320	960	1,600	3,600	5,600	8,000
2d Sta Wag, 4x4	400	1,200	2,000	4,500	7,000	10,000
4d Sta Wag, 4x4	400	1,200	2,000	4,500	7,000	10,000
1991 Cherokee, 6-cyl.						
2d Sta Wag, 2x4	350	1,000	1,700	3,830	5,950	8,500
4d Sta Wag, 4x4	350	1,000	1,700	3,830	5,950	8,500
1991 Cherokee, 4x4						
2d Sta Wag	420	1,260	2,100	4,730	7,350	10,500
4d Sta Wag	420	1,260	2,100	4,730	7,350	10,500
4d Limited Sta Wag	600	1,800	3,000	6,750	10,500	15,000
4d Briarwood Sta Wag	620	1,860	3,100	6,980	10,850	15,500
1992 Wrangler, 4-cyl.						
Jeep S	520	1,560	2,600	5,850	9,100	13,000
Jeep	540	1,620	2,700	6,080	9,450	13,500
Jeep, 6-cyl.	600	1,800	3,000	6,750	10,500	15,000
1992 Cherokee, 4-cyl.						
2d SUV	260	780	1,300	2,930	4,550	6,500
4d SUV	280	840	1,400	3,150	4,900	7,000
2d SUV, 4x4	350	1,000	1,700	3,830	5,950	8,500
4d SUV, 4x4	350	1,100	1,800	4,050	6,300	9,000
NOTE: Add 10 percent for 6-cyl. Add 5 percent for Deluxe models.						
1992 Comanche, 6-cyl.						
2d PU (SBx)	360	1,080	1,800	4,050	6,300	9,000
2d PU (LBx)	380	1,140	1,900	4,280	6,650	9,500
NOTE: Add 5 percent for 4x4.						
1993 Wrangler, 6-cyl.						
Jeep	540	1,620	2,700	6,080	9,450	13,500
1993 Cherokee, 6-cyl.						
2d SUV 2WD	272	816	1,360	3,060	4,760	6,800
4d SUV 2WD	276	828	1,380	3,110	4,830	6,900
2d SUV, 4x4	350	1,050	1,750	3,960	6,150	8,800
4d SUV, 4x4	350	1,050	1,800	4,010	6,250	8,900

	6	5	4	3	2	1	**713**

1993 Grand Cherokee, V-8

	6	5	4	3	2	1
4d Sta Wag, 4x4	600	1,800	3,000	6,750	10,500	15,000
4d Sta Wag 2WD 6-cyl.	540	1,620	2,700	6,080	9,450	13,500

1994 Wrangler 4x4

2d Jeep S	400	1,200	2,000	4,500	7,000	10,000
2d Jeep Sahara	440	1,320	2,200	4,950	7,700	11,000
2d Jeep Renegade	460	1,380	2,300	5,180	8,050	11,500

1994 Cherokee, 6-cyl.

2d Sta Wag	320	960	1,600	3,600	5,600	8,000
4d Sta Wag	332	996	1,660	3,740	5,810	8,300
2d Sta Wag, 4x4	400	1,150	1,900	4,280	6,650	9,500
4d Sta Wag, 4x4	400	1,200	1,950	4,410	6,850	9,800

1994 Grand Cherokee 4x4, V-8

4d Sta Wag Laredo	560	1,680	2,800	6,300	9,800	14,000
4d Limited Sta Wag	600	1,800	3,000	6,750	10,500	15,000

1995 Wrangler 4x4

2d Jeep S, 4-cyl.	400	1,200	2,000	4,500	7,000	10,000
2d Jeep SE, 6-cyl.	400	1,250	2,100	4,730	7,350	10,500
2d Jeep Sahara, 6-cyl.	440	1,320	2,200	4,950	7,700	11,000

NOTE: Add 5 percent for Spt or Rio Grande trim package.

1995 Cherokee, 4-cyl. & 6-cyl.

2d Sta Wag	300	950	1,600	3,600	5,600	8,000
4d Sta Wag	350	1,000	1,650	3,740	5,800	8,300
2d Sta Wag, 4x4	400	1,150	1,900	4,280	6,650	9,500
4d Sta Wag, 4x4	400	1,200	1,950	4,410	6,850	9,800

NOTE: Deduct 5 percent for 4 cyl.

1995 Grand Cherokee, 6-cyl. & V-8

4d SE Sta Wag	400	1,200	2,000	4,500	7,000	10,000
4d SE Sta Wag, 4x4	480	1,440	2,400	5,400	8,400	12,000
4d Laredo Sta Wag	500	1,450	2,400	5,400	8,400	12,000
4d Laredo Sta Wag, 4x4	560	1,680	2,800	6,300	9,800	14,000
4d Limited Sta Wag	500	1,550	2,600	5,850	9,100	13,000
4d Limited Sta Wag, 4x4	600	1,800	3,000	6,750	10,500	15,000

NOTE: Deduct 5 percent for 6-cyl.

1996 Cherokee, 4-cyl. & 6-cyl.

2d Sta Wag	300	950	1,600	3,600	5,600	8,000
4d Sta Wag	350	1,000	1,650	3,740	5,800	8,300
2d Sta Wag, 4x4	400	1,150	1,900	4,280	6,650	9,500
4d Sta Wag, 4x4	400	1,200	1,950	4,410	6,850	9,800

1996 Grand Cherokee, 6-cyl. & V-8

4d Laredo Sta Wag	400	1,200	2,000	4,500	7,000	10,000
4d Laredo Sta Wag, 4x4	480	1,440	2,400	5,400	8,400	12,000
4d Limited Sta Wag	520	1,560	2,600	5,850	9,100	13,000
4d Limited Sta Wag, 4x4	600	1,800	3,000	6,750	10,500	15,000

NOTE: Deduct 5 percent for 6-cyl.

1997 Wrangler, 6-cyl.

SE Utly (4-cyl. only)	280	840	1,400	3,150	4,900	7,000
Sport Utly	320	960	1,600	3,600	5,600	8,000
Sahara Utly	440	1,320	2,200	4,950	7,700	11,000

NOTE: Add 5 percent for detachable HT.

1997 Cherokee, 6-cyl.

2d SE Sta Wag	320	960	1,600	3,600	5,600	8,000
4d SE Sta Wag	332	996	1,660	3,740	5,810	8,300
2d Sport Sta Wag	380	1,140	1,900	4,280	6,650	9,500
4d Sport Sta Wag	392	1,176	1,960	4,410	6,860	9,800
4d Country Sta Wag	420	1,260	2,100	4,730	7,350	10,500

NOTE: Add 10 percent for 4x4. Deduct 5 percent for 4-cyl.

1997 Grand Cherokee, 6-cyl.

4d Laredo Sta Wag	400	1,200	2,000	4,500	7,000	10,000
4d TSi Sta Wag	400	1,200	2,000	4,500	7,000	10,000
4d Limited Sta Wag	520	1,560	2,600	5,850	9,100	13,000

NOTE: Add 10 percent for 4x4. Add 5 percent for V-8.

1998 Wrangler, 6-cyl., 4x4

SE Utly (4-cyl. only)	280	840	1,400	3,150	4,900	7,000
Sport Utly	320	960	1,600	3,600	5,600	8,000
Sahara Utly	440	1,320	2,200	4,950	7,700	11,000

NOTE: Add 5 percent for detachable HT.

1998 Cherokee, 6-cyl.

2d SE Sta Wag	320	960	1,600	3,600	5,600	8,000
4d SE Sta Wag	330	1,000	1,660	3,740	5,810	8,300
2d Sport Sta Wag	380	1,140	1,900	4,280	6,650	9,500
4d Sport Sta Wag	390	1,180	1,960	4,410	6,860	9,800
4d Classic Sta Wag	420	1,260	2,100	4,730	7,350	10,500
4d Classic Sta Wag	440	1,320	2,200	4,950	7,700	11,000

NOTE: Add 10 percent for 4x4. Deduct 5 percent for 4-cyl.

	6	5	4	3	2	1
1998 Grand Cherokee, V-8						
4d Laredo Sta Wag 400	1,200	2,000	4,500	7,000	10,000
4d TSi Sta Wag 480	1,440	2,400	5,400	8,400	12,000
4d SE Sta Wag. 520	1,560	2,600	5,850	9,100	13,000
4d Limited Sta Wag 600	1,800	3,000	6,750	10,500	15,000
NOTE: Add 10 percent for 4x4. Deduct 5 percent for 6-cyl.						
1999 Wrangler, 6-cyl., 4x4						
SE Utly (4-cyl. only) 280	840	1,400	3,150	4,900	7,000
Sport Utly 320	960	1,600	3,600	5,600	8,000
Sahara Utly 440	1,320	2,200	4,950	7,700	11,000
NOTE: Add 5 percent for detachable HT.						
1999 Cherokee, 6-cyl.						
2d SE Sta Wag. 320	960	1,600	3,600	5,600	8,000
4d SE Sta Wag. 330	1,000	1,660	3,740	5,810	8,300
2d Sport Sta Wag. 380	1,140	1,900	4,280	6,650	9,500
4d Sport Sta Wag. 390	1,180	1,960	4,410	6,860	9,800
4d Classic Sta Wag 420	1,260	2,100	4,730	7,350	10,500
4d Limited Sta Wag 440	1,320	2,200	4,950	7,700	11,000
NOTE: Add 10 percent for 4x4. Deduct 5 percent for 4-cyl.						
1999 Grand Cherokee, 6-cyl.						
4d Laredo Sta Wag 400	1,200	2,000	4,500	7,000	10,000
4d Limited Sta Wag 440	1,320	2,200	4,950	7,700	11,000
NOTE: Add 10 percent for 4x4. Add 10 percent for V-8.						
2000 Wrangler, 6-cyl., 4x4						
SE Utly (4-cyl. only) 290	860	1,440	3,240	5,040	7,200
Sport Utly 330	980	1,640	3,690	5,740	8,200
Sahara Utly 450	1,340	2,240	5,040	7,840	11,200
NOTE: Add 5 percent for automatic transmission. Add 5 percent for detachable HT.						
2000 Cherokee, 6-cyl.						
2d SE Sta Wag. 320	960	1,600	3,600	5,600	8,000
4d SE Sta Wag. 330	1,000	1,660	3,740	5,810	8,300
2d Sport Sta Wag. 380	1,140	1,900	4,280	6,650	9,500
4d Sport Sta Wag. 390	1,180	1,960	4,410	6,860	9,800
4d Classic Sta Wag 420	1,260	2,100	4,730	7,350	10,500
4d Limited Sta Wag 440	1,320	2,200	4,950	7,700	11,000
NOTE: Add 10 percent for 4x4. Deduct 5 percent for 4-cyl.						
2000 Grand Cherokee, 6-cyl.						
4d Laredo Sta Wag 400	1,200	2,000	4,500	7,000	10,000
4d Limited Sta Wag 440	1,320	2,200	4,950	7,700	11,000
NOTE: Add 10 percent for 4x4. Add 10 percent for V-8.						
2001 Wrangler, 6-cyl., 4x4						
SE Utly (4-cyl. only) 290	860	1,440	3,600	5,040	7,200
Sport Utly 330	980	1,640	4,100	5,740	8,200
Sahara Utly 450	1,340	2,240	5,600	7,840	11,200
NOTE: Add 5 percent for detachable HT.						
2001 Cherokee, 6-cyl.						
2d SE Sta Wag. 320	960	1,600	4,000	5,600	8,000
4d SE Sta Wag. 330	1,000	1,660	4,150	5,810	8,300
2d Sport Sta Wag. 380	1,140	1,900	4,750	6,650	9,500
4d Sport Sta Wag. 390	1,180	1,960	4,900	6,860	9,800
4d Classic Sta Wag 420	1,260	2,100	5,250	7,350	10,500
4d Limited Sta Wag 440	1,320	2,200	5,500	7,700	11,000
NOTE: Add 10 percent for 4x4.						
2001 Grand Cherokee, 6-cyl.						
4d Laredo Sta Wag 400	1,200	2,000	5,000	7,000	10,000
4d Limited Sta Wag 440	1,320	2,200	5,500	7,700	11,000
NOTE: Add 10 percent for 4x4. Add 10 percent for V-8.						
2002 Wrangler, 6-cyl., 4x4						
SE Utly (4-cyl. only) 290	860	1,440	3,600	5,040	7,200
X Utly 320	960	1,600	4,000	5,600	8,000
Sport Utly 330	980	1,640	4,100	5,740	8,200
Sahara Utly 450	1,340	2,240	5,600	7,840	11,200
NOTE: Add 5 percent for detachable HT.						
2002 Liberty, V-6						
4d Sport SUV 380	1,140	1,900	4,750	6,650	9,500
4d Renegade SUV 440	1,320	2,200	5,500	7,700	11,000
4d Limited SUV 480	1,440	2,400	6,000	8,400	12,000
NOTE: Add 10 percent for 4x4. Deduct 5 percent for 4-cyl.						
2002 Grand Cherokee, 6-cyl.						
4d Sport SUV 380	1,140	1,900	4,750	6,650	9,500
4d Laredo SUV. 400	1,200	2,000	5,000	7,000	10,000
4d Limited SUV 440	1,320	2,200	5,500	7,700	11,000
4d Limited HO SUV 500	1,500	2,500	6,250	8,750	12,500
4d Overland HO SUV. 540	1,620	2,700	6,750	9,450	13,500
NOTE: Add 10 percent for 4x4. Add 10 percent for V-8 except HO models.						

	6	5	4	3	2	1

2003 Wrangler, 6-cyl., 4x4

	6	5	4	3	2	1
SE Utly (4-cyl. only)	290	860	1,440	3,600	5,040	7,200
X Utly	320	960	1,600	4,000	5,600	8,000
Sport Utly	330	980	1,640	4,100	5,740	8,200
Sahara Utly	450	1,340	2,240	5,600	7,840	11,200
Rubicon Utly	470	1,400	2,340	5,850	8,190	11,700

NOTE: Add 5 percent for detachable HT. Add 5 percent for Freedom pkg on X model.

2003 Liberty, V-6

	6	5	4	3	2	1
4d Sport SUV	380	1,140	1,900	4,750	6,650	9,500
4d Renegade SUV	440	1,320	2,200	5,500	7,700	11,000
4d Limited SUV	480	1,440	2,400	6,000	8,400	12,000

NOTE: Add 10 percent for 4x4. Add 5 percent for Freedom pkg on Sport model. Deduct 5 percent for 4-cyl.

2003 Grand Cherokee, 6-cyl.

	6	5	4	3	2	1
4d Laredo SUV	400	1,200	2,000	5,000	7,000	10,000
4d Limited SUV	440	1,320	2,200	5,500	7,700	11,000
4d Limited HO SUV	500	1,500	2,500	6,250	8,750	12,500
4d Overland HO SUV	540	1,620	2,700	6,750	9,450	13,500

NOTE: Add 10 percent for 4x4 (excluding Overland HO model). Add 10 percent for V-8 (excluding HO models).

2004 Wrangler, 6-cyl., 4x4

	6	5	4	3	2	1
SE Utly (4-cyl. only)	290	860	1,440	3,600	5,040	7,200
X Utly	320	960	1,600	4,000	5,600	8,000
Sport Utly	330	980	1,640	4,100	5,740	8,200
Unlimited Utly	360	1,070	1,780	4,450	6,230	8,900
Sahara Utly	450	1,340	2,240	5,600	7,840	11,200
Rubicon Utly	470	1,400	2,340	5,850	8,190	11,700

NOTE: Add 5 percent for detachable HT. Add 5 percent for Columbia or Rocky Mountain pkg on X-model. Add 5 percent for automatic transmission exoopt Unlimited

2004 Liberty, V-6

	6	5	4	3	2	1
4d Sport SUV	380	1,140	1,900	4,750	6,650	9,500
4d Renegade SUV	440	1,320	2,200	5,500	7,700	11,000
4d Limited SUV	480	1,440	2,400	6,000	8,400	12,000

NOTE: Add 10 percent for 4x4. Add 5 percent for Columbia or Rocky Mountain pkg on Sport model. Deduct 5 percent for 4-oyl. Deduct 5 percent for manual transmission

2004 Grand Cherokee, 6-cyl.

	6	5	4	3	2	1
4d Laredo SUV	400	1,200	2,000	5,000	7,000	10,000
4d Limited SUV	440	1,320	2,200	5,500	7,700	11,000
4d Limited HO SUV	500	1,500	2,500	6,250	8,750	12,500
4d Overland HO SUV	540	1,620	2,700	6,750	9,450	13,500

NOTE: Add 10 percent for 4x4. Add 5 percent for 4.7L V-8 (excluding HO models). Add 5 percent for Columbia, Freedom, Rocky Mountain or Special Ed pkg on Laredo.

LINCOLN TRUCKS

1998 Navigator, V-8

	6	5	4	3	2	1
4d SUV	500	1,500	2,500	5,630	8,750	12,500

NOTE: Add 10 percent for 4x4.

1999 Navigator, V-8, 4x4

	6	5	4	3	2	1
4d SUV	500	1,500	2,500	5,630	8,750	12,500

NOTE: Add 10 percent for 4x4.

2000 Navigator, V-8, 4x4

	6	5	4	3	2	1
4d SUV	500	1,500	2,500	5,630	8,750	12,500

NOTE: Add 10 percent for 4x4.

2001 Navigator, V-8

	6	5	4	3	2	1
4d SUV	500	1,500	2,500	5,630	8,750	12,500

NOTE: Add 10 percent for 4x4.

2002 Navigator, V-8

	6	5	4	3	2	1
4d SUV	580	1,740	2,900	6,530	10,150	14,500

NOTE: Add 10 percent for 4x4.

2002 Blackwood, V-8

	6	5	4	3	2	1
4d PU	800	2,400	4,000	9,000	14,000	20,000

2003 Aviator, V-8

	6	5	4	3	2	1
4d Luxury SUV	400	1,210	2,020	5,050	7,070	10,100
4d Premium SUV	530	1,600	2,660	6,650	9,310	13,300

NOTE: Add 10 percent for AWD.

2003 Navigator, V-8

	6	5	4	3	2	1
4d SUV	580	1,740	2,900	7,250	10,150	14,500
4d Ultimate SUV	660	1,970	3,280	8,200	11,480	16,400

NOTE: Add 10 percent for 4x4.

2004 Aviator, V-8

	6	5	4	3	2	1
4d Luxury SUV	400	1,210	2,020	5,050	7,070	10,100
4d Ultimate SUV	530	1,600	2,660	6,650	9,310	13,300

NOTE: Add 10 percent for AWD.

2004 Navigator, V-8

	6	5	4	3	2	1
4d SUV	580	1,740	2,900	7,250	10,150	14,500
4d Ultimate SUV	660	1,970	3,280	8,200	11,480	16,400

NOTE: Add 10 percent for 4x4.

	6	5	4	3	2	1

MERCURY TRUCKS

1993 Villager FWD, V-6						
GS Sta Wag	320	960	1,600	3,600	5,600	8,000
LS Sta Wag	360	1,080	1,800	4,050	6,300	9,000
1994 Villager, V-6						
GS Window Van	360	1,080	1,800	4,050	6,300	9,000
LS Window Van	430	1,300	2,160	4,860	7,560	10,800
Nautica Window Van	440	1,320	2,200	4,950	7,700	11,000
1995 Villager, V-6						
GS Window Van	360	1,080	1,800	4,050	6,300	9,000
LS Window Van	430	1,300	2,160	4,860	7,560	10,800
Nautica Window Van	440	1,320	2,200	4,950	7,700	11,000
1996 Villager, V-6						
GS Window Van	360	1,080	1,800	4,050	6,300	9,000
LS Window Van	430	1,300	2,160	4,860	7,560	10,800
Nautica Window Van	440	1,320	2,200	4,950	7,700	11,000
1997 Villager, V-6						
GS Window Van	360	1,080	1,800	4,050	6,300	9,000
LS Window Van	430	1,300	2,160	4,860	7,560	10,800
Nautica Window Van	440	1,320	2,200	4,950	7,700	11,000
1997 Mountaineer, V-8						
4d Wag	280	840	1,400	3,150	4,900	7,000
NOTE: Add 10 percent for AWD.						
1998 Villager, V-6						
GS Window Van	360	1,080	1,800	4,050	6,300	9,000
LS Window Van	430	1,300	2,160	4,860	7,560	10,800
Nautica Window Van	440	1,320	2,200	4,950	7,700	11,000
1998 Mountaineer, V-6						
4d Wag	280	840	1,400	3,150	4,900	7,000
NOTE: Add 10 percent for AWD. Add 5 percent for V-8.						
1999 Villager, V-6						
Van	280	840	1,400	3,150	4,900	7,000
Sport Van	320	960	1,600	3,600	5,600	8,000
Estate Van	340	1,020	1,700	3,830	5,950	8,500
1999 Mountaineer, V-6						
4d SUV	280	840	1,400	3,150	4,900	7,000
NOTE: Add 10 percent for 4x4. Add 5 percent for V-8.						
2000 Villager, V-6						
Van	280	840	1,400	3,150	4,900	7,000
Sport Van	320	960	1,600	3,600	5,600	8,000
Estate Van	340	1,020	1,700	3,830	5,950	8,500
2000 Mountaineer, V-6						
4d SUV	280	840	1,400	3,150	4,900	7,000
NOTE: Add 10 percent for 4x4. Add 5 percent for V-8.						
2001 Villager, V-6						
Van	280	840	1,400	3,150	4,900	7,000
Sport Van	320	960	1,600	3,600	5,600	8,000
Estate Van	340	1,020	1,700	3,830	5,950	8,500
2001 Mountaineer, V-6						
4d SUV	280	840	1,400	3,150	4,900	7,000
NOTE: Add 10 percent for 4x4. Add 5 percent for V-8.						
2002 Villager, V-6						
Van	280	840	1,400	3,150	4,900	7,000
Sport Van	320	960	1,600	3,600	5,600	8,000
Estate Van	340	1,020	1,700	3,830	5,950	8,500
2002 Mountaineer, V-6						
4d SUV	320	960	1,600	3,600	5,600	8,000
4d Luxury SUV	360	1,080	1,800	4,050	6,300	9,000
NOTE: Add 10 percent for 4x4. Add 5 percent for V-8.						
2003 Mountaineer, V-6						
4d SUV	320	960	1,600	4,000	5,600	8,000
4d Luxury SUV	360	1,080	1,800	4,500	6,300	9,000
4d Premier SUV	410	1,220	2,040	5,100	7,140	10,200
NOTE: Add 10 percent for AWD. Add 5 percent for V-8.						
2004 Mountaineer, V-6						
4d SUV	320	960	1,600	4,000	5,600	8,000
4d Luxury SUV	360	1,080	1,800	4,500	6,300	9,000
4d Premier SUV	410	1,220	2,040	5,100	7,140	10,200
NOTE: Add 10 percent for AWD. Add 5 percent for V-8.						
2004 Monterey, V-6						
4d Wag	280	840	1,400	3,500	4,900	7,000
4d Luxury Wag	300	900	1,500	3,750	5,250	7,500
4d Premier Wag	330	980	1,640	4,100	5,740	8,200

OLDSMOBILE TRUCKS

	6	5	4	3	2	1
1990 Silhouette FWD, V-6						
Sta Wag	280	840	1,400	3,150	4,900	7,000
1991 Bravada 4x4, V-6						
Sta Wag	340	1,020	1,700	3,830	5,950	8,500
1991 Silhouette FWD, V-6						
Sta Wag	300	900	1,500	3,380	5,250	7,500
1992 Bravada 4x4, V-6						
Sta Wag	360	1,080	1,800	4,050	6,300	9,000
1992 Silhouette FWD, V-6						
Sta Wag	320	960	1,600	3,600	5,600	8,000
1993 Bravada 4x4, V-6						
Sta Wag	400	1,200	2,000	4,500	7,000	10,000
1993 Silhouette FWD, V-6						
Sta Wag	340	1,020	1,700	3,830	5,950	8,500
1994 Bravada, V-6						
4d Utility	420	1,260	2,100	4,730	7,350	10,500
1994 Silhouette, V-6						
Window Van	380	1,140	1,900	4,280	6,650	9,500
1995 Silhouette, V-6						
Window Van	380	1,140	1,900	4,280	6,650	9,500
1996 Silhouette, V-6						
Window Van	380	1,140	1,900	4,280	6,650	9,500
1996 Bravada, V-6						
4d SUV	420	1,260	2,100	4,730	7,350	10,500
1997 Silhouette, V-6						
Window Van	340	1,020	1,700	3,830	5,950	8,500
GL Window Van	380	1,140	1,900	4,280	6,650	9,500
GLS Window Van	440	1,320	2,200	4,950	7,700	11,000
1997 Bravada, V-6						
4d SUV	420	1,260	2,100	4,730	7,350	10,500
1998 Silhouette, V-6						
GS Window Van	320	960	1,600	3,600	5,600	8,000
GL Window Van	360	1,080	1,800	4,050	6,300	9,000
GLS Window Van	420	1,260	2,100	4,730	7,350	10,500
1998 Bravada, V-6, 4x4						
4d SUV	400	1,200	2,000	4,500	7,000	10,000
1999 Silhouette, V-6						
GS Van	320	960	1,600	3,600	5,600	8,000
GL Van	360	1,080	1,800	4,050	6,300	9,000
GLS Van	380	1,140	1,900	4,280	6,650	9,500
Premiere Van	400	1,200	2,000	4,500	7,000	10,000
1999 Bravada, V-6, 4x4						
4d SUV	320	960	1,600	3,600	5,600	8,000
2000 Silhouette, V-6						
GL Van	360	1,080	1,800	4,050	6,300	9,000
GLS Van	380	1,140	1,900	4,280	6,650	9,500
Premiere Van	400	1,200	2,000	4,500	7,000	10,000
2000 Bravada, V-6, 4x4						
4d SUV	320	960	1,600	3,600	5,600	8,000
2001 Silhouette, V-6						
GL Van	360	1,080	1,800	4,050	6,300	9,000
GLS Van	380	1,140	1,900	4,280	6,650	9,500
Premiere Van	400	1,200	2,000	4,500	7,000	10,000
2001 Bravada, V-6, 4x4						
4d SUV	320	960	1,600	3,600	5,600	8,000
2002 Silhouette, V-6						
GL Van	360	1,080	1,800	4,050	6,300	9,000
GLS Van	380	1,140	1,900	4,280	6,650	9,500
Premiere Van	400	1,200	2,000	4,500	7,000	10,000
NOTE: Add 10 percent for 4x4.						
2002 Bravada, 6-cyl.						
4d SUV	360	1,080	1,800	4,050	6,300	9,000
NOTE: Add 10 percent for 4x4.						
2003 Silhouette, V-6						
GL Van	360	1,080	1,800	4,500	6,300	9,000
GLS Van	380	1,140	1,900	4,750	6,650	9,500
Premiere Van	400	1,200	2,000	5,000	7,000	10,000
NOTE: Add 10 percent for AWD.						
2003 Bravada, 6-cyl.						
4d SUV	360	1,080	1,800	4,500	6,300	9,000
NOTE: Add 10 percent for AWD.						
2004 Silhouette, V-6						
GL Van	360	1,080	1,800	4,500	6,300	9,000
GLS Van	380	1,140	1,900	4,750	6,650	9,500

	6	5	4	3	2	1
Premiere Van................................ 400		1,200	2,000	5,000	7,000	10,000

NOTE: Add 10 percent for AWD.

2004 Bravada, 6-cyl.

4d SUV..................................... 360		1,080	1,800	4,500	6,300	9,000

NOTE: Add 10 percent for AWD. Production of all Oldsmobiles was ended after the 2004 model year.

PLYMOUTH TRUCKS

	6	5	4	3	2	1
1930-31 Series 30U						
Commercial Sed............................. 760		2,280	3,800	8,550	13,300	19,000
1935 Series PJ						
Sed Dly.................................... 720		2,160	3,600	8,100	12,600	18,000
1936 Series P-1						
Sed Dly.................................... 720		2,160	3,600	8,100	12,600	18,000
1937 Series PT-50						
PU.. 720		2,170	3,620	8,150	12,670	18,100
Sed Dly.................................... 720		2,160	3,600	8,100	12,600	18,000
Sta Wag................................... 880		2,640	4,400	9,900	15,400	22,000
1938 Series PT-57						
PU.. 720		2,170	3,620	8,150	12,670	18,100
Sed Dly.................................... 720		2,160	3,600	8,100	12,600	18,000
1939 Series PT-81						
PU.. 720		2,170	3,620	8,150	12,670	18,100
Sed Dly.................................... 720		2,160	3,600	8,100	12,600	18,000
1940 Series PT-105						
PU.. 740		2,220	3,700	8,330	12,950	18,500
1941 Series PT-125						
Sed Dly.................................... 720		2,160	3,600	8,100	12,600	18,000
PU.. 740		2,220	3,700	8,330	12,950	18,500
1974-91 Scamp (1983 only)						
PU.. 188		564	940	2,120	3,290	4,700
1974-91 Trail Duster, (4x4), 1/2-Ton						
Utl....................................... 280		840	1,400	3,150	4,900	7,000
1974-91 PB-100 Voyager Van, 1/2-Ton, 109" wb						
Wag....................................... 260		780	1,300	2,930	4,550	6,500
1984-91 Voyager, V-6						
Sta Wag................................... 252		756	1,260	2,840	4,410	6,300
SE Sta Wag................................ 256		768	1,280	2,880	4,480	6,400
LE Sta Wag................................ 260		780	1,300	2,930	4,550	6,500
NOTE: Add 5 percent for 4x4.						
1992 Voyager, V-6						
3d Van.................................... 248		744	1,240	2,790	4,340	6,200
SE 3d Van................................. 252		756	1,260	2,840	4,410	6,300
LE 3d Van................................. 256		768	1,280	2,880	4,480	6,400
NOTE: Add 5 percent for Grand package. Add 5 percent for 4x4.						
1993 Voyager, V-6						
Window Van................................ 292		876	1,460	3,290	5,110	7,300
NOTE: Add 5 percent for 4x4.						
1994 Voyager, V-6						
Window Van Voyager........................ 280		840	1,400	3,150	4,900	7,000
SE Window Van Voyager..................... 300		900	1,500	3,380	5,250	7,500
LE Window Van Voyager..................... 320		960	1,600	3,600	5,600	8,000
Window Van Grand Voyager.................. 320		960	1,600	3,600	5,600	8,000
SE Window Van Grand Voyager............... 340		1,020	1,700	3,830	5,950	8,500
LE Window Van Grand Voyager............... 360		1,080	1,800	4,050	6,300	9,000
Window Van Grand Voyager 4x4.............. 420		1,260	2,100	4,730	7,350	10,500
NOTE: Add 5 percent for 4x4.						
1995 Voyager, 4-cyl. & V-6						
Window Van................................ 280		840	1,400	3,150	4,900	7,000
SE Window Van............................. 300		900	1,500	3,380	5,250	7,500
LE Window Van............................. 320		960	1,600	3,600	5,600	8,000
Grand Voyager Window Van.................. 320		960	1,600	3,600	5,600	8,000
SE Grand Voyager Window Van............... 340		1,020	1,700	3,830	5,950	8,500
LE Grand Voyager Window Van............... 360		1,080	1,800	4,050	6,300	9,000
NOTE: Add 10 percent for 4x4. Deduct 5 percent for 4-cyl.						
1996 Voyager, 4-cyl. & V-6						
Window Van................................ 280		840	1,400	3,150	4,900	7,000
SE Window Van............................. 300		900	1,500	3,380	5,250	7,500
Grand Voyager Window Van.................. 320		960	1,600	3,600	5,600	8,000
Grand Voyager SE Window Van............... 340		1,020	1,700	3,830	5,950	8,500
NOTE: Deduct 5 percent for 4-cyl.						
1997 Voyager, V-6						
Window Van................................ 280		840	1,400	3,150	4,900	7,000
SE Window Van............................. 300		900	1,500	3,380	5,250	7,500
Grand Voyager Window Van.................. 320		960	1,600	3,600	5,600	8,000
Grand Voyager SE Window Van............... 340		1,020	1,700	3,830	5,950	8,500
NOTE: Deduct 5 percent for 4-cyl.						

	6	5	4	3	2	1
1998 Voyager, V-6						
Window Van	260	780	1,300	2,930	4,550	6,500
SE Window Van	280	840	1,400	3,150	4,900	7,000
Expresso Window Van	290	870	1,450	3,260	5,080	7,250
Grand Voyager Window Van	300	900	1,500	3,380	5,250	7,500
Grand Voyager SE Window Van	320	960	1,600	3,600	5,600	8,000
Grand Voyager Expresso Window Van	330	990	1,650	3,710	5,780	8,250

NOTE: Deduct 5 percent for 4-cyl.

	6	5	4	3	2	1
1999 Voyager, V-6						
Van	260	780	1,300	2,930	4,550	6,500
SE Van	280	840	1,400	3,150	4,900	7,000
Expresso Van	290	870	1,450	3,260	5,080	7,250
Grand Voyager Van	300	900	1,500	3,380	5,250	7,500
Grand Voyager SE Van	320	960	1,600	3,600	5,600	8,000
Grand Voyager Expresso Van	330	990	1,650	3,710	5,780	8,250

NOTE: Deduct 5 percent for 4-cyl.
NOTE: Plymouth Voyager vans were produced only to December 1999, and then were badged as Chryslers, as Plymouth ceased truck production.

PONTIAC TRUCKS

	6	5	4	3	2	1
1949 Streamliner Series 6						
Sed Dly	800	2,400	4,000	9,000	14,000	20,000
1949 Streamliner Series 8						
Sed Dly	840	2,520	4,200	9,450	14,700	21,000
1950 Streamliner Series 6						
Sed Dly	800	2,400	4,000	9,000	14,000	20,000
1950 Streamliner Series 8						
Sed Dly	840	2,520	4,200	9,450	14,700	21,000
1951 Streamliner Series 6						
Sed Dly	820	2,460	4,100	9,230	14,350	20,500
1951 Streamliner Series 8						
Sed Dly	860	2,580	4,300	9,680	15,050	21,500
1952 Chieftain Series 6						
Sed Dly	820	2,460	4,100	9,230	14,350	20,500
1952 Chieftain Series 8						
Sed Dly	860	2,580	4,300	9,680	15,050	21,500
1953 Chieftain Series 6						
Sed Dly	840	2,520	4,200	9,450	14,700	21,000
1953 Chieftain Series 8						
Sed Dly	880	2,640	4,400	9,900	15,400	22,000
1990 Trans Sport FWD, V-6						
Sta Wag	260	780	1,300	2,930	4,550	6,500
SE Sta Wag	280	840	1,400	3,150	4,900	7,000
1991 Trans Sport FWD, V-6						
Sta Wag	300	900	1,500	3,380	5,250	7,500
SE Sta Wag	320	960	1,600	3,600	5,600	8,000
1992 Trans Sport FWD, V-6						
SE Sta Wag	352	1,056	1,760	3,960	6,160	8,800
GS Sta Wag	360	1,080	1,800	4,050	6,300	9,000
1993 Trans Sport FWD, V-6						
SE Sta Wag	372	1,116	1,860	4,190	6,510	9,300
1994 Trans Sport, V-6						
SE Window Van	380	1,140	1,900	4,280	6,650	9,500
1995 Trans Sport, V-6						
SE Window Van	380	1,140	1,900	4,280	6,650	9,500
1996 Trans Sport, V-6						
SE Window Van	380	1,140	1,900	4,280	6,650	9,500
1997 Trans Sport, V-6						
SE Window Van	380	1,140	1,900	4,280	6,650	9,500

NOTE: Add 5 percent for extended model.

	6	5	4	3	2	1
1998 Trans Sport, V-6						
SE Window Van	360	1,080	1,800	4,050	6,300	9,000

NOTE: Add 5 percent for extended model. Add 5 percent for Montana Pkg.

	6	5	4	3	2	1
1999 Montana, V-6						
Van	280	840	1,400	3,150	4,900	7,000

NOTE: Add 5 percent for extended model.

	6	5	4	3	2	1
2000 Montana, V-6						
Van	280	840	1,400	3,150	4,900	7,000

NOTE: Add 5 percent for extended model. Add 5 percent for Luxury pkg.

	6	5	4	3	2	1
2001 Aztek, V-6						
4d SUV	280	840	1,400	3,500	4,900	7,000
4d GT SUV	290	860	1,440	3,600	5,040	7,200

NOTE: Add 5 percent for AWD.

	6	5	4	3	2	1
2001 Montana, V-6						
Van	280	840	1,400	3,500	4,900	7,000

NOTE: Add 5 percent for extended model. Add 5 percent for Luxury pkg.

	6	5	4	3	2	1
2002 Aztck, V-6						
4d SUV................................. 280		840	1,400	3,500	4,900	7,000
NOTE: Add 5 percent for AWD.						
2002 Montana, V-6						
Van 280		840	1,400	3,500	4,900	7,000
NOTE: Add 10 percent for AWD. Add 5 percent for extended model. Add 5 percent for Thunder or Luxury pkgs.						
2003 Aztek, V-6						
4d SUV................................. 280		840	1,400	3,500	4,900	7,000
NOTE: Add 5 percent for AWD.						
2003 Montana, V-6						
4d Van 280		840	1,400	3,500	4,900	7,000
4d Luxury Van 330		980	1,640	4,100	5,740	8,200
NOTE: Add 10 percent for AWD. Add 5 percent for extended base model. Add 5 percent for Thunder pkg.						
2004 Aztec, V-6						
4d SUV................................. 280		840	1,400	3,500	4,900	7,000
NOTE: Add 5 percent for AWD.						
2004 Montana, V-6						
4d Van 280		840	1,400	3,500	4,900	7,000
4d Luxury Van 330		980	1,640	4,100	5,740	8,200
NOTE: Add 10 percent for AWD. Add 5 percent for extended base model.						

SATURN TRUCKS

	6	5	4	3	2	1
2002 Vue, V-6						
4d SUV................................. 300		900	1,500	3,380	5,250	7,500
NOTE: Add 10 percent for AWD. Deduct 5 percent for 4-cyl.						
2003 Vue, V-6						
4d SUV................................. 300		900	1,500	3,750	5,250	7,500
NOTE: Add 10 percent for AWD. Deduct 5 percent for 4-cyl.						
2004 Vue, V-6						
4d SUV................................. 300		900	1,500	3,750	5,250	7,500
Red Line 4d SUV 320		960	1,600	4,000	5,600	8,000
NOTE: Add 10 percent for AWD. Deduct 5 percent for 4-cyl. Deduct 5 percent for manual transmission.						

STUDEBAKER TRUCKS

	6	5	4	3	2	1
1937 Model 5A/6A, Dictator Six						
Cpe Exp 800		2,400	4,000	9,000	14,000	20,000
1938 Model 7A, Commander Six						
Cpe Exp 800		2,400	4,000	9,000	14,000	20,000
1939 Model 9A, Commander Six						
Cpe Exp 850		2,500	4,200	9,450	14,700	21,000
1941-42, 1946-48 Six-cyl., 113" wb						
1/2-Ton. 760		2,280	3,800	8,550	13,300	19,000
1949-53 Pickup, 1/2-Ton, 6-cyl.						
2R5. 770		2,320	3,860	8,690	13,510	19,300
2R6. 780		2,330	3,880	8,730	13,580	19,400
1949-53 Pickup, 3/4-Ton, 6-cyl.						
2R10. 750		2,260	3,760	8,460	13,160	18,800
2R11. 760		2,270	3,780	8,510	13,230	18,900
1954 Pickup, 1/2-Ton, 6-cyl.						
3R5. 770		2,320	3,860	8,690	13,510	19,300
3R6. 780		2,330	3,880	8,730	13,580	19,400
1954 Pickup, 3/4-Ton, 6-cyl.						
3R10. 750		2,260	3,760	8,460	13,160	18,800
3R11. 760		2,270	3,780	8,510	13,230	18,900
1955 Pickup, 1/2-Ton, 6-cyl.						
E5. 780		2,340	3,900	8,780	13,650	19,500
E7. 780		2,350	3,920	8,820	13,720	19,600
1955 Pickup, 3/4-Ton, 6-cyl.						
E10. 760		2,290	3,820	8,600	13,370	19,100
E12. 770		2,300	3,840	8,640	13,440	19,200
NOTE: Add 20 percent for V-8.						
1956-58 Pickup, 1/2-Ton, 6-cyl.						
2E5 (SWB) 750		2,240	3,740	8,420	13,090	18,700
2E5 (LWB) 740		2,220	3,700	8,330	12,950	18,500
2E7 (SWB) 760		2,280	3,800	8,550	13,300	19,000
2E7 (LWB) 750		2,260	3,760	8,460	13,160	18,800
1956-58 Pickup, 3/4-Ton, 6-cyl.						
2E12. 740		2,220	3,700	8,330	12,950	18,500
NOTE: Add 20 percent for V-8.						
1959-64 Pickup, 1/2-Ton, 6-cyl.						
4E1 (SWB) 720		2,160	3,600	8,100	12,600	18,000
4E1 (LWB) 720		2,160	3,600	8,100	12,600	18,000
4E5 (SWB) 730		2,180	3,640	8,190	12,740	18,200
4E5 (LWB) 730		2,180	3,640	8,190	12,740	18,200
4E6 (SWB) 730		2,200	3,660	8,240	12,810	18,300

	6	5	4	3	2	1
4E6 (LWB)	730	2,200	3,660	8,240	12,810	18,300
4E7 (SWB)	760	2,280	3,800	8,550	13,300	19,000
4E7 (LWB)	760	2,280	3,800	8,550	13,300	19,000
1959-64 Pickup, 3/4-Ton, 6-cyl.						
4E11	710	2,140	3,560	8,010	12,460	17,800
4E12	730	2,200	3,660	8,240	12,810	18,300

NOTE: Add 20 percent for V-8.

WILLYS OVERLAND TRUCKS (1911-1942)

	6	5	4	3	2	1
1911-12 Overland "37"						
Dly	760	2,280	3,800	8,550	13,300	19,000
Spl Dly	800	2,400	4,000	9,000	14,000	20,000
1911-12 Overland						
1-Ton Truck	680	2,040	3,400	7,650	11,900	17,000
1911-12 Gramm						
1-Ton Truck	700	2,100	3,500	7,880	12,250	17,500
1913 Overland						
Open Exp	720	2,160	3,600	8,100	12,600	18,000
Full Panel	740	2,220	3,700	8,330	12,950	18,500
1913 Gramm						
Chassis (1-Ton)	700	2,100	3,500	7,880	12,250	17,500
1913 Willys						
Chassis (3/4-Ton)	700	2,100	3,500	7,880	12,250	17,500
1914 Overland "79"						
Exp	720	2,160	3,600	8,100	12,600	18,000
Panel	710	2,220	3,700	8,330	12,950	18,500
1914 Willys Utility "65"						
Exp	740	2,220	3,700	8,330	12,950	18,500
Panel	750	2,250	3,750	8,440	13,130	18,750
1915 Willys Utility						
3/4-Ton Exp	740	2,220	3,700	8,330	12,950	18,500
1916 Overland "83"						
Exp Dly	640	1,920	3,200	7,200	11,200	16,000
Spl Dly	680	2,040	3,400	7,650	11,900	17,000
Open Exp	620	1,860	3,100	6,980	10,850	15,500
1916 Overland "75"						
Screen	680	2,050	3,420	7,700	11,970	17,100
Panel	690	2,060	3,440	7,740	12,040	17,200
1917 Overland "90"						
Panel	660	1,980	3,300	7,430	11,550	16,500
1918 Overland "90"						
Exp (800 lbs.)	640	1,930	3,220	7,250	11,270	16,100
Panel (800 lbs.)	660	1,980	3,300	7,430	11,550	16,500
Exp (1200 lbs.)	620	1,860	3,100	6,980	10,850	15,500
1919 Overland Light Four						
Exp (800 lbs.)	640	1,930	3,220	7,250	11,270	16,100
Panel (800 lbs.)	660	1,980	3,300	7,430	11,550	16,500
Exp (1200 lbs.)	620	1,860	3,100	6,980	10,850	15,500
1920 Overland Model 5 - ("Light Four")						
Exp (800 lbs.)	650	1,940	3,240	7,290	11,340	16,200
Panel (800 lbs.)	670	2,000	3,340	7,520	11,690	16,700
Exp (1000 lbs.)	620	1,070	3,120	7,020	10,920	15,600
1921 Overland Model Four						
Exp (800 lbs.)	570	1,700	2,840	6,390	9,940	14,200
Panel (800 lbs.)	590	1,760	2,940	6,620	10,290	14,700
Exp (1000 lbs.)	540	1,630	2,720	6,120	9,520	13,600
1922 Overland Model Four						
Exp (800 lbs.)	650	1,940	3,240	7,290	11,340	16,200
Panel (800 lbs.)	670	2,000	3,340	7,520	11,690	16,700
Exp (1000 lbs.)	620	1,870	3,120	7,020	10,920	15,600
1923 Overland "91CE"						
Exp	650	1,940	3,240	7,290	11,340	16,200
Canopy	690	2,060	3,440	7,740	12,040	17,200
Screen	660	1,980	3,300	7,430	11,550	16,500
Panel	670	2,000	3,340	7,520	11,690	16,700
1924 Overland "91CE"						
Exp	650	1,940	3,240	7,290	11,340	16,200
Canopy	660	1,980	3,300	7,430	11,550	16,500
Screen	660	1,970	3,280	7,380	11,480	16,400
Panel	670	2,000	3,340	7,520	11,690	16,700
1925 Overland "91CE"						
Open Exp	650	1,940	3,240	7,290	11,340	16,200
Canopy	660	1,980	3,300	7,430	11,550	16,500
Screen	660	1,970	3,280	7,380	11,480	16,400
Panel	670	2,000	3,340	7,520	11,690	16,700

NOTE: With aftermarket bodies.

	6	5	4	3	2	1
1926 Overland Model 91						
Open Exp	650	1,940	3,240	7,290	11,340	16,200
Canopy	660	1,980	3,300	7,430	11,550	16,500
Screen	660	1,970	3,280	7,380	11,480	16,400
Panel	670	2,000	3,340	7,520	11,690	16,700
NOTE: With aftermarket bodies.						
1927 Whippet Model 96						
PU	520	1,560	2,600	5,850	9,100	13,000
Canopy	540	1,620	2,700	6,080	9,450	13,500
Screen	516	1,548	2,580	5,810	9,030	12,900
Panel	524	1,572	2,620	5,900	9,170	13,100
Sed Dly	540	1,620	2,700	6,080	9,450	13,500
NOTE: Add 12 percent for 6-cyl. engine.						
1928 Whippet Series 96						
PU	520	1,560	2,600	5,850	9,100	13,000
Canopy	540	1,620	2,700	6,080	9,450	13,500
Screen	516	1,548	2,580	5,810	9,030	12,900
Panel	524	1,572	2,620	5,900	9,170	13,100
Sed Dly	540	1,620	2,700	6,080	9,450	13,500
NOTE: Add 12 percent for 6-cyl. engine.						
1929 Whippet Series 96, 100" wb						
PU	520	1,560	2,600	5,850	9,100	13,000
Screen	512	1,536	2,560	5,760	8,960	12,800
Canopy	540	1,620	2,700	6,080	9,450	13,500
Panel	524	1,572	2,620	5,900	9,170	13,100
Sed Dly	540	1,620	2,700	6,080	9,450	13,500
1929 Whippet Series 96A, 103" wb						
PU	520	1,560	2,600	5,850	9,100	13,000
Canopy	540	1,620	2,700	6,080	9,450	13,500
Screen	524	1,572	2,620	5,900	9,170	13,100
Panel	532	1,596	2,660	5,990	9,310	13,300
Sed Dly	548	1,644	2,740	6,170	9,590	13,700
NOTE: Add 12 percent for Whippet Six.						
1929 Willys Series 98B						
PU	560	1,680	2,800	6,300	9,800	14,000
Canopy	564	1,692	2,820	6,350	9,870	14,100
Screenside	572	1,716	2,860	6,440	10,010	14,300
Panel	580	1,740	2,900	6,530	10,150	14,500
Sed Dly	604	1,812	3,020	6,800	10,570	15,100
1930 Whippet Series 96A						
PU	520	1,560	2,600	5,850	9,100	13,000
Canopy	540	1,620	2,700	6,080	9,450	13,500
Screenside	524	1,572	2,620	5,900	9,170	13,100
Panel	532	1,596	2,660	5,990	9,310	13,300
Screen Dly	548	1,644	2,740	6,170	9,590	13,700
1931 Whippet Series 96						
PU	520	1,560	2,600	5,850	9,100	13,000
Canopy	540	1,620	2,700	6,080	9,450	13,500
Screenside	524	1,572	2,620	5,900	9,170	13,100
Panel	532	1,596	2,660	5,990	9,310	13,300
Sed Dly	548	1,644	2,740	6,170	9,590	13,700
NOTE: Add 12 percent for Whippet Six.						
1931 Willys Series 98B						
PU	560	1,680	2,800	6,300	9,800	14,000
Canopy	564	1,692	2,820	6,350	9,870	14,100
Screenside	572	1,716	2,860	6,440	10,010	14,300
Panel	580	1,740	2,900	6,530	10,150	14,500
Sed Dly	604	1,812	3,020	6,800	10,570	15,100
1931 Willys Series C-113						
PU	500	1,500	2,500	5,630	8,750	12,500
Canopy	504	1,512	2,520	5,670	8,820	12,600
Screenside	508	1,524	2,540	5,720	8,890	12,700
Panel	516	1,548	2,580	5,810	9,030	12,900
Sed Dly	528	1,584	2,640	5,940	9,240	13,200
1932 Willys Series C-113						
PU	580	1,740	2,900	6,530	10,150	14,500
Canopy	584	1,752	2,920	6,570	10,220	14,600
Screenside	588	1,764	2,940	6,620	10,290	14,700
Panel	596	1,788	2,980	6,710	10,430	14,900
Sed Dly	608	1,824	3,040	6,840	10,640	15,200
1933 Willys "77"						
Panel	1,240	3,720	6,200	13,950	21,700	31,000
1934 Willys Model 77						
Panel	1,240	3,720	6,200	13,950	21,700	31,000
1935 Willys Model 77						
PU	1,200	3,600	6,000	13,500	21,000	30,000
Panel	1,240	3,720	6,200	13,950	21,700	31,000

	6	5	4	3	2	1
1936 Willys Model 77						
PU	1,200	3,600	6,000	13,500	21,000	30,000
Panel	1,240	3,720	6,200	13,950	21,700	31,000
1937 Willys Model 77						
PU	1,400	4,200	7,000	15,750	24,500	35,000
Panel	1,420	4,260	7,100	15,980	24,850	35,500
1938 Willys Model 38						
PU	1,400	4,200	7,000	15,750	24,500	35,000
Stake	960	2,880	4,800	10,800	16,800	24,000
Panel	1,020	3,060	5,100	11,480	17,850	25,500
1939 Willys Model 38						
PU	1,400	4,200	7,000	15,750	24,500	35,000
Stake	960	2,880	4,800	10,800	16,800	24,000
Panel	1,020	3,060	5,100	11,480	17,850	25,500
1939 Willys Model 48						
PU	1,420	4,260	7,100	15,980	24,850	35,500
Stake	960	2,880	4,800	10,800	16,800	24,000
Panel	1,020	3,060	5,100	11,480	17,850	25,500
1940 Willys Model 440						
PU	1,440	4,320	7,200	16,200	25,200	36,000
Panel Dly.	1,040	3,120	5,200	11,700	18,200	26,000
1941 Willys Model 441						
PU	1,520	4,560	7,600	17,100	26,600	38,000
Panel Dly.	1,120	3,360	5,600	12,600	19,600	28,000
1942 Willys Model 442						
PU	1,520	4,560	7,600	17,100	26,600	38,000
Panel Dly.	1,120	3,360	5,600	12,600	19,600	28,000

IMPORT TRUCKS

ACURA TRUCKS

	6	5	4	3	2	1
1998 SLX, V-6, 4x4						
4d Utility	400	1,200	2,000	4,500	7,000	10,000
1999 SLX, V-6, 4x4						
4d Utility	400	1,200	2,000	4,500	7,000	10,000
2000						

NOTE: The SLX SUV was not continued in 2000, and its replacement, the MDX was released as a 2001 model.

	6	5	4	3	2	1
2001 MDX, V-6, 4x4						
4d SUV	600	1,800	3,000	7,500	10,500	15,000
2002 MDX, V-6, 4x4						
4d SUV	600	1,800	3,000	7,500	10,500	15,000
2003 MDX, V-6, 4x4						
4d SUV	600	1,800	3,000	7,500	10,500	15,000
4d Touring SUV	680	2,040	3,400	8,500	11,900	17,000
2004 MDX, V-6, 4x4						
4d SUV	600	1,800	3,000	7,500	10,500	15,000
4d Touring SUV	680	2,040	3,400	8,500	11,900	17,000

BMW TRUCKS

	6	5	4	3	2	1
2000 X5, V-8, 4x4						
4.4i SUV	1,000	3,000	5,000	11,250	17,500	25,000

NOTE: Add 5 percent for Spt pkg.

	6	5	4	3	2	1
2001 X5, 6-cyl. & V-8, 4x4						
3.0i SUV (6-cyl.)	860	2,580	4,300	10,750	15,050	21,500
4.4i SUV (V-8)	1,000	3,000	5,000	12,500	17,500	25,000

NOTE: Add 5 percent for Sport pkg.

	6	5	4	3	2	1
2002 X5, 6-cyl. & V-8, 4x4						
3.0i SUV	860	2,580	4,300	10,750	15,050	21,500
4.4i SUV	1,000	3,000	5,000	12,500	17,500	25,000
4.6is SUV (V-8 only)	1,200	3,600	6,000	15,000	21,000	30,000

NOTE: Add 5 percent for Sport pkg.

	6	5	4	3	2	1
2003 X5, 6-cyl. & V-8, 4x4						
3.0i SUV	860	2,580	4,300	10,750	15,050	21,500
4.4i SUV	1,000	3,000	5,000	12,500	17,500	25,000
4.6is SUV (V-8 only)	1,200	3,600	6,000	15,000	21,000	30,000

NOTE: Add 5 percent for Sport pkg.

	6	5	4	3	2	1
2004 X3, 6-cyl., 4x4						
2.5i 4d SUV	750	2,250	3,750	9,380	13,130	18,750
3.0i 4d SUV	820	2,460	4,100	10,250	14,350	20,500
2004 X5, 6-cyl. & V-8, 4x4						
3.0i 4d SUV	860	2,580	4,300	10,750	15,050	21,500
4.4i 4d SUV	1,000	3,000	5,000	12,500	17,500	25,000
4.8is 4d SUV (V-8 only)	1,200	3,600	6,000	15,000	21,000	30,000

NOTE: Add 5 percent for Sport pkg except 4.8is. Deduct 5 percent for manual transmission.

DAIHATSU TRUCKS

1991 Rocky

SE 2d Utly Conv.	200	650	1,100	2,480	3,850	5,500
SE 2d Utly	250	700	1,150	2,610	4,050	5,800
SX 2d Utly	250	700	1,200	2,700	4,200	6,000

1992 Rocky, 4-cyl.

SE 2d Utly Conv.	200	650	1,100	2,480	3,850	5,500
SE 2d Utly HT	250	700	1,200	2,660	4,150	5,900
SX 2d Utly HT	250	750	1,200	2,750	4,250	6,100

GEO TRUCKS

1991

2d Utility 4x4	200	550	950	2,120	3,300	4,700
2d Conv 2x4	250	700	1,150	2,570	4,000	5,700
2d Conv 4x4	250	700	1,200	2,660	4,150	5,900

1992 Tracker, 4-cyl.

2d Utility Conv 2x4	150	500	850	1,890	2,950	4,200
2d Utility HT 4x4	200	600	1,050	2,340	3,650	5,200
2d Utility Conv 4x4	250	700	1,150	2,570	4,000	5,700

1993 Tracker, 4-cyl.

2d Utility Conv 2x4	150	500	850	1,940	3,000	4,300
2d Utility HT 4x4	200	650	1,100	2,430	3,800	5,400
2d Utility Conv 4x4	250	700	1,200	2,660	4,150	5,900

1994 Tracker

2d Utility Conv	200	600	1,050	2,340	3,650	5,200
2d Utility HT 4x4	250	750	1,250	2,790	4,350	6,200
2d Utility Conv 4x4	250	800	1,350	3,020	4,700	6,700

1995 Tracker, 4-cyl.

2d Utility Conv	200	600	1,050	2,340	3,650	5,200
2d Utility HT 4x4	250	750	1,250	2,790	4,350	6,200
2d Utility Conv 4x4	250	800	1,350	3,020	4,700	6,700

1996 Tracker, 4-cyl.

2d Utility Conv	200	600	1,050	2,340	3,650	5,200
2d Utility HT	250	700	1,150	2,570	4,000	5,700
2d Utility Conv 4x4	250	750	1,250	2,790	4,350	6,200
2d Utility HT 4x4	250	800	1,350	3,020	4,700	6,700

1997 Tracker, 4-cyl.

2d Utility Conv	208	624	1,040	2,340	3,640	5,200
2d Utility HT	228	684	1,140	2,570	3,990	5,700
2d Utility Conv 4x4	248	744	1,240	2,790	4,340	6,200
2d Utility HT 4x4	268	804	1,340	3,020	4,690	6,700

HONDA TRUCKS

1997 CR-V, 4-cyl.

4d Utility	560	1,680	2,800	6,300	9,800	14,000

1997 Passport, V-6

4d LX Utility	320	960	1,600	3,600	5,600	8,000
4d EX Utility	360	1,080	1,800	4,050	6,300	9,000
4d LX Utility 4x4	380	1,140	1,900	4,280	6,650	9,500
4d EX Utility 4x4	400	1,200	2,000	4,500	7,000	10,000

1997 Odyssey, 4-cyl.

4d LX Window Van	408	1,224	2,040	4,590	7,140	10,200
4d EX Window Van	420	1,260	2,100	4,730	7,350	10,500

1998 CR-V, 4-cyl.

LX 4d Utility	480	1,440	2,400	5,400	8,400	12,000
EX 4d Utility	520	1,560	2,600	5,850	9,100	13,000

NOTE: Add 5 percent for 4x4.

1998 Passport, V-6

4d LX Utility	320	960	1,600	3,600	5,600	8,000
4d EX Utility	360	1,080	1,800	4,050	6,300	9,000

NOTE: Add 5 percent for 4x4.

1998 Odyssey, 4-cyl.

4d LX Window Van	410	1,220	2,040	4,590	7,140	10,200
4d EX Window Van	420	1,260	2,100	4,730	7,350	10,500

1999 CR-V, 4-cyl.

LX 4d Utility	480	1,440	2,400	5,400	8,400	12,000
EX 4d Utility	520	1,560	2,600	5,850	9,100	13,000

NOTE: Add 5 percent for 4x4.

1999 Passport, V-6

4d LX Utility	320	960	1,600	3,600	5,600	8,000
4d EX Utility	360	1,080	1,800	4,050	6,300	9,000

NOTE: Add 5 percent for 4x4.

DAIHATSU TRUCKS

	6	5	4	3	2	1
1999 Odyssey, 4-cyl.						
4d LX Van	410	1,220	2,040	4,590	7,140	10,200
4d EX Van	420	1,260	2,100	4,730	7,350	10,500
2000 CR-V, 4-cyl.						
LX 4d Utility	480	1,440	2,400	5,400	8,400	12,000
EX 4d Utility	520	1,560	2,600	5,850	9,100	13,000
SE 4d Utility	540	1,620	2,700	6,080	9,450	13,500
NOTE: Add 5 percent for 4x4.						
2000 Passport, V-6						
4d LX Utility	320	960	1,600	3,600	5,600	8,000
4d EX Utility	360	1,080	1,800	4,050	6,300	9,000
NOTE: Add 5 percent for 4x4.						
2000 Odyssey, V-6						
4d LX Van	410	1,220	2,040	4,590	7,140	10,200
4d EX Van	420	1,260	2,100	4,730	7,350	10,500
2001 CR-V, 4-cyl.						
LX 4d Utility	480	1,440	2,400	6,000	8,400	12,000
EX 4d Utility	520	1,560	2,600	6,500	9,100	13,000
SE 4d Utility	540	1,620	2,700	6,750	9,450	13,500
NOTE: Add 5 percent for 4x4.						
2001 Passport, V-6						
4d LX Utility	320	960	1,600	4,000	5,600	8,000
4d EX Utility	360	1,080	1,800	4,500	6,300	9,000
NOTE: Add 5 percent for 4x4.						
2001 Odyssey, V-6						
4d LX Van	410	1,220	2,040	5,100	7,140	10,200
4d EX Van	420	1,260	2,100	5,250	7,350	10,500
2002 CR-V, 4-cyl.						
LX 4d Utility	480	1,440	2,400	6,000	8,400	12,000
EX 4d Utility	520	1,560	2,600	6,500	9,100	13,000
NOTE: Add 5 percent for 4x4.						
2002 Passport, V-6						
4d LX Utility	320	960	1,600	4,000	5,600	8,000
4d EX Utility	360	1,080	1,800	4,500	6,300	9,000
NOTE: Add 5 percent for 4x4.						
2002 Odyssey, V-6						
4d LX Van	410	1,220	2,040	5,100	7,140	10,200
4d EX Van	420	1,260	2,100	5,250	7,350	10,500
4d EX-L Van	460	1,380	2,300	5,750	8,050	11,500
2003 CR-V, 4-cyl.						
LX 4d Utility	480	1,440	2,400	6,000	8,400	12,000
EX 4d Utility	520	1,560	2,600	6,500	9,100	13,000
NOTE: Add 5 percent for 4x4.						
2003 Pilot, V-6, 4x4						
4d LX Utility	510	1,520	2,540	6,350	8,890	12,700
4d EX Utility	550	1,640	2,740	6,850	9,590	13,700
4d EX-L Utility	570	1,700	2,840	7,100	9,940	14,200
NOTE: Add 5 percent for 4x4.						
2003 Odyssey, V-6						
4d LX Van	410	1,220	2,040	5,100	7,140	10,200
4d EX Van	420	1,260	2,100	5,250	7,350	10,500
4d EX-L Van	460	1,380	2,300	5,750	8,050	11,500
2003 Element, 4-cyl.						
4d DX Van	400	1,210	2,020	5,050	7,070	10,100
4d EX Van	420	1,250	2,080	5,200	7,280	10,400
NOTE: Add 5 percent for 4x4.						
2004 CR-V, 4-cyl.						
LX 4d Utility	480	1,440	2,400	6,000	8,400	12,000
EX 4d Utility	520	1,560	2,600	6,500	9,100	13,000
NOTE: Add 5 percent for 4x4. Deduct 5 percent for manual transmission.						
2004 Pilot, V-6, 4x4						
4d LX Utility	510	1,520	2,540	6,350	8,890	12,700
4d EX Utility	550	1,640	2,740	6,850	9,590	13,700
4d EX-L Utility	570	1,700	2,840	7,100	9,940	14,200
NOTE: Add 5 percent for 4x4.						
2004 Odyssey, V-6						
4d LX Van	410	1,220	2,040	5,100	7,140	10,200
4d EX Van	420	1,260	2,100	5,250	7,350	10,500
4d EX-L Van	460	1,380	2,300	5,750	8,050	11,500
2004 Element, 4-cyl.						
4d LX Van	400	1,210	2,020	5,050	7,070	10,100
4d EX Van	420	1,250	2,080	5,200	7,280	10,400
NOTE: Add 5 percent for 4x4. Deduct 5 percent for manual transmission.						

	6	5	4	3	2	1

INFINITI TRUCKS

1998 QX4, V-6, 4x4
| 4d Utility | 480 | 1,440 | 2,400 | 5,400 | 8,400 | 12,000 |

1999 QX4, V-6, 4x4
| 4d Utility | 480 | 1,440 | 2,400 | 5,400 | 8,400 | 12,000 |

2000 QX4, V-6, 4x4
| 4d Utility | 520 | 1,560 | 2,600 | 5,850 | 9,100 | 13,000 |

2001 QX4, V-6
| 4d Utility | 520 | 1,560 | 2,600 | 6,500 | 9,100 | 13,000 |

NOTE: Add 10 percent for 4x4.

2002 QX4, V-6
| 4d Utility | 520 | 1,560 | 2,600 | 6,500 | 9,100 | 13,000 |

NOTE: Add 10 percent for 4x4.

2003 QX4, V-6
| 4d Utility | 520 | 1,560 | 2,600 | 6,500 | 9,100 | 13,000 |

NOTE: Add 10 percent for 4x4.

2003 FX, V-6 & V-8, AWD
4d FX35 Utility	760	2,280	3,800	9,500	13,300	19,000
4d FX35 Premium Utility	810	2,440	4,060	10,150	14,210	20,300
4d FX45 Utility	900	2,700	4,500	11,250	15,750	22,500
4d FX45 Premium Utility	940	2,820	4,700	11,750	16,450	23,500

NOTE: Deduct 10 percent for 2WD.

2004 FX, V-6 & V-8, AWD
4d FX35 Utility	760	2,280	3,800	9,500	13,300	19,000
4d FX35 Touring Utility	810	2,440	4,060	10,150	14,210	20,300
4d FX45 Utility	900	2,700	4,500	11,250	15,750	22,500
4d FX45 Premium Utility	940	2,820	4,700	11,750	16,450	23,500

NOTE: Deduct 10 percent for FX35 w/o AWD. Add 5 percent for Sport pkg on FX35 Touring. Add 10 pecent for Technology pkg on Touring/Premium models.

2004 QX56, V-8, AWD
| 4d Utility | 1,020 | 3,060 | 5,100 | 12,750 | 17,850 | 25,500 |

NOTE: Deduct 10 percent w/o AWD.

ISUZU TRUCKS

1981 1/2-Ton
| PU SBx | 88 | 264 | 440 | 990 | 1,540 | 2,200 |
| PU LBx | 96 | 288 | 480 | 1,080 | 1,680 | 2,400 |

NOTE: Add 10 percent for 4x4. Prices based on deluxe model.

1982 1/2-Ton
| PU SBx | 88 | 264 | 440 | 990 | 1,540 | 2,200 |
| PU LBx | 96 | 288 | 480 | 1,080 | 1,680 | 2,400 |

NOTE: Add 10 percent for 4x4. Prices based on deluxe model.

1983 1/2-Ton
| PU SBx | 92 | 276 | 460 | 1,040 | 1,610 | 2,300 |
| PU LBx | 100 | 300 | 500 | 1,130 | 1,750 | 2,500 |

NOTE: Add 10 percent for 4x4. Prices based on deluxe model.

1984 1/2-Ton
| PU SBx | 112 | 336 | 560 | 1,260 | 1,960 | 2,800 |
| PU LBx | 120 | 360 | 600 | 1,350 | 2,100 | 3,000 |

NOTE: Add 10 percent for 4x4. Deduct 5 percent for diesel.

1984 Trooper II 4x4
| Wag | 180 | 540 | 900 | 2,030 | 3,150 | 4,500 |

NOTE: Prices based on deluxe model.

1985 1/2-Ton
| PU SBx | 128 | 384 | 640 | 1,440 | 2,240 | 3,200 |
| PU LBx | 180 | 540 | 900 | 2,030 | 3,150 | 4,500 |

NOTE: Add 10 percent for 4x4. Deduct 5 percent for diesel.

1985 Trooper II 4x4
| Wag | 212 | 636 | 1,060 | 2,390 | 3,710 | 5,300 |

NOTE: Prices based on deluxe model.

1986 1/2-Ton
PU SBx	160	480	800	1,800	2,800	4,000
PU LBx	168	504	840	1,890	2,940	4,200
PU Space Cab	180	540	900	2,030	3,150	4,500

NOTE: Add 10 percent for 4x4. Deduct 5 percent for diesel.

1986 Trooper II 4x4
| Wag | 260 | 780 | 1,300 | 2,930 | 4,550 | 6,500 |

NOTE: Prices based on deluxe model.

1987 Pickup
PU	120	360	600	1,350	2,100	3,000
PU LBx	140	420	700	1,580	2,450	3,500
PU LS	152	456	760	1,710	2,660	3,800
PU MPG (Diesel)	116	348	580	1,310	2,030	2,900
PU LBx (Diesel)	120	360	600	1,350	2,100	3,000
PU Space Cab	140	420	700	1,580	2,450	3,500

	6	5	4	3	2	1
PU Space Cab DeL.	160	480	800	1,800	2,800	4,000
PU LS Space Cab.	180	540	900	2,030	3,150	4,500
PU 4x4	176	528	880	1,980	3,080	4,400
PU LS 4x4	188	564	940	2,120	3,290	4,700
PU LS Space Cab 4x4	188	564	940	2,120	3,290	4,700
PU LBx (4WD)	200	600	1,000	2,250	3,500	5,000
1987 Trooper II 4x4						
2d DeL.	260	780	1,300	2,930	4,550	6,500
4d DeL.	280	840	1,400	3,150	4,900	7,000
1988 Pickup						
PU S	164	492	820	1,850	2,870	4,100
PU S LBx.	172	516	860	1,940	3,010	4,300
1-Ton PU S LBx	180	540	900	2,030	3,150	4,500
PU LS	192	576	960	2,160	3,360	4,800
PU LS Space Cab.	212	636	1,060	2,390	3,710	5,300
PU S 4x4.	232	696	1,160	2,610	4,060	5,800
PU LS Space Cab 4x4	272	816	1,360	3,060	4,760	6,800
1988 Trooper II 4x4						
2d S.	320	960	1,600	3,600	5,600	8,000
4d S.	340	1,020	1,700	3,830	5,950	8,500
4d Ltd	540	1,620	2,700	6,080	9,450	13,500
1989 Amigo						
Utly S.	260	780	1,300	2,930	4,550	6,500
Utly XS	280	840	1,400	3,150	4,900	7,000
Utly S 4x4	520	1,560	2,600	5,850	9,100	13,000
Utly XS 4x4	520	1,560	2,600	5,850	9,100	13,000
1989 Pickup						
PU S.	180	540	900	2,030	3,150	4,500
PU S LBx.	200	600	1,000	2,250	3,500	5,000
1-Ton PU S LBx	220	660	1,100	2,480	3,850	5,500
PU LS	220	660	1,100	2,480	3,850	5,500
PU LS Space Cab	240	720	1,200	2,700	4,200	6,000
PU S 4x4.	260	780	1,300	2,930	4,550	6,500
PU LS Space Cab 4x4	280	840	1,400	3,150	4,900	7,000
1989 Trooper II 4x4						
2d S.	560	1,680	2,800	6,300	9,800	14,000
4d S.	540	1,620	2,700	6,080	9,450	13,500
1990 Amigo						
2d S SUV	350	1,050	1,750	3,960	6,150	8,800
2d XS SUV	350	1,050	1,800	4,010	6,250	8,900
2d S SUV 4x4	550	1,650	2,750	6,210	9,650	13,800
2d XS SUV 4x4	550	1,650	2,800	6,260	9,750	13,900
1990 Trooper						
2d RS Sta Wag.	600	1,800	3,000	6,750	10,500	15,000
4d S Sta Wag	600	1,850	3,100	6,980	10,900	15,500
1991 Amigo						
S 2d Utly.	260	780	1,300	2,930	4,550	6,500
XS 2d Utly.	276	828	1,380	3,110	4,830	6,900
S 2d Utly 4x4.	300	900	1,500	3,380	5,250	7,500
XS 2d Utly 4x4	320	960	1,600	3,600	5,600	8,000
1991 Rodeo						
S 4d Utly.	320	960	1,600	3,600	5,600	8,000
XS 4d Utly V-6.	520	1,560	2,600	5,850	9,100	13,000
LS 4d Utly 2x4.	520	1,560	2,600	5,850	9,100	13,000
S 4d Utly 4x4.	560	1,680	2,800	6,300	9,800	14,000
XS 4d Utly 4x4	580	1,740	2,900	6,530	10,150	14,500
LS 4d Utly 4x4.	600	1,800	3,000	6,750	10,500	15,000
1991 Pickup						
S 2d PU.	180	540	900	2,030	3,150	4,500
SLB 2d PU	184	552	920	2,070	3,220	4,600
S 2d PU Space Cab	188	564	940	2,120	3,290	4,700
S 2d PU 4x4	260	780	1,300	2,930	4,550	6,500
LS 2d PU Space Cab 4x4	300	900	1,500	3,380	5,250	7,500
1991 Trooper						
4d Utly 4x4	320	960	1,600	3,600	5,600	8,000
XS 4d Utly V-6 4x4	520	1,560	2,600	5,850	9,100	13,000
SE 4d Utly V-6 4x4	520	1,560	2,600	5,850	9,100	13,000
LS 4d Utly V-6 4x4	528	1,584	2,640	5,940	9,240	13,200
1992 Amigo, 4-cyl.						
S 2d Utly 2x4.	260	780	1,300	2,930	4,550	6,500
XS 2d Utly 2x4	272	816	1,360	3,060	4,760	6,800
S 2d Utly 4x4.	320	960	1,600	3,600	5,600	8,000
XS 2d Utly 4x4	340	1,020	1,700	3,830	5,950	8,500
1992 Rodeo						
S 4d Utly 4-cyl. 2x4.	280	840	1,400	3,150	4,900	7,000
XS 4d Utly 2x4	288	864	1,440	3,240	5,040	7,200

	6	5	4	3	2	1
LS 4d Utly 2x4	300	900	1,500	3,380	5,250	7,500
S 4d Utly 4x4	340	1,020	1,700	3,830	5,950	8,500
XS 4d Utly 4x4	348	1,044	1,740	3,920	6,090	8,700
LS 4d Utly 4x4	520	1,560	2,600	5,850	9,100	13,000
1992 Trooper, V-6						
S 4d Utly 4x4	540	1,620	2,700	6,080	9,450	13,500
LS 4d Utly 4x4	580	1,740	2,900	6,530	10,150	14,500
1992 Pickups, V-6						
S PU	200	600	1,000	2,250	3,500	5,000
S PU LBx	200	600	1,050	2,340	3,650	5,200
S PU LS	260	780	1,300	2,930	4,550	6,500
PU LS 4x4	540	1,620	2,700	6,080	9,450	13,500
S PU 4x4	520	1,560	2,600	5,850	9,100	13,000
1993 Amigo 4-cyl.						
2d SUV 2WD	220	660	1,100	2,480	3,850	5,500
2d SUV 4x4	260	780	1,300	2,930	4,550	6,500
1993 Rodeo V-6						
4d SUV 2WD	228	684	1,140	2,570	3,990	5,700
4d SUV 4x4	268	804	1,340	3,020	4,690	6,700
1993 Trooper V-6						
2d SUV 4x4	540	1,620	2,700	6,080	9,450	13,500
4d SUV 4x4	548	1,644	2,740	6,170	9,590	13,700
1993 Pickup 4-cyl.						
2d PU SBx	192	576	960	2,160	3,360	4,800
2d PU LBx	196	588	980	2,210	3,430	4,900
2d PU 4x4	236	708	1,180	2,660	4,130	5,900
1994 Amigo						
2d SUV	280	840	1,400	3,150	4,900	7,000
2d SUV 4x4	440	1,320	2,200	4,950	7,700	11,000
1994 Rodeo, V-6						
4d SUV	440	1,320	2,200	4,950	7,700	11,000
4d SUV 4x4	520	1,560	2,600	5,850	9,100	13,000
1994 Trooper, V-6						
2d SUV 4x4	560	1,680	2,800	6,300	9,800	14,000
4d SUV 4x4	552	1,656	2,760	6,210	9,660	13,800
1994 Pickup, 4-cyl.						
2d PU S	200	650	1,100	2,480	3,850	5,500
2d PU LBx	200	650	1,100	2,520	3,900	5,600
2d PU Space Cab	300	850	1,400	3,150	4,900	7,000
2d PU 4x4	300	950	1,600	3,600	5,600	8,000
1995 Rodeo, V-6						
4d SUV	450	1,300	2,200	4,950	7,700	11,000
4d SUV 4x4	500	1,550	2,600	5,850	9,100	13,000
1995 Trooper, V-6						
4d SUV 4x4	550	1,650	2,750	6,210	9,650	13,800
1995 Pickup, 4-cyl.						
2d S PU	200	650	1,100	2,480	3,850	5,500
2d S PU LBx	200	650	1,100	2,520	3,900	5,600
2d S PU 4x4	300	950	1,600	3,600	5,600	8,000
1996 Oasis, 4-cyl.						
4d S Sta Wag	400	1,200	2,000	4,500	7,000	10,000
4d LS Sta Wag	450	1,300	2,200	4,950	7,700	11,000
1996 Rodeo, V-6						
4d S SUV (4-cyl.)	300	900	1,500	3,380	5,250	7,500
4d S SUV	300	950	1,600	3,600	5,600	8,000
4d LS SUV	350	1,100	1,800	4,050	6,300	9,000
4d S SUV 4x4	450	1,300	2,200	4,950	7,700	11,000
4d LS SUV 4x4	500	1,450	2,400	5,400	8,400	12,000
1996 Trooper, V-6						
4d S SUV 4x4	400	1,250	2,100	4,730	7,350	10,500
4d LS SUV 4x4	450	1,300	2,200	4,950	7,700	11,000
4d Ltd SUV 4x4	550	1,600	2,700	6,080	9,450	13,500
4d SE SUV 4x4	550	1,700	2,800	6,300	9,800	14,000
1996 Hombre, 4-cyl.						
2d S PU	200	650	1,100	2,480	3,850	5,500
2d XS PU	250	700	1,150	2,570	4,000	5,700
1997 Oasis, 4-cyl.						
4d S Sta Wag	400	1,200	2,000	4,500	7,000	10,000
4d LS Sta Wag	440	1,320	2,200	4,950	7,700	11,000
1997 Rodeo, V-6						
4d S SUV (4-cyl.)	300	900	1,500	3,380	5,250	7,500
4d S SUV	320	960	1,600	3,600	5,600	8,000
4d LS SUV	360	1,080	1,800	4,050	6,300	9,000
4d S SUV 4x4	440	1,320	2,200	4,950	7,700	11,000
4d LS SUV 4x4	480	1,440	2,400	5,400	8,400	12,000

	6	5	4	3	2	1
1997 Trooper, V-6						
4d S SUV 4x4	420	1,260	2,100	4,730	7,350	10,500
4d LS SUV 4x4	440	1,320	2,200	4,950	7,700	11,000
4d Ltd SUV 4x4	540	1,620	2,700	6,080	9,450	13,500
1997 Hombre, 4-cyl.						
2d S PU	220	660	1,100	2,480	3,850	5,500
2d XS PU	228	684	1,140	2,570	3,990	5,700
NOTE: Add 10 percent for ext cab XS. Add 10 percent for V-6.						
1998 Amigo, 4-cyl.						
2d Utility	200	600	1,000	2,250	3,500	5,000
NOTE: Add 10 percent for V-6. Add 5 percent for 4x4.						
1998 Oasis, 4-cyl.						
4d S Sta Wag	400	1,200	2,000	4,500	7,000	10,000
4d LS Sta Wag	440	1,320	2,200	4,950	7,700	11,000
1998 Rodeo, V-6						
4d S SUV	320	960	1,600	3,600	5,600	8,000
4d LS SUV	360	1,080	1,800	4,050	6,300	9,000
NOTE: Add 5 percent for 4x4. Deduct 5 percent for 4-cyl.						
1998 Trooper, V-6, 4x4						
4d S SUV	420	1,260	2,100	4,730	7,350	10,500
4d Performance SUV	440	1,320	2,200	4,950	7,700	11,000
4d Luxury SUV	540	1,620	2,700	6,080	9,450	13,500
1998 Hombre, 4-cyl.						
2d S PU	220	660	1,100	2,480	3,850	5,500
2d XS PU	230	680	1,140	2,570	3,990	5,700
NOTE: Add 10 percent for extended cab. Add 10 percent for V-6. Add 5 percent for 4x4.						
1999 Amigo, 4-cyl.						
2d Utility	200	600	1,000	2,250	3,500	5,000
NOTE: Add 10 percent for V-6. Add 5 percent for 4x4.						
1999 Oasis, 4-cyl.						
4d S Sta Wag	400	1,200	2,000	4,500	7,000	10,000
1999 Rodeo, V-6						
4d S SUV	320	960	1,600	3,600	5,600	8,000
4d LS SUV	360	1,080	1,800	4,050	6,300	9,000
4d LSE SUV	400	1,200	2,000	4,500	7,000	10,000
NOTE: Add 5 percent for 4x4. Deduct 5 percent for 4-cyl.						
1999 Trooper, V-6, 4x4						
4d S SUV	420	1,260	2,100	4,730	7,350	10,500
4d Performance SUV	440	1,320	2,200	4,950	7,700	11,000
4d Luxury SUV	500	1,500	2,500	5,630	8,750	12,500
1999 Hombre, 4-cyl.						
2d S PU	220	660	1,100	2,480	3,850	5,500
2d XS PU	230	680	1,140	2,570	3,990	5,700
NOTE: Add 10 percent for extended cab. Add 5 percent for V-6. Add 10 percent for 4x4.						
1999 Vehicross, V-6, 4x4						
2d Utility	480	1,440	2,400	5,400	8,400	12,000
2000 Amigo, 4-cyl.						
2d Utility	200	600	1,000	2,250	3,500	5,000
NOTE: Add 10 percent for V-6. Add 5 percent for 4x4. Add 10 percent for automatic transmission.						
2000 Rodeo, V-6						
4d S SUV	320	960	1,600	3,600	5,600	8,000
4d LS SUV	360	1,080	1,800	4,050	6,300	9,000
4d LSE SUV	400	1,200	2,000	4,500	7,000	10,000
NOTE: Add 5 percent for 4x4. Deduct 5 percent for 4-cyl.						
2000 Trooper, V-6						
4d S SUV	420	1,260	2,100	4,730	7,350	10,500
4d LS SUV	440	1,320	2,200	4,950	7,700	11,000
4d Limited SUV	500	1,500	2,500	5,630	8,750	12,500
NOTE: Add 5 percent for 4x4.						
2000 Hombre, 4-cyl.						
2d S PU	220	660	1,100	2,480	3,850	5,500
2d XS PU	230	680	1,140	2,570	3,990	5,700
NOTE: Add 10 percent for extended cab. Add 5 percent for V-6. Add 10 percent for 4x4. Add 5 percent for automatic transmission.						
2000 Vehicross, V-6, 4x4						
2d Utility	490	1,480	2,460	5,540	8,610	12,300
2001 Rodeo Sport, 4-cyl.						
2d Soft Top Utility	210	620	1,040	2,600	3,640	5,200
2d Hard Top Utility	230	680	1,140	2,850	3,990	5,700
NOTE: Add 10 percent for V-6. Add 5 percent for 4x4. Add 10 percent for automatic transmission.						
2001 Rodeo, V-6						
4d S SUV	320	960	1,600	4,000	5,600	8,000
4d LS SUV	360	1,080	1,800	4,500	6,300	9,000
4d Anniversary SUV	380	1,140	1,900	4,750	6,650	9,500
4d LSE SUV	400	1,200	2,000	5,000	7,000	10,000
NOTE: Add 5 percent for 4x4. Deduct 5 percent for 4-cyl.						

	6	5	4	3	2	1
2001 Trooper, V-6						
4d S SUV	420	1,260	2,100	5,250	7,350	10,500
4d LS SUV	440	1,320	2,200	5,500	7,700	11,000
4d Anniversary SUV	460	1,380	2,300	5,750	8,050	11,500
4d Limited SUV	500	1,500	2,500	6,250	8,750	12,500
2001 Vehicross, V-6, 4x4						
2d Utility	490	1,480	2,460	6,150	8,610	12,300
2002 Rodeo Sport, 4-cyl.						
2d Soft Top Utility	210	620	1,040	2,600	3,640	5,200
2d Hard Top Utility	230	680	1,140	2,850	3,990	5,700
NOTE: Add 10 percent for V-6. Add 5 percent for 4x4. Add 10 percent for automatic transmission.						
2002 Rodeo, V-6						
4d S SUV	320	960	1,600	4,000	5,600	8,000
4d SE SUV	340	1,020	1,700	4,250	5,950	8,500
4d LS SUV	360	1,080	1,800	4,500	6,300	9,000
4d LSE SUV	400	1,200	2,000	5,000	7,000	10,000
NOTE: Add 5 percent for 4x4. Deduct 5 percent for 4-cyl.						
2002 Trooper, V-6						
4d S SUV	420	1,260	2,100	5,250	7,350	10,500
4d LS SUV	440	1,320	2,200	5,500	7,700	11,000
4d Limited SUV	500	1,500	2,500	6,250	8,750	12,500
NOTE: Add 5 percent for 4x4.						
2002 Axiom, V-6, 4x4						
2d Utility	380	1,140	1,900	4,750	6,650	9,500
2d XS Utility	400	1,200	2,000	5,000	7,000	10,000
NOTE: Add 5 percent for 4x4.						
2003 Rodeo Sport, 4-cyl.						
2d Sport Top Utility	210	620	1,040	2,600	3,640	5,200
2d Hard Top Utility	230	680	1,140	2,850	3,990	5,700
NOTE: Add 10 percent for V-6. Add 5 percent for 4x4.						
2003 Rodeo, V-6						
4d S SUV	320	960	1,600	4,000	5,600	8,000
NOTE: Add 5 percent for 4x4. Deduct 5 percent for 4-cyl.						
2003 Axiom, V-6						
4d S Utility	380	1,140	1,900	4,750	6,650	9,500
4d XS Utility	400	1,200	2,000	5,000	7,000	10,000
NOTE: Add 5 percent for 4x4.						
2003 Ascender, 6-cyl.						
4d S Utility	420	1,260	2,100	5,250	7,350	10,500
4d LS Utility	440	1,320	2,200	5,500	7,700	11,000
4d Limited Utility	480	1,440	2,400	6,000	8,400	12,000
NOTE: Add 10 percent for V-8. Add 5 percent for 4x4.						
2004 Rodeo, V-6						
S 3.2 4d S SUV	350	1,040	1,740	4,350	6,090	8,700
S 3.5 4d S SUV	360	1,070	1,780	4,450	6,230	8,900
NOTE: Add 5 percent for 4x4. Deduct 5 percent for manual transmission.						
2004 Axiom, V-6						
S 4d Utility	380	1,140	1,900	4,750	6,650	9,500
XS 4d Utility	400	1,200	2,000	5,000	7,000	10,000
NOTE: Add 5 percent for 4x4.						
2004 Ascender (5-pass.), 6-cyl.						
S 4d Utility	400	1,190	1,980	4,950	6,930	9,900
LS 4d Utility	410	1,240	2,060	5,150	7,210	10,300
Luxury 4d Utility	450	1,360	2,260	5,650	7,910	11,300
2004 Ascender (7-pass.), 6-cyl.						
S 4d Utility	410	1,220	2,040	5,100	7,140	10,200
LS 4d Utility	440	1,310	2,180	5,450	7,630	10,900
Limited 4d Utility	480	1,430	2,380	5,950	8,330	11,900
NOTE: Add 10 percent for V-8. Add 5 percent for 4x4.						

LEXUS TRUCKS

	6	5	4	3	2	1
1998 LX470, V-8, 4x4						
4d SUV	1,000	3,000	5,000	11,250	17,500	25,000
1999 RX300, V-6						
4d SUV	640	1,920	3,200	7,200	11,200	16,000
NOTE: Add 5 percent for 4x4.						
1999 LX470, V-8, 4x4						
4d SUV	1,000	3,000	5,000	11,250	17,500	25,000
2000 RX300, V-6						
4d SUV	650	1,940	3,240	7,290	11,340	16,200
NOTE: Add 5 percent for 4x4.						
2000 LX470, V-8, 4x4						
4d SUV	1,010	3,020	5,040	11,340	17,640	25,200
2001 RX300, V-6						
4d SUV	650	1,940	3,240	8,100	11,340	16,200
NOTE: Add 5 percent for 4x4.						

	6	5	4	3	2	1
2001 LX470, V-8, 4x4						
4d SUV 1,010		3,020	5,040	12,600	17,640	25,200
2002 RX300, V-6						
4d SUV 650		1,940	3,240	8,100	11,340	16,200
NOTE: Add 5 percent for 4x4.						
2002 LX470, V-8, 4x4						
4d SUV 1,010		3,020	5,040	12,600	17,640	25,200
2003 RX300, V-6						
4d SUV 650		1,940	3,240	8,100	11,340	16,200
NOTE: Add 5 percent for 4x4.						
2003 GX470, V-8, 4x4						
4d SUV 850		2,540	4,240	10,600	14,840	21,200
2003 LX470, V-8, 4x4						
4d SUV 1,010		3,020	5,040	12,600	17,640	25,200
2004 RX330, V-6						
4d SUV 650		1,940	3,240	8,100	11,340	16,200
NOTE: Add 5 percent for 4x4. Add 10 percent for Performance pkg.						
2004 GX470, V-8, 4x4						
4d SUV 850		2,540	4,240	10,600	14,840	21,200
2004 LX470, V-8, 4x4						
4d SUV 1,010		3,020	5,040	12,600	17,640	25,200

MAZDA TRUCKS

	6	5	4	3	2	1
1972 B1600, 1/2-Ton						
PU.......................... 150		400	700	1,530	2,400	3,400
NOTE: Deduct 10 percent for rotary engine. Prices based on deluxe model.						
1973 B1600, 1/2-Ton						
PU.......................... 150		400	700	1,530	2,400	3,400
NOTE: Deduct 10 percent for rotary engine. Prices based on deluxe model.						
1974 B1600, 1/2-Ton						
PU.......................... 150		400	700	1,530	2,400	3,400
NOTE: Deduct 10 percent for rotary engine. Prices based on deluxe model						
1975 B1600, 1/2-Ton						
PU.......................... 150		400	700	1,530	2,400	3,400
NOTE: Deduct 10 percent for rotary engine. Prices based on deluxe model.						
1976 B1600, 1/2-Ton						
PU.......................... 150		400	700	1,530	2,400	3,400
NOTE: Deduct 10 percent for rotary engine. Prices based on deluxe model.						
1977 B1800, 1/2-Ton						
PU.......................... 150		400	700	1,530	2,400	3,400
NOTE: Deduct 10 percent for rotary engine. Prices based on deluxe model.						
1978 B1800, 1/2-Ton						
PU SBx 150		400	650	1,490	2,300	3,300
PU LBx 150		400	700	1,530	2,400	3,400
NOTE: Prices based on deluxe model.						
1979 B2000, 1/2-Ton						
PU SBx 150		400	650	1,490	2,300	3,300
PU LBx 150		400	700	1,530	2,400	3,400
NOTE: Prices based on deluxe model.						
1980 B2000, 1/2-Ton						
PU.......................... 150		400	650	1,440	2,250	3,200
Sundowner PU SBx 150		400	700	1,530	2,400	3,400
Sundowner PU LBx......................... 150		400	700	1,580	2,450	3,500
NOTE: Prices based on deluxe model.						
1981 B2000, 1/2-Ton						
PU.......................... 150		400	650	1,440	2,250	3,200
Sundowner PU SBx 150		400	700	1,530	2,400	3,400
Sundowner PU LBx......................... 150		400	700	1,580	2,450	3,500
NOTE: Prices based on deluxe model.						
1982 B2000 Sundowner, 1/2-Ton						
PU SBx 150		400	650	1,490	2,300	3,300
PU LBx 150		400	700	1,530	2,400	3,400
NOTE: Deduct 20 percent for diesel. Prices based on deluxe model.						
1983 B2000 Sundowner, 1/2-Ton						
PU SBx 150		400	650	1,490	2,300	3,300
PU LBx 150		400	700	1,530	2,400	3,400
NOTE: Deduct 20 percent for diesel. Prices based on deluxe model.						
1984 B2000 Sundowner, 1/2-Ton						
PU SBx 150		400	650	1,490	2,300	3,400
PU LBx 150		400	700	1,530	2,400	3,400
NOTE: Deduct 20 percent for diesel. Prices based on deluxe model.						
1986 B2000, 1/2-Ton						
PU SBx 150		400	700	1,530	2,400	3,400
PU LBx 150		400	700	1,580	2,450	3,500
PU Cab Plus 150		450	750	1,710	2,650	3,800
NOTE: Prices based on deluxe model.						

	6	5	4	3	2	1
1987 Light Trucks						
PU	150	400	700	1,580	2,450	3,500
PU LBx	150	450	700	1,620	2,500	3,600
PU Cab Plus	150	450	750	1,710	2,650	3,800
1987 LX						
PU	150	500	800	1,800	2,800	4,000
PU LBx	150	500	850	1,890	2,950	4,200
PU Cab Plus	200	550	900	1,980	3,100	4,400
1987 Light Trucks 4x4						
PU	200	600	1,000	2,250	3,500	5,000
PU LBx	200	650	1,100	2,480	3,850	5,500
PU Cab Plus	250	700	1,200	2,700	4,200	6,000
1987 LX 4x4						
PU	250	700	1,200	2,700	4,200	6,000
PU LBx	250	750	1,200	2,750	4,250	6,100
PU Cab Plus	250	750	1,250	2,790	4,350	6,200
1988 Light Trucks						
PU	200	550	900	2,030	3,150	4,500
PU LBx	200	550	900	2,070	3,200	4,600
PU Cab Plus	200	600	1,000	2,250	3,500	5,000
1988 LX						
PU	200	600	1,000	2,250	3,500	5,000
PU LBx	200	600	1,050	2,340	3,650	5,200
PU Cab Plus	200	650	1,100	2,430	3,800	5,400
1988 Light Trucks 4x4						
PU	250	700	1,200	2,700	4,200	6,000
PU LBx	250	800	1,300	2,930	4,550	6,500
PU Cab Plus	300	850	1,400	3,150	4,900	7,000
1988 LX, 4x4						
PU	300	900	1,500	3,380	5,250	7,500
PU LBx	300	900	1,500	3,420	5,300	7,600
PU Cab Plus	300	900	1,550	3,470	5,400	7,700
1989 Light Trucks						
PU	200	650	1,100	2,480	3,850	5,500
PU LBx	250	700	1,200	2,700	4,200	6,000
PU 4x4	300	850	1,400	3,150	4,900	7,000
1989 LX						
PU Cab Plus	250	800	1,300	2,930	4,550	6,500
PU Cab Plus 4x4	350	1,000	1,700	3,830	5,950	8,500
1990 Light Trucks						
2d PU	200	650	1,100	2,480	3,850	5,500
2d PU LBx	250	700	1,150	2,570	4,000	5,700
2d PU Clb Cab	250	700	1,200	2,660	4,150	5,900
2d PU 4x4	300	850	1,400	3,110	4,850	6,900
2d PU CLB Cab 4x4	300	900	1,500	3,380	5,250	7,500
1990 MPV						
Cargo Van	300	900	1,500	3,380	5,250	7,500
Mini Van	300	950	1,550	3,510	5,450	7,800
Mini Van V-6 4x4	350	1,050	1,750	3,960	6,150	8,800
1991 MPV						
3d Cargo Van	300	850	1,400	3,150	4,900	7,000
3d Sta Wag	400	1,150	1,900	4,280	6,650	9,500
3d Sta Wag V-6 4x4	680	2,040	3,400	7,650	11,900	17,000
1991 Pickup						
2d PU	300	850	1,400	3,150	4,900	7,000
LB 2d PU	300	900	1,500	3,380	5,250	7,500
2d PU Crew Cab	300	950	1,600	3,600	5,600	8,000
2d PU 4x4	350	1,100	1,800	4,050	6,300	9,000
2d PU Crew Cab 4x4	380	1,140	1,900	4,280	6,650	9,500
1991 Navajo						
2d Utly 4x4	650	2,000	3,300	7,430	11,600	16,500
1992 Navajo, V-6						
2d Utly DX 2x4	300	850	1,400	3,150	4,900	7,000
4d Utly LX 2x4	300	950	1,600	3,600	5,600	8,000
2d Utly DX 4x4	350	1,000	1,700	3,830	5,950	8,500
4d Utly LX 4x4	400	1,150	1,900	4,280	6,650	9,500
1992 MPV, 4-cyl.						
Van 2x4	300	850	1,400	3,150	4,900	7,000
Sta Wag 2x4	350	1,100	1,800	4,050	6,300	9,000
Sta Wag V-6 4x4	600	1,800	3,000	6,750	10,500	15,000
1992 Pickups, 4-cyl.						
PU 2x4	250	800	1,300	2,930	4,550	6,500
PU LB 2x4	250	800	1,350	3,020	4,700	6,700
PU 4x4	300	900	1,500	3,380	5,250	7,500
PU LB 4x4	300	950	1,600	3,600	5,600	8,000

	6	5	4	3	2	1
1993 Navajo, V-6						
4d SUV 2WD.	200	650	1,100	2,480	3,850	5,500
4d SUV 4x4.	250	800	1,300	2,930	4,550	6,500
1993 MPV, 4-cyl.						
4d Sta Wag	300	850	1,400	3,150	4,900	7,000
4d Sta Wag V-6 4x4	320	960	1,600	3,600	5,600	8,000
1993 Pickup						
2d PU SBx.	250	800	1,300	2,930	4,550	6,500
2d PU LBx.	250	800	1,300	2,970	4,600	6,600
2d PU 4x4.	300	900	1,500	3,420	5,300	7,600
1994 Navajo, V-6						
2d Utly DX.	300	900	1,500	3,380	5,250	7,500
2d Utly LX.	300	950	1,600	3,600	5,600	8,000
2d Utly DX 4x4.	450	1,300	2,200	4,950	7,700	11,000
2d Utly LX 4x4.	450	1,350	2,250	5,040	7,850	11,200
1994 MPV, 4-cyl.						
Van	350	1,100	1,800	4,050	6,300	9,000
Wag.	400	1,150	1,900	4,280	6,650	9,500
Wag 4x4	500	1,450	2,400	5,400	8,400	12,000
1994 Pickup						
2d PU B2300, 4-cyl.	280	840	1,400	3,150	4,900	7,000
2d PU SE B2300, 4-cyl.	300	900	1,500	3,380	5,250	7,500
2d PU Club Cab B2300, 4-cyl.	320	960	1,600	3,600	5,600	8,000
2d PU SE B3000, V-6	340	1,020	1,700	3,830	5,950	8,500
2d PU Club Cab B3000, V-6	360	1,080	1,800	4,050	6,300	9,000
2d PU Club Cab 4x4 B3000, V-6	380	1,140	1,900	4,280	6,650	9,500
2d PU SE LB, V-6	350	1,100	1,800	4,050	6,300	9,000
2d PU SE Club Cab, V-6.	400	1,200	2,000	4,500	7,000	10,000
2d PU LE Club Cab 4x4, V-6	480	1,440	2,400	5,400	8,400	12,000
1995 MPV, V-6						
4d Sta Wag	400	1,150	1,900	4,280	6,650	9,500
4d Sta Wag 4x4.	500	1,450	2,400	5,400	8,400	12,000
1995 Pickup						
2d PU B2300, 4-cyl.	280	840	1,400	3,150	4,900	7,000
2d PU B2300 4x4, 4-cyl.	340	1,020	1,700	3,830	5,950	8,500
2d PU B2300 SE, 4-cyl.	300	900	1,500	3,380	5,250	7,500
2d PU B2300 Club Cab, 4-cyl.	320	960	1,600	3,600	5,600	8,000
2d PU B3000 SE, V-6	340	1,020	1,700	3,830	5,950	8,500
2d PU B3000 Club Cab, V-6.	360	1,080	1,800	4,050	6,300	9,000
2d PU B3000 Club Cab 4x4, V-6	380	1,140	1,900	4,280	6,650	9,500
2d PU B4000 SE Club Cab, V-6	360	1,080	1,800	4,050	6,300	9,000
2d PU B4000 SE Club Cab 4x4, V-6.	400	1,200	2,000	4,500	7,000	10,000
2d PU B4000 LE Club Cab, V-6	380	1,140	1,900	4,280	6,650	9,500
2d PU B4000 LE Club Cab 4x4, V-6.	480	1,440	2,400	5,400	8,400	12,000
1996 MPV, V-6						
4d DX Sta Wag.	400	1,150	1,900	4,280	6,650	9,500
4d LX Sta Wag.	400	1,200	2,000	4,500	7,000	10,000
4d ES Sta Wag.	400	1,250	2,100	4,730	7,350	10,500
4d LX Sta Wag 4x4.	500	1,450	2,400	5,400	8,400	12,000
4d ES Sta Wag 4x4.	500	1,550	2,600	5,850	9,100	13,000
1996 B2300 Pickup, 4-cyl.						
2d PU	250	700	1,200	2,700	4,200	6,000
2d PU 4x4.	300	900	1,500	3,380	5,250	7,500
2d Cab Plus PU.	300	950	1,600	3,600	5,600	8,000
2d SE PU	300	900	1,500	3,380	5,250	7,500
2d SE Cab Plus PU.	350	1,000	1,700	3,830	5,950	8,500
1996 B3000 Pickup, V-6						
2d SE Cab Plus PU.	350	1,000	1,700	3,830	5,950	8,500
2d Cab Plus 4x4	400	1,150	1,900	4,280	6,650	9,500
1996 B4000 Pickup, V-6						
2d SE PU 4x4.	350	1,100	1,800	4,050	6,300	9,000
2d SE Cab Plus PU 4x4.	400	1,200	2,000	4,500	7,000	10,000
2d LE Cab Plus PU.	400	1,150	1,900	4,280	6,650	9,500
2d LE Cab Plus PU 4x4.	440	1,320	2,200	4,950	7,700	11,000
1997 MPV, V-6						
LX Sta Wag.	360	1,080	1,800	4,050	6,300	9,000
4d ES Sta Wag.	380	1,140	1,900	4,280	6,650	9,500
4d LX Sta Wag 4x4.	400	1,200	2,000	4,500	7,000	10,000
4d ES Sta Wag 4x4.	420	1,260	2,100	4,730	7,350	10,500
1997 B2300 Pickup, 4-cyl.						
2d PU	240	720	1,200	2,700	4,200	6,000
2d SE PU	300	900	1,500	3,380	5,250	7,500
2d SE Cab Plus PU.	340	1,020	1,700	3,830	5,950	8,500
1997 B4000 Pickup, V-6						
2d SE Cab Plus PU.	340	1,020	1,700	3,830	5,950	8,500
2d PU 4x4.	360	1,080	1,800	4,050	6,300	9,000

	6	5	4	3	2	1
2d Cab Plus PU 4x4 380	1,140	1,900	4,280	6,650	9,500
2d SE Cab Plus PU 4x4 400	1,200	2,000	4,500	7,000	10,000
1998 MPV, V-6						
4d LX Sta Wag 360	1,080	1,800	4,050	6,300	9,000
4d ES Sta Wag 380	1,140	1,900	4,280	6,650	9,500
NOTE: Add 5 percent for 4x4.						
1998 B2500, 4-cyl.						
2d SX PU 240	720	1,200	2,700	4,200	6,000
2d SE PU 300	900	1,500	3,380	5,250	7,500
NOTE: Add 10 percent for extended cab.						
1998 B3000, V-6						
2d SX PU 260	780	1,300	2,930	4,550	6,500
2d SE PU 320	960	1,600	3,600	5,600	8,000
NOTE: Add 10 percent for extended cab. Add 5 percent for 4x4.						
1998 B4000, V-6						
2d SE Cab Plus PU 340	1,020	1,700	3,830	5,950	8,500
NOTE: Add 5 percent for 4x4.						
1999 B2500, 4-cyl.						
2d SX PU 240	720	1,200	2,700	4,200	6,000
2d SE PU 300	900	1,500	3,380	5,250	7,500
NOTE: Add 10 percent for extended cab.						
1999 B3000, V-6						
2d SE PU 320	960	1,600	3,600	5,600	8,000
NOTE: Add 10 percent for extended cab. Add 5 percent for 4x4.						
1999 B4000, V-6						
2d SE PU 340	1,020	1,700	3,830	5,950	8,500
NOTE: Add 10 percent for extended cab. Add 5 percent for 4x4.						
2000 MPV, V-6						
4d DX SUV 270	800	1,340	3,020	4,690	6,700
4d LX SUV 290	860	1,440	3,240	5,040	7,200
4d EX SUV 310	920	1,540	3,470	5,390	7,700
2000 B2500, 4-cyl.						
2d SX PU 240	720	1,200	2,700	4,200	6,000
2d SE PU 300	900	1,500	3,380	5,250	7,500
NOTE: Add 10 percent for extended cab.						
2000 B3000, V-6						
2d SX PU 300	900	1,500	3,380	5,250	7,500
2d SE PU 320	960	1,600	3,600	5,600	8,000
NOTE: Add 10 percent for extended cab. Add 5 percent for 4x4.						
2000 B4000, V-6						
2d SE PU 340	1,020	1,700	3,830	5,950	8,500
NOTE: Add 10 percent for extended cab. Add 5 percent for 4x4.						
2001 Tribute, V-6						
4d DX SUV 320	960	1,600	4,000	5,600	8,000
4d LX SUV 340	1,020	1,700	4,250	5,950	8,500
4d ES SUV 370	1,100	1,840	4,600	6,440	9,200
NOTE: Add 5 percent for 4x4. Deduct 5 percent for 4-cyl.						
2001 MPV, V-6						
4d DX SUV 270	800	1,340	3,350	4,690	6,700
4d LX SUV 290	860	1,440	3,600	5,040	7,200
4d EX SUV 310	920	1,540	3,850	5,390	7,700
2001 B2300/B2500, 4-cyl.						
2d SX PU 240	720	1,200	3,000	4,200	6,000
2d SE PU 300	900	1,500	3,750	5,250	7,500
2001 B3000, V-6						
2d SX PU 300	900	1,500	3,750	5,250	7,500
2d SE PU 320	960	1,600	4,000	5,600	8,000
NOTE: Add 10 percent for extended cab. Add 5 percent for 4x4.						
2001 B4000, V-6						
4d DS Cab Plus PU 360	1,080	1,800	4,500	6,300	9,000
4d SE Cab Plus PU 420	1,260	2,100	5,250	7,350	10,500
NOTE: Add 5 percent for 4x4.						
2002 Tribute, V-6						
4d DX SUV 320	960	1,600	4,000	5,600	8,000
4d LX SUV 340	1,020	1,700	4,250	5,950	8,500
4d ES SUV 370	1,100	1,840	4,600	6,440	9,200
NOTE: Add 5 percent for 4x4. Deduct 5 percent for 4-cyl.						
2002 MPV, V-6						
4d LX SUV 290	860	1,440	3,600	5,040	7,200
4d ES SUV 310	920	1,540	3,850	5,390	7,700
2002 B2300, 4-cyl.						
2d PU 240	720	1,200	3,000	4,200	6,000
2d SE-5 PU 300	900	1,500	3,750	5,250	7,500
2d SE Cab Plus PU 330	1,000	1,660	4,150	5,810	8,300
2002 B3000, V-6						
2d DS PU 300	900	1,500	3,750	5,250	7,500
2d DS Cab Plus PU 320	960	1,600	4,000	5,600	8,000
NOTE: Add 5 percent for 4x4.						

	6	5	4	3	2	1
2002 B4000, V-6						
4d DS Cab Plus PU.	360	1,080	1,800	4,500	6,300	9,000
NOTE: Add 5 percent for 4x4.						
2003 Tribute, V-6						
4d DX SUV	320	960	1,600	4,000	5,600	8,000
4d LX SUV	340	1,020	1,700	4,250	5,950	8,500
4d ES SUV	370	1,100	1,840	4,600	6,440	9,200
NOTE: Add 5 percent for 4x4. Deduct 5 percent for 4-cyl.						
2003 MPV, V-6						
4d LX SV SUV.	280	840	1,400	3,500	4,900	7,000
4d LX SUV	290	860	1,440	3,600	5,040	7,200
4d ES SUV	310	920	1,540	3,850	5,390	7,700
NOTE: Add 5 percent for All Sport pkg.						
2003 B2300, 4-cyl.						
2d PU	240	720	1,200	3,000	4,200	6,000
2d SE-5 PU	300	900	1,500	3,750	5,250	7,500
2d SE Cab Plus PU.	330	1,000	1,660	4,150	5,810	8,300
2003 B3000, V-6						
2d DS PU	300	900	1,500	3,750	5,250	7,500
2d DS Cab Plus PU.	320	960	1,600	4,000	5,600	8,000
4d SE Cab Plus PU.	330	980	1,640	4,100	5,740	8,200
2003 B4000, V-6, 4x4						
4d DS Cab Plus PU (2WD)	360	1,080	1,800	4,500	6,300	9,000
2d Cab Plus PU.	390	1,180	1,960	4,900	6,860	9,800
2d SE Cab Plus PU.	420	1,250	2,080	5,200	7,280	10,400
4d SE Cab Plus PU.	470	1,400	2,340	5,850	8,190	11,700
2004 Tribute, V-6						
DX 4d SUV (4-cyl. only)	320	960	1,600	4,000	5,600	8,000
LX 4d SUV	340	1,020	1,700	4,250	5,950	8,500
ES 4d SUV	370	1,100	1,840	4,600	6,440	9,200
NOTE: Add 5 percent for 4x4.						
2004 MPV, V-6						
LX 4d SUV	310	920	1,540	3,850	5,390	7,700
ES 4d SUV	340	1,010	1,680	4,200	5,880	8,400
NOTE: Add 5 percent for All Sport pkg.						
2004 B2300, 4-cyl.						
2d PU	240	720	1,200	3,000	4,200	6,000
SE-5 2d PU	300	900	1,500	3,750	5,250	7,500
SE Cab Plus 2d PU.	330	1,000	1,660	4,150	5,810	8,300
2004 B3000, V-6						
DS 2d PU	300	900	1,500	3,750	5,250	7,500
DS Cab Plus 2 PU.	320	960	1,600	4,000	5,600	8,000
SE Cab Plus 4d PU.	340	1,020	1,700	4,250	5,950	8,500
2004 B4000, V-6, 4x4						
DS Cab Plus 4d PU (2WD)	360	1,080	1,800	4,500	6,300	9,000
Cab Plus 2d PU.	390	1,180	1,960	4,900	6,860	9,800
SE Cab Plus 2d PU.	420	1,250	2,080	5,200	7,280	10,400
SE Cab Plus 4d PU.	470	1,400	2,340	5,850	8,190	11,700
NOTE: Add 5 percent for Off-Road pkg. Add 5 percent for automatic transmission.						

MERCEDES-BENZ TRUCKS

	6	5	4	3	2	1
1998 ML320, V-6, 4x4						
4d Utility	640	1,920	3,200	7,200	11,200	16,000
1999 M Class, V-6/V-8, 4x4						
ML320 4d Utility	560	1,680	2,800	6,300	9,800	14,000
ML430 4d Utility	640	1,920	3,200	7,200	11,200	16,000
2000 M Class, V-6/V-8, 4x4						
ML320 4d Utility	580	1,740	2,900	6,530	10,150	14,500
ML430 4d Utility	660	1,980	3,300	7,430	11,550	16,500
ML55/AMG 4d Utility (V-8 only).	960	2,880	4,800	10,800	16,800	24,000
2001 M Class, V-8, 4x4						
ML320 4d Utility (V-6 only)	580	1,740	2,900	7,250	10,150	14,500
ML430 4d Utility	660	1,980	3,300	8,250	11,550	16,500
ML55/AMG 4d Utility	960	2,880	4,800	12,000	16,800	24,000
NOTE: Add 5 percent for Sport pkg.						
2002 M Class, V-6 & V-8, 4x4						
ML320 4d Utility	580	1,740	2,900	6,530	10,150	14,500
ML500 4d Utility	660	1,980	3,300	7,430	11,550	16,500
ML55/AMG 4d Utility (V-8 only).	960	2,880	4,800	12,000	16,800	24,000
NOTE: Add 5 percent for Sport pkg. except ML55 model.						
2003 M Class, V-6 & V-8, 4x4						
ML320 4d Utility	580	1,740	2,900	7,250	10,150	14,500
ML350 4d Utility	620	1,860	3,100	7,750	10,850	15,500
ML500 4d Utility	660	1,980	3,300	8,250	11,550	16,500
ML55/AMG 4d Utility (V-8 only).	960	2,880	4,800	12,000	16,800	24,000
NOTE: Add 5 percent for Sport pkg. except ML55 model.						

	6	5	4	3	2	1
2004 M Class, V-6 & V-8, 4x4						
ML350 4d Utility 620	1,860	3,100	7,750	10,850	15,500
ML500 4d Utility 660	1,980	3,300	8,250	11,550	16,500

NOTE: Add 5 percent for Sport pkg.

MITSUBISHI TRUCKS

	6	5	4	3	2	1
1983 1/2-Ton						
PU 88	264	440	990	1,540	2,200
NOTE: Add 15 percent for 4x4. Prices based on deluxe model.						
1983 Montero 4x4						
Wag 112	336	560	1,260	1,960	2,800
NOTE: Prices based on deluxe model.						
1984 1/2-Ton						
PU 100	300	500	1,130	1,750	2,500
NOTE: Add 15 percent for 4x4. Prices based on deluxe model.						
1984 Montero, 4x4						
Wag 120	360	600	1,350	2,100	3,000
NOTE: Prices based on deluxe model.						
1985 1/2-Ton						
PU 120	360	600	1,350	2,100	3,000
NOTE: Add 15 percent for 4x4. Prices based on deluxe model.						
1985 Montero, 4x4						
Wag 120	360	600	1,350	2,100	3,000
NOTE: Prices based on deluxe model.						
1986 1/2-Ton						
PU 140	420	700	1,580	2,450	3,500
NOTE: Add 15 percent for 4x4. Prices based on deluxe model.						
1986 Montero, 4x4						
Wag 220	660	1,100	2,480	3,850	5,500
NOTE: Prices based on deluxe model.						
1987 Mighty Max						
PU 100	300	500	1,130	1,750	2,500
1-Ton LBx. 108	324	540	1,220	1,890	2,700
Spt 116	348	580	1,310	2,030	2,900
Spt LBx. 120	360	600	1,350	2,100	3,000
PU, 4x4 128	384	640	1,440	2,240	3,200
PU LBx 4x4 132	396	660	1,490	2,310	3,300
1987 SPX						
PU 124	372	620	1,400	2,170	3,100
PU 4WD 136	408	680	1,530	2,380	3,400
1987 Montero						
4x4 160	480	800	1,800	2,800	4,000
1988 Mighty Max						
PU 160	480	800	1,800	2,800	4,000
1-Ton LBx. 176	528	880	1,980	3,080	4,400
Spt 180	540	900	2,030	3,150	4,500
Spt LBx. 184	552	920	2,070	3,220	4,600
Macrocab 180	540	900	2,030	3,150	4,500
PU 4x4 228	684	1,140	2,570	3,990	5,700
Spt LBx 4x4 252	756	1,260	2,840	4,410	6,300
1988 SPX						
Macrocab 208	624	1,040	2,340	3,640	5,200
Macrocab 4x4. 276	828	1,380	3,110	4,830	6,900
4x4 256	768	1,280	2,880	4,480	6,400
1988 Montero - Van - Wagon						
SP 4x4 300	900	1,500	3,380	5,250	7,500
Spt 4x4. 340	1,020	1,700	3,830	5,950	8,500
Cargo Van 228	684	1,140	2,570	3,990	5,700
Wag 300	900	1,500	3,380	5,250	7,500
1989 Mighty Max						
PU 200	600	1,000	2,250	3,500	5,000
1-Ton LBx. 208	624	1,040	2,340	3,640	5,200
Spt 216	648	1,080	2,430	3,780	5,400
Spt LBx. 228	684	1,140	2,570	3,990	5,700
Macrocab 224	672	1,120	2,520	3,920	5,600
PU 4x4 240	720	1,200	2,700	4,200	6,000
Spt LBx 4x4 260	780	1,300	2,930	4,550	6,500
1989 SPX						
PU 4x4 280	840	1,400	3,150	4,900	7,000
Macrocab 4x4. 292	876	1,460	3,290	5,110	7,300
1989 Montero - Van - Wagon						
SP 4x4 520	1,560	2,600	5,850	9,100	13,000
Spt 4x4. 540	1,620	2,700	6,080	9,450	13,500
4d 4x4 560	1,680	2,800	6,300	9,800	14,000
Cargo Van 280	840	1,400	3,150	4,900	7,000
Wag 540	1,620	2,700	6,080	9,450	13,500

MERCEDES-BENZ TRUCKS

	6	5	4	3	2	1 737
1990 Light Trucks						
2d Mighty Max	192	576	960	2,160	3,360	4,800
2d Mighty Max 4x4	232	696	1,160	2,610	4,060	5,800
1990 Montero, 4x4						
2d Std Utly	300	900	1,500	3,380	5,250	7,500
2d Spt Utly	304	912	1,520	3,420	5,320	7,600
4d Std Utly	304	912	1,520	3,420	5,320	7,600
RS 4d Utly	308	924	1,540	3,470	5,390	7,700
1991 Light Trucks						
2d PU	220	660	1,100	2,480	3,850	5,500
2d PU Crew Cab	260	780	1,300	2,930	4,550	6,500
1-Ton 2d PU LBx	228	684	1,140	2,570	3,990	5,700
2d PU V-6 4x4	340	1,020	1,700	3,830	5,950	8,500
1991 Montero						
4d Utly 4x4	520	1,560	2,600	5,850	9,100	13,000
RS 4d Utly 4x4	540	1,620	2,700	6,080	9,450	13,500
LS 4d Utly 4x4	560	1,680	2,800	6,300	9,800	14,000
1992 Montero, V-6						
4d Utly 4x4	600	1,800	3,000	6,750	10,500	15,000
4d Utly RS 4x4	620	1,860	3,100	6,980	10,850	15,500
4d Utly LS 4x4	660	1,980	3,300	7,430	11,550	16,500
4d Utly SR 4x4	680	2,040	3,400	7,650	11,900	17,000
1992 Pickups, 4-cyl.						
PU Mighty Max	200	600	1,000	2,250	3,500	5,000
PU Mighty Max LD	220	660	1,100	2,480	3,850	5,500
PU Mighty Max 4x4 V-6	300	900	1,500	3,380	5,250	7,500
1993 Montero, V-6						
4d SUV 4x4	600	1,800	3,000	6,750	10,500	15,000
1993 Pickup						
2d PU SBx	228	684	1,140	2,570	3,990	5,700
2d PU LDx	232	696	1,160	2,610	4,060	5,800
2d PU 4x4	272	816	1,360	3,060	4,760	6,800
1994 Montero, V-6						
4d Utly LS 4x4	560	1,680	2,800	6,300	9,800	14,000
4d Utly SR 4x4	640	1,920	3,200	7,200	11,200	16,000
1994 Pickups						
2d PU Mighty Max, 4-cyl.	200	600	1,000	2,250	3,500	5,000
2d PU Mighty Max Club Cab, 4-cyl.	300	900	1,500	3,380	5,250	7,500
2d PU Mighty Max 4x4, V-6	340	1,020	1,700	3,830	5,950	8,500
1995 Montero, V-6						
4d Utly LS 4x4	550	1,700	2,800	6,300	9,800	14,000
4d Utly SR 4x4	650	1,900	3,200	7,200	11,200	16,000
1995 Pickup, 4-cyl.						
2d PU Mighty Max	200	600	1,000	2,250	3,500	5,000
1996 Montero, V-6						
4d LS SUV 4x4	550	1,700	2,800	6,300	9,800	14,000
4d SR SUV 4x4	650	1,900	3,200	7,200	11,200	16,000
1996 Pickup, 4-cyl.						
2d Mighty Max PU	200	600	1,000	2,250	3,500	5,000
1997 Montero Sport, V-6						
4d ES SUV (4-cyl.)	248	744	1,240	2,790	4,340	6,200
4d LS SUV	300	900	1,500	3,380	5,250	7,500
4d LS SUV 4x4	360	1,080	1,800	4,050	6,300	9,000
4d XLS SUV 4x4	400	1,200	2,000	4,500	7,000	10,000
1997 Montero, V-6						
4d LS SUV 4x4	420	1,260	2,100	4,730	7,350	10,500
4d SR SUV 4x4	460	1,380	2,300	5,180	8,050	11,500
1998 Montero Sport, V-6						
ES SUV (4-cyl.)	250	740	1,240	2,790	4,340	6,200
LS SUV	300	900	1,500	3,380	5,250	7,500
XLS SUV	400	1,200	2,000	4,500	7,000	10,000
NOTE: Add 5 percent for 4x4.						
1998 Montero, V-6, 4x4						
4d Utility	420	1,260	2,100	4,730	7,350	10,500
1999 Montero Sport, V-6						
ES SUV (4-cyl.)	250	740	1,240	2,790	4,340	6,200
LS SUV	300	900	1,500	3,380	5,250	7,500
XLS SUV	400	1,200	2,000	4,500	7,000	10,000
Limited	410	1,230	2,050	4,610	7,180	10,250
NOTE: Add 5 percent for 4x4.						
1999 Montero, V-6, 4x4						
4d Utility	420	1,260	2,100	4,730	7,350	10,500
2000 Montero Sport, V-6						
ES SUV	250	740	1,240	2,790	4,340	6,200
LS SUV	300	900	1,500	3,380	5,250	7,500

	6	5	4	3	2	1
XLS SUV	400	1,200	2,000	4,500	7,000	10,000
Limited SUV	410	1,230	2,050	4,610	7,180	10,250
NOTE: Add 5 percent for 4x4.						
2000 Montero, V-6, 4x4						
4d Utility	430	1,280	2,140	4,820	7,490	10,700
4d Endeavor Utility	460	1,380	2,300	5,180	8,050	11,500
2001 Montero Sport, V-6						
ES SUV	250	740	1,240	3,100	4,340	6,200
LS SUV	300	900	1,500	3,750	5,250	7,500
XLS SUV	400	1,200	2,000	5,000	7,000	10,000
3.5 XS SUV	400	1,210	2,020	5,050	7,070	10,100
Limited SUV	410	1,230	2,050	5,130	7,180	10,250
NOTE: Add 5 percent for 4x4.						
2001 Montero, V-6, 4x4						
4d XLS Utility	430	1,300	2,160	5,400	7,560	10,800
4d Limited Utility	470	1,420	2,360	5,900	8,260	11,800
2002 Montero Sport, V-6						
ES SUV	250	740	1,240	3,100	4,340	6,200
LS SUV	300	900	1,500	3,750	5,250	7,500
XLS SUV	400	1,200	2,000	5,000	7,000	10,000
Limited SUV	410	1,230	2,050	5,130	7,180	10,250
NOTE: Add 5 percent for 4x4.						
2002 Montero, V-6, 4x4						
4d XLS Utility	430	1,300	2,160	5,400	7,560	10,800
4d Limited Utility	470	1,420	2,360	5,900	8,260	11,800
2003 Outlander, 4-cyl.						
4d LS Utility	280	840	1,400	3,500	4,900	7,000
4d XLS Utility	320	960	1,600	4,000	5,600	8,000
NOTE: Add 5 percent for AWD.						
2003 Montero Sport, V-6						
ES SUV	250	740	1,240	3,100	4,340	6,200
LS SUV	300	900	1,500	3,750	5,250	7,500
XLS SUV	400	1,200	2,000	5,000	7,000	10,000
Limited SUV	410	1,230	2,050	5,130	7,180	10,250
NOTE: Add 5 percent for 4x4.						
2003 Montero, V-6, 4x4						
4d XLS Utility	430	1,300	2,160	5,400	7,560	10,800
4d Limited Utility	470	1,420	2,360	5,900	8,260	11,800
4d 20th Anv Utility	490	1,480	2,460	6,150	8,610	12,300
2004 Outlander, 4-cyl.						
LS 4d Utility	280	840	1,400	3,500	4,900	7,000
XLS 4d Utility	320	960	1,600	4,000	5,600	8,000
NOTE: Add 5 percent for AWD.						
2004 Endeavor, V-6						
LS 4d SUV	290	860	1,440	3,600	5,040	7,200
XLS 4d SUV	330	980	1,640	4,100	5,740	8,200
Limited 4d SUV	380	1,140	1,900	4,750	6,650	9,500
NOTE: Add 5 percent for AWD.						
2004 Montero Sport, V-6						
LS 4d SUV	340	1,020	1,700	4,250	5,950	8,500
XLS 4d SUV	400	1,200	2,000	5,000	7,000	10,000
NOTE: Add 5 percent for 4x4.						
2004 Montero, V-6, 4x4						
Limited 4d Utility	520	1,550	2,580	6,450	9,030	12,900

NISSAN TRUCKS

	6	5	4	3	2	1
1967						
1/2-Ton PU	100	300	550	1,220	1,900	2,700
1968						
1/2-Ton PU	100	300	550	1,220	1,900	2,700
1969						
1/2-Ton PU	100	300	550	1,220	1,900	2,700
1970						
1/2-Ton PU	100	300	550	1,220	1,900	2,700
1971						
1/2-Ton PU	100	300	550	1,220	1,900	2,700
1972						
1/2-Ton PU	100	300	550	1,220	1,900	2,700
1973						
1/2-Ton PU	100	300	550	1,220	1,900	2,700
1974						
1/2-Ton PU	100	300	550	1,220	1,900	2,700
1975 1/2-Ton						
PU SBx	100	300	550	1,220	1,900	2,700
PU LBx	100	350	550	1,260	1,950	2,800

	6	5	4	3	2	1
1976 1/2-Ton						
PU SBx	100	350	550	1,260	1,950	2,800
PU LBx	100	350	600	1,310	2,050	2,900
1977 1/2-Ton						
PU SBx	100	350	550	1,260	1,950	2,800
PU LBx	100	350	600	1,310	2,050	2,900
PU King Cab	100	350	600	1,350	2,100	3,000
1978 1/2-Ton						
PU SBx	100	350	550	1,260	1,950	2,800
PU LBx	100	350	600	1,310	2,050	2,900
PU King Cab	100	350	600	1,350	2,100	3,000
1979 1/2-Ton						
PU SBx	100	350	600	1,310	2,050	2,900
PU LBx	100	350	600	1,350	2,100	3,000
PU King Cab	100	350	600	1,400	2,150	3,100
1980 1/2-Ton						
PU SBx	100	350	600	1,310	2,050	2,900
PU LBx	100	350	600	1,350	2,100	3,000
PU King Cab	100	350	600	1,400	2,150	3,100
NOTE: Add 10 percent for 4x4.						
1981 1/2-Ton						
PU SBx	100	300	500	1,130	1,750	2,500
PU LBx	100	300	500	1,170	1,800	2,600
PU King Cab	150	400	700	1,530	2,400	3,400
NOTE: Add 10 percent for 4x4. Prices based on deluxe model.						
1982 1/2-Ton						
PU SBx	100	300	550	1,220	1,900	2,700
PU LBx	100	350	600	1,310	2,050	2,900
PU King Cab	150	450	750	1,670	2,600	3,700
NOTE: Add 10 percent for 4x4. Prices based on deluxe model.						
1983 1/2-Ton						
PU SBx	100	350	600	1,350	2,100	3,000
PU LBx	150	400	650	1,440	2,250	3,200
PU King Cab	150	500	850	1,890	2,950	4,200
NOTE: Add 10 percent for 4x4. Prices based on deluxe model.						
1984 1/2-Ton						
PU SBx	150	400	650	1,440	2,250	3,200
PU LBx	150	450	750	1,670	2,600	3,700
PU King Cab	200	550	950	2,120	3,300	4,700
NOTE: Add 10 percent for 4x4. Prices based on deluxe model.						
1985 1/2-Ton						
PU SBx	150	450	750	1,670	2,600	3,700
PU LBx	150	500	800	1,800	2,800	4,000
PU King Cab	200	600	1,000	2,210	3,450	4,900
NOTE: Add 10 percent for 4x4. Prices based on deluxe model.						
1986 1/2-Ton						
PU SBx	200	550	900	2,030	3,150	4,500
PU LBx	200	600	1,000	2,210	3,450	4,900
PU King Cab	250	750	1,300	2,880	4,500	6,400
NOTE: Add 10 percent for 4x4. Deduct 10 percent for diesel where applied. Prices based on deluxe model.						
1987 Light Trucks						
PU Std.	180	540	900	2,030	3,150	4,500
PU E	188	504	940	2,120	3,290	4,700
PU SE (6-cyl.)	200	650	1,100	2,480	3,850	5,500
PU E LBx	212	636	1,060	2,390	3,710	5,300
PU XE LBx	220	660	1,100	2,480	3,850	5,500
PU E King Cab	220	660	1,100	2,480	3,850	5,500
PU XE King Cab	240	720	1,200	2,700	4,200	6,000
PU SE King Cab (6-cyl.)	240	720	1,200	2,700	4,200	6,000
PU E	260	780	1,300	2,930	4,550	6,500
PU SE (6-cyl.)	300	850	1,400	3,150	4,900	7,000
PU XE LBx	272	816	1,360	3,060	4,760	6,800
PU XE King Cab	288	864	1,440	3,240	5,040	7,200
PU SE King Cab (6-cyl.)	280	840	1,400	3,150	4,900	7,000
1987 Van						
XE	260	780	1,300	2,930	4,550	6,500
1987 Pathfinder 4x4						
E	340	1,020	1,700	3,830	5,950	8,500
XE	520	1,560	2,600	5,850	9,100	13,000
SE (6-cyl.)	600	1,800	3,000	6,750	10,500	15,000
1988 Light Trucks						
PU Std.	180	540	900	2,030	3,150	4,500
PU E	188	564	940	2,120	3,290	4,700
PU E LBx	192	576	960	2,160	3,360	4,800
PU E King Cab	208	624	1,040	2,340	3,640	5,200
PU XE King Cab	236	708	1,180	2,660	4,130	5,900

	6	5	4	3	2	1
PU SE King Cab (6-cyl.) 260	780	1,300	2,930	4,550	6,500
PU E. 300	900	1,500	3,380	5,250	7,500
PU E (6-cyl.) 300	950	1,600	3,600	5,600	8,000
PU SE (6-cyl.) 300	850	1,400	3,150	4,900	7,000
PU E King Cab 340	1,020	1,700	3,830	5,950	8,500
PU XE King Cab. 520	1,560	2,600	5,850	9,100	13,000
PU SE King Cab (6-cyl.) 540	1,620	2,700	6,080	9,450	13,500
1988 Van						
XE 300	900	1,500	3,380	5,250	7,500
1988 Pathfinder 4x4						
XE 600	1,800	3,000	6,750	10,500	15,000
SE 640	1,920	3,200	7,200	11,200	16,000
1989 Light Trucks						
PU Std 220	660	1,100	2,480	3,850	5,500
PU Spl 228	684	1,140	2,570	3,990	5,700
PU LBx (6-cyl.) 250	700	1,150	2,570	4,000	5,700
PU Spl LBx (6-cyl.) 250	700	1,150	2,610	4,050	5,800
PU King Cab 240	720	1,200	2,700	4,200	6,000
PU Spl King Cab 260	780	1,300	2,930	4,550	6,500
PU SE King Cab (6-cyl.) 300	900	1,500	3,380	5,250	7,500
1989 Light Trucks 4x4						
PU 280	840	1,400	3,150	4,900	7,000
PU Spl 340	1,020	1,700	3,830	5,950	8,500
PU (6-cyl.) 300	900	1,500	3,380	5,250	7,500
PU Spl (6-cyl.) 350	1,050	1,750	3,960	6,150	8,800
PU King Cab 320	960	1,600	3,600	5,600	8,000
PU Spl King Cab 340	1,020	1,700	3,830	5,950	8,500
PU SE King Cab. 520	1,560	2,600	5,850	9,100	13,000
1989 Pathfinder						
XE 2x4 600	1,800	3,000	6,750	10,500	15,000
XE 4x4 680	2,040	3,400	7,650	11,900	17,000
SE 4x4 720	2,160	3,600	8,100	12,600	18,000
1990 Light Trucks						
2d PU 228	684	1,140	2,570	3,990	5,700
2d PU LBx V-6 236	708	1,180	2,660	4,130	5,900
2d PU Clb Cab 232	696	1,160	2,610	4,060	5,800
2d PU Clb Cab SE V-6 240	720	1,200	2,700	4,200	6,000
2d PU 4x4 280	840	1,400	3,150	4,900	7,000
2d PU 4x4 V-6 288	864	1,440	3,240	5,040	7,200
2d PU Clb Cab 4x4 296	888	1,480	3,330	5,180	7,400
2d PU Clb Cab 4x4 V-6 304	912	1,520	3,420	5,320	7,600
1990 Van						
Mini Van XE 264	792	1,320	2,970	4,620	6,600
Mini Van GXE. 268	804	1,340	3,020	4,690	6,700
1990 Pathfinder						
4d Spt Utly XE 2WD. 620	1,860	3,100	6,980	10,850	15,500
4d Spt Utly XE 4x4. 680	2,040	3,400	7,650	11,900	17,000
4d Spt Utly SE 4x4. 720	2,160	3,600	8,100	12,600	18,000
2d Spt Utly SE 4x4. 700	2,100	3,500	7,880	12,250	17,500
1991 Pathfinder						
XE 4d Utly 2x4 560	1,680	2,800	6,300	9,800	14,000
XE 4d Utly 4x4 680	2,040	3,400	7,650	11,900	17,000
SE 4d Utly 4x4 720	2,160	3,600	8,100	12,600	18,000
1991 Light Trucks						
2d PU. 240	720	1,200	2,700	4,200	6,000
LBx 2d PU V-6 300	850	1,400	3,150	4,900	7,000
2d PU Crew Cab 300	900	1,500	3,380	5,250	7,500
SE 2d PU Crew Cab V-6 320	960	1,600	3,600	5,600	8,000
2d PU 4x4 520	1,560	2,600	5,850	9,100	13,000
2d PU Crew Cab 4x4 540	1,620	2,700	6,080	9,450	13,500
2d PU Crew Cab V-6 4x4. 560	1,680	2,800	6,300	9,800	14,000
1992 Pathfinder, V-6						
XE 4d Utly 2x4 540	1,620	2,700	6,080	9,450	13,500
XE 4d Utly 4x4 600	1,800	3,000	6,750	10,500	15,000
SE 4d Utly 4x4 660	1,980	3,300	7,430	11,550	16,500
1992 Pickups						
PU Std 4x4. 340	1,020	1,700	3,830	5,950	8,500
PU LBx 4x4 550	1,600	2,700	6,080	9,450	13,500
SE PU 4x4 580	1,740	2,900	6,530	10,150	14,500
NOTE: Add 10 percent for V-6. Deduct 10 percent for 2x4.						
1993 Pathfinder, V-6						
4d SUV 2WD 272	816	1,360	3,060	4,760	6,800
4d SUV 4x4 312	936	1,560	3,510	5,460	7,800
1993 Quest, V-6						
Van. 228	684	1,140	2,570	3,990	5,700

	6	5	4	3	2	1
1993 Pickup, V-6						
2d PU SBx.	216	648	1,080	2,430	3,780	5,400
2d PU LBx.	220	660	1,100	2,480	3,850	5,500
2d PU 4x4	260	780	1,300	2,930	4,550	6,500
1994 Pathfinder, V-6						
4d Utly XE	400	1,200	2,000	4,500	7,000	10,000
4d Utly XE 4x4	480	1,440	2,400	5,400	8,400	12,000
1994 Quest, V-6						
Window Van XE	400	1,200	2,000	4,500	7,000	10,000
Window Van GXE	440	1,320	2,200	4,950	7,700	11,000
1994 Pickups						
2d PU XE	280	840	1,400	3,150	4,900	7,000
2d PU LBx, V-6	300	950	1,600	3,600	5,600	8,000
2d PU Club Cab	320	960	1,600	3,600	5,600	8,000
2d PU Club Cab, V-6	360	1,080	1,800	4,050	6,300	9,000
2d PU Club Cab 4x4, V-6	480	1,440	2,400	5,400	8,400	12,000
1995 Pathfinder, V-6						
4d Utly XE	400	1,200	2,000	4,500	7,000	10,000
4d Utly XE 4x4	500	1,450	2,400	5,400	8,400	12,000
4d Utly LE	450	1,300	2,200	4,950	7,700	11,000
4d Utly SE 4x4	500	1,550	2,600	5,850	9,100	13,000
4d Utly LE 4x4	550	1,600	2,700	6,080	9,450	13,500
1995 Quest, V-6						
Window Van XE	400	1,200	2,000	4,500	7,000	10,000
Window Van GXE	450	1,300	2,200	4,950	7,700	11,000
1995 Pickup						
PU XE, 4-cyl.	300	850	1,400	3,150	4,900	7,000
PU LBx, V-6	300	950	1,600	3,000	5,600	8,000
PU Club Cab, 4-cyl.	300	950	1,600	3,600	5,600	8,000
PU Club Cav, V-6	350	1,100	1,800	4,050	6,300	9,000
PU Club Cab 4x4, V-6.	480	1,440	2,400	5,400	8,400	12,000
1996 Pathfinder, V-6						
4d XE SUV	400	1,200	2,000	4,500	7,000	10,000
4d XE SUV 4x4	500	1,450	2,400	5,400	8,400	12,000
4d LE SUV	450	1,300	2,200	4,950	7,700	11,000
4d SE SUV 4x4	500	1,550	2,600	5,850	9,100	13,000
4d LE SUV 4x4	550	1,600	2,700	6,080	9,450	13,500
1996 Quest, V-6						
XE Window Van	400	1,200	2,000	4,500	7,000	10,000
GXE Window Van	450	1,300	2,200	4,950	7,700	11,000
1996 Pickup, 4-cyl.						
PU	200	650	1,100	2,480	3,850	5,500
XE PU	300	850	1,400	3,150	4,900	7,000
XE King Cab PU	300	950	1,600	3,600	5,600	8,000
SE King Cab PU	350	1,000	1,700	3,830	5,950	8,500
XE PU 4x4.	400	1,150	1,900	4,280	6,650	9,500
XE King Cab PU 4x4.	460	1,380	2,300	5,180	8,050	11,500
SE King Cab PU 4x4.	480	1,440	2,400	5,400	8,400	12,000
1997 Pathfinder, V-6						
4d XE SUV	400	1,200	2,000	4,500	7,000	10,000
4d LE SUV	440	1,320	2,200	4,950	7,700	11,000
4d XE SUV 4x4	480	1,440	2,400	5,400	8,400	12,000
4d SE SUV 4x4	520	1,560	2,600	5,850	9,100	13,000
4d LE SUV 4x4	540	1,620	2,700	6,080	9,450	13,500
1997 Quest, V-6						
XE Window Van	400	1,200	2,000	4,500	7,000	10,000
GXE Window Van	420	1,260	2,100	4,730	7,350	10,500
1997 Pickup, 4-cyl.						
PU	220	660	1,100	2,480	3,850	5,500
XE PU	280	840	1,400	3,150	4,900	7,000
XE King Cab PU	320	960	1,600	3,600	5,600	8,000
SE King Cab PU	340	1,020	1,700	3,830	5,950	8,500
XE PU 4x4.	380	1,140	1,900	4,280	6,650	9,500
XE King Cab PU 4x4.	460	1,380	2,300	5,180	8,050	11,500
SE King Cab PU 4x4.	480	1,440	2,400	5,400	8,400	12,000
1998 Pathfinder, V-6						
XE 4d SUV	400	1,200	2,000	4,500	7,000	10,000
SE 4d SUV	420	1,260	2,100	4,730	7,350	10,500
LE 4d SUV	440	1,320	2,200	4,950	7,700	11,000
NOTE: Add 5 percent for 4x4.						
1998 Quest, V-6						
XE Window Van	400	1,200	2,000	4,500	7,000	10,000
GXE Window Van	420	1,260	2,100	4,730	7,350	10,500
GLE Window Van	440	1,320	2,200	4,950	7,700	11,000
1998 Frontier, 4-cyl.						
PU	220	660	1,100	2,480	3,850	5,500

	6	5	4	3	2	1
XE PU 280	840	1,400	3,150	4,900	7,000
SE King Cab PU 340	1,020	1,700	3,830	5,950	8,500

NOTE: Add 10 percent for extended cab (XE only). Add 5 percent for 4x4.

1999 Pathfinder, V-6

XE 4d SUV 400	1,200	2,000	4,500	7,000	10,000
SE 4d SUV 420	1,260	2,100	4,730	7,350	10,500
LE 4d SUV 440	1,320	2,200	4,950	7,700	11,000

NOTE: Add 5 percent for 4x4.

1999 Quest, V-6

GXE Van 360	1,080	1,800	4,050	6,300	9,000
SE Van 380	1,140	1,900	4,280	6,650	9,500
GLE Van 400	1,200	2,000	4,500	7,000	10,000

1999 Frontier, 4-cyl.

XE PU 280	840	1,400	3,150	4,900	7,000
SE King Cab PU 340	1,020	1,700	3,830	5,950	8,500

NOTE: Add 10 percent for extended cab (XE only). Add 5 percent for V-6. Add 5 percent for 4x4.

2000 Pathfinder, V-6

XE 4d SUV 400	1,200	2,000	4,500	7,000	10,000
SE 4d SUV 420	1,260	2,100	4,730	7,350	10,500
LE 4d SUV 440	1,320	2,200	4,950	7,700	11,000

NOTE: Add 5 percent for 4x4.

2000 Quest, V-6

GXE Van 360	1,080	1,800	4,050	6,300	9,000
SE Van 380	1,140	1,900	4,280	6,650	9,500
GLE Van 400	1,200	2,000	4,500	7,000	10,000

2000 Frontier, V-6

XE PU 280	840	1,400	3,150	4,900	7,000
XE King Cab PU 320	960	1,600	3,600	5,600	8,000
SE King Cab PU 340	1,020	1,700	3,830	5,950	8,500
XE Crew Cab PU 400	1,200	2,000	4,500	7,000	10,000
SE Crew Cab PU 420	1,260	2,100	4,730	7,350	10,500

NOTE: Add 5 percent for 4x4. Deduct 5 percent for 4-cyl.

2000 Xterra, V-6

XE Utility 360	1,080	1,800	4,050	6,300	9,000
SE Utility 380	1,140	1,900	4,280	6,650	9,500

NOTE: Add 5 percent for 4x4. Deduct 5 percent for 4-cyl.

2001 Pathfinder, V-6

XE 4d SUV 400	1,200	2,000	5,000	7,000	10,000
SE 4d SUV 420	1,260	2,100	5,250	7,350	10,500
LE 4d SUV 440	1,320	2,200	5,500	7,700	11,000

NOTE: Add 5 percent for 4x4.

2001 Quest, V-6

GXE Van 360	1,080	1,800	4,500	6,300	9,000
SE Van 380	1,140	1,900	4,750	6,650	9,500
GLE Van 400	1,200	2,000	5,000	7,000	10,000

2001 Frontier, V-6

XE PU 280	840	1,400	3,500	4,900	7,000
XE King Cab PU 320	960	1,600	4,000	5,600	8,000
SE King Cab PU 340	1,020	1,700	4,250	5,950	8,500
SC King Cab PU 390	1,160	1,940	4,850	6,790	9,700
XE Crew Cab PU 400	1,200	2,000	5,000	7,000	10,000
SE Crew Cab PU 420	1,260	2,100	5,250	7,350	10,500
SC Crew Cab PU 440	1,320	2,200	5,500	7,700	11,000

NOTE: Add 5 percent for 4x4. Deduct 5 percent for 4-cyl.

2001 Xterra, V-6

XE Utility 360	1,080	1,800	4,500	6,300	9,000
SE Utility 380	1,140	1,900	4,750	6,650	9,500

NOTE: Add 5 percent for 4x4. Deduct 5 percent for 4-cyl.

2002 Pathfinder, V-6

SE 4d SUV 420	1,260	2,100	5,250	7,350	10,500
LE 4d SUV 440	1,320	2,200	5,500	7,700	11,000

NOTE: Add 5 percent for 4x4.

2002 Quest, V-6

GXE Van 360	1,080	1,800	4,500	6,300	9,000
SE Van 380	1,140	1,900	4,750	6,650	9,500
GLE Van 400	1,200	2,000	5,000	7,000	10,000

2002 Frontier, V-6

King Cab PU 300	900	1,500	3,750	5,250	7,500
XE King Cab PU 320	960	1,600	4,000	5,600	8,000
SE King Cab PU 340	1,020	1,700	4,250	5,950	8,500
SC King Cab PU 390	1,160	1,940	4,850	6,790	9,700
XE Crew Cab PU 400	1,200	2,000	5,000	7,000	10,000
SE Crew Cab PU 420	1,260	2,100	5,250	7,350	10,500
SC Crew Cab PU 440	1,320	2,200	5,500	7,700	11,000

NOTE: Add 5 percent for 4x4. Deduct 5 percent for 4-cyl.

2002 Xterra, V-6

XE Utility 360	1,080	1,800	4,500	6,300	9,000

	6	5	4	3	2	1
XE/SC Utility	400	1,200	2,000	5,000	7,000	10,000
SE Utility	380	1,140	1,900	4,750	6,650	9,500
SE/SC Utility	420	1,260	2,100	5,250	7,350	10,500

NOTE: Add 5 percent for 4x4. Deduct 5 percent for 4-cyl.

2003 Pathfinder, V-8

	6	5	4	3	2	1
SE 4d SUV	420	1,260	2,100	5,250	7,350	10,500
LE 4d SUV	440	1,320	2,200	5,500	7,700	11,000

NOTE: Add 5 percent for 4x4.

2003 Murano, V-6

	6	5	4	3	2	1
SL Utility	480	1,440	2,400	6,000	8,400	12,000
SE Utility	500	1,500	2,500	6,250	8,750	12,500

NOTE: Add 10 percent for AWD.

2003 Frontier, V-6

	6	5	4	3	2	1
King Cab PU	300	900	1,500	3,750	5,250	7,500
XE King Cab PU	320	960	1,600	4,000	5,600	8,000
SE King Cab PU	340	1,020	1,700	4,250	5,950	8,500
SC King Cab PU	390	1,160	1,940	4,850	6,790	9,700
SVE King Cab PU (4x4 only)	420	1,260	2,100	5,250	7,350	10,500
XE Crew Cab PU	400	1,200	2,000	5,000	7,000	10,000
SE Crew Cab PU	420	1,260	2,100	5,250	7,350	10,500
SC Crew Cab PU	440	1,320	2,200	5,500	7,700	11,000
SVE Crew Cab PU (4x4 only)	460	1,380	2,300	5,750	8,050	11,500

NOTE: Add 5 percent for 4x4. Deduct 5 percent for 4-cyl.

2003 Xterra, V-6

	6	5	4	3	2	1
XE Utility	360	1,080	1,800	4,500	6,300	9,000
SE Utility	380	1,140	1,900	4,750	6,650	9,500
SE/SC Utility	420	1,260	2,100	5,250	7,350	10,500

NOTE: Add 5 percent for 4x4. Deduct 5 percent for 4-cyl.

2004 Pathfinder, V-6

	6	5	4	3	2	1
SE 4d SUV	420	1,260	2,100	5,250	7,350	10,500
LE 4d SUV	440	1,320	2,200	5,500	7,700	11,000

NOTE: Add 5 percent for 4x4.

2004 Murano, V-6

	6	5	4	3	2	1
SL Utility	480	1,440	2,400	6,000	8,400	12,000
SE Utility	500	1,500	2,500	6,250	8,750	12,500

NOTE: Add 10 percent for AWD. Add 10 percent for Touring pkg.

2004 Armada, V-8

	6	5	4	3	2	1
SE Utility	500	1,510	2,520	6,300	8,820	12,600
LE Utility	520	1,550	2,580	6,450	9,030	12,900

NOTE: Add 10 percent for AWD. Add 10 percent for Off-Road Ed.

2004 Quest, V-6

	6	5	4	3	2	1
3.5 S Van	320	970	1,620	4,050	5,670	8,100
3.5 SL Van	350	1,060	1,760	4,400	6,160	8,800
3.5 SE Van	380	1,150	1,920	4,800	6,720	9,600

NOTE: Add 10 percent for Skyview Roof pkg.

2004 Frontier, V-6

	6	5	4	3	2	1
King Cab PU	300	900	1,500	3,750	5,250	7,500
XE King Cab PU	320	960	1,600	4,000	5,600	8,000
SVE King Cab PU (4x4 only)	420	1,260	2,100	5,250	7,350	10,500
SC King Cab PU (4x4 only).	430	1,280	2,140	5,350	7,490	10,700
XE Crew Cab PU	400	1,200	2,000	5,000	7,000	10,000
LE Crew Cab PU	420	1,260	2,100	5,250	7,350	10,500
SC Crew Cab PU	440	1,320	2,200	5,500	7,700	11,000
SVE Crew Cab PU (4x4 only).	460	1,380	2,300	5,750	8,050	11,500

NOTE: Add 5 percent for 4x4 except SVE and King Cab SC. Add 5 percent for automatic transmission when optional. Deduct 5 percent for 4-cyl.

2004 Titan, V-8 2004 Titan

	6	5	4	3	2	1
XE King Cab PU	350	1,040	1,740	4,350	6,090	8,700
SE King Cab PU	420	1,270	2,120	5,300	7,420	10,600
LE King Cab PU	430	1,300	2,160	5,400	7,560	10,800
XE Crew Cab PU	430	1,280	2,140	5,350	7,490	10,700
SE Crew Cab PU	460	1,380	2,300	5,750	8,050	11,500
LE Crew Cab PU.	470	1,400	2,340	5,850	8,190	11,700

NOTE: Add 5 percent for 4x4. Add 5 percent for Off-Road pkg.

2004 Xterra, V-6

	6	5	4	3	2	1
XE Utility	360	1,080	1,800	4,500	6,300	9,000
SE Utility	380	1,140	1,900	4,750	6,650	9,500
SE/SC Utility	420	1,260	2,100	5,250	7,350	10,500

NOTE: Add 5 percent for 4x4. Deduct 5 percent for 4-cyl. Deduct 5 percent for manual transmission except w/4-cyl.

PORSCHE TRUCKS

2003 Cayenne, V-8, 4x4

	6	5	4	3	2	1
S Utility	1,080	3,240	5,400	13,500	18,900	27,000
Turbo Utility.	1,580	4,740	7,900	19,750	27,650	39,500

NOTE: Add 5 percent for self-leveling suspension pkg. on S model.

	6	5	4	3	2	1
2004 Cayenne, V-8, 4x4						
4d Utility (V-6 only)............................ 900		2,700	4,500	11,250	15,750	22,500
S 4d Utility 1,160		3,480	5,800	14,500	20,300	29,000
Turbo 4d Utility.............................. 1,660		4,980	8,300	20,750	29,050	41,500

NOTE: Add 10 percent for Off-Road pkg. Add 5 percent for self-leveling suspension pkg, except Turbo model.

SUBARU TRUCKS

	6	5	4	3	2	1
1978 1/4-Ton 4x4						
Brat PU............................ 150		400	700	1,580	2,450	3,500
NOTE: Prices based on deluxe model.						
1979 1/4-Ton 4x4						
Brat PU............................ 150		400	700	1,580	2,450	3,500
NOTE: Prices based on deluxe model.						
1980 1/4-Ton 4x4						
Brat PU............................ 150		400	700	1,580	2,450	3,500
NOTE: Prices based on deluxe model.						
1981 1/4-Ton 4x4						
Brat PU............................ 150		400	700	1,580	2,450	3,500
NOTE: Prices based on deluxe model.						
1982 1/4-Ton 4x4						
Brat PU............................ 150		400	700	1,580	2,450	3,500
NOTE: Prices based on deluxe model.						
1983 1/4-Ton 4x4						
Brat PU............................ 150		400	700	1,580	2,450	3,500
1984 1/4-Ton 4x4						
Brat PU............................ 150		500	800	1,800	2,800	4,000
1985 1/4-Ton 4x4						
Brat PU............................ 200		600	1,000	2,250	3,500	5,000
1986 1/4-Ton 4x4						
Brat PU............................ 250		700	1,200	2,700	4,200	6,000
NOTE: Prices based on deluxe model.						
1987 1/4-Ton 4x4						
Brat GL............................ 250		700	1,150	2,570	4,000	5,700

SUZUKI TRUCKS

	6	5	4	3	2	1
1986 Samurai (4x4)						
UTL HT............................... 200		550	900	2,030	3,150	4,500
Utl Conv.............................. 200		600	1,000	2,250	3,500	5,000
1987 Samurai (4x4)						
Utl HT............................... 200		600	1,000	2,250	3,500	5,000
Utl Conv.............................. 200		650	1,100	2,480	3,850	5,500
1988 Samurai (4x4)						
Utl HT............................... 200		550	900	2,030	3,150	4,500
Utl Conv.............................. 200		600	1,000	2,250	3,500	5,000
1989 Samurai (4x4)						
Utl.................................. 200		650	1,100	2,430	3,800	5,400
Conv................................ 200		650	1,100	2,520	3,900	5,600
1989 Sidekick (4x4)						
JA Utl Conv 300		850	1,400	3,150	4,900	7,000
JX Utl HT 500		1,550	2,600	5,850	9,100	13,000
JX Utl Conv 300		950	1,600	3,600	5,600	8,000
1991 Samurai						
JA 2d Utly Conv 2x4................... 120		360	600	1,350	2,100	3,000
JS 2d Utly Conv 2x4.................. 128		384	640	1,440	2,240	3,200
JA 2d Utly Conv 4x4.................. 200		550	900	2,030	3,150	4,500
1991 Sidekick						
JS 2d Utly Conv 2x4.................. 160		480	800	1,800	2,800	4,000
JL 2d Utly Conv 4x4.................. 200		600	1,000	2,250	3,500	5,000
JX 2d Utly Conv 4x4.................. 260		780	1,300	2,930	4,550	6,500
JX 4d Utly 4x4 240		720	1,200	2,700	4,200	6,000
JLX 4d Utly 4x4 250		800	1,300	2,930	4,550	6,500
1992 Samurai, 4-cyl.						
JA 2d Utly Conv 2x4.................. 100		350	600	1,350	2,100	3,000
JL 2d Utly Conv 4x4.................. 180		540	900	2,030	3,150	4,500
1992 Sidekick, 4-cyl.						
JS 2d Utly Conv 2x4.................. 150		500	800	1,800	2,800	4,000
JX 2d Utly Conv 4x4.................. 250		800	1,300	2,930	4,550	6,500
JX 4d Utly HT 4x4 250		700	1,200	2,700	4,200	6,000
JLX 4d Utly HT 4x4 250		800	1,300	2,930	4,550	6,500
1993 Samurai, 4-cyl.						
SUV 2WD............................ 192		576	960	2,160	3,360	4,800
SUV 4x4............................. 232		696	1,160	2,610	4,060	5,800
1993 Sidekick, 4-cyl.						
2d SUV 2WD 192		576	960	2,160	3,360	4,800
4d SUV 2WD 196		588	980	2,210	3,430	4,900

	6	5	4	3	2	1
2d SUV 4x4	240	720	1,200	2,700	4,200	6,000
4d SUV 4x4	248	744	1,240	2,790	4,340	6,200
1994 Samurai, 4-cyl.						
2d Utly	200	550	900	2,030	3,150	4,500
1994 Sidekick, 4-cyl.						
2d Utly JS Conv	200	550	900	2,030	3,150	4,500
2d Utly JX Conv 4x4	200	600	1,000	2,250	3,500	5,000
4d Utly JS HT 4x4	200	650	1,100	2,480	3,850	5,500
4d Utly JX HT 4x4	250	700	1,200	2,700	4,200	6,000
4d Utly JLX HT 4x4	280	840	1,400	3,150	4,900	7,000
1995 Samurai, 4-cyl.						
JL 2d Utly Conv 4x4	200	550	900	2,030	3,150	4,500
1995 Sidekick, 4-cyl.						
JS 2d Utly Conv 2x4	200	550	900	2,030	3,150	4,500
JS 4d Utly HT 2x4	200	600	1,000	2,250	3,500	5,000
JX 2d Utly Conv 4x4	220	660	1,100	2,480	3,850	5,500
JX 4d Utly HT 4x4	250	700	1,200	2,700	4,200	6,000
JLX 4d Utly HT 4x4	280	840	1,400	3,150	4,900	7,000
1996 X-90, 4-cyl.						
2d Utly	200	550	900	2,030	3,150	4,500
2d Utly 4x4	200	650	1,100	2,480	3,850	5,500
1996 Sidekick, 4-cyl.						
2d JS Utly Conv	200	550	900	2,030	3,150	4,500
4d JS Utly HT	200	600	1,000	2,250	3,500	5,000
4d JS Spt Utly HT	200	650	1,100	2,480	3,850	5,500
2d JX Utly Conv 4x4	220	660	1,100	2,480	3,850	5,500
4d JX Utly HT 4x4	250	700	1,200	2,700	4,200	6,000
4d JX Spt Utly HT 4x4	260	780	1,300	2,930	4,550	6,500
4d JLX Spt Utly HT 4x4	280	840	1,400	3,150	4,900	7,000
1997 X-90, 4-cyl.						
2d Utly	180	540	900	2,030	3,150	4,500
2d Utly 4x4	220	660	1,100	2,480	3,850	5,500
1997 Sidekick, 4-cyl.						
2d JS Utly Conv	180	540	900	2,030	3,150	4,500
4d JS Utly HT	200	600	1,000	2,250	3,500	5,000
4d JS Spt Utly HT	220	660	1,100	2,480	3,850	5,500
2d JX Utly Conv 4x4	220	660	1,100	2,480	3,850	5,500
4d JX Utly HT 4x4	240	720	1,200	2,700	4,200	6,000
4d JX Spt Utly HT 4x4	260	780	1,300	2,930	4,550	6,500
4d JLX Spt Utly HT 4x4	280	840	1,400	3,150	4,900	7,000
1998 X-90, 4-cyl.						
2d Utility	180	540	900	2,030	3,150	4,500
NOTE: Add 5 percent for 4x4.						
1998 Sidekick, 4-cyl.						
2d JS Utly Conv	180	540	900	2,030	3,150	4,500
4d JS Utly HT	200	600	1,000	2,250	3,500	5,000
4d JS Spt Utly HT	220	660	1,100	2,480	3,850	5,500
2d JX Utly Conv	220	660	1,100	2,480	3,850	5,500
4d JX Utly HT	240	720	1,200	2,700	4,200	6,000
4d JX Spt Utly HT	260	780	1,300	2,930	4,550	6,500
4d JLX Spt Utly HT	280	840	1,400	3,150	4,900	7,000
NOTE: Add 5 percent for 4x4.						
1999 Vitara, 4-cyl.						
JS 1.6 Utility	160	480	800	1,800	2,800	4,000
JS 2.0 Utility	180	540	900	2,030	3,150	4,500
JX 1.6 Utility	200	600	1,000	2,250	3,500	5,000
JX 2.0 Utility	220	660	1,100	2,480	3,850	5,500
NOTE: Add 5 percent for 4x4.						
1999 Grand Vitara, V-6						
4d JS Utility	180	540	900	2,030	3,150	4,500
4d JLX Utility	280	840	1,400	3,150	4,900	7,000
NOTE: Add 5 percent for Plus model. Add 5 percent for 4x4.						
2000 Vitara, 4-cyl.						
2d JS Utility	160	480	800	1,800	2,800	4,000
2d JLS Utility	180	540	900	2,030	3,150	4,500
2d JX Utility	200	600	1,000	2,250	3,500	5,000
4d JS Utility	220	660	1,100	2,480	3,850	5,500
4d JLS Utility	240	720	1,200	2,700	4,200	6,000
4d JX Utility	260	780	1,300	2,930	4,550	6,500
4d JLX Utility	280	840	1,400	3,150	4,900	7,000
NOTE: Add 5 percent for 4x4.						
2000 Grand Vitara, V-6						
4d JLS Utility	300	900	1,500	3,380	5,250	7,500
4d JLX Utility	320	960	1,600	3,600	5,600	8,000
4d Limited Utility	360	1,080	1,800	4,050	6,300	9,000
NOTE: Add 5 percent for Plus model. Add 5 percent for 4x4.						

	6	5	4	3	2	1
2001 Vitara, 4-cyl.						
2d JS Utility 160	480	800	2,000	2,800	4,000	
2d JLS Utility 180	540	900	2,250	3,150	4,500	
2d JLX Utility 200	600	1,000	2,500	3,500	5,000	
4d JS Utility 220	660	1,100	2,750	3,850	5,500	
4d JLS Utility 240	720	1,200	3,000	4,200	6,000	
4d JX Utility 260	780	1,300	3,250	4,550	6,500	
4d JLX Utility 280	840	1,400	3,500	4,900	7,000	
NOTE: Add 5 percent for 4x4.						
2001 Grand Vitara, V-6						
4d JLS Utility 300	900	1,500	3,750	5,250	7,500	
4d JLX Utility 320	960	1,600	4,000	5,600	8,000	
4d Limited Utility 360	1,080	1,800	4,500	6,300	9,000	
NOTE: Add 5 percent for Plus model. Add 5 percent for 4x4.						
2001 XL-7, V-6						
4d Standard Utility 300	900	1,500	3,750	5,250	7,500	
4d Plus Utility 320	960	1,600	4,000	5,600	8,000	
4d Touring Utility 340	1,020	1,700	4,250	5,950	8,500	
4d Limited Utility 350	1,040	1,740	4,350	6,090	8,700	
NOTE: Add 5 percent for 4x4.						
2002 Vitara, 4-cyl.						
2d JLS Soft Top Utility 180	540	900	2,250	3,150	4,500	
4d JLS Hard Top Utility 220	660	1,100	2,750	3,850	5,500	
2d JLX Soft Top Utility 260	780	1,300	3,250	4,550	6,500	
4d JLX Hard Top Utility 280	840	1,400	3,500	4,900	7,000	
NOTE: Add 5 percent for 4x4.						
2002 Grand Vitara, V-6						
4d JLS Utility 300	900	1,500	3,750	5,250	7,500	
4d JLX Utility 320	960	1,600	4,000	5,600	8,000	
4d Limited Utility 360	1,080	1,800	4,500	6,300	9,000	
NOTE: Add 5 percent for 4x4.						
2002 XL-7 Hard Top, V-6						
4d Standard Utility 300	900	1,500	3,750	5,250	7,500	
4d Plus Utility 320	960	1,600	4,000	5,600	8,000	
4d Touring Utility 340	1,020	1,700	4,250	5,950	8,500	
4d Limited Utility 350	1,040	1,740	4,350	6,090	8,700	
NOTE: Add 5 percent for 4x4.						
2003 Vitara, 4-cyl.						
2d Soft Top Utility 260	780	1,300	3,250	4,550	6,500	
4d HardTop Utility 280	840	1,400	3,500	4,900	7,000	
NOTE: Add 5 percent for 4x4.						
2003 Grand Vitara, V-6						
4d Utility 300	900	1,500	3,750	5,250	7,500	
NOTE: Add 5 percent for 4x4.						
2003 XL-7, Hard Top, V-6						
4d Touring Utility 340	1,020	1,700	4,250	5,950	8,500	
4d Limited Utility 350	1,040	1,740	4,350	6,090	8,700	
NOTE: Add 5 percent for 4x4.						
2004 Vitara, V-6						
LX Hard Top 4d Utility 320	960	1,600	4,000	5,600	8,000	
2004 Grand Vitara, V-6						
LX Hard Top 4d Utility 330	1,000	1,660	4,150	5,810	8,300	
EX Hard Top 4d Utility 340	1,020	1,700	4,250	5,950	8,500	
NOTE: Add 5 percent for 4x4. Deduct 5 percent for manual transmission.						
2004 XL-7, V-6						
LX Hard Top 4d Utility 340	1,020	1,700	4,250	5,950	8,500	
EX Hard Top 4d Utility 350	1,040	1,740	4,350	6,090	8,700	
NOTE: Add 5 percent for 4x4. Deduct 5 percent for manual transmission.						

TOYOTA TRUCKS

	6	5	4	3	2	1
1967 Landcruiser, 4x4						
No Top 350	1,000	1,700	3,830	5,950	8,500	
Soft-Top 350	1,000	1,650	3,690	5,750	8,200	
HdTp 350	1,050	1,800	4,010	6,250	8,900	
NOTE: Prices based on deluxe model.						
1968 1/2-Ton						
PU 150	400	700	1,580	2,450	3,500	
1968 Landcruiser, 4x4						
No Top 350	1,000	1,700	3,830	5,950	8,500	
Soft-Top 350	1,050	1,750	3,920	6,100	8,700	
HT 350	1,050	1,800	4,010	6,250	8,900	
NOTE: Prices based on deluxe model.						
1969 1/2-Ton						
PU 150	400	700	1,580	2,450	3,500	
1969 Landcruiser, 4x4						
No Top 350	1,050	1,700	3,870	6,000	8,600	

	6	5	4	3	2	1
Soft-Top	350	1,050	1,750	3,960	6,150	8,800
HT	350	1,100	1,800	4,050	6,300	9,000
NOTE: Prices based on deluxe model.						
1970 1/2-Ton						
PU	150	400	700	1,580	2,450	3,500
1970 Landcruiser, 4x4						
No Top	350	1,050	1,700	3,870	6,000	8,600
Soft-Top	350	1,050	1,750	3,960	6,150	8,800
HT	350	1,100	1,800	4,050	6,300	9,000
NOTE: Prices based on deluxe model.						
1971 1/2-Ton						
PU	150	400	700	1,580	2,450	3,500
1971 Landcruiser, 4x4						
Soft-Top	350	1,050	1,750	3,920	6,100	8,700
HT	350	1,050	1,800	4,010	6,250	8,900
Wag.	350	1,100	1,800	4,050	6,300	9,000
NOTE: Prices based on deluxe model.						
1972 1/2-Ton						
PU	150	400	700	1,580	2,450	3,500
1972 Landcruiser, 4x4						
Soft-Top	350	1,050	1,800	4,010	6,250	8,900
HT	350	1,100	1,800	4,050	6,300	9,000
Wag.	350	1,100	1,850	4,140	6,450	9,200
NOTE: Prices based on deluxe model.						
1973 1/2-Ton						
PU	150	400	700	1,580	2,450	3,500
1973 Landcruiser, 4x4						
Soft-Top	350	1,050	1,800	4,010	6,250	8,900
HT	350	1,100	1,800	4,100	6,350	9,100
Wag.	350	1,100	1,850	4,140	6,450	9,200
NOTE: Prices based on deluxe model.						
1974 1/2-Ton						
PU SBx	150	450	700	1,620	2,500	3,600
PU LBx	150	450	750	1,670	2,600	3,700
1974 Landcruiser, 4x4						
Soft-Top	350	1,100	1,800	4,050	6,300	9,000
HT	350	1,100	1,850	4,190	6,500	9,300
Wag.	400	1,150	1,900	4,230	6,600	9,400
NOTE: Prices based on deluxe model.						
1975 1/2-Ton						
PU SBx	150	450	750	1,670	2,600	3,700
PU LBx	150	450	750	1,710	2,650	3,800
1975 Landcruiser, 4x4						
Soft-Top	350	1,100	1,800	4,100	6,350	9,100
HT	400	1,150	1,900	4,280	6,650	9,500
Wag.	400	1,150	1,900	4,320	6,700	9,600
1976 1/2-Ton						
PU SBx	150	450	800	1,760	2,750	3,900
PU LBx	150	500	800	1,850	2,850	4,100
1976 Landcruiser - (4WD)						
HT	400	1,150	1,900	4,230	6,600	9,400
Wag.	400	1,150	1,900	4,280	6,650	9,500
NOTE: Prices based on deluxe model.						
1977 1/2-Ton						
PU SBx	200	550	900	2,030	3,150	4,500
PU LBx	200	550	900	2,070	3,200	4,600
NOTE: Add 15 percent for 4x4.						
1978 Landcruiser, 4x4						
HT	350	1,100	1,850	4,140	6,450	9,200
Wag.	400	1,150	1,900	4,230	6,600	9,400
NOTE: Prices based on deluxe model.						
1979 1/2-Ton						
PU SBx	200	550	900	2,030	3,150	4,500
PU LBx	200	550	900	2,070	3,200	4,600
NOTE: Add 15 percent for 4x4.						
1979 Landcruiser, 4x4						
HT	350	1,100	1,850	4,140	6,450	9,200
Wag.	400	1,150	1,900	4,230	6,600	9,400
NOTE: Prices based on deluxe model.						
1980 1/2-Ton						
PU SBx	200	550	900	2,070	3,200	4,600
PU LBx	200	600	950	2,160	3,350	4,800
NOTE: Add 15 percent for 4x4.						
1980 Landcruiser, 4x4						
HT	400	1,150	1,900	4,280	6,650	9,500
Wag.	400	1,150	1,950	4,370	6,800	9,700
NOTE: Prices based on deluxe model.						

	6	5	4	3	2	1
1981 1/2-Ton						
PU SBx	200	600	950	2,160	3,350	4,800
PU LBx	200	600	1,000	2,210	3,450	4,900
NOTE: Add 15 percent for 4x4.						
1981 Landcruiser, 4x4						
HT	400	1,150	1,950	4,370	6,800	9,700
Wag	400	1,200	2,000	4,460	6,950	9,900
NOTE: Prices based on deluxe model.						
1982 1/2-Ton						
PU SBx	200	600	1,000	2,210	3,450	4,900
PU LBx	200	600	1,000	2,250	3,500	5,000
NOTE: Add 15 percent for 4x4.						
1982 Landcruiser, 4x4						
HT	400	1,250	2,050	4,640	7,200	10,300
Wag	400	1,250	2,100	4,730	7,350	10,500
NOTE: Prices based on deluxe model.						
1983 1/2-Ton						
PU SBx	200	550	950	2,120	3,300	4,700
PU LBx	200	600	1,000	2,210	3,450	4,900
NOTE: Add 15 percent for 4x4.						
1983 Landcruiser, 4x4						
HT	450	1,300	2,200	4,950	7,700	11,000
Wag	450	1,350	2,250	5,040	7,850	11,200
NOTE: Prices based on deluxe model.						
1984 1/2-Ton						
PU SBx	200	600	1,000	2,210	3,450	4,900
PU LBx	200	600	1,000	2,300	3,550	5,100
PU Xcab	200	650	1,050	2,390	3,700	5,300
NOTE: Add 15 percent for 4x4.						
1984 4Runner, 4x4						
Wag	300	850	1,400	3,150	4,900	7,000
1984 Vans						
Cargo	120	360	600	1,350	2,100	3,000
DeL	160	480	800	1,800	2,800	4,000
LE	180	540	900	2,030	3,150	4,500
NOTE: Add 15 percent for 4x4.						
1984 Landcruiser, 4x4						
Wag	500	1,500	2,500	5,630	8,750	12,500
NOTE: Prices based on deluxe model.						
1985 1/2-Ton						
PU SBx	180	540	900	2,030	3,150	4,500
PU LBx	188	564	940	2,120	3,290	4,700
PU Xcab	192	576	960	2,160	3,360	4,800
NOTE: Add 15 percent for 4x4.						
1985 4Runner, 4x4						
Wag	300	950	1,600	3,600	5,600	8,000
1985 Vans						
Cargo	160	480	800	1,800	2,800	4,000
DeL	168	504	840	1,890	2,940	4,200
LE	172	516	860	1,940	3,010	4,300
1985 Landcruiser, 4x4						
Wag	500	1,500	2,500	5,630	8,750	12,500
NOTE: Prices based on deluxe model.						
1986 1/2-Ton						
PU SBx	160	480	800	1,800	2,800	4,000
PU LBx	168	504	840	1,890	2,940	4,200
PU Xcab	172	516	860	1,940	3,010	4,300
NOTE: Add 15 percent for 4x4.						
1986 4Runner						
Wag	300	950	1,600	3,600	5,600	8,000
1986 Vans						
Cargo	160	480	800	1,800	2,800	4,000
DeL	180	540	900	2,030	3,150	4,500
LE	200	600	1,000	2,250	3,500	5,000
1986 Landcruiser, 4x4						
Wag	520	1,560	2,600	5,850	9,100	13,000
NOTE: Prices based on deluxe model.						
1987 Light Trucks						
PU	144	432	720	1,620	2,520	3,600
PU LBx	152	456	760	1,710	2,660	3,800
PU DeL LBx	160	480	800	1,800	2,800	4,000
PU Xcab LBx	164	492	820	1,850	2,870	4,100
PU DeL Xcab LBx	184	552	920	2,070	3,220	4,600
PU SR5 Xcab	192	576	960	2,160	3,360	4,800
PU SR5 Xcab (Turbo)	200	600	1,000	2,250	3,500	5,000
PU 1-Ton LBx	180	540	900	2,030	3,150	4,500

	6	5	4	3	2	1
1987 Light Trucks 4x4						
PU Std.	200	600	1,000	2,250	3,500	5,000
PU (Turbo)	220	660	1,100	2,480	3,850	5,500
PU DeL LBx	224	672	1,120	2,520	3,920	5,600
PU DeL Xcab	240	720	1,200	2,700	4,200	6,000
PU SR5	248	744	1,240	2,790	4,340	6,200
PU SR5 Xcab	260	780	1,300	2,930	4,550	6,500
PU SR5 Xcab (Turbo)	280	840	1,400	3,150	4,900	7,000
1987 4Runner, 4x4						
DeL	300	950	1,600	3,600	5,600	8,000
SR5	500	1,550	2,600	5,850	9,100	13,000
SR5 Wag.	550	1,600	2,700	6,080	9,450	13,500
SR5 Wag (Turbo)	550	1,700	2,800	6,300	9,800	14,000
1987 Vans						
Window	140	420	700	1,580	2,450	3,500
Panel	156	468	780	1,760	2,730	3,900
DeL	160	480	800	1,800	2,800	4,000
LE	200	600	1,000	2,250	3,500	5,000
Panel 4x4	180	540	900	2,030	3,150	4,500
LE 4x4	220	660	1,100	2,480	3,850	5,500
1987 Landcruiser 4x4						
Wag.	520	1,560	2,600	5,850	9,100	13,000
1988 Light Trucks						
PU	180	540	900	2,030	3,150	4,500
PU LBx	200	600	1,000	2,250	3,500	5,000
PU DeL LBx	220	660	1,100	2,480	3,850	5,500
PU Xcab LBx	236	708	1,180	2,660	4,130	5,900
PU DeL Xcab LBx	248	744	1,240	2,790	4,340	6,200
PU SR5 Xcab	260	780	1,300	2,930	4,550	6,500
PU SR5 Xcab (Turbo)	268	804	1,340	3,020	4,690	6,700
PU 1-Ton LBx	180	540	900	2,030	3,150	4,500
1988 Light Trucks 4x4						
PU Std.	240	720	1,200	2,700	4,200	6,000
PU DeL LBx	268	804	1,340	3,020	4,690	6,700
PU DeL Xcab	280	840	1,400	3,150	4,900	7,000
PU SR5	300	900	1,500	3,380	5,250	7,500
PU SR5 Xcab	320	960	1,600	3,600	5,600	8,000
1988 4Runner 4x4						
DeL	550	1,700	2,800	6,300	9,800	14,000
SR5	600	1,800	3,000	6,750	10,500	15,000
DeL Wag.	600	1,800	3,050	6,840	10,600	15,200
SR5 Wag (6-cyl.)	650	1,900	3,200	7,200	11,200	16,000
1988 Vans						
Window	208	624	1,040	2,340	3,640	5,200
Panel	200	600	1,000	2,250	3,500	5,000
DeL	240	720	1,200	2,700	4,200	6,000
LE	268	804	1,340	3,020	4,690	6,700
Panel 4x4	272	816	1,360	3,060	4,760	6,800
Panel LE 4x4	320	960	1,600	3,600	5,600	8,000
1988 Landcruiser 4x4						
Wag.	620	1,860	3,100	6,980	10,850	15,500
1989 Light Trucks						
PU	220	660	1,100	2,480	3,850	5,500
PU DeL	240	720	1,200	2,700	4,200	6,000
PU DeL LBx	260	780	1,300	2,930	4,550	6,500
PU SR5 LBx	272	816	1,360	3,060	4,760	6,800
PU DeL Xcab	280	840	1,400	3,150	4,900	7,000
PU SR5 Xcab	300	900	1,500	3,380	5,250	7,500
PU DeL 1-Ton LBx (6-cyl.)	280	840	1,400	3,150	4,900	7,000
1989 Light Trucks 4x4						
PU DeL	300	900	1,500	3,380	5,250	7,500
PU DeL LBx	320	960	1,600	3,600	5,600	8,000
PU SR5	344	1,032	1,720	3,870	6,020	8,600
PU DeL Xcab	340	1,020	1,700	3,830	5,950	8,500
PU SR5 Xcab	520	1,560	2,600	5,850	9,100	13,000
1989 4Runner 4x4						
DeL	600	1,850	3,100	6,980	10,900	15,500
DeL Wag.	650	2,000	3,300	7,430	11,600	16,500
SR5 Wag.	700	2,050	3,400	7,650	11,900	17,000
1989 Vans						
Window	264	792	1,320	2,970	4,620	6,600
Panel	260	780	1,300	2,930	4,550	6,500
DeL	340	1,020	1,700	3,830	5,950	8,500
LE	520	1,560	2,600	5,850	9,100	13,000
Panel 4x4	320	960	1,600	3,600	5,600	8,000
DeL 4x4	520	1,560	2,600	5,850	9,100	13,000
LE 4x4	560	1,680	2,800	6,300	9,800	14,000

	6	5	4	3	2	1
1989 Landcruiser 4x4						
Wag 720	2,160	3,600	8,100	12,600	18,000
1990 Light Trucks						
2d PU. 224	672	1,120	2,520	3,920	5,600
2d PU Dlx. 228	684	1,140	2,570	3,990	5,700
2d PU SR5. 232	696	1,160	2,610	4,060	5,800
2d PU SR5 Clb Cab. 236	708	1,180	2,660	4,130	5,900
2d PU Dlx 4x4 264	792	1,320	2,970	4,620	6,600
2d PU Dlx Clb Cab 4x4 272	816	1,360	3,060	4,760	6,800
2d PU SR5 Clb Cab 4x4 276	828	1,380	3,110	4,830	6,900
1990 4Runner SR5						
2d Spt Utly 4x4. 650	2,000	3,300	7,430	11,600	16,500
4d Spt Utly 4x4. 700	2,050	3,400	7,650	11,900	17,000
4d Spt Utly 2x4. 600	1,850	3,100	6,980	10,900	15,500
1990 Landcruiser						
4d Spt Utly 4x4. 760	2,280	3,800	8,550	13,300	19,000
1991 Previa						
DX 3d Van 540	1,620	2,700	6,080	9,450	13,500
LE 3d Van 560	1,680	2,800	6,300	9,800	14,000
DX 3d Van 4x4 600	1,800	3,000	6,750	10,500	15,000
LE 3d Van 4x4 620	1,860	3,100	6,980	10,850	15,500
1991 Light Trucks						
2d PU 260	780	1,300	2,930	4,550	6,500
DX 2d PU 280	840	1,400	3,150	4,900	7,000
DX 2d PU LBx 288	864	1,440	3,240	5,040	7,200
DX 2d PU Crew Cab 300	900	1,500	3,380	5,250	7,500
SR5 2d PU Crew Cab V-6 340	1,020	1,700	3,830	5,950	8,500
1991 Pickup 4x4						
DX 2d PU 320	960	1,600	3,600	5,600	8,000
DX-LB 2d PU 340	1,020	1,700	3,830	5,950	8,500
DX 2d PU Crew Cab 520	1,560	2,600	5,850	9,100	13,000
SR5 2d PU Crew Cab 560	1,680	2,800	6,300	9,800	14,000
1991 4Runner						
SR5 2d Sta Wag 4x4 720	2,160	3,600	8,100	12,600	18,000
SR5 4d Sta Wag 2x4 560	1,680	2,800	6,300	9,800	14,000
SR5 4d Sta Wag 4x4 728	2,184	3,640	8,190	12,740	18,200
1991 Land Cruiser						
4d Sta Wag 4x4 920	2,760	4,600	10,350	16,100	23,000
1992 4Runner, V-6						
SR5 2d Sta Wag 4x4 676	2,028	3,380	7,610	11,830	16,900
SR5 4d Sta Wag 2x4 652	1,956	3,260	7,340	11,410	16,300
SR5 4d Sta Wag 4x4 696	2,088	3,480	7,830	12,180	17,400
1992 Land Cruiser, 6-cyl.						
4d Sta Wag 4x4 908	2,724	4,540	10,220	15,890	22,700
1992 Previa						
DX Van. 558	1,674	2,790	6,280	9,765	13,950
LE Van 628	1,884	3,140	7,070	10,990	15,700
DX Van 4x4 620	1,860	3,100	6,980	10,850	15,500
LE Van 4x4. 692	2,076	3,460	7,790	12,110	17,300
1992 Pickups, 4-cyl.						
DX PU 280	840	1,400	3,150	4,900	7,000
DX PU LB. 320	960	1,600	3,600	5,600	8,000
DX PU LB 1-Ton 520	1,560	2,600	5,850	9,100	13,000
SR5 PU 640	1,920	3,200	7,200	11,200	16,000
NOTE: Add 10 percent for 4x4. Add 10 percent for V-6.						
1993 4Runner, V-6						
4d Sta Wag 2WD 300	850	1,400	3,110	4,850	6,900
4d Sta Wag 4x4 300	950	1,600	3,560	5,550	7,900
1993 Land Cruiser, 6-cyl.						
4d Sta Wag 4x4 580	1,740	2,900	6,530	10,150	14,500
1993 Previa, 4-cyl.						
Window Van. 240	720	1,200	2,700	4,200	6,000
1993 Pickup						
2d PU SBx 180	540	900	2,030	3,150	4,500
2d PU LBx 184	552	920	2,070	3,220	4,600
T-100 2d PU V-6 2WD 184	552	920	2,070	3,220	4,600
T-100 2d PU V-6 4x4 224	672	1,120	2,520	3,920	5,600
1994 4Runner						
4d Utly SR5 2x4, V-6 520	1,560	2,600	5,850	9,100	13,000
4d Utly SR5 4x4, 4-cyl.. 560	1,680	2,800	6,300	9,800	14,000
4d Utly SR5 4x4, V-6 600	1,800	3,000	6,750	10,500	15,000
1994 Land Cruiser, 6-cyl.						
4d Utly 960	2,880	4,800	10,800	16,800	24,000
1994 Previa, 4-cyl.						
Window Van DX. 480	1,440	2,400	5,400	8,400	12,000
Window Van LE 500	1,500	2,500	5,630	8,750	12,500

	6	5	4	3	2	1
Window Van DX 4x4	540	1,620	2,700	6,080	9,450	13,500
Window Van LE 4x4	560	1,680	2,800	6,300	9,800	14,000
1994 Pickups, 4-cyl.						
2d PU	260	780	1,300	2,930	4,550	6,500
2d PU DX	280	840	1,400	3,150	4,900	7,000
2d PU DX Club Cab	360	1,080	1,800	4,050	6,300	9,000
2d PU SR5 Club Cab, V-6	400	1,200	2,000	4,500	7,000	10,000
2d PU DX 4x4	420	1,260	2,100	4,730	7,350	10,500
2d PU SR5 Club Cab 4x4, V-6	500	1,500	2,500	5,630	8,750	12,500
1994 T100 Pickups						
2d PU, 4-cyl.	280	840	1,400	3,150	4,900	7,000
2d PU DX, V-6	340	1,020	1,700	3,830	5,950	8,500
2d PU SR5, V-6	360	1,080	1,800	4,050	6,300	9,000
2d PU DX 4x4, V-6	440	1,320	2,200	4,950	7,700	11,000
2d PU SR5 4x4, V-6	520	1,560	2,600	5,850	9,100	13,000
1995 4Runner, V-6						
4d Utly SR5 2x4, V-6	520	1,560	2,600	5,850	9,100	13,000
4d Utly SR5 4x4, 4-cyl.	560	1,680	2,800	6,300	9,800	14,000
4d Utly SR5 4x4, V-6	600	1,800	3,000	6,750	10,500	15,000
1995 Land Cruiser, 6-cyl.						
4d Utly 4x4	950	2,900	4,800	10,800	16,800	24,000
1995 Previa, 4-cyl.						
Window Van DX	500	1,450	2,400	5,400	8,400	12,000
Window Van LE	500	1,500	2,500	5,630	8,750	12,500
Window Van DX 4x4	540	1,620	2,700	6,080	9,450	13,500
Window Van LE 4x4	560	1,680	2,800	6,300	9,800	14,000
1995 Pickup						
PU DX	300	850	1,400	3,150	4,900	7,000
PU DX Club Cab	350	1,100	1,800	4,050	6,300	9,000
PU DX Club Cab 4x4	420	1,260	2,100	4,730	7,350	10,500
PU SR5 Club Cab, V-6	400	1,200	2,000	4,500	7,000	10,000
PU SR5 Club Cab 4x4, V-6	500	1,500	2,500	5,630	8,750	12,500
1995 Tacoma Pickup, 4-cyl.						
PU 4x4	350	1,100	1,800	4,050	6,300	9,000
PU Club Cab 4x4	400	1,250	2,050	4,640	7,200	10,300
PU SR5 Club Cab 4x4, V-6	480	1,440	2,400	5,400	8,400	12,000
1995 T100 Pickup, V-6						
PU, 4-cyl.	300	850	1,400	3,150	4,900	7,000
PU DX	350	1,000	1,700	3,830	5,950	8,500
PU DX Club Cab	400	1,200	2,000	4,500	7,000	10,000
PU DX Club Cab 4x4	420	1,260	2,100	4,730	7,350	10,500
PU SR5 Club Cab	450	1,300	2,200	4,950	7,700	11,000
PU SR5 Club Cab 4x4	520	1,560	2,600	5,850	9,100	13,000
1996 4Runner, V-6						
4d Utly, 4-cyl.	350	1,100	1,800	4,050	6,300	9,000
4d Utly 4x4, 4-cyl.	400	1,200	2,000	4,500	7,000	10,000
4d Utly SR5	500	1,550	2,600	5,850	9,100	13,000
4d Utly SR5 4x4	550	1,700	2,800	6,300	9,800	14,000
4d Utly Ltd 4x4	600	1,800	3,000	6,750	10,500	15,000
1996 Land Cruiser, 6-cyl.						
4d Utly 4x4	950	2,900	4,800	10,800	16,800	24,000
1996 Previa, 4-cyl.						
DX Window Van	500	1,450	2,400	5,400	8,400	12,000
LE Window Van	500	1,500	2,500	5,630	8,750	12,500
DX Window Van 4x4	540	1,620	2,700	6,080	9,450	13,500
LE Window Van 4x4	560	1,680	2,800	6,300	9,800	14,000
1996 RAV4, 4-cyl.						
2d Utly	250	700	1,200	2,700	4,200	6,000
2d Utly 4x4	300	850	1,400	3,150	4,900	7,000
4d Utly	250	800	1,300	2,930	4,550	6,500
4d Utly 4x4	300	900	1,500	3,380	5,250	7,500
1996 Tacoma Pickup, 4-cyl.						
PU	300	900	1,500	3,380	5,250	7,500
PU X Cab	350	1,000	1,700	3,830	5,950	8,500
PU 4x4	350	1,100	1,800	4,050	6,300	9,000
PU X Cab 4x4	450	1,300	2,200	4,950	7,700	11,000
SR5 PU X Cab 4x4, V-6	520	1,560	2,600	5,850	9,100	13,000
NOTE: Add 5 percent for V-6, exc. SR5.						
1996 T100 Pickup, V-6						
PU, 4-cyl.	300	850	1,400	3,150	4,900	7,000
PU X Cab PU	400	1,150	1,900	4,280	6,650	9,500
SR5 PU X Cab	400	1,250	2,100	4,730	7,350	10,500
PU X Cab PU 4x4	450	1,400	2,300	5,180	8,050	11,500
SR5 PU X Cab 4x4	500	1,550	2,600	5,850	9,100	13,000
1997 4Runner, V-6						
4d Utly, 4-cyl.	360	1,080	1,800	4,050	6,300	9,000

	6	5	4	3	2	1
4d Utly 4x4, 4-cyl.. 400	1,200	2,000	4,500	7,000	10,000
4d Utly SR5 520	1,560	2,600	5,850	9,100	13,000
4d Utly SR5 4x4 560	1,680	2,800	6,300	9,800	14,000
4d Utly Ltd 580	1,740	2,900	6,530	10,150	14,500
4d Utly Ltd 4x4 600	1,800	3,000	6,750	10,500	15,000
1997 Land Cruiser, 6-cyl.					
4d Utly 4x4 960	2,880	4,800	10,800	16,800	24,000
1997 Previa, 4-cyl.					
DX Window Van 480	1,440	2,400	5,400	8,400	12,000
LE Window Van 500	1,500	2,500	5,630	8,750	12,500
DX Window Van AWD 540	1,620	2,700	6,080	9,450	13,500
LE Window Van AWD 560	1,680	2,800	6,300	9,800	14,000
1997 RAV4, 4-cyl.					
2d Utly 240	720	1,200	2,700	4,200	6,000
2d Utly 4x4 280	840	1,400	3,150	4,900	7,000
4d Utly 260	780	1,300	2,930	4,550	6,500
4d Utly 4x4 300	900	1,500	3,380	5,250	7,500
1997 Tacoma Pickup, 4-cyl.					
PU 300	900	1,500	3,380	5,250	7,500
PU X Cab 340	1,020	1,700	3,830	5,950	8,500
PU 4x4 360	1,080	1,800	4,050	6,300	9,000
PU X Cab 4x4 440	1,320	2,200	4,950	7,700	11,000
SR5 PU X Cab 4x4, V-6 520	1,560	2,600	5,850	9,100	13,000
NOTE: Add 5 percent for V-6, exc. SR5.					
1997 T100 Pickup, V-6					
PU, 4-cyl.. 280	840	1,400	3,150	4,900	7,000
PU X Cab PU 380	1,140	1,900	4,280	6,650	9,500
SR5 PU X Cab 420	1,260	2,100	4,730	7,350	10,500
PU X Cab PU 4x4 460	1,380	2,300	5,180	8,050	11,500
SR5 PU X Cab 4x4 520	1,560	2,600	5,850	9,100	13,000
1998 4Runner, V-6					
4d Utility (4-cyl.) 360	1,080	1,800	4,050	6,300	9,000
SR5 4d Utility 520	1,560	2,600	5,850	9,100	13,000
Limited 4d Utility 580	1,740	2,900	6,530	10,150	14,500
NOTE: Add 5 percent for 4x4.					
1998 Land Cruiser, V-8, 4x4					
4d Utility 960	2,880	4,800	10,800	16,800	24,000
1998 Sienna, V-6					
CE Window Van 480	1,440	2,400	5,400	8,400	12,000
LE Window Van 500	1,500	2,500	5,630	8,750	12,500
XLE Window Van 520	1,560	2,600	5,850	9,100	13,000
1998 RAV4, 4-cyl.					
2d Utility 240	720	1,200	2,700	4,200	6,000
4d Utility 260	780	1,300	2,930	4,550	6,500
NOTE: Add 5 percent for 4x4.					
1998 Tacoma, 4-cyl.					
PU 300	900	1,500	3,380	5,250	7,500
PreRunner X Cab PU 340	1,020	1,700	3,830	5,950	8,500
Limited X Cab PU 520	1,560	2,600	5,850	9,100	13,000
NOTE: Add 5 percent for SR5 or TRD Pkg. Add 10 percent for extended cab (base PU only). Add 5 percent for 4x4. Add 5 percent for V-6, exc. Limited.					
1998 T100, V-6					
PU (4-cyl.) 280	840	1,400	3,150	4,900	7,000
X Cab PU 380	1,140	1,900	4,280	6,650	9,500
SR5 X Cab PU 420	1,260	2,100	4,730	7,350	10,500
NOTE: Add 5 percent for 4x4.					
1999 4Runner, V-6					
4d Utility (4-cyl.) 360	1,080	1,800	4,050	6,300	9,000
SR5 4d Utility 520	1,560	2,600	5,850	9,100	13,000
Limited 4d Utility 580	1,740	2,900	6,530	10,150	14,500
NOTE: Add 5 percent for 4x4.					
1999 Land Cruiser, V-8, 4x4					
4d Utility 880	2,640	4,400	9,900	15,400	22,000
1999 Sienna, V-6					
CE Van. 440	1,320	2,200	4,950	7,700	11,000
LE Van. 460	1,380	2,300	5,180	8,050	11,500
XLE Van. 480	1,440	2,400	5,400	8,400	12,000
1999 RAV4, 4-cyl.					
2d Utility 240	720	1,200	2,700	4,200	6,000
4d Utility 260	780	1,300	2,930	4,550	6,500
NOTE: Add 5 percent for L Pkg. Add 5 percent for 4x4.					
1999 Tacoma, 4-cyl.					
PU 300	900	1,500	3,380	5,250	7,500
PreRunner X Cab PU 340	1,020	1,700	3,830	5,950	8,500

	6	5	4	3	2	1
Limited X Cab PU	520	1,560	2,600	5,850	9,100	13,000

NOTE: Add 5 percent for SR5 or TRD Pkgs. Add 10 percent for extended cab. Add 5 percent for 4x4. Add 5 percent for V-6, excl Limited.

2000 4Runner, V-6

4d Utility (4-cyl.)	360	1,080	1,800	4,050	6,300	9,000
SR5 4d Utility	520	1,560	2,600	5,850	9,100	13,000
Limited 4d Utility	580	1,740	2,900	6,530	10,150	14,500

NOTE: Add 5 percent for 4x4.

2000 Land Cruiser, V-8, 4x4

4d Utility	900	2,700	4,500	10,130	15,750	22,500

2000 Sienna, V-6

CE Van	440	1,320	2,200	4,950	7,700	11,000
LE Van	460	1,380	2,300	5,180	8,050	11,500
XLE Van	480	1,440	2,400	5,400	8,400	12,000

2000 RAV4, 4-cyl.

4d Utility	260	780	1,300	2,930	4,550	6,500

NOTE: Add 5 percent for L Pkg. Add 5 percent for 4x4.

2000 Tacoma, 4-cyl.

PU	300	900	1,500	3,380	5,250	7,500
PreRunner X Cab PU	340	1,020	1,700	3,830	5,950	8,500
Limited X Cab PU (V-6 only)	520	1,560	2,600	5,850	9,100	13,000

NOTE: Add 5 percent for SR5 or TRD pkgs. Add 10 percent for extended cab. Add 5 percent for 4x4.

2000 Tundra, V-8

PU	320	960	1,600	3,600	5,600	8,000
SR5 PU	500	1,500	2,500	5,630	8,750	12,500
Limited X Cab PU	600	1,800	3,000	6,750	10,500	15,000

NOTE: Add 5 percent for TRD pkg. Add 5 percent for 4x4. Deduct 5 percent for V-6.

2001 4Runner, V-6

SR5 4d Utility	520	1,560	2,600	6,500	9,100	13,000
Limited 4d Utility	580	1,740	2,900	7,250	10,150	14,500

NOTE: Add 5 percent for 4x4.

2001 Land Cruiser, V-8, 4x4

4d Utility	900	2,700	4,500	11,250	15,750	22,500

2001 Sequoia, V-8

SR5 4d Utility	540	1,620	2,700	6,750	9,450	13,500
Limited 4d Utility	590	1,760	2,940	7,350	10,290	14,700

NOTE: Add 5 percent for 4x4.

2001 Sienna, V-6

CE Van	440	1,320	2,200	5,500	7,700	11,000
LE Van	460	1,380	2,300	5,750	8,050	11,500
XLE Van	480	1,440	2,400	6,000	8,400	12,000

2001 RAV4, 4-cyl.

4d Utility	260	780	1,300	3,250	4,550	6,500

NOTE: Add 5 percent for L Pkg. Add 5 percent for 4x4.

2001 Highlander, V-6

4d Utility	540	1,620	2,700	6,750	9,450	13,500
Limited 4d Utility	580	1,740	2,900	7,250	10,150	14,500

NOTE: Add 5 percent for 4x4. Deduct 5 percent for 4-cyl.

2001 Tacoma, 4-cyl.

PU	300	900	1,500	3,750	5,250	7,500
PreRunner PU	320	960	1,600	4,000	5,600	8,000
PreRunner X Cab PU	340	1,020	1,700	4,250	5,950	8,500
S-Runner X Cab PU	440	1,320	2,200	5,500	7,700	11,000
Limited X Cab PU (V-6 only)	520	1,560	2,600	6,500	9,100	13,000

NOTE: Add 5 percent for SR5 or TRD pkgs. Add 5 percent for 4x4. Deduct 5 percent for 4-cyl.

2001 Tundra, V-8

PU	320	960	1,600	4,000	5,600	8,000
SR5 PU	500	1,500	2,500	6,250	8,750	12,500
Limited PU	600	1,800	3,000	7,500	10,500	15,000

NOTE: Add 5 percent for TRD pkg. Add 5 percent for 4x4. Deduct 5 percent for V-6.

2002 4Runner, V-6

SR5 4d Utility	520	1,560	2,600	6,500	9,100	13,000
Limited 4d Utility	580	1,740	2,900	7,250	10,150	14,500

NOTE: Add 5 percent for 4x4.

2002 Land Cruiser, V-8, 4x4

4d Utility	900	2,700	4,500	11,250	15,750	22,500

2002 Sequoia, V-8

SR5 4d Utility	540	1,620	2,700	6,750	9,450	13,500
Limited 4d Utility	590	1,760	2,940	7,350	10,290	14,700

NOTE: Add 5 percent for 4x4.

2002 Sienna, V-6

CE Van	440	1,320	2,200	5,500	7,700	11,000
LE Van	460	1,380	2,300	5,750	8,050	11,500
Symphony Van	470	1,420	2,360	5,900	8,260	11,800
XLE Van	480	1,440	2,400	6,000	8,400	12,000

	6	5	4	3	2	1
2002 RAV4, 4-cyl.						
4d Utility 260		780	1,300	3,250	4,550	6,500

NOTE: Add 5 percent for L Pkg. Add 5 percent for 4x4.

	6	5	4	3	2	1
2002 Highlander, V-6						
4d Utility 540		1,620	2,700	6,750	9,450	13,500
Limited 4d Utility. 580		1,740	2,900	7,250	10,150	14,500

NOTE: Add 5 percent for 4x4. Deduct 5 percent for 4-cyl.

	6	5	4	3	2	1
2002 Tacoma, 4-cyl.						
PU 300		900	1,500	3,750	5,250	7,500
PreRunner PU 320		960	1,600	4,000	5,600	8,000
X Cab PU 330		980	1,640	4,100	5,740	8,200
PreRunner X Cab PU. 340		1,020	1,700	4,250	5,950	8,500
S-Runner X Cab PU. 440		1,320	2,200	5,500	7,700	11,000
Limited X Cab PU (V-6 only) 520		1,560	2,600	6,500	9,100	13,000

NOTE: Add 5 percent for SR5 or TRD pkgs. Add 10 percent for Double Cab models. Add 5 percent for 4x4. Add 5 percent for V-6 except Limited model.

	6	5	4	3	2	1
2002 Tundra, V-8						
PU 320		960	1,600	4,000	5,600	8,000
SR5 PU 500		1,500	2,500	6,250	8,750	12,500
Limited PU 600		1,800	3,000	7,500	10,500	15,000

NOTE: Add 5 percent for TRD pkg. Add 5 percent for Access Cab models. Add 5 percent for 4x4. Deduct 5 percent for V-6.

	6	5	4	3	2	1
2003 4Runner, V-6 & V-8						
SR5 4d Utility. 520		1,560	2,600	6,500	9,100	13,000
Sport 4d Utility 560		1,680	2,800	7,000	9,800	14,000
Limited 4d Utility. 580		1,740	2,900	7,250	10,150	14,500

NOTE: Add 5 percent for 4x4.

	6	5	4	3	2	1
2003 Land Cruiser, V-8, 4x4						
4d Utility 900		2,700	4,500	11,250	15,750	22,500

	6	5	4	3	2	1
2003 Sequoia, V-8						
SR5 4d Utility. 540		1,620	2,700	6,750	9,450	13,500
Limited 4d Utility. 590		1,760	2,940	7,350	10,290	14,700

NOTE: Add 5 percent for 4x4.

	6	5	4	3	2	1
2003 Sienna, V-6						
CE Van. 440		1,320	2,200	5,500	7,700	11,000
LE Van. 460		1,380	2,300	5,750	8,050	11,500
Symphony Van. 470		1,420	2,360	5,900	8,260	11,800
XLE Van. 480		1,440	2,400	6,000	8,400	12,000

	6	5	4	3	2	1
2003 RAV4, 4-cyl.						
4d Utility 260		780	1,300	3,250	4,550	6,500

NOTE: Add 5 percent for L or Sport pkg. Add 5 percent for 4x4.

	6	5	4	3	2	1
2003 Highlander, V-6						
4d Utility 540		1,620	2,700	6,750	9,450	13,500
Limited 4d Utility. 580		1,740	2,900	7,250	10,150	14,500

NOTE: Add 5 percent for 4x4. Deduct 5 percent for 4-cyl.

	6	5	4	3	2	1
2003 Tacoma, 4-cyl.						
PU 300		900	1,500	3,750	5,250	7,500
PreRunner PU 320		960	1,600	4,000	5,600	8,000
X Cab PU 330		980	1,640	4,100	5,740	8,200
PreRunner X Cab PU. 340		1,020	1,700	4,250	5,950	8,500
PreRunner Ltd Double Cab PU (V-6 only) 440		1,320	2,200	5,500	7,700	11,000
Limited Double Cab PU (V-6 only). 520		1,560	2,600	6,500	9,100	13,000

NOTE: Add 5 percent for SR5 or TRD pkg. Add 10 percent for Double Cab when not standard. Add 5 percent for 4x4. Add 5 percent for V-6 when not standard.

	6	5	4	3	2	1
2003 Tundra, V-8						
PU 320		960	1,600	4,000	5,600	8,000
SR5 PU 500		1,500	2,500	6,250	8,750	12,500
Limited PU 600		1,800	3,000	7,500	10,500	15,000

NOTE: Add 5 percent for TRD pkg. Add 5 percent for Access Cab models. Add 5 percent for 4x4. Deduct 5 percent for V-6.

	6	5	4	3	2	1
2004 4Runner, V-6 & V-8						
SR5 4d Utility. 520		1,560	2,600	6,500	9,100	13,000
Sport 4d Utility 560		1,680	2,800	7,000	9,800	14,000
Limited 4d Utility. 580		1,740	2,900	7,250	10,150	14,500

NOTE: Add 5 percent for 4x4.

	6	5	4	3	2	1
2004 Land Cruiser, V-8, 4x4						
4d Utility 900		2,700	4,500	11,250	15,750	22,500

	6	5	4	3	2	1
2004 Sequoia, V-8						
SR5 4d Utility. 540		1,620	2,700	6,750	9,450	13,500
Limited 4d Utility. 590		1,760	2,940	7,350	10,290	14,700

NOTE: Add 5 percent for 4x4.

	6	5	4	3	2	1
2004 Sienna, V-6						
CE Van. 440		1,320	2,200	5,500	7,700	11,000
LE Van. 460		1,380	2,300	5,750	8,050	11,500
XLE Van. 480		1,440	2,400	6,000	8,400	12,000
Limited Van 550		1,660	2,760	6,900	9,660	13,800

NOTE: Add 5 percent for AWD.

	6	5	4	3	2	1
2004 RAV4, 4-cyl.						
4d Utility	260	780	1,300	3,250	4,550	6,500

NOTE: Add 5 percent for L or Sport pkg. Add 5 percent for 4x4. Deduct 5 percent for manual transmission.

	6	5	4	3	2	1
2004 Highlander, V-6						
4d Utility	540	1,620	2,700	6,750	9,450	13,500
Limited 4d Utility	580	1,740	2,900	7,250	10,150	14,500

NOTE: Add 5 percent for 4x4. Deduct 5 percent for 4-cyl.

	6	5	4	3	2	1
2004 Tacoma, 4-cyl.						
PU	300	900	1,500	3,750	5,250	7,500
PreRunner PU	320	960	1,600	4,000	5,600	8,000
X Cab PU	330	980	1,640	4,100	5,740	8,200
PreRunner X Cab PU	340	1,020	1,700	4,250	5,950	8,500
Limited X Cab PU	430	1,280	2,140	5,350	7,490	10,700
PreRunner Ltd Double Cab PU (V-6 only)	440	1,320	2,200	4,950	7,700	11,000
Limited Double Cab PU (V-6 only)	520	1,560	2,600	6,500	9,100	13,000

NOTE: Add 5 percent for SR5 or TRD pkg. Add 10 percent for Double Cab when not standard. Add 5 percent for 4x4. Add 5 percent for V-6 when not standard. Add 5 percent for automatic transmission when not standard.

	6	5	4	3	2	1
2004 Tundra, V-8						
PU	320	960	1,600	4,000	5,600	8,000
SR5 PU	500	1,500	2,500	6,250	8,750	12,500
Limited PU	600	1,800	3,000	7,500	10,500	15,000

NOTE: Add 5 percent for TRD pkg. Add 5 percent for Access Cab or Double Cab models. Add 5 percent for 4x4. Add 5 percent for Stepside bed. Deduct 5 percent for V-6. Deduct 5 percent for manual transmission.

VOLKSWAGEN TRUCKS

	6	5	4	3	2	1
1950 Transporter, 4-cyl., 94.5" wb, 25 hp						
DeL Van	500	1,550	2,600	5,010	8,650	12,900
Kombi	500	1,500	2,500	5,580	8,700	12,400
1951-52 Transporter, 4-cyl., 94.5" wb, 25 hp						
DeL Van	516	1,548	2,580	5,810	9,030	12,900
Kombi	496	1,488	2,480	5,580	8,680	12,400

NOTE: Overdrive is standard equipment

	6	5	4	3	2	1
1952-53 Transporter, 4-cyl., 94.5" wb, 25 hp						
DeL Van	508	1,524	2,540	5,720	8,890	12,700
Kombi	488	1,464	2,440	5,490	8,540	12,200
1953 (Serial Nos. later than March 1953.) Transporter, 4-cyl., 94.5" wb, 25 hp						
DeL Van	500	1,500	2,500	5,630	8,750	12,500
Kombi	500	1,500	2,500	5,580	8,700	12,400
1954 Station Wagons, 4-cyl., 94.5" wb, 30 hp						
Microbus	400	1,200	2,050	4,590	7,150	10,200
Micro DeL	400	1,250	2,100	4,680	7,300	10,400

NOTE: Microbus 165" overall. DeLuxe Microbus 166.1" overall.

	6	5	4	3	2	1
1955 Station Wagons, 4-cyl., 94.5" wb, 36 hp						
Kombi	400	1,200	2,000	4,500	7,000	10,000
Microbus	400	1,200	2,050	4,590	7,150	10,200
Micro DeL	400	1,250	2,100	4,680	7,300	10,400
1956 Station Wagons, 4-cyl., 94.5" wb, 36 hp						
Kombi	400	1,200	1,950	4,410	6,850	9,800
Microbus	400	1,200	2,000	4,500	7,000	10,000
Micro DeL	400	1,200	2,050	4,590	7,150	10,200
1957 Station Wagons, 4-cyl., 94.5" wb, 36 hp						
Kombi	400	1,150	1,900	4,280	6,650	9,500
Microbus	400	1,200	1,950	4,410	6,850	9,800
Micro SR DeL	400	1,200	2,000	4,460	6,950	9,900
Camper	400	1,250	2,100	4,680	7,300	10,400
1958 Station Wagons, 4-cyl., 94.5" wb, 36 hp						
Kombi	400	1,150	1,900	4,230	6,600	9,400
Microbus	400	1,150	1,950	4,370	6,800	9,700
Micro SR DeL	400	1,200	2,000	4,460	6,950	9,900
Camper	400	1,250	2,100	4,680	7,300	10,400
1959 Station Wagons, 4-cyl., 94.5" wb, 36 hp						
Kombi	400	1,150	1,900	4,230	6,600	9,400
Micro	400	1,150	1,950	4,370	6,800	9,700
Micro SR DeL	400	1,200	2,000	4,460	6,950	9,900
Camper	400	1,250	2,100	4,680	7,300	10,400
1960 Station Wagons, 4-cyl., 94.5" wb, 36 hp						
Kombi	350	1,100	1,850	4,190	6,500	9,300
Micro	400	1,150	1,900	4,320	6,700	9,600
Micro SR DeL	400	1,200	1,950	4,410	6,850	9,800
Camper	400	1,250	2,050	4,640	7,200	10,300
1961 Station Wagons, 4-cyl., 94.5" wb, 40 hp						
Sta Wag	350	1,100	1,850	4,190	6,500	9,300
Kombi	400	1,150	1,900	4,320	6,700	9,600
Sta Wag DeL	400	1,200	1,950	4,410	6,850	9,800

VOLKSWAGEN TRUCKS

	6	5	4	3	2	1
Camper 400		1,250	2,050	4,640	7,200	10,300

NOTE: Add 5 percent for extra seats sta wag.

1962 Station Wagons, 4-cyl., 94.5" wb, 40 hp

	6	5	4	3	2	1
Sta Wag 400		1,150	1,900	4,320	6,700	9,600
Kombi 350		1,100	1,850	4,190	6,500	9,300
Sta Wag DeL 400		1,200	1,950	4,410	6,850	9,800
Camper 400		1,250	2,050	4,640	7,200	10,300

1963 Station Wagons, 4-cyl., 94.5" wb, 40 hp

	6	5	4	3	2	1
Sta Wag 400		1,150	1,900	4,320	6,700	9,600
Kombi 350		1,100	1,850	4,190	6,500	9,300
Sta Wag DeL 400		1,200	1,950	4,410	6,850	9,800

1964 Station Wagons, 1200 Series, 4-cyl., 94.5" wb, 40 hp

	6	5	4	3	2	1
Wag 400		1,150	1,900	4,320	6,700	9,600
Kombi w/Seats 350		1,100	1,850	4,190	6,500	9,300
Sta Wag DeL 400		1,200	1,950	4,410	6,850	9,800

1964 Station Wagons, 1500 Series, 4-cyl., 94.5" wb, 50 hp

	6	5	4	3	2	1
Wag 400		1,150	1,950	4,370	6,800	9,700
Kombi w/Seats 400		1,150	1,900	4,230	6,600	9,400
Sta Wag DeL 400		1,200	2,000	4,460	6,950	9,900

1965 Station Wagons, 1500 Series, 4-cyl., 94.5" wb, 40 hp

	6	5	4	3	2	1
Sta Wag 400		1,150	1,950	4,370	6,800	9,700
Kombi w/Seats 400		1,150	1,900	4,230	6,600	9,400
Sta Wag DeL 400		1,200	2,000	4,460	6,950	9,900

1965 Commercial, 1500 Series, 4-cyl., 94.5" wb, 40 hp

	6	5	4	3	2	1
Panel 400		1,150	1,900	4,320	6,700	9,600
PU 400		1,200	1,950	4,410	6,850	9,800
Dbl Cab PU 400		1,200	2,000	4,460	6,950	9,900

1966 Station Wagons, 57 hp

	6	5	4	3	2	1
Sta Wag 400		1,150	1,950	4,370	6,800	9,700
Kombi w/Seats 400		1,150	1,900	4,230	6,600	9,400
DeL Sta Wag 400		1,200	2,000	4,460	6,950	9,900

1966 Commercial

	6	5	4	3	2	1
Panel 400		1,150	1,900	4,320	6,700	9,600
PU 400		1,200	1,950	4,410	6,850	9,800
Dbl Cab PU 400		1,150	1,950	4,370	6,800	9,700

1967 Station Wagons, 57 hp

	6	5	4	3	2	1
Sta Wag 400		1,150	1,950	4,370	6,800	9,700
Kombi w/Seats 400		1,150	1,900	4,230	6,600	9,400
Sta Wag DeL 400		1,200	2,000	4,460	6,950	9,900

1967 Commercial

	6	5	4	3	2	1
Panel 400		1,150	1,900	4,320	6,700	9,600
PU 400		1,200	1,950	4,410	6,850	9,800
Dbl Cab PU 400		1,200	2,000	4,460	6,950	9,900

1968 Station Wagons, 57 hp

	6	5	4	3	2	1
Sta Wag 400		1,200	1,950	4,410	6,850	9,800
Kombi w/Seats 400		1,150	1,900	4,280	6,650	9,500

1968 Commercial

	6	5	4	3	2	1
Panel 400		1,150	1,950	4,370	6,800	9,700
PU 400		1,200	2,000	4,460	6,950	9,900
Dbl Cab PU 400		1,200	2,000	4,500	7,000	10,000

1969 Station Wagons, 57 hp

	6	5	4	3	2	1
Sta Wag 400		1,200	1,950	4,410	6,850	9,800
Kombi w/Seats 400		1,150	1,900	4,280	6,650	9,500
Camper 450		1,300	2,200	4,950	7,700	11,000

1969 Commercial

	6	5	4	3	2	1
Panel 400		1,150	1,950	4,370	6,800	9,700
PU 400		1,200	2,000	4,460	6,950	9,900
Dbl Cab PU 400		1,200	2,000	4,500	7,000	10,000

1970 Station Wagons, 60 hp

	6	5	4	3	2	1
Sta Wag 400		1,200	1,950	4,410	6,850	9,800
Kombi w/Seats 400		1,150	1,900	4,280	6,650	9,500
Camper 450		1,300	2,200	4,950	7,700	11,000

1970 Commercial

	6	5	4	3	2	1
Panel 400		1,150	1,950	4,370	6,800	9,700
PU 400		1,200	2,000	4,460	6,950	9,900
Dbl Cab PU 400		1,200	2,000	4,500	7,000	10,000

1971 Transporter

	6	5	4	3	2	1
Sta Wag 400		1,200	1,950	4,410	6,850	9,800
Kombi w/Seats 400		1,150	1,900	4,280	6,650	9,500
Sta Wag SR 400		1,200	2,000	4,500	7,000	10,000
Campmobile 500		1,450	2,400	5,400	8,400	12,000

1971 Commercial

	6	5	4	3	2	1
Panel 400		1,150	1,950	4,370	6,800	9,700
PU 400		1,200	2,000	4,460	6,950	9,900
Dbl Cab PU 400		1,200	2,000	4,500	7,000	10,000

	6	5	4	3	2	1
1972 Transporter						
Sta Wag	400	1,200	1,950	4,410	6,850	9,800
Kombi	400	1,150	1,900	4,280	6,650	9,500
Campmobile	500	1,450	2,400	5,400	8,400	12,000
1972 Commercial						
Panel	400	1,150	1,950	4,370	6,800	9,700
PU	400	1,200	2,000	4,460	6,950	9,900
Dbl Cab PU	400	1,200	2,000	4,500	7,000	10,000
1973 Transporter						
Sta Wag	400	1,200	1,950	4,410	6,850	9,800
Kombi	400	1,150	1,900	4,280	6,650	9,500
Campmobile	500	1,450	2,400	5,400	8,400	12,000
1973 Commercial						
Panel	400	1,150	1,950	4,370	6,800	9,700
1974 Transporter						
Sta Wag	400	1,200	2,000	4,460	6,950	9,900
Kombi	400	1,150	1,900	4,320	6,700	9,600
Campmobile	500	1,500	2,500	5,630	8,750	12,500
1974 Commercial						
Panel	400	1,150	1,950	4,370	6,800	9,700
1975 Transporter - Type II						
Sta Wag	400	1,150	1,950	4,370	6,800	9,700
Kombi	400	1,150	1,900	4,280	6,650	9,500
Campmobile	400	1,250	2,100	4,730	7,350	10,500
1975 Commercial						
Panel	400	1,150	1,900	4,280	6,650	9,500
1976 Transporter						
Sta Wag	400	1,150	1,950	4,370	6,800	9,700
Kombi	400	1,150	1,900	4,280	6,650	9,500
Campmobile	400	1,250	2,100	4,730	7,350	10,500
1977 Transporter						
Sta Wag	400	1,150	1,950	4,370	6,800	9,700
Kombi	400	1,150	1,900	4,280	6,650	9,500
Campmobile	400	1,250	2,100	4,730	7,350	10,500
1978 Transporter - Type II						
5P Sta Wag	400	1,150	1,950	4,370	6,800	9,700
Kombi	400	1,150	1,900	4,280	6,650	9,500
7P Sta Wag	400	1,200	1,950	4,410	6,850	9,800
Campmobile	400	1,250	2,100	4,730	7,350	10,500
NOTE: Prices based on deluxe model.						
1979 Transporter - Type II						
5P Sta Wag	400	1,150	1,950	4,370	6,800	9,700
Kombi	400	1,150	1,900	4,280	6,650	9,500
7P Sta Wag	400	1,200	1,950	4,410	6,850	9,800
Campmobile	400	1,250	2,100	4,730	7,350	10,500
NOTE: Prices based on deluxe model.						
1980 Pickup (FWD)						
Cus PU	150	500	800	1,850	2,850	4,100
LX PU	150	500	850	1,890	2,950	4,200
Spt PU	150	500	850	1,940	3,000	4,300
1980 Vanagon Transporter Type II						
5P Sta Wag	400	1,150	1,950	4,370	6,800	9,700
Kombi	400	1,150	1,900	4,280	6,650	9,500
7P Sta Wag	400	1,200	1,950	4,410	6,850	9,800
Campmobile	400	1,250	2,100	4,730	7,350	10,500
NOTE: Prices based on deluxe model.						
1981 Pickup						
PU	150	500	800	1,850	2,850	4,100
LX PU	150	500	850	1,890	2,950	4,200
Spt PU	150	500	850	1,940	3,000	4,300
1981 Vanagon Transporter Type II						
5P Sta Wag	400	1,150	1,950	4,370	6,800	9,700
Kombi	400	1,150	1,900	4,280	6,650	9,500
7P Sta Wag	400	1,200	1,950	4,410	6,850	9,800
Campmobile	400	1,250	2,100	4,730	7,350	10,500
NOTE: Deduct 5 percent for diesel. Prices based on deluxe model.						
1982 Pickup, FWD						
PU	150	500	800	1,850	2,850	4,100
LX PU	150	500	850	1,890	2,950	4,200
Spt PU	150	500	850	1,940	3,000	4,300
1982 Vanagon						
5P Sta Wag	400	1,150	1,950	4,370	6,800	9,700
7P Sta Wag	400	1,200	1,950	4,410	6,850	9,800
Campmobile	400	1,250	2,100	4,730	7,350	10,500
NOTE: Deduct 5 percent for diesel. Prices based on deluxe model.						

	6	5	4	3	2	1
1983 Pickup, FWD						
PU	150	500	800	1,850	2,850	4,100
LX PU.	150	500	850	1,890	2,950	4,200
Spt PU	150	500	850	1,940	3,000	4,300
1983 Vanagon						
5P Sta Wag	400	1,200	1,950	4,410	6,850	9,800
7P Sta Wag	400	1,200	2,000	4,460	6,950	9,900
Campmobile.	400	1,250	2,100	4,770	7,400	10,600
NOTE: Deduct 5 percent for diesel. Prices based on deluxe model.						
1984 Vanagon						
Sta Wag.	400	1,200	2,000	4,500	7,000	10,000
Campmobile.	500	1,450	2,400	5,400	8,400	12,000
NOTE: Deduct 5 percent for diesel. Prices based on deluxe model.						
1985 Vanagon						
Sta Wag	400	1,250	2,100	4,730	7,350	10,500
Campmobile.	500	1,500	2,500	5,630	8,750	12,500
NOTE: Deduct 5 percent for diesel. Prices based on deluxe model.						
1986 Vanagon						
Sta Wag	400	1,250	2,100	4,730	7,350	10,500
Campmobile.	500	1,500	2,500	5,630	8,750	12,500
NOTE: Deduct 5 percent for diesel. Prices based on deluxe model.						
1987 Vanagon						
Sta Wag	350	1,100	1,800	4,050	6,300	9,000
Sta Wag GL	400	1,150	1,900	4,280	6,650	9,500
Camper	400	1,200	2,000	4,500	7,000	10,000
Camper GL.	500	1,450	2,400	5,400	8,400	12,000
1987 Vanagon (4WD)						
Sta Wag GL	400	1,250	2,100	4,730	7,350	10,500
Camper	500	1,450	2,400	5,400	8,400	12,000
Camper GL.	650	1,900	3,200	7,200	11,200	16,000
1988 Vanagon						
Sta Wag GL	400	1,250	2,100	4,730	7,350	10,500
Camper GL.	650	1,900	3,200	7,200	11,200	16,000
1989 Vanagon						
Sta Wag GL	650	2,000	3,300	7,430	11,600	16,500
Camper GL.	800	2,350	3,900	8,780	13,700	19,500
Sta Wag Carat	700	2,100	3,500	7,880	12,300	17,500
1989 Vanagon (4WD)						
Sta Wag GL	700	2,150	3,600	8,100	12,600	18,000
Camper GL.	850	2,500	4,200	9,450	14,700	21,000
1990 Vanagon						
Sta Wag	700	2,050	3,400	7,650	11,900	17,000
Sta Wag Syncro	800	2,350	3,900	8,780	13,700	19,500
Sta Wag GL	800	2,400	4,000	9,000	14,000	20,000
Sta Wag Carat	800	2,450	4,100	9,230	14,300	20,500
Camper GL.	900	2,650	4,400	9,900	15,400	22,000
Camper GL Syncro	900	2,750	4,600	10,350	16,100	23,000
1991 Vanagon						
3d Van	350	1,000	1,700	3,830	5,950	8,500
3d Syncro Van	550	1,700	2,800	6,300	9,800	14,000
GL 3d Van	600	1,800	3,000	6,750	10,500	15,000
Carat 3d Van	700	2,050	3,400	7,650	11,900	17,000
GL 3d Camper Van	750	2,300	3,800	8,550	13,300	19,000
GL 3d Syncro Van	650	1,900	3,200	7,200	11,200	16,000
1993 Eurovan, 5-cyl.						
Window Van.	300	950	1,550	3,510	5,450	7,800
2004 Touareg, AWD						
4d Utility (V-6)	620	1,870	3,120	7,800	10,920	15,600
4d Utility (V-8)	680	2,050	3,420	8,550	11,970	17,100
TDI 4d Utility (V-10)	1,270	3,800	6,340	15,850	22,190	31,700
NOTE: Add 5 percent for adjustable air suspension, except TDI.						

VOLVO TRUCKS

	6	5	4	3	2	1
2003 XC90-5, Turbo 6-cyl., AWD						
2.5T Utility	600	1,810	3,020	7,550	10,570	15,100
T6 Utility.	690	2,080	3,460	8,650	12,110	17,300
NOTE: Deduct 5 percent for 2.5T front-drive-only model.						
2004 XC90-5, Turbo 6-cyl., AWD						
2.5T Utility	660	1,980	3,300	8,250	11,550	16,500
T6 Utility.	730	2,180	3,640	9,100	12,740	18,200
NOTE: Deduct 5 percent for 2.5T front-drive-only model.						

Old Cars. Insider

ONLY $59.98 You save more than $300!

JOIN THE CLUB TODAY!

For almost 40 years, *Old Cars Weekly* has given you reliable pricing, history and news about the classic car industry. Now you can get even MORE automotive expertise when you join our Old Cars Insider Club. It's like a super-sized subscription, designed especially for old car enthusiasts! Here's what you get:

- One-year (52 issues) of *Old Cars Weekly* (retail value: $155.48)*
- One-year access to OldCarsReport.com (retail value: $199.99)
- The exclusive VIP book, '50s Flashback, a decade of classics in pictures (retail value: $12.95)
- Best of Old Cars, a CD compilation from *Old Cars Weekly* (retail value: $9.95)
- 15% off ShopOldCarsWeekly.com purchases for one year
- Plus, exclusive e-newsletters, access to special sales & more!

Join Now at www.oldcarsbookstore.com/club

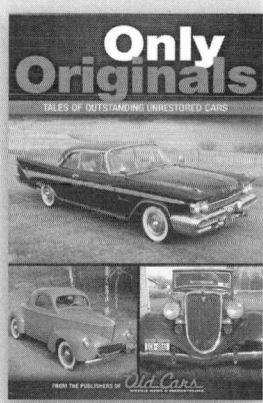